公路路基设计手册

（第三版）

上 册

吴万平 廖朝华 主编

人民交通出版社股份有限公司
北京

内 容 提 要

本手册是根据《公路路基设计规范》(JTG D30—2015)以及其他公路工程技术标准、规范,并结合我国近年来公路路基设计中的经验,在原手册第二版基础上修订而成。全书共六篇,分别为：一般路基设计、路基防排水设计、路基防护与支挡工程设计、路基拓宽改建设计、特殊路基设计、现场检测与监测。本手册的特点是系统性、实用性较强,图表较多,资料较全,使用方便。

本手册可作为公路技术人员的必备工具书,也可供从事城市道路、森林公路、厂矿道路建设的工程技术人员及高等院校公路工程相关专业师生参考使用。

图书在版编目(CIP)数据

公路路基设计手册/吴万平,廖朝华主编. —3 版
. —北京：人民交通出版社股份有限公司,2021.10
 ISBN 978-7-114-17598-5

Ⅰ.①公… Ⅱ.①吴… ②廖… Ⅲ.①公路路基—设计—手册 Ⅳ.①U416.1-62

中国版本图书馆 CIP 数据核字(2021)第 186243 号

Gonglu Luji Sheji Shouce

书　　名：	公路路基设计手册(第三版)　上册
著 作 者：	吴万平　廖朝华
责任编辑：	李　沛　黎小东
责任校对：	席少楠　宋佳时　扈　婕　魏佳宁
责任印制：	刘高彤
出版发行：	人民交通出版社股份有限公司
地　　址：	(100011)北京市朝阳区安定门外外馆斜街 3 号
网　　址：	http://www.ccpcl.com.cn
销售电话：	(010)59757973
总 经 销：	人民交通出版社股份有限公司发行部
经　　销：	各地新华书店
印　　刷：	北京印匠彩色印刷有限公司
开　　本：	787×1092　1/16
印　　张：	112
字　　数：	2720 千
版　　次：	1982 年 12 月　第 1 版 1996 年 5 月　第 2 版 2021 年 10 月　第 3 版
印　　次：	2022 年 7 月　第 3 版　第 2 次印刷　总第 10 次印刷
书　　号：	ISBN 978-7-114-17598-5
定　　价：	600.00 元(上、下册)

(有印刷、装订质量问题的图书,由本公司负责调换)

《公路路基设计手册》(第三版)
编写委员会

主编单位: 中交第二公路勘察设计研究院有限公司

参编单位: 中交第一公路勘察设计研究院有限公司
　　　　　　招商局重庆交通科研设计院有限公司
　　　　　　同济大学
　　　　　　长安大学
　　　　　　交通运输部公路科学研究院
　　　　　　新疆交通科学研究院
　　　　　　中科院武汉岩土力学研究所
　　　　　　中铁西北科学研究院有限公司

主　　编: 吴万平　廖朝华

副 主 编: 凌建明　邓卫东　沙爱民　程　平　张留俊　姚海林　廖小平
　　　　　　吴立坚　韩志强

编　　委: 丁小军　陈晓光　袁光宇　梅仕然　张嘉翔　庄稼丰　邓　涛
　　　　　　方仁印　付应华　阮艳彬　张静波　王　云　丁健华　张发如
　　　　　　尹利华　刘军勇　陈建兵　郑　治　柴贺军　李海平　李　聪
　　　　　　唐树名　原喜忠　钱劲松　刘　健　马　磊　邓　捷　卢　正
　　　　　　李邵军　刘　杰　安孟康　方建生　郑　静　熊治文　刘亚楼
　　　　　　李　浩　胡安兵　陈忠平　汪建斌

第三版前言

《公路路基设计手册》(以下简称《手册》)作为交通行业标准《公路路基设计规范》(以下简称《规范》)(JTJ 013—95)的配套工具书,用于指导公路技术人员正确地理解标准规范,提高公路路基设计水平,保证公路路基工程质量,深受从事公路建设事业的广大技术人员欢迎,并在公路路基设计、教学、科研等方面发挥了积极的作用。

我国公路建设取得跨越式发展,截至2020年底,全国高速公路网通车里程达16.1万 km,新技术、新材料、新装备、新工艺不断发展,交通运输部相继颁布《规范》(JTG D30—2004)和(JTG D30—2015),《手册》已不能适应新时期公路建设的需求。因此,编写与《规范》(JTG D30—2015)相适应的《手册》十分必要。

2015年启动《手册》(第三版)编写工作,成立以规范主要参编人员为主体的手册编写组。本次编写的指导思想和原则是:以《规范》(JTG D30—2015)为基础,以基础理论与工程实践相结合,系统总结分析我国高速公路建设工程经验和科技成果,借鉴国内外相关行业先进技术,遵循安全耐久、节约资源、环境和谐的设计理念,充分考虑公路路基的功能要求,强化路基路面协调设计,注重提高路基整体强度、刚度、水稳定性、温度稳定性和耐久性,以及路基病害的防治能力等,力求使本《手册》内容全面、技术先进、可操作性强,并与国际接轨,成为公路技术人员的必备工具书。

本手册内容由六篇共57章组成。具体编写人员如下:

第一篇 一般路基设计

吴万平、阮艳彬、张嘉翔编写第一章概述、第四章填方路基、第五章挖方路基、第十二章路基取土与弃土;

凌建明、钱劲松编写第二章路基结构性能及影响因素、第三章路基结构设计;

邓卫东、李聪、柴贺军、唐树名编写第六章高路堤、第七章陡坡路堤、第八章深路堑;

沙爱民、原喜忠、郑治、陈忠平、汪建斌编写第九章填石路堤、第十章轻质材料路堤、第十一章工业废渣路堤。

第二篇 路基防排水设计

程平、阮艳彬、刘亚楼编写第一章概述、第二章水文调查和水文地质参数测试、第三章路基地表排水、第四章路基地下排水。

第三篇 路基防护与支挡工程设计

梅仕然、阮艳彬编写第一章概述、第二章路基防护;

庄稼丰、袁光宇、邓涛、丁健华编写第三章挡土墙;

柴贺军、李海平、唐树名编写第四章边坡锚固；

原喜忠编写第五章土钉支护、第六章抗滑桩；

姚海林、卢正、刘杰编写第七章注浆。

第四篇　路基拓宽改建设计

凌建明、钱劲松编写第一章概述、第二章既有路基性能检测与评价、第三章路基拓宽设计。

第五篇　特殊路基设计

方仁印、付应华、王云、李浩、胡安兵编写第一章概述、第二章浸水路基、第三章水库地段路基、第四章滨海路基、第七章泥石流地区路基、第八章岩溶地区路基；

廖小平、安孟康、方建生、郑静、熊治文编写第五章滑坡地段路基、第六章崩塌与岩堆地段路基；

丁小军、张留俊、张发如、尹利华、刘军勇、陈建兵编写第九章软土地区路基、第十二章黄土地区路基、第十四章多年冻土地区路基、第十九章采空区路基、第二十章强震区路基；

姚海林、卢正编写第十章膨胀土地区路基；

吴立坚、邓捷编写第十一章红黏土及高液限土路基、第十五章季节冻土路基；

陈晓光、韩志强、刘健、马磊编写第十三章盐渍土地区路基、第十六章风沙地区路基、第十七章雪害地区路基、第十八章涎流冰地段路基。

第六篇　现场检测与监测

姚海林、李邵军、张静波编写第一章概述、第二章现场检测与监测的工作步骤、第三章现场检测与监测的技术方法与要求、第四章表面变形观测、第五章沉降观测、第六章深部水平位移监测、第七章孔隙水压力观测、第八章复合地基承载力检测、第九章复合地基桩身质量检测、第十章土压力观测、第十一章锚杆应力应变监测。

全书由中交第二公路勘察设计研究院有限公司吴万平、廖朝华主编。

本次《手册》修订工作得到了编写单位及有关专家的大力支持，并提出了许多宝贵意见，在此表示衷心的感谢。

由于编写水平有限，书中难免有错误或疏漏之处，敬请读者批评指正。

作　者
2021 年 8 月

第二版前言

《公路路基设计手册》第一版自1982年出版以来,深受从事公路建设事业的广大技术人员欢迎,并在路基设计、教学、科研等方面发挥了积极的作用。

近十年来,随着改革开放的深入,我国公路建设迅速发展,高速公路、一级公路相继修建,新技术、新工艺、新材料不断发展,使得原手册已不适应当前的需要。因此,进一步总结我国路基勘察设计经验,修订《公路路基设计手册》十分必要。

在交通部、人民交通出版社的组织下,1988年4月在武汉交通部第二公路勘察设计院召开了有关设计院、高等院校、科研所参加的《公路路基设计手册》修订工作会议。会议讨论通过了修订大纲,并确定由交通部第二公路勘察设计院任主编单位。东南大学、西安公路交通大学任副主编单位。

修订前向全国交通部门及有关单位征求了意见,受到大家的关心和支持,修订后的《手册》在内容和形式上做了较大的改动。

1. 增加了高等级公路路基设计及岩石路堑设计;
2. 增列了膨胀土地区路基、加筋土挡土墙各一章,补充了滨海地区路基设计;
3. 路基土列出了新旧土名对照,便于参考应用;
4. 常用重力式石砌挡土墙截面尺寸参考表做了全面补充,实用性更强;
5. 取消了大爆破设计,建议该章列入《公路路基施工手册》中。

同时,《手册》还反映了近十年来公路路基设计发展起来的新理论、新技术、新工艺、新材料;删去了原《手册》中不实用的内容。

修订中,将原《手册》第五篇合并调整充实后改编为三篇,仍按一册出版。

第一篇:一般路基设计共七章,由东南大学汇编。

第二篇:特殊路基设计共十六章,由西安公路交通大学汇编。

第三篇:挡土墙共六章,由交通部第二公路勘察设计院汇编。

为了加强《手册》修订工作的领导,1988年4月《公路路基设计手册》修订第一次会议时,研究确定成立修订领导小组,其成员有顾子刚、方左英、李斌、周宪华、洪德昌、金应春、彭扬言、毛宝兴,由顾子刚任组长。

参加修订的单位和人员:

第一篇 一般路基设计

第一章、第二章由东南大学方左英、周宪华编写;第三章、第四章由北京工业大学蒋瑨编写;第五章、第六章、第七章由重庆交通大学梁富权、廖正环、蒋建明编写。本篇由方左英、周宪华统稿。

第二篇　特殊路基设计

第一章、第二章由西安公路交通大学黄永民修订；第三章由北京工业大学蒋璜、吴默知编写，由李斌修改补充；第四章、第五章由西安公路交通大学金应春修订；第六章、第七章由李斌修订；第八章由同济大学姚祖康、胡中雄与西安公路交通大学李斌、金应春修订；第九章由金应春、李斌修订；第十章由铁道部第二勘测设计院廖世文编写，李斌补充；第十一章、第十二章由李斌修订；第十三章由李斌与内蒙古交通设计研究院供占三修订；第十四章由李斌修订；第十五章由李斌、金应春修订；第十六章由李斌、黄永民修订。本篇由李斌统稿。

第三篇　挡土墙

第一章、第三章、第四章由交通部第二公路勘察设计院姚杏珍、孙世家编写；第二章、第六章由同济大学姚祖康、邱明编写；第五章由西安公路交通大学金应春编写。

全书由交通部第二公路勘察设计院彭扬言统稿；第一、三篇由杨仲谋审稿。在修订过程中，还得到了张朝生、周相略、袁光宇、蔡正芬等的大力支持，邱发高、张玉洁在具体修订中做了大量工作。

本次《手册》修订工作得到了原参编单位及有关专家的大力支持，并提出了许多宝贵意见，在此表示衷心的感谢！

由于编写水平有限，书中难免有错误之处，敬请读者批评指正。

目 录

上 册

第一篇 一般路基设计

第一章 概述 ... 3
- 第一节 路基功能与结构层位 ... 3
- 第二节 路基组成要素与路基宽度 ... 4
- 第三节 路基分类 ... 7
- 第四节 路基设计的基本内容、程序及要求 ... 9

第二章 路基结构性能及影响因素 ... 12
- 第一节 路基与路基结构 ... 12
- 第二节 路基受力状况与工作区 ... 12
- 第三节 路基湿度状况及预估 ... 16
- 第四节 路基回弹模量 ... 29
- 第五节 路基永久变形 ... 35

第三章 路基结构设计 ... 45
- 第一节 路基结构设计思想 ... 45
- 第二节 路基结构设计指标与控制标准 ... 46
- 第三节 路床填料选择与施工控制 ... 47
- 第四节 路基结构处治设计 ... 50

第四章 填方路基 ... 54
- 第一节 概述 ... 54
- 第二节 路堤合理高度 ... 55
- 第三节 路堤设计 ... 64
- 第四节 路基压实与压实度标准 ... 71
- 第五节 典型路堤设计 ... 74

第五章 挖方路基 ... 80
- 第一节 概述 ... 80
- 第二节 路堑边坡形式与坡率 ... 81
- 第三节 路堑边坡排水与防护 ... 84

第四节	路基边坡附属结构	85
第六章	**高路堤**	**87**
第一节	概述	87
第二节	工程地质勘察试验	91
第三节	高路堤设计	103
第四节	路堤稳定性分析评价与控制	105
第五节	高路堤沉降计算分析与控制	118
第六节	施工监测与动态设计	124
第七章	**陡坡路堤**	**132**
第一节	概述	132
第二节	陡坡路堤设计	135
第三节	陡坡路堤稳定性分析评价与控制	135
第四节	陡坡路堤差异沉降计算分析与控制	136
第八章	**深路堑**	**140**
第一节	概述	140
第二节	工程地质勘察试验	147
第三节	土质深路堑设计与稳定性分析	153
第四节	岩质深路堑设计与稳定性分析	164
第五节	挖方深路堑排水、支挡加固设计	178
第六节	路堑监测与动态设计	180
第七节	工程案例	184
第九章	**填石路堤**	**188**
第一节	概述	188
第二节	填石路堤设计	194
第三节	填石路堤压实质量及检测方法	196
第十章	**轻质材料路堤**	**199**
第一节	概述	199
第二节	轻质材料路堤方案设计	205
第三节	土工泡沫塑料路堤	206
第四节	泡沫轻质土路堤	223
第五节	粉煤灰路堤	254
第十一章	**工业废渣路堤**	**267**
第一节	概述	267
第二节	钢铁渣和煤矸石的工程性质	274
第三节	工业废渣浸出物对环境影响的分析评价	304
第四节	工业废渣路堤设计	314

第十二章　路基取土与弃土	320
第一节　概述	320
第二节　路基取土	321
第三节　路基弃土	323

第二篇　路基防排水设计

第一章　概述	331
第一节　路基排水系统设计	331
第二节　路基排水设施类型	336
第三节　路基排水设计内容与步骤	339
第二章　水文调查和水文地质参数测试	342
第一节　水文调查方法与内容	342
第二节　水文分析	346
第三节　地下水勘察试验	367
第三章　路基地表排水	370
第一节　路基地表排水系统布置	370
第二节　地表排水设施	375
第三节　特殊部位地表排水设计	398
第四节　排水设施水力计算	399
第四章　路基地下排水	424
第一节　地下排水系统布置	424
第二节　地下排水设施	425
第三节　地下排水渗流分析与计算	442

第三篇　路基防护与支挡工程设计

第一章　概述	455
第一节　设计的基本原则	455
第二节　设计资料	458
第二章　路基防护	459
第一节　边坡坡面防护	459
第二节　沿河路基防护	472
第三节　冲刷深度计算	480
第三章　挡土墙	489
第一节　挡土墙类型与设置原则	489
第二节　土压力计算	507
第三节　挡土墙极限状态法设计计算	562

第四节	重力式挡土墙设计	575
第五节	半重力式挡土墙设计	609
第六节	石笼式挡土墙设计	612
第七节	悬臂式与扶臂式挡土墙设计	623
第八节	锚杆挡土墙设计	683
第九节	锚定板挡土墙设计	700
第十节	加筋土挡土墙	721
第十一节	无面板土工格栅加筋土挡土墙设计	766
第十二节	桩板式挡土墙设计	785
第十三节	极限状态法与容许应力法对比	790
第十四节	浸水区及地震区挡墙设计计算	793
第十五节	挡土墙优化的新理念和景观补偿设计	796

第四章 边坡锚固 · 804
第一节	概述	804
第二节	边坡锚固设计	808
第三节	锚杆试验与监测	837
第四节	工程案例	845

第五章 土钉支护 · 851
第一节	概述	851
第二节	土钉支护设计	865
第三节	土钉支护计算	875
第四节	土钉支护现场试验与监测	889
第五节	工程案例	894

第六章 抗滑桩 · 905
第一节	概述	905
第二节	抗滑桩设计	914
第三节	抗滑桩上设计荷载和地基抗力计算	921
第四节	普通抗滑桩桩身内力与变位计算	929
第五节	预应力锚索抗滑桩设计计算	943
第六节	抗滑桩动态设计与监测	948
第七节	工程案例	950

第七章 注浆 · 959
第一节	概述	959
第二节	注浆加固原理	962
第三节	注浆设计计算	971
第四节	注浆施工	985
第五节	工程实例	993

下 册

第四篇 路基拓宽改建设计

第一章 概述 …… 1001
第一节 路基拓宽工程存在的问题 …… 1001
第二节 拓宽路基稳定与沉降变形的影响因素 …… 1001
第三节 路基拓宽方式 …… 1002

第二章 既有路基性能检测与评价 …… 1004
第一节 概述 …… 1004
第二节 既有路基性能与状况检测 …… 1005
第三节 既有路基性能评价 …… 1007
第四节 既有特殊路基性能评价 …… 1016

第三章 路基拓宽设计 …… 1018
第一节 路基拓宽损坏类型和机理分析 …… 1018
第二节 路基拓宽设计方法 …… 1024
第三节 路基拓宽处治措施 …… 1031
第四节 特殊路基拓宽改建地基处理方法 …… 1039

第五篇 特殊路基设计

第一章 概述 …… 1043
第一节 特殊路基分类 …… 1043
第二节 特殊路基设计原则与技术对策 …… 1044

第二章 浸水路基 …… 1047
第一节 设计原则与勘察要点 …… 1047
第二节 浸水路基设计 …… 1049
第三节 浸水路基稳定性分析 …… 1055
第四节 波浪计算 …… 1059

第三章 水库地段路基 …… 1067
第一节 设计原则及勘测要点 …… 1067
第二节 水库坍岸预测 …… 1069
第三节 水库地段路基设计 …… 1075
第四节 水库岸坡的防护 …… 1079

第四章 滨海路基 …… 1082
第一节 概述 …… 1082
第二节 水文分析及水力计算 …… 1082

	第三节	滨海路基设计 ······	1094
第五章	滑坡地段路基		1106
	第一节	概述 ······	1106
	第二节	滑坡工程地质勘察 ······	1112
	第三节	滑坡稳定性分析与评价 ······	1119
	第四节	滑带参数选择和滑坡推力计算 ······	1127
	第五节	滑坡防治工程设计 ······	1137
	第六节	滑坡监测与动态设计 ······	1166
	第七节	工程案例——永武高速公路箭丰尾超大型滑坡治理工程 ······	1184
第六章	崩塌与岩堆地段路基		1200
	第一节	概述 ······	1200
	第二节	崩塌落石的防治 ······	1202
	第三节	岩堆地段路基设计 ······	1221
第七章	泥石流地区路基		1224
	第一节	概述 ······	1224
	第二节	泥石流地区勘察要点与设计原则 ······	1229
	第三节	重度泥石流分析计算 ······	1234
	第四节	泥石流地段公路路基设计 ······	1240
	第五节	泥石流防治工程设计 ······	1243
第八章	岩溶地区路基		1258
	第一节	概述 ······	1258
	第二节	岩溶地区公路勘察与选线 ······	1263
	第三节	岩溶地区路基设计 ······	1267
第九章	软土地区路基		1279
	第一节	概况 ······	1279
	第二节	设计原则及工程地质勘察要点 ······	1283
	第三节	软土路基的稳定性分析 ······	1287
	第四节	软土地基沉降计算 ······	1291
	第五节	软土地基处理方法的选择 ······	1301
	第六节	常用处理方法介绍 ······	1303
	第七节	沉降与水平位移观测 ······	1334
	第八节	算例 ······	1338
第十章	膨胀土地区路基		1342
	第一节	概述 ······	1342
	第二节	设计原则与勘察要点 ······	1350
	第三节	膨胀土的判别与分类 ······	1352

第四节	挖方路基设计	1356
第五节	填方路基设计	1363
第六节	工程实例	1365

第十一章 红黏土及高液限土路基
第一节	概述	1377
第二节	设计原则与勘察要点	1393
第三节	挖方路基设计	1395
第四节	填方路基设计	1409

第十二章 黄土地区路基
第一节	概述	1417
第二节	勘测要点及设计原则	1427
第三节	黄土地区路基设计	1432
第四节	黄土地基处理	1442
第五节	黄土路基施工监测	1451

第十三章 盐渍土地区路基
第一节	概述	1453
第二节	勘察要点及设计原则	1457
第三节	盐渍土地基评价与处理	1459
第四节	盐渍土地区路基	1466
第五节	盐湖地区路基	1476

第十四章 多年冻土地区路基
第一节	概述	1479
第二节	勘测要点与设计原则	1492
第三节	多年冻土区一般路基设计	1495
第四节	特殊结构路基设计	1503

第十五章 季节冻土路基
第一节	概述	1509
第二节	设计原则与勘察要点	1512
第三节	季节冻土冻胀量计算与控制	1513
第四节	季节性冰冻区路基设计	1518

第十六章 风沙地区路基
第一节	概述	1527
第二节	勘测调查要点与设计原则	1534
第三节	路基横断面设计	1538
第四节	风积沙路基强度和稳定性设计	1541
第五节	路侧工程防沙设计和植物固沙	1549

第六节　工程实例 ·· 1564
第十七章　雪害地区路基 ·· 1568
　　第一节　概述 ·· 1568
　　第二节　勘察要点与选线原则 ·· 1571
　　第三节　风吹雪地区路基设计 ·· 1574
　　第四节　雪崩防治工程设计 ·· 1585
第十八章　涎流冰地段路基 ·· 1596
　　第一节　概述 ·· 1596
　　第二节　设计原则与勘测要点 ·· 1598
　　第三节　涎流冰防治工程设计 ·· 1602
　　第四节　工程实例 ·· 1611
第十九章　采空区路基 ··· 1616
　　第一节　概述 ·· 1616
　　第二节　勘察要点与设计原则 ·· 1618
　　第三节　采空区地表稳定性评价 ··· 1624
　　第四节　采空区处治设计 ··· 1633
　　第五节　采空区处治监测与检测 ··· 1642
第二十章　强震区路基 ··· 1643
　　第一节　概述 ·· 1643
　　第二节　强震区公路勘察要点与设计原则 ·· 1649
　　第三节　强震区公路路基抗震设计 ·· 1652
　　第四节　可液化地基处理设计 ·· 1656

第六篇　现场检测与监测

第一章　概述 ·· 1661
　　第一节　路基工程现场检测与监测的意义 ··· 1661
　　第二节　路基工程现场检测与监测的主要工作内容 ··· 1662
第二章　现场检测与监测的工作步骤 ··· 1665
　　第一节　路基工程现场监测的设计 ·· 1665
　　第二节　检测与监测仪器的选择 ··· 1666
　　第三节　路基工程的现场检测与监测 ··· 1667
　　第四节　检测与监测数据的处理与分析 ··· 1669
第三章　现场检测与监测的技术方法与要求 ··· 1670
　　第一节　概述 ·· 1670
　　第二节　检测与监测的系统性要求 ·· 1670
　　第三节　检测与监测的可靠性要求 ·· 1671

第四节　检测与监测项目的精度要求 …………………………………………… 1671
第四章　表面变形观测 …………………………………………………………………… 1673
　　第一节　监测目的和要求 ………………………………………………………… 1673
　　第二节　测点及基点布置 ………………………………………………………… 1673
　　第三节　观测仪器及测点标墩安装埋设 ………………………………………… 1675
　　第四节　观测方法与精度要求 …………………………………………………… 1684
　　第五节　资料整理及分析 ………………………………………………………… 1688
第五章　沉降观测 ………………………………………………………………………… 1690
　　第一节　监测目的和一般要求 …………………………………………………… 1690
　　第二节　测点布置 ………………………………………………………………… 1690
　　第三节　观测仪器及安装埋设 …………………………………………………… 1690
　　第四节　观测方法与精度要求 …………………………………………………… 1693
　　第五节　资料整理与分析 ………………………………………………………… 1694
第六章　深部水平位移监测 ……………………………………………………………… 1696
　　第一节　监测目的和要求 ………………………………………………………… 1696
　　第二节　测点布置 ………………………………………………………………… 1697
　　第三节　观测仪器及安装埋设 …………………………………………………… 1697
　　第四节　观测方法 ………………………………………………………………… 1701
　　第五节　测斜资料的整理与分析 ………………………………………………… 1703
第七章　孔隙水压力观测 ………………………………………………………………… 1707
　　第一节　监测目的和要求 ………………………………………………………… 1707
　　第二节　测点的布置 ……………………………………………………………… 1707
　　第三节　观测仪器及安装埋设 …………………………………………………… 1707
　　第四节　观测方法与精度要求 …………………………………………………… 1710
　　第五节　资料整理及分析 ………………………………………………………… 1711
第八章　复合地基承载力检测 …………………………………………………………… 1713
　　第一节　检测目的和要求 ………………………………………………………… 1713
　　第二节　检测原理及方法 ………………………………………………………… 1714
第九章　复合地基桩身质量检测 ………………………………………………………… 1720
　　第一节　检测目的和要求 ………………………………………………………… 1720
　　第二节　检测原理及方法 ………………………………………………………… 1720
第十章　土压力观测 ……………………………………………………………………… 1726
　　第一节　观测目的 ………………………………………………………………… 1726
　　第二节　土压力盒的基本类型 …………………………………………………… 1726
　　第三节　土压力盒的选型与埋设 ………………………………………………… 1730
　　第四节　土压力观测和资料整理 ………………………………………………… 1731

第十一章　锚杆应力应变监测 ……………………………………………………………… 1733
 第一节　监测目的和要求 ………………………………………………………………… 1733
 第二节　测点布置 ………………………………………………………………………… 1734
 第三节　观测仪器 ………………………………………………………………………… 1734
 第四节　观测仪器的安装埋设和测读方法 ……………………………………………… 1739
 第五节　监测资料的整理分析 …………………………………………………………… 1741

参考文献 …………………………………………………………………………………… 1746

上 册

PART1 第一篇

一般路基设计

第一章 概　　述

第一节　路基功能与结构层位

一、路基功能及性能要求

1. 路基及其功能

路基是按照路线位置和一定技术要求修筑的带状构造物,由路基结构和路基设施组成。路基结构是指路面结构层之下的带状岩土结构物,是路面的基础,它承受由路面传来的行车荷载及各种自然环境因素的作用;路基设施是指为保证路基结构性能的稳定而采用的必要附属工程设施,它包括排水、防护支挡加固等设施。

2. 路基性能要求

公路通车使用后,路基承受车辆荷载作用与自然因素的影响,因此路基应满足以下基本要求。

(1) 足够的强度及抗变形能力

在行车荷载反复作用下产生永久变形,导致路面变形和损害,直接影响路面的使用性能和使用寿命。因此,应确保路基在行车荷载和自然环境因素作用下具有足够的强度和抗变形能力。

(2) 稳定性

在行车荷载和自然环境因素作用下,路基边坡可能产生变形,甚至产生边坡失稳破坏,影响公路运营安全。因此,路基应具有足够的稳定性。

(3) 耐久性

在各种环境因素(风、雨、雪、温度、水流、地震等)和汽车荷载的作用下,路基的强度、刚度将产生衰减,进而影响路基承载能力,使得路基产生沉降变形和滑移破坏。因此,路基设计时应综合考虑环境因素和汽车荷载对路基长期性能的作用影响,保证路基具有足够的耐久性,防止路基产生病害,保证公路运营安全。

二、路基结构层位

路基结构组成包含上路床、下路床、上路堤、下路堤,见表1-1-1和图1-1-1。

路基结构组成及层位 表1-1-1

路基部位		路面底面以下深度(m)	
		轻、中等及重交通	特重、极重交通
路床	上路床	0~0.3	0~0.3
	下路床	0.3~0.8	0.3~1.2
上路堤		0.8~1.5	1.2~1.9
下路堤		1.5以下	1.9以下

图1-1-1 路基结构层位示意图

第二节 路基组成要素与路基宽度

一、路基组成

路基包括路基横断面和路基设施两部分,其组成要素(图1-1-2)如下:

(1)路基横断面,包括路床、路堤、路堑、边坡、边坡平台、碎落台、护坡道等;

(2)路基防护及支挡加固设施,包括坡面防护、冲刷防护及挡土墙、桩锚等支挡结构;

(3)路基排水设施,包括边沟、排水沟、截水沟等地表排水设施,以及暗沟、渗沟、渗井、排水隧洞等地下排水设施。

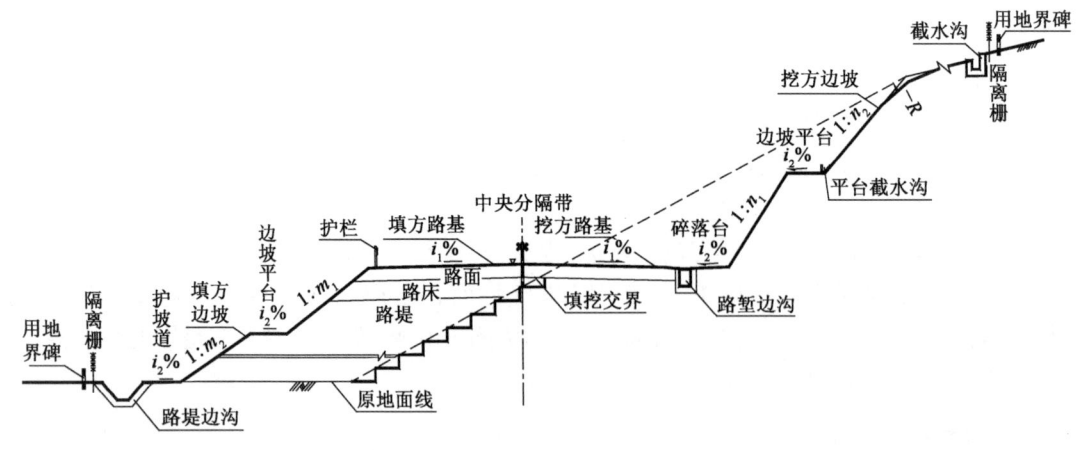

图1-1-2 路基组成要素示意图

二、路基宽度要素及要求

高速公路、一级公路的路基横断面分为整体式和分离式两类。整体式断面包括车道、中间带(中央分隔带及左侧路缘带)、路肩(硬路肩及土路肩)以及紧急停车带、爬坡车道、加减速车道等[图1-1-3a)];分离式断面包括车道、路肩(硬路肩及土路肩)以及紧急停车带、爬坡车道、加减速车道等。二、三、四级公路的路基横断面包括车道、路肩,以及错车道等[图1-1-3b)]。

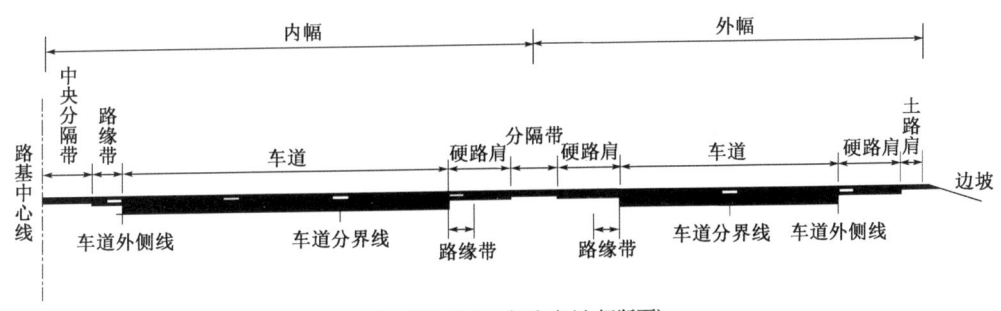

a) 高速公路和一级公路(右幅断面)

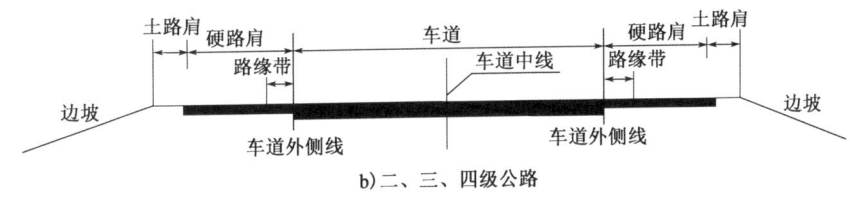

b) 二、三、四级公路

图1-1-3 公路整体式路基宽度图

(1) 车道

车道宽度一般值见表1-1-2。各级公路的车道数根据交通量、设计通行能力确定。当车道数为双数以上时按双数增加,高速公路和一级公路一般为4~8个车道;二级及二级以下公路一般为双车道,交通量大的二级公路可采用多车道。

车 道 宽 度　　　　　　表1-1-2

设计速度(km/h)	120	100	80	60	40	30	20
车道宽度(m)	3.75	3.75	3.75	3.50	3.50	3.25	3.00

(2) 中间带

中间带由中央分隔带和两条左侧路缘带组成,高速公路和一级公路整体式断面必须设置中间带。高速公路和作为干线的一级公路,中央分隔带宽度应根据公路项目中央分隔带的功能确定;作为集散的一级公路,中央分隔带宽度应根据中间隔离设施的宽度确定。左侧路缘带的宽度最小值见表1-1-3。

左侧路缘带宽度　　　　　　表1-1-3

设计速度(km/h)	120	100	80	60
左侧路缘带宽度(m)	0.75	0.75	0.50	0.50

(3) 路肩

路肩包含硬路肩和土路肩,各级公路路肩宽度取值见表1-1-4。高速公路和一级公路采用分离式断面时,应设置左侧硬路肩和土路肩,其最小值见表1-1-5。

路 肩 宽 度   表 1-1-4

公路等级		高速公路			一级公路(干线)		一级(集散)、二级公路		三级、四级公路		
设计速度(km/h)		120	100	80	100	80	80	60	40	30	20
右侧硬路肩宽度(m)	一般值	3.00 (2.50)	3.00 (2.50)	3.00 (2.50)	3.00 (2.50)	3.00 (2.50)	1.5	0.75	—	—	—
	最小值	1.50	1.50	1.50	1.50	1.50	0.75	0.25			
土路肩宽度(m)	一般值	0.75	0.75	0.75	0.75	0.75	0.75	0.75	0.75	0.50	0.25(双车道) 0.50(单车道)
	最小值	0.75	0.75	0.75	0.75	0.75	0.50	0.50			

注：1. 正常情况下，应采用"一般值"；在设爬坡车道、变速车道及超车道路段，受地形、地物等条件限制路段以及多车道公路特大桥，可论证采用"最小值"。
  2. 高速公路和作为干线的一级公路以通行小客车为主时，右侧硬路肩宽度可采用括号内数值。

分离式断面高速公路和一级公路左侧路肩宽度   表 1-1-5

设计速度(km/h)	120	100	80	60
左侧硬路肩宽度(m)	1.25	1.00	0.75	0.75
左侧土路肩宽度(m)	0.75	0.75	0.75	0.50

（4）路基宽度

路基宽度为行车道路面及其两侧路肩宽度之和，设有中间带、路缘带、变速车道、爬坡车道、紧急停车带等，这些均应包括在路基宽度范围内。各级公路路基宽度按现行《公路工程技术标准》(JTG B01)的规定进行设计。路基宽度设计应考虑公路等级、功能要求、工程条件及工程在路网中的作用等，因地制宜。

三、路基横断面形式

路基断面形式一般分为填方路基、挖方路基和半填半挖路基等。路基需设置边沟，必要时还需设置截水沟以利于排水。填方路基根据具体情况可设置护坡道。当地形较陡时，可设置护肩、护脚、挡土墙等结构。路基常用的横断面形式见图 1-1-4。

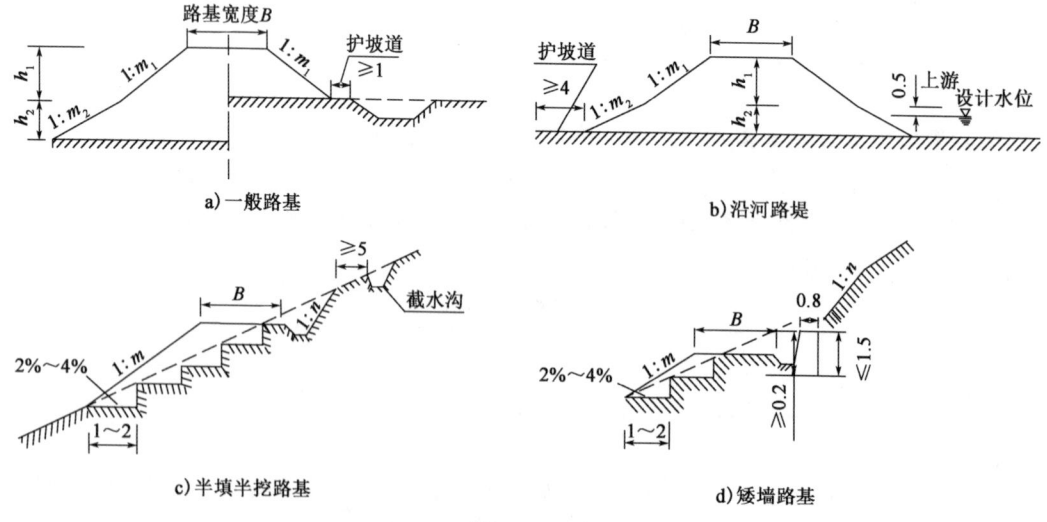

图 1-1-4

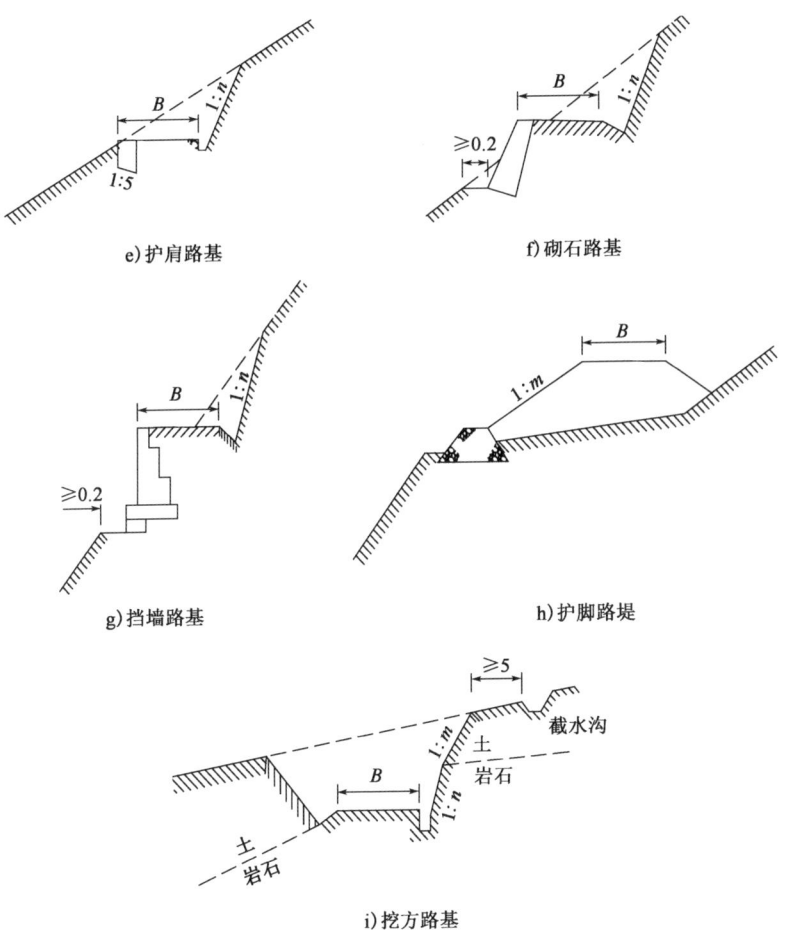

图 1-1-4 路基常用典型断面图式(尺寸单位:m)

第三节 路 基 分 类

路基按地质、水文、气候条件等可分为一般路基和特殊路基。一般路基是指位于一般地质条件路段,受水、气候环境影响不强烈,不需要进行特殊设计的路基。特殊路基是指位于特殊岩土地段、不良地质地段及受水、气候等自然因素影响强烈,需要进行特殊设计的路基。

一般路基可按路基横断面形式、填土高度、挖方深度、填料类型等因素进行分类,具体如下:

路基按填挖情况可分为填方路基、挖方路基、半填半挖路基,见表1-1-6。

填方路基按填土高度可分为低路堤、一般路堤、高路堤,见表1-1-7。

填方路基按填料类型可分为土质路堤、土石混填路堤、填石路堤、轻质材料路堤、工业废渣路堤,见表1-1-8。

挖方路基按挖方深度可分为浅路堑、一般路堑、深路堑,见表1-1-9。

挖方路基按岩土性质可分为土质路堑、岩质路堑、岩土二元结构路堑,见表1-1-10。

按填挖情况划分一般路基 表 1-1-6

类型	特点
填方路基	填方路基高于天然地面,一般易于排水,路基经常处于干燥状态;路堤为人工填筑,对填料的性质、状态和密实度可以按要求加以控制,强度与稳定性易保证
挖方路基	路堑低于天然地面,通风和排水不畅;路堑是在天然地面上开挖形成的,其路基及边坡均为原状土,受所处地的自然条件限制,一般而言路堑比路堤的病害多,路堑在设计和施工时应特别注意排水设施的设置及边坡稳定性
半填半挖路基	半填半挖路基兼有路堤和路堑两者的特点,同时填挖交界面可能存在滞水、易滑等问题,尤其当界面较陡时,应做好基底处理、加固和排水措施

按填土高度划分填方路基 表 1-1-7

类型	特点
低路堤	填土高度小于路基工作区深度的路堤。低路堤一般小于 3.0m,路基工作区易受地表水和地下水的影响,设计时应满足最小填土高度的要求,必要时应进行换土或加固处理
一般路堤	填方高度通常在 3.0~20m,一般路堤可以按常规设计
高路堤	路基填土边坡高度大于 20m 的路堤。高路堤填方数量大、占地多,易产生沉降变形或边坡失稳等路基病害

按填料类型划分填方路基 表 1-1-8

类型	填料类型	特点
土质路堤	粒径大于 40mm 石料的含量不超过 30% 的填土路基	路基性能易受土质类型及水、气候环境影响,粉砂、粉土、高液限土等不易压实
土石混填路堤	粒径大于 40mm 石料的含量介于 30%~70% 的土石混填路基	路基性能主要受石料性质与含量、细粒土性质与含量的影响,路基压实度受石料间细粒土的密实状态影响
填石路堤	粒径大于 40mm 石料的含量超过 70% 的路基	路基性能主要受填石料的性质影响,路基压实度主要受石料间细粒料的密实状态影响
轻质材料路堤	采用土工泡沫塑料、泡沫轻质土、粉煤灰等重度小于细粒土的材料填筑的路堤	适用于在软土地基上路堤、桥涵与挡土墙台背路堤、拓宽路堤、修复沉陷路堤等,轻质材料可以减少路堤重度或土压力
工业废渣路堤	采用煤矸石、钢渣、高炉矿渣等工业废渣料填筑的路堤	有利于节约资源,保护环境,严禁采用含有有害物质的工业废渣填筑路基

按挖方深度划分挖方路基　　　　　　　　　表1-1-9

类型	特点
浅路堑	挖方深度一般小于1.0m
一般路堑	介于浅路堑和深路堑之间的路堑,一般可按常规设计
深路堑	土质挖方边坡高度大于20m或岩石挖方坡高大于30m的路堑,开挖工程量大、占地多,路基边坡易产生变形、失稳等病害

按岩土性质划分挖方路基　　　　　　　　　表1-1-10

类型	特点
土质路堑	由坡积、洪积、残积等第四系松散沉积物组成,路基性能及边坡稳定性主要受土性质和地下水情况影响
岩质路堑	由各类岩石组成,路基性能及边坡稳定性主要受岩石性质、岩体结构面类型及组合、不利结构面的分布情况及地下水情况等影响
岩土二元结构路堑	路堑上部为土层、下部为岩层,路基性能受路床部位岩土性质和地下水的影响,边坡稳定性主要受岩土性质、土岩交界面分布情况、不利结构面和地下水等影响

第四节　路基设计的基本内容、程序及要求

一、路基设计分类

路基设计分为一般通用设计和独立工点设计两类。有下列情形的,需要进行独立工点设计:

(1)高路堤、陡坡路堤、深路堑;
(2)滑坡、崩塌、泥石流等不良地质路段;
(3)软土、膨胀土、红黏土、湿陷性黄土、盐渍土、多年冻土、岩溶、采空区等特殊岩土路段;
(4)设置高大挡土墙、边坡预应力锚固、抗滑桩等的路段;
(5)其他地形地质条件复杂的路段。

二、路基设计的基本内容

路基设计的基本内容主要包括以下几个方面:

(1)收集并分析公路沿线的地形、地质、水文、气候等资料,以及公路路线、桥涵、隧道等专业设计资料。
(2)确定路基设计洪水频率及设计洪水位,中湿状态下路基临界填土高度等。
(3)确定路基横断面形式、路基填料及边坡坡率,进行沿线路基横断面设计、路基土石方数量计算及调配。
(4)进行高路堤、陡坡路堤、深路堑等路段的路基沉降与稳定性计算,并根据计算结果确定路基设计方案,包括地基处理、边坡防护支挡加固方案等。
(5)进行软土、膨胀土、红黏土、湿陷性黄土、盐渍土、多年冻土、岩溶、采空区等特殊岩土路基处理设计计算,确定相应的工程处理方案。
(6)进行沿线路基排水系统及排水设施布置总体设计、水文分析与水力计算,以及各类排

水设施的结构形式、断面尺寸、构造要求与材料设计。

(7)确定沿线路基坡面防护、冲刷防护、支挡加固方案,进行总体布置设计、结构设计计算,以及构造与材料设计。

(8)路基取土、弃土设计,包括取土场、弃土场的坡面防护、排水与水土保持设计。

三、路基设计的程序

路基设计一般采用两阶段设计,即初步设计和施工图设计。对于工程简易、方案明确、主要技术原则已经确定的设计对象,可采用一阶段施工图设计。对于技术复杂、基础资料缺乏和不足的建设项目或建设项目中的大型地质灾害治理等,必要时采用三阶段设计,即初步设计、技术设计和施工图设计。

(1)初步设计

初步设计阶段的目的是基本确定设计方案。根据批复的可行性研究报告、测设合同要求,拟定修建原则,选定设计方案,拟定施工方案,计算工程数量及主要材料数量,编制设计概算,提供文字说明及图表资料。

路基工程初步设计应基本查明沿线地质、水文、气候、地震、筑路材料等情况;基本确定路基标准横断面和高填深挖路基、特殊路基的设计方案及沿线路基取土、弃土方案;基本确定排水系统与支挡、防护工程的方案、位置、长度、结构形式和尺寸等。

(2)技术设计

技术设计阶段应根据初步设计批复意见、测设合同要求,对重大、复杂的技术问题通过科学试验、专题研究,加深勘探调查及分析比较,解决初步设计中未解决的问题,落实技术方案,计算工程数量,提出修正的施工方案,修正设计概算,经批准后作为编制施工图设计的依据。

(3)施工图设计

两阶段(或三阶段)施工图设计阶段应根据初步设计(或技术设计)批复意见、测设合同要求,进一步对所审定的修建原则、设计方案、技术决定加以具体和深化,最终确定各项工程数量,提出文字说明和适应施工需要的图表资料以及施工组织计划,并编制施工图预算。

路基工程施工图设计应确定路基标准横断面和高填深挖路基、特殊路基横断面,绘制路基超高、加宽设计图;计算土石方数量并进行调配;确定路基取土、弃土的位置,绘制取土坑、弃土场设计图;确定路基路面排水系统和支挡、防护工程的结构类型及尺寸,绘制相应的布置图和结构设计图;确定高填深挖、陡坡路堤及特殊路基设计的结构形式及尺寸,并绘制设计图等。

四、路基设计的一般要求

(1)路基设计应收集公路沿线气候、水文、地形地貌、地质、地震、筑路材料等资料,做好沿线地质、路基填料勘察试验工作,查明地层岩土性质、厚度、空间分布特征及有关物理力学参数。

(2)路基设计宜避免高填深挖。若不能避免,当路基中心填方高度超过20m或中心挖方深度超过30m时,宜结合路线方案与桥梁、隧道等构造物或半路半桥、半路半隧、分离式路基进行方案比选。

(3)沿河及受水浸淹的路基边缘高程,应高出表1-1-11规定设计洪水频率的计算水位加壅水高度、波浪侵袭高度及0.5m的安全高度之和。

路基设计洪水频率　　　　　　　　　　　　　　　　表 1-1-11

公路等级	高速公路	一级公路	二级公路	三级公路	四级公路
路基设计洪水频率	1/100	1/100	1/50	1/25	按具体情况确定

注：区域内唯一通道的公路路基设计洪水频率可采用高一个等级公路的标准。

（4）路基设计应根据当地自然条件和工程地质条件，选择适宜的路基横断面形式和边坡坡度。沿河路基不宜侵占河道，应根据冲刷情况设置必要的防护支挡工程，并妥善处理路基废方，避免河床堵塞、河流改道或冲毁沿线构造物、农田、房屋等。

（5）路基填料应满足路基强度和回弹模量的要求。土石方调配设计应对移挖作填、集中取（弃）土、填料改良处理等方案进行技术经济比较，充分利用挖方材料，节约土地。

（6）路基设计应控制路基工后沉降量。对软弱地基、路基与桥涵结构物连接处、路基填挖交界处、高路堤、陡坡路堤等，应采取综合措施，防止路基不均匀变形。

（7）路基设计应考虑水和冰冻对路基性能的影响，设置完善的防排水系统或防冻害设施，以及必要的路基防护工程。

（8）高速公路和一级公路的高路堤、陡坡路堤和深路堑等均应采用动态设计。动态设计必须以完整的施工设计图为基础，适用于路基施工阶段。

第二章 路基结构性能及影响因素

第一节 路基与路基结构

对公路工程而言,路基是按照路线位置和一定技术要求修筑的带状岩土构造物。公路、城市道路、林区道路、厂矿道路、机场飞行区场道、码头堆场、广场等交通基础设施的作用荷载有所不同,但其结构均由路基和路面组成。路基作为路面的支承结构物,承受由路面传递下来的各种交通荷载。

狭义的路基是指路面结构的基础,即路面结构以下受交通荷载作用的岩土结构物,或称路基本体或路基结构。而广义的路基除路基结构外,还包括路基的地基、上边坡和下边坡、各类路基排水构造物、各类支挡结构和防护设施。

路基结构通常是指路面结构层以下的路基工作区深度范围,汽车荷载产生的附加应力相对显著,且与路面结构相互作用密切的路基区域。路基结构与路床的范围基本一致,均以路基工作区深度为确定依据。

路基和路面相互作用,相辅相成。一方面,路基为路面长期承受行车荷载提供了最基本的条件,而路面的覆盖可以减轻路基所受的荷载作用和环境影响;另一方面,路基性能不好可直接引起路面变形、开裂等损坏,导致路基路面的整体性能和服务水平下降。

第二节 路基受力状况与工作区

一、路基受力状况

路基主要承受自重荷载和车辆荷载的作用。路基自重荷载产生的垂直压应力 σ_z 随深度增加而增大,可按式(1-2-1)计算。

$$\sigma_z = \gamma Z \tag{1-2-1}$$

式中:γ——土的重度(kN/m^3);

Z——应力作用点深度(m)。

车辆荷载通过路面结构传递到路基顶面的压应力呈钟形分布,并在该压应力作用下产生挠度(即弯沉),如图1-2-1a)所示。为便于试验测定和理论分析,通常以总压力相等的圆形均布压应力代替,其应力水平等于钟形压应力的峰值。车辆荷载在路基中产生的垂直压应力 σ_v 和挠度随深度逐渐递减,如图1-2-1b)所示。σ_v 可按半无限均质弹性体上的圆形均布荷载作用假定,由式(1-2-2)计算。

$$\sigma_v = \frac{p}{1 + 2.5\left(\dfrac{Z}{D}\right)^2} \tag{1-2-2}$$

式中：p——车轮荷载传递到路基顶面的圆形均布荷载(kPa)；

D——圆形均布荷载作用的直径(m)。

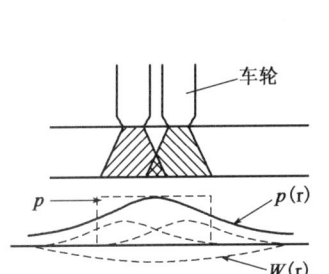
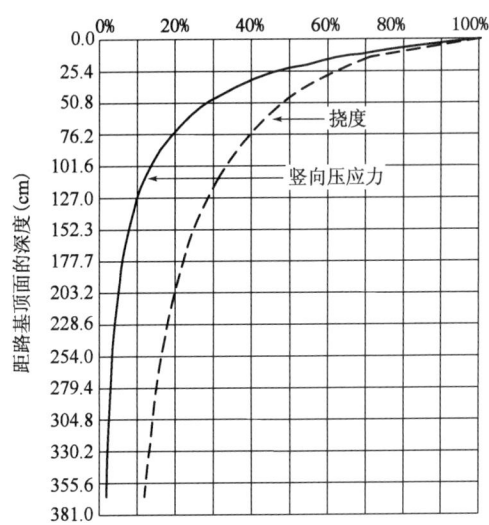

图中：p——传递到路基顶面的圆形均布荷载；

$p(r)$——荷载通过路面结构传递到路基顶面的压应力；

$W(r)$——该压力作用下产生挠度，也称为弯沉。

a) 路基顶面压应力和挠度

b) 路基压应力和挠度随深度的分布

图 1-2-1 车辆荷载对路基的作用

二、路基工作区

当路基某一深度 σ_v/σ_z 很小，一般为 1/10~1/5 时，该深度范围内的路基称为路基工作区。车辆荷载和路面结构对路基工作区的作用显著，而对工作区以下的路基作用相对较弱，因而路基工作区的性状对路面结构和功能具有重要影响，其强度和抗变形能力的要求也相对较高。正因如此，路床的概念应当与路基工作区相对应。

要确定路基工作区深度，必须计算不同深度的路基自重应力 σ_z 和荷载应力 σ_v。采用式(1-2-1)计算路基自重应力相对简单；采用式(1-2-2)计算路基荷载应力时，不仅需要将路面各结构层按模量等效原则换算成当量路基土厚度[如式(1-2-3)]，而且无法准确考虑路面与路基应力扩散效应的差异以及多轴多轮荷载的应力叠加效应。

$$h_e = h_1 \sqrt[m]{\frac{E_1}{E_0}} \tag{1-2-3}$$

式中：h_e——路面结构层换算为路基土层的当量厚度(m)；

h_1——路面结构层厚度(m)；

E_1——路面结构层模量(MPa)；

E_0——路基模量(MPa);

m——根指数,多层柔性路面可取为2.5。

采用弹性层状体系理论可以计算不同路面结构、不同轴型(考虑荷载叠加效应)和轴重(考虑超载)条件下路基竖向荷载应力沿深度方向的分布。以某 σ_v/σ_z 值(如0.10、0.15或0.20)或某一深度的路基荷载应力与路基顶面荷载应力之比值 σ_z/σ_{z0}(如0.25)作为标准,即可求取路基临界深度。在此基础上,对典型路面结构的路基临界深度进行统计分析,拟定以95%累计频率(一定标准下路基临界深度小于或等于某一确定值的道路条数占所有道路条数的比值)所对应的临界深度值作为路基工作区深度推荐值。

路基工作区深度推荐值求取流程如图1-2-2所示。

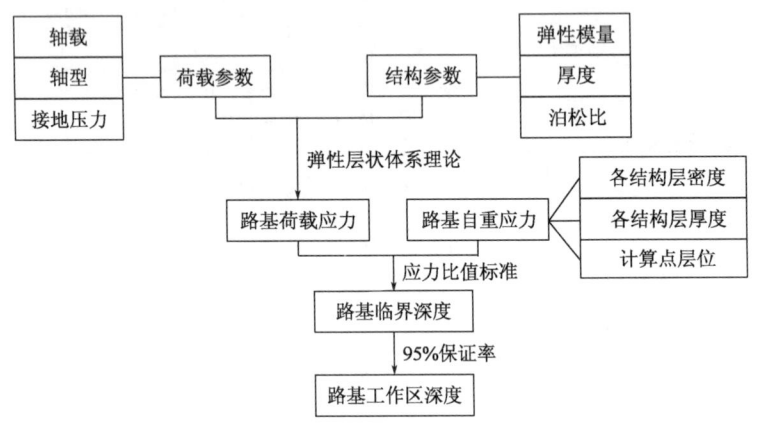

图1-2-2 路基工作区深度取值流程图

同济大学对我国40多种典型沥青路面结构的路基工作区深度进行了数值分析。考虑超载和多轴荷载叠加效应,取标准荷载即单轴双轮100kN(BZZ-100)与三轴双轮130kN两种荷载级位计算路基应力,并按照 $\sigma_z/\sigma_c \leq 0.1$、$\sigma_z/\sigma_c \leq 0.2$、$\sigma_z/\sigma_{z0} \leq 0.25$ 的标准统计得到路基临界深度值,如表1-2-1所示。

路基工作区深度计算结果　　　　表1-2-1

路面结构			路基临界深度(m)					
			$\sigma_z/\sigma_c \leq 0.1$		$\sigma_z/\sigma_c \leq 0.2$		$\sigma_z/\sigma_{z0} \leq 0.25$	
			单100kN	三130kN	单100kN	三130kN	单100kN	三130kN
AC-	0-	1	0.8	1.8	0.8	1.1	1.9	3
AC-	0-	2	1	2	0.8	1.2	1.7	2.8
AC-	0-	3	1	2	0.8	1.2	1.7	2.8
AC-	0-	4	0.8	1.9	0.8	1.1	1.8	2.9
AC-	0-	5	0.8	1.9	0.8	1.1	1.8	2.9
AC-	0-	6	1	2	0.8	1.2	1.7	2.8
AC-	0-	7	0.8	1.8	0.8	1.1	1.9	3
AC-	0-	8	0.8	1.8	0.8	1.1	1.8	3
AC-	0-	9	1	2	0.8	1	1.6	2.7

续上表

路面结构			路基临界深度(m)					
			$\sigma_z/\sigma_c \leq 0.1$		$\sigma_z/\sigma_c \leq 0.2$		$\sigma_z/\sigma_{z0} \leq 0.25$	
			单 100kN	三 130kN	单 100kN	三 130kN	单 100kN	三 130kN
AC-	0-	10	1	2.1	0.8	1.3	1.5	2.6
AC-	0-	11	1	2	0.8	1.2	1.7	2.9
AC-	0-	12	1	2.1	0.8	1.4	1.5	2.6
AC-	0-	13	1	2.1	0.8	1.3	1.6	2.7
AC-	0-	14	1	2.1	0.8	1.3	1.5	2.6
AC-	0-	15	1	2.1	0.8	1.3	1.6	2.7
AC-	0-	16	1.2	2.3	0.8	1.5	1.3	2.3
AC-	0-	17	1.2	2.3	0.8	1.6	1.3	2.3
AC-	0-	18	0.8	1.9	0.8	1.1	1.9	3
AC-	0-	19	0.8	1.9	0.8	1.1	1.7	2.7
AC-	0-	20	1.2	2.3	0.8	1.5	1.3	2.2
AC-	0-	21	1.1	2.2	0.8	1.4	1.4	2.4
AC-	1-	1	0.8	1.9	0.8	1.1	1.7	2.8
AC-	1-	2	1	2.1	0.8	1.3	1.5	2.5
AC-	1-	3	1.2	2.3	0.8	1.6	1.4	2.3
AC-	1-	4	1.4	2.4	1	1.7	1.1	1.8
AC-	1-	5	0.8	1.9	0.8	1.1	1.9	3
AC-	2-	1	1	2.1	0.8	1.3	1.7	2.7
AC-	2-	2	0.8	2	0.8	1.2	1.8	2.9
AC-	2-	3	1	2	0.8	1.3	1.7	2.8
AC-	2-	4	1.1	2.2	0.8	1.5	1.5	2.5
AC-	2-	5	1.3	2.4	0.8	1.6	1.3	2.3
AC-	2-	6	1.2	2.3	0.8	1.5	1.5	2.5
AC-	2-	7	1.4	2.4	1	1.7	1	1.7
AC-	2-	8	1.5	2.5	1	1.8	1.1	2
AC-	2-	9	1	2	0.8	1.3	1.7	2.8
AC-	2-	10	1.1	2.2	0.8	1.5	1.5	2.5
AC-	2-	11	0.8	1.9	0.8	1.1	1.9	3.1
AC-	2-	12	1	2	0.8	1.2	1.8	2.9
AC-	2-	13	1.2	2.3	0.8	1.5	1.4	2.4

注:1. σ_z——车辆荷载通过路面结构传递到路基中的竖向应力;

σ_c——上覆结构自重引起的竖向应力;

σ_{z0}——车辆荷载通过路面结构传递到路基顶面的竖向应力。

2. "AC-0-1"中,AC 表示沥青路面;0 表示高速公路(相应地,1 表示一级公路,2 表示二级公路);1 表示公路典型路面结构,编号为"1",以此类推。

3. "单100kN"表示单轴双轮 100kN,"三 130kN"表示三轴双轮 130kN。

4. 当某一标准条件下求得的路基临界深度不足 0.8m 时,按 0.8m 计。

按照前述三种标准,根据表1-2-1的统计结果,选取两种荷载条件下的路基临界深度值绘制"深度-累计频率"曲线,以95%累计频率所对应的深度值作为路基工作区深度推荐值,计算结果精确至0.1m。汇总各种工况条件下的推荐值,如表1-2-2所示。

路基工作区深度推荐值(单位:m)　　　　表1-2-2

轴载与轴型	确定标准		
	$\sigma_z/\sigma_c \leq 0.1$	$\sigma_z/\sigma_c \leq 0.2$	$\sigma_z/\sigma_{z0} \leq 0.25$
单轴双轮 100kN	1.3	0.9	1.9
三轴双轮 130kN	2.4	1.6	3.0

可见,我国公路的路基工作区深度明显大于0.8m。但如果将路基设计的路床厚度大幅度加大,势必显著增加路基建筑成本。因此,根据研究成果和工程实际情况,对于轻交通、中等交通和重交通公路,路床厚度仍按0.8m考虑;对于特重交通和极重交通公路,路床厚度调整为1.2m;对于特种轴载的公路,则要求通过单独计算路基工作区深度来确定路床厚度。

第三节　路基湿度状况及预估

一、路基湿度来源

湿度是影响路基强度、模量及稳定性的重要因素,很大程度决定了路基的工作性状。路基在运营过程中受到各种外界因素的影响,湿度会发生变化。路基湿度的来源主要包括以下几个方面。

1. 大气降水与蒸发

大气降水一方面可以浸湿透水的路肩、边坡或中央分隔带,并通过毛细作用向路基中部迁移;另一方面,可以浸湿透水的路面,并下渗而湿润路面下的路基,或者沿着不透水路面的接缝和裂缝渗入路基,分别如图1-2-3a)、b)、c)所示。蒸发则是水分循着与上述相同的途径从路基反向逸出;同时,水蒸气在路基土空隙中流动,遇冷可凝结成水而滞留在路基中。

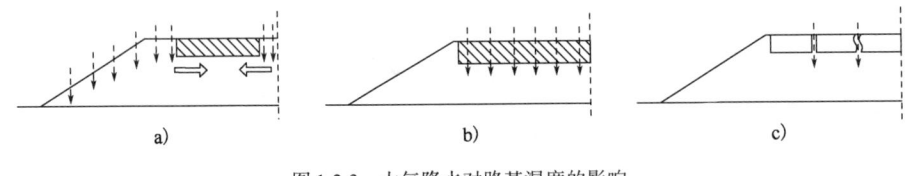

图1-2-3　大气降水对路基湿度的影响

2. 地下水

地下水位较高时,地下水通过毛细管作用升高而浸湿路基。地势低洼、排水不良时,积滞在沟渠内的流水或邻近的地表积水通过毛细管润湿或渗流作用进入路基。路基上边坡坡体中的地下水位高于上路床时,可以通过边坡岩土体的裂隙或孔隙渗流进入路基,如图1-2-4所示。

3. 薄膜移动水

土结构中的薄膜水从含水率较高处向较低处流动,或者由温度较高处向冻结中心迁移。

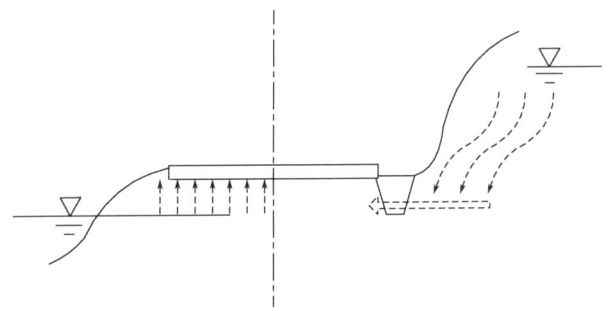

图 1-2-4　地下水影响路基湿度的主要形式

综合分析路基湿度的来源,可以将路基湿度的控制因素归纳为两大类,即地下水位和气候因素(包括降雨量、蒸发量、日照、温度等)。

二、路基干湿类型

路基湿度状况受大气降水和蒸发、地下水、温度和路面结构及其透水程度等多种因素的影响。诸多观测资料表明,在路面完工后的 2~3 年内,路基湿度逐渐趋于某种平衡湿度状态。依据湿度来源和控制因素,可将路基湿度状况分为干燥、中湿和潮湿 3 类,并按路床顶面距地下水位的高度(路基相对高度)来确定路基的干湿类型,如图 1-2-5 所示。

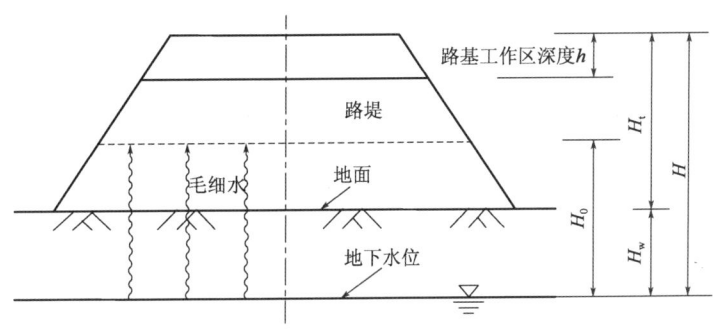

图 1-2-5　路基湿度分类示意图

1. 干燥类

地下水位很低,路基工作区处于地下水毛细润湿区之上,路基平衡湿度由气候因素变化所控制,即:

$$H > H_0 + h \tag{1-2-4}$$

式中:H——路基相对高度(m);
　　　H_0——毛细水上升高度(m);
　　　h——路基工作区深度(m)。

2. 中湿类

地下水位较高,路基工作区下部处于地下水毛细润湿区影响范围内,而上部则受气候因素影响,路基平衡湿度兼受地下水和气候两方面的控制,即:

$$H_0 + h \geq H > H_0 \tag{1-2-5}$$

3. 潮湿类

地下水位很高,路基工作区处于地下水毛细润湿区影响范围内,路基平衡湿度由地下水位变化所控制,即:

$$H \leqslant H_0 \tag{1-2-6}$$

三、路基湿度表征

传统上采用稠度指标表征路基湿度,但稠度指标一方面无法反映非黏性土的湿度状态,另一方面单以含水率表征湿度,也难以准确反映它对回弹模量的影响。国际上采用质量含水率、体积含水率、饱和度等指标来表征路基湿度。当土体干密度一定时,三者均能有效表征路基的湿度状况。但由于湿度变化常常导致体积变化,质量含水率不变而饱和度和体积含水率会发生变化。因此,饱和度和体积含水率可以更准确地表征路基湿度的实际情况。

饱和度可按下式确定:

$$S_r = \frac{w_v}{1 - \frac{\gamma_s}{G_s \gamma_w}} \quad \text{或} \quad S_r = \frac{w}{\frac{\gamma_w}{\gamma_s} - \frac{1}{G_s}} \tag{1-2-7}$$

$$w_v = w \frac{\gamma_s}{\gamma_w} \tag{1-2-8}$$

式中:S_r——饱和度(%);

w_v——体积含水率(%);

w——质量含水率(%);

γ_s、γ_w——土的干密度和水的密度(kg/m³);

G_s——土的相对密度。

四、路基湿度分布特征

1. 湿度沿路基横断面的分布特点

(1)在潮湿多雨地区,影响路基湿度的环境因素有很多,包括大气降水、地下水位、路面状况、排水设施、路基填料、季节变换等。

①经过2~3年运营,潮湿多雨地区路基,特别是黏性土路基,其平衡含水率均大于最佳含水率。

同济大学对上海周边地区和广东地区的不同公路开展现场湿度调研,所调查路段路基含水率普遍偏高,基本上大于路基土最佳含水率,且部分路段路基已经达到饱和状态:广东某高速公路为8%~14%(OMC=7.8%,OMC表示最佳含水率,下同);上海3条高速公路分别为20%~24%(OMC=13.6%)、16%~25%(OMC=14.1%)和20%~28%(OMC=13.8%)。所调研路段路基(特别是黏性土路基)的平衡含水率在最佳含水率基础上最大提升了10个百分点。

②路基上部横断面湿度分布具有明显的不均匀性,在靠近硬路肩和中央分隔带处,路基湿度呈现出先减小后增大的趋势,如图1-2-6所示。就不均匀性程度而言,上路床最为显著,其次为下路床、路堤。

这可归结为大气降雨的影响,雨水首先浸湿无硬化处理的中央分隔带和路肩边缘,并通过渗流作用向路基内部扩散,造成路面结构边缘以下一定范围内的湿度相应增大。

当边坡直接暴露于自然环境中,受大气蒸腾和降雨入渗的影响强烈,晴天时呈现出距坡面越近湿度越小的特征,雨后坡面表层土的含水率则更高。

对上海某绕城高速公路的监测表明,降雨入渗,黏土路基边坡内的含水率急剧增大,增幅最大值可达到12%;水平入渗影响深度在路床位置超过3m,在上路堤部分也达到2.5~3m,如图1-2-7、图1-2-8所示,该增量不仅来自边坡降雨的横向入渗,土路肩积水的竖向入渗也是主因之一。在降雨结束半天后,湿度最大值位于距坡表50cm处,如图1-2-7b)所示,雨后水分一方面将受蒸腾影响向外迁移,另一方面仍将缓慢向内迁移,从而继续影响路基内部的湿度状态。图1-2-7中,路基边坡内部含水率雨后反而较晴天有所减小,也说明其内部蒸腾效应在缓慢持续进行。

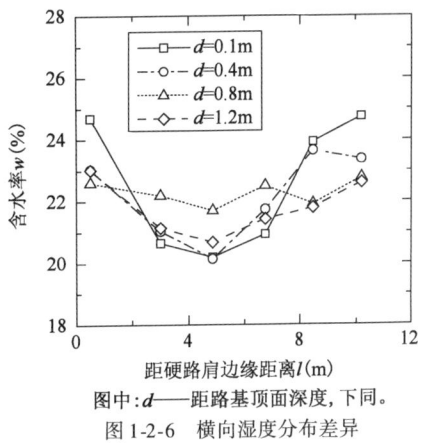

图中:d——距路基顶面深度,下同。

图1-2-6 横向湿度分布差异

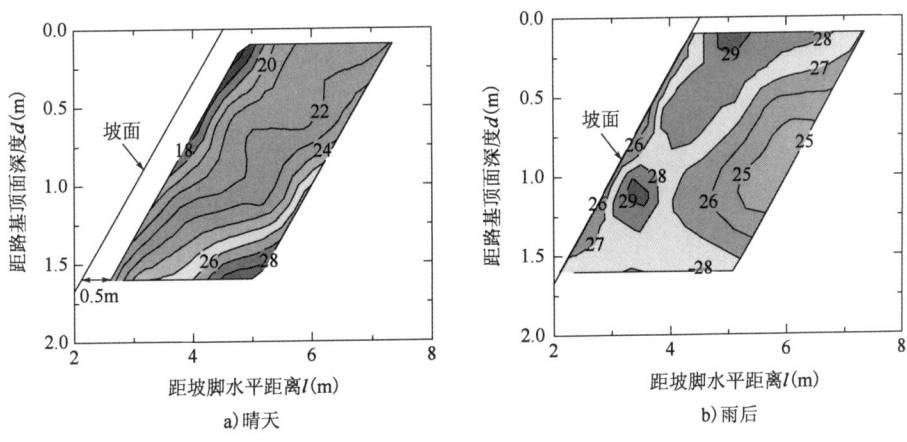

图1-2-7 上海高速公路测试路段湿度分布

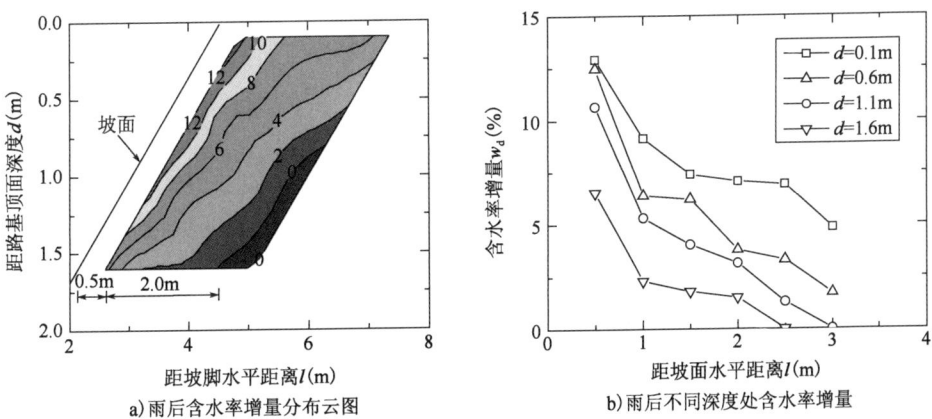

图1-2-8 降雨入渗对边坡湿度的影响

(2)在干旱少雨地区,路基湿度的主要影响因素是路面覆盖效应。

因地下水位较低、昼夜温差较大,蒸发强烈,且降雨量小于蒸发量,此种特点对路基内水分蒸发影响比较强烈,对于带有路面的路基,路基水分不能像天然地面那样自由蒸发,而导致路基内毛细水聚集而变得潮湿。同济大学对新疆某高速公路的路基湿度做了现场测试,典型湿度剖面如图 1-2-9 所示,覆盖效应下的平均路基湿度为 6.88%,相比于无覆盖时的 4.85% 高了 2 个百分点,局部地区甚至高 10 个百分点之多,由此可见蒸发对于干旱半干旱地区路基湿度所起的控制作用。

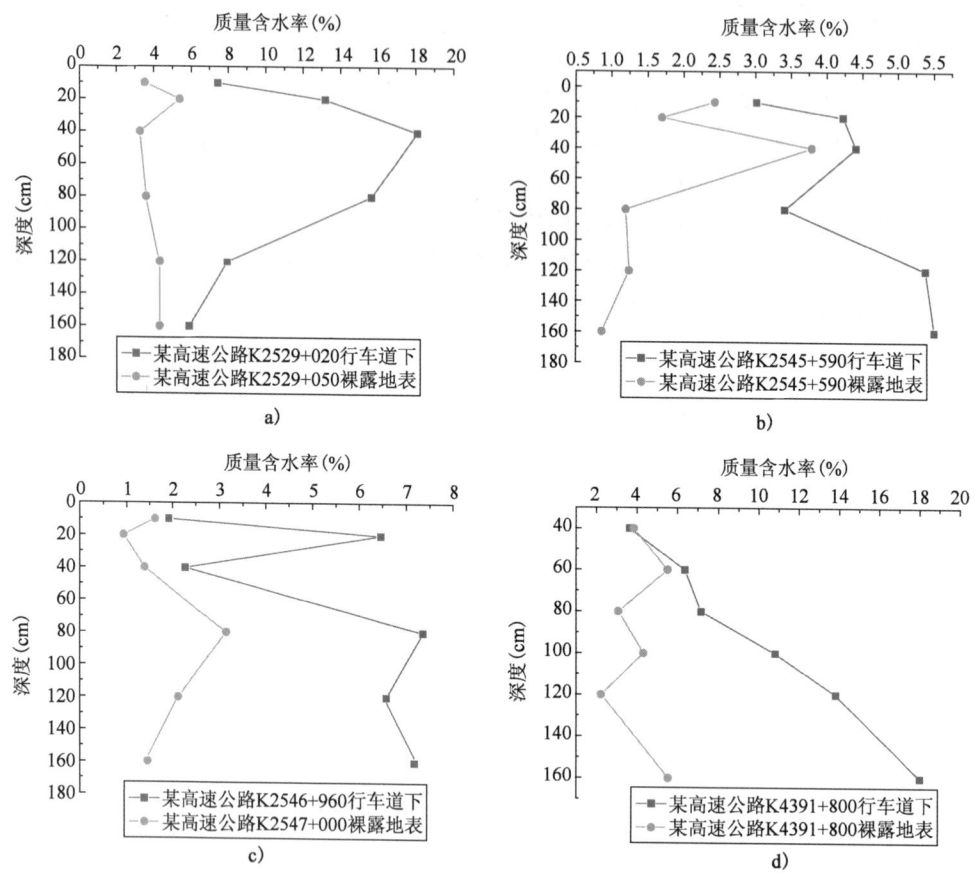

图 1-2-9　有无覆盖路基湿度典型剖面

2. 路基湿度的季节性变化特点

路基土的含水率周期性变化趋势与气温周期性变化相类似;不管是含水率 w 还是气温 T 均在一定时间内(如一年里)出现极大值点与极小值点;两者均有一个明显随时间先增大而后减小的过程,呈现出类似正弦(余弦)函数的变化规律。图 1-2-10 为某公路含砂高液限黏土(CHS)路基含水率变化的观测资料。

通过对试验路段的长期观测,某公路含砂高液限黏土路基的含水率随季节变化的基本规律如图 1-2-11 所示。观测结果表明,路基含水率在一定程度上呈周期性变化,并且含水率-月份曲线近似于正弦函数曲线。

对长沙某公路黏土质砂(SC)路基内部含水率进行观测,也得到了含水率与时间呈现良好的单正弦或双正弦函数相关关系,如图 1-2-12 所示。

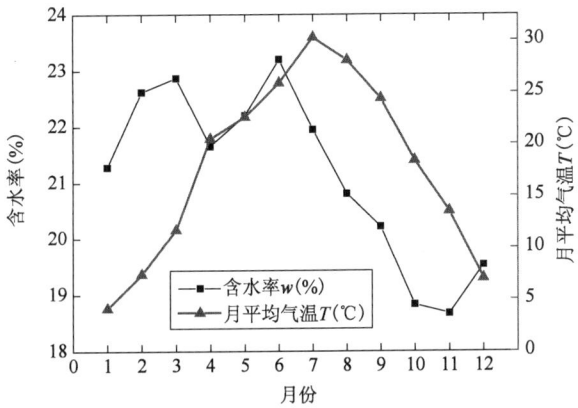

图 1-2-10 某公路路基含水率和月平均气温随时间变化曲线

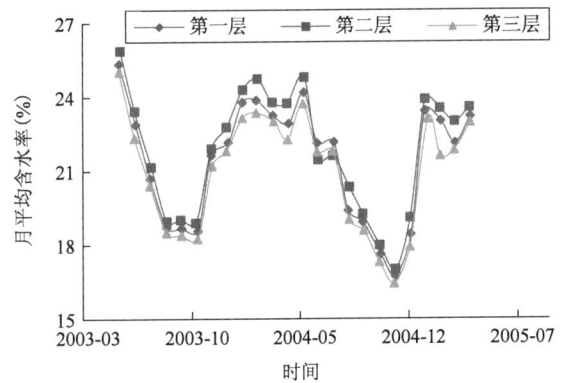

图 1-2-11 某公路路基含水率随时间变化曲线

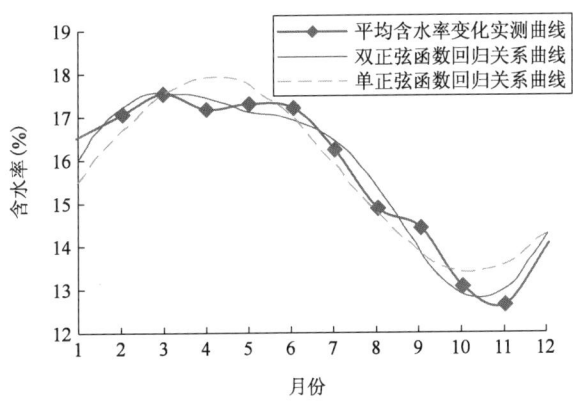

图 1-2-12 某公路路基内部含水率随月份变化曲线

南方潮湿多雨地区的黏土质路基内部实际含水率一般均超过施工时的最佳含水率,介于最佳含水率与塑限之间。年平均含水率超出最佳含水率约6%,同时1~7月份的含水率较高,峰值出现在最不利季节的3~6月份。路基内部含水率随气候的季节性变化呈现周期性变化规律,月平均含水率具有良好的单正弦函数或双正弦函数相关关系。

五、路基湿度预估

1. 路基湿度预估模型

除过潮湿类路基以外,多数公路路基均处于非饱和状态。与饱和土不同,非饱和土存在基质吸力。对于特定土质的非饱和土,饱和度(或含水率)不同,基质吸力也不同。表征饱和度(或含水率)与基质吸力之间的关系曲线称为土水特征曲线,如图 1-2-13 所示。因此,只要确定路基平衡湿度状况下的基质吸力,即可通过土水特征曲线计算路基土的饱和度或含水率,从而预估路基的湿度状况。而平衡湿度下的基质吸力可根据不同湿度状况分别建立地下水位模型和湿度指数模型。

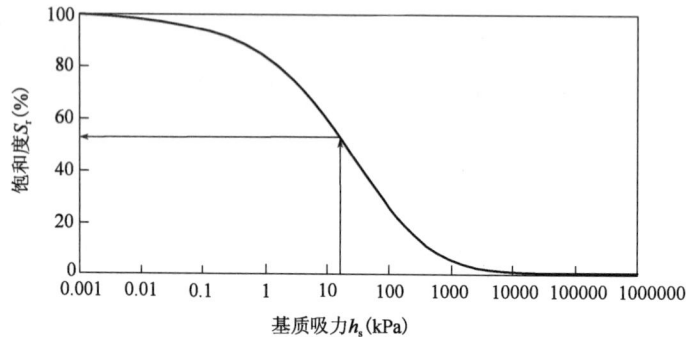

图 1-2-13 非饱和土的土水特征曲线

(1)地下水位模型

当地下水位较高,即地下水位距离路基顶面小于 3m 时,基质吸力与湿度测点距地下水位的距离呈现较为明显的正比例关系,此时,可建立如式(1-2-9)所示的地下水位模型预估基质吸力。

$$h_s = y\gamma_w \tag{1-2-9}$$

式中:h_s——基质吸力(kPa);

y——计算点与地下水位之间的竖向距离(cm);

γ_w——水的重度(10^{-3}N/cm³)。

地下水位模型只有在地下水位较高,通常在毛细水影响范围内时,路基土基质吸力使用该模型预估才较为准确,如图 1-2-14 所示。

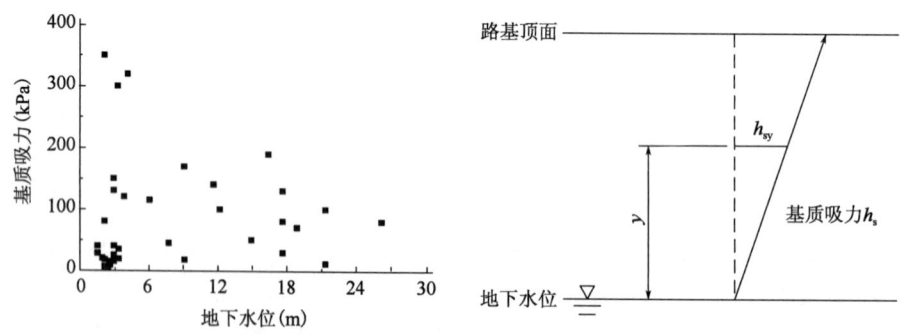

图 1-2-14 地下水位与基质吸力关系图

(2)湿度指数模型

湿度指数 TMI 是一个年度指标,它由全年各月的降雨量、气温和潜在蒸发蒸腾总量等参数,通过湿度平衡计算而得。

TMI 值可由式(1-2-10)计算得到:

$$\mathrm{TMI}_y = \frac{100(R_y) - 60(\mathrm{DF}_y)}{(\mathrm{PE}_y)} \quad (1\text{-}2\text{-}10)$$

式中:R_y——第 y 年年度净流量(cm);

DF_y——第 y 年年度缺水量(cm);

PE_y——第 y 年年度蒸发蒸腾总量(cm)。

上述各值均由各月值累加获得。

当地下水位较低时,对路基基质吸力与不同的气候参数(如年均相对湿度、年均降雨天数、地下水位、TMI 等)、土性参数(如细粒含量、塑性指数等)进行相关性分析,结果表明,不同土组的基质吸力与 TMI 相关性最好。因此,以加权塑性指数 wPI 表征不同土组特性,以 TMI 表征不同环境条件对路基平衡湿度状态下基质吸力的影响,建立如式(1-2-11)所示的基质吸力预估模型:

$$h_s = \alpha e^{[\beta/(\mathrm{TMI}+100)]} + \gamma \quad (1\text{-}2\text{-}11)$$

式中:α、β、γ——模型的回归系数,其值与土的物理性质即 I_P、$P_{0.075}$ 或 wPI 有关;

I_P——塑性指数;

$P_{0.075}$——以十进制表示的通过 0.075mm 筛的土粒含量(%);

wPI——加权塑性指数,其值等于 I_P 与 $P_{0.075}$ 之积。

2. 路基平衡湿度预估流程

路基设计时需考虑平衡湿度状态。路基平衡湿度是指公路建成通车后,路基在地下水、降雨、蒸发、冻结和融化等因素作用下,湿度达到相对稳定的平衡状态,此时的湿度称为平衡湿度。

对于不同湿度类型的路基,可采用不同的模型预估其平衡湿度,因此,判断路基湿度类型成为平衡湿度预估的基础,具体预估流程如下。

(1)确定不同土组的毛细水上升最大高度 h_{cwm}。

确定路基湿度类型需要路基高度 H、地下水埋深 GWT、毛细水上升最大高度 h_{cwm} 等参数,其中路基高度与地下水埋深之和即为路基相对高度 H_{GWT},$H_{GWT} = H + \mathrm{GWT}$。

毛细水上升最大高度 h_{cwm} 与土颗粒形成的毛细管直径存在反比关系,不同类型的土组由于其颗粒成分与粒径的差异,形成的毛细孔径也有较大差别,因而 h_{cwm} 与土质类型有着密切关系。

实际应用中,毛细水在不同土质条件下的上升高度可采用海森公式进行估算:

$$h_0 = \frac{C}{ed_{10}} \quad (1\text{-}2\text{-}12)$$

式中:h_0——毛细水上升高度(m);

e——土的孔隙比;

d_{10}——土的有效粒径(m);

C——与土粒形状及表面洁净程度有关的系数,一般取 $1 \times 10^{-5} \sim 3 \times 10^{-5} \mathrm{m}^2$。

由于影响毛细水上升高度的因素复杂,用于上式计算的土质参数往往较难准确测得,因此,由经验公式计算得到的毛细水上升高度与现场实测结果,有时相差较大。同济大学根据12种土样的室内土工试验结果,采用海森公式计算其毛细水上升最大高度,并结合文献中的推荐值,给出了各种土样的毛细水上升最大高度,如表1-2-3所示。综合文献数据,并考虑现场实测路基湿度沿深度分布状况,砂的 h_{cwm} 按0.5m考虑;其他砂类土的 h_{cwm} 按0.9m考虑;粉质土的 h_{cwm} 按3.0m考虑;黏质土的 h_{cwm} 也按3.0m考虑。

土样毛细水上升最大高度　　　　　　　　　　表1-2-3

土样出处	土质类型	毛细水上升最大高度(m)			推荐值(m)
		海森公式	推荐值1	推荐值2	
京珠 K275	中砂	0.18~0.92	0.90	1.66	0.90
京珠 K190	低液限黏土	7.5~9.42	6.00	—	7.50
京珠 K162	低液限黏土	4.23~5.42	6.00	—	6.00
祁临 K949	低液限黏土	6.38~8.26	6.00	—	8.00
祁临 K963	低液限黏土	4.86~6.39	6.00	—	6.00
石安 K292	低液限黏土	3.06~7.65	6.00	—	7.65
商荷 K004	低液限黏土	4.38~7.6	6.00	—	7.60
重隧 K400	中砂(黏质砂)	3.47~6.93	0.90	1.66	0.90
重隧 K800	低液限粉土	2.0~2.63	3.00	2.40	3.00
沪宁 K106	高液限粉土	2.65~3.36	3.00	2.40	3.36
沪宁 K168	低液限粉土	10.91~13.9	3.00	2.40	3.00
沪宁 K258	低液限粉土	2.52~3.17	3.00	2.40	3.17

(2)确定路基相对高度 H_{GWT} 与毛细水上升最大高度 h_{cwm} 的关系,判断路基湿度类型。路基湿度类型判断准则见表1-2-4。

路基湿度类型判断准则　　　　　　　　　　表1-2-4

路基湿度类型	H_{GWT} 与 h_{cwm} 的关系	h_{cwm} 取值
干燥类路基	$H_{GWT} \geq h_{cwm} + 0.8m$	砂:0.5m 其他砂类土:0.9m 粉质土:3m 黏质土:3m
中湿类路基	$h_{cwm} \leq H_{GWT} \leq h_{cwm} + 0.8m$	
潮湿类路基	$H_{GWT} \leq h_{cwm}$	

(3)根据路基湿度类型,采用相应方法预估某一区划、某一土组的平衡湿度。

3.不同湿度类型路基平衡湿度预估

(1)干燥类路基平衡湿度预估

根据分析可知,干燥类路基适合采用TMI模型预估其平衡湿度。

①基质吸力预估值。

不同区划的TMI值范围如表1-2-5所示。将各个(归并)区划的TMI极值(最小值与最大值)作为该区划的TMI界限值(TMI_1 和 TMI_2),根据表1-2-6提出的不同土组的wPI界限值,可推求此区划的 h_s(基质吸力)范围,具体如图1-2-15所示。

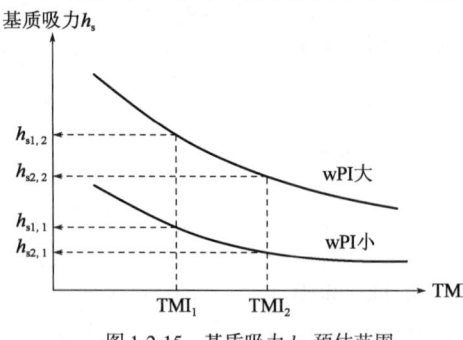

图1-2-15　基质吸力 h_s 预估范围

不同自然区划、不同土组的 TMI 值范围

表 1-2-5

编号	二级区划	砂 最大值	砂 最小值	砂 平均值	其他砂类土 最大值	其他砂类土 最小值	其他砂类土 平均值	粉质土 最大值	粉质土 最小值	粉质土 平均值	黏质土 最大值	黏质土 最小值	黏质土 平均值
1	I_1、I_2	0.00	0.00	0.00	0.00	0.00	0.00	0.00	0.00	0.00	3.43	0.00	0.50
2	II_1	24.16	0.00	6.39	18.68	0.00	3.62	25.99	0.00	7.46	29.64	0.00	9.95
3	II_{1a}、II_{5a}等	0.00	-8.40	-0.86	0.00	-6.27	-0.51	0.00	0.00	0.00	0.00	0.00	0.00
4	II_5	4.47	-1.35	0.35	0.02	0.00	0.00	5.95	0.00	0.77	8.91	0.00	2.02
5	III	0.00	-11.61	-3.22	0.00	-9.61	-2.13	0.00	-2.70	-0.20	0.00	0.00	0.00
6	IV_1、IV_{1a}	54.36	14.39	20.62	50.31	9.98	16.35	55.71	15.86	22.05	58.42	18.80	24.89
7	IV_2	29.18	0.00	8.71	25.30	0.00	5.85	30.47	0.00	9.84	33.06	0.02	12.31
8	IV_3	39.11	29.77	34.44	35.36	25.96	30.66	40.36	31.04	35.70	42.85	33.58	38.22
9	IV_4、IV_6	60.65	11.13	44.43	57.01	8.23	41.03	61.86	12.09	45.56	64.28	14.02	47.83
10	IV_5、IV_{6a}	89.83	41.13	65.98	85.87	37.56	62.25	91.14	42.32	67.22	93.78	44.70	69.71
11	IV_7	52.68	7.40	28.92	49.84	4.44	26.03	53.63	8.39	29.88	55.52	10.36	31.81
12	IV_{7b}	-5.64	-14.68	-10.16	-4.76	-13.75	-9.26	-1.22	-10.06	-5.64	0.00	-7.29	-3.64
13	V_1	0.40	-9.20	-1.43	0.00	-7.43	-1.03	1.75	-0.34	0.18	4.46	0.00	0.96
14	V_2	22.31	0.00	6.88	18.43	0.00	4.77	23.60	0.00	7.80	26.19	0.00	9.82
15	V_{2a}	35.04	32.31	33.67	30.65	28.33	29.49	36.51	33.63	35.07	39.44	36.28	37.86
16	V_3	62.14	14.05	35.68	57.55	10.23	31.48	63.67	15.32	37.08	66.73	17.87	39.89
17	V_{3a}	17.19	0.00	8.60	12.88	0.00	6.44	18.63	0.00	9.31	21.50	0.00	10.75
18	V_4	41.13	0.33	17.87	36.48	0.00	13.64	42.68	1.83	19.02	45.79	4.83	22.05
19	V_5	37.30	16.10	29.59	33.77	12.20	25.84	38.48	17.41	30.84	40.83	20.01	33.33
20	V_{5a}	31.05	16.64	23.85	26.29	12.11	19.20	32.64	18.15	25.40	35.82	21.17	28.50
21	VI_1	0.00	-25.99	-8.62	0.00	-23.69	-6.87	0.00	-14.48	-1.87	0.00	-7.58	-0.59
22	VI_{1a}	-19.75	-28.35	-24.30	-17.41	-26.24	-22.12	-8.04	-17.79	-13.37	-1.01	-11.45	-6.81
23	VI_2	-17.10	-47.55	-34.54	-14.35	-46.26	-32.52	-3.34	-41.07	-24.45	0.00	-37.19	-18.55
24	VI_3	-21.59	-21.59	-21.59	-18.99	-18.99	-18.99	-8.63	-8.63	-8.63	-0.86	-0.86	-0.86
25	VI_4	-11.80	-40.55	-25.81	-9.08	-38.70	-23.63	0.00	-31.30	-15.13	0.00	-25.76	-10.57
26	VI_{4a}	-17.91	-20.98	-19.45	-15.56	-18.84	-17.20	-6.12	-10.29	-8.20	0.00	-3.25	-1.63
27	VI_{4b}	0.00	-22.99	-11.50	0.00	-20.96	-10.48	0.00	-12.82	-6.41	0.82	-5.99	-2.58
28	VII_1	-9.18	-39.43	-25.50	-6.15	-37.56	-22.89	0.00	-30.04	-13.09	0.00	-24.41	-7.18
29	VII_2	-21.80	-32.06	-28.96	-18.71	-29.17	-26.22	-6.36	-19.86	-15.26	0.00	-13.39	-7.76
30	VII_3	41.61	0.00	14.29	31.44	0.00	9.97	45.00	0.00	15.85	51.78	0.00	19.41
31	VII_4	0.00	0.00	0.00	0.00	0.00	0.00	0.00	0.00	0.00	0.49	0.00	0.25
32	VII_5	47.57	4.98	26.28	39.39	0.00	19.53	50.29	7.22	28.57	55.74	11.71	33.17
33	VII_{6a}	0.00	0.00	0.00	0.00	0.00	0.00	0.00	0.00	0.00	0.00	0.00	0.00

不同土组的塑性指标界限值　　　　　　表1-2-6

土　组	$P_{0.075}$(%)			I_P			wPI		
	下限	上限	中值	下限	上限	中值	下限	上限	中值
砂	0	5	2.5		0			0	
其他砂类土	5	50	27.5	1	17.2	9.1	0.05	8.6	4.325
粉质土	50	100	75	2	20	11	1	20	10.5
黏质土	50	100	75	7	24	15.5	3.5	24	13.75

图中的 TMI_1 和 TMI_2 即为某一区划的 TMI 最小值和最大值,可知,基质吸力 h_s 的最大值 $h_{s1,2}$ 对应的工况为 TMI 值最小、加权塑性指数 wPI 最大,而最小值 $h_{s2,1}$ 对应的工况为 TMI 值最大、加权塑性指数 wPI 最小。

综上可确定不同自然区划、不同土组的湿度(以"基质吸力"指标表征)范围。在此,仅列出二级区划 I_1、I_2 区的基质吸力预估值范围,如表1-2-7 所示。

不同土组基质吸力预估值范围(I_1、I_2 区)　　　　　　表1-2-7

基质吸力预估值 h_s(kPa)										
wPI 限值	砂 TMI		wPI 限值	其他砂类土 TMI		wPI 限值	粉质土 TMI		wPI 限值	黏质土 TMI	
	0	0		0	0		0	0	3.43	0
0	17.14	17.14	0.05	13.46	13.46	1	13.81	13.81	3.5	53.90	59.64
			8.6	79.10	79.10	20	191.00	191.00	24	207.11	225.34

注:表中 TMI 值为 TMI 的界限值 TMI_1 和 TMI_2。

②土水特征曲线模型选取与验证。

非饱和土力学研究中,将描述基质吸力与含水率(体积含水率或饱和度)关系的函数(或模型)称为土水特征曲线(SWCC)模型。目前,国际上应用较多的土水特征曲线模型是 Fredlund-Xing 模型(1994)。Fredlund-Xing 模型相比其他土水特征曲线模型,在较大含水率范围内(从较干燥状态至较潮湿状态)均与试验数据吻合良好,此外,在接近于完全干燥状态(基质吸力达到1GPa)时,Fredlund-Xing 模型能使含水率趋近于0。

Fredlund-Xing 模型参数回归和标定,主要采用 Yugantha Y. Perera 推荐的方法,具体如下:

$$\theta_w = C(h) \frac{\theta_s}{\left\{\ln\left[e + \left(\dfrac{h_s}{a}\right)^b\right]\right\}^c} \tag{1-2-13}$$

$$C(h) = 1 - \frac{\ln\left(1 + \dfrac{h_s}{h_r}\right)}{\ln\left(1 + \dfrac{10^6}{h_r}\right)} \tag{1-2-14}$$

式中:θ_w——体积含水率;

θ_s——饱和体积含水率;

h_s——基质吸力;

h_r——与剩余含水率对应的基质吸力;

a、b、c——待定参数。

对于塑性土($I_P > 0$),a、b、c 以及 h_r 的值可通过下列公式求得:

$$a = 0.00364(wPI)^{3.35} + 4(wPI) + 11 \tag{1-2-15}$$

$$\frac{b}{c} = -2.313(\text{wPI})^{0.14} + 5 \quad (1\text{-}2\text{-}16)$$

$$c = 0.0514(\text{wPI})^{0.465} + 0.5 \quad (1\text{-}2\text{-}17)$$

$$\frac{h_r}{a} = 32.44 e^{0.0186(\text{wPI})} \quad (1\text{-}2\text{-}18)$$

对于非塑性土($I_P = 0$),a、b、c 以及 h_r 的值可通过下列公式求得:

$$a = 0.8627(D_{60})^{-0.751} \quad (1\text{-}2\text{-}19)$$

$$b = 0.75 \quad (1\text{-}2\text{-}20)$$

$$c = 0.1772\ln(D_{60}) + 0.7734 \quad (1\text{-}2\text{-}21)$$

$$\frac{h_r}{a} = \frac{1}{D_{60} + 9.7 e^{-4}} \quad (1\text{-}2\text{-}22)$$

式中:D_{60}——土的特征粒径,即土样通过率为60%时对应的颗粒直径(mm)。

③平衡含水率预估值。

将表1-2-7中的基质吸力预估值代入 Fredlund-Xing 土水特征曲线模型[见式(1-2-13)],便可得到不同自然区划、不同土组相应的体积含水率 θ_w,如表1-2-8、表1-2-9所示(仅列出二级区划 I_1、I_2 区)。

干燥类路基不同土组体积含水率预估值范围(I_1、I_2 区,ρ_{dmax} 取小值) 表1-2-8

D_{60}限值 (mm)	体积含水率预估值 θ_w(%)									
	砂 TMI		wPI 限值	其他砂类土 TMI		wPI 限值	粉质土 TMI		wPI 限值	黏质土 TMI
	0	0		0	0		0	0		3.43	0
0.25	16.18	16.18	0.05	25.02	25.02	1	29.54	29.54	3.5	28.27	27.58
2.1	7.24	7.24	8.6	23.09	23.09	20	27.51	27.51	24	32.93	32.55

干燥类路基不同土组体积含水率预估值范围(I_1、I_2 区,ρ_{dmax} 取大值) 表1-2-9

D_{60}限值 (mm)	体积含水率预估值 θ_w(%)									
	砂 TMI		wPI 限值	其他砂类土 TMI		wPI 限值	粉质土 TMI		wPI 限值	黏质土 TMI
	0	0		0	0		0	0		3.43	0
0.25	13.69	13.69	0.05	22.52	22.52	1	26.94	26.94	3.5	25.37	24.75
2.1	6.12	6.12	8.6	20.78	20.78	20	25.08	25.08	24	29.55	29.21

由于通过 Fredlund-Xing 土水特征曲线模型求取 θ_w,需确定参数饱和体积含水率 θ_s,而 θ_s 与土的最大干密度 ρ_{dmax} 相关,因此,可根据 ρ_{dmax} 的上、下限值分别确定 θ_w 的范围。

表1-2-8 或表1-2-9 中每种土组 θ_w 的范围为 $[\theta_{w,\min}, \theta_{w,\max}]$,总的范围为两种限值条件下范围的并集。

表1-2-10 所示为二级区划 I_1、I_2 区中不同土组(Ⅰ型类)路基的体积含水率和质量含水率范围。

干燥类路基不同土组含水率范围(I_1、I_2 区) 表1-2-10

土 组	体积含水率 θ_w 范围(%)		质量含水率 w 范围(%)	
	极小值	极大值	极小值	极大值
砂	6.12	16.18	2.97	8.22
其他砂类土	20.78	25.02	10.56	13.36
粉质土	25.08	29.54	13.40	16.63
黏质土	24.75	32.93	13.94	19.60

在实际应用时,可以根据路基填土颗粒分析与塑性试验确定土的加权塑性指数 wPI,然后由工程所处区划,在对应土组路基的含水率限值(极小值与极大值)之间线性内插,得到干燥类路基的平衡含水率值。

(2)潮湿类路基平衡湿度预估

当路基位于地下毛细水影响范围内,由地下水位模型预估其湿度较为准确。此时,最有利工况为:$H_{GWT}=h_{cwm}$,即地下毛细水刚好上升到路基顶面,路基顶面处的基质吸力等于 $h_{cwm} \times \gamma_w$,地下水位处的基质吸力为 0,从路基顶面至地下水位处,路基湿度呈现增加的趋势;而最不利工况为:$H_{GWT}=0$,即地下水位接近路基顶面,整个路基范围内的湿度接近饱和,也即路基土的体积含水率为 θ_s,质量含水率为 w_s。

不同土组路基位于地下毛细水影响范围内,其平衡湿度预估值汇总于表 1-2-8、表 1-2-9 中。表 1-2-8(最大干密度 ρ_{dmax} 取小值)和表 1-2-9(最大干密度 ρ_{dmax} 取大值)中计算层位由路床底面至路床顶面,计算中所需各参数取值如表 1-2-10 所示。潮湿类路基平衡湿度预估值范围见表 1-2-11。

潮湿类路基某一确定层位的平衡含水率可根据路基土组及其 wPI 值,在顶面与底面含水率值之间插值求得。

潮湿类路基平衡湿度预估值计算参数取值 表 1-2-11

土组	h_{cwm} (m)	D_{60}/wPI		θ_s	K	ρ_{dmax} (g/cm³)	G_s
		下限	上限				
砂	0.5	0.25	2.1	0.26/0.22	0.96	2.05/2.15	2.65
其他砂类土	0.9	0.05	8.6	0.30/0.27	0.96	1.95/2.05	2.69
粉质土	3	1	20	0.34/0.31	0.96	1.85/1.95	2.71
黏质土	3	3.5	24	0.39/0.35	0.96	1.75/1.85	2.74

注:1. K 为土样压实度。
2. 表中砂的上、下限对应的指标为 D_{60},其他土组的上、下限对应的指标为 wPI。

(3)中湿类路基平衡湿度预估

中湿类路基体积含水率范围根据土质类型,应为 $[\theta_{TMI}, \theta_{wr}]$,其中,$\theta_{TMI}$ 为潮湿类路基的体积含水率,θ_{wr} 为干燥类路基处于最有利工况时的体积含水率。同时,路床下部处于地下水毛细润湿区影响范围内,而其上部则受气候因素影响,故基质吸力模型应分别选取,如图 1-2-16 所示。

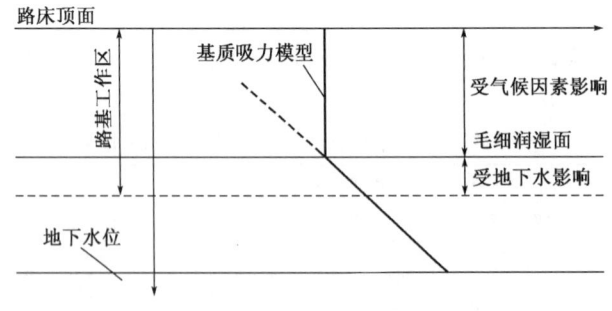

图 1-2-16 中湿类路基

另外,干燥类路基的体积含水率临界值 θ_{wr} 因求取层位和土组塑性质,即 wPI 不同,其值各异,也即中湿类路基的体积含水率上限(湿侧限值)各不相同。因此,在求取中湿类路基的含水率上限时,应遵循相同土组、相同气候条件,中湿类路基湿度必定小于干燥类路基的原则。

二级区划 I_1、I_2 区中湿类路基平衡湿度范围如表 1-2-12 所示。

需要说明的是,针对具体的路基填土,中湿类路基平衡湿度两侧(湿侧与干侧)的界限值,可根据土的 wPI 以及路基层位插值得到。

中湿类路基不同土组含水率范围(I_1、I_2 区)　　　　表 1-2-12

土　组	体积含水率 θ_w 范围(%)						质量含水率 w 范围(%)					
	湿侧 θ_{wr}				干侧 θ_{TMI}		湿侧 w_r				干侧 w_{TMI}	
	wPI 取下限		wPI 取上限				wPI 取下限		wPI 取上限			
	顶面	底面	顶面	底面	$\theta_{TMI,min}$	$\theta_{TMI,max}$	顶面	底面	顶面	底面	$w_{TMI,min}$	$w_{TMI,max}$
砂	16.96	26.00	8.86	26.00	6.12	16.18	8.22	13.21	4.29	13.21	2.97	8.22
其他砂类土	24.36	29.92	26.24	29.93	20.78	25.02	12.38	15.98	13.33	15.99	10.56	13.36
粉质土	26.97	32.41	30.45	33.74	25.08	29.54	14.40	18.25	16.26	19.00	13.40	16.63
黏质土	28.89	33.88	34.00	38.17	24.75	32.93	16.27	20.17	19.14	22.72	13.94	19.60

注:表中砂的上、下限对应的指标为 D_{60}。

第四节　路基回弹模量

一、路基土动态回弹模量

路基土的回弹模量(M_R)这一概念最初是由 Seed 等(1962)在研究路基土回弹特性与沥青路面疲劳损坏关系的过程中引入的。Dragos 等(2003)将其定义为瞬时动态脉冲荷载下,动态偏应力与回弹或可恢复应变的比值。由室内重复加载三轴试验得到的应力-应变关系表明,土体材料具有非线性弹-塑性特征,在荷载反复作用下产生的总应变包括回弹应变和永久应变,随着荷载作用次数的增加,回弹应变和永久应变累积逐渐趋于稳定,材料表现出越来越多的弹性性状,三轴试验加载方式如图 1-2-17 所示。

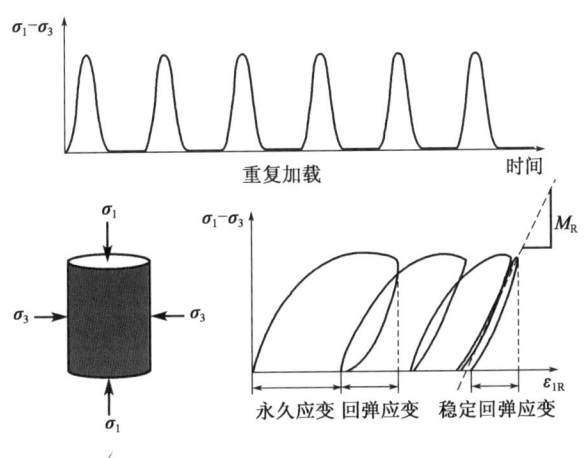

图 1-2-17　三轴试验加载图示及路基土回弹特性

为了沿用弹性理论进行路面结构力学分析,同时兼顾土体材料的非线性特征,采用类似于传统弹性模量的定义,将重复荷载作用下变形稳定后的重复应力(偏应力)与回弹应变之比定义为(动态)回弹模量,按式(1-2-23)计算。

$$M_R = \frac{\sigma_d}{\varepsilon_{1R}} \quad (1\text{-}2\text{-}23)$$

式中:M_R——(动态)回弹模量;

σ_d——轴向重复应力峰值(偏应力),$\sigma_d = \sigma_1 - \sigma_3$,$\sigma_1$为最大主应力,$\sigma_3$为最小主应力;

ε_{1R}——轴向回弹应变峰值(试验中,ε_{1R}与σ_d并不同步)。

二、路基回弹模量的影响因素

影响路基回弹模量的因素是复杂多样的,概括起来有:土的组成和结构构造、土的物理状况(含水率、饱水程度、排水条件和密实度)、重复荷载、应力历史、围压大小等,其中最主要的因素是应力状态及湿度变迁。

1. 回弹模量的应力依赖性

偏应力σ_d、侧向应力σ_3及体应力θ对路基土的回弹模量均有显著影响。

(1)对于不同的应力级位,模量值有较大的变化,其中低液限黏质土和含细粒土砂对侧向应力、偏应力和体应力均有较强的依赖性。低液限粉土对侧向应力和体应力有较强的依赖性,对偏应力依赖性较弱,但其影响仍然具备较高的显著性水平。

(2)在偏应力一定时,回弹模量随体应力增加而增加;当侧向应力保持不变时,回弹模量随偏应力增加而减小。侧向应力、体应力、偏应力都不是影响回弹模量的唯一因素。

2. 含水率与压实度对回弹模量的影响

不同含水率和压实度条件下粉质土的回弹模量,见图1-2-18。同一偏应力、不同围压的回弹模量沿纵坐标竖向排列,且由上至下围压分别为60kPa、45kPa、30kPa、15kPa。由图可以看出:

(1)粉质土回弹模量对于含水率变化敏感。

(2)压实度对粉质土回弹模量的影响在低含水率时并不显著,在较高含水率的情况下,随着压实度的增加,回弹模量有所增加,即压实度仅在含水率较高时对回弹模量影响较大。

不同含水率和压实度条件下黏质土的回弹模量,见图1-2-19。同一偏应力、不同围压的回弹模量沿纵坐标竖向排列,且由上至下围压分别为60kPa、45kPa、30kPa、15kPa。由图可以看出:

(1)黏质土回弹模量对于含水率变化非常敏感。

(2)压实度对黏质土回弹模量的影响显著,相同应力级位,含水率为最佳含水率,压实度由96%降至91%时,回弹模量最大下降约35%。

不同含水率和压实度条件下砂类土的回弹模量,见图1-2-20。同一偏应力,不同围压的回弹模量沿纵坐标竖向排列,且由上至下围压分别为60kPa、45kPa、30kPa、15kPa。由图可以看出:

(1)砂类土回弹模量对于含水率变化的敏感程度不明显。

(2)压实度对砂类土回弹模量的影响较为显著。

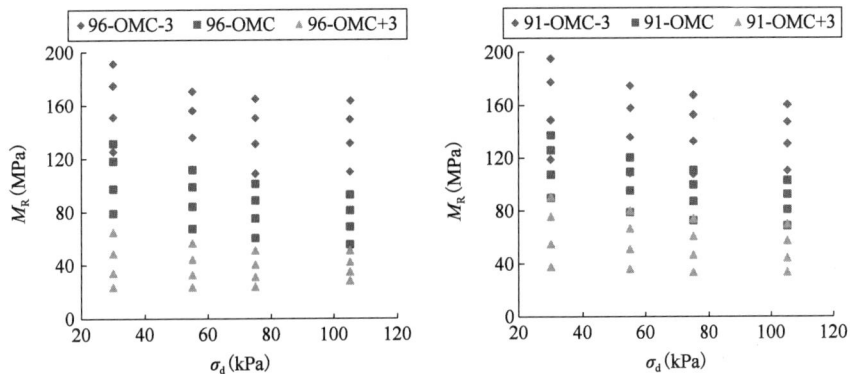

图中：1."96-OMC-3、96-OMC、96-OMC+3"表示的试验条件分别为：压实度为96%，含水率为最佳含水率-3%、最佳含水率、最佳含水率+3%；下同。
2."91-OMC-3、91-OMC、91-OMC+3"表示的试验条件分别为：压实度为91%，含水率为最佳含水率-3%、最佳含水率、最佳含水率+3%；下同。

图 1-2-18 不同含水率和压实度条件下粉质土的回弹模量

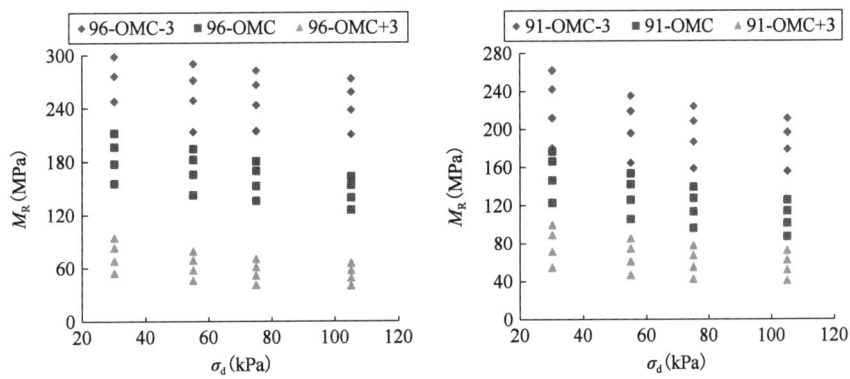

图 1-2-19 不同含水率和压实度条件下黏质土的回弹模量

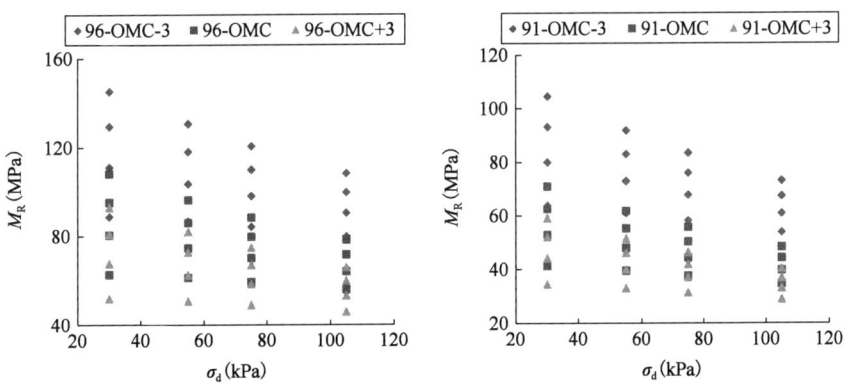

图 1-2-20 不同含水率和压实度条件下砂类土的回弹模量

三、路基回弹模量预估模型

长期以来，国内外研究者分别从路基土的应力状况、土组基本物理性质指标等角度出发，建立了路基回弹模量的预估模型。最常见的非线性弹性模型是 Hich 和 Monismith(1971)提出

的 $K\text{-}\theta$ 模型(两参数模型),该模型引入了体应力变量 θ,即式(1-2-24)。Uzan(1992)考虑了八面体剪应力,并增加了大气压强 p_a 消除量纲的影响,提出了三参数模型,即式(1-2-25)。后来 MEPDG(*Mechnisic-Empirical Pavement Design Guide*)2002 版对 Uzan 模型做了改进,即式(1-2-26)。通过测试路基土的含水率 w、干密度 ρ_d、塑性指数 I_P、细粒含量 $P_{0.075}$ 等物理性质指标,可确定路基土回弹模量值。

$$M_R = k_1(\theta)^{k_2} \tag{1-2-24}$$

$$M_R = k_1 P_a \left(\frac{\theta}{p_a}\right)^{k_2} \left(\frac{\tau_{oct}}{p_a}\right)^{k_3} \tag{1-2-25}$$

$$M_R = k_1 P_a \left(\frac{\theta}{p_a}\right)^{k_2} \left(\frac{\tau_{oct}}{p_a} + 1\right)^{k_3} \tag{1-2-26}$$

式中:M_R——路基回弹模量值(MPa);

p_a——大气压强绝对值(kPa),通常取为 100kPa;

θ——体应力(第一应力不变量,kPa),为三个主应力之和,即 $\theta = \sigma_1 + \sigma_2 + \sigma_3$,$\sigma_2$ 为中间主应力;

τ_{oct}——八面体剪应力(kPa),$\tau_{oct} = \sqrt{(\sigma_1-\sigma_2)^2 + (\sigma_2-\sigma_3)^2 + (\sigma_3-\sigma_1)^2}/3$;

k_1、k_2、k_3——模型参数,对于细粒土路基,可由路基土的含水率 $w(\%)$、干密度 $\rho_d(g/cm^3)$、塑性指数 $I_P(\%)$、细粒含量 $P_{0.075}(\%)$ 等物性指标进行预估。同济大学根据我国实际情况,选取 3 种土的三轴试验结果,提出了 3 个参数的预估经验公式,即式(1-2-27)。

$$\begin{cases} k_1 = -0.0960w + 0.3929\rho_d + 0.0142I_P + 0.0109P_{0.075} + 1.0100 \\ k_2 = -0.0005w - 0.0069I_P - 0.0026P_{0.075} + 0.6984 \\ k_3 = -0.2180w - 3.0253\rho_d - 0.0323I_P + 7.1474 \end{cases} \tag{1-2-27}$$

四、路基回弹模量湿度调整

非最佳含水率状态(如平衡湿度状态)下的路基(当量)回弹模量 M_R 与最佳含水率状态下的模量 $M_{R,opt}$ 之比值,定义为路基回弹模量湿度调整系数 K_s,即:

$$K_s = \frac{M_R}{M_{R,opt}} \tag{1-2-28}$$

非冰冻地区路基平衡湿度随季节变化波动较小,可采用单一的回弹模量湿度调整系数,即路基处于平衡湿度状态时的调整系数。

因此,确定路基在平衡湿度状态下的回弹模量,首先需要确定相应的湿度调整系数 K_s,然后乘以最佳含水率状态下的 $M_{R,opt}$,便可得到平衡湿度状态下的 M_R。

而湿度调整系数与相对饱和度"$S_r - S_{opt}$"间存在较好的对数关系,如图 1-2-21 所示,并采用 Logistic 函数[式(1-2-29)]对图中数据进行拟合,建立湿度与调整系数的定量关系。

$$\lg K_s = \lg \frac{M_R}{M_{R,opt}} = \frac{a}{1 + (1/b)\exp[c(S_r - S_{opt})]} - d \tag{1-2-29}$$

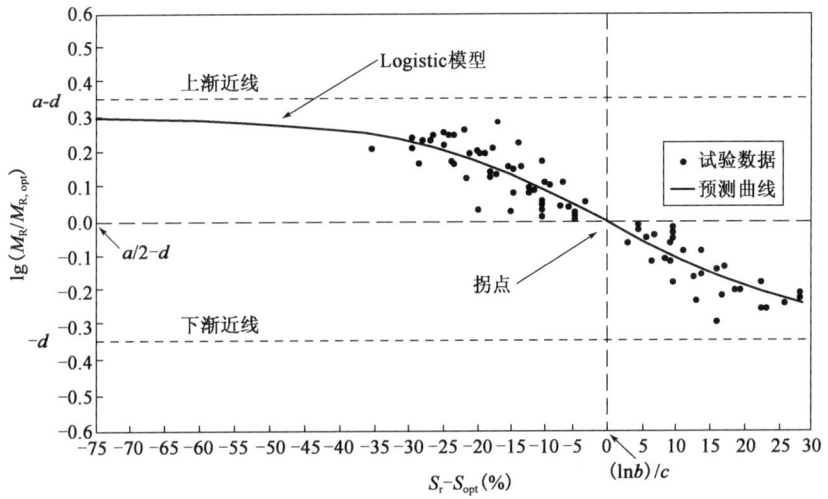

图 1-2-21 路基回弹模量湿度调整系数随湿度变化规律

一般 Logistic 函数含有 4 个参数,其几何或物理含义如图 1-2-21 所示。图中,"$a - d$"为 lg($M_R/M_{R,opt}$)的最大值,"d"为 lg($M_R/M_{R,opt}$)的最小值,"$(\ln b)/c$ 与 $a/2 - d$"为 Logistic 曲线的拐点横坐标与纵坐标。因为拐点可取($S_r - S_{opt} = 0$,lg$K_s = 0$)这一点,即拐点坐标[($\ln b)/c$, $a/2 - d$] = (0,0),因此,$b = 1$,$d = a/2$,代入式(1-2-29)中其可简化为式(1-2-30):

$$\lg K_s = \lg \frac{M_R}{M_{R,opt}} = \frac{a}{1 + \exp[c(S_r - S_{opt})]} - \frac{a}{2} \quad (1\text{-}2\text{-}30)$$

即路基回弹模量湿度调整系数 K_s 可采用下式计算:

$$K_s = 10^{\frac{a}{1+\exp[c(S_r - S_{opt})]} - \frac{a}{2}} \quad (1\text{-}2\text{-}31)$$

式中:M_R——路基平衡湿度状态下的回弹模量值,即 $M_{R,equ}$(MPa);

$M_{R,opt}$——标准状态(最佳含水率状态)下的回弹模量值(MPa);

$S_r - S_{opt}$——饱和度的变化值,对于非冰冻地区,S_r 为路基处于平衡湿度状态时的饱和度。

经过回归分析,针对细粒土和粗粒土路基,分别给出了模型参数的推荐值,如表 1-2-13 所示。

模型参数推荐取值 表 1-2-13

参 数	土 组	
	细粒土	粗粒土
a	0.7482	0.5568
c	0.0811	0.0850
回归数据组数 n	138	103
R^2	0.7929	0.9498

表 1-2-14 和表 1-2-15 分别列出了潮湿类路基和干燥类路基的回弹模量湿度调整系数;中湿类路基的回弹模量湿度调整系数,可按路基工作区内两类湿度来源的上部和下部分别确定其湿度调整系数,并以路基工作区上、下部的厚度加权计算路基总的回弹模量湿度调整系数。

潮湿类路基的回弹模量湿度调整系数 表1-2-14

土质类型	砂①	细粒土质砂②	粉质土③	黏质土③
路基工作区顶面	0.8~0.9	0.5~0.6	0.5~0.7	0.6~1.0
路基工作区底面	0.5~0.6	0.4~0.5	0.4~0.6	0.5~0.9

注：①砂的回弹模量调整系数，D_{60}大时取高值，D_{60}小时取低值。
②细粒土质砂的回弹模量调整系数，细粒含量大、塑性指数高时取低值，反之取高值。
③粉质土和黏质土的回弹模量调整系数，路基高度低时取低值，反之取高值。

干燥类路基的回弹模量湿度调整系数 表1-2-15

土组	TMI					
	-50	-30	-10	10	30	50
砂(S)	1.30~1.84	1.14~1.80	1.02~1.77	0.93~1.73	0.86~1.69	0.8~1.64
粉土质砂(SM)	1.59~1.65	1.10~1.26	0.83~0.97	0.73~0.83	0.70~0.76	0.70~0.76
黏土质砂(SC)						
低液限粉土(ML)	1.35~1.55	1.01~1.23	0.76~0.96	0.58~0.77	0.51~0.65	0.42~0.62
低液限黏土(CL)	1.22~1.71	0.73~1.52	0.57~1.24	0.51~1.02	0.49~0.88	0.48~0.81

注：1. 砂的回弹模量调整系数，D_{60}大时（接近2mm）取低值，D_{60}小时（接近0.25mm）取高值。
2. 粉土质砂、黏土质砂或细粒土的饱和度取值与细粒土含量和塑性指数相关，细粒土含量高、塑性指数大时取低值，反之取高值。

五、路基回弹模量干湿冻融循环折减

路基在干湿循环、冻融循环的过程中，会对路基土结构产生损伤，使得路基土强度和回弹模量产生折减，定义折减系数K_η为干湿、冻融循环作用下的路基回弹模量M_{Rft}与最佳含水率状态下的模量$M_{R,opt}$之比值，即：

$$K_\eta = \frac{M_{Rft}}{M_{R,opt}} \tag{1-2-32}$$

同济大学测试了路基土在不同干湿循环次数下的模量衰减量，考虑了不同应力水平和含水率，结果如图1-2-22和表1-2-16所示，失水率大的路基土模量折减更多；而路基土在不同冻融循环次数下的模量测试结果如表1-2-17所示，$soil_1$和$soil_2$分别代表一般黏土和高液限黏土，发现高液限黏土在冻融循环作用下模量折减更多。

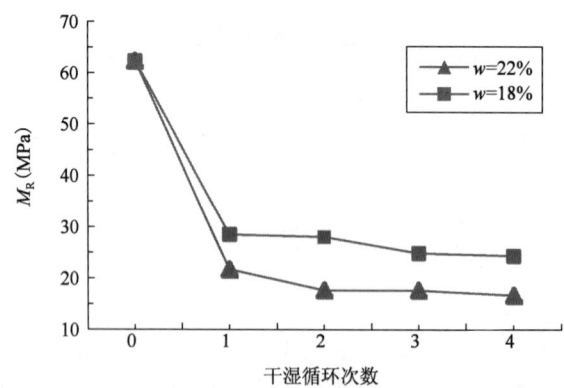

图1-2-22 不同含水率下干湿循环对模量的影响

干湿循环对路基土回弹模量的影响 表 1-2-16

σ_3 (kPa)	σ_d (kPa)						
	30	55	75	105	30	55	75
	$w=18\%$				$w=22\%$		
60	0.78	0.81	0.82	0.84	0.70	0.69	0.71
45	0.76	0.80	0.81	0.82	0.68	0.70	0.67
30	0.73	0.78	0.78	0.79	0.64	0.66	0.65
15	0.72	0.77	0.76	0.75	0.59	0.66	0.62
K_η	0.72~0.84				0.59~0.71		

冻融循环对路基土模量的影响 表 1-2-17

w (%)	$M_{R,opt}$ (MPa)		M_{Rft} (MPa)		K_η	
	$soil_1$	$soil_2$	$soil_1$	$soil_2$	$soil_1$	$soil_2$
8	223.1	193.6	188.1	148.3	0.84	0.77
11	178.6	150	151.5	109.1	0.85	0.73
14	138	73.5	92	34.6	0.67	0.47
17	32.5	21.2	25	11.9	0.77	0.56
20	20.1	10	19.1	9.8	0.95	0.97

第五节 路基永久变形

一、路基土永久变形

路基结构在重复荷载作用下产生的过量(塑性)累积变形,会使路表面出现影响行车安全和舒适的不平整度(车辙),或者导致面层底面因出现过大的拉应力(或拉应变)而加速疲劳破坏。路基土在三轴试验中,加卸载后会产生不可恢复的永久应变,荷载反复作用下逐步累积的永久应变总和构成了路基土的永久变形,如图 1-2-23 所示。

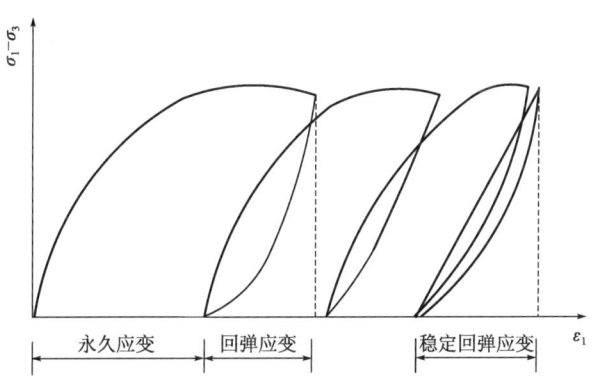

图 1-2-23 三轴条件下路基土的应力-应变关系

二、路基永久变形影响因素

影响路基永久变形量和累积规律的影响因素有三个方面,包括作用应力、土体性质和组成以及土的物理状况等。

1. 应力状况和应力水平

重复应力状况和重复应力水平是影响土和粒料永久变形最重要的因素之一。许多重复荷载三轴试验结果表明，轴向永久应变及其累积规律与重复偏应力的大小直接相关，随着偏应力的增大，轴向永久应变量和应变累积速率相应增加。Muhanna 等采用不同的偏应力对黏土质砂（A-6）进行重复三轴试验（图 1-2-24），发现作用的偏应力水平越高，永久应变越大，永久应变累积的速率越快。

除了偏应力外，侧限应力也对轴向永久应变产生重大影响。随着侧限应力的增大，土和粒料的永久应变量和速率相应地减小。图 1-2-25 所示为 Barksdale 对花岗片麻岩碎石粒料采用不同侧限应力进行重复三轴试验的结果。

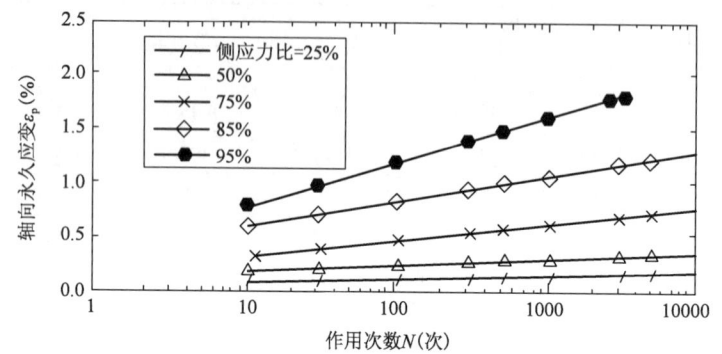

图 1-2-24　压实黏性土（黏土质砂，A-6）在不同偏应力比作用下的轴向永久应变累积
（偏应力以破坏强度的百分率表示）

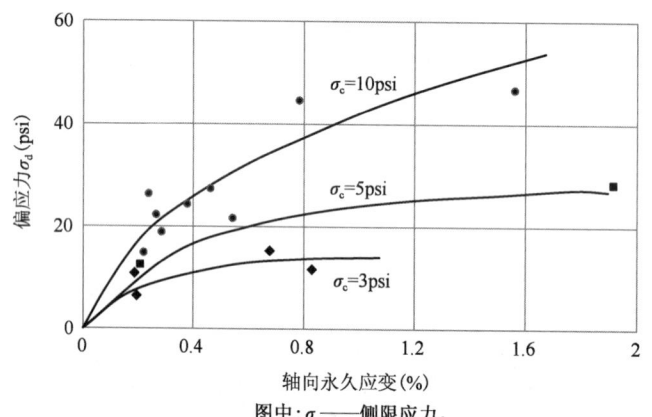

图中：σ_c——侧限应力。

图 1-2-25　侧限应力对轴向永久应变累积量（$N = 100000$ 次）的影响
（细料含量 11.25%，含水率 5.2%，1psi = 6.895kPa）

2. 荷载作用次数

永久变形累积量与荷载作用次数的增长规律以及重复荷载的应力水平有关。在高应力水平时，永久应变会随作用次数的增加而持续增长并导致材料的破坏。在应力水平足够低时，永久应变的累积速率随作用次数的增加而不断减小到一定程度，使永久变形的累积量趋近于一个极限值，材料达到稳定（平衡）状态。已有研究表明，土体或粒料在经历大数量作用次数而趋近稳定状态后，可能在随后的加载中再次出现不稳定，这种现象称为塑性蠕变。

3. 应力历史

土在任何时刻的永久变形与它先前经受过的应力历史(不同荷载的作用序列)有关。应力历史的影响表现为每一次荷载作用都会使材料逐渐硬化,因而在荷载下一次作用时,所产生的永久应变占回弹应变的比例较前一次下降。应力水平采用由小到大逐次增长的顺序作用(偏应力由 250kPa 增加到 650kPa)时,所产生的永久应变要比立即作用高偏应力(650kPa)时小很多,如图 1-2-26 所示。然而,即便意识到应力历史对永久变形的影响,对这一影响的研究仍很有限。在进行永久应变的室内试验时,由于为每次施加的应力路径使用新的试件,应力历史的影响通常被消除。

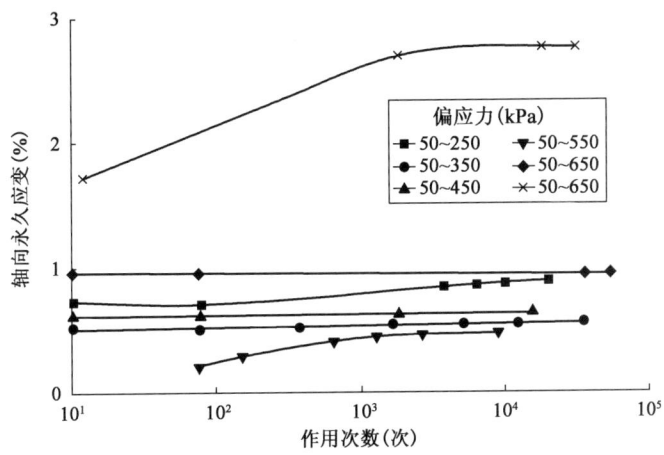

图 1-2-26　应力历史对永久应变的影响(侧限应力为 50kPa)

4. 主应力变形

行车荷载作用下,路基土的应力状况相当复杂。通常,土的竖向应力和水平向应力为正的(压应力)。但在车辆驶近或者驶离过程中,剪应力会随荷载脉冲的经过而改变方向,导致主应力轴出现转向(图 1-2-27)。已有研究表明,土体在行车荷载作用下的主应力变形会产生较重复荷载三轴试验大得多的永久应变。

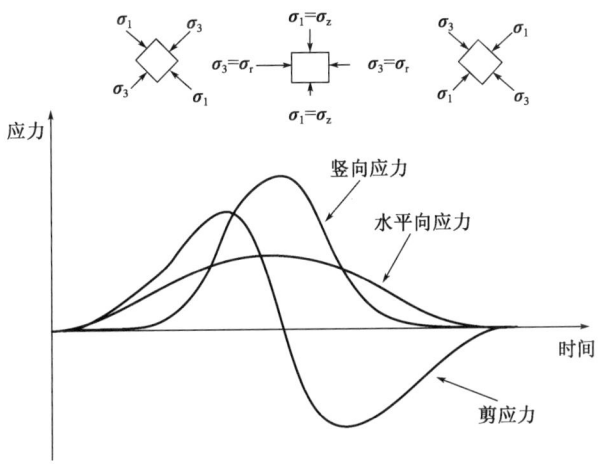

图 1-2-27　路基土在车轮驶经时的应力状况

5.含水率

含水率对土的永久变形有重大影响。同济大学测试了上海 A30 高速公路路基土（图 1-2-28），发现含水率的变化对路基土永久应变有较大的影响。含水率的影响程度还取决于土的水饱和程度。在低于最佳含水率时，增加含水率可以对强度和劲度产生积极的影响。但在含水率增加到接近饱和时，土会在行车荷载的快速作用下产生较大的孔隙水压力，从而降低有效应力，减小其抗永久变形的能力。Haynes 等在早期的一项试验研究中指出，饱和度由 60% 增加到 80% 时，轴向永久应变可以增大 100% 以上。

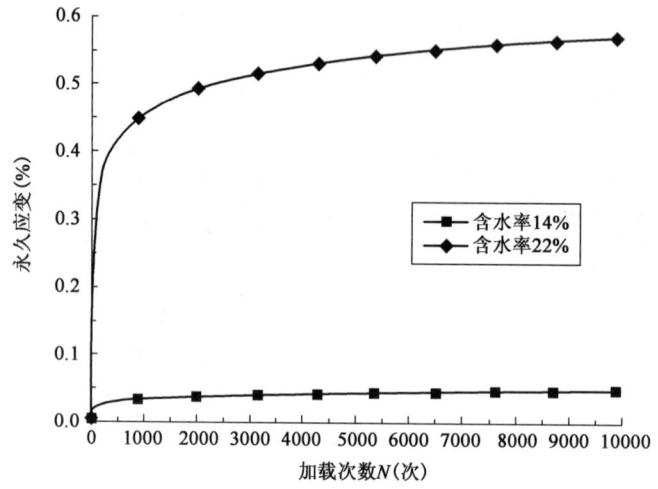

图 1-2-28　含水率对路基永久应变的影响

6.密实度（压实度）

压实度对土体的长期性状有重要影响，增加压实度可以大大改善路基土在重复荷载作用下的抗永久变形能力。如图 1-2-29 所示，当压实度由 90% 升至 96% 时，三种路基土的永久应变分别由 0.082% 下降到 0.048%、由 0.171% 下降到 0.132% 及由 0.118% 下降到 0.089%，三者均有不同程度的减小。因此可见，提高路基压实度有利于控制路基土永久应变。

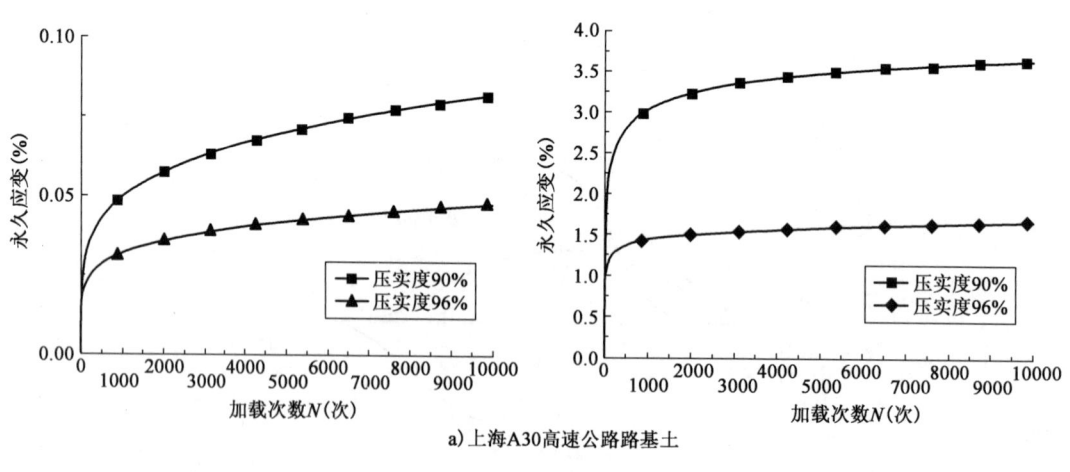

a）上海A30高速公路路基土

图 1-2-29

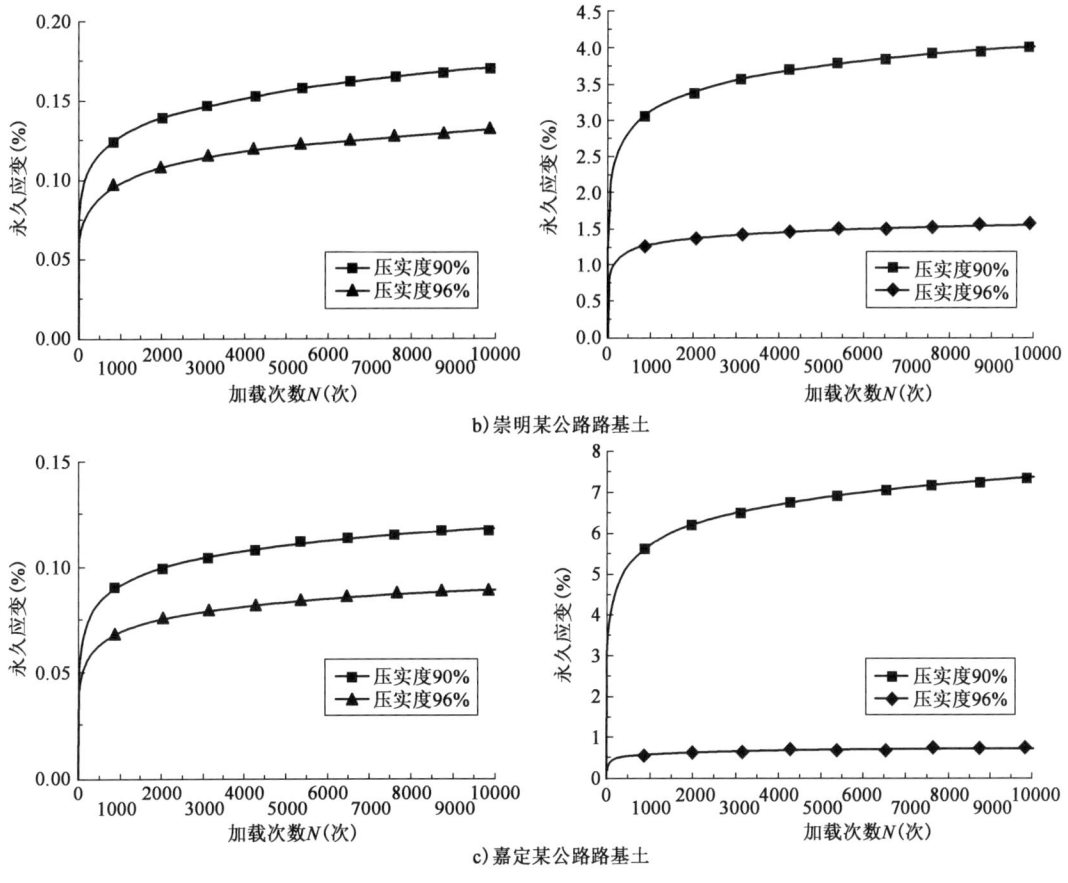

图 1-2-29 压实度对永久应变的影响

三、路基永久变形预估公式

迄今建立的路基土永久变形预估模型非常多,开创性的工作是 Monismith 对粉质黏土进行三轴重复加载试验,提出用指数模型来预测路基土的永久变形。该模型明确指出,永久应变与荷载作用次数在双对数坐标下存在线性关系,被以后的很多研究者所采用,成为路基土永久变形预估模型后续研究的基础。其后,多位学者提出了形式各异的预估模型,见表 1-2-18,区别来源于试件材料、主控因素、试验控制条件等。

路基永久应变预估模型　　　　　表 1-2-18

名称与时间	模 型	包 含 参 数
Monismith 模型(1975)	$\varepsilon_p = AN^b$	荷载作用次数及回归系数
Tseng 和 Lytton 模型(1989)	$\dfrac{\varepsilon_p}{\varepsilon_v} = \beta_{rl} \left(\dfrac{\varepsilon_0}{\varepsilon_r}\right) e^{-\left(\frac{\rho}{N}\right)^\beta}$	回弹应变、含水率、偏应力、体积应力和动回弹模量
Ullidtz 模型(1993)	$\varepsilon_p = AN^\alpha \left(\dfrac{\sigma_z}{\sigma}\right)^\beta$	荷载作用次数、有效应力、参考应力及回归系数
Li 和 Selig 模型(1996)	$\varepsilon_p = a \left(\dfrac{q_d}{q^f}\right)^m N^b$	荷载作用次数、应力水平(动偏应力与静偏应力比值)及回归系数

续上表

名称与时间	模 型	包 含 参 数
Muhanna 模型(1998)	$\log\left[\sum\dfrac{\varepsilon_p}{\left(\dfrac{\sigma_d}{\sigma_{df}}\right)^{\frac{7}{4}}\times e^3}\right]=1.3+2.476\times\dfrac{w-w_0}{w_0}$	应力水平(偏应力与静强度比值)、孔隙率、含水率和最佳含水率
Chai 和 Miura 模型(2002)	$\varepsilon_p=a\left(\dfrac{q_d}{q_f}\right)^m\left(1+\dfrac{q_s}{q_f}\right)^n N^b$	应力水平(动偏应力与静偏应力比值、偏应力与静强度比值),荷载作用次数及材料参数

以上模型以经验回归的方式建立,分别选用荷载作用次数、应力水平作为自变量,而材料性质和状态的影响主要反映在模型的参数上;回归系数反映土类、湿度、应力等因素的影响,采用参数预估公式进行计算;路基湿度状态以质量含水率表示,仅一种模型提到相对含水率[Muhanna 模型(1998),包括含水率与最佳含水率差值项];模型逐渐引入应力(应变)水平,参考应力包括大气压力、静偏应力、静强度,参考应变包括弹性应变。

同济大学李冬雪对预估模型考虑了应力与湿度状态,反映材料性质和状态,同时选取 Monismith 模型和 Chai-Muria 模型为基础,引入非饱和土的基质吸力表达路基土的湿度状态,借助室内动三轴试验数据,通过回归分析建立黏质路基土永久应变预估模型[式(1-2-33)]。

$$\varepsilon_p = 0.041\left(\dfrac{h_s}{p_a}\right)^{-0.309}\left(\dfrac{\sigma_d}{p_a}\right)^{1.422}N^b \qquad (1\text{-}2\text{-}33)$$

式中:ε_p——永久应变,又称塑性应变(%);

h_s——路基土基质吸力(kPa);

p_a——参考应力,为大气压力(kPa);

σ_d——偏应力(kPa);

N——荷载作用次数;

b——与路基土的类型有关的系数,$b>0$,$b=0.214e^{0.006P_{0.075}}$;

$P_{0.075}$——0.075mm 筛的通过百分率(%)。

四、路基永久变形计算及控制

1. 分条分层总和计算法

分条分层总和计算法是在分层总和法的基础上,将行车道横向范围根据轮载作用宽度分为若干条带,并将标准轴载累积作用次数按照一定的轮迹分布频率分配到各个条带上;先求在某单个条带上作用轮载时路基土工作区范围内亚层的永久变形 δ_{ij}(轮载作用在 j 条带上,在路基土第 i 亚层上产生的塑性变形),然后将各亚层永久变形累加起来(分层总和),即为 N 次荷载作用于某条带上时,路基中所产生的永久变形;最后将各个条带上分别作用轮载时的路基永久变形累加起来(分条分层总和),如图 1-2-30 所示。

(1)基本假定

①认为路基的总永久变形为各分层路基永久变形之和;

②假定路基只在竖向发生压缩变形,没有侧向变形;

③受荷载扩散效应的影响,计算某一分条永久变形时,将其余荷载在该分条下各分层深度处引起的附加应力(应变)叠加到本条带引起的附加应力中一并计算。

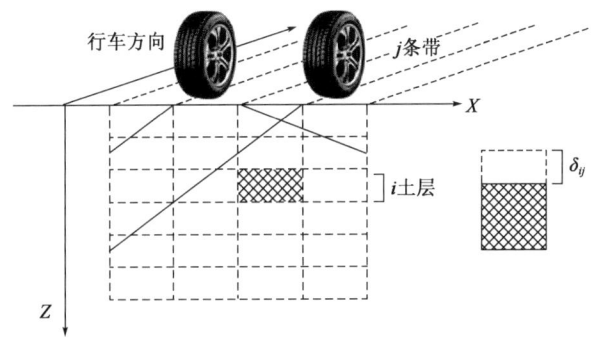

图 1-2-30　分条分层总和法基本原理

(2)计算步骤

①分条:根据轮迹宽度(双轮组每个轮宽 20cm,轮隙宽 10cm),将单条条带宽度 l_i 取为 0.5m,以公式 $m=L/l_i$ 计算分条数目,其中 L 为行车道宽度,每条带覆盖频率即为条带 i 的轮迹横向分布系数 f_i,如图 1-2-31 所示。将设计车道标准轴载累计作用次数 N_e 乘以条带的轮迹横向分布系数,得到该条带的轮载作用次数 N,即为该条带上实际所受到的轮载作用次数。

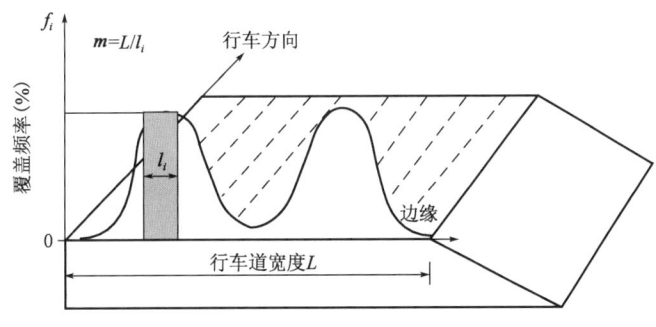

图 1-2-31　路基分条示意图

②分层:以车辆荷载引起的路基竖向附加应力 σ_z 与路基自重应力 σ_0 的比值 $\sigma_z/\sigma_0<0.1$ 为标准,计算路基工作区深度值;取亚层厚度为 10cm,将路基工作区划分为一定数量的亚层(图 1-2-32)。

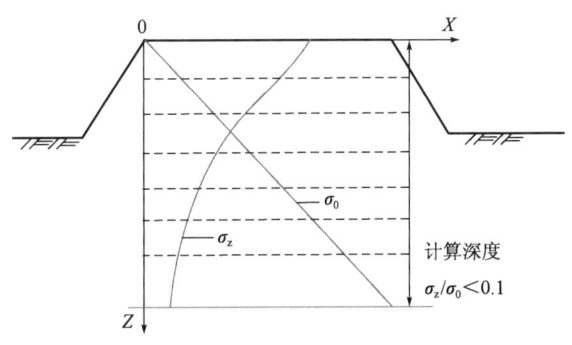

图 1-2-32　路基分层示意图

③根据公路所处自然区划、路基填料物性参数等条件,对路基顶面基质吸力 h_s 进行计算。
④定义 T 为转换系数,将基质吸力 h_s、N 及 b 代入式(1-2-34)计算条带的转换系数。

$$T = 0.041 \left(\frac{h_s}{p_a}\right)^{-0.309} N^b \tag{1-2-34}$$

⑤计算标准轴载(或者超载)作用下路基内各层产生的附加压应力,即偏应力 σ_d,将 σ_d 代入路基永久应变预估公式[式(1-2-35)]计算分层永久应变。

$$\varepsilon_p = T \left(\frac{\sigma_d}{p_a}\right)^{1.422} \tag{1-2-35}$$

⑥分层永久应变乘以分层厚度即为该分层的永久变形量。

$$\delta_p^j(N) = \sum_{i=1}^{n} [\varepsilon_{pi}(N) h_i] \tag{1-2-36}$$

式中:$\delta_p^j(N)$——在第 j 条带上轮载 p 重复作用 N 次时路基土总的永久变形(mm);

$\varepsilon_{pi}(N)$——第 i 分层土的永久应变(%);

n——路基的分层数;

h_i——第 i 分层厚度(mm)。

⑦将各个条带上作用轮载时的路基永久变形累加起来,即可得到轮载 p 重复作用 N_e 次时路基总的永久变形 $\delta_p(N_e)$。

$$\delta_p(N_e) = \sum_{j=1}^{m} \delta_p^j(N) \tag{1-2-37}$$

2. 安定理论

粒料和土的永久应变累积规律与反复荷载的应力水平和加载次数有关。当应力水平低时,永久变形的累积会随着荷载作用次数的增加而趋于稳定,最终达到平衡状态;当应力水平高时,永久应变随荷载作用次数的增加而加速累积,并最终导致破坏。可见,存在一个区分粒料和土基在反复作用下趋于稳定或破坏状况的临界应力水平,该应力水平称为"安定极限",所对应的理论称为"安定理论"。

安定理论中提出,材料在反复加载作用下的响应可分为以下 4 种类型。

(1)纯弹性

作用的反复应力小,以至于没有材料单元达到屈服状态,整个加载过程中,全部变形完全恢复,其响应是弹性的。

(2)弹性安定

作用的反复应力略低于产生塑性安定所需要的应力,在有限荷载作用次数内,材料响应是塑性的,然而最终的响应仍然是纯弹性,此时任务材料处于安定状态,达到的最大应力称为"弹性安定极限"。

(3)塑性安定

作用的反复应力大于弹性安定极限,而略小于塑性应变累积产生增量性破坏所需的应力,材料最终达到长期稳定响应,塑性应变不再累加,每次加载的响应都滞回,一旦达到纯回弹响应,便认为材料已塑性安定,此时的最大应力水平称为"塑性安定极限"。

(4)增量性破坏

作用的反复应力足够大,使材料达到或超过屈服状态,其响应是塑性的,每次加载都导致塑性应变量增长,材料在短时间内发生破坏。

根据安定理论,控制了路基承受的应力或应变水平,其永久应变累积即可最终趋于平衡,相应地控制了路基的永久变形量,保证路面结构不因出现过量变形而破坏。故在路基变形设计时,路床顶面竖向压应变法以其易于实施的优点得到了研究者的关注。

20世纪60年代就有学者提出通过控制路基顶面竖向压应力或压应变来限制路基永久变形的构想,为后来许多设计方法所采纳。其原理是路基土或粒料的塑性应变与弹性应变存在较好的比例关系,若弹性应变被限定在规定的范围内,则塑性应变和总的永久变形量将相应地得到控制。

路基顶面的容许竖向压应变值可通过对使用性能已知的路面结构进行路基压应变反算后确定。较为经典的经验关系见式(1-2-38)。

$$\varepsilon_z = aN^{-b} \tag{1-2-38}$$

式中:ε_z——路基顶面容许竖向压应变($\mu\varepsilon$);

N——荷载重复作用次数;

a、b——经验回归系数,如表1-2-19所示。

路基顶面容许竖向压应变关系式经验回归系数　　表1-2-19

来　源	控　制　条　件	a($\times 10^{-2}$)	b
Shell法	耐用性指数PSI=2.5 (车辙标准:20mm)	2.80(保证率50%) 2.10(保证率85%) 1.80(保证率95%)	0.250
AI法	车辙标准:12.7mm	1.05	0.223
诺丁汉大学	临界(车辙标准:10mm)	1.04	0.270
	破坏(车辙标准:20mm)	2.16	0.260
比利时	—	1.10	0.230
澳大利亚	—	0.93	0.143
新西兰	由5种试验路面测定反算	1.20	0.145
法国	平均日轴次>150辆/d	1.20	0.222
	交通量较小的路面	1.60	

路基顶面竖向压应变的影响因素不仅仅是轴载作用次数,还包括路基土质、环境湿度等。美国、芬兰和丹麦合作开展的"路基使用性能研究"课题,依据6年的试验结果,提出路基竖向塑性压应变、车辙深度和平整度的经验关系,依照这些关系式,可更全面地分析路基竖向压应变与路基永久变形、路表车辙量和路面平整度的关系。

$$\varepsilon_{pz} = 0.087 N^{0.333} (\sigma_z/p)^{0.333} \varepsilon_z \tag{1-2-39}$$

$$\delta_p = 5.54 (N/10^6)^{0.333} (\sigma_z/p)^{0.333} (\varepsilon_z/1000) \tag{1-2-40}$$

$$IRI = 0.871 (N/10^6)^{0.333} (\sigma_z/p)^{0.333} (\varepsilon_z/1000) \tag{1-2-41}$$

式中:ε_{pz}和ε_z——距路表深度z(mm)处的路基竖向塑性和弹性压应变;

σ_z——距路表面深度z(mm)处的路基竖向压应力(MPa);

p——参考应力(MPa),取0.1MPa;

N——轴载作用次数;

δ_p——车辙深度(mm);

IRI——平整度指数(m/km)。

我国现行《公路沥青路面设计规范》(JTG D50)在考虑路基湿度的基础上,运用可靠度指标提出了新的路基顶面容许竖向压应变的计算公式,具体见本篇第三章。

第三章 路基结构设计

第一节 路基结构设计思想

路基结构设计时,需遵循路基稳定是基础、变形控制是核心的思想。路基变形包括了回弹变形和永久塑性变形,两者分别以平衡湿度下的路基动态回弹模量和路基顶面竖向压应变为主要设计指标。而为了满足设计指标要求,现场施工主要控制填料的加州承载比(CBR)和压实度,即现场 CBR 值不小于室内 CBR 试验结果、压实度接近标准压实状态要求。当不符合要求时,需通过换填处理、处治填土或改善路基湿度等手段调整路床设计方案,直至满足设计要求。具体设计流程如图 1-3-1 所示。

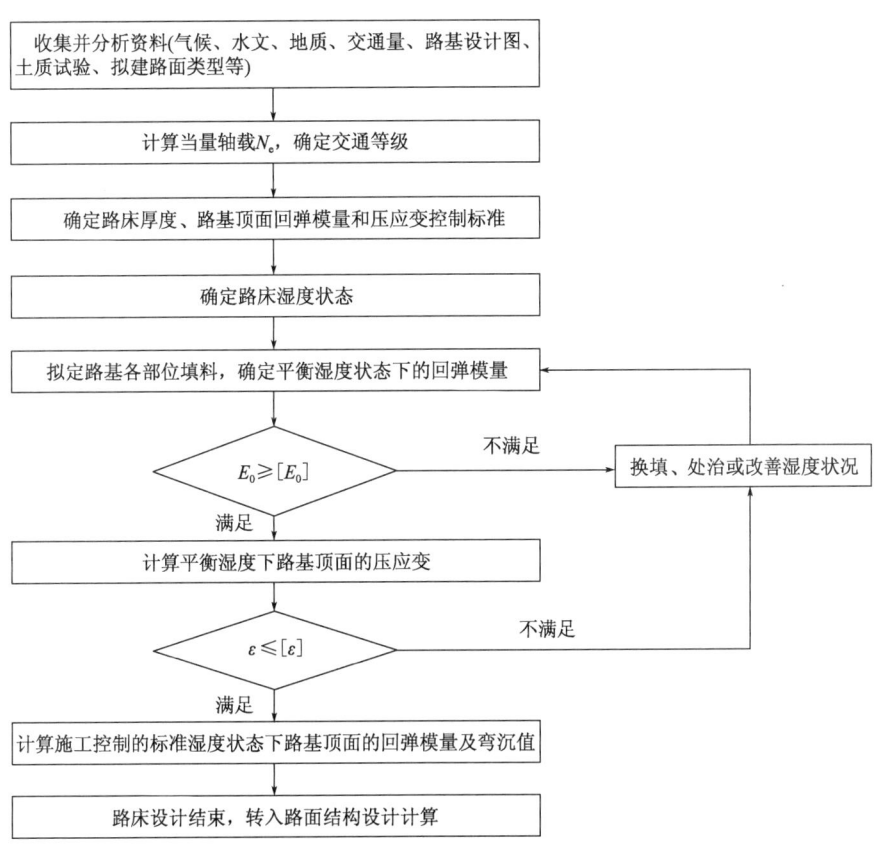

图 1-3-1 路基结构设计流程图

第二节　路基结构设计指标与控制标准

一、路基顶面回弹模量

1. 设计指标参数

新建公路路基回弹模量设计值 E_0 应按式(1-3-1)确定，并应满足式(1-3-2)的要求。

$$E_0 = K_s \cdot K_\eta \cdot M_R \tag{1-3-1}$$

$$E_0 \geq [E_0] \tag{1-3-2}$$

式中：E_0——平衡湿度状态下路基回弹模量设计值(MPa)；

$[E_0]$——路面结构设计的路基回弹模量要求值(MPa)；

M_R——标准状态下路基动态回弹模量值(MPa)；

K_s——路基回弹模量湿度调整系数，为平衡湿度(含水率)状态下的回弹模量与标准状态下的回弹模量之比，可按表1-2-14、表1-2-15确定；

K_η——干湿循环或冻融循环条件下路基土模量折减系数，通过试验确定。初步设计时，非冰冻地区可根据土质类型、失水率确定，季节冻土区可根据冻结温度、含水率确定，折减系数可取 0.7 ~ 0.95。非冰冻区粉质土、黏质土，失水率大于30%，取小值，反之取较大值；粗粒土取大值。季节冻土区粉质土、黏质土冻结温度低于 -15℃，冻前含水率高，取小值，反之取较大值；粗粒土取大值。

其中，以最佳含水率和最大干密度时的路基湿度状态作为标准状态，标准状态下路基回弹模量值按下列方法确定：

(1)路基填料的回弹模量应按路基土动态回弹模量标准试验方法获得。

(2)受试验条件限制时，按土组类别及粒料类型由表1-3-1、表1-3-2查取回弹模量参考值。

(3)初步设计阶段，也可按式(1-3-3)、式(1-3-4)由填料的CBR值估算标准状态下填料的回弹模量值。

$$M_R = 17.6 \text{CBR}^{0.64} \quad (2 < \text{CBR} \leq 12) \tag{1-3-3}$$

$$M_R = 22.1 \text{CBR}^{0.55} \quad (12 < \text{CBR} < 80) \tag{1-3-4}$$

标准状态下路基土回弹模量参考值　　表1-3-1

土　组	取值范围(MPa)	土　组	取值范围(MPa)
砾(G)	110 ~ 135	粉土质砂(SM)	65 ~ 95
含细粒土砾(GF)	100 ~ 130	黏土质砂(SC)	60 ~ 90
粉土质砾(GM)	100 ~ 125	低液限粉土(ML)	50 ~ 90
黏土质砾(GC)	95 ~ 120	低液限黏土(CL)	50 ~ 85
砂(S)	95 ~ 125	高液限粉土(MH)	30 ~ 70
含细粒土砂(SF)	80 ~ 115	高液限黏土(CH)	20 ~ 50

注：1. 对于砾和砂，D_{60}(通过率为60%时的颗粒粒径)大时，模量取高值，反之取低值。
　　2. 对于其他含细粒的土组，小于0.075mm颗粒含量大和塑性指数高时，模量取低值，反之取高值。
　　3. 同等条件下，轻、中等及重交通荷载时路基土回弹模量取较小值，特重、极重交通条件下取较大值。

标准状态下粒料回弹模量参考值   表 1-3-2

粒料类型	取值范围(MPa)	粒料类型	取值范围(MPa)
级配碎石	180~400	级配砾石	150~300
未筛分碎石	180~220	天然砂砾	100~140

2.控制标准

路基在平衡湿度状态下,路床顶面回弹模量不应低于现行《公路沥青路面设计规范》(JTG D50)和《公路水泥混凝土路面设计规范》(JTG D40)的规定。

《公路水泥混凝土路面设计规范》(JTG D40—2011)第4.2.2条规定:路床顶面的综合回弹模量值,轻交通荷载等级时不得低于40MPa,中等或重交通荷载等级时不得低于60MPa,特重或极重交通荷载等级时不得低于80MPa。

《公路沥青路面设计规范》(JTG D50—2017)第5.2.2条提出路床顶面回弹模量要求:中等、轻交通荷载等级时不小于40MPa,重交通荷载等级时不小于50MPa,特重交通荷载等级时不小于60MPa,极重交通荷载等级时不小于70MPa。

二、路基顶面竖向压应变

1.验算方法

路基土在反复荷载作用下会出现不可恢复的永久变形,但路基土或粒料的塑性应变与弹性应变存在较好的比例关系,若弹性应变被限定在规定的范围内,则塑性应变和总的永久变形量将相应地得到控制,从而相应地控制路基永久变形。路床顶面竖向压应变的验算方法如下:

$$\varepsilon_0 \leqslant [\varepsilon_z] \tag{1-3-5}$$

式中:ε_0——路基顶面可能发生的竖向压应变(10^{-6});

$[\varepsilon_z]$——路基顶面容许压应变(10^{-6})。

2.控制标准

沥青路面路床顶面竖向压应变的计算值应满足沥青路面设计永久变形的控制要求,《公路沥青路面设计规范》(JTG D50—2017)规定了路基顶面最大竖向压应变不应大于式(1-3-6)确定的容许压应变值。

$$[\varepsilon_z] = 1.25 \times 10^{4-0.1\beta}(k_T N_e)^{-0.21} \tag{1-3-6}$$

式中:N_e——设计期内设计车道上的当量轴载累积作用次数(次);

β——可靠度指标;

k_T——湿度调整系数。

水泥混凝土路面路床顶面竖向压应变可不作为验算指标。

第三节 路床填料选择与施工控制

路床部分受到的荷载附加应力相对显著,且与路面结构响应密切相关。因此,路床部分需选择合理的填料,并满足一定的压实度,且路床厚度应根据交通量及其轴载确定。根据路基工作区的研究成果和实际工程经验,我国公路实际路基工作区深度明显大于0.8m,故对路床范围做出调整。轻、中等及重交通的公路路床厚度取0.8m,特重、极重交通的公路路床厚度取

1.2m。对于特种轴载的公路,需要通过计算路基工作区深度来确定路床厚度。

对于路床层位划分,从工程经济性考虑,上路床仍取 0~0.3m;下路床则按照交通荷载等级进行划分,对于轻、中等、重交通公路仍为 0.3~0.8m,对于特重、极重交通公路则修订为 0.3~1.2m。

特种轴载的公路是指以运煤或运建筑材料等大型载重车为主的公路,需根据实际情况,经调查论证后单独选用轴载计算参数来计算确定路床厚度。

一、填料选择

路床将承受路面传递下来的、较大的荷载应力,因此,路床的理想填料应均匀、密实,有较高的强度,并且水稳定性好、压缩性小、便于施工压实。规范中对路床填料选择的主要指标是加州承载比(CBR)。CBR 是美国 California 州公路局提出的一种评定路基及路面材料承载能力的指标。以材料抵抗局部荷载压入变形的能力表征承载能力,并以标准碎石的承载能力为标准,两者的相对比值称为 CBR。

CBR 按式(1-3-7)计算:

$$CBR = \frac{p}{p_s} \times 100 \qquad (1-3-7)$$

式中:CBR——加州承载比(%);

p_s——标准碎石在某贯入量时的标准压力(kPa),贯入量为 2.5mm 时,p_s = 7030kPa;贯入量为 5.0mm 时,p_s = 10550kPa;

p——测试材料在对应贯入量时的单位压力(kPa)。

CBR 值计算时一般取贯入量为 2.5mm。但当贯入量为 2.5mm 对应的 CBR 值小于贯入量为 5.0mm 对应的 CBR 值时,应取后者。

路床填料 CBR 的控制标准如表 1-3-3 所示。试验条件应符合现行《公路土工试验规程》(JTG 3430)的规定;对于年平均降雨量小于 400mm 地区,路基排水良好的非浸水路基,通过试验论证可采用平衡湿度状态的含水率为 CBR 试验条件,而非最不利湿度状况,同时结合当地气候和交通荷载等级,确定填料的 CBR 控制标准。当路床填料 CBR 值达不到表中要求时,需进行处治加固。

路床填料最小承载比要求 表1-3-3

路基部位		路面底面以下深度(m)	填料最小承载比(CBR)(%)		
			高速公路、一级公路	二级公路	三、四级公路
上路床		0~0.3	8	6	5
下路床	轻、中等及重交通	0.3~0.8	5	4	3
	特重、极重交通	0.3~1.2	5	4	—

二、路床压实

路基应分层压实。压实的过程是土颗粒重新排列、孔隙被挤压缩小、土体逐步密实的过程。压实一是可以提高路基的强度和回弹模量,从而保证其稳定性,减小反复荷载作用下的路基回弹变形;二是可以降低路基的可压缩性,从而减小反复荷载作用产生的路基永久变形;三是可以降低路基的孔隙率、渗透系数和毛细水上升高度,从而减少持水和渗流;四是可以最大限度地减小路基的体积变化(胀缩)。因此,压实对于保障路基的各项使用性能及其长期有效具有重要意义。

路基的压实程度可以用压实度 C_k 来表征,见式(1-3-8)。

$$C_k = \frac{\rho_d}{\rho_{dmax}} \times 100 \quad (1-3-8)$$

式中:C_k——压实度(%);

ρ_d——现场压实土的实测干密度(g/cm³);

ρ_{dmax}——由标准击实试验得到的最大干密度(g/cm³)。

标准击实试验分重型和轻型两种,其试验标准如表1-3-4所示。重型击实试验的压实功能相当于12~15t压路机的碾压功能;轻型击实试验的压实功能相当于6~8t压路机的碾压功能,因此,其得到的最大干密度要比重型击实试验小6%~12%,最佳含水率则大2%~8%。

标准击实试验的试验标准　　　　　　表1-3-4

击实试验	试筒		击锤			层数	每层击数	粒径(mm)
	内径(cm)	高度(cm)	直径(cm)	质量(kg)	落高(cm)			
重型 A	10.0	12.7	5	4.5	45	5	27	≤25
重型 B	15.2	12.0	5	4.5	45	5	98	≤38
轻型 A	10.0	12.7	5	2.5	30	3	27	≤25
轻型 B	15.2	12.0	5	2.5	30	3	59	≤38

路床(特别是上路床)属路基工作区范围,受行车荷载的反复作用和水分的干湿循环影响较为强烈;在季节性冰冻地区还会明显受到冻融循环;对于低填、零填或挖方路基,还会承受地下水或地表滞水的毛细浸湿作用。接近原地面的下路堤受行车荷载的影响很小,而受地下水的影响可能比较显著。对于高路堤的中部,荷载和环境因素的影响均相对轻微。因此,无论是填方路基还是挖方路基,上层的压实度要求最高,路堤下部和中部的压实度则可低一些。

对于路床,基于上述考虑所制定的压实标准如表1-3-5所示,表中所列压实度均以重型击实试验为标准。实际操作中,在特别干旱的地区,由于路基土的天然含水率都远低于最佳含水率,且往往地区性缺水,很难通过浸湿填料来达到要求的最佳含水率;而且干旱地区路基运营后进一步受潮的概率较小,程度也较轻,因而可以适当降低压实要求。在特别潮湿的地区,由于地下水位高,降雨多,与最佳含水率接近的填料匮乏,土的天然含水率大多高于最佳含水率,晾晒费工费时且难以实施;而且压实后路基吸湿会增加膨胀变形,所以在条件困难的情况下也可适当降低路基压实要求。在季节性冰冻地区,为了减轻因水分积聚而产生的冻胀、融沉和翻浆冒泥,路基压实度要求应当高一些。

另外,路床施工时应分层铺筑,碾压密实,并应符合填料最大粒径小于100mm、路床顶面横坡与路拱横坡一致的要求。

路床压实度要求　　　　　　　　　　　　　　表1-3-5

路基部位		路面底面以下深度（m）	路床压实度(%)		
			高速公路、一级公路	二级公路	三、四级公路
上路床		0～0.3	≥96	≥95	≥94
下路床	轻、中等及重交通	0.3～0.8	≥96	≥95	≥94
	特重、极重交通	0.3～1.2	≥96	≥95	—

注：1. 表中所列压实度系按《公路土工试验规程》(JTG E40—2007)重型击实试验所得最大干密度求得的压实度。
    2. 三、四级公路铺筑沥青混凝土和水泥混凝土路面时，其压实度应采用二级公路压实度标准。

第四节　路基结构处治设计

一、路床处治原则

路床是路基工作区的主要范围，承担的附加应力显著，是路面结构的直接持力层，其强度和稳定性是路基路面正常工作的基本保障。当路床填料性质不良，强度低，填料CBR、路床回弹模量和竖向压应变等不能满足要求时，需对路床进行换填、掺合砂砾碎石、无机结合料处治等处理；当水文地质条件不良，路基处于潮湿状态，或者季冻地区的中湿、潮湿路段，路床过软，需对路床设置排水垫层或隔离层，或者设置防冻垫层或保温层等，直至满足控制标准。

路床处治方法还需根据当地筑路材料存量与分布，采取就近取材的原则，并进行多种方案的技术经济比选，合理确定路床处理方案。

二、路床处治方法

路基结构(路床)的主要处治方法包括换填处治(粗粒土或无机结合料处治土)、无机结合料处治、设置排水垫层或隔离层、设置防冻垫层或保温层等，应根据气候、土质、地下水赋存和料源等条件，经技术经济比选后确定。

1. 换填处治

对于填土高度小于路面和路床总厚度的低填零填路基，设计中常常将该深度范围内的地基土挖除，然后分层回填土、石，并压实。挖方路段针对不同基底的地质情况和路基工作区深度，也常常进行不同深度的超挖换填。以下选取几种有代表性的地质情况来说明路床范围常用的换填措施。

(1)湿陷性黄土。将路床范围黄土挖除换填，如果地基浸湿的可能性较大，可于路床内夹铺一层不透水土工布。如果连同路床以下的黄土也要处理，也可采用强夯、重锤夯实或冲击碾压等措施来消除其湿陷性。

(2)膨胀土。对弱膨胀土可以掺入石灰进行改良，对于中等或强膨胀土，则应将路床范围的膨胀土进行超挖换填，在地下水发育的路段，换填深度还应加深至1.0～1.5m。同时，应在路床范围夹铺一层不透水土工布，配合泄水管将水排出路床范围。也可采用不透水材料，如三七灰土或二八灰土进行换填，将水隔离于路基范围之外。配合比好的三七或二八灰土气密性较高、抗变形能力较强，可以有效防止地下水向上渗透，并大大减少路床范围的变形。

(3)松散土。换填路床范围土层，并结合土工格栅等土工材料改善路基的强度和稳定性。不受施工限制的路段也可采用重锤夯实及水泥粉煤灰碎石桩(CFG桩)等方式处理。

(4)冻土。应根据冻土的分布和层厚进行换填,换填厚度需经热工计算确定,换填填料可采用工业保温材料及渗水土等。

(5)石质地基。一般应根据岩石的风化程度来确定处理厚度,对于全风化及强风化岩石,应将路床范围的岩石全部挖除,换填渗水土或掺灰土并分层压实,压实度不小于规范要求;对于弱风化或未风化的坚硬岩石路床,可在路面结构层下铺设碎石垫层进行调平。

(6)地下水的影响。地下水位较低,且水位变化不会影响到路床和路面范围的路段时,采用普通路基填料分层回填并压实即可;地下水位较高,会对路床甚至路面形成浸泡时,应选用渗透性较好的填料,如砂砾、碎石等,并设置盲沟及时将地下水排出路床范围。

2. 无机结合料处治

无机结合料处治的材料包括石灰、水泥和粉煤灰等,由其中一种或两种进行处治,如石灰土、水泥土、二灰土等。不同无机结合料处治的机理有所不同,石灰土主要发生凝胶反应和胶体反应,使土颗粒胶结或形成团粒结构;水泥土通过化学结合与机械咬合两种作用促成土颗粒间的胶结;粉煤灰与石灰或水泥混合后能激活其活性,并与水泥、石灰反应生成类似的水化物来稳定土体。

无机结合料处治土性能的影响因素众多,除施工控制外,还有土质条件、结合料类型及掺量、养生与龄期、湿度条件等,不同的处治土需因地制宜,合理选用。

(1)土质

影响细粒土处治效果最为显著的土质因素是黏粒(<0.002mm)含量和塑性指数,水泥土的强度和模量随土中黏粒含量增加和塑性指数增大而降低,而石灰土的强度和模量随土中黏粒含量增加和塑性指数增大而增加。

土中的有机质和盐分严重影响水泥处治的效果,所以有机质含量大和含盐量大的土一般不适合水泥处治。相对而言,含10%~30%粉粒和黏粒的砂土,采用单一水泥处治的效果最好;而对于液限大于45%、塑性指数大于20的土,用单一水泥处治往往不经济。石灰则适宜于处治黏质土,而不适宜处治塑性指数较小(≤10)的低塑性土。单一石灰处治需要的石灰剂量过高时,可以采用石灰粉煤灰稳定(二灰处治)。适用于石灰处治的细粒土均适宜于二灰处治,而且土的塑性指数越大,二灰处治的效果越明显。

(2)结合料类型及掺量

不同的无机结合料适宜于不同的路基土处治;对于同一种路基土,结合料类型及掺量不同,处治土的性能也有所不同。对于细粒土路基,石灰稳定土的生石灰粉掺量一般为6%~8%,消石灰掺量可为6%~12%;水泥稳定土的通用硅酸盐水泥掺量一般为5%~7%;水泥石灰综合稳定时,结合料总掺量为7%~10%,其中水泥不少于2.5%;石灰粉煤灰稳定时,二灰总掺量一般为10%~20%,石灰与粉煤灰的比例以1:5~1:3为宜。

(3)养生与龄期

标准养生条件对各种处治土均适用,而石灰土和粉煤灰石灰土不适宜在饱水条件下养生。无机结合料处治土的强度和模量一般均随龄期而增长,如图1-3-2所示。石灰土和二灰土的初期强度和模量低,但随龄期有相当长时间的增长;而水泥土和水泥石灰土的初期强度和模量较高,但随龄期增长缓慢,增幅相对较小。

(4)湿度条件

与水泥处治相比,石灰处治对湿度要求较高,尤其是低剂量的石灰土,往往在过湿环境下难以硬结,强度形成困难,所以石灰土路基不应在饱和或过湿状况下使用。石灰土有一定的水稳性和抗冻性,加入适量水泥后(成为水泥石灰土),其水稳性得到提高。图 1-3-3 是不同饱和度条件下石灰土路基和水泥石灰土路基顶面的实测回弹模量。两种处治土路基的回弹模量都随湿度(饱和度)增大而下降,但水泥石灰土路基回弹模量的下降幅度要小些,因而对地下水位高、平衡湿度大的细粒土具有相对更强的适应性。

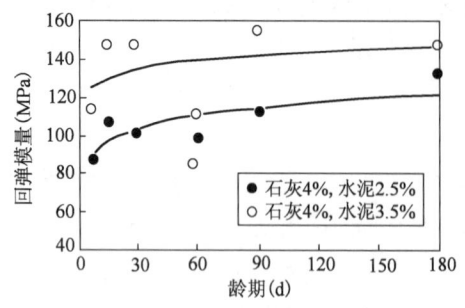

图 1-3-2 处治土回弹模量与龄期的关系

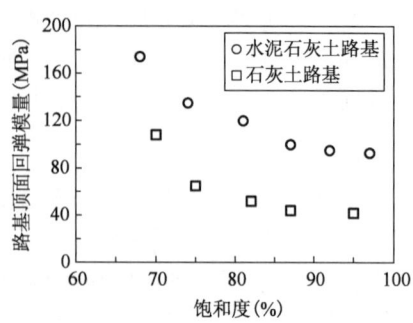

图 1-3-3 路基回弹模量与饱和度的关系

3. 设置排水垫层或隔离层

设置排水垫层或隔离层是为了防止毛细水进入路床以及处理路床湿度过大的有效措施。通过水文地质条件不良的土质挖方路基或者潮湿状态填方路基处理时,宜考虑采用此方法。

排水垫层一般指一定厚度的砂(砾)层,称为砂(砾)垫层。排水垫层既可作为水平排水通道,也可以作为路堤的基底排水层,排出路堤内水分,疏干路堤。另外,若砂(砾)层与下卧富水层之间设置较高抗拉强度的土工合成材料,或采用土工合成材料包裹砂(砾)垫层时,其厚度可适当减薄。

隔离层可选用土工膜、沥青膜、沥青砂、油毛毡等非透水层材料,阻断下层毛细水与气态水上升,或选用砾石、砂石(细砂)作为透水层材料,只阻断毛细水上升。新建高速公路、一级公路,路堤高度大于 1.8m 时可选用砾石、砂石作为隔离层,既可使路基上部渗水下渗,也可阻隔下部毛细水上升;但路堤高度不足 1.8m 时,为防止毛细水与气态水上升引起路床填料强度降低,宜选用土工膜等材料非为非透水层材料。

4. 设置防冻垫层或保温层

季冻土地区公路路基湿度过高,会导致路基冻胀、融沉病害的出现,合理控制路基含水率或阻隔低温传导,可有效防治此类病害。防冻垫层与排水垫层类似,可采用砂(砾)层,且砂中不含杂质、泥土。从蓄水和耐污染等考虑,防冻垫层的经验厚度可参考表 1-3-6。

防冻垫层的经验厚度 表 1-3-6

土基潮湿类型	防冻垫层厚度(cm)
中湿	15 ~ 20
潮湿	20 ~ 30

路基防冻层的填料在不低于非冻土区相应的路基路床、路床底层对填料要求的基础上,以砂的细粒含量小于 5% 或砾的细粒含量小于 15% 为原则,具体见表 1-3-7。

常用的防冻层材料　　　　　　　　　　　　表1-3-7

类别	土　名	级　配	细粒含量(%)
A	漂石、卵石、碎石、粗砾、细砾、砾砂、粗砂、中砂	级配良好	<5
A	漂石、卵石、碎石、粗砾、细砾	级配良好	5～15
B	漂石、卵石、碎石、粗砾、细砾、砾砂、粗砂、中砂、细砂	级配不好	<5
B	漂石、卵石、碎石、粗砾、细砾	级配不好	5～15
C	细砂	级配不好	<5

第四章 填方路基

第一节 概 述

一、路堤定义与分类

路堤是指高于原地面的填方路基。路堤在结构上分为上路堤和下路堤,上路堤是指路床以下 0.7m 厚度范围的填方部分;下路堤是指上路堤以下的填方部分。

路堤按填筑材料不同,可分为土质路堤、填石路堤与土石路堤等。

路堤按填土高度不同,可分为低路堤、一般路堤和高路堤。

1. 低路堤

低路堤是指填方高度接近或小于路基工作区深度的路基,填方高度一般小于 1.0~1.5m,常在平坦地区取土困难时选用。平坦地区地势低,水文条件较差,易受地面水和地下水的影响,设计时应注意满足最小填土高度的要求,力求不低于规定的临界高度,使路基处于干燥或中湿状态。路基两侧均应设边沟。除填方路堤本身要求满足规定的施工要求外,天然地面也应按规定进行压实,达到规定的压实度,必要时进行换土或加固处理,以保证路基路面的强度和稳定性。

2. 一般路堤

一般路堤是指介于低路堤和高路堤之间的路基形式,填方高度通常为 1.5~20.0m。一般路堤可以按常规设计,采用规定的横断面尺寸,不做特殊处治。填方高度不大,在 2.0~3.0m 范围内时,填方数量较少,全部填方或部分填方时,可以在路基两侧设置取土坑,使之与排水沟渠结合。路堤近旁的沟渠较宽,或对于沿河浸水路堤,为保护填方坡脚不受流水侵害,使填方边坡稳定,可在坡脚与沟渠之间预留 1~2m 甚至 4m 以上宽度的护坡道。地面横坡较陡时,为防止填方路堤沿山坡向下滑动,应将天然地面挖成台阶,或设置石砌护脚。

3. 高路堤

高路堤是指填方高度超过 20.0m 的路基。高路堤的填方数量大、占地宽、施工条件较差,为使路基边坡稳定且横断面经济合理,需要个别设计。一般宜进行边坡稳定性分析,保证路基有足够的稳定性;边坡断面形式通常采用折线形或阶梯形,折线形为自上而下逐渐放缓边坡斜度,阶梯形是在中间设置护坡平台,平台上下段的边坡斜度可以相同或不同,路肩边缘设置土埂与护栏,路基宽度相应增加;边坡要进行适当防护,必要时采取加固措施。

二、影响路堤沉降变形与稳定的因素

公路路基裸露在大气中,其变形与稳定性在很大程度上由当地自然条件决定,并受人为因

素影响。

1. 地理条件

公路沿线的地形、地貌和海拔高度不仅影响路线选定和线形设计,也会影响到路基设计。平原、丘陵、山岭各区地势不同,路基的水温情况也不同。平原区地势平坦,排水困难,地表易积水,地下水位相应较高,因而路基需要保持一定的最小填土高度;丘陵区和山岭区,地势起伏较大,排水设计至关重要,否则易造成冲毁,影响路基的稳定。

2. 气候条件

气候条件如气温、降水、湿度、冰冻深度、日照、蒸发量等,都会影响公路沿线地面水和地下水的状况,并且影响路基的水温情况。不同的气候条件,使路基的强度和稳定性的变化规律具有各自不同的特点。

气候的季节性变化,影响路基水温情况发生季节性的周期变化。

在山岭区,气候的日变化剧烈,温湿度变化幅度大,风化作用强烈。

3. 水文和水文地质条件

水文条件如公路沿线地表水的排泄条件,河流洪水位、常水位,有无地表积水和积水期的长短,河岸的冲刷和淤积情况等。水文地质条件如地下水位,地下水移动的规律,有无层间水、裂隙水、泉水等。所有这些地面水和地下水,都会影响路基的稳定,如处理不当,常会引起各种病害。

4. 填料类别

土是建筑路基的基本材料。不同的土具有不同的工程性质,因而影响路基的设计与施工。

砂粒成分较多的土,其强度构成以内摩擦力为主,强度较高,受水的影响小,但施工时不易压实。较细的砂,在渗流情况下,容易流动,形成流砂。

黏粒成分较多的土,其强度构成以黏聚力为主,其强度随密实情况的不同变化较大,并随湿度增大而降低。粉土类土毛细现象强烈,其强度随湿度增大而降低,在负温度差作用下,水分移动并积聚,使局部土层湿度显著增大,是造成公路冻害的主要土类。

5. 人为因素

行车荷载的大小和作用的频繁程度,路基结构的形式,路基施工的方法和施工质量,以及日常的养护工作质量等,都将对路基的稳定性产生人为的影响。

第二节 路堤合理高度

一、路堤高度的影响因素

路堤高度是公路设计中的一个综合技术经济指标,它直接影响公路的占地面积、用土(石)数量、工程造价、附属设施布置密度和形式、使用性能等。路基过高将造成土石方数量增加,桥涵、排水、防护、加固等工程数量增加,公路用地面积增大,工程规模大,造价高,对周围环境也会产生负面影响。从单纯节约土地的角度出发,期望公路路基高度低,但路基高度并不是越低越好,若路基过低,气候环境、地下水将对路基土性能产生显著影响,不仅造成路基土长期强度衰减,而且在重型汽车动荷载作用下,路基将产生较大的塑性变形,加剧软土地基的沉降变形,导致路基路面产生早期的变形破坏。同时,低路堤的路基路面排水和通道设置困难。因此,公路路基应有合理的高度。

控制路堤填土高度的主要因素有:公路防洪设计要求、交叉通道净空、通航河流净空、路堤湿度状态要求、路堤排水及车辆荷载要求的路堤强度与变形等。

1. 公路防洪设计要求

路堤高度设计中,公路工程是受洪水威胁需要保护自身安全的防洪对象,根据公路的重要程度确定不同的防洪标准,常以洪水的重现期(N)或出现频率($P\%$)表示。《公路路基设计规范》(JTG D30—2015)规定,受水浸淹路段的路基边缘高程,应不低于路基设计洪水频率的水位加壅水高、波浪侵袭高及0.5m的安全高度。各级公路路基的设计洪水频率如表1-4-1所示。

路基设计洪水频率 表1-4-1

公路等级	高速公路	一级公路	二级公路	三级公路	四级公路
路基设计洪水频率	1/100	1/100	1/50	1/25	按具体情况确定

此外,目前计算公路路基高度设计时,应考虑河流上游水坝、水库等对路基设计洪水频率及设计洪水位的影响。在过去由于流经平原地区的河流上游都是山区。遇到大暴雨后,因山区的渗透性很小,很容易形成径流流向低洼的平原。当河槽不能承受时,造成洪水泛滥,不但淹没农田,也会冲毁公路的路基。目前河流的上游(山区)大都修建了大型水库,用于控制河流的排洪流量,使洪水不会再对公路路基造成严重破坏。

2. 交叉通道净空

高速公路沿线设置的交叉通道构造物是影响路基高度最直接、最关键的因素。构造物的设置与公路线路沿线所在地域的人口、经济、气候等有关。人口密度大的地方,村镇多,经济发展水平相对也比较高,道路网密集,设置的构造物也就很多。农村机械化水平提高,也要求乡村道路通道的净高、净宽提高。如西安—潼关高速公路,西安—宝鸡高速公路,均属于典型平原区高速公路。故构造物的间距、形式及净高是影响路基高度的主要因素。如:太原—祁县高速公路段全线44.5km的长度内有桥涵构造物315座(不包含互通立交内设置的桥涵构造物),平均每公里就有7.1座,由于全线构造物设置过多,密度过大,无法调整路线高程,致使全线路基高程居高不下。另外,多雨地区修筑的水利设施也比较多,农业发达地区的农田灌溉设施比较多,这些都影响了构造物的设置。因此,要降低路基高度,重点是考虑构造物形式和数量的影响。相反,人烟稀少的地方,路基高度则比较低。如新疆的吐乌大高速公路,地处戈壁,人烟稀少,构造物间距较长,平均路基高度只有2.5m。

3. 通航河流净空

在水系发达、航道分布地区,跨航道桥梁桥下净空必须结合公路、航道、桥梁三者综合考虑。通航河流的桥下净空高度应符合《内河通航标准》(GB 50139—2014)的有关规定,各级通航河流的净高要求见表1-4-2。道路交叉和桥梁净高都应按规定执行,尤其是通航桥的高度更要严格限制,但在有条件和可能时应尽量降低路基的高度。一是对影响道路通行净高的梁板考虑采用超低梁设计;二是有可能设计成坡桥,降低引道的高度。但高速公路下穿时,其路基的高度也不应低于0.5m,以防暴雨积水影响。

天然和渠化河流水上过河建筑物通航净高要求　　　　表1-4-2

航道等级	I	II		III		IV		V		VI		VII	
净高(m)	24.0	18.0	18.0	10.0	18.0	10.0	8.0	8.0	8.0或5.0①	4.5	6.0	3.5	4.5
代表船舶、船队	4排4列	3排3列,2排2列	3排3列,2排2列	2排1列	3排2列,2排2列(长江)	3排2列,2排2列,2排1列	3排2列,2排2列,2排1列,货船	2排2列	2排1列,货船	1拖5	货船	1拖5	货船

注：①仅适用于通航拖带船队的河流。

4. 中湿状态路基临界高度

路基的干湿状态直接影响路基的强度与稳定性，也直接影响路基最小填土高度。路基设计规范提出：水文地质不良地段的路基设计最小填土高度不应小于路床处于干燥或中湿状态的临界高度，当路基设计高程受限制时，应对潮湿、过湿状态的路基进行处理，使土基回弹模量不小于路面设计规范规定的要求。

一般地区砂性土填筑的路基应高于地面1.2m，粉性土填筑的路基应高于地面1.6m；受地表水影响的地区，砂性土填筑的路基应高于地面1.5m，粉性土填筑的路基应高于地面1.8m。若路线经过软弱土、膨胀土等不良地带，还应对路基做特殊处理，以降低地下水位及路面水的影响。在季冻区，路基冻融循环过程中公路冻深及冻结水上升高度对路基湿度状态也有较大影响，为防治冻胀翻浆，保证路基含水状态，也存在一个合理高度，在此高度时路基的冻胀翻浆不明显，同时工程量也最小，一般路基临界高度为公路最大冻深与冻结水上升高度之和。

5. 路基工作区深度

按照《公路工程技术标准》（JTG B01—2014）规定的汽车荷载计算，未考虑路面影响的路基工作区深度为2.69m，考虑路面材料影响的路基工作区深度，按高速公路半刚性基层沥青路面典型结构厚度0.78m计算，行车荷载作用的动应力影响深度仅至上路床部位，与国内室内外测试结果相比较，说明按照考虑路面厚度和材料刚度影响的J. Boussinesq修正公式所得的路基工作区深度过小。

当路基填土高度较大或汽车荷载较小时，汽车荷载对路基和地基土的作用影响尚不显著；但对于低路堤来说，尤其是重型、特重交通的公路，在汽车荷载作用下，路基将产生较大的塑性变形，加剧软土地基的沉降变形，导致路基路面产生早期的变形破坏。因此，确定路基最小填土高度时，在考虑路床所处的水文状态的同时，必须要考虑汽车荷载作用下路基工作区的深度，即路基高度设计要与汽车荷载相匹配，设计出的路基工作区深度不宜过大。

二、路堤合理高度的确定方法

1. 路基合理高度设计原则

低路堤公路路基合理高度设计应遵循以下原则：

(1) 根据公路所在地区气候特征、水文地质、土质特性及汽车荷载，充分考虑路基土在强度与变形方面的要求。

(2)综合考虑地表水、地下水、毛细水、盐分、温度等对路基性能的影响,保证中湿状态路基临界高度。

(3)充分考虑防洪、通航的要求。

(4)在满足立交桥、通道的净空要求前提下,可采用主线下穿相交公路的方案,以降低路堤高度和造价。

2.路基最小填土高度的确定

路基最小填土高度,应根据路基土分类、预测交通量及其汽车轴载谱,找出路基高度的主要控制因素,在满足公路使用功能要求前提下,按式(1-4-1)确定。

$$H_{\min} = \max\left[(h_{sw} - h_0) + h_w + h_{bw} + \Delta h, h_1 + h_p, h_{wd} + h_p, h_f + h_p\right] \quad (1\text{-}4\text{-}1)$$

式中:$H_{\min}$——路基最小填土高度(m);

h_{sw}——设计洪水位(m);

h_0——地面高程(m);

h_w——波浪侵袭高度(m);

h_{bw}——壅水高度(m);

Δh——安全高度(m);

h_1——中湿状态路基临界高度(m);

h_p——路面厚度(m);

h_{wd}——路基工作区深度(m);

h_f——季冻区公路冻结深度(m),按式(1-4-2)确定。

$$h_f = a \times b \times c \times Z_d \quad (1\text{-}4\text{-}2)$$

式中:Z_d——大地标准冻深(m);

a——路面路基材料热物性系数;

b——路基湿度系数;

c——路基断面形式系数。

三、典型气候条件下不同土质路堤最小高度

1.非冰冻区典型土组路堤合理高度确定方法及最小值

从路堤安全耐久角度来看,路基高度控制因素包括:

(1)车辆荷载影响深度,即路基工作区深度。车载作用下在路基内产生的应力随深度增加而减小,一定深度范围内的路基受车载影响不可忽略,此部分路基土体的强度、刚度和稳定性应得到足够的保证,因此,路基高度应大于或等于路基工作区深度。

(2)地下毛细水影响范围。地下水埋深较浅即地下水位较高的地区,若路基高度过低,地下水位以上路基下部(包括地基)甚至是整个路基范围均受地下毛细水的影响,此时路基土体强度、刚度均有较大幅度衰减。因此,在这些地区填筑路基时,应适当加高路基,尽可能保证路基上部(例如路床范围)不受地下毛细水影响,如果受到地下水影响,也应使路基满足刚度要求,即回弹模量大于或等于控制值。主要受地下毛细水影响的路基,其湿度(以"基质吸力"指标表征)从底面至顶面呈线性增加的趋势,其模量在深度方向(由下往上)也是呈逐渐增大的趋势,在此取路床底面为模量控制层位,对该层位模量进行控制,进而控制路基高度,如图1-4-1所示。

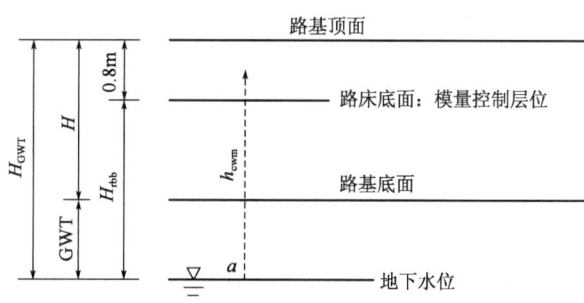

图 1-4-1 路基回弹模量控制层位选取

图中,H_{GWT} 为路基相对高度,GWT 为地下水位深度,H 为路基高度,H_{rbb} 为路床底面至地下水位的距离,h_{cwm} 为毛细水上升最大高度。

基于回弹模量与荷载影响深度控制的路基合理高度确定流程如图 1-4-2 所示。确定路基高度所需参数如表 1-4-3 所示。

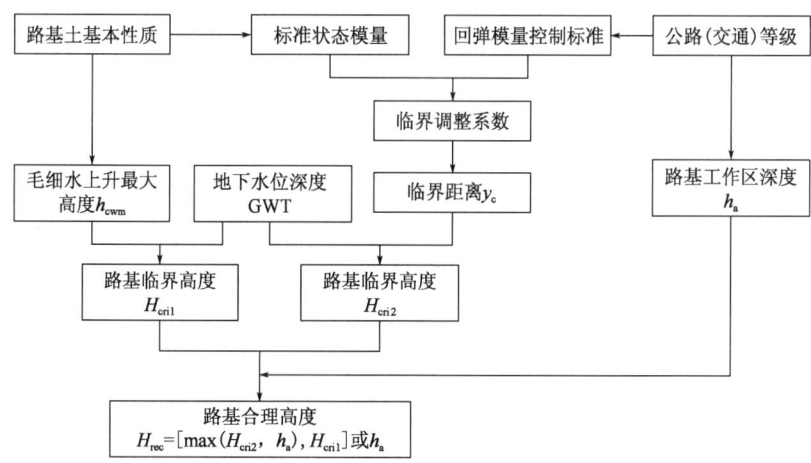

图 1-4-2 基于回弹模量与荷载影响深度控制的路基合理高度确定流程

确定路基高度所需参数　　表 1-4-3

土组	黏质土	粉质土	砂类土	砂
路基工作区深度推荐值 h_a(m)	1.4(特重、重交通)[1]　0.9(中等、轻交通)[1]			
毛细水上升最大高度 h_{cwm}(m)	3	3	0.9	0.5
路床顶面综合回弹模量控制值(MPa)	特重交通:60[2]　重交通:50[2]　中等、轻交通:40[2]			
路床底面(模量取控制值)至地下水位的临界距离 y_c[3](m)	3/2	0.8/0	0.6/0	0/0

注:①特重、重交通的 h_a 按照单轴双轮 100kN,"$\sigma_z/\sigma_c \leq 0.1$"标准取值;中等、轻交通的 h_a 按照单轴双轮 100kN,"$\sigma_z/\sigma_c \leq 0.2$"标准取值。
②根据《公路沥青路面设计规范》(JTG D50—2017)设定的模量控制值。
③从设计应偏于安全的角度考虑,以模量控制值与不同土组(标准状态)模量下限值的比值作为临界调整系数,反求路基中间层位至地下水位的距离,此距离即定义为 y_c。模量取上、下限值时对应的物性参数取值如表 1-4-4 所示,不同土组(标准状态)模量下限值与临界调整系数如表 1-4-5 所示。

路基回弹模量取上、下限值时对应的物性参数取值　　　　表 1-4-4

参　　数	最佳含水率 w_{opt}	最大干密度 ρ_{dmax}	加权塑性指数 wPI
模量取下限值	大值	小值	小值
模量取上限值	小值	大值	大值

不同土组(标准状态)模量下限值与临界调整系数　　　　表 1-4-5

土组		黏质土	粉质土	砂类土	砂
模量下限值(MPa)		35	50	60	95
临界调整系数	特重、重交通	1.14	0.80	0.67	0.42
	中等、轻交通	0.86	0.60	0.50	0.32

如图 1-4-1 所示,假设路床底面,即模量控制层位受地下水(包括上升毛细水)的影响,因此,$H_{rbb} \leq h_{cwm}$,如图中 a 线所示。

$$H_{rbb} = H_{GWT} - 0.8 \tag{1-4-3}$$

$$H_{GWT} - 0.8 \leq h_{cwm} \tag{1-4-4}$$

$$H_{GWT} = H + GWT \tag{1-4-5}$$

$$H \leq h_{cwm} + 0.8 - GWT \tag{1-4-6}$$

定义路基临界高度 H_{cri1} 如下:

$$H_{cri1} = h_{cwm} + 0.8 - GWT \tag{1-4-7}$$

此外,为保证路基,尤其是路床范围土体的刚度,路床底面模量值应大于或等于控制值,即 H_{rbb} 须满足下式:

$$H_{rbb} \geq y_c \tag{1-4-8}$$

即

$$H_{GWT} - 0.8 \geq y_c \tag{1-4-9}$$

$$H + GWT - 0.8 \geq y_c \tag{1-4-10}$$

$$H \geq y_c + 0.8 - GWT \tag{1-4-11}$$

同理,定义路基临界高度 H_{cri2} 如下:

$$H_{cri2} = y_c + 0.8 - GWT \tag{1-4-12}$$

考虑车辆荷载影响深度与路基刚度要求,推荐的路基高度 H_{rec} 范围可取为 [max(H_{cri2}, h_a), H_{cri1}],当 $h_a > H_{cri1}$ 时, $H_{rec} = h_a$。

根据上述提出的路基合理高度确定方法与流程,通过系统计算,给出路基合理高度取值建议,如表 1-4-6a)~d)所示。

黏质土路基高度推荐取值（单位：m） 表1-4-6a)

交通等级	特重、重交通		中等、轻交通	
路基临界高度 H_{cri1}	GWT = 0		3.8	
	0.5		3.3	
	1		2.8	
	1.5		2.3	
	2		1.8	
	2.5		1.3	
	3		0.8	
	3.5		0.3	
	≥3.8		0	
路基临界高度 H_{cri2}	GWT = 0	3.8	GWT = 0	2.8
	0.5	3.3	0.5	2.3
	1	2.8	1	1.8
	1.5	2.3	1.5	1.3
	2	1.8	2	0.8
	2.5	1.3	2.5	0.3
	3	0.8	≥2.8	0
	3.5	0.3	—	—
	≥3.8	0	—	—
路基推荐高度 H_{rec}	GWT = 0	3.8	GWT = 0	2.8 ~ 3.8
	0.5	3.3	0.5	2.3 ~ 3.3
	1	2.8	1	1.8 ~ 2.8
	1.5	2.3	1.5	1.3 ~ 2.3
	2	1.8	2	0.9 ~ 1.8
	≥2.4	1.4	2.5	0.9 ~ 1.3
	—	—	≥2.9	0.9

粉质土路基高度推荐取值（单位：m） 表1-4-6b)

交通等级	特重、重交通	中等、轻交通
路基临界高度 H_{cri1}	GWT = 0	3.8
	0.5	3.3
	1	2.8
	1.5	2.3
	2	1.8
	2.5	1.3
	3	0.8
	3.5	0.3
	≥3.8	0

续上表

交通等级	特重、重交通		中等、轻交通	
路基临界高度 H_{cri2}	GWT=0	1.6	GWT=0	0.8
	0.5	1.1	0.5	0.3
	1	0.6	≥0.8	0
	1.5	0.1	—	—
	≥1.6	0	—	—
路基推荐高度 H_{rec}	GWT=0	1.6~3.8	GWT=0	0.9~3.8
	0.5	1.4~3.3	0.5	0.9~3.3
	1	1.4~2.8	1	0.9~2.8
	1.5	1.4~2.3	1.5	0.9~2.3
	2	1.4~1.8	2	0.9~1.8
	≥2.4	1.4	2.5	0.9~1.3
	—	—	≥2.9	0.9

砂类土路基高度推荐取值（单位：m） 表1-4-6c)

交通等级	特重、重交通		中等、轻交通	
路基临界高度 H_{cri1}	GWT=0			1.7
	0.2			1.5
	0.4			1.3
	0.6			1.1
	0.8			0.9
	1			0.7
	1.2			0.5
	1.4			0.3
	1.6			0.1
	≥1.7			0
路基临界高度 H_{cri2}	GWT=0	1.4	GWT=0	0.8
	0.2	1.2	0.2	0.6
	0.4	1	0.4	0.4
	0.6	0.8	0.6	0.2
	0.8	0.6	≥0.8	0
	1	0.4	—	—
	1.2	0.2	—	—
	≥1.4	0	—	—
路基推荐高度 H_{rec}	GWT=0	1.4~1.7	GWT=0	0.9~1.7
	0.2	1.4~1.5	0.2	0.9~1.5
	≥0.3	1.4	0.4	0.9~1.3
	—	—	0.6	0.9~1.1
	—	—	≥0.8	0.9

砂路基高度推荐取值(单位:m)   表 1-4-6d)

交通等级	特重、重交通	中等、轻交通
路基临界高度 H_{cri1}	GWT = 0	1.3
	0.2	1.1
	0.4	0.9
	0.6	0.7
	0.8	0.5
	1	0.3
	1.2	0.1
	≥1.3	0
路基临界高度 H_{cri2}	GWT = 0	0.8
	0.2	0.6
	0.4	0.4
	0.6	0.2
	≥0.8	0
路基推荐高度 H_{rec}	GWT≥0	1.4	GWT = 0	0.9 ~ 1.3
	—	—	0.2	0.9 ~ 1.1
	—	—	≥0.4	0.9

2. 季节性冰冻区典型土组路堤合理高度确定方法及最小值

季冻区考虑冻胀对路面开裂的影响,路堤通常有满足冰冻稳定性的最小填土高度要求。季冻区路基最小填土高度是指为保证路基稳定,根据土质、气候和水文地质条件,同时满足汽车荷载、路基干湿类型及冰冻作用下地下水影响的路肩边缘距原地面的最小高度。在满足汽车荷载和路基干湿类型要求方面,季冻区和非季冻区路基要求类似。根据已有的研究成果和《公路工程抗冻设计与施工技术指南》(人民交通出版社,2006)要求,冰冻作用下路堤最小填土高度(H_{min})应为公路冻深和水分迁移高度之和,即:

$$H_{min} = Z_{max} + h_t \quad (1\text{-}4\text{-}13)$$

式中: Z_{max}——公路多年最大冻深(m);

h_t——水分迁移高度(m)。

在季节性冰冻地区受路基温差作用产生的水分迁移主要为土壤冻结而引起,迁移高度我们通常称之为冻结水上升高度。路堤最小填土高度公式中,公路多年最大冻深可由《公路工程抗冻设计与施工技术指南》中提供的公路最大冻深计算公式获得,而对于路基冻结水上升高度的研究,目前结论不一。综合已有的路基观测成果和室内试验结果,典型的粉质土和黏质土冻结水上升高度见表 1-4-7。

不同土质冻结水上升高度   表 1-4-7

土质类别	含细粒土砾 含细粒土砂	细粒土质砾 黏土质砂	粉土质砂	粉质土	黏质土
冻结水上升高度(cm)	0.6 ~ 0.8	0.8 ~ 1.1	0.8 ~ 1.0	1.2 ~ 1.5	1.6 ~ 1.8

根据《公路工程抗冻设计与施工技术指南》中提出的季冻区标准冻深及对吉林省冻深钻探调查结果,综合不同土质冻结水上升高度,基于路基冰冻稳定性,提出东北季冻区中湿路基典型土质对应路堤最小填土高度建议值范围,见表1-4-8。

东北地区路堤合理高度推荐值(单位:m)　　　　　　表1-4-8

地　区	土 质 类 别				
	含细粒土砂砾	细粒土质砾 黏土质砂	粉质土砂	粉质土	黏质土
辽宁南部	1.6~2	1.8~2.3	1.8~2.2	2.2~2.7	2.6~3
辽宁中部	1.8~2.2	2~2.5	2~2.4	2.4~2.9	2.8~3.2
辽宁北部和吉林南部	2~2.4	2.2~2.7	2.2~2.6	2.6~3.1	3~3.4
吉林中部	2.2~2.6	2.4~2.9	2.4~2.8	2.8~3.3	3.2~3.6
吉林北部和黑龙江南部	2.4~2.8	2.6~3.1	2.6~3	3~3.5	3.4~3.8
吉林东北部和黑龙江中西部	2.6~2.8	2.8~3.3	2.8~3.2	3.2~3.7	3.6~3.9
黑龙江北部地区	2.8~3.4	3~3.7	3~3.6	3.4~4	3.8~4.4

东北地区部分属于多年冻土区,为了满足公路抗冻要求而提出的最低填土高度,部分路堤高度推荐值已经超过了低路堤高度范围。因此,建议重冻区路基应加强路基抗冻防护措施,如采用置换一定厚度的粒料材料,以阻断冻结水分迁移路线;或者对路基设置保温隔热材料,以减小公路冻深。

第三节　路 堤 设 计

一、典型路堤断面形式

路堤的断面形式根据路基边坡形状不同,一般分为直线形、折线形和台阶形等。图1-4-3所示为路堤的几种常见横断面形式。

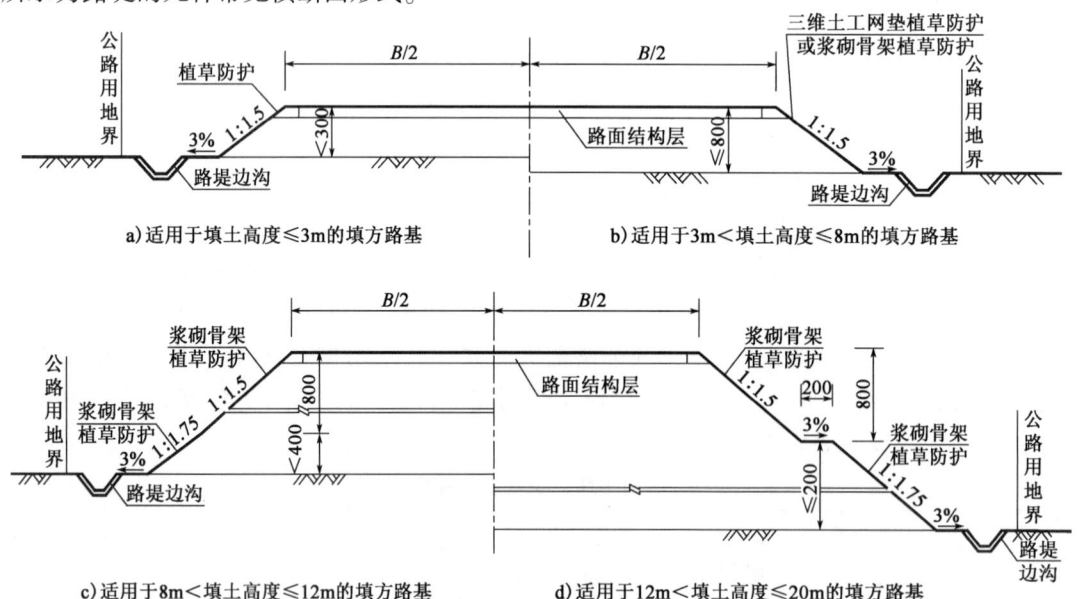

图1-4-3　一般路段典型路堤横断面形式(尺寸单位:cm)

(1)当路堤填土高度≤8m时,采用直线形放坡,坡底设置护坡道和边沟。
(2)8m<填土高度≤12m时,采用上陡下缓的折线坡,坡底设置护坡道和边沟。
(3)填土高度>12m时,采用台阶形放坡,上部8m为一级坡,在8m变坡处设平台,8m以下为二级坡,坡脚设置护坡道和边沟。
(4)对于填土高度>20m的路基,应通过路基稳定性验算确定边坡形式和边坡坡率。

地面横坡较陡时,为防止填方路堤沿山坡向下滑动,可采用护肩、护脚、路堤挡土墙、路肩挡土墙等压脚收坡(图1-4-4),同时配合必要的基底处理。

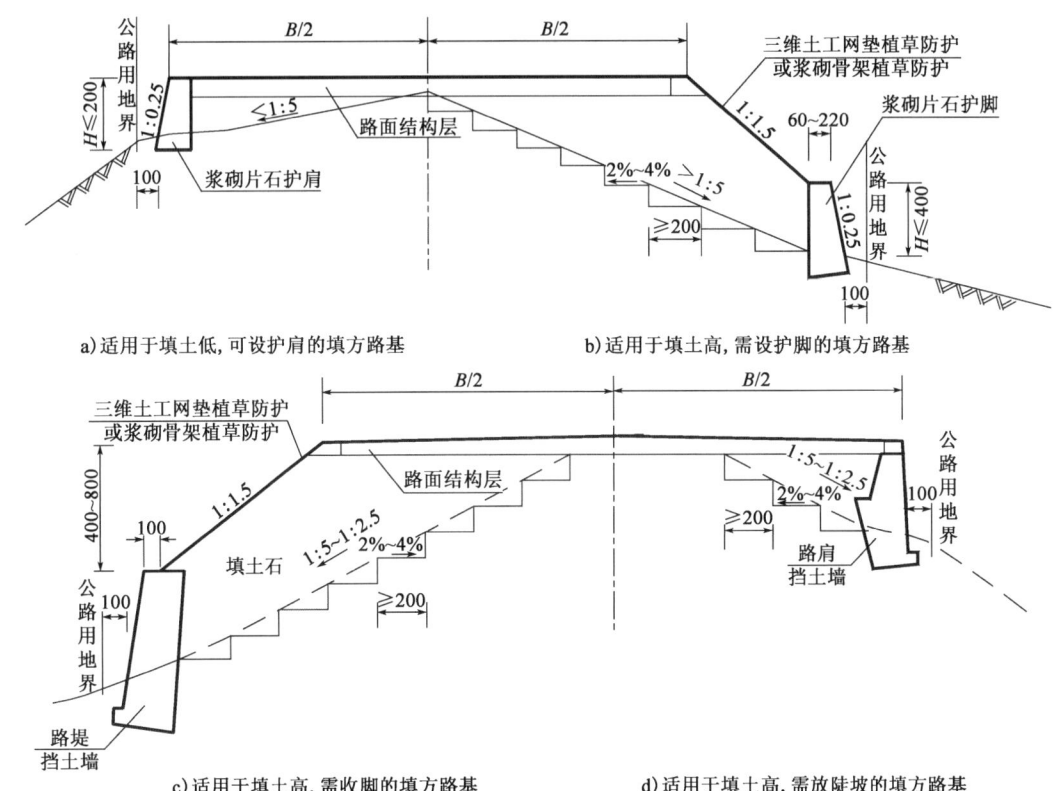

图1-4-4 陡坡地段典型路堤横断面形式(尺寸单位:cm)

图1-4-5是几种常见的特殊条件下的路堤横断面形式。其中图a)为软土地基采用反压护道的路堤,反压护道的高度约为路堤高度的一半,每侧宽度根据边坡稳定性验算结果确定,一般不小于路堤高度的2~3倍。反压护道主要是利用其质量,抵抗路堤边坡连同部分软土地基的侧向滑动,保持路堤边坡的稳定。图b)为软土地基,路堤填筑前在原地面设置全宽式砂垫层,垫层厚度视软土层的厚度及土的压缩性而定,一般为0.6~1.0m,宽度应扩大至路堤坡脚之外0.5~1.0m。砂垫层或砂石垫层,对于多年冻土、盐渍土、季节性冰冻地区,以及水稻田等地带上的路堤,亦是一种简易的有效排水措施。图c)为沿河路堤受水浸湿和淘刷,边坡需相应地采用变坡形式。设计洪水位加浪高和波高以及+0.5m以上的边坡,按常规横断面,其下采用平缓边坡坡率,并予以砌石防护,两者之间设置宽度不小于1~2m的护坡道,整个边坡尺寸根据边坡稳定性验算结果而定。图d)为用不同填料修筑的浸水路堤,中间部分填土,两侧用片石或中(粗)砂填筑,两者之间设反滤层,以防浸水对填土的侵害,避免填土随水流失。

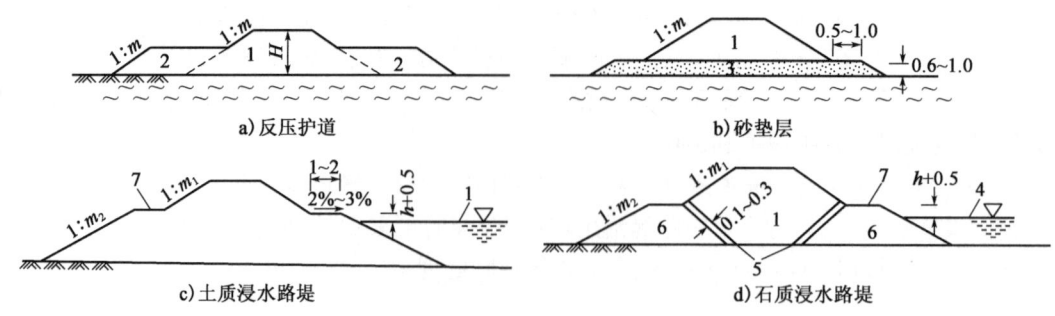

图 1-4-5　几种特殊路段典型路堤横断面形式(尺寸单位:m)
1-填土路堤;2-反压护道;3-砂垫层;4-设计水位;5-反滤层;6-填石路基;7-护坡道

二、填方路基边坡坡率

1. 填方边坡设计需考虑的因素

设计路堤边坡坡率时,需要根据填料的物理性质、边坡高度、工程地质条件、地形条件等,首先选择满足路堤边坡稳定性要求的坡率,然后再结合路堤边坡高度、地形条件和土地类别,因地制宜放缓路堤边坡坡率,使路基与周围环境相融合。

路基边坡坡率设计还需考虑为失控车辆提供适当的避险、救援机会。有关研究成果表明,路堤边坡缓于1:6时,车辆即可越过,并有良好的救险机会;填方边坡缓于1:4时,车辆开到边坡上也不至于完全失去控制,因而能显著减少车辆失控的潜在危险;而失控车辆很少能在坡脚没有障碍物的1:3边坡范围内恢复控制。如果路堤边坡坡率全部采用1:4~1:6的缓边坡,将占用大量土地,路堤边坡陡于1:3时,应设置路侧护栏。

对有条件的路段,在满足路堤稳定的前提下,可选择贴近自然的流线型路基边坡形式及坡率,取消路堤路肩、坡脚的折角,即从土路肩到坡脚的边坡表面线形组成为:圆曲线—直线—抛物线(图1-4-6),使公路最大限度地与自然环境相协调。例如在互通立交环形匝道内及三角区内,改变传统的直线坡方案,边坡坡率按照高度缓慢放坡,越低越缓,坡肩部分在3~4m宽度内做成圆弧形,整体上很柔和地与周围环境相融合。

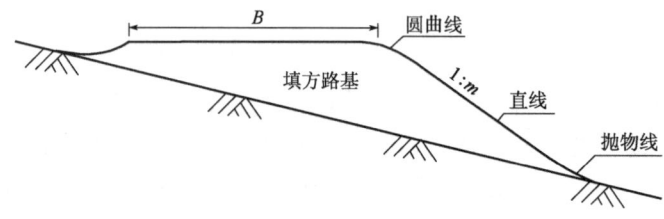

图 1-4-6　填方边坡流线型边坡设计

2. 填方边坡坡率选择

(1) 土质路堤边坡

当地质条件良好,边坡高度不大于20m时,一般路堤边坡坡度可根据填料种类和边坡高度按表1-4-9所列的坡度选用,坡率不宜陡于表中的规定值。对边坡高度大于20m的路堤,边坡形式宜采用阶梯形,边坡坡率应按本篇第六章的有关规定由稳定性分析计算确定,并应进行工点设计。

路 堤 边 坡 坡 率　　　　　　　　　　　　表1-4-9

填料类别	边坡坡率	
	上部高度（$H \leqslant 8m$）	下部高度（$H \leqslant 12m$）
细粒土	1:1.5	1:1.75
粗粒土	1:1.5	1:1.75
巨粒土	1:1.3	1:1.5

（2）石质路堤边坡

当公路沿线有大量天然石料或开挖路堑的废石方，可以用来填筑路堤时，填石路堤可采用与土质路堤相同的路堤断面形式。填石路堤的边坡坡率应根据填石料种类、边坡高度和地基的地质条件确定。但当采用易风化的岩石填筑路堤时，边坡坡度应按土质路堤边坡设计。当路堤地基良好时，填石路堤边坡坡率不宜陡于表1-4-10的规定。

填石路堤边坡坡率　　　　　　　　　　　　表1-4-10

填石料种类	边坡高度(m)			边坡坡率	
	全部高度	上部高度	下部高度	上部高度	下部高度
硬质岩石	20	8	12	1:1.1	1:1.3
中硬岩石	20	8	12	1:1.3	1:1.5
软质岩石	20	8	12	1:1.5	1:1.75

（3）其他特殊路段边坡

沿河浸水路堤的边坡坡度，在设计水位以下视填料情况不宜陡于1:1.75，在常水位以下部分可采用1:2.0～1:3.0。

在地震地区，应参照《公路工程抗震规范》（JTG B02—2013）的有关规定：高速公路和一级公路的路堤，边坡高度大于表1-4-11的规定时，应放缓边坡坡度。

地震地区路堤边坡高度限值(单位:m)　　　　　　　　　　　　表1-4-11

填 土 类 别	设计基本地震动峰值加速度				
	高速公路、一级公路		二级公路	三级公路、四级公路	
	0.20g(0.30g)	0.40g	0.40g	0.30g	0.40g
岩块和细粒土（粉土和有机质土除外）路基	15	10	15	—	
粗粒土（细砂、极细砂除外）路基	6	3	6	—	
黏性土路基	13	15	10	15	20

三、填料分类与选择

1. 路基土分类

依据土的颗粒组成特征、土的塑性指标和土中有机质存在的情况，《公路土工试验规程》（JTG 3430—2020）将我国公路用土分为巨粒土、粗粒土、细粒土和特殊土四类，并细分为13

种,如图 1-4-7 所示。各类土组具有不同的工程性质,在选择其作为路基填筑材料以及修筑稳定土路面结构层时,应分别采取不同的工程技术措施。

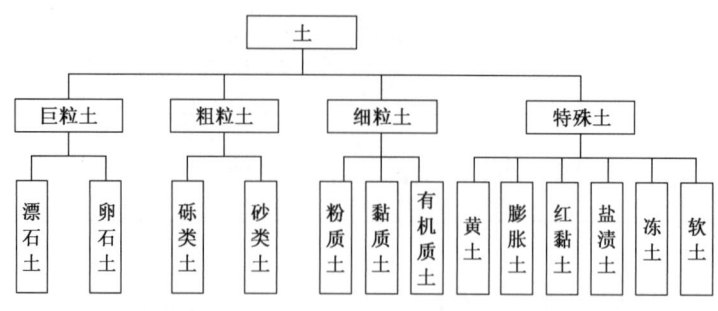

图 1-4-7　路基用土分类

各类土组的主要工程性质如下。

(1)巨粒土

巨粒土有漂(块)石土和卵石土两类,矿物成分为原生矿物且颗粒很大,故该土具有很高的强度及稳定性,是很好的路基填筑材料。其中漂(块)石土还可以用来修砌边坡;对于卵石土,填筑后压实达到规定的密实度即可。

(2)粗粒土

粗粒土又分为砾类土和砂类土两类,矿物成分也为原生矿物,共同的特征是水稳性良好。其中砾类土由于粒径较大,内摩擦力亦大,压实后具有良好的强度。实际应用中要注意保证该类土的级配。级配良好的砾类土,压实后强度高且密实度好;级配不良的砾类土不能充分压实,空隙较大,有时可能会形成较大的不均匀沉降。

砂类土又可分为砂土和砂性土两种。砂土无塑性,透水性强,毛细水上升高度很小,具有较大的摩擦系数,强度和水稳定性均较好。但由于无黏性,易松散,故压实困难,需要采用振动法或灌水法才能压实。一旦得到充分压实,其稳定性好,抗变形能力也较强。这类土在应用中可考虑添加一些黏性土,以改善其工程性质。另外,砂土由于没有黏性,雨水很容易对在建路基形成冲刷,这一点在路基施工时要特别注意,要做到路基施工与设置路基排水设施同步进行。

砂性土中既含有一定数量的粗颗粒,又含有一定数量的细颗粒,足够数量的粗颗粒使该土形成良好的强度和水稳性,一定数量的细粒土又使之具有一定的黏结性,土颗粒不易松散。砂性土兼具了粗粒土的强度和水稳性以及细粒土的黏性等特征,一般遇水疏散快,不膨胀,扬尘少,容易被压实。因此,砂性土是修筑路基的良好材料。

(3)细粒土

细粒土包括粉质土、黏质土和有机质土三类。

粉质土含有较多的粉质土粒,工程特征表现为:干时稍具黏性,但黏性和强度都较小,土粒容易散离;浸水时容易饱和,扰动后强度极低,且粉质土的毛细作用强烈,毛细水上升高度大,一般可达 0.9~1.5m。在季冻区,冬天水分迁移、积聚现象严重,易造成严重的冻胀,春融期间出现翻浆,严重影响公路的使用。粉质土为很差的筑路用土,施工中应尽量回避使用,如不能避免,则应采取一定的措施,改良其工程性质,在达到规定的要求后方可使用。同时应针对该类土对水十分敏感的特征,做好排水、隔水措施,以防水分的浸入。

黏质土的矿物成分属次生矿物,颗粒极细,性质活泼,亲水性好。工程特征表现为:黏聚力大,透水性差,干燥时坚硬、强度较大,不易挖掘和破碎,随着湿度的增大其强度和刚度逐渐减小,水分对其性质影响巨大且水分浸入后不易排除。它还具有较大的可塑性、黏结性和膨胀性,毛细管现象也较为显著。黏质土在适当的含水率下加以充分压实能形成较好的密实度和强度,如不受水分浸蚀的影响或排水设施良好,该类土形成的路基也同时能获得较好的稳定性。黏质土是最常见的路基填料。黏质土路基在施工过程中要特别注意对土的含水率的控制。含水率过小不易压实,含水率过大则会形成弹簧土,以防由此造成不必要的返工。

有机质土(如泥炭、腐殖土等)工程性质差,不宜作路基填料,如不能避免则应在设计和施工上采取适当技术措施。

(4)特殊土

常见特殊土有黄土、膨胀土、红黏土、盐渍土、冻土和软土等,它们大都具有不良的工程特征。如黄土属大孔和多孔结构,具有明显的湿陷性;膨胀土具有遇水膨胀性大、失水收缩性也大的特征;红黏土失水后体积收缩量较大;盐渍土潮湿时承载力很低。因此,特殊土也不宜作路基填料。必须作路基填料时,则需采取适当的技术措施进行处理,此后方可使用。

2.路堤填料选择

在选择填料时,一方面要考虑料源和经济性,另一方面要顾及填料的性质是否合适。路基填料以强度高、水稳性好、压缩性小、施工方便以及运距短的岩土材料为宜。

(1)路堤宜选用级配较好的砾类土、砂类土等粗粒土作为填料,填料最大粒径应小于150mm。

(2)泥炭、淤泥、冻土、强膨胀土、有机土及易溶盐超过允许含量的土等,不得直接用于填筑路堤。季节冻土区路床及浸水部分的路堤不应直接采用粉质土填筑。

(3)路堤填料最小承载比应符合表1-4-12的规定。

(4)液限大于50%、塑性指数大于26的细粒土,不得直接作为路堤填料。

(5)浸水路堤、桥涵台背和挡土墙墙背宜采用渗水性良好的填料。在渗水材料缺乏的地区,采用细粒土填筑时,可采用无机结合料进行稳定处治。

(6)强风化岩石及浸水后容易崩解的岩石不宜作为浸水部分路堤填料。

路堤填料最小承载比要求　　　　　　　　　　　表1-4-12

路基部位		路面底面以下深度(m)	填料最小承载比CBR(%)		
			高速公路、一级公路	二级公路	三、四级公路
上路堤	轻、中等及重交通	0.8~1.5	4	3	3
	特重、极重交通	1.2~1.9	4	3	—
下路堤	轻、中等及重交通	1.5以下	3	2	2
	特重、极重交通	1.9以下			

注:1.当路基填料CBR值达不到表列要求时,可掺石灰或其他稳定材料处理。
　　2.当三、四级公路铺筑沥青混凝土和水泥混凝土路面时,应采用二级公路的规定。

四、基底处理

路堤基底是地基与堤身的接触部分,应视不同情况分别予以处理,以保证堤身稳固。

(1)基底土密实稳定、地面坡度缓于1:5时,路堤可直接填筑在天然地面上。但地表有树根草皮或腐殖土等应予清除,以免日后形成滑动面或产生较大的沉陷。

(2)在地面坡度1:5~1:1.25之间的稳定斜坡上填筑路堤(或半路堤)时,为使填方部分与原地面紧密结合,基底应挖成台阶,以防堤身沿斜坡下滑。台阶宽度不得小于2.0m,台阶高度宜为路堤分层填土厚度的2倍,台阶底应有2%~4%向内倾斜的坡度。

(3)若地面横坡陡于1:2.5(考虑地震作用时为1:3),则应进行滑动稳定性验算,并采取必要的支挡措施。

(4)路堤基底为耕地或较松的土时,一般土质地段,高速公路、一级公路和二级公路基底的压实度(重型)不应小于90%;三、四级公路不应小于85%。低路堤应对地基表层土进行超挖、分层回填压实,其处理深度不应小于路床深度。

(5)路线经过水田、池塘或洼地时,应根据积水和淤泥层等具体情况,采取排水疏干、清淤换填(二级以下公路可抛填砂砾或石块等压、挤淤,见图1-4-8)、晾晒或掺灰等处理措施,经碾压密实后再填筑路堤。

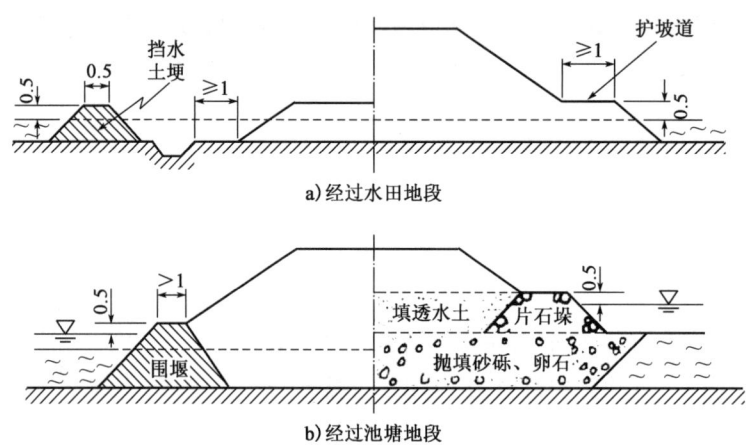

图1-4-8 水田或池塘地段基底处理方案(尺寸单位:m)

(6)受地下水影响的低填方路段,还应考虑在边沟下采取渗沟等降、排地下水的措施。当基底土质湿软而深厚时,应按软土地基处理。

五、边坡排水与防护

1. 填方边坡排水

(1)路堤边坡排水设计应与边坡防护工程结合,路面和坡面雨水在边坡肋柱上顺流水槽集中排除,并通过护坡道导流槽直接流入路堤边沟。

(2)填方路基护坡道外侧设置路堤排水沟,为梯形断面,采用浆砌片石砌筑。路基路面水通过路堤边沟排入天然溪沟或河流。

(3)为拦截含水层的地下水或降低地下水位,在有地下水出露的地段设置盲沟或暗沟。

2. 填方边坡防护

填方路基防护以稳定路基、美化环境、经济合理为原则,根据地形、地貌、工程地质及水文地质条件、筑路材料供应情况确定合理的防护形式。在确保边坡稳定的前提下,路基防护形式的选择考虑以生态植物防护为主、工程防护为辅。

（1）易于草木生长的土质（或土石混填）边坡，边坡高度≤3m 时可采用喷播植草（灌木）防护；3m＜边坡高度≤6m 时可采用三维土工网垫植草防护；边坡高度大于 6m 的路段可采用骨架植草防护。

（2）沿河、堰塘、水库浸水路基、邻近大中桥头受洪水浸淹路堤设浆砌片石满铺或片石混凝土护坡，防护高度以"设计水位 +0.5m 安全高度"为控制，基础埋置深度应满足冲刷要求。

（3）受地形地物限制无法正常放坡、抗滑稳定性不足的路堤或须收缩坡脚的地段，可根据具体情况设置护肩、护脚或挡土墙以收缩坡脚。

第四节　路基压实与压实度标准

路基土在一般情况下是由土颗粒、水分和空气组成的三相体系，其相互的制约和统一构成土的各种物理特性，包括力学强度、渗透性和黏、弹、塑性。土的三相体系组成的变化随之改变土的物理性质。土的压实是用机械的方法来改变土的结构，以达到提高土的强度和稳定性的目的。

一、影响压实的因素

土的压实过程和结果受到多种因素的影响，主要有内因（即含水率和土质）、外因［即压实厚度、压实功能（如机械性能、压实时间与速度）、压实机械及压实时的外界环境］和人为的其他因素等。

1. 含水率对压实效果的影响

任何一种有一定黏结力的土，在不同含水率情况下，用同样的压实功能进行压实，将获得不同的密实程度和强度。土的干密度与含水率有密切关系。同等条件下，土体在达到一定含水率之前，干密度随含水率增加而提高，主要原因在于水在土颗粒间起润滑作用，当施加外力后，土粒的孔隙减小，易于被挤紧，干密度得以提高。干密度增至最大值后，如果含水率再继续增大，土粒孔隙被水分占据，而水分一般不为外力所压缩，造成水分互相转移，干密度反而降低。通常在一定压实条件下干密度的最大值称为最大干密度 ρ_0，相应的含水率称为最佳含水率 w_0。由此可见，压实时，如能控制土的湿度为最佳含水率 w_0，则压实效果为最好，耗费的压实功能少。在施工现场，用压路机碾压含水率过小的土，则难以达到规定的压实度；碾压含水率过大的土时，经常会发生"弹簧"现象而不能压实。

2. 土质对压实效果的影响

土质不同，ρ_0（最大干密度）与 w_0（最佳含水率）数值不同，液限、黏性较高的土，其 w_0 值较高，ρ_0 值较低。砂类土的压实效果优于黏质土，如图 1-4-9 所示。黏质土、粉质土等压实效果较差，主要是由于土粒越细，比表面积越大，则黏结力大，土粒表面水膜需水量大，最佳含水率偏高，而最大干密度反而偏小。砂类土的颗粒较粗，呈松散状态，水分极易散失，最佳含水率的概念没有多大的实际意义。

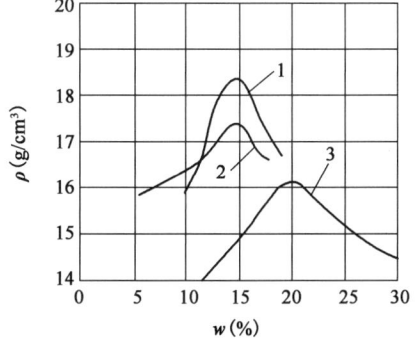

图 1-4-9　不同土质的压实曲线对照图
1-粉土质砂；2-黏土质砂；3-高液限黏土

3.压实厚度对压实效果的影响

压实厚度对压实效果具有明显影响。相同压实条件下(土质、湿度与压实功能不变),根据实测土层不同深度的密实程度(或压实度)得知,密实程度随深度递减,距表层5cm时最高。不同压实工具的有效压实深度有所差异,根据压实工具类型、土质及土基压实的基本要求,路基分层压实的厚度有具体规定数值。一般情况下,夯实不宜超过20cm,12～15t光轮压路机不宜超过25cm,振动压路机或夯击机宜以50cm为限。实际施工时的压实厚度应通过现场试验确定合适的摊铺厚度或压实厚度。

4.压实功能对压实效果的影响

压实功能(指压实工具的重量、碾压次数或锤落高度、作用时间等)与压实效果的关系曲线如图1-4-10所示。曲线表明:同一种土的最佳含水率w_0随压实功能的增大而减小,最大干密度ρ_0则随压实功能的增大而增大;在相同含水率条件下,压实功能越高,土基密实程度(即ρ)越高。据此规律,工程实践中可以增加压实功能(选用重碾,增加碾压次数或时间等),以提高路基强度或降低最佳含水率。但必须指出,单纯用增加压实功能的办法来提高土基强度是有一定限度的。当压实功能增加到一定程度后,压实效果提高非常缓慢,在经济效益和施工组织上不尽合理,甚至压实功能过大,会破坏路基结构,效果适得其反。相比之下,严格控制最佳含水率要比增加压实功能收效大得多。

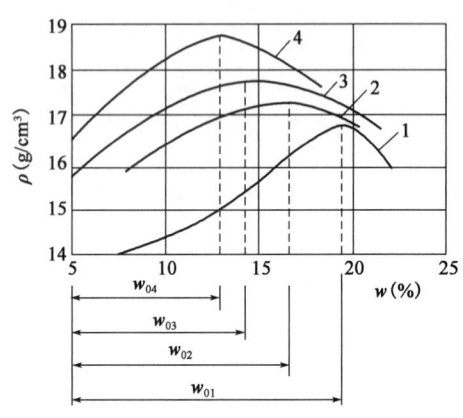

图1-4-10 不同压实功能的压实曲线对比

注:1、2、3、4曲线的压实功能分别为600、1150、2300、3400(kN·m)。

5.压实机械对压实效果的影响

路基压实机械的类型较多,大致分为碾压式、夯击式和振动式三大类型。碾压式(又称静式)包括光面碾(普通的两轮和三轮压路机)、羊足碾和气胎碾等;夯击式中包括人工石硪、木夯,机动的夯锤、夯板、风动夯及夯机等;振动式包括振动器、振动压路机等。正常条件下,对于土质砂的压实效果,振动式较好,夯击式次之,碾压式较差;对于黏质土,则宜选用碾压式或夯击式,振动式较差甚至无效。压实机械不同,压力传布的有效深度也不同。一般地,夯击式的压力传布最深,振动式次之,碾压式最浅。

综上所述,在路基压实施工中,必须将土的含水率控制在最佳含水率范围内,根据土质和压实机械的性能,通过试验确定合适的分层碾压摊铺厚度、碾压次数以及碾压机械的行驶速度等,以获得最佳的压实效果。

二、压实度标准

我国以压实度作为控制路基压实的标准,路堤施工时应对填土的压实度和含水率进行现场控制。所谓压实度,是指工地上压实达到的干密度与用室内标准击实试验所得该路基土的最大干密度之比。

标准击实试验分为重型标准击实试验和轻型标准击实试验两种,《公路路基设计规范》

(JTG D30—2015)采用重型标准击实试验,土质路基压实度标准见表1-4-13。

路堤压实度 表1-4-13

路基部位		路面底面以下深度（m）	压实度(%)		
			高速公路、一级公路	二级公路	三、四级公路
上路堤	轻、中等及重交通	0.8~1.5	≥94	≥94	≥93
	特重、极重交通	1.2~1.9	≥94	≥94	—
下路堤	轻、中等及重交通	1.5以下	≥93	≥92	≥90
	特重、极重交通	1.9以下			

注：1. 表列压实度系按《公路土工试验规程》(JTG E40—2007)重型击实试验法所得最大干密度求得的压实度。
2. 当三、四级公路铺筑沥青混凝土和水泥混凝土路面时,应采用二级公路的规定值。
3. 路堤采用粉煤灰、工业废渣等特殊填料,或处于特殊干旱或特殊潮湿地区时,在保证路基强度和回弹模量要求的前提下,通过试验论证,压实度标准可降低1~2个百分点。

对于工程性质较为特殊的土,如红黏土、高液限土、膨胀土、盐渍土等,应采取各种有效技术措施,使之达到重型压实试验法的压实度要求。但提高压实度十分困难,也不经济时,可根据试验路研究成果,在保证路基强度和回弹模量要求的前提下,压实度标准可适当降低1~2个百分点。

特殊干旱地区是指年降水量很小,一般不超过200~250mm,蒸发强烈的地区,如沙漠、戈壁等;特殊潮湿地区是指年降雨量大,一般超过1000mm,雨季长达数月,且土质处于过湿状态的黏质土地区。在特殊干旱、特殊潮湿地区,路基压实是相当困难的,在保证路基强度和回弹模量要求的前提下,通过试验论证,压实度标准可降低1~2个百分点。

三、压实度评定方法

路基土压实质量控制指标包括物理指标、力学指标及施工工艺指标。物理指标主要包括：压实度、空气体积率、固体体积率及相对密度等;力学指标包括回弹模量或弯沉、塑性变形增量及地基系数等;施工工艺指标主要包括松铺系数、碾压遍数及压实功能等。

不同填料类型的路堤,填筑压实控制标准与方法不同,按照《公路路基施工技术规范》(JTG/T 3610—2019),土质路堤、填石路堤以及土石路堤的压实控制指标及检测方法见表1-4-14。

不同类型路堤的压实评定方法 表1-4-14

路堤类型		压实控制指标	检测方法
土质路堤		压实度、弯沉值	灌砂法、灌水法、核子密度仪法,贝克曼梁法
填石路堤		孔隙率、沉降差	通过试验路,确定填石路堤孔隙率标准对应的松铺厚度、压实机械型号及组合、压实速度及压实遍数、沉降差等参数
土石路堤	软质石料	按土质路堤标准	按土质路堤检测方法
	中硬质石料、硬质石料	按填石路堤标准	按填石路堤检测方法

压实度试验方法有灌砂法、环刀法、灌水法(水袋法)或核子密度仪法。采用核子密度仪法时,应先进行校正和对比试验。各种试验方法的原理及操作方法详见现行《公路土工试验规程》(JTG 3430)。

第五节 典型路堤设计

一、路堤与构造物衔接处理

填方路基与桥梁、涵洞、通道相邻处,路基常产生较大的差异沉降,产生跳车现象,其主要原因是路堤压实度不够。为消除跳车现象,在路堤与桥台、横向构造物(涵洞、通道)等连接处设置过渡段是有效的工程措施,见图1-4-11、图1-4-12。

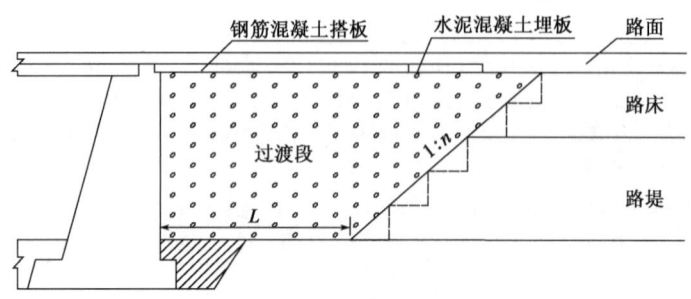

图1-4-11 台尾过渡段设计示意图

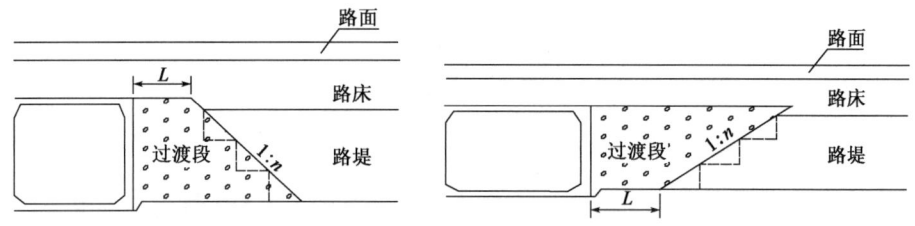

图1-4-12 路堤与横向构造物衔接过渡处理设计示意图

(1)二级及二级以上公路路堤与桥台、横向构造物(涵洞、通道)连接处应设置过渡段。过渡段长度宜按式(1-4-14)确定。

$$L = (2 \sim 3)H + (3 \sim 5) \tag{1-4-14}$$

式中:L——过渡段长度(m);

H——路基填土高度(m)。

(2)台背填料采用砂砾等透水性材料,填料中最大粒径为5cm且大于2mm的砾石颗粒质量不得小于50%。

(3)桥头路基压实度不得小于96%,重型压路机压不到的地方要求用小型机具薄层夯实;基础顶面以下基坑可用挖基材料回填,压实度不得小于94%。

(4)桥台台背应设置钢筋混凝土搭板和混凝土埋板,必要时,可在回填部分上、下路床底面分别设置一层土工格栅。

(5)桥头路基、涵洞地基为软土时,可采用复合地基处理,使地基工后沉降满足桥头路基要求。

二、填挖交界处理

路基填挖交界结合部,尤其是岩质挖方段与填土路堤之间,因挖方段与填方段材料性质差异大,加之地下水渗透,常产生差异沉降变形破坏等路基病害。一般来说,填挖高差 5m 以上,或地面坡度较陡路段,横向半填半挖路基和纵向填挖转换路基的填挖结合部,均应进行强化处理设计,主要措施如下:

(1)结合部的填方部分按一般填方路基要求设计。其中,纵向填挖交界过渡区域的填料质量要求应适当提高,宜采用渗水性好的材料填筑,压实度应比相应层的压实度提高 1~2 个百分点,并且强调必须从最底部往上填筑(应先按填筑层厚度挖台阶),并按每层填方量开挖山体,移挖作填,压实后再挖上一层所需方量。不允许将大量挖方堆到底部,而影响分层填筑。

(2)结合部的挖方区应按一般挖方路基相关要求设计。挖方区的表层土清除作其他用,选用渗透性好、风化程度低、颗粒较小的材料填到过渡区。过渡段长度需根据填方高度和地形条件确定。一般情况下,横向填挖交界过渡段长度为 6~10m,纵向填挖交界过渡段长度为 10~15m。土质及软石挖方地段半填半挖路基结合部处理如图 1-4-13 所示,石质挖方地段半填半挖结合部处理如图 1-4-14 所示。

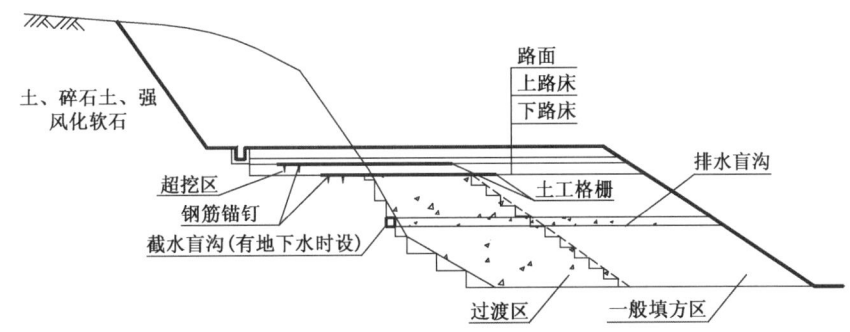

图 1-4-13 土质及软石挖方地段半填半挖路基结合部处理

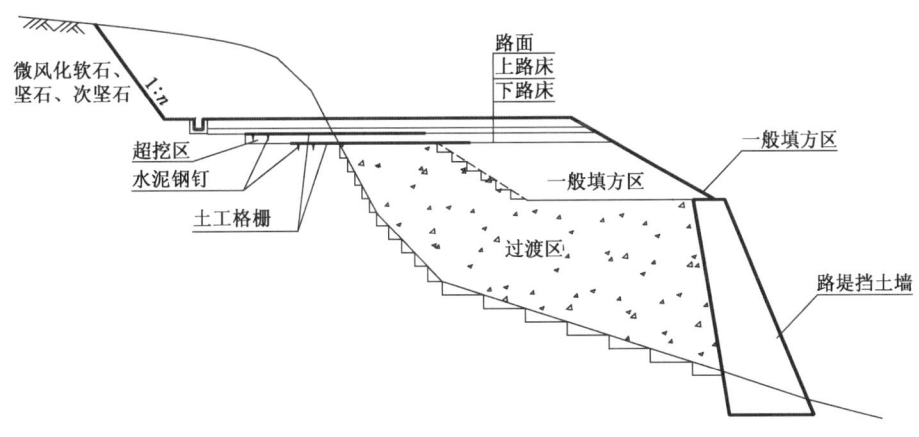

图 1-4-14 石质挖方地段半填半挖路基结合部处理

(3)填方区填至上路堤顶面后,可用冲击式振动压路机复压 2~3 遍后再往上填。

(4)挖方区为土质(含强度低的软石)时,填至上路堤顶面后,应将结合区范围超挖至下路床底面进行换填、增压补强或改良处治。例如,超挖后采用冲击压路机全面补压,铺设第一层土工格栅再分两层铺筑下路床,在下路床顶面铺设第二层土工格栅,待有一定工段长度后一并铺筑上路床。土质地段纵向填挖交界处理如图 1-4-15 所示。

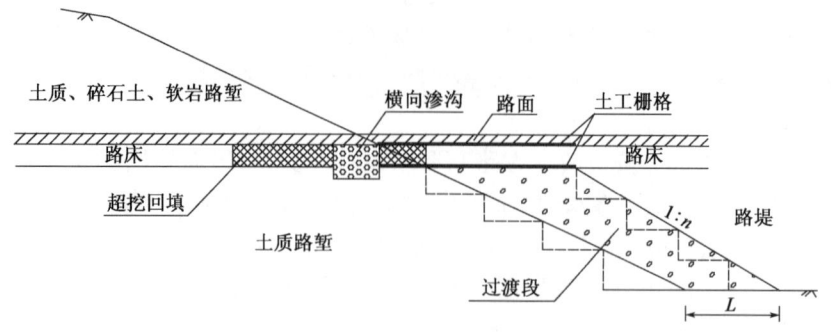

图 1-4-15　土质地段纵向填挖交界处理示意图(过渡段砂砾填筑)

(5)挖方区为硬质岩石时,填方区宜采用填石路堤。对于岩质地段、陡峭路段纵向填挖交界结合部,应在路基顶部设置混凝土埋板,见图 1-4-16。

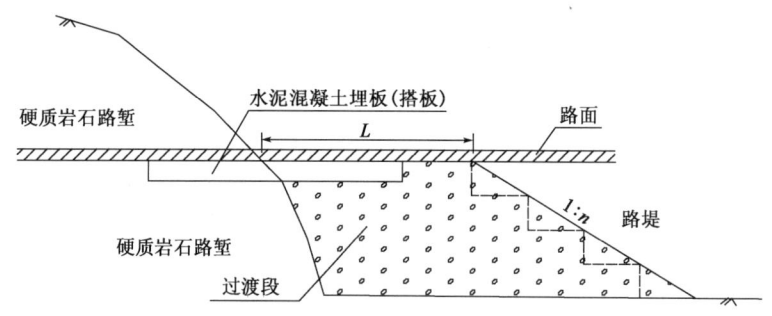

图 1-4-16　陡峭地段岩质地段纵向填挖交界处理示意图(过渡段填石路堤)

(6)当横向半挖半填路段的地面自然横坡陡于 1:2.5 时,还应先进行填挖间路基稳定性分析,稳定系数不小于规范要求值。当稳定性不足时,则应根据地形、地质条件在路堤边坡下方设支挡工程。

(7)当结合部的原坡面有地下水出露时,应根据地形设置截、排水盲沟,防止其渗透至填挖接触面。截水盲沟的底面和背水面应铺设防渗土工布;排水盲沟通过填方区段的侧壁和底面均铺防渗土工布。

三、护肩路基

陡坡上的半填半挖路基,当填方不大,但山坡伸出较远不易填筑时,可以修筑护肩(图 1-4-17)。护肩应采用当地不易风化的片石砌筑,其高度一般不超过 2.0m。护肩的内外坡面均直立,基底面以 1:5 向内倾斜。当护肩高度小于 1.0m 时,顶宽采用 0.8m;当高度大于 1.0m 时,顶宽采用 1.0m。护肩尺寸及襟边宽度应按表 1-4-15、表 1-4-16 确定。

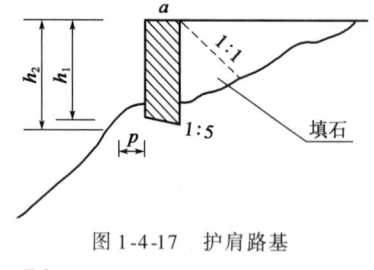

图 1-4-17　护肩路基

护 肩 尺 寸   表1-4-15

h_1(m)	h_2(m)	a(m)
≤1.0	h_1+0.16	0.8
≤2.0	h_2+0.20	1.0

襟 边 宽 度   表1-4-16

地基地质情况	襟边宽度p(m)	地基地质情况	襟边宽度p(m)
微风化硬质岩石	0.2~0.6	密实粗粒土	1.0~2.0
风化岩石或软质岩石	0.4~1.0		

为提高护肩的稳固性,护肩顶部0.5m高度范围内可用M7.5砂浆砌筑。

护肩的墙后填料应为开山石块,基础应设在岩石或坚实的粗粒土上。

四、砌石路基

砌石路基是指利用开山石料修筑的路基,是比较经济的干砌片石工程。它能支挡填方,稳定路基,但与挡土墙不同,它的砌体与路基几乎成为一个整体,不像重力式挡土墙那样不依靠路基也能独自稳立。砌石路基仅适用于三、四级公路。

陡坡上的半填半挖路基,当填筑困难,而附近又有较多挖方石料时,可采用砌石路基,如图1-4-18所示。砌石应选用当地不易风化的开山片(块)石砌筑。岩石风化严重或软质岩石(泥质岩类)路段一般不宜采用砌石路基。

砌石顶宽一律采用0.5m,基底面以1:5向内倾斜,砌石高度一般为2~15m,砌石的襟边宽度应按表1-4-16确定。墙内外坡均依砌石高度按表1-4-17确定。砌石路基的尺寸及体积可参照表1-4-18。

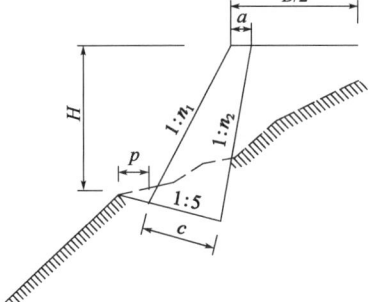

图1-4-18 砌石路基

砌石边坡坡率表   表1-4-17

序号	砌石高度(m)	内坡坡率	外坡坡率
1	≤5	1:0.3	1:0.5
2	≤10	1:0.5	1:0.67
3	≤15	1:0.6	1:0.75

砌石路基尺寸及体积   表1-4-18

类型	项目	砌体高度H(m)															顶宽 a(m)	外边坡 $1:n_1$	内边坡 $1:n_2$
		1.0	2.0	3.0	4.0	5.0	6.0	7.0	8.0	9.0	10.0	11.0	12.0	13.0	14.0	15.0			
甲式	底宽c(m)	0.06	1.10	1.35	1.55	1.74											0.80	1:0.5	1:0.3
	体积(m³/m)	0.9	2.1	3.5	5.0	6.8													
乙式	底宽c(m)					1.55	1.70	1.86	2.02	2.18	2.34						0.80	1:0.67	1:0.5
	体积(m³/m)						6.4	8.2	10.1	12.3	14.6	17.1							
丙式	底宽c(m)								2.05	2.30	2.55	2.80	3.05	3.30			0.80	1:0.5	1:0.25
	体积(m³/m)								7.5	9.8	12.4	15.2	18.2	21.6					

续上表

类型	项 目	砌体高度 H(m)															顶宽 a(m)	外边坡 $1:n_1$	内边坡 $1:n_2$
		1.0	2.0	3.0	4.0	5.0	6.0	7.0	8.0	9.0	10.0	11.0	12.0	13.0	14.0	15.0			
丁式	底宽 c(m)										2.11	2.25	2.39	2.52	2.66	2.28	0.80	1:0.75	1:0.6
	体积(m³/m)										16.0	18.4	21.0	23.8	26.7	29.7			

砌石路基的砌体一般为干砌,采用厚度不小于15cm的坚硬而未风化的片、块石(强度不低于35MPa)错缝砌筑,石料间隙应紧密,外边坡要求平整。基底承载力,高度在5m以下时,应不小于0.2MPa,5m以上者约为0.4MPa。基础应设在无向外滑动裂纹的岩层上,若为风化的岩层埋置深度应不小于0.3m,基础外侧应留不少于20cm的襟边宽度,基底应挖成1:5的向内倾斜面。若为较陡的坚实岩层,为防止砌体滑动,节省砌石体积,可将基础做成台阶形,但台阶最底一层的宽度不得小于1:5的倾斜面。沿路线方向地面坡度较大时,为减少开挖,基础在纵向也可做成台阶形。

为使路肩整齐稳固,砌体的顶部可用M7.5砂浆砌筑,砌筑厚度为0.5m。

为了增强砌体的整体性和稳定性,当砌体高度超过8m时,其底层应采用不低于M7.5的砂浆砌筑,厚度为0.5m。砌体中部每高4m左右可增设一条厚约0.5m、采用M7.5砂浆砌筑的水平肋带,如图1-4-19所示。

受洪水影响的沿河路堤砌石路基,其受水浸淹部分应视水流情况予以加固,例如,采用M10砂浆勾缝;或自砌体坡面向内0.4~0.8m厚度范围内采用M7.5砂浆砌筑。

砌石墙背填料应全部采用片碎石填筑,不得填筑细粒土。

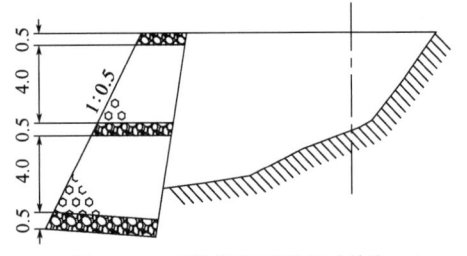

图1-4-19 有肋带的砌石(尺寸单位:m)

五、护脚路基

当地面横坡较陡或有缺口,路基填方坡脚伸出较远且不稳定,或坡脚占用耕地时,采用石砌护脚,既可增强路基的稳定性,又可节省用地。

石砌护脚需有稳定的地基。当地面横坡陡于1:5时,应将基底挖成台阶形,以防砌体滑动。常用护脚形式如图1-4-20所示,各种护脚的规格尺寸见表1-4-19。

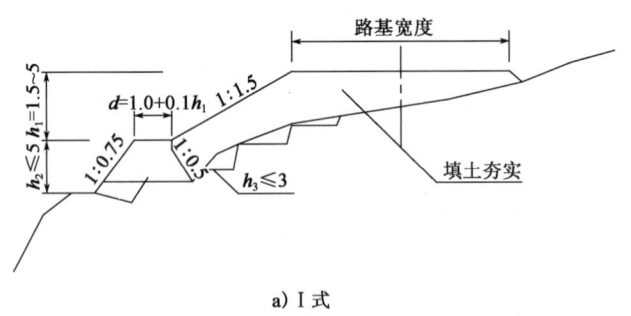

a) Ⅰ式

图 1-4-20

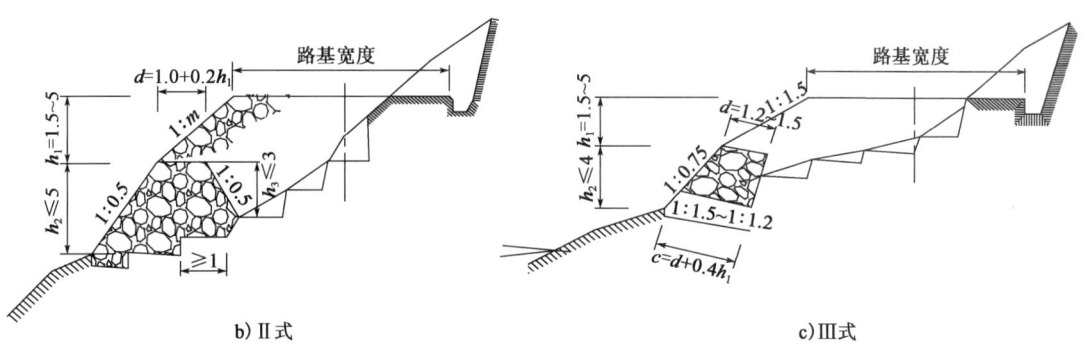

b) Ⅱ式 c) Ⅲ式

图 1-4-20 石砌护脚(尺寸单位:m)

石 砌 护 脚 规 格 表 1-4-19

图式	护脚						路堤		
	外缘高度 h_2 (m)	内缘高度 h_3 (m)	顶宽 d(m)	石料尺寸及施工方法	外缘边坡	内缘边坡	高度 h_1 (m)	填料	边坡 1:n
Ⅰ	≤5	≤3	$1+0.1h_1$	护脚外缘用 30cm 以上的大石块干砌,内部用 20～30cm 的石块整齐排列。护脚断面与路堤横断面面积之比不得小于: 路堤填砂砾:1/7～1/6 路堤填细粒土:1/5	1:0.75	1:0.5	1.5～5	填土压实	1:1.5
Ⅱ	≤5	≤3	$1+0.2h_1$	护脚用大于 40cm 的石块干砌(砌成有规则的层次并压缝),护脚断面与路堤横断面面积之比不得小于 1/7～1/6	1:0.5	1:0.5	1.5～5	全部用 25cm 以上的块石填筑	1:1
								外缘边坡选用 30～50cm 的块石砌筑	1:0.75
Ⅲ	≤4	—	1.2～1.5（底宽 $c=d+0.4h_1$）	全部用大于 30cm 的石块干砌(外侧坡面选用整齐石块砌筑),基底坡度向内倾斜为:1:5～1:2	1:0.75	—	1.5～5	填土压实	1:1.5

图 1-4-20 中的Ⅰ、Ⅱ两种护脚,沿地面应设排水设施。例如利用石块间隙排水,并在护脚背面设置反滤层等。

受水浸淹的路堤护脚,应予防护或加固,可参照砌石路基的加固措施。

第五章 挖方路基

第一节 概 述

一、路堑定义

路堑是指在原地面开挖形成的挖方路基,其设计高程低于地面高程。路堑按其开挖形状分为全挖式、台口式、半山洞式。图1-5-1是路堑的几种常见横断面形式。最典型的路堑为全挖式断面,边坡坡脚处应设置边沟,以汇集和排除路基范围内的地表径流。上边坡的上方应设置截水沟,以拦截和排除路堑坡顶上方山坡流向路基的地表径流。

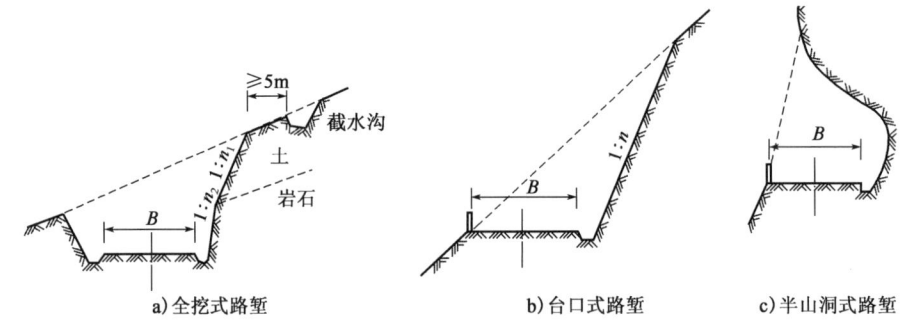

图1-5-1 路堑的几种常用横断面形式

陡峭山坡上的路堑,为避免路基外侧出现少量填方,宜将路中线内移,以山体自然坡面为下边坡,开挖成台口式路基。遇有整体性的坚硬岩层,为减少石方工程,可采用半山洞式路基,但须确保安全可靠。

路堑低于天然地面,通风和排水不畅,且路堑是在天然地面上开挖形成,其路基及边坡都为原状土,受所处地的自然条件限制。因此,一般而言路堑比路堤的病害多,路堑在设计和施工时应特别注意排水设施和边坡稳定性。

二、路堑边坡稳定的影响因素

路堑边坡变形失稳实质上是边坡岩土体在各种营力和工程因素的作用下,坡体强度的弱化过程。公路边坡稳定性是多种因素综合作用的结果,其中岩土性质、岩体结构和边坡形态等是影响稳定性的基本因素,而水的作用、气候条件、工程因素等是影响稳定性的诱发因素。

1. 岩土性质

岩性是决定岩质边坡稳定性的物质基础。岩土的成因类型、矿物成分、岩土结构和强度等是决定边坡稳定性的重要因素。一般来说,构成边坡的岩体越坚硬,又不存在产生块体滑移的几何边界条件时,边坡不易破坏,反之则容易破坏且稳定性差。

2. 岩体结构

岩体的结构类型、结构面形状及其与坡面的关系是岩质边坡稳定的控制因素。首先,岩体结构控制边坡的破坏形式及其稳定程度。其次,结构面的发育及其组合关系往往是边坡块体滑移破坏的几何边界条件。顺层坡在自然界中的分布相当广泛,是山区公路建设中经常遇到的一类斜坡。

3. 边坡形态

边坡形态指边坡的高度、长度、剖面形态、平面形态以及边坡的临空条件等。边坡形态对边坡的稳定性有直接影响。对均质边坡而言,坡度越陡,坡高越大,对其稳定越加不利。

4. 水的作用

"十个边坡九个水",水对于边坡稳定的影响主要体现在以下两个方面:

(1) 水压作用。当边坡中有含水岩土层时,通常在坡体全部饱水,或者坡体下部部分饱水且与潜在滑面连通时容易产生动水压力,并且动水压力作用促使边坡变形发展,当潜在破坏面形成后,边坡失稳难以避免。

(2) 水的软化作用。当边坡岩体或较弱夹层的亲水性强,有易溶于水的矿物,如含盐的黏土质页岩等时,浸水后易发生变化,岩石和岩体结构受到破坏,发生崩解泥化现象,使抗剪强度降低而影响边坡稳定。同时水的作用促使岩体中裂隙张开度增大,使得风化作用向坡体深部扩散和发展,最后导致坡体失稳或破坏。

5. 人为活动

人类工程活动的作用,改变了边坡的环境条件和原斜坡的结构特征,如边坡不合理的设计、削坡、开挖或加载,大量施工用水的渗入及爆破等,都可能造成边坡失稳。

第二节 路堑边坡形式与坡率

一、土质路堑边坡形式

一般来说,路堑的边坡形式有直线形、折线形和台阶形3种,见图1-5-2。随着灵活设计理念的逐渐推广,有条件的地段可采用流线型设计[图1-5-2e)],即取消挖方边坡的坡脚、坡顶及变坡点的折角,采用贴切自然的抛物线或圆弧线过渡,使路堑边坡更加适宜环境。

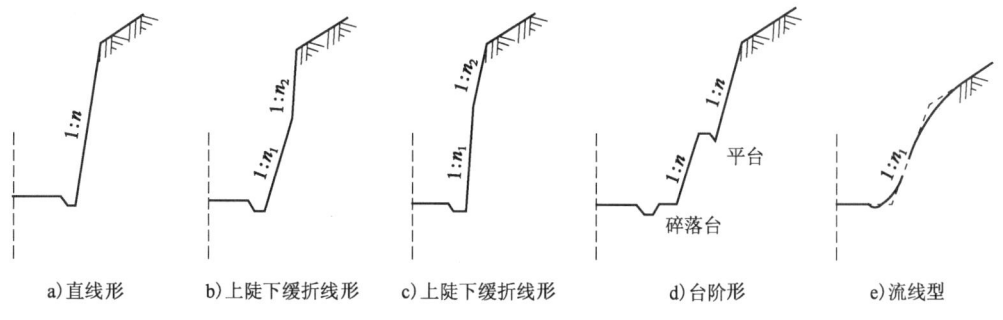

图1-5-2 路堑边坡断面形式

1. 直线形

当工程地质条件和水文地质条件较好，土质均匀，岩层单一风化程度相差不大且边坡高度不大时，可采用一坡到顶的直线形。

2. 折线形

当边坡较高或由多层土组成，上部岩（土）层的稳定性较下部土层好时，可采用上陡下缓的折线形；当上部为覆盖层，或其稳定性较下部岩（土）层差时，宜采用上缓下陡的折线形。

变坡点宜设在上部边坡坡度用足的高度处，或者岩（土）层分界处和外界条件变化处。但变坡点不宜多，以利施工，并减少坡面冲蚀。

折线形边坡在变坡点处易出现冲刷破坏，在降雨量大的地区，应采用适当的防护措施，或者改用直线形或台阶形边坡。

3. 台阶形

当边坡由多层土组成且高度较大（超过 15～20m）时，可在边坡上每隔一定高度（6～10m）或岩（土）层分界处，设置宽度不小于 2.0m 的平台，使边坡成为台阶形，设置平台可以增加边坡的稳定性，减少坡面冲刷，拦挡上边坡剥落下坠的小石（土）块。平台表面应做防护，以免被雨水冲刷。

对于易风化的软质岩石边坡及松散的碎（砾）石类土路堑边坡，容易产生碎落物，造成边沟堵塞或影响交通，应在边沟外侧设置宽度不小于 1.0m 的碎落台。

4. 流线型

适用于可采用直线形及折线形设计的土质或软质岩边坡。

二、土质路堑边坡坡率

土质（包括粗粒土）路堑边坡设计时，应根据边坡高度、工程地质与水文地质条件、排水措施、施工方法，结合稳定的自然山坡和人工边坡的经验数据及力学计算等综合分析，因地制宜地选择直线形、折线形、流线型、台阶形等边坡形式。根据土的组成结构、均匀、密实程度和可塑状态及边坡高度，合理选择边坡坡率。一般情况下，具有一定黏性土质的挖方边坡坡度，取值为 1:0.75～1:1.5，个别情况下可放缓于 1:1.75，当边坡高度不大于 20m 时，不同高度、不同密实程度的土质挖方边坡坡度可参照表 1-5-1 确定。

土质路堑边坡坡率　　　　　　　　　　表 1-5-1

土 的 类 别		边 坡 坡 率
黏土、粉质黏土、塑性指数大于 3 的粉土		1:1
中密以上的中砂、粗砂、砾砂		1:1.5
卵石土、碎石土、圆砾土、角砾土	胶结和密实	1:0.75
	中密	1:1

注：1. 黄土、红黏土、高液限土、膨胀土等特殊土质挖方边坡形式及坡度应按第五篇有关规定确定。
　　2. 土的密实程度按表 1-5-2 确定。

土的密实程度划分　　　　　　　　　　　　　　表1-5-2

分级	试坑开挖情况
较松	铁锹很容易铲入土中，试坑坑壁容易坍塌
中密	天然坡面不易陡立，试坑坑壁有掉块现象，部分需用镐开挖
密实	试坑坑壁稳定，开挖困难，土块用手使力才能破碎，从坑壁取出大颗粒处能保持凹面形状
胶结	细粒土密实度很高，粗颗粒之间呈弱胶结，试坑用镐开挖很困难，天然坡面可以陡立

三、岩质路堑边坡坡率

岩石路堑是在山岩中开凿而成的路基形式，其边坡形式及坡率，一般根据地质构造与岩石特性、地下水条件、边坡高度、施工方法，对照相似工程的成功经验选定。岩石的种类、风化和破碎程度以及边坡的高度是决定坡率的主要因素，当岩质路堑边坡高度不大于30m时，无外倾软弱结构面的边坡可根据这些因素按表1-5-3及表1-5-4确定岩体类型，按表1-5-5确定边坡坡率。

岩质边坡的岩体分类　　　　　　　　　　　　　　表1-5-3

边坡岩体类型	岩体完整程度	结构面结合程度	结构面产状	直立边坡自稳能力
Ⅰ	完整	结构面结合良好或一般	外倾结构面或外倾不同结构面的组合线倾角>75°或<35°	30m高的边坡长期稳定，偶有掉块
Ⅱ	完整	结构面结合良好或一般	外倾结构面或外倾不同结构面的组合线倾角35°~75°	15m高的边坡稳定，15~30m高的边坡欠稳定
Ⅱ	完整	结构面结合差	外倾结构面或外倾不同结构面的组合线倾角>75°或<35°	15m高的边坡稳定，15~30m高的边坡欠稳定
Ⅱ	较完整	结构面结合良好或一般或差	外倾结构面或外倾不同结构面的组合线倾角<35°，有内倾结构面	边坡出现局部塌落
Ⅲ	完整	结构面结合差	外倾结构面或外倾不同结构面的组合线倾角35°~75°	8m高的边坡稳定，15m高的边坡欠稳定
Ⅲ	较完整	结构面结合良好或一般	外倾结构面或外倾不同结构面的组合线倾角为35°~75°	8m高的边坡稳定，15m高的边坡欠稳定
Ⅲ	较完整	结构面结合差	外倾结构面或外倾不同结构面的组合线倾角>75°或<35°	8m高的边坡稳定，15m高的边坡欠稳定
Ⅲ	较完整(碎裂镶嵌)	结构面结合良好或一般	结构面无明显规律	8m高的边坡稳定，15m高的边坡欠稳定
Ⅳ	较完整	结构面结合差或很差	外倾结构面以层面为主，倾角多为35°~75°	8m高的边坡不稳定
Ⅳ	不完整(散体、碎裂)	碎块间结合很差	—	8m高的边坡不稳定

注：1. 边坡岩体分类中未含由软弱结构面控制的边坡和倾倒崩塌型破坏的边坡。
2. Ⅰ类岩体为软岩、较软岩时，应降为Ⅱ类岩体。
3. 当地下水发育时，Ⅱ、Ⅲ类岩体可视具体情况降低一档。
4. 强风化岩和极软岩可划为Ⅳ类岩体。
5. 表中外倾结构面系指倾向与坡向的夹角小于30°的结构面。
6. 岩体完整程度划分表1-5-4。

岩体完整程度划分 表 1-5-4

岩体完整程度	结构面发育程度	结构类型	完整性系数 K_v
完整	结构面 1~2 组,以构造节理或层面为主,密闭型	巨块状整体结构	>0.75
较完整	结构面 2~3 组,以构造节理或层面为主,裂隙多呈密闭型,部分为微张型,少有充填物	块状结构、层状结构、镶嵌碎裂结构	0.35~0.75
不完整	结构面大于 3 组,在断层附近受构造作用影响较大,裂隙以张开型为主,多有充填物,厚度较大	碎裂状结构、散体结构	<0.35

注:1. 完整性系数 $K_v = \left(\dfrac{v_R}{v_P}\right)^2$;$v_R$ 为弹性纵波在岩体中的传播速度;v_P 为弹性纵波在岩块中的传播速度。
2. 镶嵌碎裂结构为碎裂结构中碎块较大且相互咬合、稳定性相对较好的一种结构。

岩质路堑边坡坡率 表 1-5-5

边坡岩体类型	风化程度	边坡坡率 $H<15m$	边坡坡率 $15m \leq H \leq 30m$
Ⅰ类	未风化、微风化	1:0.1~1:0.3	1:0.1~1:0.3
	弱风化	1:0.1~1:0.3	1:0.3~1:0.5
Ⅱ类	未风化、微风化	1:0.1~1:0.3	1:0.3~1:0.5
	弱风化	1:0.3~1:0.5	1:0.5~1:0.75
Ⅲ类	未风化、微风化	1:0.3~1:0.5	—
	弱风化	1:0.5~1:0.75	—
Ⅳ类	弱风化	1:0.5~1:1	—
	强风化	1:0.75~1:1	—

注:1. 有可靠的资料和经验时,可不受本表限制。
2. Ⅳ类强风化岩体包括各类风化程度的极软岩。

第三节 路堑边坡排水与防护

一、路堑边坡排水

(1)挖方路基底部应设置矩形边沟,可带盖板,以汇集和排泄降落在坡面和路面上的表面水。

(2)当挖方边坡流入路界的地表径流量较大时,应在坡顶外大于或等于 5m 处设置拦截地表径流的截水沟。截水沟采用矩形断面,截水沟设置路段均应通过绿化手段予以遮挡。

(3)边坡坡面采用衬砌拱防护时,可在骨架内设流水槽,以汇集坡面积水,减轻水流对坡面的冲刷,并将水漫流至平台截水沟内或挖方边沟内排除。

(4)每级挖方边坡平台,应设平台截水沟分级拦截上方坡面积水,由急流槽将水流引离路基。

(5)当挖方路基含水层的地下水发育时,在有地下水出露的地段设置支撑渗沟或排水平孔导管,将水引出路基。

二、路堑边坡防护

1. 土质路堑边坡防护

土质路堑边坡以放缓边坡坡率、生态防护为原则，防护形式主要有混喷草籽+灌木籽植草（边坡坡率不陡于1:1）、浆砌片石骨架植草（边坡坡率不陡于1:1）、窗孔式护面墙（边坡坡率不陡于1:0.75）、锚杆框架梁植草（边坡坡率不陡于1:0.5）等。

（1）土质挖方路段边坡高度$H \leqslant 3m$时可采用喷播植草（加灌木）坡面防护，$3m < H < 20m$的土质稳定路堑边坡根据挖方边坡坡率，可采用挂网植草、浆砌片石骨架护坡等防护形式。

（2）对于崩塌堆积体挖方路段，若边坡稳定，可采用砌片石窗孔式护面墙防护；若边坡存在小规模滑塌，则采用锚杆框架植草防护形式进行加固。同时应做好堆积体边坡内部排水。

（3）路堑边坡整体稳定性不足的地段，应采取必要的抗滑及锚固措施。

（4）碎落台、平台防护设计。

碎落台：边坡高度$H \leqslant 5.0m$的土质路段采用植草防护，其他土质路段采用浆砌片石种植槽绿化防护。

平台：土质挖方路段平台设平台截水沟，采用植草绿化防护。

2. 岩质路堑边坡防护

路堑边坡防护应与绿化、景观设计相结合，可采用种草、浆砌片石骨架、挡土墙、锚固等防护措施。

（1）单级软质岩路堑边坡，以放缓边坡坡率、植被防护为原则。挖方高度小于3m且边坡坡率不陡于1:1.25时，可采用湿式喷播草籽防护；大于6.0m且边坡坡率不陡于1:1时，可采用挂三维网喷播植草绿化或设人字形衬砌拱防护。

（2）整体稳定性较好的多级软质岩边坡，根据坡高、坡率和岩石破碎程度，可采用挂网喷播混生植物护坡。

（3）软硬相间或岩质破碎的路堑边坡，应根据岩体节理裂隙发育及岩层破碎情况采取相应的处理措施，必要时进行支衬、局部嵌补。对路堑坡顶或边坡上的局部失稳孤石、石芽或岩体，主要采取清除措施。

（4）基岩裸露的稳定硬质岩边坡一般不再采取任何防护措施，开挖后尽可能保留岩石的自然状态，使其与周围的景观融为一体。当所在区域植被较茂密时，可在碎落台及平台花槽内种植上垂下攀的本土植物覆面绿化，必要时也可仅对第一级边坡进行挂网喷播混生植物防护。

（5）路堑边坡整体稳定性不足的地段，应采取必要的抗滑及锚固措施。

（6）碎落台、平台防护设计。

碎落台：石质路段采用浆砌片石种植槽绿化防护。

平台：石质挖方路段平台设截水沟，采用浆砌片石种植槽绿化防护。

第四节 路基边坡附属结构

一、碎落台

碎落台是指在路堑边坡坡脚与边沟外侧边缘之间或边坡上，为防止碎落物落入边沟而设置的有一定宽度的纵向平台。在岩石破碎、土质较差或土夹石地段开挖路堑，在雨水作用下，路堑边坡经常发生碎落塌方。碎落台可供风化碎落的土块、石块积聚,以保护边沟不致堵塞或阻碍交通,在寒冷的气候条件下还可为堆雪提供有效的空间。

工程实践表明,由于路堑大部分设有不同形式的防护,边坡碎落已很少发生,加上边沟设置盖板后,碎落台的功能已逐渐减少,因此,对于受工程条件制约的地段,碎落台不宜过宽,规范规定碎落台宽度以不小于1.0m为宜。如兼有护坡道和视距台(弯道)的作用,可适当放宽,并应做成倾向边沟2%的横坡;当路侧设置宽浅边沟时,碎落台可与边沟统筹考虑。

二、护坡道

护坡道是指在路堤边坡坡脚外沿地面纵面保留的有一定宽度的平台,有利于保护路基边坡稳定。护坡道通常设在路基边坡坡脚处,对于浸水路基可设在浸水线以上的边坡上。

护坡道设计应综合考虑路堤稳定性和土地类别等因素,参照表1-5-6来选定护坡道的宽度。护坡道表面应结合边坡防护措施进行必要的绿化和加固。

护坡道宽度　　　　　　　　　表1-5-6

路基填土高度(m)	土地类别	护坡道宽度(m)
≤2	基本农田、林地、宜林地	不设
2~4	基本农田、林地、宜林地	1.0
4~8	基本农田、林地、宜林地	2.0
>8	基本农田、林地	2.0
	宜林地	3.0~4.0

三、土路肩

土路肩是指位于硬路肩外缘至路基边缘、具有一定宽度的带状部分,起到保护路面和路基的作用,并提供侧向余宽。土路肩并非一定要用土作为表面材料,有条件的路段都应绿化或加固。土路肩一般宽0.75m,二级以下公路可为0.5m或0.25m。

土路肩表面应做成弧曲线形,并进行适当的防冲刷加固。加固方式通常有三种:植草、空心混凝土预制块+植草、实心混凝土预制块或天然石材加固,设计时应考虑路表排水方式、路堤边坡防护设施、土质抗冲刷能力、气候环境等因素,使土路肩外形美观,线形流畅。不同加固形式的适用条件见表1-5-7。

土路肩加固形式及适用条件　　　　　　　　　表1-5-7

加固形式	适用条件
植草	适用于路表水为集中或分散排水方式,但路堤边坡防护措施得力的降雨充沛路段
空心混凝土预制块+植草	适用于降雨量很大、需防止路表水冲刷土路肩的路段
实心混凝土预制块或天然石材加固	适用于降雨量小、蒸发力强而不适宜植草的地区,以及为保证行车安全、进行交通诱导以及防止土路肩冲刷等路段。通常还需在路面边缘设置路缘石(含挡水带)

第六章 高 路 堤

第一节 概 述

工程实践表明,当路堤边坡填土高度大于18m或者填石高度大于20m时,这种路堤被称为高路堤。与一般路堤比较而言,高路堤具有以下几个特点:①填筑高度大,需要对路堤边坡进行验证,要求路堤本身具有足够的整体强度和边坡稳定性;②由于高路堤填筑断面面积很大,填筑工程量巨大,路堤的填筑缺陷相对较多,填筑质量保证较为困难;③路堤本身累积沉降大,对路堤工后沉降量要求更严格;④由于荷载相对较大,需对地基强度进行验算,要求地基承载力高、稳定性好;⑤地基沉降大,填筑过程需对地基进行监测,控制总沉降量和沉降速率,确保高路堤地基的稳定。因此,在公路工程中高路堤一般较受重视,无论是路堤本身的填料、边坡还是地基承载力,都需要在测得相应参数后进行设计和验算,在施工中如果没有相关施工经验还要进行施工监测。

一、影响高路堤稳定性的主要因素

1. 路堤自身压缩引起沉降

当路堤填土压实度不足或路基填料为不良土质时,路堤本身会产生竖向压缩变形而引起沉降。对高路堤而言,即使压实度和路基填料均满足要求,但由于在土中仍存在空隙,在雨水渗流或毛细水压及上部荷载的作用下会产生竖向压缩变形,若这一变形有很大部分在工后发生,则路面的损坏不可避免。

2. 地基的固结沉降和失稳破坏

当地基为软基时,由于其固结沉降需要一定的时间才能完成,特别在软基较厚时,若面层施工前地基固结沉降尚未完成,则其较大的工后沉降就会引起路堤和路面的损坏。对高路堤而言,软基的概念仅仅是相对的,同样的地基,在低填方时为良好地基,但在高填方较大填土荷载作用下,却可能表现为类似于软基的固结沉降甚至失稳破坏。为了保证高填方地段路堤的稳定,必须了解、掌握相应的地基土物理状态指标及其力学变形指标,并提出相应的处理方案。

3. 填方体强度不足或填料不均导致的差异沉降和边坡不稳定

路堤边坡为永久性边坡,为节约土地和资金,将坡度尽量取大值,降低了边坡的稳定性,并增加了边坡压实的施工难度。对高路堤而言,尽管填土的足够强度能满足路基稳定的要求,但路堤边坡潜在的滑动面仍使边坡存在滑动的趋势,特别在雨水渗流或冲刷的作用下,这一现象更为明显,从而引起高路堤的较大侧向位移或沉降。另外,在分层碾压过程中,设备不能靠近路边,加之边坡部位的失水和浸水性都较高,难控制最佳含水率,造成边坡部位很难达到设计要求的压实度。特别在大型机械的动载加压下,边坡土易产生横向蠕动,并沿坡面方向产生位移,不但降低压实度,而且边坡内部产生纵向裂隙,填方越高,此现象越严重。路堤完工后,雨水渗入或毛细水作用等影响,使边坡转化并连续向公路中线方向发展,造成路堤纵向裂纹并下沉,尤其是路肩部位最为严重。

4. 排水或防水设施不当

在雨季或洪水期间,填筑体受到雨水的长时间浸泡,或是路堤直接被洪水冲毁破坏。排水设施不全或设计不当,将会导致路堤填土和路基土含水率增加,引起土质松软、强度降低、边坡坍塌等问题,在有冻融循环的地区还会产生冻害作用。

5. 外荷载的作用

填方体高度与坡度的设计不当或不合理,以及特大型装备运输荷载的作用,使得填筑体和路基承受了远远超出当初设计计算时的允许荷载作用,导致填筑体开裂或失稳破坏。在地震区还需要考虑地震荷载的作用,以防受到地震的破坏。

6. 自然因素

(1) 地理条件:公路沿线的地形、地貌和海拔高度不仅影响公路路线规划设计,同时影响路基的设计。平原微丘区地势平坦,排水困难,地下水位相对较高,因而路基需要保持一定的最小填土高度;山岭重丘区地势起伏陡峭,若排水设计不当,可能出现水毁、边坡塌方、路堤滑塌等破坏现象。

(2) 地质条件:沿线岩石种类及风化程度,岩层走向、倾向和倾角、层理、厚度、节理发育程度,以及有无断层、不良地质现象等,都对路基稳定性有一定影响。

(3) 气候因素:如气温、湿度、日照、降水、冰冻深度、年蒸发量、风力风向等,共同影响路基水温情况。在一年之中,气候有季节性的变化,因此路基水温情况也随之变化。同时气候还受地形影响,例如山顶和山脚、山南坡和山北坡气候差别大,这都会严重影响路基稳定性。

(4) 水文和水文地质条件:水文条件是指地面径流、河流洪水位、常水位,有无积水和积水期的长短等;水文地质条件是指地下水位、地下水移动情况、有无层间水及泉水等。这些情况都会不同程度地影响路基的稳定。

二、高填方路堤存在的主要病害

1. 依据病害发生的空间部位不同划分

(1) 高填方填筑体的沉降超量和边坡破裂失稳破坏;

(2) 高填方路基的沉降过大和边坡的失稳破坏。

2. 依据病害的性质特征不同划分

(1) 填筑体与路基的整体下沉或局部下沉;

(2) 填筑体纵、横向的开裂;

(3) 填筑体与路基的整体滑动或边坡的滑坍。

三、高路堤修筑技术发展概况

山区高等级公路建设中不可避免会遇到大量的高填方路堤,高填方路堤的稳定性一直是没有解决好的问题。引起高填方路堤破坏的原因很多,除地质条件的复杂多变之外,填筑引起的受力情况变化、填筑期间环境条件的改变等客观因素,以及地质勘察情况不明、施工技术、路堤设计等主观因素都会导致高填方路堤发生破坏。

填石路堤是指在路基施工中,利用石料(包括大卵石)填筑的路堤。填石路堤填料的粗粒含量(>5mm 的颗粒含量)一般超过 70%,由于粗粒料含量高,填料的压实特性、力学特性等基本由填料中的粗粒部分决定。长期以来,公路部门对填料的压实特性、检测标准的试验和研究都是建立在细粒土基础上,有关填石路堤的压实特性、检测标准方面的试验和研究极其薄弱。填石路堤由于其填料性质的特殊性,给设计、施工、检测各方面都带来了一系列困难,严重影响了石质填料在填筑路基中的应用。

在我国岩石山区和部分丘陵地区,由于填料的主要来源是大量的石质挖方和隧道弃方,填石路堤成为无法回避的一种结构形式。特别是在高等级公路修筑进入山区的今天,这一问题更为突出。怎样多快好省地利用石质填料填筑路堤,从而避免一边借土填筑路堤,另一边造成大量弃方占用农田,破坏公路沿线环境的不合理现象,成为我国山区公路修筑中迫切需要解决的问题。

我国古代就已大量采用石料修堤筑坝,但由于机械的缺乏和当时水平所限,石料堤坝的修筑一般采用人工码砌和自然堆砌的方法。自 20 世纪 50 年代以后,同填石路堤极其类似的结构工程——堆石坝在我国逐渐开始修筑,如 50 年代和 60 年代修建的四川狮子滩重力式抛填堆石坝、广东南水黏土定向爆破堆石坝等。堆石坝一般不用专门机械压实,而是采用厚层抛填,一般层厚 8~25m,最厚的每层达 30~40m,石料从高处投下,靠冲力压实。这些堤坝建成后,尽管安全性没出现问题,但有一个共同特点是抛填填石密度低,完工后沉降量大,导致一些堆石坝面板出现裂缝和大量渗漏。

在国外,20 世纪 50 年代苏格兰夸伊奇坝(Quoich)成功地利用振动碾压隧洞开挖的弃渣,并自 20 世纪 70 年代来,完成了从抛填堆石碾压堆石的过渡,开始采用薄层振动碾压修筑堆石坝,这标志着堆石坝修筑开始进入现代阶段。在我国,正式用现代技术修筑碾压式堆石坝是从 20 世纪 80 年代开始。我国虽然起步晚,但发展较快,已成为世界上修建混凝土面板堆石坝最多的国家之一。

填石料由于其粒径大,颗粒分布不均,给质量检测带来较大困难。从目前已有的质量检测方法来看,主要有试坑注水法、压实计法、沉降差法、承载板法、面波法等。在 20 世纪 80—90 年代公路建设中,通常采用 12t 振动压路机进行压实试验,当下压层顶面稳定不再下沉(无轨迹)时可认为路堤达到了密实状态。由于没有一个量化的标准,使该做法缺乏可操作性。在早期的水利部门《混凝土面板堆石坝施工规范》(SL 49—94)中规定:坝料压实质量检查,应以控制碾压等施工参数为主,试坑取样为辅。

尽管国内有关部门在大粒径填料施工、检测、工程质性方面做了大量工作,取得了一定成果,但针对公路部门填石路堤特点的试验和研究则进行得较少。要适应山区高等级公路建设的要求,有关填石路堤的试验、研究更显出其必要性和急迫性。

四、高路堤设计原则

高路堤的稳定不仅与边坡高度有关,而且与边坡形式、路基填料及其性质、地基所处地质及水文状况、路基压实机具、施工方法等因素有关。因此,《公路路基设计规范》(JTG D30—

2015)规定:高路堤设计应贯彻综合设计和动态设计的原则,应在充分掌握场地地基地质及水文条件、填料来源及其性质的基础上,综合进行边坡形式、基底处理、填挖交界处理等的设计。现将高路堤设计原则详述如下。

1. 边坡形式

高填土路堤边坡坡率采用1:1.5～1:2.5,20m以上同普通填方路基边坡,20m以下每10m高设2.0m宽的平台,并把坡率放缓0.25。一般在冲沟下游一侧的路基边坡坡脚设置矮墙,以收缩坡脚,增加边坡的稳定性。

2. 基底处理

为避免高填土路堤不均匀沉降,对沟底进行清表并进行压实或冲击碾压处理。沟岸两侧填挖交界处开挖结合槽,并铺设土工格栅。另外,沿基底纵向开挖宽8.0m、深不小于2.0m的纵向填土结合槽。

3. 填挖交界处理

为避免高填土路堤填方及挖方不均匀沉降对路面造成的不利影响,对填挖交界处进行设计。填挖交界面超挖后与填方一起填筑到一定高度,对填方段5m及挖方段5m范围进行压实,使其达到设计要求后,再铺设土工格栅,其长度为10m,填方和挖方各为5m。

4. 路基加宽

高速公路对路基压实度要求很高,总结近年来已建成高路堤的经验,工后沉降量极小,可不设预拱度,只在路基两侧各预留0.5m的加宽值,但施工中应严格控制填土压实度。根据已建成的高速公路高路堤沉降观测资料,沉降除因基底软弱土层的原因外,主要来自填土的自重压缩沉降,而路基的沉降量最终表现为向两侧横向位移,并直接导致路面破坏。当然,填土的自重压缩沉降值过大与施工时路基压实度不足有直接关系,因此设置了加宽,同时对压实度有较高要求,足以满足设计要求。

5. 边坡坡面处理

高路堤路基边坡20m处设2.0m宽的变坡平台,20m以下每10m高设2.0m宽的平台,平台上设排水沟,坡面采用浆砌片石拱形骨架进行防护,以避免路基、路面水流对边坡的侵蚀。

6. 压实度设计要求

路堤填土密实度对路堤的沉降量影响很大,因此设计要求高路堤0～0.8m内压实度达到96%以上,0.8～1.5m内压实度达到94%以上,下路堤(路面底面1.5m以下)的压实度达到93%以上,基底压实度达到90%以上。

7. 施工组织设计

合理安排施工组织计划,尽早填筑高填土路堤,以便路堤在施工期间完成剩余压缩沉降,同时尽可能使路堤在铺筑路面前能经受较长时间的沉降变形,避免过大的工后沉降使路面遭受破坏。

五、高路堤设计内容

高路堤设计的主要内容包含以下几个方面:

(1)工程地质勘察。

（2）填料的选择与试验。

（3）确定路堤断面的边坡形式与坡率。

（4）稳定性分析。

（5）沉降变形分析。

（6）地基的处理。

（7）填挖交界处理。

（8）边坡的防护与排水。

（9）路堤的填筑施工。

（10）稳定性监测与动态设计。

第二节　工程地质勘察试验

工程地质勘察是工程建设的前期工作，通过运用地质、工程地质及有关学科的知识和技术方法，为工程建设的正确规划、设计和施工等提供可靠的地质资料，以保证建筑物的安全稳定、经济合理和正常使用。因此，路堤所在场地的地质勘察对保障高边坡路堤的设计质量非常重要，很多路堤出现问题与场地地质条件不明有密切关系。通过地质勘察，查明地基土的土质类别、层位、厚度、分布特征和物理力学性质，确定地下水埋深和分布特征，确定地基土的承载能力，获取设计所需的物理力学指标。

一、勘察目的

以各种勘察手段和方法，调查研究和分析评价建筑场地和地基的工程地质条件，为设计和施工提供所需的工程地质资料。

二、勘察重点

（1）查明有关地层层位、层厚、岩土类别、分布范围和水文条件。

（2）对有关地层进行测试，掌握设计所需的各种物理力学参数。对高路堤，主要是地基土的抗剪强度参数和与变形有关的参数。

三、勘察方法

1. 调查与测绘

（1）采用详勘路线平面图，精度按1∶2000控制，加密地质点，补充地调测绘工作，编绘路段工程地质平面图。

（2）综合调绘和初勘资料，核定控制横断面位置和数量。一般应每100m设1个，地质条件变化不大者，可每300m设1个，每个工段的控制横断面至少应达到2～3个。

（3）控制横断面宽度应超过路堤底左右各20m以上，采用1∶100～1∶200比例尺。

2. 勘探

可采用钻探、触探（静力触探、动力触探）、挖探、物探等多种手段对地基进行地质勘探。触探和物探主要用于宏观掌握地层层位、层厚、范围等地层分布特征，也可了解掌握地层力学性质的大致情况；通过钻探则可直观地掌握地层情况，通过进一步的取样试验，获得设计所需地基土层的物理力学参数。

高路堤的地质勘探,应以能掌握场地地层分布特征、获得地基物理力学参数、满足设计需要为原则,开展地质勘探工作。勘探方案应结合设计方案的需要确定,结合场地情况,选择合适的勘探方法。

山区地基复杂多变。对高路堤,一般每个控制断面至少应设置3个取样钻孔,分别分布于路中线和左右两侧,两侧的钻孔最好设置于坡脚附近;钻孔深度一般应穿过土层,当土层较厚时,应根据路堤高度,估计滑动面位置和沉降变形计算的范围,确定钻孔深度。除取样钻孔外,为更清楚地了解掌握地层情况,可进一步辅以简单钻孔、触探、物探等勘探手段。

当场地条件简单,且覆盖土层较薄,通过简单的挖探等手段即可掌握场地的地质情况时,可简化勘察手段和方法。

3. 测试

取样钻孔应分层取样进行有关的室内试验,获得设计所需的物理力学参数,测试应以软弱土层和预计的滑动界面岩土为主。测试的主要参数包括:

(1)物理参数:含水率、液塑限、相对密度、天然密度等,并通过计算获得孔隙比、孔隙率、干密度、塑性指数、液性指数、饱和度等,划分出岩土类别。

(2)力学参数:抗剪强度参数 c、φ 等。

(3)变形参数:土的 e-p 曲线、压缩模量、固结系数等。

4. 长期观测

长期观测是在长期观测站采用专门的仪器观测工程地质的某些要素,如水文地质条件,物理地质作用,以及工程地质作用等随时间变化的规律,了解其变化的过程和发展趋势,用以预测和评价他们对工程建筑和地质环境的影响。

工程地质长期观测根据观测时期可分为定期观测和不定期观测,定期观测是按固定的时间间隔,不定期观测是为某一专门目的而进行的短期观测。

观测工作主要包含以下三方面内容:

(1)施工和各类荷载作用下岩土反应性状的观测。例如,土压力观测、岩土体的应力量测、岩土体变形和位移监测、孔隙水压力观测等。

(2)对施工或运营中结构物的观测。

(3)对环境条件的观测。包括对工程地质和水文地质条件中某些要素的观测,尤其是对工程构成威胁的不良地质现象,在勘察期间就应布置观测(如滑坡、崩塌、泥石流、土洞等);除此之外,还有对相邻结构物及工程设施在施工过程中可能发生的变化、施工振动、噪声和污染等的观测。

四、设计参数的获取

高路堤设计主要涉及地基土物理力学参数、路堤填土物理力学参数和土岩接触面力学参数。对土的物理参数和固结变形参数,可参照现行《公路土工试验规程》(JTG 3430)进行试验获取;对抗剪强度参数,由于存在多种试验方法,因此需要结合具体的工程情况与选用的稳定性分析方法,选择合适的试验方法。

1. 地基土抗剪强度参数

路堤边坡稳定性分析主要用到的地基土抗剪强度参数是黏聚力 c、内摩擦角 φ。对钻孔取样获得的土样,可通过室内试验获得黏聚力 c 和内摩擦角 φ。试验时采用不同的固结条件和不同的排水条件形成三轴和直剪的不同试验方法,得出的强度指标 c、φ 值也不同。目前常采用的有直剪试验的快剪、固结快剪和慢剪试验方法,三轴试验的不排水剪、固结不排水剪和排水剪试验方法,试验将分别得到:土的快剪强度参数 c_q、φ_q(或不固结不排水强度参数 c_{uu}、φ_{uu}),固结快剪强度参数 c_{cq}、φ_{cq}(或固结不排水强度参数 c_{cu}、φ_{cu}),有效强度参数 c'、φ'。没有任何固结过程的土是不具有强度的。对土样进行快剪和不排水剪试验获得的结果,实际上反映了土样在已受到过的固结作用条件下所具有的强度。因此,快剪和不排水剪试验实质上也是一种固结快剪和固结不排水剪试验,只不过固结的过程不是在试验中完成,而是在土样所处的自然条件中完成。

对完全饱和的正常固结土而言,在同一深度取样进行一组不同正应力的快剪试验或不固结不排水试验,如能完全控制排水条件,将只能测得一个指标 c_q(或 c_{uu}),φ_q(或 φ_{uu})将等于 0。将按照不同深度取得的土样进行快剪和不排水剪试验结果表现在 σ-τ 图上,实际上就是一条反映不同固结压力的固结快剪和固结不排水剪 σ-τ 曲线。在同一深度取样进行一组不同正应力的固结快剪或固结不排水剪试验,将得到一条固结快剪或固结不排水剪试验曲线,以及相应的 c_{cq}、φ_{cq}(或 c_{cu}、φ_{cu})。当试验采用的正应力大于取样位置土样所受固结压力时,在不同深度取样进行的固结快剪试验曲线应当是一致的,所得到的参数值相同。

由此可见,快剪或不固结不排水剪试验获得的抗剪强度参数与取样位置有关。如要采用快剪或不固结不排水剪抗剪强度参数,则应在划分不同的地质土层的基础上,将较厚的土层细分,在不同的深度取样进行试验,才能使稳定性分析结果较为准确。而固结快剪试验,只要注意试验时固结应力大于试样所受的自重应力,所测得的参数值比较稳定,而且易于控制排水条件。通过对快剪和不排水剪指标、固结快剪和固结不排水剪参数的比较分析,以及对地基土两种参数的变异性统计分析,得出固结快剪和固结不排水剪参数的变异性明显小于快剪和不排水剪,建议对地基土采用固结快剪或固结不排水剪试验。

无论采用快剪或不排水剪,还是采用固结快剪或固结不排水剪参数对路堤进行稳定性分析,均属于总应力分析,分析结果对应特定的工况(见后述)。如需要掌握路堤在不同时刻的稳定状态,需要采用固结不排水剪或排水剪试验,获得有效应力强度参数。

地基土的强度指标也可通过现场的十字板剪切试验、静力触探试验等手段获得,但应当看现场地基土是否适合开展现场试验,其获得的强度参数是黏聚力 c 和内摩擦角 φ 的综合反映。

2. 路堤填土抗剪强度参数

对于路堤填土抗剪强度参数,目前的设计取值较为混乱,多数参考有关文献查表选定,很少进行试验。对低矮路堤,堤身在稳定与沉降分析中占比重不大,根据经验或有关资料选取堤土参数或许不会出现较大问题,但对高填路堤,必须重视填土的强度参数,应当依据试验确定。

设计是先于施工的,实际填料的土质情况、路堤施工的压实情况在设计时是未知的或不明确的,只能予以估计。因此,对路堤填料的抗剪强度参数,应当根据设计所处阶段,采用不同的方法获取。

初步设计阶段:按拟定的填料来源,根据填料的性质,可参照已有经验确定填料抗剪强度参数;或按拟定的料场,取有代表性填料进行试验,确定填料抗剪强度参数。

施工图设计阶段:按拟定的填料来源,取有代表性填料进行试验,确定填料抗剪强度参数。

路堤填筑阶段:这时填料来源及其情况已确定,应当取有代表性填料进行试验,确定填料抗剪强度参数,并与施工图设计时确定的强度参数进行对比,如差异较大,且影响到路堤稳定性和相应的处治加固方案时,应及时调整设计。

(1)试样制备要求

压实的路堤填土,其饱和度多数在 65% ~80% 之间,处于非饱和状态,严格意义上应采用非饱和土的强度理论。但由于土抗剪强度的复杂性及测试技术的困难,要完全考虑其影响因素来确定抗剪强度的大小,在实际工程中是难以实现的。到目前,工程中仍广泛采用总应力法来分析包括路堤边坡在内的土坡稳定性。对填土,国内外的有关规范仍然以采用直剪快剪或三轴不排水剪试验方法获得强度参数 c、φ 值为主。

压实填土除具有非饱和特性以外,在一定的条件下还具有超固结特性。土的抗剪强度与土体内孔隙水压力、孔隙气压力、土体的固结历史和应力路径等多种因素有关。孔隙水压力、孔隙气压力、土体的固结情况在较大程度上取决于土的初始密度和含水率。因此,对压实填土的抗剪强度参数试验,试样制备的密度和含水率控制就显得十分重要。

填土的物理力学参数主要受填料土质(包括级配)、压实度和含水率的影响,当土质确定后,压实度和含水率起控制作用。由击实试验可知,当压实功能确定时,含水率与压实度(干密度)是一一对应的,因此,当压实功能确定后,控制了压实时的含水率,就相应控制了压实度,含水率的控制成为关键。这样试验的结果,反映了路堤填土未受到其他外来水(如雨水等)影响情况下,路基填料的力学参数。

根据施工期间监理实测的压实度资料,对国内几条高等级公路部分路堤段填土的含水率、压实度等进行了统计分析,得出:除个别情况外,施工时的含水率基本都能控制在最佳含水率附近,普遍采取了高于最佳含水率进行压实施工,平均高出 2.38 个百分点;普遍能达到要求的压实度,对路堤 90 区,压实度平均高出 2.41 个百分点,对路堤 93 区,平均高出 2.19 个百分点。同时,对施工完成后的路堤进行了大量的钻孔取样试验,并与施工期测得的含水率进行对比,得出:一般情况下,施工期雨水等外来水对路堤含水率的影响不大,即使多雨潮湿地区在施工期受到雨水的影响,饱和度也在 80% 左右。

随着时间的推移,堤土内的含水率将逐渐均匀化,趋于平均值。当路面和边坡封闭良好、排水设施发挥正常功能时,路堤整体处于完全饱水或饱和的情况难以发生。只是在暴雨季节,边坡一定深度内土体会处于饱和状态,这一状态随着天气而发生变化,会引起边坡的局部破坏。这一范围根据实测,大致为 2m。因此,采用饱水试件进行试验求得指标用于设计,会过低估计路堤的整体力学特性。

因此,根据击实曲线按要求的压实度所对应的较高含水率制备试样,并通过试验确定抗剪强度指标是可行的,可用于路堤的整体稳定性分析。采用饱水试件试验求得的指标可用于坡面局部破坏的计算分析。

(2)试验手段与方法

高路堤大多数采用土石混合填料,采用小尺寸试样难以得到可信的强度参数。国内外的研究结果表明:小直径三轴试验内摩擦角 φ 偏大,将会过高估计路堤填土的强度,得出偏于危险的结果。目前国内外大都以 300mm 直径的三轴仪作为常规试验的通用设备,我国水利部门已普遍采用,我国也有多个厂家生产。采用大型三轴试验获得土石混合填料强度参数已成为发展趋势。因此,对土石混合填料路堤,推荐将 300mm 直径的三轴仪作为强度参数 c、φ 值试验必须采用的试验仪器。

路堤填土的先期固结压力由压实功能的大小确定,一般情况下不随深度的增加而变化。因此,可根据要求的压实度和含水率制备土样进行快剪或不排水剪试验获得强度参数,用于路堤施工期的稳定性分析。

压实填土所处的状态随着路堤施工填筑的过程而发生变化。在路堤内部一定深度范围的填土,随着路堤填筑高度的增加,受到的上覆压力越来越大,由最初的超固结状态变为正常固结,乃至欠固结,土的进一步固结,导致压实填土发生固结沉降。路堤填筑完毕后的一定时间,填土在新的压力下固结完成,处于新的正常固结状态。因此,对这部分填土,在进行路堤运营期的稳定性分析时,可采用固结快剪或固结不排水剪参数。

路堤外部一定范围内的填土处于超固结状态,如需要考虑雨水和其他原因引起的浸水作用,应根据可能的浸水范围和先期固结压力大小,采用饱水后的快剪或不排水剪试验参数进行计算。

在路堤运营期间,可以认为路堤填土的固结基本完成,对上覆压力大于先期固结压力的压实土层,可按固结快剪参数进行计算。

表1-6-1是我国《碾压式土石坝设计规范》(SL 274—2001)对土石坝不同稳定控制期采用的强度指标。路堤的工作状态较土石坝简单,一般情况下不存在稳定渗流和库水位骤降的工况,路堤施工期的稳定性往往起控制作用。

《碾压式土石坝设计规范》(SL 274—2001)采用的强度指标　　表1-6-1

控制稳定的时期	强度计算方法	土 类		使用仪器	试验方法	采用的强度指标	试样起始状态
施工期	有效应力法	无黏性土		直接剪切仪	慢剪	c'、φ'	填土采用填筑含水率和填筑密度,地基采用原状土
				三轴剪切仪	排水剪		
		黏性土	饱和度大于80%	直接剪切仪	慢剪		
				三轴剪切仪	不排水剪测孔压		
			饱和度小于80%	直接剪切仪	慢剪		
				三轴剪切仪	固结不排水剪测孔压		
	总应力法	黏性土	渗透系数小于10^{-7}cm/s	直接剪切仪	快剪	c_{cu}、φ_{cu}	
			任何渗透系数	三轴剪切仪	不排水剪		
稳定渗流和库水位骤降期	有效应力法	无黏性土		直接剪切仪	慢剪	c'、φ'	同上,但要预先饱和
				三轴剪切仪	排水剪		
		黏性土		直接剪切仪	慢剪		
				三轴剪切仪	固结不排水剪测孔压		
库水位骤降期	总应力法	黏性土		三轴剪切仪	固结不排水剪测孔压	c_u、φ_u	

表1-6-2是日本道路公团高等级公路设计规范对路堤稳定性分析采用的强度指标,就路堤运营期的稳定未作明确规定,只是指出,在施工后一段时间里,降雨可能使填方的重度增加,因浸水引起填方吸水膨胀而抗剪强度降低,有时会导致坍塌,因此,应根据土质情况计算分析边坡的浅层滑动。易出现边坡浅层滑动的土质是介于缺乏黏性和富有黏性的土,也即粒径在粗粒料和黏性土之间的材料。

日本规范采用的强度指标　　　　　　　　　　　　　表 1-6-2

控制稳定的时期	强度计算方法	试验方法	采用的强度指标	试样起始状态	备注
施工期	有效应力法	测孔压的三轴固结不排水剪	c'、φ'	根据预估的现场状态(含水率、密度、饱和度、扰动方式等)制备试样。当难以预估时,按最佳含水率 w_{op}($w_n < w_{op}$时)或天然含水率 w_n($w_n \geq w_{op}$时)和要求的压实度制备试样	用于重要的高填土填方稳定性分析。由于孔隙压力的假定,稳定系数变化大,因此,应注意分析
施工期	总应力法	无侧限抗压试验	q_u		用于发生过剩孔隙水压力的土质施工时及施工刚结束后的稳定性分析,以及不饱和土的初步稳定性分析
施工期	总应力法	固结快剪或固结不排水剪	c_{cu}、φ_{cu}		考虑黏性土因固结使强度增加的详细设计时
运营期			未作明确规定		

对非饱和土进行不排水试验时,日本规范考虑到用总应力法整理的强度包线为曲线,规定应在计算的应力范围内用包线的割线求出强度指标 c_u、φ_u。

根据路堤的工作特点,结合目前我国公路部门的试验条件,对路堤稳定性分析时填土采用的强度指标推荐值见表 1-6-3。

公路路堤填土采用的强度指标推荐值　　　　　　　　表 1-6-3

控制稳定的时期	强度计算方法	土 类	试验方法	采用的强度指标	试样起始状态
施工期	总应力法	渗透系数小于 10^{-7} cm/s	直剪快剪	c_u、φ_u	采用填筑含水率和填筑密度。当难以获得填筑含水率和填筑密度,或进行初步稳定性分析时,密度采用达到要求的密度,含水率按击实曲线上要求密度对应的较大含水率
施工期	总应力法	任何渗透系数	三轴不排水剪	c_u、φ_u	同上
运营期	总应力法	渗透系数小于 10^{-7} cm/s	直剪固结快剪	c_{cu}、φ_{cu}	同上
运营期	总应力法	任何渗透系数	三轴固结不排水剪	c_{cu}、φ_{cu}	同上
运营期	总应力法	渗透系数小于 10^{-7} cm/s	直剪快剪	c_u、φ_u(用于边坡的浅层稳定性分析)	同上,但要预先饱和
运营期	总应力法	任何渗透系数	三轴不排水剪	c_u、φ_u(用于边坡的浅层稳定性分析)	同上,但要预先饱和

(3)路堤压实填土的抗剪强度特性

山区高填路堤填料复杂多变,按其粒径组成划分,可分为细粒土和粗粒土,在工程中较有代表性的填料可分为细粒土填料、土石混合填料和填石料。这些填料的抗剪强度既具有相同的特性,也具有自身的特点。

①细粒土填料的抗剪强度特性。

大量的研究表明，土体的强度与含水率和密度密切相关。

图 1-6-1 为制备含水率、干密度对强度的影响关系。其中，图 a) 是不同压实功能制备的压实土样，取不排水三轴试验相应 5% 应变的强度值与制备含水率的关系曲线；图 b) 是在相同制备含水率的条件下，强度与干密度的关系。图中结果表明，当制备含水率低于最佳含水率时，虽然干密度比较小，但强度却比最大干密度时大得多，随着含水率的增加，强度降低，趋于一定值。

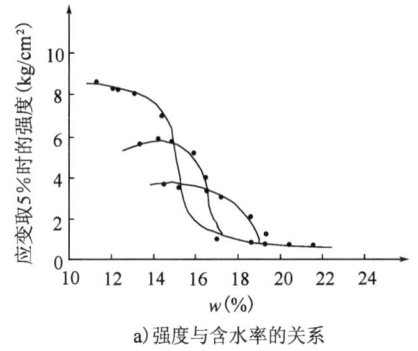
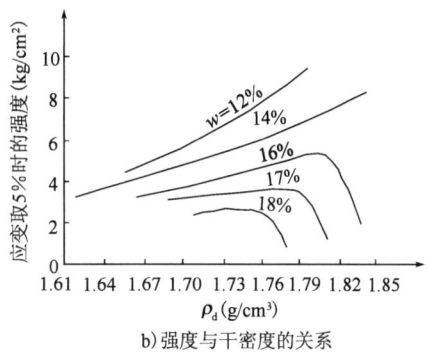

a) 强度与含水率的关系　　　b) 强度与干密度的关系

图 1-6-1　含水率、干密度对强度的影响

对含水率较小的土，强度随干密度的增加而增加，但对含水率较大的土，强度会出现先随着干密度的增加而增加、随后降低的现象（图 1-6-2）。这说明，随着含水率和干密度的增加，土样饱和度增加，土样在不排水条件下受荷载作用时，孔隙水压力对强度产生影响，导致强度降低，土的强度与土的饱和程度有关。

同样的试样，在浸水后强度迅速降低。图 1-6-3 是常体积下浸水软化后不排水强度试验结果。从图中可以看出，制备含水率低于最佳含水率的土样，强度降低幅度大，水稳性很差，最佳含水率时的浸水强度最大，水稳性最好。

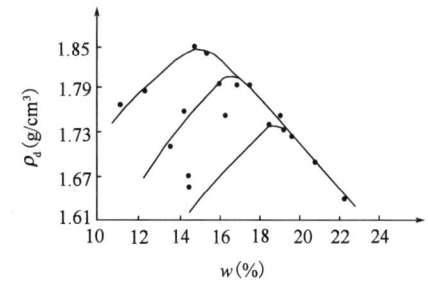

图 1-6-2　含水率、干密度对强度的影响
（含水率较小的土）

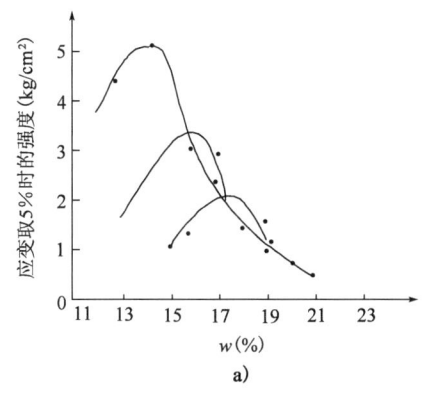
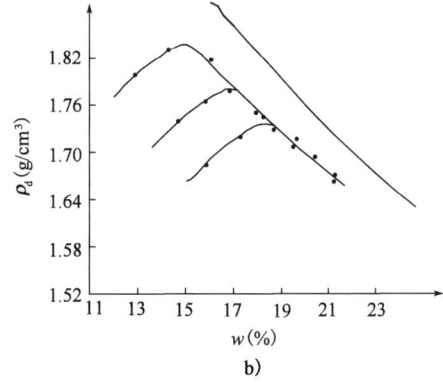

a)　　　　　　　　b)

图 1-6-3　浸水软化后强度与制备含水率的关系

原重庆交通科研设计院对国内几条高速公路试验段路堤填土进行了室内直剪试验。通过试验得出:抗剪强度随压实度的增加基本呈线性增大的趋势,随含水率的变化呈现出峰值特性,峰值出现于小于最佳含水率一侧;饱水后,土的强度大幅度降低,正应力 $\sigma_n = 200 \text{kPa}$ 时的抗剪强度 τ_f 降低 30% ~ 40%,黏聚力 c 降低明显,对内摩擦角影响相对较小,虽然强度随含水率的变化曲线也存在峰值特性,但随制备含水率和压实度的变化不明显。

②填石料的抗剪强度特性。

填石料的抗剪强度主要由颗粒之间的咬合力和摩擦力两部分构成。普遍的认识是:像填石料这样的散粒料,其强度主要由颗粒的滑动摩擦、剪胀性、颗粒的破碎重新定向排列所产生。滑动摩擦由于颗粒表面粗糙不平,在接触处形成细微咬合引起,基本沿平面滑动产生;由于颗粒间相互嵌挤咬合,阻碍了彼此间的相对位移,要移动位置,颗粒必须翻动、挤压,填料产生剪胀性;颗粒的破碎是由于颗粒挤压超过其强度,产生破坏。填石料产生剪切破坏,必须克服这三方面的阻力。

填石料的抗剪强度与石料本身的强度特性、填筑密度、级配等多种因素有关。表 1-6-4 ~ 表 1-6-8 分别为福泉高速公路、广东京珠高速公路填石料路堤的填料级配及相应的抗剪强度试验结果。

福建福泉高速公路花岗岩填料级配(小于某孔径的百分比,%)   表 1-6-4

层厚(cm)	孔径(mm)											
	600	500	400	300	200	100	80	63	40	20	10	5
80	100	68.7	36.9	—	24.8	18.3	15.2	10.7	7.0	5.9	2.4	1.8
60		100	80.1	57.3	35.1	26.7	20.2	12.9	9.1	6.0	3.9	
40			100	91.3	63.1	58.4	52.3	37.1	24.9	16.1	6.4	
30				100	61.7	48.7	41.5	31.8	25.1	13.5	5.4	
80 最佳	100	92	85	76	66	51	47	42	36	28	21	7

福建福泉高速公路花岗岩填料抗剪强度试验结果   表 1-6-5

填料情况	γ_{dmax} (kN/m^3)	直 剪 试 验			三 轴 试 验		
		$\gamma_d(kN/m^3)$/ 压实度	抗剪强度指标		$\gamma_d(kN/m^3)$/ 压实度	抗剪强度指标	
			$c(kPa)$	$\varphi(°)$		$c(kPa)$	$\varphi(°)$
80cm 层厚填料	22.2	18.11 ~ 19.65/ 81.58 ~ 88.51	18.92 ~ 32.49	41.38 ~ 47.17	18.03 ~ 19.78/ 81.22 ~ 89.10	11.25 ~ 25.63	40.12 ~ 47.33
60cm 层厚填料	22.3	18.14 ~ 19.70/ 81.34 ~ 88.34	17.02 ~ 31.48	40.86 ~ 47.29	18.22 ~ 19.94/ 81.70 ~ 89.24	15.21 ~ 42.80	42.66 ~ 47.11
40cm 层厚填料	21.9	17.97 ~ 19.76/ 82.05 ~ 90.23	23.71 ~ 31.61	40.68 ~ 47.51	18.17 ~ 20.20/ 82.97 ~ 92.24	19.31 ~ 36.68	42.36 ~ 48.37
30cm 层厚填料	21.2	17.95 ~ 19.64/ 84.67 ~ 92.64	21.84 ~ 23.00	40.55 ~ 46.91	18.05 ~ 19.90/ 85.14 ~ 93.87	12.19 ~ 29.92	41.07 ~ 47.10
80cm 层厚填料(最佳)	23.0	20.29 ~ 20.35/ 88.22 ~ 88.47	31.46 ~ 41.05	49.49 ~ 50.01	20.97 ~ 21.05/ 91.17 ~ 91.52	26.49 ~ 42.92	49.86 ~ 50.82

广东京珠高速公路石灰岩填料级配(小于某孔径的百分比,%)　　　　表1-6-6

层厚	孔径(mm)											
(cm)	600	500	400	300	200	100	80	63	40	20	10	5
80	100	—	77.3	—	39.8	27.1	22.8	19.0	16.7	14.2	10.8	7.8
60			100	73.9	52.4	39.1	34.3	27.9	22.2	20.1	13.3	12.4

广东京珠高速公路红色砂岩填料级配(小于某孔径的百分比,%)　　　　表1-6-7

层厚	孔径(mm)											
(cm)	600	500	400	300	200	100	80	63	40	20	10	5
60			100	70.6	53.5	37.1	34.3	29.2	27.6	23.2	12.6	10.7

广东京珠高速公路填石料三轴试验结果　　　　表1-6-8

填料情况		γ_{dmax} (kN/m³)	γ_d(kN/m³)/压实度	抗剪强度指标	
				c(kPa)	φ(°)
石灰岩	80cm层厚填料	22.7	18.25~19.91/80.40~87.71	16.54~69.60	37.02~46.17
	60cm层厚填料	22.4	18.13~20.12/80.94~89.82	32.64~47.31	37.95~44.91
红色砂岩	60cm层厚填料	22.3	18.27~19.97/81.98~89.55	18.76~43.18	32.02~40.33
泥页岩	粗粒含量为70%	22.3	18.32~19.81/82.15~88.83	27.83~58.17	30.44~37.33

试验结果表明:

a. 石料本身的强度越高,填石料的强度也越高。花岗岩填料的内摩擦角φ普遍在40°~50°之间,石灰岩填料φ在37°~46°之间,红色砂岩填料φ在32°~40°之间,泥页岩填料φ在30°~37°之间。

b. 密度对抗剪强度有较大的影响,密度与内摩擦角表现出良好的线性关系。尽管填石料通常难以达到较高的密度,如采用细粒土压实度的概念,一般只能达到80%~90%,但仍具有较高的强度,尤其对石料本身强度较高的填石料。

c. 较之石料本身的强度和填料密度,级配对强度的影响相对较弱,只要密度大致相同,其内摩擦角基本一致。

d. 对相同级配的粗集料添加细料后,降低了孔隙率,提高了抗剪强度,但当小于5mm的细料含量超过30%左右时,填石料的强度会明显降低。

除石料本身的强度特性、填筑密度、级配等影响因素外,填石料的最大粒径变化也对填料的强度有影响,但影响不大。研究表明,堆石料的抗剪强度随粒径的增大而减小。

饱水后,与同密度的不饱水试样相比,其内摩擦角有一定程度的降低,降低的程度主要与石料本身的强度有关。花岗岩填料一般降低1°~2°,石灰岩填料一般降低3°~5°,红色砂岩降低4°~6°,凝灰岩填料降低2°左右,千枚岩填料降低5°左右。

含泥量大小对填石料的抗剪强度有较大的影响。表1-6-9为广东石灰岩填料不同含泥量的三轴试验结果。由试验结果可见:随着含泥量的增加,内摩擦角降低,含泥量从10%增加至50%,内摩擦角分别较5%含泥量填料降低了3°、6°、10°、12°左右;当含泥量小于5%时,内摩擦角降低不明显;在5%~30%范围内,呈线性降低趋势;当含泥量超过30%后,降低的幅度减缓。

广东石灰岩填料不同含泥量三轴试验结果　　　　　表 1-6-9

含泥量 (%)	试件重度 (kN/m³)	抗剪强度指标	
		c(kPa)	φ(°)
5	20.42	25.07	43.74
	20.13	37.24	45.38
10	20.21	41.53	40.77
	20.09	30.08	42.53
20	20.04	35.26	36.34
	20.17	48.33	39.09
30	19.87	27.75	35.98
	20.35	39.43	32.89
50	19.68	33.66	30.44
	19.52	47.06	32.38

③土石混合填料的抗剪强度特性。

土石混合填料由粗粒料和细粒料混合而成,一般把粗粒料含量在30%~70%的填料称为土石混合填料。当粗粒料含量超过70%时,粗粒骨架起控制作用,此时,混合料的抗剪强度特性更接近填石料;当粗粒料含量小于30%时,细粒料起控制作用,混合料的抗剪强度特性类似于细粒土。

事实上,土石混合填料的强度特性比细粒土填料或填石料更复杂,其性质不仅受到细粒料特性和粗粒料特性的影响,而且还受到粗细料含量的影响。到目前为止,对土石混合填料所开展的系统研究还很少。

以下列出几种土石混合填料的大型三轴试验结果,并给出了土石混合填料抗剪强度指标的大致范围。

表1-6-10~表1-6-12分别为广东汕梅高速公路、四川达渝高速公路和云南安楚高速公路土石混合填料的抗剪强度试验结果。广东汕梅高速公路细粒料为低液限黏土,粗粒料为花岗岩,大于10mm的粗粒含量超过了60%;四川达渝高速公路和云南安楚高速公路填料均为页岩,其中达渝高速公路填料大于10mm的粗粒含量在40%~60%之间,安楚高速公路填料的级配见表1-6-13。

广东汕梅高速公路填料大型三轴试验结果　　　　　表 1-6-10

压实度 (%)	含水率 (%)	抗剪强度指标	
		c(kPa)	φ(°)
88	15.7	90	26
92	14.6	98	34
92	17.3	92	33
96	15.7	132	34
99	15.7	139.6	33

四川达渝高速公路填料大型三轴试验结果　　　　表 1-6-11

土样	γ_{dmax} (kN/m³)	γ_d (kN/m³)	压实度 (%)	抗剪强度指标 c(kPa)	抗剪强度指标 φ(°)
1	22.9	21.0	91.70	25.0	29.4
2	23.6	21.0	88.98	10.0	28.6
2	23.6	20.0	84.75	20.0	26.9

云南安楚高速公路填料大型三轴试验结果　　　　表 1-6-12

级配	γ_{dmax} (kN/m³)	压实度 (%)	含水率 (%)	抗剪强度指标 c(kPa)	抗剪强度指标 φ(°)
1	20.52	93	10.7	62.91	30.31
1	20.52	95	10.7	57.92	31.10
2	20.01	93	10.5	26.38	30.31
2	20.01	95	10.5	21.68	31.75

云南安楚高速公路试验填料级配(%)　　　　表 1-6-13

级配	粒径(mm) 100~60	20~60	5~20	2~5	0.5~2	<0.5
1	40	30	15	5	5	5
2	15	25	30	15	10	5

由以上试验结果可见,粗粒料强度较高的土石混合填料,其抗剪强度也较高,粗粒含量多的土石混合填料较粗粒含量少的填料强度高。同为页岩混合料的云南安楚路填料与四川达渝路填料相比,安楚路填料大于10mm粒径粗粒含量大于90%,明显高于达渝路填料,其抗剪强度也较高。

3. 土岩接触面强度参数

当需要分析斜坡上路堤沿岩质地基的滑动稳定性,或路堤和地基覆盖土层沿下覆基岩滑动的稳定性时,涉及土岩接触面的强度参数。原则上,接触面的强度参数应根据现场的实际情况,如粗糙程度、含水率情况进行室内大型直剪试验或现场试验予以确定。但事实上,实际工程中进行试验的很少见,有关接触面剪切强度特性的研究也不多,往往是依照经验判断岩石接触面的粗糙程度、估计土岩接触面强度参数。

表 1-6-14 为墙后填土与墙背的摩擦角取值。从表中结果可见,墙背粗糙程度的概念是十分含糊的,在实际工程中将依据设计者的经验,取值大小带有很强的人为性。

土对挡土墙墙背的摩擦角取值　　　　表 1-6-14

挡土墙情况	摩擦角 δ(其中 φ 为墙背填土的内摩擦角)
墙背平滑,排水不良	$(0 \sim 0.33)\varphi$
墙背粗糙,排水良好	$(0.33 \sim 0.5)\varphi$
墙背很粗糙,排水良好	$(0.5 \sim 0.67)\varphi$
墙背与填土间不可能滑动	$(0.67 \sim 1.0)\varphi$

原重庆交通科研设计院采用大型直剪仪（剪切盒内径为500mm）对土岩接触面的强度特性进行了模拟试验研究，以下是有关的研究结果，供参考。

(1) 试验方法

在下剪切盒内灌注水泥混凝土，然后在混凝土表面分别镶嵌 5～20mm、20～40mm 和 40～60mm 三种不同规格粒径的石灰岩（镶嵌一半外露一半）来模拟不同粗糙度的岩石界面，外露石灰岩顶部与下剪切盒顶部尽量持平，待混凝土和石块黏结为一体并达到足够的强度（以剪切后石块不松动为判据）时，装填上剪切盒内土（重庆地区常见的页岩风化土，过5mm筛，按最佳含水率、90%的压实度控制），然后进行剪切试验。

(2) 接触面剪切的应力-应变关系

试验得到了纯土、3种粗糙度接触面共四种情况的直剪试验结果。从应力-应变关系看，接触面间的应力-应变关系不仅与正应力有关，而且与接触面的粗糙程度有关。在低粗糙度或低正应力情况下，接触面的应力-应变关系具有明显的峰值；随着接触面粗糙度的提高，峰值现象减弱，接触面的应力-应变关系接近理想弹塑性模式。

(3) 接触面粗糙度的表述

表征表面粗糙度的参数很多，目前国内外已有30多项参数用于量化表面粗糙度，这些参数主要分为纵向、横向、形状评定及综合评定参数等。通过分析认为：$R = R_z/D_{50}$（D_{50}为试验用土通过率50%时的颗粒粒径）来确定接触面的相对粗糙度，是一种简单易行的办法。R_z为在表面长度 L 范围内选取5个最大的峰谷的平均值。为简单起见，可采用表面长度 L 范围内所有峰谷平均值代替。

(4) 接触面强度及粗糙度对接触面强度参数的影响

所试验的三种接触面形貌如图1-6-4所示，不同表达方式的 R 以及与之对应的界面黏聚力 c、摩擦角 φ 值结果见表1-6-15。

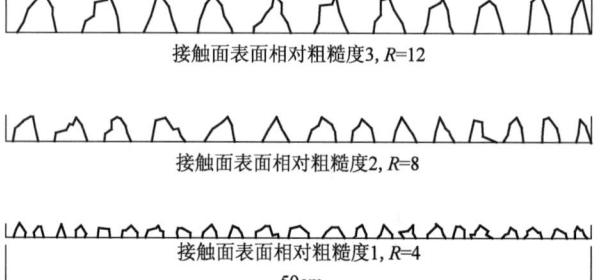

图1-6-4　不同接触面的形貌和粗糙度

不同接触面的界面强度参数　　　　　　　　　　表1-6-15

不同接触面	R	界面摩擦角 φ(°)	界面黏聚力 c(kPa)
纯土	—	26.7	51.0
粗糙度1	4	29.3	21.9
粗糙度2	8	32.6	10.8
粗糙度3	12	38.2	4.1

试验结果表明：

①土与岩面的接触面不仅存在摩擦作用，而且存在一定的黏结力；但当相对粗糙度较高时，接触面的黏结力很低，可忽略这种黏结作用。

②随着接触面相对粗糙度的不断增加，接触面的界面黏聚力迅速降低而界面摩擦角有所增加，界面摩擦角的改变不如黏聚力明显，但是各种接触条件下的界面摩擦角均大于纯土的内摩擦角，而界面黏聚力则比纯土要低得多。从剪切强度看，在低正应力与低粗糙度情况下，接触面的剪切强度将低于与之接触的土的强度；反之，则高于纯土。

③当相对粗糙度 $R=4$ 时，其剪切强度与纯土大致相当，可以此作为土与岩石接触是否紧密，接触面间有无相对滑动的判别标准。

(5)接触面强度参数试验与取值建议

土粒径往往较小，因此，对光滑接触，可通过剪切试验较方便地确定接触面的强度参数，供实际采用。

在低正应力与低粗糙度情况下，接触面的剪切强度将低于与之接触的土的强度；在高正应力与高粗糙度情况下，剪切带将主要发生在土中，接触面的强度主要取决于土的强度，对这种情况，可取土的强度作为接触面的剪切强度用于实际工程中。

第三节　高路堤设计

一、填料设计

填料的选择直接涉及路堤的稳定性，也涉及路堤填筑的经济性，乃至环境保护问题。对不能直接应用，但经过处理可以利用的填料，应从稳定性、经济性、环境保护等方面综合考虑，确定是利用还是废弃。

《公路路基设计规范》(JTG D30—2015)对路基填料提出了明确的要求。从稳定角度考虑，应优先选用级配较好的砾类土、砂类土等粗粒土作为填料；泥炭、淤泥、冻土、强膨胀土、有机土及易溶盐超过允许含量的土等，不得直接用于填筑路基；冰冻地区的路床及浸水部分的路堤不应直接采用粉质土填筑；当采用细粒土填筑时，路堤填料最小强度，对 0.8~1.5m 范围内的上路堤，高速公路和一级公路 CBR 值不小于 4%，二级及二级以下公路不小于 3%；对 1.5m 以下的下路堤，高速公路和一级公路 CBR 值不小于 3%，二级及二级以下公路不小于 2%；液限大于 50%、塑性指数大于 26 的细粒土，不得直接作为路堤填料。

山区公路路堤填料通常是就地取材，多利用路堑边坡开挖的土石、隧道开挖的弃渣，或在附近取土作为路堤填料。无论采用什么方式获得填料，都应首先对拟选的填料进行基本物理力学性质试验，判定填料能否利用。

对可以利用的填料，还应进行以下试验：

(1)击实试验，用以确定最大干密度和最佳含水率；

(2)剪切强度试验，用以确定填料的抗剪强度参数。

二、路堤断面的边坡形式与坡率

路堤边坡可采用折线形和台阶形，如图 1-6-5 所示。各级边坡的具体坡率和台阶宽度应根据稳定性分析，并考虑雨水等的冲刷综合确定。根据多年的工程实践经验，一般情况下，可按下述确定。

(1) 折线形边坡:边坡自上而下逐级放缓,每级边坡高度一般为8m,变坡点不宜太多,以利施工,并减少坡面冲刷。上部第一级边坡坡率一般采用1:1.5,第二级一般采用1:1.75,其下可采用1:1.75或1:2。

(2) 台阶形边坡:在变坡点位置设置宽度不小于1~2m的平台,以增加边坡的稳定性,并便于施工。各级边坡的坡率与折线形边坡相同。

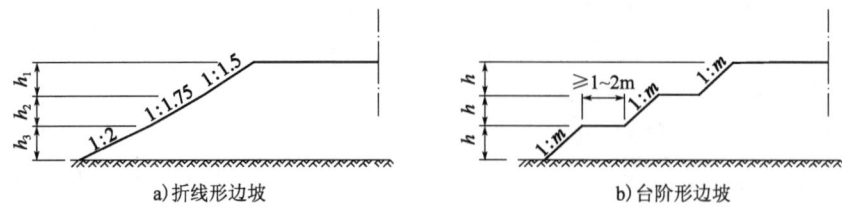

图1-6-5 边坡断面形式

三、稳定性分析

稳定性分析是高路堤和陡坡路堤设计的核心内容。通过稳定性分析,判定所拟定的边坡坡率、台阶宽度是否合适,确定是否需要进行地基处理或堤身处理,为边坡断面尺寸、地基处理方案、路堤加固处理方案的确定提供依据。

四、沉降变形分析

沉降变形分析也是高路堤设计的重要内容之一。通过沉降变形分析,了解掌握高路堤的沉降变形特征,尤其是不均匀沉降发生的位置及沉降量大小,为地基处理方案、路堤填筑施工速率、不均匀沉降处理方案的确定提供依据。

五、地基处理

地基处理分为一般处理和特殊处理。一般处理主要是指地基表面处理,包括清表,水田或水塘的疏干、表层清淤等。当地基为密实的斜坡,且地面横坡陡于1:5时,应先挖台阶(台阶宽度一般不小于2m),后填筑。特殊处理主要针对有稳定问题的路堤,应根据稳定性分析,结合地基情况,确定合适的地基处理措施,如换填、强夯、加筋、塑料排水板、碎石桩、加固土柱等。当斜坡路堤存在稳定问题时,还应考虑支挡等处理措施。

六、填挖交界处理

填挖交界在山区公路中普遍遇到。大量的工程实践表明,高路堤与挖方路基交界处、半填半挖陡坡路堤与挖方路基交界处,是路基不均匀沉降和路面裂缝的多发路段,除填挖路基本身性状不同造成不均匀沉降外,地下水也是主要影响因素之一。因此,除采用在地基表面挖设台阶增强路基的结合外,还应采取增强补压、铺设土工格栅、设置纵横向渗沟等措施,对填挖过渡段进行处理(详见本篇第四章)。

七、边坡防护与排水

高路堤坡面宽阔,边坡的防护与排水十分重要。可采用骨架植被防护、三维网植被防护、浆砌片石、浆砌混凝土预制块等防护措施进行边坡坡面防护(详见第三篇第二章)。在环境气候条件许可时,应优先考虑植被防护。

路堤边坡排水一般采用散排,在多雨或暴雨集中地区,可在边坡平坦处设置截水沟,拦截坡面水,与路基的其他排水措施连接,进行集中排水。截水沟的设置位置及断面尺寸应根据当地的水文条件确定,截水沟的构造要求详见本篇第五章。

八、路堤填筑施工

良好的施工是确保高路堤稳定、减少不均匀沉降的重要环节。填筑施工中,应在以下几个方面特别注意:

(1)分层铺筑,均匀压实,压实度应符合《公路路基设计规范》(JTG D30—2015)的规定,即高速公路、一级公路,压实度不小于93%,二级公路不小于92%,三、四级公路不小于90%。对土石混合填料,应尽量保证同一层位填料的均匀性,将大粒径料分散分布。

(2)设置临时排水设施,减少水对路堤的影响。路堤填筑应及时铺筑、及时碾压,并做好路拱横坡,减少施工期间雨水对路堤的影响。

(3)及时完成边坡防护,减少水土流失和环境污染,利于路堤稳定。

九、稳定性监测与动态设计

尽管进行了地质勘察、填料选择、稳定性分析、地基的处理等高路堤的有关设计,但由于地基的复杂性,填料的变化等因素,加之随着路堤的填筑施工,地基土的性质也在发生变化,多种因素使得路堤的设计应是一个动态设计过程。应通过对施工期路堤稳定性的监测,了解掌握路堤的稳定性,以及设计与实际情况的差异,及时调整设计方案。

第四节 路堤稳定性分析评价与控制

一、路堤的荷载与抗力

施加于路堤的荷载(或作用)主要有:车辆荷载、填土重力、水的渗流力、地震力、施工荷载等。其中,填土重力为永久荷载,车辆荷载、施工荷载和水的渗流力是可变荷载,地震力为偶然荷载。在路堤稳定性分析中,常将车辆荷载换算为等代填土柱高度或作为均布的永久荷载来考虑,施工荷载不参与稳定性分析;水的渗流力视路堤所处环境条件确定是否加以考虑;在地震多发区,应考虑地震作用,具体可参见现行《公路工程抗震规范》(JTG B02)。

高路堤的抗力主要来自填土和地基土的抗剪强度,主要反映在抗剪强度参数 c、φ 和作用于剪切面上的正应力上。陡坡路堤的抗力主要来自滑动面抗剪强度,主要反映在接触面或软弱层抗剪强度参数 c、φ 和作用于滑动面上的正应力上。

1.车辆荷载的作用力计算

目前多采用已编制的计算程序进行路堤稳定性分析,故对车辆荷载一般采用均布荷载的形式,而不是以等代土柱高的形式加以考虑,均布荷载 q 可按下式计算:

$$q = \frac{NG}{Bl} \tag{1-6-1}$$

式中:N——横向分布的车辆数;

G——车辆的重力(kN),可按设计车的重车计算;

B——横向分布车辆最外轮中心之间的宽度加轮胎着地宽度(m),依照现行《公路工程技术标准》(JTG B01)确定;

l——前后轴距加轮胎着地长度(m),依照现行《公路工程技术标准》(JTG B01)确定。

如横向分布不止两列车队,则 B 可按下式计算:

$$B = Nb + (N - l)m + \Delta \tag{1-6-2}$$

式中:b——每一车辆的轮距(m),取 1.8m;

m——左右两车相邻车轮之间的距离(m),取 1.3m;

Δ——轮胎着地宽度,依照现行《公路工程技术标准》(JTG B01)确定。

2.路堤多层填土的抗剪强度参数

当路堤填土由多层土组成时,为简化计算,可采用加权平均的方法得到路堤填土的综合强度参数。

$$c = \frac{\sum_{i=1}^{n} c_i h_i}{H} \tag{1-6-3}$$

$$\tan\varphi = \frac{\sum_{i=1}^{n} \tan\varphi_i h_i}{H} \tag{1-6-4}$$

式中:c、φ——各土层的黏聚力和内摩擦角;

h——各土层厚度;

H——土层总厚度。

路堤的综合密度也可按此计算。

这种采用综合强度的简化考虑,对搜索最危险滑动面是不利的,会隐瞒最薄弱的土层,尤其是当土层间的强度差异较大时。随着计算机技术的发展,目前已基本不采用这种方式,而是可按实际土层输入进行计算分析。

二、现有稳定性分析方法评述

诸如路堤稳定性之类的土坡稳定性问题,是岩土工程学科中最古老典型的研究课题之一,受到的关注比其他任何课题都多。经过一个世纪的发展,边坡稳定性分析无论从理论上还是方法上都日趋成熟,提出了多种分析法,归纳起来主要有:极限平衡法、极限分析法、有限元法和滑移线场法。

(1)极限平衡法以摩尔-库仑的抗剪强度理论为基础,将滑坡体划分为若干垂直土条,直接对某些多余未知量作出假定,使方程式的数量和未知数相等,建立作用在这些垂直土条上的力的平衡方程式,从而求解稳定系数。假定的不同,建立出不同的方法,如瑞典圆弧法、毕肖普法、陆军师团法、Lowe-Karafiath 法、不平衡推力法、Janbu 法、Morgenstern-Price 法和 Spence 法等。

极限平衡法通常的假定有以下几个方面。

①滑裂面:如假定滑裂面形状为折线、圆弧、对数螺旋线等。

②静力平衡:放松静力平衡要求,求解过程中仅满足部分力和力矩的平衡要求。

③对多余未知数的数值或分布形状作假定。

尽管以上三种假设条件对边坡稳定性计算结果有一定的影响,但只要方法应用恰当,各种稳定性分析的极限平衡法都可在适用的场合选用。

(2)极限分析法(或称能量法)运用塑性力学上、下限定理求解边坡稳定问题。上限定理求解即能量法,通常需要假设一个滑裂面,并将滑动土体分成若干刚性块,然后构筑一个协调位移场,根据虚功原理求解滑体处于极限状态时的极限荷载、临界坡高或稳定系数。一般假设的滑移面为对数螺旋线或直线。下限定理的应用是有限的,因为很难找到合适的静力许可的应力分布,只有极少数情况下可用应力柱的方法构造这种平衡静力场,获取下限解。因此,极限分析法中最常用的是上限定理。极限分析法的最大缺点是需假定土体为理想刚塑性体,而不能考虑土体的非线性应力-应变关系。

(3)有限元法分析边坡稳定问题,可计算出边坡内部的应力,然后假定滑动面,滑动面上的法向力和切向力直接从有限元应力成果上获得。这样,既可避免人为的粗糙假定,又考虑了土的应力-应变关系,比极限平衡法更为精确合理。但是有限元分析不能直接与稳定性建立关系,需要定义合适的稳定系数,才能使之在计算时方便地利用有限元分析的结果。目前有限元法的应用还多限于土坡稳定的应力-应变规律性分析。

(4)滑移线场法是土塑性力学的重要应用之一,严格来说也是一种极限平衡法。在不考虑土体的变形与强度硬软化情况下,将土体分成塑性区与刚性区,塑性区具体范围待定。在塑性区内,连续介质力学中的应力平衡方程必须满足,另外应力还须遵守 Mohr-Coulomb 准则。二者结合起来,可得到一组偏微分方程,在简单的边界条件和土质分布条件下,用特征线法可得有限的闭合解答。数学上的特征线恰好是土力学中的滑移线,即两簇滑裂面。Prantdl 在 1921 年获取了条形地基下滑移场解答,得到理论条件下地基承载力的精确解。后来 Sokolovski 建立了非常完整的极限平衡滑移线理论,不仅得到大量有用的解析解,而且还应用数值法获取了许多滑移线场的数值解答,解决了一系列边坡、土压力、地基承载力问题。

严格的滑移线场解是有限的,稍复杂情况下可用差分法求取近似解,而对于更复杂的工程问题,滑移线场法通常是无效的。但有限的滑移线场解答可有效地检验其他近似方法的精度。

尽管已提出多种计算理论与方法来分析边坡稳定性,但就目前的情况看,可以在工程中普遍应用的仍然是极限平衡法,下面对其作详细介绍。

当滑面为一简单平面时,极限平衡法可采用解析法计算,获得解析解。著名的库仑公式就是一例,一直沿用至今。当滑面为一圆弧、对数螺线、折线或任意曲线时,无法获得解析解,通常要采用条分法求解。

由于假设条件与应用的方程不同,条分法可分为非严格条分法与严格条分法。非严格条分法通常是假定条间力方向,由于假定不同而形成各种方法,有瑞典法、简化 Bishop 法、简化 Janbu 法、陆军工程师团法、罗厄法、Sarmar 法(Ⅰ)、不平衡推力法等。严格条分法满足所有的力平衡条件,它有三个未知数和两个方程,因而也要作一个假定。如果假定合理,其解答十分接近准确解。由于所用的假设不同,有 Janbu 法、Morgenstern-Price 法、Spencer 法、Sarma 法(Ⅱ)、Sarma 法(Ⅲ)和 Correia 法等。

由于条间力假定的不同,产生了十几种不同的极限平衡条分法,而且,每种方法都有各自的传统求解格式。根据所满足的平衡条件,可将现有极限平衡条分法分为以下四类:

(1)考虑所有平衡条件(简称 HVM 组合)。即考虑:水平方向力的平衡、垂直方向力的平衡和对任意点的力矩平衡。此类方法有:Spencer 法、Morgenstern-Price 法、Sarma 法(Ⅱ)、Sarma 法(Ⅲ)、Correia 法。

(2)考虑垂直方向力的平衡和对选定的求矩中心的力矩平衡(简称 VM 组合)。简化 Bishop 法属于此类。

(3)考虑水平方向力的平衡和垂直方向力的平衡(简称 HV 组合)。此类方法有：简化 Janbu 法、罗厄法、陆军工程师团法、不平衡推力法和 Sarma 法(Ⅰ)。严格 Janbu 法在假设推力线位置时就已自动考虑了力矩平衡，但在求解过程中只利用了两个方向力的平衡，因此，该法从求解格式上属于 HV 组合，性质上却属于 HVM 组合。

(4)仅考虑对选定求矩中心的力矩平衡(简称 M 组合)。瑞典法(国外亦称常规法)属于此类。

其中，第一类方法和严格 Janbu 法统称为严格条分法，其他三类方法统称为非严格条分法。常用极限平衡条分法及其假定可概括为表 1-6-16 中所列。

常用极限平衡条分法及其假定 表 1-6-16

编号	方　法	假　定				条块形状
		滑动面	平衡条件			
			垂直力	水平力	力矩	
1	瑞典法	圆弧滑动面			考虑	垂直条块
2	简化 Bishop 法	圆弧滑动面	满足		考虑	垂直条块
3	简化 Janbu 法	任意滑动面	满足	满足		垂直条块
4	陆军工程师团法	任意滑动面	满足	满足		垂直条块
5	罗厄法	任意滑动面	满足	满足		垂直条块
6	不平衡推力法	任意滑动面	满足	满足		垂直条块
7	Sarma 法(Ⅰ)	任意滑动面	满足	满足		非垂直条块
8	Spencer 法	任意滑动面	满足	满足	满足	垂直条块
9	Morgenstern-Price 法	任意滑动面	满足	满足	满足	垂直条块
10	Sarma 法(Ⅱ)	任意滑动面	满足	满足	满足	垂直条块
11	Sarma 法(Ⅲ)	任意滑动面	满足	满足	满足	垂直条块
12	Correia 法	任意滑动面	满足	满足	满足	垂直条块
13	严格 Janbu 法	任意滑动面	满足	满足	满足	垂直条块

采用上述极限平衡法对十几种典型算例进行稳定性计算，并对结果进行比较分析，得出下列结论：

(1)各种严格法计算结果都较相近。当滑面为圆弧面时，稳定系数相差大致在 1% 以内，不超过 2%；当滑面为一般滑面，相差大致在 1% ~ 3%，不超过 4%。当 Janbu 法的力作用点假定在 1/3 处，可能出现较大的误差，因为实际的力作用点一般在 1/3 处以上。无论在理论与计算结果的准确性上，各种严格解法都是可取的，其中 Spencer 法计算最为方便，采用严格法时，推荐采用这种方法。

(2)除简化 Bishop 法外，各种方法与严格法相比都有较大误差，尤其是瑞典法误差高达 20% 以上。因为瑞典法没有考虑土条间有利的相互作用，其稳定系数值最小，偏于保守，有时会造成很大浪费。尽管瑞典法在我国应用很广，但不宜推广应用。

(3)不平衡推力法在土条底面倾角变化很小时，计算结果与简化 Bishop 法接近；当倾角变化很大时，计算结果误差很大，偏于危险。因此，采用该法时应有所限制或调整。

(4)非严格法中简化 Bishop 法,不仅计算简便,而且与严格法相比的大致误差为 2%。该法有较高精度,这是因为它抓住了问题的主要矛盾。这种方法在国外广为应用,也值得在我国推广应用,尤其对于圆弧滑面。

(5)简化 Bishop 法算得的稳定系数比瑞典法大致高 7%~8%,最大高 14.8%;Spencer 法比瑞典法平均高 9.5%,最大高 17.6%,大致比简化 Bishop 法高 2%~3%,稳定系数对 φ 的敏感性大于参数 c。

三、稳定系数统一求解格式

极限平衡条分法的基本理论是通过建立力和力矩的平衡条件,得出稳定系数的解答,可以针对同一类型的极限平衡条分法建立统一的稳定系数求解格式,便于编程和工程应用。

1. 基本方程

考虑图 1-6-6a)所示的可能滑动体。将材料的有效抗剪强度指标 c' 和 φ' 除以 F 后,滑动体处于极限平衡。将该滑动体划分成 n 个垂直条块,如图 1-6-6b)、c)所示,条块 i 的几何形状由角点坐标 (x_{ti},y_{ti})、(x_{bi},y_{bi})、$(x_{t,i-1},y_{t,i-1})$ 和 $(x_{b,i-1},y_{b,i-1})$ 描述。浸润线位置由其与条块各边交点的坐标 (x_{wi},y_{wi}) 和 $(x_{w,i-1},y_{w,i-1})$ 表示。

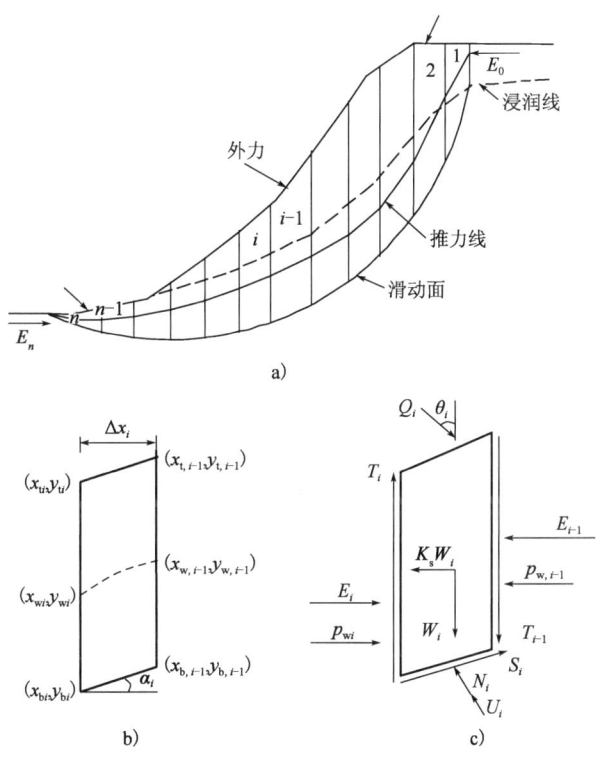

图 1-6-6 边坡体的垂直条分及条块体的几何尺寸和受力分析

作用在条块 i 上的力有:

①体力 W_i,作用点 (x_{ci},y_{ci}) 为条块的重心,可由材料的重度 γ 和几何参数来计算。

②地震力 $K_s W_i$,K_s 为地震影响系数,作用点为条块的重心 (x_{ci},y_{ci})。

③坡面外力 Q_i,该力源于外荷载或加固作用,作用点为 (x_{qi},y_{qi}),与垂直方向夹角为 θ_i。

当该力的作用线相对于过该力作用点的垂线的倾斜方向与滑动体的可能滑动方向相同时，$\theta_i > 0$ [图 1-6-6c)]；反之，$\theta_i < 0$。

④条间力 P_i 与水平方向的倾角为 β_i，作用点为 (x_{pi}, y_{pi})；沿条块界面法线方向和垂直方向的分量分别为 E_i、T_i。

⑤条块界面上的孔隙水压力 p_{wi}，可由浸润线的位置来计算。

⑥条底法向力 N_i，作用点为 (x_{ni}, y_{ni})。

⑦条底抗剪力 S_i，作用点为 (x_{ni}, y_{ni})。

⑧条底孔隙水压力 U_i 可由浸润线的位置来计算，作用点为 (x_{ni}, y_{ni})。

(1) 条块力的平衡方程

对于条块 i，考虑垂直方向的力平衡：

$$N_i\cos\alpha_i + S_i\sin\alpha_i + T_i - T_{i-1} - W_i - Q_i\cos\theta_i = 0 \quad (1\text{-}6\text{-}5)$$

类似地，考虑水平方向的力平衡：

$$S_i\cos\alpha_i - N_i\sin\alpha_i + E_i - E_{i-1} - K_s W_i + Q_i\sin\theta_i = 0 \quad (1\text{-}6\text{-}6)$$

式中：α_i——条底相对于水平方向的倾角。

(2) 条块力矩的平衡方程

进一步考虑条块 i 对同一点 (x_0, y_0) 的力矩平衡，将会得到下面的方程：

$$S_i\cos\alpha_i Y_{ni} \pm S_i\sin\alpha_i X_{ni} \pm N_i\cos\alpha_i X_{ni} - N_i\sin\alpha_i Y_{ni} + P_i\cos\beta_i Y_{pi} \pm P_i\sin\beta_i X_{pi} - $$
$$P_{i-1}\cos\beta_{i-1} Y_{p,i-1} \mp P_{i-1}\sin\beta_{i-1} X_{p,i-1} - K_s W_i Y_{ci} \mp W_i X_{ci} + Q_i\sin\theta_i Y_{qi} \mp Q_i\cos\theta_i X_{qi} = 0 \quad (1\text{-}6\text{-}7\text{a})$$

对于圆弧滑动面，其圆心就是真正的求矩中心，条底法向力 N_i 通过圆心，无论条底法向力 N_i 的作用点位于条底的何处，它对圆心的力矩均为零。而条底剪力 S_i 对圆心的力臂就是圆弧的半径 R。式(1-6-7a)可简化为：

$$S_i R + P_i\cos\beta_i Y_{pi} \pm P_i\sin\beta_i X_{pi} - P_{i-1}\cos\beta_{i-1} Y_{p,i-1} \mp $$
$$P_{i-1}\sin\beta_{i-1} X_{p,i-1} - K_s W_i Y_{ci} \mp W_i X_{ci} + Q_i\sin\theta_i Y_{qi} \mp Q_i\cos\theta_i X_{qi} = 0 \quad (1\text{-}6\text{-}7\text{b})$$

(3) 剪力方程

对于处于极限平衡状态的土体，根据 Mohr-Coulomb 破坏准则，滑动面上的剪力方程为：

$$S_i = [c'_i l_i + (N_i - U_i)\tan\varphi'_i]/F \quad (1\text{-}6\text{-}8)$$

(4) 整体力及力矩平衡方程

对于处于极限平衡状态的可能滑动体，作用在其上的所有力应该满足整体力及力矩平衡条件。由于同一条块界面上的条间力是一对作用力和反作用力，在求整体力及力矩平衡的过程中，它们将互相抵消，因此，在最终的整体力及力矩平衡方程中不会出现。根据式(1-6-5)得：

$$\sum_{i=1}^{n} N_i\cos\alpha_i + \sum_{i=1}^{n} S_i\sin\alpha_i - \sum_{i=1}^{n} W_i - \sum_{i=1}^{n} Q_i\cos\theta_i = 0 \quad (1\text{-}6\text{-}9)$$

类似地，根据式(1-6-6)得：

$$\sum_{i=1}^{n} S_i\cos\alpha_i - \sum_{i=1}^{n} N_i\sin\alpha_i - \sum_{i=1}^{n} K_s W_i + \sum_{i=1}^{n} Q_i\sin\theta_i = 0 \quad (1\text{-}6\text{-}10)$$

根据式(1-6-7a)得：

$$\sum_{i=1}^{n} S_i(Y_{ni}\cos\alpha_i \pm X_{ni}\sin\alpha_i) + \sum_{i=1}^{n} N_i(\pm X_{ni}\cos\alpha_i - Y_{ni}\sin\alpha_i) - $$
$$\sum_{i=1}^{n} K_s W_i Y_{ci} \mp \sum_{i=1}^{n} W_i X_{ci} + \sum_{i=1}^{n} Q_i(Y_{qi}\sin\theta_i \mp X_{qi}\cos\theta_i) = 0 \quad (1\text{-}6\text{-}11)$$

对于圆弧滑动面,式(1-6-11)简化为:

$$\sum_{i=1}^{n} S_i R - \sum_{i=1}^{n} K_s W_i Y_{ci} \mp \sum_{i=1}^{n} W_i X_{ci} + \sum_{i=1}^{n} Q_i (Y_{qi} \sin\theta_i \mp X_{qi} \cos\theta_i) = 0 \quad (1\text{-}6\text{-}12)$$

(5)条底法向力方程

在滑动面给定的情况下,根据整体力和力矩的平衡以及 Mohr-Coulmb 强度准则求安全系数时,只有条底法向力 N_i 是未知的,因此,首先要确定条底法向力 N_i。令条间力 P_i 和 P_{i-1} 的合力 ΔP_i 与水平方向的倾角为 Θ_i,则:

$$\tan\Theta_i = \frac{T_i - T_{i-1}}{E_i - E_{i-1}} \quad (1\text{-}6\text{-}13)$$

根据式(1-6-5)和式(1-6-6),并考虑式(1-6-8)和式(1-6-13),可以得到条底法向力 N_i 的方程为:

$$N_i = \frac{1}{\sec\varphi'_{mi}\cos(\alpha_i - \Theta_i - \varphi'_{mi})}[W_i\cos\Theta_i - K_s W_i \sin\Theta_i + Q_i\cos(\theta_i - \Theta_i) -$$
$$c'_{mi} l_i \sin(\alpha_i - \Theta_i) + U_i \tan\varphi'_{mi} \sin(\alpha_i - \Theta_i)] \quad (1\text{-}6\text{-}14)$$

式(1-6-14)也可以通过垂直于条间力合力方向上的力平衡得到。由此可见,在滑动面给定的情况下,条底法向力 N_i 是 Θ_i 和 F 的函数,而且,一般说来是 F 的非线性函数,只有在 $\Theta_i = \alpha_i$ 的情况下,条底法向力 N_i 与 F 无关,即:

$$N_i = W_i\cos\alpha_i - K_s W_i\sin\alpha_i + Q_i\cos(\alpha_i - \theta_i) \quad (1\text{-}6\text{-}15)$$

将式(1-6-14)对 Θ_i 求偏导,得:

$$\frac{\partial N_i}{\partial \Theta_i} = \frac{1}{\sec\varphi'_{mi}\cos^2(\alpha_i - \Theta_i - \varphi'_{mi})}[-W_i\sin(\alpha_i - \varphi'_{mi}) - K_s W_i\cos(\alpha_i - \varphi'_{mi}) +$$
$$Q_i\sin(\theta_i - \alpha_i + \varphi'_{mi}) + c'_{mi} l_i \cos\varphi'_{mi} - U_i\sin\varphi'_{mi}] \quad (1\text{-}6\text{-}16)$$

令式(1-6-16)右边等于零,得:

$$-W_i\sin(\alpha_i - \varphi'_{mi}) - K_s W_i\cos(\alpha_i - \varphi'_{mi}) +$$
$$Q_i\sin(\theta_i - \alpha_i + \varphi'_{mi}) + c'_{mi} l_i\cos\varphi'_{mi} - U_i\sin\varphi'_{mi} = 0 \quad (1\text{-}6\text{-}17)$$

式(1-6-17)成立的条件是:

$$\Theta_i = \frac{\pi}{2} + \alpha_i - \varphi'_{mi} \quad (1\text{-}6\text{-}18)$$

亦即,条间力合力 ΔP_i 的方向与垂直于条底的 N_i 和平行于条底的 $N_i\tan\varphi'_{mi}$ 的合力的方向平行,而式(1-6-17)即为垂直于该合力方向上的力平衡。有趣的是,将式(1-6-18)代入式(1-6-14)并考虑式(1-6-17)可知,式(1-6-14)右边的分子和分母同时为零。这说明此时条底法向力 N_i 的值是不确定的,因此要求:

$$\Theta_i \neq \frac{\pi}{2} + \alpha_i - \varphi'_{mi} \quad (1\text{-}6\text{-}19)$$

(6)条间力及条间力矩的递推方程

为了便于建立条间力和条间力矩的递推方程,将表1-6-16中所列常用极限平衡条分法编号3~13对条间力的假定统一表示成如下形式:

$$T_i = A_i E_i + X_i \quad (1\text{-}6\text{-}20)$$

其中,A_i、X_i 的取值随假定的不同而不同,如表1-6-17所示。

常用极限平衡条分法的 A_i、X_i 取值　　　　　　　　　　　　　　　　表 1-6-17

编号	方　　法	A_i	X_i
3	简化 Janbu 法	$A_i = 0$	$X_i = 0$
4	陆军工程师团法	$A_i = \tan\Omega_a$	$X_i = 0$
5	罗厄法	$A_i = \dfrac{1}{2}(\tan\alpha_i + \tan\Omega_i)$	$X_i = 0$
6	不平衡推力法	$A_i = \tan\alpha_{i-1}$	$X_i = 0$
7	Sarma 法（Ⅰ）	$A_i = \tan\varphi'_{avmi}$	$X_i = c'_{avmi}h_i - p_{wi}\tan\varphi'_{avmi}$
8	Spencer 法	$A_i = \lambda$	$X_i = 0$
9	Morgenstern-Price 法	$A_i = \lambda f(x_i)$	$X_i = 0$
10	Sarma 法（Ⅱ）	$A_i = \lambda\tan\varphi'_{avmi}$	$X_i = \lambda(c'_{avmi}h_i - p_{wi}\tan\varphi'_{avmi})$
11	Sarma 法（Ⅲ）	$A_i = \lambda f(x_i)\tan\varphi'_{avmi}$	$X_i = \lambda f(x_i)(c'_{avmi}h_i - p_{wi}\tan\varphi'_{avmi})$
12	Correia 法	$A_i = 0$	$X_i = \lambda f(x_i)$
13	严格 Janbu 法		

对于方法 13——严格 Janbu 法，考虑作用在条块 i 上的力对条底中点的力矩平衡，有：

$$E_i[f_t(x_i) - y_{ni}] \pm T_i(x_{ni} - x_{bi}) - E_{i-1}[f_t(x_{i-1}) - y_{ni}] \pm T_{i-1}(x_{b,i-1} - x_{ni}) - K_sW_i(y_{ci} - y_{ni}) \pm W_i(x_{ci} - x_{ni}) + Q_i\sin\theta_i(y_{qi} - y_{ni}) \pm Q_i\cos\theta_i(x_{qi} - x_{ni}) = 0$$

(1-6-21)

其中，滑体的可能滑动方向自右上向左下 [图 1-6-6a] 时，在出现两个计算符号处，取上面一个计算符号；反之，取下面一个计算符号。重新整理后，得：

$$T_i = \pm\dfrac{y_{ni} - f_t(x_i)}{x_{ni} - x_{bi}}E_i \pm \dfrac{1}{x_{ni} - x_{bi}}\{E_{i-1}[f_t(x_{i-1}) - y_{ni}] \mp T_{i-1}(x_{b,i-1} - x_{ni}) + K_sW_i(y_{ci} - y_{ni}) \mp W_i(x_{ci} - x_{ni}) - Q_i\sin\theta_i(y_{qi} - y_{ni}) \mp Q_i\cos\theta_i(x_{qi} - x_{ni})\}$$

(1-6-22)

这样，对于方法 13——严格 Janbu 法，有：

$$A_i = \pm\dfrac{y_{ni} - f_t(x_i)}{x_{ni} - x_{bi}} \quad (1\text{-}6\text{-}23a)$$

$$X_i = \pm\dfrac{1}{x_{ni} - x_{bi}}\{E_{i-1}[f_t(x_{i-1}) - y_{ni}] \mp T_{i-1}(x_{b,i-1} - x_{ni}) + K_sW_i(y_{ci} - y_{ni}) \mp W_i(x_{ci} - x_{ni}) - Q_i\sin\theta_i(y_{qi} - y_{ni}) \mp Q_i\cos\theta_i(x_{qi} - x_{ni})\} \quad (1\text{-}6\text{-}23b)$$

(7) 条间力递推方程

将式 (1-6-8) 和式 (1-6-20) 代入式 (1-6-5) 和式 (1-6-6) 中，并在所得到的两个方程中消去 N_i，得：

$$E_i = \dfrac{C_i}{B_i}E_{i-1} + \dfrac{D_i}{B_i} \qquad (1\text{-}6\text{-}24)$$

其中：

$$B_i = A_i\sin(\alpha_i - \varphi'_{mi}) + \cos(\alpha_i - \varphi'_{mi}) \qquad (1\text{-}6\text{-}25a)$$

$$C_i = A_{i-1}\sin(\alpha_i - \varphi'_{mi}) + \cos(\alpha_i - \varphi'_{mi}) \qquad (1\text{-}6\text{-}25b)$$

$$D_i = W_i\sin(\alpha_i - \varphi'_{mi}) + K_sW_i\cos(\alpha_i - \varphi'_{mi}) - c'_{mi}l_i\cos\varphi'_{mi} + U_i\sin\varphi'_{mi} - (X_i - X_{i-1})\sin(\alpha_i - \varphi'_{mi}) + Q_i\sin(\alpha_i - \varphi'_{mi} - \theta_i) \qquad (1\text{-}6\text{-}25c)$$

式(1-6-24)是一个条间力的递推方程。E_0 为初始条间推力,只有滑体入口端有张裂缝且充水时才存在。E_n 为出口处保持最后条块平衡所需的水平推力,一般定义为不平衡推力或剩余推力。

(8) 条间力矩递推方程

考虑作用在条块 i 上的力对条底中点的力矩平衡,有:

$$E_i(y_{pi} - y_{ni}) \pm T_i(x_{ni} - x_{bi}) - E_{i-1}(y_{p,i-1} - y_{ni}) \pm T_{i-1}(x_{b,i-1} - x_{ni}) - K_s W_i(y_{ci} - y_{ni}) \pm W_i(x_{ci} - x_{ni}) + Q_i \sin\theta_i(y_{qi} - y_{ni}) \pm Q_i \cos\theta_i(x_{qi} - x_{ni}) = 0 \tag{1-6-26}$$

其中,正负号的取值原则同上。令:

$$M_i = E_i y_{pi} \mp T_i x_{bi}; \quad M_{i-1} = E_{i-1} y_{p,i-1} \mp T_{i-1} x_{b,i-1} \tag{1-6-27}$$

$$M_{0i} = K_s W_i(y_{ci} - y_{ni}) \mp W_i(x_{ci} - x_{ni}) - Q_i \sin\theta_i(y_{qi} - y_{ni}) \mp Q_i \cos\theta_i(x_{qi} - x_{ni}) \tag{1-6-28}$$

这样,式(1-6-22)可以写成:

$$M_i = M_{i-1} + (E_i - E_{i-1})y_{ni} \mp (T_i - T_{i-1})x_{ni} + M_{0i} \tag{1-6-29}$$

其中,M_i 称为条间力矩,式(1-6-29)称为条间力矩递推方程。M_0 可直接根据条块入口端边界条件用式(1-6-27)计算;M_n 定义为不平衡力矩或剩余力矩。

2. 统一求解格式

(1) M 组合

瑞典法属于此类。对于圆弧滑动面,将式(1-6-8)代入式(1-6-12)中,可得稳定系数方程为:

$$F = \frac{R\sum_{i=1}^{n}c'_i l_i + R\sum_{i=1}^{n}(N_i - U_i)\tan\varphi'_i}{\sum_{i=1}^{n}K_s W_i Y_{ci} \pm \sum_{i=1}^{n}W_i X_{ci} + \sum_{i=1}^{n}Q_i(\pm X_{qi}\cos\theta_i - Y_{qi}\sin\theta_i)} \tag{1-6-30}$$

其中,正负号的取值原则同上。由式(1-6-15)可知,对于瑞典法,条底法向力 N_i 与稳定系数 F 无关,因此,瑞典法的稳定系数方程是一个显示表达式,其稳定系数可通过式(1-6-30)解析得到。

(2) VM 组合

简化 Bishop 法属于此类。对于圆弧滑动面,简化 Bishop 法的稳定系数方程与式(1-6-30)相同。条底法向力方程为:

$$N_i = \frac{W_i + Q_i\cos\theta_i - c'_{mi}l_i\sin\alpha_i + U_i\tan\varphi'_{mi}\sin\alpha_i}{\cos\alpha_i + \tan\varphi'_{mi}\sin\alpha_i} \tag{1-6-31}$$

由于式(1-6-31)与稳定系数 F 有关,因此,简化 Bishop 法的稳定系数方程是一个隐式表达式,稳定系数的求解需要进行迭代。令:

$$\Phi(F) = \frac{R\sum_{i=1}^{n}c'_i l_i + R\sum_{i=1}^{n}(N_i - U_i)\tan\varphi'_i}{\sum_{i=1}^{n}K_s W_i Y_{ci} \pm \sum_{i=1}^{n}W_i X_{ci} + \sum_{i=1}^{n}Q_i(\pm X_{qi}\cos\theta_i - Y_{qi}\sin\theta_i)} \tag{1-6-32}$$

则式(1-6-32)可以写成:

$$F = \Phi(F) \tag{1-6-33}$$

式(1-6-29)是一个便于利用不动点迭代法进行迭代的表达形式。不动点迭代法的迭代公式为:

$$F^{(k+1)} = \Phi(F^{(k)}) \tag{1-6-34}$$

如果得到的序列$\{F^{(k)}\}$满足:

$$\lim_{k\to\infty} F^{(k)} = F^{(*)} \tag{1-6-35}$$

则$F^{(*)}$就是Φ的不动点。由此可以求出简化Bishop法的稳定系数F。

如果将瑞典法求得的安全系数F作为初值,式(1-6-35)收敛得非常快,通常进行4~5次迭代即可。

(3) VH组合

表1-6-16中所列方法3~7和13属于此类。此类方法的稳定系数F可直接利用条间力递推方程得到。基于条间力递推方程[式(1-6-20)]求解稳定系数F的统一格式是,首先假定一个初始试算稳定系数$F^{(0)}$,可以取瑞典法求得的稳定系数F,也可以直接取为1;根据条间力递推方程[式(1-6-24)],从滑动面的入口开始,一个条块一个条块地进行到滑动面的出口。对于特定的F试算值,将会有相应的边界力E_n使边坡保持稳定。如果求得的E_n大于给定的边界力,下一次的F试算值应该小于前一次的假定值。反之,如果求得的E_n小于给定的边界力,下一次的F试算值就应该大于前一次的试算值。求解方法就是这样一个逐次逼近的过程,最后得到的E_n值等于或接近给定的边界力。当然,在大多数情况下,这个给定的边界力将是大小为零的力。当然在每步改进稳定系数方面,可以采用一定的算法技巧,加速收敛。大量计算实践表明,只要滑面形状不反常,基于条间力递推方程[式(1-6-24)]求解稳定系数F的统一格式均能稳定收敛。

(4) VHM组合

表1-6-16中所列方法8~12属于此类。由于此类方法引入了一个比例系数λ,其稳定系数F求解可归结为二元非线性方程组的求解,即解方程组:

$$\begin{cases} E_n(F,\lambda) = 0 \\ M_n(F,\lambda) = 0 \end{cases} \tag{1-6-36}$$

其中,E_n可由式(1-6-24)求出;M_n可由式(1-6-24)和式(1-6-29)联合求出。

求解上面的方程组,最有效的是Newton-Raphson法。

按上述的统一求解格式,可编写电算程序,求得稳定系数,用于边坡的稳定性计算分析。在稳定性计算中,往往希望找到稳定系数最小的危险滑动面,这需要不断搜索。对最危险滑动面的搜索,目前有多种方法,可参见相关的文献。

四、推荐的高路堤边坡稳定性分析方法

高路堤边坡可能出现堤身的稳定性、路堤和地基的整体稳定性问题,其滑动面大多为圆弧或近似圆弧的滑动面。由前面的分析可知,由于简化Bishop法在理论上的严密和实际应用相对简单,因此,推荐采用简化Bishop法进行路堤边坡的稳定性分析。

简化Bishop法的普遍表达式为:

$$F = \frac{\sum\{c_i b_i + [(W_i + Q_i) - u_i b_i]\tan\varphi_i\}/m_{\alpha i}}{\sum(W_i + Q_i)\sin\alpha_i} \tag{1-6-37}$$

$$m_{\alpha i} = \cos\alpha_i + \sin\alpha_i \tan\varphi_i/F$$

式中:c_i、φ_i——第 i 土条底的黏聚力和内摩擦角;

W_i——第 i 土条重量;

α_i——第 i 土条底滑面的倾角;

Q_i——第 i 土条垂直方向外力,如车辆荷载;

b_i——第 i 土条宽度;

u_i——第 i 土条底的孔隙水压力。

应用上式进行稳定性分析,土的黏聚力和内摩擦角需要采用有效应力指标,同时需要确定孔隙水压力大小。当通过测试获得孔隙水压力时,可采用式(1-6-37)分析得出不同时期(不同孔隙水压力大小)路堤的稳定性,也可由此对路堤的稳定性实施监控分析。但事实上,孔隙水压力测定较为困难,在实际工程中,式(1-6-37)难以应用。

也可不考虑孔隙水压力,采用总应力指标,这样使分析简单,但得出的结果将依采用土性强度指标的不同而不同,而且结果将可能相差较大。

当不考虑地基土孔隙水压力,采用快剪指标应用于式(1-6-37)时,计算得到的结果将是不考虑地基土随填土荷载的作用进一步固结引起强度增加情况下的路堤稳定系数,其对应的是路堤快速填筑、地基排水不良的工况。当采用固结快剪指标时,其对应的将是考虑地基土在填土荷载作用下完全固结,即地基排水良好、路堤慢速填筑、突然破坏的工况。大量的实际工程介于这两种极端工况之间。式(1-6-37)中的孔隙水压力 u_i 为球张量孔隙水压力 u_{0i} 与偏张量孔隙水压力 $u_{\tau i}$ 之和,即 $u_i = u_{0i} + u_{\tau i}$。$u_{\tau i}$ 既与土质和固结度有关,也与剪应力水平有关。式(1-6-37)仅在稳定渗流或有实测孔隙水压力资料时可以应用,在一般情况下难以应用。通过理论分析和大量的试验资料验证,认为可采用下式等效地表达简化 Bishop 法。

$$F = \frac{\sum\{c_{gi}b_i + [(W_i+Q_i) - u_{0i}b_i]\tan\varphi_{gi}\}/m_{\alpha i}}{\sum(W_i+Q_i)\sin\alpha_i}$$

$$= \frac{\sum\{c_{gi}b_i + U_i(W_i+Q)\tan\varphi_{gi}\}/m_{\alpha i}}{\sum(W_i+Q_i)\sin\alpha_i} \quad (1\text{-}6\text{-}38)$$

$$m_{\alpha i} = \cos\alpha_i + \sin\alpha_i\tan\varphi_{gi}/F$$

式中:c_{gi}、φ_{gi}——采用固结快剪试验获得的第 i 土条底的黏聚力和内摩擦角;

U_i——第 i 土条底以下土的平均固结度;

其余符号意义同前。

在前面的分析中提出,由于路堤填土受力情况和性质的特殊性,推荐采用快剪强度指标;对地基土也推荐采用固结快剪指标。

由于填土和地基土采用了不同的强度指标,因此,可根据滑弧处于的位置进一步表达为式(1-6-39),相应的计算图式如图 1-6-7 所示。

$$F = \frac{\sum K_{di} + \sum K_{ti}}{\sum(W_i+Q_i)\sin\alpha_i} \quad (1\text{-}6\text{-}39)$$

式中:K_{di}——滑弧位于地基中时第 i 土条的抗剪强度;

K_{ti}——滑弧位于路堤中时第 i 土条的抗剪强度。

K_{di} 和 K_{ti} 分别按式(1-6-40)和式(1-6-41)计算。

$$K_{di} = [c_{di}b_i + W_{di}\tan\varphi_{di} + U(W_{ti}+Q_i)\tan\varphi_{di}]/m_{\alpha i} \quad (1\text{-}6\text{-}40)$$

式中:W_{di}——第 i 土条地基部分的重量;
W_{ti}——第 i 土条路堤部分的重量;
c_{di}、φ_{di}——采用固结快剪试验获得的第 i 土条地基土的黏聚力和内摩擦角;
U——地基土的平均固结度。

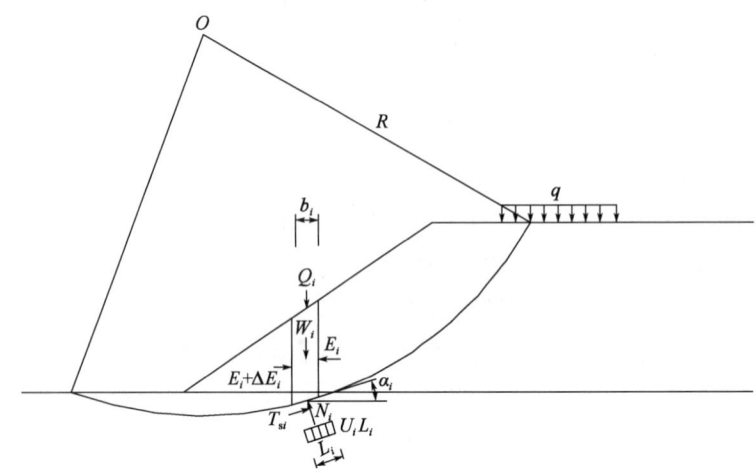

图 1-6-7 简化 Bishop 法计算图示

$$K_{ti} = [c_{ti}b_i + (W_{ti} + Q_i)\tan\varphi_{ti}]/m_{\alpha i} \quad (1\text{-}6\text{-}41)$$

式中:c_{ti}、φ_{ti}——第 i 土条路堤填土的黏聚力和内摩擦角;

其余符号意义同前。

$m_{\alpha i}$ 计算公式中的内摩擦角 φ_i 视滑弧所在土层位置取值。滑弧位于地基中时取地基土的内摩擦角,滑弧位于路堤中时取路堤土的内摩擦角。为简化计算,也为应用方便,式(1-6-40)中采用了平均固结度代替土条的固结度。

分析式(1-6-39),不难看出:当取 $U=0$ 时,计算的是路堤快速填筑,地基未固结的情况,可用于填筑速度较快时路堤施工期间的稳定性分析。当取 $U=1$ 时,计算的是路堤填筑速度慢,地基完全固结的情况,可用于填筑速度较慢时路堤施工期间的稳定性或路堤在营运期间的稳定性分析。当路堤填筑速度使地基固结度处于 $0\sim1$ 之间时,可结合地基的沉降分析或实测结果估计地基的平均固结度,分析各时期的稳定性,对路堤稳定进行实时监控。因此,式(1-6-39)具有更广泛的应用性。

五、路堤稳定安全系数

安全系数取值是人们对所构筑的结构安全度水平的期望,其取值大小与经济有直接的联系。在保证结构安全的前提下,应尽可能做到经济。这是安全系数确定的基本思想。路堤的安全系数定得高,路堤的初期造价随之增大,但其养护费用和破坏后的修复费用却降低;反之,安全系数定得低,路堤的初期造价虽然减少,但日后的养护和破坏后的修复费用却增加,而且还将引起路面破坏、甚至中断交通等问题。合理的安全度水平应是安全与经济的最佳平衡点。

完整的安全度水平的确定应根据期望的公路使用年限,采用可靠性分析,综合考虑各种路堤情况,结合经济进行分析确定。但就目前的基础条件而言,进行大量的资料收集和分析还存在较大困难,更多关注的是在保证路堤基本稳定的情况下,考虑初期建设费用的经济。

表 1-6-18 为相关行业当前应用的或准备采用的边坡稳定安全系数及其所采用的分析方法。

边坡稳定安全系数及稳定性分析方法表　　　　表 1-6-18

部门	工程名称		安全系数	分析方法	备注
建筑	地基边坡		1.2	瑞典法	《建筑地基基础设计规范》（GB 50007—2011）
	自然边坡	甲级建筑物	1.25	不平衡推力法	《建筑地基基础设计规范》（GB 50007—2011）
		乙级建筑物	1.15		
		丙级建筑物	1.05		
	重庆市自然边坡	一级边坡	1.25	不平衡推力法	重庆市《建筑边坡支护技术规范》（DB 50/5018—2001）
		二级边坡	1.15		
		三级边坡	1.05		
公路	软基路堤		1.1	瑞典法、快剪	《公路软基路堤设计与施工技术细则》（JTG/T D31-02—2013）
			1.4	Bishop 法、有效剪	
铁路	路堤边坡		1.15~1.25		《铁路路基设计规范》（TB 10001—2016）
	铁路边坡	一级边坡	1.25	不平衡推力法	—
		二级边坡	1.15		
		三级边坡	1.05		
水利	堤防工程土质边坡	一级	1.3	瑞典法	《堤防工程设计规范》（GB 50286—2013）
		二级	1.25		
		三级	1.20		
		四级	1.15		
		五级	1.10		
	土石坝边坡		1.5	严格条分法与简化 Bishop 法	—
	库区自然边坡		1.3	严格条分法与简化 Bishop 法	—
港口	土坡		1.0~1.2	瑞典法、快剪	《水运工程地基设计规范》（JTS 147—2017）
			1.1~1.3	瑞典法、固快	
			1.3~1.5	Bishop 法、有效剪	

由表 1-6-18 可看出，当前安全系数的取值具有如下特点：

（1）各部门采用的安全系数目前还有一些差距，原因是工程重要性不同，以及规范制定者的经验与看法不同。就安全系数取值大小来看，总体上水利部门取值稍高，铁路、公路、建筑部门基本一致，港口部门略低。

（2）考虑了边坡稳定性分析方法。

（3）考虑了结构的重要性。越是重要的工程所取的总安全系数越高，如土石坝的失稳安全系数取 1.5，堤防工程土质边坡依不同等级为 1.1~1.3；重庆市的《建筑边坡支护技术规范》（DB 50/5018—2001）中，对自然滑坡的安全系数，依不同边坡等级为 1.05~1.25。

路堤边坡的破坏与多种因素有关,除设计问题外,施工质量和填筑速率控制等也是影响路堤稳定性的重要因素。从调查的情况看,路堤的失稳主要发生在施工期,公路建成通车后出现失稳滑动破坏的路堤并不多见。目前还没有路堤失稳破坏概率的确切统计分析资料,就调查情况看,如将不同高度的路堤都计算在内,在施工期和公路运营期出现滑动破坏的路堤一般占到1%~2%,如只计及8m以上高度的路堤,失稳滑动破坏的路堤一般占到2%~3%。

通过对相关行业边坡安全系数取值的分析,并结合路堤破坏的特点,在对山区十几段路堤稳定性分析计算的基础上,《公路路基设计规范》(JTG D30—2015)规定了路堤稳定安全系数,见表1-6-19。

路堤稳定安全系数　　　　　　　　　　表1-6-19

分析内容	地基强度指标	分析工况	稳定安全系数	
			二级及二级以上公路	三、四级公路
路堤的堤身稳定性、路堤和地基的整体稳定性	采用直剪的固结快剪或三轴固结不排水剪指标	正常工况	1.45	1.35
		非正常工况Ⅰ	1.35	1.25
	采用快剪指标	正常工况	1.35	1.30
		非正常工况Ⅰ	1.25	1.15
路堤沿斜坡地基或软弱层滑动的稳定性	—	正常工况	1.30	1.25
		非正常工况Ⅰ	1.20	1.15

注:区域内唯一通道的三、四级公路重要路段,高路堤与陡坡路堤稳定安全系数可采用二级公路的标准。

第五节　高路堤沉降计算分析与控制

一、高路堤本体压缩变形分析方法

路基按填挖的情况,其断面形式可分为路堤、路堑和半填半挖三种类型。在路堤中,填土高度大于18m(土质)或20m(石质)时称之为高路堤,而高路堤本体一般用天然土或者石等来填筑,为了方便描述,我们在后面称填筑的土或者石为土体。与地基沉降计算相比,填土自身压缩变形有其独自特点。路堤填筑是一个逐级加荷的过程,各填筑层既是荷载,又是受压层。因此,在考虑高路堤本体压缩变形时,可在填筑阶段和填筑完成之后两个阶段考虑。在填筑阶段采用逐级加载法进行计算分析。

1. 路堤内部的应力分布

路堤在逐级加荷过程中,土体内部的应力变化和"固结"过程极为复杂,因此,在考虑路堤自身压缩变形特点的情况下,对其应力、应变关系作如下假定或简化:

(1)路堤自身压缩按分层总和法计算。在计算某一填土层对下面土层的作用时,该填土层作为附加荷载,以下土层按自重应力考虑。

(2)填土内部自重应力呈线性增加,竖向应力按 $\sigma = \gamma h$ 计算(γ 为填土重度、h 为填筑层高度)。土体中的附加应力符合半无限体上条形荷载作用下的应力分布。

(3)随应力水平的逐步变化,填土的孔隙比逐渐减少,压缩模量逐渐提高,其孔隙比与应力关系符合 e-p 曲线。

在上述假定的基础上,推导出堤身自身压缩变形量的计算公式。

图 1-6-8 为路堤本体应力分布图。

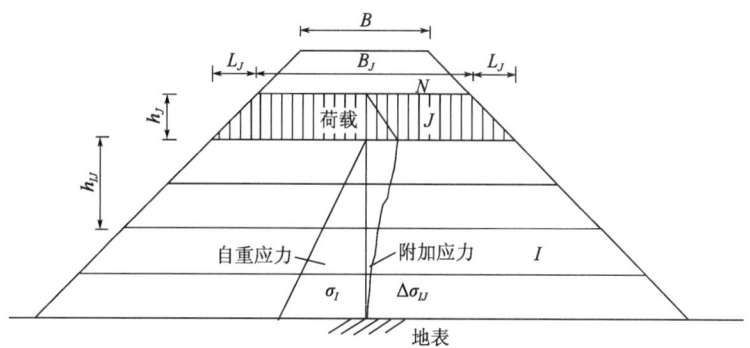

图中：h_J——第 J 层填土厚度；

B_J——第 J 层填土顶宽；

L_J——第 J 层填土边坡水平投影长度；

h_{IJ}——第 I 层填土中心点至第 J 层填土中心点的距离；

σ_I——第 I 层填土的自重应力；

$\Delta\sigma_{IJ}$——第 J 层填土施加后在第 I 层填土中所增加的附加应力。

图 1-6-8 堤身内部应力关系

在各层填土中，自重应力可表示为：

$$\sigma_I = \gamma \times \left(h_{IJ} - \frac{h_I}{2}\right) \qquad (1\text{-}6\text{-}42)$$

每增加一填土层，其下各土层中的附加应力增量按下式计算：

$$\sigma_{IJ} = \gamma \times \frac{h_J}{\pi} \times \frac{x - \frac{B_J}{2} - L_J}{L_J} \times \arctan\frac{x - \frac{B_J}{2} - L_J}{y} + \frac{x + \frac{B_J}{2} + L_J}{L_J} \times \arctan\frac{x + \frac{B_J}{2} + L_J}{y} -$$

$$\frac{x - \frac{B_J}{2}}{L_J} \times \arctan\frac{x - \frac{B_J}{2}}{y} - \frac{x + \frac{B_J}{2}}{L_J} \times \arctan\frac{x + \frac{B_J}{2}}{y} \qquad (1\text{-}6\text{-}43)$$

式中：x——应力计算点距路堤中心线的水平距离。

当只考虑路堤中心线上的变形情况时，其附加应力公式可简化为：

$$\Delta\sigma_{IJ} = \gamma \times \frac{h_J}{\pi} \times \frac{2 \times \left(\frac{B_J}{2} + L_J\right)}{L_J} \times \arctan\frac{\frac{B_J}{2} + L_J}{y} - \frac{B_J}{L_J} \times \arctan\frac{\frac{B_J}{2}}{y} \qquad (1\text{-}6\text{-}44)$$

式中：y——第 J 层中心点至第 I 层中心点的距离，$y = h_{IJ}$。

实际上，路堤的边界条件与半无限体有一定的差异，但当以计算路基中心线上的变形为主来看，采用半无限体的假定计算结果基本可以接受。水利部门在水坝应力计算中，对自重应力一般采用 $\sigma = \gamma h$ 计算，对于附加应力按半无限体计算，结果表明不会造成大的误差。

2．路堤本体最终变形计算

在求出各层填土的自重应力和附加应力后，填土的压缩变形可按以下公式计算：

$$S_{IJ} = \frac{\Delta\sigma_{IJ}}{E_s}h_I \qquad (1\text{-}6\text{-}45)$$

或

$$S_{IJ} = \frac{e_1 - e_2}{1 + e_1} h_I \tag{1-6-46}$$

式中：E_s——与应力水平 $\sigma_1 + \Delta\sigma$ 及自重应力水平 σ_1 相对应的压缩模量；

e_1——对应于自重应力 σ_1 的孔隙比；

e_2——对应于应力 $\sigma_1 + \Delta\sigma_{IJ}$ 的孔隙比；

S_{IJ}——由第 J 层填土引起的第 I 层填土的压缩量（其中 S_{II} 为第 I 层填土自重所引起的压缩量）。

式(1-6-45)为采用压缩模量 E_s 法计算变形的公式，式(1-6-46)为采用 e-p 曲线计算沉降的公式。

由此，第 I 层土的自身压缩量为：

$$S_I = S_{I1} + S_{IJ} + \cdots + S_{IN} = \sum_{J=1}^{n} S_{IJ} \tag{1-6-47}$$

在各分层的压缩变形量求出以后，由分层总和法，路堤本体总的最终压缩变形量为：

$$S_\infty = S_1 + S_2 \cdots + S_n = \sum_{I=1}^{n} S_I \tag{1-6-48}$$

3. 路堤填土变形与时间的关系

要获得路堤在填筑期间或填筑完成后某一时间的变形量，以估计剩余变形，如工后变形，就必须考虑填土沉降变形随时间的变化问题。

对第 I 层填土，假定填筑完工的时间为 $t_I(I=1,\cdots,n)$，填筑后至某一时刻 $T(T>t_I)$ 所产生的压缩变形量则可表示如下：

$$S_T = S_{T(I)} + S_{LT(I)} \tag{1-6-49}$$

式中：$S_{T(I)}$——第 I 层土自身荷重及其上填土荷重引起该层压缩量在 T 时刻完成的部分；

$S_{LT(I)}$——第 I 层土下面的土层从 t_I 到 T 时刻所发生的固结变形值。

对于 $S_{T(I)}$，有：

$$S_{T(I)} = \sum_{J=1}^{n} S_{(I,J)} U_{T(I,J)} \tag{1-6-50}$$

式中：$U_{T(I,J)}$——自身压缩量 $S_{(I,J)}$ 在 T 时刻的固结度，此时，固结时间为 $\Delta T = T - t_J$。

对于 $S_{LT(I)}$，有：

$$S_{LT(I)} = S_{LT(I)1} - S_{LT(I)2} \tag{1-6-51}$$

式中：$S_{LT(I)1}$——第 I 层填土下面的土层从填筑之时起到 T 时产生的固结变形；

$S_{LT(I)2}$——第 I 层填土下面的土层从填筑之时起到第 I 层填筑完毕时产生的固结变形。

$S_{LT(I)1}$ 由下式计算：

$$S_{LT(I)1} = \sum_{K=1}^{I} \sum_{J=K+1}^{n} S_{(K,J)} U_{T(K,J)} \tag{1-6-52}$$

式中：$S_{(K,J)}$——第 K 层土($K<I$)由于第 J 层填土($J>K$)而引起的自身压缩量；

$U_{T(K,J)}$——自身压缩量 $S_{(K,J)}$ 在 $t_J \sim T$ 时段内所完成的固结度，其固结时间为 $\Delta T = T - t_J$。

$S_{LT(I)2}$ 由下式计算：

$$S_{LT(I)2} = \sum_{K=1}^{I} \sum_{J=K+1}^{I} S_{(K,J)} U_{T(K,J,I)} \tag{1-6-53}$$

式中：$S_{(K,J)}$——意义同式(1-6-52)；

$U_{T(K,J,I)}$——自身压缩量 $S_{(K,J)}$ 在 $t_I \sim t_J$ 时段内所完成的固结度,其固结时间为 $\Delta T = t_I - t_J$。

固结过程中,各层填料自身压缩变形随时间的变化见图1-6-9。

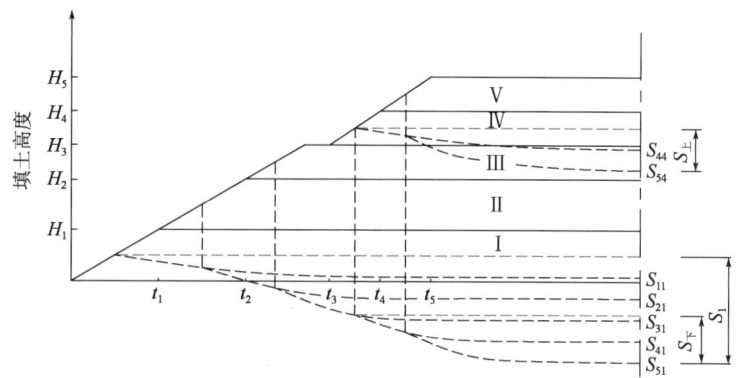

图1-6-9 各层填料自身压缩沉降随时间的变化

填土多属非饱和土,有关固结问题的研究还未达到实用的水平。当填料在最佳含水率附近填筑压实时,其饱和度一般为 0.8～0.9,这时,孔隙气将以小气泡形式封闭在孔隙水中,并随孔隙水一起运动。因此,计算中可以将含气水当作单一的可压缩流体看待,采用类似饱和土的方法进行分析。因此,在较简化的情况下,可用太沙基一维固结理论近似计算填土的固结过程。

路堤各土层排水边界如图1-6-10所示。假设路堤各土层向排水距离最短的方向排水。在逐级加荷过程中,其排水情况分两种考虑:①地基表面排水[图1-6-10a)];②地基表面不排水[图1-6-10b)]。

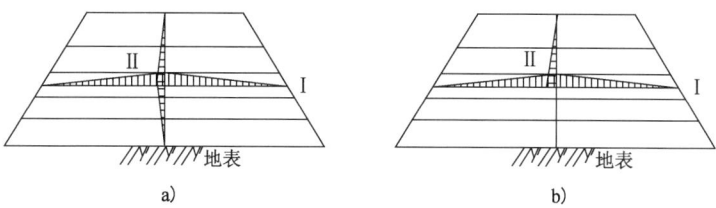

图1-6-10 路堤排水边界情况

按太沙基一维固结理论的基本方程可得到:

$$\frac{\partial u}{\partial t} = C_v \frac{\partial^2 u}{\partial^2 z} \tag{1-6-54}$$

式(1-6-54)的解为:

$$U_t = 1 - \frac{8}{\pi^2} \times \left(e^{-N} + \frac{1}{9} e^{-9N} + \frac{1}{27} e^{-27N} + \cdots \right) \tag{1-6-55}$$

式中:$N = \frac{\pi^2}{4} T_v$,$T_v = C_v \frac{t}{H^2}$。

对整个路堤的平均固结度可表示为总变形量与某一时刻固结变形的比值,即:

$$U_{平均} = \frac{S_T}{S} \tag{1-6-56}$$

由此,根据各土层在填筑过程中的实际排水情况和固结时间,可分别求出其固结度。将各层的固结度代入式(1-6-52)、式(1-6-53),即可求出各填土层在某一时刻的压缩变形量。

4.计算结果的分析比较

采用非线性有限元法分析了1~10m高湿黏土路堤自身的工后压缩变形量。文献中,湿黏土路堤采用的是轻型压实度标准(路面下80cm以内$K=98\%$,80cm以下$K=95\%$),为便于对比,在计算中采用了重型击实标准$K=90\%$、含水率为17%的试样进行计算,采用的土性指标见表1-6-20。

路堤本体沉降计算采用的土性参数 表1-6-20

正应力P(kPa)	0	50	100	200	300	400
孔隙比	0.432	0.421	0.409	0.390	0.376	0.365

表1-6-21为有限元计算与采用上述分层总和法计算结果的比较。从表中结果可以看出,两种方法计算出的压缩量变化趋势完全一致,二者有很好的一致性。与有限元计算方法相比,分层总和法计算简单,参数获取容易,便于在实际工程中推广应用。

路堤自身压缩沉降的有限元法计算结果与分层总和法结果的比较 表1-6-21

路堤高度(m)		1.0	2.0	3.0	4.0	5.0	6.0	7.0	8.0	9.0	10.0
有限元法	沉降量(cm)	0.04	0.21	0.47	0.83	1.27	1.81	2.42	3.10	3.84	4.66
	压缩率(%)	0.04	0.11	0.16	0.21	0.25	0.30	0.35	0.39	0.43	0.47
分层总和法	沉降量(cm)	0.05	0.28	0.61	1.11	1.69	2.39	3.16	3.81	4.67	5.57
	压缩率(%)	0.05	0.14	0.20	0.28	0.34	0.40	0.45	0.48	0.52	0.56

二、工后沉降控制标准

路基的工后沉降与工后不均匀沉降有一定的相关性,一般情况下,工后沉降越大,其产生的工后不均匀沉降也越大,造成路面结构破坏和引起行车颠簸的可能性也越大。因此,目前公路路基的沉降控制主要通过控制工后沉降间接控制不均匀沉降,以达到减少路面破坏、保障行车舒适的目的。

目前,公路路基工后沉降标准的主要依据是《公路路基设计规范》(JTG D30—2015)、《公路软土地基路堤设计与施工技术细则》(JTG/T D31-02—2013),高速公路、一级公路一般路段路基工后沉降不大于30cm;桥头路基工后沉降不大于10cm;涵洞及通道处路基工后沉降不大于20cm。

通过多年高速公路的建设,发现采用这样的控制标准,对平原地区的高速公路基本是合适的,但对地形复杂的山区,采用这一标准难以控制路面开裂和路面的不平整。一些研究者对合适的控制标准进行了探讨。

路基不均匀沉降对沥青路面受力变形的影响,在考虑汽车动载产生的差异沉降的同时,当挖方与填方路基间的固结沉降差达到2cm时,将使沥青路面在填挖方交界处1m范围内出现贯穿整个路面的破坏区,定义这个沉降差为临界差异沉降。有研究表明,不均匀沉降对路面结构层内的附加应力影响很明显,当不均匀沉降量超过2cm时,半刚性基层底面就会产生拉裂破坏。构造物台背处由于路基差异沉降而产生的路表附加应力是造成台背处路面开裂的主要原因,也提出了高等级公路路表容许最大差异沉降可取为2cm。通过对珠江三角洲地区高速公路工后不均匀沉降问题进行的研究得出,路堤顶面沉降差达到1cm时,行车将产生明显的颠簸,使驾驶员和乘客感到不适;桥涵和路堤顶面沉降高差大于10cm时,车辆通过时将产生跳跃和冲击,极大地破坏了乘车的舒适性及行车的平顺性。

针对老路拓宽容许工后不均匀沉降指标进行了试验研究,试验段新老路基工后不均匀沉降值为0.6cm,沉降坡差为0.3‰,使用效果良好。采用有限元方法分析了由于软土地基不均匀沉降引起的路面结构附加应力,提出了容许工后不均匀沉降坡差为4‰的控制标准。建议桥头容许纵坡变化值$[\Delta i]$ = 0.4%。

日本、美国、德国、澳大利亚等国的经验及国内有关部门在高等级公路桥头测试结果表明,当汽车行驶速度为110km/h,桥头端部与路堤的差异沉降所产生的纵向坡差变化值$\Delta i \leqslant$ 0.4% ~ 0.6% 时,驾乘人员对桥头跳车的感觉不明显。

由以上研究可以看出,对不均匀沉降和不均匀沉降坡差的控制成为共识。目前,较为一致的意见是,对于不均匀沉降坡差,以控制在0.4%以内为宜。对于填挖交界或桥台等不均匀沉降较集中部位,不均匀沉降控制以2cm为宜。

三、沉降变形(含不均匀变形)控制的工程措施

高路堤的沉降与路堤稳定性有着密切关系,故可采用多种措施来增强路堤的稳定性,减少工后沉降。目前所采用的主要措施,其原理及其适用条件如下。

1. 路堤本体处理方法

(1)放缓边坡或增设反压护道

这种方法在于减少滑动力或滑动力矩,路堤稳定系数的增加与填方数量基本呈线性相关关系。是否采用这种方法,主要应从场地条件、填料来源、初期建设费用、长期社会经济和环境效益(占地)等方面综合考虑。

(2)增强路堤本体强度

采用碾压、强夯、加筋等方法改善路堤本体强度,可提高路堤的抗滑力或抗滑力矩,增强路堤的稳定性。这种方法应用的前提是地基条件良好,否则,会由于地基的破坏诱发路堤出现整体滑动,难以达到处理目的。

2. 地基处理方法

(1)排水固结方法

这类方法的典型代表是塑料排水板和袋装排水砂井,即通过将塑料排水板或袋装排水砂井竖向垂直打设于地基中,缩短地基的水平排水距离,使地基在路堤自重压力的作用下,加速排水固结,从而提高地基强度,增强路堤稳定性。这种方法在平原软土地基的处理中应用较多,在山区软弱地基的处理中也得到了应用。其优点是方法简单、地基处理质量易于控制,缺点是地基固结需要一定的时间。采用这种方法时,应安排好工期,使之能满足工程建设工期的要求。

(2)桩类处理方法

这类方法包括粒料桩、加固土桩、水泥粉煤灰碎石桩、刚性桩等处理方法,各类桩的形成方法不同,性质也存在差异,但都是通过在地基中形成桩土复合结构,增强地基的强度,从而达到提高路堤稳定性的目的。桩类地基处理方法施工工艺相对复杂,地基处理质量也相对难以控制,但处理见效快,比较适合工期紧张的路堤地基处理。

（3）置换方法

置换方法主要是通过一定的方式将地基中不良土层采用性质良好的材料,如碎石、片石、砂砾料等置换,达到改善地基条件,提高路堤稳定性的目的。依置换方法的不同,主要有清淤换填、抛石挤淤、爆破挤淤、强夯置换等。在山区路堤地基处理中,置换方法应用较为普遍,原因在于山区软基厚度一般不大,就地获取换填材料相对容易,处理费用也相对低。在这些置换方法中,清淤换填、抛石挤淤适合于软弱土层较薄的情况,一般情况下,当软弱地基厚度大于 2m 时,则不经济。爆破挤淤、强夯置换适合的软弱地基厚度相对大一些,但同样属于浅层地基处理。

3. 支挡方法

为防止路堤沿陡坡发生滑动破坏,最有效的方法是设置支挡结构,增强路堤的稳定性。可视场地条件,采用挡墙、桩等支挡结构。支挡结构所受推力可根据计算确定,但同时应当按计算土压力,选取两者中的大者控制设计。关于支挡结构的设计,详见第三篇。

第六节　施工监测与动态设计

由于地质勘探存在一定的局限性,同时设计中也无法完全模拟施工状态,通过现场监测,既能根据施工中反馈信息,验证和完善设计,有效地控制施工速率,保证路堤的稳定性;同时又能根据沉降监测资料,定量分析评估路堤的工后沉降,合理地确定路面铺筑时间,保证路面质量和服务水平。因此,高路堤的施工监测与动态设计是非常重要的。

高路堤的施工应注意观测填筑过程中或以后的地基变形动态,对路堤施工实行动态监控。监测要点如下。

一、施工监测内容与目的、仪器设备

施工监测项目、仪器及监测目的见表 1-6-22。

稳定和沉降监测　　　　表 1-6-22

监测项目	仪具名称	监测目的
地表水平位移量及隆起量	地表水平位移桩(边桩)	用于稳定监控,确保路堤施工安全和稳定
地基路堤分层水平位移量	测斜管等	用于稳定监控与研究,掌握分层侧位移量,推定土体剪切破坏位置。必要时采用
地基沉降变形量	沉降板、沉降杯、断面沉降仪	用于稳定和沉降监控,掌握地基固结变形情况,推断路堤工后沉降变形
路堤顶沉降量	沉降板或桩	用于工后沉降监控,预测工后沉降,确定路面施工时间

二、施工监测方法

1. 沉降板测量法

沉降板测量法是一种较为传统的监测方法,在公路监测中很常见。沉降板的设计形式如图 1-6-11 所示。

沉降板测量法即每次监测时用水准仪将内管管头与基点联测,从而得到内管管头的相对高程。其沉降管随着施工的进展逐渐接高,直至最终路面结构施工完成后露出路面,做保护筒

成为永久性监测点。

2. 横剖测试法

目前,横剖测试法在路基沉降监测中也有所应用,尤其在小断面测量中应用较多。京津二通道工程中应用的是水压式横剖测试仪,即运用水压原理测量监测点高程变化,与静力水准测量类似,主要由探头、充液管道、信号电缆、储液箱及测读仪组成,如图1-6-12所示。测头外形光滑呈鱼雷形状,内有高精度传感器,传感器的高差发生变化时,引起液压的变化,探头将此变化转为电子信号传给测读仪,得到测量数据。横剖测试法最大的优势是易于保护,不影响路面施工,埋设完成后做好端头保护台,除了消坡时可能需要移动保护台以外,基本就不受施工影响。其次,横剖测试法可连续测读路基沉降量,最小间隔为0.5m。但横剖测试法的测试质量较难控制,这也是该方法尚未得到普遍应用的主要原因。

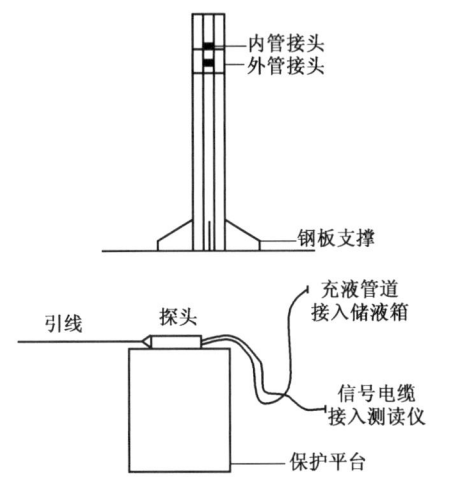

图1-6-11 沉降板设计形式示意图

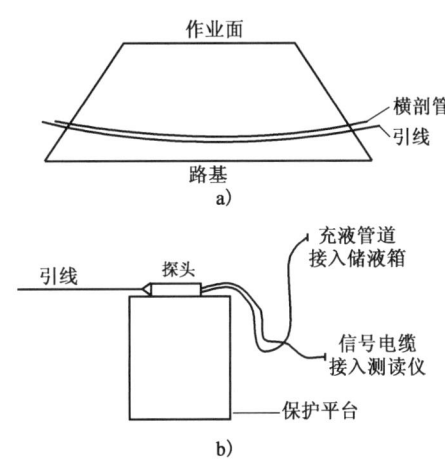

图1-6-12 横剖测试法示意图

3. 分层沉降法

除了沉降板法和横剖测试法外,路基沉降监测中还有一种较为常见的监测方法——分层沉降法。该方法可以了解不同地基深度的变形值,对影响深度和研究地基变形机理有很大帮助。分层沉降法设备由分层沉降管、分层沉降标、测试仪等组成,如图1-6-13所示。通过钻机成孔后将分层沉降管带着分层沉降标下入孔内,每次测量时将测试仪的探头放入分层沉降管内,根据探头在分层沉降标处的感应信号读取标尺上的读数,即可计算出分层沉降标的高程,从而得出其沉降量。分层沉降法测试相对较简单,每次测量时用测尺测出分层沉降标至管口的距离,再根据管口与水准基点的联测高程计算出分层沉降标的高程即可。测量中,注意管口联测点高程即为反算分层沉降标的高程,所以该点也应该是测尺测量分层沉降标至管口距离的起点。

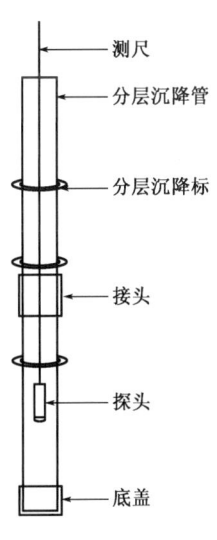

图1-6-13 分层沉降法设备示意图

三、沉降与稳定监测资料的分析方法

对于沉降与稳定监测资料的分析,也就是通过观测数据来分析路堤的沉降情况。当路堤填筑完成,路堤的情况已完全确定,此时,在路堤堤顶设置沉降观测点,对工后沉降进行观测,进而预测工后沉降发生的规律与大小,是较为准确可靠的。

在利用观测数据预测后期沉降大小时,有多种方法,如回归分析法、灰色预测法、神经网络法等,但常用的还是回归分析法。当采用回归方法进行沉降预测时,最关键的是回归曲线的选择。

1. 回归曲线的选择

一条完整的沉降曲线一般由三部分组成,工后沉降实际是路基沉降的组成部分,各部分特征如下。

加荷阶段:沉降随荷载增加而急速发展,沉降速率并不随时间推移而逐步减少,这一沉降曲线段多呈反弯形状。

完工后的固结阶段:总沉降值缓慢增加,但沉降速率明显减慢,直到主固结完成。

长期沉降段:主要表现为主固结完成后的次固结沉降。这一阶段总沉降增加极为缓慢,但沉降速率在一个较低的水平上相对稳定。这一个过程视地基情况而定,并有可能持续一段很长的时间。

对于稳定的填方路堤,其沉降曲线一般经历发生、发展,然后逐渐趋于稳定的过程,因此,选择的回归曲线应具备这样的特性。就目前采用的拟合曲线看,指数曲线、双曲线、费尔哈斯曲线(S曲线)和星野法曲线较为合适,可供选用。

采用指数曲线、双曲线、费尔哈斯曲线和星野法曲线,对多条公路路堤段不同时间段的沉降进行了回归分析,得到如下结论:

(1)当获得的沉降观测资料全部处于施工中前期时,不适合采用双曲线、指数曲线回归,此时,采用费尔哈斯曲线回归最适合。

(2)对反弯点以后的沉降观测资料进行回归,几种曲线均能取得较满意的结果。虽然各种曲线回归的结果有所差异,但难以区别各类曲线的优劣。

(3)不论采用哪种曲线回归,推算的最终沉降均较实际值偏小许多,特别是当次固结沉降占有较大比重时,最为明显。

(4)S曲线可较好地拟合沉降曲线的各个阶段,它符合沉降的发生、发展规律,在各个观测时段均有较好的适用性,并且S曲线可通过控制时间变量的方次(如S曲线2)来解决回归最终沉降量偏小的问题,是一种值得推荐的曲线。

2. 对S曲线的改进

S曲线即费尔哈斯(Verhulst)模型曲线,也简称"生长曲线"。由于其具有初期慢、中期发展快、后期逐渐平缓并逐渐趋于稳定的特点,整个完整曲线呈"S"形,因此又称为S曲线。一条完整的S曲线如图1-6-14所示。

大部分路堤段的沉降曲线形状通常如图1-6-15所示,其曲线形态与S曲线相当吻合,适用于路基沉降的回归分析。

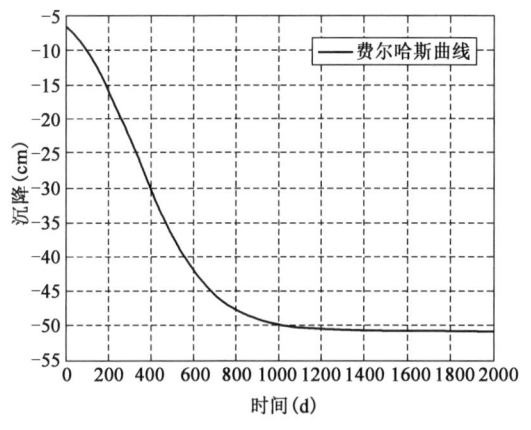

图1-6-14 费尔哈斯(Verhulst)模型曲线

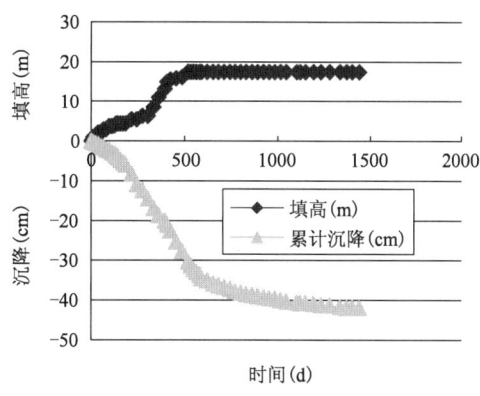

图1-6-15 典型的实测沉降曲线

为解决S曲线回归结果偏小的问题,需要对其进行改进。通过对多组曲线的回归,发现在S曲线的时间因子中增加一个指数,可较好地解决这一问题,既可与实测沉降数据保持较高的相关性,也可得到较满意的最终沉降回归结果。

表1-6-23为针对四川成南高速公路某路堤段沉降观测数据的回归分析,从表中结果可以看出,通过改变时间因子指数,可较好地解决最终沉降量偏小的问题。

成南高速公路 K73+000 工点 0~700d 数据回归方程　　　　表1-6-23

回归方程		最终沉降(cm)	相关指数	显著性	剩余标准差	回归值与预估值误差(cm)	相对误差(%)
S曲线1	$Y=62.45/[1+\exp(4.56-0.82363X^{0.3})]$	62.45	0.977	560.0	3.315	7.65	14
S曲线2	$Y=53.49/[1+\exp(4.37-0.49026X^{0.4})]$	53.49	0.989	1218.0	2.276	-1.31	-2.4
S曲线3	$Y=50.15/[1+\exp(4.82-0.314X^{0.5})]$	50.15	0.998	5896.0	0.941	-4.65	-8.5
S曲线4	$Y=48.61/[1+\exp(3.01-0.0122X)]$	48.61	0.991	1447.0	1.888	-6.19	-11.3
备注	X表示时间(d);预估最终总沉降54.8cm						

根据对不同类型路段的回归发现,对于一般的软基路段,指数在0.5~0.2之间较为合理;对于软基深度较深或次固结时间较长的软基路段,指数在0.3~0.05之间较为合理。普遍的规律是:后期沉降稳定时间越长,其选用的指数也应该越小。

3. 沉降全过程的回归分析

表1-6-24为对四川成南高速公路部分路堤段从路堤填筑开始到填筑完成(时间大致1年半),直至其后1年,共两年半时间范围内,沉降观测资料全过程的回归结果。从表中结果可以看出,采用双曲线回归结果一般偏大,采用没有指数的S曲线回归结果偏小,而采用有指数的S曲线回归结果稳定性较好。就成南高速公路沉降资料分析结果来看,合适的指数为0.2。

采用 S 曲线对全过程沉降的回归结果　　　　表 1-6-24

	回归方程		最终沉降（cm）	相关指数	回归值与预估值误差（cm）	相对误差（%）
K21+936 段	S 曲线	$Y = 53.846/[1 + \exp(3.159 - 0.1745X^{0.5})]$	53.85	0.994	1.08	2.0
	星野法	$Y = 12.20 + 5.955(X - 613)^{0.5}/[1 + 0.023(X - 613)]^{0.5}$	51.46	0.999	-1.31	-2.5
K73+850 段	指数曲线	$Y = 48.27 - 49.63 \times \exp(-0.0026X)$	48.27	0.982	0.00	0.0
	S 曲线	$Y = 49.35/[1 + \exp(7.53 - 2.435X^{0.2})]$	49.35	0.984	1.08	2.2
K85+435 段	S 曲线	$Y = 60.59/[1 + \exp(10.58 - 3.21X^{0.2})]$	60.59	0.987	-1.68	-2.7
	指数曲线	$Y = 64.43 - 70.03 \times \exp(-0.00189X)$	64.43	0.984	2.16	3.5
K118+760 段	指数曲线	$Y = 98.47 - 79.15 \times \exp(-0.00302X)$	98.47	0.979	0	0.0
	S 曲线	$Y = 99.55/[1 + \exp(6.805 - 2.45X^{0.2})]$	99.55	0.998	1.08	1.1
K147+350 段	指数曲线	$Y = 141.53 - 125.79 \times \exp(-0.00212X)$	141.53	0.992	2.16	1.5
	S 曲线	$Y = 142.90/[1 + \exp(2.58 - 0.149X^{0.5})]$	142.90	0.991	3.53	2.5
K147+820 段	S 曲线	$Y = 103.785/[1 + \exp(3.05 - 0.181X^{0.5})]$	103.79	0.992	2.62	2.6
	星野法	$Y = 20.6 + 13.69(X - 518)^{0.5}/[1 + 0.0296(X - 518)]^{0.5}$	100.13	1.000	-1.04	-1.0
K151+640 段	指数曲线	$Y = 43.97 - 51.47 \times \exp(-0.00245X)$	43.97	0.983	-1.09	-2.4
	S 曲线	$Y = 43.46/[1 + \exp(11.197 - 3.413X^{0.2})]$	43.46	0.997	-1.6	-3.6
K155+080 段	双曲线	$Y = X/(0.00135X + 0.02765) - 681.83$	58.91	0.998	-2.42	-3.9
	S 曲线	$Y = 52.846/[1 + \exp(20.47 - 11.188X^{0.2})]$	52.85	0.998	5.06	4.6
K178+190 段	指数曲线	$Y = 107.87 - 108.8513 \times \exp(-0.00402X)$	107.87	0.988	-1.08	-1.0
	S 曲线	$Y = 114.013/[1 + \exp(7.660 - 2.641X^{0.2})]$	114.013	0.990	-1.53	-1.4
K193+820 段	S 曲线	$Y = 83.06/[1 + \exp(7.092 - 2.627X^{0.2})]$	83.05	0.993	-1.6	-1.9
	星野法	$Y = 20.4 + 7.683(X - 273)^{0.5}/[1 + 0.0152(X - 273)]^{0.5}$	82.77	0.998	-1.88	-2.2

4. 工后沉降的回归与分析

上述沉降回归中，包括了路堤填筑到 95 区以后的沉降资料（预压期沉降与工后沉降），这些段落的观测时间跨度一般在 2~3 年，单独对工后沉降进行回归，得到表 1-6-25 所示的结果。

采用 S 曲线对工后沉降的回归结果　　　　表 1-6-25

	回归方程		最终沉降（cm）	相关指数	回归值与预估值误差（cm）	相对误差（%）
K21+936 段	指数曲线	$Y = 10.97 - 9.1226 \times \exp(-0.00205X)$	10.97	0.986	0	0.0
	S 曲线 2	$Y = 10.455/[1 + \exp(5.93 - 2.029X^{0.2})]$	10.46	0.999	-0.51	-4.6
K73+000 段	双曲线	$Y = X/(0.0934X + 36.916) + 0.438$	11.14	0.993	0	0.0
	S 曲线 2	$Y = 10.446/[1 + \exp(5.043 - 1.567X^{0.2})]$	10.45	0.998	-0.69	-6.2

续上表

工点		回 归 方 程	最终沉降（cm）	相关指数	回归值与预估值误差（cm）	相对误差（%）
K73+850 段	指数曲线	$Y = 11.17 - 9.559 \times \exp(-0.00213X)$	*11.17*	0.993	0	0.0
	S 曲线 2	$Y = 12.246/[1 + \exp(4.939 - 1.596X^{0.2})]$	12.25	0.997	-10.207	-91.4
K85+435 段	双曲线	$Y = X/(0.0472X + 20.654) + 0.800$	21.99	0.997	0.82	3.9
	S 曲线 2	$Y = 21.174/[1 + \exp(5.270 - 1.599X^{0.2})]$	*21.17*	0.998	0.00	0.0
K118+760 段	指数曲线	$Y = 15.77 - 14.309 \times \exp(-0.00224X)$	*15.77*	0.998	0	0.0
	S 曲线 2	$Y = 16.846/[1 + \exp(6.093 - 1.955X^{0.2})]$	16.85	0.995	1.08	6.8
K147+350 段	指数曲线	$Y = 23.092 - 22.496 \times \exp(-0.0022X)$	23.09	0.999	-2.28	-9.0
	S 曲线 2	$Y = 25.374/[1 + \exp(6.352 - 1.965X^{0.2})]$	*25.37*	0.999	0	0.0
K147+820 段	指数曲线	$Y = 11.97 - 9.476 \times \exp(-0.00216X)$	*11.97*	0.971	0	0.0
	S 曲线 2	$Y = 11.455/[1 + \exp(5.937 - 2.078X^{0.2})]$	11.46	0.995	-0.51	-4.3
K151+640 段	指数曲线	$Y = 10.37 - 8.968 \times \exp(-0.00179X)$	*10.37*	0.995	-1.08	-9.4
	S 曲线 2	$Y = 11.45/[1 + \exp(5.096 - 1.577X^{0.2})]$	11.45	0.999	0	0.0
K155+080 段	双曲线	$Y = X/(0.03821X + 26.220) + 1.56164$	*27.73*	0.999	0	0.0
	S 曲线 2	$Y = 29.848/[1 + \exp(4.996 - 1.346X^{0.2})]$	29.85	0.998	2.12	7.6
K178+080 段	指数曲线	$Y = 15.370 - 10.601 \times \exp(-0.00247X)$	15.37	0.960	-1.08	-6.6
	S 曲线 2	$Y = 16.446/[1 + \exp(4.034 - 1.484X^{0.2})]$	*16.45*	0.992	0	0.0
K193+820 段	双曲线 1	$Y = X/(0.0582X + 15.690) + 0.454$	17.63	0.997	0.58	3.4
	S 曲线 2	$Y = 17.046/[1 + \exp(5.236 - 1.733X^{0.2})]$	*17.05*	0.998	0	0.0

注：表中斜体部分为采用的工后沉降值。

从表中结果可见，采用双曲线和指数曲线回归数据波动较大，采用没有指数的 S 曲线回归结果偏小，而采用指数为 0.2 的 S 曲线回归结果稳定性较好。

综合施工期沉降和路堤填筑完成后稳定期沉降的回归结果，可以认为：S 曲线是一种适应性较强的曲线，采用 S 曲线回归结果相对稳定，不会造成较大的偏差，在获得 S 曲线指数较丰富的资料后，可以取得很好的结果。

通过对各段沉降的回归，得到表 1-6-26 所示的结果。表中稳定期沉降即指路堤填筑完成后至时间为 ∞ 期间的沉降，工后沉降为路面铺筑完成后将发生的沉降。

各工点各时段沉降　　　　　　　　　　表 1-6-26

工点	路基填筑期沉降量（起始填筑期末）		预压期沉降量（填筑期末通车前）		工后沉降量（通车后2004.1）		预估稳定期总沉降（cm）	预估工后沉降（cm）
	日期	沉降（cm）	日期	沉降（cm）	日期	沉降（cm）		
K21+936	2001.12	41.8	2002.12	7	2004.12	1.9	10.97	3.97
K73+000	2001.12	44.6	2002.12	5.3	2004.12	2.0	11.14	5.84
K73+850	2001.11	37.1	2002.12	7.1	2004.12	2.0	11.17	4.07
K85+435	2001.11	41.1	2002.12	10.3	2004.12	4.3	21.17	10.8
K118+760	2001.06	82.7	2002.12	9.4	2004.12	4.3	15.77	6.37

续上表

工 点	路基填筑期沉降量（起始填筑期末）		预压期沉降量（填筑期末通车前）		工后沉降量（通车后2004.1）		预估稳定期总沉降（cm）	预估工后沉降（cm）
	日期	沉降(cm)	日期	沉降(cm)	日期	沉降(cm)		
K147+350	2001.12	114	2002.12	12.6	2004.12	6.3	25.37	12.77
K147+820	2001.08	89.1	2002.12	8.4	2004.12	1.5	11.97	3.57
K151+640	2001.12	33.6	2002.12	5.6	2004.12	2.7	11.45	5.85
K155+080	2001.08	33.6	2002.12	10.6	2004.12	5.5	27.73	17.13
K178+190	2001.12	92.5	2002.12	11.8	2004.12	2.5	16.45	4.65
K193+820	2001.07	67.6	2002.12	10.3	2004.12	3.6	17.05	6.75

从表中结果可见，各工点的工后沉降最大值为17.13cm，一般在10cm以下。但根据观测，部分路段仍然出现了不均匀沉降裂缝，表明对山区高填路堤，为控制不均匀沉降的发生，减少由于沉降引起的路面开裂，需要制定较平原地区更严格的工后沉降标准。

根据观测得到的位移和沉降曲线，分析判定路堤的稳定性和预测工后沉降。稳定控制标准可参照现行《公路软土地基路堤设计与施工技术细则》(JTG/T D31-02)的要求。当路堤出现异常情况而可能失稳时，应立即停止加载，并分析原因，采取果断措施，对路堤的设计方案进行调整，待路堤恢复稳定后，方可继续填筑。

路堤施工期的稳定性监测看似简单，其实涉及稳定性分析、监测手段、稳定性判断等方方面面的内容。由于地基情况的复杂性，至今很难依据监测结果给出稳定性判断的定量标准，如边桩位移究竟达到多大的发展速率，或沉降达到多大的发展速率，路堤就会破坏。因此，对于高度大、地基情况复杂等破坏后果严重的高路堤和陡坡路堤，最好由专门的机构进行稳定性长期监测。

四、动态设计要点

这里可以采用动态仿真的方式进行设计，其要点如下：

1. 初始参数的选取

参考地质资料和设计资料，选取动态设计所需要的土工参数和设计参数。

2. 填土极限高度计算

以稳定性控制选取不同的加载高度进行试算，加载仿真稳定性验算采用的是有效固结应力法，以条分法进行计算。计算过程是已知安全系数反算极限高度的过程。通过试算，直至安全系数($F_s \approx 1.2$)满足要求为止。试算结束时的加载高度即为极限高度。

3. 仿真设计部分

内容包括两个方面，即对路基处理方式进行补充设计或调整和对填土速率以及每一阶段的填土高度进行设计，制订加载方案。以初始设计为基础，制订符合实际情况的加载方案。在仿真计算中模拟将要进行的施工加载，将稳定性、工后沉降、工期等作为控制指标。当指标不满足时对设计进行补充、调整或者重新设计，直至满足要求为止。对加载过程中路基的强度增长进行动态仿真计算，考虑在加载过程中固结度和强度随时间不断增长的过程，计算固结度采用微分数值解法，利用式(1-6-57)、式(1-6-58)可得到加载过程及填土间歇的固结度。

$$\tau_{ft} = \eta(\tau_{f0} + \Delta\tau_{fc}) \tag{1-6-57}$$

$$\Delta\tau_{fc} = \Delta\sigma_z U_\tau \tan\varphi_{cu} \tag{1-6-58}$$

式中：τ_{ft}——t 时刻地基某一深度处土的抗剪强度；

τ_{f0}——地基土的天然抗剪强度；

$\Delta\tau_{fc}$——该处土由于固结而增长的强度；

$\Delta\sigma_z$——预压荷载引起的该点附加竖向压力；

U_τ——该处土的固结度；

φ_{cu}——三轴固结不排水试验土的内摩擦角；

η——土体由于剪切蠕动而引起强度衰减的折减系数，可取 0.75～0.90，剪应力大取低值，反之则取高值。

建立起强度增长与固结度之间的关系，从而得到不同时间上的路基强度。

4. 软土路基监测

在软土路基上设置具有代表性的监测断面，埋设监测仪器，对孔压、沉降、测斜、水位等进行严密的监控，获得监测数据。

5. 基于实测资料的地基土参数反算

固结系数是地基处理的重要设计参数，通常通过室内试验测定，但是试验所测数据和实际固结系数差别太大。张诚厚利用孔压静力触探数据计算固结系数，得到的数据与室内试验数据得到的淤泥质黏性土的 C_h 相差 1～2 个数量级，轻亚黏土的数据相差 1 个数量级。通过孔压数据反算得到的数据也与室内试验数据存在以上差别。径向固结系数 C_h 前期数据与后期数据也相差倍数关系。

计算时可根据渗流固结理论关于三维轴对称排水条件下土层平均固结度的计算式 $U_t = 1 - \dfrac{8}{\pi}e^{-\beta t}$ 对实测数据进行拟合，假设 $C_v = mC_h$，m 为常数，求出 C_v、C_h 的值。其中，β 为固结系数，C_v、C_h 分别为竖向和水平固结系数，m 可取 1，但是在后期 C_h 通常会减小，m 可通过多级加载试验而试算得到。m 值计算方法：实测地基在各级荷重下的强度增长 $\Delta\tau_{fc}$ 沿深度分布值，计算 $\Delta\tau_{fc}$、$\Delta\sigma_z$，将 $C_v = mC_h$ 代入试算固结度，直到各级加载下的固结度 U_τ 使式（1-6-58）左右两边数值相等，即可求得 m。利用获得的数据反算仿真计算的初始土工参数进行修正。

6. 动态过程的实现

将修正的参数代入下一阶段的仿真设计计算中，对路堤设计和加载方案进行模拟，以避免施工的盲目性，实现对整个施工过程的动态设计和控制。

第七章 陡 坡 路 堤

第一节 概 述

《公路路基设计规范》(JTG D30—2015)把地面横坡坡度超过1:2.5的路堤定义为陡坡路堤。将陡坡路堤单独提出来强调,是因为可能出现的病害问题较为突出,尤其是稳定问题。但这并不意味着当地面横坡坡度缓于1:2.5的路堤就不存在病害和稳定问题。路堤的稳定性除与堤身强度有关外,还与地基强度密切相关。因此,对怀疑有稳定问题的路堤段落,都应进行充分的稳定性分析,做好相应的设计。

一、影响陡坡路堤稳定性的主要因素

1. 地基的固结沉降和失稳破坏

当地基为软基时,由于其固结沉降需要一定的时间才能完成,特别在软基较厚时,若面层施工前,地基固结沉降尚未完成,则其较大的工后沉降就会引起路堤和路面损坏。

2. 排水或防水设施不当

在雨季或洪水期间,填筑体受到雨水的长时间浸泡,或是路堤直接被洪水冲毁破坏。排水设施不全或设计不当,将会导致路堤填土和路基土含水率增加,引起土质松软,强度降低,边坡坍塌等问题,在有冻融循环的地区还会产生冻害作用。

3. 荷载作用

填方体高度与坡度的设计不当或不合理,以及特大型装备运输荷载的作用,使得填筑体和路基承受了远远超出当初设计计算时的允许荷载作用,导致填筑体开裂或失稳破坏。

4. 自然因素

(1)地理条件:公路沿线的地形、地貌和海拔高度不仅影响公路路线规划设计,同时影响路基的设计。平原丘陵区山岭区地势不同,路基水温情况也不同。平原区地势平坦,排水困难,地下水位相对较高,因而路基需要保持一定的最小填土高度;丘陵山岭区地势起伏陡峭,若排水设计不当,可能出现水毁、边坡塌方、路堤滑塌等破坏现象。

(2)地质条件:沿线岩石种类及风化程度,岩层走向、倾向和倾角、层理、厚度、节理发育程度,以及有无断层、不良地质现象等,都对路基稳定性有一定影响。

(3)气候因素:如气温、湿度、日照、降水、冰冻深度、年蒸发量、风力风向等,共同影响路基水温情况。在一年之中,气候有季节性的变化,因此路基水温情况也随之变化。同时,气候还受地形影响,例如山顶和山脚、山南坡和山北坡气候差别大,这都会严重影响路基稳定性。

(4)水文和水文地质条件:水文条件指地面径流、河流洪水位、常水位,有无积水和积水期

的长短等;水文地质条件是指地下水位、地下水移动情况,有无层间水、泉水等。这些情况都会不同程度影响路基的稳定。

5. 勘察设计与施工技术不合理

勘察工作不到位,没有查明地基、边坡岩土体的情况,以及影响边坡稳定性的有关水文地质条件。设计不合理,如边坡坡度取值不当,填挖布置及结合部处理不当,最小填土高度不足,选择了不良的填料,以及排水、防护与加固措施不妥等。施工不符合规定,如没有分层填筑、分层压实到规定的密度,盲目采用大爆破,以及不按设计要求和操作规程进行施工,工程质量不符合要求等。养护不及时和不到位,对发生一定损害的路基设施,如排水设施、加固处治设施等没有及时进行修复,造成边坡环境条件恶化,诱发边坡发生破坏。

二、病害类型与机理

1. 路堤堤身及路堤和地基的整体失稳破坏

同普通路堤一样,滑塌也是陡坡路堤常见的破坏现象之一,主要由于水流冲刷、路基填料土质较差、地基承载力过低、施工质量差等,导致路堤堤身、路堤和地基的整体失稳滑塌破坏。

2. 路堤沿斜坡或软弱层带滑动

陡坡路堤滑动的情形可能有:①由于基底接触面较陡或强度较弱,致使路堤整体沿基底接触面产生滑动;②由于基底修筑在较软弱的土层上,如山前坡积土,致使路堤连同其下软弱土层沿某一滑动面滑动;③由于基底岩层强度不均匀,如砂岩中泥质页岩夹层,致使路堤沿某一最弱的层面滑动。

三、陡坡路堤修筑技术防治概况

由于地面横坡较陡、基底地质地形条件变化不均,在荷载、水等作用下,陡坡路堤极易产生下滑等破坏,设计、施工时,必须验算陡坡路堤沿基底或软弱层带的滑动稳定性。当抗滑稳定系数小于规范规定值时,应采取改善基底条件、设置支挡构造物等有效的防滑措施,保证路基稳定。主要从以下三个方面考虑:

1. 防排水

水是影响陡坡路堤稳定性最主要的原因之一,如滑动面附近有水(包括地面水和地下水)的作用,致使路堤的下滑力增大,接触面或软弱面抗剪强度显著降低。因此,陡坡路堤段可能受到上方水流的破坏,必须设置截水沟,以拦截山坡水流,保护路堤;必要时,还可以在上游边沟下增设盲沟,用以拦截流向路基的层间水,防止路基边坡滑塌和毛细水上升危及路基强度与稳定性。

2. 改善基底条件

改善路堤基底条件是防止陡坡路堤下滑的有效措施,具体有:①清除地表草皮、腐殖土、较软弱土层或覆盖层;②原地面开挖台阶,台阶宽度不小于2m,并做成4%的内倾斜坡;③铺设土工格栅,以增加基底与路基填料之间的联结,必要时还可以增设锚杆。

3. 支挡与防护

当陡坡路堤稳定性不够时,还可以根据地形地质条件,在路堤边坡下方设置支挡构造物(如护肩、护脚、路肩或路堤式挡土墙等),防止路堤下滑;综合考虑工程地质、水文地质、边坡高度、环境条件等因素的影响,选择合适的防护措施也是防止路基病害、保证路基稳定的有效方法。

除此之外,选择合适的路基填料,采用轻质路堤,注重新材料、新工艺、新技术的应用,重视陡坡路堤的施工,保证施工质量也是确保陡坡路堤稳定的重要因素。

四、陡坡路堤的设计原则

1. 路基宽度

路基宽度应符合设计要求和设计规范。

2. 填料要求与路基压实标准

填料要求:填料性质应符合规范要求。液限大于50%、塑形指数大于26的细粒土以及有机质土不得直接用作路堤填料。

压实度标准:路基压实度应根据公路技术等级、填挖深度、交通荷载等级和填料特点等因素确定,并应符合表1-7-1的要求。

路基压实度 表1-7-1

路基部位		路床顶面以下深度(m)	压实度(%)		
			高速公路、一级公路	二级公路	三级公路、四级公路
上路床		0~0.3	≥96	≥95	≥94
下路床	轻、中及重交通荷载等级	0.3~0.8	≥96	≥95	≥94
	特重、极重交通荷载等级	0.3~1.2	≥96	≥95	—
上路堤	轻、中及重交通荷载等级	0.8~1.5	≥94	≥94	≥93
	特重、极重交通荷载等级	1.2~1.9	≥94	≥94	—
下路堤	轻、中及重交通荷载等级	>1.5	≥93	≥92	≥90
	特重、极重交通荷载等级	>1.9			

3. 基底处理

路基段用地范围应进行清表处理,表层清除厚度为20cm,清除的表土应集中堆放,用于绿化用土。

稳定斜坡上地表处理,底面横坡陡于1:2.5的路堤,应按照陡坡路堤进行特殊设计。

4. 挡土墙

避免拆迁既有建筑物地段设置挡土墙。挡土墙应优先采用路肩式挡土墙;当填土高度较大,无法采用路肩式挡土墙时,可考虑设置路堤式挡土墙,如需设置路堤式挡土墙,应在地面横坡平缓处设置,并尽量降低墙顶填土高度。挡土墙过高、基底承载力无法满足设计要求时,可采用扩大基础或桩基础。

5. 边坡防护

路堤边坡:

(1)填方路基边坡高度 $H \leqslant 4m$ 时,采用喷播植草防护。

(2)$4m <$ 填方路基边坡高度 $H \leqslant 6m$ 时,采用挂三维网喷播植草防护。

(3)填方路基边坡高度 $H > 6m$ 时,采用拱形骨架护坡防护。

(4)填石路堤边坡采用土工格室喷播植草绿化防护。

由于匝道采用分散排水,路面径流的下游边坡高度不大于4.0m时,采用挂三维网喷播植草防护,大于4.0m时,采用带排水槽的拱形骨架护坡加强坡面防护;路面径流的上游边坡高度不大于4.0m时,采用喷播植草防护,大于4.0m时,采用挂三维网喷播植草防护。

路堤临河(沟渠、水库、塘等)常年受水浸蚀及冲刷时,浸水部分采用浆砌片石实体护坡防护。

桥头路堤20m范围内采用正六边形骨架护坡。

6. 桥台、涵洞台背处理

桥涵台背路基与锥坡采用碎石土填筑,台背路基与锥坡填土同时进行;桥头路堤填土上部处理范围必须大于或等于20m,下部路堤处理范围应不小于2倍桥头路基填土高度,且本范围填料压实度不小于96%。

7. 高填路基

当路基边坡高度大于20m时,根据规范采用简化Bishop法对路堤堤身及路堤、地基整体稳定性进行分析计算。当稳定系数不满足规范要求时,需采取加筋等措施进行处理。同时为便于基底排水,基底设0.5m厚的砂垫层。

第二节　陡坡路堤设计

陡坡路堤的设计内容主要包括以下几方面(具体参考本篇第四章):

(1)工程地质勘察。
(2)填料设计。
(3)路堤断面的边坡形式与坡率。
(4)地基处理。
(5)填挖交界处理。
(6)边坡防护与排水。
(7)路堤填筑施工。
(8)稳定性监测与动态设计。

第三节　陡坡路堤稳定性分析评价与控制

斜坡地基上的路堤,可能出现堤身的稳定性、路堤沿斜坡地基或软弱层滑动的稳定性等问题。堤身的破坏面一般为圆弧,可采用简化Bishop法进行稳定性分析;路堤沿斜坡地基或软弱层滑动破坏面一般为非圆弧,应采用严格条分法进行分析,其中Spencer法计算最为方便。

目前国内广泛采用非严格条分法中的不平衡推力法进行非圆弧滑面的稳定性分析。当滑面平顺且条分很小时,计算得出的稳定系数一般偏于安全;当滑面不平顺,条块下滑面夹角很大时,则算得的稳定系数误差很大,且偏于危险,这种情况下,显然不能应用。为修正这一误差,必须保证每个条块下滑面夹角小于10°,这样就能算出合理的结果。考虑到历史上的原因,以及计算比较简单,仍建议对非圆弧滑面采用不平衡推力法,其计算图示如图1-7-1所示。但必须做到条分合理或对某些滑面做局部调整,以确保每个条块下滑面夹角小于10°。这种情况下,其计算结果大致与简化Bishop法相当。

根据不平衡推力法的理论,可得出不平衡推力法的稳定系数计算公式:

$$E_i = W_i\sin\alpha_i - \frac{1}{F_s}[c_i l_i + W_i\cos\alpha_i\tan\varphi_i] + E_{i-1}\psi_{i-1} \quad (1\text{-}7\text{-}1)$$

$$\psi_{i-1} = \cos(\alpha_{i-1} - \alpha_i) - \frac{\tan\varphi_i}{F_s}\sin(\alpha_{i-1} - \alpha_i) \quad (1\text{-}7\text{-}2)$$

式中:W_i——第 i 土条的重量与外加竖向荷载之和;

α_i——第 i 土条底滑面的倾角;

c_i、φ_i——第 i 土条底的黏聚力和内摩擦角;

l_i——第 i 土条底滑面的长度;

α_{i-1}——第 $i-1$ 土条底滑面的倾角;

E_{i-1}——第 $i-1$ 土条传递给第 n 土条的下滑力。

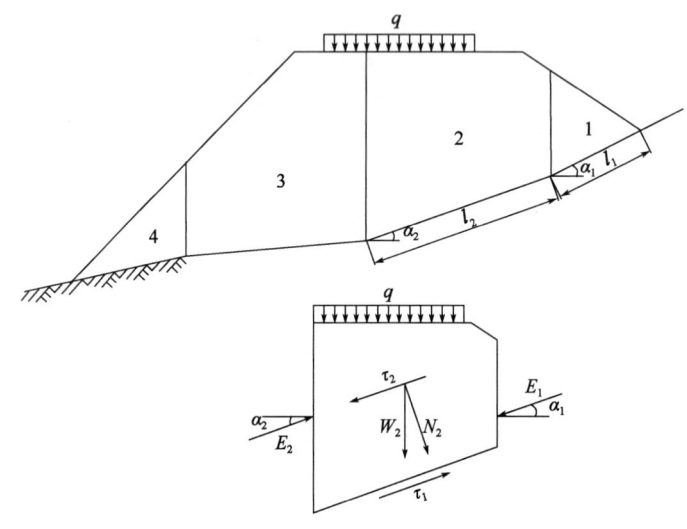

图 1-7-1　不平衡推力法计算图示

用式(1-7-1)和式(1-7-2)逐条计算,直到第 n 土条的剩余推力为零,由此确定稳定系数 F_s。

斜坡地基上路堤的稳定性主要受控制性层面土层强度参数的影响。控制性层面的土层往往比较复杂,可能是路堤底部填土、地基覆盖土层、潜在的软弱层,也可能是路堤与地基的接触面或是地基覆盖土层与岩层的接触面,目前对此的研究还很不够。前面对接触面的强度参数特性进行了探讨,在工程实际中,应根据实际情况,通过试验,结合有关经验获得控制性层面土层的强度参数。当可能存在地下水影响时,应采用饱水试件进行试验。

第四节　陡坡路堤差异沉降计算分析与控制

多高的路堤称为高路堤,多陡斜坡上的路堤称为陡坡路堤,至今也很难给出明确的界限。大量的工程实践表明,当路堤边坡高度大于 20m,地面横坡坡度超过 1∶2.5 时,路堤出现稳定性问题较多,值得关注。鉴于此,《公路路基设计规范》(JTG D30—2015)把边坡高度超过 20m 的路堤定义为高路堤,地面横坡坡度超过 1∶2.5 的路堤定义为陡坡路堤。陡坡路堤差异沉降也即不均匀沉降。路基沉降由两部分组成:一是填土在外荷载和自重作用下产生的压缩变形和不断增加的后期蠕变变形;另一部分是地基土在路堤荷载作用下产生的压缩和固结变形。目前常用的计算方法有分层总和法、弹性理论法、应力路径法、有限单元法等。

1. 分层总和法

地基的沉降计算主要包括地基和路基沉降计算两部分,常用分层总和法来计算。分层总和法是建立在一维变形假定上的一种计算地基最终固结沉降的常用方法,它是在地基压缩层范围内,按土的特性和应力状态的变化将地基土分成若干层,然后利用完全侧限条件下土的压缩性指标计算各分层的压缩量,最后求其总和。

(1)计算原理

分层总和法是先将地基土分成若干水平土层,各土层厚度分别为 $h_1, h_2, \cdots, h_n$。计算每层土的压缩量 $S_1, S_2, \cdots, S_n$,然后累计起来,即为总的地基沉降量 S。

$$S_\infty = S_1 + S_2 \cdots + S_n = \sum_{I=1}^{n} S_I \tag{1-7-3}$$

分层总和法的一般计算式为:

$$S = \sum_{i=1}^{n} \frac{e_{0i} - e_{1i}}{1 + e_{0i}} h_i \tag{1-7-4}$$

式中:S——最终固结沉降量;

n——压缩层内土层分层的数目;

e_{0i}——地基中各分层在自重力作用下的稳定孔隙比;

h_i——地基中各分层的原始厚度。

若采用压缩模量,则分层总和法计算沉降的公式为:

$$S = \sum_{i=1}^{n} \frac{1}{E_{si}} \sigma_{zi} h_i \tag{1-7-5}$$

式中:E_{si}——地基中各分层的压缩模量;

σ_{zi}——地基中各层中点处的附加应力。

按式(1-7-4)、式(1-7-5)均可计算最终沉降量。式(1-7-5)以压缩模量为主要参数,它是以压缩曲线上应力为 100~200kPa 之间割线计算的系数和模量,在此范围以外的应力状态并不适用,或产生相当大的误差。如果压缩曲线近于直线,或为了粗略估算才可把 E 看作定值,其可取之处是比式(1-7-4)简单易算。路堤工后沉降量一般比较小,可用式(1-7-4)计算。

(2)假设条件

为了应用上述地基中的附加应力计算公式和室内侧限压缩试验的指标,特作下列假定:

①地基土为均匀、等向的半无限空间弹性体。在荷载作用下,土中的应力与应变 σ-ε 存在直线关系。因此,可应用弹性理论方法计算地基中的附加应力。

②地基土的变形条件为侧限条件,即在荷载作用下,地基土层只产生竖向压缩变形,侧向不能膨胀变形,因而在沉降计算中,可应用试验室测定的侧限压缩试验指标 a 与 E_s。

③沉降计算的深度,理论上应计算至无限大,工程上因附加应力扩散随深度而减小,计算至某一深度(即受压层)即可。在受压层以下的土层附加应力很小,所产生的沉降量可忽略不计。若受压层以下尚有软弱土层,则应计算至软弱土层底部。

2.弹性理论法

(1)基本假设

弹性理论法假定地基是均匀的、各向同性的、线弹性体的半无限体;此外还假定基础整个底面和地基一直保持接触。当荷载作用面埋置深度较浅时,应采用布辛奈斯克课题的位移解进行沉降计算。当荷载作用位置埋置深度较大时(如深基础),则采用明德林课题的位移解进行沉降计算。

(2)计算公式

当基础面积形状为圆形、方形或矩形,且基底压力假定为均匀分布时,计算公式为:

$$S = \frac{pb}{E_0}(1 - \mu^2) \cdot G_d \tag{1-7-6}$$

式中:p——基底均布压力;

b——基底宽度(矩形)或直径(圆形);

E_0、μ——地基土的变形模量和泊松比;

G_d——考虑基底形状和沉降点位置的函数。

式(1-7-6)计算沉降的准确性,主要取决于弹性参数 E_0、μ 的选取。对于饱和黏性土,取 $\mu = 0.5$ 一般是可靠的。

3.应力路径法

采用有效应力路径法来计算沉降的步骤如下:

(1)估计荷载作用下路基中某些有代表性(例如在土层的中点)土体单元的有效应力路径;

(2)试验室做这些土体单元的室内试验,复制现场有效应力路径,并量取试验各阶段的垂直应变;

(3)将各阶段的垂直应变乘上土层厚度,即得初始及最后沉降。

有效应力路径法可以克服估计初始超孔隙压力以及固结沉降的衔接上存在不够合理的地方这一缺陷,但它仍然必须用弹性理论来计算土体中的应力增量。

4.有限单元法

有限单元法是一种可以求解复杂工程问题的离散化的数值计算方法。它是一种对于理论推导无法解决、室内试验难以实施的工程问题进行"数值模拟"的研究手段,在处理工程问题中具有许多优越性:其一,便于处理各向异性、非均质材料;其二,可以解决非线性问题;其三,可适应复杂的边界条件;其四,易于在计算机上实现。历经数十年的发展,有限元法在理论和实际应用技术上均趋于成熟和完善,已逐步成为有效求解工程实际问题的方法之一。

有限单元法的基本思想是将连续的求解区域离散为一组有限个且按一定方式相互联结在一起的单元的组合体。由于单元能按不同的联结方式进行组合,且单元本身又可以有不同形状,因此可以模型化几何形状复杂的求解域。有限单元法作为数值分析方法的另一个重要特点是,利用在每一个单元内假设的近似函数来分片地表示全求解域上待求的未知场函数,这一近似函数常由未知场函数或其导数在单元各个结点的数值及其插值函数来表达。这样未知场函数或其导数在各个结点上的数值就成为新的未知量(即自由度),从而使一个连续的无限自由度问题离散为一个有限自由度问题。一经求解出这些未知量,就可以通过插值函数来计算单元内场函数的近似值，从而得到整个求解域上的近似解。随着单元数目的增加，也即单元尺寸的缩小，或者随着单元自由度的增加及插值函数精度的提高，解的近似程度将不断改进。如果单元是满足收敛要求的，近似解最后将收敛于精确解。

有限单元法是将地基和结构作为一个整体来分析，将其划分网格，形成离散体结构，在荷载作用下算得地基和结构各点的位移和应力。该方法可以将地基作为二维甚至三维问题来考虑，反映了竖向和侧向变形的影响。它可以考虑土体应力-应变关系的非线性特性，采用非线性弹性的本构模型，或者弹塑性本构模型。有限元方法借助现代计算机技术，可以模拟土体复杂的本构关系和边界条件。它可以考虑土与结构共同作用，考虑复杂的边界条件，考虑施工逐级加荷等。

第八章 深路堑

第一节 概 述

一、影响路堑稳定的因素

我国是一个多山的国家,山区的面积约占全国总面积的70%,在公路修建过程中,由于地质条件限制、路线的制约,因挖方形成的路堑十分普遍。路堑指从原地面向下开挖而成的路基形式。起到缓和公路纵坡或控制越岭线穿越岭口高程的作用。路堑常常因失稳而导致交通中断,造成巨大的经济损失,同时也给人民生命以及财产带来严重的威胁。

影响路堑稳定性的因素很多,可以分为自然因素和人为因素。其中,地形地貌、气候、水文地质条件和岩土体性质等自然因素,是影响路堑稳定性的主要因素。人类的工程活动,例如爆破、开挖坡脚、人工削坡、坡顶加载等人为因素,往往也会导致路堑失稳,但是与自然因素相比影响较小,属于次要因素。路堑稳定性受到人为因素和自然因素共同影响,路堑的稳定状态也是这两种因素共同作用的反映。由于影响路堑稳定性的因素复杂多变,通过深入了解和分析影响路堑稳定性的因素,对路堑稳定性进行分析和评价时,通常重点考察分析主要因素,并且结合次要因素综合考虑。

影响路堑稳定性的因素如下:

1. 地形地貌

地形地貌对路堑的稳定性影响较为明显,地势的高低起伏变化,受侵蚀、剥蚀、构造作用的程度,直接影响路堑的稳定性。处于不利地形地貌中的路堑,往往在路堑坡顶处会产生张应力,导致坡顶出现裂缝;同时在路堑坡底产生剪应力形成剪切破坏带,两者的共同作用会大大降低路堑的稳定性。此外,路堑坡面与地质结构面的不利组合也会导致路堑失稳。

2. 气候

气候因素对路堑稳定性也有很大的影响,气候因素主要包括降水、气温、日照时长、风向风力等。由于路堑长期处于自然环境中,气候的变化时刻影响着路堑的稳定性,不同的气候类型下,降水、气温、日照时长等也随之不同。

当暴雨或持续降雨时,常常会出现路堑失稳现象,说明降水对路堑稳定性的影响较为明显。降水一部分形成地表径流,另一部分渗入地层形成地下水。地表径流会直接浸湿和冲刷路基各个组成部分,削弱其强度、抗变形能力和稳定性;同时,降水增加了地下水的补给量,其不仅降低了岩土体的强度,还增大了孔隙水压力,降低了路堑的抗滑力,从而能导致路堑失稳。

暴露在自然环境下的路堑,时刻受到风化作用。当处于暴晒情况下的路堑,一旦遇到冷空气、降雨等气候时,岩土体温度急剧下降,在温度的变化下,表层与内部受热不均,容易产生膨胀与收缩,长期作用会使岩石发生崩解破碎。在气温的日变化和年变化都较突出的地区,岩土体中的水分不断冻融交替,冰冻时体积膨胀,长期作用同样会使岩土体崩解,降低路堑稳定性。

路堑岩土体的风化速度、风化层厚度等均与气候有关,从而也影响着路堑的稳定性。

3. 水文条件与水文地质条件

"十个边坡九个水",这句话反映了路堑失稳与水的活动有密切关系这一客观事实。水文条件包括路堑处沿线地表水的排泄、河流洪水位、常水位、有无地表积水和积水时间的长短等;水文地质条件包括地下水水位、地下水移动的规律以及有无层间水、裂隙水、泉水等。

由于岩土体的力学性质受水的影响很大,地下水富集程度的提高一方面增大了坡体的下滑力,另一方面降低软弱夹层和结构面的抗剪强度,引起孔隙水压力上升,降低滑动面上的有效正应力,导致滑动面的抗滑力减小。因此,水文与水文地质条件对路堑的稳定性都有一定的影响,如果处理不当,便会导致路堑失稳,而许多成功的路堑治理案例中,也往往是由于改善水文地质条件而成功的。

4. 地质条件

岩土体的力学性质决定了路堑稳定性和失稳方式,如坚硬岩石路堑失稳以崩塌和结构面控制型失稳为主,而软弱岩石则以应力控制型失稳为主。岩土体的工程地质性能越好,路堑稳定性越高。

地层岩性及其组合是构成路堑的物质基础,岩性决定岩石的强度,抗风化能力以及遇水是否软化等。某些软弱岩层的存在,如泥岩、页岩、煤系地层等,由于其强度低,抗风化能力差,往往成为路堑稳定性的控制因素。

由于地质构造决定岩层产状、节理裂隙的性质,关系到岩土体结构面的发育程度、规模、连通性、充填程度和充填物成分,进而决定了路堑稳定性。因此,在分析岩土体结构面对路堑稳定性的影响时,要充分注意岩土体结构面的产出状态与路堑坡面的相互关系。当结构面与路堑坡面的组合不同时,路堑稳定性可分为反倾稳定、顺倾稳定等不同形式。一般来说,在区域断裂构造带内,岩层断裂、节理发育、岩质边坡稳定性较差。而对某些路堑边坡而言,由于岩层的倾向和路堑开挖坡向一致,也可能导致顺层滑坡或路堑稳定性降低。

5. 植被情况

当路堑处植被生长良好时,往往能有效防止路堑表面水土流失,减少坡面冲刷,提高路堑稳定性,并且还能起到吸收噪声的作用。

草本植物及灌木的根系集中分布于土壤表层,能在较大程度上控制由水造成的斜坡表层物质迁移,对路堑表层不稳定性有抑制作用。根系深的植物,包括灌木和乔木,对提高土壤强度,加强和锚固土层具有明显的效果,对路堑浅层不稳定性有着重要影响。

植被对路堑的稳定有积极作用,也有消极作用,植被根茎会增加地表粗糙度和土层渗透性,导致土层渗透能力增加,同时也会降低土层湿度,使土干裂,这些都会致使路堑稳定性降低。

根据路堑地形、地质以及所处地区气候条件,选择合适的植物种类,可以充分发挥植物固坡的积极作用,达到提高路堑稳定性的目的。

6. 新构造运动

我国有许多新构造活动区。中国黑龙江的五大连池、吉林长白山和云南腾冲等是第四纪火山活动区,川西、云南等则是地震多发区。青藏高原现今的地貌,也是新构造运动造成的。

新构造运动往往导致边坡形态、产出状态及水文地质条件的改变,从而导致路堑失稳。强烈的新构造运动——地震,对路堑稳定性的影响极大,地震往往伴有大量的路堑失稳。这是由于地震作用产生水平地震附加力,当水平地震附加力的作用方向不利时,路堑的下滑力增大,滑动面的抗滑力减小。此外,在地震作用下,岩土中的孔隙水压力增加和岩土体强度降低,均会对路堑的稳定性产生不利影响。

7. 风化作用

风化作用(又称侵蚀、风化)是指地表或接近地表的坚硬岩石、矿物与大气、水及生物接触过程中产生物理、化学变化而在原地形成松散堆积物的全过程。根据风化作用的因素和性质可将其分为三种类型:物理风化作用、化学风化作用、生物风化作用。

风化作用会降低岩土体的抗剪强度,使岩土体裂隙增加并扩大,影响路堑的形状和坡度,同时透水性增加,导致地面水易于侵入,改变地下水的状态;沿裂隙风化时,可使岩土体脱落或沿斜坡崩塌、堆积、滑移等。

岩土体的风化作用与水分和温度密切相关,温度越高,湿度越大,风化作用越强;但在干燥的环境中,主要以物理风化为主,且随着温度的升高物理风化作用逐渐加强;但在湿润的环境中,主要以化学风化作用为主,且随着温度的升高化学风化作用逐渐加强。物理风化主要受温度变化影响,化学风化受温度和水分变化影响都较大。

8. 防护措施

路堑的稳定性分别受到地形地貌、气候、水文地质条件和岩土体性质等自然因素,以及人类的工程活动,例如爆破、开挖坡脚、人工削坡、坡顶加载等人为因素的影响。结合工程实际情况,根据路堑的规模、水文地质条件、变形破坏类型等,采取合理的防护措施,能有效提高路堑的稳定性。

一般情况下,对于低矮的路堑通常采用挡土墙、砌石护面墙、砌石拱形骨架等进行支挡防护,而当路堑规模较大时,必须通过稳定验算来确定路堑的加固方案,同时经过技术经济比较选定加固措施,有的路堑可以采用单一加固方法,有的则需同时采用几种方法综合进行加固。

对路堑采取防护措施时,若设计不合理,如断面不符合要求,其中包括路堑坡率取值不当,以及排水、防护与加固不妥等,或没有认真勘察地质、水文情况,路堑设计不符合地质结构情况等,则不仅不会达到提高路堑稳定性的目的,反而适得其反。

9. 人类工程活动因素

人类工程活动的次数频繁和规模扩大,对路堑稳定性的影响越来越明显,特别是不当的人类工程活动引起的路堑失稳事故时常发生。对路堑稳定性产生明显影响的人类工程活动主要包括削坡、坡顶加载、地下开挖、爆破等。

(1)削坡

不当的削坡往往使坡脚结构面或软弱夹层的覆盖层变薄或切穿,减小坡体滑动面抗滑力,而路堑下滑力却没有相应减小,这样使路堑的稳定性降低。当结构面或软弱夹层的覆盖层被切穿时,结构面与路堑面构成不利组合,导致路堑产生结构面控制型失稳。

(2)坡顶加载

坡顶加载对路堑稳定性产生的不利影响表现在两方面:一是在增加坡体下滑力的同时,没有呈比例地增加滑动面的抗滑力;二是加大了坡顶张应力和坡脚剪应力的集中程度,使路堑岩土体破坏,强度降低,因而引起路堑稳定性降低。当坡顶加载物为松散物时,情况就更为严重,因为松散加载物能减少大气降雨的地表径流,增加大气降雨的入渗量,也会降低路堑的稳定性。

(3)地下开挖

地下开挖主要包括采矿和开掘铁路、公路、引水隧道等,这类活动所引起的地表移动与路堑失稳常与下列因素有关:一是与地下开挖位置有关。地下开挖越接近路堑面,地表移动和路堑失稳越强烈,但其范围却显著减小;近地表的地下采掘往往引起小范围沉降和塌陷,路堑的变形和破坏是局部的;当地下开挖埋深较大时,地表移动和路堑失稳的范围比较大,失稳往往是整体的。二是与地下开挖规模有关。地下开挖规模越大,路堑的应力场改变就越大,在坡顶和坡脚引起的应力集中也越强烈,路堑稳定性的降低也就越大。三是与路堑地质条件有关。地下开挖对路堑影响程度受路堑地质条件控制,在顺倾斜坡路堑中,地下采掘工程如果平行于路堑走向,开挖活动往往切割斜坡的锁固段,降低了路堑稳定性,甚至使其失稳。如果地下工程垂直于路堑走向,地下开挖对路堑的影响就要小得多。地下开挖引起的地表移动和路堑失稳具有先沉陷、后开裂、再滑动的活动规律。地下开挖首先引起路堑地表运动,当地表移动到一定程度时,路堑坡顶附近出现拉裂缝,坡脚附近出现剪切破坏带。当路堑岩土体破坏较严重时,拉裂缝与剪切破坏带贯通或近乎贯通,路堑滑动面的抗滑力急剧下降,路堑的稳定性显著降低,甚至失稳。

(4)爆破

爆破是岩质路堑开挖过程中最主要的破岩手段之一。岩体爆破是一个受力情况极为复杂、破坏极为短暂的过程。在爆破开挖过程中,由于爆炸应力波和爆生气体的联合作用,在开挖岩体的近区必然会产生破碎效应,造成岩体的损伤。

爆破开挖不仅改变了原地形、覆盖层和坡脚的约束条件,随着时空条件的变化,路堑结构及相互间力学关系发生变化,而且爆破动荷载的振动作用所产生的惯性力对路堑的稳定性也会产生不利影响。爆破对路堑的破坏作用主要表现在:一是使边坡围岩中的剪应力增大,使原生结构面、构造结构面、原有裂纹裂隙扩展和延伸,甚至产生新的爆破裂纹和微裂缝,从而影响路堑的整体稳定性。二是改变地下水状态,直接或间接地影响到滑移处的抗滑力,同时振动惯性力也在路堑形成一个下滑力。三是爆破对路堑岩体施加动荷载,虽然不足以直接造成岩土体破裂,但仍使岩土体中软弱面部分松裂,裂缝扩展延伸,形成一定范围的爆破松动区,从而降低路堑的承载能力和稳定性。

二、挖方深路堑病害类型与机理

土质路堑高度大于20m或岩质路堑高度大于30m时称为深路堑。深路堑的常见病害类型有:风化剥落、泥石流、掉块落石、崩塌、倾倒、坍塌、溃屈、溜坍、坍滑、滑坡、错落等11大类。其中挖方深路堑常见病害包括风化剥落、坍塌、崩塌和滑坡等。

1. 风化剥落

挖方深路堑病害中,风化剥落主要是指路堑岩体在阳光、风、电、大气降水、气温变化和空气等外营力作用下及生物活动等因素的影响下,引起岩体矿物成分和化学成分以及结构构造的变化,使岩体逐渐发生破坏而从路堑表面脱落下来。

该病害易发生在风化的岩土坡面上,属于路堑的浅层破坏形式。当路堑开挖后,不及时进行防护,坡面便会发生风化,岩土体风化成散粒状后,将顺坡滑落下来。

2. 坍塌

路堑一定范围的岩土,由于受雨雪水利地下水等活动影响,或由于受震动、侧向卸荷、背面加载或四季干湿等因素的影响,特别是雨季中或融雪后受湿的岩土自重增大,且强度降低使岩土的结合密实度发生变化,坡体强度不能支持旱季中斜坡的陡度而塌坡,塌至稳定坡率为止的变形现象称之为坍塌。边坡坍塌可划分为:溜塌、堆塌、滑塌。

坍塌变形先在坡顶(坡口附近)产生蠕动变形而引起坡顶张裂,张裂由外向内发展。可见自前向后、由外向里的坍塌,塌下的岩土体堆积在斜坡的坡脚,岩土体的整体性完全被破坏。每次坍塌均产生新的坍塌面,直至坍塌体的堆积掩埋并超过上部坍塌出口形成稳定斜坡之后,变形方结束,路堑达到新的稳定状态。

3. 崩塌

崩塌多发生在大于60°~70°的斜坡上,深路堑上岩块、土体在重力作用下,发生突然的急剧的倾落运动,崩塌体碎块在运动过程中滚动或跳跃,最后在坡脚处形成堆积地貌——崩塌倒石堆。崩塌常常致使公路被掩埋,而使交通中断,给运输带来重大损失。

崩塌按形成机理可以分为以下三类:

(1)滑移式崩塌

这类崩塌的形成机理是崩塌首先沿已有的层面或其他结构面产生滑移,一旦崩塌体重心滑出坡外,这类崩塌便会发生。

(2)倾倒式崩塌

其形成机理是岩体在失稳时绕根部一点发生转动性倾倒,一旦岩体重心偏离到坡外,岩体就会突然崩塌。此外,不稳定岩体在强烈震动下或遇有持续性大暴雨容易失稳产生倾倒式崩塌。

(3)错断式崩塌

这类崩塌多为直立柱状或板状岩体在失稳时不是发生倾倒,而是下部与稳定岩体没有完全断开的部分在自重作用下发生的,最大剪应力一旦大于岩石的容许抗剪强度,错断式崩塌便会发生。

4. 滑坡

滑坡是指斜坡上的土体或者岩体,受河流冲刷、地下水活动、雨水浸泡、地震及人工切坡等因素影响,在重力作用下,沿着一定的软弱面或者软弱带,整体地或者分散地顺坡向下滑动的自然现象。

产生滑坡的基本条件是斜坡体前有滑动空间,两侧有切割面。滑坡是在地质地貌条件以及内外营力和人为作用的影响下形成的。

滑坡的形成过程一般可分为以下4个阶段:

(1)蠕动变形阶段或滑坡孕育阶段。斜坡上部分岩土体在重力的长期作用下发生缓慢、匀速、持续的微量变形,并伴有局部拉张成剪切破坏,地表可见后缘出现拉裂缝并加宽加深,两侧翼出现断续剪切裂缝。

(2)急剧变形阶段。随着断续破裂面的发展和相互连通,岩土体的强度不断降低,岩土体变形速率不断加大,后缘拉裂面不断加深和展宽,前缘隆起,有时伴有鼓张裂缝,变形量也急剧加大。

(3)滑动阶段。当滑动面完全贯通,抗滑力明显降低,滑动面以上的岩土体即沿滑动面滑出。

(4)逐渐稳定阶段。随着滑动能量的耗失,滑动速度逐渐降低,直至最后停止滑动,达到新的平衡。

以上4个阶段是一个滑坡发展的典型过程,实际发生的滑坡中,4个阶段并不总是十分完备和典型。由于岩土体和滑动面的性质、下滑力的大小、运动方式、滑移体所具有的位能大小等不同,滑坡各阶段的表现形式及过程长短也有很大的差异。

三、挖方深路堑防护设计原则

山区公路深路堑防护设计原则主要有以下几方面:
(1)安全:保证加固处治措施的长效性,确保处治安全。
(2)倾向重点,防治结合:确保高速公路桥梁、路基结构的安全,并避免灾害影响扩大,遵循"防治结合,合理利用土地"的原则。
(3)经济合理:在保证安全的基础上尽量节约投资;方法选用上可以采用简便易行、易于控制的方法。

针对山区公路深路堑滑坡防护设计原则,还需要包括四阶段控制:根据滑坡各变形特征,处治方案考虑兼顾前期应急处治、中期加固治理、后期监控三个阶段实施,在保证公路运营安全的前提下,实施加固治理措施。

四、深路堑防护设计内容

当边坡地质、水文地质条件不良或边坡较高(土质路堑高度大于20m和岩质深路堑高度超过30m)时,应进行路堑稳定性分析和专门设计。

路堑需开挖大量山体,容易引起滑坡等病害,造成严重的后患,应慎重对待。设计时应首先判别山体本身是否稳定,有无滑坡、倾向路基的软弱面、地下水等不良地质现象。对于不稳定的山体,或开挖后会引起堑顶后方的山体失稳时,应考虑避让;路线必须通过时,则应考虑与隧道方案的比选,采取措施进行加固处理。

深路堑设计涉及的内容主要包括工程地质勘察、稳定性分析评价、支护与加固设计、监测与动态设计等4个方面。

1. 工程地质勘察

边坡工程勘察宜采用钻探、坑(井、槽)探与物探相结合的综合方法,必要时可辅助洞探。边坡工程地质查勘应满足现行《公路工程地质勘察规范》(JTG C20)的要求,并查明下列内容:
(1)地形地貌特征;
(2)岩土体类型、成因、形状、风化程度、完整程度、分层厚度;
(3)岩土体天然和饱和状态下物理力学性能(如重度γ,强度参数c、φ等);

(4)主要结构面(特别是软件结构面)特征、组合关系、力学属性及其临空面的关系；
(5)气象、水文和水文地质条件；
(6)不良地质现象的范围、性质和分布规律；
(7)路堑坡顶邻近建筑物的荷载、结构、基础形式、埋深及稳定状态。

2. 稳定性分析评价

(1)路堑边坡稳定性评价宜综合采用工程地质类比法、图解分析法、极限平衡法和数值分析法进行。

(2)路堑稳定性计算应考虑边坡可能的破坏形式,可按以下方法确定：
①规模较大的破碎结构岩质路堑和土质路堑宜采用简化 Bishop 法计算；
②对可能产生直线形破坏的路堑宜采用平面滑动面解析法进行计算；
③对可能产生折线形破坏的路堑宜采用不平衡推力法计算；
④对结构复杂的岩质路堑,可采用赤平投影法与实体比例法及楔形滑动面法相结合进行计算；
⑤当路堑破坏机制复杂时,宜结合数值分析方法进行分析。

(3)路堑稳定性计算分为以下 3 种工况：
正常工况：路堑处于天然状态下的工况；
非正常工况Ⅰ：路堑处于暴雨或连续暴雨状态下的工况；
非正常工况Ⅱ：路堑处于地震等荷载作用下的工况。

(4)路堑稳定性验算时,其稳定安全系数应满足表 1-8-1 的要求,否则应对路堑进行支护。

路堑边坡安全系数　　　　　　表 1-8-1

工 况 名 称	安全系数取值	工 况 名 称	安全系数取值
正常工况	1.15~1.25	非正常工况Ⅱ	1.02~1.05
非正常工况Ⅰ	1.05~1.15		

3. 支护与加固设计

路堑防护与设计应根据路堑地质和环境条件、路堑高度及公路等级,采取工程防护与植物防护相结合的综合措施,稳定性差的路堑应设置综合支挡工程,并采用分层开挖、分层稳定和坡脚预加固技术。应设置完整的路堑地表和地下排水系统,及时引排地表水和地下水。

4. 监测与动态设计

山区挖方高边坡及不良地质、特殊岩土地段的路堑设计应采用施工监测、信息化动态设计方法。

(1)应提出对施工方案的特殊要求和监测要求,掌握施工现场的地质情况、施工情况和变形、应力监测的反馈信息,及时对原设计进行校核、修改和补充。

(2)监测的内容包括：对路堑不稳定范围、移动方向、移动速度以及地下水、爆破振动等取得定量数据,供设计分析；对锚固系统、挡土墙等加固措施的受力、变形等进行量测,验证其是否达到预期的作用,如未达到,则应采取补救措施。

路堑监测项目应考虑公路等级、支挡结构特点和变形控制要求、地质条件确定,详见表 1-8-2、表 1-8-3。

（3）监测周期应根据公路等级、支挡结构特点、地质条件确定。

路堑边坡或滑坡监测　　　　　　　　　　　　　　　表 1-8-2

监测内容		监测方法	监测目的
地表监测	水平位移监测	全站仪、光电测距仪	观测地表位移、变形发展情况
	垂直变形监测	水准仪	
	裂缝监测	标桩、直尺或裂隙计	观测裂缝发展情况
内部位移监测		测斜仪	探测相对于稳定地层的地下岩体位移，证实和确定正在发生位移的构造特征，确定潜在滑动面深度，判断主滑方向，定量分析评价边（滑）坡的稳定状况，评判边（滑）坡加固工程效果
地下水位监测		人工测量	观测地下水位变化及降雨关系，评判路堑排水措施的有效性
支挡结构变形、应力		测斜仪、分层沉降仪、压力盒、钢筋应力计	支挡构造物岩土体的变形观测，支挡构造物与岩土体间的接触压力观测

预应力锚固工程原位监测内容和项目　　　　　　　　表 1-8-3

预应力锚杆工作阶段	监测内容	监测内容	监测项目
施工阶段	锚杆体材料	锚杆的工作状态及施工质量	锚杆张拉力；锚杆伸长值；预应力损失
	锚固对象	加固效果	被锚固体的位移和变形
工程运营阶段	锚杆体	锚固工作状态	预应力值变化
	锚固对象	锚固工程安全状态	被锚固体的位移与地下水状态

第二节　工程地质勘察试验

一、勘察目的

工程地质勘察是挖方深路堑设计时必须进行的一项重要工作。其主要目的是查明路堑的环境工程地质条件，确定路堑的类型和可能的破坏模式，为路堑稳定性分析和设计计算提供必需的地质依据和资料，同时给出不稳定路堑整治方案的建议。

路堑工程地质勘察时，除了应收集整个路堑工点的地质资料，包括区域地质、工程地质、水文地质、地震烈度等外，还应注意相关工程资料的收集和分析，如路堑工点所处路线平、纵、横断面设计资料及路基设计表、当地相似路堑工程的相关资料、对周边环境的影响等。

路堑设计工程地质勘察中一项重要的工作是确定路堑的类型和可能的破坏模式，供设计参考。对路堑类型的划分，目前分类方法很多，有按组成的岩性分类，可分为黏性土类、黄土类、堆积土类、堆填土类、碎石类、岩石类等；有按岩层结构分类，可分为完整结构类、层状结构类、块状结构类、碎裂结构类、散体结构类等；有按岩层倾向与坡向关系分类，可分为顺向类、反向类、切向类、直立类等；有按成因分类，可分为剥蚀类、堆积类、侵蚀类、滑塌类、人工类等；有按变形破坏机制分类，如张倬元教授的分类等；有按路堑坡体结构分类，可分为全土质类、全岩质类（包括破碎岩质类和非破碎岩质类）、二元结构类、多元结构类等。以上种种分类方法，目前尚未发现某一种分类法适用性最强,虽然如此,无论采用何种分类方法,最终目的是要对路堑可能的破坏模式作出相对较好的预测,并提供给设计人员,以为路堑稳定性评价奠定基础。

二、勘察任务

(1)查明路堑工点的区域地质、水文地质、工程地质条件,并作出评价。

(2)进行综合地质勘察,提供路堑工点地形地貌、地层岩性、地质构造、地表水和地下水、不良地质现象及特征等资料。

通过勘察,应查明路堑工点原始自然坡度和微地貌特征,分析其地貌形态的演变过程和发育阶段,查明有无滑坡体、错落体、崩塌体和危岩存在;提供路堑岩土体的类型、成因、工程特性、覆盖层厚度、基岩面的形态和坡度以及路堑岩土体物理力学指标;查明并分析岩体主要结构面的类型、产状、延展情况、闭合程度、充填情况、充水情况、力学属性和组合关系,主要结构面与临空面的关系,是否存在对路堑稳定不利的结构面和不利结构面组合;提供地下水的类型、水位、水压、水量、补给和动态变化,岩土的透水性和地下水的出露情况等。

(3)查明路堑工点环境条件,包括气象条件(特别是雨期、暴雨强度)、汇水面积,坡面植被,地表水对坡面、坡脚的冲刷情况;路堑荷载情况,特别是坡顶建筑物;当地地质条件相似的稳定与不稳定自然极限山坡和路堑情况。

(4)提供路堑稳定性的工程地质评价、设计建议、不稳定路堑整治措施和监测方案的建议。

三、勘察方法

对大型路堑勘察应根据不同的阶段布置不同的勘察工作;通常在初步勘察阶段要求在收集已有地质资料的基础上,进行工程地质测绘、勘探和试验工作,通过分析路堑的变形机制,以达到初步评价路堑稳定性的目的。而详细勘察阶段则是对经过初勘发现不稳定或稳定性差的路堑及其邻近地段进行工程地质测绘、勘探、测试和分析计算,提出路堑计算参数,作出路堑的稳定性评价。施工勘察主要是对前阶段勘察的补充。不同勘察阶段中采用的勘察手段所占工作量是不同的,应当符合相关规范的要求。

1. 工程地质测绘

路堑工程地质测绘的主要任务是在图上如实反映出路堑的地形、地貌、地物特征以及结构面的产状和性质等。若路堑处地形复杂,起伏高差大,路堑测绘时,应尽量以导线点作测站。当导线点作测站的测绘范围受到限制时,可根据导线点用视距法或交会法设置独立地形转点。在地物、地貌复杂处,可连续设置第二个地形转点。若路堑周边无特殊的地质环境,路堑测绘范围应超出工程处治范围一定距离,一般为20m。地形图所用比例尺一般不小于1:500。路堑横断面地形图测绘通常每隔20m一道,当地形变化较大时,在地形变化特征点处应加测横断面。横断面所用比例尺通常不小于1:200。

2. 工程地质勘探手段

勘探的主要手段有钻探、探井、探槽和物探等。勘探线应垂直路堑走向布置,勘探点间距应根据地质条件确定。当遇有软弱夹层或不利结构面时,应适当加密。勘探孔深度应穿过潜在滑动面并深入稳定层2~5m。除常规钻探外,可根据需要,采用探洞、探槽、探井和斜孔。主要岩土层和软弱层应采取试样。每层的试样对土层不应少于6件,对岩层不应少于9件,软弱层宜连续取样。

(1) 钻探

通过钻探,可揭示路堑各地层的厚度、位置、产状。根据钻孔取芯试样的分析,可进一步确定出各地层的物质成分、物理力学性质。为鉴别和划分地层,钻孔直径不宜过小,必须满足试验对取样尺寸的要求。

(2) 探井

探井比钻探能更直观、更准确地揭示路堑各地层的厚度、位置、产状、结构组成情况。探井深度受施工难易程度的限制,不及钻探所能达到的深度,成本也比钻探高得多。

(3) 探槽

在路堑顶部滑动面边缘附近或下部剪出口附近,滑动面位置较浅,可利用探槽手段揭示滑动面在边缘或剪出口部位处的形态特征及相应地层的情况。

(4) 物探

物探应在工程地质测绘和钻探相配合下进行,可作为一种辅助性勘探手段。物探方法可根据工程要求、探测对象的地球物理特性和场地地形地质条件等因素确定。

选择物探方法时,应充分考虑路堑场地的地形起伏、表土层的均匀性和各向异性、场地附近有无对物探工作造成干扰的因素(如变电设备、高压电线、地下金属管道、机械振动)等场地条件的适宜性。

3. 试验

勘察阶段试验分野外试验和室内试验。野外试验可分为岩土力学性质的试验、岩体应力测试、水文地质试验等。岩土力学性质野外测定包括疏松土和坚硬岩石的强度和变形性能的野外测定。岩体应力测试不仅要测定岩体的原有应力状态,同时还要测定工程活动过程中应力的变化,一般对大型路堑才进行。水文地质试验通常根据具体路堑的地下水情况确定是否进行,包括抽水试验、压水试验等。

在一般路堑的治理中,室内试验通常包含测试岩土体的重度、塑性、压缩性、抗剪强度、颗粒分析、含水率、抗压强度等。

四、设计参数的获取

路堑设计所需岩土体物理力学参数的获取方法主要有经验法、试验法、反算法三大类。

1. 经验法

经验法是利用前人的经验和工程技术人员自己积累的经验来获取设计参数。随着经验数据的不断积累,伴随计算机技术的飞速发展,经验法在向理论靠近方面迈出了一大步,形成了带有一定理论计算的经验法,即经验计算法,如RMR法、SMR法、工程岩体分级法等。由此在获取路堑设计参数方面,经验法形成了两大类方法:经验数据和经验计算。一般情况,经验法尽可能辅以试验法进行,土质路堑尽量不采用经验法,重要路堑应通过试验确定设计参数。

表1-8-4~表1-8-6列出了部分常见岩土体物理力学参数的经验数据。

几种岩体物理性质指标的经验数值

表 1-8-4

岩体名称	相对密度	天然密度(g/cm³)	孔隙率(%)	吸水率(%)
花岗岩	2.5~2.84	2.3~2.8	0.04~2.80	0.10~0.70
闪长岩	2.6~3.1	2.52~2.96	0.25 左右	0.3~0.38
辉绿岩	2.6~3.1	2.53~2.97	0.29~1.13	0.80~5.0
石英岩	2.63~2.84	2.8~3.3	0.8 左右	
片岩	2.6~2.9	2.3~2.6	0.02~1.85	0.10~0.20
大理岩	2.7~2.87	2.7 左右	0.1~6.0	0.1~0.8
砾岩		1.9~2.3		1.0~5.0
砂岩	1.8~2.75	2.2~2.6	1.6~28.3	0.2~7.0
白云岩	2.8 左右	2.1~2.7	0.3~25.0	
泥灰岩	2.7~2.8	2.3~2.5	16.0~52.0	2.14~8.16
凝灰岩	2.6 左右	0.75~2.4	25	
页岩	2.63~2.73	2.4~2.7	0.7~1.87	
玄武岩	2.5~3.3	2.6~3.1	0.3~21.8	0.3 左右
石灰岩	2.48~2.76	1.8~2.6	0.53~27.0	0.10~4.45

几种岩体力学强度的经验数值

表 1-8-5

岩体名称	地质年代	饱和抗压强度(MPa)	内摩擦角 φ(°)	黏聚力 c(kPa)
花岗岩	燕山期	160	35	31
角闪花岗岩	白垩纪	106.5	30	
花岗闪长岩	三叠纪	116.1	33	5
辉绿岩	侏罗纪	170	24	
云母石英片岩	前震旦纪	113	29	28
千枚岩	前震旦纪	8.9	38	25
大理岩	前震旦纪	63.7	31	51
石英砾岩	泥盆纪	126.2	34	10
石英砂岩	震旦纪	165.8	26	54
白云质泥灰岩	奥陶纪	87.2	34	5
薄层灰岩	奥陶纪	106.3	37	22
泥灰岩	石炭纪	128.3	31	21
石英砂岩	寒武纪	68.1	28	13
砂岩	寒武纪	108.9	39	2
砂质页岩	侏罗纪	104.4	35	39
页岩	侏罗纪	43.8	35	47

岩体结构面抗剪强度指标标准值的经验数值   表 1-8-6

结构面类型		结构面结合程度	内摩擦角 $\varphi(°)$	黏聚力 c(MPa)
硬性结构面	1	结合好	>35	>0.13
	2	结合一般	35~27	0.13~0.09
	3	结合差	27~18	0.09~0.05
软弱结构面	4	结合很差	18~12	0.05~0.02
	5	结合极差(泥化层)	根据地区经验确定	

关于计算参数获取的经验计算法,可用于路堑工程的方法很多,不过每一种方法都存在一些局限性,获得结果的合理性和准确性都有待进一步完善和提高。下面主要介绍 RMR 经验计算法。

RMR 法由 Z. T. Bieniawski 于 1974 年提出,目前在国际上广泛应用。该法考虑了岩块的单轴抗压强度、岩芯质量指标(RQD)、节理间距、节理性状、地下水及节理产状等 6 个因素。它先将前 5 个因素各分成五级,分别给出各级的得分,把各项因素得分累计得出岩体的基本得分,如表 1-8-7 所示。然后再根据节理产状、施工方法等对建筑物稳定性的影响程度,对基本得分进行修正,最后得出岩体的实际得分。

RMR 法分类参数及其分值   表 1-8-7

	分类参数	数值范围						
1	单轴抗压强度(MPa)	>250	100~250	50~100	25~50	5~25	1~5	<1
	RMR 分值	15	12	7	4	2	1	0
2	RQD(%)	90~100	75~90	50~75	25~50	<25		
	RMR 分值	20	17	13	8	3		
3	节理间距(m)	>2	0.6~2	0.2~0.6	0.06~0.2	<0.06		
	RMR 分值	20	15	10	8	5		
4	节理性状	节理面粗糙,不连续,未张开,节理面岩石未风化	节理面稍粗糙,张开度小于1mm,节理面岩石轻微风化	节理面稍粗糙,张开度小于1mm,节理面岩石高度风化	节理面光滑或含厚<5mm的软弱夹层,节理张开度<5mm,连续节理	含厚>5mm的软弱夹层,节理张开度>5mm,连续节理		
	RMR 分值	30	25	20	10	0		
5	地下水 每10m长涌水量(L/min)	0	<10	10~25	25~125	>125		
	岩石干燥度	完全干燥	润湿	潮湿	滴水	涌水		
	RMR 分值	15	14	7	4	0		

岩体的得分值即为岩体质量的 RMR 值,岩体类别与 RMR 值的参照如表 1-8-8 所示。岩体分类级别的含义如表 1-8-9 所示。根据表 1-8-9 可以获得岩体设计所需力学参数的经验数据范围。为便于在边坡工程中的应用,M. R. Roman 等将 RMR 与边坡的破坏模式结合起来,对 RMR 中的第 6 个因素进行详细的分解与补充,提出了适用于边坡的分类系统(SMR 法),比较

全面地考虑了节理与边坡的相互关系,并且还考虑了开挖方法对 RMR 的影响,建立了以下表达式:

$$SMR = RMR - (F_1 \cdot F_2 \cdot F_3) + F_4 \quad (1\text{-}8\text{-}1)$$

式中,F_1、F_2、F_3 的取值与边坡的破坏模式有关,F_4 的取值与开挖方法有关,M. R. Roman 等提出了上述 4 个参数相关的取值方法。

按总评分值确定岩体级别　　　　表1-8-8

级别	Ⅰ	Ⅱ	Ⅲ	Ⅳ	Ⅴ
	很好	好	一般	差	很差
RMR 分值	100~81	80~61	60~41	40~21	<21

岩体分类级别的含义　　　　表1-8-9

分类级别	Ⅰ	Ⅱ	Ⅲ	Ⅳ	Ⅴ
岩体黏聚力(kPa)	>400	300~400	200~300	100~200	<100
岩体内摩擦角(°)	>45	35~45	25~35	15~25	<15

有了岩体 RMR 值后,Bieniawski、Stille 、Serafim 和 Pereira 等通过它建立与岩体变形模量间的关系:

$$E = 10^{\frac{RMR-100}{40}} \quad (\text{GPa}) \quad (1\text{-}8\text{-}2)$$

随后 Hoek 和 Brown 经进一步完善,建立了 RMR 与 Hoek-Brown 准则之间的经验关系式,可计算出岩体力学参数 c、φ 值。

2. 试验法

试验法是获取路堑岩土体设计参数的基本方法,它包括室内试验和现场试验两大类。一般情况下土体设计参数通过试验法比较容易获得,而岩体设计参数(主要指力学参数)则较困难。因为岩体包括岩块和结构面两大部分,室内试验获得结果通常仅代表岩块的参数指标,与岩体参数指标差异较大,而现场试验费用贵,不可能所有路堑都采用。鉴于此,岩体设计参数的获取采用试验法时仍以室内试验为主,普遍的做法是在室内试验结果基础上乘以一个经验折减系数作为岩体设计参数。根据水利水电系统的长期使用经验,黏聚力的经验折减系数取为0.2,内摩擦角的经验折减系数取为0.8。后经建设部门、公路部门的实践,认为黏聚力的经验折减系数取为0.2是合理可行的,而内摩擦角的经验折减系数建议按表1-8-10选用。

岩体内摩擦角经验折减系数　　　　表1-8-10

岩 体 特 性	经验折减系数	岩 体 特 性	经验折减系数
裂隙不发育	0.90~0.95	裂隙发育	0.80~0.85
裂隙较发育	0.85~0.90	碎裂结构	0.75~0.80

3. 反算法

反算法作为路堑岩土体设计参数获取的一种重要方法,主要用于获取路堑岩土体强度设计参数,通常用于其他方法难以获取或对所得结果难以把握的情况,如碎石土、结构面等,特别是在滑坡工程处治中滑动面力学参数获取应用较广。

反算法包括恢复路堑极限平衡反算法和工程类比反算法。恢复路堑极限平衡反算法是将路堑工点恢复成原始地形地貌,并假设此时的路堑稳定安全系数在1.0附近,由此反算路堑岩土体力学参数。工程类比反算法是通过对地质条件相似的附近已成路堑的调查分析,对稳定的路堑假设其稳定安全系数在1.2附近,由此反算路堑岩土体力学参数,并将其作为待建路堑工点岩土体力学参数。

反算法根据路堑破裂面岩土体成分的不同,可采用三种算法:当路堑破裂面的成分以黏性土为主,且土质较均匀,尤其是排水困难或饱水时,采用反算综合 c 法;当路堑破裂面的成分以粗粒岩屑或残积物为主,且排水条件较好时,采用反算综合 φ 法;当路堑破裂面的成分以上述两种情况以外的其他物质组成时,采用反算 c、φ 法,此种情况下路堑破裂面通常为折面,采用此种方法时常需找出两个不同的断面,求解联立方程。

第三节 土质深路堑设计与稳定性分析

一、设计原则

土质深路堑设计需遵循路堑防护设计的基本原则,它主要包括以下几个方面。

1. 极限状态原则

路堑设计要解决的根本问题是在路堑的稳定与经济性之间选择一种合理的平衡,求以最经济的途径使服务于工程建筑物的路堑满足稳定性和可靠性的要求。路堑工程的可靠性是指路堑及其支护结构在规定的时间内,在规定的条件下保持自身稳定的能力,它是路堑安全性、适用性和耐久性的总称。

在路堑防护设计中采用的极限状态设计法(其基准期以主体建筑物的设计基准期为准),一般包括承载力极限状态和正常使用极限状态两种。承载力极限状态是指支挡结构强度破坏、锚固系统失效、路堑失稳;正常使用极限状态是指支护结构和路堑变形量、危及邻近建(构)筑物正常使用、耐久性能不能满足结构设计年限要求等。

2. 荷载效应原则

路堑处治中各种荷载的标准值是指根据路堑处治结构按照极限状态设计时采用的荷载基本代表值,它可以统一由设计基准期最大荷载概率分布的某一分位数确定。可变荷载的准永久值是指按照正常使用极限状态长期效应组合设计时采用的荷载代表值,准永久值主要依据荷载出现的累计持续时间而定,即按照设计基准期内荷载超过该值的总持续时间与整个设计基准期的比值确定。可变荷载的组合值是指当结构承受两种或两种以上的可变荷载时,按承载能力极限状态基本组合及正常使用极限状态短期组合设计时采用的荷载代表值。

各种荷载效应组合应根据有关国家现行规范,按照最不利原则进行。路堑工程设计中采用的荷载效应按照最不利原则进行组合。通常在下列情况下荷载效应组合应采用承载能力极限状态基本组合:

(1)计算路堑与支挡结构的稳定性及滑坡推力时,其荷载分项系数应取1.0。

(2)在确定锚杆、支护结构立柱、挡板、挡土墙截面尺寸、配筋与内力及相应的基底反力时,需采用相应的荷载分项系数。

在计算锚杆变形和支护结构水平位移与垂直位移时,荷载效应组合应为正常使用状态永久组合,但不计风荷载和地震荷载作用。

3. 计算原则

在路堑处治设计中必须进行下列验算:

(1)路堑稳定性验算。

(2)支护结构强度计算。

(3)当路堑位于滑坡地段或路堑的滑塌可能影响周围的建筑物时,应进行路堑工程支护结构整体或局部稳定性验算。

(4)如果对路堑变形有较高要求时,应对路堑进行变形分析,并根据分析结果采取有效的措施控制变形量,使之满足规范要求。

4. 信息化原则

由于路堑岩土介质的复杂性、可变性和不确定性,地质勘察参数难以确定,加之设计理论和设计方法带有经验性和类比性。因此,路堑处治设计往往难以一次定型,需要根据施工中反馈的信息和控制资料不断校核、补充和完善,这是目前路堑处治设计中较为科学的动态设计方法。这种设计方法要求提出特殊的施工方案,以保证施工过程中能获取对原设计进行校核、补充和完善的有效资料和数据。

5. 综合治理原则

在路堑处治设计时,应根据路堑的具体情况,结合主体工程建筑物实施多措施综合治理原则。在保证路堑自身整体稳定的前提下,综合考虑主体建筑物、周边建筑物、周边环境以及整体美观、使用、经济等特点进行优化。

除此之外,土质深路堑设计还应遵循一个原则,即坡率设计原则,也就是尽可能通过调整路堑坡率来达到满足路堑稳定的要求。除特殊土外的一般土质深路堑应遵循坡率设计原则,即在有条件的情况下尽量放缓路堑。

二、设计内容

土质深路堑设计内容主要包括坡形设计、稳定性分析、防排水设计、防护与支挡及加固设计等四方面内容。路堑坡形设计通常指坡率、分级高、平台宽、路堑高等四方面;稳定性分析是土质深路堑设计的一个重要的必不可少的内容,它直接反映设计路堑的稳定状况,指导路堑的后续两方面设计;防排水设计、防护与支挡及加固设计两方面内容的实施,目的都是确保设计路堑的稳定、经济、美观。

三、荷载

土质深路堑设计计算中涉及的主要荷载有:路堑岩土体自重,路堑上的各种建筑物产生的附加荷载,地下水产生的诸如静水压力、渗透压力等荷载,以及地震荷载。在路堑支挡结构设计中涉及的荷载,根据结构设计原理可分为永久荷载、可变荷载和偶然荷载。各种荷载的取值应根据不同极限状态的设计要求取不同的代表值,永久荷载一般以其标准值作为代表值,可变荷载一般以其标准值、组合值、准永久值作为代表值。

四、路基断面形式

路基断面形式确定实际上涉及路堑坡形设计。通常路堑坡形主要有三种:一种是直线形,即一坡到顶,这种形式一般适用于路堑高度较低(原则上不高于10m)的情况;第二种是折线形,这种形式一般适用于路堑土体分层且各层稳定性有差异的情况;第三种是台阶形,这种形式一般适用于路堑较高、土体分层的情况。对土质深路堑而言,在无特殊条件制约或要求的情况下,推荐其路基断面形式采用台阶形。

对台阶形路堑设计,需考虑坡率、分级高、台阶宽、坡高等四方面因素。这些因素与土体类别及其环境工程地质条件密切相关,特别是对特殊土,则必须以特殊土的不良工程性质为依据,以较成熟的工程实践经验为指导,并参照自然稳定边坡综合确定。表1-8-11列出了部分土体坡形设计的经验数据。

部分土质深路堑的经验数据 表1-8-11

土 体 名 称		路 堑 坡 率	分级高度(m)	台阶宽度(m)	路堑高度(m)
一般均质黏土、砂黏土、黏砂土		不缓于1:1	不大于10	不小于1.5	大于20
中密以上的中砂、粗砂、砾砂		不缓于1:1.25	不大于8	不小于2.0	大于20
粉细砂		不缓于1:1.5	不大于8	不小于2.5	大于20
碎石或角砾土卵石或圆砾土	胶结和密实	不缓于1:0.75	不大于12	不小于1.0	大于20
	中密	不缓于1:1	不大于10	不小于1.5	大于20
黄土	新黄土	不陡于1:1	不大于10	不小于2.0	大于20
	老黄土	不陡于1:0.75	不大于12	不小于2.5	大于20
	红色黄土	不陡于1:0.6	不大于15	不小于3.0	大于20

五、破坏形式与机理

土质深路堑的破坏原因可主要归纳为两种。一是外界力的作用破坏了土体内原来的应力平衡状态。如路堑的开挖,是因为土自身的重力发生变化,从而改变了土体原来的应力平衡状态导致路堑破坏;又如路堑土体内水的渗流力、地震力的作用,破坏土体原来的应力平衡状态,促使路堑破坏;再如路堑顶部因堆载、修建建筑物等原因,增加了路堑的外载,破坏土体原有的应力平衡状态,促使路堑破坏。二是路堑土体的抗剪强度由于受到外界各种因素的影响而降低,促使路堑失稳破坏。如由于外界气候等自然条件的变化,使土体时干时湿、收缩膨胀、冻结、融化等,从而使土体变松、强度降低;土质路堑内因雨水的侵入使土湿化,强度降低;土质路堑附近因施工引起的振动,如打桩、爆破等,以及地震力的作用,引起土的液化或触变,使土的强度降低。

土质深路堑的破坏形式与土的类别及其环境工程地质条件密切相关。经过多年来的研究和实践,基本形成了较为一致的观点和看法。对砂性土路堑,根据实践观测,同时为了计算简便起见,一般均假定其破坏形式为直线(面),可表述为如图1-8-1所示的形式。对黏性土路堑,分两大类情况:均质和非均质。均质的黏性土路堑,一般假定其破坏形式有近似圆弧形、对数螺旋形等,其中近似圆弧形假定应用最多,而对近似圆弧形的形式又进一步细分为以下三种:圆弧滑动面通过坡脚,称为坡脚圆;圆弧滑动面通过坡面,称为坡面圆;圆弧滑动面发生在坡脚以外,称为中点圆。均质黏性土坡圆弧滑动破坏的三种情况可表述为如图1-8-2所示的形式。非均质的黏性土路堑,其破坏形式以路堑特殊的不良工程地质现象为主要依据。如果路堑内存在软弱层,则路堑的破坏面将大部分通过软弱层,形成曲折的复合破坏面,如冲坡积层,其变形、失稳控制层是层间粉细砂(即易液化层)、淤泥以及膨润土,当路堑因开挖切穿该层时,这些部位往往是路堑失稳的起跳部位。如果路堑形成后的地基基岩是倾斜的或倾斜起伏的岩面,则路堑破坏往往沿土/岩交界面产生直线形或折线形破坏,如倾斜面上的崩坡积层,其下的基岩面往往是地下水循环带,是路堑失稳破坏的依附面。非均质黏性土路堑破坏可表述为如图 1-8-3 所示的形式。碎石土路堑的破坏比较复杂,按经验惯例,一般可采用圆弧形破坏和直线形破坏来近似模拟;当碎石土比较疏松时,宜采用直线形破坏来模拟。

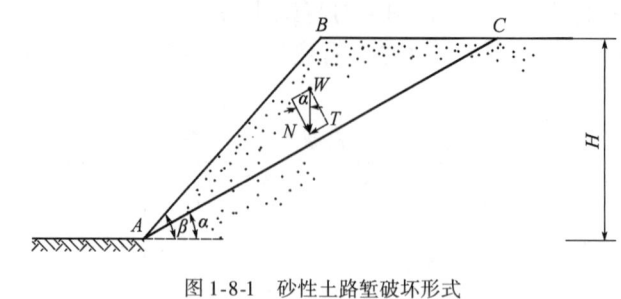

图 1-8-1 砂性土路堑破坏形式

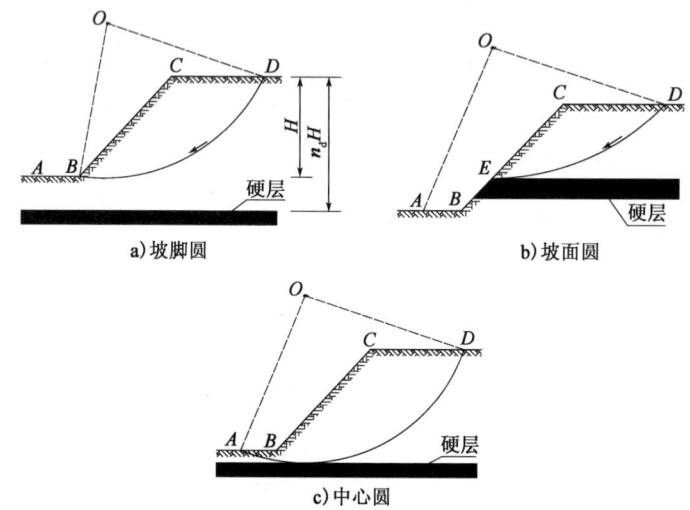

a)坡脚圆　　　　　　　　　　　b)坡面圆

c)中心圆

图 1-8-2 均质黏性土路堑破坏形式

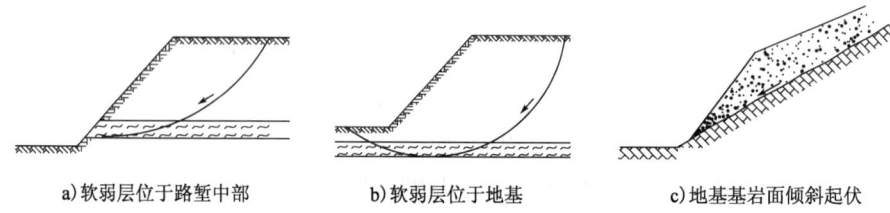

a)软弱层位于路堑中部　　b)软弱层位于地基　　c)地基基岩面倾斜起伏

图 1-8-3 非均质黏性土路堑破坏形式

六、土质路堑各种稳定性分析方法评述与推荐方法介绍

路堑稳定性分析首先涉及路堑稳定性概念和稳定性的判别方法。路堑由于坡表面倾斜,在坡体本身重力及其他外力作用下,整个坡体有从高处向低处滑动的趋势,同时,由于路堑岩土体自身具有一定的强度和人为的工程措施,它会产生阻止坡体下滑的抵抗力。一般来说,如果路堑岩土体内部某一个面上的滑动力超过了土体抵抗滑动的能力,路堑将产生滑动,即失去稳定;如果滑动力小于抵抗力,则认为路堑是稳定的。在工程设计中,判断路堑稳定性的大小习惯上采用路堑稳定安全系数来衡量。1955 年,毕肖普(A. W. Bishop)明确了土坡稳定安全系数的定义:

$$F_s = \frac{\tau_f}{\tau} \tag{1-8-3}$$

式中：τ_f——沿整个滑裂面上的平均抗剪强度；

τ——沿整个滑裂面上的平均剪应力；

F_s——路堑稳定安全系数。

1. 各种稳定性分析方法评述

经过几十年的研究和发展，提出了很多土质路堑稳定性分析方法，都可以用来进行土路堑稳定性分析，如经验法（工程地质类比法）、数值分析法（有限元法）、极限平衡法、极限分析法等。在所有这些方法中，极限平衡法是使用最为广泛的一类土质路堑稳定性分析方法，工程实践中几乎无一例外地采用极限平衡法来解决实际问题。这类方法是以 Mohr-Coulomb 的抗剪强度理论（$\tau = c + \sigma \tan\varphi$，其中 τ 为岩土体分条抗剪强度，c 为岩土体黏聚力，σ 为滑裂面上法向应力，φ 为岩土体内摩擦角）为基础，将滑体划分为若干垂直条块，然后建立作用在这些垂直条块上的力的平衡方程式，从而求解安全系数。这类方法的特点是没有像传统的塑性力学那样引入应力-应变关系来求解这个本质上静不定的问题，而是直接对某些多余未知量作假定，使方程式的数量和未知数相等。工程实践及前人研究表明，只要方法选用恰当，各种稳定性计算的极限平衡法都可在适用的场合应用，同时极限平衡法具有计算原理简单、计算方便、能给出工程易于接受的稳定性指标等优点，因此可以说即使将来出现了更为精确合理的方法，极限平衡法仍具相当广阔的使用空间。本小节主要谈谈土质路堑稳定性分析的各种极限平衡方法。

常用的土质路堑稳定性计算的极限平衡法主要有 Bishop 法、Fellenius 法（瑞典圆弧滑动法）、Janbu 法（简布法）、Spencer 法（斯宾塞法）、不平衡推力法、Morgenstern-Price 法（摩根斯坦-普赖斯法）、Sarma 法（萨尔玛法）、美国陆军工程师团法、王复来法、潘家铮-孙君实法。

条分法迄今已有70多年的历史，中间经过不少学者的研究改进，计算方法已日趋完善，但其基本出发点都是一样的，就是假定土体是理想塑性材料，把土条作为一个刚体，按极限平衡的原则进行力的分析，完全不考虑土体本身的应力-应变关系。各种方法最大的不同之处仅仅在于对相邻土条之间的内力作何种假定，也就是如何增加已知条件使超静定问题变成静定问题。这些假定的物理意义是不一样的，所能满足的平衡条件也不相同，计算步骤有简有繁，在使用时必须注意它们的适用场合。表1-8-12给出了几种方法所能满足的平衡条件及使用情况。

条分法各种方法比较 表1-8-12

计算方法	所满足的平衡条件				滑裂面形式	计算手段	
	整体力矩	土条力矩	垂直力	水平力		手算	计算机
瑞典圆弧滑动法	√	×	×	×	圆弧	√	√
简化毕肖普法	√	×	√	×	圆弧	√	√
简布法	√	√	√	√	任意	√	√
斯宾塞法	√	√	√	√	任意	×	√
摩根斯坦-普赖斯法	√	√	√	√	任意	×	√
萨尔玛法	√	√	√	√	任意		√

一般说来，对于 φ 等于零或数值很小的软黏土，滑裂面底部的正应力对有效抗剪强度影响较小，用瑞典圆弧滑动法求出的安全系数并不一定比其他方法来得保守；当 φ 比较大时，用

瑞典圆弧滑动法求出的结果就显得偏低一些,而用其他的方法却得出大致相同的结果。图1-8-4表示某工程实例,包括圆弧滑动面和复式滑动面。

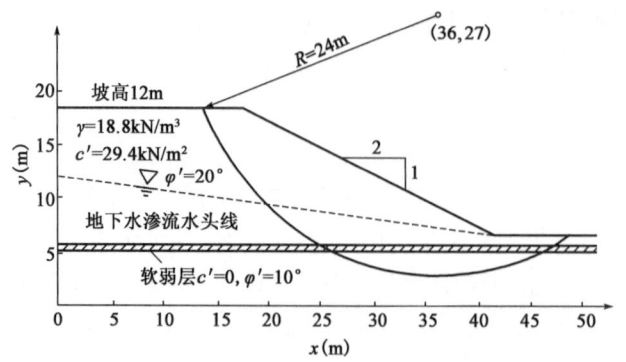

图1-8-4 路堑稳定性分析实例一

对于几何尺寸、土质指标及地下水渗流条件等6种不同的组合,用各种方法求出的安全系数见表1-8-13。表中,简布法的推力线位置假定在每个土条分界面的下三分点;斯宾塞法的 $\lambda = \tan\theta$,θ 为条间力合力与水平面的交角;对摩根斯坦-普赖斯法采用了两个 $f(x)$ 函数,一个 $f(x)$ 是常数。另一个 $f(x)$ 呈半正弦函数分布($\sin x$ 均为正值)。

各种方法安全系数比较实例 表1-8-13

编号	情 况	瑞典圆弧滑动法	简化毕肖普法	简布法	斯宾塞法			摩根斯坦-普赖斯法			
								$f(x)$为常数		$f(x)=\|\sin x\|$	
					F_s	$\theta(°)$	λ	F_s	λ	F_s	λ
1	简单的均质土坡	1.928	2.080	2.008	2.073	14.81	0.264	2.085	0.257	2.085	0.314
2	同1,但有软弱夹层	1.288	1.377	1.432	1.373	10.49	0.185	1.394	0.182	1.386	0.218
3	同1,但 $r_u = 0.25$	1.607	1.766	1.708	1.761	14.33	0.255	1.772	0.351	1.770	0.432
4	同2,但两种土层的 $r_u = 0.25$	1.029	1.124	1.162	1.118	7.93	0.139	1.137	0.334	1.117	0.441
5	同1,但考虑地下水渗流	1.693	1.834	1.776	1.830	13.87	0.247	1.838	0.270	1.837	0.331
6	同2,但考虑地下水渗流	1.171	1.248	1.298	1.245	6.88	0.121	1.265	0.159	不收敛	

注:r_u 表示平均孔隙应力比。

除瑞典圆弧滑动法外,其他方法还可以用 F_s-λ 曲线来加以比较。简化毕肖普法的 $\lambda = 0$,简布法的安全系数可以按推力线位置推出一个平均的 λ;而斯宾塞法与摩根斯坦-普赖斯法都可以分别求出 F_{sf}-λ 及 F_{sm}-λ 曲线,其中 F_{sf} 仅仅满足力的平衡条件,而 F_{sm} 则仅满足力矩平衡条件,两曲线交点的 F_s 即为满足所有平衡条件的安全系数。图1-8-5是按表1-8-13中第一种情况画出来的结果,摩根斯坦-普赖斯法只画出了 $f(x) = $ 常数那一种。

从表1-8-13和图1-8-5的结果可以看出,与力矩平衡相应的安全系数 F_{sm} 对条间力假设的反应是不灵敏的。因此,从斯宾塞法及摩根斯坦-普赖斯法得到的结果和简化毕肖普法算出的结果基本上一样。同时也可看出,在摩根斯坦-普赖斯法中,不同的 $f(x)$ 函数值,对 F_s 的影响也很小。所以司开普顿等曾经指出,简化毕肖普法由于忽略了切向条间力的影响,对安全系数造成的误差仅有2%~7%,这就是由于函数$f(x)$对力矩平衡的安全系数影响很小的原因,这一点已被斯宾塞所证实。

萨尔玛法的基本假定和摩根斯坦-普赖斯法是一样的,但他采用假想的临界水平地震加速度K_c作为衡量土坡稳定程度的标准而使$F_s=1$,这样可以不用试算或迭代,使计算工作大为简化。显然,如果$K_c \leq 0$,则$F_s \leq 1$,土坡是不稳定的,反之土坡就是稳定的。如果土工建筑物处于地震区,K_c还可以用来大致判断建筑物可能承受的地震烈度。但是,由于缺少使用这个方法的经验,而且目前还没有找到K_c与F_s之间的定量关系,这就影响了该法的广泛使用。

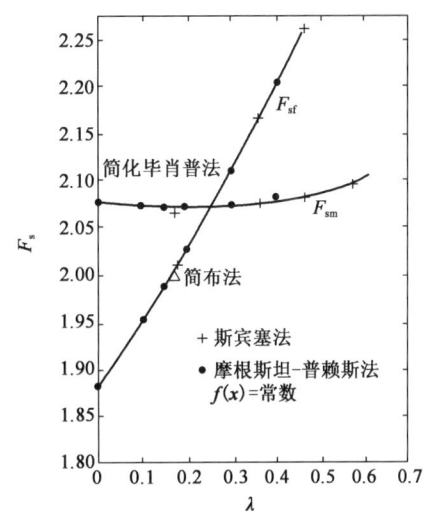

图1-8-5　F_{sf}、F_{sm}与λ的关系曲线

孙君实的模糊极值理论,其基本方程组实质上和摩根斯坦-普赖斯-陈祖煜的方法是一样的,它同时满足力与整体力矩平衡条件。在数值计算中,孙君实采用了基于潘家铮研究基础上的稳定收敛计算格式,称为潘-孙格式,它比摩根斯坦-陈祖煜的方法收敛的速度快。如果两种方法都满足模糊约束条件,得到的结果也相同。如不要求一定满足模糊约束条件,利用潘-孙法同样可求得满足力与整体力矩平衡条件的解,并可使计算简化,最后结果差别也不大,我们称之为简化潘-孙法。图1-8-6是另一个计算实例,图中材料的计算指标见表1-8-14。计算情况分下列4种。

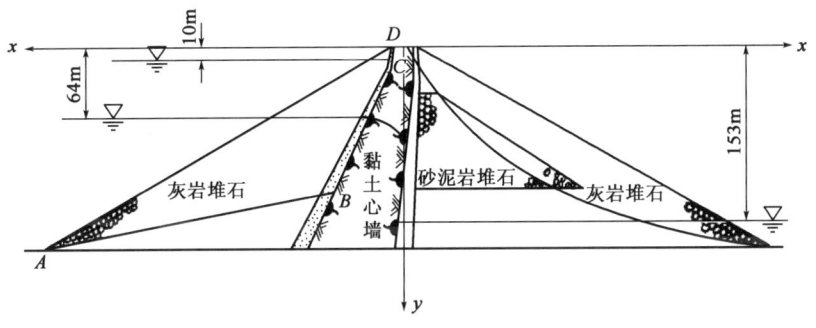

图1-8-6　路堑稳定性分析实例二

计算指标　　　　　　　　　　　　　　　　表1-8-14

坝　料	$\gamma(kN/m^3)$	$\gamma_m(kN/m^3)$	强度指标
黏土心墙	19.76	20.47	当$\sigma > 214.23$kPa时,$c=56.39$kPa,$\tan\varphi=0.558$ 当$\sigma < 214.23$kPa时,$c=44.13$kPa,$\tan\varphi=0.615$
过渡料	19.71	21.19	$c=0$,$\tan\varphi=0.7002$
沙泥岩堆石	18.93	21.67	$c=0$,$\tan\varphi=0.7536$
灰岩堆石	18.01	20.75	$c=0$,$\tan\varphi=0.8391$
心墙和过渡料接触面			$c=9.55$kPa,$\tan\varphi=0.4691$

(1) 上游水位 $y=10\text{m}$, 上游坡折线形滑动面 $ABCD$ 的稳定计算。其中水荷载采用置换法, 不考虑条分面上的孔隙水应力; 心墙内的孔隙水应力按水平内插作近似估计, 其余坝体服从静水压力分布; 水面线采用输入方式确定; 潘-孙格式的解满足模糊约束条件。

(2) 上游水位 $y=10\text{m}$, 下游水位 $y=153\text{m}$, 计算下游坡指定圆弧滑动面的稳定安全系数。其中水荷载按自然状态输入, 同时考虑条分面上的孔隙水应力; 心墙孔隙水应力用输入孔隙水应力网格的办法来确定, 其余坝体服从静水压力分布; 水面线仍由输入方式确定; 潘-孙格式和摩根斯坦-陈祖煜法的解都满足模糊约束条件。

(3) 下游水位 $y=153\text{m}$, 推求下游坡的 $F_{s\min}$, 计算条件同(2)。

(4) 推求上游坡当 $y=10\text{m}$ 和 64m 时的 $F_{s\min}$, 计算条件同上。

计算结果见表1-8-15。

各计算情况下的安全系数 F_s 值　　　　　　　　表1-8-15

计 算 方 法	情况(1)	情况(2)	情况(3)		情况(4)	
			任意滑动面	圆弧滑动面	$y=10\text{m}$	$y=64\text{m}$
瑞典圆弧滑动法		1.500		1.452	1.478	1.449
简化毕肖普法		1.589		1.479	1.488	1.478
简化简布法	1.675	1.492	1.447	1.451	1.478	1.450
美国陆军工程师团法	2.194	1.600	1.472	1.498		
王复来法	失效	1.569	失效	失效		
简布普遍条分法	失效	1.599		1.478		
摩根斯坦-陈祖煜法						
1. $f(x)$ 为正弦曲线	2.167	1.598				
2. $f(x)$ 为等边三角形	2.109	1.599				
3. $f(x)=1$	2.195	1.596				
潘-孙格式	2.225	1.595	1.473~1.477	1.477~1.478	1.486	1.481
简化潘-孙格式	2.216	1.595	1.476	1.478		

从计算结果可以看出: 在满足模糊约束条件的前提下, 摩根斯坦-陈祖煜法和潘-孙格式结果相同, 否则将有差别, 如情况(1), 相差5%左右。简化简布法的计算结果最小, 具有下限解的性质, 因为它忽略了条分面上剪力的作用, 对某些情况, 会得到过低的安全系数。如情况(1), 它比其他方法的安全系数低25%以上, 因此, 虽然它具有良好的数值计算稳定性, 但并不十分可靠。王复来法和简布普遍条分法在很多情况下失效, 是因为他们采用的方程条件的数量, 在某些情况下数值相当大, 会使计算机出现"病态", 导致数值计算不稳定。美国陆军工程师团法虽然计算结果和潘-孙格式比较接近, 但在情况(1)中如果水荷载不用置换而按自然状态输入, 将无法求解。它的数值计算稳定性虽然比简布普遍条分法、王复来法好, 但比简化简布法差, 计算成果的可靠性也未必比简化简布法高。至于表中简化毕肖普法的解均高于瑞典圆弧滑动法, 是因为大多数坝料指标中, 摩擦系数 $\tan\varphi$ 占主要地位的缘故。对于任意滑动面和圆弧滑动面的计算结果, 从情况(3)可以看出, 对同一种方法, 前者的 F_s 不会高于后者, 因为在任意滑动面中也包含有圆弧滑动的可能性, 当土体性质变化不大时, 这两类滑面的计算结果相差很小, 实用上只要按圆弧滑动计算就足够精确了。

在国内目前很多边坡稳定分析的电算程序中,采用了各种优化手段。但在使用时必须注意到对于复杂的存在不同土层的路堑进行稳定分析时,往往出现安全系数多极值区的问题,不可能通过优化步骤一次就求出整个计算区域的最优点,只能先对简单的局部区域和边界,进行局部优化,再通过对这些局部最优点的比较,判定出整个区域的最优点来。

建立在极限平衡理论基础上的路堑稳定分析方法,经过70多年的发展,已积累了丰富的使用经验,近年来随着电算技术的进步,在计算方法上有了不少突破。但由于方法本身没有很好地考虑土体内部应力-应变关系,所求出的安全系数只是所假定的滑裂面上的平均安全度。由于其工作状态是虚拟的,求出的土条间内力和滑面底部反力当然不代表土体在产生滑移变形时真实存在的力,根据这些无法分析稳定破坏的发生和发展过程,更无法考虑局部变形对土质路堑稳定的影响。而实践经验表明,稳定和变形有着相当密切的关系,一个土质路堑在发生整体稳定破坏之前,往往伴随着相当大的垂直沉降和侧向变形。为此,利用有限单元法,考虑到土的非线性本构关系,求出每一计算单元的应力及变形,根据不同的强度指标确定破坏区的位置及破坏范围的扩展情况,并设法将局部破坏与整体破坏联系起来,求得合适的临界滑裂面位置,再根据极限平衡分析推求整体稳定安全系数。这是一桩很有意义的工作,近10年来国内外都有人从事这方面的研究,但还没有得到系统的、有实用价值的结果。当然,如果利用有限单元或别的方法对土坡进行透彻的分析,求出在各种工作状态下土体内部的应力分布状况,然后确定一个破坏标准,以此衡量土质路堑的安全程度,这就完全脱离了极限平衡这个范畴,将为土质路堑稳定分析开辟一个新的途径。

2. 推荐方法介绍

土质深路堑稳定性计算推荐采用 Bishop 法。Bishop 法考虑了条间力的作用,并按照式 (1-8-2) 关于安全系数的定义,在 1955 年提出了一个安全系数计算公式。如图 1-8-7 所示,E_i 及 X_i 分别表示法向及切向条间力,W_i 为土条自重,Q_i 为水平作用力,N_i、T_i 分别为土条底部的总法向力(包括有效法向力及孔隙应力)和切向力,其余符号见图 1-8-7。

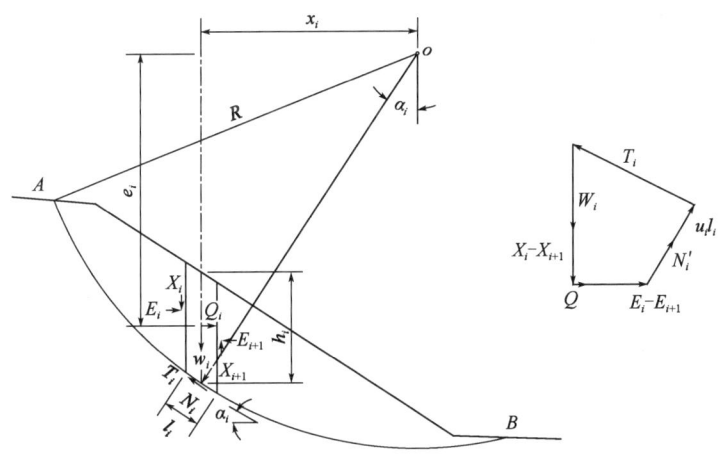

图 1-8-7 Bishop 法

Bishop 法安全系数计算公式为:

$$F_s = \frac{\sum \frac{1}{m_{\alpha i}} \{c'_i b_i + [W_i - u_i b_i + (X_i - X_{i+1})]\tan\varphi'_i\}}{\sum W_i \sin\alpha_i + \sum Q_i \frac{e_i}{R}} \quad (1\text{-}8\text{-}4)$$

$$m_{\alpha i} = \cos\alpha_i + \frac{\tan\varphi'_i \sin\alpha_i}{F_s}$$

式中：F_s——安全系数；

c'_i——第 i 块土条滑面的黏聚力(kPa)；

b_i——第 i 块土条的宽度(m)；

W_i——第 i 块土条的重量(kN)；

α_i——第 i 块土条滑面与水平面的夹角(°)；

u_i——作用于第 i 块土条的渗透水压力(作用于土条底部的孔隙应力)(kPa)，在稳定渗流情况下 $u_i = \gamma_w h_{wi}$；

φ'_i——第 i 块土条滑面的内摩擦角(°)；

Q_i——第 i 块土条的水平作用力(kN)；

X_i——第 i 块土条的切向条间力(kN)。

简化 Bishop 法的计算公式如下：

$$F_s = \frac{\sum \frac{1}{m_{\alpha i}}[c'_i b_i + (W_i - u_i b_i)\tan\varphi'_i]}{\sum W_i \sin\alpha_i + \sum Q_i \frac{e_i}{R}} \quad (1\text{-}8\text{-}5)$$

在计算时，一般可先假定 $F_s = 1$，求出 m_α（或假定 $m_\alpha = 1$），再求 F_s，再用此 F_s 求出新的 m_α 及 F_s，如此反复迭代，直至假定的 F_s 和算出的 F_s 非常接近为止。当式中任一土条的 $m_\alpha \leqslant 0.2$ 时，就会使求出的 F_s 值产生较大的误差，此时就应考虑误差的影响或采用其他计算方法。

对于较平缓的土质路堑，$X_i - X_{i+1}$ 值可以用潘家铮根据弹性理论推求出来的简化计算公式来加以评估。

$$X_i - X_{i+1} = K_\beta W_i (\tan\beta - \tan\alpha_i) \quad (1\text{-}8\text{-}6)$$

式中：β——土坡的坡脚；

K_β——系数，可用下式计算：

$$K_\beta = a\frac{\nu}{1-\nu} - b \quad (1\text{-}8\text{-}7)$$

式中：a、b——与坡角 β 有关的两个系数，图 1-8-8 中给出了它们的值；

ν——泊松比，$\frac{\nu}{1-\nu}$ 值大致在 $0.6 \sim 1.0$ 之间变化。

为了能迅速求出用有效应力分析得到的最小稳定安全系数，Bishop 和 Mogenstern 在 1960 年提出了稳定系数法。他们应用简化 Bishop 法对没有戗道的均质土坡进行了分析，认为对一定的抗剪强度值，土坡最小稳定安全系数 $F_{s\min}$ 与整个土质路堑断面的平均孔隙应力比 r_u 接近于直线关系，即

$$F_{s\min} = M - N \cdot r_u \tag{1-8-8}$$

式中孔隙应力比是由下式定义的,即

$$r_u = \frac{u}{\gamma h} \tag{1-8-9}$$

式中：u——土坡断面中某一点的孔隙应力(kN/m^2)；

h——该点至坡面的铅直距离(m)；

γ——土的容重(kN/m^3)。

M、N 称为稳定系数,它们的大小取决于土质路堑的坡度 m、坡高 H、第一层硬土层的埋藏深度 δH 及土料的性质指标 γ、c'、φ'（参看图1-8-9）。当土质路堑的几何尺寸及土质指标均为已知时,可以直接由图1-8-10查出 M、N,然后用式(1-8-8)求得 $F_{s\min}$。在整个土质路堑断面中 r_u 通常不是常数,可以取其平均值,平均的范围如图1-8-9所示。

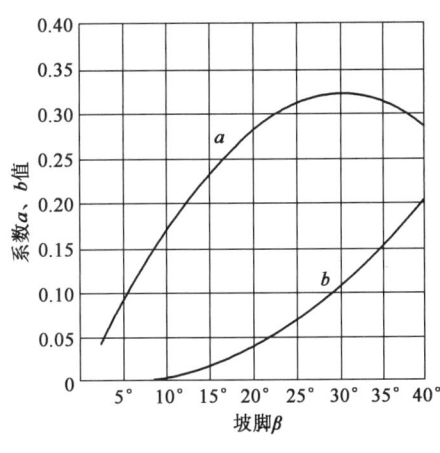

图1-8-8 系数 a、b 值　　　　　图1-8-9 r_u 的计算范围

图1-8-10 的 M、N 值是假定最危险滑裂面底部与第一层硬土层顶面相切而求出的。有的硬土层埋藏很深,最危险滑裂面底部不一定与它相切,为此,需要利用图1-8-10 中以虚线表示的等 r_{ue} 线,求出最危险滑裂面的深度因素 δ,再由 δ 求出稳定系数 M、N。此时对于给定的一组参数 $\left(m、\varphi'、\dfrac{c'}{\gamma H}\right)$,必有一个孔隙应力比使 δ 比较低时的安全系数与 δ 比较高时的安全系数相等。这一孔隙应力比即以 r_{ue} 表示为

$$r_{ue} = \frac{M_2 - M_1}{N_2 - N_1} \tag{1-8-10}$$

式中：M_2、N_2——由比较高的 δ 求出的稳定系数；

M_1、N_1——由比较低的 δ 求出的稳定系数。

当一个土坡的 $\dfrac{c'}{\gamma H}$、m、φ' 及 r_u 值已经确定,可以先由 $\dfrac{c'}{\gamma H}$ 及 $\delta = 1.0$ 根据 m 及 φ' 查图1-8-10 上的虚线,得到相应的 r_{ue},如果 $r_{ue} < r_u$,则说明 $\delta = 1.25$ 时的安全系数比 $\delta = 1.0$ 时为低,需要利用 $\delta = 1.25$ 的图进一步检查,直到求出的 $r_{ue} > r_u$,则相应的 δ 就是最危险滑裂面底部经过的那个深度因素,可由此查得 M、N 并算出 $F_{s\min}$。

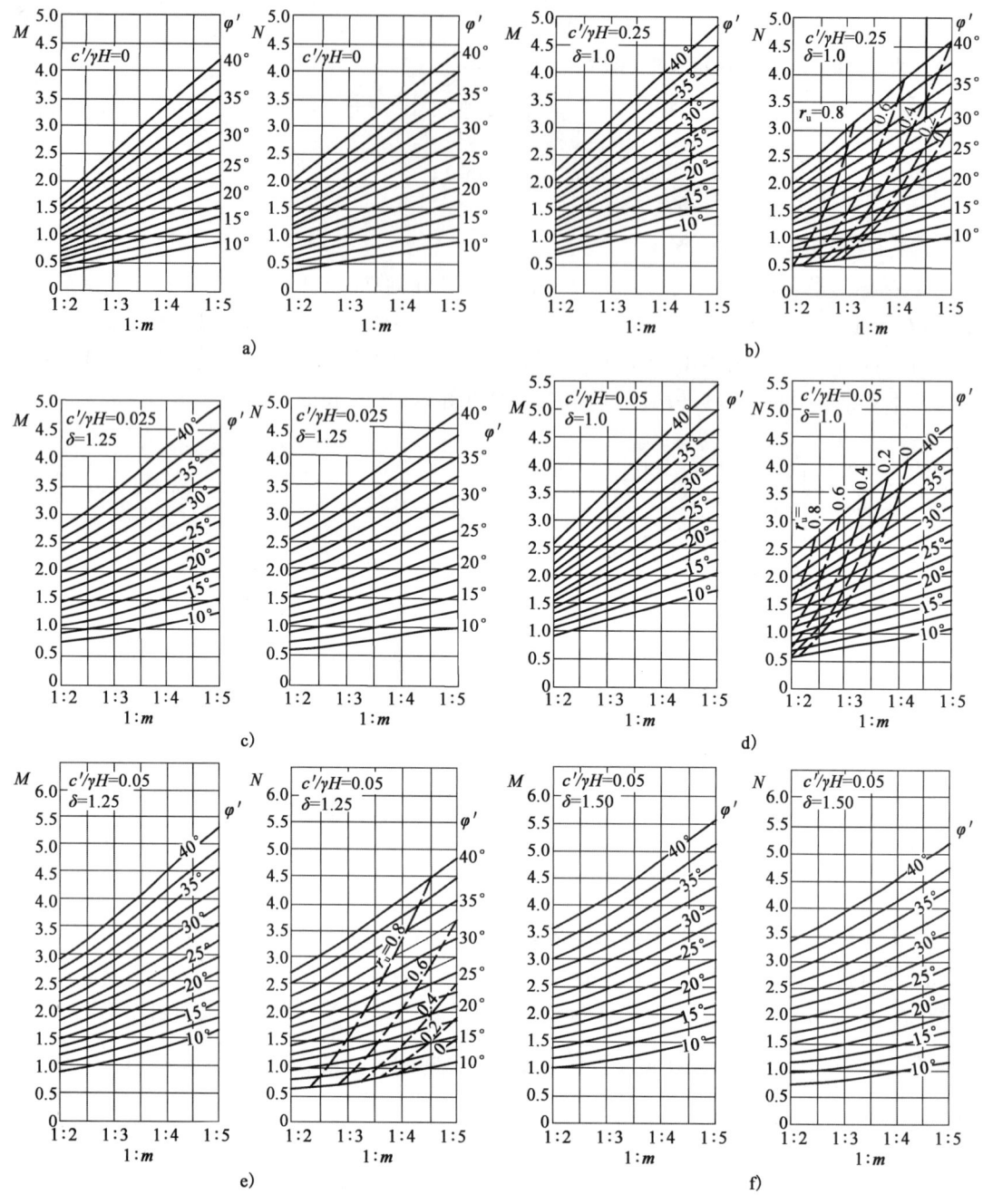

图 1-8-10 稳定系数 M、N 值

第四节 岩质深路堑设计与稳定性分析

一、设计原则

岩质深路堑设计需遵循本章第三节土质深路堑设计的基本原则,除此之外,还应遵循顺应性与协调性原则。顺应性与协调性原则的实质是要充分利用路堑自身的稳定条件,改造不稳

定部分,使路堑长期处于稳定状态。依山就势和因地制宜是实施顺应性与协调性原则的具体体现。

二、设计内容

岩质深路堑设计内容与土质深路堑设计内容一致,也包括坡形设计、稳定性分析、防排水设计、防护与支挡及加固设计四大方面内容。

三、荷载

岩质深路堑设计计算中涉及的主要荷载与土质深路堑设计计算中涉及的主要荷载一致,包括:路堑岩土体自重,路堑上的各种建筑物产生的附加荷载,地下水产生的诸如静水压力、渗透压力等荷载,以及地震荷载。在路堑支挡结构设计中涉及的荷载,根据结构设计原理有永久荷载、可变荷载和偶然荷载。各种荷载的取值应根据不同极限状态的设计要求取不同的代表值,永久荷载一般以其标准值作为代表值,可变荷载一般以其标准值、组合值、准永久值作为代表值。

四、路基断面形式

对岩质挖方深路堑而言,本章第三节中所谈的3种坡形都可采用。一般来说,直线形(即一坡到顶)路堑常适用于地形受限或其他原因导致无法放缓路堑、部分顺层边坡路堑的情况,此时可考虑采用直线形路堑并辅以适当的较强支挡与加固措施;折线形路堑常适用于地形受到一定限制、路堑高度大且坡顶地面自然横坡陡、路堑岩体存在变化的情况,此时若采用台阶形路堑,势必大大增加路堑高度,故采用折线形路堑;台阶形路堑在除上述两种情况外的其他情况下可采用,且在有条件的情况下,岩质挖方深路堑宜尽量采用台阶形状,以达到安全与经济并重的目的。

对于台阶形路堑,路堑分级高度视边坡环境工程地质条件综合考虑,通常可在 8~20m 之间变化,对软质岩体而言宜取低值,对硬质岩体而言宜取高值。路堑台阶宽度也需充分考虑环境工程地质条件,通常不小于 1.0m。对路堑坡率而言,需充分考虑岩性、岩体结构特征、岩体特殊的不良工程地质现象等综合因素,同时应以较成熟的工程实践经验为指导,并参照自然稳定边坡综合确定。当路堑岩体环境工程地质条件较简单时,路堑坡率可参照表 1-8-16 中的经验数据初步确定。

部分岩质深路堑坡率的经验数据　　　　　表 1-8-16

岩 体 种 类	风化破碎程度	坡　率
1. 各种岩浆岩; 2. 厚层灰岩或硅质、钙质砂砾岩; 3. 片麻岩、石英岩、大理岩	轻度	1:0.1~1:0.2
	中等	1:0.2~1:0.4
	严重	1:0.3~1:0.5
	极重	1:0.5~1:10
1. 中薄层砂、砾岩; 2. 中薄层灰岩; 3. 较硬的板岩、千枚岩	轻度	1:0.2~1:0.4
	中等	1:0.3~1:0.5
	严重	1:0.5~1:0.75
	极重	1:0.75~1:1.25

续上表

岩 体 种 类	风化破碎程度	坡 率
1. 薄层砂、页岩； 2. 千枚岩、云母、绿泥、滑石片岩及碳质页岩	轻度	1:0.3~1:0.5
	中等	1:0.5~1:0.75
	严重	1:0.75~1:1.25
	极重	1:1.0~1:1.5

五、破坏形式与机理

正如很多年前 Muller 教授和他的同事们强调的一样，岩体是不连续的，它的性态是由像断层、节理和层面等这样一类不连续面控制的，因此岩体路堑的破坏形式和机理非常复杂，与岩体的工程地质结构特征、路堑类型、设计情况、施工方法与工艺及外荷载等密切相关。经过多年的经验积累和理论上的探讨和摸索，对岩体路堑的破坏形式归纳总结出了以下几种：平面破坏、折面破坏、楔体破坏、圆弧破坏、倾倒破坏、路堑剥落。

平面破坏在岩体路堑中实际上是比较少见的，原因是产生平面破坏所需的全部几何条件在一个实际路堑中仅是偶尔存在的，严格意义上说平面破坏可作为较普遍的楔体破坏的一种特殊情况，不过很多情况下可将某些路堑破坏简化为平面破坏对待，如顺层边坡路堑破坏等。岩体路堑发生平面破坏如图 1-8-11 所示，这种破坏必须满足以下几何条件：①路堑破裂面的走向必须与路堑走向平行或接近平行（约在 ±30°的范围之内）；②破裂面必须在路堑坡面出露，也就是说它的倾角必须小于坡面倾角，即 $\varphi_f > \varphi_p$；③破裂面的倾角必须大于该面的摩擦角 $\varphi_p > \varphi$；④岩体中必须存在对于滑动仅有很小阻力的解离面，它规定了滑动的侧面边界，另一种可能的情况是破坏在穿过路堑的凸出"鼻部"的破坏平面上发生。

折面破坏与平面破坏有相似的地方，只不过路堑破坏面形状发生曲折变化，这类破坏多发生在不同岩体接触面以及同一岩体的不同风化层界面中。

楔体破坏是岩体路堑中较为普遍的一种破坏形式。当两个不连续面的走向斜交坡面，其交线在坡面上出露时，如果此交线的倾角显著大于摩擦角，则位于此两不连续面上的岩石楔体将沿交线下滑。像在平面破坏中的情况一样，滑动的条件由 $\varphi_{fi} > \varphi_i > \varphi$ 来规定，其中 φ_{fi} 是在正交交线的视图上测定的坡面倾角，而 φ_i 为交线的倾角。注意，只有当交线的倾向与坡面倾向相同时，φ_{fi} 才与坡面的真倾角 φ_f 相同。岩质路堑发生楔体破坏如图 1-8-12 所示。

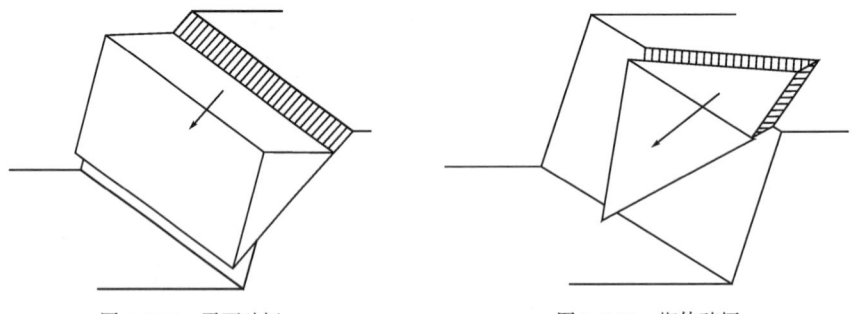

图 1-8-11　平面破坏　　　　　　图 1-8-12　楔体破坏

圆弧破坏发生在路堑岩体节理异常发育或已经破碎的情况，此时路堑的破坏将由一个单一的不连续面来决定，这个面很多情况下近似圆弧形，它与前面谈及的路堑破坏主要由岩体中一个或多个不连续面来控制的情况不同,这种破坏的路堑内没有强烈而明显的构造控制面,其破坏面会无拘束地寻找最小阻力线穿过路堑。圆弧破坏发生的条件是:岩体中的单个颗粒与路堑尺寸相比极其小,且这些颗粒的形状不是互相咬和的。此时大废石堆中的碎石就会像"土"一样的活动,因而大型的破坏就以圆弧形的模式出现,其他如高度蚀变和风化的岩体也倾向于这种破坏。岩体路堑发生圆弧破坏如图1-8-13所示。

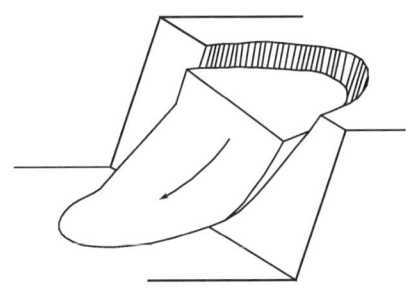

图1-8-13 圆弧破坏

倾倒破坏指岩体路堑中岩柱或岩块绕某一固定基面转动,这种破坏形式的力学机理较复杂,工程实际中常常难以计算其稳定安全系数。经过多年的研究,人们认识到可将这种破坏进一步细分为三大类:弯曲式倾倒、岩块式倾倒、岩块弯曲复合式倾倒。弯曲式倾倒常常发生在陡倾斜不连续面非常发育的硬岩路堑内,由于路堑根底滑动、挖空或被侵蚀,使得倾倒过程开始发生,并随着深宽张裂缝的形成而逐渐向岩体深部发展,后期在路堑下部常常堆积一些杂乱的岩块。这种破坏由于每个悬臂岩柱向外运动导致层间滑移,从而使每个滑面的上部表面暴露出来,形成一系列面向后方的逆向陡坎。弯曲式倾倒如图1-8-14a)所示。岩块式倾倒发生在坚硬的单个岩柱被大间距的正交节理切割的情况,这种情况下构成路堑坡脚的短岩柱,由于受到从它后面翻倒下来的长岩柱的荷载作用而被向前推出,从而导致坡脚滑移;坡脚滑移使得倾倒破坏进一步向路堑更高的部位发展。岩块式倾倒破坏的底面比弯曲式倾倒清楚得多,它通常是由一个个横切节理所形成的上向阶梯构成的。岩块式倾倒如图1-8-14b)所示。岩块弯曲复合式倾倒破坏以一种似连续性弯曲为其特征,这种弯曲沿许多横节理切割的长岩柱上发生。在这种情况下,沿横节理的累积位移是造成岩柱倾倒的原因,而并不是由于连续岩柱的弯曲造成的破坏。由于这种复合式倾倒破坏会产生大量的微小位移,所以它出现的张裂缝比弯曲式倾倒少,其棱与面间的接触及间隙比岩块式倾倒少。岩块弯曲复合式倾倒如图1-8-14c)所示。

 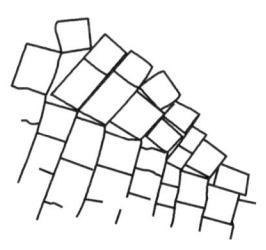 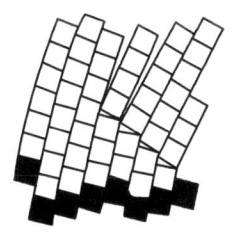

a)弯曲式倾倒　　　　b)岩块式倾倒　　　　c)岩块弯曲复合式倾倒

图1-8-14 倾倒破坏

路堑剥落一般对岩体路堑整体稳定性不构成非常严重的威胁,因此几乎没有人认真分析过由于剥落而造成的路堑破坏过程。不过这种破坏形式却常常发生,路堑坡底处的碎屑堆就是典型的例子。路堑剥落的主要原因之一是岩体的裂缝,裂隙随着水的浸润、冰冻和冰融而发生循环性的膨胀和收缩;另外,将岩块胶结在一起的胶结物逐渐风化变质,也可能在这类路堑破坏中发生作用。

六、岩质路堑稳定性定性分析

就目前情况来看,岩质路堑稳定性分析方法是不够令人满意的,虽然如此,但在客观上说,已有的各种方法在历史上都曾不同程度地发挥过积极的和肯定的作用,在各自适用的范围内都取得过一定的结果,特别是有些方法的合理核心,仍将被广泛应用。概括起来说,岩质路堑稳定性分析方法可分为两大类:定性和定量;具体而言,定性分析方法主要包括类比法、赤平极射投影、实体比例投影、摩擦圆法等,定量分析方法主要包括各种极限平衡法、有限元等数值方法等。当然上述分类不是绝对的,有些定性分析方法也可以进行一定程度上的定量计算。本节主要就各种定性分析方法作简要介绍。

1. 类比法

类比法的全称为岩体结构的工程地质类比法,这是一种建立在现场调查、观测、统计和分类等基础上的定性方法。从经验和表象方面来看,路堑岩体的破坏基本上是受岩体的结构类型和性质所控制的,因此在给定的工程条件下,通过对路堑岩体的结构形态、特征、性质的实地调查和观测所得到的资料进行统计、分类和地质力学分析,然后再根据介质条件和工程条件,通过类比和经验判断来定性地评价路堑岩体的稳定程度是有客观可能的,这就是类比法的实质。

类比法的一般做法是:①对包括所研究地区的较大范围进行地貌形态及其演变过程的调查分析。从形态和历史上分析该区域的特征,查明路堑工程所及地区是否存在古老滑坡体或滑坡群等地质病害,判断工程活动是否会引起它们的重新复活,描述现在地貌的堆积及切割特征、所处的发育阶段等,并对工程附近的人工和自然边坡的坡高、坡角进行统计测量和有关的工程地质测绘。②在路堑工程影响所及的范围内,详细勘探、测量和描述地层层次、岩性、岩体结构的单元块体的形状和大小,结构面的类型、性质、特征、产状、分布规律和发育程度,结构面富集物状态和成分,气象条件,地下水出露特征和赋存状态等。③确定结构面与路堑工程的各种可能的空间关系。做出相应的平面图和剖面图。④将上述资料和成果与条件相同规模相近的已经形成的稳定或不稳定的路堑进行对比,通过经验判断,做出定性的评价,以确定当前路堑岩体的稳定程度及推测今后可能的发展趋势。

类比法虽然可以避开那些未知的或难以确定的及需要较长时间和较复杂的测试手段才能确定的定量计算指标,而利用宏观的调查统计规律和可能性,很快地评价路堑岩体的稳定情况,为规模不大、影响因素不甚复杂的一些施工进度较快的路堑工程提供及时的参考性评价,但在没有比拟条件的地区和不足以构成统计规律的情况下,评价新的影响因素复杂的人工深路堑的稳定性时,这种方法是不适用的。

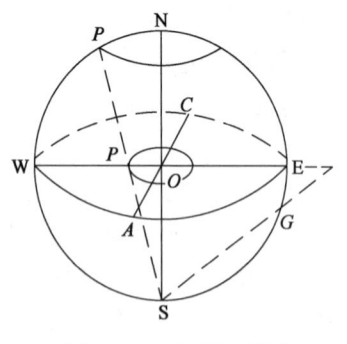

图 1-8-15 赤平极射投影

2. 赤平极射投影

赤平极射投影是利用一个球体作投影工具(图1-8-15),通过球心作一平面 $EAWC$,这个平面通过球体赤道,所以叫赤平面。从球体的一个极点 S 或 N(南极或北极)发出射线,叫极射。射线与赤平面交点 M,即为投影。这种投影形式,称为赤平极射投影。赤平极射投影就是把物体放在球体的中心,将物体上各部分的位置投影于赤平面上,化立体为平面的一种投影。因目的不同,投影的发射点,有时自南极开始,只投影上半球的物体;有时自北极开始,只投影下半球的物体;有时自南、北两极开始,投影上下半球的物体。

目前较为常用的投影方法有两种,即等角投影法和等面积投影法(图1-8-16)。这两种投影法各有利弊,等角投影法的优点是直接简便,但是在将球面上不同的点投影到赤道平面上后,其相对位置发生了变化。等面积投影法则恰好弥补了这一缺陷,用它对结构面进行统计分析、绘制结构面极点等密度图时比较方便。关于赤平投影的具体作图方法,在很多资料中都有非常详细的介绍,这里就不作过多的阐述,主要谈谈赤平投影法在岩质路堑中的一些应用。

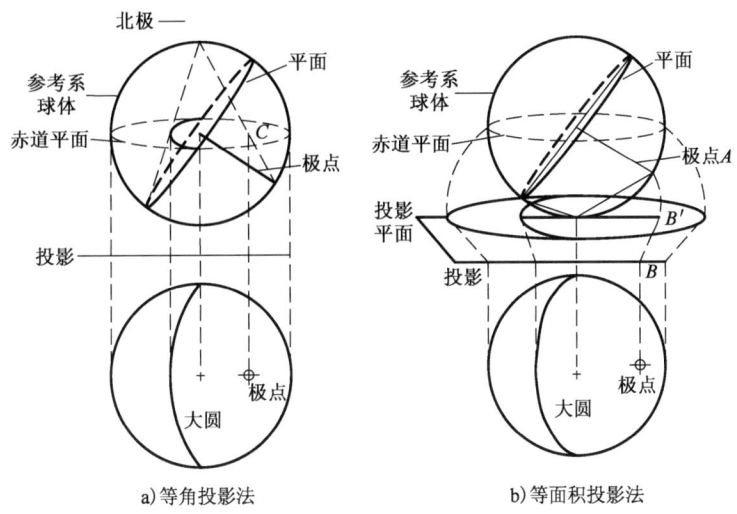

图1-8-16 两种赤平投影法

在岩质路堑中,岩体的失稳与破坏主要受岩体内结构面的控制,它们相互之间的空间分布位置、组合关系(包括自然边坡或路堑开挖面的产状)和结构面的物理力学性质等,对路堑的稳定都起着至关重要的作用。赤平投影方法正是基于这一点来进行的,应用这种方法可以帮助地质及工程技术人员对路堑的稳定性作出快速、定性的判断。图1-8-17为4种岩质路堑破坏类型与相应的赤平投影图的对应关系。

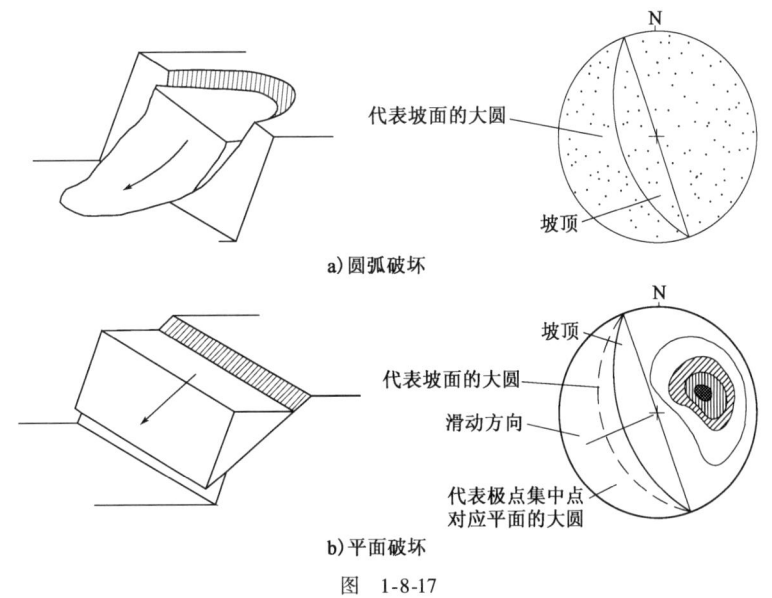

图 1-8-17

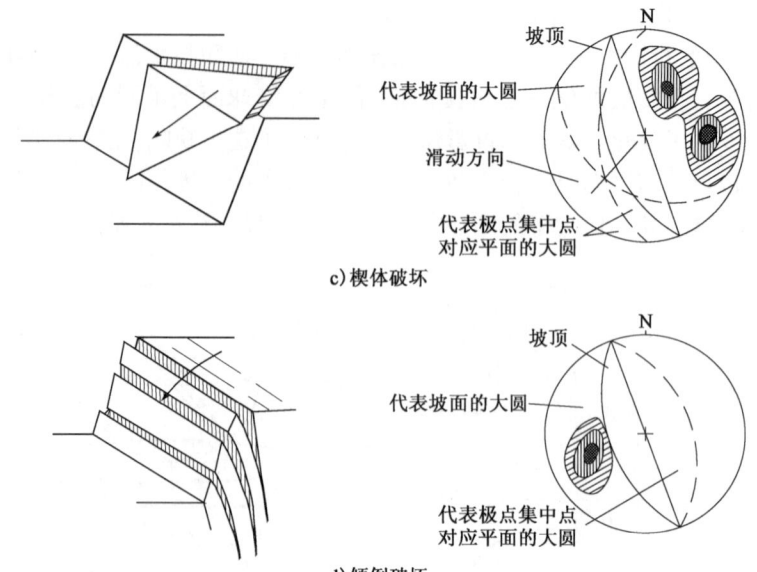

图 1-8-17 路堑破坏类型的赤平投影

用赤平投影法分析路堑稳定性主要有以下两种方法:①大圆分析法。大圆分析法就是将各结构面的产状以大圆表示的分析方法,该方法是依据每组结构面在赤平投影平面上的投影大圆或每两组结构面大圆组合形成的交线,与坡面在该投影平面上投影大圆以及摩擦圆的相对位置和分布情况来对路堑的稳定性做出判断,即当代表结构面的大圆或某两组结构面大圆的交线(图 1-8-18 中的第 1 组和第 2 组结构面大圆的交线)小于边坡面的倾角且都在摩擦圆中时,路堑是潜在不稳定的。②极点分析法。极点分析法就是将各结构面产状以极点表示的分析方法。该方法首先在赤平投影平面上绘出可能发生滑动和倾倒的破坏区,然后根据各结构面及它们相互之间组合交线的极点是否落入这两个区,来判断路堑的稳定性(图 1-8-19)。当某个结构面或结构面交线的极点落入滑动区(月牙形区域)或倾倒区(靠近大圆边界的扇形区)时,则表明该结构面代表的平面或结构面交线代表的楔形体存在潜在滑动破坏的危险或者倾倒破坏的可能。

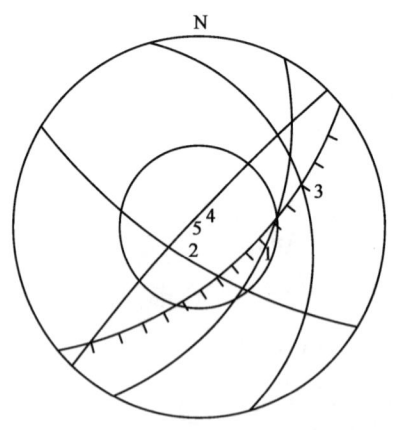

图 1-8-18 赤平投影大圆分析法

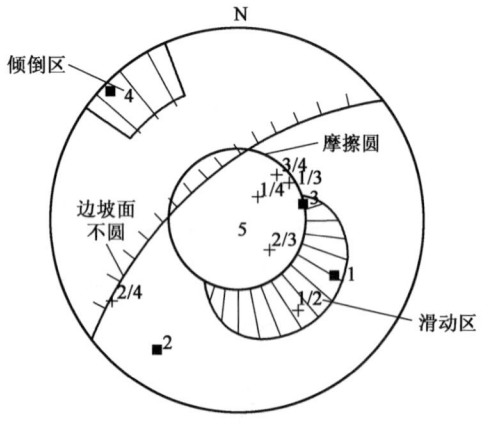

图 1-8-19 赤平投影极点分析法

3. 实体比例投影

实体比例投影是以赤平极射投影为基础,通过投影,根据结构面出露于岩体的某一位置的实际尺寸,将结构体的点、距、面的大小及线的长度等按比例反映在二维平面上,即可以较简便地进行路堑岩体结构及岩体稳定性的图解分析。实体比例投影分析路堑稳定主要是为了确定影响路堑岩体稳定的结构面的组合关系,特别要确定不稳定结构体的形式、规模、空间位置和分布。下面以图1-8-20所示路堑为例,来简单介绍该法的应用方法和步骤。图中路堑(DD)受两组结构面(AA和BB)切割。

应用实体比例投影法分析路堑稳定一般采用以下作法:①作赤平极射投影图。根据已知的路堑面和两组结构面的产状要素应用吴氏网分别绘出三条投影曲线AA、BB、DD后得:AA与DD面的组合交线ON;BB与DD面的组合交线OK;AA与BB面的组合交线OM。OM为不稳定体的滑动方向,这里与边坡倾向一致。②作实体比例投影。在DD面投影线D_1D_1上截取K_1N_1,其长度与两结构面在坡顶上出露点之间的距离KN成一定比例。作$K_1B_1 \parallel OB$;$N_1A_1 \parallel OA$;$K_1O_1 \parallel KO$;$N_1O_1 \parallel NO$分别相交于M_1O_1,M_1O_1为结构面组合交线的水平投影,$M_1N_1O_1K_1$为结构体的水平投影。③沿M_1O_1方向作路堑断面图。以D_1D_1的垂直投影D_2和已知路堑的高度H、坡角α为依据作路堑断面图(坡顶为平面)。将M_1、O_1垂直投影交路堑断面线分别为M_2、O_2,M_2O_2为结构体在路堑断面上的深部边界。并可直接在图中量得M_2O_2与水平面的夹角β,与路堑坡面的夹角γ。④判断路堑稳定性。根据上述做法求得的β值可作为判断路堑稳定性的依据,方法如下:$\beta < \alpha$,结构体的深部边界在路堑面上有出露点O_2,路堑具不稳定结构;$\beta > \alpha$或者结构体的深部边界在路堑顶面上没有交点M_2,则为稳定结构;若$\beta < \alpha$,但O_2不在坡面出现而落于坡脚以下,则为基本稳定结构。

这种图解分解直观地揭示了岩体中结构面的组合结果形成的路堑变形的边界条件、割离体的形状和大小,并根据割离体与路堑坡向的关系,初步评价其稳定性,并为进一步的力学计算提供必要的资料。

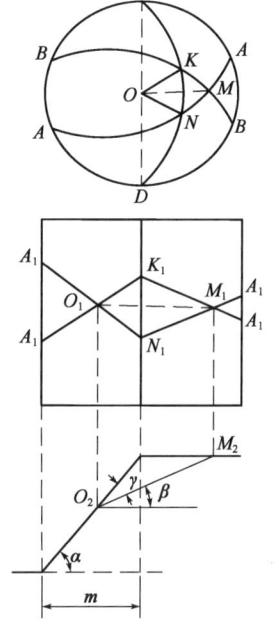

图1-8-20 路堑岩体的实体比例投影

4. 摩擦圆法

摩擦圆法的基本原理是假定路堑岩体的危险滑动面为圆弧面,滑动体在自重及滑动弧上包括摩擦力和黏聚力共同作用下得到平衡(图1-8-21),并认为在平衡的调整过程中,摩擦力已全部发挥作用,剩余下滑力由黏聚力全部承担。为此,通过滑动圆弧的中心,作半径为$r' = r \cdot \sin\varphi$的摩擦圆,在滑动圆弧上,任意一点的法向力dN及摩擦力$dN \cdot \tan\varphi$的合力dR与摩擦圆相切。根据整体的静力平衡条件,圆弧面上的总法向力N和摩擦力$N \cdot \tan\varphi$的合力R也应通过滑动体自重G和总黏聚力$c' = 2r \cdot \sin\theta$的交点d而切于摩擦圆。根据G和c'及R的平衡关系,就可求出维持坡体极限平衡状态时所需要的黏聚力,因此对于摩擦圆法,安全系数的定义为:

$$K = c'/c \tag{1-8-11}$$

式中:c——路堑岩体的黏聚力。

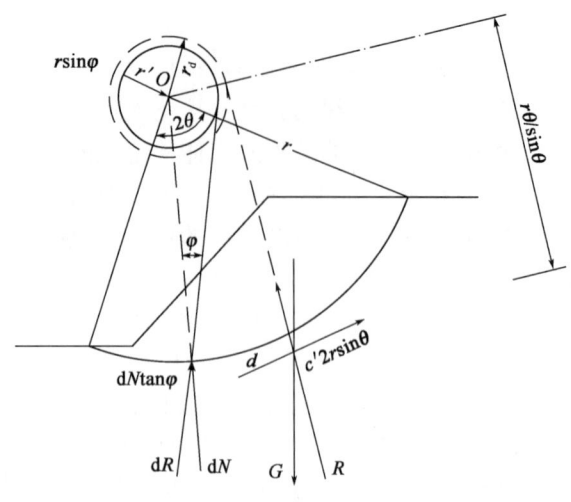

图 1-8-21 摩擦圆法

七、岩质路堑稳定性定量分析

本节主要谈谈岩质路堑稳定性定量分析方法中的极限平衡法和有限元法。

1. 极限平衡法

目前常用的岩质路堑稳定性计算的极限平衡法主要有平面破裂面解析法、Bishop 法、Fellenius 法、Janbu 法、王复来法、Spencer 法、不平衡推力法、楔体滑动法、Morgenstern-Price 法、Sarma 法以及用于分析倾倒破坏的 Goodman-Bray 方法等。岩质路堑破坏面形态是选用极限平衡法应考虑的一个重要因素,若简单地将路堑破坏面形态划分成圆弧形和非圆弧形两种,则在上述岩质路堑稳定性计算的极限平衡法中,平面破裂面解析法、楔体滑动法、用于分析倾倒破坏的 Goodman-Bray 方法主要适用于非圆弧形的路堑破坏面形态,Bishop 法、Fellenius 法主要适用于圆弧形的路堑破坏面形态,其他方法既适用于圆弧形的路堑破坏面形态又适用于非圆弧形的路堑破坏面形态。由于 Bishop 法、Fellenius 法、Janbu 法、王复来法、Spencer 法、不平衡推力法、Sarma 法、Morgenstern-Price 法等在前文中已作介绍,因此本节主要介绍平面破裂面解析法、楔体滑动法以及用于分析倾倒破坏的 Goodman-Bray 方法。

(1)平面破裂面解析法

该法具有悠久的应用历史。对如图 1-8-22 所示的发生平面破坏路堑,作以下假定:

①滑动面及张裂缝的走向平行于坡面。

②张裂缝是直立的,其中充有深度为 Z_w 的水。

③水沿张裂缝的底进入滑动面并沿滑动面渗透,在大气压力下沿坡面滑动面的出露处流出。在张裂缝中和沿滑动面上由于存在着地下水而引起的水压分布如图 1-8-22 所示。

④W(滑动块的重量)、U(由滑动面上水压产生的上举力)和 V(张裂缝中水压产生的力)三力均通过滑体的重心来作用。

⑤滑面抗剪强度由黏聚力 c 和摩擦角 φ 确定,并满足 $\tau = c + \sigma\tan\varphi$。

⑥考虑单位厚度的岩片,并假定有解离面存在,所以在破坏的侧面边界上对于滑动没有阻力。

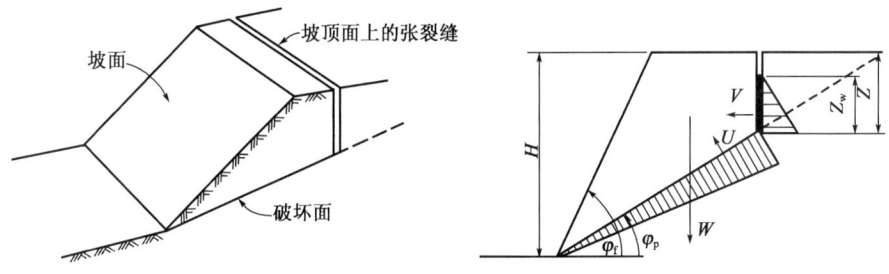

图 1-8-22 坡顶面上有张裂缝的平面破坏路堑几何要素

依据上述假定,通过相关的计算推导后,可得路堑稳定安全系数如下:

$$F = \frac{cA + (W\cos\varphi_p - U - V\sin\varphi_p)\tan\varphi}{W\sin\varphi_p + V\cos\varphi_p} \quad (1\text{-}8\text{-}12)$$

$$\begin{cases} A = (H - Z)\csc\varphi_p \\ U = \frac{1}{2}\gamma_w Z_w (H - Z)\csc\varphi_p \\ V = \frac{1}{2}\gamma_w Z_w^2 \end{cases} \quad (1\text{-}8\text{-}13)$$

式中:F——路堑稳定安全系数;
　　　c——滑动面黏聚力(kPa);
　　　W——滑体重量(kN);
　　　φ_p——滑动面倾角(°);
　　　φ——滑动面摩擦角(°);
　　　H——路堑高度(m);
　　　Z——张裂缝深度(m);
　　　γ_w——水的重度(kN/m³);
　　　Z_w——张裂缝中水的深度(m)。

(2)楔体滑动法

对如图 1-8-23 所示发生楔体破坏的路堑,引入以下假定和规定:

①假定楔体不透水,水沿交线 3 和 4 流入楔顶,并沿交线 1 和 2 从坡面漏出,形成的水压最大压强沿交线 5,而沿交线 1、2、3 和 4 其压强为零。

②假定楔体的滑动沿交线 5。

③规定面 A 为倾角较缓的平面。

④规定平面 A 与坡面的交线编号为 1、平面 B 与坡面的交线编号为 2、平面 A 与坡顶表面的交线编号为 3、平面 B 与坡顶表面的交线编号为 4、平面 A 与平面 B 的交线编号为 5。

根据上述假定与规定,通过相关计算推导后得路堑稳定安全系数如下:

$$F = \frac{3}{\gamma H}(c_A X + c_B Y) + \left(A - \frac{\gamma_w}{2\gamma}X\right)\tan\varphi_A + \left(B - \frac{\gamma_w}{2\gamma}Y\right)\tan\varphi_B \quad (1\text{-}8\text{-}14)$$

式中:F——路堑稳定安全系数;

γ、γ_w——岩体(滑体)、水的重度(kN/m^3);

H——楔体总高度(m);

c_A、c_B——面A、面B黏聚力(kPa);

φ_A、φ_B——面A、面B摩擦角(°);

X、Y、A、B——取决于楔体几何形状的无量纲系数,可通过式(1-8-15)求得。

$$\begin{cases} X = \dfrac{\sin\theta_{24}}{\sin\theta_{45}\cos\theta_{2.\,na}} \\ Y = \dfrac{\sin\theta_{13}}{\sin\theta_{35}\cos\theta_{1.\,nb}} \\ A = \dfrac{\cos\varphi_a - \cos\varphi_b\cos\theta_{na.\,nb}}{\sin\varphi_5\sin^2\theta_{na.\,nb}} \\ B = \dfrac{\cos\varphi_b - \cos\varphi_a\cos\theta_{na.\,nb}}{\sin\varphi_5\sin^2\theta_{na.\,nb}} \end{cases} \quad (1\text{-}8\text{-}15)$$

式中:φ_a、φ_b——面A、面B倾角(°);

φ_5——交线5的倾角(°);

$\theta_{2.\,na}$——交线2与面A法线方向的夹角(°),其余以此类推。

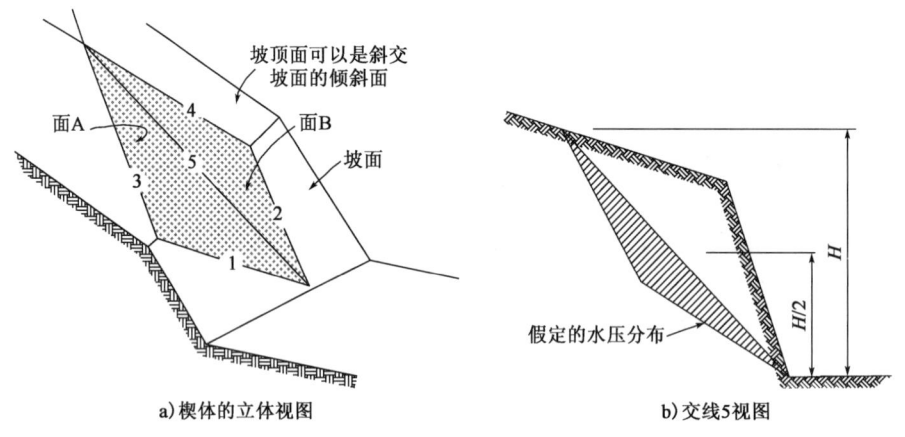

图1-8-23 楔体破坏路堑几何要素

(3)用于分析倾倒破坏的Goodman-Bray方法

对倾倒破坏,Goodman-Bray方法将滑坡体用反倾向的结构面切割成n个宽度为ΔL的矩形条块,如图1-8-24所示,对于任一条块,作用其上的力将使该条块处于以下三种状态中的一种:稳定、倾倒破坏、滑动。处于不同状态的条块将滑坡体分成了稳定区、倾倒区和滑动区三部分。作为一个以倾倒破坏模式为主的路堑,为使变形协调条件得以成立,条块的几何边界条件还要做以下进一步简化:

①在坡顶处,最后一个稳定块和第一个倾倒块之间存在一个拉裂缝。

②在倾倒区,底滑面在两个条块的交界处存在一个台阶,其高度为b。

③相邻两个倾倒块的顶部为点接触,故侧面无黏聚力,其法向力和切向力满足摩尔-库仑准则。

④相邻两个滑动块在侧面和各自的底面满足摩尔-库仑准则。

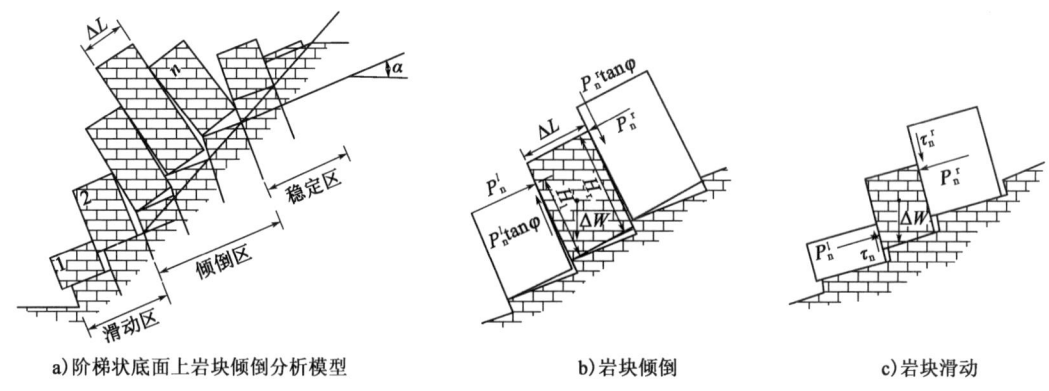

a) 阶梯状底面上岩块倾倒分析模型　　b) 岩块倾倒　　c) 岩块滑动

图 1-8-24　倾倒路堑的计算模型

已知条块右侧作用力的合力,可以根据力的平衡求得左侧的合力。对倾倒条块,将各作用力对条块左下端点取矩可得:

$$P_n^l = \frac{P_n^r(H_r - \Delta L\tan\varphi) + \frac{\Delta W}{2}(H\sin\alpha - \Delta L\cos\alpha)}{H_l} \quad (1\text{-}8\text{-}16)$$

式中:P_n^l、P_n^r——条块左侧和右侧界面上作用力的合力;

ΔW——岩块重量;

H、H_l、H_r——岩块高度、岩块左侧有效接触高度、岩块右侧有效接触高度;

ΔL——岩块宽度;

α——节理倾角;

φ——侧面摩擦角。

对滑动块体,通过静力平衡可以得到:

$$P_n^l = P_n^r = \frac{\Delta W(\tan\varphi\cos\alpha - \sin\alpha)}{1 - \tan^2\varphi} \quad (1\text{-}8\text{-}17)$$

应用 Goodman-Bray 方法进行路堑倾倒稳定分析时包括以下步骤:

①确定上部稳定块的范围。

稳定块满足下列原则:

$$\frac{\Delta L}{H} < \tan\alpha,\text{且}\tan\alpha < \tan\varphi$$

②计算倾倒或滑动条块的内力。

从最上部的条块开始,确定第一个不满足上述原则而发生倾倒破坏的条块,自该块体开始,根据 $P_n^l = P_{n-1}^r$ 的原则,通过式(1-8-16)或式(1-8-17)向下计算每一个发生倾倒或滑动破坏的条块破坏时的下推力 P_{n-1}^r,分别用 P_t、P_s 表示。

如果 $P_t \geq 0$ 且 $P_t \geq P_s$,则岩块处于倾倒状态,此时 $P_n^l = P_{n-1}^r = P_t$。

如果 $P_t \geq 0$ 但 $P_t < P_s$,则岩块处于滑动状态,此时 $P_n^l = P_{n-1}^r = P_s$。

③确定使路堑保持稳定在坡趾处需加的外力。

当计算到坡趾最后一个条块时,将出现条块左侧的不平衡力 P_n^l,此力即为使路堑保持稳定在坡趾处需加的外力 T_a。

2. 有限元法

不是路堑的每一种破坏模式都可以采用极限平衡法计算的,如路堑剥落破坏模式,以及路堑发生几种破坏模式组合的更为复杂的破坏等,此时可采用数值分析方法。数值分析方法相比极限平衡法有许多强大的优点,如考虑了路堑岩体应力应变关系、避免了极限平衡法中一些粗略的或不甚合理的假定等,当然这种方法也存在一些不如极限平衡法的地方,如方法复杂、计算结果的影响因素很多以及计算结果的应用性较差等。虽然如此,数值分析方法仍不失为一种较好的计算路堑稳定性的方法。数值方法中应用较广的、理论较成熟的是有限元法。

关于有限元的论著很多,在此对有限元基本原理不作过多阐述,仅作简单介绍。有限元是通过最小势能原理导出其基本方程:

$$ku = p \tag{1-8-18}$$

式中:k——由各单元特性矩阵 k_e 按节点号组集得到的总体特性矩阵;

u——所有节点的待求值(通常为位移)组成的矢量;

p——通常为节点荷载矢量。

当 u 取为节点位移时,k_e 为单元刚度矩阵,其表达式为:

$$k_e = \int_A B^T D B \mathrm{d}A \tag{1-8-19}$$

式中:D——弹性力学物理方程中的弹性矩阵;

B——根据弹性力学的几何方程推导出的几何矩阵,如下:

$$\varepsilon = \frac{\partial u}{\partial x_i} = \frac{\partial \sum N_i u_i}{\partial x_i} = B u_i \tag{1-8-20}$$

式中:N_i——单元 I 的位移插值函数;

u_i——节点位移;

u——单元内任一点位移。

以面力 p 或体力 q 为外荷载的等效节点荷载矢量也可由虚功原理导得:

$$Q_e = \int_V N^T q \mathrm{d}V$$

$$P_e = \int_s N^T p \mathrm{d}A \tag{1-8-21}$$

用有限元法分析岩质路堑稳定性时,由于其所用弹性力学均质、连续的假定与岩体中实际存在有节理、断层及裂隙的情况不一致,此时可以通过给各单元以不同的力学参数来考虑非匀质性;对于不连续面的存在,必须采取特殊的措施予以考虑。从有限元模拟的需要考虑,对于各种岩体,可按结构特征分为如图 1-8-25 所示的几种类型。类型 A 为完整岩体中具有若干节理或断裂面,可以采用一种特殊单元("节理单元")模拟不连续面;类型 B 为由一组节理

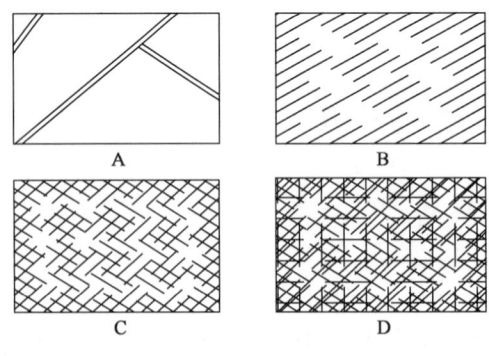

图 1-8-25 几种典型的路堑岩体类型

或层面而形成的层状岩体,可把层面之间的烟体视为各向同性,层面特性按其法向及切向刚度特性来表达,建立横观各向同性的等效连续体;类型 C 为具有两组以上节理切割的块体结构,可作为正交异性或各向异性的等效连续体;类型 D 为具有随机分布的裂隙岩体,考虑到裂隙对岩体性质的影响,可取折减的力学参数按一般各向同性连续体对待。

有限元法用于路堑稳定分析时,与其他岩土工程问题一样,都涉及无限域或半无限域,处理这类问题通常是在有限的区域进行离散化。为了使这种离散化不会产生大的误差,必须取足够大的计算范围,并应使假定的外边界条件尽可能接近真实状态。理论分析和计算实践表明,为了保证必要的计算精度,计算范围应取 2.5 ~ 4 倍坡高。在这种情况下,外边界可采取两种方式处理:其一为在距离荷载作用部位足够远的外边界处位移为零;其二为假定外边界为受力边界(包括 $P=0$)。

有限元法用于路堑稳定分析时,还涉及一个重要的问题,即路堑稳定安全系数的求解问题。这个问题长久以来一直困扰着人们,使得有限元法在边坡工程中更多处于研究阶段,实际中很难推广应用。目前这一问题获得了解决,即采用有限元强度折减法求取路堑稳定安全系数。传统极限平衡方法采用摩尔-库仑屈服准则,稳定安全系数定义如本章第三节节中式(1-8-3)所示,进一步表达如下:

$$F_s = \frac{\tau_f}{\tau} = \frac{\int_0^l (c + \sigma \tan\varphi) \mathrm{d}l}{\int_0^l \tau \mathrm{d}l} \tag{1-8-22}$$

将该式两边同除以 F_s 得:

$$1 = \frac{\int_0^l \left(\frac{c}{F_s} + \sigma \frac{\tan\varphi}{F_s}\right) \mathrm{d}l}{\int_0^l \tau \mathrm{d}l} = \frac{\int_0^l (c' + \sigma \tan\varphi') \mathrm{d}l}{\int_0^l \tau \mathrm{d}l} \tag{1-8-23}$$

式中,$c' = \frac{c}{F_s}$;

$\tan\varphi' = \frac{\tan\varphi}{F_s}$。

所以,传统的做法是将土体的抗剪强度指标 c 和 $\tan\varphi$ 减少为 $\frac{c}{F_s}$ 和 $\frac{\tan\varphi}{F_s}$,F_s 称为稳定安全系数。在有限元中的稳定安全系数定义方法有两种:

(1)增加重力荷载(即将重力加速度值增大),使路堑达到极限状态;

(2)降低路堑岩体的强度,使路堑达到极限状态。

第二种方法与传统极限平衡方法稳定安全系数的定义是一致的,这种方法是经过多年的实践被工程界广泛承认的一种方法,即在非线性有限元边坡稳定分析中,通过降低岩土材料的抗剪强度(黏聚力和内摩擦角),使系统达到不稳定状态,有限元静力计算将不收敛,此时的折减系数就是路堑稳定安全系数。

$$\tau' = \frac{\tau}{F_s} \tag{1-8-24}$$

强度折减有限元安全系数的定义形式与所采用的强度屈服准则有关,对于摩尔-库仑屈服准则,有:

$$\tau' = \frac{\tau}{F_s} = \frac{\int_0^l (c + \sigma\tan\varphi)\mathrm{d}l}{F_s} = \int_0^l \left(\frac{c}{F_s} + \sigma\frac{\tan\varphi}{F_s}\right)\mathrm{d}l = \int_0^l (c' + \sigma\tan\varphi')\mathrm{d}l \quad (1\text{-}8\text{-}25)$$

所以有 $c' = \dfrac{c}{F_s}, \varphi' = \arctan\left(\dfrac{\tan\varphi}{F_s}\right)$。

对于广义米赛斯屈服准则,稳定安全系数的定义如下:

$$F = \frac{\alpha}{F_s}I_1 + \sqrt{J_2} = \frac{k}{F_s} \quad (1\text{-}8\text{-}26)$$

以上两种屈服准则对应的稳定安全系数可转换。可以看出,有限元强度折减法稳定安全系数的定义在本质上与传统方法是一致的。计算时,首先选取初始折减系数 F_s,将岩体强度参数进行折减,将折减后的参数作为输入,进行有限元静力稳态计算,若程序收敛,则岩体仍处于稳定状态,然后再增加折减系数,直到不收敛为止,此时的折减系数 F_s 即为路堑的稳定安全系数,此时还可以得到路堑的滑移面,我们将这种方法称为有限元强度折减法。

第五节 挖方深路堑排水、支挡加固设计

一、设计原则

挖方深路堑排水设计应本着截、排、堵、疏、导的综合设计原则,并应使排水措施形成一个完善的系统。

采用相应的稳定性分析方法,对稳定安全系数计算结果不满足安全系数要求的路堑或稳定性分析结果为欠稳定及不稳定的路堑,应进行处治。当确定需对路堑进行支挡加固时,应本着安全可靠、经济合理、一次根治、不留后患的原则设计挖方深路堑的支挡加固措施。

二、排水设计

1. 地表排水措施

(1)深路堑地表排水包含拦截路堑顶上方坡体地表径流和快速引出路堑坡面上的地表水。

(2)各种地表排水措施的使用条件、布置、设计原则列于表 1-8-17。

深路堑排水措施   表 1-8-17

名称	适用条件	布置及设计施工原则
截水沟	堑顶以上	截水沟应设在路堑可能出现的破坏范围 5m 以外,可以设置数条,分段拦截地表水,向一侧或两侧的自然沟排水或引入公路边沟。在坡度陡于 1:1 的山坡上,常采用急流槽来拦截山坡上方的坡面径流。沟槽断面以满足宣泄坡面径流为准,一般可按 1/20~1/25 的周期流量设计
坡面排水系统	路堑坡面	结合坡面防护设计,在路堑坡面设置骨架、急流槽、检修踏步,在路堑平台设置排水沟。可将水通过急流槽引入边沟或引入截水沟

在进行地表排水工程设计时,应详细进行现场踏勘,充分收集设计资料,因地制宜,合理布置排水工程,选择合适的断面及结构形式,达到既有效排除地表水,又降低工程造价的目的。

2. 地表排水设计步骤

(1)确定地表水汇流量

进行地表排水工程设计时,要确定排水量大小,以合理确定排水工程的有效断面。根据上

述介绍,地表排水工程主要是拦截、引离深路堑范围外的地表水和排除降落或出露在路堑范围内的雨水和出露的泉水以及封闭洼地积水。对于出露的泉水和封闭洼地积水等地表水可以通过实际调查确定。对于雨水等降水形成的地表水则需根据当地的气象条件、地形地质状况等因素,通过相关计算方法确定其汇流量。本节仅介绍后者的确定方法。地表水汇流量的计算方法很多,可用推理法、统计分析法、地区分析法或现场评判法等。

(2)地表排水体系设计及结构形式

地表排水包括拦截路堑坡顶后方地表水和路堑坡面排水。应根据深路堑的地貌、地形特点,充分利用自然沟谷,通常在路堑坡顶后方修筑截水沟,迅速引走坡面雨水。截水沟通常布置于堑顶5m以外。对于坡体已出现的裂缝或可能出现开裂坡体,截水沟位置应外移至裂缝后方5m以外。若开裂位置离堑顶较远,可设置两条或多条截水沟。截水沟可以根据山坡汇水面积、降雨量(尤其是暴雨量)和流速等计算而得的汇水量大小,设置一条或多条,以拦截引离地表径流,不使坡面雨水流入滑坡体范围之内。设计数条截水沟时,其间距一般以50~60m为宜。每条截水沟的断面尺寸,应根据当地所引起的作用及土质等因素而定,多用倒梯形、矩形等形式。截水沟铺砌时应先砌沟壁,后砌沟底,以增加其坚固性。迎水面沟壁应设泄水孔(10cm×20cm),以宣泄土中渗水。沟壁应嵌入路堑内。若路堑坡体附近的自然沟有水流补给坡体内的地下水,应铺砌其漏水地段。

路堑坡面排水系统结合坡面防护进行,视坡面岩土体条件通常采用封闭骨架(包括人字形、拱形、菱形等),与急流槽、检修踏步、平台排水沟相结合,迅速排走坡面雨水。

3. 地下排水工程设计与计算

(1)常用地下排水措施

常用的排除滑路堑坡体地下水的工程措施有:

①拦截地下水的设施:截水明沟、槽沟、排水隧洞以及截水渗沟等。

②疏干地下水的设施:路堑渗沟、支撑渗沟、疏干排水隧洞、渗水暗沟、渗井、渗管、渗水支垛、仰斜排水孔等。

③降低地下水的措施:多布置在路基两侧附近,其中常用的有槽沟、纵向渗沟、横向渗沟、仰斜排水孔、排水隧洞、带渗井及渗管的隧洞等。

(2)地下水渗透流量的确定

地下水渗透流量的确定需要用到渗透系数,渗透系数可采用室内试验或现场试验获取,在很多相关资料中有详细的介绍。地下水渗透量的确定主要采用渗流定律,分三种情况分别采用不同方法计算:

①渗沟深度达到不透水层而不透水层的坡度又较平缓的情况;

②渗沟深度远较不透水层浅的情况;

③不透水层有较大横坡的情况。

相关计算方法可参见有关文献。

4. 地下排水体系设计

排除地下水的目的在于排出路堑内部水,以提升路堑的稳定性。排除地下水分为排除浅层地下水和排除深层地下水两类。根据路堑的地下水条件和路堑需要到达的排水目标通常采用一种或多种排水设施。

三、支挡加固设计

当遇到下列情况之一时,需对挖方深路堑进行支挡加固设计:

(1)路堑稳定性达不到要求或即将发生破坏;

(2)路堑破坏将导致道路阻塞、建筑物毁坏或造成其他重大损失;

(3)减缓坡角或排水等其他稳定路堑的方法不可行。

1. 支挡加固措施

深路堑的支挡加固措施很多,分类方法也很多,可将这些措施简单划分为两大类:力学平衡和岩土改良,相应的支挡加固措施如表1-8-18所示。

挖方深路堑支挡加固措施 表1-8-18

类　　型	力　学　平　衡	岩　土　改　良
主要工程措施	挡墙	注浆
	桩(抗滑桩)	软弱带爆破
	锚杆(索)	旋喷桩
	锚索桩	石灰桩
	支撑沟	石灰砂桩
	抗滑键	焙烧
	钢架/排架桩	
	微型桩群	

上述各种支挡加固措施的具体设计方法在本手册的相关章节以及有关文献中都有非常详细的介绍,在此不作阐述。

2. 支挡加固措施选用原则

(1)挖方深路堑支挡加固措施的设置应充分考虑路堑破坏形态与机理,遵循"强腰固脚"的基本设置原则。

(2)对岩质路堑应充分利用岩体自身的强度,以提高其抗滑能力、加强其整体性为原则。

(3)用非爆破法消除表面松动块体,对软弱岩体或高度破碎的裂隙岩体宜从路堑整体稳定性方面进行支挡加固设计。

(4)清除易风化的软弱层,岩腔填筑渗滤材料,外部填筑混凝土或砌石。

第六节　路堑监测与动态设计

一、监测目的与内容

1. 路堑监测的目的

路堑监测的目的是检验设计施工、确保安全,通过监测数据反演分析路堑的内部力学作用,同时积累丰富的资料作为其他路堑设计和施工的参考资料。其作用在于:

(1)为路堑设计提供必要的岩土工程和水文地质等技术资料。

(2)获得更充分的地质资料和路堑发展的动态,从而圈定路堑的不稳定范围。

(3)通过路堑监测,确定不稳定路堑的破坏模式、滑移方向和速度。掌握路堑发展变化规律,为采取必要的防护措施提供重要的依据。

(4)通过对路堑加固工程的监测,评价治理措施的质量和效果。

(5)为路堑的稳定性分析提供重要依据。

2.监测内容

深路堑监测包括施工安全监测、处治效果监测和动态长期监测。

(1)施工安全监测是施工期间对路堑的位移、应力、地下水等进行监测,监测结果作为指导施工、反馈设计的重要依据,是实施信息化施工的重要内容。施工安全监测将对路堑进行实时监控,以了解工程扰动等因素对路堑的影响,及时地指导工程实施、调整工程部署、安排施工进度等。在进行施工安全监测时,测点布置在路堑稳定性差或工程扰动大的部位,力求形成完整的剖面,采用多种手段互相验证和补充。路堑施工安全监测包括地面变形监测、地表裂缝监测、滑动深部位移监测、地下水位监测、孔隙水压力监测、地应力监测等内容。施工安全监测的数据采集原则上采用24h自动实时观测方式进行,以使监测信息能及时地反映路堑变形破坏特征,供有关方面做出决断。如果路堑稳定性好,工程扰动小,可采用8~24h观测一次的方式进行。

(2)处治效果监测是检验路堑处治设计和施工效果、判断路堑处治后稳定性的重要手段。一方面可以了解边路堑坡体变形破坏特征,另一方面可以针对实施的工程监测,例如,监测预应力锚索应力值的变化、抗滑桩的变形和土压力、排水系统的过流能力等,以直接了解工程实施效果。通常结合施工安全和长期监测进行,以了解工程实施后,路堑体的变化特征,为工程的竣工验收提供科学依据。路堑处治效果监测时间长度一般要求不小于1年,数据采集时间间隔一般为7~10d,在外界扰动较大时,如暴雨期间,可加密观测次数。

(3)动态长期监测是在路堑防治工程竣工后,对路堑进行动态跟踪,了解路堑稳定性的变化特征的一种手段。长期监测主要对一类路堑防治工程进行。路堑长期监测一般沿路堑主剖面进行,监测点的布置少于施工安全监测和处治效果监测。监测内容主要包括滑带深部位移监测、地下水位监测和地面变形监测。数据采集时间间隔一般为10~15d。

路堑监测的具体内容应根据路堑的等级、地质及支护结构的特点进行考虑,通常对于一类路堑防治工程,建立地表和深部相结合的综合立体监测网,并与长期监测相结合;对于二类路堑防治工程,在施工期间建立安全监测和防治效果监测点,同时建立以群测为主的长期监测点;对于三类路堑防治工程,建立群测为主的简易长期监测点。

二、监测方法及采用的仪器设备

路堑监测方法一般包括:地表大地变形监测、地表裂缝错位监测、地面倾斜监测、裂缝多点位移监测、路堑深部位移监测、地下水监测、孔隙水压力监测、路堑地应力监测、支挡加固结构受力监测等。通常采用的监测方法与相应的仪器设备详见表1-8-19。

路堑工程监测项目表　　　　　表1-8-19

监测项目	测试内容	测点布置	方法与工具
变形监测	地表大地变形、地表裂缝错位、路堑深部位移、支护结构变形	路堑表面、裂缝、滑带、支护结构顶部	经纬仪、全站仪、GPS、伸缩仪、位错计、测斜孔、多点位移计、应变仪、光纤、激光、摄像仪等

续上表

监 测 项 目	测 试 内 容	测 点 布 置	方 法 与 工 具
应力监测	路堑地应力、锚杆(索)拉力、支护结构应力	路堑内部、外锚头、锚杆主筋、结构应力最大处	压力传感器、锚索测力计、压力盒、钢筋计等
地下水监测	孔隙水压力、扬压力、动水压力、地下水水质、地下水水位、渗水与降雨关系以及降雨、洪水与时间关系	出水点、钻孔、滑体与滑面	孔隙水压力仪、抽水试验、水化学分析等
环境监测	降雨量、温度	路堑表面、内部	雨量计、测温计

1. 路堑变形监测

路堑变形监测包括地表大地变形监测、地表裂缝错位监测、地面倾斜监测、裂缝多点位移监测、路堑深部位移监测等内容。位移监测项目与测点的布置应根据路堑的具体情况确定。

(1) 地表大地变形监测

地表大地变形测量是路堑监测中常用的方法。地表位移监测是在稳定的地段设置测量基准点,在被测量的坡体设置若干个监测点(观测标桩)或设置有传感器的监测点,构成监测网,用仪器定期测量监测点和基准点的位移变化或用无线边坡监测系统进行监测。

地表位移监测通常采用的仪器有两类:一是大地测量仪器,如红外仪、经纬仪、水准仪、全站仪、BDS/GPS 等,这类仪器只能定期而不能连续地监测地表位移。当地表明显变形出现裂隙及地表位移速度加快时,使用大地测量仪器不能满足工程需要,这时可采用连续监测的设备,如全自动全天候的无线边坡监测系统等。二是专门用于边坡变形监测的设备,如裂隙计、钢带和标桩、地表位移伸长计和全自动全天候的无线边坡监测系统等。

测量的内容包括路堑体水平位移、垂直位移、变化速率以及位移方向。点位误差要求 $\pm(2.6 \sim 5.4)$ mm,水准测量每公里中误差 $\pm(1.0 \sim 1.5)$ mm。对于土质边坡,精度可适当降低,但要求水准测量每公里中误差不超过 ± 3.0 mm。地表变形观测网可采用十字高叉网法、放射状网法和任意观测网法。

(2) 地表裂缝错位监测

地表裂缝错位监测的内容包括裂缝张开的水平宽度、垂直高度、速度和向两端扩展的情况。常采用的仪器有伸缩仪、位错计或千分卡尺等,对裂缝宽度大的坡体采用皮尺测量。

对路堑坡体位移的观测资料应及时进行整理和核对,并绘制路堑观测桩的升降高程、平面位移矢量图,作为分析的基本资料。从位移资料的分析和整理中可以判别或确定出边坡体上的局部位移、滑动变形、滑动周界等,并预测路堑的稳定性。

(3) 路堑深部位移监测

目前使用较多的仪器主要为钻孔引伸仪和钻孔测斜仪两大类。

钻孔引伸仪是一种测定岩土体沿钻孔轴向移动的装置,适用于位移较大的滑体监测。钻孔测斜仪可测量垂直钻孔内测点相对于孔底的位移,钻孔测斜仪测量成功与否,很大程度上取决于导管的安装质量,一般稳定可靠,测量深度可达百米,且连续测出钻孔不同深度的相对位移的大小和方向。

2. 路堑应力监测

路堑应力监测包括路堑内部应力监测、岩质路堑地应力监测、路堑锚固应力测试等。

(1) 路堑内部应力监测

通过采用压力盒测量边坡体传递给支挡工程的压力来了解支护结构的可靠性和确定是否调整支护强度。

(2) 岩质路堑地应力监测

岩石路堑地应力监测主要针对大型岩石路堑工程,为了解边坡地应力或在施工过程中地应力变化而进行的一项重要监测工作。地应力监测包括绝对地应力监测和地应力变化监测。绝对地应力监测在边坡开挖前、开挖过程中和开挖完成后各进行一次,以了解三个不同阶段的地应力场情况。绝对地应力的测量一般采用深孔应力解除法。地应力变化监测是在整个施工过程中实施,常采用 Yoke 应力计、国产电容式应力计及压磁式应力计等。

(3) 路堑锚固应力测试

主要测试锚杆、锚索的拉力变化。

测试项目包括:

① 锚杆轴力测量。目的是了解锚杆实际工作状态,结合位移量,修正锚杆的设计参数。常用来测量锚杆轴力的仪器是量测锚杆,主要有机械式和电阻应变片式两类。

② 锚索预应力损失测量。对预应力锚索应力监测的目的是分析锚索的受力状态、锚固效果及预应力损失情况。因预应力的变化将受到变形和内在荷载变化的影响,通过监控锚固体系的预应力变化可以了解被加固边坡的变形与稳定状况。通常一个边坡工程长期监测的锚索数,不少于总数的5%。监测设备一般采用圆环形测力计(液压式或钢弦式)或电阻应变式压力传感器。

3. 路堑地下水监测

地下水水位、水压是评价路堑稳定性的重要因素,通常路堑地下水监测以了解地下水位为主,根据工程需要可进行地下水水位、孔隙水压力、扬压力、动水压力、地下水水质等监测。

(1) 地下水水位监测

目前基本上常用简易水位计或万用表进行人工观测,也可采用地下水动态监测仪,具体监测方法参考各种仪器的使用说明。

(2) 孔隙水压力监测

孔隙水压力的监测采用孔隙水压力仪,根据测试原理可分为液压式、电气式、气压式和钢弦式。孔隙水压力的观测点视具体工程布置。一般是将多个仪器布置于不同观测点的不同深度处,形成一个观测剖面以观测孔隙水压力的空间分布。仪器的埋深可采用压入法和钻孔法。

三、路堑稳定监测资料的分析方法与路堑稳定判定标准

关于路堑稳定监测资料的数学分析方法很多,如统计推断、回归分析等,在许多数学书中有非常详细的介绍,此处不再重复。对边坡工程而言,其监测数据的数学处理方法不是关注的重点,重点是通过监测数据如何来判断路堑的稳定性,遗憾的是,这方面所取得的成果非常有限。目前常用的做法有两种:一种是通过路堑及其支挡加固结构受力的监测数据,代入相应的路堑稳定性计算方法中,通过计算的路堑稳定安全系数来判断路堑的稳定性;另一种是通过监测的路堑位移数据及支挡加固结构变形数据来判断路堑稳定性。

采用不同的方法,路堑稳定性判定标准就不同。目前广泛应用的通过路堑监测资料来判定路堑稳定性的标准如下:

(1)当路堑支挡加固结构的受力及变形及其变化超过其容许受力及变形及其变化时,则对应的支挡加固结构失效,相应地其作用在路堑上的力失效;

(2)当计算出的相应支挡加固结构失效后的路堑稳定安全系数不满足路堑设计安全系数时,则路堑不稳定;

(3)若路堑设计时提出了容许位移,当监测出的路堑位移超过其设计容许位移时,则路堑不稳定;

(4)若路堑设计时未提出容许位移(很多时候处于这种情况),当监测出的路堑位移不收敛时,则路堑不稳定。

四、深路堑设计调整的方法

通过监测判定不稳定的深路堑通常可以采取以下的设计调整方法:
(1)对不稳定深路堑段削方减载;
(2)增设排水措施;
(3)加强支挡加固措施;
(4)采取改善岩土体力学性质的措施,如灌浆;
(5)当采用上述措施造价较高时,应进行调整路线的方案比选。

第七节 工程案例

一、顺层深路堑设计

1. 工点概况

工点路堑长100m,地貌属构造~侵蚀低山地貌单元,斜坡为灰岩(D_3')出露,强风化层厚0.5~2m,岩体较破碎,完整性差,中风化岩体完整,岩层产状294°∠45°,岩层呈厚层状。岩质路堑受岩层层面及构造裂隙影响,易顺坡垮塌或形成楔形体出现局部塌落。场区附近存在两组裂隙,裂面较平直。该地段岩溶问题较为突出,岩体溶蚀现象发育,地表岩体多发育溶蚀沟槽。路段区水文地质条件较简单,径流途径通畅,路堑地下水贫乏,仅在降雨期间零星有岩溶裂隙水渗出。路堑范围内未见不良地质现象,工程地质条件较好。

2. 路堑稳定性分析

由于线路走向与区内地层走向大体一致,在线路开挖地段不可避免地出现顺向坡。该段路堑主要物质成分以灰岩为主,岩体相对较为完整,路堑岩体呈大块状,岩层呈厚层状,层面为顺向坡,层面多数情况结合好,路堑整体稳定性较好,局部受节理裂隙和层面控制。线路开挖形成前缘临空面后,页岩岩体由于风化导致内摩擦角、黏聚力下降,在岩体自重力作用下易产生顺层滑移变形,出现岩体掉块和较大体积的局部块体破坏问题。尤其是在降雨浸水的情况下,将大大增加顺层滑移的可能性,危害公路,危及行车安全。因该地段岩溶发育,路堑坡面多有溶洞发育。

对顺层边坡的加固处治应遵循"强腰固脚"的原则,适当加强坡脚和边坡中部坡体,同时加强预加固措施。岩层层面较陡(>45°)且具有放坡条件的边坡,采用沿层面放坡方式处治,并加强坡面防护和边坡层面间的排水。层面较缓的岩体边坡,采用预加固,结合坡顶放坡的方法进行加固处治。预加固主要采用预应力锚索框架梁、锚杆(钉)格子梁、锚墩(杆)等措施。

3. 工程措施

路堑开挖后主要问题是路堑灰岩块体掉块及路堑上发育溶洞问题。基于此,路堑坡度采用1:0.5,平台宽度1.5m,分级高度10.0m,为防止岩体掉块及局部块体破坏问题,路堑采用锚索框架梁和锚杆格子梁进行防护,辅以仰斜式排水孔和截排水措施,其正面和断面布置见图1-8-26、图1-8-27。

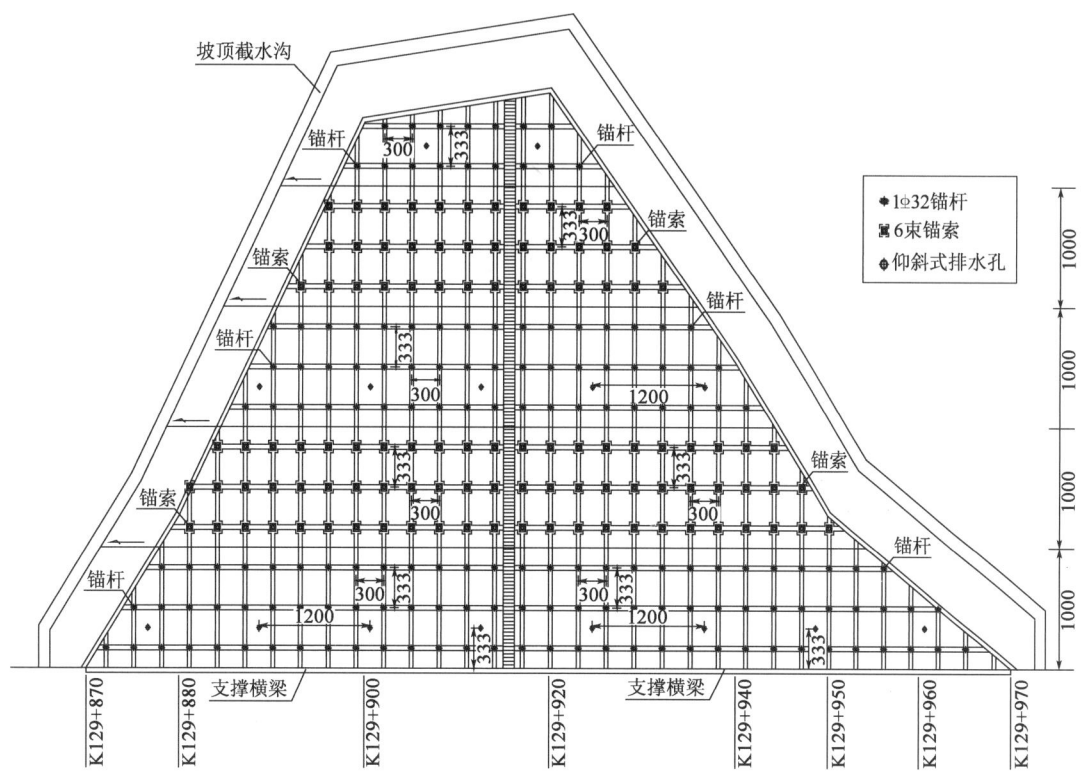

图1-8-26　正面图(尺寸单位:mm)

(1)一、三、五级路堑坡度为1:0.5,坡高10.0m,平台宽度1.5m,采用1Φ32普通锚杆格子梁防护;二、四级路堑坡度为1:0.5,坡高10.0m,平台宽度1.5m,采用6束锚索框架梁防护;坡面溶洞空腔采用片块石填充后,用M7.5浆砌片石封面处理。

(2)路堑后缘设50cm×50cm矩形截水沟,平台设40cm×40cm平台截水沟,均采用M7.5浆砌片石砌筑;一级路堑设一排仰斜式排水孔,间距12m,孔径110mm,内置φ100mm透水管。

二、土质深路堑设计

1. 工点概况

工点路堑长160m,位于剥蚀～侵蚀低山驼丘谷地地貌区,高差约84.2m。斜坡坡向126°,坡度为22°～28°。路堑区出露地层为第四系崩坡积层、泥盆系上统天子岭组及泥盆系桂头群砂岩。场地区位于粤北连龙凹褶东南段,北江向斜之西翼近轴部一带,岩层产状130°∠70°,岩芯破碎,主要发育两组裂隙:①310°∠60°,裂面平直,切层,闭合,裂面多附有铁质薄膜,可见延伸 0.1~2m,1 条/m;②235°∠65°,裂面平直,裂面多附有铁质薄膜,可见延伸 1~1.5m,1~2 条/m。勘察区水文地质条件简单,地下水贫乏。

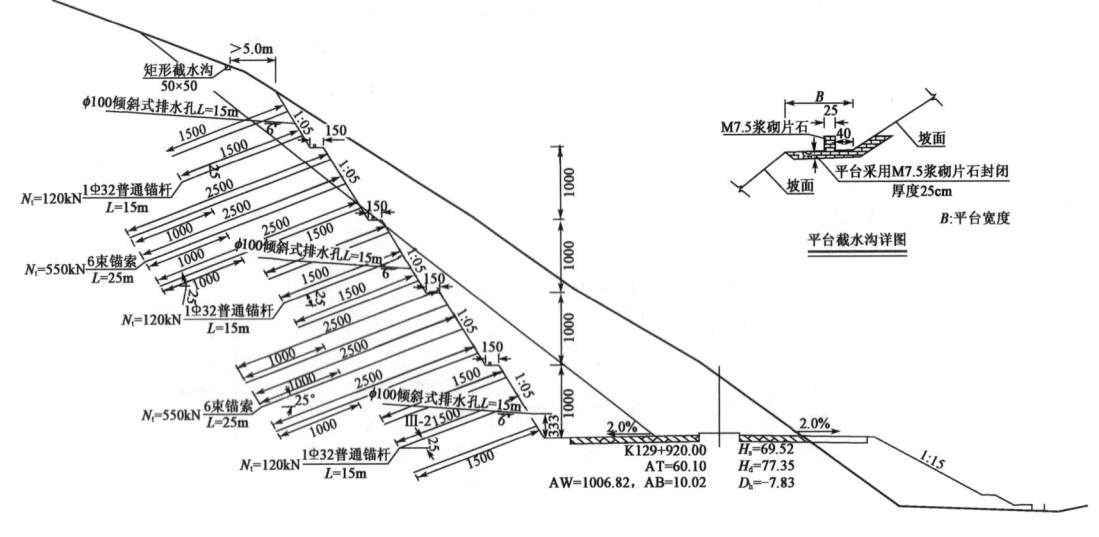

图 1-8-27　横断面图(尺寸单位:mm)

粉质黏土天然重度 19.2kN/m³,饱和重度 20.0kN/m³,天然抗剪强度 $c=29.9$kPa,$\varphi=19.6°$,饱和抗剪强度 $c=22.4$kPa,$\varphi=14.7°$,基底摩擦系数 0.25。区内地震动峰值加速度为 $0.05g$,地震动反映谱特征周期 0.35s,对应的地震基本烈度 6 度。

2. 路堑稳定性分析

该段路堑物质结构主要是由上部残坡积碎石黏性土和中下部的冲洪积次生含砾红黏土组成,路堑所构成岩土物理力学性能均一般,在未经防护情况下,经放坡处理后主要问题是土体较大规模滑移失稳问题;下部为灰岩,埋藏较深,对路堑处治及其稳定性无特殊贡献和意义;基于此,路堑问题主要为开挖后土体失稳问题和是否引发较大范围的次生灾害问题。

计算依据:郎肯土压力理论和库仑土压力理论;

计算方法:简化 Bishop 法、Janbu 法和条分法;

计算工况:天然工况和暴雨工况。

3. 工程措施

根据断面情况和现场实际调查情况,基于该路段路基填挖方具体情况,路堑设计原则以放缓坡度为主,结合路堑中下部采用锚杆格子梁加强坡脚防护,上部采用人字形骨架防护,同时辅以仰斜式排水孔和截排水措施,其正面和断面布置见图 1-8-28、图 1-8-29。

(1)一至四级路堑坡度为 1:1.25,采用锚杆格子梁防护,五、六级路堑坡度为 1:1.5,采用人字形骨架防护;七级及以上路堑坡度为 1:1.75,人字形骨架防护;一、三、五、七级平台宽度为 3.0m,二、四、六级平台宽度为 6.0m。

(2)平台均设截水沟,并采用 M7.5 浆砌片石封闭,路堑后缘设环形截水沟,一、三、五、七级路堑设仰斜式排水孔,间距为 12.0m。

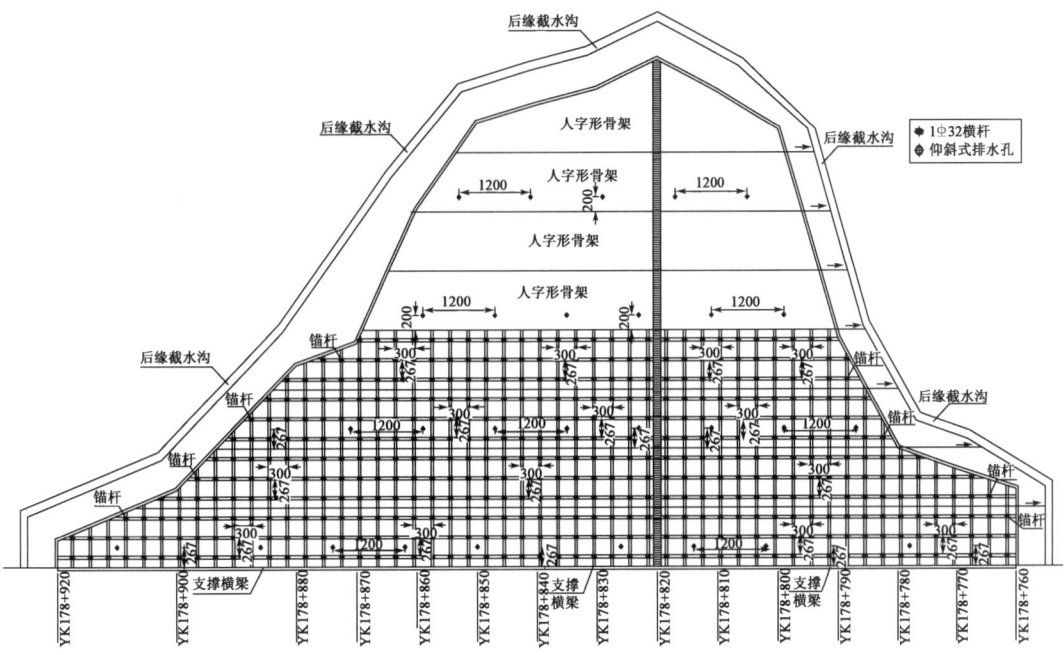

图 1-8-28 正面图(尺寸单位:mm)

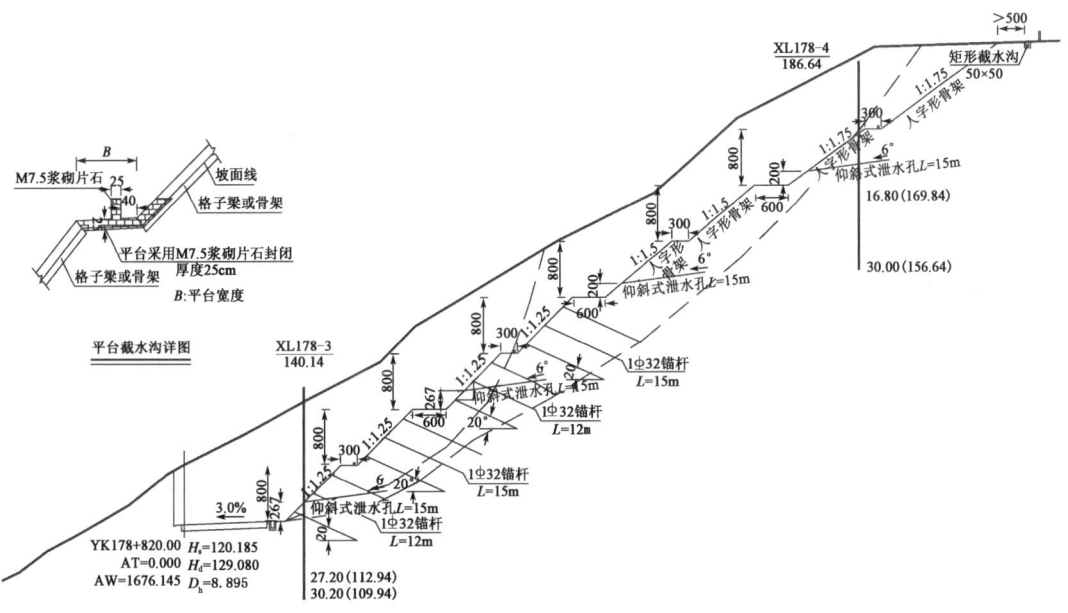

图 1-8-29 横断面图(尺寸单位:mm)

第九章 填石路堤

第一节 概述

我国是一个多山的国家,约70%的国土为丘陵和山地。在山区修建公路,为满足行车平顺性要求,不可避免地要出现大量的路基挖方和隧道工程。为了充分利用路堑和隧道开挖产生的石质弃渣,并减少弃渣对沿线生态环境的破坏和诱发地质灾害,填石路堤已成为山区高等级公路较普遍的路基形式。

随填料中石料含量不同,粗粒土的工程性质也逐渐发生变化。当石料含量较少时,粗粒料在土体中零星分布,粗粒料基本被细料所包围,粗粒料难以在土中形成骨架,填料主要呈现出细料的工程性质。一般情况下,粗粒含量在小于40%时,可以按照细料填筑的路堤进行质量控制。粗料含量达到一定数量后(一般超过40%),随着粗粒料的进一步增加,一方面,填料的干密度逐渐增加;另一方面,由于集料的承力作用,填料强度提高,压缩性逐渐降低,填料呈现出土石混合填料的工程性质。当粗粒含量超过70%时,由于粗料含量过多,粗料间不可避免地出现骨架的架空现象,细料不足以填充粗料间孔隙,填料的压实特性、力学特性等工程性质主要由粗粒料控制。《公路路基设计规范》(JTG D30—2015)将粒径大于40mm、含量超过总质量70%的石料填筑的路堤称为填石路堤。

与土质填料相比,填石料具有以下主要工程特点:①粒径较大,抗剪强度高,强度主要以摩擦力为主,颗粒间黏结力较小;②细颗粒含量较少,孔隙率较大,自由排水能力强,透水性好;③不易压实,在碾压时填石料易出现破碎现象。在路堤的填筑过程中,如果摊铺不均匀、碾压机械组合不合理、压实功不够或采用不合适的质量检测标准和方法等,将会出现较大的不均匀沉降和工后沉降,进而影响路面平整度,甚至产生沿线路方向的纵横向裂缝,从整体上影响路堤结构的耐久性和稳定性。

一、填石料的工程性质与分类

1. 填石料的岩石特性与分类

填石料的岩石特性对填石料的压实特性以及压实后的力学性质影响至关重要。自然界有多种岩石,按成因可分为岩浆岩、沉积岩和变质岩三大类,涉及的种类不下30种。在公路工程中应用较多的是沉积岩中的灰岩、砂岩,岩浆岩中的花岗岩、凝灰岩、安山岩等。

岩石的物理力学性质与其岩性及岩石风化程度有关。表1-9-1列出了一些主要岩石的基本性质。

主要岩石的基本性质表　　　　　　　　　　　　表1-9-1

岩石名称	密度(g/cm³)	比 重	孔隙率(%)	抗压强度(MPa)	软化系数
花岗岩	2.6~2.7	2.5~2.84	0.5~1.5	100~150	0.75~0.97
粗玄武岩	3.0~3.05		0.1~0.5	200~350	
流纹岩	2.4~2.6		4~6		
安山岩	2.2~2.8	2.4~2.8	10~15		
辉长岩	3.0~3.1	2.7~3.2	0.1~0.2	180~300	
玄武岩	2.8~2.9	2.6~3.3	0.1~1.0	150~300	0.71~0.92
砂岩	2.0~2.6	2.6~2.75	5~25	20~170	0.44~0.97
页岩	2.0~2.4	2.57~2.77	10~30	10~100	0.24~0.55
石灰岩	2.2~2.6	2.48~2.85	5~20	30~250	0.58~0.94
白云岩	2.5~2.6	2.2~2.9	1~5	80~250	
片麻岩	2.9~3.0	2.63~3.07	0.5~1.5	50~200	
大理石	2.6~2.7	2.6~2.8	0.5~2	100~250	
石英岩	2.6~2.7	2.53~2.84	0.1~0.5	30~250	0.96
板岩	2.6~2.7	2.68~2.76	0.1~0.5	100~200	

　　影响填石料工程性质的因素,主要有石料的强度、抗风化能力以及吸水性。强度较大的石料,如玄武岩、花岗岩、石灰岩等岩性石料,其破碎率较低,一般对水的作用不敏感。抗风化能力较强的石料,在压实效果较好的条件下,具有较高的承载能力,能够较好地保证路基的长期稳定;而抗风化能力较差的石料,在公路运营阶段则有可能在自然因素的影响下而发生较大程度的破碎和崩解,进而导致路基发生较大的沉降变形。一般而言,石料的吸水性越强,其抗风化能力越差,填石路基的水稳定性也就越差。

　　填石料的岩性对填石料的施工性能及填石路堤结构性能具有较大的影响。实践经验表明,填石料抗压强度<60MPa时,和坚硬岩石相比,其岩石破碎率有较大幅度增加。有文献指出:湿抗压强度在25~30MPa以上的岩石可视为硬岩正常使用;填石料抗压强度小于30MPa时,现有的摊铺和压实机械很容易就对其进行破碎。对于软质岩石,其压实后的工程性质更呈现土的特性,对于强度小于5MPa的极软岩石,其施工和压实特性完全可以按土质填料考虑。填石路堤使用不同的岩石类型,其施工工艺、质量控制方法有所差异,对压实层厚、粒径的要求也有所不同。因此,从工程性质和施工工艺要求的角度出发,填石料可根据石料饱和抗压强度指标按表1-9-2进行分类。

岩石分类表　　　　　　　　　　　　表1-9-2

岩石类型	单轴饱和抗压强度(MPa)	代表性岩石
硬质岩石	≥60	1.花岗岩、闪长岩、玄武岩等岩浆岩类; 2.硅质、铁质胶结的砾岩及砂岩、石灰岩、白云岩等沉积岩类; 3.片麻岩、石英岩、大理岩、板岩、片岩等变质岩类
中硬岩石	30~60	
软质岩石	5~30	1.凝灰岩等喷出岩类; 2.泥砾岩、泥质砂岩、泥质页岩、泥岩等沉积岩类; 3.云母片岩或千枚岩等变质岩类

膨胀性岩石、易溶性岩石和盐化岩石等,在水气环境影响下,随着使用年限增长,其工程性质将会发生劣化,路基稳定性差,易产生路基病害,故不直接用于路堤填筑。

2. 填石料的变形性质

填石料的压缩模量,受母岩的性质、岩块强度及形状、级配、密度以及应力条件等因素的影响。

(1)填石料的压缩性质

填石料具有低压缩性的特点,压缩模量比低压缩性的填土大 3~5 倍。压缩试验的结果表明,压实干密度大于 $2.1g/cm^3$ 的石灰岩填石路堤,其压缩模量可达到 100MPa。

(2)填石料的长期变形性能

除了填石料的岩石特性和成型密度外,干湿循环作用是影响填石料的长期变形性能的主要因素。填石料受到水的浸蚀是后期产生较大变形的主要原因。

不同类型的填料,其湿化变形量有较大的差异。一般而言,强度较高的石料湿化变形量较小,强度较低的石料湿化变形量大。密度相近的填石料,高强度岩石试样的长期变形明显小于低强度岩石试样。对于用作路基填料的岩石,其长期性能容易产生变化的岩石主要是填石料分类中的中硬岩石与软质岩石。

对于同一种岩石的填石料,成型密度低的试样的长期沉降量和湿化变形量明显大于较密实的试样。对于成型密度低的软质岩石填石料(或容易风化的填石料),在路基长期营运期受到水汽侵蚀时,会产生较大的湿化变形。所以,对于软质岩石填石料,在施工中必须对压实标准作出严格控制。

填石料在第一次饱水时会产生较大的湿化变形,石灰岩和页岩填料均是如此。但试验表明,填石料在经历第二次和第三次湿化变形时,其变形量会大幅度减少直至稳定。由此,可以认为,在填石料施工中对填石料进行浸水压实或在填石路堤成型后经过一两个雨季再修筑路面,其变形状况将大大改善。

3. 填石料的强度性质

研究表明,填石料的强度指标和填石料的坚硬程度以及填石料的密实程度有着密切的关系。在同等密度情况下,坚硬填石料较软弱填石料有更高的强度(图1-9-1)。

填石料抗剪强度由摩擦力与咬合力两部分组成,即摩擦强度 φ 与咬合强度 c。这也是经典的库仑强度表达式在形式上的两个部分。但事实上,摩擦与咬合的界限、比例、发展过程,是难以分清的。根据填石料的三轴剪切试验结果,对不同强度填石料的 c、φ 值建议见表1-9-3。

填石料的抗剪强度受以下几个方面的影响:①填石料的级配越好,抗剪强度越大;级配越差,抗剪强度越小。②填石料的密实度越高,其抗剪强度越好。填石料的干密度与摩擦角之间具有良好的相关性。对于同一种填石料,尽管级配不相同,但只要干密度大致相同,其摩擦角就处于同一水平上。

黏性土的存在对填石料抗剪强度具有一定影响。石灰岩填料在含泥量小于10%时,其抗剪强度减低不明显。但当其含泥量大于30%时,填石料抗剪强度降低明显,比单纯的石灰岩填石料降低10%以上。这说明当填石料中黏土含量过高时,填石路堤应按土石混填考虑或在设计中降低填石料抗剪强度的取值。

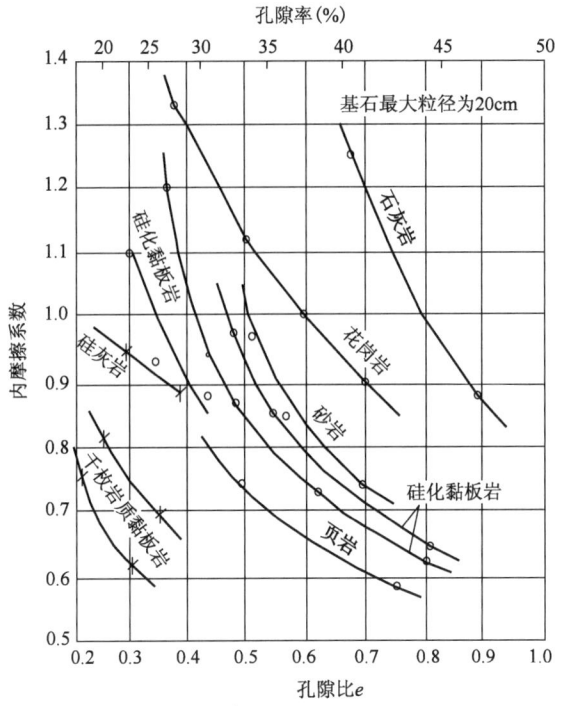

图 1-9-1 不同类型填石料的抗剪强度随孔隙率的变化情况

填石料的抗剪强度建议值 表 1-9-3

干密度 (g/cm³)	抗 剪 强 度					
	c(kPa)			φ(°)		
	坚硬	中硬	软质	坚硬	中硬	软质
2.05	10~15	10~15	15~20	36~40	30~35	23~28
2.10	10~15	10~15	15~20	38~44	33~37	26~31
2.15	15~20	15~20	20~25	42~48	35~40	28~33
2.20	20~25	20~25	25~30	45~50	38~42	30~35

二、填石路堤的沉降变形

1. 填石路堤的沉降变形特性

填石料在荷载作用下的压缩变形一般由以下三部分组成:①填石料在荷载作用下,克服颗粒间的摩擦力,产生滑动和滚动,移动到较为密实和更为稳定的平衡位置上去,孔隙被压缩,体积减小,填筑体趋于密实,这部分变形可以认为是填筑体压缩的主要部分;②填石颗粒本身或棱角在荷载作用下产生颗粒破碎,填充到颗粒间隙中,造成填筑体体积减小,这部分变形可以认为是填石体压缩变形的次要部分;③填石集料颗粒在荷载的作用下产生弹性变形,引起填筑体体积压缩和颗粒的剪切变形,这部分变形数量极少。

因此,填石路堤本身的沉降由两部分组成:①填筑压实层在施加荷载的瞬间产生的沉降总和,这部分沉降在施工期荷载施加完成时完成;②填筑压实各层及路面荷载完成后较长时间内蠕变产生的沉降总和,这部分在荷载施加完成后的时间段内逐渐发生。

尽管填石材料在施工过程中受到振动荷载和自重作用达到较密实的状态,压缩变形减小。但是,在路堤的营运过程中,由于车辆的振动、填石料间相互摩擦、填石材料自重、环境中水引起的填石软化等作用将导致骨架应力的重新分布,从而使粗大颗粒棱角不断继续发生挤压破碎或者软弱颗粒少量的破碎、细化。颗粒细化滑移填充颗粒间的空隙,颗粒排列进一步产生结构调整而出现蠕变沉降。随着该过程的发展,应力逐渐释放,粗颗粒棱角圆滑,路堤填石材料趋于稳定。这在宏观上表现为填石路堤的缓慢变形即蠕变。填石材料本身的岩性、岩质、级配特征、相对密实程度和外力做功是决定蠕变发展的主要因素。

蠕变并非严格在公路竣工之后才开始发生的。填石路堤都是进行分层填筑施工,各层次施工的工序间都可能有或长或短的时间间隔,因此在填筑间隙时间内也会发生蠕变沉降。这种蠕变过程不是连续的。填石颗粒产生蠕变主要是由于颗粒间应力重新分布引起颗粒棱角破碎而产生的,那么在分层填筑的时间间隙内产生的应力重新分布就会被下一工序增加的荷载所破坏,蠕变即重新开始。

蠕变是填石材料的重要特性,是预估高填方工后沉降量的重要依据。填石体在蠕变过程中,蠕变变形速率逐渐减小,但是,蠕变过程需要相当长的时间,直至不再发生破碎为止。这是由于石块的破碎及重新排列等对蠕变过程初期影响较大;而在接触应力增加、石块破碎和重新排列以及应力释放、调整、转移的过程中,这种影响会越来越小。

碎石填料内部是通过点接触来传递力的,在力传递的过程中伴随着"搭拱效应",由搭拱效应产生横向力,拱结构支撑上部压力,当超出极限压力时,拱结构坍塌,填料颗粒又会重新组织新的"搭拱"。所以,填石路堤的沉降变形过程相对于普通填土路堤有所不同。填土路堤的沉降变形是一个速度较为均匀的过程,从沉降-时间曲线上看是一条比较光滑的曲线。而对于填石路堤而言,由于填料颗粒较大,并且填料之间的较大孔隙较为丰富,因此,因填料的风化、石块破碎以及颗粒之间发生相对移动和重新排列,而导致的填石路堤的沉降变形往往具有一定的跳跃性,也就是,路基的沉降-时间曲线不那么规则,有可能一段时间内曲线很光滑,产生一个突变后又变得光滑。

2. 细料迁移和石料软化导致的路基沉降变形

尽管填石料压缩模量很大,但是一些路段的填石路基运营期间却会产生较大的沉降变形。研究结果表明,填石路基的沉降变形与在荷载和环境因素综合作用下细料迁移以及石料软化有关。

(1)路基投入运营后,在路基自重和行车荷载作用下,填石颗粒会在一定范围内发生相对错动和重新排列并导致填石料中的细粒料下沉。由此,将会导致填石路基孔隙比发生变化和路基的沉降变形。

(2)如果路基路面排水不良,雨水或地表水侵入路堤,路堤含水率过大,会引起填石遇水软化、强度降低,进而导致路基沉陷或滑动。同时渗流也将带走一部分较细的填石颗粒和土粒,使路堤的孔隙率增大,在行车荷载及自重作用下压密,造成路基沉降。

因此,要从根本上解决填石路基的沉降问题,在设计和施工中,应采取措施防止细料迁移和孔隙比变化,并防止路基产生湿化变形。

3. 填石路基的沉降变形的影响因素

路堤的沉降受路堤填料性质、地质条件、施工方法、填筑高度、荷载特征、水文状况等多种因素的影响。而填石路堤还会由于填石料不同程度地挤密、破碎、风化、颗粒重新排列等因素的作用导致路基沉降和加剧路基不均匀沉降。

(1)填石料的种类、粒径组成和孔隙率

填石料的长期性能主要与填石料的种类和填石料的密度有关。压实质量是填石路基沉降变形最为重要的影响因素之一。良好的压实质量能减少填石料的孔隙率,提高路基填筑体的强度,从而最大限度地降低路基的变形。

填石料的级配对填石料成型密度有一定的影响,对压实后填料的力学特性也有影响。在相同的击实情况下,级配良好的填石料能达到更高的密实度。填料合理的粒径组成有利于路基的压实和稳定。

工程实践证明,尽管实际填料的级配与最佳级配有一定的差异,但仍能达到一个较满意的数值,均能达到填筑要求。但是,如果大颗粒的粒径与较细颗粒的粒径相差较大时,较细的填料颗粒在雨水等外力作用下会穿越大粒径填料所形成的结构空隙,落到压实层的下层,导致细颗粒迁移和孔隙率变化。因此,良好的级配(保证适宜的石料不均匀系数)对于减少填石路堤工后沉降量有着极为重要的作用。

(2)地基承载力和地形条件

如果路堤下的地基承载力不足或者空间分布存在较大的差异,在路堤荷载作用下路基将会发生较大的沉降变形或差异沉降。

斜坡地形与半填半挖路基,在纵向与横向断面上客观存在的路基自重荷载及地基承载力的差异容易导致路基产生不均匀沉降变形。另外,在同一断面上,密实度不均匀,也会造成差异沉降变形。特别是,在沟谷或斜坡底部填石路基施工时,经常通过增加底层的松铺厚度,来形成压实层的工作面,导致沟谷或斜坡的底层基底难以压实。

(3)施工方法

填石路堤的质量与施工机具的性能密切相关。如果填石路堤使用的压路机吨位较低,压实未能使石块之间嵌锁密实,在填石路堤自重与外荷载作用下,还会产生残余变形。所以,填石路堤施工,应采用大型推土机摊铺,采用大功率振动压路机或重型夯实机械压实。施工机具功率越大,对填石料的压实及路基稳定越有利。

(4)环境因素

水是影响岩石长期性能的主要外因。成型密度较低的软质岩石填石料或容易风化的填石料,受到水的浸润作用将会产生较大的变形。

在填石路堤施工中对填石料进行浸水压实,或者在填石路堤成型后,经过1~2个雨季再修筑路面,加强路基路面排水及边坡防护措施,填石路基变形状况将大大改善。

三、填石路堤的稳定性

路堤的稳定性计算结果表明,在同一填筑高度,填石路堤的安全系数优于填土路堤。在路堤填方高度较低时,填土路堤和填石路堤的稳定性相当;但随着填方高度的增加,土质路堤稳定性降低较快,而填石路堤的稳定性较好。这说明在填方高度较高的情况下,填石路堤比普通填土路堤更为合适。特别是花岗岩、石灰岩等硬质填石料填筑的路堤,在填方高度较高时仍能保持较好的稳定性。

填石路堤的稳定性随边坡坡度的增大而降低。尽管如此,在不同坡度条件下,填石路堤的稳定性要优于填土路堤。对于填土路堤可能发生失稳的较陡边坡(坡度较大),填石路堤仍能维持较好的稳定性,这说明在地基承载力满足要求的情况下,填石路堤能在较陡的边坡(坡度较大)情况下维持较好的稳定性。

工程实践表明,坚硬石料填筑路堤在坡度小于1:1时,仍能保持路基稳定。计算表明,对于20m高的坚硬石料填石路堤($c=10\text{kPa},\varphi=45°$),在坡度为1:1.1时,路堤自身稳定系数在1.6以上。说明填石路堤自身具有较高的稳定性。对于地基稳定性良好的填石路堤,硬质石料填石路堤边坡采用1:1.1~1:1.3的坡度是安全的。

地基软弱土厚度对填石路堤的稳定性和沉降变形具有一定的影响。随着地基土厚度的增加,填石路堤的沉降变大、稳定性降低。

填石材料的工程性能与黏性土有较大差异。黏性土填筑的路堤本身抗剪强度低,颗粒之间具有黏聚力,土体具有较强塑性。因此,如果地基发生较大不均匀沉降,填土路堤的沉降可以随着地基沉降性状同步沉降。但是,对于以碎块石或砂砾为填筑材料的路堤,其抗剪强度比较高,压实后的填石体依靠嵌锁和摩擦作用形成强度,填石颗粒之间没有黏聚力,颗粒之间的嵌锁结构遭到破坏后不能像黏性土一样逐步恢复。当地基不均匀压缩沉降程度较小时,颗粒之间的摩擦和嵌锁作用可以保证路堤的整体性,路堤表现出一定的刚度。随着地基沉降不断发展,当路基内不均匀变形超过一定范围,路堤内部产生的剪应力超过路堤极限抗剪应力时,路堤发生剪切破坏,所以,填石路堤对地基的不均匀沉降协调性较差。

另外,当地表横坡较陡,高填方路堤的基底接触面及侧向约束力不够,特别是路堤基底长期受水浸泡时,可能会导致路堤坍滑失稳。

第二节 填石路堤设计

填石路堤设计包括如下内容:①路基结构与断面形式;②填石料技术要求;③地基要求与处理;④风化岩石和软质岩路堤湿化变形控制设计。

一、填石路基结构与断面形式

填石路堤可采用与土质路堤相同的路堤断面形式,填石路堤的边坡坡度应根据填石料种类、边坡高度和基底的地质条件确定。填石路堤边坡坡度不宜高于表1-9-4规定。

填石路堤边坡坡率 表1-9-4

填石料种类	边坡高度(m)			边坡坡度	
	全部高度	上部高度	下部高度	上部高度	下部高度
硬质岩石	20	8	12	1:1.1	1:1.3
中硬岩石	20	8	12	1:1.3	1:1.5
软质岩石	20	8	12	1:1.5	1:1.75

填石路堤的边坡部位常常是摊铺、压实的薄弱环节,并且若采用常规方法很难使边坡密实和平整。因此,采用中硬和硬质石料填筑路堤,应进行边坡码砌。边坡码砌应采用强度大于30MPa的不易风化的石料。

硬质岩和中硬岩填石路堤的边坡应采用码砌边坡。填高小于5m的填石路堤,边坡码砌厚度不小于1m,填高5~12m的填石路堤,边坡码砌厚度不小于1.5m,12m以上填高的路堤,边坡码砌厚度不小于2m。填方高度大于10m时,应设台阶分级。每级台阶高度为8~10m,台阶宽度为 2~3m。

软质岩填石路堤的边坡应采用浆砌片石护坡或者客土植被绿化边坡。软质岩填石路堤高度不宜大于 20m,边坡高度大于 8m 时,应设台阶分级。每级台阶高度不大于 8m,台阶宽度为 2~3m。当边坡不做码砌防护时,路堤两侧边坡应各超宽填筑 1~1.5m。

路堤横断面可采用矮墙路堤、护脚路堤、护肩路堤、砌石路堤、挡土墙路堤等形式,以提高路基稳定性,减小填方数量和道路用地。

填石路堤顶部最后一层填石料的铺筑层厚不得大于 0.40m,最大粒径不得大于 150mm,其中小于 5mm 的细料含量不应小于 30%,且铺筑层表面应无明显孔隙、空洞。填石路堤上部采用其他材料填筑时,可视需要设置土工布作为隔离层。

二、填石料技术要求

填石料的岩性对填石路基结构性能具有较大影响。硬质、中硬岩石可用作路堤和路床填料。软质岩石可用作路堤填料,不得用作路床填料。易风化的岩石不得用于路堤浸水部分。膨胀性岩石、易溶性岩石和盐化岩石等不得用于路基填筑。

用于路堤主填区的岩石填料的最大粒径,对于硬质和中硬岩石,不应大于 0.4m;对于软质岩石,不得大于 0.2m;对于极软岩石(强度低于 5MPa),不得大于 0.1m。路堤填料粒径不宜超过层厚的 2/3。用于路床和结构物回填的岩石填料,最大粒径不应大于 0.08m。

用作路堤的填石料,一般对填料级配不作特别限制,但是,要求不均匀系数 $C_u>5$,曲率系数 $C_c=1~3$。填石料的级配应从爆破开挖、机械解小、装运、摊铺和撒铺细料嵌缝等环节着手,及时总结施工经验,以提高压实质量,减少工后沉降。

三、地基要求与处理

填石路堤基底的承载力应满足不同路基高度的要求。路基高度小于 10m 时,其基底承载力不宜低于 150kPa;路基高度为 10~20m 时,其基底承载力不宜低于 200kPa;当路基高度大于 20m 时,宜填筑在岩石基底上。基底强度应均匀。

软弱地基上填筑路堤,应与软土地基处理设计综合考虑,并应进行稳定性和沉降计算。当软土层厚度小于 3m 时,可以采用填石路堤;当软弱土层超过 3m 时,因填石路堤重度较大,增大软土地基沉降变形,故不采用填石路堤。

在非岩石地基上,填筑填石路堤前,应设置过渡层,以提高地基的均匀性和承载力。

四、风化岩石和软质岩石路堤湿化变形控制设计

风化岩石和软质岩石路堤在公路运营期间,在气候环境(降水、蒸发、干湿循环)、地表水、地下水影响下,其物理力学性质产生衰变。尤其浸水后,软质岩石会软化,抗剪强度降低,承载力下降,使填石路堤产生不均匀变形、开裂,甚至失稳。防止软质岩石路基出现病害,关键是要控制软质岩石路堤湿度变化,避免在气候环境和水的影响下,软质岩石性能劣化。因此,风化岩石和软质岩石填筑路堤时,应采取路堤边部包边封闭或加筋、底部设置排水垫层、顶部设置防渗层等措施,防止填石路堤产生湿化变形;并且,路床应采用硬质岩的碎石或其他符合要求的材料填筑。

风化岩石和软质岩石路堤设计时,为防止风化岩石和软质岩石路堤产生湿化变形,应注意如下问题:

（1）注意风化岩石和软质岩石适用条件和使用范围,对于沿河海、水塘、湖泊、水库等地段长期浸水的路堤以及雨季临时浸水路堤,应避免使用风化岩石和软质岩石路堤。

（2）斜坡路堤应设置完善的地表排水和地下排水设施,防止水渗入风化岩石和软质岩石路堤内。

（3）沟谷地带路堤底部排水垫层厚度,应根据雨季临时积水或汇集地表水流的深度确定。排水垫层顶面应高出水面不小于 0.5m。必要时,可设置防渗隔离层,切断毛细水对软岩的影响。

第三节　填石路堤压实质量及检测方法

一、设备选型与施工工艺要求

1. 设备选型要求

填石路基的施工宜采用大功率推土机推平,采用大功率振动压路机、冲击式压路机或重型夯实机械压实。

一般选用工作质量大、激振力大、振动频率合适、高振幅的压路机,最好选用拖式振动压路机。采用的振动压路机应能以较大的振幅进行振动,振幅至少应在 1.6mm 以上。填石路基用振动压路机施工时要采用比碎石自振频率略高些的频率,适宜振动频率为 30 ~ 35Hz。具体选用标准建议为:①中型及重型单钢轮压路机,整机质量应在 18t 以上,振动频率在 25 ~ 30Hz 之间,振幅在 1.8mm 以上;②拖式振动压路机的工作质量应在 18t 以上,振幅在 1.5mm 以上。

填石路基施工中采用冲击式压路机时,静压实能应在 25kJ 以上。冲击碾压时,应尽量采用大功率的牵引设备,确保牵引速度保持在 10 ~ 12km/h,以充分发挥冲击压实效果。

2. 施工工艺要求

（1）填筑

填石路堤的填料材质应基本均匀一致。岩性相差较大的填料应分层或分段填筑。

填石路基填料整平工艺的关键是保证较大的石块处于每个摊铺层的底部,较细颗粒居于各层的顶部,并填充其间的孔隙,以实现最佳的嵌锁和应力传递效能。因此,卸料时,宜采用滚填方式施工石方,把粗料滚填到底部,细料填筑在上部。卸料完成后,宜用大功率推土机摊平,不得使粗粒料集中或位于上部,影响整平碾压。对于超大粒径块石,应用机械解小,未解小的应移走或作为码砌材料。

二级及二级以上公路的填石路堤必须分层填筑压实,且分层厚度应与压路机的功率相匹配。松铺厚度为 400 ~ 600mm 时,振动压路机激振力宜为 400 ~ 500kN;松铺厚度 600 ~ 800mm 时,振动压路机激振力宜大于 500kN。每层填筑压实经过检验合格后,方可再填筑上一层。

（2）压实

填石路基施工压实机械组合原则为:优先选择拖式振动压路机进行碾压组合,而不应单一选用自行式压路机;优先选用吨位和激振力较大的压路机。填石路基的压实施工碾压速度宜为 3 ~ 6km/h 之间,且压路机的碾压速度开始宜用慢速。

填石路基施工采用冲击式压路机冲击增强补压时,应采用能量 25kJ 以上的三边形冲击压路机。分层增强补压厚度应在 2.0 ~ 3.0m。冲压施工段长度一般不小于 100m,冲压行驶速度宜在 9~12km/h。分层冲击压实限于下路床顶面以下,上路床用振动压路机分层压实调平。冲压遍数 10~15 遍,根据试验段路基的压沉降量、压实度、弯沉值确定冲压遍数。冲压后的松散表层可不再碾压,直接进行下一层填筑。对于桥涵等构造物应保持一定的安全距离。

二、压实质量控制标准与检测方法

公路填石路堤的压实质量控制指标目前主要有压实度、孔隙率、沉降差与沉降率、动回弹模量等指标。

不同强度的石料,应分别采用不同的填筑层厚和压实控制标准。填石路堤压实质量标准宜用孔隙率作为控制指标,并符合表 1-9-5~表 1-9-7 的要求。施工压实质量可采用孔隙率与压实沉降差或施工参数联合控制。

硬质石料压实质量控制标准 表 1-9-5

路基部位	路面底面以下深度(m)	摊铺层厚(mm)	最大粒径(mm)	压实干密度(kg/m³)	孔隙率(%)
上路堤	0.80~1.50 (1.20~1.90)	≤400	<2/3 层厚	由试验确定	≤23
下路堤	>1.50 (>1.90)	≤600	<2/3 层厚	由试验确定	≤25

注:"路面底面以下深度"栏,括号中数值分别为特重、极重交通的上路堤、下路堤的深度范围。

中硬石料压实质量控制标准 表 1-9-6

路基部位	路面底面以下深度(m)	摊铺层厚(mm)	最大粒径(mm)	压实干密度(kg/m³)	孔隙率(%)
上路堤	0.80~1.50 (1.20~1.90)	≤400	<2/3 层厚	由试验确定	≤22
下路堤	>1.50 (>1.90)	≤500	<2/3 层厚	由试验确定	≤24

注:"路面底面以下深度"栏,括号中数值分别为特重、极重交通的上路堤、下路堤的深度范围。

软质石料压实质量控制标准 表 1-9-7

路基部位	路面底面以下深度(m)	摊铺层厚(mm)	最大粒径(mm)	压实干密度(kg/m³)	孔隙率(%)
上路堤	0.80~1.50 (1.20~1.90)	≤300	<层厚	由试验确定	≤20
下路堤	>1.50 (>1.90)	≤400	<层厚	由试验确定	≤22

注:"路面底面以下深度"栏,括号中数值分别为特重、极重交通的上路堤、下路堤的深度范围。

孔隙率作为压实质量检测指标具唯一性,但需进行大坑(最大粒径的 1.5~2 倍)水袋法试验,测试难度较大。近年来,对压实沉降差作为检测指标进行了试验研究与工程实践,压实沉降差所反映的填石料实际密实状态与压路机的功率密切相关。功率较小的压路机碾压硬质岩石时,其沉降差并不能完全反映填石料实际密实状态。质量控制的关键是压路机的功率要与填石料的强度相匹配,即只有采用重型(18t 以上)振动压路机才能保证工程质量。

为保证填石路堤压实质量,又便于检测施工压实质量,填石路堤压实质量标准采用孔隙率作为控制指标,施工压实质量采用孔隙率与压实沉降差或施工参数联合控制。实际工程施工时,通过试验路确定压实沉降差控制标准,并同时检测孔隙率指标对其进行验证。

《山区高速公路填石路堤施工技术指南》(云南省公路开发投资有限责任公司等单位编)建议硬岩和中硬岩填料采用如下标准:最后两遍沉降差不大于2mm,标准差不大于1mm。沉降率(填石料压实后高程与松铺高程之差与松铺厚度的百分比)控制在8%~9%之间。

施工中也可以采用控制碾压参数的压实质量控制方法。例如,对于18t振动压路机,松铺厚度为0.45m左右,最大粒径不大于0.25m,振动碾压遍数不小于8遍。压路机的振动频率为30Hz左右,行驶速度为2~4km,振幅为1.5~1.8mm。

采用落锤式弯沉仪(FWD)检测动态模量可作为填石路堤压实质量控制的手段之一。从云南蒙新高速公路试验段的检测结果来看,碾压后动态模量的代表值应不小于210MPa。由于动态模量测定时的离散型较大,可以以路段的代表动态模量来评定该路段的承载能力,保证率取95%。

当振动碾压完成后,如有条件还可以采用35KJT3型双轮冲击压路机进行20遍检验性补压。如果其下沉量在50~70mm范围内或者更小,则说明原来振碾压实是合格的。

铁路路基采用30cm平板荷载仪测定地基系数(K_{30})值来评价填石路堤的压实质量,要求块石地基系数$K_{30} \geq 130$MPa/m。沿路线纵向每100m每层抽样检查地基系数3点(其中,距路基边线2m左、右各1点,路基中部1点)。

第十章 轻质材料路堤

第一节 概 述

一、轻质材料用于路堤填筑的目的和作用

有效控制路堤的沉降是保证软土地基上公路使用性能的关键。在公路路基设计中,可以通过对路堤下的软土地基进行加固处理,改善地基条件,达到控制路堤沉降的目的;也可以通过减小填土材料本身自重,减少软基附加应力,进而减小地基的压缩变形量。

以减少沉降、增加稳定性为目的,采用重度小于细粒土的轻质材料填筑的路堤称为轻质路堤。目前用于公路路基且技术较为成熟的轻质材料主要为土工泡沫塑料、泡沫轻质土和粉煤灰等。

在地基承载能力较低或者路基边坡可能出现失稳的路段,采用轻质材料可以有效地减少路堤重度或侧向土压力,减小路基的不均匀变形:

(1)在软土地基条件下路堤和桥涵连接部位,采用轻质材料填筑,可以降低路堤基底压力,减小路堤总沉降量和工后沉降;减小填土对桥涵背部的侧向土压力,提高路堤和桥涵结构的稳定性。

(2)在软土指标较差的地段拓宽高路堤,采用轻质材料填筑,可以降低拓宽路堤部位基底压力,提高地基稳定性,减小新老路堤的差异沉降,减轻路基拓宽部分对老路堤的不利影响。

(3)在路堤滑动或沉陷后的修复部位,采用轻质材料填筑,可以快速修复路堤,并提高路堤稳定性。

此外,轻质材料可以用于不同软土地基处理方式过渡地段以及工期较紧的特殊地段。

二、轻质材料技术发展概况

利用粉煤灰作为路堤轻质填筑材料,在欧美国家已有较长的历史。英国在20世纪50年代后期就开始研究,并修筑了一系列试验路段。1965—1970年,英国在斯特林-爱丁堡汽车道路、七橡树道路和亚历山大道路工程中,都成功地在软土地基上使用粉煤灰建造路堤。工程实践证明了粉煤灰路堤的适用性和其独特的优越性,被确认并列入英国国家高速公路发展规划,允许粉煤灰用于软土地基上填筑路基,以替代自重较大的常规砂石材料。随后法国、德国、芬兰、波兰、苏联等国相继开展了粉煤灰用于路堤填筑与结构回填的研究。

在20世纪70年代后期,随着粉煤灰排放量剧增,美国等国家环保法的要求也越来越严格,灰渣处置费用不断提高,人们利用粉煤灰的兴趣逐渐提高,并做了大量研究工作。其中比较突出的成果是:1979年美国电力研究院(EPRI)组织编写了《粉煤灰结构填筑手册》,总结了

前10年实验室和现场试验的经验。1986年2月，该院又提出了一份《粉煤灰大规模利用》的调查报告，收集了278个粉煤灰在填筑工程中大规模利用的工程实例，并对该方面的技术发展作了历史的回顾和总结，有力地推动了粉煤灰在路基填筑领域的应用。

20世纪80年代以来，我国开展了粉煤灰路堤的试验研究。通过多年的工程实践，已经积累了丰富的经验。交通部于1993年12月颁布了《公路粉煤灰路堤设计与施工技术规范》(JTJ 016—93)。《公路路基设计规范》(JTG D30—2015)和《公路路基施工技术规范》(JTG 3610—2019)分别于2004年和2006年增加了粉煤灰路堤设计和施工的内容。

聚苯乙烯泡沫(Expanded Polystyrene，简称EPS)属于超轻质材料。EPS对路堤重量的减轻程度远远超过了粉煤灰的作用效果。1972年挪威国家道路研究实验室首次将EPS材料运用在软土地基的桥头引道上(代替一般填土材料)，较好地解决了软基路堤上的桥头跳车问题。从此EPS在挪威、美国、加拿大、日本、荷兰、瑞典、澳大利亚等许多国家的道路工程中得到了较为广泛的应用。日本还制定了《EPS工法》，用于指导EPS轻质路堤的设计和施工。20世纪90年代，我国开始将EPS块体材料应用于道路工程。

EPS用作路堤填料时，施工非常方便，EPS块体大小可根据需要进行生产。通常采用的EPS块体的大小尺寸为：长3m、宽1m、厚0.5m，类似"摆积木"一样安装施工，不需要大型机械，施工效率较高。EPS自身强度足以满足路堤荷载与边坡稳定性要求，应用中EPS填筑高度一般在3~5m左右，可填高度最高达20m。

20世纪80年代，日本将废弃的泡沫塑料制成一定大小的颗粒，并按一定的比例与工程废弃土混合，制成表观密度可自由调整的泡沫塑料颗粒轻质土。

1974年日本交通部港湾技术研究所为研究板桩护墙的加固材料而开发了水泥泡沫轻质土。这种轻质土主要是为减轻护岸构造物的侧面土压力而提出的，具有与原填土材料同样强度和明显的轻质性。之后，在瑞典、法国等国家，也迅速普及了对轻质土工材料的研究，取得了极好的效果。

随着我国公路建设的迅速发展，土工泡沫塑料、泡沫轻质土等轻质材料在公路建设中得到了较为广泛的应用。广东、浙江、天津等省市相继出台了有关轻质路堤设计和施工的规范。轻质材料为软土路基建造、公路拓宽、高陡边坡路基稳定提供了新的技术和方法。

近年来，不断有新型轻质材料或轻质废弃材料被用于路基工程；轻质材料的利用方法也不断得到改进。按原材料类型不同，路基用轻质材料可以大致分为以下四大类：

(1)化学材料类。如EPS、发泡聚氨酯、聚氯乙烯、酚醛、环氧硬质泡沫等。

(2)EPS颗粒混合轻质土类。EPS颗粒混合轻质土类材料是将原料土、EPS颗粒、固化材料和水混合搅拌均匀后，经固化作用形成的一种轻质土工材料。

(3)泡沫轻质土(Foamed Mixture Light-weight Material，简称FLM)类。泡沫轻质土类材料是将原料土、固化材料、气泡(或泡沫浆)和水混合搅拌均匀后，经固化作用形成的一种轻质土工材料。

(4)轻质废弃材料类。如废弃轮胎、矿渣、废塑料、废玻璃、粉煤灰等。

轻质材料按其重度可分为三大类：超轻质材料类、轻质材料类和准轻质材料类。

(1)超轻质材料类。体积密度为天然土体密度的1/70~1/50，如聚苯乙烯和发泡聚氨酯等。

(2)轻质材料类。体积密度为天然土体密度的1/3~2/3，如泡沫轻质土及聚苯乙烯

(EPS)颗粒混合轻质土。

(3)准轻质材料类。体积密度为天然土体密度的2/3左右,如粉煤灰、矿渣、废弃轮胎等。

轻质材料可分层填筑在路堤内,也可以与土混合使用。在现有的轻质土工材料中,目前路基工程中应用比较广泛的是粉煤灰、EPS块体、EPS颗粒混合轻质土和泡沫轻质土,下面对这几种轻质土工材料特点作简要的介绍。

(1)粉煤灰

粉煤灰压实干重度为 $10.7 \sim 11.0 kN/m^3$,比土轻 $1/3 \sim 1/5$,是一种理想的轻质填料。用粉煤灰代替土填筑路堤,可减轻路堤重量,减小地基附加应力,使软弱地基和路堤的沉降变形得到改善,总沉降量可减少 $20\% \sim 30\%$;相应地也提高了地基的抗滑稳定性,粉煤灰路堤的极限高度可增加 $30\% \sim 40\%$,节省了地基的处治费用。在软弱地基上应用粉煤灰修筑高路堤,工程经济效益明显。

粉煤灰的工程性质随压实性能的不同而变化。按重型击实标准在饱和条件和不饱和条件下,内摩擦角分别为 $18° \sim 33°$ 和 $30° \sim 42°$,均高于土质填料,这对于路堤的强度和稳定性都是非常有利的。在重型击实标准试验压实度达到95%时,粉煤灰在饱和条件下,CBR值可达23.5。在采用重型击实标准压实度为100%时,粉煤灰的压缩系数 $\alpha_{1-2} = 0.15 MPa^{-1}$,它比土的压缩系数约低 $40\% \sim 50\%$ 。因此,在相同密实度的条件下,粉煤灰路堤的压缩变形明显低于土质路堤。

(2)土工泡沫塑料

EPS属于超轻型高分子合成材料。EPS的体积重度约为 $0.18 \sim 0.4 kN/m^3$,约为普通土重度($14 \sim 20 kN/m^3$)的 $1/70 \sim 1/50$ 。EPS的抗压强度为 $100 \sim 300 kPa$,通常路基所承受上覆路堤压力小于 $100 kPa$ 。

EPS块体作为路基填筑材料具有以下优点:

①超轻质性。EPS的重度仅是土的 $1\% \sim 2\%$,因此,对于强度较低、变形较大的软土地基,或者容易滑塌或沉降量的地段,可以考虑将EPS作为减轻荷载的措施。

②抗压缩性。EPS的压缩强度较高,而且随重度变化而变化。在材料的弹性范围内,压缩强度可达 $60 \sim 140 kN/m^2$,可作为路堤的填筑材料。

③自立性。EPS可以重叠堆置,形成自立面。当承受上覆荷载作用时,侧向变形很小。所以在用作挡土结构的墙背填料时,可以减小对挡土墙或桥台结构的侧向土压力。

④隔振性和抗震性。EPS作为缓冲材料具有较好的隔振和抗震性能。

⑤耐水性。EPS是合成树脂发泡体,内部分布着许多憎水性独立气泡。吸水量极小,耐水性能较好。研究结果表明,置于地下水位以下9年,EPS最大吸水率不超过9%。

⑥施工便捷。EPS具有超轻质性,施工只需按设计断面裁切配置后人工搬运铺设,无须大型机械化设备,因而,施工受现场周围环境条件影响小,进度快,并且施工时无振动、无噪声,对环境污染小。

鉴于上述工程特性,EPS轻质路堤可以大幅度降低地基垂直土压力和支挡结构的侧向土压力,显著减小软土地基的沉降,较好地解决路堤-结构物差异沉降问题,防止路基侧向挤出和滑移,并且节约道路用地。

EPS材料作为路基填料的另外一种利用方法是将原料土、EPS颗粒、固化材料和水混合搅拌形成EPS颗粒混合轻质土。符合路基填筑要求的一般路基填料及工程废弃土均可作为这种轻质土的原材料。EPS 颗粒可以采用工厂生产的发泡聚苯乙烯球粒,也可以将废旧泡沫塑料破碎成颗粒加以利用。在路堤填筑时,为了确保材料达到相应的强度要求,通常加入一定量的固化剂(例如水泥、石灰等)作为稳定性材料。若加入纤维,则还可增强材料的韧性和抗侵蚀能力。

EPS 颗粒混合轻质土重度可由泡沫塑料颗粒和土的使用比例来控制。路堤所受的荷载越大,抗剪能力越强。这种填土既不影响路堤的耐久性,又提高了路堤的稳定性及抵抗浮力的能力,还能减少泡沫塑料块的使用量,可较大幅度地降低路基工程造价。

与 EPS 块体相比,EPS 颗粒混合轻质填料主要有以下几个方面的优点:

①重度可自由调整。EPS 颗粒混合轻质填料重度比 EPS 的大,可通过改变混合土的组成比例调整其重度,一般可调范围为: $\gamma = 7 \sim 13 \text{kN/m}^3$。EPS 颗粒混合轻质填料路堤的稳定性能好,抗浮力能力强。

②强度高,且可调节。通过调整固化剂的掺量,EPS 颗粒混合轻质填料的强度可以在较大的范围内变化(图 1-10-1)。

③压缩模量大。与一般天然土相比,EPS 颗粒混合轻质填料的压缩模量大,对减少沉降量有利。以砂、聚苯乙烯、水泥为材料组成的轻质填料的压缩模量为 $2.0 \sim 9.1 \text{MPa}$。

④流动性好。通过调节含水率,(浇注型)EPS 颗粒混合轻质土可具有良好的流动性,可采用管道泵送,还可以远距离施工和在小的空间内进行灌注,施工方便,效率高。

⑤耐久性强。具有与水泥等固化材料等同的耐久性。

⑥有利于环保。我国 EPS 年消费量已达 350 万 t,其中用于包装制品的约占 20%。2/3 的包装制品一次使用后被废弃,成为无用的垃圾。废弃的泡沫塑料制品质量轻、体积大,不便于回收和处理,且难以降解。大量废弃的泡沫塑料严重污染了环境。如果将废弃的发泡聚苯乙烯制品粉碎后制成 EPS 泡沫颗粒混合轻质填料,则可以变废为宝,并能有效地减少一般路基填筑材料的使用,有利于环保。

⑦造价低。与纯粹使用 EPS 块体材料填筑的路堤相比,可降低造价一半以上。

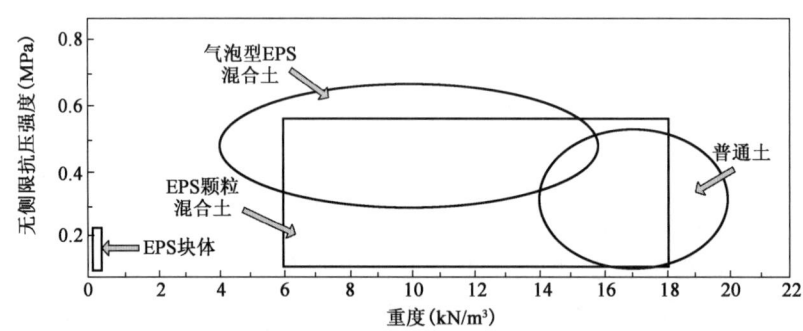

图 1-10-1 普通土、轻质土的重度和无侧限抗压强度范围

(3)泡沫轻质土

泡沫轻质土是采用机械方式将发泡剂制作成泡沫,再将泡沫按一定比例混入水泥基浆以及外加剂和集料组成的混合料中,搅拌均匀后,浇筑凝固成型的含有大量封闭气孔的轻质材料。

泡沫轻质土是土木工程领域中近年开发的一种新型轻质填土材料。根据工程的需要,泡沫轻质土中泡沫的含有率、重度及强度可在一定范围内调整。泡沫轻质土具有以下优点：

①轻质性。泡沫轻质土内含有大量的微小气泡群，其重度不但比一般的土体要小得多，而且通过调整土体中的气泡和胶凝材料的含量，可以根据需要对泡沫轻质土的重度在 $5\sim16kN/m^3$ 内进行必要的调整。

②强度的可调节性。同重度的可调节原理一样，通过改变各种组分的配合比，泡沫轻质土的强度可以在 $300\sim1500kN/m^2$ 的范围内进行调整（图1-10-1）。

③高流动性。泡沫轻质土不含粗集料，具有良好的流动性，可通过管道泵送，其最大输送距离可达500m，最大泵送高度可达30m。

④固化后的自立性。由于使用水泥作为固化剂，通常在浇筑5h后就会开始固化，且固化后可以自立，可进行垂直填土，且对挡土结构物几乎没有作用力。

⑤良好的施工性。现场施工浇筑点与泡沫轻质土制作点可分离，且浇筑点占的施工空间极小，可在狭小空间内施工。泡沫轻质土浇筑施工无须振捣碾压，施工便捷高效，施工工期短。

⑥整体均质性。按照分层分块的施工流程，每层厚度在 $0.5\sim1m$ 之间，每隔20m设置施工缝，固化后的轻质土整体性好。

⑦耐久性。属水泥类材料，与高分子材料相比，其耐久性、耐热及抗油污能力强，具有与水泥材料同等的耐久性。

⑧保温隔热性。泡沫轻质土中含有大量的气泡，具有良好的隔热性。

⑨耐震特性。密度小（通常只有普通混凝土的25%），在同等条件下所受到的水平惯性力小，耐震性强。

三、各类轻质材料作为路堤填筑材料主要工程问题

各类轻质材料的工程性能均具有一定的局限性。在路基设计中，应充分发挥各类轻质材料的不同优势，合理使用，优化设计。

1. 粉煤灰路堤主要工程问题

粉煤灰作为路堤填筑材料，其主要问题在于：首先，粉煤灰基本无塑性，黏聚力较小，类似于粉土、粉细砂。粉煤灰干燥时呈粉末状，只有在一定含水率条件下才能成型，但干燥后会消散成粉末。所以粉煤灰路堤边坡很难保持形状。其次，粉煤灰的毛细水作用影响较大，易导致地下水位升高。同时，当含水率高时，粉煤灰易于液化。这些因素均不利于路堤及边坡的稳定，必须在设计中采取相应的措施，尽量消除其不良影响。

2. EPS路堤主要工程问题

采用EPS块体作为路基填筑材料存在如下主要技术经济问题：

①EPS材料价格昂贵，应用EPS处理地基的价格约为 $300\sim400$ 元$/m^3$。因此，在方案比选时，应进行经济、技术等方面的充分分析与比较。

②EPS可以被汽油或煤油等汽车燃料或者汽车所运输的化学物质溶解，所以在公路工程应用EPS块体时应采取相应的防护措施。

③非阻燃型EPS受热后会变形、熔化和燃烧。70℃以下时，EPS一般受热变形很小；温度达到150℃时产生熔化，并燃烧。为避免施工现场EPS受热后燃烧，设计时，一般选用阻燃型EPS。

④EPS的密度太小,抗浮稳定性较差,不适用于在地表洪水泛滥地区用作路堤超轻质填料;而在地下水位较高的路段,也需要考虑水的浮力引起的稳定性问题。

EPS颗粒混合轻质土的主要问题是:在施工过程中EPS颗粒会上浮。所以,在设计和施工中应采取必要技术措施避免填筑体出现明显的分层或离析。

3.泡沫轻质土路堤主要工程问题

泡沫轻质土的性能受水泥、发泡剂和辅助材料等原材料性质以及泡沫轻质土的配合比、施工工艺等诸多因素的影响。目前,泡沫轻质土的设计和施工还处于经验积累阶段,工程建设尚缺乏系统的理论指导,泡沫轻质土的优越性能还没有在工程应用中完全体现。所以,在工程中经常出现的诸如强度偏低、均质性较差、填筑体消泡、离析、分层、开裂或吸水等问题,严重影响了泡沫轻质土在公路中的使用效果。

①泡沫轻质土的轻质特性是以强度降低为代价的。泡沫轻质土相对于普通路基土石填料的技术优势在于其轻质性。泡沫轻质土中引入的泡沫越多,重度也就越小,其轻质性能也就越明显;相应地,强度下降幅度很大。要使得其力学性能与其他性能之间取得平衡,在设计中应根据泡沫轻质土所使用的部位和受力条件选用合理的重度和配合比,协调力学性能与重度等其他性能之间的关系;并采取一系列必要的配套措施,例如,采用优质高效发泡剂,使用高效减水剂,控制适宜的低水灰比等,实现泡沫轻质土材料组成优化设计。

②目前,国内对泡沫轻质土微观机理缺乏深入研究,尤其是泡沫轻质土的成孔物质、气孔结构与宏观力学性能的关系方面探讨很少,严重制约了泡沫轻质土性能的进一步提升。已有研究结果表明,孔结构对泡沫轻质土的性能存在一定的影响。气孔必须是封闭而不连通性的,气孔的形状应该接近于球形,变形不能太大,气孔应大小均匀,气孔尺寸不能太大,孔隙率应与强度相适应,只有满足这些条件后才能生产出优质的泡沫轻质土材料。

③泡沫轻质土的施工工艺相对复杂,泡沫的性质不易控制。在原材料混合及泡沫轻质土浇筑过程中的消泡现象会使其轻质性受到影响。特别是,当重度低于$5kN/m^3$时,由于引入泡沫过多,泡沫在浆体中的分散性变差,常常导致泡沫轻质土较难搅拌成型。所以,在设计和施工中,应采取措施改善水泥浆体与泡沫拌合物的和易性,进而达到材料均质性及强度要求。

④泡沫剂和发泡设备是生产泡沫轻质土的技术关键。发泡剂的性能不同,所制泡沫轻质土的质量相差较大。泡沫剂的发泡能力和泡沫的持久稳定性直接影响新拌浆体的流动性和浇注体的体积稳定性,最终影响硬化体气孔孔径的大小与均匀性、密度和强度及耐久性。在设计中,选择合适的发泡剂品种和确定适宜的掺量是制备高质量泡沫轻质土的首要条件。在材料组成设计中,应通过泡沫和料浆混合试验,确认泡沫剂对胶凝材料的凝结和硬化无有害影响,确定新拌泡沫轻质土适宜性和稳定性。

⑤泡沫轻质土在生产时引进了大量气泡,原料以粉料和细颗粒为主,在性能上表现出较高的吸水率和收缩率,并且随着重度的降低,引进气泡量的增大,泡沫轻质土的饱和吸水率增幅很大,导致重度增大,并容易引起收缩开裂和冻融劣化问题,严重影响了泡沫轻质土的使用效果。另外,随着水泥基固化材料的水化反应及火山灰反应进程的延续,以及泡沫轻质土内部及环境温度的变化,泡沫轻质土填充体内部将会产生较大的应力,进而导致轻质土成型体内部及表面产生裂缝,影响填充体的整体性。在设计中应采取必要的技术措施降低泡沫轻质土的吸水率。例如,在填筑体表面布设或涂覆防水材料,或者在泡沫轻质土中掺加憎水剂等。另外,加强泡沫轻质土的早期养护,优化养护制度、加强早期保水;采用掺砂配合比,掺加适量膨胀水

泥、减小泡沫轻质土收缩,防止开裂。

⑥目前泡沫轻质土配合比还较为单一(通常只使用水泥、水和泡沫三种原材料),水泥的用量偏高(例如,鸟巢工程使用特种快硬水泥,用量为 330kg/m³;中江高速公路使用普通硅酸盐水泥,用量为 350kg/m³),泡沫轻质土的综合成本受水泥成本的影响大。

四、轻质材料路堤的设计原则和设计内容

1. 轻质材料路堤的设计原则

软土地基条件下的路堤设计,宜采取经济合理的措施降低路堤自重,减小工后沉降;路堤设计,应按照因地制宜、就地取材的原则,根据地基情况分段进行。

轻质材料路堤设计,应根据使用目的、荷载等级、地形地质条件、环境条件及路基几何参数特点,通过技术经济综合论证,合理选择轻质材料类型、路基结构与断面形式,确定材料设计参数。

轻质类或超轻质类材料(作为路基填筑材料代替一般填土)路基设计的技术路线是:应尽量使路堤填筑后,地基内不增加或少增加应力;当允许路基有一定的下沉量时,则希望地基内的路堤荷重应力小于会产生这种下沉量的应力。

2. 轻质材料路堤的设计内容

轻质材料路堤的设计包括如下内容:

(1)路基断面形式及构造形式的确定。
(2)路基防护与支挡结构设计以及附属构造的设计。
(3)EPS 块体的垂直应力验算;泡沫轻质土重度、强度以及配合比设计。
(4)路堤与地基整体稳定性验算,针对特定位置的抗滑稳定性验算;泡沫轻质土路堤应进行抗倾覆稳定性验算。
(5)地基沉降验算。
(6)当轻质材料填筑体位于地下水位以下或者低于设计洪水位时,进行抗浮验算。

第二节 轻质材料路堤方案设计

一、轻质材料路堤使用范围

当需要减少路堤重度或者减小土压力时,可采用轻质材料作为路堤填筑材料或支挡结构回填材料。

轻质材料可用于如下路堤工况:

①软土地基条件下与构造物相邻路段的路堤。在软土地基桥头或者与涵洞连接部位,采用轻质路堤,可以降低基底压力,减少总沉降和工后沉降,减小桥涵结构的侧向压力,提高路基和桥台的稳定性。
②不同软土地基处理方式的过渡地段的路堤。
③滑动后需要快速修复的路堤。将轻质材料用于滑动路堤的修复,可以快速修复路堤,并提高路堤的稳定性。
④软土地基的拓宽路堤。在软土指标较差的高路堤拓宽工程中采用轻质材料,可以降低拓宽路堤部位的基底压力,减小新老路基的差异沉降,减轻新路堤对老路堤的影响,提高地基

的稳定性。

⑤工期较紧的特殊地段路基。

轻质材料路堤不宜用于洪水淹没地段。

二、轻质材料路堤的方案比选设计及各类轻质材料路堤的适用条件

路堤填料宜按照就地取材、经济适用的原则,根据当地材料供应情况和地基稳定性、沉降要求选定。

粉煤灰路堤一般在粉煤灰材料来源丰富、运输便利、价格低廉的情况下采用,并注意施工过程中的扬尘等环境保护等问题。

土工泡沫塑料路堤和泡沫轻质土路堤造价较高。初步设计时,应就选用土工泡沫塑料或泡沫轻质土作为路堤填料的必要性进行论证,并与其他地基处理措施进行综合比较后选用。土工泡沫塑料路堤和泡沫轻质土路堤一般适用于沉降控制要求较高,以及含水率大、抗剪强度低,或者深厚软土的地基条件。

EPS 颗粒混合土比 EPS 块体材料价格便宜,施工工艺简单,但是,目前国内实践较少,全面推广还需进一步积累经验。

各类轻质材料路堤选用原则如下:

(1)粉煤灰路堤适用于软土性质较差、需要适当减轻路堤重量的路段,宜用于拓宽、桥头、墙背、高路堤等工程位置。考虑环境保护问题,宜用于条件适宜的局部地段。

(2)泡沫轻质土和 EPS 颗粒混合土路堤适用于软土性质较差、需要较大幅度减轻路堤重量的路段,宜用于拓宽、桥头、墙背等工程位置。

(3)土工泡沫塑料路堤适用于软土性质极差、需要较大幅度减轻路堤重量的路段,宜用于桥头、墙背等工程位置,以及快速修复路堤。

第三节 土工泡沫塑料路堤

泡沫塑料是以塑料为基本组分并含有大量微小气泡的聚合物材料。用于制造泡沫塑料的常用树脂材料有聚苯乙烯(PS)、聚氨酯(PU)、聚氯乙烯(PVC)、聚乙烯(PE)、尿甲醛(UF)等,近年来品种逐渐增多。采用聚苯乙烯发泡制作的 EPS 材料,具有价格相对便宜和环境友好(未使用氟利昂或类似气体作为发泡剂,不挥发甲醛)等优点,在工程中得到较为广泛应用。

一、EPS 块体路堤的设计原则、设计内容与设计流程

1. EPS 路堤的设计原则

EPS 材料价格昂贵,EPS 路堤造价约为桥梁的 0.7~0.9。因此,在初步设计及方案比选时,应进行经济、技术等方面的充分分析与比较,论证选用 EPS 块体作为软土地基上路堤填筑材料的必要性。

土工泡沫塑料路堤设计,应充分利用 EPS 的超轻质特性,按照工程的实际要求,选择合理的块体形状和结构与构造形式,布置于有效部位,充分发挥其降低基底荷载压力、提高路堤及地基稳定性、减少沉降量、调整不均匀沉降、降低侧向土压力、减少构筑物的侧向位移等作用。

2. EPS 路堤的设计内容与设计程序

EPS 路堤的设计包括如下内容:

(1)确定合理的设计断面,优化结构形式和尺寸,选择适用的 EPS 块体。
(2)验算设计路堤中作用于 EPS 结构块体的垂直应力,并检验是否满足 EPS 容许压缩强度的要求。
(3)当设计工程的 EPS 块体铺设在地下水位以下或者受洪水淹没时,应进行抗浮验算。
(4)设计路基基底沉降验算,检验是否满足容许沉降和工后沉降的要求。
(5)设计路堤稳定性验算,验算 EPS 基底的抗滑稳定性和地基(路堤)的稳定性。
(6)EPS 路堤上路面的设计与计算。
(7)EPS 路堤构造设计,包括 EPS 块体之间的联结件、护坡、钢筋混凝土板等。

3. EPS 路堤的设计程序

软土地基上的 EPS 路堤、拓宽段的 EPS 路堤、滑坡段修复 EPS 路堤、挡墙和桥台墙背 EPS 填充部分的设计程序如下(图 1-10-2):

(1)首先收集设计工程有关的基础资料,包括设计要求、条件、标准、场地地质条件以及有关土工参数等。
(2)做出 EPS 路堤的初步方案,必要时还包括地基处理方案。

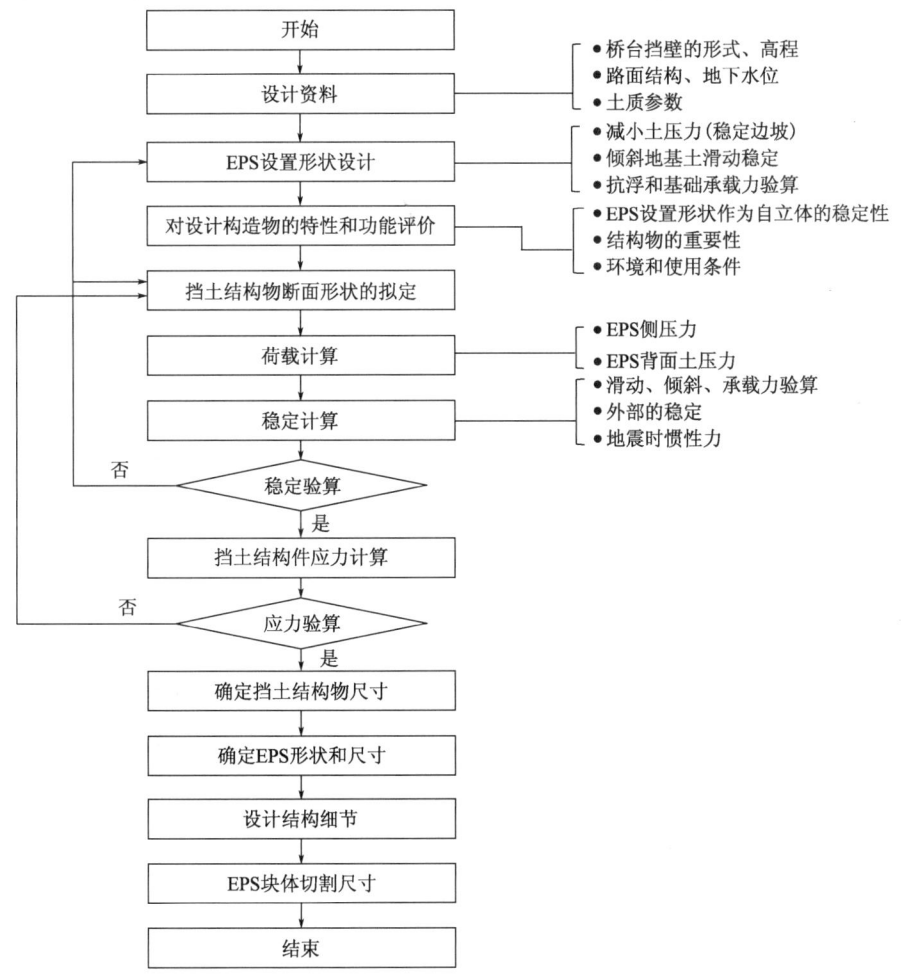

图 1-10-2　EPS 路堤设计程序

(3)设计计算与分析,包括作用于 EPS 路堤结构的应力验算、厚度检验、抗浮检验、EPS 路堤的稳定性及沉降等验算,最终确定合理的设计方案。

二、EPS 块体材料性能及技术要求

1. EPS 块材重度及技术要求

EPS 重度取决于材料制造时的发泡倍率。模内发泡法制造的 EPS 材料,空气体积约占 97%~98%,而聚苯乙烯等成分仅占体积的 2%~3%。由于 EPS 块体的密度直接影响材料的强度,并对其他物理力学指标也有显著影响,因此重度是 EPS 块体的重要特性指标之一。EPS 块材密度范围为 $5 \sim 40 \text{kg/m}^3$,约为土的 1/50~1/100。路堤填筑用 EPS 块体的密度宜在 $20 \sim 30 \text{kg/m}^3$ 范围选用。

2. EPS 块材力学性能及技术要求

EPS 的力学特性指标见表 1-10-1。典型试验条件下 EPS 抗压强度的变异范围大约为 ±20%。

EPS 的力学特性 表 1-10-1

试 验 项 目	不同密度情况下 EPS 的力学性能试验结果		
	15kg/m^3	20kg/m^3	30kg/m^3
10% 压缩时的压应力(kPa)(试件尺寸 50mm×50mm×50mm)	60~110	110~160	200~250
总压缩为 1.5%~2.0% 时的持续压力负荷(kPa)(试件尺寸 50mm×50mm×50mm)	25~30	40~50	70~90
抗弯强度(kPa)(试件尺寸 120mm×25mm×20mm)	60~130	150~390	330~570
抗剪强度(kPa)	80~130	120~170	210~260
压缩弹性模量(kPa)	1600~5200	3400~7000	7700~11300
吸水性(%)(试件尺寸 50mm×50mm×50mm,7d 水下试验)	≤7	≤7	≤7

(1)应力-应变关系、蠕变特性、重复荷载特性和容许应力

EPS 材料的压缩过程分为弹性、屈服和硬化三个阶段(图 1-10-3)。当 $\varepsilon \leq 1\%$ 时,材料处于弹性状态;当 $\varepsilon = 2\% \sim 4\%$ 时,材料进入塑性状态。

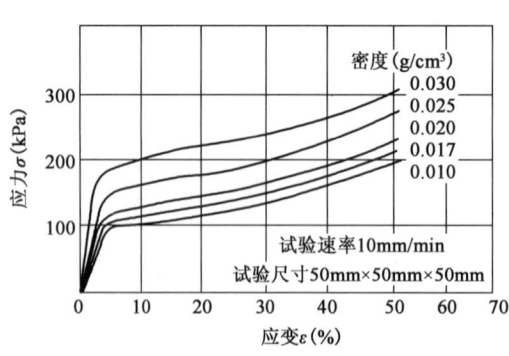

图 1-10-3 密度对 EPS 材料应力-应变关系的影响

EPS 在压缩条件下的屈服不是出现在某一点,而是在某一范围。屈服后 EPS 表现为屈服硬化,且开始阶段仍是线形的,斜率大约是线弹性阶段的 5%。随着密度的增大,EPS 材料屈服强度线性增大。

工程中一般以 $\varepsilon = 5\%$ 时的压应力作为抗压强度 σ_c;以 $\varepsilon = 1\%$ 时的压应力为容许应力 $[\sigma]$,并通过试验确定。试验结果表明,$[\sigma] \approx 0.5\sigma_c$。不同密度的 EPS 材料块体的容许压应力参考值

见表1-10-2。在设计中,应以容许压应力作为设计依据。

不同密度的 EPS 材料块体的容许压应力 表1-10-2

密度(kg/m³)	30	25	20	16	12
容许压应力(kPa)	90	70	50	35	20

采用 EPS 填筑的路堤为永久性工程,应考虑泡沫塑料的长期性能。试验表明,泡沫塑料在某一小于抗压强度 σ_c 的压应力长期作用下,应变会缓慢地增加。当应变量达到某一数值时,会导致工程的使用功能丧失。图 1-10-4 是密度为 16kg/m³ 的 EPS 材料的蠕变试验结果。荷载较小时,蠕变增量极小;在荷载小于抗压强度时,EPS 蠕变小于2%;当荷载超过某一范围,蠕变增量显著增大;荷载小于 1/2 抗压强度(容许抗压强度)时,可以忽略蠕变影响。

布设在路堤内的 EPS 块体还承受行车荷载的作用。在 EPS 强度设计时,必须重视疲劳荷载对其变形的影响。图 1-10-5 是密度为 16kg/m³ 的 EPS 材料重复荷载次数与压应变关系曲线,其中载荷比是最大重复荷载 P 与抗压强度 σ_c 的比值。试验结果表明,当载荷比小于 0.4 时,即使重复加载 100 万次,压缩变形也不会明显增加。

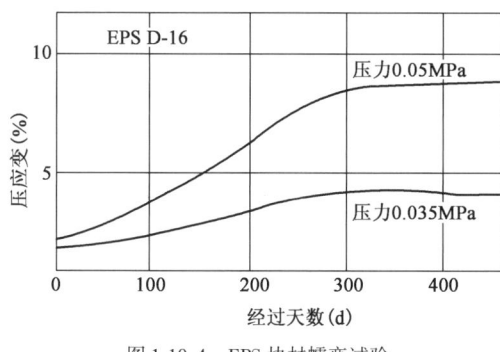

图 1-10-4 EPS 块材蠕变试验

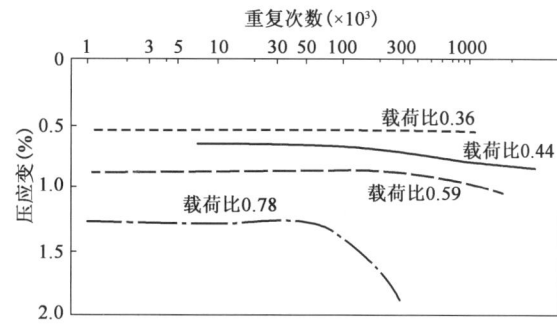

图 1-10-5 EPS 块材重复加载试验

如果 EPS 处于线弹性变化范围内,即使在重复荷载的作用下,也不会出现明显的蠕变变形。所以,在设计中取 EPS 块体 $\varepsilon = 1\%$ 作为控制标准,以防 EPS 由于发生较大的蠕变变形而导致路堤的破坏。

(2)弹性模量和泊松比

EPS 块体的弹性模量随其密度的增大而增大(表1-10-1)。常规温度、湿度和路面荷载作用下,EPS 的弹性模量值(线弹性阶段)大约在 6.2~12.4MPa 之间。

在线弹性范围内,EPS 的模量值不变。当荷载超过比例极限后,EPS 的模量值迅速下降,如图 1-10-6 所示。当应变继续增长,EPS 呈现非线性,此时 EPS 的空腔结构已遭破坏,产生明显的塑性变形。

EPS 的泊松比也随其密度的增大而增大,但随压缩应变的增大而减小,一般在 0.07~0.13 范围内,通常可取 0.1。

路面结构设计中,EPS 块加 0.10~0.15m

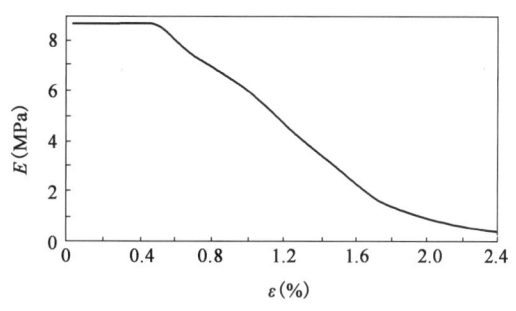

图 1-10-6 EPS 的弹性模量与应变的关系曲线

厚钢筋混凝土板的路床回弹模量 E_0 可以取 35～50MPa。

(3) 围压对 EPS 力学性能的影响

通过动静载三轴试验研究发现，EPS 材料在高围压作用下，其弹性性能减小，塑性变形增大，而且 EPS 材料与土具有完全不同的性质，具有体应变特性。在体应力作用下，EPS 材料内部空气排出，产生体应变，而且随围压增加 EPS 材料内部结构将逐渐破坏。但是，在围压小于 150kPa 的条件下，EPS 能保持其较高的结构强度。通常路基所承受上覆路堤压力小于 100kPa，因此，可用 EPS 作为路堤填料。

(4) 摩擦特性

采用尺寸为 $0.15m \times 0.15m \times 0.15m$、密度为 $41kg/m^3$ 的 EPS 块体密度进行室内试验。结果表明，EPS 与钢筋混凝土板之间的摩擦系数一般为 0.7，与干松砂间的摩擦系数为 0.4，与（较松）湿砂间的摩擦系数为 0.3，EPS 块体之间的摩擦系数为 0.5。

3. EPS 块材稳定性

吸水、低温、冻融循环对 EPS 的抗压强度没有不利的影响。相反，潮湿状态下 EPS 抵抗变形的能力甚至优于干燥状态。前者的抗压强度比后者要高出 10%。随着温度的下降，EPS 的抗压强度还有所上升。

4. EPS 块材吸水性

EPS 材料由无数独立多面体组成，材料本身具有憎水性，少量水分可以进入独立多面体之间的空隙中。EPS 块体饱水 28d 的吸水率平均值为 5.6%，受密度变化影响不大。

液态水的存在会在一定程度上影响材料的导热系数，但是，这对材料的力学性质并无显著影响，也不会改变 EPS 的体积。事实上，EPS 作为轻质材料使用，考虑其吸水率主要是为了计算浸水后 EPS 块体对下卧层产生的静载。

5. EPS 块材耐热性和燃烧性及技术要求

EPS 热变形温度约为 70～80℃，在此温度附近 EPS 开始软化。因此，采用 EPS 块体作为路基材料，应考虑遇到火灾时温度急剧上升的情况。

如果附近有火源，EPS 也可燃烧；但是，由含有阻燃剂的聚苯乙烯颗粒发泡成型的 EPS 燃烧后，3s 内可自熄，且阻燃剂对 EPS 的性能没有不利的影响。在设计中应采取两侧以土或其他形式的护坡加以防护，或者选用阻燃型 EPS。

6. EPS 块材耐久性及技术要求

表 1-10-3 列出了 20 种物质对 EPS 的影响状况。EPS 的化学性质从其本质上来说与聚苯乙烯相同，对于一般的酸、碱、动物油脂、盐类等具有较好的抗化学性，但是对芳香族碳化氢、卤族碳化氢、酮类、酯类等矿油系溶剂则具有易溶解的性质。因此，应注意避免与这类物质接触。

EPS 在水中和土壤中化学性质稳定，不能被微生物分解，也不会释放出对微生物有利的营养物质。

各种物质对 EPS 的影响　　　　　　　　表 1-10-3

物 质 名 称	对 EPS 的影响	物 质 名 称	对 EPS 的影响
水	无影响	微生物	无影响
大气	无影响	蕈类	无影响
氢氧化钠	无影响	汽油柴油	有轻度影响
石灰水	无影响	植物油	有影响
盐酸	无影响	油漆稀释剂	有影响
硫酸	无影响	丙酮	有影响
腐殖酸	无影响	乙酸乙醇	有影响
沥青	无影响	三氯乙酸	有影响
甘醇	无影响	甲苯	有影响
酒精	无影响	二甲苯	有影响

EPS 材料受在紫外线作用后,其表面会泛黄,但是材料本身的物理性能不会有较大的降低。对此,多数国家还是建议采取保护措施,尤其是在日照较强的夏季施工,应尽可能在较短时间内完成 EPS 块体施工。若长时间存放,应避免阳光直接照射。

7. 标准 EPS 块材尺寸

EPS 标准块件常用尺寸(高×宽×长,单位:m)可选用:0.5×1.2×6.0、0.5×1.2×2.5、0.5×1.0×2.5、0.5×1.0×3.0。

三、EPS 块体路堤结构设计

EPS 块体轻质路堤结构设计包括:EPS 路堤断面结构形式及 EPS 块体布置,EPS 路堤防护与支挡结构设计,EPS 块体结构的设计,钢筋混凝土板的设计,EPS 填筑体与一般路堤的纵向、横向连接以及 EPS 填筑体顶部路基坡度调整,EPS 填筑体施工基面设计和排水设计等。

1. EPS 路堤横断面结构形式及 EPS 块体布置

土工泡沫塑料路堤设计,应根据路堤的稳定性和容许工后沉降要求,确定 EPS 块体的断面布置。土工泡沫塑料路堤的一般断面结构如图 1-10-7 所示。

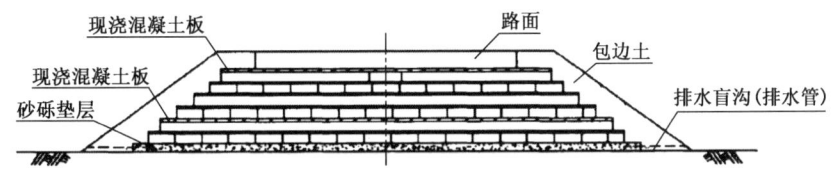

图 1-10-7　土工泡沫塑料路堤的结构

EPS 路堤可采用梯形断面结构(图 1-10-8)或支立式断面结构(图 1-10-9)。

EPS 块体可以根据需要布设在路堤中不同位置,设计要点列入表 1-10-4(参见图 1-10-10 和图 1-10-11)。

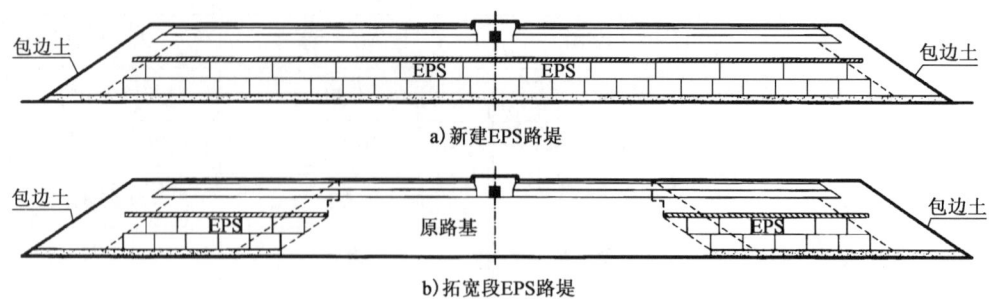

图 1-10-8　梯形 EPS 路堤横断面结构示意图

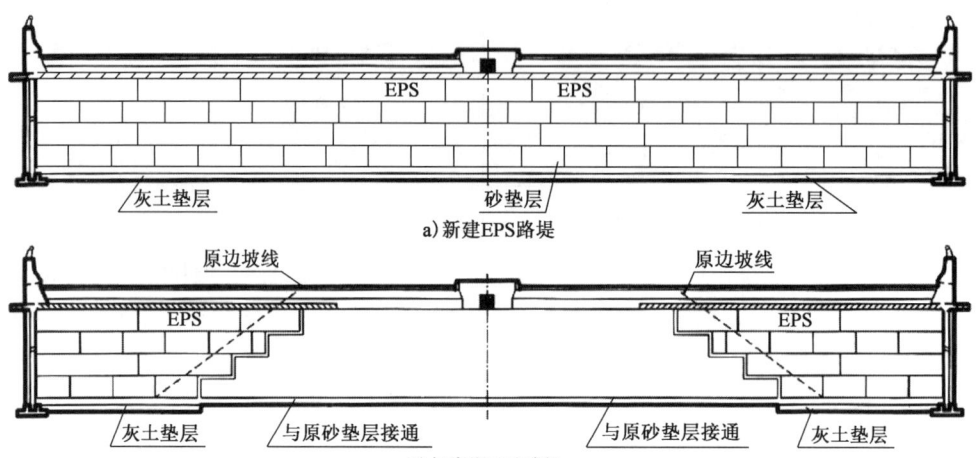

图 1-10-9　支立式 EPS 路堤横断面结构示意图

EPS 块体在路堤中的不同布设位置及设计要点　　　　　　　　表 1-10-4

EPS 块体在路堤中的布设位置	设 计 要 点
EPS 块体材料布设在路堤断面的下部地基基面以上范围内。EPS 块体之上的路面结构层及土质路堤总厚度大于 1.5m	隔离防护栏、标牌等可直接通过路面压入。在 EPS 块体与普通路基填土之间加铺 0.15m 厚的加筋混凝土板(图 1-10-10a)
EPS 块体材料布设在路堤断面的中部。EPS 块体之上的路面结构层及土质路堤总厚度小于或等于 1.5m	隔离防护栏、标牌等基础作专门设计。在 EPS 块体与普通路基填土之间加铺 0.15m 厚的加筋混凝土板(图 1-10-10b)。上层路基填土综合静态弹性模量应大于 45kN/m²
EPS 块体材料部分布设在地基基面以下	开挖地基,用 EPS 块体置换,以进一步减小或消除路面结构层荷载对地基产生的附加应力。在 EPS 块体与普通路基填土之间加铺 0.15m 厚的加筋混凝土板。若 EPS 块体处于地下水位以下,应进行抗浮稳定性验算

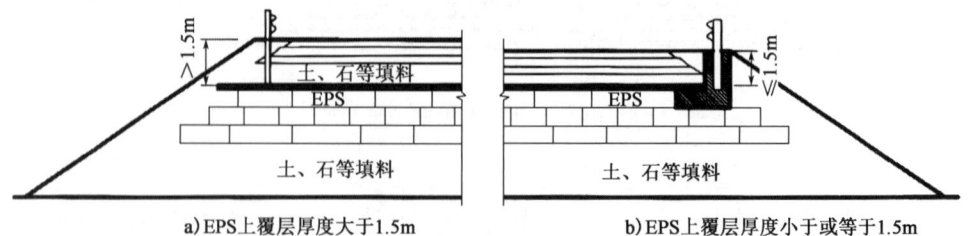

图 1-10-10　EPS 块体在路堤中的布设位置

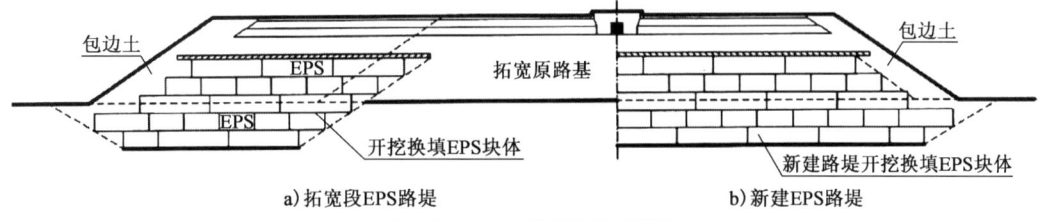

图 1-10-11 EPS 换填地基示意图

2. EPS 路堤防护与支挡结构设计

为遮断日光紫外线的直接照射、防止有害物质侵入和明火引燃 EPS 块体、防止啮齿类动物对 EPS 块体的损害、避免 EPS 块体在水中浸泡、防止块体受浮力作用而将路堤抬起,应采取必要的措施对 EPS 路堤进行防护。

EPS 路堤结构形式如下:

①坡(覆土)包边式结构。

对于斜坡式 EPS 路堤,在路堤两侧设置覆土护坡(图 1-10-8)。包边土的水平宽度不宜小于 1m。当路堤边坡较陡时,为防止覆土滑落,可采用加筋形式进行防护。

②立支挡结构。

为解决包边土的压实和自重荷载问题,可考虑采用薄壁式支挡结构(图 1-10-12)或者柱板式支挡结构(图 1-10-13)。

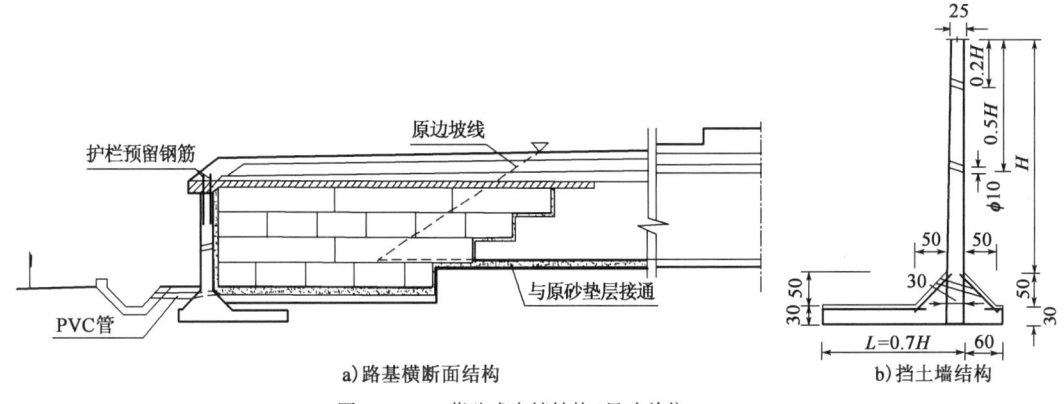

图 1-10-12 薄壁式支挡结构(尺寸单位:mm)

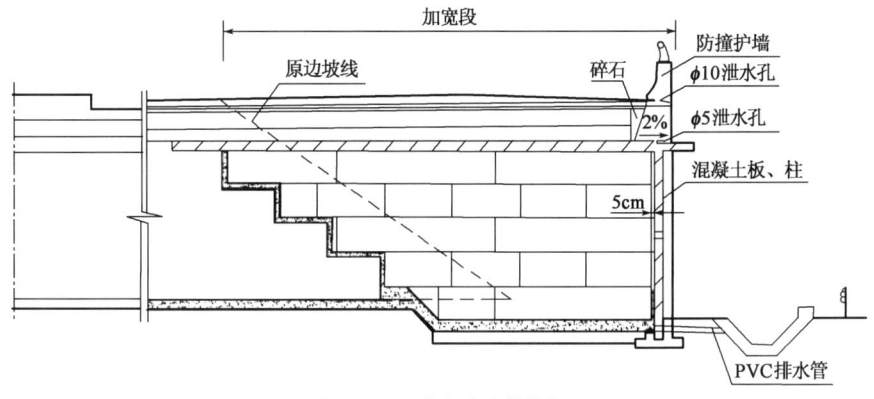

图 1-10-13 柱板式支挡结构

3.EPS 块体结构的设计

为防止 EPS 块间和层间错位,EPS 块体之间、块体与施工基面之间应通过专用联结件牢固联结。

EPS 块体之间采用爪形联结件加以固定。联结件分为双面爪形联结件和单面爪形联结件。单面爪形联结件用于 EPS 顶层,双面爪形联结件用于上下两层 EPS 之间的联结。联结件由 1mm 厚 A3 钢板冲轧而成,采用镀锌处理以防止联结件锈蚀,见图 1-10-14。沿 EPS 块长度方向布置间距不大于 1m。

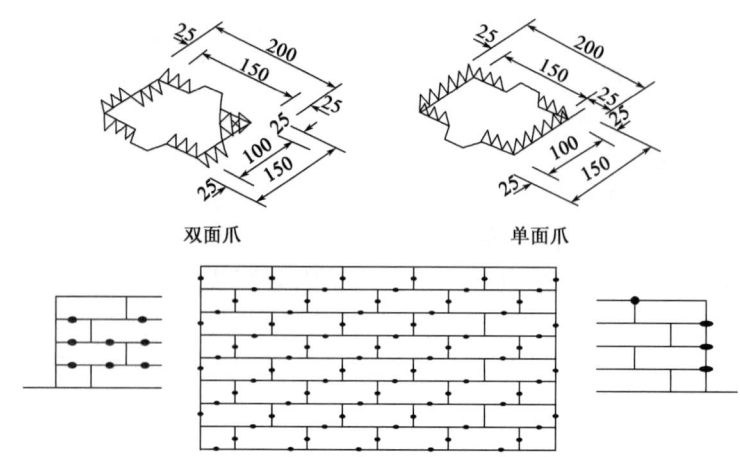

图 1-10-14 EPS 联结件大样及布置(尺寸单位:mm)

底层 EPS 块与地基之间采用 $\phi 10mm$ 圆钢制成的 L 形销钉固定,每个标准块用 3 根钉加以固定(图 1-10-15)。

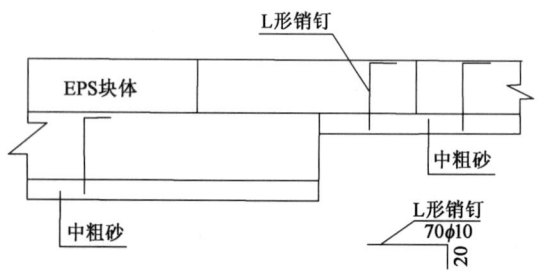

图 1-10-15 EPS 块体固定构造

4.钢筋混凝土板的设计

EPS 块体与路面之间应设置现浇钢筋混凝土板,厚度宜为 0.1~0.15m,并按构造要求配置钢筋。为避免现浇钢筋混凝土板被施工机械压碎,可增设碎石垫层,其厚度宜为 0.3~0.5m。

在 EPS 多层块体之间,每隔 2~3m 或 4~6 层应设置一层现浇钢筋混凝土板,厚度宜为 0.10~0.15m,并按构造要求配置钢筋。

5.EPS 填筑体与一般路堤的纵向、横向连接

EPS 填筑体与一般土质路堤之间的纵向连接应设置过渡段。即将 EPS 块体以台阶的方

式与土质路堤连接过渡。横向连接亦如此。应将 EPS 块体纵横向交错铺筑,以利于 EPS 块体的受力均匀和变形连续(图 1-10-16)。

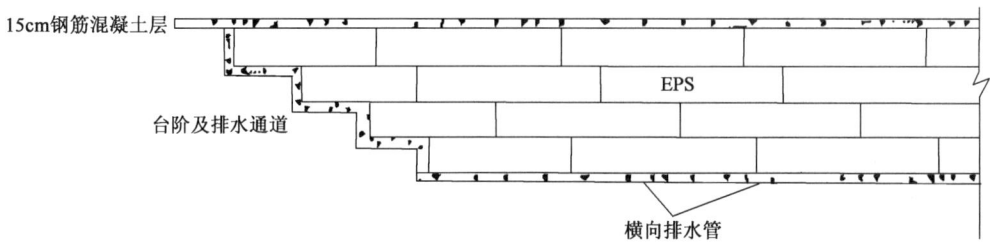

图 1-10-16　EPS 填筑体与一般路堤的纵向、横向连接

6. EPS 填筑体顶部路基坡度调整

对于路基顶部纵坡与横坡的调整,有如下三种方法可供选择:

①用路基底层调坡(图 1-10-17)。根据实际路面的纵横坡率,通过 EPS 底部的整平层调整坡率。采用这种方式,材料损耗小;但是,上部的竖向荷载将倾斜作用于 EPS 块体,EPS 块体将会受到水平力的作用,不利于 EPS 块体的受力。

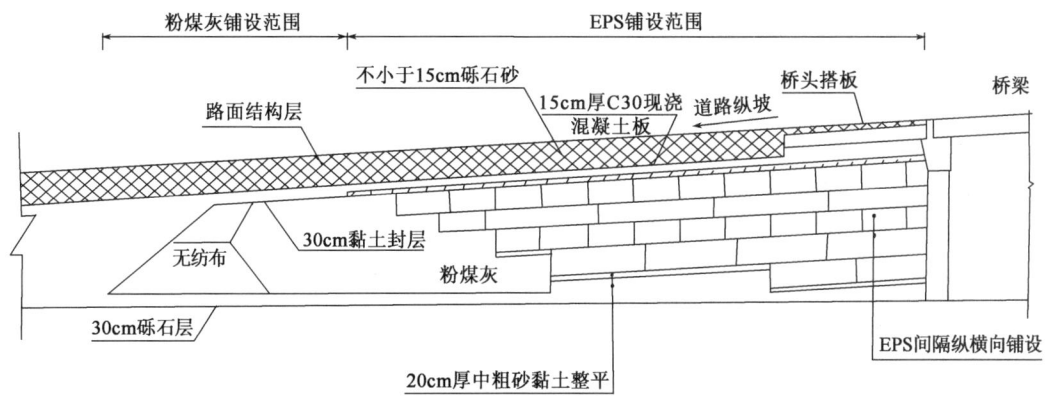

图 1-10-17　采用路基底层调坡(尺寸单位:mm)

②在路基底部 EPS 块体水平铺筑,路基顶部采用经切割的 EPS 块体,通过小台阶调整坡度。采用这种方式,EPS 填充体受力条件好,施工方便,但是损耗较大。

③EPS 块体和顶部混凝土板均水平布设,通过在混凝土板的上部设置一定厚度的改良土进行横坡和纵坡的调整。

工程实践表明,第二种调坡方法既可以满足设计要求,施工也较为简便。

7. EPS 填筑体施工基面设计和排水设计

EPS 属于超轻质材料,若浸没在水中,在浮力作用下,EPS 上部结构将受到垂直向上的荷载,导致路基不均匀变形。对于路基拓宽工程,会导致新老路基连接处产生拉应力。当拉应力超过路面结构强度时,将会引起新老路基结合处产生纵向裂缝。因此,EPS 块体路堤段应加强地表排水设施和地下排水设施的设计。

土工泡沫塑料路堤基底应设置砂砾垫层,厚度宜为 0.2～0.3m。垫层平整度宜采用 3m 直尺测量,最大间隙应小于 10mm。垫层宽度宜超出 EPS 块体边缘 0.5～1.0m,并通过排水盲沟或排水管保证向外部排水畅通。

当采用 EPS 材料对地基置换时,应设置横向排水通道。为避免边沟过深,可考虑在边沟以下设置纵向排水盲沟。

为防止雨水通过路面结构层渗入路堤内部,在现浇混凝土板和顶层 EPS 板之间加铺一层防渗土工布。

8. EPS 填筑体用于桥台与路基过渡结构设计

EPS 填筑体用于桥台与路基过渡结构设计,参见图 1-10-18。在 EPS 块体端部和基底应设置排水垫层和横向排水通道。

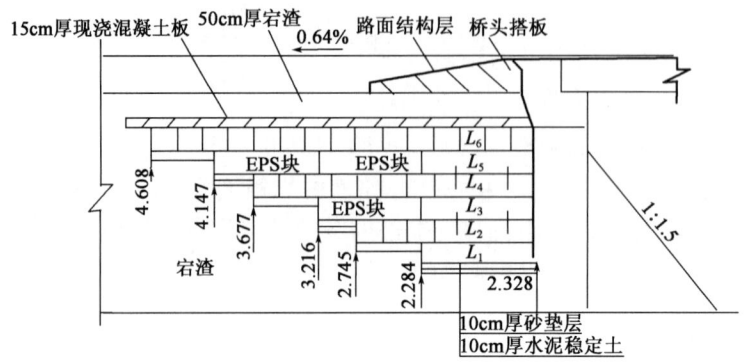

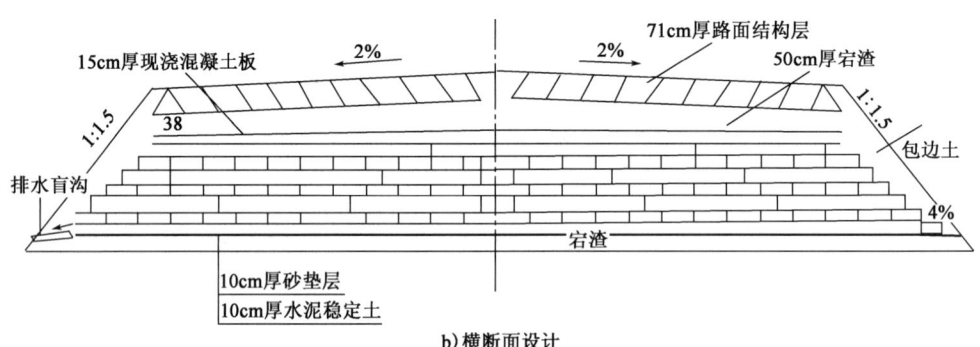

图 1-10-18　EPS 填筑体用于桥台与路基过渡段

9. EPS 填筑体用于路基拓宽结构设计

EPS 填筑体用于路基拓宽结构设计,参见图 1-10-19～图 1-10-21。

四、EPS 块体路堤的分析与计算

1. 荷载

土工泡沫塑料路堤设计应考虑路堤自重、上覆荷载和活载、土压力及水压力、地震力、冲击力、制动力等作用。

① 自重。

在抗浮稳定性验算的浮力计算中,EPS 重度应采用 $0.2\mathrm{kN/m^3}$;而在稳定性和沉降计算中,浸水后的 EPS 重度宜采用 $1.0\mathrm{kN/m^3}$。

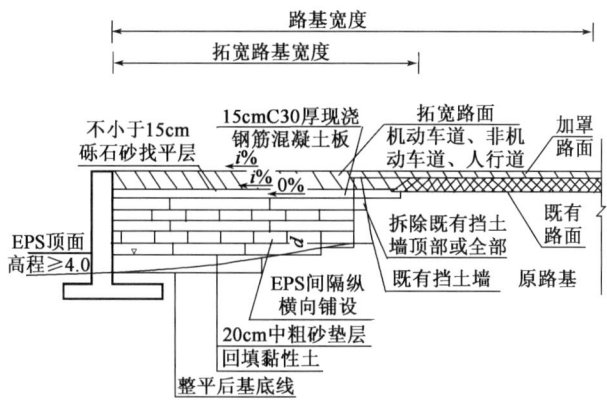

图 1-10-19　EPS 填筑体用于路基拓宽结构设计(支挡结构式)

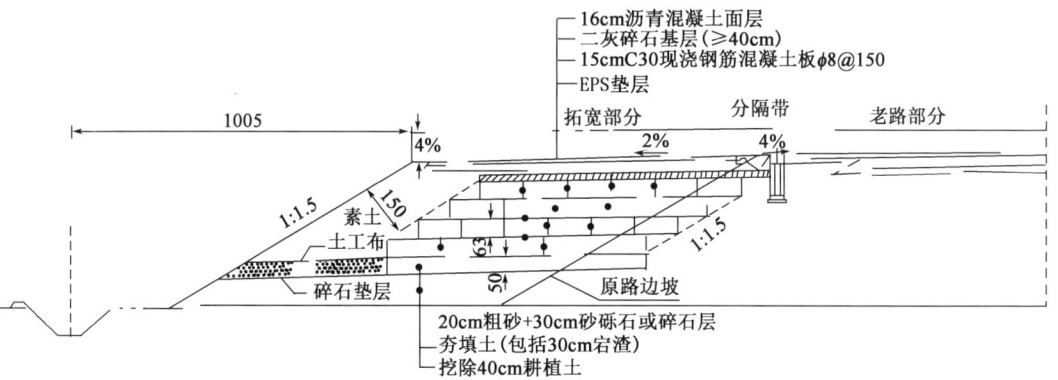

图 1-10-20　EPS 填筑体用于路基拓宽结构设计(斜坡包边式)(尺寸单位:cm)

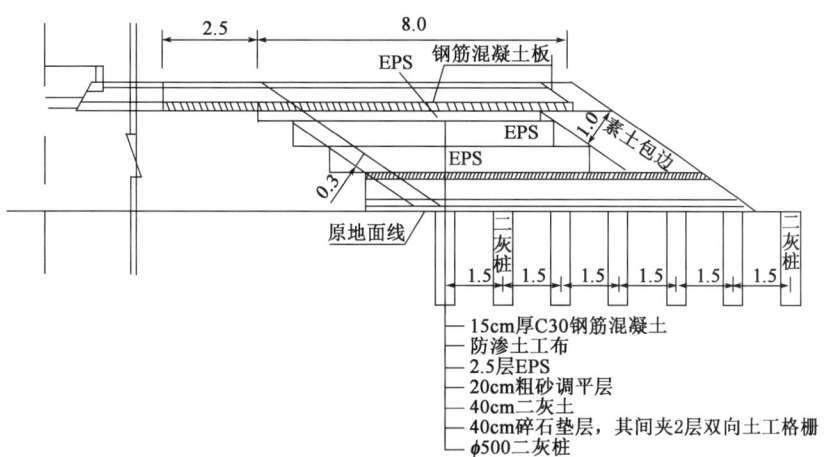

图 1-10-21　EPS 填筑体用于路基拓宽结构设计(斜坡包边式,地基处理)(尺寸单位:m)

②上覆荷载。

上覆荷载应包括路面、EPS 块体之上结构的自重以及活载等。

③EPS 的侧向压力。

考虑到EPS块体上面存在上覆荷载的作用,当EPS块体发生竖向变形时,则会产生横向膨胀,进而产生侧向压力。侧向压力的大小,可以按上覆荷载的0.1倍值计算,沿深度方向均匀分布。

2. EPS块体抗压强度验算及EPS材料重度的确定

上覆荷载和活载在EPS结构块体上产生的竖向应力σ(图1-10-22)可按式(1-10-1)和式(1-10-2)计算,并应满足式(1-10-3)的要求。

$$\sigma_z = \sigma'_z + \sum \gamma_i h_i \tag{1-10-1}$$

$$\sigma'_z = \frac{P(1+\xi)}{(B+2z\tan\theta)(L+2z\tan\theta)} \tag{1-10-2}$$

$$\sigma_z \leq [\sigma_a] \tag{1-10-3}$$

式中:σ'_z——由活载在EPS块体上产生的压应力(kPa);

P——轮压荷载(汽车后轴重)(kN);

ξ——冲击系数,可取0.3;

z——路面及钢筋混凝土板的厚度(m);

B、L——后轮着地宽度和长度,$B=0.6$m,$L=0.2$m;

θ——荷载扩散角(°),对水泥混凝土路面,$\theta=45°$;对于沥青混凝土路面,$\theta=40°$;

γ_i,h_i——上覆路面结构层及混凝土保护层的重度(kN/m³)及厚度(m);

$[\sigma_a]$——EPS块体容许抗压强度,对于均质块体可取室内无侧限抗压强度试验所测屈服强度的一半,对于格室型EPS块体应由现场荷载试验确定。

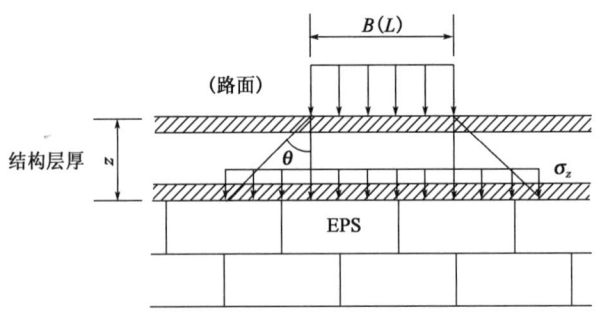

图1-10-22 分布应力计算示意图

【计算示例1】 EPS块体抗压强度验算

宁沪高速公路扩建工程,沥青路面面层厚度0.19m,重度$\gamma_1=23$kN/m³;路面基层厚度0.60m,重度$\gamma_2=22$kN/m³;钢筋混凝土板厚0.15m,重度$\gamma_3=25$kN/m³。

$\sigma_z = 80 \times (1+0.3) \div (0.5 + 2 \times 0.94 \times \tan 45°) + (23 \times 0.19 + 22 \times 0.60 + 25 \times 0.15)$
$= 23.32 + 21.32 = 44.64 < [\sigma] = 50$kPa

计算结果表明,行车荷载产生的应力在总应力中占有较大的比例,因此,对于EPS路堤而言,EPS块体顶面之上铺设层的厚度对行车荷载应力的扩散具有较大的影响。铺设层厚度与EPS块体所承受的压应力关系曲线如图1-10-23所示。从图1-10-23中可以看到,随着上覆层厚度的减薄,EPS块体所承受的压应力增大,需要更高强度的EPS材料。因此,EPS块体密度的确定,需要结合路面结构层的设计,将EPS块体变形限制在弹性范围内,否则需要对EPS块体以上的路基路面结构进行局部加强。从图 1-10-23 中可以看到,当采用密度为 20kN/m³ 的 EPS 块体时,上覆层的最小厚度为 0.7m。

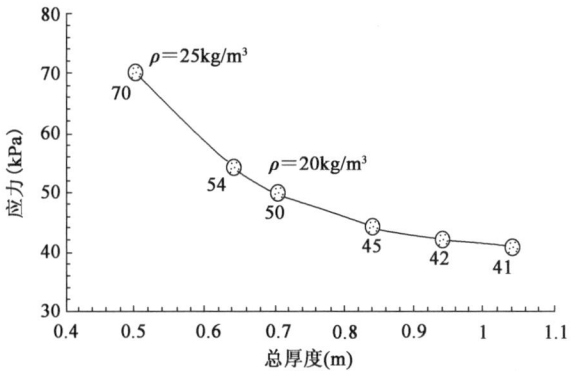

图 1-10-23　铺设层厚度与 EPS 块体所承受的压应力关系曲线

处理好路面结构层及路床厚度与 EPS 密度的关系,是确保 EPS 路堤正常受力和可靠使用的技术关键。

3. EPS 块体填筑厚度的确定

轻质材料的使用主要以减轻路堤自重、减小地基应力及路堤沉降为主要目的,轻质材料填筑厚度根据工后沉降计算确定。沉降计算是确定软土地基上轻质路堤填筑高度以及在自然地面以下采用轻质材料换填深度的基本依据。基底应力的确定是沉降计算关键。计算时可遵循"地基应力等效原则"或者"路堤沉降控制原则"。

①按"地基应力等效原则"确定。

概化均质路堤沉降计算模型如图 1-10-24 所示。在保持路基设计高度 H 不变的情况下,调整填料重度 R,直到工后沉降满足规范要求,此时路堤基底应力 $P_0 = R \cdot H$。

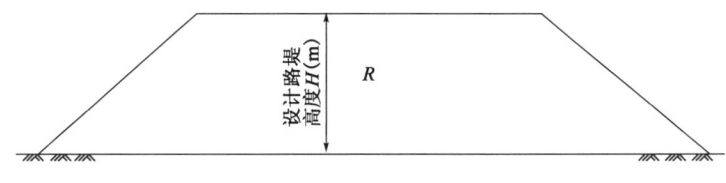

图 1-10-24　概化路堤模型

P_0 确定后,先不考虑地下水的作用,要使基底应力不超过 P_0,如图 1-10-25 所示,有式(1-10-4):

$$h_0 \cdot R_s + (h_1 + S) \cdot R_L - R_p \cdot S = P_0 \quad (1\text{-}10\text{-}4)$$

式中:h_0——路面结构层厚度(m);

h_1——在自然地面以上轻质填料填筑高度(m);

S——自然地面以下轻质填料换填深度(m);

R_s——路面结构层平均重度(kN/m³);

R_L——轻质填料自然重度(kN/m³);

R_p——地基土自然重度(kN/m³);

P_0——路堤基底应力(kN/m²)。

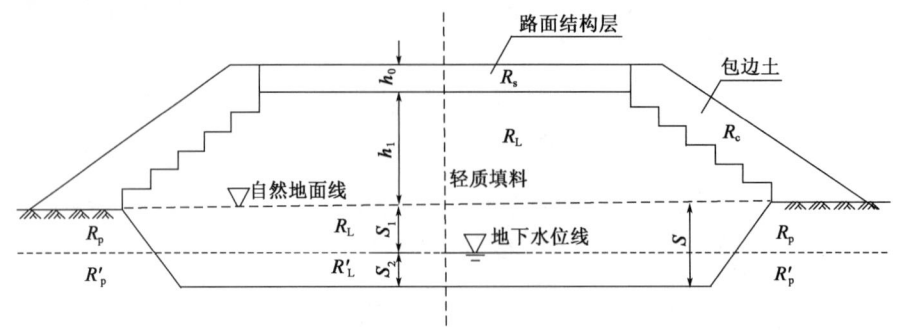

图1-10-25 按"地基应力等效"原则确定轻质材料填筑厚度分析模型

通过式(1-10-4)求得自然地面以下轻质填料换填深度 S。

当 $S \leq 0$ 时，无须开挖地基，沉降即可满足要求。

当 $0 < S < S_1$ 时，按求得 S 进行轻质路堤设计。

当 $S \geq S_1$ 时，按式(1-10-5)求解地下水位以下地基换填深度 S_2。自然地面以下轻质填料换填深度 $S = S_1 + S_2$。

$$h_0 \cdot R_s + (h_1 + S_1) \cdot R_L + S_2 \cdot R'_L - (R_p \cdot S_1 + R'_p \cdot S_2) = P_0 \quad (1\text{-}10\text{-}5)$$

式中：S_1——地下水埋深(m)；

R_s——路面结构层平均重度(kN/m^3)；

R'_L——轻质填料浮重度(kN/m^3)，对于EPS材料，取 $R'_L = R_L - 10$；

R'_p——地基土浮重度(kN/m^3)；

P_0——路堤基底应力(kN/m^2)。

②按"路堤沉降控制原则"确定。

如果软土地基上采用常规路堤填筑材料，但是，受工期等因素制约，预压时间不够，工后沉降无法满足规范或设计要求；或者，在工后因反复补铺路面，导致路基工后沉降不断加大，需要采取轻质填料进行换填。

对于常规路基(图1-10-26)，设计高度 $H = h_0 + h_1 + h_2 - S_0$，已完成沉降为 S_0，总沉降为 S。为确保工后沉降满足要求，换填轻质材料的厚度 h_1 应满足式(1-10-6)。

$$h_0 \cdot R_s + h_1 \cdot R_L + h_2 \cdot R_c = \frac{S_0}{S} \cdot [R_c \cdot (S - S_0 + h_2 + h_1) + h_0 \cdot R_s] \quad (1\text{-}10\text{-}6)$$

式中：R_c——常规填土自然重度(kN/m^3)。

4. EPS路堤的沉降计算

EPS路堤的沉降包括两部分：一为EPS在上部静载和交通荷载作用下的压缩应变 S_1；二为EPS填料下面地基的沉降 S_2。

$$S = S_1 + S_2 \quad (1\text{-}10\text{-}7)$$

在设计过程中，S_1 为EPS在弹性范围内的压缩量，故可采用弹性理论法，由弹性理论的应力-应变关系的基本方程，可得式(1-10-8)。

$$S_1 = \frac{\sigma}{E} h \quad (1\text{-}10\text{-}8)$$

式中:σ——EPS 上部承受荷载(kPa);
E——对应该种密度 EPS 的弹性模量(kPa);
h——EPS 填筑高度(m)。

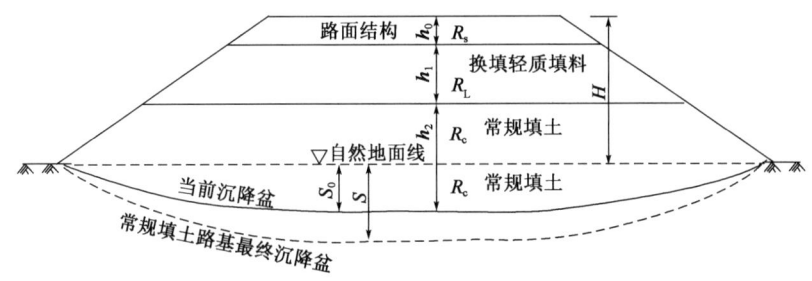

图 1-10-26 按"路堤沉降控制"原则确定轻质材料填筑厚度分析模型

地基的沉降变形 S_2 的计算采用分层总和法,计算基础沉降的分层总和法都是以无侧向变形条件下的压缩量(或称单向压缩)公式为基础的。

考虑到 EPS 路基荷载较小,不可能发生侧向挤出导致的路基沉降,因此,地基沉降计算时,总沉降修正系数宜取 1.0~1.1。

5. EPS 路堤稳定性验算

应对土工泡沫塑料块体之间的滑动稳定系数、土工泡沫塑料路堤底板位置的滑动稳定系数以及土工泡沫塑料路堤的整体稳定性进行验算。

(1)土工泡沫塑料路堤整体稳定性验算,应按《公路路基设计规范》(JTG D30—2015)第 3.6 节和第 7.7 节有关规定,采用瑞典圆弧滑动法中的有效固结应力法或改进总强度法计算,有条件时也可采用简化 Bishop 法或 Janbu 普遍条分法(图 1-10-27)。

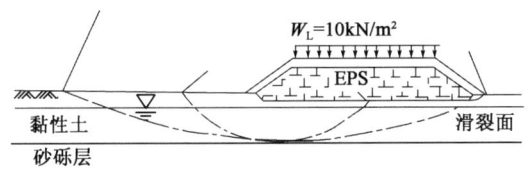

图 1-10-27 土工泡沫塑料路堤整体稳定性验算

(2)土工泡沫塑料块体之间的滑动稳定性和土工泡沫塑料路堤底板位置的滑动稳定性可按式(1-10-9)计算,计算滑动稳定系数不应小于 1.5。

$$F_s = \frac{(W + P_V)\mu + cB}{P_H} \quad (1\text{-}10\text{-}9)$$

式中:W——土工泡沫塑料块体的自重(kN);
P_V——土压合力的垂直分量(kN);
P_H——土压合力的水平分量以及水平地震力(kN);
μ——底板与基础间的摩擦系数;
c——底板与基础间的黏聚力(kPa);
B——底板宽度(m)。

6. EPS 路堤抗浮稳定性计算

当土工泡沫塑料铺设于地下水位以下,或受到洪水淹没时,应按式(1-10-10)进行抗浮验算。抗浮安全系数为 1.1~1.5,最高地下水位或洪水位达到土工泡沫塑料块体的发生概率较低时,取小值。

$$F_s = \frac{\sum \gamma_i h_i}{\gamma_w h_{jw}} \tag{1-10-10}$$

式中:F_s——抗浮稳定系数;

γ_i——各层材料的重度(kN/m^3);

h_i——各层材料的厚度(m);

γ_w——水的重度(kN/m^3);

h_{jw}——路堤浸水的深度(m)。

当抗浮稳定系数小于抗浮安全系数时,应采取调整土工泡沫塑料铺设厚度、增加填土荷重或降低地下水位等措施。

【计算示例2】 地基置换深度计算和 EPS 填筑体抗浮稳定性验算

水的重度 $\gamma_w = 9.81 kN/m^3$,EPS 块体重度 $\gamma_{EPS} = 0.22 kN/m^3$,地基土重度 $\gamma = 18 kN/m^3$。路基投入运营后地下水位上升到 EPS 填筑体底面位置以上(图 1-10-28),水位与 EPS 填筑体底面距离 $R = 1.0 m$。路面及 EPS 顶部钢筋混凝土板结构厚度同【计算示例1】。

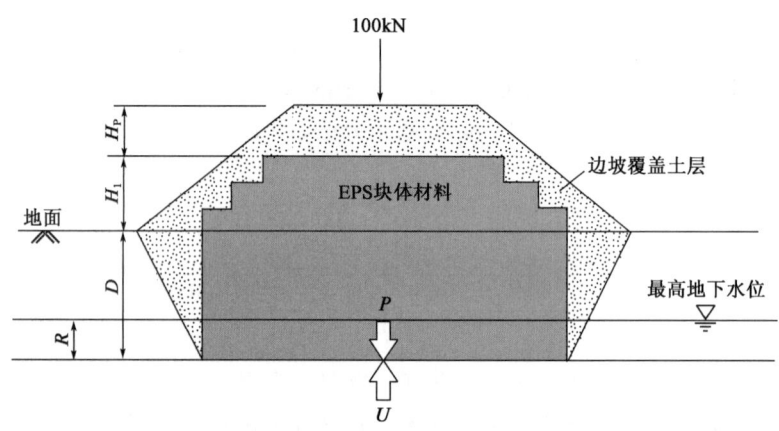

图 1-10-28 计算示例2

(1)地基置换深度 D 的确定

地基置换之前,EPS 填筑体底部位置应力 $p_0 = \gamma \times D$。

地基置换之后,EPS 填筑体底部位置应力 $p = \sigma_z' + \sum \gamma_i h_i + \gamma_{EPS}(H_1 + D)$。

令 $p = p_0$,得到地基置换深度

$$D = \frac{\sigma_z' + \sum \gamma_i h_i + \gamma_{EPS} H_1}{\gamma - \gamma_{EPS}} = \frac{23.32 + 21.32 + 0.22 \times 2}{18 - 0.22} = 2.54(m)$$

(2)抗浮稳定性验算

只考虑路基路面恒载作用,得

$$P = \sum \gamma_i h_i + \gamma_{EPS}(H_1 + D) = 21.32 + 0.22(2 + 2.54) = 22.32(kN/m^2)$$

$$U = \gamma_w R = 9.81 \times 1 = 9.81 (kN/m^2)$$
$$F_f = P/U = 22.32/9.81 = 2.28 > 1.2$$

满足抗浮稳定性要求。

第四节　泡沫轻质土路堤

一、泡沫轻质土路堤的设计原则、设计内容和设计流程

1. 泡沫轻质土路堤设计的原则

现浇泡沫轻质土路堤适用于软土性质较差、需要较大幅度减轻路堤重量的路段,宜用于拓宽、桥头、墙背等工程位置。

设计应遵循安全性、适用性和经济性原则。

(1)安全性具体体现在如下4个方面要求:①强度要求;②填筑体的抗滑、抗倾覆稳定性要求;③包括地基稳定性在内的整体稳定性要求;④耐久性要求。

(2)适用性体现在泡沫轻质土的用途方面。泡沫轻质土的主要优势在于轻质性、自密性、自立性和良好的施工性,适合于需要减少荷重或土压力的软基路堤、自立加宽路堤、高陡路堤、桥梁减跨、结构物背面及采空区、岩溶区等填筑工程。

(3)经济性体现在两个方面:①通过改变材料配合比可以配制不同重度、强度和施工性能的泡沫轻质土。在设计时,应针对所使用的部位,选择经济合理的重度等级和强度等级。②通过优化调整泡沫轻质土的布设位置及设计厚度满足路基变形控制和稳定性要求。

2. 泡沫轻质土路堤设计的内容

泡沫轻质土路堤的设计包括如下内容:

(1)确定路堤断面形式及构造形式。包括路堤宽度、高度,泡沫轻质土与常规填土路堤间的衔接坡比、路堤顶面纵横坡调节台阶等。

(2)路堤的附属构造设计,包括挡板设计、交通工程预埋件设计、现浇泡沫轻质土内部局部加筋设计、沉降缝设计等。

(3)泡沫轻质土重度、无侧限抗压强度和配合比设计。泡沫轻质土强度验算,应满足路堤各部位的强度要求。

(4)地基沉降验算:检验是否满足容许的沉降和工后沉降要求。

(5)地基承载力验算与路堤整体稳定性验算,以及特定工程位置及某些情况下(如作为拓宽路堤、挡墙、护岸构造物或作为这些构造物墙背填料时)的抗滑、抗倾覆稳定性验算。

(6)当现浇泡沫轻质土体位于地下水位以下或低于设计洪水位时,应进行抗浮验算。

(7)防排水设计:泡沫轻质土吸水后重度增加将导致其轻质性受到一定程度的损失,应根据实际情况,在路堤基底设置排水盲沟或其他排水措施,排除基底积水及地表水;此外还宜在泡沫轻质土表面设置一层防水布。

(8)泡沫轻质土的附属构造设计,包括挡板设计、交通工程预埋件设计、泡沫轻质土内部局部加筋设计、沉降缝设计等。

(9)泡沫轻质土轻质路堤上路面的设计与计算,按现行《公路路面设计规范》(JTG D50)执行。

3.泡沫轻质土路堤设计流程

泡沫轻质土路堤设计流程如下(图1-10-29):

(1)根据结构物的功能与用途,兼顾施工工艺,按照相应的工程规范要求,确定荷载组合,计算结构物的稳定性。

(2)泡沫轻质土路堤应根据自然条件、技术要求、工程规模和工程环境,选择构造尺寸和性能指标,并分析计算。

(3)路堤稳定性计算方法可按照现行《公路路基设计规范》(JTG D30)相关规定及本手册相关内容。当路堤底面存在斜坡或浇注区高宽比大于1且高度大于3m时,应满足浇筑体抗倾覆、抗滑移安全系数和承载力要求。

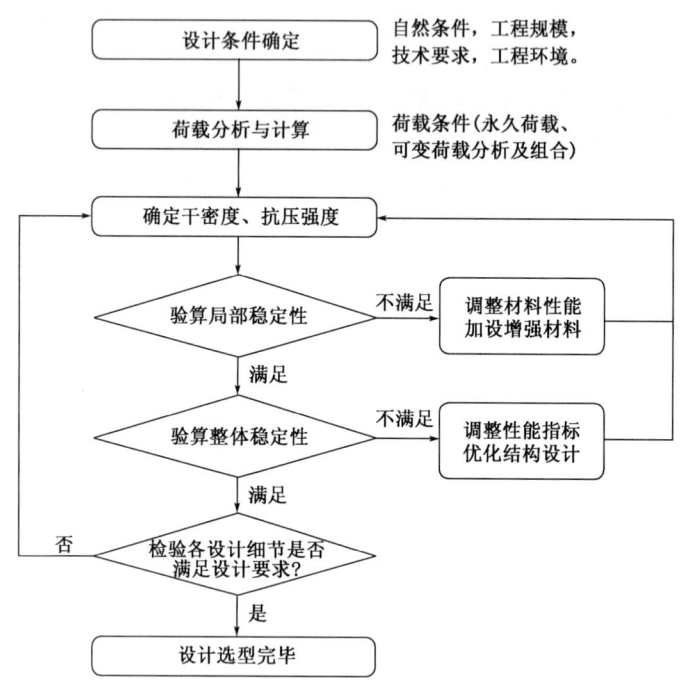

图1-10-29 设计流程图

二、泡沫轻质土性能及技术要求

1.轻质性及技术要求

在泡沫轻质土中添加气泡,可以实现其轻质性。根据工程上的不同需要,通过调整材料中的气泡、固化剂及土的比例,泡沫轻质土重度可以在 $5\sim12kN/m^3$ 的范围内调整。

新拌泡沫轻质土中的气泡含量,随着浇筑时运输距离、浇筑厚度等条件的不同而变化。同时,受压力作用在固化过程中也会发生少量的消泡现象,从而导致泡沫轻质土气泡减少、重度增加。研究结果表明,一次浇筑厚度越大,泡沫轻质土层下部重度越大,因此,施工中应控制每层泡沫轻质土的浇筑厚度。

此外,泡沫轻质土浸水后,由于吸水,其重度也会增加。因此,在有浸水情况下使用泡沫轻质土,要考虑浸水对重度的影响,或采取必要的防水措施,避免重度的增加。研究结果表明,气泡含量越多(密度越小)的泡沫轻质土浸水后重度增加得越多;气泡含量越少(密度越大)的泡沫轻质土浸水后重度增加得越少。当初始湿密度在1000kg/m³以上时,表观密度的增加率一般不超过10%(图1-10-30)。

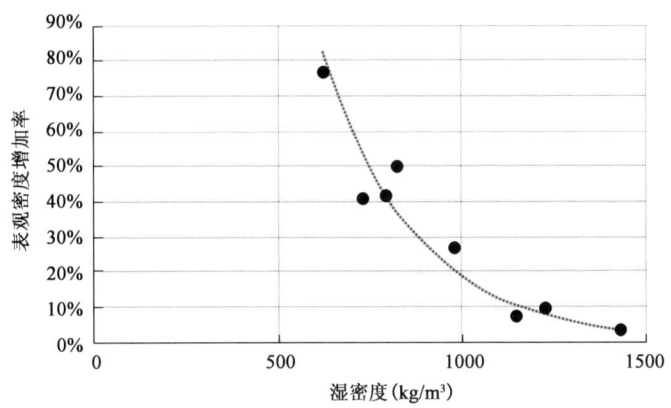

图1-10-30　不同湿密度试件浸水养护2.5年后表观密度增加率

泡沫轻质土的重度应根据工程的具体需要进行设计,施工最小湿重度不应小于5kN/m³,施工最大湿重度不宜大于11kN/m³。当用于地下水位以下时,重度不宜小于10kN/m³。泡沫轻质土的湿重度可根据本章相关试验方法测定。干密度的试验方法应符合现行《蒸压加气混凝土试验方法》(GB/T 11969)的有关规定。

2. 流动性及技术要求

泡沫轻质土具有良好的流动性,可通过管道泵送,其最大输送距离可达500m;如果通过中继泵,还可以输送更远的距离。最大泵送高度可达30m。

在设计中,泡沫轻质土流动度应为180mm±20mm。流动度试验按本章第四节,采用圆筒法测得。在配合比试配时,应充分考虑泵送距离、气温等条件选择适当的流动度。一般情况下,在泵送距离较短或施工温度较低时,流动度可以取偏差范围的小值。

3. 力学性能及技术要求

土质类型、用量和固化材料种类、掺量以及气泡含量对泡沫轻质土强度均会产生显著影响。即泡沫轻质土的强度由土质类型、用量和固化材料种类、掺量以及气泡含量综合决定。通过改变泡沫轻质土中各种成分的比例,其强度可以在0.3~5MPa的范围内调整。在其他条件相同的情况下,泡沫轻质土的无侧限抗压强度随固化材料用量的增加而增加。随着气泡含量的增加,泡沫轻质土强度逐渐降低。

研究结果表明,当空气含量较少时,泡沫轻质土无侧限压缩呈现脆性破坏特征;当空气含量较多时,泡沫轻质土无侧限压缩呈现延性破坏特征。三轴不固结、不排水试验结果表明,在小围压的情况下,应力应变关系表现为软化型;高围压情况下,则表现为硬化型。随着围压的增加,屈服强度有减小的趋势,但趋势不明显。

泡沫轻质土CBR与无侧限抗压强度q_u之间具有较好的线性关系,可以利用该关系[式(1-10-11)],由无侧限抗压强度推算CBR值。浸水一般对泡沫轻质土的CBR值影响不大。

$$q_u = \frac{100\text{CBR}}{3.5} \quad (1\text{-}10\text{-}11)$$

泡沫轻质土的弹性模量 E_c 与抗压强度 q_u 之间也具有较好的线性关系[图 1-10-31 及式(1-10-12)]。

$$E_c = 251q_u + 61 \quad (1\text{-}10\text{-}12)$$

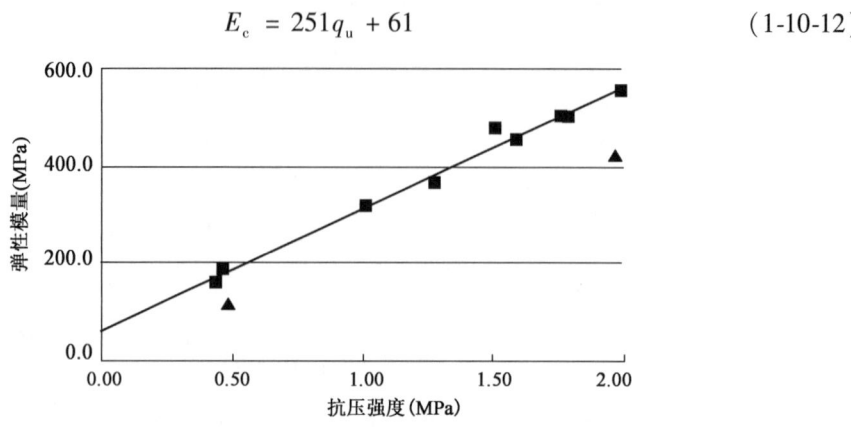

图 1-10-31　弹性模量与抗压强度的关系

现浇泡沫轻质土的设计无侧限抗压强度不宜小于 0.3kPa,在设计中根据公路等级及使用部位确定设计强度,见表 1-10-5。泡沫轻质土的强度可根据本章试验方法测定。泡沫轻质土路基设计时,回弹模量应满足现行《公路路基设计规范》(JTG D30)的相关要求。

用于路基的泡沫轻质土无侧限抗压强度指标　　　　表 1-10-5

路基部位		无侧限抗压强度(MPa)	
		高速公路、一级公路	二级及以下公路
路床	轻、中等及重交通	≥0.8	≥0.6
	特重、极重交通	≥1.0	
上路堤、下路堤		≥0.6	≥0.5
地基土置换		>0.4	

注:1. 无侧限抗压强度为龄期 28d、边长 100mm 的立方体抗压强度。
　　2. 特重、极重交通高速公路及一级公路路床部位的泡沫轻质土配合比宜采用掺砂配合比,流值宜为 150~170mm,且砂与水泥的质量比宜控制在 0.5~2.0。

4. 耐久性及技术要求

研究结果表明,当循环应力比小于 0.5 时,泡沫轻质土不会破坏。泡沫轻质土经历干湿循环后,在试验初期阶段,强度和弹性模量均有所下降,随着固化材料化学反应的不断进行,后期强度和弹性模量趋于稳定(图 1-10-32)。泡沫轻质土经历冻融循环后,强度有所下降,但是下降幅度不大(图 1-10-33)。

在设计中,应根据泡沫轻质土的使用部位和使用环境对循环加载、干湿循环、冻融循环、长期暴露等条件下泡沫轻质土的性能衰减趋势进行评估。因工程要求需明确抗冻指标时,可根据现行《蒸压加气混凝土板性能试验方法》(GB/T 11969),通过试验确定相关指标。如无试验资料时,可按重量损失率不大于 10%,抗压强度损失率不大于 15% 的要求进行设计。

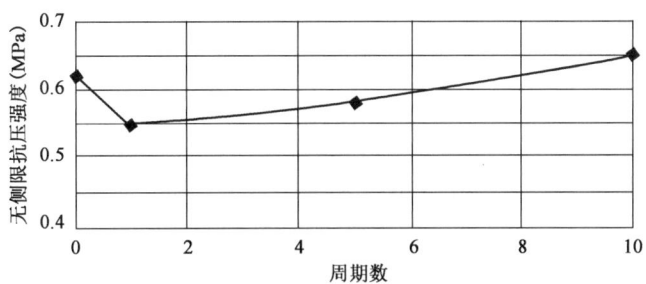

图 1-10-32　无侧限抗压强度随干湿循环作用次数的变化

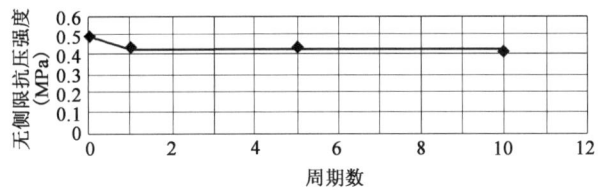

图 1-10-33　无侧限抗压强度随冻融循环作用次数的变化

在设计中,应对泡沫轻质土采取必要的结构措施,控制泡沫轻质土填筑体各层的应力水平;并采取必要的防护措施,避免减小环境湿度和温度波动对泡沫轻质土填筑体长期性能的不利影响。

5. 微(表)观特性技术要求

泡沫轻质土气孔特征对其物理力学性质具有较大影响。要求泡沫轻质土材质气孔大小均匀、细密,试块表观气孔直径应小于 1.0mm。

工程中可根据泡沫轻质土任意切面气孔表观特征,评定泡沫轻质土质量,可分为如下合格与不合格两级。

(1)满足下述两个要求之一,应评定为"合格":

①表观气孔分布均匀、细密,封闭状,多数气孔孔径≤0.5mm,100% 表观气孔均满足孔径<1.0mm(图 1-10-34)。

图 1-10-34　表观气孔分布均匀、细密(最大等效孔径 d_e≤1.0mm)

(图中网格刻度 0.25mm)

②表观气孔总体均匀、细密，封闭状，90%或以上表观气孔孔径<1.0mm，标准试块任意切面偶现大气孔，但单个切面孔径≥3mm的气孔统计数量应少于8个，且最大气孔孔径<5.0mm（图1-10-35）。

图1-10-35　表观气孔总体均匀、细密（偶现大气孔孔径
d_e<5.0mm）（图中网格刻度0.25mm）

（2）满足下述两个要求之一，应评定为"不合格"：

①气孔大小不均，呈现大量孔径≥1.0mm的气孔（大气孔含量>10%），部分气孔相互连通，表面呈现松弛和不规则的麻絮状，多现孔径≥3mm的大气孔（图1-10-36）。

图1-10-36　气孔大小不均，多现孔径≥1.0mm的气孔，部分气孔相互连通，
呈现麻絮状（图中网格刻度0.5mm）

②标准试块的任意切面孔径≥3mm的大气孔统计数量≥8个或个别大气孔孔径≥5.0mm（图1-10-37）。

三、泡沫轻质土原材料要求

为保证泡沫轻质土填筑体质量，设计中应提出原材料性能要求；施工之前应进行原材料质量检验和原材料之间的适应性试验。

1. 水泥

水泥宜采用通用硅酸盐水泥或硫铝酸盐水泥，其强度等级宜为42.5级及以上。通用硅酸盐水泥应符合现行《通用硅酸盐水泥》（GB 175）规定；硫铝酸盐水泥应符合现行《硫铝酸盐水泥》（GB 20472）规定。有侵蚀性介质作用时，应结合防腐措施按设计要求选用。

图 1-10-37　孔径≥3mm 的大气孔统计数量≥8 个或个别大气孔孔径≥5.0mm(图中网格刻度 0.5mm)

2. 泡沫剂

泡沫剂是物理方法生产泡沫轻质土所必需的添加剂。将泡沫剂溶于水后能够降低液体表面张力,通过物理方法可产生大量均匀而稳定的泡沫。质量好的泡沫剂经稀释发泡产生的气泡群具有液膜坚韧、细腻均匀、互不连通等特性,不易在浆体挤压作用下破灭或发生过度变形,是避免泡沫轻质土离析分层的保证。

泡沫剂宜采用合成类高分子表面活性剂;动物蛋白类发泡剂对存放温度、存放时间等环境要求较高,容易变质,且泡沫孔径偏大,故不建议采用。按产品形态,泡沫剂分为粉状泡沫剂和液体泡沫剂两类。

(1)泡沫剂匀质性指标

泡沫剂匀质性指标应符合表 1-10-6 要求。匀质性的试验方法应符合现行《混凝土外加剂匀质性试验方法》(GB/T 8077)的规定。

泡沫剂匀质性指标　　表 1-10-6

序号	项目	指标
1	密度①(g/cm³)	$D>1.10$ 时,应控制在 $D\pm0.03$ $D\leqslant1.10$ 时,应控制在 $D\pm0.02$
2	固体含量①(%)	$S>25$ 时,应控制在 $0.95S\sim1.05S$ $S\leqslant25$ 时,应控制在 $0.90S\sim1.10S$
3	细度②	应在生产厂控制范围内
4	含水率②(%)	$W>5$ 时,应控制在 $0.90W\sim1.10W$ $W\leqslant5$ 时,应控制在 $0.80W\sim1.20W$
5	溶解性③	用水溶解或稀释为均匀液体,静停 8h 不分层、不沉淀
6	pH 值③	应在生产厂控制范围内
生产厂应在相关的技术资料中明示产品匀质性指标的控制值。		
注:1. 对相同和不同批次之间的匀质性和等效性的其他要求,可由供需双方商定。 　　2. 表中的 D、S 和 W 分别为密度、固体含量和含水率的生产厂控制值。		
① 液体泡沫剂应测此项目。 ② 粉状泡沫剂应测此项目。 ③ 应按产品说明书最大稀释倍数配制溶液测试。		

(2) 泡沫性能指标

①发泡倍数。

将泡沫剂按供应商推荐的最大稀释倍数配成泡沫液制泡,其发泡倍数应为 15~30,按本章试验方法测定。

②1h 沉降距和 1h 泌水率。

因泡沫在空气中静置会逐渐破裂变为液体状态,所以,对于发泡后间歇一段时间再混泡的场合,需测定泡沫稳定性;而即时混泡则无须测定此项目。

如果采用现行《泡沫混凝土用泡沫剂》(JC/T 2199)附录 A 方法测定。一等品泡沫 1h 沉降距应不大于 50mm,1h 泌水率应不大于 70%;合格品泡沫 1h 沉降距应不大于 70mm,1h 泌水率应不大于 80%。

③泡沫形态和密度。

泡沫剂发泡产生的泡沫应大小均匀且细密,直径应小于 1.0mm。气泡密度宜为 40~50kg/m^3,按本章的试验方法测定。

(3) 环境污染控制要求

泡沫剂不应对人体、生物与环境造成有害影响。

3. 水

水包括拌和用水和稀释用水。施工用水宜符合现行《混凝土用水标准》(JGJ 63)的规定。水的选用,应以不影响泡沫轻质土强度和耐久性为原则,可采用饮用水、自来水、河水、湖泊水和鱼塘水,不宜采用海水、含泥量较大的水或油污水。

4. 外加剂

泡沫轻质土掺入早强剂、防冻剂、憎水剂等外加剂时,外加剂的使用应符合现行《混凝土外加剂》(GB 8076)与现行《混凝土外加剂应用技术规范》(GB 50119)的要求。

外加剂使用前应进行适应性试验,对泡沫轻质土的质量应无不良影响。

5. 掺和料

粉煤灰应符合现行《用于水泥和混凝土中的粉煤灰》(GB/T 1596)的规定。C 类粉煤灰,由于游离氧化钙偏高,会显著影响泡沫的稳定性并影响泡沫轻质土的流动性,进而影响泡沫轻质土的质量,故不建议使用。

矿渣粉应符合现行《用于水泥、砂浆和混凝土中的粒化高炉矿渣粉》(GB/T 18046)的规定。其他矿物粉料作掺和料应符合国家相关标准的规定。

6. 原料土

为实现与固化剂及泡沫的均匀混合,并保证泡沫轻质土的流动性,原料土的粒径不宜大于 4.75mm。从强度和长期性能角度考虑,原料土中含泥量不宜大于 15%。

在配合比试配之前,应对原材料质量和适应性进行检验,使选定的原材料之间具有较好的适应性。适应性检验主要是发泡剂与水泥、水及其他添加材料的配合性试验,检验其湿重度增加值是否满足要求。

试验测定的新拌泡沫轻质土静止 1h 的湿重度增加值不应大于 0.5kN/m^3。如果超出限值,则认为泡沫剂质量不合格,或者原材料中的某种材料与发泡剂不适应。原材料适应性试验按本章的试验方法测定。

四、泡沫轻质土配合比设计

泡沫轻质土的配合比应根据工程要求(设计强度、湿密度及流动值等)和水泥等原材料性能为基础,通过配合比试配及调整,使新拌泡沫轻质土在泵送、浇筑阶段,具有规定的流动性和湿密度,以保证泵送施工最佳工作性及稳定性,并在规定龄期内,抗压强度达到设计值。

配合比设计指标包括抗压强度、湿密度及流动度。泡沫轻质土配合比设计要求为:
(1)干密度不应大于设计值。
(2)流动度控制在180mm±20mm范围。
(3)配合比试验试配28d抗压强度宜采用目标设计值的1.2倍。

根据国内外大量的试验资料,泡沫轻质土7d龄期抗压强度q_{u7}和28d龄期抗压强度q_{u28}存在如下关系:

$$q_{u28} = 2.33 \times q_{u7} \qquad (1\text{-}10\text{-}13)$$

据此,在7d龄期强度满足设计强度的0.5倍时,其28d龄期强度可满足设计要求。为了节约工期,在配合比试配试验及泡沫轻质土路基强度检验时,可采用7d龄期强度不低于0.5倍设计强度的判别标准,从而可避免因强度试验导致工期延误。在某些特殊工程或设计另有规定时,才考虑检测28d龄期抗压强度。

在满足施工性能的前提下,尽可能降低泡沫轻质土水泥浆的水胶比,以利于成型体的最终强度。

配合比设计包括配合比计算、试配及调整。

1. 配合比计算

配合比中各种材料的用量计算应同时符合式(1-10-14)和式(1-10-15)的要求。

$$\frac{m_c}{\rho_c} + \frac{m_w}{\rho_w} + \frac{m_f}{\rho_f} + \frac{m_s}{\rho_s} + \frac{m_m}{\rho_m} = 1 \qquad (1\text{-}10\text{-}14)$$

$$m_c + m_w + m_f + m_s + m_m = 100\gamma \qquad (1\text{-}10\text{-}15)$$

式中:m_c——每立方米泡沫混合轻质土的水泥用量(kg);
ρ_c——水泥密度(kg/m³),取3100kg/m³;
m_w——每立方米泡沫混合轻质土的水用量(kg);
ρ_w——水的密度(kg/m³),取1000kg/m³;
m_f——每立方米泡沫混合轻质土的气泡群用量(kg);
ρ_f——气泡密度(kg/m³),取50kg/m³。
m_s——每立方米泡沫混合轻质土的细集料用量(kg);
ρ_s——细集料密度(kg/m³),只采用细砂时,取2600kg/m³;
m_m——每立方米泡沫混合轻质土的掺和料用量(kg);
ρ_m——掺和料密度(kg/m³);
γ——泡沫混合轻质土的湿重度(kN/m³)。

为了减少配合比试验的盲目,可参照表1-10-7进行试配试验。

泡沫轻质土常用参考配合比（水泥为 P·O 42.5）　　　　表 1-10-7

设计强度 (MPa)	每立方米单位用量				湿重度 (kN/m³)	流动度 (mm)
	水泥 (kg)	添加材料 (kg)	水 (kg)	气泡群 (L)		
0.50	275	0	190	721.3	5.01	180
0.60	300	0	200	703.2	5.35	180
0.60	350	0	215	672.1	5.99	180
1.00	400	0	230	641.0	6.62	180
	325	325	200	568.2	8.78	180
1.20	350	350	210	540.4	9.37	180
1.50	375	375	215	517.5	9.91	180
1.00	275	412.5	200	550.2	9.15	180
1.20	300	450	205	522.4	9.81	180
1.50	330	495	210	490.2	10.60	180
1.00	275	550	205	491.4	10.55	180
1.20	300	600	210	458.9	11.33	180
1.50	330	660	215	420.7	12.26	180

可通过掺入细集料、掺和料及外加剂等添加材料，实现高强度、低水胶比及经济性等要求。外加剂掺量根据减水率和预期达到的水胶比确定；其他添加材料则根据强度等级和经济性指标等要求，在满足湿重度、流动度等条件下，通过试验确定。

每立方米泡沫轻质土的水泥用量按设计指标和添加材料用量综合确定。可以参考表 1-10-7 确定。也可通过掺入粉煤灰、细砂等添加材料，减少水泥用量，达到同样强度等级要求。

广东省在京珠高速公路太和互通广州北二环路基拓宽工程中，对泡沫轻质土掺砂配合比及工程性能、施工工艺等进行了试验研究，采用水泥∶河砂配合比 = 1∶2，湿重度 10.8kN/m³，流值 180mm，抗压强度达到了 2.85MPa，取得了良好的效果。因此，为了提高高速公路泡沫轻质土路堤耐久性，减少收缩裂缝，要求采用掺砂配合比。

一般情况下，水胶比按 0.55～0.65 选用。当需要低水胶比时，可掺入外加剂解决。其具体水胶比可根据强度要求，通过试验确定。

每立方米泡沫轻质土的用水量按式（1-10-16）计算。

$$m_w = \frac{W}{B}(m_c + m_m) \qquad (1\text{-}10\text{-}16)$$

式中：$\frac{W}{B}$——每立方米泡沫轻质土的水胶比。

每立方米泡沫轻质土的气泡群体积量按式（1-10-17）计算。

$$V_f = 1000\left(1 - \frac{m_c}{\rho_c} + \frac{m_w}{\rho_w} + \frac{m_s}{\rho_s} + \frac{m_m}{\rho_m}\right) \qquad (1\text{-}10\text{-}17)$$

式中：V_f——每立方米泡沫轻质土的气泡群体积量（L）。

发泡剂和稀释水用量可按如下方法计算：

发泡液 = 气泡群体积/发泡倍率；

发泡剂 = 发泡液/稀释倍数；

稀释水 = 发泡液 – 发泡剂。

2. 配合比试配

在计算配合比的基础上,通过调整计算配合比中的各种材料用量,直到新拌泡沫轻质土的性能满足设计和施工要求。

新拌泡沫轻质土试样可采用搅拌机拌制,也可以手工拌制。搅拌机应符合现行《混凝土试验用搅拌机》(JG 244)的规定。每盘试配的最小搅拌量不宜小于搅拌机额定搅拌量的1/4。

泡沫轻质土拌好后,应立即制作试件。拆模后,将试件在20℃±2℃条件下密封养生至要求的龄期。

3. 配合比调整

根据配合比试配试验结果,在试拌配合比的基础上作相应调整,确定设计配合比。

五、泡沫轻质土材料试验方法

1. 泡沫轻质土湿重度试验

(1)仪器、设备

仪器、设备要求如下:

①发泡装置1套;
②试验用搅拌机1台;
③电子秤1台,最大量程2000g,精度为1g;
④塑料桶1个,容积15L;
⑤带刻度的不锈钢量杯2个,内径108mm,净高108mm,壁厚2mm,容积1L;
⑥平口刀1把,刀长150mm。

(2)试验用料

新拌泡沫轻质土,10L。

(3)试样制取方法

现场取样:在泵送管出口处制取;

室内取样:在搅拌好的拌和物中制取。

(4)试验步骤

试验按如下步骤进行:

①在量杯外侧表面标明量杯编号,"量杯A"和"量杯B";
②准备电子秤,将其水平放置并调零;
③将量杯A平放在电子秤上,称量量杯A的质量m_0;
④用量杯B取样,并将试样慢慢地倒入量杯A中;
⑤当试样装满量杯A时,用平口刀轻敲量杯A外壁,使试样充满整个量杯A;
⑥用平口刀慢慢地沿量杯A端口平面刮平试样;
⑦将装满试样的量杯A平放于电子秤上,测得试样加量杯A的质量为m_1;
⑧湿重度按式(1-10-18)计算:

$$\gamma = \frac{10 \times (m_1 - m_0)}{v_0} \quad (1\text{-}10\text{-}18)$$

式中：γ——湿重度(kN/m^3)，精确至$0.1kN/m^3$；
　　　m_1——试样加量杯A的质量(g)，精确至0.1g；
　　　m_0——量杯A的质量(g)，精确至0.1g；
　　　v_0——量杯A的体积(cm^3)，精确至$0.1cm^3$。

⑨重复③~⑧试验步骤，并取3次试验结果的算术平均值作为新拌泡沫轻质土的湿重度；湿重度试验应在每次取样后5min内完成。

2. 泡沫轻质土流动度试验

(1) 仪器、设备

仪器、设备要求如下：

①发泡装置1套；

②试验用搅拌机1台；

③黄铜或硬质材料圆管1节，内径80mm，净高80mm，内壁光滑；

④光滑硬塑料板1块，边长400mm×400mm；

⑤带刻度的不锈钢量杯2个，内径108mm，净高108mm，壁厚2mm，容积1L；

⑥平口刀1把，刀长150mm；

⑦深度游标卡尺1把，精度0.02mm；

⑧秒表1块。

(2) 试验用料

新拌泡沫轻质土，10L。

(3) 试样制取方法

①现场取样：在泵送管出口处制取；

②室内取样：在搅拌好的拌和物中制取。

(4) 试验步骤(图1-10-38)

①将平板表面、圆筒内外壁用湿抹布擦拭干净。

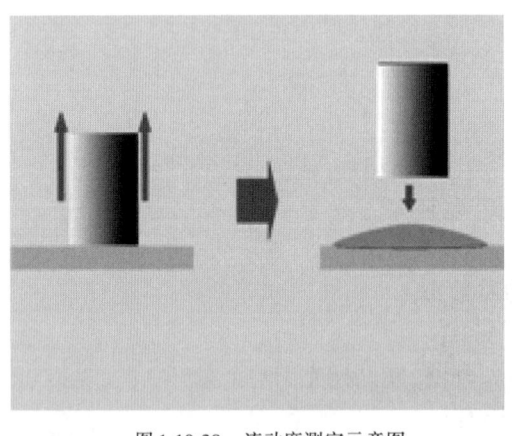

图1-10-38　流动度测定示意图

②将圆筒垂直放置于光滑硬质塑料板中央。

③向圆筒内轻轻倒入事先制备好的泡沫轻质土，至泡沫轻质土略高出筒口。

④用平口刀轻敲空心圆筒外侧，使试样充满整个空心圆筒。

⑤用平口刀慢慢地沿空心圆筒的端口平面刮平试样，将筒外壁及平板擦拭干净。

⑥轻轻将圆筒向高处提起，直至圆筒内所有样料落在平板上，并同时用秒表开始计时。此时，样料在平板上会形成圆饼状。

⑦当秒表计时达到1min时，用游标卡尺量测平板上的样料圆饼直径，沿互相垂直的两个方向分别量测(其中一个方向为最大直径方向)，取其算术平均值作为本次流值试验结果，即为实测流动度。

⑧流值精确至 1mm。

3．强度试验

(1)仪器、设备

仪器、设备要求如下：

①材料试验机：除应符合现行《试验机通用技术要求》(GB/T 2611)中技术要求的规定外，精度不应低于±2%，量程的选择应能使试件的预期最大破坏荷载处在全量程的20%~80%范围内；

②电子秤：最大量程2000g，精度1g；

③钢直尺：尺长300mm，分度值为0.5mm。

(2)标准试件制作

①试件成型：在钢模内浇注成型；

②规格数量：100mm×100mm×100mm 的立方体试件，共一组，每组3块；

③试件养护：试件由试模中拆出后，应按组放入塑料袋内密封养生至28d，养生温度应为20℃±2℃。

(3)强度试验步骤

强度试验应按下列步骤进行：

①应检查每块试件外观，试件表面必须平整，不得有裂缝或明显缺陷；

②应测量每块试件尺寸，并应计算试件的承压面积；

③取1块试件放在材料试验机下压板的中心位置，试件承压面应与成型的顶面垂直；

④开动材料试验机，当上压板与试件接近时，应确保试件接触均衡；

⑤应以2kN/s速度连续均匀地加荷，直至试件破坏，并应记录破坏荷载；

⑥应重复①~⑤的试验步骤，并应测定记录试件的承压面积、破坏荷载；

⑦试件的抗压强度、饱水抗压强度应分别按下式计算：

$$q_u = \frac{P}{A} \quad (1\text{-}10\text{-}19)$$

$$q_s = \frac{P}{A} \quad (1\text{-}10\text{-}20)$$

式中：q_u——试件的抗压强度(MPa)，精确至0.01MPa；

q_s——试件的饱水抗压强度(MPa)，精确至0.01MPa；

P——试件的破坏荷载(N)；

A——试件的承压面积(mm^2)。

⑧应取3块试件抗压强度、饱水抗压强度的算术平均值分别作为泡沫轻质土的抗压强度、饱水抗压强度。

4．泡沫密度和泡沫剂发泡倍数试验

(1)仪器、设备

仪器、设备要求如下：

①发泡装置1套；

②电子秤1台，最大量程500g，精度为0.1g；

③不锈钢量杯1个，内径108mm，高108mm，壁厚2mm，容积1L；

④平口刀1把,刀长150mm。

(2)试样制取方法

将泡沫剂按供应商推荐的最大稀释倍数进行溶解或稀释,搅拌均匀后,采用《泡沫混凝土用泡沫剂》(JC/T 2199—2013)附录B规定的空气压缩型发泡机制泡。

在发泡机的泡沫浇筑管出口处取样。泡沫取样时应将发泡管出料口置于容器内接近底部的位置,利用发泡管出料口泡沫流的自身压力盛满容器并略高于容器口。整个装填过程需在30s内完成,刮平泡沫,称其质量。

(3)试验步骤

试验步骤如下:

①将不锈钢量杯、平口刀清洗干净,晾干;

②准备好电子秤,将其水平放置并调零;

③将不锈钢量杯放置在电子秤上,称重为m_1(g);

④用量杯取泡沫样;

⑤用平口刀将不锈钢量杯杯口刮平试样,称重为m_2(g);

⑥进行3次平行试验,取其平均值。

(4)数据处理

①按式(1-10-21)求出泡沫密度ρ_f:

$$\rho_f = \frac{m_1 - m_0}{V} \quad (1\text{-}10\text{-}21)$$

式中:ρ_f——泡沫密度(g/mL);

V——不锈钢容器容积(mL);

m_0——不锈钢容器质量(g);

m_1——不锈钢容器和泡沫总质量(g)。

②按式(1-10-22)求出发泡倍数M:

$$N = \frac{V}{(m_1 - m_0)/\rho} \quad (1\text{-}10\text{-}22)$$

式中:N——发泡倍数;

V——不锈钢容器容积(mL);

m_0——不锈钢容器质量(g);

m_1——不锈钢容器和泡沫总质量(g);

ρ——泡沫液密度(g/mL),取值1.0。

5. 泡沫1h沉降距和1h泌水率测试

(1)仪器、设备

仪器、设备要求如下:

①发泡装置1套;

②泡沫的沉降距和泌水率测定仪1套。该仪器由广口圆柱体容器、玻璃管和浮标组成(图1-10-39)。广口圆柱体容器容积为5000mL,底部有孔;玻璃管与容器的孔相连接,底部有小龙头,容器壁上有刻度。浮标是一块直径为190mm和质量为25g的圆形铝板。

(2)试样制取方法

将泡沫剂按供应商推荐的最大稀释倍数进行溶解或稀释,搅拌均匀后,采用《泡沫混凝土用泡沫剂》(JC/T 2199—2013)附录B规定的空气压缩型发泡机制泡。

在发泡机的泡沫浇筑管出口处取样。泡沫取样时应将发泡管出料口置于容器内接近底部的位置,利用发泡管出料口泡沫流的自身压力盛满容器并略高于容器口。

(3)试验过程

将试样在30s内装满容器,刮平泡沫,将浮标轻轻放置在泡沫上。1h后打开玻璃管下龙头,称量流出的泡沫液的质量m_{1h}。

(4)试验结果

1h后对广口圆柱体容器上刻度进行读数,即泡沫的1h沉降距。

泡沫1h泌水率按照式(1-10-23)计算:

$$\varepsilon = \frac{m_{1h}}{\rho_f V_1}$$ （1-10-23）

式中:ε——泡沫1h泌水率(%);

m_{1h}——1h后由龙头流出的泡沫剂溶液的质量(g);

ρ_f——泡沫密度(g/mL),根据式(1-10-21)计算;

V_1——广口圆柱体容器容积(mL)。

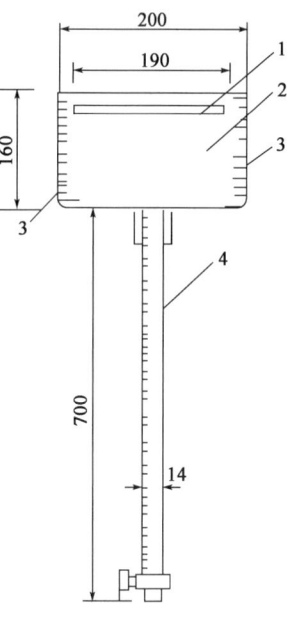

图1-10-39 泡沫沉降距和泌水率测定仪(尺寸单位:mm)

1-浮标;2-广口圆柱体容器;3-刻度;4-玻璃管

6. 泡沫轻质土原材料之间适应性试验

(1)仪器设备

仪器、设备要求如下:

①发泡装置1套;

②试验用搅拌机1台;

③电子秤1台,最大量程2000g,精度1g;

④塑料桶1个,容积15L;

⑤带刻度的不锈钢量杯2个,内径108mm,净高108mm,壁厚2mm,容积1L;

⑥平口刀1把,刀长150mm;

⑦秒表1块。

(2)试验用料

采用新拌泡沫轻质土,50L。

(3)试样制取

可在搅拌好的拌和物中制取。

(4)试验步骤

适应性试验应按下列步骤进行:

①用塑料桶接取试样,试样数量应为10L;

②按本手册给出的泡沫轻质土湿重度试验方法,测得新拌泡沫轻质土的初始湿重度γ_0;

③将塑料桶平放于水平地面上,并应静置时间1h;

④将静置后的试样完全倒入试验用搅拌机中,并应连续搅拌60s;
⑤应按上述泡沫轻质土湿重度试验方法,测得新拌泡沫轻质土静置1h的湿重度γ_1;
⑥新拌泡沫轻质土静置1h的湿重度增加值应按式(1-10-24)计算。

$$\Delta = \gamma_1 - \gamma_0 \tag{1-10-24}$$

式中:Δ——新拌泡沫轻质土静置1h的湿重度增加值(kN/m^3),精确至$0.1kN/m^3$;

γ_1——新拌泡沫轻质土静置1h的湿重度(kN/m^3),精确至$0.1kN/m^3$;

γ_0——新拌泡沫轻质土的初始湿重度(kN/m^3),精确至$0.1kN/m^3$。

六、泡沫轻质土路堤的结构设计

1. 泡沫轻质土路堤结构设计的通用要求

(1)泡沫轻质土路堤的横、纵断面设计

泡沫轻质土最小填筑厚度应根据工后沉降计算确定。泡沫轻质土路堤直立填筑高度不宜大于15m,最小填筑高度不宜小于1.0m。当地面横坡较大或用于路堤加宽时,填筑体底面宽度不宜小于2.0m。断面尺寸要求见表1-10-8。

断面尺寸要求 表1-10-8

填筑体尺寸	要 求	备 注
填筑体的底面宽度	不小于填筑体高度的1/4,且不小于2m	基于填筑体整体稳定性要求考虑
填筑体(最小)填筑厚度	不小于1m	①基于填筑体厚度小于0.5m时容易引起断裂;②经济性
填筑体(最大)填筑高度	软土地基,不超过6m;山区,不超过15m	基于经济性、安全性考虑
填筑体台阶宽度	不小于1m	填筑高度超过2m时设置台阶

由于泡沫轻质土填筑采用自流平技术施工,其成型面是水平的。为适应路面横坡和纵坡要求,泡沫轻质土路基通常采用分区段建造;路基横、纵断面顶面宜设置台阶(图1-10-40),不同区段填筑体顶部高程不同。具体要求为:

单个区段泡沫轻质土填充顶面高程相等;纵、横向相邻区段顶面高差不宜超过0.2m,并满足路面结构层最小厚度不小于0.6m。台阶部位一般采用路面基层或底基层材料调平。

路基横断面设计时,台阶宜设置在行车道边界线或中央分隔带侧石边缘。

路基纵断面设计时(图1-10-41),泡沫轻质土浇筑区段长度的确定,应以区段内路纵坡高差不超过0.2m为原则,并且区段长度宜为10~30m。

泡沫轻质土浇筑宜分层浇筑,单层浇筑设计厚度宜为0.3~0.8m。

(2)泡沫轻质土路堤的衔接设计

泡沫轻质土路基与普通填料路基或斜坡体纵向衔接面的坡度不宜大于1:1,且泡沫轻质土路基应置于常规路基上方(图1-10-41)。

泡沫轻质土用于加宽路基时,与旧路基衔接面的坡度不宜大于1:0.75,加宽路基底宽不宜小于1.5m。

填筑体与路基或斜坡体间的过渡宜采用台阶形式衔接。台阶高度宜为0.5~1.0m,如图1-10-41所示。

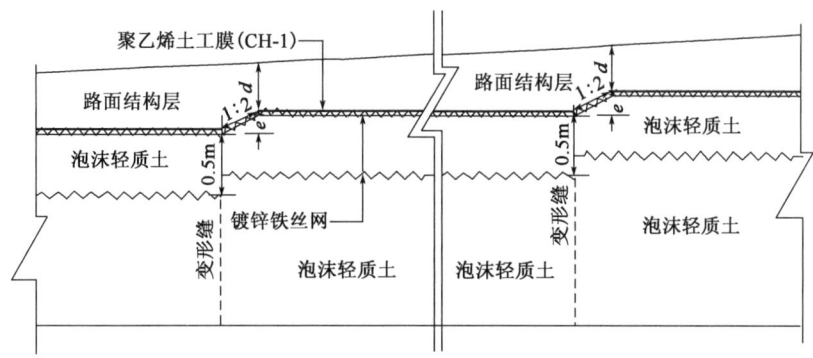

图1-10-40 泡沫轻质土路堤区段设计示意图
注:图中路面结构层厚度 $d≥0.6m$,邻区段顶面高差 $e≤0.2m$。

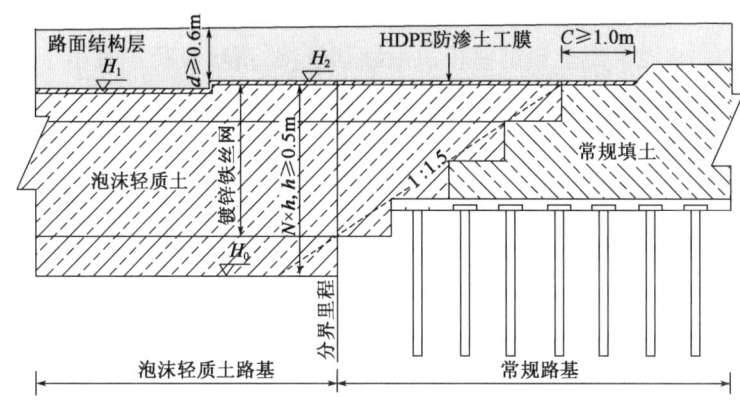

图1-10-41 泡沫轻质土路基纵断面及交界面典型设计
注: $H_2 - H_1 ≤ 0.2m$。

(3)泡沫轻质土路堤的填筑体沉降缝以及填筑体与相邻结构物间缓冲层设置

当填筑体长度超过15m时,按10~15m间距设置沉降缝。当结构物截面形态发生变化时,应在突变位置增设沉降缝。在地基处理措施变化部位宜设置沉降缝。

沉降缝可采用上下直立相通的预留沉降缝,可采用20~30mm厚的聚苯乙烯板或10~20mm厚的涂沥青木板,木夹板或沥青麻絮填塞。

填筑体与相邻结构物间宜设置缓冲层,缓冲层可采用20~30mm厚的聚苯乙烯板。

(4)泡沫轻质土路堤的边坡防护和支挡结构设计

如果泡沫轻质土直接暴露使用,在环境因素的作用下,会发生碳化变质,并导致强度大幅度降低和风化剥落。所以,泡沫轻质土路堤结构设计应采用填土包边护坡或者保护壁等有效的防护措施,隔离环境对泡沫轻质土填筑体长期性能的不利影响。相应地,泡沫轻质土路基横断面分别采用包边护坡的斜坡式路堤形式或者设置支挡结构的直立式路堤形式。

包边护坡的斜坡式泡沫轻质土路堤,泡沫轻质土台阶外采用黏性土包边,包边土的水平宽度不宜小于1m。

直立式泡沫轻质土路堤外侧临空面需设置支挡结构。目前工程常用的支挡结构有两种形式:预制混凝土壁板(或砌块)和现浇薄壁式(钢筋混凝土)挡墙。

预制混凝土壁板(或砌块)通过拉筋等构件与硬化后的泡沫轻质土填筑体连接为整体。

在施工阶段,壁板起到施工外模作用;在使用阶段,壁板起到路堤外侧面装饰及填筑体防护作用。壁板可采用水泥混凝土预制挡板、轻质砖、空心砖或者装饰类砌块等预制构件砌筑而成。

当采用水泥混凝土预制挡板作为壁板时,壁板结构由基础、挡板、拉筋及立柱等构件组成(图1-10-42)。壁板应选择合适的材料和断面尺寸,以确保填筑安全、可靠耐久。设计中,应对泡沫轻质土硬化前在侧压力以及浇筑前风荷载作用下的壁板结构稳定性进行验算;面板尺寸根据力学计算确定;面板基础应验算地基承载力。

①壁板基础设计:基础采用水泥混凝土浇筑,强度等级不应低于C20。基础的断面尺寸确定,以固定立柱和挡板为原则。一般采用900mm×300mm(宽度×高度)。为避免不均匀沉降导致基础开裂,壁板的基础及壁板可按10~15m间距设置沉降缝,基础沉降缝位置宜与填筑体变形缝相对应。

②壁板设计:壁板应满足安全、耐久和美观要求,宜采用水泥混凝土预制,强度等级不低于C25。单块壁板尺寸以方便预制、搬运和砌筑为原则,一般可选用900mm×300mm×40mm(长度×宽度×厚度)。水泥混凝土预制壁板需配细钢丝网,钢丝直径不宜小于1.0mm。采用空心砖厚度宜为200~500mm。在一些对景观要求较高的路段,可采用其他装饰类砌块。面板之间勾缝砂浆强度等级应不低于M7.5。

③拉筋与立柱设计:挡板通过拉筋与立柱焊接固定。拉筋采用HPB235钢筋,直径不宜小于6mm。立柱可采用等边角钢,也可以采用钢管。当填筑高度小于5m时,角钢边宽宜为50mm;当填筑高度大于5m时,角钢边宽宜为70mm。挡板也可以通过土工格栅固定。当采用土工格栅作为拉筋时应符合现行《公路土工合成材料应用技术规范》(JTG/T D32)相关规定。

(5)泡沫轻质土路堤的抗滑锚固结构设计

当填筑体高宽比大于2、衔接面坡率大于1:0.75时,宜在衔接面设置锚固结构,以增强填筑体与衔接体的连接,提高其抗滑性能。锚固结构包括衔接坡面台阶结构和锚固构件两部分。陡坡路堤抗滑设计或锚固件结构设计宜按本手册相关章节以及永久锚固工程相关设计规范执行,并满足稳定性要求。锚固构件及其布置方法应符合下列要求:

①锚固构件可采用HRB335钢筋,钢筋直径宜为25~32mm。也可以采用镀锌钢管,直径不宜小于DN20。锚固构件长度根据工程实际确定,一般为1.5~2.0m,其垂直打入既有坡面或者陡坡的深度不宜小于1m(参考图1-10-43)。

②锚固构件布置密度宜按1根/$2m^2$~1根/$4m^2$。布置形式应为梅花形或者矩形。

还可以采用小型抗滑键或微型桩作为抗滑构件,实现斜坡上填充体的稳定。抗滑构件由钢管或钢筋混凝土制成。

(6)泡沫轻质土路堤抗裂与补强设计

泡沫轻质土路堤属于大体积范畴,在环境影响下,其内部因湿度和温度变化产生收缩裂缝难以避免。另外,在应力集中的局部位置也会产生开裂。所以,在填筑体的底部、顶部以及局部承受集中荷载部位应设置钢丝网或镀锌铁丝网,以抑制填筑体裂缝的发展。钢丝网设置(图1-10-44)应符合下列要求:

①钢丝网可采用钢丝焊接而成,钢丝直径不宜小于3.2mm,孔径不宜大于100mm。

②当填筑高度小于5m时,应分别在填筑体底部、顶部0.5m以内位置设置一层钢丝网。当填筑高度为5~12m时,应分别在填筑体底部、顶部1m以内位置设置两层钢丝网。当填筑高度大于12m时,除分别在填筑体底部、顶部1m以内位置设置一层钢丝网以外,还应每隔5m设置两层钢丝网。泡沫轻质土路堤顶面钢丝网应延伸至一般路堤侧不小于2.0m。

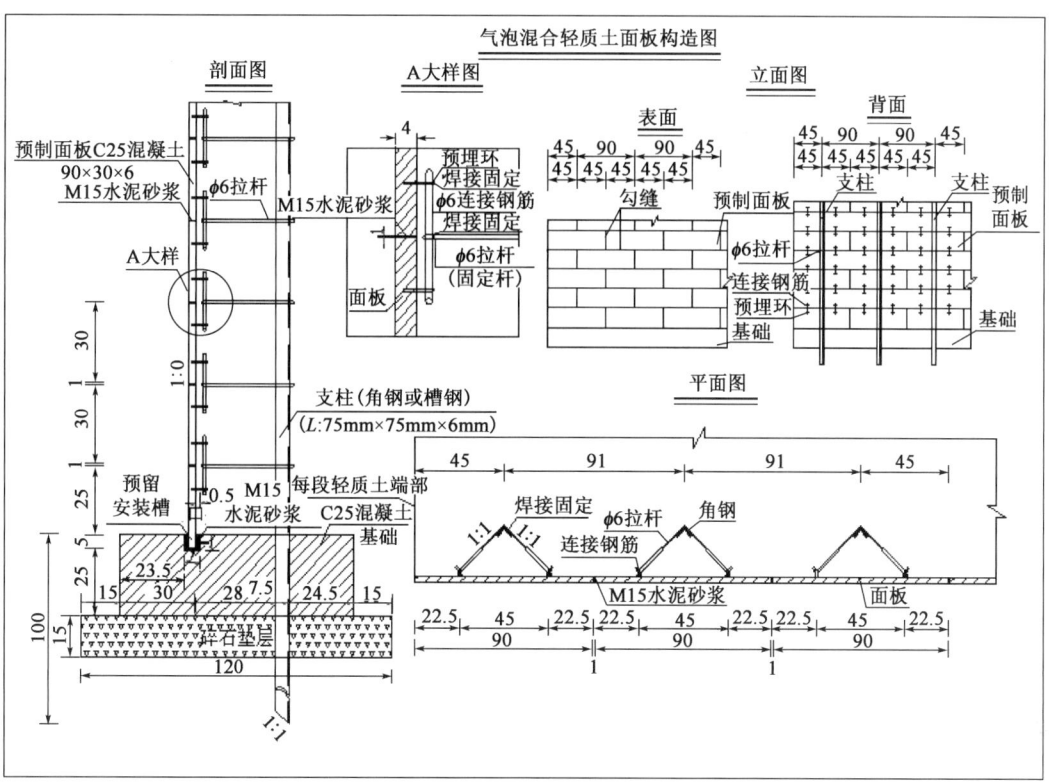

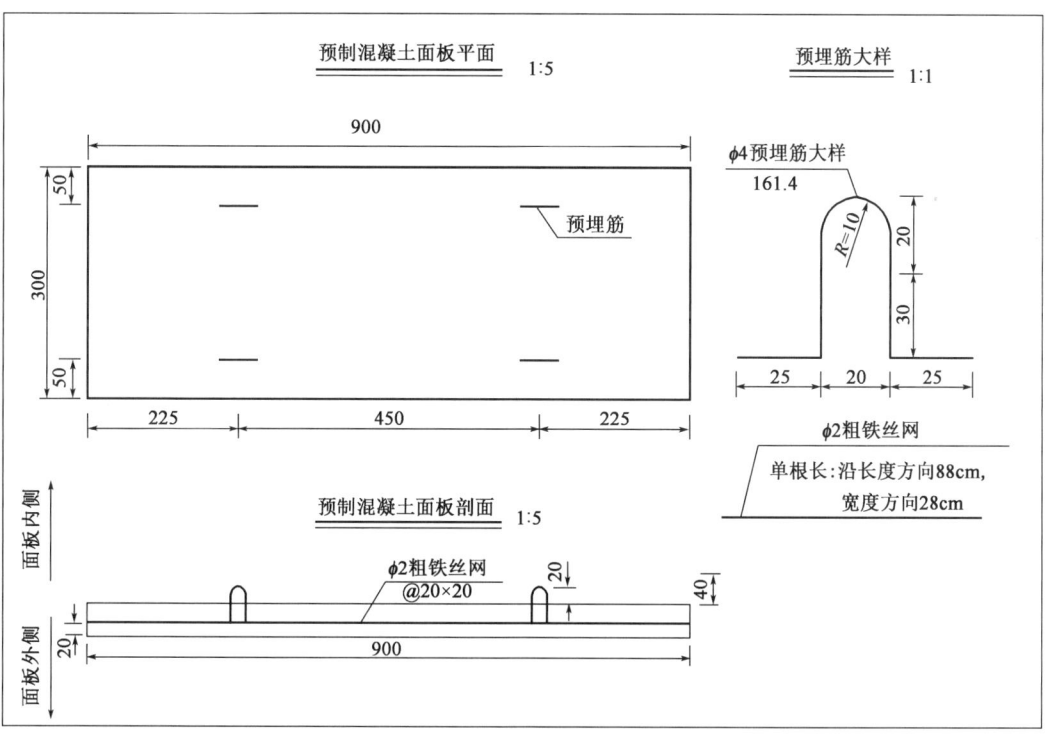

图 1-10-42 面板设计参考图(尺寸单位:cm)

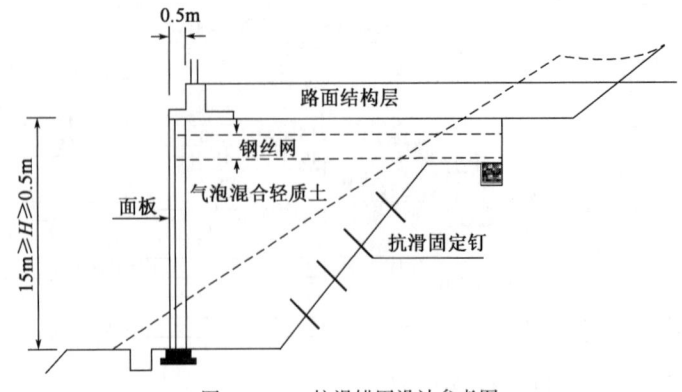

图 1-10-43　抗滑锚固设计参考图

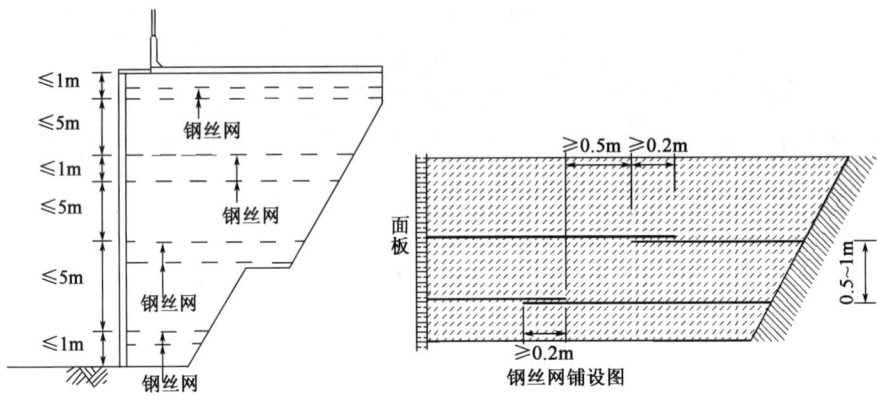

图 1-10-44　钢丝网设计参考图

③相邻两层钢丝网间距宜为 0.3~0.5m,搭接部位应错开 0.5m 以上。相邻两片钢丝网的搭接宽度不宜小于 0.2m,宜采用钢丝绑扎。

(7)泡沫轻质土路堤防排水设计

泡沫轻质土吸水或导致重度增加。当填筑体位于计算水位以下部位或者可能受外界水源浸润作用时,可根据工程需要,采取必要的防水和排水技术措施(图 1-10-45)。

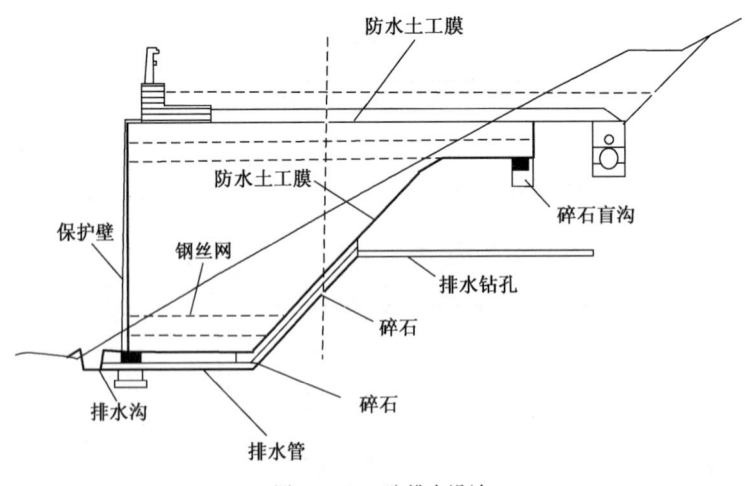

图 1-10-45　防排水设计

泡沫轻质土填筑体位于地下水位以下时,如果用于路堤沉降控制,由于自重应力的计算考虑的是浮重度,不设防水措施更为经济合理;如果用于地下结构减载,水的重力是结构顶部荷载的组成部分,故设置防排水措施更为合理。

采用渗水盲沟或者带孔的排水管以及排水垫层排出填筑体周围的地下水。在填筑体底部设置排水垫层,兼具排水和调整填筑体底部应力及协调基底不均匀变形作用。排水垫层厚度不宜小于0.15m。

泡沫轻质土路堤顶面宜设置复合土工膜,并应延伸至一般路堤侧不小于2.0m。土工膜厚度不宜小于0.5mm,性能应符合现行《土工合成材料 聚乙烯土工膜》(GB/T 17643)的要求。

(8)泡沫轻质土路堤上部护栏设计

泡沫轻质土直立浇筑时,宜结合路堤高度,在护栏基础外应设置不小于0.50m的安全襟边宽度。

泡沫轻质土顶面设置防撞护栏时,防撞护栏应作专项设计,并应符合以下要求:

①泡沫轻质土顶层宜在护栏基础底座下方设置两层钢丝网;

②防撞护栏底部应设置钢筋混凝土底座,混凝土等级宜不小于C30,底座尺寸设计应兼顾安全性和经济性;

③护栏沉降缝与泡沫轻质土的沉降缝位置应对应一致。

2. 泡沫轻质土新建路堤结构设计

(1)泡沫轻质土新建路堤的断面设计

软土地基路堤泡沫轻质土浇筑设计厚度应根据沉降计算确定,堆载预压满足现行《公路路基设计规范》(JTG D30)要求,参照本手册软土地区路基设计;浇筑工艺宜采用先预压,再换填泡沫轻质土。

路堤用地不受限制时,可采用台阶式浇筑的放坡形式(图1-10-46);路堤用地受限时,边坡宜采用直立支护形式或陡坡式支护形式(图1-10-47、图1-10-48)。

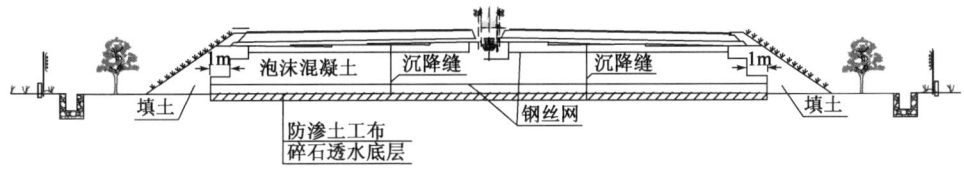

图1-10-46 泡沫轻质土路堤台阶式浇筑放坡形式

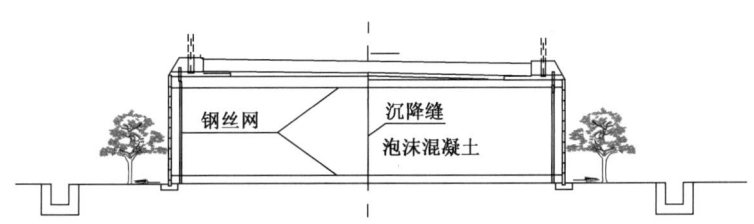

图1-10-47 泡沫轻质土路堤直立支护形式

泡沫轻质土浇筑横断面可采取倒梯形、矩形、"凸"形或倒"凸"形,具体浇筑形式宜结合工程功能需要而确定,相应横断面见图1-10-49。

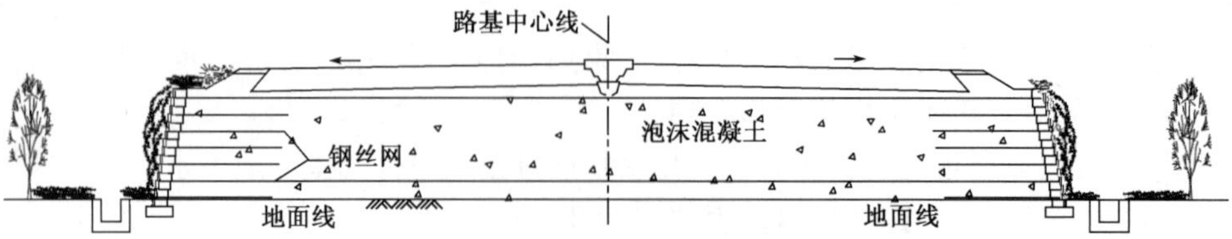

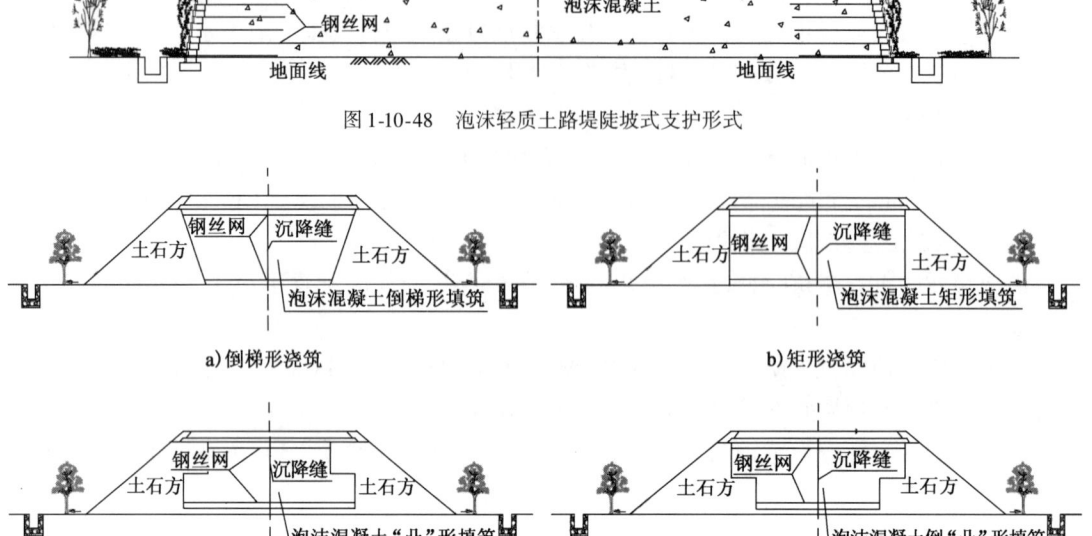

图1-10-48 泡沫轻质土路堤陡坡式支护形式

图1-10-49 泡沫轻质土浇筑体形式

(2)泡沫轻质土路堤底层构造设计

①泡沫轻质土底层设计应结合路堤工程地形地貌、水文环境条件做好地表排水设施(如盲沟、渗沟、排水沟等),泡沫轻质土底面需铺设厚度0.3~0.5m的碎石或砂砾作为透水垫层,同时兼作调平层,垫层顶宜设置一层防渗土工布;

②泡沫轻质土浇筑体底部应设置一层钢丝网,钢丝网宜设置在距底部上方0.40~0.60m范围之内;

③斜坡上填筑高度大于10m的高路堤时,底层应增设一层混凝土板,板厚为0.15~0.30m,各台阶应根据稳定性验算设置抗滑锚钉。

(3)泡沫轻质土路堤顶层构造设计

①浇筑体顶层宜设置一层钢丝网,钢丝网宜水平放置在顶部下方0.30~0.50m范围之内;

②顶层设计应满足路面纵坡与横坡设置要求,并确保路面结构层设计所需的厚度,分台阶调坡;

③泡沫轻质土顶面位于上路床范围时,应设置厚度0.15~0.20m的水泥混凝土保护层;

④泡沫轻质土顶面位于上路床下方时,顶面宜采用0.50m厚的砂砾层或粒径不大于0.10m的宕渣作为保护垫层,且该垫层压实不应采用振动碾压。

3.泡沫轻质土拓宽路堤设计

(1)基础资料收集和拓宽路基对既有设施影响分析

收集原有公路勘察设计、竣工图和养护等方面资料,查明既有路堤的地基处理方案、填料性质、压实度、路堤沉降变形及边坡稳定状况等。

核查既有路堤及拓宽场地内的通道、管线及排水设施的使用状况,并在此基础上分析拓宽路基对既有路堤、现有管线、防护、排水设施等功能的影响。

(2)泡沫轻质土拓宽路堤的断面设计

当用地受限时,泡沫轻质土路堤边坡可采用陡坡防护形式。

陡坡高路堤拓宽时,为提高泡沫轻质土浇筑体抗滑移和抗倾覆安全度,应满足填筑体的底面宽度 $L \geqslant 2m$ 且 $L \geqslant 0.25H$,具体宽度可结合浇筑体抗滑移验算确定。

(3)泡沫轻质土拓宽路堤的底层、顶层、面板设计

参见上述泡沫轻质土路堤结构设计的通用要求和新建路堤结构设计。

(4)泡沫轻质土拓宽路堤和原有路基之间的衔接设计

拓宽路堤和原有路基之间应控制差异沉降并保持良好衔接;新老路基宜采用台阶拼接(图1-10-50),开挖坡率宜缓于1:1.0,横向台阶宽度不宜小于1m,坡率适当内倾,坡度2%~4%为宜。路堤拼接顶部应采用铺设土工合成材料等增强措施。

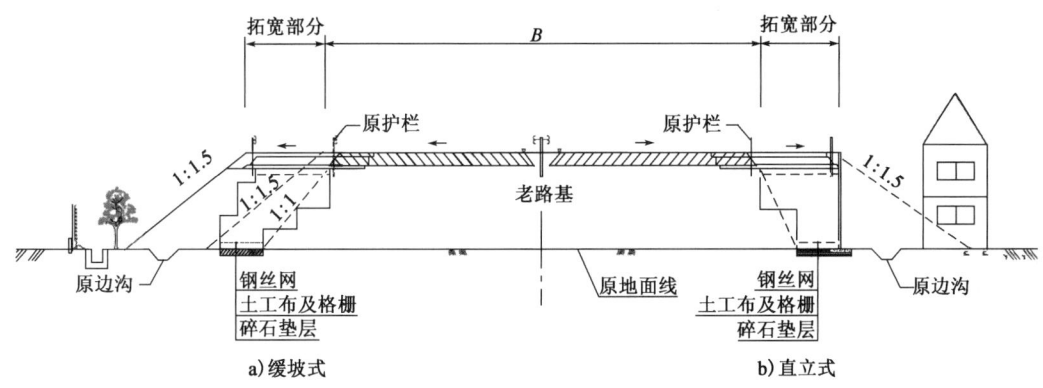

图1-10-50 泡沫轻质土应用于路堤拓宽横断面形式

(5)泡沫轻质土拓宽路堤排水设计

应考虑既有公路的中央分隔带及路面排水设施,做好横穿路基管线的预埋设计;泡沫轻质土底部可增设碎石盲沟,以排除路基底部积水。

(6)软土地基泡沫轻质土拓宽路堤设计

①拓宽部分路基工后沉降控制标准应满足现行《公路路基设计规范》(JTG D30)规定要求;

②在采取等载或超载预压处理时,根据实测沉降速率结合计算分析合理确定二次开挖施工泡沫轻质土方案;

③沿河塘、傍山、高填土、深厚软土地基拓宽路段可采用泡沫轻质土与柔性桩或刚性桩复合地基等相结合的设计方案;

④泡沫轻质土换填时,其底部排水垫层可与既有软基处理的褥垫层厚度相结合,并在垫层内铺置土工格栅;

⑤设计规定的软土地基拓宽路堤施工期末沉降速率控制标准应与老路堤的沉降速率预测值一致。

4.泡沫轻质土用于桥涵台背及涵顶填筑设计

泡沫轻质土用于桥梁两端填筑时,泡沫轻质土底面(行车方向)长度不宜小于20m;用于

明涵(通道)两侧回填时,泡沫轻质土底面(行车方向)长度不宜小于10m;用于暗涵(通道)两侧回填时,泡沫轻质土底面(行车方向)长度不宜小于5m。

泡沫轻质土用于软土地区桥梁两端填筑时,路堤纵向宜采用台阶式过渡结构,见图1-10-51,且纵向过渡分级长度 $L_i \geqslant 10m(i=1,2,3\cdots)$。

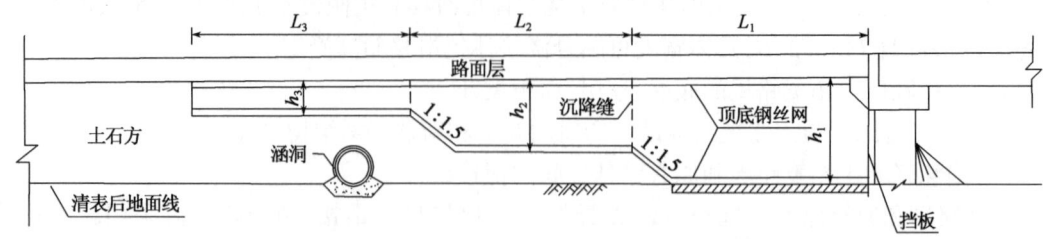

图1-10-51 泡沫轻质土纵向台阶式浇筑形式

泡沫轻质土用于涵洞台背路堤浇筑时,浇筑方式可分为全路堤换填、涵背局部换填两种方式,见图1-10-52。

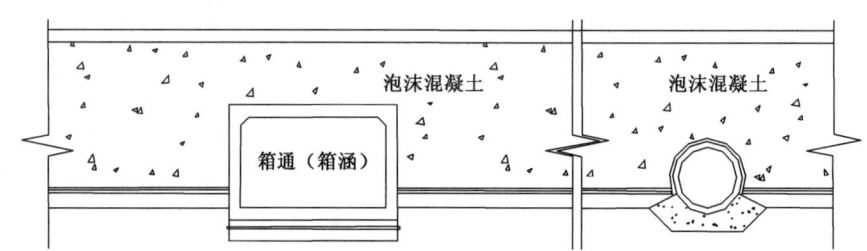

a)涵洞路段路堤全部换填泡沫轻质土

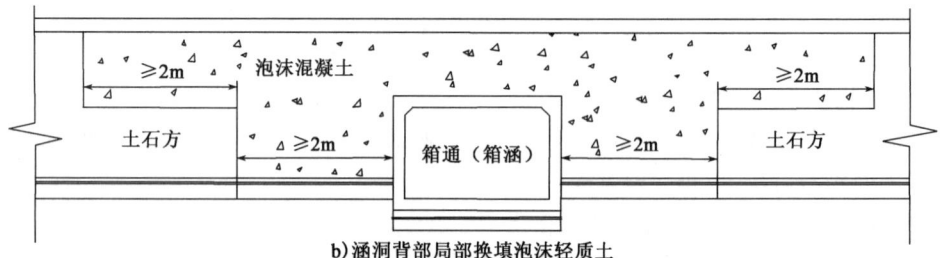

b)涵洞背部局部换填泡沫轻质土

图1-10-52 涵洞路段泡沫轻质土路堤浇筑形式

七、泡沫轻质土路堤设计计算

1. 荷载

荷载分类应按表1-10-9确定。

荷载分类　　　　　　　　　　表1-10-9

荷载类型	荷载名称
永久荷载	填筑体的自重
	填筑体上方的有效永久荷载
	填土侧压力
	计算水位的浮力及静水压力

续上表

荷 载 类 型		荷 载 名 称
可变荷载	基本可变荷载	车辆荷载、车辆荷载引起的土侧压力
		人群荷载、人群荷载引起的土侧压力
	其他可变荷载	水位退落时的动水压力
		流水压力
		波浪压力
		冻胀压力和冰压力
	施工荷载	与施工有关的临时荷载
偶然荷载		地震作用力、作用于填筑体顶部护栏的车辆碰撞力

注：1. 洪水与地震力不同时考虑；
    2. 冻胀力、冰压力与流水压力或波浪压力不同时考虑；
    3. 车辆荷载与地震力不同时考虑。

在一般地区填筑时，填筑体顶部的荷载可只计算永久荷载和基本可变荷载。在浸水地区、冻胀地区、地震动峰值加速度值为 $0.2g$ 及以上的地区填筑时，还应计算其他可变荷载和偶然荷载。荷载组合应按表1-10-10确定。

荷 载 组 合　　　　　　　　　　表1-10-10

组　合	荷　载
Ⅰ	填筑体自重、填筑体顶部的有效永久荷载、填土侧压力及其他永久荷载组合
Ⅱ	组合Ⅰ与基本可变荷载相组合
Ⅲ	组合Ⅱ与其他可变荷载、偶然荷载相组合

永久荷载包括泡沫轻质土自重、长期作用于泡沫轻质土填筑体上部的有效荷载、填土侧向压力、计算水位以下的浮力及静水压力。可变荷载包括车辆引起的土侧压力、人群荷载、人群荷载引起的土侧压力、施工荷载周围环境变化引起的其他荷载。偶然荷载主要考虑地震力作用。

交通荷载可换算为相应的填土荷载。

填筑体背面为不稳定结构或者位于水位变化影响区域，应分别考虑土压力或静水压力、浮力作用。

对于受水浸泡的情况，泡沫轻质土所受的浮力，应根据路基的浸水情况按水位的100%计算。

当挡土墙和桥台及壁板框架等结构物背面采用泡沫轻质土时，应考虑固化前泡沫轻质土侧向压力的影响。侧向压力的大小等于湿重度和单层填筑高度的乘积。

地震力荷载，包括地震惯性力和地震时的土压力。设计时，对于滑动、倾覆的验算，应将地震力的影响考虑在内。在减小土压力设计时，当构造物底部填土长度较长，此部分可不考虑地震力的影响。

泡沫轻质土填筑体的设计方法以容许应力法为主。进行强度验算时，采用总安全系数法。除施工荷载应力外，安全系数取3。

当填筑体按承载能力极限状态设计时，常用荷载分项系数可按表1-10-11选用。

承载能力极限状态的荷载分项系数　　　表 1-10-11

情况	荷载增大对填筑体起有利作用时		荷载增大对填筑体起不利作用时	
组合	Ⅰ、Ⅱ	Ⅲ	Ⅰ、Ⅱ	Ⅲ
气泡混合轻质土顶部垂直恒载 Y_G	0.9		1.2	
主动土压力分项系数 Y_{Q1}	1	0.95	1.4	1.3
被动土压力分项系数 Y_{Q2}	0.30		0.5	
水浮力分项系数 Y_{Q3}	0.95		1.1	
静水压力分项系数 Y_{Q4}	0.95		1.05	
动水压力分项系数 V_{Q5}	0.95		1.2	

2. 设计计算时材料性能指标

泡沫轻质土路堤设计计算时,不同的环境条件和工程条件下泡沫轻质土的相关材料性能指标取值应符合表 1-10-12 的要求。

设计计算时材料性能指标取值　　　表 1-10-12

验算内容	验算用指标	验算指标取值	
		地下水条件	指标取值
沉降验算时自重应力计算	轻质土重度 $R(\mathrm{kN/m^3})$	地下水位以上	施工湿重度 R_{fw}
		地下水位以下	$R = (1.1 \sim 1.3) R_{fw}$
结构上覆荷载验算时自重应力计算	轻质土重度 $R(\mathrm{kN/m^3})$	地下水位以上	施工湿重度 R_{fw}
		地下水位以下	$R = (1.1 \sim 1.3) R_{fw}$
抗浮验算时自重应力计算	轻质土重度 $R(\mathrm{kN/m^3})$	地下水位以上或以下	施工湿重度 R_{fw}
路堤整体稳定性验算	轻质土黏聚力 c、内摩擦角 φ	地下水位以上	试验确定,无试验资料时, $c = 120\mathrm{kPa}, \varphi = 6°$
		地下水位以下	试验确定,无试验资料时, $c = 100\mathrm{kPa}, \varphi = 4°$
抗滑动、抗倾覆稳定性验算	与碎石土、砂类土或基岩接触面摩擦系数	地下水位以上	0.6
		地下水位以下	0.5
	与黏性土、强风化层接触面摩擦系数	地下水位以上	0.5
		地下水位以下	0.4

泡沫轻质土的重度和强度受其湿度状态以及材料使用部位与地下水位关系影响较大。所以,确定设计验算相关指标时,应充分考虑地下水对泡沫轻质土物理力学性能的影响。

根据已有研究成果(图 1-10-30),当初始湿密度在 1000kg/m³ 以上时,表观密度的增加率不超过 10%。所以,用于地下结构减载时,如果不设防排水措施,一般要求泡沫轻质土的施工湿重度不低于 10kN/m³。计算结构顶部荷载时,轻质土重度取 1.1 倍施工重度。

对于抗浮验算,主要考虑到,在泡沫轻质土路堤施工后,地下水或洪水作用的时间较短,所以,轻质土重度直接取施工湿重度。

对于沉降计算,在不设全封闭防水措施的情况下,地下水位以下的轻质土重度取浮重度。如果设置全封闭防水措施,则泡沫轻质土重度取施工重度和水的重度之差。此时,即使出现负值,也是合理的,这表明基底应力受浮力的作用而减小。

3. 沉降计算

当软土地基路段填筑时,应按现行《公路路基设计规范》(JTG D30)规定的方法进行沉降计算,计算方法参见本手册软土路基章节的相关内容。除软土地基路段填筑外,当地基较差或在荷载作用下可能产生沉降时,也应进行沉降计算。

泡沫轻质土路堤荷载较小,且具有较好的整体性,施工期几乎不可能发生因地基侧向挤出而导致的路基沉降,故总沉降修正系数宜取小值。总沉降修正系数建议值为1.0~1.1。当地基承载力大于两倍的路基荷载时,取小值。

利用泡沫轻质土作为路堤填筑材料,主要以减轻路堤自重、减小地基应力及沉降为目的。由于泡沫轻质土成本较高,其最小填筑厚度一般根据工后沉降计算确定。计算时需遵循"地基应力等效"原则或者"路基沉降控制"原则。下面针对泡沫轻质土用于软土地基填筑时的几种主要工况对最小填筑厚度的确定方法进行说明。

(1)当新建软土地基路段的沉降在规定时间内不能满足设计要求时,可采用泡沫轻质土减荷换填以控制工后沉降。

从理论上讲,当由换填后确定的地基固结度与当前地基平均固结度相等时,工后沉降应为0,故:

$$U_t = \frac{h\gamma + (h_d - h)\gamma_f}{h_e \gamma_f} \tag{1-10-25}$$

由上式推算并考虑安全系数,得到泡沫轻质土最小填筑厚度计算公式。

$$h \geq \frac{\beta \gamma_f (h_d - U_t h_e)}{\gamma_f - \gamma} \tag{1-10-26}$$

式中:h_d——常规填土总厚度(m),包括沉降部分、原地面至路面结构底厚度、路面结构层换算填土厚度;

h_e——当前预压填土厚度(m),包括沉降部分、原地面至现有填土顶面的厚度;

h——泡沫轻质土的换填厚度(m);

γ_f——填土重度(kN/m³);

U_t——当前地基土固结度,$U = S_t/S_\infty$,S_t、S_∞分别为已发生沉降量和推算总沉降量,必要时可钻探确定;

β——系数,一般取1.2~1.3,当地基平均固结度较小时,取大值。

当计算的泡沫轻质土换填厚度超过常规填土总厚度过多时,说明预压时间严重不足,如采用换填,代价较高,建议结合其他处理措施综合控制。从珠江三角洲多条高速公路的工程经验看,换填厚度基本上在4~6m。

(2)当直接用于低填软土路基的填筑时(图1-10-53),泡沫轻质土的填筑厚度 h 采用式(1-10-27)计算,当地下水位较高时,需分别按地下水位以上和地下水位以下计算。

$$(h_1 + h_2)\gamma + h_3 \gamma_a + T_p \gamma_p + h_f \gamma_f = h_2 \gamma_0 + h_3 \gamma_{0a} \tag{1-10-27}$$

式中:h_1——泡沫轻质土地面以上填筑厚度(m);

h_2——泡沫混合轻质土地下水位以上填筑厚度(m);

h_3——泡沫混合轻质土地下水位以下填筑厚度(m);

T_p——路面结构厚度(m);

γ_p——路面结构重度(kN/m^3);

γ_f——路基填土重度(kN/m^3),一般取 18~19;

h_f——车辆荷载换算成填土荷载的等代厚度(m),一般取 0.8;

γ、γ_{0a}——地基土的天然重度、饱水重度(kN/m^3)。

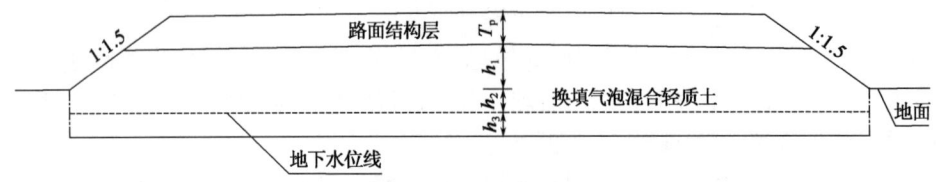

图 1-10-53 低填软土路基的填筑时泡沫轻质土填筑厚度计算示意图

上式中,h_1、h_2 可以根据填土高度、地面高程、地下水位高程确定,只需要计算出 h_3 即可得到泡沫轻质土填筑总厚度。当地下水位埋深大或无地下水时,式中 h_3 取 0。此时,则需计算出 h_2 值即可确定泡沫轻质土填筑总厚度 h。

(3)当用于旧路改造控制工后沉降时,泡沫轻质土最小换填厚度可按式(1-10-28)计算。

$$h \geq \frac{\gamma_f[(1+\beta)h_2 - h_1]}{(1+\beta)(\gamma_f - \gamma)} \quad (1\text{-}10\text{-}28)$$

式中:h_2、h_1——分别为旧路改造前、后常规填土路基路面永久荷载厚度,包括沉降部分、原地面至路面结构底的厚度、路面结构层换算填土厚度;

h——泡沫轻质土换填厚度(m);

γ_f——填土重度(kN/m^3);

γ——系数,取 0.75。

(4)用于软基路段桥台台背的填筑,以减少路桥过渡段的工后沉降,避免桥头跳车。该工况应验算工后沉降,并按紧邻桥台位置工后沉降不超过 0.10m(桥头设置有搭板情况时)或 0.03m(桥头设置无搭板情况时)的要求进行填筑厚度的设计。填筑体顶部的长度宜按 15~30m 设计。

4. 强度验算

(1)路基填筑的填筑体抗压强度应按式(1-10-29)计算。

$$q_{u1} = \frac{F_s(100 \times CBR)}{3.5} \quad (1\text{-}10\text{-}29)$$

式中:q_{u1}——路基填筑的填筑体抗压强度(kPa);

F_s——安全系数,取 3;

CBR——加州承载比,按现行《公路路基设计规范》(JTG D30)取值。

(2)填筑体自立稳定的抗压强度应按式(1-10-30)计算。

$$q_{u2} = F_s\left(\frac{1}{2}\gamma H + W\right) \quad (1\text{-}10\text{-}30)$$

式中:q_{u2}——填筑体自立稳定的抗压强度(kPa);

γ——湿重度(kN/m^3);

H——填筑体高度(m);

W——填筑体顶部的荷载(kPa)。

(3)填筑体的设计抗压强度不应小于 q_{u1} 和 q_{u2} 值。

5. 稳定性验算

稳定性验算应包括填筑体的抗滑动稳定性验算、抗倾覆稳定性验算及包括地基在内的整体抗滑动稳定性验算。此外,还应考虑现浇泡沫轻质土硬化前的侧压力可能导致壁板结构的倾覆翻倒,所以应进行壁板结构的稳定性验算。

(1)泡沫轻质土填筑体的滑动稳定方程应满足式(1-10-31)的要求,抗滑稳定系数 K_c 应按式(1-10-32)计算。

$$[1.1G + \gamma_{Q1}(E_y + E_x\tan\alpha_0) - \gamma_{Q2}E_p\tan\alpha_0]\mu + (1.1G + \gamma_{Q1}E_y)\tan\alpha_0 - \gamma_{Q1}E_x + \gamma_{Q2}E_p > 0$$
(1-10-31)

$$K_c = \frac{[N + (E_x - E'_p)\tan\alpha_0]\mu + E'_p}{E_x - N\tan\alpha_0}$$
(1-10-32)

式中:G——填筑体重力及作用于填筑体顶面的其他竖向荷载的总和(kN),浸水填筑体应计入浮力;

E_y——填筑体背面主动土压力的竖向分量(kN);

E_x——填筑体背面主动土压力的水平分量(kN);

E_p——填筑体前面被动土压力的水平分量(kN),为偏安全起见,建议取 0;

E'_p——填筑体前面被动土压力的水平分量 0.3 倍(kN),为偏安全起见,建议取 0;

N——基底作用力的合力的竖向分量(kN),浸水填筑体的浸水部分应计入浮力;

α_0——基底倾斜角(°),基底为水平时,$\alpha_0 = 0$;

γ_{Q1},γ_{Q2}——主动土压力分项系数、填筑体前被动土压力分项系数,可按表1-10-13 的规定采用;

μ——填筑体与地基间的摩擦系数,当无试验资料时,可按表1-10-14 的规定采用。

承载能力极限状态作用(或荷载)分项系数　　　　表1-10-13

情况	荷载增大对挡土墙结构起有利作用时		荷载增大对挡土墙结构起不利作用时	
组合	Ⅰ,Ⅱ	Ⅲ	Ⅰ,Ⅱ	Ⅲ
恒载或车辆荷载、人群荷载的主动土压力分项系数 γ_{Q1}	1.00	0.95	1.40	1.30
被动土压力分项系数 γ_{Q2}	0.30		0.50	

基底与基底土间的摩擦系数 μ　　　　表1-10-14

地基土的分类	摩擦系数 μ	地基土的分类	摩擦系数 μ
软塑黏土	0.25	碎石类土	0.50
硬塑黏土	0.30	软质岩石	0.40~0.60
砂类土、黏砂土、半干硬的黏土	0.30~0.40	硬质岩石	0.60~0.70
砂类土	0.40		

(2)填筑体的倾覆稳定方程应满足式(1-10-33)的要求,抗倾覆稳定系数 K_0 应按式(1-10-34)计算。

$$0.8GZ_G + \gamma_{Q1}(E_yZ_x - E_xZ_y) + \gamma_{Q2}E_pZ_p > 0$$
(1-10-33)

$$K_0 = \frac{GZ_G + E_y Z_x + E'_p Z_p}{E_x Z_y} \tag{1-10-34}$$

式中：Z_G——填筑体重力及作用于填筑体顶面的其他竖向荷载的合力重心至填筑体趾部的距离(m)；

Z_x——主动土压力的竖向分量至填筑体趾部的距离(m)；

Z_y——主动土压力的水平分量至填筑体趾部的距离(m)；

Z_p——填筑体前被动土压力的水平分量至填筑体趾部的距离(m)。

(3) 填筑体的抗滑动稳定性、抗倾覆稳定性验算，安全系数不应小于表1-10-15的规定。

抗滑动和抗倾覆的稳定系数　　　　　　　　　　表1-10-15

荷载情况	验算项目	稳定系数
荷载组合Ⅰ、Ⅱ	抗滑动 K_c	1.3
	抗倾覆 K_0	1.5
荷载组合Ⅲ	抗滑动 K_c	1.3
	抗倾覆 K_0	1.3
施工阶段验算	抗滑动 K_c	1.2
	抗倾覆 K_0	1.2

(4) 包括地基在内的整体抗滑动稳定性验算的安全系数不应小于1.25。

(5) 当泡沫轻质土置于平面与斜面交界处时，应进行泡沫轻质土填筑体底面抗滑稳定性验算。验算时，可将其分成坡前和坡上两部分计算滑动力和滑动抵抗力。底面抗滑稳定性可参照图1-10-54，按式(1-10-35)计算。

$$F_s = \frac{M_1 + M_2 \cos\theta}{N_1 \cos\theta} = \frac{fW_1 + fW_2 \cos\theta \cos\theta}{W_2 \sin\theta \cos\theta} \geq 1.3 \tag{1-10-35}$$

式中：M_1——沿水平面的抗滑力(kN)；

M_2——沿斜坡面的抗滑力(kN)；

N_1——沿斜坡面的下滑力(kN)；

W_1——斜坡前浇泡沫轻质土的自重及路面荷重(kN)；

W_2——斜坡上浇泡沫轻质土的自重及路面荷重(kN)；

θ——斜坡面与水平面交角(°)；

f——现浇泡沫轻质土与地基土的摩擦系数，无实测资料时可取0.5；当现浇泡沫轻质土与地基之间铺设防水土工布时，应通过试验确定。

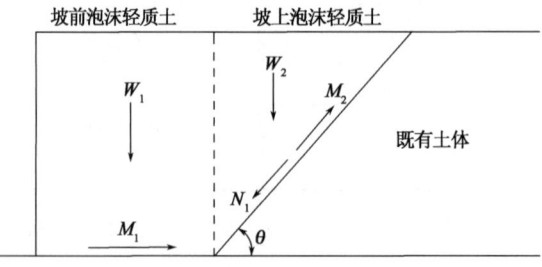

图1-10-54　泡沫轻质土底面抗滑稳定性验算示意图

(6)壁板结构的稳定性,主要考虑现浇泡沫轻质土硬化前的侧压力可能导致壁板结构的倾覆翻倒。侧压力的计算范围仅考虑单层浇筑厚度(h),侧压力按 $R_{fw}h$ 计算。

6. 基底合力的偏心距和基底压应力验算

(1)基底合力的偏心距 e_0 可按式(1-10-36)计算。

$$e_0 = \frac{M_d}{N_d} \tag{1-10-36}$$

式中:M_d——作用于基底形心的弯矩组合设计值(MPa);

N_d——作用于基底上的垂直力组合设计值(kN/m)。

(2)各类荷载组合下,作用效应组合设计值计算式中的分项系数,除被动土压力分项系数 $\gamma_{Q2} = 0.3$ 外,其余荷载的分项系数规定为1。

(3)基底压应力 σ 应按式(1-10-37)计算,位于岩石地基上的填筑体可按式(1-10-38)和式(1-10-39)计算。

$$|e_0| \leq \frac{B}{6} \text{时}, \sigma_{1,2} = \frac{N_d}{A}\left(1 \pm \frac{6e_0}{B}\right) \tag{1-10-37}$$

$$e_0 > \frac{B}{6} \text{时}, \sigma_1 = \frac{2N_d}{3\alpha_1}, \sigma_2 = 0 \tag{1-10-38}$$

$$\alpha_1 = \frac{B}{2} - e_0 \tag{1-10-39}$$

式中:σ_1——填筑体趾部的压应力(kPa);

σ_2——填筑体踵部的压应力(kPa);

B——基底宽度(m);

A——基础底面每延米的面积(m^2)。

(4)土质地基的基底合力的偏心距 e_0 不应大于 $B_L/6$(B_L 为填筑体底宽),岩石地基的基底合力的偏心距 e_0 不应大于 $B_L/4$。

(5)基底压应力不应大于基底的容许承载力$[\sigma_0]$。基底容许承载力值根据原位测试结果确定;当缺乏实测数据时,可按现行《公路桥涵地基与基础设计规范》(JTG 3363)的规定采用;当为作用(或荷载)组合Ⅲ及施工荷载,且 >150kPa 时,可提高25%。

7. 抗浮稳定性验算

轻质材料填筑区位于地下水位以下,或受到洪水淹没时,应按式(1-10-40)进行抗浮稳定性验算。当抗浮稳定系数小于抗浮安全系数时,应采取调整轻质材料填筑区厚度、增加填土荷重或降低地下水位等措施。泡沫轻质土路堤抗浮安全系数宜为1.05~1.15,最高地下水位或洪水位达到轻质材料填筑区的发生概率较低时,取小值。

$$F_f = \frac{\sum \gamma_i h_i}{\gamma_w h_{jw}} \tag{1-10-40}$$

式中:F_f——抗浮稳定系数;

γ_i——各层材料的重度(kN/m^3);

h_i——各层材料的厚度(m);

γ_w——水的重度(kN/m^3);

h_{jw}——路堤浸水的深度(m)。

第五节 粉煤灰路堤

粉煤灰(Fly Ash)是指从燃煤电厂中磨细煤粉在锅炉中燃烧后从烟道排出过程中、被集尘器收集的粉末状物质。集尘器收集的含水率小于1%的粉煤灰称为干灰。集尘器收集并通过水力排放的粉煤灰称为湿灰。装置了调湿设备,保持含水率在10%~20%的粉煤灰称为调湿灰。调湿灰运至堆灰场堆积备用,或者将调湿灰堆置在灰场上晒晾至适当含水率挖用,称为料堆灰。固态排渣炉底部排出的灰、渣称为炉底渣。

根据粉煤灰中氧化钙(CaO)含量将粉煤灰分为高钙粉煤灰和低钙粉煤灰。由烟煤或无烟煤燃烧所排放的粉煤灰中,CaO含量在10%以下的粉煤灰称为低钙粉煤灰。由次烟煤或褐煤燃烧所排放的粉煤灰中,CaO含量在10%以上,甚至高达30%的粉煤灰称为高钙粉煤灰。高钙粉煤灰活性较高、具有一定的自硬性。除硅铝型高钙灰外,还有硫钙型高钙灰。本节作为路堤填料使用的粉煤灰主要涉及电厂排放的硅铝型低钙粉煤灰。

一、粉煤灰路堤设计的设计原则

粉煤灰路堤适用于软土性质较差、需要适当减轻路堤重量的路段,宜用于拓宽、桥头、墙背、高路堤等工程位置。粉煤灰路堤(纯粉煤灰路堤或灰土间隔路堤)不宜用于滞洪区以及水头差较大、容易发生管涌的地区;如果使用,必须对路堤采用必要的技术措施(例如设置反滤层井点降水、打板桩、覆盖压重等),以保证其渗透稳定性。

用粉煤灰修筑公路路堤,应采取相应的技术措施,做好断面设计、结构设计和排水设计,保证粉煤灰路堤有足够的强度和稳定性。

粉煤灰浸出物环境影响评价方法及污染控制要求应符合国家环境保护法律法规的相关规定,采取必要措施防止施工和运营中粉煤灰对环境的污染。

二、粉煤灰性能及技术要求

1. 粉煤灰的粒径分布

粉煤灰是由各种形状差别很大的颗粒组成的,主要有三种类型。第一类是由硅铝玻璃体组成的表面光滑的玻璃珠体;第二类是形状不规则的玻璃体颗粒,表面有大小不一的孔穴;第三类为多孔的碳粒,质地疏松。第一类颗粒密实,吸水量和摩擦角小;第二类、第三类的孔隙发达,堆积密度小,吸水量大,水稳定性差。

粉煤灰的颗粒级配受煤的品质、燃烧方式、收集方式等因素的影响,不同电厂灰采样地点不同,粒径亦有所不同。相对而言,静电收尘器比机械收尘器更能收集到较细的粉煤灰颗粒。粉煤灰的粒径分布如图1-10-55所示。粉煤灰的粒径波动于0.001~0.1mm之间。与粉质黏土及粉质砂土相比,其粒径分布范围较窄,是一匀质级配材料。

粉煤灰的颗粒级配对材料的物理力学性能起重要的影响。粉煤灰具有细砂或粉砂的某些特性,如无塑性、渗透系数及内摩擦角大、黏结力小等。

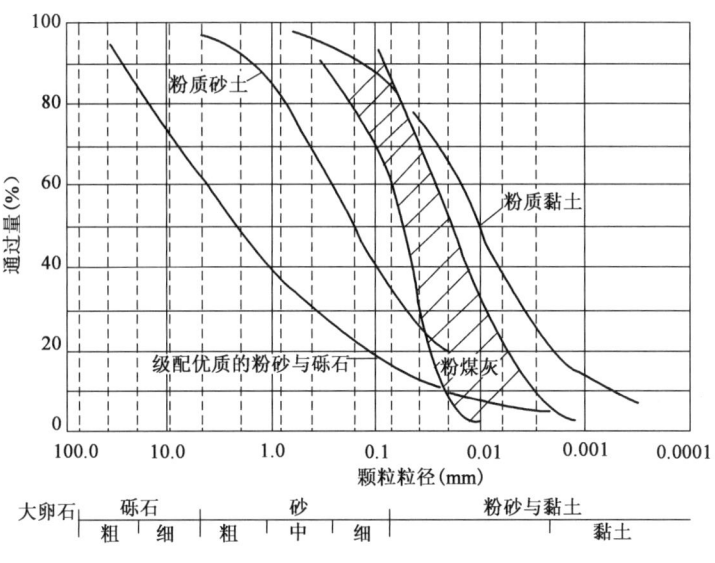

图 1-10-55　粉煤灰的粒径分布

2. 粉煤灰的灰粒比重与密度

灰粒比重一般介于 2.1~2.5 之间，随着 Fe_2O_3 含量的增加而增加。比重 G_s 的大小直接影响击实试验得到的最大干密度 $\gamma_{d\,max}$。国内粉煤灰 G_s 与 $(\gamma_{d\,max} \cdot \gamma_w)$ 的比值近似为 0.5。

由于粉煤灰具有相当数量的空心玻璃微珠，因此它的密度与土相比就小得多，在 2.06~2.40g/cm³ 之间，平均为 2.23g/cm³。粉煤灰的压实密度比土小 1/3~1/5，这对减轻回填体的自重、减小基底应力、减小软土地基上的沉降和提高地基稳定性，都具有重要意义。

3. 粉煤灰的液塑限

粉煤灰液限与粒径大小、颗粒类型有关，而不像普通土那样，主要取决于黏土颗粒的多少。粉煤灰液限在 31%~43% 之间，与砂性土相比偏大很多，而与黏性土相近。这种差异是粉煤灰发达的孔隙造成的，颗粒越细，熔渣状颗粒越多，孔隙越发达，其液限相对就大。这个特点是粉煤灰特有的。

粉煤灰塑性指数一般小于 6。从液、塑限都比较大，而塑性指数却很小的特点来看，可以间接说明灰粒本身的孔隙中储存着不起增塑作用的水分。

粉煤灰黏结力差，易受冲刷，为防止路堤边坡受自然和人为因素的破坏，提高边坡稳定性，可采用路堤两侧边坡培土和植草皮等办法进行防护。

4. 粉煤灰的渗透性和粉煤灰填筑体的渗透稳定性

粉煤灰的平均孔隙率为 63.5%，远大于土的孔隙率 50%。粉煤灰的圆形颗粒形态以及高孔隙率决定了粉煤灰具有较高的渗透系数。

在压实状态下，粉煤灰的渗透性取决于它的颗粒组成、压实度和火山灰反应程度。粉煤灰的渗透系数一般为 10^{-7}~10^{-5}m/s 量级，粉煤灰的渗透系数一般要比黏性土的渗透系数大数百倍。所以，在自然状态下，粉煤灰只要稍加堆高，水分就易沥干。

粉煤灰孔隙率大、渗透系数大、塑性指数小、级配均匀、颗粒比重低，这些因素导致粉煤灰填筑路堤渗透破坏可能性将大大高于常规填料路堤。

未经压实的粉土和细砂被认为是抗管涌性最差的土。当灰体表面有渗流水出逸时,灰粒必然被带走。路堤的主要破坏形式是沿路堤坡脚和渗流出口处的流土破坏。所以,粉煤灰路堤(纯粉煤灰路堤或灰土间隔路堤)不宜用于滞洪区以及水头差较大、容易发生管涌的地区;如果使用,必须对路堤采用必要的技术措施(例如设置反滤层并点降水、打板桩、覆盖压重等),以保证其渗透稳定性。

5. 粉煤灰的击实特性

粉煤灰的击实试验曲线如图 1-10-56 所示。粉煤灰击实曲线形状与一般黏性土的击实曲线形状相似,但是比黏性土的平缓得多。粉煤灰击实曲线的 100% 饱和度线与击实曲线的距离比黏性土远。粉煤灰的重度对含水率变化不敏感。在低于最佳含水率时,随着含水率增加,密度增加较慢。原因是粉煤灰颗粒本身多孔隙,当水分增加时,大部分被颗粒本身孔隙吸收储存,在压实过程中对颗粒间的润滑作用改进不明显。粉煤灰压实曲线"平缓"的特点,扩大了达到粉煤灰预定压实要求所需要的含水率范围,有利于现场施工的控制。在含水率低于最佳含水率 10 多个百分点时,其干密度也能达到最佳值的 95% 以上。

在试验过程中,当粉煤灰的含水率达到一定程度后,即使增加击实功能,也不能增加粉煤灰的密度,反而发生析水现象。另外,反复击实的粉煤灰,其颗粒易于破碎,颗粒级配改变,将导致密度偏高(图 1-10-56)。因此,为符合施工实际,试验时灰样均不能重复使用。

粉煤灰的粒度成分是直接影响粉煤灰最大干密度和最佳含水率的主要因素之一。粉煤灰颗粒越细,其最大干密度就越大,而最佳含水率越小。粉煤灰的粒度成分与燃煤性质、煤粉细度、燃烧条件、收尘和输送方式等因素有关。同一灰池不同部位的试样,差异较大,所以选择有代表性的试样进行测定甚为重要。标准密度值是衡量现场压实度的尺度,要求具有足够精度。由于平行试验误差,一组试验求得的标准值难以如实反映试样的实际情况。为此,规定标准密度试验一般应进行三组,以平均最大干密度作为标准密度值。

各地粉煤灰的最佳含水率与最大干密度的关系汇总于图 1-10-57 中。最大干密度范围为 $8.5 \sim 15.1 \text{kN/m}^3$,最佳含水率范围为 11% ~ 68%。最大干密度同最佳含水率大致呈线性关系。尽管最佳含水率相差较大幅度(57%),饱和度变化却并不大(70% ~ 80%),饱和度的平均值为 75% 左右。粉煤灰最佳含水率与饱和度之间的变化关系,对了解粉煤灰击实规律具有一定的实际意义。

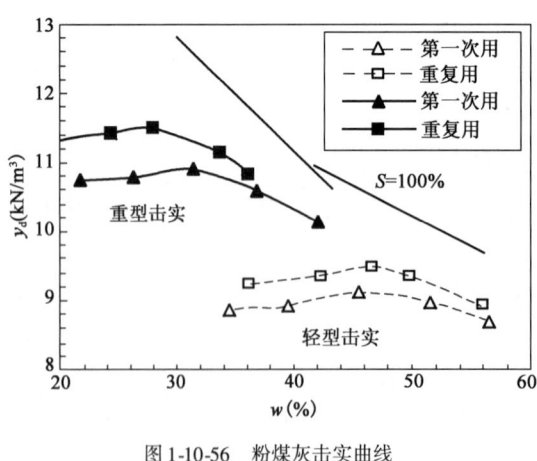

图 1-10-56 粉煤灰击实曲线

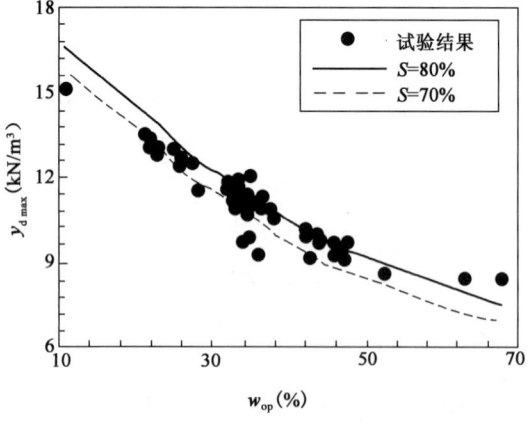

图 1-10-57 粉煤灰最大干密度与最佳含水率的关系

6. 粉煤灰的静力学特性

(1) 应力-应变关系

压实度较高(95%)的粉煤灰试件,其应力-应变曲线呈变形软化特征;压实度较小(90%)的粉煤灰试件,其应力-应变曲线呈变形硬化的特性。

(2) 剪切强度

对于粉煤灰路堤设计来说,剪切强度是最重要的主要力学指标。

粉煤灰黏聚力 c 和内摩擦角 φ 的影响因素很多。粉煤灰黏聚力和内摩擦角随粉煤灰种类、颗粒组成、密实程度而有较大变化,不同来源的粉煤灰的差别很大,在工程应用上,必须经过试验来确定 c、φ 的设计值。

不饱水时,一般内摩擦角与粉煤灰的干密度接近线性关系,而与颗粒细度无关。没有自硬性的粉煤灰黏聚力较低。饱水后的 c、φ 值均有降低趋势(表1-10-16)。设计中需要重视饱水后粉煤灰 c、φ 值的测定和稳定性验算。

粉煤灰的 c、φ 值(石安高速公路等4条公路)　　　表1-10-16

状　态	压实度(%)(重型击实标准)	内摩擦角 φ(°)	黏聚力 c(kPa)
饱水	90	27~31	10~20
不饱水	90	29~35	15~25
饱水	93	30~33	10~20
不饱水	93	37~39	25~30
饱水	95	33~37	10~20
不饱水	95	35~41	25~50

另外,一些具有自硬性的粉煤灰,其抗剪强度随时间的发展,后期强度远超过土的抗剪强度。

(3) 粉煤灰的 CBR 值

粉煤灰的 CBR 值随压实度的增加而增大(图1-10-58)。粉煤灰试件浸水96h后的 CBR 值为未浸水情况下的30%左右(表1-10-17)。压实粉煤灰的 CBR 能够满足不同等级公路路床和路堤设计的强度要求。

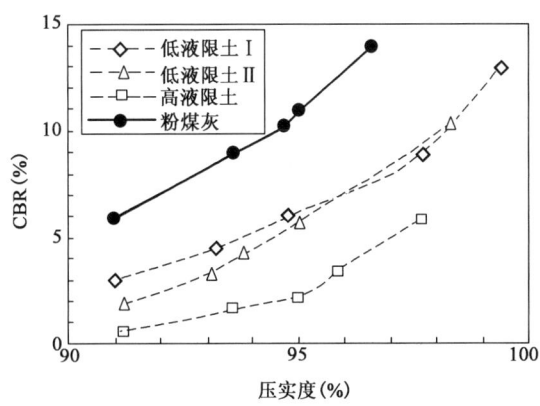

图1-10-58　粉煤灰压实度对 CBR 的影响

粉煤灰在不同含水率下的 CBR 值(%)　　　　表 1-10-17

压 实 度	含 水 率	浸水 CBR	未浸水 CBR
100	19.5	4.6	12.8
96.3	20.4	4.4	11.2
90.0	20.2	3.7	10.5
87.6	20.7	3.1	9.3

(4)粉煤灰路堤的回弹模量

粉煤灰路基的回弹模量受粉煤灰种类、压实度以及下卧软土层的工程地质条件和水文地质条件影响较大,一般可以达到 30~70MPa(静态)。填筑完成的粉煤灰路堤的密实程度比较一致,路堤的回弹模量波动小,均匀性较好。

粉煤灰路基设计时,回弹模量应满足现行《公路路基设计规范》(JTG D30)的要求。

(5)粉煤灰的压缩性

在压实度为 80%~95%、含水率为 30%~50% 范围条件下,粉煤灰压实系数介于 0.1~0.5MPa^{-1} 之间,压缩模量介于 4~15MPa 之间,属中等压缩性土。粉煤灰的压缩系数仅为粉质黏土的压缩系数的 40%~50%。

压实度越高,含水率越低,压缩系数越小,压缩模量越大。压缩系数越小,填筑加固后的沉降量越小。

由于渗透性比级配相似的粉土大,其固结速率也快得多,故粉煤灰的压缩过程在短时间内即可结束。

7.粉煤灰的动力学特性

(1)粉煤灰的动剪模量与阻尼比

粉煤灰的动模量、阻尼的主要影响因素有动应变、固结压力、土体密度等。动应变将使动模量成倍成量级增减,使阻尼比从很小增至 20%~30%。动模量随固结压力、土体密度的增加而增加。

在自振柱仪和共振柱仪上的研究表明,粉煤灰在小剪应变幅($\gamma < 10^{-5}$)时的动剪模量 G_{max} 与有效固结应力 σ'_0 之间仍符合幂函数关系,可用 Hardin 经验公式表示:

$$G_{max} = cp_a^{1-n}\sigma'^n_0 = AF(e)\sigma'^n_0 \tag{1-10-41}$$

式中:p_a——大气压力,采用与 G_{max} 和 σ'_0 相同的单位;

　　$F(e)$——孔隙比 e 的函数,不同作者确定的 $F(e)$ 有所不同,但各个 $F(e)$ 关系的趋势基本一致。

粉煤灰的 n 值变化于 0.46~0.54,平均值可取为 0.5,与砂土的平均 n 值相同。

在相对密度相同的条件下,由于粉煤灰的孔隙比较砂土高得多,粉煤灰的 G_{max} 仅为砂土的 30%~60%。

孔隙比和饱和度对粉煤灰动剪切模量的影响如图 1-10-59 所示。从图中可看出:①动剪切模量随孔隙比增大而减小。②在相同饱和度条件下,粉煤灰小应变动剪切模量 G 随 σ_3 的增加而增加。③在饱和度 $S_r = 35\%$ 时,G 达到峰值。与此峰值相对应的 S_r 为最佳饱和度,最佳饱和度不随 σ_3 变化。④在小于最佳饱和度的范围内,G 随 S_r 增加而增加;大于最佳饱和度范围内,G 随 S_r 增加而下降。从机理上解释,由于非饱和粉煤灰中的毛细张力作用,使颗粒间的有效应力增加,提高粉煤灰的动剪切模量。饱和度过大,粉煤灰已近乎饱和,颗粒表面聚集了较多的可流动水,这层水膜减少了颗粒间的有效应力,因而使 G 减小。同饱和砂类,饱和粉煤灰的动模量也随孔隙水压力升高而降低。

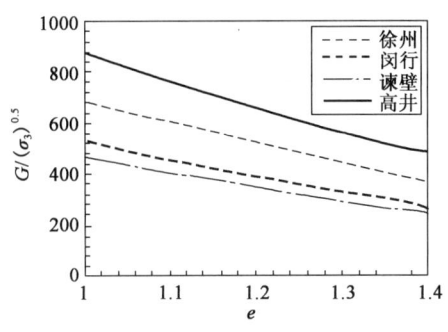
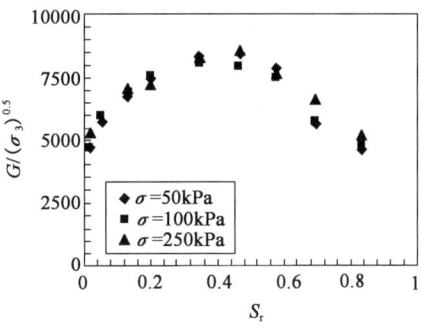

图 1-10-59 粉煤灰剪切模量随孔隙比和饱和度的关系

粉煤灰的动剪应力比 $R_d[=\sigma_d/(2\sigma_3)]$ 随中间粒径的变化规律如图 1-10-60 所示,粉煤灰的振动液化与尾矿、细砂没有明显差别。

(2) 粉煤灰的动强度与液化

粉煤灰具有颗粒细、相对密度小、孔隙比大、无塑性等特点,对动荷载反应灵敏,在地震或其他振动荷载作用下易液化。

粉煤灰在较低含水率状态下,具有一定的抗液化能力,但当含水率大于最佳含水率后则有液化现象产生。饱和疏松的粉煤灰极易在循环荷

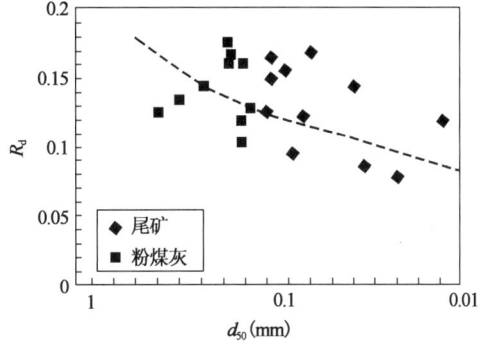

图 1-10-60 粉煤灰的动剪应力与中间粒径的关系

载作用下发生动力液化。粉煤灰抗液化强度随着相对密实度的增加而提高。所以,粉煤灰用作路基填料时,要充分压实,加强排水,尽量降低路堤内浸润线高度,使其处于非饱和状态。

粉煤灰的动力液化特性同天然粉细砂和尾矿砂相似,但粉煤灰的动强度具有与其他材料不同的特点(如相对密实度、固结应力比、龄期等影响)。

通过粉煤灰与粉砂土室内动三轴对比试验结果,粉煤灰抗液化强度校正系数高于粉砂土。所以,地震动峰值加速度系数大于 0.05g 地区的粉煤灰路堤,应按现行《公路工程抗震设计规范》(JTJ 004)的有关规定进行设防。

密实程度是判定可能发生地震液化的重要条件。粉煤灰填筑路基的抗液化性能,宜通过现场标贯或室内动三轴试验及经验判别方法综合分析,并结合工程实践进行判别。

研究结果表明,振次、初始静应力水平、含水率等对粉煤灰的动强度都有显著的影响;粉煤灰路堤在饱水条件下的抗液化性能则与地震动峰值加速度、初始静应力水平等有密切关系:

①粉煤灰的动强度振次效应明显,即使是在低振次条件下动强度也有一定的衰减。但当振次 N 大于 1000 次后,粉煤灰的动强度趋于稳定。

②初始静应力水平对粉煤灰动强度影响显著,当振次相同时,动强度随初始静应力水平的增加而增加。

③当粉煤灰含水率在(w_{opt} - 10%) ~ w_{opt} 之间时,动强度与静强度相比衰减幅度相对较小,动强度抗剪指标基本保持稳定;而当含水率大于w_{opt}后,动强度与静强度相比衰减幅度明显加大,含水率影响显著。

④击实粉煤灰在一定条件下可能产生动力液化,其抗液化性能与地震动峰值加速度、初始静应力水平等有密切关系。

8. 粉煤灰的水稳定性

不饱和粉煤灰性能浸水后会发生压缩性增大和强度减弱的现象。压缩系数增大17.5% ~ 27.8%(平均22.5%);抗剪强度降低13% ~ 32%(平均23%),在浸水的最初阶段变化尤为显著,3d以后变化很小,且不随时间呈线性变化。随饱水时间的延长,逐渐趋于稳定,下降到最低点后,强度有重新增长趋势。即使粉煤灰承载力减小20% ~ 30%,其绝对值仍高于天然土基承载力标准值。故当粉煤灰用于地下水位以下的结构填筑时,应考虑粉煤灰垫层浸水饱和状态下的强度折减系数。

上海地区部分电厂粉煤灰黏聚力c、内摩擦角φ的软化系数与压实系数关系如图1-10-61所示。从图可以看出,软化系数与压实系数呈线性关系。压实后(压实系数90% ~ 100%),粉煤灰饱水的φ值损失为2% ~ 20%,而粉质黏土的φ值损失为7% ~ 40%;粉煤灰的c值损失为20% ~ 45%,粉质黏土的C值损失为0 ~ 40%。粉煤灰水稳定性能与粉质黏土相比,φ值较好,而c值略差些。

粉煤灰在饱水情况的抗压强度和剪切强度参数随含水率变化如图1-10-62所示,粉煤灰的c值随含水率增加而减小,达到饱和后c值趋于零,此时粉煤灰的抗剪强度主要依赖于φ值。当粉煤灰的含水率小于最佳含水率时,含水率对φ值影响不大;超过最佳含水率时,φ值会大幅度下降。从图1-10-62中的抗压强度随含水率变化规律可以看出,粉煤灰含水率高时,比细砂土具有更好的水稳性。

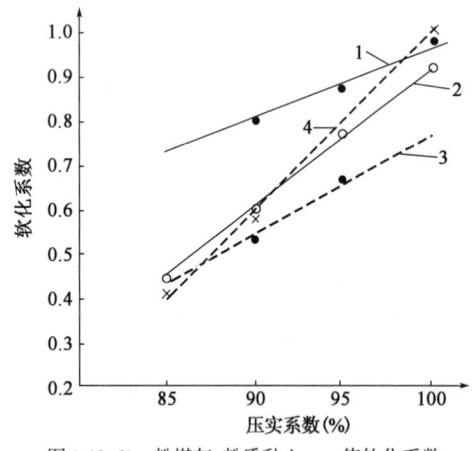

图1-10-61 粉煤灰、粉质黏土c、φ值软化系数与压实系数的关系

1-粉煤灰(φ);2-粉质黏土(φ);3-粉煤灰(c);4-粉质黏土(c)

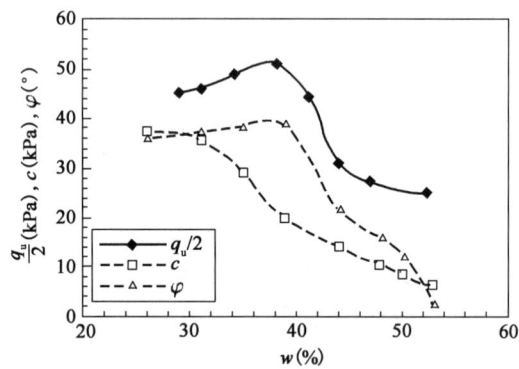

图1-10-62 粉煤灰强度随含水率的变化

9. 粉煤灰的冻融稳定性

粉煤灰为冻胀敏感性材料。研究结果表明,纯粉煤灰的(后期)冻胀量超过了(在同等条

件下)粉质中液限黏土的冻胀量。试件的密实度越低,则其冻胀量越大。粉煤灰具有压实(最佳)含水率较高、渗透系数较大以及毛细作用强烈等特点。这些因素使得粉煤灰路基易于发生冻胀病害。设计中需采取必要的防冻胀技术措施,确保路基稳定。

粉煤灰的冰冻试验结果如图1-10-63所示。粉煤灰经冻融循环后的无侧限抗压强度下降比较明显,如重型95%的低钙粉煤灰试件28d的平均强度为0.35MPa,经野外受冻后4个月的平均强度为0.20MPa,下降了42%。高钙灰粉煤灰试验槽试验结果表明,由于高钙粉煤灰的胶结硬化作用,回弹模量在冻前5个月的龄期内达到321~353MPa,春融期粉煤灰的回弹模量降至267~334MPa,下降了16.8%~5.4%。可见,经受冻融作用后,粉煤灰的强度和回弹模量有不同程度的损失。

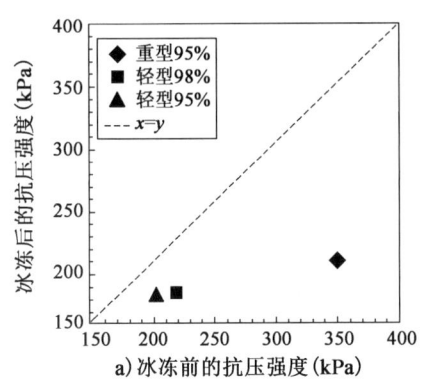 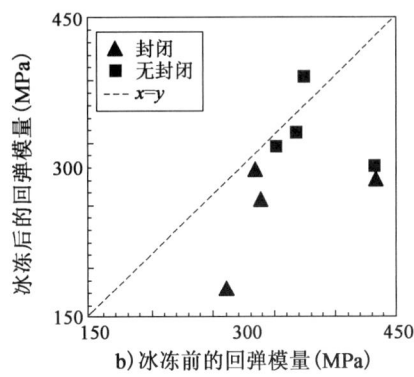

图1-10-63 粉煤灰冻融试验结果

10. 粉煤灰填筑体内的水分迁移与集聚

在压实度为90%时,粉煤灰毛细水上升的高度为1.0~1.2m,比相同压实度的黏性土大1倍左右。粉煤灰的毛细水上升高度与试件的原始含水率、压实度及试件的密封程度等因素有关,尤其是压实度影响较显著。随压实度的增加,毛细水上升高度呈下降趋势。

总的来看,粉煤灰的毛细现象十分强烈,为保证路堤稳定性,不建议在地下水位较高的地段采用粉煤灰填筑路堤;如果采用,应采取隔离地下水的措施,限制其不利影响。

冻融前后粉煤灰的水分发生积聚与变化如图1-10-64所示。由于冰冻作用,粉煤灰含水率的最大增量可达10%,春融期粉煤灰含水率最大减量为8%。强烈毛细作用使粉煤灰在冰冻过程中的水分剧烈积聚,易造成冻胀病害。所以,应尽量避免在高地下水位和毛细水供应充足的地段使用粉煤灰填筑路堤,并应采用防冻措施、隔断水源。

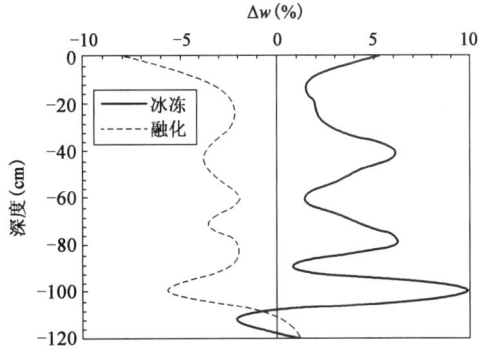

图1-10-64 粉煤灰冻融过程中含水率的变化

11. 粉煤灰化学成分对压实填筑体性能及地下水质的影响

(1)三氧化硫

粉煤灰中三氧化硫含量过高时会导致路基的不稳定,并影响上部无机结合料稳定基层的长期性能。当混凝土结构、金属结构物与三氧化硫含量较高的粉煤灰接触时,会发生腐蚀。所以,应根据粉煤灰所使用部位,按照《公路路基设计规范》(JTG D30—2015)第 7.11.7 条控制路堤填筑材料中三氧化硫含量或者采取必要的结构防护基础措施。路堤填料粉煤灰中三氧化硫含量一般不宜大于 3%。

(2)含碳量

含碳量对于混凝土和稳定土的性能具有较大影响。粉煤灰中较高的含碳量会增加粉煤灰的需水量,并抑制粉煤灰的硬化。《粉煤灰混凝土应用技术规范》(GB/T 50146—2014)根据烧失量等指标对用于混凝土中的粉煤灰进行了分级;《公路路面基层施工技术细则》(JTG/T F20—2015)规定粉煤灰烧失量不应超过 20%。我国大部分电厂的粉煤灰属于低钙粉煤灰,自硬性较弱,绝大多数电厂排出的粉煤灰烧失量均在 20% 以下。作为路基填筑材料,较高的含碳量会影响粉煤灰的压实性能(增大压实时的最佳含水率)和强度性能;但是,从已建粉煤灰路堤工程的施工和使用中压实和强度性能来看,一般都能满足性能要求。因此,用作路基材料的粉煤灰可采用与基层材料相同的标准,也可以根据试验论证进一步将标准适当放宽。

(3)微量元素

粉煤灰主要由硅、铝、铁、钙、镁、硫、钾、钠等元素组成,此外,尚有一定量的镉、砷、铬、铅、汞、铜、锌、镍等对人体健康不利的微量元素。粉煤灰遇水后会溶出部分元素。当粉煤灰填筑体受到地表水或地下水浸润后,对地下水质将会产生一定影响。因此,在推动粉煤灰填筑技术的同时,关于压实粉煤灰对水质的影响,国内外相关学者开展了大量的室内试验和现场检测工作。

根据国内试验结果,参照有关标准检测,粉煤灰中有毒、有害元素含量,远远低于国家标准;粉煤灰填筑后,地下水质量大多与原地下水状况接近,基本没有影响。

美国、加拿大等国针对粉煤灰路基中污染物溶出对水环境的影响,进行了大量的试验研究和现场检测,正反两方面实例均有报道。

美国印第安纳州 Pines 镇的居民饮用水来源为埋深 7.6~15.2 m 的地下水。该含水层为松砂,其中有渗透性较弱的黏土夹层。1983 年,该镇使用粉煤灰进行路基填筑,当时并未考虑地下水情况以及地质情况。结果在 2001 年发现饮用水中硼、锰、钼的浓度超过美国饮用水标准。

另一方面,在使用粉煤灰回填路基之前如果采取了必要的预防措施,粉煤灰对地下水的水质基本没有影响。美国 231/301 高速公路路基粉煤灰经过"包裹"后填埋,对地下水质的影响极小。加拿大的工程监测数据表明,按照加拿大饮用水标准的 10 倍来衡量,地下水质都是合格的,并且影响的范围是有限度的。这主要是由于粉煤灰中对人体健康不利的微量元素本身含量很少,经压实后溶出的条件更差,一些溶出液流经黏土后,部分元素将被黏土吸附,起到滤吸作用。因此,粉煤灰经压实后对地下水的质量基本没有影响。

由此可见,粉煤灰路基是否对环境造成影响,除与水文地质条件有关外,还与粉煤灰路基的结构设计密切相关。

粉煤灰浸出试验表明,对粉煤灰中元素浸出量影响较大的因素依次为 pH 值、水灰比及浸取时间。浸出液 pH 值越低,越有利于粉煤灰中微量元素 Ag、Cd、Cr、Hg、Ni、Pb 和 Zn 的浸出。

所以,在粉煤灰用作路基回填材料以前,需要进行浸出毒性试验。当污染物溶出浓度较高时,可考虑采用固化稳定技术。

(4)浸出液 pH 值

粉煤灰浸出液基本呈碱性。pH 值介于 6.9～12 之间。干灰的浸出液 pH 值一般介于 11～12 之间。湿灰受大量清水的冲洗、稀释,故从沉淀池中取出的湿灰浸出液 pH 值明显降低,接近中性。所以,采用干灰或调湿灰作路基填筑材料时,应重视其对水质的影响。

12. 粉煤灰料源调查及性能试验要求

粉煤灰路堤设计应进行料源调查,并按表 1-10-18 规定的项目进行粉煤灰性能试验,确定设计参数。

粉煤灰室内试验项目 表 1-10-18

序号	试验内容	应提交的试验结果	备注
1	含水率	天然含水率范围	
2	密度	天然密度变化范围	
3	液限	液限	必要时测定
4	颗粒分析	粒组成分、级配曲线	必要时测定
5	化学分析	化学成分、烧失量、pH 值	
6	重金属含量测定	浸出液有害微量元素含量报告	必要时测定
7	击实试验	最大干密度、最佳含水率	
8	不排水抗剪强度	黏聚力、内摩擦角(饱水、不饱水)	
9	承载比	CBR 值	必要时测定

三、粉煤灰路堤结构设计

粉煤灰路堤可以全部采用粉煤灰(纯灰)或部分采用粉煤灰(灰土间隔)填筑。粉煤灰路堤由粉煤灰填筑体、护坡和封顶层(黏性土或其他材料)、隔离层、排水系统等部分组成。粉煤灰路堤结构示意如图 1-10-65 所示。

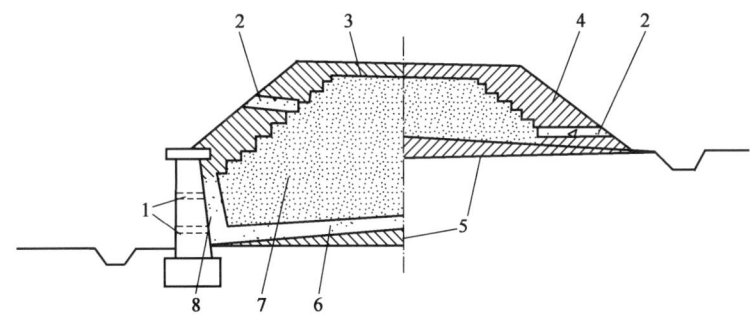

图 1-10-65 粉煤灰路堤结构示意图
1-泄水孔;2-盲沟;3-封顶层;4-土质护坡;5-土质路拱;6-粒料隔离层;7-粉煤灰填筑体;8-反滤层

1. 路堤横断面设计

粉煤灰路堤边坡高度在 5m 以下时,边坡应不陡于 1:1.5;在 5m 以上时,上部边坡应不陡于 1:1.5,下部边坡应不陡于 1:1.75。展坡困难时可设置挡墙收缩坡脚。

2. 路床设计

粉煤灰路堤的上路床应掺入适量的无机结合料对粉煤灰进行改良,作为粉煤灰路堤的封顶层,并与路面结构层相结合进行综合设计。

3. 边坡防护与支挡结构设计

纯灰路堤的边坡和路肩应采取土质护坡保护措施。土质护坡的坡面防护应符合现行《公路路基设计规范》(JTG D30)的规定,并有利于种植植被和景观设计。

护坡土宜采用塑性指数不低于12的黏质土。土质护坡厚度应根据自然环境、土质、施工条件等因素而定。土质护坡水平方向厚度应不小于1m。如果护坡土的塑性较低,应适当加宽护坡宽度并采取坡面防护措施,防止地表径流水冲刷坡面。从便于施工角度考虑,土质护坡宜大于一台压路机的宽度。包边土应与粉煤灰交错同步进行施工,包边土填筑在先。

粉煤灰路堤的挡墙结构按现行《公路路基设计规范》(JTG D30)有关规定设计。

4. 防渗排水设计

(1) 排水隔离层

粉煤灰路堤底部应设置排水隔离层,排除施工期渗入路堤的雨水,并阻隔毛细水上升,隔离地下水入渗。隔离层宜采用天然砂砾、采石场碎块片石等透水性良好的材料填筑,也可采用炉渣、钢渣、矿渣等透水性较好的工业废渣。隔离层厚度不宜小于0.3m,横坡不宜小于3%,以利排水。如果地基软弱,应根据计算沉降量留足备沉土质路拱,防止倒拱和离地下水位高度不足。

临时积水或毛细水影响不大的路段,隔离层可采用黏质土或砂性土,但禁用粉性土。

(2) 排水盲沟

土质护坡中应设置排水盲沟,排除粉煤灰路堤内积水。排水盲沟宜设置于路堤的中下部,盲沟竖向间距宜为2m,水平间距宜为10～15m。盲沟可采用土工布包裹碎石形式,断面尺寸宜为0.4m×0.5m。盲沟伸入粉煤灰路堤内部不应小于1.0m,排水横坡不宜小于3%。

(3) 支挡结构泄水孔

支挡结构泄水孔进水口处应设置反滤层,以防止粉煤灰淋溶流失。泄水孔进水口处宜采用200～400g/m² 无纺土工织物作滤层,防止粉煤灰淋溶流失。下层泄水孔须高出墙面积水位0.3m以上,防止水流倒灌。

5. 构筑物防腐蚀及粉煤灰浸出物污染控制设计要求

当混凝土结构、金属结构物与三氧化硫含量较高的粉煤灰接触时,会发生腐蚀。所以,粉煤灰填充体应与桥涵等混凝土结构、金属结构物之间预留一定间距。如果粉煤灰与桥涵等混凝土结构、金属结构物相接触,宜对结构物采取必要的防腐措施(例如在结构物表面涂刷沥青防腐)。

粉煤灰用于路堤填筑时,必须符合国家现行环境保护有关规定。粉煤灰使用前应对其微量元素、浸出液进行分析。填筑粉煤灰的浸出液中有害微量元素应控制到最低程度。浸出液向外排放,应符合废水排放标准。路基结构设计,应采取必要措施(例如压实、隔离、固化等)防止粉煤灰中有害物质对地表水、地下水、土壤等造成污染。

四、粉煤灰路堤设计计算

粉煤灰路堤设计计算包括稳定验算方法和沉降计算,具体计算方法与土质路堤相同。稳定验算时,粉煤灰的黏聚力 c 和内摩擦角 φ 应采用饱水后测得的 c、φ 值;地基土各层次的 c、φ

值应根据所选用的计算方法取用相应的计算参数。

视地基情况和采用的土质参数选择适当的路堤稳定性验算方法,大致可分为下述 2 种情况:

1. 非软弱地基上的路堤稳定性验算

对于非软弱地基上的粉煤灰路堤,如果路堤高度小于 5.0m,路基边坡坡度按 1∶1.5 设计时,可不作稳定性验算。对于 5.0m 以上的路堤,必须验算路堤自身的稳定性。一般采用简单的直线滑动面或圆弧滑动面进行验算。

【计算示例】

粉煤灰路堤如图 1-10-66 所示,路堤边坡坡度为 $d∶h$,假设直线滑动面通过路堤坡角,得到路堤稳定性安全系数 F_s 为:

$$F_s = \frac{\tau_f \cdot \overline{BC}}{W\sin\theta} = \frac{c \cdot \overline{BC} + W\cos\theta\tan\varphi}{W\sin\theta} = \tan\varphi \frac{d+b}{h} + \frac{2c}{\gamma h} \cdot \frac{h^2 + (d+b)^2}{hb} \quad (1\text{-}10\text{-}42)$$

非饱和粉煤灰路堤的强度参数选取:$c = 35\text{kPa}, \varphi = 35°, \rho = 11\text{kN/m}^3$;饱和粉煤灰路堤的强度参数为:$c = 15\text{kPa}, \varphi = 25°, \rho = 17\text{kN/m}^3$。

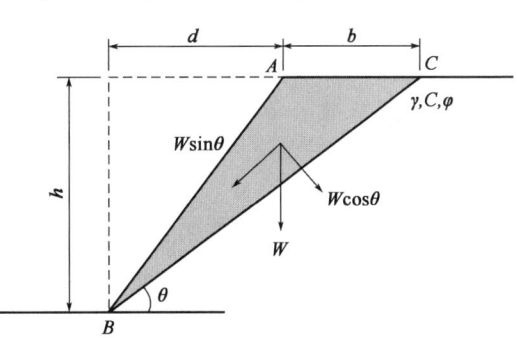

由式(1-10-42)计算得到的粉煤灰路堤稳定性安全系数随滑动面与路肩的距离 b 变化规律如图 1-10-67 所示。从图中可以看出,非饱和粉煤灰路堤的稳定性很好,原因除了粉煤灰路堤的重量小外,更主要是由于非饱和粉煤灰强度较高。所以,对粉煤灰路堤而言,隔离地下水是很重要的。

图 1-10-66 路堤稳定性分析示意图

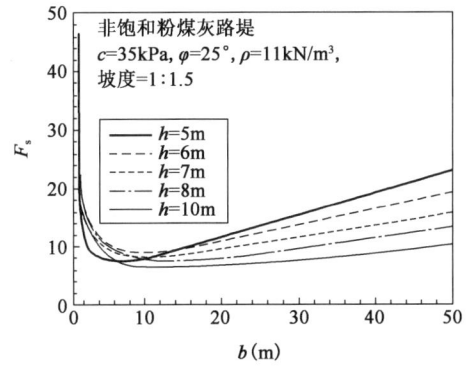
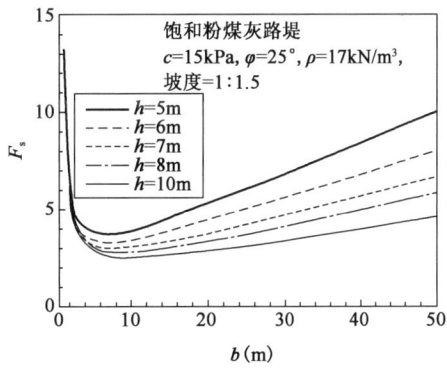

图 1-10-67 粉煤灰路堤稳定性分析结果

2. 厚层软土地基上的路堤稳定性验算

对厚层软土地基上的粉煤灰路堤,其高度超过软土地基极限高度时,应考虑堤身和地基共同的滑动破坏,必须进行边坡稳定性验算。

(1)厚层均质软土地基上粉煤灰路堤极限高度可按式(1-10-43)估算。

$$H_c = 5.52 \frac{c_u}{\gamma} \tag{1-10-43}$$

式中：H_c——路堤极限高度(m)；

c_u——由快剪法测得的软土黏结强度(kPa)；

γ——填料的湿重度(kN/m^3)。

(2)厚层非均质软土地基上粉煤灰路堤的稳定性分析与土质路堤的验算方法相同，采用圆弧滑动面验算路堤的抗滑稳定性，按《公路路基设计规范》(JTG D30—2015)第3.6.9条建议的简化Bishop法及第7.7节稳定系数确定要求进行计算，具体方法参见本手册软土地区路基设计相关章节内容。

五、粉煤灰路堤压实质量控制

粉煤灰路堤压实度标准应在《公路路基设计规范》(JTG D30—2015)第3.2.3条表3.2.3和第3.3.4条表3.3.4基础上通过试验确定。

从一些已运营多年的粉煤灰路堤实体工程看，粉煤灰路堤采用90%~93%压实标准时，路堤没有出现由于压实不足产生的工程病害。鉴于粉煤灰材料的特殊性，在保证路基强度和回弹模量要求的前提下，粉煤灰路堤压实度可根据试验路研究成果，适当降低1%~3%。

粉煤灰吸水量大，泄水快，碾压时不易控制含水率。如果粉煤灰含水率偏低，在碾压过程中，粉煤灰存在推移现象，碾压层表面起壳松散，影响压实效果；如果粉煤灰含水率偏高，在碾压过程中，则出现表层黏轮现象，但是，碾压结束后，一般表层较为密实，且能够保证压实质量。所以，粉煤灰含水率一般控制在略高于最佳含水率范围的3%~5%。

压实度检测方法以环刀法为准。取样位置应在压实层的中部。采用其他方法检测压实度时，应事先与环刀法建立相关关系。

第十一章 工业废渣路堤

第一节 概　　述

一、用于路基填料的主要工业废渣及其利用技术发展概况

工业固体废物是指采掘、冶金、能源、化工、制造和建筑等行业在采矿、选矿、冶炼、发电、供热和加工以及建筑工程拆除施工过程中所产生的固体副产品，包括煤矸石、尾矿、工业弃渣、粉煤灰、建筑垃圾、挖除的路面材料等废弃材料。工业生产中，排放出的固体废物称为工业废渣。用于路基填料的工业废渣主要包括高炉渣、钢渣、煤矸石和粉煤灰等。全部采用工业废渣或者以废渣与土间隔方式部分采用工业废渣填筑的公路路堤称为工业废渣路堤。

1. 钢铁渣

钢铁渣(Iron and Steel Slag)是指铁和钢熔炼过程中排出渣的统称。钢铁渣的形成过程如图1-11-1所示。在高炉冶炼生铁过程中所排出的由矿石中的脉石、助熔剂等形成的以硅酸钙与硅铝酸钙为主要成分的渣称为高炉渣。在转炉、电炉、精炼炉炼钢过程中排出的由金属原料中的杂质与助熔剂、炉衬形成的以硅酸盐、铁酸盐为主要成分的渣称为钢渣。冶炼铁合金过程中排出的渣称为铁合金渣。

钢铁渣的性状因生产工艺的不同而具有较大的差别。高炉熔渣经空气自然冷却或经热泼淋水冷却后得到的块状渣称为高炉重矿渣。高炉熔渣遇水急冷或在机械和水共同作用下急冷而得到的粒状矿渣称为粒化高炉矿渣（简称水渣）。按照炼钢方法的不同，钢渣分为转炉钢渣、电炉钢渣和平炉钢渣。按堆存时间长短不同，钢铁渣又可分为新渣和陈渣。出炉1年以内的渣称为新渣；堆存1年以上的渣称为陈渣。

钢铁渣是钢铁生产的必然产物。每生产1t铁平均约产生0.33~0.35t高炉渣；生产1t钢平均约产生0.13~0.14t钢渣。我国钢铁渣产生量巨大，全国每年高炉渣产生量约2.3亿t；钢渣产生量约1亿t。目前，我国高炉渣当年堆存量为0.4亿t，钢渣当年堆存量0.8亿t，钢铁渣累积堆存量已达15亿t。这些废渣若不及时处理和综合利用，势必造成环境污染和大量的土地占用。我国钢铁企业遍及全国各地，其中，河北、江苏、山东、辽宁等省钢铁产量巨大，高炉渣和钢渣综合利用的任务艰巨，目前大多数钢厂钢渣还仅限于初步处理，钢渣的堆置日益成为各钢铁企业的沉重负担，企业的可持续发展面临着严峻挑战。

高炉渣的主要化学成分为氧化钙、二氧化硅、氧化铝、氧化镁、氧化铁、氧化锰和氧化钛。高炉重渣矿物成分主要为黄长石、钙长石、硅酸二钙等矿物，除少数硅酸二钙有胶凝性外，其他矿物没有水硬胶凝性，高炉重渣多破碎后作为碎石使用。高炉渣经急冷处理成为粒化高炉矿渣，其结构形态有很大变化，玻璃体含量在95%以上，水淬越充分玻璃体含量越多。粒化高炉

矿渣具有潜在的水硬胶凝性,在碱性激发剂作用下,水化硬化具有很高的强度。目前,国内高炉渣的利用相对较好,平均利用率已达80%以上,其中56.5%的粒化高炉渣用于生产矿渣粉作混凝土掺和料,22.7%的粒化高炉矿渣供水泥厂作水泥混合材,2.8%的未经水淬的重矿渣作碎石使用。

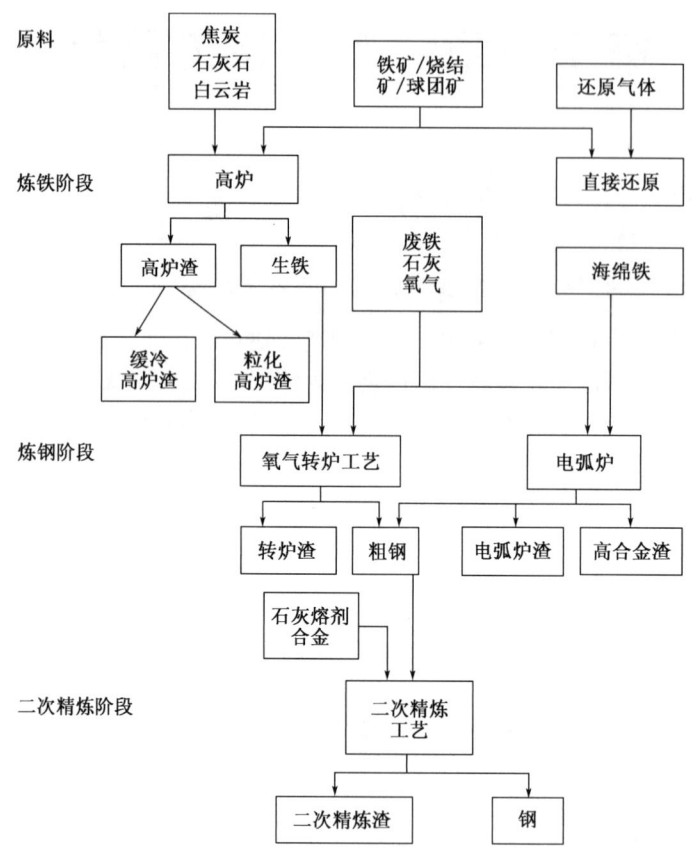

图1-11-1 钢铁渣的形成过程

利用高炉重渣处理软弱地基,在我国已有悠久的历史。鞍钢早在20世纪30年代就曾使用高炉重渣进行软弱地基处理。实践证明,在钢铁厂附近的工程建设中,利用高炉矿渣作人工地基——矿渣垫层,既经济可靠,又有利于废弃物利用。矿渣道砟在20世纪60年代我国钢铁企业专用铁路线上已经得到较为广泛的应用。

钢渣的主要化学成分为氧化钙、二氧化硅、氧化铝、氧化镁、氧化铁、氧化锰、五氧化二磷和游离氧化钙。采用热泼工艺排出的钢渣中游离氧化钙不能充分消解,遇水体积膨胀,因而工程应用中时常造成危害。

目前,我国钢渣综合利用率相对较低,总利用率只有20%,其中,10.1%的钢渣生产钢渣粉作混凝土掺和料,2.0%的钢渣生产钢渣水泥,7.3%的钢渣供水泥厂作硅酸盐水泥配料烧熟料,2.6%的钢渣作砖和道路材料,7.5%的铸余渣返回烧结配料使用。

上海市政部门在20世纪60年代曾利用转炉渣进行过铺筑路面基层和沥青面层的试验,积累了一定的经验。但是,由于未做处理的钢渣中游离氧化钙成分较高,造成体积的不稳定性,使钢渣在道路中的应用受到很大限制。

武钢在20世纪90年代初建设三炼钢时,将堆积几十年的钢渣用作回填材料。建设成的武钢三炼钢、氧气站和能源总厂投产使用十年后,有的地坪、墙体和柱子出现裂缝。北京至廊坊公路曾用首钢钢渣,使用一年后路面出现多处开裂。因此,将未经处理的钢渣应用于在道路和建筑工程中,存在不稳定隐患。

自1979年起,日本建设省土木研究所、土木研究中心和钢铁联盟钢渣协会共同研究钢渣在道路中的应用。1988年日本修订了《沥青路面铺路纲要》,确认可以使用钢渣。1992年颁布了《道路用铁钢渣》(JIS A 5015),2013年对该标准又进行修订。

近年来,在国内钢渣来源丰富的一些地区,冶金和交通运输行业和部门对钢渣在公路建设中的利用进行了大量的试验研究和工程实践,全面了解了钢渣的路用性能,掌握了钢渣作为路基填筑材料的利用方法。实践证明,采用经陈化消解的钢渣作为路堤填筑材料,基本可实现路基的稳定性要求。2010年国家质量监督检验检疫总局和国家标准化委员会联合发布了国家标准《道路用钢渣》(GB/T 25824),在标准中规定了路基用钢渣的规格要求和技术要求(浸水膨胀率)。

2. 煤矸石

煤矸石(Coal Gangue)是指煤矿在开拓掘进、采煤和煤炭洗选等生产过程中排出的含碳岩石。由于含煤量较低而不能燃烧,煤矸石的工业价值相对较低,成了一种煤矿生产过程中的废弃物。

根据煤矸石的产出方式、岩石学特征和矿物组成、铝硅比、排放时间、风化程度、外观颜色以及自燃性质的差异,煤矸石可以分为若干类型。

(1)以煤矸石的产出方式为主要划分依据,将煤矸石分成煤巷矸、井岩巷矸、剥离矸、手选矸、选煤矸和自燃矸(过火矸)6大类。不同产出方式煤矸石的特点如表1-11-1所示。

煤矸石的类型划分(以产出方式为依据) 表1-11-1

类 别	定 义	特 点
煤巷矸	煤矿在巷道掘进过程中,凡是沿煤层的采、掘工程所排出的煤矸石,统称煤巷矸	主要由采动煤层的顶板、夹层与底板岩石组成,常有一定的含碳量及热值,有时还含有共伴生矿产
井岩巷矸	在煤矿建设与岩巷掘进过程中,凡是不沿煤层掘进的工程所排出的煤矸石,统称井岩巷矸	岩石种类较杂,排出量较集中,含碳量低或根本不含碳,基本无热值
剥离矸	煤矿在露天开采时,煤系上覆岩层被剥离而排出的岩石,统称为剥离矸	岩土种类较杂,一般无热值
手选矸	手选矸是指混在原煤中产出,在矿井地面或选煤厂由人工拣出的煤矸石	手选矸具有一定的粒度,排量较少,主要来自所采煤层的夹矸,具有一定的热值,与煤层共伴生的矿产也往往一同被拣出
选煤矸	选煤矸是指从原煤洗选过程中排出的尾矿	排量集中,粒度较细,碳、硫和铁等的含量一般高于其他各类矸,具较高的热值,含较多的黏土矿物
自燃矸(过火矸)	凡是堆积在矸石山(堆)上经过自燃的煤矸石,统称为自燃矸	这类矸(渣)原岩以粉砂岩、泥岩与碳质泥岩居多,烧失量较低,颜色多为红、黄、白等杂色,具有一定的火山灰活性和化学活性

(2)煤矸石的岩石学特征和矿物组成决定了煤矸石的岩石类型,结合我国煤矸石的岩石组成特征,将煤矸石划分为高岭石泥岩(高岭石含量>50%)、伊利石泥岩(伊利石含量>50%)、碳质泥岩、砂质泥岩(或粉砂岩)、砂岩与石灰岩。或者分为黏土岩矸石、砂岩矸石、粉砂岩矸石、钙质岩矸石和铝质岩矸石等。煤矸石的矿物组成对煤矸石的物理力学指标与路用性能具有重要影响。

①黏土岩矸石。组成以黏土矿物为主的矸石称为黏土岩石,黏性矿物主要由高岭石族、多水高岭石族、蒙脱石族、水云母族和绿泥石族矿物组成。由于黏土岩是在沉积岩中分布最广的一类岩石,黏土岩矸石在煤矸石中也是所占比例最大的一类。黏土岩一般分为页岩和泥岩,所以,在黏土煤矸石中,又分为炭质页岩和炭质泥岩,在其结构内部一般均含有较多的炭粒。伊利石和蒙脱石含量较高的黏土岩煤矸石具有比较强的膨胀性和崩解性,水稳定性较差,在工程使用中应特别注意。

②砂岩矸石(或粉砂岩矸石)。一般在岩巷矸和剥离矸中较多。主要有碎屑矿物和胶结矿物两部分组成,以石英屑为主,其次是长石、云母矿物;胶结物一般为被碳质浸染的黏土矿物或含碳酸盐的黏土矿物以及其他化学沉积物。按颗粒大小又可分为粗砂岩、细砂岩、粉砂岩等。

③钙质岩矸石。矸石中含有较多的 $CaCO_3$,但其含量不超过25%。主要矿物以方解石、白云石为主。其中方解石矿物含量较大的称为灰岩,白云石矿物含量较大的称为白云岩。亦伴有一定量的黏土矿物或少量的石英、长石等矿物。

④铝质岩矸石。矸石中 Al_2O_3 含量较高,其化学成分特点是 Al_2O_3 含量大于 SiO_2 含量,主要由三水铝石、一水铝石和水硬铝石等矿物和黏性矿物组成,亦含有沸石、方解石、石英、玉髓、榍石、金红石、锐钛矿等矿物。

(3)煤矸石的化学成分对煤矸石的物理力学指标与路用性能具有重要影响。煤矸石的主要成分是 Al_2O_3、SiO_2,另外还含有数量不等的 Fe_2O_3、CaO、MgO、Na_2O、K_2O、P_2O_5、SO_3 以及其他元素。在煤矸石中 SiO_2 与 Al_2O_3 的含量最高,铝硅比(Al_2O_3/SiO_2)既反映了大多数煤矸石的无机成分特征,也决定着煤矸石的路用性能。不同铝硅比等级煤矸石的特点见表1-11-2。

煤矸石的类型划分(以铝硅比为依据) 表1-11-2

类　　别	$m(Al_2O_3)/m(SiO_2)$范围	特　　点
低级铝硅比煤矸石	$m(Al_2O_3)/m(SiO_2) \leq 0.3$	矿物成分主要是石英、长石,黏土矿物含量较低,质点粒径大,可塑性差
中级铝硅比煤矸石	$0.3 < m(Al_2O_3)/m(SiO_2) \leq 0.5$	矿物成分以高岭石、伊利石为主,次要矿物有石英、长石和方解石等
高级铝硅比煤矸石	$0.5 < m(Al_2O_3)/m(SiO_2)$	矿物成分往往以高岭石为主(或以伊利石为主),次要矿物为石英、长石和方解石等,矸石质点粒径较细,可塑性较好,具膨胀现象

(4)按排放时间的长短,煤矸石可分为两类:

①陈煤矸石:又可以称为老矸石或者风化矸石,在经过风化作用后,小颗粒的煤矸石的数量有所提高。陈煤矸石的可塑性指数有所提高,并且大大降低了破碎的费用。

②新煤矸石:排出时间较短的煤矸石。由于其风化过程一般比较短,没有发生水分逸出的

现象,也没有产生使得矸石裂成碎块的内应力,其颗粒组成基本上没有发生较大的变化。

(5)按煤矸石风化程度划分为未风化、微风化、中等风化及完全风化等。风化是煤矸石的普遍特性,风化程度取决于煤矸石的成分、煤矸石暴露时间的长短及气候环境条件。

(6)按煤矸石的外观颜色进行分为4类:

①红矸石:这类矸石外观呈红色,富含铁元素,经过自燃以后,红矸石内部的铁则转变成了红色的氧化铁。

②灰矸石:这类矸石外观呈灰色,以碳质页岩、页岩和泥质页岩为主。

③黑矸石:这类矸石外观呈黑色,含有一定热量,主要是以碳质页岩为主。

④白矸石:这类矸石外观呈白色。白色的矸石有两种,一种是砂岩和砾砂岩;另一种是煤矸石经过自燃后,因矸石中三氧化二铁含量较少,而硅和铝的氧化物或碱性金属氧化物含量较多,因而外观也呈白色。

(7)按煤矸石自燃性质划分为:可燃煤矸石和不可燃煤矸石,可燃煤矸石又进一步划分为已燃煤矸石,半燃煤矸石和未燃煤矸石三种。资料分析表明,煤矸石的物理力学性质与煤矸石的燃烧程度有很大关系。已燃煤矸石危险性最小,粒度均匀,利用方便;而半燃煤矸石和未燃煤矸石不便利用。已燃矸石一般呈陶红色,又称红矸。已燃矸石中碳的含量大大减少,氧化硅和氧化铝的含量较未燃矸石明显增加,与火山渣、浮石、粉煤灰等材料相似,也是一种火山灰质材料。已燃矸石的矿物组成与未燃矸石相比有较大差别,原有高岭石、水云母等黏土类矿物经过脱水、分解、高温熔融及重结晶而形成新的物相,尤其生成的无定形 SiO_2 和 Al_2O_3,使已燃煤矸石具有一定的火山灰活性。

煤矿的排矸石量占煤炭开采量的10%~25%,是我国最大的废弃物资源。我国的煤矿生产单位主要分布在山西、陕西、内蒙古、新疆、河南、山东、贵州、安徽、云南、宁夏和黑龙江等省(自治区)。有关资料显示,目前,我国年均煤炭生产能力为30亿~40亿t,矸石年均排量可达3亿~10亿t。煤炭开采所排出的煤矸石一般就近以圆锥式堆置或沟谷倾倒方式自然松散地堆放在矿井周围。大量的煤矸石伴随煤炭的开采而堆积,加之煤矸石利用效率的不足,导致在矿区周围形成巨大的煤矸石山或排渣场。据统计,目前具有一定规模的煤矸石山已达2000余座。

煤矸石长期堆放不仅占用土地,而且煤矸石经过自燃、风化及淋浴等复杂的物理化学作用后,产生大量的二氧化硫、一氧化碳以及烟尘等污染物,污染大气环境。煤矸石淋浴渗出液中包含许多重金属污染物,对地下水资源造成污染。

在煤炭业发展初期,煤矸石作为工业废渣堆放,就已经成为普遍性世界问题。煤矸石的利用最早始于西方发达国家。早在20世纪30年代国外就已经开始对煤矸石用于道路地基处理和路基填筑的研究。二战结束后到20世纪60年代,随着西方发达经济体经济发展和基础设施大规模重建,煤矸石的工程利用价值被真正地重视起来,并积累了成功的工程应用经验。目前,煤矸石已经成为各国应用绿色环保材料的典型代表。

美国联邦公路管理局是世界上最早颁布系统性的关于煤矸石设计、施工和污染控制方面的技术指南的机构,在其1979年颁布的《煤矿废料在路堤中应用使用手册》中,系统性地介绍了煤矸石路基的设计施工方法、路基填筑过程中注意的问题和质量控制指标等,推动了煤矸石在公路工程中的应用。

我国对于将煤矸石应用于路基的研究始于20世纪80年代。由于各矿区矸石的物理化学性质差别较大,煤矸石中成分比较杂,一些煤矸石存在遇水软化及较易风化等问题,而我国以往的公路和铁路设计规范中均未涉及矸石作为路基填料的内容,煤矸石路基设计和施工缺少理论依据和实践经验可供参考。经过多年的理论探索和工程实践,目前国内工程界对煤矸石等废渣的路用性能已经取得更为深入的了解;对煤矸石作为路基填筑材料的稳定性技术取得了较为丰富的经验;一些地区已经颁布了《公路路基煤矸石填筑应用技术指南》。工程实践表明,煤矸石是一种高性能、经济型及环保型的土工填筑材料。目前,煤矸石作为土工充填材料的应用已成为国内外消耗煤矸石的主要方式。

随着公路建设的飞速发展,对道路建筑材料的需求量与日俱增。特别是,路基工程填筑材料消耗量大。在工业废渣来源丰富地区,充分满足路用性能要求和环境要求的工业废渣代替传统的砂石路基填料,不仅可以将工业废弃物再利用,减少废渣对土地的占用和对周围环境的污染,而且可以消除公路建设取土对地表景观和自然生态的破坏,缓解我国严峻的耕地矛盾,节约修筑道路过程中的征地费用,降低公路工程造价,因此,可以预计工业废渣作为路基填筑材料技术的广泛应用,必将获得更为显著的经济效益、社会效益和环境效益。

二、工业废渣路基主要工程问题及研究现状

1. 工业废渣用作路堤填料对环境的潜在影响

利用工业废渣填筑路堤,对于节约土地资源、开拓筑路材料的新来源和降低公路工程造价以及缓解工业废渣不断大量产生对生态环境造成的巨大压力具有重要意义。然而,一些弃渣由于在形成过程中富集某些微量元素,具有一定的毒性、腐蚀性或放射性,对环境和人体具有潜在不利影响,所以,在弃渣利用及路堤设计时,应引起足够重视。

以粉煤灰和煤矸石等工业废渣为例,这些废渣中都含有一定数量的镉、砷、铬、铅、汞、铜、锌、镍等对人体健康不利的微量元素。将工业废渣用于路堤填筑,如果利用或管理不当,工业废渣中可渗滤性物质会随渗入路基的降水和地表径流进入地表水,或者随沥水而进入地下水。工业废渣渗滤出的有毒物质超过一定限度后,将会对环境造成不利影响,并最终影响到相关人群的健康。另外,由于一些渗滤液呈比较强的碱性,可能会影响路基两侧水生动植物及农作物的生长;而这些有害物质在水体或土壤中发生积累,并被水生动植物或农作物吸收,毒害水生动植物或农作物,也会间接危害人体健康(图1-11-2)。

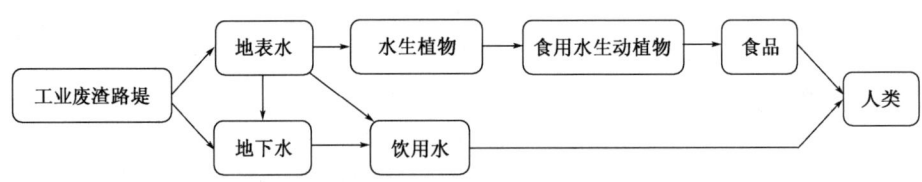

图1-11-2 工业废渣对环境和人类的影响途径

产业弃渣内微量元素对环境的影响是通过浸出作用体现的。因此,浸出毒性是工业废渣环境特性和固体废弃物资源化利用的重要指标,也是指导选择工业废渣处置利用方法的重要依据。在利用工业废渣作为路基填筑材料时,应注意工业废渣某些元素的含量(或浸出毒性),对工业废渣浸出物的环境的影响进行评价。

2. 工业废渣用作路堤填料对支挡结构、桥涵、排水构筑物以及路面结构层的侵蚀作用

一些产业弃渣(如煤矸石、煤渣和粉煤灰等)中含有一定数量的硫酸离子或浸出液呈酸

性,对构筑物具有一定的侵蚀性。为此应限制某些侵蚀性物质含量超标的弃渣在路基工程中特定范围使用,否则应提高构筑物耐久性设计标准(提高构筑物抗侵蚀能力)。

英国高速公路标准规定,在混凝土、水泥胶结材料和稳定土材料500mm范围之内,路基填料中水溶性硫酸盐含量不能超过1500mg/L;在金属构件组装的永久性结构500mm范围之内,路基填料中水溶性硫酸盐含量不能超过300mg/L。

3. 工业废渣的路用性能问题

(1) 钢铁渣的路用性能问题

钢铁渣具有承载能力高、坚固性好、强度高、具有潜在活性等优点,但是,也有粉化、膨胀等特性。在工程实践中,钢渣作为地基置换材料和路基填筑材料有过不少成功的实例,但也曾出现过一些问题,具体表现为:①钢渣的化学成分波动较大,一些钢渣 f-CaO 和 MgO 等不稳定物质含量较高,如果采用存放期较短和未经处理的钢渣,路基填筑后则会产生膨胀变形,甚至导致路面开裂;②如果路基中存在较大粒径的钢渣,局部产生过大的膨胀,容易引起局部应力集中,产生路基的不均匀变形;③如果钢渣填筑材料级配不合理,且压实度不足,钢渣块体粉化后,则会影响到路基的稳定性。工程实践表明,钢渣的不稳定性已经严重制约了钢渣在路基中的利用。

影响钢铁渣的稳定性及安定性的主要因素是游离氧化钙(f-CaO)和 MgO 的含量,以及粒径和存放期等。将钢渣在室外存放一定时间使其膨胀破碎和自然消解,是解决其安定性的有效措施。试验表明,存放期小于1年的新渣,膨胀率较大;存放期超过1年的存渣,膨胀率较小。因此,在钢渣路堤设计中,应将钢渣材料的堆存期限、浸水膨胀率、压蒸粉化率、游离氧化钙含量等参数作为钢渣利用的控制指标。

(2) 煤矸石的路用性能问题

近年来,我国各种等级公路的大规模兴建,为煤矸石大宗化利用提供有益的途径。但是,将煤矸石作为路堤填筑材料大规模应用,尚需结合具体工程解决如下几个关键性问题:①煤矸石作为路基填料的稳定性、承载力与变形问题;②与路基隔水、防渗和保湿相关的煤矸石路基结构设计问题;③煤矸石作为路基填料的压实及其质量控制与检测问题。上述几个问题实质上都与煤矸石的物质成分特征及其随工程环境的变化规律有直接关系。

煤矸石的种类繁多,由于地质条件、煤炭成因、风化时间等不同,造成煤矸石的成分较杂,物理力学性质差异较大。一些煤矸石较易风化或遇水软化,煤矸石的吸水、崩解、膨胀、泥化、自燃等性质对路基稳定性具有较大影响。

煤矸石可根据塑性指数和 CBR 值进行分级。研究结果表明,塑性指数大于10的煤矸石通常含有较多的蒙脱石、伊利石等水不稳定成分,而且膨胀率都比较大,不能直接用作路堤填料。已燃煤矸石与未燃煤矸石相比,往往具有较好的稳定性(如膨胀率小);而未充分氧化的煤矸石中的煤和空气发生化学反应,生成大量气体并放出热量,导致体积膨胀,引起路基变形和路面开裂等病害。因此,在煤矸石利用之前应对其路用性能进行评价,并根据公路等级选用满足性能要求的煤矸石作为路基填筑材料。

天然煤矸石存在着明显的颗粒级配缺陷:粗大矸块含量比例过高和细小颗粒含量比例过低,由此导致了其路用压实度控制等难题。然而,与一般的碎石土不同,天然煤矸石在压密过程中随着软岩块的破碎其级配条件可不断得到改善,从而可以有效提高其压密性,所以煤矸石的压密效果很大程度上取决于压密过程对软岩块的破碎程度。另一方面,软岩块的破碎也可以减小乃至消除由于软岩风化或浸水软化、崩解、膨胀对填体稳定性产生的潜在影响。

煤矸石作为路堤填料利用时,需要进行严格的防渗和压密处理,以抑制煤矸石中不稳定组分的物理风化和化学分解,实现路基的长期稳定。从力学分析角度考虑,适当的压实度是填料满足承载力和抗剪强度要求的必要条件。而从路基长期性能方面考虑,应通过降低路堤内的孔隙率和渗透率,来减少空气循环,避免煤矸石自燃和硫化矿物的氧化;只要材料被密封在路堤内,氧化过程就会得到控制,风化过程就会逐渐减小。从环境影响等方面考虑,降低路堤内的孔隙率和渗透率,可以减少有害物质迁移以及酸性物质的渗滤过程。如果考虑路堤的上部层位的耐久性,也可以在煤矸石中掺入粉煤灰等改良及固化材料,以中和煤矸石的酸度、提高其稳定性和抗侵蚀抗冰冻能力。

(3)粉煤灰的路用性能问题

根据粉煤灰力学性质试验结果,粉煤灰属于塑性指数小、级配均匀、颗粒比重低、孔隙率大的材料,其抗管涌性能差、透水性较好,在短时间内易形成稳定的渗流。根据研究表明,即使渗透坡降小于0.01时,粉煤灰灰粒也会发生迁移。因此,在洪水期间粉煤灰路堤的渗透破坏可能性将大大高于常规填料路堤。因此粉煤灰填筑路堤存在一个水毁公路的问题。

因此,粉煤灰路堤应注意基底和边坡的稳定性,应采取相应的技术防护措施。其中以加强排水为主,严禁长期积水浸泡路堤基底。对软土地基上的粉煤灰路堤,其设计结构形式主要应考虑软基的固结沉降量,从而设计土质路拱或隔离层的厚度。为了防止因沉降量过大而产生倒拱,应与软基处治设计同步进行。

4. 工业废渣路堤的适用环境条件问题

工业废渣的运输费用和污染控制(路基结构和渗滤液处理)措施成本在工业废渣路基建造成本中一般占有较大的比重。所以,在路基设计中,工业废渣填筑路堤建造路段的选择以及污染控制(路基结构和渗滤液处理设施)方案的确定,需综合考虑公路行经地段的环境功能要求以及工程地质和水文条件,经综合比较后确定。

在对水质和土壤环境质量要求较高的地段,以及工程地质条件较差的地段,应限制工业废渣的使用。

鉴于工业固体废物浸出物质可能对环境造成不利影响,而粗粒弃渣的崩解性、细粒弃渣颗粒迁移和管涌问题均会对路基稳定性和长期性能造成不利影响。因此,应限制工业固体废物路堤在浸水地段以及江河、湖泊、水库最高水位线以下的滩地和洪泛区使用。

第二节　钢铁渣和煤矸石的工程性质

一、钢铁渣的工程性质

目前国内高炉渣平均利用率已达80%以上,从钢铁渣的高价值利用角度考虑,高炉渣已经较少单独用作路基填筑材料。本节以钢渣工程性质为主要内容,并适当纳入高炉渣的相关部分内容作为对比。

1. 钢铁渣的外观形貌特征和颗粒组成

(1)钢铁渣的外观形貌特征

从外观形貌上看,水淬高炉渣为多孔粒状;矿渣膨珠为空心珠状;重矿渣为致密块状。

钢渣颗粒断面具有气孔状和蜂窝状构造特征。风淬钢渣为黑色球状,表面光滑;热泼钢渣、热闷钢渣和滚筒钢渣为深灰色或褐色的块状。

(2)不同处理工艺钢渣的颗粒级配

处理工艺对钢渣颗粒级配有较大的影响。未经处理和陈化热泼钢渣、热闷钢渣、风淬钢渣及滚筒钢(原渣)的级配曲线如图1-11-3所示。热泼渣、热闷渣的粒度分布范围宽,2.36mm以下的颗粒较少,热泼渣的粒度最大,26.5mm以上的占45.9%。滚筒渣粒度较细,分布也较为均匀,4.75mm以下的占到一半以上。风淬渣粒度分布较均匀,粒度最细,96%在4.75mm以下。

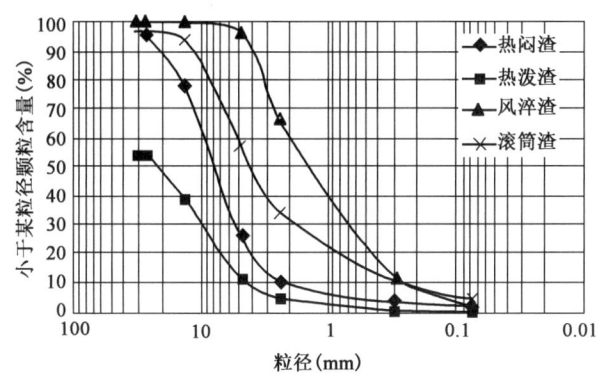

图1-11-3 不同处理工艺钢渣的颗粒级配累积曲线[根据黄毅(2014)数据]

(3)破碎及磁选对钢渣颗粒组成的影响

渣场堆放经破碎并磁选的钢渣,粒径较小而较均匀(图1-11-4),不含铁块,其级配有利于路基填筑利用。

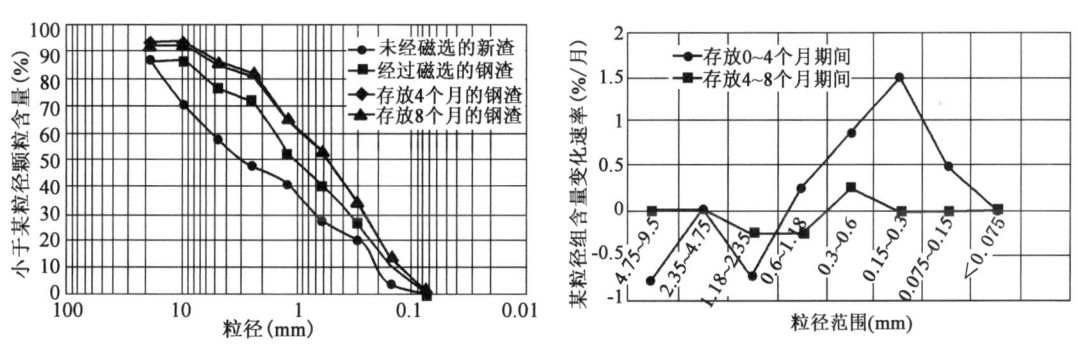

图1-11-4 不同存放时间钢渣的颗粒级配累积曲线和不同粒径组含量变化(武钢;根据李新明数据整理)

(4)存放时间对钢渣颗粒组成的影响

长期暴露在自然环境中的钢渣,逐渐粉化,粗颗粒不断减少,细颗粒不断增多(图1-11-4、图1-11-5)。

在自然陈化条件下,较大粒径(9.5~19mm、4.75~9.5mm)比较容易粉化(特别是在前2个月),而中间粒径(2.36~4.75mm、1.18~2.36mm和0.6~1.18mm)的含量变化不大。粉化后的颗粒多集中在相对较小的粒径(0.075~0.6mm),最细档(小于0.075mm)颗粒含量基本不增加。

随着钢渣陈化时间的延长,钢渣中颗粒组成将会发生明显的变化,4.75mm以上的大颗粒显著降低,较小粒径(0.075~0.6mm)的颗粒显著增加。大于4.75mm的钢渣颗粒粉化后,可能较多地增补到0.6~0.075mm的粒级,导致这一粒级钢渣含量突然变大。

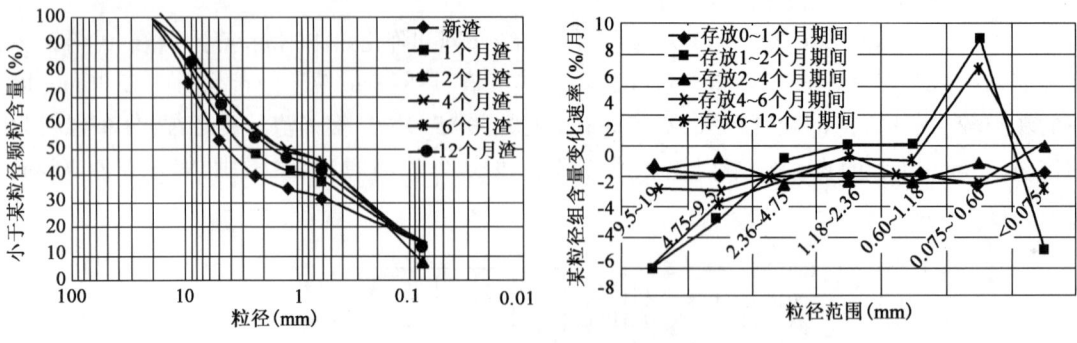

图 1-11-5 不同存放时间钢渣的颗粒级配累积曲线和不同粒径组含量变化(武钢;根据徐方数据整理)

钢渣陈化4个月以后,粒径分布基本不发生变化,12个月之后,钢渣的颗粒组成趋于稳定。

(5)碾压对高炉渣颗粒组成的影响

高炉渣压实前后的矿渣颗粒分析见图1-11-6。从图1-11-6可看出,在碾压前,粒径≥60mm的颗粒占30%,粒径≤5mm的颗粒占4%;经10~12遍碾压后,粒径≥60mm的颗粒减为11%,粒径≤5mm的颗粒增为16%。说明经碾压后,较大粒径的矿渣很大一部分被压碎了,使细颗粒含量增加较多。同时粒径10~40mm的颗粒含量也有所增加。显然,压实后的矿渣颗粒级配比单一规格的分级矿渣要好,矿渣体处于较为密实的状态。

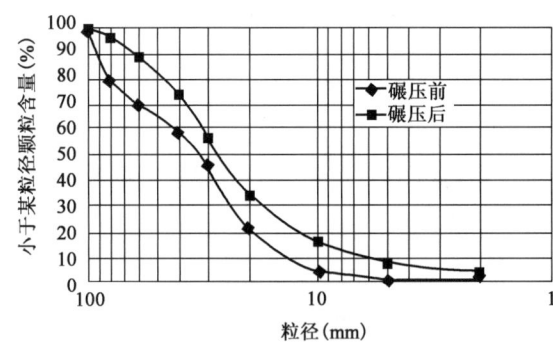

图 1-11-6 高炉重渣碾压前后颗粒组成变化

(6)钢铁渣颗粒组成设计建议

《公路路基设计规范》(JTG D30—2015)关于路基填料的要求,即路堤填料最大粒径应小于150mm,路床填料最大粒径应小于100mm。多数钢铁厂及钢渣处理企业新排出的钢渣大多都已经过磁选,钢渣的粒径一般远小于上述要求。考虑到钢渣的颗粒组成与最大粒径对路基的压实性能、承载力性能以及稳定性具有较大的影响,因此,钢渣路堤材料颗粒组成设计应以压实性能、承载力性能以及稳定性要求作为钢渣颗粒组成的限定条件。

2. 钢铁渣的密度

高炉渣和钢渣的密度如表1-11-3所列。由于钢渣中铁含量较高,钢渣颗粒密度(表观密度)和重度均大于高炉渣。

钢铁渣的基本性质   表1-11-3

性能指标	水淬高炉渣	缓冷高炉渣	钢 渣
颗粒密度(g/cm^3)	2.6~2.8	2.6~2.8	3.1~3.6
重度(kN/m^3)	11~14	15~17	21~26

续上表

性能指标	水淬高炉渣	缓冷高炉渣	钢渣
浸出液pH值	10~11	11~12	12~13
水硬性	强	弱	弱
膨胀性	无	无	有

钢渣密度的大小除与材料本身的比重有关外,还与其粒径大小、级配情况及钢渣存放时间有密切关系(图1-11-7、图1-11-8、表1-11-4)。

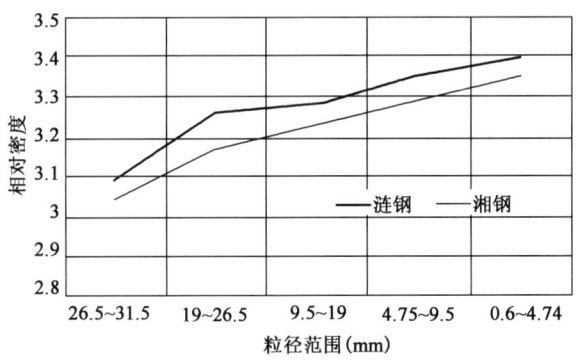

图1-11-7 不同粒径钢渣的相对密度

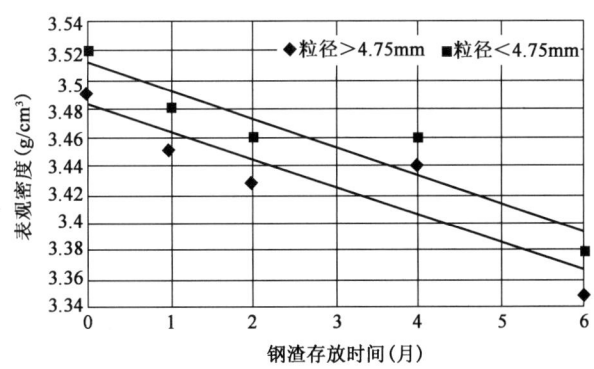

图1-11-8 不同粒径钢渣的表观密度随时间变化

钢渣松散堆积密度(武钢;谭建武,1998)   表1-11-4

粒径(mm)	密度范围(kg/m³)	密度平均值(kg/m³)
300以下	1623~1824	1716
200以下	1550~1804	1697
100以下	1350~1688	1521

由于含有一定金属铁,钢渣的松散堆积密度、表观密度和最大干密度均高于普通土类填料的相应指标。所以,采用钢渣作为道路材料,其运输、拌和、摊铺时的能耗,比采用普通土石材料要增加10%左右。另外,由于钢渣的密度较大,将会增加地基的附加应力,对地基承载力要求也会相应提高。在地基承载力较低的路段,为避免因路堤过重而引起地基过大的变形,应控制路堤填筑高度。

3. 钢铁渣的压实特性

根据文献报道的钢铁渣击实试验结果(表1-11-5),高炉渣和钢渣的最大干密度介于 2.08~2.56g/cm³ 之间;最佳含水率为 5.3%~13.3%。

钢铁渣的最大干密度和最佳含水率 表1-11-5

钢渣和高炉渣来源	最大干密度(g/cm³)	最佳含水率(%)	数 据 来 源
武钢三炼钢渣(存放3个月)	2.56	6.4	胡谋鹏,2006
武钢三炼钢渣(存放24个月)	2.38	7.5	胡谋鹏,2006
武钢二炼钢渣(存放24个月)	2.53	8.1	胡谋鹏,2006
马钢钢渣(存放3个月)	2.20	9.30	朱光源,2014
兰钢钢渣	2.14	13.3	李志安,2001
昆钢钢渣(存放24个月)	2.16	11.0	冯群英,2013
湘钢钢渣	2.27	6.8	段妹,2013
邯钢钢渣(自然级配)	2.25~2.37	7.5~7.9	叶洪东,2003
邯钢钢渣(粒径<40mm)	2.15	8.0	叶洪东,2003
包钢高炉渣	2.0~2.17	6.65~7.90	郭鹏,2014
日本住友金属公司高炉渣	2.08	10.1	郭彦国,2005
攀钢高炉渣	2.36~2.55	4.86~6.26	李志坚,2008

由于炉衬耐火砖的干密度远比钢渣小,钢渣中耐火砖含量对钢渣密度有一定影响。

采用重型压路机碾压密实的混合高炉渣路基,颗粒排列紧密,在压实过程中一些软弱粗粒被压碎成小颗粒后和原有的细粒矿渣一起填充于坚硬的粗粒渣的空隙之中,使矿渣体的重度增大,力学性质稳定。

4. 高炉重矿渣的吸水性和饱水率

高炉重矿渣的吸水率取决于其孔隙的数量、大小和分布状况,且随密度的减小而增大。密度为 2750~1320kg/m³ 的重矿渣,其吸水率在 0.37%~9.96% 范围变化。重矿渣的饱水系数随密度的减小而降低,仅结构密实的重矿渣饱水系数接近于1,密度较低的重矿渣饱水系数较低,大多在 0.9 以下(图1-11-9)。

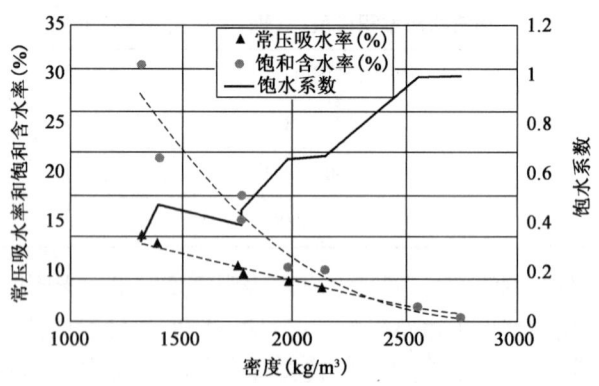

图1-11-9 高炉重矿渣的吸水性与密度之间的关系

虽然重矿渣吸水率较大,但是其饱水系数随吸水率的增加而降低,有充足的空间容纳水结冰增加的体积,而不至于产生很大的应力,因此,重矿渣一般具有较好的抗冻性。

5. 钢铁渣的稳定性

水淬高炉渣和缓冷高炉渣冷却后一般无膨胀现象,其稳定性优于钢渣。

钢渣的强度、刚度等各项指标与普通的花岗岩、玄武岩或石灰岩碎石相当,其力学性能指标甚至完全满足作为路面工程集料的技术要求,并且钢渣具有潜在的活性(是"过烧硅酸盐水泥熟料")。但是,一直以来,由于钢渣的不稳定性严重制约了钢渣在公路工程中的应用。

钢渣在从渣罐倒出后或堆放一段时间后,产生膨胀崩解,由大块崩解成小块和粉末,这种现象称为钢渣的粉化。

作为路基填筑材料并经过压实的钢渣,在公路投入运营后,如果持续发生膨胀或粉化,则会导致路基变形以及路面开裂和平整度变差,影响路基路面的使用性能。因此,钢渣的稳定性(膨胀变形和粉化)是一个决定其作为路基填筑材料适用性的重要因素。

(1)钢渣膨胀及粉化的原因

钢渣膨胀粉化、稳定性不良有多种原因:

①在炼钢过程中,为了脱除杂质,常加入石灰、白云石等高钙、高镁材料作为造渣剂。采用溅渣护炉技术,镁质材料增加,渣的黏度变大,随着冶炼时间缩短,钢渣中的氧化钙和氧化镁不能和二氧化硅等成分充分反应,而形成游离氧化钙(f-CaO)和游离氧化镁(f-MgO)存在于渣中。而钢渣中游离氧化钙(f-CaO)和游离氧化镁(f-MgO)一般都被前期反应生成的 C_2S 等包裹。C_2S 组织致密,不但阻止了 CaO 和 MgO 进一步反应,而且也阻止了 CaO 和 MgO 的消解。由于钢渣中的游离氧化钙(f-CaO)和游离氧化镁(f-MgO)发育完整、结构紧密、活性低和反应能力较低,完全消解所需要的时间较长。

钢渣作为路基填筑材料投入使用后,钢渣中的游离氧化钙(f-CaO)和游离氧化镁(f-MgO)遇水进行下列反应:

$$\text{f-CaO} + \text{H}_2\text{O} \rightarrow \text{Ca(OH)}_2 \quad \text{体积膨胀} 98\%$$
$$\text{f-MgO} + \text{H}_2\text{O} \rightarrow \text{Mg(OH)}_2 \quad \text{体积膨胀} 148\%$$

由于 f-CaO 反应产生的固相体积膨胀率很大,如果游离 CaO 在钢渣颗粒中大量存在,这种应力足以使坚硬钢渣崩解;而 f-MgO 常温下完全消解的时间可长达 20 年之久。

②转炉钢渣中存在的一定含量的 C_2S 矿物,在冷却通过 1100～900℃ 温度区间时会发生 $\alpha\text{-}C_2S$、$\beta\text{-}C_2S$ 向 $\gamma\text{-}C_2S$ 的相变,此时其体积膨胀约为 10%～20%,从而导致钢渣粒化。

③未经磁选除铁处理的钢渣一般含有 10% 左右的金属铁。若钢渣不经处理直接用于路基填筑,不仅造成浪费,金属铁的氧化、水化亦会带来路基体积的不稳定的问题。

因此,如果未采取专门消解及处理措施,渣中游离游离氧化钙(f-CaO)和游离氧化镁(f-MgO)等成分较难在有限时间内充分消解、反应或转化。未经充分陈化的钢渣若用于路基填筑,一段时间后会发生膨胀变形,进而导致路面平整度变差,甚至发生开裂、破损,影响道路的使用性能。

(2)钢渣稳定性的影响因素

①f-CaO 的含量对钢渣稳定性的影响。

根据对从国内 25 家大型钢铁联合企业取得的未经陈化处理的原渣样品(其中,转炉钢渣样品 28 个,电炉氧化渣样品 6 个)分析结果,未经陈化处理的原渣浸水膨胀率主要集中在 1%～4% 之间。压蒸粉化率随 f-CaO 的质量分数不同而在 1%～16% 之间变化。

钢渣中 f-CaO 的含量和浸水膨胀率存在高度正相关性(图 1-11-10)。这说明钢渣中 f-CaO 的含量是控制钢渣浸水膨胀率的重要影响因素。根据图 1-11-10 的数据可知,要将浸水膨胀率控制在 2% 以下,f-CaO 的质量分数应当控制在 3% 以下。

钢渣中 f-CaO 的含量和压蒸粉化率亦存在显著正相关性,但相关性稍弱于 f-CaO 的含量与浸水膨胀率的相关性。这可能是因为压蒸粉化率受到更多因素的影响,包括钢渣的硬度、RO 相的含量等。从图 1-11-11 可知,要将压蒸粉化率控制在 6% 以下,f-CaO 的质量分数应当控制在 2% 以下为好。

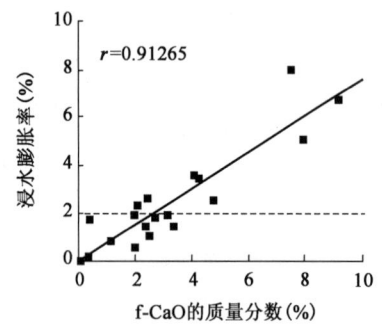

图 1-11-10 f-CaO 的含量与浸水膨胀率的关系

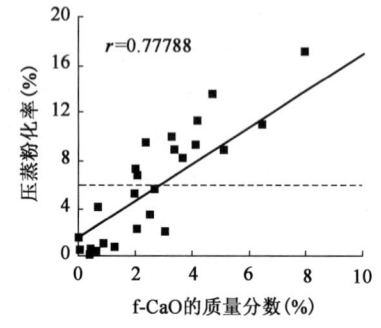

图 1-11-11 f-CaO 的含量与压蒸粉化率的关系

②炼钢工艺对钢渣稳定性(f-CaO 含量)的影响。

不同处理工艺(未经陈化处理)的钢渣的 f-CaO 含量列于表 1-11-6 中,电炉氧化渣中, f-CaO 的质量分数一般都在 1% 以下,而转炉渣 f-CaO 的质量分数在较大范围变化。

不同处理工艺(未经陈化处理)的钢渣的 f-CaO 含量　　表 1-11-6

炼 钢 工 艺	转 炉 钢 渣	转 炉 钢 渣	转 炉 渣	转 炉 渣	电炉氧化渣
处理工艺	热泼	热闷	滚筒	风淬	
f-CaO 含量(%)	3.33~9.32	0.34~4.92	0.92~3.48	0.70	<1

碱度范围和处理工艺对钢渣中 f-CaO 含量有较大影响。表 1-11-7 列出了不同碱度范围热泼和热闷转炉渣样品中 f-CaO 的含量。由表 1-11-7 可见,总体上,钢渣的 f-CaO 的含量随碱度增加而增加。

不同碱度范围热泼和热闷转炉渣(未经陈化处理)样品的 f-CaO 的质量分数　　表 1-11-7

f-CaO 的质量分数(%)	碱 度 范 围							
	2.0~2.5		2.5~3.0		3.0~4.0		4.0~5.5	
	热泼渣	热闷渣	热泼渣	热闷渣	热泼渣	热闷渣	热泼渣	热闷渣
平均值	3.40	1.43	6.29	2.67	7.45	3.80	9.32	3.37
最大值	4.76	2.52	9.16	4.22	9.16	4.92	9.32	3.70
最小值	3.33	0.34	4.76	1.30	5.16	2.68	9.32	3.37

根据试验结果,电炉渣的碱度范围为 1.45~2.41,平均值为 1.81,远小于转炉渣碱度。由于电炉渣的碱度低,冶炼时间长,f-CaO 的含量较低。

③处理工艺对钢渣稳定性的影响。

钢铁企业对钢渣处理有 2 个主要目的:一是实现渣、钢有效分离,尽可能回收利用渣中有价金属;二是改善尾渣稳定性,以便后续使用。为实现上述目的,提高钢渣的综合利用水平,国内各钢铁企业在钢渣的处理工艺方面已经得到很大程度的改进。

由表1-11-6和表1-11-7可以看到,不同处理工艺的钢渣中f-CaO含量相差较大。热泼渣的f-CaO含量最高(质量分数大多在4%以上,最大值可接近10%),滚筒渣次之,热闷渣的f-CaO含量较低(质量分数大多在4%以下),风淬渣f-CaO含量也较低。热闷法能利用热闷池内熔渣的余热产生大量饱和蒸汽,与钢渣中不稳定的游离f-CaO、f-MgO等反应生成$Ca(OH)_2$和$Mg(OH)_2$,使f-CaO含量降低。风淬工艺中,压缩空气氧化渣中的$CaO \cdot FeO$生成稳定的铁酸钙,另外热态渣落入水池中冷却时也促进了f-CaO的消化反应,使风淬渣中f-CaO含量相对较小。滚筒渣的碱度最高,但f-CaO含量不到热泼渣的一半,这是因为滚筒工艺中渣破碎充分,能与水更加充分接触,有利于f-CaO的消解。

表1-11-8所示为四种渣的稳定性测试结果,热泼渣浸水膨胀率远大于2%,滚筒渣接近2%,而热闷渣远小于2%。

四种钢渣的稳定性分析结果　　　　　　　　　　　　　　　　　　　　表1-11-8

稳定性	浸水膨胀率(%)	压蒸粉化率(%)
热泼渣	5.04	17.05
热闷渣	0.35	0.81
风淬渣	—	1.03
滚筒渣	2.21	6.06

四种渣的压蒸粉化率与浸水膨胀率有较好的对应关系,热闷渣和风淬渣粉化率较低,滚筒渣次之,热泼渣粉化严重。

④存放时间长度对钢渣稳定性的影响。

同类钢渣,随着存放时间的延长,钢渣中游离氧化钙含量逐渐降低,粉化率逐渐减小,稳定性和安定性变好。不同存放时间钢渣中游离氧化钙含量及粉化率的试验结果分别见图1-11-12和图1-11-13。

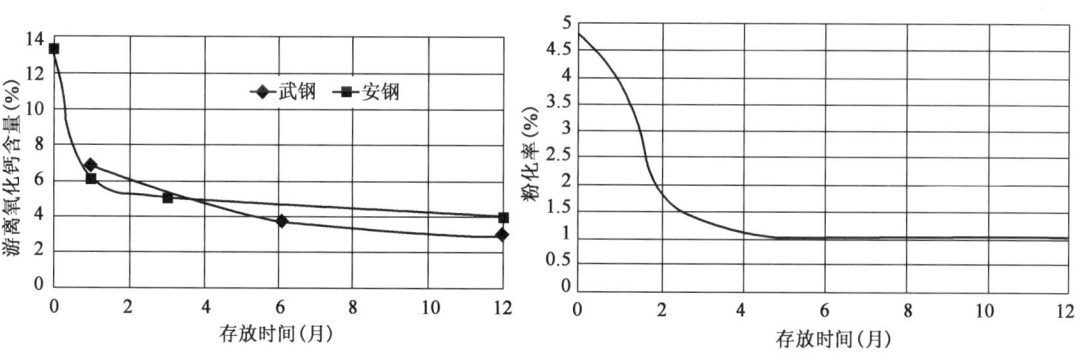

图1-11-12　钢渣中游离氧化钙(f-CaO)含量随时间的变化　　图1-11-13　钢渣常压粉化率与时间的关系

表1-11-9中汇总了不同来源地及存放时间钢渣渣样的f-CaO含量、粉化率及浸水膨胀率。存放期12个月以上的陈渣中f-CaO的含量明显减少,通常低于3%;压蒸粉化率也变化不大,在10%以下;浸水膨胀率在2%以内,稳定性比较好,用于路基填筑不会对路面使用性能造成不利影响。由此可见,消除钢渣中产生膨胀组分的最简单方法是陈化处置。

不同来源地及存放时间钢渣和高炉渣渣样的 **f-CaO 含量、粉化率及浸水膨胀率** 表 1-11-9

钢渣和高炉渣来源及类型	存放时间（月）	f-CaO 含量（%）	粉化率（%）	浸水膨胀率（%）	数 据 来 源
武钢三炼钢渣 新渣 B2	3	5.93	29.9		胡谋鹏,2006
武钢三炼钢渣 陈渣 A2	12	2.05			胡谋鹏,2006
武钢三炼钢渣 陈渣 A3	12	2.12	10.95		胡谋鹏,2006
武钢三炼钢渣 陈渣 A4	24	1.97			胡谋鹏,2006
武钢三炼钢渣 陈渣 A5	24	2.02	8.17		胡谋鹏,2006
武钢二炼钢渣 陈渣 C3	24	2.05			胡谋鹏,2006
武钢不同部位钢渣 51 个样本	多种	0~21.63			谭建武,1998
武钢钢渣 陈渣	>12	1	<7		谭建武,1998
武钢平炉转炉钢渣 混合粒径≤5mm	6	3.34	9.8		关少波,1998
武钢二炼转炉钢渣 粒径≤5mm	6	2.52	10.7		关少波,1998
武钢三炼转炉钢渣 粒径≤5mm	6	1.64	4.9		关少波,1998
包钢平炉和转炉混合钢渣 陈渣	>24	1.16~1.56	4.24		游润卫,2006
包钢平炉钢渣 新渣	3	2.51	1.04		游润卫,2006
包钢转炉钢渣 新渣	3	12.28	98.9		游润卫,2006
昆钢钢渣 陈渣	>24	0.62~2.0		1.13~1.46	冯群英,2013
马鞍山钢铁集团钢渣	3	5.03		3.18	朱光源,2014
安钢热闷钢渣	3	1.8~2.8		1.0~1.8	贾红玉,2015
龙钢热闷钢渣	6		9.3		邢琳琳,2012
包钢高炉渣			4.24		郭鹏,2014

当然,也有学者认为,在无过大粒径钢渣的前提下,钢渣内含3%~6%的游离氧化钙也是合适的;并且湿存1~3个月的钢渣具有一定的胶凝性质,其使用效益最佳。尽管自然陈化操作简单,但是,大量的钢渣堆积不仅占据大量土地,还可能会对环境产生不利影响。

⑤常温浸水预处理对钢渣稳定性的影响。

常温浸水处理可以显著降低钢渣的膨胀率,提高钢渣体积稳定性。浸水处理时间越长,对钢渣膨胀率降低效果越明显(图1-11-14)。

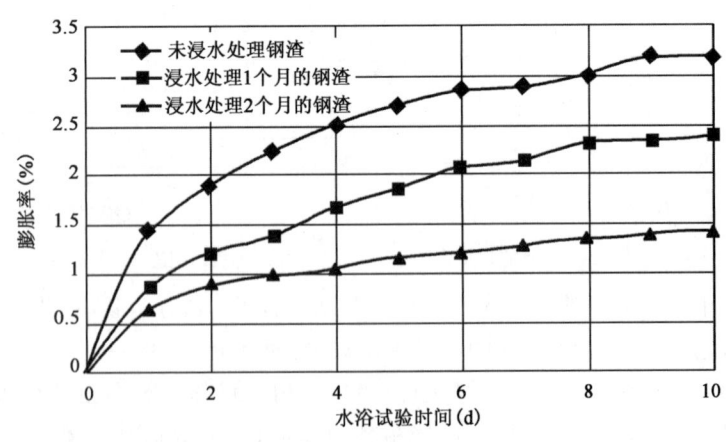

图 1-11-14 常温浸水处理对钢渣膨胀率变化的影响

⑥颗粒组成对钢渣稳定性的影响。

不同粒径的钢渣,经破碎研磨后,测定其 f-CaO 含量,结果表明,钢渣颗粒越细,f-CaO 含量越低(图 1-11-15)。

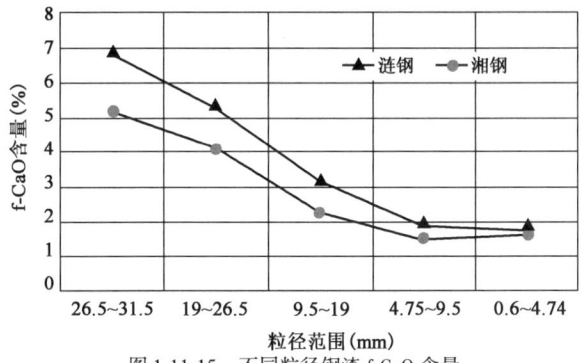

图 1-11-15 不同粒径钢渣 f-CaO 含量

对经过破碎磁选后的钢渣试验发现,新钢渣破碎的越细,其稳定期来得越早。一般露天堆放半年后,膨胀粉化现象即告完成。钢渣经过人工破碎,可使其陈化时间缩短,但是,至少也需露天堆放 6 个月以后使用。日本《铺装试验法便览》中规定了钢渣的使用标准,要求破碎后陈放期不小于 6 个月,膨胀量不大于 1.5%。

就钢渣的膨胀破坏性而言,粒径越大,膨胀率越大(表 1-11-10、表 1-11-11),破坏力越大。模型试验结果表明,即使是存放期较长的陈渣,当粒径较大(小于 100mm)时,平均竖向膨胀率可能高达 3.37%(表 1-11-10)。因此,在路基施工时,应严格限制使用粒径过大的渣块;即使是用陈渣,也不可混入粒径较大的钢渣,否则也可能和新渣一样会引起路基的鼓起和开裂。另外,较大粒径钢渣的膨胀变形通常集中于粗颗粒所形成混合料骨架支撑体系的一些局部的点位,钢渣膨胀对路面平整度影响较大。

钢渣棱台和试坑模型膨胀率测试结果　　　　　　　　　　表 1-11-10

钢渣存放时间	钢渣粒径		备注
	<40mm	<100mm	
24 个月	0.27%~1.40%	2.75%~3.37%	棱台模型,竖向膨胀率
3 个月		4.67%~11.95%	试坑模型,竖向膨胀率

钢渣试坑模型膨胀率测试结果　　　　　　　　　　表 1-11-11

观测结果	钢渣粒径<40mm	钢渣粒径<50mm	钢渣粒径<60mm
试坑内钢渣膨胀率	0.25%	0.3%	0.4%
试坑内钢渣达到变形稳定的时间	3 个月	4 个月	6 个月

模型试验结果表明,使用粒径较小(粒径小于 40mm)、存放期 1 年以上的陈渣时,平均竖向膨胀率也高达 1.40%。可见,若采用钢渣填筑路堤,除了应在存放期、粒径等方面进行控制外,还应重视级配、压实度、施工工艺、路面结构等,并针对可能出现的路面鼓起和裂缝等制定相应的处理措施。

室内试验结果表明(表 1-11-12),级配对钢渣的稳定性也具有一定影响,粗料含量的降低有利于钢渣的稳定和力学性能的增强。

钢渣存放时间对钢渣稳定性及力学性能的影响　　　　表1-11-12

力学性能	细料($d<10mm$):粗料($d>10mm$)	存放时间(月)			
		0	1	3	12
膨胀率(%)	2:8	1.7	2.5	1.5	0.8
	3:7	0.8	2.1	1.2	0.8
CBR值(%)	2:8	323	379	354	239
	3:7	426	387	423	263
无侧限抗压强度(MPa)		0.69	1.08	1.05	0.60

⑦压实度对钢渣稳定性的影响。

钢渣中不稳定物质的完全消解需要经历漫长的过程。在钢渣路基设计中,选择合适压实度,可以使压实后的路基既为后期形成的膨胀性物质提供充足的填充空间,在一定程度上缓冲钢渣路基内的膨胀应力,又不至于因大颗粒裂解造成骨架支承不足。换而言之,在承载力满足要求的前提下,压实度不可过大。

(3)用于路堤填筑钢渣的稳定性处理建议

《道路用钢渣》(GB/T 25824—2010)要求,路基用钢渣的最大粒径应不大于60mm,浸水膨胀率不大于2%。

热泼渣的粒度大,游离CaO含量高,稳定性较差,因此,热泼渣在利用前必须经过陈化处理,使稳定性和游离CaO含量满足应用要求;超粒径的成分应通过破碎后利用。滚筒渣通过处理工艺调节和优化较易达到浸水膨胀率的合格标准。热闷渣一般可以直接使用。

《公路路基设计规范》(JTG D30—2015)第3.3.4条明确规定了路堤压实度的要求,但是,同时也提示,路堤采用工业废渣等特殊填料时,在保证路基强度和回弹模量要求的前提下,通过试验论证,压实度标准可以减低1~2个百分点。

6.力学性能

(1)钢渣的力学性能

表1-11-13汇总了不同来源地钢渣的主要力学参数测试结果。由表中数据可以看到,钢渣颗粒具有较高的强度,其压碎值通常小于30%,摩擦角高于30°,黏聚力随龄期的增加不断增大。具有一定级配、一定活性的钢渣集料在压实之后可自行变硬,板结成一整体。试件的CBR值与碎砾石接近,28d龄期的无侧限抗压强度可达1MPa,回弹模量超过100MPa。

不同来源地钢渣的主要力学参数测试结果汇总　　　　表1-11-13

钢渣来源与存放时间	压碎值(%)	黏聚力(kPa)	摩擦角(°)	无侧限抗压强度(MPa)	CBR(%)	回弹模量(MPa)	数据来源
武钢三炼 存放3个月	6~12	17.0(7d);38.2(28d)	37.7(7d);39.5(28d)	0.21~0.36(28d)	19~24	110(28d)	胡谋鹏,2006
武钢三炼 存放12个月				0.79~1.24(28d)		140(28d)	胡谋鹏,2006
武钢三炼 存放24个月				0.85~1.32(28d)		180(28d)	胡谋鹏,2006
武钢	6~12	8~80	32~38	0.15~0.30(7d);0.6~1.1(90d)			余泽新,2006
攀钢江油长城特钢		125	40				左德元,2001

续上表

钢渣来源与存放时间	压碎值（%）	黏聚力（kPa）	摩擦角（°）	无侧限抗压强度（MPa）	CBR（%）	回弹模量（MPa）	数据来源
昆钢 存放24个月	21.5~23.0				36~77（$K=93\%$）；44.8~82（$K=94\%$）；61.1~90（$K=96\%$）		冯群英,2013
湘钢	28.4				14.5（$K=96\%$）		段妹,2013
马钢 存放3个月（$K=90\%$~98%）	22.75			0.47~0.98（28d）	16.4~75.4（预浸水2个月,养护7d）	68.7~188.7(7d)	朱光源,2014
兰州钢厂	26.3			0.74	8.6		李志安,2001

若从力学角度分析，上述6种强度值分别代表了钢渣填料的不同力学性能。其中压碎值是衡量钢渣粗粒材料抵抗压碎的能力；摩擦角和黏聚力以及无侧限抗压强度反映了颗粒集合体的抵抗剪切破坏能力；而回弹模量和CBR值则是衡量钢渣多元结构压实体抵抗变形破坏的能力。

试验数据表明，无论是钢渣粗粒个体骨架结构，还是粗细颗粒构成的混合结构体，均具有优于普通筑路材料抵抗外力破坏的力学性能。钢渣单质材料的较高力学强度值主要与以下因素有关：

①钢渣颗粒以硅酸盐、铁酸盐为主要成分的熔渣冷却凝结而形成，颗粒自身的硬度较大，强度较高；

②钢渣表面较一般碎石更为粗糙，经压实后，钢渣颗粒相互嵌挤，有利于通过咬合摩擦增加材料的摩擦强度，具有较高的早期强度；

③自然陈化或经人工破碎的钢渣级配良好，孔隙率低，压实后可以达到较高的密实度，因此有利于形成较高的强度和模量；

④经过一定龄期的保湿养生，有利于活性物质反应生成水硬性产物而使试件极限强度增加。

（2）影响钢渣力学性能的主要因素

钢渣的陈化时间、浸水预处理、施工压实度、含水率、养护龄期、试验饱水条件等因素对钢渣力学性能均具有不同程度的影响。

①陈化时间对钢渣力学性能的影响（膨胀性质）。

随存放时间的增加，钢渣的压碎值呈现逐渐降低的趋势（图1-11-16）。

钢渣的膨胀性对其力学性能有较大的影响。新渣由于膨胀性较大，在养护过程中，出现明显的膨胀现象，强度和模量较低，数据离散性也较大（表1-11-14）。钢渣经过一定时期陈化后，由于其膨胀性减弱，CBR值、抗压强度和回弹模量均有不同程度地增加，试件之间数据离散性变小。随着陈化时间的延长，钢渣的CBR值、无侧限抗压强度以及回弹模量均呈现增加的趋势。

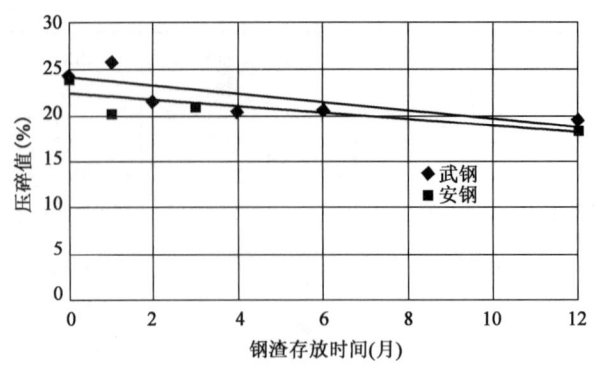

图 1-11-16 存放时间对压碎值的影响

钢渣存放时间对钢渣力学性能的影响　　　　　表 1-11-14

力 学 性 能	钢渣存放时间(月)		
	3	12	24
CBR 值(%)	21	19	24
28d 无侧限抗压强度均值(MPa)	0.29	1.04	1.07
28d 无侧限抗压强度变异系数	0.24	0.16	0.18
28d 回弹模量均值(MPa)	110	140	180
28d 回弹模量变异系数	0.25	0.22	0.12

分析表 1-11-12 的无侧限抗压强度数据发现,存放 1 个月渣与 3 个月渣强度较高。对照图 1-11-12 可知,钢渣内的游离氧化钙与水作用生成氢氧化钙的同时,对松散的钢渣颗粒起了胶结作用。然而,当钢渣内的游离氧化钙过多时,膨胀量使已压实的颗粒发生错位与松散,所以新渣的无侧限强度较低。相反,当钢渣内的游离氧化钙过少时,钢渣混合料内活性不足,使颗粒胶结的不牢固,无侧限抗压强度同样较低。当压实的钢渣混合料具有合适的孔隙率与合适的游离氧化钙含量时,颗粒间具有较强的胶结力,同时颗粒间的空隙又能由全部的或绝大部分的膨胀物充填。

②常温浸水预处理对钢渣力学性能的影响。

对于经常温浸水处理的钢渣,浸水处理可以使 f-CaO 消解,钢渣体积膨胀性减小;但是,钢渣中的 C_2S 和 C_3S 等活性物质随着浸水处理时间的延长,因不断溶解及水化反应而减少,在钢渣试件成型后钢渣中起胶结作用的水硬性胶凝物质较少,导致钢渣试件脱模后不能成型。

③压实度和含水率对钢渣和高炉渣力学性能的影响。

随着压实度的增长,钢渣的 CBR 值呈增大趋势。但是,压实度从 95% 增大到 98%,强度和模量变化趋于缓和,同时强度变异系数增大(表 1-11-15)。

压实度对钢渣力学性能的影响　　　　　表 1-11-15

力 学 性 能	压实度(%)			
	90	92	95	98
CBR 值(%)(浸水预处理2个月)	16.4	24.3	52.1	75.4
无侧限抗压强度平均值(MPa)	0.47		0.93	0.98
无侧限抗压强度变异系数	3.9		4.1	4.9
静态回弹模量(MPa)	68.7		178.4	188.7

初始含水率接近最佳含水率钢渣的 CBR 值、无侧限抗压强度以及回弹模量最大（表 1-11-16）。

初始含水率对钢渣力学性能的影响　　　　　　表 1-11-16

力学性能	初始含水率(%)		
	7.2	9.2	11.2
CBR 值(%)（浸水预处理 2 个月）	45.3	52.1	20.3
无侧限抗压强度平均值(MPa)	0.35	0.93	0.65
静态回弹模量(MPa)	133.8	178.4	93.1

高炉渣的黏聚力和内摩擦角随着压实度的增加而增加，随含水率的增大而减小。当含水率达到一定数值时，黏聚力接近于零（图 1-11-17 和图 1-11-18）。

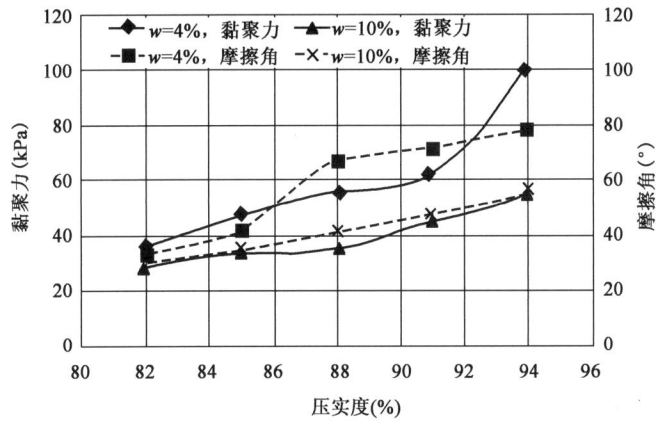

图 1-11-17　压实度对黏聚力和摩擦角的影响

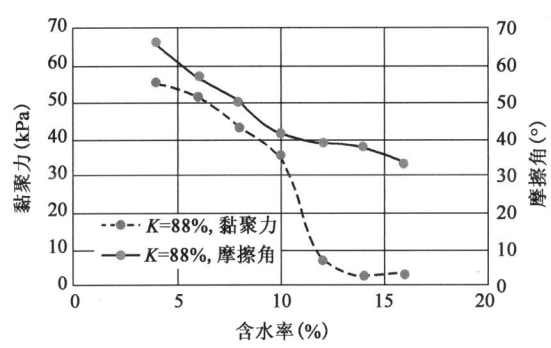

图 1-11-18　含水率对黏聚力和摩擦角的影响

④养生龄期对钢渣力学性能的影响。

随龄期的增加，钢渣的黏聚力、CBR 值和回弹模量成倍增大，钢渣呈现出明显的胶凝性质（表 1-11-17）。

钢渣中含有水硬性胶凝矿物 $\beta\text{-}C_2S$ 及 $C_{11}A_7CaF_2$ 等。这些矿物具有水硬活性，遇水则发生水化反应，生成 C-S-H 凝胶及 CH 等。随着 $\beta\text{-}C_2S$ 等大量水化，钢渣混合料强度不断提高。作为路堤填筑材料，由于钢渣具有一定水硬性，比普通土石材料具有更高的承载力、刚度和板体性。

龄期对钢渣力学性能的影响 表 1-11-17

力学性能	养生龄期(d)		备注
	7	28	
黏聚力(kPa)	17.0	38.2	武钢三炼陈渣,压实度90%
摩擦角(°)	37.7	39.5	
CBR 值(%)(浸水预处理 2 个月)	52.1	109.1	马钢陈放 3 个月钢渣, 含水率9.2%,压实度95%
静态回弹模量(MPa)	178.4	757.2	

⑤饱水条件(水稳定性)。

随着龄期的增长,水稳定性增强。压实度提高有利于改善水稳定性(表 1-11-18)。

不同初始含水率、压实度及养生龄期钢渣分别在不浸水和饱水条件下的 CBR 值 表 1-11-18

含水率 (%)	压实度 (%)	CBR 值(%)(浸水预处理 2 个月)				饱水与不浸水 CBR 值之比	
		7d 不浸水	7d 饱水	28d 不浸水	28d 饱水	7d	28d
7.2	95	93.6	45.3	137.2	60.7	0.48	0.44
9.2	90	48.1	16.4	82.8	33.1	0.34	0.40
9.2	92	70.3	24.3	109.5	48.7	0.35	0.44
9.2	95	124.9	52.1	161.6	109.1	0.42	0.68
9.2	98	132.1	75.4	184.3	160.6	0.57	0.87
11.2	95	85.2	20.3	134.4	55.1	0.24	0.41

二、煤矸石的工程性质

1. 煤矸石的颗粒组成

(1)煤矸石的自然颗粒组成

煤矸石的粒径分布范围较广,既含有粒径小于 0.075 mm 的细颗粒,也含有粒径大于 60mm 的巨粒,具有细粒土与粗粒土的双重特性。

根据对文献中山东、安徽、吉林和河北 4 个省 36 个矿区煤矸石颗粒组成统计数据分析可知,煤矸石中大粒径占有相当高的比例,粒径大于 5mm 的颗粒含量一般在 50% 以上,个别样甚至达 80% 以上;粒径小于 0.074mm 的颗粒含量一般在 5% 以下,有的甚至不足 1%,煤矸石颗粒粒度分布极不均匀;各种试样不同程度存在某些粒组的分布不连续问题,其中 0.5~2 mm 范围的粒组分布不连续比较明显。

绝大多数自然排放煤矸石级配不良,不均匀系数 C_u 从 2 变化至 90,曲率系数 C_c 从 0.1 变化至 9.6。

煤矸石的自然颗粒组成与煤矸石的岩性、类型、生产工艺、风化程度不同有关。不同矿区以及料场,甚至同一料堆不同部位的煤矸石样本的颗粒组成存在较大的不同。

(2)细料含量对煤矸石颗粒组成的影响

通过改变煤矸石的细料($d<5mm$)含量,可以调整煤矸石颗粒级配组成。随着细料含量的增加,煤矸石混合料的级配由不良到良好;进一步增加细料含量,混合料逐渐变为不良级配(图 1-11-19)。

(3) 压实对煤矸石颗粒组成的影响

煤矸石的强度普遍不高,粗颗粒的易破碎是煤矸石显著特征之一。击实对煤矸石的颗粒组成有较大影响。图 1-11-20 为辽源煤矸石在击实前后的粒径和级配变化情况。在击实完成以后,粗大矸石比例明显降低,小颗粒比例大幅提高。击实后的煤矸石料最大粒径比击实前甚至可以降低两个粒级。

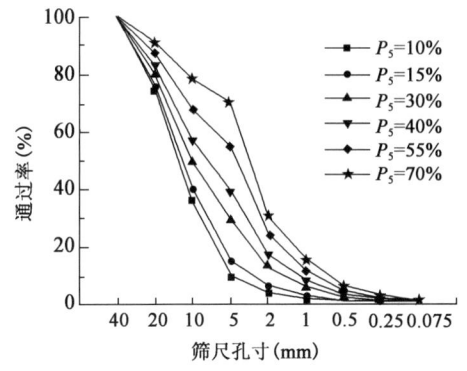 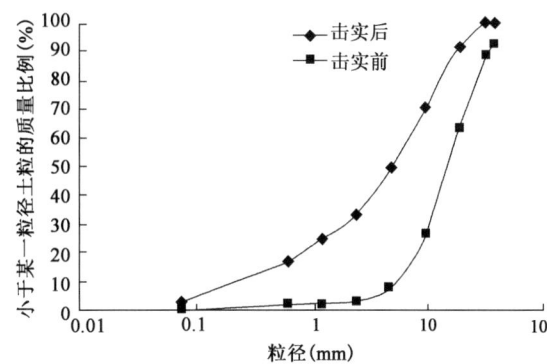

图 1-11-19　不同细料 P_5 含量煤矸石级配曲线　　图 1-11-20　煤矸石击实前后的粒径和级配变化图

在粗颗粒破碎、细颗粒增加的过程中,煤矸石的颗粒级配逐渐得到改善。由此可见,击实是改善煤矸石级配的一个有效途径,而且击实破碎的效果完全可以在现场通过采用大吨位压实设备、冲击压实设备以及强夯工艺实现。与掺配细料改善级配的方案相比,击实破碎更为经济。

煤矸石在击实过程中的破碎率变化如图 1-11-21 所示。在开始阶段,随着击实功的增加,煤矸石混合料破碎率增加较快;当击实超过一定次数以后,煤矸石破碎率增长速率减缓。这主要因为击实初期粗颗粒含量较高,骨架孔隙较大,受到击实作用煤矸石容易发生破碎;随着细颗粒含量的增加,颗粒间的孔隙被有效地填充,颗粒间相互挤紧,破碎减少。另外,在同等击实功作用下,煤矸石中细料含量越高,混合料破碎越少。

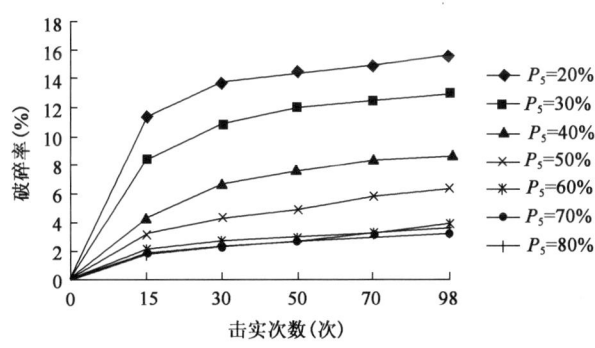

图 1-11-21　不同击实功对破碎率的影响

(4) 冻融作用对煤矸石颗粒组成的影响

煤矸石在经过冻融循环以后,颗粒发生破碎,粗颗粒减少,细颗粒含量明显提高,级配发生改变(图 1-11-22)。随着冻融次数的增多以及粗颗粒的数量减少,颗粒破碎进程有所减缓。

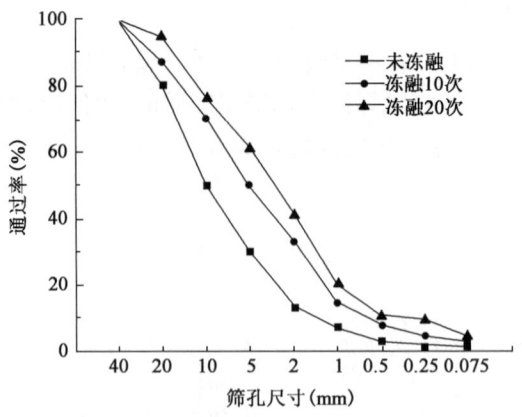

图 1-11-22 冻融循环作用对煤矸石颗粒组成的影响

（5）煤矸石的颗粒组成评价和填料级配设计建议

路基填筑对填料的颗粒组成和级配要求不是十分严格。现行《公路路基设计规范》（JTG D30）中规定，路堤填料最大粒径应小于150mm，路床填料最大粒径小于100mm。但是，填料的选择要便于压实，以便实现路基的强度、刚度（回弹模量）及稳定性要求。

一般矿区的煤矸石是由各种粒径的颗粒组成，由于来源及存放时间的差异，各种粒径没有固定的比例关系。自然级配较好的煤矸石有利于路基压实，可直接用于路基填筑；自然级配差、大颗粒所占比例较大的煤矸石不宜直接用作路基填料，但可经过破碎处理或掺拌细粒料（例如，细粒煤矸石、粉煤灰及细粒土）改良后使用。

2. 液塑限

表1-11-19汇集了4个省27个矿区的煤矸石界限含水率。煤矸石液限从22.7%变化至45.5%，塑性指数从3.0%变化至25.2%，范围较宽。

不同地区煤矸石界限含水率汇总表　　　　　　　　　　表1-11-19

省　份	矿　区	液限(%)	塑限(%)	塑性指数(%)
安徽	港口一矿	30.20	22.20	8.00
	港口二矿	26.50	19.50	7.00
	淮南矿区潘一矿	23.30	17.70	5.60
	淮南矿区谢一矿	23.80	17.10	6.70
	淮南矿区谢二矿	24.70	16.70	8.00
	淮北矿区煤矿	29.30	21.90	7.40
吉林	蛟河矿区	30.50	23.50	7.00
	九台矿区	31.80	28.00	3.80
	珲春矿区	43.00	26.50	16.50
	道清矿区	23.50	20.50	3.00
	辽源矿区	30.50	26.00	4.50
	湾沟矿区	26.00	21.50	4.50
	刘房子矿区（已燃）	43.20	28.00	25.20
	刘房子矿区（未燃）	45.50	22.50	23.00

续上表

省　份	矿　区	液限(%)	塑限(%)	塑性指数(%)
山东	枣矿东井灰红色矸石	29.50	21.50	8.00
	枣矿北1井黄色矸石	37.50	22.50	15.00
	官庄矿枣庄北2井红色矸石	36.00	23.00	13.00
	枣庄山家林1矿灰黑色矸石	37.00	22.00	15.00
	枣庄山家林2矿灰黑色矸石	25.70	18.50	7.20
	枣庄周营矿黄色矸石	25.70	18.50	7.20
	枣庄后湾矿灰黑色矸石	29.50	17.50	12.00
	枣庄大甘霖矿灰黑色矸石	30.00	24.00	6.00
河北	邯郸矿区陶一矿	24.50	14.10	10.40
	邯郸矿区陶二矿	23.60	14.70	8.90
	邢台矿区灰色煤矸石	24.80	15.30	9.50
	邢台矿区红色煤矸石	22.70	14.60	8.10
	邢台矿区黑色煤矸石	23.20	15.30	7.90

《公路路基设计规范》(JTG D30—2015)要求,液限大于50%,塑性指数大于26的细粒土,不得直接作为路堤填料。从收集到的资料来看,国内主要矿区煤矸石均能够满足规范关于路堤填料液塑限指标的最低技术要求。

试验研究结果表明,蒙脱石含量较高以及塑性指数较大($I_p>10$)的煤矸石粉样(例如,珲春和刘房子试样),膨胀率和膨胀力均较大,遇水容易产生崩解和泥化现象,存在着一定的路用隐患,所以,使用蒙脱石含量较高以及塑性指数较大的煤矸石时,应加强防护和保湿措施,确保路基稳定。

3. 渗透性

煤矸石的渗透系数在$10^{-3}\sim10^{-6}$cm/s范围变化。煤矸石渗透性与煤矸石级配特性和压密程度有关。

(1) 细粒含量对煤矸石渗透系数的影响

随着煤矸石中细颗粒含量逐渐增多,煤矸石由渗透性良好转为弱透水性,最终渗透系数接近黏性土的渗透系数。由图1-11-23可知,煤矸石混合料的渗透系数随细粒含量的增加而减小。当煤矸石混合料的细粒含量小于40%时,渗透系数处于$700\times10^{-6}\sim800\times10^{-6}$cm/s范围内。此时,煤矸石混合料中的大颗粒形成骨架结构,而细颗粒较少,尚不能完全填充大颗粒之间的孔隙,所以煤矸石层透水性良好,且渗透系数变化幅度较小。当煤矸石细粒含量在40%~60%之间时,随细粒含量的增多,渗透系数快速减小,此时煤矸石透水性由粗细料的性质共同决定。当煤矸石混合料的细粒含量大于60%时,渗透系数进一步减小。当细粒含量达到80%时,渗透系数降低到10^{-5}cm/s量级,透水性较弱。这主要是由于煤矸石中软岩成分分解成为较细的颗粒,此时渗透系数主要由细料的性质所决定。

(2) 压实度对煤矸石渗透系数的影响

充分的压密能大大减小煤矸石的渗透性。即使在煤矸石中细料含量仅占50%的情况下,当煤矸石干密度大于2.0g/cm³时,其渗透系数也会接近黏性土的弱透水状态(图1-11-24)。

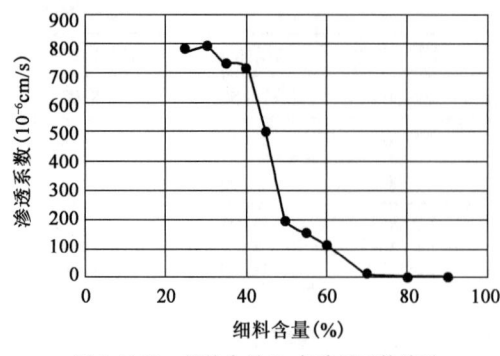
图 1-11-23　细粒含量 P_5 与渗透系数关系

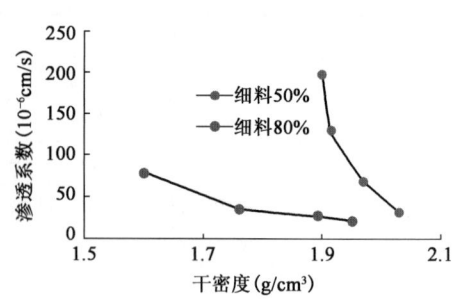
图 1-11-24　干密度与渗透系数之间的关系

4. 击实特性

(1) 最大干密度的影响因素

煤矸石混合料的最大干密度受含水率、粗粒含量以及最大粒径等多因素的综合影响。

与一般碎石土类似,对于某一颗粒组成煤矸石混合料,随着含水率的提高,煤矸石的干密度先增大后减小(图 1-11-25)。所以,在击实曲线上存在一个峰值,即最大干密度,其所对应的含水率即为最佳含水率。

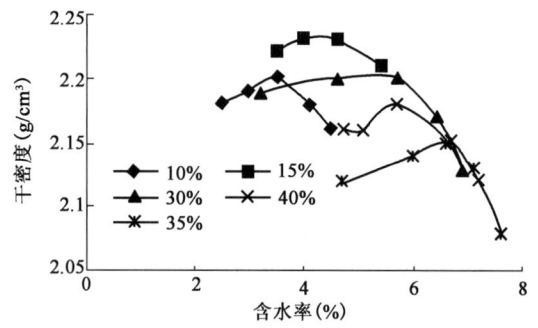
图 1-11-25　不同细料含量煤矸石的击实曲线

图 1-11-25 和图 1-11-26 表明,煤矸石的最佳含水率,随细料含量的增加,呈现逐渐增大的趋势。这主要与(随细料含量的增加)煤矸石的颗粒比表面积增大有关。

图 1-11-27 表明,煤矸石的最大干密度,随细料含量的增加,先增加,然后迅速减小。这主要与煤矸石混合料的级配变化有关。随着细料含量逐渐增大,混合料的级配由不良逐渐趋于良好,然后再次趋于不良;并且在击实过程中粗颗粒的破碎改变了混合料原有的级配。

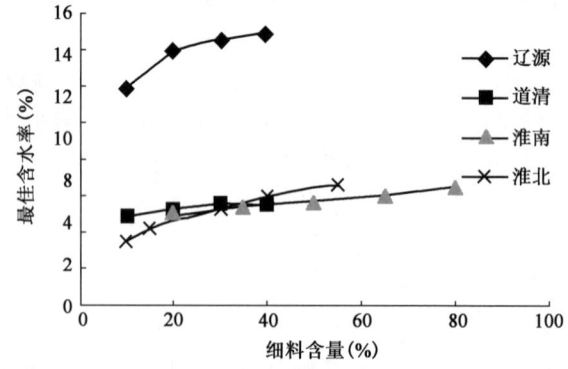
图 1-11-26　煤矸石最佳含水率与细料含量关系(最大粒径为 40mm)

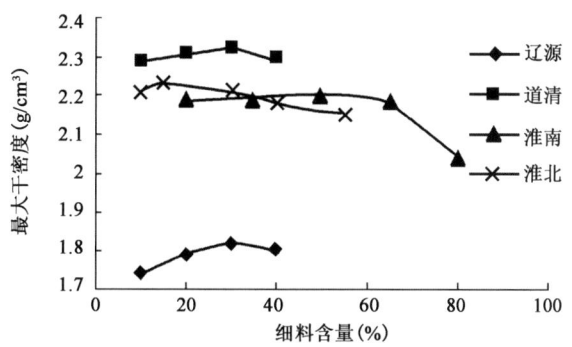

图 1-11-27　煤矸石最大干密度与细料含量关系(最大粒径为 40mm)

煤矸石最大干密度与最大粒径则呈单调递增关系,即在相同的级配特征和相同的粗粒含量下,密度随着粒径的增大而增大(图 1-11-28)。

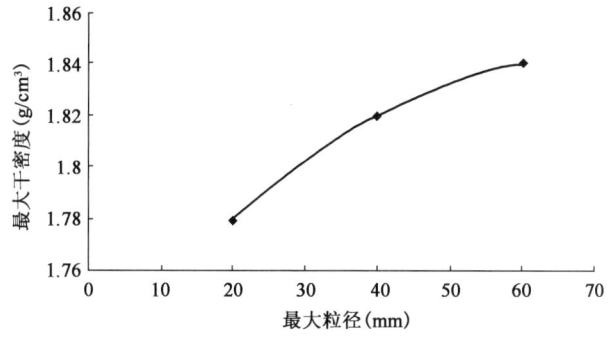

图 1-11-28　煤矸石最大干密度与最大粒径关系(辽源,粗颗粒含量为 70%)

尽管在某个最佳细料含量情况下煤矸石可以达到最大干密度,考虑到在工程实际中很难准确控制煤矸石的级配和最大矸石粒径,只要将细粒径矸石颗粒的总含量控制在一定的范围就可以得到比较理想的路基压实效果。

(2)煤矸石的压密过程

随着击实次数的增多,击实功的增大,煤矸石的干密度均随之增大(图 1-11-29)。在击实初期干密度增长速度较快,当达到一定击实次数以后,干密度增长速率减缓。

煤矸石压密包括破碎压密和固结压密两个过程。在初始阶段煤矸石处于相对疏松状态,压密主要体现于颗粒接触状态的调整,颗粒的相互靠近和重新排列。由于煤矸石粗颗粒含量比例高,这一阶段在压实过程中很快结束。当粗颗粒相互位移至紧密接触构成支撑骨架后,随着压力增加且超过矸石强度,导致粗颗粒破碎。伴随有压力重新调整,使矸石重新处于压密作用阶段,进一步密实。煤矸石经过破碎→压密→再破碎→再压密的渐进压密过程后,粗大矸块含量降低,细小颗粒含量提高,改善了煤矸石的颗粒级配和密实状态。

对于细料含量较低的煤矸石试件,由于混合料中缺乏足够的细颗粒,粗颗粒之间形成的骨架无法得到有效填充,初始干密度相对较小;随着击实次数的增加,粗颗粒发生破碎,干密度迅速增加(图 1-11-29)。而对于细粒含量较高的试件,煤矸石初始干密度较大,但是,在击实过程中干密度增长速率较缓慢。

在击实过程中,随着煤矸石颗粒的破碎,对应的干密度也在增加,并且两者之间存在良好的线性关系。但是,细料含量较高的煤矸石混合料干密度随破碎率变化的速率,比细料含量较低的煤矸石混合料要小(图1-11-30)。这说明细料含量较高的煤矸石混合料经过击实后其干密度的增加,更大程度上来自于颗粒之间的挤密作用,而非颗粒破碎。

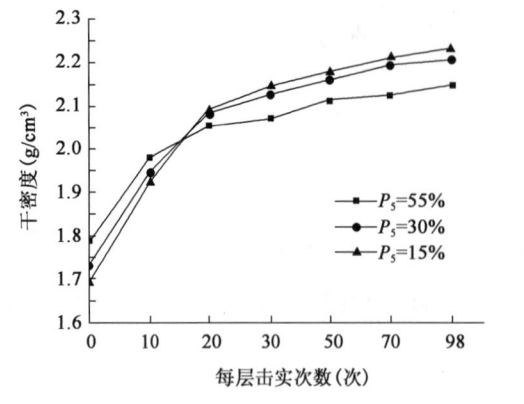

图1-11-29 不同击实功对干密度的影响

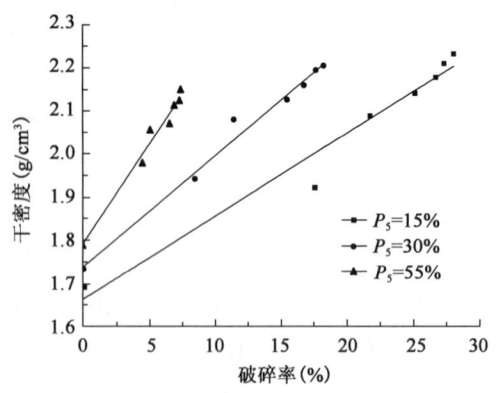

图1-11-30 煤矸石破碎率与干密度关系

5. 力学性能

(1)抗剪强度

煤矸石的三轴试验研究表明:强度包线在围压小于500kPa时,可以近似用直线拟合,强度公式采用库仑公式。煤矸石固结排水剪内摩擦角φ_d为31.0°~36.0°;黏聚力c_d依细颗粒的含量不同变化较大,最小为5.0kPa,最大为45.0kPa。

现场大型直剪试验所测煤矸石填筑层黏聚力为14.4~21.3kPa,内摩擦角为42.4°~45.1°。现场煤矸石黏聚力比室内三轴试验稍低,但内摩擦角比室内试验结果大7.0°~10.0°。其原因是室内试验时,煤矸石中剔除了硬岩成分,且室内为饱和试样,致使内摩擦角φ值大幅度降低。

煤矸石混合料的颗粒组成、干密度及含水率对其抗剪强度具有较大的影响。

①颗粒组成对煤矸石抗剪强度的影响。

煤矸石的强度特性是由细料、粗料特性以及粗细料比例所决定的。在粗料($d>5$mm)含量小于30%时,煤矸石的强度特性主要由细料的特性所决定,其强度参数基本与细料的强度参数相当。随着粗料含量的增加,煤矸石黏聚力开始降低,而内摩擦角开始增加,煤矸石的强度特性受细料、粗料特性共同影响。在粗料含量大于60%后,煤矸石的强度特性主要由粗料的特性所决定。此时,细料不能完全填充粗料孔隙,粗料开始形成架空结构,若要达到一定的密度,必有一定的粗料破碎以形成密实、稳定的结构。粗料越多,颗粒破碎量越大,故黏聚力与内摩擦角基本不再变化(图1-11-31)。

②干密度对煤矸石抗剪强度的影响。

随着压实度增大,煤矸石颗粒之间的空隙变小,咬合程度增加,摩擦性能随之提升,因此其内摩擦角和黏聚力也随之增大(图1-11-32)。因此在煤矸石路基填筑过程中,必须保证施工过程的压实度以及干密度达到设计要求。

(2)压碎值

压碎值是用于衡量石料在外部荷载作用下抵抗压碎的能力。表1-11-20汇总了全国5个省 27 个矿区的煤矸石压碎值实测结果,可以看到,煤矸石的压碎值从 21.3% 变化至 44.4%。在收集到的 27 组数据中,17 组试样的压碎值为 21%~30%,占总样本的 63%。

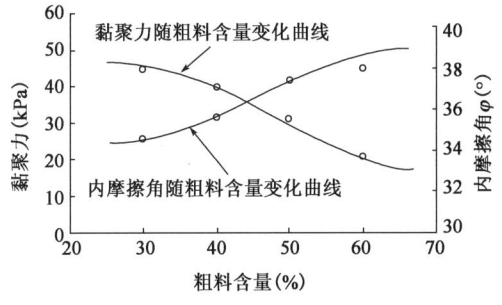

图 1-11-31　煤矸石强度参数随粗料含量变化图
（刘松玉,2006）

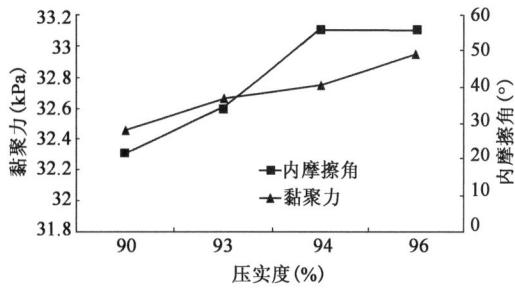

图 1-11-32　煤矸石黏聚力及内摩擦角随压实度变化

不同地区煤矸石工程特性数据表

表 1-11-20

省份	矿　区	烧失量(%)	自由膨胀率(%)	压碎值(%)
安徽	淮北水洗煤矸石	15.4	9	33.3
	淮南煤矿（二）	16.6	—	22.1
	淮南煤矿（四）	14.1	—	22.7
	陶一矿（未燃）	10.2	25	30.4
	陶一矿（已燃）	9.0	22	27.7
	陶二矿（未燃）	12.9	23	29.6
	陶二矿（已燃）	10.8	21	26.8
河北	峰峰矿区灰色煤矸石	18.1	1	24.5
	峰峰矿区红色煤矸石	15.7	38	28.6
	峰峰矿区黑色煤矸石	17.1	25	28.9
	邢台矿灰色煤矸石	10.2	2	30.5
	邢台矿红色煤矸石	9.5	1	27.1
	邢台矿黑色煤矸石	12.4	7	28.5
吉林	蛟河矿区（已燃）	0.9	0	44.4
	蛟河矿区（未燃）	8.4	5	37.7
	九台矿区	4	0	39.4
	珲春矿区	6.3	45	28.7
	道清矿区	8.5	6	21.3
	辽源矿区	5.4	0	32.6
	湾沟矿区	5	0	26.5
	刘房子矿区（已燃）	6.1	41	38.3
	刘房子矿区（未燃）	12.8	52	33.1
山东	潍坊矿区（红矸石）	11	7	35.2
	潍坊矿区（黑矸石）	17.3	5	34.3
	潍坊矿区	10.7	26	28.7

续上表

省份	矿 区	烧失量(%)	自由膨胀率(%)	压碎值(%)
黑龙江	鹤岗峻德矿区(已燃)	12.7	—	28.2
	鹤岗富力矿区(已燃)	17.6	—	26.0

含有软质粒料和有机质等成分的煤矸石更容易压碎。由于煤矸石中的有机质等在燃烧过程中被氧化,导致煤矸石的化学成分和结构发生变化,已燃煤矸石比未燃煤矸石的压碎值要小得多。

(3)承载比

表1-11-21汇总了安徽、河南、江苏、河北等7个省(直辖市)40个矿区煤矸石CBR值。压实度为93%时,CBR值从9.1%变化至79.8%。

不同地区煤矸石膨胀率和CBR值汇总表   表1-11-21

省份	矿 区	膨胀率(%)			CBR(%)		
		压实度93%	压实度95%	压实度97%	压实度93%	压实度95%	压实度97%
安徽	港口一矿	0.04	0.10	0.14	14.00	15.00	25.00
	港口二矿	0.10	0.12	0.12	15.00	21.00	26.00
	宁国港口矿区	0.05	0.08	0.14	17.20	22.30	28.50
	淮南潘一矿	0.02	0.06	0.09	22.30	25.40	29.30
	淮南谢一矿	0.08	0.11	0.15	18.50	21.40	27.60
	淮南孔集矿	0.03	0.08	0.15	29.30	33.60	35.70
	淮南望峰岗选煤厂	0.04	0.06	0.08	40.20	43.50	46.70
	淮南谢三矿(东)	0.01	0.05	0.07	21.20	25.10	29.70
	淮南李一矿	0.10	0.14	0.18	25.30	27.90	31.20
	淮南李咀矿	0.08	0.14	0.19	33.50	35.90	39.40
	淮南谢三矿(西)	0.02	0.09	0.12	33.40	33.10	38.60
	淮南谢二矿	0.08	0.11	0.20	25.60	28.20	31.30
	淮北谢三矿(南)	0.14	0.18	0.22	18.50	22.20	24.40
	淮南谢三矿(北)	0.03	0.04	0.07	29.30	33.40	37.60
	淮北煤矿	0.02	0.15	0.09	34.00	69.00	96.30
河南	焦作1号井	0.05	0.08	0.18	14.64	17.67	31.76
	焦作吴村矿区	0.02	0.06	0.12	13.78	19.10	21.17
	焦作李固矿区	0.08	0.05	0.20	15.50	17.71	28.31
	焦作程村矿区	0.09	0.14	0.22	16.37	27.52	39.25
吉林	辽源煤矸石	0.05	0.11	0.16	51.00	57.00	82.00
	道清煤矸石	0.03	0.08	0.15	72.00	77.00	90.00
江苏	徐州权台新矿	0.05	0.10	0.15	45.30	55.80	64.80
	徐州权台老矿	0.02	0.09	0.12	19.90	29.60	38.41
	徐州韩桥矿夏桥井	0.07	0.13	0.18	15.50	26.50	38.70

续上表

省份	矿区	膨胀率(%)			CBR(%)		
		压实度93%	压实度95%	压实度97%	压实度93%	压实度95%	压实度97%
江苏	徐州大黄山矿	0.01	0.03	0.08	43.50	55.10	67.90
	徐州青山泉二号井	0.04	0.09	0.13	27.00	33.50	36.10
山东	潍坊矿区红矸石	0.07	0.14	0.20	79.80	85.40	94.61
	潍坊矿区黑矸石	0.08	0.13	0.17	47.60	58.80	68.10
重庆	南桐矿区芭蕉湾已燃煤矸石	0.07	0.09	0.11	16.57	22.80	31.80
	南桐矿区芭蕉湾未燃煤矸石	0.05	0.08	0.09	33.17	35.60	44.90
河北	邯邢武安矿区陶一矿未燃	0.04	0.18	0.15	16.00	18.00	23.00
	邯邢武安矿区陶一矿已燃	0.07	0.09	0.15	12.00	12.00	20.00
	邯邢武安矿区陶二矿未燃	0.11	0.07	1.10	13.00	18.00	23.00
	邯邢武安矿区陶二矿已燃	0.02	0.09	0.11	15.00	21.00	28.00
	峰峰矿区灰色煤矸石	0.05	0.11	0.16	12.70	19.80	24.60
	峰峰矿区红色煤矸石	0.04	0.13	0.17	9.10	16.20	20.40
	峰峰矿区黑色煤矸石	0.07	0.15	0.24	18.60	27.70	30.20
	邢台矿灰色煤矸石	0.06	0.13	0.18	28.40	32.00	46.00
	邢台矿红色煤矸石	0.02	0.04	0.08	28.00	39.00	54.00
	邢台矿黑色煤矸石	0.04	0.16	0.26	16.00	12.00	38.00

《公路路基设计规范》(JTG D30—2015)要求,高速公路、一级公路下路堤和上路堤最小承载比分别为3和4。用煤矸石作路基填料,承载力能够完全满足各级公路对路基材料强度的要求。

①颗粒组成对承载比的影响。

随细料含量的增加,煤矸石的CBR值先减小后增大(图1-11-33)。CBR值实质上是用来反映土体抗局部剪切强度的指标。由土体抗剪强度的库仑理论,土体的抗剪强度包括土的黏聚力和内摩擦力两部分。CBR值随细料含量的变化,是黏聚力和内摩擦力以及吸水率随细料含量变化的综合反映。

②压实度对承载比的影响。

煤矸石CBR随着干密度的提高逐渐增加(图1-11-34)。

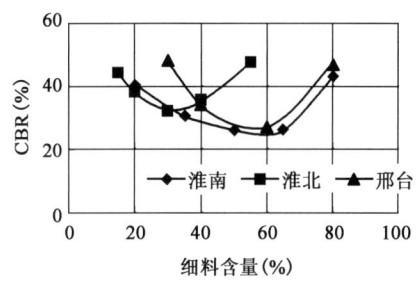

图1-11-33 细料含量与CBR值关系

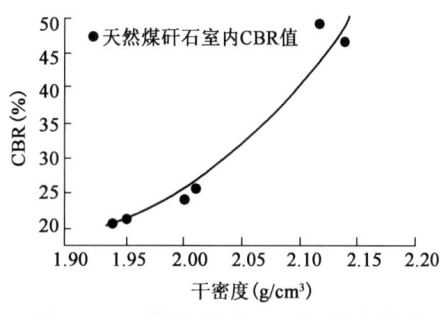

图1-11-34 煤矸石室内CBR与干密度关系

(4)压缩模量

随着煤矸石密度的增加,煤矸石的压缩模量增加。当煤矸石密度较大时(压实度在93%以上),饱和状态下的压缩模量可达到15MPa以上,属于低压缩性土。

(5)回弹模量

煤矸石(细料含量在20%~65%区间)的静态回弹模量随细料含量增大而减小。细料含量在40%~60%区间变化时,回弹模量变化幅度较大(图1-11-35)。

与普通土类似,随着压实度的增加和含水率的降低,回弹模量增加。

(6)煤矸石力学性质评价和使用建议

现行《公路路基设计规范》(JTG D30)要求,软质岩石(单轴饱和抗压强度5~30MPa)可用作路堤填料,但不得用作路床填料。现行《公路路面基层施工技术细则》(JTG/T F20)要求,填隙碎石底基层骨料压碎值不得超过30%。考虑到煤矸石路堤的均质性问题,含有软质粒料和有机质等成分的煤矸石稳定性较差,所以不宜直接用于路床的填筑。

经改良处理的煤矸石用作路床填筑材料,应满足现行《公路路基设计规范》(JTG D30)、现行《公路沥青路面设计规范》(JTG D50)以及现行《公路水泥混凝土路面设计规范》(JTG D40)关于路床回弹模量的技术要求。

煤矸石路基设计,应通过室内动三轴试验设备确定煤矸石材料的动态回弹模量。现场宜通过FWD等测试手段确定煤矸石路基的动态回弹模量。在现场测试中应注意煤矸石中巨粒对回弹模量的影响。

煤矸石路基设计,应通过室内中型或大型三轴试验(必要时通过现场大型直剪试验)确定煤矸石的抗剪强度参数。室内试验材料最大粒径 d_{max} 与三轴试样直径 D 之比 $d_{max}/D<5$,超粒径颗粒应采用相似级配法或等量替代法予以剔除。

6. 稳定性(吸水性、崩解、膨胀;抗风化能力;湿化变形)

1)吸水性

结构致密的煤矸石吸水性低,自身持水能力较弱,并具有较好的透水性,采用此类煤矸石作为路基填料,路基稳定性较好。结构较松散的煤矸石易吸水,吸水后体积发生膨胀,并破碎成较小粉状矸石。

试验研究结果表明,煤矸石混合料的渗透性对的煤矸石击实试件吸水率有较大的影响。随着煤矸石混合料中细料含量的增大和抗渗能力的增强,煤矸石试件浸水4d的吸水量呈不断下降趋势(图1-11-36)。

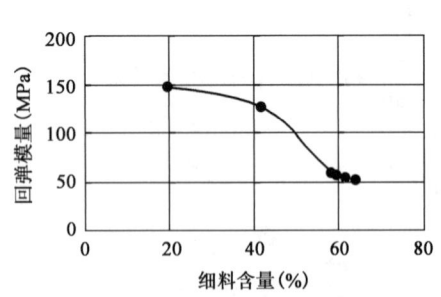

图1-11-35 细料含量与(静态)回弹模量之间的关系(压实度93%)

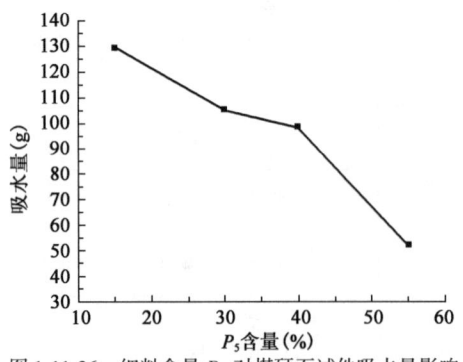

图1-11-36 细料含量 P_5 对煤矸石试件吸水量影响

2）膨胀性

根据对全国4个省24个矿区的煤矸石自由膨胀率指标的调查结果（表1-11-22），多数矿区的煤矸石都出现了不同程度的膨胀现象。在收集到的数据中，自由膨胀率超过40%的样本占17%。个别矿区（例如，刘房子矿区）未燃煤矸石自由膨胀率达到了52%。但是，还有一些矿区（例如，吉林省蛟河已燃煤矸石、九台矿区煤矸石、辽源矿区煤矸石和湾沟矿区煤矸石）没出现自由膨胀现象。

煤矸石自由膨胀率指标调查情况 表1-11-22

省份	矿区	自由膨胀率(%)
安徽	港口矿区	25.00
	淮南谢一矿	0.80
	淮南谢二矿	0.03
吉林	蛟河矿区（已燃）	0.00
	蛟河矿区（未燃）	5.00
	九台矿区	0.00
	珲春矿区	45.00
	道清矿区	6.00
	辽源矿区	0.00
	湾沟矿区	0.00
	刘房子矿区（已燃）	41.00
	刘房子矿区（未燃）	52.00
山东	潍坊煤矸石（钉矸石）	7.39
	潍坊煤矸石（黑矸石）	4.96
河北	邯邢武安矿区陶一矿未燃	25.00
	邯邢武安矿区陶一矿已燃	22.00
	邯邢武安矿区陶二矿未燃	23.00
	邯邢武安矿区陶二矿已燃	21.00
	峰峰矿区灰色煤矸石	1.00
	峰峰矿区红色煤矸石	38.00
	峰峰矿区黑色煤矸石	25.00
	邢台矿灰色煤矸石	2.00
	邢台矿红色煤矸石	1.00
	邢台矿黑色煤矸石	7.00

煤矸石的岩石类型、矿物成分、自燃性质决定了煤矸石的膨胀性质。

蒙脱石含量高以及塑性指数较大（$I_p>10$）的煤矸石粉样，膨胀率和膨胀力均较大。

泥质页岩和炭质页岩（淮南矿区）自由膨胀率在20%左右。

长时间堆放的煤矸石，暴露在空气中，物理化学风化进行得比较彻底，膨胀变形较小。已燃的煤矸石，在自燃的过程中经过高温脱去了其中的结构水，性质趋于稳定；而未燃的煤矸石物化性质有很多不稳定性，如果含有蒙脱石等遇水膨胀或崩解的矿物成分，则存在着较大的路用隐患,应用时必须谨慎。

3) 崩解与泥化特性

表1-11-23汇总了安徽、山东和河北3个省13个矿区的典型煤矸石崩解性指标。调查矿区的典型煤矸石均出现了崩解现象,但崩解量都较小,可以作为路基填料应用。

不同地区煤矸石的崩解性 表1-11-23

省份	矿 区	煤矸石崩解率(%)		
		粒径60mm	粒径40mm	粒径20mm
安徽	港口矿区	3.7	3.7	2.5
山东	潍坊煤矸石(红矸石)	2.6	27	2.8
	潍坊煤矸石(黑矸石)	2.8	2.9	2.7
河北	邯邢武安矿区陶一矿未燃	3.9	614	5.8
	邯邢武安矿区陶一矿已燃	3.2	1.1	3.6
	邯邢武安矿区陶矿未燃	5.2	3.7	1.6
	邯邢武安矿区陶二矿已燃	1.4	0.8	0.7
	峰峰矿区灰色煤矸石	9.3	8.8	8.3
	峰峰矿区红色煤矸石	2.1	13	3.4
	峰峰矿区黑色煤矸石	6.5	6.9	5.6
	邢台矿灰色煤矸石	3.2	6.8	5.6
	邢台矿红色煤矸石	2.4	4.2	1.9
	邢台矿黑色煤矸石	5.3	7.3	3.7

含有蒙脱石等膨胀性黏土矿物的煤矸石(例如,一些泥岩和炭质页岩煤矸石)具有一定的膨胀性和较强的崩解性。煤矸石浸水后,水进入到蒙脱石矿物的结晶格子层间,致使矿物膨胀,引起岩块开裂,发生崩解。塑性指数$I_p>10$时,耐崩解能力较差。一般未燃煤矸石的崩解量高于已燃煤矸石。

4) 水稳定性

根据粒度分布特点,煤矸石属于一种碎石类土,但是,在工程性质的稳定性方面,煤矸石比一般的碎石类土相对较差,存在水稳性差的性质缺陷。主要反映在其强度和变形对含水率的变化具有较强的敏感性(图1-11-37)。煤矸石的这种性质缺陷与其物质成分和岩性构成特点有关,煤矸石中的软岩、残留煤、有机质、有机硫等物质的物理化学稳定性较差,软岩的风化崩解,煤及有机质的"灰化",硫分的分解或氧化等物理化学作用都会影响煤矸石的密度和结构状态,从而导致过量的压缩变形和强度的降低。

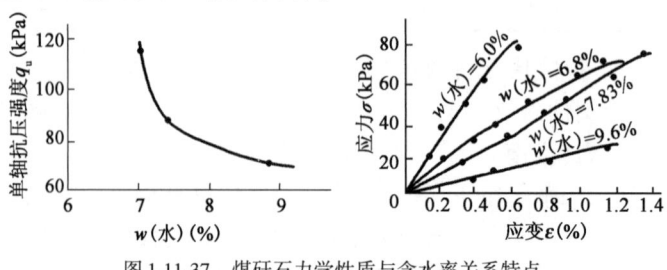

图1-11-37 煤矸石力学性质与含水率关系特点

图 1-11-38 为三轴试验所得的煤矸石强度参数与含水率关系。从图可见,煤矸石强度参数 c、φ 随含水率的增加显著减小。可见煤矸石的强度对水比较敏感。但随煤矸石中细颗粒含量的减少,煤矸石对水的敏感性将降低;而在压实作用下,随颗粒破碎,水敏性将增大。所以对于煤矸石的路堤,防止水的进入及有效的排水措施非常重要。

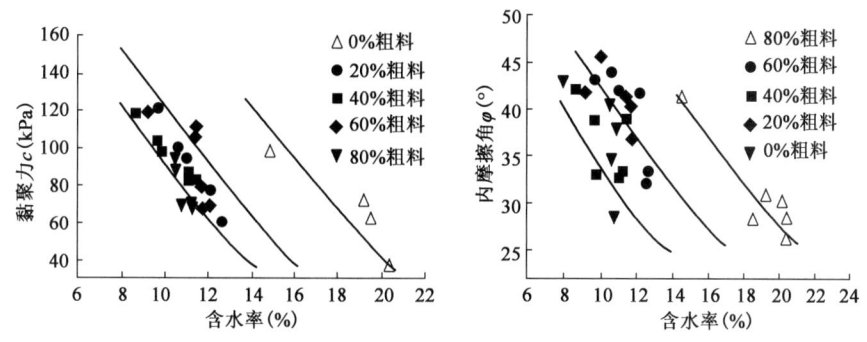

图 1-11-38　强度参数和含水率关系

5)抗风化能力

(1)环境对煤矸石的作用

煤矸石的风化主要有物理风化和化学风化。

①物理风化

物理风化主要有以下几种形式:

a.冷热循环的温差作用:温度的变化是引起物理风化的主要因素。由于煤矸石呈黑褐色,在阳光照射下,吸热能力极强,当温度变化时,大块煤矸石受热或冷却,使不同的矿物颗粒间的联结力遭到破坏产生裂隙,崩解分离,且煤矸石组成多是泥岩、页岩,在温差作用下很容易风化成松散矿物颗粒。

b.冻融循环的风化作用:在寒季,雨水或者融雪水侵入煤矸石孔隙或者裂缝后,当温度低于 0℃时,水变成冰,其体积膨胀约 9%,这时对裂缝会产生很大的膨胀力,这时煤矸石逐渐崩解成碎块。

c.盐类结晶的胀裂作用:煤矸石中溶于水的盐分也产生一定破坏作用,有些盐类具有很强的吸湿性,能从空气中吸收大量的水分而潮解。当温度升高,水分蒸发,盐分又结晶析出时,其体积增大促使煤矸石胀裂,使大块的煤矸石分解成小块。

在物理风化作用下,煤矸石从宏观上由大粒径逐渐分解为较小的粒径。这种变化一方面有利于煤矸石作为路基填料的压实,另一方面也有利于煤矸石的物理力学性能趋于稳定。

②化学风化

化学风化主要是指煤矸石与水、氧、二氧化碳及各种酸类起化学反应所引起的破坏作用,引起煤矸石的化学分解,使煤矸石的化学成分发生改变,并产生新的次生矿物。

a.溶解作用:水能直接溶解煤矸石中的矿物,当水中含 CO_2 及其他化学成分时,可增强水的溶解能力。

b.水化作用:水分与煤矸石中的矿物成分相结合成为含水化合物,如煤矸石中的赤铁矿(Fe_2O_3)经水化作用变成褐铁矿($Fe_2O_3 \cdot nH_2O$)。水化产生含水矿物,同时由于在水化过程中结合了一定数量的水分子进入物质的成分之中,改变了矿物的原有结构,引起体积膨胀。

c. 碳酸化作用：硅酸盐矿物与水及 CO_2 发生化学反应，生成新的碳酸盐，分解破坏煤矸石，如 CaO 经水化作用，变成 $Ca(OH)_2$，$Ca(OH)_2$ 与 CO_2 作用变成 $CaCO_3$。

煤矸石中不稳定的化学成分在化学风化中发生化学反应，生成相对稳定的物质。化学风化改变了煤矸石的微观结构，产生了新的物质，使得煤矸石的化学性质趋于稳定。

总之，煤矸石风化是一个复杂的过程，是许多因素综合作用的结果，不仅煤矸石所处的自然环境对风化作用有影响，而且煤矸石的性质也影响风化作用。

(2) 煤矸石的抗风化能力

煤矸石的岩石类型、矿物组成以及产地来源不同，煤矸石风化性质也不同。以白色矸石（硅质砂岩、石灰岩、砾岩等）组成为主的矸石山，因其结构致密、块大，不易风化；其他以黑色矸石（炭质泥岩、炭质页岩）组成为主的矸石山表面都有风化现象，其中炭质泥岩、炭质页岩风化很快，一般半年内即可风化成碎屑。泥质和钙质的、粉砂岩也较易风化。

煤矸石的抗风化能力与其自身的抗压强度有一定的关系。一般抗压强度高的煤矸石风化较慢，不易自然风化破碎；抗压强度低的煤矸石易于风化破碎，遇水易崩解。

粒径越小，风化作用后粒径减小得越快，说明粒径越小风化越严重。

另外，在相同条件下红矸石的比黑矸石的抵抗风化的能力要强。

(3) 煤矸石风化进程

对在淮南某矿铁路输煤专用线不同时间填筑的煤矸石路堤表面取样分析，结果表明，随着煤矸石材料暴露时间不断增长，材料的颗粒粒径逐渐由大变小。路基表面的煤矸石，在填筑时，中细料（$d<4.75mm$）的含量为 20%，8 年后增加到 64%。在煤矸石暴露初期细粒含量增加较为迅速，1 年后细料含量的增长速率变得非常缓慢，逐渐趋于稳定（图1-11-39）。3 年后 53mm 粒径以上的煤矸石已经消失，到第 6 年时 31.5mm 粒径以上的煤矸石已不存在，到第 8 年时煤矸石的最大粒径已不超过 19mm。

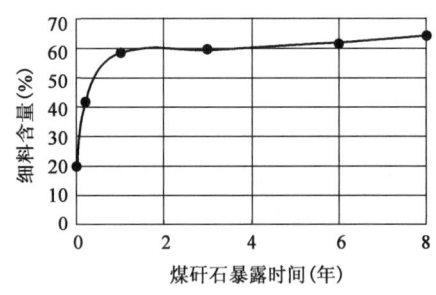

图 1-11-39　煤矸石暴露时间对细料含量的影响

6) 煤矸石的稳定性评价和使用建议

自由膨胀率大于 40% 和液限大于 40% 的黏质土，可初步判定为膨胀土。《公路路基设计规范》(JTG D30—2015) 中规定，膨胀土用作路基填料时，应以击实膨胀土的胀缩总率作为分类指标。有荷压力下胀缩总率小于 0.7 的土为非膨胀性土，可以直接利用；胀缩总率大于或等于 0.7 且小于 2.5 的土为弱膨胀性土，采取包边、加筋、设置垫层等物理处理措施后，可以用于路堤范围，采用无机结合料处治后，可用于路床填料；胀缩总率大于或等于 2.5 且小于 5.0 的土为中膨胀性土，采用无机结合料处治后，可用于路床填料；胀缩总率大于或等于 5.0 的土为强膨胀性土，不应用作路基填料；膨胀性岩石不得用于路堤填筑。煤矸石路基设计，可根据煤矸石的膨胀性质，参照现行《公路路基设计规范》(JTG D30) 中有关膨胀土用作路基填料的上述规定，确定煤矸石利用方案。

泥质页岩和炭质页岩风化程度较大且遇水易崩解、粉碎。一些煤矸石膨胀性虽然不是很强，但是浸水后会发生吸水湿化甚至崩解与泥化，而崩解与泥化对路基的性能影响很大，在降雨作用下极易造成路基较大的沉降，不利于路基的性能稳定。因此，对煤矸石填料要求进行耐崩解指数试验。耐崩解试验参照现行《公路工程岩石试验规程》(JTG E41)。另外,煤矸石路基一定要做好排水、保湿处理措施。

未经充分氧化与陈化、塑性指数大于10的煤矸石不宜直接用于填筑高速公路和一级公路路堤。性能较差的煤矸石应通过改良,并经试验论证后方可采用。

煤矸石受气候因素影响,在长期风化营力作用下,会产生破碎、剥落和泥化等现象,影响到路基的承载力和刚度,因此,煤矸石路基需要采用包边土进行封闭保护。

7. 烧失量

煤炭在开采和洗选过程,煤矸石中有一定量的残留煤和有机质存在,若不对煤矸石的烧失量进行量化分析处理,煤矸石将会在后期使用过程中出现氧化分解,导致路基出现不均匀沉降等病害。烧失量是分析计算煤矸石中有机质含量的一种较为简便的方法。

根据对全国16个省市85个矿区的煤矸石烧失量的调查结果,我国煤矸石烧失量为0.27%~38.26%,变化幅度大。多数地区煤矸石的烧失量居于5%~20%区间。相对而言,未燃的煤矸石,堆放时间短,残留煤和有机质的含量较高,烧失量较大。

路基填筑应采用烧失量较小的煤矸石,以利于运营期间路基的稳定。

8. 自燃性

(1)煤矸石的自燃性

煤矸石的自燃是指煤矸石在自然堆积状态之下,内部热量不断积聚,使得温度不断上升,导致其中的可燃成分发生燃烧,最终改变煤矸石性质的现象。煤矸石的自燃是一个复杂的物理化学变化过程,它与煤矸石自身的矿物组成、煤矸石的堆积情况、比表面积、孔隙率以及空气流通情况密切相关。

国内外众多学者对煤矸石自燃的机理做了许多研究,提出了一系列的论点来解释煤矸石的自燃,其中主要的学说有:黄铁矿氧化学说、细菌作用学说、挥发分学说、煤氧化复合作用自燃学说、自由基作用学说等。

黄铁矿氧化作用学说认为,煤矸石中的黄铁矿(FeS_2)具有较强的还原性,即使在常温下,无论是干燥环境还是潮湿环境,均易与空气中的氧气发生一系列的氧化反应,并释放出大量的热量。对于密集堆放的煤矸石,煤矸石氧化放热产生的大量热量,不能够及时发散,必然导致其内部热量的积聚,待积聚到一定程度后,引起煤矸石堆积体中的煤以及其他物质的自燃。

煤氧化复合作用自燃学说认为,由于煤矸石中常常夹杂着一部分碳化合物,常温下,煤矸石堆内的煤(尤其是易燃性煤)或者其本身组成成分中的煤与空气混合后,发生氧化放热反应,产生化学反应能使其温度上升,达到一定程度后自然发火。

煤矸石发生自燃的充分必要条件是:①煤矸石本身具有自燃倾向性,即具有低温氧化能力;②有连续的通风供氧条件;③煤矸石有良好的蓄热条件。

(2)煤矸石用作路基填料自燃预防措施

为防止煤矸石堆积体自燃应采取如下措施:

①减少煤矸石路基填料中的硫铁矿(FeS_2)和可燃物。一般矸石中含硫量大于1.5%时即可自燃,而当矸石中含硫量达3%左右时,就会自燃发火。所以,现行《一般工业固体废物贮存、处置场污染控制标准》(GB 18599)规定,含硫量大于1.5%的煤矸石,必须采取措施防

止自燃。

②切断供氧条件,降低氧气浓度。如果路基压实度不足,孔隙率较大,在自燃之前,这些空隙和孔道为煤矸石中的黄铁矿和其他可燃物质燃烧提供空气。所以,设计应采取煤矸石与素土间隔铺筑以及覆土包边的路基结构,施工采用薄层压实的施工工艺,以破坏煤矸石填筑体内部的空隙和孔道,阻断空气的流通,达到隔断氧气的目的。

一般而言,在自然环境下存放5年以上的煤矸石要么已过火,要么不易自燃,性能稳定,可作为正常填料用于路基填筑。路基填筑可采用已燃煤矸石或存放时间5年以上的煤矸石。如果采用未燃煤矸石或者存放年限较短的煤矸石,应控制硫化铁含量和烧失量,并且采用有利于隔断空气流通的特殊的路基结构。

第三节 工业废渣浸出物对环境影响的分析评价

一、工业废渣的浸出毒性以及工业废渣用于路堤填筑的污染控制条件

1. 工业废渣的浸出毒性

研究表明,工业废渣中毒性物质可能通过挥发和溶解浸出释放而进入环境。所谓浸出过程,是指可溶性的组分溶解后,通过扩散从固相进入液相的过程。固体废物遇水浸沥,浸出的有害物质迁移转化、污染环境,这种危害特性称为浸出毒性。

如果工业废渣使用和管理不当,例如,采用不恰当的堆放、储存、填埋或处置方式,工业废渣受雨水的淋溶,其中的有害物质则会溶出进入液相,通过渗滤方式对环境和人类造成影响。为评估工业废渣中有害物质浸出进入液相,产生浸出液,进而污染环境,这种间接或潜在毒性危害,应进行工业废渣浸出毒性分析与评价。

固体废物浸出毒性的鉴别和评价方法为:采用固体废物的代表性样品,并用规定的浸出程序和测试方法,测定浸出液中毒性物质的浓度;如果浸出液中污染物浓度等于或超过国家规定的污染控制标准评价指标,表明这种固体废物具有浸出毒性,即有可能对水环境等带来潜在的污染问题。

浸出毒性鉴别模拟的是毒性固体废物在一定的处置环境下,例如,遇水淋漓浸泡,其中的可溶出有害物质经渗滤迁移至附近水体或土壤的过程。所以,浸出毒性与废物特性、处置方式和环境条件等因素相关。例如,在降水量大、酸雨严重地区,会加剧废渣中的可溶成分从填筑体向土壤迁移,污染地下水。

2. 工业废渣的环境特性分类

按是否具有危险性,工业固体废物分为危险废物和一般工业固体废物两大类别。

危险废物系指被列入《国家危险废物名录》或者根据现行《危险废物鉴别标准》(GB 5085)和相关鉴别方法认定的具有腐蚀性、毒性、易燃性和反应性等一种或一种以上危险特性,以及不排除具有以上危险特性的固体废物。

根据现行《危险废物鉴别标准 浸出毒性鉴别》(GB 5085.3),按照现行《固体废物浸出毒性浸出方法 硫酸硝酸法》(HJ/T 299)制备的固体废物浸出液中任何一种危害成分含量超过表1-11-24中所列的浓度限值,则判定该固体废物是具有浸出毒性特征的危险废物。

浸出毒性鉴别标准值(无机元素及化合物类)　　　　表 1-11-24

序号	危害成分项目	浸出液中危害成分浓度限值(mg/L)	分 析 方 法
1	铜(以总铜计)	100	GB 5085.3—2007
2	锌(以总锌计)	100	GB 5085.3—2007
3	镉(以总镉计)	1	GB 5085.3—2007
4	铅(以总铅计)	5	GB 5085.3—2007
5	总铬	15	GB 5085.3—2007
6	铬(六价)	5	GB/T 15555.4—1995
7	烷基汞	不得检出	GB/T 14204—93
8	汞(以总汞计)	0.1	GB 5085.3—2007
9	铍(以总铍计)	0.02	GB 5085.3—2007
10	钡(以总钡计)	100	GB 5085.3—2007
11	镍(以总镍计)	5	GB 5085.3—2007
12	总银	5	GB 5085.3—2007
13	砷(以总砷计)	5	GB 5085.3—2007
14	硒(以总硒计)	1	GB 5085.3—2007
15	无机氟化物(不包括氟化钙)	100	GB 5085.3—2007
16	氰化物(以 CN 计)	5	GB 5085.3—2007

一般工业固体废物系指未被列入《国家危险废物名录》或者根据现行《危险废物鉴别标准》(GB 5085)和现行《固体废物浸出毒性浸出方法》(GB 5086)判定不具有危险特性的工业固体废物。

一般工业固体废物,根据固体废物浸出液中污染物的浓度和 pH 值,可分为两大类。其中,按照现行《固体废物浸出毒性浸出方法》(GB 5086)规定方法进行浸出试验而获得的浸出液中,任何一种污染物的浓度均未超过现行《污水综合排放标准》(GB 8978)最高允许排放浓度,且 pH 值在 6～9 范围之内的一般工业固体废物,称为第Ⅰ类一般工业固体废物;而按照现行《固体废物浸出毒性浸出方法》(GB 5086)规定方法进行浸出试验而获得的浸出液中,有一种或一种以上的污染物浓度超过现行《污水综合排放标准》(GB 8978)最高允许排放浓度,或者是 pH 值在 6～9 范围之外的一般工业固体废物,称为第Ⅱ类一般工业固体废物。在一般工业固体废物储存和处置场设计中,应依据不同类型一般工业固体废物的污染特性以及建设区域环境功能要求,采取不同级别的污染控制措施。

3. 水域功能类别和污水综合排放标准

《地表水环境质量标准》(GB 3838—2002)依据地表水水域环境功能和保护目标,按功能高低依次划分为五类。对应地表水(表 1-11-25)中五类水域功能,将地表水环境质量标准基本项目标准值分为五类,不同功能类别分别执行相应类别的标准值。

地表水水域功能类别　　　　表 1-11-25

类别	地表水水域环境功能和保护目标
Ⅰ类	主要适用于源头水,国家自然保护区
Ⅱ类	主要适用于集中式生活饮用水地表水源地一级保护区、珍稀水生生物栖息地、鱼虾类产卵场、仔稚幼鱼的索饵场等

续上表

类别	地表水水域环境功能和保护目标
Ⅲ类	主要适用于集中式生活饮用水地表水源地二级保护区、鱼虾类越冬场、洄游通道、水产养殖区等渔业水域及游泳区
Ⅳ类	主要适用于一般工业用水区及人体非直接接触的娱乐用水区
Ⅴ类	主要适用于农业用水区及一般景观要求水域

《海水水质标准》(GB 3097—1997)按照海域的不同使用功能和保护目标,将海水水质分为表 1-11-26 所列 4 类,各类海水水质采用不同的标准。

海域功能类别　　　　　　　　　　　　　表 1-11-26

类别	海域的不同使用功能和保护目标
一类	适用于海洋渔业水域、海上自然保护区和稀濒危海洋生物保护区
二类	适用于水产养殖区、海水浴场、人体直接接触海水的海上运动或娱乐区,以及与人类食用直接有关的工业用水区
三类	适用于一般工业用水区、滨海风景旅游区
四类	适用于海洋港口水域、海洋开发作业区

《污水综合排放标准》(GB 8978—1996)规定:

①排入现行《地表水环境质量标准》(GB 3838)中Ⅲ类水域(划定的保护区和游泳区除外)和排入现行《海水水质标准》(GB 3097)二类海域的污水执行一级标准;

②排入现行《地表水环境质量标准》(GB 3838)中Ⅳ、Ⅴ类水域和排入现行《海水水质标准》(GB 3097)中三类海域的污水执行二级标准;

③排入设置二级污水处理厂的城镇排水系统的污水执行三级标准;

④排入未设置二级污水处理厂的城镇排水系统的污水必须根据排水系统出水受纳水域的功能要求分别执行①和②的规定。

4. 工业废渣用于路堤填筑的污染控制条件

(1) 路堤填筑材料要求

严禁将危险废物(直接)混入路堤。在建筑场地满足区域环境功能要求、地质条件满足稳定性要求、地基岩土满足抗渗性要求、路基结构和废渣浸出物满足污染控制要求的前提下,下列工业废渣可以用作路堤填筑材料:

①一般工业废渣。一般工业废渣中有毒有害物质很少,经压实后浸出的条件会变得更差。浸出液流经黏性土层后,其中的部分元素被黏土吸收,限制了一些有毒有害物质的在地层中的扩散和影响范围。所以,一般工业废渣作为路堤填筑材料,只要使用得当,不会发生环境污染问题。

②经预处理并且按照现行《固体废物浸出毒性浸出方法　硫酸硝酸法》(HJ/T 299)制备的浸出液中任何一种危害成分的浓度已均低于《污水综合排放标准》(GB 8978—1996)的限值的某些危险废物。以铬渣为例,铬渣经过解毒、固化等预处理后,按照现行《固体废物浸出毒性浸出方法　硫酸硝酸法》(HJ/T 299)制备的浸出液中任何一种危害成分的浓度均低于表 1-11-27 中的限值,则可以用作路基材料。

铬渣作为路基材料污染控制指标限值　　　　　表1-11-27

序号	成分	浸出液限值(mg/L)
1	总铬	1.5
2	六价铬	0.5
3	钡	10

（2）工业废渣路堤适用环境和场地要求

工业废渣路堤修筑路堤修建位置距居民集中区最小距离为500m。禁止在下列区域使用工业固体废物填筑路堤：

①现行《地表水环境质量标准》(GB 3838)规定的Ⅰ、Ⅱ类水域和Ⅲ类水域中划定的保护区和游泳区等水体附近，或者现行《海水水质标准》(GB 3097)中规定的一类海域内；

②江河、湖泊、水库最高水位线以下的滩地和洪泛区；

③断层、断层破碎带、溶洞区，以及天然滑坡或泥石流影响区；

④风景名胜区和其他需要特别保护的区域。

采用第Ⅱ类一般工业固体废物填筑路堤，应避开地下水主要补给区和饮用水源含水层；应选在防渗性能好的地基上，废渣路堤或废渣填料层与地下水位的距离不得小于1.5m。

二、工业废渣浸出物对环境影响分析评价流程和内容

1. 工业废渣浸出物对环境影响评价流程

固体废物再生利用产品环境安全性评价的主要步骤包括：确定环境保护目标、建立评价场景、构建污染物释放模型、构建污染物在环境介质中的迁移转化模型、影响评估等。对于多种去向的固体废物再生利用产品，应根据最不利暴露条件开展环境安全性评价。

对工业废渣路堤工程项目进行水体和土壤环境影响评价，首先应该对公路沿线的水体和土壤以及工程所用工业废渣来源和主要成分进行调查；制定评价标准和评价指标，确定检测指标，并在此基础上通过相应的监测和试验分析，对工程现状做出评价；在模拟分析的基础上对长期的影响做出预测评价，最后再针对评价结果提出防治对策并跟踪监测。

以煤矸石路堤对公路两侧水体和土壤环境影响评价为例，其评价流程如图1-11-40所示。

在整个评价过程中，选取合适的评价标准和检测指标及评价指标是正确评价的前提；而对应于检测指标进行的一系列监测、检测和试验分析工作是评价的基础；现状和预测评价结果是制定防治对策的理论依据；跟踪检测又是验证污染防治措施是否适用的事实依据，并可以为相似项目的评价提供实际参考。

2. 工业废渣浸出物对环境影响评价内容

工业废渣浸出物对环境影响评价的内容主要包括：

①污染物（浸出物）特征：分析与某一场地相关联的污染物危害；

②（可能的）污染途径：污染物可能的运移路径（例如：地下水、地表水等）；

③（潜在的）污染受体：暴露在污染物中或受污染物影响的生物或资源，如人类、植物、动物或环境资源。

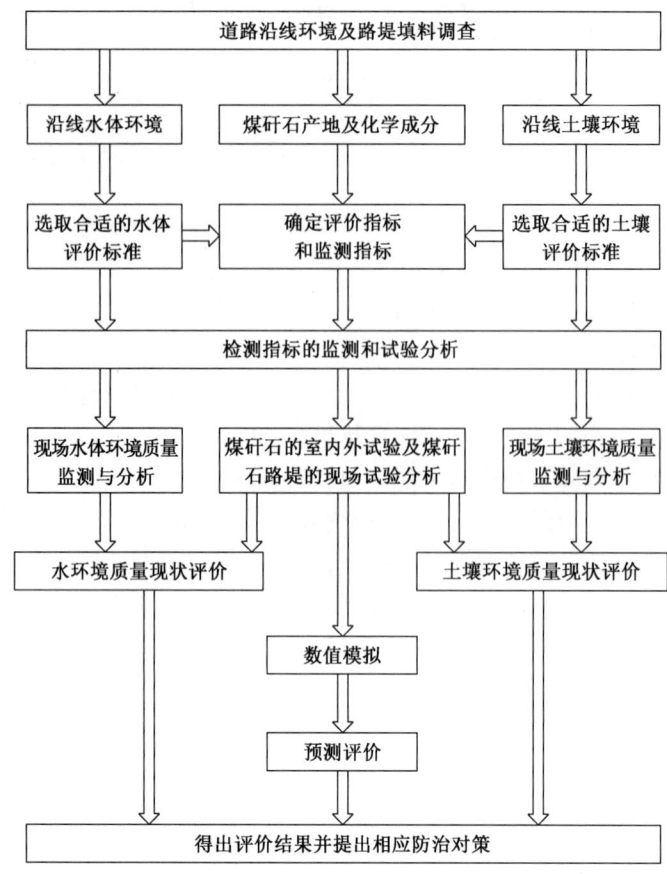

图 1-11-40　工业废渣路堤对周边水体、土壤环境影响评价流程

三、工业废渣浸出物对环境影响评价标准与检测指标、评价指标

1. 工业废渣浸出物对环境影响分析评价标准

水体及土壤质量环境评价标准是污染物质的限值，它是决定不同成分和来源的工业废渣可否用于特定路段路堤填筑的关键性指标。因此，应结合实际工程周边情况及水域功能，根据评价范围各环境要素的环境功能区划，确定各评价因子所采用的环境质量标准及相应的污染物排放标准。国内有关的水体和土壤环境质量相关现行标准以及污水综合排放现行标准列于表 1-11-28。

国内现行水环境质量标准和土壤环境质量标准以及污水综合排放标准　表 1-11-28

标准名称	主题内容	适用范围
《污水综合排放标准》（GB 8978）	标准按照污水排放去向分年限规定了 69 种水污染物最高允许排放浓度及部分行业最高允许排水量	标准适用于现有单位水污染物的排放管理，以及建设项目的环境影响评价、建设项目环境保护设施设计竣工验收及其投产后的排放管理
《地表水环境质量标准》（GB 3838）	标准按照地表水环境功能分类和保护目标，规定了水环境质量应控制的项目及限值，以及水质评价、水质项目的分析方法和标准的实施与监督	标准适用于中华人民共和国领域内江河、湖泊、运河、渠道、水库等具有使用功能的地表水水域

续上表

标准名称	主题内容	适用范围
《海水水质标准》(GB 3097)	标准规定了海域各类使用功能的水质要求	标准适用于中华人民共和国管辖的海域
《渔业水质标准》(GB 11607)	标准规定了渔业水域水质要求，以及水质保护、监测要求	标准适用于鱼虾类的产卵场、索饵、越冬场、洄游通道和水产增养殖区等海、淡水的渔业水域
《地下水质量标准》(GB 14848)	标准规定了地下水的质量分类，地下水质量监测、评价方法和地下水质量保护	标准适用于一般地下水
《农田灌溉水质标准》(GB 5084)	标准规定了农田灌溉水质要求、标准的实施和采样监测方法	标准适用于以地面水、地下水和处理后的城市污水及与城市污水水质相近的工业废水作水源的农田灌溉用水
《土壤环境质量标准》(GB 15618)	标准按土壤应用功能、保护目标和土壤主要性质，规定了土壤中污染物的最高允许浓度指标值及相应的监测方法	标准适用于农田、蔬菜地、菜园、果园、牧场、林地、自然保护区等地的土壤

采用工业废渣填筑路堤的地区，如果有地方污染物排放标准，应优先选择地方污染物排放标准。对于国家污染物排放标准中没有限定的污染物，可采用国际通用标准。必要时，还应参照当地的水体和土壤环境背景值。

2. 工业废渣浸出物对环境影响分析检测和评价指标

(1) 检测指标

我国现行的水体和土壤环境质量标准中，检测指标多达几十种。在众多指标中选取合适的检测指标是进行有效评价的关键。确定填筑路堤工业废渣中有害物质成分是选取合适检测指标的前提。

不同种类以及来源地工业废渣中有害物质的组分具有较大的差异。因此，评价之前应该通过试验确定所用废渣中的有害物质组分及其在周围水体和土壤系统中的含量，然后再结合评价标准中的主要检测指标以及当地的水体及土壤的环境背景值，选取有代表性且能真实反映废渣路堤沿线水体和土壤污染的检测指标来进行评价。

(2) 评价指标

评价指标常用的有单因子评价指标和多因子评价指标。前者是单个污染物质的评价指标，后者是同时考虑多种污染物综合污染水平的评价指标。

单因子评价指标常用简单直观的分指数 P_i 法：

$$P_i = \frac{C_i}{C_{0i}} \tag{1-11-1}$$

式中：P_i——第 i 种污染物的污染分指数；

C_i——污染物的实测含量；

C_{0i}——污染物的评价标准。

当 $P_i < 1$ 时表示未污染，$P_i > 1$ 时表示受到不同程度的污染。P_i 越大污染越严重，P_i 与 1 的差值即为污染物的超标倍数。

多因子评价指标常用加权综合污染指数 P 法：

$$P = \sum_{n}^{i=1} P_i W_i \tag{1-11-2}$$

式中:W_i——污染物的权重,反映多种污染物对环境质量的综合作用,权重取决于各种不同污染物的影响大小。

四、工业废渣路堤环境的调查、监测及试验内容

1. 工业废渣路堤设计环境调查内容

在选取合适评价标准之前,应进行工业废渣路堤沿线水体和土壤环境以及所用废渣产地、化学成分的调查。

(1)水环境调查。水环境调查内容包括公路沿线水资源(地面水和地下水)分布状况及其水域功能情况。

地面水常是工农业用水及饮用水水源地,同时也常是废水排放的场所。因此调查地面水状况十分重要,地面水环境调查一般包括公路沿线的河流、湖泊、水渠、水井以及当地降水及灌溉情况等。

地下水主要调查水文地质条件,主要是含水层埋藏条件(埋藏深度、含水厚度、渗透性等)和水动力特征(流向、流速、水位、径补排关系、与地面水的联系等);水文地球化学特征,主要是地下水类型、pH 值、溶解气体成分及含量。

(2)土壤环境调查。通过调查了解土壤的物理化学特性,物理性质包括土壤的含水状况及质地状况,化学性质包括 pH 值、有机质、农药及微量元素的含量。

(3)环境背景资料调查。环境背景资料是环境评价的重要基础,主要是当地水体和土壤的背景值,具体项目与水环境和土壤环境调查相同。

2. 工业废渣路堤环境质量监测内容

针对水域功能及水体位置选取检测指标,在公路沿线路堤两侧进行选点和采样,对其水体和土壤样品进行监测。

(1)水环境质量监测。监测项目应包括:工业废渣主要浸出物,在现有监测资料中已被检出超标的污染物,为划分地下水质类型和反映水质特征的常规监测项目以及监测常见的有害物质等。

(2)土壤环境质量监测。土样监测项目,一般需要分析重金属元素和微量元素,最常见的元素为镉、汞、铜、锌等。

3. 工业废渣路堤环境相关岩土物理力学试验和检测内容

试验和检测依据现行《公路土工试验规程》(JTG 3430)等相关的标准方法进行。通过试验和检测应取得如下数据:

①工业废渣的各项物理力学性质指标,包括粒度成分、密度、含水率、压实度、渗透系数等,这些指标对污染物质随着水分在工业废渣路堤中的扩散有很大影响;

②工业废渣的污染物质组成及含量;

③工业废渣淋溶和浸泡液中污染物质的组成及含量;

④所研究的污染物质在地基土及废渣路堤中的扩散参数,包括吸附参数及吸附等温线、纵横向弥散参数,这些指标是影响污染物质扩散的重要指标;

⑤工业废渣路堤的现场实测渗透性以及浸泡液中污染物质的组分和含量;

⑥土壤的土水参数;

⑦沿线水体和土壤的有害物质的现场长期监测数据。

五、工业废渣浸出物检测、监测方法和手段

1. 工业废渣浸出物检测和监测方法

根据测定对象尺度和规格不同,工业废渣渗滤性或浸出毒性的测定方法可分为3类:

(1)实验室的加速试验,也就是直接对工业废渣的渗滤性或浸出毒性进行测试。由于是加速试验,应该说试验结果与路堤内填料的实际渗滤状况是有差别的。

(2)模型试验,也就是通过模型模拟工业废渣在实际工况下的渗滤性。显然,这种方法需要时间较长,测试结果也缺乏对比性;但是,测定结果可以为工业废渣的处理和利用提供基础数据和设计依据。

(3)实际环境监测,也就是通过对工业废渣路堤周围实际环境的监测,了解工业废渣的渗滤特性。这样可以更为直接地测定工业废渣作为路堤填筑材料的实际渗滤性质。在这种情况下,一般已无法对环境变化进行控制。不过这种方法得出的数据对认识工业废渣的实际渗滤性质是很有价值的。

在实际工程中,为了提高评价结果的准确性,可采用室内和现场试验相结合的方法。参照水域环境与土壤环境质量标准,通过试验确定工业废渣填筑材料及周围水体和土壤中有害污染物质的组分。

根据采用渗滤剂的不同,工业废渣渗滤性的测定方法可分为两类:一类采用酸性溶液模拟酸雨;另一类采用纯水模拟地表水或地下水的浸沥作用。

目前国内由环境保护部颁布的《固体废物浸出毒性浸出方法》现行标准列于表1-11-29。各标准规定了固体废物检测的浸出程序及其质量保证措施。在路堤设计中,工业废渣浸出物环境影响评价,可根据路基的气候条件(如年降水量和降水酸度)、工业废渣所使用的部位以及路基结构和防护措施,选择现行《固体废物 浸出毒性浸出方法 水平振荡法》(HJ 557)或者现行《固体废物 浸出毒性浸出方法 硫酸硝酸法》(HJ/T 299)作为毒性浸出方法。

固体废物浸出毒性浸出方法 表1-11-29

浸出方法	适用范围	方法原理
《固体废物 浸出毒性浸出方法 水平振荡法》(HJ 557)	标准适用于评估在受到地表水或地下水浸沥时,固体废物及其他固态物质中无机污染物(氰化物、硫化物等不稳定污染物除外)的浸出风险	方法以纯水为浸渍剂,模拟固体废物在特定场中受到地表水或地下水的浸沥,其中的有害组分浸出而进入环境的过程
《固体废物 浸出毒性浸出方法 硫酸硝酸法》(HJ/T 299)	标准适用于固体废物及其再利用产物,以及土壤样品中有机物和无机物的浸出毒性鉴别	方法以硝酸/硫酸混合溶液为浸提剂,模拟废物在不规范填埋处置、堆存、或经无害化处理后废物的土地利用时,其中的有害组分在酸性降水的影响下,从废物中浸出而进入环境的过程
《固体废物 浸出毒性浸出方法 醋酸缓冲溶液法》(HJ/T 300)	标准适用于固体废物及其再利用产物中有机物和无机物的浸出毒性鉴别	方法以醋酸缓冲溶液为浸提剂,模拟工业废物在进入卫生填埋场后,其中的有害组分在填埋场渗滤液的影响下,从废物中浸出的过程

2. 工业废渣浸出物(渗滤液)中的元素及化合物测定方法

固体废物渗滤液中的各类元素及化合物通常采用不同的手段测定。固体废物及固体废物浸出液中无机元素及化合物测定方法及各种方法适用的元素列于表1-11-30。

固体废物及固体废物浸出液中无机元素及化合物测定方法 表1-11-30

分析方法	适用元素及化合物
电感耦合等离子体原子发射光谱法(ICP-AES)	固体废物和固体废物浸出液中银(Ag)、铝(Al)、砷(As)、钡(Ba)、铍(Be)、钙(Ca)、镉(Cd)、钴(Co)、铬(Cr)、铜(Cu)、铁(Fe)、钾(K)、镁(Mg)、锰(Mn)、钠(Na)、镍(Ni)、铅(Pb)、锑(Sb)、锶(Sr)、钍(Th)、钛(Ti)、铊(Tl)、钒(V)、锌(Zn)等元素
电感耦合等离子体质谱法(ICP-MS)	固体废物和固体废物浸出液中银(Ag)、铝(Al)、砷(As)、钡(Ba)、铍(Be)、镉(Cd)、钴(Co)、铬(Cr)、铜(Cu)、汞(Hg)、锰(Mn)、钼(Mo)、镍(Ni)、铅(Pb)、锑(Sb)、硒(Se)、钍(Th)、铊(Tl)、铀(U)、钒(V)、锌(Zn)等元素
石墨炉原子吸收光谱法	固体废物和固体废物浸出液中银(Ag)、砷(As)、钡(Ba)、铍(Be)、镉(Cd)、钴(Co)、铬(Cr)、铜(Cu)、铁(Fe)、锰(Mn)、钼(Mo)、镍(Ni)、铅(Pb)、锑(Sb)、硒(Se)、铊(Tl)、钒(V)、锌(Zn)
火焰原子吸收光谱法	固体废物和固体废物浸出液中银(Ag)、铝(Al)、钡(Ba)、铍(Be)、钙(Ca)、镉(Cd)、钴(Co)、铬(Cr)、铜(Cu)、铁(Fe)、钾(K)、锂(Li)、镁(Mg)、锰(Mn)、钼(Mo)、钠(Na)、镍(Ni)、锇(Os)、铅(Pb)、锑(Sb)、锡(Sn)、锶(Sr)、铊(Tl)、钒(V)、锌(Zn)
原子荧光法	固体废物中砷(As)、锑(Sb)、铋(Bi)和硒(Se)
离子色谱法	固体废物中氟离子(F^-)、溴酸根(BrO_3^-)、氯离子(Cl^-)、亚硝酸根(NO_2^-)、氰酸根(CN^-)、溴离子(Br^-)、硝酸根(NO_3^-)、磷酸根(PO_4^{3-})、硫酸根(SO_4^{2-})以及氰根离子和硫离子
气相色谱法(GB/T 14204)	烷基汞
分光光度法(GB/T 15555.4)	固体废物浸出液中六价铬

六、工业废渣浸出物对环境影响现状评价及预测评价方法

环境影响评价采用定量评价与定性评价相结合的方法,并以量化评价为主。评价方法应优先选用成熟的技术方法,鼓励使用先进的技术方法,慎用争议或处于研究阶段尚没有定论的方法。

工业废渣路堤在施工及运营期间可能会对公路两侧水体和土壤造成污染,而且污染是一个长期行为,因此需要对其污染现状及长期污染进行评价。

(1)现状评价。根据工业废渣路堤现场水体和土壤监测数据,参照评价标准,计算出污染物质的评价指标,即可对其进行水土环境影响的现状评价。

(2)预测评价。环境影响是一个长期的复杂的行为,要对其长期环境影响进行预测评价,就离不开污染物质在水土环境中运移的数值模拟。选择合适的数值模拟方法是提高模拟可信度的关键。

道路工程可以采用二维的模型进行分析。污染物质是随着水分的运移而扩散的,因此应结合水分运移模型建立污染物质运移模型。根据模拟结果可对长期环境影响进行预测评价。

数学模型的控制方程及边界和初始条件如下:

(1)控制方程

二维的水分运移控制方程采用修正后的 Richard 方程:

$$\frac{\partial \theta}{\partial t} = \frac{\partial}{\partial x_i}\left[K\left(K_{ij}^A \frac{\partial h}{\partial x_i} + K_{iz}^A\right)\right] - S \tag{1-11-3}$$

式中：θ——体积含水率；

h——土水势；

S——植物根系吸水函数；

x——空间坐标；

t——时间；

K^A——各向异性张量；

K——非饱和土壤导水函数。

二维的溶质运移方程采用以对流弥散方程为基础的下列方程形式：

$$\frac{\partial \theta c_1}{\partial t} + \frac{\partial \rho s_1}{\partial t} + \frac{\partial a_v g_1}{\partial t} = \frac{\partial}{\partial x_i}\left(\theta D_{ij,1}^w \frac{\partial c_1}{\partial x_j}\right) + \frac{\partial}{\partial x_i}\left(a_v D_{ij,1}^g \frac{\partial g_1}{\partial x_j}\right) - \frac{\partial q_i c_1}{\partial x_i} - Sc_{r,1} - (\mu_{w,1} + \mu'_{w,1})\theta c_1 - (\mu_{s,1} + \mu'_{s,1})\rho s_1 - (\mu_{g,1} + \mu'_{g,1})a_v g_1 + \gamma_{w,1}\theta + \gamma_{s,1}\rho + \gamma_{g,1}a_v \tag{1-11-4}$$

式中：c、s、g——土壤中三相溶液、固体和气体的浓度；

θ——土壤含水率；

ρ——土壤重度；

a——土壤孔隙中存在空气时的孔隙度；

q——流体通量；

μ_w、μ_s、μ_g——溶质在溶液、吸附和气体阶段一级反应的比例常数；

μ'_w、μ'_s、μ'_g——溶质在溶液、吸附和气体阶段一级衰减反应的比例常数；

γ_w、γ_s、γ_g——溶质在溶液、吸附和气体阶段零级反应的比例常数；

c_r——植物吸收浓度；

D^w、D^g——溶液和气体阶段的弥散参数。

固体的吸附等温线采用非线性的方程来描述吸附浓度 S 和溶液浓度 C 之间的关系：

$$S = \frac{k_s C^\beta}{1 + \eta C^\beta} \tag{1-11-5}$$

式中：k_s、β 和 η——与浓度无关和温度有关的时间函数。

(2) 初始条件

水土初始条件为土壤水势边界：

$$h(x,z,t) = h_0(x,z) \tag{1-11-6}$$

溶质某种元素的初始条件在工业废渣路堤内为淋溶最大浓度值，由于溶质性质假定与浓度无关，在地基土层内取零。

$$c(x,z,0) = c_0(x,z) \tag{1-11-7}$$

(3) 边界条件

土壤上边界为大气边界：

$$\left|K\left(K_{ij}^A \frac{\partial h}{\partial x_j} + K_{iz}^A\right)n_i\right| \leq E \tag{1-11-8}$$

式中：E——当前大气条件下的最大降雨及蒸发速率。

溶质边界为 Cauchy 边界：

$$-\theta D_{ij}\frac{\partial c}{\partial x_j}n_i + q_i n_i c = q_i n_i c_0 \tag{1-11-9}$$

式中：D_{ij}——土壤矩阵中的有效弥散系数张量；

c——溶质浓度；

n_i——边界上流体流出的速度；

q_i——流体流出的密度；

c_0——指定边界条件上的溶质浓度。

第四节 工业废渣路堤设计

一、工业废渣路基设计原则和设计内容

1. 工业废渣路基设计原则

工业废渣用于路堤填筑时，必须符合国家现行环境保护的有关规定。严禁采用含有有害物质的工业废渣用作路堤填料，禁止危险废物混入一般工业废渣路堤，禁止Ⅱ类一般工业废渣混入Ⅰ类一般工业废渣路堤。

鉴于工业固体废物浸出物质可能对环境造成不利影响，而某些粗粒弃渣的崩解性、细粒弃渣颗粒迁移和管涌问题均会对路基稳定性和长期性能造成不利影响，要求工业固体废物路堤不应用于浸水地段以及洪水浸淹部位。

工业废渣用于路堤填筑时，应满足强度、刚度、稳定性以及压实性能要求。符合性能要求的高炉矿渣、钢渣、煤矸石等可用于路堤填筑；其他工业废渣用作路基填筑材料，应通过试验论证，并经相关主管部门批准，方可使用。

工业废渣路堤设计应根据路基所处的环境条件、工业废渣性质及填筑部位等，做好工业废渣路堤横断面形式、路堤结构、防排水系统和防护工程的综合设计，保证工业废渣路堤具有足够的强度和稳定性，防止工业废渣（浸出物）对地表水、地下水、土壤等造成污染；防止工业废渣（浸出物）对构筑物及路面结构层的侵蚀作用。

2. 工业废渣路基设计内容

工业废渣路基设计包括如下内容：

(1) 工业废渣路用性能评价；

(2) 工业废渣（浸出物）环境影响评价；

(3) 路基结构与断面形式设计；

(4) 路基支挡与防护设计；

(5) 路基排水、隔离（防渗）设计；

(6) 路基压实要求。

二、工业废渣路堤材料性能要求

1. 工业废渣性能评价试验要求

工业废渣路堤设计时，应开展下列试验评价工作：

(1) 进行化学成分和矿物成分分析试验，确定其化学成分、矿物成分、浸出液内有害物质含量、pH值、烧失量等，评价其对水体、土壤等的影响程度。工业废渣浸出毒性试验应符合现

行《固体废物浸出毒性测定方法》(GB/T 15555.1~12)的有关规定。

(2)进行钢渣压蒸粉化率和浸水膨胀率测定试验,评价钢渣安定性,其试验方法应符合现行《钢渣稳定性试验方法》(GB/T 24175)的有关规定。

(3)进行击实试验,确定最大干密度和最佳含水率。

(4)应通过试验,确定内摩擦角、黏聚力、压缩系数、膨胀系数、回弹模量和CBR值。

2.高炉矿渣、钢渣和煤矸石材料性能要求

高炉矿渣、钢渣应分解稳定,粒径符合规定要求,具有足够的强度。浸水膨胀率不应大于2.0%,压蒸粉化率不应大于5.0%,钢渣中金属铁含量不应大于2.0%,游离氧化钙含量应小于3.0%。应采用堆存1年以上的陈渣。

未经充分氧化与陈化、塑性指数大于10的煤矸石不宜直接用于填筑高速公路和一级公路路堤。性能较差的煤矸石应通过改良,并经试验论证后方可采用。

煤矸石中主要成分 SiO_2、Al_2O_3 和 Fe_2O_3 的总含量之和不应低于70%,烧失量不应大于20%,煤矸石中不宜含有杂质。

三、工业废渣路堤结构设计要求

1.一般工业废渣填筑路堤结构设计的基本要求

为防止工业废渣对环境产生不利影响,应采用封闭式路堤结构。工业废渣路堤由路堤主体部分(工业废渣)、护坡和封顶层(黏性土或其他材料)以及隔离层、排水系统等部分组成。

为防止工业废渣和渗滤液流失,应对路堤边坡进行有效的防护。边坡宜采取土质护坡保护措施。在适宜植物生长的地段,边坡表面防护层应有利于植被恢复。

在路堤内应设计渗滤液集排水设施;在土质护坡中设置排水渗沟,渗沟外围应设置反滤层。

为防止雨水径流进入路堤,避免废渣渗滤液量增加和路基湿度增大,应在路堤周边设置完善的地表排水系统。

工业废渣路堤以上的路床结构应采用土质材料填筑,也可与路面结构层相结合,采用无机结合料稳定土(路面底基层材料)作封顶层或者无机结合料改良土作为垫层。

当工业废渣路堤高度超过4m时,可在路堤中部设置土质夹层。

工业废渣路堤底部应高于地下水位或地表长期积水位0.5m以上,并设置隔离层;隔离层厚度不宜小于0.5m,隔离层填料可选用塑性指数不小于6、且满足强度要求的黏性土。

2.第Ⅱ类一般工业废渣填筑路堤结构设计的特别要求

当天然地基的渗透系数大于 1.0×10^{-7} cm/s 时,路基基底应采用天然或人工材料构筑基底防渗隔离层,防渗隔离层的厚度应相当于渗透系数小于 1.0×10^{-7} cm/s 和厚度1.5m的黏土层的防渗性能。

边坡隔离层应采用黏土,厚度不小于0.5m,压实度与一般路堤相同。

路基两侧应设计渗滤液处理设施,对渗滤液进行处理。

3.煤矸石路基结构设计的特殊要求

(1)路基横断面和边坡防护设计

煤矸石路基结构一般说来可以分为两种:全填式路基和分层式路基。

全填式路基全部采用煤矸石作为填筑材料,这种结构形式施工方法简单,便于工程实际操作。但是,由于煤矸石矿物成分很复杂,性质多变,因此存在不稳定性。尤其是对于未燃煤矸石填筑的路基来说,由于其中存在大量可燃烧物质,如果施工时压实度不符合要求,煤矸石填料与空气中的水分、氧气接触就会引起风化和崩解,影响路基的稳定性。因此,煤矸石路基大多采用煤矸石与普通土相间填筑及高强度分层压实方法。这种方法可以有效地避免由于煤矸石的不稳定而影响路基路面使用性能,但是,此种路基结构相对复杂,施工过程比较烦琐。在道路工程实际应用时,应根据煤矸石的物理力学性能、道路等级以及公路使用性能要求等因素,选择合适的断面形式。

①路基横断面和边坡防护设计一般要求。

性能相差较大的煤矸石应水平分层填筑。在煤矸石的填筑之前,需设置土质路拱,路拱一般采用抗渗性较好、承载力满足要求的细粒土或改良土铺筑,压实度需达到一般路堤压实度要求,路拱顶面设置2%向外的横坡。

包边煤矸石路基的边坡防护可采用植物防护或骨架植物防护的方式。不包边煤矸石路基进行生物防护时,宜培不少于0.2m厚有利于植物生长的细粒土。

对于未燃煤矸石和遇水崩解、强度低的软质煤矸石路堤还应符合下列要求。

②未燃煤矸石路基设计。

未燃煤矸石路基应进行封闭处理(图1-11-41):

a.每填筑2m厚的煤矸石应填筑0.25~0.30m的细粒土予以隔离;煤矸石路基顶面应进行封闭处理。

b.路基应进行包边防护,包边宽度不小于2m。路基底部0.5m厚的包边土应采用砂砾等粗粒料,以利排水,其余包边土宜采用细粒土。填筑时应先填筑一层包边土层再填筑煤矸石层,两者交叉进行。包边土的压实标准满足《公路路基设计规范》(JTG D30—2015)第3.3.4条的规定。

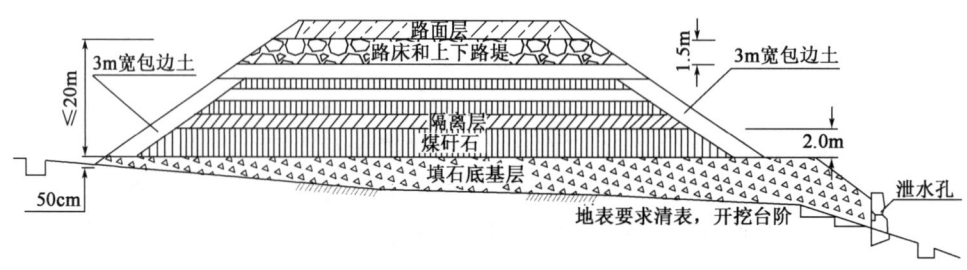

图1-11-41 煤矸石路基断面形式(黔大高速公路)

③遇水崩解、强度低的软质煤矸石路基设计。

遇水崩解、强度低的软质煤矸石不得直接用于高速公路、一级公路路基填筑。若确需应用,应结合具体工点论证可行后方可应用,且应满足如下条件,防止路基产生湿化变形:

a.基底可能浸水部分应采用硬质透水性材料填筑,且最薄厚度不小于0.5m;

b.路床采用承载力和刚度较高、稳定性较好的材料填筑;

c.路堤顶部设置防渗层;

d.路堤内部及边坡加筋;

e.路堤边坡采用包边封闭,包边防护要求同未燃煤矸石路基。

(2)路基排水设计

为防止路基中煤矸石崩解、软化,保证煤矸石路基的稳定,需加强煤矸石路基的排水设计。在土质路拱上煤矸石的底部,每隔10~15m设置一道横向排水盲沟。盲沟断面尺寸为0.4m×0.5m,采用土工布包裹,盲沟应穿透包边土层。

路基渗滤液排放应符合国家环境保护有关规定,避免对有需要保护的水源地、附近居民生活用水、工业生产用水、农业种植业、养殖业用水产生不利影响。

四、工业废渣路堤压实质量标准及检测方法

1. 工业废渣路堤压实质量标准

工业废渣路基的压实应符合《公路路基设计规范》(JTG D30—2015)第3.2.3条和第3.3.4条的规定。当颗粒组成符合填石路基(大于40mm粒径颗粒含量超过总质量70%)时,其压实质量控制标准可参照《公路路基设计规范》(JTG D30—2015)第3.8.3条要求,采用孔隙率与压实沉降差或施工参数联合控制。工业废渣路堤压实标准应在第3.2.3条、第3.3.4条和第3.8.3条要求的基础上通过试验确定。

工业废渣路堤在施工前应先铺筑试验段,以确定施工工艺与质量控制标准。

(1)钢铁渣路堤压实质量标准

如上所述,水淬高炉渣和缓冷高炉渣一般无膨胀现象;而钢渣中不稳定物质的完全消解需要经历漫长的过程,所以,高炉渣可按一般土质或石质填料压实标准施工,钢铁渣路堤压实质量标准需要特殊考虑。

《公路路基设计规范》(JTG D30—2015)第3.3.4条明确规定了一般路堤压实度的要求,同时也提示,路堤采用工业废渣等特殊填料时,在保证路基强度和回弹模量要求的前提下,通过试验论证,压实度标准可以减低1~2个百分点。具有一定级配、一定活性的钢渣集料在压实之后可自行硬化,板结为整体,其CBR和回弹模量远高于规范要求。所以,在钢渣路基设计中,可根据各类钢渣的强度和膨胀特性,选择合适压实度,以利于路基稳定。

(2)钢铁渣路堤压实质量控制要求

路堤的压实质量与碾压时含水率的控制有密切关系。由于钢渣保水性较差,其最佳含水率又随钢渣存放时间的不同而有所差异。钢渣施工含水率,可根据室内击实试验结果和当地气候条件、摊铺与压实工艺等因素,将施工含水率比最佳含水率提高1~2个百分点。

钢铁渣路堤压实质量控制应注意如下环节:

①混合钢渣最大粒径不宜大于60mm,混合高炉渣最大粒径不宜大于200mm,超粒径颗粒破碎后利用。

②每层虚铺厚度不应大于0.3m。

③压路机行驶速度不应超过1.5~2.0km/h。

④按进退错距法碾压,即压路机一进一退错开1/2后轮宽度;压完整个路基顶面一遍记为两遍,以此计算压实遍数。

(3)煤矸石路堤压实质量标准

压实度是煤矸石路基的重要参数,对煤矸石填筑路基的水稳定性、强度、后期沉降等都有直接影响,充分的压实可以有效地改善煤矸石路基的这些性能。另外,对于用未燃煤矸石填筑的路基,未充分氧化的煤矸石中的煤和空气发生化学反应,生成大量气体并放出热量,导致体

积膨胀,引起路基沉降、路面开裂等道路损坏。充分的压实可以有效地隔断水气通道,避免或者减少矸石氧化所带来的不利影响。所以,煤矸石路基对压实程度要求相对较高。单轴饱和抗压强度高于或等于5MPa的煤矸石按软质填石料的压实标准;单轴饱和抗压强度低于5MPa的煤矸石按土质路堤的压实标准。

(4)煤矸石路堤压实质量控制要求

与一般的碎石土不同,煤矸石在压密过程中随着软岩岩块的破碎,其级配条件不断得到改善,有效提高了其可压密程度;另一方面,软岩岩块的破碎也可以减小乃至消除由软岩风化崩解或浸水软化对煤矸石路基稳定性产生的潜在影响,所以煤矸石路基的压实效果很大程度上取决于碾压过程对软岩岩块的破碎程度。为此,实际道路施工中,煤矸石路基压实需要采用高强度分层压密方法,这种方法的重要环节是确定合适的压实机具和分层厚度,除要求选用较高吨位的振动压路机之外,分层厚度应严格控制。

2. 工业废渣路堤压实检测方法

(1)钢铁渣路堤压实质量检测方法

为保证路堤压实质量,又便于施工压实检测,钢铁渣路堤压实质量标准可采用密实度(或者孔隙率)作为控制指标,施工压实质量采用密实度(或者孔隙率)与压实沉降差或施工参数联合控制。实际工程施工时,通过试验路确定压实沉降差控制标准,并同时检测密实度(或者孔隙率)指标对其进行对照和验证。

施工中采用观测"沉降标"沉降量的方法,来判断钢渣的压实程度(图1-11-42)。在碾压过程中,利用水准仪观察"钢板桩"的沉降量,采集沉降量数据。当"沉降标"最后3次碾压沉降总和不超过5mm时,可判定路基处于密实状态。

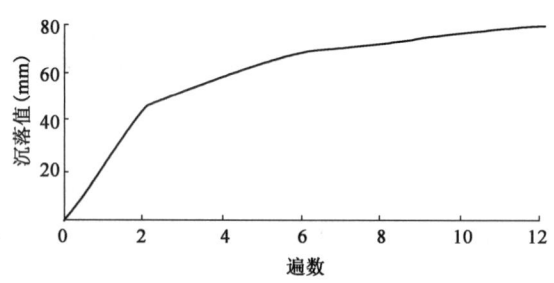

图1-11-42 碾压遍数与高炉渣压实沉落值之间的关系

施工中也可以以轮迹法作为压实度的初评方法,或者以弯沉法作为检测的辅助手段。

(2)煤矸石压实检测方法

煤矸石碾压过程中部分煤矸石发生破碎,所以,压实后的煤矸石基本接近于土石混合状态,可以采用灌砂法(或灌水法)测定煤矸石路基的密实度。

压实度超百是煤矸石填筑的一个非常普遍的现象。压实度超百的原因如下:

①击实试验取样与路基施工填料取样存在差异。填料中粒径大于40mm的煤矸石石块含量过多,而击实试验采用粒径40mm以内的煤矸石,最大干密度相对偏低,击实试验的击实标准没有体现实际填料的击实标准,按此击实标准计算压实度肯定有超百现象。

②由于击实过程中将部分大颗粒煤矸石击碎,故击实后比击实前,粒径5～40mm颗粒含量变少,试验最大干密度相对偏低。

对于第一种情况,经过超尺寸颗粒的校正后,灌砂法检测压实度可以作为煤矸石路基压实度检测的方法。对于第二种情况,颗粒校正后还有可能出现超百现象,但其影响不大,可采用校正后的最大干密度通过灌砂法进行煤矸石成型路基压实度的检测。

对于大面积施工,灌砂法(或灌水法)存在采样困难、费时费力、数据离散性大、代表性差等缺点,可以采用碾压沉降差法、表面波波速法、压实计法,先通过试验段确定施工控制参数与压实度的相关关系及控制标准,然后在相同施工路段采用碾压沉降差法、表面波波速法、压实计法检验和控制压实质量。

根据已有研究成果,93区煤矸石最大压沉值宜≤5mm,94区煤矸石最大压沉值宜≤3mm。

另外,还可以采用落锤式弯沉仪法测定路基的回弹弯沉来评价煤矸石路基的整体质量。按相关规范对选定路段进行弯沉测试,然后与规范要求值进行对比,如果小于规范要求值,则说明该路段路基整体承载力达到要求。

第十二章 路基取土与弃土

第一节 概 述

随着我国公路建设规模的飞速发展,国民经济均衡发展以及解决经济欠发达地区的交通"瓶颈"问题的迫切需要,山区公路逐渐成为我国公路建设的重点和主战场。我国有 2/3 国土地处山区或丘陵地区,公路建设特别是山区或丘陵地区高速公路建设,受山区气候、地质地貌类型以及生态环境条件的限制,不可避免地会产生一定的弃土、弃渣,需设置一定数量的弃渣场。但是,如果弃渣场选址不好,复垦方式(处置方式)不当,将加重对地表植被的破坏,造成严重的水土流失,影响公路沿线的景观环境,增大环境治理费用。

2016 年交通运输部《关于实施绿色公路建设的指导意见》中提出组织开展五个专项行动,其中第一项行动就是着力实现"零弃方、少借方"。明确指出公路工程路基填挖方是直接影响土地占用及环境保护的关键因素。实行"零弃方"要求,核心思想是要变废为宝,将传统做法中的弃土加以保存和利用,合理控制路基填挖,统筹土方调配,有效减少取、弃土场设置,进一步节约土地资源,保护沿线植被与自然环境,实现公路与环境景观协调。

路基取土、弃土设计应遵循以下原则:

(1)取、弃土场的位置应尽量选择在行车视线范围以外的荒地或小山包,并采取必要的防护、地基处理(弃土场)及排水措施,其表面必须进行绿化和美化处理,以加强环境保护、防止水土流失。

(2)弃土场地表耕植土不得随意填埋,应集中收集堆放在指定地点,以备后期地表回填、恢复植被和复耕。

(3)对可作为路基防护工程、排水工程利用的路基挖方石料应充分利用,以降低废方数量、节省工程造价。

(4)路基的弃、借方应结合农田水利建设和自然环境等因素综合设计。借方宜选择贫瘠地段集中取土,并注意保护当地的植被及水土资源;弃方宜减少植被毁坏、农田侵占,并不得阻塞河道沟渠。

(5)宜结合交通运营管理场地、养护等需要及全线土石方平衡情况,进行取、弃土场的综合设计,合理利用场地。

(6)应将取土场、弃土场和工地整理结合起来,充分考虑取土场、弃渣场、施工场地、拌和场、储料场等临时用地的复耕工作,做好复耕利用方案设计。

第二节 路基取土

一、取土场选址原则

取土场的选址应遵循经济合理、景观协调、公众参与的原则。既要考虑运距上经济,又要考虑环境保护的要求;取土场设置尽量避开车辆正常行使的可视范围之内,水土保持措施要与周边环境相协调。而且取土场的选址、取土深度、恢复用途等是涉及群众利益的措施项目,既要符合环保水保的要求,又要充分听取当地群众的意见。

由于取土场对路基和桥涵构造物的安全稳定将产生影响,一般情况下,取土场应远离路基。当受地形限制,需紧邻路基时,应通过稳定性计算来确定取土场的位置,并控制取土场深度,防止因取土形成临空面,诱发路基失稳。因此,取土场的选址还应满足下列要求:

(1)合理考虑取土场与路基之间的距离,避免取土影响路基边坡稳定。
(2)桥头引道两侧不宜设置取土场。
(3)兼排水作用的取土场,应保证排水系统通畅,其深度不宜超过该地区地下水水位,并应与桥涵进口高程相衔接;其纵坡不应小于0.2%,平坦地段亦不应小于0.1%。

二、取土场工程地质勘察、设计要求

路基取土,首先应在支援农业的前提下,结合具体情况选择适当的方式,如浅挖宽取、坡地取平及设置取土场等。其次,取土场的设置要根据路堤外取土的需要数量、路基排水的要求和当地农田基本建设的规划,结合施工的方法、附近地形、土质及水文情况确定。另外,取土场应有正确的形式。取土场的布置应考虑使坑内的水能排向附近河沟或路基外,土方运输经济合理,以及将来路基加宽和放缓边坡的可能性。

取土场的勘察设计要求规定如下:

(1)在原地面横坡不大于1:10的平坦地区,可在路基两侧设置取土场。在横坡较大地区,取土场最好设在地势较高的一侧,可兼作排水之用,但坑底高程应不低于其桥涵进口的高程,以使水流排泄,如农业需要利用取土坑作蓄水塘时,应不影响路基的稳定。

(2)取土场的深度,视填土数量、施工方法及保证排水而定。在平原区深挖窄取,其深度建议不大于1.0m。如取土数量很大,按地质与水文情况可将取土场适当加深,以免过分增加宽度而多占土地。取土场内缘至路堤边坡脚应留一定宽度的护坡道,其外缘至用地边界的距离应不小于0.5m且不大于1.0 m。

(3)取土场的纵横坡:取土场底面应保持平顺的纵坡,一般应不小于0.2%,以利排水。其横坡一般应做成向外倾斜2%~3%的单向横坡。当取土场宽度大于6m时,可做成向中间倾斜的双向横坡。

(4)取土场的边坡:一般内侧边坡为1:1.5,外侧边坡不得陡于1:1。

(5)在洪水淹没地段的路堤(如河滩路堤或引道)的两旁,一般不准设置取土场,特殊情况只准许在下游设置。取土场上缘与路堤坡脚间应留有宽度不小于4.0m的护道。在洪水期沿路堤可能有纵向水流时,除设置护坡道外,在取土场中每隔50~70m留一土埂,以便防护路堤。土埂顶宽3.0m,长度比取土场宽度小1~2m,使在外侧形成缺口,便于排水。

(6)平原区路基一般以填方为主,勘察设计除符合以上要求外,还应考虑安全、土质、地下

水位、计划比例、土地利用、环保绿化等方面的因素。

①取土场勘察设计应充分考虑人员、附近建筑物及路基安全。

a. 人员安全。平原取土场一般取土深度较深，边坡开挖较陡，一旦有人失足坠入难以爬上来，容易导致溺亡，因此在平原地区取土场勘察中，应加强地下水位高程的调查，在取土场边坡上增设平台，平台设置在常水位下 0.5m 左右比较合适；同时，设计中增加设置简易栅栏及告示牌，醒目示意取土场的存在并告知危险。

b. 建筑物安全。平原区取土场的开挖必然会对周边地下水及地基条件产生细微影响，因此一般大型取土场不宜距离民用建筑物太近，尽量远离村庄，既保证建筑物的结构安全，同时，也避免人员频繁出没带来的人身安全。

c. 路基安全。路侧取方式在平原区十分普遍，特别是国省道公路往往都是路侧挖沟取土，即形成排水沟渠，沟通地方水系，同时也提供路基填料，且施工十分便捷。但也存在一些问题，特别是在改扩建项目中，路侧取土挖沟太近，导致加宽路基需要再次取土填沟，且沟中长期积水，土质较差，需要地基处理带来造价增加。另外，部分老路边坡，由于路侧取土形成临空面，在雨水冲刷的作用下，局部容易出现边坡坍塌的现象，影响路基安全。因此，取土场离路基坡脚的距离在设计时要充分考虑好，结合道路远期的规划情况，以及沿线地质地形条件，合理预留规划宽度，满足路基边坡稳定的要求，确保远期路堤边坡稳定。

②取土场勘察期间，要加强对取土场范围内土质的调查。

平原区土地资源宝贵，不适宜的土质会给工程带来浪费。因此，一般以精钢螺纹钻为基础，根据路线地质概况，先根据经验判别土质，再有针对性地展开机钻或挖钻，获取具体的填料试验报告，掌握地质变化情况，减少施工期间因土质变化带来的问题。

③取土场勘察期间，要加强对取土场范围内地下水的调查。平原地区地下水位较浅处的取土场取土时一般需要配合抽水进行，以控制取土范围内的地下水位处于一个较低的状态。对于规模较大的取土场，可参照地方窑厂取土的方式，交替取土，在大型取土场中间留一道土埂，一侧取土，同时抽水到另一侧取土场，两边来回调换加深取土深度。

④平原区取土场计划取土量按 1.4 倍的取土比例控制取土面积，可确保满足施工的实际需求，较大限度的节约土地。

⑤施工取土应不占或少占良田，尽量利用荒坡、荒地，取土深度应结合地下水等因素考虑，利于复耕。但平原区往往没有合适的荒地用作取土场，常常需要占用耕地取土，那么充分考虑土地利用率，尽量避免对取土场周边的土地造成利用障碍或不便，是必须要着重考虑的。

首先，取土场周边不能产生边角地、窄条地、孤岛地等不便耕作的地形；其次，外业调查期间，要充分了解当地农业生产的习惯，设计取土场时，少占村庄附近的、主生产路附近的这类便于耕作的田地，尽量选择村界附近的偏远地。最后，要控制取土场的面积，若太小则取土面积损失太大，若太大则地方工作难协调、征地困难，因此要找好平衡点。

⑥平原地区取土场设计应注重环保绿化要求。

平原地区，一般地势平坦、地形开阔，路侧景观是一望无际的绿色麦地。然而平原区取土场复耕的可能性极小，一般都是形成水塘，取土场的设置无疑将影响公路两侧的自然景观，并且取土施工结束后会留下水土流失的隐患。特别是皖北平原地区，粉性土质很普遍，边坡开挖后自稳性差，极易产生冲刷破坏，水土保持能力十分有限。因此，取土场的生态恢复设计中，要注重边坡绿化及边坡外侧种植树木、灌木进行绿化防护，利用植物根系固土，同时在沟边利用树木遮蔽,也可以提高路侧景观效果,实现环保与景观的有效结合。

(7)经过生态脆弱地区,取土场工程设计中要充分体现"预防为主,保护优先"原则。工程取弃土场应避开湿地,以保护其特殊生态功能。将取土场表层的熟土在取土前推置一旁集中堆放,待取土完毕后覆盖平铺,采取有效的、可行的植被恢复方案,严禁挖取其他地方的草皮用于路基工程防护。

三、大型取土场高边坡稳定性分析评价

当在山区公路发生大量取土形成高边坡时,应进行大型取土场高边坡稳定性分析评价。分析评价方法参见第八章第四节内容进行深路堑边坡稳定性分析。

四、防护与水土保持工程设计要求

(1)路线两侧的取土场,应按设计规定的位置设置。取土深度可根据用土量和取土场面积确定。取土场应有规则的形状,坑底应设置纵、横向坡度和完整的排水系统。取土时不得使作业面积水。

(2)取土场原地面的草皮、腐殖土或其他不宜用作填料的土均应废弃、处理。如系耕地种植土,宜先挖出堆置一边备用。

(3)当设计未规定取土场位置或规定的取土场的储土量不能满足要求须另寻土源时,应按照下列规定办理:

①线外设置集中取土场取土时,其土质应符合填筑路基的技术要求,同时考虑土方运输经济合理和利用沿线荒山、高地取土的可能性,力求少占农田和改地造田。

②沿线两侧或单侧设置取土场时,应全线统一规划,合理布局。当地面横坡陡于1:10时,路测取土场应设在路基上侧。

在桥头两侧不宜设置取土场。特殊情况下,可在下游一侧设置,但应留有宽度不小于4.0m的护坡道。

河滩上取土场的位置应与调治构造物的位置相适应,取土场排出的水,不得影响调治构造物的稳定。

③取土场的边坡,内侧宜为1:1.5,外侧不宜小于1:1。

沿线取土场的坑底纵坡不宜小于0.2%,沿河地段的坑底纵坡可减小至0.1%。坑底除特别规定外,宜高出附近水域的常年水位或附近桥涵进水口处高程,并与路基排水系统相衔接。

取土场坑底横坡可做成向路线外侧倾斜的单向坡,坡度为2%~3%,当取土场坑底宽度大于6m时,可做成向中间倾斜的双向横坡,并在中部设置底宽0.4m的纵向排水沟。当坑底纵坡大于0.5%时,可以不设排水沟。

④护坡道应严格按设计规定施工,设计无规定时,路基边缘与取土场底的高差大于2m时,对于一般公路,应设置1~2m的护坡道;对于高速公路、一级公路,应设置宽度不小于3m的护坡道。护坡道应平整密实,并做成1%~2%向外倾斜的横坡。

第三节 路基弃土

一、弃土场选址原则

弃土场的选址应遵循以下原则:

(1)弃渣场选址应贯彻安全性、环保性、经济性和合法性原则,宜集中弃渣,弃渣场容量应满足弃土方量的要求。

弃土场选址从经济性原则其目的是节省建设资金。主要从工程方面考虑,包括:①土石方平衡情况和弃渣场容量。②大型构造物的隔断。如大型桥梁、隧道的隔断,大型构造物两侧若无连接道路,土石方纵向调运则不通过大型桥梁、隧道。③土石方的运距。土石方调运时应考虑经济合理的运距太大则成本太高。

(2)隧道开挖,路基开挖等所产生的弃渣应尽量用于路基填筑或地方建设工地用土,公路弃渣运至地方建设工地利用,不仅可以实现双方经济上的互惠,而且可以减少公路工程占地,减少对植被的破坏和水土流失。

(3)在崩塌滑坡危险区,泥石流易发区不应设置弃渣场。在崩塌滑坡危险区和泥石流易发区设置弃渣场可能诱发崩塌滑坡和促进泥石流形成。

(4)应避免在县级以上人民政府划定的自然保护区,风景名胜区,森林公园,文物保护单位,饮用水源保护区,地质遗迹保护区及基本农田保护区设置弃渣场。实在无法避免时,应按《中华人民共和国自然保护区条例》《关于涉及自然保护区的开发建设项目环境管理工作有关问题的通知》《风景名胜区条例》《森林公园管理办法》《饮用水水源保护区污染防治管理规定》《基本农田保护条例》《中华人民共和国文物保护法》等相关法律法规及规章的要求进行处理。

(5)弃渣场不应危害公路铁路路基,桥梁,隧道,工业与民用建筑,水利工程设施,通讯电力设施,管道设施和居民房屋等的安全。弃渣场如果设置不好可能危害各类建筑的安全,造成建筑倒塌或被掩埋。

(6)软土区域不宜设置弃渣场,若必须设置弃渣场,则应对软土进行处理,确保弃渣场稳定。软土区域设置弃渣场,可能导致软土层滑动。同时,软土遇雨或干旱缺水可导致软土层膨胀或收缩,导致弃渣场不稳定。

(7)弃渣场宜不占或少占林地,耕地或园地。我国人口众多,人均林地,耕地或园地相对较少,而这3种土地类型具有较好的经济,社会或生态效益,十分宝贵。

(8)弃渣场宜远离江河,湖泊和水库管理范围。环应在江河,湖泊和水库管理范围内设置弃渣场,该条目的是减少泥沙进入水体,避免河流,湖泊和水库被泥沙淤积。

(9)弃渣场设置应考虑对景观的影响。当通过植物措施或工程措施无法使公路取,弃渣场与沿线景观协调时,宜另外选址。

(10)不宜在上游汇水面积过大的沟、谷设置弃渣场。

主要考虑的是上游来水量对弃渣场挡渣,排水措施工程数量多少的影响和水土流失的影响:在上游汇水面积过大的沟、谷,上游来水量太大,设置弃渣场挡渣措施和排水措施工程数量大,且易造成弃渣场严重的水土流失。由于上游来水量(设计流量)是由降雨、弃渣场坡度的陡缓和汇水面积大小等因素决定的,因此,本条不宜给出上游汇水面积过大的面积具体限值。

(11)弃渣场宜设在凹地或沟、谷的顶部,也可设置在坡地、平地上,不宜设置在沟、谷的中下部。

通过弃渣场的调研及分析可知:凹地作为弃渣场不仅可以最大限度地减少料场挡渣墙工程数量和弃渣引起的水土流失且可以减少占地;当在沟、谷的顶部弃料时,可以减少挡渣墙工程数量,占地和水土流失;在沟、谷的中下部弃料时,相对平地而言其可以减少占地,但是可能影响行洪,挡渣墙需考虑洪水水压力的影响,工程数量大,而且一般水土流失比在沟、谷顶部要大;坡地、平地设置弃渣场可以通过挡渣措施减少水土流失,但挡渣工程数量一般较大。

二、弃土场工程地质勘察、设计要求

路基挖方应尽量考虑移挖作填或利用弃土适当加宽路基,以减少废方。为防止废方堆置不当而影响路堑边坡的稳定,或因弃土不当造成水土流失,淤塞排灌沟渠、压盖农田及其他不良后果,在设计时必妥善考虑弃土场的设置,有条件时尽量争取利用废土造田,扩大耕地面积以支援农业。设置弃土场勘察设计要求和规定如下:

(1)弃土场应少占耕地,除设计图规定位置外,通常可设在就近低地或路堑的下坡一侧。深路堑或地面横坡缓于1:5时,可设在路堑两侧。设在低洼处的弃土场在不影响排水的情况下,应将弃土摊平以利于改地造田。

(2)弃土场形状应规则,并进行适当碾压。弃土场边坡不应陡于1:1.5,顶部向路基外倾斜横坡应不小于2%,高度不宜超过3.0m。并注意以下事项:

①在经济条件和时间条件允许的情况下,可对边坡进行分层压实,设计成多层台阶状,将多方土石分别归置,减少或者避免高边坡的存在。

②取土场和弃土场应采取必要的排水、防护支挡和绿化等工程措施,保证边坡稳定,避免水土流失。

③取土场、弃土场设计应根据地形地质条件,进行边坡稳定性计算,并采取必要的排水、防护支挡和绿化等工程措施,保证边坡稳定,避免水土流失,诱发次生地质灾害。

④若由于弃土场区域面积和弃土规模的限制,弃土边坡的高度不能控制时,可以通过设置拦渣堤、挡渣墙、干砌石护脚等措施对弃土场边坡进行防护。

(3)路堑旁的弃土场,其内侧坡脚与路堑坡顶之间的距离,干燥坚硬土应不小于3.0m,潮湿软弱土应不小于路堑深度H加5.0m。

(4)在土坡一侧的弃土场,应连续而不中断,并在弃土场外侧设置截水沟。在下坡一侧的弃土场,应每隔50~100m设置不大于1m宽的缺口,以利排水。

为了排除路堑坡顶与弃土场边坡中间地带的地面水,可在路堑坡顶1.0m以外设置三角形土台,土台与弃土场之间设有深度与底宽均为0.3m的排水沟,沟的纵坡不小于0.5%。沟内的水由弃土场的顶留缺口排出。土台高度不大于0.6m,顶面向排水沟倾斜的横坡不小于2%。

山坡陡于1:5的石质路堑,可不设三角形土台和水沟。

(5)沿河路线有条件时可将弃方筑坝以保护沿河村舍及农田的安全。但不得影响路基稳定及斜坡稳定,不得阻塞河流,挤压桥孔或冲刷河岸。

沿河弃土时,应防止加剧下游路基与河岸的冲刷,避免弃土侵占河道,并视需要设置防护支挡工程。

弃土场对路基和桥涵构造物的安全稳定将产生影响,一般情况下,弃土场应远离路基和桥涵构造物,防止因弃土堆失稳,诱发滑坡,危害路基与桥涵构造物安全稳定和公路运营安全。设置时应注意下列问题:

①一般情况下,弃土场应设置在路基的下方沟谷地带,尽量避免设置在路基上方的沟谷地带。受地形限制,需设置在路基上方的沟谷地带时,应进行场地稳定性计算,评价对路基安全

的影响程度,并加强弃土场排水、防护与支挡设计,保证弃土堆稳定。

②受地形限制,弃土场需与路基形成整体性断面设置时,应按照路基要求进行设计和施工,弃土堆的高度不宜超过1/2路堤高度,并按照路基相同的压实度标准进行压实,防止弃土场的沉降变形而引起路基的变形破坏。

③弃土场不应设置在桥梁下的场地上,防止弃土堆沉降变形乃至失稳而引起桥梁墩台基础的变形,危害桥梁安全。有的工程,施工方未按设计图施工,擅自在桥下弃土,在外部环境(降雨、雨季洪水冲刷等)影响下,导致弃土堆失稳,引起桥梁墩柱变形开裂,教训深刻。

④一般情况下,应避免沿河设置弃土场。不得已时,应评估设置弃土堆、减少泄洪断面后,对河流防洪的影响,并应取得水利部门的同意。

(6)在多雨地区或存在季节性强降雨的地区可通过设置排水洞以及水平排水孔的方式疏导边坡体的体内和边缘附近的地下水,降低水压力对边坡的影响,提高边坡稳定性。因为在一定强度的长期连续降雨或者持续一定时间的强降雨下,碎石土边坡极容易发生失稳。

(7)在积雪、积砂的地区,弃土场的布置应有利于防止雪、砂的沉积,一般设在迎风一侧。

三、大型弃土场高边坡稳定性分析评价

1. 弃土场边坡稳定性敏感因素分析

边坡稳定性的影响因素很多,其主要影响因素可以概括为以下几个方面:

①地形地貌条件影响。边坡的地形地貌是影响其自身稳定性的一个极为重要的因素,目前对于边坡地形地貌的研究主要包括边坡的坡率、坡高、坡面形态等。

②地质特征的影响。影响边坡稳定性的岩土体地质特征主要包括组成边坡岩土体的岩性、结构面的特征及其组合情况、软弱夹层的性质等。在地质特征中,对边坡稳定性影响较大的是岩土体本身的岩性特征,对于结构面较发育的边坡,结构面的性质也是较为重要的方面。

③地下水的影响。在造成边坡失稳的外因中,地下水是造成边坡失稳的一个较为重要的外因。地下水的存在不仅可以改变岩土体的物理力学性质,同时由于水动力作用,会加大边坡的下滑力,从而降低边坡稳定性,另外地下水所带来的孔隙水压力也会对边坡稳定性造成较大影响。

④气候条件影响。气候条件对边坡稳定性的影响以暴雨影响为主要方面。

⑤地震影响。近年来,地震造成的滑坡事故越来越多,因此也引起了人们的高度重视。

⑥人类活动的影响。人类活动对于边坡稳定性的影响主要体现在人工开挖上,人工开挖对于边坡稳定性的影响与自然营力的改造作用类似,但其改造作用比自然改造要快很多。

2. 大型弃土场高边坡稳定性分析方法

弃土场边坡稳定性分析方法可按定量分析与定性分析相结合的方法。大型弃土场高边坡稳定性分析参照第六章第四节高边坡路基稳定性分析方法进行。

四、防护与支挡、水土保持工程设计

1. 弃土场稳定性防护与支挡工程措施

针对不同的岩质山区公路弃土场类型及其破坏模式应相对采用不同的治理措施。

(1)消除或减轻水对山区公路弃土场的危害的整治措施主要有:阻排地表水的环形截水沟、树枝状排水系统、支撑盲沟、截水暗沟、渗沟、灌浆阻水、挡水墙或砌石护坡、导水墙和丁

坝等。

（2）改善山区公路弃土场的力学平衡条件的整治措施主要有：削坡减载、减重反压、设置抗滑挡墙（重力式挡土墙、锚索挡墙、土钉墙、薄壁式挡墙、桩板墙、连拱空箱式挡墙、锚定板挡土墙）、抗滑桩、锚固或预应力锚固、抗滑键等。

（3）增强软弱结构面滑带土的物理力学性质和水理化学性质的整治措施主要有：化学灌浆法、石灰加固法、焙烧法、电渗排水和电灌、爆破灌浆法、黏土胶结法、冷热沥青胶结法等。

2. 弃土场水土保持设计技术

在山区公路弃土场水土保持技术方面，主要涉及坡面防护工程与排水工程。其中，坡面防护工程防止土壤因重力作用而发生滑坡、泄溜以及崩塌等重力侵蚀，常见的形式有浆砌石框架或混凝土框架；排水工程主要拦截弃土场周边来水，并将场区内的地表径流排出弃土场以外，避免雨水对弃土场渣体及土壤的冲刷而引起流失，常见的形式有截水沟、排水沟、急流槽、跌水等。

3. 弃土场复垦设计技术

公路工程弃土场复垦方式包括恢复植被、复耕和建设用地等。其中，恢复植被包括种植乔、灌或草，以及种植果树等。建设用地则包括用作服务区、停车区和拆迁安置场地等，弃渣场应优先复垦为农业用地。

1）弃土场复垦为农业用地

（1）复垦工艺构成

弃土场复垦土地用于农、林、牧业时，其复垦工艺一般由两部分构成，即复垦工程和恢复生态两个阶段。但由于复垦后用途不同，有的也只有复垦工程一个阶段。

（2）复垦要求和标准

①弃土场复垦方式的选择应与当地地形、地貌及环境相协调。

②弃土场边坡和拦挡措施稳定性可靠。

③用作复垦场的覆盖材料，不应含有毒有害成分。如复垦场地含有毒有害成分时，应先处置去除，视其废弃物性质、场地条件，必要时设置隔离层后再行覆盖。充分利用从废弃地收集的表土作为顶部覆盖层。

④覆盖后的复垦场地规范、平整，覆盖层重度等满足复垦利用要求。

⑤复垦场地有满足要求的排水设施，防洪标准符合当地要求。复垦场地有满足要求的道路设施。

⑥合理安排土石排弃次序，尽量将含不良成分的土石堆放在底部，品质适宜的土层包括易风化性岩层可安排在上部，富含养分的土层宜安排在排土场顶部或表层。

⑦弃土场应进行分级弃渣，梯级台阶高度宜控制在 6~8m 范围内，弃渣边坡坡角应控制在 35°以下，顶面和平台的坡度应根据弃土场的生态恢复方式合理确定。弃土场顶面和平台复垦为旱地时，地面坡度一般不超过 5°；复垦为水田时，一般不超过 2°~3°；复垦为林草地时，一般不超过 5°。

⑧边坡缓坡在 35°以下可以用于一般林木种植，15°~20°坡度可用于果园（含桑）和其他经济林种植。

⑨经过整治的弃土场平地和边坡应覆盖土层，充分利用工程施工前收集的表土覆盖于表

层。弃土场用作农业时,覆土厚度自然沉实土壤应在 0.6m 以上;用作林业栽植灌木时,覆土厚度应在 0.45m 以上;栽植乔木时,覆土厚度应在 0.9m 以上;栽植草本植物时,覆土厚度应在 0.3m 以上。用作林业用地,苗木采取坑栽时,坑内放入客土或人工土。

(3)复垦预防控制措施

①表土剥离和存放。工程开工前,对公路永久占地区可剥离的表土层进行剥离,并集中堆存,为后期弃土场的土地复垦提供土源保障。弃土场表面如有可利用的耕植土,应加以剥离利用。剥离的表土应尽量堆放成低面宽的土堆,在受场地空间限制的条件下,堆放高度可达 5～6m,边坡坡度宜缓于 1∶1.5,表土剥离后应简单种植草本植物,如撒播草籽。

②排水与防护工程措施。弃土应先挡后弃,弃渣堆积过程中采取分层碾压,压实度应大于 90% 以上。弃土场应建设拦挡和排水措施,弃土场近坡脚处应设沉淀池。

③土地整治工程措施。弃土后应进行土地平整和表土覆盖。

a. 土地平整。弃土场弃渣完成后可能出现凹坑、凸起现象,且出露物多为砾石、碎石、岩块石等。应对大块石、岩块进行拣拾,进行土地平整,以满足土地复垦的初步条件,平整后的弃土场坡度应达到复垦方式的要求。

b. 表土覆盖。弃土场场地平整完成后,应覆盖表土,覆土厚度应满足复垦方向对覆土厚度的要求。

④植物措施。若弃土场复垦方式为恢复植被,则土地整治后应及时采取植被恢复措施,若弃土场边坡宜采取灌草混植方式,则平台和顶面应采取乔、灌和草混植方式,应尽量选择乡土植物和抗逆性能好的植物品种。

2)弃土场复垦为建设用地

弃土场复垦为建筑用地时,复垦方式(方向)包括服务区、停车区和拆迁安置场地等,在做好防护排水措施的同时还需注意以下问题:

①场地需分层压实,经测试,场地满足稳定性要求后,方可用于建筑。

②经试验及计算确定的场地地基承载力、变形指标和稳定性指标满足设计要求时,可用作建筑的持力层。不能满足要求时,应依据岩土性能、场地条件等提出地基处理方法,采用分层压实或其他方法处理。

③边坡坡度的允许值应根据当地经验参照同类土(岩)体的稳定坡度值确定,一般坡度值不超过 35%。

PART2 | 第二篇
路基防排水设计

第一章 概 述

第一节 路基排水系统设计

一、排水设计的目的

路基排水设计的目的是通过设置相应的排水设施,采取拦截、隔断疏干等措施,把影响路基强度和稳定性的地表水和地下水排放到路基范围以外合适的地点,确保路基处于干燥、坚实和稳定状态。

水是影响路基工程质量的主要因素,也是引起路基病害的主要因素之一。根据影响路基路面的水源不同,排水工程分为地表排水和地下排水。

地表水包括大气降水(雨和雪)形成的地表径流及海、河、湖、水渠及水库水等。地表水对路基的主要危害是冲刷和渗透,冲刷会导致路基整体稳定性下降,渗透会导致路基土含水率增大而强度降低。因此,地表排水的主要目的是排出路基范围内的地表径流、地表积水、边坡雨水及公路邻近地带影响路基稳定的地表水。

地下水包括上层滞水、层间水及潜水等,它们对路基的危害程度因条件不同而异,轻者使路基湿软,降低路基强度;重者会引起冻胀、翻浆或边坡坍塌,甚至整个路基沿倾斜基底滑动。因此,地下排水的主要目的是截断或排出流向路基的地下水,以及降低影响路基稳定的地下水位。

二、排水设计的基本原则与要求

1.路基排水设计的基本原则

(1)路基排水设计应防、排、疏结合,并与路面排水、路基防护、地基处理及特殊路基地区的其他处治措施相协调,形成完善的排水系统。

(2)低填、浅挖路基以及排水困难地段,应采取防、排、截相结合的综合措施,及时拦截有可能进入路界的地表水,排除路基内自由水,隔离地下水,保证路基处于干燥或中湿状态。

(3)排水设计应注重环境效益,防止水土流失和水源污染。充分利用有利地形和自然水系,排水沟渠宜短不宜长,做到及时疏散,就近引流;各种路基排水沟渠的设置和连接应尽量不占或少占良田,并与当地农田水利建设及环境相协调;临时排水设施尽可能与永久排水设施相结合。

(4)沿河路基防排水设计应根据河流水文特性、设计洪水位、流量以及河道地形地质条件,合理布设排水设施,做好排水设施出口处理,并与河道导流设施和调治构造物相协调,防止水流冲刷路基边坡及河岸。

(5)路基排水设施的设计应满足使用排水功能要求,结构安全可靠耐久,并兼顾路侧安全与环保,便于施工、检查和养护维修。

2. 路基排水设计的一般要求

(1)路基排水设计前必须进行调查研究,充分注意小流域气候水文条件,查明水源与地质条件,重点路段要进行排水系统的全面规划;排水系统的规划和设计要做到因地制宜、全面规划、因势利导、综合治理、讲究时效、注意经济。

(2)公路路基防排水设计要遵循总体规划、合理布局、防排疏结合的原则,根据公路等级、沿线地形、地质、水文、气象等条件以及桥涵和隧道设置情况,设置完善、通畅的防排水系统,并做好路基防排水与地基处理、路基防护等综合设计,并与路面、桥梁、涵洞、隧道等防排水系统相协调配合,使水迅速排出路基范围,保证路床处于干燥、中湿状态。

(3)路基排水设计在满足排水功能的前提下,应做到节约用地,少占良田,所选择的排水设施的形式与断面尺寸应与沿线自然环境、景观协调适应,营造公路与自然和谐环境。

(4)低填、浅挖路基可采取开挖换填级配优良的粗颗粒填料、降低地下水位、设置隔离层等措施,使路基处于干燥或中湿状态。对于排水困难和地质不良地段,应与路基防护加固相配合,进行特殊设计。

按《公路路基设计规范》(JTG D30—2015)规定,低填、浅挖路基是当路基填土高度小于路面和路床总厚度时,应将地基表层土进行超挖、分层回填压实,其处理深度不应小于重型汽车荷载作用的工作区深度。低填、浅挖路基的主要问题为承载力不足,地下水位较高,路基极易受到上升毛细水的影响。因此,要求低填浅挖路基在路床范围内,开挖换填级配良好、易于压实、强度较高的粗颗粒填料,并采取降低地下水位、设置隔离层等措施,防止毛细水浸泡路基或路面结构,避免冻胀、翻浆、路基路面失稳等问题,保持路床干燥,确保路基、路面的整体稳定性。

(5)重点路段的主要排水设施,以及土质松软地段和陡坡地段的排水沟渠的结构形式应与地形及地基条件相匹配,注意必要的防护和加固。

(6)路基排水系统应自成体系。路界地表水不宜流入桥面、隧道及其排水系统,也不应直接使水流入农田损害农业生产,不应利用路基排水设施作为灌溉渠道;排水沟渠的出水口应尽可能引接至天然沟河。

(7)沿河路基防排水设计时,应综合考虑路基与河道(沟谷)的位置关系、地形条件、沿线桥涵位置、河道导流设施和调治构造物等,合理布设各类排水设施,并做好相互间的衔接处理,遵循"早接远送"的原则,排水沟底纵坡大时,出口处设置必要的消力设施,实现与河道(沟谷)"零冲刷"衔接,防止水流冲刷路基边坡及河岸,保障路基安全稳定。

(8)路基排水设施所用材料的强度应满足现行规范的要求。《公路排水设计规范》(JTG/T D33—2012)中对排水设施的材料强度见表2-1-1。

各种排水构造物的材料强度要求 表2-1-1

材 料 类 型	最低强度要求	使 用 场 合
砖	MU10	检测井
片石	MU30	沟底和沟壁铺砌
水泥砂浆	M10(寒冷地区)或M7.5(其他地区)	浆砌、抹面
水泥混凝土	C25(寒冷地区)或C20(其他地区)	混凝土构件
水泥混凝土	C15	混凝土基础

三、路基排水的综合设计

1. 路基排水综合设计的含义与目的

路基排水设计包含两部分内容,排水系统的总体规划,或者称为排水系统设计,以及在此基础上进行排水设施的设计。

路基排水综合设计具体含义是指地面与地下排水设备的协调配合,路基排水设备与桥涵等泄水物的合理布置,路基路面的综合治理,排水工程与防护加固工程的相互配合,以及路基排水与沿线农田水利规划及有关其他基本建设项目之间的联系。主要目的是在于确保路基的强度与稳定性,提高道路的使用效果。

工程实践经验证明,排水系统综合设计的好坏,直接关系到路基结构性能与使用寿命。特别是在多雨的山区、黄土高原地区、寒冷潮湿地段、水网密布地基软弱的平原区,以及水文地质条件不良等情况下,修建高等级公路时,必须重视路基排水的综合设计。

2. 路基排水综合设计的原则与要求

路基排水综合设计,先做事先调查,查明水源和有关现状,测绘现场图纸,进行必要的水力水文计算,做出总体规划,提出总体布置方案,逐段逐项进行细部设计计算,并进行效益分析和经济核算。

路基排水综合设计的总原则是:①对于流向路基的地面水和地下水,分别采取边沟、暗沟、渗沟或渗井汇集或降低水位,也可在路基外适当位置设置截水沟或渗沟拦截,并引至路基范围以外指定地点,若冲刷较为严重,必要时可设置跌水或急流槽、倒虹吸、桥涵等。②对明显的天然沟槽,一般宜"一沟一涵",不要勉强改、并。③对沟槽不明显的漫流,应在上游设置束流设施加以调节,尽量汇成沟槽,导流排除。对于较大水流,注意因势利导,不要轻易改变流向,必要时配以防护加固工程,进行分流或束流。④为了提高截流效果,节省工程,地面沟渠应大体沿等高线布置,并尽可能垂直于流水方向直线布置。⑤在转弯处以圆弧相接,减小水流的阻力。⑥各种排水结构物均应设置于稳固的地基上,不得渗流、溢水或滞留,冲刷严重时应予以加固,防止危害路基和引起水土流失。⑦水流应遵循最短通路迅速排出路基范围以外。

路基排水综合设计的一般要求为:

(1) 路基排水设计必须根据现场具体情况,因地制宜。对高等级公路中排水不良、易受水流冲刷的特殊地段,如连续回头曲线、滑坡路段、隧道洞口、干线交叉道口等回头弯、地质不良或高填深挖处等排水复杂路段,应对路基排水系统进行专项整体规划和综合设计。

(2) 路基排水综合设计时应照顾当地农田水利规划。为此,必须要先摸清路基附近的农田排灌现状及其规划意图,以便在防范路基水害的同时,不致损害农田水利。

(3) 对于地表水的排除可利用边沟、截水沟等排水设备,将流向路基的山坡水和路基表面水分段截留,引入自然沟谷、荒地、取土坑或低洼处,排出路基范围之外。自然沟谷及沟渠与涵洞等排水设施,既密切配合,又各自分工,充分发挥其效用,使排水顺畅,避免对路基的冲刷,又不致形成淤积而危害路基。

(4) 一条路线的勘测在纵断面设计完成后,就需考虑该路线各路段排水系统的总体规划。在平原地区尤其是水田地区,如果路堤低矮,路基强度受毛细水影响时,边沟排水是影响路基稳定的一项主要因素,务必开挖边沟,将边沟水引出路基范围,以免渗入路堤降低路基承载能力,进而导致道路破坏。

在丘陵及山岭地区除边沟排水外,还须注意挖方边坡上方水流下泄,影响路基边坡稳定,造成边沟淤塞。这时就需根据流量大小来决定边坡上方是否设置截水沟,引导水流离开路基。路段综合排水系统示例如图 2-1-1 所示。

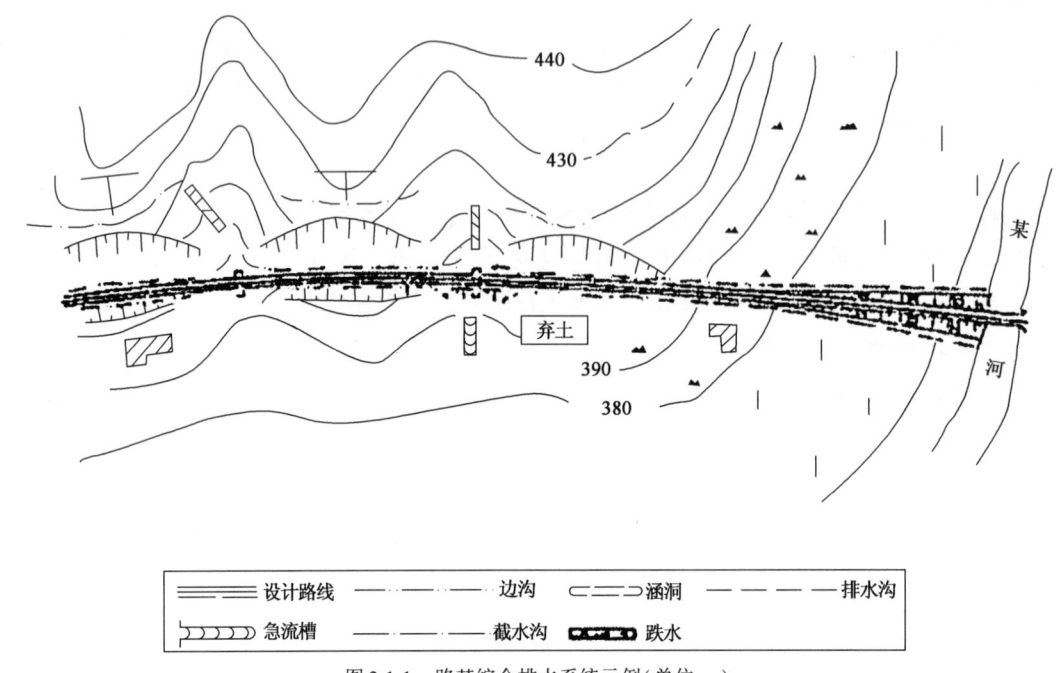

图 2-1-1　路基综合排水系统示例(单位:m)

排水系统规划设计,宜在路线平面图、地形图上进行。设计时应结合路线的平面图、纵断面图和沿线地质、地形、水文条件进行。为落实路基综合排水系统规划,除在一般的路线平面图和纵断面图上分别标明排水建筑物的名称、地点、中心里程桩号、沟底纵坡、路径或宽度、长度、流向、挡水结构等有关事项外,特殊复杂的排水地段应绘制细部设计。

图 2-1-2 为某路段路基排水系统综合设计平面布置图。平面布置图上,需要注明的主要内容有:桥涵位置、中心里程、水流方向、进出口沟底高程及其附属工程等;地形等高线、主要沟渠、必要的路堤坡脚和路堑坡顶线;沿线取土坑、弃土坑的位置;路线交叉设施、防护与加固工程、不良地质边界、农田排灌渠道等;各种路基排水设施的类型、位置、排水方向与纵坡、长度、出水口与分界点的位置等;此外,根据工程设计的需要,还应附有路线及主要排水设施的纵、横断面和结构设计图。

地下水的处理,应与地面水的排除统一考虑,因地制宜。设置必要的地下排水设施,充分利用地面排水沟渠,把危及路基的地下渗水、泉水予以排除。图 2-1-3 是路基排水综合设计的一个实例,利用渗沟将路基上方出现的泉水汇集,经涵洞排至路基下方。

(5)排水系统综合设计,应合理选定各种排水设施的类型和位置,恰当确定排水功能,并应密切注意各种排水设施的衔接,使之构成完整、统一的排水系统。图 2-1-3 所示的实例中,纵横向的填石渗沟(盲沟)之间、渗沟与涵洞之间(涵洞进水口之前一段边沟,做成急流槽)均有较好的衔接,使各种排水设施形成一个完整的排水系统。

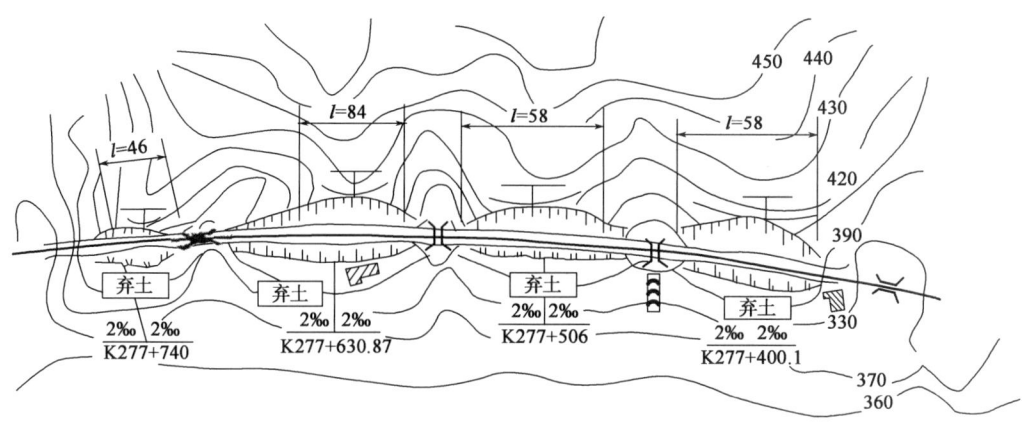

图 2-1-2 路基排水综合设计平面布置图例(单位:m)

(6)在路基排水设计中,公路排水与农田用水应各自成系统。当农用排灌沟渠穿过路基时,可设置渡水槽、倒虹吸或管道等排灌设施。

(7)膨胀土、黄土、盐渍土、多年冻土、滑坡、涎流冰等特殊地区(段)的公路,其排水设计应结合该工程的其他处治措施综合进行。路基排水综合设计的完善程度,直接影响到特殊土地区公路路基长期性能和稳定性。

膨胀土地区应注意采取防水保湿措施,消除膨胀土湿胀干缩的有害影响,设计中要针对膨胀土的工程特性,设置完善防排水系统,防止地面水与地下水渗入路基本体或路堑边坡,保持土体天然含水率状态的相对稳定。

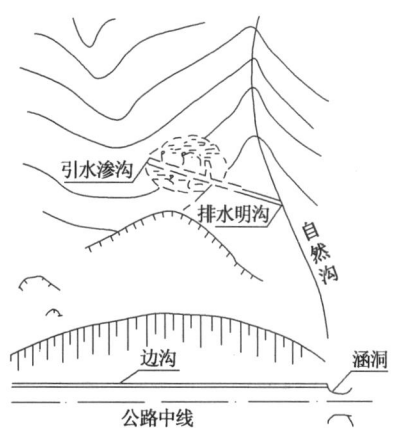

图 2-1-3 路基排水综合设计示例

黄土地区路基应以防冲刷、防渗和有利于水土保持和环境保护为目的,遵循早接远送的原则,做好进出水口处理,防止引起土体滑坍、坡面冲沟、地基湿陷等问题。

盐渍土地区路基应采取防、排、疏相结合的综合措施,对于地下水埋深较浅、毛细水上升较高或易受地表水影响的路段,应在路堤内部设置复合土工膜(两布一膜)、复合防排水板等隔断层,阻断毛细水、盐分上升带来的路基盐渍化问题。

多年冻土区路基排水设计应注意防冻保温。具体可采取排除地表水的措施:排水沟、截水沟应采用宽浅的断面形式,并宜远离路基坡脚;高含冰量冻土地段应避免设置排水沟、截水沟,宜采用挡水埝,并采取防渗和保温措施,必要时应采取加固措施;排水设计时还应根据地下水类型、水量、积水和地层情况,采用防冻结构、积冰坑、挡冰堤、挡冰墙或保温渗沟等措施,排除对路基有危害的地下水;渗沟及检查井均应采取保温措施。另外,在多年冻土区路基排水设计中要考虑水在地基中渗流的影响,防止路堤坡脚附近积水,引起多年冻土路堤产生沉降。

第二节　路基排水设施类型

路基地表排水设施根据所排水源的不同,可分为地面排水设施和地下排水设施。路基地面排水设施可采用边沟、排水沟、截水沟、跌水与急流槽、拦水带、蒸发池等设施,其作用是将可能停滞在路基范围内的地表面水迅速排除,防止路基范围内的地面水流入路基内。地下排水设施可采用暗沟(管)、渗沟、渗井与隔离层等,其作用是将路基范围内的地下水位降低或拦截地下水并将其排除到路基范围以外。各类排水设施的使用应因地制宜、合理完善、经济实用,使全线的沟渠、管道、桥涵组合成完整的排水系统。临时排水设施应尽量与永久排水设施相结合。

一、地面排水设施类型及适用条件

1. 边沟

路基排水主要通过两侧的边沟来进行。边沟分为路堑边沟和路堤边沟,位于土路肩或护坡道外侧,用于汇集和排除路面、路肩及边坡的水,然后排入河沟或排入排水涵洞中,或者开挖排水沟引离路基。路线经过河塘地段时,根据排水设计设置填筑式边沟,或直接通过河塘排水,一般不将路基水排入养殖池。

从形式上看,边沟分为明沟和加盖板的暗沟等多种形式,其断面形式有L形、梯形、浅碟形、三角形、矩形或U形等,边沟的形式不仅直接影响到路面排水,还影响到驾驶员的视觉质量,与行车安全性及发生事故的伤害程度紧密相关。因此,在边沟形式的选择上应综合考虑地质条件、地区降雨量、边坡高度、汇水面积及出水口等因素,突出排水功能设计,兼顾路侧行车安全与环境保护。下面给出了几种边沟形式及其适用条件。

(1)梯形边沟。一般为土质边沟或浆砌片石边沟,适用于无占地宽度限制路段,排水量大,但由于边沟尺寸深,对行车安全有影响。

(2)矩形边沟。一般为砖砌或石砌边沟,也可采用预制块砌筑,适用于石料丰富地区,公路占地受限的路段,雨水充沛地区。具有较强的抵抗雨水冲刷能力,排水效果好,但用砖或石料砌筑工程造价较高,需人工清淤,不利于机械养护。

(3)浅碟形边沟、三角形边沟。一般为砖砌、石砌或素混凝土边沟,适用于干旱少雨地区,边沟较浅,利于行车安全,便于清淤养护,但过水断面小,不适用于降水量大的地区。

(4)盖板式矩形边沟。一般为砖砌或石砌边沟,也可采用预制块砌筑,适用于石料丰富地区,公路占地受限路段或需要路容宽阔的路段,雨水充沛地区。具有较强的抵抗雨水冲刷能力,排水效果好,但用砖或石料砌筑,工程造价较高,需人工清淤,不利于机械化养护。

除了以上四种主要边沟形式外,还可采用挡墙接边沟、管道式边沟、渗沟边沟等几种复合式边沟。在没有路侧护栏的情况下,应尽量避免明沟效应,排水量大的路段可采用盖板式边沟,排水量小的路段可采用浅碟形或三角形边沟,总之,边沟断面的选择应综合考虑公路等级、公路所在地区降雨、地质情况、地区材料、标准横断面等,并结合行车安全、路容美观、公路养护等因素综合分析,合理选择。

2. 截水沟

截水沟是用来保护路基不受来自边坡或山坡上方的地面水冲刷。其断面形式一般为梯形或矩形。截水沟根据路基填挖情况和所处位置可以分为路堤截水沟、堑顶截水沟和平台截水沟。堑顶截水沟又称为天沟,适用于路堑顶缘以外,可设一道或几道,用以截排堑顶上方流向路堑的地面水。平台截水沟适用于路堑边坡平台上及排水沟、侧沟、天沟所在部位以外的其他地方,用以截排边坡平台以上的坡面水或所在地区的部分地面水。

3. 排水沟

排水沟是将边沟、截水沟和路基附近低洼处汇集的水引向桥涵或路基范围以外的水沟,其断面形状有梯形、矩形、复合型、U形等,其大小应根据上游流量确定。排水沟的线形要求平顺,尽可能采用直线形,转弯处宜做成弧线,其半径不宜小于10m,排水沟长度根据实际需要而定,通常不宜超过500m。排水沟沿路线布设时,应离路基尽可能远一些,距路基坡脚不宜小于3~4m。大于沟底、沟壁土的容许冲刷流速时,应采取边沟表面加固措施。

4. 跌水与急流槽

跌水(图2-1-4)与急流槽(图2-1-5)适用于地形陡峻地段的天沟、截水沟,沟两端的高差很大而水平距离很短的沟渠连接。跌水或急流槽采用浆砌圬工结构,跌水的台阶高度可根据地形、地质等条件决定。地形较陡地段的排水沟,如所在地层易受冲刷,不宜采用较陡的纵坡时,也可设计成一段一段的缓坡段,而以不高的单级跌水连接,每级跌水的高度与长度之比大致等于地面坡度。

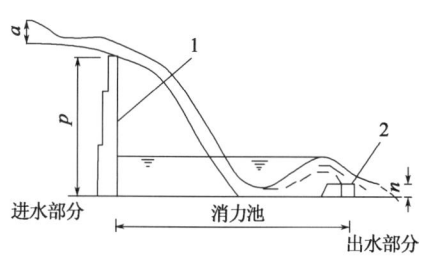

图2-1-4 跌水构造示意图
1-护墙;2-消力槛

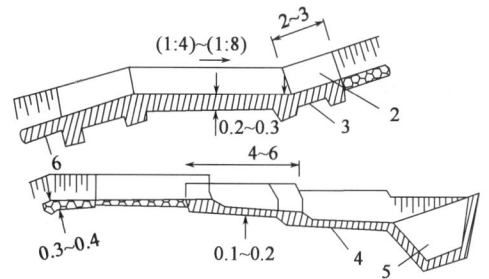

图2-1-5 急流槽构造示意图(单位:m)
1-耳墙;2-消力池;3-混凝土槽底;4-钢筋混凝土槽底;
5-横向沟渠;6-砌石护底

5. 拦水带

为避免高路堤边坡被路面水冲毁,可在路肩上设拦水缘石,将水流拦截至挖方边沟或在适当地点设急流槽引离路基。与高路堤急流槽连接处应设喇叭口。设拦水带路段的路肩宜适当加固。

6. 蒸发池

蒸发池适用于年降雨量不大、晴天日数多、空气相对湿度小、多风易蒸发(蒸发量大)的空旷荒野地段,如我国西北干旱地区,路线经过平坦地段,无法把地面水排走时,可在距路基适当的地方设置蒸发池(也称"积水池"),引水入池,任其蒸发或下渗。一般情况下,可利用沿线的取土坑或专门设置蒸发池汇集地表水。

7. 油水分离池

油水分离池的作用是对公路所排污水进行净化处理,以保证受纳水体水质符合规定用途的水质标准。因此,对引排至桥涵、自然排水沟渠或渗入地下的公路所排污水不满足现行《污水综合排放标准》(GB 8978)中所规定的标准值时,可设置油水分离池。一般公路污水中含油污量一般较低,故油水分离宜采用沉淀法处理。污水进入油水分离池前,应先通过格栅和沉砂池。

二、地下排水设施类型及适用条件

公路地下排水是将影响路基、路面强度或边坡稳定的地下水排走。一般设置暗沟(管)、渗沟、渗井、渗水隧洞、仰斜式排水孔等地下排水设施,拦截、汇集、排除流向路基的地下水或降低地下水位。地下排水设施主要包括以下6种。

1. 暗沟

暗沟是用于引导地面以下水流的沟(管),无渗水和汇水功能。当地下水位较高,潜水层埋藏不深时,可采用排水沟或者暗沟截流地下水及降低地下水位,沟底宜埋入不透水层。沟壁最下一排渗水孔宜高出沟底不小于0.2m,沟壁外侧应填以粗粒透水材料或土工合成材料作反滤层。

暗沟设置在路基旁侧时,宜沿路线方向布置。设在低洼地带或天然沟谷处,宜顺山坡的走向布置。暗沟沟底的纵坡宜大于1%,条件困难时,沟底纵坡宜大于0.5%,出水口宜加大纵坡,并高出地表排水沟常水位20cm。

寒冷地区暗沟应做好防冻保温措施,出水口处也宜采取防冻保温措施,坡度宜大于5%。

暗沟采用混凝土或者浆砌片石时,在沟壁与含水层以上的高度处布设一排或者多排向沟中倾斜的渗水孔,沟壁外侧应填以粗粒透水材料或土工合成材料作反滤层。沿沟槽每隔10~15m或者在软硬岩层分界处设置沉降缝或者伸缩缝。

暗沟顶面必须设置混凝土盖板,板顶覆土厚度不小于50cm。

2. 渗沟

渗沟用于汇集流向路基的地下水,构造由排水层(石缝、管、洞)、反滤层和封闭层组成,反滤层用于汇集水流,防止水层中的土粒堵塞排水层。大小均匀的沙石材料分层填埋。封闭层用于防止地面水的下渗和土粒落入石料的空隙。

渗沟有填石渗沟、管式渗沟和洞式渗沟三种形式,三种渗沟均应设置排水层、反滤层和封闭层。填石渗沟(盲沟):流量不大,渗沟不长,纵坡一般采用5%;管式渗沟:适用地下引水较长的地段,纵坡一般不大于1%;洞式渗沟:流量较大,有条件时采用较大纵坡。

边坡渗沟适用于坡度不陡于1:1的土质路堑边坡,也常用于加固潮湿的容易发生表土坍塌的土质路堤边坡。

支撑渗沟适用于可能滑动的不稳定土体或山坡,排除在滑动面或滑动带附近活动的地下水,疏干潮湿的土体。常与抗滑挡墙配合使用作为整治滑坡的措施。

3. 渗井

渗井是将地下水(或地表水)通过竖井渗入地下排除的排水设施。

适用条件:路线高度较低,接近原地面,排水困难,距地面有渗透性土层;高速公路或城市道路立交桥下、下穿通道处,路线为凹形竖曲线处,且地面有渗透性土层,可设渗井。

4. 渗水隧洞

适用于稳定地层之内,截排或引排埋藏较深的地下水,或与立式渗井(渗管)群配合使用,以排除具有多层含水层的复杂地层中的地下水。

5. 仰斜式排水孔

仰斜式排水孔适用于引排边坡内富集的地下水,或者疏干滑动带内富集的地下水。仰斜式排水孔的布设宜结合渗水情况成群分布。

6. 检查疏通井

深而长的暗沟(管)、渗沟及渗水隧洞,在直线段每隔一定距离及平面转弯、纵坡变坡点等处,宜设置检查井、疏通井。

地下排水设施的类型、位置及尺寸应根据工程地质和水文地质条件确定,并与地表排水设施相协调。

第三节 路基排水设计内容与步骤

高速公路排水设计对高速公路路基的稳定性及路面的使用寿命有着显著的影响,是高速公路设计的重要内容之一。在高速公路的排水设计前,应充分了解当地的实际情况,遵循公路排水设计的原则和规范来设计。高速公路排水设计应包含两方面的内容:一是要考虑如何减少地下水、农田排灌水对路基稳定性及强度的影响,一般称之为第一类排水;二是要考虑如何将路表水迅速排出路基之外,最大限度地减少雨水对路基路面质量的影响,减少因路表水排水不畅或路表水下渗对路基路面结构和使用性能产生损害,这称为第二类排水。第一类排水设计通常采用适当提高路基最小填土高度或在路基底部设置隔水垫层等办法。施工期间一般都考虑在施工前开挖临时排水边沟,排除施工期地表水并降低地下水位,同时在路基底部掺加低剂量石灰处理,设置稳定层等一系列的防治措施。第二类排水设计一般包括:①通过路面横坡、边沟、边沟急流槽,将路表水迅速排出路基以外;②设计中央分隔带纵向碎石盲沟、软式透水管及横向排水管、集水槽,将施工期进入中央分隔带的雨水及运营期中央分隔带的下渗水迅速排出路基之外;③设计泄水孔以迅速排出桥面水;④设计中采用沥青封层、土路肩纵横向碎石盲沟或排水管,将渗入路面面层的水引出路基之外。

在公路路基设计时,必须考虑将影响路基稳定性的地面水,排除和拦截于路基用地范围以外,并防止地面水漫流、滞积或下渗。对于影响路基稳定性的地下水,则应予以隔断、疏干,降低地下水位,并引导至路基范围以外的适当地点。

在路基施工中,首先应校核全线路基排水系统的设计是否完备和妥善,必要时应予以补充或修改,应重视排水工程的质量和使用效果。此外,应根据实际情况与需要,设置施工现场的临时性排水措施,以保证路基土石方及附属结构物在正常条件下进行施工作业,消除路基基底和土体内与水有关的隐患,保证路基工程质量,提高施工效率。

在路基养护中,对排水设施应定期检查与维修,以保证排水设施正常使用,水流畅通,并根据实际情况不断改善路基排水条件。

公路路基排水设计应依据公路等级和排水类型确定设计所需的内容与步骤。重要排水设施的设计内容和步骤主要包括:调查和采集数据,排水设施布设,水文分析,水力计算,结构设计,冲刷防护考虑等。

(1)调查和采集数据

查阅有关文献,实地调查公路路基沿线地区的自然生态环境及社会经济状况,必要时进行适当的测量、钻探和试验分析。

自然生态环境资料包括：①公路路基沿线汇水区的特性、地形地貌、河川水系；②公路路基沿线汇水区的地质特性、土壤类型和性质；③公路路基沿线汇水区的地表覆盖情况，植物生态分布；④公路路基沿线汇水区的地下水类型和补给来源，地下水水位、流向和流速，涌水或泉水出露位置和流量；⑤当地的气象资料(降水频率及过程、低温、冻融周期和深度等)；⑥公路路基沿线汇水区水系的水位和流量，河道冲淤情况等和有关气候资料。

社会经济状况资料包括：①公路路基沿线汇水区内的土地利用情况；②公路路基沿线汇水区和附近地区的水土保持措施及水利设施；③公路路基沿线汇水区和附近地区的有关防洪排水、河道整治、土地开发或城市发展规划等。

(2)排水设施布设

选取各种排水设施，如沟渠、管道、急流槽、跌水、拦水带、进(出)水口、集水井、渗沟、透水管等，以拦截、汇集、拦蓄、输送或排放地表水或地下水，并进行平面和纵断面布置，形成合适的排水系统。

设计公路时，应在公路平面和纵断面图上标出主要排水设施的布局，表明排水情况和说明可能达到的排水能力。公路排水布置既要着眼于技术观点，又要经济适用。并需注意，所选用的各类排水装置和设施的结构形式，应便于养护和管理。在公路断面设置排水构造，不应因日后的养护工作而妨碍交通和公路的其他构造物。

公路的地面排水是将路面上的径流水通过路面自然坡度汇集到排水沟、截水沟、排水竖井、管道、边沟和涵洞等排走。地面排水设施布置的原则为：①在路堤天然护道外，可以设置单侧或双侧排水沟，也可用取土坑排水；②路堑应在路肩两侧设置侧沟；③路堑顶边缘以外，需设置单侧或双侧截水沟；④路基外侧水必须引入河道或桥涵内排至路基以外。

边沟设置：填土高度小于边沟深度的填方地段和挖方地段均应设置边沟，以利于将雨水及路面水排出路基以外。路堤较低的坡脚处应设置边沟。为了保证交通安全，边沟尺寸应尽量小，一般梯形沟底宽 0.3~0.5m，深度不超过 50cm，边坡的斜度为 1:1.5，土质稳定的情况下斜度也可略高些。边沟应分段设置出水口，出水口要保证将水引出路基以外，根据当地气象水文情况，出水口设置必须保证水能及时排出路基以外。

截水沟设置：在无弃土堆的情况下，截水沟的边缘离开挖方路基坡顶的距离根据土质情况而定，以不影响边坡稳定为原则。对于一般土质应距路基坡顶不小于 5m，对于湿陷性黄土地区不应小于 10m，同时应进行加固，以防治渗漏。截水沟中挖出的土，应该堆在路堑与截水沟之间，并整修成 T 形，并进行夯实，顶面应做成 1.5%~2% 倾向截水沟的横坡。路基上方有弃土堆时，截水沟应离开弃土堆坡脚 2~6m，弃土堆坡脚离开路基挖方坡顶不应小于 5m，弃土堆顶部应设 1.5%~2% 倾向截水沟的横坡。山坡上路堤的截水沟离开路堤坡脚至少 2.0~5.0m，并将挖出的截水沟的土填在路堤与截水沟之间，修筑向沟倾斜坡度为 1.5%~2% 的护坡道，使路堤内侧地面水流入截水沟排出。

(3)水文分析

依据汇水区内的气象、水文和地形地貌资料，或参考邻近既有排水构造物的有关资料，分析水文特性，估算各项排水设施需排泄的设计径流量。

(4)水力计算

依据各项排水设施的设计径流量，进行水力计算，以确定各项排水设施所需的设计断面，并检验其流速是否在最大和最小允许范围内。

(5)结构设计

根据水利条件和计算结果、地质和土壤情况、维护要求等,进行各项排水设施的材料选用和结构设计。

(6)冲刷防护

进行出水口处的流水冲刷检查,考虑相应的冲刷防护措施。

第二章 水文调查和水文地质参数测试

第一节 水文调查方法与内容

一、水文地质调查的目的与任务

地表水文调查的目的是通过一系列的现场观测、勘探、试验及室内试验研究,确定设计重现期和降雨历时内的平均降雨强度,为地表地下排水设施布设与流量计算提供水文地质依据。

地表水文调查的任务包括以下几方面:

(1)调查熟悉公路沿线流域的基本情况

①熟悉公路沿线的自然地理、地形地貌、土壤和植被状况;

②调查公路经过地区的流域水系基本情况;

③调查公路沿线的区域性气象资料,如年降水量、蒸发量及其变化和对地下水位的影响,气温变化特点,日照时间长短,造成洪涝灾害的气候特点;

④调查公路沿线的洪水特征与洪涝灾害,洪水位;

⑤了解是否存在对地下水和地表水的污染源及其可能的污染程度。

(2)地下水调查类型

①查明地下水的形成、赋存条件和运移特征,调查区域地质结构、地层岩性、地貌、水文、植被等;

②查明地下水运动特征,包括地下水的补给、径流和排泄条件及渗流参数;

③查明地下水的动态特征,包括地下水水位、水量、水温和水质等随时间变化的规律及其控制因素;

④调查泉眼的成因类型、出露位置、形成条件及泉水流量、水质、水温等情况;

⑤查明地下水的水文地球化学特征,主要是指地下水和地表水的有害化学成分,为地下水质评价、地下水的形成条件及运动特征提供资料。

二、水文地质调查的基本方法与手段

目前进行水文地质调查常用的手段或技术方法有六类:水文地质测绘(地下水资源地面调查),水文地质钻探,水文地质物探,水文地质(现场)试验,地下水动态长期观测,室内分析、鉴定、模拟试验和实验;此外还有遥感技术,航空图片、卫星图片地质-水文地质解释,地下水同位素技术,计算机技术等新技术与新方法。

(1)水文地质测绘

水文地质测绘是认识一个地区水文地质条件的基础,也是水文地质调查的第一步工作。

按一定精度(比例尺)要求,在地表对地下水和与其相关的地质-水文地质现象进行实地观察、测量、描述、综合分析,并将它们绘制成图件,总结出水文地质规律。在搞清地质条件的基础上,对地下水的形成条件、赋存状态与运动规律进行研究。水文地质测绘成果是布置各种水文地质勘探、试验、动态观测等工作的主要依据。

(2)水文地质钻探

水文地质钻探是使用一定的钻探工具勘察地表下面较深处的地下水赋存活动情况的工作,是探寻地下水最直接的勘探手段。水文地质勘探包括钻探、物探、坑槽探,其中最主要的是钻探,其次是物探。

(3)水文地质现场试验

在调查现场为了取得各种水文地质参数或解决某些水文地质问题而进行的各种类型的水文地质试验工作,包括:抽水试验、弥散试验、示踪试验、注水或渗水试验等。

(4)地下水动态观测

由于地下水具有流动、可变和可恢复等复杂的特点,在进行水文地质调查时,常需要对区内主要含水层中地下水的动态进行长期的观测工作,依据观测结果,对区内地下水的形成和变化规律,水质、水量和水位进行正确的评价和预测。

(5)室内分析、测定、模拟试验

地下水的水质,岩石的水理、力学性质,岩石的破坏及溶蚀机理,含水层的颗粒成分,地下水运动情况等资料需要通过实验、室内分析测定。

(6)水文地质物探

利用地球物理方法查明含水介质水文地质特征的勘探称为水文地质物探。物探与水文地质测绘和钻探相配合,可以查明许多地质、水文问题,节约工作量,是当前水文地质调查中不可缺少的工作手段之一。物探包括:电法、地震等。

(7)遥感技术

遥感技术是根据电磁波理论,通过装置在运载工具(飞机、人造卫星、宇宙飞船等)上的专门仪器,接收地面上各种地质体发射或反射的各种波谱信息,从而解释判定出被测地区的地貌、地质水文地质条件信息,并可绘制成各种图件。目前在水文地质调查中常用的有航空摄影、多波段卫星测量和红外测量。它具有提高质量、加快进度、减少测绘和勘探工作量、减轻体力劳动等优点,在自然条件复杂、交通困难的地区更显示出其优越性。

利用航片和卫片可以解释出地层岩性、地质构造、地貌、植被和地表水系,勾绘出地貌图和地质图,作为水文地质测绘的原始图件,经野外实地验证和补充,完成水文地质测绘任务。利用红外测量可很容易地发现地下水向地表水的排泄位置,寻找松散沉积物中埋深不超过10m的地下水,确定泉和沼泽的位置,确定充水断层、岩溶发育带及暗河出口,确定包气带湿度,圈定热水分布范围及冻土分布等,并可通过查明地表水体的污染来间接判断地下水污染的线索。

(8)同位素技术

地下水在形成和运移过程中,各种化学组分的同位素成分都会进入水中,利用这些同位素踪迹可以研究地下水及其与环境介质之间的关系。环境同位素能对地下水起着标记和计时作用,被广泛用于水文地质调查工作中。

目前在水文地质调查中应用同位素技术可解决如下问题:放射性环境同位素测定地下水年龄(3H 和 14C 测年法);放射性环境同位素研究包气带水的运动;稳定环境同位素研究地下

水的起源与形成过程；稳定环境同位素研究水中化学组分的来源；放射性人工同位素示踪研究地下水运动及水文地质过程的机理，包括测定流向、流速、渗透系数等水文地质参数，研究地下水运动机理，进行弥散试验，确定含水层之间及含水层与其他水体之间的水力联系，查明岩溶地下水系统和矿坑涌水通道，查明水库、水坝渗漏途径等。

(9)地理信息系统(GIS)技术

GIS 是建立在计算机应用基础上，实现对各种地理信息获取、存检索、处理和综合分析的技术系统，它具有空间数据采集和编辑、数据库管理和制图、空间查询和综合分析等多种功能。

三、水文地质调查工作的类型和阶段划分

工程水文地质调查，根据项目的工作阶段不同，所需水文地质资料的内容和精度也有不同的要求，采用的比例尺、调查手段和安排的工作量也不相同。因此，水文地质调查工作，按其目的、任务和调查方法的特点，可分为区域性水文地质调查和专门性水文地质调查两种类型。

(1)区域性水文地质调查

目的：掌握区域水文地质条件与地下水基本特征，为区域水资源规划、综合利用、水环境保护奠定基础，为国民经济远景规划或专门性水文地质调查提供具体的水文地质背景资料。

任务：初步查明区域地下水的基本类型及各类地下水埋藏、分布条件，地下水的水量、水质，补给与排泄条件，运动规律，地质形成条件，地下水资源的概括数量，地下水与区域地表水的关系，地下水与区域环境条件的关系。

调查方法的特点：小比例尺(一般小于 1:100000)，注重以地下水资源与流域及行政区域单元结合划界，应用区域地质、水文、气象、遥感、GIS 等技术和资料，采用均衡法进行地下水量概算。

(2)专门性水文地质调查

目的：在水文地质普查后所选定的局部地段上，为某项工程建设提供所需要的水文地质资料而进行的专门性水文地质调查工作。

任务：有针对性地进行某个专门项目或具体亟待解决问题的调查。较确切地查明调查区地质构造、地下水形成条件、赋存特征，预测水量、水位的变化，提出合理或疏干措施，为排水项目初步设计或布置详细勘探工作提供依据。

调查方法的特点：比例尺根据工作任务而定，一般要求大于 1:50000，选用 1:100000～1:50000 大中比例尺的水文地质测绘。调查手段(工作种类)：水文地质测绘、水文地质勘探、水文地质试验、地下水长期观测。

调查范围可大可小，并且可在大范围进行特殊的调查，可以根据特殊的方法进行调查，掌握与常见调查相结合的方法。

四、水文地质调查工作的原则和步骤

1. 水文地质调查的原则

(1)分阶段进行。由于工程建设一般是分阶段进行的，如规划阶段、可行性研究阶段、初步设计阶段、施工图设计阶段等。不同阶段对水文地质资料的内容和精度有不同要求，为满足工程建设需要，水文地质调查工作要分阶段来进行。

(2)采用综合手段进行。由于水位地质调查要解决的问题较多,单一方法难以单独解决水文地质调查的所有任务,必须采用综合手段才能完成。如水文地质测绘、水文地质物探、水文地质钻探、水文地质试验、地下水动态观测及室内分析实验等常规方法,与遥感技术、同位素技术、GIS 技术、核磁共振技术等新技术和新方法的结合。

(3)按一定程序进行。水文地质调查必须按照先设计后施工、先测绘后勘探的程序进行。通常按水文地质测绘—水文地质钻探—水文地质试验—地下水动态长期观测的顺序来安排。

(4)参照相关规范进行。为了保证地质水文调查工作的顺利进行,水文地质调查人员必须熟悉相应的水文地质调查规范和要求。

(5)加强综合分析研究工作。在实际工作中,应对取得的各种调查资料随时进行分析,不断加深对水文地质条件的认识,当发现调查资料和原来的认识有较大出入时,应及时进行综合分析研究。不能等到调查工作结束才发现问题,再补做工作,就会造成浪费和延误工期。

(6)符合多快好省的原则。在水文调查时,各工种投入工作量的确定原则是由少到多,由点成线,控制到面,以求在经济技术上合理可行,又取得高质量成果。

2. 水文地质调查的工作步骤

水文地质调查的工作分为三步,即准备工作、野外工作和室内资料整理工作。

1)准备工作

准备工作包括组织准备、技术准备、物质和后勤管理准备等,其核心是技术准备中的调查设计书的编制。准备工作应集中精力做好下面几项工作:

(1)收集整理已有相关资料

一般在接受调查任务后,应首先收集现有资料,如区域地质、水文地质、水文、气象等资料,尽量全面地收集前人工作的成果及原始资料,然后进行系统分析和整理,做到对调查区的水文地质条件和存在问题的初步认识。

所需调查与收集的基础资料主要包括:

①调查了解沿线主要河流、湖泊、河网区历史变化情况、流域特征、河道基本特征、现状和近、远期治理规划和河道整治方案,收集区域河道、水系堤防、水库、泵站、涵闸、防洪排涝等规划报告和设计资料,以及大比例尺地形图,河道纵横断面资料,该地区实测水文气象资料等。

②收集沿线水文网站历年水文资料,重点对公路经过地区进行小流域水文分析与调查;收集调查工程项目沿线各县(镇)水利、气象部门的实测水文、气象资料。

③交叉断面上游有水库影响的河流,应了解水库性质、库区等级、容量、设计标准、防洪标准及灌溉范围等,收集水库的水位容积曲线、总下泄流量关系曲线、水库调度运行方式、水库设计成果等资料。

④对山前区河道,量算河长、比降、流域汇流面积等,了解河道变迁情况,调查支流、分流、急滩、卡口、滑坡、塌岸现象,河床冲淤变化,有无漂流物等。

⑤调查了解河网、圩区的分布,各圩区之间、各河汊之间及其与主河道的联系和水流调节方向,蓄洪、滞洪、分洪区和堤闸的设施及运用原则,历史上损堤破圩、行洪河道淤积情况,历史最高内涝淹没水位、淹没范围、洪涝灾害以及对应的降雨强度和降雨量等。

⑥调查各低洼内涝区、分洪区、滞洪区的设计水位,滞洪时间、排涝能力等。

⑦调查灌溉系统水流方向、排灌方式及水源,收集大型灌区设计最大灌溉流量和实际最大灌溉流量资料、渠道最大排洪流量;对于内涝地区,收集河堤防洪设计标准、排灌能力、联系通

道、最高内涝水位和相应年份的降雨量等。
⑧调查本区间内主要泄洪通道。
⑨调查收集有关航道资料。
⑩调查各大、中桥的桥位河段类型，历史洪水情况。调查沿线河流上原有桥梁的孔跨布置，桥梁结构形式等基础资料。

（2）现场踏勘

在分析研究已有资料的基础上，应组织相关人员进行现场踏勘，实地了解调查区的自然地理、地质、水文地质概况，验证前人资料。踏勘路线布置时，应根据调查区的地质、水文地质条件确定，力求穿越调查区地层出露较完整及水文地质条件有代表性的剖面。踏勘路线数量上，当调查范围较小、水文地质条件较简单时，可布设一条踏勘路线，当调查范围较大或水文地质条件较复杂时，应布设若干条踏勘路线。

通过踏勘对调查区地质、水文地质条件及交通条件等有了全面了解，以便在编制设计书时能做到指导思想明确、重点突出、有的放矢，使工作布置和设计符合实际条件。

（3）编制设计书

设计书是水文地质调查工作的主要依据，在准备工作阶段应集中精力编好设计书。设计书的类型包括总体设计、年度设计和单项设计，总体设计是对水文地质调查的全面设计，年度设计和单项设计根据总体设计书的要求编写。

总体设计书的主要内容如下：一是评述调查区已有研究工作，阐述调查区地质、水文地质条件，主要包括调查工作目的、任务及要求，调查区位置、面积及交通条件，调查阶段和调查工作起止时间，自然地理及经济地理概况，调查区的研究程度及存在问题，调查区地质和水文地质概述；二是调查工作设计，主要包括调查方法的选择，调查工作布置方案及工作量，主要技术规范和技术要求，物资设备计划，人员组织分工，经费预算及施工进度计划；预期调查工作成果。设计书一般要附有地质、水文地质略图、调查工作布置图等图件。

2）野外工作

野外工作是按照设计书的要求在现场进行的各种水文地质工作，它是实地获取水文地质资料的关键环节，每个调查人员应对设计书的内容及要求有全面了解，要以高度的责任心和严格的科学态度，将各种资料收集齐全，并保证资料的真实性和完整性；野外工作期间特别要注意做好各工种、各工作组之间的协调配合工作，及时发现问题，不断总结经验，保质保量完成调查任务。

3）室内工作

将野外调查的各种资料和样品带回室内进行整理、分析、测试、鉴定和加工处理。将零乱的资料系统化、条理化，将感性认识上升为理性认识，绘制各种图件；论证调查区的水文地质条件，对水质、水量进行分析计算，探讨解决生产、科研问题的途径和措施，编制出符合设计要求的图件和报告书。

第二节 水 文 分 析

公路路线经过地区水文现象受气候因素、地理条件、流域特征和人类活动等的综合影响，情况非常复杂，目前，水文分析研究方法有三种类型：数理统计法、成因分析法、地理综合法。公路工程主要采用数理统计法。

一般情况,面积在100km²以下的流域,称为小流域;公路沿线跨越的小河、溪流、沟壑等,都属于小流域的范围。小流域的最大洪水多数由暴雨形成,而且流域面积小,坡度陡,加之人类活动破坏植被,汇流时间短,洪水暴涨暴落,历时短暂,对公路路基边坡、桥涵冲刷严重,应引起公路建设者、管理者的高度重视。小流域一般没有水文站观测资料,实际工作中多采用推理公式或经验公式。

一、推理公式(一)

小流域流量多为暴雨洪水形成,因此可以利用暴雨资料推算洪水流量;以暴雨资料推算小流域洪水流量的方法,通常称为小流域暴雨径流计算,推理公式就是其中的一种方法。推理公式是成因分析与经验推断相结合的方法,是一种半理论半经验的公式,是目前小流域流量计算中广泛使用的一种方法。

1. 设计径流量

《公路排水设计规范》(JTG/T D33—2012)中的推理公式见式(2-2-1):

$$Q = 16.67\psi q_{p,t}F \tag{2-2-1}$$

式中:Q——设计径流量(m^3/s);

q——设计重现期和降雨历时内的平均降雨强度(mm/min);

ψ——径流系数;

F——流域(汇水)面积(km^2)。

2. 降雨历时

(1)降雨历时一般应取设计控制点的汇流时间,其值为由汇水区最远点到排水设施处的坡面汇流历时与在沟或管内的沟管汇流历时之和。在考虑路面表面排水时,可不计及沟管内汇流历时。

(2)坡面汇流历时可按下式计算确定:

$$t_1 = 1.445\left[\frac{m_1 L_s}{\sqrt{i_s}}\right]^{0.467} \quad (L_s \leq 370\text{m}) \tag{2-2-2}$$

式中:t_1——坡面汇流历时(min);

L_s——坡面流的长度(m);

i_s——坡面流的坡度;

m_1——地表粗度系数,按地表情况查表2-2-1确定。

地表粗度系数 m_1 表2-2-1

地 表 情 况	粗度系数 m_1	地 表 情 况	粗度系数 m_1
沥青路面、水泥混凝土路面	0.013	牧草地、草地	0.40
光滑的不透水地面	0.02	落叶树林	0.60
光滑的压实土地面	0.10	针叶树林	0.80
稀疏草地、耕地	0.20		

(3)计算沟管内汇流历时,先在断面尺寸、坡度变化点或者有支沟(支管)汇入处分段,分别计算各段的汇流历时后再叠加而得,即:

$$t_2 = \sum_{i=1}^{n}\left(\frac{l_i}{60v_i}\right) \tag{2-2-3}$$

式中：t_2——沟管内汇流历时(min)；
  n 和 i——分段数和分段序号；
  l_i——第 i 段的长度(m)；
  v_i——第 i 段的平均流速(m/s)。

沟管的平均流速可按式(2-2-4)计算确定：

$$v = \frac{1}{n}R^{\frac{2}{3}}I^{\frac{1}{2}} \tag{2-2-4}$$

式中：n——沟壁或管壁的粗糙系数，按表2-2-2确定；
  R——水力半径(m)，$R = A/\rho$，各种沟管的水力半径计算式可按表2-2-3、表2-2-4确定；
  ρ——过水断面湿周(m)；
  I——水力坡度，可取用沟或管的底坡。

沟壁或管壁的粗糙系数 n 表2-2-2

沟或管类别	n	沟或管类别	n
塑料管(聚氯乙烯)	0.010	土质明沟	0.022
石棉水泥管	0.012	带杂草的土质明沟	0.027
水泥混凝土管	0.013	砂砾质明沟	0.025
陶土管	0.013	岩石质明沟	0.035
铸铁管	0.015	植草皮明沟(流速0.6m/s)	0.035~0.050
波纹管	0.027	植草皮明沟(流速1.8m/s)	0.050~0.090
沥青路面(光滑)	0.013	浆砌片石明沟	0.025
沥青路面(粗糙)	0.016	干砌片石明沟	0.032
水泥混凝土路面(镘抹面)	0.014	水泥混凝土明沟(镘抹面)	0.015
水泥混凝土路面(拉毛)	0.016	水泥混凝土明沟(预制)	0.012

沟管水力半径和过水断面面积计算公式 表2-2-3

断面形状	断面图	断面面积 A	水力半径 R
矩形		$A = bh$	$R = \dfrac{bh}{b+2h}$
三角形		$A = 0.5bh$	$R = \dfrac{0.5b}{(1+\sqrt{1+m^2})}$
三角形		$A = 0.5bh$	$R = \dfrac{0.5b}{(\sqrt{1+m_1^2}+\sqrt{1+m_2^2})}$

续上表

断面形状	断面图	断面面积 A	水力半径 R
梯形		$A = 0.5(b_1 + b_2)h$	$R = \dfrac{0.5(b_1 + b_2)h}{b_2 + h(\sqrt{1+m_1^2} + \sqrt{1+m_2^2})}$
圆形	充满度 $a = H/2d$；$\varphi = \arccos(1-2a)$，φ 为弧度	$A = d^2\left(\varphi - \dfrac{1}{2}\sin 2\varphi\right)$	$R = \dfrac{d}{2}\left(1 - \dfrac{\sin 2\varphi}{2\varphi}\right)$
		$A = \dfrac{\pi d^2}{4}$	$R = \dfrac{d}{4}$
		$A = \dfrac{\pi d^2}{8}$	$R = \dfrac{d}{4}$

U 形和碟形排水沟水力半径和过水断面面积　　表 2-2-4

形式	断面图	尺寸 b_1(m)	b_2(m)	h(m)	r(m)	θ(°)	断面面积(m^2)	水力半径(m)
U 形排水沟		0.18	0.17	0.18			0.033	0.050
		0.24	0.22	0.24			0.055	0.079
		0.30	0.26	0.24			0.067	0.091
		0.30	0.26	0.30			0.084	0.098
		0.36	0.31	0.30			0.101	0.110
		0.36	0.31	0.36			0.121	0.117
		0.45	0.40	0.45			0.191	0.147
		0.60	0.54	0.60			0.342	0.196
碟形排水沟		0.50		0.10	0.36	88	0.034	0.062
		0.70		0.15	0.48	92	0.073	0.093
		1.00		0.15	0.91	66	0.102	0.096

沟管的平均流速也可按式(2-2-5)近似估算：

$$v = 20 i_g^{0.6} \tag{2-2-5}$$

式中：i_g——该段排水沟管的平均坡度。

3. 设计降雨强度分析

1)《公路排水设计规范》(JTG/T D33—2012)中关于降雨强度的计算

(1) 当地气象站有 10 年以上自记雨量资料时，可利用气象站观测资料按下式整理分析得到设计重现期的降雨强度：

$$q = \frac{a}{t+b} \tag{2-2-6}$$

式中：t——降雨历时(min)；

a、b——地区性参数。

(2) 当地缺乏自记雨量资料时，可利用标准降雨强度等值线图和有关转换系数，按下式计算降雨强度：

$$q = c_p c_t q_{5,10} \tag{2-2-7}$$

式中：$q_{5,10}$——5 年重现期和 10min 降雨历时的标准降雨强度(mm/min)，按公路所在地区，根据现行《公路排水设计规范》(JTG/T D33)确定；

c_p——重现期转换系数，为设计重现期降雨强度 q_p 与标准重现期降雨强度 q_5 的比值 (q_p/q_5)，按公路所在地区由表 2-2-5 查取；

c_t——降雨历时转换系统，为降雨历时 t 的降雨强度 q_t 与 10min 降雨历时的降雨强度 q_{10} 的比值(q_t/q_{10})，按公路所在地区的 60min 转换系数(c_{60})，由表 2-2-6 查取，c_{60} 则根据现行《公路排水设计规范》(JTG/T D33)确定。

重现期转换系数 c_p 表 2-2-5

地　　区	重现期 p(年)			
	3	5	10	15
海南、广东、广西、云南、贵州、四川东、湖南、湖北、福建、江西、安徽、江苏、浙江、上海、台湾	0.86	1.00	1.17	1.27
黑龙江、吉林、辽宁、北京、天津、河北、山西、河南、山东、四川西、西藏	0.83	1.00	1.22	1.36
内蒙古、陕西、甘肃、宁夏、青海、新疆(非干旱区)	0.76	1.00	1.34	1.54
内蒙古、陕西、甘肃、宁夏、青海、新疆(干旱区*)	0.71	1.00	1.44	1.72

注：* 干旱区约相当于 5 年一遇 10min 降雨强度小于 0.5mm/min 的地区。

降雨历时转换系数 c_t 表 2-2-6

c_{60}	降雨历时 t(min)										
	3	5	10	15	20	30	40	50	60	90	120
0.30	1.40	1.25	1.00	0.77	0.61	0.50	0.40	0.34	0.30	0.22	0.18
0.35	1.40	1.25	1.00	0.80	0.68	0.55	0.45	0.39	0.35	0.26	0.21
0.40	1.40	1.25	1.00	0.82	0.72	0.59	0.50	0.44	0.40	0.30	0.25
0.45	1.40	1.25	1.00	0.84	0.76	0.63	0.55	0.50	0.45	0.34	0.29
0.50	1.40	1.25	1.00	0.87	0.80	0.68	0.60	0.55	0.50	0.39	0.33

2) 现行《室外排水设计规范(2016 年版)》(GB 50014)中关于设计暴雨强度的计算

现行《室外排水设计规范(2016 年版)》(GB 50014)设计暴雨强度按下式计算：

$$q = \frac{167A_1(1 + C\lg p)}{(t+b)^n} \tag{2-2-8}$$

式中： q——设计暴雨强度[L/(s·ha)]；

t——降雨历时(min);

p——设计重现期(a);

A_1、C、n、b——参数,根据统计方法进行计算确定。在具有10年以上自动雨量记录的地区,暴雨强度公式可按下述编制方法的有关规定编制。

注:在自动雨量记录不足10年的地区,可参照附近气象条件相似地区的资料采用。

暴雨强度公式的编制方法如下:

(1)本方法适用于具有10a以上自动雨量记录的地区。

(2)计算降雨历时采用5min、10min、15min、20min、30min、45min、60min、90min、120min共九个历时。计算降雨重现期一般按0.25min、0.33min、0.5min、1min、2min、3min、5min、10a统计。当有需要或资料条件较好时(资料年数≥20a、子样点的排列比较规律),也可统计高于10a的重现期。

(3)取样方法宜采用年多个样法,每年每个历时选择6~8个最大值,然后不论年次,将每个历时子样按大小次序排列,再从中选取资料年数3~4倍的最大值,作为统计的基础资料。

(4)选取的各历时降雨资料,一般应用频率曲线加以调整。当精度要求不太高时,可采用经验频率曲线;当精度要求较高时,可采用皮尔逊Ⅲ型分布曲线或指数分布曲线等理论频率曲线。根据确定的频率曲线,得出重现期、降雨强度和降雨历时三者的关系,即P、i、t关系值。

(5)根据P、i、t关系值求解b、n、A_1、C各个参数,可用解析法、图解与计算结合法或图解法等方法进行。将求得的各参数代入 $q = \dfrac{167A_1(1+C\lg p)}{(t+b)^n}$,即得当地的暴雨强度公式。

(6)计算抽样误差和暴雨公式均方差。一般按绝对均方差计算,也可辅以相对均方差计算。当计算重现期在0.25a~10a时,在一般强度的地方,平均绝对均方差不宜大于0.05mm/min。在较大强度的地方,平均相对均方差不宜大于5%。

4.径流系数

径流系数按汇水区域内的地表种类由表2-2-7确定。当汇水区域内有多种类型的地表时,应分别为每种类型选取径流系数后,按相应的面积大小取加权平均值。

径流系数 ψ 表2-2-7

地表种类	径流系数 ψ	地表种类	径流系数 ψ
沥青混凝土路面	0.95	陡峻的山地	0.75~0.90
水泥混凝土路面	0.90	起伏的山地	0.60~0.80
透水性沥青路面	0.60~0.80	起伏的草地	0.40~0.65
粒料路面	0.40~0.60	平坦的耕地	0.45~0.60
粗粒土坡面和路肩	0.10~0.30	落叶林地	0.35~0.60
细粒土坡面和路肩	0.40~0.65	针叶林地	0.25~0.50
硬质岩石坡面	0.70~0.85	水田、水面	0.70~0.80
软质岩石坡面	0.50~0.75		

5.设计径流量

设计径流量的计算过程可参照图2-2-1进行。

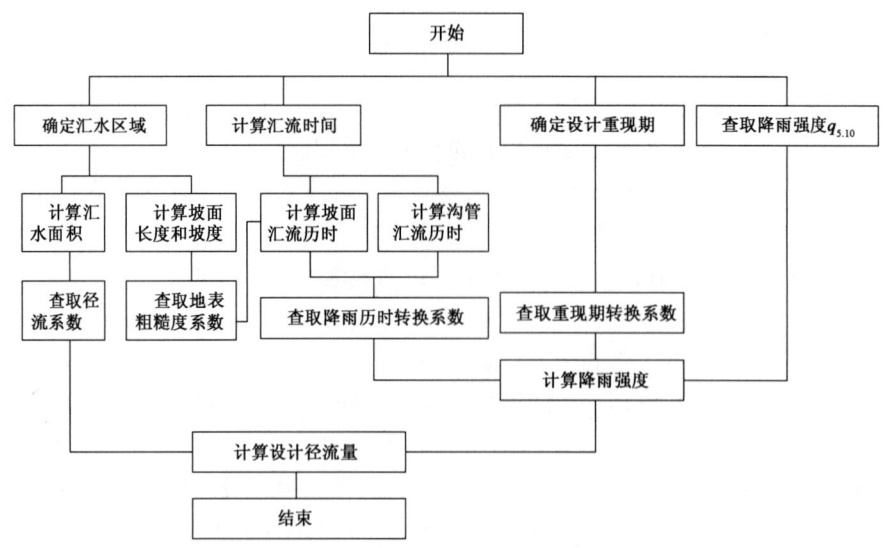

图 2-2-1　设计径流量计算过程框图

二、推理公式(二)

交通部公路科学研究所推荐使用的流量计算推理公式为：

$$Q_\mathrm{m} = 0.278\left(\frac{S_\mathrm{p}}{\tau^n} - \mu\right)F \tag{2-2-9}$$

式中：Q_m——最大洪峰流量($\mathrm{m^3/s}$)；
　　　S_p——某频率的雨力,可从各地区水文手册或暴雨分区图查用(mm/h)；
　　　τ——汇流时间(h)；
　　　n——暴雨递减指数,查表2-2-8；
　　　F——流域面积($\mathrm{km^2}$)；
　　　μ——损失参数(mm/h)。

在北方：$\qquad\qquad\qquad\mu = K_1 S_\mathrm{p}^{\beta_1}$

在南方：$\qquad\qquad\qquad\mu = K_2 S_\mathrm{p}^{\beta_2} F^\lambda$

式中：K_1、K_2——系数,查表2-2-9；
　　　β_1、β_2、λ——指数,查表2-2-9。

在北方：$\qquad\qquad\qquad\tau = K_3 (L/\sqrt{J})^{\partial_1}$

在南方：$\qquad\qquad\qquad\tau = K_4 (L/\sqrt{J})^{\partial_2} S_\mathrm{p}^{-\beta_3}$

式中：K_3、K_4——系数,查表2-2-10；
　　　∂_1、∂_2、β_3——指数,查表2-2-10；
　　　J——主沟底纵波(‰)；
　　　L——主沟长度(km)。

其中分区划分,根据土的类别和植物覆盖情况分类,见表2-2-11；按地形和气候特征或以流经省内的大流域作综合考虑,见表2-2-9。

式(2-2-9)是20世纪90年代初交通部公路科学研究所主持,若干公路部门参与制定的暴雨推理公式,应用范围为流域面积在$100\mathrm{km^2}$以下。

暴雨递减指数 n 值分区表

表 2-2-8

省(自治区、直辖市)	分区	n_1	n_2	n_3	备注	省(自治区、直辖市)	分区	n_1	n_2	n_3	备注
内蒙古自治区	Ⅰ	0.62	0.79	0.86		吉林省	Ⅰ	0.56	0.70	0.76	
	Ⅱ	0.60	0.76	0.79			Ⅱ	0.56	0.75	0.82	
	Ⅲ	0.59	0.76	0.80			Ⅲ	0.60	0.69	0.75	
	Ⅳ	0.65	0.73	0.75		河南省	Ⅰ	0.55~0.60	0.65~0.70	0.75~0.80	
	Ⅴ	0.63	0.76	0.81			Ⅱ	0.50~0.55	0.70~0.75	0.75~0.80	
	Ⅵ	0.59	0.71	0.77			Ⅲ	0.45~0.50	0.60~0.65	0.75	
	Ⅶ	0.62	0.74	0.82		广西壮族自治区	Ⅰ	0.38~0.43	0.65~0.70	0.70~0.73	
陕西省	Ⅰ	0.59	0.71	0.78			Ⅱ	0.40~0.45	0.70~0.75	0.75~0.85	
	Ⅱ	0.52	0.75	0.81			Ⅲ	0.40~0.45	0.60~0.65	0.75~0.85	
	Ⅲ	0.52	0.72	0.78		新疆维吾尔自治区	Ⅰ	0.63	0.70	0.84	
福建省	Ⅰ	0.53	0.65	0.70			Ⅱ	0.73	0.78	0.85	
	Ⅱ	0.52	0.69	0.73			Ⅲ	0.56	0.72	0.88	
	Ⅲ	0.47	0.65	0.70			Ⅳ	0.45	0.64	0.80	
	Ⅳ	0.48	0.65	0.73			Ⅴ	0.63	0.77	0.91	
	Ⅴ	0.51	0.67	0.70	n_1是小于1h的暴雨递减指数; n_2是1~6h的暴雨递减指数; n_3是6~24h的暴雨递减指数		Ⅵ	0.62	0.74	0.80	n_1是小于1h的暴雨递减指数; n_2是1~6h的暴雨递减指数; n_3是6~24h的暴雨递减指数
浙江省	Ⅰ	0.60	0.65	0.78			Ⅶ	0.60	0.72	0.86	
	Ⅱ	0.49	0.62	0.65			Ⅷ	0.60	0.66	0.85	
	Ⅲ	0.53	0.68	0.73		山西省		0.60	0.70		
安徽省	Ⅰ		0.61	0.69		贵州省		0.47	0.69	0.80	
	Ⅱ	0.38	0.69	0.69		河北省	Ⅰ	0.40~0.50	0.50~0.60	0.65	
	Ⅲ	0.39	0.76	0.77			Ⅱ	0.50~0.55	0.60~0.70	0.70	
甘肃省	Ⅰ	0.69	0.72	0.78			Ⅲ	0.55	0.60	0.60~0.70	
	Ⅱ	0.61	0.76	0.82			Ⅳ	0.30~0.40	0.70~0.75	0.75~0.80	
	Ⅲ	0.62	0.77	0.85		湖南省	Ⅰ	0.45	0.62~0.63	0.70~0.75	
	Ⅳ	0.55	0.65	0.82			Ⅱ	0.30~0.40	0.65~0.70	0.75	
	Ⅴ	0.58	0.74	0.85			Ⅲ	0.40~0.50	0.55~0.60	0.70~0.80	
	Ⅵ	0.49	0.59	0.84			Ⅳ	0.40~0.50	0.65~0.70	0.75~0.80	
	Ⅶ	0.53	0.66	0.75			Ⅴ	0.40~0.50	0.70~0.75	0.75~0.80	
宁夏回族自治区	Ⅰ	0.52	0.62	0.81		辽宁省	Ⅰ	0.60~0.66	0.70~0.74		
	Ⅱ	0.58	0.66	0.75			Ⅱ	0.60~0.55	0.70~0.60		
四川省	Ⅰ	0.50	0.60~0.65				Ⅲ	0.55~0.50	0.60~0.55		
	Ⅱ	0.45	0.70~0.75			云南省	Ⅰ	0.50~0.55	0.75~0.80	0.75~0.80	
	Ⅲ	0.73	0.70~0.75				Ⅱ	0.45~0.55	0.70~0.80	0.75~0.80	
青海省	Ⅰ	0.49	0.75	0.87			Ⅲ	0.55	0.60	0.65	
	Ⅱ	0.47	0.76	0.82			Ⅳ	0.50~0.45	0.65~0.75	0.70~0.80	
	Ⅲ	0.65	0.78								

损失参数 μ 的分区和系统指数值表 表2-2-9

省(自治区、直辖市)	分区	分区指标	K_1	β_1	K_2	β_2	λ
河北省	Ⅰ	河北平原区	1.23	0.61			
	Ⅱ	冀西北区	0.95	0.60			
		冀西山区盆区	1.15	0.58			
		冀西山区	1.12	0.56			
	Ⅲ	坝上高原区	1.52	0.50			
山西省	Ⅰ	煤矿塌陷和森林覆盖较好地区	0.85	0.98			
	Ⅱ	裸露石山区	0.25	0.98			
	Ⅲ	黄土丘陵区	0.65	0.98			
四川省	Ⅰ	青衣江区			0.742	0.542	0.222
	Ⅱ	盆地丘陵区			0.270	0.897	0.272
	Ⅲ	盆缘山区			0.263	0.881	0.281
安徽省	Ⅱ	根据表2-2-11 土的分类			0.755	0.74	0.0171
	Ⅲ	根据表2-2-11 土的分类			0.103	1.21	0.0425
	Ⅳ	根据表2-2-11 土的分类			0.406	1.00	0.1104
	Ⅴ	根据表2-2-11 土的分类			0.520	0.94	0
	Ⅵ	根据表2-2-11 土的分类			0.352	1.099	0
湖南省	Ⅰ	湘资流域	0.697	0.567			
	Ⅱ	沅水流域	0.213	0.940			
	Ⅲ	澧水流域	1.925	0.223			
宁夏回族自治区	Ⅴ	根据表2-2-11 土的分类	0.93	0.86			
	Ⅵ	根据表2-2-11 土的分类	1.98	0.69			
甘肃省	Ⅱ	根据表2-2-11 土的分类	0.65	0.82			
	Ⅲ	根据表2-2-11 土的分类	0.70	0.84			
	Ⅳ	根据表2-2-11 土的分类	0.75	0.86			
吉林省	Ⅱ	根据表2-2-11 土的分类			0.12	1.44	
	Ⅲ				0.13	0.37	
	Ⅳ				0.29	1.01	
	Ⅴ				0.29	1.01	
河南省	Ⅰ	根据 n 值分区图			0.0025	1.75	
	Ⅱ				0.057	1.00	
	Ⅲ				1.00	0.71	
	Ⅳ				0.80	0.51	
青海省	Ⅰ	东部区			0.52	0.774	
	Ⅱ	内陆区			0.32	0.913	
新疆维吾尔自治区	Ⅰ	$50 < F < 200$			0.46	1.09	
	Ⅱ	$F < 200$			0.68	1.09	

续上表

省(自治区、直辖市)	分区	分 区 指 标	K_1	β_1	K_2	β_2	λ
浙江省	I	浙北地区	0.08	1.5			
	II	浙东南沿海区	0.1~0.11	1.5			
	III	浙西南、西北及中部丘陵区	0.13~0.14	1.5			
	IV	杭加湖平原边缘地势平缓区	0.15	1.5			
内蒙古自治区	IV	大兴安岭中段及余脉山地	0.517~0.83	0.4~0.71			
	VI	黄河流域山地丘陵区	1.00	1.05			
福建省		全省通用	0.34	0.93			
贵州省	I	深山区			1.17	1.099	0.437
	II	浅山区			0.51	1.099	0.437
	III	平丘区			0.31	1.099	0.437
广西壮族自治区	I	丘陵区	0.52	0.774			
	II	山区	0.52	0.913			

汇流时间 t 分区和系数指数表 表2-2-10

省(自治区、直辖市)	分区	分 区 指 标	K_3	∂_1	K_4	∂_2	β_3
河北省	I	河北平原	0.70	0.41			
	II	冀北山区	0.65	0.38			
		冀西北山盆地	0.58	0.39			
		冀西山区	0.54	0.40			
	III	坝上高原	0.45	0.18			
山西省		土石山覆盖的林区	0.15	0.42			
		煤矿塌陷漏水区和严重风化区	0.13	0.42			
		黄土丘陵区	0.10	0.42			
四川省		盆地丘陵区 青衣江区	$J \leq 10‰$		3.67	0.620	0.203
			$J > 10‰$		3.67	0.516	0.203
		盆缘山区	$J < 15‰$及西昌区		3.29	0.696	0.239
			$J \geq 15‰$		3.29	0.536	0.239
安徽省	I	>15‰			$F<(90)$ 37.5 $F<(90)$ 26.3	0.925	0.725
	II	10‰~15‰			11	0.512	0.395
	III	5‰~10‰			29	0.819	0.544
	IV	<5‰			14.3	0.30	0.350
湖南省	I	湘资水系	5.59	0.380			
	II	沅水系	3.79	0.197			
	III	澧水系	1.57	0.636			

续上表

省(自治区、直辖市)	分区	分区指标	K_3	∂_1	K_4	∂_2	β_3
宁夏回族自治区	I	山区	0.14	0.44			
	II	丘陵区	0.38	0.21			
广西壮族自治区	I	山区	0.56	0.306			
	II	丘陵区	0.42	0.419			
甘肃省	I	平原	0.62	0.71			
	II	丘陵	0.96	0.71			
	III	山区	0.39	0.71			
吉林省	I	平原	0.00055	1.40			
	II	丘陵	0.032	0.84			
	III	山区	0.027	1.43			
河南省	I	根据 n 值分区图	0.73	0.32			
	II	根据 n 值分区图	0.038	0.75			
	III	根据 n 值分区图	0.63	0.15			
	IV	根据 n 值分区图	0.80	0.20			
青海省	I	东部区	0.871	0.75			
	II	内陆区	0.96	0.747			
新疆维吾尔自治区	I	$50 < F < 200$	0.60	0.65			
	II	$F \geq 200$	0.20	0.65			
浙江省	I	浙北地区			72.0	1.187	0.90
	II	浙东南沿海区			72.0	0.187	0.90
	III	浙西南、西北山区及中部丘陵区			72.0	0.187	0.90
	IV	杭嘉湖平原边缘地势站缓地区			105.0	0.187	0.90
内蒙古自治区	I	大兴安岭中段及余脉山地丘陵区	0.334~0.537	0.16			
	II	黄河流域山地丘陵区	0.354~0.537	0.16			
福建省	I	平原区			1.80	0.48	0.51
	II	丘陵区			2.00	0.48	0.51
	III	山区			2.60	0.48	0.51
贵州省	I	平原区	0.080	0.713			
	II	浅山区	0.193	0.713			
	III	深山区	0.302	0.713			

土、植被分类表　　　　表2-2-11

类别	特征
I	无裂缝岩石、沥青面、混凝土面、冻土、重黏土、沼泽土、水稻土;植被极差
II	黏土、盐碱土地面;土层瘠薄的岩石地区;植被差、轻微风化的岩石地区

续上表

类 别	特 征
Ⅲ	植被差的砂质黏土地面；土层较薄的土面山区；植被中等、风化中等的山区
Ⅳ	植被差的黏砂土地面；风化严重、土层厚的山区；草灌木丛较密的山丘区或草地；人工幼林区；水土流失中等的黄土面地区
Ⅴ	植被差的一般砂土地面；土层较厚、森林较密的地区；有大面积水土保持措施、治理较好的土质
Ⅵ	无植被、松散的砂土地面；茂密并有枯枝落叶层的原始森林

注：以上是参考中国科学院地理研究所的分类。

目前全国暴雨分区已有交通运输部公路科学研究所提出的某一洪水频率的雨力 S_p（1%、2%和4%）的全国等值线图。关于 1∶15 洪水频率的雨力 S_p 可查各省（区、市）有关调查整理资料。

三、径流简化公式

我国公路桥涵水文计算中，小流域的流量计算，多采用式 2-2-10：

$$Q = \phi_0 (h-z)^{\frac{3}{2}} F^{\frac{4}{5}} \beta \gamma \delta \quad (2\text{-}2\text{-}10)$$

式中：Q——频率为 P 的洪峰流量（m³/s）；

h——径流厚度（mm），按表 2-2-12 采用；表中"区别"是暴雨分区，可按表 2-2-13 所列分区范围确定，土壤类别按表 2-2-14 确定，汇流时间 t（min）按流域面积 F（km²）大小而定：

$F < 10$ 时，$t = 30$；

$10 < F < 20$ 时，$t = 45$；

$20 < F < 30$ 时，$t = 80$；

也可以采用径流厚度（h 值）表，更为接近实际情况；

z——被植物或洼地滞留的径流厚度（mm），按表 2-2-15 采用；

F——流域（汇水）面积（km²）；

β——洪水传播影响洪峰流量的折减系数，按表 2-2-16 采用；

γ——流域内降雨不均匀影响洪峰流量的折减系数，按表 2-2-17 采用；

ϕ_0——地貌系数，按表 2-2-18 采用；

δ——湖泊或小水库调节作用影响洪峰流量的折减系数，可采用表 2-2-19 所列概略值。

常用径流厚度 h 值（简化公式用） 表 2-2-12

区别	土壤类别	频率 1∶15			频率 1∶25			频率 1∶50			频率 1∶100		
		汇流时间（min）											
		30	45	80	30	45	80	30	45	80	30	45	80
第 1 区	Ⅰ	38	47	62	41	50	65	45	56	73	48	59	78
	Ⅱ	29	35	45	32	35	47	36	44	55	39	48	61
	Ⅲ	24	29	38	27	32	41	31	38	49	35	42	55
	Ⅳ	17	21	30	20	26	32	25	30	39	28	33	46
	Ⅴ	11	13	16	13	15	18	18	20	25	19	24	32
	Ⅵ	2	2	5	3	5	7	7	9	13	9	12	20

续上表

区别	土壤类别	频率1:15			频率1:25			频率1:50			频率1:100		
		汇流时间(min)											
		30	45	80	30	45	80	30	45	80	30	45	80
第2区	Ⅰ	43	53	68	48	58	70	51	63	79	57	68	86
	Ⅱ	34	42	51	38	45	54	43	51	62	48	57	69
	Ⅲ	28	36	45	32	38	42	37	45	55	43	51	61
	Ⅳ	22	28	34	27	31	37	30	38	45	36	43	51
	Ⅴ	15	18	16	18	21	20	22	26	28	28	32	35
	Ⅵ	—	—	—	3	—	—	8	9	7	12	13	15
第3区	Ⅰ	47	61	79	52	66	86	56	70	93	60	75	100
	Ⅱ	38	48	63	37	54	70	48	59	77	52	63	84
	Ⅲ	32	42	55	37	48	64	41	52	70	46	57	75
	Ⅳ	28	35	46	32	41	54	37	46	60	41	50	67
	Ⅴ	19	25	30	24	31	40	28	34	44	31	39	52
	Ⅵ	8	11	16	13	17	24	15	20	30	19	26	40
第4区	Ⅰ	45	57	76	52	64	84	56	70	97	60	78	109
	Ⅱ	38	46	63	44	54	72	48	62	82	52	68	95
	Ⅲ	32	40	55	39	50	64	43	35	75	46	63	90
	Ⅳ	24	32	44	32	40	53	35	45	64	41	54	77
	Ⅴ	14	20	31	20	25	37	23	32	53	31	40	60
	Ⅵ	7	10	11	12	14	18	16	21	30	21	28	41
第5区	Ⅰ	40	51	66	43	55	72	48	60	78	56	69	89
	Ⅱ	32	40	53	35	44	60	40	50	65	48	59	77
	Ⅲ	27	35	44	30	39	52	35	43	57	43	52	68
	Ⅳ	21	27	35	24	31	42	27	34	47	35	44	59
	Ⅴ	11	15	20	14	19	26	17	23	32	24	31	42
	Ⅵ	3	4	6	5	6	9	7	9	15	12	15	22
第6区	Ⅰ	42	51	65	48	57	71	52	61	79	57	69	86
	Ⅱ	34	40	50	40	47	57	44	51	65	49	60	72
	Ⅲ	30	35	43	35	41	50	39	46	56	43	52	64
	Ⅳ	21	26	31	27	32	37	31	36	44	36	44	54
	Ⅴ	12	15	15	16	19	21	22	23	27	27	30	35
	Ⅵ	1	2	3	2	3	5	5	6	9	11	11	14
第7区	Ⅰ	48	59	77	54	68	85	60	75	96	66	83	105
	Ⅱ	40	50	64	46	57	71	52	66	82	59	74	94
	Ⅲ	35	43	55	41	51	63	47	59	74	53	66	84
	Ⅳ	27	34	45	34	41	51	39	50	61	46	58	72

续上表

区别	土壤类别	频率1:15			频率1:25			频率1:50			频率1:100		
		汇流时间(min)											
		30	45	80	30	45	80	30	45	80	30	45	80
第7区	V	15	19	25	21	26	35	29	35	46	33	40	52
	VI	6	7	9	9	10	13	17	19	23	19	24	30
第8区	I	55	73	99	59	77	105	65	85	116	70	92	131
	II	47	62	85	52	67	92	58	76	103	63	82	118
	III	43	57	80	47	61	83	53	69	95	58	76	110
	IV	35	48	67	39	51	72	45	59	82	49	66	96
	V	25	35	51	27	36	56	34	45	63	39	53	79
	VI	17	22	32	18	25	38	24	33	49	30	42	63
第9区	I	53	93	74	58	69	81	63	74	86	70	80	94
	II	46	53	61	50	59	67	56	64	72	63	71	82
	III	40	45	53	46	53	59	51	58	66	57	64	73
	IV	32	36	41	38	42	47	43	48	53	48	55	59
	V	20	22	23	26	28	28	30	32	34	37	40	41
	VI	3	4	5	5	6	9	10	9	15	18	19	22
第10区	I	40	49	60	43	54	67	46	57	71	52	64	79
	II	32	38	47	35	43	53	38	46	57	44	54	60
	III	27	32	39	30	38	46	34	41	50	39	48	57
	IV	20	24	28	24	29	33	27	32	38	34	40	45
	V	10	10	10	13	16	16	15	19	21	21	25	27
	VI	—	—	—	—	—	—	—	—	—	4	4	—
第11区	I	36	45	60	40	50	64	43	56	68	45	55	73
	II	29	36	46	31	39	50	34	43	55	38	48	62
	III	23	29	36	27	34	42	28	38	46	32	40	51
	IV	16	21	27	16	24	30	20	26	35	25	31	41
	V	8	8	7	9	15	11	12	15	19	15	20	25
	VI	—	—	—	—	—	—	—	—	—	—	—	—
第12区	I	45	53	67	48	58	72	53	62	78	59	71	84
	II	38	44	53	41	48	58	45	52	64	51	61	73
	III	31	36	45	35	41	50	41	48	57	46	53	64
	IV	25	28	34	27	32	39	33	38	44	38	45	53
	V	13	15	17	15	19	21	21	23	26	26	30	35
	VI	2	2	3	2	2	4	5	5	7	10	10	12
第13区	I	32	38	44	35	41	48	40	47	54	46	52	61
	II	24	26	27	26	29	32	31	35	37	37	41	44

续上表

区别	土壤类别	频率1:15			频率1:25			频率1:50			频率1:100		
		汇流时间(min)											
		30	45	80	30	45	80	30	45	80	30	45	80
第13区	Ⅲ	19	20	20	21	24	24	26	30	30	31	35	37
	Ⅳ	12	11	9	14	15	14	20	21	20	25	27	27
	Ⅴ	—	—	—	2	—	—	9	6	1	16	14	6
	Ⅵ	—	—	—	—	—	—	—	—	—	—	—	—
第14区	Ⅰ	27	33	41	30	36	45	34	41	50	38	46	57
	Ⅱ	19	23	24	21	25	27	25	23	34	30	35	39
	Ⅲ	15	16	16	16	19	20	20	23	25	24	29	32
	Ⅳ	3	5	4	3	6	9	14	16	15	17	21	22
	Ⅴ	—	—	—	—	—	—	6	5	1	10	8	3
	Ⅵ	—	—	—	—	—	—	—	—	—	—	—	—
第15区	Ⅰ	33	41	51	37	46	56	39	49	63	44	54	69
	Ⅱ	25	30	35	29	35	39	31	39	48	36	43	52
	Ⅲ	19	24	26	23	29	33	25	32	39	30	36	44
	Ⅳ	13	16	18	17	20	22	19	24	29	23	29	35
	Ⅴ	7	—	—	10	9	—	13	16		15	19	10
	Ⅵ	—	—	—	—	—	—	—	—	—	—	—	—
第16区	Ⅰ	34	42	53	36	45	56	41	90	63	45	56	71
	Ⅱ	25	30	36	28	34	41	32	38	47	38	44	51
	Ⅲ	20	24	29	23	28	33	27	33	40	31	38	47
	Ⅳ	15	17	19	16	20	24	21	26	31	25	30	37
	Ⅴ	7	5	—	9	10	—	13	15	13	18	21	21
	Ⅵ	—	—	—	—	—	—	—	—	—	2	1	—
第17区	Ⅰ	48	58	70	52	64	76	58	70	85	66	79	93
	Ⅱ	39	46	54	44	52	61	50	59	68	58	67	76
	Ⅲ	35	42	45	39	45	53	44	53	60	52	61	69
	Ⅳ	28	33	35	32	37	42	32	45	50	45	53	59
	Ⅴ	21	22	16	24	28	26	29	34	32	38	43	42
	Ⅵ	1	1	2	6	2	2	12	9	5	19	19	13
第18区	Ⅰ	44	52	69	46	57	75	52	64	81	57	69	87
	Ⅱ	35	44	53	37	46	58	43	53	64	49	58	70
	Ⅲ	31	38	46	32	40	51	37	46	57	43	52	64
	Ⅳ	25	30	37	28	33	41	33	39	47	37	45	55
	Ⅴ	16	20	21	20	22	25	24	28	31	28	33	39
	Ⅵ	6	5	3	7	8	6	10	12	11	16	18	21

暴雨分区各区范围 表 2-2-13

区别	分区界线				分区范围
	东	南	西	北	
第1区	由海河入海处起至太行山麓	黄河	五台山、太行山	燕山山脉	主要是太行山东面山区,包括:河北西北部、河南西北角、山西东部一小部分
第2区	黄河	黄河	由海河入海处起至太行山东麓		华北平原,包括:河北大部分、山东黄河以北、河南黄河以北的北角一小部分
第3区	黄海	沂河	运河	黄河、渤海	山东半岛,包括:山东大部分、江苏的沭阳以北一小部分
第4区	黄海	天目山、黄山、大别山、大洪山、荆山	武当区、巫山	沂河、运河、黄河、嵩山	淮河流域和长江下游平原,包括:江苏全部,安徽、河南的绝大部分,湖北北部的一小部分,山东西南角
第5区	武夷山	大庾岭和沿广西北部省界山脉	武陵山脉	黄山、大别山、大洪山、荆山	长江流域中游平原,包括:湖南全部,江西的万安、抚州、德兴以西的地区,湖北保康、广水以南地区,安徽西南角
第6区	括苍山、戴云山	罗浮山、九连山	武夷山、大庾岭、北江西江分水岭	天目山	东南丘陵区,包括:浙江、福建、广东的佛山、龙山以北地区,江西的万安、抚州以南地区
第7区	东海、台湾海峡	韩江、九龙江分水岭	括苍山、戴云山	杭州湾	东南丘陵区,包括:浙江、福建的沿海地区
第8区	韩江、九龙江分水岭	南海	国界	罗浮山、九连山、云开大山、十万大山	东南丘陵区,包括:广东的龙山、广州以南地区,广西玉林、十万大山以南到沿海地区
第9区	北江、西江分水岭	云开大山、十万大山	沿经度106°山脉	沿省界山脉、苗岭山脉	东南丘陵区,包括:广西大部分,广东西部一小部分
第10区	武陵山脉	苗岭、国界	沿经度107°山脉、大娄山、沿经度104°山脉	大巴山	云贵高原区,包括:贵州全部,四川东部和湖北西部地区,云南东部和广西西部地区
第11区	沿经度104°山脉	国界	横断山	纬度28°	云贵高原区,包括:云南大部分,四川雷波、越西以南地区
第12区	沿经度107°山脉	大娄山	茶坪山、邛崃山、夹金山、大相岭	米仓山、摩天岭	四川盆地区,包括:四川一大部分

续上表

区别	分区界线				分区范围
	东	南	西	北	
第13区	大兴安岭、太行山、五台山、武当山、巫山	大巴山	洛河、泾河发源山脉分水岭	长城	黄土高原区，包括：山西太行山以西应县、兴县以南大部分地区，甘肃岷县榆中以东部分，陕西全部，河北怀来、张家口之间地区
第14区	大兴安岭	太行山、五台山	贺兰山、六盘山	阴山、锡林浩特、国界	北部高原和黄河高原，包括：内蒙古自治区的大部分，河北、山西、陕西长城以北地区，黑龙江大兴安岭以西地区
第15区	小兴安岭	大小兴安岭南麓	大兴安岭	国界	黑龙江省齐齐哈尔以北地区
第16区	国界	国界、龙江山、公主岭、双山、燕山山脉	大兴安岭	国界、大小兴安岭南麓	松花江平原，包括：黑龙江、吉林、内蒙古大兴安岭以东、辽河平原以西内蒙古的一部分，河北承德以北地区
第17区	龙江山、公主岭	千山、辽东湾	大兴安岭东麓	双山	辽河平原区，包括：辽宁的大部分，即长春、通辽、建昌、旅大、本溪、辽源之间地区
第18区	鸭绿江	西朝鲜湾	大连、本溪的连线	龙江山、千山	辽东半岛区，包括：辽宁的一部分，即大连、本溪、浑江、鸭绿江之间地区

注：1. 海南岛地区用第8区暴雨资料，兰州可用第14区的暴雨资料。
2. 新疆、西藏等地区，因形成最大洪水多半为融雪水，不在本分区方案之内。
3. 台湾地区尚未分区。
4. 因内山区迎风坡常出现较大暴雨，分区用的降雨量—历时—重现期曲线系代表平均情况，因此在使用时应加注意。这些山区根据现有资料了解有：泰山南面山区、大别山山区、黄山山区、湘西山区、峨眉山山区、邛崃山区、腾冲附近、横断山脉、广西西北山区。还有受台风影响的沿海地区，在这些地区的迎风坡上也常有大暴雨出现。

土壤吸水类属

表 2-2-14

类属号	土壤名称	含沙率(%)
Ⅰ	无裂缝岩石、沥青面、混凝土面、冻土、重黏土、沼泽土、水稻土	0~5
Ⅱ	黏土、盐土、碱土、龟裂地、山地草甸土	5~15
Ⅲ	壤土(亚黏土)红壤、黄壤、紫色土、灰化土、灰钙土、漠钙土	15~35
Ⅳ	黑钙土、黄土性土壤、灰色森林土、棕色森林土(棕壤)、森林棕钙土(褐土)生草沙壤土、冲积性土壤	35~65
Ⅴ	沙壤土(亚砂土)、生草的沙	65~85
Ⅵ	沙	85~100

注：1. 表中所指含沙率的粒径为0.05~3mm。
2. 取样位置在地面下0.2~0.5m。
3. 取样质量为200g。
4. 在根据土的类别确定径流厚度时，须考虑下列因素，酌情予以提高或降低类别：
(1) 如某种土的含沙率大于表列该类别的平均范围，可提高1~2类；
(2) 如底土不透水，视表土与心土厚薄，可降低1类；
(3) 对于耕作土或异常松散土，可提高1~2类；
(4) 如土中有遇水不闭合的裂隙(如岩土裂缝)或植物(森林)根系通道，虫孔、动物孔洞等较多时，可提高1~2类；
(5) 土中夹杂碎石、卵石、砾石含量高时，可提高1~2类。

植物(或洼地)滞留的径流厚度 Z 值　　　　　　　　　　　　表 2-2-15

地 面 特 征	Z(mm)
高 1m 以下密草,1.5m 以下幼林,稀灌木丛,根浅茎细的旱田农作物(如麦类)	5
高 1m 以下密草,1.5m 以上幼林,灌木丛,根深茎粗的旱田农作物(如高粱),山地水稻田,结合治理,坡面已初步控制者	10
顺坡带埂的梯田 每个 0.1~0.2m³,每平方公里大于 10 万个鱼鳞坑 每个 0.3m³,每平方公里大于 5 万 m 的水平沟 (后两项在黄土高原水土流失严重地区不考虑)	10~15
稀林、树冠所遮盖的面积占全面积的百分比(即郁闭度)为 40% 以下,结合治理,坡面已基本控制者	15
平原水稻田	20
中等稠度林(郁闭度 60% 左右)	25
水平带埂或倒坡的梯田	20~30
密林(郁闭度 80% 以上)	35
阻塞地,青苔泥沼地,洪水时期长有农作物的耕地	20~40

折减系数 β 值　　　　　　　　　　　　表 2-2-16

流域面积重心至桥涵的距离 L_0(km)	1	2	3	4	5	6	7	10
平地及丘陵汇水区	1	0.95	0.90	0.85	0.80	0.75	0.70	0.60
山地及山岭汇水区	1	1	1	0.95	0.90	0.85	0.80	0.70

折减系数 γ 值　　　　　　　　　　　　表 2-2-17

汇流时间 (min)	季风气候地区				西北和内蒙古地区			
	流域的长度或宽度(km)							
	25	35	50	100	5	10	20	35
30	1.0	0.9	0.8	0.8	0.9	0.8	0.7	0.6
45		1.0	0.8	0.8	1.0	0.9	0.8	0.7
60			1.0	0.9		0.9	0.9	0.7
80				100		1.0	0.9	0.8
100							0.9	0.9
150							1.0	0.9
200								1.0

地貌系数 ϕ_0 值　　　　　　　　　　　　表 2-2-18

地 形	按主河沟平均坡度 J(%)	流域面积 F(km²) 的范围		
		$F<10$	$10<F<20$	$20<F<30$
平地	1,2	0.05	0.05	0.05
平原	3,4,6	0.07	0.06	0.06
丘陵	10,14,20	0.09	0.07	0.06
山地	27,35,45	0.10	0.09	0.07
山岭	60~100	0.13	0.11	0.08
	100~200	0.14		
	200~400	0.15		
	400~800	0.16		
	800~1200	0.17		

折减系数 δ 值 表 2-2-19

$\frac{f}{F}(\%)$	5	10	15	20	25	30	35	40	45	50	60	70	80	90	100
δ	0.99	0.97	0.96	0.94	0.93	0.91	0.90	0.88	0.87	0.85	0.82	0.79	0.76	0.73	0.70

注：1. 表中 F 为流域面积，f 为水库控制的流域面积，单位为 km^2。
    2. 对于湖泊，也可以用本表数值。

四、经验公式（一）

对于小流域的设计流量，除按上述洪水资料推算外，还可用经验公式推算，但这类公式具有地区局限性。常见的经验公式见式(2-2-11)：

$$Q = CF^n \tag{2-2-11}$$

式中：Q——设计径流量(m^3/s)；
    C、n——参数，见表 2-2-20；
    F——流域（汇水）面积(km^2)。

参数 C、n 经验值 表 2-2-20

区 域	参 数	频率 $P(\%)$					适 用 范 围
		0.5	1.0	2.0	5.0	10.0	
山地	C	28.6	22.0	17.0	10.7	6.58	3～2000
	n	0.601	0.621	0.635	0.672	0.707	
平原沟壑	C	70.1	49.9	32.5	13.5	3.20	5～200
	n	0.244	0.258	0.281	0.344	0.506	

五、经验公式（二）

目前有两个经验公式，分述于下：

$$Q_m = \phi (S_p - \mu)^m F^{\lambda_2} \tag{2-2-12}$$

式中，S_p、μ 与推理公式(2-2-10)所用值相同；ϕ、m、λ_2 分别为系数和指数，从表 2-2-21 查得。

$$Q_m = CS_p^\beta F^{\lambda_3} \tag{2-2-13}$$

式中，S_p 用式(2-2-12)的同一值；C、β、λ_3 分别为系数和指数，从表 2-2-22 查得。

经验公式(2-2-12)中各系数和指数表 表 2-2-21

省 份	分区	分区指标		系数和指数		
				ϕ	m	λ_2
四川省	I	盆地丘陵区	$J \leq 2‰$	0.086	1.18	0.712
			$2‰ < J < 10‰$	0.105		0.730
			$J \geq 10‰$	0.124		0.747
	II	盆缘山区 青衣江区	$J \leq 10‰$	0.102	1.20	0.724
			$10‰ < J < 20‰$	0.123		0.745
			$J \geq 20‰$	0.142		0.788

续上表

省　份	分区	分区指标	系数和指数			
				ϕ	m	λ_2
安徽省	I	$J>15‰$	1%	1.2×10^{-4}	2.75	0.896
			2%	1.4×10^{-4}		
			4%	1.6×10^{-4}		
	II	$5‰\leq J\leq15‰$	1%	4.8×10^{-4}	2.75	1.00
			2%	5.5×10^{-4}		
			4%	7.0×10^{-4}		
	III	$J<5‰$	1%	1.8×10^{-4}	2.75	0.965
			2%	1.9×10^{-4}		
			4%	2.0×10^{-4}		
宁夏回族自治区	I	丘陵区		0.308	1.32	0.60
	II	山区		0.542	1.32	0.60
	III	林区		0.085	1.31	0.75
甘肃省	I	平原区		0.08	1.08	0.96
	II	丘陵区		0.14	1.08	0.96
	III	山区		0.27	1.08	0.96
吉林省	I	平原区		0.0076~5.6	1.50	0.80
	II	丘陵区		0.0053~7.00	1.50	0.80
	III	山区		0.003~0.68	1.50	0.80
河南省	I	根据 n 值分区图		0.22	0.98	0.86
	II			0.66	1.03	0.65
	III			0.76	1.00	0.67
	V			0.28	1.07	0.81
新疆维吾尔自治区	I	林区土石山		0.0065	1.50	0.8
	II	土石山		0.035	1.50	0.8
内蒙古自治区	I	大青山东端山区	1%	8.4	0.41	0.55
			2%	12.3	0.41	0.55
			4%	19.2	0.41	0.55
	II	大青山中部和蛮汉山山地丘陵区	1%	7.8	0.41	0.55
			2%	11.8	0.41	0.55
			4%	16.5	0.41	0.55
	III	大青山西端山区	1%	7.4	0.41	0.55
			2%	11.2	0.41	0.55
			4%	15.0	0.41	0.55
福建省	I	平原区		0.09	1.00	0.96
	II	丘陵区		0.10	1.00	0.96

续上表

省 份	分区	分区指标	系数和指数		
			ϕ	m	λ_2
福建省	III	浅山区	0.16	1.00	0.96
	V	深山区	0.25	1.00	0.96
贵州省	I	平丘区	0.022	1.085	0.98
	II	浅山区	0.038	1.085	0.98
	III	深山区	0.066	1.085	0.98

经验公式(2-2-13)中各系数和指数表　　　　　　　　　　　　　　　表 2-2-22

省 份	分区	指 标		系数和指数		
				C	β	λ_3
山西省	I	石山、黄土丘陵植被差		0.24~0.20	1.00	0.78
	II	土石山、风化石山植被一般		0.19~0.16	1.00	0.78
	III	煤矿漏水区、植被较好地区		0.15~0.12	1.00	0.78
四川省	I	盆地丘陵区	$J\leq10‰$	0.125	1.10	0.723
			$J>10‰$	0.145		
	II	盆缘山区 青衣江区	$J\leq10‰$	0.140	1.14	0.737
			$J>10‰$	0.160		
安徽省	I	$J>15‰$	1%	2.92×10^{-4}	2.414	0.896
			2%	3.15×10^{-4}		
			4%	3.36×10^{-4}		
	II	$5‰\leq J\leq15‰$	1%	1.5×10^{-4}	2.414	1.00
			2%	1.32×10^{-4}		
			4%	1.27×10^{-4}		
	III	$J<5‰$	1%	2.35×10^{-4}	2.414	0.965
			2%	2.66×10^{-4}		
			4%	2.75×10^{-4}		
宁夏回族自治区	I	丘陵区		0.061	1.51	0.60
	II	山区		0.082	1.51	0.60
	III	林区		0.013	1.51	0.75
甘肃省	I	平原区		0.018	1.40	0.95
	II	丘陵区		0.03	1.40	0.95
	III	山区		0.05	1.40	0.95
吉林省	I	松花江、图们江、牡丹江水系	山岭	0.075	0.80	1.12
			丘陵	0.035		
			平原	0.0135		
	II	拉林河、饮马河水系	山岭	0.31	0.80	1.37
			丘陵	—		

续上表

省 份	分区	指 标		系数和指数		
				C	β	λ_3
吉林省	Ⅱ	拉林河、饮马河水系	平原	0.14~0.018	0.80	1.37
	Ⅲ	东运河水系	山岭	—	0.80	0.52
			丘陵	—		
			平原	0.275		
河南省	Ⅰ	见 n 值分区图		0.18	0.10	0.86
	Ⅱ			0.45	1.09	0.65
	Ⅲ			0.36	1.07	0.67
	Ⅴ			0.48	0.95	0.80
浙江省	Ⅰ	钱塘江流域		0.01	1.37	1.10
	Ⅱ	浙北地区		0.02	1.37	1.10
	Ⅲ	其他		0.015	1.37	1.10
福建省	Ⅰ	平原区		0.030	1.25	0.90
	Ⅱ	丘陵区		0.034	1.25	0.90
	Ⅲ	浅山区		0.050	1.25	0.90
	Ⅴ	深山区		0.071	1.25	0.90
贵州省	Ⅰ	平原区		0.016	1.112	0.985
	Ⅱ	浅山区		0.030	1.112	0.985
	Ⅲ	深山区		0.056	1.112	0.985

经验公式结构简单,计算方便,但任何经验公式都是成因分析,是建立在大量可靠的统计资料基础上的。对小流域面积要满足以上条件还存在一定的困难,其解决办法是借用相同条件流域的经验来进行计算。

第三节　地下水勘察试验

一、地下水调查和测定

地下水调查和测定是一项深入细致的工作,设计前应收集既有的工程地质和水文地质等有关资料,并通过野外调查及坑探和钻探测试,收集下列数据：

（1）设置地下排水设备的工程地质平面图,其中包括地形、地貌及路线的纵横断面图。

（2）原地面土的物理力学性质,如土的颗粒组成、渗透性和毛细管水上升高度等。

（3）地下水的类型和补给来源、补给方式或途径、补给区分布和补给量;含水层和不透水层的性质、层数和厚度。

（4）泉水出露的位置、类型、流量和动态变化,含水层补给来源。

（5）地下水的埋藏深度、水位变化规律和变化幅度、地下水降落曲线的平均坡度。

（6）土的冻结深度、最小填土高度及有关气象资料。

（7）地下水的流向、流速和水力坡度、泉眼的位置和流量。

(8)当地地下水的利用和已有的地下排水设施使用情况。

(9)评价地下水对公路的影响。

在缺乏常年地下水位监测资料的地区,当对地质条件复杂的隧道、大型滑坡、深路堑等重点工程初步勘察时,宜设置观测孔对有关层位的地下水进行长期观测。当水文地质条件对其工程方案有重大影响时,应进行专门的水文地质勘察,现场测定地层渗透系数等水文地质参数;必要时可设置观测孔,量测压力水头随深度的变化。

专门的水文地质勘察应符合下列要求:

(1)查明含水层和隔水层的埋藏条件,地下水类型、流向、水位及其变化幅度,当场地有多层对工程有影响的地下水时,应分层量测地下水位,并查明互相之间的补给关系。

(2)查明场地地质条件对地下水赋存和渗流状态的影响;必要时应设置观测孔,或在不同深度埋设孔隙水压力计,量测压力水头随深度的变化。

(3)通过现场试验,测定地层渗透系数等水文地质参数(表2-2-23)。

地下水水文地质参数测定方法 表2-2-23

序号	参　　数	测　定　方　法
1	水位	钻孔、探井或测压管观测
2	渗透系数、导水系数	抽水试验、注水试验、压水试验、室内渗透试验
3	给水度、释水系数	单孔抽水试验、非稳定流抽水试验、地下水位长期观测、室内试验
4	越流系数、越流因数	多孔抽水试验(稳定流或非稳定流)
5	单位吸水率	注水试验、压水试验
6	毛细水上升高度	试坑观测、室内试验

注:除水位外,当对数据要求不高时,可采用经验数值。

二、地下水位的测定

当遇有地下水时应量测水位,遇有对工程有影响的多层含水层的水文量测,应采取止水措施,将被测含水层与其他含水层隔开。

测定水文可根据工程性质、施工条件以及量测精度选用水位计类型。如测钟是勘探孔和观察孔测水位的常用工具,但水位太深时,测钟接触水面时的声音难以听清;电池水位计适用于任何深度水位和任何孔径的勘探孔;自动水位记录仪可连续工作记录水位,适用于孔径大于89mm的孔(井)。

初见水位和稳定水位可在钻孔、探井或测压管内直接量测,稳定水位的间隔时间按地层的渗透性确定,对砂土和碎石土不得小于0.5h,对粉土和黏性土不得少于8h,并宜在勘察结束后统一测量稳定水位。量测读数至厘米,精度不得低于±2cm。

地下水流向流速测定的方法可分为间接的抽水试验法和直接的示踪法。按示踪方式,示踪法可分为人工示踪剂法、环境同位素年龄法和热示踪法。各种方法按试验的井数又可分为单井法和多井法。

野外确定地下水流向多采用三角形法(几何法),即量测点不应少于呈三角形分布的3个测孔(井),该3个测孔(井)除应在同一水文地质单元外,尚需考虑形成锐角三角形,其中最小的夹角不宜小于40°,孔距按岩土的渗透性、水力梯度和地形坡度确定,一般可取为50~150m。

应同时量测各孔(井)内水位高程后,编制等水位线图,然后从高程高的等水位线向高程低的等水位线引垂线,垂线两端点水位差除以垂线长为水力坡度,垂线方向为地下水流向。

地下水的流速采用指示剂法或充电法测定,一般可利用指标剂着色法测定,或者利用已知的水力坡度和渗透系数,由计算确定。

三、渗透系数的测定

含水层介质的渗透系数可采用下述室内或野外试验方法确定:

(1)按代表性岩土的渗透系数经验值粗略的估计。

(2)由室内常水头或变水头渗透试验确定。试验时,试件的直径应为岩土颗粒最大粒径的8或12倍。

(3)在野外对含水层进行抽水试验后计算确定,或者对非饱和松散岩土层采用渗水试验确定。

试坑渗水试验仅适用于测定浅部土层的渗透系数的求取,常用的有试坑法、单环法和双环法;钻孔注水试验适用于地下水位埋深较深,不便于进行抽水试验的场地,或在干的透水岩土层中进行;抽水试验为岩土工程勘察中查明地层渗透性,测定有关水文地质参数常用方法之一。

抽水试验根据勘察工作的目的要求和水文地质条件的差异采用不同的抽水试验类型。根据试验方法和孔数分为三种,见表2-2-24。

不同抽水试验应用范围　　　　　　　　表2-2-24

方　　法	应 用 范 围
钻孔或深井简易抽水	粗略估计透水层的渗透系数
不带观测孔抽水	初步判断含水层的渗透系数
带观测孔抽水	较准确地求得含水层的各种参数

抽水试验,抽水孔钻孔半径宜不小于0.01倍的含水层厚度,为获得较准确、合理的渗透系数K,以进行小流量、小降深的抽水试验为宜。

根据试验段长度与含水层厚度的关系,抽水试验孔分为完整孔与非完整孔两种,在选择计算公式时应予以区别:①完整孔抽水试验,孔深度达到含水层底部,并且含水层的整个厚度中孔壁都是透水的,即过滤器的长度等于含水层厚度。②非完整孔抽水试验,孔深没有达到含水层底部,即过滤器长度小于含水层的厚度。

(4)泉水出露处的泉水流量可根据流量大小选择容积法、三角堰法或梯形堰法测定。

第三章 路基地表排水

第一节 路基地表排水系统布置

公路路基地表排水系统布置要顺应地形基本走势,结合路线纵坡设计,以桥梁和涵洞所在位置为排水自然输出点,充分利用天然河道及人工取土坑等,合理布设边沟、截水沟、排水沟、急流槽等排水设施使其连接为一个排水系统,有效排除路基范围的水。

路基地表排水设计应重视排水系统总体规划及各类排水设施的衔接处理。各类排水设施在布置设计时应理顺关系、相互衔接配合,并突出功能设计,结构耐久,兼顾路侧安全与环境保护,使水迅速排出路基范围。尤其是山区公路,应重视坡面排水系统的总体布置设计,对于地形、水文复杂路段,宜逢沟设涵,及时排除坡面汇集的地表水,保证路基安全稳定。避免有些工程因排水系统不完善,并沟设涵过多或者截排水设施没有充分考虑并沟后的实际泄流量,造成坡面冲刷、边沟淤塞;避免排水设施出口衔接不畅,出口处产生坡面冲刷。路界地表排水不仅要从工程角度进行设计,保证路桥隧地表排水设施的正常衔接,防止水对路基、路面和路界内外各设施造成危害,还要加强对环境景观的美化及与自然水系分布协调等综合因素的考虑,使其充分发挥排水效果,与公路沿线自然环境相融合。

一、平原微丘区公路路基排水系统设计要点

平原微丘区,地势平坦开阔,公路路基高度普遍较低,路线纵坡小,边坡平缓,环境及地下水对路基湿度影响较大,良好的路基排水系统是提高平原微丘区路基强度与稳定的重要措施,更是修建低路堤公路的关键环节。

工程中往往为了满足纵坡 $>0.3\%$ 的淤积坡度规范要求,人为地将路线进行交替降低和抬高,形成波浪状的线形,行车很不舒适。因此在实践中很多路段采用比 0.3% 更小的坡度,甚至有的采用平坡。

平原微丘区小纵坡及平坡路段路基排水设计应注意以下原则:

(1)排水工程设计必须根据实际需要和功能要求,因地制宜,不能只求形式上的统一。

(2)排水设计要充分考虑与沿线地形、地貌、自然环境的协调,景观和绿化的需要,美观大方,形式多样。

(3)低路堤坡面排水形式应根据边坡冲刷与土质、公路等级、路基高度、路基宽度、降雨强度等综合确定。

(4)当采用坡面集中排水方案时,根据规范的要求,在路线纵向坡度大于最小淤积坡度即 0.3% 的情况下,应尽量满足排水设施的纵向坡度和路线的纵向坡度一致性;当路线纵向坡度小于最小淤积坡度时,则应对边沟纵向坡度进行独立设计,合理选择边沟形式。

低路堤路表面排水一般采取分散漫流排水方式,路侧不设拦水带,路表水经边坡流至路侧边沟;对可能受到冲刷的土路肩采取硬化加固措施。对受地形条件限制或边坡防护能力不足的低路堤地段,应采取集中排水方式。当公路纵坡≥0.5%时,可沿硬路肩外侧设置拦水带或路肩边沟;当纵坡<0.5%时,可在路侧设置内置边沟,如带格栅的U形、矩形或缝隙式圆形混凝土边沟等(图2-3-1、图2-3-2)。采用拦水带集中排水时,应根据水力计算每隔一定汇水距离设置泄水口,一般为30~50m,并在竖曲线的最低点及其前后约3m处或前后高差大于0.6m处、弯道内侧及反向曲线的路面横坡方向转换处,以及下穿道路的入口处等特殊点增设泄水口。

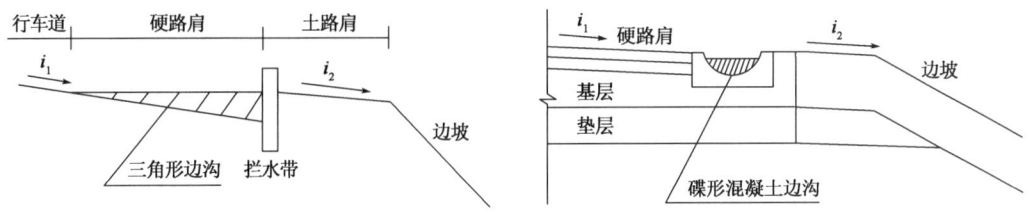

图2-3-1 浅三角形和碟形路堤边沟

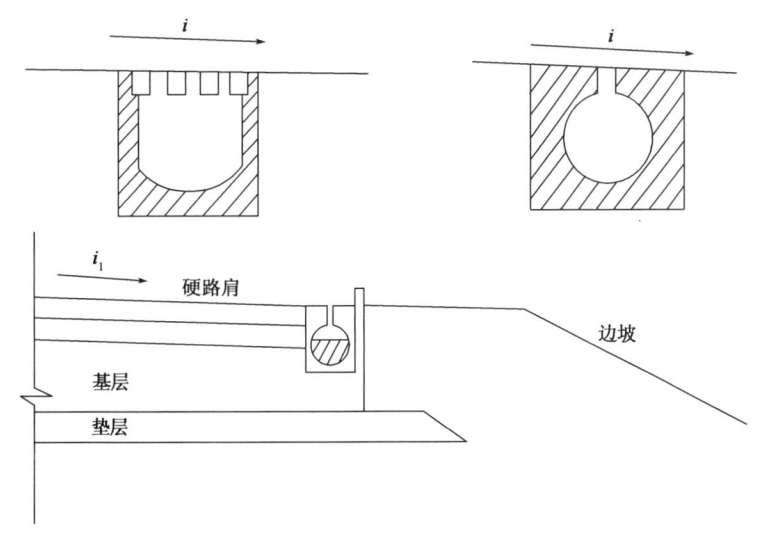

图2-3-2 格栅开口式和缝隙式排水沟

低路堤坡面水及漫流下来的路表面水可通过坡脚边沟排除。低路堤坡脚边沟设计与坡面防护相结合,宜用生态效果良好的浅碟形边沟形式和植草坡面防护形式。当降雨量较大或汇流量较多时,可在浅碟形边沟下设置暗沟。采用暗沟排水方案时,坡面水泄水口应设于边坡最低凹处,泄水口的设置间距应通过计算后确定。

低路堤集水井中汇集的雨水可通过排水管引流至坡底边沟或指定的汇水地点。对道路景观要求较高的公路,可将与集水井相连的排水管暗埋在边坡内,使出口直接通至边沟。横向排水管的坡度不宜小于5%,在横向排水管上方的路肩边缘处应设置标志,标明出水口位置(图2-3-3)。

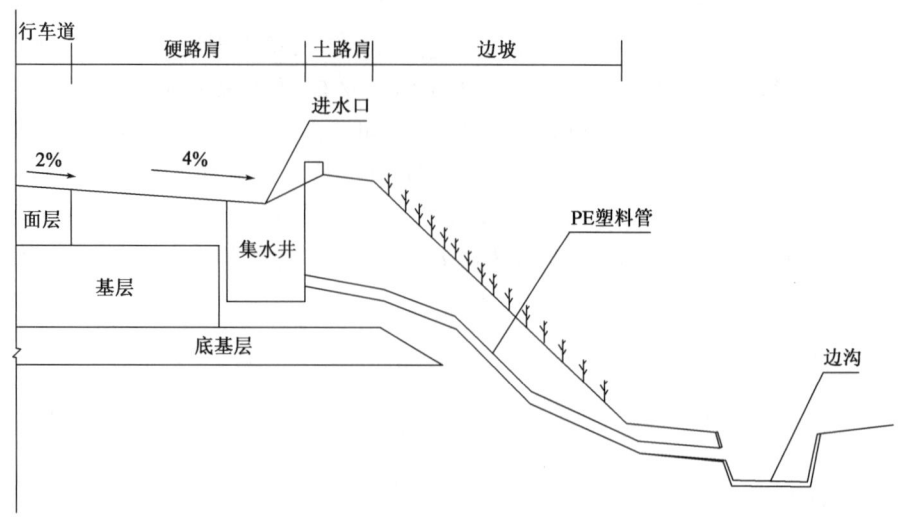

图 2-3-3　路表集中排水出水形式

二、下挖式通道路段路基排水设计要点

下挖式通道路表底面高程低于原地面高程,更低于周围地面及道路高程,故应设置合理防水挡水设施,准确控制通道汇水面积,防止暴雨天气通道汇水面积受降雨强度和周围地面排水条件影响而扩大;同时,还应设有相应的排水设施,促使进入通道的雨水及时排除。

(1)上交道路与下挖通道路面表面排水宜采用高水高排、低水低排互不连通的原则,并应有防止高水进入低水系统的可靠措施。

(2)被交道路与下挖通道路面应设置相应的防水设施,有效控制通道汇水面积,尽量挡住来自通道周围道路及高地的地表径流与雨水,最大限度减轻通道排水压力。

(3)通道排水应根据其重要性与等级设置相应的排水系统。对主干道等重要道路通道,应制定完善的通道排水系统,做到"大雨退水快,小雨不积水",并根据当地洪汛资料做好应急排水措施,保证应急排水的安全;对乡村次级道路通道,排水设施不需迅速、完全排除积水,只要求保障通过性即可,即只要保证在一定时间排除大部分积水,不使积水长时间影响交通。

(4)下挖式通道排水宜采用自流排水为主,兼顾蓄水。对于通道内积水出口设计应结合周围河道和市政管网的情况,尽量为雨水寻找自然排水出路,优先考虑地方排水干管、河道,设计前应充分了解河道的通过能力、常水位、洪水位及枯水位等,以确定沟管过水能力及排水出口合适的高程;对于不能自流入河流、干管的,根据具体情况另设排水系统,引出通道范围,或设泵站抽排。

下挖式通道排水系统设计具体措施如下:

(1)采用挡水墙、截水沟等设施拦截由被交道路、周围交叉道路、地势较高等处流入通道的雨水,防止外部高处来水进入下挖式通道。通常挡水墙高 20~30cm,多设置在与通道相接或相交的道路两侧,交叉道路、街道、高地边缘,并在被交道路入口或路口处采用半圆弧形挡水墙与其他挡水墙衔接,为了减小半圆弧形挡水墙对出入车辆的影响,可以尽可能增大圆弧半径,使两相路面与挡水墙的圆弧相切。

(2)采取防雨棚、反坡、雨水口及横向截水沟等设施防止通道引道范围内雨水流入通道。

对设置了防雨棚的下挖式通道,要在雨棚口1m处设置横向截水沟,防止过往车辆、行人将雨水带入通道,并在雨棚两侧地面上设置排水沟,将雨棚拦截的雨水排出通道范围,或排到高速公路边沟中。对重要通道或有景观要求时,可在引道两侧种植藤类植物进行雨棚绿化设计,或对雨棚进行美学设计。对未设防雨棚的下挖式通道,应在通道底面设置反坡,适当抬高通道洞身箱底,使其略高于洞外路面,将通道纵断面最低点设置在洞口外,方便通道内积水排走,防止洞外的积水倒灌。同时在洞外最低点设置横截式雨水口排泄引道汇水和通道内部积水;若引道坡段较长(大于300m)时,在可通道低点两侧的缓坡位置适当布置雨水口、横向截水沟排除沿引道顺流而下的地表水。

(3)通道内部防排水设施主要有纵横坡、边沟、避水平台等。进入通道内部的雨水经通道底面纵横坡,排入通道两侧(单侧)边沟,排出通道。对重要性与设计等级较低的乡村次级道路通道,只要保证在一定时间排除大部分积水,允许特定时间范围通道内存在部分积水。因此,常在乡村次级道路通道内设置单侧或双侧避水平台,以便在积水时依然保证行人及非机动车辆的正常通行。

(4)高填方路堤通道底面地势较高,通道内汇集水可通过边沟、排水沟排出去;但低路堤公路,通道下挖,排水困难时,经集水池收集的雨水可统一排入蒸发(蓄水)池、渗井或排水泵站集水井等设施内。当地下水位较低,且地下渗水条件具备时,也可设置渗井将通道内的汇集水排到地下深层透水层中;若干旱地区淡水资源缺乏,可设置蒸发(蓄水)池,收集的雨水可补充生产生活用水,建议将下挖式通道处的开口式蒸发池改设为埋式蓄水池,减小蓄水池设计容积。排水泵站多用于降雨量大,地下水位高的地区;或当当地线路管道出水口位于常年平均低水(潮)位以下,使出水口受海水、河水顶托影响,管道排水缓慢,造成积水,甚至出现水流倒灌现象,此时,应设置通道强排水设施——排水泵站,将积水抽排出通道范围。

(5)雨水净化处理设计。当通道下挖,通道内汇集的雨水很难自流排除,需要通过蒸发(蓄水)池、渗井或排水泵站排出通道范围时,应进行雨水净化处理设计。为了保证通道排放水的水质,便于水资源存储与利用,可结合城市道路排水设计,对通道内汇集雨水进行沉砂和隔油处理。沉淀池与油水分离池的大小应根据通道汇水量确定,保证污水在净化池中有足够的时间过滤与净化。

三、山区公路路基排水系统设计要点

山区地形地质、水文、气象复杂多变,具有独特的公路工程建设条件与工程特性,山区公路排水应在遵循基本排水系统设计原则的基础上,认真分析路线所经地带的地形、地物情况,充分利用有利地形和自然水系,合理使用各种排水构造设施连成有机排水体系,达到快速有效排除地面水的目的。

(1)山区高速公路排水系统负荷大,设计中一般遵循"集中、及时、畅通"的排水原则及避免边坡冲刷。山区气象条件恶劣,降雨集中,雨量大,汇流时间短、流速快,在降水丰富的月份和年份,瞬间水流冲刷对公路路面、构造物及沿线设施冲击力量大,破坏严重。

(2)山区高速公路更应注意排水的系统性与综合性,排水设施应自然、系统、完善。公路排水系统是由各种拦截、汇集、拦蓄、输送、排放地表水、地下水的排水设施和构造物组成的总体。对不同区段采用具有针对性的设计,对各区段从面上即横断面范围,由路界外到路基范围进行综合考虑,最后精确到每一处排水设施的设计,即对排水沟、急流槽、跌水、拦水带、盲沟等

均进行针对性的设计。在设计中考虑排水设施汇集、排除的水如何排除到路界外,由点及面至线的原则,进行路表排水、路面排水、道路结构物排水的排除设计。

对于地表水的排除,可利用边沟、截水沟等排水措施,将流向路基的山坡水和路基表面水分段截留,引入自然沟谷、荒地、取土坑或低洼地,排出路基范围之外。自然沟谷与人工沟渠及涵洞等排水设施,既要密切配合,又要各自分工,充分发挥整体效用,达到排水顺畅,避免冲刷路基。对于地下水处理,应与地面水统一考虑,因地制宜,设置必要的地下排水设施。合理选择各种排水设施的类型及位置,恰当确定排水功能,特别要注意各种排水设施的衔接,使之构成统一、完整的排水系统。

(3)结合山区公路的建设特点,充分考虑山区公路不同路段排水系统的区别。

(4)充分重视关键部位排水系统。山区高速公路集中典型路段,挖方边坡路段、填方边坡路段、填挖交界路段、半填半挖路段、桥梁路段、隧道路段、路隧结合部等,这些路段还是水毁多发路段,其排水系统的设计尤为重要。

①高边坡或深路堑路段排水:路堑上方自然边坡面流入路界的地表径流量大时,或在坡体稳定性较差和有可能形成滑坡的路段,设置截水沟拦截地表水;坡脚设边沟接纳路面表面水和路堑边坡坡面水;设置平台排水沟减少坡面冲刷;在坡面、边沟、排水沟、截水沟、自然沟、涵洞及桥梁的相互连接处设置急流槽;由透水管、排水洞及沟槽内回填的透水性材料组成地下排水沟;疏干潮湿的路堑边坡坡体或者引排坡体内的上层滞水的边坡渗沟;引排山坡土体内地下水的水平排水管。

②填方路段排水:接纳路面表面水的路堤边坡坡面水的边沟(低矮路堤)或排水沟(高路堤);高路堤坡面、边沟、排水沟、截水沟、自然沟、涵洞及桥梁沟渠的相互连接处设置急流槽。

③填挖结合段排水:路面表面排水除了常用的排水设施外,边沟过渡高差大于1m处通过设置急流槽,急流槽与填方边沟相接处设置跌水井;中央分隔带排出水通过横向排水管排至边沟,路面表面水汇入边沟通过急流槽与填方排水沟交汇排出路堤范围,或直接汇入填方排水沟;坡面排水包括挖方坡面排水和填方坡面排水,常用的排水设施主要有截水沟、边沟、排水沟和急流槽等;地下排水包括路堑路床地下水、挖方边坡坡面渗水、路堤地下水和填挖结合部地下水。

④半填半挖段排水,在路基填方一侧设置拦水带,路面表面水通过横坡流向拦水带,集中通过急流槽排出路基;在挖方边沟沟底设置盲沟,通过设置横向排水管直接将挖方边沟水引排至填方排水沟。

⑤桥梁路段排水:桥面表面排水的形式通常有如下几种,桥面设置横坡和纵坡组成合成坡度将表面水汇流至边缘侧三角形沟,并通过平直式泄水管或泄水孔外侧设排水边沟,将水排入墩台处竖向排水管。边缘内部设纵向盲沟,设计浅碟形边沟排水设施,并设置桥面铺装层内部排水系统。桥台及支挡构造物排水采用透水性回填料,顶面封闭不透水材料,并在支挡物墙身及桥台浆砌片石锥坡设置PVC泄水孔。

⑥隧道及路隧结合部排水:其排水系统由环向排水管、纵向排水管、横向排水管、排水边沟或中央排水管等组成,每个环节都要汇集上游来水并将其顺利排至下游。一般在路隧结合部考虑中央分隔带渗沟的塑料盲沟或碎石盲沟的连接设置。

⑦长下坡是山区高速公路主要事故发生点,其纵坡大且陡,对于路面排水是有利的,但是凹面曲线底部容易造成水流急速冲刷和排水不畅的问题。若其变坡点附近无任何排水设施,

纵向的雨水大量汇集于此,积水最深处达20cm左右,大量雨水冲刷路基两侧的边坡和防护,就会形成水毁。常采取的措施有,中央分隔带排水在凹曲线底部必须设横向排水管,在凹曲线底部,拦水带开口设在最低点,且距此前后各5m增设一个开口。

⑧水质敏感区公路路基排水系统设计要点:水环境敏感路段的排水设计,应突出保护水体的要求,避免由于排水不当导致水体的污染。水环境敏感路段公路路表水应集中处理,并尽量采用多功能处理池、人工湿地或干式沉淀池、植草式处理池等设施。在水环境弱敏感路段,路面表面水经论证分析可采取散排方式处理。

第二节 地表排水设施

路基地表排水设施设计中,对于降雨重现期,高速公路、一级公路应采用15年,其他等级公路应采用10年。地表排水设施布设应结合地形和天然水系进行布设,并做好进出口的位置选择和处理,防止出现淤积堵塞、溢流、渗漏、冲刷或冻结等现象。这些排水设备,分别布设在路基不同部位,其排水功能、布设要求和构造形式不相同,各类地表排水设施的断面尺寸应满足设计排水流量的要求,沟顶应高出沟内设计水面0.2m以上。

路基地表排水设计降雨的重现期应根据公路等级和排水类型,按表2-3-1确定。

设计降雨的重现期(单位:年) 表2-3-1

公 路 等 级	路面和路肩表面排水	路界内坡面排水
高速公路和一级公路	5	15
二级及二级以下公路	3	10

地表排水设施的设计程序见图2-3-4。

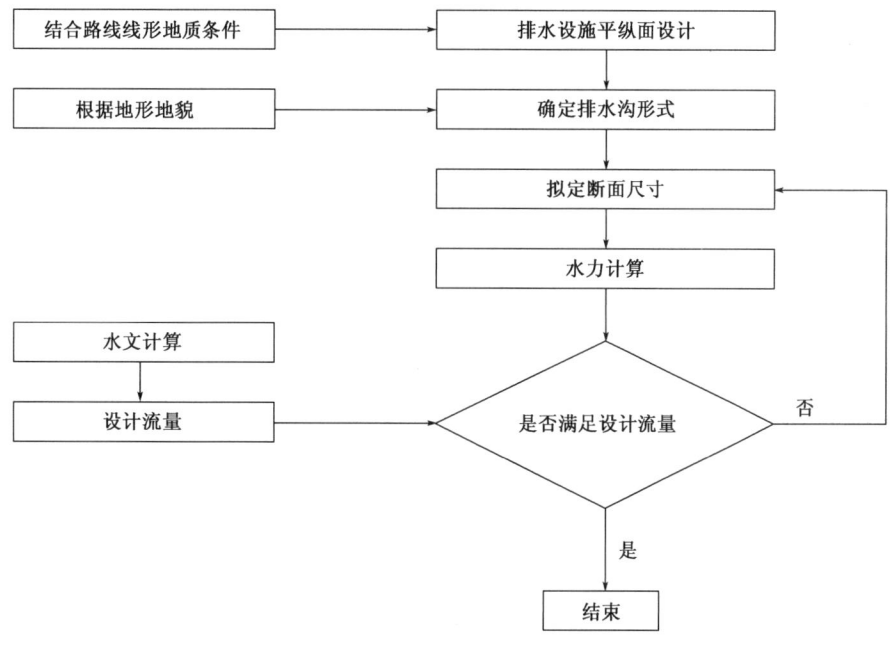

图2-3-4 地表排水设施的设计程序

一、边沟

1. 边沟的设置要求

(1)边沟常布设在路堑、低路堤、零填零挖路基及陡坡路堤边缘外侧或坡脚外侧,多与路中线平行,用以汇集和排除流向路基范围内及流向路基的少量地表水。平坦地面填方路段的路旁取土场,常与路基排水设计综合考虑,使之起到边沟排水的作用。为防止隧道内部积水、过往水流冲刷对隧道结构安全形成威胁,路堑边沟的水流不应该经隧道排出。其他排水沟渠的水流一般应避免进入边沟。但当个别沟渠的流量不大,拟利用一段边沟汇入桥涵时,应计算该段边沟的总流量,必要时扩大边沟断面尺寸。

(2)边沟的断面形式及尺寸应根据地形地质条件、边坡高度及汇水面积等分段进行水力、水文计算确定。当排水量不大时,可依据沿线具体条件,选用标准横断面形式。

边沟的横断面形式,有梯形、矩形、U形(或带盖板的矩形、U形)、三角形及浅碟流线型,如图2-3-5所示。边沟断面形式的选择既要根据地形地貌、汇水面积、降雨强度,以及各排水设施的泄流能力,突出其排水功能性选择,又要注意兼顾路基填挖方高度、路侧安全性、环境协调性,因地制宜,边沟形式灵活多样、安全耐久、经济和谐,不宜全线统一成一种形式。

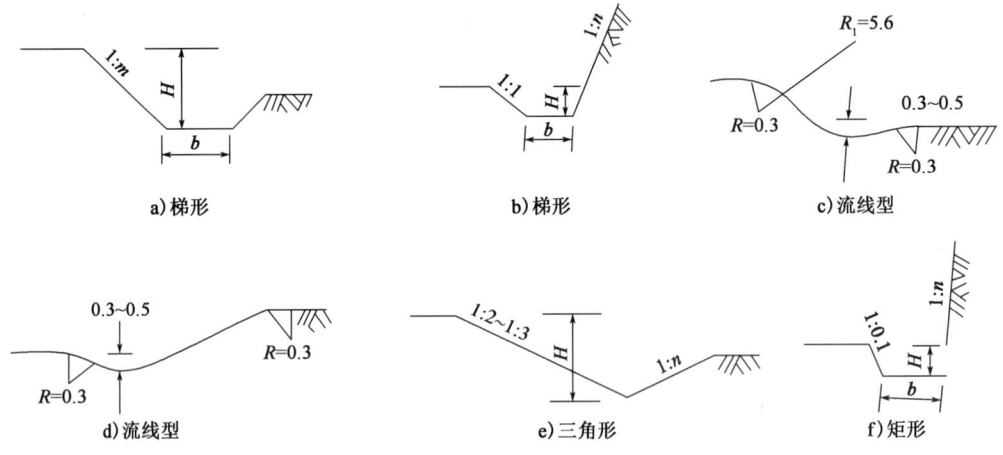

图 2-3-5 边沟断面形式示例(尺寸单位:m)

一般梯形边沟内侧边坡为 $1:1 \sim 1:1.5$,外侧边坡坡度与挖方边坡坡度相同,梯形边沟底宽与深度约 $0.4 \sim 0.6m$,水流量少的地区或路段取低限或更小,但不宜小于 $0.3m$,降水量集中或地势偏低的路段,取高限或更大一些。

矩形边沟内侧边坡直立,坡面采用浆砌片石防护,外侧边坡坡度与挖方边坡坡度相同。

三角形边沟多用于少雨浅挖地段的土质边沟,其内侧边坡宜采用 $1:2 \sim 1:3$,外侧边坡坡度与挖方边坡坡度相同。当三角形边沟的水流条件较差、流量较大时,宜适当加大沟深。

浅碟流线型边沟是将路堤横断面的边角修整圆滑,以防止路基旁侧积沙或堆雪,适用于沙漠或积雪地区的路基。

(3)边沟的流量:边沟流量一般仅作概略估计,不予计算;边沟紧靠路基,通常不允许其他排水沟渠的水流引入,亦不能与其他人工沟渠合并使用。为防止边沟水流漫溢或产生冲刷,应尽可能利用当地有利地形条件,采取相应措施,将边沟水流分段排除于路基范围之外,或引入自然沟渠,以减少边沟的集中流量。

(4)边沟的沟底纵坡:边沟的沟底纵坡(出水口附近除外)一般与路线纵坡一致。平坡路段,边沟宜保持不小于 0.5% 的纵坡,特殊情况容许采用 0.3%,但边沟口间距宜减短,特别困难情况下,可减小至 0.1%。

(5)防护:边沟有可能产生冲刷时,应根据不同的情况选用不同的防护加固措施。边沟可采用浆砌片石、浆砌卵石、水泥混凝土预制块等防护。砌筑用的砂浆强度,对于一般地区公路采用 M7.5,寒冷地区水泥砂浆强度应提高一级,采用 M10。边沟出水口附近水流冲刷比较严重,必须慎重布置和采取相应措施。

(6)边沟的长度:边沟长度应根据水力水文计算结果,结合公路路线纵坡设计、沿线水系情况、公路排水构造物设置位置等因素综合确定,除特殊情况外,边沟连续长度一般不宜超过500m,多雨地区不宜超过 300m,三角形边沟长度一般不宜超过 200m。

(7)出水口设置:边沟不宜过长,出水口间距应结合环境及地理位置差异而不同,尽量使沟内水流就近排至路旁自然水沟或低洼地带;为防止边沟水流漫溢或产生冲刷,应尽可能利用当地有利地形条件,采取相应措施,将边沟水流分段排除于路基范围之外,或引入自然沟渠,以减少边沟的集中流量。

对于边沟出水口附近排水困难的路段,如回头曲线和路基超高较大的平曲线等处,边沟应进行特殊设计。

在路基填挖交界处,由于挖方路段边沟泄出水流向路堤坡脚处,两者高差较大,必须因地制宜,根据地形与地质等具体条件,将出水口延伸至坡脚以外,以免边沟水冲刷填方坡脚。

边沟水流流向桥涵进口时,为避免边沟水流产生冲刷,应在边沟出水口处做适当处理;若在桥涵进口前或在其他水流落差较大处,应根据地形等条件设置急流槽与跌水等结构物,将水流引入桥涵或其他指定地点(图 2-3-6)。

当边沟水流流至回头曲线处,以便边沟水较满且流速较大,此时宜顺着边沟方向沿山坡设置引水沟,将水引至路基范围以外的自然沟中,或设急流槽或涵洞等结构物,将水引下山坡或路基另一侧,以免对回头曲线路线冲刷。

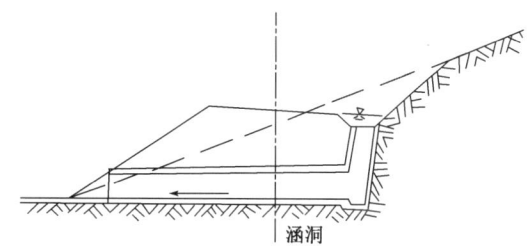

图 2-3-6 边沟水流流入涵洞前的窨井(单级跌水)

2.边沟的典型形式

下面给出浅碟形暗埋边沟 + 渗沟示意图,如图 2-3-7 所示。

二、截水沟

截水沟又称为天沟,一般设置在挖方路基边坡坡顶以外,或山坡路堤上方的适当地点,对路基上方地表径流进行截引,以防止挖方边坡和路堤坡脚被冲刷和侵蚀,同时可减轻边沟的泄水负担。截水沟的长度一般以 200~500m 为宜。

1.截水沟的设置要求

(1)截水沟根据具体情况可以设一道或数道。截水沟的位置应经过详细水文、地质、地形等调查后确定。在降水量较少或坡面坚硬和边坡较低冲刷影响不大的路段,可以不设截水沟;反之,如果降水量较多,且暴雨频率较高,山坡覆盖层比较松软,坡面较高,水土流失较严重地段,必要时可设置两道或多道截水沟。

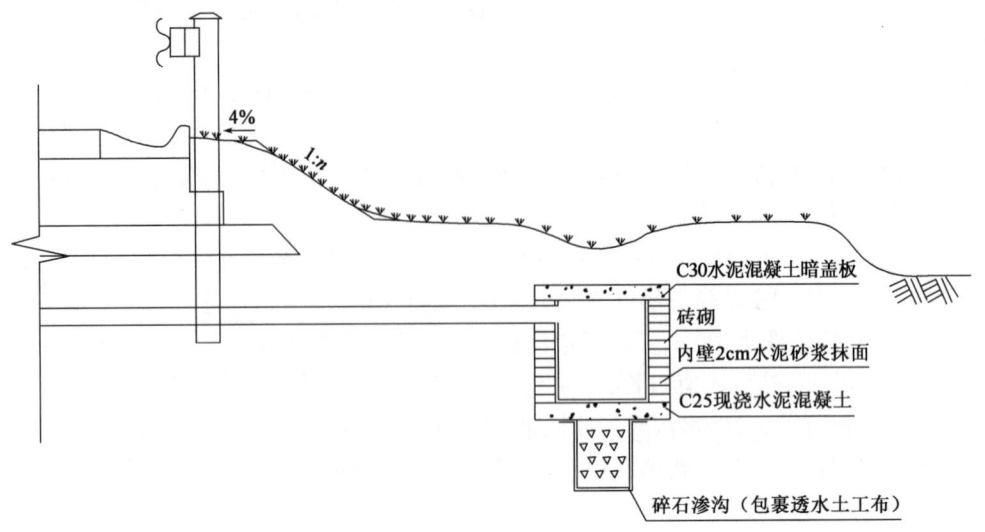

图 2-3-7　暗埋边沟 + 渗沟示意图

（2）截水沟应结合地形合理布置。截水沟的位置应尽量与绝大多数地面水流方向垂直,以提高截水效能、缩短截水沟长度,在转折处应以曲线连接,必要时应采取加固措施。

（3）截水沟应采取有效的防渗措施,出水口应引伸到路基范围以外,出口处设置消能设施,确保边坡和路基的稳定性。

（4）应充分利用地势或灌木对截水沟进行遮蔽,以减小人工痕迹带来的视觉冲突或环境影响。

如图 2-3-8 所示为截水沟布置形式示例。

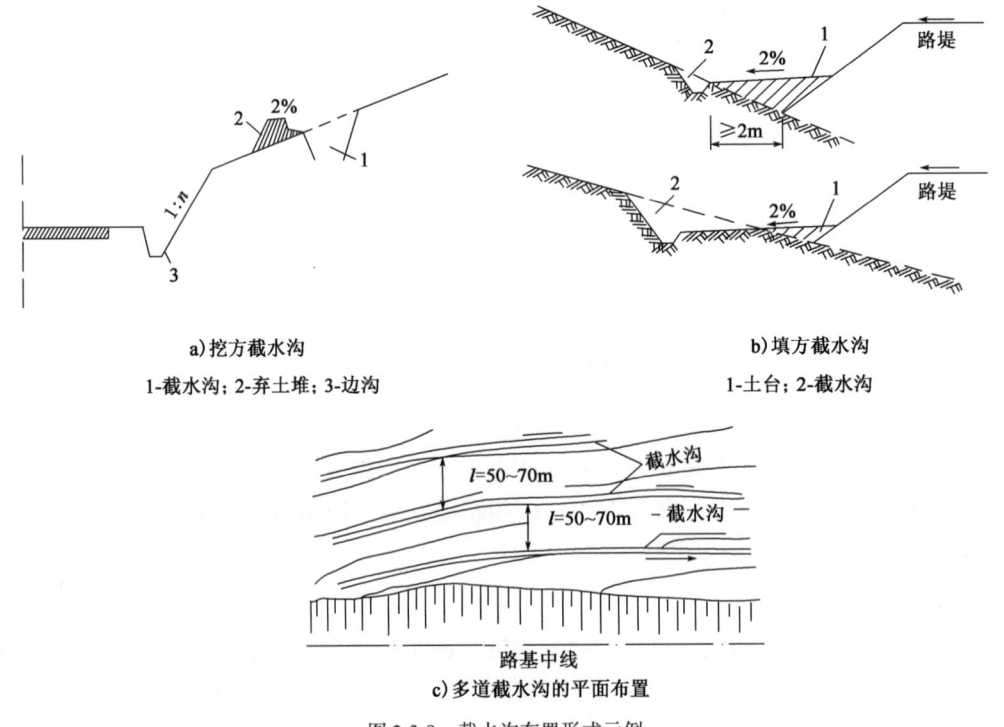

图 2-3-8　截水沟布置形式示例

2. 截水沟的断面形式

截水沟断面一般采用梯形断面或矩形断面,沟坡坡度视土质而定,一般为1:1.0~1:1.5;底宽200~500mm,若宽度超过500mm,则应在截水沟中间增设泄水口,沟底深度不宜小于0.5m,沟底纵坡不宜小于0.5%,困难时不应小于0.3%,若当地地质或土质条件较差可能会发生渗漏或变形,则应采取适当的加固和铺砌防水措施。

当山坡覆盖较薄(小于0.5m),又不稳定时,修建截水沟可将沟底设置在基岩上,如图2-3-9所示,以截除覆盖层与基岩面间的地上水,保证沟身稳定。必要时还应与沟身加固设计作技术经济比较。

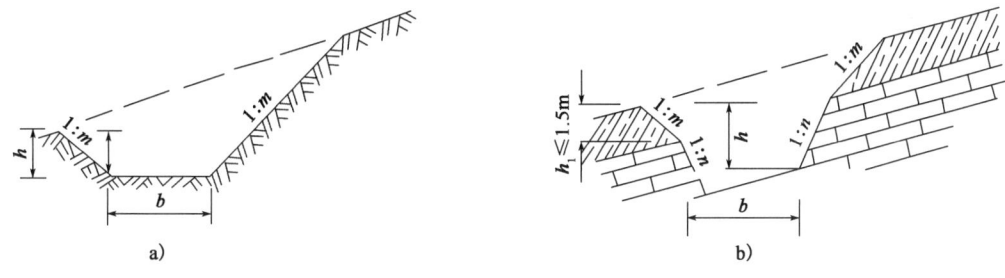

图2-3-9 截水沟的断面形式

截水沟沟壁最低边缘开挖深度不能满足断面设计要求时,可在沟壁较低一侧培筑土埂,土埂顶宽1~2m,背水面坡度1:1~1:1.5,迎水面坡度则按设计水流速度、漫水高度所确定的加固类型而定。如土埂基底横坡陡于1:5时,沿地面须挖0.5~1.0m宽的台阶,如图2-3-10所示。

当地形较陡,若采用一般沟渠断面形式,致使地表覆盖层破坏范围太大,或遇地质条件不良的土层,为了缩小山坡破坏面,可采用图2-3-11形式,除浆砌片石边沟外,也可采用砖砌、砂浆抹面形式。

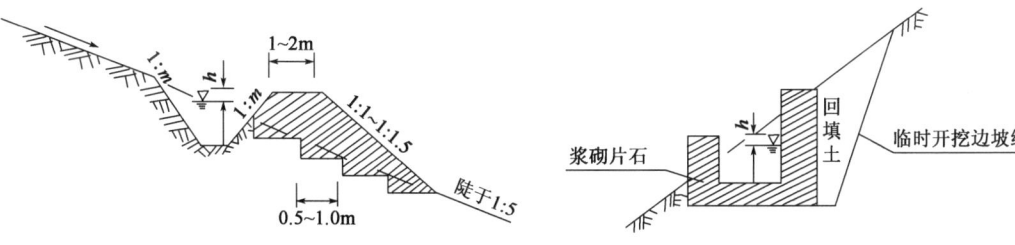

图2-3-10 截水沟沟壁一侧培筑土埂断面图　　图2-3-11 浆砌片石截水沟断面

3. 截水沟离开路基的距离

截水沟离开挖方路堑坡顶的距离,视土质及汇水面积等而异,以不影响边坡稳定为原则。对于一般土层,距离 $d \geq 5m$(图2-3-12),并宜结合地形进行布设。土质不良地段,酌情增大。对于有软弱层地段(如破碎或松散土层、淤泥层等),其距离因挖方边坡高度 H 而异,一般为 $d \geq H + 5m$,但不应小于10m。截水沟挖出的土,可在截水沟的下侧做成土台,填土应密实,台顶应筑成2%向截水沟倾斜的横坡。土台坡脚离路基边坡顶应有适当距离。

如路基上方有弃土堆时,截水沟应离开弃土堆坡脚 1~5m,如图 2-3-13 所示。弃土堆坡脚离开路基挖方坡顶不应小于 10m。

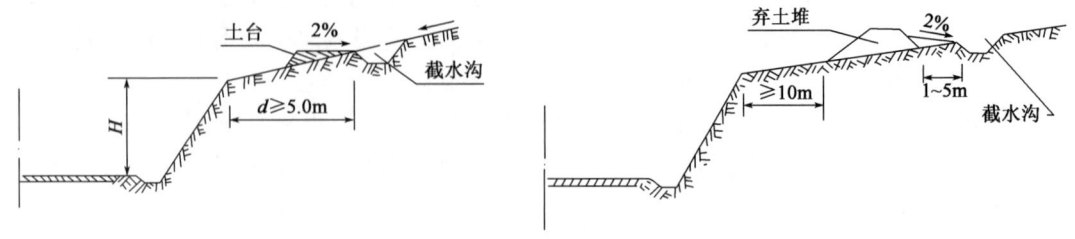

图 2-3-12　挖方路段上的截水沟　　　　　　图 2-3-13　挖方路段上的截水沟与弃土堆的关系

当挖方路段土质边坡高度较大,降雨量也较大时,如边坡上设平台,则可考虑在平台上加设截水沟,拦截由坡顶流下的水流,如图 2-3-14 所示。此时,应特别注意截水沟的防渗与加固,防止水流渗漏而影响边坡稳定。

山坡路堤上方的截水沟,离开路堤坡脚至少 2m,并用开挖截水沟的土在路堤与截水沟之间,修成向沟倾斜 2% 的土台,如图 2-3-15 所示。

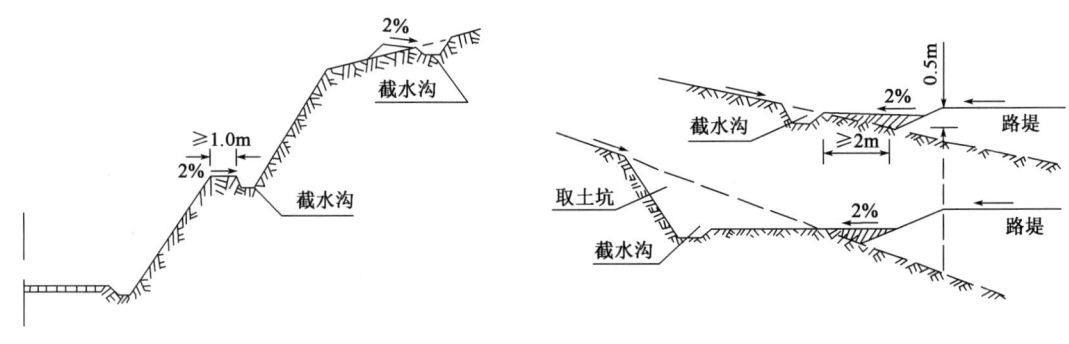

图 2-3-14　挖方路段土质边坡较高时的坡上截水沟　　　　图 2-3-15　山坡路堤上方截水沟

4. 截水沟出水口

截水沟内的水流一般避免排入边沟,且通常应尽量利用地形,将截水沟中的水流排入其所在山坡一侧的自然沟中或直接引到桥涵进口处,以免在山坡上任其自流,造成冲刷;截水沟的出水口,应与其他排水设备平顺地衔接,必要时应设跌水或急流槽。

若因地形限制,截水沟绕行,工程艰巨,附近又无出水口时,可分段考虑,中部以急流槽衔接,如图 2-3-16 所示。

若因地形限制,汇水量比较大,如将截水沟中的水流引至自然沟或路堤地段确有困难,引入边沟又将过大增加路基挖方时,则应综合考虑,可在挖方较低处增设急流槽和涵洞,直接将水引至路基的另一侧,排除于路基范围以外,如图 2-3-17 所示。

5. 截水沟的防渗、防冲刷加固

对地质条件不良地段的土质截水沟,必要时应采取加固措施,以免水流冲刷或渗漏,致使山坡上过湿,引起滑坍。特别是在转折处应以曲线连接,必要时应采取加固措施。

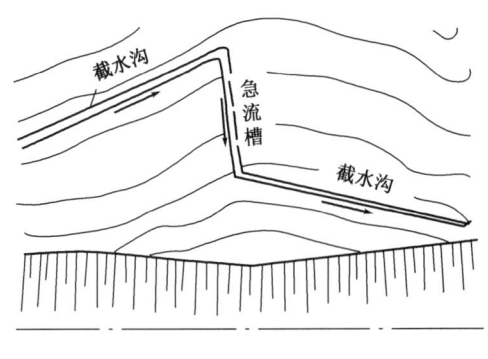

图 2-3-16 中部以急流槽衔接的截水沟

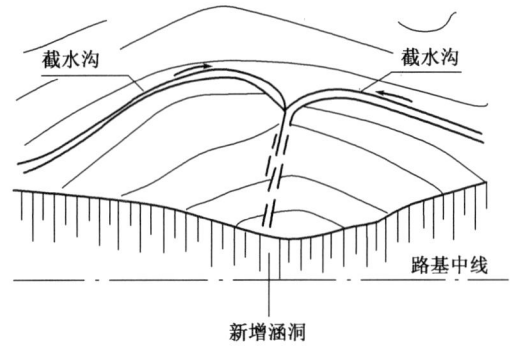

图 2-3-17 增设急流槽与涵洞

三、排水沟

排水沟的作用是将路基范围内各种水源的水流,如边沟、截水沟、取土(弃土)场、边坡和路基附近积水,引至桥涵或路基范围以外的指定地点。当路线受到多段沟渠或水道影响时,为保护路基不受水害,可以设置排水沟或改移渠道,以调节水流,整治水道。

1. 排水沟断面形式

(1)排水沟的断面形状有梯形、矩形、复合型、U 形等(图 2-3-18)。梯形、矩形断面排水沟易于施工,维护清理方便,水力半径较大,在排水工程设计时可优先考虑。其尺寸大小应经水力水文计算选定。用于边沟、截水沟及取土场出水口的排水沟,其断面尺寸根据设计流量确定,深度与底宽均不应小于 0.5m。

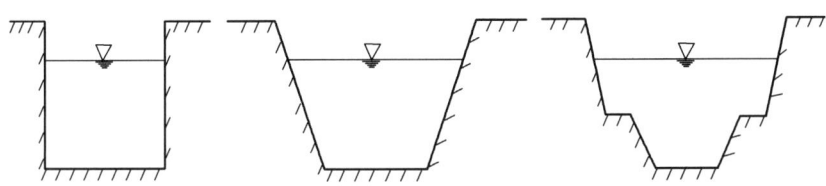

图 2-3-18 排水沟的断面形状

(2)排水沟边坡率视土质而异,一般土层可用 1∶1~1∶1.5。

(3)排水沟应具有合适的纵坡,应根据沟线、地形、地质及山洪沟连接条件等因素确定,保证水流畅通,并进行抗冲刷计算。一般情况下沟底纵坡可取 0.5%~1.0%,不宜小于 0.3%,亦不宜大于 3%。当自然纵坡大于 1∶20 或排水沟沟底与排入河道或沟渠底高差较大时,可设置急流槽或跌水,当跌水高差在 5m 以内时,宜采用单级跌水,否则可用多级跌水。

2. 排水沟的平面线形

排水沟位置应结合地形、地质等条件确定,离路基尽可能远些,距路基坡脚不宜小于 2m,平面上宜尽量采用直线,如必须转弯时亦尽量圆顺,其半径不宜小于 10~20m,确保与其他排水设施的连接顺畅。排水沟的长度根据实际需要而定,其连续长度宜短不宜长,通常宜在 500m 以内。

3.排水沟与水道的连接

当排水沟中的水流流入河道或沟渠时,应使原水道不产生冲刷或淤积。一般应使排水沟与原水道两者的水流流向成锐角相交,并力求小于45°,保证汇流处水流顺畅。如限于地形,锐角连接有困难时,可用半径 $R=10b$ 的圆弧(弧长等于1/4圆周,b 为排水沟顶宽)顺接,如图2-3-19所示。

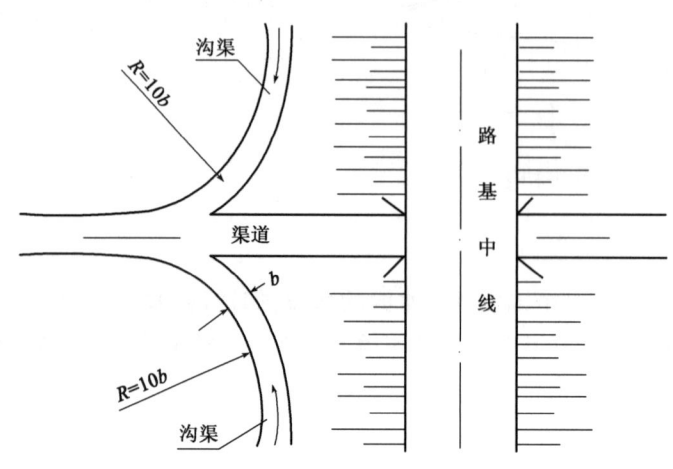

图2-3-19 排水沟与河道或渠道的衔接示意

排水沟进出口平面布置宜采用喇叭口或八字形导流翼墙。导流翼墙长度可取设计水深的3~4倍。当排水沟断面变化时,应采用渐变段衔接,其长度可取水面宽度之差的5~10倍。

排水沟的安全超高,不宜小于0.4m,最小不小于0.3m,在弯曲段凹岸,应考虑水位壅高的影响。在排水沟纵坡变化处,应避免上游产生壅水断面变化,宜改变沟道宽度,深度保持不变。

四、沟渠防护与加固

当包括排水沟在内的土质沟渠在有可能受到冲刷和渗漏时,必须进行防护和防渗处理。

沟渠加固类型与沟底纵坡有关,表2-3-2、表2-3-3所列可供设计时参照使用,沟渠加固断面图如图2-3-20所示。

加固类型与边沟纵坡关系　　　表2-3-2

纵坡(%)	<1	1~3	3~5	5~7	>7
加固类型	不加固	土质好,不加固;土质不好,简易加固	简易加固或干砌式加固	干砌式或浆砌式加固	浆砌式加固或改用跌水

路基排水沟的加固类型有多种,表2-3-3中为土质沟渠的各种加固类型。设计时,沟渠加固措施应结合当地地形、地质、纵坡和流速条件,因地制宜,就地取材,简便易行,经济实用。

土质沟渠的加固措施   表2-3-3

形式	名　称	铺砌厚度(cm)
简易式	表面夯实	无
	平铺草皮	单层
	竖铺草皮	叠铺
	水泥砂浆抹平层	2~3
	黏土碎(砾)石加固层	10~15
干砌式	干砌片石	15~25
	干砌片石砂浆勾缝	15~25
	干砌片石砂浆抹平	20~25
浆砌式	浆砌片石	20~25
	混凝土预制块	6~10
	砖砌水槽	

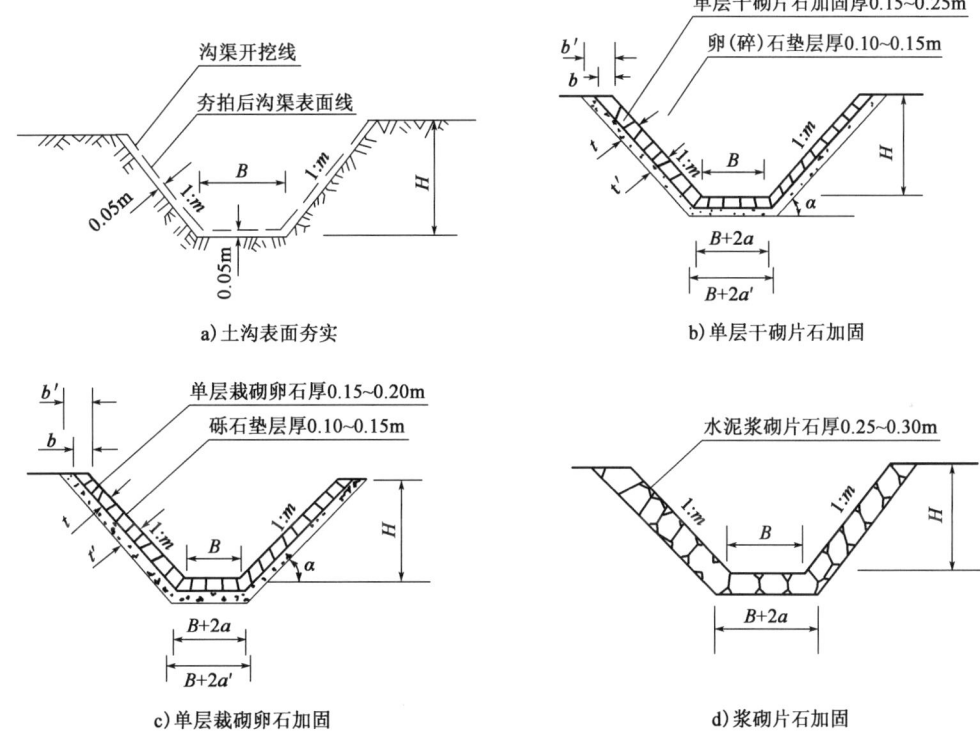

图 2-3-20　沟渠加固断面

常用的有以下几种类型：

(1)土沟表面夯实：一般用于土质边沟和排水沟，不适用于路堑顶截水沟或堑顶排水沟；沟内流速不大于 0.8m/s，沟底纵坡不宜大于 1.5%；施工时沟底及沟壁部分应少挖 0.05m，随挖随夯，将沟底沟壁夯拍坚实使土干密度不小于 $1.66 \times 10^3 \text{kg/m}$，如发现鼠洞蛇穴应用原土补填夯实。

（2）单层干砌片石加固：一般用于无防渗要求的沟渠加固地段，或土质沟渠沟底纵坡在 5% 以上，流速在 2.0m/s 以上，或砂土质沟渠沟底纵坡在 3% 以上的沟渠加固地段。沟内平均流速在 2.0～3.5m/s 时，干砌片石尺寸可采用 0.15～0.25m。流速大于 4m/s 时，应采用急流槽或加设跌水。当沟壁沟底为细颗粒土时，应加设卵石、碎（砾）石垫层，其厚度按平均流速大小及土质情况，在 0.1～0.15m 范围内选用。

（3）单层栽砌卵石加固：一般用于无严格防渗要求，且容许流速在 2.0～2.5m/s 以内的沟渠加固地段。所用卵石的尺寸与允许流速有关，当允许流速为 2.0m/s 时，卵石直径不宜小于 0.15m，当允许流速为 2.5m/s 时，卵石直径不宜小于 0.20m。若沟底沟壁为细粒土时，需加设 0.10～0.15m 砂砾石垫层。施工时，一般应先砌沟底，后砌沟壁。砌底选用较好的大卵石，坡脚两行尤应注意选料砌牢。砌筑可自下而上逐步选用较小的卵石，最上一层则用较长卵石平放封顶压牢。所有卵石均应栽砌，大头朝下，互相靠紧，每行卵石须大小均匀，两排之间保持错缝。卵石下部及卵石之间的孔隙，均应用小石填塞紧密。

（4）浆砌片石加固：浆砌片石边沟有梯形与矩形两种，厚度为 0.25～0.30m，一般用于沟内水流速度较大（平均流速大于 4m/s）且防渗要求较高的地段。沟底纵坡一般不受限制（可考虑用急流槽形式），但在有地下水（或常年流水）及冻害地段，沟壁沟底外侧需加设反滤层或垫层，并在沟壁上预留泄水孔。浆砌片石工程要求坚实稳定，表面平整美观；砂浆配合比必须符合试验规定，砌体咬扣紧密，嵌缝饱满、密实，勾缝平顺无脱落，缝宽大体一致。施工时应注意沟渠开挖后要整平夯拍，如土质干燥应洒水润湿，遇有鼠洞蛇穴应堵塞夯实。水泥砂浆强度等级一般采用 M5.0，随拌随用，砌筑完后应注意养生。

（5）现浇或预制板加固：一般用于缺乏砂、石，及冻区或易受侵蚀破坏的路段，现浇或预制板材料包括水泥混凝土、沥青混凝土、沥青砂、花岗岩、陶瓷预制件等耐冻、耐盐的材料，板厚一般为 5～10cm。当沟底沟壁为土质、砂土或砂砾土时，需设置碎（砾）石垫层，黏土地段需采取防冻胀措施。施工时，考虑温度变化引起的预制板伸缩及基础不均匀沉陷等，需设置伸缩缝，伸缩缝一般设在边坡与沟渠底连接处，多为横向缝；当沟渠宽度超过 6～8m 时，可在渠底设置纵缝，沟渠边坡上一般不设纵向缝。伸缩缝宽度取决于伸缩缝间距、伸缩变幅、干缩系数、线膨胀系数、填料伸缩能力、黏结力、施工要求等，一般采用 1～4cm。伸缩缝填料要求高温不流淌，低温不冻裂、剥落，伸胀式不挤出，收缩时不裂缝，黏结力强，负温下仍能黏着不脱离，耐久性好。目前采用的填料有沥青混合物、聚氯乙烯胶泥和沥青油毡板等。

五、跌水与急流槽

跌水与急流槽是路基地面排水沟渠的特殊形式（图 2-3-21），用于陡坡路段缓解水位落差冲力或改变水流方向。由于纵坡陡、水流速度快、冲刷力大，要求跌水与急流槽的结构必须稳固耐久，通常应采用浆砌块石或水泥混凝土预制块砌筑，并设有相应的防护加固措施。

跌水是在陡坡或深沟地段设置的沟底为阶梯、水流呈瀑布式跌落的沟槽，其作用是在较短的距离内降低水流流速，消减水流能力，防止冲刷，一般用在坡度大于 10%、水头高差大于 1.0m 的陡坡地段。

急流槽是在陡坡或深沟地段设置的坡度较陡、水流不离开槽底的沟槽，其作用是在较短的距离内以沟槽的方式引排、降低水头,防止冲刷,可用于比跌水更陡的坡度,可达60°。

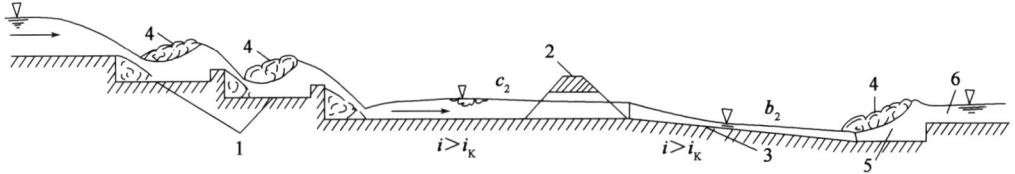

图 2-3-21 跌水与急流槽示意图
1-多级跌水;2-小桥涵;3-急流槽;4-水跃;5-消力池;6-下游渠道

1. 设计要点

(1)一般情况下,水流通过坡度大于10%、水头高差大于1.0m的陡坡地段,或特殊陡坎地段时,宜设置跌水或急流槽。

(2)应结合地形设置跌水和急流槽,应在满足排水需要和保证工程质量的前提下,力求构造简单,经济实用。

(3)确定跌水和急流槽的位置、类型和尺寸,要因地制宜,结合地形、地质、当地材料和施工条件,进行综合考虑。必要时可考虑改移路线或涵洞位置,以简化或不设此类构造物。

(4)路基排水的跌水和简易急流槽,可以不必进行水力计算,按一般常用的构造形式设置。

(5)傍山路线遇有岩石山沟,有的相当于天然急流槽,应予利用。必要时适当加工修整,将水流沿该山沟引入指定地点。

(6)设计跌水和急流槽,可考虑采取增加槽底粗糙度的措施,使水流消能和减缓流速。

(7)为防止基底滑动,急流槽底可设置防滑平台,或设置凸榫嵌入基底中。

(8)水和急流槽同下游水面的连接形式,宜采用淹没式出流,以减少加固工程。

(9)跌水、急流槽及消力池(坎)的水力计算详见本章第四节。

2. 跌水的一般构造

跌水的构造,有单级和多级之分,沟底有等宽和变宽之别。单级跌水适用于排水沟渠连接处,水位落差较大,需要消能或改变水流方向。较长陡坡地段的沟渠,为减缓水流速度,并予以消能,可采用多级跌水。多级跌水底宽和每级长度,可采用各自相等的对称形,亦可根据实地需要,做成变宽或不等长度与高度。

(1)单级跌水按构造可分为进口连接段、消力池(跌坎)、出口连接段三部分,如图 2-3-22 所示。

进口连接段是将上游渠道与跌水进口控制段渐变相接的过渡段,公路排水工程中通常在进口控制段不设置闸门而用缺口控制上游渠道的水位,常采用横断面为矩形、梯形,底部加台堰或多缺口(复合式缺口)等形式,如图 2-3-23 所示。消力池的横断面一般为矩形、梯形和复式(上部为梯形,下部为矩形),复式缺口优先选用复式断面,其他以矩形消力池为宜,消力池的尺寸由水力计算确定,底板衬砌厚度一般取 0.4~0.8m。

(2)当土质边沟的纵坡较大时,可设置多级跌水,以减缓沟底纵坡,降低流速,减小冲刷,如图 2-3-24 所示。

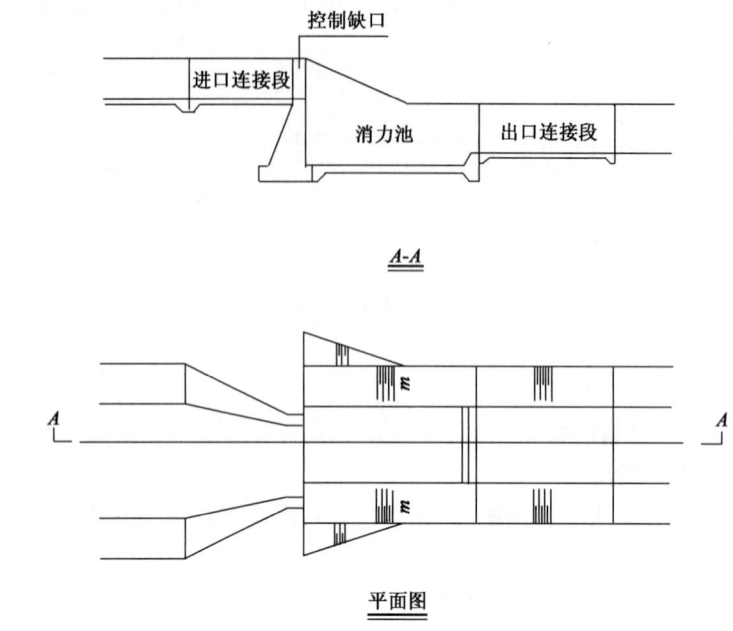

图 2-3-22　单级跌水结构示意图

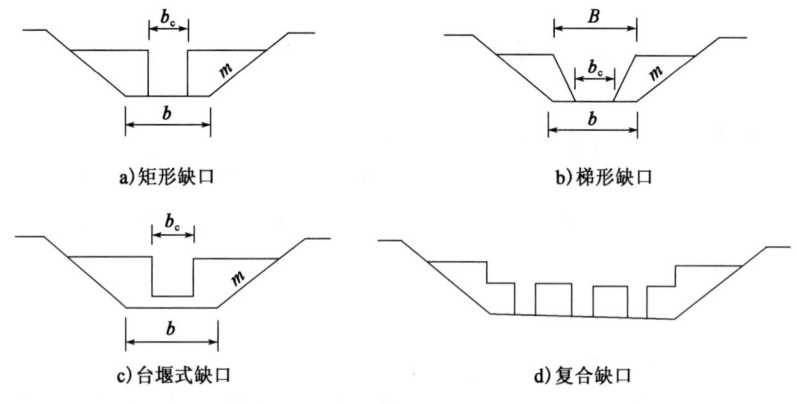

图 2-3-23　跌水缺口形式图示

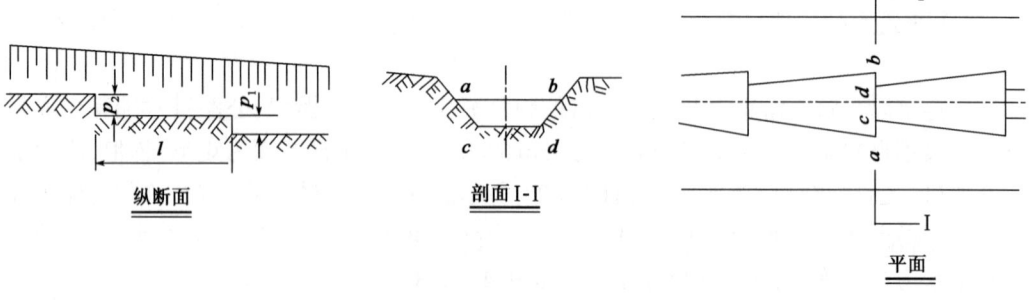

图 2-3-24　梯形沟槽的多级跌水示意图

跌水台阶的高度,可根据地形、地质等条件而定,一般不应大于0.5~0.6m,通常是0.3~0.4m,多级台阶的各级高度,可以相同,也可以不同。其高度与长度之比,应与原地面坡度相适应。

(3)跌水可用砖或片(块)石浆砌,必要时可用水泥混凝土浇筑。沟槽槽壁及消力池的边墙厚度:浆砌片石为0.25~0.40m,混凝土为0.2m,高度应高出计算水位最少0.2m。出口部分设置隔水墙。

(4)设有消力坎时,坎的顶宽不小于0.4m,并设有尺寸为5cm×5cm~10cm×10cm的泄水孔,以便排除消力池内的积水。

(5)跌水槽身一般砌成矩形。如跌水高度不大,槽底纵坡较缓,亦可采用梯形。梯形跌水槽身,应在台阶前0.5~1.0m和台阶后1.0~1.5m范围内进行加固。

3.急流槽一般构造

(1)急流槽由进口、槽身、末端消能措施及出口四部分组成,如图2-3-25所示。

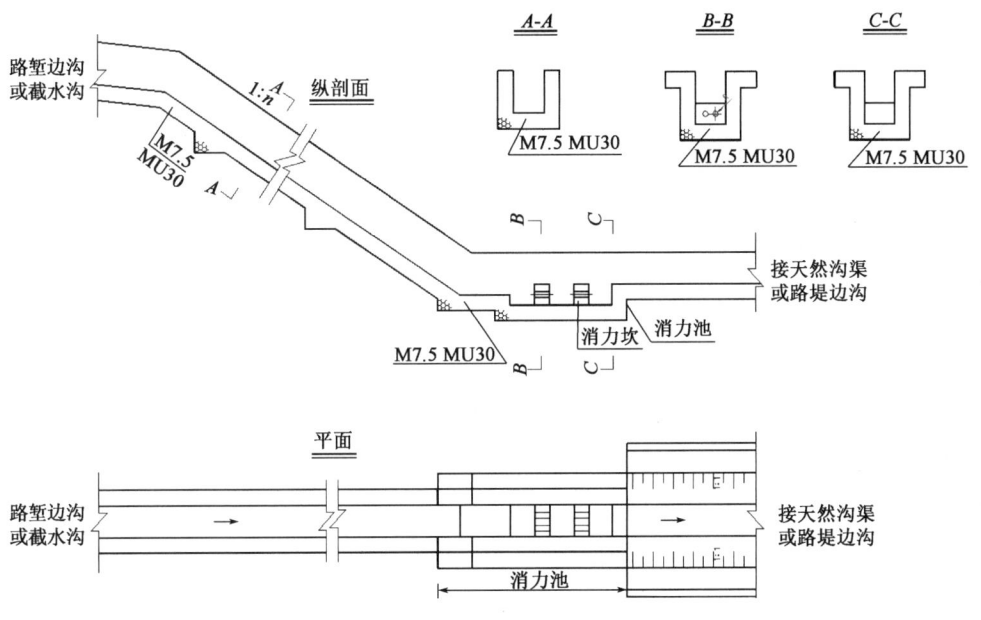

图2-3-25 急流槽构造图示

(2)急流槽主体部分的纵坡,依据地形而定,一般为1:1.5,如果地质条件良好,需要时还可更陡,但结构要求更严格,造价相应提高,设计时应通过比较而定,一般不宜超过1:2。急流槽可用片(块)石浆砌或水泥混凝土浇筑,亦可利用岩石坡面挖槽。临时工程急需,可就近取材,采用竹木槽。

(3)急流槽槽壁厚度,石砌时一般为0.4m,水泥混凝土为0.3m。槽壁应高出计算水深至少0.2m。

(4)急流槽的基础必须稳固,其底可每隔1.5~2.5m设一平台(图2-3-24),以防滑动。

(5)进水槽和出水槽底部须用片石铺砌,长度一般不短于10m,个别情况下,还应在下游设厚0.2~0.5m、长2.5m的防冲铺砌。

(6)急流槽很长时,应分段砌筑,每段长度一般为5~10m,接头处用防水材料填缝。

(7)急流槽底宜砌成粗糙面,或嵌入约10cm×10cm大小的坚硬小石块,用以消能和降低流速。

(8)长草困难的土质高路堤,为防止雨水漫流,冲刷边坡,常在路肩外缘设拦水带,将路面和路肩上的雨水分段集中,通过路堤边坡上设置的急流槽(俗称水簸箕,如图 2-3-26 所示)排除到路基范围以外。

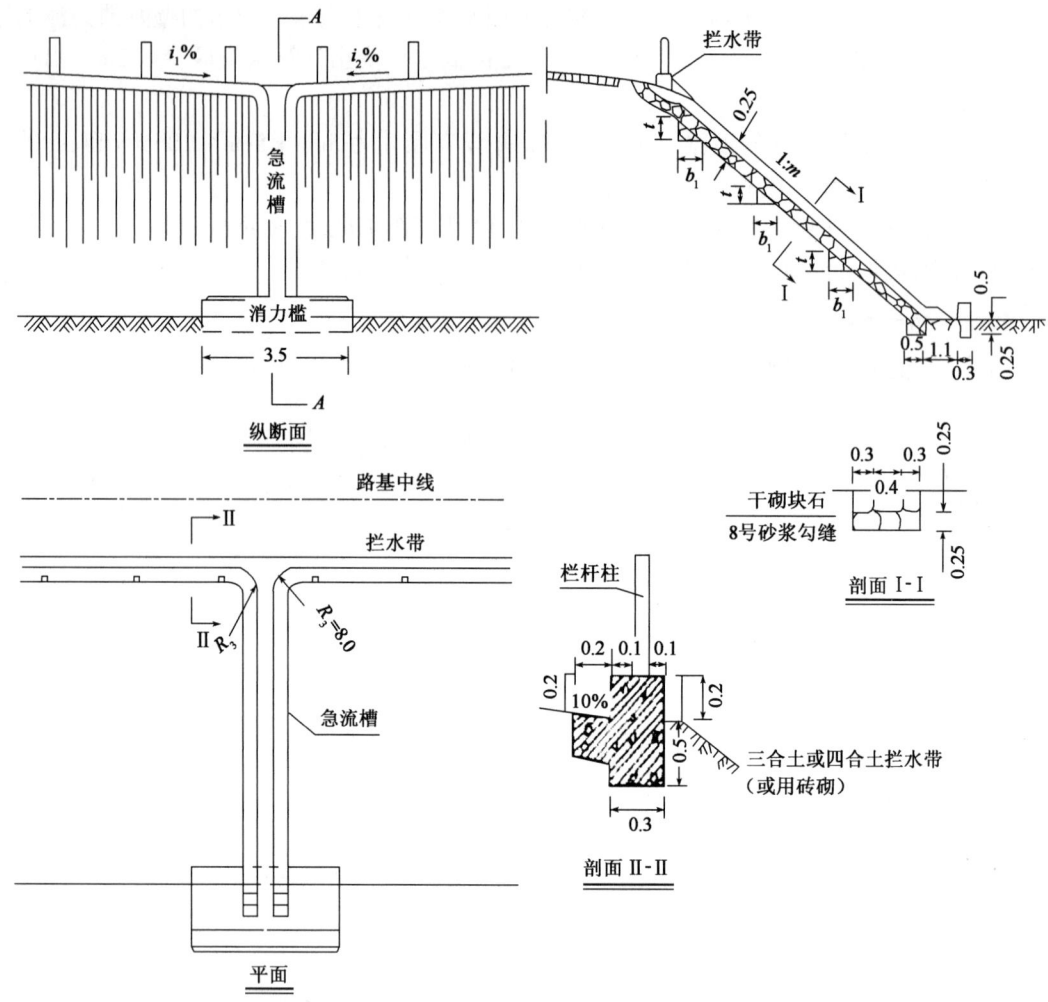

图 2-3-26 高路堤地段边坡急流槽图示(尺寸单位:m)

(9)在高陡路堤道路纵坡不大地段,急流槽进水口在路肩上可做成簸箕式,引导水流流入水槽,在纵坡较大的地段,急流槽进水口于路肩上增设拦水带,拦截上流来水使其进入急流槽。

拦水带一般可用浆砌片石或水泥混凝土筑成,高为 40~50cm。其中高出路肩 15~20cm,埋入路肩下的深度为 25~30cm。拦水带的顶宽,浆砌片石一般为 16~20cm,如采用水泥混凝土预制,顶宽为 8~12cm,埋设位置与护柱相同。

六、蒸发池

蒸发池适用于气候干旱、排水困难的地段,可利用沿线的集中取土坑或专门开挖的凹坑修筑蒸发池,以汇集路界地表水,并通过蒸发和渗漏使之消散。

(1)在年降雨量不大、晴天日数多、空气相对湿度小、多风易蒸发(蒸发量大)的空旷荒野地段,如我国西北干旱地区,路线经过平坦地段,无法把地面水排走时,可在距路基适当的地方设置蒸发池(也称积水池),引水入池,任其蒸发或下渗。一般情况下,可利用沿线的取土坑或专门设置蒸发池汇集地表水。

(2)蒸发池边缘距路基边沟距离应以保证路基的稳定和安全为原则,并不应小于5m,面积较大的蒸发池不得小于20m,湿陷性黄土地区不得小于湿陷半径。池中设计水位应低于排水沟的沟底。

(3)蒸发池的容量应以一个月内路基汇流入池中的雨水能及时完成渗透与蒸发作为设计依据,根据蒸发池的纵向间距经水力、水文计算后确定,每个蒸发池的容量不宜超过200~300m³,蓄水深度不应大于1.5~2.0m。池周围可用土埂围护,防止其他水流入池中。

(4)蒸发池应根据具体情况采取适当的防护加固措施,蒸发池的设置不应影响路基稳定性,不得使附近地面形成盐渍化或沼泽化,对周围环境产生不利影响。

(5)蒸发池四周应采取安全措施进行围护,防止行人落入池中。

(6)蒸发池坑内部应做成边缘向中部倾斜0.5%的横坡。进水入口应与所连接的排水沟或排水通道平顺连接。

典型蒸发池布置如图2-3-27所示。蒸发池的面积大小,根据当地降雨量决定,深可达1.5~2.0m,沿路线方向筑成矩形。几个典型的蒸发池设计成果参见表2-3-4。

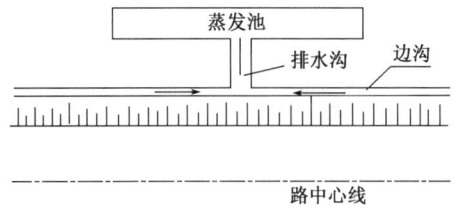

图2-3-27 蒸发池平面布置示意图

蒸发池示例表 表2-3-4

道路名称	使用条件	尺寸	沿路线纵向间距(m)	有无防护措施	备注
甘肃巉柳、兰海高速公路	排水困难且蒸发量大的地区	棱台体深0.6~1.0m	20	有	效果好
甘肃GZ25刘白高速公路	排水沟、边沟中的水流无法排入天然沟渠时	棱台体底:宽4m×长8m 深:2m 边坡:1:1.5 距边沟距:5m	据水量而定	有 现浇6cm厚C20混凝土 JFM-1型加筋复合土工膜 CBR顶破强度:1.3kN 抗渗强度:1104MPa 拉伸强度:纵向14kN/m,横向9kN/m	
陕西G210三原至铜川一级公路	黄土地区排水无出路地段	20m×(10~20)m×(3~5)m	300	靠路基一侧池岸有防护	较好

七、油水分离池

1. 设计要求

(1)一般情况下,路基地表排水沟应尽可能将水引排至桥涵或自然排水沟渠中,不得已排入对水质特别敏感的水体(如饮用水源、自然湿地等),且公路所排污水不满足现行《污水综合排放标准》(GB 8978)中所规定的标准值时,可设置油水分离池,对公路所排污水进行净化处理,以保证受纳水体水质符合规定用途的水质标准。

(2)公路路面排出的污水一般以悬浮物(SS)和石油类为主,与其他行业相比,公路污水中含油污量一般较低,故油水分离宜采用沉淀法处理。污水进入油水分离池前,应先通过格栅和沉砂池。

(3)油水分离池的大小应根据所在路段排水沟汇入水量确定,并保证流入分离池的油水能有足够的时间分离或过滤净化。

(4)油水分离池选址应靠路基下游侧设置,应便于汇集带油污水、便于处理油污、便于达标水排放等。公路养护部门应定期清除油水分离池中的油污和杂质,加强日常维护工作,确保油水分离池的正常使用,建议每隔1~2个月清一次油污。

(5)油水分离池池底应进行防渗加固处理,容量应满足流入分离池的油水能有足够的时间分离或过滤净化。

2. 一般构造要求

(1)了解受纳水体的水质标准,以保证污水排放总量在控制范围以内和满足污水达标排放要求,从而保证受纳水体水质符合规定用途的水质标准。

污水处理设计依据的标准主要包括环境质量标准、污染物排放标准和总量控制指标三类。目前适用的环境影响评价相关规范、标准主要有现行《地表水环境质量标准》(GB 3838)、《海水水质标准》(GB 3097)、《渔业水质标准》(GB 11607)和《污水综合排放标准》(GB 8978)。

现行《地表水环境质量标准》(GB 3838)中依据地表水水域环境功能和保护目标,按功能高低依次划分为五类。

Ⅰ类:主要适用于源头水、国家自然保护区。

Ⅱ类:主要适用于集中式生活饮用水地表水源地一级保护区、珍稀水生生物栖息地、鱼虾类产卵场、仔稚幼鱼的索饵场等。

Ⅲ类:主要适用于集中式生活饮用水地表水源地二级保护区、鱼虾类越冬场、洄游通道、水产养殖区等渔业水域及游泳区。

Ⅳ类:主要适用于一般工业用水区及人体非直接接触的娱乐用水区。

Ⅴ类:主要适用于农业用水区及一般景观要求水域。

同一水域兼有多类别的,依最高类别功能划分。

满足地表水各类使用功能和生态环境质量要求的基本项目按表2-3-5执行。

地表水环境质量标准基本项目标准值 表2-3-5

序号	分类标准值项目	Ⅰ	Ⅱ	Ⅲ	Ⅳ	Ⅴ
1	水温(℃)	人为造成的环境水温变化应限制在: 周平均最大温升≤1 周平均最大温降≤2				
2	pH值	6~9				
3	化学需氧量COD_{Cr}(mg/L)≤	15	15	20	30	40
4	五日生化需氧量BOD_5(mg/L)≤	3	3	4	6	10
5	石油类(mg/L)≤	0.05	0.05	0.05	0.5	1.0

监测项目的采样布点及监测频率应符合国家环境监测技术规范的要求。检测分析方法按表2-3-6执行。

地表水环境质量检测方法 表2-3-6

序号	基本项目	测试方法	测定下限	方法来源
1	水温(℃)	温度计法		GB 13195
2	pH值	玻璃电极法		GB 6920

续上表

序号	基本项目	测试方法	测定下限	方法来源
3	化学需氧量 COD_{Cr}(mg/L)	重铬酸盐法	10	GB 11914
4	五日生化需氧量 BOD_5(mg/L)	稀释与接种法	2	GB 7488
5	石油类(mg/L)	红外分光光度法	0.01	GB/T 16488

为贯彻《中华人民共和国环境保护法》《中华人民共和国水污染防治法》和《中华人民共和国海洋环境保护法》,根据现行《污水综合排放标准》(GB 8978),对于新建公路项目,有关的污染物允许排放浓度标准详见表2-3-7,以保证受纳水体水质符合规定用途的水质标准。

污染物最高允许排放浓度　　　　表2-3-7

序号	基本项目	一级标准	二级标准	三级标准
1	pH值	6~9		
2	悬浮物SS(mg/L)	70	150	400
3	化学需氧量COD(mg/L)	100	150	500
4	五日生化需氧量BOD_5(mg/L)	20	30	300
5	石油类(mg/L)	5	10	20

其中,GB 3838中Ⅰ、Ⅱ类水域和Ⅲ类水域中划定的保护区,禁止新建排污口,不分污水排放方式,也不分受纳水体的功能类别,其最高允许排放浓度必须达到本标准要求。

排入GB 3838中Ⅲ类水域(划定的保护区和游泳区除外)和排入GB 3097中二类海域的污水,执行一级标准。

排入GB 3838中Ⅳ、Ⅴ类水域和排入GB 3097中三类海域的污水,执行二级标准。

排入设置二级污水处理厂的城镇排水系统的污水,执行三级标准。

(2)计算分析可能的污水汇集数量:根据现场具体情况,经水力、水文分析后确定,一般情况下,可以按照设计暴雨30min时间计算污水汇流量,并按此控制油水分离池的规模。

(3)油水分离池结构设计。

污水处理是使用各种方法,将污水中的污染物分离、转换或分解,使污水净化。总体来说,污水处理的方法包括物化法和生化法。几种主要处理方法的原理及优缺点详见表2-3-8。

污水处理主要方法　　　　表2-3-8

处理方法		原理	优点	缺点
物化法	絮凝	向水体中投加絮凝剂,通过絮凝剂在水中形成絮体的巨大表面积的吸附作用去除水中的污染物质	适用于水体中有微细悬浮物和胶体物质	需要有溶药和加药系统,投资和运行费用较高,操作较为烦琐
	重力分离	利用废水中悬浮物或油类比重的差异,通过控制合适水流状态,使废水中的悬浮物或油类物质从废水中分离出来,从而使废水得到净化的一种处理方法	适用于拟分离的污染物质和水的比重差别较大的情况	对相对密度和水接近的物质处理效果很差
	气浮	通过悬浮颗粒在微细气泡的顶托作用上浮至水面,从而使废水的悬浮物降低而得到净化的一种方法	对水体中的颗粒状污染成分具有较好的处理效果	运行费用较高

续上表

处理方法		原 理	优 点	缺 点
物化法	过滤	通过过滤介质的吸附或拦截作用去除废水中的悬浮物的一种水处理方法	对处理出水要求悬浮物较低的情况	需要有一套反冲洗装置
	氧化剂氧化	通过臭氧发生器在高压通电的情况下产生氧化能力很强的臭氧,并通过将臭氧溶解在水中,从而使废水中的有机物得到净化的一种处理方法	可以针对不同的污染物使用不同的氧化剂,并通过控制添加量达到不同的处理程度	运行费用较高,一般适用于微污染水或者高难度废水的预处理
生化法	厌氧处理	利用厌氧微生物在没有氧气或氧气量极少的情况下对有机物发生还原作用,生成 CH_4、H_2、CO_2 等还原产物,从而使废水得到净化的一种处理方法	具有低的运行费用,较高的处理效率,对很多有毒有机物具有去毒的作用,一般适用于 COD 大于 1000mg/L 的情况	对于大多数废水,均会产生臭气
	好氧处理	利用好氧微生物在有氧气的情况下,对有机物发生氧化和分解反应,生成 CO_2、H_2O、NO_3^- 等氧化产物,从而使废水得到净化的一种方法	对生化性较好的污染物质效果较好,具有较快的处理速率,一般适用于 COD 小于 1000mg/L 的情况	对难生化处理的有机物效果较差

具体采用何种污水处理技术,或几种处理方法联合处理,应针对不同污水的特点进行选择。公路路面排出的污水一般以悬浮物(SS)和石油类为主,与其他行业相比,公路污水中含油污量一般较低,在处理方法选择时建议以简易的沉淀法处理措施为主。

对于一条高速公路含油废水处理应执行的标准,应按当地环保部门批复的正式文件执行。

(4)路面含油废水经处理后,出水水质如果可以达到现行《城市污水再生利用城市杂用水水质》(GB/T 18920)的标准要求,也可用于绿化、冲厕、道路清扫、车辆冲洗、消防等用途,以节约用水。

需要回用的含油污水处理工艺流程,如图 2-3-28 所示。

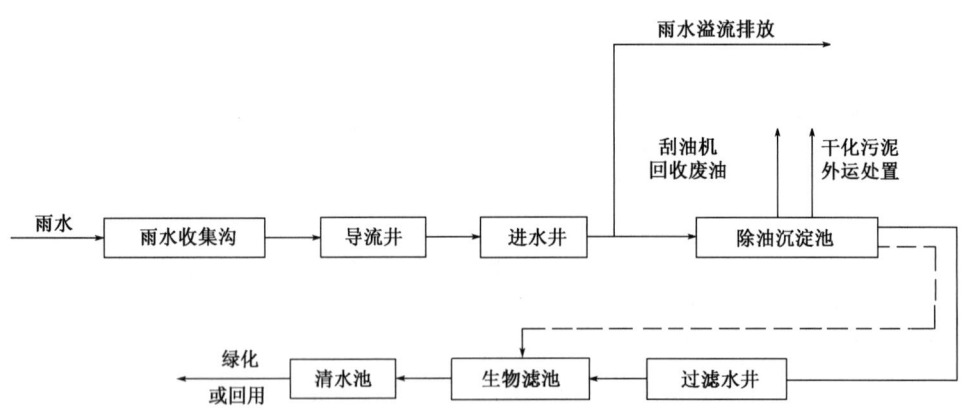

图 2-3-28 需要回用的含油污水处理工艺流程

不需要回用的废水处理工艺流程如图 2-3-29 所示。

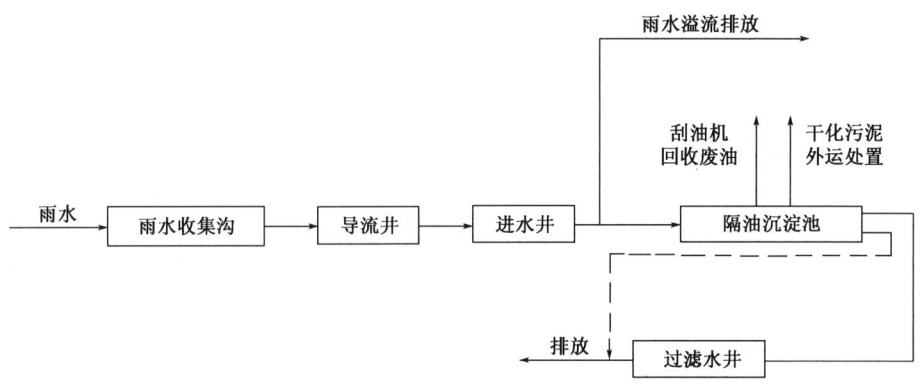

图 2-3-29　不需回用的废水处理工艺流程

3. 设计示例

某公路通过水库地区,须建油水分离池一座,经计算设计流量为 $0.72\text{m}^3/\text{s}$,设计的油水分离池如下。

(1)处理后的废水回用的处理单体示意(图 2-3-30)。

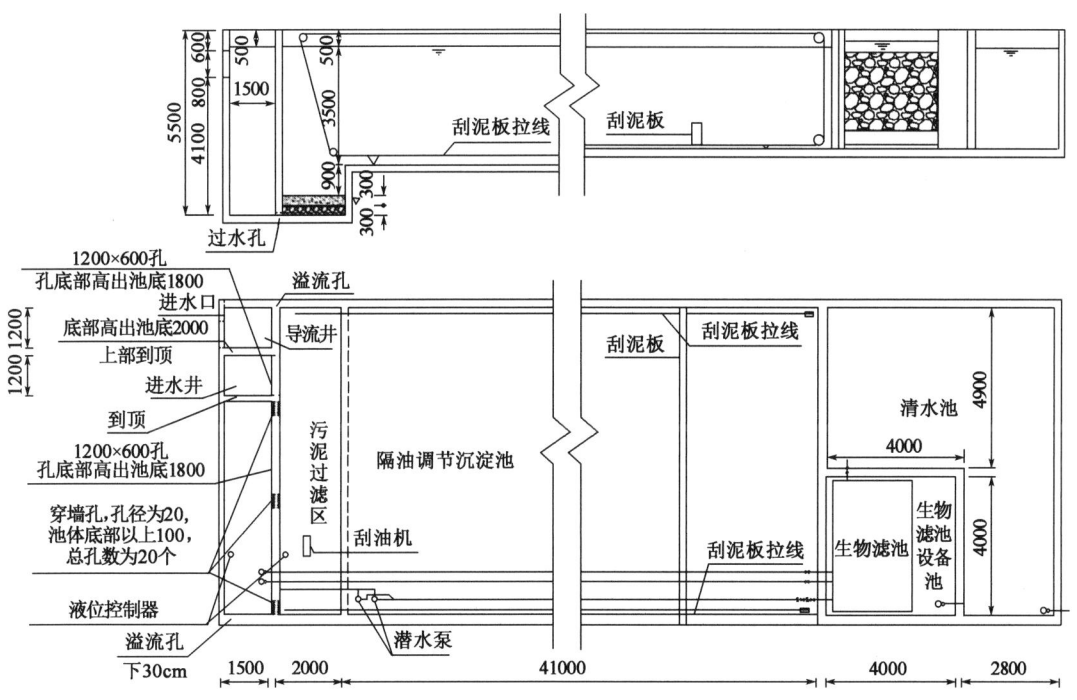

图 2-3-30　油水分离池设计示意图(尺寸单位:mm)

(2)主要设计参数。

①池体深度:建议设计水深为 2~4m,除油调节沉淀池底部的坡度大于 1%,根据池体的大小保护高度可取 0.3~0.5m,污泥过滤区鹅卵石的厚度不小于 200mm,砂层的厚度不小于 200mm,砂层上泥斗的深度建议不小于 600mm。

②导流井:体积可取除油沉淀调节池的 0.5%~1.2%,便于以后操作和管理,建议最小平面尺寸不小于 600mm×600mm;溢流口堰的高程为除油沉淀池最高液位的高程处;进水口的上沿应位于溢流口以下;出水口应位于和进水井之间除墙的底部,开孔高度可取 300~800mm。

③进水井:体积可取除油沉淀调节池的 0.5%~1.2%,但最小平面尺寸不小于 600mm×600mm;出水堰应高出池体底部 1.8m 以上,高于泥斗顶部 500mm 以上并低于溢流堰口以下 0.50m。

④除油沉淀池:体积取每次暴雨的初期雨水量,具体见雨水量计算公式;根据池体的大小,沉淀区底部坡度可取 1%~3%,设计水深度可取 2~4m,保护高度可取 0.3~0.5m,污泥过滤区鹅卵石的厚度不小于 20cm,砂层的厚度不小于 20cm,砂层上泥斗的深度建议不小于 60cm。

⑤生物滤池设备(污水处理后回用的地区):该设备为定型设备,其有效体积(指含有滤料的体积)一般不小于除油沉淀池的 1/60,污水在滤池中的停留时间一般不小于 1.5h,该滤池中滤料可以选择颗粒活性炭或生物陶粒。颗粒活性炭具有吸附快、处理性能好的优点,但同时也存在损耗大的缺点,一般 5~8 年即需要更换;生物滤料具有强度大、耐磨损和吸附性能较好的优点,目前广泛用作生物滤池的滤料,使用寿命一般在 8 年以上。该滤池需配备充氧装置,充氧装置可采用鼓风曝气、液下曝气机等形式。

⑥泥斗的设计:一般可设计一个泥斗,若条件许可,也可以设计多个泥斗,但需确保泥斗底部连通以便于渗透水的汇集。泥斗区的体积(不包括鹅卵石和砂层的体积),一般不低于除油沉淀池总体积的 1.5%。

⑦过滤水井:其有效体积可为除油沉淀池的 2%~5%,该过滤水井的作用是暂时储存污泥区过滤水,并通过该池内的水泵抽至生物滤池。

⑧清水池(污水处理后回用的地区):其体积可以为除油沉淀池的 1/14~1/7。

(3)建议配置。

刮油机采用带式电动刮油机,也可以采用其他种类的集油装置。

刮泥装置采用绳带式刮泥板,也可以采用其他种类的刮泥装置。

生化处理装置建议采用生物滤池设备,该滤池具有体积小、污染物的体积负荷高、同时适应高速公路水量分配严重不均的特点。

(4)工艺流程说明。

下雨时,高速公路路面的石油类和悬浮物被雨水冲刷,并和雨水一道汇集至高速公路两侧的集水沟。汇集后的雨水经集水沟进入污水处理装置的导流井。当污水处理池里的水位低于溢流口的水位时,集水沟的污水全部经进水井进入除油沉淀调节池;当污水处理池里的水位达到溢流口的水位时,排水沟汇集的雨水经溢流口溢流后外排。

在除油沉淀调节池内的污水经沉淀除油后,其中的悬浮物在重力的作用下沉淀进入池体底部,石油类则在浮力的作用下上浮至水面。水面上的浮油则由刮油装置收集起来。

当池体的水位较高时,启动除油沉淀池内的水泵,将水泵至生物滤池;当池体的水位较低时,启动过滤集水井内的水泵,直至将池体内的污泥全部抽干为止。

池体底部的污泥在人员巡查时启动刮泥装置,将池体底部所有的污泥刮至污泥斗,并经过砂层过滤后干化。

干化后的污泥外运处置,收集后的石油类物体回收使用,不向环境排放。

油水分离池在我国公路工程范围内应用很少,只有福建和四川等省有少量应用,建议各地多积累经验。

八、排水泵站

1. 排水泵站的设置条件

（1）对下挖路段应尽可能采取措施（如布设地下排水管）利用附近地形自排水，当路基下挖路段排水困难或排水条件有特殊要求时，可设置排水泵站，避免雨季积水，影响车辆及行人正常交通。

（2）在下挖段的两端，应设置拦水墙、排水沟等排水设施，拦截和引排上游方向的地表水，以减少地表水流入下挖段，即应形成高水高排、低水低排、互不连通的系统，并应有防止高水进入低水系统的可靠措施。

2. 排水泵站的设计要求

（1）下穿道路或通道在上跨构造物洞口内的最小纵坡不宜低于0.30%，纵断面的最低点宜尽可能布置在洞口外。

（2）下挖段的路肩宜采用较大的横向坡度。在洞口内的下挖段边沟应加大过水断面面积，并宜采用矩形横断面，顶上加盖带槽孔的混凝土板或铸铁板。在最低点处设置集水池（井），池中布置潜水泵，并将汇集的水抽排到外部较高的排水沟内，通过排水沟将水引排到邻近的水塘、低地或天然河沟内。

（3）下挖段边沟断面尺寸、集水池（井）容积应根据汇水面积在设计暴雨情况下的汇水量、水泵能力和水泵工作情况等因素合理确定，一般不应小于最大一台水泵30s的出水量。流入集水池的雨水均应通过格栅。集水池的布置，应考虑改善水泵吸水管的水力条件，减少滞流或涡流。

（4）泵站的规模，应根据汇水面积、汇流水量以及装机流量、装机功率，按表2-3-9确定。

排水泵站分等指标　　　　　　　　　　　表2-3-9

泵站等别	泵站规模	分等指标	
		装机流量（m^3/s）	装机功率（$10^4 kW$）
Ⅰ	大（1）型	≥200	≥3
Ⅱ	大（2）型	200~50	3~1
Ⅲ	中型	50~10	1~0.1
Ⅳ	小（1）型	10~2	0.1~0.01
Ⅴ	小（2）型	<2	<0.01

（5）水泵的型号应按排水量和扬程要求选择。重要的下穿道路，可提高泵站等别，每个泵站应至少配置2台潜水泵（1台备用），水泵宜选同一型号。水泵机组应根据集水池水位自动控制开启。

（6）集水池应装置冲泥和清泥等设施。

（7）排水泵站应有专人日常管养。

（8）具体设计可参照现行《室外排水设计规范》（GB 50014）或《泵站设计规范》（GB/T 50265）。

3. 泵站设计示例

某通道因高速公路纵坡限制须下挖设置,周围环境不满足自排条件,须设置排水泵站,设计如下:

(1)汇流计算结果

根据平纵面设计(图 2-3-31),通道两侧 50m 以内的范围作为汇水范围,则汇水长度为 50m,宽度 4m,5 年一遇 10min 降雨历时的降雨强度 $q_{5,10} = 2.5\text{mm/min}$,设计径流量 $Q = 6.45 \times 10^{-3} \text{m}^3/\text{s}$。

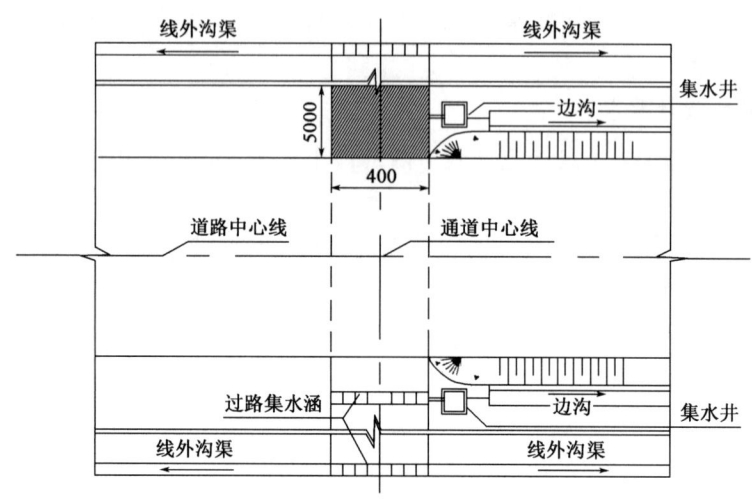

图 2-3-31 排水平面示意图(尺寸单位:cm)

(2)集水井(池)的设计

①集水井(池)容积的确定。

集水井(池)的容积,应根据水量、水泵能力和水泵工作情况等因素确定。根据前述规定,如图 2-3-32 所示,在通道口各设置一处 3.0m × 2.0m × 2.0m 集水井(池),高液位为 1.0m,低液位为 0.3m。

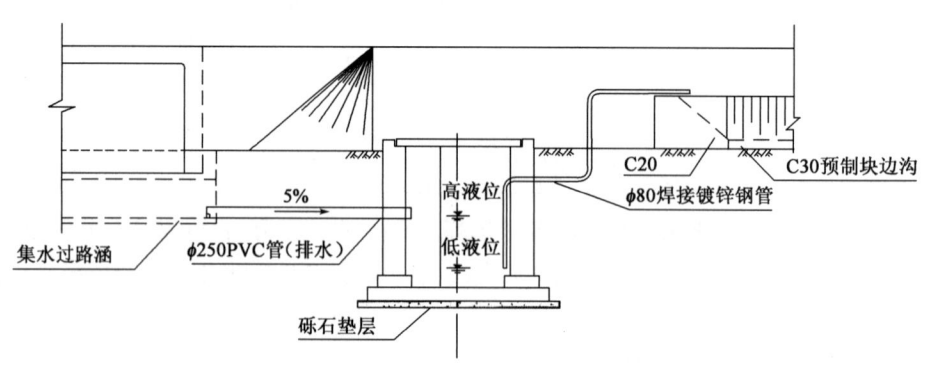

图 2-3-32 集水井示意图

②集水井(池)容积的验算。

汇流时间为10min,则储水量为$Q_c=3.87\text{m}^3$。

按$h=Q_c/A$计算高液位对应的水深:$h=Q_c/A=3.87/6=0.645\text{m}<0.7\text{m}$,因此以上设计满足要求。

(3)泵站的选择

排水泵站站址选择在通道口靠近排水边沟一侧,出水口在排水边沟上边(图2-3-31),泵站的规模,以近期目标为主,并考虑远景发展要求,综合分析确定。排水泵站应根据装机流量与装机功率分等,其等别应按表2-3-9确定。

经比较分析选用两台80WQ(QW)50-10-3抽水泵,功率为3kW,扬程10m,每小时抽排量50m^3。

九、倒虹吸与渡水槽

当水流需要横跨路基,但受到设计高程的限制,可使用管道或沟槽,从路基底部或上部架空跨越,前者称为倒虹吸,后者为渡水槽,分别相当于涵洞和渡水桥,是路基地面排水的特殊结构物,多配合农田水利所需而采用。

1. 倒虹吸

倒虹吸的设置往往是因路基横跨原有沟渠,且沟渠水位高于路基设计高程,不能按正常条件设置涵洞时,可采用倒虹吸方案。如图2-3-33所示是一种竖井式倒虹吸布置示意图。

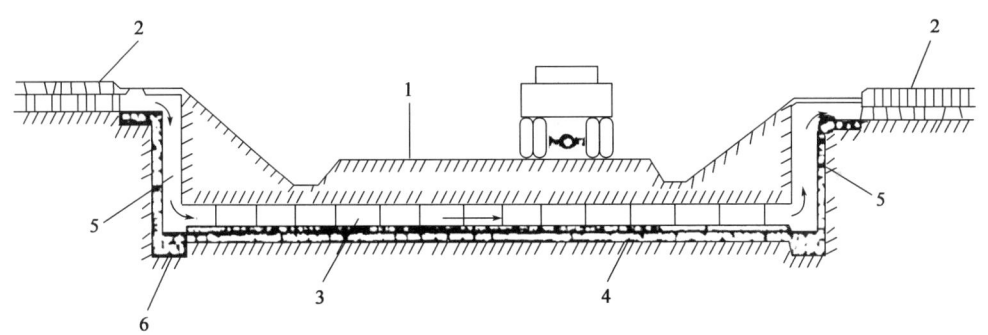

图2-3-33 竖井式倒虹吸布置示意图
1-公路路基;2-原沟渠;3-洞身;4-垫层;5-竖井;6-沉淀池

倒虹吸管道有箱形和圆形两种,以水泥混凝土和钢筋混凝土结构为主,临时性简易管道可用砖石结构,永久性或急需时亦可改用钢铁管道。管道的孔径约0.5~1.5m,管道附近的路基填土厚度一般不小于1.0m,以免行车荷载压力过于集中,严寒地区亦可赖以防冻。考虑倒虹吸的泄水能力有限,为了方便施工和养护,管道亦不宜埋置过深,以填土高度不超过3.0m为宜。

倒虹吸管道两端设竖井,井底高程低于管道,起沉淀泥沙与杂物的作用,也可改用斜管式或缓坡式,代替竖井式升降管,以改善水流条件,但路基用地宽度大,管道长度增加。为减少堵塞现象,设计时要求管道内水流速度不小于1.5m/s,并在进口处设置沉砂池和拦泥栅。沉砂池和拦泥栅需经常清理,以保证水流畅通,避免沉砂池和沟渠溢水而危害路基。倒虹吸的出口应设过渡段与下游沟渠平顺衔接,应对原有土质沟渠进行适当加固。

2. 渡水槽

渡水槽相当于渡水桥。当原水道与路基设计高程相差较大，如果路基两侧地形有利或当地确有必要，可设简易桥梁，架设水槽或管道，从路基上部跨越，沟通路基两侧水流。渡水槽的架设应满足道路对净空与美化的要求，其构造与桥梁相似，但主要作用是沟通水流，故除应在结构上具有足够的强度外，在效能上应适应排水的要求，其中包括进出水口衔接，以防止冲刷和渗漏等。

渡水槽由进出水口、槽身和下部支承三部分组成。通常为了降低工程造价，槽身过水横断面一般均较两端的沟渠横断面小，槽中水流速度提高，因此应注意防止冲刷与渗漏。进出水口处宜设置过渡段，且进水口过渡段宜长一些，以防止淤积。如果主槽较短，槽身与沟渠横断面宜相同，沟槽直接衔接，可不设过渡段。水流横断面不同时，过渡段的平面收缩角约为10°~15°，据此可确定过渡段的尺寸。与槽身相连接的土质沟渠，应予以防护加固，其长度至少是沟渠水深的4倍。

第三节 特殊部位地表排水设计

本节特殊部位地表排水设计主要指桥台和支挡构造物排水设计。桥台和支挡构造物排水的目的在于疏干台后或墙后回填料中的水分，防止由于积水而使台身或墙身承受额外的静水压力、黏性土填料浸水后的膨胀压力或者季节性冰冻地区的冻胀压力。

1. 回填料

(1)桥台和支挡构造物的台背或墙背回填料宜采用透水性材料，从而大大减小上述情况下产生的各种压力，回填料表面应采取措施防止地表水渗入，如在回填区外设置拦截地表水流入的沟渠，或者将回填料顶面夯实或采用不透水性土回填封顶等。

(2)回填料为透水性材料时，可采用仅在台身或墙身设置泄水孔的简易排水措施。

(3)当回填料透水性不良、回填区渗水量大或有冻胀可能时，可选用下列排水措施：

①在台背或墙背与回填料之间设置由透水性粒料组成的连续排水层，排水层的厚度不应小于30cm，其顶部用30~50cm厚的不透水材料(如黏土)封闭。

②沿台背或墙背的底部设置厚30~40cm、高50cm的纵向排水渗沟，并间隔3~4m设置厚30~40cm、宽30~40cm的竖向渗沟，其顶部用30~50cm厚的不透水材料封闭。渗沟由透水性材料筑成。

③沿台背或墙背的底部纵向设置内径10~15cm的软式透水干管，并间隔2~3m竖向设置内径5~8cm的软式透水支管。

软式透水管可由经磷酸防锈处理并外覆聚氯乙烯的钢丝作内骨架，外面包裹起反滤作用的土工织布，软式透水管应有足够的耐压扁能力及透水性和反滤作用。

2. 泄水孔

泄水孔由埋在墙身内的塑料圆管(如条件所限，也可将毛竹制成竹管代替)组成，直径5~10cm，向墙面倾斜3%~5%，进水口处周围50cm范围内应采用具有反滤作用的粒料覆盖。泄水孔的间距宜为2~3m，上下排交错布置，泄水孔布设密度视回填料渗水量大小而定。最低一排出水口应高出墙前地面、常水位或边沟内设计水位20~30cm以上。

第四节 排水设施水力计算

一、排水沟和排水管的水力计算

1. 明渠断面水力要素

明渠水流的过水断面有多种形状,如图 2-3-34 所示。

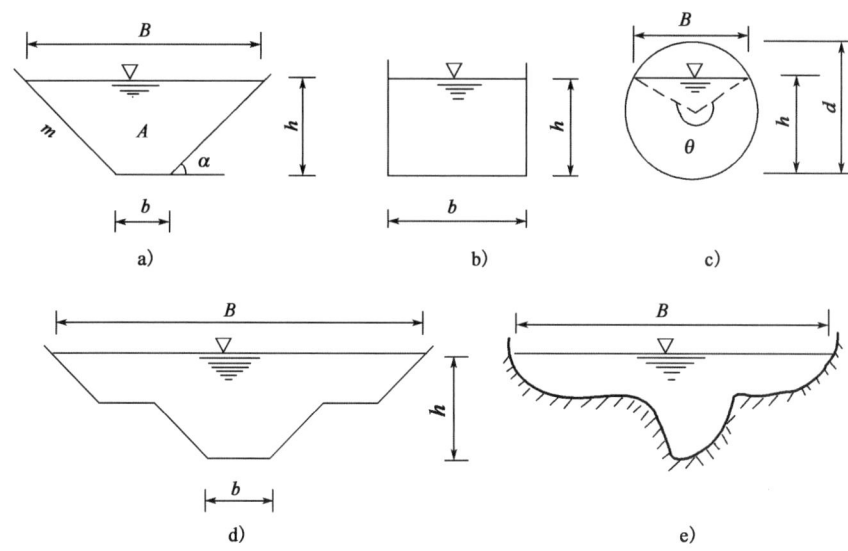

图 2-3-34 明渠过水断面形状

b、h-明渠底宽和高度;α-沟壁边坡角;m-沟壁边坡系数;θ-充满角;B-水面宽度;A-过水面积;d-沟管直径

(1)梯形断面(矩形断面:取 $m=0$)

$$\left.\begin{aligned}
\text{过水面积} \quad & A = (b + mh)h \\
\text{水面宽度} \quad & B = b + 2mh \\
\text{湿周} \quad & x = b + 2h\sqrt{1+m^2} \\
\text{水力半径} \quad & R = \frac{A}{x} \\
\text{边坡系数} \quad & m = \cot\alpha
\end{aligned}\right\} \quad (2\text{-}3\text{-}1)$$

式中:α——边坡角,见图 2-3-34a)。

(2)圆形断面渠道水力要素

$$\left.\begin{aligned}
\text{过水面积} \quad & A = \frac{d^2}{8}(\theta - \sin\theta) \\
\text{水面宽度} \quad & B = d\sin\frac{\theta}{2} = 2\sqrt{h(d-h)} \\
\text{湿周} \quad & x = \frac{d}{2}\theta \\
\text{水力半径} \quad & R = \frac{A}{x} \\
\text{充满度} \quad & a = \frac{h}{d} = \sin^2\frac{\theta}{4}
\end{aligned}\right\} \quad (2\text{-}3\text{-}2)$$

式中：θ——充满角，见图 2-3-34c）。

明渠边坡系数取决于土质条件和护面材料，见表 2-3-10。

渠道边坡系数 m 表 2-3-10

土壤种类	m	土壤种类	m	土壤种类	m
粉砂	3~3.5	砂壤土	1.25~2.0	半岩土抗水性土壤	0.5~1
疏松的细、中、粗砂	2~2.5	黏壤土、黄土、黏土	1.25~1.5	风化岩石	0.25~0.5
密实的细、中、粗砂	1.5~2.0	卵石和砌石	1.25~1.5	未风化岩石	0~0.25

地表排水沟和排水管的水力计算，应依据设计流量确定沟和管所需的断面尺寸，并检查其流速是否在允许范围内。

2. 沟或管的泄水能力

按下式计算：

$$Q_C = vA \tag{2-3-3}$$

式中：Q_C——沟或管的泄水能力（m³/s）；

v——沟或管内的平均流速（m/s）；

A——过水断面面积（m²），各种沟管过水断面的面积可按表 2-2-3 计算。

3. 沟或管内的平均流速

按下式计算：

$$v = c\sqrt{RI} = \frac{1}{n}R^{\frac{2}{3}}I^{\frac{1}{2}} \tag{2-3-4}$$

式中：n——沟壁或管壁的粗糙系数，按表 2-3-11 确定；

R——水力半径（m），$R = A/\rho$，各种沟管的水力半径可按表 2-2-3 计算；

ρ——过水断面湿周（m）；

I——水力坡度，可取用沟或管的底坡。

沟壁或管壁的粗糙系数 n 表 2-3-11

沟或管类别	n	沟或管类别	n
UPVC 管、PE 质、玻璃钢管	0.009~0.011	土质明沟	0.022
石棉水泥管、钢管	0.012	带杂草（草皮）土质明沟	0.027
水泥混凝土管、钢筋混凝土、水泥砂浆抹面渠道	0.013	砂砾质明沟	0.025
陶土管	0.013~0.014	岩石质明沟	0.035
铸铁管	0.015	植草皮明沟（流速 1.8m/s）	0.050~0.090
波纹管	0.027	植草皮明沟（流速 0.6m/s）	0.035~0.050
沥青路面（光滑）	0.013	浆砌片明沟	0.025
沥青路面（粗糙）	0.016	干砌片石明沟	0.032
水泥混凝土路面（镘抹面）	0.014	水泥混凝土明沟（镘抹面）	0.015
水泥混凝土路面（拉毛）	0.016	水泥混凝土明沟（预制）	0.012
浆砌砖沟	0.015	浆砌块石沟	0.017

4. 浅三角形沟或过水断面的泄水能力

按下述修正公式计算：

$$Q_C = 0.377 \frac{1}{i_h n} h^{\frac{8}{3}} I^{\frac{1}{2}} \tag{2-3-5}$$

式中：i_h——沟或过水断面的横向坡度；

h——沟或过水断面的水深(m)；

n——沟壁或管壁的粗糙系数，按表2-3-11确定。

5. 沟和管的允许流速

应符合下列规定：

(1)明沟的最小允许流速0.4m/s，暗沟和管的最小允许流速为0.75m/s。

(2)管的最大允许流速：金属管10.0m/s；非金属管5.0m/s。

(3)明沟的最大允许流速：当水深为0.4~1.0m时，按表2-3-12取用；在此水深范围外的允许值，表2-3-12所列最大流速宜乘以表2-3-13中相应的修正系数。

明沟的最大允许流速(单位：m/s)　　　　表2-3-12

明沟类别	允许最大流速	明沟类别	允许最大流速	明沟类别	允许最大流速	明沟类别	允许最大流速
亚砂土	0.8	干砌块石	2.0	黏土	1.2	水泥混凝土	4.0
亚黏土	1.0	浆砌块石或浆砌砖	2.0	草皮护面	1.6	石灰岩或中砂岩	4.0

最大允许流速的水深修正系数　　　　表2-3-13

水流深度 h(m)	<0.4	0.4<h≤1.0	1.0<h<2.0	h≥2.0
修正系数	0.85	1.00	1.25	1.40

(4)压力管道的设计流速宜采用0.7~1.5m/s。

管道的最小管径和最小设计坡度，宜按表2-3-14采用。

最小管径和最小设计坡度　　　　表2-3-14

管　别	最小管径(mm)	相应最小设计坡度
污水管、雨水管和合流管	300	塑料管：0.002
		其他管：0.003
雨水口连接管	200	0.01

注：1.管道坡度不能满足上述要求时，可酌情减小，但应有防淤、清淤措施。

　2.自流输泥管道的最小设计坡度宜采用0.01。

管道在坡度变陡处，其管径可根据水力计算确定由大改小，但不得超过2级，并不得小于最小管径。

(5)各种土质的容许不冲刷平均流速，建议采用表2-3-15~表2-3-19值。

非黏性土的容许不冲刷平均流速 v_{max}

表 2-3-15

序号	土及其特征		土的颗粒尺寸 (mm)	水流平均深度 (m)				
	名称	形状		平均流速 (m/s)				
				0.4	1.0	2.0	3.0	5.0	10 及以上
1	灰尘及淤泥	灰尘及淤泥带细砂、沃土	0.005~0.05	0.15~0.20	0.20~0.30	0.25~0.40	0.30~0.45	0.40~0.55	0.45~0.65
2	砂,小颗粒的	细砂带中等尺寸的砂粒	0.05~0.25	0.20~0.35	0.30~0.45	0.40~0.55	0.45~0.60	0.55~0.70	0.65~0.80
3	砂,中颗粒的	细砂带带黏土,中等尺寸的砂带大的砂粒	0.25~1.00	0.35~0.50	0.45~0.60	0.55~0.70	0.60~0.75	0.70~0.85	0.80~0.95
4	砂,大颗粒的	大砂夹杂砾、中等颗粒砂带黏土	1.00~2.50	0.50~0.65	0.60~0.75	0.70~0.80	0.75~0.90	0.85~1.00	0.95~1.20
5	砾,小颗粒的	细砾带着中等尺寸的砾石	2.50~5.00	0.65~0.80	0.75~0.85	0.80~1.00	0.90~1.10	1.00~1.20	1.20~1.50
6	砾,中颗粒的	大砾带砂带小砾	5.00~10.00	0.80~0.90	0.85~1.05	1.00~1.15	1.10~1.30	1.20~1.45	1.50~1.75
7	砾,大颗粒的	小卵石带砂带砾	10.0~15.0	0.90~1.10	1.05~1.20	1.15~1.35	1.30~1.50	1.45~1.65	1.75~2.00
8	卵石,小颗粒的	中等尺寸卵石带砂带砾	15.0~25.0	1.10~1.25	1.20~1.45	1.35~1.65	1.50~1.85	1.65~2.00	2.00~2.30
9	卵石,中颗粒的	大卵石夹杂着砾	25.0~40.0	1.25~1.50	1.45~1.85	1.65~2.10	1.85~2.30	2.00~2.45	2.30~2.70
10	卵石,大颗粒的	小鹅卵石带卵石	40.0~75.0	1.50~2.00	1.85~2.40	2.10~2.75	2.30~3.10	2.45~3.30	2.70~3.60
11	鹅卵石,小个的	中等尺寸鹅卵石带卵石	75.0~100	2.00~2.45	2.40~2.80	2.75~3.20	3.10~3.50	3.30~3.80	3.60~4.20
12	鹅卵石,中等的	中等尺寸鹅卵石、大鹅卵石夹杂着大个的鹅卵石带着小的夹杂物	100~150	2.45~3.00	2.80~3.35	3.20~3.75	3.50~4.10	3.80~4.40	4.20~4.50
13	鹅卵石,大个的	大鹅卵石带小漂圆石带卵石	150~200	3.00~3.50	3.35~3.80	3.75~4.30	4.10~4.65	4.40~5.00	4.50~5.40
14	漂圆石,小个的	中等漂圆石带卵石	200~300	3.50~3.85	3.80~4.35	4.30~4.70	4.65~4.90	5.00~5.50	5.40~5.90
15	漂圆石,中等的	漂圆石夹杂着鹅卵石	300~400	—	4.35~4.75	4.70~4.95	4.90~5.30	5.50~5.60	5.90~6.00
16	漂圆石,特大的	—	400~500 及以上	—	—	4.95~5.35	5.30~5.50	5.60~6.00	6.00~6.20

黏性土的容许不冲刷平均流速 v_{max}

表 2-3-16

序号	土的名称	颗粒成分(%)		土的特征																
		<0.005mm	0.005~0.050mm	不大密实的土（孔隙系数1.2~0.9），土重度在12.0kN/m³以下				中等密实的土（孔隙系数0.9~0.6），土重度在12.0~16.6kN/m³				密实的土（孔隙系数0.6~0.3），土重度在16.6~20.4kN/m³				极密实的土（孔隙系数0.3~0.2），土重度在20.4~21.4kN/m³			
				水流平均深度(m)																
				0.4	1.0	2.0	≥3.0	0.4	1.0	2.0	≥3.0	0.4	1.0	2.0	≥3.0	0.4	1.0	2.0	≥3.0
				平均流速(m/s)																
1	黏土	30~50	70~50	0.35	0.40	0.45	0.50	0.70	0.85	0.95	1.10	1.00	1.20	1.40	1.50	1.40	1.70	1.90	2.10
2	重砂质黏土	20~30	80~70	0.35	0.40	0.45	0.50	0.65	0.80	0.90	1.00	0.95	1.20	1.40	1.50	1.40	1.70	1.90	2.10
3	砂瘠的砂质黏土	10~20	90~80	—	—	—	—	0.60	0.70	0.80	0.85	0.80	1.00	1.20	1.30	1.10	1.30	1.50	1.70
4	新沉淀的黄土性土	—	—	—	—	—	—	—	—	—	—	—	—	—	—	—	—	—	—
5	砂质土	5~10	20~40	根据砂粒大小采用表2-3-15的数值																

人工加固工程的容许不冲刷平均流速 v_{max}　　　　表2-3-17

编号	加固工程种类		水流平均深度(m)			
			0.4	1.0	2.0	3.0
			平均流速(m/s)			
1	平铺草皮(在坚实基底上)		0.9	1.2	1.3	1.4
	叠铺草皮		1.5	1.8	2.0	2.2
2	用大圆石或片石堆积,当石块平均尺寸为	20～30cm	3.3	3.6	4.0	4.3
		30～40cm	—	4.1	4.3	4.6
		40～50cm 及以上	—	—	4.6	4.9
3	在篦格内堆两层大石块,当石块平均尺寸为	20～30cm	4.0	4.5	4.9	5.3
		30～40cm	—	5.0	5.4	5.7
		40～50cm 及以上	—	—	5.7	5.9
4	青苔上单层铺砌(青苔层厚度不小于5cm)	用15cm 大小的圆石(或片石)	2.0	2.5	3.0	3.5
		用20cm 大小的圆石(或片石)	2.5	3.0	3.5	4.0
		用25cm 大小的圆石(或片石)	3.0	3.5	4.0	4.5
5	碎石(或砾石)上的单层铺砌(碎石层厚度不小于10cm)	用15cm 大小的片石(或圆石)	2.5	3	3.5	4
		用20cm 大小的片石(或圆石)	3	3.5	4	4.5
		用25cm 大小的片石(或圆石)	3.5	4	4.5	5
6	单层细面粗凿石料铺砌在碎石(或砾石)上(碎石层厚度不小于10cm)	用20cm 大小的石块	3.5	4.5	5	5.5
		用25cm 大小的石块	3.5	4.5	5	5.5
		用30cm 大小的石块	3.5	4.5	5	5.5
7	铺在碎石(或砾石)上的双层片石(或圆石):下层用15cm 石块,上层用20cm 石块(碎石层厚度不小于10cm)		3.5	4.5	5.0	5.5
8	铺在坚实基底上的枯枝铺面及枯枝铺褥(临时性加固工程用)	铺面厚度 $\delta=20～25cm$	—	2.0	2.5	—
		铺面为其他厚度时	按上值乘以系数 $0.2\sqrt{\delta}$			
9	柴排	厚度 $\delta=50cm$ 时	2.5	3.0	3.5	
		其他厚度时	按上值乘以系数 $0.2\sqrt{\delta}$			
10	石笼(尺寸不小于0.5m×0.5m×1.0m 者)		4.0 及以下	5.0 及以下	5.5 及以下	6.0 及以下
11	在碎石层上铺设水泥砂浆砌双层片石,其石块尺寸不小于20cm		5.0	6.0	7.5	—
12	水泥砂浆砌石灰岩片石的圬工(石料极限强度不小于10MPa)		3.0	3.5	4.0	4.5
13	水泥砂浆砌坚硬的粗凿片石圬工(石料极限强度不小于30MPa)		6.5	8.0	10.0	12.0
14	C20 混凝土护面加固		6.5	8.0	9.0	10.0
	C15 混凝土护面加固		6.0	7.0	8.0	9.0
15	混凝土水槽表面光滑者	C20 混凝土	13.0	16.0	19.0	20.0
		C15 混凝土	12.0	14.0	16.0	18.0

注:表列流速值不得用内插法,水流深度在上述表值之间时,流速数值应采用接近于实际深度的流速。

石质土的容许不冲刷平均流速 v_{max}　　表2-3-18

编号	土 的 名 称	水流平均深度（m）			
		0.4	1.0	2.0	3.0
		平均流速（m/s）			
1	砾岩、泥灰岩、页岩	2.0	2.5	3.0	3.5
2	多孔的石灰岩、紧密的砾岩、成层的灰石岩、石灰质砂岩、白云石质石灰岩	3.0	3.5	4.0	4.5
3	白云石质砂岩、紧密不分层的石灰岩、硅质石灰岩、大理石	4.0	5.0	6.0	6.5
4	花岗岩、辉绿岩、玄武岩、安山岩、石英岩、斑岩	15.0	18.0	20.0	22.0

注：1. 表列流速值不可内插，水流深度在上述表值之间时，流速应采用与实际水流深度最接近时的数值。
　　2. 当水流深度大于3.0m（在缺少特别观测与计算的情况下）时，容许流速采用上表中水深为3.0m时的数值。

渠道的容许不冲刷流速 v_{max}（单位：m/s）　　表2-3-19

（一）坚硬岩石和人工护面渠道			
岩石或护面种类	渠道流量（m³/s）		
	<1	1~10	>10
1. 软质水成岩（泥灰岩、页岩、软砾岩）	2.5	3.0	3.5
2. 中等硬质水成岩（致密砾石、多孔石灰岩、层状石灰岩、白云石灰岩、灰质砂岩）	3.5	4.25	5.0
3. 硬质水成岩（白云砂岩、砂质石灰碉）	5.0	6.0	7.0
4. 结晶岩、火成岩	8.0	9.0	10.0
5. 单层块石铺砌	2.5	3.5	4.0
6. 双层块石铺砌	3.5	4.5	5.0
7. 混凝土护面（水流中不含沙和卵石）	6.0	8.0	10.0

（二）土质渠道			
均质黏性土质	v_{max}（m/s）		说明
1. 轻壤土	0.60~0.80		（1）均质黏性土质渠道中各种土质的干重度为13~17kN/m³ （2）表中所列为水力半径$R=1$m情况；如$R\neq 1$m时，应将表中容许流速乘以R^a得相应的容许不冲刷流速；对于砂、砾石、卵石、疏松的土壤$a=\frac{1}{3}$~$\frac{1}{4}$；对于密实的黏土壤$a=\frac{1}{4}$~$\frac{1}{5}$
2. 中壤土	0.65~0.85		
3. 重壤土	0.70~1.00		
4. 黏土	0.75~0.95		
均质无黏性土质	粒径（mm）	v_{max}（m/s）	
1. 极细砂	0.05~0.1	0.35~0.45	
2. 细砂、中砂	0.25~0.5	0.45~0.60	（1）均质黏性土质渠道中各种土质的干重度为13~17kN/m³ （2）表中所列为水力半径$R=1$m情况；如$R\neq 1$m时，应将表中容许流速乘以R^a得相应的容许不冲刷流速；对于砂、砾石、卵石、疏松的土壤$a=\frac{1}{3}$~$\frac{1}{4}$；对于密实的黏土壤$a=\frac{1}{4}$~$\frac{1}{5}$
3. 粗砂	0.5~2.0	0.60~0.75	
4. 细砾石	2.0~5.0	0.75~0.90	
5. 中砾石	5~10	0.90~1.10	
6. 粗砾石	10~20	1.10~1.30	
7. 小卵石	20~40	1.30~1.80	
8. 中卵石	40~60	1.80~2.20	

6. 梯形断面水力最佳时的断面计算

(1) 对边坡坡率为 $1:m$ 的梯形沟渠,在已知纵坡 i 条件下,欲排泄流是 Q,其水力最佳断面面积按式(2-3-6)计算:

$$W_{佳} = \sqrt[0.5y+1.25]{\frac{nQ}{a^{y+0.5} \cdot i^{0.5}}} \qquad (2\text{-}3\text{-}6)$$

其中,系数 $a = \dfrac{1}{2\sqrt{K-m}}$;$K = 2\sqrt{1+m^2}$。

式中:y——指数,当 $R \leq 1.0\text{m}$ 时,$y \approx 1.5\sqrt{n}$,当 $R > 1.0\text{m}$ 时,$y \approx 1.3\sqrt{n}$,对于加固的沟渠,一般可取 $y = 1/6$。

(2) 水力最佳时的水力半径:

$$R \approx \frac{h}{2} \qquad (2\text{-}3\text{-}7)$$

(3) 符合水力最佳断面条件时的宽深比 (b/h),见表 2-3-20。

水力最佳断面的宽深比　　表 2-3-20

边坡率 m	0	0.25	0.5	0.75	1.00	1.25	1.50	2.00	3.00
$\dfrac{b}{h}$	2	1.56	1.24	1.00	0.83	0.70	0.61	0.47	0.32

7. 沟渠的纵坡与流速

(1) 沟渠的纵坡与当地的土质有密切的关系。理想的纵坡是使水流既不发生冲刷,又不发生淤积。

边沟的纵坡,除出水口附近外,通常与路线纵坡相一致。当路线纵坡为零时,边沟仍应保持最小纵坡。出水口附近的纵坡应根据地形高差和地质情况做特殊设计。

具体详见本章第四节。

(2) 沟渠中的水流速度,应不小于产生淤积的速度,并应不大于产生冲刷的速度。沟渠不淤积的最小容许流速通常用经验公式(2-3-8)确定:

$$v_{最小} = aR^{0.5} \qquad (2\text{-}3\text{-}8)$$

式中:R——沟渠的水力半径;

a——与水中携带的土质有关的系数,见表 2-3-21。

与土质有关的系数 a 值　　表 2-3-21

土 的 类 别	a	土 的 类 别	a
淤积的粗砂	0.65~0.77	淤积的细砂	0.41~0.45
淤积的中砂	0.58~0.64	淤积的级细砂	0.37~0.41

为避免淤积,在一般情况下水流的平均速度不得小于 0.25m/s。对携带细砂的水流,流速不得小于 0.5m/s。为防止沟内喜水植物丛生,致使水流不畅,流速不应小于 (0.4~0.5)m/s。如果流速小于产生淤积的流速,则应增大沟渠的纵坡,以提高流速。如果流速大于容许冲刷的流速,则应采取加固措施,或设法减小纵坡以降低流速。

8. 沟渠底宽的改变

沟渠底部一般采用等宽。因流量改变而需改变断面尺寸时,可变化其深度。但当沟渠较长,上下游汇入的流量变化较大,沟渠底宽有必要由 b_1 增大至 b_2 时,为使水流顺畅,应在渐变长度 l 内,逐渐改变底宽,如图 2-3-35 所示。该渐变长度 l,建议按公式(2-3-9)计算:

$$l = k(b_2 - b_1) \quad (2\text{-}3\text{-}9)$$

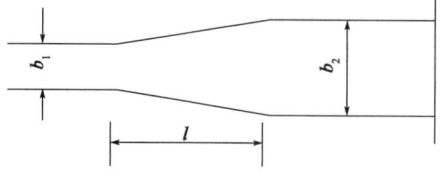

图 2-3-35 沟渠底宽的渐变段

式中:k——系数,一般取 5~20,根据流速的大小采用,流速较大者采用较大值。

例 3-1 已知设计流量 $Q = 1.1\text{m}^2/\text{s}$,沟底纵坡 $i = 0.005$,土为极密实的砂质黏土;设边坡坡率 $m = 1.5$,沟渠粗糙系数 $n = 0.025$(表 2-3-11),用选择法求沟渠的断面尺寸和验算水流速度。

解:

(1) 设沟底宽度 $b = 0.4\text{m}$。

(2) 按水力最佳断面法,查表 2-3-20,当 $m = 1.5$ 时,$b/h = 0.61$,故水流深度 $h = 0.66\text{m}$。

(3) 按式(2-3-1)计算湿周:

$$x = b + 2h\sqrt{1 + m^2} = 0.40 + 2 \times 0.66\sqrt{1 + (1.5)^2} = 2.78\text{m}$$

(4) 过水断面面积:

$$A = bh + mh^2 = 0.40 \times 0.66 + 1.5 \times 0.66^2 = 0.92\text{m}^2$$

(5) 水力半径:

$$R = \frac{A}{x} = \frac{0.92}{2.78} = 0.33\text{m}$$

(6) 按式(2-3-4)计算流速:

$$v = \frac{1}{n} R^{\frac{2}{3}} i^{\frac{1}{2}} = 1.24\text{m/s}$$

由表 2-3-16,对于极密的砂质黏土,容许不冲刷流速为 $v = 1.4\text{m/s}$,又依式(2-3-8)及表 2-3-21,取 $a = 0.45$,则不淤积的最小流速为:

$$v_{最小} = a \cdot R^{0.5} = 0.45 \times 0.33^{0.5} = 0.26\text{m/s}$$

$0.26\text{m/s} <$ 实际流速 $= 1.24 < 1.40\text{m/s}$

(7) 按式(2-3-3)计算通过流量:

$$Q = vA = 0.92 \times 1.24 = 1.14\text{m}^2/\text{s}$$

(8) 验算:

由于通过流量与设计流量相差未超过 5%,水流速度在容许流速范围内,无须加固(无须变动粗糙系数),故上述计算结果满足规定要求。

例 3-2 原始条件同示例 3-1,用水力最佳断面法计算。

(1) 按式(2-3-6)计算最佳断面面积:

系数 $K = 2\sqrt{1 + m^2} = 2\sqrt{1 + 1.5^2} = 3.6$

系数 $a = \dfrac{1}{2\sqrt{K - m}} = \dfrac{1}{2\sqrt{3.6 - 1.5}} = 0.345$

$$W_{佳} = \sqrt[0.5y+1.25]{\frac{nQ}{a^{y+0.5} \cdot i^{0.5}}} = \sqrt[0.5\times0.24+1.25]{\frac{0.025 \times 1.1}{0.345^{0.24+0.5} \times 0.005^{0.5}}} = \sqrt[1.37]{\frac{0.0275}{0.454 \times 0.0707}} = 0.89\text{m}^2$$

(2) 计算水流深度：

$$h = \sqrt{\frac{W_{佳}}{K-m}} = \sqrt{\frac{0.89}{3.6-1.5}} = 0.65\text{m}$$

(3) 计算沟底宽度：

$$b = \frac{w}{h} - mh = \frac{0.89}{0.65} - 1.5 \times 0.65 = 0.4\text{m}$$

(4) 按式(2-3-7)计算水力半径：

$$R = \frac{h}{2} = \frac{0.65}{2} = 0.33\text{m}$$

(5) 按式(2-3-4)计算流速：

$$v = \frac{1}{n}R^{\frac{2}{3}}i^{\frac{1}{2}} = 1.24\text{m/s}$$

(6) 按式(2-3-3)计算通过流量：

$$Q = vA = 0.89 \times 1.24 = 1.10\text{m}^2/\text{s}$$

(7) 验算：

同示例 3-1 计算结果。

例 3-3 已知 $Q = 1.1\text{m}^2/\text{s}$，$i = 0.005$，容许流速 $v = 1.3\text{m/s}$，设 $m = 1.5$，$n = 0.025$，沟渠断面尺寸 $h = 0.60\text{m}$，$b = 0.37\text{m}$，验算容许流速。

解：过水断面积 $w = bh + mh^2 = 0.76\text{m}^2$。

流速 $v = Q/w = 1.1/0.76 = 1.45\text{m/s} > [v] = 1.30\text{m/s}$。

这样，沟槽要求有适于流速的加固，其粗糙系数勿大于下述值：

$$R = \frac{w}{P} = \frac{0.76}{2.54} = 0.30\text{m}$$

$$n = \frac{R^{y+0.5} \times i^{0.5}}{v} = \frac{0.30^{0.74} \times 0.005^{0.5}}{1.45} = 0.020$$

二、跌水、急流槽及消力池(坎)的水力计算

在排水沟急流段中，水流湍急，冲刷力强，常常危及泄水建筑物的安全。消除或缩短泄水建筑物下游急流段的工程措施，简称为消能。消能措施的设计原则是：在控制的局部渠段内，增加水流紊乱，以消减下泄水流的能量，降低渠中流速以达到下游渠道的防冲刷目的。

目前，用于公路排水消能的设施有：消力池、消力坎、跌水以及急流槽等，如图 2-3-36 所示。

1. 基本理论

投石于静水水面，水面受扰动后将产生波高不大的波浪，此称为微波，微波波峰在静水中的传播速度，称为微波波速，以 c 表示。明渠水流的缓、急状态，可以用流速 v 同微波波速 c 做比较。此外，还可用佛汝德数作数值标准，佛汝德(Froude)数 Fr 计算公式如下：

$$Fr = \left(\frac{v}{c}\right)^2 = \frac{\alpha v^2}{g\frac{A}{B}} = \frac{\alpha Q^2}{g\frac{A^3}{B}} \qquad (2\text{-}3\text{-}10)$$

式中：c——微波波速；
　　　A——水流过水面积；
　　　B——水面宽度。

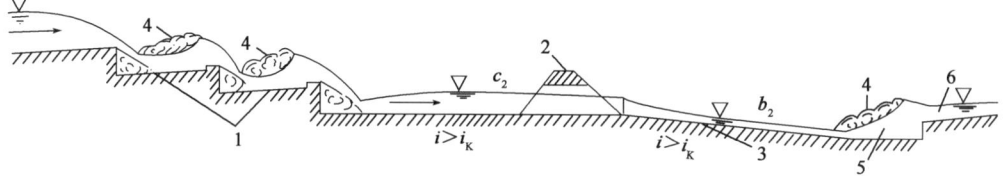

图 2-3-36　公路排水消能设施示意图
1-多级跌水；2-小桥梁；3-急流槽；4-水跃；5-消力池；6-下游渠道

明渠水流表现有三种流动状态：
①急流——$v > c, Fr > 1$
②缓流——$v < c, Fr < 1$
③临界流——$v = c, Fr = 1$
因此，明渠流临界水深 h_k 按下式计算（$Fr = 1$）：

$$\frac{A_k^3}{B_k} = \frac{\alpha Q^2}{g}$$

式中：A_k——相应于临界流时的过水面积；
　　　B_k——相应于临界流时的水面宽度。

当渠道断面形状为矩形时，有

$$h_k = \sqrt[3]{\frac{\alpha Q^2}{g B_k^2}} = \sqrt[3]{\frac{\alpha q^2}{g}} \qquad (2\text{-}3\text{-}11)$$

式中：q——单宽流量，$q = \dfrac{Q}{B_k}$。

临界水深时的相应底坡，称为临界底坡 i_k，按谢才公式计算：

$$Q = A_k C_k \sqrt{R_k i_k} = K_k \sqrt{i_k}$$

$$i_k = \frac{Q^2}{A_k^2 C_k^2 R_k} = \frac{Q^2}{K_k^2} = \frac{g}{\alpha C_k^2} \cdot \frac{\chi_k}{B_k}$$

当 $i > i_k$，则 $h < h_k$，称为急坡渠道，正常水深必小于临界水深，全渠为急流。
当 $i < i_k$，则 $h > h_k$，称为缓坡渠道，正常水深必大于临界水深，全渠为缓流。
当 $i = i_k$，则 $h > h_k$，称为临界坡渠道，正常水深必小于临界水深，全渠为急流。

水流从急流向缓流过渡时，在局部渠段内将出现突跃式水位升高，称为水跃现象，水跃区内水流紊动强烈，能量损失很大，一般可达跃前断面能量的 60%～70%。因此，在泄水沟槽的下游，常利用水跃方式来消能降速，以减小对下游渠道的冲刷破坏，但在水跃区附近，则应加强对渠道的防护，以防止水跃引起的冲刷。

水跃表面旋滚的前后断面,分别称为跃前断面与跃后断面,相应的断面水深,称为共轭水深。跃前断面的共轭水深常用 h' 表示;跃后断面的共轭水深常用 h'' 表示;水跃前后断面的距离称为水跃长度,常以 l_y 表示,如图 2-3-37 所示。

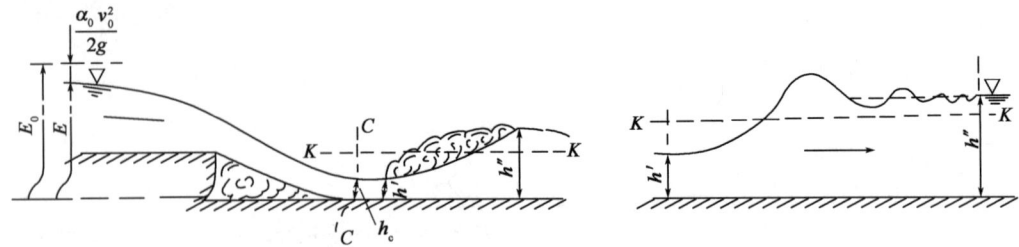

图 2-3-37 水跃断面

当 $h'' \geq 2h'$,且有明显表面旋滚时,称为完整水跃;

当 $h'' \geq 2h'$,且无明显表面旋滚时,称为波状水跃。

对矩形断面,水跃共轭水深按下式计算:

$$h' = \frac{h''}{2}\left[\sqrt{1 + 8\left(\frac{h_k}{h''}\right)^3} - 1\right] \tag{2-3-12}$$

$$h'' = \frac{h'}{2}\left[\sqrt{1 + 8\left(\frac{h_k}{h'}\right)^3} - 1\right]$$

设水跃下游渠道水深为 h_t,则水跃与下游的衔接方式可以有三种情况(图2-3-38):临界水跃($h''_c = h_t$);远离水跃($h''_c > h_t$);淹没式水跃($h''_c < h_t$)。显然淹没式水跃的跃后渠道内均为缓流,只在水跃区才冲刷强烈,则可集中防护,这对下游渠道的防冲刷极为有利。因此,公路路基排水工程设计时应制造条件,利用淹没式水跃作为桥、涵、堰、坝等泄水建筑物下游的防冲刷消能措施。

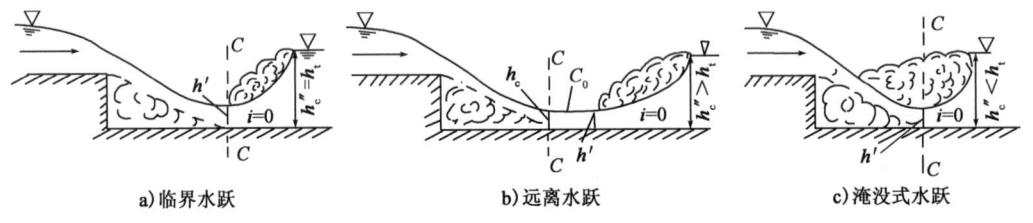

a) 临界水跃　　　　　　b) 远离水跃　　　　　　c) 淹没式水跃

图 2-3-38 水跃类型

关于水跃长度 l_y,目前尚无理论公式,建议按巴普洛夫斯基经验公式计算:

$$l_y = 2.5(1.9h'' - h') \tag{2-3-13}$$

或按欧勒佛托斯基经验公式计算:

$$l_y = 6.9(h'' - h') \tag{2-3-14}$$

水跃区内水流冲刷力强,自应重点加固,在跃后一定距离内,水流仍有较大危害,故渠底加固长度应有:

$$l_0 = l_y + l_x = l_y + (2.5 \sim 3.0)l_y = (3.5 \sim 4.0)l_y$$

水跃与下游的衔接方式如图 2-3-39 所示。

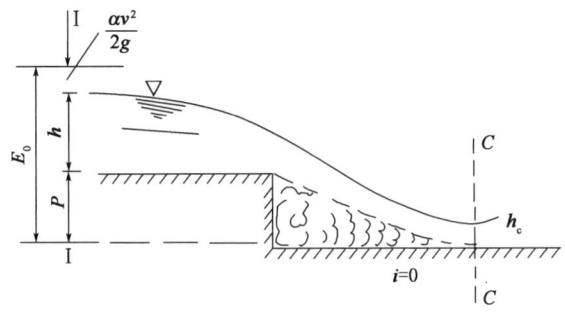

图 2-3-39 水跃与下游的衔接方式

(1)衔接水深计算(收缩断面水深 h_c)

当为矩形断面时,根据水跃收缩断面处的能量方程,有:

$$E_0 = h_c + \frac{q^2}{2g\varphi^2 h_c^2}$$

式中:E_0——上游水头能量;
φ——流速系数,一般取 $\varphi = 0.80 \sim 0.97$。

上式可改写为:

$$\left.\begin{array}{r} E_0 - h_c = \dfrac{q^2}{2g\varphi^2 h_c^2} \\ h_c = \dfrac{k_0}{\sqrt{E_0 - h_c}} \\ k_0 = \dfrac{q}{\sqrt{2g}\,\varphi} \end{array}\right\} \qquad (2\text{-}3\text{-}15)$$

上式即矩形断面渠道中衔接水深的计算公式。h_c 可用下述迭代法求解:

第一次:令 $E_0 - h_0 = E_0$,得 $h_c^{(1)} = \dfrac{k_0}{\sqrt{E_0}}$

第二次:取 $h_c = h_c^{(1)}$,得 $h_c^{(2)} = \dfrac{k_0}{\sqrt{E_0 - h_c^{(1)}}}$

第三次:取 $h_c = h_c^{(2)}$,得 $h_c^{(3)} = \dfrac{k_0}{\sqrt{E_0 - h_c^{(2)}}}$

…… …… ……

第 n 次:取 $h_c = h_c^{(n-1)}$,得 $h_c^{(n)} = \dfrac{k_0}{\sqrt{E_0 - h_c^{(n-1)}}}$

按上述方法,一般 $n = 3$ 时,即可达到一定的计算精度。

(2)水跃与下游的衔接方式

设下游水深为 h_t,由 h_c'' 与 h_t 的对比关系,水跃的衔接方式可以有三种情况:

① $h_c'' = h_t$,水跃前断面恰好与 C-C 断面重合,水跃前端停在 C-C 断面,此称为临界水跃,如图 2-3-38a)所示。

② $h_c'' > h_t$,跃后势能大于下游渠中缓流前端的液体势能,因此水跃将被推向下游,直到跃后势能下降到与下游缓流前端的液体势能相等时,水跃的推移才会停止。这种远离 C-C 断面

的水跃,称之远离水跃,如图2-3-38b)所示。

③$h''_c < h_t$,跃后势能小于下游渠中缓流前端液体的势能。水跃将被下游水体推向 C-C 断面的上游,并淹没 C-C 断面,如图2-3-38c)所示,称为淹没式水跃,这类水跃的跃后渠道内均为缓流,只在水跃区才冲刷强烈,则可集中防护,这对下游渠道的防冲刷极为有利。因此,工程中常制造条件,利用淹没式水跃作为桥、涵、堰、坝等泄水建筑物下游的防冲刷消能措施。

(3)下游水深 h_t 确定方法

①人工棱柱形顺坡渠道:取 $h_t = h_0$,即取渠中正常水深。

②人工棱柱形平坡及顺坡渠道:由渠道出口断面水深及下游渠道长度,通过水面曲线计算反推此水深或由下游顶托水位确定。

③天然河沟:可概化为规则断面后,再按均匀流条件计算正常水深作 h_t,又称天然水深。

2.消力池的水力计算

如图2-3-40所示,消力池由进口沟槽、跌坎、消能设施三部分组成。消力池的水力计算问题有两个:确定池身和池长。其计算要求是能确保池中的淹没水跃条件。

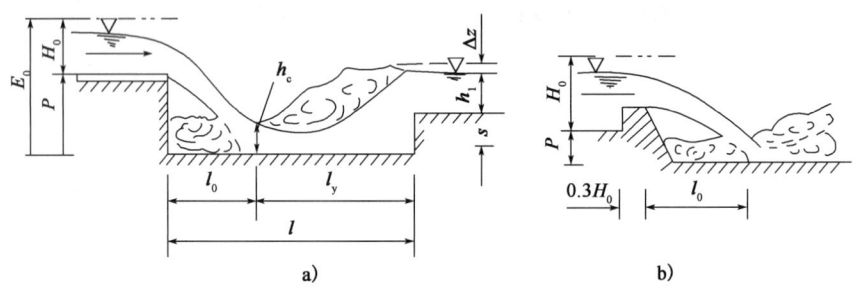

图2-3-40 消力池结构图示

(1)计算池深 s

设渠道为平坡矩形,则有:

$$\begin{cases} h'' = \dfrac{h_c}{2}\left[\sqrt{1 + 8\left(\dfrac{h_k}{h_c}\right)^3} - 1\right] \\ s + h_t + \Delta z = \sigma h'' = h'' \\ \Delta z = \dfrac{q^2}{2g\varphi^2 h_t^2} - \dfrac{q^2}{2g(\sigma h''_c)^2} \end{cases} \quad (2\text{-}3\text{-}16)$$

式中:σ——安全系数,$\sigma = 1.05 \sim 1.10$;

Δz——消力池出口壅高水头,按宽顶堰前壅高水头计算;

φ——流速系数,一般取 $\varphi = 0.8 \sim 0.95$;

h_t——下游水深;

q——单宽流量。

联立解上式,得

$$\sigma h'' + \dfrac{q^2}{2g(\sigma h''_c)^2} - s = h_t + \dfrac{q^2}{2g\varphi^2 h_t^2} \quad (2\text{-}3\text{-}17)$$

令
$$h_t + \frac{q^2}{2g\varphi^2 h_t^2} = f(h_t) = A = \text{Const} \tag{2-3-18}$$

$$\sigma h_c'' + \frac{q^2}{2g(\sigma h_c'')^2} - s = f(s) \tag{2-3-19}$$

则公式(2-3-17)可写成

$$f(s) = f(h_t) \tag{2-3-20}$$

式(2-3-16)或式(2-3-19)即消力池池深的计算公式。其中 h_t、q、h_c 均已知，由 A 可算出数值，假定一系列 s 值，若公式(2-3-19)成立，则相应的 s 值即所求池深。试算程序框图如图 2-3-41 所示。

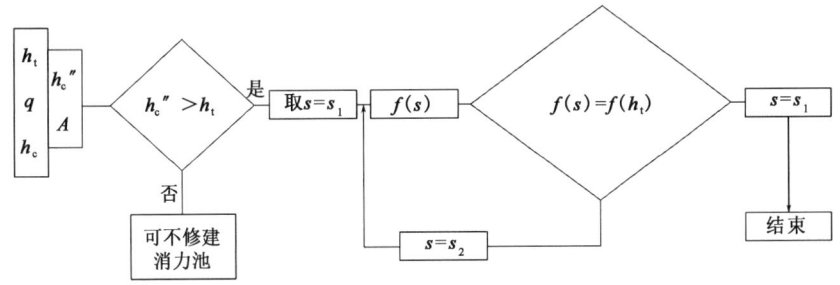

图 2-3-41　试算程序框图

试算时，所取初始值 s 可参考下述经验公式的计算值，即

$$s = 1.25(h_c'' - h_t) \tag{2-3-21}$$

(2)消力池长度 l 按经验公式计算

如图 2-3-40 所示可知：

宽顶堰进口
$$l_0 = 1.47\sqrt{(p + 0.24H_0)H_0}$$

实用堰进口

$$l_0 = 1.33\sqrt{(p + 0.32H_0)H_0} \tag{2-3-22}$$

$$l = l_0 + l_1 = l_0 + \psi_s l_y$$

式中：p——跌坎高度；

H_0——含行近流速的消力池进口段水头；

l_y——水跃长度；

ψ_s——消力池壁面阻挡影响对池长的折减系数，一般取 $\psi_s = 0.7 \sim 0.8$。

$$H_0 = \left(\frac{Q}{\varepsilon \sigma mb \sqrt{2g}}\right)^{\frac{2}{3}} \tag{2-3-23}$$

式中：Q——泄水流量；

b——堰口宽度；

m——流量系数，一般为 $0.35 \sim 0.42$；

ε——侧收缩系数；

σ——淹没系数，即淹没出流时，泄流量折减系数，自由出流时，$\sigma = 1$。

例3-4 消力池计算。

一矩形渠道中有宽顶堰,堰宽 $b=8\mathrm{m}$,堰高 $P=1.5\mathrm{m}$,无侧收缩,流量系数 $m=0.342$,流量 $Q=26.8\mathrm{m}^3/\mathrm{s}$,下游水深 $h_t=1.2\mathrm{m}$,$i=0$,试判别下游水流衔接形式并确定是否需要修建消力池。

解:(1)判别水衔接形式

按公式(2-3-23),$\varepsilon=\sigma_s=1$,$m=0.342$,有

$$H_0 = \left(\frac{Q}{mb\sqrt{2g}}\right)^{\frac{2}{3}} = \left(\frac{26.8}{0.342\times 8\sqrt{19.6}}\right)^{\frac{2}{3}} = 1.70\mathrm{m}$$

$$E_0 = H_0 + P = 1.7 + 1.5 = 3.2\mathrm{m}$$

取 $\varphi=0.95$,由公式(2-3-16)试算得 $h_c=0.48\mathrm{m}$。

令 $\quad h_c = h_c' = 0.48\mathrm{m}$

又 $\quad h_k = \sqrt[3]{\dfrac{\alpha Q^2}{gb^2}} = \sqrt[3]{\dfrac{1\times 26.8^2}{9.8\times 8^2}} = 1.05\mathrm{m}$

则 $\quad h_c'' = \dfrac{h_c'}{2}\left[\sqrt{1+8\left(\dfrac{h_k}{h_c'}\right)^3}-1\right] = \dfrac{0.48}{2}\left[\sqrt{1+8\left(\dfrac{h_k}{h_c'}\right)^3}-1\right] = 1.95\mathrm{m}$

$h_c'' > h_t = 1.2\mathrm{m}$,将发生远离式水跃,需修建消力池。

(2)消力池水力计算

① 池深 s

$$q = \frac{Q}{b} = \frac{26.8}{8} = 3.35\mathrm{m}^3/(\mathrm{s}\cdot\mathrm{m})$$

$$f(h_t) = h + \frac{q^2}{2g\varphi^2 h_t^2} = 1.2 + \frac{3.35^2}{2g(0.95\times 1.2)^2} = 1.64\mathrm{m}$$

初设值 $\quad s_1 = 1.25(h_c''-h_t) = 1.25\times(1.95-1.2) = 0.94\mathrm{m}$

$$E_0 = H_0 + P + s = 1.70 + 1.5 + 0.94 = 4.14\mathrm{m}$$

$$k_0 = \frac{q}{\sqrt{2g}\varphi} = \frac{3.35}{\sqrt{19.6}\times 0.95} = 0.7965$$

$$h_c^{(1)} = \frac{k_0}{\sqrt{E_0}} = \frac{0.7965}{\sqrt{4.14}} = 0.3915\mathrm{m}$$

$$h_c^{(2)} = \frac{k_0}{\sqrt{E_0 - h_c^{(1)}}} = \frac{0.7965}{\sqrt{4.14-0.3915}} = 0.4114\mathrm{m}$$

$$h_c^{(3)} = \frac{k_0}{\sqrt{E_0 - h_c^{(2)}}} = \frac{0.7965}{\sqrt{4.14-0.4114}} = 0.4125\mathrm{m}$$

$$h_c^{(4)} = \frac{k_0}{\sqrt{E_0 - h_c^{(3)}}} = \frac{0.7965}{\sqrt{4.14-0.4125}} = 0.4125\mathrm{m}$$

$h_c = 0.4125\mathrm{m}$,令 $h_c' = h_c = 0.413\mathrm{m}$

$$h'' = \frac{h_c}{2}\left[\sqrt{1+8\left(\frac{h_k}{h_c}\right)^3}-1\right] = \frac{0.413}{2}\left[\sqrt{1+8\times\left(\frac{1.05}{0.413}\right)^3}-1\right] = 2.17\mathrm{m}$$

$$f(s_1) = \sigma h_c'' + \frac{q^2}{2g(\sigma h_c'')^2} - s_1 = 1.05\times 2.17 + \frac{1}{19.6}\times\left(\frac{3.35}{1.05\times 2.17}\right)^2 - 0.94$$

$$= 1.45\mathrm{m}$$

由此可知,s_1 不合要求,再设 s 值试算,见表 2-3-22。

消力池池深 s 试算表　　　　　　　　　　表 2-3-22

次数	s(m)	E_0(m)	h_c(m)	h_c''(m)	$f(s)$(m)
1	0.94	4.14	0.412	2.17	1.45
2	0.80	4.00	0.432	2.11	1.56
3	0.70	3.90	0.432	2.10	1.63
4	0.60	3.80	0.441	2.08	1.71

由上表试算结果得 $s = 0.69\text{m}$。

②池长计算

取 $\varphi = 0.75$,由公式(2-3-21)有

$$l_0 = 1.47\sqrt{(P + 0.24H_0)H_0} = 1.47 \times \sqrt{(1.5 + 0.24 \times 1.70) \times 1.70} = 2.65\text{m}$$

$$l_y = 6.9(h_c'' - h_c) = 6.9 \times (2.1 - 0.432) = 11.51\text{m}$$

$$l = l_0 + \varphi_s l_y = 2.65 + 0.75 \times 11.51 = 11.28\text{m}$$

3. 消力坎水力计算

消力坎水力计算与消力池相似,即决定坎高及消力池的长度。其中消力池长度可按公式(2-3-22)计算。下面介绍坎高计算方法。

如图 2-3-42 所示,消力坎出口流量按实用断面堰计算,有

$$H = H_{01} - \frac{\alpha v_2^2}{2g} = \left(\frac{q}{\sigma_s m \sqrt{2g}}\right)^{\frac{2}{3}} - \frac{q^2}{2g(\sigma h_c'')^2} \tag{2-3-24}$$

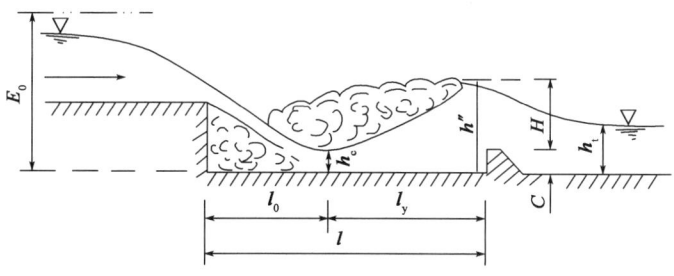

图 2-3-42　消力坎结构图

池内呈淹没式水跃的水力条件为

$$C = \sigma h_c'' - H \tag{2-3-25}$$

联立式(2-3-24)、式(2-3-25)求解,得

$$C = \sigma h_c'' - \left(\frac{q}{\sigma_s m \sqrt{2g}}\right)^{\frac{2}{3}} + \frac{q^2}{2g(\sigma h_c'')^2} \tag{2-3-26}$$

式中:σ_s——消力坎淹没系数,见表 2-3-23;

σ——安全系数,取 1.05～1.10;

m——流量系数,一般取 $m = 0.4 \sim 0.43$;

v_2——h''所在断面的平均流速;

q——单宽流量。

消力坎淹没标准：

$$\left.\begin{array}{l}\dfrac{h_y}{H_{01}} < 0.45 \quad 自由出流 \\[6pt] \dfrac{h_y}{H_{01}} \geqslant 0.45 \quad 淹没出流 \\[6pt] h_y = h_t - C \end{array}\right\} \quad (2\text{-}3\text{-}27)$$

式中：H_{01}——含行近流速水头的坎顶水头。

消力坎淹没系数　　　　　　　　　　　　　　　　表 2-3-23

h_y/H_{01}	≤0.45	0.50	0.55	0.60	0.65	0.70	0.72	0.74	0.76	0.78
σ_s	1.00	0.990	0.985	0.975	0.960	0.940	0.930	0.916	0.900	0.885
h_y/H_{01}	0.80	0.82	0.84	0.86	0.88	0.90	0.92	0.95	1.00	—
σ_s	0.865	0.845	0.815	0.785	0.750	0.710	0.651	0.535	0.00	—

由公式(2-3-26)可知，$C = f(\sigma_s)$，只能试算求解 C 值，计算程序框图如图 2-3-43 所示。

必须注意，当消力坎为自由出流时，$\sigma_s > 1$，还应验算坎后水跃的类型，若为远离式水跃，应加设第二级消力坎或改用综合消力池。

在消力坎高计算中，若 $C_x = C_1$，$\sigma_s < 1$ 时，表明第一级坎后淹没出流，可不必验算坎后的水跃类型，也不需加设第二级消力坎。

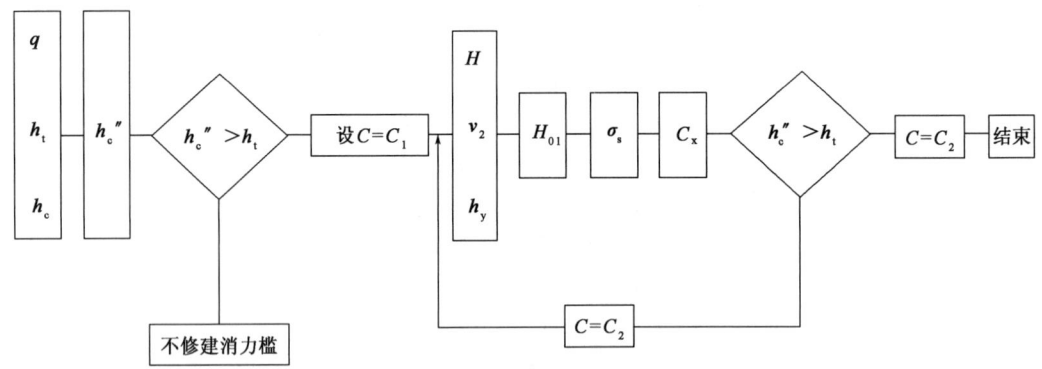

图 2-3-43　消力坎水力计算程序框图

例 3-5　消力坎计算。

已知矩形断面渠道，单宽流量 $q = 10.82\,\mathrm{m^3/(s \cdot m)}$，下游水深 $h_t = 4.5\,\mathrm{m}$，$i = 0$，水跃跃后共轭水深 $h_c'' = 5.43\,\mathrm{m}$，试确定无侧收缩实用断面堰下游的消能措施。

解：(1) 验算水跃衔接形式

因 $h_c'' > h_t$，远离式水跃，应修消力池或消力坎。现决定建消力坎式消力池，如图 2-3-42 所示。

(2) 坎高计算

取 $m = 0.42$，淹没系数 $\sigma_s = 1$，由式(2-3-25)有

$$C = \sigma h_c'' - \left(\dfrac{q}{\sigma_s m \sqrt{2g}}\right)^{\frac{2}{3}} + \dfrac{1}{2g}\left(\dfrac{q}{\sigma h_c''}\right)^2$$

$$= 1.05 \times 5.43 - \left(\dfrac{10.82}{1 \times 0.42 \times \sqrt{19.6}}\right)^{\frac{2}{3}} + \dfrac{1}{19.6}\left(\dfrac{10.82}{1.05 \times 5.43}\right)^2 = 2.65\,\mathrm{m}$$

由式(2-3-24)、式(2-3-25)有

$$H_{01} = H + \frac{\alpha v_2^2}{2g} = \sigma h_c'' - c + \frac{1}{2g}\left(\frac{q}{\sigma h_c''}\right)^2$$

$$= 1.05 \times 5.43 - 2.65 + \frac{1}{19.6} \times \left(\frac{10.82}{1.05 \times 5.43}\right)^2$$

$$= 3.23 \text{m}$$

$$h_y = h_t - C = 4.5 - 2.65 = 1.85 \text{m}$$

$\dfrac{h_y}{H_{01}} = \dfrac{1.85}{3.23} = 0.57 > 0.45$,为淹没出流,$\sigma_s < 1$,与所设不符,应减小 C 值重新计算,计算结果见表 2-3-24。

消力坎高 C_2 试算表 表 2-3-24

$C(\text{m})$	$h_y(\text{m})$	$H_{01}(\text{m})$	$\dfrac{h_y}{H_{01}}$	σ_s	C_x
2.20	2.30	3.68	0.625	0.968	2.57
2.50	2.00	3.49	0.573	0.979	2.62
2.60	1.90	3.29	0.578	0.980	2.69
2.65	1.85	3.23	0.570	0.981	2.61

由表中试算结果得:$C = 2.60\text{m}$ 时,$C_x = C$,故得 $C = 2.60\text{m}$。

因 $\sigma_s = 0.979 < 1$,为淹没出流,坎后可不必修建二级消力坎。

4. 跌水水力计算

跌水在交通土建工程中得到广泛应用。单级跌水由进口渠槽、跌坎、消能设施三部分组成。单级跌水的计算只是收缩断面水深计算及消力池计算问题,如前所述。下面讨论池式多级跌水的水力计算。

如图 2-3-44 所示,池式多级跌水就是一系列相连的消力池。这种跌水的水力计算与单级跌水的计算相似。池式多级跌水的水力计算内容有:确定各级消力坎高和消力池长及最后一级消力池池深及池长。多级跌水的级高一般多取相同的数值。

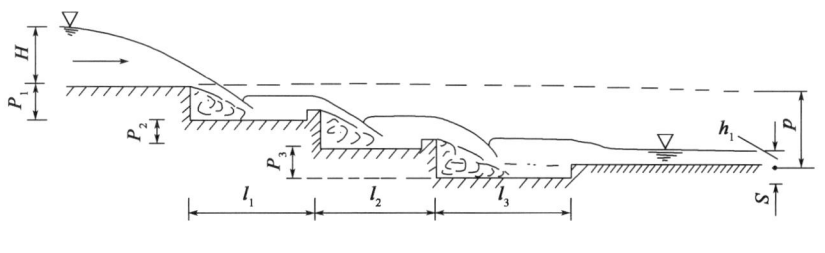

图 2-3-44 池式多级跌水结构

例 3-6 多级跌水计算。

桥前渠道渠底落差 $P = 12\text{m}$,拟建跌水消能以保证小桥安全泄流。沿程泄水渠道为等宽矩形断面,底宽 $b = 5\text{m}$,设计流量 $Q = 11\text{m}^3/\text{s}$,上游渠道水深 $H = 1.3\text{m}$,下游渠道水深 $h_t = 1.2\text{m}$,经工程技术经济比较,采用四级跌水,$\alpha = 1.0$,$\varphi = 0.90$,试计算各级跌水尺寸。

解: (1)级高计算

$$p_1 = p_2 = p_3 = p_4 = \frac{12}{4} = 3.0\text{m}$$

(2)各级消力池计算

①第一级跌水

a. 一级跌水池中水深 h_1

$$q = \frac{Q}{b} = \frac{11}{5} = 2.2\text{m}^3/(\text{s} \cdot \text{m})$$

$$h_k = \sqrt[3]{\frac{2q^2}{g}} = \sqrt[3]{\frac{1 \times 2.2^2}{9.8}} = 0.79\text{m}$$

$$E_{01} = H_0 + p_1 = H + \frac{\alpha v_0^2}{2g} + p_1 = 1.3 + \frac{1}{19.6} \times \left(\frac{11}{5 \times 1.3}\right)^2 + 3$$

$$= 1.45 + 3 = 4.45\text{m}$$

经过试算,解得:

$$h_c = 0.27\text{m}, h_c'' = 1.79\text{m}$$

$h_1 = \sigma h_c'' = 1.05 \times 1.79 = 1.88\text{m} < p_1 = 3.0$,故跌水出口为自由出流。

b. 一级跌水池中的消力坎高 C_1

取消力坎流量系数 $m = 0.42$,有

$$C_1 = h_1 - \left(\frac{q}{m\sqrt{2g}}\right)^{\frac{2}{3}} + \frac{\alpha}{2g}\left(\frac{q}{h_1}\right)^2 = 1.88 - \left(\frac{2.2}{0.42\sqrt{19.6}}\right)^{\frac{2}{3}} + \frac{1}{19.6}\left(\frac{2.2}{1.88}\right)^2 = 0.83\text{m}$$

c. 一级跌水消力池池长[公式(2-3-22)]

$$l_1 = l_0 + 0.75l_y = 1.47\sqrt{(p_1 + 0.24H_0)H_0} + 0.75 \times 2.5 \times (1.9h_c'' - h_c)$$

$$= 1.47\sqrt{(3 + 0.24 \times 1.45) \times 1.45} + 0.75 \times 2.5 \times (1.9 \times 1.79 - 0.27)$$

$$= 9.1\text{m}$$

②第二级跌水

a. 池中水深 h_2

$$E_{02} = H_1 + C_1 + P_2 = \left(\frac{q}{m\sqrt{2g}}\right)^{\frac{2}{3}} + C_1 + P_2$$

$$= \left(\frac{2.2}{0.42 \times 4.43}\right)^{\frac{2}{3}} + 0.83 + 3 = 1.12 + 0.83 + 3$$

$$= 4.95\text{m}$$

试算得池中收缩断面水深 $h_c = 0.25\text{m}$,令 $h_c = h_c = 0.25\text{m}$,得 $h_c'' = 1.83\text{m}$

$$h_2 = \sigma h_c'' = 1.05 \times 1.83 = 1.92\text{m} < P_2 + C_1 = 3.73\text{m}$$

可见跌水出口为自由出流,由于消力坎的形式每级相同;且单宽流量相等,均为自由出流,则坎顶水头亦相同,即

$$H_2 = H_1 = 1.12\text{m}$$

b. 坎高

$$C_2 = h_2 - H_2 + \frac{\alpha q^2}{2gh_1^2} = 1.92 - 1.12 + \frac{1}{19.6} \times \left(\frac{2.2}{1.92}\right)^2$$
$$= 0.87 \text{m}$$

c. 二级跌水池长(实用堰条件出流)

由公式(2-3-22),得

$$l_0 = 1.33\sqrt{[(P_2 + C_1) + 0.32H_0]H_0}$$
$$= 1.33\sqrt{(3.83 + 0.32 \times 1.12) \times 1.12} = 2.88 \text{m}$$
$$l_2 = l_0 + 0.75l_y = 2.88 + 0.75 \times 2.5 \times (1.9h_c'' - h_c)$$
$$= 2.88 + 0.75 \times 2.5 \times (1.9 \times 1.83 - 0.25) = 8.93 \text{m}$$

③第三级跌水

取 $C_3 = C_2 = 0.87$m

$l_3 = l_2 = 8.93$m

④第四级跌水——出口

验算水跃衔接形式,确定是否需要修建消力池。

$E_{03} = H_3 + C_3 + P_4 = 1.12 + 0.87 + 3 = 4.99$m

由此求得 $h_c' = 0.25$m, $h_c'' = 1.82$m $> h_t = 1.2$m

故出口后将发生远离水跃,需建消力池。

消力池计算:

取 $\varphi = 0.95$,按式(2-3-21)、式(2-3-22)得

$s = 0.65$m

$$l = 1.33\sqrt{(p_3 + 0.32H_0)H_0} + 0.75 \times 2.5 \times (1.9h_c'' - h_c')$$
$$= 1.33\sqrt{(4.52 + 0.32 \times 1.12) \times 1.12} + 0.75 \times 2.5 \times (1.9 \times 1.82 - 0.25) = 9.13 \text{m}$$

由此,跌水末端采用的消力池尺寸为:

池深 $s = 0.65$m,池长 $l = 9.13$m。

5. 急流槽的水力计算

急流槽是解决落差较大的上、下游渠道衔接泄水建筑物,常用于山区公路。

为适应地形,急流槽的底坡都比较陡,一般为 $i = 0.05 \sim 0.30$,且一般情况下 $i < 0.667$,通常都大于临界底坡 i_k,所以急流槽通常为急坡渠道,当 $i > 10\%$ 时,一般还需考虑掺气问题。

急流槽由进口、急坡渠道槽身、末端消能措施及出口四部分组成,其进出口的作用及水力计算与跌水相似。其平面上,在进口段常修成压缩段。而出口则修成扩张段,即上游渠道宽度大于进口段,而出口段后的下游渠道宽度常大于其出口段。其中两个等宽渠道间常用渐变段加以衔接。急流槽的断面可用梯形,也可用矩形。在山区公路工程中,常用的急流槽槽身多为棱柱形矩形断面渠道,末端的消能措施多用消力池,如图2-3-45。

急流槽槽身部分水力计算步骤如下:

(1)计算急流槽进口处的临界水深 h_k 及槽宽 b。当为棱柱形渠道时,b 为临界流断面底宽 b_k。

(2)计算临界底坡 i_k,判明渠道是否符合急坡渠道条件。

(3)计算急流槽中的正常水深 h_0 及验算出口流速。

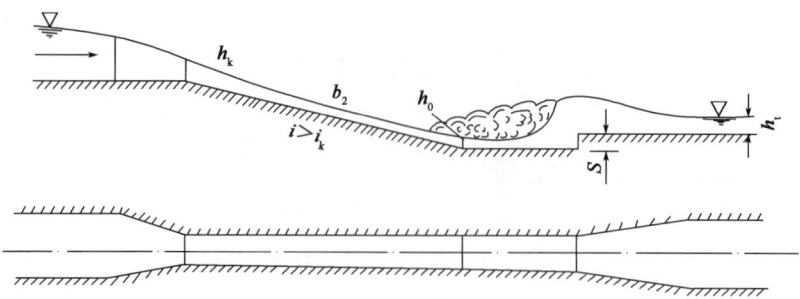

图 2-3-45 消力池

(4) 确定急流槽末端水深 h_a,绘制 b_2 型水面曲线。

设急流槽进出口的渠底高差为 P,底坡为 i,其实际长度有

$$l_a = \sqrt{p^2 + \left(\frac{p}{i}\right)^2} \tag{2-3-28}$$

此外,已知 b_2 型水面曲线始末水深为 h_k、h_0,则急流槽水面曲线的长度为

$$l = \sum \Delta s = f(h_k, h_0) \tag{2-3-29}$$

当 $l_a \geqslant l$ 时,则 $h_a = h_0$;

$l_a < l$ 时,则 $h_a > h_0$;$h_a = f(h_k, l_a)$。

(5) 令 $h' = h_a$,计算跃后共轭水深 h'',验算急流槽出口水跃的衔接形式,确定修建消力池等消能措施。

(6) 消力池计算。

急流槽出口下游一般采用消力池或消力坎消能,当 $h'' > h_t$ 时,应考虑修建消力池或消力坎。水力计算内容为确定池深及池长。

例 3-7 急流槽计算。

有一无压涵洞,其出口用矩形渠槽与下游渠道衔接,如图 2-3-46 所示,已知涵洞中水深 $H = 0.75\text{m}$,下游水深 $h_t = 0.75\text{m}$,急坡长 $l_a = 15\text{m}$,坡度 $i = 0.30$,护面粗糙 $n = 0.03$,容许不冲刷流速 $v_m = 5\text{m/s}$,设计流量 $Q_P = 1.45\text{m}^3/\text{s}$,急流槽进口有八字翼墙,流速系数 $\varphi = 0.85$,收缩系数 $\varepsilon = 0.9$,进口形状系数 $\phi = 0.85$。试对此急流槽作水力计算。

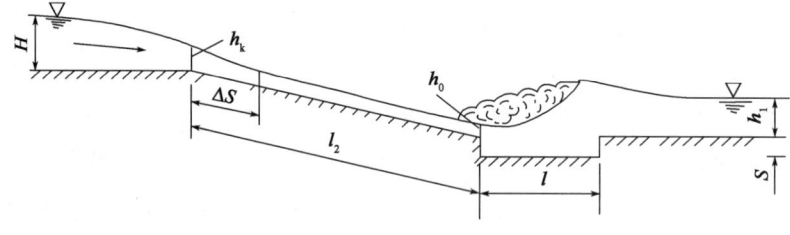

图 2-3-46 矩形渠槽

解:(1) 急流槽底宽计算

按此渠槽为棱柱形矩形渠道,忽略行近流速水头,取 $H_0 = H = 0.75\text{m}$,则此渠道的临界水深,有

$$h_k = \frac{2\alpha\varphi^2\phi^2}{1 + 2\alpha\varphi^2\phi^2}H = \frac{2 \times 1 \times 0.85^2 \times 0.85^2}{1 + 2 \times 1 \times 0.85^2 \times 0.85^3} \times 0.75 = 0.41\text{m}$$

$$v_k = \sqrt{\frac{h_k g}{\alpha}} = \sqrt{\frac{0.46 \times 9.8}{1.0}} = 2.02 \text{m/s}$$

$$b = \frac{Q}{\varepsilon h_k v_k} = \frac{1.45}{0.9 \times 0.41 \times 2.02} = 1.95 \text{m}$$

(2)急流槽计算条件判别

$$A_k = b h_k = 1.95 \times 0.41 = 0.80 \text{m}^2$$

$$X_k = b + 2 h_k = 1.95 + 2 \times 0.41 = 2.77 \text{m}$$

$$R_k = \frac{A_k}{X_k} = \frac{0.8}{2.77} = 0.2888 \text{m}$$

$$C_k = \frac{1}{n} R_k^{\frac{1}{6}} = \frac{1}{0.03} \times 0.2888^{\frac{1}{6}} = 27.10 \text{m}^{0.5}/\text{s}$$

$$K_k = A_k C_k \sqrt{R_k} = 0.8 \times 27.1 \times \sqrt{0.2888} = 11.65 \text{m}^3/\text{s}$$

$$i_k = \frac{Q^2}{K_K^2} = \left(\frac{1.45}{11.65}\right)^2 = 0.0155 < i = 0.3$$

故此渠道应按急流槽(即急坡渠道)计算。显然,$h_k = 0.41$m 即急流槽的起始断面水深。

(3)正常水深 h_0 计算

设 $h_0 = 0.155$m

则

$$A_0 = b h_0 = 1.95 \times 0.155 = 0.3023 \text{m}^2$$

$$X_0 = b + 2 h_0 = 1.95 + 2 \times 0.155 = 2.26 \text{m}$$

$$R_0 = \frac{A_0}{X_0} = \frac{0.3023}{2.23} = 0.1338 \text{m}$$

$$C_0 = \frac{1}{n} R_0^{\frac{1}{6}} = \frac{1}{0.03} \times 0.1338^{\frac{1}{6}} = 23.8378 \text{m}^{0.5}/\text{s}$$

$$K_0 = A_0 C_0 \sqrt{R_0} = 0.3023 \times 23.8378 \times \sqrt{0.1338} = 2.6359 \text{m}^3/\text{s}$$

$$Q_0 = K_0 \sqrt{i} = 2.6359 \times \sqrt{0.3} = 1.4437 \text{m}^3/\text{s}$$

$$\Delta = \left|\frac{Q - Q_0}{Q}\right| = \left|\frac{1.45 - 1.4437}{1.45}\right| = 0.00432 = 4.32‰ < 5‰$$

故 $h_0 = 0.155$m

$$v_0 = \frac{Q_0}{A_0} = \frac{1.4437}{0.3023} = 4.78 \text{m/s} < v_{\max} = 5 \text{m/s}$$

(4)b_2型水面曲线及渠末水深计算 由公式(2-3-29)近似计算

$$\Delta S = \frac{\Delta E_s}{i - \bar{J}}, \bar{J} = \frac{1}{2}(J_1 + J_2)$$

$$J_1 = \frac{v_1^2}{C_1^2 R_1} = \frac{v_k^2}{C_k^2 R_k} = \frac{2.02^2}{27.1^2 \times 0.2888} = 0.01924$$

$$J_2 = \frac{v_0^2}{C_0^2 R_0} = \frac{4.78^2}{23.8378^2 \times 0.1338} = 0.3005$$

$$\bar{J} = \frac{1}{2}(J_1 + J_2) = \frac{1}{2}(0.01924 + 0.3005) = 0.1599$$

$$E_{S1} = h_k + \frac{\alpha v_k^2}{2g} = 0.41 + \frac{1 \times 2.02^2}{19.6} = 0.6182\text{m}$$

$$E_{S2} = h_0 + \frac{\alpha v_k^2}{2g} = 0.155 + \frac{1 \times 4.78^2}{19.6} = 1.3207\text{m}$$

$$\Delta E_S = E_{S2} - E_{S1} = 1.3207 - 0.6182 = 0.7025\text{m}$$

$$\Delta S = \frac{\Delta E_S}{i - \bar{J}} = \frac{0.7025}{0.3 - 0.1599} = 5.0142\text{m} < l_a = 15\text{m}$$

由此可知，b_2 型水面曲线发生在急流槽内，其末端水深 $h_a = h_0 = 0.155\text{m}$

(5) 急流槽出口下游水面衔接类型

令 $$h_c' = h_0 = 0.155\text{m}$$

则 $$h_c'' = \frac{h_c'}{2}\left[\sqrt{1 + 8 \times \left(\frac{h_k}{h_c'}\right)^3} - 1\right]$$

$$= \frac{0.155}{2} \times \left[\sqrt{1 + 8 \times \left(\frac{0.41}{0.155}\right)^3} - 1\right] = 0.869\text{m} > h_t = 0.75\text{m}$$

因 $$h_0 = 0.155\text{m} < h_k = 0.41\text{m}$$

$$h_t = 0.75\text{m} > h_k = 0.41\text{m}$$

故在渠中，必发生远离水跃，需建消力池，水力计算如下：

①衔接水深 h_c

如图 2-3-50 所示，设消力池深为 S，有

$$E_{01} = h_0 + \frac{\alpha v_0^2}{2g\varphi^2} + S = h_0 + \frac{\alpha}{2g}\left(\frac{Q}{\varphi h_0 b}\right)^2 + S$$

$$= 0.155 + \frac{1}{19.6}\left(\frac{1.45}{0.85 \times 0.155 \times 1.95}\right)^2 + S = 1.7802 + S$$

按公式(2-3-15)，有

$$k_0 = \frac{q}{\sqrt{2g}\varphi} = \frac{Q}{\sqrt{2g}b\varphi} = \frac{1.45}{\sqrt{19.6} \times 1.95 \times 0.85} = 0.1976$$

设 $S = 0.2\text{m}$，则 $E_{01} = 1.7802 + 0.2 = 1.9802\text{m}$，有

$$h_c^{(1)} = \frac{k_0}{\sqrt{E_{01}}} = \frac{0.1976}{\sqrt{1.9802}} = 0.1404\text{m}$$

$$h_c^{(2)} = \frac{k_0}{\sqrt{E_{01} - h_c^{(1)}}} = \frac{0.1976}{\sqrt{1.9802 - 0.1404}} = 0.1457\text{m}$$

$$h_c^{(3)} = \frac{k_0}{\sqrt{E_{01} - h_c^{(2)}}} = \frac{0.1976}{\sqrt{1.9802 - 0.1457}} = 0.1459\text{m}$$

$$h_c^{(4)} = \frac{k_0}{\sqrt{E_{01} - h_c^{(3)}}} = \frac{0.1976}{\sqrt{1.9802 - 0.1459}} = 0.1459\text{m}$$

故 $h_c = 0.1459\text{m}$

②消力池池深计算(略)

③消力池长

按公式(2-3-22),$l_0 = 0$,有

$$\begin{aligned} l &= 0.75 l_y = 0.75 \times 2.5 \times (1.9 h_c'' - h_c') \\ &= 0.75 \times 2.5 \times (1.9 \times 0.902 - 0.1459) \\ &= 7.9398\text{m} \end{aligned}$$

取池长 $l = 8\text{m}$。

第四章 路基地下排水

第一节 地下排水系统布置

一、地下排水设施布设的基本要求

(1) 地下排水设施的类型、位置及尺寸应根据工程地质和水文地质条件确定,并与地表排水设施相协调。

(2) 由于地下排水设备埋置地面以下,具有投资大、不易维修的特点,在路基建成后又难以查明其失效情况,因此凡能用地上排水设施代替的,尽量不设或少设地下排水设施,必须设置的则要求地下排水设备能长期牢固有效。

(3) 由于路基地下排水设施暗沟、渗沟和渗井等排水量不大,需就近排出路基范围以外。对于流量较大的地下水,应设置专用地下排水管道予以排除。

二、地下排水布置设计要点

(1) 地下水位较高,而路基高程又受到限制时,为确保路基工作区内的土基强度与稳定性,应采用地下排水设备,将地下水位降低或排除于路基范围以外。

(2) 路基范围内遇有裂隙水或层间水等渗出时,不论泉眼大小,如不能设置明沟,就应设置暗沟予以排除。

(3) 地下排水设施的类型、位置与尺寸,取决于工程地质及水文地质条件。设计前必须调查清楚,因地制宜,以免遗留后患。

(4) 排除地下水的各式渗沟,应严防地面水渗入,面层必须封闭严密。

(5) 在透水性强的土层中,设置任何类型的渗沟,用粗砂砾作填料,均能达到截断含水层水流的目的。在黏性土层中设置渗沟,用作反滤层的砂、砾材料必须经过筛分、选择与洗净。

(6) 地下排水设施的沟底纵坡,应保证水流畅通,不致淤积,也不得引起冲刷。最大和最小纵坡,视构造物类型的不同,进行合理的选定。

(7) 地下排水对改善路基工作条件是必不可少的重要措施。对于水温条件较差以及路面等级要求较高的路段,尤应引起重视。

(8) 渗沟及渗水隧洞迎水侧可采用砂砾石、无砂混凝土、渗水土工织物作反滤层。

三、地下排水设计的主要内容

(1) 确定排水构造物的类型、位置与深度。

(2) 计算流入排水构造物的流量,并绘制降落曲线。

(3) 进行水力计算,并确定构造物尺寸。

(4)设计与计算排水构造物细部,如渗水缝隙、反滤层埋置深度等。
(5)设计地下排水的附属设施,如出水口、排水沟等。
(6)提供恰当的设计图纸与说明。

第二节　地下排水设施

1.暗沟(管)

(1)作用

暗沟是设在地面以下引导水流的沟道,无渗水和汇水的功能。

(2)使用条件与使用说明

①当路基范围内遇有个别泉眼,泉水外涌或集中地下水流时,为将泉水引至填方坡脚以外或挖方边沟,可在泉眼或地下水出口处开挖沟槽,修建暗沟将水流引排出路基范围以外(图2-4-1)。

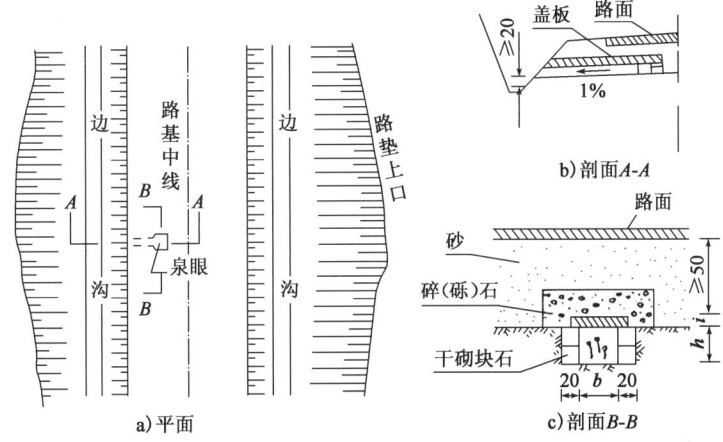

图2-4-1　疏导路基泉水的暗沟构造图(尺寸单位:cm)

②挖方路段,个别填方地段,对环境景观要求较高时,也有采用集水井将水集中后通过暗沟或暗管排除的,这样,除集水井处外,其余地段均采用绿化措施,提高景观效果。

③暗沟造价一般高于明沟,且一旦淤塞,疏通困难,甚至需要开挖重建,因此设计时需与修建明沟方案进行综合比较,择优选用。

(3)构造

①暗沟的构造一般比较简单,横断面一般为矩形,断面尺寸应根据排水量及地形、地质条件确定,设计暗沟时应注意防止淤塞。

②泉井壁和沟底、沟壁用浆砌片石或水泥混凝土预制块砌筑,沟顶设置混凝土或石盖板。

在路基填土之前,或挖出泉眼之后,按照泉眼范围大小,剥除泉眼上层浮土,挖出泉井,砌筑井壁与沟壁,暗沟的泉井壁和沟底、沟壁可采用浆砌片石或水泥混凝土预制块砌筑,上盖混凝土(或石)盖板。井深应保证盖板顶面的填土厚度不小于0.5m,井宽b按泉眼的范围大小决定。高h约为20cm,暗沟宽20~30cm。如沟身两侧为石质,盖板可直接放在两侧石壁上。

③过水暗沟,例如两雨水井之间的水道连接,也可采用混凝土管,因其构造简单,施工方便,造价低廉。管顶填土厚度不小于10cm,用于植草。

(4)纵坡与出口

①暗沟沟底的纵坡不宜小于1.0%,暗管排水管底纵坡不宜小于0.5%,暗沟、暗管的出水口处应加大纵坡,并应高出地表排水沟常水位0.2m以上,不允许出现倒灌现象。

②寒冷地区的暗沟,出口应做防冻保温处理或将暗沟设在冻结深度以下。

(5)注意事项

①应防止泥土或砂粒落入沟槽或泉眼,以免堵塞。暗沟顶可铺筑碎(卵)石一层,上填砂砾。

②用于排除泉眼的暗沟,应与泉眼大小匹配,确保及时排除泉水。

③由于环境景观要求而设置的暗格式沟底(作用与边沟相同),沟(底)尺寸应通过水力计算确定,并与流量相适应。

2.渗沟

(1)作用

渗沟具有疏干表层土体、增加边坡稳定、截断及引排地下水、降低地下水位、防止土壤中的细颗粒被冲蚀等作用。

适用于地下水蕴藏量大、面积分布广的路段,在地面以下汇集流向路基的地下水,排到路基范围以外,使路基保持干燥,不致因地下水成害。例如,路线所经地段遇有潜水、层间水、路堑顶部出现地下水,路基填挖交界面或地下水位较高,影响路基或路堑边坡稳定,则需修建渗沟将水排除,如图2-4-2~图2-4-4所示。

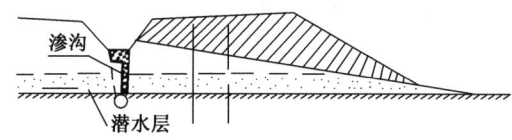

图2-4-2 拦截潜水流向路堤的渗沟

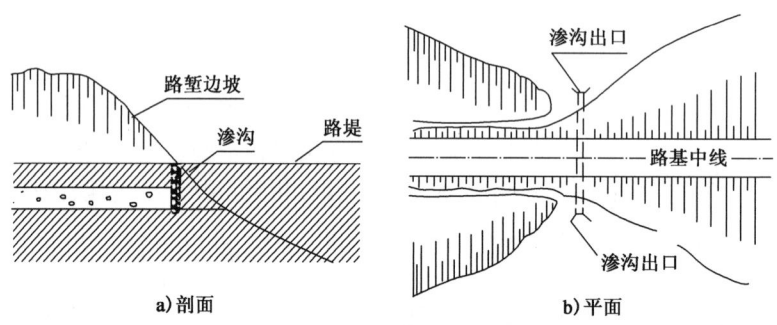

图2-4-3 截断路堑层间水的渗沟

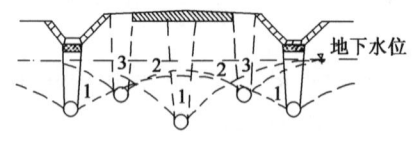

图2-4-4 降低地下水位的渗沟

(2)分类

渗沟按使用部位、结构形式等不同,可分为填石渗沟(俗称盲沟)、管式渗沟、洞式渗沟、边坡渗沟、支撑渗沟、无砂混凝土渗沟;按构造的不同,渗沟大致有三种形式,如图2-4-5所示。Ⅰ式为填石渗沟;Ⅱ式下部设排水管;Ⅲ式下部设石砌排水孔洞,三种形式均由排水层(石缝或管、洞)、反滤层和封闭层所组成。反滤层材料可使用透水性好的砂砾、碎石,也可采用透水土工布。

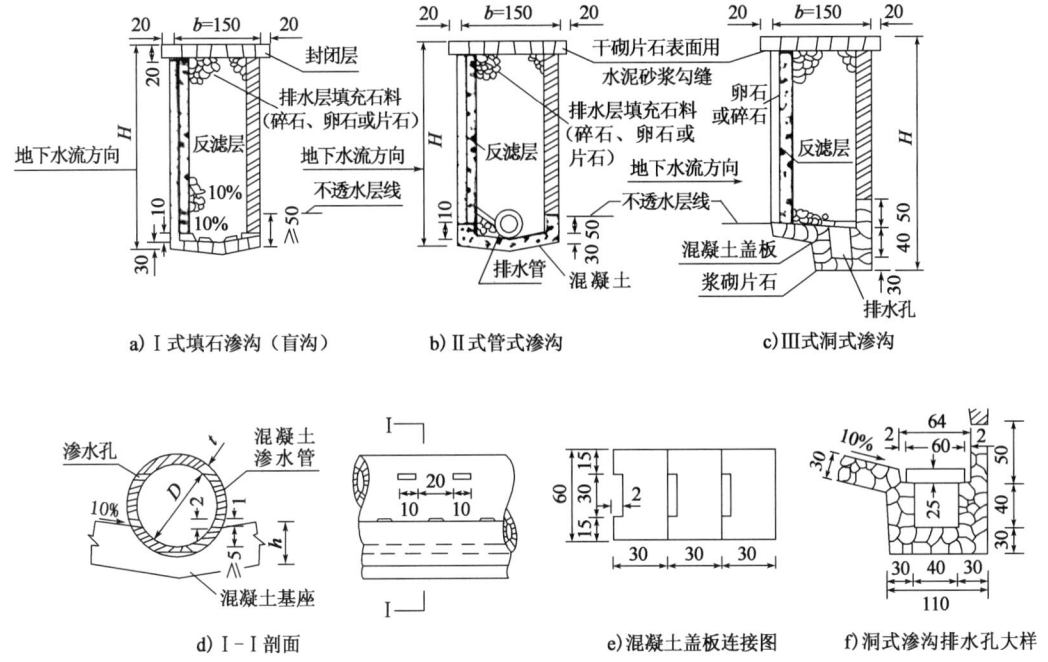

图 2-4-5 渗沟构造图(尺寸单位:cm)

(3)使用条件与使用说明

使用条件:

①填石渗沟(盲沟):一般用于流量不大、渗沟不长的地段,是目前公路上常用的一种渗沟。设计时应考虑淤塞失效问题。由于排水层阻力较大,其纵坡不宜小于1%。条件允许时,应优先采用管式渗沟或洞式渗沟。

②管式渗沟:设于地下引水较长的地段,但渗沟过长时,应加设横向泄水管,将纵向渗沟内的水流迅速地分段排除。沟底纵坡取决于设计流速,最大流速应考虑到水管的构造及其使用寿命,且不致冲毁管下垫枕材料,一般以不大于1.0m/s为宜,亦不应低于最小流速。最小纵坡不宜小于0.5%,以免淤积。

③洞式渗沟:当地下水流量较大,或缺乏水管时,可采用石砌涵洞,洞口大小依设计流量而定。沟底纵坡同管式渗沟,有条件时适当采用较大纵坡,以利排水。

洞式渗沟施工麻烦,质量不易保证。目前多采用管式渗沟代替填石渗沟和洞式渗沟。

④边坡渗沟:可疏干潮湿的边坡和引排边坡上局部出露的上层滞水或泉水,并可起支撑边坡的作用。用于坡度不陡于1:1的土质路堑边坡,也用于加固潮湿的容易发生表土坍滑的土质路堤边坡。

⑤支撑渗沟:用以支撑可能滑动的不稳定的山体或山坡,并排除在滑动面(带)附近活动的地下水和疏干潮湿土体,根据不稳定土体范围设置,也可与抗滑桩墙配合使用。

⑥无砂混凝土渗沟:无砂混凝土既可作为反滤层,也可作为渗沟,是近几年在公路地下排水设施中应用的新型排水设施。用无砂混凝土作为透水的井壁和沟壁以替代施工较复杂的反滤层和渗水孔设备,并可承受适当的荷载,具有透水性和过滤好、施工简便、省料等优点,值得推广应用。

预制无砂混凝土板块作为反滤层,用在卵砾石、粗中砂含水层中效果良好;如用于细颗粒土地层,应在无砂混凝土板块外侧铺设土工织物作反滤层,用以防止细颗粒土堵塞无砂混凝土块的孔隙。

使用说明:

①平面布置:渗沟尽可能与地下水流向相互垂直,使之能拦截更多的地下水,路基纵横向填挖综合部应采用(管式)渗沟措施,防止挖方部分地下水渗入填方路堤。

②类型选择:设计时应考虑是否可以使用明槽式,以便随时检查排水情况,并根据土层含水率、地理位置和各种类型结构的排水能力,从经济效益上做比较,择优选用。

③用于渗沟的反滤土工布及防渗土工布(又称复合土工膜),设计时应根据水文地质条件、使用部位等按现行《公路工程土工合成材料 土工布》(JT/T 992)选用。防渗土工布也可采用喷涂热沥青的土工布。

(4)构造

①渗沟的槽宽(人工开挖)视沟深而定,一般深度在2m时,宽度为0.6~0.8m;深度在3~4m时,宽度不小于1.0m。沟内用作排水和渗水的砂石填料,应经过筛选和清洗。

②渗沟的出水口如图2-4-6所示。

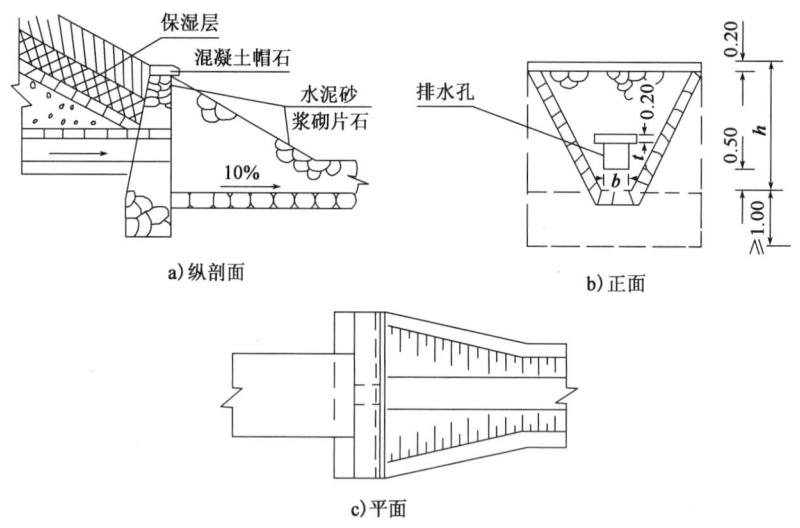

图 2-4-6　端墙式出水口示意图(尺寸单位:cm)

③封闭层是为了防止土粒落进填充石料的孔隙,以免造成渗沟堵塞而设置的,同时也能起到防止地面水渗入沟内的作用,如图2-4-5所示的三种渗沟,均用浆砌片石封顶。

④反滤层是为了汇集水流,并用以防止含水层中土粒堵塞排水层而设置的。反滤层应尽可能选用颗粒大小均匀的砂石材料,分层填埋,相邻两层颗粒直径之比不小于1:4。反滤层填料的颗粒应为含水层土的最大粒径的8~10倍。

⑤渗沟的基底一般埋入不透水层,故渗沟沟壁一侧设反滤层汇集水流,而另一侧用黏土夯实或M7.5水泥砂浆砌片石,拦截水流。如含水层较厚,沟底不能埋入不透水层,沟壁两侧均应设置反滤层。

⑥填石渗沟的排水层,可采用石质坚硬的较大颗粒填充,以保证具有足够的孔隙度排除设计流量,填充的高度不小于0.3m,并应高出原地下水位。

⑦管式渗沟的泄水管,可用陶土管、预制混凝土、石棉或聚氯乙烯带孔塑料管、加筋软式透

水管制成,在林区有时也可用竹木等当地材料。随着新材料不断出现,陶土管、预制混凝土管的应用有进一步减少的趋势,而带孔塑料管、加筋软式透水管有进一步增加的趋势。管径视设计流量而定,一般为 10~20cm,加筋软式透水层一般为 5~10cm;在冬季管内水流结冰的地段,为防止堵塞可采用较大直径的水管,并加设保温层。管式渗沟的高度,应使填料顶面高出原地下水位,而且不低于沟底至管顶之间高度的 2~4 倍。沟底一般用干砌片石,如果深入不到透水层,则用浆砌片石或混凝土。

⑧洞式渗沟的底部孔洞,其作用与水管相仿,可排较大流量,用浆砌片石筑成,上加混凝土盖板,洞式渗沟的高度,与管式渗沟相仿。

⑨边坡渗沟(图 2-4-7)。

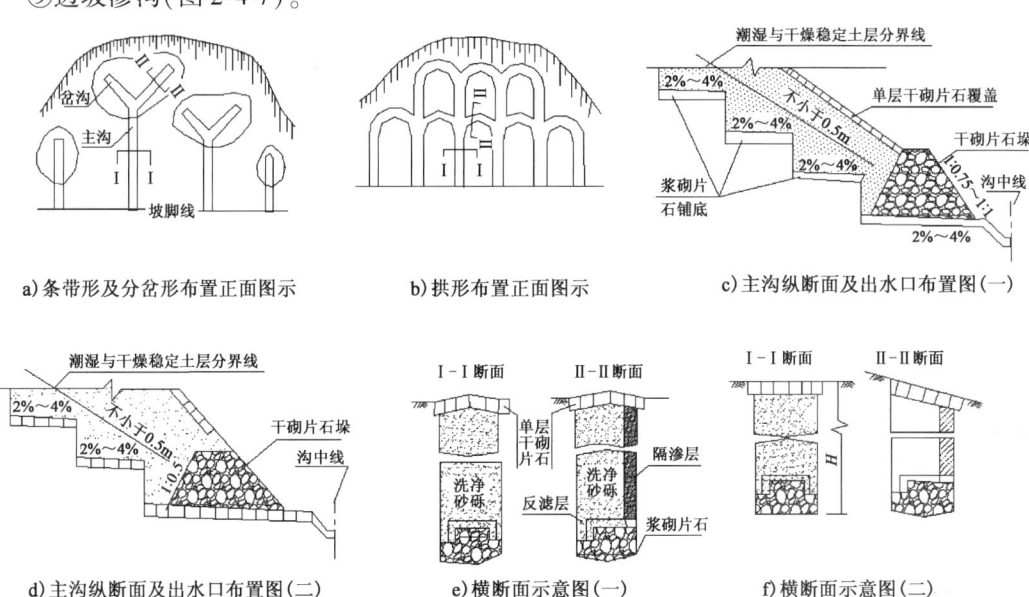

图 2-4-7 边坡渗沟结构图示

a. 渗沟应垂直嵌入边坡。当边坡上只有若干局部的潮湿部分时,对较小范围的局部湿土或有泉水出露处,宜用条形布置,对较大范围的局部湿土,宜用分岔形布置。当边坡表土普遍潮湿时,宜用拱形与条带形相结合的布置。

b. 渗沟断面通常采用矩形。其宽度不小于 1.3~1.5m,其深度视边坡潮湿土层的厚度而定。由于边坡渗沟集引的地下水流量较小,故可只在其底部用大粒石料填充作为排水通道,大粒石料外周设置适当的反滤层,渗沟内部的其余空间可用筛洗干净的小颗粒渗水材料填充。

分岔形布置渗沟的分岔部分与拱形布置渗沟的拱部断面下侧可用铺筑黏土防渗。

渗沟的顶部一般用单层干砌片石覆盖,其表面大致与边坡面齐平。

c. 渗沟基底埋置的边坡潮湿土层以下较干燥而稳定的土层内,可按潮湿带的厚度做成具有泄水坡 2%~4% 的阶梯形,而最下一个台阶的长度宜较大一些。基底一般用 M5.0 浆砌片石防渗。

d. 渗沟下部的出水口一般采用干砌片石垛形成。其作用是支撑渗沟内部的填充料,并将渗沟中集引的土中水或地下水排入路堑侧沟或路堤排水沟内,出水口片石垛可以设置在边坡线的外面或里面,视边坡脚与侧沟之间的余地情况确定。

⑩支撑渗沟(图 2-4-8)。

a. 渗沟采用组成的条带形布置,其纵轴线应与山体或土体的滑动方向大致平行。其伸入山体内的长度、断面宽度及间距可依每条渗沟所负担的抗滑力以计算决定,并应照顾到引排地下水的需要。断面采用矩形,宽度一般不小于2~3m,各条渗沟之间距不应小于8~15m。

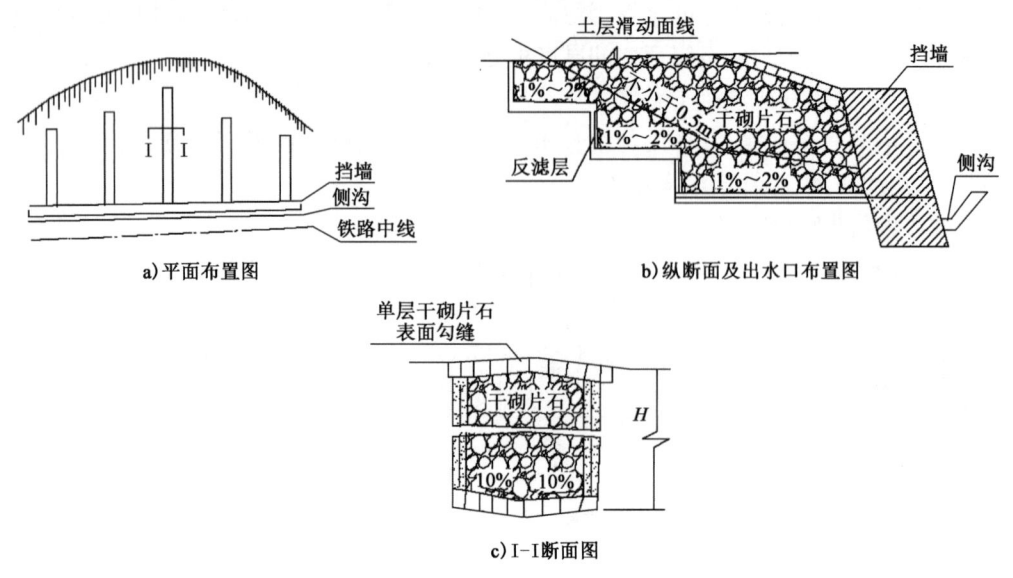

图2-4-8 支撑渗沟参考图

b. 渗沟基底必须埋置在山体或土体的滑动面(带)以下稳定土层(基岩)内。可以顺滑动面的形状做成阶梯形,最下一个台阶的长度宜长些,以增强抗滑能力。基底应铺砌防渗。

c. 渗沟的填充料宜用大石块干砌,与沟壁间可视沟壁的土质考虑是否设反滤层。

顶部用单层干砌片石覆盖,表面用水泥砂浆勾缝。

d. 渗沟与抗滑挡墙配合使用时,其出水口可在挡墙下部设置若干泄水孔将集引的地下水排入墙外。

渗沟单独使用时,其出水口可做成干砌片石垛形式。

⑪无砂混凝土渗沟(图2-4-9)。

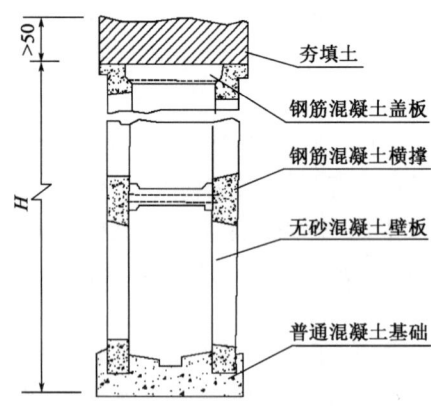

图2-4-9 渗沟断面(尺寸单位:cm)

a. 粗集料粒径和级配匀度在灰石比与水灰比相同的条件下,石子粒径越大,其渗透系数越大,但级配匀度较小(10～20mm)或较大(3～5mm),其强度均较小,而以级配匀度适中(5～10mm)的强度最大。

石子应坚硬,形状整齐,尺寸一致,且无针状、片状,并筛洗干净。

b. 过滤能力与含水地层土的粒径有关,对卵石砾石或粗砂地层,其集料粒径宜用10～20mm或5～10mm;对中砂地层,其粗集料粒径宜用5～10mm;对细砂地层,其粗集料粒径宜用3～5mm。

c. 水泥用量越大,其渗透系数越小,则强度较大,灰石比以1:6为宜。用水量过大或过小都会影响强度,最佳的稠度是水泥浆能均匀地覆盖石子表面而不发生流动或脱落下滑现象,可参照表2-4-1。

无砂混凝土试验结果汇总表 表2-4-1

粗集料粒径(mm)	灰石比(质量比)	水灰比(质量比)	水泥用量(kg/m³)	混凝土密度(t/m³)	龄期(d)	平均强度(MPa)			平均渗透系数(m/昼夜)	适应的含水地层
						抗压	抗弯	对钢筋的黏结力		
10～20	1:6	0.38	253	1.87	32	9.14	1.17	1.12	2240	卵石、砾石、粗砂
5～10	1:6	0.42	253	1.87	30	11.72	1.72	2.27	1410	粗砂、中砂
3～5	1:6	0.46	247	1.84	30	8.54	1.51	1.58	377	中砂、细砂

注:1. 试验所用为42.5级普通硅酸盐水泥。
2. 捣固方法为扒平后轻轻插实。
3. 人工养护,温度为20℃,相对湿度为90%以上。

d. 每次立模灌注无砂混凝土的高度以不超过1.0m为宜,过高投卸将会引起浆石分离。捣固时只许在扒平后轻轻插实。养护温度宜在10～20℃左右。

e. 整个渗沟可采用无砂混凝土壁板及钢筋混凝土横撑和盖板等几种构件拼装组成。壁板尺寸宜用2m×2m,厚度不小于30cm;当埋置较深时,在板内可设适当钢筋,以增大抗弯强度。横撑在每个拼装接头处设置一个。

⑫挖方路基或低填方路堤有时在路床部分或路基填挖交界面处,由于地下水的作用,出现土质湿软、弹簧、冒浆、强度降低等现象,导致路面破坏。一般除掺灰处理外,采用带孔的硬聚氯乙烯塑料管(HPVC)与土工布组成的渗沟埋设在边沟附近,可取得满意的效果。如图2-4-10所示,土工布的规格可为120～150g/m²。带孔塑料管孔的直径为0.5cm,错位排列;碎石(砾石)粒径靠近塑料管的可大些,为3～5cm,靠近土工布的粒径最小,为1～2cm。渗沟埋深一般在边沟下60cm,条件复杂时予以加深。

3. 渗井

渗井按其渗水方向不同,可分为排水渗井与集水渗井两类。本节只限于前者,对于集水渗井的设计,可另参见专门有关地下排水的书籍。

(1)作用

渗井的作用是将地面水通过竖井渗入地下排除,从而降低地下水位或拦截地下水。

(2)使用条件与使用说明

当路基附近的地面水或浅层地下水无法排除,影响路基稳定时,可设置渗井,将地面水或地下水经渗井流入下层透水层中排除。

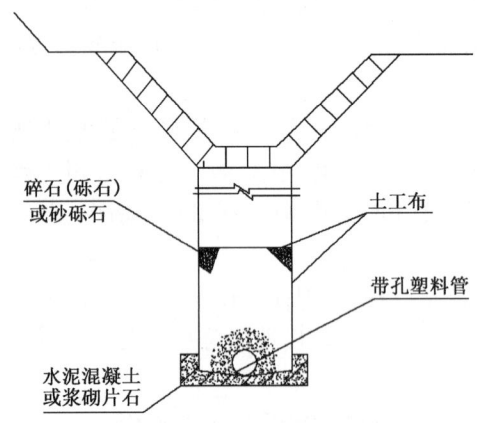

图 2-4-10　塑料管渗沟构造图(尺寸单位:cm)

①路线穿过雨量稀少地区的村落或集市,路线设计高程与原地面高程相仿,因建筑物障碍不能贯通边沟,而距地面不深处有渗透性土层,且地下水流向背离路基,地面水流量不大,此时可以修筑渗水井将边沟水流分散到地面以下的透水层中,使之不致影响路基稳定。

②高速公路或城市道路立交桥下的通道,路线为凹形竖曲线时,如地下水位较低,且通道路基下层有良好的渗水性土层,则可于凹形的最低部位设置渗井,井口宽可取 41.5cm,与一般雨水井同,上盖铁算盖板,总宽与通道宽相等,使低洼处积水通过渗井排入地下。这种构造远较采用涵管排除或水泵排除经济、简单。

③施工时,在不透水部分,建议用铁管或铁皮作围圈插入井内,分内外两层,外层填较细集料以保证质量。

(3)构造

上部构造为集水结构,下部为排水结构。

①上部构造:渗水井面积的大小,取决于路基表面的流量,一般可采用直径 0.7m 的圆井,或 0.6m×0.6m～1.0m×1.0m 的方井。渗水井的顶部四周(进口部分除外)用黏土筑堤围护。顶上也可加筑混凝土盖,严防渗井淤塞,如图 2-4-11a)所示。

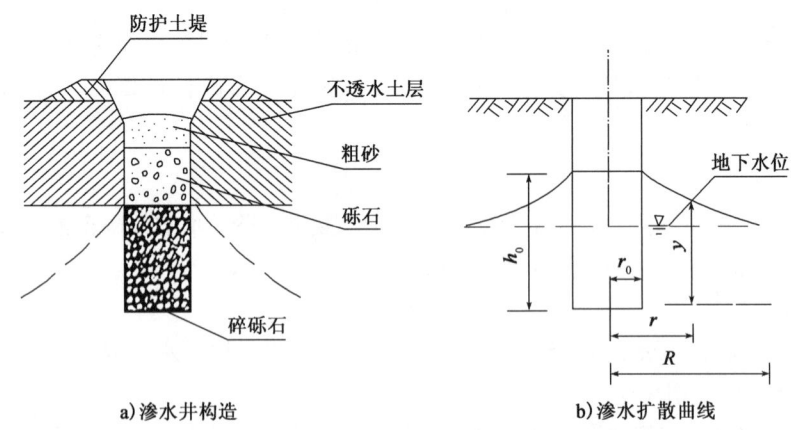

a) 渗水井构造　　　　　b) 渗水扩散曲线

图 2-4-11　渗水井构造及渗水扩散曲线图

②下部构造:渗水井的下部,必须穿过不透水层而深达渗透层。井内填充材料用碎石或卵石,上部不透水土层内填充砂和砾石,填充料应采用筛洗过的不同粒径的材料,应层次分明,不得粗细材料混杂填塞,井壁和填充料之间应设反滤层。透水性土层离地面较深时,可用钻井机钻孔,但钻井的直径不应小于15cm,有时可达50~60cm。

③立交桥下通道采用渗井时,雨水口的铁箅盖板及其两侧墙身即为上部集水构造,墙身应深达透水层。墙身可用砖或片(块)石砌筑。墙内不透水性的土应挖除,而以碎(卵)石与砂、砾石回填,作为下部构造,疏散雨水。

(4)注意事项

①渗井离路堤坡脚不应小于10m。渗井开挖应根据土质选择合理的支撑形式,并应随挖随支撑、及时回填。

②渗井易于淤塞,当地面排水可以采取其他措施时不宜采用。

③设置渗井的重要工作是进行水净化及防渗漏措施,避免排放水污染地下水环境。

④由于渗井施工不易,单位渗水面积造价高于渗沟,一般较少使用。有时,因土基含水量较大,严重影响路基、路面的强度,其他地下排水设备不易布设,其他技术措施如隔离层造价较高,设计时需分析比较有条件地选用渗井方案。

例如在上述路线经过村落或集市,由于建筑物障碍,边沟不能贯通而以渗井排水,一般限于低等级道路或临时性措施。有可能贯通边沟时,仍以挖通边沟为宜。

4.渗水隧洞

渗水隧洞按其断面形式分为直墙式和曲墙式两种,如图2-4-12、图2-4-13所示。

直墙式和曲墙式渗水隧洞的断面尺寸及每延米的工程数量分别见表2-4-2~表2-4-12。

(1)用途

用以截排或引排深层的地下水或与立式渗井(或渗管)群配合使用,以排除具有多层含水层的复杂地层中的地下水。

(2)适用条件与施工事项

①隧洞埋置深度应能解决主要含水层的排水问题,并应埋入稳定地层内。用于防治滑坡带地下水的隧洞,其顶部宜位于滑动面(或带)以下不少于0.5m。

②隧洞断面净空大小系按便于施工与检查维修以及节省开挖土石方来考虑,不受地下水流量的控制。较长隧洞宜用大的净空,较短隧洞宜用小的净空。

③顶拱及边墙的进水部分均应留出渗水孔,其外围设置与渗水孔眼大小和隧洞所在地层性质相应的反滤层。

④较长隧洞每隔120m设置检查井一个,在平面转折及纵坡变坡处(由陡变缓)亦须设置。

⑤与渗井、渗管配合使用的隧洞,应先做检查井、渗井,并对其连接部分要特别注意质量,防止漏水。

⑥沿隧洞的纵向穿过不同性质的地层时,可采用不同的衬砌断面,在其分界处应设置沉降缝一道,缝宽1~3cm,其周边厚5~10cm,以沥青麻筋填塞,内部以油毡填塞密实。

⑦洞口位置以地形地质和能迅速排水为先决条件。洞口挖方不宜太深,以避免因仰坡和两侧边坡过高而发生可能的变形与病害,堵塞出水口。对破碎裂岩层和松散土层地段尤应注意。

⑧洞门墙基础埋入坚实稳定的地层内。墙的两侧嵌入洞口挖方地层以内不小于0.5m。

⑨洞门墙以外应紧接翼墙或挖方边坡砌石防护及一段具有防冲刷铺砌的排水沟。

⑩隧洞出水口底宜高出自然河沟的设计洪水位不小于0.5m,并高出其外面排水沟底不小于0.1~0.2m。

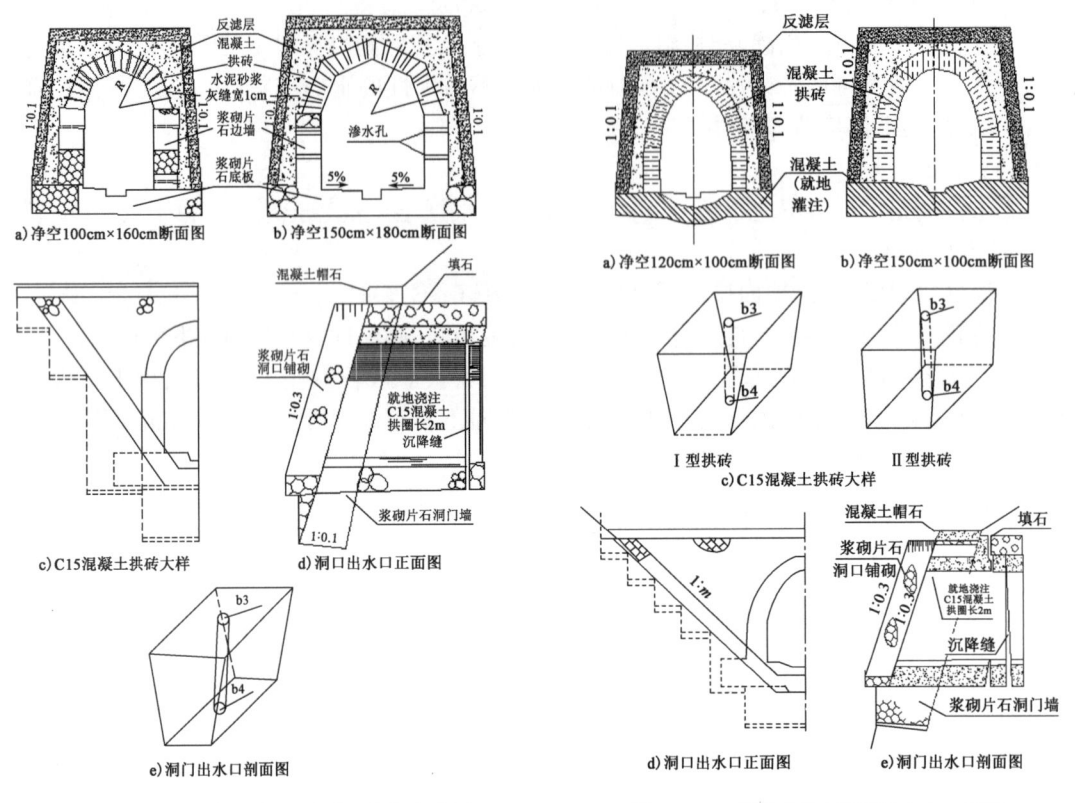

图2-4-12 直墙式渗水隧洞及出水口阀门参考图
注:图中括号内数字系C1及C2断面使用。

图2-4-13 曲墙式渗水隧洞及出水口阀门

直墙式隧洞断面尺寸 表2-4-2

类别	断面形式	隧洞断面尺寸(cm)							拱砖尺寸(cm)		
		H	B_1	B_2	R	t	h_1	h_2	a	b_1	b_2
裂隙岩层（浅埋）	A-1	280	252	300	110	35	42	35	35	30.3	20.3
	A-3	275	253	300	105	35	42	35	30	28.9	20.3
裂隙岩层（深埋）	A-2	255	208	250	80	35	41	35	30	26.8	16.3
	A-4	250	209	250	75	35	41	35	25	25.1	16.3
破碎岩层（浅埋或深埋）	B-1	285	261	310	115	40	42	35	40	31.8	20.3
	B-2	260	207	250	85	35	41	35	35	28.6	16.3
碎石土层（浅埋或深埋）	C-1	305	290	340	115	45	53	45	40	31.6	20.3
	C-2	285	244	290	90	45	52	45	40	30.3	16.3

直墙式隧洞每延长米工程数量　　　　　　　　　　　　　　　　　表 2-4-3

类　别	断面形式	导洞				拱圈		就地灌注混凝土（m³）	砂浆灰缝（m³）	边墙及底板
		挖方（m³）	填砾石（m³）	填卵石（m³）	出口填石（m³）	混凝土拱砖				浆砌片石（m³）
						块	m³			
裂隙岩层（浅埋）	A-1	7.84	1.09	1.43	2.52	33	0.95	1.02	0.07	1.83
	A-3	7.71	1.07	1.49	2.56	33	0.79	0.85	0.06	1.83
裂隙岩层（深埋）	A-2	5.95	0.94	1.20	2.14	27	0.57	0.61	0.05	1.67
	A-4	5.85	0.93	1.23	2.16	27	0.45	0.49	0.04	1.67
破碎岩（浅埋或深埋）	B-1	8.25	1.08	1.50	2.58	33	1.11	1.19	0.08	1.97
	B-2	6.06	0.92	1.10	2.08	27	0.69	0.74	0.06	1.67
碎石土层（浅埋或深埋）	C-1	9.74	1.56	1.97	3.53	33	1.11	1.19	0.08	2.55
	C-2	7.76	1.39	1.63	3.02	27	0.81	0.88	0.07	2.35

直墙式隧洞出水口洞门尺寸　　　　　　　　　　　　　　　　　表 2-4-4

类　别	断面形式	洞口仰坡（1:n）	洞门墙尺寸（cm）					每边台阶个数
			H	L	L_1	L_2	f	
裂隙岩层（浅埋）	A-1	1:1	315	310	110	50	67	3
	A-3	1:1	310	310	110	50	67	3
裂隙岩层（深埋）	A-2	1:1	290	266	85	81	66	2
	A-4	1:1	285	266	85	81	66	2
破碎岩层（浅埋或深埋）	B-1	1:1	320	314	115	49	67	3
	B-2	1:1	295	270	85	85	66	2
碎石上层（浅埋或深埋）	C-1	1:1.25	320	334	120	0.64	67	4
	C-2	1:1.25	300	339	95	0.44	66	4

直墙式隧洞每座洞门工程数量　　　　　　　　　　　　　　　　表 2-4-5

类　别	断面形式	洞口仰坡（1:n）	洞口铺砌尺寸（cm）			工程数量（m³）			
			挖方边坡（1:m）	h	C	混凝土拱圈	浆砌片石洞门墙	混凝土帽石	浆砌片石洞门铺砌
裂隙岩层（浅埋）	A-1	1:1	1:0.75	265	116	0.55	6.56	0.68	1.26
	A-3	1:1	1:0.75	260	116	0.46	6.40	0.68	1.26
裂隙岩层（深埋）	A-2	1:1	1:0.75	240	66	0.33	5.73	0.58	1.09
	A-4	1:1	1:0.75	235	66	0.27	5.60	0.58	1.09
破碎岩层（浅埋或深埋）	B-1	1:1	1:1	270	116	0.65	6.80	0.69	1.28
	B-2	1:1	1:1	245	66	0.40	5.90	0.59	1.11
碎石土层（浅埋或深埋）	C-1	1:1.25	1:1.25	270	104	0.65	7.98	0.84	1.37
	C-2	1:1.25	1:1.25	250	54	0.47	6.49	0.74	1.21

曲墙式隧洞断面尺寸(1)　　　　　表2-4-6

类别	断面形式	隧洞断面尺寸(cm)													
		H	B_1	B_2	s	t	h_1	h_2	h_3	h_4	R_1	R_2	R_3	R_4	R_5	R_6
碎石土层（浅埋或深埋）	D-1	294	249	300	138	36	51	43	50	75	85	55	236	206	148	118
	D-2	261	214	260	112	29	42	35	45	70	70	45	241	216	120	95
土夹石层（浅埋或深埋）	E-1	298	258	310	138	41	50	45	50	75	90	55	241	206	148	110
	E-2	268	224	270	102	39	44	37	55	60	75	45	203	173	120	90

曲墙式隧洞断面尺寸(2)　　　　　表2-4-7

类别	断面形式	隧洞断面尺寸(cm)			拱砖尺寸(cm)				
		θ_1	θ_2	θ_3	a	I型		II型	
						b_1	b_2	b_1	b_2
碎石土层（浅埋或深埋）	D-1	60°08′	29°52′	19°43′	30	34.5	21.9	29.7	25.8
	D-2	65°48′	24°12′	24°37′	25	31.0	19.5	32.9	29.4
土夹石层（浅埋或深埋）	E-1	60°08′	29°52′	24°06′	35	36.8	22.0	30.4	25.8
	E-2	61°50′	28°04′	22°32′	30	31.3	18.3	32.0	27.0

曲墙式隧洞每延长米工程数量(1)　　　　　表2-4-8

隧洞断面形式	导洞工程数量				边墙及底部工程数量	
	挖方（m³）	填砾石（m³）	填卵石（m³）	出口段填石（m³）	C15混凝土（m³）	C10混凝土（m³）
D-1	8.27	1.44	1.60	3.00	1.56	0.19
D-2	6.33	1.23	1.36	2.59	1.10	0.15
E-1	8.68	1.44	1.77	3.21	1.59	0.15
E-2	6.88	1.30	1.59	2.89	1.32	0.09

曲墙式隧洞每延长米工程数量(2)　　　　　表2-4-9

隧洞断面形式	拱部工程数量					
	I型拱砖		II型拱砖		出口段C15混凝土(m³)	M10砂浆灰缝(m³)
	块	m³	块	m³		
D-1	15	0.41	24	0.65	1.13	0.07
D-2	15	0.31	18	0.45	0.81	0.05
E-1	15	0.50	24	0.76	1.35	0.09
E-2	15	0.37	18	0.51	0.94	0.06

曲墙式隧洞出水口洞门尺寸　　　　　表2-4-10

隧洞断面形式	洞门仰坡（1:n）	洞门墙尺寸(cm)					每边台阶个数	洞口铺砌(cm)		
		H	L	L_1	L_2	f		挖方边坡（1:m）	h	C
D-1	1:1.25	310	372	105	67	96	4	1:1	260	100

续上表

隧洞断面形式	洞门仰坡 (1:n)	洞门墙尺寸(cm)					每边台阶个数	挖方边坡 (1:m)	洞口铺砌(cm)	
		H	L	L_1	L_2	f			h	C
D-2	1:1.25	285	332	85	47	94	4	1:1	235	70
E-1	1:1.5	315	4.54	110	94	96	5	1:1.25	265	100
E-2	1:1.5	290	4.08	90	68	94	5	1:1.25	240	70

曲墙式隧洞出水口每座洞门工程数量　　表2-4-11

隧洞断面形式	洞门仰坡 (1:n)	工程数量(m³)			
		C15 混凝土	浆砌片石门洞墙	C15 混凝土帽石	浆砌片石洞口铺砌
D-1	1:1.25	1.96	9.98	1.26	1.32
D-2	1:1.25	1.34	8.21	1.12	1.17
E-1	1:1.5	2.19	12.34	1.53	1.51
E-2	1:1.5	1.61	10.06	1.38	1.35

隧洞顶部压力拱高度平均数值　　表2-4-12

断面形式	所 在 地 层	围岩分类等级	普氏坚实系数 f	压力拱高度的平均值(m)	
				净空宽为1.0m(直)或1.2m(曲)	净空宽为1.5m
直墙式	软质裂隙岩层	Ⅲ~Ⅳ	2~4	0.5	1.0
	破碎岩层	Ⅱ	0.8~1.0	2.5	3.4
	碎石类岩层	Ⅰ	0.6~0.8	3.6	5.2
曲墙式	碎石类岩层	Ⅰ	0.6~0.8	3.3	4.6
	夹少量碎石的黏性土层	Ⅰ	0.5~0.6	4.5	6.2

5.立式集水渗井和渗管

(1)作用

用以集引具有多含水层的复杂地层中的地下水和集引均质或非均质潮湿土体中的土中自由水。一般成群布置并与平式排水设施配合使用,以降低地下水位和疏干其附近土体,如图2-4-14所示。

(2)适用条件与注意事项

①当需要排除的水量较多,单个井点的孔径又不宜过大时,可采取井群分担排水,井群或管群的排列方向宜垂直于渗流方向。井点的数量 N 按式(2-4-1)估算,且平面间距不宜大于两倍影响半径 $2R$。

$$N = \frac{1}{\beta} \cdot \frac{W}{Q \cdot t} \tag{2-4-1}$$

式中:W——需排出的总水量(t);

　　　t——要求达到预定下降水位所需的时间(昼夜);

Q——单井或单管的出水能力(t/昼夜);

β——井(管)群相互干扰系数,一般可采用0.24~0.33。

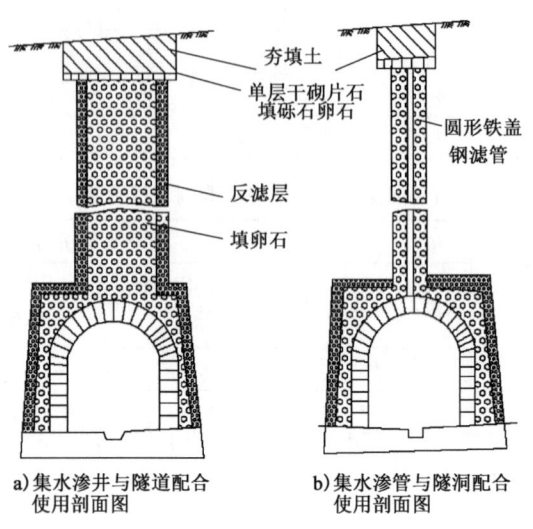

a) 集水渗井与隧道配合使用剖面图

b) 集水渗管与隧洞配合使用剖面图

图 2-4-14 集水渗井及渗管参考图示

②渗井断面通常采用直径1.0~1.5m的圆形或边长1.0~1.5m的方形。

渗井内部填充砾石或粗砂效果最好,井壁与填充料之间可依两者的颗粒组成情况来确定是否设置反滤层。

③渗管孔径可按设计的最大出水量以式(2-4-2)估算:

$$d = \frac{Q_{sj}}{65\pi h_c \cdot \sqrt[3]{k}} \tag{2-4-2}$$

式中:d——渗管直径(m);

Q_{sj}——设计的最大出水量(m³/昼夜);

h_c——地下水降落曲线与管壁接触处的有效高度(m),自管底算;

k——含水地层渗透系数(m/昼夜)。

④通常渗管直径不小于0.25m,为增强出水效果,宜在管轴处安置直径不小于5cm的滤管,其外转以相适应的渗水材料填充。

⑤渗井或渗管的顶部应有足够厚度的隔渗材料妥善覆盖,以防污水流入,造成淤塞。

6. 仰斜式排水孔

(1)作用

仰斜式排水孔适用于引排山坡土体内富集的地下水,或者疏干滑动带内富集的地下水,以解除静水压力,提高岩土体抗剪强度,防止边坡失稳,保证坡体稳定,并减少对岩(土)体的开挖,加快工程进度和降低造价。

(2)使用条件与使用说明

①仰斜式排水孔的仰角不宜小于6°(约为10%),长度应伸至地下水富集部位或潜在滑动面,并宜根据边坡渗水情况成群分布。

②仰斜式排水孔排出的水宜引入路堑边沟排除。

③钻孔疏排地下水,应在滑坡处于相对稳定时进行。钻孔、孔口及钻具上应设有可靠的导向设施,施钻时应根据地层地质情况适当控制压力,检查钻杆及管具,使处于正常工作状态,并应确保钻孔顺直地达到要求的集水区段。

④钻孔直径75~150mm,带孔PVC管或其他滤水管的直径一般为50~100mm。滤水管建议采用加劲软式透水管(或外包透水土工布的带孔PVC管)。

⑤在有多级平台的挖方段,排水孔的最小长度以水平向至少达到上一级台阶的坡底为原则,并应达到集水区段。

(3)构造

仰斜式排水孔的孔内透水管直径一般为50~100mm。透水管应外包1~2层渗水土工布,防止泥土将渗水孔堵塞,管体四周宜用透水土工布作反滤层。

(4)注意事项

①仰斜式排水孔的设计与施工应遵循"动态设计"原则,施工时,若未发现边坡渗水或新发现有边坡渗水现象,则应对设计进行调整。

②钻机、孔口及钻具上就设有可靠的导向设施。施钻时应根据地层地质情况适当控制压力、检查钻杆及管具,使处于正常工作状态,并应确保钻孔顺直的达到要求的集水区域。

③施钻应按地质情况和不同钻孔深度,结合所用机型的性能特征搭配适宜的钻头、钻杆和内、外管,并分别采取冲击施钻或正循环、反循环等钻进方式;运转中应适当控制钻具转速和循环水量。

④装、拔套管和安放过滤设施、材料时,应注意防止坍孔和堵塞,保证过滤设施、材料放达孔底。完工的孔口应予加固,排水孔排出的水应引排至路堑边沟。

7. 边坡集水井

(1)作用

边坡集水井可用于引排岩体地下水丰富,对边坡稳定性有不利影响的路堑高边坡或滑坡体内的地下水。当存在多个含水层时,边坡集水井宜与仰斜式排水孔、排水隧道联合使用。

(2)使用说明

边坡集水井采用在坡体开挖集水井,通过井壁设置仰斜式排水孔等渗水通道汇集坡体深层地下水,并将边坡集水井串联连接,以集中排出坡体的地下排水工程措施。在广东、河南等地工程中采用,该措施相对埋深较大的渗沟开挖小、对坡面破坏小、施工方便,造价相比渗水隧洞大大降低,尤其在坡体深层地下水分布不均匀条件下适应性强。

(3)构造

①边坡集水井应根据地下水分布状况,设置于地下水集中地段,井深宜深入至滑坡体或地下透水层以下不小于1.0m的深度,井底宜铺设厚0.5m的碎石层。

②相邻集水井之间宜利用地形条件采用横向集水管串联衔接,将集水疏导至排水隧洞或排出坡体。

③集水井上的泄水孔宜根据开挖土层含水量情况,沿集水井井壁环向和纵向交错布置,并

设置辐射状仰斜式泄水管,泄水孔的长度、排距、孔位应根据实际出水情况确定。

④边坡集水井应采用钢筋混凝土进行护壁加固,顶部应设置十字支撑板或盖板等保护措施。

边坡集水井排水系统如图 2-4-15 所示。

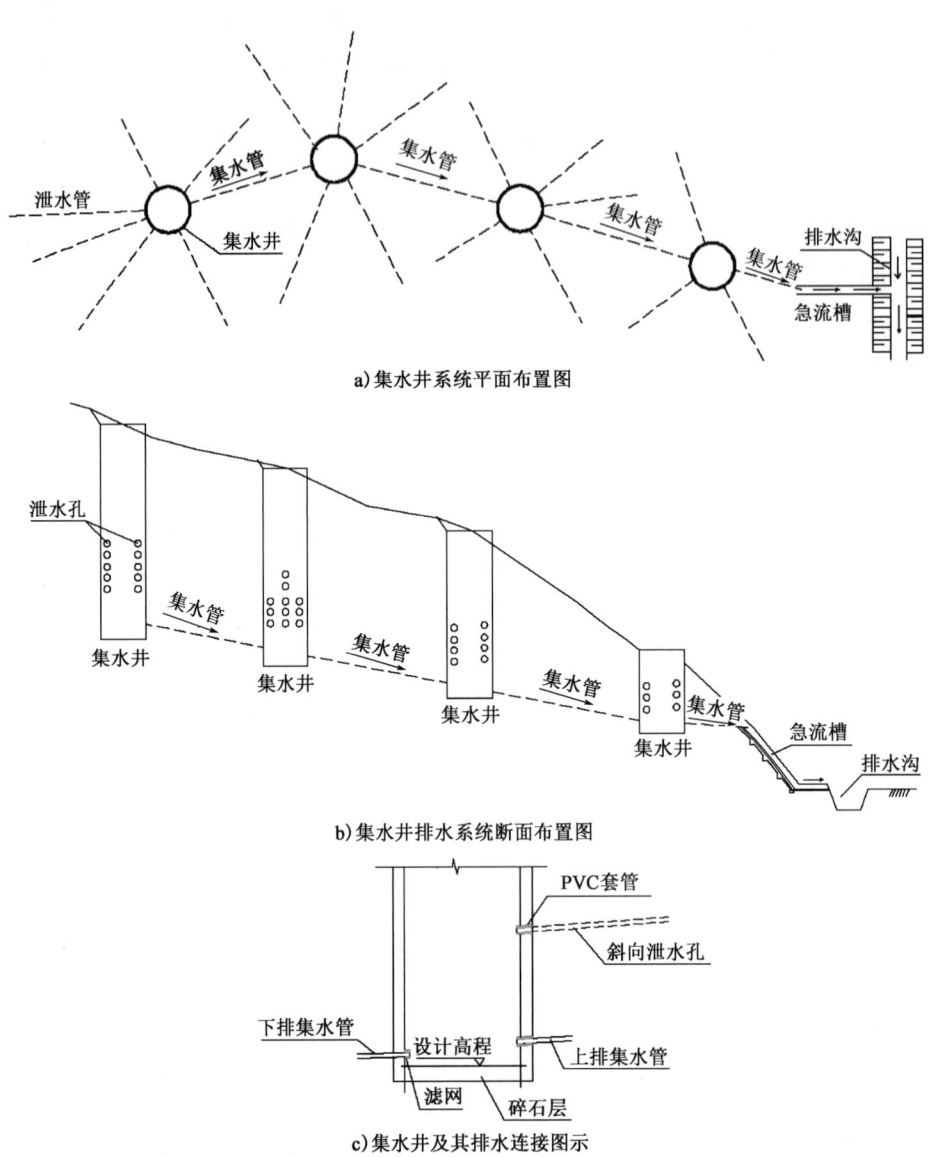

图 2-4-15　边坡集水井排水系统示意图

8.检查疏通井

(1)作用

检查井是延伸较长的平式排除地下水建筑物的附属设备,为检查维修和通风之用。深而长的暗沟(管)、渗沟及渗水隧洞,在直线段每隔一定距离及平面转弯、纵坡变坡点等处宜设置检查疏通井。

(2)适用条件与施工事项

①一般情况下,渗沟每隔 30m、渗水隧洞每隔 120m 和平面转弯、纵坡变坡点等处,宜设置检查疏通井。兼起渗井作用的检查井的井壁,应设置反滤层。检查井直径不宜小于 1m,井内应设检查梯,井口应设井盖,当深度大于 20m 时,应增设护栏等安全设备。

②井口斜截圆锥管节的顶部宜高出地面 0.3~0.5m,并设井盖。其断面如图 2-4-16 所示,工程数量见表 2-4-13。

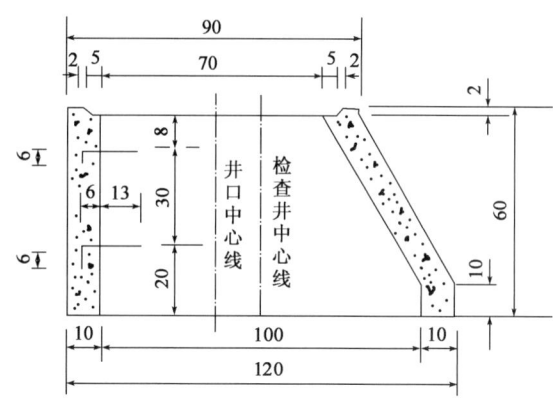

图 2-4-16 检查井口管节(尺寸单位:cm)

井口管节及井盖工程数量　　表 2-4-13

项　目		每节井口管节	每个甲式井盖	每个乙式井盖
C15 混凝土	体积(m³)	0.181	0.021	0.025
	质量(kg)	416.8	46.9	57.7
普通钢筋	直径(mm)	16	6	16
	全长(cm)	150	711	92
	质量(kg)	2.37	1.58	1.45
总质量(kg)		419.17	48.48	59.15

③井身采用内径 1.0m 的圆筒结构,筒壁厚与埋深有关,井筒一般预制拼装,高度以 0.6m 为宜。其断面如图 2-4-17a)所示,工程数量见表 2-4-14。

井身管节工程数量　　表 2-4-14

用于隧洞	用于渗沟	类型	管壁厚 t(cm)	建筑材料	混凝土体积(m³)	钢筋质量(kg)
12m 以内	6m 以内	Ⅰ	12	混凝土	0.25	2.37
			15	混凝土	0.32	2.37
12~15m	6~18m	Ⅱ	15	钢筋混凝土	0.32	31.91
20~30m		Ⅲ	17	钢筋混凝土	0.369	32.34

④井身下部可与平式主体建筑直接连接,也可设基座,当其内径比管节内径大时,则最下一个管节应做成正截圆锥形,如图 2-4-17b)所示,工程数量见表 2-4-15。

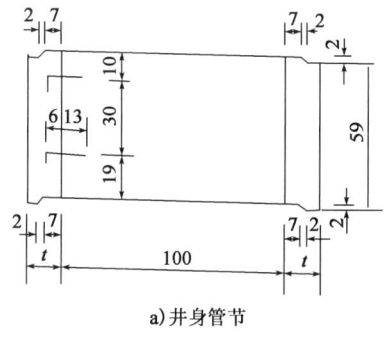

a)井身管节

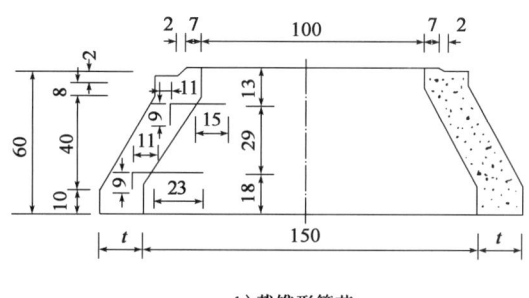

b)截锥形管节

图 2-4-17 混凝土井身管节与截锥形管节图示(尺寸单位:cm)

截锥形管节工程数量 表2-4-15

埋深范围	类型	建筑材料	管壁厚(cm)	混凝土体积(m³)	钢筋质量(kg)	
					$\phi10mm$	$\phi16mm$
12m以内	I	混凝土	20	0.547	—	3.25
12~30m	II	钢筋混凝土	20	0.547	65.07	3.25

⑤检查井内应设检查梯,井口应设井盖,兼起渗井作用的检查井的井壁,应设置反滤层。

第三节 地下排水渗流分析与计算

地下水渗流分析计算包括渗沟(管、井)和排水隧洞水力计算等。

一、渗沟的水力计算

渗沟的水力计算,一般按紊流情况考虑。

1. 填石渗沟

通过流量按式(2-4-3)计算:

$$Q = wv = wk_m\sqrt{i} \tag{2-4-3}$$

式中:Q——通过流量(m^3/s);

w——渗透面积(m^2);

k_m——紊流状态时排水层填料的渗透系数(m/s),可参照表2-4-16确定。当已知填料粒径d(cm)和孔隙率n(%)时,可按经验公式(2-4-4)计算:

$$k_m = \left(20 - \frac{14}{d}\right)n \cdot \sqrt{d} \tag{2-4-4}$$

设单颗填料为球体$\left(体积 = \frac{1}{6}\pi d^3\right)$,则$N$颗填料的平均粒径$d$(cm)可按式(2-4-5)计算:

$$d = \sqrt[3]{\frac{6G}{\pi N \gamma_s}} \tag{2-4-5}$$

式中:γ_s——填料的重度(N/cm^3);

G——N颗填料的重力(N)。

按巴普洛夫斯基建议的流速公式:

$$v = k_m\sqrt{i} \tag{2-4-6}$$

式中:k_m——紊流渗透系数;

i——沟底坡度。

排水层填料渗透系数 表2-4-16

换算成球形的颗粒直径d(cm)	岩块排水层孔隙度n			换算成球形的颗粒直径d(cm)	岩块排水层孔隙度n		
	0.4	0.45	0.4		0.4	0.45	0.50
	渗透系数k(m/s)				渗透系数k(m/s)		
5	0.15	0.17	0.19	20	0.35	0.39	0.43
10	0.23	0.26	0.29	25	0.39	0.44	0.49
15	0.30	0.33	0.37	30	0.43	0.48	0.53

注:对于不规则的有棱角的岩块,取$n=0.50$;对于浑圆的岩块,取$n=0.40$。

例 3-8 设一边沟上面的填石渗沟,已知设计流量为 $0.005\text{m}^3/\text{s}$, $i=3.5\%$, $b=0.4\text{m}$,用平均直径 5cm 的碎石作为排水层。试求排水层高度 h 值。

解：

(1)查表 2-4-16,可以得出排水层岩块的渗透系数。当用平均直径为 5cm 的碎石作为排水层时,取孔隙度 $n=0.50$,则渗透系数 $k_m=0.19\text{m/s}$。

(2)根据式(2-4-3)反算排水层高度：

$$h = \frac{Q}{bk_m\sqrt{i}} = \frac{0.005}{0.4 \times 0.19 \times \sqrt{0.035}} = 0.35\text{m}$$

例 3-9 已知 $b=0.4\text{m}$, $h=0.6\text{m}$, $i=5.0\%$, $k_m=0.19\text{m/s}$。求渗沟排水层所能排除的渗流量 Q 值。

解： 根据式(2-4-3)计算渗流量：

$$Q = wv = wk_m\sqrt{i} = 0.4 \times 0.6 \times 0.19 \times \sqrt{0.05} = 0.01\text{m}^3/\text{s}$$

2. 洞式渗沟

流水满洞时各水力单元的计算式如下：

水流断面 $\qquad\qquad w_0 = b_0 h_0$

水力半径 $\qquad\qquad R_0 = \dfrac{w_0}{p_0} = \dfrac{b_0 h_0}{2(b_0 + h_0)}$

流速系数 $\qquad\qquad c_0 = \dfrac{1}{n} R_0^y$

其中,$y = 2.5\sqrt{n} - 0.13 - 0.75\sqrt{R}(\sqrt{n} - 0.1)$。

通过流速 $\qquad\qquad v_0 = c_0 \sqrt{R_0 i_0}$

通过流量 $\qquad\qquad Q_0 = w_0 c_0 \sqrt{R_0 i_0} = K_0 \sqrt{i_0}$

式中：K_0——泄水能力模数(或流量特性)。

$$K_0 = c_0 w_0 \sqrt{R_0} = \frac{Q_0}{\sqrt{i_0}}$$

对于石砌沟洞,当粗糙系数 $n=0.020$, $y=0.212$, $c_0 = \dfrac{1}{n} R^y = 50 R^{0.212}$ 时,若 $b_0 \times h_0$ 分别取为 0.2×0.2、0.3×0.3、0.4×0.4,上述各水力计算单元的值,列于表 2-4-17。

沟洞内的实际水深 h、泄水能力模数 K 和流速 v,与其满水时的 h_0、K_0 和 v_0 的比值列于表 2-4-18,供设计时参考。

满孔水时水力单元值 表 2-4-17

$b_0 \times h_0$ (m×m)	w_0 (m²)	$R = \dfrac{b_0 h_0}{2b_0 + 2h_0}$	$R_0^{0.5}$	$R^{0.212}$	$c_0 = 50 R_0^{0.212}$	$v_0 = c_0\sqrt{R_0 i_0}$	$K_0 \dfrac{Q_0}{\sqrt{i_0}} = c_0 w_0 \sqrt{R_0}$
0.2×0.2	0.04	0.050	0.2236	0.5299	26.495	$5.9243\sqrt{i}$	0.2370
0.3×0.3	0.09	0.075	0.2739	0.5774	28.870	$7.0975\sqrt{i}$	0.7117
0.4×0.4	0.16	0.100	0.3162	0.6138	30.690	$9.0742\sqrt{i}$	1.5527

多数情况下,排水洞并非满流,需要编制一定沟宽时,各种水深的流量特性及流速与满流时的比值表(表 2-4-18)。当 b 不变时,h/h_0 相应的比值表,配以表 2-4-17,即可用于排水洞的

水力计算。

各种水深的流量特性及流速与满孔水时的比值表　　表2-4-18

h/h_0	0.10	0.20	0.30	0.40	0.50	0.60	0.70	0.80	0.90	0.95	0.99	1.00
K/K_0	0.046	1.134	0.244	0.368	0.500	0.638	0.781	0.927	1.076	1.151	1.212	1.000
v/v_0	0.458	0.672	0.815	0.919	1.000	1.064	1.116	1.159	1.196	1.212	1.224	1.000

注：表中数值系当沟底宽 b_0 不变时求得。

例3-10 已知设计流量为 $0.019\text{m}^3/\text{s}$，要求流速不小于最小流速 0.6m/s，拟在边沟下面设置石砌沟洞式的排水孔，试求沟底纵坡及沟洞断面尺寸。

解：(1) 先拟定沟底纵坡 $i=0.008$，则泄水能力模数为 $K=\dfrac{Q}{\sqrt{i}}=\dfrac{0.019}{\sqrt{0.008}}=0.213\text{m}^3/\text{s}$。

(2) 根据表2-4-17，按 K_0 接近于 K 的条件，得知若采用断面 $0.2\text{m}\times0.2\text{m}$ 时，$K_0=0.237$，则：

$$\frac{K}{K_0}=\frac{0.213}{0.237}=0.899$$

亦由表2-4-17，得知 $v_0=5.9243\sqrt{i}$，则：

$$v_0=5.9243\sqrt{0.008}=0.53\text{m/s}$$

(3) 根据表2-4-18，用插入法得出与 K/K_0 相对应的比值：

$$\frac{h}{h_0}=0.781 \quad 及 \quad \frac{v}{v_0}=1.151$$

(4) 对于断面 $0.2\text{m}\times0.2\text{m}$，充满时 $h_0=0.2\text{m}$，所以沟洞内实际水深和流速为

$$h=0.78h_0=0.78\times0.2=0.16\text{m}$$
$$v=1.151v_0=1.151\times0.53=0.61\text{m/s}$$

(5) 验算。

由于 $v=0.61\text{m/s}$，大于最小流速 0.6m/s，所以拟定 $i=0.008$ 符合要求，决定采用 $h\times b=0.2\text{m}\times0.2\text{m}$。

如果流速小于规定的最小值，应重新假定 i 值进行计算，直到符合要求为止。

3. 管式渗沟

管式渗沟底部圆形水管水力计算一样，圆形水管的通过流量 Q 与流速 v 计算式如下：

过水面积　　　　　　　　$A=\dfrac{d^2}{8}(\theta-\sin\theta)$

水面宽度　　　　　　　　$B=d\cdot\sin\dfrac{\theta}{2}=2\sqrt{h(d-h)}$

湿周　　　　　　　　　　$x=\dfrac{d}{2}\theta$

水力半径　　　　　　　　$R=\dfrac{A}{X}$

充满度　　　　　　　　　$a=\dfrac{h}{d}=\sin^2\dfrac{\theta}{4}$

$$Q=Av=Ac\sqrt{Ri}=K\sqrt{i} \tag{2-4-7}$$

$$v=c\sqrt{Ri}=S\sqrt{i}=\dfrac{1}{n}R^{\frac{2}{3}}i^{\frac{1}{2}} \tag{2-4-8}$$

式中：K——圆管的泄水能力模数(流量特性)(m^3/s 或 L/s)；

S——圆管的流速特性(m/s)。

当 $n=0.013$ 时,圆形沟管水力计算列于表 2-4-19,供设计时查用。

混凝土管、光滑砖管、水泥砂浆抹面等管壁的粗糙系数 n,可采用 $n=0.013$。

设计时,一方面根据拟定的 D 值和充水度 h/D(D 为圆管内径,h 为管内水深,均以 m 计),可以查表2-4-19($n=0.013$)得 K 和 S 值,并按式(2-4-7)、式(2-4-8)求算在任何纵坡 i 时的流速 v 和流量 Q；另一方面,如流量 Q 和管的纵坡 i 已定,可依式(2-4-7)计算 $K=\dfrac{Q}{\sqrt{i}}$,并查表2-4-19得出相应的 D、$\dfrac{h}{D}$ 和 S 值,也可查表来选定管径和核算管内水深与流速。

圆形沟管水力计算表 $n=0.013$　　　　表 2-4-19

充水度 h/D	$D=125mm$		$D=150mm$		$D=200mm$		$D=250mm$		$D=300mm$	
	S	K	S	K	S	K	S	K	S	K
	(m/s)	(L/s)	(m/s)	(L/s)	(m/s)	(L/s)	(m/s)	(L/s)	(m/s)	(L/s)
0.05	1.927	0.44	2.177	0.72	2.64	1.5	3.07	2.8	3.46	4.6
0.10	3.015	0.92	3.406	3.13	4.13	6.7	4.80	12.2	5.42	19.9
0.15	3.890	4.48	4.936	7.31	5.33	15.7	6.19	28.6	6.99	46.5
0.20	4.626	8.04	5.227	13.08	6.34	28.2	7.36	51.2	8.32	83.3
0.25	5.281	12.67	5.967	20.61	7.24	44.4	8.40	80.6	9.49	131.2
0.30	5.854	18.13	6.614	29.48	8.02	63.6	9.32	115.4	10.53	187.8
0.35	6.361	24.34	7.187	29.61	8.72	85.4	10.12	154.9	11.43	252.0
0.40	6.807	31.09	7.691	50.58	9.32	109.0	10.83	197.9	12.24	322.1
0.45	7.206	38.59	8.139	62.77	9.87	135.3	11.47	245.7	12.95	399.5
0.50	7.551	46.33	8.532	75.38	10.35	168.6	12.01	294.8	13.58	479.9
0.55	7.850	54.29	8.870	88.34	10.76	190.5	12.49	345.5	14.11	562.1
0.60	8.100	62.40	9.155	101.6	11.10	218.9	12.95	399.1	14.56	646.1
0.65	8.308	70.15	9.386	114.1	11.38	246.0	13.21	446.2	14.93	726.2
0.70	8.462	77.64	9.563	126.3	11.60	272.5	13.46	454.0	15.22	904.0
0.75	8.562	84.53	9.679	137.6	11.73	296.5	13.63	538.3	15.40	875.7
0.80	8.009	90.68	9.733	147.6	11.80	318.2	13.70	577.2	15.48	939.2
0.85	8.593	95.53	9.710	155.4	11.77	334.9	13.68	608.4	15.45	989.4
0.90	8.493	98.80	9.602	160.8	11.64	364.6	13.51	628.7	15.28	1024.0
0.95	8.270	99.59	9.348	162.1	11.33	349.3	13.16	633.9	14.87	1031.4
1.00	8.351	99.66	8.532	150.8	10.35	325.2	13.01	589.5	13.58	959.9

例 3-11　设置混凝土排水管的渗沟,已知设计流量 $Q=0.019m^3/s$,要求管内流速 $v>0.6m/s$,取沟底纵坡 $i=0.008$,试求管径。

解：(1)按式(2-4-7)试定 K 值(有时 Q 可取稍大于设计流量来计算)。

$$K=\dfrac{Q}{\sqrt{i}}=\dfrac{0.019}{\sqrt{0.008}}=0.2125m^3/s(212.5L/s)$$

(2)由表 2-4-19,取接近于上述计算值的 K 值及与其相应的 S、D、$\dfrac{h}{D}$ 之值。

取用 $K = 218.91 \text{L/s}$(应比上述计算值稍大),相应的 $S = 11.10 \text{m/s}$, $D = 200 \text{mm} = 20 \text{cm}$。

(3)按式(2-4-7)核算通过流量:
$$Q = K\sqrt{i} = 0.2189 \times \sqrt{0.008} = 0.0195 > 0.019 \text{m}^3/\text{s}$$

(4)按式(2-4-8)核算通过流速:
$$v = S\sqrt{i} = 11.1 \times \sqrt{0.008} = 0.99 \text{m/s}$$
$$0.6 \text{m/s} < v = 0.99 \text{m/s} < 1.00 \text{m/s}$$

(5)选择孔径:

由于 Q 与 v 均符合要求,决定采用 $D = 20 \text{cm}$ 的混凝土管,如不符合规定,则应重算。

二、渗沟管壁孔及反滤层的计算

1. 圆形管壁孔隙的计算

渗沟的内部一般以粗颗粒的渗水材料填充,在其下部设计适当大小的管(洞)作为排水通道,以便将汇集的地下水顺畅地排除。为了使渗水的流量能迅速进入排水管道,同时应防止沟壁土层细粒土被冲移和落入填充材料中,填充材料被冲移和落入管(洞)中。故排水管壁所留进水孔隙的大小、数目或间距以及填充材料与沟壁之间的反滤层,均需由计算决定。

(1)管壁孔隙的最大尺寸

管壁孔隙的最大尺寸按式(2-4-9)计算:
$$e \leq \alpha d_a \tag{2-4-9}$$

式中:e——渗沟管壁孔隙的最大尺寸(当孔隙为圆形时,e 为圆孔半径,当用方形孔时,e 为孔隙宽度);

α——实验系数,方孔筛宜采用2,圆孔筛宜采用3;

d_a——靠近管壁周围填充渗水材料颗粒的计算尺寸,由筛余 α(按所作全部称量的百分数计,见表2-4-20)的较小颗粒定为最小的尺寸,根据土样的机械分析结果决定。

α 参考数值　　　　表2-4-20

管壁周围填充材料	α	管壁周转填充材料	α
大卵石及砾石	0.2~0.3	粗中砂	0.4~0.6
中小砾石	0.3~0.4	中细砂	0.6~0.8

已知 d_a 值后,由式(2-4-9)可求出缝隙所需的尺寸;根据规定的缝隙尺寸,可求出填充材料所需的计算尺寸。

(2)管壁的孔眼数

由式(2-4-9)求出 e,即据以计算孔眼面积。步骤是先确定孔眼排数 N,然后由式(2-4-10)推算出每米渗沟管壁的每排孔眼个数。

$$M_0 = \frac{\xi q}{N F_0 v_{容}} \tag{2-4-10}$$

式中:M_0——每米长渗沟管壁的每排孔眼数(个);

q——每米长渗沟的流入量(m^3/s);

N——管壁孔眼排数(排),通常可按排水涵管外围进水部分的轮廓对称布置,最小值为2,如不对称布置,最小值可取为1;

F_0——每一孔眼的面积(m^2);

ξ——考虑流入渗沟的水流进路不均匀系数,一般可用 8~10;

$v_{容}$——填料容许渗流速度(m/s),即在不使填充材料中最小颗粒被冲入管中的条件下的流速,$v_{容} = a_{容}\sqrt[3]{K}$;

k——颗粒大小均匀渗水填充料的渗透系数,由试验确定;

$a_{容}$——试验系数,若$v_{容}$及k以m/d计,则$a_{容} = 60~70$,$v_{容} \approx 0.0307~0.0370$。

(3)注意事项

①布置管壁孔眼,应保证渗水能向管内最均匀地流入。孔眼尺寸为e,则纵向孔眼的间距不得小于$2e$,以保证孔眼附近的外围填充颗粒能形成自然拱。陶土管、混凝土管的孔眼,宽度一般为 5~10mm,长度常用 80~100mm,如图 2-4-18 所示。

②孔眼数目 M_0 应在水管周围湿润部分范围内布置,位置一般设在基底的水平上,如图 2-4-18 所示。

图 2-4-18 扩大两层接触部分湿周面积示意图

2. 反滤层的计算

(1)与管壁接触的较粗颗粒层,其空隙最大尺寸由式(2-4-11)计算。

$$e = [0.15 + 1.2(n - 0.26)]d_c \quad (2-4-11)$$

式中:n——较粗颗粒的孔隙率,由试验确定;

d_c——岩块换算成球形颗粒的直径,按式(2-4-12)计算。

$$\frac{1}{d_c} = \sum \frac{g_i}{d_i^3} \quad (2-4-12)$$

式中:g_i——平均粒径为d_i的较粗颗粒粒占总质量的百分数(以小数表示),而d_i则由式(2-4-13)求得。

$$\frac{1}{d_i^3} = \frac{1}{2}\left(\frac{1}{d_{最大}^3} + \frac{1}{d_{最小}^3}\right) \quad (2-4-13)$$

式中:$d_{最大}$,$d_{最小}$——颗粒的最大及最小粒径。

根据式(2-4-11)求出的渗入较大粒料层中的空隙e值,应满足式(2-4-9)的条件,否则另行更换渗水填料。

(2)为了避免最小颗粒渗入较大粒料中去,应使两层接触处的渗透速度,小于或等于容许渗透速度,因此,两层接触处应符合式(2-4-14)要求。

$$p \geq \frac{\xi_q}{a_{容}\sqrt[3]{k_{小}}} \quad (2-4-14)$$

式中:p——两层接触部分的湿周面积(m^2);

$k_{小}$——较小颗粒层中的渗透系数(m/s);

ξ 和 $a_{容}$ 的意义同前。

(3)注意事项。

①较大颗粒粒层越厚,则两层接触部分的湿周越大,如图 2-4-18 的虚线所示。

②接触层不符合式(2-4-14)时,应更换接触层中的一层成分,一般是更换小颗粒的接触层,重复进行计算。

③式(2-4-14)也适用于渗水填料最末靠近沟槽土壁一层的计算。此时$k_小$改用沟壁含水层的渗透系数。

反滤层设计可参照表2-4-21。

不同含水层及不同排水层间的几种反滤层设计表(单位:mm)　　表2-4-21

甲种反滤层					乙种反滤层				
类别	反滤层结构断面图	规格			类别	反滤层结构断面图	规格		
			料径 d	平均 d_p				料径 d	平均 d_p
甲-1	(淤泥粉砂含水层)(Ⅰ中砂)(Ⅱ中砂)(Ⅲ粗砂)(大卵石片石排水层) 20 15 15	Ⅰ	0.25~0.5	0.3	乙-1	(淤泥粉砂含水层)(Ⅰ中砂)(Ⅱ砂砾)(大卵石片石排水层) 25 20	Ⅰ	0.25~0.5	0.3
		Ⅱ	2~3	2.3			Ⅱ	2~4	2.4
		Ⅲ	15~20	17					
		排水层	100~150				排水层	20~40	
甲-2	(细砂亚砂土含水层)(Ⅰ砾砂)(Ⅱ中砂)(Ⅲ小卵石)(片石排水层) 15 15 20	Ⅰ	1~1.5	1.2	乙-2	(细砂亚砂土含水层)(Ⅰ砂砾)(Ⅱ粗砂)(大卵石排水层) 25 20	Ⅰ	1~1.5	1.2
		Ⅱ	6~9	7			Ⅱ	8~12	9.6
		Ⅲ	35~55	41					
		排水层	150~200				排水层	65~100	
甲-3	(亚黏土黏土含水层)(Ⅰ砂砾)(Ⅱ粗砂)(大卵石排水层) 20 20	Ⅰ	2~3	2.3	乙-3	(亚黏土、黏土含水层)(Ⅰ中砂)(Ⅱ小卵石片石排水层) 20 20	Ⅰ	2~3	2.3
		Ⅱ	10~20	12			Ⅱ	15~30	18
		排水层	75~100				排水层	150~200	
甲-4	(中砂含水层)(Ⅰ砾砂)(Ⅱ粗砂)(大卵石排水层) 20 20	Ⅰ	2~3	2.3	乙-4	(中砂含水层)(Ⅰ砾砂)(Ⅱ小卵石片石排水层) 15 15	Ⅰ	2~3	2.3
		Ⅱ	15~20	18			Ⅱ	15~30	18
		排水层	75~100				排水层	150~200	
甲-5	(粗砂含水层)(Ⅰ中砂)(Ⅱ小卵石)(大卵石片石排水层) 20 20	Ⅰ	4~6	4.6	乙-5	(粗砂含水层)(Ⅰ中砂)(Ⅱ小卵石片石排水层) 15 15	Ⅰ	4~6	4.6
		Ⅱ	30~40	34			Ⅱ	30~40	34
		排水层	100~170				排水层	150~200	

注:甲种反滤层适用于一般工程和渗流量不太大的或易于检查翻修的渗沟建筑物,它的各层颗粒不均匀系数 $\eta = \dfrac{d_{60}}{d_{10}} \leq 4$,填充料的孔隙度 $n = 0.35$。

三、渗沟埋置深度计算

为降低地下水及有关的毛细水,渗沟埋置深度可按式(2-4-15)计算,如图2-4-19所示。

$$h = Z + P + \varepsilon + d + h_0 - h_1 \tag{2-4-15}$$

式中:h——渗沟埋置深度(m);

P——沿路基中线由路基冻结线至排水后毛细管水升高曲线的距离(m),采用近年内地

下水波动的平均数值(近似值为 0.25m);

Z——沿路基中线上的冻结深度(m);

ε——毛细管水上升高度(m),以试验数值为准,初步估计时,下列数值可供参考:砂土 0.2~0.3,砂性土 0.3~0.8,粉性土 0.8~2.0,黏性土 1.0~2.0;

h_0——渗沟内水深(m),通常采用 0.3~0.4m;

h_1——路中心至边沟底的高差(m);

d——路基范围内降落曲线的最大矢距(m)。

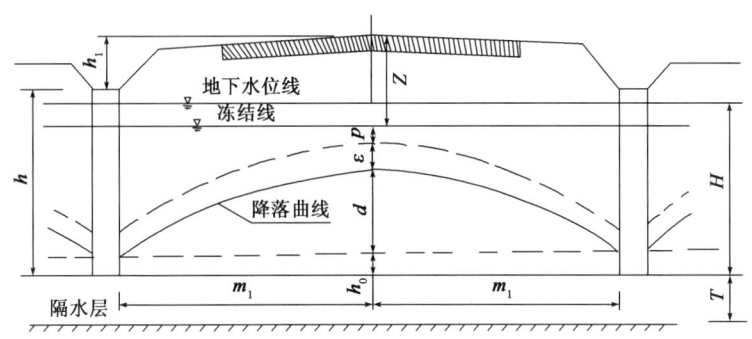

图 2-4-19 双面渗沟降落曲线计算图

对于双面渗沟,降落曲线的最大矢距为:

$$d = I_0 m_1 \tag{2-4-16}$$

式中:I_0——降落曲线平均坡度值,见表 2-4-22;

m_1——渗沟边缘至路基中线的距离(m)。

降落曲线平均坡度 I_0 表 2-4-22

含水层土质	渗透系数 k 参考值 (cm/s)	平均坡度 I_0	$\alpha = \dfrac{I_0}{2 - I_0}$
粗砂	$1 \times 10^{-2} \sim 1 \times 10^{-1}$	0.003~0.006	0.0015~0.003
砂类土	$1 \times 10^{-4} \sim 1 \times 10^{-2}$	0.006~0.020	0.003~0.010
亚砂土	$1 \times 10^{-5} \sim 1 \times 10^{-3}$	0.020~0.050	0.010~0.026
亚黏土	$1 \times 10^{-6} \sim 1 \times 10^{-5}$	0.050~0.100	0.026~0.053
黏土	$1 \times 10^{-7} \sim 1 \times 10^{-6}$	0.100~0.150	0.053~0.081
重黏土	$\leq 1 \times 10^{-7}$	0.150~0.200	0.081~0.111
泥炭	$1 \times 10^{-4} \sim 1 \times 10^{-2}$	0.020~0.120	0.010~0.061

例 3-12 已知某地的土的冻结深度 $z = 0.6$m,路基边缘高程 55.50m,路基宽度 $b = 0.8$m,黑色路面宽 $b = 6.0$m,路面拱度 $i_1 = 15\%$,路肩横坡度 $i_2 = 3\%$,地下水位高程 54.50m,当土质为亚黏土,边沟深度 $h_T = 0.50$m 时,试求路基边沟下双面盲沟的埋置深度。

解:(1)由表 2-4-22 查得亚黏土降落曲线平均坡度 $I_0 = 0.10$,取亚黏土毛细水上升高度 $\varepsilon = 1.0$m。

(2)双面渗沟降落曲线的最大矢距(图 2-4-19),由式(2-4-16)求得:

$$d = I_0 m_1 = 0.1 \times \frac{8.0}{2} = 0.4\text{m}$$

(3) 路中心至边沟底的高差(边沟底低于路拱顶高度)：

$$h_1 = \frac{b}{2}i_1 + \frac{B-b}{2}i_2 + h_T = 3 \times 0.015 + 1 \times 0.03 + 0.5 = 0.58\text{m}$$

(4) 按式(2-4-15)计算渗沟埋置深度：

$$h = Z + P + \varepsilon + d + h_0 - h_1 = 0.6 + 0.25 + 1 + 0.4 + 0.3 - 0.58 = 1.97\text{m}$$

(5) 渗沟底的设计高程 = 路基边缘高程 $- h_T - h = 55.50 - 0.5 - 1.97 = 53.03\text{m}$

同原来地下水位的高差 $H = 54.50 - 53.03 = 1.47\text{m}$

四、渗井流量计算

1. 渗井流量(图2-4-20)

位于含水层内的单位长度渗井的流量 Q_s 应按式(2-4-17)计算确定。

$$Q_s = 13.6 \frac{k_h(h_j^2 - h_d^2)}{\lg \frac{R}{r_0}} \tag{2-4-17}$$

式中：h_j——井内水深(m)；

h_d——地下水位高于井底的高度(m)；

R——影响半径(m)，可根据抽水试验确定，或用下列经验公式计算：

$$R = 3000S\sqrt{k_h}$$

S——抽水降深(m)，即地下水位与井内水位的高差，对于渗井水：

$$S = h_j - h_d$$

r_0——渗井半径。

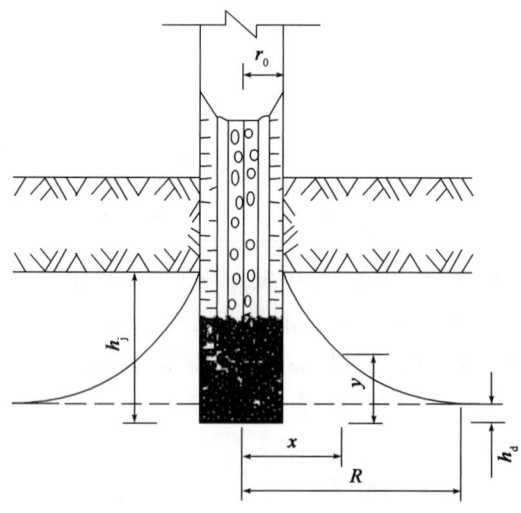

图2-4-20 含水层内渗井的流量计算

2.渗井孔径

渗井孔径可根据渗井的最大排水量(设计流量 Q_s)按公式(2-4-2)估算。

3.井点数量

当需要采取群井分担排水时,井点数量可按公式(2-4-1)估算,且平面间距不宜大于两倍影响半径 $2R$。

PART3 第三篇
路基防护与支挡工程设计

第一章 概　　述

第一节　设计的基本原则

路基防护是确保道路使用安全，使路基不致因地表水流和气候变化而失稳的必要工程措施，是路基设计的主要项目之一，其重要性因道路技术等级的提高和交通量的急剧增长而日益突出。

公路路基边坡处于自然环境中，存在土石方挖填工程，在一定的诱因下常常会发生大规模的边坡失稳现象，对公路运输造成严重威胁。路基边坡稳定性的影响因素包括自然因素和人为因素。自然因素主要有气候、水文、地质、土质等因素，人为因素主要指设计因素、施工因素和养护因素。下面对主要自然因素进行阐述。

1. 气候因素

气候因素包括气温、降水、风速、风向、最大冻土深度等。在大面积裸露的土质或风化岩质坡面上，由于温差对地表的影响，加上雨水直接冲刷坡面，极易风化剥落，导致堑坡水土大量流失，或坡面产生裂缝，发生浅层滑坡。

2. 水文和水文地质因素

水文因素包括地表水的排泄，河流常水位、洪水位，有无地表积水和积水时间长短，河岸淤积情况。水文地质因素包括地下水埋深、移动规律，有无层间水、裂隙水、泉水等。在土质路基边坡上因受雨水冲刷导致表层坑洼积水，地表水顺裂缝向下渗透而浸泡边坡，全封闭边坡防护层材料的水稳定性差，出露的地下水无法疏导使边坡内积水，或整个边坡结构排水不畅，引发堑坡局部塌方和浅层滑坡。

3. 地质因素

沿线地质因素，包括岩石的种类、成因、节理、风化程度和裂隙情况，岩石走向、倾向、倾角、层理和岩层厚度，有无夹层或遇水软化的夹层，以及有无断层或其他不良地质现象。在人工开挖的岩质坡面，尽管山体本身稳定，但岩层节理发育，长时间日晒雨淋，表面风化严重，经常发生坡面剥落和零星掉石流渣。若堑坡地层岩性为岩质较软的砂土、页岩和变质岩，且节理发育、风化严重，或黏性土层和蓄水的砂石层分层蕴藏，特别是有倾向路堑方向的斜坡层理存在时，易造成路堑滑坡。

4. 土质因素

土是建筑路基及边坡的基本材料，不同的土类具有不同的工程性质。砂粒土的强度构成以内摩擦力为主，强度高，受水的影响小，是一种较好的路基填料；黏性土的强度形成以黏聚力为主,强度随密实程度的不同变化较大,并随湿度的增大而降低;粉土类土毛细现象强烈,强度和承载力随着毛细水上升和湿度的增大而下降。对于黄土质砂黏土或其他黏土质土因其透水性弱、崩解性强、经雨水浸泡后土体表层含水量达到饱和状态时,易使边坡失稳而溜方;若路堤填料不合格,又没有进行土质改良,将导致边坡结构层断裂破坏。

因此,路基防护是根据沿线不同土质岩性,水文地质条件、坡度、高度和当地材料、气候等因素因地制宜选择,密切结合路面排水做综合考虑。

一、分类

本章所列的路基防护工程,均以路基基本稳定为前提,各种防护、支挡措施是针对可能出现的隐患而采用的辅助性工程。由于路基破坏现象和原因是多方面的,因此应遵循"因地制宜,就地取材,以防为主,防治结合"的方针。路基防护也直接关系到路基的外观,影响路线景观和环境协调。城郊附近的高等级道路及风景区道路,尤应兼顾经久耐用、节省造价和造型美观的要求。

路基防护的方法,一般可分为坡面防护、支挡防护和冲刷防护三类。冲刷防护可分为直接和间接两种,直接防护是指在坡面加铺护面墙、混凝土板,或采用砌石护坡以及土工织物护面等,亦包括对沿河浸水边坡或坡角进行抛石,或以石笼、梢料、浸水挡土墙防护;间接防护则指沿河路堤修筑调治构造物和对河道进行整治,将危害路基的较大水流引向指定位置,以减小水流对路基的直接冲刷。路基防护的各种措施如图3-1-1所示。

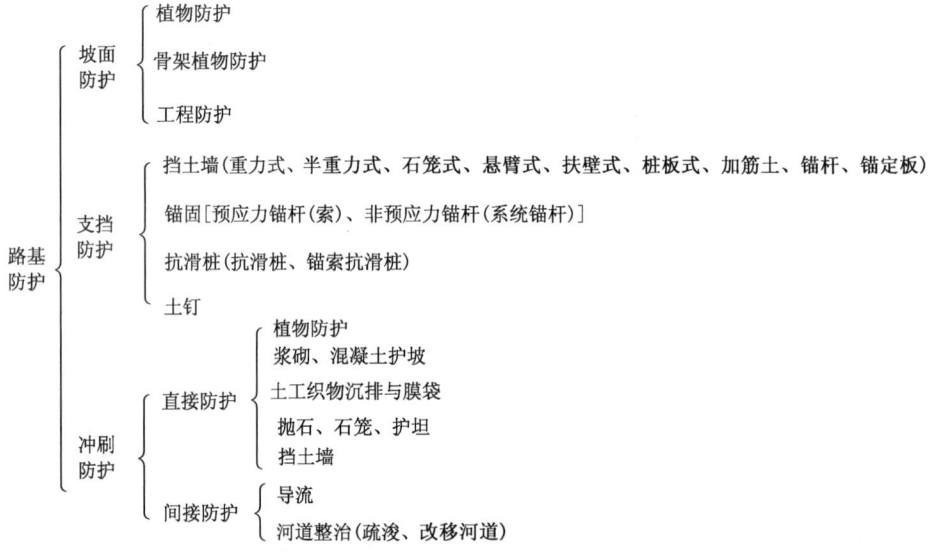

图 3-1-1 路基防护分类图

二、基本设计原则

路基防护与支挡工程设计的基本原则:

(1)在防护与支挡工程设计时,应根据当地气候、水文、地形、地质条件及筑路材料分布情况,考虑边坡岩土性质、环境气候条件、排水条件等多种因素的影响,选择合适的防护措施,防治路基病害,保证路基稳定,并与周围环境景观相协调。

(2)路基坡面防护工程应设置在稳定的边坡上,选用工程结构和植被防护类型应因地制宜。当土质和气候条件适宜时,宜采用植物防护;当植物防护的坡面有可能产生冲刷时,应设置浆砌片石或水泥混凝土骨架;对完整性较好、稳定的弱、微、未风化硬质岩石边坡,可不作防护。当路基稳定性不足时,应设置必要的支挡加固工程。

(3)路基防护与支挡工程设计时,应对拟加固的边坡和地基进行工程地质勘察,查明其工程地质、水文地质条件及其潜在腐蚀性,不良地质和特殊岩土的分布情况,以及防护支挡结构地基的承载力和锚固条件;合理确定岩土体的物理力学参数。

(4)路基支挡结构设计应满足各种设计荷载组合下支挡结构的稳定性、坚固性和耐久性要求;结构类型选择及设置位置应满足安全可靠、经济合理、便于施工养护的要求;结构材料应符合耐久、耐腐蚀的要求。

(5)路基防护与支挡工程与其他构造物协调配合,衔接平顺;多种防护措施在同一边坡上采用,或相邻边坡群采用不同的防护措施时,应考虑到防护措施间的协调。

(6)地下水较丰富的路段,应做好路基边坡防护与地下排水措施的综合设计。多雨地区砂质土和细粒土路堤,应采取坡面防护与坡面截排水的综合措施。

(7)材料强度要求应符合现行公路路基规范及其他国家现行相关标准的规定。

(8)路基施工过程中应采取边坡临时防护措施,边坡临时防护工程宜与永久防护工程相结合。

三、一般规定

路基防护与支挡工程设计除满足上述原则外,还应符合以下规定要求:

(1)路基防护应按照设计、施工与养护相结合的原则,深入调查研究,根据当地气候环境、工程地质和材料等情况,因地制宜,就地取材,选用适当的工程类型或采取综合措施,以保证路基的稳固。不要轻易取消或减少必要的防护工程措施,而给养护遗留繁重的工作量。

(2)对于水流、波浪、风力、降水以及其他因素可能引起路基破坏的,均应设置防护工程。在冲刷防护设计中,可综合考虑河道整治,使防护工程收到更好的效果。

(3)在不良的气候和水文条件下,对粉砂、细砂与易于风化的岩石边坡,以及黄土和黄土类边坡,均宜在土石方施工完成后及时防护。路堑边坡应根据边坡岩层组成及坡面弱点分布情况考虑全面防护或局部防护。

(4)对于土路堤的坡面铺砌防护工程,最好待填土沉实或夯实后施工,并根据填料的性质及分层情况决定防护方式。铺砌的坡面应预先整平,坑洼处应填平夯实。

(5)对于冲刷防护,一般在水流流速不大及水流破坏作用较弱地段,可在沿河路基边坡设砌石护坡、石笼和混凝土预制板等,以抵抗水流的冲刷和淘刷。需要改变水流或提高坡脚处粗糙率,以降低流速、减缓冲刷作用时,可修筑坝类构造物。对于冲刷严重地段(急流区、顶冲地区),可采用加固边坡(砌石护坡)和改变水流情况的综合措施;水下部分可视水流的淘刷情况,采用砌石、石笼或混凝土预制板等护底护脚。砌石基础应置于冲刷线以下0.5~1.0m,水上部分采用轻型防护即可。

(6)坡面防护一般不考虑边坡地层的侧压力,故要求防护的边坡有足够的稳定性。但护面墙可用于极限稳定边坡。

(7)对高而陡的防护构造物,设计时要考虑便于维修检查用的安全设施。

(8)路基防护与支挡工程设计考虑公路与沿线景观的协调、防护措施与公路景观的协调、防护措施自身的协调,使公路与沿线景观达到有机的协调。

(9)路基防护与支挡工程设计多采用工程结构和植被防护相结合的形式,防护设计时应在满足功能要求的情况下,从环境保护、视觉质量上考虑防护措施的选择。条件许可时,应优先考虑植被防护。

第二节 设 计 资 料

路基防护设计应具备的设计资料包括地形、水文、气象、地下水、地基土性质及承载力、路基填料性质及力学指标等。工程地质与水文地质、岩土物理力学参数和岩土腐蚀性等是边坡防护与支挡结构所需的重要基础资料。

地质勘察工作不能仅局限于其地基基础的勘察,尤其是地形地质条件较为复杂的斜坡地带,不仅要查明地基基础的地质条件和承载能力,还应查明斜坡(边坡)的地质条件、不良地质情况及稳定性,与此同时,还应结合支挡结构类型,分析评价设置支挡结构后边坡中潜在滑动面及下滑力的变化。工程地质勘察范围应包括地基基础和边坡(斜坡),布置勘探线时,不仅要沿支挡结构基础轴线布设纵向地质勘探断面,还应根据地形、地质和路基填挖情况,选择具有代表性的横断面,布设横向地质勘探断面。

第二章 路基防护

第一节 边坡坡面防护

一、设计原则

在路基的施工过程中,大量的挖方填方,一方面引起岩土体的移动、变形和破坏,增加了地质脆弱地带边坡的不稳定性,另一方面,由于植被和表土损失,自然植被恢复困难,如对边坡不做处理,这些裸露边坡会为降水汇流的形成提供特定的边界条件和动力来源,同时也使边坡坡面土体含水量降低,土质松散,岩石风化碎裂,从而发生坡面土体侵蚀、水土流失、山体坍滑、滑坡、河流阻塞、水污染等灾害。因此,路基防护是工程建设中的重要组成部分。它即要保持边坡的整体稳定性,又要兼顾路容美化,协调自然环境。

公路工程边坡问题,首要考虑的是其稳定性和安全性,其次才考虑生态环保、景观美化、降低驾驶员和乘客的疲劳度、提升高速公路沿线行驶环境等方面。随着国家经济的发展和综合实力的提升,人们越来越关注环境和生活质量问题,高速公路沿线的景观设计问题也摆在公路建设者面前,其中路堑和路堤边坡景观设计和建设又占有很大比例,故在满足工程功能和安全的条件下,设计和建造出与周围环境相协调、经济、环保、提升美感的边坡景观,营造与自然环境融为一体而又不失其独特区域风格的边坡防护工程是高速公路边坡防护设计的重点之一,设计原则具体如下。

1. 安全和保持稳定性原则

高速公路边坡在长期的使用过程中经受雨水、岩土体自重、温度等自然因素的作用,严重影响了其稳定性和安全性。应在采取有效的防护和处治措施后,再进行绿化及美化工程,并努力达到"安全第一,服务交通"的要求。

2. 和谐一致,减少扰动和破坏原则

高速公路边坡防护设计与建设工程必须与周围环境协调一致,尽可能地减少对原生态环境的扰动和破坏,最大限度地保留生长在边坡上的植被和在边坡周围的已有植被。通过种植原有植被,尽可能使边坡的景观效果与周围统一。

3. 考虑地理环境,因地制宜原则

边坡防护设计,应注重边坡区域环境和整体社会发展的方向,然后进行全局规划和设计。可结合当地地形地貌,利用当地特有建筑材料和植被种类,进行边坡景观设计,尽可能减少工程量,理顺地形、顺坡就势进行地形改造,做好水土保持,同时选择适应性强、生长强健、管理粗放的植物,并在不同的地段,选择多种植物营造不同氛围,体现植物多样性、层次性与季相性,最大限度地提高景观效果。

4. 永久性和持续性发展原则

高速公路设计使用年限一般为 15 年到 30 年不等,对边坡工程的景观设计与建设也应该遵循"一劳永逸"原则,以避免日后大量的人工维护和管理。

5. 环境保护原则

高速公路建设过程中经常要进行大量的挖填工作,从而形成路堑和路堤,产生大量裸露边坡。这些裸露边坡靠自然界自身的力量恢复其生态平衡往往需要较长时间,甚至无法恢复。这种情况下可以采用绿化的方式,这不仅利于边坡防护,而且能促进景观和环境的绿化;另外,还可采用工程边坡防护和景观恢复相结合的手段,以达到保护高速公路边坡安全和利于沿线居民、驾乘人员身心健康及美化环境的目的。

二、分类与适用条件

目前,国内常用的路基坡面防护分植物防护、骨架植物防护和工程防护三大类,如图 3-2-1 所示,每一类的适用条件见表 3-2-1。

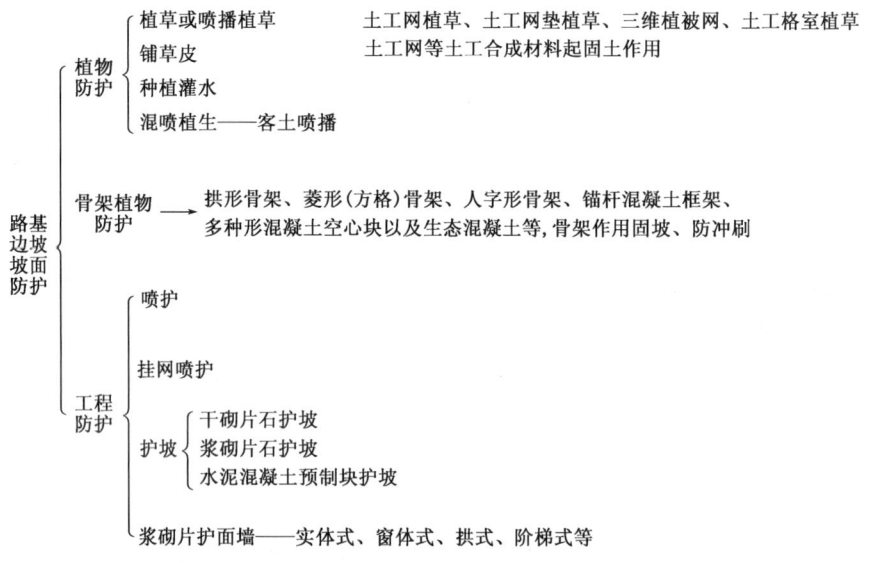

图 3-2-1　边坡坡面防护分类

路基坡面防护工程类型　　表 3-2-1

防护类型	亚　类	适 用 条 件
植物防护	植草或喷播植草	可用于坡率不陡于 1∶1 的土质边坡防护;当边坡较高时,植草可与土工网、土工网垫结合防护
	铺草皮	可用于坡率不陡于 1∶1 的土质边坡或全风化、强风化的岩石边坡防护
	种植灌木	可用于坡率不陡于 1∶0.75 的土质、软质岩石和全风化岩石边坡防护
	喷混植生	可用于坡率不陡于 1∶0.75 的砂性土、碎石土、粗粒土、巨粒土及风化岩石边坡防护,边坡高度不宜大于 10m

续上表

防护类型	亚 类	适 用 条 件
骨架植物防护	—	可用于不陡于1:0.75土质和全风化、强风化的岩石边坡防护
工程防护	喷护	可用于坡率不陡于1:0.5的易风化但未遭强风化的岩石边坡防护,高速公路、一级公路和环境景观要求高的公路不宜采用
	挂网喷护	可用于坡率不陡于1:0.5的易风化、破碎的岩石边坡防护,高速公路、一级公路和环境景观要求高的公路不宜采用
	干砌片石护坡	可用于坡率不陡于1:1.25的土质边坡或岩石边坡防护
	浆砌片石护坡	可用于坡度不陡于1:1的易风化的岩石和土质边坡防护
	护面墙	可用于坡度不陡于1:1的易风化的岩石和土质边坡防护

三、植物防护

1. 植草和喷播植草

(1) 使用条件

种草防护适用于边坡稳定,坡面冲刷轻微,且宜于草类生长的土质路堤与路堑边坡,用以防止表面水土流失,固结表土,增强路基的稳定性。

经常浸水或长期浸水的路堤边坡,种草不易生长,不宜采用此种种草防护。边坡上已扎根的种草防护,可容许缓慢流水(0.4~0.6m/s)的短时冲刷。

(2) 草种的选择

选用草籽应注意当地的土壤和气候条件,通常应以容易生长、根部发达、叶茎低矮、枝叶茂密或有匍匐茎的多年生草种为宜,常用的有白茅草、毛鸭嘴、鱼肩草、果圆、雀碑、鼠尾草和小冠花。最好采用几种草籽混合播种,使之生成一个良好的覆盖层。

种草时草籽宜掺砂或与土粒拌和,使之播种均匀。播种时间以气候温暖、湿度较大的季节为宜。

(3) 施工季节

一般,雨季前和雨季是最佳喷播期,干旱季节或台风暴雨季节不宜喷播。如因业主或工期要求以及交通条件限制需要实施喷播时,需加大易存放种子用量,并做好防护养护工作,炎热的夏季或寒冷的冬季不应进行喷播施工。

2. 土工合成材料植草防护

土工网、三维土工网垫及立体植被护坡网是集坡面加固和植物防护于一体的综合边坡绿化防护措施,是利用土工合成材料对路基边坡进行加筋补强或防护,并结合液压喷播植草进行的一种综合防护技术。近年来在国外得到越来越广泛的应用。

(1) 植生带植草防护

植生带植草防护是将工厂化生产的中间均匀夹有草籽的两层无纺布构成的植生带,铺设于各种土质边坡、全风化的岩质和强风化的软质岩石边坡进行边坡防护的一种植物防护新方法。植生带防护施工操作简单,先清理坡面浮石浮根,平整坡面,再将植生带沿等高线铺设在边坡上,用铁钉固定,然后盖上细土,并适当洒水养护,促使种子发芽、生长,对边坡形成植物防护。

植生带植草防护充分利用了植生带的固种保苗作用,以及在植物生长以前对坡面良好的防冲刷作用,避免风雨造成种子流失和坡面表土流失。

(2)土工网垫植草护坡

土工网垫是一种三维立体网,不仅具有加固边坡的功能,在播种初期还起到防止冲刷、保持土壤以利草籽发芽、生长的作用。随着植物生长,坡面逐渐被植物覆盖,植物与土工网垫共同对边坡起到长期防护、绿化作用。这种方法适用于坡比缓于1:0.75稳定土质与风化较为严重的岩石(风化页岩、泥岩)路堑边坡。主要施工工序为:平整边坡→铺设并固定三维网→培土→液压喷播→养护。

(3)土工格栅(室)与植草护坡

采用锚杆将土工格室固定于坡面,格室内填土,形成草生长的基层,然后挂三维网,进行喷播绿化。该方法适用于坡率缓于1:0.75的各类边坡,由于要将土工格室固定于坡面,故要求边坡比较平整,通常采用的土工格室高度为80~150mm,锚杆长度为2m。其主要施工工序为:整理坡面→清除坡面浮石、浮土→挂土工格室→格室培土→挂三维网→喷播草种→养护。

3. 铺草皮

(1)使用条件

路基坡面上铺草皮防护,其作用与植草防护相同,前者更适合于当地有足够供挖取使用的草皮地段路基防护。但在边坡较高陡和坡面冲刷较重的地方,铺草皮较植草防护收效快。

草皮用于沿河路基冲刷防护时,适用条件如下:

①河床比较宽阔,主流比较固定,有明显的浅滩处。

②流速小于1.8m/s,波高小于0.4m。

③水流方向与路线接近平行的地段,并不受主流冲刷。

④防护的坡面有季节性的浸水,但有流冰情况时不宜采用。

(2)草皮的尺寸和铺置方法

块状草皮的尺寸一般为20m×25m、25m×40m及30m×50m几种;带状草皮一般宽25cm,长200~300cm,草皮厚度根据草根的深度而定,一般为6~10cm,干旱和炎热地区可增加到15cm。挖草皮时,草皮两端斜切(横切面为平行四边形),如图3-2-2所示。铺草皮的方法,常用的有以下四种形式:

①平铺草皮。

如图3-2-2所示,在整个坡面上平铺草皮。草皮应与坡面密贴,用木棒将草皮的斜边拍平。

铺设时由坡脚向上,块与块之间的竖缝应错接。根据边坡陡度等情况,每块草皮钉2~4个竹尖或木尖桩,尖桩最好使用新砍伐的带皮柳梢,其长度一般为20~30cm,直径为2~3cm。尖桩与坡面垂直,露出草皮表面不超过2cm。边坡缓于1:1.5时,可不钉桩。

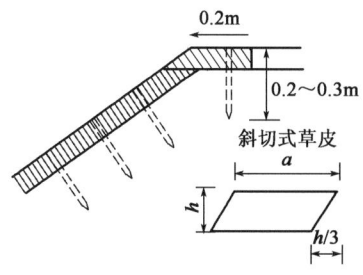

图 3-2-2 平铺草皮

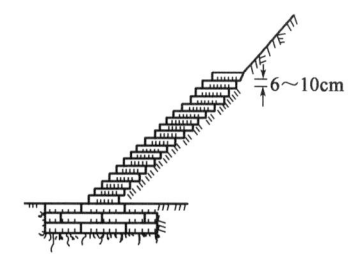

图 3-2-3 平铺叠置草皮

② 平铺叠置草皮。

如图 3-2-3 所示,可用于边坡坡度等于或大于 1:1 的坡面上。用作冲刷防护时,容许流速可达 1.2~1.8m/s。

③ 方格式草皮。

如图 3-2-4 所示,即在边坡上把草皮作成 45°斜角的带状铺砌,组成 1.0m×1.0m 或 1.5m×1.5m 的方格形。在路肩边缘以下和坡脚部分用几条水平的带状草皮铺设,在方格内种草。这种铺砌方法最为经济,但其坚固程度低于前述两种形式。

④ 卵(片)石方格草皮。

在边坡表层易发生溜滑的路段,为避免草皮脱落,宜采用卵石方格作骨架铺草皮,如图 3-2-5 所示。缺卵石的地区,可用片石代替。

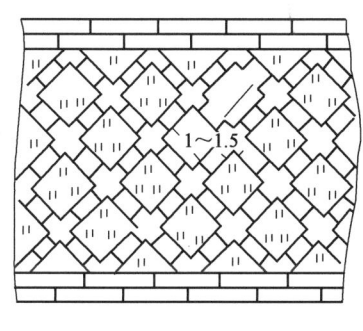

图 3-2-4 方格式草皮

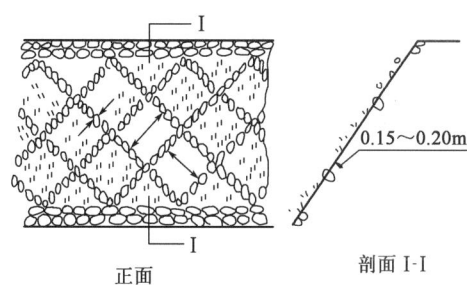

图 3-2-5 卵石方格草皮

作为骨架的卵(片)石应竖栽,挖槽栽入或打入边坡 15~20cm,上端外露 5~10cm,以使草皮与骨架顶面齐平。骨架条带宽 20cm,方格尺寸一般为 1.5m。在边坡顶和坡脚均应用纵向砌石条带加固,骨架做好后应及时铺草皮。

(3) 注意事项

草皮选用根系发达、茎矮叶茂的耐旱草种,如白茅草、假俭草等,干枯、腐朽及喜水草种不宜采用,泥沼地区的草皮禁用。

铺草皮前应将边坡表面挖松整平,如有地下水露头,应做好排水设施。

铺草皮应在春季或初夏进行,干燥地区应在雨季进行,不宜在冰冻时期或解冻时期施工。

路堑边坡铺草皮时,应铺过路堑顶部 1m 或铺至截水沟边。

4. 植树

在路基边坡上和漫水河滩上合理地植树,对于加固路基与防护河岸均有良好的效果。也可和种草、铺草皮配合采用,使坡面形成良好的防护层,适用于土质边坡及严重风化的岩石边坡和裂隙黏土边坡。但对盐渍土、经常浸水及经常干旱的边坡及粉质土边坡不宜采用。

(1) 植树的作用

①可以加强路基的稳定性。

②降低流速,削弱波浪的冲击,防止和减少水流对路基或河岸的冲刷。

③在靠近路基一侧的河滩上,把树栽种成行,并与洪水流向呈一定斜交角,可起到部分挑流作用,是间接防护冲刷的措施,如图3-2-7所示。

在路基坡脚易受洪水冲刷的滩地上,栽植根深较密的灌木丛,既可稳定滩地,又可降低洪水流速,减弱波浪的冲击,保护路基坡脚不被冲刷。

④能防风、防沙、防雪,减少风沙或冰雪对路基的危害。

⑤可美化路容,调节气候,并可获得部分木材,增加收益。

(2) 植树的形式和间距

植树的形式可以是带状(图3-2-6)或条形,也可以栽成连续式,即栽满防护的全部区域,如图3-2-7所示。

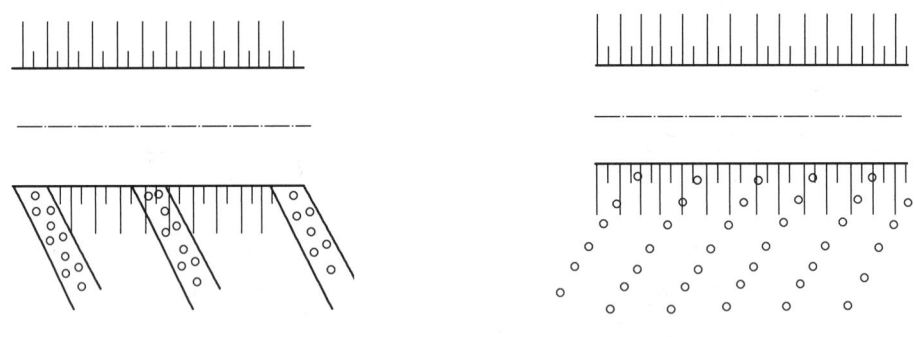

图3-2-6 带式植树　　　　　　　　图3-2-7 连续式植树

防护林带由多行树木组成,需密植,乔、灌木间种,间距可参考表3-2-2。

防护林植树间距参考表　　表3-2-2

种植方法	树的种类	行距(m)	株距(m)	种植方法	树的种类	行距(m)	株距(m)
单株种植	柳树类	1.5	0.8	一窝一窝地种植	乔木类	1.0	1.0
	杨树类	1.0	0.6				
	灌木类	0.8	0.5		灌木类	0.8	0.5

(3) 注意事项

植树最好选在1:1.5或更缓的边坡上。

树种宜选用在当地土壤与气候条件下能迅速生长、根系发达、枝叶茂密的树种。用于冲刷防护的树种宜选用生长很快的杨柳类,或不怕水淹的灌木类,常用的有紫穗槐及夹竹桃等。但高大的乔木不能植于公路弯道内侧以免影响视线,对高速公路的图纸边坡和路肩不得种植乔木,但在边坡上可以种植低矮灌木树丛。

植树后在树木未成长前,应防止流速大于3m/s的水流侵害。当植树地带可能受到流水冲击作用时,应在前方设置障碍物,加以保护。

采用植树固滩方法防护路基,应使树木及早成林,才能起到防护作用。

5. 客土植生防护

客土植生防护是对不适宜植物生长的土质边坡,先将坡面开挖成台阶状,再换填一定厚度适宜植物生长的种植土,然后在坡面建植草、灌植物,进行边坡防护,该技术一般适用于路堑边坡,换填方式可选择采用人工铺设或采用泥浆机喷射,换填材料可选用种植壤土或混合材料,换填厚度通常为5~10cm,植物建植方式可选用液压喷播植草、人工种草或贴铺草皮等。

客土植生防护适用于土质(如过酸土、过碱土等)不适宜植物生长的各种土质边坡、全风化的岩质和强风化的软质岩石边坡。

6. 喷混植生防护

喷混植生是近年来从国外引进的一种适用于岩质边坡坡面植草的绿色防护技术,是将种子、肥料、黏结剂、土壤改良剂、种植土、保水剂和水等材料按一定比例搅拌均匀后,利用强力压缩机喷射于岩石边坡坡面作为植生基材层,再铺设无纺布覆盖,然后依靠基材层使植物生长发育,形成坡面植物防护的措施。对于植生基材层厚度小于3cm且边坡坡率缓于1:1的可直接进行植生防护;在其他条件下,应先在边坡上施工短锚杆、铺设一层镀锌铁丝网,再进行植生防护,其植生基材层厚度一般为5~10cm。

该技术所建成的植生基材层有下述特性:

(1)植生基材层的材料组成中包含黏结剂,具有自身稳定性,不易被雨水冲刷。

(2)植生基材层的材料组成中包含肥料、土壤改良剂、种植土、保水剂等材料,适合植物生长发育,其组成材料的合理配比是成功实施该技术的关键。

该技术具有边坡防护、绿化双重作用,一般条件下可以取代传统边坡的喷锚防护、片石护坡防护等圬工措施,最近几年来在公路边坡防护工程中应用较多。该技术还可与混凝土框架联合使用。

四、骨架植物防护

骨架植物防护包括浆砌片石或水泥混凝土骨架植草护坡,多边形水泥混凝土空心块植物护坡,锚杆混凝土框架植物防护等。

1. 浆砌片石或水泥混凝土骨架植草护坡

(1)适用于坡度缓于1:0.75的土质和全风化的岩石边坡。当坡面受雨水冲刷严重或潮湿时,坡度应缓于1:1。

(2)应视边坡坡率、土质和当地情况确定骨架形式,并与周围景观相协调。框架内应采用植物或其他辅助防护措施。

(3)在降雨量较大且集中的地区,骨架宜做成截水沟型。截水沟断面尺寸由降雨强度计算确定。

2. 多边形水泥混凝土空心块植物护坡

(1)适用于坡度缓于1:0.75的土质边坡和全风化、强风化的岩石路堑边坡。并视需要设置浆砌片石或混凝土骨架。

(2)多边形空心预制块的混凝土强度等级不应低于C20,厚度不应小于150mm。空心预制块内应填充种植土,喷播植草。

3. 锚杆混凝土框架植物防护

(1)适用于土质边坡和坡体中无不良结构面、风化破碎的岩石路堑边坡。

(2)锚杆采用非预应力的全长黏结型锚杆,锚杆间距、长度应根据边坡地质情况而定。锚杆保护层厚度不应小于20mm。

(3)框架应采用钢筋混凝土,混凝土强度等级不应低于C25,框架几何尺寸应根据边坡高度和地层情况等确定,框架内宜植草。

五、工程防护

对于不适宜植物生长的土质填、挖方边坡或风化严重、节理发育的岩石路基边坡,以及碎(砾)石土的挖方边坡等,只能采取工程防护措施即设置人工构造物防护。工程防护分为坡面喷护、挂网喷护、砌石防护等。坡面喷护防护包括喷砂浆和喷混凝土防护,砌石防护包括干砌片石防护、浆砌片石防护和护面墙。

1. 坡面喷护防护

坡面喷护防护包括喷砂浆和喷混凝土防护。喷砂浆和喷水泥混凝土防护适用于易风化软岩、裂隙和节理发育、坡面不平整、破碎较严重的石质挖方边坡坡面加固。喷护或喷射混凝土可以防止坡面进一步风化、剥落,同时可促使裂隙间破碎石块得到砂浆填充而加固,由于水泥砂浆和水泥混凝土均具有很高的强度,因而可以收到较好的防护效果。喷水泥砂浆的强度不应低于M10,厚度宜为5~7cm,喷水泥混凝土强度不应低于C15,厚度宜为10~15cm;在喷射过程中应添加速凝剂以促使早凝固。施工时需要专用喷射机械设备,并在坡面上每隔2~3cm交错设置泄水孔,对大面积坡面防护还应设置伸缩缝,但是喷浆或喷混凝土后,养护较为困难,坡面容易产生细微的干缩裂缝影响强度。为此可在喷射层中加设一层钢筋网或高强聚合物土工格栅,以增强其强度,钢筋网采用直径4~10mm的圆钢筋编织而成,孔径10cm左右,平直铺于坡面上,用钢筋锚钉固定,再喷浆或喷混凝土。

2. 干砌片石防护

干砌片石防护适用于土质、软岩及易风化、破坏较严重的填、挖方路基边坡,以防止雨、雪水流冲刷。在砌面防护中,宜首选干砌片石结构,不仅为了节省投资,而且可以适应边坡有较大的变形。干砌片石应使用不易风化的坚硬岩石。通常的干砌片石结构分单层铺砌和双层铺砌两种,单层铺砌结构厚0.25~0.35m,双层铺筑下层厚0.15~0.25m,上层厚0.25~0.35m。为防止坡面土层被水流冲出和减轻漂浮物的撞击压力,应在干砌防护下面设置碎石或砂砾构成的垫层,垫层一般厚度为0.1~0.2m,在一定条件下,也可以用土工织物代替。

(1)使用条件

①较缓的(不陡于1:1.25)土质路基边坡,因雨、雪水冲刷会发生流泥、拉沟与小型溜坡,或有严重剥落的软质岩层边坡,周期性浸水的河滩、水库或台地边缘边坡,洪水时水流平顺,不受冲刷者,均可采用干砌片石防护。

②用于防护沿河路基受到水流冲刷等有害影响的部位,被防护的边坡坡度,应符合路基边坡的稳定要求,一般为1:1.5~1:2。

③干砌片石防护,一般有单层铺砌(图3-2-8)、双层铺砌(图3-2-9)和编格内铺石(图3-2-10)等几种形式,可根据具体情况选用。用于冲刷的防护,如允许流速大于单层或双层铺砌要求时,则宜采用编格内铺砌石块的护坡。干砌片石护坡厚度为:单层0.15~0.25m;双层的上层为0.25~0.35m,下层为0.15~0.25m。

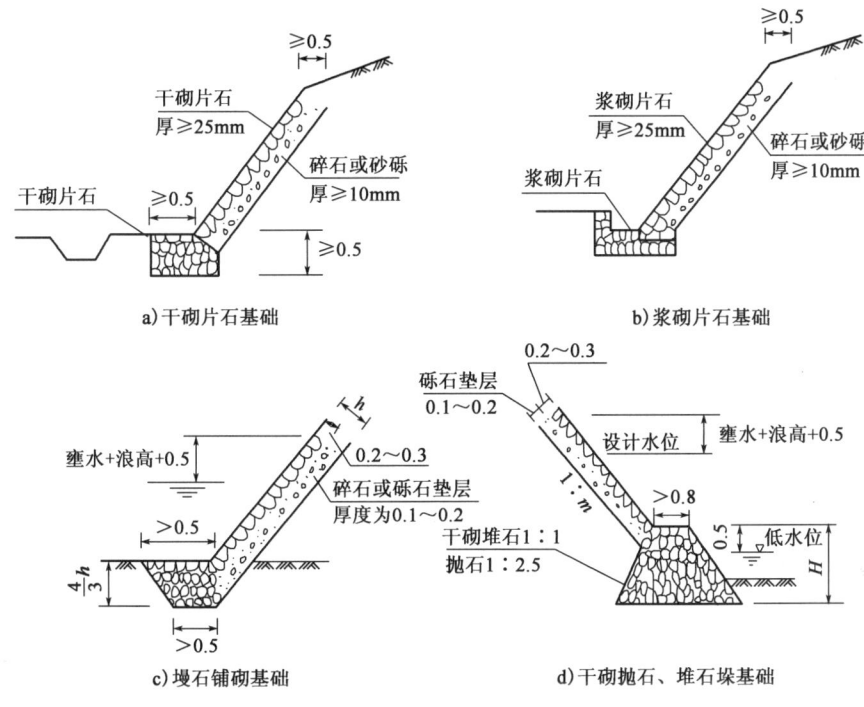

图3-2-8 单层铺砌片石护坡(尺寸单位:m)

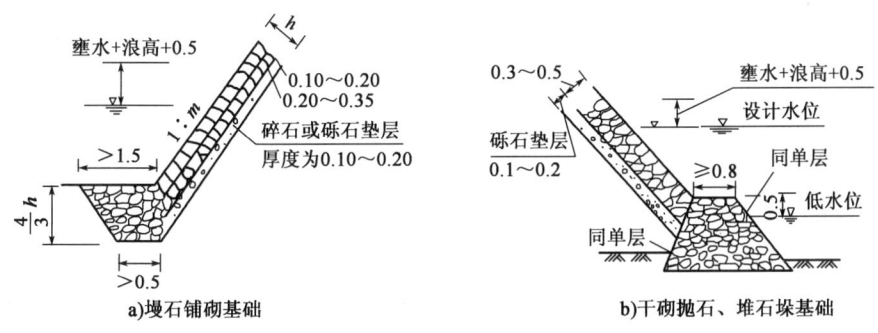

图3-2-9 双层铺砌片石护坡(尺寸单位:m)

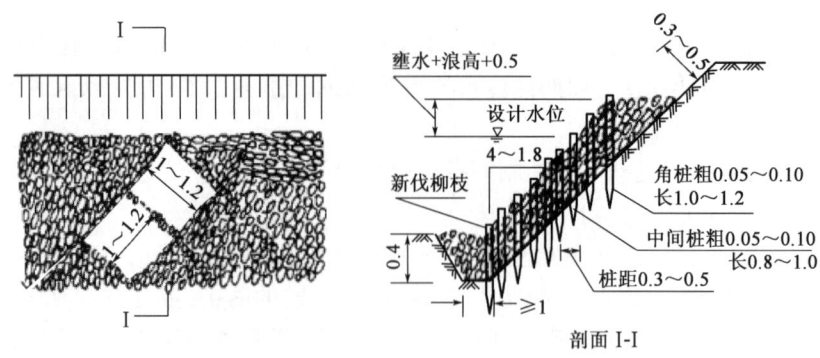

图 3-2-10 编格内铺石(尺寸单位:m)

④铺砌层的底面应设垫层,垫层材料一般常用碎石、砾石或砂砾混合物等。垫层的作用是:a. 防止水流将铺石下面边坡上的细颗粒土带出来冲走;(b)增加整个铺石防护的弹性,将冲击河岸的波浪、流水、流冰等的动压力,以及漂浮物的撞击压力,分布在较大面积上,从而增强对各种冲击力的抵抗作用,使其不易损坏。垫层厚度一般为 0.1~0.15m。

⑤干砌片石防护工程不宜用于水流流速较大流速为 3.0m/s、波浪作用较强、有漂浮物冲击的边坡,不产生冲刷的最大允许。

(2)设计注意事项

①所用石料应是未风化的坚硬岩石,其重度一般不小于 $20kN/m^3$。

②护坡坡脚应修筑石铺砌式基础。一般情况下,基础埋置深度为 1.5h(h 为护坡厚度)。在基础较深时,可设计为堆石垛或石墙基础。沿河线受水冲刷的基础,应埋置在冲刷线以下 5~1.0m 处或采用石砌深基础。当不能将基础设置于冲刷线以下时,必须采取适当措施。

③用于冲刷防护的片石护坡顶的高程,应为计算水位高程加壅水高度、波浪侵袭高度和 0.5m 的安全高度。

④如边坡长期浸水,而又缺乏大石块时,可用编格内铺石防护,如图 3-2-10 所示。

3. 浆砌片石防护

浆砌片石防护是用水泥砂浆将片石间空隙填满,使砌石成为一个整体,以保护坡面不受外界因素的侵蚀,所以比干砌片石有更高的强度和稳定性。浆砌片石护坡采用的水泥砂浆强度一般为 M5,受水流冲刷或寒冷地区应提高为 M7.5 或 M10。浆砌片石护坡所使用的石料应是不易风化的坚硬岩石或大块卵石,厚度为 0.2~0.5m,护坡底面厚 0.1~0.15m 的碎石或砂砾组成的垫层,在一定条件下,也可以采用与垫层等效的土工织物代替。浆砌片石护坡应视土质情况设置砌石基础,其埋深应为护坡厚度的 1.5 倍以上。砌石护坡应每隔 10~15m 设置宽 2cm 的伸缩缝,并留泄水孔。

(1)使用条件

①主路基边坡缓于 1:1 的土质或岩石边坡的坡面防护采用干砌片石不适宜或效果不好时,可用浆砌片石护坡。

②当水流流速较大(如 4~5m/s),波浪作用较强,以及可能有流冰、漂浮物等冲击作用时,可采用浆砌片石防护并结合其他防护加固措施。

③浆砌片石防护与浸水挡土墙或护面墙等综合使用,以防护不同岩层和不同位置的边坡。

④对于严重潮湿或严重冻害的土质边坡,在未进行排水措施以前,不宜采用浆砌护坡。

(2)设计注意事项

①浆砌片石护坡的厚度一般为0.2~0.5m,用于冲刷防护时,根据流速大小或波浪大小确定最小厚度一般不小于0.35m。在冻胀变形较大的土质边坡上护坡底面应设置0.10~0.15m厚的碎石或砂砾垫层。

②近河路基浆砌片石护坡基础的埋置深度,应在冲刷线以下0.5~1.0m,否则应有防止路基被冲刷的措施。

③浆砌片石护坡每长10~15m,应留一伸缩缝,缝宽约2cm,缝内填塞沥青麻筋或沥青木板等材料。在基底土质有变化处,还应设置沉降缝,可考虑将伸缩缝与沉降缝合并设置。

④护坡的中、下部应设泄水孔,以排泄护坡背面的积水及减小渗透压力。泄水孔的孔径,可用10cm×10cm的矩形或直径为10cm的圆形孔,其间距为2~3m。泄水孔后0.5m的范围内应设置反滤层。

⑤路堤边坡上采用浆砌片石护坡,应在路堤沉实或夯实后施工,以免因路堤的沉落而引起护坡的破坏。

4. 护面墙

护面墙防护是采用浆砌片石(块石)结构,覆盖在各种软质岩层和较破碎的挖方边坡,使之免受大气影响而修建的墙体,以防止坡面继续风化,在缺乏石料的地区,也可采用现浇水泥混凝土或用预制混凝土块砌筑,混凝土强度不应低于C20,砂浆强度不应低于M7.5,中冻或重冻区混凝土强度不低于C25,砂浆强度不应低于M10。护面墙除自重外,不担负其他荷载,也不考虑承受墙后的土压力。因此护面墙必须建在符合稳定边坡要求的地段,墙体应设泄水孔,并每隔10~15m设一道伸缩缝。

(1)使用条件

①为了覆盖各种软质岩层和较破碎岩石的挖方边坡,免受大气因素影响而修建的墙,称为护面墙。

②护面墙多用于易风化的云母片岩、绿泥片岩、泥质页岩、千枚岩及其他风化严重的软质岩层和较破碎的岩石地段,以防止继续风化。

③护面墙除自重外,不担负其他荷载,亦不承受墙后的土压力,因此护面墙所防护的挖方边坡坡度应该符合极限稳定边坡的要求。

④护面墙有实体护面墙、孔窗式护面墙(图3-2-11)、拱式护面墙(图3-2-12)及肋式护面墙等。实体护面墙用于一般土质及破碎岩石边坡;孔窗式护面墙用于坡度缓于1:0.75的边坡,孔窗内可采用捶面(坡面干燥时)或干砌片石;拱式护面墙用于边坡下部岩层较完整而需要防护上部边坡者或通过个别软弱地段;边坡岩层较完整且坡度较陡时可采用肋式护墙。

(2)设计注意事项

①实体护面墙

a. 实体护面墙的厚度视墙高而定(表3-2-3),一般采用0.4~0.6m,底宽可按边坡陡度、墙的高度、被防护山坡的潮湿情况和基础允许承载力大小等条件来确定,一般等于顶宽加$H/10 \sim H/20$(H为墙高)。等截面的护面墙墙背坡率n与墙面坡率m相同,变截面护面墙墙背坡率n为墙面坡率m减去$1/20 \sim 1/10$。

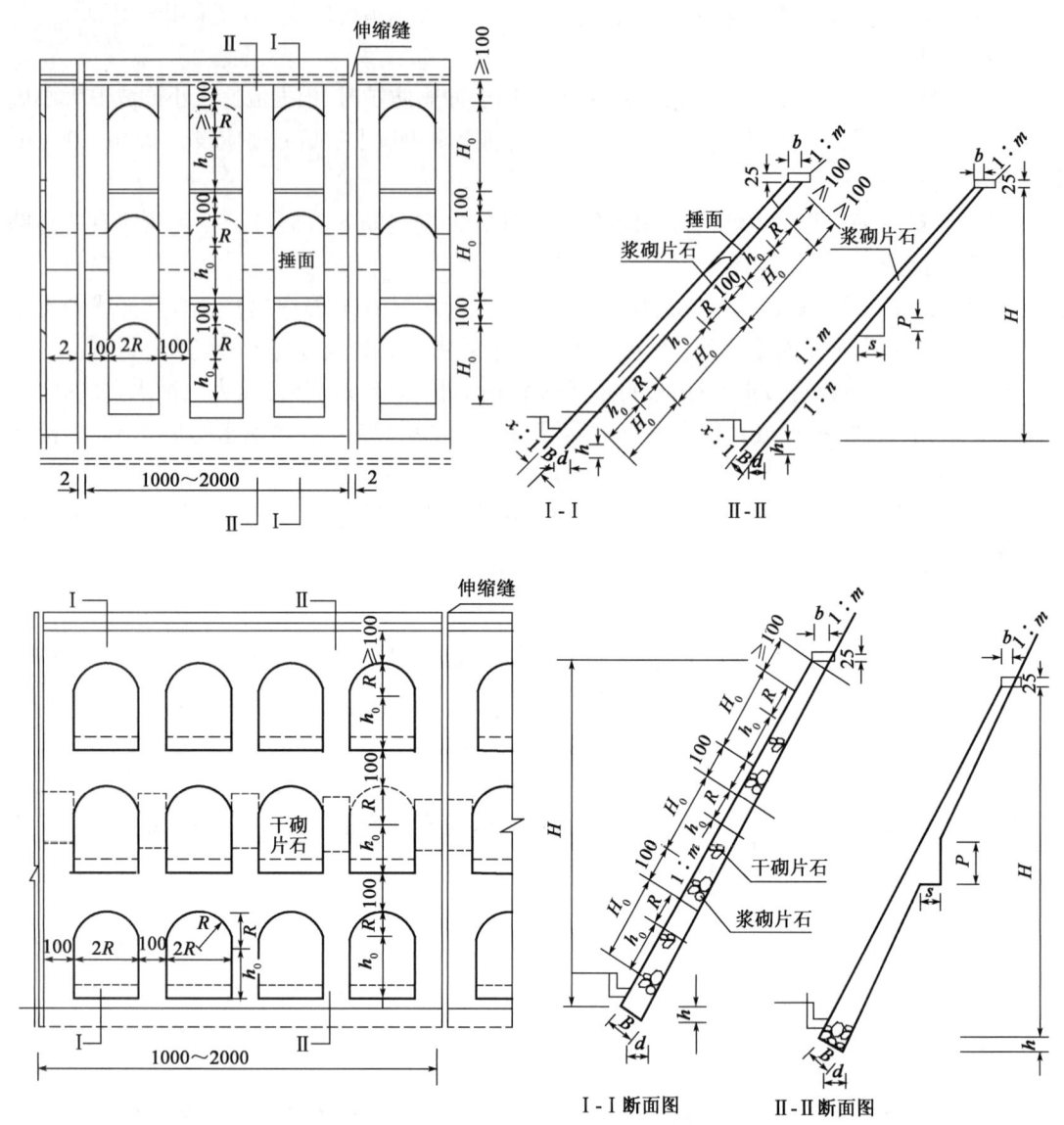

图 3-2-11 孔窗式护面墙(尺寸单位:cm)

护面墙厚度参考表 表 3-2-3

护面墙高度 H (m)	路堑边坡	护面墙厚度(m)		护面墙高度 (m)	路堑边坡	护面墙厚度(m)	
		顶宽 b	底宽 d			顶宽 b	底宽 d
≤2	1:0.5	0.40	0.40	6 < H ≤ 10	1:0.5 ~ 1:0.75	0.40	0.40 + H/20
≤6	>1:0.5	0.40	0.40 + H/10	10 < H ≤ 15	1:0.75 ~ 1:1	0.60	0.60 + H/20

b. 沿墙身长度每隔10m应设置2cm宽的伸缩缝一道,用沥青麻(竹)筋填塞,深入10~20cm。护面墙基础修筑在不同岩层时,应在其相邻处设置沉降缝一道,其要求同伸缩缝。墙身上下左右每隔3m设泄水孔一个,在边坡水流较多处,应适当加密泄水孔,孔口大小一般为6cm×6cm或10cm×10cm,在泄水孔后面,用碎石和砂作成反滤层。实体护面墙的伸缩缝及

泄水孔布置如图 3-2-13 所示。

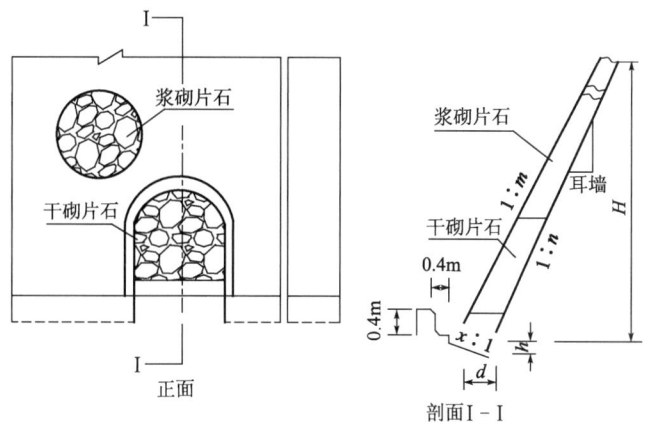

图 3-2-12　拱式护面墙

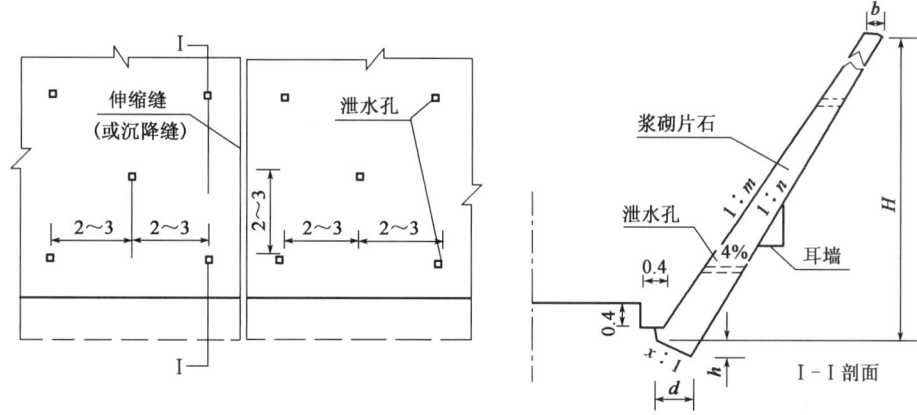

图 3-2-13　护面墙(尺寸单位:m)

c. 护面墙基础应设在可靠的地基上,其埋置深度应在冰冻线以下 0.25m,如基岩的承载力不够(小于 300kPa),应采用适当的加固措施。护面墙墙底一般做成向内倾斜的反坡,其倾斜度 x 根据地基状况决定,土质地基 $x = 0.1 \sim 0.2$,岩石地基 $x = m \sim 0.2$。

d. 为了增加护面墙的稳定性,在护面墙较高时应分级修筑,视断面上基岩的好坏,每 6~10m 高为一级并设≥1m 宽的平台;墙背每 4~6m 高设一耳墙(错台),耳墙宽 0.5~1.0m,墙背坡陡于 1:0.5 时,耳墙宽 0.5m,墙背坡缓于 1:0.5 时,耳墙宽 1.0m,如图 3-2-14 所示。

对于防护松散夹层的护面墙,最好在夹层底部,留出宽度 1.0m 的平台,并进行加固,以增加护面墙的稳定性,如图 3-2-15 所示。

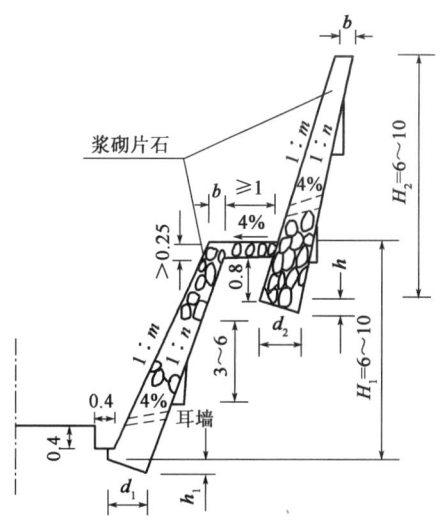

图 3-2-14　两级护面墙(尺寸单位:m)

e. 山岭地区挖方边坡及坡顶山坡上常有各种不良地质现象,而且多是几种现象同时出现,加固建筑物应该综合考虑。在岩石中的凹陷,应局部用石砌污工填塞镶砌,并使圬工深入软弱岩层或局部凹陷处,支托突出的岩层,注意表面上下部分的平顺衔接。这种墙称为支补墙,如图 3-2-16 所示。

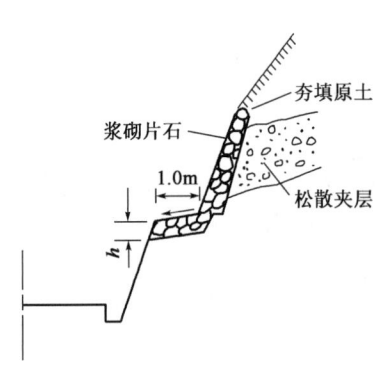 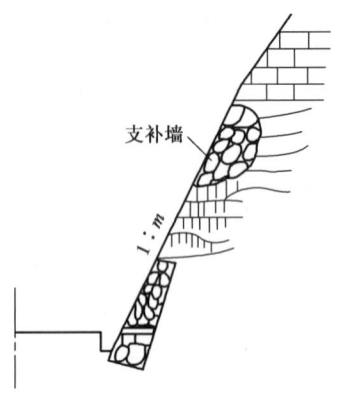

图 3-2-15　防护松散层的护面墙　　　　　　图 3-2-16　支补墙

f. 护面墙的顶部应用原土夯填,以免边坡水流冲刷,渗入墙后引起破坏。

g. 修筑护面墙前,对所防护的边坡,应清除风化层至新鲜岩面,凹陷处可挖成错台。对风化迅速的岩层如云母岩、绿泥片岩等边坡,清挖出新鲜岩面后,应立即修筑护面墙。

②窗孔式护面墙

窗孔式护面墙的窗孔通常为半圆拱形,高 2.5~3.5m,宽 2.0~3.0m,圆拱半径为 1.0~1.5m。其基础、厚度、伸缩缝、墙身坡率及耳墙等要求与实体护面墙相同。窗孔内视具体情况,采用干砌片石、植草或捶面。

③拱式护面墙

拱跨较小时(2~3m),拱圈可采用 M10 水泥砂浆砌块石,拱高视边坡下面完整岩层高度而定。拱跨较大时(5.0m 以上),可采用混凝土拱圈,拱圈厚度根据拱上护面墙高度而定。

第二节　沿河路基防护

一、设计原则

(1)沿河地段路基当受水流冲刷时,应根据河流特性、水流性质、河道地貌、地质等因素,结合路基位置,选用适宜的防护工程类型、导流或改移河道等措施。

(2)冲刷防护工程顶面高程,应为设计水位加上波浪侵袭、壅水高度及安全高度之和。基底埋设在冲刷深度以下不小于 1m 或嵌入基岩内,寒冷地区应在冻结深度之下不小于 1m。当冲刷深度较深、水下施工困难时,可采用桩基、沉井基础或适宜的平面防护。

(3)冲刷防护工程应于上下游岸坡平顺衔接,端部嵌入岸壁足够的深度,防止恶化上下游的水文条件。

(4)设置导流建筑物时,应根据河道地貌、地质、水流特性、河道演变规律和防护要求等设计导治线,并应避免农田、村庄、公路和下游路基的冲刷加剧。在山区河谷地段,不宜设置挑水导流建筑物。

二、防护设施的分类和适用条件

沿河路基承受水流的冲刷,为了保证路基坚固、稳定,必须采取措施予以防护,防止冲刷。路基防护包括直接防护和间接防护。直接防护是一种加固坡岸的直接防护措施,主要指采用前一节的坡面防护外,还有土工织物沉排与膜袋,抛石、石笼、护坦,柔性混凝土块板、浸水挡土墙等防护工程,直接依附在路基上,顺水流而建,对水流干扰小,对工程上下游和对岸几乎无影响,对山区峡谷、弯道水流较为适宜,但这类工程一旦被水冲毁将直接危及路基安全。间接防护是一种改变水流性质的间接防护措施,主要包括各种导流构造物,如丁坝、丁坝群、顺坝及拦河坝等,这类建筑物伸入到河道侵占一部分河流断面,改变河道水流结构,使水流偏离被防护的岸线或将冲刷段改变为淤积段,以达到防护的目的。这些建筑物虽会受到水流的强烈冲刷,但即使部分被冲毁,也不致立即危及路基安全,可认为已达到路基防护的目的,待汛后再行修复即可。因此,在路基防护工程的具体工程实践中,应根据河流情况和水流性质及坡岸受冲刷现状,单独使用一种或同时使用几种进行综合治理。沿河路基防护工程类型见表3-2-4。

沿河路基防护工程类型表 表3-2-4

防护类型		适用条件
植物防护		可用于允许流速1.2~1.8m/s、水流方向与公路路线近似平行、不受洪水主流冲刷的季节性水流冲刷地段防护,经常浸水或长期浸水的路堤边坡,不宜采用
砌石或混凝土护坡		可用于允许流速2~8m/s的路堤边坡防护
土工织物软体沉排、土工膜袋		可用于允许流速为2~3m/s的沿河路基冲刷防护
石笼防护		可用于允许流速4~5m/s的沿河路堤坡脚或河岸防护
浸水挡墙		可用于允许流速5~8m/s的峡谷急流和水流冲刷严重的河段
护坦防护		可用于沿河路基挡土墙或护坡的局部冲刷深度过大、深基础施工不便的路段
抛石防护		可用于经常浸水且水深较大的路基边坡或坡脚以及挡土墙、护坡的基础防护
排桩防护		可用于局部冲刷深度过大的河湾或宽浅性河流的防护
导流	丁坝	可用于宽浅性河段,保护河岸或路基不受水流直接冲蚀而产生破坏
	顺坝	可用于河床断面较窄、基础地质条件较差的河岸或沿河路基防护,以调整流水曲度和改善流态

三、混凝土预制块防护

混凝土预制块防护按使用场合不同可分为混凝土板护坡和柔性混凝土块板防护两种。

1.混凝土板护坡

(1)使用条件

①在选择设计冲刷防护类型时,有些地区缺乏块、片石材料,常采用混凝土预制块防护路基边坡。它比浆砌片石护坡能抵抗较大的流速和波浪的冲击,其容许流速在4~8m/s以上,而容许波浪高可达2m以上,还能抵抗较强的冰压力,只是造价较高。

②必须设置砂砾或碎石垫层。

(2)设计注意事项

①混凝土块板,一般地区采用C15混凝土,在严寒地区可提高到C20(即旧200号)混凝土。为了提高混凝土的耐冻性和防渗性,应按不同水泥成分加入适量的增塑剂。

②混凝土块板可预制成边长不小于1m,其最小厚度大于6cm的不同大小的方块,并配置一定的构造钢筋。相邻块间不联结,靠紧铺设即可,砌缝宽1~2cm,并用沥青麻筋或沥青木板填塞。为了减小水流或波浪对块的冲击与上浮力,在预制块板时可留出整齐排列的孔眼,孔眼尺寸应小于靠近块板的垫层颗粒的粒径。

③混凝土板护坡下应按反滤层要求设置砂砾或碎石垫层,其一般厚度为:干燥边坡用10~15cm;较湿边坡采用20~30cm;潮湿边坡可用30~40cm。图3-2-17为混凝土板护坡形式示意图。

2. 柔性混凝土块板

柔性混凝土块板是一种强有力的柔性护面,是由具有一定规则形状和尺寸的混凝土板与可以自由转动的铰链互相连接构成。

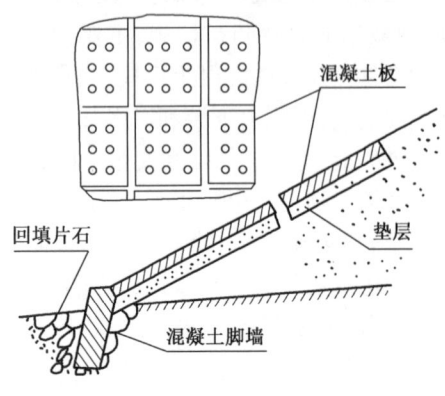

图3-2-17 混凝土板护墙断面示意图

(1)使用条件

①柔性护面一般用于防护路基或导流建筑物的基础。其作用是随基础脚下冲刷深度的加深,柔性护面将能自动地沉入冲刷坑内覆盖住坑壁,不使淘刷角向后发展,以保护基础稳定。为了减小护面受水流的作用力,柔性块板应铺设在略低于枯水位高程的位置。

②柔性护面最宜铺设在中等粒径的砂砾石河床基础上,其下沉较均匀,效果最好。对于颗粒较小的沙类土和黏性土河床基底,必须设置垫层,并采用麻筋热沥青灌缝。对于大孤石较多的河床,不宜使用柔性护面。

(2)设计注意事项

①根据水流情况,柔性护面应按与主体防护建筑物基础轮廓线相垂直的方向,一组一组地铺设在防护范围内的河床上。当基础轮廓线为直线或接近直线形时,宜用方形块板按直线平行排列,铺设分组以6~8列连成一组为宜,当基础轮廓线为曲线时,采用梯形块板按放射状扇形排列,铺设分组以4~6列连成一组较好,在靠近基础的一端可锚定于基础脚墙内或特设的固定桩上。

块板的铺设长度应使块板沉入冲刷坑后能覆盖住全部坑壁。在靠近固定脚墙的一端还宜加上约2m的安全长度。

当采用的块板尺寸较大时,整个护面通常用一种块板组成。当采用的块板尺寸较小时,为了防止块板位移,宜将整个护面的前缘端部两排和迎水流方向的端部两列均换成加大加厚的块板。同时为了减小固定端所受的拉力,在靠近固定端的两排块板也换成加大加厚尺寸的块板。

②块板材料采用C15混凝土。块板的平面尺寸采用0.5m×0.5m、0.75m×0.75m及1.0m×1.0m三种较好。块板厚度不宜小于0.2m。板内设置钢筋并作为连接钩环用,其钢筋尺寸为:对于尺寸较小的块板用$\phi 14 \sim 18mm$钢筋;对于尺寸较大的块板用$\phi 18 \sim 22mm$钢筋;对于固定端的锚定钩环采用$\phi 28 \sim 32mm$钢筋。

③块板铺设前应清除大孤石,先将基底河床整平,或先铺设一层砂砾石垫层,并顺河床地势由河岸向河心做成缓坡。

柔性混凝土块板防护的布置及构件大样示例如图3-2-18所示。

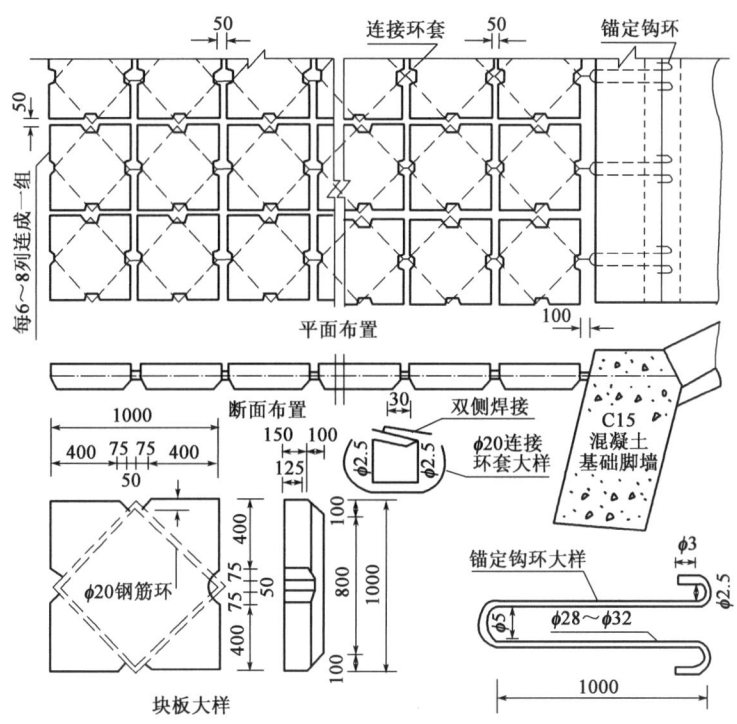

图 3-2-18　柔性混凝土块板防护布置及构件大样图(尺寸单位:mm)

四、土工织物软体沉排、土工膜袋

1. 土工织物软体沉排

(1)使用条件

土工织物垫上以抛石或预制混凝土块体,或以联锁块体作为其上压重的结构,称为软体沉排。软体沉排中的土工织物垫或土工织物片,不仅起联结整体作用,更主要的是起反滤层作用,只允许水流通过,不让土粒迁移,具有很高的抗冲刷能力。沉排上的压重使土工织物垫紧贴被保护土面,不会在水流和波浪中下浮或移动。软体沉排可用于流速是 2～3m/s 的沿河路基冲刷防护。

(2)设计注意事项

单片土工织物垫重量轻,沉放时需在其上同时抛放压重块才能下沉。所抛压载过重易破坏土工织物,过轻又易被水流冲走。在水深流急浪大的水域沉排有一定困难,可采用大型机具进行双片垫沉排或联锁整体沉排。

采用编织型土工织物垫并用块石压载时,边坡不宜陡于 1∶2.0,最好是 1∶2.5 或更缓一些。

从防止老化提高耐久性考虑,软体沉排宜用于水下部位,若用于水上,则其上应有足够的保护层,块石保护层厚度不小于 50cm,砾石保护层厚度不小于 40cm。

2. 土工膜袋

(1)使用条件

土工膜袋是以土工合成材料纤维机织成的双层织物袋,其中填充流动性混凝土或水泥砂浆,凝固后将形成高强度刚性硬结板块,可用于大面积护坡,或作为土面衬砌或水下护底等。

土工膜袋施工采用一次喷灌成型,施工简便、速度快;能适应各种复杂地形,特别在深水护岸、护底等,不需填筑围堰,可直接水下施工,机械化程度高,所护坡面面积大、整体性强、稳定性好,使用寿命长。土工膜袋具有一定的透水性,在混凝土或水泥砂浆灌入后,多余的水分通过织物空隙渗出,可以迅速降低水灰比,加快混凝土的凝固速度,增加混凝土的抗压强度。

土工膜袋根据填充材料不同,分为填充砂浆和填充混凝土两大类。膜袋的适用范围见表3-2-5。

土工膜袋的适用范围　　　　表3-2-5

膜袋类型	灌注材料	成型厚度(cm)	主要用途
砂浆型	水泥砂浆	6.5	临时工程
有或无反滤排水点膜袋	水泥砂浆	10~15	一般坡面、渠道、内河航道
混凝土型	混凝土	15~20	护岸、码头工程
无反滤排水点膜袋	混凝土	30~70	海堤防护

(2)设计注意事项

膜袋须铺放在稳定的土坡上,一般情况下膜袋护坡坡度不得陡于1:1,最好是1:1.5或更缓。如在水下施工,水流流速不大于1.5m/s。

五、抛石防护

1.使用条件

(1)主要用于防护受水流冲刷和淘刷的路基边坡和坡脚,以及挡土墙、护坡的基础等,宜用于经常浸水且水流方向较平顺,河床地层承载力较强无严重局部冲刷者,最适用于沿砾石河床的路基。

(2)不受气候条件的限制,对于季节性浸水或长期浸水的边坡均可使用,并可在路堤沉实以前施工。

(3)适宜在盛产石料(大砾石、卵石)和沿河线开山废石方较多的地区使用。

(4)常用的抛石类型如图3-2-19所示。在水流或波浪作用很强烈的地方或缺乏石料的地区,可用混凝土预制的人工块体。

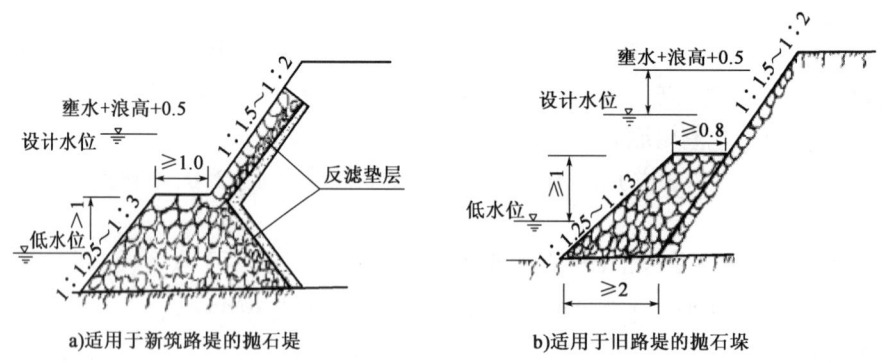

图3-2-19　抛石防护(尺寸单位:m)

2.设计注意事项

(1)抛石垛的边坡坡度,视水深、流速和波浪情况而定,不应陡于所抛石料浸水后的天然休止角。

(2)抛石边坡坡度,见表3-2-6。石料粒径一般不小于0.3~0.5m,见图3-2-19。

抛石边坡坡度参考表　　　　　　　　　　　　　　　　表3-2-6

水 文 条 件	采用边坡
水浅,流速较小	1:1.25~1:2
水深2~6m,流速较大,波浪汹涌	1:2~1:3
水深大于6m,在急流中施工	缓于1:2

(3)在流速大、波浪高及水很深三种情况兼有时,应采用较大粒径的石块。

(4)抛石厚度一般为粒径3~4倍,用大粒径时,至少不得小于粒径的2倍。为了使洪水下降后路堤本身迅速干燥,减少路基土被冲淘走的数量,应在抛石背后设置反滤层。抛石粒径与水深、流速关系见表3-2-7。

抛石粒径与水深、流速关系表　　　　　　　　　　　　表3-2-7

抛石粒径 (cm)	水深(m)				
	0.4	1.0	2.0	3.0	5.0
	容许流速(m/s)				
15	2.70	3.00	3.40	3.70	4.00
20	3.15	3.45	3.90	4.20	4.50
30	3.50	3.95	4.25	4.45	5.00
40	—	4.30	4.45	4.80	5.05
50	—	—	4.85	5.00	5.40

六、石笼防护

1.使用条件

(1)石笼用于防护沿河路堤坡脚及河岸,免受急流和大风浪的破坏作用,同时也是加固河床,防止冲刷的常用措施。

(2)在缺乏大石块作冲刷防护的地区,用石笼填充较小的石块,亦可抵抗较大的流速。在流速大有卵石的冲积河流中,铁丝笼易被磨损而导致早期破坏,一般不宜采用,这时可在石笼内浇灌小石子混凝土,或采用钢筋混凝土框架石笼。

(3)在含有大量泥沙及基底地质良好的条件下,宜采用石笼防护。这样,石笼中石块间的空隙很快被泥沙淤满而形成整体层。

(4)石笼防护可在一年中任何季节施工,也可在任何气候条件及水流情况下采用,但以低水位时施工较好。

(5)如用于防止冲刷淘底时,一般在河床上将石笼平铺,与稳定的岸坡连接固定,靠河床中心一端不必固定,淘底时便于向下沉落。其铺设长度不宜小于河床冲刷深度的1.5~2.0倍。当石笼用以防止岸坡受冲刷时,则用垒码形式。当边坡等于或缓于1:2时,可用平铺于坡面的形式,如图3-2-20所示。

(6)平铺石笼宜用扁形;叠砌石笼宜用长方形;用于防洪抢险的石笼用圆柱形(便于滚动)

或无骨架软网袋。单个石笼的质量和大小,以不为水流流速或波浪冲移为宜。

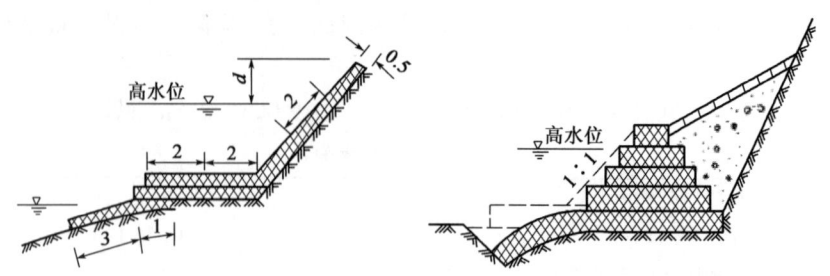

图 3-2-20　铁丝石笼防护(尺寸单位:m)

(7)石笼一般用于容许流速为 5~6m/s,容许波浪高约 1.5~1.8m 的水流。

2.设计注意事项

(1)石笼的形式及尺寸如图 3-2-21 所示。箱形铁丝石笼一般高 $h = 0.25 \sim 1.5m$,长 $l = (3 \sim 4)h$。圆柱形石笼一般适用于高水位或水流很急,或有撞击流的情况,它可在路基边坡边缘上制备,填好石块后滚入水中。常用的石笼尺寸,如表 3-2-8 所列。

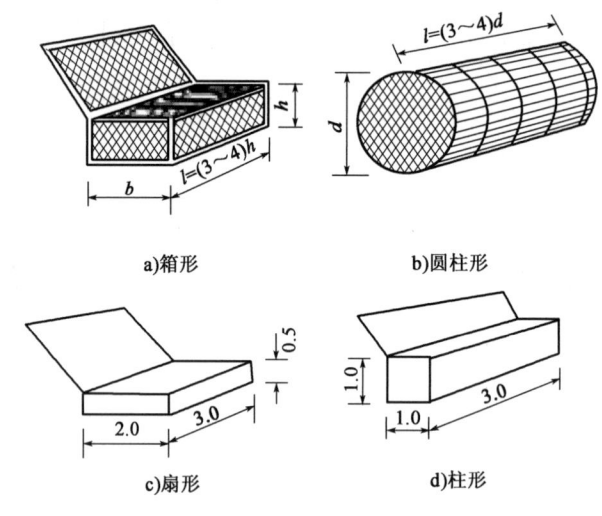

a)箱形　　　　　　　　b)圆柱形

c)扇形　　　　　　　　d)柱形

图 3-2-21　石笼的形式(尺寸单位:m)

(2)铁丝石笼

①铁丝石笼可用镀铸铁丝或普通的铁丝编制。镀铸铁丝石笼使用期限为 8~12 年,普通铁丝石笼使用期限为 3~5 年。

②可用直径 6~8mm 钢筋作骨架 2.5~4.0mm 铁丝编网。石笼网孔可用六角形或方形,如图 3-2-22 所示。方形网孔,强度较低,一旦破坏后,会继续扩大。六角形网孔,较为牢固,亦不易变形,网孔大小通常为 6cm×3cm、8cm×10cm 或 12cm×15cm。长度较大的石笼,应在内部设横墙或铁丝拉线。

③石笼内所填石块,选用密度大、浸水不崩解、坚硬未风化的石块,尺寸不能小于石笼的网孔,最小尺寸不小于 4cm。外层应用大石块,并使石块棱角突出网孔,以起保护

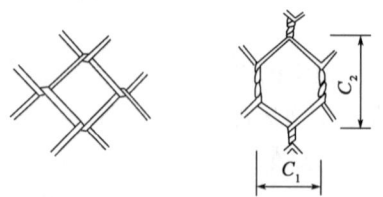

图 3-2-22　铁丝石笼网孔

铁丝网的作用。内层可以用较小石块填充。

常用石笼尺寸 表3-2-8

形式	石笼尺寸 (m×m×m)	适用石笼种类	表面积 (m²)	容量 (m²)	装石粒径 (cm)	形式	石笼尺寸 (m×m×m)	适用石笼种类	表面积 (m²)	容量 (m²)	装石粒径 (cm)
箱形	3×1×1	铁丝笼及木笼	14.0	3.0	5~20	扁形	4×3×0.5	铁丝笼	31.0	6.0	5~20
箱形	3×2×1	铁丝笼及木笼	22.0	6.0	5~20	扁形	3×1×0.5	铁丝笼	10.0	1.5	5~20
扁形	4×2×0.5	铁丝笼	22.0	4.0	5~20	圆柱形	φ0.5×1.5	铁丝笼及竹笼	2.4	0.30	5~15
扁形	3×2×0.5	铁丝笼	17.0	3.0	5~20	圆柱形	φ0.6×2.0	铰丝笼及竹笼	3.8	0.57	5~15
扁形	2×1×0.25	铁丝笼	5.5	0.5	5~20	圆柱形	φ0.7×2.0	铁丝笼及竹笼	4.4	0.77	5~15

④石笼下面需用碎石或砾石整平作垫层,必要时底层石笼的各角,可用直径为10~19mm的铁棒固定于基底土中。

⑤编制石笼时,要注意保持石笼各部分的尺寸正确,以利于石笼之间的紧密连接。用机器将铁丝弯成网孔元件,在工地再编成网、成笼,既可提高工效,又可保证质量。

(3)竹石笼

为节省钢材,在盛产竹材的地区,可用竹石笼代替铁丝石笼,其防护加固作用基本相同。竹石笼的强度和柔韧性以及耐久性,不如铁丝石笼,但造价低廉,故常用于临时防护工程。

七、浸水挡土墙

1. 使用条件

(1)沿溪线通过悬崖峭壁,如用全挖路基,其工程数量很大,或废方很多,挤压河床,致使水流情况改变,有害于上下游农田和建筑物,做挑流建筑物对岸又不允许,在此情况下,若受冲路段并不很长时,可以采用浸水挡土墙。

(2)路线通过受水流冲刷的河湾,采用浸水挡土墙,可以稳定河湾,使之不再发展。

(3)导治线与河岸相距很近时,可考虑采用浸水挡土墙。

(4)在水深流急、冲刷大、洪水持续时间长、流向不定、险岸位置经常发生变化、水流中的漂流物多且大或有强烈流冰等时,在沿河路基受冲击处,可采用浸水挡土墙。

2. 勘测与调查

浸水挡土墙的勘测与调查工作,包括地形、水文及地质等方面资料的收集,以备设计时参考使用。

(1)地形测绘

①确定浸水挡土墙的起讫位置,视需要绘制比例尺为1:500~1:1000的地形图或平面图,用作浸水挡土墙的平面布置,图上标明工程地质及水文地质状况。

②测绘浸水挡土墙地段的控制横断面图及一般横断面图,在比例尺为1:200图上标出低水位、中水位、测时水位及历史高水位,标明河床变化情况及地质情况。

(2)地质勘测

判明河床和河岸的岩土种类和性质,调查分析可能修建浸水挡土墙地段的坡脚与河槽的工程地质、水文地质、淘淤关系并测量其冲刷深度,同时注意其岸坡的稳定性,有无塌方、崩塌及泥流形成的可能性等。

(3)水文勘测

测定河流的坡度、流速与常水位,分析水流的作用(波浪、冲刷、动水压力、浮力)以及附近支流对河流的影响,并说明洪水特征和水位变化时河流的情况等。

此外,还应搜集该地区的气象和气候资料,了解降水、温度变化情况,并判断冰冻深度等。

第三节　冲刷深度计算

路基冲刷深度是确定防护工程基础埋置深度的依据。一般防护工程的损坏,除因布置不适当,或本身结构强度不够外,往往是由于基础埋设过浅,以致基层被水掏空而引起的,故对路基防护工程基础冲刷深度的确定应引起足够的重视。

一、冲刷分类

河槽的冲刷变形是水流泥沙的运动、河槽地质及构造物三者相互作用的结果,通常可分为三类。

1. 河槽自然演变引起的冲刷

在天然条件下,河槽的自然演变(变形)可分为四种:

(1)第一种为河流发育成长过程中河床纵断面的变形,如河源的河槽高程逐渐降低和河口同槽高程可能逐渐增高等,这种变形在较长的时期内才能察觉。

(2)第二种为河槽横向移动所引起的变形,如边滩的下移,河湾的发展、移动和天然裁直等所引起的河槽变形。该种变形比第一种变形要快得多,变形的幅度也大得多。

(3)第三种为河段最大深泓线不规则摆动而形成的冲刷变形,通常称为集中冲刷。河段越不稳定,这种变形越为明显和严重。

(4)第四种为在一个水文周期内河槽随水位、流量变形而发生的周期性冲淤变形,通常称为河槽天然冲刷。

除上述河槽自然变形之外,沿河地区农田基本建设也可以引起河槽的显著变形,其他如水库的建筑、水土保持、上下游桥梁等人工构造物对河槽变形也有所影响,这些都应予以考虑。关于河槽自然演变及人们生产活动所产生的河槽冲刷,目前尚缺乏可靠的计算方法。因此,必须调查具体河道的历史发展情况和类似河流的实际观测资料,并结合河道治理规划作出适当的估计。

有些一般冲刷计算公式中,已经包括了部分由于河槽自然演变引起的冲刷,在使用这些公式时应加以注意。

2. 构造物压缩水流断面引起的一般冲刷

构造物或路基的修建压缩了天然水流断面,引起单宽流量和垂线流速增大,水流夹沙能力增强,因而发生对河槽的冲刷。

3. 构造物直接阻挡了水流而引起的局部冲刷

构造物直接阻挡水流,造成了水流流线结构的改变,在其周围以强烈的涡流形式与河槽床面泥沙发生作用,因而在构造物周围,特别是迎水面附近形成向下的流束强烈地淘刷河床,在局部范围内产生深的冲刷坑即局部冲刷;当水流夹沙能力随着冲刷坑的加深而减小,达到冲淤平衡时,冲刷即停止。一般受水流顶冲的路基及丁坝坝头,都会产生这种冲刷。

上述三类冲刷,应分别进行计算,然后根据构造物所处河段的具体情况,取其不利的组合,以作为基础埋设深度的依据。

因构造物的兴建而造成的一般冲刷与局部冲刷比较有规律,可以根据一些主要因素和观测试验资料进行近似计算。但由于天然河流中水流和泥沙运动极为复杂,影响冲刷的因素也很复杂,故需与实际情况进行校对,以检验计算的可靠程度。

二、影响冲刷的主要因素

由于水流的泥沙运动、河道地质及构造物三者对冲刷的影响是错综复杂的,目前还未能全面了解其规律性,其冲刷计算的方法主要是为估算冲刷深度之用。为了正确估计河槽自然变形及计算一般冲刷与局部冲刷,应先收集有关资料,做好现场调查,对影响冲刷的各种因素进行分析研究,才能正确确定冲刷深度。

1. 河段特性

根据河段特性,一般可将河段分为五种类型,即平原稳定河段、平原次稳定河段、平原游荡性河段、山区稳定性河段和半山区与山前区变迁性河段,见表3-2-9(此表为1964年11月全国桥渡冲刷汇总工作会议推荐,为选择和使用冲刷计算公式及设计用)。

2. 洪水的特性

洪水的周期、水位及流量,洪峰上涨率和持续时间,对一般冲刷与局部冲刷的形成和发展都会产生不同的影响。洪水时的单宽流量q,因选用河道断面的不同而变化,故宜选择最不利的断面来推求单宽流量以进行冲刷计算。

3. 河槽地质

河床(主槽)、河滩及河岸土的性质、颗粒组成和密实程度决定其抗冲刷能力。当滩岸地质情况比河床好时,河槽向深度发展的趋势则比较明显,反之河槽就会逐渐扩宽。此外,不同成分的河床土层,具有不同的抗冲刷能力,在冲刷过程中河床土质的粗化也会影响冲刷的最终深度。

4. 泥沙运动

水流的流速和夹沙能力同河床的地质情况、粗糙程度、河床纵坡度有关,并影响泥沙运动和冲刷的发展情况。若天然河槽在洪水时有推移质、悬移质泥沙运动,则在压缩断面上发生冲刷时有从上游来的泥沙补给,当泥沙补给量等于该断面上被冲走的泥沙量时,泥沙运动处于进出平衡状态,冲刷便会停止发展。此时该断面上的垂线平均流速称为冲止流速。若天然河槽在洪水位时无明显的推移质泥沙运动,则压缩断面上的冲刷将发展至该处河槽地层冲刷不动时才会停止,此时该断面上的冲止流速即等于河槽地层的不冲刷流速。只有正确地决定冲止流速,才能正确地建立起冲刷计算公式。

5. 河槽内构造物的影响

河槽内构造物对水流的压缩程度、构造物的外形以及与水流交角的大小都会影响水流冲刷的深度。布置适当的构造物可以减少冲刷的不均匀性,减轻集中冲刷的威胁。

桥渡设计河段分类表

表 3-2-9

编号	指标特征	(I)平原稳定河段	(II)平原次稳定河段	(III)平原游荡性河段	(IV)山区稳定性河段	(V)半山区与山前区变迁性河段
1	河槽平面外形	河段基本顺直,单股无汊或有稳定的江心洲;河滩河槽分明,有不甚发达的边滩	河段微弯或弯曲;有少数汊道沙洲;河槽河滩分明;边滩发达	河段大体顺直或微弯,无明显汊道交织,沙洲众多;无明显滩槽之分	在峡谷内多急弯卡口,在开阔河谷内多为微弯;单股无汊,在开阔河谷内有少数稳定汊道;在开阔河谷内河滩河槽分明,并有不甚发达的边滩	河段微弯或呈扇形扩散;汊道交织,沙洲众多;通常可分出河滩河槽,但在冲积扇地区则分不出滩和槽
2	断面及地质特点	河槽较深,断面多呈U形;河岸多为黏土、沙黏土,河床多为中砂、细砂或淤泥,下层有时有黏性土,河床土质 $d_{cp}=0.05\sim 2$mm	河槽较宽浅,河滩辽阔,断面多呈不规则的抛物线,或形成复式断面;河岸多为砂黏土或黏性土,有时下层为砂或砂加卵石、砾石或砂,河床土质 $d_{cp}=0.1\sim 30$mm	河床平坦开阔,有时呈地上河;河槽与河岸组成很相近,甚至相同,多为中细砂,河床土质 $d_{cp}=0.05\sim 3.0$mm	在峡谷内河谷窄深,河槽呈V形或W形,在开阔河谷河滩较宽,河槽呈U形;河岸为岩石或加卵石;河床为卵石、砾石,粒径很大,坚实地层浅或裸露;河床土质 $d_{cp}=2\sim 300$mm 或更大	出山口后河谷开阔,河槽不规则的坦槽宽,在冲积扇上呈鸡爪形,河床河组成相差不大,多为砂夹卵石,也有砂土或砂黏土的冲积扇,在冲积扇上多为卵石、大卵石;河床土质 $d_{cp}=1\sim 200$mm
3	水文特点	浸滩流量不大,主槽平均流速 v_p 可达 $2\sim 3$cm/s;洪水比降 $i=0.1\%\!o\sim 1\%\!o$	浸滩流量较大;有时高低水位差别很大;v_p 可达 $3\sim 4$cm/s;$i=0.2\%\!o\sim 2\%\!o$	洪水时淹没沙洲,流向不稳定;有时高低水位差别不稳定;v_p 可达 $3\sim 5$cm/s;$i=1\%\!o\sim 3\%\!o$	在峡谷内水位变幅很大,高水位时流向较稳定,在开阔河谷浸滩流量可达20%~30%,流向不稳定;v_p 可达 $4\sim 7$cm/s;在峡谷内 $i>1\%\!o$,在开阔河谷内大河 $i=1\%\!o$,小河 $i\geqslant 2\%\!o$	浸滩流量可达30%~50%,流向不稳定目多变;v_p 可达 $3\sim 5$cm/s;$i=1\%\!o\sim 3\%\!o$,在冲积扇上 $i>3\%\!o$

续上表

编号	指标特征	（Ⅰ）平原稳定河段	（Ⅱ）平原次稳定河段	（Ⅲ）平原游荡性河段	（Ⅳ）山区稳定性河段	（Ⅴ）半山区与山前区变迁性河段
4	稳定性及变形特点	岸线稳定，历年少变化；边滩稳定，位置少变；河槽形变稳缓慢，下移缓慢；河槽形态，位置皆较稳定；天然冲淤不大，河相关系 $\frac{\sqrt{B}}{H}=2\sim5$，桥下河槽可能扩宽	岸线不太稳定，洪水期有塌岸现象，洪水时有塌岸现象；边滩和沙滩变形不稳定，变形下移；河槽变形明显，有明显的曲率增大和弯顶下移，有股流摆动，最大深泓在河槽内集中冲刷，有集中冲刷；天然冲淤显著，$\frac{\sqrt{B}}{H}=2\sim5$，桥下和河槽能扩宽	岸线不稳，历年有塌岸现象，洪水时有塌岸现象；位置移动很快，变形较大，主槽变化无常，最大深泓迅游荡，沙滩游荡无常，最大深泓变化无常，集中冲刷严重，多年平均有淤积之势，$\frac{\sqrt{B}}{H}=15\sim40$	在峡谷内岸壁稳定，在开阔河谷看岸线有缓移动，开阔河段的边滩移动，下移缓慢；河槽稳定，但在开阔河段，因股流集中，有集中冲刷；天然冲刷可能，$\frac{\sqrt{B}}{H}<5$，床有下切可能，在开阔河段和桥下能扩宽	岸线不稳多变，洪水时有塌岸；沙滩移动，位置不稳定，洪水时有冲淤，最大深泓变迁迅速，河槽形态甚至改变河道的可能，集中冲刷显著，且有扩宽显著；天然冲淤之势，在冲积扇上淤积特别严重，$\frac{\sqrt{B}}{H}=5\sim30$
	附注	所谓稳定是相对的，要以桥渡使用年限为100年或50年来考虑，d_{cp}为平均粒径		在华北地区，有些河段，其上下游皆为宽浅之游荡性河段，只桥位处附近变窄，但中部地形限制河槽比较窄深，天然冲淤特别严重，计算冲刷时应按游荡性河段处理	西南地区山间平坝比较稳定的河段属此类，不稳定变迁性河段山前区则属半山区	西北地区山前宽浅河段冲刷计算，可按此类河段处理

三、防护工程冲刷计算

1. 路基直接防护工程的一般冲刷计算

路基直接防护如片石护坡、混凝土板护坡、石笼防护、挡土墙等顺水构造物,一般只估计河槽自然变形及一般冲刷;自然变形考虑坡脚可能发生最大的河槽水深;一般冲刷则按坡脚处设计水深计算冲刷深度,用于不同类型河段的计算公式如下:

(1)公式(3-2-1)适用于平原次稳定河段、平原游荡性河段、山区稳定性河段和半山区与山前区变迁性河段:

$$h_p = \frac{q_{max}}{v_a} \tag{3-2-1}$$

式中:h_p——河道断面(设计断面)一般冲刷后的最大水深(m);
　　　q_{max}——冲刷停止时断面上最大单宽流量(m^3/s);
　　　v_a——冲止流速,即冲刷停止时的垂线平均流速(m/s)。

根据我国实测资料分析结果:

$$q_{max} = A \frac{Q_s}{b}\left(\frac{h_{max}}{h_j}\right)^{\frac{5}{3}} \tag{3-2-2}$$

$$v_a = E d_j^{\frac{1}{6}} \cdot h_p^{\frac{2}{3}}$$

因此,公式(3-2-1)的基本形式为:

$$h_p = \left[\frac{A\dfrac{Q_s}{b}\left(\dfrac{h_{max}}{h_j}\right)^{\frac{5}{3}}}{E d_j^{\frac{1}{6}}}\right]^{\frac{3}{5}} \tag{3-2-3}$$

式中:b——修建防护构造物后,在设计洪水位时的水面宽度(m);
　　　Q_s——在 b 宽度范围内的流量(m^3/s),如为压缩河道则不是设计流量;
　　　h_{max}——设计断面冲刷前的最大水深(m);
　　　h_j——设计断面冲刷时的平均水深(m);
　　　d_j——河床土的平均粒径(mm);
　　　E——与含沙量 p 有关的系数,当 $p < 1.0 kg/m^3$, $E = 0.46$;$1 < p < 10 kg/m^3$, $E = 0.66$;$p > 10 kg/m^3$, $E = 0.86$,含沙量 p 采用历年汛期月最大含沙量平均值,或由实测决定;
　　　A——单宽流量集中系数;

$$A = \left(\frac{\sqrt{B}}{H}\right)^{0.15} \tag{3-2-4}$$

　　　B——造床流量时河段平均水面宽(m);
　　　H——造床流量时的平均水深(m)。

(2)对于平原稳定河段及山区稳定性河段,可采用式(3-2-5)计算:

$$h_p = p \cdot h = \frac{\Omega}{\Omega'} \cdot h \text{(包尔达柯夫一般冲刷公式)} \tag{3-2-5}$$

式中：h_p——冲刷停止后的垂线水深(m)；
  p——冲刷系数；
  h——河道压缩前护坡脚附近的天然水深(m)；
  Ω——未压缩的河道过水面积(m^2)；
  Ω'——压缩后冲刷前的河道过水面积(m^2)。

公式假定有推移质的天然河道，当压缩断面的流速恢复到压缩前的天然流速时，冲刷即停止。

(3)对于无泥沙运动的河滩，可按式(3-2-6)计算：

$$h_p = \frac{q_p}{v_n} \tag{3-2-6}$$

式中：h_p——河滩上冲刷后的垂线水深(m)；
  v_n——在冲刷过程中裸露出来的河滩土的不冲刷流速(m/s)；
  q_p——河滩部分的单宽流量(m^3/s)。

在河滩范围内单宽流量再分配现象很微小，可忽略不计。

$$v_n = v_1 h_p^{\frac{1}{5}} \tag{3-2-7}$$

式中：v_1——当水深为1m时，裸露出来的河滩土的容许不冲刷流速(m/s)，见表3-2-10。

河床土的容许不冲刷流速 表3-2-10

河床土质	淤泥	细砂	砂黏土	粗砂	黏土	砾石	卵石	漂石
v_1(m/s)	0.2	0.4	0.6	0.8	1.0	1.2	1.5	2.0

$$q_p = \frac{Q_n}{B_n}\left(\frac{h_{max}}{h_j}\right)^{\frac{5}{3}} \tag{3-2-8}$$

式中：Q_n——河道压缩后河滩部分通过的流量(m^3/s)；
  B_n——压缩后河滩部分宽度(m)；
  h_{max}——设计洪水位时冲刷前断面最大垂线水深(m)；
  h_j——设计洪承位时冲刷前断面平均水深(m)。

$$Q_n = Q'_n \cdot \frac{Q}{Q_m} \tag{3-2-9}$$

式中：Q'_n——河道未压缩前河滩部分通过的流量(m^3/s)；
  Q——设计总流量(m^3/s)；
  Q_m——压缩宽度范围内天然通过的流量(m^3/s)。

由此得河滩上一般冲刷计算公式(3-2-10)：

$$h_p = \left[\frac{\frac{Q_n}{B_n}\left(\frac{h_{max}}{h_j}\right)^{\frac{5}{3}}}{v_1}\right]^{\frac{5}{6}} \quad \text{(安德烈也夫河滩冲刷公式)} \tag{3-2-10}$$

上列三个一般冲刷计算公式，宜根据河段类型及河滩有无泥沙运动，选用其中的一种；必要时，也可用两种公式试算，最后选用一种冲刷深度。

2. 防护工程的局部冲刷(斜冲刷)计算

与水流流向交角大于20°的直接防护构造物或丁坝等间接防护构造物，均需计算斜向冲刷所引起的局部冲刷，计算公式(雅罗斯拉夫采夫局部冲刷公式)如式(3-2-11)、式(3-2-12)。

对于非黏性土河床：

$$h_b = \frac{23\tan\frac{\alpha}{2}}{\sqrt{1+m^2}} \cdot \frac{v^2}{g} - 30d \tag{3-2-11}$$

对于黏性土河床：

$$h_b = \frac{23\tan\frac{\alpha}{2}}{\sqrt{1+m^2}} \cdot \frac{v^2}{g} - \frac{6v_n^2}{g} \tag{3-2-12}$$

式中：h_b——建筑物前局部冲刷坑深度(m)；

　　　α——水流方向与构造物迎水面之间切线的交角(°)，对于丁坝一般用90°，在变迁性河段要考虑水位变化时的最大交角，当$\alpha<20°$时，一般可不计算局部冲刷；

　　　v——行近水流的平均流速(m/s)，对于导流堤可用压缩断面冲刷前的平均流速；对于河滩上的防护构造物宜用河滩上的平均流速，但不小于河滩土的容许不冲刷流速；对于河槽边的防护构造物，可用河槽中的平均流速；

　　　m——边坡系数，等于构造物边坡角的余切；

　　　g——重力加速度，为9.8m/s²；

　　　d——冲刷过程中裸露出来在冲刷坑底的河床土的最大粒径(m)；

　　　v_n——裸露出来的冲刷坑内土的容许不冲刷流速(m/s)。

3. 丁坝头部局部冲刷

(1)有泥砂进入冲刷坑时

$$h' = \left(\frac{1.84h}{0.5b+h} + 0.0207\frac{v-v_0}{W}\right)b\,K_m\,K_\alpha$$

式中：h'——局部冲刷后的水深(m)；

　　　h——局部冲刷前的水深(m)；

　　　v——丁坝头部的流速(m/s)；

　　　b——丁坝在流向垂直线上的投影长度(m)；

　　　K_m——与头部边坡系数m有关的系数，见表3-2-11；

　　　K_α——与丁坝方向α有关的系数，$K_\alpha = \sqrt[3]{\frac{\alpha}{90}}$，$\alpha$为丁坝轴线与流向的夹角，下倾丁坝的$\alpha<90°$；

　　　W——土颗粒的沉降速度(m/s)，见表3-2-12；

　　　v_0——土的冲刷流速(m/s)，对于非黏性土 $v_0 = 3.6\sqrt{hd}$ (h,d均以m计)，对于黏性土 $v_0 = \frac{0.4}{\varepsilon}(3.34+\lg h)\sqrt{0.151+c_p}$；

　　　ε——系数，当坑中有泥沙进入者采用1.4，无泥沙进入者采用1.0；

　　　c_p——土的黏聚力，可按表3-2-13采用。

K_m 值表　　　　　　　　表3-2-11

m	1	1.5	2	2.5	3	3.5
K_m	0.71	0.55	0.41	0.37	0.32	0.28

(2)无泥沙进入冲刷坑时

$$h' = \frac{1.84h}{0.5b + h}\left(\frac{v - v_H}{v_0 - v_H}\right)^{0.75} bK_m K_\alpha \qquad (3\text{-}2\text{-}13)$$

式中:v_H——土的起冲流速(m/s),$v_H = v_0 \left(\dfrac{d}{h}\right)^y$;

d——土的粒径(m);

y——指数,见表3-2-14。

其余符号意义同前。

W 值表   表3-2-12

d(mm)	W(m/s)	d(mm)	W(m/s)	d(mm)	W(m/s)	d(mm)	W(m/s)	d(mm)	W(m/s)
0.01	0.007	0.40	4.32	3.5	20.9	40	68.9	200	152
0.03	0.062	0.50	5.40	4.0	22.3	50	76.9	250	170
0.05	0.178	0.60	6.48	5.0	24.9	60	84.2	300	186
0.08	0.443	0.80	8.07	7.0	29.7	80	96.9	350	201
0.10	0.692	1.00	9.44	10	35.2	100	108	400	215
0.15	1.557	1.50	12.6	15	43.0	120	119	500	240
0.20	2.16	2.00	15.3	20	49.2	140	128		
0.25	2.70	2.50	17.7	25	54.8	160	137		
0.30	3.24	3.00	19.3	30	60.0	180	145		

土的计算黏聚力 c_p   表3-2-13

土类(新土名*)	土类(对应的老土名)		孔隙比 e_0	天然含水率(%)	塑限含水率(%)	重度(kN/m³)	计算黏聚力(kN/m²)
含砂低液限粉土、低液限黏土	黏土质砂	粉亚质轻黏、重土	0.4~0.5	15~18	<9.4	21.0	6
			0.5~0.6	19~22		20.0	5
			0.6~0.7	23~25		19.5	2
		轻亚黏土	0.4~0.5	15~18	9.5~12.4	21.0	7
			0.5~0.6	19~22		20.0	5
			0.6~0.7	23~25		19.5	3
黏土质砂、含砂低液限黏土	高液限黏土质砂、含砂高液限黏土	轻重亚黏土	0.4~0.5	15~18	12.5~15.4	21.0	25
			0.5~0.6	19~22		20.0	15
			0.6~0.7	23~25		19.5	10
			0.7~0.8	26~29		19.0	5
		轻黏土	0.5~0.6	19~22	15.5~18.4	20.0	35
			0.6~0.7	23~25		19.5	15
			0.7~0.8	26~29		19.0	20
			0.8~0.9	30~34		18.5	8
			0.9~1.0	35~40		18.0	5
			0.6~0.7	23~25	18.5~22.4	19.5	40
			0.7~0.8	26~29		19.0	25
			0.8~0.9	30~34		18.5	20
			0.9~1.0	35~40		18.0	10

续上表

土类(新土名*)	土类(对应的老土名)	孔隙比 e_0	天然含水率(%)	塑限含水率(%)	重度(kN/m³)	计算黏聚力(kN/m²)
高液限黏土质砂	高液限黏土质砂、含砂高液限黏土	0.7~0.8	26~29	22.5~26.4	19.0	60
		0.8~0.9	30~34		18.5	30
		0.9~1.0	35~40		17.5	25
	轻黏土	轻黏土	0.8~0.9	30~34	26.5~30.4	18.5	65
		0.9~1.1	35~40		17.5	35

注：*一列为《公路土工试验规程》(JTG 3430—2020)中的土类名称。

y 值表   表3-2-14

$\dfrac{d}{h}$	20	40	60	80	100	200	400	600	800	1000	1200
y	0.198	0.181	0.173	0.167	0.163	0.152	0.143	0.139	0.137	0.131	0.125

第三章 挡 土 墙

第一节 挡土墙类型与设置原则

一、挡土墙的类型及适用范围

挡土墙是承受土体侧压力的墙式构造物。

重力式挡土墙的各部分要素名称如图3-3-1所示。

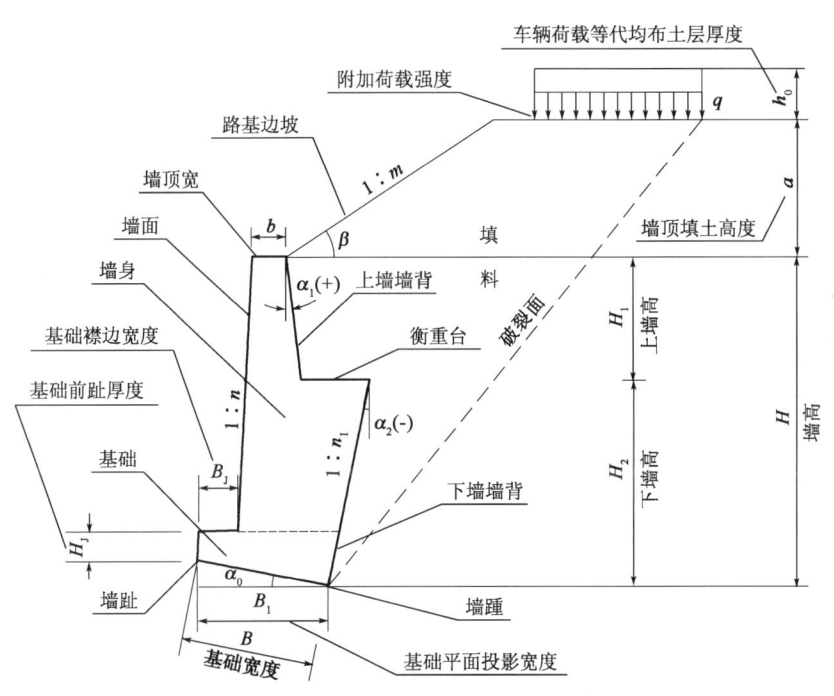

图3-3-1 挡土墙各部分名称

其他轻型挡土墙各部分组成要素名称见表3-3-2。
公路挡土墙分类及适用范围如下：
(1)按挡土墙位于路基的部位分类(表3-3-1)
(2)按挡土墙结构形式及作用机制分类(表3-3-2)

路基挡土墙类型及适用范围　　　　　　　　　　　　　　　　　表 3-3-1

名　称	简　图	适　用　范　围
路肩挡土墙		1）墙顶以上无填土的路堤路基； 2）为保证路堤稳定，收缩边坡坡脚； 3）为减少路基占地面积，避让其他建筑物； 4）用于沿河线路堤受水流冲刷路段
路堤挡土墙		1）墙顶以上有填土的路堤路基； 2）受地形限制，减少路基占地面积或避让其他建筑物而需要收缩边坡坡脚； 3）防止陡坡路堤下滑
路堑挡土墙		1）路堑路基段； 2）减少上边坡开挖数量，降低上边坡高度，避免破坏山体的稳定性； 3）上边坡为地质条件不良段，用以支挡可能碎落坍塌的山坡土体，维持山体平衡
山坡挡土墙		1）路基以外的山坡地质条件不良段； 2）支挡有可能坍塌的覆盖层土体或破碎岩层； 3）根据山坡地形、地质情况，可分级、分段设置

挡土墙结构类型及适用条件　　　　　　　　　　　　　　　　　表 3-3-2

类型	结构示意图	适　用　条　件
重力式		适用于一般地区、浸水地区和地震地区的路肩、路堤和路堑等支挡工程。墙高不宜超过 12m，干砌挡土墙的高度不宜超过 6m。高速公路、一级公路不应采用干砌挡土墙

续上表

类型	结构示意图	适 用 条 件
半重力式	(图：钢筋、墙趾板、墙踵板)	适用于不宜采用重力式挡土墙的地下水位较高或较软弱的地基上,墙高不宜超过8m
悬臂式	(图：立壁、钢筋、墙趾板、墙踵板)	宜在石料缺乏、地基承载力较低的填方路段采用,墙高不宜超过5m
扶壁式	(图：扶壁、立壁、墙趾板、墙踵板)	宜在石料缺乏、地基承载力较低的填方路段采用,墙高不宜超过15m
锚杆挡土墙	(图：挡土板、肋柱、锚杆)	宜用于墙高较大的岩质路堑地段,可用作抗滑挡土墙,可采用肋柱式或板壁式单级墙或多级墙,每级墙高不宜大于8m,多级墙的上、下级墙体之间应设置宽度不小于2m的平台

续上表

类型	结构示意图	适 用 条 件
锚定板挡土墙	（肋柱、拉杆、锚定板、挡土板）	宜使用在缺少石料地区的路肩式挡土墙或路堤式挡土墙,但不应建筑于滑坡、坍塌、软土及膨胀土地区。可采用肋柱式或板壁式,墙高不宜超过10m。肋柱式锚定板挡土墙可采用单级墙或双级墙,每级墙高不宜大于6m,上、下级墙体之间应设置宽度不小于2m的平台,上下两级墙的肋柱宜交错布置
加筋土挡土墙	（墙面、筋带、填土）	用于一般地区的路肩式挡土墙、路堤式挡土墙,但不应修建在滑坡、水流冲刷、崩塌等不良地质地段。高速公路、一级公路墙高不宜大于12m,二级及二级以下公路不宜大于20m。当采用多级墙时,每级墙高不宜大于10m,上、下级墙体之间应设置宽度不小于2m的平台
桩板式	（桩柱、挡土板、基岩、表土层或强风化层）	用于表土及强风化层较薄的均质岩石地基,挡土墙高度可较大,也可用于地震区的路堑或路堤支挡或滑坡等特殊地段的治理
竖向预应力锚杆墙	（滑动面、竖向预应力锚杆、灌水泥砂浆）	适用于岩质地基,多用于抗滑挡土墙

(3) 按挡土墙在土侧压力作用下抗力效应的作用机制分类(表3-3-3)

挡土墙的作用机制分类　　　　　　　　表3-3-3

挡土墙抗力效应作用机制类别	挡土墙结构类型
墙身或作用于墙身上土体的重力作用	重力式、半重力式、悬臂式、扶壁式、垛式
构件在岩层中的嵌固作用	锚杆挡土墙、桩板式、竖向预应力锚杆墙
构件与土层的黏结或摩擦作用	锚杆挡土墙、加筋土挡土墙
构件上的反方向土侧压力作用	锚定板挡土墙

(4) 按挡土墙使用的材料分类(表3-3-4)

挡土墙建筑材料分类　　　　　　　　表3-3-4

挡土墙建筑材料类别	挡土墙结构类型
圬工材料	重力式、半重力式
钢筋混凝土或预应力混凝土	悬臂式、扶壁式、桩板式、竖向预应力锚杆墙
复合型材料	锚杆挡土墙、锚定板挡土墙
土工合成材料	加筋土挡土墙

(5) 按设置挡土墙的墙趾环境条件分类(表3-3-5)

挡土墙的墙趾环境条件分类　　　　　　　　表3-3-5

按环境条件分类	挡墙结构类型
一般地段挡土墙	包括修筑在路肩墙、路堤墙、路堑墙和山坡墙等一般路段的挡土墙
浸水地段挡土墙	重力式、半重力式挡土墙、石笼式挡墙等
地震地区挡土墙	加筋土挡土墙、石笼式挡墙、桩板式挡土墙等
地质不良地段或特殊岩土地段挡土墙	半重力式挡土墙、加筋土挡土墙、石笼式挡墙、桩板式挡土墙等

①一般地段挡土墙;
②浸水地段挡土墙;
③地震地区挡土墙;
④地质不良地段或特殊岩土地段挡土墙。

二、挡土墙的设置原则

挡土墙的设置应贯彻和谐、自然的路基防护原则。维护自然景观的完整性,充分考虑公路与自然环境相协调、挡土墙与公路景观相协调、挡土墙与其他构造物及植被防护相协调,营造景观的多样性。在具有地域文化特色的路段,挡土墙设计宜传承文脉、彰显地区特性。

在下列情况宜修建挡土墙:
(1) 路基位于陡坡地段,岩石风化的路堑边坡地段;
(2) 为避免大量填方、挖方及需要降低路基边坡高度的地段;
(3) 设置挡土墙后能增加边坡稳定、防止产生滑坍的不良地质地段;
(4) 水流冲刷严重的沿河路基地段;
(5) 与桥涵或隧道工程项目相连接的路基地段;
(6) 为节约用地、减少拆迁或少占农田的地段;

(7)为保护重要建筑物、生态环境或其他需要特殊保护的地段。

拟建挡土墙的路段,还应研究其他设计方案,通过经济、技术比较并考虑环境效益、社会效益后确定最为合理的设计方案。对高度、长度较大的挡土墙工程,方案比选尤为必要。

设置挡土墙可与以下设计方案进行比选:
(1)与改移路线位置相比较;
(2)与填筑路堤或加大开挖、放缓边坡相比较;
(3)与拆迁干扰路基的构造物(房屋、电信设施等)相比较;
(4)与采用其他类型的构造物(桥梁、隧道、棚洞等)相比较;
(5)与其他防治滑坍的措施相比较。

选择挡土墙类型时应考虑:

与所支挡土体的稳定平衡条件、作用(或荷载)的大小和方向、地形与地质状况、冲刷深度、材料来源、基础埋置深度、基底承载力设计值和不均匀沉降、可能的地震作用、对环境的影响、节约用地少占农田、与其他构造物的衔接、施工难易、造价高低、墙面的外观美感等因素,综合比较后选定最合理的墙型。

三、挡土墙的布置

挡土墙的调查、勘测和资料搜集工作应按照现行《公路勘测规范》(JTG C10)、《公路工程地质勘察规范》(JTG C20)的有关规定执行。应根据挡土墙的规模、重要程度和设置环境来决定调查、勘测的方法及范围,对实地调查结果及搜集的资料进行分析,大体确定挡土墙的结构类型、形式和基本尺寸后,进行正式勘测。在施工图设计阶段,应搜集挡土墙路段加密桩号的路基横断面图、挡土墙起讫桩号路基横断面图、墙趾纵断面图、地质纵、横剖面图及设计、施工所需的其他调查资料。

挡土墙设置前应进行现场调查与试验。主要项目为:

(1)土压力设计参数,包括土的重度、密实度、内聚力、内摩擦角等,应按照现行《公路土工试验规程》(JTG 3430)的规定,进行土的物理力学性质试验求得。

(2)地基承载能力与变形计算参数,应根据挡土墙地基承载力,沉降、滑坍等可能影响的范围,确定地基调查深度后,通过勘探、测试求得。地基的调查深度,求土的剪切计算参数的调查范围宜为:基础底面以下 1.5 倍墙背填土高度的深度;求沉降计算参数的调查范围宜为:基础底面以下 3 倍墙背填土高度的深度,当为软土地基或可能产生滑坍、不均匀沉降地段时,尚需扩大调查范围。

(3)基础与地基土间的摩擦系数等验算稳定性所需设计参数,各类型挡土墙根据试验结果方能较精确取值的设计参数,宜采用试验方法确定。

(4)沿河挡土墙应按路基设计要求,调查搜集洪水流量、水位、水深、流速、流向、冲刷等水文分析计算所需资料。

挡土墙的设置段落一般系根据路基工程的需要,结合路线总平面图(或工点地形图)、路线纵断面图、路基横断面图、墙趾工程地质资料、水文资料,初步拟定挡土墙的位置、概略长度及类型,经过现场核对,确定挡土墙段落的起点、终点,补充搜集挡土墙设计所需资料后,确定挡土墙的分段长度、基础埋置深度、墙高。挡土墙设计完成后,相关资料应反馈给路线纵断面设计,路基横断面设计。

1. 确定挡土墙位置时的注意事项

路堑墙,一般设在路基边沟以外。确定墙的高度时,应保证在设置挡土墙后,墙顶以上边坡达到稳定状态。

采用路肩挡土墙、路堤挡土墙或采用砌石路基,应结合具体条件考虑,必要时应做技术经济比较后确定。

当墙身位于平曲线路基地段时,曲线型挡土墙的受力情况与平行路基的直线型挡土墙不同,受力后沿墙长的切线方向产生张力,容易出现竖向裂缝,宜缩短沉降缝、伸缩缝间距,或考虑其他构造措施。

沿河挡土墙要结合河流的水文、地质情况及河道工程来布置,注意设墙后仍需保持水流顺畅,不致挤压河道,加大局部冲刷。

2. 挡土墙纵向布置

挡土墙的纵向布置系在墙趾纵断面图上进行,并绘成挡土墙立面图(图3-3-2),其内容为:

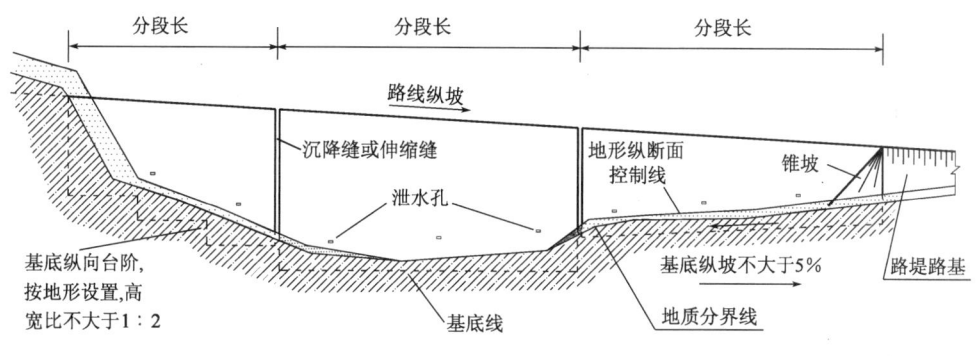

图3-3-2 挡土墙立面图

(1)确定挡土墙的起讫点或墙长,选择挡土墙与路基或其他结构物的连接方式。路肩式挡墙若不能嵌入挖方,墙端与路堤相连时,应在衔接区设置锥坡。

(2)按地形及地基地质情况进行分段,确定沉降缝及伸缩缝的位置。设计所依据的地形纵断面控制线,是反映挡土墙基础顶面处纵向地形变化点的立面投影线或投影展视线。

(3)布置各段挡土墙的基础。墙趾处地面有纵坡时,挡土墙的基底宜做成不大于5%的纵坡。地基为岩石时,为减少开挖,可在纵向做成台阶,台阶的尺寸随地形变动,但其高宽比不宜大于1:2。

(4)确定泄水孔的位置,包括数量、间距和尺寸等。

在立面图上应注明各特征横断面的桩号,墙顶、基础顶面、基底、冲刷线、冰冻线、常水位或设计洪水位等的高程。

3. 挡土墙横向布置

挡土墙设计图中,应绘出起讫点处、墙高最大处、每一分段长度内代表性墙高处、墙身断面和基础形式变化处,以及其他必须予以表达处的挡土墙横断面图。图中,应按计算结果在地形、地质横断面上画出墙身断面,确定基础形式和埋置深度,布置排水设施,指定墙背填料的类别等(图3-3-3、图3-3-4)。

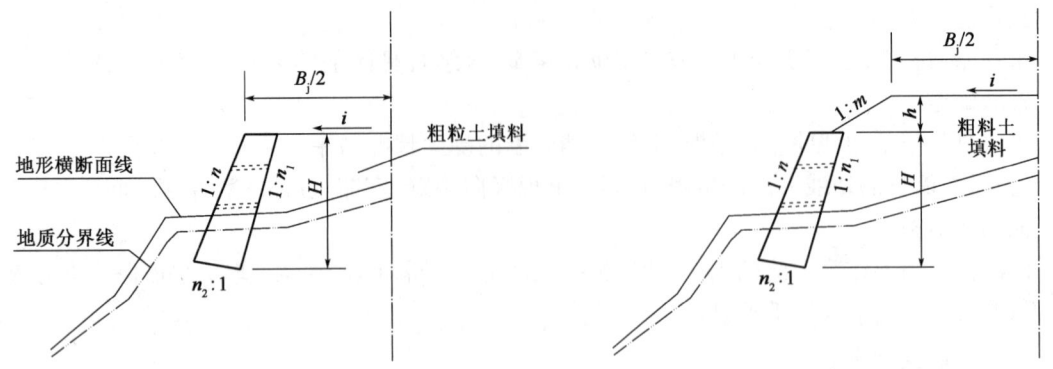

图3-3-3 路肩式挡土墙横断面图　　　　图3-3-4 路堤式挡土墙横断面图

4. 挡土墙平面布置

墙高变化较大的挡土墙、立面错位的挡土墙、沿河挡土墙、平曲线路基段挡土墙或需要在纸上研究挡土墙平面位置的复杂挡墙,除作纵、横向布置外,还应作平面布置。

挡土墙平面图中,应标示挡土墙与路线的平面位置、地貌和地物(特别是与挡土墙有干扰的建筑物)等情况。沿河挡土墙还应绘出河道及水流方向,其他防护、加固工程等。

挡土墙设计通常采用光顺、连续的面坡立面,对于路堤式挡土墙是通过控制墙顶在路基边坡线以外的外露宽度为相同值来实现的。但挡土墙长度较大时,光顺的面坡易造成视觉疲劳,故可采用立面错位的挡土墙布置法以丰富墙面的空间变化,在平面图中可反映出两种布置法的差异(图3-3-5、图3-3-6)。

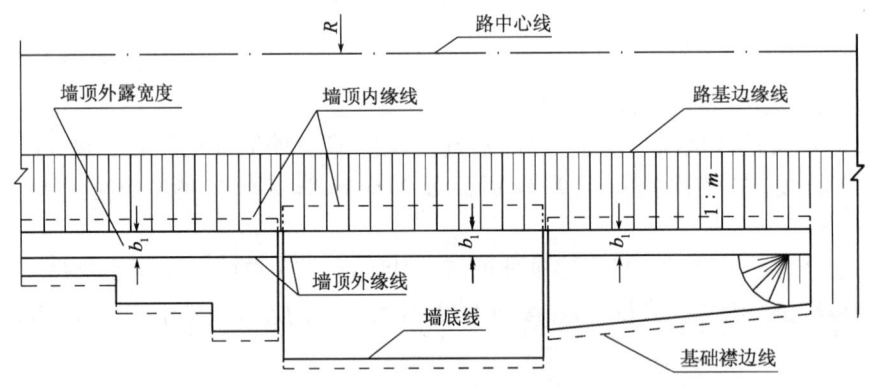

图3-3-5 立面光顺的路堤式挡土墙平面图

上述布置图组成了挡土墙设计图的主要部分。此外,在设计图上还应表达或说明:
(1)采用标准图的编号;
(2)选用挡土墙设计参数的依据;
(3)工程材料数量表;

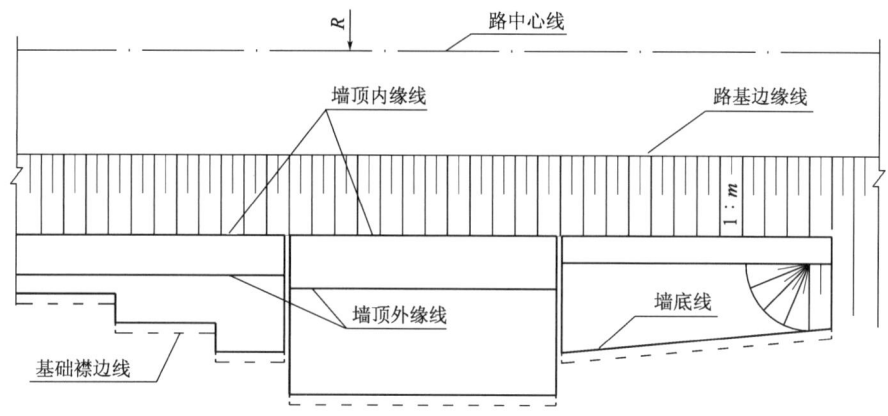

图 3-3-6 立面错位的路堤式挡土墙平面图

(4)其他有关材料及施工的要求和注意事项等。

四、《公路挡土墙设计与施工技术细则》对各类型挡土墙公用构造的规定

(1)应按照以下原则设置护栏或栏杆：
①挡土墙护栏设置,均应符合现行《公路交通安全设施设计规范》(JTG D81)的规定。
②下列情形的挡土墙也应该设置护栏或栏杆：
a.挡土墙的连续长度大于 20m；
b.靠近居民点,行人流量较大的路段。
(2)沉降缝与伸缩缝的设置应符合以下规定：

各类挡土墙应根据构造特点设置容纳构件收缩、膨胀及适应不均匀沉降情况的变形缝构造。

重力式、半重力式、悬臂式、扶壁式等具有整体式墙身的挡土墙,应沿墙长 10~15m 及与其他建筑物连接处设置伸缩缝；挡土墙高度突变或基底地质、水文情况变化处,应设沉降缝；平曲线路段挡土墙按折线布置时,转折处宜设沉降缝。

伸缩缝与沉降缝可合并设置,其宽度宜取 20~30mm,缝内沿墙内、外、顶三边填塞沥青麻筋或沥青木板,塞入深度不应小于 0.15m。当墙背为填石且冻害不严重时,可仅留空缝,不塞填料。

钢筋混凝土挡土墙表面应设置竖直 V 形槽,间距不大于 10m,设槽处钢筋不截断；在沉降或伸缩缝处水平钢筋应截断,接缝可做成企口式或前后墙面槽口式(图 3-3-7)。

干砌挡土墙可不设伸缩缝与沉降缝。位于岩石地基上的整体式墙身的挡土墙,设缝间隔可适当增长,但不应大于 20m。加筋土挡土墙的分段设缝距离可适当加长,但不应大于 25m。

(3)挡土墙与两端路基或建筑物的连接方式规定如下：
挡土墙墙端伸入路堤内不应小于 0.75m,可采用锥坡与路堤相连,垂直于路线方向的锥坡坡度应与路堤边坡一致；顺路线方向的锥坡坡度,当锥坡高度在 8m 以内时,不应陡于 1∶1.25；

锥坡高度在 20m 以内时,8m 高度以下的下部坡度不应陡于 1∶1.5。锥坡宜采用种草或铺草皮等防护措施。

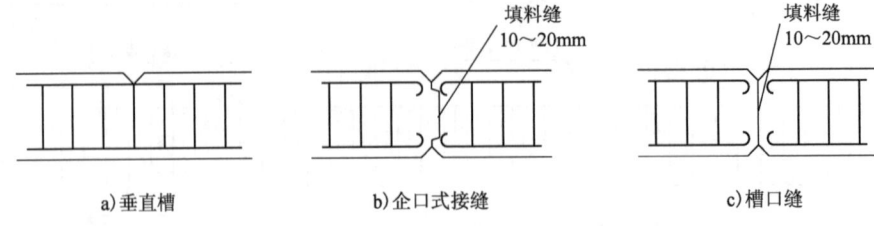

图 3-3-7　钢筋混凝土挡土墙的变形缝

挡土墙端部嵌入原地层的最小深度,土质地层不应小于 1.5m;风化严重的岩石不应小于 1m;风化轻微的岩石不应小于 0.5m。路堑挡土墙向两端延伸布置时,应逐渐降低墙高,使与路堑坡面平顺相接。

当所采用的挡土墙类型按上述规定与路堤或原地面连接有困难时,可在其端部采用重力式挡土墙或其他端墙方式过渡。

挡土墙建筑应考虑与相邻建筑物、自然生态环境的协调美观,并满足环境保护及其他特殊要求。

(4)墙背填料应符合以下规定:

挡土墙宜采用渗水性强的砂性土、砂砾、碎(砾)石、粉煤灰等材料作为墙背填料,不得采用淤泥、腐殖土、强膨胀土等为填料。重要的、高度较大的挡土墙不宜采用黏土作为填料。在季节性冻土区,不应使用冻胀性材料作填料。浸水挡土墙的墙背填料为黏土时,每隔 1.0 ~ 1.5m 的高度应铺设厚度不小于 0.30m 的排水垫层。

墙背填料应分层夯实,并应符合路基压实度的规定。

(5)墙身、墙后排水构造的设置应符合以下规定:

应根据挡土墙墙后渗水量,在墙身上合理布置排水构造。重力式、悬臂式、扶壁式等整体式墙身的挡土墙,应沿墙高和墙长设置泄水孔,其间距宜为 2.0 ~ 3.0m;浸水挡土墙宜为 1.0 ~ 1.5m,泄水孔应上下交错布置并应设置向墙外倾斜 3% ~ 5% 的孔底坡度,折线墙背可能积水处,也应设置泄水孔。干砌挡土墙可不设泄水孔。挡土墙最下排泄水孔的底部应高出地面 0.30m,若为浸水挡土墙,应设于常水位以上 0.30m。泄水孔的进水侧应设反滤层,厚度不应小于 0.30m。在最下排泄水孔的底部,应设置隔水层。当墙背填料为非渗水性土时,应在最底层排泄水孔至墙顶以下 0.50m 的高度区间内,填筑不小于 0.30m 厚的砂、砾石竖向反滤层,反滤层的顶部应以 0.30 ~ 0.50m 厚的不渗水材料封闭。

有景观要求的挡土墙路段,可采用预制混凝土泄水管作为成孔材料。

(6)挡土墙墙趾附近存在地表水源时,应采用地表排水、墙后填土区外设截水沟、填土表面设隔水层、墙面涂防水层、排水沟防渗等隔水、排水措施,防止地表水渗入挡土墙的填料中。

(7)需要在挡土墙上开孔设置涵洞时,应对挡土墙墙身及基础进行补强与防水处理,并采取有效措施,防止涵洞渗漏及保证填料排水通畅。

(8)较长且较高的挡土墙区段,宜根据养护和维修的需要,设置检修台阶或检修梯。

五、挡土墙的设计原则

(1)各种类型的挡土墙结构均应满足下列功能要求：
①能承受正常施工和正常使用时可能出现的各种作用(或荷载)；
②在正常使用时具有良好的工作性能；
③在正常维护下具有足够的耐久性；
④在地震发生时及发生后，仍能保持必要的稳定性。

(2)现阶段公路挡土墙设计采用极限状态设计的分项系数法为主的设计方法，按以下两类极限状态进行设计：

①承载能力极限状态。
当挡土墙出现下列状态之一时，应认为超过了承载能力极限状态：
a. 整个挡土墙结构或挡土墙组成部分作为刚体失去平衡；
b. 挡土墙构件或联结部件因材料强度不足而破坏，或因过度的塑性变形而不适于继续承载；
c. 挡土墙结构变为机动体系或构件丧失稳定。

②正常使用极限状态。
当挡土墙出现下列状态之一时，应认为超过了正常使用极限状态：
a. 影响正常使用或影响外观的过大变形；
b. 影响正常使用或耐久性能的局部破坏。

(3)公路挡土墙应根据不同种类的作用及其对挡土墙的影响、挡土墙所处的环境条件，分为以下三种设计状况：

①持久状况：挡土墙建成后承受自重、车辆荷载等持续时间很长的状况。该状况下的挡土墙应作承载能力极限状态和正常使用极限状态设计。
②短暂状况：挡土墙施工过程中承受临时性作用的状况。该状况下的挡土墙只作承载能力极限状态设计。
③偶然状况：在挡土墙使用过程中偶然出现的状况(如罕遇地震)。该状况下的挡土墙只作承载能力极限状态设计。

六、荷载作用力及常用作用力计算

(1)挡土墙上的作用(或荷载)，按照其随时间的变化，可分为永久作用(或荷载)、可变作用(或荷载)、偶然作用(或荷载)。

①永久作用(或荷载)。
在挡土墙的设计基准期内，作用(或荷载)的量值不随时间而变化，或其变化值与平均值相比较可忽略不计。

②可变作用(或荷载)。
在挡土墙的设计基准期内，作用(或荷载)的量值随时间而变化，且变化值与平均值相比较不可忽略。

③偶然作用(或荷载)。
在挡土墙的设计基准期内，作用(或荷载)出现的概率很小，一旦出现，其值很大且持续时间很短。

(2)挡土墙上的作用(或荷载),按其施加于挡土墙结构时的性质,可分为直接作用和间接作用。

①直接作用。

直接施加于挡土墙结构上的集中力或分布力。

②间接作用。

引起挡土墙外加变形或约束变形的作用,如地震作用、基础变位作用、温度和湿度变化产生的作用、混凝土材料的收缩和徐变作用等。

(3)施加于挡土墙上的作用(或荷载)及其分类,详见表3-3-6。

作用(或荷载)分类表　　　表3-3-6

作用(或荷载)分类		作用(或荷载)名称
永久作用(或荷载)		挡土墙结构重力
		填土(包括基础襟边以上土)重力
		填土侧压力
		墙顶上的有效永久荷载
		墙顶与第二破裂面之间的有效荷载
		计算水位的浮力及静水压力
		预加力
		混凝土收缩及徐变影响力
		基础变位影响力
可变作用(或荷载)	基本可变作用(或荷载)	车辆荷载引起的土侧压力
		人群荷载、人群荷载引起的土侧压力
	其他可变作用(或荷载)	水位退落时的动水压力
		流水压力
		波浪压力
		冻胀压力和冰压力
		温度影响力
	施工荷载	与各类型挡土墙施工有关的临时荷载
偶然作用(或荷载)		地震作用力
		滑坡、泥石流作用力
		作用于墙顶护栏上的车辆碰撞力

(4)挡土墙结构及设计时,应按各种设计状况可能同时产生的作用效应进行组合,取其最不利组合的设计值。

挡土墙结构按承载能力极限状态设计时,一般选用以下作用效应组合:

①基本组合。

永久作用的设计值效应与可变作用设计值效应相组合。常用作用(或荷载)组合,可按表3-3-7选用。

②偶然组合。

永久作用标准值效应与可变作用某种代表值效应、一种偶然作用标准值效应相组合。

常用作用(或荷载)组合表   表3-3-7

组 合	作用(或荷载)名称
Ⅰ	挡土墙结构重力、墙顶上的有效永久荷载、填土重力、填土侧压力及其他永久作用(或荷载)相组合
Ⅱ	组合Ⅰ与基本可变作用(或荷载)相组合
Ⅲ	组合Ⅱ与其他可变作用(或荷载)相组合

(5)挡土墙及构件承载能力极限状态设计的基本条件是结构抗力设计值应大于或等于计入结构重要性系数的作用(或荷载)效应的组合设计值,即:

$$\gamma_0 S \leqslant R(\cdot) \tag{3-3-1}$$

$$R(\cdot) = R\left(\frac{R_k}{\gamma_f}, \alpha_d\right) \tag{3-3-2}$$

式中：γ_0——结构重要性系数,按表3-3-8采用；

S——作用(或荷载)效应的组合设计值；

$R(\cdot)$——挡土墙结构的抗力函数；

R_k——抗力材料的强度标准值；

γ_f——结构材料、岩土性能的分项系数；

α_d——结构或结构构件几何参数的设计值,当无可靠数据,可采用几何参数标准值。

挡土墙结构的重要性系数 γ_0 表3-3-8

墙高(m)	公 路 等 级	
	高速公路、一级公路	二级及二级以下公路
≤5.00	1.00	0.95
>5.00	1.05	1.00

(6)鉴于根据可靠度指标[β]直接进行构件设计较为困难,工程设计人员习惯于采用带有分项系数的极限状态设计表达式进行结构设计。式中的设计基本变量通过概率分析取其代表值,而以分项系数来反映它们的变异性。

挡土墙结构的承载能力极限状态分项系数设计表达式如下：

$$\gamma_0 \gamma_S \left(\sum_{i=1}^{m} \gamma_{Gi} S_{Gik} + \gamma_{Q1} S_{Q1k} + \psi_c \sum_{j=2}^{n} \gamma_{Qj} S_{Qjk} \right) \leqslant \frac{1}{\gamma_R} R(\gamma_f, f_k, \alpha_k) \tag{3-3-3}$$

式中：γ_S——作用效应计算模式不定性系数,可取 $\gamma_S = 1.0$；

γ_R——结构或结构构件抗力计算模式不定性系数,可取 $\gamma_R = 1.0$；

γ_{Gi}——第 i 个垂直恒载的分项系数；

S_{Gik}——第 i 个垂直恒载的标准值；

γ_{Q1}——恒载或车辆荷载、人群荷载引起的主动土压力分项系数；

S_{Q1k}——主动土压力的标准值；

γ_{Qj}——其他可变作用的分项系数；

S_{Qjk}——其他可变作用(或荷载)的标准值；

γ_f——结构材料、岩土性能的分项系数；

f_k——材料、岩土性能的标准值；

ψ_c——其他可变作用效应的组合系数；

α_k——结构或结构构件几何参数的标准值。

(7)挡土墙按承载能力极限状态设计时,常用的作用(或荷载)的分项系数可按表3-3-9采用。

承载能力极限状态作用(或荷载)分项系数　　　表3-3-9

情况	作用(或荷载)增大对挡土墙结构起有利作用时		作用(或荷载)增大对挡土墙结构起不利作用时	
组合	Ⅰ,Ⅱ	Ⅲ	Ⅰ,Ⅱ	Ⅲ
垂直恒载 γ_G	0.90		1.20	
恒载或车辆荷载、人群荷载引起的主动土压力 γ_{Q1}	1.00	0.95	1.40	1.30
被动土压力 γ_{Q2}	0.30		—	
水浮力 γ_{Q3}	0.95		1.10	
静水压力 γ_{Q4}	0.95		1.05	
动水压力 γ_{Q5}	0.90		1.20	
流水压力 γ_{Q6}	0.95		1.10	

注:1.作用于挡土墙结构顶面的车辆荷载、人群荷载,作垂直力计算时,可采用垂直恒载的分项系数 γ_G。
　　2.加筋体内部稳定验算时,静止土压力的作用分项系数可取与主动土压力的作用分项系数 γ_{Q1} 相等。
　　3.本表未列的其他非常用的作用(或荷载)的分项系数,可根据已建工程经验,按该作用(或荷载)增大对挡土墙结构受力有利或受其他作用所削弱时,取值应小于1.0;反之取值应大于1.0。

对于偶然组合中,偶然作用取标准值效应,其分项系数取为1.0。

对挡土墙进行施工阶段验算时,应根据可能出现的施工荷载进行组合。挡土墙采用石砌或混凝土构造时,作用于挡土墙结构上的施工荷载、机具设备重力的荷载分项系数,取值与挡土墙结构竖直恒载相同;当采用钢筋混凝土构造时,可按照现行《公路钢筋混凝土及预应力混凝土桥涵设计规范》(JTG 3362)的相关规定进行验算。

挡土墙采用装配式预制构件时,构件重力的动力系数可采用现行《公路桥涵设计通用规范》(JTG D60)的规定。

(8)挡土墙上的常用作用力计算。

①挡土墙结构重力、填土重力。

结构重力:

$$G = \gamma_{CL} \cdot V \tag{3-3-4}$$

式中:γ_{CL}——挡土墙构件材料的重度(kN/m^3),可按表3-3-10采用;

　　　V——挡土墙构件的计算体积(m^3)。

材料标准重度表　　　表3-3-10

材料种类	重度(kN/m^3)
钢、铸钢	78.5
钢筋混凝土	25.0
混凝土或片石混凝土	24.0
浆砌块石或料石	24.0

续上表

材料种类	重度(kN/m³)
浆砌片石	23.0
干砌块石或片石	21.0
砖砌体	18.0
沥青混凝土	24.0
泥结碎(砾)石	21.0

结构重力 G 的作用点,作于结构构件的重心上。

填土的重力:

$$G_t = \gamma V_t \tag{3-3-5}$$

式中:γ——填土的重度(kN/m³);

V_t——所计算填土重力区的填土体积(m³)。

②挡土墙的土压力计算。

作用于挡土墙上的填土侧压力,可根据土力学原理,按墙背形状、墙体位移条件、墙后填料所处的状态,按本章相关内容计算确定。

高速公路、一级公路墙高大于 5m 的挡土墙填料,应进行土质试验,以确定填料的物理力学指标。其他路段的挡土墙若无法取样试验,又缺乏可靠计算数据时,填料的内摩擦角 φ(砂性土填料)或综合内摩擦角 φ_0(黏性土填料)可参照本章第二节参数取值。

挡土墙墙背与填料间的摩擦角,可根据墙背的粗糙程度、填料的性质和排水条件,按表 3-3-11 所列数值采用。

填料与墙背间的摩擦角 δ   表 3-3-11

墙身材料	墙背填料	
	渗水填料	非渗水土填料
混凝土,钢筋混凝土	$\frac{1}{2}\varphi$	$\frac{2}{3}\varphi$ 或 $\frac{1}{2}\varphi_0$
片、块石砌体,墙背粗糙	$\frac{1}{2}\varphi \sim \frac{2}{3}\varphi$	$\frac{2}{3}\varphi \sim \varphi$ 或 $\frac{1}{2}\varphi_0 \sim \frac{2}{3}\varphi_0$
干砌或浆砌片、块石砌体,墙背很粗糙	$\frac{2}{3}\varphi$	φ 或 $\frac{2}{3}\varphi_0$
第二破裂面土体	φ	φ_0

注:1. φ 为填料的内摩擦角,φ_0 为黏性土填料的综合内摩擦角。
2. 按本表计算的墙背摩擦角 $\delta > 30°$ 时,仍采用 $\delta = 30°$。

当挡土墙的基础埋置较深,地层稳定,能确定不受水流冲刷和其他扰动破坏,且对墙前回填土进行充分压实时,结合墙身的位移条件,可计入部分被动土压力值。如图 3-3-8 所示,在实际地面下距离 d 处设置假想地面,d 值应大于 1m,可按本章相关内容计算假想地面之下的被动土压力。

在加筋土挡土墙内部稳定计算中,墙顶以下深度小于等于6m区段的加筋体内,计入静止土压力。静止土压力也可按本章相关内容进行计算。

③车辆荷载。

作用于挡土墙填料破棱体上或墙顶上的车辆荷载,可按附加均布荷载计算,附加均布荷载的强度可按表3-3-12采用。

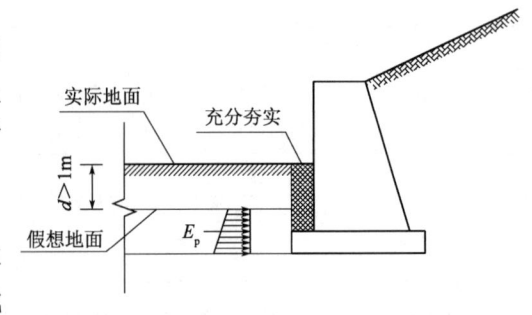

图3-3-8 被动土压力计算假想地面图

车辆附加荷载强度表　　　　　　　　　表3-3-12

墙高(m)	附加荷载强度 $q(kN/m^2)$
≤2.0	20.0
≥10.0	10.0

注:墙高在表中规定值之内时,附加荷载强度可用直线内插法计算。

路堤式挡土墙、路肩式挡土墙墙后填土破坏棱体上的车辆附加荷载可按图3-3-9的规定布置。

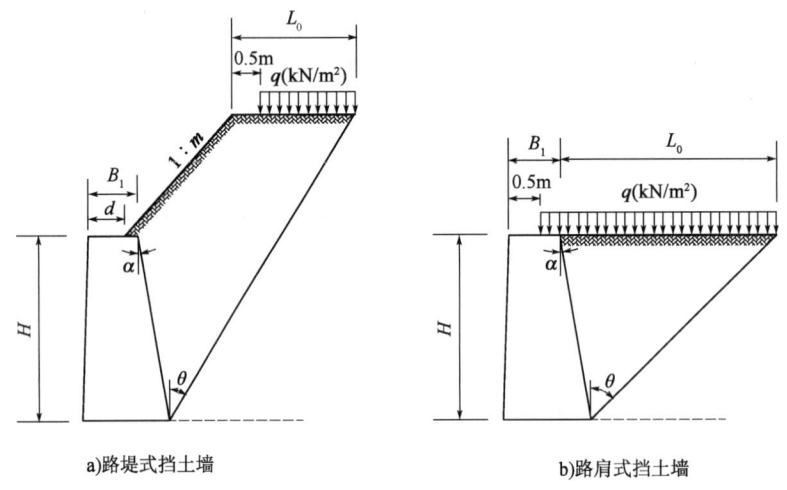

a)路堤式挡土墙　　　　　　　b)路肩式挡土墙

图3-3-9 挡土墙上附加荷载的布置

注:d-规定的各类挡土墙的墙顶最小宽度。

④车辆荷载作用于填料破棱体上引起的附加土侧压力可按本章相关内容进行计算。

⑤人群荷载。

挡土墙设计需计入人群荷载时,人群荷载强度及人群荷载作用在挡土墙墙后填土上引起的附加土体侧压力可按以下规定确定:

a.作用于墙顶或墙后填土上的人群荷载强度规定为$3.0kN/m^2$;城郊行人密集区可参照所在地区城市桥梁设计规范的规定采用,或按$3.5kN/m^2$取用。

b.作用于挡土墙栏杆立柱柱顶的水平推力采用$0.75kN/m$;作用在栏杆扶手上的竖向力采用$1.00kN/m$。

c. 人群荷载作用在挡土墙墙后填料破棱体上引起的附加土体侧压力,可按下式换算成等代均布土层厚度计算:

$$h_0 = \frac{q_r}{\gamma} \tag{3-3-6}$$

式中:q_r——作用于墙后填土上的人群荷载强度(kN/m^2)。

⑥静水压力。

作用于挡土墙每延米的静水压力,可按公式(3-3-7)计算,其作用点为相应于三分之一水深的迎水墙面处。

$$P_w = \frac{1}{2}\gamma_w H_w^2 \tag{3-3-7}$$

式中:γ_w——水的重度(kN/m^3);

H_w——水深(m);

P_w——作用于每延米墙长的静止水压力(kN)。

⑦浮力。

作用于挡土墙墙身上的计算浮力,可根据地基的地层渗水情况,按以下原则确定:

a. 位于砂类土、碎石土和节理很发育的岩石地基上的浸水挡土墙,其计算浮力可按计算水位水浮力的100%取值。

b. 位于节理不发育岩石地基上的浸水挡土墙的计算浮力,宜根据计算项目,按对挡土墙结构所计算项目不利的原则,采用计算水位水浮力的100%或不计入。

c. 挡土墙基础嵌入不透水性地基时,可不计入浮力。

d. 位于透水性地基上的挡土墙,当验算稳定时,应采用设计水位的浮力;当验算地基应力时,仅考虑常水位时的浮力或不计浮力。

e. 当不能确定地基是否透水时,可分别以透水或不透水两种情况进行荷载组合,取其不利者。

计算水位以下,每延米长度挡土墙墙身的水浮力,可按下式计算:

$$G_w = \gamma_w V_w \tag{3-3-8}$$

式中:G_w——每延米墙身的水浮力(kN);

V_w——计算水位下墙身的体积(m^3)。

计入水浮力时,填料的重力(包括基础襟边上的土重力)应采用填料的有效重度进行计算。填料的有效重度 γ_θ 为:

$$\gamma_\theta = \gamma_{sat} - \gamma_w \tag{3-3-9}$$

式中:γ_{sat}——填料的饱和重度(kN/m^3)。

⑧流水压力。

水流流经挡土墙时,作用于每延米墙长迎水面上的流水压力可按下式计算:

$$P_d = 0.514 C_L v_\varphi^2 H_w \tag{3-3-10}$$

式中:P_d——流水压力(kN);

H_w——计算水深(m);

v_φ——水流平均流速(m/s);

C_L——水流与墙面间的侧向阻力系数,按照表3-3-13的规定确定。

侧向阻力系数　　　　　表3-3-13

水流方向与挡土墙墙面的夹角 α_w	C_L
0°	0.0
5°	0.5
10°	0.7
20°	0.9
≥30°	1.0

流水压力的作用点,可取作用于设计水位的三分之一水深处。

⑨温度力。

计算挡土墙上温度作用时,材料线膨胀系数及作用标准值按表3-3-14采用。

线膨胀系数　　　　　表3-3-14

构 件 种 类	线膨胀系数(以℃计)
钢构件	0.000012
混凝土和钢筋混凝土及预应力混凝土构件	0.000010
混凝土预制块砌体	0.000009
石砌体	0.000008

如缺乏调查资料,圬工及钢筋混凝土挡土墙的最高和最低有效温度标准值可按表3-3-15采用。

挡土墙结构的有效温度标准值(℃)　　　　　表3-3-15

气 温 分 区	最　　高	最　　低
严寒地区	34	−23
寒冷地区	34	−10
温热地区	34	−3(0)

注:表中括弧内数值适用于昆明、南宁、广州、福州地区。

⑩地震作用。

a.挡土墙第 i 截面以上墙身重心处的水平地震作用,可按下式计算:

$$E_{ih} = C_i C_z K_h \psi_i G_i \tag{3-3-11}$$

式中:E_{ih}——第 i 截面以上墙身重心处的水平地震作用(kN);

C_i——重要性修正系数,可按表3-3-16采用;

C_z——综合影响系数,重力式挡土墙取0.25,轻型挡土墙取0.3;

K_h——水平地震系数,应按表3-3-17采用;

G_i——第 i 截面以上墙身圬工的重力(kN);

ψ_i——水平地震作用沿墙高的分布系数,按式(3-3-12)计算取值。

$$\psi_i = \begin{cases} \dfrac{1}{3} \cdot \dfrac{h_i}{H} + 1.0 & (0 \leqslant h_i \leqslant 0.6H) \\ \dfrac{2}{3} \cdot \dfrac{h_i}{H} + 0.3 & (0.6H < h_i \leqslant H) \end{cases} \tag{3-3-12}$$

式中:h_i——挡土墙墙趾至第 i 截面的高度。

当计算竖向地震作用对挡土墙的影响时，可按相应的水平向地震作用计算方法计算，但以竖向地震系数 K_v 代替水平地震系数 K_h，K_v 取 $0.5K_h$。对于悬臂式和扶壁式挡土墙，当地震动峰值加速度 $\geqslant 0.3g$ 且计入水平向和竖向地震作用时，竖向地震作用应乘以 0.5 的组合系数。

地震重要性修正系数 C_i 表 3-3-16

线路等级及构造物	重要性修正系数 C_i
高速公路和一级公路、二级公路上的抗震重点工程	1.3
二级公路上的一般工程及三级公路上的抗震重点工程	1.0
三级公路上的一般工程和四级公路上的抗震重点工程	0.8

注：抗震重点工程系数指隧道和破坏后抢修困难的路基、挡土墙工程。

水平、竖向地震系数和设防地震烈度 表 3-3-17

抗震设防烈度	7		8		9
地震动峰值加速度(g)	0.10	0.15	0.20	0.30	0.40
水平地震系数 K_h	0.10	0.15	0.20	0.30	0.40
竖向地震系数 K_v	0	0	0.10	0.17	0.25

b. 对位于坡顶的挡土墙，作用于其重心处的水平向总地震惯性力标准值可按下列公式计算：

岩基 $$E_h = 0.30 K_h W \tag{3-3-13}$$

土基 $$E_h = 0.35 K_h W \tag{3-3-14}$$

式中：E_h——作用于重心处的水平向总地震惯性力标准值(kN)；

W——挡土墙的总重力(kN)。

第二节 土压力计算

一、土压力的概述

1. 土压力的概念

各种形式的挡土墙，都以支挡土体使其保持稳定为目的，所以支挡构造物的主要荷载就是作用于墙身的土体侧向压力，简称土压力。为了使挡土墙的设计经济合理，首先要较为准确地计算土压力，其中包括土压力的大小、方向与分布等。

土压力的计算是一个复杂的问题，涉及填土、墙身以及地基三者之间的共同作用。不仅与墙身的几何尺寸、墙背的粗糙度、填土的物理和力学性质、填土的顶面形状和顶部的外荷载有关，而且还与墙和地基的刚度，填土的施工方法，支挡结构物的形状、刚度、位移，背后填土的物理力学性质，墙背和填土表面的倾斜程度等有关。现在国内外土压力计算仍采用的极限平衡理论，是对上述复杂问题进行诸多假定和简化而得出的。

挡土墙一般为条形建筑物，其长度远大于高度，且其断面在相当长的范围内是不变的。因此，土压力计算可取 1 延米挡土墙来进行分析，即将土压力的计算当作平面问题来处理。

极限状态下的土压力理论依据不同的研究途径大致分为两类：

（1）假定破裂面形状，依据极限状态下破裂棱体的静力平衡条件来确定土压力，这类土压力理论最初是由法国的库仑(C. A. Coulomb)于 1773 年提出的，称为库仑理论。

(2)假定土体为松散介质,依据土中一点的极限平衡条件来确定土压力强度和破裂面方向,这类土压力理论是由英国的朗金(W. J. Rankine)于 1857 年提出的,称为朗金理论。

在上述两类经典土压力理论中,朗金理论基于散体一点的极限应力状态推出,理论上较为严谨。但是,由于只考虑比较简单的边界条件,故在应用上受到很大限制。库仑理论计算简便,能适用于各种复杂的边界条件,而且在一定范围内能得出令人比较满意的解答,故应用较广。

2. 土压力的分类

根据挡土墙结构的位移方向、大小及墙后土体所处的状态,土压力可分为以下三种:

(1)静止土压力

若挡土墙受约束,在土压力作用下,墙体不发生移动和转动或转动角的正切值≤0.00005,水平位移≤墙高/20000 时,墙后填土处于弹性平衡状态,此时墙背所受的土压力称为静止土压力,并以 E_0 表示。

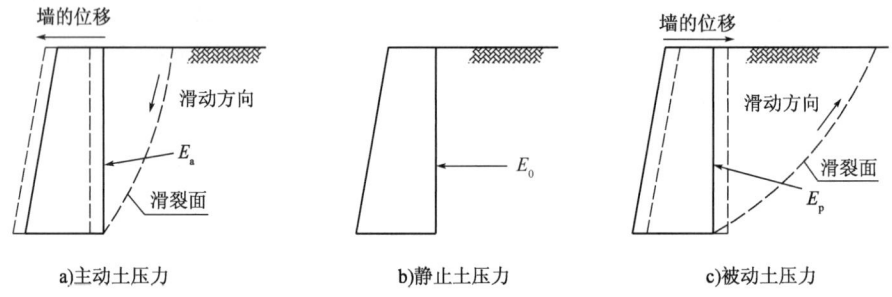

图 3-3-10　土压力类型

(2)主动土压力

若挡土墙在土压力作用下向前(离开土体)产生一微小位移(移动或转动),如图 3-3-10a)所示,则随着位移的增大,墙后土压力将逐渐减小。当位移达到表 3-3-18 中所列数值,且土的抗剪强度充分发挥时,土压力减到最小值,土体将出现滑裂面,墙背后填土处于主动极限平衡状态。与此相应的土压力称为主动土压力,用 E_a 表示。

产生主动、被动土压力所需墙位移量　　　　　　表 3-3-18

土的类别	土压力类别	墙体位移(变形)方式	所需位移量(H 为挡土墙高)
砂土	主动	墙体平行移动	$0.001H$
	主动	绕墙趾转动	$0.001H$
	主动	绕墙顶转动	$0.02H$
	被动	墙体平行移动	$-0.05H$
	被动	绕墙趾转动	$>-0.1H$
	被动	绕墙顶转动	$-0.05H$
黏土	主动	墙体平行移动	$0.004H$
	主动	绕墙趾转动	$0.004H$

（3）被动土压力

若挡土墙在外力作用下，使墙向填土方向位移，如图 3-3-10c）所示，随着位移增大，墙受到填土的反作用力逐渐增大，当位移达到表 3-3-18 所需的位移量，土体将出现滑裂面，墙背后填土就处于被动极限平衡状态。与此相应的土压力称为被动土压力，以 E_P 表示。

被动土压力和主动土压力是土压力的最大和最小的极限值；而静止土压力介于其间（图 3-3-11），$E_\mathrm{P} > E_0 > E_\mathrm{a}$。

路基挡土墙一般均可能有侧向位移或倾覆，墙身受到主动或被动土压力。设计中，墙前的被动土压力可不计算，但当基础埋置较深且地层稳定、不受水流冲刷和扰动破坏时，可计入被动土压力。

二、静止土压力计算

静止土压力可以根据弹性半无限体的应力状态求解[图 3-3-12a)]，在填土表面以下任意深度 h 处 M 点取一单元体（在 M 点附近取一微小正六面体），作用于单元体上的力有两个：一是竖向土的自重应力；二是侧向压应力。

土的自重应力 σ_h 为：

$$\sigma_\mathrm{h} = \gamma h \tag{3-3-15}$$

式中：γ——填土的重度（kN/m^3）；

h——由填土表面至 M 点的深度（m）。

侧向压应力是由于土侧向不能产生变形而产生的，它的反作用力就是静止土压力。由弹性半无限体在无侧移的条件下，其侧向压力与竖直方向压力之间的关系为：

$$\sigma_0 = K_0 \sigma_\mathrm{h} = K_0 \gamma h \tag{3-3-16}$$

$$K_0 = \frac{\mu}{1-\mu} \tag{3-3-17}$$

式中：K_0——静止土压力系数；

μ——填土的泊松比。

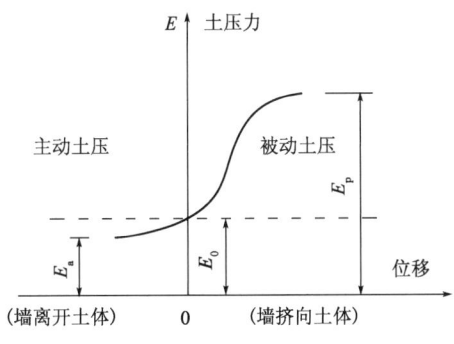

图 3-3-11　土压力与墙身位移的关系

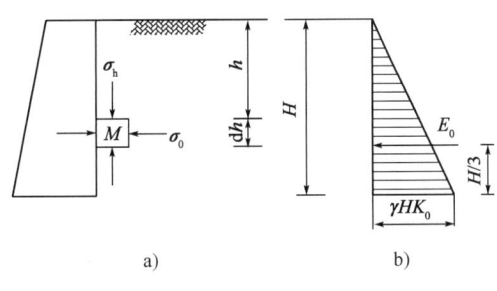

图 3-3-12　静止土压力计算图式

静止土压力系数 K_0 与填土的性质、密实程度等因素有关，可由试验测定。常见的静止土压力系数 K_0 如表 3-3-19 所示。

静止土压力系数 K_0 表3-3-19

静止土压力系数	土 的 类 别				
	坚硬土	硬、可塑黏性土 粉质黏土,砂土	可、软塑 黏性土	软塑黏性土	流塑黏性土
K_0	0.2~0.4	0.4~0.5	0.5~0.6	0.6~0.75	0.75~0.8

也可根据半经验公式估算：

$$K_0 = 1 - \sin\varphi \quad （正常固结土） \quad (3\text{-}3\text{-}18)$$

$$K_0 = \sqrt{R}(1 - \sin\varphi) \quad （超固结土） \quad (3\text{-}3\text{-}19)$$

式中：φ——填土的有效内摩擦角(°)；

R——超固结比。

墙后填土表面水平时，静止土压力沿墙高呈三角形分布，如图3-3-12b)所示，其合力E_0为：

$$E_0 = \int_0^H \sigma_h dh = \int_0^H K_0 \gamma h dh = \frac{1}{2}\gamma H^2 K_0 \quad (3\text{-}3\text{-}20)$$

式中：H——挡土墙的高度。

静止土压力E_0方向为水平，作用点位于离墙踵$H/3$处。

三、库仑土压力理论

库仑土压力理论是一种计算土压力的简化方法，它虽有不够严密完整之处，但具有计算简便、适用于各种复杂情况和计算结果比较接近实际等优点。因此，目前仍被工程界广泛应用。公路挡土墙上的主动土压力作用，一般按库仑理论计算。

1. 基本原理

库仑土压力理论是根据破裂棱体处于极限平衡状态，应用静力平衡条件求得墙背主动土压力和被动土压力。库仑理论在分析土压力时，基于如下基本假定：

(1)墙后填土为均质散粒体，粒间仅有内摩擦力，而无黏聚力。

(2)墙后填土因墙体位移而形成一破裂棱体，其破裂面假设为一平面，破棱体沿墙背(或假想墙背)和破裂面滑动。

(3)破裂面取通过墙踵，使主动土压力达到最大值的最危险破裂面。

(4)当墙后土体开始滑动而处于极限平衡状态时，破裂棱体在自重G、墙背反力E(与土压力大小相等、方向相反)及破裂面反力R的共同作用下维持平衡；

(5)假设土压力沿墙高呈分段线性分布，土压力作用点位于此分布图形的重心上。

2. 主动土压力计算

如图3-3-13a)所示，AB为挡土墙墙背，BC为破裂面，BC与竖直方向的夹角θ为破裂角，ABC为破裂棱体。这个棱体上作用着三个力，即破裂棱体自重G、主动土压力的反力E_a、破裂面上的反力R。其中破裂棱体自重G的方向竖直向下，E_a的方向与墙背法线成δ角，R的方向与破裂面法线成φ角，破裂棱体在G、R、E_a三力作用下处于极限平衡状态，其封闭力三角形如图3-3-13b)所示。

由正弦定理可知：

$$\because \frac{E_a}{\sin(90°-\theta-\varphi)} = \frac{G}{\sin(\theta+\varphi+\alpha+\delta)}$$

$$\therefore E_a = \frac{G \cdot \cos(\theta+\varphi)}{\sin(\theta+\psi)} \quad (3\text{-}3\text{-}21)$$

其中，$\psi = \varphi + \alpha + \delta$。

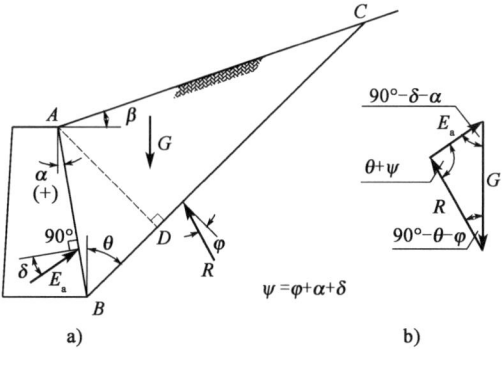

图 3-3-13　库仑主动土压力计算图示

破裂棱体自重 G 为：

$$G = \triangle ABC \cdot \gamma = \frac{1}{2} BC \cdot AD \cdot \gamma \quad (3\text{-}3\text{-}22)$$

在 $\triangle ABC$ 中由正弦定理可知：

$$BC = H \frac{\cos(\alpha-\beta)}{\cos\alpha \cdot \sin(90°-\theta-\beta)} \quad (3\text{-}3\text{-}23)$$

由 $\triangle ABD$ 知：

$$AD = H \frac{\sin(\theta+\alpha)}{\cos\alpha} \quad (3\text{-}3\text{-}24)$$

将 AD、BC 代入式(3-3-22)中，得：

$$G = \frac{\gamma H^2}{2} \cdot \frac{\cos(\alpha-\beta) \cdot \sin(\theta+\alpha)}{\cos^2\alpha \sin(90°-\theta-\beta)}$$

将上式 G 代入式(3-3-21)中，得：

$$E_a = \frac{\gamma H^2}{2} \cdot \frac{\cos(\alpha-\beta) \cdot \sin(\theta+\alpha) \cdot \sin(90°-\theta-\varphi)}{\cos^2\alpha \cdot \sin(90°-\theta-\beta) \cdot \sin(\theta+\varphi)} \quad (3\text{-}3\text{-}25)$$

由式(3-3-22)可知，E_a 是滑裂面与垂线之间夹角 θ 的函数，且存在最大值，其值即为主动土压力。

令

$$\frac{dE}{d\theta} = 0 \quad (3\text{-}3\text{-}26)$$

求得主动状态时破裂角 θ，将 θ 代入式(3-3-25)得：

$$E_a = \frac{1}{2}\gamma H^2 \cdot \frac{\cos^2(\varphi-\alpha)}{\cos^2\alpha \cdot \cos(\alpha+\delta) \cdot \left[1+\sqrt{\frac{\sin(\varphi+\delta) \cdot \sin(\varphi-\beta)}{\cos(\alpha+\beta) \cdot \cos(\alpha-\beta)}}\right]^2}$$

或

$$E_a = \frac{1}{2}\gamma H^2 K_a \quad (3\text{-}3\text{-}27)$$

$$K_a = \frac{\cos^2(\varphi-\alpha)}{\cos^2\alpha \cdot \cos(\alpha+\delta) \cdot \left[1+\sqrt{\frac{\sin(\varphi+\delta) \cdot \sin(\varphi-\beta)}{\cos(\alpha+\delta) \cdot \cos(\alpha-\beta)}}\right]^2} \quad (3\text{-}3\text{-}28)$$

式中：γ——填土的重度(kN/m^3)；

H——墙背高度(m)；

φ——填土的内摩擦角(°)；

δ——墙背与填土间的摩擦角，或称外摩擦角(°)；

α——墙背倾角(即过墙背顶点的竖直面与墙背的夹角)，俯斜取正，仰斜取负(°)；

β——墙顶填土表面与墙顶水平面的夹角(°)；

K_a——库仑主动土压力系数，可查表 3-3-21。

沿墙高的土压应力 σ_a，可通过对 h 求导而得到：

$$\sigma_a = \frac{dE_a}{dh}\gamma h K_a \tag{3-3-29}$$

由上式可见当墙顶土坡为一直线时,主动土压力沿墙高呈三角形分布,土压力的作用点离墙踵的高度为 $H/3$,方向与墙背的法线成 δ 角,或与水平方向成 $\delta+\alpha$ 角,如图 3-3-14 所示。

3. 被动土压力计算

如图 3-3-15a)所示,若 BC 为破裂面,则破裂棱体自重 G 为墙背对被动土压力的反力 E_p 和破裂面反力 R 所平衡。但破裂棱体被推挤向上滑动,因而 E_p 和 R 偏离法线的方向与主动极限状态相反。由于破裂棱体是处于极限平衡状态,力三角形是闭合的,如图 3-3-15b)所示,依据力三角形即可求得 E_p:

$$E_p = G \cdot \frac{\cos(\theta+\varphi)}{\sin(\theta+\varphi+\delta+\alpha)} \quad (3\text{-}3\text{-}30)$$

在被动极限状态下,土压力的最小值即为被动土压力 E_p,相应于土压力最小值的破裂面即为被动状态破裂面。按照求解主动土压力原理与方法,即可求得填土表面为倾斜平面时的被动土压力 E_p,如图 3-3-16 所示。

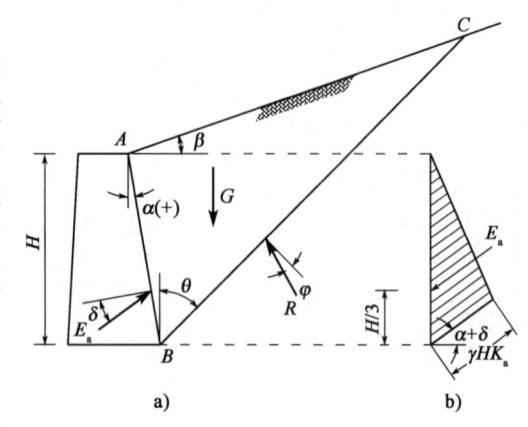

图 3-3-14 倾斜表面主动土压力强度分布图

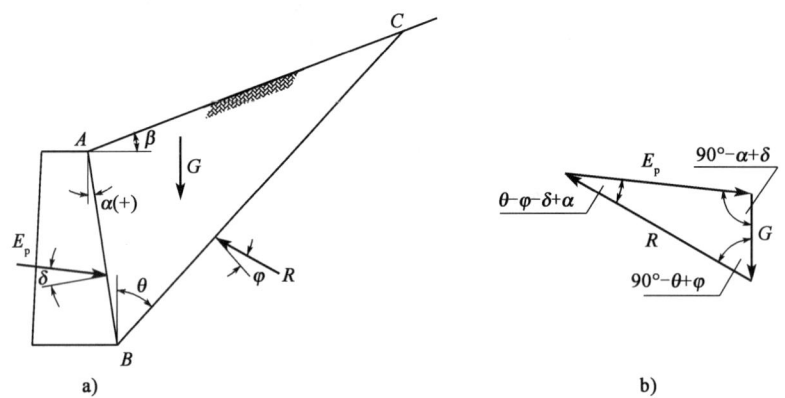

图 3-3-15 库仑被动土压力计算图式

$$E_p = \frac{1}{2}\gamma H^2 \cdot \frac{\cos^2(\varphi+\alpha)}{\cos^2\alpha \cdot \cos(\alpha-\delta) \cdot \left[1-\sqrt{\dfrac{\sin(\varphi+\delta)\cdot\sin(\varphi+\beta)}{\cos(\alpha-\delta)\cdot\cos(\alpha-\beta)}}\right]^2}$$

或

$$E_p = \frac{1}{2}\gamma H^2 K_p \tag{3-3-31}$$

$$K_p = \frac{\cos^2(\varphi+\alpha)}{\cos^2\alpha \cdot \cos(\alpha-\delta) \cdot \left[1-\sqrt{\dfrac{\sin(\varphi+\delta)\cdot\sin(\varphi+\beta)}{\cos(\alpha-\delta)\cdot\cos(\alpha-\beta)}}\right]} \tag{3-3-32}$$

式中:K_p——库仑被动土压力系数。

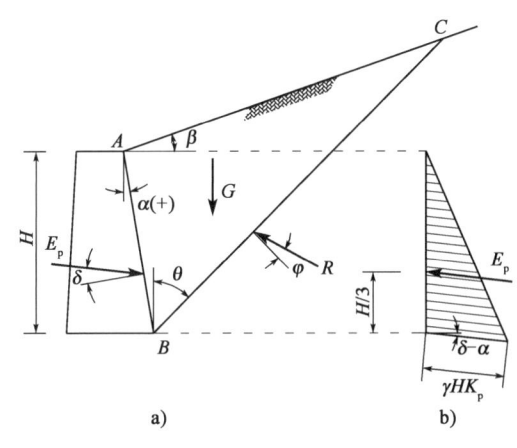

图 3-3-16 倾斜表面库仑被动土压力

被动土压应力沿墙高也呈三角形分布,如图 3-3-16b)所示,土压应力为:

$$\sigma_p = \gamma h K_p \tag{3-3-33}$$

当墙顶土坡为一直线时,土压力 E_p 作用点在距离墙踵为 $H/3$ 高度处,其方向与墙背法线顺时针成 δ 角(即与水平方向成 $\delta - \alpha$ 角)。

用库仑理论计算被动土压力时,由于假定破裂面为一平面,使计算值与实际受力状态存在较大误差,计算值偏大。设计中考虑土的被动抗力效应时,应对被动土压力计算值进行大幅度折减,一般取计算值的 $1/3$ 作为设计值,而且对考虑被动土压力时的基础埋深条件与地基条件有所限定。

4. 各种边界条件下的主动土压力

以库仑理论为基础,按墙后填土表面的形状和车辆荷载分布情况,由式(3-3-21)和式(3-3-26)推导出相应的主动土压力计算公式,列于表 3-3-22-1。查阅表 3-3-22-1,用计算器可以方便地计算出土压力和有关的数据;也可将表 3-3-22-1 中有关公式编成计算机程序,使用时输入挡土墙类型及有关参数,得到计算结果。

后文中表 3-3-22-1 中所列为俯斜墙背(α 为正值)的公式。墙背垂直时,以 $\alpha = 0$ 代入表中各式,即可得垂直墙背的各种计算公式。墙背仰斜时,以 α 为负值代入表中各式,也可得仰斜墙背的各种计算公式。

路堤墙墙顶附加均布荷载的土压应力分布图,系按下述假定绘制而成:即墙顶上填土及均布荷载向墙背扩散侧压应力的方向,平行于破裂面。土压力作用点,即按此土压应力分布图的图形重心定出。

5. 库仑土压力理论的适用范围

(1)主要用于墙背倾斜、粗糙及填土面倾斜或作用有超载等情况下的主动土压力计算,计算结果一般能满足工程要求。

(2)比较适用于砂性土填料,也可以用于黏性土填料,但需要考虑黏聚力的影响,工程中多采用"综合内摩擦角"法进行近似计算。

(3)仅适用于墙背为平面或近似平面的挡土墙,当为 L 形墙背(如悬臂式、扶壁式挡土墙)、折线形挡土墙的上墙(如衡重式挡土墙)的土压力计算时,可采用假想墙背(墙背顶点和墙踵的连线)进行计算。

(4)当墙背(或假想墙背)俯斜角较大时,破裂棱体可能不沿实际墙背滑动而沿土体中出现的第二破裂面滑动,此时应按第二破裂面法计算。

(5)理论中关于破裂面为平面的假定将导致计算出现误差,且墙背倾角越大,误差也越大,故无论墙背是俯斜还是仰斜,其坡率均不宜太缓。

(6)仅适用于刚性挡土墙(如重力式挡土墙),对于柱板式、锚杆式和锚定板式等柔性挡土墙的土压力只能作近似计算(忽略墙身柔性和锚杆对墙背土压力分布的影响)。

(7)填土面倾角 β 必须小于填料内摩擦角 φ,否则计算主动土压力系数时会出现虚根。

因为实际工程中的挡土墙很难产生使墙后土体达到被动极限平衡状态的位移(如 10m 高的挡土墙,若为砂性填土,则墙体需平移 0.5m),所以采用库仑理论计算被动土压力常会引起很大的误差,且随 α、δ 及 β 的增大而迅速增大。故工程中常采用朗金理论来计算被动土压力。

6. 计算示例

示例 1:路肩墙(俯斜),连续均布荷载(换算土柱高 $h_0 = 0.82\text{m}$),其余条件如图 3-3-17 所示。求算主动土压力。

解:选用表 3-3-22-1 中第二类公式。

(1)破裂角 θ

$A = \tan\alpha = -\tan 8°32' = -0.150$

$\psi = \varphi + \alpha + \delta = 35° + 8°32' + 17°30' = 60°02'$

$\tan\theta = -\tan\psi + \sqrt{(\cot\varphi + \tan\psi) \cdot (\tan\psi + A)}$

$\qquad = -\tan 61°02' + \sqrt{(\cot 35° + \tan 61°02') \cdot (\tan 61°02' - 0.15)}$

$\qquad = 0.5083$

$\theta = 26°57'$

(2)主动土压力系数 K

$K = \dfrac{\cos(\theta + \varphi)}{\sin(\theta + \psi)} \cdot (\tan\theta + \tan\alpha) = \dfrac{\cos(26°57' + 35°)}{\sin(26°57' + 61°02')} \times (0.5083 + 0.15) = 0.310$

(3)主动土压力 E

$K_1 = 1 + \dfrac{2h_0}{H} = 1 + \dfrac{2 \times 0.82}{8} = 1.205$

$E = \dfrac{1}{2}\gamma H^2 K K_1 = \dfrac{1}{2} \times 18 \times 8^2 \times 0.310 \times 1.205 = 215.16(\text{kN})$

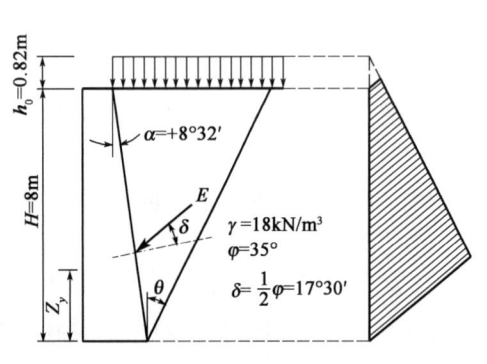

图 3-3-17 路肩式挡土墙计算图式

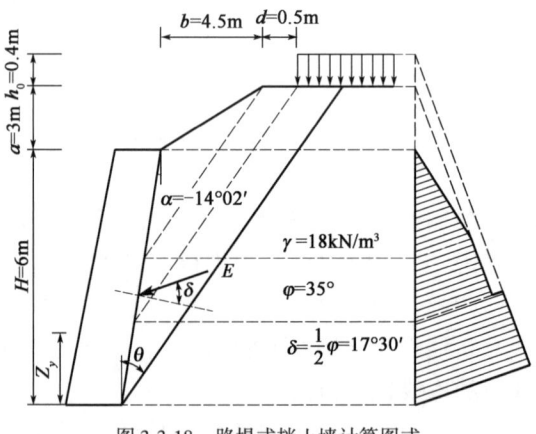

图 3-3-18 路堤式挡土墙计算图式

$E_x = E \cdot \cos(\alpha + \delta) = 215.16\cos(8°32' + 17°30') = 193.33(\text{kN})$

$E_y = E \cdot \sin(\alpha + \delta) = 215.16\sin(8°32' + 17°30') = 94.43(\text{kN})$

(4)压力作用点位置 Z_y

$Z_y = \dfrac{H}{3} + \dfrac{h_0}{3K_1} = \dfrac{8}{3} + \dfrac{0.82}{3 \times 1.205} = 2.90(\text{m})$

示例 2：路堤墙(仰斜)，条状均布荷载(换算土柱高 $h_0 = 0.40\text{m}$)，其余条件如图 3-3-18 所示，求算主动土压力。

解：假设破裂面交于荷载内，选用表 3-3-22-1 中第六类公式。

(1) 破裂角 θ

$$\psi = \varphi + \alpha + \delta = 35° - 14°02' + 17°30' = 38°28'$$

$$A = \frac{ab + 2h_0 \cdot (b+d) + H \cdot (H + 2a + 2h_0) \cdot \tan\alpha}{(H+a) \cdot (H+a+2h_0)}$$

$$= \frac{3 \times 4.5 + 2 \times 0.4 \times (4.5+0.5) + 6 \times (6+2\times3+2\times0.4)0.25}{(6+3)(6+3+2\times0.4)} = 0.416$$

$$\tan\theta = -\tan\psi + \sqrt{(\cot\varphi + \tan\psi) \cdot (\tan\psi + A)}$$

$$= -\tan38°28' + \sqrt{(\cot35° + \tan38°28') \cdot (\tan38°28' + 0.416)} = 0.8458$$

$$\theta = 40°13'$$

验核破裂面是否交于荷载内：

堤顶破裂面距墙踵 $(H+a) \cdot \tan\theta = (6+3) \times 0.8458 = 7.61(\text{m})$

荷载内边缘距墙踵 $H\tan\alpha + b + d = 6 \times 0.25 + 4.5 + 0.5 = 6.50(\text{m})$

因 $6.50 < 7.61$，故破裂面交于荷载内，所假设的计算图式符合实际。

(2) 主动土压力系数 K

$$K = \frac{\cos(\theta + \varphi)}{\sin(\theta + \psi)} \cdot (\tan\theta + \tan\alpha)$$

$$= \frac{\cos(40°13' + 35°)}{\sin(40°13' + 38°28')} \times (0.8458 - 0.25) = 0.155$$

(3) 主动土压力 E

$$h_1 = \frac{d}{\tan\theta + \tan\alpha} = \frac{0.5}{\tan40°13' - \tan14°02'} = 0.84(\text{m})$$

$$h_3 = \frac{b - a\tan\theta}{\tan\theta + \tan\alpha} = \frac{4.5 - 3\times\tan40°13'}{\tan40°13' - \tan14°02'} = 3.30(\text{m})$$

$$h_4 = H - h_1 - h_3 = 6 - 0.84 - 3.30 = 1.86(\text{m})$$

$$K_1 = 1 + \frac{2a}{H}\left(1 + \frac{h_3}{2H}\right) + \frac{2h_0 h_4}{H^2}$$

$$= 1 + \frac{2\times3}{6} \times \left(1 - \frac{3.30}{2\times6}\right) + \frac{2\times0.40\times1.86}{6^2} = 1.766$$

$$E = \frac{1}{2}\gamma H^2 K K_1 = \frac{1}{2} \times 18 \times 6^2 \times 0.155 \times 1.766 = 88.69(\text{kN})$$

$$E_x = E \cdot \cos(\alpha + \delta) = 88.69 \times \cos(-14°02' + 17°30') = 88.57(\text{kN})$$

$$E_y = E \cdot \sin(\alpha + \delta) = 88.69 \times \sin(-14°02' + 17°30') = 4.67(\text{kN})$$

(4) 土压力作用点位置 Z_y

$$Z_y = \frac{H}{3} + \frac{a \cdot (H - h_3)^2 + h_0 h_4 (3h_4 - 2H)}{3H^2 K_1}$$

$$= \frac{6}{3} + \frac{3\times(6-3.30)^2 + 0.40\times1.86\times(3\times1.86 - 2\times6)}{3\times6^2\times1.766} = 2.09(\text{m})$$

四、第二破裂面计算法

在挡土墙设计中,若俯斜墙背(包括假想墙背)的倾角较大坡率平缓时,如图3-3-19a)所示衡重式挡土墙的上墙的假想墙背 AC 平面。当墙身向外移动,土体达到主动极限平衡状态时,破裂棱体并不沿 AC 平面滑动,而是沿着土体中另一破裂面 CD 滑动。此时土体中将出现相交于墙踵 C 点的两个破裂面,远墙的破裂面 CF 称为第一破裂面,近墙的破裂面 CD 称为第二破裂面,用 α_i 和 θ_i 分别表示第一、第二破裂角。因此,首先应检核第二破裂面是否会出现。当符合第二破裂面产生的条件时,则需按第二破裂面法计算土压力。

1. 第二破裂面产生的条件

必须满足下述条件,才可能出现第二破裂面:

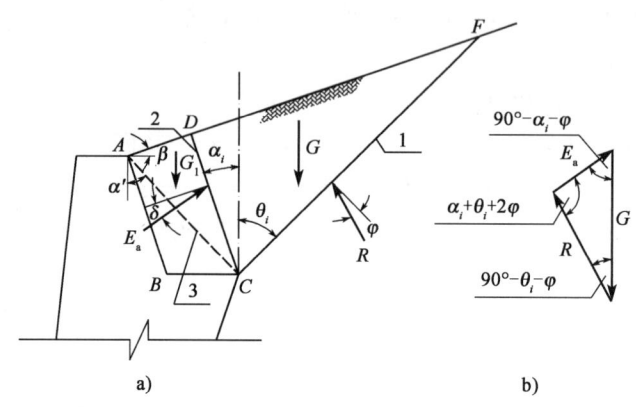

图 3-3-19 第二破裂面计算图式
1-第一破裂面;2-第二破裂面;3-假想墙背图

(1)墙背(或假想墙背)倾角 α(或 α')必须大于第二破裂面的倾角 α_i,即墙背(或假想墙背)不妨碍第二破裂面的产生。

(2)作用于墙背(或假想墙背)上的土压力对墙背法线的倾角 δ' 应小于或等于墙背摩擦角 δ,也就是不会发生土体沿墙背(或假想墙背)的滑动。

对于一般常用的俯斜墙背,上述条件均不能满足,故不会出现第二破裂面。衡重式墙的上墙和悬臂式墙,因假想墙背的 $\delta = \varphi$,只要满足第一个条件,即出现第二破裂面。故在衡重台或墙踵板较宽时,易出现第二破裂面。

2. 第二破裂面的土压力计算

墙后填料表面为平面,有(或无)连续均布荷载时,第二破裂面倾角 α_i 按式(3-3-34)计算:

$$\alpha_i = \frac{1}{2}(90° - \varphi) - \frac{1}{2}(\varepsilon - \beta) \tag{3-3-34}$$

其中, $\varepsilon = \arcsin\dfrac{\sin\beta}{\sin\varphi}$。

墙后填料表面为折面或有条状均布荷载时,第二破裂面倾角 α_i 的计算公式,按不同情况分别列于表3-3-22-2。

按上法计算所得的第二破裂面倾角 α_i,若大于或等于墙背倾角 α_1(或假想墙背倾角 α'_1)

时,则第二破裂面不出现。此时,可仍按一般沿墙背(或假想墙背)滑动的公式(表3-3-22-2)进行计算。若 $\alpha_i < \alpha$(或 α'),应按第二破裂面计算土压力。

五、朗金土压力理论

1. 基本原理

朗金土压力理论是从研究弹性半无限体内的应力状态出发,根据土的极限平衡理论来计算土压力的。朗金理论在分析土压力时做了如下基本假定:

(1)挡土墙墙背垂直、光滑,即墙背倾角 $\alpha = 0$,墙背与填土无摩擦作用,即墙背摩擦角 $\delta = 0°$。
(2)墙后土体为地表面水平面半无限体,土压力方向与地表面平行。
(3)土体发生剪切时,破裂面为平面。
(4)达到主动应力状态时,土体向侧向外伸张;达到被动应力状态时,土体向侧向内压缩。
(5)伸张与压缩对土的影响很小,忽略竖直方向上土的变形对土压力的影响。
(6)主动或被动应力状态只存在于破裂棱体之内,即局部土体中出现极限状态,而破裂棱体之外仍处于弹性平衡状态。

若土体表面为水平面的均质弹性半无限体,在土的自重作用下,地面以下 h 深度处的 M 点竖直面、水平面上的剪应力为零,故该点处于弹性平衡状态[图3-3-20a)],其应力状态为:

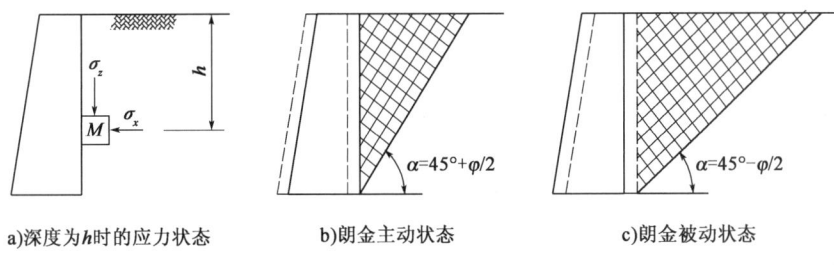

图3-3-20 半无限体的极限平衡状态

竖向应力 $\sigma_z = \gamma h$。
水平应力 $\sigma_x = \gamma h K_0$。

当挡土墙无位移时,墙后土体处于原有弹性状态,即作用在墙背上的应力状态与弹性半无限土体应力状态相同。静止土压力 $\sigma_0 = \sigma_x = \gamma h K_0$,$\sigma_z$ 和 σ_x 的莫尔应力圆与土的抗剪强度曲线不相切,如图3-3-21中圆Ⅰ所示。

当挡土墙离开土体向外移时,如图3-3-20b)所示,竖向应力 σ_z 不变,墙背法向应力 σ_x 减小,当挡土墙位移使 σ_x 减小到土体达极限平衡状态时,σ_x 达到最小值 σ_a,σ_z 和 σ_x 的莫尔应力圆与抗剪强度曲线相切,如图3-3-21中圆Ⅱ所示。此时墙背上的法向应力为最小主应力,即朗金主动土压力。破裂面与大主应力作用面(即水平面)夹角为 $\alpha = 45° + \varphi/2$。

同理,若挡土墙在外力作用下挤压土体,如图3-3-20c)所示,σ_z 仍不变,而 σ_x 随着挡土墙位移增加而逐步增大,当挡土墙位移挤压土体使 σ_x 增大到土体达极限平衡状态时,σ_x 达最大值 σ_p,莫尔应力圆亦与抗剪强度曲线相切,如图3-3-21中圆Ⅲ所示。此时墙背上的法向应力 σ_x 为最大主应力,即朗金被动土压力。破裂面与水平面夹角为 $\alpha' = 45° - \varphi/2$。

2. 主动土压力

根据上述,土体中的主动极限平衡条件,可求得朗金主动土压应力 σ_a:

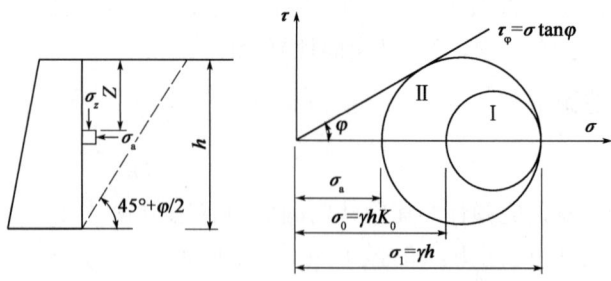

图 3-3-21 朗金主动状态与莫尔应力圆

砂性土 $$\sigma_a = \gamma h \tan^2\left(45° - \frac{\varphi}{2}\right) \tag{3-3-35a}$$

或 $$\sigma_a = \gamma h K_a \tag{3-3-35b}$$

黏性土 $$\sigma_a = \gamma h \tan^2\left(45° - \frac{\varphi}{2}\right) - 2c \cdot \tan\left(45° - \frac{\varphi}{2}\right) \tag{3-3-35a}$$

或 $$\sigma_a = \gamma h K_a - 2c\sqrt{K_a} \tag{3-3-35b}$$

$$K_a = \tan^2\left(45° - \frac{\varphi}{2}\right) \tag{3-3-36}$$

式中:σ_a——沿深度方向的主动土压力分布强度(kPa);

K_a——朗金主动土压力系数;

γ——填土的重度(kN/m³);

h——计算点离填土表面的距离(m);

φ——填土的内摩擦角(°);

c——填土的黏聚力(kPa)。

如取纵向单位墙长计算,则砂性土主动土压力为:

$$E_a = \frac{1}{2}\gamma H^2 K_a \tag{3-3-37}$$

E_a 作用在离墙踵 $H/3$ 高度处[图 3-3-22b)]。

若取单位墙长计算,则黏性土的主动土压力为:

$$E_a = \frac{1}{2}(H - h_c) \cdot (\gamma H K_a - 2c\sqrt{K_a})$$

即 $$E_a = \frac{1}{2}\gamma H^2 K_a - 2cH\sqrt{K_a} + \frac{2c^2}{\gamma} \tag{3-3-38}$$

主动土压力 E_a 通过三角形压力分布图 abc 的形心,即作用在离墙踵 $(H - h_c)/3$ 处 [图 3-3-22c)]。

需注意,当填土表面有超载时,应按 h_c 处的土压应力 $\sigma_a = 0$ 为条件求出 h_c 及主动土压应力作用点。

3. 被动土压力

根据上述,土体的被动极限平衡条件,可求得朗金被动土压应力 σ_p(图 3-3-23):

砂性土 $$\sigma_p = \sigma_x = \sigma_1 = \gamma h \tan^2\left(45° + \frac{\varphi}{2}\right) \tag{3-3-39a}$$

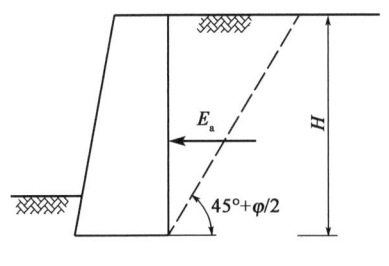 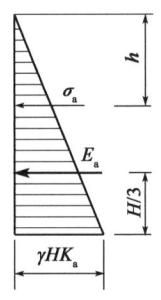 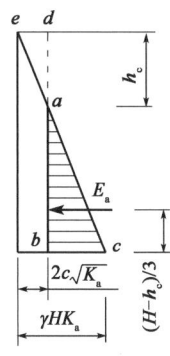

a) 主动土压力图示　　　b) 砂性土主动土压力分布　　c) 黏性土主动土压力分布

图 3-3-22　朗金主动土压力

或 $$\sigma_p = \gamma h K_p \tag{3-3-39b}$$

黏性土 $$\sigma_p = \sigma_1 = \gamma h \tan^2\left(45° + \frac{\varphi}{2}\right) + 2c \cdot \tan\left(45° + \frac{\varphi}{2}\right) \tag{3-3-40a}$$

或 $$\sigma_p = \gamma h K_a + 2c\sqrt{K_p} \tag{3-3-40b}$$

$$K_p = \tan^2\left(45° + \frac{\varphi}{2}\right) \tag{3-3-41}$$

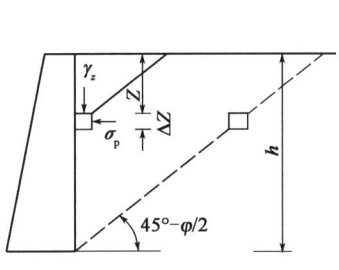 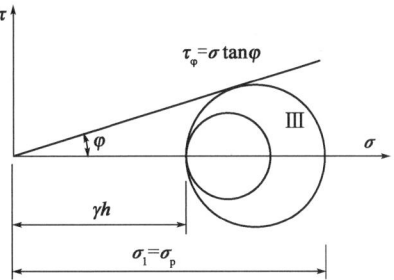

图 3-3-23　朗金被动状态与莫尔应力圆

式中：σ_p——沿墙深度方向被动土压力分布强度（kPa）；
　　　K_p——朗金被动土压力系数。

如取单位墙长计算，则被动土压力为：

砂性土 $$E_p = \frac{1}{2}\gamma H^2 K_p \tag{3-3-42}$$

黏性土 $$E_p = \frac{1}{2}\gamma H^2 K_p + 2cH\sqrt{K_p} \tag{3-3-43}$$

被动土压力 E_p 通过三角形或梯形压力分布图的形心，分别作用在离墙踵 $H/3$ 或 $\dfrac{(3h_c + H)}{(2h_c + H)} \cdot \dfrac{H}{3}$ 高度处（图 3-3-24）。

4. 倾斜平面时的土压力

如填土表面为倾斜平面，与水平面的倾角为 β，如图 3-3-25 所示。当填土向两侧方向伸张而达到主动极限平衡状态时，填土内出现两个破裂面，即第一、第二破裂面，两破裂面的夹角为

$90° - \varphi$,根据应力圆的几何关系(图 3-3-26),第一、第二破裂面倾角分别为:

$$\theta_i = \frac{1}{2}(90° - \varphi) + \frac{1}{2}(\varepsilon - \beta) \tag{3-3-44}$$

$$\alpha_i = \frac{1}{2}(90° - \varphi) - \frac{1}{2}(\varepsilon - \beta) \tag{3-3-45}$$

其中,$\varepsilon = \arcsin\dfrac{\sin\beta}{\sin\varphi}$。

作用于垂直面上的主动土压力为:

$$E_a = \frac{1}{2}\gamma H^2 K_a \tag{3-3-46}$$

$$K_a = \cos\beta \frac{\cos\beta - \sqrt{\cos^2\beta - \cos^2\varphi}}{\cos\beta + \sqrt{\cos^2\beta - \cos^2\varphi}} \tag{3-3-47}$$

式中:K_a——朗金主动土压力系数。

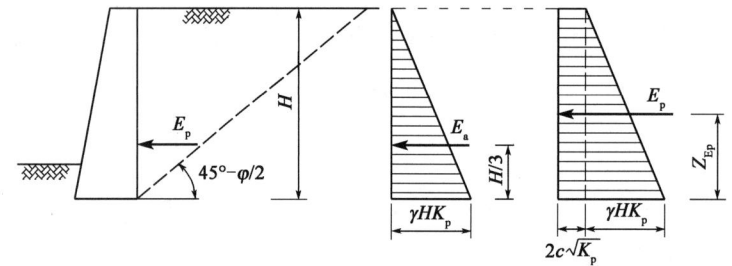

a)被动土压力图示　　b)砂性土被动土压力分布　　c)黏性土被动土压力分布

图 3-3-24　朗金被动土压力

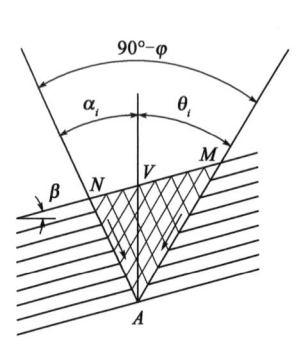

图 3-3-25　倾斜表面时的朗金理论

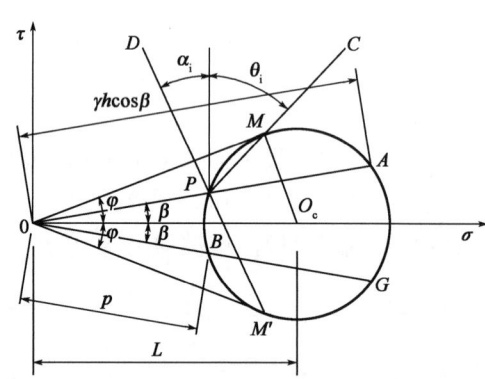

图 3-3-26　倾斜表面的朗金主动状态的应力圆

E_a 的方向与填土表面平行,土压应力呈三角形分布,合力作用点距离墙踵高度为 $H/3$。当填土向内侧压缩,且填土的抗剪强度得到充分发挥时,填土达到被动极限平衡状态,出现两破裂面,其夹角为 $90° + \varphi$。

第一、二破裂面倾角分别为:

$$\theta'_i = \frac{1}{2}(90° + \varphi) - \frac{1}{2}(\varepsilon + \beta) \tag{3-3-48}$$

$$\alpha_i' = \frac{1}{2}(90° + \varphi) + \frac{1}{2}(\varepsilon + \beta) \tag{3-3-49}$$

被动土压力为：

$$E_p = \frac{1}{2}\gamma H^2 K_p \tag{3-3-50}$$

$$K_p = \cos\beta \cdot \frac{\cos\beta + \sqrt{\cos^2\beta - \cos^2\varphi}}{\cos\beta - \sqrt{\cos^2\beta - \cos^2\varphi}} \tag{3-3-51}$$

式中：K_p——朗金被动土压力系数。

E_p 的方向与填土表面平行，土压力呈三角形分布，作用点距离墙踵高度为 $H/3$。

5. 朗金土压力理论的适用范围

（1）朗金土压力理论只适用于填土为一平面的垂直墙背的挡土墙。

①填土表面为水平，填土为砂性土时，可分别用式（3-3-37）和式（3-3-42）计算主动土压力和被动土压力；填土为黏性土时，可分别用式（3-3-38）和式（3-3-43）计算主动土压力和被动土压力。

②填土表面为倾斜平面，且 $\beta \leqslant \varphi$ 时，可分别用式（3-3-46）和式（3-3-50）计算主动土压力和被动土压力。

（2）填土表面为折线形时，朗金理论不适用。

（3）朗金理论可用于具有均布荷载、填土表面为倾斜平面的垂直墙，如图 3-3-27 所示，若该均布荷载换算高度为 h_0，则土压力为：

$$E_a = \frac{1}{2}\gamma H \cdot (H + 2h_0)K_a \tag{3-3-52}$$

$$E_p = \frac{1}{2}\gamma H \cdot (H + 2h_0)K_p \tag{3-3-53}$$

（4）如墙背（或假想墙背）为俯斜，如图 3-3-28 所示，虽然朗金理论只适用于垂直墙背，但可利用朗金理论近似计算土压力。其方法是从墙踵 A 点引竖直线交于填土表面 C 点以 AC 为假想墙背，假想墙背的计算墙高 H' 为：

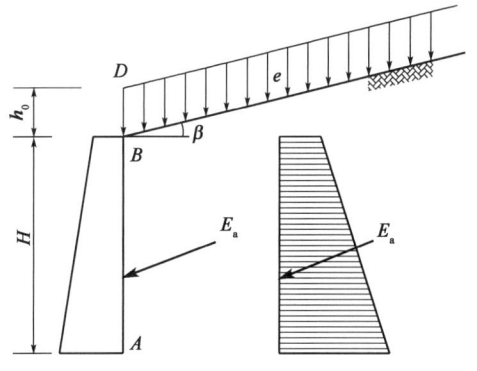

图 3-3-27 倾斜填土表面作用均布荷载

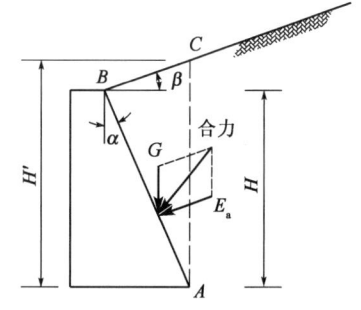

图 3-3-28 俯斜墙背

$$H' = H \cdot (1 + \tan\alpha \cdot \tan\beta) \tag{3-3-54}$$

用表 3-3-21 求出假想墙背 AC 上的主动土压力 E_a，然后计算 △ABC 的填土重 G，作为该土体对实际墙背的竖直压力,则 E_a 与 G 的矢量和可近似认为是 AB 墙背上的土压力。

(5)墙背为仰斜时,朗金理论不适用。

采用朗金土压力理论计算土压力,概念明确,计算公式简单。但由于其理论假定为墙背垂直、光滑,填土表面为单一水平面,使计算条件和适用范围受到限制,计算结果有一定误差。因未考虑墙背摩擦力使计算的主动土压力偏大(不超过20%);而计算的被动土压力偏小,但误差一般也较小,比库仑理论计算结果相对合理。

6. 计算示例

示例3:钢筋混凝土悬臂式路肩墙,墙高6m,墙踵宽2.80m,墙后填料 $\varphi = 40°$,$\gamma = 19\text{kN/m}^3$,车辆荷载换算土柱高 $h_0 = 0.63\text{m}$,如图3-3-29所示,求土压力。

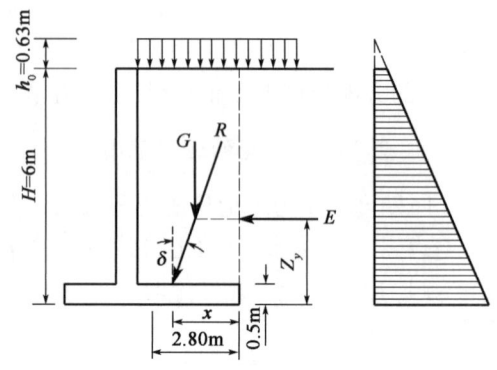

图3-3-29 悬臂式路肩墙计算图式

解:墙顶内缘与墙踵连线的倾角 α 为:

$$\tan\alpha = \frac{280}{600} = 0.467, \alpha = 25°01'$$

$$\varepsilon = \arcsin\frac{\sin\beta}{\sin\varphi} = \arcsin\frac{\sin 0°}{\sin 40°} = 0$$

$$\alpha_i = \frac{1}{2}(90° - \varphi) - \frac{1}{2}(\varepsilon - \beta) = \frac{1}{2}(90° - 40°) - \frac{1}{2}(0° - 0°) = 25°$$

$\alpha_i < \alpha$,故满足朗金条件。

$$K = \cos\beta \cdot \frac{\cos\beta - \sqrt{\cos^2\beta - \cos^2\varphi}}{\cos\beta + \sqrt{\cos^2\beta - \cos^2\varphi}} = \cos 0° \times \frac{\cos 0° - \sqrt{\cos° - \cos 40°}}{\cos° 0 + \sqrt{\cos 0° - \cos 40°}} = 0.217$$

作用在墙踵垂直面上的主动土压力为:

$$E = \frac{1}{2}\gamma H^2 K \cdot \left(1 + \frac{2h_0}{H}\right) = \frac{1}{2} \times 19 \times 6^2 \times 0.217 \times \left(1 + \frac{2 \times 0.63}{6}\right) = 89.80(\text{kN})$$

土压力作用点距墙踵:

$$Z_y = \frac{H^2 + 3h_0 H}{3 \cdot (2h_0 + H)} = \frac{6^2 + 3 \times 0.63 \times 6}{3 \times (2 \times 0.63 + 6)} = 2.17(\text{m})$$

墙踵上部的土重及荷载重为:

$$G = \gamma \cdot [2.80 \times (6.00 - 0.50 + 0.63)]$$
$$= 19 \times [2.80 \times (6.00 - 0.50 + 0.63)]$$
$$= 326.12(\text{kN})$$

合力 R 为:

$$R = \sqrt{E^2 + G^2} = \sqrt{89.80^2 + 326.12^2} = 338.26(\text{kN})$$

合力与垂线的倾角为:

$$\tan\delta = \frac{E}{G} = \frac{89.80}{326.12} = 0.275, \delta = 15°24'$$

合力作用点距墙踵为:

$$x = \frac{2.8}{8} + \frac{E \cdot (Z_y - 0.5)}{G} = 1.40 + \frac{89.80 \times (2.17 - 0.5)}{326.12} = 1.86(\text{m})$$

六、黏性填土的土压力计算

挡土墙后若采用黏性土作填料时,由于黏土的黏结力对主动土压力有较大影响,故应计入黏聚力的作用。

1. 综合内摩擦角法

目前,由于黏聚力的数值难于恰当地确定,同时又缺乏按黏性土计算方法设计挡土墙的大量实践经验,现行《公路路基设计规范》(JTG D30)、《铁路路基设计规范》(TB 10001)仍列入采用综合内摩擦角法来计算黏性土的主动土压力。即增大内摩擦角的数值,把黏聚力的影响考虑在内摩擦角这一参数内,按砂性土的公式计算其主动土压力。通常将黏性土的内摩擦角增大 5°~10°,作为综合内摩擦角;或取综合内摩擦角值为 30°~40°。

然而,由于影响土压力数值的因素是多方面的,包括墙高、墙型、墙后填料表面和荷载的情况等,不可能按土压力相等或力矩相等的原则,为之确定一个固定的综合内摩擦角值。

为了减少采用内摩擦角法计算主动土压力所产生的误差,可按挡土墙高度采用相应的综合内摩擦角值,现行《公路路基设计规范》(JTG D30)、《铁路路基设计规范》(TB 10001)均规定:墙高 $H \leq 6m$ 时,用 40°~35°;$H > 6m$ 时,用 35°~30°。

2. 力多边形法(数解法)

考虑墙后填料黏聚力的土压力计算方法,仍可近似以库仑理论为基础,假设破裂面为平面,由此引起的误差,并不太大。然而,计算所采用的计算黏聚力值必须可靠。在保证最不利条件下墙后填料的实际黏聚力不低于采用值时,可采用以下方法计算土压力。但以下方法不适用于高膨胀性土和塑性土填料的土压力计算。

(1)裂缝区

当墙身向外有足够的位移时,黏性土土层的顶部会出现拉应力,并进而产生竖直裂缝。裂缝的深度 h_c 为:

$$h_c = \frac{2c}{\gamma} \cdot \tan\left(45° + \frac{\varphi}{2}\right) \tag{3-3-55}$$

式中:c——填料的单位黏聚力(kPa)。

裂缝的深度与地面的斜度无关。墙后填料上有均布荷载时,裂缝的深度将减小。若将荷载换算成厚度为 h_0 的均布土层,如图 3-3-30 所示,则实际裂缝区深度为:

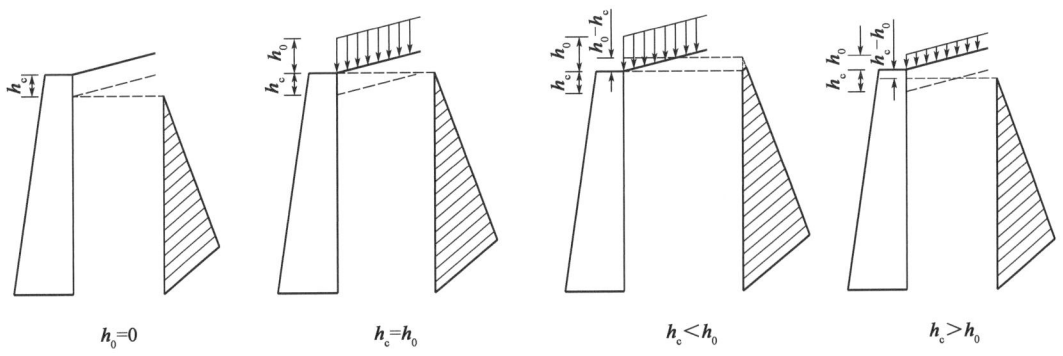

图 3-3-30　各种均布荷载情况下的裂缝区深度和土压力图

$$h'_c = h_c - h_0 \tag{3-3-56}$$

墙后填料受有局部荷载作用时，由于情况复杂，难以正确估计，而往往忽略它对裂缝深度的影响。

(2) 土压力计算公式

以库仑理论为基础，按静力平衡条件，由力多边形可求得计入黏聚力影响的主动土压力 E_c（图 3-3-31）：

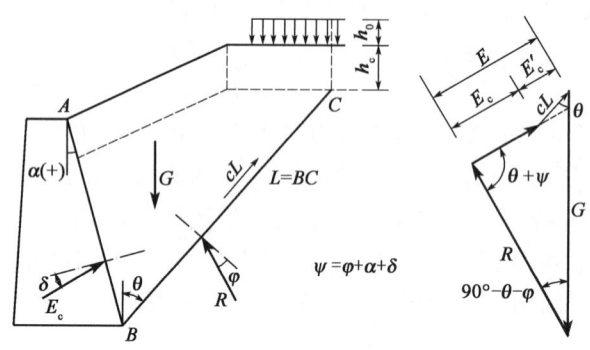

图 3-3-31　黏性土土压力计算图式

$$E_c = E - E'_c = G \cdot \frac{\cos(\theta + \varphi)}{\sin(\theta + \psi)} - \frac{cL \cdot \cos\varphi}{\sin(\theta + \psi)} \tag{3-3-57}$$

$$\psi = \varphi + \alpha + \delta$$

式中：G——破棱体及其上附加荷载的重量 (kN)；

　　　L——破裂面坡面长度 (m)；

　　　φ——填料的内摩擦角 (°)；

　　　θ——计算破裂角 (°)。

令 $\dfrac{dE_c}{d\theta} = 0$，即可得到最大主动土压力和最不利破裂角 θ 的计算式。各种情况下的黏性土土压力计算公式，列于表 3-3-22-4。

由于难以如实确定墙背与填料之间的黏聚力 c'，故在上述计算式中均忽略不计。表 3-3-22-4 中的各土压应力图形，系近似假定土压应力沿墙背呈直线分布，不计局部荷载对裂缝区深度的影响，参照砂性土的计算方法绘出的。

(3) 计算示例

示例 4：路肩墙如图 3-3-32 所示，$H = 8.0\text{m}$。填料为亚砂土，$\gamma = 18\text{kN/m}^3$，$c = 5\text{kPa}$，$\varphi = 25°$。

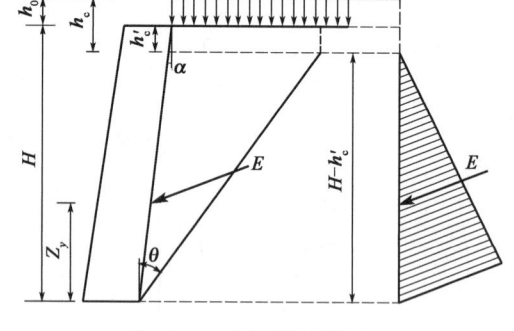

图 3-3-32　路肩墙计算图式

选用仰斜墙 $1:0.20$（$\alpha = -11°19'$），$\delta = \dfrac{1}{2}\varphi$，$h_0 = 0.42\text{m}$，求土压力 E_c。

解：

① 裂缝区深 h_c

$$h_c = \frac{2c}{\gamma} \cdot \tan\left(45° + \frac{\varphi}{2}\right) = \frac{2 \times 5}{18} \times \tan\left(45° + \frac{25°}{2}\right) = 0.87(\text{m})$$

裂缝区实际深:$h'_c = h_c - h_0 = 0.87 - 0.42 = 0.45(\text{m})$

②破裂角 θ

选表 3-3-22-4 中第一类公式:

$$\psi = \varphi + \alpha + \delta = 25° - 11°19' + 12°30' = 26°'$$

$$A = \frac{1}{2}(H - h'_c)(H + h'_c + 2h_0) = \frac{1}{2} \times (8 - 0.45) \times (8 + 0.45 + 2 \times 0.42) = 35.07$$

$$B = -\frac{1}{2}H(H + 2h_0)\tan\alpha = \frac{8}{2} \times (8 + 2 \times 0.42) \times 0.2 = 7.07$$

$$D = \frac{A\sin(\varphi - \psi) - B\cos(\varphi - \psi)}{\cos\psi\left[A\sin\varphi + \dfrac{c}{\gamma}(H - h'_c)\cos\varphi\right]}$$

$$= \frac{35.07 \times \sin(25° - 26°11') - 7.07 \times \cos(25° - 26°11')}{\cos26°11' \times \left[35.07 \times \sin25° + \dfrac{0.8}{1.5} \times (8 - 0.45) \times \cos25°\right]} = -0.520$$

$$\tan\theta = -\tan\psi + \sqrt{\sec^2\psi - D} = -\tan26°11' + \sqrt{\sec^226°11' + 0.520} = 0.8357$$

$$\theta = 39°53'$$

③主动土压力 E_c

$$E_c = \gamma(A\tan\theta - B) \cdot \frac{\cos(\theta + \varphi)}{\sin(\theta + \varphi)} - \frac{c(H - h'_c)}{\cos\theta \cdot \sin(\theta + \psi)}$$

$$= 18 \times (35.07 \times \tan39°53' - 7.07) \times \frac{\cos(39°53' + 25°)}{\sin(39°53' + 26°11')} -$$

$$\frac{5 \times (8 - 0.45)\cos25°}{\cos39°53' \times \sin(39°53' + 26°11')} = 137.09(\text{kN})$$

④土压力作用点位置 Z_y

$$Z_y = \frac{1}{3}(H - h'_c) = \frac{1}{3} \times (8 - 0.45) = 2.52(\text{m})$$

3.《建筑地基基础设计规范》中的推荐方法

现行《建筑地基基础设计规范》(GB 50007)推荐的是以平面滑裂面假定为基础的黏性土、粉土主动土压力数值计算方法,考虑了土的黏聚力作用,适用于填土表面为一倾斜平面,其上作用有均布超载 q 的一般情况(图 3-3-33)。

仿库仑土压力公式推导过程,规范给出了主动土压力计算公式:

$$E_a = \frac{1}{2}\gamma h^2 K_a \qquad (3\text{-}3\text{-}58)$$

式中:K_a——黏性土、粉土主动土压力系数,按式(3-3-59)计算。

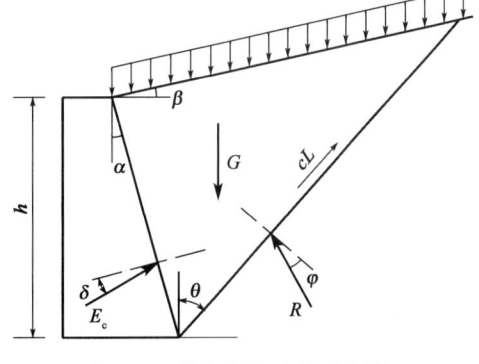

图 3-3-33 按规范求土压力示意图

$$K_a = \frac{\cos(\alpha - \beta)}{\cos^2\alpha \cdot \cos^2(\alpha - \beta + \varphi + \delta)} \cdot \{K_q[\cos(\alpha - \beta) \cdot \cos(\alpha + \delta)$$
$$+ \sin(\varphi + \delta) \cdot \sin(\varphi - \beta)] + 2\eta \cdot \cos\alpha \cdot \cos\varphi \cdot \sin(\alpha - \beta + \varphi + \delta)$$
$$- 2[(K_q \cdot \cos(\alpha - \beta) \cdot \sin(\varphi - \beta) + \eta \cdot \cos\alpha \cdot \cos\varphi) \cdot (K_q \cdot \cos(\alpha + \delta) \cdot$$
$$\sin(\varphi + \delta) + \eta \cdot \cos\alpha \cdot \cos\varphi)]^{1/2}\} \tag{3-3-59}$$

$$\eta = \frac{2c}{\gamma H} \tag{3-3-60}$$

考虑填土表面均布超载影响的系数 K_q 按下式计算：

$$K_q = 1 + \frac{2q}{\gamma H} \cdot \frac{\cos\alpha \cdot \cos\beta}{\cos(\alpha - \beta)} \tag{3-3-61}$$

式中：q——填土表面均布荷载(以单位水平投影面上荷载强度计)(kN/m^2)；
α——墙背与过墙顶面后缘垂直面的夹角(°)；
β——填土表面与水平面之间的夹角(°)；
δ——墙背与填土之间的摩擦角(°)；
φ——墙后填土的内摩擦角(°)；
c——墙后填土的黏聚力(kN)；
γ——墙后填土的重度(kN/m^3)；
H——挡土墙高度(m)；

计算主动土压力时，破裂面与水平面的倾角为：

$$\theta = 90° - \arctan\left[\frac{\sin\beta \cdot S_q + \cos(\alpha + \varphi + \delta)}{\cos\beta \cdot S_q - \sin(\alpha + \varphi + \delta)}\right] \tag{3-3-62}$$

其中：

$$S_q = \sqrt{\frac{K_q \cdot \cos(\alpha + \delta) \cdot \sin(\varphi + \delta) + \eta \cdot \cos\alpha \cdot \cos\varphi}{K_q \cdot \cos(\alpha - \beta) \cdot \sin(\varphi - \beta) + \eta \cdot \cos\alpha \cdot \cos\varphi}} \tag{3-3-63}$$

在现行《建筑地基基础设计规范》(GB 50007)中，选用了 $\delta = \frac{\varphi}{2}$ 编制了 K_a 的系数图表。

回填土为黏性土、粉土时，只要排水条件、墙背填土质量符合规范要求，可根据回填土的性质、挡土墙墙背倾角 α 及回填土表面倾角 β，根据式(3-3-59)，求得主动土压力系数 K_a。

4. 楔体试算法(图解法)

其方法与本节第六部分"力多边形法"中所述相同。

具体步骤为(图3-3-34)：

(1)按式(3-3-55)确定裂缝深度 h_c，与换算的均布土层 h_0 相比后，平行填土表面绘出裂缝区。

(2)由墙踵 B 绘若干试算破裂面，交于裂缝区下缘后，作垂线交于填土表面。

(3)量取墙背及各试算面的长度 L(不包括裂缝区)，计算其黏聚力 c_1($= cL_1$)、c_2($= cL_2$)……；计算各土楔重(包括裂缝区土重及超载重量)。

(4)按一定比例绘出各土楔的力多边形，由此求得最大主动土压力 E_c 及破裂角 θ；力多边形的具体绘法，参见本节第六部分"力多边形法"。

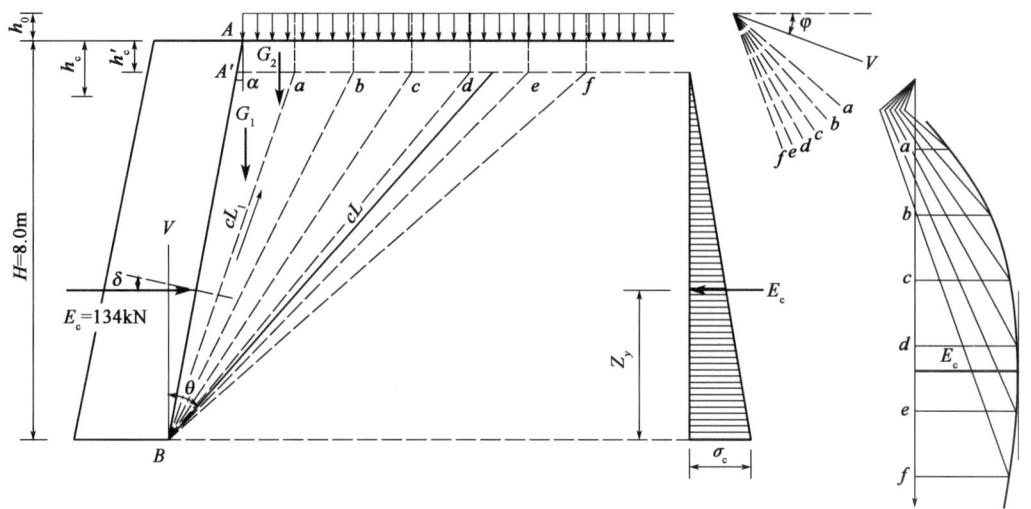

图 3-3-34 黏性土填料的楔体试算法及示例

土压力作用点的位置,对于填料表面为平面及荷载为连续均匀的情况,按土压应力呈直线分布的图形确定,参见表 3-3-22-1。填料表面不规则及荷载为条状均布时,则按本节第六部分《建筑地基基础设计规范》中的推荐方法,把墙高分成三段,分别图解不同墙高的土压力,然后按土压应力呈直线分布的假设,绘制土压应力图,最后定出土压力作用点,参见表 3-3-22-4。

黏性填土图解法计算示例:

示例 5:仰斜式路肩挡土墙,墙背尺寸如图 3-3-34 所示,计算参数:$\varphi=25°$,$c=5\mathrm{kPa}$,$\alpha=-11°19'$ (1:0.20),$\gamma=18\mathrm{kN/m^3}$,$h_0=0.42\mathrm{m}$。用图解法求黏性土土压力。

解:填料顶面裂缝深度:

$$h_c = \frac{2c}{\gamma} \cdot \tan\left(45° + \frac{\varphi}{2}\right) = \frac{2 \times 15}{18} \times \tan\left(45° + \frac{25°}{2}\right) = 0.87\,(\mathrm{m}) > h_0 = 0.42\,(\mathrm{m})$$

实际裂缝区深度:

$$h'_c = h_c - h_0 = 0.87 - 0.42 = 0.45\,(\mathrm{m})$$

黏性土土压力图解法见表 3-3-20。

图解黏性土土压力(单位:kN)　　　　　　　　　　　　　　　　　表 3-3-20

楔　体	ABa	ABb	ABc	ABd	ABe	ABf
G_1	68.0	135.6	203.7	270.2	337.4	404.7
G_2	14.5	30.2	45.9	61.6	77.3	93.0
cL	39.9	41.7	44.0	46.8	49.9	53.4

由楔体试算法图解得黏性填料的主动土压力:

$$E_c = 134\,(\mathrm{kN})$$

作用点

$$Z_y = \frac{1}{3}(H + h_0 + h_c) = \frac{1}{3} \times (8 + 0.42 - 0.87) = 2.52\,(\mathrm{m})$$

应用图解法求黏性土土压力,比数解法简便。

七、复杂条件下的土压力

1. 折线形墙背土压力计算

为适应地形和工程需要,常采用凸形墙背的挡土墙或衡重式挡土墙。这类折线形墙背的挡土墙,通常以墙背转折点或衡重台为界,近似地分成上墙和下墙(图3-3-35),分别按库仑理论计算各直线墙段上的土压力,且计算上墙土压力时,不考虑下墙的影响,然后取其矢量和作为全墙的土压力。

衡重式挡土墙,由于设有衡重台,可把上墙墙顶内缘和衡重台后缘连线视作上墙的假想墙背。悬臂式和扶壁式挡土墙,可把墙顶内缘与墙踵的连线视作假想墙背。假想墙背与实际墙背间的土楔,一般假设与实际墙背一起移动,则假想墙背的墙背摩擦角 δ 等于填料的内摩擦角 φ (图3-3-36)。对于平缓的俯斜墙背(包括假想墙背),应验核第二破裂面是否会出现。如果出现,则需按第二破裂面计算土压力。

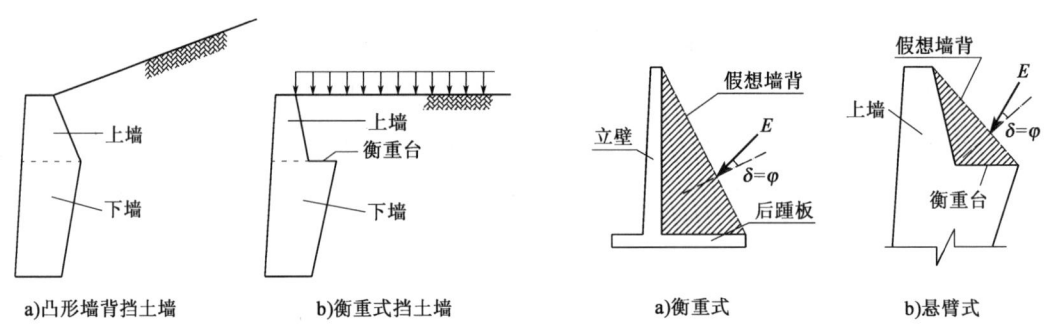

图3-3-35 折线形墙背   图3-3-36 假想墙背

(1) 下墙土压力计算

计算折线形墙背下墙土压力的近似方法很多,这里介绍如下几种。

① 延长墙背法

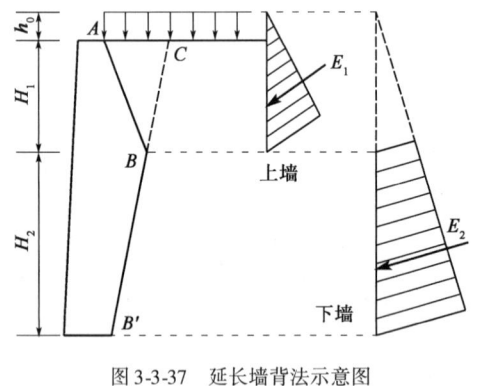

图3-3-37 延长墙背法示意图

如图3-3-37所示,在上墙土压力算得后,延长下墙墙背,交于填土表面,按此虚拟墙背 $B'C$ 计算土压力,并绘出全墙的土压应力分布图,取对应于下墙高度区段的压应力分布图面积重心的合力作为下墙的土压力。

这种方法,由于忽略了延长墙背与实际墙背之间的土体重和作用于其上的荷载重量,以及由于作用于延长墙背和实际墙背上土压力的方向不同,引起竖直分量之差,而存在着一定的误差。但本法计算简便,一般偏于安全,故仍常为设计时应用。

② 校正墙背法

针对延长墙背法的缺点,提出了按校正后的虚拟墙背 $B'A'$ 计算土压力,如图3-3-38所示,以减小计算误差。

校正墙背的位置,按下述步骤确定:
a. 延长下墙墙背,交于填土表面 C 点;
b. 量取 $\triangle ABC$ 的面积;

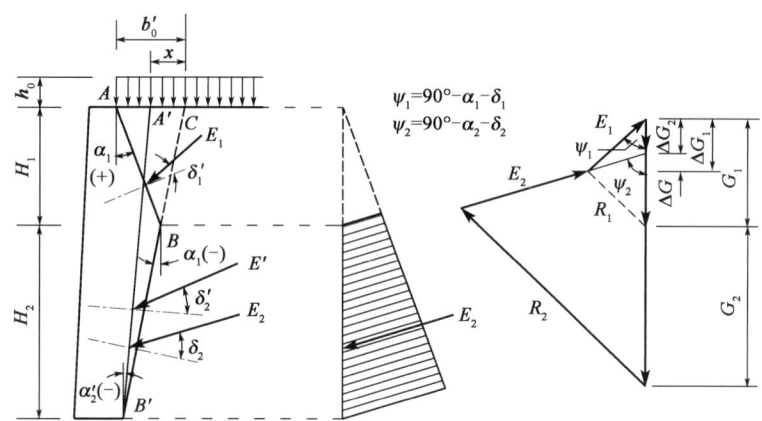

图 3-3-38　校正墙背法计算图式

c. 计算校正重 ΔG 值:

$$\Delta G = \Delta G_1 - \Delta G_2 \tag{3-3-64}$$

$$\Delta G_1 = \gamma \cdot (\triangle ABC + h_0 b_0') \tag{3-3-65}$$

$$\Delta G_2 = E_1 \cdot \frac{\sin[(\alpha_1 + \delta_1) - (\alpha_2 + \delta_2)]}{\cos(\alpha_2 + \delta_2)} \tag{3-3-66}$$

式中:ΔG_1——延长墙背与实际墙背之间的楔体重及其上部的荷载重(kN);
　　b_0'——楔体上部荷载的分布宽度(m);
　　ΔG_2——考虑延长墙背与实际墙背上土压力作用方向不同而产生的附加垂直分力(kN);
　　α_1、α_2——上墙和下墙墙背的倾角(°),俯斜时取正值,仰斜时取负值;
　　δ_1、δ_2——上墙和下墙的墙背摩擦角(°)。

d. 确定校正墙背的位置(以路肩墙为例):
设校正墙背与填土表面的交点 A' 离 C 点的距离为 x,

$$x = \frac{\Delta G}{\gamma h_0 + \dfrac{\gamma \cdot (H_1 + H_2)}{2}} \tag{3-3-67}$$

校正墙背的倾角 α_2' 可按下式确定:

$$\tan\alpha_2' = \frac{b_0' - x - H_1 \cdot \tan\alpha_1 - H_2 \cdot \tan\alpha_2}{H_1 + H_2} \tag{3-3-68}$$

求得校正墙背的倾角 α_2' 后,可应用表 3-3-22 中相应的计算公式求算作用于校正墙背上的土压力 E'。土压力作用的方向与校正墙背法线的倾角,可按下式计算:

$$\delta_2' = \delta_2 + (\alpha_2 - \alpha_2') \tag{3-3-69}$$

按 α_2' 和 δ_2' 算得作用于校正墙背上的土压力 E' 后,再计算作用于下墙墙背上的土压力 E_2:

$$E_2 = E' - E_1 \cdot \frac{\cos(\alpha_1 + \delta_1)}{\cos(\alpha_2 + \delta_2)} \tag{3-3-70}$$

按校正墙背绘制全墙高土压应力图,截取对应于下墙高度部分,求其图形重心,即为下墙土压力的作用点。

③上墙填料均布超载法

下墙土压力也可以近似采用下述方法计算:把上墙墙后的填料视作均布的超载,而影响下墙土压力的超载部分(包括车辆荷载)的范围,则根据上墙计算所得之破裂角 θ_1 和下墙的破裂角 θ_2 确定。各种情况下的影响范围,如图 3-3-39 所示,图中的阴影部分即为计算下墙土压力时应计入的上墙墙后均布超载和车辆荷载的范围。

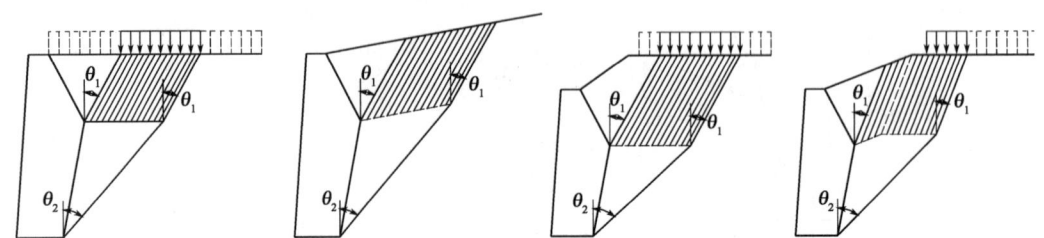

图 3-3-39 计算下墙土压力时应考虑的上墙墙后均布超载和车辆荷载的范围

据此,按库仑理论推导出各种情况下的下墙土压力计算公式,列于表 3-3-22-3。

计算时,必须先假设破裂面的位置,选用相应的计算公式,而后验核计算结果是否与假设相符。墙后填料为不同性质的土层时,其土压力计算也可采用与上述相同的方法进行。

(2)计算示例

示例6:衡重式路堤墙,断面尺寸如图 3-3-40 所示。填料 $\gamma = 19\text{kN/m}^3, \varphi = 45°, \delta = \varphi/2$。

(Ⅰ)求上墙主动土压力;(Ⅱ)按校正墙背法求下墙主动土压力;(Ⅲ)按上墙填料均布超载法求下墙主动土压力。

解:

(Ⅰ)求上墙主动土压力

作假想墙背

$$\tan\alpha_1' = \tan\alpha_1 + \frac{d_1}{H_1} = 0.33 + \frac{0.92}{4} = 0.56, \alpha_1' = 29°15'$$

①确定破裂角计算公式

假设第一破裂面交于荷载内,选用表 3-3-22-2 中第四类公式:

$$h'' = H_1 \cdot \sin\beta \cdot (\cot\beta + \tan\alpha_1')$$

$$= 4 \times \sin33°41' \times (1.5 + 0.56) = 4.57$$

$$p = \sqrt{1 + \frac{2h_0}{H_0}} = \sqrt{1 + \frac{2 \times 0.38}{9}} = 1.041$$

$$Q = \frac{h''}{pH_0} \cdot \csc(2\varphi + \beta) - \cot(2\varphi + \beta) = \frac{4.57}{1.041 \times 9} \times \csc(2 \times 45° + 33°41')$$

$$- \cot(2 \times 45° + 33°41') = 1.253$$

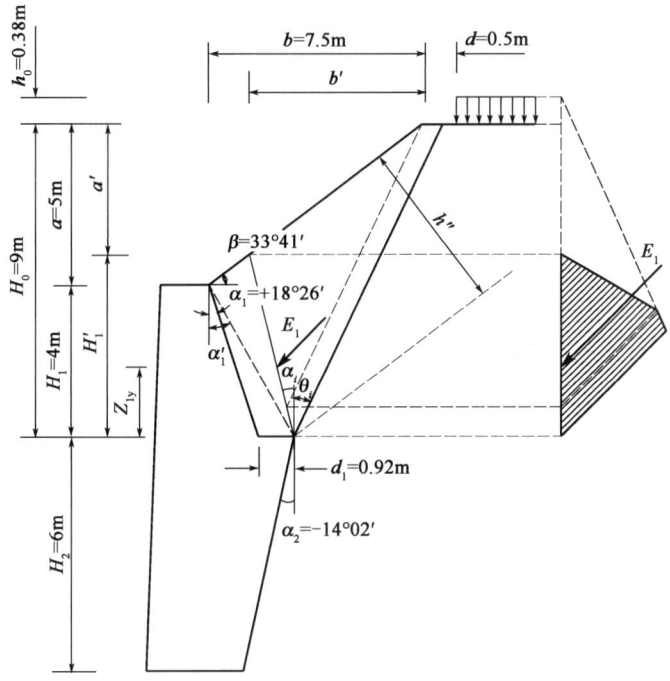

图 3-3-40　衡重式路堤墙

$$R = \cot\varphi \cdot \cot(2\varphi + \beta) + \frac{h''^2}{p^2 H_0^2} \cdot \frac{\cos(\varphi + \beta)}{\sin\varphi \cdot \sin(2\varphi + \beta)} \cdot$$

$$\left\{ 1 + \frac{H_0^2}{h''^2} \cdot \tan(\varphi + \beta) \cdot \left[\frac{2h''}{H_0 \cdot \sin\beta} - \cot\beta - \frac{h''^2}{H_0^2} \cdot \cot\beta - \frac{2h_0}{H_0} \cdot \right.\right.$$

$$\left.\left. \left(\cot\beta - \frac{h''}{H_0 \cdot \sin\beta} + \frac{d}{H_0} \right) \right] - \frac{2pH_0 \cdot \cos\varphi}{h'' \cdot \cos(\varphi + \beta)} \right\}$$

$$= \cot45° \times \tan(2 \times 45° + 33°41') + \frac{4.57^2}{1.041^2 \times 9^2} \times$$

$$\frac{\cos(45° + 33°41')}{\sin45° \times \sin(2 \times 45° + 33°41')} \times \left\{ 1 + \frac{9^2}{4.57^2} \times (45° + 33°41') \times \right.$$

$$\left[\frac{2 \times 4.57}{9 \times \sin33°41'} - 1.5 - \frac{4.57^2}{9^2} \times 1.5 - \frac{2 \times 0.38}{9} \times \right.$$

$$\left.\left. \left(1.5 - \frac{4.57}{9 \times \sin33°41'} + \frac{0.5}{9} \right) \right] + \frac{2 \times 1.041 \times 9\cos45°}{4.57 \times \cos(45° + 33°41')} \right\}$$

$$= -1.927$$

$$\tan\theta_1 = -Q + \sqrt{Q^2 - R} = -1.253 + \sqrt{1.253^2 + 1.927} = 0.617$$

验核破裂面位置：

堤顶破裂面距墙顶内缘 $H_1 \cdot \tan\alpha_1' + H_0 \cdot \tan\theta_1 = 4 \times 0.56 + 9 \times 0.617 = 7.79(\text{m})$

荷载内缘距墙顶内 $b + d = 7.50 + 0.50 = 8.00(\text{m})$

路基边缘距墙顶内缘 $b = 7.50(\text{m})$

因 $7.50 < 7.79 < 8.00$，故破裂面交于路肩上，与假设不符。

重设第一破面交于路肩上，选用表 3-3-22-2 中第三类公式计算。

$$Q = \frac{h''}{H_0} \cdot \csc(2\varphi + \beta) - \cot(2\varphi + \beta)$$

$$= \frac{4.57}{9} \times \csc(2 \times 45° + 33°41') - \cot(2 \times 45° + 33°41') = 1.277$$

$$R = \cot\varphi \cdot \cot(2\varphi + \beta) + \frac{h''^2}{H_0^2} \cdot \frac{\cos(\varphi + \beta)}{\sin\varphi \cdot \sin(2\varphi + \beta)} \cdot \left\{ 1 + \frac{H_0^2}{h''^2} \cdot \tan(\varphi + \beta) \cdot \left[\frac{2h''}{H_0 \cdot \sin\beta} \right.\right.$$

$$\left.\left. - \cot\beta - \frac{h''^2}{H_0^2} \cdot \cot\beta \right] - \frac{2H_0}{h''} \cdot \frac{\cos\varphi}{\cos(\varphi + \beta)} \right\}$$

$$= 1 \times \cot(2 \times 45° + 33°41') + \frac{4.57^2}{9^2} \times \frac{\cos(45° + 33°41')}{\sin 45° \times \sin(2 \times 45° + 33°41')} \times$$

$$\left[1 + \frac{9^2}{4.57^2} \times \tan(45° + 33°41') \times \left(\frac{2 \times 4.57}{9 \times \sin 33°41'} - 1.5 - \frac{4.57^2}{9^2} \times 1.5 \right) \right.$$

$$\left. - \frac{2 \times 9}{4.57} \times \frac{\cos 45°}{\cos(45° + 33°41')} \right] = -1.892$$

$$\tan\theta_i = -Q + \sqrt{Q^2 - R} = -1.277 + \sqrt{1.277^2 + 1.892} = 0.600$$

$$\theta_i = 30°58'$$

验核破裂面位置：

堤顶破裂面距墙顶内缘 $H_1 \cdot \tan\alpha_1' + H_0 \cdot \tan\theta_i = 4 \times 0.56 + 0.60 = 7.64(\text{m})$

因 $7.50 < 7.64 < 8.00$，故破裂面交于路肩，与假设相符。

②第二破裂角 d_i

由表 3-3-22-2 第五类公式可知：

$$\tan(\alpha_i - \beta) = \cot(\varphi + \beta) - \frac{H_0}{h''} \cdot \frac{\cos\varphi}{\sin(\varphi + \beta)} \cdot (1 - \tan\varphi \cdot \tan\theta_i)$$

$$= \cot(45° + 33°41') - \frac{9}{4.57} \times \frac{\cos 45°}{\sin(45° + 33°41')} \times (1 - \tan 45° \times 0.600)$$

$$= -0.368$$

$$\alpha_i - \beta = -20°11', \alpha_i = 33°41' - 20°11' = 13°30', \tan\alpha_i = 0.240$$

$\alpha_i < \alpha_1'(29°15')$，故出现第二破裂面。

③计算上墙主动土压力 E_1（作用于第二破裂面）

按表 3-3-22-2 中第三类公式可知：

$$H_1' = H_1 \cdot \frac{1 + \tan\alpha_1' \cdot \tan\beta}{1 + \tan\alpha_i \cdot \tan\beta} = 4 \times \frac{1 + 0.56 \times 0.667}{1 + 0.24 \times 0.667} = 4.74(\text{m})$$

$$a' = H_0 - H_1' = 9 - 4.74 = 4.26(\text{m})$$

$$b' = a' \cdot \cot\beta = 4.26 \times 1.5 = 6.39(\text{m})$$

$$h_3 = \frac{b' - a' \cdot \tan\theta_i}{\tan\theta_i + \tan\alpha_i} = \frac{6.39 - 4.26 \times 0.600}{0.600 + 0.240} = 4.57(\text{m})$$

$$K = \frac{\cos(\theta_i + \varphi)}{\sin(\theta_i + \alpha_i + 2\varphi)} \cdot (\tan\theta_i + \tan\alpha_i) = \frac{\cos(30°58' + 45°)}{\sin(30°58' + 13°30' + 2 \times 45°)}$$

$$\times (0.600 + 0.240) = 0.285$$

$$K_1 = 1 + \frac{2a'}{H'_1} \cdot \left(1 - \frac{h_3}{2H'_1}\right) = 1 + \frac{2 \times 4.26}{4.74} \times \left(1 - \frac{4.57}{2 \times 4.74}\right) = 1.932$$

$$E_1 = \frac{1}{2}\gamma H'^2_1 \cdot KK_1 = \frac{1}{2} \times 19 \times 4.74^2 \times 0.285 \times 1.932 = 117.53(\text{kN})$$

$$Z_{1y} = \frac{H'_1}{3} + \frac{a' \cdot (H'_1 - h_3)^2}{3H'^2_1 \cdot K_1} = \frac{4.74}{3} + \frac{4.26 \times (4.74 - 4.57)^2}{3 \times 4.74^2 \times 1.932} = 1.58(\text{m})$$

(Ⅱ)按校正墙背法求下墙主动土压力(图 3-3-41)

①确定校正墙背位置

延长下墙墙背,交于边坡 C 点,则:

$H'_1 = 4.74(\text{m})$ [见上面步骤(Ⅰ)]

$$H''_1 = H_1 + \frac{H_1 \cdot \tan\alpha_1 + d_1}{\cot\beta} = 4 + \frac{4 \times 0.33 + 0.92}{1.5} = 5.49(\text{m})$$

$$H'''_1 = H_1 + \frac{H_1 \cdot \tan\alpha_1 + d_1 - H_1 \cdot \tan\alpha_2}{\cot\beta + \tan\alpha_2} = 4 + \frac{4 \times 0.33 + 0.92 + 4 \times 0.25}{1.5 - 0.25} = 6.59(\text{m})$$

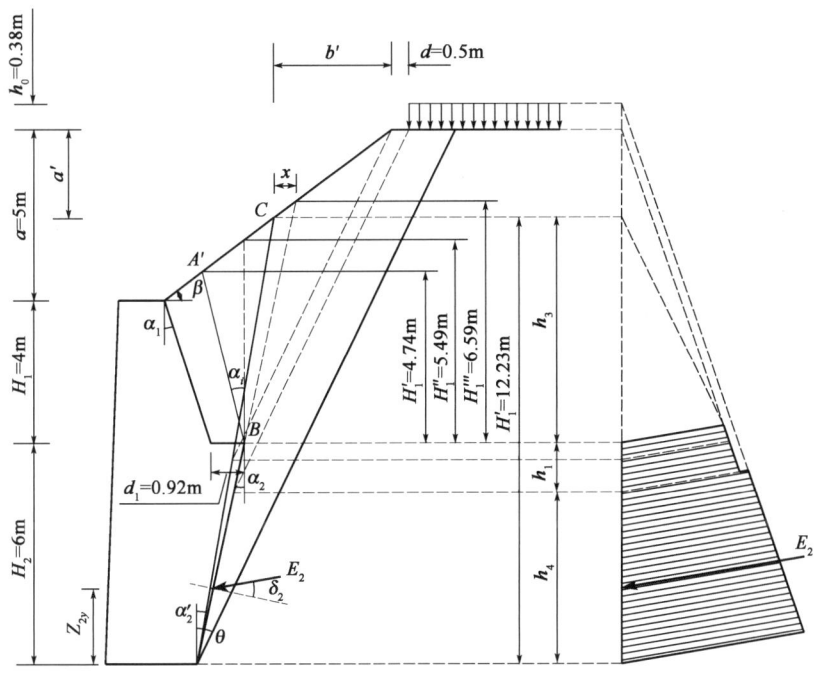

图 3-3-41 按校正墙背法求下墙主动土压力

而 $\triangle A'BC$ 的面积为:

$$S = \frac{1}{2}H''_1 \cdot (H'_1 \cdot \tan\alpha_i - H''_1 \cdot \tan\alpha_2) = \frac{1}{2} \times 5.49 \times (4.74 \times 0.24 + 6.59 \times 0.25) = 7.65(\text{m}^2)$$

$\triangle A'BC$ 的土楔重 ΔG_1 为:

$$\Delta G_1 = \gamma \cdot S = 19 \times 7.65 = 145.35 (\text{kN})$$

由式(3-3-66)知,

$$\Delta G_2 = E_1 \cdot \frac{\sin[(\alpha_1 + \delta_1) - (\alpha_2 + \delta_2)]}{\cos(\alpha_2 + \delta_2)}$$

$$= 117.53 \times \frac{\sin[(13°30' + 45°) - (-14°02' + 22°30')]}{\cos(-14°02' + 22°30')} = 91.07$$

故校正重 ΔG 为：

$\Delta G = \Delta G_1 - \Delta G_2 = 145.35 - 91.07 = 54.28 (\text{kN})$

校正墙背离 C 点的间距为：

$$x = \frac{\Delta G}{\frac{1}{2}\gamma \cdot (H_2 + H_1''') \cdot (1 + \tan\alpha_2 \cdot \tan\beta)} = \frac{54.28}{\frac{1}{2} \times 19 \times (6 + 6.59) \times (1 - 0.25 \times 0.667)}$$

$= 0.54 (\text{m})$

②求校正墙背上的土压力 E'

校正墙背的倾角 α_2' 为：

$$\tan\alpha_2' = \frac{(H_2 + H_1''') \cdot \tan\alpha_2 - x}{(H_2 + H_1''') - x \cdot \tan\beta} = \frac{(6 + 6.59) \times 0.25 - 0.55}{(6 + 6.59) - 0.55 \times 0.667} = 0.213, \alpha_2' = 12°01'$$

校正墙背上土压力对其法线的倾角为：

$$\delta_2' = \delta_2 + (\alpha_2 - \alpha_2') = 22°30' + (-14°02' + 12°01') = 20°29'$$

校正墙背的墙高为：

$H' = (H_2 + H_1''') - x \cdot \tan\beta = (6 + 6.59) - 0.55 \times 0.667 = 12.23 (\text{m})$

$a' = a - (H' - H_2 - H_1) = 5 - (12.23 - 4 - 6) = 2.77 (\text{m})$

$b' = a' \cdot \cot\beta = 2.77 \times 1.5 = 4.16 (\text{m})$

假设破裂面交于荷载内,采用表 3-3-22-1 第五类公式,则：

$$A = \frac{a' \cdot b' + 2h_0 \cdot (b' + d) - H' \cdot (H' + 2a' + 2h_0) \cdot \tan\alpha_2'}{(H' + a') \cdot (H' + a' + 2h_0)}$$

$$= \frac{2.77 \times 4.16 + 2 \times 0.38 \times (4.16 + 0.5) - 12.23 \times (12.23 + 2 \times 2.77 + 2 \times 0.38) \times 0.213}{(12.23 + 2.77) \times (12.23 + 2 \times 2.77 + 2 \times 0.38)}$$

$= 0.268$

$\psi = \varphi + \alpha_2' + \delta_2' = 45° - 12°01' + 20°29' = 53°28'$

破裂角 $\tan\theta = -\tan\psi + \sqrt{(\cot\varphi + \tan\psi) \cdot (\tan\psi + A)}$

$\qquad = -\tan53°28' + \sqrt{(\cot45° + \tan53°28') \times (\tan53°28' + 0.268)} = 0.60$

$\qquad \theta = 30°58'$

验核破裂面位置：

堤顶破裂面距墙踵 $(H' + a') \cdot \tan\theta = (12.23 + 2.77) \times 0.60 = 9.00 (\text{m})$

荷载内缘距墙踵 $H' \cdot \tan\alpha_2' + b' + d = 12.23 \times 0.213 + 4.16 + 0.50 = 7.26 (\text{m})$

因 $7.26 < 9.00$,故破裂面交于荷载内,与假设相符。

$$h_1 = \frac{d}{\tan\theta + \tan\alpha_2'} = \frac{0.5}{0.6 - 0.213} = 1.29 (\text{m})$$

$$h_3 = \frac{b' - a' \cdot \tan\theta}{\tan\theta + \tan\alpha_2'} = \frac{4.16 - 2.77 \times 0.6}{0.6 - 0.213} = 6.45 (\text{m})$$

$h_4 = H' - h_1 - h_3 = 12.23 - 1.29 - 6.45 = 4.49 (\text{m})$

$$K_1 = 1 + \frac{2a'}{H'} \cdot \left(1 - \frac{h_3}{2H'}\right) + \frac{2h_0 h_4}{H'^2} = 1 + \frac{2 \times 2.77}{12.23} \times \left(1 - \frac{6.45}{2 \times 12.23}\right)$$

$$+ \frac{2 \times 0.38 \times 4.49}{12.23^2} = 1.356$$

$$K = \frac{\cos(\theta + \varphi)}{\sin(\theta + \psi)} \cdot (\tan\theta + \tan\alpha'_2)$$

$$= \frac{\cos(30°58' + 45°)}{\sin(30°58' + 53°28')} \times (\tan 30°58' - \tan 12°01') = 0.094$$

$$E' = \frac{1}{2}\gamma H'^2 \cdot KK_1 = \frac{1}{2} \times 19 \times 12.23^2 \times 0.094 \times 1.356 = 181.12 \text{ (kN)}$$

③求下墙土压力 E_2

由式(3-3-70)可知：

$$E_2 = E' - E_1 \cdot \frac{\cos(\alpha_1 + \delta_1)}{\cos(\alpha_2 + \delta_2)} = 181.12 - 117.53 \times \frac{\cos(13°30' + 45°)}{\cos(-14°02' + 22°30')} = 119.03 \text{ (kN)}$$

④求土压力作用点位置 Z_{2y}

按校正墙背绘制土压应力图，取下墙部分，图形重心即为土压力作用点，其 Z_{2y} 依表 3-3-22-3 第一类公式计算：

$$K_1 = 1 + \frac{2H_0}{H_2} + \frac{2h_0 h_4}{H_2^2} = 1 + \frac{2 \times (4+5)}{6} + \frac{2 \times 0.38 \times 4.49}{6^2} = 4.1$$

$$Z_y = \frac{H_2}{3} + \frac{H_0}{3K_1} - \frac{h_0 h_4 \cdot (2H_2 - 3h_4)}{3H_2^2 \cdot K_1} = \frac{6}{3} + \frac{4+5}{3 \times 4.1} - \frac{0.38 \times 4.49 \times (2 \times 6 - 3 \times 4.49)}{3 \times 6^2 \times 4.1}$$

$$= 2.74 \text{ (m)}$$

(Ⅲ)按上墙填料均布超载法求下墙主动土压力(图 3-3-42)

①计算下墙破裂角 θ_2

由(Ⅰ)知，上墙破裂角 $\theta_i = 30°58'$，破裂面交于路肩。

假设考虑下墙后的破裂面交于荷载内，选用表 3-3-22 中第一类公式，则：

$$d' = b + d - H_1 \cdot \tan\alpha'_1 - H_0 \cdot \tan\theta_i = 7.5 + 0.5 - 4 \times 0.56 - 9 \times 0.60 = 0.36 \text{ (m)}$$

$$A = \frac{2d' \cdot h_0}{H_2 \cdot (H_2 + 2H_0 + 2h_0)} - \tan\alpha_2 = \frac{2 \times 0.36 \times 0.38}{6 \times (6 + 2 \times 9 + 2 \times 0.38)} + 0.25 = 0.252$$

$$\psi = \varphi - \alpha_2 + \delta_2 = 45° - 14°02' + 1/2 \times 45° = 53°28'$$

$$\tan\theta_2 = -\tan\psi + \sqrt{(\cot\varphi + \tan\psi) \cdot (\tan\psi + A)}$$

$$= -\tan 53°28' + \sqrt{(\tan 45° + \tan 53°28') \times (\tan 53°28' + 0.252)} = 0.590$$

$$\theta_2 = 30°33'$$

$$K = \frac{\cos(\theta_2 + \varphi)}{\sin(\theta_2 + \psi)} \cdot (\tan\theta_2 + \tan\alpha_2) = \frac{\cos(30°33' + 45°)}{\sin(30°33' + 53°28')} \times (0.590 - 0.25) = 0.085$$

验核破裂面位置：

下墙破裂面距衡重台边缘 $H_2 \cdot (\tan\theta_2 + \tan\alpha_2) = 6 \times (\tan 30°33' - 0.25) = 2.04 \text{ (m)}$

上墙破裂面距荷载内缘 $d' = 0.36 \text{ (m)}$

$0.36 < 2.04$，故破裂面在荷载内，与假设相符。

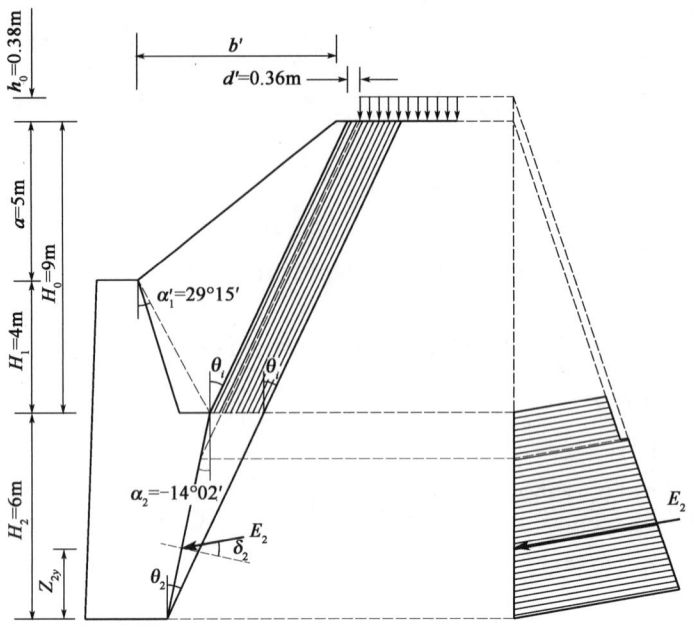

图 3-3-42 按上墙填料均布超载法求下墙主动土压力

② 计算下墙主动土压力 E_2

按表 3-3-22-3 第一类公式：

$$h_1 = \frac{d'}{\tan\theta_2 + \tan\alpha_2} = \frac{0.36}{0.59 - 0.25} = 1.06 \text{ (m)}$$

$$h_4 = H_2 - h_1 = 6 - 1.06 = 4.94 \text{ (m)}$$

$$K_1 = 1 + \frac{2H_0}{H_2} + \frac{2h_0 h_4}{H_2^2} = 1 + \frac{2 \times 9}{6} + \frac{2 \times 0.38 \times 4.94}{6^2} = 4.104$$

$$E_2 = \frac{1}{2}\gamma H_2^2 \cdot KK_1 = \frac{1}{2} \times 19 \times 6^2 \times 0.085 \times 4.104 = 119.30 \text{ (kN)}$$

土压力作用点位置

$$Z_{2y} = \frac{H_2}{3} + \frac{H_0}{3K_1} - \frac{h_0 h_4 \cdot (2H_2 - 3H_4)}{3H_2^2 \cdot K_1}$$

$$= \frac{6}{3} + \frac{9}{3 \times 4.104} - \frac{0.38 \times 4.94 \times (2 \times 6 - 3 \times 4.94)}{3 \times 6^2 \times 4.104}$$

$$= 2.74 \text{ (m)}$$

上述计算结果与（Ⅱ）按校正墙背法计算的结果相近。

2. 不同种类填土层的土压力计算

当墙后填料的物理力学特性有变化或受水位影响，需分层计算作用于墙背上的土压力时，仍可采用库仑公式计算，并假定上、下填料层面相平行，将上层填料重量作为附加均布荷载，作用于下层填料顶面上（图 3-3-43），其计算公式如下：

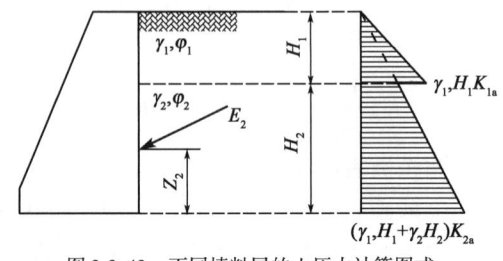

图 3-3-43 不同填料层的土压力计算图式

$$E_2 = \left(\gamma_1 \cdot H_1 H_2 + \frac{\gamma_2}{2} \cdot H_2^2\right) \cdot K_{2a} \tag{3-3-71}$$

土压力的作用点高度为：

$$Z_2 = \frac{H_2}{3} \cdot \left(1 + \frac{\gamma_1 \cdot H_1}{2\gamma_1 \cdot H_1 + \gamma_2 \cdot H_2}\right) \tag{3-3-72}$$

式中：γ_1——上层填料的平均重度(kN/m^3)；

γ_2——计算填料层的重度，如在水中，应为计入水浮力的重度(kN/m^3)；

H_1——上层填料的计算厚度(包括上层顶面附加均布荷载换算土层厚度)(m)；

H_2——计算填料层的实际厚度(m)；

K_{2a}——计算填料层的土压力系数。

3. 有限范围填土的土压力计算

库仑理论和朗金理论的假设条件，均适用于墙后的相当距离区段为均质填土段，且当产生滑裂面时，滑裂面应在此均质填土段之内。当墙后不远即为坚硬稳定的山体坡面或潜在的滑动面，而且其倾角比计算破裂角陡，即墙后仅在有限范围为均质填料时，墙后填土不是沿着计算破裂面滑动，而是沿着既有坡面或潜在滑动面滑动(图3-3-44)。这种工况下作用于挡土墙墙背上的主动主压力可按下式计算：

$$E = G \cdot \frac{\sin(\theta - \delta_1)}{\cos(\alpha + \delta + \delta_1 - \theta)} \tag{3-3-73}$$

式中：G——有限范围破棱体的重力(kN)；

θ——坚硬坡面的坡度角(°)，一般大于或等于45°；

δ_1——滑动楔体与坡面之间的摩擦角(°)，当坡面为软质岩石，坡面较光滑时$\delta_1 = 2\varphi/3$；当坡面粗糙或作成台阶时$\delta_1 = \varphi$；

δ——滑动楔体与墙背之间的摩擦角(°)。

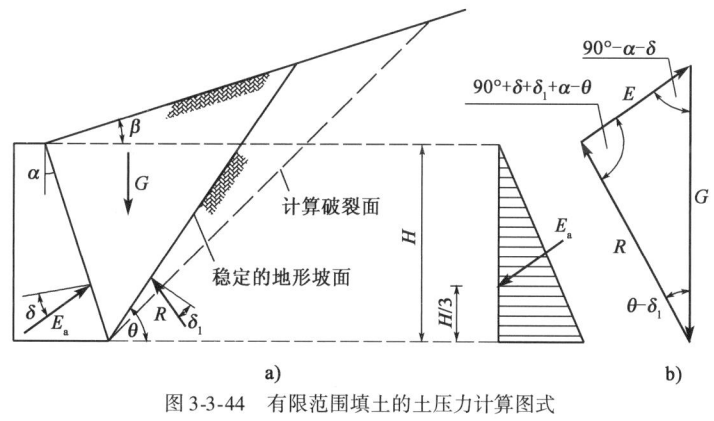

图 3-3-44 有限范围填土的土压力计算图式

八、车辆附加荷载作用的土压力计算

作用在填料上的车辆荷载，可近似地按均匀分布荷载考虑，计算土压力时，把荷载换算成重度与墙后填料相同的等厚度均布土层。均布土层厚度的换算方法很多，这里介绍两种常用方法。

1. 《公路路基设计规范》中的方法

车辆荷载作用在挡土墙墙背填土上所引起的附加土体侧压力，换算成等代均布土层厚度

计算(图3-3-45):

$$h_0 = \frac{\gamma}{q} \quad (3\text{-}3\text{-}74)$$

式中:h_0——换算均布土层厚度(m);

γ——墙背填土的重度(kN/m^3);

q——车辆荷载附加荷载强度,墙高小于2m,取$20kN/m^2$;墙高大于10m,取$10kN/m^2$;墙高在2~10m之间时,附加荷载强度用直线内插法计算;作用于墙后填土上的人群荷载强度规定为$3kN/m^2$。

图3-3-45 均布荷载换算图式

2.《公路桥涵设计通用规范》中的方法

车辆荷载在挡土墙墙背填土上所引起的附加土体侧压力,可按式(3-3-75)换算成等代均布土层厚度计算:

$$h_0 = \frac{\sum G}{B l_0 \gamma} \quad (3\text{-}3\text{-}75)$$

$$l_0 = (H + a) \cdot \tan\theta + H \cdot \tan\alpha - b \quad (3\text{-}3\text{-}76)$$

式中:$\sum G$——布置在$l_0 \times B$面积内的车轮的总重力(kN),计算挡土墙的土压力时,车辆荷载应按图3-3-46规定作横向布置,车辆外侧车轮中线距路面边缘0.5m,计算中当涉及多车道加载时,车轮总重力应按《公路桥涵设计通用规范》(JTG D60—2004)第4.3.1条的规定进行折减;

B——挡土墙的计算长度(m);

l_0——挡土墙后填土的破坏棱体长度(m),对于墙顶以上有填土的路堤式挡土墙,l_0为破坏棱体范围内的路基宽度部分;

γ——墙背填土的重度(kN/m^3)。

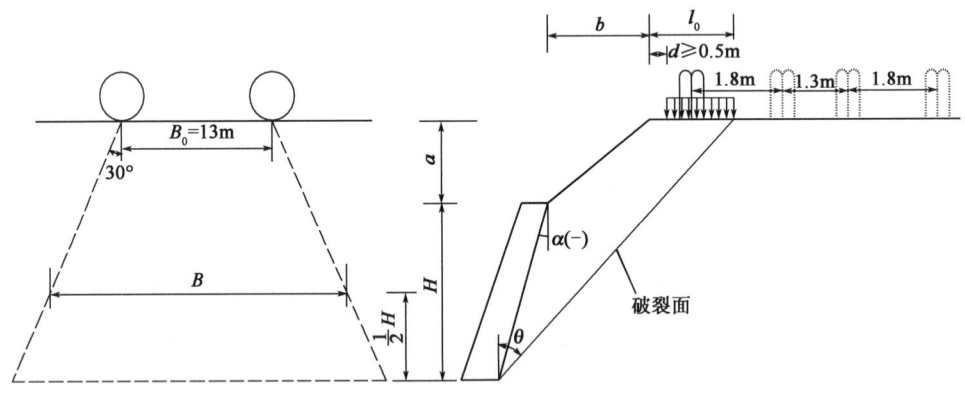

图3-3-46 车辆荷载换算图式

挡土墙的计算长度可按下列公式计算,但不应超过挡土墙分段长度:

$$B = 13 + (H + 2a) \cdot \tan 30° \quad (3\text{-}3\text{-}77)$$

当挡土墙分段长度小于13m时,B取分段长度,并在该长度内按不利情况布置轮重。

式中:H——挡土墙高度(m);

a——墙顶以上填土高度(m);
b——墙顶以上填土的坡长(m)。

注:采用换算均布土层法计算活载土压力时,可采用《公路挡土墙设计与施工技术细则》的规定,令图3-3-46中d为换算均布土层至路基边缘(路堤墙)或墙顶外边缘(路肩墙)的距离,无防撞护栏时,$d=0.5$m;有防撞护栏时,d不小于0.5m且不小于防撞护栏的构造宽度。

九、主动土压力计算公式及图表

1. 主动土压力系数

(1)库仑理论主动土压力系数(表3-3-21)

主动土压力系数K_a值　　　　　表3-3-21

δ	α	β	φ							
			15°	20°	25°	30°	35°	40°	45°	50°
0°	0°		0.589	0.490	0.406	0.333	0.271	0.217	0.172	0.132
		5°	0.635	0.524	0.431	0.352	0.284	0.227	0.178	0.137
		10°	0.704	0.569	0.462	0.374	0.300	0.238	0.186	0.142
		15°	0.933	0.639	0.505	0.402	0.319	0.251	0.194	0.147
		20°		0.883	0.573	0.441	0.344	0.267	0.204	0.154
		25°			0.821	0.505	0.379	0.288	0.217	0.162
		30°				0.750	0.436	0.318	0.235	0.172
		35°					0.617	0.369	0.260	0.186
		40°						0.587	0.303	0.206
		45°							0.500	0.242
		50°								0.413
	10°	0°	0.652	0.560	0.478	0.407	0.343	0.288	0.238	0.194
		5°	0.705	0.601	0.510	0.431	0.362	0.302	0.249	0.202
		10°	0.784	0.655	0.550	0.461	0.384	0.318	0.261	0.211
		15°	1.039	0.737	0.603	0.498	0.411	0.337	0.274	0.221
		20°		1.015	0.685	0.548	0.444	0.360	0.291	0.231
		25°			0.977	0.628	0.491	0.391	0.311	0.245
		30°				0.925	0.566	0.433	0.337	0.262
		35°					0.860	0.502	0.374	0.284
		40°						0.785	0.437	0.316
		45°							0.703	0.371
		50°								0.614
	20°	0°	0.736	0.648	0.569	0.498	0.434	0.375	0.322	0.274
		5°	0.801	0.700	0.611	0.532	0.461	0.397	0.340	0.288
		10°	0.896	0.768	0.663	0.572	0.492	0.421	0.358	0.302
		15°	1.196	0.868	0.730	0.621	0.529	0.450	0.380	0.318

续上表

δ	α	β	φ							
			15°	20°	25°	30°	35°	40°	45°	50°
0°	20°	20°		1.205	0.834	0.688	0.576	0.484	0.405	0.337
		25°			0.977	0.790	0.639	0.539	0.435	0.361
		30°				0.925	0.660	0.586	0.442	0.387
		35°					0.860	0.682	0.497	0.410
		40°						0.785	0.612	0.460
		45°							0.703	0.498
		50°								0.614
	−10°	0°	0.540	0.433	0.344	0.270	0.209	0.158	0.117	0.083
		5°	0.581	0.461	0.364	0.284	0.218	0.164	0.120	0.085
		10°	0.644	0.500	0.389	0.301	0.229	0.171	0.125	0.088
		15°	0.860	0.562	0.425	0.322	0.243	0.180	0.130	0.090
		20°		0.785	0.482	0.353	0.261	0.190	0.136	0.094
		25°			0.703	0.405	0.287	0.205	0.144	0.098
		30°				0.614	0.331	0.226	0.155	0.104
		35°					0.523	0.263	0.171	0.111
		40°						0.433	0.200	0.123
		45°							0.344	0.145
		50°								0.262
	−20°	0°	0.497	0.380	0.287	0.212	0.153	0.106	0.070	0.043
		5°	0.535	0.405	0.302	0.222	0.159	0.110	0.072	0.044
		10°	0.595	0.439	0.323	0.234	0.166	0.114	0.074	0.045
		15°	0.809	0.494	0.352	0.250	0.195	0.119	0.076	0.046
		20°		0.707	0.401	0.274	0.198	0.125	0.080	0.047
		25°			0.603	0.316	0.206	0.134	0.084	0.049
		30°				0.498	0.239	0.147	0.090	0.051
		35°					0.396	0.172	0.099	0.055
		40°						0.301	0.116	0.060
		45°							0.215	0.071
		50°								0.141
5°	0°	0°	0.556	0.465	0.387	0.319	0.260	0.210	0.166	0.129
		5°	0.605	0.500	0.412	0.337	0.274	0.219	0.173	0.133
		10°	0.680	0.547	0.444	0.36	0.289	0.230	0.180	0.138
		15°	0.937	0.620	0.488	0.388	0.308	0.243	0.189	0.144
		20°		0.886	0.558	0.428	0.333	0.259	0.199	0.150
		25°			0.825	0.493	0.369	0.280	0.212	0.158

续上表

δ	α	β	φ							
			15°	20°	25°	30°	35°	40°	45°	50°
5°	0°	30°				0.753	0.428	0.311	0.229	0.168
		35°					0.674	0.363	0.255	0.182
		40°						0.589	0.299	0.202
		45°							0.502	0.241
		50°								0.415
	10°	0°	0.622	0.536	0.460	0.393	0.333	0.280	0.233	0.191
		5°	0.680	0.579	0.493	0.418	0.352	0.294	0.243	0.199
		10°	0.767	0.636	0.534	0.448	0.374	0.311	0.255	0.207
		15°	1.060	0.725	0.589	0.486	0.401	0.330	0.269	0.217
		20°		1.035	0.676	0.538	0.436	0.354	0.286	0.228
		25°			0.996	0.622	0.484	0.385	0.306	0.242
		30°				0.943	0.563	0.428	0.333	0.259
		35°					0.877	0.500	0.371	0.281
		40°						0.801	0.436	0.314
		45°							0.716	0.371
		50°								0.626
	20°	0°	0.709	0.627	0.553	0.485	0.424	0.368	0.318	0.271
		5°	0.781	0.682	0.597	0.520	0.452	0.391	0.335	0.285
		10°	0.887	0.755	0.650	0.562	0.484	0.416	0.355	0.300
		15°	1.240	0.866	0.723	0.614	0.523	0.445	0.376	0.316
		20°		1.250	0.835	0.684	0.571	0.480	0.402	0.335
		25°			1.240	0.794	0.639	0.525	0.434	0.357
		30°				1.212	0.746	0.587	0.474	0.385
		35°					1.166	0.689	0.532	0.421
		40°						1.103	0.627	0.472
		45°							1.026	0.559
		50°								0.937
	−10°	0°	0.503	0.406	0.324	0.256	0.199	0.151	0.112	0.08
		5°	0.546	0.434	0.344	0.269	0.208	0.157	0.116	0.082
		10°	0.612	0.474	0.369	0.286	0.219	0.164	0.120	0.085
		15°	0.850	0.537	0.405	0.308	0.232	0.172	0.125	0.087
		20°		0.776	0.463	0.339	0.250	0.183	0.131	0.091
		25°			0.695	0.390	0.276	0.197	0.139	0.095
		30°				0.607	0.321	0.218	0.149	0.100
		35°					0.518	0.255	0.166	0.108

续上表

δ	α	β	φ							
			15°	20°	25°	30°	35°	40°	45°	50°
5°	−10°	40°						0.428	0.195	0.120
		45°							0.341	0.141
		50°								0.259
	−20°	0°	0.457	0.352	0.267	0.199	0.144	0.101	0.067	0.041
		5°	0.496	0.376	0.282	0.208	0.150	0.104	0.068	0.042
		10°	0.557	0.410	0.302	0.220	0.157	0.108	0.070	0.043
		15°	0.789	0.466	0.331	0.236	0.165	0.112	0.073	0.044
		20°		0.668	0.380	0.259	0.178	0.119	0.076	0.045
		25°			0.586	0.300	0.196	0.127	0.080	0.047
		30°				0.484	0.228	0.140	0.085	0.049
		35°					0.386	0.165	0.094	0.052
		40°						0.293	0.111	0.058
		45°							0.209	0.068
		50°								0.137
10°	0°	0°	0.533	0.447	0.373	0.309	0.253	0.204	0.163	0.127
		5°	0.585	0.483	0.398	0.327	0.266	0.214	0.169	0.131
		10°	0.644	0.531	0.431	0.350	0.282	0.225	0.177	0.136
		15°	0.947	0.609	0.476	0.379	0.301	0.238	0.185	0.141
		20°		0.897	0.549	0.420	0.326	0.254	0.195	0.148
		25°			0.834	0.487	0.363	0.275	0.209	0.156
		30°				0.726	0.423	0.306	0.226	0.166
		35°					0.681	0.359	0.252	0.180
		40°						0.596	0.297	0.201
		45°							0.508	0.238
		50°								0.420
	10°	0°	0.603	0.520	0.448	0.384	0.326	0.275	0.230	0.189
		5°	0.665	0.566	0.482	0.409	0.346	0.290	0.240	0.197
		10°	0.759	0.626	0.524	0.440	0.369	0.307	0.253	0.206
		15°	1.089	0.721	0.582	0.480	0.396	0.326	0.267	0.216
		20°		1.064	0.674	0.534	0.432	0.351	0.284	0.227
		25°			1.024	0.622	0.482	0.382	0.304	0.241
		30°				0.969	0.564	0.427	0.332	0.258
		35°					0.901	0.503	0.371	0.281
		40°						0.823	0.438	0.315
		45°							0.736	0.374

续上表

δ	α	β	φ							
			15°	20°	25°	30°	35°	40°	45°	50°
10°	10°	50°								0.644
	20°	0°	0.695	0.615	0.543	0.478	0.419	0.365	0.316	0.271
		5°	0.773	0.674	0.589	0.515	0.448	0.388	0.334	0.285
		10°	0.890	0.752	0.646	0.558	0.482	0.414	0.354	0.300
		15°	1.298	0.872	0.723	0.613	0.522	0.444	0.377	0.317
		20°		1.308	0.844	0.687	0.573	0.481	0.403	0.337
		25°			1.298	0.806	0.643	0.528	0.436	0.360
		30°				1.268	0.758	0.594	0.478	0.383
		35°					1.220	0.702	0.539	0.426
		40°						1.155	0.640	0.480
		45°							1.074	0.572
		50°								0.981
	−10°	0°	0.477	0.385	0.309	0.245	0.191	0.146	0.109	0.078
		5°	0.521	0.414	0.329	0.258	0.200	0.152	0.112	0.080
		10°	0.590	0.455	0.354	0.275	0.211	0.159	0.116	0.082
		15°	0.847	0.520	0.390	0.297	0.224	0.167	0.121	0.085
		20°		0.773	0.450	0.328	0.242	0.177	0.127	0.088
		25°			0.692	0.380	0.268	0.191	0.135	0.093
		30°				0.605	0.313	0.212	0.140	0.098
		35°					0.516	0.249	0.162	0.106
		40°						0.426	0.191	0.117
		45°							0.339	0.139
		50°								0.258
	−20°	0°	0.427	0.330	0.252	0.188	0.137	0.096	0.064	0.039
		5°	0.466	0.354	0.267	0.197	0.143	0.099	0.066	0.040
		10°	0.529	0.388	0.286	0.209	0.149	0.103	0.068	0.041
		15°	0.772	0.445	0.315	0.225	0.158	0.108	0.070	0.042
		20°		0.675	0.364	0.248	0.170	0.114	0.073	0.044
		25°			0.575	0.288	0.188	0.122	0.077	0.045
		30°				0.475	0.220	0.135	0.082	0.047
		35°					0.378	0.159	0.091	0.051
		40°						0.288	0.108	0.056
		45°							0.205	0.066
		50°								0.135

续上表

δ	α	β	φ							
			15°	20°	25°	30°	35°	40°	45°	50°
15°	0°	0°	0.518	0.434	0.363	0.301	0.248	0.201	0.160	0.125
		5°	0.571	0.471	0.389	0.320	0.261	0.211	0.167	0.130
		10°	0.656	0.522	0.423	0.343	0.277	0.222	0.174	0.135
		15°	0.966	0.603	0.470	0.373	0.297	0.235	0.183	0.140
		20°		0.914	0.546	0.415	0.323	0.251	0.194	0.147
		25°			0.850	0.485	0.360	0.273	0.202	0.155
		30°				0.777	0.422	0.305	0.225	0.165
		35°					0.695	0.359	0.251	0.179
		40°						0.608	0.298	0.200
		45°							0.518	0.238
		50°								0.428
	10°	0°	0.592	0.511	0.441	0.378	0.323	0.273	0.228	0.189
		5°	0.658	0.559	0.476	0.405	0.343	0.288	0.240	0.197
		10°	0.760	0.623	0.520	0.437	0.366	0.305	0.252	0.206
		15°	1.129	0.723	0.581	0.478	0.395	0.325	0.267	0.216
		20°		1.103	0.679	0.535	0.432	0.351	0.284	0.228
		25°			1.062	0.628	0.484	0.383	0.305	0.242
		30°				1.005	0.571	0.430	0.334	0.260
		35°					0.935	0.509	0.375	0.284
		40°						0.853	0.445	0.319
		45°							0.763	0.380
		50°								0.668
	20°	0°	0.690	0.611	0.540	0.476	0.419	0.366	0.317	0.273
		5°	0.774	0.673	0.588	0.514	0.449	0.389	0.336	0.287
		10°	0.904	0.757	0.649	0.560	0.484	0.416	0.357	0.303
		15°	1.372	0.889	0.731	0.618	0.526	0.448	0.38	0.321
		20°		1.383	0.862	0.697	0.579	0.486	0.408	0.341
		25°			1.372	0.825	0.655	0.536	0.442	0.365
		30°				1.341	0.778	0.606	0.487	0.395
		35°					1.290	0.722	0.551	0.435
		40°						1.221	0.659	0.492
		45°							1.136	0.590
		50°								1.037
	−10°	0°	0.458	0.371	0.298	0.237	0.186	0.142	0.106	0.076
		5°	0.503	0.400	0.318	0.251	0.195	0.148	0.110	0.078

续上表

δ	α	β	φ							
			15°	20°	25°	30°	35°	40°	45°	50°
15°	−10°	10°	0.576	0.442	0.344	0.267	0.205	0.155	0.114	0.081
		15°	0.850	0.509	0.380	0.289	0.219	0.163	0.119	0.084
		20°		0.776	0.441	0.320	0.237	0.174	0.125	0.087
		25°			0.695	0.374	0.263	0.188	0.133	0.091
		30°				0.607	0.308	0.209	0.143	0.097
		35°					0.518	0.246	0.159	0.104
		40°						0.428	0.189	0.116
		45°							0.341	0.137
		50°								0.259
	−20°	0°	0.405	0.314	0.240	0.180	0.132	0.093	0.062	0.038
		5°	0.445	0.338	0.255	0.189	0.137	0.096	0.064	0.039
		10°	0.509	0.372	0.275	0.201	0.144	0.100	0.066	0.040
		15°	0.763	0.429	0.303	0.216	0.152	0.104	0.068	0.041
		20°		0.667	0.352	0.239	0.164	0.110	0.071	0.042
		25°			0.568	0.280	0.182	0.119	0.075	0.044
		30°				0.470	0.214	0.131	0.080	0.046
		35°					0.374	0.155	0.089	0.049
		40°						0.284	0.105	0.055
		45°							0.203	0.065
		50°								0.133
20°	0°	0°			0.357	0.297	0.245	0.199	0.160	0.125
		5°			0.384	0.317	0.259	0.209	0.166	0.130
		10°			0.419	0.340	0.275	0.220	0.174	0.135
		15°			0.467	0.371	0.295	0.234	0.183	0.140
		20°			0.547	0.414	0.322	0.251	0.193	0.147
		25°			0.874	0.487	0.360	0.273	0.207	0.155
		30°				0.798	0.425	0.306	0.225	0.166
		35°					0.714	0.362	0.252	0.180
		40°						0.625	0.300	0.202
		45°							0.532	0.241
		50°								0.440
	10°	0°			0.438	0.377	0.322	0.273	0.229	0.190
		5°			0.475	0.404	0.343	0.289	0.241	0.198
		10°			0.521	0.438	0.367	0.306	0.254	0.208
		15°			0.586	0.48	0.397	0.328	0.269	0.218

续上表

δ	α	β	φ							
			15°	20°	25°	30°	35°	40°	45°	50°
20°	10°	20°			0.690	0.540	0.436	0.354	0.286	0.230
		25°			1.111	0.639	0.490	0.388	0.309	0.245
		30°				1.051	0.582	0.437	0.338	0.264
		35°					0.978	0.520	0.381	0.288
		40°						0.893	0.456	0.325
		45°							0.799	0.389
		50°								0.699
	20°	0°			0.534	0.479	0.422	0.370	0.321	0.277
		5°			0.594	0.520	0.454	0.395	0.341	0.292
		10°			0.659	0.568	0.490	0.423	0.363	0.309
		15°			0.747	0.629	0.535	0.456	0.387	0.327
		20°			0.891	0.715	0.592	0.496	0.417	0.349
		25°			0.467	0.854	0.673	0.549	0.453	0.374
		30°				1.434	0.807	0.624	0.501	0.406
		35°					1.379	0.750	0.569	0.448
		40°						1.305	0.685	0.509
		45°							1.214	0.615
		50°								1.109
	-10°	0°			0.291	0.232	0.182	0.140	0.105	0.076
		5°			0.311	0.245	0.191	0.146	0.108	0.078
		10°			0.337	0.262	0.202	0.153	0.113	0.08
		15°			0.374	0.284	0.215	0.161	0.117	0.083
		20°			0.437	0.316	0.233	0.171	0.124	0.086
		25°			0.703	0.371	0.260	0.186	0.131	0.09
		30°				0.614	0.306	0.207	0.142	0.096
		35°					0.524	0.245	0.158	0.103
		40°						0.433	0.188	0.115
		45°							0.344	0.137
		50°								0.262
	-20°	0°			0.231	0.174	0.128	0.090	0.061	0.038
		5°			0.246	0.183	0.133	0.094	0.062	0.038
		10°			0.266	0.195	0.140	0.097	0.064	0.039
		15°			0.294	0.210	0.148	0.102	0.067	0.040
		20°			0.344	0.233	0.160	0.108	0.069	0.042
		25°			0.566	0.274	0.178	0.116	0.073	0.043

续上表

δ	α	β	φ							
			15°	20°	25°	30°	35°	40°	45°	50°
20°	−20°	30°				0.468	0.210	0.129	0.079	0.045
		35°					0.373	0.153	0.087	0.049
		40°						0.283	0.104	0.054
		45°							0.202	0.064
		50°								0.133
25°	0°	0°				0.296	0.245	0.199	0.160	0.126
		5°				0.316	0.259	0.209	0.167	0.130
		10°				0.340	0.275	0.221	0.175	0.136
		15°				0.372	0.296	0.235	0.184	0.141
		20°				0.417	0.324	0.255	0.195	0.148
		25°				0.494	0.363	0.275	0.209	0.157
		30°				0.828	0.432	0.309	0.228	0.168
		35°					0.741	0.368	0.256	0.183
		40°						0.647	0.306	0.205
		45°							0.552	0.246
		50°								0.456
	10°	0°				0.379	0.325	0.276	0.232	0.193
		5°				0.408	0.346	0.292	0.244	0.201
		10°				0.443	0.371	0.311	0.258	0.211
		15°				0.488	0.403	0.333	0.273	0.222
		20°				0.551	0.443	0.360	0.292	0.235
		25°				0.658	0.502	0.396	0.315	0.250
		30°				1.112	0.600	0.448	0.346	0.270
		35°					1.034	0.537	0.392	0.295
		40°						0.944	0.471	0.335
		45°							0.845	0.403
		50°								0.739
	20°	0°				0.488	0.430	0.377	0.329	0.284
		5°				0.530	0.463	0.403	0.349	0.300
		10°				0.582	0.502	0.433	0.372	0.318
		15°				0.648	0.550	0.469	0.399	0.337
		20°				0.740	0.612	0.512	0.430	0.360
		25°				0.894	0.699	0.569	0.469	0.387
		30°				1.553	0.846	0.650	0.520	0.421
		35°					1.494	0.788	0.594	0.466

续上表

δ	α	β	φ							
			15°	20°	25°	30°	35°	40°	45°	50°
25°	20°	40°						1.414	0.721	0.532
		45°							1.316	0.647
		50°								1.201
	−10°	0°				0.228	0.180	0.139	0.104	0.075
		5°				0.242	0.189	0.145	0.108	0.078
		10°				0.259	0.200	0.151	0.112	0.080
		15°				0.341	0.213	0.160	0.117	0.083
		20°				0.371	0.232	0.170	0.123	0.086
		25°				0.620	0.259	0.185	0.131	0.090
		30°					0.307	0.207	0.142	0.096
		35°					0.534	0.246	0.159	0.104
		40°						0.441	0.189	0.116
		45°							0.351	0.138
		50°								0.267
	−20°	0°				0.170	0.125	0.089	0.060	0.037
		5°				0.179	0.131	0.092	0.061	0.038
		10°				0.191	0.137	0.096	0.063	0.039
		15°				0.206	0.146	0.100	0.066	0.040
		20°				0.229	0.157	0.106	0.069	0.041
		25°				0.270	0.175	0.114	0.072	0.043
		30°				0.470	0.207	0.127	0.078	0.045
		35°					0.374	0.150	0.086	0.048
		40°						0.284	0.103	0.053
		45°							0.203	0.064
		50°								0.133

表中:φ 为填土的内摩擦角;α 为墙背仰角,俯斜式墙背取正号,仰斜式墙背取负号;δ 为墙背与填土间的摩擦角;β 为墙顶填土表面与墙顶水平面的夹角。

(2)现行《建筑地基基础设计规范》(GB 50007)推荐的土压力系数 K_a,(图 3-3-47~图 3-3-50)。适用于墙高小于或等于 5m,排水条件、填土质量符合设计构造规定的挡土墙,图中:

①Ⅰ类土碎石土,密实度为中密,干密度应大于或等于 $2.0t/m^3$;

②Ⅱ类土砂土,包括砾砂、粗砂、中砂,其密实度为中密,干密度应大于或等于 $1.65t/m^3$;

③Ⅲ类土黏土夹块石,干密度应大于或等于 $1.90t/m^3$;

④Ⅳ类土粉质黏土,干密度应大于或等于 $1.65t/m^3$。

2. 主动土压力计算公式(表 3-3-22-1~表 3-3-22-4)

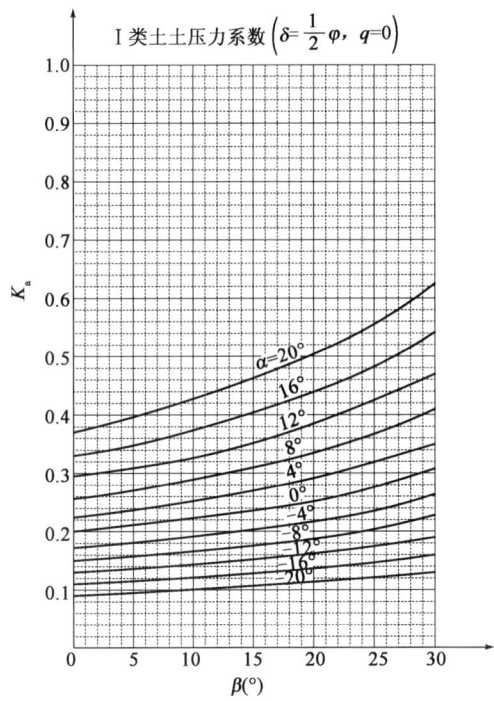

图 3-3-47　挡土墙主动土压力系数 K_a（一）

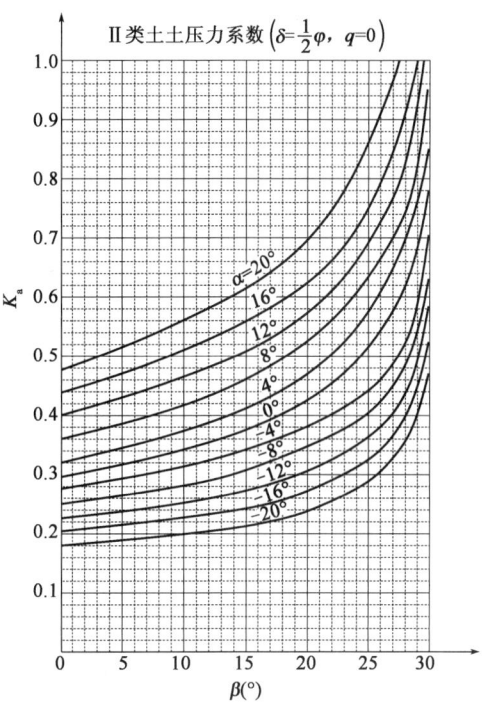

图 3-3-48　挡土墙主动土压力系数 K_a（二）

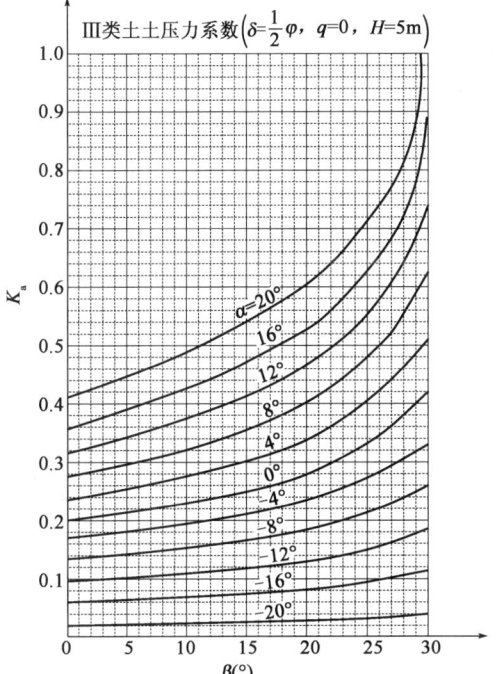

图 3-3-49　挡土墙主动土压力系数 K_a（三）

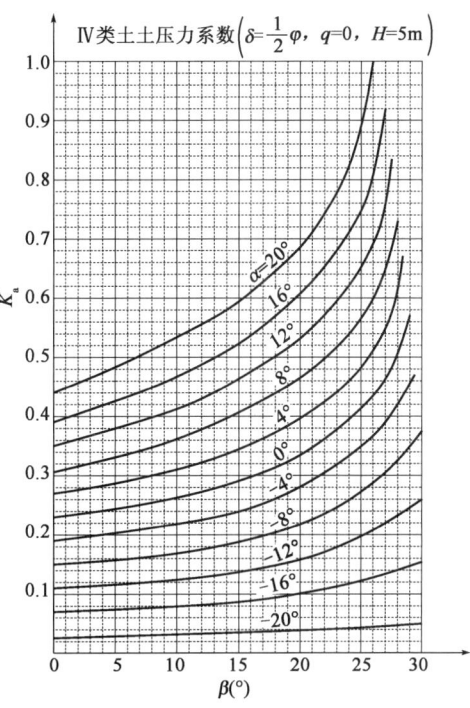

图 3-3-50　挡土墙主动土压力系数 K_a（四）

库仑理论主动土压力计算公式表

表 3-3-22-1

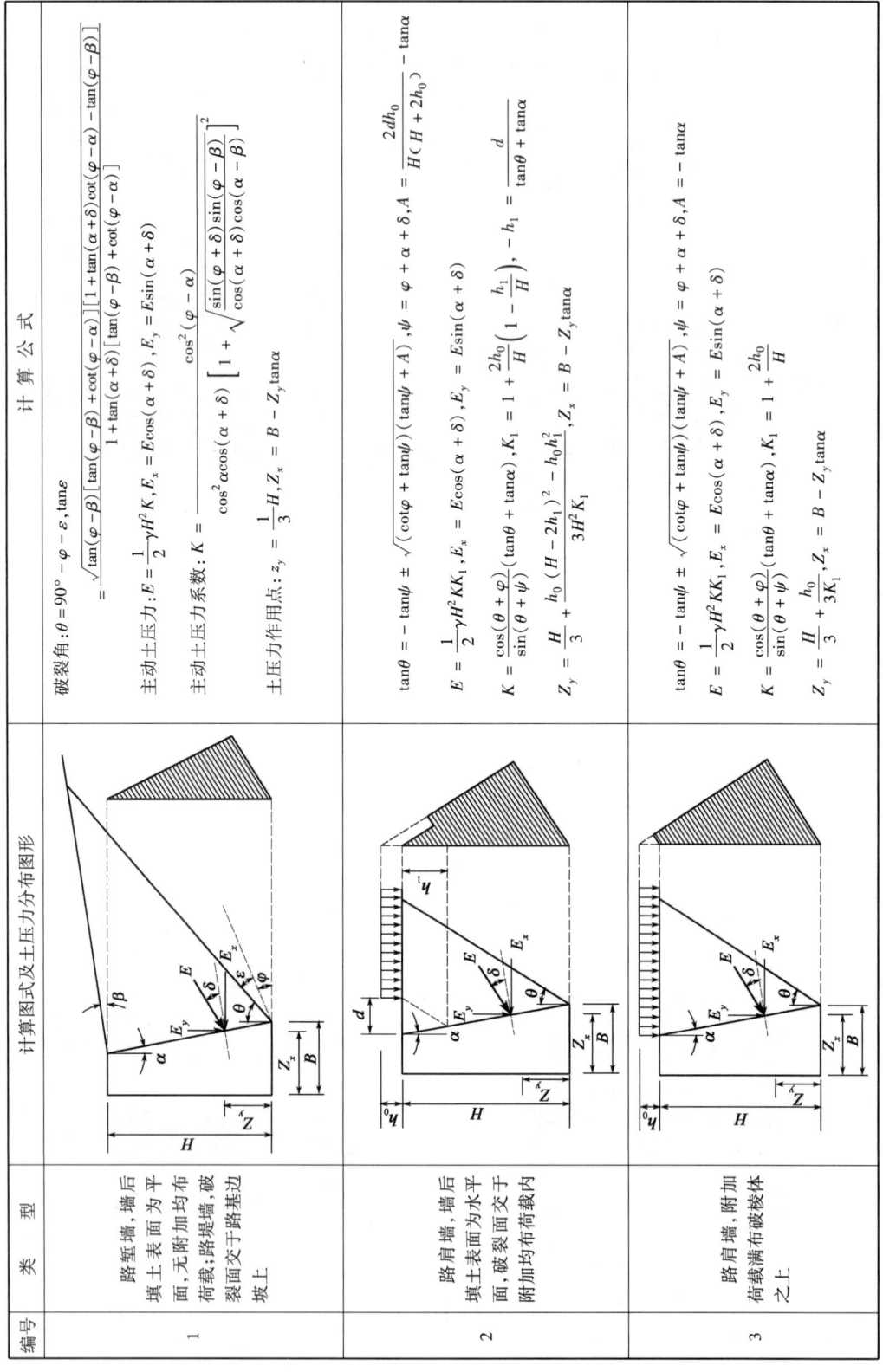

编号	类型	计算图式及土压力分布图形	计算公式
1	路堑墙，墙后填土表面为平面，无附加荷载；路堤墙，破裂面交于路基边坡上		破裂角：$\theta = 90° - \varphi - \varepsilon, \tan\varepsilon$ $= \dfrac{\sqrt{\tan(\varphi-\beta)[\tan(\varphi-\beta)+\cot(\varphi-\alpha)][1+\tan(\alpha+\delta)\cot(\varphi-\alpha)]} - \tan(\varphi-\beta)}{1+\tan(\alpha+\delta)[\tan(\varphi-\beta)+\cot(\varphi-\alpha)]}$ 主动土压力：$E = \dfrac{1}{2}\gamma H^2 K, E_x = E\cos(\alpha+\delta), E_y = E\sin(\alpha+\delta)$ 主动土压力系数：$K = \dfrac{\cos^2(\varphi-\alpha)}{\cos^2\alpha\cos(\alpha+\delta)\left[1+\sqrt{\dfrac{\sin(\varphi+\delta)\sin(\varphi-\beta)}{\cos(\alpha+\delta)\cos(\alpha-\beta)}}\right]^2}$ 土压力作用点：$z_y = \dfrac{1}{3}H, Z_x = B - Z_y\tan\alpha$
2	路肩墙，墙后填土表面为水平面，附加均布荷载交于破裂面内		$\tan\theta = -\tan\alpha \pm \sqrt{(\cot\varphi+\tan\psi)(\tan\psi+A)}, \psi = \varphi+\alpha+\delta, A = \dfrac{2dh_0}{H(H+2h_0)} - \tan\alpha$ $E = \dfrac{1}{2}\gamma H^2 K K_1, E_x = E\cos(\alpha+\delta), E_y = E\sin(\alpha+\delta), K_1 = 1 + \dfrac{2h_0}{H}\left(1-\dfrac{h_1}{H}\right), -h_1 = \dfrac{d}{\tan\theta+\tan\alpha}$ $K = \dfrac{\cos(\theta+\varphi)}{\sin(\theta+\psi)}(\tan\theta+\tan\alpha)$ $Z_y = \dfrac{H}{3} + \dfrac{h_0(H-2h_1)^2 - h_0 h_1^2}{3H^2 K_1}, Z_x = B - Z_y\tan\alpha$
3	路肩墙，附加荷载满布破裂体之上		$\tan\theta = -\tan\alpha \pm \sqrt{(\cot\varphi+\tan\psi)(\tan\psi+A)}, \psi = \varphi+\alpha+\delta, A = -\tan\alpha$ $E = \dfrac{1}{2}\gamma H^2 K K_1, E_x = E\cos(\alpha+\delta), E_y = E\sin(\alpha+\delta), K_1 = 1 + \dfrac{2h_0}{H}$ $K = \dfrac{\cos(\theta+\varphi)}{\sin(\theta+\psi)}(\tan\theta+\tan\alpha)$ $Z_y = \dfrac{H}{3} + \dfrac{h_0}{3K_1}, Z_x = B - Z_y\tan\alpha$

续上表

编号	类型	计算图式及土压力分布图形	计算公式
4	路堤墙，墙后填土表面为折面，破裂面交于路肩附加均布荷载区之外或无附加均布荷载		$\tan\theta = -\tan\psi \pm \sqrt{(\cot\varphi + \tan\psi)(\tan\psi + A)}$，$\psi = \varphi + \alpha + \delta$，$A = \dfrac{ab - H(H+2a)\tan\alpha}{(H+a)^2}$ $E = \dfrac{1}{2}\gamma H^2 KK_1$，$E_x = E\cos(\alpha+\delta)$，$E_y = E\sin(\alpha+\delta)$ $K = \dfrac{\cos(\theta+\varphi)}{\sin(\theta+\psi)}(\tan\theta+\tan\alpha)$，$K_1 = 1 + \dfrac{2a}{H}\left(1 - \dfrac{h_3}{2H}\right)$ $h_3 = \dfrac{b - a\tan\theta}{\tan\theta + \tan\alpha}$ $Z_y = \dfrac{H}{3} + \dfrac{a(H-h_3)^2}{3H^2 K_1}$，$Z_x = B - Z_y\tan\alpha$
5	路堤墙，墙后填土表面为折面，破裂面交于路肩附加均布荷载之内		$\tan\theta = -\tan\psi \pm \sqrt{(\cot\varphi + \tan\psi)(\tan\psi + A)}$，$\psi = \varphi + \alpha + \delta$ $A = \dfrac{ab + 2h_0(b+d) - H(H+2a+2h_0)\tan\alpha}{(H+a)(H+a+2h_0)}$ $E = \dfrac{1}{2}\gamma H^2 KK_1$，$E_x = E\cos(\alpha+\delta)$，$E_y = E\sin(\alpha+\delta)$ $K = \dfrac{\cos(\theta+\varphi)}{\sin(\theta+\psi)}(\tan\theta+\tan\alpha)$，$K_1 = 1 + \dfrac{2a}{H}\left(1 - \dfrac{h_3}{2H}\right) + \dfrac{2h_0 h_4}{H^2}$ $h_1 = \dfrac{d}{\tan\theta + \tan\alpha}$，$h_3 = \dfrac{b - a\tan\theta}{\tan\theta + \tan\alpha}$，$h_4 = H - h_1 - h_3$ $Z_y = \dfrac{H}{3} + \dfrac{a(H-h_3)^2 + h_0 h_4(3h_4 - 2H)}{3H^2 K_1}$，$Z_x = B - Z_y\tan\alpha$

注：1. 应用本表各公式时，仰斜墙背，α 取负值；俯斜墙背，α 取正值；垂直墙背，α 取 0。
2. 破裂角公式中的 $\pm\sqrt{(\cot\varphi+\tan\psi)(\tan\psi+A)}$ 项，$\psi < 90°$ 时，取正号；$\psi > 90°$ 时，取负号。
3. 当均布荷载自墙顶内缘（路肩端）或路基边缘（路堤墙）开始布置时，以 $d = 0$ 代入有关各式。

第二破裂面土压力计算公式表

表 3-3-22-2

编号	类型	计算图式及土压应力分布图形	破裂角计算公式	主动土压力及土压力系数计算公式
1	路肩墙，第一破裂面交于路堤边坡上		$\alpha_i = \theta_i = 45° - \dfrac{\varphi}{2}$	$E_1 = \dfrac{1}{2}\gamma H_1^2 K K_1,\ E_{1x} = E_1\cos(\alpha_i + \varphi)$ $E_{1y} = E_1\sin(\alpha_i + \varphi),\ K = \dfrac{\cos(\theta_i + \varphi)}{\sin(\theta_i + \alpha_i + 2\varphi)}(\tan\theta_i + \tan\alpha_i)$ $K_1 = 1 + \dfrac{2h_0}{H_1},\ Z_{1y} = \dfrac{H_1}{3} - \dfrac{h_0}{3K_1}$
2	路堑墙，路堤墙第一破裂面的第一破裂面交于路基边坡上		$\theta_i = \dfrac{1}{2}(90° - \varphi) + \dfrac{1}{2}(\varepsilon - \beta)$ $\alpha_i = \dfrac{1}{2}(90° - \varphi) - \dfrac{1}{2}(\varepsilon - \beta)$ $\varepsilon = \arcsin\dfrac{\sin\beta}{\sin\varphi}$	$E_1 = \dfrac{1}{2}\gamma H_1'^2 K$ $E_{1x} = E_1\cos(\alpha_i + \varphi),\ E_{1y} = E_1\sin(\alpha_i + \varphi)$ $K = \dfrac{\cos^2(\varphi - \alpha_i)}{\cos^2\alpha_1\cos(\alpha_i + \varphi)\left[1 + \sqrt{\dfrac{\sin2\varphi\sin(\varphi - \beta)}{\cos(\alpha_i + \varphi)\cos(\alpha_i - \beta)}}\right]^2}$ $H_1' = H_1\dfrac{1 + \tan\alpha_1'\tan\beta}{1 + \tan\alpha_i\tan\beta},\ Z_{1y} = \dfrac{1}{3}H_1'$
3	路肩墙，第一破裂面交于路肩的附加均布荷载区之外		$\tan\theta_i = -Q \pm \sqrt{Q^2 - R}$ $Q = \dfrac{1}{p}\csc2\varphi - \cot2\varphi$ $p = \sqrt{1 + \dfrac{2h_0}{H_1}}$ $R = \cot\varphi\cot2\varphi + \dfrac{\csc^2\varphi}{2p^2}\cdot$ $\left[1 + \tan\varphi\cdot\dfrac{2h_0}{H_1}\left(\tan\alpha - \dfrac{d}{H_1}\right) - 2p\right]$ $\tan\alpha_i = \tan\varphi + p(\tan\theta_i - \tan\varphi)$	$E_1 = \dfrac{1}{2}\gamma H_1^2 K K_1,\ E_{1x} = E_1\cos(\alpha_i + \varphi)$ $E_{1y} = E_1\sin(\alpha_i + \varphi),\ K = \dfrac{\cos(\theta_i + \varphi)}{\sin(\theta_i + \alpha_i + 2\varphi)}(\tan\theta_i + \tan\alpha_i)$ $K_1 = 1 + \dfrac{2h_0}{H_1}\left(1 - \dfrac{h_1}{H_1}\right)$, $h_1 = \dfrac{d - H_1(\tan\alpha_1' - \tan\alpha_i)}{\tan\theta_i + \tan\alpha_i},\ h_2 = H_1 - h_1$ $Z_{1y} = \dfrac{H_1^3 + 3h_0 h_2^2}{3(H_1^2 + 2h_0 h_2)}$

续上表

编号	类型	计算图式及土压应力分布图形	破裂角计算公式	主动土压力及土压力系数计算公式
4	路肩墙,第一破裂面交于路肩的附加均布荷载区内边缘		$\tan\alpha_i = \tan\alpha_1 - \dfrac{d}{H_1}$ $\tan\alpha_i' = -\tan\psi \pm \sqrt{(\cot\varphi+\tan\psi)(\tan\psi-\tan\alpha_i)}$ $\psi = 2\varphi + \alpha_i$	$E_1 = \dfrac{1}{2}\gamma H_1^2 K K_1,\ E_{1x} = E_1\cos(\alpha_i+\varphi)$ $E_{1y} = E_1\sin(\alpha_i+\varphi)$ $K = \dfrac{\cos(\theta_i+\varphi)}{\sin(\theta_i+\alpha_i+2\varphi)}(\tan\theta_i+\tan\alpha_i),\ K_1 = 1+\dfrac{2h_0}{H_1}$ $Z_{1y} = \dfrac{H_1}{3}\left(1+\dfrac{h_0}{H_1+2h_0}\right)$
5	路肩墙,第一破裂面交于路肩附加均布荷载内		$\alpha_i = \theta_i = 45° - \dfrac{\varphi}{2}$	$E_1 = \dfrac{1}{2}\gamma H_1^2 K K_1,\ E_{1x} = E_1\cos(\alpha_i+\varphi),\ E_{1y} = E_1\sin(\alpha_i+\varphi)$ $K = \tan\alpha_i \cdot \sec\alpha_i,\ K_1 = 1 + \dfrac{2h_0}{H_1}$ $Z_{1y} = \dfrac{H_1}{3}\left(1+\dfrac{h_0}{H_1+2h_0}\right)$
6	路堤墙,第一破裂面交于路肩的附加均布荷载之外或无附加均布荷载		$\tan\theta_i = -Q \pm \sqrt{Q^2-R}$, $Q = \dfrac{h''}{H_0}\csc(2\varphi+\beta) - \cot(2\varphi+\beta)$ $R = \cot\varphi\cot(2\varphi+\beta) +$ $\dfrac{h''^2\cos(\varphi+\beta)}{H_0\sin\varphi\sin(2\varphi+\beta)}\left\{\sqrt{1+\dfrac{H_0^2}{h''^2}\cdot\tan(\varphi+\beta)}\cdot\right.$ $\left.\left[\dfrac{2h''}{H_0\sin\beta}-\cot\beta-\dfrac{h''^2}{H_0^2}\cot\beta\right]-\right.$ $\left.\dfrac{2H_0\cos\varphi}{h''\cos(\varphi+\beta)}\right\}$ $h'' = H_1\sin\beta(\cot\beta+\tan\alpha_1')\tan(\alpha_i-\beta)$ $= \cot(\varphi+\beta) - \dfrac{H_0\cos\varphi}{h''\sin(\varphi+\beta)}$ $(1-\tan\varphi\tan\theta_i)$	$E_1 = \dfrac{1}{2}\gamma H_1'^2 K K_1,\ E_{1x} = E_1\cos(\alpha_i+\varphi)$ $E_{1y} = E_1\sin(\alpha_i+\varphi),\ K_1 = 1+\dfrac{2\alpha'}{H_1'}\left(1-\dfrac{h_3}{2H'}\right)$ $K = \dfrac{\cos(\theta_i+\varphi)}{\sin(\theta_i+\alpha_i+2\varphi)}(\tan\theta_i+\tan\alpha_i)$ $H_1' = H_1\dfrac{1+\tan\alpha_1'\tan\beta}{1+\tan\alpha_i\tan\beta},\ a' = H_0-H_1',\ b' = a'\cot\beta$ $h_3 = \dfrac{b'-a'\tan\theta_i}{\tan\theta_i+\tan\alpha_i},\ Z_{1y} = \dfrac{H_1'}{3} + \dfrac{a'(H_1'-h_3)^2}{3H_1'^2 K_1}$

续上表

编号	类型	计算图式及土压应力分布图形	破裂角计算公式	主动土压力及土压力系数计算公式
7	路堤墙,第一破裂面交于附加均布荷载内	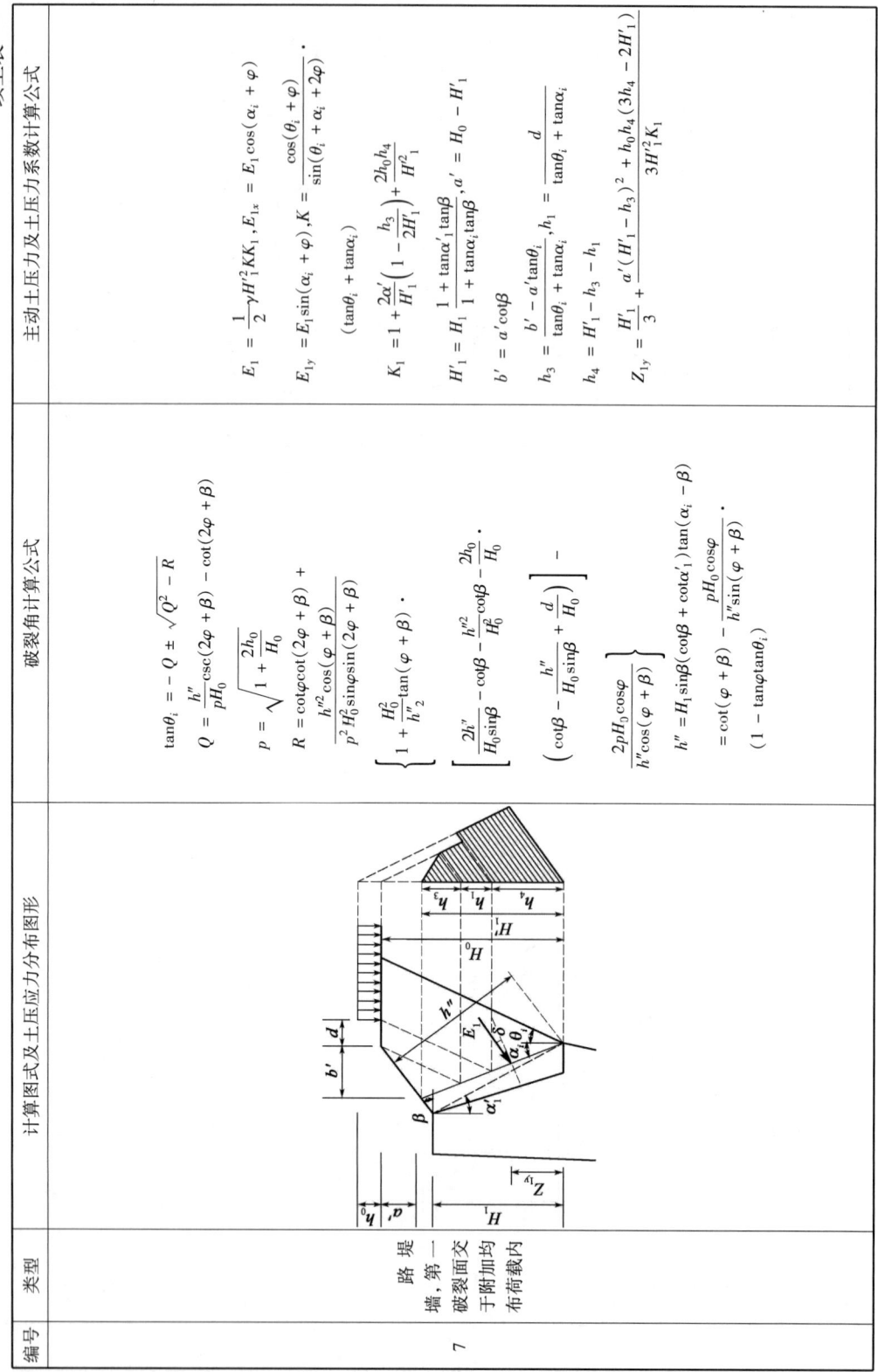	$\tan\theta_i = -Q \pm \sqrt{Q^2 - R}$ $Q = \dfrac{h''}{pH_0}\csc(2\varphi+\beta) - \cot(2\varphi+\beta)$ $p = \sqrt{1 + \dfrac{2h_0}{H_0}}$ $R = \cot\varphi\cot(2\varphi+\beta) +$ $\dfrac{h''^2\cos(\varphi+\beta)}{p^2 H_0^2 \sin\varphi \sin(2\varphi+\beta)} \cdot$ $\left\{1 + \dfrac{H_0^2}{h''^2_2}\tan(\varphi+\beta) \cdot \right.$ $\left[\dfrac{2h''}{H_0\sin\beta} - \cot\beta - \dfrac{h''^2}{H_0^2}\cot\beta - \dfrac{2h_0}{H_0}\right] -$ $\left.\left(\cot\beta - \dfrac{h''}{H_0\sin\beta} + \dfrac{d}{H_0}\right)\right\}$ $\dfrac{2pH_0\cos\varphi}{h''\cos(\varphi+\beta)} = H_1\sin\beta(\cot\beta+\cot\alpha_1')\tan(\alpha_i-\beta)$ $= \cot(\varphi+\beta) - \dfrac{pH_0\cos\varphi}{h''\sin(\varphi+\beta)} \cdot$ $(1 - \tan\varphi\tan\theta_i)$	$E_1 = \dfrac{1}{2}\gamma H_1'^2 KK_1,\ E_{1x} = E_1\cos(\alpha_i+\varphi)$ $E_{1y} = E_1\sin(\alpha_i+\varphi),\ K = \dfrac{\cos(\theta_i+\varphi)}{\sin(\theta_i+\alpha_i+2\varphi)} \cdot$ $(\tan\theta_i + \tan\alpha_i)$ $K_1 = 1 + \dfrac{2\alpha'}{H_1'}\left(1 - \dfrac{h_3}{2H_1'}\right) + \dfrac{2h_0 h_4}{H_1'^2}$ $H_1' = H_1\dfrac{1+\tan\alpha_1'\tan\beta}{1+\tan\alpha_i\tan\beta},\ a' = H_0 - H_1'$ $b' = a'\cot\beta$ $h_3 = \dfrac{b' - a'\tan\theta_i}{\tan\theta_i + \tan\alpha_i},\ h_1 = \dfrac{d}{\tan\theta_i + \tan\alpha_i}$ $h_4 = H_1' - h_3 - h_1$ $Z_{1y} = \dfrac{H_1'}{3} + \dfrac{a'(H_1'-h_3)^2 + h_0 h_4(3h_4 - 2H_1')}{3H_1'^2 K_1}$

续上表

编号	类型	计算图式及土压应力分布图形	破裂角计算公式	主动土压力及土压力系数计算公式
8	路堤墙，第一破裂面交于附加均布荷载外边缘		$\tan\theta_i$ 按几何尺寸求 $\tan(\alpha_i - \beta) = -\tan\psi_1 \pm$ $\sqrt{\tan\psi_1\left[\tan\psi_1 + \cot(\varphi + \beta)\right] - p\dfrac{H_0^2}{h''^2} + \dfrac{H_0^2}{h''^2}}$ $\cot(\varphi + \beta)$ $p = \dfrac{h''}{H_0} \cdot \dfrac{1}{\sin\beta} - \dfrac{h''^2}{H_0^2}\cot\beta + \dfrac{2b_0 h_0}{H_0^2}$ $\dfrac{d + b_0}{H_0}$ $\psi_1 = 2\varphi + \theta_i + \beta$ $h'' = H_1\sin\beta(\cot\beta + \tan\alpha_1')$	$E_1 = \dfrac{1}{2}\gamma H_1'^2 K K_1, E_{1x} = E_1\cos(\alpha_i + \varphi)$ $E_{1y} = E_1\sin(\alpha_i + \varphi)$ $K = \dfrac{\cos(\theta_i + \varphi)}{\sin(\theta_i + \alpha_i + 2\varphi)}(\tan\theta_i + \tan\alpha_i)$ $K_1 = 1 + \dfrac{2a'}{H_1'}\left(1 - \dfrac{h_3}{2H_1'}\right) + \dfrac{2h_0 h_2}{H_1'^2}$ $H_1' = H_1\dfrac{1 + \tan\alpha_1'\tan\beta}{1 + \tan\alpha_i\tan\beta}$ $h_3 = \dfrac{b' - a'\tan\alpha_1'}{\tan\theta_i + \tan\alpha_i}$ $h_2 = \dfrac{b_0}{\tan\theta_i + \tan\alpha_i}$ $a' = H_0 - H_1', b' = a'\cot\beta$ $Z_{1y} = \dfrac{H_1'}{3} + \dfrac{a'(H_1' - h_3)^2 + h_0 h_2(3h_2 - 2H_1')}{3H_1'^2 K_1}$

注：α_1'-假想墙背的墙背倾角；β-墙顶填土表面与墙顶水平面的夹角；φ-填土的内摩擦角；α_i-第二破裂角；θ_i-第一破裂角。

折线形挡土墙下墙土压力计算公式表

表 3-3-22-3

编号	类型	计算图式及土压力分布图形	计算公式
1	路肩墙上墙或路堤墙上墙，第一破裂面交于路肩附加均布荷载区之外，下墙破裂面交于附加均布荷载之内		破裂角：$\tan\theta_2 = -\tan\psi \pm \sqrt{(\cot\varphi + \tan\psi)(\tan\psi + A)}$，$\psi = \varphi + \alpha_2 + \delta_2$，$A = \dfrac{2d'h_0}{H_2(H_2 + 2H_0 + 2h_0)} - \tan\alpha_2$ 主动土压力为：$E_2 = \dfrac{1}{2}\gamma H_2^2 K K_1$，$E_{2x} = E_2\cos(\alpha_2 + \delta_2)$，$E_{2y} = E_2\sin(\alpha_2 + \delta_2)$ 土压力系数：$K = \dfrac{\cos(\theta_2 + \varphi)}{\sin(\theta_2 + \psi)}(\tan\theta_2 + \tan\alpha_2)$，$K_1 = 1 + \dfrac{2H_0}{H_2} + \dfrac{2h_0 h_4}{H_2^2}$ $h_1 = \dfrac{d'}{\tan\theta_2 + \tan\alpha_2}$，$h_4 = H_2 - h_1$，$d' = b + d - H_1\tan\alpha_1' - H_0\tan\theta_1$ 土压力作用点：$Z_{2y} = \dfrac{H_2}{3} + \dfrac{H_0}{3K_1} - \dfrac{h_0 h_4(2H_2 - 3h_4)}{3H_2^2 K_1}$，$Z_{2x} = B - Z_{2y}\tan\alpha_2$
2	路肩墙上墙或路堤墙上墙，第一破裂面交于路肩附加均布荷载之内，下墙破裂面交于附加均布荷载之内		$\tan\theta_2 = -\tan\psi \pm \sqrt{(\cot\varphi + \tan\psi)(\tan\psi + A)}$，$\psi = \varphi + \alpha_2 + \delta_2$，$A = -\tan\alpha_2$ $E_2 = \dfrac{1}{2}\gamma H_2^2 K K_1$，$E_{2x} = E_2\cos(\alpha_2 + \delta_2)$，$E_{2y} = E_2\sin(\alpha_2 + \delta_2)$ $K = \dfrac{\cos(\theta_2 + \varphi)}{\sin(\theta_2 + \psi)}(\tan\theta_2 + \tan\alpha_2)$ $K_1 = 1 + \dfrac{2(H_0 + h_0)}{H_2}$ $Z_{2y} = \dfrac{H_2}{3} + \dfrac{H_0 + h_0}{3K_1}$，$Z_{2x} = B - Z_{2y}\tan\alpha_2$

续上表

编号	类型	计算图式及土压力分布图形	计 算 公 式
3	路堤墙或路堑墙上墙及下墙破裂面均交于路基边坡上		$\theta_2 = 90° - \varphi - \delta$ $\tan\delta = \dfrac{\sqrt{\tan(\varphi-\beta)[\tan(\varphi-\beta)+\cot(\varphi-\alpha_2)][1+\tan(\alpha_2+\delta_2)\cot(\varphi-\alpha_2)]}-\tan(\varphi-\beta)}{1+\tan(\alpha_2+\delta_2)[\tan(\varphi-\beta)+\cot(\varphi-\alpha_2)]}$ $E_2 = \dfrac{1}{2}\gamma H_2^2 K K_1,\ E_{2x} = E_2\cos(\alpha_2+\delta_2),\ E_{2y} = E_2\sin(\alpha_2+\delta_2)$ $K = \dfrac{\cos^2\alpha_2\cos(\alpha_2+\delta_2)}{\cos^2(\varphi-\alpha_2)}\left[1+\sqrt{\dfrac{\sin(\varphi+\delta_2)\sin(\varphi-\beta)}{\cos(\alpha_2+\delta_2)\cos(\alpha_2-\beta)}}\right]^2$ $K_1 = 1+\dfrac{2h_0'}{H_2},\ h_0' = H_1\dfrac{1+\tan\alpha_1'\tan\beta}{1+\tan\alpha_2\tan\beta}$ $Z_{2y} = \dfrac{H_2}{3}+\dfrac{h_0'}{3K_1},\ Z_{2x} = B-Z_{2y}\tan\alpha_2$
4	路堤墙上墙破裂面交于路基边坡上，下墙破裂面交于路肩区外均布附加均布荷载或无附加荷载		$\tan\theta_2 = -\tan\psi \pm \sqrt{(\cot\varphi+\tan\psi)(\tan\psi+A)},\ \psi = \varphi+\alpha_2+\delta_2$ $A = \dfrac{a'b'-H_2(H_2+2H_0)\tan\alpha_2+2a'h_0'\tan\theta_1}{(H_2+a')(H_2+a'+2h_0')}$ $h_0' = H_1\dfrac{1+\tan\alpha_1'\tan\beta}{1-\tan\theta_1\tan\beta},\ a' = H_0-h_0',\ b' = a'\cot\beta$ $E_2 = \dfrac{1}{2}\gamma H_2^2 K K_1,\ E_{2x} = E_2\cos(\alpha_2+\delta_2),\ E_{2y} = E_2\sin(\alpha_2+\delta_2)$ $K = \dfrac{\cos(\theta_2+\varphi)}{\sin(\theta_2+\psi)}(\tan\theta_2+\tan\alpha_2),\ K_1 = 1+\dfrac{2H_0}{H_2}-\dfrac{a'h_3}{H_2^2}$ $h_2 = \dfrac{b'-a'\tan\theta_2}{\tan\theta_2+\tan\alpha_2}$ $Z_{2y} = \dfrac{H_2}{3}+\dfrac{H_0}{3K_1}-\dfrac{a'h_3(2h_2-h_3)}{3H_2^2K_1},\ Z_{2x} = B-Z_{2y}\tan\alpha_2$

续上表

编号	类型	计算图式及土压力分布图形	计 算 公 式
5	路堤墙上墙破裂面交于路基边坡上、下墙破裂面交于墙背附加均布荷载内	(图略)	$\tan\theta_2 = -\tan\psi \pm \sqrt{(\cot\varphi + \tan\psi)(\tan\psi + A)}$, $\psi = \varphi + \alpha_2 + \delta_2$ $A = \dfrac{a'b' + 2(b'+d)h_0 - H_2(H_2 + 2H_0 + 2h_0)\tan\alpha_2 + 2a'h_0'\tan\theta_1}{(H_2+a')(H_2+2h_0')}$ $h_0' = H_1\dfrac{1+\tan\alpha_1'\tan\beta}{1-\tan\theta_1\tan\beta}, a' = H_0 - h_0', b' = a'\cot\beta$ $E_2 = \dfrac{1}{2}\gamma H_2^2 K K_1, E_{2x} = E_2\cos(\alpha_2+\delta_2), E_{2y} = E_2\sin(\alpha_2+\delta_2)$ $K = \dfrac{\cos(\theta_2+\varphi)}{\sin(\theta_2+\psi)}(\tan\theta_2+\tan\alpha_2), K_1 = 1 + \dfrac{2H_0}{H_2} + \dfrac{2h_0h_4 - a'h_3}{H_2^2}, h_4 = H_2 - h_1 - h_3$ $h_1' = \dfrac{d}{\tan\theta_2+\tan\alpha_2}, h_3 = \dfrac{b' - a'\tan\theta_2}{\tan\theta_2+\tan\alpha_2}, h_4 = H_2 - h_1 - h_3$ $Z_{2y} = \dfrac{H_2}{3} + \dfrac{H_0}{3K_1} - \dfrac{a'h_3(2H_2-h_3) + h_0h_4(2H_2-3h_4)}{3H_2^2 K_1}, Z_{2x} = B - Z_{2y}\tan\alpha_2$

注：1．应用本表公式时，仰斜墙背的 α_2 均须以负值代入。
2．以 $H_0 = H_1$（即 $a=0$）及 $b=0$ 代入第1，2类各式，即得路肩墙的计算式。

黏性土主动土压力计算公式表

表 3-3-22-4

编号	类型	计算图式及土压应力分布图形	计算公式
1	路肩墙，墙后满布连续均布荷载，破裂面均交于附加均布荷载之内①		破裂角：$\tan\theta = -\tan\psi \pm \sqrt{\sec^2\psi - D}, \psi = \varphi + \alpha + \delta, D = \dfrac{A\sin(\varphi - \psi) - B\cos(\varphi - \psi)}{\cos\psi\left[A\sin\varphi + \dfrac{c}{\gamma}(H - h'_c)\cos\varphi\right]}$ $A = \dfrac{1}{2}(H - h'_c)(H + h'_c + 2h_0), B = -\dfrac{1}{2}H(H + 2h_0)\tan\alpha$ 主动土压力：$E = \gamma(A\tan\theta - B)\dfrac{\cos(\theta + \varphi)}{\sin(\theta + \psi)} - \dfrac{c(H - h'_c)\cos\varphi}{\cos\theta\sin(\theta + \varphi)}, E_x = E\cos(\alpha + \delta)$, $E_y = E\sin(\alpha + \delta)$ 土压力作用点：$Z_y = \dfrac{1}{3}(H - h'_c)$
2	路肩墙，距墙顶后缘距离为d布置附加均布荷载，破裂面交于均布荷载内		$\tan\theta = -\tan\psi \pm \sqrt{\sec^2\psi - D}, \psi = \varphi + \alpha + \delta, A = \dfrac{1}{2}(H - h_c)(H + h_c + 2h_0)$ $B = dh_0 - \dfrac{1}{2}H(H + 2h_0)\tan\alpha$ $D = \dfrac{A\sin(\varphi - \psi) - B\cos(\varphi - \psi)}{\cos\psi\left[A\sin\varphi + \dfrac{c}{\gamma}(H - h'_c)\cos\varphi\right]}, E = \gamma(A\tan\theta - B)\dfrac{\cos(\theta + \varphi)}{\sin(\theta + \psi)} - \dfrac{c(H - h_c)\cos\varphi}{\cos\theta\sin(\theta + \psi)}$ $E_x = E\cos(\alpha + \delta), E_y = E\sin(\alpha + \delta), h_1 = \dfrac{d - h_c \cdot \tan\alpha}{\tan\theta + \tan\alpha}$ $h_4 = H - h_0 - h_1, Z_y = \dfrac{(H - h_c)^3 + 3h_0 h_4^2}{3[(H - h_c)^2 + 2h_0 h_2]}$

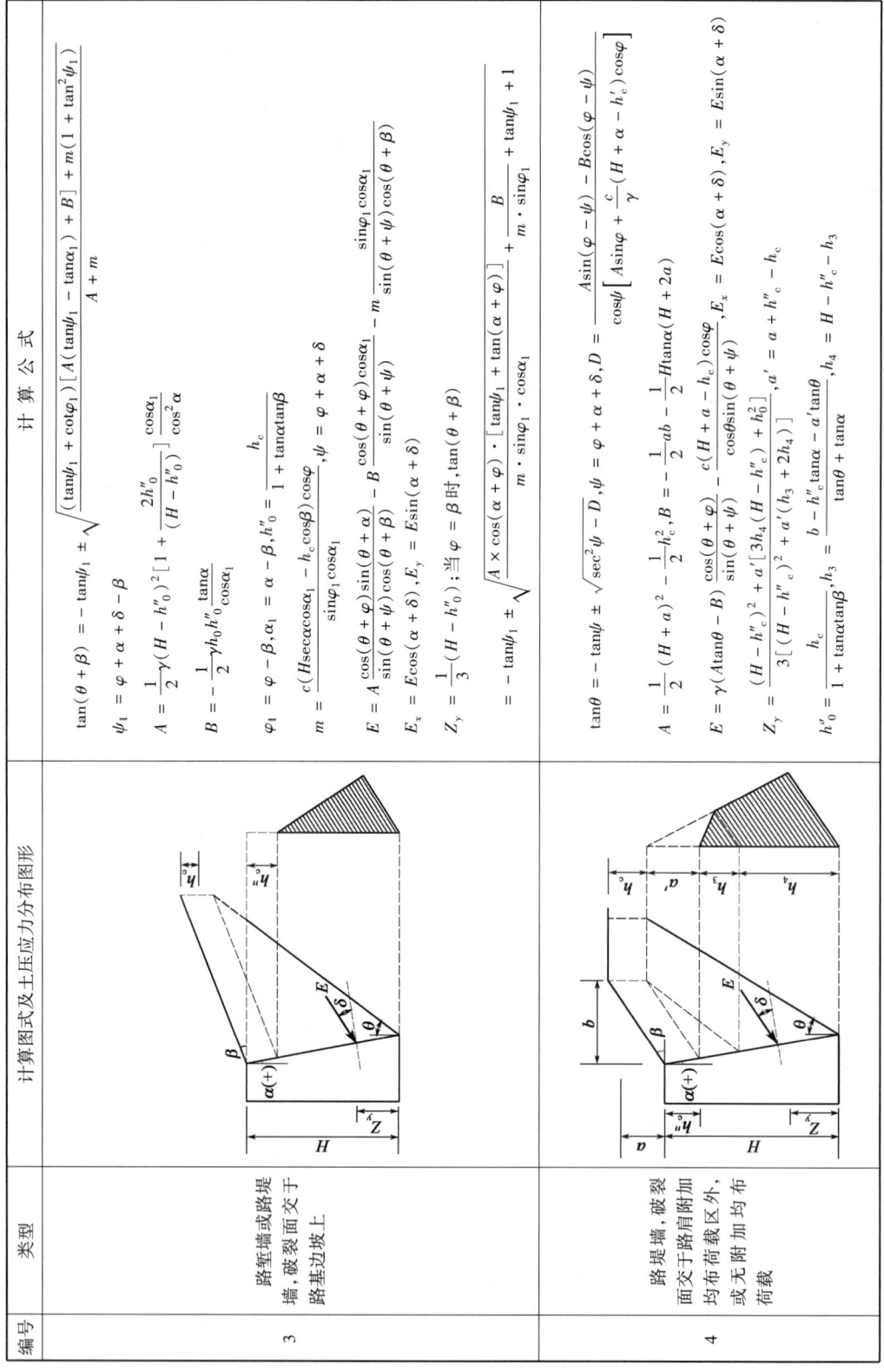

续上表

编号	类型	计算图式及土压应力分布图形	计 算 公 式
5	路堤墙，破裂面交于墙顶附加均布荷载内②		$\tan\theta = -\tan\psi \pm \sqrt{\sec^2\psi - D}, \psi = \varphi + \alpha + \delta, D = \dfrac{A\sin(\varphi-\psi) - B\cos(\varphi-\psi)}{\cos\psi\left[A\sin\psi + \dfrac{c}{\gamma}(H+\alpha-h_c)\cos\varphi\right]}$ $A = \dfrac{1}{2}(H+a-h_c)(H+a+h_c+2h_0), B = -\dfrac{1}{2}ab + (a+d)h_0 - \dfrac{1}{2}H\tan\alpha(H+2a+2h_0)$ $E = \gamma(A\tan\theta - B)\dfrac{\cos(\theta+\varphi)}{\sin(\theta+\psi)} - \dfrac{c(H+a-h_c)\cos\varphi}{\cos\theta\sin(\theta+\psi)}, E_x = E\cos(\alpha+\delta), E_y = E\sin(\alpha+\delta)$ $Z_y = \dfrac{(H-h_c'')^3 + a'[3(H-h_c'')^2 - 3h_3(H-h_c'') + 3h_0h_4^2]}{3[(H-h_c'')^2 + 2a'(H-h_c'') - a'h_3 + h_0h_4]}, a' = a + h_c'' - h_c$ $h_c'' = \dfrac{h_c}{1+\tan\alpha\tan\beta}, h_1 = \dfrac{d}{\tan\theta+\tan\alpha}, h_3 = \dfrac{b - h_c\tan\alpha - a'\tan\theta}{\tan\theta+\tan\alpha}, h_4 = H - h_c'' - h_1 - h_3$

注：1. 对于第一类公式，当 $h_c < h_0$，h_c' 为负值时，以 $h_c' = 0$ 代入式中，当应力图形为梯形，$Z_y = \dfrac{H^2 + 3(h_0 - h_c)H}{3H + 6(h_0 - h_c)}$。

2. 若车辆荷载自墙顶内缘或路堤边缘开始布置，则以 $d = 0$ 代入式中，即得各相应的计算式。

第三节　挡土墙极限状态法设计计算

挡土墙设计应采用以极限状态设计的分项系数法为主的设计方法,车辆荷载应采用附加荷载强度法。挡土墙设计应进行其承载能力极限状态计算和正常使用极限状态验算,以及挡土墙抗滑稳定、抗倾覆稳定和整体稳定性验算。

一、极限状态法的设计原则

挡墙结构的整体或一部分超过某一特定状态时,结构就不能满足所规定的功能要求。

1. 出现下列情况之一认为出现了承载力极限状态

(1)整个挡土墙或挡土墙的一部分作为刚体失去平衡,影响正常使用或外观变形。

(2)挡土墙构件或连接构件因材料承受的强度超过极限而破坏,或因过量塑性变形而不适合继续承载,影响正常使用或耐久性的局部破坏。

(3)挡土墙结构变为机动体系或局部失去平衡,影响正常使用的其他特定状态。

2. 设计原则

(1)挡土墙设计计算应采用以极限状态设计的分项系数法为主的设计方法。极限状态的设计原则为荷载效应的不利组合的设计值小于或等于结构抗力效应的设计值。

(2)挡土墙构件承载能力极限状态设计可采用下列表达式,不同荷载组合采用相应的不同荷载系数和抗力安全系数。

$$\gamma_0 S \leq R \tag{3-3-78}$$

$$R = R\left(\frac{R_k}{\gamma_f}, \alpha_d\right) \tag{3-3-79}$$

式中:γ_0——结构重要性系数,按表 3-3-23 的规定采用;

S——作用(或荷载)效应的组合设计值;

$R(\cdot)$——挡土墙结构抗力函数;

R_k——抗力材料的强度标准值;

γ_f——结构材料、岩土性能的分项系数;

α_d——结构或结构构件几何参数的设计值,当无可靠数据时,可采用几何参数标准值。

结构重要性系数 γ_0　　　　　　　　　　　　表 3-3-23

墙　高	公路等级	
	高速公路、一级公路	二级及二级以下公路
≤5.0m	1.0	0.95
>5.0m	1.05	1.0

施加于挡土墙的作用(或荷载),按性质可分为永久作用(或荷载)、可变作用(或荷载)、偶然作用(或荷载),各类作用(或荷载)名称见表 3-3-24。

3. 荷载效应组合应符合下列规定

(1)作用在一般地区挡土墙上的力,可只计算永久作用(或荷载)和基本可变作用(或荷载)。

(2)浸水地区、地震动峰值加速度值为0.2g及以上的地区、产生冻胀力的地区等,尚应计算其他可变作用(或荷载)和偶然作用(或荷载)。

(3)作用(或荷载)组合可按表3-3-25确定。

荷 载 分 类　　　　　　　　　　　　　表3-3-24

作用(或荷载)分类		作用(或荷载)名称
永久作用(或荷载)		挡土墙结构重力
		填土(包括基础襟边以上土)重力
		填土侧压力
		墙顶上的有效永久荷载
		墙顶与第二破裂面之间的有效荷载
		计算水位的浮力及静水压力
		预加力
		混凝土收缩及徐变
		基础变位影响力
可变作用(或荷载)	基本可变作用(或荷载)	车辆荷载引起的土侧压力
		人群荷载、人群荷载引起的土侧压力
	其他可变作用(或荷载)	水位退落时的动水压力
		流水压力
		波浪压力
		冻胀压力和冰压力
		温度影响力
	施工荷载	与各类型挡土墙施工有关的临时荷载
偶然作用(或荷载)		地震作用力
		滑坡、泥石流作用力
		作用于墙顶护栏上的车辆碰撞力

常用作用(或荷载)组合　　　　　　　　表3-3-25

组　合	作用(或荷载)名称
Ⅰ	挡土墙结构重力、墙顶上的有效永久荷载、填土重力、填土侧压力及其他永久荷载组合
Ⅱ	组合Ⅰ与基本可变荷载相组合
Ⅲ	组合Ⅱ与其他可变荷载、偶然荷载相组合

注:1.洪水与地震力不同时考虑。
　2.冻胀力、冰压力与流水压力或波浪压力不同时考虑。
　3.车辆荷载与地震力不同时考虑。

①挡土墙上受地震力作用时,应符合现行《公路工程抗震规范》(JTG B02)的有关规定。

②具有明显滑动面的抗滑挡土墙荷载计算应符合《公路路基设计规范》(JTG D30—2015)第5.7节、7.2节的有关规定。泥石流地段的路基挡土墙,应符合第7.5节的规定。

③浸水挡土墙墙背为岩块和粗粒土时,可不计墙身两侧静水压力和墙背动水压力。

④墙身所受浮力,应根据地基地层的浸水情况按下列原则确定:

a. 砂类土、碎石类土和节理很发育的岩石地基,按计算水位的100%计算;

b. 岩石地基按计算水位的50%计算。

⑤作用在墙背上的主动土压力,可按库仑理论计算。应进行墙后填料的土质试验,确定填料的物理力学指标,当缺乏可靠试验数据时,填料内摩擦角 φ 可按表3-3-26选用。

填料内摩擦角或综合内摩擦角 表3-3-26

填料种类		综合内摩擦角 φ_0 (°)	内摩擦角 φ (°)	重度 (kN/m³)
黏性土	墙高 $H \leq 6m$	35～40	—	17～18
	墙高 $H > 6m$	30～35	—	
碎石、不易风化的块石		—	45～50	18～19
大卵石、碎石类土、不易风化的岩石碎块		—	40～45	18～19
小卵石、砾石、粗砂、石屑		—	35～40	18～19
中砂、细砂、砂质土		—	30～35	17～18

注:填料重度可根据实测资料作适当修正,计算水位以下的填料重度采用浮重度。

⑥挡土墙前的被动土压力可不计算;当基础埋置较深且地层稳定、不受水流冲刷和扰动破坏时,可计入被动土压力,但应按表3-3-27的规定计入作用分项系数。

⑦车辆荷载作用在挡土墙墙背填土上所引起的附加土体侧压力,可按式(3-3-80)换算成等代均布土层厚度计算:

$$h_0 = \frac{q}{\gamma} \quad (3\text{-}3\text{-}80)$$

式中:h_0——换算土层厚度(m);

q——车辆荷载附加荷载强度,墙高小于2m,取20kN/m²;墙高大于10m,取10kN/m²;墙高在2～10m之内时,附加荷载强度用直线内插法计算;作用于墙顶或墙后填土上的人群荷载强度规定为3kN/m²;作用于挡墙栏杆顶的水平推力采用0.75kN/m,作用于栏杆扶手上的竖向力采用1kN/m;

γ——墙背填土的重度(kN/m³)。

⑧挡土墙按承载能力极限状态设计时,除另有规定外,常用作用(或荷载)分项系数可按表3-3-27的规定采用。

承载能力极限状态作用(或荷载)分项系数 表3-3-27

情况 组合	荷载增大对挡土墙结构起有利作用时		荷载增大对挡土墙结构起不利作用时	
	Ⅰ,Ⅱ	Ⅲ	Ⅰ,Ⅱ	Ⅲ
垂直恒载 γ_G	0.90		1.20	
恒载或车辆荷载、人群荷载的主动土压力 γ_{Q1}	1.00	0.95	1.40	1.30
被动土压力 γ_{Q2}	0.30		0.50	
水浮力 γ_{Q3}	0.95		1.10	
静水压力 γ_{Q4}	0.95		1.05	
动水压力 γ_{Q5}	0.95		1.20	

二、挡土墙基础设计与稳定性计算

挡土墙基础设计与稳定性计算应符合下列要求：

(1)基底合力的偏心距 e_0 可按下式计算：

$$e_0 = \frac{M_d}{N_d} \tag{3-3-81}$$

式中：M_d——作用于基底形心的弯矩组合设计值(MPa)；

N_d——作用于基底上的垂直力组合设计值(kN/m)。

(2)挡土墙地基计算时，各类作用(或荷载)组合下，作用效应组合设计值计算式中的作用分项系数，除被动土压力分项系数 $\gamma_{Q2} = 0.3$ 外，其余作用(或荷载)的分项系数规定均等于1。

(3)基底压应力 σ 应按式(3-3-82)计算，位于岩石地基上的挡土墙可按式(3-3-83)、式(3-3-84)计算。基底合力的偏心距 e_0，对土质地基不应大于 $B/6$；对岩石地基不应大于 $B/4$。基底压应力不应大于基底的容许承载力 $[\sigma_0]$；基底容许承载力值可按现行《公路桥涵地基与基础设计规范》(JTG D63)的规定采用，当为作用(或荷载)组合Ⅲ及施工荷载时，且 $[\sigma_0] > 150\text{kPa}$ 时，可提高25%。

$$|e_0| \leq \frac{B}{6} \text{ 时}, \sigma_{1,2} = \frac{N_d}{A}\left(1 \pm \frac{6e_0}{B}\right) \tag{3-3-82}$$

$$e_0 > \frac{B}{6} \text{ 时}, \sigma_1 = \frac{2N_d}{3\alpha_1}, \sigma_2 = 0 \tag{3-3-83}$$

$$\alpha_1 = \frac{B}{2} - e_0 \tag{3-3-84}$$

式中：σ_1——挡土墙趾部的压应力(kPa)；

σ_2——挡土墙踵部的压应力(kPa)；

B——基底宽度(m)，倾斜基底为其斜宽；

A——基础底面每延米的面积，矩形基础为基础宽度 $B \times 1(\text{m}^2)$。

(4)挡土墙的滑动稳定方程应满足式(3-3-85)的要求，抗滑稳定系数应按式(3-3-86)计算。

$$[1.1G + \gamma_{Q1}(E_y + E_x\tan\alpha_0) - \gamma_{Q2}E_p\tan\alpha_0]\mu + (1.1G + \gamma_{Q1}E_y)\tan\alpha_0 - \gamma_{Q1}E_x + \gamma_{Q2}E_p > 0 \tag{3-3-85}$$

$$K_c = \frac{[N + (E_x - E'_p)\tan\alpha_0]\mu + E'_p}{E_x - N\tan\alpha_0} \tag{3-3-86}$$

式中：G——作用于基底以上的重力(kN)，浸水挡土墙的浸水部分应计入浮力；

E_y——墙后主动土压力的竖向分量(kN)；

E_x——墙后主动土压力的水平分量(kN)；

E_p——墙前被动土压力的水平分量(kN)，当为浸水挡土墙时，$E_p = 0$；

E'_p——墙前被动土压力水平分量的0.3倍(kN)；

N——作用于基底上合力的竖向分力(kN)，浸水挡土墙应计浸水部分的浮力；

α_0——基底倾斜角(°)，基底为水平时 $\alpha_0 = 0$；

γ_{Q1},γ_{Q2}——主动土压力分项系数、墙前被动土压力分项系数，可按表3-3-27的规定采用；

μ——基底与地基间的摩擦系数,当缺乏可靠试验资料时,可按表3-3-28的规定采用。

基底与基底土间的摩擦系数μ 表3-3-28

地基土的分类	摩擦系数μ
软塑黏土	0.25
硬塑黏土	0.30
砂类土、黏砂土、半干硬的黏土	0.30～0.40
砂类土	0.40
碎石类土	0.50
软质岩石	0.40～0.60
硬质岩石	0.60～0.70

(5)挡土墙的倾覆稳定方程应满足式(3-3-87)的要求,抗倾覆稳定系数应按式(3-3-88)计算。

$$0.8GZ_G + \gamma_{Q1}(E_y Z_x - E_x Z_y) + \gamma_{Q2} E_p Z_p > 0 \tag{3-3-87}$$

$$K_0 = \frac{GZ_G + E_y Z_x + E'_p Z_p}{E_x Z_y} \tag{3-3-88}$$

式中:Z_G——墙身重力、基础重力、基础上填土的重力及作用于墙顶的其他荷载的竖向力合力重心到墙趾的距离(m);

Z_x——墙后主动土压力的竖向分量到墙趾的距离(m);

Z_y——墙后主动土压力的水平分量到墙趾的距离(m);

Z_p——墙前被动土压力的水平分量到墙趾的距离(m)。

(6)在规定的墙高范围内,验算挡土墙的抗滑动和抗倾覆稳定时,稳定系数不应小于表3-3-29的规定。

抗滑动和抗倾覆的稳定系数 表3-3-29

荷载情况	验算项目	稳定系数
荷载组合Ⅰ、Ⅱ	抗滑动K_c	1.3
	抗倾覆K_0	1.5
荷载组合Ⅲ	抗滑动K_c	1.3
	抗倾覆K_0	1.3
施工阶段验算	抗滑动K_c	1.2
	抗倾覆K_0	1.2

(7)设置于不良土质地基、覆盖土层下为倾斜基岩地基及斜坡上的挡土墙,应对挡土墙地基及填土的整体稳定性进行验算,其稳定系数不应小于1.25。

三、重力式、半重力式挡墙

重力式、半重力式挡墙计算应符合下列要求:

(1)重力式、半重力式挡墙的作用(或荷载)计算,应符合《公路路基设计规范》(JTG D30—2015)第H.0.1的规定。

(2)重力式、半重力式挡墙应满足《公路路基设计规范》(JTG D30—2015)第H.0.2基础设计与稳定性计算的规定。

(3) 重力式挡土墙、半重力式挡土墙的墙身材料强度可按现行《公路圬工桥涵设计规范》(JTG D61) 的规定采用。必要时应做墙身的剪应力检算。

(4) 重力式挡土墙按承载能力极限状态设计时,在某一类作用(或荷载)效应组合下,作用(或荷载)效应的组合设计值,可按式(3-3-89)计算。

$$S = \psi_{ZL}(\gamma_G \sum S_{Gik} + \sum \gamma_{Qi} S_{Qik}) \tag{3-3-89}$$

式中:S——作用(或荷载)效应的组合设计值;

γ_G、γ_{Qi}——作用(或荷载)的分项系数;

S_{Gik}——第 i 个垂直恒载的标准值效应;

S_{Qik}——土侧压力、水浮力、静水压力、其他可变作用(或荷载)的标准值效应;

ψ_{ZL}——荷载效应组合系数,按表 3-3-30 采用。

荷载效应组合系数 ψ_{ZL} 值   表3-3-30

荷 载 组 合	ψ_{ZL}
Ⅰ、Ⅱ	1.0
Ⅲ	0.8
施工荷载	0.7

(5) 挡土墙构件轴心或偏心受压时,正截面强度和稳定按式(3-3-90)、式(3-3-91)计算。偏心受压构件除验算弯曲平面内的纵向稳定外,还应按轴心受压构件验算非弯曲平面内的稳定。

计算强度时:

$$\gamma_0 N_d \leqslant \frac{\alpha_k A R_\alpha}{\gamma_f} \tag{3-3-90}$$

计算稳定时:

$$\gamma_0 N_d \leqslant \frac{\psi_k \alpha_k A R_\alpha}{\gamma_f} \tag{3-3-91}$$

式中:N_d——验算截面上的轴向力组合设计值(kN);

γ_0——重要性系数;

γ_f——圬工构件或材料的抗力分项系数,按表 3-3-31 取用;

圬工构件或材料的抗力分项系数 γ_f 表3-3-31

圬工种类	受力情况	
	压力	弯力、剪力、拉力
石料	1.85	2.31
片石砌体、片石混凝土砌体	2.31	2.31
块石、粗料石、混凝土预制块、砖砌体	1.92	2.31
混凝土	1.54	2.31

R_α——材料抗压极限强度(kN);

A——挡土墙构件的计算截面面积(m^2);

α_k——轴向力偏心影响系数,按式(3-3-92)计算;

ψ_k——偏心受压构件在弯曲平面内的纵向弯曲系数,按式(3-3-94)采用;轴心受压构件的纵向弯曲系数,可采用表3-3-32 的规定。

$$\alpha_k = \frac{1 - 256\left(\dfrac{e_0}{B}\right)^8}{1 + 12\left(\dfrac{e_0}{B}\right)^2} \tag{3-3-92}$$

式中:e_0——轴向力的偏心距(m),按公式(3-3-93)采用;挡土墙墙身或基础为圬工截面时,其轴向力的偏心距 e_0 应符合表3-3-33 的规定;

　　　B——挡土墙计算截面宽度(m)。

$$e_0 = \left|\frac{M_0}{N_0}\right| \tag{3-3-93}$$

式中:M_0——在某一类作用(或荷载)组合下,作用(或荷载)对计算截面形心的总力矩(kN·m);

　　　N_0——在某一类作用(或荷载)组合下,作用于计算截面上的轴向力的合力(kN)。

$$\psi_k = \frac{1}{1 + \alpha_s \beta_s (\beta_s - 3)\left[1 + 16\left(\dfrac{e_0}{B}\right)^2\right]} \tag{3-3-94}$$

$$\beta_s = \frac{2H}{B} \tag{3-3-95}$$

式中:H——墙高(m);

　　　α_s——与材料有关的系数,按表3-3-34 采用。

轴心受压构件纵向弯曲系数 ψ_K　　　　　　　　　表3-3-32

$2H/B$	混凝土构件	砌体砂浆强度等级	
		M10、M7.5、M5	M2.5
≤3	1.00	1.00	1.00
4	0.99	0.99	0.99
6	0.96	0.96	0.96
8	0.93	0.93	0.91
10	0.88	0.88	0.85
12	0.82	0.82	0.79
14	0.76	0.76	0.72
16	0.71	0.71	0.66
18	0.65	0.65	0.60
20	0.60	0.60	0.54
22	0.54	0.54	0.49
24	0.50	0.50	0.44
26	0.46	0.46	0.40
28	0.42	0.42	0.36
30	0.38	0.38	0.33

圬工结构轴向力合力的容许偏心距 e_0　　　　　　　　　表3-3-33

荷载组合	容许偏心距
Ⅰ、Ⅱ	0.25B
Ⅲ	0.3B
施工荷载	0.33B

注:B 为沿力矩转动方向的矩形计算截面宽度。

α_s 取值 表3-3-34

圬工名称	浆砌砌体采用以下砂浆强度等级			混凝土
	M10、M7.5、M5	M2.5	M1	
α_s	0.002	0.0025	0.004	0.002

(6)重力式挡土墙轴向力的偏心距 e_0 应符合表3-3-33的规定。

(7)混凝土截面在受拉一侧配有不小于截面面积0.05%的纵向钢筋时,表3-3-33中的容许规定值可增加0.05B;当截面配筋率大于表3-3-35的规定时,按钢筋混凝土构件计算,偏心距不受限制。

按钢筋混凝土构件计算的受拉钢筋最小配筋率(%) 表3-3-35

钢筋牌号(种类)	钢筋最小配筋率	
	截面一侧钢筋	全截面钢筋
Q235钢筋(Ⅰ级)	0.20	0.50
HRB400钢筋(Ⅱ、Ⅲ级)	0.20	0.50

注:钢筋最小配筋率按构件的全截面计算。

四、悬臂式、扶壁式挡土墙

悬臂式、扶壁式挡土墙钢筋混凝土构件的承载能力极限状态计算、正常使用极限状态验算及构造要求等,除应按本规范的规定执行外,其他未列内容应按照现行《公路钢筋混凝土及预应力混凝土桥涵设计规范》(JTG 3362)的有关规定执行。

(1)悬臂、扶臂式挡土墙应满足规范中基础设计与稳定性计算的规定。

(2)挡墙作用(或荷载)的计算应满足规范第1条的要求,计算挡土墙实际墙背和墙踵板的土压力时,可不计填料与板间的摩擦力。

(3)计算挡土墙整体稳定和墙面板时,可不计墙前土的作用;计算墙趾板内力时,应计底板以上的填土重力。

(4)悬臂式挡土墙各部分均应按悬臂梁计算,作用(或荷载)分项系数应按规范第1条的规定采用,基底应力作为竖向荷载时,可采用竖向恒载的分项系数。

(5)扶壁式挡土墙的前趾板可按悬臂梁计算,后踵板可按支承在扶壁上的连续板计算,不计立壁对底板的约束作用;扶壁可按悬臂的T形梁计算;顺路线方向立壁的弯矩,可按以扶壁为支点的连续梁计算。

(6)作用于扶壁式挡土墙立壁上的作用(或荷载),可按沿墙高呈梯形分布[图3-3-51a)],立壁竖向弯矩,沿墙高分布[图3-3-51b)],竖向弯矩沿线路方向呈台阶形分布[图3-3-51c)]。面板沿线路方向的弯矩,可按以扶壁为支点的连续梁计算。

五、锚杆挡土墙钢筋

锚杆挡土墙钢筋混凝土构件的承载能力极限状态计算、正常使用极限状态验算及构造要求等,除应按本规范的规定执行外,其他未列内容应按照现行《公路钢筋混凝土及预应力混凝土桥涵设计规范》(JTG 3362)的有关规定执行。

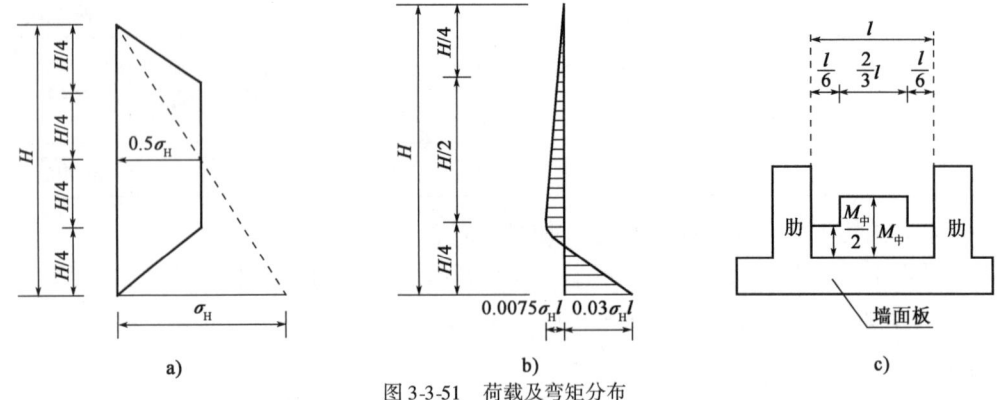

图 3-3-51 荷载及弯矩分布

$M_中$-板跨中弯矩;H-墙面板的高度;σ_H-墙面板底端内填料引起的法向土压力;l-扶壁之间的净距

(1)作用于锚杆式挡土墙上的作用(或荷载),应符合《公路路基设计规范》(JTG D30—2015)第 H.0.1 条的规定。

(2)当为多级墙时,可按延长墙背法分别计算各级墙后的主动土压力。

(3)肋柱设计计算应符合下列规定:

①作用于肋柱上的作用(或荷载),应取相邻两跨面板跨中至跨中长度上的作用(或荷载);

②视肋柱基底地质构造、地基承载力大小和埋置深度,肋柱与基底连接可设计为自由端或铰支端,肋柱应按简支梁或连续梁计算其内力值及锚杆处的支承反力值;

③肋柱截面强度验算和配置钢筋时应采用内力组合设计值,其作用(或荷载)分项系数应符合《公路路基设计规范》(JTG D30—2015)第 H.0.1 条的规定;

④采用预制肋柱时,还应作运输、吊装及施工过程中锚杆不均匀受力等荷载下肋柱截面强度验算;

⑤装配式挡土板可按以肋柱为支点的简支板计算,计算跨径为肋柱间的净距加板两端的搭接长度。

(4)现浇板壁式锚杆挡土墙,其墙面板的内力计算,可分别沿竖直方向和水平方向取单位宽度,按连续梁计算。竖直单宽梁的计算荷载为作用于墙面板上的土压力;水平单宽梁的计算荷载为该段墙面板所在位置土压力的最大值。

六、锚定板挡土墙

锚定板挡土墙钢筋混凝土构件的承载能力极限状态计算、正常使用极限状态验算及构造要求等,除应按本规范的规定执行外,其他未列内容应按照现行《公路钢筋混凝土及预应力混凝土桥涵设计规范》(JTG 3362)的有关规定执行。

(1)锚定板挡土墙的钢筋混凝土构件设计计算时,作用(或荷载)效应组合中,应按照《公路路基设计规范》(JTG D30—2015)第 H.0.1 条的规定计入结构重要性系数 γ_0。

(2)作用于锚定板挡土墙挡土板或墙面板上的恒载土压力按图 3-3-52 分布,其水平土压应力按公式(3-3-96)计算。

$$\sigma_H = \frac{1.33 E_x}{H} \beta \tag{3-3-96}$$

式中:σ_H——恒载作用下墙底的水平土压应力(kPa);

E_x——按库仑理论计算的单位墙长上墙后主动土压力的水平分力(kN/m);

H——墙高,当为两级墙时,为上、下级墙高之和(m);

β——土压力增大系数,采用1.2~1.4。车辆荷载产生的土压力不计增大系数。

(3)锚定板挡土墙整体滑动稳定性验算可采用"折线滑面分析法"或"整体土墙法"计算,滑动稳定系数不应小于1.8。稳定计算时,应按墙顶有、无附加荷载,土压力计入或不计入增大系数的最不利组合,作为计算采用值。

(4)肋柱设计应符合下列规定:

①作用于肋柱上的作用(或荷载),应取两侧挡土板跨中至跨中长度上的作用(或荷载);

②肋柱承受由挡土板传递的土压力,根据肋柱上拉杆的层数及肋柱与肋柱基础的连接方式,可按简支梁或连续梁计算。

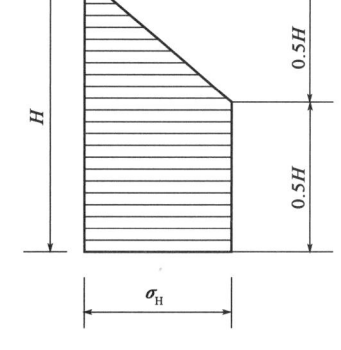

图 3-3-52 恒载土压力分布图

(5)拉杆设计计算应符合下列规定:

①最上一排拉杆至填料顶面的距离不得小于1m。当锚定板埋置深度不足时,可采用向下倾斜的拉杆,其水平倾角β宜为10°~15°;

②拉杆长度应满足挡土墙整体滑动稳定性的要求,且最下一层拉杆在主动土压力计算破裂面之后的长度,不得小于锚定板高度的3.5倍;最上一层拉杆长度不应小于5m;

③未计锈蚀留量的单根钢拉杆计算直径按式(3-3-97)计算。

$$d \geq 20\sqrt{\frac{10\gamma_0\gamma_{Q1}N_p}{\pi f_{sd}}} \qquad (3\text{-}3\text{-}97)$$

式中:d——单根钢拉杆的直径(mm);

γ_0——结构重要性系数,应符合表3-3-23的规定;

γ_{Q1}——主动土压力荷载分项系数,应符合表3-3-27的规定;

N_p——拉杆的轴向拉力(kN);

f_{sd}——钢筋的强度设计值(MPa);可按照现行《公路钢筋混凝土及预应力混凝土桥涵设计规范》(JTG 3362)的规定采用。

(6)锚定板面积应根据拉杆设计拉力及锚定板容许抗拔力,按式(3-3-98)计算:

$$A = \frac{N_p}{[p]} \qquad (3\text{-}3\text{-}98)$$

式中:A——锚定板的设计面积(m^2);

$[p]$——锚定板单位面积的容许抗拔力(kPa);应根据现场拉拔试验确定。当无条件进行现场拉拔试验时,可根据工点具体条件,参照经验数据确定。

(7)挡土板的设计计算可按照《公路路基设计规范》(JTG D30—2015)第H.0.5条中挡土板的设计执行。

(8)墙面板按支承在拉杆上的受弯构件计算,如一块墙面板上连接一根拉杆时可按单支点双向悬臂板计算及配置钢筋。

七、加筋土挡土墙

加筋土挡土墙可分为有面板加筋土挡土墙和无面板加筋土挡土墙。当无面板反包式土工格栅加筋坡面与水平面夹角小于70°时,应按照现行《公路土工合成材料应用技术规范》(JTG/T D32)的有关规定进行设计计算。加筋坡面与水平面夹角大于或等于70°的无面板加筋土挡土墙、有面板加筋土挡土墙应按下列规定进行设计计算:

(1)加筋土挡土墙的设计应进行内部稳定计算和外部稳定计算。外部稳定验算应符合《公路路基设计规范》(JTG D30—2015)第 H.0.2 条的规定。建于软土地基上的加筋体应作地基沉降计算。地基下可能存在深层滑动时,应作加筋体与地基整体滑动稳定验算。

(2)浸水加筋土挡土墙设计应按下列规定考虑水的浮力:

①拉筋断面设计采用低水位浮力;

②地基应力验算采用低水位浮力或不考虑浮力;加筋体的滑动稳定验算、倾覆稳定验算采用设计水位浮力;

③其他情况采用最不利水位浮力。

(3)筋带截面计算时,应考虑车辆、人群附加荷载引起的拉力。筋带锚固长度计算时,不计附加荷载引起的抗拔力。

(4)加筋体内部稳定验算时,土压力系数按式(3-3-99)计算:

当 $z_i \leqslant 6\mathrm{m}$ 时
$$K_i = K_j\left(1 - \frac{z_i}{6}\right) + K_\mathrm{a}\frac{z_i}{6} \tag{3-3-99}$$

当 $z_i > 6\mathrm{m}$ 时
$$K_i = K_\mathrm{a} \tag{3-3-100}$$

$$K_j = 1 - \sin\varphi \tag{3-3-101}$$

$$K_\mathrm{a} = \tan^2\left(45° - \frac{\varphi}{2}\right) \tag{3-3-102}$$

式中:K_i——加筋体内深度 z_i 处土压力系数;

K_j——静止土压力系数;

K_a——主动土压力系数;

z_i——第 i 单元筋带结点至加筋体顶面的垂直距离(m);

φ——填料内摩擦角(°)。

(5)作用于墙面板上的水平土压应力 $\sum\sigma_{\mathrm{E}i}$ 按式(3-3-103)计算:

$$\sum\sigma_{\mathrm{E}i} = \sigma_{zi} + \sigma_{ai} + \sigma_{bi} \tag{3-3-103}$$

式中:σ_{zi}——加筋土填料作用于深度 z_i 处墙面板上的水平土压应力(kPa);

σ_{ai}——车辆(或人群)附加荷载作用于深度 z_i 处墙面板上的水平土压应力(kPa);

σ_{bi}——加筋体顶面以上填土重力换算均布土厚所引起的深度 z_i 处墙面板上的水平土压应力(kPa)。

(6)加筋体活动区与稳定区的分界面可采用简化破裂面,简化破裂面的垂直部分与墙面板背面的距离 b_H 为 $0.3H$,倾斜部分与水平面的夹角 β 为 $45° + \frac{\varphi}{2}$,见图3-3-53。

(7)附加荷载作用下,可按沿深度以 1:0.5 的扩散坡率计算扩散宽度。加筋体深度 z_i 处的附加竖直压应力 $\sigma_{\mathrm{f}i}$,当扩散线的内边缘点未进入活动区时,$\sigma_{\mathrm{f}i} = 0$;当扩散线的内边缘点进入活

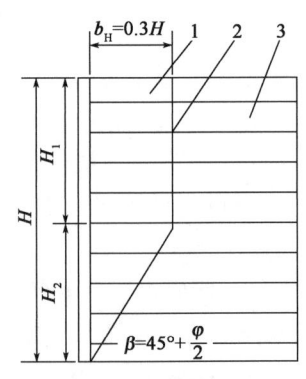

图3-3-53 简化破裂面图
1-活动区;2-简化破裂面;3-稳定区

动区时,按式(3-3-104)计算。

$$\sigma_{\mathrm{fi}} = \gamma h_0 \frac{L_c}{L_{ci}} \tag{3-3-104}$$

式中:γ——加筋体的重度(kN/m^3),当为浸水挡土墙时,应按最不利水位上下的不同分别计入;

h_0——车辆或人群附加荷载换算等代均布土层厚度(m);

L_c——加筋体计算时采用的荷载布置宽度(m),取路基全宽;

L_{ci}——加筋体深度 z_i 处的荷载扩散宽度(m)。

(8)永久荷载重力作用下,拉筋所在位置的竖直压力按式(3-3-105)计算。

$$\sigma_i = \gamma z_i + \gamma h_1 \tag{3-3-105}$$

式中:σ_i——在 z_i 层深度处,作用于筋带上的竖直压应力(kPa);

h_1——加筋体上坡面填土换算等代均布土厚度(m)。

(9)一个筋带结点的抗拔稳定性按式(3-3-106)验算。计算筋带抗拔力时,不计基本可变荷载的作用效应。

$$\begin{cases} \gamma_0 T_{i0} \leqslant \dfrac{T_{pi}}{\gamma_{R1}} \\ T_{i0} = \gamma_{Q1} T_i \\ T_{pi} = 2f' \sigma_i b_i L_{ai} \\ T_i = (\sum \sigma_{Ei}) s_x s_y \end{cases} \tag{3-3-106}$$

式中:γ_0——结构重要性系数;

T_{i0}——z_i 层深度处的筋带所承受的水平拉力设计值(kN);

γ_{R1}——筋带抗拔力计算调节系数,按表3-3-36采用;

T_i——z_i 层深度处的筋带所承受的水平拉力;

γ_{Q1}——加筋体及墙顶填土主动土压力或附加荷载土压力的分项系数;

T_{pi}——永久荷载重力作用下,z_i 层深度处,筋带有效长度所提供的抗拔力(kN);

$\sum \sigma_{Ei}$——在 z_i 层深度处,面板上的水平土压应力(kPa);

f'——填料与筋带间的似摩擦系数,由试验确定,无可靠试验资料时,可参照表3-3-37采用;

b_i——结点上的筋带总宽度(m);

L_{ai}——筋带在稳定区的有效锚固长度(m);

s_x——筋带结点水平间距(m);

s_y——筋带结点垂直间距(m)。

筋带抗拔力计算调节系数 γ_{R1} 表 3-3-36

荷载组合	Ⅰ、Ⅱ	Ⅲ	施工荷载
γ_{R1}	1.4	1.3	1.2

填料与筋带之间的似摩擦系数 f' 表 3-3-37

填料类型	黏性土	砂类土	砾碎石类土
似摩擦系数	0.25~0.40	0.35~0.45	0.40~0.50

注:1. 有肋钢带的似摩擦系数可提高0.1。
2. 墙高大于12m的高挡土墙似摩擦系数取低值。

（10）筋带截面的抗拉强度验算应符合式(3-3-107)的规定：

$$\gamma_0 T_{i0} \leq \frac{A f_k}{1000 \gamma_f \gamma_{R2}} \tag{3-3-107}$$

式中：A——筋带截面的有效净截面积(mm^2)；

f_k——筋带材料强度标准值(MPa)，按表3-3-38采用；

γ_f——筋带材料抗拉性能的分项系数，各类筋带均取1.25；

γ_{R2}——拉筋材料抗拉计算调节系数，可按表3-3-38采用。

筋带材料强度标准值 f_k 及抗拉计算调节系数 γ_{R2}　　表3-3-38

材料类型	f_k(MPa)	γ_{R2}
Q235扁钢带	240	1.0
Ⅰ级钢筋混凝土板带	240	1.05
钢塑复合带	试验断裂拉力	1.55~2.0
土工格栅	试验断裂拉力	1.8~2.5

注：1. 土工合成材料筋带的 γ_{R2}，在施工条件差、材料蠕变大时，取大值；材料蠕变小或施工荷载验算时，可取较小值。

2. 当为钢筋混凝土带时，受拉钢筋的含筋率应小于2.0%。

3. 试验断裂拉力相应延伸率不得大于10%。

（11）筋带截面的有效净截面面积 A 应按下列规定计算：

①扁钢带，设计厚度为扣除预留腐蚀厚度并扣除螺栓孔后的计算净截面面积；

②钢筋混凝土带，不计混凝土的抗拉强度，钢筋有效净面积为扣除钢筋直径预留腐蚀量后的主钢筋截面面积的总和；

③钢塑复合带、塑料土工格栅、聚丙烯土工带。由供货厂家提供尺寸，经严格检验延伸率和断裂应力后，按统计原理确定其设计截面积和极限强度，保证率为98%。

（12）墙面板应按下列规定设计计算：

①作用于单板上的土压力视为均匀分布；

②面板作为两端外伸的简支板，沿竖直方向和水平方向分别计算内力；

③墙面板与筋带的连接部分宜适当加强。

（13）全墙抗拔稳定性验算时，分项系数均取1.0，并应符合式(3-3-108)的规定。

$$K_b = \frac{\sum T_{pi}}{\sum T_i} \geq 2 \tag{3-3-108}$$

式中：K_b——全墙抗拔稳定系数；

$\sum T_{pi}$——各层拉筋所产生的摩擦力总和；

$\sum T_i$——各层拉筋承担的水平拉力总和。

八、桩板式挡土墙

桩板式挡土墙钢筋混凝土构件的承载能力极限状态计算、正常使用极限状态验算及构造要求等，除应按本规范的规定执行外，其他未列内容应按照现行《公路钢筋混凝土及预应力混凝土桥涵设计规范》(JTG 3362)、《公路桥涵地基与基础设计规范》(JTG 3363)的相关规定执行。

（1）桩板式挡土墙的钢筋混凝土构件设计计算时，荷载效应组合中，应按照《公路路基设计规范》(JTG D30—2015)第H.0.1条规定计入结构重要性系数 γ_0。

(2)滑坡路基上的桩板式挡土墙按滑坡推力和土压力的最不利者作为计算荷载,桩的重力可不计入。

(3)作用在桩上的荷载宽度可按其左右两相邻桩之间距离的一半计算,作用在挡土板的荷载宽度可按板的计算跨度计算。

(4)桩的内力应按《公路路基设计规范》(JTG D30—2015)第5.7.5条的规定,采用地基系数法计算。

(5)在桩前地基岩层结构面的产状为向坡外倾斜时,应按顺层滑坡验算地基的稳定性及整体稳定性。

(6)预制钢筋混凝土挡土板可按支承在桩上的简支板计算,其计算跨径 L 为:

$$\begin{cases} 圆形桩 & L = L_c - 1.5t \\ 矩形桩 & L = L_0 + 1.5t \end{cases} \quad (3\text{-}3\text{-}109)$$

式中:L_c——圆形桩的桩中心距离(m);

L_0——矩形桩间的净距(m);

t——挡土板的板厚(m)。

(7)路堤中的锚杆桩板式挡土墙,应避免填料下沉所产生的锚杆次应力。

第四节　重力式挡土墙设计

一、重力式挡土墙的特点及构造

1.概述

重力式挡土墙以墙身自重来维持挡土墙在土压力作用下的稳定,形式简单、取材容易、施工方便、适应性强,因而仍是我国目前最常用的一种挡土墙形式。重力式挡土墙可用块石、片石、混凝土预制块作为砌体,或采用片石混凝土、混凝土进行整体浇筑。

(1)重力式挡土墙的分类及特点

重力式挡土墙由墙身及基础组成,也可不设基础。按墙背常用线形,可分为仰斜式、垂直式、俯斜式、凸折式、衡重式、台阶式等类型,如图3-3-54所示。

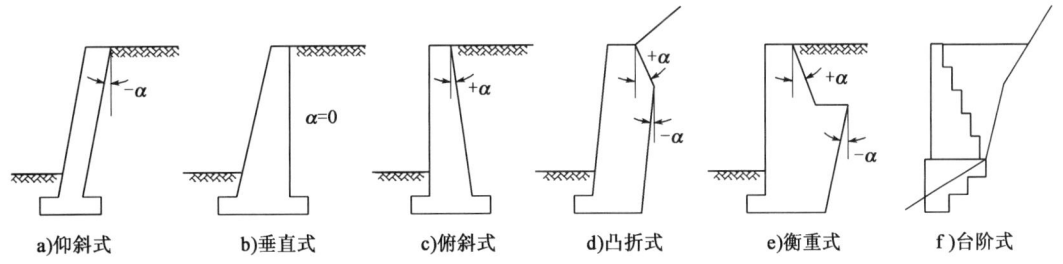

图 3-3-54　重力式挡土墙的常用类型

仰斜墙背,所受主动土压力相对较小,故墙身断面较经济。用作路堑墙时,因墙背与开挖的临时边坡易于贴合,因而土石方开挖量和回填量较少。当墙趾处地面横坡较陡时,采用仰斜墙背将使墙身增高,断面增大,不再具有经济,故仰斜墙背适用于路堑墙、墙趾处地面平缓的路肩墙或路堤墙。仰斜墙背的坡度也不宜过缓,以免施工困难。

俯斜墙背,所受主动土压力相对较大,通常在地面横坡陡峻时采用,可借陡直的墙面嵌入较陡的地面横坡中,以减小墙高。俯斜墙背也可以做成台阶形,以增加墙背和填土之间的摩擦力。

垂直墙背的特点,介于仰斜墙背和俯斜墙背之间。

凸形折线墙背,是由仰斜墙背演变而成,上部俯斜,下部仰斜,以减小上部的断面尺寸(包括墙高),多用于路堑墙,也可以用于路肩墙。

衡重式墙背,在上下墙间设有衡重台,利用衡重台上填土的重力使全墙重心后移,从而大大增加了墙身的稳定。因为采用陡直的墙面,且下墙采用仰斜墙背,因而可以减小墙身高度,减小开挖工作量。适用于地形陡峻的路肩墙和路堤墙,也可以用于路堑墙。

2. 重力式挡土墙的适用范围

由于重力式挡土墙墙身断面大、圬工数量大,在软弱地基上修建往往受到承载力的限制,所以墙高有一定的适用范围,可见表3-3-39。

重力式挡土墙适用范围表 表3-3-39

挡土墙形式		挡土墙的高度(m)										
		1	2	3	4	5	6	7	8	9	10	11	12
重力式挡土墙	俯斜式、垂直式												
	仰斜式												
	衡重式												

注:干砌挡土墙的高度不宜超过6m。高速公路、一级公路不应采用干砌挡土墙。

(3) 重力式挡土墙的材料标准

重力式挡土墙所用石料及混凝土材料的材料标准可参见本章第一、二节的规定,且应质地均匀,具有耐风化、抗侵蚀性能,在冰冻地区应具有耐冻性。

2. 一般构造

重力式挡土墙的尺寸与工程数量随墙背类型和墙高而变化,所以应根据墙址地形经过经济、技术、对环境的扰动程度等比较后,合理选择重力式挡土墙的墙顶宽度、面坡坡度与背坡坡度。

重力式挡土墙的墙顶宽度,当墙身为混凝土浇筑时,不应小于0.4m;当为浆砌圬工时,不应小于0.5m;当为干砌圬工时,不应小于0.6m。

衡重式、凸折式挡土墙的上墙,墙背俯斜坡度常用值为1:0~1:0.40;仰斜式挡土墙或衡重式、凸折式挡土墙的下墙,墙背仰斜坡度不宜缓于1:0.25。

基础以上的挡土墙墙面坡度应与墙背的坡度相配合。地面横坡较陡时,墙面坡度可采用1:0~1:0.20;地面横坡平缓时,墙面坡度可较缓,但不宜缓于1:0.30。

衡重式及凸折式挡土墙上、下墙高的比例,宜在满足挡土墙结构强度及整体稳定的条件下,按照经济原则,经比选后确定。初拟尺寸时,上、下墙高的比例可采用2:3。

重力式挡土墙一般宜采用明挖基础,基础设计及基础扩展部分刚性角的规定可参见本章第四节。当墙高较高,墙身尺寸受地基承载力设计值控制或稳定要求时,可采用钢筋混凝土条形扩展基础。当地基持力层埋藏较深时,可采用桩基础。

挡土墙基础砌筑在稳定坚硬的岩石斜坡地基上时,垂直墙长方向基础可做成台阶形,台阶的高(h)宽(b)比值不宜大于2,台阶宽度不宜小于0.5m,见图3-3-55。

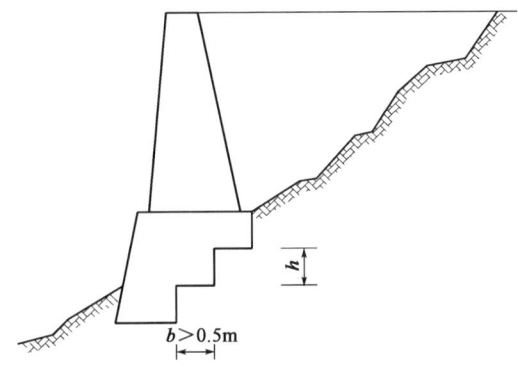

图 3-3-55　岩石地基上的台阶基础

位于地质不良地段区的重力式挡土墙、半重力式挡土墙,在地基土内可能出现滑动面或发生地基不均匀沉陷时,除验算包括地基在内的整体稳定性外,宜将基础底面埋置在滑动面以下或采取其他措施,防止挡土墙随地基滑动体滑动(图 3-3-56)。

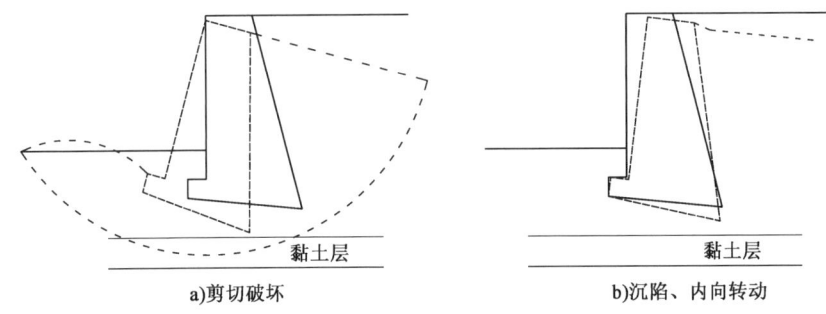

a)剪切破坏　　　　　　　　　　b)沉陷、内向转动

图 3-3-56　挡土墙整体滑动示意图

沿挡土墙墙长方向的地面有纵坡时,挡土墙的纵向基底宜作成不大于 5% 的纵坡。当为岩石地基时,墙的纵向基底也可按台阶形布置。

浆砌圬工挡土墙的墙顶应用 M7.5 水泥砂浆抹平,或用较大石块砌筑并勾缝。干砌挡土墙顶面以下 0.5m 高度内,宜用 M5 水泥砂浆砌筑。路肩式挡土墙及路堑式挡土墙宜设置粗料石或混凝土帽石,帽石出檐宽度宜为 0.1m。需设置护栏或栏杆的浆砌圬工路肩式挡土墙,墙顶面以下 0.5m 高度内,应采用强度等级不小于 C20 的混凝土浇筑,并预埋护栏或栏杆的锚固件。

重力式挡土墙宜按本章第一节中的规定设置伸缩缝与沉降缝、护栏及排水设施。

二、一般地区重力式挡土墙的设计与计算

1. 重力式挡土墙的计算内容和要求

设计重力式挡土墙时,需通过计算和验算使拟定的构造尺寸能保证挡土墙在土压力等作用下,有安全的整体稳定性(外部稳定性),基础底面压应力在地基土的承载能力范围之内,墙身应有足够的抗力效应。

重力式挡墙的计算内容和计算要求见表 3-3-40。

重力式挡土墙计算内容和计算要求简表 表3-3-40

计算项目		要　求	指　标
外部稳定	滑动稳定	墙体不产生沿基底的滑移破坏	抗滑稳定系数 $K_c \geq 1.3$（高墙 $K_c \geq 1.6$） 满足滑动稳定极限状态设计表达式
	倾覆稳定	墙体不产生绕墙趾的倾覆	抗倾覆稳定系数 $K_0 \geq 1.5$（高墙 $K_0 \geq 2.0$） 满足倾覆稳定极限状态设计表达式
	基底合力偏心距	不出现因基底不均匀沉陷而导致的墙体倾斜	不同荷载组合下的基底合力偏心距 $e_0 \leq [e_0]$ $[e_0] = B/8 \sim B/4$（B 为截面宽度）
基底应力		不出现因地基承载力不足导致的过大下沉	基底最大垂直应力 $P_{max} \leq$ 地基承载力设计值 f_d'
墙身承载力		在施加于挡土墙上的各种荷载（或作用）作用下，有良好的工作性能	按挡土墙的重要性等级，其结构或材料抗力设计值大于或等于作用（或荷载）效应组合设计值，即 $\gamma_0 S \leq R$

注：挡土墙墙高超过常用值时为高墙，可参见第一节表3-3-3。

2. 挡土墙的作用（或荷载）组合设计值计算

重力式挡土墙按承载能力极限状态设计时，在某一类作用（或荷载）效应组合下，作用（或荷载）效应的组合设计值，可采用式（3-3-110）计算：

$$S = \psi_{zc} \cdot (\gamma_G \cdot \sum S_{Gik} + \gamma_{Qi} \cdot \sum S_{Qik}) \tag{3-3-110}$$

式中：S——作用（或荷载）效应的组合设计值；

γ_G、γ_{Qi}——作用（或荷载）的分项系数，按本章第三节中的规定采用；

S_{Gik}——第 i 个垂直恒载（挡土墙及附加物自重）的标准值效应；

S_{Qik}——土侧压力、水浮力、静水压力、其他可变作用（或荷载）的标准值效应。

作用（或荷载）的综合效应组合系数 ψ_{zc} 可按表3-3-41的规定采用。

作用（或荷载）的综合效应组合系数 ψ_{zc} 表3-3-41

作用（或荷载）组合	ψ_{zc}
Ⅰ、Ⅱ	1.0
Ⅲ	0.8
施工荷载	0.7

3. 重力式挡土墙的基础设计和外部稳定性验算

基础设计及外部稳定性验算，可按照本章第四节的内容进行设计计算。

在岩石地基上，垂直于挡土墙墙长方向的基础为台阶形布置时，可按台阶基础底面的水平投影面计算基底应力及作用于基底上轴向力合力的偏心距。

4. 重力式挡土墙墙身承载力及墙身稳定性计算

重力式挡土墙应选取控制截面对墙身承载力进行验算，常用类型挡土墙可按图3-3-57标注的编号截面，选取计算截面的位置。

1）计算截面上轴向力合力的偏心距验算

挡土墙墙身计算截面上，轴向力的偏心距 e_0 按式（3-3-111）、式（3-3-112）计算：

$$e_0 = \left| \frac{M_0}{N_0} \right| \tag{3-3-111}$$

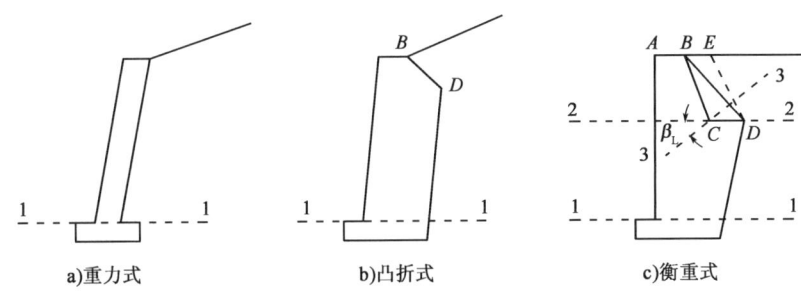

图 3-3-57 常用重力式挡土墙计算截面选取位置图

$$e_0 \leq [e_0] \tag{3-3-112}$$

式中：M_0——在某一类作用（或荷载）组合下，作用（或荷载）对计算截面形心的总力矩（kN·m）；

N_0——在某一类作用（或荷载）组合下，作用于计算截面上的轴向力的合力（kN）。

挡土墙计算截面上轴向力的容许偏心距 $[e_0]$ 见表 3-3-42。

圬工挡土墙截面上轴向力合力的容许偏心距 $[e_0]$ 表 3-3-42

作用（或荷载）组合	容许偏心距
Ⅰ、Ⅱ	0.25B
Ⅲ	0.30B
施工荷载	0.33B

注：B 为沿力矩转动方向的矩形计算截面宽度。

2）挡土墙墙身受压构件承载力计算

挡土墙墙身受压构件计算时，可分为以下工况：

（1）挡土墙偏心受压构件轴向力偏心距在偏心距限值范围时承载力计算公式：

①砌体材料（包括石砌体与混凝土组合）偏心受压构件的承载力可按式（3-3-113）计算：

$$\gamma_0 \cdot N_d \leq \psi_k \cdot A \cdot f_{cd} \tag{3-3-113}$$

式中：N_d——验算截面上的轴向力组合设计值（kN）；

A——挡土墙构件的计算截面面积，$B \times l$（m²）；

γ_0——重要性系数，可按本章第三节规定采用；

f_{cd}——砌体抗压强度设计值（kN），可按本章第二节采用；

ψ_k——构件轴向力的偏心距 e 和长细比 β_s 对受压构件承载力的影响系数，按式（3-3-114）计算：

$$\psi_k = \frac{1 - 256 \cdot \left(\frac{e_0}{B}\right)^8}{1 + 12 \cdot \left(\frac{e_0}{B}\right)^2} \cdot \frac{1}{1 + \alpha_s \cdot \beta_s \cdot (\beta_s - 3) \cdot \left[1 + 16 \cdot \left(\frac{e_0}{B}\right)^2\right]} \tag{3-3-114}$$

$$\beta_s = 2\gamma_\beta H/B \tag{3-3-115}$$

式中：B——挡土墙计算截面宽度（m）；

H——墙高（m）；

β_s——砌体材料构件的长细比；

γ_β——不同砌体材料构件的长细比修正系数，可按表 3-3-43 采用；

α_s——与砂浆强度等级有关的系数,当砂浆强度等级大于或等于 M5 或为组合构件时,为 0.002;当砂浆强度为 0 时,为 0.013;

e_0——轴向力的偏心距(m),按表 3-3-42 采用。

长细比修正系数 γ_β 表 3-3-43

砌体材料类别	γ_β
混凝土预制块砌体或组合构件	1.0
细料石、半细料石砌体	1.1
粗料石、块石、片石砌体	1.3

②混凝土材料偏心受压构件的承载力可按式(3-3-116)计算:

$$\gamma_0 \cdot N_d \leq \psi_k \cdot f_{cd} \cdot (B - 2e_0) \tag{3-3-116}$$

式中:N_d——验算截面上的轴向力组合设计值(kN);

B——挡土墙计算截面宽度(m);

γ_0——重要性系数,按本章第三节规定采用;

f_{cd}——混凝土抗压强度设计值(kN),可按本章第二节采用;

ψ_k——弯曲平面内受压构件弯曲系数,可按表 3-3-44 采用。

混凝土受压构件弯曲系数 ψ_k 表 3-3-44

H	<2	2	3	4	5	6	7	8	9	10	11	12	13	14	15
ψ_k	1.0	0.98	0.96	0.91	0.86	0.82	0.77	0.72	0.68	0.63	0.59	0.55	0.51	0.47	0.44

2)挡土墙偏心受压构件轴向力偏心距超出偏心距限值范围时承载力计算公式:

当挡土墙验算截面上的轴向力合力偏心距 e_0 超过表 3-3-42 规定的容许值时,挡土墙构件承载力应按式(3-3-117)计算:

$$\gamma_0 \cdot N_d \leq \psi_k \cdot \frac{B \cdot f_{tmd}}{\frac{6e_0}{B} - 1} \tag{3-3-117}$$

式中:N_d——验算截面上的轴向力组合设计值(kN);

ψ_k——砌体偏心受压构件承载力影响系数[参见式(3-3-114)]或混凝土受压构件弯曲系数(参见表 3-3-44);

f_{tmd}——砌体或混凝土构件受拉边缘的弯曲抗拉强度设计值(kN),可按本章第二节采用;

其余符号意义同上。

(3)挡土墙构件正截面受弯时,可按式(3-3-118)计算:

$$\gamma_0 \cdot M_d \leq W \cdot f_{tmd} \tag{3-3-118}$$

式中:M_d——验算截面上的弯矩组合设计值(kN·m);

W——验算截面受拉边缘的弹性抵抗矩(m³);

其余符号意义同上。

(4)挡土墙砌体或混凝土构件正截面直接受剪时,可按式(3-3-119)计算:

$$\gamma_0 \cdot V_d \leq A_j \cdot f_{vd} + \mu \cdot N_d \tag{3-3-119}$$

式中:V_d——计算截面上的剪力组合设计值(kN);

A_j——受剪截面面积(m^2);

f_{vd}——砌体或混凝土抗剪强度设计值,按本章第二节规定采用;

μ——摩擦系数,对圬工砌体或混凝土,取$\mu=0.7$;

N_d——与受剪截面垂直的轴向力组合设计值(kN);

其余符号意义同上。

5. 重力式挡土墙设计计算流程

重力式挡土墙设计计算时,可参考图3-5-58流程,采用解析法计算或编制计算机应用程序。

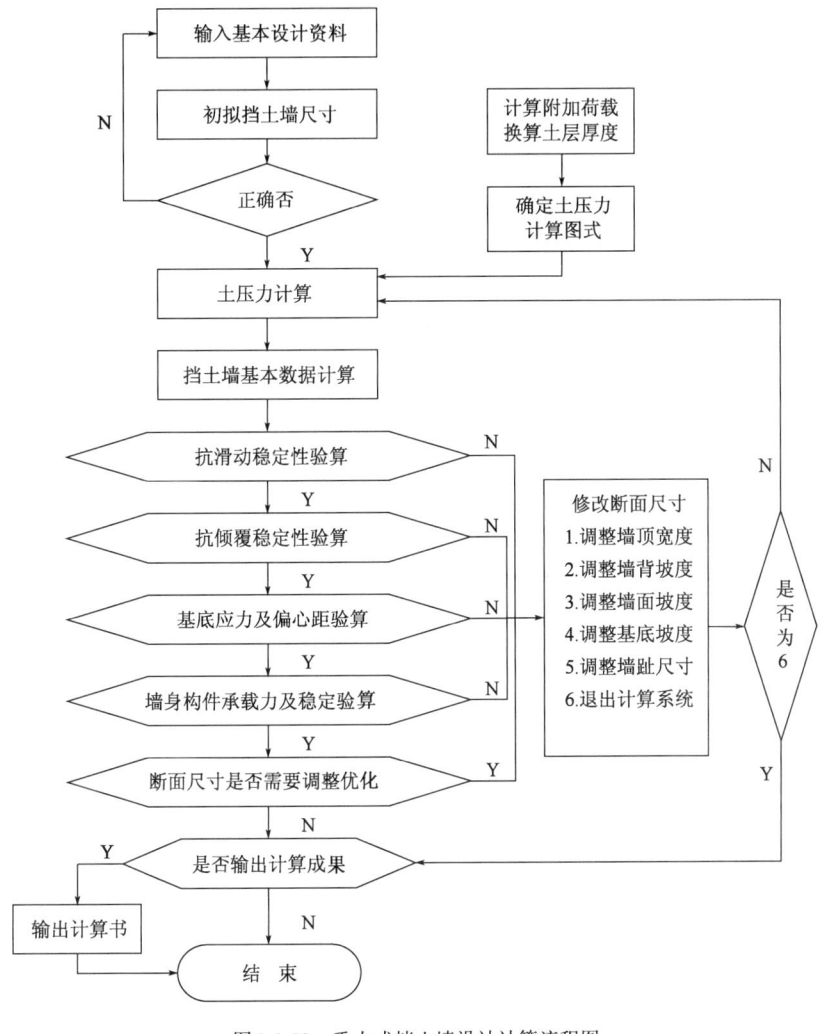

图 3-3-58 重力式挡土墙设计计算流程图

三、重力式挡土墙验算算例

示例1:仰斜式路肩挡土墙

1. 基本资料

设某一级公路上有一段路肩挡土墙,墙高 $H=5.0m$,挡土墙面坡 1:0.25,仰斜背坡 1:0.25,基底倾斜度 $\tan\alpha_0=0.2:1$,基础顶面(墙身底面)距天然地面 $h_p=0.8m$。

墙身和基础圬工砌体均采用 M5 浆砌 MU50 片石,圬工砌体重度 $\gamma_k = 23 \text{kN/m}^3$,片石砂浆砌体抗压强度设计值 $f_{cd} = 0.71 \text{MPa}$,轴心抗拉强度设计值 $f_{td} = 0.048 \text{MPa}$,弯曲抗拉强度设计值 $f_{tmd} = 0.072 \text{MPa}$,直接抗剪强度设计值 $f_{vd} = 0.120 \text{MPa}$。

墙后回填砂类土,填料重度 $\gamma = 19 \text{kN/m}^3$,基础持力层为密实砂类土,重度(无地下水) $\gamma_1 = 23 \text{kN/m}^3$,地基承载力设计值 $f_d = 400 \text{kPa}$;墙后填土内摩擦角 $\varphi = 35°$,回填土与墙背摩擦角 $\delta = \varphi/2$,基底与地基土之间的摩擦系数 $\mu_1 = 0.40$,地基土内摩擦系数 $\mu_n = 0.80$,墙身圬工砌体与基础圬工砌体之间的摩擦系数 $\mu = 0.70$。

采用重力式仰斜挡土墙,通过试算,基本尺寸已初步拟定(详见下文),试按本节的规定对其进行验算。

2. 断面尺寸

如图 3-3-59 所示,选择断面尺寸如下:

$B_1 = 1.20 \text{m}, B_2 = 1.20 \text{m}, B_{21} = 0.30 \text{m}, B_3 = 1.50 \text{m}, H_1 = 5.0 \text{m}, H_3 = 0.50 \text{m}, B_4 = 1.43 \text{m}, h = B_4 \cdot \tan\alpha_0 = 0.29 \text{m}, B_{41} = B_4/\cos\alpha_0 = 1.46 \text{m}, H = 5.79 (\text{m}), \alpha = \arctan(-0.25) = -14.04°, \tan\alpha_0 = 0.2, \alpha_0 = \arctan(0.2) = 11.31°$

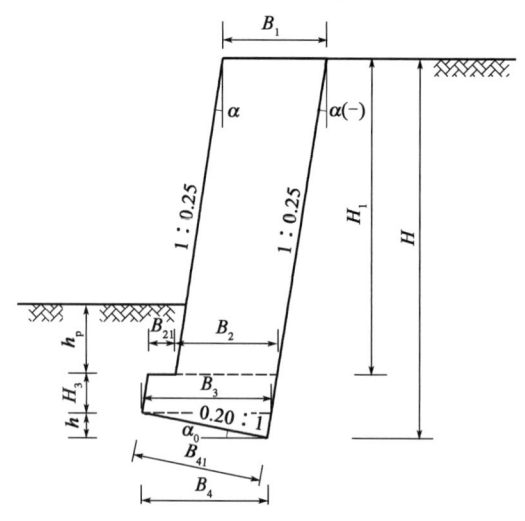

图 3-3-59 仰斜式路肩挡土墙验算示意图

3. 土压力计算

(1)车辆附加荷载换算等代均布土层厚度 h_0 的确定

查本章第二节图 3-3-45,可得墙高 5m 时,车辆附加荷载强度: $q = 16.25 \text{kN/m}^2$

则换算等代均布土层厚度: $h_0 = \dfrac{q}{\gamma} = \dfrac{16.25}{19} = 0.86 (\text{m})$

(2)基底截面土压力计算

因基础埋置较浅,墙前被动土压力可忽略不计。

按库仑土压力理论计算墙后基底截面以上填土以及车辆荷载引起的主动土压力,计算图式如图 3-3-60 所示,查本章第六节表 3-3-22-1 所列公式,计算结果如下:

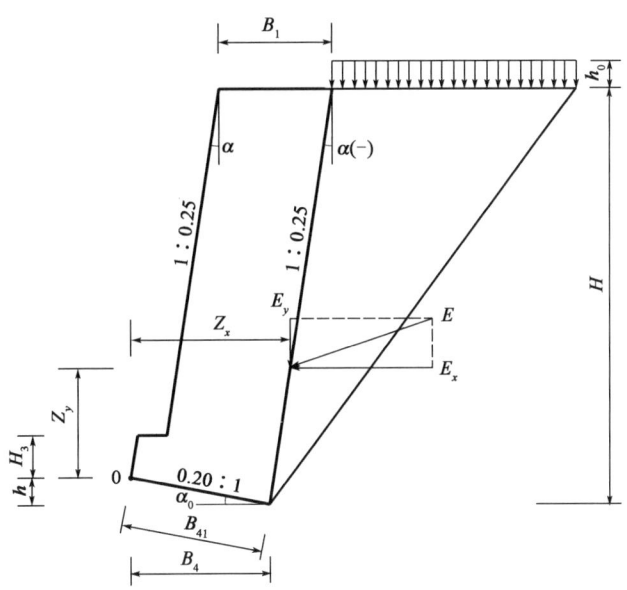

图 3-3-60 基底截面土压力计算图示

$\alpha = \arctan(-0.25) = -14.04°, \psi = \varphi + \alpha + \delta = 35 - 14.04 + 35/2 = 38.46°$

$A = \dfrac{2dh_0}{h \cdot H \cdot (H + 2h_0)} - \tan\alpha$;因 $d = 0$,故 $A = -\tan\alpha = 0.25$

$\tan\theta = -\tan\psi + \sqrt{(\cot\varphi + \tan\psi) \cdot (\tan\psi + A)}$

$\quad = -\tan38.46° + \sqrt{(\cot35° + \tan38.46°) \times (\tan38.46° + 0.25)} = 0.73, \theta = 36.11°$

$K = \cos(\theta + \varphi) \cdot \dfrac{(\tan\theta + \tan\alpha)}{\sin(\theta + \psi)} = \cos(36.11° + 35°) \times \dfrac{\tan36.11° - 0.25}{\sin(36.11° + 38.46°)} = 0.16$

$h_1 = \dfrac{d}{\tan\theta + \tan\alpha} = 0$,计算高度取墙背总高度:$H = 5.79(\mathrm{m})$

$K_1 = 1 + \dfrac{2h_0}{H} \cdot \left(1 - \dfrac{h_1}{H}\right) = 1 + \dfrac{2h_0}{H} = 1 + \dfrac{2 \times 0.86}{5.79} = 1.30$

土压力:$E = \dfrac{1}{2}\gamma \cdot H^2 \cdot K \cdot K_1 = \dfrac{1}{2} \times 19 \times 5.79^2 \times 0.16 \times 1.30 = 66.24(\mathrm{kN/m})$

土压力水平分量:$E_x = E \cdot \cos(\alpha + \delta) = 66.24 \times \cos(-14.04° + 17.5°) = 66.12(\mathrm{kN/m})$

土压力垂直分量:$E_y = E \cdot \sin(\alpha + \delta) = 66.24 \times \sin(-14.04° + 17.5°) = 4.00(\mathrm{kN/m})$

$Z_y = \dfrac{H}{3} + \dfrac{h_0}{3K_1} - h = \dfrac{5.79}{3} + \dfrac{0.86}{3 \times 1.30} - 0.29 = 1.86(\mathrm{m})$

$Z_x = B_1 - (Z_y + h) \cdot \tan\alpha = 1.43 - (1.86 + 0.29) \times \tan(-14.04°) = 1.97(\mathrm{m})$

3)基顶截面土压力计算

同理计算墙后基顶截面以上填土以及车辆荷载引起的主动土压力,计算图式如图 3-3-61 所示,查本章二节表 3-3-22-1 所列公式,计算结果如下:

由前计算:$K=0.16$,$h_0=0.86(m)$,基顶截面宽度$B_s=B_2=1.20(m)$
基顶截面处的计算墙高:$H_1=5.0(m)$

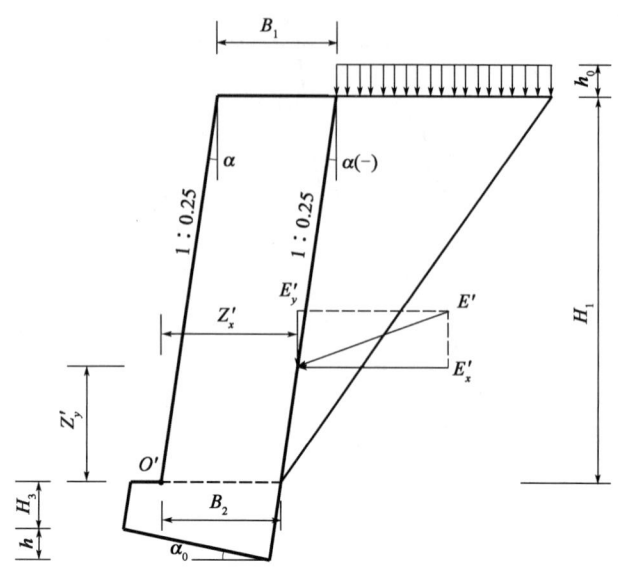

图 3-3-61 基顶截面土压力计算图示

$$K_1 = 1 + \frac{2h_0}{H_1} = 1 + \frac{2 \times 0.86}{5} = 1.34$$

$$E' = \frac{1}{2}\gamma \cdot H_1^2 \cdot K \cdot K_1 = \frac{1}{2} \times 19 \times 5^2 \times 0.16 \times 1.34 = 50.92(kN/m)$$

土压力水平分量:$E'_x = E' \cdot \cos(\alpha + \delta)$
$$= 50.92 \times \cos(-14.04° + 17.5°) = 50.83(kN/m)$$

土压力垂直分量:$E'_y = E' \cdot \sin(\alpha + \delta)$
$$= 50.92 \times \sin(-14.04° + 17.5°) = 3.07(kN/m)$$

计算至基顶前缘($0'$)的力臂长度:

$$Z'_y = \frac{H}{3} + \frac{h_0}{3K_1} = \frac{5.00}{3} + \frac{0.86}{3 \times 1.34} = 1.88(m)$$

$$Z'_x = B_s - Z'_y \cdot \tan\alpha = 1.20 - 1.88 \times \tan(-14.04°) = 1.67(m)$$

4. 墙身承载力及墙身稳定性计算

选择基顶截面为墙身承载力及稳定性验算的计算截面,计算图式见图 3-3-62,具体验算过程分步如下:

1) 偏心距验算

截面宽度:$B_s = B_2 = 1.20(m)$

基顶截面以上墙身自重:$N_s = W_1 = \gamma_k \cdot B_1 \cdot H_1 = 23 \times 1.20 \times 5.0 = 138.0(kN/m)$

墙身重心至验算截面前缘力臂长度:$Z_s = (B_s + 0.25H_1)/2 = 1.23(m)$

墙顶防撞栏重量换算集中力:$N_L = q_L \times 0.5 = 7 \times 0.5 = 3.5(kN)$

护栏换算集中力至验算截面前缘的力臂长度:$Z_L = 0.25 - H_1 \cdot \tan\alpha = 1.50(m)$

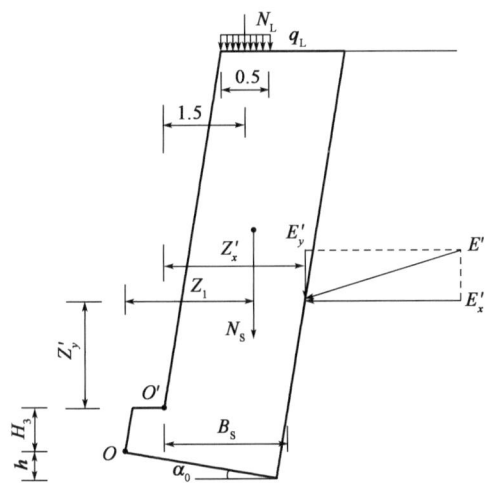

图 3-3-62　墙身承载力及墙身稳定性计算图示

按本节规定,计算截面偏心距时荷载分项系数均等于 1.0,故截面形心上的竖向力:
$N_G = N_s + N_L = 138 + 3.5 = 141.5(\text{kN})$,$N_{Q1} = E'_y = 3.07(\text{kN})$
$N_0 = N_G + N_{Q1} = 141.5 + 3.07 = 144.57(\text{kN})$

截面形心上的总力矩:

$$M_0 = \left[N_s \cdot \left(Z_s - \frac{B_s}{2} \right) + N_1 \cdot \left(Z_1 - \frac{B_s}{2} \right) + E'_y \cdot \left(Z'_x - \frac{B_s}{2} \right) \right] - E'_x \cdot Z'_y$$

$$= [138 \times (1.23 - 0.6) + 3.5 \times (1.5 - 0.6) + 3.07 \times (1.67 - 0.6)] - 50.38 \times 1.88$$

$$= 2.19(\text{kN} \cdot \text{m})$$

容许合力偏心距:$[e_0] = 0.25 B_s = 0.25 \times 1.2 = 0.3(\text{m})$

偏心距:$e_0 = \left| \dfrac{M_0}{N_0} \right| = \left| \dfrac{2.19}{144.57} \right| = 0.015(\text{m}) < 0.3(\text{m})$,符合偏心距验算要求,应按受压构件验算墙身的承载力。

2) 截面承载力验算

作用于截面形心上的竖向力组合设计值:$N_d = \gamma_0 \cdot (\gamma_G \cdot N_G + \gamma_{Q1} \cdot N_{Q1})$

查本章第三节表 3-3-3 得结构重要性系数:$\gamma_0 = 1.0$

查本章第三节表 3-3-4 得荷载分项系数:$\gamma_G = 1.2$,$\gamma_{Q1} = 1.4$

$N_d = 1.0 \times (1.2 \times 141.5 + 1.4 \times 3.07) = 17.410(\text{kN})$

长细比修正系数:$\gamma_\beta = 1.3$

构件的长细比:$\beta_s = 2\gamma_s H / B_s = 2 \times 1.3 \times 5.79 / 1.2 = 12.545$

由本节规定知:$\alpha_s = 0.002$,$\dfrac{e_0}{B_s} = \dfrac{0.015}{1.2} = 0.0125$

构件轴向力的偏心距 e_0 和长细比 β_s 对受压构件承载力的影响系数:

$$\psi_k = \frac{1-256 \cdot \left(\frac{e_0}{B_s}\right)^8}{1+12 \cdot \left(\frac{e_0}{B_s}\right)^2} \cdot \frac{1}{1+\alpha_s \cdot \beta_s \cdot (\beta_s - 3) \cdot \left[1+16 \cdot \left(\frac{e_0}{B_s}\right)^2\right]}$$

$$= \frac{1-256 \times 0.0125^8}{1+12 \times 0.0125^2} \times \frac{1}{1+0.002 \times 12.545 \times (12.545-3) \times (1+16 \times 0.0125^2)}$$

$$= 0.805$$

$A = 1.0 \times B_s = 1.2 (\text{m}^2)$,$f_{cd} = 0.71 \text{MPa} = 710 (\text{kN/m}^2)$

墙身受压构件抗力效应设计值:$\psi_k \cdot A \cdot f_{cd} = 0.805 \times 1.2 \times 710 = 685.86(\text{kN})$
因为 $N_d = 174.10(\text{kN}) < 685.86(\text{kN})$,所以截面尺寸满足承载力验算要求。

3)正截面直接受剪验算

要求:$\gamma_0 \cdot V_d \leq A_j \cdot f_{vd} + \mu \cdot N_d$
计算截面上的剪力组合设计值:$V_d = \gamma_{Q1} \cdot E_x = 1.4 \times 50.83 = 71.16(\text{kN})$
$A_j = 1.0 \times B_s = 1.2(\text{m}^2)$,$\mu = 0.70$,$N_d = 174.10(\text{kN})$
查得:$f_{vd} = 0.120(\text{MPa}) = 120(\text{kN/m}^2)$
$A_j \cdot f_{vd} + \mu \cdot N_d = 1.2 \times 120 + 0.7 \times 174.10 = 265.87(\text{kN}) > 71.16(\text{kN})$
符合正截面直接受剪验算要求。

5. 基础设计和外部稳定性验算

1)挡土墙墙身自重及重心计算(图3-3-63)

$W_1 = \gamma_k \cdot B_1 \cdot H_1 = 23 \times 1.20 \times 5.0 = 138.0(\text{kN/m})$
$W_2 = \gamma_k \cdot B_3 \cdot H_3 = 23 \times 1.50 \times 0.5 = 17.25(\text{kN/m})$
$W_3 = \gamma_k \cdot B_3 \cdot h/2 = 23 \times 1.50 \times 0.29/2 = 5.00(\text{kN/m})$
$Z_1 = 0.5 \times 0.25 + 0.3 + (5 \times 0.25 + 1.2)/2 = 1.65(\text{m})$
$Z_2 = (0.5 \times 0.25 + 1.5)/2 = 0.81(\text{m})$
$Z_3 = (1.5 + 1.43)/3 = 0.98(\text{m})$
$W_0 = W_1 + W_2 + W_3 = 160.25(\text{kN/m})$
$Z_0 = (Z_1 \cdot W_1 + Z_2 \cdot W_2 + Z_3 \cdot W_3)/W_0 = 1.54(\text{m})$

2)修正后的地基承载力设计值 f_d 的确定

基础最小埋深(算至墙趾点):$h_{埋} = 0.8 + H_2 = 0.8 + 0.5 = 1.30(\text{m}) > 1.0(\text{m})$,符合基础最小埋深的规定;但 $h_{埋} < 3.0(\text{m})$,且基础宽度 $B_1 = 1.43 < 2.0(\text{m})$,所以修正后的地基承载力设计值 $f'_d = f_d = 400(\text{kPa})$;采用荷载组合Ⅱ时,地基承载力设计值提高系数 $K = 1.0$,故 $f''_d = 1.0 \times 400 = 400(\text{kPa})$。

3)基底合力的偏心距验算

验算地基时,计入作用在挡土墙顶面的护栏荷载强度 q_L 与车辆附加荷载强度 q,基底应力计算的力系图可参见图3-3-64。

按本章第四节的规定:在地基计算中,设计表达式中的分项系数均等于1.0。

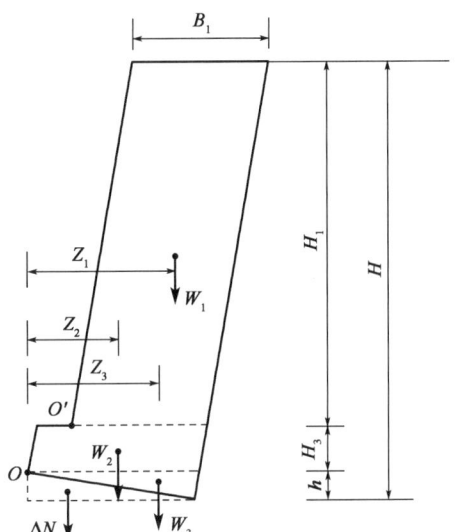

图 3-3-63　挡土墙墙身自重及重心计算图示

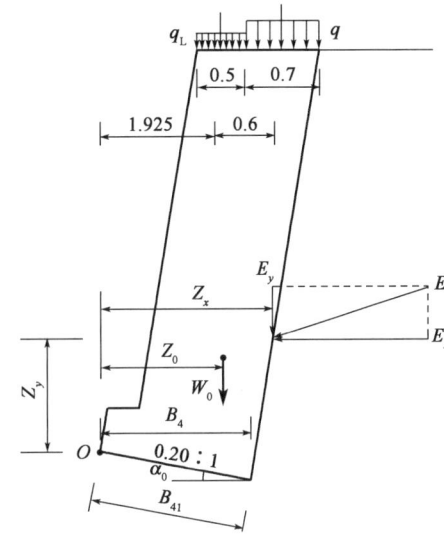

图 3-3-64　基底应力验算示意图

作用于基底形心处的弯矩组合设计值：

$$M_d = 1.0 \times \left[W_0 \times \left(Z_0 - \frac{B_4}{2}\right) + q_L \times 0.5 \times \left(1.925 - \frac{B_4}{2}\right) + q \times 0.7 \times \left(2.525 - \frac{B_4}{2}\right)\right]$$

$$+ 1.0 \times \left[E_y \cdot \left(Z_x - \frac{B_1}{2}\right) - E_x \cdot \left(Z_y + \frac{h}{2}\right)\right]$$

$$= 1.0 \times \left[160.25 \times \left(1.54 - \frac{1.43}{2}\right) + 7 \times 0.5 \times \left(1.925 - \frac{1.43}{2}\right) + 16.25 \times 0.7 \times \right.$$

$$\left. \left(2.525 - \frac{1.43}{2}\right)\right] + 1.0 \times \left[4.00 \times \left(1.97 - \frac{1.43}{2}\right) - 66.12 \times \left(1.86 + \frac{0.29}{2}\right)\right]$$

$$= 29.48(\text{kN} \cdot \text{m})$$

倾斜基底上垂直力组合设计值：

$$N_d = \left[1.0 \times W_0 + 1.0 \times (q_L \times 0.5 + q \times 0.7) + 1.0 \times E_y\right] \cdot \cos\alpha_0 + 1.0 \times E_x \sin\alpha_0$$

$$= \left[1.0 \times 160.25 + 1.0 \times (7 \times 0.5 + 16.25 \times 0.7) + 1.0 \times 4.00\right] \times \cos 11.31° +$$

$$1.0 \times 66.12 \times \sin 11.31° = 188.61(\text{kN})$$

倾斜基底上合力的偏心距：

$$e_0 = \left|\frac{M_d}{N_d}\right| = \left|\frac{29.48}{188.61}\right| = 0.156(\text{m}) < \frac{B}{6} = \frac{1.46}{6} = 0.243(\text{m}),\text{故偏心距满足验算要求。}$$

4）基底边缘最大压应力验算

$$\sigma_{\max} = \frac{N_d}{B_{41}} \cdot \left(1 + \frac{6e_0}{B_{41}}\right) = \frac{188.61}{1.46} \times \left(1 + 6 \times \frac{0.156}{1.46}\right) = 212.00(\text{kPa})$$

$$\sigma_{\min} = \frac{N_d}{B_{41}} \cdot \left(1 - \frac{6e_0}{B_{41}}\right) = \frac{188.61}{1.46} \times \left(1 - 6 \times \frac{0.156}{1.46}\right) = 46.37(\text{kPa})$$

$\sigma_{\max} = 212.00(\text{kPa}) < f_d' = 400(\text{kPa})$，故基底最大压应力验算满足要求。

5)挡土墙及基础底平面、墙踵处地基水平面滑动稳定性验算
(1)沿基底平面滑动的稳定性验算(图3-3-65)
不计墙前填土的被动土压力即 $E_p = 0$,计入作用于墙顶得护栏重力。
①滑动稳定方程
应满足$[1.1G + \gamma_{Q1} \cdot (E_y + E_x \cdot \tan\alpha_0)] \cdot \mu_1 + (1.1G + \gamma_{Q1} \cdot E_y) \cdot \tan\alpha_0 - \gamma_{Q1} \cdot E_x > 0$
查得 $\gamma_{Q1} = 1.4$,则有
$[1.1 \times (160.25 + 7 \times 0.5) + 1.4 \times (4.00 + 66.12 \times 0.2)] \times 0.4 + [1.1 \times (160.25 + 7 \times 0.5) + 1.4 \times 4.00] \times 0.2 - 1.4 \times 66.12 = 26.28(kN) > 0$,满足沿基底斜平面滑动的极限状态方程的要求。

②抗滑动稳定系数
$N = W_0 + E_y + q_L \times 0.5(m)$
$K_c = \dfrac{(N + E_x \cdot \tan\alpha_0) \cdot \mu_1}{E_x - N \cdot \tan\alpha_0} = \dfrac{[(160.25 + 4.00 + 7 \times 0.5) + 66.12 \times 0.2] \times 0.4}{66.12 - (160.25 + 4.00 + 7 \times 0.5) \times 0.2}$
$= 2.22$
查得当采用荷载组合Ⅱ时,抗滑动稳定系数 $K_c = 1.3$,故满足验算要求。

(2)沿过墙踵点水平面滑动稳定性验算(图3-3-66):

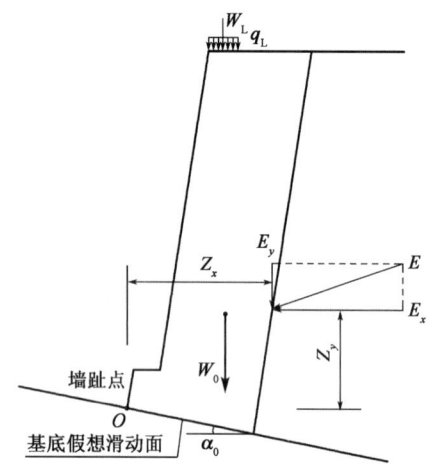

图3-3-65 沿基底平面滑动的稳定性验算图示   3-3-66 过墙踵点水平面滑动的稳定性验算图示

计入倾斜基底与水平滑动面之间的土楔的重度: $\Delta N = 1.43 \times 0.29 \times 21/2 = 4.35(kN)$
砂性土黏结力: $c = 0$
①滑动稳定方程
应满足: $(1.1G + \gamma_{Q1} \cdot E_y) \cdot \mu_n - \gamma_{Q1} \cdot E_x > 0$
即 $[1.1 \times (160.25 + 7 \times 0.5 + 4.35) + 1.4 \times 4.00] \times 0.8 - 1.4 \times 66.12 = 59.84(kN) > 0$
满足沿过墙踵点水平面滑动的极限状态方程的要求。
②抗滑动稳定系数
$K_c = \dfrac{(N + \Delta N) \cdot \mu_n}{E_x} = \dfrac{(160.25 + 7 \times 0.5 + 4.00 + 4.35) \times 0.8}{66.12} = 2.08 > 1.3$

满足验算要求。

综上所述,挡土墙及基础底平面、墙踵处地基水平面滑动稳定性验算满足要求。

6)挡土墙及基础绕墙趾点的倾覆稳定性验算

由已知条件,可不计墙前填土的被动土压力,倾覆稳定性验算如下:

(1)倾覆稳定方程

应满足 $0.8G \cdot Z_0 + \gamma_{Q1} \cdot (E_y Z_x - E_x Z_y) > 0$

即 $0.8 \times (160.25 \times 1.54 + 7.0 \times 0.5 \times 1.925) + 1.4 \times (4.00 \times 1.97 - 66.12 \times 1.86) = 41.67(kN \cdot m) > 0$,满足倾覆稳定方程的要求。

(2)抗倾覆稳定系数

$$K_0 = \frac{GZ_0 + E_y Z_x}{E_x Z_y} = \frac{(160.2_y \times 1.54 + 7 \times 0.5 \times 1.925) + 4.00 \times 1.97}{66.12 \times 1.86} = 2.06$$

查得,当采用荷载组合Ⅱ时,抗倾覆稳定系数为1.50,故满足倾覆稳定系数的验算要求。

综上所述,挡土墙及基础绕墙趾点倾覆的稳定性验算满足要求。

例2 仰斜式路堤挡土墙

1. 设计资料

设某一级公路上有一段路堤挡土墙(图3-3-67),墙高 $H = 4.0$m,填土高 $a = 2$m,填土边坡 1:1.5,挡土墙面坡 1:0.25,仰斜背坡 1:0.25($\alpha_2 = -14°02'$),基底倾斜度 $\tan\alpha_0 = 0.1:1$。墙身分段长度为10m,路基宽度8.5m,路肩0.75m。

墙身和基础圬工砌体均采用 M7.5 浆砌 MU40 片石,圬工砌体重度 $\gamma_k = 23kN/m^3$,片石砂浆砌体抗压强度设计值 $f_{cd} = 0.72$MPa,轴心抗拉强度设计值 $f_{td} = 0.059$MPa,弯曲抗拉强度设计值 $f_{tmd} = 0.089$MPa,直接抗剪强度设计值 $f_{vd} = 0.147$MPa。

墙身及基础墙后回填砂类土,填料重度 $\gamma = 18kN/m^3$,基底为岩石地基,重度 $\gamma_1 = 20kN/m^3$,地基承载力设计值 $f_d = 500$kPa;墙后填土内摩擦角 $\varphi = 35°$,回填土与墙背摩擦角 $\delta = \varphi/2$,基底与地基土之间的摩擦系数 $\mu_1 = 0.50$,地基土内摩擦系数 $\mu_n = 0.80$。

采用一般重力式仰斜路堤墙,基本尺寸初步拟定如图 3-3-67 所示,试按本节的规定对其进行验算。

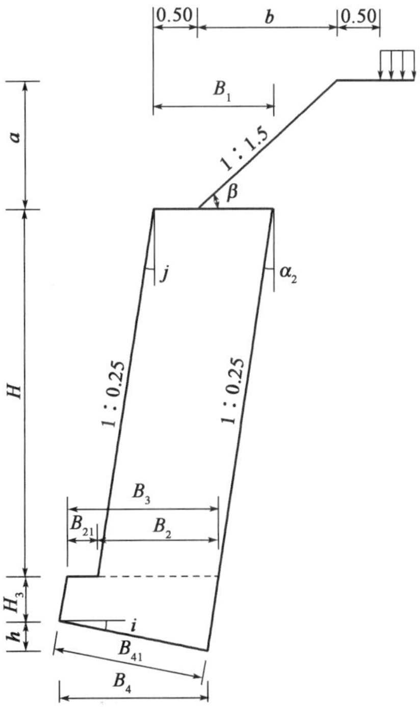

图 3-3-67 仰斜路堤式挡土墙计算图式

2. 断面尺寸拟定

通过试算,选择断面尺寸如下:

$B_1 = 1.30(m)$,$B_2 = 1.30(m)$,$B_{21} = 0.30(m)$,$B_3 = 1.60(m)$,$H = 4.0(m)$,$H_3 = 0.50(m)$,

$B_4 = \dfrac{B_3}{(1 - \tan\alpha_2 \cdot \tan i)} = 1.561(m)$,$h = B_4 \cdot \tan i = 0.156(m)$,$B_{41} = \dfrac{B_4}{\cos i} = 1.569(m)$,$\cot\beta =$

$1.50, \beta = 33.69°, \tan j = 0.25, j = 14.04°, \tan i = 0.1, i = 5.71°, a = 2(\mathrm{m}), b = a \cdot \cot\beta = 3.0(\mathrm{m})$

3. 墙顶以上填土土压力计算

1) 确定破裂角

假定第一破裂面交于路肩上(图3-3-68),可能出现第二破裂面,按第二节表3-3-22-2中第6类公式进行计算。

令 $h'' = c \cdot \sin\beta = (1.30 - 0.5) \times \sin 33.69° = 0.4438(\mathrm{m})$

求辅助参数 Q、R:

$$Q = \frac{h''}{a \cdot \sin(2\varphi + \beta)} - \cot(2\varphi + \beta)$$

$$= \frac{0.4438}{2 \times \sin 103.69°} - \cot 103.69° = 0.4719$$

$$R = \cot\varphi \cdot \cot(2\varphi + \beta) + \frac{h''^2 \cdot \cos(\varphi + \beta)}{a^2 \cdot \sin\varphi \cdot \sin(2\varphi + \beta)} \cdot$$

$$\left\{ 1 + \frac{a^2}{h''^2} \cdot \tan(\varphi + \beta) \cdot \left[\frac{2h''}{a \cdot \sin\beta} - \cot\beta \cdot \left(1 + \frac{h''^2}{a^2}\right) \right] - \frac{2a \cdot \cos\varphi}{h'' \cdot \cos(\varphi + \beta)} \right\}$$

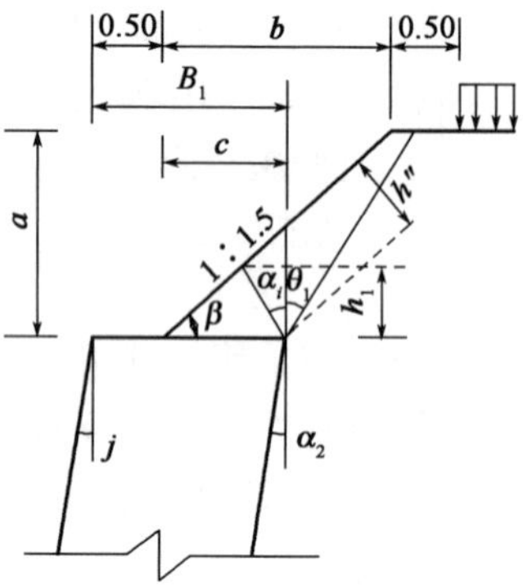

图3-3-68 墙顶以上填土压力计算图式

$$= \cot 35° \times \cot 103.69° + \frac{0.4438^2 \times \cos 68.69°}{2^2 \times \sin 35° \times \sin 103.69°} \times \left\{ 1 + \left(\frac{2}{0.4438}\right)^2 \times \tan 68.69° \times \right.$$

$$\left. \left[\frac{2 \times 0.4438}{2 \times \sin 33.69°} - \cot 33.69° \times \left(1 + \frac{0.4438^2}{2^2}\right)\right] - \frac{2 \times 2 \times \cos 35°}{0.4438 \times \cos 68.69°} \right\}$$

$$= -0.3479 + 0.0321 \times \{1 + 20.3089 \times 2.5635 \times [0.8 - 1.5 - 0.0739] - 20.3159\}$$

$$= -2.261$$

$\cot\theta_1 = -Q + \sqrt{Q^2 - R} = -0.4719 + \sqrt{0.4719^2 + 2.261} = 1.1041$

$\theta_1 = \mathrm{arccot}(1.1041) = 47.83°$,或 $\theta_1 = 47°49'54''$

$$\tan(\alpha_i - \beta) = \cot(\varphi + \beta) - \frac{a \cdot \cos\varphi}{\sin(\varphi + \beta) \cdot h''} \cdot (1 - \tan\varphi \cdot \tan\theta_1)$$

$$= \cot 68.69° - \frac{2 \times \cos 35°}{\sin 68.69° \times 0.4438} \times (1 - \tan 35° \times \tan 47.83°)$$

$$= -0.5094$$

$\alpha_i - \beta = \mathrm{arccot}(-0.5094) = -26.9943°, \alpha_i = 6.698°$ 或 $= 6°41'53''$

验证假定条件是否成立:

$a \cdot \tan\theta_1 = 2 \times \tan 47.83° = 2.208(\mathrm{m}); (b - c) = b - (B_1 - 0.5) = 3.0 - 0.85 = 2.20(\mathrm{m})$

$\because a \cdot \tan\theta_1 > b - c, \therefore$ 假定条件成立,并按出现第二破裂面的假定计算土压力。

2) 按第二破裂面公式计算上墙土压力 E_1

$$K = \cos(\theta_1 + \varphi) \cdot \frac{\tan\theta_1 + \tan\alpha_i}{\sin(\theta_1 + \alpha_i + 2\varphi)}$$

$$= \cos(47.83° + 35°) \times \frac{\tan 47.83° + \tan 6.698°}{\sin(47.83° + 6.698° + 70°)} = 0.185$$

令 $h_1 = \dfrac{c \cdot \tan\beta}{1 + \tan\alpha_i \cdot \tan\beta} = 0.4946(\text{m})$

$a' = a - h_1 = 1.5054(\text{m}), b' = a' \cdot \cot\beta = 2.2581(\text{m})$

$h_3 = \dfrac{b' - a' \cdot \tan\theta_1}{\tan\theta_1 + \tan\alpha_i} = \dfrac{2.2581 - 1.5054 \times \tan47.83}{\tan47.83 + \tan6.698} = 0.488(\text{m})$

$K_1 = 1 + \dfrac{2a'}{h_1} \cdot \left(1 - \dfrac{h_3}{2h_1}\right) = 1 + \dfrac{2 \times 1.5054}{0.4946} \times \left(1 - \dfrac{0.488}{2 \times 0.4946}\right) = 4.0843$

$E_1 = \dfrac{1}{2}\gamma \cdot h_1^2 \cdot K \cdot K_1 = \dfrac{1}{2} \times 18 \times 0.4946^2 \times 0.185 \times 4.0843 = 1.664(\text{kN})$

$E_{1x} = E_1 \cdot \cos(\alpha_i + \varphi) = 1.664 \times \cos(6.698° + 35°) = 1.242(\text{kN})$

$E_{1y} = E_1 \cdot \sin(\alpha_i + \varphi) = 1.664 \times \sin(6.698° + 35°) = 1.107(\text{kN})$

$E_{1H} = E_1 \cdot \cos(\alpha_i + \varphi + i) = 1.664 \times \cos(6.698° + 35° + 5.71°) = 1.126(\text{kN})$

$E_{1V} = E_1 \cdot \sin(\alpha_i + \varphi + i) = 1.664 \times \sin(6.698° + 35° + 5.71°) = 1.225(\text{kN})$

4. 墙身承载力及稳定性验算

选择基顶截面为墙身承载力及稳定性验算的计算截面,具体验算过程分步如下:

1)基顶以上土压力计算

(1)确定车辆附加荷载换算均布土层厚度 h_0

墙高5m时,附加荷载强度:

$q = 20 - \dfrac{(20 - 10)}{8} \times (4 - 2) = 17.5(\text{kN/m}^2)$

车辆附加荷载换算均布土层厚度 h_0: $h_0 = \dfrac{q}{\gamma} = 0.97(\text{m})$

(2)破裂角计算

假定破裂面交于路基宽度的均布荷载内(图3-3-69),采用本章第二节表3-3-22-3 第1类公式。

$d' = b + d - c - a \cdot \tan\theta_1 = 3 + 0.5 - 0.8 - 2 \times \tan47.83° = 0.492$

$A = \dfrac{2d' \cdot h_0}{H \cdot (H + 2a + 2h_0)} - \tan\alpha_2 = \dfrac{2 \times 0.492 \times 0.97}{4 \times (4 + 2 \times 2 + 2 \times 0.97)} + 0.25 = 0.274$

$\psi = \varphi + a_2 + \delta = 35° - 14.04° + 17.5° = 38.64° < 90°$

$\tan\theta_2 = -\tan\psi + \sqrt{(\cot\varphi + \tan\psi) \cdot (\tan\psi + A)}$

$\quad = -\tan38.46° + \sqrt{(\cot35° + \tan38.46°)(\tan38.46° + 0.274)} = 0.7466$

$\quad \theta_2 = 36.745°$ 或 $36°44'42''$

验证假定条件是否成立:

$L_0 = H \cdot \tan\theta_2 + a \cdot \tan\theta_1 + H \cdot \tan\alpha_2 - (b - c) - d$

$\quad = 4 \times \tan36.745° + 2 \times \tan47.83° - 4 \times 0.25 - (3 - 0.8) - 0.5$

$\quad = 2.986 + 2.208 - 1 - 2.2 - 0.5 = 1.494(\text{m}) > 0$,故假定条件成立。

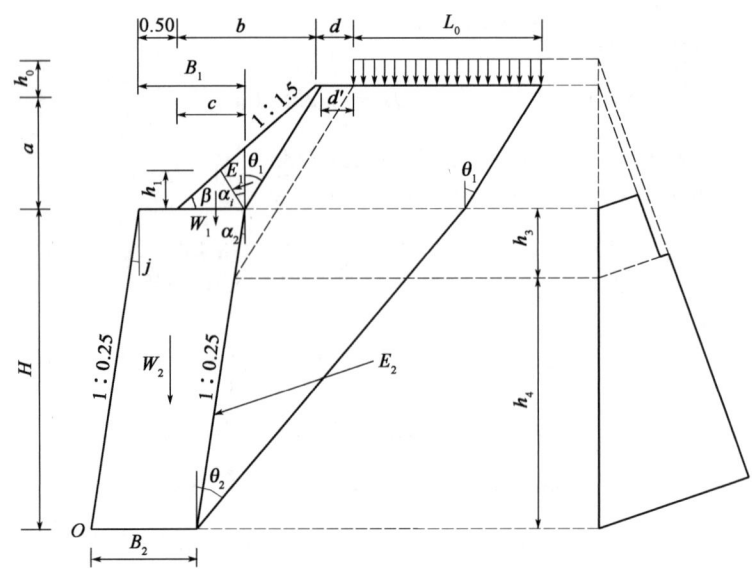

图 3-3-69　墙身承载力及稳定性验算图式

(3) 土压力计算

$$K = \frac{\cos(\theta_2 + \varphi)}{\sin(\theta_2 + \psi)} \cdot (\tan\theta_2 + \tan\alpha_2)$$

$$= \frac{\cos(36.745° + 35°)}{\sin(36.745° + 38.46°)} \times (0.7466 - 0.25) = 0.1609$$

$$h_3 = \frac{d'}{\tan\theta_2 + \tan\alpha_2} = \frac{0.492}{0.7466 - 0.25} = 0.991, \quad h_4 = H - h_3 = 4 - 0.991 = 3.009$$

$$K_1 = 1 + \frac{2a}{H} + \frac{2h_0 \cdot h_4}{H^2} = 1 + \frac{2 \times 2}{4} + \frac{2 \times 0.97 \times 3.009}{4^2} = 2.3648$$

$$E_2 = \frac{1}{2}\gamma \cdot H^2 \cdot K \cdot K_1 = \frac{1}{2} \times 18 \times 4^2 \times 0.16089 \times 2.3648 = 54.788 (\text{kN})$$

$$E_{2x} = E_2 \cdot \cos(\alpha_2 + \delta) = 54.788 \times \cos(-14.04° + 17.5°) = 54.688 (\text{kN})$$

$$E_{2y} = E_2 \cdot \sin(\alpha_2 + \delta) = 54.788 \times \sin(-14.04° + 17.5°) = 3.307 (\text{kN})$$

2) 基顶截面上各弯矩值的计算

(1) 土压力对基顶截面产生的弯矩

$$Z_{1y} = \frac{1}{3}h_1 + H = \frac{1}{3} \times 0.4946 + 4 = 4.165 (\text{m})$$

$$Z_{1x} = B_1 + H \cdot \tan j - \frac{h_1 \cdot \tan\alpha_i}{3} = 1.30 + 4 \times 0.25 - \frac{0.4946 \times \tan 6.698°}{3} = 2.281 (\text{m})$$

$$Z_{2y} = \frac{H}{3} + \frac{a}{3K_1} - \frac{h_0 \cdot h_4 \cdot (2H - 3h_4)}{3H^2 K_1}$$

$$= \frac{4}{3} + \frac{2}{3 \times 2.3648} - \frac{0.97 \times 3.009 \times (8 - 3 \times 3.009)}{3 \times 4^2 \times 2.483}$$

$$= 1.642 (\text{m})$$

$$Z_{2x} = B_2 - Z_{2y} \cdot \tan\alpha_2 = 1.3 + 1.642 \times 0.25 = 1.710(\text{m})$$

$$\begin{aligned}
M_{EI} &= E_{1y}Z_{1x} + E_{2y}Z_{2x} - E_{1x}Z_{1y} - E_{2x}Z_{2y} \\
&= 1.107 \times 2.281 + 3.307 \times 1.710 - 1.242 \times 4.165 - 54.688 \times 1.642 \\
&= -86.769(\text{kN} \cdot \text{m})
\end{aligned}$$

(2)墙身自重、墙顶填土重对基顶截面产生的弯矩

$$W_1 = \frac{1}{2}\gamma \cdot h_1 \cdot c = \frac{1}{2} \times 18 \times 0.4946 \times 0.8 = 3.561(\text{kN})$$

$$Z_1 = H \cdot \tan j + 0.50 + \frac{c + h_1 \cdot \cot\beta}{3} = 4 \times 0.25 + 0.50 + \frac{0.8 + 0.4946 \times 1.5}{3} = 2.014(\text{m})$$

$$W_2 = \gamma_k \cdot H \cdot B_1 = 23 \times 4 \times 1.3 = 119.60(\text{kN})$$

$$Z_2 = \frac{B_2}{2} + \frac{H}{2} \cdot \tan j = \frac{1.3}{2} + \frac{4}{2} \times 0.25 = 1.15(\text{m})$$

$$M_W = W_1 Z_1 + W_2 Z_2 = 3.561 \times 2.014 + 119.6 \times 1.15 = 144.712(\text{kN} \cdot \text{m})$$

3)截面偏心距验算

$$\sum N_1 = W_1 + W_2 + E_{1y} + E_{2y} = 3.561 + 119.6 + 1.107 + 3.307 = 127.575(\text{kN})$$

$$\sum M_1 = M_{EI} + M_W = -86.769 + 144.712 = 57.943(\text{kN} \cdot \text{m})$$

偏心距 $e_1 = \left| \frac{B_2}{2} - \frac{\sum M_1}{\sum N_1} \right| = \left| \frac{1.3}{2} - \frac{57.943}{127.575} \right| = 0.196(\text{m})$,$[e_1] = 0.25B_2 = 0.325(\text{m})$

因为 0.196(m) < 0.325(m),所以偏心距满足要求,按抗压构件进行截面承载力验算。

4)截面承载力验算

截面抗压承载力应满足:$\gamma_0 \cdot N_d \leq \psi_k \cdot A \cdot f_{cd}$

按规定取:$\gamma_0 = 1.0$,$\gamma_G = 1.2$,$\gamma_{Q1} = 1.4$

轴力作用的组合设计值:

$$\begin{aligned}
\gamma_0 \cdot N_d &= \gamma_0 \cdot [\gamma_G \cdot W + \gamma_{Q1} \cdot (E_{1y} + E_{2y})] \\
&= 1.0 \times [1.2 \times (3.561 + 119.6) + 1.4 \times (1.107 + 3.307)] \\
&= 153.973(\text{kN})
\end{aligned}$$

$$f_{cd} = 0.72(\text{MPa}) = 720(\text{kPa}) = 720(\text{kN/m}^2); A = 1.0 \times B_2 = 1.30(\text{m}^2)$$

$$\frac{e_1}{B_2} = \frac{0.196}{1.30} = 0.1508; \alpha_s = 0.002; \beta_s = \frac{2\gamma_\beta \cdot H}{B_2} = \frac{2 \times 1.3 \times 4.0}{1.30} = 8.00$$

影响系数:
$$\psi_k = \frac{1 - 256 \cdot \left(\frac{e_1}{B_2}\right)^8}{1 + 12 \cdot \left(\frac{e_1}{B_2}\right)^2} \cdot \frac{1}{1 + \alpha_s \beta_s \cdot (\beta_s - 3) \cdot \left[1 + 16 \cdot \left(\frac{e_1}{B_2}\right)^2\right]}$$

$$= \frac{1 - 256 \times 0.1508^8}{1 + 12 \times 0.1508^2} \times \frac{1}{1 + 0.002 \times 8 \times 5 \times (1 + 16 \times 0.1508^2)}$$

$$= 0.7083$$

$$\psi_k \cdot A \cdot f_{cd} = 0.7083 \times 1.30 \times 720 = 662.969(\text{kN})$$

因为 153.973(kN) < 662.969(kN),故截面抗压承载力满足验算要求。

5. 基础设计和外部稳定性验算

1) 基底以上土压力计算

(1) 破裂角

假定破裂角交于路基宽度的均布荷载内(图 3-3-70), 同前计算得:

$h_0 = 0.97(\text{m})$, $\psi = 38.46°$, $h = 0.156(\text{m})$

令 $H' = H + H_3 + h = 4.656(\text{m})$

$$A = \frac{2d' \cdot h_0}{H' \cdot (H' + 2a + 2h_0)} - \tan\alpha_2 = \frac{2 \times 0.492 \times 0.97}{4.656 \times (4.656 + 4 + 2 \times 0.97)} + 0.25 = 0.26935$$

$$\tan\theta_3 = -\tan\psi + \sqrt{(\cot\varphi + \tan\psi) \cdot (\tan\psi + A)}$$

$$= -\tan 38.46° + \sqrt{(\cot 35° + \tan 38.46°) \cdot (\tan 38.46° + 0.26935)} = 0.7432$$

$\theta_2 = 36.620°$ 或 $36°37'11''$

验证假定条件是否成立:

$$L_0 = H' \cdot \tan\theta_3 + a \cdot \tan\theta_2 + H' \cdot \tan\alpha_2 - (b - c) - d$$

$$= 4.656 \times 0.7432 + 2 \times 1.1041 - 4.656 \times 0.25 - (3 - 0.8) - 0.5$$

$$= 1.8045(\text{m}) > 0, 故假定条件成立。$$

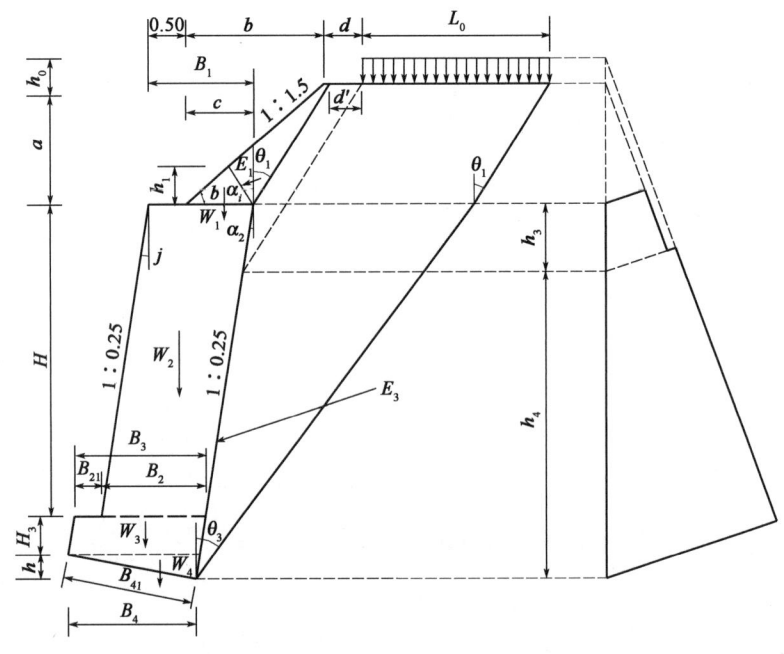

图 3-3-70 基础设计及外部稳定性验算图式

(2) 土压力计算

$$K = \frac{\cos(\theta_3 + \varphi)}{\sin(\theta_3 + \psi)} \cdot (\tan\theta_3 + \tan\alpha_2)$$

$$= \frac{\cos(36.62° + 35°)}{\sin(36.62° + 38.46°)} \times (0.7432 - 0.25) = 0.1609$$

$$h_3 = \frac{d'}{\tan\theta_3 + \tan\alpha_2} = \frac{0.492}{0.7432 - 0.25} = 0.9976(\text{m})$$

$$h_4 = H' - h_3 = 4.656 - 0.9976 = 3.658(\text{m})$$

$$K_1 = 1 + \frac{2a}{H'} + \frac{2h_0 \cdot h_4}{H'^2} = 1 + \frac{2 \times 2}{4.656} + \frac{2 \times 0.97 \times 4.625}{4.656^2} = 2.1865$$

$$E_3 = \frac{1}{2}\gamma \cdot H'^2 \cdot K \cdot K_1 = \frac{1}{2} \times 18 \times 4.656^2 \times 0.1609 \times 2.1865 = 68.639(\text{kN})$$

$$E_{3x} = E_3 \cdot \cos(\alpha_2 + \delta_2) = 68.639 \times \cos(17.5° - 14.04°) = 68.514(\text{kN})$$

$$E_{3y} = E_3 \cdot \sin(\alpha_2 + \delta_2) = 68.639 \times \sin(17.5° - 14.04°) = 4.142(\text{kN})$$

$$E_{3H} = E_3 \cdot \cos(\alpha_2 + \delta_2 + i) = 68.639 \times \cos(17.5° - 14.04° + 5.71°) = 67.762(\text{kN})$$

$$E_{3V} = E_3 \cdot \sin(\alpha_2 + \delta_2 + i) = 68.639 \times \sin(17.5° - 14.04° + 5.71°) = 10.939(\text{kN})$$

2)基底截面以上各弯矩值(对墙趾点)的计算

(1)土压力对验算截面产生的弯矩

$$Z_{1y} = \frac{h_1}{3} + H + H_3 = \frac{1}{3} \times 0.4946 + 4 + 0.50 = 4.665(\text{m})$$

$$Z_{1x} = B_1 + (H + H_3) \cdot \tan j - \frac{1}{3} \cdot h_1 \cdot \tan\alpha_i + B_{21}$$

$$= 1.3 + 4.5 \times 0.25 - \frac{1}{3} \times 0.4946 \times \tan 6.698° + 0.30 = 2.706(\text{m})$$

$$Z_{3y} = \frac{H'}{3} + \frac{a}{3K_1} - \frac{h_0 \cdot h_4 \cdot (2H' - 3h_4)}{3H'^2 \cdot K_1} - h$$

$$= \frac{4.656}{3} + \frac{2}{3 \times 2.1865} - \frac{0.97 \times 3.658 \times (2 \times 4.656 - 3 \times 3.658)}{3 \times 4.656^2 \times 2.1865} - 0.156$$

$$= 1.742(\text{m})$$

$$Z_{3x} = B_4 - (Z_{3y} + h) \cdot \tan\alpha_2 = 1.561 + (1.742 + 0.156) \times 0.25 = 2.036(\text{m})$$

$$M_{E2} = E_{1y}Z_{1x} + E_{3y}Z_{3x} - E_{1x}Z_{1y} - E_{3x}Z_{3y}$$

$$= 1.107 \times 2.706 + 4.142 \times 2.036 - 1.242 \times 4.665 - 68.514 \times 1.742$$

$$= -113.717(\text{kN} \cdot \text{m})$$

(2)墙身填料、墙身、基础自重对验算截面产生的弯矩

$$W_1 = 3.561(\text{kN})$$

$$Z_1 = (H + H_3)\tan j + 0.5 + B_{21} + \frac{c + h_1\cot\beta}{3}$$

$$= 4.5 \times 0.25 + 0.5 + 0.3 + \frac{0.8 + 0.4946 \times 1.5}{3} = 2.439(\text{m})$$

$$W_2 = 119.6(\text{kN})$$

$$Z_2 = \frac{B_2}{2} + \left(\frac{H}{2} + H_3\right)\tan j + B_{21} = \frac{1.3}{2} + \left(\frac{4}{2} + 0.5\right) \times 0.25 + 0.30 = 1.575(\text{m})$$

$$W_3 = \gamma_k \cdot B_3 \cdot H_3 = 23 \times 1.6 \times 0.5 = 18.40(\text{kN})$$

$$Z_3 = \frac{B_3 + H_3 \cdot \tan j}{2} = \frac{1.6 + 0.5 \times 0.25}{2} = 0.863(\text{m})$$

$$W_4 = \frac{1}{2}\gamma_k \cdot B_3 \cdot h = \frac{1}{2} \times 23 \times 1.6 \times 0.156 = 2.870(\text{kN})$$

$$Z_4 = \frac{1}{3} \cdot (B_3 + B_4) = \frac{1}{3} \times (1.6 + 1.561) = 1.054(\text{m})$$

$M_{W1} = W_1 Z_1 = 3.561 \times 2.439 = 8.685(\text{kN} \cdot \text{m})$

$M_{W2} = W_2 Z_2 = 119.6 \times 1.575 = 188.370(\text{kN} \cdot \text{m})$

$M_{W3} = W_3 Z_3 = 18.4 \times 0.863 = 15.879(\text{kN} \cdot \text{m})$

$M_{W4} = W_4 Z_4 = 2.87 \times 1.054 = 3.025(\text{kN} \cdot \text{m})$

3) 基底应力验算

(1) 修正后的地基承载力设计值 f_d' 的确定

基础最小埋深(算主墙趾点): $h_{埋} = 0.8 + H_3 = 0.8 + 0.5 = 1.3(\text{m}) > 1.0(\text{m})$,符合基础最小埋深的规定;但 $h_{埋} < 3.0(\text{m})$,且基础宽度 $B_1 = 1.3(\text{m})$,所以修正后的地基承载力设计值 $f_d' = f_d = 500(\text{kPa})$;采用荷载组合Ⅱ时,地基承载力设计值提高系数 $k = 1.0$,故 $f_d' = 1.0 \times 500 = 500(\text{kPa})$。

(2) 基底合力偏心距验算

$$\sum N_2 = E_{1V} + E_{3V} + (W_1 + W_2 + W_3 + W_4) \cdot \cos i$$
$$= 1.225 + 10.939 + (3.561 + 119.6 + 18.4 + 2.87) \times \cos 5.71° = 155.877(\text{kN})$$

$$\sum M_2 = M_{E2} + (M_{W1} + M_{W2} + M_{W3} + M_{W4})$$
$$= -113.717 + 8.685 + 188.37 + 15.879 + 3.025 = 102.24(\text{kN} \cdot \text{m})$$

$$e_2 = \left| \frac{B_{41}}{2} - \frac{\sum M_2}{\sum N_2} \right| = \left| \frac{1.569}{2} - \frac{102.24}{155.877} \right| = 0.129(\text{m}) < \frac{B_{41}}{6} = 0.2615(\text{m})$$

故偏心距满足验算要求。

(3) 基底边缘最大压应力验算

$N_d = \gamma_0 \cdot \sum N_2 = 1.0 \times 155.877 = 155.877(\text{kN})$

$$P_{\max} = \frac{N_d}{B_{41}} \cdot \left(1 + \frac{6e_2}{B_{41}}\right) = \frac{155.877}{1.569} \cdot \left(1 + \frac{6 \times 0.129}{1.569}\right) = 148.357(\text{kPa})$$

$$P_{\min} = \frac{N_d}{B_{41}} \cdot \left(1 - \frac{6e_2}{B_{41}}\right) = \frac{155.877}{1.569} \cdot \left(1 - \frac{6 \times 0.129}{1.569}\right) = 50.339(\text{kPa})$$

$P_{\max} = 148.357(\text{kPa}) < f_d' = 500(\text{kPa})$,故基底最大压应力检验通过。

4) 挡土墙及基础滑动稳定性验算

(1) 沿基底平面滑动稳定性验算

不计墙前回填土的被动土压力,$E_p = 0$

① 滑动稳定方程

应满足 $[1.1G + \gamma_{Q1} \cdot (E_y + E_x \cdot \tan\alpha_0)] \cdot \mu_1 + (1.1G + \gamma_{Q1} \cdot E_y) \cdot \tan\alpha_0 - \gamma_{Q1} \cdot E_x > 0$

由规定知: $\gamma_{Q1} = 1.4, \mu_1 = 0.5, \tan\alpha_0 = 0.1$

$E_y = E_{1y} + E_{3y} = 1.107 + 4.142 = 5.247(\text{kN})$

$E_x = E_{1x} + E_{3x} = 1.242 + 68.514 = 69.756(\text{kN})$

$G = W_1 + W_2 + W_3 + W_4 = 3.561 + 119.6 + 18.4 + 2.87 = 144.431(\text{kN})$

$[1.1G + \gamma_{Q1} \cdot (E_y + E_x \cdot \tan\alpha_0)] \cdot \mu_1 + (1.1G + \gamma_{Q1} \cdot E_y) \cdot \tan\alpha_0 - \gamma_{Q1} \cdot E_x = [1.1 \times 144.431 + 1.4 \times (5.247 + 69.756 \times 0.1)] \times 0.50 + (1.1 \times 144.431 + 1.4 \times 5.247) \times 0.1 - 1.4 \times 69.756 = 6.956(kN) > 0$，故满足滑动稳定方程的验算要求。

②抗滑动稳定系数

$N = G + E_y = 144.431 + 5.247 = 149.678(kN)$

$E_x = 69.756(kN), \tan\alpha_0 = 0.1, \mu_1 = 0.50$

$K_c = \dfrac{(N + E_x \cdot \tan\alpha_0) \cdot \mu_1}{E_x - N \cdot \tan\alpha_0} = \dfrac{(149.678 + 69.756 \times 0.1) \times 0.50}{69.756 - 149.678 \times 0.1} = 1.43$

荷载组合Ⅱ时，抗滑动稳定系数 $K_c = 1.3$；∵ $1.43 > 1.3$，故满足滑动稳定系数的验算要求。

(2)沿过墙踵点水平面滑动稳定性验算

计入倾斜基底与水平滑动面之间的土楔的重度，黏结力 $c = 0$

$\Delta N = \dfrac{B_4 \cdot h \cdot \gamma_1}{2} = \dfrac{1}{2} \times 1.569 \times 0.156 \times 20 = 2.435(kN)$

①滑动稳定方程

应满足 $(1.1G + \gamma_{Q1} \cdot E_y) \cdot \mu + 0.67c \cdot B_4 - \gamma_{Q1} \cdot E_x > 0$

由规定知 $\gamma_{Q1} = 1.4, \mu_n = 0.8$

由上计算知 $E_y = 5.247(kN), E_x = 69.756(kN), G = 144.431(kN)$。

$(1.1G + \gamma_{Q1} \cdot E_y) \cdot \mu + 0.67C \cdot B_4 - \gamma_{Q1} \cdot E_x = (1.1 \times 144.431 + 1.4 \times 5.247) \times 0.8 - 1.4 \times 69.756 = 35.317(kN) > 0$，故满足滑动稳定方程的验算要求。

②抗滑动稳定系数

$K_c = \dfrac{(N + \Delta N) \cdot \mu_n + C \cdot B_4}{E_x} = \dfrac{(149.678 + 2.435) \times 0.8}{69.756} = \dfrac{121.690}{69.756} = 1.74 > 1.30$

故满足抗滑动稳定系数的验算要求。

5)挡土墙及基础绕墙趾点的倾覆稳定验算

(1)倾覆稳定方程

应满足 $0.8G \cdot Z_G + \gamma_{Q1} \cdot (E_y Z_x - E_x Z_y) > 0$

由上计算得：$G \cdot Z_G = M_W = M_{W1} + M_{W2} + M_{W3} + M_{W4} = 215.957(kN \cdot m)$

$E_y \cdot Z_x - E_x \cdot Z_y = M_{E2} = -113.717(kN \cdot m)$

$0.8G \cdot Z_G + \gamma_{Q1} \cdot (E_y Z_x - E_x Z_y) = 0.8 \times 215.957 + 1.4 \times (-113.717) = 13.562(kN \cdot m) > 0$，故满足倾覆稳定方程的验算要求。

(2)抗倾覆稳定系数

$E_y Z_x = E_{1y} Z_{1x} + E_{3y} Z_{3x} = 11.427(kN \cdot m)$

$E_x Z_y = E_{1x} Z_{1y} + E_{3x} Z_{3y} = 125.145(kN \cdot m)$

$G Z_G = M_W = 215.957(kN \cdot m)$

$K_0 = \dfrac{G Z_G + E_y Z_x}{E_x Z_y} = \dfrac{215.957 + 11.427}{125.145} = 1.81$

查本章第三节表3-3-29，荷载组合Ⅱ时，抗倾覆稳定系数为1.5，∵ 1.81 < 1.5，∴ 满足倾覆稳定系数的要求。

例3 衡重式路堤挡土墙

1. 设计资料

设某一级公路上有一段衡重式路堤挡土墙(图 3-3-70),墙高 $H=4.0\text{m}$,填土高 $a=2\text{m}$,填土边坡 1:1.5,挡土墙面坡 1:0.05,基底倾斜度 $\tan\alpha_0 = 0.2:1$。墙身分段长度为 10m,路基宽度 8.5m,护轮带宽度 0.5m。

墙身和基础圬工砌体均采用 M15 浆砌 Mu30 片石,圬工砌体重度 $\gamma_k = 23\text{kN/m}^3$,片石砂浆砌体抗压强度设计值 $f_{cd}=0.84\text{MPa}$,轴心抗拉强度设计值 $f_{td}=0.083\text{MPa}$,弯曲抗拉强度设计值 $f_{tmd}=0.125\text{MPa}$,直接抗剪强度设计值 $f_{vd}=0.208\text{MPa}$。

墙身及基础墙后回填砂类土,填料重度 $\gamma=18\text{kN/m}^3$,地基土重度 $\gamma_1=19\text{kN/m}^3$,地基土黏聚力 $c=5\text{kN/m}^3$;地基承载力设计值 $f_d=280\text{kPa}$;墙后填土内摩擦角 $\varphi=35°$,回填土与墙背摩擦角 $\delta=\varphi/2$,基底与地基土之间的摩擦系数 $\mu_1=0.30$,地基土内摩擦系数 $\mu_n=0.55$。

采用衡重式路堤墙,基本尺寸初步拟定如图 3-3-71 所示,试按本节的规定对其进行验算。

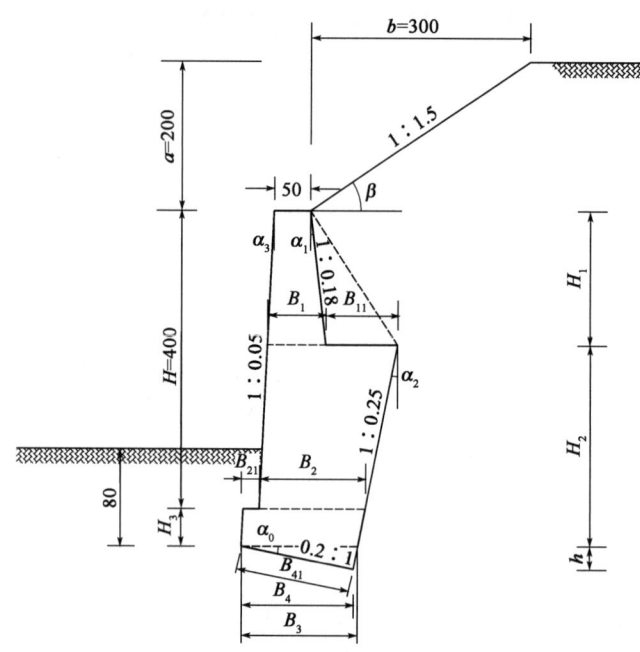

图 3-3-71 衡重式路堤挡土墙计算图示(尺寸单位:cm)

2. 断面尺寸拟定

1)通过试算拟定的基本断面尺寸

$H=4.0(\text{m});H_3=0.5(\text{m});B_0=0.5(\text{m});B_{11}=0.99(\text{m});B_{21}=0.25(\text{m})$

$\alpha_0 = \arctan(0.2) = 11.3099°;\alpha_1 = a\tan(0.18) = 10.2040°$

$\alpha_2 = \arctan(-0.25) = -14.0362°;\alpha_3 = a\tan(0.05) = 2.8624°$

2)其他断面尺寸的计算

$H_1 = 0.4(H+H_3) = 18(\text{m});H_2 = 0.6(H+H_3) = 2.7(\text{m})$

$B_1 = 0.5 + H_1(0.05+0.18) = 0.91(\text{m})$

$$B_2 = B_1 + B_{11} + 0.05(H_2 - H_3) - 0.25(H_2 - H_3) = 1.46(\text{m})$$
$$B_3 = (B_2 + B_{21}) - H_3(0.25 - 0.05) = 1.61(\text{m})$$
$$B_4 = \frac{B_3}{(1 - \tan\alpha_0 \cdot \tan\alpha_2)} = 1.54(\text{m})$$
$$B_{41} = \frac{B_4}{\cos\alpha_0} = 1.57(\text{m}); h = B_4\tan\alpha_0 = 1.54 \times 0.2 = 0.31(\text{m})$$

3. 上墙承载力及稳定性验算

选择上墙底截面为上墙承载力及稳定性验算的计算截面,具体验算过程分步如下:

1) 上墙土压力计算

(1) 计算车辆附加荷载换算土层厚度 h_0

车辆附加荷载强度可根据墙高内插求得: $q = 20 - \frac{(20-10)}{8} \times (4-2) = 17.5(\text{kN/m}^2)$

换算土层厚度: $h_0 = q/\gamma_t = 17.5/18 = 0.97(\text{m})$

(2) 判断是否出现第二破裂面

先假设在极限状态时,墙后会出现第二破裂面,且第一破裂面交于墙后填土表面的附加均布荷载内(图3-3-72),按第二节表3-3-22-2中第7类情况计算。

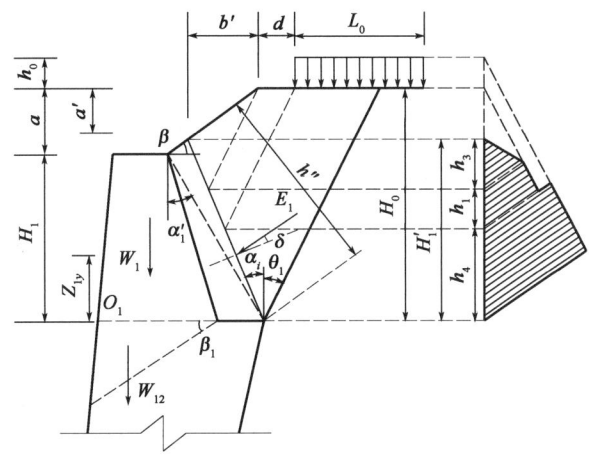

图 3-3-72　上墙承载力及稳定性验算图式

设上墙假想墙背倾角为 α'_1,上墙第一破裂面倾角为 θ_1,第二破裂面倾角 α_i,则:

$$\tan\alpha'_1 = \frac{0.18H_1 + B_{11}}{H_1} = 0.73; \alpha'_1 = \arctan(0.73) = 36.13°; \beta = \arctan(1/1.50)$$
$$= 33.69°$$

令 $H_a = H_1 + a = 1.8 + 2.0 = 3.8(\text{m})$

令 $h_{pp} = H_1\sin\beta(\cot\beta + \tan\alpha_{1p}) = 1.8 \times \sin(33.69) \times (1.5 + 0.73) = 2.23(\text{m})$

求辅助参数 P、Q、R

$$P = \sqrt{1 + \frac{2h_0}{H_a}} = \sqrt{1 + \frac{2 \times 0.97}{3.8}} = 1.23$$

$$Q = \frac{h''}{PH_a\sin(2\varphi+\beta)} - \cot(2\varphi+\beta) = \frac{2.23}{1.23 \times 3.8 \times \sin 103.69°} - \cot 103.69°$$
$$= 0.4911 + 0.2436 = 0.7347$$

$$R = \cot\varphi \times \cot(2\varphi+\beta) + \frac{\cos(\varphi+\beta)}{P^2\sin\varphi \times \sin(2\varphi+\beta)} \times \left\{\left(\frac{h''}{H_a}\right)^2 + \tan(\varphi+\beta) \times \left[\frac{2h''}{H_a\sin\beta} - \cot\beta \times \left(1 + \frac{h''^2}{H_a^2}\right) - \frac{2h_0}{H_a} \times \left(\cot\beta - \frac{h'}{H_a\sin\beta} + \frac{d}{H_a}\right)\right] - \frac{2h''P\cos\varphi}{H_a\cos(\varphi+\beta)}\right\}$$

$$= \cot 35° \times \cot 103.69° + \frac{\cos 68.69°}{1.23^2\sin 35° \times \sin 103.69°} \times \left\{\left(\frac{2.23}{3.8}\right)^2 + \tan 68.69° \times \left[\frac{2 \times 2.23}{3.8 \times \sin 33.69°} - \cot 33.69° \times \left(1 + \frac{2.23^2}{3.8^2}\right) - \frac{1.94}{3.8} \times \left(\cot 33.69° - \frac{2.23}{3.8 \times \sin 33.69°} + \frac{0.5}{3.8}\right)\right] - \frac{4.46 \times 1.23\cos 35°}{3.8\cos 68.69°}\right\} = -1.8158$$

$$\tan\theta_1 = -Q + \sqrt{Q^2 - R} = -0.7347 + \sqrt{0.7347^2 + 1.8158} = 0.8001$$
$$\theta_1 = \arctan(0.8001) = 38.66°$$

$$\tan(\alpha_i - \beta) = \cot(\varphi+\beta) - \frac{P \cdot H_a \cdot \cos\varphi}{\sin(\varphi+\beta) \cdot h_{pp}} \cdot (1 - \tan\varphi \cdot \tan\theta_1)$$
$$= \cot 68.69° - \frac{1.23 \times 3.8 \times \cos 35°}{\sin 68.69° \times 2.23} \times (1 - \tan 35° \times \tan 38.66°)$$
$$= -0.4203$$

$\alpha_i - \beta = \arctan(-0.4203) = -22.7964°$, $\alpha_i = 33.69° - 22.7867° = 10.89°$

因为 $\alpha_i < \alpha'_1$,所以按出现第二破裂面的假定计算土压力。

$H_1 \cdot \tan\alpha'_1 + (H_1 + a) \cdot \tan\theta_1 = 1.8 \times \tan 33.13° + (1.8 + 2.0) \times \tan 38.66° = 4.21(\text{m})$
$(b + d) = 3.0 + 0.5 = 3.5(\text{m})$

因为 $4.21(\text{m}) > 3.5(\text{m})$,所以,土压力计算图式也与假定相符。

(3)按第二破裂面公式计算上墙土压力 E_1

求土压力系数 K 和 K_1

$$K = \cos(\theta_1 + \varphi) \cdot \frac{\tan\theta_1 + \tan\alpha_i}{\sin(\theta_1 + \alpha_i + 2\varphi)} = \cos(38.66° + 35°) \times \frac{\tan 38.66° + \tan 10.89°}{\sin(38.66° + 10.89° + 70°)}$$
$$= 0.321$$

令 $H'_1 = H_1 \cdot \frac{1 + \tan\alpha'_1 \cdot \tan\beta}{1 + \tan\alpha_i \cdot \tan\beta} = 1.8 \times \frac{1 + \tan 36.13° \times \tan 33.69°}{1 + \tan 10.89° \times \tan 33.69°} = 2.37(\text{m})$

$a' = (H_1 + a) - H'_1 = 3.8 - 2.37 = 1.43(\text{m})$
$b' = a' \cdot \cot\beta = 1.43 \times 1.5 = 2.15(\text{m})$

$$h_1 = \frac{d}{\tan\theta_1 + \tan\alpha_i} = \frac{0.5}{0.8001 + 0.1924} = 0.50(\text{m})$$

$$h_1 = \frac{b' - a' \cdot \tan\theta_1}{\tan\theta_1 + \tan\alpha_i} = \frac{2.15 - 1.43 \times 0.8001}{0.8001 + 0.1924} = 1.01(\text{m})$$

$h_4 = H'_1 - h_1 - h_3 = 2.37 - 0.5 - 1.01 = 0.86(\text{m})$

$$K_1 = 1 + \frac{2a'}{H'_1} \cdot \left(1 - \frac{0.5h_3}{H'_1}\right) + \frac{2h_0 \cdot h_4}{H'^2_1}$$

$$= 1 + \frac{2 \times 1.43}{2.37} \times \left(1 - \frac{0.5 \times 1.01}{2.37}\right) + \frac{2 \times 0.97 \times 0.86}{2.37^2} = 2.25$$

$E_1 = \frac{1}{2}\gamma_t \cdot H'^2_1 \cdot K \cdot K_1 = 0.5 \times 18 \times 2.37^2 \times 0.321 \times 2.25 = 36.51(\text{kN})$

$E_{1x} = E_1 \cdot \cos(\alpha_i + \varphi) = 36.51 \times \cos 45.89° = 25.41(\text{kN})$

$E_{1y} = E_1 \cdot \sin(\alpha_i + \varphi) = 36.51 \times \sin 45.89° = 25.41(\text{kN})$

$E_{1H} = E_1 \cdot \cos(\alpha_i + \varphi + \alpha_0) = 36.51 \times \cos 57.20° = 19.78(\text{kN})$

$E_{1V} = E_1 \cdot \sin(\alpha_i + \varphi + \alpha_0) = 36.51 \times \sin 57.20° = 30.69(\text{kN})$

作用于实际墙背上的土压力

$E'_1 = E_{1x} = 25.41(\text{kN})$；$E'_{1y} = E_{1x} \cdot \tan\alpha_1 = 25.41 \times 0.18 = 4.57(\text{kN})$ 2）弯矩计算

（1）上墙土压力对验算截面的弯矩

$$Z_{1y} = \frac{H'_1}{3} + \frac{a'(H'_1 - h_3)^2 + h_0 h_4(3h_4 - 2H'_1)}{3H'^2_1 K_1}$$

$$= \frac{2.37}{3} + \frac{1.43 \times (2.37 - 1.01)^2 + 0.97 \times 0.86 \times (3 \times 0.86 - 2 \times 2.37)}{3 \times 2.37^2 \times 2.25} = 0.81(\text{m})$$

$Z_{1x} = B_1 - Z_{1y} \cdot \tan\alpha_1 = 0.91 - 0.81 \times 0.18 = 0.76(\text{m})$

对 O_1 点的力矩：

$M_{E1} = E'_{1y} \cdot Z_{1x} - E'_{1x} \cdot Z_{1y} = 4.57 \times 0.76 - 25.41 \times 0.81 = -17.11(\text{kN} \cdot \text{m})$

（2）上墙自重及对验算截面的弯矩

$W_1 = 0.5 \cdot (B_0 + B_1) \cdot H_1 \cdot \gamma_k = 0.5 \times (0.5 + 0.91) \times 1.8 \times 23 = 29.19(\text{kN})$

$$Z_1 = \frac{(B_0^2 + B_0 B_1 + B_1^2) + (2B_0 + B_1) \cdot (\tan\alpha_3 \cdot H_1)}{3(B_0 + B_1)}$$

$$= \frac{(0.5^2 + 0.5B_1 + 0.91^2) + (2 \times 0.5 + 0.91) \times (0.05 \times 0.91)}{3(0.5 + 0.91)} = 0.4(\text{m})$$

对 O_1 点的力矩：$M_{W1} = W_1 \cdot Z_1 = 29.19 \times 0.4 = 11.67(\text{kN} \cdot \text{m})$

3）上墙承载力及稳定性验算

（1）验算偏心距

$\sum N_1 = E'_{1y} + W_1 = 4.57 + 29.19 = 33.76(\text{kN})$

$\sum H_1 = E'_{1x} = 25.41(\text{kN})$

$\sum M_1 = M_{E1} + M_{W1} = -17.11 + 11.67 = -5.44(\text{kN} \cdot \text{m})$

合力偏心距：$e_1 = \left|\frac{B_1}{2} - \frac{\sum M_1}{\sum N_1}\right| = \left|\frac{0.91}{2} - \frac{-5.44}{33.76}\right| = 0.61(\text{m})$

容许偏心距：$[e_1] = \frac{B_1}{4} = \frac{0.91}{4} = 0.23(\text{m})$

因为 $e_1 > [e_1]$，偏心距超过限值，所以要对截面按弯曲抗拉承载力设计值进行验算。

（2）采用轴力组合设计值验算

轴力组合设计值：$\gamma_0 \cdot N_d = \gamma_0 \cdot (\gamma_G \cdot W_1 + \gamma_{Q1} \cdot E'_{1y})$
$= 1.0 \times (1.2 \times 29.19 + 1.4 \times 4.57) = 41.43(\text{kN})$

$$f_{tmd} = 0.125(\text{MPa}) = 125(\text{kPa}) = 125(\text{kN/m}^2)$$

$$\frac{e_1}{B_1} = \frac{0.61}{0.91} = 0.67; \alpha_s = 0.002; \beta_s = \frac{2\gamma_\beta \cdot H_1}{B_1} = \frac{2 \times 1.3 \times 1.8}{0.91} = 5.143$$

影响系数:$\psi_k = \dfrac{1 - 256 \cdot \left(\dfrac{e_1}{B_1}\right)^8}{1 + 12 \cdot \left(\dfrac{e_1}{B_1}\right)^2} \cdot \dfrac{1}{1 + \alpha_s \beta_s \cdot (\beta_s - 3) \cdot \left[1 + 16 \cdot \left(\dfrac{e_1}{B_1}\right)^2\right]}$

$$= \frac{1 - 256 \times 0.67^8}{1 + 12 \times 0.67^2} \times \frac{1}{1 + 0.002 \times 5.143 \times 2.143 \times (1 + 16 \times 0.67^2)}$$

$$= -1.246$$

墙身抗力效应设计值:$\psi_k \cdot \dfrac{B_1 \cdot f_{tmd}}{\left(\dfrac{6e_1}{B_1} - 1\right)} = (-1.246) \times \dfrac{0.91 \times 125}{(6 \times 0.67 - 1)} = -46.90(\text{kN})$

因为 $41.43(\text{kN}) < |-46.90|(\text{kN})$,所以验算通过。

(3)采用弯矩组合设计值验算

按正截面受弯构件验算:

弯矩组合设计值:$\gamma_0 \cdot M_d = \gamma_0 \cdot (\gamma_G \cdot M_{W1} + \gamma_{Q1} \cdot M_{E1})$
$= 1.0 \times [1.4 \times (-17.11) + 0.9 \times 11.67] = -13.45(\text{kN} \cdot \text{m})$

$$f_{tmd} = 0.125(\text{MPa}) = 125(\text{kPa}) = 125(\text{kN/m}^2)$$

墙身抗弯效应设计值:$W \cdot f_{tmd} = \left(\dfrac{1.0 \times 0.91^2}{6}\right) \times 125 = 17.25(\text{kN} \cdot \text{m})$

因为 $|-13.45(\text{kN} \cdot \text{m})| < 17.25(\text{kN} \cdot \text{m})$,所以验算通过。

(4)验算上墙底截面的直接抗剪强度

剪力组合设计值:$\gamma_0 \cdot V_d = \gamma_0 \cdot (\gamma_{Q1} \cdot E'_{1x}) = 1.0 \times 1.4 \times 25.41 = 35.57(\text{kN})$

需考虑轴力作用对挡土墙抗剪产生的有利影响:

$\gamma_0 \cdot N_d = \gamma_0 \cdot (\gamma_G \cdot W_1 + \gamma_{Q1} \cdot E'_{1y}) = 1.0 \times (0.9 \times 29.19 + 1.0 \times 4.57) = 30.84(\text{kN})$

$f_{vd} = 0.208(\text{MPa}) = 208(\text{kPa}) = 208(\text{kN/m}^2); A_j = 1.0 \times B_1 = 0.91(\text{m}^2); \mu = 0.7$

抗剪效应为:$A_j \cdot f_{vd} + \mu \cdot N_d = 0.91 \times 208 + 0.7 \times 30.84 = 210.87(\text{kN})$

因为 $35.57(\text{kN}) < 210.87(\text{kN})$,所以验算通过。

(5)验算上墙斜截面的直接抗剪强度

①求最不利受剪截面的倾角 β_l

$$A = \frac{E'_{1x} - 0.5\gamma_k B_1^2 + \sum N_1 \cdot \tan\alpha_3 + \mu(E'_{1x} \cdot \tan\alpha_3 - \sum N_1)}{E'_{1x} \cdot \tan\alpha_3 - \sum N_1 - \mu \cdot (E'_{1x} - 0.5\gamma_k \cdot B_1^2 + \sum N_1 \cdot \tan\alpha_3)}$$

$$= \frac{25.41 - 0.5 \times 23 \times 0.91^2 + 33.76 \times 0.05 + 0.7 \times (25.41 \times 0.05 - 33.76)}{25.41 \times 0.05 - 33.76 - 0.7 \times (25.41 - 0.5 \times 23 \times 0.91^2 + 33.76 \times 0.05)} = 0.120$$

$\tan\beta_l = -A \pm \sqrt{A^2 + 1} = -0.12 \pm \sqrt{0.12^2 + 1} = 0.8872; \beta_l = \arctan(0.8872) = 41.58°$

$$W_{12} = \frac{0.5\gamma_k \cdot B_1^2 \cdot \tan\beta_l}{1 - \tan\beta_l \cdot \tan\alpha_3} = \frac{0.5 \times 23 \times 0.91^2 \times 0.8872}{1 - 0.8872 \times 0.05} = 8.84(\text{kN})$$

②剪力强度验算

剪力荷载组合设计值：

$$\begin{aligned}\gamma_0 \cdot V_d &= \gamma_0 \cdot [\gamma_{Q1} \cdot E_{1x} \cdot \cos\beta_l + \gamma_G(W_1 + W_{12})\sin\beta_l + \gamma_{Q1} \cdot E'_{1y} \cdot \sin\beta_l] \\ &= 1.0 \times [1.4 \times 25.41 \times \cos 41.58° + 1.2 \times (29.19 + 8.84) \times \sin 41.58° \\ &\quad + 1.4 \times 4.57 \times \sin 41.58°] = 61.14(\text{kN})\end{aligned}$$

$$\begin{aligned}\gamma_0 \cdot N_d &= \gamma_0 \cdot [\gamma_G \cdot (W_1 + W_{12}) \cdot \cos\beta_l + \gamma_{Q1} \cdot E'_{1y} \cdot \cos\beta_l - \gamma_{Q1} \cdot E'_{1x} \cdot \sin\beta_l] \\ &= 1.0 \times [0.9 \times (29.19 + 8.84) \times \cos 41.58° + 1.0 \times 4.57 \times \cos 41.58° \\ &\quad - 1.4 \times 25.41 \times \sin 41.58°] = 5.41(\text{kN})\end{aligned}$$

设斜截面宽度为 L：

$$L = \frac{B_1 \cdot \tan\beta_l}{\sin\beta_l \cdot (1 - \tan\beta_l \cdot \tan\alpha_3)} = \frac{0.91 \times 0.8872}{\sin 41.58° \times (1 - 0.8872 \times 0.05)} = 1.27(\text{m})$$

$f_{vd} = 0.208(\text{MPa}) = 208(\text{kPa}) = 208(\text{kN/m}^2)$；$A_j = 1.0 \times L = 1.27(\text{m}^2)$；$\mu = 0.7$

墙身抗力效应设计值为：$A_j \cdot f_{vd} + \mu \cdot N_d = 1.27 \times 208 + 0.7 \times 5.41 = 267.95(\text{kN})$

因为 $61.14(\text{kN}) < 267.95(\text{kN})$，所以验算通过。

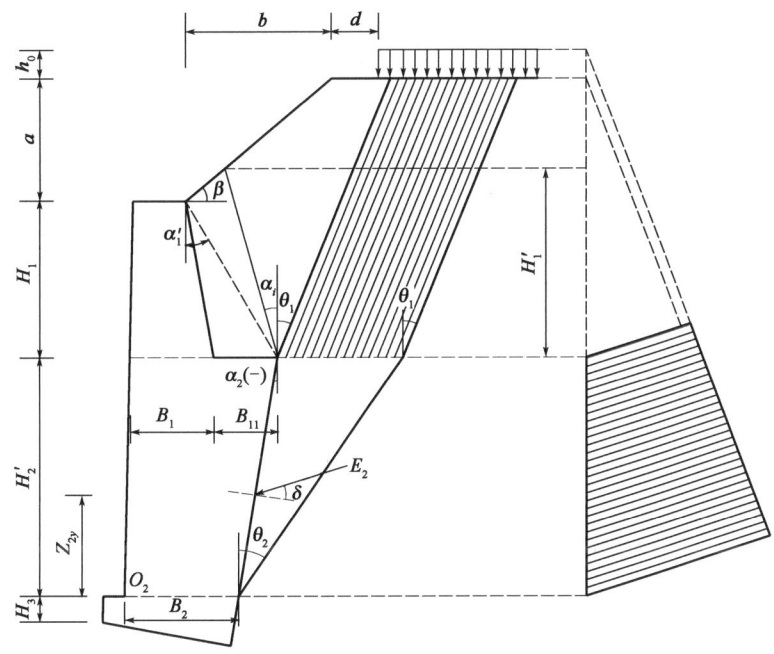

图 3-3-73　下墙承载力及稳定性验算图式

4. 下墙承载力及稳定性验算

选择下墙基顶截面为下墙承载力及稳定性验算的计算截面（图 3-3-73），具体验算过程分步如下：

1. 下墙土压力计算

按本章第二节表 3-3-22-3 中第 2 类情况计算下墙土压力。

$\psi = \varphi + \alpha_2 + \delta_2 = 35° - 14.04° + 17.5° = 38.46°$；$A = -\tan\alpha_2 = 0.25$

$$\begin{aligned}\tan\theta_2 &= -\tan\psi + \sqrt{(\cot\varphi + \tan\psi) \cdot (\tan\psi + A)} \\ &= -\tan 38.46° + \sqrt{(\cot 35° + \tan 38.46°) \cdot (\tan 38.46° + 0.25)} = 0.7292\end{aligned}$$

$$\theta_2 = \arctan(0.7292) = 36.10°$$

$$K = \cos(\theta_2 + \varphi) \cdot \frac{\tan\theta_2 + \tan\alpha_2}{\sin(\theta_2 + \psi)} = \cos(36.10° + 35°) \times \frac{\tan 36.10° - 0.25}{\sin(36.10° + 38.46°)} = 0.161$$

令 $H'_2 = H_2 - H_3 = 2.7 - 0.5 = 2.2(\text{m})$

$$K_1 = 1 + \frac{2(H_1 + a + h_0)}{H'_2} = 1 + \frac{2 \times (1.8 + 2 + 0.97)}{2.2} = 5.34$$

$$E_2 = \frac{1}{2}\gamma_t H'^2_2 K K_1 = 0.5 \times 18 \times 2.2^2 \times 0.161 \times 5.34 = 37.45(\text{kN})$$

$$E_{2x} = E_2 \cdot \cos(\alpha_2 + \delta_2) = 37.45 \times \cos(17.5° - 14.04°) = 37.38(\text{kN})$$

$$E_{2y} = E_2 \cdot \sin(\alpha_2 + \delta_2) = 37.45 \times \sin(17.5° - 14.04°) = 2.26(\text{kN})$$

2）计算基顶截面上的各弯矩值

(1) 上、下墙土压力对基顶截面产生的弯矩

$$Z_{1y} = Z_{1y}(\text{上墙对} O_1) + H'_2 = 0.81 + 2.2 = 3.01(\text{m})$$

$$Z_{1x} = H'_2 \tan\alpha_3 + B_1 + B_{11} - Z_{1y}(\text{上墙对} O_1) \times \tan\alpha_i$$
$$= 2.2 \times 0.05 + 0.91 + 0.99 - 0.81 \times \tan 10.89° = 1.85(\text{m})$$

$$Z_{2y} = \frac{H'_2}{3} + \frac{H_1 + a + h_0}{3K_1} = \frac{2.2}{3} + \frac{1.8 + 2 + 0.97}{3 \times 5.34} = 1.03(\text{m})$$

$$Z_{2x} = B_2 - Z_{2y} \cdot \tan\alpha_2 = 1.46 + 1.03 \times 0.25 = 1.72(\text{m})$$

土压力对 O_2 的力矩：

$$M_{E2} = E_{1y}Z_{1x} + E_{2y}Z_{2x} - E_{1x}Z_{1y} - E_{2x}Z_{2y}$$
$$= 26.21 \times 1.85 + 2.26 \times 1.72 - 25.41 \times 3.01 - 37.38 \times 1.03 = -62.61(\text{kN} \cdot \text{m})$$

(2) 墙身自重及对基顶截面产生的弯矩

$$W_1 = 29.19(\text{kN}); Z_1 = Z_1(\text{上墙对} O_1) + H'_2 \tan\alpha_3 = 0.40 + 2.2 \times 0.05 = 0.51(\text{m})$$

$$W_2 = 0.5 \cdot (B_2 + B_1 + B_{11}) \cdot H'_2 \cdot \gamma_k = 0.5 \times (1.46 + 0.91 + 0.99) \times 2.2 \times 23 = 85(\text{kN})$$

$$Z_2 = \frac{[(B_1 + B_{11})^2 + (B_1 + B_{11}) \cdot B_2 + B_2^2] + [2(B_1 + B_{11}) + B_2] \cdot (\tan\alpha_3 \cdot H'_2)}{3(B_1 + B_{11} + B_2)}$$

$$= \frac{[1.9^2 + 1.9 \times 1.46 + 1.46^2] + [2 \times 1.9 + 1.46] \times (0.05 \times 2.2)}{3 \times (1.9 + 1.46)} = 0.90(\text{m})$$

$$W = W_1 + W_2 = 29.19 + 85 = 114.19(\text{kN})$$

重力对 O_2 的力矩：$M_W = W_1Z_1 + W_2Z_2 = 29.19 \times 0.51 + 85 \times 0.9 = 91.39(\text{kN} \cdot \text{m})$

(3) 衡重台上的填料重及对基顶截面产生的弯矩（图 3-3-74）

由上计算：$\alpha_i = 10.89°; \theta_1 = 38.66°; \alpha'_1 = 36.13°$

$$W_{E1} = 0.5 \cdot \gamma_t H'_1 \cdot H_1 \cdot (\tan\alpha'_1 - \tan\alpha_i)$$
$$= 0.5 \times 18 \times 2.37 \times 1.8 \times (0.73 - \tan 10.89°) = 20.64(\text{kN})$$

$$W_{E2} = 0.5 \cdot \gamma_t \cdot B_{11} \cdot H_1 = 0.5 \times 18 \times 0.99 \times 1.8 = 16.04(\text{kN})$$

$$W_E = W_{E1} + W_{E2} = 20.64 + 16.04 = 36.68(\text{kN})$$

对 O_2 的力矩：

$$M_{WE} = \frac{[W_{E2} \times (2H_1\tan\alpha_1 + B_{11}) + W_{E1} \times (2H_1\tan\alpha'_1 - H'_1\tan\alpha_i)]}{3} + W_E \times (H\tan\alpha_3 + B_0)$$

$$= \frac{[16.04 \times (2 \times 1.8 \times 0.18 + 0.99) + 20.64 \times (2 \times 1.8 \times 0.73 - 2.37 \times \tan 10.89°)]}{3} +$$

$$36.68 \times (4.0 \times 0.05 + 0.5) = 49.38 (\text{kN} \cdot \text{m})$$

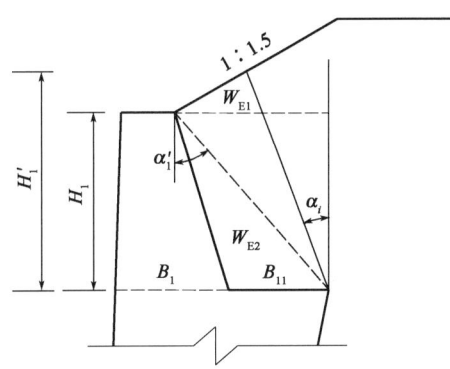

图 3-3-74　衡重台上填料的计算图式

3) 下墙承载力及稳定性验算

(1) 偏心距验算

$\sum N_2 = E_{1y} + E_{2y} + W + W_E = 26.21 + 2.26 + 114.19 + 36.68 = 179.34 (\text{kN})$

$\sum M_2 = M_{E2} + M_{W2} + M_{WE} = -62.21 + 91.39 + 49.38 = 78.16 (\text{kN} \cdot \text{m})$

合力偏心距：$e_2 = \left| \dfrac{B_2}{2} - \dfrac{\sum M_2}{\sum N_2} \right| = \left| \dfrac{1.46}{2} - \dfrac{78.16}{179.34} \right| = 0.294 (\text{m})$

容许偏心距：$[e_2] = \dfrac{B_2}{4} = \dfrac{1.46}{4} = 0.365 (\text{m})$

因为 $e_2 < [e_2]$，所以按偏心受压构件进行截面承载力及稳定性验算。

(2) 基顶截面抗压强度验算

轴力作用的组合设计值：

$\gamma_0 \cdot N_d = \gamma_0 \cdot [\gamma_G \cdot (W + W_E) + \gamma_{Q1} \cdot (E_{1y} + E_{2y})]$

$\qquad = 1.0 \times [1.2 \times (114.19 + 36.68) + 1.4 \times (26.21 + 2.26)] = 220.90 (\text{kN})$

$\qquad f_{cd} = 0.84 (\text{MPa}) = 840 (\text{kPa}) = 840 (\text{kN/m}^2); A = 1.0 \times B_2 = 1.46 (\text{m}^2)$

$\qquad \dfrac{e_2}{B_2} = \dfrac{0.294}{1.46} = 0.201; \alpha_s = 0.002; \beta_s = \dfrac{2\gamma_\beta \cdot H}{B_2} = \dfrac{2 \times 1.3 \times 4.0}{1.46} = 7.123$

影响系数：$\psi_k = \dfrac{1 - 256 \left(\dfrac{e_2}{B_2}\right)^8}{1 + 12 \left(\dfrac{e_2}{B_2}\right)^2} \cdot \dfrac{1}{1 + \alpha_s \beta_s \cdot (\beta_s - 3) \cdot \left[1 + 16 \left(\dfrac{e_2}{B_2}\right)^2\right]}$

$\qquad = \dfrac{1 - 256 \times 0.201^8}{1 + 12 \times 0.201^2} \times \dfrac{1}{1 + 0.002 \times 7.123 \times 4.123 \times (1 + 16 \times 0.201^2)}$

$\qquad = 0.613$

墙身抗压效应组合设计值：$\psi_k \cdot A \cdot f_{cd} = 0.613 \times 1.46 \times 840 = 751.78 (\text{kN})$

因为 220.90(kN) < 751.78(kN)，所以验算通过。

(3) 基顶截面的直接抗剪强度验算

剪力的组合设计值为：$\gamma_0 \cdot V_d = \gamma_0 \cdot \gamma_{Q1} \cdot (E_{1x} + E_{2x})$
$$= 1.0 \times 1.4 \times (25.41 + 37.38) = 87.91(\text{kN})$$

需考虑轴力作用对挡土墙抗剪产生的有利影响

$\gamma_0 \cdot N_d = \gamma_0 \cdot [\gamma_G \cdot (W_E + W) + \gamma_{Q1} \cdot (E_{1y} + E_{2y})]$
$$= 1.0 \times [0.9 \times (114.19 + 36.68) + 1.0 \times (26.21 + 2.26)] = 164.25(\text{kN})$$

$f_{Vd} = 0.208(\text{MPa}) = 208(\text{kN/m}^2); A_j = 1.0 \times B_2 = 1.46(\text{m}^2); \mu = 0.7$

墙身抗力效应设计值为：$A_j \cdot f_{vd} + \mu \cdot N_d = 1.46 \times 208 + 0.7 \times 164.25 = 418.655(\text{kN})$

因为 $87.91(\text{kN}) < 418.655(\text{kN})$，所以验算通过。

5. 基础设计和外部稳定性验算（图3-3-75）

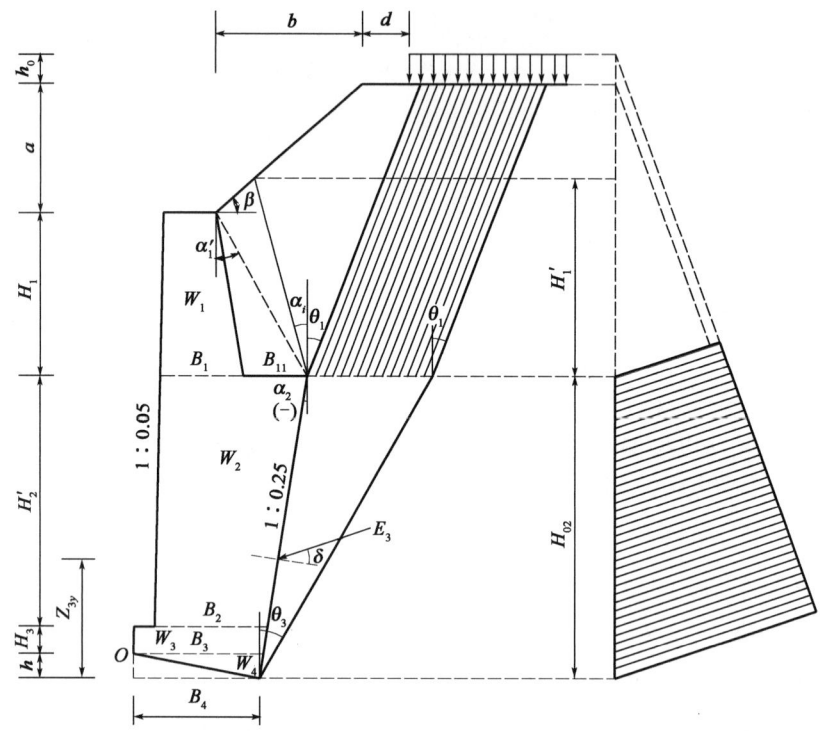

图3-3-75 基底设计和外部稳定性验算图式

1）基底以上土压力计算

按本章第六节表3-3-22-3中第2类情况计算下墙土压力。

$\psi = \varphi + \alpha_2 + \delta_2 = 35° - 14.04° + 17.5° = 38.46°$，$A = -\tan\alpha_2 = 0.25$

$\tan\theta_3 = -\tan\psi + \sqrt{(\cot\varphi + \tan\psi) \cdot (\tan\psi + A)}$
$$= -\tan 38.46° + \sqrt{(\cot 35° + \tan 38.46°) \times (\tan 38.46° + 0.25)} = 0.7292$$

$\theta_3 = \arctan(0.7292) = 36.10°$

$K = \cos(\theta_3 + \varphi) \cdot \dfrac{\tan\theta_3 + \tan\alpha_2}{\sin(\theta_3 + \psi)} = \cos(36.10° + 35°) \times \dfrac{\tan 36.10° - 0.25}{\sin(36.10° + 38.46°)} = 0.161$

令 $H''_2 = H_2 + h = 2.7 + 0.31 = 3.01(\text{m})$

$$K_1 = 1 + \frac{2(H_1 + a + h_0)}{H''_2} = 1 + \frac{2 \times (1.8 + 2 + 0.97)}{3.01} = 4.17$$

$$E_2 = \frac{1}{2}\gamma_t H''^2_2 K K_1 = 0.5 \times 18 \times 3.01^2 \times 0.161 \times 4.17 = 54.75(\text{kN})$$

$$E_{3x} = E_3 \cdot \cos(\alpha_2 + \delta_2) = 54.74 \times \cos(-14.04° + 17.5°) = 54.64(\text{kN})$$

$$E_{3y} = E_3 \cdot \sin(\alpha_2 + \delta_2) = 54.74 \times \sin(-14.04° + 17.5°) = 3.30(\text{kN})$$

$$E_{3H} = E_3 \cdot \cos(\alpha_2 + \delta_2 + \alpha_0) = 54.74 \times \cos(-14.04° + 17.5° + 11.31°) = 52.93(\text{kN})$$

$$E_{3V} = E_3 \cdot \sin(\alpha_2 + \delta_2 + \alpha_0) = 54.74 \times \sin(-14.04° + 17.5° + 11.31°) = 13.96(\text{kN})$$

2) 基底截面上各弯矩值的计算

(1) 土压力对基底 O 点的弯矩

$$Z_{3y} = \frac{H''_2}{3} + \frac{H_1 + a + h_0}{3K_1} - h = \frac{3.01}{3} + \frac{1.8 + 2 + 0.97}{3 \times 4.17} - 0.31 = 1.07(\text{m})$$

$$Z_{3x} = B_3 - Z_{3y} \times \tan\alpha_2 = 1.61 + 1.07 \times 0.25 = 1.878(\text{m})$$

$$Z_{1y} = Z_{1y}(\text{对} O_2) + H_3 = 3.01 + 0.5 = 3.51(\text{m})$$

$$Z_{1x} = Z_{1x}(\text{对} O_2) + B_{21} + H_3 \cdot \tan\alpha_3 = 1.85 + 0.25 + 0.5 \times 0.05 = 2.13(\text{m})$$

$$M_{E3} = E_{1y}Z_{1x} + E_{3y}Z_{3x} - E_{1x}Z_{1y} - E_{3x}Z_{3y}$$
$$= 26.21 \times 2.13 + 3.30 \times 1.878 - 25.41 \times 3.51 - 54.64 \times 1.07 = -85.63(\text{kN})$$

(2) 墙身、基础自重及对基底 O 点的弯矩

$$W_1 = 29.19(\text{kN})$$

$$Z_1 = Z_1(\text{对} O_2) + B_{21} + H_3\tan\alpha_3 = 0.51 + 0.25 + 0.5 \times 0.05 = 0.785(\text{m})$$

$$W_2 = 85(\text{kN})$$

$$Z_2 = Z_1(\text{对} O_2) + B_{21} + H_3\tan\alpha_3 = 0.90 + 0.25 + 0.5 \times 0.05 = 1.175(\text{m})$$

$$W_3 = 0.5 \times (B_2 + B_{21} + B_3)H_3\gamma_k = 0.5 \times (1.46 + 0.25 + 1.61) \times 0.5 \times 23 = 19.09(\text{kN})$$

$$Z_3 = \frac{[(B_2 + B_{21})^2 + (B_2 + B_{21}) \cdot B_3 + B_3^2] + [2(B_2 + B_{21}) + B_3] \cdot (\tan\alpha_3 \cdot H_3)}{3(B_2 + B_{21} + B_3)}$$

$$= \frac{[1.71^2 + 1.71 \times 1.61 + 1.61^2] + [2 \times 1.71 + 1.61] \times (0.05 \times 0.5)}{3 \times (1.71 + 1.61)} = 0.84(\text{m})$$

$$W_4 = 0.5\gamma_k \times B_{3h} = 0.5 \times 23 \times 1.61 \times 0.31 = 5.74(\text{kN})$$

$$Z_4 = \frac{(B_3 + B_4)}{3} = \frac{1.61 + 1.54}{3} = 1.05(\text{m})$$

$$W = W_1 + W_2 + W_3 + W_4 = 29.19 + 85 + 19.09 + 5.47 = 139.02(\text{kN})$$

$$M_W = W_1Z_1 + W_2Z_2 + W_3Z_3 + W_4Z_4$$
$$= 29.19 \times 0.785 + 85 \times 1.175 + 19.09 \times 0.84 + 5.74 \times 1.05 = 144.85(\text{kN} \cdot \text{m})$$

(3) 衡重台上填料重及对基底 O 点的弯矩

$$W_E = W_{E1} + W_{E2} = 20.64 + 16.04 = 36.68(\text{kN}) \quad (\text{见基顶截面验算})$$

$$M_{WE} = M_{WE}(\text{对} O_2 \text{点}) + W_E \cdot (B_{21} + H_3 \cdot \tan\alpha_3)$$
$$= 49.38 + 36.68 \times (0.25 + 0.5 \times 0.05) = 59.47(\text{kN} \cdot \text{m})$$

3) 基底合力偏心距及基底应力验算

本算例不考虑被动土压力,在地基计算中,设计表达式中的荷载分项系数可均取 1.0。

(1) 修正后的地基承载力设计值 f_d 的确定

基础最小埋深（计算至墙趾点）：$h_{\text{埋}} = 0.8 + H_3 = 0.8 + 0.5 = 1.30(\text{m}) > 1.0(\text{m})$，所以符合规范中对于基础最小埋深的规定。

因 $h_{\text{埋}} < 3.0(\text{m})$，且基础宽度 $B_4 = 1.54(\text{m}) < 2.0(\text{m})$，所以深宽修正后的地基承载力设计值 $f'_d = f_d = 280(\text{kPa})$；采用荷载组合 II 时，地基承载力设计值提高系数 K 取 1.0，故 $f'_d = 1.0 \times 280 = 280(\text{kPa})$。

(2) 偏心距验算

$$\sum N_3 = E_{1V} + E_{3V} + (W + W_E) \cdot \cos\alpha_3$$
$$= 30.69 + 13.69 + (139.02 + 36.68) \times \cos 11.31° = 216.67(\text{kN})$$

$$\sum M_3 = M_{E3} + M_W + M_{WE} = -85.63 + 144.85 + 59.47 = 118.69(\text{kN} \cdot \text{m})$$

$$\sum H_3 = E_{1H} + E_{3H} - (W + W_E) \cdot \sin\alpha_3$$
$$= 19.78 + 52.93 - (139.02 + 36.68) \times \sin 11.31° = 38.25(\text{kN})$$

合力偏心距：$e_3 = \left| \dfrac{B_{41}}{2} - \dfrac{\sum M_3}{\sum N_3} \right| = \left| \dfrac{1.57}{2} - \dfrac{118.69}{216.67} \right| = 0.237(\text{m})$

容许偏心距：$[e_3] = \dfrac{B_{41}}{6} = \dfrac{1.57}{6} = 0.262(\text{m})$；因为 $e_3 < [e_3]$，所以满足验算要求。

(3) 基底应力验算

$N_d = 1.0 \times \sum N_3 = 216.67(\text{kN})$

$$p_{\max} = \dfrac{N_d}{B_{41}} \cdot \left(1 + \dfrac{6e_3}{B_{41}}\right) = \dfrac{216.67}{1.57} \times \left(1 + \dfrac{6 \times 0.237}{1.57}\right) = 263(\text{kPa})$$

$$p_{\min} = \dfrac{N_d}{B_{41}} \cdot \left(1 - \dfrac{6e_3}{B_{41}}\right) = \dfrac{216.67}{1.57} \times \left(1 - \dfrac{6 \times 0.237}{1.57}\right) = 13(\text{kPa})$$

地基土承载力设计值 $f'_d = 280(\text{kPa})$；因为 263kPa < 280kPa，所以验算通过。

4) 挡土墙及基础底平面、墙踵处地基水平面滑动稳定性验算

(1) 沿基底平面滑动的稳定性验算

① 滑动稳定方程

$G = W + W_E = 139.02 + 36.68 = 175.7(\text{kN})$

$E_y = E_{1y} + E_{3y} = 26.21 + 3.30 = 29.51(\text{kN})$

$E_x = E_{1x} + E_{3x} = 25.41 + 54.64 = 80.05(\text{kN})$

$\mu_1 = 0.3, \gamma_{Q1} = 1.4[1.1G + \gamma_{Q1}(E_y + E_x \tan\alpha_3)] \cdot \mu_1 + (1.1G + \gamma_{Q1}E_y) \cdot \tan\alpha_0 - \gamma_{Q1}E_x$

$= [1.1 \times 175.7 + 1.4 \times (29.51 + 80.05 \times 0.2)] \times 0.3 + (1.1 \times 175.7 + 1.4 \times 29.51) \times 0.2 - 1.4 \times 80.05 = 11.95 > 0$，所以，滑动稳定方程验算通过。

② 抗滑动稳定系数

$$K_{c1} = \dfrac{\mu_1 \cdot \sum N_3}{\sum H_3} = \dfrac{0.3 \times 216.67}{38.25} = 1.70; [K_c] = 1.3$$

因为 1.70 > 1.3，所以抗滑动稳定系数验算通过。

(2) 沿过墙踵点水平面滑动稳定性验算
① 滑动稳定方程
$G = W + W_E + 0.5\gamma_1 B_4 h = 139.02 + 0.5 \times 19 \times 1.54 \times 0.31 = 180.24 (\text{kN})$
$\mu_n = 0.55, C = 5(\text{kN/m})$
$(1.1G + \gamma_{Q1} E_y) \cdot \mu_n + 0.67 c B_4 - \gamma_{Q1} E_x$
$= (1.1 \times 180.24 + 1.4 \times 29.15) \times 0.55 + 0.67 \times 5 \times 1.54 - 1.4 \times 80.05$
$= 24.86 > 0$;所以,滑动稳定方程验算通过。
② 抗滑动稳定系数
$N = E_{1y} + E_{3y} + W_E + W = 26.21 + 3.30 + 36.68 + 139.02 = 205.21(\text{kN})$
$\Delta N = 0.5 \cdot \gamma_1 \cdot B_{41}^2 \cdot \sin\alpha_0 \cdot \cos\alpha_0 = 0.5 \times 19 \times 1.57^2 \times \sin 11.31° \times \cos 11.31°$
$= 4.5(\text{kN})$
$K_{c2} = \dfrac{\mu_n \cdot (N + \Delta N) + cB_4}{E_{1x} + E_{3x}} = \dfrac{0.55 \times (205.21 + 4.50) + 5 \times 1.54}{80.05} = 1.54; [K_c] = 1.3$
因为 1.54 > 1.3,所以抗滑动稳定系数验算通过。
5) 挡土墙及基础绕墙趾点的倾覆稳定性验算
(1) 倾覆稳定方程
$GZ_G = M_W + M_{WE} = 144.85 + 59.47 = 204.32(\text{kN})$
$E_y Z_x - E_x Z_y = M_{E3} = -85.63(\text{kN} \cdot \text{m})$
因为 $0.8 GZ_G + \gamma_{Q1} \cdot (E_y Z_x - E_x Z_y) = 0.8 \times 204.32 - 1.4 \times 85.63 = 43.57 > 0$
所以,倾覆稳定方程验算通过。
(2) 抗倾覆稳定系数
$K_0 = \dfrac{GZ_G + E_{1y} Z_{1x} + E_{3y} Z_{3x}}{E_{1x} Z_{1y} + E_{3x} Z_{3y}} = \dfrac{204.32 + 26.21 \times 2.13 + 3.3 \times 1.878}{25.41 \times 3.51 + 54.64 \times 1.07} = 1.80$
$[K_0] = 1.5$;因为 1.80 > 1.5,所以抗倾覆稳定系数验算通过。

第五节 半重力式挡土墙设计

一、概述

半重力式挡土墙是在特定条件下,对重力式挡土墙作局部变化的支挡构造物。采用混凝土现场浇筑,在立壁的墙背布置少量钢筋,加长基础的趾板并在趾板底面配置垂直墙长方向的水平钢筋。

1. 半重力式挡土墙的特点
(1) 充分利用混凝土的抗拉效应,减小墙身尺寸,圬工体积较重力式挡土墙小;
(2) 基底应力较小而且分布均匀,可适用于较软弱的地基及地下水位较高的地基情况;
(3) 墙趾板加长,抗倾覆、抗滑动稳定性较好;
(4) 钢筋用量较少;
(5) 施工较为方便。

2. 半重力式挡土墙的适用范围

半重力式挡土墙的墙高一般不宜超过8m,常用高度3~7m。

3. 半重力式挡土墙的材料标准

半重力式挡土墙所用混凝土及钢筋材料标准可参见本章第三节的规定。

二、设计计算

1. 半重力式挡土墙计算

半重力式挡土墙的计算内容和要求、作用(或荷载)组合设计值计算均与重力式挡土墙相同,计算中需注意:

1) 主动土压力计算

作用于立壁背面的主动土压力,可按照本章第二节的相关内容进行计算。当立壁设有转折时,以及设有墙踵板时,应以假想墙背计算并首先判定第二破裂面产生的可能性,以确定土压力计算方法。

2) 半重力式挡土墙的外部稳定验算

抗倾覆稳定计算时,应计入底板上填土的重力作用。当地基承载力设计值较高时,可在底板下设凸榫,增加挡土墙的抗滑动稳定性。

3) 立壁正截面抗压或正截面抗弯承载力计算

一般可取用代表性计算截面分段进行计算。

(1) 计算截面上轴向力合力偏心距 e_0 可按式(3-3-111)、(3-3-112)计算。

(2) 立壁正截面承载力验算可分为以下工况:

① 当计算偏心距 e_0 小于偏心距限值 $[e_0]$ 时,可按偏心受压构件以式(3-3-116)计算正截面受压承载力。

② 当计算偏心距 e_0 大于偏心距限值 $[e_0]$ 时,可首先按式(3-3-117)进行承载力计算,同时按受弯构件,以式(3-3-118)进行正截面受弯承载力计算,若抗力效应仍小于作用效应时,必须在受拉区配置钢筋,由于仅在立壁背面配置钢筋,可采用单筋矩形受弯构件,参照现行《公路钢筋混凝土与预应力混凝土桥涵设计规范》的相关规定进行计算。

4) 立壁构件正截面直接受剪承载力计算

立壁计算截面的受剪承载力可按式(3-3-119)进行计算。

5) 趾板正截面承载力及配筋计算

趾板可简化为与立壁连接处为固结端的悬臂梁结构,以基底应力为作用效应分区段按照单筋矩形截面正截面受弯构件进行计算并配置钢筋。

2. 半重力式挡土墙的钢筋设计

半重力式挡土墙,仅在构件的局部布置受力钢筋,受力钢筋直径不宜小于10mm,最大间距不大于200mm,根据作用效应分布,可分段确定钢筋根数,所截断钢筋需在不参与受力截面以外留有钢筋锚固长度。分布钢筋直径不宜小于8mm,间距不宜大于300mm。受力钢筋在非受拉区的锚固长度均不应小于钢筋锚固长度的规定。

半重力挡土墙的钢筋布置可参见图3-3-76。

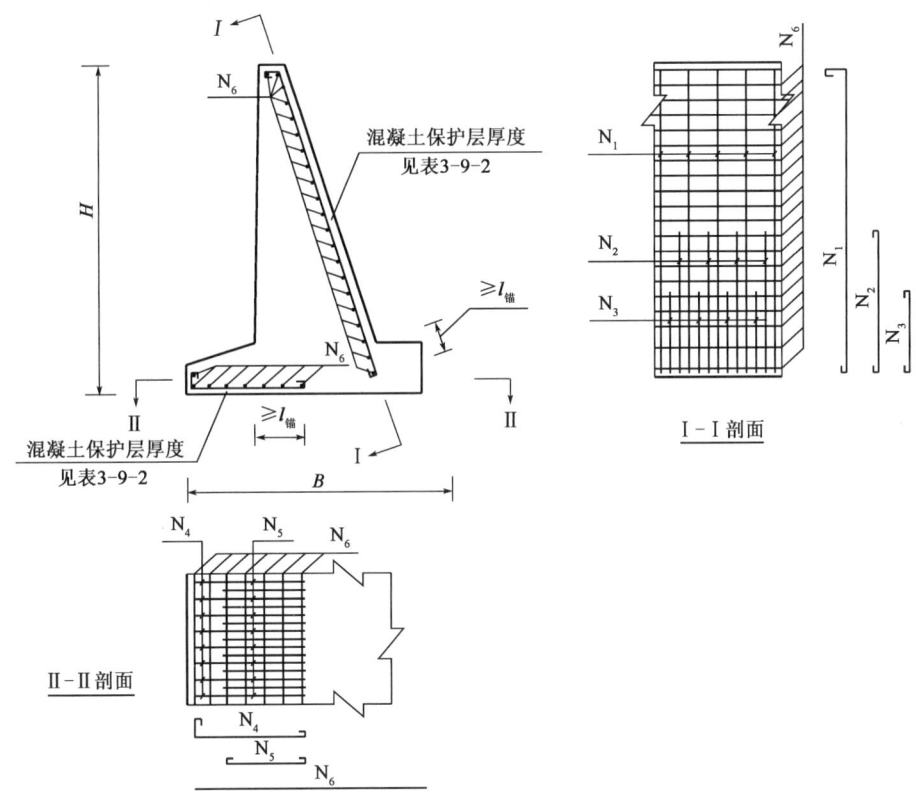

图 3-3-76 半重力式挡土墙钢筋布置示意图
N_1、N_2、N_3-立壁背面受力钢筋;N_4、N_5-墙趾板受力钢筋;N_6-分布钢筋

三、结构构造

半重力式挡土墙结构示意见图 3-3-77。

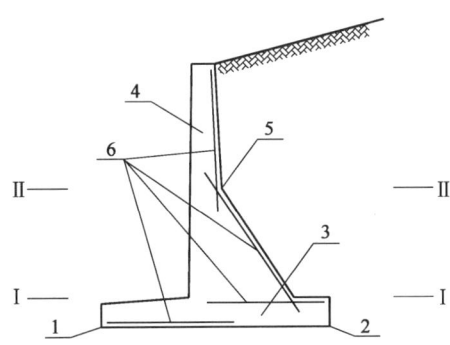

图 3-3-77 半重力式挡土墙示意图
1-前趾;2-后踵;3-底板;4-立壁;5-转折点;6-钢筋计算控制截面:Ⅰ-Ⅰ、Ⅱ-Ⅱ

半重力式挡土墙的混凝土强度等级不宜小于 C20。立壁顶宽不宜小于 0.4m,立壁背坡应按偏心受压或弯曲抗拉承载力和抗剪承载力计算确定。当立壁背面设转折点时,墙高小于 7m,转折点不宜多于二个;墙高大于 7m,可增加一个转折点。底板采用变截面构件时,其端部厚度不宜小于 0.4m。底板的趾板扩展长度不宜大于 1.5m。

半重力式挡土墙的伸缩、沉降缝设置、护栏及排水构造均见本章第一节的相关内容。

第六节　石笼式挡土墙设计

一、概述

石笼式挡土墙又称为格宾挡墙,是将符合粒径要求的石料填入具有柔性的石笼(格宾网)中达到一定的孔隙率、逐层砌筑的一种新型柔性挡土构筑物(图 3-3-78)。

石笼网,又可称格宾网,是指将镀锌或镀高尔凡低碳钢丝(或覆塑钢丝),由专用机械编织成六边形双绞合金属网面构成的箱体结构。石笼式挡土墙是由厚度为 0.5~1.0m 的格宾箱叠砌而成的支护结构,可根据工程设计要求制作、组装成箱笼并装入块石或其他填充料后连接成一体的支挡结构。多在墙后土体长期饱和或地基承载力较低的工况下使用。

图 3-3-78　石笼网及石笼式挡土墙图片

石笼挡墙与常规重力式挡墙工作原理相同,主要依靠墙身的重量和墙背台阶以上的填土重量来平衡墙后土压力,其主要特点是基底应力较小,墙身与土界面摩擦较大,抗震性能好,生态环保,在常用墙高范围内经济指标较好。故石笼式挡土墙与常规重力式挡土墙最大的区别是结构性质,常用的浆砌片石、(钢筋)混凝土挡墙为刚性结构,而石笼式挡土墙为柔性结构,具有在荷载作用下产生小位移和小应变而达到自我缓冲、调节的能力,加上石笼构成材料自身

的特点,使石笼式挡墙具备较多优点:

(1)整体性好。石笼是属于将钢丝用机械编织成双绞、蜂巢形网格的蜂巢结构,即使存在一两条丝断裂,网状物也不会松开;能够紧密地结合形成一体,具有很好的柔性和延展性,可抵抗高强度压力,可承受大范围的变形而不破裂,这一特点优于刚性、半刚性结构。

(2)透水性好,稳定性强。石笼式挡土墙具有透水和自排水功能,可使地下水以及渗透水及时地从结构填石缝隙中渗透出去,能有效解决孔隙水压力的影响,对结构体本身提供了额外的安全系数,对岸坡稳定比较有利。

(3)柔韧性好。格宾石笼工艺以钢丝网箱为主体,为柔性结构,适应地基变形能力强,能适应地基基础或河床一定程度的不均匀沉降与变形,以及水流冲刷导致的局部沉陷,不会削弱整体结构,更不易断裂破坏。可以解决传统刚性挡墙(如浆砌块石挡墙,钢筋混凝土挡墙等)不能适应坡面、基础变形和不均匀沉降的问题,保证结构的整体稳定性;

(4)耐久性好。格宾石笼网丝经热厚镀锌并表面覆塑双重防腐处理,抗氧化作用强,抗腐耐磨,抗老化,有很强的抵御自然破坏和抗恶劣气候影响的能力,使用年限长。

(5)抗冲刷能力强。格宾石笼内的级配块石最大的抗冲流速可达 5~6m/s。

除上述的优点以外,石笼式挡墙还有一些潜在优势。第一,施工工艺简单,对施工人员技术要求不高。质量容易控制,破坏后易维修,能抵御自然破坏及耐腐蚀和抗恶劣气候影响,能承受较大的变形而不致破坏等特点;第二,墙体内可以由内向外的生长植被,也可以在墙体内植入生态袋加快墙体绿化,对生态环境有利;第三,金属网箱体采购方便。对填石强度,形状,大小要求不高。但其施工现场应选择在石料丰富的地区,且石料粒径、强度、风化程度均需符合要求,若远距离运输石料,则会增大成本,在技术可行的条件下,应与其他结构形式的挡土墙进行经济比较。石笼式挡土墙优势和效果评价见表3-3-45。

不同结构形式挡土墙的比较 表3-3-45

比较项目	石笼式	重力式	悬臂式	锚杆
生态可恢复性	佳	差	差	差
造价	低	低	中	高
施工难易程度	易	较易	较复杂	复杂
地基承载力要求	低	较低	较低	无
是否适用浸水地区	是	是	是	否

因此,石笼式挡土墙除了适用于一般地质条件外,还适用于受水流冲刷和风浪侵袭,且防护工程基础不易处理或沿河挡土墙、坡脚基础局部冲刷深度过大的沿河路堤坡脚或护岸;在公路工程中,特别适用于地质条件差、地基承载力较低(地下水较多的土质、风化破碎岩石路段),环境、气候等条件复杂,圬工材料缺乏的地区以及沿河路基。

另外,石笼式挡土墙可用于边坡护脚墙,与加筋土工网垫、植草护坡、生态袋护坡等生态护坡以及骨架防护形式结合使用使其适用范围更加广泛。

二、设计计算

目前,关于石笼式挡土墙设计计算及受力特性等理论方面相关研究甚少,国家相关部门也未出台相关的设计规范,根据国外及厂家有关资料及经验,知其受力情况与常用的重力式挡土墙基本相同。可按重力式挡土墙的设计方法进行设计。

现行《公路路基设计规范》(JTG D30)指出,石笼式挡土墙的基本稳定性原理与圬工重力式挡土墙相同,均是通过墙体自身重量来维持挡土墙在土压力下的稳定,石笼式挡土墙设计应按本手册重力式挡土墙的有关规定进行计算。

然而,由于石笼结构属于柔性结构,与常规刚性圬工砌体的受力和变形特点不同,计算刚性挡土墙的土压力时,可以不考虑墙体变形对土压力及其分布的影响;而计算柔性挡土墙的土压力时,就应当考虑墙体变形的影响。简单的应用重力式挡土墙的设计计算方法是不利于其大面积的推广和应用的。

国外,石笼式挡墙的研究主要源自石笼制造商,阿尔弗雷德·H·布兰德认为石笼挡土墙墙后土压力计算可以利用回填料与铁丝石笼结构之间的摩擦力。一石笼生产厂家建议采用挡墙的摩擦角等于回填料的内摩擦角。另一生产厂家则保守些,建议采用回填料90%摩擦角。若在挡墙内侧有一层相对坚硬和光滑土工织物作为反滤材料。则有必要采用偏于安全的摩擦角。

Maccaferri公司的GawacWin软件是专门针对石笼挡土墙而设计的,考虑了墙背直立、呈阶梯状、内倾等情况。可以计算挡土墙的抗滑移性、整体抗倾覆性、基础承载能力、各层石笼内部应力、整体稳定性等性能,但是这种计算方式是偏于安全的,把石笼挡土墙完全当作一种刚性挡土构筑物而没有考虑其柔性特点。从有关观测资料的分析来看。石笼挡土墙墙面的侧向位移是由上部向下部逐渐减小的,而且土压力的作用点和作用位置与一般的刚性挡土墙也有很大差别,使用这种计算方法进行设计将造成一定的浪费。

1. 主要设计内容

石笼式挡墙的主要设计内容可归纳为拟定结构截面尺寸和墙身截面验算。

拟定结构截面尺寸可根据工程经验初步拟定挡墙的初步尺寸,就外观来分,石笼挡墙可以分为外台阶式,宝塔式以及内台阶式。

根据不同的需要选择不同的挡墙截面尺寸。计算作用在墙体的土压力,通过外部稳定验算来验算挡墙的尺寸。

石笼挡墙一般以每延米为单位进行设计。

2. 土压力计算

主动土压力按照库仑土压力理论或库尔曼图解法(图3-3-79)进行计算。

当按照库仑土压力理论计算石笼挡墙墙后土压力时,石笼挡墙墙背与填土间的摩擦角可取 $\delta = \varphi$,其中 φ 为墙后填土的内摩擦角。

3. 抗滑安全稳定计算

基底抗滑稳定系数 K_c:

$$K_c = \frac{\mu \sum N}{\sum T} \quad (3\text{-}3\text{-}120)$$

式中:μ——基底摩擦系数;

$\sum N$——竖向力总和(kN);

$\sum T$——水平力总和(kN)。

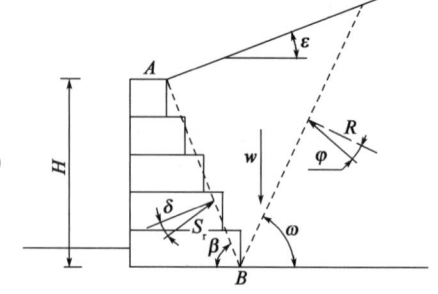

图3-3-79　石笼式挡土墙压力计算图示

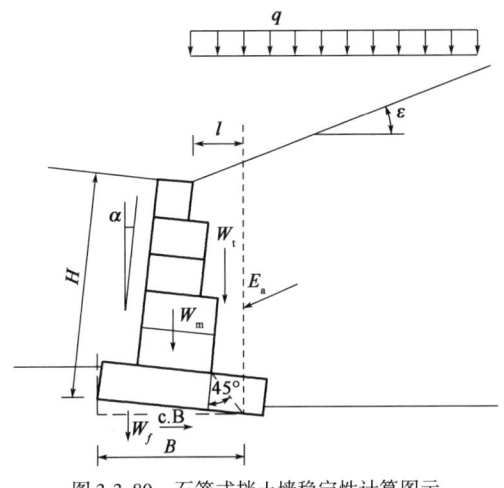

图 3-3-80　石笼式挡土墙稳定性计算图示

需要着重说明的是此处的基底摩擦系数取值,石笼挡墙作为柔性多空隙结构,坐落在基础上时,由于表面非常粗糙,因此与基础土体之间的摩擦系数很高。马克菲尔与博洛尼亚大学(Prof. Marchi,公路建设部门)合作开展石笼足尺试验(1985年)。该试验的目的在于研究石笼与土之间的摩擦系数取值,其结论是 $\mu = \tan\phi_f$(ϕ_f 为地基土的内摩擦角)。

4. 抗倾覆稳定计算

抗倾覆稳定系数 K_o(图 3-3-80):

$$K_o = \frac{\sum M_y}{\sum M_o} \tag{3-3-121}$$

式中:$\sum M_y$ = 稳定力系对石笼墙体墙趾的力矩(kN·m);

$\sum M_o$ = 倾覆力系对石笼墙体墙趾的力矩(kN·m)。

5. 地基承载力验算

墙底偏心矩 e:

$$e = \frac{B}{2} - \frac{\sum M_y - \sum M_o}{\sum N} \tag{3-3-122}$$

由于石笼结构的抗拉强度以及能够适应变形的能力,因此作为柔性挡墙结构,墙底的应力分布可用有效基底宽度分布,而在国内可参照梯形分布方法计算:

对墙底面偏心距 e 的要求:

$$\begin{cases} 土质地基 & e \leq \dfrac{B}{6} \\ 岩质地基 & e \leq \dfrac{B}{4} \end{cases} \tag{3-3-123}$$

石笼挡墙墙趾、墙踵压应力:

$$\sigma_1, \sigma_2 = \frac{\sum N}{B}\left(1 \pm \frac{6e}{B}\right) \tag{3-3-124}$$

当 $e \geq \dfrac{B}{6}$,基底的一侧将出现拉应力,考虑到一般情况下地基与基础间不能承受拉力,故不计拉力而按应力重分布计算基底最大压应力:

$$\sigma_{\max} = \frac{2\sum N}{3\left(\dfrac{B}{2} - e\right)} \tag{3-3-125}$$

6. 截面抗压及抗剪强度验算

在挡墙设计时,必须确保挡墙任一截面上的正应力不能超过石笼网箱所能允许的最大压应力。关于挡墙任一截面上的正应力计算同地基承载力分析的理论。由于石笼结构内部能够承受拉应力,并且具有良好的变形适应性,其内部压应力呈梅耶霍夫分布,用 $B - 2e$ 代替石笼挡墙底宽 B,假定在 $B - 2e$ 的长度上竖向应力为均匀分布,此时石笼截面上承受的压应力可根据下式计算：

$$\sigma = \frac{\sum N}{B - 2e} \quad (3\text{-}3\text{-}126)$$

式中：$\sum N$——计算截面处竖向力总和；
B——计算截面的宽度。

根据石笼网箱抗压强度试验，石笼网箱最大的允许压应力可按下述经验公式计算：

$$\sigma_{允许} = 100 \cdot (5\gamma_s - 3) \quad (3\text{-}3\text{-}127)$$

式中：$\sigma_{允许}$——石笼网箱的允许压应力(kPa)；
γ_s——石笼网箱(含石料)的单位质量(t/m^3)。石笼网箱一般取 $1.75t/m^3$，其允许压应力一般取 575kPa。

要求 $\sigma \leq \sigma_{允许}$。

为了保证石笼网箱之间不发生错动(墙身剪切破坏)，石笼挡墙结构需要满足截面抗剪强度的要求，计算截面所受剪应力可根据下式计算：

$$\tau = \frac{\sum T}{b} \quad (3\text{-}3\text{-}128)$$

式中：$\sum T$——计算截面处水平力总和(kN)；
b——计算截面的宽度(m)。

而根据石笼网箱的剪切试验，石笼网箱的抗剪强度按下式计算：

$$\tau_{允许} = \sigma \tan\varphi^* + c_g \quad (3\text{-}3\text{-}129)$$

式中：σ——计算截面处所受正应力(kPa)；
φ^*——石笼网箱单元之间的似摩擦角(°)，一般取 40°；
c_g——石笼网箱单元之间的似黏聚力(kPa)，一般取值 12.5kPa。

要求 $\tau \leq \tau_{允许}$。

7. 整体稳定验算

整体稳定性分析即石笼挡墙随地基一起滑动的验算，目的在于确定潜在破裂面的安全系数，目前大多采用条分法进行验算。

三、结构构造

1. 石笼(格宾)

石笼结构的形状为长方体，可根据现场情况选用尺寸、丝径大小不同的结构。石笼的材料主要为重镀锌钢丝、镀锌铁丝、普通铁丝编织，其品质性能的好坏和使用寿命的长短直接影响着工程的质量和运行安全。《公路路基设计规范》(JTG D30)规定永久工程应采用重镀锌钢丝；使用年限 8～12 年时，可使用镀锌铁丝，使用年限为 3～5 年时，可采用普通铁丝石笼。

石笼要求网孔编织均匀，不得扭曲变形，网孔孔径的允许偏差为 ±5%。网面抗拉强度为 $50kN/m^2$，钢丝的抗张强度应在 350～550N/mm 之间，延伸率不能低于 10%，应符合 EN 10223—3 标准；由格宾材料制作的格宾箱、护垫、防护网、石笼均符合现行《镀锌钢丝锌层质量试验法》(GB/T 2973)、《低板耐破度的测定》(GB/T 1539)、《金属材料 拉伸试验 第 1 部分：室温试验方法》(GB/T 228)标准的材料要求。

其他要求：①翻边要求：网面裁剪后末端与边端钢丝的连接处是整个结构的薄弱环节，为加强网面与边端钢丝的连接强度,需采用专业的翻边机将网面钢丝缠绕在边端钢丝上不小于2.5圈,不能采用手工绞;②绞边要求:钢丝必须采用与网面钢丝一样材质的钢丝,为保证连接强度需严格按照间隔10～15cm单圈一双圈交替绞合。

2. 填料

石笼式挡土墙对填石的基本要求是:重度大,浸水不崩解,坚硬且未风化,粒径大于石笼网孔,搭配合理以达到要求的孔隙率和保证石笼的直线变形。

填料应根据工程设计要求及工程类别,严格按照试验标准确定。一般选用强度高的片块石(规格为100～350mm)为主,辅助填塞见识碎石或(小石),其规格在100～300mm。可视现场石材选定。填充料必须致密坚实,抗风化耐久性良好的石材;选用石料填充时,80%以上石料粒径不得小于网目大小;填充石料如有空隙,以小碎石填塞。在恶劣环境地区,应选用抗风化性、强度高的石材。

在不同地域使用的材料类别不同,常见的有鹅卵石、片石、碎沙石、砂砾(土)石。根据工程类别和当地情况而制订填充方案。一般填料按格宾网孔大小的倍数1:1或1:2选择,片石可分层人工填充,添加20%碎石或沙砾(土)进行密实填充,严禁使用锈石、风化石。

在有些特殊土质地区也可以选用黄土或砂砾土,用透水土工布包裹。不得添入淤泥、垃圾和影响固结性土壤。

3. 石笼式挡土墙

根据使用要求、地形和施工条件,石笼式挡墙可设计成直立式、台阶缩进式、斜坡式或其他断面形式。高度一般不宜超过6m,坡度较缓的斜坡断面形式挡墙高度可视实际情况适当增大。石笼式挡墙的主要构造要求如下:

(1)石笼挡墙由分层码砌并绞合成整体的石笼单元体组成,见图3-3-81。

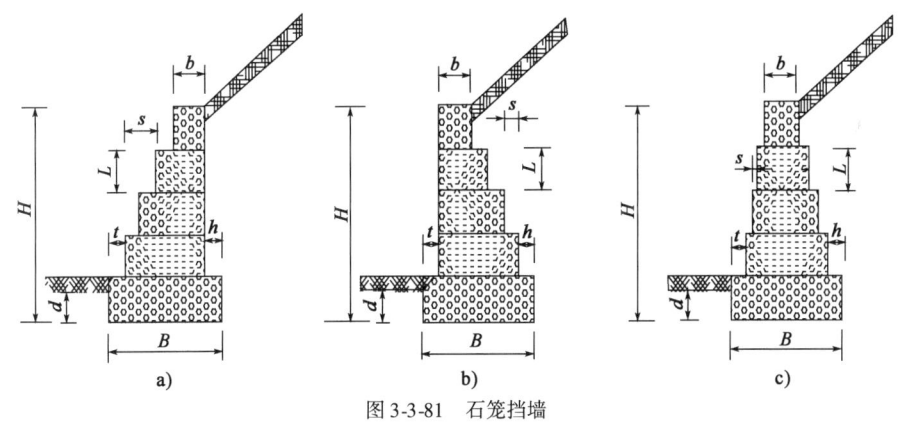

图3-3-81 石笼挡墙
b-顶宽;B-底宽;H-墙高;L-层高;s-台阶宽;d-埋深;t-扩展墙趾宽;h-扩展墙踵宽

(2)石笼单元体的尺寸一般以0.5m为模数,长度一般为1～4m;宽度一般为1m,高度一般为0.5m或1m。

(3)石笼挡墙一般分为外台阶式[图3-3-81a)]、内台阶式[图3-3-81b)]或宝塔式[图3-3-81c)]。

(4)石笼挡墙顶宽一般不小于1m,下层的宽度应不小于上层的宽度,且上层应完全坐落在下层宽度范围内。

(5)石笼挡墙每层高度 L 应为 0.5m 的整数倍，台阶宽度 s 不宜大于当层层高。

(6)石笼挡墙的埋深不应小于 0.5m，并满足特殊工况挡墙基础埋深设计要求。

(7)为提高石笼挡墙的抗倾覆能力，可在最底层设置宽度为 t 的扩展墙趾，扩展墙趾的宽度不应大于扩展墙趾的高度；为提高挡墙的抗滑动能力，也可在最底层设置宽度为 h 的扩展墙踵，扩展墙踵的宽度不应大于扩展墙踵的高度。

(8)石笼挡墙墙底一般水平布置，也可设置不大于 6° 的仰角，以提高挡墙的抗倾覆能力。

(9)石笼挡墙墙后应设置反滤层，以防止细粒土的流失。一般建议采用土工织物。

(10)石笼单元体长度超过 1.5m 时应设置一定数量的隔板，以防止石料过度移动导致笼体变形。隔板应采用与石笼相同材质及型号的网面。

(11)相邻的石笼单元体间应通过绞合钢丝或卡扣连接成整体，并确保连接均匀牢靠，无明显间隙。

四、施工方法与注意事项

1. 一般规定

(1)石笼式挡墙一般用作道路、边坡支挡防护。首先按照设计要求进行开挖或者平整场地，基底应达到设计平整要求，要有一定的密实度，不含杂质。施工前应对设计文件进行深入研究，并编织施工组织设计。

(2)现场如果遇到较差的地基土质时(如流沙、淤泥等)，应另外做地基处理。

(3)按照设计要求墙后铺设无纺土工布作为反滤层。

2. 施工工艺与施工流程(图 3-3-82)

(1)石笼(格宾)组装时要求形状规则、绞合牢固、所有竖直面板上边缘在同一水平面上并且确保盖板边缘能够与面板上端水平边缘绞合。

(2)石笼摆放时应面(板)对面(板)、背(板)对背(板)；尽量将边板一侧朝向面墙；摆放好的石笼外轮廓线应该整齐划一，边缘链接、绞合紧密。

(3)石料装填要符合要求如下要求：

①石料根据当地实际情况，可选择卵石或者片石、块石，石料的粒径需符合设计要求，特殊情况下可以选择石笼网箱四周装填大石料，中间装填适量的小石料。

②面墙部分施工是关系到石笼挡墙整体外观效果的关键，需选用表面平整、粒径适宜且粗细均匀的石料，按照干砌片石的标准进行摆放。

③考虑到施工中的沉降，填充石头要有 2.5~4cm 的超高，并且要对上表面进行平整，尽量减小空隙率。

(4)盖板闭合作业时，要求所有的边缘需绞合到位，所有绞合边缘成一直线，并确保连接均匀牢靠，无明显间隙。

3. 注意事项

(1)石笼材料强度、质量和规格，必须满足设计和有关规范的要求，无老化，外观无破损，无污染。

(2)石笼材料应紧贴下承层，按设计和施工要求摆放、装填、连接。

(3)石笼单元组装、相邻单元之间和上下单元之间的连接应符合设计要求。

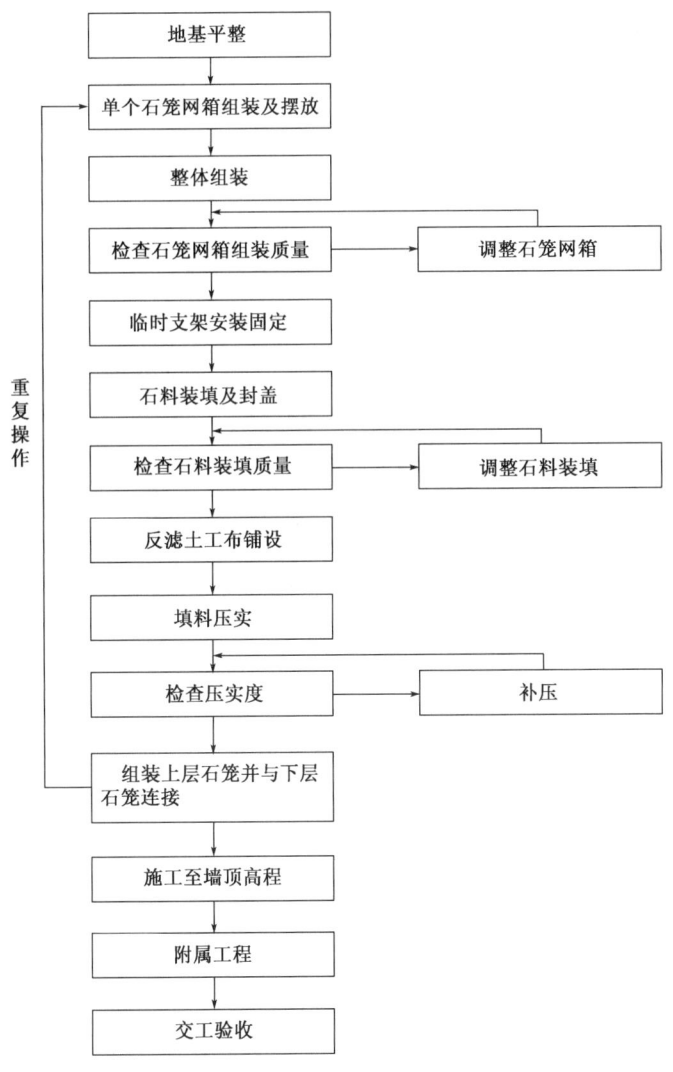

图 3-3-82 石笼挡墙施工工艺流程图

(4) 地基承载力必须满足设计要求,基础埋置深度应满足施工规范要求。

(5) 石笼网箱填充石料的强度、规格和质量应符合有关规范和设计要求。

(6) 石笼墙面填充应平整、无鼓出现象,而且填充密实度符合设计要求。

(7) 石笼挡墙工程施工,应加强工程质量管理,建立健全质量监理、工程检测及工序间交接验收等项制度。

(8) 各工序完成后,均应进行质量检测验收,并提供实测记录资料。经验收检查合格后方可进行下一道工序施工。凡不合格者必须进行补救或返工,使其达到要求。

五、工程案例

1. 湖南常德至吉首高速公路 10 标石笼挡墙(图 3-3-83)

常德至吉首高速公路填方路堤,填方高度 3m,道路边缘离河道只有 2~4m 距离,为了避免河流冲刷而导致路基破坏,需修建永久性支挡结构来保证路基整体及安全性。此支挡结构离持力层有 3~5m 的深度,地基上部为砂砾石和淤泥夹杂层,承载力不足 150kPa,综合考虑该工程存在的基础低承载力、水流冲刷隐患和维持原生态等问题,方案采用 3~5m 高石笼式挡墙进行防护,面墙坡比 1:0.5,基础埋深 1m,最大基底压应力要求 143kPa。工程历时约 20 天,工作效率高,施工费用较省,工程综合造价低,达到了技术经济环保俱佳的效果。填充石料采用附近隧道开挖出的石料进行装填,运距较短,费用低。施工完成一年后,植被已经自然生长,与周边的环境融合为一体。

图 3-3-83　湖南常德至吉首高速公路 10 标石笼挡墙

2. 四川青川 S105 公路水毁抢险工程(图 3-3-84)

青川通往外面的三条主要道路大多为临水临崖路段,"5·12 汶川大地震"严重破坏了青川地区的山体结构,使得山体变得松垮易碎,雨天容易发生泥石流、落石、道路塌方等事件,给来往车辆带来极大的安全隐患。S105 省道由于临近河道突发洪水导致道路基础受到严重的冲蚀,近 100m 长路基发生垮塌,车辆无法通行。作为连接灾区的一条生命通道,时间紧迫,必须在短期内实现道路通行,保证救援物资的及时运达。

充分考虑施工工期,有效利用现场资源等问题,该工程采用石笼挡墙方案,墙高 4~6m,墙底采用雷诺护垫进行冲刷防护。石笼填石全部采用河道堆积的卵石,就地取材节约费用与时间;石笼由工厂生产制作出的半成品,运至现场人工组装,施工简单,效率高,是传统结构施工效率的 2~3 倍,而且受气候干扰小,抗震性能好。100m 挡墙仅用时两天时间即完工,为救灾工作争取了充足的时间,完工后经受住了数次的余震考验,挡墙仍完好无损。

图 3-3-84　四川青山 S105 公路水毁抢险工程挡墙

3. 湖南常张高速公路 K129 右侧弃土场挡墙（图 3-3-85）

湖南常德至张家界高速公路 K129+420～K129+560 右弃土场为高速公路修建过程中废弃土场,该弃土场地段临澧水岸坡上方丘陵斜坡而设,弃土顺斜坡地势堆填,形成高约 30m,长约 135m 边坡坡比约 1∶1.5～1∶2 的弃土边坡,弃土成分较杂乱,有黏性土、碎块石与大型岩块混杂。由于弃土为快速弃倒堆填,结构松散,同时其基床界面为斜坡,弃土稳定性较差,为稳固弃土边坡,按原设计,在坡体中部曾分别修筑有浆砌石、钢筋网笼挡墙和爬坡式干砌石坡面防护。但是,上述防护修筑不久,即出现部分浆砌石挡墙垮塌,钢筋网笼严重锈蚀等情况,基本上已无法满足防护工程要求。该弃土场地段澧水的上、下游均有大量的农田及村庄,如坡体垮塌,数万方的弃土阻塞河道,将严重影响澧水行洪,严重时,将危及上、下游农民的生命及财产安全。

在新的方案设计时,经多方案比选后,最终选定兼具柔性与透水性的石笼挡墙结构。设计方案为:石笼挡墙,设置于弃土场边坡坡脚,沿澧水岸线展布,总长度 133m,挡墙断面呈宝塔形,顶宽 1m,底宽 6m,基底反倾角为 6°,基底埋深 1m,基底持力层为澧水滩地卵石。填充于石笼中的石料,由澧水河床直接挖取卵石,稍经筛选即可应用,由于就地取材,降低了工程造价;同时顺便清理阻塞河道段堆积的卵石,既满足了工程材料要求,又为当地消除了河道堵塞的隐患。

(1) 柔性的石笼挡墙,适应地基局部不均匀变形,避免了原已修筑浆砌石挡墙曾出现的变形过大垮塌问题,达到了稳固弃土场边坡的效果。

(2) 石笼挡墙墙身具有近自然透水性能,确保了松散弃土中由雨水下渗形成的坡体地下水及时排出,加快弃土固结,促成了边坡长期稳定性随时间增长。

(3) 通过使用面墙加强钢丝以及采用手工摆放面墙石头,石笼挡墙的面墙及端墙平整美观,整体观感良好,与当地环境充分融合,和谐统一。

图 3-3-85 湖南常张高速公路 K129 右侧弃土场挡墙

4. 重庆巫溪至湖北十堰二级公路土体支护

重庆巫溪至湖北十堰二级公路 K17+300～K17+420 段设计高程 1134.9～1136.07m,地形坡度较陡,覆盖土质疏松,为残坡积层,最厚达 10m。为满足地基土体承载力要求,本段支护采用石笼式挡土墙。墙高 5～7m,顶宽 1m,墙面铅直,单个笼体高度 1m,每级加宽 0.5m,墙底采用 1.5m 砂砾石换填表土。断面如图 3-3-86 所示。

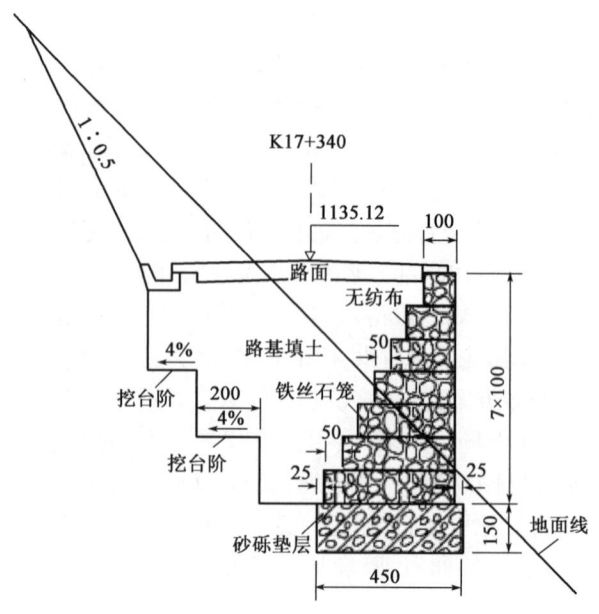

图3-3-86 石笼式挡土墙在土质地基中的应用(尺寸单位:cm)

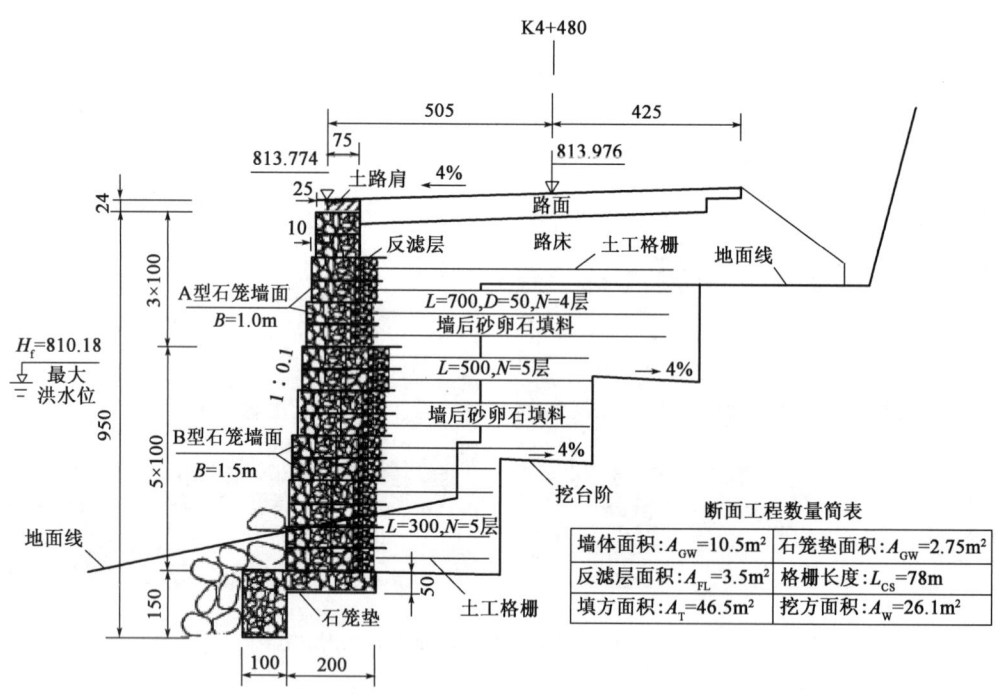

图3-3-87 城岚路沿河路基支护设计(尺寸单位:cm)

5.重庆城口至陕西岚皋二级公路沿河支护

重庆城口至陕西岚皋二级公路 K4+440~K4+710 段设计高程 810.89~818.49m,路线左侧为龙潭河,河滩泥沙、卵石淤积层较厚,且支护段处于河湾,水流湍急,常规挡墙下基困难,墙趾易冲刷失稳。经论证,本段采用抗冲刷性强、变形协调性好、表面可自然绿化的石笼式挡土墙进行支护。墙高 7~8.5m,顶宽 1m。墙面坡度 0.1,笼体高度 1m,上墙 3m 范围采用 1m 笼宽,下墙采用 1.5m 组合笼宽,墙底采用趾部加深的抗冲刷石笼笼垫,上部用矩形漂石反压,墙后采用透水性砂砾石回填,填料加筋材料为间距 50cm 的双向土工格栅,断面见图 3-3-87。

6. 国内外其他案例

国内外其他案例如图 3-3-88 所示。

a)中国深圳沿海公路防护工程

b)中国湖南107国道支挡工程

c)意大利某公路边坡支挡工程

d)澳大利亚多级石笼挡墙支挡工程

图 3-3-88 国内外其他案例

第七节 悬臂式与扶臂式挡土墙设计

一、概述

1. 悬臂式挡土墙

悬臂式挡土墙是一种采用钢筋混凝土结构的轻型支挡构造物,一般宜在石料缺乏或地基承载力较低的路堤地段使用。悬臂式挡土墙的墙高不宜超过 5m,当墙高超过 5m 时,宜采用扶壁式挡土墙。

悬臂式挡土墙依靠墙身的重量和底板以上的填土重量来平衡墙后土压力,其主要特点是墙体构件尺寸较小,自重较轻,基底应力较小,抗震性较好,在常用墙高范围内经济指标较好。

钢筋混凝土结构挡土墙,按墙址环境条件,需符合表 3-3-46 所规定的结构混凝土耐久性的基本要求。

结构混凝土耐久性的基本要求　　　　　　表 3-3-46

环境类别	环境条件	最大水灰比	最小水泥用量（kN/m²）	最低混凝土强度等级	最大氯离子含量(%)	最大碱含量（kN/m²）
Ⅰ	温暖或寒冷地区的大气环境、与无侵蚀性的水或土接触的环境	0.55	275	C20	0.30	3.0
Ⅱ	严寒地区的大气环境、使用除冰盐环境、滨海环境	0.50	300	C30	0.15	3.0
Ⅲ	海水环境	0.45	300	C35	0.10	3.0
Ⅳ	受侵蚀性物质影响的环境	0.40	325	C35	0.10	3.0

注：1. 有关现行规范对海水环境中结构混凝土的最大水灰比和最小水泥用量有更详细规定时，可参照执行。
　　2. 表中氯离子含量系指其与水泥用量的百分率。

2. 扶壁式挡土墙

在悬臂式挡土墙的立壁之后增加扶壁构造就成为扶壁式挡土墙。扶壁式挡土墙是钢筋混凝土轻型支挡构造物的主要形式，宜在石料缺乏或地基承载力较低的填方路段采用，墙高不宜超过15m。

扶壁式挡土墙中钢筋混凝土构件的材料标准与悬臂式挡土墙相同。

二、设计与计算

1. 主要设计内容

1）悬臂式挡土墙

悬臂式挡土墙的主要设计内容可归纳为拟定构件截面尺寸和钢筋混凝土构件结构计算两个步骤。

拟定构件截面尺寸一般采用试算法进行。可根据工程经验初步拟定各组成构件的初始尺寸，计算作用于立壁和踵板上的土压力，通过外部稳定验算来检算墙踵板和墙趾板的长度。

钢筋混凝土结构设计是根据构件的作用（或荷载），按持久状况承载能力极限状态、持久状况正常使用极限状态，计算作用效应并配置钢筋，在配筋计算过程中可能会微调构件的尺寸，一般微调构件尺寸对挡土墙的外部稳定性影响不大，可不再次进行外部稳定性验算。

悬臂式挡土墙一般以每延米为单位进行设计。

作用于悬臂式挡土墙的作用（或荷载），可见本章第三节。对构件进行截面设计时，应取最不利作用（或荷载）效应组合，并计入表3-3-27所列分项系数，计算出作用（或荷载）组合设计值。当基底反力作为竖向荷载时，可近似采用竖向恒载的分项系数。

2）扶壁式挡土墙

扶壁式挡土墙的主要设计内容与悬臂式挡土墙相似，所增加的扶壁构造为钢筋混凝土构件，同样可按持久状况承载能力极限状态进行钢筋设计，而按持久状况正常使用极限状态验算构件的裂缝宽度。

扶壁式挡土墙宜取墙的分段长度作为计算单元进行计算。

2. 土压力计算

悬臂式挡土墙可采用库仑理论计算墙后土压力,验算地基承载力、外部稳定、底板截面强度时,当墙后填土破坏棱体符合不出现第二破裂面的条件,可将立壁顶面后缘与后踵板板端下缘的连线作为假想墙背,计算土压力;当符合出现第二破裂面的条件时,以第二破裂面为计算墙背,计算土压力。对立壁构件进行设计时,可按实际墙背计算土压力,实际墙背与填料间的摩擦力可不计入。

当地面为一水平面(含地面上的附加均布荷载),填料采用砂性土,符合朗金土压力理论适用条件的路肩挡土墙、路堑挡土墙、过后踵点垂直线交于路基边坡上的路堤挡土墙,也可将通过墙踵点的竖直墙背作为假想墙背,按朗金理论计算土压力。

1)朗金理论计算悬臂式挡土墙土压力(图3-3-89)

悬臂式挡土墙踵板底面以上的土压力 E 作用在通过墙踵的竖直面 AC 上。当计算立壁和踵板时,可将土压力 E 分为作用于竖直面 AJ 上的 E_{H1} 和作用于竖直面 JC 上的 E_{B3};E、E_{H1} 和 E_{B3} 及对 C 的力臂可分别按式(3-3-130)~式(3-3-131)计算。填土 $ADFG$ 的重量 W 作用在踵板上。

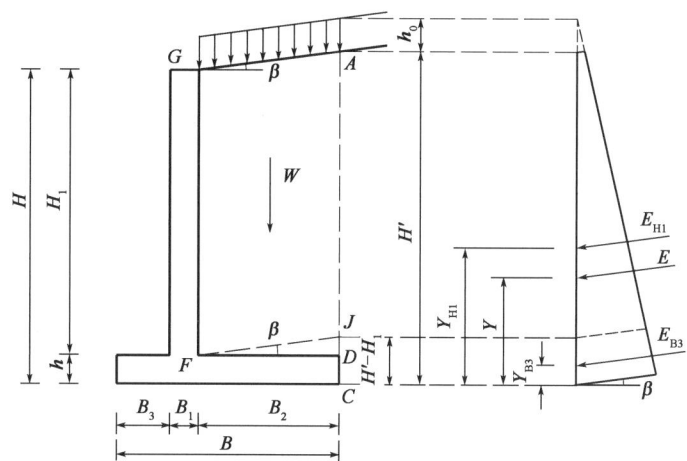

图3-3-89 悬臂式挡土墙的土压力(朗金理论)

$$E = \frac{1}{2}\gamma H'^2 K \cdot \left(1 + \frac{2h_0}{H'}\right) \tag{3-3-130}$$

$$E_{H1} = \frac{1}{2}\gamma H_1^2 K \cdot \left(1 + \frac{2h_0}{H_1}\right) \tag{3-3-131}$$

$$E_{B3} = \frac{1}{2}\gamma \cdot (H'^2_1 - H_1^2) \cdot K \cdot \left(1 + \frac{2h_0}{H' + H_1}\right) \tag{3-3-132}$$

$$Y = \frac{(3h_0 + H')H'}{3(2h_0 + H')} \tag{3-3-133}$$

$$Y_{H1} = \frac{(3h_0 + H')H_1}{3(2h_0 + H')} \tag{3-3-134}$$

$$Y_{B3} = \frac{(3h_0 + 2H_1 + H')(H' - H_1)}{3(2h_0 + H_1 + H')} \qquad (3\text{-}3\text{-}135)$$

2)库仑理论计算悬臂式挡土墙土压力(图 3-3-90)

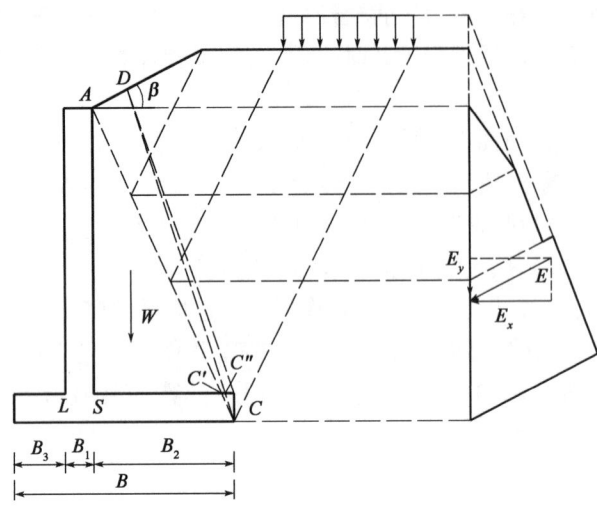

图 3-3-90　悬臂式挡土墙的土压力(库仑理论)

近似取底板以上的土压力 E 作用于假想墙背 AC 面上或 DC 面(产生第二破裂面时)上,挡土墙的立壁承受全部水平分力 E_x,踵板则承受垂直分力 E_y 和土体 $AC'S$ 或 $ADC''S$(产生第二破裂面时)的重量 W。有关土压力的详细计算参见本章第五节的内容。

扶壁式挡土墙参见扶壁式挡土墙土压力计算方法。

3.墙身构件尺寸的初步拟定

悬臂式挡土墙:

1)墙身构件试算前初拟尺寸的采用

根据上述悬臂式挡土墙的构造规定,立壁根部的初拟截面尺寸可根据拟定的顶宽、面坡尺寸来确定,当墙体较高时,宜取较厚的截面尺寸。底板与立壁连接处的厚度,初拟尺寸时一般可取 $(1/12 \sim 1/10)H$,底板宽度初拟尺寸可近似取 $(0.6 \sim 0.8)H$,当底板下为软弱地基或地下水位较高时,宜取较大的底板宽度。

2)底板尺寸计算

(1)墙踵板长度

可按满足抗滑动稳定安全系数为条件,确定踵板长度:

不考虑墙前被动土压力,则

一般情况:
$$K_c = \frac{\sum N \cdot \mu}{E_x} \geq 1.3 \qquad (3\text{-}3\text{-}136)$$

底板设凸榫:
$$K_c = \frac{\sum N \cdot \mu}{E_x} \geq 1.0 \qquad (3\text{-}3\text{-}137)$$

式中:K_c——抗滑动稳定系数;

μ——基底摩擦系数;

ΣN——墙身自重、踵板以上第二破裂面(或假想墙背)与实际墙背之间的土体(包括车辆附加均布荷载)的重量和土压力的竖直分量之和(kN),趾板以上的土体重量一般可忽略不计;

E_x——主动土压力之水平分量(kN)。

设定一个踵板长度尺寸后,对应计算ΣN、E_x,并求出抗滑动稳定系数K_c,若不满足抗滑动稳定安全系数条件式,需增长踵板长度重新计算;当符合上述抗滑动稳定安全系数条件式时,所设踵板长度尺寸可作为设计尺寸。

(2)墙趾板长度

可按满足抗倾覆稳定安全系数、基底合力偏心距限制值、地基土承载力设计值等为条件,即满足式(3-3-138)要求,按式(3-3-88)和式(3-3-93)计算趾板长度。

$$\begin{cases} K_0 \geq 1.5 \\ e_0 \leq \dfrac{B}{6} \\ \sigma_{\max} \leq k \cdot f'_d \end{cases} \quad (3\text{-}3\text{-}138)$$

式中:K_0——抗倾覆稳定系数,可按本章式(3-3-88)计算;

e_0——基底合力的偏心距(m),可按本章节式(3-3-93)计算;

B——基础底面宽度(m);

$\sigma_{\max}$——前趾点基底最大压应力设计值(kPa),按本章第三节相关内容计算;

k——地基承载力设计值提高系数,见本章第三节;

f'_d——经基础埋深修正后的地基承载力设计值(kPa)。

有时,地基土的承载力设计值比较低,按条件式(3-3-138)所计算的趾板长度过长,经过经济技术比较显示不够合理时,宜适当增加墙踵板的长度,重新进行计算。

扶壁式挡土墙构件试算前初拟尺寸的采用,墙踵板、墙趾板长度计算均可参考悬臂式挡土墙的相关内容。

4.墙身构件的作用效应计算

1)悬臂式挡土墙墙身构件的作用效应计算

(1)立壁上的作用效应(图3-3-91)

立壁可视为固定在墙底板上的悬臂梁结构,主要承受墙后的土压力,墙前的土压力可不考虑。立壁自重也可略去不计,立壁按受弯构件计算。计算截面的剪力、弯矩按式(3-3-139)和式(3-3-140)计算。

$$V_{1y} = \gamma \cdot y \cdot (2h_0 + y) \cdot K_a / 2 \quad (3\text{-}3\text{-}139)$$

$$M_{1y} = \gamma \cdot y^2 \cdot (3h_0 + y) \cdot K_a / 6 \quad (3\text{-}3\text{-}140)$$

式中:V_{1y}——距墙顶y处立壁的剪力(kN);

M_{1y}——距墙顶y处立壁的弯矩(kN·m);

γ——填土的重度(kN/m³);

y——以立壁顶为坐标原点计算截面到墙顶的距离(m);

h_0——车辆附加荷载的等代均布土层厚度,若不计入车辆附加荷载时,$h_0 = 0$;

K_a——主动土压力系数。

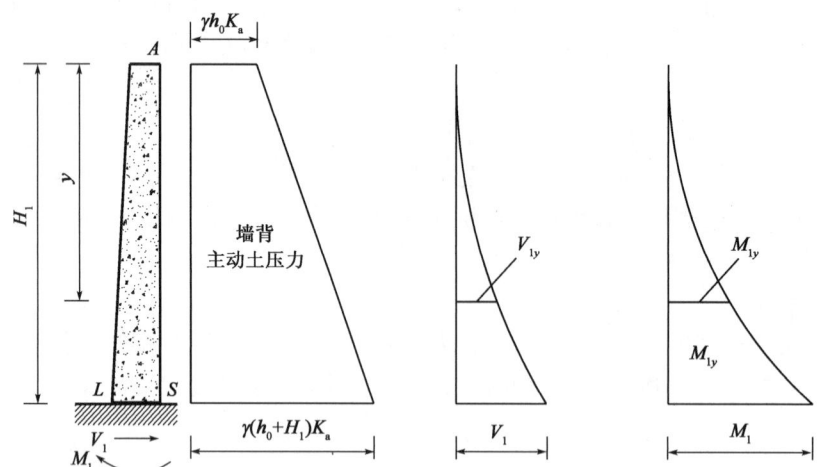

图 3-3-91 立壁计算图式及作用效应

计算截面的作用效应组合设计值按下式计算。

$$V_{\mathrm{d}1y} = \gamma_0 \cdot \gamma_{\mathrm{Q}1} \cdot V_{1y} \tag{3-3-141}$$

$$M_{\mathrm{d}1y} = \gamma_0 \cdot \gamma_{\mathrm{Q}1} \cdot M_{1y} \tag{3-3-142}$$

式中：$V_{\mathrm{d}1y}$——距墙顶 y 处立壁的剪力组合设计值(kN)；

$M_{\mathrm{d}1y}$——距墙顶 y 处立壁的弯矩组合设计值(kN·m)；

γ_0——挡土墙的重要性系数；

$\gamma_{\mathrm{Q}1}$——主动土压力的分项系数。

（2）墙踵板上的作用效应(图3-3-92)

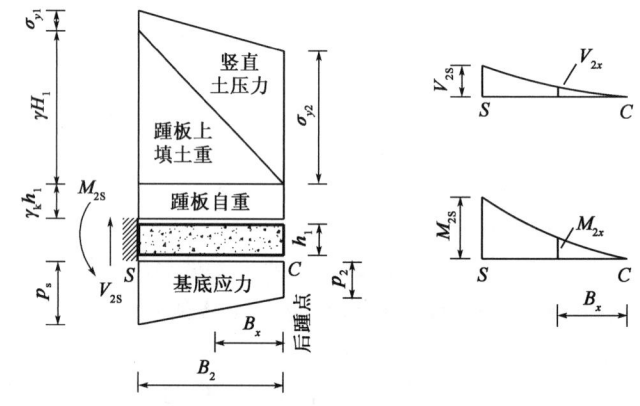

图 3-3-92 墙踵板计算图式及作用效应

墙踵板可视为以立壁底端为固定端的悬臂梁结构。墙踵板上有第二破裂面(或假想墙背)与墙背之间的土体(含其上的车辆附加荷载)的重量，墙踵板自重，主动土压力的竖直分量，基底反力等荷载作用。计算截面的剪力、弯矩按下式计算。

$$V_{2x} = B_x \cdot \left[(\sigma_{y2} + h_1 \gamma_k - p_2) + (\gamma H_1 - \sigma_{y2} + \sigma_{y1}) \cdot \frac{B_x}{2B} - (p_1 - p_2) \cdot \frac{B_x}{2B} \right]$$

$$\tag{3-3-143}$$

$$M_{2x} = \frac{B_x^2}{6} \cdot \left[3(\sigma_{y2} + h_1\gamma_k - p_2) + (\gamma H_1 - \sigma_{y2} + \sigma_{y1}) \cdot \frac{B_x}{B} - (p_1 - p_2) \cdot \frac{B_x}{B} \right]$$

(3-3-144)

式中：V_{2x}——距后踵点为 B_x 处截面的剪力(kN)；

M_{2x}——距后踵点为 B_x 处截面的弯矩(kN·m)；

B_x——以后踵点为坐标原点，计算截面到墙后踵点的距离(m)；

B——底板长度(m)；

h_1——墙踵板的厚度(m)；

γ_k——钢筋混凝土的重度(kN/m³)；

σ_{y1}、σ_{y2}——分别为墙顶、墙踵处的竖直土压应力(kPa)；

p_1、p_2——分别为墙趾、墙踵处的基底压应力(kPa)。

当不计入车辆附加荷载时，σ_{y1}、σ_{y2} 为不计入换算均布土厚 h_0 的墙顶、墙踵处的竖直土压应力。

计算截面的作用效应组合设计值按式(3-3-145)和式(3-3-146)计算：

$$V_{d2x} = \gamma_0 \cdot B_x \cdot \left\{ \gamma_{Q1}\sigma_{y2} + \gamma_G \cdot (h_1\gamma_k - p_2) + \gamma_{Q1} \cdot (\gamma H_1 - \sigma_{y2} + \sigma_{y1}) \cdot \frac{B_x}{2B} - \gamma_G \cdot (p_1 - p_2) \cdot \frac{B_x}{2B} \right\}$$

(3-3-145)

$$M_{d2x} = \gamma_0 \cdot \frac{B_x^2}{6} \cdot \left\{ 3\gamma_{Q1}\sigma_{y2} + 3\gamma_G(h_1\gamma_k - p_2) + [\gamma_G\gamma H_1 - \gamma_{Q1}(\sigma_{y2} - \sigma_{y1})] \cdot \frac{B_x}{B} - \gamma_G \cdot (p_1 - p_2) \cdot \frac{B_x}{B} \right\}$$

(3-3-146)

式中：V_{d2x}——距后踵点为 B_x 处截面的剪力组合设计值(kN)；

M_{d2x}——距后踵点为 B_x 处截面的弯矩组合设计值(kN·m)；

γ_G——恒载分项系数；

其他符号同上文。

(3)墙趾板上的作用效应(图3-3-93)

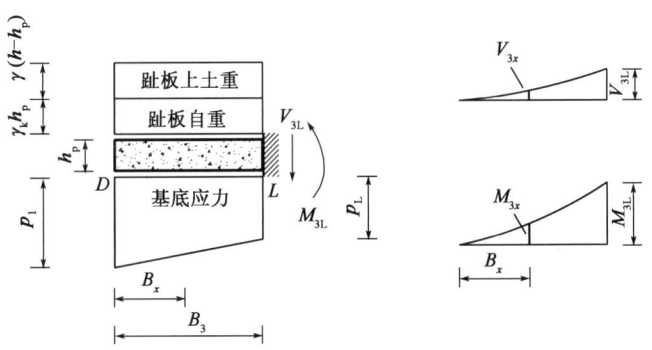

图3-3-93 墙趾板计算图式及作用效应

趾板也可视为锚固在立壁上的悬臂梁结构，墙趾板上作用有趾板以上填土重量、墙趾板自重、基底反力等荷载作用。

计算截面的剪力、弯矩可近似按式(3-3-137)和式(3-3-138)计算。

$$V_{3x} = B_x \cdot \left[p_1 - \gamma_k h_p - \gamma \cdot (h - h_p) - (p_1 - p_2) \cdot \frac{B_x}{2B} \right] \quad (3\text{-}3\text{-}147)$$

$$M_{3x} = \frac{B_x^2}{6} \cdot \left\{ 3[p_1 - \gamma_k h_p - \gamma \cdot (h - h_p)] - (p_1 - p_2) \cdot \frac{B_x}{B} \right\} \quad (3\text{-}3\text{-}148)$$

式中：V_{3x}——距墙前趾点为 B_x 处截面的剪力(kN)；

$\quad\quad M_{3x}$——距墙前趾点为 B_x 处截面的弯矩(kN·m)；

$\quad\quad B_x$——以前趾点为坐标原点，计算截面到前趾点的距离(m)；

$\quad\quad h_p$——墙趾板的平均厚度(m)；

$\quad\quad h$——墙趾板的平均埋置深度(m)；

$\quad\quad p_1 、p_2$——分别为墙趾、墙踵处的基底压应力(kPa)。

计算截面的作用效应组合设计值按下式计算：

$$V_{d3x} = \gamma_0 \cdot \gamma_G \cdot B_x \cdot \left[p_1 - \gamma_k h_p - \gamma \cdot (h - h_p) - (p_1 - p_2) \cdot \frac{B_x}{2B} \right] \quad (3\text{-}3\text{-}149)$$

$$M_{d3x} = \gamma_0 \cdot \gamma_G \cdot \frac{B_x^2}{6} \cdot \left\{ 3[p_1 - \gamma_k h_p - \gamma \cdot (h - h_p)] - (p_1 - p_2) \cdot \frac{B_x}{B} \right\} \quad (3\text{-}3\text{-}150)$$

式中：V_{d2x}——距前趾点为 B_x 处截面的剪力组合设计值(kN)；

$\quad\quad M_{d2x}$——距前趾点为 B_x 处截面的弯矩组合设计值(kN·m)。

其他符号同上文。

2)扶壁式挡土墙墙身构件的作用效应计算

由于扶壁式挡土墙的立壁、底板、扶壁互为固结，形成三维空间结构，采用解析法进行内力分析较为复杂，一般采用将其简化为平面杆系结构的方法，按近似方法分别计算各构件的作用效应。

(1)立壁的作用效应

立壁为固结在扶壁及底板上的三向固结板构件，可简化为按竖直方向、沿墙长方向分别计算。

①作用力简化计算

作用于立壁上的作用(或荷载)可按以下简化方法进行计算(图3-3-94)：

a. 立壁上的作用(或荷载)仅计入墙后主动土压力的水平向分量，可不计入立壁自重、墙后土压力的竖向分量、墙前被动土压力等；

b. 作用于立壁上的替代水平土压应力简化为梯形分布。图 3-3-94 中，($H/4 \sim 3H/4$)高度区段的替代水平土压应力 σ_{pj}，可按式(3-3-141)计算。

$$\sigma_{pj} = (\sigma_s + \sigma_D)/2 \quad (3\text{-}3\text{-}151)$$

式中：$\sigma_s 、\sigma_D$——按本章第五节的相关规定所计算的，作用于立壁顶面、底端的水平土压应力(kPa)。

②顺墙长方向的作用效应计算

计算立壁沿墙长方向的作用效应时，可沿立壁高度方向，分段截取单位立壁高度为板宽的水平板条进行计算，并作如下简化：

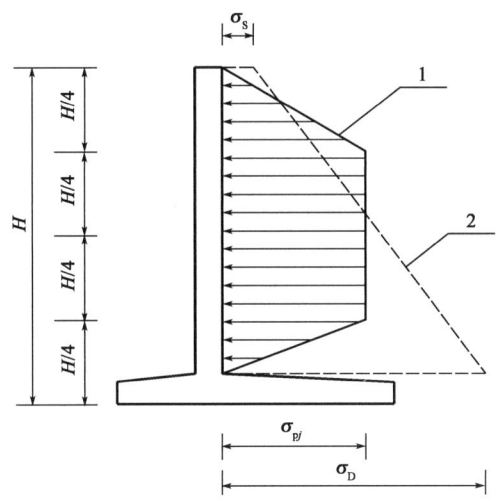

图 3-3-94 立壁上的替代水平土压应力图
1-替代水平土压应力;2-计算水平土压应力

a. 单位宽度的立壁水平板条,可按支承于扶壁上的连续梁构件计算。荷载沿板条长度方向均匀分布,其荷载值等于该板条所在立壁高度的替代水平土压应力。

b. 单位宽度立壁的水平板条也可按简化的近似公式计算,计算点处,未计入重要性系数的作用效应组合设计值如式(3-3-152)~式(3-3-152-3)所示,计算图式如图 3-3-95 所示。

支点负弯矩组合设计值: $\quad M_{1d1j} = M_{1d0j}/1.5 \quad$ (3-3-152-1)

跨中正弯矩组合设计值: $\quad M_{1d2j} = M_{1d0j}/2.5 \quad$ (3-3-152-2)

支点剪力组合设计值: $\quad V_{1d1j} = \gamma_{Q1} \cdot \sigma_j \cdot L_0 \cdot b_H/2 \quad$ (3-3-152-3)

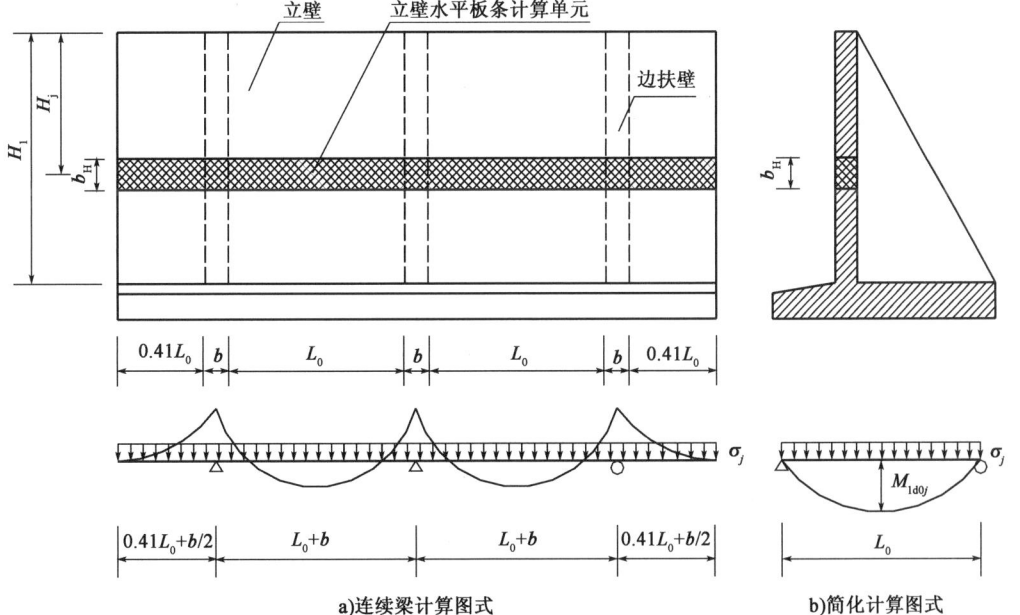

a)连续梁计算图式　　　　b)简化计算图式

图 3-3-95 立壁计算的单元水平板条及计算图式

式中：M_{1d0j}——立壁 j 单元计算点处，以相邻扶壁间的净距为跨径、单位立壁高度为板宽的水平板条，按简支梁计算的跨中弯矩组合设计值（kN·m）；

γ_{Q1}——主动土压力分项系数，按本章第三节表3-3-27相关规定采用；

σ_j——立壁 j 单元计算点高度 H_j 处，作用于水平板条上的替代水平土压应力（kPa）；

L_0——相邻扶壁间的净距（m）；

b_H——立壁的单位高度（1m）。

③竖直方向的作用效应

计算立壁竖直方向的作用效应时，可沿挡土墙长度方向分段截取单位墙长为宽度的竖直板条进行计算，并作如下简化：

a. 单位宽度立壁竖直板条的竖向弯矩，沿墙高的分布如图3-3-96a）所示。负弯矩产生立壁底部 $H_1/4$ 之下的范围内，靠填土一侧的立壁内表面受拉，最大负弯矩位于立壁底端；最大正弯矩位于立壁底部 $H_1/4$ 分点附近，立壁的外表面受拉。

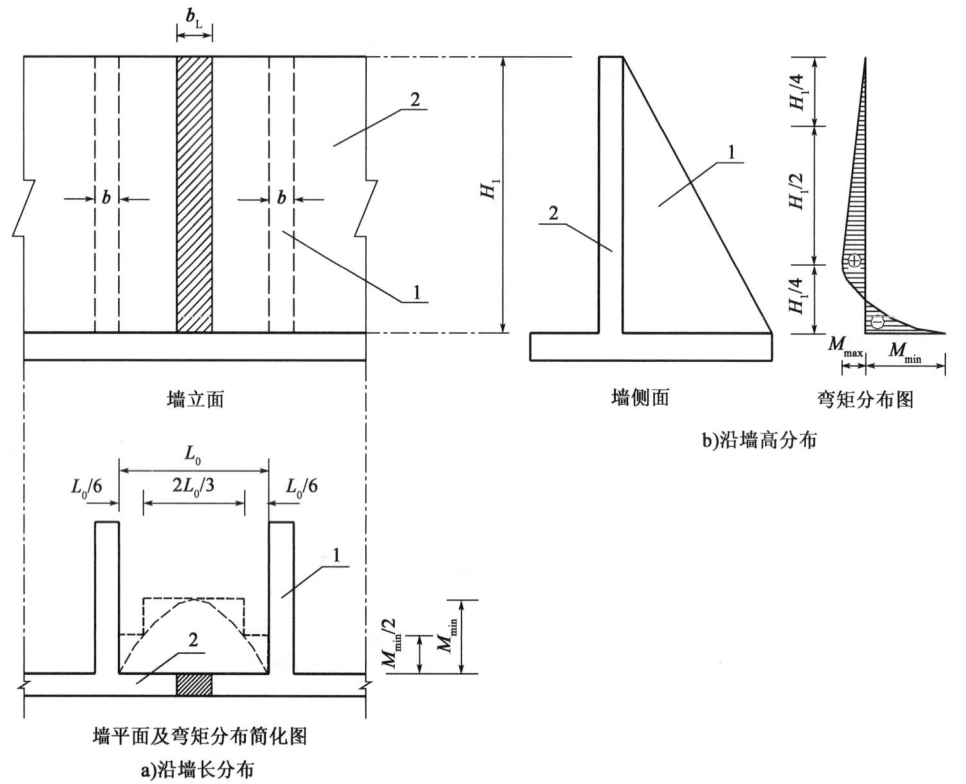

墙立面

墙侧面

b) 沿墙高分布

墙平面及弯矩分布简化图

a) 沿墙长分布

图3-3-96 立壁竖直向弯矩分布示意图
1-扶壁；2-立壁

b. 立壁竖向弯矩沿墙长方向呈台阶形分布，如图3-3-96b）所示，当未计入重要性系数及分项系数时，跨中 $2L_0/3$ 区段内的墙底最大负弯矩 $M_{1\min}$ 可按式（3-3-153-2）计算；最大正弯矩 $M_{1\max}$ 可按式（3-3-115-1）计算；两端各 $L_0/6$ 区段的墙底最大负弯矩与最大正弯矩为跨中值的一半。

$$M_{1\max} = 0.0075\sigma_{\mathrm{D}} \cdot H_1 \cdot L_0 \cdot b_{\mathrm{L}} \tag{3-3-153-1}$$

$$M_{1\min} = -4M_{1\max} \tag{3-3-153-2}$$

式中：σ_{D}——见图 3-3-94；

H_1——立壁高度(m)；

L_0——相邻扶壁间的净距(m)；

b_{L}——立壁竖向板条顺墙长方向的单位宽度(1m)。

计算竖直方向板条的作用效应时，可在上式右端乘以重要性系数 γ_0、主动土压力分项系数 γ_{Q1}，如式(3-3-154-1)和式(3-3-154-2)所示。

$$M_{1\mathrm{dmax}} = 0.0075\gamma_0 \cdot \gamma_{\mathrm{Q1}} \cdot \sigma_{\mathrm{D}} \cdot H_1 \cdot L_0 \cdot b_{\mathrm{L}} \tag{3-3-154-1}$$

$$M_{1\mathrm{dmin}} = -4M_{1\mathrm{dmax}} \tag{3-3-154-2}$$

(2)墙踵板的作用效应计算(图3-3-97)

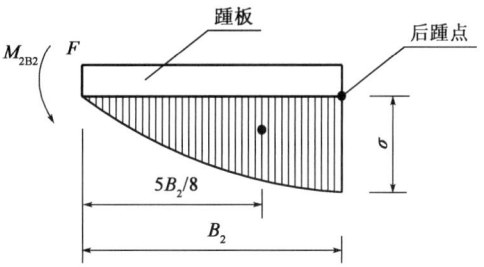

图 3-3-97　墙趾板弯矩对踵板影响等代荷载图

后踵板可按支承在扶壁上的连续板计算，不计立壁对底板的约束作用，后踵板与立壁按铰支连接。后踵板上的作用(或荷载)计算、作用效应计算可作以下简化：

①后踵板上的计算荷载：除与本章第九节所规定的作用于悬臂式挡土墙后踵板上的荷载相同外，还应计入前趾板的弯矩在后踵板上引起的等代竖向荷载。

墙趾板弯矩引起的等代荷载竖直压应力可假设为按抛物线分布(图 3-3-96)，该应力图形在墙踵板与立壁连接点 F 处为零，后踵点处应力为 σ。按照等代荷载对 F 点的力矩与墙趾板根部弯矩 M_{2B2} 相等的原则可得式(3-3-155)。

$$\sigma = \frac{2.4 M_{2B2}}{B_2^2} \tag{3-3-155}$$

式中：M_{2B2}——墙趾板在荷载作用下与立壁连接处的弯矩(kN·m)；

B_2——墙踵板长度(m)。

由于立壁与墙踵板设定为铰支连接，在墙踵板与立壁连接处，顺墙长踵板板条的弯曲变形为零，靠近后踵点方向顺墙长的板条弯曲变形逐渐增大，故将墙趾板弯矩等代荷载竖直压应力与踵板上其他作用相叠加后，垂直墙长方向的组合荷载近似简化为三角形分布，如图 3-3-98所示。每延米挡土墙上，后踵处的竖直压应力 σ_{W} 及组合荷载综合分项系数 γ_{QC}，可按式(3-3-156-1)、式(3-3-156-2)计算。

$$\sigma_{\mathrm{W}} = \sigma_{y2} + \frac{G_{\mathrm{s}}}{B_2} + \gamma_k h_j + \frac{2.4 M_{2B2}}{B_2^2} - p_2 \tag{3-3-156-1}$$

$$\gamma_{\mathrm{QC}} = \left[\gamma_{\mathrm{Q1}}\sigma_{y2} + \gamma_{\mathrm{G}} \cdot \left(\frac{G_{\mathrm{s}}}{B_2} + \gamma_k h_j + \frac{2.4 M_{2B2}}{B_2^2} - p_2 \right) \right] / \sigma_{\mathrm{W}} \tag{3-3-156-2}$$

式中：σ_W——每延米挡土墙后踵板上，组合荷载引起后踵点的竖直压应力(kPa)；
γ_{QC}——后踵板上组合荷载的综合分项系数；
σ_{y2}——墙踵处的竖直土压应力(kPa)，按本章第七节相关规定计算；
p_2——墙踵处的基底应力(kPa)；
G_s——按本章第九节相关规定计算的，每延米挡土墙的计算墙背与实际墙背间的填土重及换算土层重(kN/m)；
B_2——后踵板宽度(m)；
M_{2B2}——未计入荷载分项系数的，每延米挡土墙前趾板与立壁连接处的悬臂梁固端弯矩[(kN·m)/m]；
h_j——后踵板的平均厚度(m)；
γ_k——后踵板的重度(kN/m³)；
γ_G——垂直恒载分项系数，应符合本章第三节表3-3-27的相关规定，按荷载增大对挡土墙结构起有利作用或不利作用分别采用；
γ_{Q1}——主动土压力分项系数，按本章第三节表3-3-27的相关规定采用。

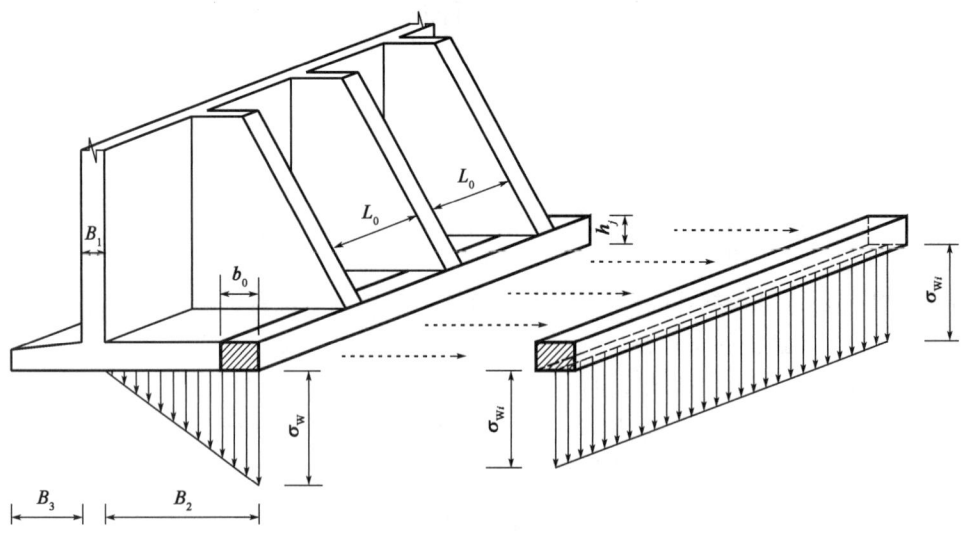

图 3-3-98　后踵板上组合竖向荷载分布

立壁与后踵板连接处的组合荷载竖向压应力为0，其间各点的竖向压应力σ_{Wi}可按内插法求得。

②在顺墙长方向，后踵板可作为支承于扶壁上的连续梁构件。计算作用效应时，可在踵板宽度上，取单位宽度为板宽，按水平板条进行计算，荷载沿板条长度方向均匀分布。计算点处，未计入重要性系数的作用效应组合设计值，可按下列简化公式计算。

支点负弯矩组合设计值：　　　$M_{2dli} = M_{2d0i}/1.5$ 　　　(3-3-157-1)

跨中正弯矩组合设计值：　　　$M_{2d2i} = M_{2d0i}/2.5$ 　　　(3-3-157-2)

支点剪力组合设计值：　　　$V_{2dli} = \gamma_{QC} \cdot \sigma_{Wi} \cdot L_0 \cdot b_0/2$ 　　　(3-3-157-3)

式中：M_{2d0i}——后踵板宽度上的i单元计算点处，以相邻扶壁净距为跨径的单位宽度简支梁的跨中弯矩组合设计值(kN·m)；

b_0——后踵板板条的单位宽度(1m);

σ_{Wi}——图 3-3-98 中,后踵板计算点处对应的竖直压应力(kPa);

L_0——相邻扶壁间的净距(m)。

③可不做垂直于墙长方向后踵板的受力计算,依据立壁竖直板条固结端作用效应的组合设计值,配置后踵板宽度方向顶面所需水平钢筋。

(3)墙趾板的作用效应

前趾板可按固定在立壁与后踵板结合部的悬臂梁进行计算。其作用效应计算同悬臂式挡土墙。

(4)扶壁的作用效应计算(图 3-3-99)

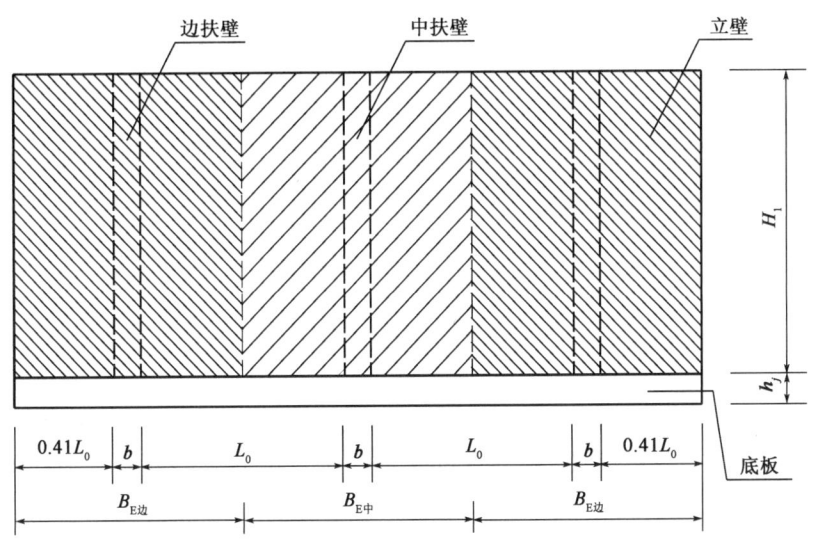

图 3-3-99 边扶壁、中扶壁承受立壁上水平土压力的作用面积

扶壁可近似按锚固在底板上的 T 形截面悬臂梁进行计算,参与受力的立壁区段为 T 形截面的翼缘板,扶壁为腹板。其作用与作用效应计算,可作如下简化:

①扶壁计算仅计入墙背主动土压力的水平分量,可不计立壁与扶壁自重及土压力的垂直分量。墙背土压力按立壁的实际墙背进行计算。

②当立壁高度为 H_1(m)时,扶壁承受作用在立壁 $B_E \times H_1$(m×m)面积上的全部水平土压力,水平土压力的作用宽度 B_E(m)按式(3-3-158-1)和式(3-3-158-2)计算。

中扶壁:
$$B_{E中} = b + L_0 \tag{3-3-158-1}$$

边扶壁:
$$B_{E边} = b + 0.91L_0 \tag{3-3-158-2}$$

式中:L_0——相邻扶壁的净距(m);

b——扶壁的厚度(m)。

③沿扶壁高度选取的计算截面,可按 T 形截面受弯构件计算(图 3-3-99),T 形截面的翼缘板长度,墙顶计算截面处为 0,扶壁底端为计算截面时,T 形截面受压区的翼缘计算宽度 B_k,可按式(3-3-159-1)~式(3-3-159-3)计算。

中扶壁:
$$B_k = b + L_0 \tag{3-3-159-1}$$

当 $L_0 > 12B_1$ 时,
$$B_k = b + 12B_1 \tag{3-3-159-2}$$

边扶壁：
$$B_k = b + 0.91L_0 \tag{3-3-159-3}$$

当 $0.91L_0 > 12B_1$ 时，按式(3-3-159-2)计算，即 $B_k = b + 12B_1$。

式中：B_k——扶壁底端 T 形截面翼缘计算宽度(m)；

B_1——立壁的厚度(m)。

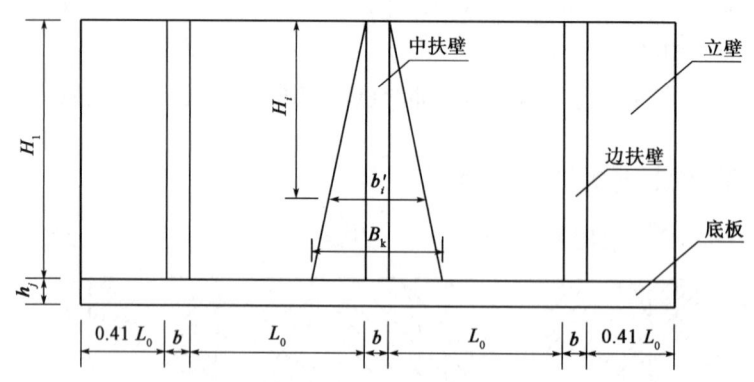

图 3-3-100　扶壁 T 形计算截面的翼缘计算宽度图

扶壁上高度为 H_i 处，T 形计算截面的受压区翼缘计算宽度 b'_i（图 3-3-100），可按式(3-3-160)计算。

$$b'_i = \frac{H_i \cdot (B_k - b)}{H_1} + b \tag{3-3-160}$$

式中：H_i——计算截面的立壁高度(m)；

b'_i——T 形截面受压区翼缘计算宽度(m)；

H_1——立壁高度(m)；

B_k——扶壁底端 T 形截面翼缘计算宽度(m)。

T 形计算截面的腹板宽度等于扶壁的厚度 b。

④扶壁上的作用效应计算

扶壁可作为固定在底板上的变翼板宽 T 形截面悬臂梁，计算在水平土压应力（梯形均布荷载或三角形均布荷载）作用下，计算截面处剪力和弯矩的作用效应，见式(3-3-161-1)和式(3-3-161-2)。

$$V_{4Hi} = \gamma \cdot H_i \cdot b'_i \cdot (0.5H_i + h_0) \cdot K_a \cdot \cos\beta \tag{3-3-161-1}$$

$$M_{4Hi} = \frac{1}{6} \cdot \gamma \cdot H_i^2 \cdot b'_i \cdot (H_i + 3h_0) \cdot K_a \cdot \cos\beta \tag{3-3-161-2}$$

式中所有符号意义同上。

计算截面处剪力和弯矩作用效应组合设计值时，可在上式右端乘以重要性系数 γ_0、主动土压力分项系数 γ_{Q1}，如式(3-3-161-3)和式(3-3-161-4)所示。

$$V_{4dHi} = \gamma_0 \cdot \gamma_{Q1} \cdot V_{4Hi} \tag{3-3-161-3}$$

$$M_{4dHi} = \gamma_0 \cdot \gamma_{Q1} \cdot M_{4Hi} \tag{3-3-161-4}$$

5.钢筋混凝土构件的配筋设计

1）悬臂式挡土墙设计

悬臂式挡土墙的力壁、底板可按钢筋混凝土受弯构件设计。除按持久状况承载力极限状态计算构件的正截面受弯承载能力、斜截面抗剪承载能力并配置钢筋外,还需按照正常使用极限状态下,以作用(或荷载)短期效应组合并考虑长期效应影响验算构件的裂缝宽度。计算时,可参照现行《公路钢筋混凝土及预应力混凝土桥涵设计规范》(JTG 3362)的相应规定执行。

经上述计算,确定构件钢筋的配筋率及面积后,钢筋的配置设计则是确定钢筋直径和钢筋的布置,悬臂式挡土墙主钢筋配筋如图3-3-101所示,构件钢筋设计可参考以下原则:

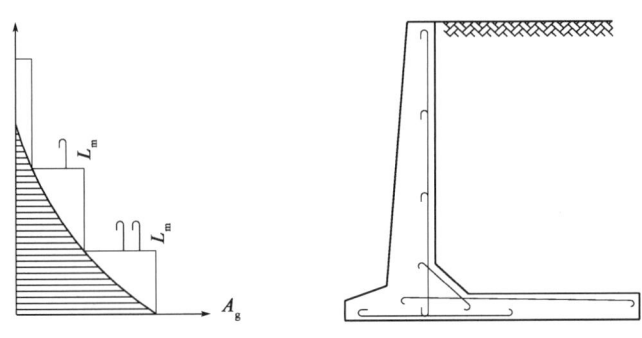

图3-3-101 悬臂式挡土墙主钢筋配筋示意图

(1)立壁钢筋设计

立壁的受力钢筋系沿内侧竖直放置,立壁底部区段钢筋间距一般采用100~150mm,配筋率不小于0.2%。因立壁弯矩越向顶部越小,可根据内力包络图逐渐减少配筋量。当墙身立壁较高时,可将钢筋分别在不同高度分两次切断,仅将1/4~1/3受力钢筋延伸到板顶。顶端受力钢筋间距不应大于500mm。钢筋切断部位,应在理论切断点以上再加一钢筋锚固长度,而其下端应插入底板一个锚固长度。锚固长度L_m应采用现行《公路钢筋混凝土及预应力混凝土桥涵设计规范》(JTG 3362)的规定。

在水平方向应配置分布钢筋,其间距及单位墙长的钢筋截面积见本节"悬臂式挡土墙的特点及构造"。

对于结构重要性系数较大的悬臂式挡土墙,在立壁的墙面一侧和墙顶,也宜按构造要求配置少量钢筋或钢丝网,以提高混凝土表层抵抗温度变化和混凝土收缩的能力,防止混凝土表层出现裂缝。

(2)底板钢筋设计

墙踵板受力钢筋,应布置在墙踵板的顶面。受力筋一端插入立壁与踵板连接处以内不小于一个锚固长度;另一端按内力包络图切断部分钢筋,该部分钢筋在理论切断点向外还需延伸出一个锚固长度。

墙趾板的受力钢筋,应设置于墙趾板的底面,该筋一端伸入墙趾板与立壁连接处以内不小于一个锚固长度;另一端一半钢筋延伸到墙趾,其余钢筋在趾板长度中点之外再加一个锚固长度处切断。

为便于施工,底板的受力钢筋间距最好与立壁的间距相同或为其整数倍。在实际设计中,常将立壁的底部受力钢筋一半或全部弯曲兼作为墙趾板的受力钢筋。立壁与墙踵板连接处最好做成倒角予以加强,并配以构造筋,其直径与间距可与墙踵板钢筋一致,底板也应配置构造钢筋。钢筋直径及间距见本节"悬臂式挡土墙的特点及构造"。

2) 扶壁式挡土墙钢筋混凝土构件的配筋设计

扶壁式挡土墙钢筋混凝土构件的配筋设计可参照现行《公路钢筋混凝土及预应力混凝土桥涵设计规范》(JTG 3362)的相关规定,按持久状况承载能力极限状态计算构件的正截面承载能力、斜截面抗剪承载能力,并验算正常使用极限状态下,以作用短期效应组合并考虑长期效应影响的构件裂缝宽度。

扶壁式挡土墙的钢筋构造及布置原则可参见图 3-3-102 和表 3-3-47。

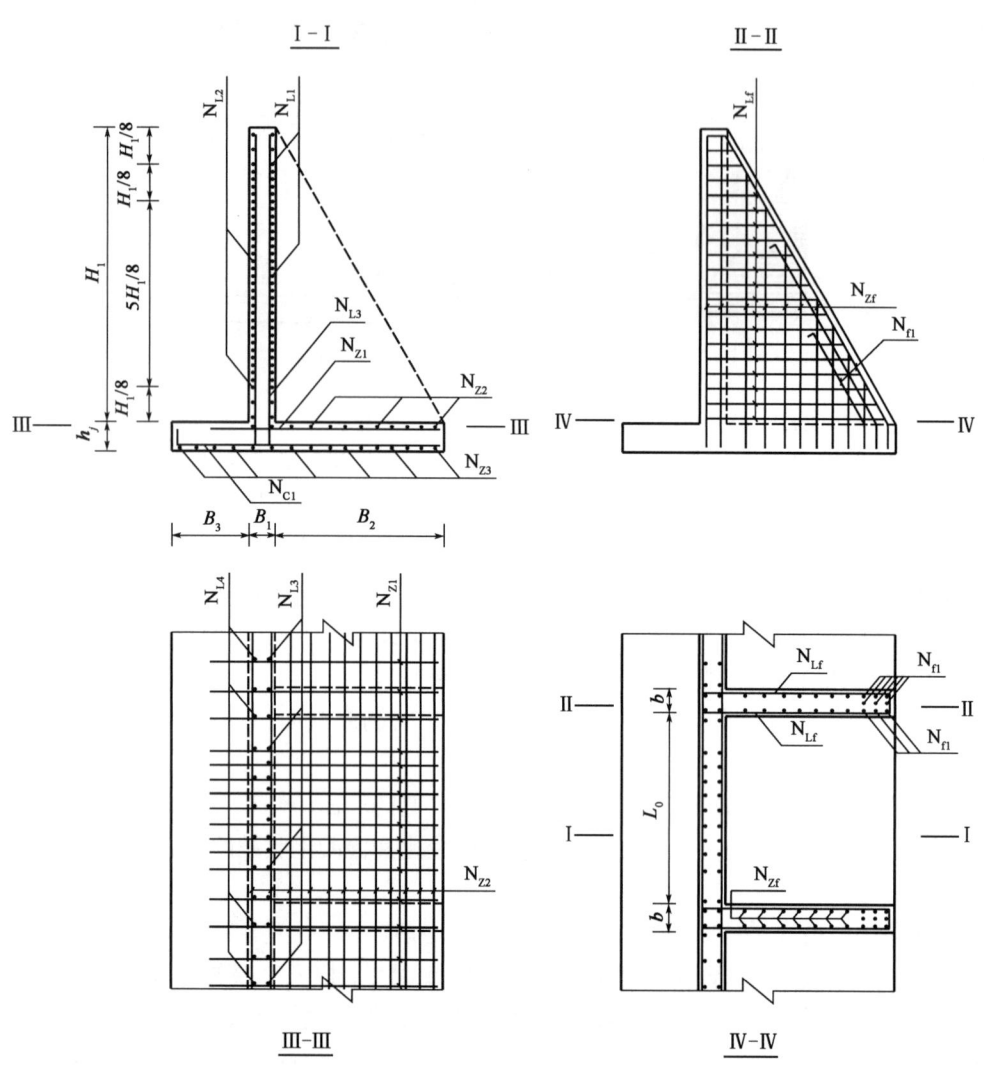

图 3-3-102 扶壁式挡土墙构件主要钢筋布置示图

扶壁式挡土墙构件主要钢筋布置原则 表 3-3-47

构件名称	钢筋编号	布筋位置及方向	钢筋布置原则
立壁	N_{L1}	内侧水平向受拉钢筋	距墙顶 $H_1/8 \sim 7H_1/8$ 按水平板条支点最大负弯矩组合设计值配筋,其余区段可减少配筋
	N_{L2}	外侧水平向受拉钢筋	距墙顶 $H_1/8 \sim 7H_1/8$ 按水平板条跨中最大正弯矩组合设计值配筋,其余区段可减少配筋

续上表

构件名称	钢筋编号	布筋位置及方向	钢筋布置原则
立壁	N_{L3}	内侧竖直向受拉钢筋	距墙底高度大于 $H_1/4+l_{锚}$ 且顺墙长方向两扶壁之间中部 $2L_0/3$ 区段,按立壁底最大竖直负弯矩组合设计值配筋;其余顺墙长方向钢筋可减少配筋,竖直向所余段钢筋可按构造配置,竖直受拉钢筋在底板中的锚固长度不小于钢筋的锚固长度 $l_{锚}$
立壁	N_{L4}	外侧竖直向受拉钢筋	按距墙底 $H_1/4$ 处立壁最大正弯矩组合设计值配筋,顺墙长可等间距布置,钢筋可通长及墙顶,在底板中锚固长度不小于 $l_{锚}$
立壁	N_{Lf}	立壁与扶壁连接水平向 U 形钢筋或箍筋	根据立壁水平板条与扶壁连接处的支点剪力组合设计值,配置扶壁与立壁结合区段的水平向 U 形钢筋,由立壁外侧水平伸入扶壁两侧,开口端置于扶壁墙背中
墙踵板	N_{Z1}	垂直墙长方向踵板顶面水平钢筋	与立壁竖向钢筋 N_{L3} 相垂直对应设置,与立壁连接端需伸入立壁锚固长度不小于 $l_{锚}$,后踵点端可根据内力值减小截断部分钢筋
墙踵板	N_{Z2}	顺墙长方向踵板顶面水平钢筋	按垂直墙长方向分区截取的踵板水平板条在扶壁支承处的最大负弯矩组合设计值配筋,非主要受力区钢筋可减少配筋量
墙踵板	N_{Z3}	顺墙长方向踵板底面水平钢筋	按垂直墙长方向分区截取的踵板水平板条在扶壁之间最大正弯矩组合设计值配置钢筋,非主要受力区可减少配筋量。延伸至趾板区布置时,可作为趾板的分布钢筋
墙踵板	N_{Zf}	踵板与扶壁连接的竖直向 U 形钢筋或箍筋	根据后踵板水平板条与扶壁连接处的支点剪力组合设计值,配置扶壁与底板接合区段的竖向 U 形钢筋,其开口端朝上,由底板伸入扶壁两侧,埋入扶壁的长度不应小于钢筋的锚固长度,延伸至扶壁顶面可作为分布钢筋
墙趾板	N_{C1}	垂直墙长方向趾板底面水平钢筋	根据趾板与立壁连接处最大负弯矩组合设计值配置钢筋,在立壁以内的锚固长度不小于 $l_{锚}$,靠近墙趾端作用效应较小区可减少配筋量。延伸至踵板区布置时,可作为踵板的分布钢筋
扶壁	N_{fl}	沿扶壁背面布置的钢筋	根据扶壁变翼板宽,T 形截面悬臂梁沿墙高分区的弯矩组合设计值配置钢筋,可采用不超过 3 层叠置钢筋或束筋,不参与受力作用而截断的钢筋,应在非受力区延伸长度不小于 $l_{锚}$,受力钢筋在底板中的锚固长度不小钢筋的锚固长度 $l_{锚}$

6. 设计计算流程

1) 悬臂式挡土墙

悬臂式挡土墙设计计算时,可参考图 3-3-103 计算流程,采用解析法计算或编制计算机应用程序。

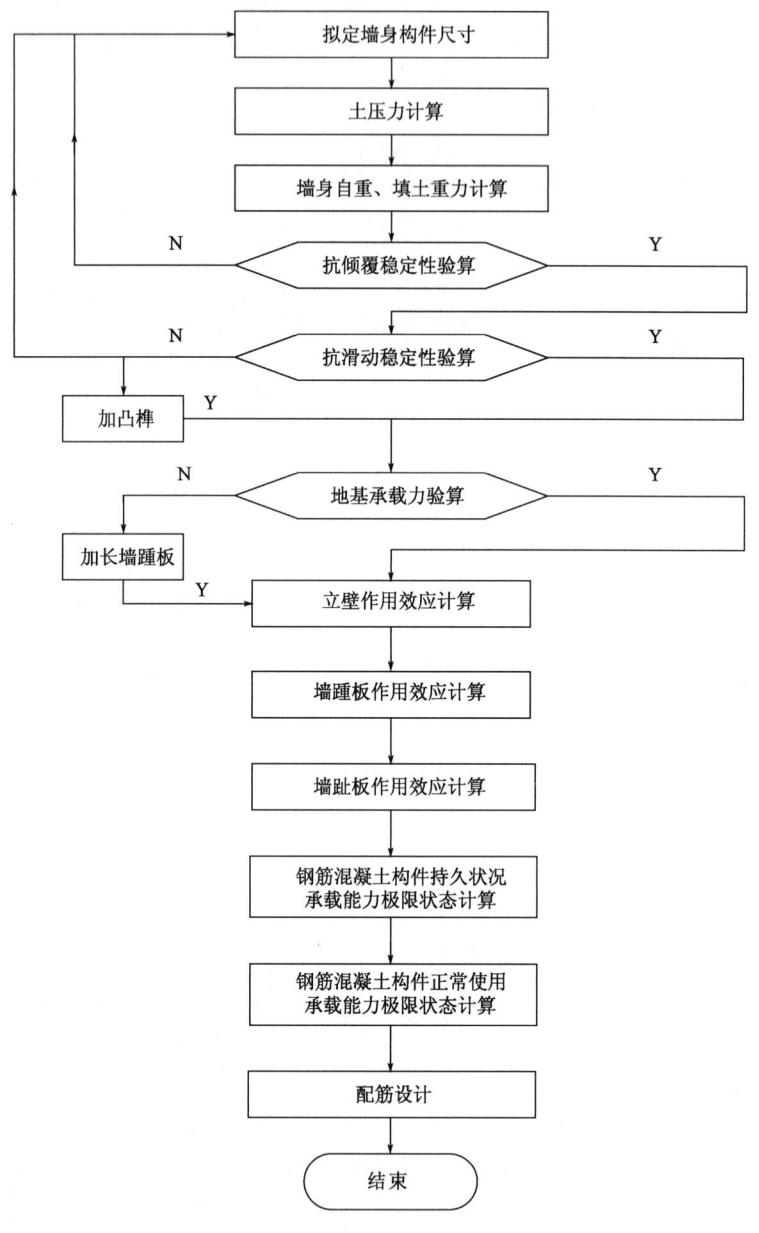

图 3-3-103　悬臂式挡土墙设计计算流程图

2) 扶壁式挡土墙

扶壁式挡土墙设计计算时,可参考图 3-3-104 计算流程,采用解析法计算或编制计算机应用程序。

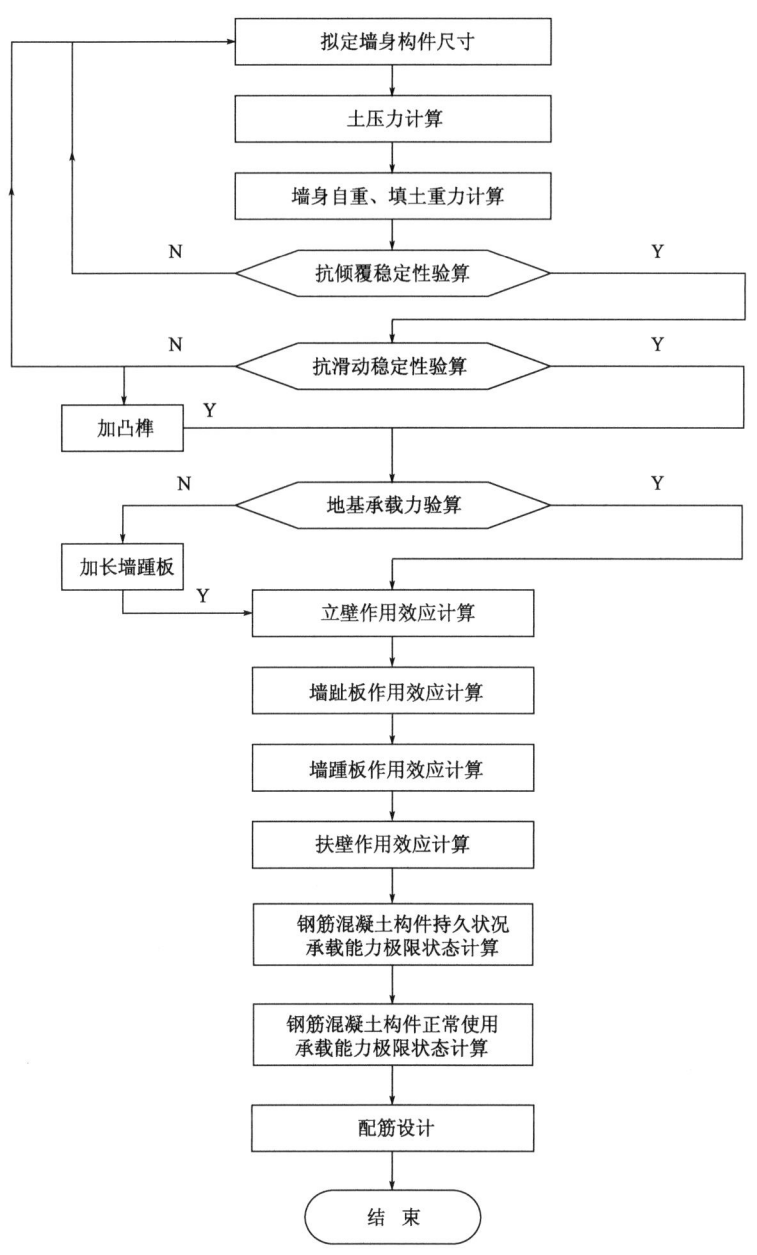

图 3-3-104　扶壁式挡土墙设计计算流程图

三、结构构造

1. 悬臂式挡土墙的一般构造

悬臂式挡土墙由立壁及底板(包括前趾板与后踵板)组成(图 3-3-105)。

1)立壁构造

立壁固结于底板之上,其顶宽不应小于 0.2m,立壁外表面可设 1∶0.02～1∶0.1 的仰坡,内面坡度宜为竖直。

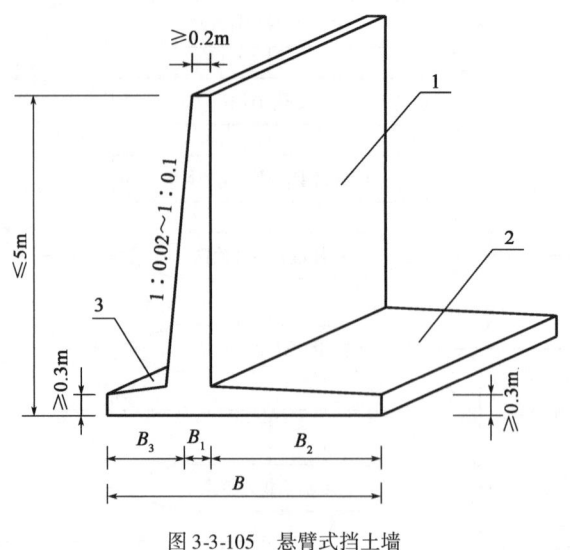

图 3-3-105 悬臂式挡土墙
1-立壁;2-后踵板;3-前趾板

2)前趾板和后踵板构造

墙底板底面一般水平布置,为提高挡土墙的抗滑动能力,也可在底板底面设凸榫构造。前趾板与后踵板的顶面可采用倾斜板面,以适应内力的分布。前趾板与后踵板的端部厚度不应小于0.3m。

3)构件中的钢筋布置

配置于悬臂式挡土墙中的主钢筋,直径不宜小于12mm,主钢筋间距不应大于200mm。前趾板上缘及后踵板下缘应对应配置不小于50%主筋面积的构造钢筋。挡土墙外侧墙面应配置分布钢筋,直径不应小于8mm,每延米墙长上,每米墙高需配置的钢筋总面积不宜小于500mm^2,钢筋间距不应大于300mm。

悬臂式挡土墙的钢筋最小混凝土保护层厚度需符合表3-3-48的规定。

钢筋混凝土挡土墙钢筋最小混凝土保护层厚度(单位:mm) 表3-3-48

序号	构件类别	环境条件		
		Ⅰ	Ⅱ	Ⅲ、Ⅳ
1	立壁外侧、扶壁(受力主筋)	35	40	45
2	立壁内侧、踵板顶面(受力主筋)	≥50		
3	趾板底面(受力主筋)	≥75		
4	栏杆(受力主筋)	20	25	30
5	箍筋	20	25	30
6	收缩、温度、分布、防裂等表层钢筋	15	20	25

4)沉降伸缩缝、排水孔

伸缩沉降缝的设置及与两端构造物的连接、泄水孔的设置,均见本章第一节的相关内容。

扶壁式挡土墙由立壁、中扶壁、边扶壁、底板(包括前趾板与后踵板)组成,如图3-3-106所示。

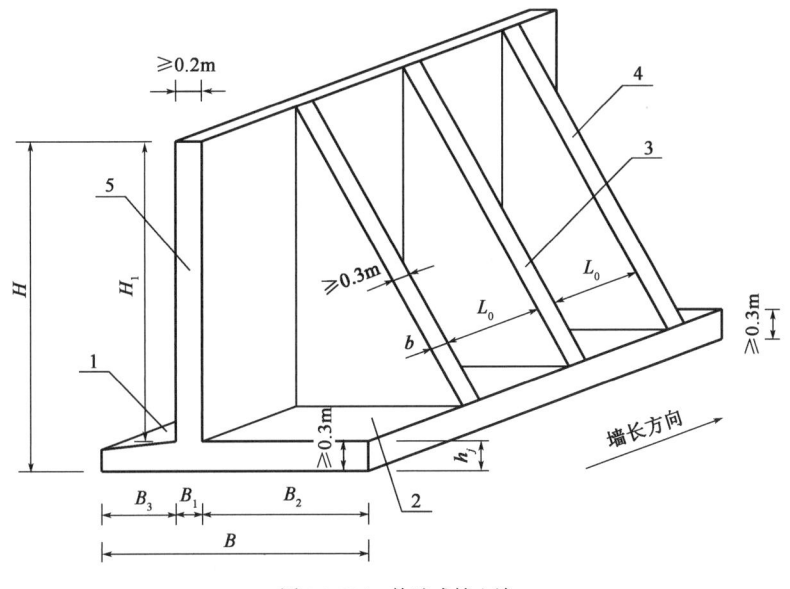

图 3-3-106 扶壁式挡土墙
1-前趾板;2-后踵板;3-中扶壁;4-边扶壁;5-立壁

2.扶壁式挡土墙的一般构造

1)立壁构造

立壁宜采用等厚的竖直板,顶宽不宜小于0.2m。悬出外侧扶壁之外的立壁净长度,一般根据立壁顺墙长方向外伸悬臂的固端弯矩与两扶壁为支承的中间跨跨中弯矩相等的原则确定,通常采用两扶壁净间距的0.41倍。

2)扶壁构造

扶壁的厚度宜为两扶壁间距的1/8~1/6,但不宜小于0.30m,扶壁应随高度逐渐向墙后加宽。扶壁的间距一般按经济性原则取为墙高的1/3~1/2,常用3~4.5m。

3)底板构造

底板最小厚度不宜小于0.30m。垂直墙长方向的底板宽度常取为0.6~0.8墙高,地基承载力设计值较低时,可适当加大。扶壁式挡土墙分段长度不宜超过20m,每一分段长度中,宜包含三个或三个以上的扶壁。

4)构件中的钢筋布置

与悬臂式挡土墙相同,可参见本章第九节的相关内容。

5)沉降伸缩、排水孔

参见本章第一节的相关内容。

四、计算算例

1.悬臂式挡土墙

1)设计资料

(1)悬臂式路肩挡土墙(图 3-3-107):墙高 $H=6$m,基础埋深 $h=0.7$m;立壁顶宽 $b=0.25$m,立壁面坡坡度 $1:m=1:0.05$,立壁底宽 $B_1=0.53$m;墙趾板长度 $B_3=0.4$m,墙趾板厚

度 $h_1^0 = 0.6$m;墙踵板长度 $B_2 = 2.37$m,墙趾板厚度 $h_1 = 0.6$m;

(2)墙背填土资料:重度 $\gamma = 18$kN/m³,内摩擦角 $\varphi = 35°$;

(3)地基土资料:内摩擦角 $\varphi_0 = 35°$,基础与地基摩擦系数 $\mu = 0.4$,地基承载力设计值 $f_d = 400$kPa;

(4)荷载标准:公路—Ⅰ级;

(5)稳定性要求:抗滑动稳定安全系数 $K_c \geqslant 1.3$,抗倾覆稳定安全系数 $K_0 \geqslant 1.5$;

(6)墙身及基础材料规格与设计数据:

墙身及基础混凝土强度等级采用C20,抗压设计强度 $f_{cd} = 9.2$MPa,弹性模量 $E_c = 2.55 \times 10^4$MPa,抗拉设计强度 $f_{td} = 1.06$MPa。

墙身及基础采用HRB335钢筋,其抗拉设计强度 $f_{sd} = 280$MPa,弹性模量 $E_s = 2.0 \times 10^5$MPa。

墙体裂缝最大开展宽度 $\omega_{max} = 0.2$mm。

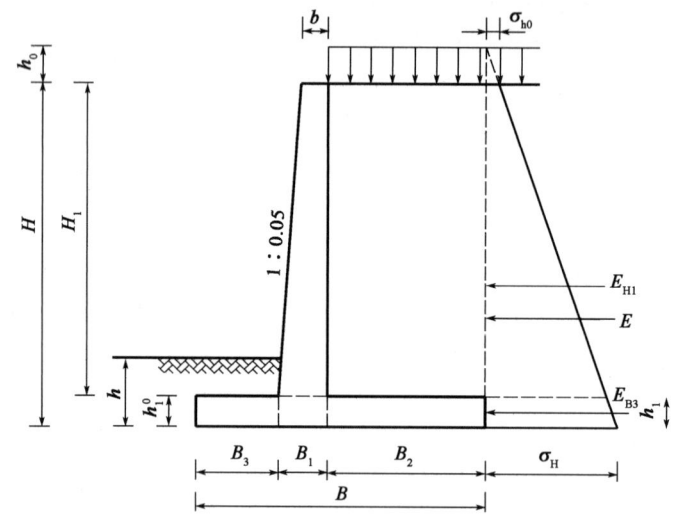

图3-3-107 钢筋混凝土悬臂式挡土墙计算示例

2)土压力计算

(1)车辆附加荷载等代均布土层厚度计算。

由《公路路基设计规范》(JTG D30—2015)中第5.4.2条规定(或"参见本章第二节"),可得墙高 $H = 6$m时,车辆附加荷载强度:$q = 10 + \dfrac{6-2}{10-2} \times (20 - 10) = 15(\text{kN/m}^2)$

换算为等代均布土层厚度:$h_0 = \dfrac{q}{\gamma} = \dfrac{15}{18} = 0.833(\text{m})$

(2)立壁计算时,经考虑,采用朗金公式计算主动土压力 $(\beta = 0°)$(图3-3-108)。

$$K_a = \cos\beta \cdot \frac{\cos\beta - \sqrt{\cos^2\beta - \cos^2\varphi}}{\cos\beta + \sqrt{\cos^2\beta - \cos^2\varphi}} = 1 \times \frac{1 - \sqrt{1 - \cos^2 35°}}{1 + \sqrt{1 - \cos^2 35°}} = 0.271$$

$$\sigma_0 = \gamma_0 h_0 K_a = 18 \times 0.833 \times 0.271 = 4.065(\text{kPa})$$

$$\sigma_{H1} = \gamma(h_0 + H_1)K_a = 18 \times (0.833 + 5.4) \times 0.271 = 30.40(\text{kPa})$$

立壁所受主动土压力 E_{H1} 及力臂 Z_{yH1}：

$$E_{H1} = \frac{1}{2}\gamma H_1^2 K_a \cdot \left(1 + \frac{2h_0}{H_1}\right) = \frac{1}{2} \times 18 \times 5.4^2 \times 0.271 \times \left(1 + \frac{2 \times 0.833}{5.4}\right) = 93.06(kN)$$

$$Z_{yH1} = \frac{(3h_0 + H_1) \cdot H_1}{3 \cdot (2h_0 + H_1)} = \frac{(3 \times 0.833 + 5.4) \times 5.4}{3 \times (2 \times 0.833 + 5.4)} = 2.01(m)$$

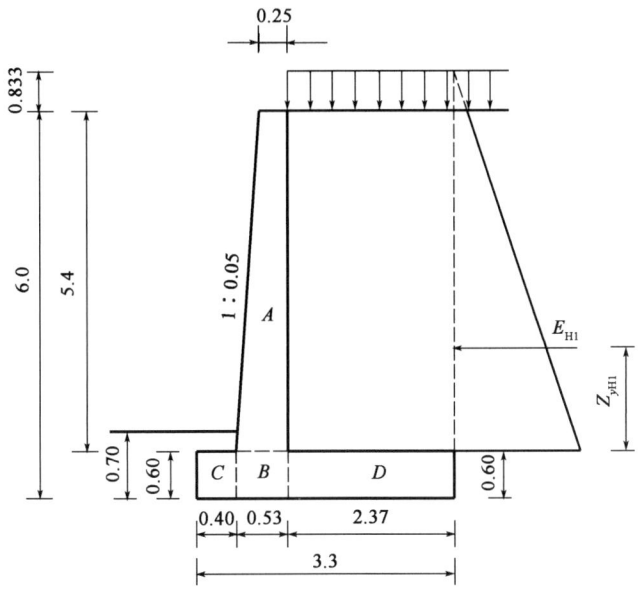

图 3-3-108　悬臂式挡土墙朗金土压力计算图式(尺寸单位:m)

(3)踵板和趾板的强度验算时,地基应力验算、挡土墙外部稳定验算可采用库仑土压力理论计算,以墙顶点与后踵点之连线为假想墙背计算土压力(图 3-3-109)。由于踵板厚度相对于全墙高较小,为方便计算,本例中偏安全地取踵板以上填土压力计算高度为全墙高。

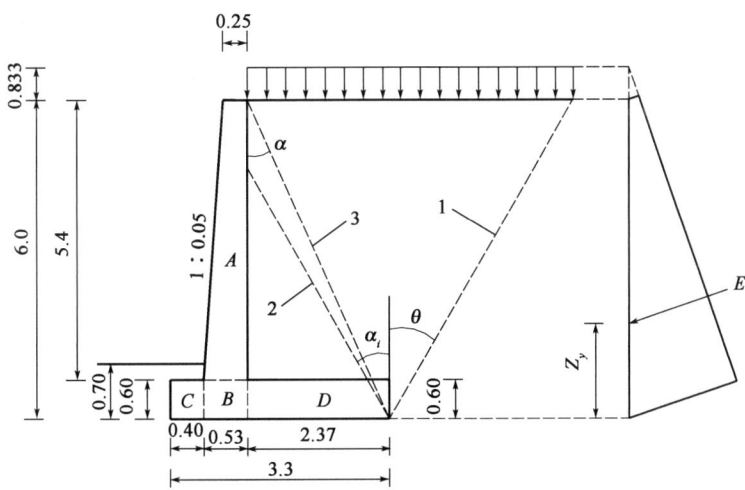

图 3-3-109　悬臂式挡土墙库仑土压力计算图式(尺寸单位:m)
A-立壁;B-夹块;C-趾板;D-踵板
1-第一破裂面;2-第二破裂面;3-假想墙背图

①考虑车辆附加荷载的情况,计算库仑土压力

首先判定是否出现第二破裂面,按算例中已经拟定好的尺寸计算。

由 $\tan\alpha = \dfrac{2.37}{6} = 0.395$,易知假想墙背倾角为 $\alpha = \arctan 0.395 = 21.6°$

第二破裂角为: $\alpha_i = \theta_i = 45° - \dfrac{\varphi}{2} = 45° - \dfrac{35°}{2} = 27.5°$

因为 $\alpha_i > \alpha$,所以不出现第二破裂面,应按第一破裂面重新计算(图 3-3-109)。

令 $\psi = \varphi + \alpha + \delta = 35° + 21.6° + 35° = 91.6°$,$\tan\psi = \tan 91.6° = -35.8$

令 $A = -\tan\alpha = -0.395$

$\tan\theta = -\tan\psi - \sqrt{(\mathrm{arctan}\varphi + \tan\psi) \cdot (\tan\psi + A)}$

$\qquad = 35.8 - \sqrt{(1.428 - 35.8) \times (-35.8 - 0.395)} = 0.528$

得到第一破裂角为: $\theta = \arctan 0.528 = 27.85°$

$K_a = \dfrac{\cos(\theta + \varphi)}{\sin(\theta + \psi)} \cdot (\tan\theta + \tan\alpha) = \dfrac{0.456}{0.871} \times (0.528 + 0.395) = 0.484$

$K_1 = 1 + \dfrac{2h_0}{H} = 1 + \dfrac{2 \times 0.833}{6} = 1.278$

主动土压力: $E = \dfrac{1}{2}\gamma H^2 K K_1 = \dfrac{1}{2} \times 18 \times 6^2 \times 0.484 \times 1.278 = 200.41(\mathrm{kN})$

水平分力: $E_x = E \cdot \cos(\alpha + \delta) = 200.41 \times \cos(21.6° + 35°) = 110.32(\mathrm{kN})$

垂直分力: $E_y = E \cdot \sin(\alpha + \delta) = 200.41 \times \sin(21.6° + 35°) = 167.31(\mathrm{kN})$

对墙踵根部(L)的力臂: $Z_y = \dfrac{H}{3} + \dfrac{h_0}{3K_1} = \dfrac{6}{3} + \dfrac{0.833}{3 \times 1.278} = 2.22(\mathrm{m})$

$Z_x = B_3 - Z_y \cdot \tan\alpha = 2.37 - 2.22 \times 0.395 = 1.49(\mathrm{m})$

②不考虑车辆附加荷载的情况,计算库仑土压力

令 $h_0 = 0$,则 $K_1 = 1 + \dfrac{2h_0}{H} = 1 + \dfrac{2 \times 0}{6} = 1$

主动土压力: $E = \dfrac{1}{2}\gamma H^2 K K_1 = \dfrac{1}{2} \times 18 \times 6^2 \times 0.484 \times 1 = 156.816(\mathrm{kN})$

水平分力: $E_x = E \cdot \cos(\alpha + \delta) = 156.816 \times \cos(21.6° + 35°) = 86.32(\mathrm{kN})$

垂直分力: $E_y = E \cdot \sin(\alpha + \delta) = 156.816 \times \sin(21.6° + 35°) = 130.92(\mathrm{kN})$

对墙踵根部(L)的力臂: $Z_y = \dfrac{H}{3} + \dfrac{h_0}{3K_1} = \dfrac{6}{3} + \dfrac{0}{3 \times 1} = 2.00(\mathrm{m})$

$Z_x = B_3 - Z_y \cdot \tan\alpha = 2.37 - 2.00 \times 0.395 = 1.58(\mathrm{m})$

3)墙体稳定性和基底应力验算

(1)墙身自重和填土重力计算(图 3-3-110)

踵板上填土重 W_{H1} 及力臂 Z_{WH1}(对趾板端部 O_1 的力臂,下同):

$W_{H1} = \dfrac{1}{2} \cdot \gamma \cdot B_2 \cdot H_1 = \dfrac{1}{2} \times 18 \times 2.37 \times 5.4 = 115.182(\mathrm{kN})$

$Z_{WH1} = B_3 + B_1 + B_2/2 = 0.40 + 0.53 + 2.37/2 = 2.115(\mathrm{m})$

墙体自重 W 及力臂 Z_W:

①立壁自重 W_A 及力臂 Z_A

$$W_A = \frac{1}{2}\gamma_k H_1 \cdot (B_1 + b) = \frac{1}{2} \times 25 \times 5.4 \times (0.53 + 0.25) = 52.65(\text{kN})$$

$$Z_A = \frac{b^2 + bB_1 + B_1^2}{3 \cdot (b + B_1)} + \frac{(B_1 + 2b) \cdot (B_1 - b)}{3 \cdot (b + B_1)} + B_3$$

$$= \frac{0.25^2 + 0.25 \times 0.53 + 0.53^2}{3 \times (0.25 + 0.53)} + \frac{(0.53 + 2 \times 0.25) \times (0.53 - 0.25)}{3 \times (0.25 + 0.53)} + 0.40$$

$$= 0.73(\text{m})$$

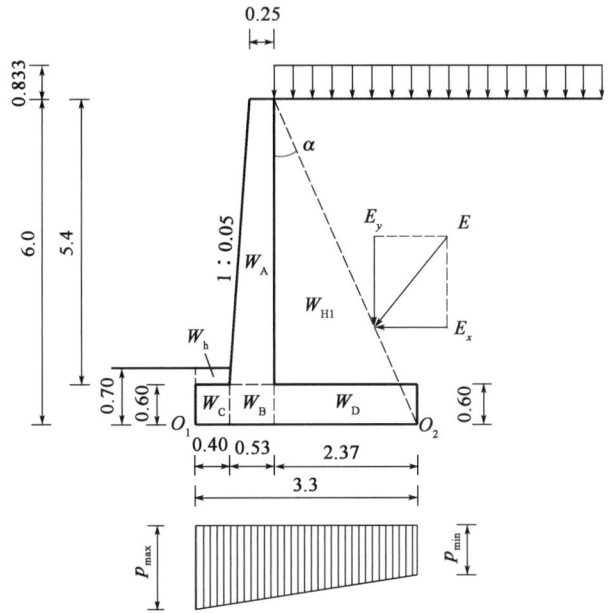

图 3-3-110 墙体稳定性和基底应力验算简图(尺寸单位:m)

②夹块自重 W_B 及力臂 Z_B

$W_B = \gamma_k B_1 h_1 = 25 \times 0.53 \times 0.6 = 7.95(\text{kN})$

$Z_B = B_3 + B_1/2 = 0.40 + 0.53/2 = 0.67(\text{m})$

③趾板自重 W_C 及力臂 Z_C

$$W_C = \gamma_k B_3 h_1^0 = 25 \times 0.40 \times 0.6 = 6(\text{kN}), Z_C = \frac{B_3}{2} = \frac{0.40}{2} = 0.20(\text{m})$$

④踵板自重 W_D 及力臂 Z_D

$W_D = \gamma_k h_1 B_2 = 25 \times 0.6 \times 2.37 = 35.55(\text{kN})$

$Z_D = B_3 + B_1 + B_2/2 = 0.40 + 0.53 + 2.37/2 = 2.115(\text{m})$

故墙体自重: $W = W_A + W_B + W_C + W_D = 52.65 + 7.95 + 6 + 35.55 = 102.15(\text{kN})$

力臂: $Z_W = (W_A Z_A + W_B Z_B + W_C Z_C + W_D Z_D)/W$

$= (52.65 \times 0.73 + 7.95 \times 0.67 + 6 \times 0.20 + 35.55 \times 2.115)/102.15$

$= 1.18(\text{m})$

趾板上覆土重 W_h 及力臂 Z_h:

$W_h = \gamma \cdot (h - h_1^0) \cdot B_3 = 18 \times (0.70 - 0.6) \times 0.40 = 0.72(\text{kN})$

$$Z_h = \frac{B_3}{2} = \frac{0.40}{2} = 0.20(\text{m})$$

(2)抗倾覆稳定性验算

①倾覆稳定方程

$$GZ_G = W_{H1}Z_{WH1} + WZ_W + W_h Z_h = 115.18 \times 2.12 + 102.15 \times 1.18 + 0.72 \times 0.20$$
$$= 364.86(\text{kN} \cdot \text{m})$$

$$E_y \cdot Z_x = 167.31 \times (1.49 + 0.4 + 0.53) = 404.89(\text{kN} \cdot \text{m})$$

$$E_x \cdot Z_y = 110.32 \times 2.22 = 244.91(\text{kN} \cdot \text{m})$$

$$0.8GZ_G + \gamma_{Q1} \cdot (E_y Z_x - E_x Z_y) = 0.8 \times 364.86 + 1.4 \times (404.89 - 244.91)$$
$$= 515.86 > 0 \quad (满足要求)$$

②抗倾覆稳定系数

$$K_0 = \frac{G \cdot Z_G + E_y \cdot Z_x}{E_x \cdot Z_y} = \frac{364.86 + 404.89}{244.91} = 3.14 > 1.50 \ (满足要求)$$

(3)抗滑动稳定性验算

①滑动稳定方程

$$G = W + W_{H1} + W_h = 102.15 + 115.18 + 0.72 = 218.05(\text{kN})$$

$$E_y = 167.31(\text{kN}); E_x = 110.32(\text{kN}); \mu = 0.4$$

$$(1.1G + \gamma_{Q1} \cdot E_y) \cdot \mu - \gamma_{Q1} \cdot E_x = (1.1 \times 218.05 + 1.4 \times 167.31) \times 0.4 - 1.4 \times 110.32 = 35.19 > 0 (满足要求)$$

②抗滑动稳定系数

全墙总竖向力:$N = G + E_y = 218.05 + 167.31 = 385.36(\text{kN})$

$$K_c = \frac{N \cdot \mu}{E_x} = \frac{385.36 \times 0.4}{110.32} = 1.40 > 1.30 \ (满足要求)$$

(4)验算偏心距

抗倾覆力矩:

$$M_y = W_{H1}Z_{WH1} + WZ_W + W_h Z_h + E_y \cdot (B_3 + B_1 + Z_x)$$
$$= 115.18 \times 2.12 + 102.15 \times 1.18 + 0.72 \times 0.20 + 167.31 \times 2.42$$
$$= 769.75(\text{kN} \cdot \text{m})$$

倾覆力矩:$M_0 = E_x \cdot Z_y = 244.91(\text{kN} \cdot \text{m})$

$$e = \left| \frac{B}{2} - \frac{M_y - M_0}{N} \right| = \left| \frac{3.3}{2} - \frac{769.75 - 244.91}{385.36} \right|$$

$$= 0.288(\text{m}) < \frac{B}{6} = 0.55(\text{m}) \ (满足要求)$$

(5)地基承载力验算(考虑车辆附加荷载)

$$\begin{matrix} p_{\max} \\ p_{\min} \end{matrix} = \frac{N}{B} \cdot \left(1 \pm \frac{6e}{B}\right) = \frac{385.362}{3.3} \times \left(1 \pm \frac{6 \times 0.288}{3.3}\right)$$

$$= \begin{matrix} 177.92 \\ 55.63 \end{matrix} (\text{kPa}) < f_d = 400(\text{kPa}) \ (满足要求)$$

(6)地基承载力验算(不考虑车辆附加荷载,即 $h_0 = 0$)

①全墙总竖向力

$$N' = G + E_y = 218.05 + 130.92 = 348.97(\text{kN})$$

②抗倾覆力矩

$$\begin{aligned} M'_y &= W_{H1}Z_{WH1} + WZ_W + W_h Z_h + E_y \cdot (B_1 + B_2 + Z_x) \\ &= 115.18 \times 2.12 + 102.15 \times 1.18 + 0.72 \times 0.20 + 130.92 \times (0.53 + 0.4 + 1.58) \\ &= 693.47(\text{kN} \cdot \text{m}) \end{aligned}$$

③倾覆力矩

$$M'_0 = E_x \cdot Z_y = 86.32 \times 2.00 = 172.64(\text{kN} \cdot \text{m})$$

④基底偏心距计算

$$e' = \left| \frac{B}{2} - \frac{M'_y - M'_0}{N'} \right| = \left| \frac{3.3}{2} - \frac{693.47 - 172.64}{348.97} \right| = 0.16(\text{m}) < \frac{B}{6} = 0.55(\text{m}) \text{(满足要求)}$$

⑤基底应力计算

$$\begin{matrix} p'_{\max} \\ p'_{\min} \end{matrix} = \frac{N'}{B} \cdot \left(1 \pm \frac{6e'}{B}\right) = \frac{348.97}{3.3} \times \left(1 \pm \frac{6 \times 0.16}{3.3}\right)$$

$$= \begin{matrix} 136.51 \\ 74.99 \end{matrix} (\text{kPa}) < f_d = 400(\text{kPa}) \text{(满足要求)}$$

3)墙身配筋计算及裂缝开展宽度验算

墙身配筋和裂缝开展宽度分别按立壁、踵板和趾板进行计算。为节约钢筋,一般宜根据构件长度大小将构件划分为 1~3 段进行计算,以便确定钢筋截断点。

如图 3-3-111 所示,在本例中,立壁取 $a-a$、$b-b$、$c-c$ 三个计算截面分别计算内力,并分段布置钢筋;趾板和踵板仅分别取 $d-d$ 和 $e-e$ 为计算截面,均布置通长钢筋。

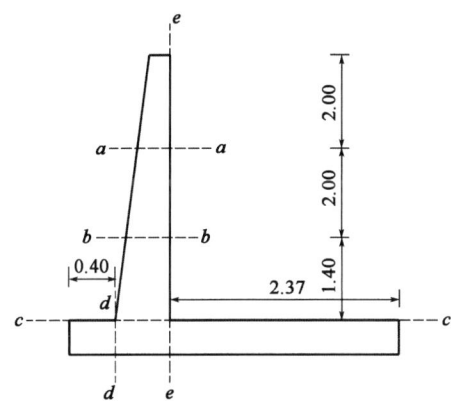

图 3-3-111 挡土墙配筋计算截面示意图(尺寸单位:m)

(1)立壁

①作用效应计算

立壁三个计算截面 $a-a$、$b-b$、$c-c$ 上的剪力和弯矩值可按式(3-3-162)和式(3-3-163)计算:

$$V_{iy} = \gamma \cdot y(2h_0 + y) \cdot K_a / 2 \qquad (3\text{-}3\text{-}162)$$

$$M_{iy} = \gamma \cdot y^2 \cdot (3h_0 + y) \cdot K_a / 6 \qquad (3\text{-}3\text{-}163)$$

由图可令 y 分别为 2.0m、4.0m、5.4m,计算结果列于表 3-3-49。

③用效应组合设计值计算

各计算截面的作用效应组合设计值可按式(3-3-162)和式(3-3-163)计算,因作用其上的荷载为主动土压力,故荷载分项系数 γ_{Q1} 可取 1.4,重要性系数 γ_0 取 1.0(下同),计算结果列于表3-3-49。

立壁各截面剪力和弯矩计算值 表3-3-49

构件	截面	V_{iy}(kN)	M_{iy}(kN·m)	V_{diy}(kN)	M_{diy}(kN·m)
立壁	$a-a$	17.89	14.63	25.05	20.48
	$b-b$	55.28	84.55	77.39	118.37
	$c-c$	93.07	187.28	130.30	262.19

(2) 踵板

作用效应计算:

对踵板根部最不利截面($e-e$截面)进行剪力和弯矩计算。对于踵板根部的$e-e$截面,可令 $B_x = B_2 = 2.37(\text{m})$,整理后如下式:

$$V_{2x} = B_2 \cdot \left[(\sigma_{y2} + h_1\gamma_k - p_2) + (\gamma H_1 - \sigma_{y2} + \sigma_{y1}) \cdot \frac{B_2}{2B} - (p_1 - p_2) \cdot \frac{B_2}{2B} \right]$$

$$= 2.37 \times \left[(\sigma_{y2} + 15 - p_2) + (97.2 - \sigma_{y2} + \sigma_{y1}) \times \frac{2.37}{6.6} - (p_1 - p_2) \times \frac{2.37}{6.6} \right]$$

$$M_{2x} = \frac{B_2^2}{6} \cdot \left[3(\sigma_{y2} + h_1\gamma_k - p_2) + (\gamma H_1 - \sigma_{y2} + \sigma_{y1}) \cdot \frac{B_2}{B} - (p_1 - p_2) \cdot \frac{B_2}{B} \right]$$

$$= \frac{2.37^2}{6} \times \left[3 \times (\sigma_{y2} + 15 - p_2) + (97.2 - \sigma_{y2} + \sigma_{y1}) \times \frac{2.37}{3.3} - (p_1 - p_2) \times \frac{2.37}{3.3} \right]$$

①考虑车辆附加荷载

令 $p_1 = p_{\max} = 177.92(\text{kPa})$,$p_2 = p_{\min} = 55.63(\text{kPa})$

$$\sigma_{y1} = \gamma h_0 K_a \cdot \sin(\alpha + \delta) \cdot \frac{H}{B_2} = 18 \times 0.833 \times 0.484 \times \sin 56.6° \times \frac{6}{2.37}$$

$$= 15.34(\text{kPa})$$

$$\sigma_{y2} = \gamma(h_0 + H)K_a \cdot \sin(\alpha + \delta) \cdot \frac{H}{B_2} = 18 \times 6.833 \times 0.484 \times \sin 56.6° \times \frac{6}{2.37}$$

$$= 125.82(\text{kPa})$$

$$V_{2x} = 2.37 \times \left[(\sigma_{y2} + 15 - p_2) + (97.2 - \sigma_{y2} + \sigma_{y1}) \times \frac{2.37}{6.6} - (p_1 - p_2) \times \frac{2.37}{6.6} \right]$$

$$= 2.37 \times \left[(125.82 + 15 - 55.63) + (97.2 - 125.82 + 15.34 - 177.92 + 55.63) \times \frac{2.37}{6.6} \right]$$

$$= 86.53(\text{kN})$$

$$M_{2x} = \frac{2.37^2}{6} \times \left[3 \times (\sigma_{y2} + 15 - p_2) + (97.2 - \sigma_{y2} + \sigma_{y1}) \times \frac{2.37}{3.3} - (p_1 - p_2) \times \frac{2.37}{3.3} \right]$$

$$= \frac{2.37^2}{6} \times \left[3 \times (125.82 + 15 - 55.63) + (97.2 - 125.82 + 15.34) \times \frac{2.37}{3.3} - \right.$$

$$\left. (177.92 - 55.63) \times \frac{2.37}{3.3} \right] = 148.10(\text{kN} \cdot \text{m})$$

②不考虑车辆附加荷载

令 $p_1 = p'_{max} = 136.51(\text{kPa})$，$p_2 = p'_{min} = 74.99(\text{kPa})$

由 $h_0 = 0$，故 $\sigma_{y1} = \gamma h_0 K \cdot \sin(\alpha+\delta) \cdot \dfrac{H}{B_2} = 0(\text{kPa})$

$\sigma_{y2} = \gamma H K \cdot \sin(\alpha+\delta) \cdot \dfrac{H}{B_2} = 18 \times 6 \times 0.484 \times \sin 56.6° \times \dfrac{6}{2.37} = 110.48(\text{kPa})$

$V'_{2x} = 2.37 \times \left[(\sigma_{y2} + 15 - p_2) + (97.2 - \sigma_{y2} + \sigma_{y1}) \times \dfrac{2.37}{6.6} - (p_1 - p_2) \times \dfrac{2.37}{6.6}\right]$

$\qquad = 2.37 \times \left[(110.48 + 15 - 74.99) + (97.2 - 110.48 + 0 - 136.51 + 74.99) \times \dfrac{2.37}{6.6}\right]$

$\qquad = 56.00(\text{kN})$

$M'_{2x} = \dfrac{2.37^2}{6} \times \left[3 \times (\sigma_{y2} + 15 - p_2) + (97.2 - \sigma_{y2} + \sigma_{y1}) \times \dfrac{2.37}{3.3} - (p_1 - p_2) \times \dfrac{2.37}{3.3}\right]$

$\qquad = \dfrac{2.37^2}{6} \times \left[3 \times (110.48 + 15 - 74.99) + (97.2 - 110.48 - 136.51 + 74.99) \times \dfrac{2.37}{3.3}\right]$

$\qquad = 91.51(\text{kN} \cdot \text{m})$

作用效应组合设计值计算：

对于踵板构件，考虑作用其上的荷载主要为竖直土压力、恒载及地基反力等，故应考虑分别计入不同的荷载分项系数，按式(3-9-145)和式(3-9-146)计算。分项系数 γ_G 取最不利值1.2，γ_{Q1} 取最不利值1.4，公式可化简如下：

$V_{d2x} = B_2 \cdot \left\{1.4\sigma_{y2} + 1.2 \cdot (h_1\gamma_k - p_2) + 1.4 \cdot (\gamma H_1 - \sigma_{y2} + \sigma_{y1}) \cdot \dfrac{B_2}{2B} - 1.2 \cdot (p_1 - p_2) \cdot \dfrac{B_2}{2B}\right\}$

$\qquad = 2.37 \times \left\{1.4\sigma_{y2} + 1.2 \times (15 - p_2) + 1.4 \times (97.2 - \sigma_{y2} + \sigma_{y1}) \times \dfrac{2.37}{6.6} - \right.$

$\qquad \left. 1.2 \times (p_1 - p_2) \times \dfrac{2.37}{6.6}\right\}$

$M_{d2x} = \dfrac{B_2^2}{6} \cdot \left\{4.2\sigma_{y2} + 3.6(h_1\gamma_k - p_2) + [1.2\gamma H_1 - 1.4(\sigma_{y2} - \sigma_{y1}) - 1.2(p_1 - p_2)] \cdot \dfrac{B_2}{B}\right\}$

$\qquad = \dfrac{2.37^2}{6} \cdot \left\{4.2\sigma_{y2} + 3.6(15 - p_2) + [116.64 - 1.4(\sigma_{y2} - \sigma_{y1}) - 1.2(p_1 - p_2)] \cdot \dfrac{2.37}{3.3}\right\}$

①考虑车辆附加荷载

令 $p_1 = p_{max} = 177.92(\text{kPa})$，$p_2 = p_{min} = 55.63(\text{kPa})$

由上知 $\sigma_{y1} = 15.34(\text{kPa})$，$\sigma_{y2} = 125.82(\text{kPa})$

$V_{d2x} = 2.37 \times \left[176.148 + 1.2 \times (15 - 55.63) + 1.4 \times (97.2 - 125.82 + 15.34) \times \dfrac{2.37}{6.6} - \right.$

$\qquad \left. 1.2 \times (177.92 - 55.63) \times \dfrac{2.37}{6.6}\right]$

$\qquad = 161.21(\text{kN})$

$M_{d2x} = \dfrac{2.37^2}{6} \times \left[528.444 - 146.268 + (116.64 - 154.672 - 146.748) \times \dfrac{2.37}{3.3}\right]$

$\qquad = 233.54(\text{kN} \cdot \text{m})$

②不考虑车辆附加荷载

令 $p_1 = p'_{max} = 136.51(\text{kPa})$,$p_2 = p'_{min} = 74.99(\text{kPa})$

由上知 $\sigma_{y1} = 0(\text{kPa})$,$\sigma_{y2} = 110.48(\text{kPa})$

$$V'_{d2x} = 2.37 \times \left\{154.672 - 71.988 - 1.4 \times 13.28 \times \frac{2.37}{6.6} - 1.2 \times 61.52 \times \frac{2.37}{6.6}\right\}$$

$$= 117.31(\text{kN})$$

$$M'_{d2x} = \frac{2.37^2}{6} \times \left[464.016 - 215.964 + (116.64 - 154.672 - 73.824) \times \frac{2.37}{3.3}\right]$$

$$= 157.01(\text{kN} \cdot \text{m})$$

综上计算,踵板 $e-e$ 截面所有内力值的计算结果列于表 3-3-50 中。

踵板 $e-e$ 截面内力值　　　　　　　　　　　　　表 3-3-50

构　件	车辆附加荷载	$V_{2x}(\text{kN})$	$M_{2x}(\text{kN}\cdot\text{m})$	$V_{d2x}(\text{kN})$	$M_{d2x}(\text{kN}\cdot\text{m})$
踵板	考虑	86.53	148.10	161.21	233.54
	不考虑	$V'_{2x}(\text{kN})$	$M'_{2x}(\text{kN}\cdot\text{m})$	$V'_{d2x}(\text{kN})$	$M'_{d2x}(\text{kN}\cdot\text{m})$
		56.00	91.51	117.31	157.01

(3) 趾板

作用效应计算:

考虑趾板根部最不利截面($d-d$ 截面),参见式(3-3-147)和式(3-3-148)进行剪力和弯矩计算。对于趾板根部的 $d-d$ 截面,可令 $B_x = B_3 = 0.4(\text{m})$,整理后如下式:

$$V_{3x} = B_3 \cdot \left[p_1 - \gamma_k h_1^0 - \gamma \cdot (h - h_1^0) - (p_1 - p_2) \cdot \frac{B_3}{2B}\right]$$

$$= 0.4 \times \left[p_1 - 15 - 1.8 - (p_1 - p_2) \cdot \frac{0.4}{2 \times 3.3}\right]$$

$$M_{3x} = \frac{B_3^2}{6} \cdot \left\{3[p_1 - \gamma_k h_1^0 - \gamma \cdot (h - h_1^0)] - (p_1 - p_2) \cdot \frac{B_3}{B}\right\}$$

$$= \frac{0.16}{6} \times \left\{3 \cdot [p_1 - 15 - 1.8] - (p_1 - p_2) \cdot \frac{0.4}{3.3}\right\}$$

①考虑车辆附加荷载

令 $p_1 = p_{max} = 177.92(\text{kPa})$,$p_2 = p_{min} = 55.63(\text{kPa})$

$$V_{3x} = 0.4 \times \left[177.92 - 15 - 1.8 - (177.92 - 55.63) \times \frac{0.4}{2 \times 3.3}\right] = 61.48(\text{kN})$$

$$M_{3x} = \frac{0.4^2}{6} \times \left[3 \times (177.92 - 15 - 1.8) - (177.92 - 55.63) \times \frac{0.4}{3.3}\right] = 12.49(\text{kN} \cdot \text{m})$$

②不考虑车辆附加荷载

令 $p_1 = p'_{max} = 136.51(\text{kPa})$,$p_2 = p'_{min} = 74.99(\text{kPa})$

$$V'_{3x} = 0.4 \times \left[136.51 - 15 - 1.8 - (136.51 - 74.99) \times \frac{0.4}{2 \times 3.3}\right] = 46.39(\text{kN})$$

$$M'_{3x} = \frac{0.4^2}{6} \times \left[3 \times (136.51 - 15 - 1.8) - (136.51 - 74.99) \times \frac{0.4}{3.3}\right] = 9.38(\text{kN} \cdot \text{m})$$

作用效应组合设计值计算:

对于趾板构件，考虑作用其上的荷载主要为起不利因素的土重和趾板自重，故分项系数 γ_G 取最不利值 1.2，$d-d$ 截面内力值计算结果列于表 3-3-51 中。

趾板 $d-d$ 截面内力值　　　　　　表 3-3-51

构件	车辆附加荷载	$V_{3x}(\text{kN})$	$M_{3x}(\text{kN}\cdot\text{m})$	$V_{d3x}(\text{kN})$	$M_{d3x}(\text{kN}\cdot\text{m})$
趾板	考虑	61.48	12.49	73.78	14.99
	不考虑	$V'_{2x}(\text{kN})$	$M'_{2x}(\text{kN}\cdot\text{m})$	$V'_{d2x}(\text{kN})$	$M'_{d2x}(\text{kN}\cdot\text{m})$
		46.39	9.38	55.67	11.26

(4) 配筋计算

由现行《公路钢筋混凝土及预应力混凝土桥涵设计规范》(JTG 3362) 规定，可按式(3-3-164)～式(3-3-167)进行各截面的配筋计算，结果列于表 3-3-152 中。

$$A_0 = \frac{M_d}{b \cdot h_0^2 \cdot f_{cd}} \tag{3-3-164}$$

$$\xi = 1 - \sqrt{1 - 2A_0} \tag{3-3-165}$$

$$\rho = \xi \cdot f_{cd}/f_{sd} \tag{3-3-166}$$

$$A_s = \rho \cdot b \cdot h_0 \tag{3-3-167}$$

其中弯矩效应组合设计值 M_d 取考虑车辆附加荷载情况的计算值；b 取 1.0m，保护层厚度取 0.04m；$f_{cd} = 9200\text{kPa}$，$f_{sd} = 2.8 \times 10^5 \text{MPa}$；当 ρ 小于 0.15% 时，ρ 取最小配筋率 0.15%。各截面配筋计算结果如表 3-3-52。

各截面配筋计算表　　　　　　表 3-3-52

构件	截面	$M_d(\text{kN}\cdot\text{m})$	$h_0(\text{m})$	A_0	ξ	$\rho(\%)$	$A_g(\text{cm}^2)$	选用钢筋
立壁	$a-a$	20.48	0.31	0.023	0.023	0.15(0.076)	4.65	$8\phi16$
	$b-b$	118.37	0.36	0.099	0.105	0.345	12.42	$13\phi16$
	$c-c$	262.19	0.49	0.119	0.127	0.417	20.43	$13\phi16$
踵板	$e-e$	233.54	0.56	0.081	0.085	0.279	18.59	$13\phi16$
趾板	$d-d$	14.99	0.56	0.005	0.005	0.15(0.02)	15.62	$5\phi16$

(5) 裂缝开展宽度验算

根据《公路钢筋混凝土及预应力混凝土桥涵设计规范》(JTG 3362—2018) 第 6.4.3 条，构件最大裂缝开展宽度 (mm) 可按下列公式计算：

$$W_{fk} = C_1 \cdot C_2 \cdot C_3 \cdot \frac{\sigma_{ss}}{E_s} \cdot \left(\frac{30 + d}{0.28 + 10\rho}\right) \tag{3-3-168}$$

$$\rho = \frac{A_s + A_p}{bh_0 + (b_f - b) \cdot h_f} \tag{3-3-169}$$

式中：C_1——钢筋表面形状系数，本算例用螺纹钢筋 $C_1 = 1.0$；

C_2——作用（或荷载）长期效应影响系数，$C_2 = 1 + 0.5 \cdot \frac{N_l}{N_s}$，其中 N_l 和 N_s 分别为按作用（或荷载）效应组合和短期效应组合计算的内力值（弯矩或轴向力）；本例采用弯矩值 M_l 和 M_s；

C_3——构件形式系数,本示例中构件为板式受弯构件,故 $C_3 = 1.15$;

d——纵向受拉钢筋直径(mm);

A_s——构件受拉区纵向普通钢筋的截面面积(cm^2);

A_p——构件受拉区纵向预应力钢筋的截面面积(cm^2),本算例中 $A_p = 0$;

ρ——纵向受拉钢筋配筋率,对钢筋混凝土构件,当 $\rho > 0.02$ 时,取 $\rho = 0.02$,当 $\rho < 0.006$ 时,取 $\rho = 0.006$,在本算例中,构件受拉翼缘宽度 b_f(cm)和厚度 h_f(cm)均为0,故简化为 $\rho = \dfrac{A_s}{b \cdot h_0}$;

σ_{ss}——钢筋应力(MPa),本例为受弯构件,$\sigma_{ss} = \dfrac{M_s}{0.87 A_s \cdot h_0}$。

立壁抗裂计算:

①$a - a$ 截面($H = 2m$)

车辆附加荷载引起的弯矩:

$$M_1 = \frac{1}{2}\gamma H^2 h_0 K_a = \frac{1}{2} \times 18 \times 2^2 \times 0.833 \times 0.271 = 8.13(kN \cdot m)$$

土压力引起的弯矩:$M_2 = \left(\dfrac{1}{2}\gamma H^2 K_a\right) \cdot \dfrac{H}{3} = \dfrac{18 \times 2^3 \times 0.271}{6} = 6.50(kN \cdot m)$

荷载长期效应组合:$M_l = M_2 + 0.4 M_1 = 6.50 + 0.4 \times 8.13 = 9.75(kN \cdot m)$

荷载短期效应组合:$M_s = M_2 + 0.7 M_1 = 6.50 + 0.7 \times 8.13 = 12.19(kN \cdot m)$

$$C_2 = 1 + 0.5 \cdot \frac{M_l}{M_s} = 1 + 0.5 \times \frac{9.75}{12.19} = 1.400$$

$$\rho = \frac{A_s}{bh_0} = \frac{16.08}{100 \times 31} = 0.0052 < 0.006,取 \rho = 0.006$$

$$\sigma_{ss} = \frac{M_s}{0.87 A_s h_0} = \frac{12.19 \times 10^6}{0.87 \times 1608 \times 310} = 28.11(MPa)$$

$$W_{fk} = C_1 \cdot C_2 \cdot C_3 \cdot \frac{\sigma_{ss}}{E_s} \cdot \left(\frac{30 + d}{0.28 + 10\rho}\right)$$

$$= 1.0 \times 1.400 \times 1.15 \times \frac{28.11}{2 \times 10^5} \times \left(\frac{30 + 16}{0.28 + 0.06}\right) = 0.031(mm) < 0.2(mm)(满足要求)$$

②$b - b$ 截面($H = 4m$)

车辆附加荷载引起的弯矩:

$$M_1 = \frac{1}{2}\gamma H^2 h_0 K_a = \frac{1}{2} \times 18 \times 4^2 \times 0.833 \times 0.271 = 32.51(kN \cdot m)$$

压力引起的弯矩:$M_2 = \left(\dfrac{1}{2}\gamma H^2 K_a\right) \cdot \dfrac{H}{3} = \dfrac{18 \times 4^3 \times 0.271}{6} = 52.03(kN \cdot m)$

荷载长期效应组合:$M_l = M_2 + 0.4 M_1 = 52.03 + 0.4 \times 32.51 = 65.03(kN \cdot m)$

荷载短期效应组合:$M_s = M_2 + 0.7 M_1 = 52.03 + 0.7 \times 32.51 = 74.79(kN \cdot m)$

$$C_2 = 1 + 0.5 \cdot \frac{M_l}{M_s} = 1 + 0.5 \times \frac{65.03}{74.79} = 1.435$$

$$\rho = \frac{A_s}{bh_0} = \frac{26.14}{100 \times 36} = 0.0073 > 0.006,取 \rho = 0.0073$$

$$\sigma_{ss} = \frac{M_s}{0.87 A_s h_0} = \frac{74.79 \times 10^6}{0.87 \times 1608 \times 360} = 91.35 (\text{MPa})$$

$$W_{fk} = C_1 \cdot C_2 \cdot C_3 \cdot \frac{\sigma_{ss}}{E_s} \cdot \left(\frac{30+d}{0.28 + 10\rho}\right)$$

$$= 1.0 \times 1.435 \times 1.15 \times \frac{91.35}{2 \times 10^5} \times \left(\frac{30+16}{0.28+0.073}\right) = 0.098(\text{mm}) < 0.2(\text{mm}) \text{(满足要求)}$$

③$c-c$ 截面($H = 5.4$m)

车辆附加荷载引起的弯矩：

$$M_1 = \frac{1}{2}\gamma H^2 h_0 K_a = \frac{1}{2} \times 18 \times 5.4^2 \times 0.833 \times 0.271 = 59.24(\text{kN} \cdot \text{m})$$

土压力引起的弯矩：$M_2 = \left(\frac{1}{2}\gamma H^2 K_a\right) \cdot \frac{H}{3} = \frac{18 \times 5.4^3 \times 0.271}{6} = 128.02(\text{kN} \cdot \text{m})$

荷载长期效应组合：$M_l = M_2 + 0.4 M_1 = 128.02 + 0.4 \times 59.24 = 151.72(\text{kN} \cdot \text{m})$

荷载短期效应组合：$M_s = M_2 + 0.7 M_1 = 128.02 + 0.7 \times 59.24 = 169.49(\text{kN} \cdot \text{m})$

$$C_2 = 1 + 0.5 \cdot \frac{M_l}{M_s} = 1 + 0.5 \times \frac{151.72}{169.49} = 1.448$$

$$\rho = \frac{A_s}{bh_0} = \frac{26.14}{100 \times 49} = 0.0053 < 0.006, \text{取 } \rho = 0.006$$

$$\sigma_{ss} = \frac{M_s}{0.87 A_s h_0} = \frac{169.49 \times 10^6}{0.87 \times 2614 \times 490} = 152.10(\text{MPa})$$

$$W_{fk} = C_1 \cdot C_2 \cdot C_3 \cdot \frac{\sigma_{ss}}{E_s} \cdot \left(\frac{30+d}{0.28+10\rho}\right)$$

$$= 1.0 \times 1.448 \times 1.15 \times \frac{152.10}{2 \times 10^5} \times \left(\frac{30+16}{0.28+0.06}\right) = 0.171(\text{mm}) < 0.2(\text{mm}) \text{(满足要求)}$$

踵板抗裂计算：$e-e$ 截面

车辆附加荷载引起的弯矩：$M_1 = M_{2x} - M'_{2x} = 148.10 - 91.51 = 56.59(\text{kN} \cdot \text{m})$

土压力引起的弯矩：$M_2 = M'_{2x} = 91.51(\text{kN} \cdot \text{m})$

荷载长期效应组合：$M_l = M_2 + 0.4 \cdot M_1 = 91.51 + 0.4 \times 56.59 = 114.15(\text{kN} \cdot \text{m})$

荷载短期效应组合：$M_s = M_2 + 0.7 \cdot M_1 = 91.51 + 0.7 \times 56.59 = 131.12(\text{kN} \cdot \text{m})$

$A_s = 26.14(\text{cm}^2), 13\phi16$

$$C_2 = 1 + 0.5 \times \frac{M_l}{M_s} = 1 + 0.5 \times \frac{114.15}{131.12} = 1.435$$

$$\rho = \frac{A_s}{bh_0} = \frac{26.14}{100 \times 56} = 0.00467 < 0.006, \text{取 } \rho = 0.006$$

$$\sigma_{ss} = \frac{M_s}{0.87 A_s h_0} = \frac{131.12 \times 10^6}{0.87 \times 2614 \times 560} = 102.96(\text{MPa})$$

$$W_{fk} = C_1 \cdot C_2 \cdot C_3 \cdot \frac{\sigma_{ss}}{E_s} \cdot \left(\frac{30+d}{0.28+10\rho}\right)$$

$$= 1.0 \times 1.435 \times 1.15 \times \frac{102.96}{2 \times 10^5} \times \left(\frac{30+16}{0.28+0.06}\right) = 0.115(\text{mm}) < 0.2(\text{mm}) \text{(满足要求)}$$

趾板抗裂计算：$d-d$ 截面

车辆附加荷载引起的弯矩：$M_1 = M_{3x} - M'_{3x} = 12.49 - 9.38 = 3.11(\text{kN}\cdot\text{m})$

土压力引起的弯矩：$M_2 = M'_{3x} = 9.38(\text{kN}\cdot\text{m})$

荷载长期效应组合：$M_l = M_2 + 0.4M_1 = 9.38 + 0.4\times 3.11 = 10.62(\text{kN}\cdot\text{m})$

荷载短期效应组合：$M_s = M_2 + 0.7M_1 = 9.38 + 0.7\times 3.11 = 11.56(\text{kN}\cdot\text{m})$

$$A_s = 10.05(\text{cm}^2)$$

$$C_2 = 1 + 0.5\frac{M_l}{M_s} = 1 + 0.5\times\frac{10.62}{11.56} = 1.459$$

$$\rho = \frac{A_s}{bh_0} = \frac{10.05}{100\times 56} = 0.0018 < 0.006,\text{取}\ \rho = 0.006$$

$$\sigma_{ss} = \frac{M_s}{0.87A_sh_0} = \frac{11.56\times 10^6}{0.87\times 1005\times 560} = 23.61(\text{MPa})$$

$$W_{fk} = C_1\cdot C_2\cdot C_3\cdot\frac{\sigma_{ss}}{E_s}\cdot\left(\frac{30+d}{0.28+10\rho}\right)$$

$$= 1.0\times 1.459\times 1.15\times\frac{23.61}{2\times 10^5}\times\left(\frac{30+16}{0.28+0.06}\right) = 0.027(\text{mm}) < 0.2(\text{mm})\ (\text{满足要求})$$

各截面的最大裂缝开展宽度计算值列于表 3-3-53。

各截面最大裂缝开展宽度值 表 3-3-53

构件	截面	$M_1(\text{kN}\cdot\text{m})$	$M_2(\text{kN}\cdot\text{m})$	$M_s(\text{kN}\cdot\text{m})$	$M_l(\text{kN}\cdot\text{m})$	$h_0(\text{m})$	$W_{fk}(\text{mm})$
立壁	$a-a$	8.13	6.50	12.19	9.75	0.31	0.031
	$b-b$	32.51	52.03	74.79	65.03	0.36	0.098
	$c-c$	59.24	128.02	169.49	152.72	0.49	0.171
踵板	$e-e$	56.59	91.51	131.12	114.15	0.56	0.115
趾板	$d-d$	3.11	9.38	11.56	10.62	0.56	0.027

由表 3-3-53 可知，各截面最大裂缝开展宽度均小于 0.2mm，满足要求。

(6) 斜截面抗剪强度验算

根据《公路钢筋混凝土及预应力混凝土桥涵设计规范》(JTG 3362—2018) 第 5.2.11 条，如截面受弯构件满足以下要求时，则无须进行斜截面抗剪强度计算，且仅按构造要求配置箍筋。

$$V_j \leq 0.5\times 10^{-3}\cdot\alpha_2\cdot f_{td}\cdot bh_0$$

式中：V_j——计算截面的最大剪力，取各构件考虑车辆附加荷载时剪力组合效应设计值；

f_{td}——混凝土抗拉强度设计值，本例取 $f_{td} = 1.06\text{MPa}$；

b——截面宽度，取 1000mm；

h_0——受弯构件有效厚度(mm)；

α_2——预应力提高系数，对于钢筋混凝土受弯构件，$\alpha_2 = 1.0$；

各截面满足以上要求的情况如表 3-3-54 所示。

各截面满足抗剪强度的情况 表 3-3-54

构 件	截 面	h_0(cm)	$0.5\times10^{-3}\alpha_2 f_{td}bh_0$(kN)	V_j(kN)
立壁	$a-a$	31	164.3	25.05
	$b-b$	36	190.8	77.39
	$c-c$	49	259.7	130.30
踵板	$e-e$	56	296.8	161.21
趾板	$d-d$	56	296.8	73.78

由表 3-3-54 可知,各截面仅需按构造要求配置箍筋。

本例悬臂式混凝土挡土墙的主钢筋配筋示意图如图 3-3-112 所示。

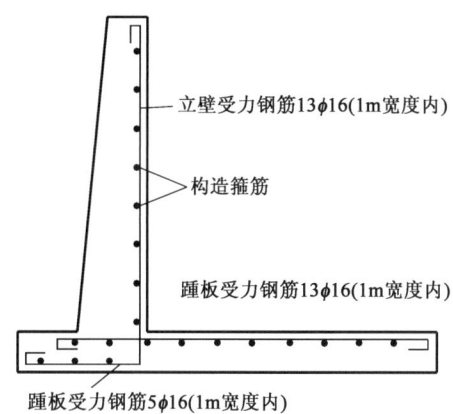

图 3-3-112 主钢筋配筋示意图

2. 扶壁式挡土墙

1)设计资料

(1)钢筋混凝土扶壁式挡土墙[图 3-3-113a)],墙高 $H=10$m,基础埋深 $h=1.0$m;

(2)墙背填料重度 $\gamma=18$kN/m³,内摩擦角 $\varphi=35°$;

(3)地基容许承载力 $f_d=400$kPa,内摩擦角 $\varphi_0=35°$,基础与地基摩擦系数 $\mu=0.4$;

(4)荷载为公路—Ⅰ级;抗滑动和抗倾覆稳定系数 $K_c\geqslant 1.3$,$K_0\geqslant 1.5$;

(5)墙身及基础材料规格与设计数据。

①混凝土强度等级采用 C20,重度 $\gamma_h=25$kN/m³,其抗压设计强度 $f_{cd}=9.2$MPa,抗拉设计强度 $f_{td}=1.06$MPa,模量 $E_c=2.55\times 10^4$MPa;

②墙身及基础中,主筋采用 HRB335(该产品已废止,现采用 HRB400)钢筋,其抗拉设计强度 $f_{sd}=280$MPa,模量 $E_s=2.0\times 10^5$MPa;箍筋采用 R235 钢筋,其抗拉设计强度 $f_{sd}=195$MPa,模量 $E_s=2.1\times 10^5$MPa;

③墙身最大裂缝开展宽度限值 $W_{fkmax}=0.2$mm。

2)初拟尺寸

通过试算,初步拟定挡土墙各构件的尺寸[图 3-3-113b)]:

底板厚取 $h_j=0.70$m,立壁高 $H_1=H-h_j=9.30$m;

中扶壁净间距 $L_0 = (0.3 \sim 0.5)H_1 = 2.79 \sim 4.65\text{m}$,取 $L_0 = 4.00\text{m}$;
边扶壁外悬臂长度 $L_0' = 0.41L_0 = 1.64\text{m}$;
扶壁厚度 $b = L_0/8 \sim L_0/6 = 0.50 \sim 0.67\text{m}$,取 $b = 0.70\text{m}$;
立壁厚度取 $B_1 = 0.34\text{m}$,墙踵板长度取 $B_2 = 4.50\text{m}$,墙趾板长度取 $B_3 = 0.50\text{m}$;
底板全长 $B = B_3 + B_1 + B_2 = 5.34\text{m}$。

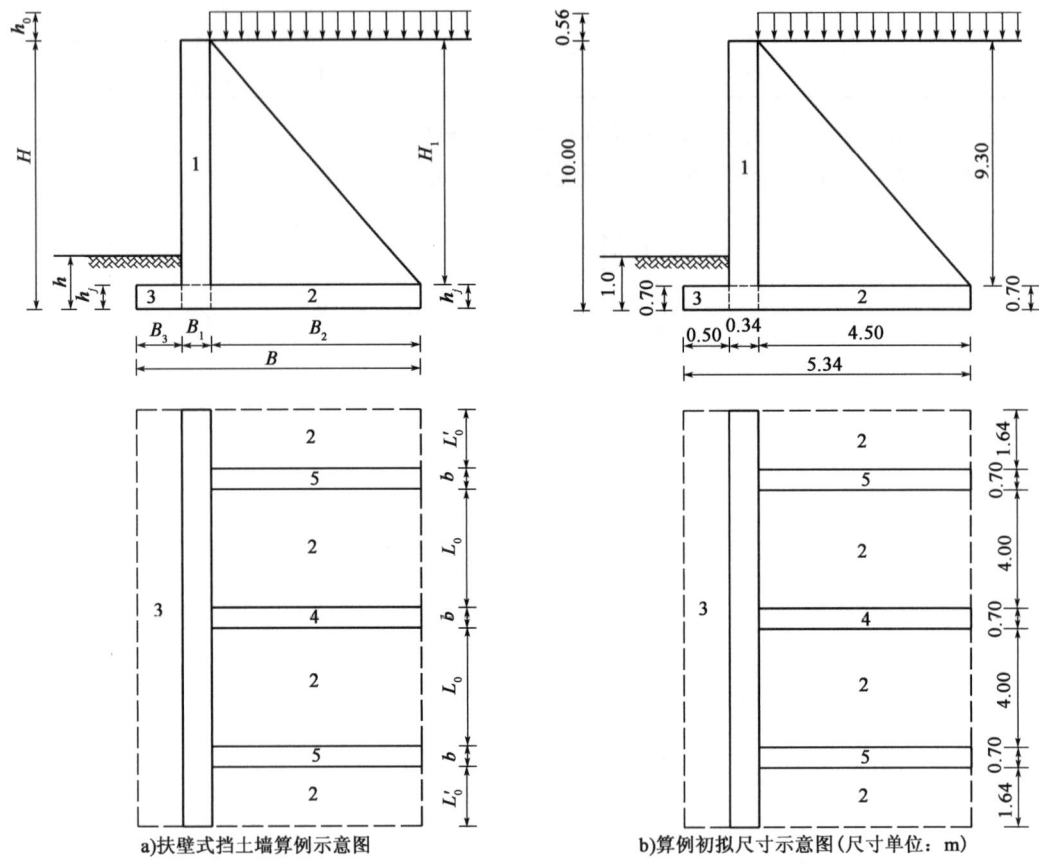

图 3-3-113 扶壁式挡土墙算例及算例初拟尺寸示意图(尺寸单位:m)
1-立壁;2-踵板;3-趾板;4-中扶壁;5-边扶壁

3) 土压力计算

(1) 车辆附加荷载等代均布土厚计算

根据《公路路基设计规范》(JTG D30—2015)第 5.4.2 条,可得墙高 $H = 10\text{m}$ 时,车辆附加荷载强度: $q = 10\text{kN/m}^2$

换算为等代均布土层厚度: $h_0 = q/\gamma = 10/8 = 0.567(\text{m})$

(2) 立壁和扶壁计算

可采用朗金公式计算土压力($\beta = 0°$)(图 3-3-114):

$$K_a = \cos\beta \cdot \frac{\cos\beta - \sqrt{\cos^2\beta - \cos^2\varphi}}{\cos\beta + \sqrt{\cos^2\beta - \cos^2\varphi}} = 1 \times \frac{1 - \sqrt{1 - \cos^2 35°}}{1 + \sqrt{1 - \cos^2 35°}} = 0.271$$

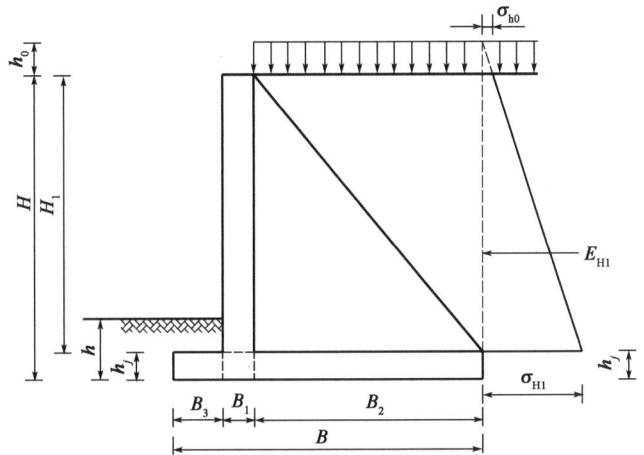

图 3-3-114 立壁和扶壁土压力计算示意图（朗金公式）

① 考虑车辆附加荷载（$h_0 = 0.56$m）

$\sigma_S = \sigma_{h0} = \gamma h_0 K_a = 18 \times 0.56 \times 0.271 = 2.73(\text{kPa})$

$\sigma_D = \sigma_{H1} = \gamma(h_0 + H_1) K_a = 18 \times (0.56 + 9.3) \times 0.271 = 48.10(\text{kPa})$

$\sigma_{pj} = \dfrac{\sigma_S + \sigma_D}{2} = \dfrac{2.73 + 48.10}{2} = 25.41(\text{kPa})$

② 不考虑车辆附加荷载（$h_0 = 0$m）

$\sigma_S = \sigma_{h0} = \gamma h_0 K_a = 0(\text{kPa})$

$\sigma_D = \sigma_{H1} = \gamma(h_0 + H_1) K_a = 18 \times 9.3 \times 0.271 = 45.365(\text{MPa})$

$\sigma_{pj} = (\sigma'_S + \sigma'_D)/2 = 22.68(\text{MPa})$

(3) 踵板和趾板的强度验算

地基应力验算、挡土墙外部稳定验算可采用库仑土压力理论计算，以墙顶点与后踵点之连线为假想墙背计算土压力（图 3-3-115）。由于踵板厚度相对于全墙高较小，为方便计算，本例中偏安全地取踵板以上填土压力计算高度为全墙高。

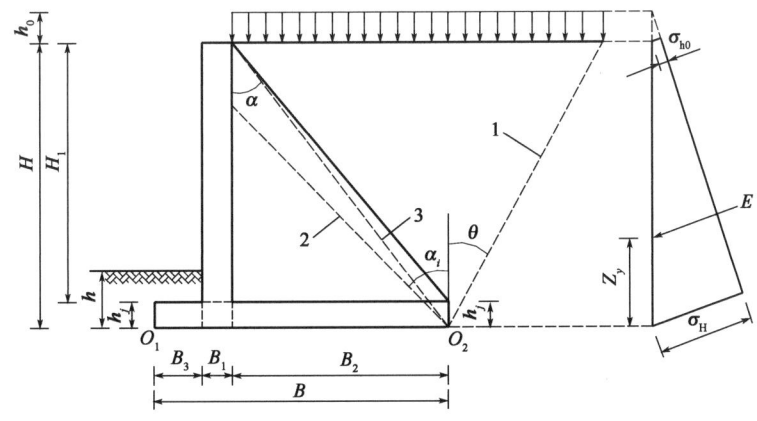

图 3-3-115 踵板和趾板土压力计算示意图（库仑公式）

首先判定是否出现第二破裂面，按算例中已经拟定好的尺寸计算：

$$\tan\alpha = \frac{4.5}{10} = 0.45, \alpha = \arctan 0.45 = 24.23°, \alpha_i = \theta_i = 45° - \frac{\varphi}{2} = 45° - \frac{35°}{2} = 27.5°$$

因为 $\alpha_i > \alpha$，所以不出现第二破裂面，应按第一破裂面重新计算土压力。

令 $\psi = \varphi + \alpha + \delta = 35° + 24.23° + 35° = 94.23° > 90°, \tan\psi = \tan 94.23° = -13.52$

令 $A = -\tan\alpha = -0.45$

$$\tan\theta = -\tan\psi - \sqrt{(\cot\varphi + \tan\psi) \cdot (\tan\psi + A)}$$

$$= 13.52 - \sqrt{(1.428 - 13.52)(-13.52 - 0.45)} = 0.523, \theta = \arctan 0.523 = 27.61°$$

$$K = \frac{\cos(\theta + \varphi)}{\sin(\theta + \psi)} \cdot (\tan\theta + \tan\alpha) = \frac{0.46}{0.850} \times (0.523 + 0.45) = 0.527$$

① 考虑车辆附加荷载（$h_0 = 0.56$ m）

$$K_1 = 1 + \frac{2h_0}{H} = 1 + \frac{2 \times 0.56}{10} = 1.11$$

主动土压力：$E = \frac{1}{2}\gamma H^2 K K_1 = \frac{1}{2} \times 18 \times 10^2 \times 0.527 \times 1.11 = 526.47(\text{kN})$

$$E_x = E\cos(\alpha + \delta) = 526.47 \times \cos(24.23° + 35°) = 269.34(\text{kN})$$

$$E_y = E\sin(\alpha + \delta) = 526.47 \times \sin(24.23° + 35°) = 452.36(\text{kN})$$

主动土压应力：$\sigma_{h0} = \gamma h_0 K = 18 \times 0.56 \times 0.527 = 5.31(\text{kPa})$

$$\sigma_H = \gamma(h_0 + H)K = 18 \times (0.56 + 10) \times 0.527 = 100.17(\text{kPa})$$

主动土压力对后踵板下缘点 O_2 点的力臂：

$$Z_y = \frac{H}{3} + \frac{h_0}{3K_1} = \frac{10}{3} + \frac{0.56}{3 \times 1.11} = 3.50(\text{m})$$

$$Z_x = \tan\alpha(H - Z_y) = 0.45 \times (10 - 3.50) = 2.925(\text{m})$$

② 不考虑车辆附加荷载（$h_0 = 0$ m）

$$K_1 = 1 + \frac{2h_0}{H} = 1 + \frac{2 \times 0}{10} = 1$$

主动土压力：$E = \frac{1}{2}\gamma H^2 K K_1 = \frac{1}{2} \times 18 \times 10^2 \times 0.527 \times 1 = 474.30(\text{kN})$

$E_x = E\cos(\alpha + \delta) = 474.30 \times \cos(24.23° + 35°) = 242.65(\text{kN})$

$E_y = E\sin(\alpha + \delta) = 474.30 \times \sin(24.23° + 35°) = 407.53(\text{kN})$

主动土压应力：$\sigma'_{h0} = \gamma h_0 K = 18 \times 0 \times 0.527 = 0(\text{kN})$

$$\sigma'_H = \gamma(h_0 + H)K = 18 \times (0 + 10) \times 0.527 = 94.86(\text{kN})$$

主动土压力对后踵板下缘点 O_2 点的力臂：

$$Z_y = \frac{H}{3} + \frac{h_0}{3K_1} = \frac{10}{3} + \frac{0}{3 \times 1.11} = 3.33(\text{m})$$

$$Z_x = \tan\alpha \cdot (H - Z_y) = 0.45 \times (10 - 3.33) = 3.00(\text{m})$$

4）墙身外部稳定性和基底应力验算

(1) 计算全墙总竖向力 N、抗倾覆力矩 M_y 和倾覆力矩 M_H（图 3-3-116）

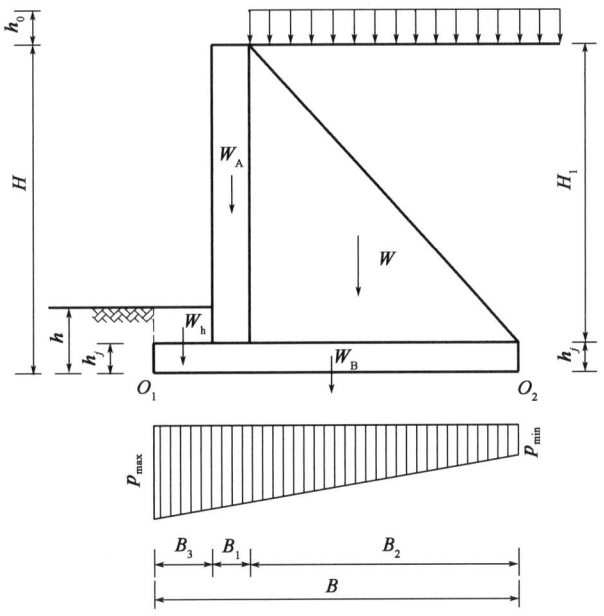

图 3-3-116 墙身外部稳定性和基底应力验算示意图

踵板上填土重 W 及力臂 Z_W(对趾板端部的力臂,以下同):

$W = \frac{1}{2}\gamma H_1 B_2 = \frac{1}{2} \times 18 \times 9.3 \times 4.5 = 376.76(\mathrm{kN})$

$Z_W = B_3 + B_1 + B_2/3 = 0.50 + 0.34 + 4.5/3 = 2.34(\mathrm{m})$

(2)墙体自重 W_{AB} 及力臂 Z_{WAB}

①立壁

$W_A = \gamma_h H_1 B_1 = 25 \times 9.3 \times 0.34 = 79.05(\mathrm{kN})$

$Z_A = B_3 + B_1/2 = 0.50 + 0.34/2 = 0.67(\mathrm{m})$

②底板

$W_B = \gamma_h B h_j = 25 \times 5.34 \times 0.70 = 93.45(\mathrm{kN})$

$Z_B = B/2 = 5.34/2 = 2.67(\mathrm{m})$

$W_{AB} = W_A + W_B = 79.05 + 93.45 = 172.50(\mathrm{kN})$

$Z_{WAB} = (W_A Z_A + W_B Z_B)/W_{AB} = (79.05 \times 0.67 + 93.45 \times 2.67)/172.5 = 1.75(\mathrm{m})$

墙趾板上覆土重 W_h 及力臂 Z_{Wh}:

$W_h = \gamma B_3 (h - h_j) = 18 \times 0.50 \times (1.00 - 0.70) = 2.70(\mathrm{kN})$

$Z_{Wh} = B_3/2 = 0.50/2 = 0.25(\mathrm{m})$

全墙总竖向力:

$N = W + W_{AB} + W_h + E_y = 376.65 + 172.5 + 2.7 + 452.36 = 1004.21(\mathrm{kN})$

抗倾覆力矩:

$\begin{aligned} M_y &= W Z_W + W_{AB} Z_{WAB} + W_h Z_{Wh} + E_y (B_3 + B_1 + Z_x) \\ &= 376.65 \times 2.34 + 172.5 \times 1.75 + 2.70 \times 0.25 + 452.44 \times (0.84 + 2.925) \\ &= 2887.35(\mathrm{kN \cdot m}) \end{aligned}$

倾覆力矩为：$M_H = E_x \cdot Z_y = 269.34 \times 3.50 = 942.69 (kN \cdot m)$

(3) 抗倾覆稳定性验算

倾覆稳定方程：

$$GZ_G = WZ_W + W_{AB}Z_{WAB} + W_h Z_{Wh}$$
$$= 376.65 \times 2.34 + 172.5 \times 1.75 + 2.70 \times 0.25 = 1183.91(kN)$$

$E_y \cdot Z_x = E_y \cdot (B_3 + B_1 + Z_x) = 452.44 \times (0.50 + 0.34 + 2.925) = 1703.44(kN \cdot m)$

$E_x \cdot Z_y = 269.34 \times 3.50 = 942.69(kN \cdot m)$

$$0.8GZ_G + \gamma_{Q1} \cdot (E_y Z_x - E_x Z_y) = 0.8 \times 1183.91 + 1.4 \times (1703.44 - 942.69)$$
$$= 2012.18 > 0 \quad (满足要求)$$

抗倾覆稳定系数：

$K_0 = M_y / M_H = 2887.05 / 942.69 = 3.06 > 1.50 \quad (满足要求)$

(4) 抗滑动稳定性验算

滑动稳定方程：

$G = W + W_{AB} + W_h = 376.65 + 172.5 + 2.7 = 551.85(kN)$

$E_y = 452.44(kN); E_x = 269.34(kN); \mu = 0.4$

$$[1.1G + \gamma_{Q1} \cdot E_y] \cdot \mu - \gamma_{Q1} \cdot E_x$$
$$= [1.1 \times 551.85 + 1.4 \times 452.44] \times 0.4 - 1.4 \times 269.34 = 119.10 > 0 \quad (满足要求)$$

(5) 抗滑动稳定系数

$K_c = \dfrac{N \cdot \mu}{E_x} = \dfrac{1004.21 \times 0.40}{269.34} = 1.49 > 1.30 \quad (满足要求)$

(6) 偏心距验算

$e = \left| \dfrac{B}{2} - \dfrac{M_y - M_H}{N} \right| = \left| \dfrac{5.34}{2} - \dfrac{2887.35 - 942.69}{1004.21} \right| = 0.734(m) < \dfrac{B}{6} = 0.89(m) \quad (满足要求)$

(7) 基底应力验算（考虑车辆附加荷载）

$\begin{matrix} p_{max} \\ p_{min} \end{matrix} = \dfrac{N}{B} \cdot \left(1 \pm \dfrac{6e}{B}\right) = \dfrac{1004.21}{5.34} \times \left(1 \pm \dfrac{6 \times 0.734}{5.34}\right) = \begin{matrix} 343.15 \\ 32.96 \end{matrix} (kPa) < f_d = 400(kPa)$

(8) 基底应力验算（不考虑车辆附加荷载，即 $h_0 = 0$）

全墙总竖向力：

$N' = W + W_{AB} + W_h + E_y = 376.65 + 172.5 + 2.7 + 407.53 = 959.38(kN)$

抗倾覆力矩：

$$M'_y = WZ_W + W_{AB}Z_{WAB} + W_h Z_{Wh} + E_y(B_3 + B_1 + Z_x)$$
$$= 376.65 \times 2.34 + 172.5 \times 1.75 + 2.70 \times 0.25 + 407.53 \times (0.5 + 0.34 + 3.0)$$
$$= 2748.83(kN \cdot m)$$

倾覆力矩：

$M'_H = E_x \cdot Z_y = 242.65 \times 3.33 = 808.02(kN \cdot m)$

基底偏心距计算：

$e' = \left| \dfrac{B}{2} - \dfrac{M'_y - M'_H}{N'} \right| = \left| \dfrac{5.34}{2} - \dfrac{2748.83 - 808.02}{959.38} \right| = 0.647(m) < \dfrac{B}{6} = 0.89(m)$

(满足要求)

基底应力计算：

$$p'_{\max}_{\min} = \frac{N'}{B} \cdot \left(1 \pm \frac{6e'}{B}\right) = \frac{959.38}{5.34} \times \left(1 \pm \frac{6 \times 0.647}{5.34}\right) = \frac{310.27}{49.05} (\text{kPa}) < f_d = 400(\text{kPa}) (\text{满足要求})$$

5）墙身配筋和裂缝开展宽度计算

扶壁式挡土墙所需受力钢筋如图 3-3-117 所示，所有构件重要性系数 γ_0 均取 1.0，分别按立壁、趾板、踵板、扶壁顺序进行构件计算，其详细计算过程如下：

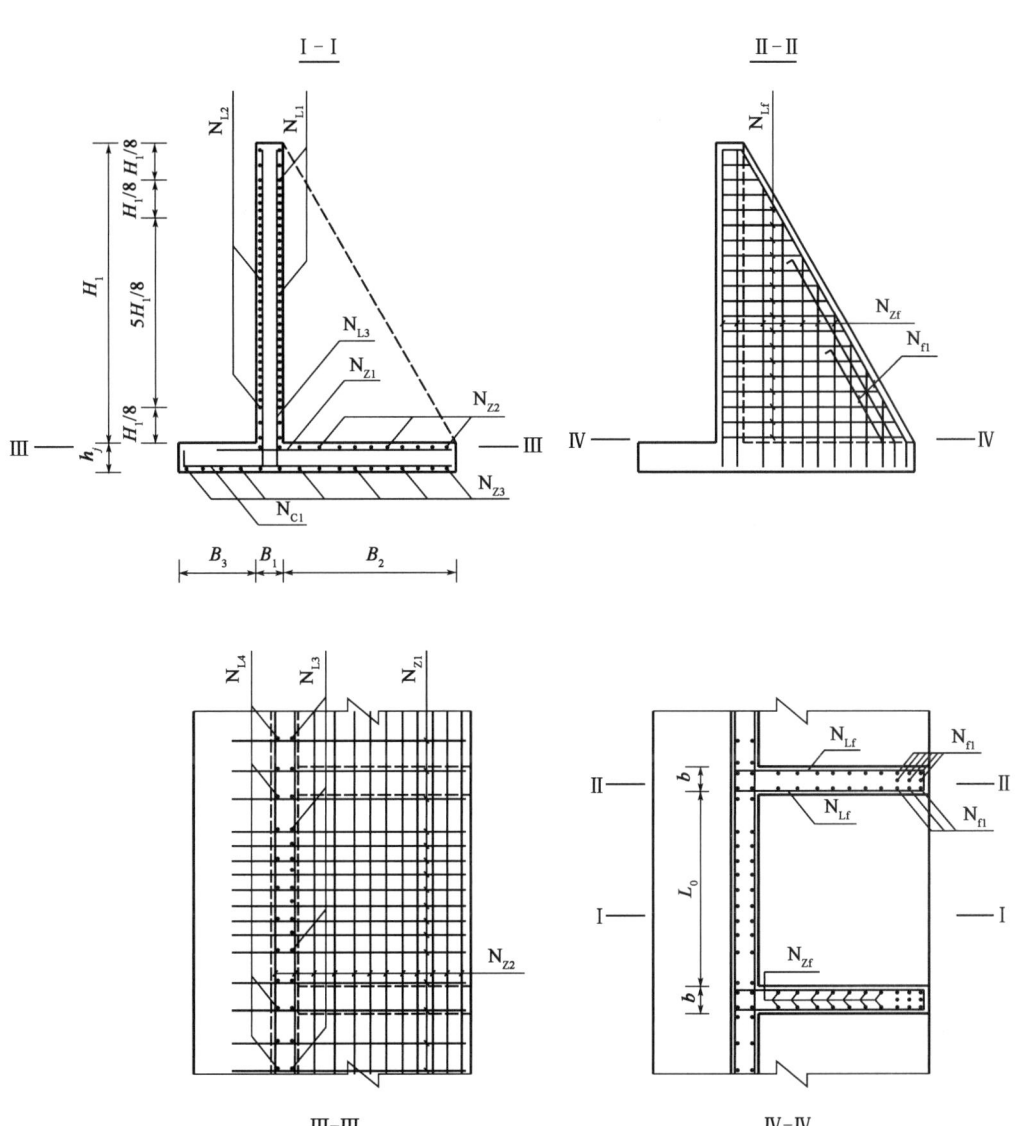

图 3-3-117　扶壁式挡土墙构件主要钢筋布置示图

(1)立壁

①立壁内力计算

a. 顺墙长方向的作用效应

由上知:$\sigma_S = 2.73 (MPa)$,$\sigma_D = 48.10 (kPa)$,$\sigma_{pj} = (\sigma_S + \sigma_D)/2 = 25.41 (kPa)$

单位宽度立壁的水平板条可按支撑于扶壁上的连续梁构件计算,其最大水平负弯矩在支点位置(立壁与扶壁结合处),最大水平正弯矩在跨中位置(两扶壁间距中点处),简化计算如下:

$$M_{10j} = \frac{1}{8} \cdot \sigma_{pj} \cdot L_0^2 = \frac{1}{8} \times 25.41 \times 4.00^2 = 50.82 (kN \cdot m)$$

$$M_{1d0j} = \gamma_{Q1} \cdot M_{10j} = 1.4 \times 50.82 = 71.15 (kN \cdot m)$$

a)由式(3-3-161-1)得:

最大水平负弯矩:$M_{11j} = -M_{10j}/1.5 = -50.82/1.5 = -33.88 (kN \cdot m)$

支点负弯矩组合设计值:$M_{1d1j} = -M_{1d0j}/1.5 = (-71.15)/1.5 = -47.43 (kN \cdot m)$

b)由式(3-3-161-2)得:

最大水平正弯矩:$M_{12j} = M_{10j}/2.5 = 50.82/2.5 = 20.33 (kN \cdot m)$

跨中正弯矩组合设计值:$M_{1d2j} = M_{1d0j}/2.5 = 71.15/2.5 = 28.46 (kN \cdot m)$

c)由式(3-3-161-3)支点最大剪力组合设计值(立壁单位高度b_H为1m):

$$V_{1d1j} = \gamma_{Q1} \cdot \sigma_{pj} \cdot L_0 \cdot b_H/2 = 1.4 \times 25.41 \times 4.00 \times 1.0/2 = 71.15 (kN)$$

b. 竖直方向的作用效应

由前计算知:$\sigma_D = 48.10 (MPa)$

顺墙长方向单位宽度($b_L = 1m$)立壁竖向板条,其最大垂直负弯矩位于立壁底端,最大垂直正弯矩位于立壁底部$H_1/4$分点附近,取两扶壁中间1m宽的竖向板条简化计算:

a)最大垂直正弯矩,可由式(3-3-153-1)得:

$$M_{1max} = 0.0075 \cdot \sigma_D \cdot H_1 \cdot L_0 \cdot b_L = 0.0075 \times 48.10 \times 9.3 \times 4.0 \times 1.0 = 13.42 (kN \cdot m)$$

其组合设计值由式(3-3-153)得:

$$M_{1dmax} = \gamma_0 \cdot \gamma_{Q1} \cdot M_{1max} = 1.0 \times 1.4 \times 13.42 = 18.79 (kN \cdot m)$$

b)最大垂直负弯矩,可由式(3-3-154-1)得:

$$M_{1min} = -4 \cdot M_{1max} = -4 \times 13.42 = -53.68 (kN \cdot m)$$

其组合设计值由式(3-3-154-2)得:

$$M_{1dmin} = -4 \cdot M_{1max} = -4 \times 18.79 = -75.15 (kN \cdot m)$$

c)竖向板条底部的水平剪力:

考虑最不利情况,本算例将两扶壁之间立壁的竖向板简化为四边自由支承且承受均布荷载的双向板。当$H_1/L_0 = 9.3/4.0 = 2.325$时,查阅相关力学计算系数表内插得剪力系数为0.474,故可近似计算水平剪力:

$$\begin{aligned}V_{1max} &= 0.474 \cdot \sigma_{H1} \cdot L_0 = 0.474 \cdot (\sigma_D - \sigma_S) \cdot L_0 \cdot b_L \\ &= 0.474 \times (48.1 - 2.73) \times 4.00 \times 1 = 86.02 (kN)\end{aligned}$$

其组合设计值为:$V_{1dmax} = \gamma_0 \cdot \gamma_{Q1} \cdot V_{1max} = 1.0 \times 1.4 \times 86.02 = 120.43 (kN)$

立壁内力计算汇总见表3-3-55。

②立壁配筋计算

对应上表中立壁各弯矩、剪力效应组合设计值,分别配筋,计算过程如下:

由现行《公路钢筋混凝土及预应力混凝土桥涵设计规范》(JTG 3362)规定,可转换成式(3-3-170-1)~式(3-3-170-4)进行各截面的配筋计算。

立壁各方向弯矩、剪力效应组合设计值汇总表　　　　　　　　　表3-3-55

	弯矩、剪力效应组合设计值名称		字母符号	数值及单位
顺墙长方向	a	最大水平负弯矩	M_{1d1j}	$-47.43(\text{kN}\cdot\text{m})$
	b	最大水平正弯矩	M_{1d2j}	$28.46(\text{kN}\cdot\text{m})$
	c	支点最大剪力	V_{1d1j}	$71.15(\text{kN})$
竖直方向	d	最大垂直正弯矩	$M_{1d\max}$	$18.79(\text{kN}\cdot\text{m})$
	e	最大垂直负弯矩	$M_{1d\min}$	$-75.15(\text{kN}\cdot\text{m})$
	f	竖向板条底部的水平剪力	$V_{1d\max}$	$120.43(\text{kN})$

$$A_0 = \frac{M_d}{b \cdot h_0^2 \cdot f_{cd}} \quad (3\text{-}3\text{-}170\text{-}1)$$

$$\xi = 1 - \sqrt{1 - 2A_0} \quad (3\text{-}3\text{-}170\text{-}2)$$

$$\rho = \xi \cdot \frac{f_{cd}}{f_{sd}} \quad (3\text{-}3\text{-}170\text{-}3)$$

$$A_s = \rho \cdot b \cdot h_0 \quad (3\text{-}3\text{-}170\text{-}4)$$

其中弯矩效应组合设计值M_d取考虑车辆附加荷载情况的计算值(kN·m);配筋截面计算宽度b取1.0m,保护层厚度取0.04m。

混凝土抗压设计强度$f_{cd}=9.2\text{MPa}=9200\text{kPa}$,主钢筋抗拉设计强度$f_{sd}=280\text{MPa}=2.8\times10^5\text{kPa}$;当配筋率$\rho<0.15\%$时,$\rho$取最小配筋率0.15%。

各截面配筋计算详细过程如下:

a. 立壁内侧水平向受拉钢筋

截面有效厚度内最大水平负弯矩组合设计值:$M_{1d1j}=-47.43(\text{kN}\cdot\text{m})$

$h_0=0.34-0.04=0.30(\text{m})$

$$A_0 = \frac{M_d}{b \cdot h_0^2 \cdot f_{cd}} = \frac{47.43}{1\times0.30^2\times9200} = 0.057$$

$$\xi = 1 - \sqrt{1-2A_0} = 1 - \sqrt{1-2\times0.057} = 0.059$$

$$\rho = \xi \cdot \frac{f_{cd}}{f_{sd}} = 0.059\times\frac{9200}{2.8\times10^5} = 0.194\%$$

$$A_s = \rho \cdot b \cdot h_0 = 0.00194\times1\times0.30 = 5.82\times10^{-4}(\text{m}^2) = 5.82(\text{cm}^2)$$

采用钢筋N_{L1}每延米9ϕ14($A_s=13.85\text{cm}^2$)。钢筋N_{L1}沿立壁内侧水平向布置;在立壁竖直方向上,立壁中部$H_1/2$段采用全值每延米9ϕ14,上、下各$H_1/8$段内采用半值每延米5ϕ14;在顺墙长方向上,钢筋N_{L1}自扶壁向跨中伸长1/4加锚固长度,另一侧为悬臂长。

b. 立壁外侧水平向受拉钢筋

最大水平正弯矩组合设计值:$M_{1d2j}=28.46(\text{kN}\cdot\text{m})$

截面有效厚度:$h_0=0.34-0.04=0.30(\text{m})$

$$A_0 = \frac{M_d}{b\cdot h_0^2\cdot f_{cd}} = \frac{28.46}{1\times0.30^2\times9200} = 0.0344$$

$$\xi = 1 - \sqrt{1-2A_0} = 1 - \sqrt{1-2\times0.0344} = 0.035$$

$$\rho = \xi \cdot \frac{f_{cd}}{f_{sd}} = 0.035 \times \frac{9200}{2.8 \times 10^5} = 0.115\%$$

$$A_s = \rho \cdot b \cdot h_0 = 0.00115 \times 1 \times 0.30 = 3.45 \times 10^{-4}(\text{m}^2) = 3.45(\text{cm}^2)$$

采用钢筋 N_{L2} 每延米 $9\phi12(A_s = 10.18\text{cm}^2)$。钢筋 N_{L2} 沿立壁外侧水平向布置；在立壁竖直方向上，立壁中部 $3H_1/4$ 范围内采用全值每延米 $9\phi12$，上、下各 $H_1/8$ 段内采用半值每延米 $5\phi12$；在顺墙长方向上，钢筋 N_{L2} 自跨中向两侧各伸长 $1/4$ 加锚固长度。

c. 立壁与扶壁连接水平向箍筋

支点最大剪力组合设计值：$V_{1dlj} = 71.15(\text{kN})$

截面有效厚度：$h_0 = 0.34 - 0.04 = 0.30(\text{m}) = 300(\text{mm})$

混凝土抗拉设计强度：$f_{td} = 1.06(\text{MPa})$

根据《公路钢筋混凝土及预应力混凝土桥涵设计规范》(JTG 3362—2018)第 5.2.10 条，混凝土单独抗剪，箍筋按构造布置设计：

$$(0.5 \times 10^{-3}) \cdot f_{td} \cdot b \cdot h_0 = 0.5 \times 10^{-3} \times 1.06 \times 1000 \times 300 = 159(\text{kN}) > V_{1dlj} = 71.15(\text{kN})$$

满足抗剪要求，故无须配置抗剪箍筋，箍筋按构造要求布置。

d. 立壁内侧竖直向受拉钢筋

最大垂直负弯矩组合设计值：$M_{1dmin} = -75.15(\text{kN} \cdot \text{m})$

截面有效厚度：$h_0 = 0.34 - 0.04 = 0.30(\text{m})$

$$A_0 = \frac{M_d}{b \cdot h_0^2 \cdot f_{cd}} = \frac{75.15}{1 \times 0.30^2 \times 9200} = 0.0908$$

$$\xi = 1 - \sqrt{1 - 2A_0} = 1 - \sqrt{1 - 2 \times 0.0908} = 0.095$$

$$\rho = \xi \cdot \frac{f_{cd}}{f_{sd}} = 0.095 \times \frac{9200}{2.8 \times 10^5} = 0.31\%$$

$$A_s = \rho \cdot b \cdot h_0 = 0.0031 \times 1 \times 0.30 = 9.3 \times 10^{-4}(\text{m}^2) = 9.3(\text{cm}^2)$$

采用钢筋 N_{L3} 每延米 $9\phi14(A_s = 13.85\text{cm}^2)$。钢筋 N_{L3} 沿立壁内侧竖直向布置；在立壁竖直方向上，置于 N_{L1} 钢筋外侧(靠面坡一侧)，钢筋下部埋入踵板内，上部可在距立壁顶 $H_1/6$ 加锚固长度处截断；在顺墙长方向上，两扶壁之间 $2L_0/3$ 段内采用全值每延米 $9\phi14$，其余两端靠近扶壁的 $L_0/6$ 段采用半值 $5\phi14$。

e. 垂直墙长方向踵板顶面水平钢筋(用于平衡立壁最大垂直负弯矩)

最大垂直负弯矩组合设计值：$M_{1dmin} = -75.15(\text{kN} \cdot \text{m})$

截面有效厚度：$h_0 = 0.7 - 0.04 = 0.66(\text{m})$

$$A_0 = \frac{M_d}{b \cdot h_0^2 \cdot f_{cd}} = \frac{75.15}{1 \times 0.66^2 \times 9200} = 0.019$$

$$\xi = 1 - \sqrt{1 - 2A_0} = 1 - \sqrt{1 - 2 \times 0.019} = 0.019$$

$$\rho = \xi \cdot \frac{f_{cd}}{f_{sd}} = 0.019 \times \frac{9200}{2.8 \times 10^5} = 0.06\% < 0.15\% \text{ (最小配筋率)}, 故取 \rho = 0.15\%$$

$$A_s = \rho \cdot b \cdot h_0 = 0.0015 \times 1 \times 0.66 = 9.90 \times 10^{-4}(\text{m}^2) = 9.90(\text{cm}^2)$$

采用钢筋 N_{z1} 每延米 $9\phi12(A_s = 10.18\text{cm}^2)$。钢筋 N_{z1} 布置踵板顶面且在钢筋 N_{z2} 的下面，顺墙长方向布置与 N_{L3} 相同，横向长度可用 $B_1/2$。

f. 立壁外侧竖直向受拉钢筋

最大垂直正弯矩组合设计值：$M_{1dmax} = 18.79(\text{kN} \cdot \text{m})$

截面有效厚度：$h_0 = 0.34 - 0.04 = 0.30(\text{m})$

$$A_0 = \frac{M_d}{b \cdot h_0^2 \cdot f_{cd}} = \frac{18.79}{1 \times 0.30^2 \times 9200} = 0.023$$

$$\xi = 1 - \sqrt{1 - 2A_0} = 1 - \sqrt{1 - 2 \times 0.023} = 0.023$$

$$\rho = \xi \cdot \frac{f_{cd}}{f_{sd}} = 0.023 \times \frac{9200}{2.8 \times 10^5} = 0.075\%$$

$$A_s = \rho \cdot b \cdot h_0 = 0.0008 \times 1 \times 0.30 = 2.4 \times 10^{-4}(\text{m}^2) = 2.4(\text{cm}^2)$$

采用钢筋 N_{14} 每延米 $8\phi10(A_s = 6.28\text{cm}^2)$。钢筋 N_{14} 沿立壁外侧竖直向布置；在立壁竖直方向上，布置在钢筋 N_{12} 内侧（靠墙背一侧）；在顺墙长方向上，两扶壁之间 $2L_0/3$ 段内采用全值每延米 $8\phi10$，其余两端靠近扶壁的 $L_0/6$ 段采用半值，但因本计算的配筋率接近最小配筋率，故按全值 $8\phi10$ 布置。

g. 立壁内侧竖直向受拉钢筋

支点最大剪力组合设计值：$V_{1max} = 72.59(\text{kN})$

截面有效厚度：$h_0 = 0.7 - 0.04 = 0.66(\text{m}) = 660(\text{mm})$

混凝土抗拉设计强度：$f_{td} = 1.06(\text{MPa})$

两肋中间 1m 宽的垂直墙条底部的水平剪力，根据现行《公路钢筋混凝土及预应力混凝土桥涵设计规范》（JTG 3362）的规定，混凝土单独抗剪，箍筋按构造配置设计：

$$(0.5 \times 10^{-3}) \cdot f_{td}bh_0 = 0.5 \times 10^{-3} \times 1.06 \times 1000 \times 660 = 349.8(\text{kN}) > V_{1max} = 72.59(\text{kN})$$

满足抗剪要求，故无须配置抗剪箍筋，箍筋按构造要求布置。

③立壁裂缝开展宽度计算

根据现行《公路钢筋混凝土及预应力混凝土桥涵设计规范》（JTG 3362）规定，构件最大裂缝开展宽度（mm）可按式(3-3-171-1)和式(3-3-171-2)计算。

$$W_{fk} = C_1 \cdot C_2 \cdot C_3 \cdot \frac{\sigma_{ss}}{E_s} \cdot \left(\frac{30 + d}{0.28 + 10\rho}\right) \tag{3-3-171-1}$$

$$\rho = \frac{A_s + A_p}{b \cdot h_0 + (b_f - b) \cdot h_f} \tag{3-3-171-2}$$

式中：C_1——钢筋表面形状系数，本算例用螺纹钢筋 $C_1 = 1.0$；

C_2——作用（或荷载）长期效应影响系数，$C_2 = 1 + 0.5 \cdot \frac{N_l}{N_s}$，其中 N_l 和 N_s 分别为按作用（或荷载）效应组合和短期效应组合计算的内力值（弯矩或轴向力），本例采用弯矩值 M_l 和 M_s；

C_3——构件形式系数，本示例中构件为板式受弯构件，故 $C_3 = 1.15$；

d——纵向受拉钢筋直径（mm）；

A_s——构件受拉区纵向普通钢筋的截面面积（cm²）；

A_p——构件受拉区纵向预应力钢筋的截面面积（cm²），本算例中 $A_p = 0$；

ρ——纵向受拉钢筋配筋率，对钢筋混凝土构件，当 $\rho > 0.02$ 时，取 $\rho = 0.02$，当 $\rho < 0.006$ 时，取 $\rho = 0.006$，在本算例中，构件受拉翼缘宽度 $b_f(\text{cm})$ 和厚度 $h_f(\text{cm})$ 均

为 0,故简化为 $\rho = \dfrac{A_s}{b \cdot h_0}$;

σ_{ss}——钢筋应力(MPa),本例为受弯构件,$\sigma_{ss} = \dfrac{M_s}{0.87 A_s \cdot h_0}$。

对应各控制弯矩进行裂缝计算:

a. 以立壁最大水平负弯矩 M_{11j} 为例,计算裂缝开展宽度。

a) 考虑车辆荷载作用

由上知:$\sigma_S = 2.73(\text{MPa})$,$\sigma_D = 48.1(\text{MPa})$,$\sigma_{pj} = 25.41(\text{MPa})$

$M_{11j} = -33.88(\text{kN} \cdot \text{m})$

b) 不考虑车辆荷载作用

$\sigma'_S = 0(\text{MPa})$,$\sigma'_D = 45.365(\text{MPa})$,$\sigma'_{pj} = 22.68(\text{MPa})$

$M'_{10j} = \dfrac{1}{8} \cdot \sigma'_{pj} \cdot L_0^2 = \dfrac{1}{8} \times 22.68 \times 4.00^2 = 45.36(\text{kN} \cdot \text{m})$

$M'_{11j} = -M'_{10j}/1.5 = -45.36/1.5 = -30.24(\text{kN} \cdot \text{m})$

c) 计算作用长期效应影响系数 C_2

$M_1 = |M_{1d1j} - M'_{1d1j}| = |-33.88 + 30.24| = 3.64(\text{kN} \cdot \text{m})$　(车辆附加荷载作用弯矩值)

$M_2 = |M'_{1d1j}| = 30.24(\text{kN} \cdot \text{m})$　(土压力的作用弯矩值)

$M_s = M_2 + 0.7 M_1 = 30.24 + 0.7 \times 3.64 = 32.79(\text{kN} \cdot \text{m})$

$M_l = M_2 + 0.4 M_1 = 30.24 + 0.4 \times 3.64 = 31.70(\text{kN} \cdot \text{m})$

$C_2 = 1 + 0.5 \cdot \dfrac{M_l}{M_s} = 1 + 0.5 \times \dfrac{31.70}{32.79} = 1.483$

d) 计算最大裂缝开展宽度

$\rho = \dfrac{A_s}{b \cdot h_0} = \dfrac{13.85}{100 \times 30} = 0.0046 < 0.006$,取 $\rho = 0.006$

$\sigma_{ss} = \dfrac{M_s}{0.87 A_s \cdot h_0} = \dfrac{32.79 \times 10^6}{0.87 \times 1385 \times 300} = 90.71(\text{MPa})$

$W_{fk} = C_1 \cdot C_2 \cdot C_3 \cdot \dfrac{\sigma_{ss}}{E_s} \cdot \left(\dfrac{30 + d}{0.28 + 10\rho} \right)$

$= 1.0 \times 1.483 \times 1.15 \times \dfrac{90.71}{2 \times 10^5} \times \left(\dfrac{30 + 14}{0.28 + 0.06} \right) = 0.1(\text{mm}) < 0.2(\text{mm})$　(满足要求)

b. 以立壁最大水平正弯矩 M_{12j} 为例,计算裂缝开展宽度。

a) 考虑车辆荷载作用

由上知:$\sigma_S = 2.73(\text{MPa})$,$\sigma_D = 48.1(\text{MPa})$,$\sigma_{pj} = 25.41(\text{MPa})$

$M_{12j} = 20.33(\text{kN} \cdot \text{m})$

b) 不考虑车辆荷载作用

$\sigma'_S = 0(\text{MPa})$,$\sigma'_D = 45.365(\text{MPa})$,$\sigma'_{pj} = 22.68(\text{MPa})$

$M'_{10j} = \dfrac{1}{8} \cdot \sigma'_{pj} \cdot L_0^2 = \dfrac{1}{8} \times 22.68 \times 4.00^2 = 45.36(\text{kN} \cdot \text{m})$

$M'_{12j} = M'_{10j}/2.5 = 45.36/2.5 = 18.14(\text{kN} \cdot \text{m})$

c) 计算作用长期效应影响系数 C_2

$M_1 = M_{12j} - M'_{12j} = 20.33 - 18.14 = 2.19(\text{kN} \cdot \text{m})$ （车辆附加荷载作用弯矩值）

$M_2 = M'_{12j} = 18.14(\text{kN} \cdot \text{m})$ （土压力的作用弯矩值）

$M_s = M_2 + 0.7M_1 = 18.14 + 0.7 \times 2.19 = 19.67(\text{kN} \cdot \text{m})$

$M_l = M_2 + 0.4M_1 = 18.14 + 0.4 \times 2.19 = 19.02(\text{kN} \cdot \text{m})$

$C_2 = 1 + 0.5 \cdot \dfrac{M_l}{M_s} = 1 + 0.5 \times \dfrac{19.02}{19.67} = 1.483$

d) 计算最大裂缝开展宽度

$\rho = \dfrac{A_s}{b \cdot h_0} = \dfrac{10.18}{100 \times 30} = 0.0034 < 0.006$，取 $\rho = 0.006$

$\sigma_{ss} = \dfrac{M_s}{0.87 A_s \cdot h_0} = \dfrac{19.67 \times 10^6}{0.87 \times 1018 \times 300} = 74.03(\text{MPa})$

$W_{fk} = C_1 \cdot C_2 \cdot C_3 \cdot \dfrac{\sigma_{ss}}{E_s} \cdot \left(\dfrac{30 + d}{0.28 + 10\rho}\right)$

$= 1.0 \times 1.483 \times 1.15 \times \dfrac{74.03}{2 \times 10^5} \times \left(\dfrac{30 + 12}{0.28 + 0.06}\right) = 0.078(\text{mm}) < 0.2(\text{mm})$

c. 以立壁最大垂直负弯矩 $M_{1\min}$ 为例，计算裂缝开展宽度。

a) 考虑车辆荷载作用

由上知：$\sigma_S = 2.73(\text{MPa})$，$\sigma_D = 48.1(\text{MPa})$，$\sigma_{pj} = 25.41(\text{MPa})$

$M_{1\min} = -53.68(\text{kN} \cdot \text{m})$

b) 不考虑车辆荷载作用

$\sigma'_S = 0(\text{MPa})$，$\sigma'_D = 45.365(\text{MPa})$，$\sigma'_{pj} = 22.68(\text{MPa})$

$M'_{1\min} = -4 M'_{1\max} = -4 \cdot (0.0075 \cdot \sigma'_D \cdot H_1 \cdot L_0 \cdot b_L)$

$= -4 \times (0.0075 \times 45.365 \times 9.3 \times 4.0 \times 1.0) = -50.64(\text{kN} \cdot \text{m})$

c) 计算作用长期效应影响系数 C_2

$M_1 = |M_{1\min} - M'_{1\min}| = |-53.68 + 50.64| = 3.04(\text{kN} \cdot \text{m})$ （车辆附加荷载作用弯矩值）

$M_2 = |M'_{1\min}| = 50.64(\text{kN} \cdot \text{m})$ （土压力的作用弯矩值）

$M_s = M_2 + 0.7M_1 = 50.64 + 0.7 \times 3.04 = 52.77(\text{kN} \cdot \text{m})$

$M_l = M_2 + 0.4M_1 = 50.64 + 0.4 \times 3.04 = 51.86(\text{kN} \cdot \text{m})$

$C_2 = 1 + 0.5 \cdot \dfrac{M_l}{M_s} = 1 + 0.5 \times \dfrac{51.86}{52.77} = 1.491$

d) 计算最大裂缝开展宽度

$\rho = \dfrac{A_s}{b \cdot h_0} = \dfrac{13.85}{100 \times 30} = 0.0046 < 0.006$，取 $\rho = 0.006$

$\sigma_{ss} = \dfrac{M_s}{0.87 A_s \cdot h_0} = \dfrac{52.77 \times 10^6}{0.87 \times 1385 \times 300} = 145.98(\text{MPa})$

$W_{fk} = C_1 \cdot C_2 \cdot C_3 \cdot \dfrac{\sigma_{ss}}{E_s} \cdot \left(\dfrac{30 + d}{0.28 + 10\rho}\right)$

$= 1.0 \times 1.491 \times 1.15 \times \dfrac{145.98}{2 \times 10^5} \times \left(\dfrac{30 + 14}{0.28 + 0.06}\right) = 0.162(\text{mm}) < 0.2(\text{mm})$

d. 以立壁最大垂直正弯矩 $M_{1\max}$ 为例，计算裂缝开展宽度。

a) 考虑车辆荷载作用

由上知：$\sigma_S = 2.73(\text{MPa})$，$\sigma_D = 48.1(\text{MPa})$，$\sigma_{pj} = 25.41(\text{MPa})$

$$M_{1\max} = 13.42(\text{kN} \cdot \text{m})$$

b) 不考虑车辆荷载作用

$\sigma'_S = 0(\text{MPa})$，$\sigma'_D = 45.365(\text{MPa})$，$\sigma'_{pj} = 22.68(\text{MPa})$

$M'_{1\max} = 0.0075 \cdot \sigma'_D \cdot H_1 \cdot L_0 \cdot b_L = 12.66(\text{kN} \cdot \text{m})$

c) 计算作用长期效应影响系数 C_2

$M_1 = M_{1\max} - M'_{1\max} = 13.42 - 12.66 = 0.76(\text{kN} \cdot \text{m})$ （车辆附加荷载作用弯矩值）

$M_2 = M'_{1\max} = 12.66(\text{kN} \cdot \text{m})$ （土压力的作用弯矩值）

$M_s = M_2 + 0.7M_1 = 12.66 + 0.7 \times 0.76 = 13.19(\text{kN} \cdot \text{m})$

$M_l = M_2 + 0.4M_1 = 12.66 + 0.4 \times 0.76 = 12.96(\text{kN} \cdot \text{m})$

$$C_2 = 1 + 0.5 \cdot \frac{M_l}{M_s} = 1 + 0.5 \times \frac{12.96}{13.19} = 1.491$$

d) 计算最大裂缝开展宽度

$$\rho = \frac{A_s}{b \cdot h_0} = \frac{6.28}{100 \times 30} = 0.0021 < 0.006, \text{取} \rho = 0.006$$

$$\sigma_{ss} = \frac{M_s}{0.87 A_s \cdot h_0} = \frac{13.19 \times 10^6}{0.87 \times 628 \times 300} = 80.47(\text{MPa})$$

$$W_{fk} = C_1 \cdot C_2 \cdot C_3 \cdot \frac{\sigma_{ss}}{E_s} \cdot \left(\frac{30 + d}{0.28 + 10\rho}\right)$$

$$= 1.0 \times 1.491 \times 1.15 \times \frac{80.47}{2 \times 10^5} \times \left(\frac{30 + 10}{0.28 + 0.06}\right) = 0.081(\text{mm}) < 0.2(\text{mm})$$

经过计算，立壁各截面最大裂缝宽度值结果列于表3-3-56。

立壁各截面配筋及裂缝开展宽度计算结果汇总表　　　表3-3-56

布筋位置及方向	控制弯矩	选用钢筋	A_s (cm²)	M_1 (kN·m)	M_2 (kN·m)	M_s (kN·m)	M_l (kN·m)	C_2	ρ	σ_{ss} (MPa)	W_{fk} (mm)
内侧水平向	M_{11j}	9φ14	13.85	3.64	30.24	32.79	31.70	1.483	0.006	90.71	0.100
外侧水平向	M_{12j}	9φ12	10.18	2.19	18.14	19.67	19.02	1.483	0.006	74.03	0.078
内侧竖直向	$M_{1\min}$	9φ14	13.85	3.04	50.64	52.77	51.86	1.491	0.006	145.98	0.162
外侧竖直向	$M_{1\max}$	8φ10	6.28	0.76	12.66	13.19	12.96	1.491	0.006	80.47	0.081

(2) 趾板

① 趾板内力计算

a. 作用效应计算

由公式(3-3-150)计算趾板与立壁连接处(最不利截面)最大负弯矩值。

令 $B_x = B_3 = 0.5(\text{m})$，又 $h = 1.0(\text{m})$，$h_1 = 0.7(\text{m})$，$B = 5.34(\text{m})$，整理化简后如下：

$$M_{3B3} = -\frac{B_3^2}{6} \cdot \left\{ 3[p_1 - \gamma_k h_1 - \gamma \cdot (h - h_1)] - (p_1 - p_2) \cdot \frac{B_3}{B} \right\}$$

$$= -\frac{0.5^2}{6} \times \left\{ 3 \cdot [p_1 - 17.5 - 5.4] - (p_1 - p_2) \cdot \frac{0.5}{5.34} \right\}$$

a) 考虑车辆附加荷载

令 $p_1 = p_{\max} = 343.15(\text{kPa})$，$p_2 = p_{\min} = 32.96(\text{kPa})$

$$M_{3B3} = -\frac{0.5^2}{6} \times \left[3 \times (343.15 - 17.5 - 5.4) - (343.15 - 32.96) \times \frac{0.5}{5.34} \right]$$

$$= -38.82(\text{kN} \cdot \text{m})$$

b) 不考虑车辆附加荷载

令 $p_1 = p'_{\max} = 310.27(\text{kPa})$，$p_2 = p'_{\min} = 49.05(\text{kPa})$

$$M'_{3B3} = -\frac{0.5^2}{6} \times \left[3 \times (310.27 - 17.5 - 5.4) - (310.27 - 49.05) \times \frac{0.5}{5.34} \right]$$

$$= -34.90(\text{kN} \cdot \text{m})$$

b. 作用效应组合设计值计算

对于趾板构件，考虑作用其上的荷载主要为其不利因素的土重和趾板自重，故分项系数 γ_G 取最不利值1.2，趾板根部截面内力值计算结果列于下表。

趾板根部截面内力值　　　　　　　　　　　　　　　　表3-3-57

构　　件	车辆附加荷载	$M_{3B3}(\text{kN} \cdot \text{m})$	$M_{d3B3}(\text{kN} \cdot \text{m})$
趾板	考虑	-38.82	-46.58
	不考虑	-34.90	-41.88

② 趾板配筋计算

在垂直墙长方向趾板底面配置水平钢筋

最大负弯矩组合设计值：$M_{d3B3} = -46.58(\text{kN} \cdot \text{m})$

截面有效厚度：$h_0 = 0.70 - 0.04 = 0.66(\text{m})$

$$A_0 = \frac{M_d}{b \cdot h_0^2 \cdot f_{cd}} = \frac{46.58}{1 \times 0.66^2 \times 9200} = 0.012$$

$$\xi = 1 - \sqrt{1 - 2A_0} = 1 - \sqrt{1 - 2 \times 0.012} = 0.012$$

$$\rho = \xi \cdot \frac{f_{cd}}{f_{sd}} = 0.012 \times \frac{9200}{2.8 \times 10^5} = 0.039\%$$

$$A_s = \rho \cdot b \cdot h_0 = 0.00039 \times 1 \times 0.66 = 2.60 \times 10^{-4}(\text{m}^2) = 2.60(\text{cm}^2)$$

采用钢筋 N_{C1} 每延米4φ12（$A_s = 4.52\text{cm}^2$）。钢筋 N_{C1} 布置在踵板底部，横向承受趾板弯矩 M_{d3B3}；钢筋长度除满足锚固长度要求外，一部分可延伸到踵板底部，起分布和架立钢筋作用；相应于扶壁宽的范围内，不少于2根延伸至踵板端，以便套固垂直拉筋 N_{zf}；趾板端不少于2根，呈直角弯起钩于顶部架立钢筋上。

③ 趾板裂缝开展宽度计算

a. 考虑车辆荷载作用

由上面计算知：$M_{3B3} = -38.82(\text{kN} \cdot \text{m})$

b. 不考虑车辆荷载作用

由上面计算知：$M'_{3B3} = -34.90(kN \cdot m)$

c. 计算作用长期效应影响系数 C_2

$M_1 = |M_{3B3} - M'_{3B3}| = |-38.82 + 34.90| = 3.92(kN \cdot m)$（车辆附加荷载作用弯矩值）

$M_2 = |M'_{3B3}| = 34.90(kN \cdot m)$ （土压力的作用弯矩值）

$M_s = M_2 + 0.7M_1 = 34.90 + 0.7 \times 3.92 = 37.64(kN \cdot m)$

$M_l = M_2 + 0.4M_1 = 34.90 + 0.4 \times 3.92 = 36.47(kN \cdot m)$

$C_2 = 1 + 0.5 \cdot \dfrac{M_l}{M_s} = 1 + 0.5 \times \dfrac{36.47}{37.64} = 1.484$

d. 计算最大裂缝开展宽度

$\rho = \dfrac{A_s}{b \cdot h_0} = \dfrac{4.52}{100 \times 66} = 0.0007 < 0.006，取 \rho = 0.006$

$\sigma_{ss} = \dfrac{M_s}{0.87A_s \cdot h_0} = \dfrac{37.64 \times 10^6}{0.87 \times 452 \times 660} = 145.03(MPa)$

$W_{fk} = C_1 \cdot C_2 \cdot C_3 \cdot \dfrac{\sigma_{ss}}{E_s} \cdot \left(\dfrac{30+d}{0.28+10\rho}\right) = 1.0 \times 1.484 \times 1.15 \times \dfrac{145.03}{2 \times 10^5} \times \left(\dfrac{30+12}{0.28+0.06}\right)$

$= 0.153(mm) < 0.2(mm)$，满足要求。

趾板根部截面配筋情况及裂缝开展宽度值计算结果汇总，列于表 3-3-58。

趾板根部截面配筋及裂缝开展宽度计算结果汇总表　　　　　　表 3-3-58

布筋位置及方向	控制弯矩	选用钢筋	A_s (cm²)	M_1 (kN·m)	M_2 (kN·m)	M_s (kN·m)	M_l (kN·m)	C_2	ρ	σ_{ss} (MPa)	W_{fk} (mm)
垂直墙长方向趾板底面水平钢筋	M_{3B3}	4φ12	4.52	3.92	34.90	37.64	36.47	1.484	0.006	145.03	0.153

（3）踵板

① 踵板内力计算

a. 趾板弯矩 M_{3B3} 在后踵点产生的等代竖向荷载

由式(3-3-155)计算。

a) 考虑车辆附加荷载：$\sigma = \dfrac{2.4M_{2B2}}{B_2^2} = \dfrac{2.4 \cdot |M_{3B3}|}{B_2^2} = \dfrac{2.4 \times 38.82}{4.5^2} = 4.60(kN \cdot m)$

b) 不考虑车辆附加荷载：$\sigma' = \dfrac{2.4M'_{2B2}}{B_2^2} = \dfrac{2.4 \cdot |M'_{3B3}|}{B_2^2} = \dfrac{2.4 \times 34.90}{4.5^2} = 4.14(kN \cdot m)$

b. 计算 σ_W 和 γ_{QC}

踵板内力计算采用库仑土压力；墙踵处的竖直土压应力，可由上面计算的 σ_{h0} 和 σ_H 经过转换得到。

a) 考虑车辆附加荷载

$\sigma_{y1} = \sigma_{h0} \cdot \sin(\alpha+\delta) \cdot H/B_2 = 5.31 \times \sin(24.23°+35°) \times 10/4.5 = 10.14(kPa)$

$\sigma_{y2} = \sigma_H \cdot \sin(\alpha+\delta) \cdot H/B_2 = 100.17 \times \sin(24.23°+35°) \times 10/4.5 = 191.27(\text{kPa})$

每延米挡土墙后踵板上组合荷载引起后踵点的竖直压应力 σ_W,可由式(3-3-156-1)得：

$$\sigma_W = \sigma_{y2} + \frac{G_S}{B_2} + \gamma_k h_1 + \sigma - p_{\min}$$

$$= 191.27 + \frac{1}{2} \times 9.3 \times 18 + 25 \times 0.7 + 4.60 - 32.96 = 264.11(\text{kPa})$$

由式(3-3-156-2)计算踵板端处组合荷载综合分项系数为：

$$\gamma_{QC} = \left[\gamma_{Q1}\sigma_{y2} + \gamma_G \cdot \left(\frac{G_S}{B_2} + \gamma_k h_j + \frac{2.4 M_{2B2}}{B_2^2} - p_2 \right) \right] / \sigma_W$$

$$= \left[1.4 \times 191.27 + 1.2 \times \left(\frac{1}{2} \times 18 \times 9.3 + 25 \times 0.7 + 4.60 - 32.96 \right) \right] / 264.11$$

$$= 1.34$$

b) 不考虑车辆附加荷载

$\sigma'_{y1} = \sigma_{h0} \cdot \sin(\alpha+\delta) \cdot H/B_2 = 0 \times \sin(24.23°+35°) \times 10/4.5 = 0(\text{kPa})$

$\sigma'_{y2} = \sigma_H \cdot \sin(\alpha+\delta) \cdot H/B_2 = 94.86 \times \sin(24.23°+35°) \times 10/4.5 = 181.13(\text{kPa})$

每延米挡土墙后踵板上组合荷载引起后踵点的竖直压应力 σ'_W,可由式(3-3-156-1)得：

$$\sigma'_W = \sigma'_{y2} + \frac{G_S}{B_2} + \gamma_k h_1 + \sigma' - p'_{\min}$$

$$= 181.13 + \frac{1}{2} \times 9.3 \times 18 + 25 \times 0.7 + 4.14 - 49.05 = 237.42(\text{kPa})$$

由式(3-3-156-2)计算踵板端处组合荷载综合分项系数为：

$$\gamma'_{QC} = \left[\gamma_{Q1}\sigma_{y2} + \gamma_G \cdot \left(\frac{G_S}{B_2} + \gamma_k h_j + \frac{2.4 M_{2B2}}{B_2^2} - p_2 \right) \right] / \sigma_W$$

$$= \left[1.4 \times 181.13 + 1.2 \times \left(\frac{1}{2} \times 18 \times 9.3 + 25 \times 0.7 + 4.14 - 49.05 \right) \right] / 237.42$$

$$= 1.35$$

②顺墙长方向的作用效应

在顺墙长方向,单位宽度(1m)后踵板的水平板条可按支撑于扶壁上的连续梁构件计算,其最大水平负弯矩在支点位置(踵板与扶壁结合处),最大水平正弯矩在跨中位置(两扶壁间距中点处),简化计算如下所示。

a. 考虑车辆附加荷载

$$M_{20i} = \frac{1}{8} \cdot \sigma_W \cdot L_0^2 = \frac{1}{8} \times 264.11 \times 4.00^2 = 528.22(\text{kN} \cdot \text{m})$$

$$M_{2d0i} = \gamma_{QC} \cdot M_{20i} = 1.34 \times 528.22 = 707.81(\text{kN} \cdot \text{m})$$

由式(3-3-157-1)得：

最大水平负弯矩：$M_{21i} = -M_{20i}/1.5 = -528.22/1.5 = -352.15(\text{kN} \cdot \text{m})$

支点负弯矩组合设计值：$M_{2d1i} = -M_{2d0i}/1.5 = -707.81/1.5 = -471.87(\text{kN}\cdot\text{m})$
由式(3-3-157-2)得：
最大水平正弯矩：$M_{22i} = M_{20i}/2.5 = 528.22/2.5 = 211.29(\text{kN}\cdot\text{m})$
跨中正弯矩组合设计值：$M_{2d2i} = M_{2d0i}/2.5 = 707.81/2.5 = 283.12(\text{kN}\cdot\text{m})$
由式(3-3-157-3)支点最大剪力组合设计值(立壁单位高度 b_H 为 1m)：
$V_{2d1i} = \gamma_{QC} \cdot \sigma_{Wi} \cdot L_0 \cdot b_H/2 = \gamma_{QC} \cdot \sigma_W \cdot L_0/2 = 1.34 \times 264.11 \times 4.00/2 = 707.81(\text{kN})$

b. 不考虑车辆附加荷载

$M'_{20i} = \dfrac{1}{8} \cdot \sigma'_W \cdot L_0^2 = \dfrac{1}{8} \times 237.42 \times 4.00^2 = 474.84(\text{kN}\cdot\text{m})$

$M'_{2d0i} = \gamma_{QC} \cdot M'_{20i} = 1.35 \times 474.84 = 641.03(\text{kN}\cdot\text{m})$

由式(3-3-157-1)得：

最大水平负弯矩：$M'_{21i} = -M_{20i}/1.5 = -474.84/1.5 = -316.56(\text{kN}\cdot\text{m})$
支点负弯矩组合设计值：$M'_{2d1i} = -M'_{2d0i}/1.5 = -641.03/1.5 = -427.35(\text{kN}\cdot\text{m})$
由式(3-3-157-2)得：
最大水平正弯矩：$M'_{22i} = M'_{20i}/2.5 = 474.84/2.5 = 189.94(\text{kN}\cdot\text{m})$
跨中正弯矩组合设计值：$M'_{2d2i} = M'_{2d0i}/2.5 = 641.03/2.5 = 256.41(\text{kN}\cdot\text{m})$
由式(3-3-157-3)支点最大剪力组合设计值(立壁单位高度 b_H 为 1m)：
$V'_{2d1i} = \gamma'_{QC} \cdot \sigma'_{Wi} \cdot L_0 \cdot b_H = \gamma'_{QC} \cdot \sigma'_W \cdot L_0/2$
$= 1.35 \times 256.41 \times 4.00/2$
$= 692.31(\text{kN})$

踵板内力计算结果汇总如表 3-3-59 所示。

踵板内力计算结果汇总 表 3-3-59

是否考虑车辆附加荷载	σ_W (kPa)	γ_{QC}	支点负弯矩(kN·m)		跨中正弯矩(kN·m)		支点剪力(kN)
			M_{21i}	M_{2d1i}	M_{22i}	M_{2d2i}	V_{2d1i}
考虑	264.11	1.34	-352.15	-471.87	211.29	283.12	707.81
不考虑	237.42	1.35	-316.56	-427.35	189.94	256.41	692.31

③踵板配筋计算

a. 顺墙长方向踵板顶面水平钢筋

最大负弯矩组合设计值：$M_{2d1i} = -471.87(\text{kN}\cdot\text{m})$

截面有效厚度：$h_0 = 0.70 - 0.04 = 0.66(\text{m})$

$A_0 = \dfrac{M_d}{b \cdot h_0^2 \cdot f_{cd}} = \dfrac{471.87}{1 \times 0.66^2 \times 9200} = 0.118$

$\xi = 1 - \sqrt{1 - 2A_0} = 1 - \sqrt{1 - 2 \times 0.118} = 0.126$

$\rho = \xi \cdot \dfrac{f_{cd}}{f_{sd}} = 0.126 \times \dfrac{9200}{2.8 \times 10^5} = 0.4\%$

$A_s = \rho \cdot b \cdot h_0 = 0.004 \times 1 \times 0.66 = 26.4 \times 10^{-4}(\text{m}^2) = 26.4(\text{cm}^2)$

采用钢筋 N_{z2} 每延米 $15\phi20(A_s = 47.12\text{cm}^2)$。

钢筋 N_{z2} 在踵板顶面沿顺墙长方向布置；在顺墙长方向的钢筋长度自扶壁向跨中伸长 $L_0/4$

加锚固长度,另一侧为悬臂长;垂直墙长方向将 B_2 三等分,外 $B_2/3$ 段采用全值每延米 $15\phi20$,中 $B_2/3$ 段、内 $B_2/3$ 段分别采用全值的 $2/3$ 和 $1/3$,即每延米 $10\phi20$ 和 $5\phi20$。

b. 顺墙长方向踵板底面水平钢筋

最大正弯矩组合设计值:$M_{2d2i} = 283.12(\mathrm{kN \cdot m})$

截面有效厚度:$h_0 = 0.70 - 0.04 = 0.66(\mathrm{m})$

$$A_0 = \frac{M_d}{b \cdot h_0^2 \cdot f_{cd}} = \frac{283.12}{1 \times 0.66^2 \times 9200} = 0.071$$

$$\xi = 1 - \sqrt{1 - 2A_0} = 1 - \sqrt{1 - 2 \times 0.071} = 0.074$$

$$\rho = \xi \cdot \frac{f_{cd}}{f_{sd}} = 0.074 \times \frac{9200}{2.8 \times 10^5} = 0.24\%$$

$$A_s = \rho \cdot b \cdot h_0 = 0.0024 \times 1 \times 0.66 = 15.84 \times 10^{-4}(\mathrm{m}^2) = 15.84(\mathrm{cm}^2)$$

采用钢筋 N_{z3} 每延米 $10\phi20(A_s = 31.42\mathrm{cm}^2)$。

钢筋 N_{z3} 在踵板底面沿顺墙长方向布置;在顺墙长方向的钢筋长度为自跨中向两侧各伸长 $L_0/4$ 加锚固长度;在垂直墙长方向的布置密度同钢筋 N_{z2}。

c. 踵板端部与扶壁结合处的竖直向箍筋

支点剪力设计值为:$V_{2d1i} = 707.81(\mathrm{kN})$

根据现行《公路钢筋混凝土及预应力混凝土桥涵设计规范》(JTG 3362)的规定,混凝土单独抗剪,箍筋按构造配置设计:

$(0.5 \times 10^{-3}) \cdot f_{td} b h_0 = 0.5 \times 10^{-3} \times 1.06 \times 1000 \times 660 = 349.8(\mathrm{kN}) < V_{2d1i} = 707.81(\mathrm{kN})$

不满足抗剪要求,故需配置抗剪箍筋。取箍筋间距 $S_v = 0.20\mathrm{cm}$,采用单箍 4 股,直径为 12mm,同一截面上箍筋的面积 $A_{sv} = 4.52\mathrm{cm}^2$。

箍筋配筋率:$\rho_{sv} = \frac{A_{sv}}{S_v \cdot b} = \frac{4.52}{20 \times 100} = 0.0023 = 0.23\%$

斜截面内纵向受拉主筋的配筋率:$\rho = \frac{A_s}{b \cdot h_0} = \frac{47.12}{100 \times 66} = 0.0071$

斜截面内纵向受拉主筋的配筋百分率:$P = 100\rho = 100 \times 0.0071 = 0.71$

异号弯矩影响系数 α_1 取 1.0,预应力提高系数 α_2 取 1.0,受压翼缘影响系数 α_3 取 1.1;

混凝土抗压强度标准值 $\sqrt{f_{cu,k}}$(即混凝土强度等级)取 20MPa;

箍筋抗拉强度设计值:$f_{sv} = 195(\mathrm{MPa})$

根据现行《公路钢筋混凝土及预应力混凝土桥涵设计规范》(JTG 3362),斜截面内混凝土与箍筋共同的抗剪能力为:

$$\begin{aligned}
V_{cs} &= \alpha_1 \cdot \alpha_2 \cdot \alpha_3 \cdot (0.45 \times 10^{-3}) \cdot b \cdot h_0 \cdot \sqrt{(2 + 0.6P)\sqrt{f_{cu,k}} \cdot \rho_{sv} \cdot f_{sv}} \\
&= 1.0 \times 1.0 \times 1.1 \times 0.045 \times 100 \times 66 \times \sqrt{(2 + 0.6 \times 0.71) \times \sqrt{20} \times 0.0023 \times 195} \\
&= 720.66(\mathrm{kN}) > V_{2d1i} = 707.81(\mathrm{kN}),\text{故箍筋配置满足要求}。
\end{aligned}$$

④踵板裂缝开展宽度计算

a. 以踵板最大水平负弯矩 M_{21i} 为例,计算裂缝开展宽度:

a)考虑车辆荷载作用

由上面计算知:$M_{21i} = -352.15(\mathrm{kN \cdot m})$

b)不考虑车辆荷载作用

由上面计算知：$M'_{21i} = -316.56(\text{kN} \cdot \text{m})$

c)计算作用长期效应影响系数 C_2

$M_1 = |M_{21i} - M'_{21i}| = |-352.15 + 316.56| = 35.59(\text{kN} \cdot \text{m})$

$M_2 = |M_{21i}| = 316.56(\text{kN} \cdot \text{m})$

$M_s = M_2 + 0.7M_1 = 316.56 + 0.7 \times 35.59 = 341.47(\text{kN} \cdot \text{m})$

$M_l = M_2 + 0.4M_1 = 316.56 + 0.4 \times 35.59 = 330.80(\text{kN} \cdot \text{m})$

$C_2 = 1 + 0.5 \cdot \dfrac{M_l}{M_s} = 1 + 0.5 \times \dfrac{330.80}{341.47} = 1.484$

d)计算最大裂缝开展宽度：

$\rho = \dfrac{A_s}{b \cdot h_0} = \dfrac{47.12}{100 \times 66} = 0.007 > 0.006$，取 $\rho = 0.007$

$\sigma_{ss} = \dfrac{M_s}{0.87 A_s \cdot h_0} = \dfrac{341.47 \times 10^6}{0.87 \times 4712 \times 660} = 126.21(\text{MPa})$

$W_{fk} = C_1 \cdot C_2 \cdot C_3 \cdot \dfrac{\sigma_{ss}}{E_s} \cdot \left(\dfrac{30+d}{0.28+10\rho}\right) = 1.0 \times 1.484 \times 1.15 \times \dfrac{126.21}{2 \times 10^5} \times \left(\dfrac{30+20}{0.28+0.07}\right)$

$= 0.154(\text{mm}) < 0.2(\text{mm})$，满足要求。

b. 以踵板最大水平正弯矩 M_{22i} 为例，计算裂缝开展宽度：

a)考虑车辆荷载作用

由上面计算知：$M_{22i} = 211.29(\text{kN} \cdot \text{m})$

b)不考虑车辆荷载作用

由上面计算知：$M'_{22i} = 189.94(\text{kN} \cdot \text{m})$

c)计算作用长期效应影响系数 C_2

$M_1 = M_{22i} - M'_{22i} = 211.29 - 189.94 = 21.35(\text{kN} \cdot \text{m})$

$M_2 = M'_{22i} = 189.94(\text{kN} \cdot \text{m})$

$M_s = M_2 + 0.7M_1 = 189.94 + 0.7 \times 21.35 = 204.89(\text{kN} \cdot \text{m})$

$M_l = M_2 + 0.4M_1 = 189.94 + 0.4 \times 21.35 = 198.48(\text{kN} \cdot \text{m})$

$C_2 = 1 + 0.5 \cdot \dfrac{M_l}{M_s} = 1 + 0.5 \times \dfrac{198.48}{204.89} = 1.484$

d)计算最大裂缝开展宽度

$\rho = \dfrac{A_s}{b \cdot h_0} = \dfrac{31.42}{100 \times 66} = 0.0048 < 0.006$，取 $\rho = 0.006$

$\sigma_{ss} = \dfrac{M_s}{0.87 A_s \cdot h_0} = \dfrac{204.89 \times 10^6}{0.87 \times 3142 \times 660} = 113.57(\text{MPa})$

$W_{fk} = C_1 \cdot C_2 \cdot C_3 \cdot \dfrac{\sigma_{ss}}{E_s} \cdot \left(\dfrac{30+d}{0.28+10\rho}\right) = 1.0 \times 1.484 \times 1.15 \times \dfrac{113.57}{2 \times 10^5} \times \left(\dfrac{30+20}{0.28+0.06}\right)$

$= 0.143(\text{mm}) < 0.2(\text{mm})$，满足要求。

踵板配筋情况及裂缝开展宽度值计算结果汇总，列于表3-3-60。

踵板配筋及裂缝开展宽度计算结果汇总表   表3-3-60

布筋位置及方向	控制弯矩	选用钢筋	A_s (cm²)	M_1 (kN·m)	M_2 (kN·m)	M_s (kN·m)	M_l (kN·m)	C_2	ρ	σ_{ss} (MPa)	W_{fk} (mm)
顺墙长方向踵板顶面水平钢筋	M_{21i}	15φ20	47.12	35.59	316.56	341.47	330.80	1.484	0.007	126.21	0.154
顺墙长方向踵板底面水平钢筋	M_{22i}	10φ20	31.42	21.35	189.94	204.89	198.48	1.484	0.006	113.57	0.143

(4)扶壁

扶壁构件中的钢筋有:沿扶壁背面布置的钢筋 N_{fl}、扶壁与立壁连接处水平向U形钢筋 N_{Lf}、扶壁与踵板连接处竖直向U形钢筋 N_{zf} 三大类。扶壁可作为固定在底板上的变翼板宽T形截面悬臂梁,其配筋计算公式可参见现行《公路钢筋混凝土及预应力混凝土桥涵设计规范》(JTG 3362)。

沿扶壁背面布置的钢筋 N_{fl},承受扶壁和两侧 $L_0/2$ 段内土压力产生的全部弯曲拉应力;本算例中,扶壁取相对不利的中扶壁,土压力采用朗金土压力。

通常应根据墙高选用2~3个截面分别计算,本算例选择 I-I ($H_i = 4m$)、II-II (6m) 和 III-III (9.3m) 三个截面 (H_i 为从墙顶算起的计算墙高,见图3-3-118)。

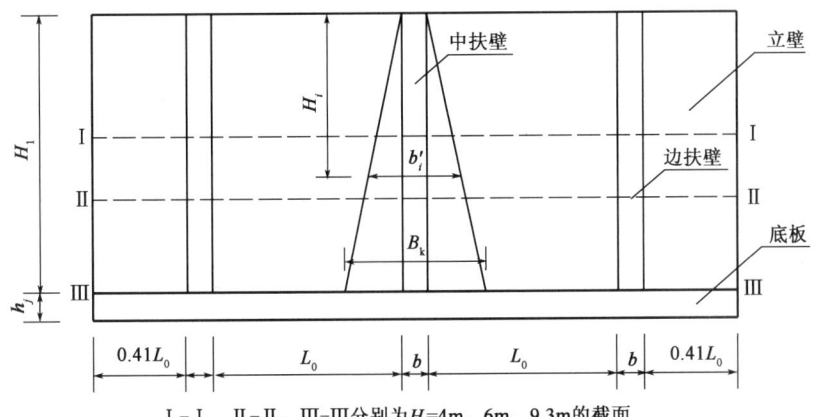

I-I、II-II、III-III分别为H_i=4m、6m、9.3m的截面

图3-3-118 扶壁T形计算截面的翼缘计算宽度示意图

①内力计算

因为 $L_0 = 4.0(m) < 12 \cdot B_1 = 12 \times 0.34 = 4.08(m)$,扶壁底端为计算截面时,T形截面受压区翼缘计算宽度 B_k 可由式(3-3-159-1)得:$B_k = b + L_0 = 0.7 + 4 = 4.70(m)$

扶壁各高度对于计算T形截面尺寸参见图3-3-119。

a. $H_i = 4m$ 截面

$$b'_i = \frac{H_i \cdot (B_k - b)}{H_1} + b = \frac{4 \times (4.7 - 0.7)}{9.3} + 0.7 = 2.42(m)$$

$$h' = B_1 + B_2 \cdot \frac{H_i}{H_1} = 0.34 + 4.50 \times \frac{4}{9.3} = 2.28(m), h'_0 = h' - 0.04 = 2.24(m)$$

由式(3-3-161-2)得截面弯矩:

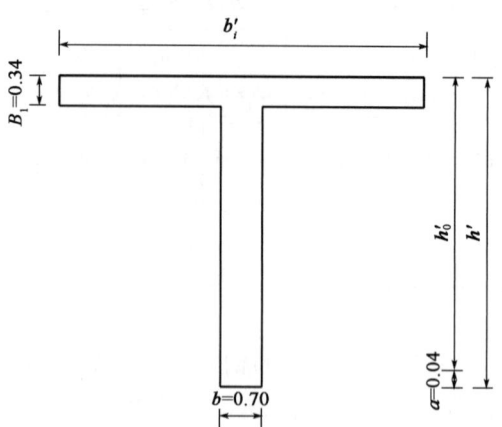

图 3-3-119 扶壁 H_i 高度处对应计算截面尺寸示意图(尺寸单位:m)

$$M_{4Hi} = \frac{1}{6}\gamma H_i^2 \cdot b_i' \cdot (H_i + 3h_0) \cdot K_a \cdot \cos\beta$$

$$= \frac{1}{6} \times 18 \times 4^2 \times 2.42 \times (4 + 3 \times 0.56) \times 0.271 \times \cos 0° = 178.80(\text{kN} \cdot \text{m})$$

弯矩组合设计值为:$M_{4dHi} = \gamma_{Q1} \cdot M_{4Hi} = 1.4 \times 178.80 = 250.32(\text{kN} \cdot \text{m})$

b. $H_i = 6\text{m}$ 截面

$$b_i' = \frac{H_i \cdot (B_k - b)}{H_1} + b = \frac{6 \times (4.7 - 0.7)}{9.3} + 0.7 = 3.28(\text{m})$$

$$h' = B_1 + B_2 \cdot \frac{H_i}{H_1} = 0.34 + 4.50 \times \frac{6}{9.3} = 3.24(\text{m}), h_0' = h' - 0.04 = 3.20(\text{m})$$

由式(3-3-161-2)得截面弯矩:

$$M_{4Hi} = \frac{1}{6}\gamma H_i^2 \cdot b_i' \cdot (H_i + 3h_0) \cdot K_a \cdot \cos\beta$$

$$= \frac{1}{6} \times 18 \times 6^2 \times 3.28 \times (6 + 3 \times 0.56) \times 0.271 \times \cos 0° = 737.27(\text{kN} \cdot \text{m})$$

弯矩组合设计值为:$M_{4dHi} = \gamma_{Q1} \cdot M_{4Hi} = 1.4 \times 737.27 = 1032.18(\text{kN} \cdot \text{m})$

c. $H_i = 9.3\text{m}$ 截面(扶壁底端截面)

$$b_i' = B_k = 4.70(\text{m})$$

$$h' = B_1 + B_2 \cdot \frac{H_i}{H_1} = 0.34 + 4.50 \times \frac{9.3}{9.3} = 4.84(\text{m}), h_0' = h' - 0.04 = 4.80(\text{m})$$

由式(3-3-161-2)得截面弯矩:

$$M_{4Hi} = \frac{1}{6}\gamma H_i^2 \cdot b_i' \cdot (H_i + 3h_0) \cdot K_a \cdot \cos\beta$$

$$= \frac{1}{6} \times 18 \times 9.3^2 \times 4.70 \times (9.3 + 3 \times 0.56) \times 0.271 \times \cos 0° = 3628.75(\text{kN} \cdot \text{m})$$

弯矩组合设计值为:$M_{4dHi} = \gamma_{Q1} \cdot M_{4Hi} = 1.4 \times 3628.75 = 5080.24(\text{kN} \cdot \text{m})$

②配筋计算

a. $H_i = 4\text{m}$ 截面

按现行《公路钢筋混凝土及预应力混凝土桥涵设计规范》(JTG 3362)规定,首先判别 T 形截面的类别:

$\gamma_0 \cdot M_{4dHi} = 1.0 \times 250.32 = 250.32 (\mathrm{kN \cdot m})$

令受压区高度 $x = B_1$,得到判别弯矩值:

$$M_p = f_{cd} \cdot b'_i \cdot x \cdot \left(h'_0 - \frac{x}{2}\right) = f_{cd} \cdot b'_i \cdot B_1 \cdot \left(h'_0 - \frac{B_1}{2}\right)$$

$$= 9200 \times 2.42 \times 0.34 \times \left(2.24 - \frac{0.34}{2}\right) = 15669.40 (\mathrm{kN \cdot m})$$

因 $\gamma_0 \cdot M_{4dHi} < M_p$,即翼缘位于受压区,故截面配筋计算按宽度为 b'_i 的矩形截面进行。

$A_0 = \dfrac{M_{4dHi}}{b'_i \cdot h'^2_0 \cdot f_{cd}} = \dfrac{250.32}{2.42 \times 2.24^2 \times 9200} = 0.0022$

$\xi = 1 - \sqrt{1 - 2A_0} = 1 - \sqrt{1 - 2 \times 0.0022} = 0.0022$

$\rho = \xi \cdot \dfrac{f_{cd}}{f_{sd}} = 0.0022 \times \dfrac{9200}{2.8 \times 10^5} = 0.007\%$

$A_s = \rho b h'_0 = 0.00007 \times 2.42 \times 2.24 = 3.79 \times 10^{-4} (\mathrm{m}^2) = 3.79 (\mathrm{cm}^2)$

采用钢筋 N_{fl} 每延米 $7\phi20$ ($A_s = 21.99 \mathrm{cm}^2$)。

b. $H_i = 6\mathrm{m}$ 截面

按现行《公路钢筋混凝土及预应力混凝土桥涵设计规范》(JTG 3362)规定,首先判别 T 形截面的类别:

$\gamma_0 \cdot M_{4dHi} = 1.0 \times 1032.18 = 1032.18 (\mathrm{kN \cdot m})$

令受压区高度 $x = B_1$,得到判别弯矩值:

$$M_p = f_{cd} \cdot b'_i \cdot x \cdot \left(h'_0 - \frac{x}{2}\right) = f_{cd} \cdot b'_i \cdot B_1 \cdot \left(h'_0 - \frac{B_1}{2}\right)$$

$$= 9200 \times 3.28 \times 0.34 \times \left(3.20 - \frac{0.34}{2}\right) = 31087.32 (\mathrm{kN \cdot m})$$

因 $\gamma_0 \cdot M_{4dHi} < M_p$,即翼缘位于受压区,故截面配筋计算按宽度为 b'_i 的矩形截面进行。

$A_0 = \dfrac{M_{4dHi}}{b'_i \cdot h'^2_0 \cdot f_{cd}} = \dfrac{1032.18}{3.28 \times 3.20^2 \times 9200} = 0.0033$

$\xi = 1 - \sqrt{1 - 2A_0} = 1 - \sqrt{1 - 2 \times 0.0033} = 0.0033$

$\rho = \xi \cdot \dfrac{f_{cd}}{f_{sd}} = 0.0033 \times \dfrac{9200}{2.8 \times 10^5} = 0.011\%$

$A_s = \rho b h'_0 = 0.00011 \times 3.28 \times 3.20 = 11.55 \times 10^{-4} (\mathrm{m}^2) = 11.55 (\mathrm{cm}^2)$

采用钢筋 N_{fl} 每延米 $14\phi20$ ($A_s = 43.98 \mathrm{cm}^2$)。

c. $H_i = 9.3\mathrm{m}$ 截面

按现行《公路钢筋混凝土及预应力混凝土桥涵设计规范》(JTG 3362)规定,首先判别 T 形截面的类别:

$\gamma_0 \cdot M_{4dHi} = 1.0 \times 5080.24 = 5080.24 (\mathrm{kN \cdot m})$

令受压区高度 $x = B_1$,得到判别弯矩值:

$$M_p = f_{cd} \cdot b'_i \cdot x \cdot \left(h'_0 - \frac{x}{2}\right) = f_{cd} \cdot b'_i \cdot B_1 \cdot \left(h'_0 - \frac{B_1}{2}\right)$$

$$= 9200 \times 4.70 \times 0.34 \times \left(4.8 - \frac{0.34}{2}\right) = 68068.41 (\mathrm{kN \cdot m})$$

因 $\gamma_0 \cdot M_{4dHi} < M_p$，即翼缘位于受压区，故截面配筋计算按宽度为 b'_i 的矩形截面进行。

$$A_0 = \frac{M_{4dHi}}{b'_i \cdot h'^2_0 \cdot f_{cd}} = \frac{5080.24}{4.70 \times 4.80^2 \times 9200} = 0.0051$$

$$\xi = 1 - \sqrt{1 - 2A_0} = 1 - \sqrt{1 - 2 \times 0.0051} = 0.0051$$

$$\rho = \xi \cdot \frac{f_{cd}}{f_{sd}} = 0.0051 \times \frac{9200}{2.8 \times 10^5} = 0.017\%$$

$$A_s = \rho b h'_0 = 0.00017 \times 4.70 \times 4.8 = 38.35 \times 10^{-4} (\text{m}^2) = 38.35 (\text{cm}^2)$$

采用钢筋 N_{fl} 每延米 $21\phi20 (A_s = 65.97 \text{cm}^2)$。

扶壁背部受力钢筋各计算截面内力及配筋计算结果可参见表 3-3-61。

扶壁背部受力钢筋各计算截面内力及配筋计算汇总　　　　表 3-3-61

H_i (m)	b'_i (m)	M_{4Hi} (kN·m)	M_{4dHi} (kN·m)	h'_0 (m)	M_p (kN·m)	A_0	ξ	ρ (%)	A_s (cm²)	配筋
4.0	2.42	178.80	250.32	2.24	15669.40	0.0022	0.0023	0.00011	3.79	7φ20
6.0	3.28	737.27	1032.18	3.20	31087.32	0.0033	0.0033	0.00011	11.55	7φ20 7φ20
9.3	4.70	3628.75	5080.24	4.80	68068.41	0.0051	0.0051	0.00017	38.35	7φ20 7φ20 7φ20

③裂缝开展宽度计算

a. $H_i = 4$m 截面

a）考虑车辆荷载作用

由上面计算知：$M_{4Hi} = 178.80 (\text{kN} \cdot \text{m})$

b）不考虑车辆荷载作用（$h_0 = 0$）

令 $h_0 = 0$，$M'_{4Hi} = \frac{1}{6} \gamma H_i^2 \cdot b'_i \cdot (H_i + 3h_0) \cdot K_a \cdot \cos\beta$

$$= \frac{1}{6} \times 18 \times 4^2 \times 2.42 \times (4 + 3 \times 0) \times 0.271 \times \cos 0° = 125.92 (\text{kN} \cdot \text{m})$$

c）计算作用长期效应影响系数 C_2

$M_1 = M_{4Hi} - M'_{4Hi} = 178.80 - 125.92 = 52.88 (\text{kN} \cdot \text{m})$

$M_2 = M'_{4Hi} = 125.92 (\text{kN} \cdot \text{m})$

$M_s = M_2 + 0.7 M_1 = 125.92 + 0.7 \times 52.88 = 162.94 (\text{kN} \cdot \text{m})$

$M_l = M_2 + 0.4 M_1 = 125.92 + 0.4 \times 52.88 = 147.07 (\text{kN} \cdot \text{m})$

$C_2 = 1 + 0.5 \cdot \frac{M_l}{M_s} = 1 + 0.5 \times \frac{147.07}{162.94} = 1.451$

d）计算最大裂缝开展宽度

$$\rho = \frac{A_s}{b \cdot h'_0} = \frac{21.99}{100 \times 224} = 0.00098 < 0.006，取 \rho = 0.006$$

$$\sigma_{ss} = \frac{M_s}{0.87 A_s \cdot h'_0} = \frac{162.94 \times 10^6}{0.87 \times 2199 \times 2240} = 38.02 (\text{MPa})$$

$$W_{fk} = C_1 \cdot C_2 \cdot C_3 \cdot \frac{\sigma_{ss}}{E_s} \cdot \left(\frac{30+d}{0.28+10\rho}\right) = 1.0 \times 1.451 \times 1.15 \times \frac{38.02}{2 \times 10^5} \times \left(\frac{30+20}{0.28+0.06}\right)$$

$= 0.047 (\text{mm}) < 0.2 (\text{mm})$,满足要求。

b. $H_i = 6\text{m}$ 截面

a)考虑车辆荷载作用

由上面计算知:$M_{4Hi} = 737.27 (\text{kN} \cdot \text{m})$

b)不考虑车辆荷载作用($h_0 = 0$)

令 $h_0 = 0$,$M'_{4Hi} = \frac{1}{6}\gamma H_i^2 \cdot b'_i \cdot (H_i + 3h_0) \cdot K_a \cdot \cos\beta$

$= \frac{1}{6} \times 18 \times 6^2 \times 3.28 \times (6 + 3 \times 0) \times 0.271 \times \cos 0° = 575.99 (\text{kN} \cdot \text{m})$

c)计算作用长期效应影响系数 C_2

$M_1 = M_{4Hi} - M'_{4Hi} = 737.27 - 575.99 = 161.28 (\text{kN} \cdot \text{m})$

$M_2 = M'_{4Hi} = 575.99 (\text{kN} \cdot \text{m})$

$M_s = M_2 + 0.7M_1 = 575.99 + 0.7 \times 161.28 = 688.89 (\text{kN} \cdot \text{m})$

$M_l = M_2 + 0.4M_1 = 575.99 + 0.4 \times 161.28 = 640.50 (\text{kN} \cdot \text{m})$

$C_2 = 1 + 0.5 \cdot \frac{M_l}{M_s} = 1 + 0.5 \times \frac{640.50}{688.89} = 1.465$

d)计算最大裂缝开展宽度

$\rho = \frac{A_s}{b \cdot h'_0} = \frac{43.98}{100 \times 320} = 0.0014 < 0.006$,取 $\rho = 0.006$

$\sigma_{ss} = \frac{M_s}{0.87 A_s \cdot h'_0} = \frac{688.89 \times 10^6}{0.87 \times 4398 \times 3200} = 56.26 (\text{MPa})$

$$W_{fk} = C_1 \cdot C_2 \cdot C_3 \cdot \frac{\sigma_{ss}}{E_s} \cdot \left(\frac{30+d}{0.28+10\rho}\right) = 1.0 \times 1.465 \times 1.15 \times \frac{56.26}{2 \times 10^5} \times \left(\frac{30+20}{0.28+0.06}\right)$$

$= 0.070 (\text{mm}) < 0.2 (\text{mm})$,满足要求。

c. $H_i = 9.3\text{m}$ 截面

a)考虑车辆荷载作用

由上面计算知:$M_{4Hi} = 3628.75 (\text{kN} \cdot \text{m})$

b)不考虑车辆荷载作用($h_0 = 0$)

$M'_{4Hi} = \frac{1}{6}\gamma H_i^2 \cdot b'_i \cdot (H_i + 3h_0) \cdot K_a \cdot \cos\beta$

$= \frac{1}{6} \times 18 \times 9.3^2 \times 4.70 \times (9.3 + 3 \times 0) \times 0.271 \times \cos 0° = 3073.53 (\text{kN} \cdot \text{m})$

c)计算作用长期效应影响系数 C_2

$M_1 = M_{4Hi} - M'_{4Hi} = 3628.75 - 3073.53 = 555.22 (\text{kN} \cdot \text{m})$

$M_2 = M'_{4Hi} = 3073.53 (\text{kN} \cdot \text{m})$

$M_s = M_2 + 0.7M_1 = 3073.53 + 0.7 \times 555.22 = 3462.18 (\text{kN} \cdot \text{m})$

$M_l = M_2 + 0.4M_1 = 3073.75 + 0.4 \times 555.22 = 3295.84 (\text{kN} \cdot \text{m})$

$C_2 = 1 + 0.5 \cdot \frac{M_l}{M_s} = 1 + 0.5 \times \frac{3295.84}{3462.18} = 1.476$

d) 计算最大裂缝开展宽度

$$\rho = \frac{A_s}{b \cdot h_0'} = \frac{65.97}{100 \times 480} = 0.0014 < 0.006, 取 \rho = 0.006$$

$$\sigma_{ss} = \frac{M_s}{0.87 A_s \cdot h_0'} = \frac{3462.18 \times 10^6}{0.87 \times 6597 \times 4800} = 125.67(\text{MPa})$$

$$W_{fk} = C_1 \cdot C_2 \cdot C_3 \cdot \frac{\sigma_{ss}}{E_s} \cdot \left(\frac{30+d}{0.28+10\rho}\right) = 1.0 \times 1.476 \times 1.15 \times \frac{125.67}{2 \times 10^5} \times \left(\frac{30+20}{0.28+0.06}\right)$$

$$= 0.157(\text{mm}) < 0.2(\text{mm}), 满足要求。$$

扶壁各计算截面裂缝开展宽度计算结果可参见表 3-3-62。

扶壁各计算截面裂缝开展宽度计算结果汇总表 表 3-3-62

截面 $H_i(\text{m})$	选用钢筋	A_s (cm^2)	M_1 ($\text{kN}\cdot\text{m}$)	M_2 ($\text{kN}\cdot\text{m}$)	M_s ($\text{kN}\cdot\text{m}$)	M_l ($\text{kN}\cdot\text{m}$)	C_2	ρ	σ_{ss} (MPa)	W_{fk} (mm)
4.0	7φ20	21.99	52.88	125.92	162.94	147.07	1.451	0.006	38.02	0.047
6.0	7φ20 7φ20	43.98	161.28	575.99	688.89	640.50	1.465	0.006	56.26	0.070
9.3	7φ20 7φ20 7φ20	65.97	555.22	3073.53	3462.18	3295.84	1.476	0.006	125.67	0.157

从表 3-3-62 可知，各截面裂缝宽度均小于 0.20mm，故满足要求。

扶壁与立壁连接处水平向 U 形钢筋 N_{Lf}

内力计算：

由立壁内力计算知，扶壁与立壁连接处最大剪力组合设计值：$V_{1dlj} = 71.15(\text{kN})$

配筋计算：

主钢筋抗拉强度设计值：$f_{sd} = 280(\text{MPa}) = 2.8 \times 10^5(\text{kPa})$

按轴心受拉构件配筋，根据现行《公路钢筋混凝土及预应力混凝土桥涵设计规范》(JTG 3362) 的规定：

$$A \geq V_{1dlj}/f_{sd} = 71.15/(2.8 \times 10^5) = 2.54 \times 10^{-4}\text{m}^2 = 2.54(\text{m}^2)$$

采用钢筋 $N_{Lf}(4\phi 12, A_s = 4.52\text{cm}^2)$。

在立壁部分以 U 形套在立壁外侧竖直向钢筋 N_{L4} 上，横穿全部扶壁身；沿墙高方向，顶部 $H_1/4$ 及底部 $H_1/8$ 段用采用半值 $2\phi 12$。

扶壁与踵板连接处竖直向 U 形钢筋 N_{Zf}

内力计算：

由踵板内力计算知，扶壁与踵板连接处最大剪力组合设计值：$V_{2dli} = 707.81(\text{kN})$

配筋计算：

主钢筋抗拉强度设计值：$f_{sd} = 280(\text{MPa}) = 2.8 \times 10^5(\text{kPa})$

按轴心受拉构件配筋，根据现行《公路钢筋混凝土及预应力混凝土桥涵设计规范》(JTG 3362) 的规定：

$$A_s \geq V_{2dli}/f_{sd} = 707.81/(2.8 \times 10^5) = 25.28 \times 10^{-4}(\text{m}^2) = 25.28(\text{cm}^2)$$

采用钢筋 N_{Zf} 每延米 $5\phi 28 (A_s = 30.79\text{cm}^2)$。

钢筋 N_{Zf} 在踵板底部以"U"形套固于由趾板底部延伸过来的 N_{C1} 上，上部伸入扶壁不小于搭接长度 0.75m；设踵板横向将 B_2 分为三等分，外 $B_2/3$ 用配筋的全值 ($5\phi 28$)，中、内 $B_2/3$ 段分别采用全值的 $2/3$、$1/3$ ($4\phi 28$、$2\phi 28$)。

第八节　锚杆挡土墙设计

一、概述

锚杆挡土墙是由钢筋混凝土墙面和锚杆组成的支挡结构物,不同于重力式挡土墙由自重来保持土压力作用下墙体的稳定,而是依靠锚固在稳定岩土层内的锚杆的抗拔力来平衡作用于墙背的土压力,保证墙体的稳定。锚杆挡土墙多用于一般地区岩石较完整的地段,也可作为地下工程的临时支护。在高边坡情况下,锚杆挡土墙可自上而下逐级施工,避免边坡坍塌,有利于施工的安全。

1. 锚杆挡土墙的分类及特点

锚杆挡土墙的结构形式主要有两种:肋柱式和板壁式,如图3-3-120和图3-3-121所示。两者既有相似的支挡原理,又各具特点,简列如下:

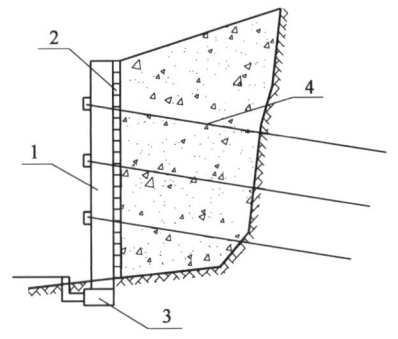
图3-3-120　肋柱式锚杆挡土墙
1-肋柱;2-挡土板;3-基础;4-锚杆

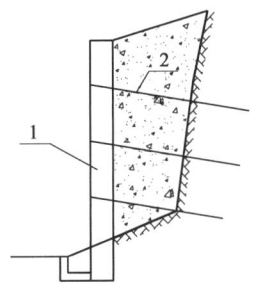
图3-3-121　板壁式锚杆挡土墙
1-墙面板;2-锚杆

(1)肋柱式锚杆挡土墙:以肋柱与锚杆相连接,挡土板传递土压力。锚杆间距一般比板壁式锚杆挡土墙大,锚孔直径100~150mm,需采用钻机钻孔,灌注砂浆后,杆体和锚孔孔壁黏结为一体,属于以黏结力为主要锚固作用的锚杆类型,必要时可将钻孔端部扩大,以增加锚杆的抗拔力,这种挡土墙能承受较大的土压力。由于施工占地少,基础开挖工程小,施工进度快,作为岩质陡坡路堑段的支挡结构物较为有利。也可用于构造物的基坑开挖工程,因不需设坑内支撑,扩大了作业面,有利于施工。

(2)板壁式锚杆挡土墙:以现浇整体式墙面板或预制装配式墙面板与多排小锚杆相连接,并传递土压力。锚孔可采用普通风钻钻成,直径35~50mm,一般锚孔深度4~5m,常用楔缝式锚杆,杆端直接与锚孔接触,增大了锚杆与锚孔间的摩阻力,因此兼具黏结型与机械型锚杆的特点。这种结构形式施工较简便,但承受土压力的能力较小,多用于岩石边坡防护、美化城镇附近需防护的路堑路段的环境等。

2. 锚杆挡土墙的材料标准

锚杆材料可采用热轧带肋钢筋(HRB)、钢丝束、钢绞线,肋柱和墙面板采用的混凝土强度等级一般不应小于C20;锚孔灌注水泥砂浆的强度等级一般不应小于M30;肋柱的基础可采用C15混凝土或M7.5水泥砂浆砌片石。

二、设计与计算

1. 肋板式锚杆挡土墙的设计与计算

肋板式锚杆挡土墙设计,其主要内容为:土压力计算,肋柱、锚杆和挡土板的内力计算,肋柱基础底面的地基承载力验算,肋柱、挡土板配筋计算,以及锚杆的设计。

1)土压力计算

由于墙后岩(土)层中有锚杆的存在,造成比较复杂的受力状态,因此土压力的计算至今没有得到很好的解决。目前设计中大多仍按库仑主动土压力理论进行近似计算(参见本章第五、六节的相关规定)。

对于多级锚杆挡土墙一般可按延长墙背法分别计算各级墙后的主动土压力(图3-3-122)。计算上级墙时,可视下级墙为稳定结构,不考虑下级墙对上级墙的影响;计算下级墙时,则应考虑上级墙的影响。为简化计算,特别是在挡土板和肋柱设计时,可近似按图3-3-122所示的土压力分布图考虑,即土压力分布简化为三角形或梯形分布,根据各级墙的位置,分别计算土压力。

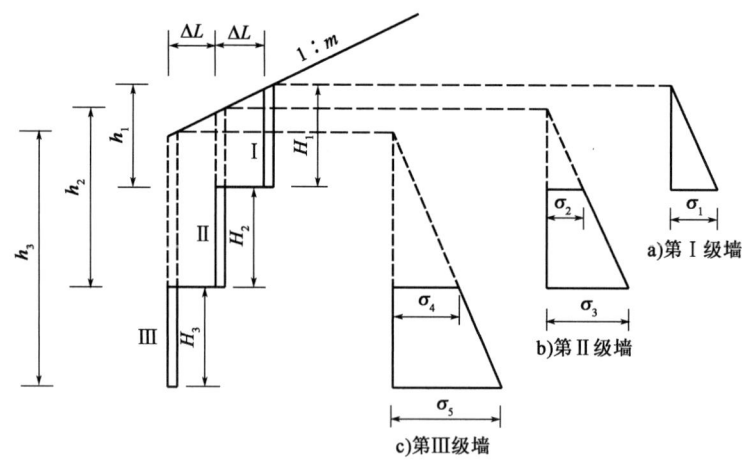

图 3-3-122　多级锚杆挡土墙的土压力计算

2)肋柱和锚杆的内力计算

每根肋柱承受相邻两跨挡土板跨经中线至中线之间作用于墙上的土压力。假定肋柱与锚杆的连接处为一铰支点,肋柱的底端视地基的强度和埋置深度,计算图式可作为自由端和铰支端;如基础埋置较深,且为坚硬岩石,计算图式可作为固定端。把肋柱视为支撑在锚杆和地基上的单跨简支梁、多跨连续梁或固端超静定梁,锚杆则视为轴心受拉构件。

(1)肋柱的内力计算

宜根据相邻两跨挡土板跨中至跨中长度上的作用(或荷载),计算确定肋柱所承受的作用(或荷载)。图3-3-123为肋柱内力计算简图,肋柱高为H,肋柱的间距为l,填土与墙背之间的摩擦角为δ。

(2)锚杆的内力计算

锚杆按轴心受拉构件设计(图3-3-124),其轴向拉力按式(3-3-172)计算。

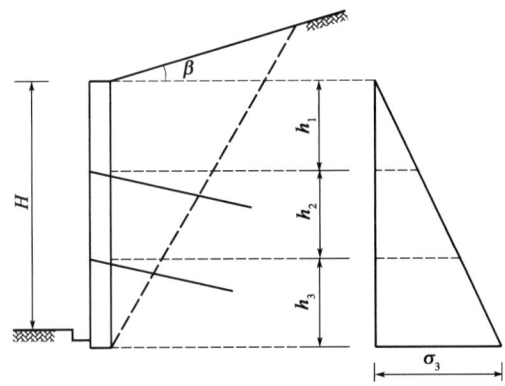

图 3-3-123 肋柱内力计算简图

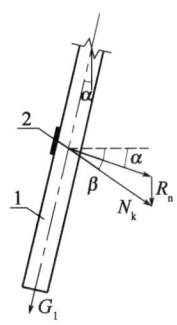

图 3-3-124 锚杆拉力与支承点反力图
1-肋柱;2-锚杆锚固点

$$N_{k} = \frac{R_{n}}{\cos(\beta - \alpha)} \quad (3\text{-}3\text{-}172)$$

式中：N_k——锚杆的轴向拉力(kN)；

R_n——肋柱或墙面板与锚杆连接处的支承反力(kN)；

α——肋柱的竖向后仰角(°)；

β——锚杆与水平线的夹角(°)。

(3)挡土板的内力计算

挡土板可按以肋柱为支点的简支板计算，其计算跨径为肋柱间的净距加板两端的搭接长度，荷载取挡土板所在位置土压应力的最大值。

3)肋柱基础底面的地基承载力验算

(1)肋柱基础底面最大压应力计算

方法可参见本章第四节的相关内容，基础底面最大压应力可按式(3-3-173)计算。

$$p_{\max} = \frac{N_d}{A} \quad (3\text{-}3\text{-}173)$$

作用于基底上垂直力组合设计值 N_d(kN)，可按式(3-3-174)计算。

$$N_d = \gamma_{Q1} \cdot \sum R_n \cdot \tan(\beta - \alpha) + \gamma_G \cdot G_1 \quad (3\text{-}3\text{-}174)$$

式中：A——肋柱基础底面面积(m^2)；

$\sum R_n$——按上文规定计算的，肋柱与锚杆连接处支承反力的代数和(kN)；

α——肋柱的竖向后仰角(°)；

β——锚杆与水平线的夹角(°)；

G_1——肋柱及基础重力的轴向分力(kN)；

γ_G、γ_{Q1}——分项系数，按本章第四节的相关内容，取值等于1。

(2)地基侧向承载力验算

肋柱的基底与地基连接的计算图式为铰支端或固定端时(图 3-3-125)，地基侧向承载力可按下式(3-3-175)～式(3-3-177)计算。

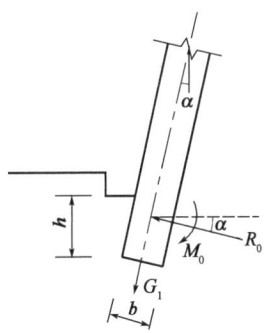

图 3-3-125 肋柱地基侧向承载力设计值验算

①地基侧向承载力设计值计算：
$$f_N = K_N \cdot f_d \tag{3-3-175}$$

式中：f_N——地基土侧向承载力设计值(kPa)；
f_d——地基土承载力设计值，可参见本章第四节的相关内容取值(kPa)；
K_N——系数，视地基的软、硬程度取等于0.5~1.0。

②肋柱基底计算图式为铰支端时的近似验算公式：
$$h \geq \frac{R_0 \cdot \cos\alpha}{a \cdot f_N} \tag{3-3-176}$$

式中：h——肋柱在地基中的埋置深度(m)；
R_0——基底铰支端的支承反力(kN)，作用于埋置深度的中点上；
a——顺墙长方向的肋柱宽度(m)。

③肋柱基底计算图式为固定端时的近似验算公式：

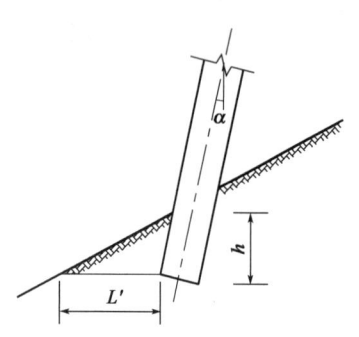

图3-3-126 斜坡面上肋柱基础的埋置条件

$$h \geq \frac{R_0 \cdot \cos\alpha + \sqrt{R_0^2 \cdot \cos^2\alpha + 24a \cdot f_N \cdot M_0}}{2a \cdot f_N} \tag{3-3-177}$$

式中：R_0——基底固定端的法向支承反力(kN)，作用于埋置深度的中点上；
M_0——基底固定端的反力矩(kN·m)。

(3)肋柱地基为斜坡面时，基底前趾至坡面的水平距离 L'(图3-3-126)，可按以下近似公式式(3-3-178)进行验算：

$$L' \geq \frac{K_P \cdot R_0 \cdot \cos\alpha}{a \cdot \left(\frac{1}{2}\gamma h \cdot \tan\varphi + c\right)} \tag{3-3-178}$$

式中：L'——基底前趾至坡面的水平距离(m)；
γ——肋柱埋置深度前侧，斜坡岩(土)的重度(kN/m³)；
φ——肋柱埋置深度前侧，斜坡岩(土)的内摩擦角(°)；
c——肋柱埋置深度前侧，斜坡岩(土)的黏聚力(kN/m²)；
K_P——安全系数，规定为3.0，考虑地震力时为2.0。

肋柱基础在地基中的受力和破坏状态比较复杂，本节所列基础埋置条件计算公式，均未考虑地基的弹性性质。斜坡上肋柱基底前趾至坡面的水平距离验算公式，所假定的滑动面与实际滑动面存在误差，因此式(3-3-176)~式(3-3-179)均为近似估算公式。精确设计时，可根据肋柱基础和地基实际情况，选择合宜的抗滑桩计算理论与方法进行计算。

4)肋柱和挡土板的配筋计算

肋柱和挡土板的配筋设计，可按现行《公路钢筋混凝土及预应力混凝土桥涵设计规范》(JTG 3362)的相关规定进行。

当肋柱的底端按自由端计算时，为防止底端出现负弯矩，受压侧应适当配置纵向钢筋。肋柱和挡土板为装配式时，应进行吊装时抗力效应验算。

5)锚杆设计

锚杆按轴心受拉构件设计，包括锚杆截面、锚杆长度和锚杆端部连接设计等。

(1) 锚杆截面设计

锚杆截面设计需要决定每层锚杆所用钢筋的根数和直径,并根据钢筋和灌浆管的尺寸决定钻孔的直径。

锚杆按轴心受拉构件设计,所需钢筋面积按下式计算:

$$\gamma_0 \cdot \gamma_{Q1} \cdot N_k \leqslant f_{sd} \cdot A_s / \gamma_R \quad (3\text{-}3\text{-}179)$$

式中:γ_0——结构重要性系数,应符合本章第三节的相关规定;

γ_{Q1}——主动土压力荷载分项系数,应符合本章第三节的相关规定;

f_{sd}——抗拉强度设计值(kPa);

A_s——锚杆净截面面积(m^2)。

(2) 锚杆长度的计算

锚杆长度由非锚固长度和有效锚固长度组成(图3-3-127)。非锚固长度 L_f 可根据肋柱与主动破裂面或滑动面的实际距离确定。有效锚固长度 L_a 可根据锚杆的拉力,可先按式(3-3-180)、式(3-3-182)计算,再按式(3-3-184)验算锚杆与水泥砂浆之间的黏结力,并满足最小有效锚固长度的规定,参见式(3-3-181)、式(3-3-183)。

① 单层岩层中锚杆的有效锚固长度:

$$L_a \geqslant \frac{\gamma_P \cdot N_k}{\pi D \cdot \tau_i} \quad (3\text{-}3\text{-}180)$$

$$L_a \geqslant 4m \quad (3\text{-}3\text{-}181)$$

图3-3-127 锚杆长度计算图
1-有效锚固长度段;2-非锚固长度;3-滑裂面;4-水泥砂浆

式中:L_a——锚杆的有效锚固长度(m);

γ_P——安全系数,$\gamma_P = 2.5$;

N_k——锚杆轴向拉力(kN);

D——锚孔直径(m);

τ_i——锚固段水泥砂浆与锚孔岩层间的极限抗剪强度(kPa)。

② 两层岩层中锚杆有效锚固长度:

$$L_{a2} \geqslant \frac{\gamma_P \cdot N_k}{\pi D \cdot \tau_2} - \frac{L_{a1} \cdot \tau_1}{\tau_2} \quad (3\text{-}3\text{-}182)$$

$$L_a = L_{a1} + L_{a2} \geqslant 4m \quad (3\text{-}3\text{-}183)$$

式中:L_{a1}——第一层岩层的厚度(m);

L_{a2}——第二层岩层中锚杆的有效锚固长度(m);

τ_1——第一层锚固段,水泥砂浆与锚孔岩层间的极限抗剪强度(kPa);

τ_2——第二层锚固段,水泥砂浆与锚孔岩层间的极限抗剪强度(kPa)。

③ 水泥砂浆与锚孔壁之间的极限抗剪强度 τ_i,可根据现场拉拔试验资料确定。当无可靠试验资料时,设计计算可参考表3-3-63选用,但施工时应在现场进行拉拔验证。

水泥砂浆与岩层孔壁间的极限抗剪强度 τ_i   表 3-3-63

锚固岩层的地质条件	τ_i(kPa)
风化砂页岩互层、碳质页岩、泥质页岩	150～250
细砂及粉砂质泥岩	200～400
薄层灰岩夹页岩	400～600
薄层灰岩夹石灰质页岩、风化灰岩	600～800

④锚杆与水泥砂浆之间的黏结力验算:

$$L_a \geqslant \frac{N_k}{n \cdot \pi \cdot d \cdot \beta_m \cdot [c]} \quad (3\text{-}3\text{-}184)$$

式中: n——组成锚杆的钢筋根数;

d——单根锚杆的直径(m);

β_m——钢筋组合系数: $n=1$ 时, $\beta_m=1.0$; $n=2$ 时, $\beta_m=0.85$; $n=3$ 时, $\beta_m=0.7$;

$[c]$——钢筋与水泥砂浆之间的容许黏结应力(kPa),按表 3-3-64 采用。

螺纹钢筋与水泥砂浆间的容许黏结应力   表 3-3-64

水泥砂浆强度等级	M60	M55	M50	M45	M40	M35	M30
$[c]$(kPa)	2130	1995	1875	1740	1620	1470	1320

注: 若锚杆采用光圆钢筋为材料时, 钢筋与水泥砂浆间的容许黏结应力, 可采用表中砂浆级别相应值的 0.67 倍。

6)螺栓及钢垫板的计算

当锚杆与肋柱的连接采用螺栓连接时, 可根据锚杆的设计拉力, 选择螺杆直径和螺母尺寸。常用的标准螺杆直径和螺母尺寸, 可参考有关机械零件手册。

锚杆与装配式肋柱连接处, 锚杆钢垫板的面积可按下式计算:

$$\gamma_0 \cdot \gamma_{Q1} \cdot N_k \leqslant 1.3\beta_c \cdot f_{cd} \cdot A_L \quad (3\text{-}3\text{-}185)$$

$$\beta_c = \sqrt{\frac{A_b}{A_L}} \quad (3\text{-}3\text{-}186)$$

式中: f_{cd}——肋柱混凝土的轴心抗压设计值(kPa);

A_L——钢垫板的面积(m^2);

A_b——局部承压时的计算底面积(m^2), 按图 3-3-128 确定;

β_c——混凝土局部承压强度的提高系数。

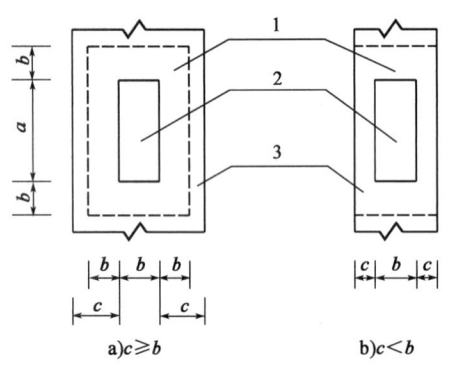

图 3-3-128 肋柱局部承压时, 计算底面积 A_b 示意图

1-计算底面积 A_b; 2-钢垫板面积 A_L; 3-肋柱

2. 板壁式锚杆挡土墙的设计与计算

1)土压力计算

同肋柱式锚杆挡土墙土压力计算。

2)锚杆和墙面板的内力计算

墙面板在土压力作用下, 可视为由锚杆和墙面板底端的地基所约束的无梁板, 其内力计算时, 可简化为分别沿竖直方向和水平方向按锚杆间距取单位宽度形成的连续板进行计算。竖直单宽板的计算荷载为作用于该单宽板上的土压力; 水平单宽板的计算荷载为该段桥面板所

在区土压力的最大值。一般情况下,计算锚杆内力也采用近似计算法:取宽为相邻两列锚杆的间距,高为墙面板高的竖向板,锚杆承受此宽度内的土压力,并计算其荷载效应。

3)墙面板基础底面的地基承载力验算

同肋柱式锚杆挡土墙肋柱基础底面的地基承载力验算。

4)墙面板结构设计

根据单宽墙面板的计算荷载效应,可按钢筋混凝土板的承载能力极限状态和正常使用状态分别计算所需配筋率,取其较大值布置钢筋,并注意加强与锚杆连接区的钢筋构造。

5)锚杆长度计算与锚杆截面设计

同肋柱式锚杆挡土墙锚杆设计。

三、结构构造

1. 肋板式锚杆挡土墙的构造

如上所述,肋柱式锚杆挡土墙由肋柱、挡土板和锚杆所组成,如图3-3-129所示,其组成构件可采用拼装式,也可以就地灌注。为便于施工,一般墙身为直立式。根据墙址处的地形、地质及工程情况,肋柱式锚杆挡土墙可采用单级墙或多级墙,每级墙高一般不宜大于8m。多级墙的上、下级墙体之间一般设置宽度不小于2.0m的平台。

1)锚杆

灌浆锚杆俗称大锚杆,采用钻机钻孔,其断面大样见图3-3-130。锚杆孔的直径应根据锚杆的布置、灌浆管的尺寸及钢筋支架的位置确定。锚孔在水平面下的倾角宜为10°~30°,不宜大于45°。锚孔直径不宜小于100mm,锚孔间距不宜小于2.0m。孔内安放钢筋或钢筋束,用灌注水泥砂浆的方法,使其锚固于稳定的地层内。锚杆材料可采用热轧带肋钢筋(HRB)、钢丝束、钢绞线,当采用钢筋锚杆时,其直径宜为18~32mm,每个锚孔内的钢筋不宜多于3根。锚孔灌注水泥砂浆的强度等级不宜小于M30。灌浆锚杆也可用于土层,但由于土层与锚杆间的握固力较低,尚需采用扩孔和加压灌浆等方法,以提高锚杆的抗拔力。

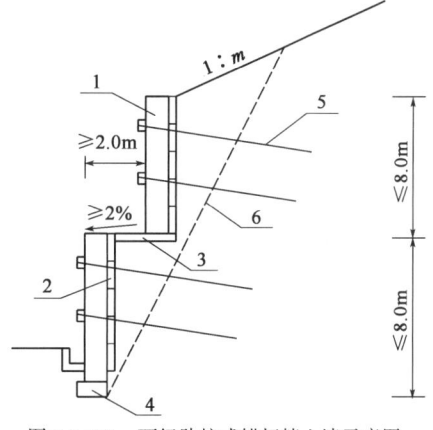

图3-3-129 两级肋柱式锚杆挡土墙示意图
1-肋柱;2-挡土板;3-平台;4-基础;5-锚杆;6-破裂面

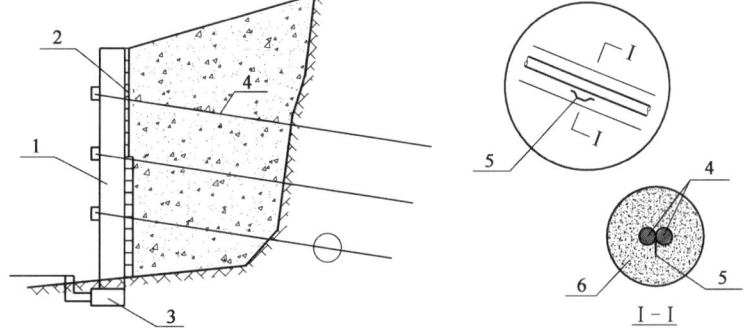

图3-3-130 肋柱式锚杆挡土墙锚杆大样图
1-挡土板;2-肋柱;3-基础;4-锚杆;5-锚杆支架;6-膨胀水泥砂浆

2)肋柱

肋柱式锚杆挡土墙的肋柱间距,视施工的吊装能力和锚杆的抗拔力而定,一般以2.0~3.0m为宜,肋柱可采用矩形或T形截面。为安放挡土板和设置锚杆孔,顺墙长方向的肋柱宽度不宜小于0.3m。肋柱上的锚杆层数,可采用双层或多层,锚杆的设置位置,应按肋柱内力分布均匀的原则确定。肋柱可竖直布置,也可向填土一侧仰斜,但仰斜度不应大于1∶0.05。可采用整柱预制、分段预制、现场拼装;或采用现场浇筑。采用预制肋柱时,应预留锚杆的锚碇孔。肋柱受力方向的前后侧面内应配置通长受力钢筋,钢筋直径不应小于12mm。肋柱的基础可采用C15混凝土或M7.5水泥砂浆砌片石。

肋柱的底端视地基的承载力和岩石强度确定其埋置或嵌岩深度。

3)挡土板

挡土板可采用预制构件,顺墙高方向的板宽视设备吊装能力而定,但不应小于0.3m。板的规格不宜过多,其截面宜为矩形、槽形或空心板,矩形板的最小厚度不应小于0.15m。板与肋柱的搭接长度不宜小于0.1m。板两端1/4板长处,宜设吊装孔。相邻两跨挡土板与肋柱连接处,应设挡土板间隙,板端的间隙宽度宜为10~20mm,并按沉降、伸缩缝的构造处理。

4)锚杆与肋柱的连接

肋柱为现场浇筑时,锚杆应伸入肋柱,其锚固长度应符合现行《公路钢筋混凝土及预应力混凝土桥涵设计规范》(JTG 3362)的规定;肋柱为预制拼装时,一般可采用螺栓、焊短钢筋或弯钩连接(图3-3-131)。

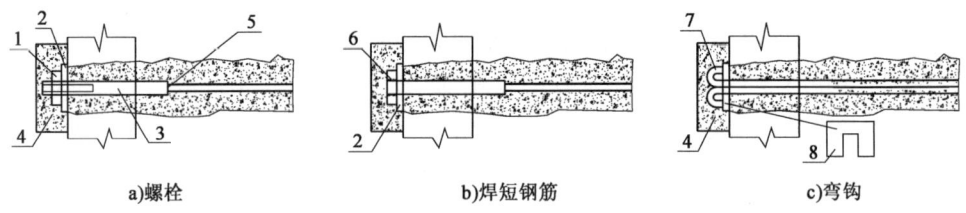

a)螺栓　　　　　　　　　　b)焊短钢筋　　　　　　　　　c)弯钩

图3-3-131　锚杆与肋柱的连接
1-螺母;2-钢垫板;3-螺杆;4-水泥砂浆;5-焊接;6-焊短钢筋;7-弯钩;8-U形垫板

5)锚杆钢筋的防锈

未锚入岩层的锚杆段,需牢固、可靠、持久,并保证非锚固段锚杆的轴向位移不受约束,保持作用(或荷载)的传递。可采用除锈后涂防锈漆两道,再用沥青玻璃纤维缠裹两层,作为防护措施。设计锚杆钢筋时,宜预留钢筋锈蚀量,无侵蚀性地下水地区,钢筋的采用直径宜较计算值增大2mm;地下水有侵蚀性时,采用直径宜较计算值增大3mm。

2.板壁式锚杆挡土墙的构造

板壁式锚杆挡土墙由现场浇筑的整体式墙面板或装配式墙面板与多排小锚杆组成。

1)锚杆

板壁式锚杆挡土墙宜采用楔缝式锚杆,其锚杆大样图可见图3-3-132,构造可见图3-3-133。板壁式锚杆挡土墙的锚杆布置,应按墙面板受力的合理性及经济性综合确定,顺墙长方向水平间距宜为1.0~2.0m,沿墙高方向,每级墙高布置2~3排锚杆。其他构造要求同肋板式锚杆挡土墙之锚杆。

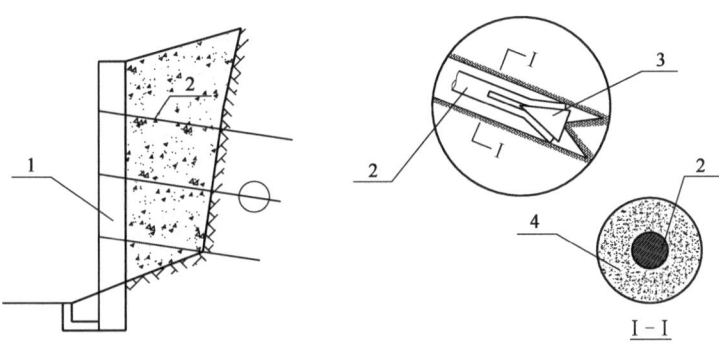

图 3-3-132 板壁式锚杆挡土墙锚杆大样图
1-预制或现浇墙面板;2-锚杆;3-楔子;4-膨胀水泥砂浆

2)墙面板

墙面板多为整块钢筋混凝土板,可采用现场浇筑或预制吊装的等厚度板,板厚一般不宜小于 0.3m,预制墙面板应预留锚杆的锚碇孔。现场浇筑的墙面板,宜按本章第一节的规定,设置沉降缝及伸缩缝。

3)锚杆与墙面板的连接

墙面板为现场浇筑时,锚杆应伸入墙面板,其锚固长度应符合现行《公路钢筋混凝土及预应力混凝土桥涵设计规范》(JTG 3362)的规定;墙面板为预制板时,锚杆插入预留锚孔后,浇筑混凝土,并采用钢筋混凝土锚杆帽增强连接处的强度(图 3-3-134)。

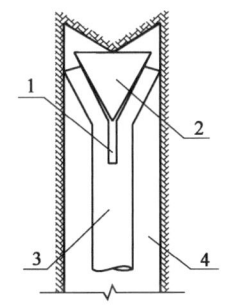

图 3-3-133 楔缝式锚杆构造图
1-切缝;2-楔子;3-锚杆;4-锚孔

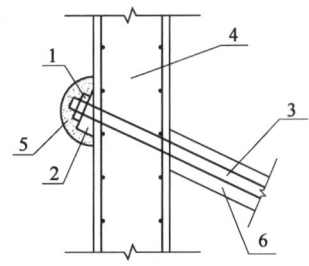

图 3-3-134 锚杆与预制墙面板的连接
1-螺母;2-钢垫板;3-锚杆;4-预制钢筋混凝土墙面板;
5-混凝土保护层;6-防锈层

四、计算算例

1. 设计资料

拟在某高速公路岩质陡坡路堑挖方段,设计一挡土墙(图 3-3-135)。总墙高 $H=17.5\text{m}$,墙后填土坡度角 $\beta=33°$,填料重度 $\gamma=19\text{kN/m}^3$,内摩擦角 $\varphi=40°$,黏聚力 $c=0$;地基土重度 $\gamma_1=20\text{kN/m}^3$,地基承载力设计值 $f_d=550\text{kPa}$。

经实地考察,拟把墙体分成上下两部分:9.5m 高的上墙采用预应力锚索;8m 高的下墙采用单级肋柱式锚杆式挡土墙。本例将仅计算其中的单级肋柱式锚杆式挡土墙。

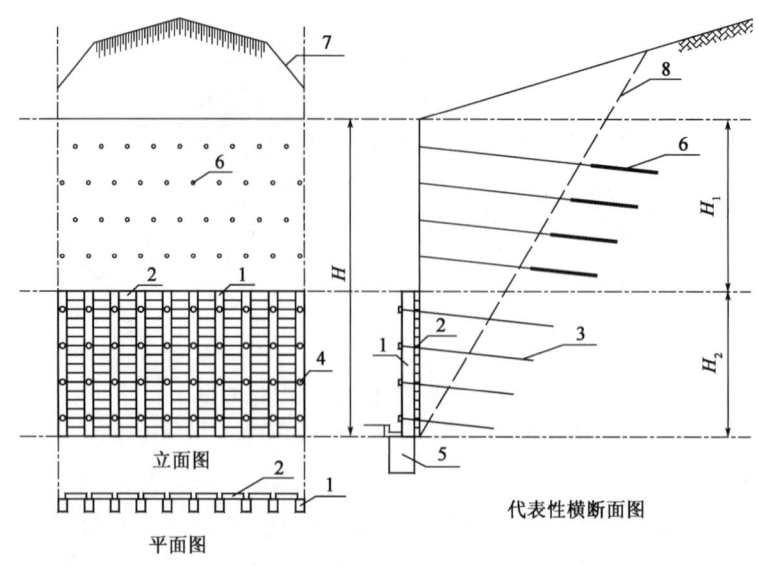

图 3-3-135 锚杆挡土墙示意图

1-肋柱;2-挡土板;3-锚杆;4-锚头;5-肋柱基础;6-预应力锚索;7-堑顶线;8-破裂面

2. 结构设计

下墙采用肋柱式锚杆挡土墙(图 3-3-136),单级肋柱,四层锚杆,上层锚杆与肋柱连接点距离下墙顶 1.0m,下层锚杆距离肋柱底端 1.0m,中间锚杆间距 2.0m。

肋柱竖直布置,顺墙长方向水平间距 1.5m,肋柱截面取 50cm×70cm(顺墙长方向长度×垂直墙长方向宽度,下同);挡土板尺寸采用 120cm×30cm×50cm(长度×宽度×高度);肋柱基础尺寸采用 0.5m×1.4m×2.0m(长度×宽度×高度)。

肋柱和挡土板采用的材料:混凝土等级为 C25,重度 $\gamma_h = 25 kN/m^3$,抗压强度设计值 $f_{cd} = 11.5 MPa$,抗拉强度设计值 $f_{td} = 1.23 MPa$,模量 $E_c = 2.80 \times 10^4 MPa$,构件最大裂缝开展宽度限值 $W_{fkmax} = 0.2mm$;主筋采用 HRB335 钢筋,其抗拉设计强度 $f_{sd} = 280 MPa$,模量 $E_s = 2.0 \times 10^5 MPa$;箍筋采用 R235 钢筋,其抗拉设计强度 $f_{sd} = 195 MPa$,模量 $E_s = 2.1 \times 10^5 MPa$。

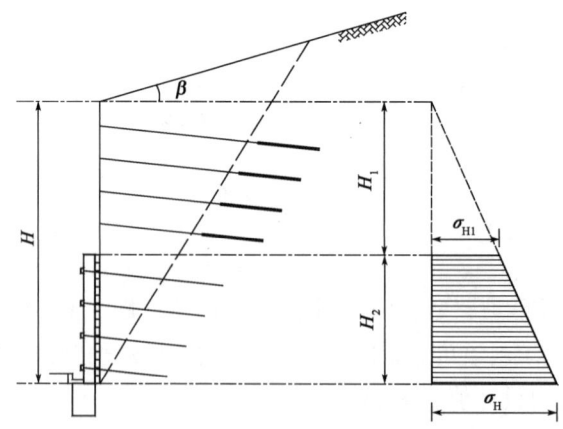

图 3-3-136 锚杆挡土墙土压力计算示意图

锚杆按与水平方向下倾15°角布置,采用JL32精轧螺纹钢,其抗拉强度标准值$f_{pk}=930MPa$。

3. 土压力计算

如图3-3-136所示,总墙高$H=17.5(m)$,上墙高$H_1=9.5(m)$,下墙高$H_2=8.0(m)$。本算例仅计算下墙,故仅关心下墙顶部和底部截面的土压力应力。

因肋柱竖直,故墙背倾斜角$\alpha=0°$;墙后填土坡度角$\beta=33°$;由于实际地形为挖方,在主动土压力计算时考虑采用完全破裂面模拟非完全破裂面受力状态,参数取$\varphi=40°$;挡土板与填料之间的摩擦作用忽略不计,故墙背与填料的摩擦角取$\delta=0°$;根据库仑主动土压力公式可得:

$$K_a = \frac{\cos^2(\varphi-\alpha)}{\cos^2\alpha \cdot \cos(\alpha+\delta) \cdot \left[1+\sqrt{\frac{\sin(\varphi+\delta) \cdot \sin(\varphi-\beta)}{\cos(\alpha+\delta) \cdot \cos(\alpha-\beta)}}\right]^2}$$

$$= \frac{\cos^2 40°}{1 \times 1 \times \left[1+\sqrt{\frac{\sin 40° \times \sin 7°}{\cos 0° \times \cos(-33°)}}\right]^2} = 0.344$$

由于挡土墙处于挖方段,不考虑车辆附加荷载(即$h_0=0$),故

锚杆挡土墙顶部主动土压力:$\sigma_{H1} = \gamma \cdot H_1 \cdot K_a = 19 \times 9.5 \times 0.344 = 62.1(kPa)$

底部主动土压力:$\sigma_H = \gamma \cdot H \cdot K_a = 19 \times 17.5 \times 0.344 = 114.4(kPa)$

4. 挡土板设计

1) 挡土墙内力计算

由上结构设计,挡土板尺寸为$120cm \times 50cm \times 30cm$,按支承于肋柱上的简支板进行计算,如图3-3-137所示。

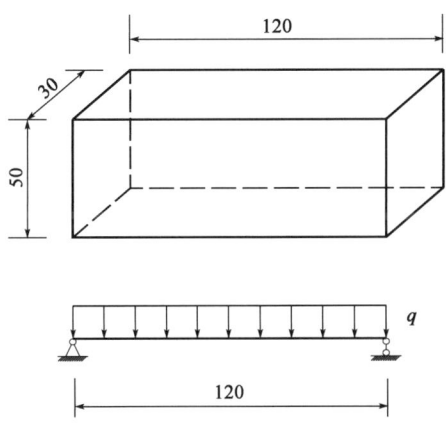

图3-3-137 挡土板尺寸及计算图式(尺寸单位:cm)

考虑最不利原则,可取下墙最底部的挡土板进行计算。

挡土板底主动土压应力:$\sigma_{d1} = \gamma \cdot H_{d1} \cdot K_a = 19 \times (17.5-0.5) \times 0.344 = 111.1(kPa)$

挡土板顶主动土压应力:$\sigma_{d2} = \gamma \cdot H_{d2} \cdot K_a = \sigma_H = 114.4(kPa)$

将作用在0.5m高度挡土板背面的水平向土压应力转换成均布条形荷载:

$$q = \frac{111.1+114.4}{2} \times 0.5 = 56.4(kN/m)$$

挡土板长度 l 为 1.20m 时,图 3-3-137 中简支板跨中最大负弯矩:

$$M_{\max} = -\frac{1}{8}ql^2 = -\frac{1}{8} \times 56.4 \times 1.2^2 = -10.15(\text{kN}\cdot\text{m})$$

对应的组合设计值为: $M_{\text{dmax}} = \gamma_{Q1} \cdot M_{\max} = 1.4 \times (-10.15) = -14.21(\text{kN}\cdot\text{m})$

简支板支点最大剪力: $V_{\max} = \frac{1}{2}ql = \frac{1}{2} \times 56.4 \times 1.2 = 33.84(\text{kN})$

对应的组合设计值: $V_{\text{dmax}} = \gamma_{Q1} \cdot V_{\max} = 1.4 \times 33.84 = 47.38(\text{kN})$

根据 $M_{\text{dmax}} = -14.21(\text{kN}\cdot\text{m})$, $V_{\text{dmax}} = 47.38(\text{kN})$ 进行截面抗弯及抗剪计算。

2) 正截面抗弯强度计算

由现行《公路钢筋混凝土及预应力混凝土桥涵设计规范》(JTG 3362)规定,可转换成式(3-3-187-1)~式(3-3-187-4)进行各截面的配筋计算。

$$A_0 = \frac{M_d}{b \cdot h_0^2 \cdot f_{cd}} \tag{3-3-187-1}$$

$$\xi = 1 - \sqrt{1 - 2A_0} \tag{3-3-187-2}$$

$$\rho = \xi \cdot \frac{f_{cd}}{f_{sd}} \tag{3-3-187-3}$$

$$A_s = \rho \cdot b \cdot h_0 \tag{3-3-187-4}$$

对于挡土板构件,弯矩效应组合设计值 M_d 取: $M_d = |M_{\text{dmax}}| = 14.21(\text{kN}\cdot\text{m})$;

配筋截面计算宽度 b 取 0.5m;

保护层厚度取 0.05m,截面有效厚度取: $h_0 = 0.30 - 0.05 = 0.25(\text{m})$;

C25 混凝土抗压强度设计值: $f_{cd} = 11.5\text{MPa} = 11500\text{kPa}$,主钢筋抗拉设计强度 $f_{sd} = 280\text{MPa} = 2.8 \times 10^5 \text{kPa}$;当配筋率 $\rho < 0.15\%$ 时,ρ 取最小配筋率 0.15%。

$$A_0 = \frac{M_d}{b \cdot h_0^2 \cdot f_{cd}} = \frac{14.21}{0.5 \times 0.25^2 \times 11500} = 0.0395$$

$$\xi = 1 - \sqrt{1 - 2A_0} = 1 - \sqrt{1 - 2 \times 0.0395} = 0.040$$

$$\rho = \xi \cdot \frac{f_{cd}}{f_{sd}} = 0.040 \times \frac{11500}{2.8 \times 10^5} = 0.164\%$$

$$A_s = \rho \cdot b \cdot h_0 = 0.00164 \times 0.5 \times 0.25 = 2.05 \times 10^{-4}(\text{m}^2) = 2.05(\text{cm}^2)$$

采用钢筋每延米 $4\phi16$ ($A_s = 8.04\text{cm}^2$)

3) 裂缝开展宽度验算

根据现行《公路钢筋混凝土及预应力混凝土桥涵设计规范》(JTG 3362)规定,构件最大裂缝开展宽度(mm)可按式(3-3-187-5)及式(3-3-187-6)计算。

$$W_{fk} = C_1 \cdot C_2 \cdot C_3 \cdot \frac{\sigma_{ss}}{E_s} \cdot \left(\frac{30 + d}{0.28 + 10\rho}\right) \tag{3-3-187-5}$$

$$\rho = \frac{A_s + A_p}{b \cdot h_0 + (b_f - b) \cdot h_f} \tag{3-3-187-6}$$

式中: C_1——钢筋表面形状系数,本算例用螺纹钢筋 $C_1 = 1.0$;

C_2——作用(或荷载)长期效应影响系数,$C_2 = 1 + 0.5 \cdot \frac{N_l}{N_s}$,其中 N_l 和 N_s 分别为按作用(或荷载)效应组合和短期效应组合计算的内力值(弯矩或轴向力);本例考虑地形处于挖方段,不考虑车辆附加荷载,弯矩值 M_l 和 M_s 相等,取最不利值 $C_2 = 1.5$;

C_3——构件形式系数,本示例中构件为板式受弯构件,故 $C_3 = 1.15$;

σ_{ss}——钢筋应力(MPa),本例为受弯构件,$\sigma_{ss} = \frac{M_s}{0.87 A_s \cdot h_0}$;

d——纵向受拉钢筋直径(mm);

ρ——纵向受拉钢筋配筋率,对钢筋混凝土构件,当 $\rho > 0.02$ 时,取 $\rho = 0.02$;当 $\rho < 0.006$ 时,取 $\rho = 0.006$;在本算例中,构件受拉翼缘宽度 b_f(cm)和厚度 h_f(cm)均为0,故简化为 $\rho = \frac{A_s}{b \cdot h_0}$;

A_s——构件受拉区纵向普通钢筋的截面面积(cm²);

A_p——构件受拉区纵向预应力钢筋的截面面积(cm²),本算例中 $A_p = 0$。

由上配筋知:受拉主筋直径取 $d = 16$(mm),模量为 $E_s = 2.0 \times 10^5$(MPa)

$$\rho = \frac{A_s}{b \cdot h_0} = \frac{8.04}{50 \times 25} = 0.0064 > 0.006,取 \rho = 0.0064$$

$$\sigma_{ss} = \frac{M_s}{0.87 A_s \cdot h_0} = \frac{10.15 \times 10^6}{0.87 \times 804 \times 250} = 58.04(\text{MPa})$$

$$W_{fk} = C_1 \cdot C_2 \cdot C_3 \cdot \frac{\sigma_{ss}}{E_s} \cdot \left(\frac{30 + d}{0.28 + 10\rho}\right)$$

$$= 1.0 \times 1.5 \times 1.15 \times \frac{58.04}{2 \times 10^5} \times \left(\frac{30 + 16}{0.28 + 0.064}\right) = 0.067(\text{mm}) < 0.2(\text{mm})$$

故裂缝开展宽度满足设计要求。

4) 截面抗剪强度计算

根据现行《公路钢筋混凝土及预应力混凝土桥涵设计规范》(JTG 3362)的规定,混凝土单独抗剪,箍筋按构造配置设计:

$$(0.5 \times 10^{-3}) \cdot f_{td} b h_0 = 0.5 \times 10^{-3} \times 1.23 \times 500 \times 250 = 76.88(\text{kN}) > V_{dmax} = 47.38(\text{kN})$$

满足抗剪要求,故无须配置抗剪箍筋,箍筋按构造要求布置。

5. 肋柱及锚杆计算

1) 肋柱内力计算

如图 3-3-138a)所示,8m 高单级肋柱连接有四层锚杆,假定按图中所示的四跨连续梁(刚性支承)进行计算;肋柱截面尺寸取 50cm×70cm,如图 3-3-138b)所示。

由上结构设计,肋柱间距为 $B = 1.5$m,将水平向土压应力转换成均布梯形荷载:

$q_1 = 62.1 \times 1.5 = 93.15(\text{kN/m})$,$q_2 = \sigma_H \cdot B = 114.4 \times 1.5 = 171.6(\text{kN/m})$

此四跨连续梁可按解析法(三弯矩方程)或平面杆系程序计算,本例采用平面杆系程序计算。将四跨连续梁按 50cm 的间隔分为 16 个单元,如图 3-3-138a)所示,经过程序计算,可得各支点反力及肋柱的正负最大弯矩值:

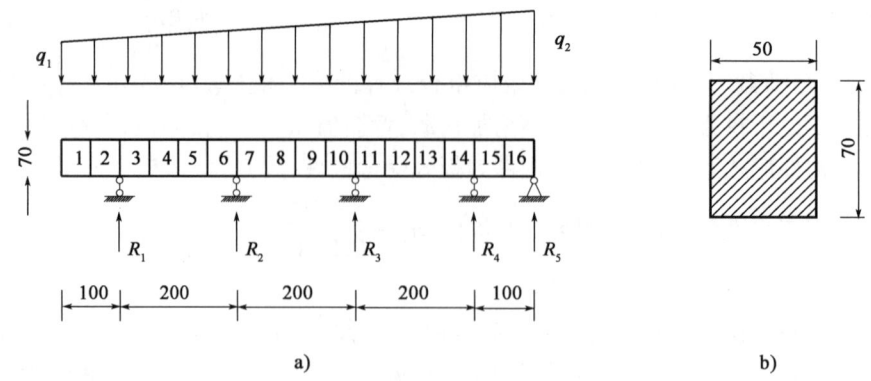

图 3-3-138 肋柱尺寸及计算图式(尺寸单位:cm)

$R_1 = 195.1(\text{kN})$；$R_2 = 215.1(\text{kN})$；$R_3 = 279.6(\text{kN})$；$R_4 = 256.9(\text{kN})$；$R_5 = 42.3(\text{kN})$；$M_{\max} = 28.1(\text{kN} \cdot \text{m})$；$M_{\min} = -48.7(\text{kN} \cdot \text{m})$；$V_{\max} = 145.2(\text{kN})$。

2)锚杆的内力计算

(1)锚杆轴向拉力计算

按式(3-3-172)计算锚杆轴向拉力：$N_k = \dfrac{R_n}{\cos(\beta - \alpha)}$

式中肋柱或挡土板与锚杆连接处的支承反力：$R_n = R_3 = 279.6(\text{kN})$

锚杆对水平方向的倾角：$\beta = 15°$，肋柱的竖直倾角：$\alpha = 0°$，可得：

$$N_k = \frac{R_n}{\cos(\beta - \alpha)} = \frac{279.6}{\cos 15°} = 289.5(\text{kN})$$

(2)锚杆截面面积计算

按式(3-3-179)计算锚杆截面面积：$\gamma_0 \cdot \gamma_{Q1} \cdot N_k \leqslant f_{pd} \cdot A_s$

选用 JL32 精轧螺纹钢筋，其抗拉强度标准值：$f_{pd} = 770(\text{MPa}) = 770 \times 10^3 (\text{kPa})$

锚杆轴向拉力：$N_k = 289.5(\text{kN})$；结构重要性系数：$\gamma_0 = 1.05$

主动土压力荷载分项系数：$\gamma_{Q1} = 1.4$

$$A_s = \frac{\gamma_0 \cdot \gamma_{Q1} \cdot N_k}{f_{pd}} = \frac{1.05 \times 1.4 \times 289.5}{770 \times 10^3} = 5.53 \times 10^{-4}(\text{m}^2) = 5.53(\text{cm}^2)$$

采用 JL32 精轧螺纹钢：$A_s = 8.04(\text{cm}^2)$。

3)锚杆锚固长度计算

(1)单层岩层中锚杆的锚固长度计算

由式(3-3-180)和式(3-3-183)，单层岩层中锚杆的有效锚固长度应满足：

$$L_a \geqslant \frac{\gamma_P \cdot N_k}{\pi \cdot D \cdot \tau_i} \text{ 和 } L_a \geqslant 4\text{m}$$

锚杆轴向拉力：$N_k = 289.5(\text{kN})$；锚孔直径：$D = 15(\text{cm}) = 0.15(\text{m})$

锚固段水泥砂浆与锚孔岩层间的极限抗剪强度：$\tau_i = 150(\text{kPa})$；安全系数：$\gamma_P = 2.5$

故锚杆的有效锚固长度：$L_a \geqslant \dfrac{2.5 \times 289.5}{\pi \times 0.15 \times 150} = 10.24(\text{m})$，取 $L_a = 15(\text{m})$。

(2) 锚杆与水泥砂浆之间的黏结力计算

由式(3-3-184)可知,锚杆的有效锚固长度应满足:$L_a \geq \dfrac{N_k}{n \cdot \pi \cdot d \cdot \beta_m \cdot [c]}$

锚杆轴向拉力:$N_k = 289.5(kN)$;单根锚杆的直径:$d = 32(mm) = 0.032(m)$
组成锚杆的钢筋根数:$n = 1$;钢筋组合系数:$\beta_m = 1.0$($n = 1$ 时)
查表 3-3-64(M30 水泥砂浆),钢筋与水泥砂浆之间的容许黏结应力:
$[c] = 1320 \times 0.67 = 884.4(kPa)$

故 $L_a \geq \dfrac{N_k}{n \cdot \pi \cdot d \cdot \beta_m \cdot [c]} = \dfrac{289.5}{1 \times \pi \times 0.032 \times 1.0 \times 884.4} = 3.256(m)$

由上两种计算结果,采用砂浆与锚孔岩层间锚固长度的要求进行控制,取 $L_a = 15(m)$。

4) 锚杆钢垫板尺寸计算

计算锚杆钢垫板的面积:$\gamma_0 \cdot \gamma_{Q1} \cdot N_k \leq 1.3 \beta_c \cdot f_{cd} \cdot A_L$

肋柱 C25 混凝土的轴心抗压强度设计值:
$f_{cd} = 11.5(MPa) = 11500(kPa)$

采用 YGM-32 锚具,钢垫板尺寸为 140mm × 140mm,即 $a = 140mm$,$b = 140mm$,钢垫板的面积:
$A_L = a \cdot b = 0.14 \times 0.14 = 0.0196(m^2)$
$c = (500 - 140)/2 = 180(mm) > b$,局部承压时的计算底面积:
$A_b = [0.5 - 2 \cdot (c - b)] \cdot (a + 2b) = 0.42 \times 0.42 = 0.1764(m^2)$

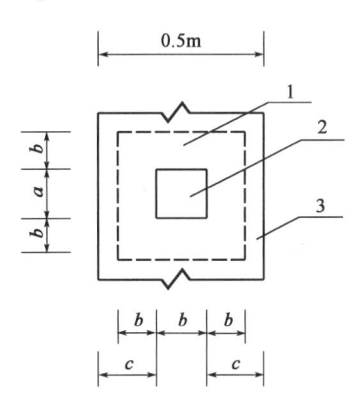

图 3-3-139 肋柱局部承压时计算底面积 A_b 示意图
1-A_b;2-A_L;3-肋柱

混凝土局部承压强度的提高系数:
$\beta_c = \sqrt{\dfrac{A_b}{A_L}} = \sqrt{\dfrac{0.1764}{0.0196}} = 3.0$

$\gamma_0 \cdot \gamma_{Q1} \cdot N_k = 1.05 \times 1.4 \times 289.5 = 425.57(kN)$
$\leq 1.3 \beta_c \cdot f_{cd} \cdot A_L = 1.3 \times 3.0 \times 11500 \times 0.0196 = 879.06(kN)$

故采用 140mm × 140mm 的钢垫板尺寸能满足局部承压要求。考虑锚孔直径为 15cm,因此将钢垫板尺寸调整为 200mm × 200mm。

5) 肋柱配筋计算及裂缝开展宽度计算

(1) 主筋配筋计算

由上肋柱内力计算知:$M_{max} = 28.1(kN \cdot m)$,$M_{min} = -48.7(kN \cdot m)$
对应的组合设计值为:$M_{dmax} = \gamma_{Q1} \cdot M_{max} = 1.4 \times 28.1 = 39.3(kN \cdot m)$
$M_{dmin} = \gamma_{Q1} \cdot M_{min} = 1.4 \times (-48.7) = 68.2(kN \cdot m)$

配筋截面计算宽度 b 取 0.5m。
保护层厚度取 0.05m,截面有效厚度:$h_0 = 0.70 - 0.05 = 0.65(m)$
C25 混凝土抗压强度设计值:$f_{cd} = 11.5MPa = 11500kPa$,主钢筋抗拉设计强度 $f_{sd} = 280MPa = 2.8 \times 10^5 kPa$;当配筋率 $\rho < 0.15\%$ 时,ρ 取最小配筋率 0.15%。

$A_0 = \dfrac{M_d}{b \cdot h_0^2 \cdot f_{cd}} = \dfrac{|M_{dmin}|}{b \cdot h_0^2 \cdot f_{cd}} = \dfrac{68.2}{0.5 \times 0.65^2 \times 11500} = 0.0281$

$$\xi = 1 - \sqrt{1 - 2A_0} = 1 - \sqrt{1 - 2 \times 0.0281} = 0.0285$$

$$\rho = \xi \cdot \frac{f_{cd}}{f_{sd}} = 0.0285 \times \frac{11500}{2.8 \times 10^5} = 0.117\% < 0.15\%，取 \rho = 0.15\%$$

$$A_s = \rho \cdot b \cdot h_0 = 0.0015 \times 0.5 \times 0.65 = 4.88 \times 10^{-4}(m^2) = 4.88(cm^2)$$

采用钢筋每延米 $4\phi16(A_s = 8.04 cm^2)$。

(2)裂缝开展宽度计算

同挡土板的裂缝开展宽度计算，肋柱最大裂缝开展宽度(mm)也可按相同公式计算：

$$W_{fk} = C_1 \cdot C_2 \cdot C_3 \cdot \frac{\sigma_{ss}}{E_s} \cdot \left(\frac{30 + d}{0.28 + 10\rho}\right)$$

钢筋表面形状系数：$C_1 = 1.0$；构件形式系数：$C_3 = 1.15$；因不考虑车辆附加荷载，故作用(或荷载)长期效应影响系数：$C_2 = 1.5$。

纵向受拉钢筋直径 $d = 16(mm)$；钢筋弹模：$E_s = 2.0 \times 10^5 (MPa)$

由最不利原则，考虑最大负弯矩 M_{min}，钢筋应力：

$$\sigma_{ss} = \frac{M_s}{0.87A_s \cdot h_0} = \frac{|M_{min}|}{0.87A_s \cdot h_0} = \frac{48.7 \times 10^6}{0.87 \times 804 \times 650} = 107.11(MPa)$$

纵向受拉钢筋配筋率：$\rho = \frac{A_s}{b \cdot h_0} = \frac{8.04}{50 \times 65} = 0.0025 < 0.006$，取 $\rho = 0.006$

$$W_{fk} = C_1 \cdot C_2 \cdot C_3 \cdot \frac{\sigma_{ss}}{E_s} \cdot \left(\frac{30 + d}{0.28 + 10\rho}\right)$$

$$= 1.0 \times 1.5 \times 1.15 \times \frac{107.11}{2 \times 10^5} \times \left(\frac{30 + 16}{0.28 + 0.06}\right) = 0.125(mm) < 0.2(mm)$$

故裂缝开展宽度满足设计要求。

由上式结果可知，考虑最大正弯矩 M_{max} 时，裂缝开展宽度也能满足设计要求。

(3)抗剪箍筋配筋计算

由上计算知最大剪力：$V_{max} = 145.2(kN)$

对应的最大剪力设计值：$V_{dmax} = \gamma_{Q1} \cdot V_{dmax} = 1.4 \times 145.2 = 203.3(kN)$

根据现行《公路钢筋混凝土及预应力混凝土桥涵设计规范》(JTG 3362)的规定，混凝土单独抗剪，箍筋按构造配置设计：

$$(0.5 \times 10^{-3}) \cdot f_{td}bh_0 = 0.5 \times 10^{-3} \times 1.23 \times 500 \times 650 = 199.9(kN) < V_{dmax} = 203.3(kN)$$

不满足抗剪要求，故需配置抗剪箍筋。

取箍筋间距 $S_v = 0.20 cm$，采用单箍 2 股，直径为 10mm，同一截面上箍筋的面积 $A_{sv} = 1.57 cm^2$。

箍筋配筋率：$\rho_{sv} = \frac{A_{sv}}{S_v \cdot b} = \frac{1.57}{20 \times 50} = 0.00157 = 0.157\%$

受拉主筋的配筋率：$\rho = \frac{A_s}{b \cdot h_0} = \frac{8.04}{50 \times 65} = 0.0025$

受拉主筋的配筋百分率：$P = 100\rho = 100 \times 0.0025 = 0.25$

异号弯矩影响系数 α_1 取 1.0，预应力提高系数 α_2 取 1.0，受压翼缘影响系数 α_3 取 1.1。

混凝土抗压强度标准值(即混凝土强度等级)：$\sqrt{f_{cu,k}} = \sqrt{25} = 5(MPa)$

箍筋抗拉强度设计值：$f_{sv} = 195(\mathrm{MPa})$

根据现行《公路钢筋混凝土及预应力混凝土桥涵设计规范》(JTG 3362)的规定,知斜截面内混凝土与箍筋共同的抗剪能力：

$$V_{cs} = \alpha_1 \cdot \alpha_2 \cdot \alpha_3 \cdot (0.45 \times 10^{-3}) \cdot b \cdot h_0 \cdot \sqrt{(2 + 0.6P)\sqrt{f_{cu,k}} \cdot \rho_{sv} \cdot f_{sv}}$$
$$= 1.0 \times 1.0 \times 1.1 \times 0.045 \times 50 \times 65 \times \sqrt{(2 + 0.6 \times 0.25) \times \sqrt{25} \times 0.00157 \times 195}$$
$$= 291.9(\mathrm{kN}) > V_{d\max} = 203.3(\mathrm{kN})$$

故箍筋采用间距20cm单箍2股的配置,能够满足抗剪要求。

6）肋柱基础底面的地基承载力验算

(1) 基底最大压应力

分项系数 γ_G、γ_{Q1} 均取值等于1；锚杆与水平线的夹角 $\beta = 15°$；肋柱的竖向后仰角：$\alpha = 0°$。

由上肋柱内力计算,肋柱与锚杆连接处支承反力的代数和：

$$\sum R_n \cdot \tan(\beta - \alpha) = (R_1 + R_2 + R_3 + R_4 + R_5) \cdot \tan 15°$$
$$= (195.1 + 215.1 + 279.6 + 256.9 + 42.3) \times \tan 15°$$
$$= 265.0(\mathrm{kN})$$

肋柱基础采用底宽0.5m,横向宽1.4m,高2.0m,故肋柱及基础重力的轴向分力：

$$G_l = (0.5 \times 0.7 \times 8 + 0.5 \times 1.4 \times 2.0) \times 25 = 105.0(\mathrm{kN})$$

作用于基底上垂直力组合设计值 $N_d(\mathrm{kN})$,可按式(3-3-174)计算：

$$N_d = \gamma_{Q1} \cdot \sum R_n \cdot \tan(\beta - \alpha) + \gamma_G \cdot G_l = 265.0 + 105.0 = 370.0(\mathrm{kN})$$

肋柱基础底面面积：$A = 0.5 \times 1.4 = 0.7(\mathrm{m}^2)$

按式(3-3-173)计算肋柱基础底面的最大压应力：

$$p_{\max} = \frac{N_d}{A} = \frac{370.0}{0.7} = 528.6(\mathrm{kPa}) < f_d = 550(\mathrm{kPa})$$

因此,肋柱基底地基承载力验算满足要求。

(2) 侧向承载力计算

①地基侧向承载力设计值计算

地基的软、硬程度系数：$K_N = 0.5$；地基土承载力设计值：$f_d = 550(\mathrm{kPa})$

按式(3-3-175)计算地基土侧向承载力设计值：$f_N = K_N \cdot f_d = 0.5 \times 550 = 275(\mathrm{kPa})$

②肋柱基础埋置深度验算

基底铰支端的支承反力作用于埋置深度的中点上：$R_0 = R_5 = 42.3(\mathrm{kN})$

顺墙长方向的肋柱宽度：$a = 0.5(\mathrm{m})$

按肋柱基底为铰支端时的公式(3-3-176)验算埋置深度：

$$h \geq \frac{R_0 \cdot \cos\alpha}{a \cdot f_N} = \frac{42.3 \times \cos 0°}{0.5 \times 275} = 0.308(\mathrm{m})$$

实际埋置深度 $h = 2(\mathrm{m}) \geq 0.308(\mathrm{m})$ 时,故能满足要求。

(3) 肋柱地基为斜坡面时,基底前趾至坡面的水平距离 L' 计算

肋柱实际埋置深度：$h = 2(\mathrm{m})$,其前侧的斜坡岩(土)重度：$\gamma = 20(\mathrm{kN/m}^3)$；内摩擦角：$\varphi = 40°$；黏聚力：$c = 0(\mathrm{kN/m}^2)$；安全系数：$K_P = 3.0$；顺墙长方向的肋柱宽度：$a = 0.5(\mathrm{m})$；肋柱的竖向后仰角：$\alpha = 0°$；基底铰支端的支承反力：$R_0 = R_5 = 42.3(\mathrm{kN})$。

按式(3-3-178)计算基底前趾至坡面的水平距离 L'：

$$L' \geqslant \frac{K_\mathrm{P} \cdot R_0 \cdot \cos\alpha}{a \cdot \left(\frac{1}{2}\gamma h \cdot \tan\varphi + c\right)} = \frac{3.0 \times 42.3 \times 1}{0.5 \times \left(\frac{1}{2} \times 20 \times 2 \times \tan 40° + 0\right)} = 15.1(\mathrm{m})$$

第九节　锚定板挡土墙设计

一、概述

锚定板挡土墙是一种适用于防护填方工程的轻型挡土结构,它依靠埋置在填料中的锚定板所提供的抗拔力来维持挡土墙的稳定。其主要特点是结构轻、柔性大、占地少、圬工省、造价低,既可用作路堤式路基的挡土墙,也可用于桥台或港口码头的护岸,但不应建筑于滑坡、坍塌、软土及膨胀土地区。

1. 锚定板挡土墙的分类及特点

锚定板挡土墙按墙面的结构形式可分为肋柱式和板壁式。肋柱式锚定板挡土墙的墙面由肋柱、挡土板组成(图3-3-140),一般为双层拉杆,锚定板的面积较大,拉杆较长,挡土墙的变形量较小,可用作路肩墙、路堤墙。板壁式锚定板挡土墙的墙面由钢筋混凝土板组成(图3-3-141),外形美观、整齐,施工简便,多用于城市交通的支挡结构物工程。

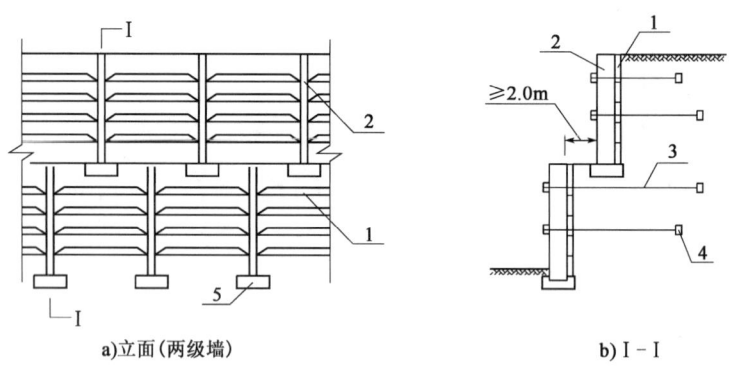

图 3-3-140　肋柱式锚定板挡土墙
1-挡土板;2-肋柱;3-拉杆;4-锚定板;5-基础

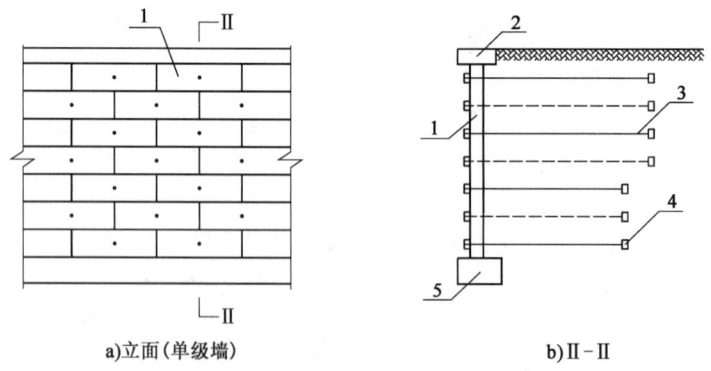

图 3-3-141　板壁式锚定板挡土墙
1-墙面板;2-帽石;3-拉杆;4-锚定板;5-基础

2.锚定板挡土墙的材料标准

锚定板挡土墙的拉杆、螺丝端杆,宜采用可焊性和延伸性良好的牌号 HRB300(Ⅰ级)、HRB400(Ⅱ级)钢筋,或 45SiMn V 精轧螺纹钢筋。肋柱、挡土板、墙面板、板壁式锚定板挡土墙的帽石、锚定板、肋柱分离式垫块基础、肋柱杯座式基础的混凝土强度等级不应低于 C20。肋柱条形基础的混凝土强度等级不应低于 C15。

以下着重介绍肋柱式锚定板挡土墙的构造和设计。板壁式锚定板挡土墙可参考肋柱式锚定板挡土墙进行设计,不另详述。

二、肋柱式锚定板挡土墙的设计与计算

肋柱式锚定板挡土墙设计的主要内容有:墙背土压力计算,肋柱、锚定板、拉杆、挡土板的内力计算和配置钢筋以及锚定板挡土墙的整体稳定验算等。

1.墙背土压力计算

锚定板挡土墙墙面板所受的土压力,系由墙后填料及附加外荷载引起。由于挡土板、拉杆、锚定板及填料的相互作用,影响土压力的因素很多。通过大量的现场实测及模型试验表明,土压力大于库仑主动土压力公式的计算值。当采用按库仑主动土压力公式计算,需乘以增大系数 β,根据对试验资料的分析,增大系数取用 1.2~1.4。对于位移要求较严格的结构,土压力增大系数宜取大值。试验还显示锚定板挡土墙的实测土压力,沿墙背不是按三角形分布,而呈单峰形或锯齿形分布。经分析简化后,采用墙高上部 0.5H 范围内按三角形分布;墙高下部的 0.5H 范围内按矩形分布,即如图 3-3-142 所示,并按式(3-3-188)计算填料引起的土压应力值:

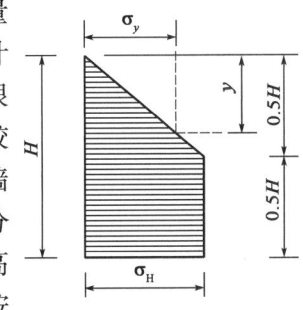

图 3-3-142 填料恒载作用下的土压应力分布图

$$\sigma_H = \frac{1.33 E_x}{H} \cdot \beta \quad (3\text{-}3\text{-}188)$$

$$\sigma_y = \frac{2\sigma_H \cdot y}{H} \quad (0 < y \leqslant 0.5H) \quad (3\text{-}3\text{-}189)$$

$$\sigma_y = \sigma_H \quad (0.5H < y \leqslant H) \quad (3\text{-}3\text{-}190)$$

式中:σ_H——填料恒载作用下,墙底的水平土压应力(kPa);

E_x——按库仑理论计算的单位墙长上,墙后主动土压力的水平分力(kN/m);

H——墙高,当为两级墙时,为上、下级墙高之和(m);

β——土压力增大系数,采用 1.2~1.4;

y——由墙顶至计算截面处的高度(m);

σ_y——计算截面处的水平土压应力(kPa)。

锚定板挡土墙上的车辆荷载(或人群荷载),对挡土板或墙面板所产生的附加土压力的分布图式,应符合本章第二节的相关规定,土压力计算值可不乘增大系数,其水平土压应力 σ_{yq} 可按式(3-3-191)计算。

$$\sigma_{yq} = K_a \cdot q \quad (3\text{-}3\text{-}191)$$

式中:K_a——库仑理论主动土压力系数;

q——车辆荷载(或人群荷载)附加荷载强度(kN/m²),按本章第二节的相关规定采用。

2. 肋柱设计

(1) 肋柱的设计计算应符合下列规定:

① 顺墙长方向肋柱间距的布置,一般宜采用等间距布置,但为适应墙长或地形变化,部分节间的长度也可能不为标准间距,则肋柱两侧的挡土板跨度也不一定相等,故宜根据相邻两跨挡土板跨中至跨中长度上的作用(或荷载),计算确定肋柱所承受的作用(或荷载)。

② 肋柱为受弯构件,根据肋柱上拉杆的层数及肋柱与肋柱基础的连接方式,可按简支梁或连续梁计算:

a. 当为双级墙时,双层拉杆的上级肋柱可按简支梁设计;

b. 双级墙双层拉杆的下级肋柱,当底端平置于条形基础或分离式单座基础上时,肋柱底端可视为自由端,肋柱按简支梁设计,当肋柱底端插入条形基础或杯座式基础时,肋柱底端可视为铰支端,肋柱按连续梁设计;

c. 多层拉杆的肋柱,可按连续梁设计;

d. 当肋柱底端嵌入坚硬完整的基岩,且嵌岩深度较深时,肋柱按固端超静定梁设计。

③ 肋柱按连续梁设计时,应分别按刚性支承连续梁、弹性支承连续梁计算肋柱的作用效应组合设计值及拉杆拉力设计值。以最不利作用效应组合设计值为控制,进行肋柱截面强度验算、配置钢筋。作用效应组合设计值计算时,作用(或荷载)分项系数,应符合本章第三节的相关规定。

④ 装配式肋柱还应作运输、吊装及施工过程中以及锚杆不均匀受力等荷载作用下,肋柱截面强度验算。

(2) 肋柱的计算支承点,当为三个及三个以上时,就应按连续梁进行设计。如果各支承点在填土作用下,水平变形量相同,则肋柱可按刚性支承连续梁进行设计;但一般情况下,置于土中的各支承点的变形量是各不相同的,因此应按弹性支承连续梁进行设计,并需要在设计时估算出各个弹性支承点的柔度系数 C_i(图 3-3-143)。

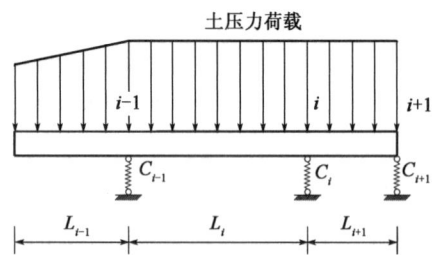

图 3-3-143 肋柱按弹性支承连续梁计算图式

由于对置于土中的各支承点的柔度系数的估算并非精确计算方法,按弹性支承连续梁求出的内力与支承反力值不一定完全符合实际,为预防可能出现的各种不利因素,一般宜分别按刚性支承连续梁和弹性支承连续梁进行计算,并取最不利组合设计值为控制,对肋柱进行截面设计和配置钢筋。虽然肋柱尺寸和材料可能有所富余,但能够确保肋柱有足够的安全度,并防止产生超出规定的裂缝产生。

弹性支承点的柔度系数 C_i 定义为:在单位力作用下 i 支点的变形量。

C_i 由两部分组成:

$$C_i = C_{si} + C_{ri} \qquad (3\text{-}3\text{-}192)$$

式中:C_{si}——单位力作用下 i 支点的拉杆钢筋弹性伸长量;

C_{ri}——单位力作用下 i 支点锚定板前方土体的压缩变形量。

单位力作用下,拉杆钢筋的弹性伸长量可按虎克定律求出:

$$C_{si} = \frac{l}{A_s \cdot E_s} \qquad (3\text{-}3\text{-}193)$$

将 $A_s = \dfrac{\pi d^2}{4}$ 代入式(3-3-193),得:

$$C_{si} = \dfrac{4l}{\pi \cdot d^2 \cdot E_s} \tag{3-3-194}$$

式中:l——拉杆钢筋长度;

d——拉杆钢筋直径;

E_s——钢筋的弹性模量。

单位力作用下,锚定板前方土体的压缩变形量计算比较困难,通常根据经验和对比分析,可采用以下两种方法来确定支承点的柔度系数 C_{ri}。

(1)弹性桩的弹性抗力系数法

本法为西南交通大学提出,系按照钻(挖)孔桩计算的 m 法推导,计算公式如式(3-3-195)和式(3-3-196)所示。

支承点的柔度系数:

$$C_{ri} = \dfrac{1}{m \cdot y \cdot b \cdot h} \tag{3-3-195}$$

肋柱基础处的柔度系数:

$$C_e = \dfrac{1}{2m_0 \cdot H \cdot B_0 \cdot h_0} \tag{3-3-196}$$

式中:m、m_0——填料、地基土的比例系数;

y——支承点距肋柱顶端的距离;

b——锚定板的宽度;

h——锚定板的高度;

H——肋柱的总高度;

B_0——肋柱基座的宽度;

h_0——肋柱基座的高度。

其中填料、地基土的比例系数 m、m_0,可参照表 3-3-65 采用。

填料及地基土的比例系数 m 和 m_0 值   表 3-3-65

序号	土 的 名 称	m 和 m_0(kN/m⁴)
1	软塑黏性土 $1 > I_L \geq 0.5$ 粉砂	5000～10000
2	硬塑黏性土 $0.5 > I_L \geq 0$,细砂,中砂	10000～20000
3	坚硬,半坚硬黏性土 $I_L < 0$,粗砂	20000～30000
4	砾砂,角砾,圆砾,碎石,卵石	30000～80000
5	密实卵石夹粗砂,密实漂卵石	80000～120000

(2)地基沉降量分层总和法

本法为中国铁道科学研究院集团有限公司(以下简称"铁科院")提出,通过计算单位荷载作用下锚定板前土体的压缩量 Δm_i,以确定支承点的柔度系数 C_{ri},即:

$$C_{ri} = \Delta m_i = \sum_{i=1}^{n} \delta_i \tag{3-3-197}$$

式中：Δm_i——单位荷载作用下，锚定板前计算土体厚度内，各分层土压缩量 δ_i 的总和。一般取锚定板前 5 倍板宽范围内的土体厚度为计算土体厚度；

δ_i——单位荷载作用下，各分层土的压缩量：

$$\delta_i = \frac{\Delta l_i}{2EA} \cdot (K_i + K_{i-1}) \tag{3-3-198}$$

式中：Δl_i——第 i 层土的厚度；

E——填料的变形模量，一般宜按现场锚定板抗拔试验确定，无可靠试验资料时，可采用 $E = 5000 \sim 10000 \text{kN/m}^2$；

A——锚定板的面积；

K_i, K_{i-1}——计算土层及相邻的前方土层的土中应力分布系数，对于矩形锚定板，可按表 3-3-66 取值。

土中应力分布系数 K_i, K_{i-1} 表 3-3-66

$\beta = l/b$	矩形锚定板的高度宽比 $\alpha = h/b$						
	1	1.5	2	3	6	10	20
0.25	0.898	0.904	0.908	0.912	0.934	0.940	0.960
0.5	0.696	0.716	0.734	0.762	0.789	0.792	0.820
1.0	0.336	0.428	0.470	0.500	0.518	0.522	0.549
1.5	0.194	0.257	0.286	0.348	0.560	0.373	0.397
2.0	0.114	0.157	0.188	0.240	0.268	0.279	0.308
3.0	0.058	0.076	0.108	0.147	0.180	0.188	0.209
5.0	0.008	0.025	0.040	0.076	0.096	0.106	0.129

肋柱基础处的柔度系数：

$$C_e = 0.1 \Delta m_e \tag{3-3-199}$$

式中：Δm_e——Δm_i 计算值中的最小值。

3. 拉杆设计

拉杆的设计包括拉杆截面、长度计算和拉杆头部及尾部连接设计三部分。拉杆的长度除按结构的整体稳定验算确定外，还应符合下列规定：

(1) 最上一排拉杆至填料顶面的距离不应小于 1m。当锚定板不符合最小埋置深度的规定时，可采用向下倾斜的拉杆，其水平倾角 β 宜为 $10° \sim 15°$。

(2) 拉杆长度应满足本节下文挡土墙整体滑动稳定性的要求，且最下一层拉杆在主动土压力计算破裂面之后的长度，不应小于锚定板高度的 3.5 倍；最上一层拉杆的长度，不应小于 5m。

当肋柱竖直布置且拉杆为水平时，肋柱的支承反力 R_i 等于拉杆的轴向拉力 N_p；肋柱仰斜布置且拉杆向下倾斜时，拉杆的轴向拉力可按式(3-3-200)计算。

$$N_p = \frac{R_i}{\cos(\beta - \alpha)} \tag{3-3-200}$$

采用单根钢筋的拉杆时，未计锈蚀预留量的计算直径，可按式(3-3-201)计算。

$$d \geqslant 20 \sqrt{\frac{10\gamma_0 \cdot \gamma_{Q1} \cdot N_p}{\pi f_{sd}}} \tag{3-3-201}$$

式中：N_p——拉杆的轴向拉力(kN)；
　　R_i——肋柱在拉杆处的支承反力(kN)；
　　α——肋柱的竖向后仰角(°)；
　　β——拉杆与水平线的夹角(°)；
　　d——单根钢拉杆的直径(mm)；
　　γ_0——结构重要性系数，应符合本章第三节的相关规定；
　　γ_{Q1}——主动土压力荷载分项系数，应符合本章第三节的相关规定；
　　f_{sd}——钢筋的抗拉强度设计值(MPa)，应按照现行《公路钢筋混凝土及预应力混凝土桥涵设计规范》(JTG 3362)的规定采用。

拉杆的螺丝端杆及锚固所采用的紧固件(螺纹、螺母、垫板、焊缝)，均应根据拉杆尺寸，采用等强度设计，并应符合国家现行标准的规定。

4. 锚定板设计

(1)锚定板的面积按式(3-3-202)计算。

$$A = \frac{N_p}{[p]} \tag{3-3-202}$$

式中：A——锚定面的设计面积(m^2)；
　　N_p——拉杆的轴向拉力(kN)；
　　$[p]$——锚定板单位面积的容许抗拔力(kPa)。

(2)锚定板单位面积容许抗拔力$[p]$，宜根据现场拉拔试验决定。设计时，若无可靠现场试验资料，可根据埋置深度，参照下列规定采用：

①锚定板埋置深度为3~10m时，可采用表3-3-67的经验统计值。

锚定板单位面积容许抗拔力$[p]$　　　　　表3-3-67

锚定板埋置深度(m)	单位面积容许抗拔力$[p]$(kPa)
10	150
5	120
3	100

②锚定板埋置深度为2.5~3m时，单块锚定板的容许抗拔力$[T]$可按式(3-3-203)计算。

$$[T] = \frac{1}{2K}\gamma \cdot h_i^2(K_p - K_a)b \tag{3-3-203}$$

式中：$[T]$——单块锚定板的容许抗拔力(kN)；
　　K——安全系数，$K \geq 2$；
　　γ——墙后填料的重度(kN/m^3)；
　　h_i——锚定板的埋置深度，为锚定板底边至填料表面的距离(m)；
　　K_p、K_a——库仑理论的被动土压力系数、主动土压力系数；
　　b——锚定板边长(m)。

(3)锚定板可按中心为支点的单向受弯构件计算，但应按双向配置钢筋。锚定板与钢垫板连接处,应验算混凝土局部承压与冲切强度,其局部承压时的钢垫板面积,可参照本章第十八节的相关内容计算。

5. 挡土板、墙面板的设计

挡土板、墙面板的设计计算应符合下列规定:

(1)挡土板按两端支承在肋柱上的简支梁计算,其计算跨长为挡土板两端支承中心的距离,荷载取挡土板所在位置土压应力的最大值,按均布荷载计算;

(2)墙面板按支承在拉杆上的受弯构件计算,如一块墙面板上连接一根拉杆时,可按单支点双向悬臂板计算及配置钢筋。

6. 结构稳定性分析

锚定板挡土墙一般可不作整体抗倾覆稳定性验算,当锚定板挡土墙位于陡坡地段或其基底以下有软弱层时,尚应进行陡坡抗滑稳定性及穿过基底较软弱层的整体抗滑动稳定性验算,验算方法与重力式挡土墙相同。验算锚定板挡土墙的整体稳定性时,作用于假想墙背上的恒载土压力与车辆荷载(或人群荷载)附加土压力,应分别按乘土压力增大系数或不乘土压力增大系数计算,并取有、无车辆荷载(或人群荷载)的最不利组合,作为计算采用值。

锚定板挡土墙整体抗滑动稳定性验算方法有:克朗兹法、折线滑面分析法、土墙分析法、曲线裂面稳定验算法等。一般采用"折线滑面分析法"或"土墙分析法"计算,且滑动稳定系数 K_c 不应小于1.8。

1)折线滑面分析法

挡土板整体失稳计算的关键是找出土体中最薄弱的滑动面,方能进行计算分析。为此,铁科院在"克朗兹"法的基础上,通过模型试验并汇集了国内其他单位的研究成果,提出了"折线滑面分析法",并以下述三个基本假定为其出发点:

(1)假定下层锚定板前方土体的临界滑面通过墙面底端(图3-3-142的B_2点);

(2)假定上层锚定板前方土体的临界滑面通过所计算的锚定板的下一层拉杆与墙面的交点(图3-3-142的B_1点);

(3)假定锚定板边界后方的土体应力状态为朗金理论主动土压力状态。

其主动土压力应为:

$$E_i = \frac{1}{2}\gamma h_i^2 \cdot K_a \quad (3\text{-}3\text{-}204)$$

$$K_a = \cos\beta \cdot \frac{\cos\beta - \sqrt{\cos^2\beta - \cos^2\varphi}}{\cos\beta + \sqrt{\cos^2\beta - \cos^2\varphi}} \quad (3\text{-}3\text{-}205)$$

式中:E_i——按朗金理论计算的锚定板后假想墙背 $C_i V_i$ 上的主动土压力(kN);

γ——墙后填料的重度(kN/m³);

h_i——假想墙背的高度(m);

K_a——朗金理论主动土压力系数;

β——填料表面与墙顶水平面的夹角(°);

φ——墙后填料的内摩擦角(°)。

按照上述基本假定,挡土板整体稳定的计算公式,分别按以下三种情况列出。

(1)第一种情况:上层拉杆长度短于或等于下层拉杆长度(图3-3-144)。

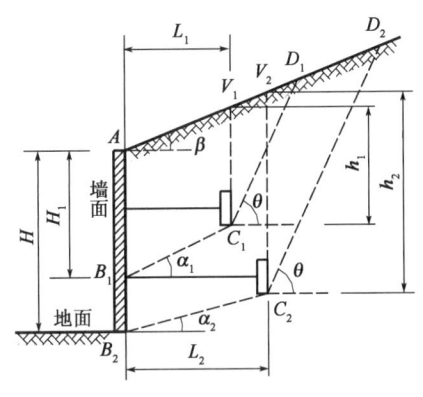 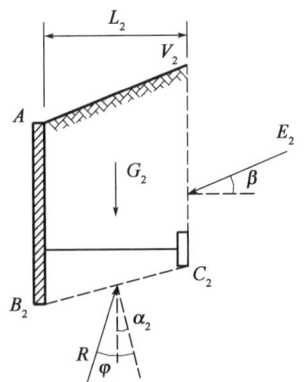 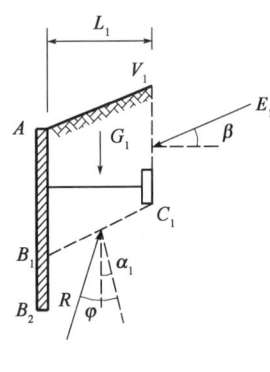

a) 滑面 $B_2C_2D_2$ 和 $B_1C_1D_1$　　b) 下层锚定板稳定分析　　c) 上层锚定板稳定分析

图 3-3-144 "折线滑面法"的第一种情况分析图式

根据朗金理论图中滑面 C_iD_i 与水平面的交角均为：

$$\theta = \left(45° + \frac{\varphi}{2}\right) - \frac{1}{2} \cdot \left(\arcsin\frac{\sin\beta}{\sin\varphi} - \beta\right) \tag{3-3-206}$$

滑面 B_iC_i 以上土体 $B_iC_iV_iA$ 的重量为：

$$G_i = \frac{1}{2}\gamma L_i \cdot (H_i + h_i) \tag{3-3-207}$$

按照土压力 E 平行于 B_iC_i 滑面的分量 $E_i \cdot [\cos(\beta - \alpha_i) - \tan\varphi \cdot \sin(\beta - \alpha_i)]$ 为滑动力；土体重量 G_i 在 B_iC_i 滑面上的摩阻力 $G_i \cdot (\tan\varphi \cdot \cos\alpha_i - \sin\alpha_i)$ 为抗滑动力，即可导出抗滑动稳定系数 K_{ci} 的计算式。

对于本类锚杆长度情况，上、下层锚定板的抗滑动稳定系数均可按式(3-3-208)计算。

$$K_{ci} = \frac{L_i \cdot (H_i + h_i)}{h_i^2 \cdot K_a} \cdot \frac{(\tan\varphi \cdot \cos\alpha_i - \sin\alpha_i)}{[\cos(\beta - \alpha_i) - \tan\varphi \cdot \sin(\beta - \alpha_i)]} \tag{3-3-208}$$

当填料表面为水平($\beta = 0°$)时，按式(3-3-209)计算。

$$K_{ci} = \frac{L_i \cdot (H_i + h_i)}{h_i^2} \cdot \frac{\tan(\varphi - \alpha_i)}{\tan^2\left(45° - \frac{\varphi}{2}\right)} \tag{3-3-209}$$

式中：α_i——滑面 B_iC_i 与水平面的倾角(°)；
　　H_i——墙面计算高度($i = 1, 2, \cdots$)；
　　h_i——假想墙背计算高度($i = 1, 2, \cdots$)。

(2)第二种情况：上层拉杆比下层拉杆长，但上层锚定板的位置处在下层滑面 C_2D_2 之内(图 3-3-145)。

上层锚定板的稳定性分析与第一种情况相同，其抗滑动稳定系数如下：

$$K_{c1} = \frac{L_1 \cdot (H_1 + h_1)}{h_1^2 \cdot K_a} \cdot \frac{(\tan\varphi \cdot \cos\alpha_1 - \sin\alpha_1)}{[\cos(\beta - \alpha_1) - \tan\varphi \cdot \sin(\beta - \alpha_1)]} \tag{3-3-210}$$

下层锚定板的稳定分析时，应分析计算土体 $AB_2C_2C_1'V_1$ 各边界上所作用的外力及平衡条件。其中 C_1' 点为 C_1V_1 竖直延长线与滑面 C_2D_2 的交点。E_1' 为作用在 $C_1'V_1$ 面上的主动土压力，G_2 为土体 $AB_2C_2V_2$ 的重量，G_1' 为土体 $V_2C_2C_1'V_1$ 的重量，则滑面 B_2C_2 上的滑动力为 E_1' 与 G_1'

在 B_2C_2 面上的分量，G_2 在 B_2C_2 面上的分量为抗滑力。

$$G'_1 = \frac{\gamma(L_1 - L_2)}{2} \cdot (h_2 + h'_1) \quad (3\text{-}3\text{-}211)$$

$$E'_1 = \frac{1}{2}\gamma \cdot h'^2_1 \cdot K_a \quad (3\text{-}3\text{-}212)$$

式中：h'_1——假想墙背计算高度。

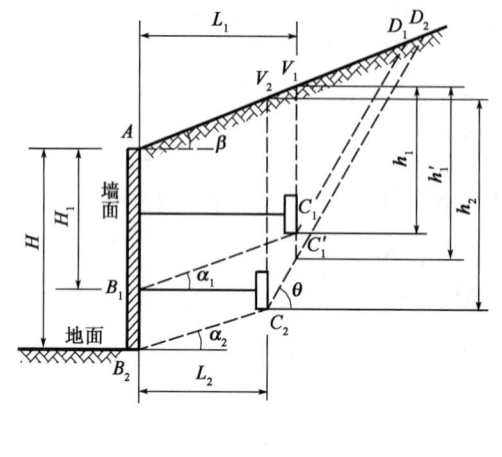 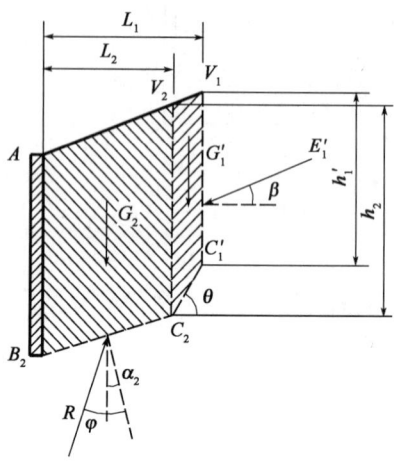

a) 滑面 $B_2C_2D_2$ 和 $B_1C_1D_1$ b) 下层锚定板的稳定性分析

图 3-3-145 "折线滑面法"的第二种情况分析图式

从而推导出下层锚定板的抗滑动稳定系数，如式（3-3-213）所示。

$$K_{c2} = \frac{G_2 \cdot (\tan\varphi \cdot \cos\alpha_2 - \sin\alpha_2)}{\left\{\begin{array}{l} E'_1 \cdot [\cos(\beta - \alpha_2) - \tan\varphi \cdot \sin(\beta - \alpha_2)] \\ + G'_1 \cdot (\sin\theta - \tan\varphi \cdot \cos\theta) \cdot [\cos(\theta - \alpha_2) - \tan\varphi \cdot \sin(\theta - \alpha_2)] \end{array}\right\}}$$

(3-3-213)

（3）第三种情况：上层拉杆比下层拉杆长，且上层锚定板的位置超出其下层滑面 C_2D_2 线之外（图 3-3-146）。

上层锚定板的稳定分析与第一种情况相同，其抗滑动稳定系数可按照式（3-3-208）计算，下层锚定板稳定性分析如图 3-3-146 所示。E_1 为作用在 C_1V_1 面上的主动土压力，G_2 为土体 $AB_2C_2V_2$ 的重量，G'_1 为土体 $V_2C_2C_1V_1$ 的重量。滑面 B_2C_2 上的滑动力为 E_1 和土体重 G'_1 在 B_2C_2 面上的分量，G_2 在 B_2C_2 面上的分量为抗滑力，其中，G'_1 和 E_1 如式（3-3-214）和式（3-3-215）所示。

$$G'_1 = \frac{\gamma}{2} \cdot (L_1 - L_2) \cdot (h_2 + h_1) \quad (3\text{-}3\text{-}214)$$

$$E_1 = \frac{1}{2}\gamma \cdot h^2_1 \cdot K_a \quad (3\text{-}3\text{-}215)$$

下层锚定板的抗滑动稳定系数如式（3-3-216）所示。

$$K_{c2} = \frac{G_2 \cdot (\tan\varphi \cdot \cos\alpha_2 - \sin\alpha_2)}{\left\{\begin{array}{l} E_1 \cdot [\cos(\beta - \alpha_2) - \tan\varphi \cdot \sin(\beta - \alpha_2)] \\ + G'_1 \cdot (\sin\alpha_1 - \tan\varphi \cdot \cos\alpha_1) \cdot [\cos(\alpha_1 - \alpha_2) - \tan\varphi \cdot \sin(\alpha_1 - \alpha_2)] \end{array}\right\}}$$

(3-3-216)

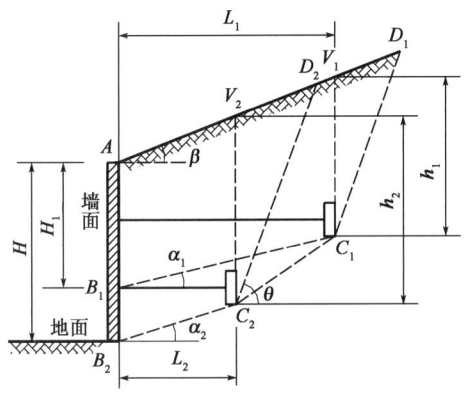
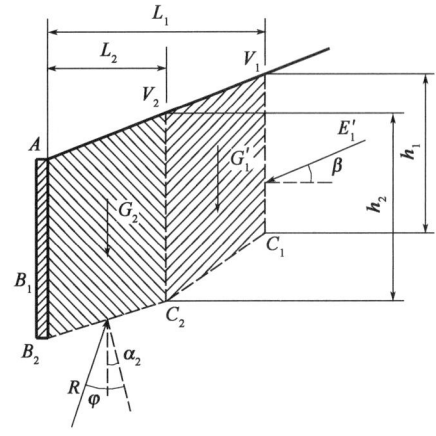

a) 滑面 $B_2C_2C_1D_1$ 和 $B_1C_1D_1$ 　　　　b) 下层锚定板的稳定性分析

图 3-3-146 "折线滑面法"的第三种情况分析图式

当填料表面为水平时，K_{c2} 如式(3-3-217)所示。

$$K_{c2} = \frac{G_2 \cdot (\tan\varphi \cdot \cos\alpha_2 - \sin\alpha_2)}{\left\{\begin{array}{l}E_1 \cdot (\cos\alpha_2 + \tan\varphi \cdot \sin\alpha_2) \\ + G_1' \cdot (\sin\alpha_1 - \tan\varphi \cdot \cos\alpha_1) \cdot [\cos(\alpha_1 - \alpha_2) - \tan\varphi \cdot \sin(\alpha_1 - \alpha_2)]\end{array}\right\}}$$

(3-3-217)

(4) 当墙后填料表面为水平面，并有车辆荷载作用时的稳定性计算。

锚定板整体稳定验算时，填料表面上车辆荷载换算土层厚度 h_0 的最不利布置应置于下层锚定板假想墙背 V_2C_2 的后方(图 3-3-147 和图 3-3-148)。

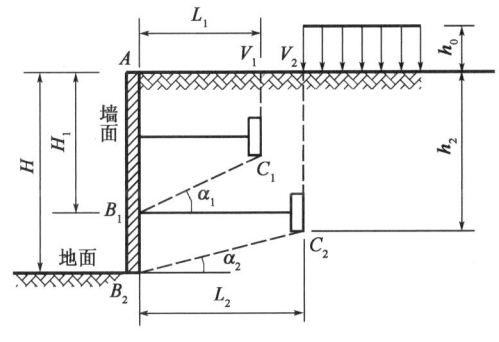
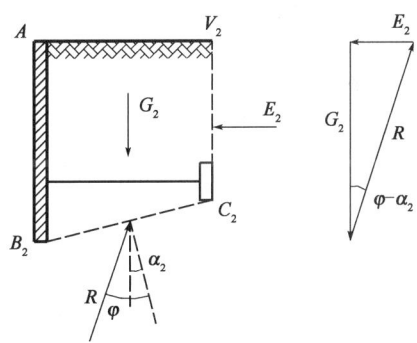

a) 车辆附加荷载最不利布置　　b) 下层锚定板的稳定性分析　　c) 极限平衡的力三角形

图 3-3-147 "折线滑面法"第一种情况，填料水平顶面有车辆荷载的分析法

第一种锚定板布置情况下(图 3-3-147)，在下层锚定板滑面 B_2C_2 以上土体 $AB_2C_2V_2$ 各边界上作用的外力中，E_2 为滑动推力；$G_2\tan(\varphi - \alpha_2)$ 为抗滑力，按式(3-3-218)和式(3-3-219)计算。

$$G_2 = \frac{\gamma}{2} \cdot L_2 \cdot (H_2 + h_2) \tag{3-3-218}$$

$$E_2 = \frac{1}{2}\gamma \cdot h_2 \cdot (h_2 + 2h_0) \cdot \tan^2\left(45° - \frac{\varphi}{2}\right) \cdot K_a \tag{3-3-219}$$

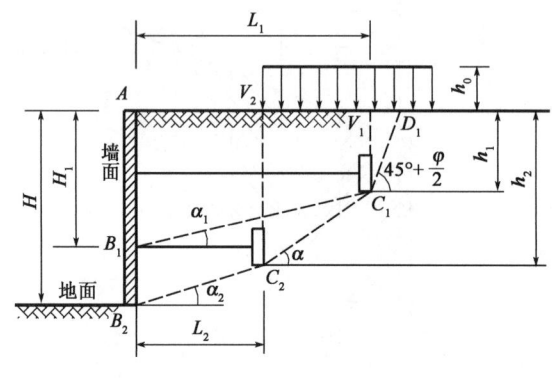 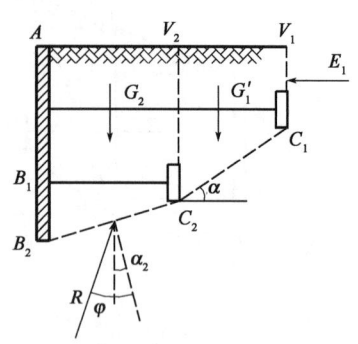

a) 车辆附加荷载最不利布置　　　　b) 下层锚定板的稳定性分析

图 3-3-148 "折线滑面法"第三种情况,填料水平顶面有车辆荷载的分析法

按力系平衡条件,下层锚定板的抗滑动稳定系数如式(3-3-220)所示。

$$K_{c2} = \frac{G_2 \cdot \tan(\varphi - \alpha_2)}{E_2} = \frac{\tan(\varphi - \alpha_2)}{\tan^2\left(45° - \frac{\varphi}{2}\right)} \cdot \frac{L_2(H_2 + h_2)}{h_2(h_2 + 2h_0)} \quad (3\text{-}3\text{-}220)$$

第三种锚定板布置情况下,其下层锚定板的稳定性分析如图 3-3-148b)所示。滑面 B_2C_2 上,主动土压力 E_1 及土体重 G_1' 产生滑动力,土体重 G_2 产生抗滑力。其抗滑动稳定系数 K_{c2},可按公式(3-3-217)计算,其中,G_1' 和 E_1 如式(3-3-221)和式(3-3-222)所示。

$$G_1' = \frac{\gamma}{2} \cdot (L_1 - L_2) \cdot (h_2 + h_1 + 2h_0) \quad (3\text{-}3\text{-}221)$$

$$E_1 = \frac{\gamma}{2} \cdot h_1 \cdot (h_1 + 2h_0) \cdot K_a \quad (3\text{-}3\text{-}222)$$

同样,第二种锚定板布置情况下,下层锚定板稳定分析及抗滑动稳定系数计算,也可参照第三种锚定板布置情况导出。

2) 土墙分析法

(1) 适用条件

"土墙分析法"是西南交通大学等单位根据砂模试验与研究,所提出的验算锚定板挡土墙整体稳定性的一种方法。本法认为,当锚定板达到一定密度后,墙面与锚定板及其中的填土就会形成一个共同作用的整体土墙。因此采用本法验算时,锚定板的尺寸及布置须符合以下形成土墙的条件:

① 各层锚定板面积之和应不小于墙面板面积的 20%;

② 锚定板应分散布置,上、下层拉杆的间距不大于锚定板高度的 2.0 倍,肋柱的间距不大于锚定板宽度的 3.0 倍;

③ 各层锚定板中心连线(即土墙的假想墙背)可以布置成俯斜、仰斜、垂直或中间长的折线形(凸形)(图 3-3-149),如果布置成俯斜或仰斜时,其斜度均不宜超过 1∶0.25。

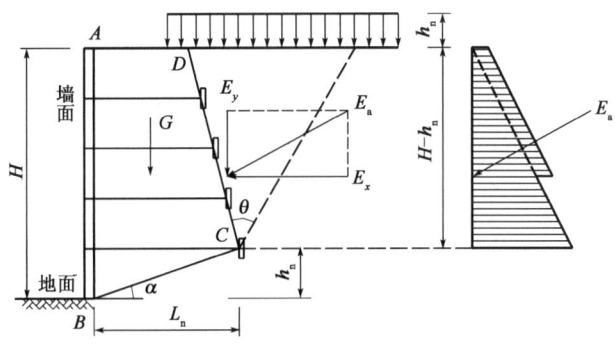

图 3-3-149　土墙分析法稳定验算图式

（2）计算方法

土墙分析法的计算图式如图 3-3-150 所示，图中 $ABCD$ 为假想的整体土墙，CD 为其假想墙背。

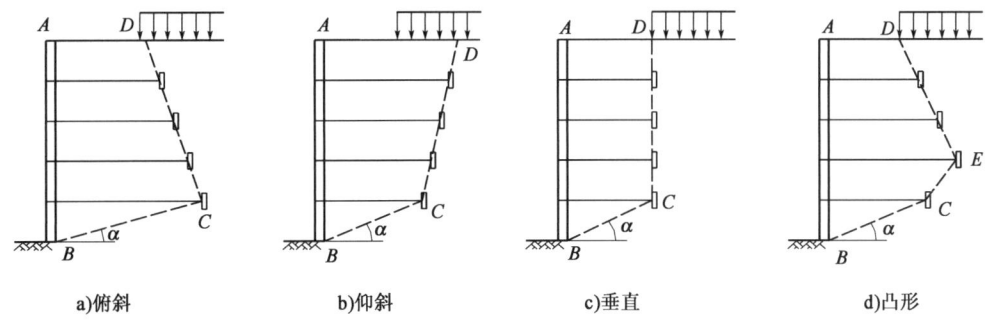

a) 俯斜　　　b) 仰斜　　　c) 垂直　　　d) 凸形

图 3-3-150　"整体土墙法"锚定板布置形式

假想土墙 $ABCD$ 墙底的抗滑动稳定性可参照重力式挡土墙的设计原则进行验算。其抗滑动稳定系数可按式（3-3-223）和式（3-3-224）计算：

$$K_c = \frac{(N - E_x \cdot \tan\alpha) \cdot \tan\varphi}{E_x + N \cdot \tan\alpha} \quad (3\text{-}3\text{-}223)$$

$$N = G + E_y \quad (3\text{-}3\text{-}224)$$

式中：G——假想土墙 $ABCD$ 的重量（kN/m）；

E_y——作用于假想墙背 CD 面上的主动土压力的竖直分量（kN/m），按库仑理论计算；

E_x——作用于假想墙背 CD 面上的主动土压力的水平分量（kN/m），按库仑理论计算；

α——土墙基地 BC 面与水平面的倾角（°）；

φ——填料的内摩擦（°）。

计算作用于假想墙背上的主动土压力时，假想墙背的墙背摩擦角 δ 可采用 $\varphi/2 \sim 2\varphi/3$。

对于图 3-3-150 所示各锚定板挡土墙的拉杆上下短、中间长时，如果锚定板中心连线为较规则的折线形，可按折线形重力式挡土墙计算假想墙背的土压力，并验算整体稳定性。

三、结构构造

肋柱式锚定板挡土墙由肋柱、挡土板、锚定板、钢拉杆、连接件和填料组成，一般还设有基础。根据地形可采用单级墙或双级墙，每级墙高一般不宜大于 6m，双级墙的总高度一般不宜大于 10m。双级墙上、下两级墙之间宜设置平台，平台宽度不宜小于 2.0m，平台顶部宜设置向墙外倾斜的、横坡度大于2%的排水坡,并用厚度不小于0.15m、强度级别大于C15的混凝土板防护。上下两级墙的肋柱宜沿线路方向交错布置。肋柱式锚定板挡土墙各组成构件的构造特点如下：

1. 肋柱

肋柱的间距视施工机械的起吊能力和锚定板的抗拔力而定,一般为1.5~2.5m,肋柱可采用矩形、T形或I形断面,顺墙长方向的肋柱宽度不宜小于0.35m,肋柱断面的高度不宜小于0.3m,每级肋柱高度一般采用3~5m。肋柱受力方向的前后柱面内应配置通长受力钢筋,钢筋直径不应小于12mm。肋柱分段拼装时,肋柱接头宜用榫接。每根肋柱按其高度可布置2~3层拉杆,其位置应尽量使肋柱受力均匀。板壁式锚定板挡土墙的每块墙面板至少连接一根拉杆。如地基承载力较低,肋柱底端应设基础。

肋柱须预留圆形或椭圆形拉杆孔道,孔道直径或短轴长度应大于拉杆直径,以便于填塞防锈砂浆。由于锚定板挡土墙为拼装结构,为避免产生过大的位移,规定肋柱安装布置时严禁前倾,宜采用竖直布置,或向填土侧仰斜布置,仰斜度宜为1:0.05。肋柱杯座基础的槽口内铺垫沥青砂浆。

2. 锚定板

锚定板宜采用钢筋混凝土矩形板或方形板,矩形板的面积不小于$0.5m^2$,一般采用$1m \times 1m$。板壁式锚定板挡土墙的锚定板面积不应小于$0.2m^2$。锚定板需预留拉杆孔道,其要求与肋柱的预留孔道相同。锚定板在填料中的埋置深度不宜小于2.5m。

3. 挡土板

挡土板一般采用预制构件,顺墙高方向的最小板宽不宜小于0.3m,常用值为0.5m。挡土板的规格不宜过多,其截面宜为矩形、槽形或空心板,矩形板的最小厚度不得小于0.15m。板与肋柱的搭接长度不宜小于0.10m。

4. 拉杆

拉杆宜由直径22~32mm的钢筋与螺丝端杆焊接组成。每根拉杆可采用单根钢筋或两根钢筋。螺丝端杆长度,应按肋柱厚度、挡土板或墙面板的厚度、钢垫板厚度、螺母厚度之和,另加100mm外延长度。

5. 拉杆与肋柱、锚定板的连接

拉杆前端用螺母、钢垫板与肋柱或预制墙面板连接;拉杆后端用螺母、钢垫板与锚定板连接。在铺筑填料前,连接处宜用沥青砂浆充填,并用沥青麻筋塞缝;当填料下沉稳定后,可按照本章第八节的相关规定,将孔道空隙及外露钢构件,均用水泥砂浆填塞或包裹。

6. 填料

锚定板挡土墙墙后的填料,应采用砂类土(粉砂、黏砂除外)、碎石类或砾石类土以及符合规定的细粒土。不得采用膨胀土、盐渍土,严禁采用有腐蚀作用的酸性土和有机质土。填料若为细粒土时,路基顶面应采取防排水措施,例如设置柔性封闭层。

7. 基础

肋柱下端须设置混凝土条形基础、分离式垫块基础或杯座式基础,基础厚度不宜小于0.5m,襟边不宜小于0.1m。基础埋置深度应符合本章第四节的相关规定。

杯座式基础可按下列要求和图 3-3-151 所示,确定其高度尺寸及构造尺寸:

(1) 当 $b<1000$ mm 时,$h_2 \geqslant b$ 或 $h_2 \geqslant 0.05H_j$;
(2) 当 $b>1000$ mm 时,$h_2 \geqslant 0.8b$ 或 $h_2 \geqslant 1000$ mm;
(3) 当 $c/b \geqslant 0.65$ 时,杯口可不配置钢筋。

8. 反滤层

当有水流入锚定板挡土墙墙背填料时,应在墙背底部至墙顶以下 0.5m 范围内,填筑不小于 0.3m 厚的渗水材料或用无砂混凝土板、土工织物作为反滤层,并应采取排水措施。

9. 帽石

对板壁式锚定板挡土墙,墙顶需设置帽石。帽石起固定和约束墙面的作用,同时用以安装栏杆。肋柱式锚定板挡土墙,栏杆可安置在肋柱外侧预埋帽栓上,肋柱顶部之间设步行板相互连接。

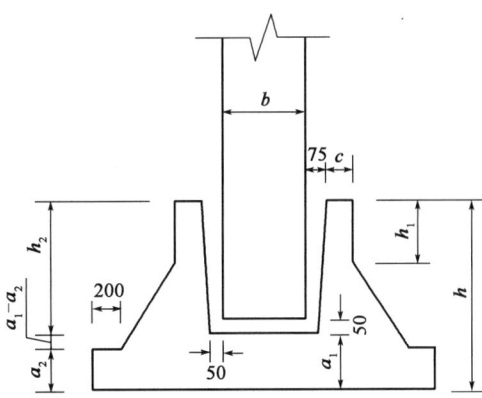

图 3-3-151 杯座式基础(尺寸单位:mm)
b-肋柱断面垂直墙长方向的高度(mm);H_j-与杯座式基础相连的肋柱段,吊装时的长度(mm);c-杯口壁厚(mm);h-杯座式基础的总厚度(mm);h_1-杯口高度(mm);2-杯槽深度(mm);a_1-杯槽下的底板厚度(mm);2-杯座底板边缘厚度(mm)

四、计算算例

1. 设计资料

设计一、二级公路的锚定板挡土墙:墙高 $H=6.0$ m,墙后填土为黏砂土,重度 $\gamma=18$ kN/m³,综合内摩擦角 $\varphi=35°$,与墙背摩擦角 $\delta=\varphi/2=17.5°$;地基承载力设计值 $f_d=300$ kPa。

2. 结构设计

如图 3-3-152 所示,拟采用肋柱式锚定板挡土墙,单级肋柱,双层拉杆;上层拉杆与肋柱连接点距离地面为 2.0m,下层拉杆距离底端 1.0m,肋柱水平间距为 2.0m;肋柱截面为 0.35m× 0.40m,混凝土强度等级为 C20,抗压强度设计值 $f_{cd}=9.2$ MPa,抗拉强度设计值 $f_{td}=1.06$ MPa,模量 $E_c=2.55\times10^4$ MPa,构件最大裂缝开展宽度限值 $W_{fkmax}=0.2$ mm。

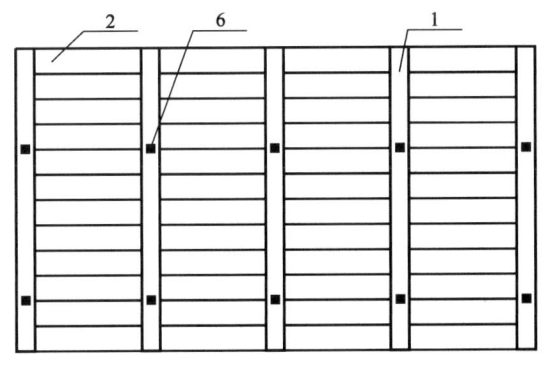

a) 锚定板挡土墙正面图

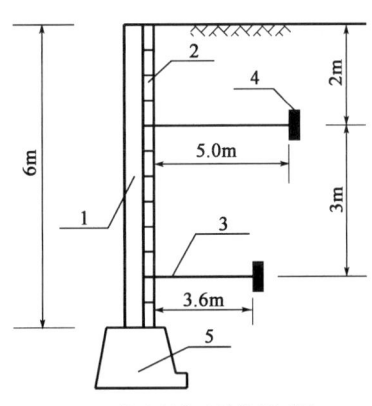

b) 锚定板挡土墙横断面图

图 3-3-152 锚定板挡土墙设计计算示意图
1-肋柱;2-挡土板;3-拉杆;4-锚定板;5-基础;6-垫板及螺母

墙面由肋柱及其间挡土板组成,挡土板长 1.96m,宽 0.5m。

锚定板采用钢筋混凝土方板,上层:1.30m×1.30m×0.2m,下层:1.05m×1.05m×0.22m。

拉杆采用直径 25mm 的 R235 锰硅热轧钢筋,上层长 5.0m,下层长 3.6m;其抗拉设计强度 $f_{sd} = 195\text{MPa}$,模量 $E_s = 2.1 \times 10^5 \text{MPa}$。

3. 土压力计算

土压力分布如图 3-3-153 所示,根据库仑土压力计算公式(填土表面水平):

$$K_a = \frac{\cos^2\varphi}{\cos\delta \cdot \left[1 + \sqrt{\frac{\sin(\varphi+\delta)\cdot\sin\varphi}{\cos\delta}}\right]^2}$$

$$= \frac{\cos^2 35°}{\cos 17.5° \times \left[1 + \sqrt{\frac{\sin(35° + 17.5°)\cdot\sin 35°}{\cos 17.5°}}\right]^2} = 0.2461$$

墙后主动土压力为:$E_a = \frac{1}{2}\gamma H^2 \cdot K_a = \frac{1}{2} \times 18 \times 6^2 \times 0.2461 = 79.74(\text{kN/m}^2)$

土压力的水平分力为:$E_x = E_a \cdot \cos\delta = 79.74 \times \cos 17.5° = 76.05(\text{kN/m}^2)$

土压力增大系数 β 取为 1.3,填料恒载作用下墙底的水平土压应力 σ_H,按式(3-3-96)计算得:

$$\sigma_H = \frac{1.33 E_x}{H} \cdot \beta = \frac{1.33 \times 76.05}{6} \times 1.3 = 21.92(\text{kN})$$

考虑车辆附加荷载,由《公路路基设计规范》(JTG D30—2015)中第 5.4.2 条规定,可得墙高 $H = 6\text{m}$ 时,车辆附加荷载强度:$q = 15(\text{kN/m}^2)$

换算为等代均布土层厚度:$h_0 = \frac{q}{\gamma} = \frac{15}{18} = 0.83(\text{m})$

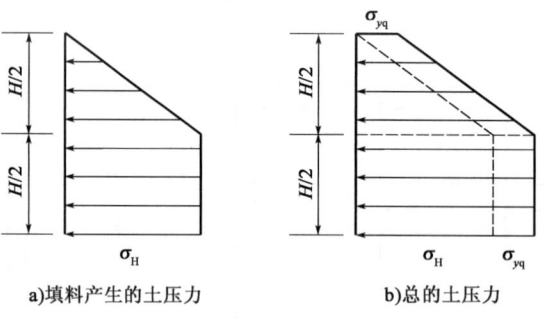

a)填料产生的土压力 b)总的土压力

图 3-3-153 土压力分布图

故由车辆附加荷载产生的水平土压应力 σ_{yq},可按式(3-3-104)计算:

$$\sigma_{yq} = K_a \cdot q = 0.2461 \times 15 = 3.69(\text{kN})$$

墙底总的水平土压应力 σ 为:$\sigma = \sigma_H + \sigma_{yq} = 21.92 + 3.69 = 25.61(\text{kN/m}^2)$

4. 肋柱内力、拉杆拉力计算

1) 按刚性支承计算

按刚性支承计算时,肋柱内力计算简图如图 3-3-154 所示,肋柱截面尺寸如图 3-3-154b) 所示。假设拉杆变形很小,可视肋柱支承在刚性支座上;肋柱置于连续基础上,肋柱与基础的连接可视为铰支。因此两根拉杆与肋柱的连接处(A、B 支点处),以及肋柱与基础的连接处(C 支点处)各视为一个刚性铰支座,肋柱视为铰支在 A、B、C 三支点的连续梁,梁上作用了如图 3-3-153 所示的总的土压力所产生的荷载。

此两跨连续梁可按解析法(三弯矩方程)计算,或采用平面杆系程序计算。为简化步骤,本例采用平面杆系程序计算。将两跨连续梁按 0.5m 的间隔分为 12 个单元,标注 13 个计算节点,如图 3-3-154a) 所示。

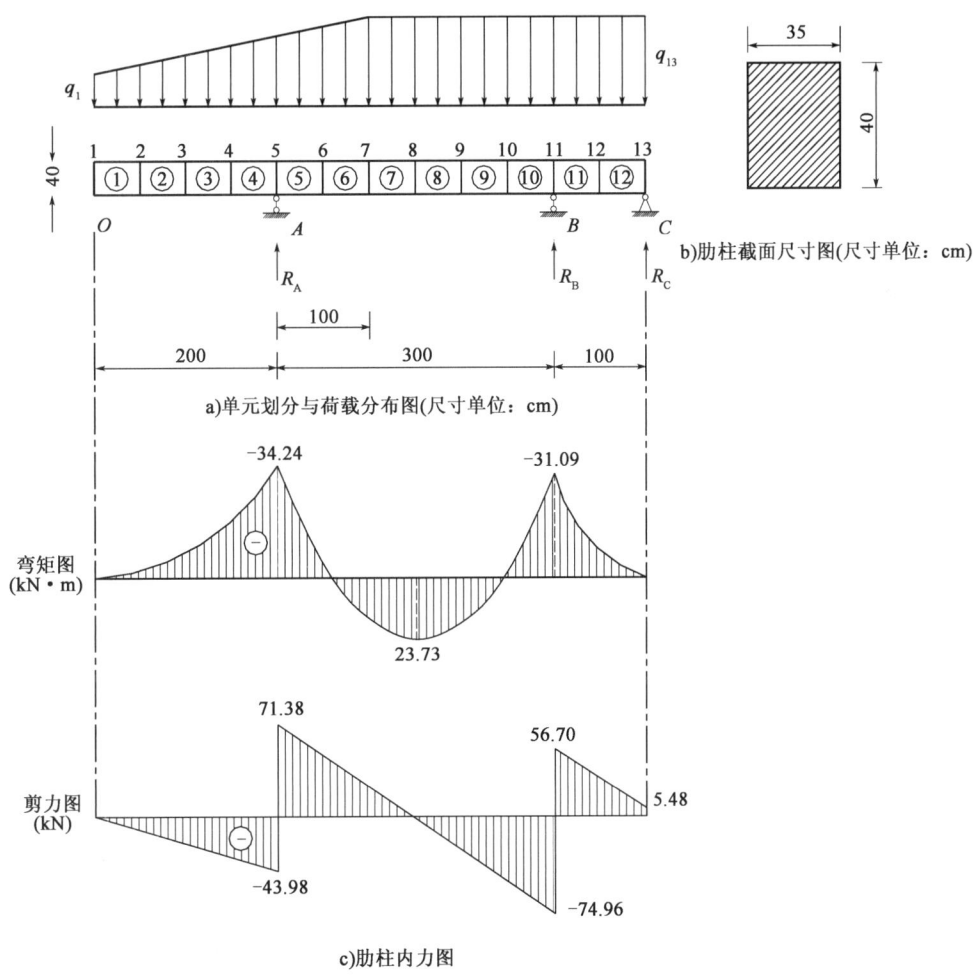

图 3-3-154 按刚性支承计算时肋柱内力计算简图

肋柱间距为 $L=2.0$m,将水平向土压应力转换成均布梯形荷载:

肋柱顶部(1 节点):$q_1 = \sigma_{yq} \cdot L = 3.69 \times 2.0 = 7.38$(kN/m)

肋柱底部(13 节点):$q_{13} = \sigma \cdot L = 25.61 \times 2.0 = 51.22$(kN/m)

经程序计算,可得各支点反力、肋柱的正负最大弯矩值及最大剪力值,列于表 3-3-68;并绘出对应的弯矩图和剪力图,如图3-3-154c)所示。

按刚性支承计算时肋柱内力计算结果汇总 表3-3-68

R_A (kN)	R_B (kN)	R_C (kN)	M_A (kN·m)	M_B (kN·m)	M_C (kN·m)	M_{max} (kN·m)	M_{min} (kN·m)	V_{max} (kN)
115.37	131.66	5.48	-34.24	-31.09	0	23.73	-34.24	74.96

2)按弹性支承计算

按弹性支承计算时,肋柱内力计算简图如图3-3-155所示,肋柱截面尺寸如图3-3-155b)所示。假设各支点的变形量各不相同,按弹性支承连续梁计算。如图3-3-155a)所示,将刚性支承均换成弹性支承,重新计算肋柱内力值。

可按解析法(五弯矩方程)计算,或采用平面杆系程序计算。为简化步骤,本例仍采用平面杆系程序计算,单元划分和荷载分布同按刚性支承计算[图3-3-155a)]。

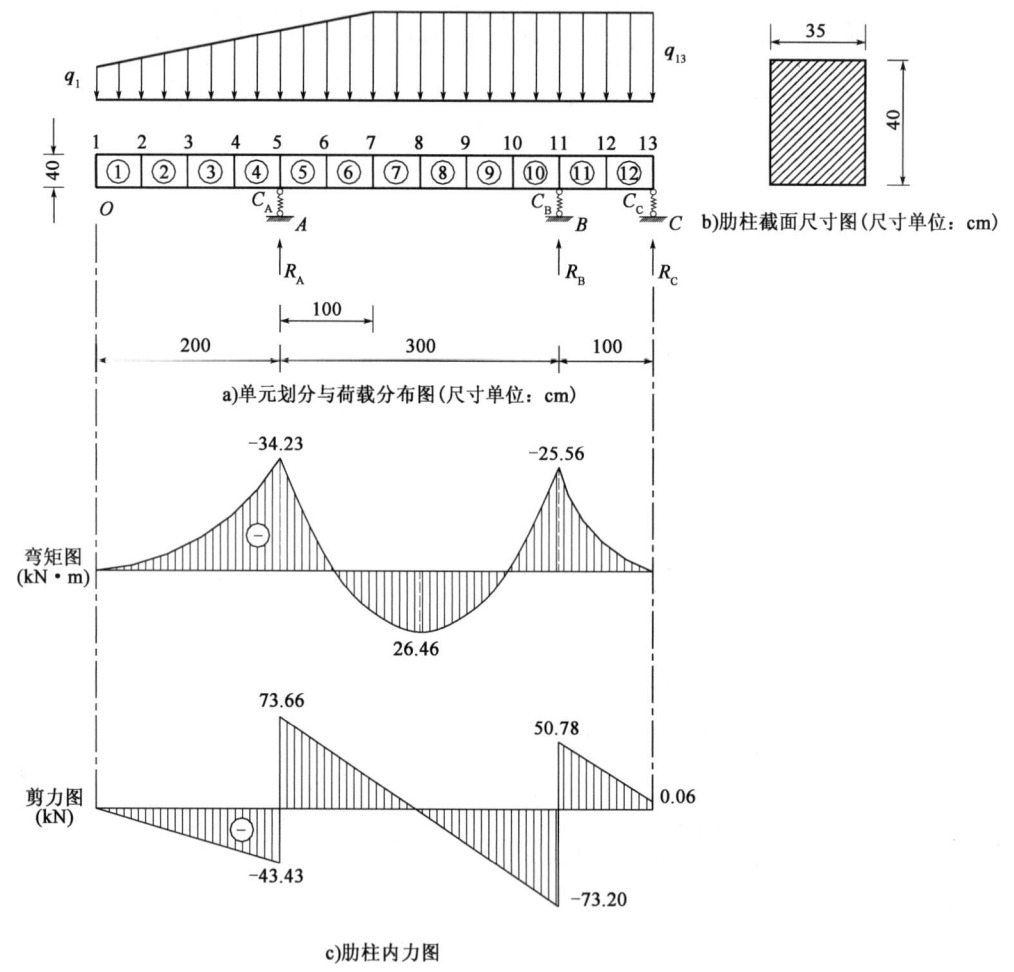

图3-3-155 按弹性支承计算时肋柱内力计算简图

(1)系数计算

填料的变形模量按现场试验取:$E = 8000 (kN/m^2)$

拉杆钢筋模量：
$$E_s = 2.1 \times 10^5 (\text{MPa}) = 2.1 \times 10^8 (\text{kPa}) = 2.1 \times 10^8 (\text{kN} \cdot \text{m}^2)$$
混凝土弹性模量：
$$E_c = 2.55 \times 10^4 (\text{MPa}) = 2.55 \times 10^7 (\text{kN/m}^2) = 2.55 \times 10^3 (\text{kN/cm}^2)$$
$$E \cdot I = 0.8 E_c \cdot I = 0.8 \times 2.55 \times 10^3 \times \frac{35 \times 40^3}{12}$$
$$= 3.81 \times 10^8 (\text{kN} \cdot \text{cm}^2) = 3.81 \times 10^4 (\text{kN} \cdot \text{m}^2)$$

上层拉杆长度 $L_1 = 4.5(\text{m})$，直径 $d = 25(\text{mm})$，锚定板面积 $A_1 = 1.3^2 = 1.69(\text{m}^2)$

上层拉杆长度 $L_2 = 3.6(\text{m})$，直径 $d = 25(\text{mm})$，锚定板面积 $A_2 = 1.05^2 = 1.1025(\text{m}^2)$

(2) 估算弹性支承点 A 的柔度系数 C_A

上层拉杆拉力 N_{p1} 作用下 A 支点的拉杆钢筋弹性伸长量：

$$C_{sA} = \frac{L_1}{A_s \cdot E_s} = \frac{4.5}{(0.25 \times \pi \times 0.025^2) \times (2.1 \times 10^8)} = 4.37 \times 10^{-5} (\text{m/kN})$$

$$C_{rA} = \sum \frac{\Delta h_i}{E \cdot A_1} \cdot \frac{K_i + K_{i-1}}{2} = \sum \frac{\Delta h_i}{8000 \times 1.69} \times \frac{K_i + K_{i-1}}{2}$$

上式中由于拉杆长 4.5m，取 $L_1/b_1 = 4.5/1.3 = 3.5$，由表 3-3-66 查出应力分布系数 K_i 后，即可求出 C_{rA}，计算结果 $C_{rA} = 0.977 \times 10^{-4} (\text{m/kN})$，参见表 3-3-69。

弹性支承柔度系数 C_{rA} 估算表　　　　　　　　　　表 3-3-69

L_1/b_1	K_i	$(K_i + K_{i-1})/2$	$\Delta h_i/b_1$	$\delta_i = \frac{\Delta h_i}{E \cdot A_1} \cdot \left(\frac{K_i + K_{i-1}}{2}\right)$
0	1.000			
		0.949	0.25	2.2812×10^{-5}
0.25	0.898			
		0.797	0.25	1.9159×10^{-5}
0.5	0.696			
		0.516	0.5	2.4808×10^{-5}
1.0	0.336			
		0.265	0.5	1.2740×10^{-5}
1.5	0.194			
		0.154	0.5	0.7404×10^{-5}
2.0	0.114			
		0.086	1.0	0.8269×10^{-5}
3.0	0.058			
		0.052	0.5	0.2500×10^{-5}
3.5	0.046			
5.0	0.008			
合计				0.977×10^{-4}

故柔度系数：$C_A = C_{sA} + C_{rA} = (0.437 + 0.977) \times 10^{-4} = 1.414 \times 10^{-4} (\text{m/kN})$

(3) 估算弹性支承点 B 的柔度系数 C_B

上层拉杆拉力 N_{p2} 作用下 B 支点的拉杆钢筋弹性伸长量：

$$C_{sB} = \frac{L_2}{A_s \cdot E_s} = \frac{3.6}{(0.25 \times \pi \times 0.025^2) \times (2.1 \times 10^8)} = 3.49 \times 10^{-5} (\text{m/kN})$$

$$C_{rB} = \sum \frac{\Delta h_i}{E \cdot A_2} \cdot \frac{K_i + K_{i-1}}{2} = \sum \frac{\Delta h_i}{8000 \times 1.1025} \times \frac{K_i + K_{i-1}}{2}$$

上式中由于拉杆长 3.6m,取 $L_2/b_2 = 3.6/1.05 = 3.4$,由表 3-3-66 查出应力分布系数 K_i 后,即可求出 C_{rB},计算结果 $C_{rB} = 1.204 \times 10^{-4} (m/kN)$,参见表 3-3-70。

弹性支承柔度系数 C_{rB} 估算表　　　　表 3-3-70

L_2/b_2	K_i	$(K_i + K_{i-1})/2$	$\Delta h_i/b_2$	$\delta_i = \dfrac{\Delta h_i}{E \cdot A_2} \cdot \left(\dfrac{K_i + K_{i-1}}{2}\right)$
0	1.000			
		0.949	0.25	2.8244×10^{-5}
0.25	0.898			
		0.797	0.25	2.3720×10^{-5}
0.5	0.696			
		0.516	0.5	3.0715×10^{-5}
1.0	0.336			
		0.265	0.5	1.5774×10^{-5}
1.5	0.194			
		0.154	0.5	0.9166×10^{-5}
2.0	0.114			
		0.086	1.0	1.0239×10^{-5}
3.0	0.058			
		0.053	0.4	0.2524×10^{-5}
3.4	0.048			
5.0	0.008			
合计				1.204×10^{-4}

故柔度系数:$C_B = C_{sB} + C_{rB} = (0.349 + 1.204) \times 10^{-4} = 1.553 \times 10^{-4} (m/kN)$

(4)估算弹性支承点 C 的柔度系数 C_C

$C_C = 0.1 \cdot C_{rA} = 0.1 \times 0.977 \times 10^{-4} = 0.977 \times 10^{-5} (m/kN)$

(5)计算内力

仍将两跨连续梁按 0.5m 的间隔分为 12 个单元,标注 13 个计算节点;A、B、C 支点处为弹性支承,柔度系数分别为 C_A、C_B、C_C。经过程序计算,可得各支点反力及肋柱的正负最大弯矩值及最大剪力值,列于表 3-3-71,并绘出弯矩图和剪力图[图 3-3-155c)]。

按弹性支承计算时肋柱内力计算结果汇总　　　　表 3-3-71

R_A (kN)	R_B (kN)	R_C (kN)	M_A (kN·m)	M_B (kN·m)	M_C (kN·m)	M_{max} (kN·m)	M_{min} (kN·m)	V_{max} (kN)
117.09	123.98	0.06	−34.23	−25.56	0	26.46	−34.23	73.66

3)肋柱配筋

从表 3-3-68 和表 3-3-71 可以看出按弹性支承计算得支点反力 R_A、R_B、R_C 和按刚性支承得出的结果相差不大;同时,从图 3-3-154 和图 3-3-155 中两种方法对应的弯矩和剪力图也可以看出,两种方法计算结果基本相近。

根据上述计算结果,肋柱可按两种方法所得的弯矩和剪力图中的最大值配筋;按正负最大弯矩配置通长的受力钢筋,按最大剪力配置箍筋,配筋设计同锚杆挡土墙肋柱配筋,略;对于肋柱,还应进行裂缝开展宽度计算,同锚杆挡土墙,略。

5.拉杆长度计算——稳定性验算

本算例选用铁科院建议的"折线滑面法"验算其稳定性。考虑填料表面上车辆荷载换算均布土层厚度的最不利布置,将其置于下层锚定板假想墙背 V_2C_2 的后方,如图 3-3-156 所示。

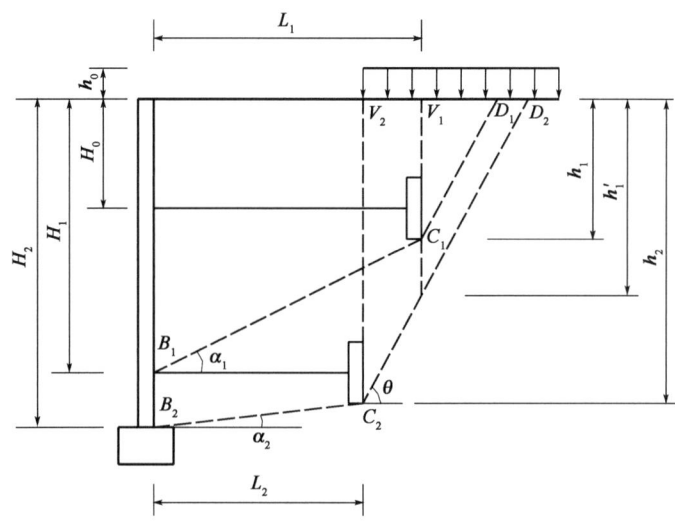

图 3-3-156 拉杆长度计算——稳定性验算简图

图中各参数值为：

$\varphi = 35°, H_0 = 2(\text{m}), h_0 = 0.83(\text{m}), \theta = 45° + \varphi/2 = 62.5°$

$L_1 = 5.0(\text{m}), H_1 = 5(\text{m}), h_1 = 2.65(\text{m}), \alpha_1 = \arctan\left(\dfrac{H_1 - h_1}{L_1}\right) = 25.17°$

$L_2 = 3.6(\text{m}), H_2 = 6(\text{m}), h_2 = 5.525(\text{m}) \alpha_2 = \arctan\left(\dfrac{H_2 - h_2}{L_2}\right) = 7.52°$

$h_1' = h_2 - (L_1 - L_2) \cdot \tan\theta = 5.525 - 1.4 \times 1.921 = 2.836(\text{m})$

验算时首先假定拉杆长度，按公式(3-3-208)~式(3-3-223)计算 K_c 值，若 K_c 小于要求的安全系数，则增大拉杆长度；反之，则减小拉杆长度；如此反复试算，直到安全系数满足要求为止。本例经试算后取上层拉杆长度 5.0m，取下层拉杆长度 3.6m，下面将对其进行验算。

1) 验算上层拉杆的安全系数 K_{c1}，要求 $K_{c1} \geqslant 1.8$

$G_1 = q \cdot (L_1 - L_2) + \dfrac{1}{2} \cdot \gamma \cdot L_1 \cdot (H_1 + h_1)$

$\quad = 15 \times (5 - 3.6) + 0.5 \times 18 \times 5 \times (5 + 2.65) = 365.25(\text{kN/m})$

$K_a = \tan^2(45° - \varphi/2) = \tan^2 27.5° = 0.271$

$E_1 = \dfrac{1}{2} \cdot \gamma h_1 \cdot (h_1 + 2h_0) \cdot K_a$

$\quad = 0.5 \times 18 \times 2.65 \times (2.65 + 2 \times 0.83) \times 0.271 = 27.86(\text{kN/m})$

$K_{c1} = \dfrac{G_1 \cdot (\tan\varphi \cdot \cos\alpha_1 - \sin\alpha_1)}{E_1 \cdot (\cos\alpha_1 + \tan\varphi \cdot \sin\alpha_1)} = \dfrac{365.25 \times (\tan 35° \cdot \cos 25.17° - \sin 25.17°)}{27.86 \times (\cos 25.17° + \tan 35° \cdot \sin 25.17°)}$

$\quad = 2.27 > 1.8$

故满足稳定性要求。

2) 验算下层拉杆的安全系数 K_{c2}，要求 $K_{c2} \geqslant 1.8$

$G_2 = \dfrac{1}{2} \cdot \gamma \cdot L_2 \cdot (H_2 + h_2) = 0.5 \times 18 \times 3.6 \times (6 + 5.525) = 373.41(\text{kN/m})$

$$G_1' = q(L_1 - L_2) + \frac{1}{2}\gamma \cdot (L_1 - L_2) \cdot (h_2 + h_1')$$

$$= 15 \times 1.4 + 0.5 \times 18 \times 1.4 \times (5.525 + 2.836) = 126.35 (\text{kN/m})$$

$$E_1' = \frac{1}{2} \cdot \gamma h_1' \cdot (h_1' + 2h_0) \cdot K_a$$

$$= 0.5 \times 18 \times 2.836 \times (2.836 + 2 \times 0.83) \times 0.271 = 31.10 (\text{kN/m})$$

$$K_{c2} = \frac{G_2 \cdot (\tan\varphi \cdot \cos\alpha_2 - \sin\alpha_2)}{\left\{\begin{array}{l} E_1' \cdot (\cos\alpha_2 + \tan\varphi \cdot \sin\alpha_2) \\ + G_1' \cdot (\sin\theta - \tan\varphi \cdot \cos\theta) \cdot [\cos(\theta - \alpha_2) - \tan\varphi \cdot \sin(\theta - \alpha_2)] \end{array}\right\}}$$

$$= \frac{373.41 \times (\tan 35° \times \cos 7.52° - \sin 7.52°)}{\left\{\begin{array}{l} 31.10 \times (\cos 7.52° + \tan 35° \times \sin 7.52°) \\ + 126.35 \times (\sin 62.5° - \tan 35° \times \cos 62.5°) \times [\cos 54.98° - \tan 35° \times \sin 54.98°] \end{array}\right\}}$$

$$= 6.23 > 1.8$$

故满足稳定性要求。

6. 锚定板抗拔力计算

1)上层锚定板抗拔力计算

因上层锚定板埋深 $h_1 = 2.65(\text{m}) < 3(\text{m})$,锚定板的容许抗拔力 $[T]$ 可按式(3-3-203)计算:$[T] = \frac{1}{2K} \cdot \gamma \cdot h_1^2 \cdot (K_p - K_a) \cdot b_1$

其中,安全系数:$K = 2.0$;锚定板宽度:$b_1 = 1.30\text{m}$;埋深:$h_1 = 2.65\text{m}$

库仑主动土压力系数:$K_a = 0.2461$

库仑被动土压力系数:$K_p = \dfrac{\cos^2\varphi}{\cos\delta \cdot \left[1 - \sqrt{\dfrac{\sin(\varphi + \delta) \cdot \sin\varphi}{\cos\delta}}\right]^2}$

$$= \dfrac{\cos^2 35°}{\cos 17.5° \cdot \left[1 - \sqrt{\dfrac{\sin(35° + 17.5°) \cdot \sin 35°}{\cos 17.5°}}\right]^2}$$

$$= 7.354$$

$$[T] = \frac{1}{2K} \cdot \gamma \cdot h_1^2 \cdot (K_p - K_a) \cdot b_1 = \frac{1}{2 \times 2} \times 18 \times 2.65^2 \times (7.354 - 0.2461) \times 1.30$$

$$= 291.99(\text{kN})$$

上层拉杆拉力:$N_{p1} = R_A = 117.10(\text{kN}) < [T] = 291.99(\text{kN})$,故满足抗拔力条件。

2)下层锚定板抗拔力计算

下层锚定板埋深为 $h_2 = 5.525(\text{m}) > 5(\text{m})$,根据现场拉拔试验,取其单位面积($\text{m}^2$)容许抗拔力:$[T] = 130(\text{kN/m}^2)$

由锚定板宽度:$b_2 = 1.05\text{m}$,故下层锚定板容许抗拔力:

$$[T] = 130 \times 1.05^2 = 143.33(\text{kN/m}^2)$$

下层拉杆拉力:$N_{p2} = R_B = 131.66(\text{kN}) < [T] = 143.33(\text{kN})$,故满足抗拔力条件。

第十节　加筋土挡土墙

一、概述

加筋土挡土墙是由墙面板、筋带(或格栅)与填料成层交替铺设并紧密压实组成的复合加筋体结构(图3-3-157),依靠填料与拉筋间的摩擦力平衡墙面板所受的水平土压力(即加筋土挡土墙的内部稳定),并以这一复合结构抵抗加筋体之后的填料所产生的土压力(即加筋土挡土墙的外部稳定),从而保证了整个结构的稳定。

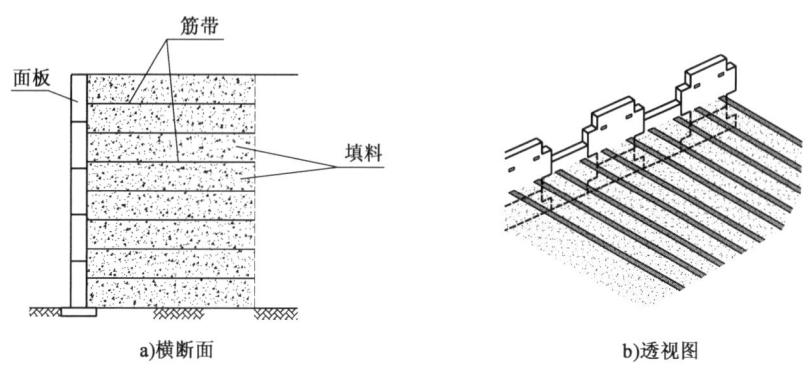

图 3-3-157　加筋土挡土墙基本结构

1. 加筋土挡土墙的适用范围

加筋土挡土墙,适用于一般地区的路肩式挡土墙、路堤式挡土墙,桥台的侧墙、前墙等,但不宜修建在滑坡、水流冲刷、崩塌等不良地质地段。应用在高速公路和一级公路上,墙高不宜超过12m;其他各级公路上,墙高不宜超过20m。在岩石地基上或地基经处理后,可修建较高墙身。墙高超过12m时,宜设错台,多级修建。墙高超过上述规定,或在地震基本烈度8度及以上地区的加筋土挡土墙,宜做特殊设计。

2. 加筋土挡土墙的分类

在公路工程中,加筋土挡土墙按常见形式分为下列几种:
(1)单面式加筋土挡土墙;
(2)双面式加筋土挡土墙,双面式中又细分为分离式、交错式和对拉式三种;
(3)台阶式加筋土挡土墙;
(4)无面板式加筋土挡土墙。

加筋土挡土墙按筋带的形式分为下列几种:
(1)条带式加筋土挡土墙,即筋带为条带式,每一层布满铺拉筋;
(2)席垫式土工合成材料加筋土挡土墙,即每一层连续满铺土工格栅或土工格网加筋材料。

目前,我国公路加筋土挡土墙主要采用条带式有面板的加筋土挡土墙。

3. 加筋土挡土墙的特点

加筋土挡土墙具有以下的特点:

(1)组成加筋土的墙面板和拉筋可以预先制作,在现场用机械(或人工)分层填筑。这种装配式的方法,施工简便、快速,节省劳力且缩短工期。

(2)加筋土是柔性结构物,能够适应地基轻微的变形。

(3)加筋土挡土墙抗振动性强,是一种很好的抗振结构物。

(4)墙面板多为垂直砌筑,可大量减少占地。加筋土挡土墙的总体布设和面板的形式图案可根据周围环境特点和需要进行设计,形式美观且富于变化。

(5)加筋土挡土墙造价比较低。与钢筋混凝土挡土墙相比,可减少造价一半;与石砌重力式挡土墙比较,也可节约20%以上。同时,加筋土挡土墙的造价随墙高的增加而有更显著的节省效果,因此,它具有良好的经济效益。

(6)加筋土挡土墙可节省天然建筑材料,易于与原有景观取得协调,环境效益相对较好。

4.加筋土的基本原理

挡土墙的砂性土填料在自重或外力作用下易产生严重的变形或崩塌。若在土中沿应变方向埋置具有一定挠度的筋带材料,则土与筋带材料产生摩擦,使加筋土犹如具有了某种程度的黏着性,从而改良了土的力学特性。当前,解释和分析加筋土的强度主要有两种观点:①把加筋土视为组合材料,即认为加筋土是复合体结构(亦称锚定式结构),用摩擦原理来解释与分析;②把加筋土视为均质的各向异性材料,即认为加筋土是复合材料结构,用莫尔准黏聚力库仑理论来解释与分析。

(1)摩擦原理解释

在加筋土结构中,由填土自重和外力产生的侧压力作用于面板,通过面板上的筋带连接件将侧压力传递给筋带,其作用方向是将筋带从土中拉出,但作用于筋带材料上的填土重力与筋带之间产生的反向摩擦力阻止筋带被拔出。因此,只要筋带材料具有足够的强度,并与土产生足够的摩阻力,则加筋土体就可保持稳定。

怎样才能使土与筋带互相产生摩擦力而不滑移?可从加筋体中取出一微分段 dl 进行分析,如图 3-3-158 所示。

设由土的水平推力在该微分段筋带中所引起的拉力 $dT = T_1 - T_2$(假定拉力沿筋带长度呈非均匀分布),垂直作用的土重和外荷载为法向力 N,筋带与土之间的摩擦系数为 f^*,筋带宽度为 b,作用于长 dl 的筋带条上下两面的垂直力为 $2Nbdl$,筋带与土体之间的摩擦阻力即为 $2Nf^*bdl$,如果满足式(3-3-225),则筋带与土之间就不会产生相互滑动。这时,筋带与土之间好像直接相连似地发挥着作用。如果每一层加筋均能满足上式的要求,则筋带不会从填土中滑移,整个加筋土结构的内部抗拔稳定性就得到保证。

$$2Nf^*bdl > dT \qquad (3\text{-}3\text{-}225)$$

由于筋带是按一定的间距顺水平方向排列的,所以筋带中的拉力是由其接触的土颗粒传递给没有直接接触的土颗粒。这种力的传递结构一般可近似地考虑为土拱的作用(图 3-3-159)。

这样,筋带之间的土层相当于在两条筋带间填满袋状的土(图 3-3-160)。此时袋中颗粒的受力可以认为与直接同筋带接触的颗粒受力一样。

因此,在满足上述只产生摩擦力而不产生滑移的条件下,加筋体改良了砂填料的力学特性,成为能够支承外力和自重的结构体。

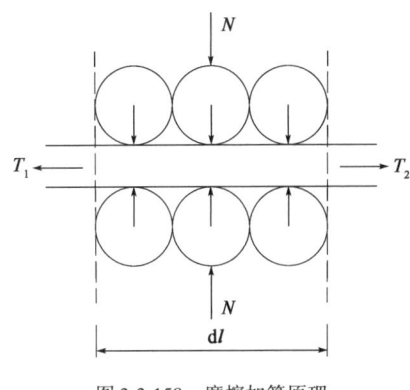

图 3-3-158　摩擦加筋原理

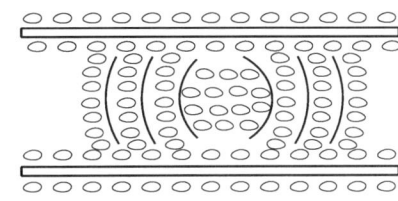

图 3-3-159　筋带之间拱作用

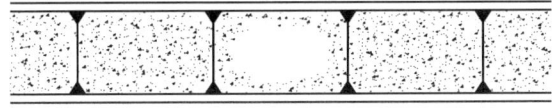

图 3-3-160　筋带间土体的稳定

(2) 准黏聚力理论

加筋土结构可以看作是各向异性的复合材料,通常采用的筋带,其弹性模量远大于填土。填土的抗剪力、填土与筋带的摩擦阻力及筋带的抗拉力,形成了共同作用机制。具体分析如下:

加筋土的基本应力状态如图 3-3-161 所示,在没有筋带的土体中,在竖向应力 σ_1 的作用下,土体产生竖向压缩和侧向膨胀变形。随着竖向应力的加大,压缩变形和膨胀变形也随之加大,直到破坏。如果在土体中设置水平方向的筋带,则在同样的竖向应力 σ_1 作用下,其侧向变形大大减小甚至消失,如图 3-3-161b)所示。这是由于水平筋带与土体之间产生摩擦作用,将引起侧向膨胀的拉力传递给筋带,使土体侧向变形受到约束。

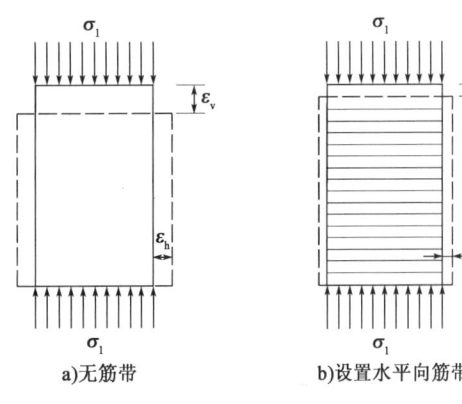

图 3-3-161　加筋土的基本应力状态

其关系可用莫尔圆表示,如图 3-3-162a)所示。莫尔圆 Ⅰ 为土体未破坏时的弹性应力状态;圆 Ⅱ 则是未加筋的土体极限应力状态;圆 Ⅲ 是加筋土体的应力状态,土体中加入高弹性模量的筋带后,筋带对土体提供了一个约束阻力 σ_R,即水平应力增量 $\Delta\sigma_3(=\sigma_R)$,使得侧向压力减小,亦即在相同的轴向变形条件下,加筋土能承受较大的主应力差。以常规三轴试验中的应力变化情况来表示,如图 3-3-162b)所示,图中圆 Ⅳ 为无筋土极限状态时的莫尔圆;圆 Ⅵ 为加筋土的莫尔圆,圆 Ⅵ 的 σ_3 与圆 Ⅳ 的相等,而能承受的压力则增加了 $\Delta\sigma_1$;圆 Ⅴ 为加筋土中填土的极限莫尔圆,其最大主应力 σ_1 与圆 Ⅵ 的相等,而最小主应力却减少了 $\Delta\sigma_3$。

上述分析说明,加筋土体的强度有了增加,可用一条新的抗剪强度线来反映这种关系,如图 3-3-162c)所示。试验证实,加筋砂与未加筋砂的强度曲线几乎完全平行(图 3-3-163),说明 φ 值在加筋前后基本不变,加筋砂的力学性能的改善是由于新的复合土体(即加筋砂)具有"黏聚力"的缘故,"黏聚力"不是砂土固有的,而是加筋的结果,所以称为"准黏聚力"。

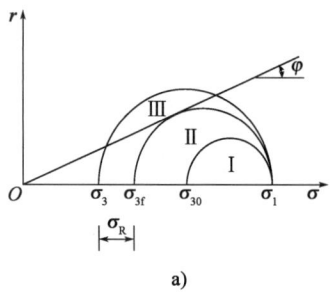 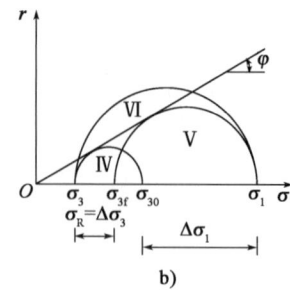 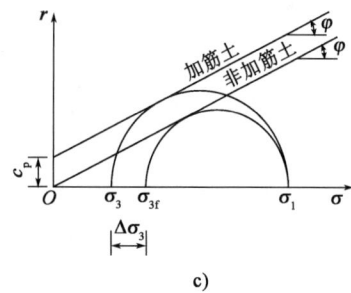

图 3-3-162 莫尔-库仑理论

准黏聚力 c_p 可根据莫尔-库仑定律求得：

$$\sigma_1 = \sigma_{3f} \cdot \tan^2\left(45° + \frac{\varphi}{2}\right) = (\sigma_3 + \Delta\sigma_3) \cdot \tan^2\left(45° + \frac{\varphi}{2}\right) \tag{3-3-226}$$

加筋后，土体处于新的极限平衡状态，即：

$$\sigma_1 = \sigma_3 \cdot \tan^2\left(45° + \frac{\varphi}{2}\right) + 2c_p \cdot \tan\left(45° + \frac{\varphi}{2}\right) \tag{3-3-227}$$

比较式(3-3-226)与式(3-3-227)可得：

$$\Delta\sigma_3 \cdot \tan^2\left(45° + \frac{\varphi}{2}\right) = 2c_p \cdot \tan\left(45° + \frac{\varphi}{2}\right) \tag{3-3-228}$$

因此，由于筋带作用产生的"准黏聚力"为：

$$c_p = \frac{1}{2} \cdot \Delta\sigma_3 \cdot \tan\left(45° + \frac{\varphi}{2}\right) \tag{3-3-229}$$

上式是以筋带不出现断裂和滑动，同时也不考虑筋带受力作用后产生拉伸变形为条件下得出的。适用于高抗拉强度和高模量的筋带材料，如钢带、钢片和高强度高模量的加筋塑料带等。对于低模量、大延伸率的土工材料，因不能完全限制土体的侧向变形，所以不考虑其变形的影响是不符合实际。当考虑筋带的变形性质时，可取三轴试验中的试样楔体来作进一步的分析，如图 3-3-164 所示。

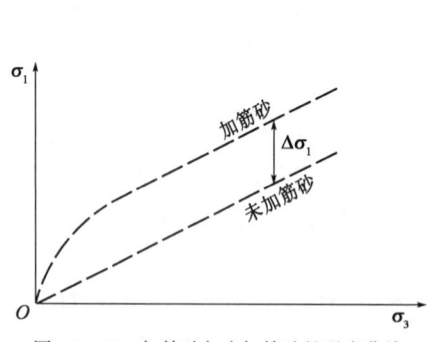 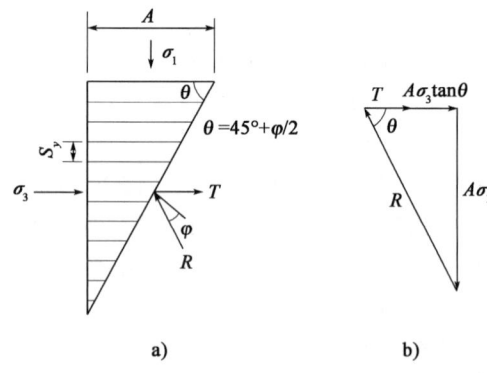

图 3-3-163 加筋砂与未加筋砂的强度曲线

图 3-3-164 加筋土楔体力系平衡图

图中 A 为试样的截面面积；θ 为破裂角，$\theta = \left(45° + \frac{\varphi}{2}\right)$；$\varphi$ 为土的内摩擦角；T 为与破裂

面相交的各筋带层的水平合力,根据静力平衡条件,可得式(3-3-230)。

$$T + \sigma_3 \cdot A \cdot \tan\left(45° + \frac{\varphi}{2}\right) = \sigma_1 \cdot A \cdot \mathrm{ctan}\left(45° + \frac{\varphi}{2}\right) \tag{3-3-230}$$

筋带所能承受的水平合力如式(3-3-231)所示。

$$T = \frac{\sigma_s \cdot A_s \cdot A \cdot \tan\left(45° + \frac{\varphi}{2}\right)}{S_x \cdot S_y} \tag{3-3-231}$$

将式(3-3-226)和式(3-3-231)代入式(3-3-230),可得式(3-3-232)。

$$c_p = \frac{\sigma_s \cdot A_s \cdot \tan\left(45° + \frac{\varphi}{2}\right)}{2 S_x \cdot S_y} \tag{3-3-232}$$

式(3-3-232)求得的 c_p 便是由筋带作用产生的"准黏聚力"。

式中:S_y——加筋土体中筋带层垂直间距(m);

S_x——加筋土体中筋带层水平间距(m);

σ_s——筋带的极限抗拉强度(kPa);

A_s——筋带的截面面积(m^2)。

二、加筋土挡土墙的设计与计算

1. 加筋土挡土墙的破坏形式和稳定性要求

借助于模型试验研究加筋土挡土墙的破坏形式,可总结为以下几种:

1) 因内部失稳造成的破坏

(1) 由于筋带裂缝造成的断裂[图3-3-165a)]

筋带裂缝造成的工程断裂,起因于筋带强度不足。这种现象可能来源于筋带或锚接点钢筋、螺栓的尺寸不够或作用荷载大于预料,也可能是因受力区段筋带腐蚀老化,造成抗力减退。试验结果表明,断裂将沿最大拉力线发展。

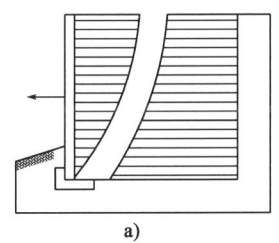
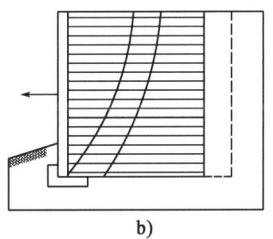

图 3-3-165 加筋土挡土墙内部失稳形式

(2) 由于土与筋带之间结合力不足造成的加筋体断裂[图3-3-165b)]

当填土与筋带之间的摩擦力不足以平衡施加于筋带的拉力时,加筋体将产生因结合力不足而造成的断裂,此时筋带与填土相对滑动,加筋土工程就出现严重变形,直至加筋体断裂。

上述两种破坏,与加筋土挡土墙的内部稳定性有关。

2) 因外部不稳定造成的破坏

它是土力学的传统破坏形式,与加筋土工程的地基土(承载能力、沿基础底面滑动等)或与工程相连的整体土层等有关(深层滑动)。其破坏形式有:

(1)加筋土挡土墙与地基间的摩阻力不足或墙后土体的侧向推力过大所引起的滑移,如图3-3-166a)所示;

(2)加筋土挡土墙被墙后土体的侧向推力所倾覆,如图3-3-166b)所示;

(3)由于地基承载力不足或不均匀沉降而引起的倾斜,如图3-3-166c)所示;

(4)加筋土挡土墙及墙后土体出现整体滑动,如图3-3-166d)所示。

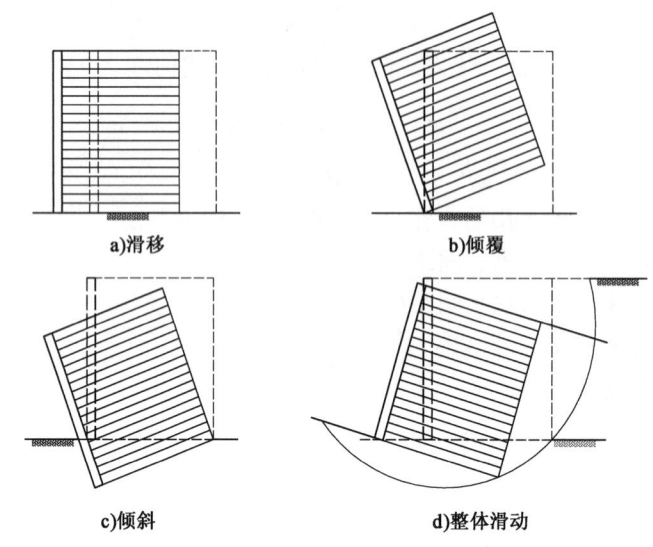

图3-3-166 加筋土挡土墙外部失稳形式

为避免发生上述破坏,保证加筋土挡土墙在使用过程中发挥应有的作用,设计时一般应进行内部稳定计算和外部稳定计算。内部稳定计算内容包括:筋带的强度、抗拔验算;确定筋带的截面积、筋带长度;确定面板的厚度和配置钢筋;对于墙高大于12m的挡土墙,还宜采用总体平衡法予以验算。外部稳定验算包括:基底地基承载力验算;加筋体沿基底抗滑动稳定性验算;抗倾覆稳定性验算;地基与墙后土体的整体滑动验算;必要时,应作地基沉降计算。各项验算具体要求见表3-3-72。

加筋土挡土墙验算项目及控制指标　　　　　　表3-3-72

验算项目		控制指标
内部稳定性	筋带的强度	筋带所承受的水平拉力不大于筋带材料有效净截面的抗力效应
	筋带的抗拔	筋带所承受的水平拉力不大于永久荷载重力作用下筋带有效长度所提供的抗拔力
外部稳定性	基底滑移	满足滑动稳定方程;抗滑动稳定系数大于规定值
	倾覆	满足倾覆稳定方程;抗倾覆稳定系数大于规定值
	基底应力	基底应力小于地基承载力设计值
	整体滑动	抗整体滑动系数大于1.25

2.加筋土挡土墙的内部稳定性计算

加筋土的内部稳定性受诸多因素的影响,如筋带数量,断面尺寸,筋带材料强度、间距、长度,作用在面板上的土压力以及填土的性质等,同时,上述诸因素又相互影响。目前,加筋土的内部稳定性分析主要是用筋带在拉力作用下的断裂破坏和楔体拉拔破坏(图3-3-167)来衡量。因为这两个方面概括反映了各影响因素对内部稳定性的共同保证。

加筋土结构内部稳定性分析方法很多,目前设计中使用较多的有两种:①应力分析法;②楔体平衡分析法。另外,还有总体平衡法、能量法、剪区法和有限元法等。

应力分析法以朗金理论为基础,视加筋土为复合材料;楔体平衡分析法以库仑理论为基础,视加筋土为复合体。其主要区别表现在三个方面:①墙面的旋转中心;②破裂面的形状;③作用在加筋土范围内侧压力所作的基本假定,如图3-3-167所示。

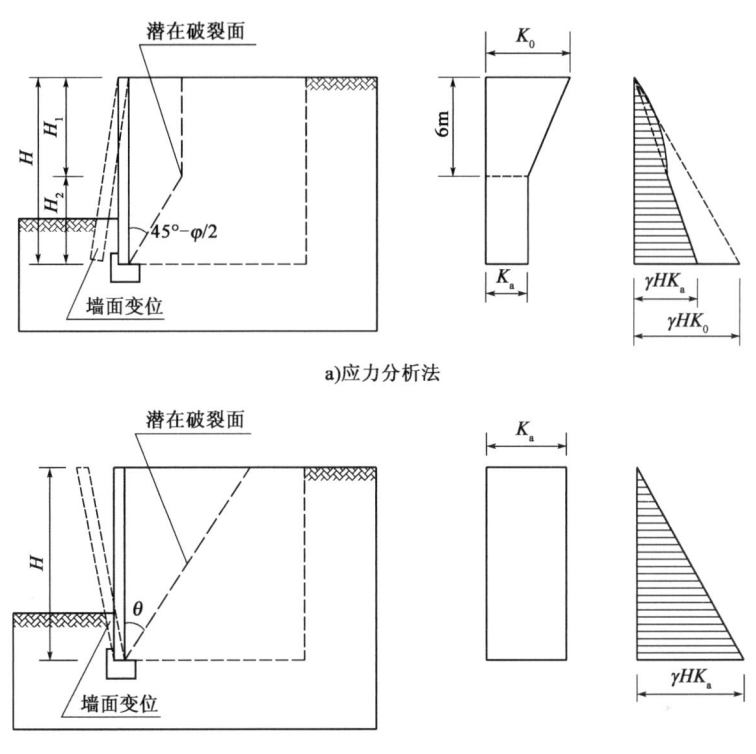

图 3-3-167 两种内部失稳计算方法的主要区别

内部稳定性分析方法的选择应根据筋带的密度、性质以及施工方法等来考虑。

若用高模量、高黏附筋带(如钢带或钢筋混凝土钢塑土工带等),又按正常方法布置筋带时,则宜采用应力分析法中的垂直应力均匀分布法,该法计算简便、用筋量较少,且为大量的已建工程所验证。

对于虽用高模量筋带,但用筋密度低或用低模量筋带(如塑料带)时,则宜采用楔体平衡分析法。因为此时的加筋土结构墙面顶部产生 $0.001H \sim 0.005H$(H 为加筋体高度)的水平位移的可能性是存在的。同时在结构变形容许条件下,可提高低模量筋带的强度利用率。

1) 应力分析法

应力分析法的基本原理是根据作用在填土中最大拉应力点上的应力来计算筋带的最大拉力。在最大拉力点处剪应力 τ 等于零,仅存在垂直应力 σ_1 和水平应力 σ_3,而水平应力 σ_3 则由筋带平衡[图3-3-168b)]。

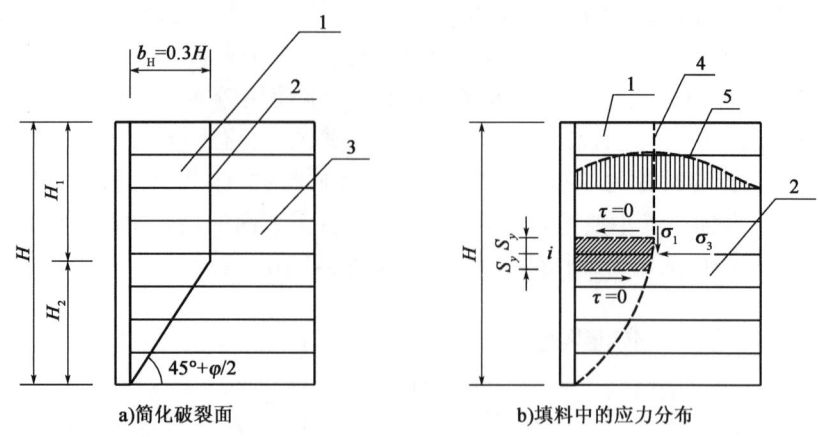

图 3-3-168 应力分析法计算图式
1-活动区;2-简化破裂面;3-稳定区;4-最大拉力线;5-拉力分布线

(1) 基本假定

①加筋体的破坏模式类似于绕墙顶旋转的刚性墙所支撑的填土,在极限荷载作用下,加筋体被筋带上的最大拉力点的连线[图 3-3-168b)]分为活动区和稳定区[采用的简化破裂面如图 3-3-168a)所示],并假定筋带在墙面处的拉力为筋带上最大拉力的 0.75 倍;

②加筋体中的应力状态,在结构顶部为静止状态,随深度逐步向主动应力状态变动,当深度达到 6m 以下便是主动应力状态;

③只有稳定区内的筋带与土的相互作用产生抗拔阻力。

(2) 填料作用下的土压力系数计算(图 3-3-169)

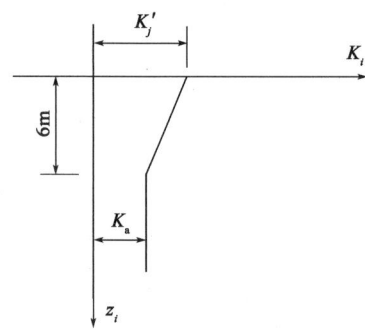

图 3-3-169 土压力系数沿深度分布图

按上述基本假定,加筋体内部稳定计算时,土压力系数可按式(3-3-233)~式(3-3-235)计算。

$$\begin{cases} K_i = K'_j \cdot \left(1 - \dfrac{z_i}{6}\right) + K_a \cdot \dfrac{z_i}{6} & (z_i \leqslant 6\mathrm{m}) \\ K_i = K_a & (z_i > 6\mathrm{m}) \end{cases} \quad (3\text{-}3\text{-}233)$$

式中:K_i——加筋体内,深度 z_i 处土压力系数;

K'_j——静止土压力系数,$K'_j = 1 - \sin\varphi$; (3-3-234)

K_a——主动土压力系数,$K_a = \tan^2\left(45° - \dfrac{\varphi}{2}\right)$。 (3-3-235)

(3) 作用于筋带上的拉力

①填料作用于墙面板上的水平土压应力 σ_{zi}(图 3-3-170)

加筋土填料作用于墙面板上的水平土压应力,可按式(3-3-236)和式(3-3-237)计算。

墙后为非浸水加筋体时: $\sigma_{zi} = K_i \cdot \gamma \cdot z_i$ (3-3-236)

墙后为浸水加筋体时: $\sigma_{zi} = K_i \cdot \gamma_{\mathrm{sat}} \cdot z_i$ (3-3-237)

式中:z_i——第 i 层筋带距墙顶的高度(m);

γ——加筋体填料重度(kN/m³);

γ_{sat}——加筋体填料饱和重度(kN/m^3);

σ_{zi}——深度 z_i 处的水平土压应力(kPa)。

②车辆(或人群)荷载产生的土压应力 σ_{ai}(图 3-3-171)

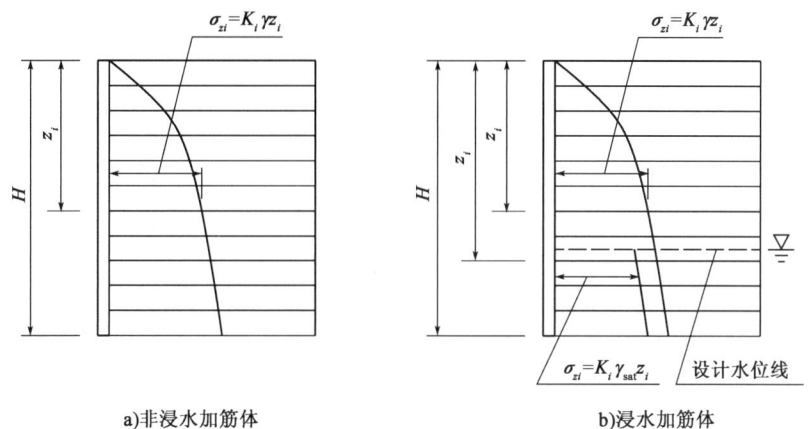

a)非浸水加筋体　　　　b)浸水加筋体

图 3-3-170　填料作用下的水平土压应力计算图

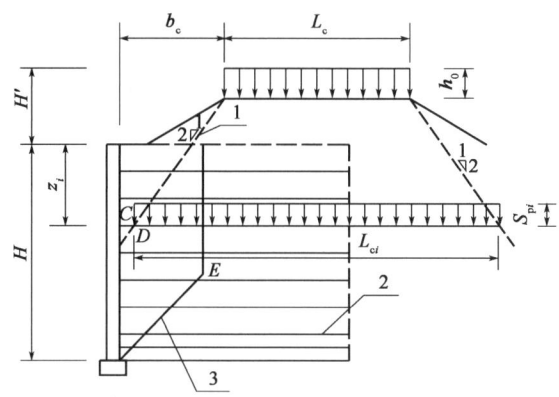

图 3-3-171　车辆荷载作用下垂直应力计算图

1-扩散线;2-拉筋;3-破裂面

车辆(或人群)附加荷载作用下,墙面板上的附加水平土压应力 σ_{ai}(kPa),可按式(3-3-238)计算。

$$\sigma_{ai} = K_i \cdot \sigma_{fi} \qquad (3\text{-}3\text{-}238)$$

式中:σ_{ai}——在车辆(或人群)附加荷载作用下,加筋体深度 z_i 处的附加水平土压应力(kPa);

σ_{fi}——在车辆(或人群)附加荷载作用下,加筋体深度 z_i 处的附加竖直土压应力(kPa),可按式(3-3-239)和式(3-3-240)计算(图 3-3-171)。

扩散线上的 D 点进入活动区时:
$$\sigma_{fi} = \gamma_1 \cdot h_0 \cdot \frac{L_c}{L_{ci}} \qquad (3\text{-}3\text{-}239)$$

扩散线上的 D 点未进入活动区时:
$$\sigma_{fi} = 0 \qquad (3\text{-}3\text{-}240)$$

式中:h_0——车辆(或人群)附加荷载换算等代均布土层厚度(m),可参见本章第二节有关内容计算;

L_c——加筋体计算时,附加荷载的布置宽度(m),可取路基全宽;

b_c——面板背面至路基边缘的水平距离(m);

L_{ci}——加筋体深度 z_i 处,附加竖直土压应力 σ_{fi} 的扩散宽度 L_{ci}(m),可按式(3-3-241)和式(3-3-242)计算。

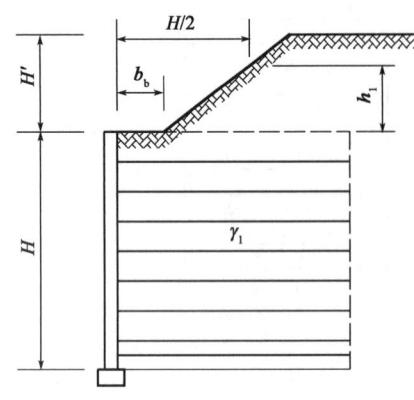

图 3-3-172 路堤式挡土墙加筋体上填土的等代土层厚度计算图

$$L_{ci} = L_c + b_c + \frac{H' + z_i}{2} \quad (z_i + H' > 2b_c) \tag{3-3-241}$$

$$L_{ci} = L_c + H' + z_i \quad (z_i + H' \leqslant 2b_c) \tag{3-3-242}$$

式中符号意义同上。

③加筋体之上路堤填土产生的水平土压应力 σ_{bi}(图 3-3-172)

加筋体与加筋体上填土的计算分界面,应为通过加筋体墙面顶端的水平面,该面以上的填土重力,应作为加筋体上的填土重力。为简化计算,可将加筋体上的路堤填土重力换算成等代均布土层厚度 h_1(图 3-3-172),所引起的墙面板上的水平土压应力 σ_{bi}(kPa),可按式(3-3-243)计算。

$$\sigma_{bi} = K_i \cdot \gamma_1 \cdot h_1 \tag{3-3-243}$$

式中:γ_1——墙顶填土的重度(kN/m³);

h_1——墙顶填土重力换算等代均布土层厚度(m),可由式(3-3-244)求得:

$$h_1 = \frac{1}{m} \cdot \left(\frac{H}{2} - b_b\right) \tag{3-3-244}$$

$1/m$——加筋体顶面填土的边坡坡率;

H——加筋体高度(m);

b_b——边坡坡脚至面板的水平距离(m);

H'——加筋体上路堤高度(m);

其余符号意义同上。

当 $h_1 > H'$ 时,应取 $h_1 = H'$。

④加筋体顶部水平荷载产生的水平向的压应力 σ_{di}(图 3-3-173)

加筋体顶面有水平荷载作用时,深度 z_i 处,面板后的水平向压应力 σ_{di} 及水平荷载影响深度 z_c,可按式(3-3-245)和式(3-3-246)计算。

$$\sigma_{di} = \frac{2Q_H}{z_c} \cdot \left(1 - \frac{z_i}{z_c}\right) \tag{3-3-245}$$

$$z_c = \frac{0.3H}{\tan\left(45° - \frac{\varphi}{2}\right)} \tag{3-3-246}$$

式中:σ_{di}——水平荷载作用下,深度 z_i 处的水平向的压应力(kPa),$z_i \geqslant z_c$ 时,$\sigma_{di} = 0$;

Q_H——单位墙长墙顶面的水平荷载(kN/m);

z_c——水平荷载影响深度(m);

z_i——第 i 单元结点至加筋体顶面的竖直距离(m);

其余符号意义同上。

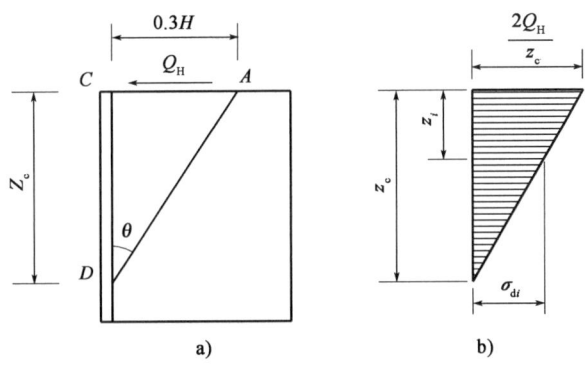

图 3-3-173 水平荷载作用下的水平应力计算图

⑤加筋体计算单元上的筋带拉力计算

在垂直于面板的水平方向上,若划分给面板后一个筋带结点(简称为结点),形成矩形截面的立方体加筋体,称为加筋体计算单元(简称为单元)。作用于一个计算单元上的土压力分布范围如图 3-3-174 所示。

计算单元是加筋体受力计算的基本单位,可将筋带视为与单元轴线相重合计算筋带的拉力(图 3-3-175)。

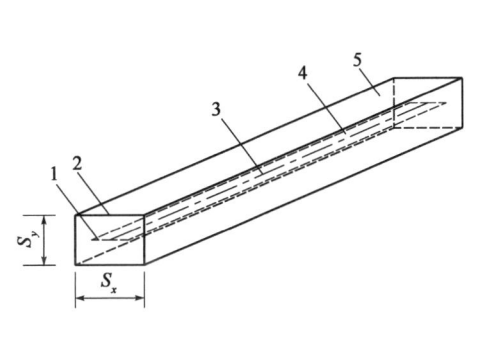

图 3-3-174 加筋体单元

1-筋带结点;2-面板;3-单元轴线;4-筋带;5-填土

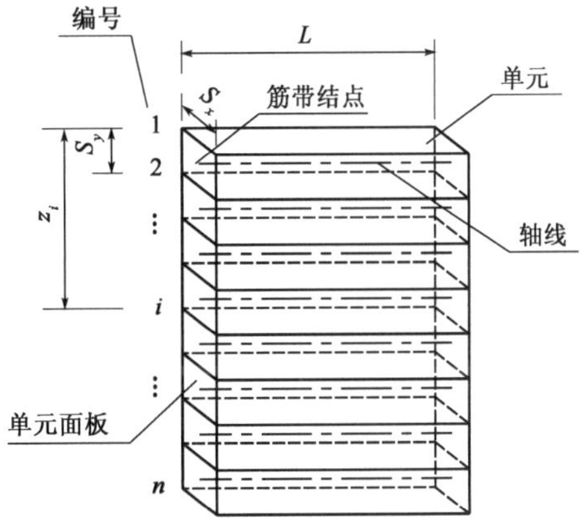

图 3-3-175 加筋体横断面内的单元

在 z_i 层深度处,筋带所承受的水平拉力 T_i 可按式(3-3-247)计算:

$$T_i = (\sum \sigma_{Ei}) \cdot S_x \cdot S_y \quad (3\text{-}3\text{-}247)$$

式中:$\sum \sigma_{Ei}$——z_i 层深度处,面板上的水平土压应力及水平压应力(kPa);当为路堤墙时,$\sum \sigma_{Ei} = \sigma_{zi} + \sigma_{ai} + \sigma_{bi}$;当为路肩墙时,$\sum \sigma_{Ei} = \sigma_{zi} + \sigma_{ai}$;当墙顶有水平荷载作用时,还包括 σ_{di};

S_x——筋带结点水平间距(m);

S_y——筋带结点垂直间距(m)。

(4)永久荷载的重力所产生的竖直压应力 σ_i

永久荷载重力作用下,筋带所在位置的竖直压应力可按式(3-3-248)计算。

$$\sigma_i = \gamma z_i + \gamma_1 h_1 \tag{3-3-248}$$

式中:σ_i——在 z_i 层深度处,作用于筋带上的竖直压应力(kPa);

γ——加筋体的重度(kN/m^3),当为浸水挡土墙时,应按最不利水位上下的不同重度分别计入;

γ_1——墙顶填土的重度(kN/m^3);

h_1——墙顶填土重力换算等代均布土层厚度(m)。

5)筋带截面设计与计算

可根据不同深度处筋带所承受的最大拉力 T_i 进行筋带截面设计。筋带截面的抗拉强度应符合下列公式的要求:

$$\gamma_0 \cdot T_{i0} \leqslant \frac{A \cdot f_k}{1000 \cdot \gamma_f \cdot \gamma_{R2}} \tag{3-3-249}$$

式中:A——筋带截面的有效净截面面积(mm^2),计算各类筋带的有效净截面面积时,宜符合下列规定,由厂家提供的筋带截面面积技术指标,须通过国家或部门专业质量监督检测机构的鉴定后,方可使用;

①扁钢带:计算厚度应扣除预留腐蚀厚度。有效净截面面积应为扣除螺栓孔及钻孔误差后的计算净截面面积。拉筋的螺栓或焊接连接构造,应按等强度原则设计;

②钢筋混凝土带:应按钢筋混凝土轴心受拉构件设计,不计混凝土的抗拉强度,也不计筋带内布置的防裂钢丝面积,钢筋的有效净面积,应为扣除钢筋直径预留腐蚀量后的主钢筋截面面积的总和;

③钢塑复合带:应按照现行《公路土工合成材料试验规程》(JTG E50)的规定,经严格检验延伸率和断裂应力后,按统计原理确定其设计截面面积和极限强度,保证率应为98%;

④塑料土工格栅、聚丙烯土工带、聚乙烯土工带:应按照现行《公路土工合成材料试验规程》(JTG E50)的规定,经严格检验延伸率和断裂应力后,按统计原理确定其设计截面面积和极限强度,保证率应为98%;

f_k——筋带材料强度标准值(MPa),可按表3-3-73的规定采用;

γ_f——各类筋带材料的抗拉性能分项系数,均取等于1.25;

γ_{R2}——拉筋材料抗拉计算调节系数,可采用表3-3-73的规定;

其余符号意义同上。

筋带材料强度标准值 f_k 及抗拉计算调节系数 γ_{R2} 表　　　　表3-3-73

材 料 类 型	f_k(MPa)	γ_{R2}
Q235 扁钢带	240	1.0
Q235(Ⅰ级)钢筋混凝土板带	240	1.05
钢塑复合带	试验断裂拉力	1.55~2.0
土工格栅	试验断裂拉力	1.8~2.5
聚丙烯土工带	试验断裂拉力	2.7~3.4

注:土工合成材料筋带的抗拉计算调节系数 γ_{R2},按施工条件差、材料蠕变大时,取大值;材料蠕变小或施工荷载验算时,可取较小值。

当为钢筋混凝土带时,受拉钢筋的含筋率应小于2.0%。

扁钢带连接螺栓的规格和数量,可根据螺栓的抗剪强度以容许应力法计算,即连接螺栓承受的剪应力 τ_i 应小于或等于螺栓的容许剪应力,如式(3-3-250)所示。

$$\tau_i = \frac{T_i \times 10^3}{n' \cdot A_e} \leqslant [\tau_a] \tag{3-3-250}$$

式中:n'——螺栓的个数;

A_e——螺栓的螺纹部有效断面面积(mm);

$[\tau_a]$——螺栓的容许剪应力(MPa)。

(6)筋带的抗拔稳定验算及筋带长度计算

①筋带的抗拔稳定性验算

计算筋带抗拔力时,可不计基本可变荷载的作用效应。一个筋带结点的抗拔稳定性,按极限状态法验算如下。

$$\gamma_0 \cdot T_{i0} \leqslant \frac{T_{pi}}{\gamma_{R1}} \tag{3-3-251}$$

$$T_{i0} = \gamma_{Q1} \cdot T_i \tag{3-3-252}$$

$$T_{pi} = 2f' \cdot \sigma_i \cdot b_i \cdot L_{ai} \tag{3-3-253}$$

式中:γ_0——结构重要性系数;

T_{i0}——z_i 层深度处,筋带所承受的水平拉力设计值(kN);

T_{pi}——永久荷载重力作用下,z_i 层深度处,筋带有效长度所提供的抗拔力(kN);

γ_{R1}——筋带抗拔力计算调节系数,见表3-3-74;

γ_{Q1}——加筋体及墙顶填土主动土压力或附加荷载土压力的分项系数;

T_i——z_i 层深度处,筋带所承受的水平拉力(kN);

f'——填料与筋带间的似摩擦系数,由试验确定,无可靠试验资料时,可按照本节表3-3-77的数值采用;

σ_i——作用于筋带上的竖直压应力(kPa),按式(3-3-248)计算;

b_i——结点上的筋带总宽度(m);

L_{ai}——筋带在稳定区的有效锚固长度(m)。

筋带抗拔力计算调节系数 γ_{R1} 表 表3-3-74

作用(或荷载)组合	Ⅰ、Ⅱ	Ⅲ	施工荷载
γ_{R1}	1.4	1.3	1.2

还应进行全墙抗拔稳定性验算,当墙高小于或等于12m时,宜按式(3-3-254)计算。

$$K_b = \frac{\sum T_{Pi}}{\sum T_i} \geqslant 2 \tag{3-3-254}$$

式中:K_b——全墙抗拔稳定系数;

$\sum T_{Pi}$——各层拉筋所产生的摩擦力总和;

$\sum T_i$——各层拉筋承担的水平拉力总和。

本计算公式中的作用(或荷载)分项系数,均取1.0。

②筋带长度计算

筋带长度可按式(3-3-255)计算。

$$L_i = L_{fi} + L_{ai} \tag{3-3-255}$$

式中：L_i——第 i 层筋带总长度(m)；

L_{fi}——第 i 层筋带在加筋体活动区内的长度(m)，可按式(3-3-256)计算：

$$\begin{cases} L_{fi} = 0.3H & (0 < z_i \leqslant H_1) \\ L_{fi} = (H - z_i) \cdot \tan\left(45° - \dfrac{\varphi}{2}\right) & (H_1 < z_i < H) \end{cases} \tag{3-3-256}$$

H——加筋体高度(m)；

H_1、H_2——简化破裂面上、下两段的高度(m)，可按式(3-3-257)和式(3-3-258)计算：

$$H_2 = b_H \cdot \tan\left(45° + \dfrac{\varphi}{2}\right) \tag{3-3-257}$$

$$H_1 = H - H_2 \tag{3-3-258}$$

b_H——简化破裂面上部的竖直面部分与墙面板背面的距离，取 $0.3H$；

φ——加筋体填料的综合内摩擦角(°)；

其余符号意义同上。

2) 楔体平衡分析法

(1) 基本假定

①加筋体填料为非黏性土的粗粒填料。

②加筋体墙面顶部能够产生足够的侧向位移，从而使墙面后达到主动极限平衡状态(即加筋体的墙面绕面板底端旋转)，在加筋体内产生与垂直面成 θ 角的破裂面，将加筋体分为活动区与稳定区[图3-3-176a)]。

③加筋体中形成的楔体相当于刚体，面板与填料之间的摩擦作用可忽略不计。作用于面板上的侧压力为主动土压力，压力强度呈线性分布[图3-3-176b)]。

④筋带的拉力随深度成直线比例增长(图3-3-176c)。左筋带长度方向上，自由端拉力为零，沿长度逐渐增加至近墙面处为最大。

⑤破裂面后的稳定区内的筋带与填土相互作用产生抗拔阻力。

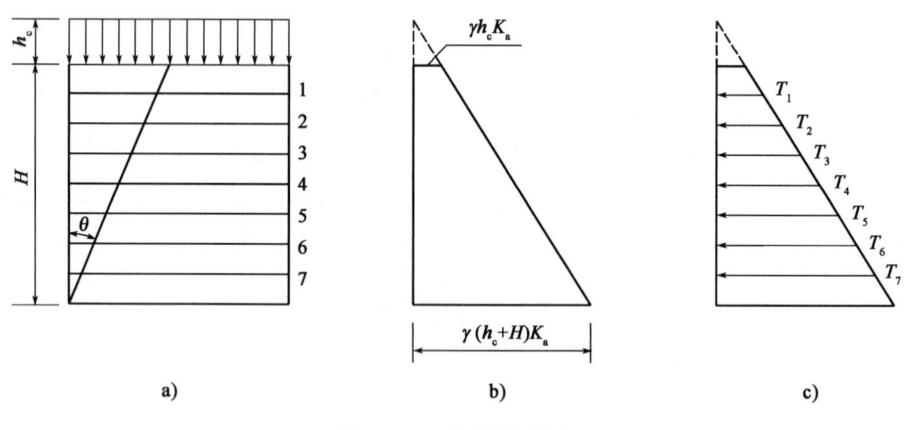

图 3-3-176 基本假定图示

(2) 各种边界条件下的筋带拉力计算

①筋带拉力计算公式推导简述

根据上述基本假定，验算内部稳定性时，土压力计算以库仑理论为基础，采用与重力式挡土墙计算土压力相同的方法,按加筋体上填土表面的形态和车辆荷载的分布情况不同,并考虑加筋土挡土墙通常墙面板倾角 $\alpha=0$、近似取墙面板背与填土的摩擦角 $\delta=0$ 的特点,作用于加筋体上的局部荷载(包括路堤填土)所产生的土侧压力在墙面板上的影响范围,近似按沿平行于破裂面的方向传递至墙背,从而绘制出土压力分布图形,根据压力分布图形,推求加筋土挡土墙沿墙高各单元结点处的土侧压应力,从而计算出各计算单元上的筋带拉力。

②破裂面交于路基边坡上时,计算层面处的筋带拉力计算(图 3-3-177)

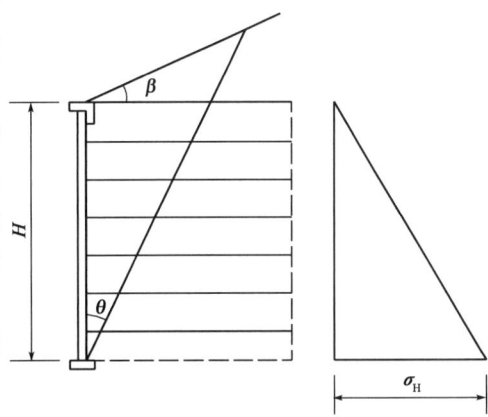

图 3-3-177　破裂面交于边坡上

a. 破裂角 θ 和主动土压力系数 K_a

令 $\alpha=0$、$\delta=0$,代入后可得加筋体墙面板后填料破裂角计算式,如式(3-3-259)所示。

$$\tan(\theta+\beta) = -\tan(\varphi-\beta) \pm \sqrt{[\tan(\varphi-\beta)+\cot(\varphi-\beta)]\cdot[\tan(\varphi-\beta)+\tan\beta]}$$
(3-3-259)

主动土压力系数计算式如式(3-3-260)所示。

$$K_a = \frac{\cos^2\varphi}{\left[1+\sqrt{\dfrac{\sin\varphi\cdot\sin(\varphi-\beta)}{\cos\beta}}\right]^2}$$
(3-3-260)

b. 加筋体任一深度 h_i 处的土压力应力 σ_i

绘制侧压应力图形,并由图形求任意深度 h_i 处的土压应力 σ_i。

由于 $\sigma_0=0$,$\sigma_H=\gamma_1\cdot H\cdot K_a$,从而可得 $\sigma_i=\gamma_1\cdot h_i\cdot K_a$。

c. 第 i 层筋带所受的拉力 T_i[式(3-3-261)]

$$T_i = \sigma_i \cdot S_x \cdot S_y \tag{3-3-261}$$

③路堤式加筋土挡土墙破裂面交于路基面上时,计算层面处的筋带拉力计算(图 3-3-178)

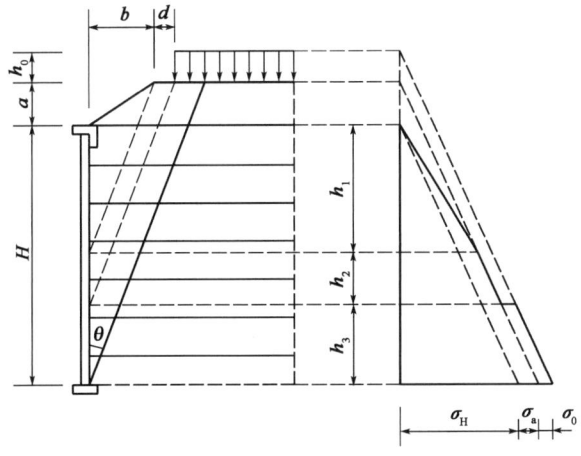

图 3-3-178　破裂面交于路基面

a. 破裂角 θ 和主动土压力系数 K_a

令 $\alpha = 0$、$\delta = 0$,代入后可得加筋体墙面板后填料破裂角计算式如式(3-3-262)所示。

$$\tan\theta = -\tan\varphi \pm \sqrt{(\tan\varphi + \cot\varphi) \cdot (\tan\varphi + A)} \tag{3-3-262}$$

式中:$A = \dfrac{ab + 2h_0 \cdot (b + d)}{(H + a) \cdot (H + a + 2h_0)}$。

主动土压力系数计算式如式(3-3-263)所示。

$$K_a = \frac{\tan\theta}{\tan(\theta + \varphi)} \tag{3-3-263}$$

b. 加筋体任一深度 h_i 处的土压应力 σ_i

绘制侧压应力图形,并由图形求任意深度 h_i 处的土压应力 σ_i。

因为 $\sigma_0 = \gamma_1 \cdot h_0 \cdot K_a$, $\sigma_a = \gamma_2 \cdot a \cdot K_a$, $\sigma_H = \gamma_1 \cdot H \cdot K_a$

而 $h_1 = \dfrac{b}{\tan\theta} - a$, $h_2 = \dfrac{d}{\tan\theta}$, $h_3 = H - h_1 - h_2$

由压力图形可得

$$\begin{cases} \sigma_i = \dfrac{h_i}{h_1} \cdot (h_1 \cdot \gamma_1 + a \cdot \gamma_2) \cdot K_a & (h_i \leq h_1) \\ \sigma_i = (h_i \cdot \gamma_1 + a \cdot \gamma_2) \cdot K_a & (h_1 < h_i < h_1 + h_2) \\ \sigma_i = [(h_i + h_0) \cdot \gamma_1 + a \cdot \gamma_2] \cdot K_a & (h_1 + h_2 \leq h_i \leq H) \end{cases} \tag{3-3-264}$$

c. 第 i 层筋带承受的拉力 T_i

$$T_i = \sigma_i \cdot S_x \cdot S_y \tag{3-3-265}$$

式中:σ_i——沿墙体不同深度处的土压应力(kPa)。

同理其他各种常用边界条件下的土压力计算公式,可推导出加筋土挡土墙楔体平衡法计算筋带拉力的公式。

(3)筋带断面计算

计算原理与方法同应力分析法,但筋带拉力 T_i 须采用楔体平衡法的相关公式计算。

(4)筋带抗拔稳定性验算

各个单元结点筋带抗拔安全系数的验算原理同应力分析法。但锚固长度 L_{ai} 为主动压区 BC 线以后(图 3-3-179)的长度。各层筋带的抗拔力 T_{Pi} 按作用于该锚固长度范围内的垂直荷载大小进行计算。

① $L_i > b$ [图 3-3-179a)]

$$T_{Pi} = 2f' \cdot b_i \cdot \left[\frac{1}{2}\gamma_2 \cdot (a_i + a) \cdot (b - L_{fi}) + \gamma_2 \cdot a \cdot (L_i - b) + \gamma_1 \cdot L_{ai} \cdot z_i \right] \tag{3-3-266}$$

② $L_i \leq b$ [图 3-3-179b)]

$$T_{Pi} = 2f' \cdot b_i \cdot \left[\frac{1}{2}\gamma_2 \cdot L_{ai} \cdot (a_i + L_i \cdot \tan\beta) + \gamma_1 \cdot L_{ai} \cdot z_i \right] \tag{3-3-267}$$

式中:γ_1——加筋体高度区的路基填土重度(kN/m³);

γ_2——加筋体顶面以上的路堤填土重度(kN/m³);

z_i——第 i 单元结点至加筋体顶面的竖直距离(m);

L_i——第 i 层筋带总长度(m);
L_{ai}——第 i 层筋带在加筋体锚固区内的长度(m),$L_{ai} = L_i - L_{fi}$;
L_{fi}——第 i 层筋带在加筋体活动区内的长度(m),$L_{fi} = (H - z_i) \cdot \tan\theta$;
θ——破裂角(°)。

求得 T_{pi} 后,将 T_{pi} 代入式(3-3-266)、式(3-3-267)验算其抗拔稳定性。

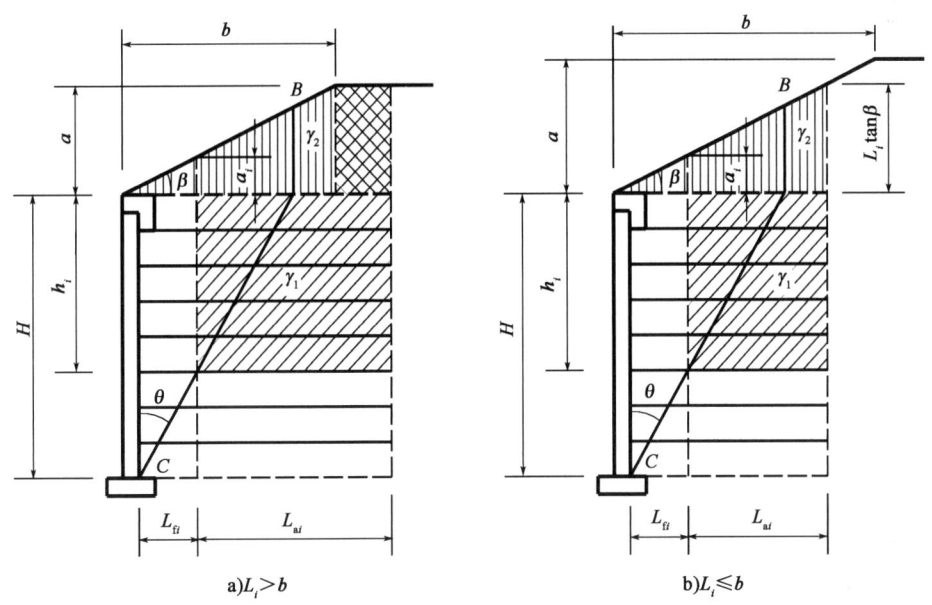

图 3-3-179　筋带抗拔稳定性验算图式

3)总体平衡法

总体平衡法又称滑裂楔体法。本法考虑布设了筋带的加筋体,在任意荷载作用下,在任意高处存在出现与库仑破裂面倾角不同的潜在破裂面的可能性(图3-3-180),且要求其满足楔体下滑的水平分力与各单元筋带拉力(采用筋带断面设计拉力和筋带抗拔力中的较小者)总和相平衡(图3-3-181)。

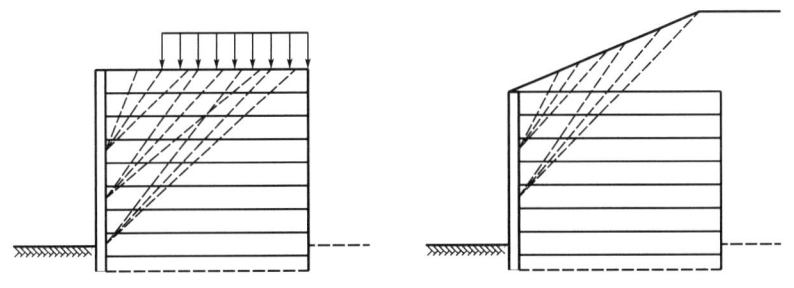

图 3-3-180　加筋体任意层面可能出现的破裂面

(1)总体平衡法计算的假定与规定

按总体平衡法进行内部整体稳定分析时,假定:

①沿墙面上的任一点与水平方向以任何夹角都是潜在的破裂面;

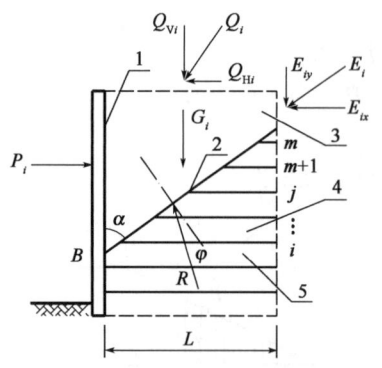

图 3-3-181　总体平衡法计算原理与规定
1-面板;2-破裂面;3-活动区;4-稳定区;5-筋带

② 破裂面在加筋体以外改变方向；
③ 破裂楔体顶部在两拉筋之间。

并规定：

① 破裂面为加筋体内的倾斜面,破裂面将加筋体分为活动区、稳定区两部分,筋带在稳定区被锚固。

② 破裂楔体上的作用力为如下各项：

a. 作用于墙面板上的主动土压力 E_i（水平向土压力 E_{ix}；垂直向土压力 E_{iy}）（kN/m）；

b. 破裂楔体结构重力 G_i（kN/m）；

c. 加筋体的附加垂直荷载 Q_{Vi}（kN/m）；

d. 特殊情况下的水平荷载 Q_{Hi}（kN/m）；

e. 破裂楔体下滑的水平分力的反作用力 P_i（kN/m）；

f. 稳定区反力 R（与破裂面法线夹角为填料内摩擦角 φ）（kN/m）。

③ 破裂楔体下滑的水平分力 P_i 按楔体静力平衡条件求解。

(2) 总体平衡法计算

现以图 3-3-182a) 来说明总体平衡法的实际计算。设某一计算深度 i 处,破裂面穿过加筋体时与垂直面成 α 角(°)；在加筋体之后垂直于路基顶面,于是与垂直向的墙面板之间围合成一楔形体 $ABCDE$。若破裂面所穿过的各层筋带所具有的有效拉力 S_j 之和为 $\sum S_j$,则由图 3-3-182b) 所示力多边形,可得式(3-3-268)：

$$\sum_{j=m}^{i} S_j = (Q_{Hi} + E_{1H}) + (G_i + Q_{Vi} + E_{1V})/\tan(\alpha + \varphi) \tag{3-3-268}$$

考虑结点纵向间距为 S_x,S_j 表示穿过破裂面的各层筋带每个结点的有效拉力,则上式写为式(3-3-269)。

$$\sum_{j=m}^{i} S_j = [(Q_{Hi} + E_{1H}) + (G_i + Q_{Vi} + E_{1V})/\tan(\alpha + \varphi)] \cdot S_x \tag{3-3-269}$$

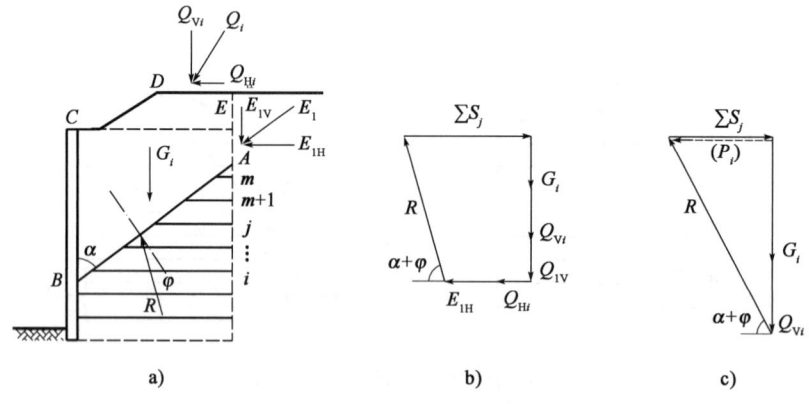

图 3-3-182　总体平衡法计算图

《公路挡土墙设计与施工技术细则》对总体平衡法计算作了简化,如图 3-3-182c) 所示,为此,设计时计入了一定的安全储备,规定采用总体平衡法验算时应符合式(3-3-270)。

$$\frac{1}{P_i} \cdot \sum_{j=m}^{i} S_j \geq 1.25 \tag{3-3-270}$$

其中，P_i 为加筋体破裂楔体及其上荷载作用下的水平滑力（kN），可按式（3-3-271）计算。

$$P_i = \frac{G_i + Q_{Vi}}{\tan(\alpha + \varphi)} \cdot S_x \tag{3-3-271}$$

S_j 为被潜在破裂面所截割的第 j 层筋带的有效拉力，它受两个因素控制，一是筋带的容许拉力 T_j，另一因素是筋带的抗拔力容许值 F_j。有效拉力应取这两因素所较小者，即：T_j 与 F_j 中的较小者（kN）：

$$S_j = \min(T_j, F_j) \tag{3-3-272}$$

式中：T_j——被潜在破裂面所截割的第 j 层筋带容许拉力（kN），可按式（3-3-273）计算。

$$T_j = \frac{A_j \cdot f_k}{\gamma_0 \cdot \gamma_{Q1} \cdot \gamma_f \cdot \gamma_{R2}} \times 10^{-3} \tag{3-3-273}$$

被潜在破裂面所截割的第 j 层筋带的抗拔力容许值 F_j（kN），可按式（3-3-274）计算。

$$F_j = b_j \cdot f' \cdot L_{ai} \cdot \sigma_j \tag{3-3-274}$$

式中：A_j——第 j 单元筋带的有效截面面积（mm^2）；

$\quad b_j$——筋带宽度（m）；

$\quad L_{ai}$——第 j 单元筋带的有效锚固长度（m）；

$\quad \sigma_j$——加筋体内深度 z_j 处的竖直压应力（kPa）。

其余符号意义同上。

按总体平衡法计算时，破裂角 α 值的增量取 5°左右较为适宜。

总体平衡法的计算工作量较大，宜采用计算程序计算。由于其研究方法是理论性的，而且仅考虑力的平衡方程，没有考虑力矩的平衡，于是在筋带布置总数相等而疏密不同时，将得到相等的安全系数。故认为单独使用这种方法去确定筋带尺寸是不够的，一般把它作为其他方法的补充或验证。

4）其他分析方法

加筋土结构的内部稳定性分析是设计的核心部分，不考虑筋带的存在，而以传统的朗金-库仑破裂面为设计依据显然比较保守。近年来，一些学者在室内、室外试验的基础上，从不同方面去研究筋带的受力状态，提出了例如能量法、剪胀区法、有限单元分析法等结构稳定性分析的新方法。

但究竟筋带的影响将会出现怎样的破裂面，仍需要大量实际资料加以分析和证实。因为加筋土结构本身的参数众多、条件各异，所以如何得到较一致的认识以及如何将其合理地体现到具体设计中等问题，仍需进一步研究和探讨。

3. 加筋土挡土墙的外部稳定性分析

加筋土挡土墙的外部稳定性分析中视加筋体为刚体，验算方法与普通重力式挡土墙相似。其分析项目一般包括基底滑动与倾覆稳定性计算、基础底面地基承载力验算，必要时还应对整体滑动和地基沉降进行验算。

1）土压力计算

根据加筋土挡土墙墙后填土的不同边界条件，采用库仑理论计算作为加筋体的主动土压力，具体计算方法可详见本章第二节。

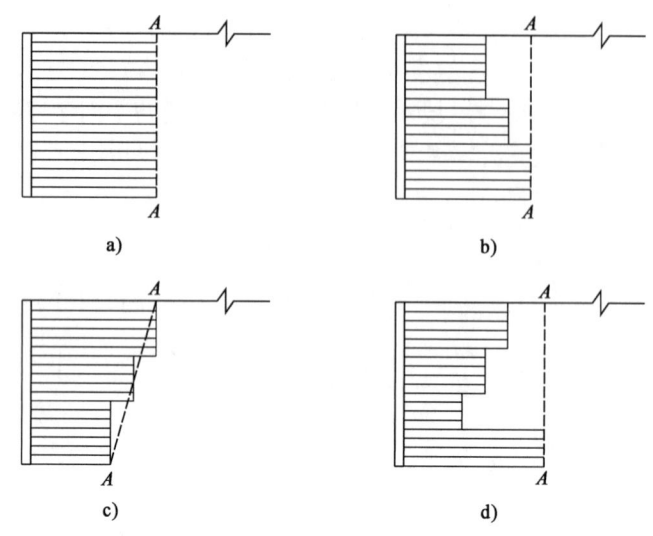

图 3-3-183　各种加筋体断面的"计算墙背"确定

验算加筋体外部稳定时，各种加筋体断面的实际墙背可简化为"计算墙背"，"计算墙背"确定见图 3-3-183 之 A-A 面。计算作用于加筋体上的主动土压力时，可采用"假想墙背"，"假想墙背"为"计算墙背"向上延长与路基边坡或路基顶面相交后形成的土压力作用面，如图 3-3-184 中的 AB 面，其计算墙高为 H'。

由于加筋体与后方填土的界限不像其他挡墙那样明显，加筋体与后方填土更容易结合和"粘连"，因此，不管加筋体"墙背"形式怎样，都应考虑加筋体与墙后填土的相互作用，一般以加筋体背面与其后填土的墙背摩擦角 δ 来反映，并按式（3-3-275）取值。

$$\delta = \min(\varphi_1, \varphi_2) \tag{3-3-275}$$

式中：φ_1——加筋体填土的内摩擦角；

φ_2——墙后填土的内摩擦角。

2）抗滑动稳定性分析

为防止加筋土挡土墙产生滑动，需验算加筋体在总侧向推力作用下，加筋体与地基间产生摩阻力和黏聚力抵抗其滑移的能力。其抗滑动稳定性应满足滑动稳定方程和稳定安全系数，计算图式见图 3-3-185。

3）抗倾覆稳定性分析

为保证加筋土挡土墙抗倾覆稳定性，需验算加筋体抵抗墙身绕墙趾向外转动倾覆的能力。其抗滑动稳定性应满足倾覆稳定方程和倾覆安全系数，计算图式见图 3-3-185。

4）基础底面地基承载力分析

验证加筋体在总竖向力作用下，基底压应力是否满足地基承载力设计值的要求。基底宽度为加筋体之底宽 L，计算图式见图 3-3-186。

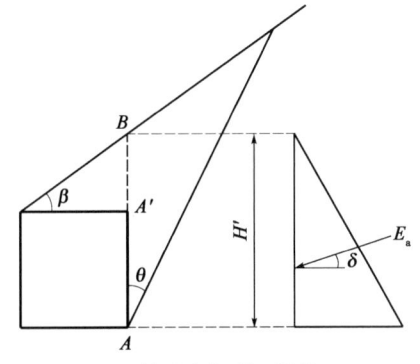

a) 墙后破裂面交于边坡

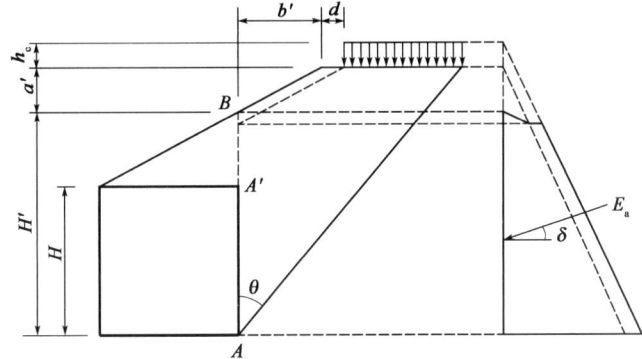

b) 墙后破裂面交于路基面上(路堤式挡土墙)

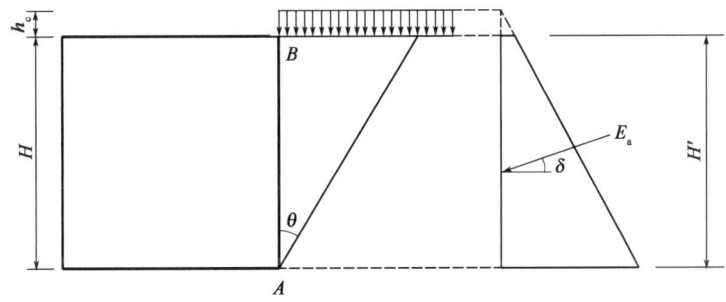

c) 墙后破裂面交于路基面上(路肩式挡土墙)

图 3-3-184　加筋体土压力计算的假想墙背及高度

4. 加筋土挡土墙的整体稳定性分析

整体稳定性分析,即加筋体随着地基一起滑动的验算,其目的在于确定潜在破裂面及滑动安全系数。目前大多采用圆柱状破裂面,即圆弧滑动面法进行验算。

在进行验算时,如何考虑埋置于土中的筋带效果,至今尚无确切和统一的方法。一般常用的方法有以下几种:

(1)设筋带长度不超过可能的滑动面(图 3-3-187),可以按普遍的圆弧法计算。

(2)破裂面穿过筋带,在加筋体部分考虑因有筋带而产生的准黏聚力,而将该值计入抗滑力矩中。

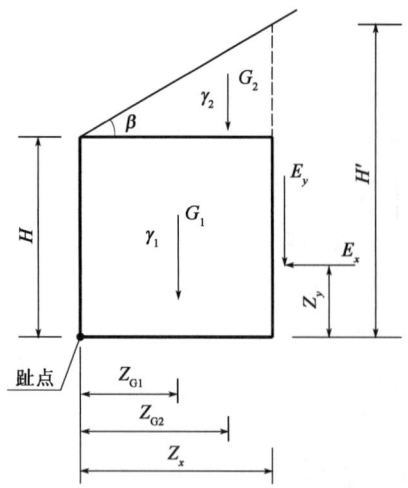
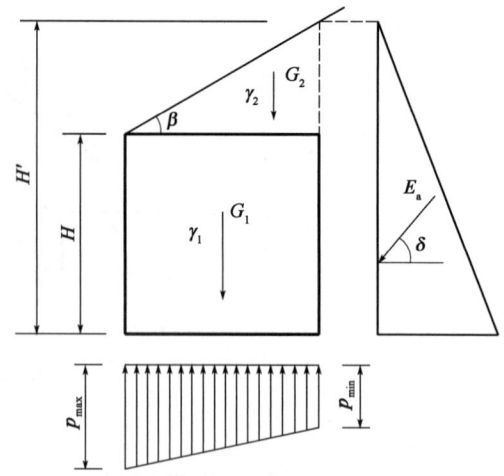

图 3-3-185 滑动、倾覆稳定性分析图式　　　　图 3-3-186 基础底面地基承载力验算图式

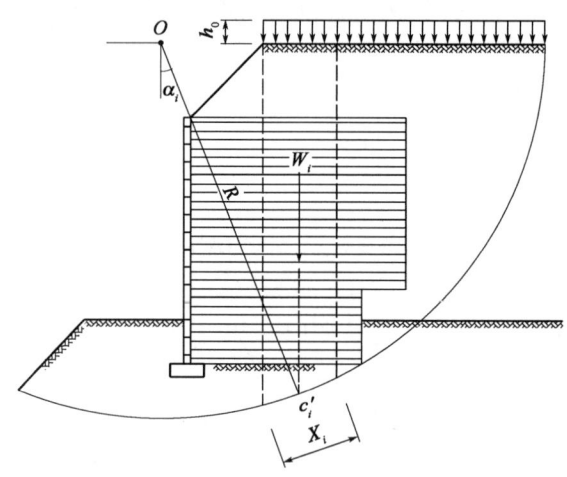

图 3-3-187 整体抗滑稳定计算示意图

准黏聚力
$$c_p = \frac{\sigma_s \cdot A_s \cdot \tan(45° + \varphi/2)}{2S_x \cdot S_y} \tag{3-3-276}$$

式中：c_p——准黏聚力(kN)；

σ_s——筋带的极限强度(kPa)；

A_s——筋带的截面面积(m²)；

S_x、S_y——加筋体中筋带层的垂直间距、水平间距(m)。

(3)破裂面穿过筋带,将伸入滑弧后面的筋带长度产生的摩阻力和筋带的抗拉强度两者中的小值对滑弧圆心取矩,视为稳定力矩。

上述第(2)、(3)种方法较复杂,在一般情况下与第(1)种方法算出的滑动圆弧最小安全系数差别不大,因此可按方法(1)进行滑动圆弧验算。

加筋土挡土墙的抗整体滑动稳定系数 K_s,可按式(3-3-277)计算(图 3-3-187)。

$$K_s = \frac{\sum(c_i' \cdot X_i + W_i \cdot \cos\alpha_i \cdot \tan\varphi_i)}{\sum W_i \cdot \sin\alpha_i} \geq [K_s] \tag{3-3-277}$$

式中：c'_i——第 i 土条的黏结力(kPa)；

X_i——第 i 土条弧长(m)；

W_i——第 i 土条重力(kN)；

α_i——第 i 土条滑动弧的法线与竖直线的夹角(°)；

φ_i——第 i 土条滑动面处的内摩擦角(°)；

$[K_s]$——容许整体滑动稳定系数，作用(或荷载)组合Ⅰ~Ⅲ时，均取 1.25；

其余符号意义同前。

为求得最不利的整体滑动稳定系数 K_s 值，需通过网格搜索的方法找出通过加筋墙体的最危险滑弧，为此，在 AOB 象限(图3-3-188)内先取一些相邻方格线的交点作为圆心进行计算，然后将比周围圆心点求得的 K_s 均小的点，作为最危险滑弧的圆心点，所计算的 K_s 值确定为整体滑动稳定系数设计值。为减少计算工作量，网格步长先取大些，待"目标"范围缩小后再减少步长计算。一般需采用计算机来完成。

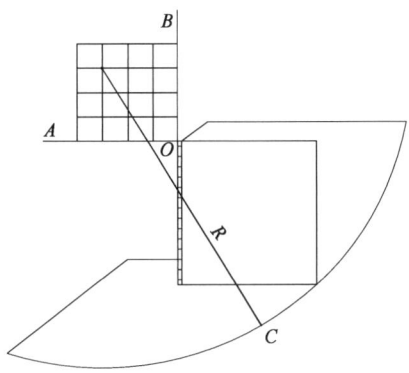

图 3-3-188　滑动弧圆心位置与半径 R 值

5. 加筋土挡土墙的地基沉降分析

地基土因加筋体自重及上部荷载引起的沉降，尤其是不均匀沉降必须控制在容许范围内。由于筋带的柔性能较好地随地基下沉而变形，因而顺筋带延长方向能克服较大沉降差，但沿墙面板的延长方向却必须严格控制不均匀沉降。目前尚无公认的容许沉降值或容许沉降差的标准。

一般根据墙面板容许的变形量来规定容许的下沉量 ΔW，可取下列经验数值：

混凝土墙面板：$\Delta W \leq 1\%$；金属墙面板：$\Delta W \leq 2\%$。

加筋体地基的沉降计算方法和其他建筑物地基沉降计算方法一样，把加筋土挡土墙视为一个整体，按土力学中浅基础沉降和填土沉降计算方法(一般采用分层总和法)来进行估算。

6. 加筋土挡土墙设计计算流程

加筋土挡土墙设计计算时，可参考以下流程，采用解析法计算或编制计算机应用程序如图 3-3-189 所示。

三、一般构造

加筋土挡土墙主要由墙面板、筋带、连接件、填料组成，一般还设有帽石和基础。加筋挡土墙主要构成材料的特点和要求如下：

1. 填料

填料是加筋体的主要组成材料，填料与筋带间所产生的摩擦力，保证加筋体的内部稳定，其基本要求为：

(1) 易于填筑与压实；

(2) 能与筋带产生足够的摩擦力；

(3) 满足化学和电化学标准；

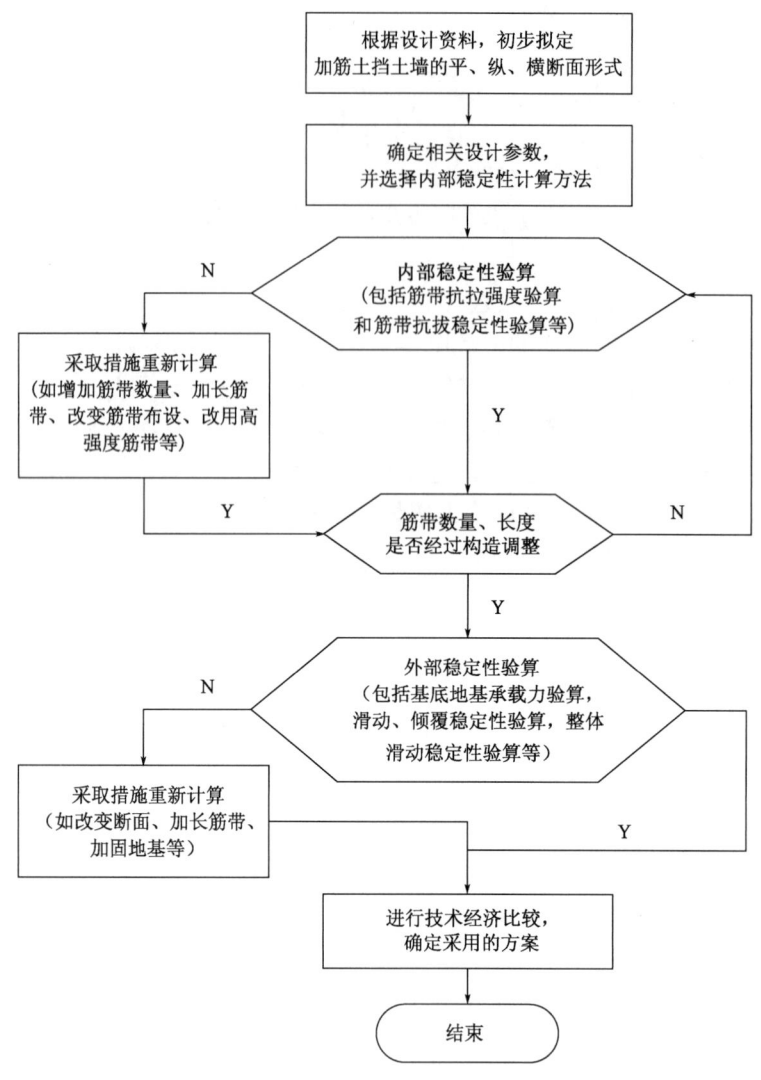

图 3-3-189　加筋挡土墙设计计算流程示意图

(4)水稳定性好。

为了使拉筋与填料之间能发挥较大的摩擦力,通常填料优先选择具有一定级配、透水性好的砂类土、碎(砾)石类土。粗粒料中不得含有尖锐的棱角,以免在压实过程中压坏拉筋。当采用黄土、黏性土及工业废渣时应做好防水、排水设施和确保压实质量等。从压实密度的需求出发,粒径 $D=60\sim200\mathrm{mm}$ 的卵石含量不宜大于 30%,最大粒径不宜超过 200mm。

填料的压实度应符合表 3-3-75 的要求。

填料的化学和电化学标准,主要为保证筋带的长期使用品质和填料本身的稳定,加筋体内严禁使用泥炭、淤泥、腐质土、冻土、盐渍土、白垩土、硅藻土及生活垃圾等,填料中不应含有大量有机物。

对于采用聚丙烯土工带的填料中不宜含有两价以上的铜、镁、铁离子及氯化钙、碳酸钠、硫化物等化学物质,因为它们会加速聚丙烯土工带的老化和溶解。

当筋带为钢带时,填料的化学和电化学标准应满足表 3-3-76 的要求。

加筋体填料压实度表　　　　　　　　　表3-3-75

填土范围	路面底面以下深度(m)	压实度(%)	
		高速、一级公路	二、三、四级公路
距面板内侧1m以外	路床0~0.80	≥95	≥93(95)
	上路堤0.80~1.50	≥93	≥90(90)
	下路堤1.50以下	≥90	≥90(90)
距面板内侧1m以内	全部墙高	≥90	≥90(90)

注：1. 表列压实度的数值为现行《公路土工试验规程》(JTG 3430)中，重型击实试验方法的规定值。对于三、四级公路，允许采用轻型击实试验方法，其规定值为括号内的数值。
2. 特殊干旱或特殊潮湿地区，表内压实度值可减少2%~3%。

填料的化学和电化学标准　　　　　　　　　表3-3-76

项目	电阻率(Ω/mm)	氯离子(mEq/L)	硫酸根离子(mEq/L)	pH值
无水工程	>100	≤5.6	≤21.0	5~10
淡水工程	>100	≤2.8	≤10.5	5~10

注：1. 电阻率按现行《公路路基施工技术规范》(JTG/T 3610)附录二测试方法求得，其他指标按现行的《公路土工试验规程》(JTG 3430)有关试验方法求得。
2. mEq为毫克当量。每毫克当量氯离子为0.0355g，每毫克当量硫酸根离子为0.048g。

填料与筋带之间的似(视)摩擦系数应由试验和地区应用经验确定。当无上述条件时，可按照表3-3-77数值采用。一般填料与筋带之间的似(视)摩擦系数f应大于或等于0.4。

填料与筋带之间的似摩擦系数f　　　　　　　　　表3-3-77

填料类型	黏性土	砂类土	砾碎石类土
似摩擦系数	0.25~0.40	0.35~0.45	0.40~0.50

注：1. 有肋钢带的似摩擦系数可提高0.1。
2. 墙高大于12m的高挡土墙似摩擦系数取低值。

2. 筋带

筋带的作用是承受垂直荷载和水平拉力作用并与填料产生摩擦力。因此，筋带材料应符合下列要求：

①抗拉强度大，拉伸变形小和蠕变小，不易产生脆性破坏；
②拉筋与填料之间具有足够的摩擦力；
③应具有较好的柔性、韧性；
④有良好的耐腐蚀性和耐久性；
⑤与面板的连接必须牢固可靠。

筋带为带状，国内外广泛使用镀锌钢带。钢带、钢筋混凝土带、钢塑土工加筋带、土工格栅、聚丙烯土工加筋带、聚乙烯土工加筋带及其他符合上面规定的材料，均可作为筋带材料。在高速公路、一级公路上，应采用耐久性能强，物理、力学性能稳定的筋带材料，如钢带或钢筋混凝土带。

筋带在土中随着时间推移，有锈蚀或老化的可能，这时面板抗拒外力的能力减弱，挡土墙的稳定主要靠土体本身的自立作用，因此，不宜在急流、波浪冲击及非黄土地区的高陡山坡使用加筋土挡土墙和加筋土桥台。必须设置时,水位以下部分的墙体应采用其他措施,如重力式挡土墙或浆砌片石防护等。

(1)钢带

钢带材料宜符合以下规定：

①宜用软钢(HRB300)轧制；

②可采用光面带、有肋带(图3-3-190),截面为扁矩形,宽度不应小于30mm,厚度不应小于3mm,筋带接长可采用螺栓连接。

③钢带表面及连接件宜经镀锌处理或采取其他防锈处理措施。钢带镀锌时,其镀锌量不应小于$500g/m^2$。设计时,钢带锈蚀厚度可按表3-3-78的经验值采用。

④钢带及连接构件的材料性能指标,应符合现行《公路钢结构桥梁设计规范》(JTG D64)的相关规定。

钢带单面锈蚀厚度(单位:mm)　　　　　　　　　表3-3-78

工艺分类	无水工程	浸淡水工程	浸海水工程
非镀锌	1.5	2.0	2.5
镀锌	0.5	0.75	—

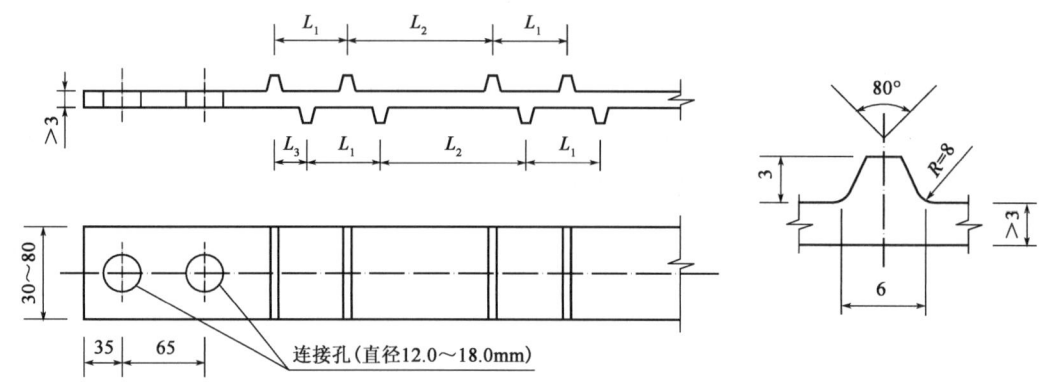

图3-3-190　有肋扁钢带构造图(尺寸单位:mm)

$L_1 = 43 \sim 50mm ; L_2 = 103 \sim 116mm ; L_3 = 16 \sim 20mm$

(2)钢筋混凝土带

钢筋混凝土带宜符合以下规定：

①混凝土强度等级不宜低于C20,钢筋直径不应小于8mm。

②钢筋混凝土带可分节预制,分节长度不宜大于2m,截面为扁矩形(宽度100~250mm,厚度60~100mm),筋带形状可为等宽、等厚条形板或楔形板条(图3-3-191)。为防止混凝土断裂,可在板内布设钢丝网。

③预制件的接长,可用焊接或螺栓结合,结点应进行防锈处理。

④筋带上的拉力作用由钢筋承担,钢筋截面设计应考虑锈蚀影响。一般地区挡土墙,钢筋设计直径预留锈蚀量宜为2mm；浸水挡土墙或位于侵蚀性大气区的挡土墙,钢筋设计直径宜预留锈蚀量为3mm。

⑤钢筋混凝土带构件的材料性能指标,应符合现行《公路钢筋混凝土及预应力混凝土桥涵设计规范》(JTG 3362)的相关规定。

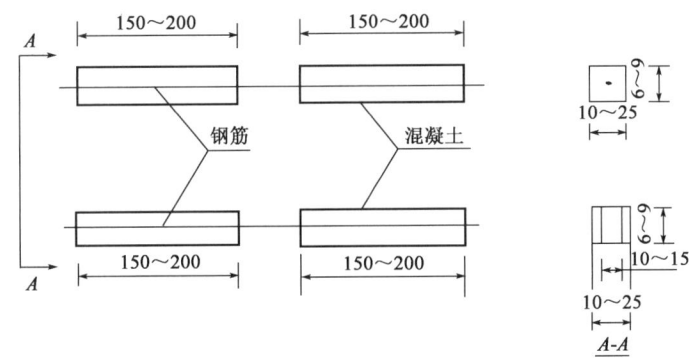

图 3-3-191　钢筋混凝土筋带(尺寸单位:cm)

(3)钢塑土工加筋带

钢塑土工加筋带(GSLD)采用高强钢丝与添加抗老剂的聚合物复合成型,表面有粗糙花纹,筋带上的拉力作用应由钢丝承担,塑料对钢丝应有防腐效果。

(4)塑料土工格栅筋带

塑料土工格栅筋带材料,应符合现行《土工合成材料　塑料土工格栅》(GB/T 17689)的规定。

(5)聚丙烯土工加筋带、聚乙烯土工加筋带

一般在含有尖锐棱角的粗粒料中不得使用本类土工加筋带。

在满足筋带抗拔稳定的前提下,筋带长度的采用,还宜符合下列规定:

①墙高大于3.0m时,筋带最小长度宜大于0.8倍墙高,且不小于5m;土工格栅筋带最小长度宜大于0.65倍墙高,且不小于4m。

②当采用不等长的筋带时,同等长度筋带的墙高段应大于3.0m,相邻墙高段筋带的长度差,不宜小于1.0m,同一处挡土墙的筋带长度不宜多于3种。

③墙高小于3.0m时,筋带长度不应小于3.0m,且宜采用等长筋带。

④采用预制钢筋混凝土带时,筋带的节段长度,宜符合本节上文相关规定。

⑤墙底部筋带长度不应小于3m,且不小于加筋体高度的0.4倍。

3. 面板

面板的作用是防止填土侧向挤出及传递土压力,便于固定筋带,并保证加筋体组成具有一定形状的整体。面板宜符合以下规定:

①面板设计应满足坚固、美观、运输方便和易于安装等要求。

②面板可采用金属面板、钢筋混凝土面板或混凝土面板。钢筋混凝土面板、混凝土面板可采用预制件,其强度等级不宜低于C20,厚度不应小于80mm。

③面板上的筋带结点,可采用预埋钢拉环、钢板锚头或预留穿筋孔等构造形式。钢拉环应采用直径不应小于10mm的牌号HRB300(Ⅰ级)钢筋制作,钢板锚头应采用厚度不小于3mm的钢板制作,露于混凝土外部的钢拉环、钢板锚头应做防锈处理,钢塑土工加筋带、土工格栅、聚丙烯土工带加筋、聚乙烯土工加筋带与钢拉环的接触面应作隔离处理。

④面板四周应设企口和相互连接装置。当采用插销连接装置时,插销直径不应小于10mm。

混凝土面板外形可选用十字形、六角形、矩形、弧形、槽形、L形等,常用面板尺寸可参见表3-3-79。

常用面板尺寸表(单位:mm)　　　　表3-3-79

类　型	简　图	高　度	宽　度	厚　度
十字形		500～1500	500～1500	80～200
槽形		300～750	1000～1500	140～200
六角形		600～1200	700～800	80～200
L形		300～500	1000～1500	80～120
矩形		500～1000	1000～1500	80～200

注:1. L形面板下缘宽度可采用200～250mm,厚度80～120mm。
　　2. 槽形面板的底板和翼缘厚度不应小于50mm。
　　3. 矩形面板的长边作成弧形即成为弧形面板。

以上面板尺寸系参照已建加筋土工程和铁路加筋土设计原则推荐尺寸所汇总的。尺寸选定应依据施工条件和筋带种类而定,土工加筋带常用较小型的面板,为方便使用,图3-3-192给出了几种常见面板的细部尺寸。

十字形面板除整板尺寸外,还应设计一些特殊构件,以满足墙面组合所需的各种几何形状。墙顶和角隅处可采用异形面板和角隅面板,如图3-3-193、图3-3-194所示。

面板上的加筋连接部件均应作强度验算。筋带与面板的连接必需坚固可靠,并应与筋带有相同的耐腐蚀性能。钢带与面板上的钢板锚头间的连接,可采用插销连接或螺栓连接;钢筋混凝土筋带与面板之间的连接可采用焊接、扣环连接或螺栓连接;钢塑土工加筋带、聚丙烯土工加筋带、聚乙烯土工加筋带与面板的连接可用拉环,也可以直接穿在面板的预留孔中;土工格栅可与面板上的预埋连接栓(或梢)相连接。

4. 加筋体横断面

加筋体的横截面形式一般宜采用矩形[图3-3-195a)]。当受地形、地质条件限制时,也可采用[图3-3-195b)]或[图3-3-195c)]的形式,截面尺寸由计算确定。

加筋土挡土墙高度大于12m时,填料宜采用粗粒土或稳定土。墙高的中部宜设宽度不小于2.0m的平台,平台顶部宜设置向墙外倾斜的、横坡度大于2%的排水坡,并用厚度不小于0.15m、强度级别大于C15的混凝土板防护。当采用细粒填料时,上级墙的面板基础下,应设置宽度不小于1.0m、厚度不小于0.50m的砂砾或灰土垫层(图3-3-196)。墙高大于20m时应进行特殊设计。

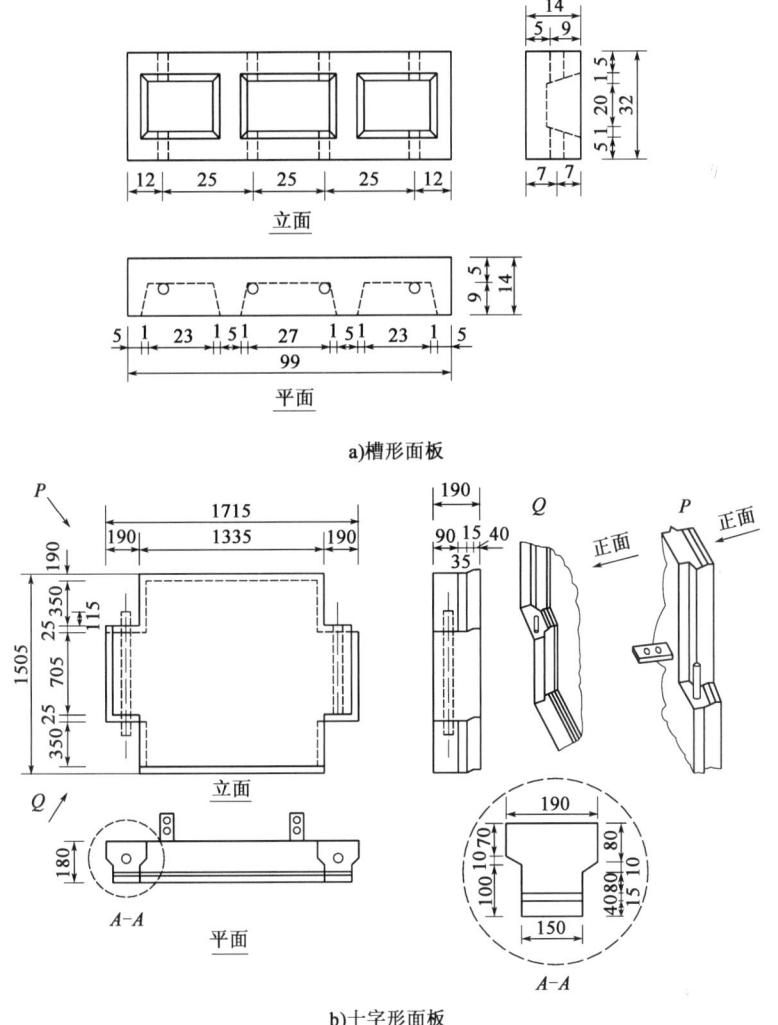

a) 槽形面板

b) 十字形面板

图 3-3-192 常用面板细部尺寸图(尺寸单位:cm)

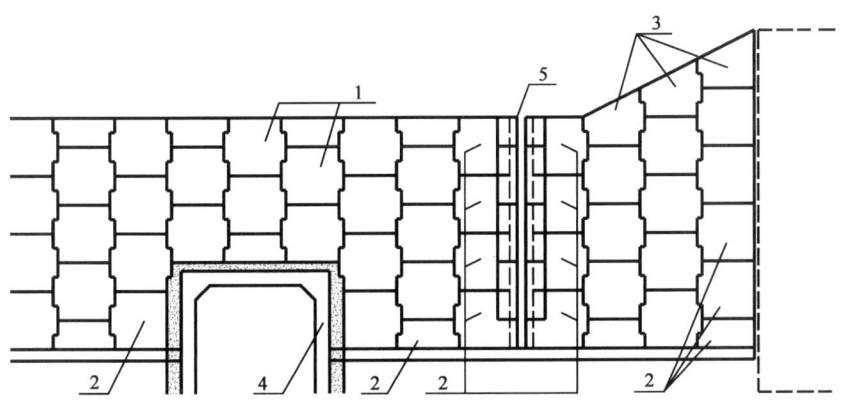

图 3-3-193 异形面板
1-标准形状;2-端部处理形;3-异形;4-构造物;5-沉降缝

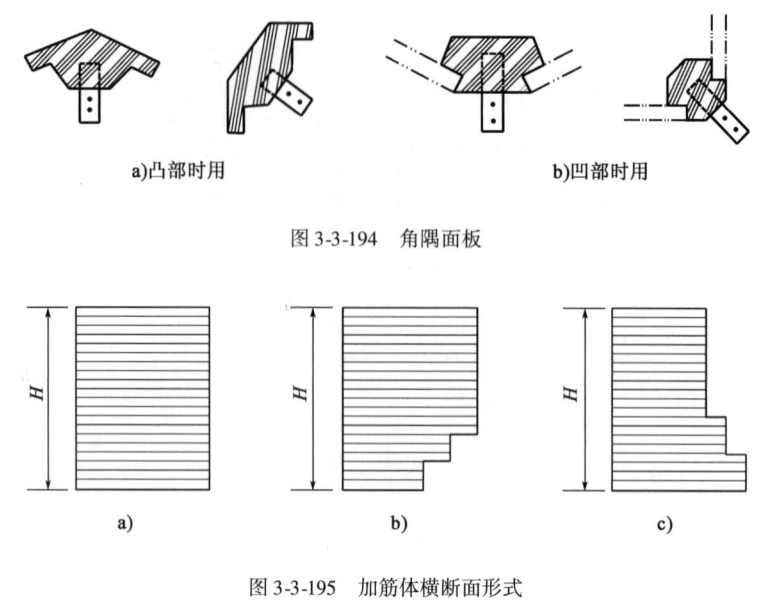

图 3-3-194　角隅面板

图 3-3-195　加筋体横断面形式

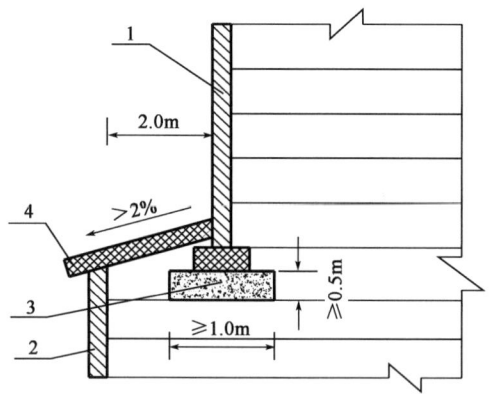

图 3-3-196　错台与垫层横断面图
1-上级墙；2-下级墙；3-垫层；4-平台护板

5. 带状筋带的平面布设

加筋土挡土墙墙面的平面线形可视地形与路线特点设计成直线、折线和曲线，但筋带一般应水平布设并垂直于面板（图3-3-197）。当一个结点有两条以上筋带时，应呈扇状分开。为使充分发挥摩擦力，一般情况下应避免筋带重叠，但当采用条式土工加筋带时，一个钢拉环（或预留穿筋孔）上筋带数量可能较多，在满足抗拔稳定性要求的前提下，为满足筋带抗拉作用效应的要求部分筋带可以重叠。当采用钢带和钢筋混凝土筋带时，水平间距不能太宽，否则筋带的摩阻作用效应将出现缺失的范围。一般可参照外国经验，限定为1.5m。

考虑筋带施工方便和受力的合理与经济，相邻墙面间的内夹角不宜小于70°。一般在相邻墙面的角隅处采用角隅伞形构件并布设增强筋带，如图3-3-198所示。在墙面的凸部，有应力集中而造成外胀的趋势，因此，在墙面拐角处安装加强筋带；在凹部，为使墙背后不留有无配筋的墙体，应增设筋带，以使筋带的密度与一般部位相同。

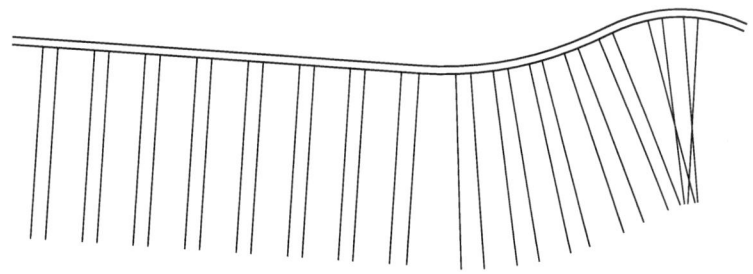

图 3-3-197 平面上筋带的布设

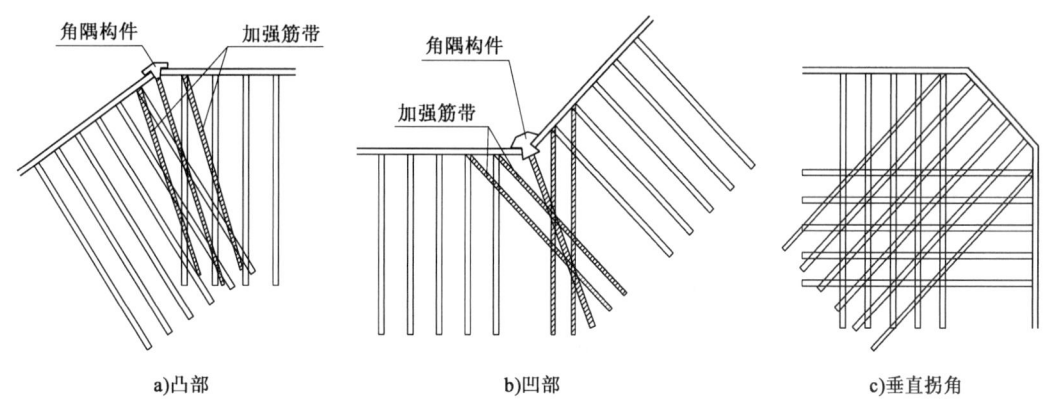

a)凸部　　　　　　　　b)凹部　　　　　　　　c)垂直拐角

图 3-3-198 墙面拐角部分筋带的配置

当加筋土挡土墙中设有斜交的横向结构物(如涵洞)时,在垂直于墙面的方向上,筋带无法配置到所需的长度,则应配置足够的增强筋带(图 3-3-199)。

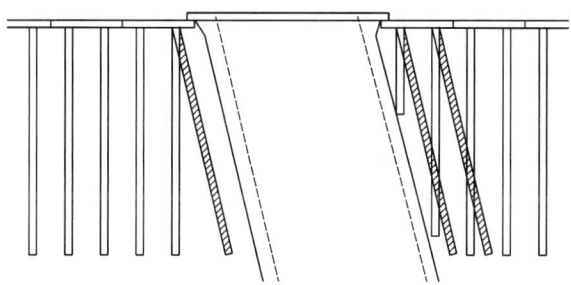

图 3-3-199 墙中有斜交涵洞时的布筋

双面加筋土挡土墙的两侧筋带长度若有重叠时,应沿墙面的间隔插入,尽量错开铺设,避免重叠于同一水平面内,以免影响摩擦阻力的充分发挥(图 3-3-200)。设于拱涵顶部的双面加筋土挡土墙,其下部宜增加筋带用量,或采取其他防止拱上侧墙墙面变位的措施。

6. 加筋土挡土墙的纵向布设

在加筋体内部或下部有涵洞时,因施加于地基土的作用效应与一般部位不同,易产生不均匀下沉,为不使墙面发生过大的变形,纵向必须设置沉降缝(图 3-3-199)。长段落挡土墙若可能出现不均匀下沉时,也应适当地设置沉降缝。沉降缝间距应根据地形、地质、墙高以及筋体内是否有涵洞等条件确定,一般为 10~30m。

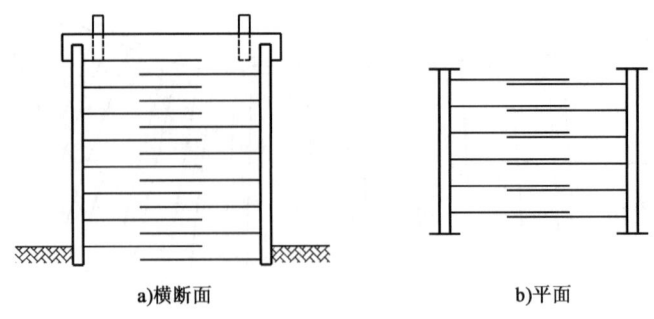

图 3-3-200　双面墙的筋带布设

当墙顶设置路檐板时,应沿长度每隔 30m 设伸缩缝。沉降缝与伸缩缝宽度一般为 20mm,可采用沥青板、软木板或沥青麻絮等填塞。

在坡道上的加筋土挡土墙,顶面处理的措施有:
①按纵坡要求设计异形面板(图 3-3-199);
②用浆砌片石或现浇混凝土矮墙补齐小于面板高度的缺口;
③路堤式挡土墙,可改变墙顶填土高度使符合纵坡要求。

上述措施的选择要根据施工条件、材料来源以及经济等方面进行综合考虑。

加筋土挡土墙的基底不宜设置纵坡,基底可做成水平,或结合地形作成台阶形。加筋土挡土墙墙长的端部,可视条件采用护坡、锥坡、护墙等工程构造措施或直接与相邻的构筑物或路基相衔接。

7. 基础设计

加筋土挡土墙一般情况下只在底层面板下设置宽度不小于 0.40m、厚度不小于 0.20m 的混凝土基础(图 3-3-201),但属下列情况之一者可不设:①面板筑于石砌圬工或混凝土圬工之上;②地基为基岩。当土质较差、地基承载力不能满足设计要求时,宜进行地基处理,可选用换填砂砾(碎)石垫层、挤密桩(砂桩、石灰桩、水泥土桩、碎石桩)、土工织物或土工格栅等方法加固地基。

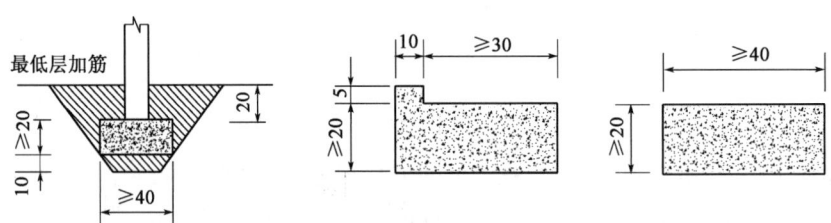

图 3-3-201　混凝土基础形式(尺寸单位:m)

在岩石出露的地基上,一般可在基岩上打一层贫混凝土找平[图 3-3-202a)],然后在其上砌筑加筋土挡土墙。若地面横向坡度较大,则可设置混凝土或片石基础[图 3-3-202b)]。

加筋土挡土墙面板应有一定的埋置深度,以防止因土粒流失而引起墙面附近加筋体的局部破坏。其埋深应考虑地基的地质与地形条件、冻结深度和冲刷等条件。

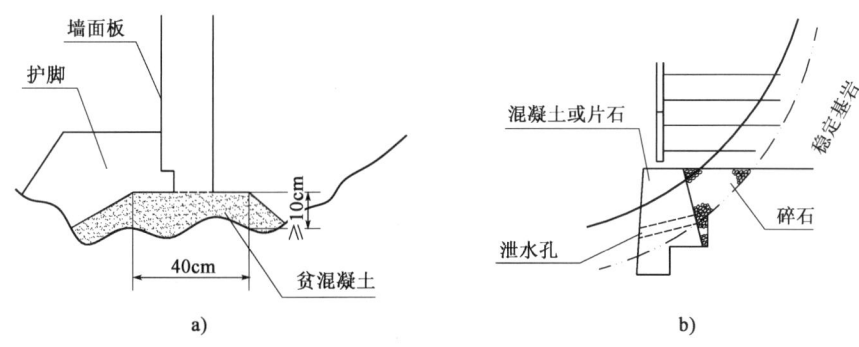

图 3-3-202 在岩石上的基础

在土质地基上的埋置深度决定于土层的性质,一般根据土的承载力和压缩性质等具体情况而定。在无冲刷与冻胀影响时,不应小于 0.60m;设置在岩石上时,应清除表面风化层,当风化层较厚难以全部清除时,可采用对土质地基的埋置深度;设置在斜坡上的加筋土挡土墙,应设宽度不小于 1m 的护脚,加筋体面板基础埋置深度从护脚顶面算起(图 3-3-203)。

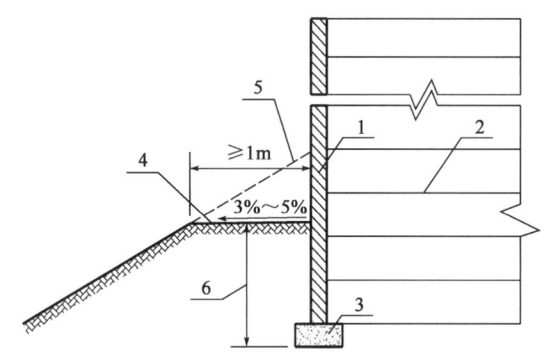

图 3-3-203 护脚横断面图
1-墙面;2-筋带;3-基础;4-护脚;5-原山坡;6-埋深

季节性冰冻地区,当基础埋深小于冻结线时,自基底至冻结线范围内的土,应换填为非冻胀性的中砂、粗砂、砾石等粗粒土,其中,粉土、黏土粒的含量不应大于 15%。

浸水地区与冰冻地区的加筋土挡土墙应埋置在冲刷线以下 1m,并要防止墙面板后填料的渗漏。非浸水加筋土挡土墙,当基础埋深小于 1.25m 时,宜在墙面地表处设置宽度为 1.0m,厚度大于 0.25m 的混凝土预制块或浆砌片石防护层,其表面设置成向外倾斜 3%~5% 的排水横坡。

当墙面基底地面线沿墙长方向有坡度时,一般墙面基础采用纵向台阶,注意在错台处要保证如图 3-3-204 所示最小埋置深度符合上述关于基础最小埋深的规定。

8. 排水设计

加筋体内部的填料浸水饱和时,将在水压力作用下使筋带所受拉力增加,而且当填料中含有细粒土时还会降低土与筋带之间的摩擦力。此外,如水中含有对筋带产生腐蚀性的盐类等物质,将影响筋带的使用寿命。因此,对可能危害加筋土工程的地面水和地下水,应采取适当的排水或防水措施。

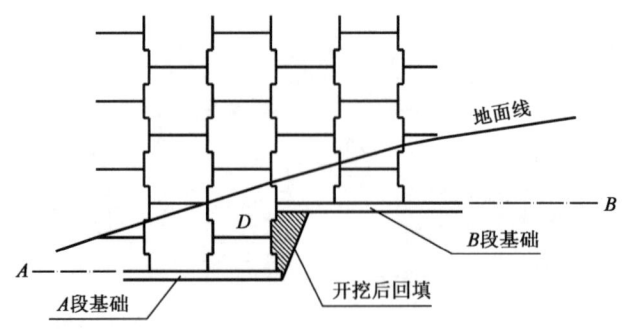

图 3-3-204　错台处的最小埋深

当加筋土采用细粒土填料且可能有路面水渗入时,宜在墙面后,由散水高度至墙顶 0.5m 之间设置垂直排水层,其作用是加强排泄墙背积水和减少墙面的水压力和冻胀力,但当雨量少、路面封闭性好、能确保地面水不渗入加筋体内时也可不设。

若加筋体背后有地下水渗入时,应在加筋体后部和底部设置通向加筋体外的排水层(图 3-3-205)。但当加筋体建在渗透性很强的地基上时,则底部排水层可不设。排水层一般采用砂砾材料,其厚度不应小于 0.50m。当加筋体顶面有渗水可能时,应采取防渗封闭措施。墙面板应预留泄水孔,泄水孔的设置应符合本章第一节的相关规定。墙后填料为细粒土时,应设置反滤层,以防淤塞。

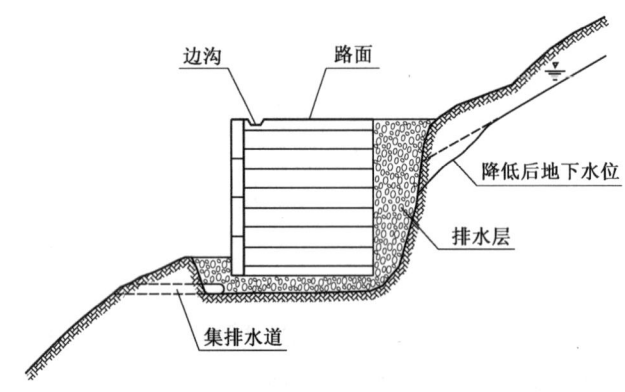

图 3-3-205　有地下水渗入时的排水层布设

四、加筋土挡土墙算例

1. 设计资料

拟在某黄土地区的二级公路上修建一座路堤式加筋土挡土墙。据调查,挡土墙不受浸水影响,已确定挡土墙全长为 60m,沉降缝间距采用 20m,挡土墙高度 12m,顶部填土 0.6m,其计算断面如图 3-3-206 所示。

已知各项计算资料汇列如下：

(1) 路基宽度：12.0m,路面宽：9.0m；

(2) 荷载标准：公路—Ⅱ级；

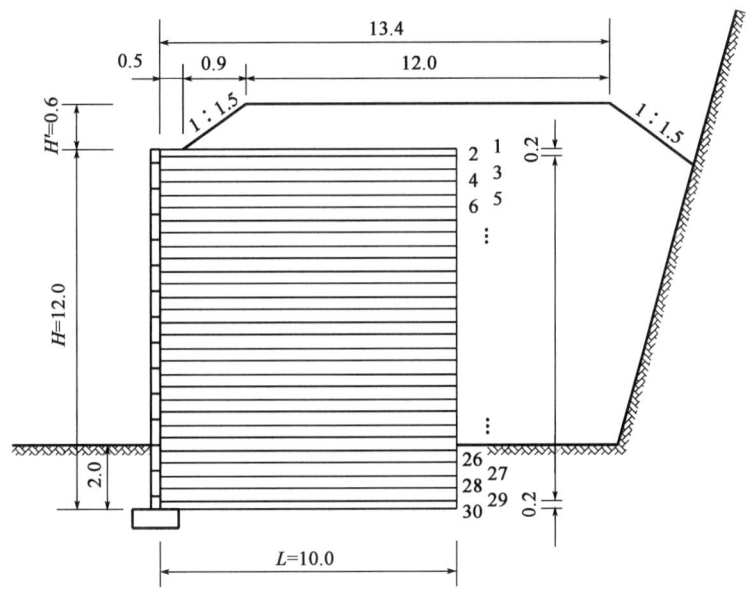

图 3-3-206　加筋土挡土墙算例断面尺寸图(尺寸单位:m)

(3)面板规格:1.0m×0.8m 十字形混凝土板,板厚 200mm,混凝土强度等级 C18;

(4)筋带:采用聚丙烯土工带,带宽为 18.0mm,厚 1.0mm,断裂极限强度标准值 $f_k = 220$MPa,似摩擦系数 $f' = 0.4$;

(5)筋带结点间距:水平间距 $S_x = 0.42$m,垂直间距 $S_y = 0.40$m;

(6)填料:黄土,重度 $\gamma_1 = 20.00$kN/m³,内摩擦角 $\varphi = 25°$,黏聚力 $c' = 50$kPa,综合内摩擦角 $\varphi_0 = 30°$;

(7)地基:老黄土,重度 $\gamma = 22.00$kN/m³,内摩擦角 $\varphi = 30°$,黏聚力 $c' = 55$kPa,地基承载力设计值 $f_d = 500$kPa;

(8)墙体采用矩形断面,加筋体宽为 10.0m;

(9)墙顶填料与加筋土填料相同。

试按荷载组合 I 进行结构计算。

2. 内部稳定性计算

因本例加筋土挡土墙墙高没有超过 12m,故内部稳定性可采用应力分析法计算,无须再采用总体平衡法进行补充验算。

1)筋带受力计算

(1)加筋体上填土重力换算等代均布土层厚度 h_1 的计算

由图 3-3-208 知:$H = 12.0$m,$b_b = 0.5$m,$m = 1.5$,$H' = 0.6$m,由本节公式易知:

$$h_1 = \frac{1}{m} \cdot \left(\frac{H}{2} - b_b \right) = \frac{1}{1.5} \times (6.0 - 0.5) = 3.67 \text{m}$$

因 $h_1 = 3.67$m $> H' = 0.6$m,故取 $h_1 = H' = 0.6$m。

(2)车辆荷载换算等代均布土层厚度 h_0 的计算

因墙高 $H = 12$m > 10m,故取 $q = 10$kN/m²,则 $h_0 = q/\gamma = 10/20 = 0.5$m。

(3)筋带所受拉力计算

本算例中,筋带所受拉力包括三部分,即车辆荷载、墙顶路堤填土和墙后填料引起的筋带拉力(图 3-3-207),计算结果见表 3-3-80-1 和表 3-3-80-2。

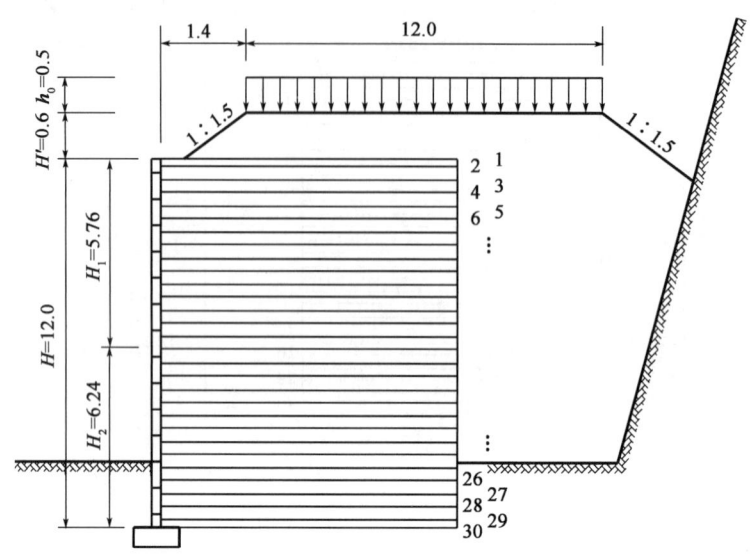

图 3-3-207 筋带计算图式(尺寸单位:m)

其中土压力系数 K_i 按本节式(3-3-233)计算;车辆荷载扩散宽度 L_{ci}、车辆附加荷载引起的侧向应力 σ_{ai} 按本节式(3-3-238)~式(3-3-242)计算;墙顶填土引起的水平土压应力 σ_{bi} 按本节公式(3-3-243)计算;墙背填土引起的侧向应力 σ_{zi} 按本节公式(3-3-237)计算;筋带所承受的水平拉力 T_i 按本节公式(3-3-247)计算。

2)内部稳定计算

(1)筋带设计断面计算

已知筋带断裂强度标准值 f_k 为 220MPa,筋带厚度为 1mm,查本节表 3-3-73,取筋带抗拉计算调节系数 $\gamma_{R2}=2.8$,筋带抗拉性能分项系数 $\gamma_f=1.25$,按本节式(3-3-248)计算,计算结果见(表 3-3-81)。

(2)筋带长度计算

按式(3-3-253)、式(3-3-254)计算各层筋带在活动区、锚固区的长度及总长。当已初步拟定了筋带总长度时,也可直接验算其抗拔稳定系数。本例设加筋体为矩形断面,各层筋带长度均为 10.0m。

①计算加筋体简化破裂面的尺寸(图 3-3-207)

简化破裂面的垂直部分距面板背部的水平距离:$b_H = 0.3H = 12 \times 0.3 = 3.6(\text{m})$

简化破裂面下段高度:$H_2 = b_H \cdot \tan\left(45° + \dfrac{\varphi}{2}\right) = 3.60 \times \tan\left(45° + \dfrac{15°}{2}\right) = 6.24(\text{m})$

简化破裂面上段高度:$H_1 = H - H_2 = 12.0 - 6.24 = 5.76(\text{m})$

②查表 3-3-74 得,当采用荷载组合 I 时,筋带抗力计算调节系数 $\gamma_{R1}=1.4$。可列表(表 3-3-82)计算各层筋带的作用效应组合值和抗力值。

楔体平衡法筋带拉力计算公式表

表 3-3-80-1

编号	类型	计算图式及土压力分布图形	计算公式
1	路肩墙：墙上填土表面水平，连续均布荷载		$\tan\theta = 45° - \dfrac{\varphi}{2}, K_a = \tan^2\left(45° - \dfrac{\varphi}{2}\right)$ $\sigma_0 = \gamma_1 \cdot h_0 \cdot K_a$ $\sigma_H = \gamma_1 \cdot H \cdot K_a$ $\sigma_i = \gamma_1 \cdot (h_i + h_0) \cdot K_a, T_i = \sigma_i \cdot S_x \cdot S_y$
2	路肩墙：墙上填土表面水平，条状均布荷载，破裂面交于荷载内		$\tan\theta = -\tan\varphi \pm \sqrt{(\tan\varphi + \cot\varphi) \cdot (\tan\varphi + A)}, A = \dfrac{2dh_0}{H \cdot (H + 2h_0)}$ $K_a = \dfrac{\tan\theta}{\tan(\theta + \varphi)}, h_1 = \dfrac{d}{\tan\theta}, h_2 = H - h_1, \sigma_0 = \gamma_1 \cdot h_0 \cdot K_a, \sigma_H = \gamma_1 \cdot H \cdot K_a$ $\begin{cases} \sigma_i = \gamma_1 \cdot h_i \cdot K_a \quad (h_i < h_1) \\ \sigma_i = \gamma_1 \cdot (h_i + h_0) \cdot K_a \quad (h_1 \leqslant h_i \leqslant H) \end{cases}, T_i = \sigma_i \cdot S_x \cdot S_y$
3	路堤墙：破裂面交于路基面上的连续均布荷载内		$\tan\theta = -\tan\varphi \pm \sqrt{(\tan\varphi + \cot\varphi) \cdot (\tan\varphi + A)}, A = \dfrac{ab + 2h_0 b}{(H + a) \cdot (H + a + 2h_0)}$ $K_a = \dfrac{\tan\theta}{\tan(\theta + \varphi)}$ $h_1 = \dfrac{b}{\tan\theta} - a, h_2 = H - h_1, \sigma_a = \gamma_1 \cdot h_0 \cdot K_a, \sigma_a = \gamma_2 \cdot a \cdot K_a$ $\sigma_H = \gamma_1 \cdot H \cdot K_a$ $\begin{cases} \sigma_i = \dfrac{h_i}{h_1} \cdot (h_1 \cdot \gamma_1 + a \cdot \gamma_2) \cdot K_a \quad (h_i < h_1) \\ \sigma_i = [(h_i + h_0) \cdot \gamma_1 + a \cdot \gamma_2] \cdot K_a \quad (h_1 \leqslant h_i \leqslant H) \end{cases}$ $T_i = \sigma_i \cdot S_x \cdot S_y$

续上表

编号	类型	计算图式及土压力分布图形	计算公式
4	路堤墙；破裂面交于路肩上		$\tan\theta = -\tan\varphi \pm \sqrt{(\tan\varphi + \cot\varphi)\cdot(\tan\varphi + A)}, A = \dfrac{ab}{(H+a)^2}, K_a = \dfrac{\tan\theta}{\tan(\theta+\varphi)}$ $h_1 = \dfrac{b}{\tan\theta} - a, h_2 = H - h_1, \sigma_a = \gamma_2 \cdot a \cdot K_a, \sigma_H = \gamma_1 \cdot H \cdot K_a$ $\begin{cases}\sigma_i = \dfrac{h_i}{h_1}\cdot(h_1\gamma_1 + a\cdot\gamma_2)\cdot K_a & (h_i < h_1) \\ \sigma_i = [h_i\gamma_1 + a\cdot\gamma_2]\cdot K_a & (h_1 \le h_i \le H)\end{cases}$ $T_i = \sigma_i \cdot S_x \cdot S_y$
5	路堤墙；破裂面交于路基面上的条状均布荷载内		$\tan\theta = -\tan\varphi \pm \sqrt{(\tan\varphi + \cot\varphi)\cdot(\tan\varphi + A)}, A = \dfrac{ab + 2h_0(b+d)}{(H+a)\cdot(H+a+2h_0)}$ $K_a = \dfrac{\tan\theta}{\tan(\theta+\varphi)}$ $h_1 = \dfrac{b}{\tan\theta} - a, h_2 = \dfrac{d}{\tan\theta}, h_3 = H - h_1 - h_2, \sigma_0 = \gamma_1 \cdot h_0 \cdot K_a$ $\sigma_a = \gamma_2 \cdot a \cdot K_a, \sigma_H = \gamma_1 \cdot H \cdot K_a$ $\begin{cases}\sigma_i = \dfrac{h_i}{h_1}\cdot(h_i\cdot\gamma_1 + a\cdot\gamma_2)\cdot K_a & (h_i \le h_1) \\ \sigma_i = (h_i\cdot\gamma_1 + a\cdot\gamma_2)\cdot K_a & (h_1 < h_i < h_1+h_2) \\ \sigma_i = [(h_i+h_0)\cdot\gamma_1 + a\cdot\gamma_2]\cdot K_a & (h_1+h_2 \le h_i \le H)\end{cases}$ $T_i = \sigma_i \cdot S_x \cdot S_y$
6	路堤墙；墙上填土表面水平，无荷载		$\tan(\theta+\beta) = -\tan(\varphi-\beta) \pm \sqrt{\tan(\varphi-\beta) + \cot(\varphi-\beta)}\cdot[\tan(\varphi-\beta)+\tan\beta]$ $K_a = \dfrac{\cos^2\varphi}{\cos^2\beta\left[1+\sqrt{\dfrac{\sin\varphi\cdot\sin(\varphi-\beta)}{\cos\beta}}\right]^2}$ $\sigma_H = \gamma_1 \cdot H \cdot K_a, \sigma_i = \gamma_1 \cdot h_i \cdot K_a, T_i = \sigma_i \cdot S_x \cdot S_y$

· 758 ·

筋带拉力计算表 表3-3-80-2

筋带层数	z_i(m)	K_i	L_{ci}(m)	L_c/L_{ci}	σ_{zi}(kPa)	σ_{bi}(kPa)	$\gamma_1 h$(kPa)	σ_{ai}(kPa)	S_x(m)	S_y(m)	$E_i = \gamma_{Q1}\gamma_0 S_x S_y (\sigma_{zi} + \sigma_{bi} + \sigma_{ai})$(kN)
1	0.20	0.494	12.80	0.938	1.98	5.93	10.00	4.63	0.42	0.40	2.95
2	0.60	0.483	13.20	0.909	5.80	5.80	10.00	4.39	0.42	0.40	3.76
3	1.00	0.472	13.60	0.882	9.44	5.66	10.00	4.16	0.42	0.40	4.53
4	1.40	0.461	14.00	0.857	12.91	5.53	10.00	3.95	0.42	0.40	5.27
5	1.80	0.450	14.40	0.833	16.20	5.40	10.00	3.75	0.42	0.40	5.96
6	2.20	0.439	14.80	0.811	19.32	5.27	10.00	3.56	0.42	0.40	6.62
⋮	⋮	⋮	⋮	⋮	⋮	⋮	⋮	⋮	⋮	⋮	⋮
24	9.40	0.333	18.40	0.652	62.60	4.00	10.00	2.17	0.42	0.40	16.17
25	9.80	0.333	18.60	0.645	65.29	4.00	10.00	2.15	0.42	0.40	16.80
26	10.20	0.333	18.80	0.638	67.93	4.00	10.00	2.13	0.42	0.40	17.42
27	10.60	0.333	19.00	0.632	70.60	4.00	10.00	2.11	0.42	0.40	18.04
28	11.00	0.333	19.20	0.625	73.26	4.00	10.00	2.08	0.42	0.40	18.66
29	11.40	0.333	19.40	0.619	76.00	4.00	10.00	2.06	0.42	0.40	19.30
30	11.80	0.333	19.60	0.612	78.59	4.00	10.00	2.04	0.42	0.40	19.90

注：$\gamma_{Q1} = 1.40$，当墙高 $H > 5.0$m 时，$\gamma_0 = 1.00$。

筋带断面计算表 表3-3-81

筋带层数	筋带拉力 $\gamma_0 E_i$(kN)	筋带断面面积 A_i(mm²)	筋带总宽度 b_i(mm)
1	2.95	46.9	46.9
2	3.76	59.8	59.8
3	4.53	72.1	72.1
4	5.27	83.8	83.8
5	5.96	94.8	94.8
6	6.62	105.3	105.3
⋮	⋮	⋮	⋮
24	16.17	257.3	257.3
25	16.80	267.3	267.3
26	17.42	277.1	277.1
27	18.04	287.0	287.0
28	18.66	296.9	296.9
29	19.30	307.0	307.0
30	19.90	316.6	316.6

筋带抗拔稳定计算表

表 3-3-82

筋带层数	z_i (m)	筋带总长度 L_i (m)	活动区筋带长度 L_{fi} (m)	锚固区筋带长度 L_{ai} (m)	按抗拉条件计算的筋带总宽度 b_i (m)	γz_i (kPa)	h_1	γh_1 (kPa)	$\sigma_i = \gamma z_i + \gamma h_1$ (kPa)	$\gamma_0 T_{a0} = \gamma_{Q1}\gamma_0 S_x S_y (\sigma_{zi}+\sigma_{bi}+\sigma_{ai})$ (kN)	$T_{Pi}/\gamma_{R1} = 2f\sigma_i b_i L_{ai}/\gamma_{R1}$ (kN)
1	0.20	10.00	3.60	6.40	0.0469	4.00	0.6	12.00	16.0	2.95	2.73
2	0.60	10.00	3.60	6.40	0.0598	12.00	0.6	12.00	24.0	3.76	5.25
3	1.00	10.00	3.60	6.40	0.0721	20.00	0.6	12.00	32.0	4.53	8.44
4	1.40	10.00	3.60	6.40	0.0838	28.00	0.6	12.00	40.0	5.27	12.26
5	1.80	10.00	3.60	6.40	0.0948	36.00	0.6	12.00	48.0	5.96	16.64
6	2.20	10.00	3.60	6.40	0.1053	44.00	0.6	12.00	56.0	6.62	21.57
...	...	...	...	...	...	...	...	...	...	...	...
24	9.40	10.00	1.50	8.50	0.2573	188.00	0.6	12.00	200.0	16.17	249.98
25	9.80	10.00	1.27	8.73	0.2673	196.00	0.6	12.00	208.0	16.80	277.36
26	10.20	10.00	1.04	8.96	0.2771	204.00	0.6	12.00	216.0	17.42	306.45
27	10.60	10.00	0.81	9.19	0.2870	212.00	0.6	12.00	224.0	18.04	337.60
28	11.00	10.00	0.58	9.42	0.2969	220.00	0.6	12.00	232.0	18.66	370.78
29	11.40	10.00	0.35	9.65	0.3070	228.00	0.6	12.00	240.0	19.30	406.29
30	11.80	10.00	0.12	9.84	0.3166	236.00	0.6	12.00	248.0	19.90	441.49

由表3-3-82知,除第一层筋带外,其余各层筋带的作用效应组合值均小于抗力值,满足筋带抗拔稳定的需要。第一层筋带的抗力值小于作用效应组合值,则应相应地增大筋带的总宽度,计算方法是利用式(3-3-249),令等号成立,反求 b_i。

即
$$b_i = \frac{\gamma_0 \cdot \gamma_{Q1} \cdot \gamma_{R1} \cdot (\sum \sigma_{Ei}) \cdot S_x \cdot S_y}{2f' \cdot \sigma_i \cdot L_{ai}}$$

由表3-3-74,可得:
$$\gamma_0 \cdot \gamma_{Q1} \cdot (\sum \sigma_{Ei}) \cdot S_x \cdot S_y = 2.95$$

则
$$b_i = \frac{2.95 \cdot \gamma_{R1}}{2f' \cdot \sigma_i \cdot L_{ai}} = \frac{2.95 \times 1.4}{2 \times 0.4 \times 16 \times 6.4} = 0.0504(\text{m}) = 50.4(\text{mm})$$

所需的筋带根数:
$$n = \frac{50.4}{18} = 2.8$$

根据抗拉和抗拔要求得到各层筋带的总宽度后,还需按构造要求调整聚丙烯土工加筋带的根数,重新对各层筋带进行抗拉和抗拔稳定性验算,见表3-3-83。

由于墙高等于12m,故取分项系数均为1,按下式计算全墙抗拔稳定系数:
$$K_b = \frac{\sum T_{Pi}}{\sum T_i} = \frac{6291.88}{246.44} = 25.53 \geqslant 2$$

满足对全墙抗拔稳定的规定。

3. 外部稳定性计算

1)基础底面地基应力验算

按本节规定,路堤式挡土墙上车辆附加荷载的布置范围为路基全宽度,地基应力验算时的作用力系,见图3-3-208。

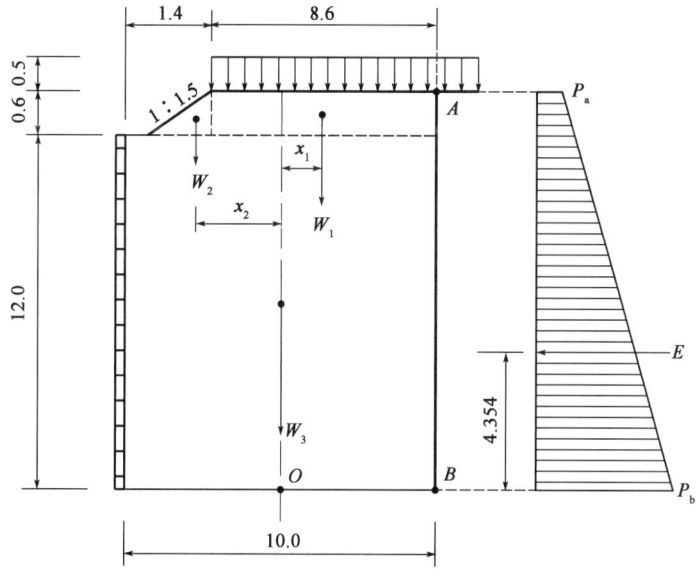

图3-3-208 基础底面地基应力验算图式(尺寸单位:m)

调整后的筋带根数及筋带抗拉抗拔稳定检验

表 3-3-83

筋带层数	筋带计算宽度 (m)	筋带计算根数 (根)	筋带采用根数 (根)	采用根数的筋带总宽度 (m)	调整筋带宽度后的筋带抗拉抗拔检验			调整筋带宽度后的筋带抗拔检验	
					$\gamma_0 T_{i0}$ (kN)	$A_i f_k / 1000 \gamma_f \gamma_{R2}$ (kN)	$\gamma_0 T_{i0}$ (kN)	$2f^* \sigma_i b_i L_{ai} / \gamma_{R1}$ (kN)	
1	2	3	4	5	6	7	8	9	
1	0.0504	2.8	6	0.108	2.95	6.79	2.95	6.32	
2	0.0598	3.3	6	0.108	3.76	6.79	3.76	9.48	
3	0.0721	4.1	6	0.108	4.53	6.79	4.53	12.63	
4	0.0838	4.7	6	0.108	5.27	6.79	5.27	15.60	
5	0.0948	5.3	6	0.108	5.96	6.79	5.96	18.96	
6	0.1053	5.9	6	0.108	6.62	6.79	6.62	22.12	
⋯	⋯	⋯	⋯	⋯	⋯	⋯	⋯	⋯	
24	0.2573	14.3	16	0.288	16.17	18.10	16.17	279.77	
25	0.2673	14.9	16	0.288	16.80	18.10	16.80	298.84	
26	0.2771	15.4	16	0.288	17.42	18.10	17.42	318.50	
27	0.2870	16.0	18	0.324	18.04	20.37	18.04	381.13	
28	0.2969	16.5	18	0.324	18.66	20.37	18.66	404.62	
29	0.3070	17.1	18	0.324	19.30	20.37	19.30	428.79	
30	0.3166	17.6	18	0.324	19.90	20.37	19.90	451.81	

按本章第四节的规定,地基应力验算时,荷载分项系数均取等于1.0。
作用于地基的力系计算如下:
(1)基底面上垂直力N
算出各填土分块的重量:
$W_1 = 8.60 \times (0.50 + 0.60) \times 20.00 = 189.20 (\text{kN/m})$
$W_2 = 0.90 \times 0.60 \times 0.5 \times 20.00 = 5.40 (\text{kN/m})$
$W_3 = 10.00 \times 12.00 \times 20.00 = 2400.00 (\text{kN/m})$
因为地基计算时,荷载分项系数均为1.0,故基底面上垂直力N_j:
$N_j = W_1 + W_2 + W_3 = 2594.60 (\text{kN/m})$
(2)墙背AB上水平土压力E
路基顶面A点处水平土压应力:
$P_a = 20.00 \times 0.5 \times \tan^2\left(45° - \dfrac{30°}{2}\right) = 3.333 (\text{kPa})$

基底面B点处水平土压应力:
$P_a = 20.00 \times (0.50 + 0.60 + 12.00) \times 0.333 = 87.333 (\text{kPa})$
水平土压力:$E = 3.333 \times 12.60 + 84.000 \times 12.60 \times 0.5 = 42.00 + 529.20 = 571.20 (\text{kN/m})$
水平土压力作用点:$y = (3.333 \times 12.60 \times 6.30 + 84.000 \times 12.60 \times 0.5 \times 4.20)/571.20$
$\qquad\qquad\qquad\qquad = 4.354 (\text{m})$
(3)求各力对基底重心O点的力矩
$M_1 = W_1 \cdot x_1 = 189.20 \times 0.70 = 132.44 (\text{kN} \cdot \text{m/m})$
$M_2 = W_2 \cdot x_2 = 5.4 \times 3.90 = 21.06 (\text{kN} \cdot \text{m/m})$
$M_3 = 0$
$M_E = 571.20 \times 4.354 = 2487.00 (\text{kN} \cdot \text{m/m})$
$M_j = M_E + M_2 - M_1 - M_3 = 2375.62 (\text{kN} \cdot \text{m/m})$
(4)基底合力偏心距及地基应力计算
由本章第四节公式(3-3-81)~式(3-3-84)知:
$e_0 = \dfrac{M_j}{N_j} = \dfrac{2375.62}{2594.60} = 0.916 (\text{m}) < \dfrac{B}{6} = \dfrac{10.0}{6} = 1.67 (\text{m})$

$P_{\max} = \dfrac{N_j}{B} \times \left(1 + \dfrac{6e_0}{B}\right) = \dfrac{2594.60}{10.0} \times \left(1 + \dfrac{6 \times 0.916}{10.0}\right) = 402.06 (\text{kPa})$

$P_{\min} = \dfrac{N_j}{B} \times \left(1 - \dfrac{6e_0}{B}\right) = \dfrac{2594.60}{10.0} \times \left(1 - \dfrac{6 \times 0.916}{10.0}\right) = 116.86 (\text{kPa})$

地基承载力设计值的提高系数在组合Ⅰ时取1.0,故修正后老黄土的地基承载力设计值为:$f'_d = 1.0 \times 500 = 500 (\text{kPa})$。因为$P_{\max} < f'_d$且$P_{\min} > 0$,所以地基承载力满足要求。

2)基底滑动稳定验算(图3-3-209)
荷载组合Ⅰ时,取抗滑动稳定系数$K_c = 1.3$;取加筋体与地基的摩擦系数$\mu = 0.4$,不计墙前被动土压力。
$G = W_1 + W_2 + W_3 = 2594.60 (\text{kN/m})$

(1) 滑动稳定方程

$1.1 \times (M_1 + M_2 + M_3) - 1.4 \times M_E = 1.10 \times 2594.60 \times 0.4 - 1.4 \times 571.20 = 341.94 (\text{kN/m}) > 0$

(2) 抗滑动稳定系数

$K_c = \dfrac{0.40 \times 2594.60}{571.20} = 1.82 > 1.30$

由上(1)、(2)验算结果知,加筋体基底滑动稳定验算满足验算要求。

3) 倾覆稳定验算(图 3-3-209)

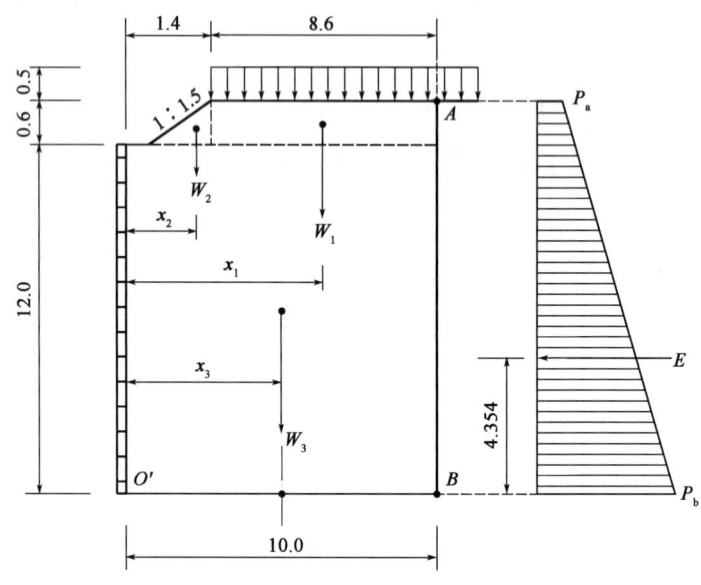

图 3-3-209 加筋土挡土墙滑动、倾覆稳定性验算图式(尺寸单位:m)

作用于墙体的力系与基底滑动验算时相同。当荷载组合为 Ⅰ 时,要求的倾覆稳定系数 $K_0 = 1.5$(不计墙前被动土压力)。

(1) 求各力对墙趾 O' 点的力矩

$M_1 = W_1 \cdot x_1 = 189.20 \times (8.60 \times 0.5 + 1.4) = 1078.44 (\text{kN} \cdot \text{m/m})$

$M_2 = W_2 \cdot x_2 = 5.40 \times 1.10 = 5.94 (\text{kN} \cdot \text{m/m})$

$M_3 = W_3 \cdot x_3 = 2400.00 \times 5.0 = 12000.00 (\text{kN} \cdot \text{m/m})$

$M_E = E \cdot y = 571.20 \times 4.354 = 2487.00 (\text{kN} \cdot \text{m/m})$

(2) 倾覆稳定方程

$0.8 \times (M_1 + M_2 + M_3) - 1.4 \times M_E = 0.8 \times 13084.38 - 1.4 \times 2487.00$
$= 6985.70 (\text{kN} \cdot \text{m/m}) > 0$

(3) 倾覆稳定系数

$K_0 = \dfrac{\sum M_y}{\sum M_0} = \dfrac{M_1 + M_2 + M_3}{M_E} = \dfrac{13084.38}{2487.00} = 5.26 > 1.5$

由上(1)、(2)验算结果知,加筋体的倾覆稳定验算满足验算要求。

整体滑动稳定验算表(圆心设为 O 点)

表 3-3-84

土条编号	土条重量 W_i (kN/m)	土条重心至圆心水平距离(m)	α_i (°)	x_i (m)	φ_i (°)	c_i' (kPa)	$c_i'x_i$ (kPa)	$W_i\cos\alpha_i\tan\varphi_i$ (kN/m)	$W_i\sin\alpha_i$ (kN/m)
1	55.85	16.45	73.08	4.81	25	50	240.50	7.58	53.43
2	140.94	15.56	64.81	2.41	25	50	120.50	27.97	127.54
3	274.61	14.37	56.69	2.58	25	50	129.00	70.32	229.49
4	479.81	12.67	47.46	2.98	25	50	149.00	151.27	353.52
5	603.47	10.60	38.06	2.74	30	55	150.70	274.34	372.04
6	672.54	8.46	29.47	2.48	30	55	136.40	338.05	330.87
7	721.62	6.32	21.57	2.31	30	55	127.05	387.46	265.29
8	754.54	4.17	14.04	2.22	30	55	122.10	422.61	183.05
9	308.18	2.65	8.87	0.91	30	55	50.05	175.79	47.52
10	237.16	1.85	6.17	0.71	30	55	39.05	136.13	25.49
11	216.54	0.75	2.50	1.50	30	55	82.50	124.89	9.44
12	287.59	-1.0	-3.33	2.00	30	55	110.00	165.76	-16.71
13	277.21	-2.99	-10.01	2.03	30	55	111.65	157.61	-48.18
14	256.00	-4.98	-16.84	2.09	30	55	114.95	141.46	-74.16
15	222.94	-6.97	-23.91	2.19	30	55	120.45	117.67	-90.36
16	176.16	-8.95	-31.37	2.35	30	55	129.25	86.84	-91.71
17	112.24	-10.89	-39.30	2.61	30	55	143.55	50.15	-71.10
18	29.02	-12.51	-46.68	2.30	30	55	126.50	11.49	-21.11
							2203.20	2847.39	1584.35

4.整体滑动稳定验算

按本节式(3-3-277)计算。由经验得知,设定圆弧滑动面时,最不利圆心位置常位于图 3-3-210 所示的 XOY 象限内,但较精确的位置需试算确定。一般可采用网格法,逐步逼近最不利圆心位置,求出其整体滑动稳定系数 K_s,$K_s > 1.25$ 时,方符合本节的规定。

本例未列出最不利圆心的求解全过程,仅按图 3-3-210 中的一种圆心及对应圆弧滑动面计算整体滑动稳定系数,计算过程列于表 3-3-84。

整体滑动稳定系数:

$$K_s = \frac{\sum(c_i' \cdot x_i + W_i \cdot \cos\alpha_i \cdot \tan\varphi_i)}{\sum W_i \cdot \sin\alpha_i} = \frac{2303.20 + 2847.39}{1584.35} = 3.25 \geqslant 1.25$$

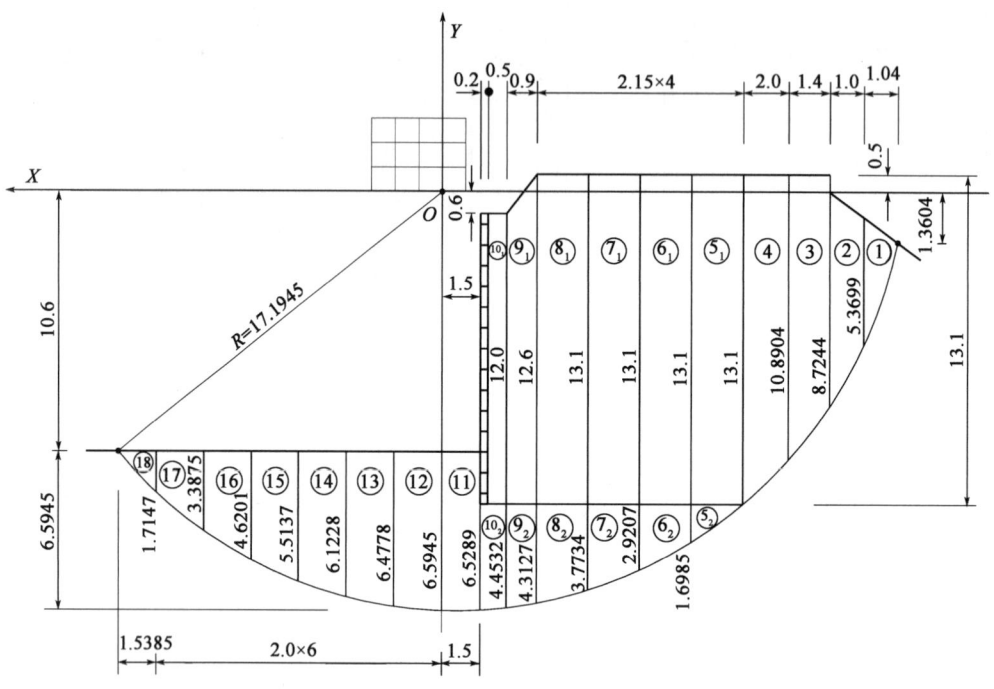

图 3-3-210　整体滑动稳定验算图式(尺寸单位:m)

第十一节　无面板土工格栅加筋土挡土墙设计

一、概述

一般加筋土挡土墙由墙面、填土和筋材等组成。

无面板土工格栅加筋土挡土墙(图 3-3-211、图 3-3-212),又称包裹式加筋土挡土墙。墙面为柔性结构,柔性墙面由土袋码砌后用筋材反包将土袋包裹,回埋并锚固于填土中。采用加筋材料反包,可以限制墙面与坡面填土滑塌。

无面板土工格栅加筋土挡土墙边坡由于加筋材料的锚固作用,坡度比无筋边坡可以更陡,而且对填土的要求比一般加筋土挡土墙低,费用更省,往往与坡面绿化相结合,可以很好地与周围环境融为一体。因此,无面板土工格栅加筋土挡土墙外形美观,施作方便,节约用地,与传统挡土墙相比,在造价、施工便利性和环境协调性方面具有很大的优势,受到国内外不同领域中业主和相关技术人员的青睐,得到越来越广泛的应用。

图 3-3-211　无面板土工格栅加筋土挡土墙工程图片(一)

图 3-3-212　无面板土工格栅加筋土挡土墙工程图片(二)

1. 无面板土工格栅加筋土挡土墙的适用范围

无面板土工格栅加筋土挡土墙,一般适应于地基承载力不足、受地形限制路基收坡难度大、石料缺乏、公路有环保绿化要求的填方工程,如用于路肩和路堤的挡土墙,但不应用于滑坡、有水流冲刷和崩塌的不良地段。下面是相关规范对无面板土工格栅加筋土挡土墙适用范围的要求:

(1)无面板土工格栅加筋土挡土墙适用于边坡坡率陡于 1:0.5 的填土路堤。根据《公路土工合成材料应用技术规范》(JTG/T D32—2012)的规定,加筋陡坡路堤的坡率上限定为 1:0.5,当坡率陡于 1:0.5 时,按加筋挡墙进行设计。设计时应考虑无面板土工格栅加筋土挡土墙墙面的抗冲刷能力,当抗冲刷能力不足时,可使用面板式土工格栅加筋土挡土墙,墙面采用硬性面板结构或钢网结构,防止冲刷破坏。

(2)公路无面板土工格栅加筋土挡土墙墙高应符合《公路路基设计规范》(JTG D30—2015)的相关规定:高速公路、一级公路墙高不宜大于 12m,二级及二级以下公路不宜大于 20m;当采用多级墙时,每级墙高不宜大于 10m,上、下级墙体之间应设置宽度不小于 2m 的平台。

2. 无面板土工格栅加筋土挡土墙作用原理与机理

1)加筋作用

土工格栅加筋材料对土产生约束应力可以描述为当土单元在外力作用下产生压缩应变,则必然导致土体产生侧向拉伸应变(图 3-3-213)。加筋材料的抗拉模量大于土的拉伸模量时,土将产生相对于加筋材料的侧向位移。只要筋土界面足够粗糙,筋土之间将产生剪应力。这种剪应力将使加筋材料承受张拉应力,而加筋承受的张拉应力反过来沿筋土界面对土单元施加一个约束应力增量 $\Delta\sigma_3$。

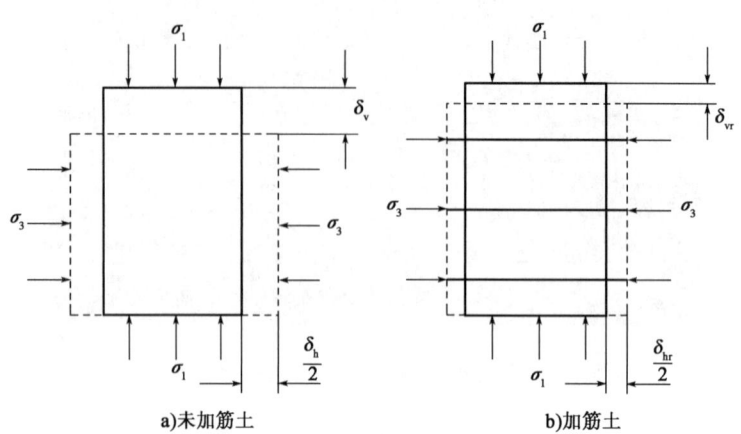

图 3-3-213 加筋作用图示 1——减少加筋土的应变

加筋作用的另一种表现形式是相对于无筋土,加筋土的强度增大。无筋土单元承受的围压 σ_3 保持不变,逐步增大轴压 σ_1,则剪应力 $1/2(\sigma_1 - \sigma_3)$ 逐步增大。当剪应力增大到土的抗剪强度,则发生剪切破坏(见图 3-3-214 中的应力圆Ⅰ)。对于加筋土单元,施加轴压 $\sigma_1(\sigma_1 > \sigma_3)$,加筋会对土单元产生围压增量 $\Delta\sigma_3$,试件承受的偏应力为 $1/2[\sigma_1 - (\sigma_3 + \Delta\sigma_3)]$,因此,相对于无筋土单元,加筋土单元需要更大的轴向应力才能使试样发生破坏(见图 3-3-214 中的应力圆Ⅱ)。

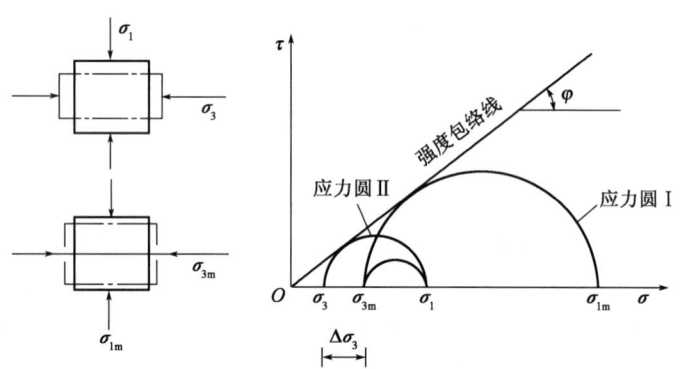

图 3-3-214 加筋作用图示 2——增大加筋土的强度

加筋土复合体强度与变形性能的改善是加筋材料与填土相互作用(简称"筋土相互作用")的结果,这种相互作用发生在筋材铺设的位置,沿筋材连续存在,并对筋土界面一定范围内的填土发挥限制作用。

筋土之间的应力传递机制取决于筋材的几何结构特征:对于连续平面状筋材(如土工织物和加筋条带),通过摩擦力传递[图 3-3-215a];对于具有横肋的格栅状筋材(如土工格栅),通过摩擦力和被动阻力传递[图 3-3-215b]。筋材主要通过张拉作用承担填土传递过来的应力,对于具有横肋的土工格栅,横肋可发挥抗剪和抗弯作用。

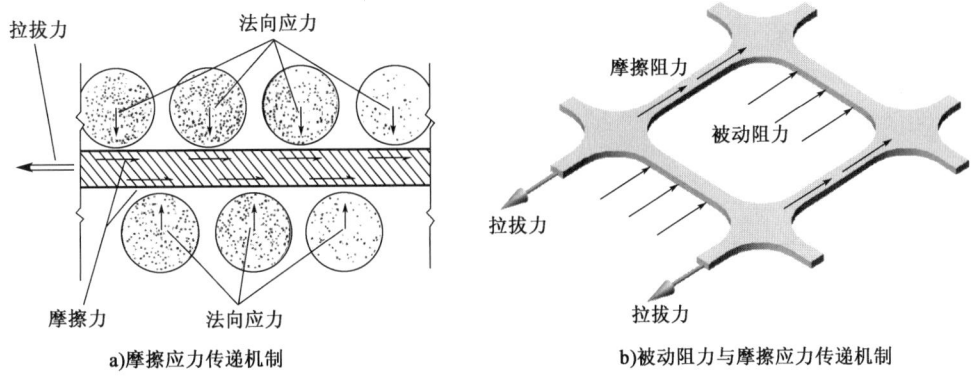

图 3-3-215　筋土之间的应力传递机制

土工合成材料的加筋作用取决于筋土的相对位移,因此必然与筋材特性(如刚度)和填土性质(如压实状态)有关,特别是间接加筋作用应该与填土的级配和剪胀性等存在联系。基于此,间接加筋作用的范围不应该是一个简单的数量,而应该与土的粒径、级配和筋材的几何结构特征、拉伸模量等存在内在关系。

包承纲等(2013)基于已有研究成果,对间接加筋作用进行了进一步阐述:筋土之间的摩阻力不仅约束了土的侧向变形,而且在筋材两侧一定范围内改变了土的应力状态,加筋的"间接作用范围"大致为 30cm。

因此,在填土和筋材一定的情况下,加筋对土的间接作用存在一个厚度范围,当加筋层间距不超过两倍的加筋影响范围时,层间填土均受到间接加筋作用,加筋土体将成为一个具有整体性的加筋复合体。将两倍加筋影响范围的加筋层间距定义为"临界层间距",并规定土工格栅加筋临界层间距为 60cm。

2)加筋土挡土墙的破坏形态

按照加筋土挡土墙的破坏机制、主要成因及破裂面的位置与加筋材料之间的关系,可将其破坏形态划分为外部稳定性破坏和内部稳定性破坏。在进行加筋土挡土墙设计验算时,按照破坏形态的划分,对挡土墙可能存在的破坏机制逐一进行稳定性验算。

从本质上,加筋土挡土墙同重力式挡土墙一样,是利用自身重力发挥挡土作用。因此在进行外部稳定性分析时,将筋材及填土视为一个复合整体,其破坏形式表现为加筋土结构的整体滑移、倾覆等,其力学行为与重力式挡土墙相似。外部稳定性破坏的可能表现有:水平滑动破坏、倾覆破坏、地基承载力不足破坏、深层滑动破坏。

内部稳定性破坏主要是指滑动破坏面穿过加筋体,表现为筋材的拉断或拔出,加筋土挡土墙失去整体性。在实际工程中,加筋土挡土墙的破坏形态往往受到地基特性、场地地形等条件的影响,表现为多种破坏机制的耦合,如填土与基岩边坡之间的接触面就是潜在破裂面,而下部破裂面可能穿过筋材。因此,在设计和分析中应充分考虑各类破坏形式以及外部因素的影响。

3.无面板土工格栅加筋土挡土墙的特点

无面板土工格栅加筋土挡土墙与一般加筋土挡土墙一样,是沿着土体应变方向埋设加筋材料,依靠筋材与土体的摩擦来改变土的受力性能,从而使土体保持稳定。但无面板土工格栅加筋土挡土墙与其他挡土墙结构相比，还具有如下优点：

(1)无面板土工格栅加筋土挡土墙属于柔性结构，比传统的刚性结构挡土墙能更好地适应地基变形，在不良地基处采用尤能显示其结构上的优势，抗地震能力强。

(2)无面板土工格栅加筋土挡土墙主要依靠柔性反包筋来保持土体稳定，挡土墙能做得高且陡，且无须开挖地基基础，不破坏或扰动地下工程结构，能有效节约用地和填料，具有经济优势。

(3)无面板土工格栅加筋土挡土墙还具有成本低、施工简便、不需要特殊工程设备、工期短、能节省工程投资等优点。

特别是山区道路高填方路基防护工程，若采用无面板土工格栅加筋土挡土墙结构，不仅可减少传统加筋土工程中面板预制及运输带来的问题，而且施工工艺简单；不借助大型设备就能使土工格栅包裹面安装就位，缩短了施工工期，减少了工程费用。

(4)种植土填充网袋包裹结构为山区道路施工后自然环境的恢复起着积极作用，能使公路有效地融入周边环境，低碳环保，有着较好的社会效益。

包裹式加筋土挡土墙坡面可以很方便地进行湿法喷播、挂网喷播、穴播、移栽灌木苗等绿化操作，很容易形成绿色景观，也能较好地与周围自然环境协调一致。

在使用无面板土工格栅加筋土挡土墙时还需注意以下事项：

(1)无面板土工格栅加筋土挡土墙墙面抗冲刷能力较差，一旦发生大量降水或路堤漫水，容易出现冲沟、坡裂等病害，因此在工程应用时应考虑其抗冲刷能力。当抗冲刷能力不足时，建议使用硬性面板结构或钢网结构，防止坡面冲刷破坏。

(2)坡面植被应尽量选用适合当地气候环境的本地物种，采取草灌乔结合措施，填土网袋内应装有适量腐殖土，以利于植被生长和坡面绿化防护。

(3)无面板土工格栅加筋土挡土墙的坡面植被及反包格栅面具有可燃性，在干旱季节可被人为点燃，影响美观。

二、设计方法

土工格栅加筋土挡土墙设计，一般根据地形、地基、地质等条件，结合结构构造要求及设计经验，初步拟定挡墙的断面尺寸及筋材布置，根据断面尺寸验算外部稳定性，根据拟定的拉筋布置验算内部稳定性，并对验算结果进行分析，在满足规范要求的前提下得到最优的设计方案。

加筋土挡土墙的设计包括如下步骤：

1. 确定断面尺寸、明确功能需求

(1)几何尺寸：确定挡土墙高度、墙面倾角、墙顶填土坡度及墙趾前地形坡度等。

(2)荷载条件：自重荷载、墙顶临时荷载、墙顶永久荷载、邻近结构(如扩大基础、深基础等)传来的可能对加筋土挡土墙的内外部稳定性产生影响的荷载、地震荷载、护栏上的交通冲击荷载等。

(3)设计标准：不同行业设计规范要求、不均匀沉降允许值、水平位移允许值、设计年限、施工情况与条件等，确定各种破坏机制下的安全系数。

2. 确定工程设计参数

(1)场地内工程地质条件：地下水位、地震影响情况等；

（2）地基土的工程性质指标：γ_b、φ_b、c_b；
（3）加筋区域填土的工程性质指标：γ_f、φ_f、c_f；
（4）加筋区域后被挡土体的工程特性指标：γ_r、φ_r、c_r。

加筋土挡土墙的填料应选择粗粒料，其内摩擦角应通过三轴试验或直剪试验确定，一般可取 34°，最大值不应超过 40°；在缺乏实测值时，内摩擦角最大值为 35°。地基土体特性指标和加筋区域后被挡土体的设计参数均应通过地质调查和勘探测试确定。

3. 确定加筋长度、墙基埋深

挡土墙的初始设计高度 H 应根据挡土墙的基础埋深和外露的墙体高度综合确定，基础的最小埋置深度不小于 $H/20$。在设计拉筋长度时，拟定初值，一般应大于 $0.7H$ 或 $2.5m$，当墙顶有填土或集中荷载作用时，为了满足挡土墙的稳定性要求加长拉筋的长度，通常取 $0.8H \sim 1.1H$，需验算挡土墙的内外部稳定性是否满足要求。一般而言，沿整个挡土墙高度拉筋长度是相等的。

4. 确定外部荷载

作用在加筋土挡土墙墙顶的荷载主要包括加筋体背部的土压力以及作用在加筋体上部的各种荷载。因此，加筋土挡土墙设计包括的荷载类型有水平土压力、竖向土压力、挡墙顶面的活荷载、超载、水压力和地震荷载等。其中，常规设计方法下，依据不同规范，按朗肯或库仑土压力理论进行计算。具有接近垂直墙面的挡土墙稳定性分析是把整个挡土墙看成刚体，分析作用在加筋体背部的土压力。挡土墙顶部的荷载有以下三种分布情况：水平填土均布荷载（图 3-3-216）、直线斜坡填土荷载（图 3-3-217）和折线斜坡填土荷载（图 3-3-218）。

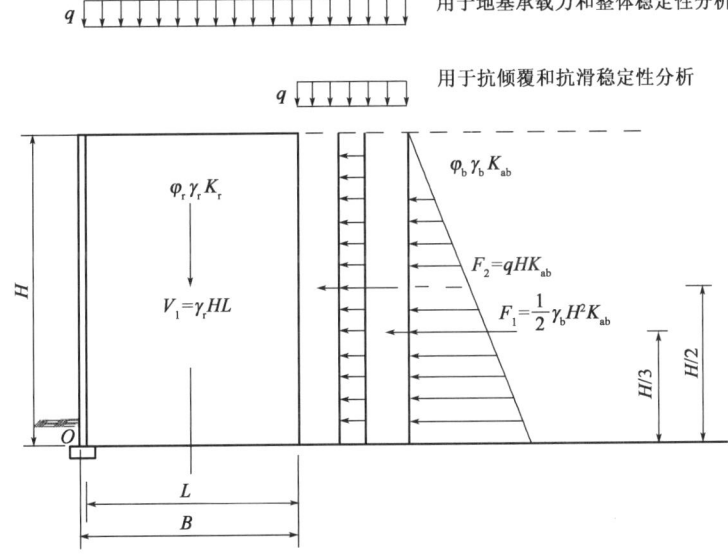

图 3-3-216 水平填土均布荷载时的计算图示

（1）墙面垂直、填土面水平：墙面垂直或近似垂直（墙面倾角不小于 80°）、墙顶作用均布荷载时，加筋体背部的主动土压力系数按式（3-3-278）计算。

$$K_{ab} = \tan^2\left(45° - \frac{\varphi'_b}{2}\right) \tag{3-3-278}$$

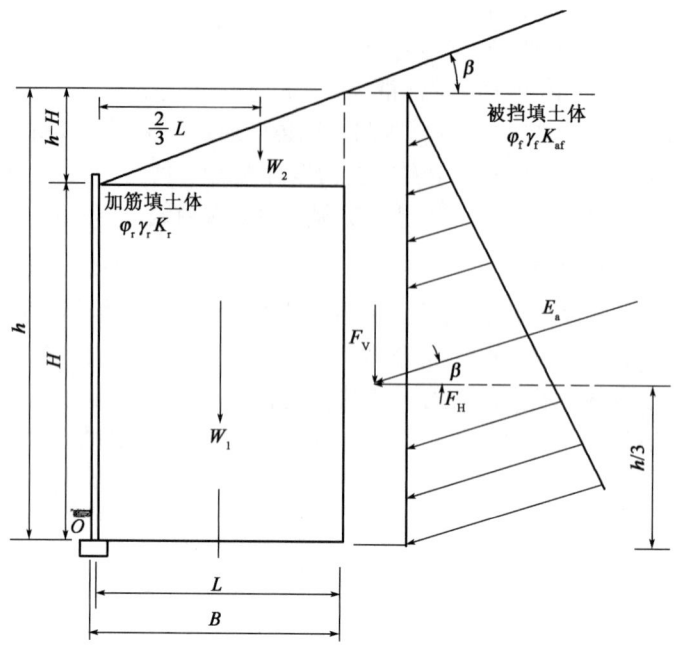

图 3-3-217 直线斜坡填土荷载时的计算图示

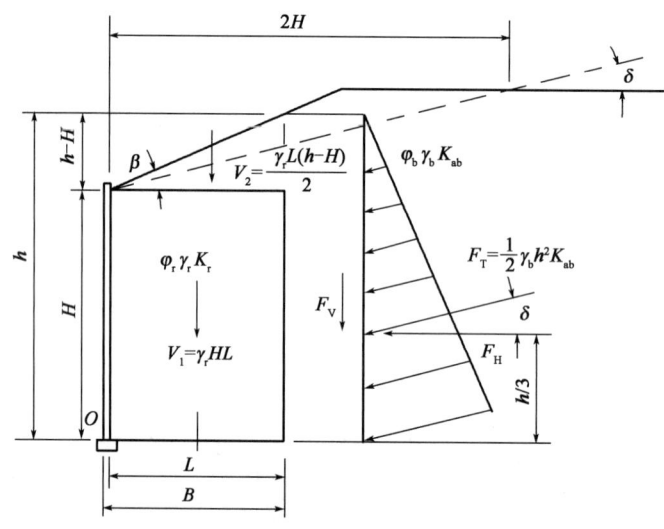

图 3-3-218 折线斜坡填土荷载时的计算图示

式中：φ'_b——加筋体后填土的有效内摩擦角。

(2) 墙面垂直、斜坡填土荷载：墙面垂直或近似垂直（墙面倾角不小于80°）、墙顶作用直线斜坡填土荷载时，加筋体背部的主动土压力系数按式(3-3-279)计算。

$$K_{ab} = \frac{\sin^2(\theta + \varphi'_b)}{\Gamma \sin^2\theta \sin(\theta - \delta)}$$

$$\Gamma = \left[1 + \sqrt{\frac{\sin(\varphi'_b + \delta)\sin(\varphi'_b - \beta)}{\sin(\theta - \delta)\sin(\theta + \beta)}}\right]^2 \quad (3\text{-}3\text{-}279)$$

式中：β——墙顶填土的坡度；

δ——加筋体与非加筋体墙背摩擦角；

φ'_b——加筋体后填土的有效内摩擦角；

θ——加筋土挡土墙与水平面的角度。

(3)墙面倾斜：墙面倾角小于$80°$时，主动土压力系数仍按式(3-3-279)计算，在这种情况下θ表示加筋体与水平面所成的角度，β为墙顶填土坡度，$\delta = \beta$。

5. 验算外部稳定性

加筋土挡土墙的外部稳定性验算主要包括抗水平滑移验算、抗倾覆验算、地基承载力验算，有变形控制要求的工程还要进行沉降分析等。根据《公路土工合成材料应用技术规范》(JTG/T D32—2012)和美国联邦公路局(FHWA)规范(2009)，外部稳定性控制的具体要求如下：

(1)抗水平滑移验算：$F_s \geq 1.5$；

(2)抗倾覆验算：$e \leq L/4$；

(3)地基承载力验算：$F_s \geq 2.0$ 且 $e \leq L/6$；

(4)沉降分析：规范推荐分层总和法计算，控制在要求范围内。

1)抗水平滑移验算

加筋土挡土墙抗水平滑移验算是利用安全系数的定义，对挡土墙整体进行受力分析，即安全系数F_s等于加筋复合体底部摩擦力除以土压力的水平分力，见式(3-3-280)：

$$F_s = \frac{\sum 水平抗力}{\sum 水平滑动力} = \frac{(W_1 + W_2 + E_a \sin\beta)f}{E_a \cos\beta} \quad (3\text{-}3\text{-}280)$$

式中：W_1——加筋土体部分重量(kN/m)，等于$\gamma_r H L$；

W_2——加筋土体上部的楔形体重(kN/m)，等于$\frac{1}{2}\gamma_b L(h - H)$；

f——$f = \min(\tan\varphi_b, \tan\varphi_r, \tan\varphi_{sg})$，其中$\varphi_b$、$\varphi_r$分别为地基土、填土的内摩擦角，$\varphi_{sg}$为地基土或填土与加筋材料之间的摩擦角中的较小者，或者由相关试验确定；

E_a——主动土压力，按库仑土压力理论计算：

$$E_a = \gamma_b h\left(\frac{1}{2}h + h'\right)K_a \quad (3\text{-}3\text{-}281)$$

$$h' = \frac{q \times \cos\omega \times \cos\beta}{\gamma_b \times \cos(\omega - \beta)} \quad (3\text{-}3\text{-}282)$$

ω——墙背与竖直线间的夹角(°)；

K_a——主动土压力系数，按式(3-3-283)计算：

$$K_a = \frac{\cos^2(\varphi_b - \omega)}{\cos^2\omega \times \cos(\omega + \delta)\left[1 + \sqrt{\frac{\sin(\varphi_b + \delta)\sin(\varphi_b - \beta)}{\cos(\omega + \delta)\cos(\omega - \beta)}}\right]^2} \quad (3\text{-}3\text{-}283)$$

计算得到的抗水平滑移稳定安全系数若不满足相关规范要求，则需要增加筋材长度或采取其他抗滑动措施，重新计算，直至满足要求。

2)抗倾覆验算

当加筋体基底上的荷载为偏心荷载,且偏心距 e 达到限值($e = L/4$)时,会出现加筋体整体的倾覆破坏。可利用 Meyerhof 简化方法进行计算(图 3-3-219),采用有效长度 $L_e = L - 2e$ 来代替基础原来宽度 L(e 为作用于墙体上所有力的合力在基础底面处着力点的偏心距),偏心距 e 按式(3-3-284)计算。

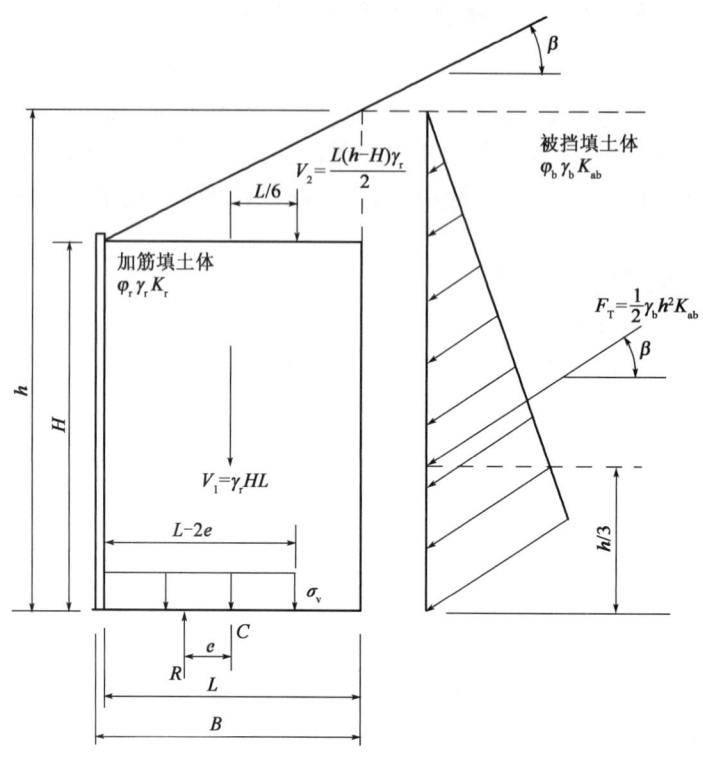

图 3-3-219 Meyerhof 简化方法示意图

$$e = \frac{E_a\cos\beta \times h/3 - E_a\sin\beta \times L/2 - W_2 \times L/6}{W_1 + W_2 + E_a\sin\beta} \tag{3-3-284}$$

将偏心荷载转化为均布荷载,可使地基的接触压力由常见的梯形分布转化为均匀分布,从而使稳定性计算得到简化。

3)地基承载力验算

地基承载力破坏有两种常见的模式:地基整体剪切破坏和局部剪切破坏。局部剪切破坏指加筋土挡土墙下有软弱土层时,地基土受挤压破坏。

防止地基发生整体剪切破坏,应满足基底垂直应力不超过地基的极限承载力,并需考虑一定的安全储备,即:

$$\sigma_v \leqslant \frac{q_u}{F_s} \tag{3-3-285}$$

式中:σ_v——加筋土挡土墙基底垂直应力(kPa);

F_s——安全系数,按相关规范的要求执行,一般取 2.0;

q_u——地基极限承载力(kPa),可按太沙基极限承载力公式计算:

$$q_u = cN_c + 0.5(L-2e)\gamma N_\gamma \tag{3-3-286}$$

c——地基土的黏聚力(kPa);

γ——地基土的重度(kN/m³);

N_c、N_γ——由土的内摩擦角决定的承载力系数;

e——墙底面上作用荷载的偏心距(m)。

同样,基底垂直应力可利用 Meyerhof 简化方法进行计算(图 3-3-219)。对于可能存在地基承载力问题的软土地基,应当满足:

$$e \leqslant L/6 \tag{3-3-287}$$

其中,加筋土挡土墙的基底应力应按式(3-3-288)计算:

$$\sigma_v = \frac{W_1 + W_2 + E_a \sin\beta}{L - 2e} \tag{3-3-288}$$

6. 验算内部稳定性

一般可以认为加筋土挡土墙中潜在滑动面的位置与筋材最大拉应力位置曲线一致,也就是把各层筋材中最大拉应力的位置连成曲线,作为大致的潜在滑动面形式。研究表明,潜在滑动面的形式主要与筋材的刚度有关。对于刚性筋材,加筋土挡土墙的潜在滑动面为双线性,而柔性筋材则近似看成线性。其中对于柔性筋墙,$\psi = 45° + \varphi'/2$(φ' 为填土有效内摩擦角);而对于刚性筋墙,潜在滑动面顶部与面板的水平距离为 $0.3H$,因此该破裂面确定方法又称 $0.3H$ 法,并且 $H_1 = H + \dfrac{\tan\beta \times 0.3H}{1 - 0.3\tan\beta}$。

加筋土挡土墙内部稳定性分析包括筋材强度验算和抗拔稳定验算。在确定了所采用的加筋材料特性的基础上,依据相应的破坏面形式,初设筋材水平长度及加筋间距,按规范步骤进行设计验算,最终确定设计方案。

1)筋材强度验算

加筋体内筋材承担着由填料本身及上部荷载产生的水平向土压应力。由填料产生的水平土压应力采用渐变的土压力系数(介于静止土压力系数和主动土压力系数之间)计算;由荷载产生的水平土压应力,按布辛涅斯克假定用条形荷载作用下土中应力公式计算,理论值与现场实测结果较为接近。

挡土墙填料产生的水平土压应力 σ_{h1i}:

$$\sigma_{h1i} = K_i \gamma h_i \tag{3-3-289}$$

由荷载产生的水平土压应力 σ_{h2i}:

$$\sigma_{h2i} = \frac{\gamma h_0}{\pi}\left[\frac{bh_i}{b^2 + h_i^2} - \frac{h_i(b+l_0)}{h_i^2 + (b+l_0)^2} + \arctan\frac{b+l_0}{h_i} - \arctan\frac{b}{h_i}\right] \tag{3-3-290}$$

作用于挡土墙上拉筋的水平土压应力 σ_{hi}:

$$\sigma_{hi} = \sigma_{h1i} + \sigma_{h2i} \tag{3-3-291}$$

则第 i 层拉筋拉力 T_i:

$$T_i = \lambda \sigma_{hi} S_x S_y \tag{3-3-292}$$

式中：γ——加筋体的填料重度(kN/m^3)；

　　　h_i——墙顶距第i层挡土墙中心的高度(m)；

　　　K_i——加筋土挡土墙内h_i深度处的土压力系数；

　　　b——荷载内边缘至挡土墙边缘的距离(m)；

　　　h_0——荷载换算土柱高(m)；

　　　l_0——荷载换算宽度(m)；

　　　λ——拉筋拉力峰值附加系数，取 1.5~2.0；

　　S_x、S_y——拉筋之间水平及垂直间距，采用土工格栅拉筋时只有垂直间距S_y。

不同类型的加筋材料，对应的加筋土挡土墙内的土压力系数K_i会有不同(图 3-3-220)。对柔性筋材，土压力系数K_i恒等于主动土压力系数K_a；对刚性筋材，由于加筋体部分填土变形难以满足主动极限平衡条件，土压力系数按双线性形式分布，从墙顶到 6m 深度，K_i从静止土压力系数K_0减小到K_a；6m 深度以下，K_i等于K_a保持不变，即对于刚性筋材，土压力系数K_i按下式计算：

$$K_i = K_0 - \frac{h_i}{6}(K_0 - K_a) \quad (0 \leq h_i \leq 6\text{m}) \qquad [3\text{-}3\text{-}293\text{a}]$$

$$K_i = K_a \quad (h_i > 6\text{m}) \qquad [3\text{-}3\text{-}293\text{b}]$$

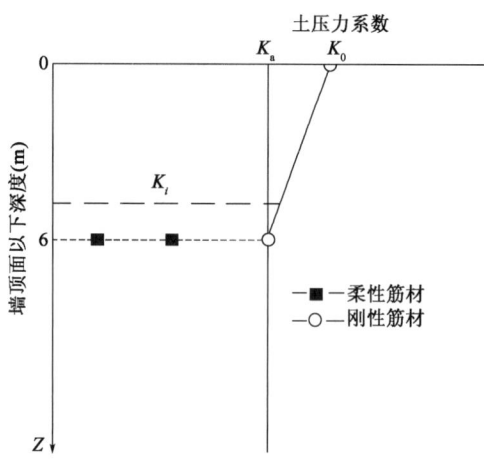

图 3-3-220　土压力系数与深度关系

土压力系数K_i为深度h_i的连续函数。按此计算方法求得的土压力，沿墙高上部 6.0m 内呈曲线分布，在该墙高段内的总土压力约为主动土压力的 1.25 倍，而 6.0m 以下呈直线分布，即主动土压力。土压力的此种分布规律与现场试验实测结果是吻合的：挡土墙上部接近静止土压力，下部接近主动土压力。

加筋材料抗拉强度应符合：$T_i \leq T_a$，其中T_a为筋材的允许抗拉强度(kN/m)。

2）抗拔稳定验算

抗拔稳定验算根据拉筋的锚固抗拔力与所承受的水平土压力的比值确定，包括全墙的抗拔稳定和挡土墙单层筋材的抗拔稳定验算。加筋土挡土墙中，第i层加筋的抗拔力T_{pi}取决于填土破裂面以外筋材的锚固长度L_{ei}和加筋材料与填土之间的抗拔摩擦力，即：

$$T_{pi} = 2(\gamma \cdot z_{pi} + \sum \Delta \sigma_v)L_{ei}f \qquad (3\text{-}3\text{-}294)$$

式中：L_{ei}——第i层加筋有效锚固长度，即超出填土滑动面的筋材锚固段长度(m)；

　　　z_{pi}——加筋锚固段中点处上覆土层厚度(m)；

　$\sum \Delta \sigma_v$——超载引起的垂直附加应力(kPa)；

　　　f——筋材与填土的摩擦系数，应由试验测定。

加筋土挡土墙的抗拔稳定性应满足下列准则：

$$T_i \leqslant \frac{T_{\mathrm{p}i}}{F_\mathrm{s}} \tag{3-3-295}$$

式中：F_s——抗拔安全系数，应不小于1.3。

每层加筋的总长度由3个部分组成，第i层加筋的总长度L_i由下式计算：

$$L_i = L_{\mathrm{o}i} + L_{\mathrm{e}i} + L_{\mathrm{w}i} \tag{3-3-296}$$

式中：$L_{\mathrm{o}i}$——第i层加筋在主动区的长度(m)；

$L_{\mathrm{e}i}$——第i层加筋有效锚固长度(m)，不应小于1.0m；

$L_{\mathrm{w}i}$——第i层加筋端部包裹回折长度(m)。

3) 深层滑动稳定验算

一般来说，对于软弱地基应验算加筋体及其后部填土沿地基内滑动的可能性，即连同地基的深层滑动。进行深层滑动稳定验算时，将加筋复合体视为一刚性整体，按传统极限平衡分析方法(简化Bishop法等圆弧法)计算最危险滑动面的安全系数，以此评价挡土墙是否稳定，安全系数应大于1.3。如果得到的安全系数不满足相关规范要求，应事先对软弱地基进行加固处理。

三、一般构造

无面板土工格栅加筋土挡土墙，主要由土工格栅、填土网袋、连接棒、路基填料组成(图3-3-221)。其主要构成材料的特点和要求如下。

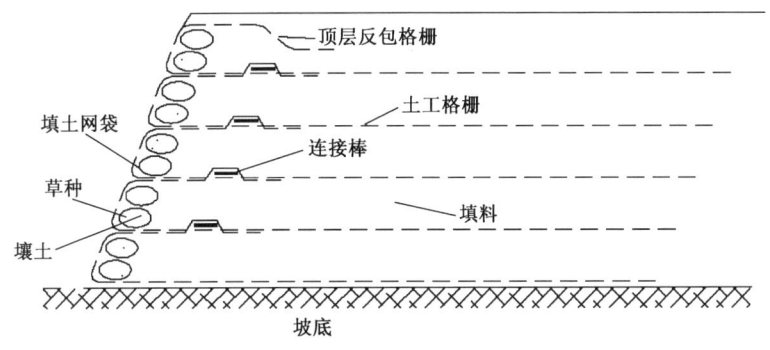

图3-3-221 无面板土工格栅加筋土挡土墙基本结构图示

1. 路基填料

路基填料一般要求为非膨胀岩土，建议采用渗水性良好的中粗砂、砂砾或碎石填筑，填料与筋材直接接触部分不应含有尖锐棱角的块体，填料最大粒径不应大于100mm。通过大量试验得出在土工格栅加筋土挡土墙中，150mm的岩石块体对土工格栅的施工损伤系数为0.85，因此建议填料最大粒径不应超过100mm，并且填料中应不包含有机质、泥岩、页岩或其他稳定性差的颗粒，以及经淋滤易于流失组分的颗粒。

路基填料不宜使用黏质土填料。对于填土料性质，一般不考虑土的黏聚力，但应限制填料用土中黏粒(粒径不大于0.075mm)的含量，一般不超过15%。不建议使用黏质土填料，因为黏质回填土随时间的变形比粗粒料回填土大得多，用黏质回填土完工后负孔压将有明显的消散，并且在回填土达到饱和时成为正孔压。黏质回填土的饱和将导致土中抗剪强度的降低，并危及挡土墙。

对于黏粒含量超过15%、塑性指数大于6的加筋填土,应进行压缩试验确定变形参数,宜进行长期蠕变试验、直剪试验,获得筋土作用参数。设计时需考虑加筋土的蠕变变形和压缩沉降及其对加筋土结构稳定性的影响。

被挡土体或上层覆盖土与加筋填料颗粒相差悬殊时,应在二者之间设置反滤层和隔离层。

2. 土工格栅加筋材料

无面板土工格栅加筋土挡土墙一般采用单向拉伸的塑料土工格栅[高密度聚乙烯(HDPE)或聚酯(PET)]为加筋材料。土工格栅加筋材料应符合现行《公路土工合成材料应用技术规范》(JTG/T D32)的规定,格栅材料具备足够的强度,并且与土产生足够的摩阻力,才能使加筋土体保持稳定。

在选择土工格栅做加筋土挡土墙设计时,必须注意不同材质格栅的选用,市场上的土工格栅以高密度聚乙烯(HDPE)格栅或聚丙烯(PP)格栅为主,还包括钢塑土工格栅、聚酯(PET)格栅等新材料格栅,材质不同的格栅极限抗拉强度相同但蠕变强度差异很大。如 RS50HDPE 格栅和 RS50PP 格栅虽质控抗拉强度相同,但蠕变强度差异很大。国际某公司曾做过蠕变试验,结果为:聚丙烯格栅在长期荷载作用下,120 年后蠕变强度为极限抗拉强度的 12%;高密度聚乙烯格栅在长期荷载作用下,120 年后蠕变强度为极限抗拉强度的 40%。高密度聚乙烯格栅的蠕变强度是聚丙烯格栅蠕变强度的 3 倍多。

因此,无面板土工格栅加筋土挡土墙对土工格栅加筋材料的基本要求为:耐久性好、高强度、高模量、高表面摩擦系数、低延伸率和低蠕变性等。

根据《公路土工合成材料应用技术规范》(JTG/T D32—2012),土工格栅加筋材料的设计计算抗拉强度 T_a 为:

$$T_a = \frac{T_{ult}}{F} = \frac{T_{ult}}{F_{CR} \cdot F_{ID} \cdot F_{cD} \cdot F_{bD}} \tag{3-3-297}$$

$$T_i = \frac{T_{ult}}{F_s} \tag{3-3-298}$$

式中:T_{ult}——加筋材料的极限抗拉强度,按现行《公路工程土工合成材料试验规程》(JTG E50)试验确定;

F_s——结构稳定安全系数,$F_s > 1.0$;

F——总折减系数;

F_{CR}——考虑蠕变折减系数,土工格栅加筋土挡土墙一般取 2.0 ~ 3.0;

F_{ID}——施工机械破坏折减系数,土工格栅加筋土挡土墙一般取 1.1 ~ 1.4;

F_{cD}——考虑化学破坏的折减系数,土工格栅加筋土挡土墙一般取 1.0 ~ 1.4;

F_{bD}——考虑微生物、热氧化等影响的老化折减系数,土工格栅加筋土挡土墙一般取 1.0 ~ 1.3。

另外,选择合适的土工格栅加筋材料进行挡土墙加筋还需符合以下要求:

(1)无面板土工格栅加筋土挡土墙加筋间距不宜超过 60cm,以免降低筋土作用效果。

(2)土工格栅加筋长度必须满足格栅穿过滑动面的要求。一般无面板土工格栅加筋长度之比应大于 0.7 倍的挡土墙墙高;墙高大于 6m 时,为了满足挡土墙的稳定性要求,加筋长度通常取 0.8～1.1 倍的墙高。当挡土墙上方有填土等其他附加荷载时,加筋长度应适当放宽,筋长与墙高之比不应小于 1∶1,具体根据计算确定,且不得小于最小筋长。

墙高小于或等于 3m 时最小筋长不宜小于 4m,墙高大于 3m 时最小筋长不宜小于 5m,最小主动区筋长不小于 4m。当挡土墙加筋距离不够时,可与重力式挡土墙结合使用,扩大加筋墙基础宽度,增加挡土墙加筋长度,方便铺设土工格栅(图 3-3-222)。

图 3-3-222　十房高速公路无面板土工格栅加筋土挡土墙与重力式挡土墙结合使用的工程实例

(3)土工格栅材料专用连接棒强度不得低于筋带抗拉强度。

(4)无面板土工格栅加筋土挡土墙拐角处土工格栅铺设应按设计要求满铺于设计范围。在墙体凸出处会出现部分土工格栅重叠,为防止重叠部分摩擦系数降低,要求必须铺设一层 10～20mm 厚的土或砂,形成粗砂层,再由土工格栅反包而成。每层土工格栅由专用连接棒连接,粗砂层将两层土工格栅分开,以确保摩擦阻力的发挥。在墙体凹陷处会出现土工格栅空缺部位,为使墙背后不留无筋墙体,应在空缺部位增设相应长度土工格栅,以使土工格栅布设与其他部位相同,防止筋土摩阻力效应出现缺失范围。

3. 填土网袋

填土网袋一般由原生塑料编织袋装满级配均匀的土料或砂石形成,由土工格栅反包形成墙面,网袋内视情况还可撒播草籽、灌木种子、花籽等。

填土网袋从装袋土石质量、袋尺寸、装袋重量等方面进行控制。每批填土网袋材料进场,应加强对土袋外形尺寸检查,重点检测布料厚度、双向断裂强度、横向缝制强度、断裂伸长率等指标。填土网袋可现场填充。填土网袋要求质量均匀,并随时进行称重抽检,防止出现土袋耷拉不成型、垒砌高度不够、错缝不对齐等现象。顶高不符合要求的在每袋底部加垫碎石。

4. 排水设计

无面板土工格栅加筋土挡土墙排水设计包括路堤底部排水、加筋区域与挡土墙后部防排水、挡土墙顶部防排水及挡土墙墙面防排水等。

无面板土工格栅加筋土挡土墙排水设施一般是在加筋土体的底层设置碎石排水层(图 3-3-223),用于加筋土挡土墙底部的排水级配碎石的含泥量应不超过 5%;在挡土墙后方渗水部位设置排水渗沟等竖向排水,控制墙后地下水的渗入;表面径流水也应当在坡顶处排走,以免造成对坡面的冲蚀。

图 3-3-223　无面板土工格栅加筋土挡土墙底层设置的碎石排水层

四、设计计算

1. 无面板土工格栅加筋土挡土墙的破坏形式与稳定要求

土工格栅加筋土挡土墙的所有可能存在的破坏机制可以归纳为外部破坏、内部破坏和局部破坏三大类,但在实际工程中,存在混合破坏模式。就内部稳定性和外部稳定性而言,加筋土挡土墙发生破坏的力学机制与加筋材料特性、填土性质和筋材布置存在内部相关性。主要存在整体及局部稳定性破坏、倾覆破坏、筋材拔出及拉断破坏、侧向变形过大及筋材长度不足引起的破坏。

对于无面板土工格栅加筋土挡土墙,当加筋间距较小("密筋"情形)时,加筋土体部分表现为一个复合整体,土工格栅加筋土挡土墙以外部(整体)破坏为主,内部破坏不太可能发生;相反,当加筋层间距较大("疏筋"情形)时,加筋土体表现为筋土离散的组合特征,土工格栅加筋土挡土墙将以内部破坏或局部破坏为主,不太可能发生侧向滑动或倾覆这样的整体性破坏。另外,在基岩坡体上开挖修建加筋土挡土墙,坡面将是一个潜在滑动面,在进行加筋土挡土墙应用设计时,应关注此模式下的挡土墙稳定性。

注意对降水和地下水的处理,防止水土破坏作用。国外学者统计分析了 171 个加筋土挡土墙失效(变形过度和破坏)案例,61%(104 个)采用的是粉土或黏性土作为加筋土区域填土,72%(123 个)可归结为填土压实没有达到设计要求的压实标准,60%(102 个)的失效原因可以直接归结为填土内部或外部水的影响。这些失败教训与成功经验一样值得珍惜。在设计时应注意对降水和地下水的处理,施工中应按规定对填土进行压实,在设计和施工时都应尽量避免采用不符合要求的细颗粒土。

2. 无面板土工格栅加筋土挡土墙的设计与构造要求

1) 筋带有效长度计算

$$L_{bi} = \frac{E_{xi}}{\sigma_{vi} \times \alpha \times f} \tag{3-3-299}$$

式中:E_{xi}——第 i 层承受的水平土压力(kN);

　　　L_{bi}——拉筋有效长度(m);

　　　σ_{vi}——第 i 层拉筋上下两面垂直压应力(kPa);

　　　α——拉筋宽度,土工格栅取 1m 计算,筋带按实际宽度计算;

　　　f——拉筋与填土间的似摩擦系数,一般取 0.3~0.4。

但土工格栅最小加筋长度不小于 $0.7H$(H 为墙高)。

2)格栅反包段长度

无面板土工格栅加筋土挡土墙通过土工格栅在墙面回折埋入上层填土中,发挥墙面挡土的作用。根据计算,只要回折长度不小于2倍加筋层间距或不小于2.0m,在正常加筋层间距条件下,回折段的锚固强度满足要求,可以稳定发挥其挡土作用。

《公路路基设计规范》(JTG D30—2015)规定,同一挡土墙,土工格栅加筋土挡土墙反包段长度不宜超过3种,一般建议取统一的水平回折反包长度,其长度应大于式(3-3-300)计算值,且不宜小于2m。坡面保护应采用抗老化的筋材。

$$L_0 = \frac{D\sigma_{hi}}{2(C + \gamma h_i \tan\delta)} \quad (3\text{-}3\text{-}300)$$

式中:L_0——计算拉筋层的水平回折反包长度(m);

D——拉筋的上、下层间距(m);

σ_{hi}——水平土压应力(kPa);

C——拉筋与填料之间的黏聚力(kPa);

δ——拉筋与填料之间的内摩擦角(°),填料为砂类土时取$(0.5 \sim 0.8)\varphi$;

γ——加筋体的填料重度(kN/m^3);

h_i——墙顶(路肩挡土墙包括墙顶以上填土高度)距第i层墙面板中心的高度(m)。

3)筋带垂直间距

筋材铺设的间距一般由筋材承受的拉力、筋材强度和铺设要求计算确定,目前国内外包裹式加筋土挡土墙的包裹层厚度一般在0.3~0.5m范围内选取,并不宜超过0.6m。

4)挡土墙最大填土高度

无面板土工格栅加筋土挡土墙的设计是先根据实际情况选定筋带强度及包裹层厚度,然后再根据包裹层厚度等指标确定加筋段长度,所以无面板土工格栅加筋土挡土墙只要计算、设计准确合理,材料达标及施工规范,就不会发生筋带被拉出而导致挡土墙破坏的问题。但筋带长度受到挡土墙横断面宽度的限制,不同横断面形式有不同的限制要求,这些限制也制约了挡土墙墙高,导致其不能过大。

《公路路基设计规范》(JTG D30—2015)对加筋土挡土墙适用的墙高进行了规定:高速公路、一级公路墙高不宜大于12m,二级及二级以下公路不宜大于20m;当采用多级墙时,每级墙高不宜大于10m,上下级墙体之间应设置宽度不小于2m的平台。

5)墙面倾角(坡率)

无面板土工格栅加筋土挡土墙设置反包的目的主要是保证坡面的局部稳定。根据《公路土工合成材料应用技术规范》(JTG/T D32—2012),加筋土挡土墙坡率应不小于1:0.5,否则按陡坡加筋路堤进行设计。

无面板土工格栅加筋土挡土墙由于多层筋材的存在,即使在边坡很陡的情况下也能保持稳定,所以工程中包裹式加筋土挡土墙的坡率多为1:0.5~1:0.3,甚至更陡。

但土工格栅加筋土挡土墙的反包面板也应控制墙面倾角,不应太陡。如接近90°,不利于植被生长,土工格栅长期暴露在外,易于老化。

在山区复杂地形条件下,使用加筋土挡土墙,由于地形和施工空间受到限制,设置片石混凝土支撑墩或圬工挡土墙等可为加筋土挡土墙提供稳定的基础。

另外,对于加筋土挡土墙,特别是在山区复杂地形条件下,排水是核心问题之一。

五、施工方法与注意事项

1. 施工工艺方法(图 3-3-224)

无面板土工格栅加筋土挡土墙施工方法为:清基→放样→土方开挖机平整→设置碎石排水层→铺设第一层土工格栅→坡面填土网袋码砌→张拉格栅→填土及碾压→格栅回折反包→铺设第二层土工格栅→连接上一层土工格栅→坡面填土网袋码砌→张拉第二层土工格栅→填土及碾压→格栅回折反包→重复至顶层设计高度→上部填土放坡压实。

(1)按设计及规范要求平整墙底。墙底范围内的地面应按设计要求开挖平整,开挖后全面检查,所有软弱土需压实或换填合适土料,并将整个场地全面压实至设计标准。

(2)根据设计要求准确施工放线。

(3)设置挡土墙排水层,在挡土墙底部及挡土墙后方回填设置碎石排水层。

(4)按设计要求裁剪土工格栅,根据施工放线的实际位置铺设底层格栅,格栅水平铺设,且与墙面垂直。沿道路纵向,相邻土工格栅相互搭接。土工格栅必须按设计图纸要求的位置、长度及方向进行铺设。裁剪时,沿格栅横向必须保留一整排至少 60mm 长的格栅纵向肋条,并预留出格栅包裹的长度。

(5)装填土网袋,并在坡面处的格栅上整齐码放。有较高绿化要求时,可进行土壤改良并配置草种。种植土内考虑到排水或滤水需要允许有少量砂石存在,过黏土可适量拌风化砂,草种宜选适宜当地土壤气候的本地草种。

(6)张拉格栅。将首层土工格栅反包部分临时固定于坡面上,其他各层用连接棒与上一层土工格栅连接,对自由端用张拉梁施加张力,使格栅保持受力绷紧,保证格栅平顺贴紧地面。及时用 U 形钉固定,防止格栅发生移位。当格栅较长时,应分段张拉,分段张拉长度以 5~6m 为宜。

(7)回填土料。用机械设备将土料从格栅尾端开始瀑布式卸到格栅上。每层摊铺厚度约为 30cm,分层压实至顶面高程。

(8)碾压。碾压的顺序如图 3-3-225 所示,平板夯机运行方向应平行于挡土墙的水平走向。下一遍碾压的轮迹应与上一遍夯机轮迹重叠轮迹宽度的 1/3。第一遍轻压不带振。碾压时从格栅中部向尾部(自由端)逐步进行,然后逐步转向挡土墙墙面。回填风化砂按最佳含水率施工,在碾压前可适当洒水,压实度达到设计要求,按要求确定压实度检测点数目。

填土施工时,应保证填土摊铺在格栅上,格栅不发生褶皱。为避免格栅在施工中受损,机械履带和格栅间应保持 15cm 厚的填土层,填土分层用重型压力机碾压,在邻近结构面的 1.5m 范围内用轻型压路机碾压。严禁大型车辆机械在格栅面上作业。

(9)格栅反包(图 3-3-226)。将放在墙面外的反包段格栅反包在已铺筑好的网眼袋及压实好的第一层填料上,用木桩或 U 形钉固定格栅。木桩固定利用张拉钩在上一层格栅的自由端施加拉力,使连接棒处拉紧受力,直至墙面反包段格栅也受力绷紧为止。张拉钩用 $\phi6mm$ 钢筋制作,长约 1m。张拉格栅至少 2 人同时进行,每人左右手各拉 1 根张拉钩。

(10)重复(2)~(9)步骤,进行第二层的格栅下料及铺设工作。

(11)用连接棒将第二层格栅与第一层格栅的反包段连接起来(图 3-3-226)。

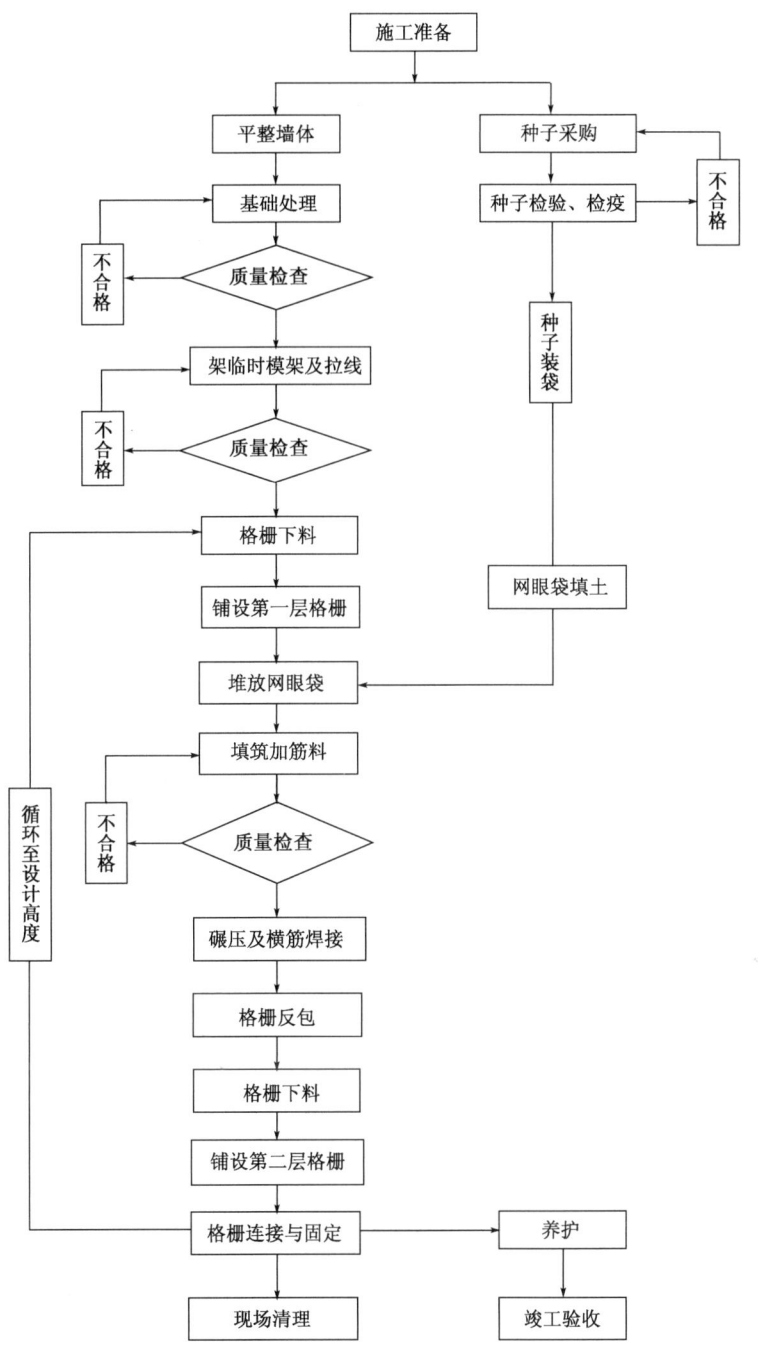

图 3-3-224 加筋土挡土墙施工工艺框图

(12) 重复以上程序,直到挡土墙的设计高度。最顶层土工格栅应足够长,其反包长度较其下各层的反包段长一些,并埋在填土面下,保证填土可提供足够的约束力以永久性地锚固格栅。

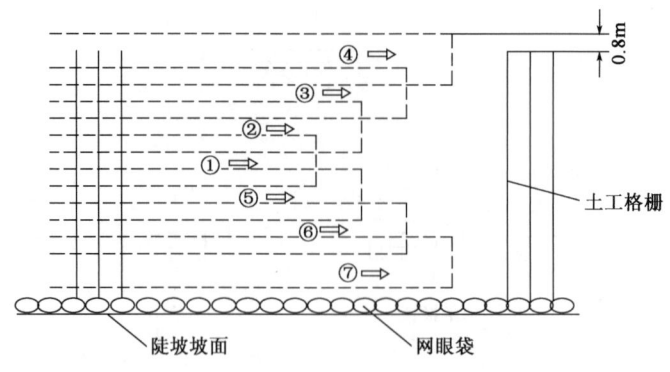

图 3-3-225 挡土墙碾压顺序图

图 3-3-226 土工格栅反包连接图示

(13)植物的后期养护管理。浇水贯彻"天干必浇,浇则浇透"的原则,保持植株生长的水分供应,直至成活。养护用水应无毒,不含妨碍植株生长的成分。同时适时进行肥料和做好病虫害的预防工作。

2. 施工注意事项

1)一般注意事项

(1)场地要求压实平整,呈水平状,清除尖刺等凸起物,以免影响土工格栅的铺设及抗拉强度。

(2)严格按设计尺寸剪裁格栅,需预留包裹格栅长度,土工格栅的主要受力方向(纵向)应垂直于边坡坡面方向,铺设平整后应采用张拉设备张拉绷紧,再用 U 形销钉固定,层与层之间连接时采用连接棒连接牢固,及时检查调整。

(3)填土网袋应装填饱满并拌和肥料及草籽,质量均匀,防止土袋奄拉变形。土袋垒砌至相应高度,上下层土袋应错缝搭接。土袋应按坡度、水平和竖直方向整齐码放,拍实整平,保证线形、规则度和美观性。

(4)格栅反包。回填土方达到规范要求压实密度后,反包土工格栅并铺设在填土上,铺设上层格栅,用连接棒与反包格栅连接,然后拉紧格栅,使连接在一起的格栅绷紧并紧贴于填土面上。

(5)填料的选择应注意控制填料粒径和级配,以保证压实质量。

(6)填料的摊铺和压实。当土工格栅铺设定位后,应及时填土覆盖,裸露时间不宜超过48h,可采取边铺边回填的流水作业法。

填土从拉筋中部开始沿平行墙面逐步向两端填筑,这样可以保证拉筋受力均匀,不至于将拉筋的变形挤向面墙,造成面墙处拉筋松弛。分层碾压,并保证碾压后填土面的平整。

碾压时应先轻后重,从格栅中部开始,纵向行进,逐步碾压至格栅尾部,再靠近坡面部位碾压。整个碾压过程严禁压路机在未经压实的填料上急剧改变方向和紧急制动。对于靠近面坡处的填料,由于大型碾压机不能靠近,在靠近面墙1m范围采用轻型压实机械以保证其密实度。

(7)填料的压实度采取现场实测的办法测定,距墙面1.0m范围以外应不小于路基压实度要求,1.0m范围以内的应不小于90%。

(8)做好挡土墙坡体内外的排水处理,做好坡脚防冲刷。在挡土墙底部及挡土墙后方回填设置碎石层用作挡土墙排水层,在土体内可设置滤、排水措施,必要时,应设置土工布、透水管(或盲沟)。

2)雨季施工措施

(1)合理安排施工的分项工程内容,避开雨季施工不能进行的工作内容。

(2)对在雨季施工的工作内容,应及时采取防护措施,避免由降雨造成的损害。

(3)做好施工现场的防涝排水措施,及时疏通,保证施工现场的排水通畅。

(4)对施工现场的机、物、料进行保护,防水保干,采取有效措施防淋、防湿,确保施工机、物、料的正常供应。

(5)保证施工便道的排水通畅,不影响工程的施工。

(6)做好人员的卫生、保卫工作,防止人身伤亡事故的发生,做好流行病的预防工作。

(7)安排紧凑的施工工序,保证各施工工序质量。

第十二节 桩板式挡土墙设计

一、概述

桩板式挡土墙采用钢筋混凝土结构,由基桩及桩间的挡土板组成(图3-3-227),利用基桩深埋部分的锚固段的锚固作用和被动土抗力,维持挡土墙的稳定。当墙较高时,可在桩顶0.3倍墙高以下设置锚杆或锚索,以使桩板墙面保持垂直。

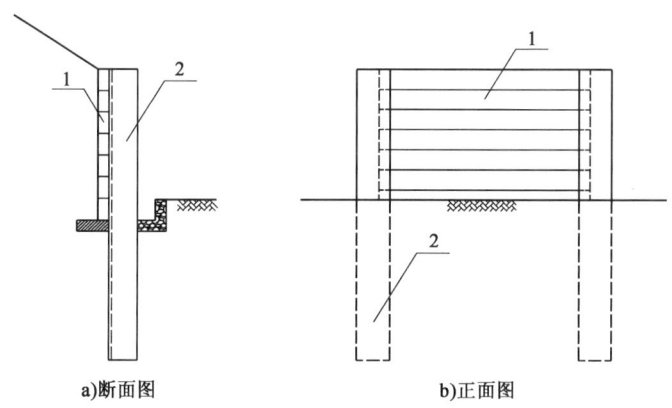

图3-3-227 桩板式挡土墙
1-挡土板;2-桩

1. 应用范围

桩板式挡土墙主要应用于表土及强风化层较薄的均质岩石地基。但由于具有地基强度不足可由桩的埋深得到补偿的优点，桩板式挡土墙的应用范围还可推广：既可用于路肩式挡土墙，也可用于路堤式挡土墙；既可用于均质的岩石地基，也可用于地质条件较差的土质地基。

桩板式挡土墙作为路堑墙时，可先设置桩，然后开挖路基，挡土板可以自上而下安装，这样既保证了施工安全，又减少了开挖工程量。

2. 分类

按桩的受力性质与桩底支承条件可分为刚性桩、弹性桩；按桩底的锚固程度可分为自由支承、铰支承、固定支承。

3. 材料标准

桩板式挡土墙构件宜采用 HRB400（Ⅱ级）钢筋，混凝土的强度等级不应低于 C20。

4. 构件断面形式

钢筋混凝土桩的断面一般采用矩形断面、带槽口的工字形断面或圆形断面。墙面板可采用矩形断面、槽形断面或空心板。

5. 嵌岩桩桩板式挡土墙的应用条件

桩板式挡土墙多用于岩石地基，地基基岩的饱和单轴抗压强度宜大于 20MPa，岩体的完整系数宜大于 0.6。

鉴于嵌岩刚性桩桩板式挡土墙是应用较多的形式，本节的以下内容均按无锚杆（索）嵌岩刚性桩桩板式挡土墙列出。

二、设计计算

桩板式挡土墙设计计算主要包括土压力计算、桩和板的内力计算、桩和板的承载能力计算等内容。

1. 土压力计算

桩板式挡土墙的墙后土压力计算与重力式挡土墙的土压力计算方法相同（可参见本章第四节、第五节的相关内容），以挡土板后的竖直墙面为计算墙背，按库仑主动土压力理论计算土压力。桩及板的计算仅计入墙后主动土压力的水平分量，主动土压力的竖直分量及墙前被动土压力一般忽略不计。

2. 桩和板的内力计算

1）桩的内力计算

桩可作为固结在基岩内的悬臂梁构件计算，并按受弯构件设计。桩上的作用荷载为两侧桩间距各半的墙后土压力的水平分力，土压力可按线性分布考虑。

最大弯矩及剪力作用于基岩强风化层的底面处，可不计表土及强风化层对桩的作用。桩后不设锚杆（索）时，作用于墙后的主动土压力的水平分量在桩上所产生的最大弯矩 M_{ZD} 及剪力 V_{ZD}，可按以下公式计算：

$$M_{ZD} = (2\sigma_S + \sigma_D) \cdot h^2 \cdot L/6 \tag{3-3-301}$$

$$V_{ZD} = (\sigma_S + \sigma_D) \cdot h \cdot L/2 \tag{3-3-302}$$

式中：h——桩板式挡土墙的墙高(m)，为桩顶至基岩强风化层底面的高度(图 3-3-227)；

　　　L——挡土板跨中至相邻挡土板跨中的间距(m)；

　　　σ_S——墙顶的主动水平土压应力(kPa)，$\sigma_S = \gamma h_0 K_a$；

　　　σ_D——墙高底端的主动水平土压应力(kPa)，$\sigma_D = \gamma h K_a$；

　　　h_0——换算土层高度(m)；

　　　K_a——主动土压力系数。

注：式(3-3-301)和式(3-3-302)为未计荷载分项系数的内力计算式，其内力值作为桩的嵌岩深度计算、桩身裂缝宽度验算的参数。

2) 板的内力计算

预制钢筋混凝土挡土板可视为支承在桩上的简支板进行内力计算，并按受弯构件设计。挡土板的计算跨径 L 为：

圆形截面桩：

$$L = L_c - 1.5t \tag{3-3-303}$$

矩形截面桩：

$$L = L_0 + 1.5t \tag{3-3-304}$$

式中：L——挡土板的计算跨径(m)；

　　　L_c——相邻圆形截面桩的桩中心距离(m)；

　　　L_0——相邻矩形截面桩间的净距(m)；

　　　t——挡土板的板厚(m)。

计算截面所在高度墙后的主动土压力水平分量时，作用于基桩或挡土板上的作用(或荷载)沿墙长方向可视为均布。构件上的作用效应需采用最不利组合值。当桩板按持久状况承载能力极限状态进行截面验算或配置钢筋时，应按本章第三节计入作用的分项系数；当按持久状况正常使用极限状态进行抗裂性验算或挠度计算时，应按作用(或荷载)短期效应组合计算并考虑长期效应影响进行验算。

3) 设计装配式挡土板时，还应进行运输、吊装、施工过程中板的强度验算。可按短暂状况钢筋混凝土构件进行计算。此外，桩与板间搭接的接触面还应进行抗压强度的验算。

基桩和挡土板均为钢筋混凝土构件，设计时详细计算可参照现行《公路钢筋混凝土及预应力混凝土桥涵设计规范》(JTG 3362)的规定执行。

3. 基桩的嵌岩深度计算及稳定验算

桩的埋深除满足构造要求外，主要取决于侧壁的承载能力，故桩的埋深与地形状况及地基的性状有关。

(1) 当桩所嵌入的基岩层顶面为水平或坡度小于 10°时(图 3-3-228)，嵌岩桩的有效嵌入深度 h_D 可按式(3-3-305)或式(3-3-306)计算：

① 圆形桩：

$$h_D \geq \frac{4V_{ZD} + \sqrt{16V_{ZD}^2 + 9.45\eta \cdot R_a \cdot M_{ZD} \cdot d}}{0.787\eta \cdot R_a \cdot d} \tag{3-3-305}$$

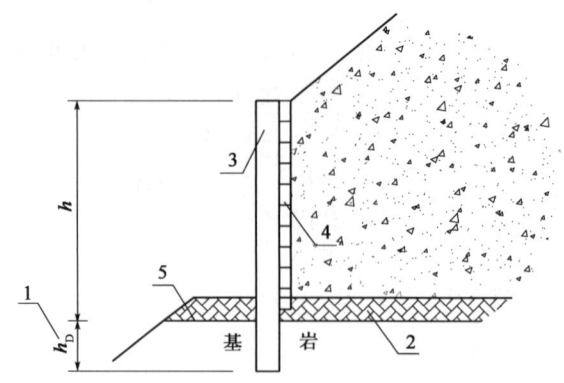

图 3-3-228　桩板式挡土墙的嵌岩深度
1-桩的有效嵌入深度；2-表土层或强风化层；3-桩；4-挡土板；5-基岩顶层

②矩形桩：

$$h_D \geqslant \frac{4V_{ZD} + \sqrt{16V_{ZD}^2 + 12\eta \cdot R_a \cdot M_{ZD} \cdot b}}{\eta \cdot R_a \cdot b} \qquad (3\text{-}3\text{-}306)$$

式中：R_a——采用直径为 70～100mm、高度与直径相等的圆柱形岩芯试件，所测定的饱和湿度下岩石的单轴极限抗压强度(kPa)；

η——系数，$\eta = 0.3\sim1.0$，当基岩节理发育，岩层产状的外倾角大时，取小值；节理不发育，岩层产状的外倾角小时，取大值；

d——圆形桩的直径(m)；

b——矩形桩顺墙长方向的宽度(m)。

(2) 当桩所嵌入的基岩层顶面坡度大于 10°时(图 3-3-229)，应对桩基进行斜坡面上稳定验算及桩基前岩石地基的水平向极限承载力验算。

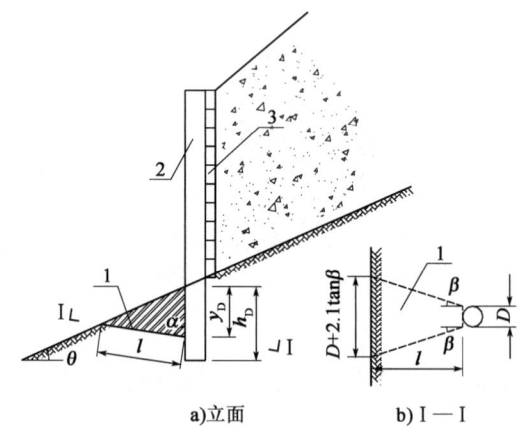

图 3-3-229　嵌入斜坡岩石地基的桩
1-滑动面；2-桩；3-挡土板

①桩基稳定可按下列公式验算：

$$M_R/M_I \geqslant F_S \qquad (3\text{-}3\text{-}307)$$

$$M_R = 0.33 y_D \cdot P_q + 0.50 \cdot (h_D - y_D) \cdot P_q \cdot [(h_D - y_D)/y_D]^2 \qquad (3\text{-}3\text{-}308)$$

$$M_1 = M_{ZD} + y_D \cdot V_{ZD} \tag{3-3-309}$$

$$y_D = \frac{h_D \cdot (3M_{ZD} + 2V_{ZD} \cdot h_D)}{3(2M_{ZD} + V_{ZD} \cdot h_D)} \tag{3-3-310}$$

式中：F_S——倾覆稳定系数，规定为2.5；

M_R——抗倾覆力矩（kN·m）；

M_1——倾覆力矩（kN·m）；

P_q——桩基前岩石地基的水平极限承载力（kN），可按式（3-3-312）计算；

y_D——桩的旋转中心至岩层顶面的深度（m）（图3-3-229）；

h_D——拟定的桩的有效嵌入深度（m）。

②桩基前岩石地基极限水平承载力P_q可按下列公式验算：

$$P_q \geqslant n \cdot P_S \tag{3-3-311}$$

$$P_q = \frac{W \cdot (\cos\alpha + \sin\alpha \cdot \tan\varphi) + C \cdot A}{\sin\alpha - \cos\alpha \cdot \tan\varphi} \tag{3-3-312}$$

$$\alpha = 45° + \varphi/2 + \theta/2 \tag{3-3-313}$$

$$W = \frac{l \cdot y_D \cdot \gamma \cdot \sin\alpha(3B + 2l \cdot \tan\beta)}{6} \tag{3-3-314}$$

$$A = (B + l \cdot \tan\beta) \cdot l \tag{3-3-315}$$

$$P_S = \frac{(3M_{ZD} + 2V_{ZD} \cdot h_D)^2}{3h_D(2M_{ZD} + V_{ZD} \cdot h_D)} \tag{3-3-316}$$

式中：P_S——桩基前岩石地基水平应力的合力（kN）；

A——滑动面的面积（m²）；

l——滑动面的长度（m）；

θ——基岩顶面与水平面的倾角（°）；

α——滑动面与竖直面的夹角（°）；

β——桩前岩石滑动面扩散角，$\beta = 30°$；

B——桩的计算宽度（m），对于圆形截面桩，B为桩的直径；对于矩形截面桩，B为顺墙长方向的宽度；

γ——岩石的重度（kN/m³）；

n——安全系数，规定为2.5，考虑地震力时规定为1.5；

W——桩前滑动面以上地基的重力（kN）；

C——岩石地基的黏聚力（kN/m²）；

φ——岩石地基的内摩擦角（°）。

其他符号意义同上文。

（3）桩基前地基岩层结构面的产状、倾角为向坡外倾斜时，还应按顺层滑坡验算地基的稳定性及整体稳定性。

三、结构构造

1. 桩

桩板式挡土墙中所采用的桩应现场整体浇筑,可采用挖孔桩或钻孔桩。桩是主要受力构件,对挡土墙的稳定性起着十分重要的作用,桩身混凝土必须连续灌注,不宜中断。墙后填土宜在混凝土达到设计强度的70%以后,才能进行填筑。

桩的间距可根据挡土板的重量与吊装能力确定,宜为墙高的1/4~1/2,但不应大于15m。嵌岩桩采用圆形截面或矩形截面,矩形截面长边(垂直于墙长方向的边长)与短边(顺墙长方向的边长)之比不宜大于1.5:1,桩的直径或矩形截面短边宽度不宜小于1.25m。嵌入基岩顶面以下的有效深度宜符合本节下文设计与计算的相关规定,且不宜小于桩径或矩形截面顺墙长方向边长的1.5倍。

桩的受力钢筋应沿桩长方向通长布置,直径不应小于12mm。桩的钢筋保护层净距不应小于50mm。

2. 挡土板

挡土板可采用预制拼装,板两端1/4板长处,宜预留吊装孔。挡土板厚度不宜小于0.20m,板宽可根据吊装能力确定,但不宜小于0.30m,大多为0.5m,板的规格不宜太多。挡土板与桩的搭接长度,每端不得小于1倍板厚。若为圆形桩,则应在桩后设置搭接用的凸形平台,平台宽度宜比搭接长度宽20~30mm。

挡土板外侧墙面的钢筋保护层厚度宜大于35mm,板内侧墙面保护层厚度宜大于50mm。

墙身不必专门设置泄水孔,可利用每块挡土板上预留的吊装孔和拼装缝隙作为泄水孔,但应视墙后填土设置排水垫层、墙背排水层及反滤层。

墙身不必专门设置伸缩缝、沉降缝,但在挡土板与桩的连接处,相邻板端的间隙宽度不宜小于30mm,间隙缝应用沥青麻筋填塞。

挡土板的安装宜在桩侧地面整平夯实后进行。当地面纵坡较陡时,可设浆砌片石垫块作挡土板的基础。

桩板式挡土墙的端部构造一般不便于直接与路基连接,因此需对墙端另外进行设计,通常采用的办法是在墙两端各砌(浇)筑一段整体式墙面的挡土墙,作为与路基或原地层连接的过渡构造。

第十三节 极限状态法与容许应力法对比

挡土墙的设计方法有容许应力法和极限状态法两种。容许应力法是把结构材料视为理想的弹性体,在荷载的作用下产生的应力和应变不超过规定的容许值。极限状态法不再采用容许应力法视结构材料为理想、匀质弹性体的假定,而是承认结构在临近破坏时处于弹塑性工作阶段,以结构物在各种荷载组合情况下均不得达到其极限状态为设计出发点,同时给予足够的安全储备。极限状态法根据荷载的性质和对结构物的影响,采用荷载分项安全系数来反映结构物的安全度,能比较科学、全面地分析影响结构安全与使用的各种因素,从而对结构提出更为合理的要求。

1. 容许应力设计法

以结构构件的计算应力 σ 不大于有关规范所给定的材料容许应力 $[\sigma]$ 的原则来进行设计

的方法为容许应力法。

一般的设计表达式为：

$$\sigma \leqslant [\sigma] \tag{3-3-317}$$

式中：σ——结构在标准荷载下的应力；

$[\sigma]$——材料的容许应力，由材料的屈服强度或极限强度除以安全系数得到。

结构构件的计算应力 σ 按荷载标准值以线性弹性理论计算；容许应力 $[\sigma]$ 由规定的材料弹性极限（或极限强度、流限）除以大于1的单一安全系数而得。

容许应力设计法以线性弹性理论为基础，以构件危险截面的某一点或某一局部的计算应力小于或等于材料的容许应力为准则。在应力分布不均匀的情况下，如受弯构件、受扭构件或静不定结构，用这种设计方法比较保守。

容许应力设计法应用简便，是一种传统设计方法，目前在公路、铁路工程设计中仍在应用。它的设计原则是抗力 R 不能小于荷载效应 S，其安全度是用安全系数来表示的，采用的单一安全系数仅仅是一个笼统的、粗略的经验系数。例如，用平均值 μ 表达的单一平均安全系数 K 可以定义为：

$$K = 平均结构抗力/平均荷载效应 = \mu R/\mu S$$

从统计数学观点来看，传统的单一安全系数 K 存在先天性不足：

(1) 没有将抗力和荷载效应的随机变异量化，对不同材料（混凝土和钢筋）、不同荷载（如恒载和活载），以及其他影响结构安全度的各种因素，不能区别对待、细致分析，往往依赖于经验或工程判断方法取值。

(2) K 只与 R 和 S 的平均值的比值有关，这种系数是不能反映结构的真实失效情况的。例如，图 3-3-230a) 和 b) 中，$K_1 = K_2$，它们的安全度是一样的，但实际上它们的失效概率 P_f 却相差很多。由阴影部分的面积不难看出，图 3-3-230b) 极限状态对应的失效概率远大于图 3-3-230a) 极限状态对应的失效概率。

图 3-3-230 表明，P_f 不仅与 $f_R(r)$、$f_S(s)$ 图形面积中心位置（即抗力 R 和荷载效应 S 的相对位置）有关，而且还与它们面积图形的离散程度（可用 σ_R、σ_S 或 δ_R、δ_S 来表示）有关，传统的单一安全系数的明显缺点，就是没有能反映出这一特征。

因此，单一安全系数的主要缺点是由于它是一个笼统的经验系数，因此给定的容许应力不能保证各种结构具有比较一致的安全水平，也未考虑荷载增大的不同比率或异号荷载效应情况对结构安全的影响。

容许应力法的特点是：

①简洁实用，K 值逐步减小。

②对具有塑性性质的材料，无法考虑其塑性阶段继续承载的能力，设计偏于保守。

③用 K 使构件强度有一定的安全储备，但 K 的取值是经验性的，且对不同材料，K 值大并不一定说明安全度就高。

④K 可能还包含了对其他因素（如荷载）的考虑，但其形式不便于对不同的情况分别处理（如恒载、活载）。

我国公路使用极限状态设计法，铁路仍使用容许应力设计法，但公路中使用的分项系数并不是完全利用概率理论计算可靠度得来的，而是在容许应力基础上，通过经验得来的。

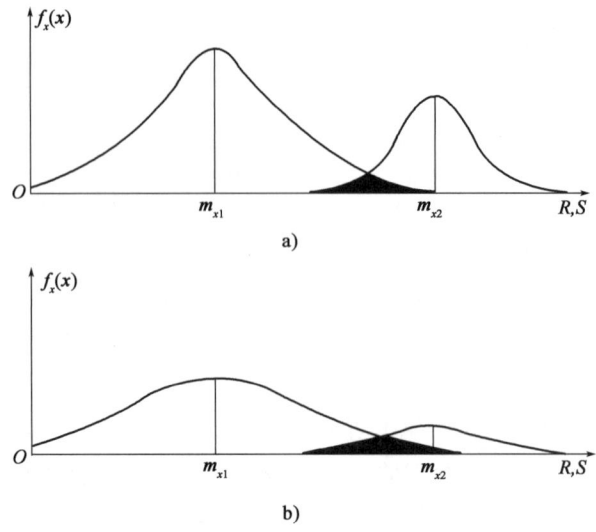

图 3-3-230　相同安全系数不同失效概率比较图

2. 极限状态设计法

当整个结构或结构的一部分超过某一特定状态就不能满足设计规定的某一功能要求,则此特定状态称为该功能的极限状态,按此状态进行设计的方法称极限状态设计法。它是针对破坏强度设计法的缺点而改进的工程结构设计法,分为半概率极限状态设计法和概率极限状态设计法。

半概率极限状态设计法将工程结构的极限状态分为承载能力极限状态、变形极限状态和裂缝极限状态三类(也可将后两者归并为一类),并以荷载系数、材料强度系数和工作条件系数代替单一的安全系数。对荷载或荷载效应和材料强度的标准值分别以数理统计方法取值,但不考虑荷载效应和材料抗力的联合概率分布和结构的失效概率。

概率极限状态设计法将工程结构的极限状态分为承载能力极限状态和正常使用极限状态两大类。按照各种结构的特点和使用要求,给出极限状态方程和具体的限值,作为结构设计的依据。用结构的失效概率或可靠指标度量结构可靠度,在结构极限状态方程和结构可靠度之间以概率理论建立关系。这种设计方法即为基于概率的极限状态设计法,简称为概率极限状态设计法。其设计式是用荷载或荷载效应、材料性能和几何参数的标准值附以各种分项系数,再加上结构重要性系数来表达。对承载能力极限状态采用荷载效应的基本组合和偶然组合进行设计,对正常使用极限状态按荷载的短期效应组合和长期效应组合进行设计。

概率极限状态设计法的设计准则是:对于规定的极限状态,荷载引起的荷载效应(结构内力)大于抗力(结构承载力)的概率(失效概率)不应超过规定的限值。

概率极限状态设计法的特点是:

(1)继承了极限状态设计的概念和方法,但进一步明确提出了结构的功能函数和极限状态方程式,以及一套计算可靠指标和推导分项系数的理论和方法。

(2)设计表达式仍可继续采用分项安全系数的形式,以便与以往的设计方法衔接,但其中的系数是以一类结构为对象,根据规定的可靠指标,经概率分析和优化确定的。

第十四节　浸水区及地震区挡土墙设计计算

一、浸水区挡土墙设计计算

1．概述

浸水区挡土墙是指长期或季节性浸水的挡土墙(如驳岸、水边挡土墙等)，通常设置于河滩、沿河路堤等处，受经常性或季节性浸水的影响。它与一般挡土墙的区别在于：

(1) 土压力因填料受浮力影响而降低。

①水位以上的填料，由于毛细水作用，产生假黏聚力；

②黏性土填料的黏聚力下降；

③黏性土膨胀而产生附加压力；

④填料的重度在水浮力作用下会有显著变化。

挡土墙的土压力计算中，一般忽略上述①、②、③三个变化的影响，并偏安全地假定计算水位以下的黏性土填料的黏聚力为零。

(2) 除作用与一般挡土墙的力系外，还受到动水压力和静水压力作用。

(3) 由于上面因素的影响，挡土墙的抗滑动与抗倾覆稳定性降低。作用于整个墙背的总土压力受水的浮力作用而降低，降低的大小由填料的性质决定。

浸水区挡土墙墙后填料一般建议采用砂性土。挡土墙浸水后，墙后土体受水的浮力作用重度减小，但砂性土的内摩擦角受水的影响不大，可忽略不计。而黏性土填料应考虑抗剪强度降低。当墙前水位骤降、墙后出现渗流时，挡土墙还将受到动水压力的作用。

2．土压力计算

1) 不考虑动水压力的土压力计算

(1) 浸水后，填料的内摩擦角 φ 值不变。

填料的 φ 值不变，则主动土压力系数 K 也不改变。墙后填料表面为水平时，破裂角不受浸水的影响；但填料表面倾斜或其上有局部荷载作用时，破裂角 θ 会随之而变化，由于破裂面位置的变动对计算土压力的影响并不太大，故仍可假设破裂角 θ 也不受浸水的影响。

①假设破裂角 θ 不受浸水影响。

此时，浸水区挡土墙墙背的土压力，可采用不浸水时的土压力 E 扣除计算水位以下因浮力影响而减小的土压力 ΔE_b(图 3-3-231)，即：

$$E_b = E - \Delta E_b \tag{3-3-318}$$

$$\Delta E_b = \frac{1}{2}(\gamma - \gamma') \cdot H_b \cdot K \tag{3-3-319}$$

式中：H_b——计算水位以下的墙高(m)。

填料的浮重度 γ' 为：

$$\gamma' = \gamma_d - (1-n) \cdot \gamma_w = \frac{\gamma_g - \gamma_w}{1-\varepsilon} \tag{3-3-320}$$

式中：γ_d、γ_g——填料的干重度和固体土粒的重度(kN/m^3)；

γ_w——水的重度(kN/m^3)；

n、ε——填料的孔隙率和孔隙比。

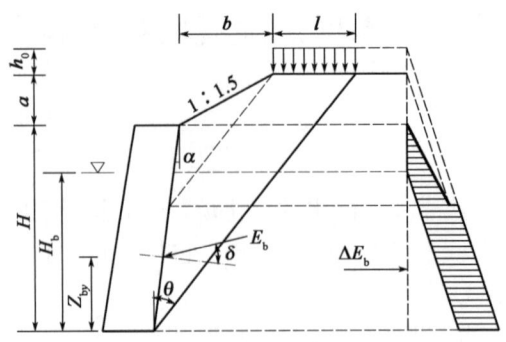

图 3-3-231 浸水区挡土墙土压力计算图式

土压力的作用点位置 Z_{by} 为：

$$Z_{by} = \frac{E \cdot Z_y - \Delta E_b \cdot \left(\frac{H_b}{3}\right)}{E - \Delta E_b} \quad (3\text{-}3\text{-}321)$$

式中：Z_y——填料未浸水时土压力的作用点位置（m）。

②考虑破裂面位置的变化。

若考虑破裂面位置因浸水而引起的变化，可采用图解（楔体试算）法求解。图解的方法和步骤与本章第二节中所述相同，只是在试算土楔重 G_1、G_2……时，计算水位以下部分的土体重采用浮重度 γ'。

（2）浸水后，填料的内摩擦角 φ 值改变。

需考虑浸水后填料的计算内摩擦角 φ 值降低时，可采用下面的方法计算土压力：

①先求计算水位以上部分的土压力 E_1。

②将计算水位以上部分的土层当作超载，按浮重度 γ' 换算为厚度 h_b 的均布土层：

$$h_b = \frac{\gamma}{\gamma'} \cdot (H + h_0 - H_b) \quad (3\text{-}3\text{-}322)$$

③计算浸水部分（包括作用其上部厚度为 h_b 的换算均布土层）的土压力 E_2。

④上述两部分土压力 E_1 和 E_2 的矢量和，即为全墙的土压力 E_b。

2）考虑动水压力作用的土压力计算

受渗流影响的动水压力计算方法目前尚不完善。计算时，可假定破裂角不受渗流影响，按以下近似公式计算动水压力：

$$D = \gamma_w \cdot I \cdot \Omega \quad (3\text{-}3\text{-}323)$$

式中：γ_w——水的重度（kN/m^3）；

　　　I——水力梯度，采用土楔体中渗流降落曲线的平均坡度，见表 3-3-85；

　　　Ω——滑动楔体浸水部分面积（m^2）。

渗流降落曲线平均坡度　　　　表 3-3-85

土壤类别	卵石粗砂	中砂	细砂	粉砂	黏砂土	砂黏土	黏土	重黏土	泥炭
渗流降落平均坡度	0.0025~0.005	0.005~0.015	0.015~0.02	0.015~0.05	0.02~0.05	0.05~0.120	0.12~0.15	0.15~0.2	0.02~0.12

二、地震区挡土墙设计计算

公路挡土墙可采用静力法验算挡土墙墙体抗震强度和稳定性。设计基本地震动峰值加速度大于或等于 0.10g 地区的高速公路、一级公路上的挡土墙,高度超过 20m,且地基处于抗震危险地段的,应进行专门研究。

按静力法验算时,挡土墙第 i 截面以上墙身重心处的水平地震作用可按式(3-3-324)计算:

$$E_{ih} = C_i C_z A_h \psi_i G_i / g \tag{3-3-324}$$

式中:E_{ih}——第 i 截面以上墙身重心处的水平地震作用(kN);

C_i——抗震重要性修正系数;

C_z——综合影响系数,重力式挡土墙取 0.25,轻型挡土墙取 0.3;

A_h——水平向设计基本地震动峰值加速度;

G_i——第 i 截面以上墙身圬工的重力(kN);

ψ_i——水平地震作用沿墙高的分布系数,按式(3-3-325)计算取值;

$$\psi_i = \begin{cases} \dfrac{1}{3} \times \dfrac{h_i}{H} + 1.0 & (0 \leqslant h_i \leqslant 0.6H) \\ \dfrac{3}{2} \times \dfrac{h_i}{H} + 0.3 & (0.6H < h_i \leqslant H) \end{cases} \tag{3-3-325}$$

h_i——挡土墙墙趾至第 i 截面的高度。

位于斜坡上的挡土墙,作用于其重心处的水平向总地震作用可按式[3-3-326a)]、式[3-3-326b)]计算:

岩基:

$$E_h = 0.30 C_i A_h W / g \qquad [3\text{-}3\text{-}326a)]$$

土基:

$$E_h = 0.35 C_i A_h W / g \qquad [3\text{-}3\text{-}326b)]$$

式中:E_h——作用于挡土墙重心处的水平向总地震作用(kN);

W——挡土墙的总重力(kN)。

路肩挡土墙的地震主动土压力可按式(3-3-327)计算,其他挡土墙地震主动土压力可按相关规定计算。

$$E_{ea} = \frac{1}{2} \gamma H^2 K_a (1 + 0.75 C_i K_h \tan\varphi) \tag{3-3-327}$$

式中:E_{ea}——地震时作用于挡土墙背每延米长度上的主动土压力(kN/m),其作用点为距挡土墙底 $0.4H$ 处;

γ——土的重度(kN/m³);

H——挡土墙高度(m);

K_a——非地震作用下作用于挡土墙墙背的主动土压力系数,可按下式计算;

$$K_a = \cos^2\varphi / (1 + \sin\varphi)^2 \tag{3-3-328}$$

φ——挡土墙背土的内摩擦角(°)。

挡土墙墙身的截面偏心距 e 应符合式(3-3-329)的规定。基础底面的合力偏心距 e 应符合表 3-3-86 的规定。

$$e \leqslant 2.4\rho \tag{3-3-329}$$

式中:ρ——截面核心半径(m)。

基础底面的合力偏心距 e 表 3-3-86

地 基 土	e
岩石,密实的碎石土,密实的砾、粗、中砂,老黏性土,$f_a \geq 300$kPa 的黏性土和粉土	$\leq 2.0\rho$
中密的碎石土,中密的砾、粗、中砂,150kPa$\leq f_a < 300$kPa 的黏性土和粉土	$\leq 1.5\rho$
密、中密的细砂、粉砂,100kPa$\leq f_a < 150$kPa 的黏性土和粉土	$\leq 1.2\rho$
新近沉积的黏性土,软土,松散的砂,填土,$f_a < 100$kPa 的黏性土和粉土	$\leq 1.0\rho$

挡土墙的抗震稳定性验算应按现行《公路桥涵地基与基础设计规范》(JTG 3363)进行,其抗滑动稳定系数 K_c 不应小于 1.1,抗倾覆稳定系数 K_e 不应小于 1.2。

第十五节　挡土墙优化的新理念和景观补偿设计

挡土墙构造物对于路基与环境的作用可比喻为一把双刃剑:作为路基的防护构造物,保证车辆、乘客的安全;同时挡土墙的建筑材料取自天然山河,以改变原状地貌为代价。建成后的挡土墙造型往往单调冷峻,缺乏亲和性。所以,在建设中和建成后都会对自然环境造成一定程度的破坏,其酿成的后果恶化了人类自身的生存环境。为尽量减小挡土墙构造物的负面作用,需要改变固有的设计思想,引入以人为本、与环境和谐共存的新的设计理念。设计中应尽量淡化和弱化对环境的不利影响,尽最大可能给受破坏的景观以补偿措施。

一、新旧设计理念的差异

挡土墙新旧设计理念在设计考虑的要素及追求的目标上均有本质的不同,可用图 3-3-232 简明阐释:

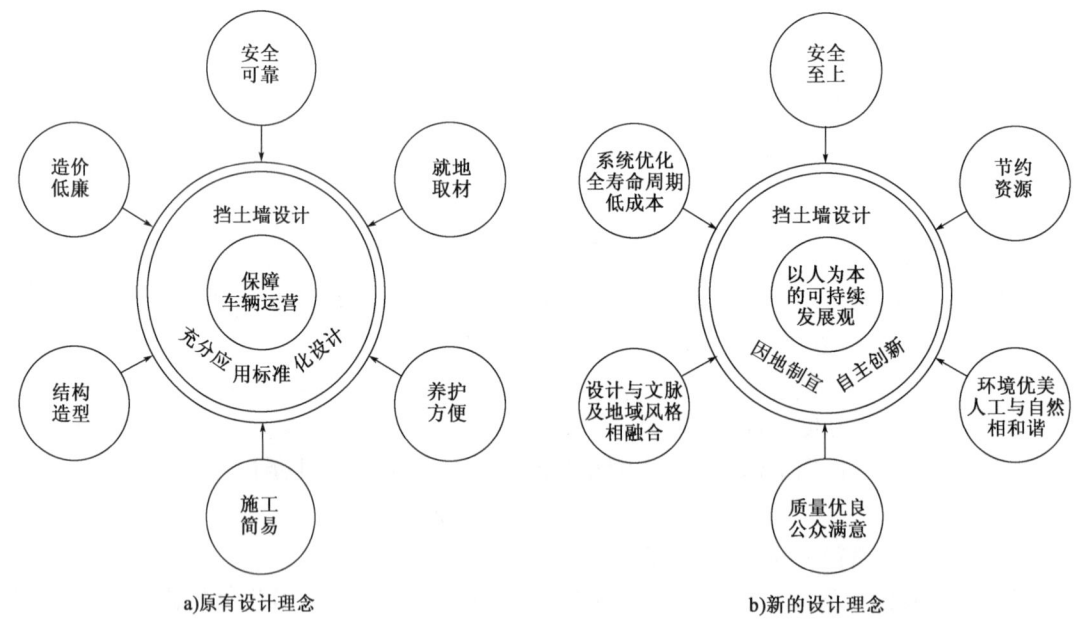

图 3-3-232　挡土墙新旧设计理念的比较

二、视觉主体对公路景观的一般要求

公路使用者和沿线居民可称为视觉主体或审美主体,挡土墙构造物和自然环境可称为视觉客体,了解视觉主体对公路景观的普遍性要求,有助于从以人为本出发,采取符合视觉心理的景观措施。视觉主体对公路景观的要求可归纳为:

1. 自然景观完整性

要求顺应天然地貌原有的景观态势,修建后的公路及路围环境和谐共生,观赏价值得以完整保存。

2. 人工景观与自然景观相协调

要求人工构造物的形式构成与原有天然景观相互依存,亲和呼应。一般不推崇张扬构造物的体量及规模,期望弱化与淡化人工痕迹,将构造物融入自然或衬托环境的原有态势。

3. 景观的多样性

心理实验证明单调贫乏的景观易造成视觉疲劳,而通过景观变化可引起视觉兴奋,产生愉悦感及探究欲望。所以审美主体要求公路沿线呈现出车移景异、变化丰富、错落有致、协调中包含着对比的理想景观。

4. 传承文脉与地区特性的景观

审美主体的求知欲往往在欣赏地区特有景观、特有文化,领略地区特有建筑风貌中得以满足。因此要求人工构造物设计植根于文化土壤,传承建筑文脉(即继承、创新有一定文化背景、反映一定模式的建筑风格和建筑形象),尊重地域特点,把技术功能的内涵加以扩展,覆盖到审美习惯及心理范畴,体现技术与人文相结合。

三、挡土墙的景观补偿设计

挡土墙的景观补偿设计是一种被动性景观设计措施,最好在确定挡土墙设计方案前与其他环保性相对较好的构造物方案进行充分综合比较(图3-3-233),以选择最合理方案。

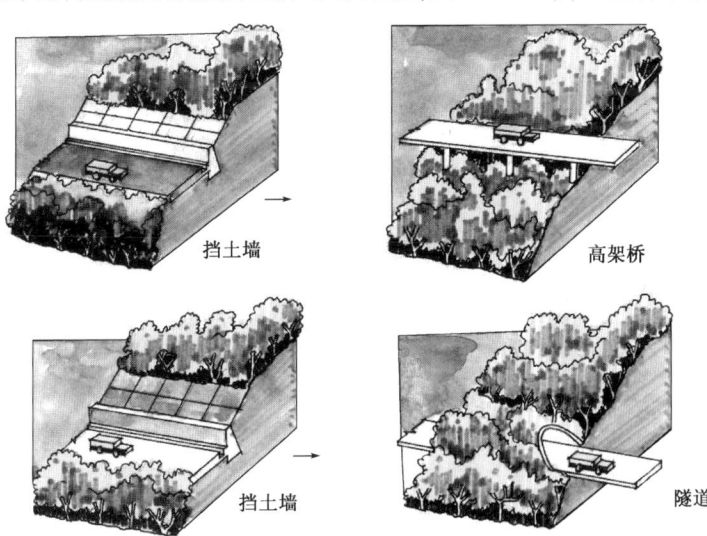

图 3-3-233　可与挡土墙比较的设计方案

当确定采用挡土墙设计方案后,需要根据上述视觉主体对公路景观的一般要求,运用设计措施,改善挡土墙的视觉形象,尽可能恢复和补偿原有的景观环境。一般常采取的设计措施为:

1. 化高为低

高大挡土墙体量厚重,视觉压抑,若地形、地质情况允许,宜尽量设置路堤式挡土墙或上边坡坡脚挡土墙,在挡土墙上部的边坡上设镂空衬砌,充分实施绿化手段,部分恢复原有的自然生态(图3-3-234)。

a)高大挡土墙造成视觉压抑

b)坡脚挡土墙部分保存了景观态势,还具有视觉诱导作用

图3-3-234 高墙与低墙的视觉效果

2. 化整为零

高差较大的台地,挡土墙可不一次砌成,以免形成过于庞大的整体圬工挡土墙。采用化整为零、分成多阶的挡土墙修筑方法,中间跌落处设平台绿化,不仅解除了视觉上的庞大笨重、生硬呆板感,而且挡土墙的断面也大大减小,同时绿化有效软化了墙面的硬质景观效果,使环境景观与工程经济得到统一(图3-3-235)。

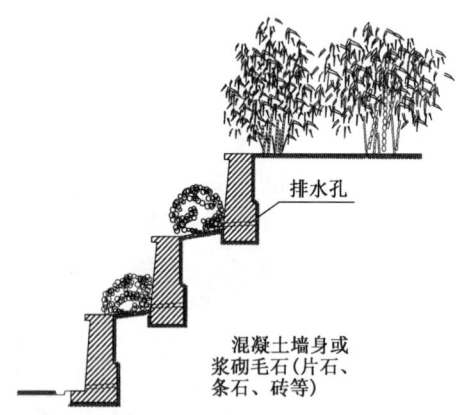

图3-3-235 化整为零的挡土墙设计

3. 化大为小

在一些景观上有特殊要求的路段或工程中,高差较大时,可将挡土墙的外观由大变小。具体做法是将挡土墙立面一分为二,下部宽度大,挡土墙更稳定,两者之间的联系部分作为绿化挡土墙的种植槽(图3-3-236)。

4. 化陡为缓

由于人的视角所限，同样高度的挡土墙，对人产生的压抑感大小常常由于挡土墙界面到人眼的距离远近的不同而不同。图 3-3-237 所示的挡土墙顶部绿化空间，在直立式挡土墙下，沿 AB 面不能见到时，沿倾斜面挡土墙的 MN 面则能见到，倾斜式挡土墙使空间在视觉上变化开敞，环境也显得明快。

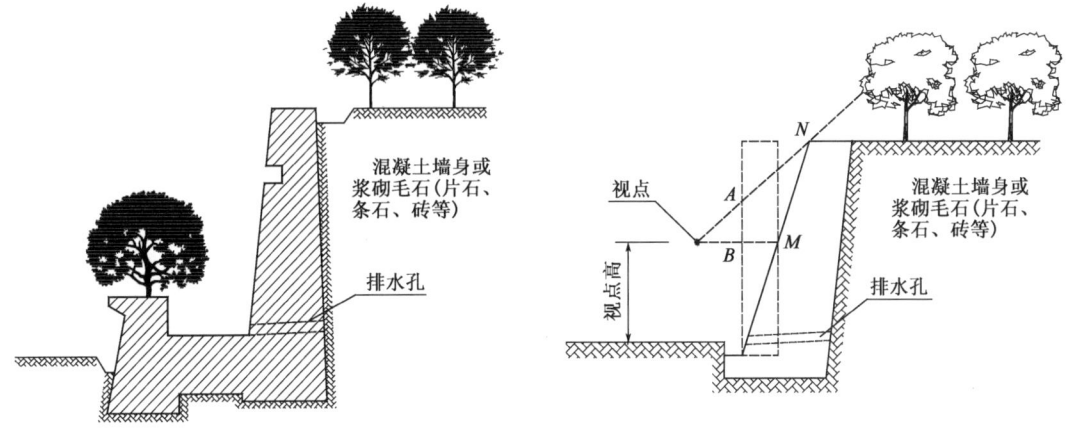

图 3-3-236 化大为小的挡土墙设计　　　　图 3-3-237 墙面陡缓对视觉空间的影响

5. 化直为曲

曲线比直线更能吸引人的视线，给人以舒美的感觉，在路桥工程中的一些特殊场合，如服务休息区、停车场、立交桥、桥台等处，为解决地坪高差问题，可结合功能所需，将挡土墙设计为曲线或折线，以增强动感，创造景观，形成空间视觉中心（图 3-3-238）。

图 3-3-238 按曲线线形布置的挡土墙

6. 化硬为软

砖、石、混凝土等砌块或饰面挡土墙，在视觉及心理上给人呆板、生硬、沉重、压抑、冷峻感。若在其立面上进行绿化处理，引入生物工程学方法或采用不同材质质感对比等设计手法，则可改善其原有景观效果，化硬为软，化单调为丰富（图 3-3-239）。

7. 运用质感与肌理

质感与肌理是材料的表面属性，质感与肌理的对比与变化主要体现在粗细之间、坚柔之间以及纹理之间。质感处理一方面可以利用材料本身所固有的特点来谋求效果，另一方面也可用人工的方法来"创造"某种特殊的质感效果。一般来说，天然石材质感粗犷，人工斧凿后质感细腻，可塑材料质感则可"粗"可"细"（图 3-3-240）。

a) 花池式挡土墙及构成单元

b) 配合绿化的阶梯式挡土墙

c) 经绿化遮挡后的挡土墙

图 3-3-239　挡土墙景观化硬为软的措施

a) 以砌石表现的地层沿地势起伏

b) 墙面经过适当修饰，构筑成树桩形式，古朴、自然

c) 仿天然石感的挡土墙，宛如天成，经绿化点缀，增加文化氛围

图 3-3-240　材料质感、肌理的应用

应用色彩及构组图案也可使墙面形象变得活泼生动,产生意趣。由于公路挡土墙的部分审美主体是运动中的观赏者,所以色彩宜鲜明,图案宜简洁易识别(图3-3-241、图3-3-242)。

图3-3-241 加筋土挡土墙预制混凝土桥面板构造的各种墙面肌理

图3-3-242 色彩的应用

8. 退台处理

根据地形变化,改平直挡土墙为叠错连接的挡土墙称为错台。错台挡土墙可利用光影丰富墙面的色调,减小挡土墙的视觉体量,形成折线,可在一定程度上改善挡土墙生硬单一的外观(图3-3-243)。

图3-3-243　挡土墙的退台构成及屉式跌水槽

9. 泄水管、急流槽的装饰作用

设计泄水管、急流槽等排水构造时,充分利用构成手段,借助于光影变化,也可增加墙面的装饰性、可视性,并使墙面具有立体感。

10. 建筑文脉符号的应用

在建筑文脉的延续与传承中,符号的延续比形体的延续更易做到使挡土墙的形式构成与历史文化、地域特色、建筑流行风格和谐共生。寻找与提取建筑符号,则需要深入细致地进行资料调查比选及符号筛选。一种符号的大量应用可以阐释出符号的喻义,同时营造出功能不同的构造物间共鸣的建筑与人文氛围。

图3-3-244所示挡土墙的墙面构成符号展现了藏族特有的文化和建筑风格。

图3-3-244　藏族建筑风格的挡土墙

图3-3-245示意了从纪念性古迹建筑中提取建筑符号,并应用到挡土墙中的设计过程。

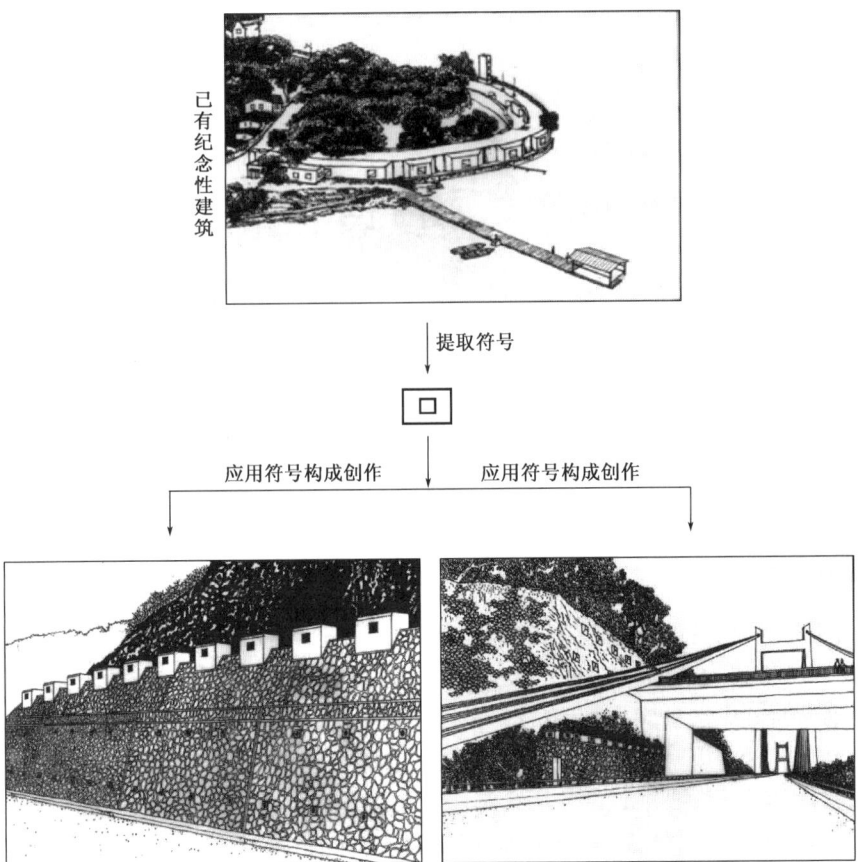

图 3-3-245 建筑、文脉符号在挡土墙设计中的应用

第四章 边坡锚固

第一节 概 述

岩土锚固技术是当前岩土工程领域的一个重要分支。由于这项技术能够主动调用并提高岩土的自身强度和自稳能力,大大减轻结构物自重,节约工程材料,并确保施工安全与工程稳定,具有显著的经济效益和社会效益,因而在公路、铁路、水利、建筑及减灾防灾领域广泛应用。

一、基本原理

边坡锚固是一种把锚杆埋设入边坡岩土体地层,通过锚杆系统的联结,实现边坡不稳定岩土体和稳定岩土体成为一个整体的边坡加固技术。锚杆杆体插入预先钻凿的孔眼并固定其底端,固定后通常对其施加预应力。锚杆外露于地面的一端用锚头固定,一种情况是锚头直接附着在边坡支挡加固的其他结构物(如桩、墙)上,以满足结构物的稳定;另一种情况是通过梁板、格构或其他部件将锚头施加的应力传递于周侧的岩土体里面。边坡锚固支护与传统支护相比有着根本区别和突出的优越性,锚固支护不是简单、被动地承受边坡岩土体产生的荷载,而是更多地主动加固边坡岩土体,有效控制其变形,防止边坡岩土体的塌滑。

边坡锚固的基本原理是依靠锚杆周围地层的抗剪强度来传递结构物的拉力或保护边坡开挖面岩土体的自身稳定。穿过边坡滑动面的预应力锚杆,外端固定于坡面,内端锚固于滑动面或破裂面以内的稳定岩体中。锚杆施加的预应力主动改变了边坡岩土体的受力状态和滑动面上力的不平衡条件,既提高了岩土体的整体性,又增加了滑面上的抗滑力,从而达到了加固边坡、提高其稳定性的目的。预应力锚杆加固边坡,主要是利用了锚杆与岩土体的共同作用,大大改善了边坡岩土体的稳定条件。预应力的作用使不稳定滑体处于较高围压的三向应力状态,岩土体强度和变形特性比单轴压力及低围压条件下高得多。结构面的压紧状态使结构面对岩体变形的消极影响得以减弱,从而显著提高了岩体的整体性。其次,锚杆的锚固力直接改变了滑面上的应力状态和滑动稳定条件,如图3-4-1和图3-4-2所示。由图可知,由预应力锚杆的锚固力所增加的边坡抗滑阻力增量 ΔP 为:

$$\Delta P = Q_{tn}\tan\varphi + Q_{tv} = Q_t[\sin(\alpha+\theta)\tan\varphi + \cos(\alpha+\theta)] \quad (3\text{-}4\text{-}1)$$

式中:Q_t——锚杆设计拉力(kN);

Q_{tn}、Q_{tv}——锚杆设计拉力 Q_t 沿滑动面的法向分力和切向分力(kN);

α——滑动面倾角(°);

θ——锚杆与水平方向的夹角(°);

φ——滑动面上的内摩擦角(°)。

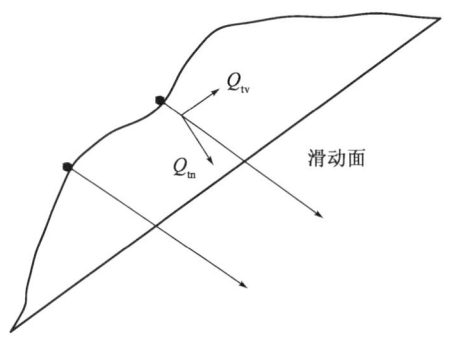 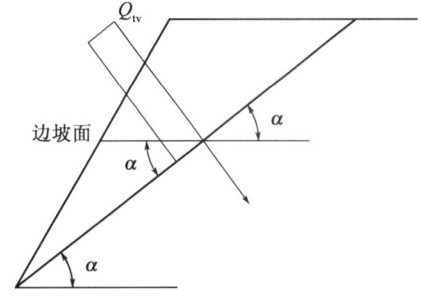

图 3-4-1 预应力锚杆的抗滑作用 　　图 3-4-2 滑动面上的锚固力系

由上式可知,锚杆一方面直接在滑动面上产生抗滑阻力,另一方面通过增大滑动面上的正应力来增大抗滑摩擦阻力。总之边坡锚固措施的主要功能是:

(1)加固并增加边坡岩土体强度,也相应地改善了地层的其他力学性能。

(2)使被锚固岩土体地层产生压应力(图 3-4-3),或对被通过的地层起加筋作用(非预应力锚杆)。

(3)当锚杆通过被锚固结构时,能使结构本身产生预应力。

(4)通过锚杆,使边坡上结构与岩土体联锁在一起,形成一种共同工作的复合结构,使岩土体能更有效地承受剪力和拉力。

(5)有效约束岩土体变形,避免被加固对象岩土体的强度指标随外界不利因素的影响逐步劣化或降低。

边坡锚固的这些功能是互相补充的。对某一特定工程而言,也并非每个功能都发挥作用。若采用非预应力锚杆,则在边坡岩土体中可起到加筋作用,在岩土表层松动变位时,可逐步发挥其作用。作为一种被动受力结构,非预应力锚杆同样可有效约束岩土体变形,避免被加固对象岩土体的强度指标随外界不利因素的影响逐步劣化或降低。作为一种预加固措施,可很好实现控制边坡变形的目的。

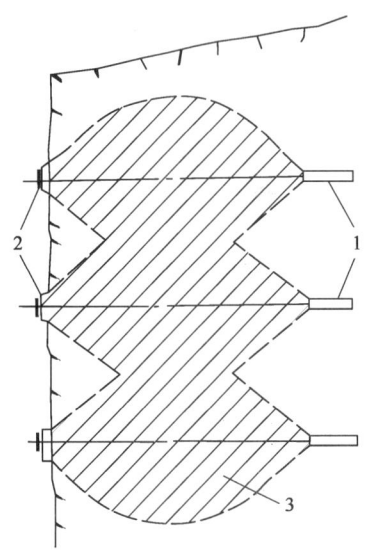

图 3-4-3 用预应力锚杆稳定岩质边坡的简图
1-锚根(锚固体);2-锚头;3-施加预应力的岩体

在边坡工程中,当潜在滑体沿剪切面的下滑力超过抗滑力时,就会出现沿剪切面的滑移和破坏。在坚硬岩体中,剪切面多发生在断层、节理、裂隙等软弱结构面上。在土层中,砂质土的滑移面多为平面状,黏性土的滑移面则呈圆弧状,有时也会出现沿上覆土层和下卧岩层的界面滑动的情况。

为了保证边坡的稳定,一种方法是大量削坡,直至达到稳定的边坡坡角;另一种方法是设置桩、墙等支挡结构。在许多情况下,这些方法往往是不经济的或不可能实现的。根据边坡变形特点或潜在发展趋势,锚固技术可充分发挥其适应性强、应用广泛的特点。采用锚杆加固边坡(图 3-4-4),能提供稳定岩土体所需要的抗滑力,并能提高潜在滑移面上的抗剪强度,有效阻止边坡的位移。在土层中,边坡的稳定问题常用条分法求解,安设预应力锚杆后的稳定安全系数可用下式表达：

$$K = \frac{f(\sum \Delta N + P_n) + \sum c \cdot \Delta L}{\sum \Delta T \pm P_t} \tag{3-4-2}$$

式中：K——边坡稳定安全系数；

ΔN——作用在一条剪切面上的重量 G 的垂直分力（kN）；

f——剪切面的摩擦系数，$f = \tan\varphi$，φ 为岩土体的内摩擦角；

c——剪切面的黏聚力（kPa）；

ΔL——其中一条剪切面的宽度（m）；

ΔT——作用在一条剪切面上重量 G 的切向分力（kN）；

P_n——锚固力的垂直分力（kN）（注：采用非预应力锚杆时，不应考虑该项指标对抗滑力的贡献）；

P_t——锚固力的切向分力（kN）。

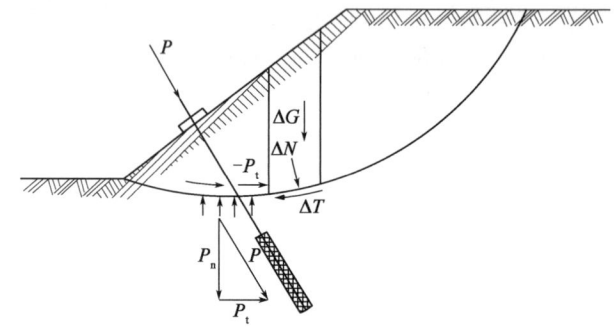

图 3-4-4　预应力锚杆对边坡稳定的作用

在岩体中，由于岩石产状及软硬程度存在显著的差异，岩石边坡可能出现不同的失稳和破坏模式，如滑移、倾倒、转动破坏或软弱风化带剥蚀等。锚杆的安设部位和倾倒角应当最有利于抵抗边坡的失稳或破坏，一般情况锚杆轴线应与岩石主结构面或潜在破坏面成大角度相交。岩体边坡中锚杆设置的部分情况可简单图示于图 3-4-5。

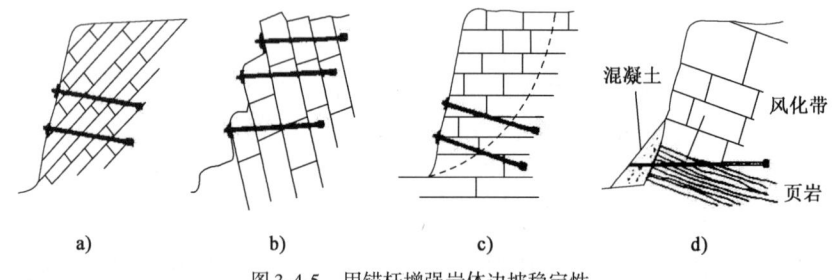

图 3-4-5　用锚杆增强岩体边坡稳定性

二、边坡锚固的作业特点

边坡锚固是通过埋设在边坡岩土体中的锚杆，将边坡上不稳定岩土体与稳定岩土体紧紧地联锁在一起，依赖锚杆与周围岩土体的黏结强度使边坡岩土体自身得到加固，从而保证边坡的稳定性。与完全依靠自身强度、重力而使结构物保持稳定的传统方法相比，岩土锚固技术尤其是预应力锚固技术具有较鲜明的作用特点：

（1）能在边坡开挖后及时提供支护抗力，有利于保护并利用岩土体的自身固有强度，阻止其进一步扰动劣化,控制边坡变形的发展,提高施工过程的安全性。

(2)提高边坡岩土体内软弱结构面、潜在滑移面的抗剪强度,改善地层的其他力学性能。

(3)改善边坡岩土体的应力状态,使其向有利于稳定的方向转化。

(4)锚杆的作用部位、方向、结构参数、密度和施作时机可以根据需要方便地设定和调整,能以最小的支护抗力获得最佳的稳定效果。

(5)将边坡的其他加固支挡结构物与边坡岩土体紧密地连接在一起,形成共同工作的体系。

(6)可减小边坡支挡加固结构物的尺寸,能显著节约工程材料,有效提高土地的利用率,经济效益和环境效益显著。

三、锚固技术的新发展与应用领域

自从1890年诞生以来,经过1个多世纪的研究和应用,岩土锚固技术取得了很大的发展,特别是自20世纪90年代中期以来,我国基础设施建设力度的加大极大促进了锚固技术的应用和发展。

近20年来岩土锚固技术的主要成就和最新发展集中表现在以下几方面:

(1)应用范围和应用领域不断扩大,展示了广阔的发展前景。

锚固技术除在边坡工程、地下工程、结构抗浮工程、深基坑工程中继续保持良好的发展势态外,重力坝加固工程、桥梁工程以及抗倾覆、抗地震工程中的地层锚固技术也有了长足的进展。如德国采用104根长75m、设计承载力为4500kN的预应力锚杆加固了高47m的某混凝土重力坝。我国岩土锚固的发展速度是令人瞩目的。1993—1999年,据初步统计,仅边坡工程和深基坑工程,锚杆的年用量为3000~3500km。举世瞩目的三峡水利枢纽工程,长1607m的船闸边坡处于风化程度不等的闪云斜长花岗岩中,采用4000余根长25~61m、设计承载力为3000kN的预应力锚杆和10万余根长8~14m的高强度锚杆进行系统加固或局部加固。

(2)岩土锚固效应和荷载传递方式的研究取得可喜进展。

近20年来,围绕岩土锚固效应,国内外有关人士进行了许多研究,取得了不少有价值的成果。如我国部分学者通过研究发现:加锚比无锚情况单轴压缩时材料峰值提高约17%,残余强度提高了1倍,变形能力显著增加,抗拉强度亦提高了1倍;倾斜交叉布置锚杆对提高峰值强度及控制岩体扩容作用显著,倾角以与壁面成65°左右效果最好。

在锚杆的荷载传递及分布方面,英国学者和我国部分学者先后采用试验等方法,论证了在张拉荷载作用下,锚杆锚固段长度内的轴力及杆体与注浆体或注浆体与孔壁间的黏结应力分布是极不均匀的。其中某些试验还发现,锚杆的黏结应力峰值逐步向锚杆底端转移。

(3)单孔复合锚固改善了锚杆的传力机制。

传统的集中拉力型锚杆会产生严重的应力集中现象,为了从根本上改变集中拉力型锚杆的弊端,英国、日本、中国等国家已先后研究应用了单孔复合锚固(SBMA)方法。该方法是在同一个钻孔中安装几个单元锚杆,而每个单元锚杆有自己的杆体、自由长度和锚固端长度。这种新型的锚固体系,可将集中荷载分散为几个较小的荷载作用于锚固端的不同部位,使黏结应力峰值大大降低。同时因单元锚杆的锚固端长都很小,不会发生黏结效应逐步弱化,能使黏结应力均匀地分布于整个锚固端长度上,最大限度地调用整个锚杆固定长度范围内的地层强度。

(4)高承载力锚杆的应用稳定增长。

高承载力锚杆主要用于水工坝体的加固中,近年来应用获得稳步增长。如澳大利亚的巴林贾克坝安装的锚杆,锚杆最大长度达130m,沿坝顶按1.5m中心间距布置,所有锚杆的极限承载力均为16250kN。我国石泉水电站混凝土坝的加固,采用了29根6MN和1根8MN的预应力锚杆。

(5)各类新型锚杆竞相争妍,大大提高了岩土锚固技术的适应性。

为了改善锚杆在软弱的塑性变形明显的岩体中的适应性,开发了能全长摩擦锚固的钢管锚杆,即缝管锚杆和水胀式锚杆,特别适用于矿山软岩工程。为了解决在松软破碎地层中成孔困难、钻杆拔出随即塌孔、无法安装锚杆的难题,研发了自钻式锚杆。在城市基坑工程锚固中,还成功研究开发了可除芯式及无腰梁锚固技术。瑞士和日本还研究开发了带端头膨胀体的端头锚杆,大大提高了土中锚杆的承载力。

(6)软土锚固取得重大突破。

软土锚固具有重大突破性的主要成果体现在三大方面:

①采用可重复灌浆技术,大幅度提高了软土中锚杆的承载力。该技术借助于密封袋、注浆套管、注浆枪等特殊的结构构造,能在一次灌浆强度达5MPa后,实现二次或多次重复高压(3.5~4.0MPa)劈裂灌浆。

②基本上掌握了软土中锚杆的蠕变变形和预应力值变化的规律。对塑性指数大于17的软土在锚杆荷载作用下的蠕变变形及锚杆荷载随时间的变化特性进行了较深入的研究,获得了一些基本认识。

③在实践中,找到了控制软土周边位移的若干有效方法。

(7)土钉支护有所创新。

在土钉支护结构、稳定性分析方面获得了一些新颖性成果,特别是复合土钉支护的应用,大大拓宽了其应用领域。

综上所述,岩土锚固作为岩土加固与结构稳定的经济而有效的方法,具有广泛的应用领域,主要用于以下各类工程:

①边坡稳定及地质灾害防治工程。如边坡加固、斜坡稳定、挡土墙结构锚固、滑坡防治、崩塌危岩治理等。

②深基坑支护工程。如地下室支挡,地下室或坑洼式结构物抗浮,地下停车场抗倾与抗浮,地下轨道及通道工程稳定等。

③抵抗倾覆的结构工程。如防止高塔及高架桥的倾倒,保持坝体的稳定等。

④隧洞与地下工程。如防止隧洞坍塌,控制隧洞或竖井中的围岩变形等。

⑤冲击压的抗浮与防护。如坝下游冲击压的抗浮与保护,排洪隧道冲击压的保护等。

⑥加压装置。如桩的荷载试验等。

⑦各种构筑物的稳定与加固。如防止桥墩基础滑动,悬臂桥锚固,悬索桥受拉基础的锚固和大跨度拱结构的稳定等。

第二节　边坡锚固设计

一、勘察

边坡锚固设计时应对拟加固的边坡和地基进行工程地质勘察,应收集气象、水文资料,工程区结构物影响情况,了解设计意图,并在结合工程经验的基础上,查明边坡及其影响范围的工程地质、水文地质条件及其潜在腐蚀性,不良地质和特殊岩土的分布情况,以及岩土体的锚固条件,合理确定岩土体的物理力学参数。

对于地质条件和环境条件复杂、有明显变形迹象的边坡,开挖范围或影响范围内有重要结构(建筑)物的边坡,以及坡高大于15m的土质边坡、大于30m的岩质边坡,锚固设计时应进行专门的边坡工程地质勘察,勘察工作可与公路工程地质勘察一并进行,应满足工作深度和设计有关要求。

边坡锚固勘察一般结合边坡勘察工作进行,分为初步阶段勘察和施工图设计阶段勘察。地质环境简单,边坡规模较小且变形机制明确,影响因素单一,当地工程经验丰富时,地质勘察工作可简化为调查;地质环境十分复杂,边坡规模巨大且变形机制复杂,影响因素多样时,施工过程中可根据实际情况补充施工阶段勘察。

1. 资料收集及准备工作

锚固设计前,地质勘察工作实施期间,地质技术人员及设计技术人员应加强现场调查和资料收集工作。工作重点包括:与锚固工程直接相关的一般条件,包括周围土地利用情况;水电供给方式;机械材料供应方法;锚杆施工中周边状态;废弃物处理以及与工程相关的法规等。上述内容都应在设计前进行认真的调查。

锚杆施工时往往对周围发生干扰,使相邻构筑物及地下埋设物受损伤,或者因钻孔作业产生噪声、振动等;灌浆会污染相邻的水井、水池甚至会使地基隆起等。这些都必须给予充分关注。

在锚杆设计前,如果能了解附近地带的施工实例,取得与本工程设计施工条件相似的实际施工资料是极为有益的。

一般调查和资料收集的主要内容有:

(1)以往状况的调查:如过去的挖方或填方等的施工记录,边坡的病害历史等;
(2)邻近构筑物的状况及对其影响程度的调查和勘察;
(3)地下埋设物(水管、煤气管、电线等)的调查和勘察;
(4)环境调查:如施工噪声、振动、车辆运行、作业时间对周边居民的影响等;
(5)施工条件调查:如机械材料运行、运出条件、给排水及供电条件,其他工种与本工程的关系等;
(6)气象调查。

2. 工程地质勘察

边坡锚固工程地质勘察工作应查明边坡工程地质条件及对边坡稳定和锚固工程有影响的工程地质问题,为边坡锚固方案设计提供工程地质资料。

勘察工作应结合边坡具体情况,根据现场地质条件,采用工程地质测绘、钻探、坑槽(井)探、物探、原位测试和室内岩土试验相结合的综合勘察方法进行。对于工程规模巨大、影响因素复杂的边坡工程,应根据实际情况进行现场专项锚固试验,以获取锚固设计所需基本锚固参数。

1)边坡锚固工程勘察内容
(1)查明边坡的地貌类型、地形起伏变化情况及横向坡度、斜度的自然稳定状态;
(2)查明边坡所在斜坡上覆覆盖层厚度、土质类型、地层结构、含水状态、胶结程度和密实度；

(3) 查明土岩界面的形态特征及起伏状态变化情况；

(4) 查明基岩的岩性及其组合情况，岩石风化程度和边坡岩体的结构类型；

(5) 查明岩体层理、节理、断层、软弱夹层等结构面的产状、规模及其与边坡坡面的关系；

(6) 查明边坡岩、土的物理力学性质，控制边坡稳定的结构面的抗剪强度；

(7) 查明地下水的出露位置、流量和动态特征及其类型、分布、径流特征，以及其对边坡稳定性的影响。

(8) 对于需进行抗震设防的边坡，根据区划提供设防烈度和地震动参数。

(9) 判定边坡类别，分析其可能的变形破坏形式，对其稳定性进行分析计算，提供验算边坡稳定性、变形和锚固设计所需的岩土参数值。

2) 勘察工作范围及勘探测试要求

边坡锚固工程勘探范围应包括不小于3倍边坡的高度，以及可能对建(构)筑物有潜在安全影响区域。受外倾结构面控制岩质边坡或受土岩界面控制的土岩混合边坡，勘探范围应扩展至外倾结构面或土岩界面影响范围。测绘比例尺宜采用1∶200～1∶2000。

应垂直边坡走向布设控制性横断面，在主要锚固支挡结构物位置应布设纵断面；每条勘探线勘探点数量不宜少于2个，勘探工作宜采用钻探、坑槽(井)探、物探方式进行；控制性勘探孔的深度应穿过最深潜在滑动面进入稳定层不小于5～8m，并应进入坡脚地形剖面最低点和锚固支挡结构基底下不小于3～5m。

岩体宜采取代表性岩样，做密度和单轴饱和抗压强度试验。土层应分层采取土样，其测试项目可按表3-4-1选用；边坡地下水发育情况下，应采取土样和水样进行腐蚀性试验。

对于工程规模巨大、影响因素复杂的边坡工程和锚固地层为特殊地层(如膨胀性地层，松散破碎岩、湿陷性黄土和高应力地层，高液限土地层等)的边坡工程应，根据实际情况进行现场专项锚固试验和专项研究。

边坡锚固室内测试项目表　　　　　　表3-4-1

测试项目		岩土类别		
		粉土、黏性土	砂土	碎石土
颗粒分析		(+)	+	+
天然含水率 $w(\%)$		+	(+)	(+)
密度 $\rho(g/cm^3)$		+	(+)	
塑限 $w_p(\%)$		+		
液限 $w_L(\%)$		+		
剪切试验	黏聚力 c	+		
	内摩擦角 $\varphi(°)$	+	(+)	(+)

注："+"-必做项目；"(+)"-选做项目。

3) 工程地质勘察提供的资料

(1) 文字说明。

对边坡工程地质条件和水文地质条件进行说明；分析边坡可能的变形破坏形式，对其稳定性进行分析计算，提供验算边坡稳定性、变形和锚固设计所需的岩土参数值；对于需进行抗震设防的边坡，根据区划提供设防烈度和地震动参数；提出锚固措施及监测方案的建议；提出边坡锚固设计、施工注意事项的建议。

(2)图表资料。

①工程地质平面图(1:200~1:2000);

②工程地质纵横断面图(1:100~1:500);

③钻孔柱状图、探井探槽展示图(1:50~1:200);

④岩土物理力学指标汇总表、试验成果统计表,水质分析成果表,土水腐蚀性试验成果表(若有);

⑤物探解释成果资料(若有);

⑥有关附图、表和照片及专项试验报告、专项研究报告(若有)。

3.特殊情况下的边坡锚固工程地质勘察的特殊要求

(1)为求得锚杆的作用荷载而进行的勘察。

为求得锚杆的作用荷载,有必要掌握地层构造及构成工程地层各分层的重度、抗剪强度、孔隙水压等指标,据此计算出岩土压力、边坡推力及其对构筑物的作用力,相应也可求得与此相关的作用于锚杆上的荷载。

对加固边坡的锚固工程,不仅要搜集有关地层的数据,而且要了解发生滑坡的历史,以及掌握有无滑坡的地形与地质特征。

现场难以测定的抗剪强度指标,可借助室内试验求得。当滑动面为砂砾土时,多数难以取得试样,此时应通过标准贯入试验测得的 N 值及钻孔内水平荷载试验测得的变形系数和屈服荷载等间接方式求得地层的抗剪强度指标。

此外,地下水不仅会影响锚杆的施工及其抗拔力,对锚杆工作荷载的确定也是重要因素。因此调查时必须十分留意地层的地下水的水压分布、透水性及动态水力比降(水力坡降)等。

(2)为确定锚杆的锚固层而进行的勘察。

锚杆的锚固地层可通过钻探确定,但不能只注意各地层自身的强度参数,还必须注意寻求整体稳定的地层,即锚固地层应是不会产生滑坡且处于破坏面以外的位置,不仅具有所需的锚杆抗拔力,还应保证锚杆群所包裹地层的整体稳定。

(3)为求得锚杆锚固体周边摩阻力计算参数而进行的勘察。

锚杆锚固体周边的摩阻力的计算参数原则上可采用与本工程条件相接近的条件下所做的基本试验资料,也可参考标准贯入试验、室内岩土试验、孔内水平荷载试验数值推算。以这种方法推定周边摩阻力时,还必须考虑施工方法、地下水及锚杆所处位置的上覆地应力的影响。

(4)为确定传力体设计数值而进行的勘察。

采用锚杆锚固地层时,承受地层反力的承压块体、锚固边坡的梁板等传力结构物的内力和变形计算,均需要传力结构背面的地基反力系数值。该值可用 N 值换算或用平板加载试验或孔内水平荷载试验求得,也可根据一般试验确定。

(5)有关施工性的勘察。

锚杆的施工性受锚固地层的地质、地形、地下水以及操作空间、噪声、振动等环境条件制约,还要考虑钻孔深度、孔径及工期等条件影响,最后选择适宜的施工方法。

(6)有关腐蚀状况的勘察。

当锚固工程处于能加速腐蚀的特殊环境时,应进行有关腐蚀状态的调查,并采取相应的防腐措施。特别能加速腐蚀的环境有温泉池、矿渣堆场、煤矸石堆场、工业废料堆场以及有杂散电流的地方。这些环境的 pH 值、酸度、比电阻、电导率、硫酸盐还原的厌氧性细菌的繁殖度等都比普通环境高很多。环境的腐蚀程度可根据上述诸项数据的测定结果加以判断。

(7)其他特殊情况下的勘察。

对地下水位高、有自流水的场合或透水性强的渗漏水地层,常常灌浆不易密实,锚杆的抗拔力不足。因而在这种情况下,应利用钻孔进行地层透水试验,为采用事前固结灌浆或特殊的灌浆方法提供依据。

二、设计原则及内容

1. 设计原则及基本要求

(1)设计锚杆时应根据调查与勘察结果,充分考虑与其使用目的相适应的安全性、经济性与可操作性,并使其对周围构筑物、埋设物等不产生有害的影响。

(2)设计锚杆时应确保锚杆和被锚固结构在承受施工荷载和使用荷载作用时有一定安全度,并不产生有害变形或影响结构正常使用的变形。

(3)设计锚杆时,除与本工程条件相似并有成熟的试验资料及工程经验可以借用以外,一般均应进行锚杆的基本试验。

(4)在特殊条件下,为特殊目的而使用的锚杆,如可除芯式锚杆及承受疲劳荷载的锚杆,必须在充分调查研究并获得试验结果的基础上进行设计。

2. 设计步骤及内容

边坡锚固工程可单独适用于边坡加固设计,宜可作为主要防护措施结合挡土墙、抗滑桩等其他支挡结构,以及截排水措施、坡面浅层防护措施(圬工封闭、生态绿化防护)配合使用。

边坡锚固设计步骤一般分为以下三大步:

(1)边坡潜在滑移体的位置、大小和滑动面的识别;

(2)拟加固边坡滑移体锚固力的计算;

(3)锚固参数与施工工艺的确定与优化。

边坡滑移体和滑动面的识别是边坡锚固设计的重要一步,它是锚固力计算和锚固参数确定的设计基础。锚固参数一般包括锚固类型、锚杆长度、锚杆布置方式及布置间距、锚固方向、锚杆杆体材料、施加的预应力及锚固工艺等。在初步确定了锚固类型的基础上,还要对锚固参数和施工工艺进行优化,优化的目标是在安全的基础上控制锚固工程的总费用或总工程量,同时兼顾施工的方便和保证工程质量,并考虑工程对周围环境的影响等。

边坡锚固设计内容主要包括以下方面:

(1)根据地层情况合理选择锚固类型和结构尺寸;

(2)确定合理的锚固范围和锚固深度;

(3)计算并确定边坡加固所需设计锚固力数值;

(4)确定锚杆的数量,选择布置方式;

(5)确定锚杆的结构形式和各项参数;

(6)编制施工技术要求和特殊情况的技术处理措施;

(7)锚固效果监测及锚固后工程安全性评价。

三、锚杆的布置

1. 锚杆的布置原则

锚固工程在拟加固边坡上的布置应结合边坡其他防护支挡措施综合考虑。边坡锚固工程设计时应考虑边坡的破坏形态及岩土体结构的影响。

锚固工程平面、立面布置根据工程需要来确定,锚杆布置应以充分发挥锚杆设计锚固力为原则。一般情况下,对于有崩塌或倾倒破坏可能的边坡,锚杆宜重点布置在不稳定体质点中心位置以上的区域;对于有滑动破坏可能的边坡,锚杆宜重点布置在不稳定体质点中心位置以下的区域;对于风化严重、岩体破碎及土质边坡,锚杆宜尽量均匀布置。

锚杆的间距与长度的设计应由其所锚固的地层与边坡的整体稳定性来确定,同时应考虑施工偏差造成的锚杆的相互影响。

锚杆的布置还应考虑其对相邻结构物的影响。设计锚杆时,如发现边坡顶有构筑物,则需对锚杆的安设位置及锚杆的安设倾角进行充分研究,通常锚杆与相邻基础的水平距离要在3.0m以上。

2. 锚杆的锚固角

锚杆的锚固力方向与水平面的夹角称为锚固角。锚杆的作用力方向与锚杆轴线一致是最为有利的,但往往不一定能做到一致。对边坡工程而言,随着锚杆轴线与滑裂面夹角的增大,虽然会产生较大的垂直滑面(破裂面)分力,但势必减小平行滑裂面的阻滑力,从而总体上减小锚杆的抗滑作用,因此要求按锚杆倾角小于或等于45°来设计。从施工工艺角度考虑,认为锚杆设置方向以水平线向下倾为宜,通过技术经济综合分析,按单位长度锚杆提供最大抗滑力时的锚杆下倾角为最优锚固角。最优锚固角可按式(3-4-3)计算:

$$\beta = 45°/(A+1) + (2A+1)\varphi/(A+1) - \alpha \tag{3-4-3}$$

式中:β——最优锚固角(°);

φ——滑面(破裂面)内摩擦角(°);

α——滑面(破裂面)倾角(°);

A——锚杆的锚固长度与自由段长度之比。

另一种方法是从锚杆受力最佳来考虑,按式(3-4-4)计算最优锚固角:

$$\beta = \alpha \pm (45° + \varphi/2) \tag{3-4-4}$$

此外,锚杆倾角位于 ±10°范围内时,灌浆材料硬化时产生的残余浆渣及灌浆料的泛浆会影响锚杆承载力,应予以避开。故边坡锚固设计时,锚杆倾角宜取 15°~35°。同时,锚杆布置应尽量与边坡走向垂直,并应与结构面大角度相交,避免锚固角与结构面倾角一致。

锚杆加固设计示意如图3-4-6所示。

3. 锚杆设置间距

锚杆设置间距取决于锚固力设计值、锚固体直径、锚固长度等许多因素。边坡工程中锚杆布置间距宜取 2~5m,上下排垂直间距不宜小于2.5m,水平间距不宜小于2.0m,锚杆锚固体最小

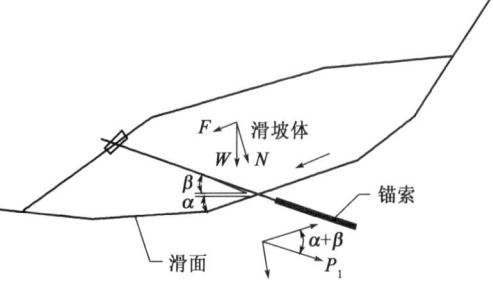

图 3-4-6 锚杆加固设计示意图

间距不宜小于 1.5m。当锚杆间距小于上述规定或锚固段岩土层稳定性较差时,锚杆宜采用长短相间的方式布置或调整锚固角方式布置。为保证锚固体稳定性,第一排锚杆锚固体上覆土层厚度不宜小于 4.0m,上覆岩层厚度不宜小于 2m。

必须注意的是锚杆的极限抗拔力会因群锚效应而减小。群锚效应的影响与锚固体间距、锚固体直径、锚杆长度与地层性状等因素有关。关于群锚效应引起的锚杆极限抗拔力的减低率可按图 3-4-7 求得。图中 T 为单根锚杆充分发挥作用时的极限抗拔力;ψ 为考虑群锚效应的锚杆极限抗拔力减低率;T' 为减低后的锚杆极限抗拔力;a 为锚杆间距;R 为影响圆锥半径(根据锚杆长度及 β 角求出),其中砂土 $\beta = \dfrac{2}{3}\varphi$($\varphi$ 为砂土内摩擦角),岩石 $\beta = 45°$。

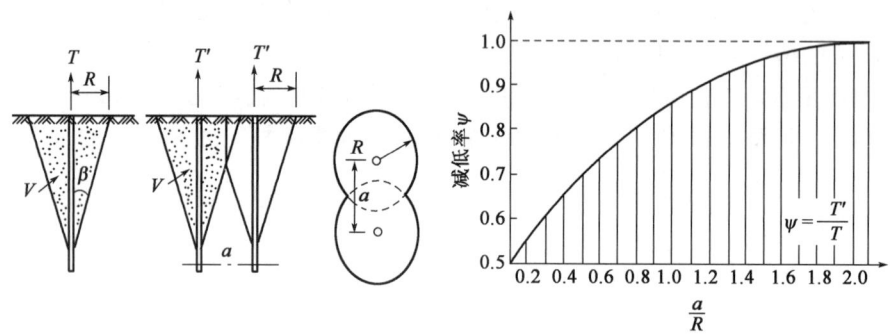

图 3-4-7 考虑群锚效应时锚杆抗拔力减低率

锚杆间距确定方法一直备受关注,但目前仍未能很好解决,通常的做法是根据边坡稳定性计算结果按经验来确定。对此美国业界提出了锚杆间距是锚杆体直径的 6 倍以上,相互间不受影响的规定;英国则规定对防止坍塌的锚杆为 1.5m 以上;日本则在建筑基础与结构设计标准中作出了群桩影响最小间距的规定,公式为:

$$D = 1.5\sqrt{r \cdot l} \tag{3-4-5}$$

式中:D——可忽略群桩影响的最小间距(m);

r——桩的平均半径(m);

l——桩的长度(m)。

我国根据经验积累及理论研究也提出了一些方法,主要有经验法,即根据边坡类型按锚杆布设密度确定,比如某类边坡按 1 根/$7m^2$ 布设,某另一类边坡按 1 根/$10m^2$ 布设等。另一种方法为理论计算法,如按断裂力学理论确定的方法、按极限分析确定的方法等。不过这些方法的实用性和可靠性都有待进一步研究和论证。根据上述经验分析,本手册提出了锚杆设置间距不宜小于 1.5m 的要求。

四、边坡稳定性分析

锚固边坡稳定性分析的方法有很多种,总是与不加锚的边坡稳定性分析方法相对应,差别在于考虑了锚力的作用。不加锚的边坡稳定性分析方法在本手册相关章节中有详细的介绍,此处不再赘述,下面重点介绍边坡锚固中锚作用力的简化方法。

边坡与锚固结构相互作用力可简化为图 3-4-8 所示情况。常用的锚作用力的简化方法有两种:方法一是将锚力简化为作用在滑裂面上的力,作用点为锚与滑裂面交点所在条块的相关位置(为简化计算,常取条块重心在滑裂面上的投影点);方法二是将锚力简化为作用在坡面上的力,作用点为锚与坡面交点所在条块的相关位置(为简化计算,仍取条块重心在坡面上的投影点)。用得较多的方法是第一种方法,因其计算更为简单。当滑裂面为单一滑面(平面滑动面)、滑裂面强度相同时,两种方法的计算结果是一致的;当滑裂面为不规则面、滑裂面强度有差异时,两种方法的计算结果差异较大。正因如此,如何选择这两种方法成为工程中难以把握的问题。参照相关规范及手册,推荐采用两种方法计算结果的低值作为锚固边坡稳定性计算结果。

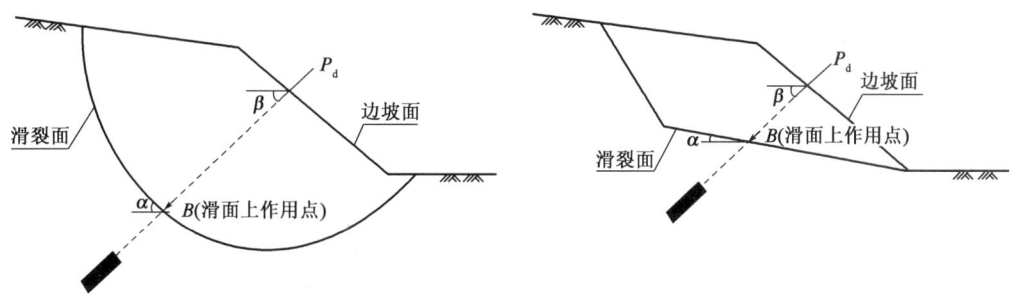

图3-4-8 锚作用力简化示意图

P_d-设计锚固力;β-最优锚固角(°);α-滑面(破裂面)倾角(°)

实际上,上述两种方法皆存在不尽合理的地方。如图 3-4-9 所示,不失一般性,以圆弧滑裂面为例,方法一将锚作用力简化为作用在 B 点上一个集中力,简化后具有什么样的物理(力学)意义难以解释。方法二将锚作用力简化为作用在 A 点上一个集中力,它反映不出锚固机理。由图 3-4-9 可以看出,边坡加锚后,相应的边坡岩体条块①②③④的受力会发生明显变化。对条块①而言,相当于在该条块所在破裂面上作用了一个集中力;对条块②③而言,相当于在这些条块侧面作用一对集中力;对条块④而言,锚力对其产生的稳定作用并不及对①②③条块产生的稳定作用大,因此可忽略不计。根据上述情况,有人提出了一种锚作用力简化的新方法,称之为"三类条块法",即将锚穿过的边坡岩土体条块分成三类考虑:第一类边坡岩土体条块为锚与滑裂面相交所在的条块,此时将锚视为作用在滑裂面上的一个集中力;第二类边坡岩土体条块为锚穿过岩土体条块且锚位于条块重心或重心以下,此时将锚力视为作用在条块侧面的一对集中力;第三类边坡岩土体条块为锚穿过岩土体条块且锚位于条块重心以上,此时可忽略锚力不计。由于"三类条块法"还未经过大量工程实践的检验,要在工程实践中推广应用,还需做进一步的工作。虽然常用的两种锚作用力简化方法有不尽合理的地方,但经过了大

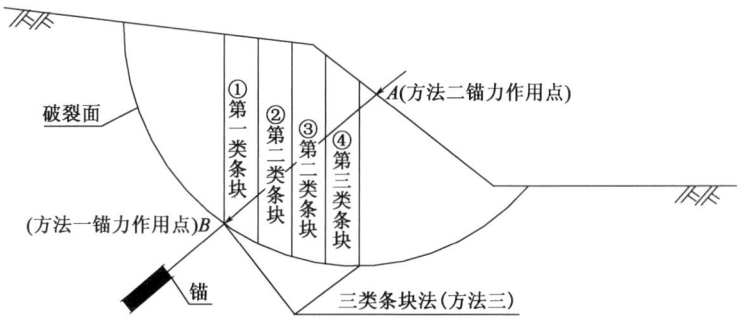

图3-4-9 锚作用力简化图示

量工程实践的检验和应用,因此仍不失为可行的方法,实际生产过程中建议仍按照图 3-4-8 锚作用力简化示意图所示方法进行计算分析。

五、锚固力与锚杆长度的计算

1. 锚固力计算

为保持边坡稳定而抵抗剪切破坏所需的锚固力必须使作用于剪切面上的所有力系在所需的安全系数下能够满足平衡条件,由此而确定锚固力的大小。锚杆锚固力确定应以边坡稳定性分析结果为依据,综合考虑锚杆的布置形式等因素,在满足边坡安全的前提下,合理地确定其大小。锚杆的布置形式和排距、间距的确定,应以滑动面提供均匀压力,避免出现大范围的拉力区及不发生群锚效应为原则。影响锚固力确定的另一个重要因素是锚杆在边坡上的布置方式,其布置方式有许多方案,如在整个边坡上均匀布置锚杆,坡脚高应力区集中布置锚杆,针对边坡破坏区集中布置锚杆等。一般而言,边坡锚固时锚杆尽可能采用均匀布置法。

一般情况下,预应力锚杆锚固设计时,应根据边坡稳定分析确定的边坡下滑力(已考虑设计安全系数),按下式计算锚固力:

$$P_d = E / [\sin(\alpha + \beta)\tan\varphi + \cos(\alpha + \beta)] \tag{3-4-6}$$

式中:P_d——设计锚固力(kN);

E——边坡下滑力(kN);

β——锚固角(°);

α——滑面(破裂面)倾角(°);

φ——滑面(破裂面)内摩擦角(°)。

项目实施过程中,可根据具体边坡情况,按照以下几种情况进行锚固力计算。

1)平面破坏边坡锚固力计算

如图 3-4-10 所示,假设边坡坡顶(面)有张拉裂隙。根据图 3-4-10a),沿边坡走向取单位宽度,根据极限平衡原理,平面破坏边坡稳定安全系数的计算式为:

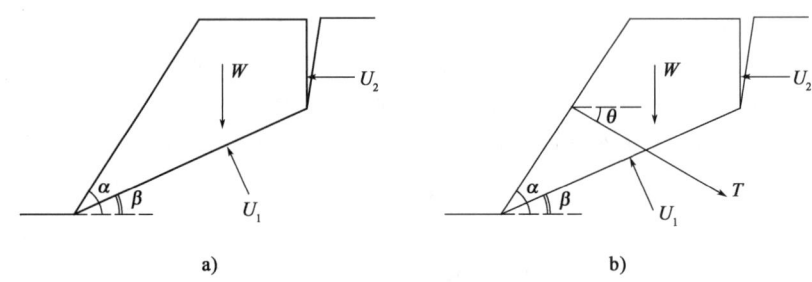

图 3-4-10 平面破坏边坡锚固力计算图示

$$F_s = \frac{cL + (W\cos\beta - U_1 - U_2\sin\beta)\tan\varphi}{W\sin\beta + U_2\cos\beta} \tag{3-4-7}$$

式中:F_s——边坡稳定安全系数(参见边坡设计章节有关规定);

c——滑动面的黏聚力(kPa);

φ——滑动面的内摩擦角(°);

W——滑体自重(kN);

L——滑动面长度(m);

U_1——作用在滑体底面上的水浮托力(kN);

U_2——张拉裂隙中的水压力(kN);

β——滑动面倾角(°)。

对于验算不稳定的边坡,假如对滑体施加一锚固力 T[图 3-4-10b)],则可得锚固边坡的稳定安全系数计算式为:

$$F_s = \frac{cL + [W\cos\beta - U_1 - U_2\sin\beta + T\sin(\beta+\delta)]\tan\varphi}{W\sin\beta + U_2\cos\beta - T\cos(\beta+\delta)} \quad (3\text{-}4\text{-}8)$$

式中:T——作用于边坡滑体上的锚固力(kN);

δ——锚杆与水平面的夹角(°)。

使边坡稳定安全系数达到许用值$[F_s]$时所需施加的锚固力计算式为:

$$T = \frac{W(\sin\beta \cdot [F_s]T - \cos\beta\tan\varphi) + U_1\tan\varphi + U_2(\cos\beta[F_s] + \sin\beta\tan\varphi) - cL}{\cos(\beta+\delta)[F_s] + \sin(\beta+\delta)\tan\varphi} \quad (3\text{-}4\text{-}9)$$

式中的符号意义同上。

2)多滑块平面破坏边坡锚固力计算

多滑块平面破坏模式中最常见的是双滑块破坏模式,图 3-4-11 给出了双滑块破坏边坡受力分析图。如不考虑所施加锚固力 T,假定主动模块处于极限平衡状态,则可求得边坡稳定安全系数为:

$$F_s = \frac{c_1 L_1 + [W_1\cos\beta_1 + P\sin(\beta_2-\beta_1) - U_1]\tan\varphi_1}{W_1\sin\beta_1 + P\cos(\beta_2+\beta_1)} \quad (3\text{-}4\text{-}10)$$

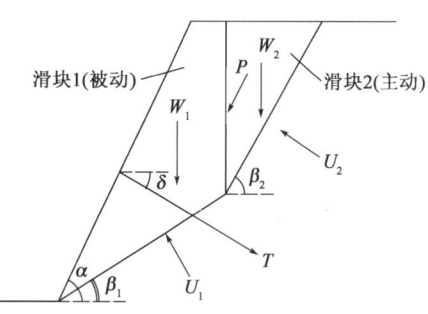

图 3-4-11 双滑块平面破坏边坡锚固力计算图示

式中:P——$P = W_2(\sin\beta_2 - \cos\beta_2 \cdot \tan\varphi_2) + U_2\tan\varphi_2 - c_2 L_2$,以 kN 计;

W_1、W_2——滑块 1 和滑块 2 的自重(kN);

U_1、U_2——滑块 1 和滑块 2 的水压力(kN);

c_1、c_2——滑块 1 和滑块 2 滑面上的黏聚力(kPa);

φ_1、φ_2——滑块 1 和滑块 2 滑面上的内摩擦角(°);

L_1、L_2——滑块 1 和滑块 2 的滑面长度(m);

β_1、β_2——滑块 1 和滑块 2 的滑面倾角(°)。

如果考虑作用于边坡上的锚固力 T,则边坡稳定安全系数计算式为:

$$F_s = \frac{c_1 L_1 + [W_1\cos\beta_1 + P\sin(\beta_2-\beta_1) - U_1 + T\sin(\delta+\beta_1)]\tan\varphi_1}{W_1\sin\beta_1 + P\cos(\beta_2-\beta_1) - T\cos(\delta+\beta_1)} \quad (3\text{-}4\text{-}11)$$

式中:T——作用于边坡滑体上的锚固力(kN);

δ——锚杆与水平面的夹角(°);

其余符号意义同前。

于是,边坡达到许用安全系数值$[F_s]$时所需施加锚固力为:

$$T = \frac{W_1(\sin\beta_1 \cdot [F_s] - \cos\beta_1 \tan\varphi_1)}{\cos(\beta_1 + \delta)[F_s] + \sin(\beta_1 + \delta)\tan\varphi_1} +$$

$$\frac{P\{\cos(\beta_2 - \beta_1) \cdot [F_s] - \sin(\beta_2 - \beta_1)\tan\varphi_1\} + U_1 \tan\varphi_1 - c_1 L_1}{\cos(\beta_1 + \delta)[F_s] + \sin(\beta_1 + \delta)\tan\varphi_1} \tag{3-4-12}$$

3) 圆弧形破坏边坡稳定性分析及锚固力计算

如图 3-4-12 所示,圆弧形破坏边坡稳定安全系数计算分式为:

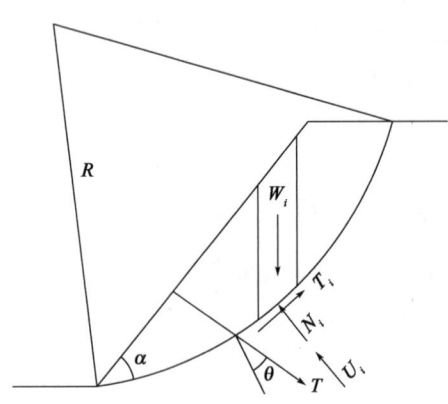

$$F_s = \frac{抗滑力矩}{下滑力矩} = \frac{cL + \tan\varphi \cdot \sum(W_i \cos\alpha_i - U_i)}{\sum W_i \sin\alpha_i} \tag{3-4-13}$$

式中:W_i——第 i 条块自重(kN);
U_i——第 i 条块滑面上的水压力(kN);
α_i——第 i 条块滑面倾角(°);
其余符号意义同前。

当施加一锚固力 T 后,边坡稳定安全系数计算式为:

$$F_s = \frac{cL + \tan\varphi \cdot [\sum(W_i \cos\alpha_i - U_i) + T\cos\delta]}{\sum W_i \sin\alpha_i - T\sin\delta} \tag{3-4-14}$$

图 3-4-12 圆弧形破坏边坡锚固力计算图示

式中:T——作用于边坡滑体上的锚固力(kN);
δ——锚杆与水平面的夹角(°);
其余符号意义同前。

由此可推出边坡满足许用安全系数 $[F_s]$ 所需锚固力的计算式为:

$$T = \frac{[F_s] \cdot \sum W_i \sin\alpha_i - \tan\varphi \sum(W_i \cos\alpha_i - U_i) - cL}{[F_s]\sin\delta + \cos\delta\tan\varphi} \tag{3-4-15}$$

公式中的符号意义同上。

必须注意式(3-4-9)、式(3-4-12)和式(3-4-15)计算得到的是单位厚度边坡所需的锚固力。

4) 楔形体破坏边坡锚固力计算

如图 3-4-13 所示,边坡楔形体破坏下的稳定安全系数计算式为:

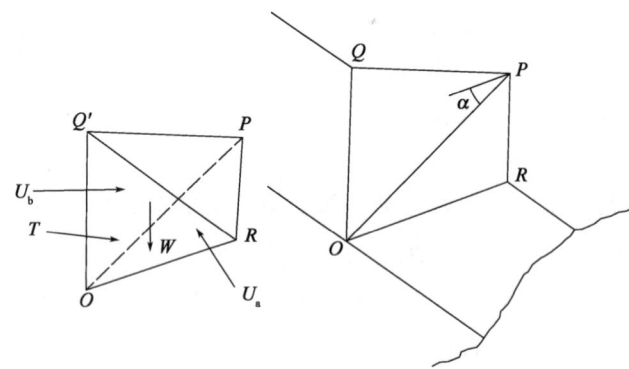

图 3-4-13 楔形体破坏边坡锚固力计算图示

$$F_s = \frac{抗滑力}{下滑力} = \frac{1}{W\sin\alpha}[N_a \tan\varphi_a + c_a A_a + N_b \tan\varphi_b + c_b A_b + T] \tag{3-4-16}$$

式中：F_s——边坡稳定安全系数（参见边坡设计章节有关规定）；
W——楔体的自重（kN）；
α——结构面 A 和结构面 B 交线 OP 的倾斜角（°）；
c_a、c_b——结构面 A 和结构面 B 上的黏聚力（kPa）；
φ_a、φ_b——结构面 A 和结构面 B 上的内摩擦角（°）；
A_a、A_b——结构面 A 和结构面 B 的面积（m²）；
N_a、N_b——结构面 A 和结构面 B 上的法向反力（kN），可以通过分析垂直于 OP 的平面 $QTRS$ 的力系来确定（图 3-4-14）。

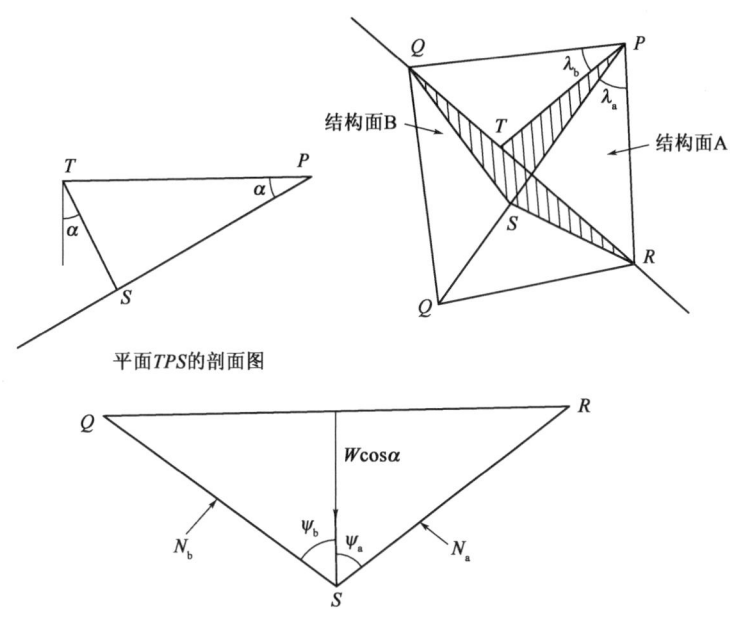

图 3-4-14 楔形体几何形状和力系

$$\left. \begin{array}{l} N_a = \dfrac{W\cos\alpha \cdot \cos\psi_b}{\sin(\psi_a + \psi_b)} - U_a + T_a \\ N_b = \dfrac{W\cos\alpha \cdot \cos\psi_a}{\sin(\psi_a + \psi_b)} - U_b + T_b \end{array} \right\} \quad (3\text{-}4\text{-}17)$$

式中：T_a、T_b——锚固力 T 的分力（kN），分别垂直于结构面 A 和结构面 B；
ψ_a、ψ_b——RS 和 QS 与过 OP 线铅垂面 PST 的夹角（°）。

对于通过稳定性验算[在式（3-4-16）中令 $T=0$]属于不稳定的边坡，将许用安全系数值[F_s]代入式（3-4-16），联立式（3-4-17），便可求得所需锚固力 T。

2. 锚杆长度

边坡加固工程中锚杆通常采用灌浆型锚杆，它包括两大类：预应力锚杆和全长黏结型锚杆（非预应力锚杆）。在确定锚杆长度时，会涉及锚杆的安全系数、锚杆受力钢筋设计等。

1）锚杆的安全系数

锚杆的安全系数是对锚杆的工作荷载或锚杆轴向拉力设计值而言的，也就是说，设计时所规定的锚杆极限状态时的承载力（锚杆轴向拉力极限值）应当是锚杆的工作荷载与安全系数的乘积。

锚杆设计中应考虑两种安全系数,即对锚固体设计与对筋材设计的安全系数。锚固体设计的安全系数一般应考虑锚杆结构设计中的不确定因素和危险程度,如地层性态、地下水或周边环境的变化;灌浆与杆体材料的不稳定性;锚杆群中个别锚杆承载力下降或失效附加给周边锚杆的工作荷载增加量等。多数国家(组织机构)锚杆规范中锚杆的安全系数的数值取决于锚杆的工作年限和破坏后产生的危害程度,具体取值如表 3-4-2、表 3-4-3 所示。

我国岩土预应力锚杆锚固体设计的安全系数　　　　表 3-4-2

锚杆破坏后危害程度	最小安全系数	
	锚杆服务年限≤2 年	锚杆服务年限>2 年
危害轻微,不会构成公共安全问题	1.4	1.8
危害较大,但公共安全无问题	1.6	2.0
危害大,会出现公共安全问题	1.8	2.2

岩土锚杆锚固体设计的安全系数　　　　表 3-4-3

国家(组织机构)	规　范	安　全　系　数	
		临时锚杆	永久锚杆
瑞士	SLA191	1.3、1.5、1.8	1.6、1.8、2.0
美国	PTI-Recom		2.0
英国	DD81	1.4、1.6、2.0	2.0
国际预应力混凝土协会	Recom		2.0
日本	JSF:D1-88	1.5	2.5

对筋材设计的安全系数,预应力筋设计安全系数多数国家规定为不应小于 1.67,即设计荷载不大于预应力筋抗拉强度标准值的 60%,我国《岩土锚杆与喷射混凝土支护工程技术规范》(GB 50086—2015)规定,锚杆预应力筋的安全系数,永久锚杆为 1.8,临时锚杆为 1.6。预应力筋的设计安全系数小于上述规定数值是不安全的,这主要是因为锚杆张拉后组成预应力筋的各股钢线的受力常常是不均匀的,此外被锚固结构物发生显著位移,相当于对预应力筋进一步张拉,也会使预应力筋的实际拉力值远远超过设计拉力值。

根据上述情况,对公路边坡锚杆设计安全系数作出以下规定:锚杆锚固体设计安全系数按表 3-4-4 选用,预应力锚杆筋材的张拉控制应力 σ_{con} 符合表 3-4-5 的规定。

公路边坡预应力锚杆锚固体设计安全系数　　　　表 3-4-4

安　全　系　数	公　路　等　级	安　全　系　数	
		锚杆服务年限≤2 年(临时锚杆)	锚杆服务年限>2 年(永久锚杆)
锚杆筋材截面安全系数 K_1	高速公路、一级公路	1.8	2.0
	二级及二级以下公路	1.6	1.8
锚固体设计安全系数 K_2	高速公路、一级公路	1.8~2.0	2.0~2.2
	二级及二级以下公路	1.5~1.8	1.7~2.0

注:1. 当二级及二级以下等级公路在锚固工程附近有重点保护对象时,可按照高速公路安全系数取值。
　　2. 土体或全风化岩中锚固体 K_2 应取表中高值。
　　3. 全长黏结型锚杆可参照此表取值。

预应力锚杆筋材的张拉控制应力 σ_{con} 表 3-4-5

锚 杆 类 型	σ_{con}	
	钢绞线	预应力螺纹钢筋
永久锚杆(锚杆服务年限>2年)	≤0.50F_{ptk}	≤0.70F_{ptk}
临时锚杆(锚杆服务年限≤2年)	≤0.65F_{ptk}	≤0.80F_{ptk}

2) 锚杆筋材设计

长度在 15m 以内的短锚杆或较短的锚杆,无论是预应力或非预应力的,均可使用普通钢筋或高强度的精轧螺纹钢筋。

对于长度大于 15m 及设计承载力较高的预应力锚杆的杆体材料,应优先选用钢绞线或钢丝。因为它们比钢筋具有高得多的抗拉强度,因而用作锚杆筋材可以大大降低锚杆的用钢量,最大限度地减少钻孔和施加预应力的工作量。此外钢绞线、钢丝达到屈服点时所产生的延伸量也要比普通钢筋所产生的延伸量大得多。假定钢材的弹性模量相同($E=1.9\times10^{5}$ MPa),对其施加预应力到达屈服点时就会产生不同的延伸值:

钢筋:$\varepsilon=335/(1.9\times10^{5})=0.00176$

钢绞线:$\varepsilon=1860/(1.9\times10^{5})=0.00979$

因此,如果使用钢绞线,由于地层徐变,锚杆出现预应力损失的现象较少。若对钢绞线施加预应力使其达到屈服点来替代钢筋,那么在杆体的预应力损失之前,地层的容许徐变可比钢筋的情况大 5.5 倍。同时钢绞线也便于运输和安装,不受狭窄地段的限制。

锚杆筋材的截面积应按下式计算:

$$A=\frac{K_{1}\cdot P_{d}}{F_{ptk}} \qquad (3-4-18)$$

式中:P_d——锚杆轴向拉力设计值(kN);

K_1——筋材安全系数,见表 3-4-4;

F_{ptk}——钢绞线、钢丝或钢筋的抗拉强度标准值(kPa);

A——筋材的截面积(m^2);

预应力锚杆体设计时,锚杆预应力筋的张拉控制应力 σ_{con} 应符合表 3-4-5 的规定。

3) 锚杆长度计算与确定

(1) 一般情况下锚杆长度计算与确定

预应力锚杆长度中影响其对边坡加固效果的主要是锚固段长度和自由段长度。锚固体的承载能力由注浆体与锚孔壁的黏结强度、锚杆与注浆体的黏结强度及锚杆筋材强度三部分控制,设计时应取其小值。

预应力锚杆锚固体宜采用黏结性锚固体,地层与注浆体间黏结长度应按照式(3-4-19)计算:

$$L_{r}=\frac{K_{2}P_{d}}{\pi d f_{rb}} \qquad (3-4-19)$$

式中:L_r——地层与注浆体间黏结长度(m);

K_2——安全系数,按照表 3-4-4 取值;

d——锚固段钻孔直径(m);
f_{rb}——地层与注浆体间黏结强度设计值(kPa),应通过试验确定,不具备试验条件时可按照表3-4-6、表3-4-7取值。

岩体与注浆体界面黏结强度设计值 表3-4-6

岩体类型	饱和单轴抗压强度 R_c(MPa)	黏结强度 f_{rb}(kPa)
极软岩	$R_c < 5$	150~250
软岩	$5 \leq R_c < 15$	250~550
较软岩	$15 \leq R_c < 30$	550~800
较硬岩	$30 \leq R_c < 60$	800~1200
坚硬岩	$R_c \geq 60$	1200~2400

注:1. 表中数据适用于注浆强度等级M30。
2. 表中数据仅适用于初步设计和方案设计阶段,施工时应通过试验验证。
3. 岩体结构面发育、岩体破碎时,取表中下限值。

土体与注浆体界面黏结强度设计值 表3-4-7

土体类型	土的状态	黏结强度 f_{rb}(kPa)
黏土	坚硬	60~80
	硬塑	50~60
	软塑	30~50
砂土	密实	270~350
	中密	220~270
	稍密	160~220
	松散	90~160
碎石土	密实	300~400
	中密	240~300
	稍密	180~240

注:1. 表中数据适用于注浆强度等级M30。
2. 表中数据仅适用于初步设计和方案设计阶段,施工时应通过试验验证。

注浆体与锚杆体间黏结长度应满足式(3-4-20)的要求:

$$L_g = \frac{K_2 P_d}{\pi d_g f_b} \quad (3\text{-}4\text{-}20)$$

式中:L_g——锚杆体与注浆体间黏结长度(m);
K_2——安全系数,按照表3-4-4取值;
d_g——锚杆体材料直径(m);
f_b——锚杆体与注浆体间黏结强度设计值(kPa),应通过试验确定,不具备试验条件时可按照表3-4-8取值。

钢筋、钢绞线与砂浆之间的黏结强度设计值 f_b　　　　表 3-4-8

锚杆筋材类型	水泥浆、水泥砂浆强度等级	
	M30	M35
水泥砂浆与螺纹钢筋	2.40	2.70
水泥砂浆与钢绞线、高强钢丝	2.95	3.40

注：1. 当采用 2 根钢筋点焊成束时，黏结强度应乘以折减系数 0.85。
　　2. 当采用 3 根钢筋点焊成束时，黏结强度应乘以折减系数 0.70。

我国及美国相关规范对灌浆体与地层间的黏结强度以及灌浆体与钢绞线或钢筋间的黏结强度给出了部分建议值，见表 3-4-9～表 3-4-13。在此列出以供比对参考。

岩体与灌浆体之间的黏结强度标准值　　　　表 3-4-9

岩体种类	岩体单轴饱和抗压强度(MPa)	岩体与灌浆体之间的黏结强度标准值(MPa)
硬岩	>60	1.5～3.0
中硬岩	30～60	1.0～1.5
软岩	5～30	0.3～1.0

注：黏结长度小于 6.0m。本表摘自我国《岩土锚杆与喷射混凝土支护工程技术规范》(GB 50086—2015)。

典型岩体与灌浆体之间的极限黏结应力　　　　表 3-4-10

岩　体	岩体与灌浆体之间的平均极限黏结应力(MPa)	岩　体	岩体与灌浆体之间的平均极限黏结应力(MPa)
花岗岩和玄武岩	1.7～3.1	砂岩	0.8～1.7
白云质石灰岩	1.4～2.1	风化砂岩	0.7～0.8
软石灰岩	1.0～1.4	白垩岩	0.2～1.1
板岩与硬质页岩	0.8～1.4	风化泥灰岩	0.15～0.25
软页岩	0.2～0.8	混凝土	1.4～2.8

注：本表摘自美国后张法预应力混凝土学会 1996 年制定的《岩层与土体预应力锚杆的建议》。

土体与灌浆体之间的黏结强度推荐值　　　　表 3-4-11

土体种类	土的状态	黏结强度(MPa)
淤泥质土	—	20～25
黏性土	坚硬	60～70
	硬塑	50～60
	可塑	40～50
	软塑	30～40
粉土	中密	100～150
砂土	松散	90～140
	稍密	160～200
	中密	220～250
	密实	270～400

注：表中数值为采用一次常压灌浆测定数值。本表摘自我国《土层锚杆设计与施工规范》(CECS22:90)。

典型灌浆体与黏性土之间的极限平均黏结应力　　　　表3-4-12

锚杆类型	灌浆体与周围黏性土间的极限平均黏结应力(MPa)
1)重力灌浆锚杆(直孔型)	0.03~0.07
2)压力灌浆锚杆(直孔型)	
软粉砂质黏土	0.03~0.07
粉砂质黏土	0.03~0.07
硬黏土(中~高塑性)	0.03~0.10
极硬黏土(中~高塑性)	0.07~0.17
硬黏土(中塑性)	0.10~0.25
极硬黏土(中塑性)	0.14~0.35
极硬的砂质黏土(中塑性)	0.28~0.38

注:本表摘自美国后张法预应力混凝土学会1996年制定的《岩层与土体预应力锚杆的建议》。

典型灌浆体与砂性土之间的极限平均黏结应力　　　　表3-4-13

锚杆类型	灌浆体与周围砂性土间的极限平均黏结应力(MPa)
1)重力灌浆锚杆(直孔型)	0.07~0.14
2)压力灌浆锚杆(直孔型)	
中细砂,中密~密实	0.08~0.38
中粗砂,中密	0.11~0.66
中粗砂,中密~极密	0.25~0.97
粉砂	0.17~0.41
密实的冰碛物	0.30~0.52
砂质砾石,中密~密实	0.21~1.38
砂质砾石,密实~极密实	0.28~1.38

注:本表摘自美国后张法预应力混凝土学会1996年制定的《岩层与土体预应力锚杆的建议》。

(2)拉力型锚杆的圆柱状锚固体锚固段长度的确定

锚杆的设计抗拔力按下列公式计算,并取其中的较小值:

$$P_d = \pi \cdot d \cdot L \cdot f_{rb}/K_2 \tag{3-4-21}$$

$$P_d = n \cdot \pi \cdot d_g \cdot L \cdot f_b/K_2 \tag{3-4-22}$$

$$P_d = F_{ptk}A/K_1 \tag{3-4-23}$$

锚固段长度可按下列公式计算,并取其中的较大值:

$$L = \frac{K_2 P_d}{\pi d f_{rb}} \tag{3-4-24}$$

$$L = \frac{K_2 P_d}{\pi d_g f_b} \tag{3-4-25}$$

式中:P_d——锚杆轴向拉力设计值(kN);

K_1——筋材安全系数,见表3-4-4;

F_{ptk}——钢绞线、钢丝或钢筋的抗拉强度标准值(kPa);
A——筋材的截面积(m^2);
L——锚杆锚固段长度(m);
K_2——安全系数,按照表3-4-4取值;
d——锚固段钻孔直径(m);
f_{rb}——地层与注浆体间黏结强度设计值(kPa),应通过试验确定,不具备试验条件时可按照表3-4-6、表3-4-7取值;
d_g——锚杆体材料直径(m);
f_b——锚杆体与注浆体间黏结强度设计值(kPa),应通过试验确定,不具备试验条件时可按照表3-4-8取值。

(3)拉力型锚杆的扩体型锚固体锚固段长度的确定

①砂土中的扩体型锚固体

端部扩体型锚杆的抗拔力原理见图3-4-15。这种锚杆的抗拔力由摩擦力与面承力两部分组成。砂土中端部扩体型锚固体的面承力计算可近似地借用国外砂土中锚定板抗拔力计算成果。Misch和Clemence(1985年)从锚定板的试验结果发现,埋置深度h与原板直径D之比和锚固力因子β_c间的线性关系只能维持到$h/D=10$左右。当h/D继续增加时,β_c即趋于定值,不再受h/D比值的影响,而β_c也随砂土摩擦角的增大而增大(图3-4-16)。

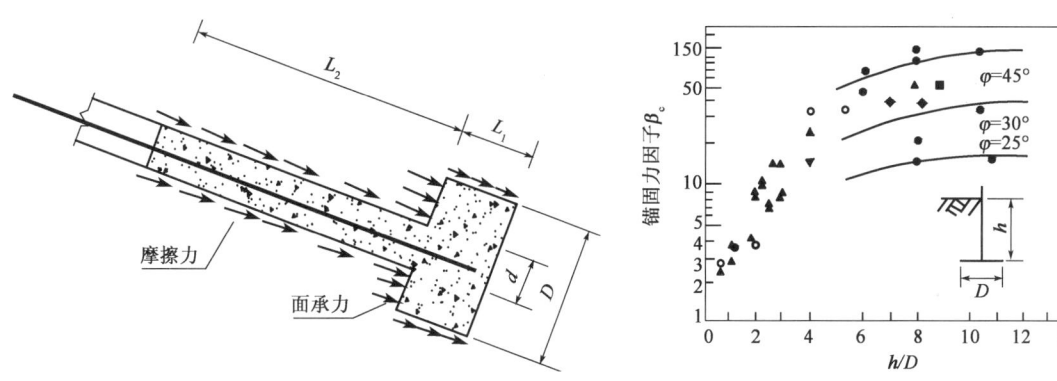

图3-4-15 端部扩体型锚杆抗拔力原理图　　图3-4-16 砂土中锚杆锚固力因子β_c

砂土中的扩体型锚固体的设计锚固力可按下式计算:

$$P_d = \left[\gamma \cdot h \cdot \beta_c \frac{\pi(D^2 - d^2)}{4} + \pi \cdot D \cdot L_1 \cdot f_{rb} + \pi \cdot d \cdot L_2 \cdot f_{rb} \right] / K_2 \quad (3\text{-}4\text{-}26)$$

锚固体长度$L = L_1 + L_2$可根据实际情况按照式(3-4-26)试算确定。

实际工程中,如果扩孔段L_1较小,忽略锚孔直径变化带来的摩阻力差异,则锚固体长度可近似按下式计算:

$$L = \frac{P_d \cdot K_2 - \gamma \cdot h \cdot \rho_c \frac{\pi(D^2 - d^2)}{4}}{\pi \cdot d \cdot f_{rb}} \quad (3\text{-}4\text{-}27)$$

式中:P_d——锚杆轴向拉力设计值(kN);
D、d、L_1、L_2——锚固体结构尺寸(m);
f_{rb}——地层与注浆体间黏结强度设计值(kPa),应通过试验确定,不具备试验条件时可按照表3-4-6、表3-4-7取值;

K_2——安全系数,按照表 3-4-4 取值;

γ——岩土的重度(kN/m^3);

h——扩体上覆的地层厚度(m)。

②黏土中的扩体型锚固体

黏土中的扩体型锚固体的锚固段长度按式(3-4-28)通过试算确定。

$$P_d = \left[\pi \cdot D \cdot L_1 \cdot C_u + \frac{\pi(D^2 - d^2)}{4}\beta_c \cdot C_u + \pi \cdot d \cdot L_2 \cdot f_{rb}\right]\bigg/ K_2 \quad (3\text{-}4\text{-}28)$$

式中: P_d——锚杆轴向拉力设计值(kN);

D、d、L_1、L_2——锚固体结构尺寸(m);

f_{rb}——地层与注浆体间黏结强度设计值(kPa),应通过试验确定,不具备试验条件时可按照表 3-4-6、表 3-4-7 取值;

K_2——安全系数,按照表 3-4-4 取值;

β_c——锚固力因子,取 9.0;

C_u——地层不排水抗剪强度(kPa)。

式(3-4-28)中,锚固力因子 β_c 取 9.0,是因为黏土中的锚定板抗拔试验结果表明,当埋置深度 h 与锚定板直径 D 之比大于 6 时,β_c 趋于定值,该数值约为 9.0。

(4)压力分散型锚杆的锚固体锚固段长度的确定

压力分散型锚杆由若干个单元锚杆组成,其锚固体的尺寸设计应同时满足锚固体局部抗压承载力和锚固灌浆体与周边地层间的黏结摩阻力的要求。

①锚固体承压面积按式(3-4-29)确定。

$$P_d/n = 1.5 A_p \cdot \beta \cdot \zeta \cdot f_c \quad (3\text{-}4\text{-}29)$$

式中:P_d——压力分散型锚杆的总承载力(kN);

n——单元锚杆数;

A_p——单元锚杆承载体与灌浆体接触面积(m^2);

β——锚固段灌浆体局部受压强度提高系数,$\beta = \left(\dfrac{A}{A_p}\right)^{0.5}$,$A$ 为灌浆体截面积;

ζ——锚固段灌浆体受压时侧向地层约束力作用的抗压强度提高系数,由试验确定;

f_c——灌浆体轴心抗压强度标准值(MPa)。

②锚固体长度按式(3-4-30)通过试算确定。

$$P_d = (\pi \cdot D \cdot L_1 \cdot f_{rb1} + \pi \cdot D \cdot L_2 \cdot f_{rb2} + \pi \cdot D \cdot L_3 \cdot f_{rb3} + \ldots)\bigg/ K_2 \quad (3\text{-}4\text{-}30)$$

式中: P_d——压力分散型锚杆的总承载力(kN);

D——锚固体直径(m);

L_1、L_2、L_3…——各单元锚杆的锚固段长度(m);

f_{rb1}、f_{rb2}、f_{rb3}——各单元锚杆锚固段灌浆体与周边地层间的黏结摩阻强度(MPa)。

六、锚杆结构构造与防腐设计

1. 锚杆结构构造

目前用于边坡工程中的锚杆主要包括两大类：预应力锚杆和非预应力锚杆。当边坡变形控制严格、锚杆设计拉力大（通常指不小于450kN）、锚长较长（通常指大于15m）时，宜采用预应力锚杆。预应力锚杆包括单孔单一锚固体系和单孔复合锚固体系两大类，这两大类中又都包括拉力型和压力型两种。非预应力锚杆主要指全长黏结型锚杆。近年来为解决施工困难等相关技术难题，发展了自钻式锚杆与中空锚杆，并在公路边坡中获得了应用。这种锚杆可加预应力，也可不加预应力，视设计需要而定。

预应力锚杆和非预应力锚杆结构构造的差异见图3-4-17。

拉力型和压力型锚杆的主要区别是在锚杆受荷后其锚固段的灌浆体分别处于受拉和受压状态，其结构构造的差异见图3-4-18。拉力型锚杆的荷载是依赖其锚固段杆体与灌浆体接触的界面

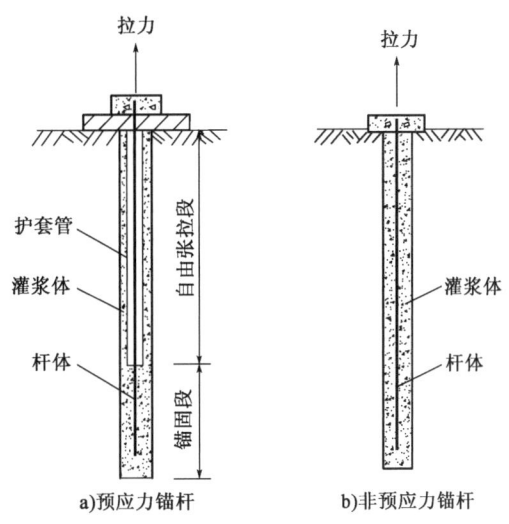

图3-4-17 预应力锚杆和非预应力锚杆结构构造的比较

上的剪应力（黏结应力）由顶端（锚固段与自由段交界处）向底端传递的。锚杆工作时，锚固端的灌浆体易出现张拉裂缝。压力型锚杆则借助无黏结钢绞线或带套管钢筋使之与灌浆体隔开，将荷载直接传至底部的承载体，由底端向锚固段的顶端传递。这种锚杆锚固段的灌浆体受压，不易开裂。

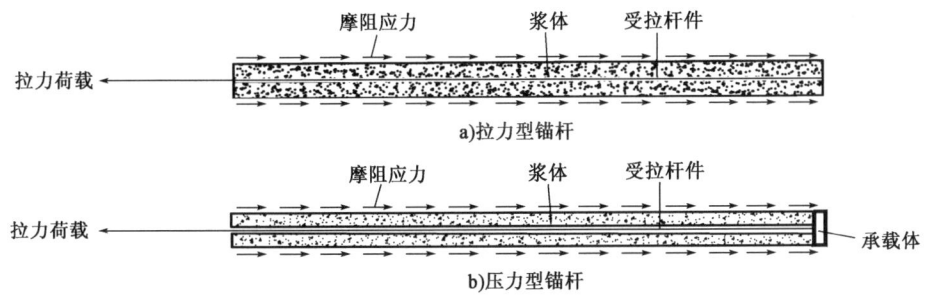

图3-4-18 拉力型锚杆和压力型锚杆结构构造的比较

单孔单一锚固体系是指在一个钻孔中只安装一根独立的锚杆，尽管由多根钢绞线或钢筋构成锚杆杆体，但只有一个统一的自由段长度和锚固段长度。单孔复合锚固体系是在同一钻孔中安装几个单元锚杆，每个单元锚杆均有自己的杆体、自由段长度和锚固段长度。单孔单一锚固体系由于围绕杆体的灌浆体与岩土体的弹性特征难于协调一致，因此锚杆受荷时，不能将荷载均匀分布在锚固段长度上，会出现严重的应力集中现象。单孔复合锚固体系能将集中力分散为若干个较小的力分别作用于长度较小的锚固段上，使锚固段黏结应力值大大减小且分

布也较均匀。单孔单一锚固体系和单孔复合锚固体系的结构构造及锚固段应力分布的差异见图 3-4-19。单孔复合锚固体系中最有实用价值的是压力分散型锚杆,其结构构造见图 3-4-20。

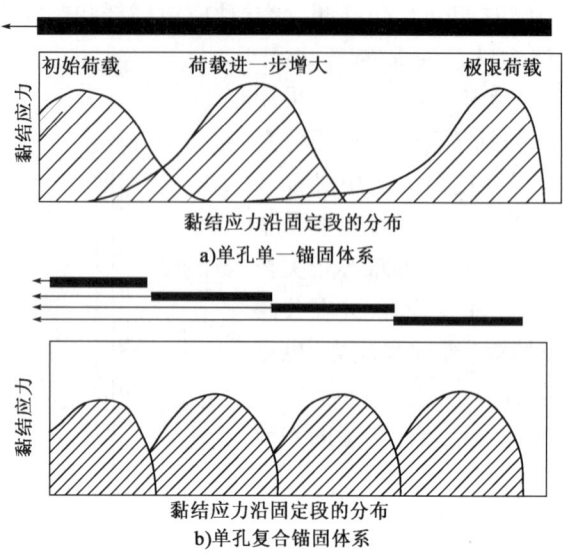

图 3-4-19 单孔单一锚固体系和单孔复合锚固体系的比较

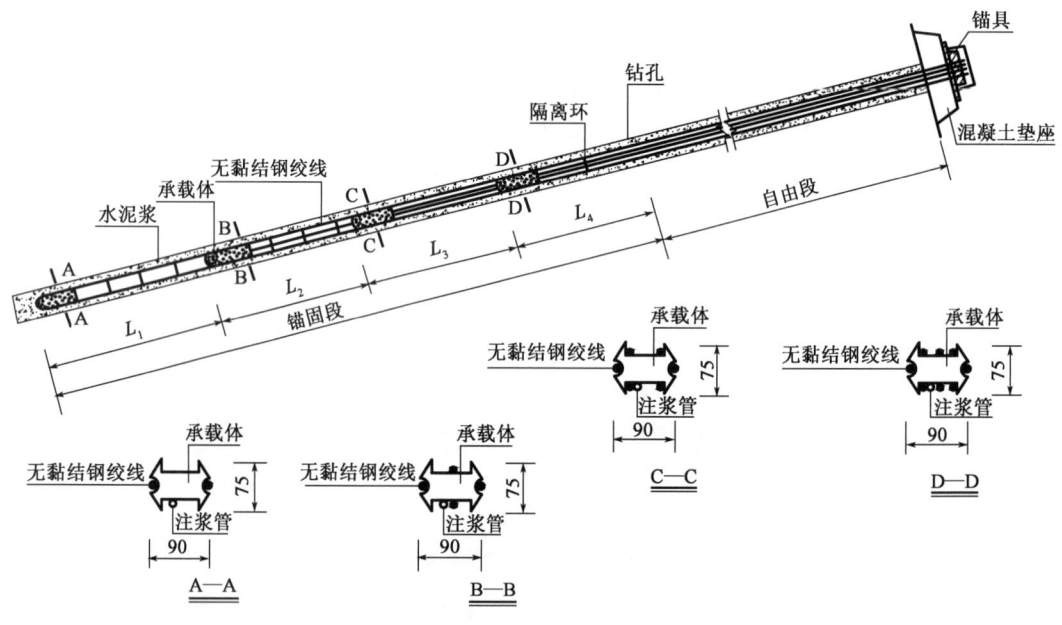

图 3-4-20 压力分散型锚杆结构构造(尺寸单位:mm)

自钻式锚杆由中空螺纹杆体、钻头、垫板、螺母、连接套和定位套组成。钻杆即锚杆杆体,两者合一,在强度很低和松散地层中钻进后无须退出,并可利用中空杆体注浆,避免普通锚杆钻孔后塌孔卡钎及插不进杆体的缺点。自钻式锚杆结构构造见图 3-4-21。中空锚杆是自钻式锚杆的简化和改型,避免了自钻式锚杆的高额价格,它是在钻孔完成后安设的,因而取消了钻头,并将杆体材料由合金钢改为碳素钢,保留了杆体是全螺纹无缝钢管以及连接套、金属垫板、止浆塞等。中空锚杆结构构造见图3-4-22。

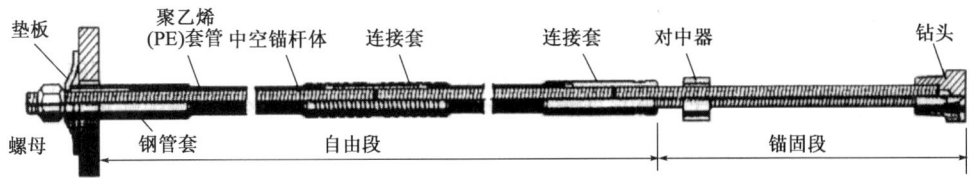

图3-4-21 预应力自钻式锚杆结构构造

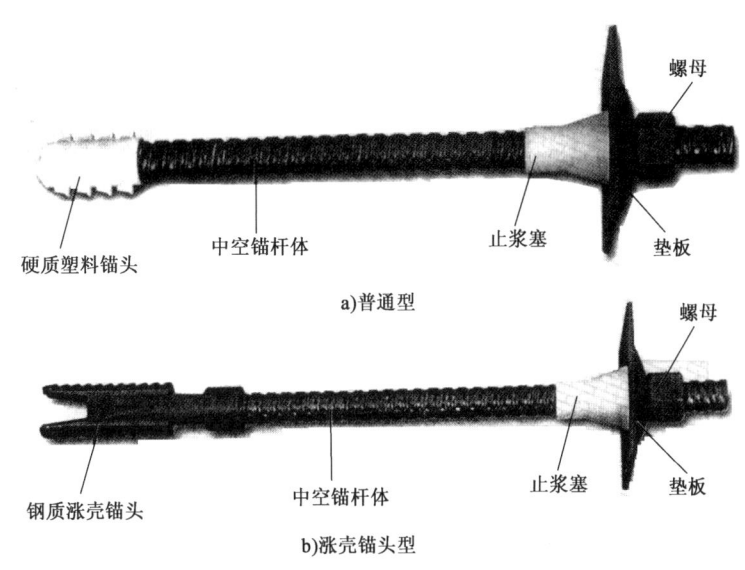

图3-4-22 中空锚杆结构构造

2.锚杆腐蚀与防腐

对锚杆的腐蚀环境应进行充分的调查,并选择适宜的防腐方法。防腐方法应适应岩土锚固的使用目的,不影响锚杆各部件(包括锚固体、自由段和锚头)的功能,因此对锚杆的不同部位要做不同的防腐设计。防腐方法的确定还必须使防腐材料在施工期间免受损伤,并保证其长期具有防腐效能。

防腐设计时应根据锚杆的服务年限及所处地层有无腐蚀性来确定锚杆的防护等级。锚杆的防护等级可分为两极,即Ⅰ级防护与Ⅱ级防护。Ⅰ级防护,即采用双层防腐蚀保护,预应力筋全长均有套管;Ⅱ级防护,即采用单层防腐蚀保护,锚固段内的预应力筋仅用灌浆防腐。永久锚杆的防腐设计以采用压力分散型锚杆为宜。

1)腐蚀原理与类型

锚杆体材料由金属组成,金属发生腐蚀的原因很简单,大多数金属都是由它们的氧化物加工而成的,因此其稳定性就比它们天然存在的状态要差。如果环境条件适当,金属就试图还原成它的氧化物状态,即发生腐蚀。除非采取适当措施来防止腐蚀,否则金属就将与氧和水发生反应,表达式如下:

$$金属 + O_2 + H_2O \rightarrow 金属(OH)_x$$

金属腐蚀类型一般分为以下三大类：全面腐蚀、局部腐蚀及由于氢脆或加荷引起的应力腐蚀。有关这方面的详细情况可参见相关资料。

2) 锚杆的腐蚀破坏与原因分析

(1) 锚固段预应力筋的腐蚀破坏

锚固段预应力筋的腐蚀破坏是常见的一种锚杆腐蚀破坏，其原因主要在于：①锚杆锚固段处于透水性地层中，未做压水或灌浆试验；②灌浆没达到孔口返浆，预先确定的钻孔内灌浆量仅能满足锚固段的灌浆量，灌浆不密实；③没有对锚杆锚固段进行套管保护。

(2) 自由段预应力筋的腐蚀破坏

自由段预应力筋的腐蚀破坏多种多样，有单一型腐蚀破坏，也有复合型腐蚀破坏，例如：①地层和地下水含有硫化物及氯化物，使浆液产生劣化和预应力筋腐蚀；②地层移动造成预应力筋超应力，使其产生裂纹，有时因腐蚀锈斑或腐蚀疲劳而加剧；③因施工缺陷，损坏了保护套管或保护材料；④作为防锈材料的油类分解沉淀，未充分包裹预应力筋；⑤因相邻路段沿线的杂散电流而产生腐蚀；⑥预应力筋在无保护条件下存放了很长时间。

(3) 锚头的腐蚀破坏

锚头或锚头附近的破坏原因是多种多样的，既有安装后缺乏防腐保护，也有工作期间防护剂充填不完全或塌落等。

3) 锚杆的防腐

(1) 环境侵蚀性与锚杆的防护类型

如果地层有下列一种或多种情况，则认为地层有侵蚀性：①pH 值小于 4.5；②电阻率小于 $2000\Omega \cdot cm$；③出现硫化物；④出现杂散电流或造成对其他地下混凝土结构的化学侵蚀。直流输电线、电站、铁路、焊接操作、运矿设备及地下工业设备，均可能产生杂散直流电。根据国内外有关标准，一般按锚杆的服务年限及所处地层有无腐蚀性来确定锚杆的防护等级（图 3-4-23）。

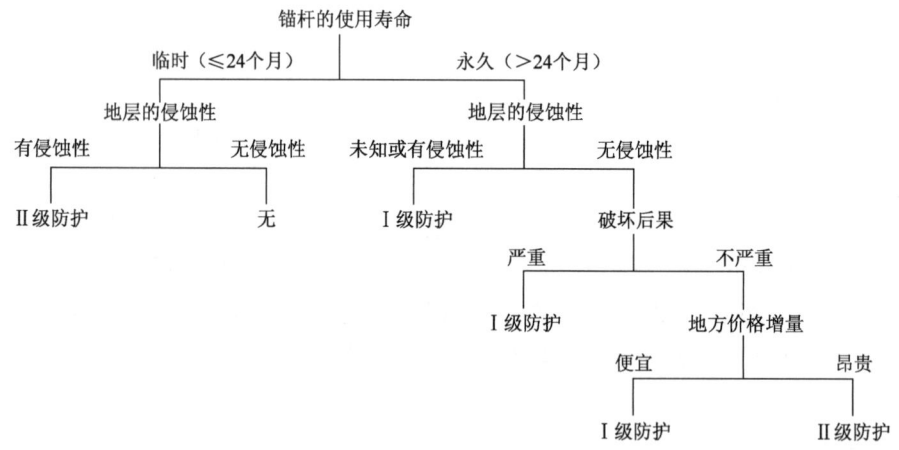

图 3-4-23　锚杆防腐蚀保护决策图

锚杆的防护等级分两级，即Ⅰ级——双层防腐蚀保护，锚杆筋材全长都有套管；Ⅱ级——单层防腐蚀保护，锚固段内的杆体筋材仅用灌浆防腐。Ⅰ级和Ⅱ级防护的要求见表 3-4-14，拉力型锚杆的Ⅰ级、Ⅱ级防护构造见图3-4-24和图3-4-25。

锚杆防腐蚀保护要求 表3-4-14

防护等级	锚杆类型	锚 头	自由张拉段	锚 固 段
Ⅰ	拉力型、拉力分散型	采用过渡管,锚具用混凝土封闭或钢罩保护	采用注入油脂的护套,或无黏结钢绞线,或外套保护管的无黏结钢绞线	采用注入水泥浆的波形管
Ⅰ	压力型、压力分散型	采用过渡管,锚具用混凝土封闭或钢罩保护	采用无黏结钢绞线	采用无黏结钢绞线与灌浆
Ⅱ	拉力型、拉力分散型	采用过渡管,锚具用混凝土封闭或钢罩保护	采用注入油脂的护套,或无黏结钢绞线	灌浆

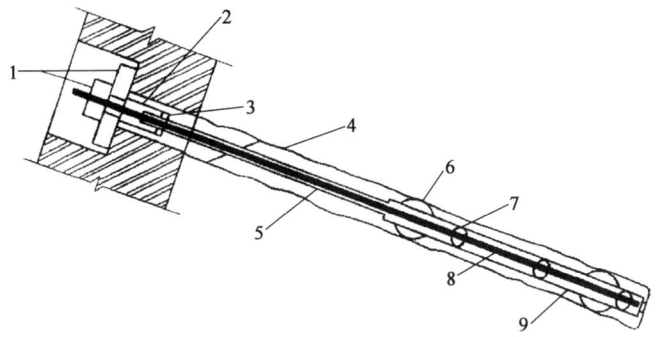

图3-4-24 拉力型锚杆的Ⅰ级防护构造(波形套管保护锚杆)

1-锚具,如暴露在空气中,需用锚具罩;2-过渡管(管内注入防腐剂);3-密封;4-锚杆灌浆;5-注入防腐剂的套管;6-对中支架;7-内部隔离(对中)支架;8-预应力筋材;9-波形套管(管内注入水泥浆)

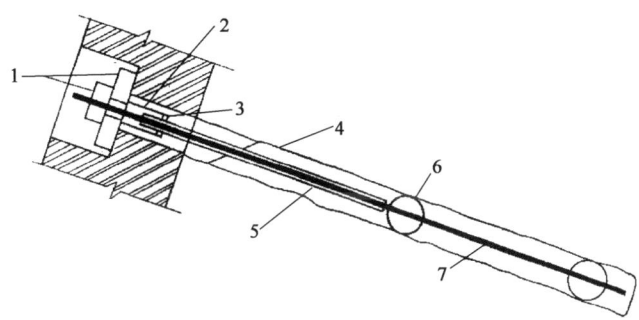

图3-4-25 拉力型锚杆的Ⅱ级防护构造(灌浆保护锚杆)

1-锚具,如暴露在空气中,需用锚具罩;2-过渡管(管内注入防腐剂);3-密封;4-锚杆灌浆;5-注入防腐剂的套管;6-对中支架;7-预应力筋材

(2)防腐保护细则

①锚头防护

大多数锚杆的破坏都出现在锚具附近未予保护的筋材,因此对锚头附近的保护极为重要。永久暴露在空气中的所有锚头,均应设置防护钢罩,其内充填防腐油膏或水泥浆;对于重复张拉型锚头,必须采用防腐油膏。埋入混凝土内的锚头,如混凝土保护层厚度在50mm以上,则不需要防护钢罩。

应将过渡管与支架密封,并使过渡管与自由张拉段的防腐部位搭接至少 100mm。过渡管应有足够长度,以便在试验和张拉时能适应结构和预应力筋的位移。过渡管内完全充满防腐油膏或水泥浆,重复张拉型锚头必须采用防腐油膏,该防腐油膏可在施工期加入。可重复张拉的锚头防护构造见图 3-4-26。

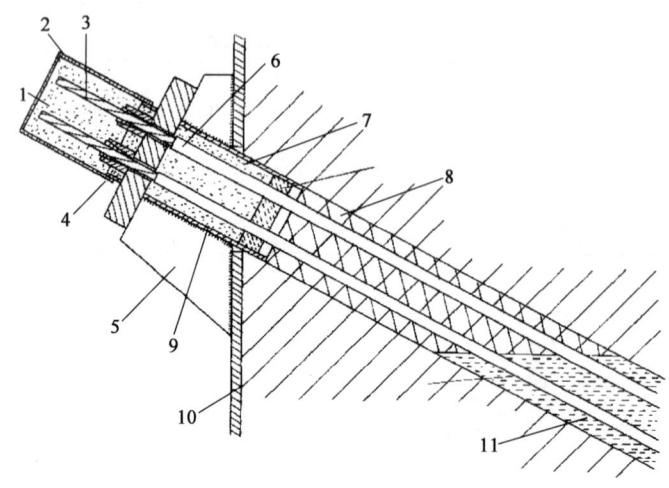

图 3-4-26 可重复张拉的钢绞线锚杆的锚头防护

1-润滑油;2-钢罩;3-剥去外包层的钢绞线;4-钢罩与钢过渡管的连接装置;5-台座;6-无黏结钢绞线;7-防腐剂;8-二次补浆;9-过渡钢管;10-墙;11-第一次灌浆

② 自由张拉段的防护

永久性预应力锚杆的自由段处在侵蚀性地层中,是仅次于锚头附近区域易受腐蚀的最薄弱环节。对于拉力型锚杆,套在自由张拉段的防腐蚀护套应足以延伸至过渡管段,但在试验时不得与锚具接触。此外,自由段与锚固段防腐蚀保护过渡部位的设计与施工应保证其连续性而免遭侵蚀。

③ 预应力筋锚固段的保护

Ⅱ级防护:当预应力筋的安装方法能保证水泥浆完全裹住预应力筋时,在无侵蚀性的地层中可采用水泥浆来保护预应力筋的锚固段,但水泥浆与自由张拉段的护套搭接至少应为 0.3m。此外,对中支架及灌浆工艺应保证锚固段水泥浆保护层厚度在 12mm 以上。

Ⅰ级防护:对于侵蚀性地层或其侵蚀性未知的地带,均应采用Ⅰ级防护。Ⅰ级防护可采用压力分散型锚杆,也可采用套管作为拉力型锚杆锚固段的附加及可控制的防腐蚀保护层,具体方式为采用注浆的波纹塑料管或波纹钢管。在预应力筋插入锚孔前或预应力筋安装后,可对预应力筋灌浆(水泥浆注入套管内)。同样,对中支架或灌浆工艺应保证套管内的水泥浆保护层厚度在 12mm 以上。

3. 锚杆构造设计要求

为保证锚固效果安全、可靠,使计算结果与锚固体和地层间的应力状况基本一致并达到设计要求的安全度,边坡锚固工程设计过程中应注意以下几个问题。

(1)为保证锚固结构与被锚固体间协调变形,并使被锚固体下滑力经锚固工程顺利传递至锚固体,锚杆自由段长度按外锚头到潜在滑裂面的长度计算,预应力锚杆的自由段长度不宜小于5m,且应超过潜在滑裂面。

(2)应当指出,大量的试验已经证实,灌浆体与地层或灌浆体与杆体间的黏结应力沿杆体长度分布是很不均匀的。在上述公式中采用平均黏结强度计算锚杆的抗拔力,只有当锚固段长度很短的情况下,才相对接近实际。作用在锚固段全长周边的黏结应力分布是不均匀的,随着作用于锚杆上的荷载的增加,荷载逐步向锚杆底端传递,沿锚杆锚固段的黏结作用将发生渐进性破坏,锚杆的抗拔力不可能随锚固段的增长而成比例地增加,甚至当锚固段超过一定长度后,抗拔力增加甚微或不再增加,因而锚固段长度应控制在一定范围内,一般不宜超过10m。

反之,锚固段长度设计过短时,由于实际施工期锚固区地层局部强度可能降低,或岩体中存在不利组合结构面,锚固段被拔出的危险性增大。为确保锚固的可靠性,土层锚杆锚固段长度不应小于4m,岩石锚杆锚固段长度不应小于3m。

(3)锚杆锚固段长度应按照式(3-4-19)、式(3-4-20)进行计算,并取其中大值。位于软质岩中的预应力锚索可根据地区经验确定最大锚固段长度。当计算的锚固段长度超过上述数值时,应采取改善锚固段岩体质量、改变锚头构造或扩大锚固段直径等技术措施,以提高锚固力。

(4)锚杆隔离架或对中支架应沿锚杆轴线方向每隔1~3m设置一个,对土层应取小值,对岩层可取大值。预应力钢筋的保护层厚度不应小于20mm,临时预应力钢筋保护层厚度不应小于10mm。

(5)对于非预应力全长黏结型锚杆,杆体材料宜采用HRB400钢筋,杆体钢筋直径16~32mm;钻孔直径不宜小于42mm,且不宜大于100mm;杆体钢筋保护层厚度采用水泥浆时不应小于8mm,采用树脂时不应小于4mm。

(6)锚杆注浆材料可采用水泥浆、水泥砂浆、快硬水泥药卷、树脂类黏结材料。水泥浆、水泥砂浆标号不宜小于M30,采用快硬水泥药卷、树脂类黏结材料时宜不低于上述要求。

4. 锚固边坡坡面结构设计

为了充分发挥锚固工程效应,保证锚固工程与被锚固体变形协调一致,锚固工程设计需考虑在坡面设置合适可行的承压结构作为被锚固体与锚杆间传力结构。作为锚固工程承压结构的坡面结构,其承受作用力主要是锚杆拉拔力——集中力,被锚固体下滑力和预应力锚杆预应力地基反力——分布力,以及承压结构自身重力;地震区尚应考虑地震力作用。根据坡面结构类型和受力特点主要有框格(格子)梁、地(竖、横)梁、单锚墩等类型的坡面防护结构。一般情况下锚固边坡坡面结构设计也结合其他坡面防护结构、边坡支挡结构配合实施,如挂网喷射混凝土+锚杆防护结构、锚杆肋板防护结构、锚索+桩板式支挡结构、锚杆挡墙结构等。该组合形式坡面防护结构具体设计和要求可参照相关内容执行,本章主要就框格(格子)梁、地(竖、横)梁、单锚墩类坡面防护结构设计进行论述。

1)锚固边坡坡面结构类型及适用条件

锚固边坡坡面结构形式应根据边坡工程地质、水文地质、岩土性质、边坡高度、施工方法综合确定,目前主要有框格(格子)梁、地(竖、横)梁、单锚墩等类型(表3-4-15)。

锚固边坡常用坡面结构类型及适用条件   表3-4-15

结构形式	适用条件	备注
框格(格子)梁	风化严重、地下水丰富、软质岩、土质边坡、岩体节理裂隙发育破碎或较破碎岩体边坡	多雨地区宜做成截流沟式

续上表

结构形式	适用条件	备注
地(竖、横)梁	软硬岩体相间边坡、较完整岩体边坡	具体部署竖梁或横梁根据工程需要和边坡岩体构成情况确定
单锚墩	硬质岩(较硬岩和坚硬岩)、块状~大块状或完整性好的厚层状~巨厚层状边坡	设置单锚墩边坡岩体要求坡面岩体均质性较好,风化程度低,不易风化崩解,具有较好的完整性

注:锚固边坡坡面结构设计可根据锚固特点,结合其他坡面防护结构、边坡支挡结构配合实施。

2)锚固边坡坡面结构设计及计算

(1)单锚墩设计与计算

锚杆的锁定头(锚头)设置在钢筋混凝土板(碇)、墩上,与锚杆结合加固边坡,此种结构形式为单锚墩结构,见图3-4-27。该类结构主要用于硬质岩(较硬岩和坚硬岩)、块状~大块状或完整性好的厚层状~巨厚层状边坡。

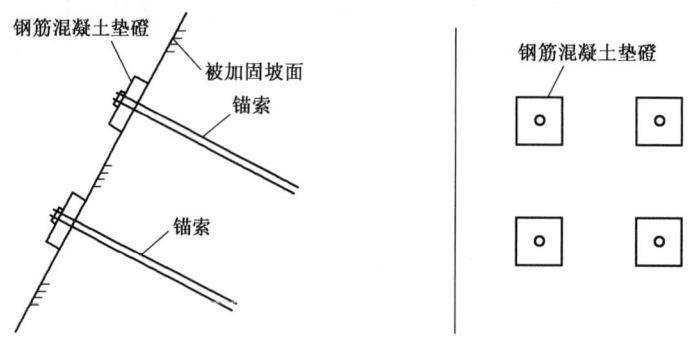

图3-4-27 单锚墩加固边坡示意图

钢筋混凝土锚墩的大小根据被加固边坡的地基承载力确定,同时应满足锚具结构及防腐要求。

$$A = \frac{K \cdot P_d}{[\delta]} \tag{3-4-31}$$

式中:A——锚墩的面积(m);

K——预应力超张拉系数;

P_d——设计锚固力;

$[\delta]$——地基容许承载力(kPa)。

锚墩的内力可按中心有支点单向受弯构件计算,但锚墩应双向配筋。此外,尚应验算锚墩垫墩和钢垫板连接处混凝土局部承压与冲切强度。具体计算内容可按照现行《混凝土结构设计规范》(GB 50010)执行,结构重要性系数取1.0,永久荷载分项系数取1.35。

锚墩及采用混凝土封锚时,混凝土强度等级不应低于C30,混凝土保护层厚度不应小于50mm,锚墩嵌入岩体不应小于20cm。

(2)地(竖、横)梁设计与计算

地(竖、横)梁是承担施加于锚杆的预应力或被加固体下滑力作用于锚杆的力的一种坡面加固结构形式(图3-4-28),锚固措施通过地(竖、横)梁抵抗被加固体产生的下滑力,并经锚固措施传递至稳定地层。该类结构形式具有受力均匀、整体受力效果好等特点,适合于加固地基承载力较低或岩体较松散的边坡。

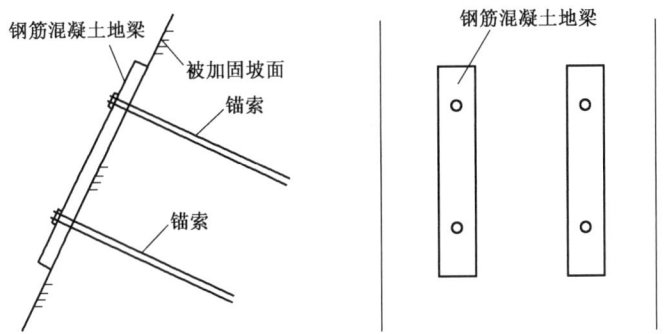

图 3-4-28　地(竖、横)梁加固边坡示意图

预应力地(竖、横)梁的受力分析应考虑张拉阶段和工作阶段。张拉阶段的预应力锚杆的张拉是主动作用于地梁上的力,它迫使岩土体变形,使岩土体产生被动抗力并作用于地梁上。张拉阶段完成后,锚杆张力、土体抗力保持相对平衡,但在工作阶段土体的变形将破坏这种平衡,此时地基反压力则主要来自地梁下岩体变形施压地梁而形成的岩土体压力。由于这两个阶段受力模式不同,在设计预应力锚杆地梁时,应分别验算不同阶段(张拉阶段和工作阶段)的内力,以确保地梁的安全使用。

非预应力锚杆地梁主要传递被锚固岩土体下滑力至锚杆,经锚杆传递至稳定地层。受力分析应考虑工作阶段被锚固岩土体岩土体压力和锚杆的集中力作用,可参照预应力地(竖、横)梁工作阶段的受力模式。

预应力锚杆地梁在锚杆张拉阶段,作用于地梁上的两个主要外力中锚杆张拉力 P 是已知的,地基反压力 $q(x)$ 是待求的;在工作阶段,地基压力及岩土体压力 $\sigma(x)$ 是已知的,而锚杆需提供的抑制力 F 是未知待求的。地梁可按照倒扣在坡面上的受分布荷载作用的连续梁来计算,受力模式见图 3-4-29。

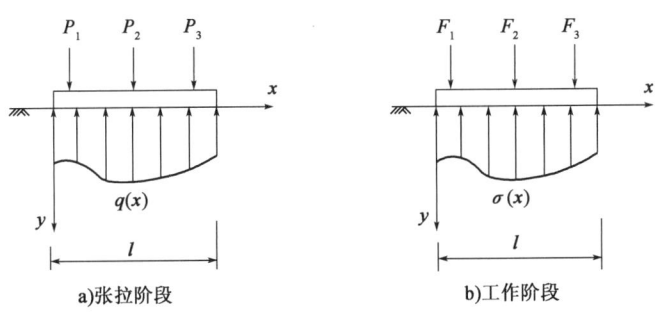

图 3-4-29　预应力锚杆地梁受力模式

①张拉阶段。

张拉阶段是指张拉刚完成的阶段,其受力模式可简化为受多个集中荷载的地基基础梁。作用在地梁上的外力主要有锚杆张拉力 P、梁下岩土体地基反压力 $q(x)$。由于地梁重力及梁的摩擦力相对较小,计算时可略去不计。

当地梁上设置两孔锚杆时,可简化为简支梁进行内力计算;当地梁上设置三孔及三孔以上锚杆时,可简化为连续梁进行内力计算,即将锚拉点锚杆预应力简化为集中荷载,按弹性地基梁进行计算。一般情况下可将地梁视为刚性梁,近似将梁底地基反力按直线均布考虑。

假设矩形梁底宽为 b,长度为 l,按静力平衡条件 $\sum P_y = 0$ 和 $\sum M_c = 0$,可求出梁两端地基反力 σ_1 和 σ_2。

$$\sigma_1 = \frac{\sum P_i}{A} - \frac{\sum P_i e_i}{W} \tag{3-4-32}$$

$$\sigma_2 = \frac{\sum P_i}{A} + \frac{\sum P_i e_i}{W} \tag{3-4-33}$$

式中:A——地梁底面积,$A = bl$;

P_i——各锚杆张拉力;

e_i——各锚杆张拉力对梁中心偏心距;

W——地梁底面积的截面模量,$W = bl^2/6$。

由此可求出地梁任意点的地基反力,再利用静力平衡条件可计算出任何截面上的弯矩和剪力。

②工作阶段。

锚杆预张拉完毕并锚固抑制稳定后,地梁便逐渐进入工作阶段,此阶段是地梁结构的主要受力阶段。

首先确定作用于地梁上的岩土压力 $\sigma(x)$,按两端悬臂的连续梁(一般为两跨及以上,视地梁上锚杆数量而定)计算锚杆拉力和地梁内力。

地(竖、横)梁配筋设计按照现行《混凝土结构设计规范》(GB 50010)有关规定执行,结构重要性系数取 1.0,永久荷载分项系数取 1.35。

地(竖、横)梁构造设计要求:地梁混凝土强度等级不应低于 C25,地梁截面可采用矩形或梯形截面,地梁截面宽度不应小于 30cm,混凝土保护层厚度不应小于 50mm,地梁嵌入岩土体不应小于 20cm。

(3)框格(格子)梁设计与计算

锚杆的锁定头设置在钢筋混凝土框格(格子)梁上,与锚杆体系结合加固边坡(图 3-4-30),此种结构形式为锚杆框格(格子)梁。通过框格(格子)梁抵抗被加固体产生的下滑力,并经锚固措施传递至稳定地层。该类结构形式具有受力均匀、整体受力效果好等特点,特别适合于加固地基承载力较低或岩体较松散的边坡。

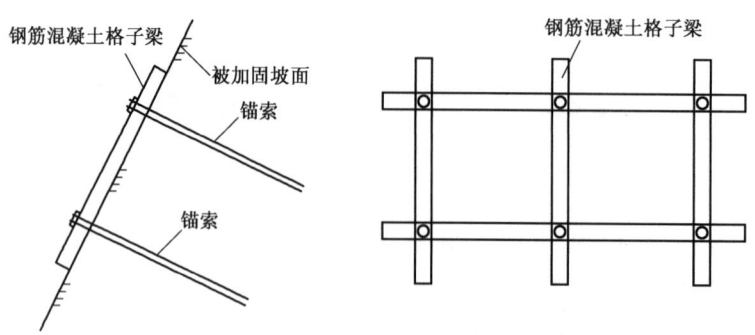

图 3-4-30 框格(格子)梁加固边坡示意图

基本假定如下：

①将坡面反力视为作用在框架上的荷载，把锚杆作用点看成支座，将框架梁作为倒置的交叉梁格体系来进行计算。

②认为整个框格（格子）梁为刚性，假定坡面反力呈均匀性分布，将横梁和纵梁看成相互独立的连续梁。

③将预应力简化成框架节点处施加的集中荷载，按照同一节点挠度相等的原理，可以通过叠加原理将锚固力分别分配到各自梁上，然后按照一般的条形弹性地梁进行计算。

④由于纵、横梁使用相同截面尺寸，节点荷载可近似按纵横梁间距分配到两个方向的梁上，不必计算较为烦琐的节点处变形协调及重叠框架梁面积修正。

⑤设计中可忽略梁自重对其内力的影响。

框格（格子）梁配筋设计按照现行《混凝土结构设计规范》（GB 50010）有关规定执行，结构重要性系数取1.0，永久荷载分项系数取1.35。

框格（格子）梁构造设计要求：框格（格子）梁混凝土强度等级不应低于C25，框格梁截面可采用矩形或梯形截面，截面宽度不应小于30cm，混凝土保护层厚度不应小于50mm，地梁嵌入岩土体不应小于20cm。

框格单元形状可采用矩形或菱形，矩形单元尺寸不宜小于3.0m×3.0m，菱形单元尺寸不应小于5.0m×3.0m。

第三节　锚杆试验与监测

为了确定锚杆可承受的最大张拉力和锚固工程的安全性，验证锚杆设计是否满足工程要求，检验锚杆的施工质量是否满足设计要求，掌握锚杆在特殊地层中的长期工作性能，以实现有效控制蠕变和预应力损失等，需要对锚杆进行基本试验、验收试验和蠕变试验。

由于钢材的松弛、地层的徐变、各种冲击作用、锚固结构的荷载变化以及岩土体应力状态的变化等因素的影响，锚杆预应力和位移是变化的，需要开展锚杆监测工作。锚杆监测包括施工期监测和运营期监测，应将锚杆监测与边坡监测工作紧密结合，形成完整的边坡监测系统。其目的是掌握锚杆预应力或位移变化规律，为锚杆的短期试验提供重要的补充资料，提供有关锚固结构和地层的有价值的资料，确认锚杆的长期工作性能。必要时，可根据观测结果，采取二次张拉锚杆或增设锚杆等措施，以确保锚固工程的可靠性。

一、基本试验

基本试验是在锚杆施工前针对非工作锚杆进行的破坏性试验，目的是确定锚杆可承受的最大张拉力和锚固工程的安全度，检验锚杆设计能否满足工程要求。任何一种新型锚杆，或锚杆用于未应用过的地层时，必须进行基本试验。

锚杆基本试验的地质条件、杆体材料、锚杆参数和施工工艺等必须与工作锚杆完全一致，试验锚杆数量不应少于工作锚杆数量的3%，且不少于3根。最大试验荷载不应超过预应力筋抗拉强度标准值（$A \cdot f_{ptk}$）的0.8倍。

锚杆加荷应分等级循环进行，初始荷载取预应力筋强度标准值的0.1倍，每级加荷增量取预应力筋强度标准值的0.1~0.15倍。单孔复合锚固型锚杆的初始荷载应根据单元锚杆的数量及参数相应提高，通常由计算确定。应使锚杆在每级荷载作用下保持恒定的力，并测定锚头的位移直至位移达到稳定状态(锚杆的位移增量2h不大于0.2mm)。应当用专门的仪器测定张拉荷载,使用精度0.01mm的百分表测量位移。为了考虑地层的徐变,还要记录在每级荷载作用下相当长的时间内锚杆的位移增量不少于3次,直至锚头位移达到稳定状态。硬岩、砂质土、硬黏土中锚杆的基本试验加荷等级与观测时间见表3-4-16。淤泥质土中锚杆的基本试验加荷等级在 $A \cdot f_{ptk}$ 的0.5倍和0.7倍时,采用循环加荷;当加荷等级在 $A \cdot f_{ptk}$ 的0.6倍和0.8倍时,在2.0h观测时间内锚头位移增量小于2.0mm才可施加下一级荷载。荷载等级不小于 $A \cdot f_{ptk}$ 的0.5倍时,加荷速率不大于20kN/min;荷载等级大于 $A \cdot f_{ptk}$ 的0.5倍时,加荷速率不大于10kN/min。淤泥质土、软岩及蠕变明显的岩层中锚杆基本试验加荷等级的观测时间见表3-4-17。

硬岩、砂质土、硬黏土中锚杆基本试验加荷等级与观测时间　　表3-4-16

加荷等级 ($A \cdot f_{ptk}\%$)	初始荷载				10			
	第一循环	10			30			10
	第二循环	10	20	30	40	30	20	10
	第三循环	10	30	40	50	40	30	10
	第四循环	10	30	50	60	50	30	10
	第五循环	10	30	50	70	50	30	10
	第六循环	10	30	60	80	60	30	10
观测时间(min)		5	5	10	5	5	5	5

软岩、淤泥质土中锚杆基本试验加荷等级与观测时间表　　表3-4-17

加荷等级 ($A \cdot f_{ptk}\%$)	初始荷载	第一级	第二级	第三级	第四级	第五级	第六级
	10	30	40	50	60	70	80
观测时间(min)	15	15	15	30	120	30	120

在基本试验中,加荷至锚杆的锚固段(不是锚杆预应力筋)出现破坏为止,锚杆的破坏标准为:①后一级荷载作用下的锚头位移增量达到或超过前一级荷载作用下锚头位移增量的2倍;②锚头位移不收敛,锚固体从岩土层中拔出或锚杆从锚固体中拔出;③锚头总位移超过设计允许值。

试验结束后,应挖出锚杆检查其形状和尺寸、硬化浆体的质量、预应力筋与浆体之间的结合、预应力筋在浆体中的位置、浆体包裹钢制部件的情况、浆体上裂缝的宽度和间距及预应力筋的防腐效果,永久性锚杆更应进行最后一项检查。

试验的全部结果都要列入试验报告中,报告中还应包括地层条件、锚杆参数、施工详细情况、试验方法及对试验数据与挖出锚杆进行检验所得结果之间关系的讨论。绘制锚杆荷载-位移曲线(图3-4-31)、锚杆荷载-弹性(塑性)位移曲线(图3-4-32)。每级荷载作用下的总位移包括弹性位移和塑性位移,弹性位移是测得总位移减去卸荷至初始荷载时测得的位移(即塑性位移),试验所得的弹性位移应大于80%的锚杆自由段长度的弹性变形且小于自由段长度与1/2锚固段长度之和的弹性变形。试验所得的锚杆安全系数K由下式确定:

$$K = \frac{R}{P_d} \tag{3-4-34}$$

式中:R——锚杆极限承载力,取破坏荷载的95%;

P_d——锚杆设计锚固力。

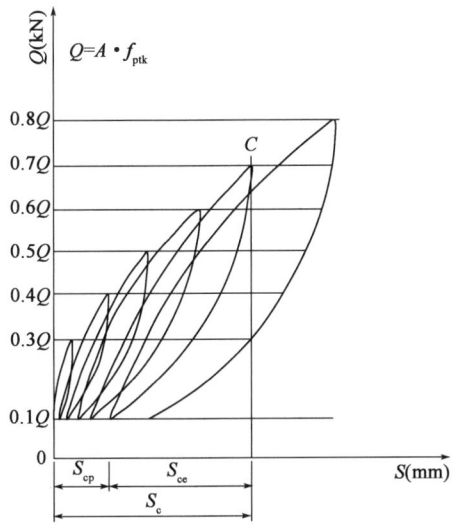

图 3-4-31 锚杆基本试验荷载-位移曲线

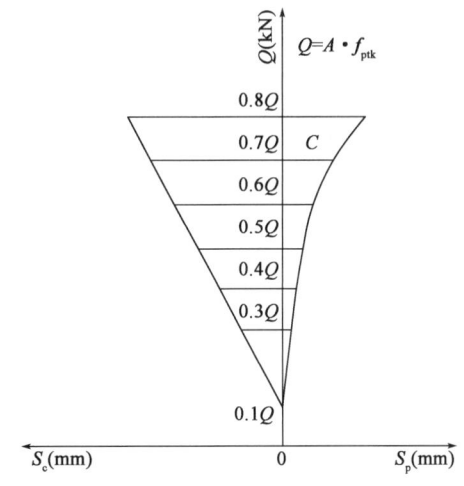

图 3-4-32 锚杆基本试验荷载-弹性位移、荷载-塑性位移曲线

二、验收试验

验收试验是在锚杆施工后选择有代表性的工作锚杆进行非破坏性试验,目的是检查包括锚杆长度、浆体与孔壁岩土体黏结强度、预应力等在内的施工质量是否满足设计要求,快速经济地确定锚杆是否具有足够的承载力,锚杆自由段长度是否满足要求,锚杆蠕变在规定的范围内是否稳定。

验收试验的锚杆数量不少于锚杆总数的 5%,且不得少于 3 根。验收试验最大试验荷载不应超过预应力筋强度标准值的 0.8 倍,且永久锚杆的最大试验荷载为锚杆设计锚固力 P_d 的 1.5 倍,临时锚杆的最大试验荷载为锚杆设计荷载 P_d 的 1.2 倍。验收试验加荷等级与观测时间见表 3-4-18。在各种等级荷载作用下,记录锚头位移至稳定状态(详见基本试验)。根据试验结果绘制锚杆荷载-位移曲线。

验收试验加荷等级与观测时间 表 3-4-18

加荷等级 (设计荷载 P_d)	观测时间(min)		加荷等级 (设计荷载 P_d)	观测时间(min)	
	临时锚杆	永久锚杆		临时锚杆	永久锚杆
0.10 P_d	5	5	1.00 P_d	10	15
0.25 P_d	5	5	1.20 P_d	15	15
0.50 P_d	5	10	1.50 P_d		15
0.75 P_d	10	10			

验收试验从 50% 设计值到最大试验荷载所测得的锚杆总位移应大于锚杆自由段长度理论计算伸长值的 80%,且小于自由段长度与 1/2 锚固段长度之和的预应力筋的理论弹性伸长值。最后一级荷载作用下的位移观测期内,锚头位移稳定或 2h 蠕变量不大于 2.0mm。

三、蠕变试验

塑性指数大于 17 的土层锚杆、极度风化的泥质岩层中或机理裂隙发育张开且充填有黏性土的岩层中的锚杆,应进行蠕变试验。旨在了解锚杆的蠕变特性,合理确定锚杆的设计参数和荷载水平,并采取适当措施控制蠕变量,有效控制预应力损失。

蠕变试验的锚杆数量不应少于3根。锚杆蠕变试验加荷等级与观测时间见表3-4-19。在观测时间内荷载必须保持恒定,锚头位移趋于稳定。每级荷载作用下按时间间隔(min)1,2,3,4,5,10,15,20,30,45,60,75,90,120,150,180,210,240,270,300,330,360记录锚头蠕变量。根据试验数据绘制锚杆蠕变量-时间对数关系曲线(图3-4-33),锚杆的蠕变系数由下式计算:

$$K_c = \frac{\Delta_2 - \Delta_1}{\lg t_2 - \lg t_1} \tag{3-4-35}$$

式中:Δ_1——T_1时所测得的蠕变量;

Δ_2——T_2时所测得的蠕变量。

锚杆蠕变试验测得的最后一级荷载作用下的蠕变系数不应大于2.0mm。

锚杆蠕变试验加荷等级与观测时间表 表3-4-19

加荷等级(设计荷载N_t)	观测时间(min)	
	临时锚杆	永久锚杆
$0.25N_t$		10
$0.50N_t$	10	30
$0.75N_t$	30	60
$1.00N_t$	60	120
$1.20N_t$	90	240
$1.33N_t$	120	360

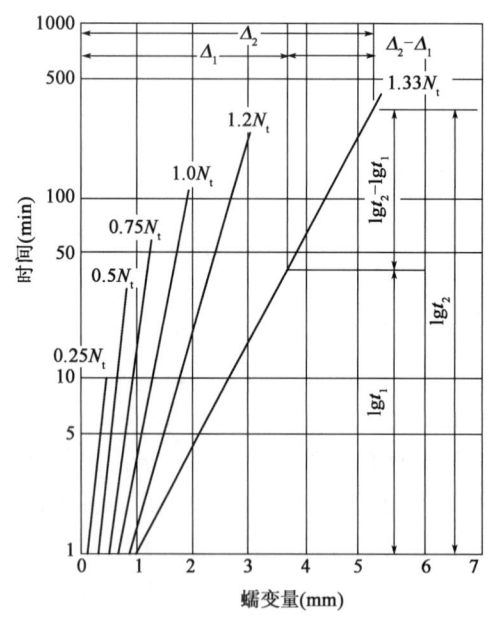

图3-4-33 锚杆蠕变量-时间对数关系曲线

四、锚杆验收标准

应分析锚杆的试验结果,并确定锚杆能否使用。

下列两方面的验收标准均应满足。

(1)徐变(蠕变)

试验荷载下1~10min的徐变量不超过1.0mm,如果超过,则6~60min内的徐变量不得大于2.0mm。

(2)位移(变形)

①基本试验中测得的总弹性位移应大于锚杆自由段长度理论弹性伸长值的80%,并不小于自由段长度加1/2锚固段长度的理论弹性伸长值。

②验收试验中,从50%设计荷载到最大试验荷载之间所测得的总位移应当大于该荷载范围内自由段长度理论弹性伸长值的80%。

五、锚杆监测

边坡锚固工程的监测工作十分重要,锚杆设置后,由于钢材的松弛、地层的徐变、各种冲击作用、锚固结构的荷载变化以及岩土体应力状态的变化等因素的影响,锚杆预应力和位移将发生变化。为掌握锚杆预应力或位移变化规律,为锚杆的短期试验提供重要的补充资料,提供有关锚固结构和地层的有价值的资料,确认锚杆的长期工作性能,需开展锚杆监测工作。

监测工作分为施工期监测和运营期监测,监测数量应取工作锚杆数量的10%,且不得少于3根,并应注意与边坡监测工作紧密结合,形成完整的边坡监测系统。必要时可根据观测结果,采取二次张拉锚杆或增设锚杆等措施,以确保锚固工程的可靠性。

施工期监测旨在保障施工安全,控制施工质量,主要监测项目包括预应力、锚头位移、岩土体深部位移、锚杆长度和灌浆饱满度等。运营期监测主要针对锚杆的工作状态进行长期监测,主要监测项目包括预应力、锚头位移及岩土体深部位移等。运营期监测周期应为公路建成运营后至少1年。近年来锚杆无损检测技术得到了发展,并积累了相关经验,可在工程中积极应用。

国内外锚杆规范几乎都对锚杆预应力变化的监测数量、频率和周期有明确规定。国际预应力混凝土协会(FIP)规定,应对10%的锚杆进行长期观测。法国标准指出,对5%~15%的永久性锚杆(取决于锚杆总根数)至少监测10年,在第一年内每3个月观测1次,第二年内每半年观测1次,以后的观测间隔时间为1年。锚杆预应力的变化容许值为锚杆设计荷载的10%。英国和南非标准规定,对全部临时锚杆和永久锚杆施加预应力后24h或48h就对其进行观测,结果令人满意,随后对全部工程锚杆的5%继续观测1年的时间。我国的《土层锚杆设计与施工规范》(CECS22:90)规定,对永久锚杆的预应力变化进行长期观测的锚杆数量不应少于锚杆总数的5%~10%,观测时间不宜少于12个月。应当指出,只对具有永久性自由段的那类锚杆才有可能进行预应力变化的长期观测,并采用补充施加预应力的方法来调整锚杆预应力损失量。

至于锚头位移的观测,恒定荷载下锚头位移量和位移量的发展应符合验收试验的要求。如果位移的增加与时间对数成比例关系或位移随时间而减小,则锚杆是符合要求的。

1. 锚杆预应力随时间的变化

随着时间的推移,锚杆的初始预应力总是会有所变化。一般情况下,通常表现为预应力的损失。在很大程度上,这种预应力损失是由锚杆钢材的松弛和受荷地层的徐变共同效应造成的。所谓松弛就是没有变形情况下的预应力损失,而徐变则是在永久荷载下产生的材料变形。目前有关钢材松弛的知识是比较全面的,但是由于有关锚杆锚固体实际应力值和分布情况的资料很少,因此,人们对岩层或土体长期处于锚杆荷载下产生的徐变了解甚少。实际上,由于徐变引起的预应力损失量可能是相当大的。

1) 钢材的松弛

长期受荷的钢材预应力松弛损失量通常为5%~10%。根据对各类钢材进行的试验发现,受荷100h后的松弛损失约为受荷1h后所发生损失的2倍,约为受荷1000h后应力损失量的80%,约为受荷30年后损失量的40%。

钢材的应力松弛与张拉荷载大小密切相关,当施加的应力大于钢材强度的50%时,应力松弛就会明显加大,并随着荷载的增大而增大,而且在20°C以上的温度条件下,这种损失量更大。

钢材品种和是否采用超张拉对于应力松弛损失也有显著影响。表 3-4-20 是国家标准给出的预应力钢筋的应力松弛值。

预应力钢筋的应力松弛(N/mm^2)　　　　　表 3-4-20

预应力筋的品种	应力松弛量	
	一次张拉	超张拉
冷拉钢筋、热处理钢筋	$0.05\sigma_{con}$	$0.35\sigma_{con}$
碳素钢丝、钢绞线	$(0.36\dfrac{\sigma_{con}}{f_{ptk}} - 0.18)\sigma_{con}$	$0.9(0.36\dfrac{\sigma_{con}}{f_{ptk}} - 0.18)\sigma_{con}$
冷拔低碳钢丝	$0.085\sigma_{con}$	$0.065\sigma_{con}$

注：σ_{con} 为控制预应力；f_{ptk} 为极限抗拉强度标准值。

在 20℃、钢材预应力值达到 75% 保证抗拉强度的条件下，稳定化(低松弛)的钢丝和钢索的应力损失量为 1.5%，而普通消除应力钢材的应力损失量为 5%~10%。同时发现，长期受荷的钢材由于徐变引起的变形也会使预应力发生损失。然而，与松弛所引起的应力损失量相比，这种损失量是可忽略不计的。

2) 地层的徐变

地层在锚杆拉力作用下的徐变，是由于岩层或土体在受荷影响区域的应力作用下产生的塑性压缩或破坏造成的。对于预应力锚杆，徐变主要发生在应力集中区，即靠近自由段的锚固段区域及锚头以下的锚固结构表面处。

坚硬岩石产生的徐变是很小的，即使在大荷载持续作用下也如此。根据国际预应力混凝土协会的有关资料，岩石锚杆的预应力损失量在 7d 内可达 3%，这主要是由于钢材的松弛造成的。对锚固的大坝进行长期观测也表明，预应力损失量最大可达 10%，主要是由于钢材的松弛和混凝土的徐变造成的，而不是由基石的徐变引起的。阿尔及利亚舍尔法水坝所用的预应力可达 10MN 的锚固于坚硬岩石的锚杆监测结果表明，3 年后预应力损失量为 4%，18 年后损失量可达 5.5%。Comte 测定的锚固于裂隙发育的泥质土岩的预应力为 1250kN 的锚杆，其预应力损失量为 4%~8%，大部分的预应力损失都发生在 5 年观测期的早期。冶金部建筑研究总院在三峡水利枢纽坚硬花岗岩中测得的 3000kN 预应力锚索 1 年多的损失量在 10% 以内，并呈现出锁定后早期荷载急剧衰减，半年后趋于稳定的势态。

在软弱岩石和土体中，由地层压缩产生的变形是相当大的，特别是在黏性土和细的、均匀粒状砂中，变形非常明显，而且持续时间很长。固定在此类土体中的锚杆在极限荷载作用下，锚固段会发生较大的徐变位移，而且锚固体周围的土地会产生流动，可能导致锚杆承载力的急剧下降，进而危及工程安全。

掌握徐变变形随时间推移的变化是很重要的，特别对埋置在压缩较大的地层中的锚杆更是如此。一般情况下，永久受荷锚杆的徐变-时间关系是指数关系。

许多试验结果都表明，灌浆的长锚锚杆(直径为 10~15cm、长度为 20~25cm)由于徐变在硬黏土中的预应力损失量约为 6%，而在密实的中硬黏土中为 12%。值得注意的是，这些预应力损失通常是在锚杆施加预应力后 2~4 个月内记录的，之后损失量不再增大。实测的损失量值一般都低于用初始荷载期间所得徐变系数计算出的那些量值。

冶金部建筑研究总院曾对上海太平洋饭店和天津第二医学院等地的基坑锚杆进行了徐变

试验,结果表明当锚杆荷载水平为 300kN(锁定荷载与锚杆极限承载力之比 $\beta=0.33$)时,恒载 100min 的徐变量为 2.1mm;当荷载水平为 600kN($\beta=0.66$)时,恒载 100min 的徐变量为 4.2mm,且变形仍不收敛。荷载水平和 β 值越小,徐变量越小;荷载水平和 β 值越大,徐变量也越大。由此可见,软黏土中锚杆的徐变量和变形收敛时间主要与荷载比 β 有关,且徐变变形主要发生在加载初期。要控制土锚的徐变变形和徐变收敛时间,必须从降低锚固段的应力峰值入手。因此,保持适宜的 β 值(即选用较高的安全系数),有利于减少锚杆的徐变变形。

2. 锚杆预应力变化的外部因素

许多外部因素都能使锚杆受荷状况发生变化,如锚固介质受到冲击或锚固结构的荷载发生变化或波动等,从而导致锚杆预应力的永久性损失(降低)。其他一些因素,如温度变化、地层平衡力系的变化等,甚至会使锚杆的应力有所增加。锚杆预应力的这些变化能够明显地影响或损害锚杆的功能。

1) 地层受冲击的影响

爆破、重型机械和地震力发生的冲击引起的锚杆预应力损失量,较之长期静荷载作用引起的预应力损失量大得多。美国曾研究过爆破对水平层状白云石矿山锚系统的影响。当在距离锚杆 3m 以内进行爆破时,锚杆预应力有明显损失,其预应力损失要比锚杆在相似时间受静荷作用发生的预应力损失量大 36 倍左右。在锚杆 5m 之外,普通爆破的影响就不显著了。冶金部建筑研究总院在三峡预应力锚固工程中研究了爆破对锚索预应力的影响。试验表明,当爆破点距离锚头 1.5m 时,锚索预应力下降了 13.9%;当爆破点距离锚头 4.0m 时,爆破对锚索预应力影响甚小。

冲击作用会使固定在密实性差的非黏性土中锚杆的预应力和承载力发生变化,尤其对具有触变性的不稳定黏性土产生不利影响。此外,用机械方法固定的锚杆受冲击的影响要比用水泥或合成材料固定的锚杆大得多。长锚索锚杆受冲击作用的影响比短锚杆小。

如果要发挥锚固结构的功能,就必须在受冲击范围内定期对锚杆重复施加应力。

2) 锚杆的荷载变化

潮汐、风荷载等变异荷载,对保护锚杆预应力和锚固体的锚固力都有不利影响。此外,国外的一些标准规定,作用于预应力锚杆上的变异荷载不能大于设计拉力值的 15%。

3) 温度变化和锚固地层的应力状态变化

温度变化和锚固介质的应力状态变化,能使锚杆应力有所降低或增加。如果在设计锚杆时不考虑这种情况,由此而产生的影响会对锚杆造成危险,最终导致破坏。

温度变化会使锚杆和锚固结构产生膨胀或收缩,其尺寸变化取决于所用材料的热膨胀系数(就是说同一温度变化对锚杆和锚固结构的影响是不同的)。由于大部分锚杆都是固定在地下,且制造锚杆的钢材又具有大的延性,所以空气温度变化对锚杆的影响是可忽略不计的。但是,大面积曝置于空气中并受到阳光直接照射的那些锚固结构将产生膨胀或收缩,因此会在一定程度上影响锚杆的预应力。由于这些影响的作用过程缓慢,并被限制在很窄的范围内,因此大多数情况下这类影响不会对锚杆功能造成直接威胁。

被锚固结构的应力状态变化会对锚杆预应力产生较大影响。在基坑和边坡工程中,由于开挖卸荷可使被锚固结构产生位移,锚杆预应力明显增大,岩体内部应力增大也会使锚杆预应力增加。对影响锚杆预应力的因素在设计时应予以考虑并进行现场监测,根据实测结果采取相应的措施控制锚杆预应力在设计范围之内。天津华信商厦基坑锚杆处于高地下水位软黏土地层,量测结果表明,在锚杆施作20d(锚杆下部土方开挖)后,锚杆预应力开始呈现明显的增大趋势,增加的幅度约为锁定荷载值的19.6%~65.7%,基坑连续墙明显位移(墙顶位移8~12cm)。

3. 监测仪器

锚头位移监测仪器可参见本手册相关章节内容。

锚杆受力监测可采用机械、液压、振动、电气和光弹原理制作各种不同类型的测力计。这些测力计通常都布置在传力板与锚具之间,必须始终保证测力计中心受荷,并定期检查测力计的完好程度。

1)机械测力计

该类测力计是根据各种不同钢衬过钢弹簧的弹性变形进行工作的。尽管这类测力计的量测范围较小,但它们坚固耐用。将标定的弹簧垫圈置于紧固螺母之下,就能对短锚杆的应力进行简单的监测,测得的这些垫圈的压力变化可以表示锚杆的应力变化。

2)液压测力计

该类测力计主要由有压力表的充油密闭压力容器组成。其主要优点是:可直接由压力表读出压力值,体积小,重量轻,除压力表外不容易损坏。这种测力计制作也较容易,只要制作一个小型压力容器,并在该容器上备有能安装压力表的出口。

3)弦式测力计

弦式测力计是最可靠和最精确的荷载传感器。我国丹东市三达测试仪器厂生产的GMS测力计就是一种弦式测力计。该测力计选用钢弦作传感元件,采用双线圈连续激振的工作原理。它由中孔的承载环和钢弦式压力传感器组成,能测定250~3000kN的锚杆应力变化。长期稳定性(年)≤±0.5%,分辨率为0.15%,可在-40~60℃温度下工作。该测力计采用液体传递压力的方法,一套传感器可一次完成数据测读。弦式测力计是目前锚杆预应力观测使用最广泛的测力计。

4)引伸式测力计

该类测力计采用应变计或应变片对预应力锚杆的荷载进行测试,能获得满意的结果。这些应变计或应变片固定在受荷的钢制圆筒壁上,然后记录下这些片的变形。

5)光弹测力计

该类测力计装有一种会发生变形的光敏材料。在荷载作用下光敏材料图形与压力线的标准图形加以对比,即可获得锚杆的拉力值。这类测力计的精度可达±1%,测试范围是20~6000kN,价格较便宜,使用方便,而且不受外界干扰。

4. 锚杆预应力变化的控制方法

锚杆预应力长期观测可以揭示锚杆的长期工作性能,测得锚杆预应力变化的大小和范围,为锚杆预应力变化控制提供资料。通常应提供锚杆预应力-时间关系曲线,并记录锚杆工作环境的变化。国内外规范一般规定锚杆预应力变化控制范围为锁定荷载的10%,超过这一范围应查找原因,必要时可重新张拉(增加或降低预应力)或增加锚杆数量。从地层产生徐变引起预应力损失的角度考虑,锚杆不能埋设在高压塑性土、液限$W_L>50\%$和相对密度$D_r<0.3$的地层中。锚杆预应力变化控制方法主要有:

(1)预应力筋采用低松弛钢绞线。当钢绞线的初始负荷为最大负荷的70%和80%时,普通钢绞线在受荷1000h的松弛值分别为8%和12%,而低松弛钢绞线仅为2.5%和4%。因此,预应力筋采用低松弛钢绞线对控制锚杆预应力损失是十分有效的。

(2)确定适宜的锚杆设计荷载。锚杆的应力损失与锚杆预应力筋的应力水平密切相关,预应力筋的控制张拉应力小于其抗拉强度标准值的60%时,既可减少锚杆受荷后的应力损失,又可避免在高应力作用下出现应力腐蚀的危险。

(3)采用适宜的荷载比(锚杆锁定荷载与极限承载力之比)。北京新桥饭店基坑锚杆当锁定荷载为1000kN和920kN时,25d后锚杆预应力损失达14.6%和15%;当锁定荷载为850kN和800kN时,25d后锚杆预应力损失仅为5.22%和7%。由此可见,适宜的荷载比可有效减少锚杆预应力的损失。

(4)确定适宜的锁定荷载。原则上可将锚杆的拉力设计值(工作荷载)作为初始预应力加以锁定。但对基坑开挖工程中的临时锚杆,考虑到允许桩墙支护结构的变形,往往引起锚杆预应力值的增大。在这种情况下,锚杆的锁定荷载可取锚杆拉力设计值的60%~80%。

(5)采取能缓减地层应力集中的措施。如对坚硬岩石,充满黏土的节理裂隙性岩体在荷载作用下的塑性压缩变形往往会引起明显的预应力损失,因而预先要用短锚杆加固与锚杆传力系统接触的破碎岩体;传力结构应具有足够的刚度并与地层有足够的接触面积;采用单孔复合锚固结构,使锚固体内剪应力得以均匀分布,都会有助于减少地层的徐变变形及锚杆的预应力损失。

(6)实施二次张拉。在锚杆锁定7~10d后对锚杆实施二次张拉可有效降低预应力损失。冶金部建筑研究总院在上海太平洋饭店饱和淤泥质地层中测得一次张拉和二次张拉锚杆预应力变化,锚杆荷载526kN锁定5d后,一次张拉时预应力值下降到461kN,预应力值损失了12.3%,二次张拉7d后,锚杆预应力值从545kN降至520kN,仅损失了4.6%,之后锚杆预应力值基本趋于稳定。二次张拉还可对预应力增加较大的锚杆实施放松措施,以降低其预应力值。

(7)合适的施工工艺。对徐变变形明显的地层宜采用二次高压灌浆工艺;锚杆张拉时先对每根钢绞线施加相同的初始荷载(单根预紧),避免钢绞线应力相差较大的现象发生;爆破作业点与锚头间保持适当的距离等,都会减少锚杆的预应力损失。

第四节 工 程 案 例

K178+760~K178+920右侧边坡为广东某已建成通车高速公路边坡,以此边坡为例探讨边坡锚固设计工作。

一、边坡概况与工程地质环境

1.边坡概况

K178+760~K178+920右侧边坡位于隧道出口处,边坡分为四级,最大高度29.5m,属于土岩混合边坡。坡顶为自然斜坡,坡顶无重要结构物。

2.边坡工程地质环境

路堑区位于剥蚀~侵蚀低山驼丘谷地地貌区,最高高程131.75m,最低高程102.35m,高差约28.60m。斜坡坡向154°,坡度为20°~26°,斜坡植被发育。

路堑区出露地层为第四系崩坡积层和燕山三期花岗闪长岩,分述如下:

第四系崩坡积层:粉质黏土,呈褐黄色,可塑,土质不均匀,含10%～30%的碎石,碎石一般粒径2～5cm,厚度16.0～27.2m,为边坡主要物质成分;碎石:褐黄色,稍湿,中密,局部分布;燕山三期花岗闪长岩:粗粒结构,块状构造,裂隙发育,铁锰质浸染裂隙面,分布于边坡下部及后缘,强风化呈褐黄色,破碎厚度6.8m。边坡土质情况见表3-4-21。

边坡土质情况　　　　　　　表3-4-21

岩土名称		揭露层厚(m)	密度(g/cm³)	地基承载力基本容许值$[f_{a0}]$(kPa)	基底摩擦系数	黏聚力(kPa)	内摩擦角(°)
碎石	天然	5.0	2.10	350	0.45	0	45
	饱和		2.20			0	33.75
粉质黏土	天然	18.0～20.8	1.85	170	0.25	20.0	20.0
	饱和		2.00			15.0	15.0
强风化花岗闪长岩		6.8	2.30	400	0.50	0	50
中风化花岗闪长岩		—	2.60	3000	0.60	—	—

根据区内地层岩性组合及地下水赋存条件,勘察区地下水类型主要为第四系松散岩类孔隙水和基岩网状风化裂隙水。

第四系松散岩类孔隙水主要接受大气降水,主要排泄方式为蒸发和地下径流向地形低洼处排泄。由于勘察区上部主要为粉质黏土层,其黏性较强,透水性较差,不利于地下水的赋存和排泄,故第四系松散岩类孔隙水贫乏,在勘察区内未形成统一的地下水位。

基岩风化带网状裂隙水主要赋存于下伏风化裂隙发育的强风化花岗闪长岩中,主要接受大气降水补给,在勘探深度内未见地下水位。经调查,路堑区未见水井及泉出露。故路堑区水文地质条件简单,工程开挖范围内地下水贫乏。

场地区位于粤北连龙凹褶东南段,位于北江向斜之西翼近轴部一带,岩芯破碎,主要发育两组裂隙:①310°∠60°,裂面平直,切层,闭合,裂面多附有铁质薄膜,可见延伸0.1～2m,1条/m;②235°∠65°,裂面平直,裂面多附有铁质薄膜,可见延伸1～1.5m,1～2条/m。

区内滑坡、崩塌、泥石流等不良地质现象不发育。

据《中国地震动参数区划图》(GB 18306—2015),区内地震动峰值加速度为$0.05g$,地震动反应谱特征周期为0.35s,对应的地震基本烈度为6度。据有关资料,区内未发生大于4.75级的地震。

二、边坡稳定分析

该段边坡物质结构主要是第四系崩坡积碎石土和细粒土,岩土物理力学性能均一般,具有土质边坡特点,在未经防护情况下,坡率较陡时主要问题是土体溜滑和较大体积的土体滑移失稳。由于该路段土岩界面较陡,边坡开挖后,沿土岩界面亦存在滑动的可能。根据上述分析对其开挖后稳定情况进行分析。

计算依据:郎肯土压力理论和库仑土压力理论。

计算方法:Bishop和Janbu法,条分法。

计算工况:天然工况和暴雨工况。

放坡后未防护情况下 $F_s=0.908$(暴雨),安全系数取 1.20,根据条分法计算边坡潜在滑面最不利断面剩余下滑力 $T=950\text{kN/m}$。

三、边坡锚固设计

1. 边坡方案比选

根据边坡特点,结合施工单位施工技术水平和施工总体安排,初步拟定两个方案进行比较论证:方案一——全锚固方案,边坡潜在滑面下滑力全由锚固措施承担,辅助以截排水措施;方案二——桩锚结合方案,通过抗滑桩板墙承担边坡潜在滑面下滑力,采取坡面锚固措施避免浅层岩土体溜滑,辅助以截排水措施。各方案情况简介如下:

1) 方案一(图 3-4-34)

边坡采用锚索框架梁和锚杆格子梁进行防护,辅以仰斜式排水孔和截排水措施。

一级边坡坡比 1:1,坡高 8.0m,平台宽 2.0m,采用 $1\phi32\text{mm}$ 自钻式锚杆格子梁防护;二、三级边坡坡比 1:1,分级高 8.0m,平台宽 2.0m,6 束锚索框架梁防护;四级边坡坡比 1:1.25,$1\phi32\text{mm}$ 锚杆格子梁防护。

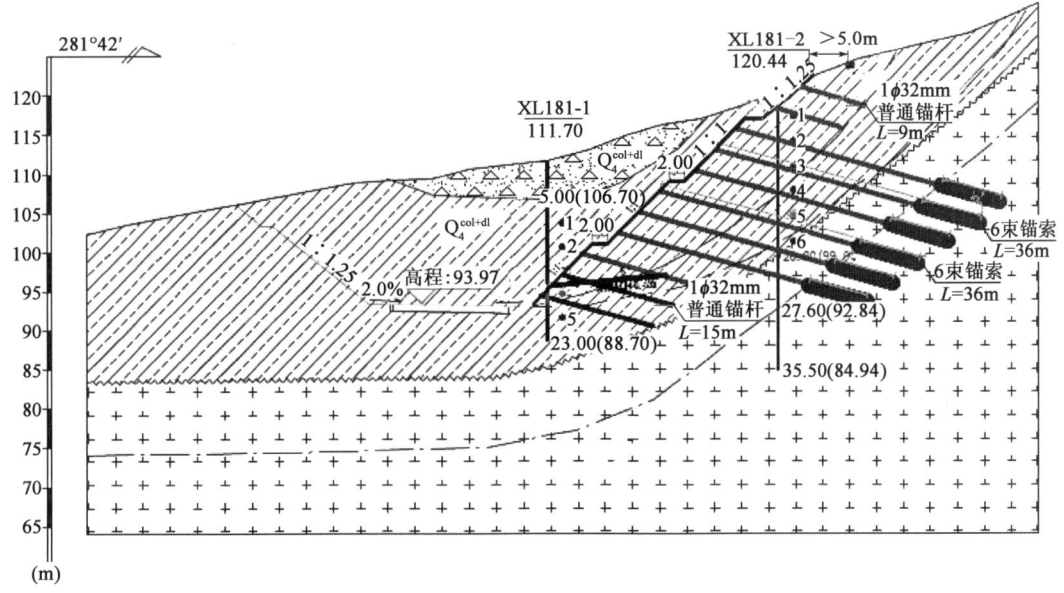

图 3-4-34 方案一设计图

2) 方案二(图 3-4-35)

边坡采用桩板式挡土墙和锚杆格子梁、人字形骨架进行防护,辅以仰斜式排水孔和截排水措施。

桩板墙高 8.0m,抗滑桩截面尺寸 1.5m×2.0m,C30 混凝土;二级边坡坡比 1:1,坡高 8.0m,平台宽 2.0m,采用 $1\phi32\text{mm}$ 自钻式锚杆格子梁防护;三级边坡坡比 1:1.25,采用人字形骨架防护。

3) 方案比选

从上述情况可知,抗滑桩要求工期相对较长,对隧道施工影响较大,且其工程措施费用也略高于方案一,其景观效果也较差,基于此选择方案一作为边坡加固方案。边坡防护采取分级放坡后采用锚杆格子梁和锚索框架梁结合截排水的综合防护措施。

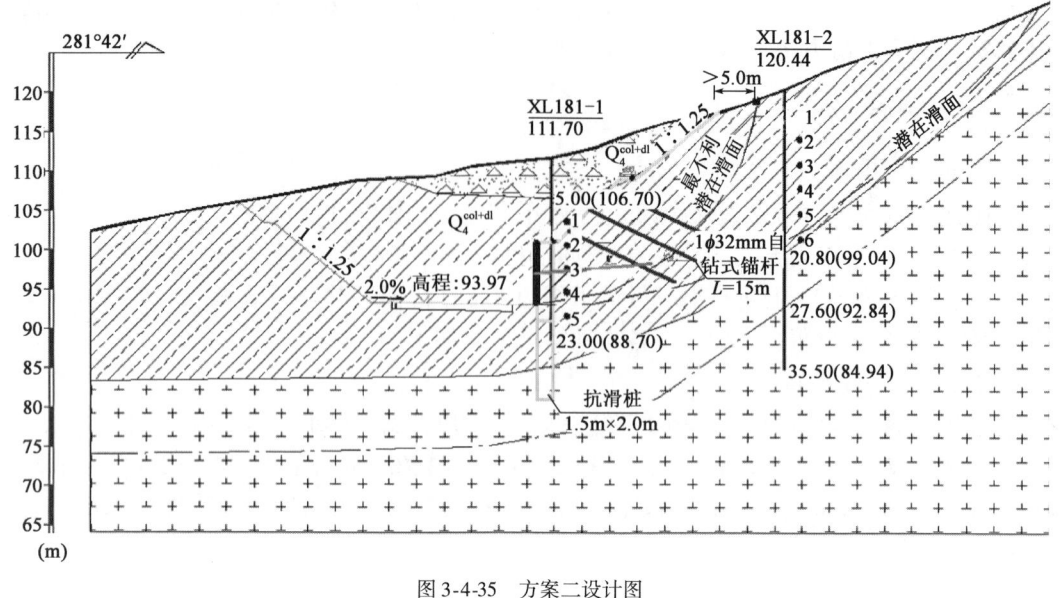

图 3-4-35　方案二设计图

2. 设计与计算

1) 设计原则及指导性

根据建设情况,在充分分析线路工程地质与水文地质特征和当地气象水文条件,调查分析当地公路和铁路建设情况后,确定了本合同段路堑边坡设计原则,具体如下:

(1) 加固工程设计遵循"一次根治,不留后患"的原则。采取稳定为本,加固为主,排水、防护并重的综合处理措施,确保施工中深路堑的临时稳定和通车后的长期稳定。

(2) 工程措施紧密结合边坡的工程地质条件,尤其是倾向临空面的不利结构面及地层结构、风化程度、水的作用等影响因素。

(3) "勤封闭,少扰动"防护。结合当地气候特点和地质岩体特征,加强边坡开挖后及时封闭的处治措施,尽量减少外界环境对岩土体的扰动,充分利用岩土体自身强度。

(4) 采用信息化施工管理、动态设计方法。边坡开挖后,根据开挖揭示地质情况对边坡支护结构及形式进行动态控制,适时调整。

(5) 加强边坡监测。对边坡稳定性及防护加固措施进行过程监测和长期监测。

2) 设计计算工况

边坡设计计算考虑三种工况:

(1) 正常工况:边坡处于天然状态下的工况。

(2) 非正常工况Ⅰ:边坡处于暴雨或连续降雨状态下的工况。

(3) 非正常工况Ⅱ:边坡处于地震等荷载作用状态下的工况。

该边坡未考虑地震作用。

3) 锚固工程设计计算

(1) 锚固力计算。

$$P_{\mathrm{d}} = E / [\sin(\alpha+\beta)\tan\varphi + \cos(\alpha+\beta)] = 1134.25 \mathrm{kN/m} \tag{3-4-36}$$

式中：$E = 950 \text{kN/m}$——边坡下滑力（kN）；

$\quad\quad\beta = 15°$——锚固角（°）；

$\quad\quad\alpha = 36°$——滑面（破裂面）倾角（°）；

$\quad\quad\varphi = 15°$——滑面（破裂面）内摩擦角（°）。

单根锚索拉拔力设计值：

$$P_{d\text{单}} = P_d \times 3/6 = 567.1 \text{kN}$$

单根锚索设计拉拔力不应小于 567.1kN，取 600kN。

（2）锚杆体截面积计算。

$$A = \frac{K_1 \cdot P_d}{F_{ptk}} = 909.09 \text{mm}^2 \tag{3-4-37}$$

式中：$\quad P_d = 600 \text{kN}$——锚杆轴向拉力设计值；

$\quad\quad K_1 = 2.0$——筋材安全系数；

$\quad F_{ptk} = 1320 \text{N/mm}^2$——钢绞线（1×7 股），钢丝或钢筋的抗拉强度标准值（按设计值取）；

$\quad\quad A$——筋材的截面积，不应小于 537.6mm²。

锚索正常状态下拉力锁定值不应小于设计拉拔力，考虑预应力筋的张拉控制应力 σ_{con} 应满足表 3-4-5 的要求，筋材的截面积不应小于 909.09mm²。锚索应采用 6 束 15.2mm 钢绞线，方可满足要求。

（3）锚固段长度计算与确定。

①地层与注浆体间黏结长度计算：

$$L_r = \frac{K_2 P_d}{\pi d f_{rb}} = 7.19 \text{m} \tag{3-4-38}$$

式中：$K_2 = 2.2$——安全系数，按照表 3-4-4 取值；

$\quad d = 0.130 \text{m}$——锚固段钻孔直径（m）；

$\quad f_{rb} = 450 \text{kPa}$——地层与注浆体间黏结强度设计值（碎块状中等风化花岗岩）。

地层与注浆体间黏结长度不应小于 7.19m，设计取锚固段长度为 8.0m。

②注浆体与锚杆体间黏结长度计算：

$$L_g = \frac{K_2 P_d}{\pi d_g f_b} = 3.83 \text{m} \tag{3-4-39}$$

式中：$K_2 = 2.2$——安全系数，按照表 3-4-4 取值；

$d_g = 0.03723 \text{m}$——锚杆体材料直径（6 束锚索换算直径）；

$\quad f_b = 2950 \text{kPa}$——锚杆体与注浆体间黏结强度设计值（kPa）。

锚杆体与注浆体间黏结长度不应小于 3.83m，实际设计锚固段长度为 8.0m，可满足要求。

综合上述分析，锚索锚固段长度设计采用 8.0m。

四、工程措施

工程措施示意见图 3-4-36。

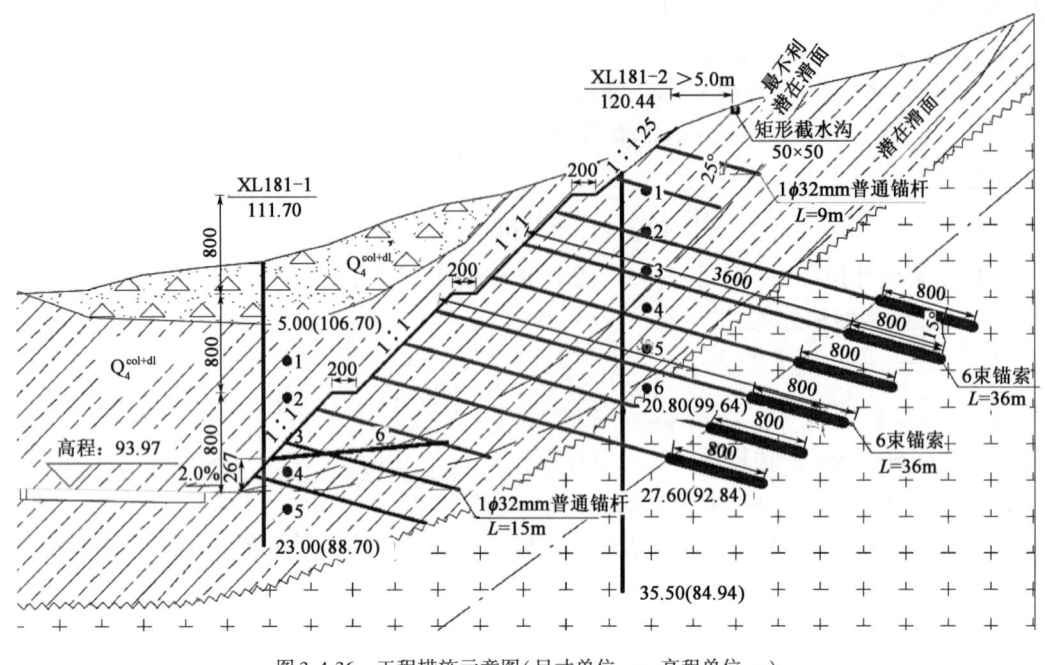

图 3-4-36　工程措施示意图(尺寸单位:cm;高程单位:m)

1)锚固工程

锚固工程主要由两部分组成——锚索框格锚固措施和锚杆框格锚固措施。锚杆框格布设于一级边坡和四级边坡,主要解决岩土体浅层溜滑问题;锚索框格布设于边坡中部——二级和三级边坡,承担边坡下滑力。

2)排水工程

边坡后缘设计坡面截水沟;边坡分级平台设排水沟;一级边坡设置一排仰斜式排水孔,疏排坡体内地下水。

五、效果评价

边坡于2013年12月完成锚固工程,未发现有任何变形或局部滑塌、溜滑现象,边坡运营情况良好,锚固工程实现设计目标,效果良好。

第五章 土钉支护

第一节 概 述

一、土钉支护的分类和应用

土钉支护(soil nailing)是利用密集的土钉群作为筋材,对土体进行原位加筋加固和稳定岩土边坡的柔性被动支护结构。土钉支护通常由土钉(群)、被原位加固的岩土体、坡面(或墙面)系统及排水系统组成。

土钉技术是一种原位岩土加筋技术。土钉一般是通过钻孔、插筋、注浆来设置的,也有通过将土钉直接击入坡体来设置的。通过土钉与岩土界面抗剪强度向边坡岩土体提供抗拉强度,并限制坡体变形,与其周围土体形成复合土体。土钉在土体发生变形的条件下被动受力,并主要通过其受拉作用对土体进行加固,而土钉之间的岩土变形通过坡面系统(如钢筋网喷射混凝土面板)约束。土钉的主要类型见表3-5-1,永久性土钉支护应采用钻孔注浆钉。

土钉的主要类型　　　　　　　　　　表3-5-1

土钉类型	描 述	特点及适用工况
钻孔注浆型	在土中成孔,置入金属筋体(一般采用HRB400带肋钢筋制作),然后用水泥净浆或砂浆沿全长注浆填孔,形成以钢筋为中心体,周围用浆体包裹的一种土钉	钻孔注浆钉抗拔力较高,质量较可靠,造价较低,是最常用的土钉类型,几乎适用于各种土层。砂浆层对筋材起保护作用,可用于永久支护和临时支护
直接打入型	在土体中直接(用人力或振动冲击钻、液压锤等机具)打入钢管、角钢等型钢、钢筋、毛竹、圆木等,不再注浆	由于打入式土钉直径小,与土体间的黏结摩阻强度低,承载力低,钉长又受限制,所以布置较密。直接打入土钉的优点是无须预先钻孔,对原位土的扰动较小,施工速度快,但在坚硬黏性土中很难打入,不适用于服务年限大于2年的永久支护工程,杆体采用金属材料时造价稍高,国内应用很少
打入注浆型	在钢管中部及尾部设置注浆孔成为钢花管,直接打入土中后压灌水泥浆形成土钉	钢花管注浆土钉具有直接打入钉的优点,浆液对周围岩土体力学性能具有改善作用,抗拔力较高,特别适合于成孔困难的淤泥、淤泥质土等软弱土层,各种填土及砂土,应用较为广泛。缺点是造价比钻孔注浆土钉略高,防腐性能较差,不适用于永久性工程

土钉支护技术是土钉挡土结构、土钉加筋边坡以及复合土钉支护等各种土钉支护技术的

统称。

1. 土钉挡土结构

土钉挡土结构是在施工过程中分步开挖、支护,并具有直立或较陡支护面的挡土结构,由设置在岩土中有规律排列的土钉群、被加固的岩土体与钢筋网-喷射混凝土面层或网格梁或立柱加挡土板及排水系统组成。土钉挡土结构可用于挖方边坡的临时支护[图3-5-1a)],也可用于路堑的永久支护[图3-5-1b)、c)、d)]。当支护的路堑边坡高度较大时,宜做成台阶式支护[图3-5-1e)]。

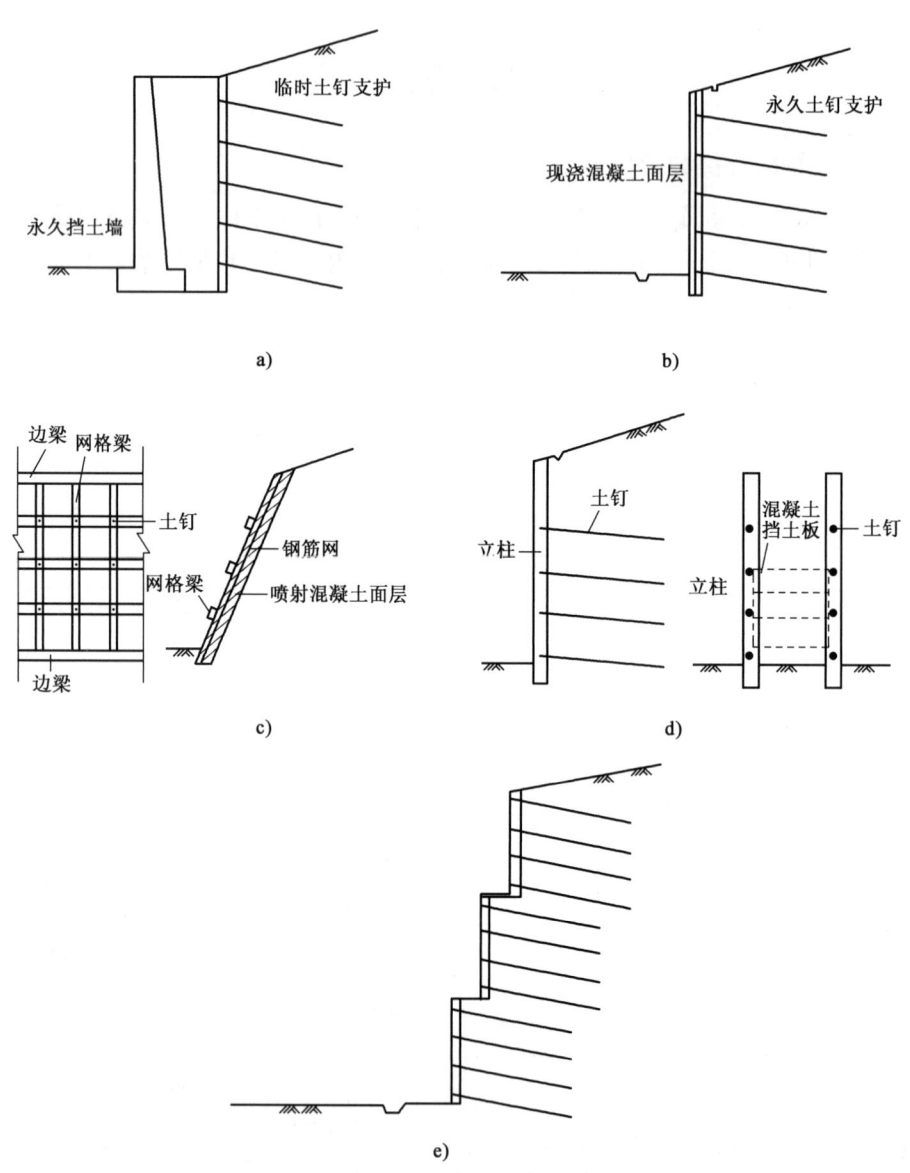

图3-5-1 土钉挡土结构用于路堑边坡支护

土钉挡土结构用于桥台结构,可以起到承担台后土压力及收敛边坡的作用[图3-5-2a)];也可以作为桥台的组成部分,承担台后的土压力,并与枕梁共同支撑桥梁上部荷载[图3-5-2b)]。

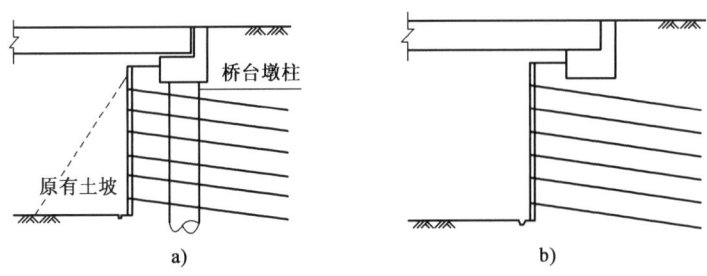

图 3-5-2 土钉挡土结构用于桥台支护

在公路改建过程中,土钉挡土结构还可以用于收敛跨线桥的边坡[图 3-5-3a)]和既有病害挡土墙的加固[图 3-5-3b)]。

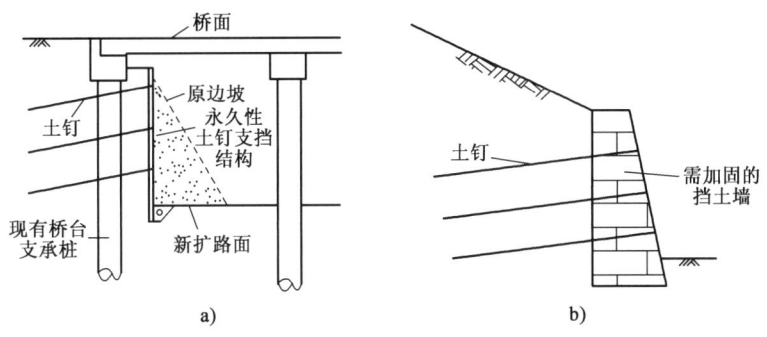

图 3-5-3 土钉挡土结构用于公路改扩建及既有构筑物加固

2. 土钉加筋边坡

土钉加筋土边坡是由土钉加固的平缓边坡,其坡面倾角通常小于 45°(图 3-5-4)。土钉加筋边坡可以在原有的天然边坡内设置土钉,也可以在开挖形成的边坡内设置土钉,用于增加原有边坡或开挖边坡的稳定性。

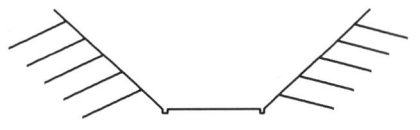

图 3-5-4 土钉加筋边坡

3. 复合土钉支护

土钉可与预应力锚杆、锚索、微型桩或其他岩土加固方法联合使用,共同构成复合土钉支护。预应力锚杆与土钉一起间隔使用,形成复合土钉支护,应用于挡土结构中能有效控制支护的后期变形。也可以采用土钉与背拉长锚杆(索)组合的方式,通过长锚杆(索)来锚固整个被土钉加固的岩土体。这种复合结构适用于高度较高(如超过 15m)或需要严格控制边坡位移的土钉支护结构[图 3-5-5a)]。微型桩复合土钉支护适用于松散或软弱土体的土钉挡土结构,可以有效控制施工过程中开挖面上裸露土体的稳定并减少支护的变形[图 3-5-5b)]。

永久性土钉支护坡面系统的主要功能是保证土钉之间局部岩土体的稳定性,防止边坡表面遭受风雨侵蚀作用,控制边坡内部进一步风化,并将边坡支护工程更加和谐地融入自然环境。坡面系统可以采用圬工墙面或喷射混凝土及钢筋混凝土板护坡,也可以结合边坡生态恢复要求采用各类骨架植物防护形式。作为土钉支护的外露部分,坡面结构的形式控制了土钉支护的外观,同时也对边坡生态环境景观有较大的影响,所以坡面系统设计应为实现生态恢复和美化路域环境提供条件。

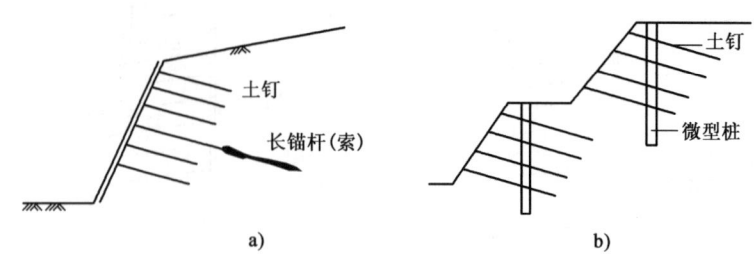

图 3-5-5 复合土钉支护

根据坡面结构的不同,土钉支护可分为如下 5 种类型:

(1)由土钉与含钢筋网或土工格栅网的喷射混凝土面层构成的支护结构;

(2)由土钉与将各个钉头栓系在一起的钢筋混凝土网格梁及边梁或地梁组成的支护结构,其中又包括网格梁下有喷射混凝土层和无喷射混凝土层两种;

(3)由各独立的土钉及钉头混凝土保护块构成的支护结构;

(4)由土钉与立柱及挡土板构成的支护结构;

(5)由现浇或预制的钢筋混凝土面板拼装成连续面层并与土钉结合构成的支护结构。

二、土钉支护的特点与适用条件

土钉支护是一种原位加筋技术,即在土中敷设拉筋而使土体的力学性能得以改善的土工加固方法,它与锚杆、加筋土在形式上有一定的类似,但也有着本质的差异。

1)土钉墙与锚杆挡土墙的异同

土钉可视为小尺寸的被动式锚杆,两者的差异主要表现在以下几个方面:

(1)杆件受力状况及拉力分布不同:锚杆只是在锚固段注浆并承受土体的摩擦力作用,其自由段只起传力作用;而土钉则是全长范围注浆并承受土体的摩擦力作用。因此,两者沿杆件长度方向上的应力分布也不相同(图 3-5-6)。

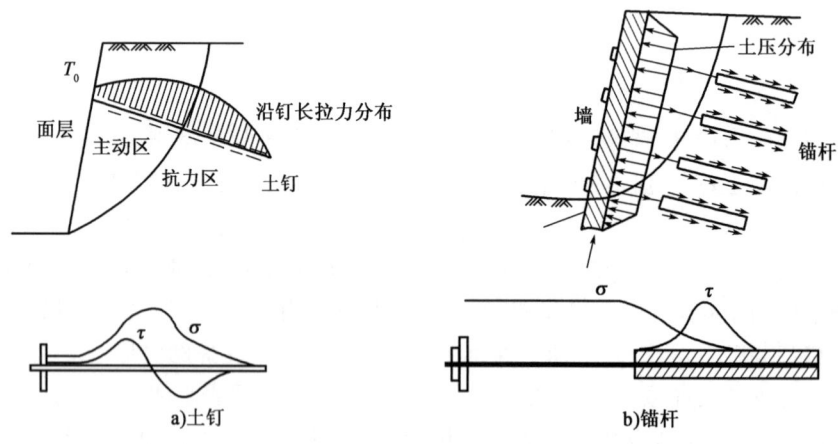

图 3-5-6 土钉与锚杆受力对比

(2)对土体的约束机制不同:两者的受力状态不同,结构上的要求自然也完全不同。

(3)布设密度及施工质量要求不同:锚杆密度小(一般每 $6\sim9m^2$ 设置 1 根),每个杆件都是重要的受力部件,缺一不可;而土钉密度通常较大,靠土钉群与土体的相互作用形成复合体起承力作用,在施工质量和精度上无须像锚杆那么严格。

(4)设计承载力与锚头结构不同:锚杆挡土墙的面层和壁面上的立柱、框架承受的荷载较大(一般大于200kN),为防止构件发生冲切或局部受压破坏,锚头的构造较复杂;单根土钉设计承载力较小(一般不大于120kN),最大压力传递不到锚头,土钉和土钉支护面层一般受荷很小,所以锚头结构也较为简单。

(5)施工规模不同:锚杆长度一般较长(不小于15m),直径也较大(不小于130mm),需用大型机具设备进行施工;土钉长度一般较短(小于15m),直径较小,所需机具也比较灵便。

(6)支挡结构工作机理不同:锚杆挡土墙将库仑破裂面外的主动区土体作为荷载,通过锚杆传递到破裂面后稳定区土内;土钉墙通过加筋等作用将潜在滑移面外的主动区的土体改良为具有一定稳定性的复合土体,同时将复合土体作为荷载,通过土钉传递到潜在滑移面后的稳定土层以获得安全储备,使土钉长度范围内的复合土体具有足够的自稳能力及抗附加荷载能力。

(7)施工顺序不同:土钉墙一般要求随土方开挖自上而下分层分段施工;锚杆挡土墙根据不同类型,可采用自上而下或自下而上两种施工顺序。

(8)注浆工艺不同:为获得较高的承载力,锚杆通常在锚固段进行二次高压注浆,注浆压力不小于2.5MPa;而土钉通常采用常压重力式一次注浆,注浆压力不超过1.0MPa。

由此可见,如果仅对路堑边坡浅层加固,则土钉墙是合适的;如果边坡土体和深部土层稳定性有问题,则需要使用锚杆,或者将土钉与锚杆结合使用。

2)土钉墙与加筋土挡土墙的异同

土钉墙与加筋土挡土墙均是通过土体的微小变形使拉筋受力而工作,通过土体与拉筋之间的黏结、摩擦作用提供抗拔力,从而使加筋区的土体稳定,并承受其后的侧向土压力,起到类似重力式挡土墙的作用。两者的主要差异有:

(1)施工顺序不同:加筋土挡土墙自下而上依次安装墙面板、铺设拉筋、回填压实逐层施工;而土钉墙则是随着边坡的开挖自上而下分级施工。因此,两者的内力分布、变形特点具有一定差别。

(2)使用场合和岩土类型选择情况不同:加筋土用于填方工程中,一般情况下,对填土的类型是可以选择的,对填土的工程性质也是可以控制的;而土钉用于原状岩土中的挖方工程,所以对岩土体的性质无法选择,也不能控制。

(3)筋材类型及其与土体接触情况不同:加筋多用土工合成材料,材料直接与土接触而起作用;而土钉多用金属杆件,注浆钉通过砂浆与土接触而起作用(有时采用直接打入钢筋或角钢到土中而起作用)。

(4)设置形式不同:加筋土挡土墙的筋材一般水平布置;而土钉垂直于潜在破裂面时将会较充分地发挥其抗剪强度,因而应尽可能地垂直于潜在破裂面设置。

总之,土钉墙是由设置于天然边坡或开挖形成的边坡中的加筋杆件及护面系统形成的支挡防护结构体系,用以改良原位土体的性能,并与原位土体共同工作,形成类似重力式挡土墙的轻型支挡结构,从而提高整个边坡的稳定性。

3)土钉支护的特点

(1)通过对边坡进行原位加筋,合理利用和充分发挥了土体的自身强度和自稳能力,将土体作为支护结构不可分割的部分,显著缩小结构物体积和减轻结构的自重,有效控制岩土工程的变形。

(2)结构轻巧,有柔性,允许边坡有少量变形;具有良好的抗震性和延性。

(3)采用自上而下、边开挖边防护的施工作业方式,及时对边坡进行封闭,隔离大气环境对边坡的侵蚀和风化作用。

(4)施工方便,机械设备简单,土钉的制作与成孔不需要复杂的技术和大型机具,而且施工对周围环境干扰小。

(5)施工无须单独占用场地,能贴近已有建筑物开挖。在施工场地狭小、放坡困难、其他支挡结构的施工设备不能进场的情况下,土钉墙就显示出独特的优越性。

(6)施工速度快,土钉墙随土方开挖施工,分层分段进行,与土方开挖基本能同步,无须养护或单独占用施工工期,故多数情况下施工速度较其他支护结构快。

(7)用料省,工程造价低,经济性能好。与其他结构形式比较,工程造价可降低 1/2~1/3。

(8)边开挖边支护便于信息化施工,能够根据现场监测数据及开挖暴露的地质条件及时调整土钉参数,一旦发现异常或实际地质条件与原勘察报告不符时能及时相应调整设计参数,避免出现大的事故,从而提高了工程的安全可靠性。

4)土钉墙的缺点和局限性

(1)变形稍大于预应力锚杆的变形;

(2)在软土、松散砂土中施工难度较大;

(3)土钉在软土中的抗拔力低,变形量较大,造价较高,需设置很长很密的土钉。

土钉支护适用于下列土体的挖方边坡的临时支护和永久支护:

(1)硬塑或坚硬的黏性土;

(2)胶结或弱胶结的粉土、砂土及砾石;

(3)软岩和风化岩层。

但在下列土体中,不宜直接(或单独)设置或慎重使用永久土钉支护:

(1)标贯击数 $N<9$、相对密度 $D_r<0.3$ 的松散砂土;

(2)液性指数大于 0.5 的软塑、流塑黏性土;

(3)强腐蚀性土;

(4)膨胀性岩土或冻胀敏感性土;

(5)顺层及存在不利结构面的岩石边坡;

(6)地下水发育地段。

在上述不理想的地层采用土钉支护技术,应论证其可行性或采取相应的配套措施:

(1)在松散砂土和局部夹有软塑或流塑黏性土的土层中采用土钉挡土结构时,存在两方面的问题:首先,由于土体松散,抗剪强度低,不能给土钉提供足够的抗拔力;其次,由于土体松软和含水率高,钻孔容易发生缩孔,边坡的喷射护面板难以形成。应在开挖前采取注浆或设置微型桩等措施预先加固开挖面处的土体。

(2)在塑性指数大于 20 和液限大于 50% 的黏性土中修建土钉支护工程时,应通过现场的土钉抗拔试验检验土体的徐变性能。

(3)在膨胀土地层和冻胀敏感性土地层中采用土钉挡土结构时,应在设计中采取可靠的措施防止水分渗入土钉分布区域及邻近区域,并通过在坡面构件与土体之间设置缓冲层减轻膨胀或冻胀对坡面构件的压力，必要时应适当加强坡面构件以及坡面构件与土钉连接的承载力。

(4) 在砾石土层和有裂隙岩层中设置土钉时，需采取专门措施，防止注浆体通过较大孔隙流失。

(5) 在顺层及存在不利结构面的岩质边坡中采用土钉挡土结构时，必须沿层面或不利结构面进行整体抗滑、抗剪稳定性检算。

(6) 土钉支护对水的作用特别敏感。设计中应特别注意水的作用和影响，必须在地表和土钉支护内部设置完善的排水系统，以疏导地表径流和地下水。对于永久性土钉支护设计，应考虑使用过程中含水率变化对土体抗剪强度的不利影响。当有丰富地下水源补给，地下水的流量较大，在支护施工的工作面上难以成孔和形成喷射混凝土面层时，应在施工前降低地下水位。

三、土钉作用原理

1. 土钉支护的作用原理

土体的抗剪强度较低，抗拉强度几乎可以忽略，虽然土体具有一定的结构整体性，但是自然土坡只能在较小的高度(即临界高度)内直立，当边坡高度超过临界值或者在超载及其他因素(如含水率的变化)作用下将发生突发性整体破坏。为此常采用支挡结构承受其后的侧向土压力，限制其变形发展，防止土体整体稳定性破坏，这种措施属于常规的被动制约机制。土钉支护则是在岩土体内设置一定长度和密度的土钉，土钉与土共同作用，弥补土体自身强度的不足，形成能显著提高原状土强度和刚度的复合土体，土钉的作用是基于主动加固的机制。因此，以增强土体自身稳定性的主动制约机制为基础的复合土体，不仅有效提高了土体整体刚度，而且弥补了土体抗拉、抗剪强度低的弱点。通过钉-土相互作用，土体自身结构强度的潜力得到了充分发挥，改变了边坡变形和破坏形态，显著提高了整体稳定性。

试验研究表明，直立土钉墙比素土边坡的承载力可提高1倍以上，更为重要的是，素土边坡在坡顶超载作用下，当其产生的水平位移远小于土钉加固的土坡时，就会出现快速的整体滑裂和塌落；而土钉墙在荷载作用下不会发生素土边坡那样突发的整体性滑裂和塌落，如图3-5-7和图3-5-8所示。它不仅延迟了塑性变形发展阶段，而且具有明显的渐进性变形和开裂破坏，在丧失承受更大荷载的能力时，仍可维持较长时间不会发生整体性塌滑。

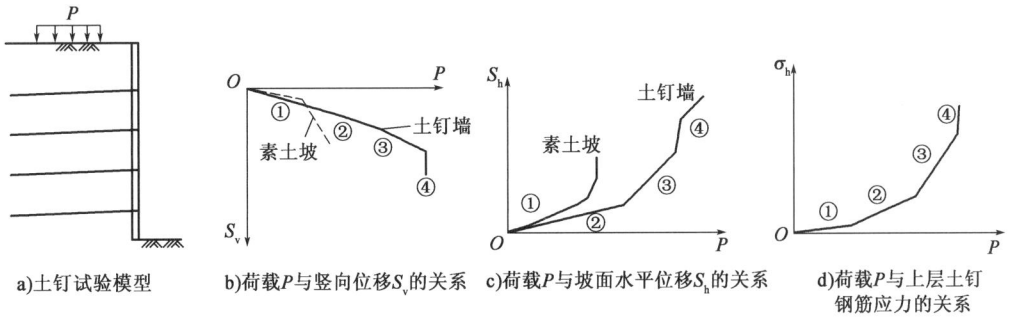

a) 土钉试验模型　　b) 荷载P与竖向位移S_v的关系　　c) 荷载P与坡面水平位移S_h的关系　　d) 荷载P与上层土钉钢筋应力的关系

图3-5-7　土钉墙模型及试验结果
①-弹性阶段；②-塑性阶段；③-开裂变形阶段；④-破坏阶段。

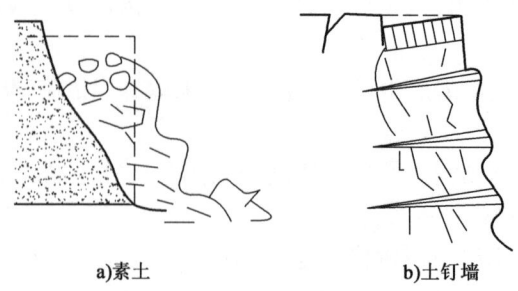

图 3-5-8 土钉墙和素土边坡的破坏形态

土钉墙的这些性状是通过土钉与土体相互作用实现的,这种作用一方面体现在钉-土界面间摩擦阻力的发挥;另一方面,由于土钉与土体的刚度相差悬殊,在土钉墙进入塑性变形阶段后,土钉自身作用逐渐增强,从而改善了复合土体的塑性变形和破坏性状。

2. 土钉在支护结构内的作用

土钉在支护结构(加筋复合体)内的作用可概括为以下 5 个方面:

(1)土钉对岩土体的原位加筋和补强作用。

在岩土体内布设一定长度与分布密度的土钉,形成复合体,提高了岩土体的强度,增强了边坡的整体稳定性。这与加筋土原理类似,可以用摩擦加筋理论和准黏聚力理论解释。

(2)土钉对复合体的骨架约束作用。

土钉本身具有一定的刚度和强度,并以一定密度分布在岩土体中,形成了复合体的骨架,对土体变形具有一定的约束作用,使复合土体构成一个整体。采用土钉加固后,边坡岩土体中水平应力的减小量也小于未加固边坡的状况,使边坡岩土体一直处于弹性平衡状态(图 3-5-9)。

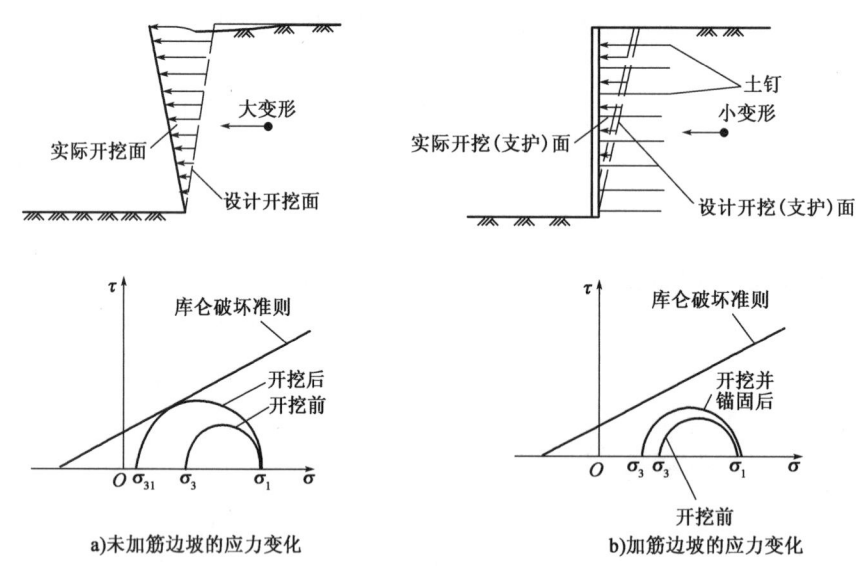

图 3-5-9 土钉对岩土体应力状态的影响

(3)土钉对复合体起到分担荷载作用。

在复合土体内,土钉与土体共同承担荷载和土体自重应力。由于土钉有较高的抗拉、抗剪强度以及土体无法比拟的抗弯刚度,所以当土体进入塑性状态后,应力逐渐向土钉转移。当土体开裂时,土钉分担作用更为突出,这时土钉出现弯剪、拉剪等复合应力,从而导致土钉体中注浆体碎裂,钢筋屈服。复合土体塑性变形延迟及渐进性开裂变形的出现均与土钉作用密切相关。

(4)土钉对应力的传递与扩散作用。

在同等荷载作用下,由土钉加固的土体的应变水平比素土边坡土体的应变水平大大降低,从而制约和"推延"了开裂域的形成与发展。土钉体将滑裂域内部分应力传递到稳定岩土体中,并分散到较大范围的岩土体内,降低了应力集中。

(5)土钉及坡面系统对边坡变形的约束作用。

坡面鼓胀变形是开挖卸荷、土体侧向变位以及塑性变形和开裂发展的必然结果,限制坡面鼓胀能起到削弱内部塑性变形、加强边界约束的作用,这对土体开裂变形阶段尤为重要。坡面上设置的钢筋混凝土护面板及网格梁与土钉连成一体,共同限制了边坡变形的发展。

有限元模拟分析表明:基坑或路堑开挖后,在坡顶产生拉应力,在坡脚产生剪应力集中;随着开挖深度的增加,坡顶拉应力增大,拉张区逐渐扩大,出现塑性区,沿水平及竖向扩散;坡脚剪应力增大,出现塑性区,塑性区也逐渐向周边扩大;坡脚塑性区向上扩散,最终与坡顶塑性区相互贯通,塑性破坏带贯穿边坡,边坡发生整体坍塌,如图3-5-10a)所示。土体中加入土钉后,由于土钉的应力分担、扩散及传递作用,土体的拉张区及塑性区滞后出现且范围明显减小,坡脚尽管依旧剪应力集中,但集中区的范围及集中程度明显减小减弱,塑性区范围缩小且发展延缓,如图3-5-10b)所示。贯穿整体边坡的破坏带的发生滞后,且滑移面的半径增大,即意味着边坡的稳定性提高,或者可以使边坡开挖得更深。

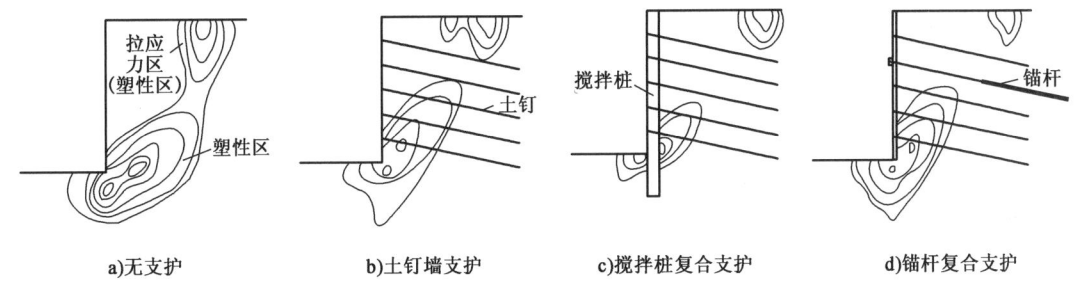

a)无支护　　　b)土钉墙支护　　　c)搅拌桩复合支护　　　d)锚杆复合支护

图3-5-10　基坑开挖拉张区与塑性区发展示意图

3.土钉支护其他结构要素对边坡稳定的作用

土钉支护其他结构要素对边坡稳定的作用可以概括为:

(1)注浆液:可以渗到土体的孔隙中对颗粒起胶结作用,这种渗入在砂土中尤为明显,改善了土体的松散性,提高了原状土的整体性,保证并加强了土、砂浆与土钉之间力的传递。

(2)护面板和网格梁等坡面构件:使分散的土钉共同发挥作用,限制坡面膨胀和局部塌落。

四、土钉挡土结构的受力过程和工作性能

1.土钉挡土结构的受力过程

荷载首先通过土钉与土之间的相互摩擦作用,其次通过面层与土之间的土-结构相互作

用,逐步施加及转移到土钉上。土钉墙受力大体可分为4个阶段:

(1)土钉安设初期,基本不受拉力或承受较小的力。喷射混凝土面层完成后,对土体的卸载变形有一定的限制作用,可能会承受较小的压力并将之传递给土钉。此阶段土压力主要由土体承担,土体处于线弹性变形阶段。

(2)随着下一层土方的开挖,边坡土体产生向临空面位移趋势,主动土压力一部分通过钉-土摩擦作用直接传递给土钉,一部分作用在面层上,使面层在与土钉连接处产生应力集中,对土钉产生拉力,此时土钉受力特征为沿全长离面层近处较大,越远越小;最下2~3排土钉离开挖底面较近,承担了主要荷载,有阻止土体应力及位移向上排土钉传递的趋势,故位置越高土钉受力增量越小。土钉通过应力传递及扩散等作用,调动周边更大范围内土体共同受力,体现了土钉的主动约束机制,土体进入塑性变形状态。

(3)土体继续开挖,各排土钉的受力继续加大,土体塑性变形不断增加,土体发生剪胀,钉土之间局部相对滑动,使剪应力沿土钉向土钉内部传递,受力较大的土钉拉力峰值从靠近面层处向中部(破裂面附近)转移,土钉通过钉-土摩擦力分担应力的作用加大,约束作用增强,下排土钉分担了更多的荷载,在深度方向上土钉受力最大点向下转移,土钉拉力在水平及竖直方向上均表现为中间大、两头小的枣核形状(如果土钉总体受力较小,可能不会表现为这种形状)。土体中逐渐出现剪切裂缝,地表开裂,土钉逐渐进入弯剪、拉剪等复合应力状态,其刚度开始发挥功效,通过分担及扩散作用抑制并延缓了剪切破裂面的扩展,土体进入渐进性开裂破坏阶段。

(4)土体抗剪强度达到极限不再增加,但剪切位移继续增加,土体开裂,土钉承担主要荷载,土钉在弯剪、拉剪等复合应力状态下注浆体碎裂,钢筋屈服,破裂面贯通,土体进入破坏阶段。

2. 土钉挡土结构的工作性能

通过对国内外土钉墙工程的实际测试资料及大型模拟试验结果的分析,可以将土钉挡土结构的工作性能归纳为以下几点:

1)土钉挡土结构的变形特征

在土钉挡土结构施工期间和竣工之后,土钉挡土结构和周围的岩土体均存在向外变形的倾向。

大部分位移发生在墙前土体开挖期间或开挖后的较短时间内。但是,开挖完成后,位移仍会有一定量的增长,有时变形会持续到工后6个月。通常工后变形会在施工期间变形的基础上增加15%左右。位移增长量与土的性状密切相关,也与土钉的蠕变、内力的重分布等因素相关,软弱土层中随时间增加的幅度相对较大且延续的时间相对较长。一般而言,高塑性指数且含水率较高的细粒土可能会在较长的时间段内发生持续变形。

土钉挡土结构向外运动呈现为绕墙趾旋转方式。最大水平位移出现在支挡结构的顶部,在垂直方向越往下越小。墙面垂直位移相对较小,但与水平位移处于同一数量级。

支护变形受土质影响较大,较好土层中最大水平位移比一般为0.1%~0.5%,有时可达1%,软弱土层中较大,有时高达2%以上。对于较好土质,这种数量级的位移值通常不会影响工程的适用性和长期稳定性,不构成控制设计的主要因素,但在软土中则要慎重考虑。

墙高 H 和墙体几何形态对变形有较大影响。随着墙高变化,变形近乎线性变化。垂直墙面变形大于仰斜墙面。

土钉的设计参数是控制位移的主要因素,土钉间距、长度、刚度、孔径、倾角、注浆量、注浆体强度等对位移均有影响。土钉与墙面法向夹角越大,水平变形越大。

施工方法,如土方开挖的快慢、每步开挖高度、开挖面暴露时间的长短等均对位移有影响。

此外,一些外界条件,如地面超载、地下水位变化、振动及挤压等,也会对位移产生影响。作用于墙体的永久附加荷载会增大变形。

2)土钉内力及抗拔力

土体产生微小变位即能使土钉受力,大量拉拔试验表明,几毫米至二三十毫米的相对位移往往就能使钉-土黏结力达到极限。

土钉内的拉力分布是不均匀的,一般呈现沿全长中间大、两端小的"枣核"形规律,反映了土钉对土的约束(图3-5-11)。最大拉力一般位于土钉中部,临近破裂面处。实际破裂面位置不唯一确定,主要由土钉挡土结构设计参数决定。

土钉刚安装时,一般位于边坡的底部,边坡土体受紧邻基底土的约束,变形和应变很小,沿土钉周边产生的钉-土界面剪力较小,不足以使土钉产生较大拉力,故土钉仅受较小的力甚至不受力,且最大受力点靠近面层。随着土方开挖,土钉的内力逐步增大,但拉力增大到一定程度后增速变缓,最大受力点逐步向尾部转移(图3-5-11),土钉位置越往下,最大受力点越靠近面板。这样,在竖向上土钉最大受力也大体呈现在中部大、在顶部及底部小的"鼓肚"形规律。

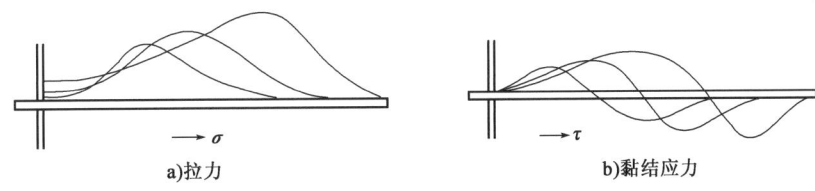

图3-5-11 土钉内力沿土钉全长的分布

土钉为被动式锚杆,随着基坑的开挖,黏结应力以双峰形式、拉力以单峰形式向尾部传递且不断增大,如图3-5-11所示。土钉较长时,初始受力阶段,黏结应力及拉力峰值均出现在离土钉头部较近处,尾部较长范围内没有应力;随着土方开挖、荷载的加大,峰值增大且向土钉的尾部传递,靠近头部的黏结应力显著降低;荷载进一步加大后,峰值靠近尾端,靠近头部的黏结应力继续下降甚至可能接近零(因为要承担面层的拉力,故钉头拉力并不为零),即土钉与土层脱开,只留有残余强度。从黏结应力及拉力传递过程可知,能有效发挥黏结作用(或称抗拔作用)的长度是有一定限度的,该长度称之为有效黏结长度。国内外研究成果认为不同土层中预应力锚杆的有效黏结长度通常为3~10m,土钉也大体如此。土钉较长时,平均黏结应力显然会随着总长度的增加而减少。

土钉与土体的刚度相差越悬殊,界面黏结应力沿全长的分布越均匀,应力的有效分布长度越大。这意味着土钉在硬土中比在软土中的应力集中现象更明显。在软土内界面黏结应力的均匀程度要比在硬土中或密实的砂土中好得多,有效长度也更长一些。所以在软土中土钉可以适当加长。

当土的种类性状及土钉的施工方法不变时,钉-土的黏结应力与土钉的埋置深度无明显对应关系。随着埋置深度的增加,土的自重压力增加,界面黏结应力似乎应该增加,但对于钻孔注浆型土钉而言,预钻孔的孔洞效应抵消了这种影响,使得土钉的抗拔力与土自重压力不呈现明显的对应关系。

通常用黏结强度(或称极限黏结强度)作为指标,评价某种条件下的土体能够为土钉提供的黏结应力极值的能力。这是一项极为重要的指标。土钉工作中,界面剪应力超过极限黏结强度时,注浆体与周围土体之间产生滑动破坏。显然,钉-土的界面黏结强度越高,土钉的抗拔力越高。影响界面黏结强度的主要因素有土的性状、成孔或安装方式、注浆压力及注浆量等。通过大量的抗拔试验、工程实测、理论研究、室内试验等,学者们得出了不同控制条件下的黏结强度值。

钉-土界面黏结强度具有如下特性:①随着黏性土强度(或刚度)的增加及塑性的减少而提高;②随着砂性土的密实度的提高而提高,变化范围通常大于黏性土;③在砂性土及黏性土中均随着注浆压力及注浆量的提高而提高,但当注浆压力达到一定值(砂性土中约4MPa)后,再增加无明显影响;④两次及多次注浆后,土体的抗剪强度及黏结强度有明显提高;⑤在龄期内随着水泥浆液强度的增加而提高;⑥成孔方式对黏结强度影响明显,泥浆护壁成孔比机械干成孔、套管护壁成孔及人工洛阳铲掏成孔获得的黏结强度明显偏低。

一般认为,破裂面将土体分成了两个相对独立的区域,即靠近面层的"主动区"及破裂面内侧的"稳定区",如图3-5-12所示。在主动区,土作用在土钉上的剪应力朝向面层并趋于将土钉从土中拔出;在稳定区,剪应力背离面层并趋于阻止将钢筋拔出。土钉将主动区与稳定区连接起来,否则,主动区将产生相对于稳定区向外和向下的运动而引起边坡破坏。为了达到稳定,土钉材料的抗拉强度必须足够大以防止被拉断,抗拔能力必须足够大以防止被拔出,锚头连接强度必须足够大以防止面层与土钉脱落。

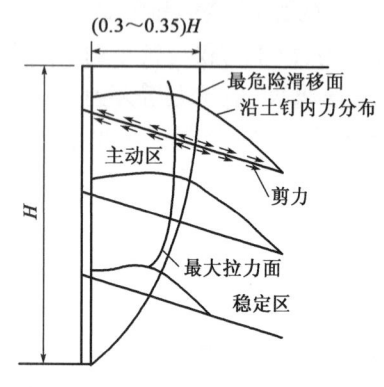

图3-5-12 典型的土钉内力分布图

最大拉力值连线与潜在滑移面并不完全重合,潜在滑移面是土钉、面层与土相互作用的结果。

3)钉头受力

土钉的监测数据表明,在面板附近土钉头受力不大,锚头的荷载总是小于土钉最大荷载。土钉墙较上部分中承受最大荷载的土钉,锚头的荷载一般也仅为土钉最大荷载的0.4~0.5倍。

4)支护面层受力

面层后土压力分布接近于三角形,由于受基底土的约束,在坡角处土压力减少,不同于传统认为的上小下大的三角形。测量数据表明土压力合力约为库仑土压力的60%~70%。

五、土钉支护的极限状态和潜在破坏形式

1. 土钉支护的极限状态

土钉支护设计需要考虑两种极限状态:承载力极限状态和正常使用极限状态。

(1)承载力极限状态:这种极限状态是指施加荷载所产生的应力超过整个系统或单个构件的强度而发生的破坏或失稳。土钉支护设计应确保土钉支护系统安全,防止发生下列各类破坏状况:①整体破坏;②内部破坏;③坡面构件破坏。

(2)正常使用极限状态:这种状态是指虽土钉支护未出现破坏,但是影响了结构的正常使用和安全使用。正常使用极限状态主要与土钉支护过量变形有关。正常使用极限状态还涉及整体或不均匀变形、面板开裂等问题。

另外,排水和防腐也是设计中应该重视的两个重要因素。腐蚀是一种长期作用,会影响土钉抗拔能力,与承载力极限状态密切相关,在设计中必须考虑。土钉钢筋腐蚀还可能导致支护结构过大的变形,极端情况下可能会导致支护工程垮塌。

2. 土钉支护的潜在破坏形式

1) 整体破坏模式

外部破坏模式是指潜在破裂面的发展穿越土钉分布区域,或者破裂面位于土钉末梢之外,即破裂面可能与土钉相交,也可能不相交。对于外部破坏模式,滑动面内外两侧岩土体通常被视为整体。稳定性计算应考虑沿破裂面土钉的作用力,建立滑体的力学平衡方程。

设计中,应通过外部稳定性分析确认在不同破坏模式下,土钉支护是否能够抵抗边坡开挖、工作荷载、极端荷载(地震力)等不稳定因素的作用。影响外部稳定性的因素包括土钉支护体高度、支护内及周围岩土工程性质、土钉分布区域范围(土钉长度)以及土、钉、钉-土界面强度。在土钉支护分析中应考虑如下外部破坏模式(图3-5-13):

(1)整体稳定破坏模式:滑面外侧土体的下滑力超过了沿滑面的土体抗滑力(如果与土钉相交,应计入土钉的贡献)。

(2)滑动稳定破坏模式(在墙趾处剪出):在侧向土压力作用下,土钉加筋体克服基底阻力产生滑动。

(3)地基承载力破坏模式(基坑或路堑底部隆起)。

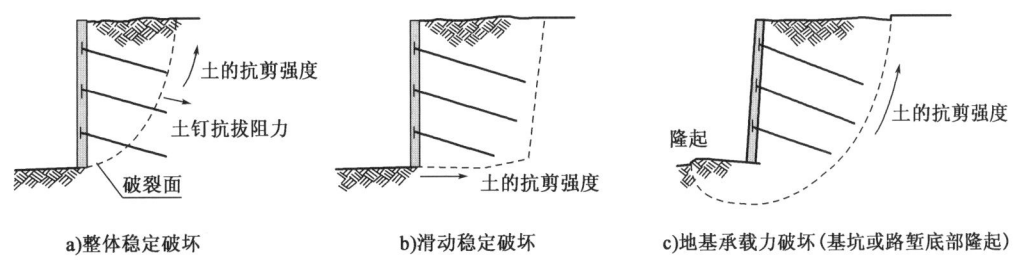

a)整体稳定破坏 b)滑动稳定破坏 c)地基承载力破坏(基坑或路堑底部隆起)

图3-5-13 土钉挡土结构整体破坏模式

2) 内部破坏模式

内部破坏模式是指荷载在土、土钉及注浆体之间传递各环节中发生的破坏。在路堑或基坑开挖过程中,土钉支护系统发生变形,进而调动了土钉注浆体与周围岩土体之间的黏结强度。随着黏结强度被调动,土钉承受的拉力逐渐增大。

由于不同土钉的抗拉强度、长度、黏结强度存在差异,剪应力分布有较大的不同,因而会出现不同的破坏模式。典型的内部破坏模式如下(图3-5-14):

(1)土钉整体拔出破坏:由于黏结强度较低或土钉长度不足,造成沿岩土体-注浆体界面发生破坏,土钉被拔出。

(2)钢筋-注浆体界面滑动破坏:注浆体与钢筋界面的抗滑动能力主要由钢筋表面性状决定。

(3)土钉拉断破坏:如果土钉强度不足,会发生拉伸破坏。

(4)土钉弯曲及剪切破坏:土钉工作主要承受拉力,但是在土钉与滑动面相交的位置也会形成剪应力和弯拉应力。土钉的剪切和弯曲抗力仅在滑动面处发生较大变形时才会被调动起来。土钉抗剪强度和抗弯承载力对土钉挡土结构整体稳定性贡献通常不足10%,所以在稳定性分析中一般不予考虑。

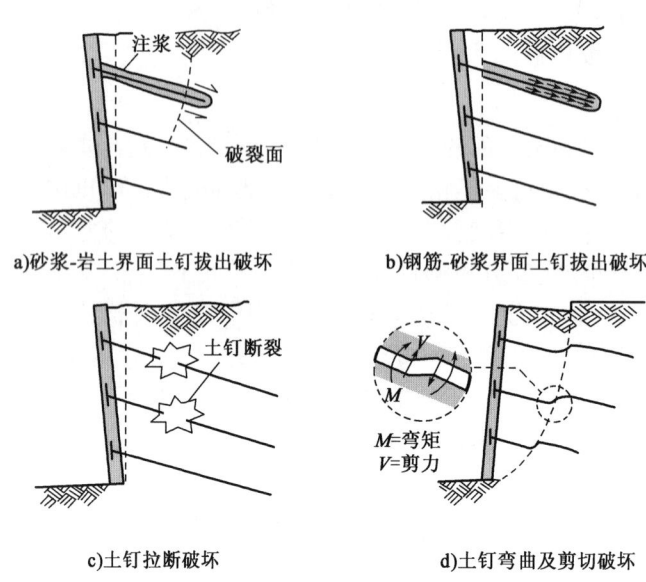

图 3-5-14　土钉挡土结构内部破坏模式

3)墙面连接破坏模式

混凝土面板与钉头连接处通常的破坏模式如图 3-5-15 所示。

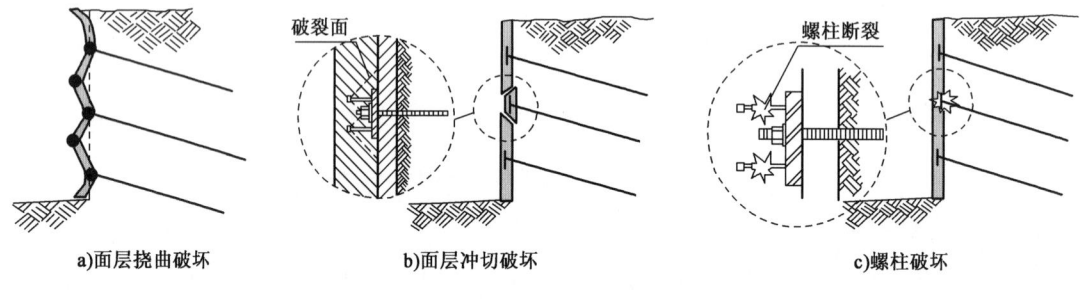

图 3-5-15　土钉混凝土面层破坏模式

(1)挠曲破坏:这种破坏模式是由于过大的弯矩作用,超过了面板的抗弯能力。

(2)冲切破坏:这种破坏出现在土钉钉头周围,临时面层和永久面层设计均应进行分析。

(3)螺柱破坏:这种破坏为螺柱端头的张拉破坏,仅与永久性面层有关。

对于这三种破坏模式,设计应确保钉头和面层所提供的承载能力大于钉头作用在墙面的拉力。

3. 土钉支护超量变形

土钉支挡结构虽未发生内部和外部破坏，但是其水平位移和地表沉降过大，达到了危及支护结构自身及相邻设施或建筑物安全的程度，这也是不能允许的。土钉支护允许变形量，应根据岩土类型及支护工程性质、附近建筑物结构特点确定。

六、土钉支护的设计内容及流程

土钉支护的设计一般包括以下内容：

(1) 工程调查与岩土勘察。

(2) 分析确定拟支护工程可能出现的破坏模式，并以此确定边坡稳定性分析方法，确定边坡土钉支护设计方案。

(3) 支护总体设计：确定支护的总体布置方案与关键部位的剖面尺寸。

(4) 土钉支护构造设计：①根据边坡高度、工程地质条件、岩土特性，参照以往经验，初步确定土钉支护的结构尺寸、土钉长度、直径、间距、倾角及分层开挖高度，初步确定坡面构件的形式；②通过土钉支护内部稳定性、整体稳定性、构件强度和土钉抗拔力验算，调整土钉设计参数；③重新进行验算，最后确定土钉支护的结构尺寸、土钉长度、直径、间距、倾角以及坡面、确定坡面构件的形式、构造和尺寸，坡面构件与土钉的连接方法，以及支护材料的规格和强度等级等；④对于规模较大的土钉支护工程，设计前应进行现场基本试验，以确定岩土与土钉间的黏结强度和相关设计参数。

(5) 土钉和坡面构件构造设计：根据承载力和耐久性设计要求，确定土钉的构造和材料，以及注浆配合比和注浆方式；根据结构设计原理和耐久性设计要求，确定坡面混凝土构件尺寸和构造以及坡面构件与土钉的连接方法。

(6) 排水、防水设计。

(7) 耐久性设计：提出支护的防腐耐久性设计措施，以及长期使用过程中的检测要求。

(8) 施工阶段的现场监测与控制方案设计：包括保证边坡稳定的最大允许侧向位移量控制，以及防止危及周围建筑物、道路、地下设施而需要采取的处理措施和应急方案。

(9) 绿化与环境设计。

(10) 施工方案及施工组织设计：根据岩土特性及环境条件，通过计算和试验确定每步开挖的临界高度与临界长度；提出边坡开挖面暴露时间及自稳时间的限制；提出施工人员、设备的配备数量、工程计划进度、施工方法、施工工艺、施工工序、质量控制及其措施，以及施工安全与管理体系等。

(11) 工程施工过程中的信息反馈要求和动态设计：根据施工现场开挖和钻孔获得的土样数量以及测控信息，复核勘察结论和设计方案；通过现场土钉检测和边坡变形监测结果，确认设计参数的合理性，必要时，应对土钉设计参数（直径、长度、倾角、间距）和施工方法及时作出调整。

第二节　土钉支护设计

一、土钉支护总体设计

1. 土钉支护高度与分级

土钉支护宜用于高度不大于18m的边坡防护。当土钉支护与预应力锚杆联合使用时，边坡高度可适当增加。边坡较高时宜设多级土钉支护,每级坡高不宜大于 10m。多级边坡的上下级之间应设置平台,平台宽度不宜小于 2.0m,并根据需要在平台内侧设置排水沟。土钉挡土结构的底部地面如为斜坡,也应设置一定宽度的平台。

2. 土钉支护形式与土钉支护坡面类型选择

土钉支护分为土钉挡土结构和土钉加筋边坡两大类型。这两种类型在坡面倾角上区分并不明确。英国《土体加筋结构设计规范》(BS 8006)的定义为,倾角 75°以上者为挡土结构;45°以下者为边坡;处于 45°~75°之间的,视坡体的自稳能力可分别纳入加筋土挡土结构和加筋边坡。土钉支护设计中可作为参照。

土钉支护形式应根据工程特点和功能要求,结合工点的地形、地质和施工条件等因素确定。土钉支护还可以与削坡(上部削坡、下部土钉支护)、加筋土结构(上部加筋土填土结构、下部土钉原位加固边坡)、桩锚支护(上部土钉支护、下部桩锚结构)联合使用。当坡体稳定性较差,或边坡高度较大,或需要严格限制坡体变形时,可采用复合土钉支护。

永久性土钉支护坡面设计应有利于边坡生态恢复,并与景观设计总体方案相协调。

土钉支护坡面设计可以采用喷射混凝土面层、混凝土网格梁、立柱加挡土板以及简单的钉头混凝土包封块作为坡面稳定和钉头固定构件。表 3-5-2 汇总了各种坡面防护构件的特点。

坡面防护构件特点 表 3-5-2

坡面防护构件类型	特　　点	适 用 工 况
喷射混凝土面层	能迅速隔离大气对边坡的作用,可使施工开挖面裸露土体尽快稳定	主要用于临时性边坡支护、永久性边坡的初期支护、低等级道路边坡支护以及有抗风化要求岩质边坡支护
喷射混凝土+ 现浇或预制混凝土面层	最终面层采用现浇混凝土或者预制混凝土件构筑,可以改善支护的外观,增强力学性能	可用于各等级道路的永久性边坡支护
喷射混凝土+网格梁	网格梁与喷射混凝土面层组成整体梁板体系,协同发挥作用	可用于各等级道路的永久性边坡支护
网格梁	为永久性土钉支护主要坡面防护形式,具有外形美观、便于绿化、与环境协调性好、节省混凝土材料等优点	具有足够抗风化能力的岩质边坡,坡脚大于或等于 45°的土质边坡
钉头混凝土固定块	结构简单,便于绿化、与环境协调性好	坡脚小于 45°的土钉加筋土坡

喷射混凝土可以使施工开挖面上裸露的岩土体迅速获得稳定。永久性土钉支护,一般应在初次构筑的喷射混凝土面层上再喷一层混凝土或再现浇一层混凝土。考虑到支模的方便,现浇混凝土面层适合于直立或接近直立的支护面。

网格梁具有外形美观、便于绿化、与环境协调性好、节省混凝土材料等优点,是永久性土钉支护的主要坡面防护形式。

土钉加筋边坡是否设置喷射混凝土面层,视岩土的物理力学性质和土钉间距而定。永久土钉加筋边坡,应在边坡面上通过植草防止表面岩土风化侵蚀,并采用独立的混凝土块包封各个钉头;必要时,采用钢筋混凝土网格梁将钉头连接起来,保持边坡岩土稳定。

3. 土钉支护长期性能及对环境因素作用的考虑

土钉支护设计中应充分考虑环境条件对土钉以及面层和格构梁等构件耐久性的影响。高速公路和一级公路土钉支护结构的设计使用年限为50年，二级及二级以下公路抗滑桩设计使用年限为25年，临时支护按3年以下考虑。当地下水有侵蚀性时，应采取可靠的防腐措施。

土钉支护的设计应特别重视水的作用与影响，必须在地表和支护内部设置完善的排水系统，以疏导地表径流和地下水。对于永久性土钉支护的设计，应考虑长期使用过程中土体含水率的变化对土体抗剪强度的不利影响。

土钉支护的设计和施工，应充分考虑施工作业时间长度以及降雨和振动等因素对陡坡开挖面及临时裸露土体稳定性的影响。

对于岩质边坡，宜采用控制爆破和光面爆破，禁止采用大爆破施工。对于土质边坡，当设计坡角大于45°时，应严格按照"逐级开挖，逐级及时支护"的方式施工，随开挖、随支护，尽快设置土钉和构筑面层，以减少边坡变形。对于设计坡角小于45°的缓坡，可一次性开挖，但应及时进行坡面防护，不得让边坡开挖后长期暴露。

4. 土钉挡土结构设计原则

土钉挡土结构设计应遵循"保住中部、稳定坡脚"的原则。现场实测结果表明，沿支护不同高度上的土钉受力，中部大、上下小。而数值分析结果表明，土钉墙坡脚应力集中明显，因此，设计时边坡中部的土钉宜适当加密、加长，坡脚用混凝土脚墙加固，并使之与土钉挡土结构连成一个整体。

5. 土钉支护检测、监测及动态设计

在土钉支护施工过程中，应进行现场测试和监测，为动态设计提供依据。

二、土钉布设

1. 土钉长度

土钉长度包括非锚固长度和有效锚固长度。非锚固长度应根据墙面与土钉潜在破裂面的实际距离确定；有效锚固长度由土钉内部稳定检算确定。

土钉挡土结构内的土钉长度一般为墙高度的0.5~1.2倍，初步设计时可根据土钉挡土结构的类型和边坡岩土类型参考表3-5-3取值。当支护顶部地表呈向上坡度时，宜适当加长土钉；为减少支护变形并控制地表开裂，靠近支护顶部位置的土钉长度应适当加长；对于砂性土中的底部土钉，长度可适当减小，但不宜小于0.7倍墙高。

土钉挡土结构内的土钉长度与墙高度的比值　　　　　表3-5-3

边坡岩土类型	永久土钉支护	临时土钉支护
土质边坡	0.8~1.2	0.5~0.7
岩质边坡	0.6~0.8	—

注：密实砂土和坚硬黏土取低值，塑性黏土取高值。

2. 土钉间距

采用钻孔注浆钉的永久土钉支护，土钉间距可取10~20倍钻孔直径。土钉支挡结构取低值,最大间距不应超过2m;土钉加筋边坡取高值,最大间距不应大于3m。支护面层上的土钉密度一般为每 $6m^2$ 1 根。初步设计时可根据土钉挡土结构的类型和边坡岩土类型参考表3-5-4取值。

土钉垂直间距应与支护施工每步开挖深度相对应。

土钉挡土结构内的土钉间距(m)　　　　　　　表3-5-4

边坡岩土类型	永久土钉支护	临时土钉支护	
	钻孔注浆钉	钻孔注浆钉	击入钉
砂性土	1.5	≤3.0	≤1.0
干硬性黏土	2.0		
岩体	≤3.0		

3. 土钉倾角

土钉与水平面夹角宜在5°~25°范围内。较小的倾角有利于减小直立挡土结构的变形,所以当采用压力注浆且有可靠的排气措施时,倾角可接近水平;而采用重力注浆的土钉与水平面夹角不宜小于15°。如果地表浅层土体软弱,顶层土钉可适当加大倾角,使土钉的尾部能够插入强度较高的下层岩土中。

三、土钉设计

永久性支护中的土钉应采用钻孔注浆钉。土钉的材料选用、尺寸及构造设计应满足构件强度和耐久性以及边坡稳定性要求。

1. 土钉的材料与结构设计

土钉筋材宜采用HRB400钢筋,钢筋直径宜为18~32mm。钢筋接长应采用焊接或机械连接。同排土钉钢筋接头在支护内应错开布置。

永久支护的注浆钉直径(即钻孔直径)的设计值应通过基本试验和计算结果确定,一般可取3~6倍钢筋直径。岩质边坡、临时支护取低值,一般不小于70mm;永久支护和土质边坡取高值,一般不小于100mm。土钉长度(即钻孔长度)超过土钉钢筋尾端的距离应不小于200mm。

钻孔注浆材料宜采用低收缩水泥浆或水泥砂浆,水胶比应不高于0.4,浆体3d强度不低于5MPa,28d强度不低于15MPa。注浆采用孔底返浆法,注浆压力宜为0.4~1.0MPa。

2. 土钉的耐久性设计

永久支护的注浆钉设计,应根据土体腐蚀环境特点和土钉支护的使用期限(公路等级)按表3-5-5采取相应的防腐措施。

不同等级公路的路堑、路堤和桥台的土钉支护防腐措施　　　　　　　表3-5-5

公路等级	弱腐蚀环境	中等腐蚀环境	强腐蚀环境
高速公路、一级公路	采取措施Ⅱ;或者采取措施Ⅲ,将钢筋按强度计算所需直径加大2~3mm	采取措施Ⅰ	采取措施Ⅰ
二级及二级以下公路	采取措施Ⅱ;或者采取措施Ⅲ,将钢筋按强度计算所需直径加大1~2mm	采取措施Ⅱ,并且采取措施Ⅲ,将钢筋按强度计算所需直径加大2~3mm	

(1)措施Ⅰ:沿钢筋全长加设聚乙烯或聚丙烯波纹套管,阻止锈蚀进程。采用的套管壁厚应不小于1mm,波纹幅高不小于3倍壁厚。

(2)措施Ⅱ:采用工厂生产的环氧涂层钢筋,阻止锈蚀进程。钢筋涂层厚度小于0.3mm。

(3)措施Ⅲ:直接将钢筋按强度计算所需直径加大,以弥补锈蚀对界面的削弱影响。

不同腐蚀环境下土钉钢筋的保护层厚度应符合表3-5-6的要求。

腐蚀环境下土钉钢筋和面层的保护层厚度　　　　表3-5-6

侵蚀环境	弱腐蚀环境	中等腐蚀环境	强腐蚀环境
保护层厚度(mm)	50	60	70

永久支护的注浆钉,沿土钉钢筋长度每隔一定距离(一般1.5~2.0m,距末端不超过0.5~1.0m)应设定位支架,以保证钢筋置入钻孔后处于钻孔的中央,使钢筋四周有足够的浆体保护层厚度。永久支护内的定位支架应采用非金属材料,如聚氯乙烯(PVC)等。

3.土的腐蚀性评价标准和测试方法

1)土的腐蚀性评价标准

如果土的电阻率 $\rho > 50\Omega \cdot m$,且 $pH > 6$,为无腐蚀性;如果土的电阻率 $\rho \geqslant 20\Omega \cdot m$,且 $pH > 6$,$SO_4^{2-} < 200mg/kg$,$Cl^- < 100mg/kg$,为无腐蚀性。

土体的侵蚀作用可按表3-5-7分级。

土体的侵蚀作用　　　　表3-5-7

侵蚀介质		土体侵蚀作用级别			
		无腐蚀环境	弱腐蚀环境	中等腐蚀环境	强腐蚀环境
电阻率($\Omega \cdot m$)		>50	≥20	<20	
pH		>6		5~6	4~5	<4
SO_4^{2-}(mg/kg)	强透水土	—	<200	300~1500	1500~6000	>6000
	弱透水土			1500~6000	6000~15000	>15000
Cl^-(mg/kg)		—	<100	100~500	500~5000	>5000

2)土的电阻率测试方法

(1)测试土的电阻率所需仪器设备

①直流测试电阻系数盒(图3-5-16):测试盒用绝缘材料制作,截面为100mm×100mm,两个供电极设在两个分开的水室上,中间用土室隔开。电极采用不锈钢材料,供电极下设有许多小孔,孔径仅容许水通过。测试极为框架结构,两个电极的间距为200mm,供电极与测试极的间距为50mm,水室体积应小于试盒的1/10。

②其他仪器及设备:直流电源(电池等)、毫安表、电压表等。

(2)测试土电阻率的操作步骤

①用蒸馏水清洗测试盒。

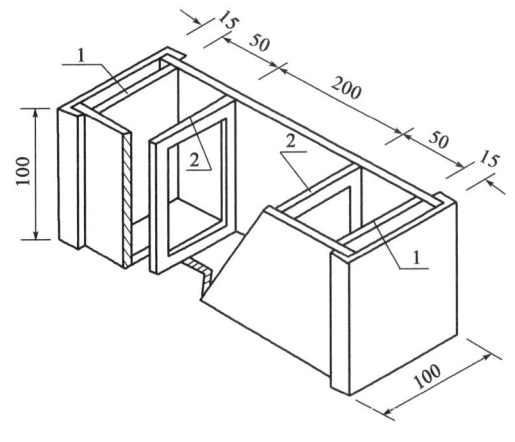

图3-5-16　直流测试电阻系数盒(尺寸单位:mm)
1-供电极;2-测试极

②将筛去的粒径25mm以上的颗粒土倒入中间盛土室,逐层压实,压实密度应接近实际施工密度,填满并超过盒面后刮平。

③将蒸馏水轻缓地倒在土上和两个水室中,直到一个单元水满为止。对于浸水工程,土要用当地水饱和后测试。

④宜在20℃温度下,饱和1h,按图3-5-17的电路测得电阻R值。

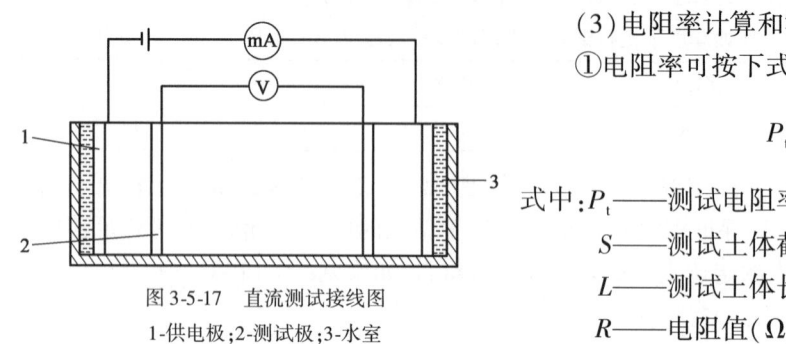

图3-5-17 直流测试接线图
1-供电极;2-测试极;3-水室

(3)电阻率计算和温度修正

①电阻率可按下式求得:

$$P_t = \frac{RS}{L} \quad (3\text{-}5\text{-}1)$$

式中:P_t——测试电阻率($\Omega \cdot m$);
S——测试土体截面积(m^2);
L——测试土体长度(m);
R——电阻值(Ω)。

②不同温度(在5~30℃有效温度范围内)下的电阻率,可按以下经验公式进行修正:

$$P_{20℃} = P_t \cdot \frac{20+\theta}{40} \quad (3\text{-}5\text{-}2)$$

式中:θ——测试温度(℃)。

(4)土中易溶盐含量及pH值测试方法

土中易溶盐含量及pH值测试,按现行《公路土工试验规程》(JTG 3430)执行。

四、土钉支护坡面混凝土构件设计

1.喷射混凝土面层

喷射混凝土面层厚度应根据受力计算确定。临时支护不宜小于60mm,永久支护不宜小于120mm。喷射混凝土强度等级,临时和永久支护分别不宜低于C20和C30。

喷射混凝土面层应配置钢筋网,钢筋直径不应小于6mm,间距宜为150~250mm。当面层厚度大于150mm时,应设置里、外两层钢筋网。

临时支护的喷射混凝土面层一般可仅设一层钢筋网,置于面层厚度的中心位置。

永久支护的喷射混凝土面层一般分两层先后喷射,内层为支护开挖后立即构筑的施工面层。待设置土钉并将土钉与施工面层连接后,再构筑最终面层。最终面层的喷射混凝土表面应作抹平修饰处理。

永久支护面层钢筋的喷射混凝土保护层厚度应不小于50mm。腐蚀环境下面层保护层厚度应符合表3-5-6的要求。

面层钢筋网在施工缝处的搭接长度不应小于200mm,也不应小于一个网筋间距。

喷射混凝土面层的顶部钢筋网应向护坡背后转折,并构筑宽度不小于0.5m的喷射混凝土(或现浇混凝土)护顶。

2.喷射混凝土面层与现浇混凝土(或者预制混凝土件)及网格梁组合

永久支护的喷射混凝土最终面层可以采用现浇混凝土或者预制混凝土件构筑,以改善支护的外观质量,增强力学性能。永久支护的喷射混凝土最终面层也可以采用连接钉头的网格梁代替,网格梁与喷射混凝土面层组成整体梁板体系协同发挥作用。

永久支护在喷射混凝土施工面层外设有现浇混凝土面层时,应通过锚钩或锚栓等构造(经过验算)将钉头拉力传递到现浇混凝土面层中。

3. 网格梁

对于岩体中的土钉支护,如果裸露的开挖面具有足够的抗风化能力,则可以仅用网格梁连接和固定钉头。

对于坡角大于或等于45°的土质边坡,也可仅用网格梁作为连接和固定钉头的构件,并且在网格梁之间作植物防护。网格梁可以在土坡表面开槽现浇。梁的表面与坡面齐平,并设置有利于排去坡面地表水的泄水槽。在坡脚和坡顶还可以设置地梁或边梁,与网格梁构成一体。网格梁、地梁和边梁断面尺寸应不小于250mm×250mm,其主筋应采用HRB400钢,直径不小于16mm。

4. 钉头固定墩块

坡角小于45°的土钉加筋边坡,必要时可不设网格梁,而仅在土钉钉头钢筋外露段现浇混凝土或砂浆块以保护钉头,并利用植被防止土坡表土冲蚀。混凝土方块可外露或浅埋于坡面。

5. 面层的伸缩缝和基础

永久支护的混凝土面层在长度方向应设置伸缩缝。伸缩缝间距一般不大于30m,缝宽10~20mm。缝间用沥青麻絮或聚苯乙烯泡沫板等材料填充。

永久支护的面层底端应插入支护趾部地表以下0.2~0.4m。如果面层由现浇或预制混凝土件构筑,则需要设置专门的基础。

五、土钉与面层构件的连接设计

土钉必须与坡面构件有效连接。连接方法视面层的受力大小以及支护的重要性而定,并需经过强度验算,必要时需通过加载试验验证。

1. 土钉与喷射混凝土面层的连接

喷射混凝土面层内的配筋,除面层内设置的一般钢筋网之外,尚应在连接同排相邻土钉钢筋的水平方向上,紧靠每一个土钉钢筋的上下,各设置一根通常的水平加强筋。加强筋的直径为16~25mm,置于施工面层钢筋网的外侧,并与土钉钢筋焊接。当面层受力较大时,宜在连接同列土钉钢筋的竖直方向上,紧靠土钉钉头的左右,各焊接一根直径约为16mm的竖向加筋,与水平加强筋构成"井"字(图3-5-18)。竖向筋在面层水平施工缝处的搭接长度应不小于直径的30倍。

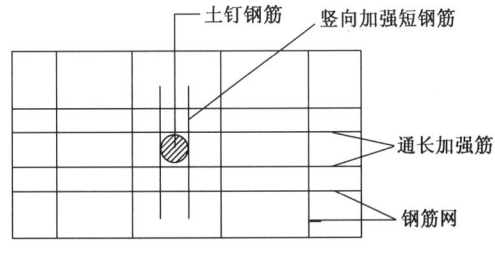

图3-5-18 土钉钢筋与面层钢筋"井"字连接

在永久土钉支护中,土钉与面层之间一般采用螺母、垫板的连接方式,将钉头做成螺纹端,通过螺母、楔形垫圈及方形钢垫板与面层连接。钢垫板应均匀紧贴于喷射混凝土施工面层上,方形垫板的尺寸一般不小于150mm×150mm,厚度不小于18mm(图3-5-19)。

在临时支护中,土钉与面层的连接一般可采用图3-5-20的构造和方法,即在土钉钉头两侧沿钉长方向焊接相同直径的短钢筋(锁定筋),并将其底部与面层内的加强筋焊接固定。如果土钉钉头的轴向拉力较大,宜采用永久支护的连接方法。

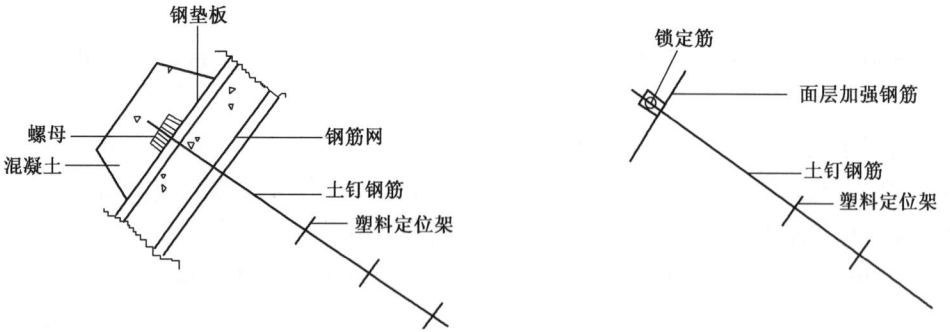

图3-5-19　永久支护的土钉钢筋与面层钢筋的连接　　　　图3-5-20　临时支护的土钉钢筋与面层钢筋的连接

2. 土钉与网格梁的连接

当坡面采用网格梁时,土钉钉头与网格梁宜采用螺纹垫板连接,也可将土钉钉头加长,并做成弯钩,直接锚固于网格梁中(图3-5-21)。弯钩深入网格梁的总长度应不小于土钉钢筋直径的30倍,并应设置相应的箍筋保证锚固作用。如果土钉轴力较大,弯钩下应设置局部的横向钢筋网。

3. 土钉与钉头固定墩块的连接

土钉加筋土坡的土钉钉头可与坡面上混凝土方块中钢筋焊接。方块中土钉钢筋保护层厚度不应小于50mm。

六、复合土钉支护设计

1. 预应力锚杆(索)复合土钉支护

当采用预应力锚杆(索)复合土钉支护时,锚杆(索)应布设于支护上部,锚固段应位于土钉加固范围之外、边坡潜在破裂面之后的坚实岩土之中(图3-5-22)。

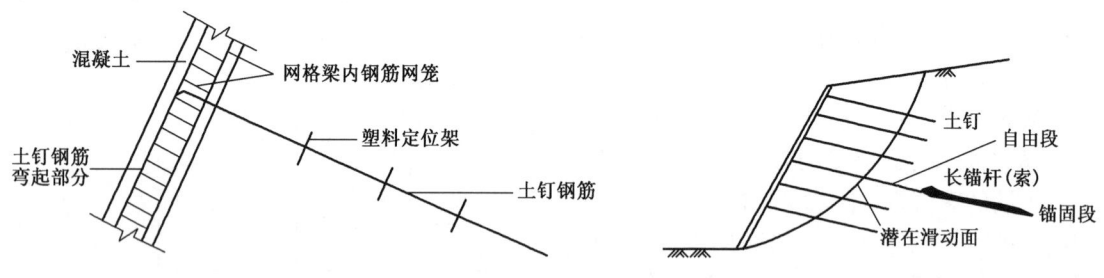

图3-5-21　土钉钢筋与网格梁中钢筋的连接　　　　图3-5-22　预应力锚杆(索)复合土钉支护

当采用预应力锚杆(索)复合土钉支护时,可用预应力锚杆(索)取代支护上部的部分土钉。锚杆长度应大于周边土钉。通常从坡顶向下,锚杆可全部或间隔取代第2排或第2、3排上的土钉,但支护顶排土钉以及位于支护下部的土钉不需要用锚杆代替。预应力锚杆在施工锚固段、施加预应力张拉并锁定于坡面上垫板或腰梁之后,最终注浆充填自由段,实现全长黏结。

2. 微型桩复合土钉支护

当采用微型桩复合土钉支护时,可在开挖前沿开挖面或紧靠开挖面后方设置密排的竖向微型桩。微型桩间距不宜大于1m,深入支护底部下方1~3m。微型桩通常采用直径48~150mm、管壁上布设出浆孔的无缝钢管,通过由钢管内部注浆的方法制成。直径小于100mm的钢管可分段在不同挖深处通过击打方法置入后注浆;直径大于100mm的钢管宜采用先钻孔后置入并注浆。钢管壁上的出浆孔直径为10~15mm,间距400~500mm。出浆孔设于钢管下1/3左右管长范围。

微型桩复合土钉支护也可以采用垂直的直径为150~200mm的钢筋混凝土桩。钻机成孔后,依直径大小放置1根ϕ36mm钢筋或2~3根ϕ25mm带有箍筋的钢筋束,最后向钻孔内浇筑混凝土。必要时采用地梁将各排微型桩连成整体。

土钉也可以与束状微型桩(树根桩)形成复合土钉支护(图3-5-23),束状微型桩在边坡上同一开孔内按不同方向和角度成孔。孔数通常为2~3个,孔径为100~150mm,置入ϕ32mm~ϕ36mm钢筋或ϕ40mm带孔钢管,低压注浆。微型桩长度应大于土钉长度。

七、坡面植物防护与景观设计

对于永久土钉支护工程,应重视生态恢复与景观设计,力求使边坡支护工程与自然环境协调,融为一体。在设计阶段,应针对具体工点支护工程的特点以及场地植被与气候条件等,因地制宜,对边坡支护工程进行生态恢复与路域景观的专门设计。在土钉施工结束后,及时进行坡面的植物防护施工。

对于采用喷射混凝土面层的土钉支护结构,宜在坡脚种植攀缘藤蔓植物,在边坡平台上种植下垂草本植物。

对于无喷射混凝土面层而仅采用钢筋混凝土网格梁或钉头混凝土块的土钉支护结构,坡角大于45°时,可采用三维土工网植草或喷射含草籽的种植土,也可以在各网格内镶嵌六边形空心混凝土预制块,在预制块中空部分培土植草;坡角不大于45°的边坡可以直接在其上植草绿化。

对于采用现浇或预制混凝土板作为阶梯状土钉支护面板的支护结构,可在各级阶梯上部利用混凝土板设计种植槽,种植花草和灌木(图3-5-24)。

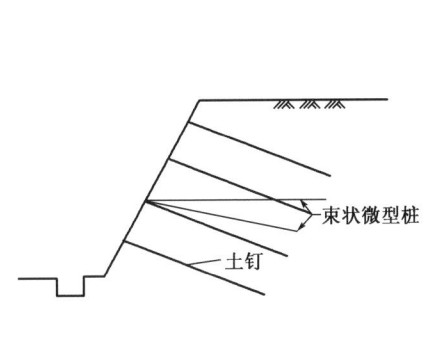

图3-5-23 树根桩复合土钉支护

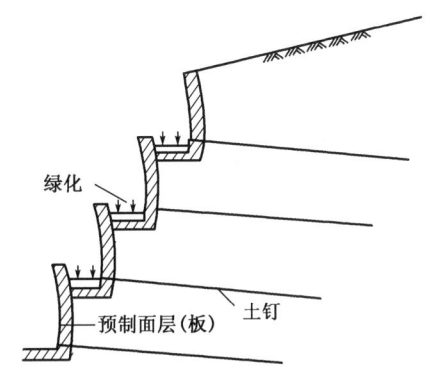

图3-5-24 阶梯状土钉边坡的绿化

八、排水系统设计

1. 永久土钉支护排水系统设计

永久土钉支护的顶部地面必须设置截水沟或排水沟,防止地表径流流向整个支护的顶面。支护顶部及附近地表宜尽可能设置防渗层(图3-5-25)。防渗材料可以采用渗透性较低的黏性土、水泥砂浆或复合土工膜等。

永久土钉支护面层的背部应设置排水系统,可紧靠开挖面设置竖向的带孔的塑料排水管或土工织物排水带。其间距可取土钉水平间距的倍数,一般为3～5m。排水管或排水带一直延伸到支护底部并将各排水管在水平方向连通,用短管穿过支护混凝土面层引入排水沟。

对于多级永久土钉加筋边坡,应在每级边坡内侧设置排水沟(图3-5-26)。表面应植草或用水泥砂浆抹面。平台内侧排水沟应与边坡两侧的环形周边排水沟连接成统一的地表排水系统。

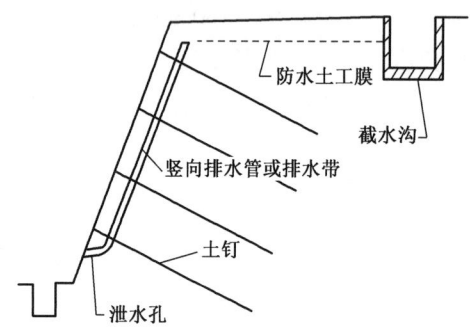

图3-5-25 永久土钉支护中的排水措施

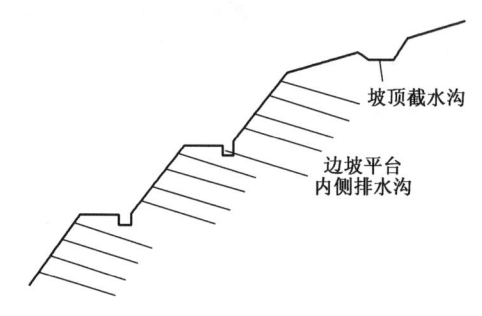

图3-5-26 多级土钉加筋边坡的排水沟设置

永久土钉支护面层的背部应设置排水系统。可紧靠开挖面设置竖向带孔塑料排水管或土工织物排水带。排水管或排水带的间距一般为3～5m,取土钉水平间距的倍数,位于两列土钉之间。竖向排水管或排水带在喷射混凝土面层施工前嵌入或铺设在开挖面上。排水管或排水带在面层的上下施工缝处竖向套接或搭接,一直延伸到支护底部,并将各个排水管或排水带在水平方向连通,用短管穿过混凝土面层,将水引入支护外的排水沟中。

带孔的排水管的直径可取80mm左右。用透水土工布包裹,以防止细颗粒土迁移到管内。土工排水带的宽度一般为300～400mm。

当永久土钉支护坡体内可能渗入大量地表水和地下水时,应在整个支护内设置向上倾斜的带孔聚氯乙烯(PVC)排水管或波纹软管,将水引到面层外部。排水管管径一般为50～80mm,上倾角度5°～10°,长度超过钉尾一定距离。这种排水管可以在面层完工后,通过钻孔置入。每50m²面层至少应设置1根仰斜式排水管(图3-5-27)。

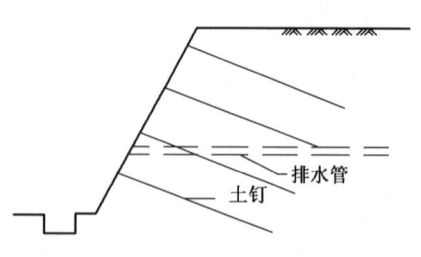

图3-5-27 永久土钉支护边坡中排水管的设置

2. 临时土钉支护排水系统设计

临时土钉支护内部的排水措施一般可仅在支护面层上设置排水孔。采用直径40～60mm、上倾角5°～10°的塑料短管将支护面层背部的水引至面层之外。

塑料短管插入土体的长度约 300~500mm，间距或数量视水的情况而定。通常每 10m² 的面层上应至少设置 1 个排水管。塑料排水管埋入土中的一端的管壁应带孔，其周边和端口采用透水土工布包裹。

当有丰富地下水源补给，地下水的流量较大进行临时支护时，如果支护施工的作业面上难以成孔和形成喷射混凝土面层，应在施工前降低地下水位，并在地下水位以上进行支护施工。

九、土钉支护变形的控制——信息化施工和动态设计

在施工阶段，土钉支护的位移变化过程直观反映了土钉稳定性的变化趋势。异常或过大的变形预示着边坡岩土体塑性变形的发展。充分发挥土钉的边界约束作用，控制边坡变形，限制和减小支护体内部岩土塑性变形发展，对保证边坡稳定尤为重要。

土钉支护变形取决于支护设计参数选择的合理性，但是在很大程度上受施工因素控制（参见案例）。因此，在设计中必须对施工方法和施工工序作出严格规定。

从上到下分层修建是土钉挡土结构施工最基本的要求，支护每层开挖深度应与土钉的竖向间距一致。随开挖、随支护，尽快设置土钉和构筑喷射混凝土面层等坡面构件，只有这样才能使土钉正常发挥作用，限制支护变形，保证施工安全。

另外，还需要通过现场监测的信息反馈，及时调整设计和施工参数。因此，要求土钉支护在开挖施工过程中，应有现场测试与监测内容，没有与施工同步的监测方案不得进行施工。

如果认为当前的土钉挡土结构设计方案可能产生过大的变形或已经产生了一定程度的变形，应该考虑修正原来拟定的土钉支护设计参数，或采取下列措施减小土钉挡土结构的变形量：

(1) 采用较大的安全系数；
(2) 加大上部土钉的长度；
(3) 开挖前，对开挖面土体进行超前加固；
(4) 在适当位置增设预应力锚杆（索）；
(5) 采用较缓的边坡坡度。

在施工中可以采取下列措施来限制土钉支护的变形：
(1) 减小分层作业的深度和分段作业的长度；
(2) 尽量缩短从开挖到支护的施工时间间隔。

第三节 土钉支护计算

土钉墙分析计算方法有工程经验法、极限平衡法及数值分析法三类，各有利弊，在一个工程中往往综合采用，可互为印证。一般先根据经验初定参数，然后采用极限平衡法进行校核，重要的工程再采用数值分析法辅助分析计算。

一、土钉支护设计中岩土和材料的物理力学参数确定

土钉支护设计采用的土体物理力学参数（重度、抗剪强度、土钉界面黏结强度等）应以实测结果为依据，取值时应考虑到施工及长期使用过程中土体含水率变化对这些参数的影响。土体与结构材料强度的设计值如下：

1. 岩土体 c、φ 值

土体 c、φ 的设计值取为特征值，一般情况下可取其室内固结不排水试验强度均值的

$0.8\sim0.9$ 倍(对 c 取 0.8,对 $\tan\varphi$ 取 0.9)。沿岩体结构面破坏时的界面抗剪强度特征值可近似按表 3-5-8 取用。

岩体结构面抗剪强度特征值　　　　　表 3-5-8

结构面结合程度	结构面特征	内摩擦角 φ(°)	黏聚力 c(MPa)
好	张开度小于 1mm,胶结良好,无填充; 张开度为 1~3mm,硅质或铁质胶结; 张开度大于 3mm,表面粗糙,钙质胶结	>35	>0.15
一般	张开度为 1~3mm,钙质胶结; 张开度大于 3mm,表面粗糙,钙质胶结	35~27	0.15~0.10
差	张开度为 1~3mm,表面平直,无胶结及填充; 张开度大于 3mm,岩屑充填或岩屑夹泥质充填	27~18	0.10~0.06
很差	泥质充填或泥质夹岩屑充填,充填物厚度大于结构面起伏差; 未胶结的或强风化的小型断层破碎带	18~12	0.06~0.02
	分布连续的泥化层	<12	0.02

注:表中数据引自《建筑边坡工程技术规范》(GB 50330—2013)。

2. 土钉与周围岩土体的界面黏结强度 τ

土钉与周围岩土体的界面黏结强度 τ 的设计值为特征值,一般应根据现场抗拔试验确定。对同一岩土层取其实测均值的 0.8 倍作为特征值。用于初步设计的黏结强度特征值可参考表 3-5-9 的数据,也可根据工程经验和工程类比法确定。对坚硬的块状岩体,也可取其轴向抗压强度的 10% 作为其黏结强度特征值。土钉支护中土钉周边的界面黏结强度与土钉的埋深无关。

土钉与岩土体界面黏结强度特征值　　　　　表 3-5-9

岩土类型及状态		黏结强度特征值 τ(kPa)
黏性土	坚硬	70~90
	硬塑	50~70
	可塑	30~50
	软塑	15~30
粉土		50~100
砂土	密实	160~200
	中密	120~60
	稍密	90~100
	松散	70~90
岩石	泥质页岩	50~70
	粉砂质页岩	80~120
	全风化砂岩	40~65
	强风化含砾砂岩	130~160
	中风化含砾砂岩	180~250
	弱风化含砾砂岩	280~300
	泥灰岩、灰岩	280~380
	千枚岩	90~200
	强~中风化的页岩、片岩	70~140
	玄武岩	470~570

注:表中数据作为一般低压注浆时极限强度的特征值。用重力注浆时应适当折减,高压注浆时则可适当增大。

使用极限黏结强度标准值时需注意以下几点：

（1）目前工程界尚没有直接测量黏结应力的方法，只能间接得到。常用方法是通过测量土钉拉力，然后计算出黏结应力。目前国内外均主要通过现场试验得到抗拔有效黏结长度上的极限拉拔力，然后再计算土钉单位黏结表面积上的黏结应力，即黏结强度。这种方法得到的黏结强度只能是平均值。

（2）黏结强度标准值与土钉长度有关。设计土钉长度较短时取大值，较长时取小值。在稳定区内的长度超过12m时，应进行适当的折减，办法可参考《岩土锚杆（索）技术规程》（CECS 22：2005）。

（3）由于土钉实际工作时剪应力在主动区与稳定区呈反向分布，在破裂面处分界，稳定区内的黏结应力提供工作抗拔力，才能维持支护结构的稳定。同时，考虑到土钉内部稳定还取决于主动区土钉抗拔力，所以在考虑土钉有效黏结长度时，只考虑稳定区的长度或者主动区内的长度之一，不应把全部长度算在内。

3. 钢筋和混凝土材料强度

（1）土钉抗拉只考虑土钉钢筋的作用，钢筋强度的设计值f_y按现行混凝土结构设计规范采用，即对HRB400钢筋为360MPa。

（2）支护面层及其与土钉连接的材料强度设计值按现行混凝土结构设计规范取用。

二、土钉支护的结构计算内容与方法

土钉支护的分析计算包括以下内容：

（1）构件力学分析及验算。

①坡面构件内力分析：根据土压力等荷载的大小和分布，将混凝土面层按以土钉为点支承的连续板进行内力分析，混凝土网格梁或梁板按连续梁体系或梁板体系进行内力分析。

②土钉抗拔力分析（支护内部稳定性分析）：分别按土钉受拉屈服、土钉从破裂面内侧拔出以及土钉从破裂面外侧拔出3种情况考虑。其中，土钉从破裂面外侧拔出分析取决于钉头与面层连接处的抗拔能力。

③土钉与坡面构件连接力学分析。

（2）土钉支护边坡及加筋体的整体稳定性分析与验算。

①土钉支护边坡整体稳定性分析：如果潜在破裂面穿过土钉分布区域（与全部或部分土钉相交），在边坡稳定性分析中，应计入与破坏面相交的土钉的抗拔力；如果潜在破裂面发生在土钉布设区域之外，相应的分析方法与无筋边坡相同。

②加筋体的整体稳定性分析：将土钉分布区视为整体（刚性的重力式挡土墙），分析在主动土压力及外部荷载作用下加筋体整体抗滑动和抗倾覆稳定性；必要时，验算基底承载力。

（3）土钉支护变形估算。

三、结构重要系数和安全系数选取

与我国现行岩土工程和结构工程设计规范相对应，土钉支护整体稳定性和土钉承载力的设计计算采用安全系数设计方法，其中将荷载的特征值作为荷载的设计值，将土体极限强度的特征值定为土体强度设计值。对于面层及其连接等混凝土构件的设计，则采用以概率极限状态为基础的分项系数设计方法，其中的荷载设计值取荷载分项系数与荷载特征值的乘积，并按现行混凝土结构设计规范进行设计。

永久土钉支护按其破坏后果的严重性,在设计中按表3-5-10取不同的重要性系数K_1。

永久土钉支护重要性系数 K_1　　表3-5-10

工程对象	公路等级及支护工作状态		K_1
边坡土钉支护	高速公路、一级公路及干线二级公路	支护面层受车载或建筑物等主要外力影响	1.15
		支护面层不受车载或建筑物等主要外力影响	1.10
	一般二级公路及以下等级公路	支护面层受车载或建筑物等主要外力影响	1.05
		支护面层不受车载或建筑物等主要外力影响	1.00
桥台土钉支护	高速公路、一级公路及干线二级公路	内置组合式桥台	1.20
	一般二级公路及以下等级公路	整体式桥台	1.20
		内置组合式桥台	1.10
施工期间永久支护	不区分公路等级	不区分支护工作状态	0.90~1.00
临时土钉支护	不区分公路等级	不区分支护工作状态	0.90~1.00

注:施工期间永久支护和临时土钉支护重要性系数与表3-5-11中稳定性安全系数的乘积应不小于1.05。

土钉支护整体稳定性分析的安全系数应不低于表3-5-11所示的数值。地震组合作用下的安全系数按表中的数值减0.1取用。

支护稳定性安全系数 K　　表3-5-11

稳定性分析类别		安全系数 K	备 注
内部整体稳定性		1.25~1.30	重要工程可取1.30
外部整体稳定性(沿底部以下滑动)		1.25	
按刚性挡土墙验算	基底抗滑	1.20	土钉加筋边坡不做此项验算
	整体倾覆	1.30	
	地基承载力	见表注2	

注:1.表中安全系数仅与规范所采用的计算分析方法相应。
　2.刚性挡土墙地基承载力按现行《公路桥涵地基与基础设计规范》(JTG 3363)的规定验算。
　3.对临时土钉支护,按表中数据减0.1取用。

用于支护内部整体稳定性分析时的土钉抗拉强度安全系数K_{dl}(对钢筋抗拉强度的设计值)取1.25,土钉抗拔强度安全系数K_{db}(对土钉界面黏结强度特征值)按表3-5-12取值。

土钉抗拉强度安全系数和抗拔强度安全系数　　表3-5-12

验算工程类别	永久土钉支护	临时土钉支护	永久土钉支护施工阶段	临时土钉支护施工阶段	永久土钉支护地震力作用下
土钉抗拉强度安全系数 K_{dl}	1.25	1.10	1.10	1.00	1.00
土钉抗拔强度安全系数 K_{db}	1.50	1.30	1.25	1.10	1.20

四、坡面混凝土构件内力分析

土钉挡土结构的混凝土面层应视为承受侧向压力的受弯构件,按现行混凝土结构设计规范进行设计。这些侧向压力包括土体自重产生的土压力、地面车载产生的土压力以及地下水产生的水压力,对于桥台土钉支护尚有桥台垫梁和车辆制动引起的土压力。

1. 土钉挡土结构土压力分析

(1) 土体自重对支护面层施加的侧向土压力强度可按下式计算：

$$p_z = 0.7\left(0.5 + \frac{s - 0.5}{5}\right)p_{zl} \leqslant 0.7p_{zl} \tag{3-5-3}$$

$$p_{zl} = k_a \eta_z \gamma H \tag{3-5-4}$$

$$k_a = \tan^2\left(45° - \frac{\varphi_z}{2}\right) \tag{3-5-5}$$

式中：s——土钉的横向间距或竖向间距(m)，取其中的较大值；

k_a——深度 z 处土层的主动土压力系数；

φ_z——深度 z 处土层的内摩擦角，对于黏性土，φ_z 为等效内摩擦角；

η_z——系数，随深度变化呈梯形分布，如图 3-5-28 所示；

$$\eta_z = \frac{1.1E_a}{\gamma H^2}\left(\frac{z}{0.2H}\right) \leqslant \frac{1.1E_a}{\gamma H^2} \tag{3-5-6}$$

E_a——将面层视为挡土构件时，作用于面层的主动土压力，对直立或接近直立的面层且地表为水平时，可按朗金公式给出。

对分层土体，上式中的土体参数 φ、γ 可取各层土体的参数 $\tan\varphi_z$ 及 ρ_z 按其分层厚度 h_z 加权的平均值。当支护面层倾斜且倾角不小于 75°时或地表有横坡时，E_a 值可用库仑公式算出，此时可假定土体与面层间的摩擦角 δ 为零，且 E_a 为水平方向作用。

(2) 当地面车道荷载向下扩散的压力触及面层时(图 3-5-29)，车道荷载作用于面层的侧压力强度 p 可按下式估算：

$$p = k_a q \frac{B}{B_1} \tag{3-5-7}$$

式中：q——地面车道荷载特征值；

B、B_1——意义如图 3-5-29 所示；

k_a——主动土压力系数。

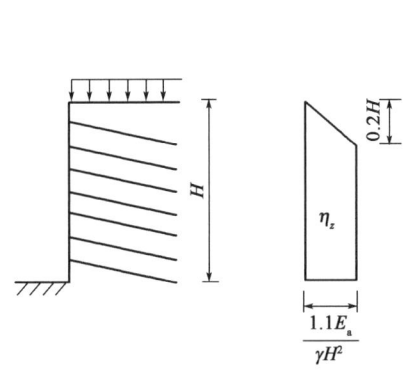

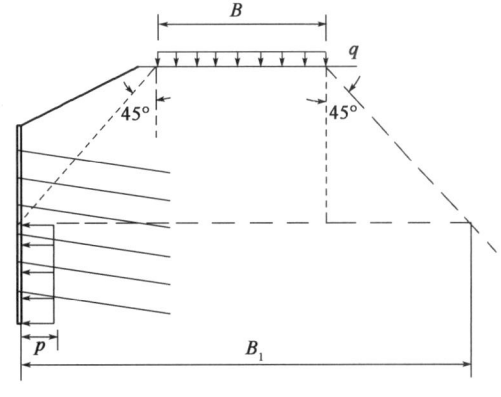

图 3-5-28 系数 η_z 随深度变化的分布图　　图 3-5-29 车辆荷载作用于支护面层的侧向压力计算图

(3) 当土钉挡土墙结构中有地下水时，应单独计算混凝土面层后的水压力 p_w：

$$p_w = 0.5\gamma_w z \tag{3-5-8}$$

式中：z——地下水位以下至计算点的深度；

γ_w——水的重度。

2. 混凝土面层和网格梁内力分析与计算

混凝土面层可按以土钉为点支承的连续板进行设计。对永久土钉支护,作用于面层的侧压力设计值为荷载分项系数 1.25 与特征值的乘积,并据此确定面层构件承受的正、负弯矩与支点剪力,进行面层抗弯强度与抗冲切强度的验算。在支护面层的伸缩缝处,应根据伸缩缝的具体构造选定面层的计算图形,一般应视为悬臂板。

当坡面受力构件为混凝土网格梁或梁板时,按连续梁体系或梁板体系进行内力分析和计算。

3. 土钉钉头与混凝土面层的连接验算

土钉钉头与混凝土面层的连接,应以钉头作为面层的支点,将侧向土压力作用下产生的支点反力作为钉头应能承受的拉力。当钉头采用螺纹、螺母和垫板与面层连接时,应按现行《钢结构设计标准》(GB 50017)验算土钉钢筋外端螺纹截面的抗拉以及垫板的抗弯能力。当用焊接或锚固等方法通过不同形式的部件与面层相连时,应对焊接强度或锚固长度进行验算。此外,面层连接处尚应验算混凝土的局部承压能力。

永久支护在喷射混凝土施工面层外设有现浇混凝土面层时,应通过锚钩或锚栓等构造(经过验算)将钉头拉力传递到现浇混凝土面层中。

4. 土钉钉头从面层拔出的抗力计算

对支护进行内部整体稳定性分析时,土钉钉头从面层拔出的抗力按以下途径计算确定:
(1)根据面层的抗弯能力,按均布侧向荷载作用算出钉头作为面层支点时的反力;
(2)根据面层在支点处的抗冲剪能力,按均布侧向荷载作用算出钉头作为支点时的反力;
(3)根据土钉钉头与面层的连接强度,算出钉头能够承受的轴力。

土钉钉头从面层拔出的抗力应为上述三者中的最小一个,并除以荷载分项系数 1.25 作为特征值。

五、土钉抗拔力分析

对土钉分布区域进行内部整体稳定性分析时,破坏面上的土钉最大抗力按以下算式确定,并取其中的最小值。

按土钉受拉屈服:

$$R = \frac{1}{K_{dl}} \frac{\pi d^2}{4} f_y \tag{3-5-9}$$

按土钉从破坏面内侧拔出:

$$R = \frac{1}{K_{db}} \pi d_0 l_p \tau \tag{3-5-10}$$

按土钉从破坏面外侧的层面拔出:

$$R = \frac{1}{K_{db}} \pi d_0 (l - l_p) \tau + 0.8 R_m \tag{3-5-11}$$

式中:d——土钉钢筋直径;
d_0——土钉孔径;
f_y——土钉钢筋抗拉强度设计值,按现行《混凝土结构设计规范》(GB 50010)取用;

τ——土钉与土体之间的界面黏结强度特征值;

l_p——土钉在破坏面内侧伸入稳定土体中的长度;

l——土钉全长;

K_{dl}、K_{db}——土钉抗拉、抗拔安全系数,按表 3-5-12 取值;

R_m——钉头与面层连接处的抗拔能力设计值,取决于连接处的节点强度以及面层的抗冲切与抗弯能力,按现行《混凝土结构设计规范》(GB 50010)与《钢结构设计标准》(GB 50017)确定,具体见混凝土面层设计相关内容。

六、土钉支护边坡整体稳定性分析

1. 一般土体和破碎岩体分析方法

对于一般土体和破碎岩体,可按圆弧破坏面采用普通条分法对土钉支护边坡进行整体稳定性分析(图 3-5-30)。最危险滑裂面应通过试算搜索确定。验算时应考虑开挖过程中各种工况及开挖完毕使用阶段的工况。假定破坏面上所有的土钉只承受拉力且均分别达到最大设计抗力 R,同时忽略面层对支护整体稳定性的贡献。

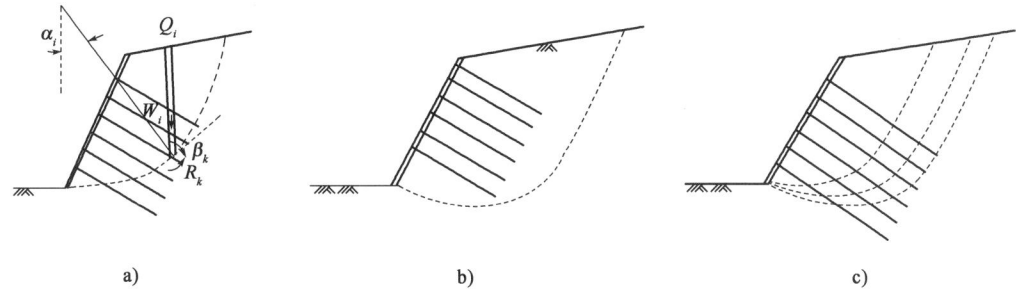

图 3-5-30 土钉分布区域内部整体稳定性及边坡整体稳定性分析

取单位长度支护进行计算,按式(3-5-12)算出内部整体稳定性安全系数为:

$$F_\delta = K \cdot K_1$$
$$= \frac{\sum[(W_i+Q_i)\cos\alpha_i \cdot \tan\varphi_j + (R_k/S_{hk})\sin\beta_k \cdot \tan\varphi_j + c_j(\Delta_i/\cos\alpha_j) + (R_k/S_{hk})\cos\beta_k]}{\sum[(W_i+Q_i)\sin\alpha_i]}$$

(3-5-12)

式中:K——支护稳定性安全系数;

K_1——支护重要性安全系数;

W_i、Q_i——作用于土条 i 的自重和地面荷载;

α_i——土条 i 圆弧破坏面切线与水平面的夹角;

Δ_i——土条 i 的宽度;

φ_j——土条 i 圆弧破坏面所处第 j 层土的内摩擦角;

c_j——土条 i 圆弧破坏面所处第 j 层土的黏聚力;

R_k——破坏面上第 k 排土钉的最大抗力,按式(3-5-9)~式(3-5-11)确定;

β_k——第 k 排土钉轴线与该处破坏面切线之间的夹角;

S_{hk}——第 k 排土钉的水平间距。

几点说明:

(1)对于潜在破坏面出现在土钉的设置范围以外的情况,上式中无土钉抗力项。

(2)当有地下水时,上式中尚应计入地下水的作用。对边坡地下水位以下的土体,计算其自重 W 时,按浮重度 γ' 计算。当有地下水渗流时,还必须考虑渗流力的作用,在上式分母中加上渗流力 $J = \gamma_w i$,式中 γ_w 为水的重度,i 为水头梯度平均值,可近似地假设 i 等于边坡浸润线两端连线的坡度。

(3)对于桥台土钉支护,上式中应计入车辆的水平制动力(作用于地表)。

(4)在地震作用下,上式中应计入作用于土体的水平地震力,其作用方向指向坡外。地震力可以按每一土条分开计算,作用于土条的重心,也可以按整个土体计算。

(5)土钉支护还应验算施工各阶段的内部稳定性。此时的开挖已达该步作业面的深度,但尚未设置这一作业面上的土钉或其注浆尚未能达到应有的强度。

2.一般土体和破碎岩体破坏面位置确定

作为设计依据的临界破坏面位置需根据试算确定,与其相应的整体稳定性安全系数在各种可能的破坏面中应为最小值,并不低于表3-5-11中规定的安全系数 K 与表3-5-10中规定的重要性系数 K_1 的乘积。

对于存在薄弱结构面的岩体,或在土体中有较薄弱的土层或薄弱面时,应将这些薄弱面组合作为潜在的滑动面进行稳定性分析,求出最低的稳定性安全系数。

3.破碎岩体高边坡破坏面位置确定

土钉锚固区与非锚固区分界面(潜在破裂面)见图3-5-31。潜在破裂面距墙面的距离应按式(3-5-13)和式(3-5-14)计算。

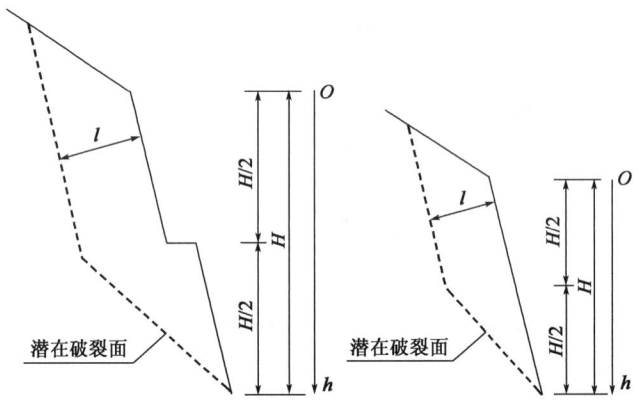

图3-5-31 土钉锚固区与非锚固区分界面

当 $h_i \leq \dfrac{1}{2}H$ 时:

$$l = (0.3 \sim 0.35)H \qquad (3\text{-}5\text{-}13)$$

当 $h_i > \dfrac{1}{2}H$ 时:

$$l = (0.6 \sim 0.7)H \qquad (3\text{-}5\text{-}14)$$

式中：l——潜在破裂面距墙面的距离(m)，当坡体渗水较严重或岩体风化破碎严重、节理发育时，取大值；

H——土钉挡土结构的高度(m)；

h_i——墙顶距第 i 层土钉的高度(m)。

4. 破碎岩体高边坡稳定性验算

破碎岩体高边坡稳定性验算应分别考虑施工过程每一分层开挖完毕未设置土钉工况，以及施工完毕使用阶段的工况，根据潜在破裂面进行分条分块，计算稳定系数，见图 3-5-32。施工阶段稳定性系数取值可以略小些。

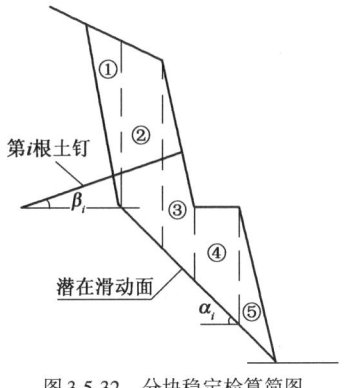

图 3-5-32　分块稳定检算简图

七、加筋体整体稳定性分析

土钉挡土结构按刚性重力式挡土墙进行整体稳定性分析，其方法与一般的挡土墙相同，分别验算：

(1) 整体支护沿底面水平滑动[图 3-5-33a)]；

(2) 整体支护倾覆[图 3-5-33b)]；

(3) 支护在倾覆力作用下的地基承载力。

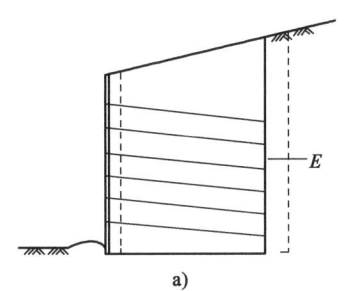 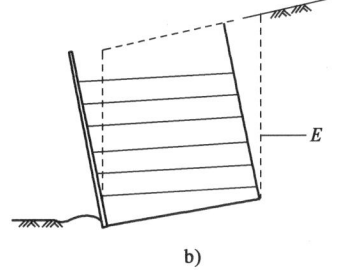

图 3-5-33　土钉分布区域作为整体的外部稳定性分析

计算时可近似取墙体的底部土钉的水平投影长度，取墙体背面的土压力为水平作用的库仑主动土压力。地基承载力验算可参照现行《公路桥涵地基与基础设计规范》(JTG 3363)的规定进行。

八、土钉挡土结构变形控制指标

土钉支护除满足稳定性和承载力的要求外，还应满足变形控制要求。变形控制指标是边坡正常变形的一个范围值，反映了边坡支护结构仍处于正常状态之中，是边坡变形设计的允许指标，超过了该指标意味着边坡可能进入安全储备低、变形异常甚至进入危险工作状态。

如果路堑或基坑周边空旷，重要的地下管线、道路和建(构)筑物在路堑或基坑工程影响范围以外，在支护结构安全前提下，可以允许基坑支护产生较大的位移；如果路堑或基坑周边有重要建筑物，则不允许支护结构产生较大变形，需要通过选择合理的支护结构形式或选取合理的支护结构设计参数来控制其位移。因此，应该结合工程特点和周边环境，在边坡支护结构安全基础上，以路堑或基坑变形对周围环境、道路和建(构)筑物不产生不良影响，不影响其正常使用为标准来控制其变形。

路堑或基坑周边环境对变形控制无特殊要求时,可根据地层条件按照式(3-5-15)并结合表3-5-13确定土钉挡土结构变形控制指标。当路堑或基坑周边环境对变形控制有特殊要求时,土钉挡土结构变形控制指标应同时满足周边环境对土钉挡土结构变形的控制要求。

$$\delta_h = \left(\frac{\delta_h}{H}\right)_i \cdot H \tag{3-5-15}$$

式中:δ_h——墙顶长期水平变形最大值;
$(\delta_h/H)_i$——变形-墙高比,取决于岩土类型"i",在表3-5-13中取值;
H——墙高。

土钉挡土结构后面受到影响区域距墙面的水平距离(地表可能发生显著变形的区域大小)(图3-5-34)可以用下式估算:

$$\frac{D_{DEF}}{H} = C(1 - \tan\alpha) \tag{3-5-16}$$

式中:α——墙面的仰斜角度;
C——影响区域系数,在表3-5-13中取值。

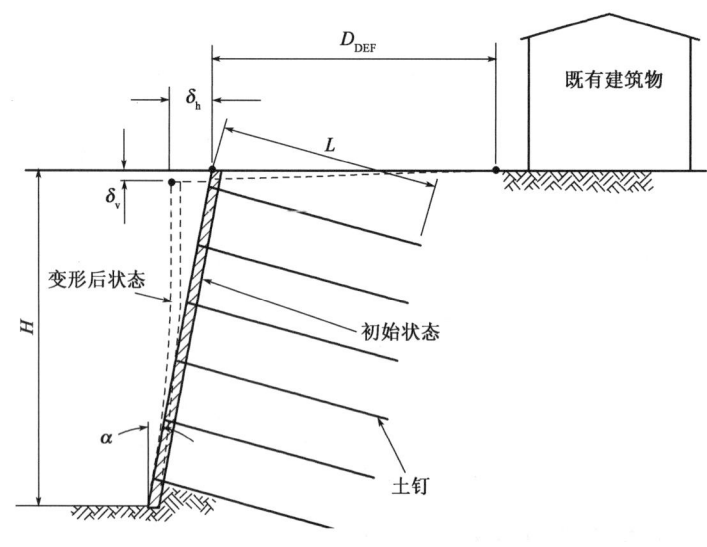

图3-5-34 土钉挡土结构变形

各种岩土的变形-墙高比$(\delta_h/H)_i$和影响区域系数C 表3-5-13

系　数	风化岩石和硬土	砂 质 土	细 粒 土
δ_h/H	1/1000	1/500	1/333
C	1.25	0.8	0.7

土钉支护的变形与稳定性计算分析结果表明,同一种土质、同一稳定系数对应的变形-墙高比几乎相等(表3-5-14)。如果基坑或路堑开挖对周边环境影响不大,仅从稳定性角度考虑,可将土钉挡土结构整体稳定系数$K=1.30$时对应的墙顶变形值作为变形监测预警值,将$K=1.10$时的变形值作为支护结构允许最大变形值。

各种土质不同稳定系数对应的变形-墙高比(δ_h/H)　　　　表 3-5-14

c(kPa)	不同稳定系数下的变形-墙高比(%)						
	$K=1.05$	$K=1.10$	$K=1.20$	$K=1.30$	$K=1.40$	$K=1.50$	$K=1.60$
50	0.72	0.62	0.43	0.31	0.21	0.14	0.11
40	0.93	0.78	0.55	0.39	0.27	0.18	0.14
30	1.11	0.95	0.67	0.46	0.32	0.22	0.16
20	1.30	1.12	0.78	0.53	0.38	0.25	0.18
10	1.54	1.31	0.91	0.62	0.43	0.30	0.21

九、土钉挡土结构变形预估

土钉挡土结构变形受多种因素影响。由于地质勘察所获得的数据还难以准确代表岩土层的真实情况,对于岩土层和土钉挡土结构的简化模型和计算假定也不一定能够代表实际情况,而施工过程中土钉挡土结构受力又经常发生动态变化,因此对土钉挡土结构进行准确计算是十分困难的。

土钉挡土结构变形预估,相对成熟的方法是通过对变形监测资料反演取得。对于一些重要的大型工程,先建立数值分析模型,将已观测到的成果作为数据输入,据此预测下一步变化,如此反复,得到的预测值与实际较为接近。但是,由于建模复杂以及早期预测精度低等问题,这类方法未能普遍应用。

下面介绍魏焕卫最近提出的基于土钉轴向受力分布得到的土钉挡土结构坡面侧向位移计算方法。

1. 基本假设

(1)土钉轴力沿轴向呈双抛物线形分布;
(2)土钉剪应力位移关系满足理想弹塑性模型;
(3)土钉墙面层不受力。

2. 土钉轴力分析

根据假定条件,土钉轴力的双抛物线分布可以用下式表示:

$$N(x) = N_{\max}\left[1 - \frac{(x-L_1)^2}{L_1^2}\right] \quad (0 \leq x \leq L_1) \tag{3-5-17}$$

$$N(x) = N_{\max}\left[1 - \frac{(x-L_1)^2}{L_2^2}\right] \quad (L_1 \leq x \leq L) \tag{3-5-18}$$

式中:$N(x)$——土钉轴力(kN);
　　$N_{\max}$——土钉最大轴力(kN);
　　L——土钉长度(m);
　　L_1——土钉在主动区段长度(图3-5-35)(m);
　　L_2——土钉在抗力区段长度(m);
　　x——自土钉锚头向土体内至计算位置的距离(m)。

假定面层不受力,土钉的轴力通过钉-土接触面的剪应力

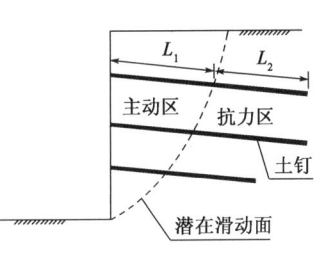

图 3-5-35　土钉挡土结构分析示意图

传递到深部土层,即：

$$N(x) = \int_0^x \pi \cdot D \cdot \tau(x) \mathrm{d}x \tag{3-5-19}$$

由 $\tau(x) = \dfrac{\mathrm{d}N(x)}{\pi D \mathrm{d}x}$ 得到土钉的轴向剪应力为：

$$\tau(x) = \frac{2N_{\max}}{\pi D L_1^2}(L_1 - x) \quad (0 \leqslant x \leqslant L_1) \tag{3-5-20}$$

$$\tau(x) = \frac{2N_{\max}}{\pi D L_2^2}(L_1 - x) \quad (L_1 \leqslant x \leqslant L) \tag{3-5-21}$$

式中：$\tau(x)$——钉-土接触面的剪应力(kPa)；

D——土钉锚固体直径(m)。

根据假定条件(2)，钉土间的剪应力可以用下式表示：

$$\tau(x) = \begin{cases} k\delta(x) & \delta(x) < \delta_{\mathrm{p}} \\ \tau_{\mathrm{p}} = k\delta_{\mathrm{p}} & \delta(x) \geqslant \delta_{\mathrm{p}} \end{cases} \tag{3-5-22}$$

式中：τ_{p}——峰值剪应力(kPa)；

δ_{p}——达到峰值剪应力时所需的最小位移(mm)；

$\delta(x)$——土钉 x 断面处的钉土间的相对位移(mm)；

k——钉-土接触面的剪切变形系数(MPa/m)。

联合式(3-5-20)~式(3-5-22)可以得到钉-土相对位移为：

$$\delta(x) = \frac{2N_{\max}}{\pi D k \cdot L_1^2}(L_1 - x) \quad (0 \leqslant x \leqslant L_1) \tag{3-5-23}$$

$$\delta(x) = \frac{2N_{\max}}{\pi D k \cdot L_2^2}(L_1 - x) \quad (L_1 \leqslant x \leqslant L) \tag{3-5-24}$$

钉土间的相对位移为相应位置的土体位移与钉体位移的差值，即：

$$\delta(x) = \delta_{\mathrm{s1}}(x) - \delta_{\mathrm{n1}}(x) \quad (0 \leqslant x \leqslant L_1) \tag{3-5-25}$$

$$\delta(x) = \delta_{\mathrm{s2}}(x) - \delta_{\mathrm{n2}}(x) \quad (L_1 \leqslant x \leqslant L) \tag{3-5-26}$$

式中：$\delta_{\mathrm{s1}}(x)$——主动段土体相对被动段土体的位移；

$\delta_{\mathrm{n1}}(x)$——主动段土钉相对被动段土钉的变形；

$\delta_{\mathrm{s2}}(x)$——被动段土体位移；

$\delta_{\mathrm{n2}}(x)$——被动段土钉变形。

3. 土钉墙坡面位移

由材料力学理论可知，轴向力作用下土钉的变形可按下式计算：

$$\delta_{\mathrm{n}i}(x) = \int_0^x \frac{N(x)}{E_{\mathrm{n}}A} \mathrm{d}x \quad (0 \leqslant x \leqslant L_1) \tag{3-5-27}$$

$$\delta_{\mathrm{n}i}(x) = \int_x^L \frac{N(x)}{E_{\mathrm{n}}A} \mathrm{d}x \quad (L_1 \leqslant x \leqslant L) \tag{3-5-28}$$

式中：E_{n}——土钉等效模量(MPa)；

A——土钉锚固体面积(m²)。

由式(3-5-17)、式(3-5-18)对式(3-5-27)、式(3-5-28)积分得到：

$$\delta_{n1}(x) = \frac{N_{\max}}{E_n A}\left[x - \frac{(x-L_1)^3}{3L_1^2} - \frac{L_1}{3} \right] \quad (0 \leq x \leq L_1) \tag{3-5-29}$$

$$\delta_{n1}(x) = \frac{N_{\max}}{E_n A}\left[L - \frac{L_1}{3} - x + \frac{(x-L_1)^3}{3L_2^2} \right] \quad (L_1 \leq x \leq L) \tag{3-5-30}$$

由式(3-5-29)可以看出,当 $x=0$(即开挖面面层位置)时,$\delta_{n1}(x)=0$。由式(3-5-23)、式(3-5-25)得到开挖面位置土体的相对位移:

$$\delta_{s1}\mid_{x=0} = \frac{2N_{\max}}{\pi D k L_1} \quad (0 \leq x \leq L_1) \tag{3-5-31}$$

由式(3-5-24)可以看出,当 $x=L_1$(即潜在滑动面位置)时,$\delta(x)=0$。由式(3-5-26)、式(3-5-30)得到潜在滑动面位置土体的位移:

$$\delta_{s2}\mid_{x=L_1} = \frac{N_{\max}}{E_n A}\left(L - \frac{2L_1}{3} \right) \tag{3-5-32}$$

由式(3-5-31)、式(3-5-32)得到面层位置土体的实际侧向位移:

$$\delta_s\mid_{x=0} = \frac{2N_{\max}}{\pi D k L_1} + \frac{N_{\max}}{E_n A}\left(L - \frac{2L_1}{3} \right) \tag{3-5-33}$$

式中:δ_s——面层位置土体的侧向位移;

$N_{\max}$——土钉最大轴力(kN);

L——土钉长度(m);

L_1——土钉在主动区段长度(图3-5-35)(m);

x——自土钉锚头向土体内至计算位置的距离(m)。

由于一般情况下式(3-5-33)中的第一项远大于第二项,所以计算时可按式(3-5-34)简化计算。

$$\delta_s\mid_{x=0} \frac{2N_{\max}}{\pi D k L_1} \tag{3-5-34}$$

若已知参数 $N_{\max}$、k、L_1、L,根据上述公式可以反推得到钉土间的剪应力 $\tau(x)$。若由此得到的 $\tau(x) > \tau_p$,需要重新按照上述公式计算土体的实际侧向位移 $\delta_s\mid_{x=0}$。

4. 分步开挖后土钉坡面侧向位移增量

当土钉墙分步开挖后(图3-5-36),开挖部位土体应力释放造成开挖部位土体的侧向变形,该部分变形进而造成上部土体变形,同时表现为上部土钉受力的增加。由于下部土体开挖引起的上部土体变形可以按照下述简化方法进行叠加计算。

当土钉第二步开挖后[图3-5-36b)],上部土钉的轴力增量可以通过简化为单跨或多跨梁计算(图3-5-37)。据此可以很容易计算得到由于第二步开挖引起的第一道土钉的轴力增量,从而按照式(3-5-35)计算第一道土钉位置的侧向变形,再进行开挖后按照同样方法叠加计算。

$$\Delta \delta_{xij} = \frac{2\Delta N_{ij}}{\pi D k_i L_i} \tag{3-5-35}$$

式中:ΔN_{ij}——第 j 步开挖引起第 i 道土钉的轴力增量(kN);

k_i——第 i 道土钉的剪切变形系数(MPa/m);

L_i——第 i 道土钉的长度(m)。

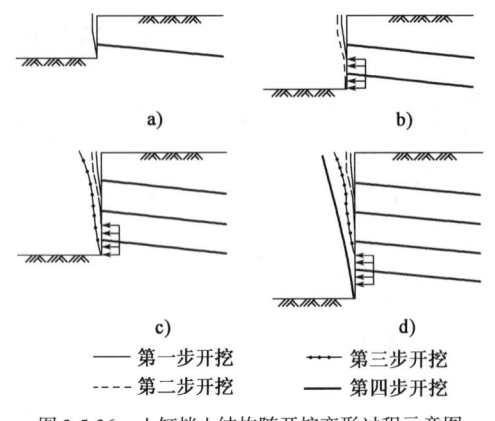

图 3-5-36　土钉挡土结构随开挖变形过程示意图　　　图 3-5-37　土钉支护面层随开挖位移计算模型

5. 土钉支护结构位移主要参数计算确定

土钉支护结构位移需要通过计算确定的主要有三个参数:N_{max}、k、L_1。

(1)N_{max}的大小与土钉墙的侧向土压力分布模式有关。

$$N_{max} = p_a s_v s_h / \cos\alpha \quad (3\text{-}5\text{-}36)$$

式中:p_a——侧向土压力分布(kPa);

　　s_v、s_h——土压力竖向、水平计算高度(m);

　　α——土钉倾角。

(2)L_1根据潜在的滑动面(或破裂面)位置确定。

(3)钉土间剪切变形系数 k 主要通过土钉的拉拔试验,分析土钉拉力-位移曲线得到。当有相应实测数据时,可按照下式计算屈服变形之前的钉土间剪切变形系数 k:

$$k = \frac{\sum_{i=1}^{n-1}\Delta F_i \cos\alpha / (\Delta U_i L \pi D)}{n-1} \quad (3\text{-}5\text{-}37)$$

式中:n——加载次数;

　　ΔF_i——相邻两次荷载增量(kN);

　　ΔU_i——相邻两次变形增量(m)。

当没有相应场地的拉拔试验数据时,可以参考秦四清提出的经验数据(表3-5-15)进行取值。

剪切变形系数 k (MPa/m)　　　　表 3-5-15

土体类型	液性指数 I_L	孔隙比 e				
		<0.5	0.5~0.6	0.61~0.7	0.71~0.8	>0.8
砾/粗/中砂		3.3	3.0	2.7	2.5	2.5
细砂和粉砂		2.5	2.1	2.1	1.9	1.9
粉质砂土	$0 \leq I_L \leq 0.025$	3.5	3.5	3.0	3.0	3.0
	$0.025 < I_L \leq 0.25$	3.5	3.2	3.0	2.5	2.5
	$0.25 < I_L \leq 0.3$	3.8	3.5	3.5	3.2	3.0
	$0.3 < I_L \leq 0.75$	3.5	3.2	3.0	2.5	2.0
黏土	$0 < I_L \leq 0.3$	4.0	3.8	3.5	3.3	2.0
	$0.3 < I_L \leq 0.75$	4.5	4.0	3.5	3.0	3.0

利用工程中土钉抗拔实测资料,按上述土钉墙变形计算方法,可以推算土钉墙开挖后的变形情况。

第四节　土钉支护现场试验与监测

一、土钉抗拔力现场试验

土钉现场试验是土钉支护工程中的一项十分重要的工作内容。土钉抗拔力现场试验包括基本试验和验收试验。土钉支护工程设计或施工前应先进行基本试验,并根据试验结果对初步设计参数及施工工艺进行调整。土钉施工后应进行验收试验,以便有效控制施工质量。为了保证试验质量和试验的公正性,试验应由业主委托具有资质的检测单位进行。

1. 试验技术条件

1)试验土钉的选择和准备

土钉试验应在面板施工前进行。当土钉密度较大时,试验土钉的选择应采取跳跃式,以免相邻土钉相互影响。

土钉沿全长与土体黏结,没有预应力锚杆中那样的自由段,所以基本试验应在专门设置的非工作钉上进行,一般应进行至破坏为止。通常情况下,不宜采用非破坏检验的方法在工作钉上进行抗拔测试,这是由于在钉头施加拉力的条件下,抗拔的黏结长度过长,与土钉实际工作情况不符,而且容易引起土钉钢筋受拉屈服。此外,不能以测试时的钉头最大拉力与工作土钉的设计内力进行直接比较来判断抗拔能力是否合乎要求,因为两者的黏结长度并不一样。

对土钉进行现场拔出试验时,千斤顶下的支承板或反力台座直接以压应力形式作用在钉头周围土体上,从而产生边界效应,影响试验结果。因此,用作基本试验和徐变试验的测试钉应保留距孔口至少有1.0m的非黏结段(自由段)。非黏结段应外套PVC管(待试验结束后,非黏结段应用浆体回填)。

注浆土钉的浆体强度和台座强度均达到设计强度的70%(约15.0MPa)以上,方可进行拉拔试验。

所有试验土钉均不得用作工作土钉。

2)试验装置的要求和准备

现场试验前的准备工作对试验结果具有极大的影响,因此必须认真对待。

(1)反力装置:对于各类试验土钉,均应在试验前现浇制作混凝土或钢筋混凝土台座,作为拉拔试验的反力装置。台座应留有大于土钉直径的孔洞,台座内的土钉钢筋应避免与台座黏结。台座宜为梯形体,上小下大,正面应与土钉垂直。出露台座外的土钉钢筋长度应不小于0.5m。试验用反力装置在最大试验荷载下应保持足够的强度和刚度。

(2)加荷装置:土钉现场拉拔试验应用穿心千斤顶加载,千斤顶应置于台座上,土钉、千斤顶、测力杆必须在同一轴线上。加载时由油压表大体控制加载值并由测力杆准确予以计量。试验用加荷装置的额定压力必须大于试验压力。

(3)检测装置:试验用检测装置(测力计、位移计、计时表)应满足设计要求的精度。土钉的拔出位移量用精度为0.01mm、量程不小于50mm的百分表或电子测微表测量。位移量测仪表应远离混凝土面板着力点。

土钉试验前,应对张拉设备进行标定。

土钉正式张拉之前，应取 $0.1fA$ 的初始荷载（f 为钢筋的屈服强度，A 为钢筋的面积），对试验土钉进行预拉，使其各部件接触紧密，杆体完全平直。

2. 土钉基本试验

土钉支护设计之前应进行土钉的现场抗拔试验，以确定其极限荷载，并据此估计土钉的界面极限黏结强度。

1）基本要求

基本试验应在施工时专门设置的非工作钉上进行，并应加载直至破坏，用以确定极限荷载，并作为选用设计荷载，即设计内力的依据。但最大试验荷载不得超过钢筋的屈服强度 f 与其面积 A 的乘积的 0.8 倍。

每一典型岩土层中至少应有 1 组 3 根用于基本试验的非工作土钉。基本试验土钉的各项设计参数及施工工艺均与工作土钉相同，其注浆黏结段长度一般为 3~5m，在满足钢筋不发生屈服并最终发生拔出破坏的前提下宜取较长的黏结段，必要时适当加大土钉钢筋直径，或选用更高强度的钢筋作为试验土钉钢筋。

2）试验方法

(1) 基本试验采用分级循环加载，首先施加 $0.1fA$ 的初始荷载，使加载装置保持稳定，然后按每级 $(0.1~0.15)fA$ 的荷载增量加载，在每级加荷等级观测时间内，测读钉头位移不少于 3 次，岩质、砂质及硬黏土中土钉加荷等级与观测时间见表 3-5-16。

岩质、砂质及硬黏土中土钉基本试验加荷等级与观测时间　　表 3-5-16

加荷增量 $fA(\%)$							
	初始荷载	—	—	—	10	—	—	—
	第一循环	10	—	—	30	—	—	10
	第二循环	10	20	30	40	30	20	10
	第三循环	10	30	40	50	40	30	10
	第四循环	10	30	50	60	50	30	10
	第五循环	10	30	50	70	50	30	10
	第六循环	10	30	60	80	60	30	10
	第七循环	10	30	60	90	60	30	10
观测时间(min)		5	5	5	10	5	5	5

(2) 在每级加荷等级观测时间内，钉头位移量小于 0.5mm 时，可施加下一级荷载，否则应保持荷载不变继续测读 15、30、60min 时的位移，直至 60min 与 5min 的位移增量小于 2.0mm 时，方可施加下一级荷载。否则即认为达到破坏荷载。

(3) $0 < I_L \leq 1.0$ 的可塑黏土中的土钉基本试验的循环加荷分级及观测时间见表 3-5-17。

可塑黏土中土钉基本试验加载等级与观测时间　　表 3-5-17

	初始荷载	第一级	第二级	第三级	第四级	第五级	第六级
加荷等级 $fA(\%)$	10	30	40	50	60	70	80
观测时间(min)	15	15	15	30	120	30	120

当荷载等级 $<0.5fA$ 时，每分钟加荷不宜大于 20kN；荷载等级 $>0.5fA$ 时，每分钟加荷不宜大于 10kN。

当荷载等级为$(0.6\sim0.8)fA$时,钉头位移增量在2.0h观测时间内小于2.0mm,方可施加下一级荷载。

(4)土钉拉拔破坏的标准:

①拉拔力超过最大值,钉-土界面黏结强度丧失[图3-5-38a)];

②钉头位移不收敛,即位移在恒载下继续发展[图3-5-38b)];

③后一级荷载产生的钉头位移增量等于或大于前一级荷载产生的位移增量的2倍;或钉头位移1mm时钉头拉拔力的变化$\Delta T/T$不大于1%[图3-5-38c)];

④钉头位移超过设计容许位移值。

上述标准只要达到其中之一,则认为土钉已处于破坏状态。

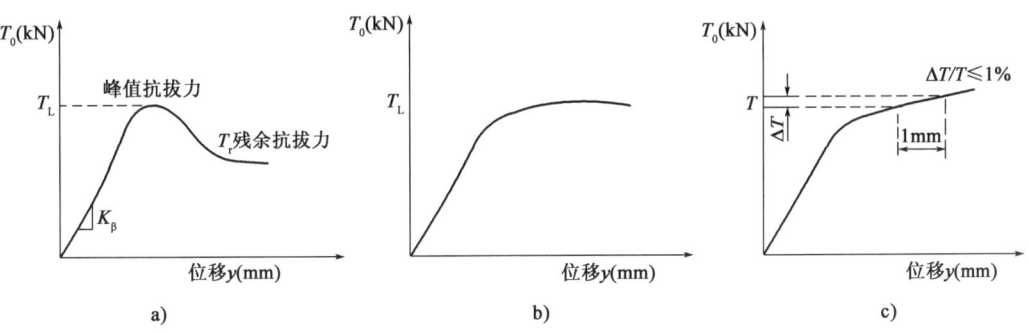

图3-5-38 土钉破坏判断依据

(5)基本试验达到破坏荷载后应卸荷至$0.1fA$,并从荷载-位移曲线上测出土钉达到破坏时的弹性位移和塑性位移,且其总位移必须大于测试钉非黏结段土钉钢筋弹性伸长理论计算值的80%,否则这一测试数据无效。

3)试验结果分析

(1)试验得到的设计承载力N由下式确定:

$$N = T_L/K \tag{3-5-38}$$

式中:K——规定的安全系数,永久土钉支护$K=1.5$,临时土钉支护$K=1.3$;

T_L——极限荷载,取破坏荷载的90%。

如果由上式得到的N小于设计值或大于设计值的20%,则应进行反馈修正设计。

(2)根据土钉的峰值抗拔力T_L,按下式计算出钉-土界面最大平均黏结强度:

$$\tau = \frac{T_L}{\pi d_0 l_P} \tag{3-5-39}$$

3. 土钉验收试验

1)基本要求

验收试验的土钉采取随机抽样的方式确定,也可以由监理或业主指定。不良地质地段的土钉应作为重点抽检对象,验收试验的数量为工作土钉总数的1%,且不少于3根。

最大试验荷载对于永久土钉为土钉设计轴向拉力N_t的1.2倍,对于临时土钉为土钉设计轴向拉力,并应不超过土钉钢筋$A \cdot f_k$值的80%。

2)试验方法

验收试验采取分级连续加载方式进行,对土钉施加荷载与钉头位移测读按以下规定进行:

(1)初始荷载宜取土钉设计轴向拉力的0.1倍;
(2)加载等级与各级荷载观测时间应满足表3-5-18的规定;
(3)最大试验荷载观测15min之后,卸载至$0.1N_t$,并量测位移,然后卸载至零结束试验。

验收试验土钉的加载等级与观测时间　　　　　　表3-5-18

加荷等级	$0.1N_t$	$0.25N_t$	$0.5N_t$	$0.75N_t$	$1.0N_t$	$1.2N_t$
测定时间(min)	5	5	10	10	15	15

3)试验结果分析

试验结果整理:根据每级荷载下的稳定位移值,作出连续的拉力-位移曲线。

4)土钉验收合格标准

土钉承载力达到或大于$1.0N_t$,且满足如下条件:
(1)在最大验收荷载下的位移测读时间内,钉头位移稳定或趋于收敛;
(2)钉头总位移不大于设计允许位移值;
(3)后一级荷载产生的钉头位移增量小于前一级荷载产生的钉头位移增量的2倍。

达到上述标准的土钉为合格土钉,否则为不合格土钉。

5)不合格土钉处理

(1)验收试验不合格的土钉,当其数量大于或等于被检测数量的20%时,应将验收试验的土钉数增大到总数的3%。如仍有20%以上的土钉不合格,则该土钉支护工程为不合格工程,并应采取相应的补救措施,如补打加密一定数量的土钉等。

(2)当按施工土钉总数1%或3%进行验收试验的土钉不合格数小于20%时,对不合格的土钉也应在其旁侧补加土钉。

(3)对验收试验不合格的土钉,必要时可进行完全拔出检测试验,以实测工作土钉的直径、注浆质量及土钉与土钉钢筋的长度等。试验后,应在被拔出的土钉附近位置及时补打工作土钉。

4.土钉徐变试验

1)基本要求

塑性指数$I_p \geq 20$和液限$\omega_L > 50\%$的黏土中的永久支护土钉应在施工前进行徐变试验。徐变试验的土钉不得少于1组3根。施加在钉头的最大试验荷载为$1.2N_t$且应小于$0.6fA$。

2)试验方法

土钉徐变试验在每级荷载的观测时间内必须保持荷载恒定,加荷等级与观察时间应满足表3-5-19的要求。

土钉徐变试验加荷等级与观测时间表　　　　　　表3-5-19

加荷等级	$0.25N_t$	$0.5N_t$	$0.75N_t$	$1.0N_t$	$1.1N_t$	$1.2N_t$
测定时间(min)	10	30	60	120	240	360

每级荷载按时间间隔1、2、5、10、15、20、30、45、60、75、90、120、150、180、210、240、270、300、330、360min记录徐变量。

3)试验结果分析

试验结果经整理后,绘制徐变-时间对数(s-$\lg t$)曲线。徐变系数由下式求得:

$$K_c = \frac{s_2 - s_1}{\lg(t_2/t_1)} \qquad (3\text{-}5\text{-}40)$$

式中：s_1、s_2——时刻 t_1 和 t_2 测得的徐变量(mm)。

土钉徐变试验测得的最后一级荷载下的徐变系数不应大于2.0，否则应采取补强加固措施。

二、土钉支护现场监测与信息化施工

现场监测是土钉支护设计与施工的重要内容。由于设计方法本身存在近似性、局限性，加之土钉支护场地的地质、水文、环境、天气以及施工方法等诸多不确定因素的影响，设计方案难以完全符合工程实际。因此，在施工过程中获取边坡变形、土钉应力等信息，对判断工程安全状态，进而及时采取补救措施尤为重要。

1. 监测内容和手段

土钉挡土结构现场监测的内容主要有变形监测，应力、应变监测，地下水动态监测。

所有土钉挡土结构均应进行变形监测；对于重要的土钉支护工点还应进行应力、应变监测；地下水位较高、施工中需要进行深层降水的工点，需要进行地下水动态监测。

1) 变形监测

在土钉支护施工期间及竣工后，对土钉支护变形进行量测。施工中应及时掌握地面、边坡、坑底岩土体、支护结构以及周围建筑物的变形情况。经常进行目测检查，及时对倾斜、开裂等迹象进行记录。对于重要部位设置监测点，采用精密水准仪、经纬仪测量水平和位移，或采用收敛计观测相对位移；对裂缝宽度及其发展情况可用因瓦尺或裂缝计量测；对于深层岩土体变形，可在每级边坡平台及坡顶钻孔埋置测斜管和分层沉降仪测量，监测边坡的水平和垂直位移，给出边坡水平位移-时间曲线和地表沉降-时间曲线。

2) 应力、应变监测

对于重大工点，选择代表性断面设置钢筋计或电阻应变片监测应力、应变情况。

2. 监测要求

在土钉支护施工前，施工单位应制订切实可行的施工监测方案，建立位移监测控制网，埋设监测仪器，布设监测标志。

在土钉支护施工期间，边坡顶部的侧向位移与边坡开挖高度（或深度）之比超过3‰（报警值）时，应加强观测，分析原因，必要时对支护工程局部或全局采取加固措施，或增加其他支护手段。

在支护工程竣工后规定的质量保证期内，施工单位应继续对支护的变形进行监测。

运营期监测周期应根据公路等级、地质复杂程度确定，高速公路路堑边坡应为公路建成运营后不少于1年。

施工阶段的量测频率，每天不应少于1次，雨天和雨后3d内，每天不应少于2次。对支护位移的量测，包括坡顶的水平位移和垂直沉降，其测点位置应选在变形最大或局部地质条件最差的地段，测点总数不少于3个，测点间距不宜大于30m。

3. 信息化施工与动态设计

由于岩土工程的复杂性，单靠施工前的勘察获取信息是很不够的，更多的可靠信息来自施工，应根据具体工程制订出获取施工信息的最佳方案。图3-5-39为土钉支护实施信息化施工框图。

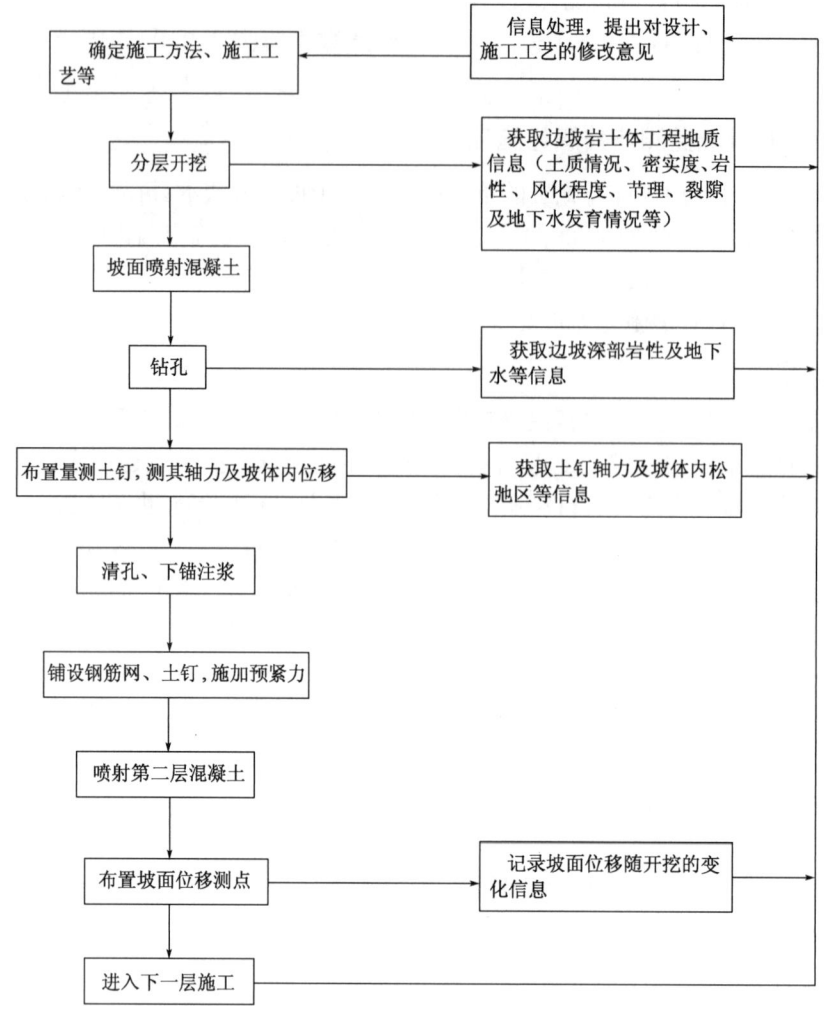

图 3-5-39　土钉支护信息化施工框图

从每一分层开挖时施工信息中获取边坡岩土体工程地质信息(土质情况、密实程度、岩性、风化程度、节理、裂隙及地下水发育情况等),从钻孔中获取边坡深部岩性及地下水等信息,与原勘察资料对照分析,作出判断后再进入下一道工序施工。

根据边坡位移监测,记录坡面位移随开挖的变化信息;根据量测土钉钢筋应力计或电阻应变片监测,掌握土钉受力及边坡内松弛区发展情况等信息。

对反馈的施工信息及时进行分析,根据分析结果修改设计、调整施工工艺,指导施工。

第五节　工 程 案 例

一、工程案例之一——土钉墙技术在绛法公路黄土高边坡加固中的应用

1. 工程概况

绛法公路南起绛帐南家村立交,北至佛教圣地法门寺,横跨绛帐黄土台塬,全长18.45km,为汽车专用公路。路线在 K1+300～K2+800 下切黄土台塬以路堑形式通过,最大挖深32m。

原设计黄土边坡为台阶形,每12m设一宽3m的平台,边坡坡率为1:0.3。施工阶段,于1998年11月21日,K1+500处发生边坡滑塌(图3-5-40)。滑塌体长95~100m,滑动面上陡下缓,滑塌体厚2~5m。滑塌体顶部距边缘10m处分布一条平行路线的裂缝,裂缝宽0.5~1cm,长10~15m。

通过对该段深路堑边坡重新勘察与稳定性验算,边坡修改设计为台阶形,每8m设一宽4m平台,边坡坡率1:0.5。路堑边坡综合坡率1:0.9~1:1.04,稳定性系数为1.20。对于K1+616已建成跨线桥,因受桥台构造物的限制,高边坡综合坡率只能在1:0.55~1:0.67之间调整。经边坡稳定性分析,跨线桥高边坡存在潜在的不稳定因素。因此,选用土钉墙技术对其进行了加固。

2. 工程地质条件

失稳路堑边坡附近地层主要由黑垆土和离石黄土组成,如图3-5-41所示。顶部为黑垆土,颜色呈深黑色,土质较疏松,植物根系发育,厚0.5~1.2m。边坡主体为中更新世(Q_2)离石黄土,含3~4层古土壤。古土壤层厚1~2m,深棕红色,其底部有钙质结核层分布。黄土土质均匀,结构较致密,呈棕红色,其天然含水率为15%~23%,上部含水率小于下部;天然干密度1.37~1.62g/cm³,孔隙比0.7~0.9,抗剪强度指标$c=40~98$kPa,$\varphi=20°~34°$。

图3-5-40 绛法公路K1+500黄土高边坡滑塌体

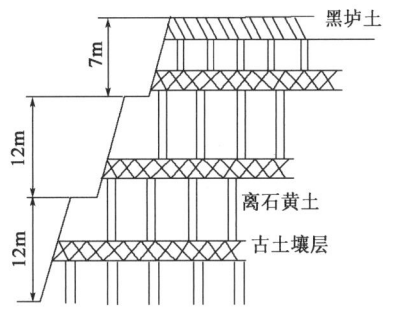

图3-5-41 绛法公路K1+500段地质剖面图

3. 边坡加固设计与计算

由于跨线桥桥台构造物的限制,此处高边坡加固方案的选择非常困难,经多次论证,主要在抗滑挡墙、锚索抗滑桩、预应力锚索框架和土钉墙方案中进行经济、技术比较。

抗滑挡墙设置将大量破坏边坡坡脚,施工中对桥台安全影响较大,且造价较高。锚索抗滑桩在较大程度上克服了抗滑挡墙基坑开挖工程量大、破坏坡脚的弊端,但是,由于抗滑桩挖基较深,施工中对桥台安全影响也较大,造价同样较高。预应力锚索框架克服了抗滑挡墙和锚索抗滑桩施工中对桥台安全影响较大的缺点,但是钢筋混凝土框架的预制和安装比较困难,造价相对较高。土钉墙施工对场地要求不苛刻,对边坡影响较小,施工安全方便,同时其造价是最低的,所以采用土钉墙加固方案。

(1)整体稳定性安全系数计算。

边坡稳定性分析结果表明,K1+500原设计边坡稳定性偏低。如果采用土钉支护,整体稳定性安全系数$K=1.20$。

(2)土钉设计与抗拔力验算。

土钉长$L_j=15$m,土钉直径$D=130$mm。通过计算得单根土钉抗拔力$T_{xj}=6.8$kN,土钉抗

拔力安全系数 $K_{Bj} = 1.9$。

（3）面层设计与验算。

根据主动土压力计算、土钉与面层连接处抗剪验算和局部承压验算结果，并参考相关规范，面层采用 C20 喷射混凝土，设计为厚 100mm、面层配筋为 $\phi 8@200$ 的钢筋网，锚头下设 $\phi 8@100$、$800mm \times 800mm$ 的加强钢筋网。

最终确定如下土钉边坡加固方案（绛法公路 K1+616 断面土钉支护设计，图 3-5-42）：

（1）边坡轮廓：修整边坡，边坡呈台阶形。第一级高 5m，坡率 1∶0.5；第二级、第三级台阶高 8m，坡率 1∶0.3；第四级高 6.4m，坡率 1∶0.5。

（2）土钉布置与构造设计：桥台下部两侧各 28.6m 长高边坡采用土钉加固。土钉间距：第一级 $S_x = 1.5m$，$S_y = 1.5m$，第二级、第三级 $S_x = 1.5m$，$S_y = 2.0m$，土钉长分别为 12m、13m、15m。土钉配筋 $\phi 25$。土钉总数 3944m/316 根。土钉直径 130mm，每 2.5m 设一对中支架。土钉灌注纯水泥浆，水灰比为 1∶0.45，注浆压力不低于 0.3MPa。

（3）面板构造设计：面板厚 100mm，C20 喷射混凝土，面板配 $\phi 8@200$ 的钢筋网，锚头下设 $\phi 8@100$、$800mm \times 800mm$ 的加强钢筋网。

（4）锚头设计：锚头为 M30×3 的螺母，锚头下设 $400mm \times 400mm \times 20mm$ 的 A_3 钢垫板。锚头用防锈漆涂抹。土钉施加 15kN 的预应力。

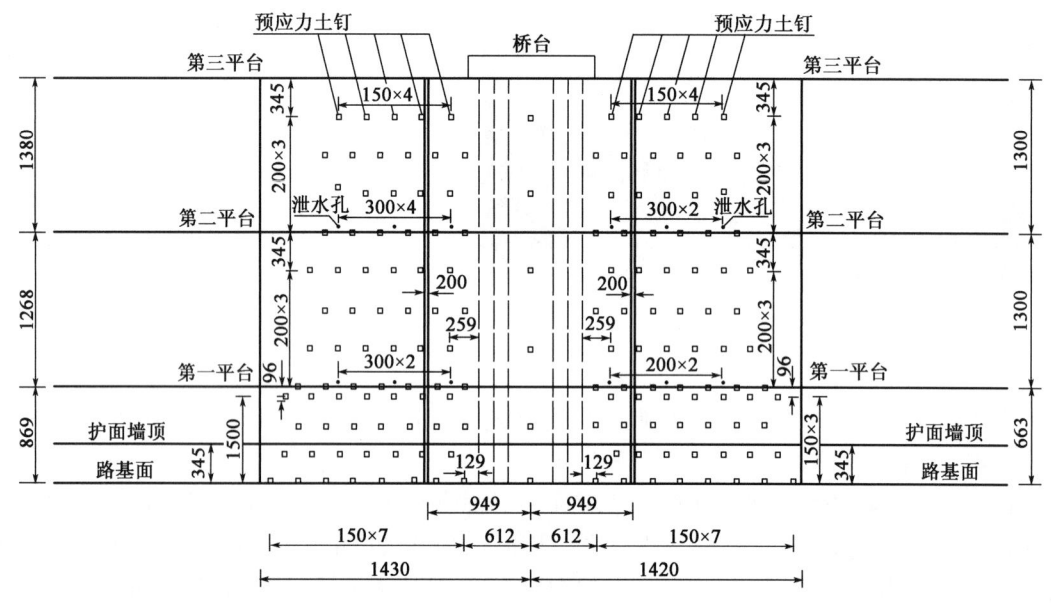

图 3-5-42　绛法公路 K1+616 跨线桥桥台高边坡土钉墙加固立面图（尺寸单位：cm）

4. 工程效果

施工结束至今，道路养护部门没有发现跨线桥桥台和桥台高边坡产生明显变形，所以此加固工程达到了预期的目标。

二、工程案例之二——西攀高速公路 K64+759~K64+900 段关门高边坡土钉支护工程

1. 工程概况

西攀高速公路 K64+759~K64+900 段关门高边坡位于四川省德昌县锦川乡境内的安宁

河右岸。工程经过段为斜坡,边坡开挖位置地层以全~强风化花岗岩为主,表层覆盖第四纪坡洪积层。

西攀高速公路在此以半路堤半路堑通过。边坡最高高度约26m。坡顶为自然山坡,坡度为20°~35°,局部地方可达约40°。因地面横坡较陡,放坡开挖土方量巨大,考虑采用土钉支护方案。

2. 斜坡的稳定性评价与边坡支护方案确定

路线K64+710~K64+860从河漫滩至斜坡中段,其横坡约为40°,斜坡中段向上有一台阶状缓坡,其横坡为10°~35°,再向上至山顶,横坡为40°~45°。坡表覆盖层以Q_4^{dl+pl}低液限粉土和含砾低液限粉土为主,厚度不等,下部厚8~10m,平缓部分以下厚3~5m。坡上仅零星点出露全~强风化花岗岩。坡表无错动、拉裂的迹象,仅局部坡表较陡部分在坡表水流作用下有较小范围滑塌现象,其范围宽3~5m,深约1m。表明斜坡整体稳定性好,仅在局部地形高差较大处小范围内表面土层的稳定性较差,会出现一些小型的浅层变形和滑动。

应采用"分层开挖,分层支护"的逆作法施工。如果不采用这种施工工序而一次性挖方过大,产生的位移对边坡稳定影响较大,而且这种位移不可逆转,同时给边坡的施工安全带来很大的威胁,施工风险较高,对边坡的长期稳定也是不利的。

在西攀高速公路的多数边坡工程中,不需要有很严格的位移控制,全~强风化花岗岩地层中土钉能够获得较大的握裹力。土钉支护结构轻巧、柔性大、抗震性好,可用于该项边坡支护工程。

3. 设计方案与施工措施

关门高边坡工程边坡最大高度为26m,设计分三级边坡(图3-5-43和图3-5-44)。第一级(最下级)边坡为钢筋混凝土土钉挡墙复合结构,高度$h=8m$,坡度1:0.25,设6层土钉;第二级(中间级)高度$h=10m$,坡度1:0.5,设7层土钉;第三级(最上级)高度$h\leq 8m$,坡度1:0.75,设6层土钉。为施工方便,土钉选定统一的长度$l=9m$,材料为$\phi 28mm$加肋螺纹钢筋,土钉横、纵向间距$a\leq 2m$,垂直坡面走向,倾角30°。土钉设计抗拔力190kN。混凝土喷锚挂网钢筋直径$\phi 6.5mm$,网格为20cm×20cm,喷层厚度$d\geq 15cm$。整个土钉和喷锚网格结构再由加强钢筋加强。总支护面积约3000m²。

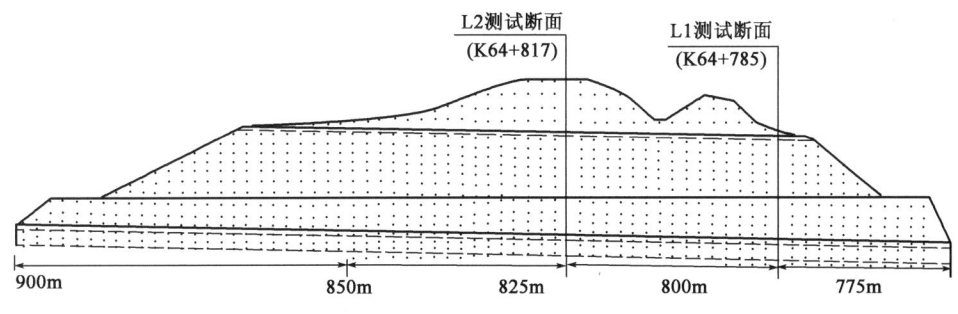

图3-5-43 关门高边坡土钉支护正面图

设计的施工顺序为分层开挖,分层设置土钉。现场由于施工组织等具体原因,实际施工顺序是先开挖上两级边坡,然后进行初喷、钻孔、放置土钉、挂网和喷射混凝土的施工,再进行最下级边坡的开挖和土钉挡墙复合结构的施工。

施工过程中,在坡面修平后先喷2cm厚的混凝土(初喷),然后打锚孔,置入土钉灌浆,再铺钢丝网片焊接拉结筋喷混凝土。首先施工边坡顶缘土钉。施工时尽量不破坏上缘自然边坡岩土结构。沿开挖边坡上缘周边布置一根 $\phi 20mm$ 的贯通性拉结筋，与坡顶缘一排土钉焊接，以增加支护结构和边坡的稳定性。

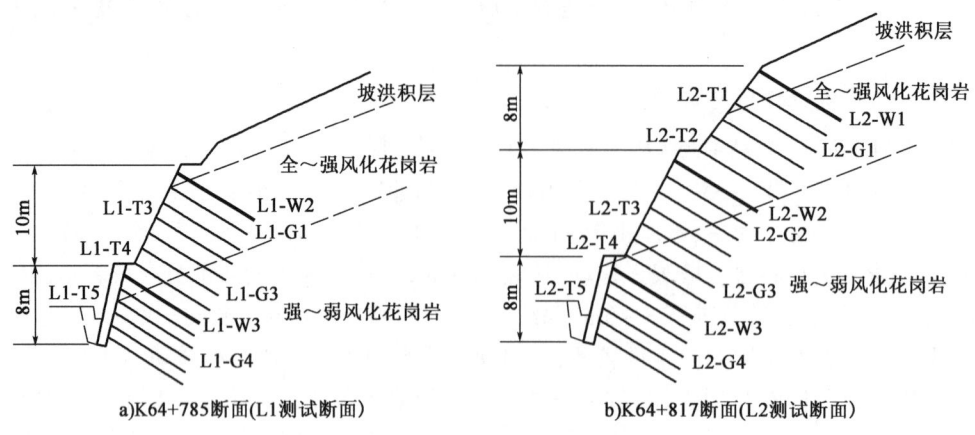

图 3-5-44　关门高边坡土钉支护断面图

4. 现场测试方案及测试结果

2004 年 8 月至 2006 年 1 月，对关门高边坡 L_1、L_2 两个断面进行了土钉轴力分布、变形分布与边坡各级土压力的现场测试。土钉轴力测试采用 JXG-1 型 $\phi 28mm$ 钢筋计。面层土压力测试采用 JXY-4 型土压力盒。各测试点均为振弦式传感器。测试结果如下：

（1）土钉的轴力随开挖深度的增加而增加。第二级边坡底部土钉平均轴力最大。最大土钉轴力出现在第二级边坡下部土钉中部位置。两个断面测得最大轴力分别是 165kN 和 187kN。各级土钉支护施工后，施工单位及监理方对土钉进行了抗拔试验。提供的抗拔试验报告表明，所测试的土钉抗拔力大于 200kN，满足设计要求。

（2）喷层后土压力在坡积层、全风化层内的分布呈上下小、中间大的特征。

（3）现场测试和数值模拟结果揭示出关门边坡全~强风化花岗岩地层具有一定的流变特性。根据有限的现场实测数据，稳定时间在 3 个月以内。

三、工程案例之三——西攀高速公路 C11 合同段酸水湾隧道进口土钉支护工程

1. 工程概况

西攀高速公路 C11 合同段酸水湾隧道进口位于大湾子沟南侧斜坡上，坡度较陡，为 35°~45°，隧道轴线与地形等高线大角度相交，地表植被茂密，多为灌木杂林。隧道进口段地表为碎石土覆盖，厚 2~7m，稍湿~潮湿，松散~稍密，稳定性差。与基岩接触面有地下水活动，出水方式为滴水、淋水。区域性构造那儿坝大断层位于隧道西昌端右侧 5m 处，与隧道轴线小角度相交通过，该断层的存在对洞口段仰坡岩体的稳定性影响较大。洞口段岩体以全~强风化泥岩、砂质泥岩为主，岩性软弱，加之受构造作用影响，其完整性和稳定性极差。

酸水湾隧道右线进口仰坡原设计坡比为 1∶0.75，挂网喷混凝土防护。2004 年 5 月 11 日完成仰坡施工实施进洞，截至 2004 年 6 月 28 日右洞洞口仰坡失稳坍塌时已经完成 67m 上台阶掘进。坍塌导致洞门被封闭，洞身掩埋。同时在隧道正面形成 40~50m 高、20~25m 宽、以碎石土为主的坍塌松散堆积体。此时正值雨季，大量雨水下渗，地表碎石土达到饱和状态，进

一步弱化全~强风化泥岩的性质,坍塌面一直不能达到稳定。如采用普通方式进行处理可能会导致更大的坍塌连锁反应。

2. 处治方案

1）总体情况分析

该隧道西昌端进口地质情况十分不利,相对高差大,坡体陡峻,稳定性差,且紧邻区域性大断层,原仰坡坍塌后,形成了高危坍塌面和大体积松散堆积体,时值雨季,坍塌面始终间歇性飞石和表面溜滑,无法达到稳定状态。如采用清方后防护的方法进行处治,可能会导致更大的坍塌连锁反应。针对此种情况,要安全快速对该仰坡进行处治必须综合考虑各种不利因素,采取有针对性的措施。在实施过程中要达到稳定可靠、快速便捷、操作性强的要求。因此,经过反复比选决定采用在不进行土方清理的情况下,就地采用土钉墙综合防护技术进行处治。

此方案的优点为:①无须对坍塌坡面进行修整,对周围环境干扰小,利于坡面稳定;②就地展开时效性高,操作性强,利于在雨季和不利地形地质条件下实施;③土钉加固柔性大,有良好的抗震性和延性;④有利于对仰坡变形进行现场监控。

2）土钉支护设计技术路线

土钉打入围岩后,作为土钉墙受力主体,利用锚杆与周围土体接触,依靠接触界面上的黏结摩擦阻力,与其周围土体形成复合土体,在仰坡变形的条件下被动受力,并通过其受拉和抗剪工作对土体进行加固。同时借助锚管孔洞向软弱坡体注浆加固,改善围岩自稳能力。

3）土钉支护施工技术要点

(1) 倾角和土钉长度的选择：倾角确定原则以与防护坡体滑移（位移）方向正交为宜,交角过大会降低土钉墙系统抗剪切和约束坡体滑移的能力。土钉长度应穿越被防护松散土体深入稳定土体（深入锚固段长度不小于土钉总长度的1/4）,以使土钉墙系统在受拉作用下能提供有效约束能力。土钉墙受力示意如图3-5-45所示。

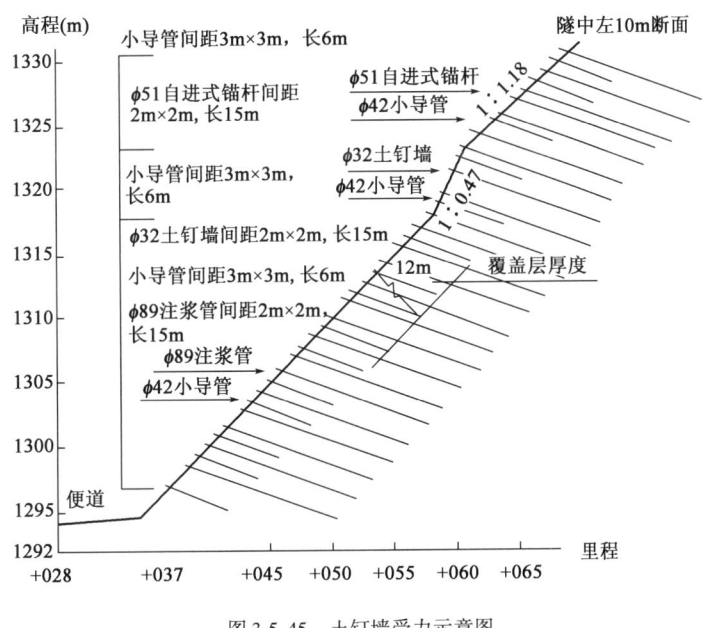

图3-5-45 土钉墙受力示意图

(2)为优化土钉墙受力性能,土钉接长时接头必须错位,错位长度不小于1m。

(3)注浆加固等辅助措施的作用:如土钉墙防护的松散体体积大,稳定性差,可采取注浆加固等辅助措施,改善土体自身的稳定性,优化土钉墙受力体系,以达到最佳工程实施效果。

3. 具体措施

1)坡面清理

首先恢复坡顶被破坏的截排水系统,确保仰坡坡面不被雨水侵蚀,同时对仰坡开裂位置进行封堵,并对仰坡顶的孤石进行清除,消除施工安全隐患。

2)实施方案

针对仰坡不同部位采取分区处治措施(分A、B、C三个区域)(图3-5-46),各分区处治总体上分为两个步骤。

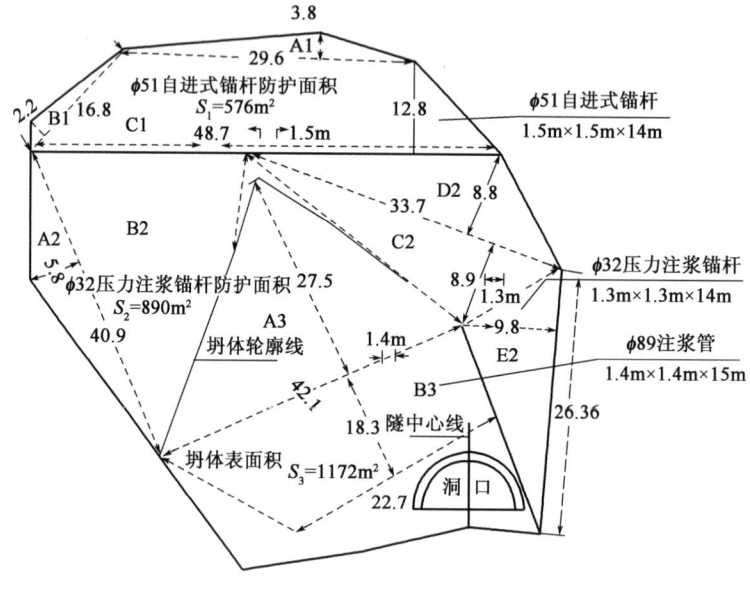

图3-5-46 土钉墙坡面布置图

第一步,A区和B区先采用6m长 ϕ42mm 注浆小导管挂网喷混凝土及时封闭坡面,对坡体进行临时加固,防止坍塌继续发展、扩大。同时为下一步工程措施的实施创造条件,确保施工安全,相邻小导管坡面间距3m,呈梅花形布置。

第二步,各分区采取不同的具体工程措施。

A区主要考虑位于仰坡顶部,岩土体松散,若不及时处治,坍塌范围将向上发展扩大,并直接威胁下部施工安全,因此采用施工方便快捷的 ϕ51mm 自进式锚杆挂网喷混凝土加固,锚杆单根长14m,坡面间距2m,呈梅花形布置。

B区采用 ϕ32mm 压力注浆锚杆挂网喷混凝土加固,锚杆单根长14m,坡面间距2m,呈梅花形布置。

C区(即坍体范围)采用 ϕ89mm 注浆管挂网喷混凝土加固,注浆管单根长15m,坡面间距2m。考虑坍体极为松散,对其进行注浆加固,改善围岩条件,提高其稳定性,为重新进洞创造条件。隧道两侧坍体是注浆的重点,为防止浆液向洞内已开挖空腔地段扩散,采用控制注浆法,即先下 ϕ89mm 无缝钢管至隧道拱圈外1.5m,注浆压力控制在0.4~0.6MPa。本层注浆视为上层注浆的止浆盘,注浆采用水泥单浆液,下部注浆完成后方可进行上部注浆,上部注浆逐渐加压至 1~2MPa。

4. 土钉支护效果评估

土钉墙防护作为一种深层防护体系,结合各种辅助措施,在本工程实施后有效约束了仰坡的形变,满足了预期的技术要求,为后期隧道掘进施工提供了有力保障。

四、工程案例之四——南昆铁路板桃站东破碎软岩高边坡土钉支护工程

1. 工程概况

南昆铁路板桃站东土钉墙试验段位于广西田林县境内,地面横坡 30°~40°,地层上覆第四系坡残积砂黏土(Q^{dl+el}),厚 0~4m;下伏三叠系木兰组(T_{21})泥岩夹砂岩,强风化带(W_3)~全风化带(W_4),厚 16~20m。段内为单斜构造,受区域构造塘兴—潞城大断裂带影响,岩体破碎、扭曲严重。泥岩夹砂岩全风化带(W_4)力学指标 $\varphi=22.4°$,$c=28$kPa,近于土体。岩土物理力学参数见表 3-5-20。铁路以路堑通过中心最大挖深 13.4m。因地面横坡较陡,无法放坡开挖。从相邻路堑施工情况看,如按一般传统的方法,先开挖在设挡土墙,在开挖过程中,边坡就会出现坍塌。为确保路堑顺利施工,采用土钉技术对该破碎软弱岩质路堑高边坡进行支挡防护。

岩土物理力学参数　　　　表 3-5-20

岩土名称	γ(kN·m^{-3})	c(kPa)	φ(°)
粉质黏土	18.6	24.0	21.5
全风化泥岩夹砂岩	19.5	28.0	22.4
强风化泥岩夹砂岩	23.3	33.0	35.5

2. 方案比选

路段长度为 118m,为确保路堑边坡稳定,设计中对土钉支护与预加固桩方案进行技术经济比较。图 3-5-47 和图 3-5-48 分别为两个方案的代表性断面。

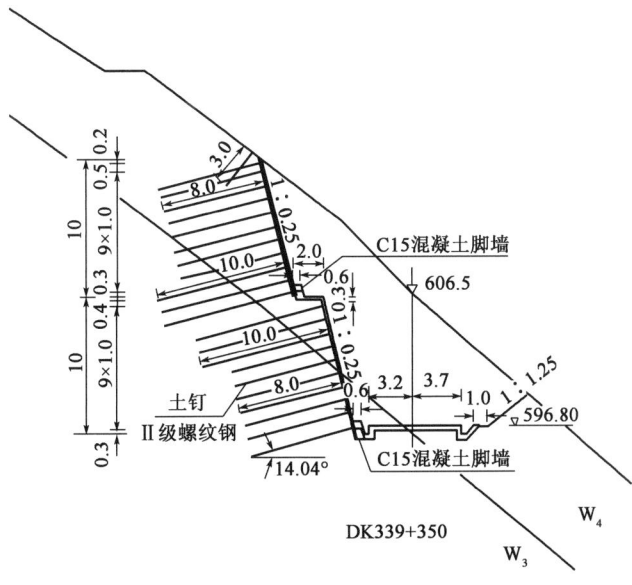

图 3-5-47　南昆铁路试验段土钉支护断面(尺寸单位:m;高程单位:m)

土钉支护方案:最大边坡高度 21m,分两级设置,如图 3-5-48 所示。土钉支护边坡大部分位于泥岩夹砂岩全分化带中。主要工程量:土钉长度 18000m,喷射混凝土 450m³,工程造价 269 万元。

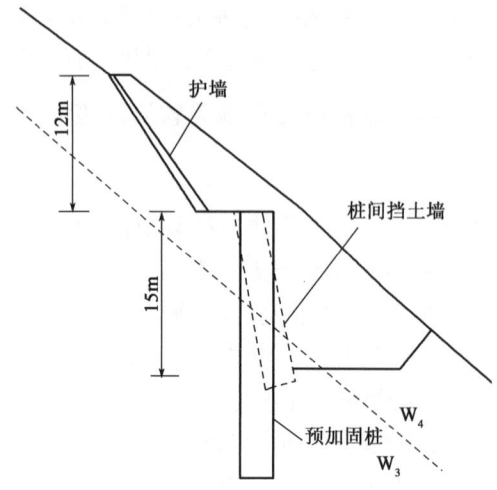

图 3-5-48 预加固桩方案代表性断面

预加固桩方案:采用分级开挖,坡脚设置预加固桩,如图 3-5-49 所示。上部护墙高 12m,下部桩长 24m,桩截面 2m×3m,桩间挡墙高 15m。主要工程量:钢筋混凝土 2600m³,浆砌片石 3200m³,工程造价 285 万元。

由于土钉支护具有机械化程度高、施工人员少、消耗材料少、所需工期短、边坡暴露时间短、成本相对较低等优点,设计最终采用了土钉支护加固方案。

3. 土钉支护设计方案和主要工程措施

DK339+277～DK339+395 左侧设置土钉支护,其中 DK339+285～DK339+390 长 105m 为两级土钉支护,上下墙最大高度分别为 11m 和 10m,土钉支护边坡坡率 1:0.25,两级之间平台宽 2m。土钉间距均为 1m。土钉长 8m。中部平台附近因土压力较大,土钉抗拔能力不足,加长至 10m。土钉支护上部及中下部钉分别采用 $\phi 20mm$、$\phi 25mm$ Ⅱ 级螺纹钢筋。单级土钉长 6m,采用 $\phi 20mm$ Ⅱ 级螺纹钢筋。土钉孔径 100mm,孔内灌注 M30 水泥砂浆。

土钉面板由 14cm 厚的 C20 喷射混凝土、1cm 厚的水泥砂浆及 1 层 $\phi 8mm$ 钢筋网组成。

土钉墙墙顶堑坡设 1m 宽喷射混凝土护顶,其要求同土钉面板,并用一排 3m 长小锚杆锁定。土钉墙墙脚设置厚 0.6m、高 1.2m 的混凝土脚墙加固。

土钉墙每隔 15～20m 设置一道伸缩缝,面层设置泄水孔,泄水孔呈梅花形布置,间距 2.5m。泄水孔进口处设置无砂混凝土反滤层。

4. 施工工艺

(1)路堑开挖

按坡高 2m 一层从上至下分层开挖。土石方采用推土机及挖掘机施工。机械施工时,边坡预留 0.3m 厚保护层,由人工清刷平整边坡后,挖槽安设泄水孔、无砂混凝土反滤层及伸缩缝沥青木板。

(2)喷射第一层混凝土

每层边坡清刷平整后,立即喷射第一层混凝土,及时封闭边坡。下部留 0.3m 暂不施作喷射混凝土,以利于下一层更好衔接。第一次喷射混凝土厚 5cm,配合比为水泥:砂:碎石:水:速凝剂 = 1:2.81:1.65:0.55:0.04,水泥采用标号 42.5 的普通硅酸盐水泥。

(3)钻孔

第一层混凝土喷射完成后,采用汤姆洛克钻机垂直坡面造孔,孔径 90mm。

(4)设置土钉

土钉钉材为 $\phi 20mm$、$\phi 25mm$ 螺纹钢筋,外端焊接螺钉端杆,每隔 2m 设对中支架。注浆管与土钉一起插入钻孔。

(5)注浆

采用孔底注浆灌注水泥砂浆,注浆压力 0.2~0.4MPa。水泥砂浆配合比为水泥:砂:水 = 1:1.26:0.33。

(6)挂网

注浆完毕、砂浆达到设计强度的 50% 后,挂 $\phi 8@200 \times 200$ 钢筋网,放置钢垫板,上紧螺母,施加 5~10kN 预紧力,使钢筋网与坡面密贴。

(7)喷射第二层混凝土

挂网完成后,喷射第二层混凝土。混凝土厚度为 9cm。

5. 现场监测与信息化施工

为了验证设计的可靠性、掌握土钉受力及边坡变形情况,通过信息化施工和动态设计进行现场监测与测试,达到确保工程安全的目的。选择 4 个断面布设压力盒、位移监测点。在典型断面布置了 6 根监测土钉,每根土钉布设 4 个钢筋计。

根据施工过程中现场监测情况,及时对既定的施工方法、施工工艺进行调整,对确保工程顺利完成起到重要作用。

例如,第一、二层开挖后,测量到土钉轴力呈台阶形突增,对分层边坡稳定不利。经分析,上两层开挖分层高度过大,达 3~4m,且全层拉槽开挖后,锚喷作业滞后时间过长,边坡没有及时封闭,致使边坡松动区范围扩大。从第三层起分层高度控制在 2m 以内,且考虑后续工序配置力量,每一分层又分为两段施工,确保后续工程及时完成。从之后测试结果看,只要控制了分层高度,配合以分段开挖及时喷锚等措施后,土钉轴力在后续工序施工过程中缓慢变化,从而避免边坡发生突发坍塌。

另外,施工至中部平台附近时,边坡有较多裂隙水渗出,土钉轴力增长较快。根据这一信息及时变更设计,增设了水平深层排水孔,同时在土钉注浆中增添膨胀剂,以保证土钉有足够的抗拔力。采取这些措施后,土钉受力很快趋于稳定。

6. 效果及评价

通过南昆铁路破碎软岩路堑高边坡土钉支护工程试验,得出以下结论:

(1)土钉支护应用于破碎软岩路堑高边坡是可行的、经济合理的。土钉支护施工是由上而下、分层开挖分层加固,能及时对边坡封闭加固,有利于坡体稳定;施工机具轻便灵活,有利于机械化作业,大大减轻了施工劳动强度;所耗圬工、材料少,有利于缺乏石料地区应用。

(2)土钉支护边坡中部受力变形最大,坡脚应力集中明显,设计与施工均应遵循"保住中部,稳定坡脚"的原则,对中部应适当加强。

(3)施工中边坡有渗水时,应及时设置深层水平排水孔,疏干土钉支护体范围内渗水,以减少墙面土压力。

第六章 抗 滑 桩

第一节 概 述

一、抗滑桩作用原理和特点

抗滑桩(slide-resistant pile)又称锚固桩,是一种侧向受荷桩,通过将桩埋于稳定地层中,依靠桩与桩周岩(土)体的相互钳制作用,把滑坡推力传递到稳定地层,利用稳定地层的锚固作用和被动抗力,使滑坡得到稳定。抗滑桩作用原理如图3-6-1所示。

工程实践表明,抗滑桩能迅速、安全、经济地解决一些特殊、复杂而困难地段的边坡稳定问题,具有如下特点:

(1)抗滑能力强,圬工数量小。可单独使用,也能与其他抗滑构造物(如预应力锚索)配合使用,还可以多排抗滑桩联合使用。在滑坡推力大、滑动面深的情况下,较抗滑挡土墙等其他抗滑措施更为经济、有效。

(2)桩位灵活。可以根据工程需要,将抗滑桩布设在滑坡体中最有利于抗滑的部位。若分排设置,可将巨大的滑坡体切割成若干分散的单元体,对滑坡起到分而治之的功效。

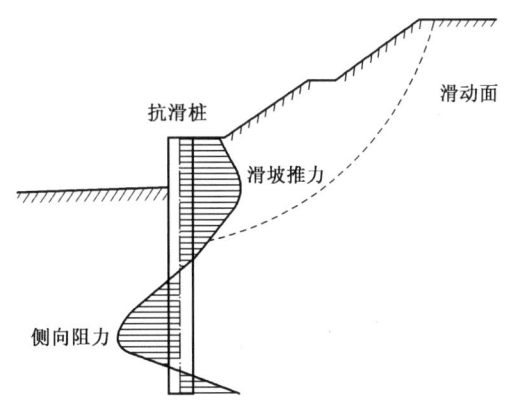

图3-6-1　抗滑桩作用原理示意图

(3)施工方便、安全,设备简单。与抗滑挡土墙比较,抗滑桩桩孔截面小。在施工中,人工挖孔灌注桩孔壁又有钢筋混凝土护壁支撑,对滑体的稳定性扰动较小。施工时可间隔开挖,不致引起滑坡条件的恶化。因此,对整治已通车路段的滑坡和处在缓慢滑动阶段的滑坡特别有利。

(4)能及时形成或增强滑体抗滑力,保证边坡稳定。一般抗滑桩分三批施工,每一批的施工时间1~1.5个月。完成一批即可迅速增加滑坡的抗滑能力;完成两批基本上可以控制滑坡的滑动。在古滑坡和顺层边坡或高边坡等容易发生滑坡的地段,为防止诱发滑坡,可以先做桩,后开挖,能够防止古滑坡的复活或因开挖坡体松弛而形成滑坡。

(5)开挖桩孔过程中,能校核地质情况,验证滑动面位置和滑动方向,使调整后的设计方案更符合客观实际。

抗滑桩通常用于如下工况:

(1)坡体内具有明显的滑动面(带);

(2) 滑动面以下为较完整的稳定岩土层,能够提供足够的锚固力;
(3) 滑动面以上为非塑流性地层,能够被桩所稳定;
(4) 临空高度和坡度不大。

二、抗滑桩的分类与技术发展

抗滑桩的形式和分类方法很多,抗滑桩的类型见表3-6-1。

抗 滑 桩 类 型　　　　　　　　　　表 3-6-1

分 类 方 法	桩 的 类 别
按桩的刚度分	刚性桩,弹性桩
按桩的埋设条件及受力状态分	悬臂式,全埋式,埋入式
按材料分	钢筋混凝土桩,钢桩,木桩
按桩的截面形状及其变化分	矩形桩,方形桩,圆形桩,"工"字形桩,梯形桩;等截面桩,变截面桩
按结构形式分	单桩,排桩(椅式桩墙、门式刚架桩墙、排架抗滑桩墙),群桩;有锚桩(分锚杆和锚索,以及单锚和多锚);有锚桩排桩;微型桩群
按成桩工艺分	打入桩,静压桩,就地灌注桩(沉管灌注桩、钻孔灌注桩、挖孔灌注桩);预应力混凝土桩

在抗滑桩力学分析中,按桩的刚度和变形条件,抗滑桩可分为刚性桩和弹性桩两种。当桩的刚度大于围岩刚度时属刚性桩,当桩的刚度小于围岩的刚度时属弹性桩。刚性桩的桩身在侧向推力作用下挠曲变形很小,可忽略不计,桩在土中产生整体转动位移;弹性桩的桩身在侧向推力作用下以挠曲变形为主,而桩整体转动所引起的变形可忽略不计。具体刚性桩和弹性桩判别详见本章第四节。

按桩的埋置情况和受力状态,抗滑桩可分为全埋式桩和半嵌入式桩两种(图3-6-2)。全埋式桩就是桩前桩后均受土压力作用。桩前滑坡体对桩不产生被动抗力时称为半嵌入式桩。在滑体较厚,并且较为密实的情况下,只要滑坡不会形成新的滑面从桩顶剪出,桩可以不做到地面,以节省圬工,这种桩身埋入地面以下一定深度的桩称为埋入桩。

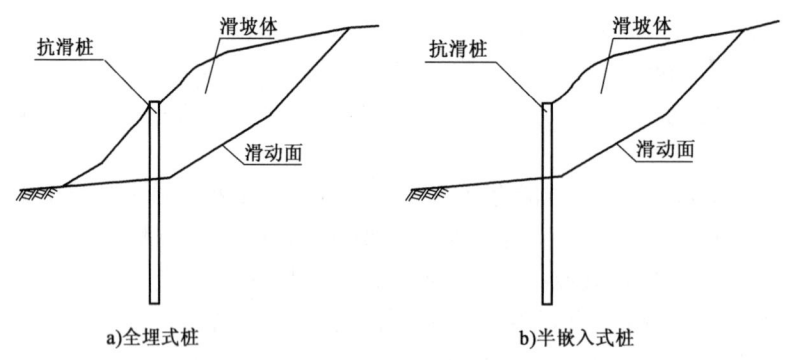

图 3-6-2　全埋式桩和半嵌入式桩

为增强支挡斜坡的稳定性,防止受荷段桩间土体下滑,可在桩间增设挡土板,构成桩和板组成的桩板式抗滑桩,如图3-6-3所示。

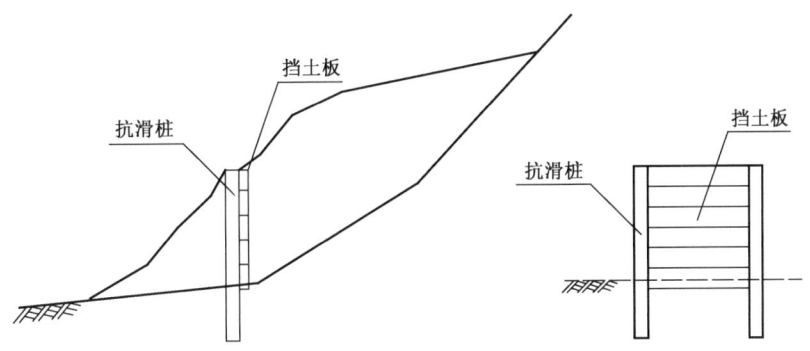

图 3-6-3 桩板式抗滑排桩

可以采用木桩、钢桩和钢筋混凝土桩作为抗滑桩。木桩便于就地取材,易于施工,但桩长有限,桩身强度不高,一般用于临时工程或抢险工程以及浅层滑坡的治理。钢桩的强度较高,施工快速方便,但横向刚度较小,造价偏高。钢筋混凝土桩应用十分广泛,桩截面刚度大,抗弯能力强,施工方式多样,但抗拉能力有限。

按截面形状,抗滑桩又可分为圆形桩、矩形桩、梯形桩、管形桩和"工"字形桩等。

按施工方法,有钻孔桩、挖孔桩,打入桩和沉井桩等。机械成孔速度快,桩径可大可小,适用于各种地质条件,但机械的进场受各种地形条件的限制,且在成孔时水会对边坡的稳定性产生极大的影响。人工成孔方便快捷,但劳动强度较高,且遇不良地层或桩径过小时,施工比较困难。进行打入桩施工时,应充分考虑下卧层的可打性及施工振动对滑坡稳定性的影响。沉井桩的施工工艺比较复杂。

大量的滑坡整治工程实践推动了抗滑桩技术的发展,特别是大型滑坡整治工程中,抗滑桩结构形式得到了不断发展。

单桩是早期公路滑坡治理中使用最多的一种抗滑桩形式。当滑坡规模不大时,一般采用排式单桩,即在滑坡的适当部位,每隔一定距离挖掘一竖井,再放置钢筋或型钢,最后灌注混凝土,形成一排或数排的若干单桩。

根据埋入方式和截面是否变化,单桩分为全埋入式等截面抗滑桩、半嵌入式变截面抗滑桩和半嵌入式等截面抗滑桩。

单桩是抗滑桩的基本形式,其特点是结构形式简单,受力和作用明确。但是,当采用普通抗滑桩整治大型滑坡时,存在如下4个方面的问题:

(1)抗滑桩是一个受弯构件,而混凝土的受拉性能非常低。强大的滑坡推力往往使排式单桩的直径和配筋大幅增加,且抗滑桩的横断面积随着治理滑坡的规模的增大也越来越大。所以在滑坡规模较大、滑体厚度较厚的土层滑坡中,采用悬臂式抗滑桩就不十分经济。

(2)由于桩侧岩土侧向容许应力的限制,不得不通过扩大截面或增加桩长来满足桩侧地基承载力的要求。滑面以下埋深达整个桩身的 2/5~1/2,从而耗费大量的钢材和水泥,工程造价居高不下。悬臂式抗滑桩结构受力的不合理和造价的不经济等问题随着滑坡规模增大而越显突出。

(3)当滑体较厚、滑坡推力较大时,抗滑桩需要较大的埋深,给钢筋的布置、混凝土的振捣带来困难,施工进度减慢。同时,如果开挖桩孔深度过大,人员和工程的安全性会降低。

(4)从桩的受力机制看,悬臂抗滑桩是被动型的受力状态,施工后在滑坡推力的继续作用下发生位移的过程中,桩才能逐渐具备抗滑能力,这对保护滑体上的已有建筑物非常不利。

为了克服普通抗滑桩的缺点,提高结构物的抗滑能力,自20世纪50年代,国内外工程技术领域就开始了排桩、群桩和有锚桩的研究和应用。

排桩形式常见的有门式桩、排架桩和椅式桩。

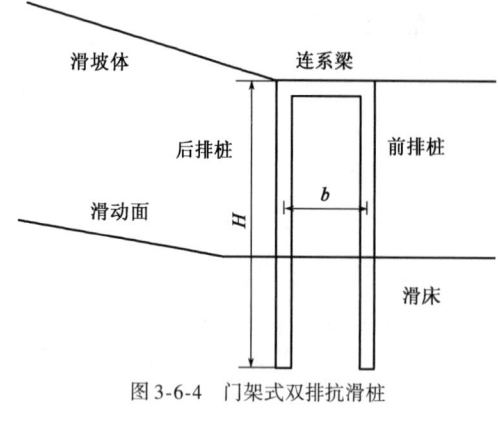

门架式双排抗滑桩是在滑坡地段的适当位置设置前、后2排钢筋混凝土桩,并在桩顶用刚性连系梁把前、后2排桩联结起来,形成一种双排支护的空间结构。其断面形状与传统的门框相似,所以称为门架式双排抗滑桩(或Π形刚架桩)。承受滑坡推力作用后,内桩受拉、外桩受压,其结构形式见图3-6-4。与普通抗滑桩相比,具有整体刚度大、整体稳定性好、抗倾覆能力强、施工简便等优点。在复杂多变的外荷载作用下,能自动调整结构自身的内力。

图3-6-4 门架式双排抗滑桩

排架桩的每一排架由2根竖向桩和2~3根横向梁组成(下横梁采用导坑掘进施工),如图3-6-5所示。排架抗滑桩刚度大,内桩受拉,外桩受压,受力条件较排式单桩有明显改善,因而减小了桩的弯矩、锚固深度和桩截面,提高了承载力。

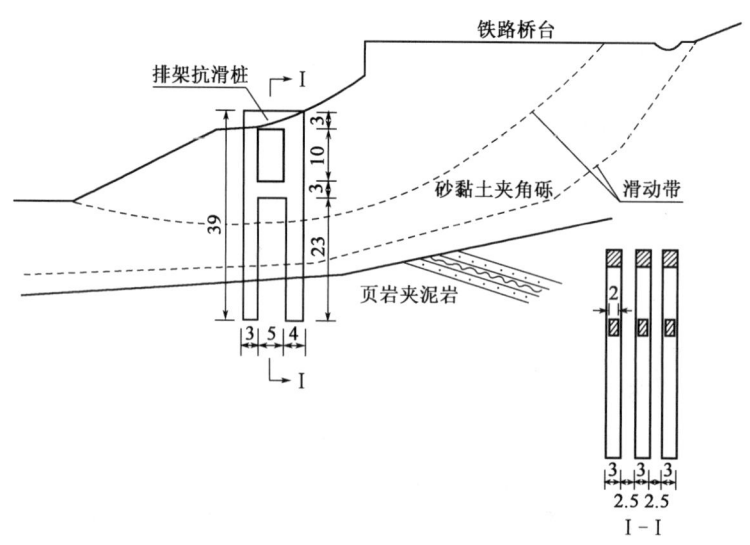

图3-6-5 排架式抗滑桩(尺寸单位:m)

h形抗滑桩作为一种新型的结构形式,不仅能有效克服普通抗滑桩的不足,还能大幅提高抗滑效能。由于钢筋混凝土连系梁的构造设计,能强化前、后排桩的整体连接,形成双排桩支护结构体系,大大增加结构整体刚度和稳定性,大幅提升抗滑支护能力。经初步估算,在相同的滑坡推力作用下,h形抗滑桩最大弯矩仅为普通抗滑桩的1/3,受力性能大为提高,同时增加了施工工作面。h形抗滑桩的悬臂段能降低路堑边坡开挖高度,起到"收坡"的效果(图3-6-6),且h形抗滑桩增大了桩身侧向刚度,抵抗侧向变形能力增强,起到"固脚"的效果;h形抗滑桩对锚固段桩周地层侧向极限容许承载力要求相对较小,适用范围更广;结构形式使其能承受较大的滑坡推力,具有更加合理的受力分布,降低了防治滑坡的成本。h形抗滑桩由于可以人为调节连系梁的位置,在改善和优化组合结构受力状态的同时,使之适应不同的工程地质环境与施工作业环境,故相对于门架式双排抗滑桩具有更好的适用性。

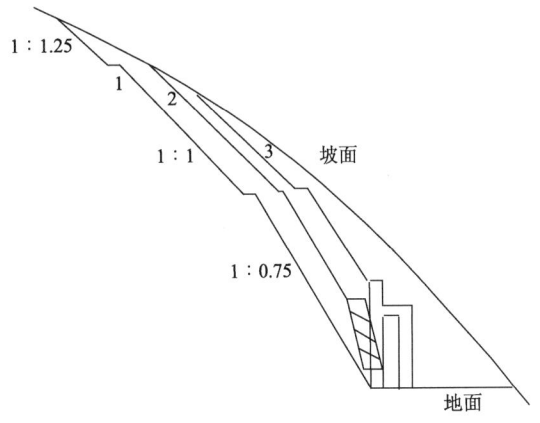

图 3-6-6　h形抗滑桩(收坡效果)示意图
1-脚墙;2-高挡土墙;3-h形抗滑桩

椅式桩由内桩、外桩、承台、上墙和拱板五部分组成,如图 3-6-7 所示。其工作原理为用拱板支承滑坡体,将推力通过内外两桩传至稳定地层。因用刚性承台将内、外桩联立成框架,转动惯量大,能承受较大的弯矩,而桩壁应力小,在软弱地层更显其优越性。

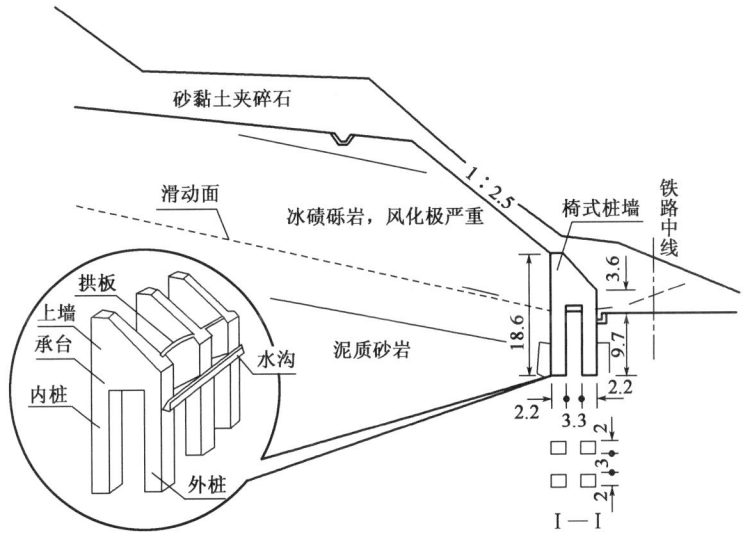

图 3-6-7　椅式抗滑桩

预应力锚索抗滑桩组合结构是依靠预应力锚索的锚固段和抗滑桩的锚固段共同承担滑坡推力或土压力。普通(悬臂)抗滑桩加上锚索后,受力体系内部发生改变。不仅抗滑桩承受下滑推力(或土压力)的作用,锚索通过锚固段将滑推力(或土压力)转移至稳定岩土体亦承受了部分滑坡推力,即较大的预应力锚索主动承受了部分滑推力(或土压力)。预应力锚索抗滑桩通过在抗滑桩头部加设预应力锚索,改变了普通抗滑桩不合理的悬臂式受力状态,变成了上端铰支、下端类似弹性铰的简支梁式受力结构(图 3-6-8)。桩身内力小,大幅度减小了桩长和桩身的横截面及桩身内力,节省了钢材和水泥等原材料,工程造价得到了降低。

当在抗滑桩上设置预应力锚索之后,抗滑桩与预应力锚索共同作用,组成一个整体,通过施加大吨位预应力,可使桩身反压在岩土体上,形成"主动反压"的支挡结构,间接提高了滑带土的抗剪强度,并且严格控制滑体的位移,这对于滑体上有重要建筑物的治理工程尤为重要。

对于大型厚层滑坡,随着桩长的增加,传统意义上的锚索桩在单点受力情况下,抗滑桩上的内力分布依然会形成较大弯矩峰值,同样增大了抗滑桩截面和配筋量,工程造价高居不下。为了改变这种受力上的不合理,可采用在桩头、桩身多处设置锚索的结构,即多锚点预应力锚索抗滑桩(图3-6-9)。

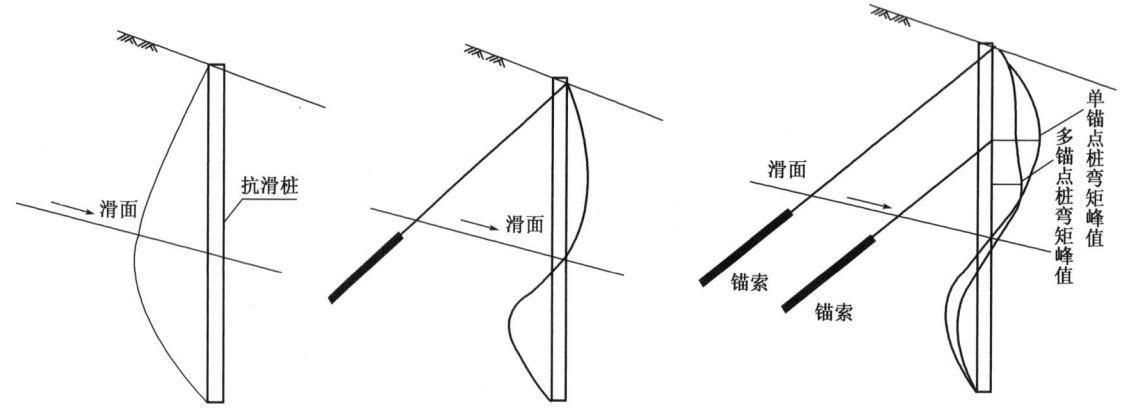

图3-6-8　普通桩与锚索桩的弯矩示意图　　　　图3-6-9　单锚点锚索桩和二锚点锚索桩的弯矩变化示意图

在刚架桩的后桩上加上锚索,就构成刚架锚索桩(图3-6-10)。刚架锚索桩既具有刚架桩结构抗滑的优点,又能发挥锚索的作用,是治理大推力滑坡的较好的结构形式。

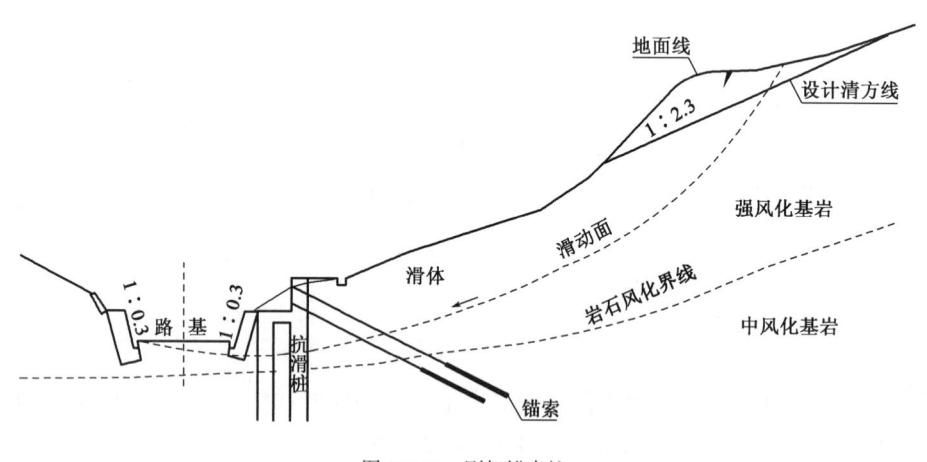

图3-6-10　刚架锚索桩

锚索锚固段稳固岩层提供有效的锚拉力以及锚索与抗滑桩协同发挥作用是锚索抗滑桩实现抗滑功能的必需条件。此外,在设计中应充分考虑预应力锚索的应力松弛和锈蚀对预应力锚索抗滑桩长期性能的不利影响。

抗滑桩群一般指在横向2排或2排以上,在纵向2列及2列以上的组合抗滑结构,类似于墩台或承台结构,它能承担更大的滑坡推力,可用于特殊的滑坡治理工程。

微型桩组合抗滑结构是指把若干根以一定间距排列的微型桩在顶部用板体连接起来,以抵抗滑坡推力的一种新型支挡加固结构(图3-6-11)。微型桩是指直径小于0.3m的钻孔中放入钢筋束或钢管并灌入混凝土或水泥砂浆形成的桩。微型桩群顶部用框架或板联结后,桩群和其中间的岩土体会形成复合桩共同抗滑。微型桩组合抗滑结构具有桩径小、施工对滑坡稳定影响小、施工快捷、施工人员安全保障高、经济性好等优点,可用于中小型边(滑)坡治理工程尤其是快速抢险工程中。

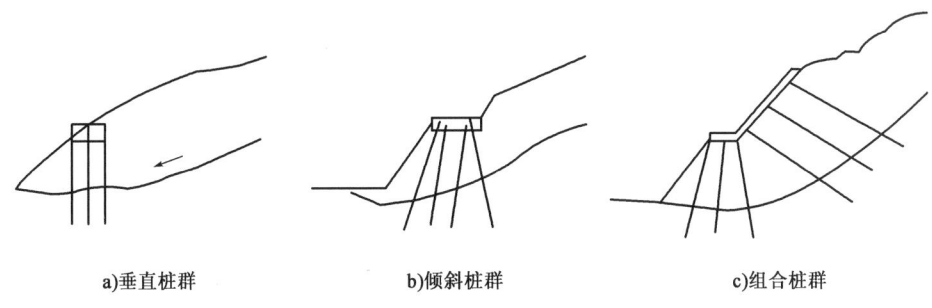

a)垂直桩群　　　　　b)倾斜桩群　　　　　c)组合桩群

图3-6-11　微型桩群布置示意图

在混凝土桩身采用后张预应力技术,即沿桩身施加部分预应力,形成的桩身预应力抗滑桩可以有效控制混凝土裂缝,且具有施工方便、开挖面小等优点。

几种典型抗滑桩的特点和适用条件列入表3-6-2。在实际工程中,应根据滑坡的类型、规模和地质条件以及滑床的岩土状况、施工条件和工期要求选择具体的桩型。

几种抗滑桩的特点和适用条件　　　　　表3-6-2

结构类型	结构特点	结构适用条件
普通抗滑桩	(1)依靠桩身强度和滑面下岩土弹性抗力来平衡剩余下滑力,属于被动受力;(2)桩头变形大;(3)施工简单,技术成熟	适用于滑坡推力小、滑面浅的滑坡
锚索抗滑桩	(1)属于主动受力结构,锚索与桩共同作用,具备动态调节功能;(2)可防止边坡出现过大的变形;(3)改变了一般抗滑桩不合理的悬臂受力状态,形成上端铰支、下端类似弹性铰的简支梁式受力结构;(4)大幅度减小了桩长和桩身的横截面及桩身内力;(5)节省钢筋、水泥等原材料,工程造价较低;(6)对锚索锚固地层条件要求较高;(7)存在锚索的锈蚀和松弛问题	适用于稳定中、厚层大型滑动岩土体,特别是桩前悬臂段较长的滑坡治理工程中;从锚索锚固条件考虑,较适合于岩质滑坡
h形组合抗滑桩	(1)由前、后排桩与连系梁共同组成的空间组合结构,通过发挥空间组合桩的整体刚度和空间效应,与桩间土协同工作,抵抗滑坡体中的剩余下滑力;(2)具有侧向刚度大、抗滑能力强、稳定性较好、收坡快、施工方便等特点;(3)可以人为调节悬臂段长度,在起到收坡作用的同时,优化结构内力分布;(4)自动调整结构各部分的内力,以适应复杂多变、荷载作用位置模糊的边坡支护问题;(5)抗倾覆能力强	适用于各类中、厚层大型滑坡及高边坡的治理,在岩土体较松软的工程地质条件下也能使用

三、抗滑桩设计原则和设计内容

抗滑桩抗滑效果的外在表现形式为：抗滑桩在公路施工和运营期间，抗滑桩保持完好状态；滑坡体的变形得到控制。这里包括两个主体：滑坡体和抗滑桩。抗滑桩施工完成或投入使用后，如果滑坡体的变形停止了，抗滑桩也是完好的，那么抗滑桩起到了好的效果；如果滑坡体的变形没有停止，或者抗滑桩出现了破坏，或者滑坡体变形停止了而抗滑桩却出现了破坏，那么都意味着抗滑桩失效，工程失败，抗滑桩没有起到应有的抗滑效果。

我国用于滑坡治理的抗滑桩数量十分巨大，其中绝大多数都取得了成功，但也有一些失败的案例。抗滑桩破坏的基本形式如图 3-6-12 所示。根据边坡失稳案例及原因分析，将在滑坡推力等荷载及环境因素综合作用下可能发生的抗滑桩失效模式概括为如下 7 个方面：

(1)抗滑桩抗剪能力或抗弯能力不足，导致桩身在滑动面处被剪断，或者在最大弯矩处被拉断。

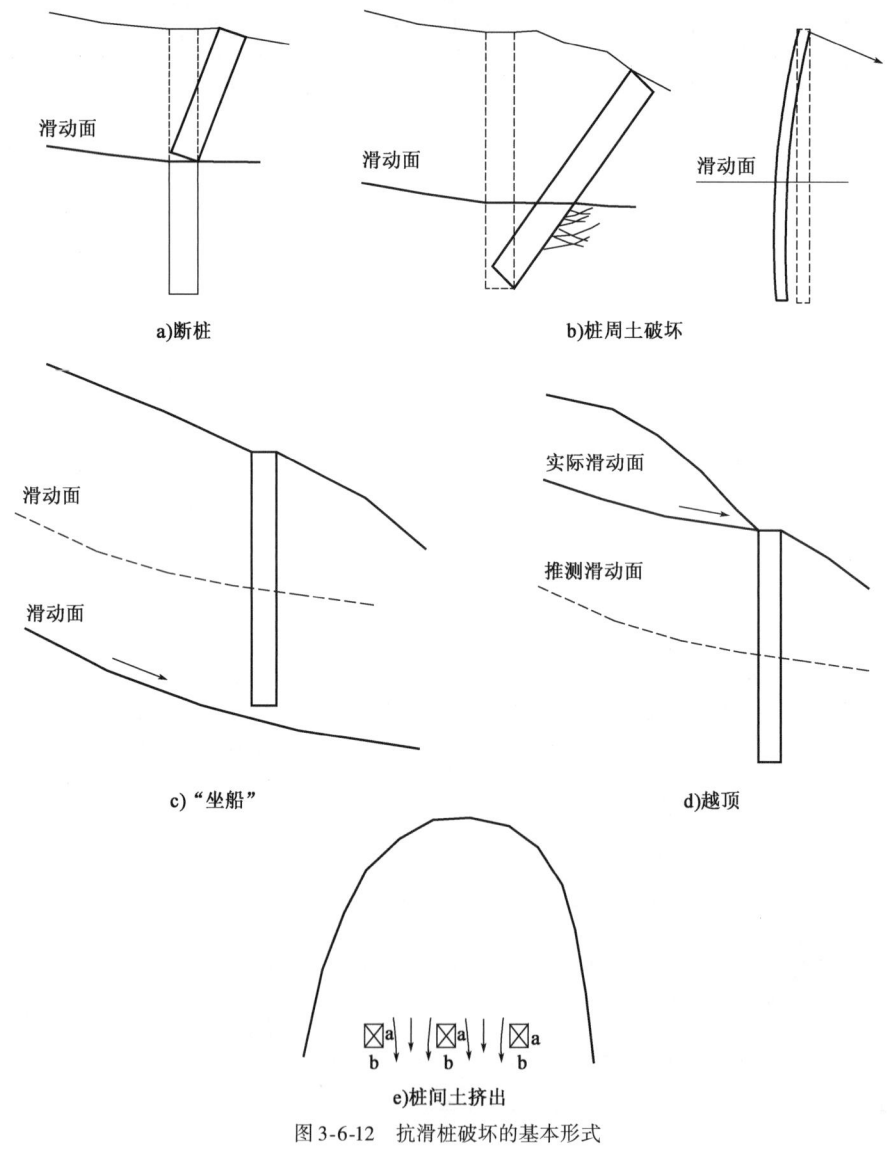

图 3-6-12 抗滑桩破坏的基本形式

(2)抗滑桩桩前滑面以下岩土软弱,抗力不足,产生较大的塑性变形,使得桩的变形过大,而超过了应许范围;或者抗滑桩埋深不足,锚固力不够,桩被推倒。

(3)对于锚杆(索)抗滑桩,锚杆被拉断或拔出、锚杆外锚头破坏、锚杆锚固段岩体破坏等原因导致锚杆(索)失效,使部分荷载转移至抗滑桩上,进而引起抗滑桩剪断、拉断破坏以及变形过大或被推倒。

(4)对于锚杆(索)抗滑桩,锚杆正常发挥作用,但是由于桩前地基抗力或埋深不足,而出现桩体下部"踢脚"式破坏。

(5)滑坡从抗滑桩顶以上剪出("越顶")。

(6)滑动面位置判断不准确,滑坡体连同抗滑桩一起发生新的深层滑动。

(7)抗滑桩间距过大,滑体含水率较高呈流塑状,导致滑体从桩间流出。

为使滑坡得到有效治理,防止抗滑桩失效,确保边坡稳定,并做到经济合理及环境和谐,抗滑桩设计一般应满足以下要求:

(1)抗滑桩实施后,整个坡体应具有足够的稳定性;

(2)抗滑桩与其他抗滑支挡结构(如预应力锚索)联合使用时,应保证协同工作;

(3)抗滑桩应具有足够的长度和嵌固深度,能将滑坡推力传递到滑动面以下的稳定地层中,使坡体的稳定系数提高到规定的要求,且保证滑体不会越过桩顶,不产生新的深层滑动;

(4)桩间距合理,岩土体不会从桩间挤出;

(5)桩身具有足够的稳定性,嵌固段的侧壁应力在容许值之内,桩身变形满足要求;

(6)桩身具有足够的强度,桩的截面和配筋合理,能够满足截面内力要求;

(7)抗滑桩设计应便于施工,保证安全,并使工程量较省,造价经济;

(8)抗滑桩的布置和外露部分设计应与周围环境和景观相协调。

因此,抗滑桩的设计包括以下几方面内容:

(1)桩的平面布置,确定桩位;

(2)确定桩截面尺寸及间距;

(3)确定桩长及锚固深度;

(4)计算作用于桩身的外荷载;

(5)计算桩的内力和变位;

(6)桩的配筋和构造设计;

(7)验算地基强度;

(8)计算工程量,编制概预算;

(9)提出施工技术要求,拟订施工方案。

工程实践表明,抗滑桩失效大多与未查清地质条件、地质参数不准确有关:

(1)滑坡性质把握不准,如滑坡的周界不清,滑动范围、滑面位置等判断不准确;多期活动的滑坡,未查清每次活动的滑动面。

(2)设计参数定得不准,如滑动面岩土强度参数、地基抗力系数、滑坡推力大小等与实际不符;造成抗滑桩的埋深不足而倾倒或被推断。

(3)设计对桩顶上方坡体稳定性考虑不足,坡体从桩顶剪出。

由此可见,滑坡整治工程的地质勘察与抗滑桩的设计是一个系统工程,详细准确的地质资料是设计成功的关键。抗滑桩应采取动态设计和信息化施工。抗滑桩的动态设计,应根据桩基开挖过程中揭示的地质情况和边坡变形监测信息,及时核实地质勘察结论,校核和完善抗滑桩设计。必要时,应补充地质勘察和完善监测方案。

抗滑桩设计中,弹性地基梁法是常用方法。其基本假定为桩身任意一点处岩土的抗力与该点的位移成正比。具体的解法大致分为三种:一种是直接用数学方法求解桩在受荷以后的弹性挠曲微分方程,计算桩身内力和位移,即本章采用的方法;另一种是将桩分成有限段,用差分式近似代替桩的挠曲微分方程中的各阶导数式而求解的有限差分法;还有一种是将桩划分为有限单元的离散体,再根据力的平衡和位移协调条件解得桩的各部分内力和位移,即有限元法。弹性地基梁计算方法中,地基系数变化的比例系数的确定、滑面下地基抗力的确定以及桩身内力和变位的计算方法将在本章第二、三、四节中详细介绍。

第二节 抗滑桩设计

抗滑桩设计应服从于边坡设计及滑坡整治设计总体方案。桩的平面布置、桩间距、桩长和截面尺寸的确定,应综合考虑地质条件和环境因素,通过反复优化,达到安全可靠、经济合理,并与周围景观相协调。

目前,抗滑桩的要素设计主要是先根据经验来取值,然后通过力学分析来检验取值是否满足要求。如果不满足,修改各要素取值再进行力学检验,直到满足要求。

抗滑桩的锚固深度、桩截面和桩间距之间存在密不可分的关系,忽视它们之间的关系而单独求取一值的方法都存在一定的缺陷。当桩间距增大时,单根桩承受的滑坡推力必然增大,抗滑桩就需要有更大的抗弯刚度和锚固深度,抗弯刚度与抗滑桩的截面尺寸有关;当桩间距减小时,单根桩承受的滑坡推力也随之减小,抗滑桩的截面尺寸和锚固深度也可以减小。对抗滑桩的锚固深度、截面尺寸和桩间距进行优化设计,必须综合考虑多方面的因素,在满足性能要求的前提下,兼顾经济合理、施工便捷及环境和谐。

本节给出的方法适用于具有明显滑动面且滑动面以下为稳定地层的单排钢筋混凝土大截面埋式抗滑桩及组合桩。当滑坡推力很大,设置单排抗滑桩不足以抵抗滑坡推力,必须设第二排、第三排抗滑桩分段阻滑时,或者有多层滑动面需分级设置抗滑桩时,可根据具体情况先确定每排抗滑桩所承受的滑坡推力,然后参照本手册内容进行设计。设计中可以采用单排抗滑桩、预应力锚索抗滑桩及排桩,或抗滑桩与明洞组合使用。

一、抗滑桩结构形式的选择

抗滑支挡结构形式选择,应综合考虑滑坡推力大小、滑面埋深与特征、施工条件与技术水平以及被防护工程性质等因素。根据滑坡推力大小及滑面埋深,抗滑支挡结构形式选择可参照如下经验:

当滑坡推力小于200kN/m,滑动面埋深小于2~3m时,设置抗滑挡土墙即可。

当滑坡推力为200~1000kN/m时,滑动面较浅,采用普通抗滑桩比较合理;滑动面较深,宜采用锚索抗滑桩。

当滑坡推力为1000~2000kN/m时,最好采用锚索抗滑桩以减小桩身截面和埋深。

当滑坡推力大于2000kN/m,滑动面较深时,需设多点预应力锚索,或者采用双排桩、门架式双排滑桩、h形抗滑桩及其与锚索组合的结构共同抗滑,或分级支挡。

滑带埋深较大的滑坡,可以采用埋入式抗滑桩或采取其他能够减少桩内力值的措施。埋入式抗滑桩的悬臂长度不宜小于0.6倍滑体厚度。

当有多层滑面时,应分层计算滑坡推力,支挡工程应保证各层滑坡的稳定。

二、抗滑桩的布置设计

1. 平面布置

桩的平面布置一般根据边坡的地层性质、推力大小、滑动面坡度和滑坡体厚度、施工条件、被保护对象与滑坡的位置关系等因素综合确定。

滑坡体较薄、锚固段地基强度较高的地段是布设抗滑桩的较好位置。布置时,充分利用滑坡自身的抗滑力可以减少支挡工程量。坡脚位置滑体厚度较小、滑面缓,是设桩的有利位置。考虑对环境和景观影响以及施工中的安全,将桩埋入一级或二级边坡平台,也是值得推荐的方案(图3-6-13)。

抗滑桩排的走向宜与滑坡体的滑动方向垂直,在平面上呈直线或曲线(以及拱形)布置。

对于较潮湿的滑坡体和较小截面的桩,也可布置成2排或3排,按品字形和梅花形交错布设。排距宜为桩截面宽度的2~3倍。

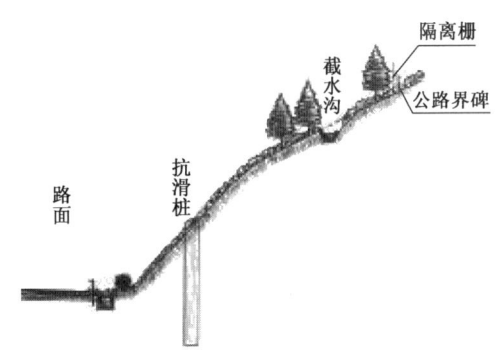

图3-6-13 采用全埋式抗滑桩往往有利于景观设计和生态恢复

纵向较长、滑动推力大的复杂滑坡,可以选择有利的位置设置多排抗滑桩。对于多级牵引式滑坡,当只有前级滑动时,及时设一排支挡工程稳定前级,后级才可稳定。但当两级或三级均已滑动时,因滑坡推力大,常需设置多排支挡工程。

桩间距取决于滑坡推力的大小、滑体土的密度和强度、桩截面的大小、桩的长度和锚固深度以及施工条件等因素。两桩之间在形成土拱的条件下,土拱的支撑力和桩侧摩阻力之和应大于一个根柱所能承受的滑坡推力。

桩间距宜为6~10m。当滑坡体完整(岩块)、密实或滑坡推力较小时,桩间距可取大些,反之取小些;在滑坡主轴附近间距较小,两侧间距稍大。

2. 桩长及锚固深度设计

抗滑桩埋入滑面以下稳定地层内的适宜锚固深度,与锚固段地层的强度、桩所承受的滑坡推力大小、桩的相对刚度以及如何考虑桩前滑动面以上桩前滑体抗力等因素有关。

抗滑桩锚固深度应根据地基的横向容许承载力确定。当桩的位移需要控制时,应考虑最大位移不超过容许值。

(1)对于较完整的岩质岩层及半岩质岩层的地基,桩的最大横向压应力σ_{max}应小于或等于地基的横向容许承载力。地基的横向容许承载力与岩石单轴抗压极限强度的对应关系可按表3-6-3采用。当桩为矩形截面时,地基的横向容许承载力可按下式计算:

$$[\sigma_H] = K_H \eta R \tag{3-6-1}$$

式中:$[\sigma_H]$——地基的横向容许承载力(kPa);

K_H——在水平方向的换算系数,根据岩石的完整程度、层理或片理产状、层间的胶结物与胶结程度、节理裂隙的密度和充填物,可采用0.5~1.0;

η——折减系数,根据岩层的裂隙、风化及软化程度,可采用0.3~0.45;

R——岩石单轴抗压极限强度(kPa)。

较完整岩层的单轴极限抗压强度、侧向容许应力和地基系数对应值　　　　表 3-6-3

序号	抗压强度(kPa)		地基系数(kN/m^3)	
	单轴极限值	侧向容许值	竖直方向 K_V	水平方向 K_H
1	10000	1500～2000	100000～200000	60000～160000
2	15000	2000～3000	250000	150000～200000
3	20000	3000～4000	300000	180000～240000
4	30000	4000～6000	400000	240000～320000
5	40000	6000～8000	600000	360000～480000
6	50000	7500～10000	800000	480000～640000
7	60000	9000～12000	1200000	720000～960000
8	80000	12000～16000	150000～2500000	90000～2000000

注：$K_H = (0.6～0.8)K_V$。

桩周围岩层的侧向允许抗压强度可直接在现场试验取得，一般按岩石的完整程度、层理或片理产状、层间的胶结物与胶结程度、节理裂隙的密度和充填物、各种构造裂面的性质和产状及其贯通程度等情况，分别采用垂直允许抗压强度的 0.5～1.0 倍。当围岩为密实土或砂层时，其值为 0.5 倍，较完整的半岩质岩层为 0.60～0.75 倍，块状或厚层少裂隙的岩层为 0.75～1.0 倍。

如果桩身作用于地基的侧向压应力大于围岩允许强度，则应调整桩的锚固深度或桩的截面尺寸、间距，直到满足为止。

(2)对于一般土层或风化成土、砂砾状的岩层地基，抗滑桩在侧向荷载作用下发生转动变位时，桩前的土体产生被动土压力，而在桩后的土体产生主动土压力。桩身对地基土体的侧向压应力一般不应大于被动土压力与主动土压力之差。

在工程设计中，要使锚固段完全满足要求，有时会很困难，所以根据工程经验，满足滑动面以下深度 $h_2/3$ 和 h_2(滑动面以下桩长)处的横向压应力应小于或等于被动土压力与主动土压力之差即可。此时滑动面以下 $h_2/3$ 深度范围内进入塑性区。

因此，当地层为土层或风化成土、砂砾状岩层时，滑动面以下深度为 $h_2/3$ 和 h_2(滑动面以下桩长)处的横向压应力应小于或等于地基的横向容许承载力，其计算应符合以下规定：

①埋入式抗滑桩，当地面无横坡或横坡较小时[图 3-6-14a)]，地基 y 点的横向容许承载力可按下式计算：

$$[\sigma_H] = \frac{4}{\cos\varphi}[(\gamma_1 h_1 + \gamma_2 y)\tan\varphi + c] \quad (3\text{-}6\text{-}2)$$

式中：$[\sigma_H]$——地基的横向容许承载力(kPa)；
　　　γ_1——滑动面以上土体的重度(kN/m^3)；
　　　γ_2——滑动面以下土体的重度(kN/m^3)；
　　　φ——滑动面以下土体的内摩擦角(°)；
　　　c——滑动面以下土体的黏聚力(kPa)；
　　　h_1——设桩处滑动面至地面的距离(m)；
　　　y——滑动面至锚固段上计算点的距离(m)。

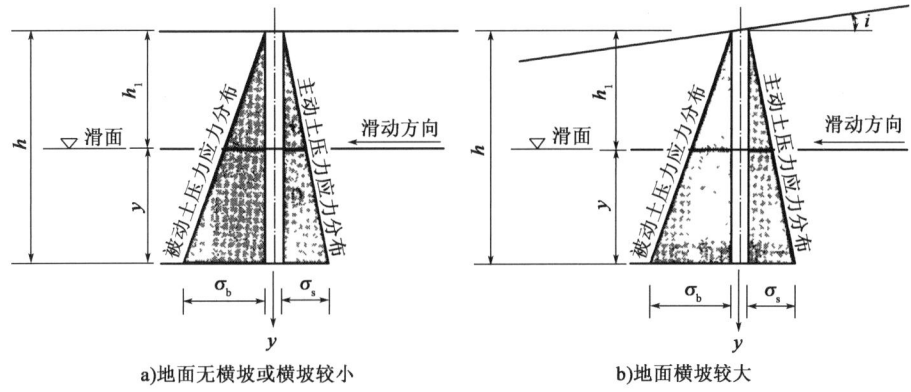

a) 地面无横坡或横坡较小　　　　b) 地面横坡较大

图 3-6-14　埋入式抗滑桩土质地基横向容许承载力计算图示

②埋入式抗滑桩，当地面横坡 i 较大且 $i \leqslant \varphi_0$ 时[图3-6-14b)]，滑面以下 y 点的横向容许承载力可按下式计算：

$$[\sigma_H] = 4(\gamma_1 h_1 + \gamma_2 y)\frac{\cos^2 i \sqrt{\cos^2 i - \cos^2 \varphi_0}}{\cos^2 \varphi_0} \tag{3-6-3}$$

式中：φ_0——滑动面以下土体的综合内摩擦角。

③悬臂式抗滑桩，当地面横坡 i 为零或很小时[图3-6-15a)]，滑面以下 y 点的横向容许承载力可按下式计算：

$$[\sigma_H] = 4\gamma_2 y \frac{\tan\varphi_0}{\cos\varphi_0} - \gamma_1 h_1 \frac{1-\sin\varphi_0}{1+\sin\varphi_0} \tag{3-6-4}$$

④悬臂式抗滑桩，当地面横坡 i 较大且 $i \leqslant \varphi_0$ 时[图3-6-15b)]，滑面以下 y 点的横向容许承载力可按下式计算：

$$[\sigma_H] = 4\gamma_2 y \frac{\cos^2 i \sqrt{\cos^2 i - \cos^2 \varphi_0}}{\cos^2 \varphi_0} - \gamma_1 h_1 \cos i \frac{\cos i - \sqrt{\cos^2 i - \cos^2 \varphi_0}}{\cos i + \sqrt{\cos^2 i - \cos^2 \varphi_0}} \tag{3-6-5}$$

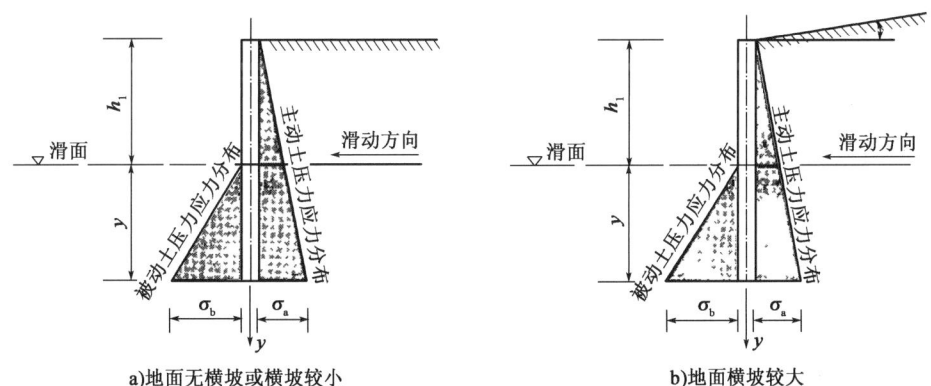

a) 地面无横坡或横坡较小　　　　b) 地面横坡较大

图 3-6-15　悬臂式抗滑桩土质地基横向容许承载力计算图示

3. 桩身变位控制

抗滑桩锚固深度的计算，除了满足强度校核要求外，当桩的变位需要控制时，应考虑最大变位不超过容许值。

桩顶位移的控制标准应根据治理工程的重要性以及与周边建筑物的关系加以确定,而不应该是一个不变的量。如果周边建筑物对滑坡体的变形十分敏感或周边建筑物对预应力锚索抗滑桩结构体本身变形要求较高,则桩顶位移应该控制在一个较小的值。一般而言,地面处桩的水平位移不宜大于10mm。

锚固深度是抗滑桩发挥抵抗滑坡推力作用的前提和条件。如锚固深度不足,抗滑桩不足以抵抗滑坡推力,易引起桩的失效;但锚固过深则将导致工程量的增加和施工难度增大,同时桩长增加对桩侧应力和桩身变位状况的改善作用也不明显。设计中,可通过缩小桩的间距减小每根桩所承受的滑坡推力,或通过增大桩的截面以增加桩的相对刚度等措施,来减小锚固深度。根据以往的实践经验,抗滑桩桩长不宜大于35m,对于滑带埋深大于25m的滑坡,采用抗滑桩阻滑时,应充分论证其可行性。

抗滑桩的锚固深度,对于完整、较坚硬的岩层约为1/4~1/3桩长比较合适,而对于土层或软质岩层可以采用1/3~1/2桩长。地面横坡较大情况下,应适当增加锚固深度。

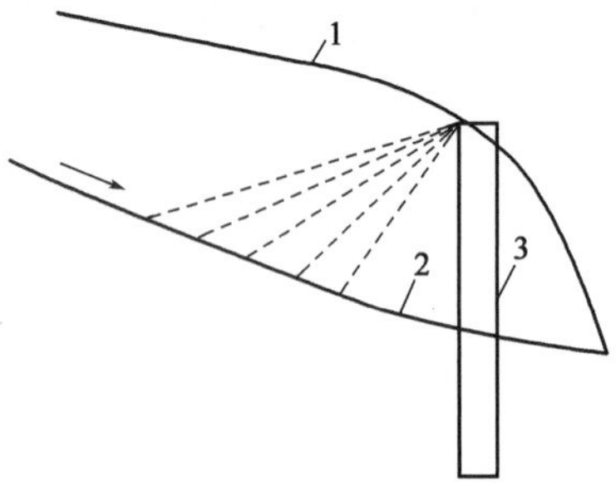

鉴于抗滑桩高度不足使滑坡从桩顶滑出的事故时有发生,抗滑桩的高度设计必须通过"越顶"验算。具体可采用寻找最不利滑弧的方法计算,也可以采用图3-6-16的简化方法寻找抗滑阻力最小的新滑动面,也可以采用有限元强度折减法自动寻找新滑面。只有当新滑面的稳定系数大于或等于设计安全系数时,才表明桩高是符合要求的,否则应调整桩顶高程。当桩顶已位于坡面位置时,应通过调整桩位满足要求。

图3-6-16 "越顶"验算示意图
1-地面;2-滑动面;3-抗滑桩

4. 桩截面形状和强度

抗滑桩常用的截面形状有矩形和圆形两种。桩的截面形状要求使其上部受荷段正面能产生较大的阻滑力而侧面能产生较大的摩擦阻力,并使其下部锚固段能产生较大的反力。桩的截面形状应使抗滑桩具有良好的抗剪能力和抗弯刚度。

设计中抗滑桩的截面形状一般采用矩形,受力面为短边,侧面为长边。桩的截面尺寸应根据滑坡推力的大小、桩间距以及锚固段地基的横向容许承载力等因素确定。为了便于施工,挖孔桩最小边宽度不宜小于1.25m。

三、抗滑桩结构与材料设计

1. 桩身混凝土构件设计要求

抗滑桩桩身按受弯构件设计。作为混凝土构件,抗滑桩应根据现行《混凝土结构设计规范》(GB 50010)及《公路钢筋混凝土及预应力混凝土桥涵设计规范》(JTG 3362)进行承载能力极限状态计算。抗滑桩一般允许有较大的变形,当无特殊要求时,可不做变形、抗裂、挠度等项的验算。但是,处于比较严重的腐蚀性环境中时,对裂缝开展宽度应加以控制,以满足耐久性要求。

抗滑桩较大的保护层厚度对防止钢筋的锈蚀是有利的,但是这一点在目前的裂缝最大宽度计算公式中不能反映出来。根据以往设置抗滑桩的实践经验,对裂缝宽度的允许值可作适当的放大,并辅以适当的防腐附加措施。事实上,如果严格按照其他结构的要求来控制最大裂缝宽度,钢筋增加数量太大。

抗滑桩的混凝土结构应按现行《公路钢筋混凝土及预应力混凝土桥涵设计规范》(JTG 3362)的有关规定进行计算,结构重要性系数为1.0,永久荷载的分项系数为1.35。

1)正截面设计

一般情况下,抗滑桩按受弯构件设计,配筋时按单筋矩形梁考虑。抗滑桩截面通常为矩形(图3-6-17),其正截面受弯承载力的计算公式如下:

$$M \leqslant \alpha_1 f_c bx\left(h_0 - \frac{x}{2}\right) \tag{3-6-6}$$

式中:M——弯矩设计值;

α_1——系数,取1.0;

f_c——混凝土轴心抗压强度设计值;

b——矩形截面的宽度;

x——混凝土受压区的高度;

h_0——截面有效高度。

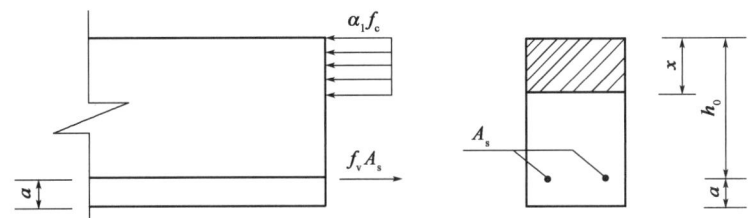

图3-6-17 矩形截面正面受弯承载力计算

混凝土受压区高度按下式计算:

$$\alpha_1 f_c bx = f_y A_s \tag{3-6-7}$$

式中:f_y——普通钢筋抗拉强度设计值;

A_s——受拉区纵向普通钢筋的截面积。

混凝土受拉区高度还应符合下列条件:

$$x \leqslant \xi_b h_0 \tag{3-6-8}$$

纵向受拉钢筋屈服与受压区破坏同时发生时,相对受压高度 ξ_b 按下式计算:

$$\xi_b = \frac{\beta}{1 + \dfrac{f_y}{E_s \varepsilon_{cu}}} \tag{3-6-9}$$

$$\varepsilon_{cu} = 0.0033 - (f_{cu,k} - 50) \times 10^{-5} \tag{3-6-10}$$

式中:β——系数,取0.8;

E_s——钢筋模量;

$f_{cu,k}$——混凝土立方体抗压强度标准值。

2)斜截面设计

(1)矩形截面的受弯构件,其受剪截面应符合下列条件:

当 $h_0/6 \leqslant 4$ 时,$V \leqslant 0.25\beta_c f_c bh_0$;

当 $h_0/6 \geqslant 6$ 时,$V \leqslant 0.20\beta_c f_c bh_0$;

当 $4 < h_0/6 < 6$ 时,按线性内插法确定。

其中 V 为构件斜截面上的最大剪力设计值;β_c 为混凝土强度影响系数,取 1.0。

(2)在计算斜截面的受剪承载力时,剪力设计值计算位置按现行《公路钢筋混凝土及预应力混凝土桥涵设计规范》(JTG 3362)的规定采用。

(3)混凝土矩形、T 形和 I 形截面的一般受弯构件,当符合式(3-6-11)时,可不进行斜截面的受剪承载力验算,而仅需根据现行《公路钢筋混凝土及预应力混凝土桥涵设计规范》(JTG 3362)的构造要求配置箍筋。

$$V \leqslant 0.5 f_t b h_0 \tag{3-6-11}$$

(4)抗滑桩内不宜设置斜筋,可采取调整箍筋的直径、间距和桩身截面尺寸等措施,满足斜截面的抗剪强度要求。混凝土矩形、T 形和 I 形截面的一般受弯构件,当仅配置箍筋时,其截面的受剪承载力应符合下列规定:

$$V_{cs} \leqslant 0.7 f_t b h_0 + 1.5 f_{yv} \frac{A_{sv}}{S} h_0 \tag{3-6-12}$$

$$A_{sv} = n A_{sv1} \tag{3-6-13}$$

式中:V_{cs}——构件斜截面的最大剪应力设计值;

A_{sv}——配置在同一截面内箍筋各肢的全部截面面积;

n——在同一截面内箍筋的肢数;

A_{sv1}——单肢箍筋的截面面积;

f_{yv}——箍筋抗拉强度设计值。

2.普通抗滑桩构件设计要求

1)纵向受力钢筋

为防止钢筋骨架在成型和吊装过程中产生太大的变形,《公路桥涵地基与基础设计规范》(JTG 3363—2019)规定,纵向受力钢筋的最小直径不应小于 16mm,且每桩主筋数量不应少于 8 根(实际上抗滑桩主要承受水平荷载作用,主筋数量一般不会少于 8 根)。

钻(挖)孔桩灌注混凝土时,由于捣固困难,通常依靠桩身混凝土自重压密。为使灌注的混凝土能顺利地从钢筋笼骨架内溢出,避免主筋布置太密,影响桩身保护层的灌注,抗滑桩纵向受力钢筋的净距不宜小于 120mm,困难情况下净距不应小于 80mm。

当用束筋时,每束不宜多于 3 根。当配置单排钢筋有困难时,可设置 2 排或 3 排。

纵向受力钢筋的截断点应按现行《混凝土结构设计规范》(GB 50010)及《公路钢筋混凝土及预应力混凝土桥涵设计规范》(JTG 3362)的规定计算。

2)箍筋、架立钢筋和纵向分布钢筋

抗滑桩内不宜设置斜筋,可采取调整箍筋的直径、间距和桩身截面尺寸等措施,满足斜截面的抗剪强度。

考虑到抗滑桩为地下结构,桩身一般在十几米以上,为方便在坑内上下作业,不宜设置过多的箍筋肢数,因此规范要求箍筋宜采用封闭式,肢数不宜多于 4 肢,并允许箍筋在一行上所箍的受拉筋不受限制。

抗滑桩的两侧和受压边应适当配置纵向构造钢筋。桩的受压边两侧应配置架立钢筋。

为使钢筋骨架有足够的刚度和便于人工作业,应对箍筋、架立筋和纵向分布钢筋的最小直径作一定限制,见表 3-6-4。当桩身较长时,纵向构造钢筋和架立钢筋的直径应增大。

为使桩截面的四周形成钢筋网,以提高混凝土抗剪能力,应对箍筋和纵向分布钢筋的最大间距作一定的限制,见表 3-6-4。

抗滑桩钢筋直径及间距要求 表 3-6-4

钢筋间距和直径要求	纵向受力钢筋	箍筋	桩的两侧和受压边纵向构造钢筋	桩的受压两侧架立钢筋
间距(mm)	≥120(80)	≤400	≤300	
直径(mm)	≥16	≥14	≥12	≥16

3)混凝土保护层

根据现行《混凝土结构耐久性设计标准》(GB/T 50476)和《公路工程混凝土结构耐久性设计规范》(JTG/T 3310)中的耐久性设计要求,并考虑到抗滑桩承受水平弯矩较大,可能形成较大的裂缝,抗滑桩的钢筋(包括主筋、箍筋和分布钢筋)保护层厚度不小于 70mm。

4)锁口和护壁

抗滑桩井口应设置锁口,桩井位于土层和风化破碎的岩层时宜设置护壁。

3. 普通抗滑桩材料要求

根据《混凝土结构设计规范》(GB 50010—2010)的规定,在二类环境中的情况 b 和三类环境中,设计使用年限为 50 年的混凝土强度等级最低为 C30。综合考虑过去抗滑桩的使用情况和结构耐久性要求,桩身混凝土的强度等级不宜低于 C30。

当地下水有侵蚀性时,水泥应按有关规定选用,耐久性设计应符合现行《混凝土结构耐久性设计标准》(GB/T 50476)和《公路工程混凝土结构耐久性设计规范》(JTG/T 3310)的相关规定。

锁口和护壁的混凝土强度等级,一般地区宜为 C15,中冻和重冻地区为 C25。

桩身中的主筋宜采用 HRB400 钢,箍筋可采用 HRB400 钢。

4. 预应力混凝土抗滑桩构件与材料设计要求

当桩身采用预应力混凝土时,应符合下列要求:

(1)预应力施加方法宜采用后张法。采用先张法时,应充分论证其可靠性。

(2)预应力筋宜为低松弛高强钢绞线,并符合现行《预应力混凝土用钢绞线》(GB/T 5224)的要求。

(3)下端锚固于桩身下部 3~5m 范围内。

(4)上段锚固应选用可靠的锚具,并在锚固部位预埋钢垫板。垫板须与锚孔垂直。

(5)水泥砂浆强度等级不应低于 M30。

第三节 抗滑桩上设计荷载和地基抗力计算

作用于抗滑桩的外力包括滑坡推力、桩前滑体抗力、锚固段地层的抗力、桩侧摩阻力和黏聚力以及桩身重力和桩底反力等。为简化计算,可忽略桩侧摩阻力和黏聚力以及桩身重力和桩底反力的作用。

一、滑坡推力

滑坡推力可采用传递系数法计算。第 i 个条块的剩余下滑力即为该部位的滑坡推力。由

于推力计算中对安全度的考虑有两种方式,故计算推力的方法有以下两种:

(1)通过加大自重下滑力增加安全度

$$T_i = F_s W_i \sin\alpha_i + \psi_i T_{i-1} - W_i \cos\alpha_i \tan\varphi_i - c_i L_i \qquad (3\text{-}6\text{-}14)$$

$$\psi_i = \cos(\alpha_{i-1} - \alpha_i) - \sin(\alpha_{i-1} - \alpha_i)\tan\varphi_i \qquad (3\text{-}6\text{-}15)$$

式中:T_i、T_{i-1}——第i和第$i-1$滑块剩余下滑力(kN/m);

$\qquad F_s$——稳定安全系数;

$\qquad W_i$——第i滑块的自重力(kN/m);

$\qquad \alpha_i$、α_{i-1}——第i和第$i-1$滑块对应滑面的倾角(°);

$\qquad \psi_i$——传递系数;

$\qquad \varphi_i$——第i滑块滑面内摩擦角(°);

$\qquad c_i$——第i滑块滑面岩土黏聚力(kN/m²);

$\qquad L_i$——第i滑块滑面长度(m)。

(2)通过折减滑面的抗剪强度增大安全度

$$T_i = W_i \sin\alpha_i + \psi' T_{i-1} - W_i \cos\alpha_i \frac{\tan\varphi}{K} - \frac{c_i}{K} l_i \qquad (3\text{-}6\text{-}16)$$

$$\psi' = \cos(\alpha_{i-1} - \alpha_i) - \sin(\alpha_{i-1} - \alpha_1)\frac{\tan\varphi_i}{K} \qquad (3\text{-}6\text{-}17)$$

通过折减滑面的抗剪强度增大安全度,其物理力学意义比较明确,但稳定分析时要用试算法确定安全系数,计算工作量较大。通过加大自重产生的下滑力增加安全度的计算方法较为方便,也是工程设计中常用的方法。

当$K>1$时,式(3-6-16)比式(3-6-14)的计算结果小。当$K=1$时,两种方法的计算结果一样。不管是用第一种方法还是用第二种方法计算都应注意,当滑面为折线时,相邻两滑段的α_{i-1}和α_i相差较大时,应在两坡段之间增加连接线段增加分块密度,才能得到比较准确的计算结果。

作用于每根桩上的滑坡推力应按设计的桩间距计算。滑坡推力应根据其边界条件(滑动面与周界)和滑带土的强度指标通过计算确定。

滑动面(带)的强度指标,可采用试验资料或用反算值以及经验数据等综合分析确定。

作用于桩上的滑坡推力,可由设计抗滑桩处的滑坡推力曲线(图3-6-18)确定。

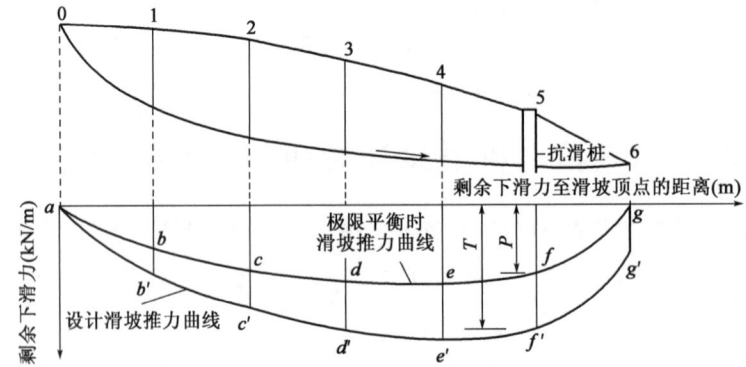

图3-6-18 滑坡推力曲线
T-桩上滑坡推力;P-桩前滑体抗力

二、桩前滑体抗力

当抗滑桩受到滑坡推力的作用产生变形时,一部分滑坡推力通过桩体传给锚固段地层,另一部分传给桩前滑体。但是,桩前滑体本身的抗力与滑坡的性质和桩前滑体的大小等因素有关。试验表明,桩前滑体的体积越大,抗剪强度越高,滑动面越平缓、越粗糙,桩前滑体抗力越大,反之越小。另外还与是否存在多层滑面有关。

滑动面以上桩前的滑体抗力,可通过极限平衡时滑坡推力曲线或桩前被动土压力确定,设计时选用其中小值。当桩前滑坡体可能滑动时,不应计其抗力,按悬臂桩计算。

(1) 根据滑坡推力曲线确定桩前抗力

若抗滑桩设在图3-6-18中滑坡的第四分块末端,该处设计滑坡推力曲线的竖直高度 T 即为作用于桩上的滑坡推力,极限平衡时滑坡推力曲线的竖直高度 P 即为桩前滑体抗力。

(2) 根据桩前被动土压力确定桩前抗力

按朗金被动土压力计算公式进行计算:

$$E_\mathrm{p} = \frac{1}{2}\gamma_1 \times h_1^2 \times \tan^2(45 + \varphi_1/2) \tag{3-6-18}$$

式中: E_p ——被动土压力(kN/m);

γ_1、φ_1 ——桩前岩土体的重度(kN/m³)和内摩擦角(°);

h_1 ——抗滑桩受荷段长度(m)。

三、滑坡推力和桩前滑体抗力分布

滑坡推力分布及其合力作用点位置受滑坡类型、滑动面形状、部位、地层性质、抗滑结构变形情况及地基系数等综合因素的影响,但主要与滑坡体结构和抗滑结构物的受力变形有关。对于以抗滑桩为主的柔性支挡结构,一般情况下,由于桩头附近变位比下部大,因而受力比下部小,又由于滑体与滑动面间存在摩擦,因而滑面附近推力又有所减小。

从我国所做的一些模型试验结果来看,当滑体为松散介质(如砂土)时,下滑力基本为三角形分布,合力作用点约在滑动面以上 $0.3h_1$ 附近,桩前滑体抗力图形接近抛物线,合力作用点在滑动面以上 $0.45h_1$ 左右处。当滑体为黏性土时,下滑力仍基本上按三角形分布,合力作用点在滑动面以上 $0.26h_1$ 处,但更接近于顶点位于滑面附近的抛物线分布;抗力图形也接近抛物线,合力作用点约在滑动面以上 $0.6h_1$ 处。同时,从我国一些滑坡现场试桩的实测资料来看,当滑坡体为抗剪特征以内摩擦角为主的滑体(如堆积层、破碎岩层)时,下滑力接近于地表为零、顶点在滑动面略上的抛物线,合力作用点在 $0.5h_1$ 及其以上。当滑坡体为抗剪特征以黏聚力为主的滑体(如黏性土)时,当抗滑桩处于弹性阶段时,滑体抗力基本上呈倒梯形分布;进入弹塑性阶段后,滑体抗力图形逐渐变为地表不为零的抛物线形,合力作用点在滑面以上 $0.6h_1$ 左右处。模型试验结果与试桩实测结果比较一致。

结合模型试验和实测试桩试验结果,根据滑坡体不同岩土类型,总结出滑坡推力和土体抗力分布函数表(表3-6-5)。应用时,只要选定分布形式及合力作用点位置,代入分布函数的一般表达式,就能得到确定的分布函数式,由此可绘出滑坡推力和土体抗力分布图形。

四、锚固段地层抗力

抗滑桩所承受的滑坡推力经过桩的传递,为地基抗力所平衡。但是,地基抗力是一个未知量,它的大小、分布与地基土的性质、桩的变形量等有关。

滑坡推力和土体抗力分布函数表

表 3-6-5

滑坡岩土类别	滑坡推力分布形式	滑坡推力合力作用点 z_0	滑坡推力分布函数 $q(z)$	土体抗力分布形式	土体抗力合力作用点 z_0'	土体抗力分布函数 $p(z)$	滑坡推力和土体抗力示意图
岩石	矩形或平行四边形	$\dfrac{1}{2}h_1$	$q(z) = \dfrac{E}{h_1}$	倒梯形	$\dfrac{2}{5}h_1$	$p(z) = \dfrac{-1.2\,E'}{h_1^2}z + \dfrac{1.6\,E'}{h_1}$	
砂土、散体	三角形～抛物线形	$\dfrac{3}{5}h_1 \sim \dfrac{2}{3}h_1$	$q(z) = \dfrac{(36k-24)E}{h_1^3}z^2 + \dfrac{(18-24k)E}{h_1^2}z$	抛物线形	$\dfrac{1}{2}h_1 \sim \dfrac{3}{5}h_1$	$p(z) = \dfrac{(36k'-24)E'}{h_1^3}z^2 + \dfrac{(18-24k')E'}{h_1^2}z$	
黏土	抛物线形～三角形	$\dfrac{2}{3}h_1$	$q(z) = \dfrac{(12k'-6)E'}{h_1^3}z^2 + \dfrac{(4-6k')E'}{h_1^2}z$	倒梯形	$\dfrac{3}{10}h_1$	$p(z) = \dfrac{(12k'-6)E'}{h_1^3}z^2 + \dfrac{(4-6k')E'}{h_1^2}z$	
介于砂土及黏土之间	梯形	$\dfrac{13}{20}h_1$	$q(z) = \dfrac{1.8E}{h_1^2}z + \dfrac{1}{10h_1}E$	抛物线形	$\dfrac{2}{5}h_1 \sim \dfrac{1}{2}h_1$	$p(z) = \dfrac{(36k'-24)E'}{h_1^3}z^2 + \dfrac{(18-24k')E'}{h_1^2}z$	

注：表中 q 和 p 分别表示滑坡推力和土体抗力沿桩高的分布集度；h_1 表示滑面以上桩长；设滑坡推力或土体抗力合力作用点分别位于桩顶以下 $z_0 = kh_1$ 和 $z_0' = k'h_1$ 处。

锚固段桩前、后的岩土受力后随应力的大小而变形:弹性阶段,应力和应变成正比;当侧应力增加不多而变形骤增时为塑性阶段;当应力不再增大而变形不停止时则达到破坏阶段。当桩周地基的变形处于弹性阶段时,抗力按弹性抗力计算;当变形处于塑形阶段时,按地基侧向允许承载力计算;处于变形范围较大的塑性阶段时,则采用极限平衡法计算岩(土)层的抗力值。一般条件下,若不产生塑性变形,均可按弹性抗力考虑。为了简化计算,如果不考虑桩身自重,桩与其周围的摩擦阻力一般可忽略不计。

所谓弹性抗力是指从弹性理论出发,根据地基系数计算的桩周抗力,即假定地层为弹性介质,地基抗力与桩的位移量成正比,即:

$$P = K \cdot B_p \cdot x_y \tag{3-6-19}$$

式中:P——地基抗力;
　　K——地基系数,又称弹性抗力系数;
　　B_p——桩的计算宽度;
　　x_y——地层 y 处桩的位移量。

1. 抗滑桩的计算宽度 B_p

抗滑桩受滑坡推力的作用产生位移,则桩侧土对桩作用着抗力。当土变形处于弹性变形阶段时,桩受到土的弹性抗力作用。土对桩的弹性抗力及其分布与桩的作用范围有关。桩在水平荷载作用下,不仅桩身宽度内桩侧土受挤压,而且在桩身宽度以外的一定范围内也受影响,同时对不同截面形状的桩,土体的影响范围也不相同。为了将空间受力简化为平面受力,并考虑桩截面形状的影响,将桩的设计宽度(或直径)换算成相当于实际工作条件下的矩形桩宽 B_p,B_p 即为桩的计算宽度(图3-6-19)。

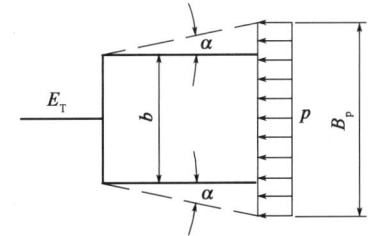

图 3-6-19　抗滑桩计算宽度示意

试验研究表明,对不同尺寸的圆形桩和矩形桩施加水平荷载时,直径为 d 的圆形桩与正面边长为 $0.9d$ 的矩形桩,在其两侧土体开始被挤出的极限状态下,其临界水平荷载值是相等的。所以,矩形桩的形状换算系数为 $K_f = 1$,而圆形桩的形状换算系数为 $K_f = 0.9$。

同时,由于将空间受力状态简化为平面受力状态,在决定桩的计算宽度时,应将实际宽度乘以换算系数 K_B。由试验资料可知,对于正面边长 b 大于或等于1m的矩形桩,受力换算系数为 $1 + 1/b$;对于直径 d 大于或等于1m的圆形桩,受力换算系数为 $1 + 1/d$。

故桩的计算宽度为:

矩形桩:

$$B_p = K_f K_B b = 1.0 \times \left(1 + \frac{1}{b}\right) b = b + 1 \tag{3-6-20}$$

圆形桩:

$$B_p = K_f K_B d = 0.9 \times \left(1 + \frac{1}{d}\right) d = 0.9(d + 1) \tag{3-6-21}$$

2. 地基系数 K

地基系数即弹性抗力系数,是地基土的一个物理量,表示单位面积地层上,一个单位变形所需施加的力。其意义可理解为单位岩(土)体在弹性限度内产生单位压缩变形值所需施加于其单位面积上的力。由于土的可变性和复杂性,地基系数沿深度的变化规律也比较复杂,应根据地层的性质和深度来确定。

自滑动面沿桩身至桩底,在同一高程处的桩前、后围岩的地基系数一般是相等的;当桩前、后有高差时,对一般土层和严重风化破碎及其他第四纪松散堆积地层而言,则是不相等的。在同一地层中沿桩轴的地基系数的分布形状有矩形、梯形、抛物线形、三角形和反抛物线形等,如图 3-6-20 所示。

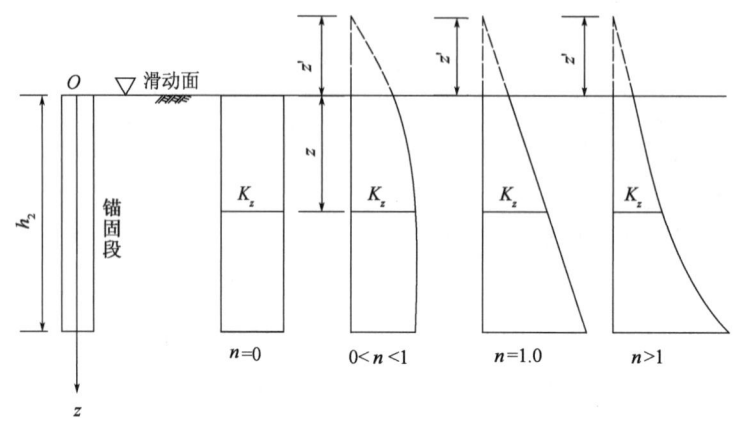

图 3-6-20　地基系数分布形式

图中 n 为线性指数。当 $n=0$ 时,地基系数为矩形分布;当 $0<n<1$ 时,地基系数为抛物线形分布;当 $n=1$ 时,地基系数为梯形或三角形分布;当 $n>1$ 时,地基系数为反抛物线形分布。

(1)当岩层较完整或为硬黏土时,认为地基系数是常数(不随深度而变化),即地基系数为矩形分布,相应的计算方法称之为"K"法。水平方向的地基系数以符号"K_H"表示,竖直方向的地基系数以符号"K_V"表示。

地基系数宜采用试验资料值,若无试验资料,可参考经验数据来确定。《铁路路基支挡结构设计规范》(TB 10025—2019)给出较完整岩层不同单轴极限抗压强度的侧向容许应力和地基系数对应值(表 3-6-3),并结合地层岩性给出了相应的地基系数(表 3-6-6)。

抗滑桩地基系数及地层物理力学指标　　　　表 3-6-6

地层类别	内摩擦角 (°)	弹性模量 E_0 (kPa)	泊松比 μ	地基系数 K (kPa/m)	剪切应力 (kPa)
细粒花岗岩、正长岩	80 以上	5430～6900	0.25～0.30	2.0×10^6～2.5×10^6	1500 以上
辉绿岩、玢岩		6700～7870	0.28	2.5×10^6	
中粒花岗岩	80 以上	5430～6500	0.25	1.8×10^6～2.0×10^6	1500 以上
粗粒正长岩、坚硬白云岩		6560～7000	0.25		
坚硬石灰岩	0	4400～10000	0.25～0.30	1.2×10^6～2.0×10^6	1500
坚硬砂岩、大理岩		4660～5430			
粗粒花岗岩、花岗片麻岩		5430～6000			

续上表

地层类别	内摩擦角（°）	弹性模量 E_0（kPa）	泊松比 μ	地基系数 K（kPa/m）	剪切应力（kPa）
较坚硬石灰岩	75~80	4400~9000	0.25~0.30	$0.8\times10^6 \sim 1.2\times10^6$	1200~1400
较坚硬砂岩		4460~5000			
不坚硬花岗岩		5430~6000			
坚硬页岩	70~75	2000~5500	0.15~0.30	$0.4\times10^6 \sim 0.8\times10^6$	700~1200
普通石灰岩		4400~8000	0.25~0.30		
普通砂岩		4600~5000	0.25~0.30		
坚硬泥灰岩	70	800~1200	0.29~0.38	$0.3\times10^6 \sim 0.4\times10^6$	500~700
较坚硬页岩		1980~3600	0.25~0.30		
不坚硬石灰岩		4400~6000	0.25~0.30		
不坚硬砂岩		1000~2780	0.25~0.30		
较坚硬泥灰岩	65	700~900	0.29~0.38	$0.2\times10^6 \sim 0.3\times10^6$	300~500
普通页岩		1900~3000	0.15~0.20		
软石灰岩		4400~5000	0.25		
不坚硬泥灰岩	45	30~500	0.29~0.38	$0.06\times10^6 \sim 0.12\times10^6$	150~300
硬化黏土		10~300	0.30~0.37		
软片岩		500~700	0.15~0.18		
硬煤		50~300	0.30~0.40		
密实黏土	30~45	10~300	0.30~0.37	$0.03\times10^6 \sim 0.06\times10^6$	100~150
普通煤		50~300	0.30~0.40		
胶结卵石		50~100	—		
掺石土		50~100	—		

《铁路桥涵地基和基础设计规范》(TB 10093—2017)和《建筑桩基技术规范》(JGJ 94—2008)根据岩石的单轴抗压强度也给出了地基系数，如表3-6-7所示。

岩石的竖向地基系数　　　　　　　　　　　　　　　　表3-6-7

序号	R(kPa)	K_V(kPa/m)	序号	R(kPa)	K_V(kPa/m)
1	1000	300000	2	≥25000	15000000

注：中间值可采用内插法确定。表中 R 为岩石的单轴抗压强度极限值。

一般水平方向的地基系数可根据竖直方向的地基系数来确定。《铁路隧道手册》《建筑地基基础设计规范》(GB 50007—2011)和《建筑桩基技术规范》(JGJ 94—2008)分别给出了两个系数的比值，如表3-6-8所示。

水平向与竖向地基系数比值　　　　　　　　　　　　　表3-6-8

依据	《铁路隧道手册》	GB 50007—2011	JGJ 94—2008
$\dfrac{K_H}{K_V}$	0.8	0.5	0.7

(2) 当地层为硬塑、半干硬的砂黏土、密实土、碎石土或风化破碎的岩层时，认为地基系数是随深度而变化的，即：

水平方向的地基系数：

$$K_H = A_H + m_H z^n \tag{3-6-22}$$

竖直方向的地基系数：

$$K_V = A_V + m_V z^n \tag{3-6-23}$$

式中：A_H、A_V——滑动面处地层水平和竖直方向的地基系数（kN/m^3）；

m_H、m_V——水平和竖直方向地基系数随深度变化的比例系数（kN/m^4）；

z——自滑动面沿桩轴向下的距离（m）；

n——线性指数，一般取 $n=1$。

桩前滑动面以上无滑坡体和超载时，地基系数为三角形分布，此时 $A_H = 0$、$A_V = 0$；桩前滑动面以上有滑坡体和超载时，地基系数为梯形分布。

由于地基系数随深度变化的比例系数（常数）以"m"表示，相应的计算方法称为"m"法。地基系数随深度变化的比例系数宜采用试验资料值，若无实测资料，可参考以往的经验数据来确定。《公路桥涵地基与基础设计规范》(JTG 3363—2019) 和《铁路桥梁地基和基础设计规范》(TB 10093—2017) 给出了各种土质地基的地基系数，如表 3-6-9 所示。

非岩石地基的地基系数   表 3-6-9

序号	土 的 名 称	m_H 和 m_V 值（kN/m^4）
1	流塑黏性土、淤泥	3000～5000
2	软塑黏性土、粉砂、稍密粉土	5000～10000
3	硬塑黏性土、细砂、中砂	10000～20000
4	坚硬、半坚硬的黏性土、粗砂	20000～30000
5	砾砂、角砾砂、砾石土、碎石土、卵石土	30000～80000
6	块石土、漂石土	80000～120000

注：1. 因表中 m_H 和 m_V 采用同一值，而 m_H 值当平均深度约为 10m 时，接近垂直荷载作用下的竖直方向地基系数 K_V 值，故 K_V 不得小于 $10m_V$。
2. 适用于结构在地面处水平位移最大不超过 6mm 的情况，当位移量较大时取值应适当折减。
3. 当基础侧面设有斜坡或台阶，且其坡度或台阶总宽度与地面以下或局部冲刷线以下深度之比大于 1:20 时，m 值应减半采用。

《铁路路基支挡结构设计规范》(TB 10025—2019) 也给出了地基比例系数 m，如表 3-6-10 所示。

地 基 比 例 系 数   表 3-6-10

序号	土 的 名 称	竖直方向 m_H（kPa/m^2）	水平方向 m_V（kPa/m^2）
1	$0.75 < I_L < 1.0$ 的软塑黏土及粉质黏土、淤泥	1000～2000	500～1400
2	$0.5 < I_L < 1.75$ 的软塑粉质黏土及黏土	2000～4000	1000～2800
3	硬塑粉质黏土及黏土、细砂和中砂	4000～6000	2000～4200
4	坚硬的粉质黏土及黏土、粗砂	6000～10000	3000～7000
5	砾砂、碎石土、卵石土	10000～20000	5000～14000
6	密实的大漂石	80000～120000	40000～84000

注：表中数值为相应于桩顶位移 6～10mm 时的地基比例系数 m_H 和 m_V 值。

表 3-6-11 为《建筑桩基技术规范》(JGJ 94—2008)给出的水平地基比例系数 m_H 的建议值。

水平地基比例系数　　　　　表 3-6-11

序号	地基土类别	预制桩、钢柱		灌注桩	
		m_H (kN/m⁴)	相应单桩在地面处水平位移(mm)	m_H (kN/m⁴)	相应单桩在地面处水平位移(mm)
1	淤泥、淤泥质土、饱和湿陷性黄土	2000~4500	10	2500~6000	6~12
2	流塑($I_L>1$)、软塑($0.75<I_L≤1$)状黏质土、$e>0.9$ 粉土、松散细砂、松散稍密填土	4500~6000	10	6000~14000	4~8
3	可塑($0.25<I_L≤0.75$)状黏质土、$e=0.75~0.9$ 粉土、湿陷性黄土、中密填土、稍密细砂	6000~10000	10	14000~35000	3~6
4	可塑($0<I_L≤0.25$)或坚硬($I_L≤0$)状黏质土、湿陷性黄土、$e<0.75$ 粉土、中密的中细砂、密实老填土	10000~22000	10	35000~100000	2~5
5	中密、密实的砾砂、碎石类土			100000~300000	1.5~3

注：1. 当桩顶水平位移大于表列数值或灌注桩配筋率较高(≥0.65%)时，m_H 值应当减小；当预制桩水平位移小于 10mm 时，m_H 值可适当提高。
2. 当水平荷载为长期或经常出现的荷载时，应将表列数值乘以 0.4 降低采用。
3. 当地基为可液化土层时，应将表列数值乘以土层液化折减系数。

第四节　普通抗滑桩桩身内力与变位计算

1. 弹性桩和刚性桩的区分

抗滑桩受到滑坡推力后，将产生一定的变形。根据桩和桩周岩(土)的性质以及桩的几何性质，其变形有两种情形：一是桩的位置发生偏离，但桩轴线仍保持原有线形，变形是由于桩周岩(土)的变形所致；另一种是桩的位置和桩轴线同时发生改变，即桩轴线和桩周岩(土)同时发生变形。前一种情况桩犹如刚体一样，仅发生了转动，故称其为刚性桩；后者则称为弹性桩。

试验研究表明，当抗滑桩埋入稳定地层内的计算深度为某一临界值时，可视桩的刚度为无穷大，桩的侧向极限承载力仅取决于桩周岩(土)的弹性抗力大小，而与桩的刚度无关。计算深度(即锚固段计算长度)为此临界值时，不管按弹性桩还是刚性桩计算，其侧向承载力及传递给地层的压力图形均比较接近。因此，工程中将这个临界值作为判别刚性桩和弹性桩的标准，判别标准与桩的变形系数(α 或 β)和计算方法(K 法或 m 法)有关。

(1) 按 K 法计算

$\beta h \leq 1$，属刚性桩；$\beta h > 1$，属弹性桩。

其中 h 为锚固段长度；β 为桩的变形系数，以 m^{-1} 计，可按下式计算：

$$\beta = \left(\frac{K_H B_p}{4EI}\right)^{\frac{1}{4}} \tag{3-6-24}$$

式中：K_H——水平地基系数，不随深度而变(kN/m³)；
B_p——桩的正面计算宽度(m)；

E——桩的弹性模量(kPa);

I——桩的截面惯性矩(m^4)。

(2)按 m 法计算

$\alpha h \leq 2.5$,属刚性桩;$\alpha h > 2.5$,属弹性桩。

其中 α 为桩的变形系数,以 m^{-1} 计,可按下式计算:

$$\alpha = \left(\frac{m_H B_p}{EI}\right)^{\frac{1}{5}} \tag{3-6-25}$$

式中:m_H——水平地基系数随深度变化的比例系数(kN/m^4);

其余符号意义同前。

2.桩底的约束(支承)条件

普通抗滑桩的顶端一般为自由支承;而底端由于锚固程度不同,可以分为自由支承、铰支承、固定支承三种,通常采用前两种支承条件。

(1)自由支承

如图 3-6-21a)所示,当锚固段地层为土体、松软破碎岩层时,现场试验研究表明,在滑坡推力作用下,桩底有明显的位移和转动。这种条件下,桩底可按自由支承处理,即令 $Q_B=0$、$M_B=0$。

(2)铰支承

如图 3-6-21b)所示,当桩底岩层完整,并较 AB 段地层坚硬,但桩嵌入此层不深时,桩底可按铰支承处理,即令 $x_B=0$,$M_B=0$。

(3)固定支承

如图 3-6-21c)所示,当桩底岩层完整、极坚硬,桩嵌入此层较深时,桩身 B 点处可按固定端处理,即令 $x_B=0$、$\varphi_B=0$。但抗滑桩出现此种支承情况是不经济的,故极少采用。

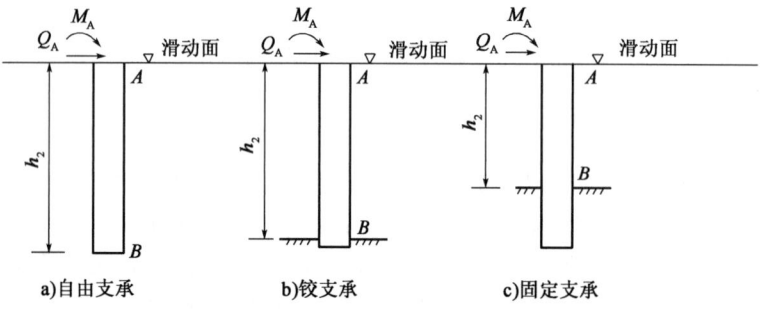

图 3-6-21 桩底支承条件

一、弹性桩滑动面以上桩身内力与变位计算

对于弹性桩,按滑动面以上桩身和滑动面以下桩身两种情况分别计算,计算图式如图 3-6-22 所示。

滑面以上的桩身内力应根据滑坡推力和桩前滑坡体抗力计算。

1.弯矩和剪力

滑动面以上桩所承受的外力为滑坡推力和桩前反力之差 H,其分布形式一般为三角形、梯形和矩形。内力计算时按一端固定的悬臂梁考虑。现以梯形分布(图 3-6-23)为例,给出弯矩和剪力的计算公式。

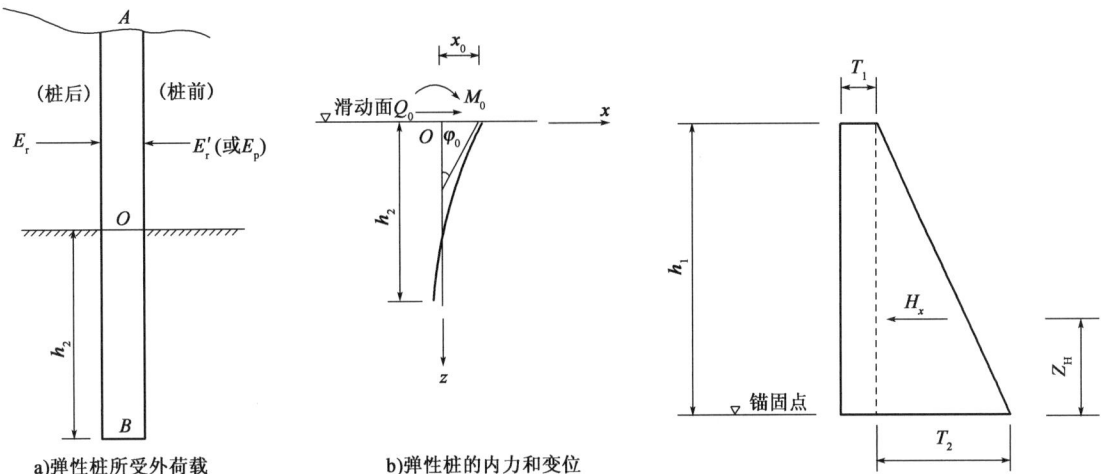

图 3-6-22　弹性桩的计算图式　　　　图 3-6-23　土压力分布形式

图 3-6-23 所示的土压力分布图形中：

$$T_1 = \frac{6M_0 - 2H_x h_1}{h_1^2}$$
$$T_2 = \frac{6H_x h_1 - 12M_0}{h_1^2} \Biggr\} \quad (3\text{-}6\text{-}26)$$

当 $T_1=0$ 时,土压力呈三角形分布;当 $T_2=0$ 时,土压力呈矩形分布。

锚固段顶点桩身的弯矩 M_0、剪力 Q_0 为：

$$M_0 = H_x Z_H \quad (3\text{-}6\text{-}27)$$
$$Q_0 = H_x \quad (3\text{-}6\text{-}28)$$

式中：Z_H——桩上外力的作用点至锚固点的距离(m)。

滑动面以上桩身各点的弯矩 M_z 和剪力 Q_z 为：

$$M_z = \frac{T_1 z^2}{2} + \frac{T_2 z^3}{6h_1} \quad (3\text{-}6\text{-}29)$$

$$Q_z = T_1 z + \frac{T_2 z^2}{2h_1} \quad (3\text{-}6\text{-}30)$$

式中：h_1——滑动面以上桩长(m)；

z——锚固点以上桩身某点距桩顶的距离(m)。

2. 水平位移和转角

滑动面以上桩身水平位移 x_z 和转角 φ_z 为：

$$x_z = x_0 - \varphi_0 \cdot (h_1 - z) + \frac{T_1}{EI}\left(\frac{h_1^4}{8} - \frac{h_1^3 z}{6} + \frac{z^4}{24}\right) + \frac{T_2}{EIh_1}\left(\frac{h_1^5}{30} - \frac{h_1^4 z}{24} + \frac{z^5}{120}\right) \quad (3\text{-}6\text{-}31)$$

$$\varphi_z = \varphi_0 - \frac{T_1}{6EI}(h_1^3 - z^3) - \frac{T_2}{24EIh_1}(h_1^4 - z^4) \quad (3\text{-}6\text{-}32)$$

二、弹性桩滑动面以下桩身内力与变位计算

滑动面以下的桩身变位和内力,应根据滑动面处的弯矩、剪力和地基的弹性抗力进行计算。

首先根据桩周地层的性质确定地基系数,建立桩的挠曲微分方程式,然后通过数学求解方法,求得滑动面以下桩身任一截面的内力和变位计算的一般表达式,最后根据桩底边界条件计算出滑动面处的位移和转角,进而计算桩身任一深度处的内力和变位。

为建立挠曲微分方程,作以下三个假设:

(1)弹性假设。桩的材料在弹性范围内工作,应力和应变成正比。

(2)平面假设。当忽略剪力所引起的变形时,桩在变形前为平面的横截面,在变形后仍保持平面。

(3)小变形假设。在外力作用下,桩的弹性变形与原始尺寸相比甚小,可忽略不计,即均可按桩的原始尺寸来计算桩的内力和变位。

根据地基系数的不同,滑动面以下的桩身内力和变位分 K 法和 m 法两种方法计算。

1. K 法

当用 K 法计算滑动面以下的桩身内力和变位时,锚固段计算长度为 βh,则桩顶受水平荷载作用的挠曲微分方程为:

$$EI\frac{\mathrm{d}^4 x}{\mathrm{d}z^4} + xK_H B_P = 0 \tag{3-6-33}$$

式中:$xK_H B_P$——地基作用于桩上的水平抗力。

引入变形系数 β[式(3-6-24)],则式(3-6-33)的挠曲微分方程可改写为:

$$\frac{\mathrm{d}^4 x}{\mathrm{d}z^4} + 4\beta^4 x = 0 \tag{3-6-34}$$

通过数学求解,得到滑动面以下任一截面的变位、侧向应力和内力的计算公式:

$$\left.\begin{aligned}
&变位: x_z = x_0 \varphi_1 + \frac{\varphi_0}{\beta}\varphi_2 + \frac{M_0}{\beta^2 EI}\varphi_3 + \frac{Q_0}{\beta^3 EI}\varphi_4 \\
&转角: \varphi_z = \beta\left(-4x_0\varphi_4 + \frac{\varphi_0}{\beta}\varphi_1 + \frac{M_0}{\beta^2 EI}\varphi_2 + \frac{Q_0}{\beta^3 EI}\varphi_3\right) \\
&变矩: M_z = -4x_0\beta^2 EI\varphi_3 - 4\varphi_0\beta EI\varphi_4 + M_0\varphi_1 + \frac{Q_0}{\beta}\varphi_2 \\
&剪力: Q_z = -4x_0\beta^3 EI\varphi_2 - 4\varphi_0\beta^3 EI\varphi_3 - 4M_0\beta\varphi_4 + Q_0\varphi_1 \\
&侧向应力: \sigma_z = K_H x_z
\end{aligned}\right\} \tag{3-6-35}$$

式中:φ_1、φ_2、φ_3、φ_4——K 法的影响函数值。

$$\left.\begin{aligned}
\varphi_1 &= \cos(\beta z)\mathrm{ch}(\beta z) \\
\varphi_2 &= \frac{1}{2}[\sin(\beta z)\mathrm{ch}(\beta z) + \cos(\beta z)\mathrm{sh}(\beta z)] \\
\varphi_3 &= \frac{1}{2}\sin(\beta z)\mathrm{sh}(\beta z) \\
\varphi_4 &= \frac{1}{4}[\sin(\beta z)\mathrm{ch}(\beta z) - \cos(\beta z)\mathrm{sh}(\beta z)]
\end{aligned}\right\} \tag{3-6-36}$$

式(3-6-35)为 K 法的一般表达式,计算时先求滑动面处的 x_0 和 φ_0,然后根据下述三种边界条件,再求桩身任一截面的变位、内力和侧向应力。

(1) 当桩底为固定端时,$x_B = 0$,$\varphi_B = 0$,将其代入式(3-6-35)的第1、2式,联立求解得:

$$\left. \begin{aligned} x_0 &= \frac{M_0}{\beta^2 EI} \cdot \frac{\varphi_2^2 - \varphi_1\varphi_3}{4\varphi_4\varphi_2 + \varphi_1^2} + \frac{Q_0}{\beta^3 EI} \cdot \frac{\varphi_2\varphi_3 - \varphi_1\varphi_4}{4\varphi_4\varphi_2 + \varphi_1^2} \\ \varphi_0 &= -\frac{M_0}{\beta EI} \cdot \frac{\varphi_1\varphi_2 + 4\varphi_3\varphi_4}{4\varphi_4\varphi_2 + \varphi_1^2} - \frac{Q_0}{\beta^2 EI} \cdot \frac{\varphi_1\varphi_3 + 4\varphi_4^2}{4\varphi_4\varphi_2 + \varphi_1^2} \end{aligned} \right\} \quad (3\text{-}6\text{-}37)$$

(2) 当桩底为铰支端时,$x_B = 0$,$M_B = 0$,不考虑桩底弯矩的影响,将其代入式(3-6-35)的第1、3式,联立求解得:

$$\left. \begin{aligned} x_0 &= \frac{M_0}{\beta^2 EI} \cdot \frac{4\varphi_3\varphi_4 + \varphi_1\varphi_2}{4\varphi_2\varphi_3 - 4\varphi_1\varphi_4} + \frac{Q_0}{\beta^3 EI} \cdot \frac{4\varphi_4^2 + \varphi_2^2}{4\varphi_2\varphi_3 + 4\varphi_1\varphi_4} \\ \varphi_0 &= -\frac{M_0}{\beta EI} \cdot \frac{\varphi_1^2 + 4\varphi_3^2}{4\varphi_2\varphi_3 - 4\varphi_1\varphi_4} - \frac{Q_0}{\beta^2 EI} \cdot \frac{4\varphi_3\varphi_4 + \varphi_1\varphi_2}{4\varphi_2\varphi_3 - 4\varphi_1\varphi_4} \end{aligned} \right\} \quad (3\text{-}6\text{-}38)$$

(3) 当桩底为自由端时,$Q_B = 0$,$M_B = 0$,将其代入式(3-6-35)的第3、4式,联立求解得:

$$\left. \begin{aligned} x_0 &= \frac{M_0}{\beta^2 EI} \cdot \frac{4\varphi_4^2 + \varphi_1\varphi_3}{4\varphi_3^2 - 4\varphi_2\varphi_4} + \frac{Q_0}{\beta^3 EI} \cdot \frac{\varphi_2\varphi_3 - \varphi_1\varphi_4}{4\varphi_3^2 - 4\varphi_2\varphi_4} \\ \varphi_0 &= -\frac{M_0}{\beta EI} \cdot \frac{4\varphi_3\varphi_4 + \varphi_1\varphi_2}{4\varphi_3^2 - 4\varphi_2\varphi_4} - \frac{Q_0}{\beta^2 EI} \cdot \frac{\varphi_2^2 - \varphi_1\varphi_3}{4\varphi_3^2 - 4\varphi_2\varphi_4} \end{aligned} \right\} \quad (3\text{-}6\text{-}39)$$

将上述各种边界条件相应的 x_0 和 φ_0 代入式(3-6-35),可求得滑动面以下桩身任一截面的变位和内力。

2. m 法

当用 m 法计算滑动面以下的桩身内力和变位时,锚固段计算长度为 αh。此法以弹性地基上的弹性梁为基础。梁的挠曲微分方程为:

$$EI \frac{d^4 x}{dz^4} = -P \quad (3\text{-}6\text{-}40)$$

式中:P——岩(土)体作用于桩上的水平反力。

假定桩作用于岩(土)体上的水平应力等于桩上各点的水平位移 x 与该点处岩(土)体的地基系数 K_H 的乘积,即 $P = xK_H B_p$,由于 K_H 随深度 z 成正比例变化,故:

$$P = xK_H B_p = m_H zxB_p \quad (3\text{-}6\text{-}41)$$

将上式代入式(3-6-40),得:

$$EI \frac{d^4 x}{dz^4} = -m_H zxB_p \quad (3\text{-}6\text{-}42)$$

式(3-6-42)为桩承受水平荷载作用下的挠曲微分方程,通过数学求解可得一组幂级数的表达式,经换算整理后,得:

$$\left.\begin{aligned}
x_z &= x_0 A_1 + \frac{\varphi_0}{\alpha} B_1 + \frac{M_0}{\alpha^2 EI} C_1 + \frac{Q_0}{\alpha^3 EI} D_1 \\
\varphi_z &= \alpha \left(x_0 A_2 + \frac{\varphi_0}{\alpha} B_2 + \frac{M_0}{\alpha^2 EI} C_2 + \frac{Q_0}{\alpha^3 EI} D_2 \right) \\
M_z &= \alpha^2 EI \left(x_0 A_3 + \frac{\varphi_0}{\alpha} B_3 + \frac{M_0}{\alpha^2 EI} C_3 + \frac{Q_0}{\alpha^3 EI} D_3 \right) \\
Q_z &= \alpha^3 EI \left(x_0 A_4 + \frac{\varphi_0}{\alpha} B_4 + \frac{M_0}{\alpha^2 EI} C_4 + \frac{Q_0}{\alpha^3 EI} D_4 \right) \\
\sigma_z &= m_H z x_z
\end{aligned}\right\} \quad (3\text{-}6\text{-}43)$$

式中：x_z、φ_z、M_z、Q_z——锚固段桩身任一截面的位移(m)、转角(rad)、弯矩(kN·m)、剪力(kN)；

x_0、φ_0、M_0、Q_0——滑动面处桩的位移(m)、转角(rad)、弯矩(kN·m)、剪力(kN)；

E——混凝土的弹性模量(kN/m²)；

I——桩的截面惯性矩(m⁴)；

A_i、B_i、C_i、D_i——随桩的计算深度(αh)而变的系数。

其中系数 A_1、B_1、C_1、D_1 按下式计算：

$$\left.\begin{aligned}
A_1 &= 1 + \sum_{k=1}^{\infty} (-1)^k \frac{(5k-4)!!}{(5k)!} (az)^{5k} \quad (k=1,2,3,4\cdots) \\
&= 1 - \frac{(az)^5}{5!} + \frac{1 \times 6}{10!} (az)^{10} - \frac{1 \times 6 \times 11}{15!} (az)^{15} + \frac{1 \times 6 \times 11 \times 16}{20!} (az)^{20} + \cdots \\
B_1 &= az + \sum_{k=1}^{\infty} (-1)^k \frac{(5k-3)!!}{(5k+1)!} (az)^{5k+1} \\
&= az - \frac{2}{6!} (az)^6 + \frac{2 \times 7}{11!} (az)^{11} - \frac{2 \times 7 \times 12}{16!} (az)^{16} + \cdots \\
&\quad - \frac{4}{8!} (az)^3 + \frac{4 \times 9}{13!} (az)^{13} - \frac{4 \times 9 \times 14}{18!} (az)^{18} + \cdots \\
C_1 &= \frac{(az)^2}{2!} + \sum_{k=1}^{\infty} (-1)^k \frac{(5k-2)!!}{(5k+2)!} (az)^{5k+2} \\
&= \frac{1}{2!} (az)^2 - \frac{3}{7!} (az) + \frac{3 \times 8}{12!} (az)^{12} - \frac{3 \times 8 \times 13}{17!} (az)^{17} + \cdots \\
D_1 &= \frac{(az)^3}{3!} + \sum_{k=1}^{\infty} (-1)^k \frac{(5k-1)!!}{(5k+3)!} (az)^{5k+3} \\
&= \frac{1}{3!} (az)^3 - \frac{4}{8!} (az)^3 + \frac{4 \times 9}{13!} (az)^{13} - \frac{4 \times 9 \times 14}{18!} (az)^{18} + \cdots
\end{aligned}\right\} \quad (3\text{-}6\text{-}44)$$

A_2、$B_2\cdots A_4$、B_4、C_4、D_4 由 A_1、B_1、C_1、D_1 逐次计算,即:

$$\left.\begin{aligned}
A_2 &= -\frac{(az)^4}{4!} + \frac{6(z)^9}{9!} - \frac{6\times 11}{14!}(az)^{14} + \frac{6\times 11\times 16}{19!}(az)^{19} - \cdots \\
A_3 &= -\frac{(az)^3}{3!} + \frac{6(az)^8}{8!} - \frac{6\times 11}{13!}(az)^{13} + \frac{6\times 11\times 16}{18!}(az)^{18} - \cdots \\
A_4 &= -\frac{(az)^2}{2!} + \frac{6(az)^7}{7!} - \frac{6\times 11}{12!}(az)^{12} + \frac{6\times 11\times 16}{17!}(az)^{17} - \cdots \\
B_2 &= 1 - \frac{2}{5!}(az)^5 + \frac{2\times 7}{10!}(az)^{10} - \frac{2\times 7\times 12}{15!}(az)^{15} + \cdots \\
B_3 &= -\frac{2}{4!}(az)^4 + \frac{2\times 7}{9!}(az)^9 - \frac{2\times 7\times 12}{14!}(az)^{14} + \cdots \\
B_4 &= -\frac{2}{3!}(az)^3 + \frac{2\times 7}{8!}(az)^8 - \frac{2\times 7\times 12}{13!}(az)^{13} + \cdots \\
C_2 &= (az) - \frac{3}{6!}(az)^6 + \frac{3\times 8}{11!}(az)^{11} - \frac{3\times 8\times 13}{16!}(az)^{16} + \cdots \\
C_3 &= 1 - \frac{3}{5!}(az)^5 + \frac{3\times 8}{10!}(az)^{10} - \frac{3\times 8\times 13}{15!}(az)^{15} + \cdots \\
C_4 &= -\frac{3}{4!}(az)^4 + \frac{3\times 8}{9!}(az)^9 - \frac{3\times 8\times 13}{14!}(az)^{14} + \cdots \\
D_2 &= \frac{(az)^2}{2!} - \frac{4}{7!}(az)^7 + \frac{4\times 9}{12!}(az)^{12} - \frac{4\times 9\times 14}{17!}(az)^{17} + \cdots \\
D_3 &= (az) - \frac{4}{6!}(az)^6 + \frac{4\times 9}{11!}(az)^{11} - \frac{4\times 9\times 14}{16!}(az)^{16} + \cdots \\
D_4 &= 1 - \frac{4}{5!}(az)^5 + \frac{4\times 9}{10!}(az)^{10} - \frac{4\times 9\times 14}{15!}(az)^{15} + \cdots
\end{aligned}\right\} \quad (3\text{-}6\text{-}45)$$

式(3-6-43)为弹性桩内力计算 m 法的一般表达式。为求得桩身任一点的变位、转角、弯矩、剪力以及岩(土)体对该点的侧向应力,必须求出滑动面处的 x_0 和 φ_0,此时需根据桩底的三种不同条件来确定。

(1)当桩底为固定端时,将 $x_B = 0$ 和 $\varphi_B = 0$ 代入式(3-6-43)的前两式,联立求解得:

$$\left.\begin{aligned}
x_0 &= \frac{M_0}{\alpha^2 EI} \cdot \frac{B_1 C_2 - C_1 B_2}{A_1 B_2 - B_1 A_2} + \frac{Q_0}{\alpha^3 EI} \cdot \frac{B_1 D_2 - D_1 B_2}{A_1 B_2 - B_1 A_2} \\
\varphi_0 &= \frac{M_0}{\alpha EI} \cdot \frac{C_1 A_2 - A_1 C_2}{A_1 B_2 - B_1 A_2} + \frac{Q_0}{\alpha^2 EI} \cdot \frac{D_1 A_2 - A_1 D_2}{A_1 B_2 - B_1 A_2}
\end{aligned}\right\} \quad (3\text{-}6\text{-}46)$$

(2)当桩底为铰支端时,将 $x_B = 0$ 和 $M_B = 0$ 代入式(3-6-43)的第1、3式,联立求解得:

$$\left.\begin{aligned}
x_0 &= \frac{M_0}{\alpha^2 EI} \cdot \frac{C_1 B_3 - C_3 B_1}{A_3 B_1 - B_3 A_1} + \frac{Q_0}{\alpha^3 EI} \cdot \frac{B_3 D_1 - D_3 B_1}{A_1 B_3 - B_1 A_3} \\
\varphi_0 &= \frac{M_0}{\alpha EI} \cdot \frac{C_3 A_1 - A_3 C_1}{A_3 B_1 - B_3 A_1} + \frac{Q_0}{\alpha^2 EI} \cdot \frac{D_3 A_1 - A_3 D_1}{A_3 B_1 - B_3 A_1}
\end{aligned}\right\} \quad (3\text{-}6\text{-}47)$$

(3)当桩底为自由端时,将 $Q_B = 0$ 和 $M_B = 0$ 代入式(3-6-43)的第3、4式,联立求解得:

$$\left.\begin{aligned} x_0 &= \frac{M_0}{\alpha^2 EI} \cdot \frac{C_4 B_3 - C_3 B_4}{A_3 B_4 - B_3 A_4} + \frac{Q_0}{\alpha^3 EI} \cdot \frac{B_3 D_4 - D_3 B_4}{A_3 B_4 - B_3 A_4} \\ \varphi_0 &= \frac{M_0}{\alpha EI} \cdot \frac{C_3 A_4 - A_3 C_4}{A_3 B_4 - B_3 A_4} + \frac{Q_0}{\alpha^2 EI} \cdot \frac{D_3 A_4 - A_3 D_4}{A_3 B_4 - B_3 A_4} \end{aligned}\right\} \tag{3-6-48}$$

将上述各种边界条件下的 x_0 和 φ_0 代入式(3-6-43),即可求得锚固段桩身任一处的内力和变位。

3. 当滑动面处抗力不为零时的处理

m 法的计算公式是按滑动面处抗力为零的情况导出的。结合抗滑桩的实际情况,滑动面以上往往有滑坡体存在,在滑动面处土的抗力不为零,而是某一数值 A,则滑动面以下某一深度处土抗力的表达式为 $P_z = A + m_H z$,即滑动面以下的地基系数为梯形变化。此时,利用 m 法推导的计算公式和影响系数可通过下述方法处理,如图 3-6-24 所示。

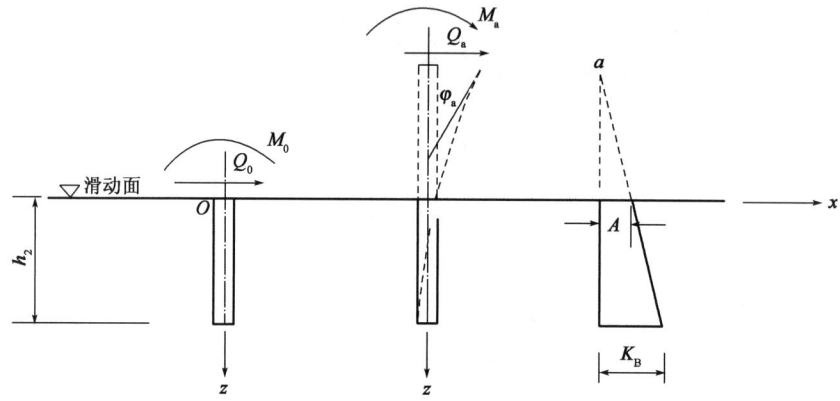

图 3-6-24 滑坡面处的抗力不为零的处理

(1) 将地基系数变化图形向上延伸至虚点 a,延伸的高度 $h_a = \dfrac{h_2}{m}$。

(2) 自虚点 a 向下计算便可以直接应用上述公式,但必须重新确定 a 点处的初参数 M_a、Q_a、x_a、φ_a。

(3) a 点处的初参数可由滑动面处条件和桩底处的边界条件确定,即在 M_a 和 Q_a 的作用下,必须满足下述条件:

当 $z = 0$ 时(滑动面处),$M = M_0$,$Q = Q_0$;

当 $z = h_2$ 时(桩底处),$M_B = 0$,$Q_B = 0$(桩底为自由端时);$x_B = 0$,$\varphi_B = 0$(桩底为固定端时)。

桩底为自由端时可建立下列方程:

$$\left.\begin{aligned} \alpha^2 EI \left(x_a A_3^0 + \frac{\varphi_a}{\alpha} B_3^0 + \frac{M_a}{\alpha^2 EI} C_3^0 + \frac{Q_a}{\alpha^3 EI} D_3^0 \right) &= M_0 \\ \alpha^3 EI \left(x_a A_4^0 + \frac{\varphi_a}{\alpha} B_4^0 + \frac{M_a}{\alpha^2 EI} C_4^0 + \frac{Q_a}{\varepsilon^3 EI} D_4^0 \right) &= Q_0 \\ x_a A_3^B + \frac{\varphi_a}{\alpha} B_3^B + \frac{M_a}{\alpha^2 EI} C_3^B + \frac{Q_a}{\alpha^3 EI} D_3^B &= 0 \\ x_a A_4^B + \frac{\varphi_a}{\alpha} B_4^B + \frac{M_a}{\alpha^2 EI} C_4^B + \frac{Q_a}{\alpha^3 EI} D_4^B &= 0 \end{aligned}\right\} \tag{3-6-49}$$

桩底为固定端时可建立下列方程：

$$\left.\begin{array}{r} x_a A_1^B + \dfrac{\varphi_a}{\alpha} B_1^B + \dfrac{M_a}{\alpha^2 EI} C_1^B + \dfrac{Q_a}{\alpha^3 EI} D_1^B = 0 \\ x_a A_2^B + \dfrac{\varphi_a}{\alpha} B_2^B + \dfrac{M_a}{\alpha^2 EI} C_2^B + \dfrac{Q_a}{\alpha^3 EI} D_2^B = 0 \end{array}\right\} \quad (3\text{-}6\text{-}50)$$

式中：A_3^0——在滑动面处的系数 A_3 值；

$\quad\ A_3^B$——在桩底处的系数 A_3 值；

其余类推。

联立式(3-6-49)及式(3-6-50)，即可求得 M_a、Q_a、x_a、φ_a 之值，此时便可根据上述公式计算滑动面以下任一点的内力和变位。

三、刚性桩内力与变位计算

刚性桩在滑坡推力的作用下，将沿滑动面以下桩轴线某点旋转一角度，使桩周岩(土)体受到压缩，当桩底嵌入完整、坚硬岩层时，将绕桩底转动。

刚性桩内力的计算方法较多。目前常用的方法是：滑动面以上抗滑桩受荷段上所有的力均视为外荷载，桩前的滑坡体抗力按其大小从外荷载中予以折减，将滑坡推力和桩前滑动面以上的抗力折算成在滑动面上作用的弯矩和剪力并视为外荷载。将桩周岩(土)体视为弹性体，以此来计算侧向应力和土抗力，进而计算锚固段的内力和变位。

对于单一地层而言，滑动面以下为同一 m 值，桩底自由，滑动面处的地基系数分别为 A_1、A_2，H 为滑坡推力与剩余抗滑力之差，z_0 为下部桩段转动轴心距滑动面的距离，φ 为旋转角，Z_H 为滑坡推力至滑动面的距离，如图 3-6-25 所示。

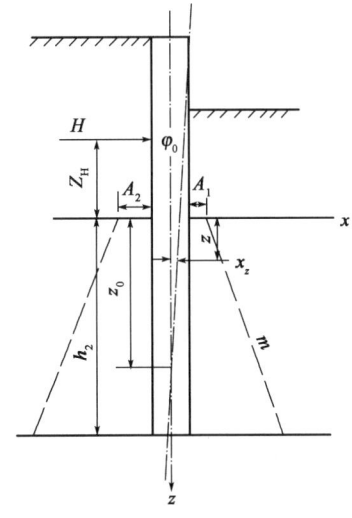

图 3-6-25 置于单一地层中的刚性桩内力和变位计算图式

(1) 当 $0 \leqslant z \leqslant z_0$ 时：

变位：
$$x_z = (z_0 - z)\tan\varphi = (z_0 - z)\varphi \quad (3\text{-}6\text{-}51)$$

侧应力：
$$\sigma_z = (A_1 + mz)(z_0 - z)\varphi \quad (3\text{-}6\text{-}52)$$

剪力：
$$Q_z = H - \frac{1}{2} B_p A_1 \varphi z(2z_0 - z) - \frac{1}{6} B_p m\varphi z^2(3z_0 - 2z) \quad (3\text{-}6\text{-}53)$$

弯矩：
$$M_z = H(Z_H + z) - \frac{1}{6} B_p A_1 \varphi z^2(3z_0 - z) - \frac{1}{12} B_p m\varphi z^3(2z_0 - z) \quad (3\text{-}6\text{-}54)$$

(2) 当 $z_0 \leqslant z \leqslant h_2$ 时：

变位：
$$x_z = (z_0 - z)\varphi \quad (3\text{-}6\text{-}55)$$

侧应力：
$$\sigma_z = (A_2 + mz)(z_0 - z)\varphi \quad (3\text{-}6\text{-}56)$$

剪力：
$$Q_z = H - \frac{1}{6}B_p m\varphi z^2(3z_0 - 2z) - \frac{1}{2}B_p A_1 \varphi z_0^2 + \frac{1}{2}B_p A_2 \varphi (z - z_0)^2 \qquad (3\text{-}6\text{-}57)$$

弯矩：
$$M_z = H(Z_H + z) - \frac{1}{6}B_p A_1 \varphi z_0^2(3z - z_0) + \frac{1}{6}B_p A_2 \varphi (z - z_0)^3 + \frac{1}{12}B_p m\varphi z^3(z - 2z_0) \qquad (3\text{-}6\text{-}58)$$

根据 $\sum X = 0$ 的平衡方程，可求得：
$$\varphi = \frac{6H}{B_p [3z_0^2(A_1 - A_2) + 3h_2 z_0(mh_2 + 2A_2) - h_2^2(2mh_2 + 3A_2)]} \qquad (3\text{-}6\text{-}59)$$

根据静力平衡条件 $\sum X = 0$ 和 $\sum M = 0$，可解得：
$$(A_1 - A_2)z_0^3 + 3Z_H(A_1 - A_2)z_0^2 + [h_2^2 m(3Z_H + 2h_2) + 3h_2 A_2(2Z_H + h_2)]z_0 - 0.5h_2^3 m(4Z_H + 3h_2) - h_2^2 A_2(3Z_H + 2h_2) = 0$$

令：$A = (A_1 - A_2)$，$B = 3Z_H(A_1 - A_2)$，$C = h_2^2 m(3Z_H + 2h_2) + 3h_2 A_2(2Z_H + h_2)$，$D = h_2^3 m(2Z_H + 1.5h_2) + h_2^2 A_2(3Z_H + 2h_2)$

则有：
$$Az_0^3 + Bz_0^2 + Cz_0 - D = 0 \qquad (3\text{-}6\text{-}60)$$

用试算法解式(3-6-60)，可求得 z_0，然后将其代入式(3-6-59)，即可求得 φ 值。

以上计算公式可应用于以下四种情况：

①当 $A_1 \neq A_2$ 时，桩两侧同深度处的地基系数不等，必须用试算法求出 z_0，再计算 φ 和内力。

②当 $A_1 = A_2 = A$ 时，桩两侧同深度处的地基系数相等，这时的 z_0 和 φ 可以直接求得，分别为：
$$z_0 = \left[\frac{2A(2h_2 + 3Z_H) + mh_2(3h_2 + 4Z_H)}{3A(h_2 + 2Z_H) + mh_2(2h_2 + 3Z_H)}\right] \cdot \frac{h_2}{2} \qquad (3\text{-}6\text{-}61)$$

$$\varphi = \frac{6H}{B_p[3A(2h_2 z_0 - h_2^2) + mh_2^2(3z_0 - 2h_2)]} \qquad (3\text{-}6\text{-}62)$$

③当 $A_1 = 0$ 时，桩两侧同深度处的地基系数不等，且桩前滑动面处的地基系数为零，这时 z_0 也须用试算法求得。

④当 $m = 0$ 时，桩侧地基系数为常数（即 K 法），此时将 $A_1 = A_2 = K$，$m = 0$ 代入式(3-6-60)和式(3-6-59)，便可直接求得 z_0 和 φ，分别为：
$$z_0 = \frac{h_2(3Z_H + 2h_2)}{3(2Z_H + h_2)} \qquad (3\text{-}6\text{-}63)$$

$$\varphi = \frac{2H}{B_p K h_2(2z_0 - h_2)} \qquad (3\text{-}6\text{-}64)$$

根据上述原理，即可求得单一地层各种情况下刚性桩的内力计算公式。

如果桩身置于两种不同的地层，桩底按自由端考虑，桩变位时，旋转中心将随地质情况变化而变化。仍可采用单一土层时求静力平衡方程 $\sum X = 0$ 和 $\sum M = 0$ 的条件求解。先求解出 z_0，再计算 φ。

【计算示例 3-6-1】

某滑坡拟采用抗滑桩治理，抗滑桩设计如图 3-6-26 所示。计算锚固段桩身内力，验算桩侧承载力。

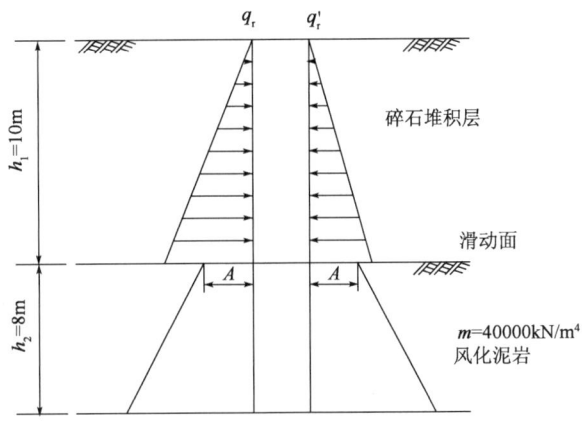

图 3-6-26 抗滑桩设计示意图

1. 设计资料

(1) 滑坡体为碎石堆积层，$\gamma_1 = 19.0 \text{ kN/m}^3$，$\varphi_1 = 28°$。

(2) 滑动面以下的滑床为风化严重的泥岩，设计时可按密实土层考虑，$\gamma_2 = 21.0 \text{kN/m}^3$，$\varphi_2 = 42°10'$。

(3) 桩前、后滑坡体厚度基本相同，滑动面处的地基系数 $A = 85000 \text{kN/m}^3$，滑坡推力 $E_n = 1000 \text{kN/m}$，桩前剩余抗滑力 $E_n' = 500 \text{kN/m}$，滑动面以下地基比例系数 $m_H = 40000 \text{kN/m}^4$。

(4) 设桩处按水平滑动面考虑。

(5) 桩的混凝土弹性模量 $E_h = 2.6 \times 10^7 \text{ kN/m}^2$。

(6) 桩底支承条件按自由支承考虑。

2. 桩的规划设计

桩的规划：

(1) 桩全长 18m，受荷段长 $h_1 = 10\text{m}$，锚固段长 $h_2 = 8\text{m}$；

(2) 桩间距（中至中）$L = 6\text{m}$；

(3) 桩截面 $a \times b = 3\text{m} \times 2\text{m}$。

有关设计参数：

(1) 桩截面惯性矩 $I = \dfrac{1}{12}ba^3 = \dfrac{1}{12} \times 2 \times 3^3 = 4.5(\text{m}^4)$；

(2) 桩截面模量 $W = \dfrac{1}{6}ba^2 = \dfrac{1}{6} \times 2 \times 3^2 = 3(\text{m}^3)$；

(3) 桩的抗弯刚度 $E_h I = 2.6 \times 10^7 \times 4.5 = 1.17 \times 10^8 (\text{kN} \cdot \text{m}^2)$；

(4) 桩的计算宽度 $B_p = b + 1 = 2 + 1 = 3(\text{m})$；

(5) 桩的变形系数 $\alpha = \sqrt[5]{\dfrac{m_H B_p}{EI}} = \sqrt[5]{\dfrac{40000 \times 3}{1.17 \times 10^8}} = 0.252(\text{m}^{-1})$；

(6) 桩的计算深度 $\alpha h = 0.252 \times 8 = 2.016\text{m} < 2.5\text{m}$，属刚性桩。

3. 外荷载计算

每根桩上承受的滑坡推力：
$$E_r = E_n \cdot L = 1000 \times 6 = 6000 \, (\text{kN})$$

呈三角形分布，其中：
$$q_r = \frac{E_r}{0.5 h_1} = \frac{6000}{0.5 \times 10} = 1200 \, (\text{kN/m})$$

桩前被动土压力：
$$E_p = \frac{1}{2} \gamma_1 h_1^2 \tan^2\left(45° + \frac{\varphi_1}{2}\right) = \frac{1}{2} \times 19 \times 10^2 \times \tan^2\left(45° + \frac{28°}{2}\right) = 2631.3 \, (\text{kN/m}) > E_n'$$

故采用剩余抗滑力作为桩前地层抗力。每根桩的剩余抗滑力：
$$E_r' = E_n' L = 500 \times 6 = 3000 \, (\text{kN})$$

也呈三角形分布，其中：
$$q_r' = \frac{E_r'}{0.5 h_1} = \frac{3000}{0.5 \times 10} = 600 \, (\text{kN/m})$$

4. 受荷段桩身内力计算

(1) 剪力：
$$Q_z = \frac{1}{2} \cdot \frac{(q_r - q_r')z}{h_1} \cdot z = \frac{(1200 - 600)z^2}{2 \times 10} = 30 z^2$$

(2) 弯矩：
$$M_z = \frac{1}{2} \cdot \frac{(q_r - q_r')z}{h_1} \cdot z \cdot \frac{z}{3} = \frac{(1200 - 600)z^3}{10 \times 2 \times 3} = 10 z^3$$

受荷段桩身各截面的内力计算结果列于表3-6-12。

受荷段桩身内力表　　　　　表3-6-12

$z(\text{m})$	0	1	2	3	4	5	6	7	8	9	10
$Q_z(\text{kN})$	0	30	120	270	480	750	1080	1470	1920	2430	3000
$M_z(\text{kN} \cdot \text{m})$	0	10	80	270	640	1250	2160	3430	5120	7290	10000

5. 锚固段桩侧应力与桩身内力计算

对于刚性桩，视桩周岩(土)为弹性体，以此来计算桩侧应力和桩身内力。

(1) 滑动面至桩的转动中心的距离。

由式(3-6-61)得：
$$z_0 = \left[\frac{2A(2h_2 + 3Z_H) + m h_2(3h_2 + 4Z_H)}{3A(h_2 + 2Z_H) + m h_2(2h_2 + 3Z_H)}\right] \cdot \frac{h_2}{2}$$

$$= \frac{8}{2} \times \frac{2 \times 85000 \times \left(2 \times 8 + 3 \times \frac{10}{3}\right) + 40000 \times 8 \times \left(3 \times 8 + 4 \times \frac{10}{3}\right)}{3 \times 85000 \times \left(8 + 2 \times \frac{10}{3}\right) + 40000 \times 8 \times \left(2 \times 8 + 3 \times \frac{10}{3}\right)} = 5.428 \, (\text{m})$$

其中，$Z_H = 10/3 \, (\text{m})$。

(2) 桩的转角。

由式(3-6-62)得：

$$\varphi = \frac{6H}{B_p[3A(2h_2z_0 - h_2^2) + mh_2^2(3z_0 - 2h_2)]}$$

$$= \frac{6 \times 3000}{3 \times [3 \times 85000 \times (2 \times 8 \times 5.428 - 8^2) + 40000 \times 8^2 \times (3 \times 5.428 - 2 \times 8)]} = 0.000916(\text{rad})$$

其中，$H = E_r - E_r' = 6000 - 3000 = 3000(\text{kN})$。

(3) 桩侧应力。

由式(3-6-52)或式(3-6-56)得：

$$\sigma_z = (A + m_H z)(z_0 - z)\varphi$$
$$= (85000 + 40000z)(5.428 - z) \times 0.000916 = 422.624 + 121.022z - 36.64z^2$$

最大侧应力的位置可由 $\dfrac{d\sigma_z}{dz} = 0$ 的条件确定，由此得：

$$121.022 - 73.28z = 0$$

则 $z = 1.652\text{m}$，$\sigma_{z\max} = 522.56\text{kPa}$。

(4) 剪力。

① 当 $0 \leq z \leq 5.428\text{m}$ 时：

由式(3-6-53)得：

$$Q_z = H - \frac{1}{2}B_p A\varphi z(2z_0 - z) - \frac{1}{6}B_p m_H \varphi z^2(3z_0 - 2z)$$

$$= 3000 - \frac{1}{2} \times 3 \times 85000 \times 0.000916z(2 \times 5.428 - z) - \frac{1}{6} \times 3 \times 40000 \times 0.000916z^2(3 \times 5.428 - 2z)$$

$$= 3000 - 1267.872z - 181.533z^2 + 36.64z^3$$

最大剪力位置可由 $\dfrac{dQ_z}{dz} = 0$ 的条件确定，由此得：

$$109.92z^2 - 363.066z - 1267.872 = 0$$

则 $z = 5.428\text{m}$，即在桩的转动中心处，$Q_{z\max} = -3370.85\text{kPa}$。

② 当 $5.428\text{m} \leq z \leq 8\text{m}$ 时：

由式(3-6-57)得：

$$Q_z = H - \frac{1}{6}B_p m_H \varphi z^2(3z_0 - 2z) - \frac{1}{2}B_p A\varphi z_0^2 + \frac{1}{2}B_p A\varphi(z - z_0)^2$$

$$= 3000 - \frac{1}{6} \times 3 \times 40000 \times 0.000916z^2(3 \times 5.428 - 2z) - \frac{1}{2} \times 3 \times 85000 \times 0.000916 \times 5.428^2 +$$

$$\frac{1}{2} \times 3 \times 85000 \times 0.000916(z - 5.428)^2$$

$$= 3000 - 1267.872 - 181.533z^2 + 36.64z^3$$

(5) 弯矩。

① 当 $0 \leq z \leq 5.428\text{m}$ 时：

由式(3-6-54)得：

$$M_z = H(Z_H + z) - \frac{1}{6}B_p A\varphi z^2(3z_0 - z) - \frac{1}{12}B_p m_H \varphi z^3(2z_0 - z)$$

$$= 3000\left(\frac{10}{3}+z\right) - \frac{1}{6} \times 3 \times 85000 \times 0.000916z^2(3 \times 5.428 - z) - \frac{1}{12} \times 3 \times 40000 \times$$

$$0.000916z^3(2 \times 5.428 - z)$$

$$= 10000 + 3000z - 633.936z^2 - 60.511z^3 + 9.16z^4$$

最大弯矩的位置可由 $\dfrac{dM_z}{dz}=0$ 的条件确定,由此得:

$$36.64z^3 - 181.533z^2 - 1267.872z + 3000 = 0$$

则 $z = 2.020\text{m}, M_{z\max} = -13127.04\text{kN} \cdot \text{m}$。

② 当 $5.428\text{m} \leqslant z \leqslant 8\text{m}$ 时:

由式(3-6-58)得:

$$M_z = H(Z_H + z) - \frac{1}{6}B_p A\varphi z_0^2(3z - z_0) + \frac{1}{6}B_p A\varphi(z - z_0)^3 + \frac{1}{12}B_p m_H \varphi z^3(z - 2z_0)$$

$$= 3000\left(\frac{10}{3}+z\right) - \frac{1}{6} \times 3 \times 85000 \times 0.000916 \times 5.428^2(3z - 5.428) + \frac{1}{6} \times 3 \times$$

$$85000 \times 0.000916(z - 5.428)^3 + \frac{1}{12} \times 3 \times 40000 \times 0.000916z^3(z - 2 \times 5.428)$$

$$= 10000 + 3000z - 633.936z^2 - 60.511z^3 + 9.16z^4$$

锚固段各截面的桩侧应力、剪力及弯矩计算结果列于表 3-6-13,图 3-6-27 为抗滑桩锚固段桩侧应力和桩身的内力分布图。

锚固段桩侧应力和内力值　　　　　　　　　　表 3-6-13

$z(\text{m})$	$\sigma_z(\text{kPa})$	$Q_z(\text{kN})$	$M_z(\text{kN} \cdot \text{m})$
0	422.62	3000	10000
0.5	473.98	2325.26	11334.52
1.0	507.01	1587.24	12314.71
1.5	521.72	813.40	12915.79
1.652	522.56	575.24	13021.33
2.0	518.11	31.24	13126.73
2.020	517.58	0.17	13127.04
2.5	496.18	-731.76	12950.23
3.0	455.93	-1448.13	12402.74
3.5	397.36	-2090.39	11514.45
4.0	320.47	-2631.06	10329.28
4.5	225.26	-3042.65	8904.90
5.0	111.73	-3297.69	7312.73
5.428	0.00	-3370.85	5880.54
5.5	-20.12	-3368.69	5637.89
6.0	-170.28	-3228.18	3979.29
6.5	-338.77	-2848.68	2449.54
7.0	-525.58	-2202.70	1175.02
7.5	-730.71	-1262.77	295.83
8.0	-954.16	-1.41	-34.18

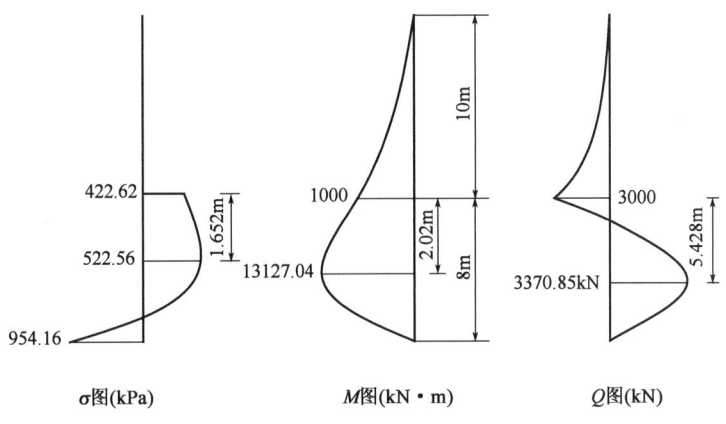

图 3-6-27 抗滑桩的内力分布图

6. 桩侧应力验算

滑坡体换算厚度：$h_1' = \dfrac{\gamma_1}{\gamma_2} h_1 = \dfrac{19.0}{21.0} \times 10 = 9.048 \text{ (m)}$

由于滑动面以下的滑床为风化严重的泥岩，所以在进行桩侧应力验算时，忽略土体的黏着力，即 $c=0$。选取 3 个典型截面，按式(3-6-2)对桩侧应力进行验算，结果如下：

$$[\sigma_0] = \dfrac{4}{\cos\varphi_2}(\gamma_2 h_1' \tan\varphi_2 + c) = \dfrac{4}{\cos 42°10'} \times 21.0 \times 9.048 \times \tan 42°10'$$

$$= 928.70 (\text{kPa}) > 422.62 (\text{kPa})$$

$$[\sigma_{1.652}] = \dfrac{4}{\cos 42°10'} \times 21.0 \times (9.048 + 1.652) \times \tan 42°10'$$

$$= 1098.27 (\text{kPa}) > 522.56 (\text{kPa})$$

$$[\sigma_{8.0}] = \dfrac{4}{\cos 42°10'} \times 21.0 \times (9.048 + 8.0) \times \tan 42°10'$$

$$= 1749.836 (\text{kPa}) > 954.16 (\text{kPa})$$

由此可知，桩侧应力均满足要求。

第五节 预应力锚索抗滑桩设计计算

预应力锚索抗滑桩的设计计算包括锚索拉力的计算和桩身内力计算，而锚索拉力直接影响抗滑桩的内力，因此，在预应力锚索抗滑桩的设计计算中，锚索拉力的计算十分关键。而锚索拉力计算又包括锚索预应力和锚索总拉力的计算，其求解方式是考虑锚索与抗滑桩的变形协调条件，建立桩-锚变形协调的线性方程来进行求解。由于方程中未知数为锚索预应力和锚索总拉力，其个数是方程数的 2 倍，因此要求解该方程的未知数必须先确定另一个未知数。

预应力锚索抗滑桩的设计计算步骤基本等同于普通抗滑桩，只是由于在锚索的设置部位增加了锚索张拉力的影响，相应的桩内力计算中也要考虑锚索张拉力的贡献。当考虑桩与锚索的协调变形时，一般锚索预应力的计算与桩内力的计算同步进行。

一、假设条件

(1) 作用于每根桩上的滑坡推力为两相邻桩"中-中"间距的岩土压力,其分布形式可依据具体情况简化为三角形、矩形、梯形或抛物线形分布荷载。不计桩体自重、桩底反力、桩与周围岩土的摩擦力作用,将桩前滑体的被动土压力视为安全储备,滑动面在桩-锚的整个工作过程中不变。

(2) 桩上锚索作用点按弹性铰支座考虑,滑动面以上桩与锚索按静力结构计算。

(3) 考虑桩-锚变形协调,即忽略桩锚结构工作过程中锚索倾角的变化,认为锚索的伸长量与锚索作用点处桩的水平位移存在一个函数关系。

二、基本计算原理及过程

根据预应力锚索抗滑桩的实际受力过程和条件,分为两个主要的计算阶段。

第一阶段为抗滑桩施工完毕至锚索张拉到设计值的阶段。由于预应力是通过锚索施加到抗滑桩上的,锚索相当于施力结构,抗滑桩是受力结构,而预应力相当于作用在抗滑桩上的一个集中荷载。同时,抗滑桩受锚索作用向岩土体挤压,使得桩与其后的岩土体紧密接触,而桩前土体不存在或与桩体脱离,可以将滑面上下桩体均视为弹性地基梁模型。该阶段抗滑桩在锚索预应力作用下的力学计算模型如图3-6-28a)所示。

第二阶段为锚索张拉完毕后,坡体通过应力调整重新产生新的下滑趋势,滑坡推力逐渐作用到抗滑桩上的阶段。此时锚索与桩作为一个整体共同承受滑坡推力的作用,锚索与桩的变形相协调。在该阶段,桩后岩土体的不断变形将坡体推力传递到锚索抗滑桩上,此时滑面以上的桩段可以按照考虑土拱效应的桩土相互作用位移模式进行计算,而滑面以下的桩段仍应按弹性地基梁计算。第二阶段抗滑桩-锚索与坡体共同作用下的力学计算模型如图3-6-28b)所示。

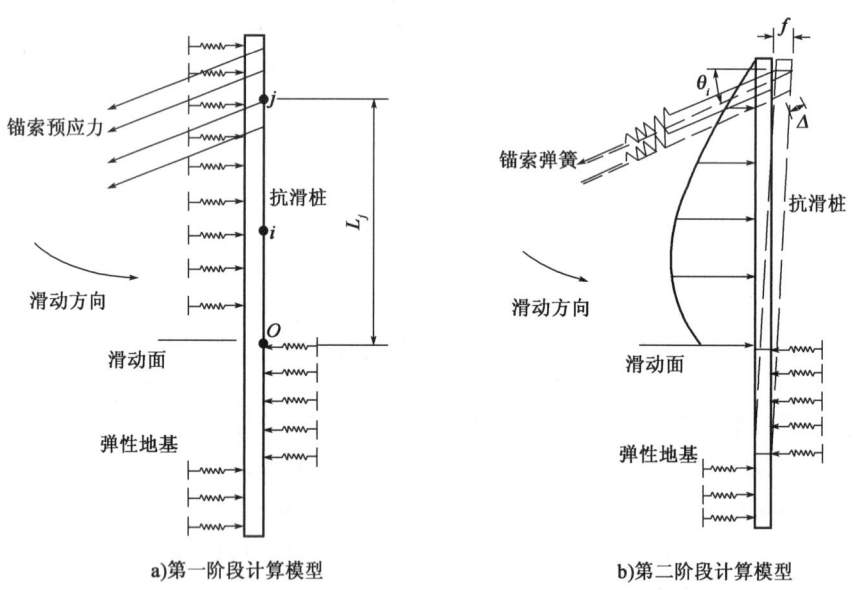

图 3-6-28 预应力锚索抗滑桩计算模型

在第二阶段的计算中还有一个需要注意的问题,即坡体的滑坡推力或主动土压力是否需要修正。因为抗滑桩原有的滑坡推力受到桩锚结构的加固作用,必然造成坡体一定影响范围内应力应变的调整,同时坡体的抗剪强度力学参数也随之改变,传递的坡体作用力应该是变化的滑坡推力或岩土压力,这是一个动态且极为复杂的问题,需要进一步深入探讨。本节从工程实用性和分析计算简便考虑,仍然认为在第二阶段滑面位置和范围不变,岩土力学参数也不改变。

三、变形协调条件

预应力锚索抗滑桩结构计算图如图 3-6-29 所示。滑动面以上桩长为 L,抗滑桩上共有 i 排锚索。

在桩-锚工作过程中,受滑坡推力和锚索拉力的作用,抗滑桩会发生一定的偏移。同时,锚索在锚索拉力的直接作用和滑坡推力的间接作用下将产生一定的伸长量,锚索与抗滑桩同时受力和变形,并满足桩-锚变形协调关系(图 3-6-30),锚索的伸长量 Δ_i 与锚索作用点处桩的水平位移 f_i 存在下式关系:

$$\Delta_i = f_i \cos\theta \tag{3-6-65}$$

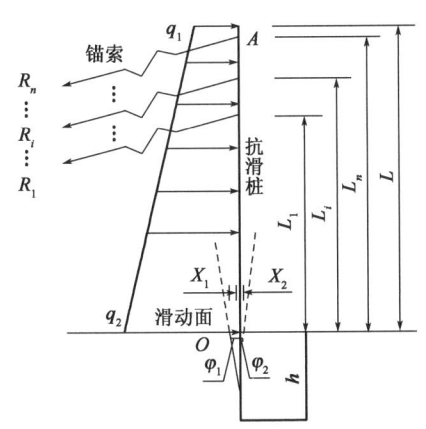

图 3-6-29 桩-锚结构计算简图

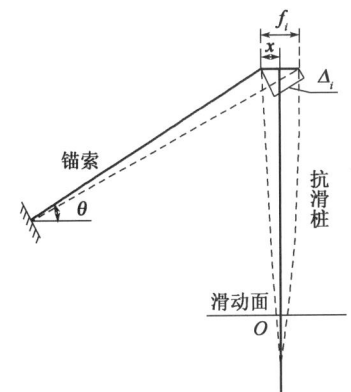

图 3-6-30 考虑预应力作用桩-锚变形协调原理示意图

设抗滑桩上共有 n 排锚索,锚索的伸长量 Δ_i 与锚索作用点处桩的水平位移 f_i 为

$$f_i = X_0 - \varphi_0 L_i + \Delta_{iq} - \sum_{\substack{j=1 \\ (j \neq i)}}^{n} \Delta_{ij} \tag{3-6-66}$$

$$\Delta_i = \delta_i (R_i - R_{i0}) \tag{3-6-67}$$

式中:X_0、φ_0——锚固段顶端 O 点桩的位移及转角;

L_i——第 i 排锚索作用点距 O 点的垂直距离;

Δ_{iq}、Δ_{ij}——滑坡推力及其他排锚索拉力 R_j 作用于第 i 排锚索作用点处桩的位移,$\Delta_{ij} = R_j \delta_{ij}$;

δ_{ij}——第 j 排锚索拉力 R_j 作用于桩上第 i 排锚索作用点处的位移系数;

R_{i0}——第 i 排锚索的初始预应力;

R_i——第 i 排锚索实际工作状态时的总拉力;

δ_i——第 i 排锚索的柔度系数,即单位拉力作用下锚索的弹性伸长量。

$$\delta_i = \frac{l_i}{N E_g A_s} \tag{3-6-68}$$

式中：l_i——锚索自由段长度；

N——每孔锚索的束数；

E_g——锚索的弹性模量；

A_s——每束锚索的公称截面面积。

(1)在锚索预应力作用下，抗滑桩向坡体内侧移动，使滑动面处桩身产生位移 X_1（图 3-6-29）。在滑坡推力作用阶段中，在锚索总拉力和滑坡推力的共同作用下，桩体发生向坡体外侧的偏移，滑动面处桩身偏离桩中轴线的位移为 X_2（图 3-6-29）。所以，滑动面处桩身位移变化应为：

$$X_0 = X_2 + X_1 \tag{3-6-69}$$

(2)滑动面处桩身在施加预应力阶段产生转角 φ_1，在滑坡推力作用阶段产生转角 φ_2。故滑动面处桩身的转角变化为：

$$\varphi_0 = \varphi_2 + \varphi_1 \tag{3-6-70}$$

(3)在滑坡推力作用阶段，锚索由预应力状态转变为实际工作状态，从而产生了锚索拉力增量 ΔR_j，其水平分量 $\Delta R_j \cos\theta_j$ 对桩身向坡体外侧偏移进行一定程度的约束，抵消了桩体部分位移。因此，第 j 排锚索作用力对第 i 排锚索作用点处桩身位移 Δ_{ij} 的贡献应该由第 j 排锚索拉力增量 ΔR_j 的水平分量 $\Delta R_j \cos\theta$ 来决定。故优化后的第 j 排锚索作用力对第 i 排锚索作用点处桩身位移的贡献应该为：

$$\Delta_{ij} = \Delta R_j \delta_{ij} \cos\theta_j = (R_j - R_{j0})\delta_{ij}\cos\theta_j \tag{3-6-71}$$

整理得优化的桩-锚变形协调方程为：

$$\delta_i(R_i - R_{i0}) + \sum_{\substack{j=1 \\ (j \neq i)}}^{n}(R_j - R_{j0})\delta_{ij}\cos\theta_j\cos\theta_i = [(X_2 + X_1) - (\varphi_2 + \varphi_1)L_i + \Delta_{iq}]\cos\theta_i$$

$$\tag{3-6-72}$$

将滑动面以上抗滑桩视为悬臂梁，根据结构力学中的虚功原理可以确定 Δ_{iq}，即：

$$\Delta_{iq} = \frac{L^4}{120EI}[\mu_i^4(q_0\mu_i + 5q_1) - 5\mu_i(4q_1 + q_0) + 15q_1 + 4q_0] \tag{3-6-73}$$

式中：$\mu_i = 1 - L_i/L$；

q_0——滑坡推力作用在滑动面处和桩顶处桩身上的分量之差，即 $q_0 = q_2 - q_1$；

q_1、q_2——滑坡推力作用在桩顶和滑动面处桩身上的分量；

L——滑动面以上桩长。

δ_{ij} 可按结构力学中的图乘法来确定：

当 $j < i, L_j < L_i, \gamma_i = \dfrac{L_i}{L_j}$ 时，有：

$$\delta_{ij} = \frac{L_j^3}{6EI}(3\gamma_i - 1) \tag{3-6-74}$$

当 $j \geq i, L_j \geq L_i, \gamma_i = \dfrac{L_i}{L_j}$ 时，有：

$$\delta_{ij} = \frac{L_j^3\gamma_i^2}{6EI}(3 - \gamma_i) \tag{3-6-75}$$

可求得 Δ_{ij}。

四、锚索拉力计算

桩-锚结构计算简图如图 3-6-29 所示，OA 为超静定结构，在锚索预应力作用下桩嵌固段顶端 O 点处的剪力 Q_0' 和弯矩 M_0' 为：

$$Q_0' = \sum_{k=1}^{n} R_{k0} \cos\theta_k \tag{3-6-76}$$

$$M_0' = \sum_{k=1}^{n} R_{k0} L_k \cos\theta_k \tag{3-6-77}$$

式中：R_{k0}——第 k 排锚索预应力；
L_k——第 k 排锚索在桩身作用点处距 O 点的垂直距离；
θ_k——第 k 排锚索与水平面的夹角。

在桩后滑坡推力和锚索总拉力的作用下，桩嵌固段顶端 O 点处的剪力 Q_0 和弯矩 M_0 为：

$$Q_0 = Q - \sum_{i=1}^{n} R_i \cos\theta_i \tag{3-6-78}$$

$$M_0 = M - \sum_{i=1}^{n} R_i L_i \cos\theta_i \tag{3-6-79}$$

式中：Q、M——滑坡推力作用于桩嵌固段顶端 O 点处的剪力和弯矩。

根据地基系数法，可以确定：

$$X_1 = \frac{\Phi_1}{\beta^3 EI} Q_0' + \frac{\Phi_2}{\beta^2 EI} M_0' \tag{3-6-80}$$

$$\varphi_1 = \frac{\Phi_2}{\beta^2 EI} Q_0' + \frac{\Phi_3}{\beta EI} M_0' \tag{3-6-81}$$

$$X_2 = \frac{\Phi_1}{\beta^3 EI} Q_0 + \frac{\Phi_2}{\beta^2 EI} M_0 \tag{3-6-82}$$

$$\varphi_2 = \frac{\Phi_2}{\beta^2 EI} Q_0 + \frac{\Phi_3}{\beta EI} M_0 \tag{3-6-83}$$

式中：Φ_1、Φ_2、Φ_3——桩在滑动面处的位移、转角的无量纲系数；
β——桩的变形系数；
E——桩的弹性模量；
I——桩的截面惯性矩。

其中 Φ_1、Φ_2、Φ_3 为：

$$\Phi_1 = \frac{\varphi_2 \varphi_3 - \varphi_1 \varphi_4}{4\varphi_3^2 - 4\varphi_2 \varphi_4}$$

$$\Phi_2 = \frac{\varphi_1 \varphi_3 + 4\varphi_4^2}{4\varphi_3^2 - 4\varphi_2 \varphi_4} = \frac{\varphi_2^2 - \varphi_1 \varphi_3}{4\varphi_3^2 - 4\varphi_2 \varphi_4}$$

$$\Phi_3 = \frac{\varphi_1 \varphi_2 + 4\varphi_3 \varphi_4}{4\varphi_3^2 - 4\varphi_2 \varphi_4}$$

式中 φ_1、φ_2、φ_3、φ_4 可查表得到。

将式(3-6-80)~式(3-6-83)代入式(3-6-72)中整理得：

$$\delta_i(R_i - R_{i0}) + \sum_{\substack{j=1\\(j\neq i)}}^{n}(R_j - R_{j0})\delta_{ij}\cos\theta_j\cos\theta_i = \left[\left(\frac{\Phi_1}{\beta^3 EI} + \frac{\Phi_2 L_i}{\beta^2 EI}\right)(Q_0 + \sum_{k=1}^{n}R_{k0}\cos\theta_k) + \right.$$

$$\left.\left(\frac{\Phi_2}{\beta^2 EI} + \frac{\Phi_3 L_i}{\beta EI}\right)(M_0 + \sum_{k=1}^{n}R_{k0}L_k\cos\theta_k) + \Delta_{ij}\right]\cos\theta_i$$

(3-6-84)

上式为第 i 排锚索作用点处桩-锚变形协调方程，设抗滑桩有 n 排锚索，可得到 n 个等式组成的线性方程组，其中共有 $2n$ 个未知数，显然无法直接求解。在实际应用中通常采用两种方法求解上述方程组：一是根据实际情况先确定锚索的预应力 R_{i0}，将锚索工作状态时的总拉力 R_i 作为未知数对方程组进行求解；二是采用一定的方法先确定锚索工作状态时的总拉力 R_i，再将 R_{i0} 作为要求的未知数进行求解。

对于多排锚索，若每排锚索采用的材料均相同，为了便于计算，也可令每排锚索上的总拉力相等，再进行锚索总拉力的计算。

五、抗滑桩桩身内力的计算

1. 非锚固段 OA 桩身内力

如图 3-6-29，令 $L_0 = 0, L_{i+1} = L, R_{i+1} = 0$，则非锚固段桩身内力可按下式计算：

$$Q = Q(y), y < L - L_i$$
$$Q = Q(y) - \sum_{j=1}^{r+1}R_{i+1+j}\cos\theta_{i+1-j}, L - L_{i-r} \leqslant y < L - L_{i-r-1}$$
$$Q = Q(y) - \sum_{i=1}^{r+1}R_{i+1+j}\cos\theta_{i+1-j}, y = L \tag{3-6-85}$$

$$M = M(y), y < L - L_i$$
$$M = M(y) - \sum_{j=1}^{r+1}R_{i+1+j}\cos\theta_{i+1-j}[y - (L - L_{i+1-j})], L - L_{i-r} \leqslant y < L - L_{i-r-1}$$
$$M = M(y) - \sum_{j=1}^{i}R_{i+1+j}\cos\theta_{i+1-j}[y - (L - L_{i+1-j})], y = L \tag{3-6-86}$$

式中：Q、M——桩身剪力、弯矩；
$Q(y)$、$M(y)$——仅岩土压力作用于桩上的剪力、弯矩。

2. 锚固段桩身内力计算

锚固段桩身内力按照普通抗滑桩计算。

第六节 抗滑桩动态设计与监测

地质信息校核和施工及运营监测是复杂工况下路基设计的重要环节，也是滑坡整治工程及抗滑支挡结构实现动态设计和信息化施工技术的必要条件。

1. 抗滑桩施工过程中的地质勘察成果的校核

滑坡是较为复杂的地质现象，尤其是大型复杂的滑坡。由于多种条件和因素的限制，仅通过勘察还很难查清和掌控滑坡各部分的真实情况,因此利用施工开挖揭露进一步查清滑坡的地质情况和特征,从而据实调整和变更设计,这就是"动态设计"。

在桩基开挖过程中,对岩土工程地质条件进行检验,是边坡工程及滑坡整治施工第一阶段的重要工序,也是一般岩土工程勘察工作的最后一个环节。目的有两个:一是检验勘察成果是否符合实际;二是解决遗留的问题和新发现的问题。通常勘探孔的数量有限,勘察成果的质量和精度往往难以满足抗滑桩优化设计和准确计算的要求。桩基开挖后,地质剖面较为完全地暴露出来,可以检验勘察成果与实际是否一致,勘察报告的结论与建议是否正确和是否切实可行。当发现与勘察报告和设计文件不一致或遇到异常情况时,应结合地质条件提出处理意见。

抗滑桩施工中,桩孔开挖,特别是第一批桩孔和控制性位置桩孔的开挖,要做好地质编录,复核地质情况和滑动面层数、位置和状态,并进行必要的取样和试验,为调整和优化设计方案提供依据。这项工作涉及调整基础埋深和桩身配筋等抗滑桩设计中的关键性技术环节。当挖出的滑动面擦痕方向与桩的受力方向出入较大时,还涉及后续施工桩基受力方向的调整。

为此要求桩基开挖过程中应及时进行岩性资料编录,准确记录断层破碎带、软弱夹层和空洞分布情况,随时核对滑动面情况。当施工揭露的岩土条件与勘察报告有较大差别时,可有针对性地进行补充勘察。

泄水隧洞施工,应先开挖检查井,以便根据实际滑面位置和地下水分布调整洞的埋深和纵坡,以达到最好的排水效果。

2. 抗滑桩监测

抗滑桩监测设计应满足动态设计和信息化施工的要求,并能为工程效果评估提供依据。

抗滑桩监测应包括施工安全监测和工程效果监测。对于大型复杂的和治理难度较大的地质灾害体,所布网点应可供长期监测使用。在滑坡防治效果监测中,通过对抗滑桩的变形和土压力以及预应力锚索应力值变化的监测,应能达到了解抗滑桩实施后滑坡体的变化特征和抗滑桩实施效果的目的。

抗滑桩的监测内容主要有位移监测、钢筋的应力监测和滑坡推力监测。位移监测包括用全站仪等监测桩顶位移和在抗滑桩上设置测斜管来监测抗滑桩的侧向位移。通过在抗滑桩的受力钢筋上焊接钢筋计来监测钢筋的应力,在桩后设置土压力盒来直接监测滑坡推力。

工程监测仪器的选择,应遵从可靠、实用原则。

抗滑桩应力、应变监测点,宜沿桩身在有代表性的不同位置选取 3~5 点布置。各种形式锚杆的应力监测应分别抽样进行。用作监测的每根锚杆,一般宜布置 1~3 个应力测点。长期监测的锚杆数,不应少于 3 根。对高速公路和一级公路的防治工程,锚索(杆)预应力监测数量不应少于 3 根;二级和二级以下公路的防治工程不少于 2 根。

滑坡监测内容、监测网点的布设和监测项目参见第五篇第五章以及第六篇相关内容。预应力锚索(杆)锚固性能监测参见本手册第三篇第四章相关内容。

运营期监测周期应根据公路等级、地质复杂程度确定,高速公路高边坡和滑坡路段应为公路建成运营后不少于 1 年。

施工安全监测,宜采用 8~24h 观测一次的频率周期。防治效果监测周期一般为 15~30d。同时刻根据主汛期及灾害体的情况,适当加密或延长监测周期。

第七节 工程案例

一、云南剑兰二级公路 K84 段滑坡治理

1. 工程概况和滑坡特征

云南剑兰二级公路 K84+450~K85+180 段修建过程中,因进行大面积开挖而诱发了滑坡。路侧坡面、坡顶均有建筑。路侧建筑通过开挖山坡坡面而建成。建筑开挖坡面土层自立高度 5~8m 不等,坡比大多为 1:0.25~1:0.45。滑坡导致 K84+550 右侧路边建筑物开裂以及路基变形和开裂。

滑坡体地表形态为纵长、横宽近似相等的簸箕形,纵长 230~245m,横宽 205~210m,平面面积 51450m²。总体西高东低,高差近 100m,坡向 90°~100°,倾角 15°~25°;北高南低,高差 3.6~10.4m,倾角 3°~10°。

滑坡体层厚 4.5~12m 不等,由第四系坡残积粉质黏土混黏性土砾砂、角砾组成。滑床为中风化砂质泥岩,岩层产状 230°~240°∠44°~47°。

滑坡主轴方向 E7°S,滑坡后壁为小盐井村后缘,建筑物墙壁存在与主滑方向垂直的拉张裂缝,裂缝宽 3~5mm 不等;中部在老公路上(新公路里程 K84+530~K84+590 段)出现拉张裂缝,裂缝宽 5~8mm 不等,走向 N15°E;前缘因修筑公路需要开挖挡土墙基坑,在开挖放坡面上出现倾向 N20°E、倾角 25°的鼓胀裂缝(公路里程 K85+090~K85+110 段)。

2. 滑坡稳定性评价

1)边坡破坏模式的确定

边坡覆盖层厚度在 4.5~21.0m 之间,坡顶地段最厚达 21.0m,其余地段大多在 4.5~9.5m。土层主要为可塑至硬~坚硬状态的黏土,黏性土混角砾、砾砂。下伏中风化泥岩、砂质泥岩、砾岩及灰岩,岩体较为完整,呈块状、大块状结构,厚层、巨厚层构造;中等风化灰岩节理裂隙发育,岩体破碎,呈碎裂~碎裂镶嵌块体结构。从边坡坡向与岩层主要结构面组合形态分析,岩体层面倾向与坡向大角度斜交,岩体结构面组合为基本稳定型边坡。边坡软弱带为上覆土层与土层间或土层与中风化泥岩接触带层面。

通过分析认为,边坡破坏的可能模式为土体在自重应力或外力的作用下,沿上述某一软弱带(面)剪切破坏。

2)滑面形态特征

通过现场工程地质调查,地层中的残坡积层是控制滑坡稳定的决定因素。泥岩为弱透水岩层,地下水下渗,在残坡积黏性土与中风化泥岩间形成滑面。可以确定滑面形态大致呈折线形,滑面倾角 16°~21°。

3)综合评价

经计算,在现状条件下,滑坡稳定系数 $F_s=0.998$~1.001,处于欠安稳状态;在工程状态下,滑坡稳定系数 $F_s=0.782$~0.886,滑坡极其不稳定。

3. 滑坡设计推力计算及支挡结构布设位置确定

采用剩余推力法(传递系数法)计算时,分别计算在天然状况、设计工况下的滑坡稳定系数及其推力值。其中设计工况按照自重+暴雨+地震的荷载组合进行计算。考虑到小盐井村

滑坡治理工程的重要性,综合确定设计工况下的安全系数取值为 1.20。

根据各滑块不同工况下的推力值,绘制各工况下的滑坡推力曲线。根据小盐井村滑坡的特点,并综合考虑剑兰二级公路的位置等因素,初步确定抗滑桩布设位置。

综合考虑设桩处推力曲线的差值、剪出口的推力值和设桩处主动土压力值,取其大值作为设计推力设计值。根据上述方法,综合确定小盐井村主滑坡面设桩处的推力设计值为 969.06kN/m。

如果桩间距取 5m,则每根桩所承受的推力为 $T = 969.06 \times 5 = 4845.3$ kN。

4. 滑坡防治方案确定

根据剑兰公路金龙至龙潭段小盐井村滑坡的地形特点、环境条件、保护对象,经多种方案经济比选,采取了抗滑桩分级支挡为主、结合挡墙及坡面绿化防护等多种治理措施相结合的综合治理方案,如图 3-6-31 所示。

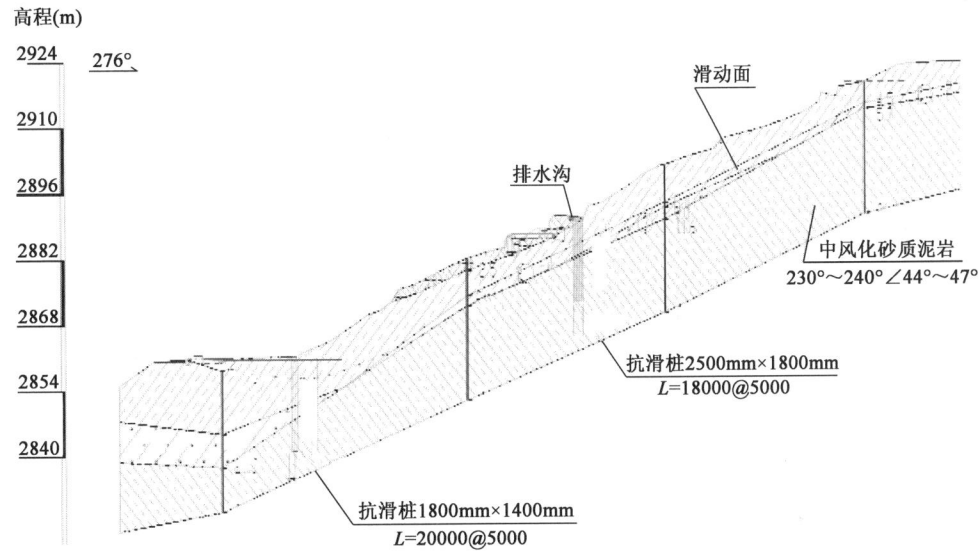

图 3-6-31 桩位剖面图

(1)在小盐井村滑坡的中部原公路内侧(对应剑兰二级公路 K84+440~K84+665)设置 1 排抗滑桩,桩间距为 5m,桩径分别为 2.5m×1.8m 和 2.0m×1.5m,桩长为 15~18m,桩顶基本与原公路路面平齐,共设置 43 根抗滑桩。在抗滑桩外侧设置排水沟。

(2)在小盐井村滑坡下部剑兰二级公路(K84+970~K85+190)的内侧设置 1 排抗滑桩,桩间距为 5m,桩径分别为 1.8m×1.5m 和 1.8m×1.4m,桩长为 18~20m,桩顶基本高出剑兰二级公路路面 2.5m,共设置 43 根抗滑桩。其中 A②、B②型抗滑桩为露头桩,桩顶设置 1.8m×0.5m 锁口冠梁,桩顶高出剑兰二级公路路面 2.5m(含锁口冠梁厚度)。锁口冠梁内侧边坡进行削坡减载,坡比不小于 1:1.5。该段抗滑桩之间设置 M10 浆砌石仰斜式挡土墙,在抗滑桩外侧设置排水沟。

二、京珠高速公路 K471 边坡治理

1. 工程概况

2001 年 12 月 28 日京珠高速公路耒阳至宜章段建成通车。在通车的 1 年多时间里,滑坡

失稳现象已经出现。

该条高速公路建设期间,里程 K471+023~K471+140 的左侧就已经出现了边坡失稳现象并形成了贯通的滑动裂缝,并且滑动周界线状特征非常明显。当时在 K471+010~K471+040 段采取了一级平台设置锚杆抗滑挡土墙,并在距离一级坡脚 40m 处的边坡上设置 4 排树根桩的抗滑措施,然后在支护段两侧的边坡采取分级放坡,并设置锚杆加网格梁护坡。

K470+990~K471+50 段形成的滑坡保持了原有滑动的周界特点,并且滑动破坏的特征非常明显。滑动使得树根桩(包括网格梁)整体下滑,位于滑坡周界两侧的锚杆网格梁发生了扭转、拉裂、剪断等破坏,而且梁内钢筋外露并有扭曲现象。排、截水沟发生错断,矢量位移达到 3m 左右。滑坡体从锚杆抗滑挡墙的顶部溜顶而出,堆到了前部平台,并且塌落在公路的边沟中,对高速公路的正常使用构成危害,并有进一步扩大的趋势。

2. 滑坡的成因及要素

1) 滑坡成因

高速公路路堑施工时形成临空面,导致边坡应力的重分布。与此同时边坡内部也发生了一系列的变化。局部蠕变塑性变形逐渐发展成塑性区,并不断扩大延伸,最终形成滑坡面。蠕动变形积累导致整体滑动,形成原滑坡。

在降水较多的雨季,雨水渗入坡体,致使滑坡体的重度增大,增大了下滑力。由于水的润滑、水解和软化作用,原有滑面抗滑力显著下降,造成滑坡重新活动。

临空面为新滑面的发展创造了有利的条件。原方案采用锚杆混凝土抗滑挡墙对滑坡进行治理,在很大程度上阻止了滑坡滑面的更深层滑动。后期虽然设置了大量树根桩,但其端部大部分在原滑坡体以内,因此对滑坡的抗滑作用不大。所以,在浅部又形成了新的滑面。

该段重新活动的滑坡,上中部基本上完全继承了原滑坡周界及滑带要素,其由圆弧形"裂缝线"上部再次拉裂,向下滑动,滑动推力首先作用至树根柱抗滑体系处,由于这些树根桩长为 20m,桩端基本上处在灰岩顶部或仅有很短嵌固于灰岩中,而该段滑面为土层与灰岩界面,树根柱难以承受下滑力或基本失效形成"坐船"现象,随滑坡体一同下滑。继而向前推移,至锚杆混凝土抗滑挡墙,其深部受阻,中、后部继承原滑面的滑坡,滑面轨迹避强趋弱,前部逐渐形成新的滑面,至挡墙位置反翘由挡墙顶上形成剪出口,滑动体由挡墙顶部"越顶"滑出。从重新活动的滑坡发展过程来说,该滑坡为推移式滑坡。但在滑坡滑动后,最终滑坡壁后部的地层又有向下牵引的趋势。

2) 滑坡要素

(1) 滑坡壁:滑坡壁几乎完全继承原"裂缝线"形成,滑坡壁形态十分明显,顶端位于 K471+028 坡底约 90m,呈规则"圈椅状",壁面倾角陡立,其上垂向滑动擦痕清晰。壁坎岩性为含角砾黏土,坡壁高度在 0.5~3.5m 之间。

(2) 滑面(带):滑动面断面形态呈锅底形,主滑方向后部大约呈 SW260°,至中部转向 NW275°左右,其中后部沿土岩界面形成,完全继承原滑坡滑面,前部在含角砾黏土中剪切形成,至前缘反翘由人工填土中剪出。滑面最大埋深为 21.6m,南北两头滑面埋藏较浅,而中部滑面较深,钻孔滑面(带)土的特征较明显,部分钻孔中滑面(带)处可见明显的擦痕和镜面。

(3) 滑床中后部滑床为灰岩顶面,前部以含角砾黏土为主。

(4) 滑坡裂缝:在 K470+900~K471+050 段滑坡主裂缝与滑坡壁共同构成了地表特征十分明显的滑坡周界特征。滑坡壁处主裂缝宽达 30~60cm。由于本滑坡以推移为主,前缘又有锚杆混凝土抗滑挡墙支挡,后挤前阻的影响明显。在滑坡中部次级裂缝错位之处前高后低(高差达约70cm),其上部张开,底部挤紧。在滑坡周界上方,由牵引形成的张拉裂缝已呈弧形围合,两端已叠加至现滑坡周界线上,延伸长度约90m,宽度已达10~30m。宜章一侧尚存在两条次级张拉裂缝。这些已构成滑坡扩大的新周界特征。

3. 滑坡治理措施

根据场地的工程地质、水文地质条件,结合滑坡性质特征,经多方案的比较和论证,确定采用锚索与抗滑桩相结合的综合加固方案(图3-6-32)。具体设计如下:

(1) 设计1排抗滑柱,2种型号,共9根。Ⅰ类抗滑桩长20m,Ⅱ类抗滑桩长25m。

(2) 每根抗滑桩上布设1根锚索,锚索长26m,共计9根。

(3) 锚索钻孔直径为φ150mm,水平间距6m。

(4) 各抗滑桩之间用冠梁连接为一个整体。

(5) 为保证设计合理,应进行3根锚索的拉拔试验,试验锚索长度为26m。

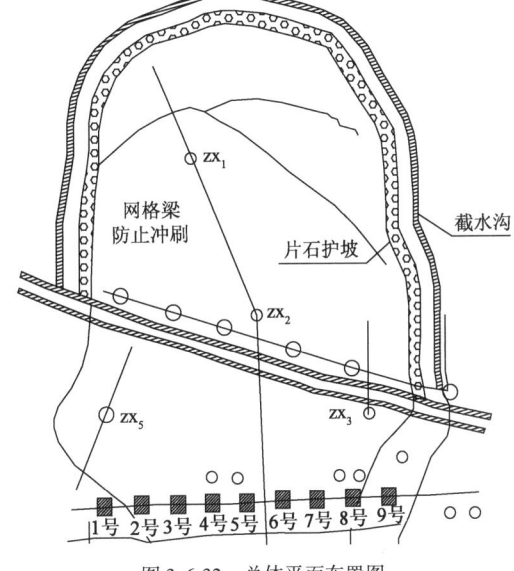

图3-6-32 总体平面布置图

4. 滑坡治理要点

1) 抗滑桩

在K470+990~K471+050段左侧设置抗滑桩,其中1号、2号抗滑桩截面尺寸为2.0m×3.0m。桩心间距6.0m,共2根,桩长20.0m;3~9号抗滑桩截面尺寸为2.5m×3.0m,桩心间距6.0m,共7根,桩长25.0m,每根抗滑桩上设1根锚索。

2) 预应力锚索

1~9号抗滑桩上均设预应力锚索,锚索距桩顶为1.2m。无黏结钢绞线采用ASTM A413-6-87a标准270级6φ15.24mm,$f_y^b = 1860$MPa,$E_y = 1.95 \times 10^5$MPa。锚固段长10m,钻孔孔径φ150mm,锚索孔内自孔底一次性压满水泥砂浆,停止压浆的标准是从孔口返出完全纯净的水泥浆。浆液收缩后及时补浆,使孔口浆液饱满。浆体强度≥25MPa,注浆压力≥0.5MPa。锚索自由段采用防护油及塑料管隔离,每束锚索设计张拉力600kN,张拉为两次四级张拉,每级间隔时间30min,每级拉力为150kN。在施加预应力完毕后,切除外露的多余钢绞线。锚索锁定在钢筋混凝土锚座上,锚索最后锁定施加预应力为设计拉力的110%,稳定时间不少于5min。通过锚垫板的补浆孔高压补浆,补浆压力≥0.6MPa。

3) 网格梁及边坡防护

网格梁采用混凝土梁,截面为30cm×30cm,道路的中心线与每根梁的夹角为45°。在网格梁的上表面设置小型挡水墙,中间部分种植灌木丛,阻止雨水对坡体的冲刷。网格梁配置的钢筋采用φ14mm,箍筋采用φ8mm,箍筋的间距为25cm,纵向钢筋采用的是通体配筋的方式。

4) 排水

滑坡体后缘的梯形截水沟可以防止水流冲刷坡体,阻止水流进入滑体;滑坡体上部边缘部位的混凝土砌筑的挡墙,用来防止雨水侵入滑坡体和上部土体的继续下滑,挡墙平均高3.5m,上部宽为120cm,斜面坡度为1∶0.2。

三、广西水南路 K313 高陡边坡段顺层滑坡治理

1. 工程概况

水任至南宁公路 K313+200～K313+440 段左上边坡属于深挖半路堑,削坡最大高度50m,放坡设计为四级斜坡,每级边坡间设平台,边坡坡度为1∶0.75。

1)边坡地质概况

边坡覆盖层为第四系碎石黏土、风化破碎泥岩、砂岩深层软弱泥页岩破碎带,坡残积含碎石亚黏土、粉质黏土,褐黄色,稍湿,硬塑状为主,主要分布在边坡的顶部和边坡的水任一侧,厚度在3.2m以内;边坡的基岩为砂岩夹页岩、泥岩,张性裂隙发育,局部夹泥岩(风化后为黏土),岩体完整性较差,其中泥岩厚度为0.8～2.0m,页岩厚度为0.4～1.8m,受水作用后呈可塑～软塑状态。该边坡的地质构造整体为单斜,岩层倾向公路,走向与公路轴线基本平齐,为顺向坡。

2)边坡稳定性简要分析

该段边坡坡顶有较大的汇水面积,降雨和坡顶上方自然坡面流较易顺着坡面和上部岩体裂隙面向下流动渗透,增加岩体自重和下滑力,岩体间软弱泥、页岩夹层降低了结构面的抗剪力学强度。经过现场踏勘和边坡工程地质综合分析,该边坡整体失稳,内部滑动面已贯穿,滑动体破碎,大量雨水渗透,有加速滑坡的可能。滑动面距坡面垂直距离6.0～8.0m,滑坡的主要表现形式有顺层牵引式滑坡和崩塌。

2. 边坡加固设计计算

1)滑坡推力的计算

采用传递系数法计算滑坡下滑推力。选取最大可能滑动面计算,结果如图3-6-33 所示。

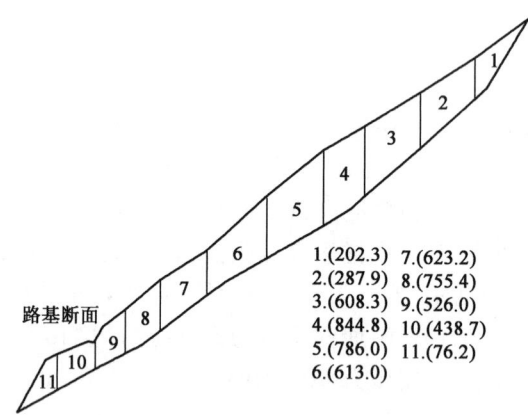

图 3-6-33 滑坡下滑力

注:1,2,3…11 为条块编号,括号中的数据为该滑块的剩余下滑力(kN)。

2)预应力锚索抗滑桩的设计

设计步骤:先确定抗滑桩的基本参数,在确定抗滑桩的最大承载能力后,确定预应力锚索的设计参数。

将锚索桩简化为下端在岩体中的弹性固支梁,锚索的水平作用力用一水平变形元件(弹簧)来替代。滑坡推力为矩形分布,桩与桩中心距为 5.0m。

(1)抗滑桩设计

抗滑桩位置处的滑体厚度为 8.0m。滑面处的地基系数 $A_1 = A_2 = A = 20000 \text{kN/m}^3$,滑动面以下的地基系数比例取为 $m = 12000 \text{kN/m}^4$。

桩全长:15.0m,其中受荷载段长 8.0m,锚固段 7.0m;

桩间距:5.0m;

桩截面积:$F = 2.5 \times 1.8 = 4.5 \text{m}^2$;

桩截面惯性矩:$I = ba^3/12 = 2.34 \text{m}^4$;

桩截面模量:$w = ba^2/6 = 1.88 \text{m}^3$;

桩身抗弯刚度(桩身混凝土强度等级取 C25):

$$EI = 0.67 \times 2.8 \times 10^4 \times 2.34 = 4.389 \times 10^4 \text{MN} \cdot \text{m}^2 = 4.389 \times 10^7 \text{kN} \cdot \text{m}^2$$

桩的计算宽度:$B_p = 1.8 + 1.0 = 2.8 \text{m}$;

桩的变形系数:$\alpha = \sqrt[5]{\dfrac{mB_p}{EI}} = 0.2196 \text{m}^{-1}$;

桩的计算深度:$\alpha h = 0.2196 \times 7.0 = 1.54 < 2.5$,属刚性桩。

桩身弯矩计算:

$$M_y = H(h_0 + y) - \frac{1}{6} B_p A_1 \Delta\varphi\, y^3 (2y_0 - y)$$

$$y_0 = \left[\frac{2A(2h_2 + 3h_0) + mh_2(3h_2 + 4h_0)}{3A(h_2 + 2h_0) + m(2h_2 + 3h_0)} \right] \cdot \frac{h_2}{2}$$

$$\Delta\varphi = \frac{6H}{B_p [3A(2h_2 y_0 - h_2^2) + m h_2^2 (3y_0 - 2h_2)]}$$

式中:H——作用在抗滑桩上的下滑力。

计算控制:滑面处桩身位移最大为 6.0mm。

抗滑桩横截面为 $2.5 \text{m} \times 1.8 \text{m}$,桩身长 15.0m,桩间距 5.0m,桩身材料为 C25 混凝土。抗滑桩能承受的最大水平荷载为 1660kN,相对应的最大桩身弯矩为 4889.6kN·m,其作用位置在锚固段桩身滑面以下约 1.55m 处。

(2)预应力锚索承载力的确定

预应力锚索设计荷载(kN):$526.0 \times 5 - 1660 = 970 \text{kN}$;

锚固角:与水平夹角 20°(斜向下);

锚索轴力标准值:$N_{ak} = 970/(\cos 20°) = 1032.0 \text{kN}$,$N_a = \gamma_Q N_{ak} = 1.3 \times 1032.0 = 1341 \text{kN}$;

锚索面积(采用 7 股钢绞线):$A \geqslant \dfrac{\gamma_0 \cdot N_0}{\xi_2 \cdot f_y} = \dfrac{1.0 \times 1341}{0.69 \times 1860 \times 10^3} = 1.00 \times 10^{-3} \text{m}^2$;

则锚索可配为:$7 \times (\pi/4) \times 15.24^2 \times 10^{-6} = 1.27 \times 10^{-3} \text{m}^2$;

锚杆锚固体与地层锚固长度:$l_a \geqslant \dfrac{N_{ak}}{\xi_1 \cdot \pi \cdot D \cdot f_{rb}} = \dfrac{1032}{1.0 \times 3.14 \times 0.13 \times 100} = 25.28 \text{m}$。

最后取锚索方案为 7φ15.24mm。

四、元磨高速公路 K294+650 段顺层岩石滑坡治理

1. 滑坡概况

滑坡位于云南省墨江县西南元磨高速公路 K294+300～K294+650 段上行线边坡,于 2001 年 6—7 月发生滑动。在此之前,由于修建高速公路开挖路基边坡,切断了砂泥岩互层而形成滑坡。在这种情况下,又错误地放缓边坡进行卸载,造成滑坡进一步发展,后缘裂缝拉开 0.3～0.8m,下错 1～2m,中部形成多级小台阶及拉张裂缝,前部护面墙推挤破坏。据当时勘察,共形成了 2 个滑坡和 1 个潜在变形体,体积达 $19.3 \times 10^4 m^3$。同年 10 月,由于持续降雨,滑坡还未来得及治理,且在原范围基础上向后及两侧不断发展扩大近 1 倍而形成后级牵引滑坡,并且裂缝继续贯通,将以上 2 个滑坡和 1 个潜在变形体包括起来而形成一个大的滑坡。根据补勘结果,该滑坡在平面上形似一"三角形",主滑方向 75°,向南逐渐偏转至 65°,垂直线路长 264m,沿线路宽 305m,滑体厚 4.5～15.0m(图 3-6-34),总体积达 $36.0 \times 10^4 m^3$,属牵引式顺层岩石滑坡。

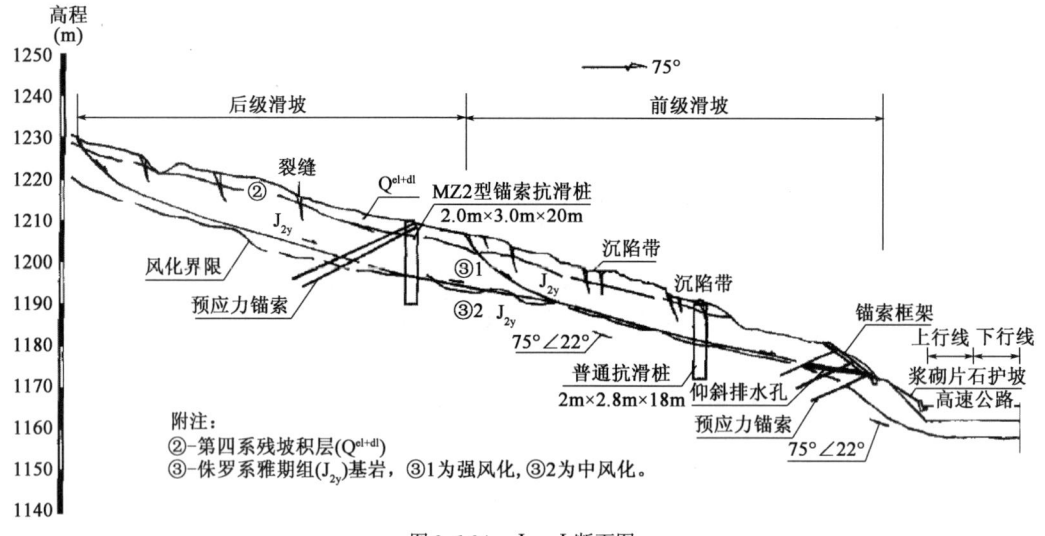

图 3-6-34　Ⅰ—Ⅰ断面图

2. 滑坡类型、性质及形成机理分析

(1) 不良地质基础的控制

本区地层为产状 NW15°～21°/NE22°～32°的砂泥岩互层,这种软硬相间且倾向与线路边坡倾向近乎一致或较小夹角的地层属易滑地层,其接触面特别是泥岩顶面往往容易形成滑动面(带)。同时本区又受区域构造的影响,节理裂隙发育,将岩层切割成不规则的块体,使其整体性降低,为地表水的入渗及滑坡的形成创造了有利条件。

本区发育的 NW20°～NS/SW62°～78°、NW65°～75°/NE65°～90° 和 NW20°～30°/NE75°～80° 三组节理裂隙形成了滑坡侧界的控制性构造面,而第一组节理裂隙最为发育,倾角较陡。该组节理裂隙呈张性,并有泥质充填,贯通性好,延伸长,是滑坡形成的主要后缘控制面,滑体地表到处可见沿这组节理裂隙方向形成的拉张裂缝也说明了这一点。滑体主要为强风化泥岩、粉砂岩互层,强烈的风化作用使泥岩呈土状,砂岩也呈碎石土状,整体为松散～散体结构,

地表水易于入渗而使其遇水软化,同时强度指标降低而引起滑动。

以上这些是滑坡形成的不良地质基础,它控制着滑坡的发生、发展和规模。

(2)开挖边坡坡脚的影响

元磨高速公路修建,开挖边坡坡脚,使其原有边坡失去坡脚支撑,破坏了边坡的原有平衡而使边坡沿坡体内抗剪强度较低的顺倾软弱层面产生滑动。坡脚开挖应力释放,坡面产生大量的卸荷裂缝,坡体松散,为地表水的下渗创造了条件。

(3)地表水、地下水的影响

滑体主要由松散的含碎石残坡积层及下伏强风化松散~散体结构的砂泥岩互层组成。地表降水快速下渗,一方面使滑体含水而质量增加,另一方面地表水入渗后在相对隔水层(泥岩顶面)附近赋存,不仅长期软化隔水层顶面,使其抗剪强度降低而形成滑面(带),而且易形成一定的动、静水压力,从而增大滑坡的下滑力,使其失稳。从勘察可知,地下水的动态变化受季节性降雨的影响较大,且该滑坡规模在雨季持续降雨下很快扩大至原来的近2倍,因此地表水及地下水是滑坡发生的诱发因素。

3. 滑坡防治方案比选

该滑坡为牵引式顺层岩石滑坡,处于滑动阶段,并且在原滑动范围基础上继续向后及两侧不断发展扩大,滑坡的发展速度较快。考虑到该滑坡的以上特点、危害程度以及高速公路建设的重要性和滑坡治理的难度,根据该滑坡的滑动性质、变形原因、变形现状、分级分块情况、稳定程度和发展趋势,提出以下两种方案进行比选。

方案1:在前级滑坡前部采用预应力锚索抗滑桩支挡,桩前和B—B′断面以北采用预应力锚索框架加固,仰斜排水孔疏排地下水,排水沟截排地表水进行综合治理。

方案2:按前后两级进行分级支挡治理,具体在后级滑坡前部设预应力锚索抗滑桩1排,在前级滑坡中前部设普通抗滑桩1排,普通抗滑桩桩前和B—B′断面以北采用预应力锚索框架加固,仰斜排水孔疏排地下水,排水沟截排地表水进行综合治理。

经研究、分析和比选,方案1虽然在滑坡前部集中设桩支挡,支挡工程设置较集中,工程施工对滑坡体的开挖扰动较小,但滑体前部较薄,设桩部位滑坡推力较大,且又为半坡桩,抗滑桩的受力条件较差,同时B—B′断面以北、C—C′断面以南段滑坡因其滑体薄、推力大,而难以治理。方案2采用了前后分级治理的办法,后级滑坡前部布置1排预应力锚索抗滑桩,阻止了后级滑坡的滑动,切断了后级滑坡推力向前级的传递,从而使前排抗滑桩承受的推力大大减小,有利于半坡桩的设置,同时也便于B—B′断面以北、C—C′断面以南段滑坡能够采用锚索框架治理。综合以上情况,决定采用方案2对本滑坡进行治理。

4. 主要工程措施

(1)截、排水工程

①地表排水

在滑坡后缘外围修一道A型截排水沟,截排山坡上的汇水,将其引入附近的自然冲沟,防止渗入滑体。在上排桩前部,沿桩排方向修一道B型截水沟,截排滑坡体内的地表水,减少渗入。

滑坡体内有3道自然冲沟,呈"V"字形,冲切严重,不利于滑体的稳定,故对中间一道自然冲沟沟底用浆砌片石进行铺砌(C型),增强自然冲沟的排水功能。

②地下排水

由于滑坡前部剪出口一带有地下水呈片状溢出,并且勘察中大部分钻孔有地下水,为疏排滑坡前部地层中的地下水,改善下排桩的周边地质条件,在剪出口一带打一排仰斜排水孔。

(2) 锚固支挡工程

①锚索抗滑桩

在后级滑坡前部布置一排预应力锚索抗滑桩(图 3-6-42 和图 3-6-43),以阻止后级滑坡的滑动,切断后级滑坡推力向前级的传递,避免前排桩承受推力过大,以便分级治理。抗滑桩共计 20 根,桩截面有 2.2m×3.0m 和 2m×3m 两种,桩长分别为 21m 和 20m,桩间距 6m,桩头为 3 孔预应力锚索。

②普通抗滑桩

在 2 号冲沟以北前级滑坡中前部设普通抗滑桩一排(图 3-6-42 和图 3-6-43),用以阻止 2 号冲沟以北前级滑坡的滑动,桩截面为 2.0m×2.8m,桩长 18m,桩间距均为 6m,共计 11 根。

在 2 号冲沟以南滑坡前部设普通抗滑桩一排(图 3-6-42),用以阻止 2 号冲沟以南滑坡的滑动,桩截面为 2.0m×2.8m,桩长 18m,桩间距 6m,共计 17 根。

③锚索框架

为了保证 2 号沟至 B-B′断面普通桩前滑体的稳定,在抗滑桩前部斜坡上布设一排锚索框架(图 3-6-42),框架梁截面为 0.4m×0.4m,每根竖肋上布设 3 孔锚索,锚索长度 15m。此外,B-B′断面以北、C-C′断面以南滑坡出口位于本段出露的完整砂岩顶部,位置既高,滑体又薄,不宜采用抗滑桩治理,仍用锚索框架阻止其滑动。

对 C-C′断面代表段的滑坡及变形体,原设计在二级边坡上布置一排预应力锚索框架进行稳定。但在施工一级边坡上挡护面墙时,由于未分段跳槽而是全段拉通槽开挖,同时又在连续降雨环境下及采用爆破手段进行墙基开挖,从而造成墙后松弛变形并不断向后逐级发展。为了稳定本段坡体,在一级边坡上采用预应力锚索框架加固,防止岩体的进一步松弛变形,并对以上边坡采取锚杆框架护坡防护(图 3-6-42)。

(3) 防护工程

①上挡护面矮墙及浆砌片石护坡

在高速公路内侧一级坡脚处修一道坡脚护面矮墙,以便稳定坡脚,保证路侧整洁。对于矮墙上部框架边坡满铺浆砌片石护坡进行防护。

②拱形骨架护坡

为防止一级边坡以上斜坡表面坍塌、溜泥和冲蚀,以及美化环境,将该斜坡修整平顺后,对 A-A′断面以北框架工程不能防护的坡面采用混凝土拱 A 型护坡进行防护,其余边坡采用植草防护。

③旁填地表裂缝

由于滑坡体上满布裂缝,地表水的下渗对滑坡的稳定极为不利,在施工前对滑体上的裂缝用黏土进行夯填。

第七章 注 浆

第一节 概 述

灌浆(Injection Grout),又称为注浆(Grouting),是指采用静压灌注、高压喷射、深层压注搅拌、电渗等方法将有胶结能力的浆液或粉末借助气压、液压或电场力等注入岩土结构或地基土内部,使其扩散、胶凝或固化,达到加固地层或防渗堵漏效果的一类工艺。近几十年来,注浆技术在我国取得了很大的发展,注浆技术由渗透注浆、压密注浆、劈裂注浆发展到高压喷射注浆,特别是20世纪60年代末,高压喷射技术的出现,使注浆胶结体由散体发展为结构体,注浆技术逐步发展完善。截至目前,注浆技术在我国各个领域得到了广泛的应用,如流塑性黏土的化学固结、大孔隙湿陷性黄土的加固、软土地基加固、岩溶地层的高压注浆加固和防渗、通道箱涵的纠偏等,取得了良好的经济效益。随着注浆理论、注浆材料、注浆工艺和注浆设备等的发展,注浆工程设计也将逐步由经验状态发展为半经验、半理论状态,有的已建立起自己的理论设计体系。

一、注浆分类及应用领域、特点与适用条件

根据注浆压力和注浆形态,注浆的加固类型可以分为渗透注浆、压密注浆、充填注浆、劈裂注浆和高压喷射注浆。

1. 渗透注浆

渗透注浆是借助注浆压力,使浆液克服各种阻力渗入孔隙或裂隙,通过就地凝固达到加固或减少渗漏的注浆方法。它在理论上是假定在注浆过程中地层结构不受干扰和破坏,即浆液渗入土孔隙,排除土中的自由水与空气,而不破坏其原有结构。

传统的渗透注浆理论认为渗透注浆服从达西定律,即浆液在压力作用下,可在土壤孔隙或岩体裂隙中移动,其移动速度与颗粒级配及尺寸(对土)、裂隙开度与密度(对裂隙岩体)以及水头梯度有关。无论岩土体的结构如何,有无水充填以及位于什么深度,只要存在一定的压差,并且大于其静水压力,浆液就可在其孔隙中移动。

土体渗透注浆的必要条件是浆液的粒径远小于土颗粒的粒径。因此,渗透注浆具有一定的局限性,只有在一定条件下才可应用。例如对于砂砾石地层,粒状浆材实施渗透注浆的前提条件为:

$$D = \frac{D_p}{0.2} = \frac{3d}{0.2} = 15d \tag{3-7-1}$$

式中:D——土体的粒径;
D_p——地层的缝隙直径;

d——浆材的粒径。

渗透注浆的局限性主要在于,由于注浆量与缝隙直径有关,如果注浆对象中同时存在尺寸不等的缝隙,将导致不均匀的注浆结果。

根据一些学者的研究结果表明:①水泥浆适用于粗颗粒土体,其特征参数为:$d_{10} > 0.5\mathrm{mm}$,$K > 10^{-1} \mathrm{cm/s}$;②胶体溶液或聚合物预聚体(硅胶或铬木素、鞣酸、有机或矿物胶体、聚氨酯)适用于中等粒径土体,其特征参数为:$0.02\mathrm{mm} < d_{10} < 0.5\mathrm{mm}$,$10^{-1} > K > 10^{-3}\mathrm{cm/s}$;③纯溶液(丙烯酰胺、酚醛树脂、氨基树脂)适用于很细的土壤,特征参数为:$d_{10} < 0.02\mathrm{mm}$,$K < 10^{-3}\mathrm{cm/s}$。

2. 压密注浆

压密注浆是注入极稠的浆液,形成球形或圆柱体浆泡,压密周围土体,使土体产生塑性变形,但不使土体产生劈裂破坏,如图3-7-1所示。

压密注浆常用的浆液为粉砂、水泥和足够的水等制成的干硬性浆体,其坍落度为25~150mm。实际的压密注浆浆液还包括一种或一种以上的添加料,如粉煤灰、砾石、石灰石、膨润土以及减水剂等,在压力作用下失水迅速硬化生成浆体结石,并导致生成可控制的球状浆体。当注浆柱的直径或体积较小时,压力主要是水平方向的。当浆柱体积增加,将产生较大的向上压力,并使地表产生向上的位移。通常利用地表的位移控制注浆量,有时利用浆体向上的压力进行公路路基下通道和涵洞的纠偏。

浆柱体的形状通常受土质的影响。在均质基土中,浆柱体的形状非常规则,而在不均质基土中,大多数浆柱体都呈不规则形状。浆柱体的大小受基土密度、湿度、力学特性、地表约束条件、注浆压力、注浆速率,以及一些其他因素所控制,有时浆体直径甚至可以接近1m。

压密注浆方法通常用于加固软弱地基,它对于最软弱基土区能起到很大的压密作用。适用于砂细地基土、充分排水的黏土、非饱和土体,以及调整建筑物不均匀沉降和深基坑开挖或隧道开挖时邻近土体的加固。

3. 充填或裂隙注浆

充填注浆是使用稠浆或掺加混合料的浆液直接向地基土内的大孔隙、大空洞、岩溶裂隙等空间注浆,以及向混合卵石、砂砾层、结构物基础碎石层、隧道回填注浆等,注浆浆液固化后成为具有一定强度的固结体,充填着原有的空间,如图3-7-2所示。

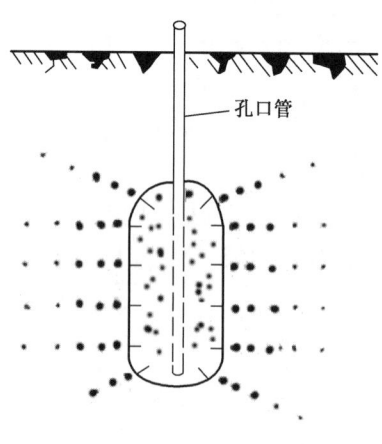

图3-7-1 土层压密注浆示意图

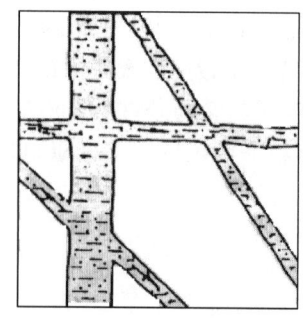

图3-7-2 岩石裂隙充填注浆示意图

与压密注浆不同,充填注浆不改变岩土的原本结构,这一点类似于渗透注浆。但其渗透方式并不服从达西定律,多数是采取紊流的方式。

充填注浆的主要使用领域为:①缺陷桩身的补强以及混凝土构件裂缝的修补。②在砾砂和粗砂层中,浆液与砾砂、粗砂层的渗透充填,形成良好的固结体。③在杂填土层中,复杂杂填土层有各种人工填土和砖瓦、碎石等建筑垃圾,它的共同特点是结构松散、孔隙杂乱不规则、压缩性大。④在裂隙岩体中,封堵地下裂隙和孔洞。⑤在岩溶溶洞带中,只将注浆管直接插入溶洞中进行压密注浆即可。

4. 劈裂注浆

劈裂注浆是浆液在孔内随着注浆压力的增加,先压密周围土体,当压力大到一定程度时,浆液流动使地层产生劈裂,形成脉状或条带状胶结体。劈裂注浆是一种先破坏土体结构然后使其固化的注浆加固方法。

劈裂注浆的适用范围主要用于:①软黏土层的加固,必要时也用于其他岩土层的加固;②用于土坝坝体和软弱地基的防渗处理;③用于裂隙岩体的防渗和补强。

5. 高压喷射注浆

高压喷射注浆法是先利用钻机把带有喷嘴的注浆管,钻入土层的预定位置,然后将浆液通过高压射流对土体冲击切割,利用地基土与水泥浆液搅拌混合固化加固土体的一种工艺。射流介质可以是浆液、压缩空气、高压水。高压喷射注浆加固体具有强度高、加固质量均匀、加固体形状可控的特点,已成为国内工程界普遍接受的,多用、高效的地基处理方法。

高压旋喷注浆法适用于处理淤泥、淤泥质黏土、黏性土、粉土、黄土、沙土、人工填土和碎石土等地基,当土中含有较多的大颗粒块石、坚硬黏性土、大量植物根茎或有过多的有机质时,应根据现场试验结果确定其适用程度。

高压喷射注浆法可用于既有建筑和新建建筑的地基处理,也可用于截水、防渗、抗液化和土锚固定等。高压喷射法的加固可用作挡土结构、基坑底部加固、护坡结构、隧道棚拱、抗渗帷幕、桩基础、地下水库结构和竖井斜井等地下围护和基础。高压喷射注浆法的应用领域广泛,铁道、煤炭、采矿、冶金、水利和市政建设等部门都有旋喷法的应用市场。

二、注浆设计的工程地质勘查

注浆方案设计前,需要进行场地工程地质和水文地质调查,以及环境调查和室内外试验。

1. 工程地质勘探和土质调查

(1)所在区域的工程地质概况,基岩形态、埋深和物理力学性质,各土层层面状态。

(2)土的种类和颗粒组成、化学成分、有机质和腐殖酸含量、天然含水率、液限、塑限、c 值、φ 值、N 值、抗压强度、裂隙通道和洞穴情况等。

(3)岩石的节理裂隙统计:节理组数、产状、密度、宽度、粗糙度;岩体力学性质:裂隙的水力劈裂和断裂指数。

(4)各钻孔的柱状图和地质剖面图。钻孔间距按公路路基详细勘查时的要求进行,但当水平方向变化较大时,宜适当加密孔距。用旋喷体作路基或通道涵洞的端承桩时,应注意持力层顶面的起伏变化情况。用作摩擦桩时,应注意土层的不均匀性,和有无软弱夹层。作端承桩时应钻至持力层下 2~3m。如在此范围内有软弱下卧层,应予钻穿,并达到厚度不小于 3m 的密实土层。如需计算沉降,应至少钻至压缩层下限。作摩擦桩时,钻孔不应小于设计深度。

砂砾沉积层的注浆一般采用渗透注浆,因而要获得每一层的渗透系数、孔隙率、孔隙的大小、地下水位及流速流向和水的化学性质,土的颗粒大小是选择浆液类型和可注性的衡量指标,地层的孔隙率(n)决定着浆液的消耗量,渗透系数的大小影响浆液的注入速率。黏性土注浆加固,多采用劈裂注浆,土体的力学特性较为重要。裂隙岩体注浆,要了解注浆部位是属于断层破碎带,还是软弱层,要了解其产状及分布范围和结构面的渗透几何参数。

2. 水文地质调查

(1)各层土的渗透特性:土的渗透系数,以及通过抽水或压水试验确定土层的水力学性质。

(2)地下水位高程,地下水的流量和流向,近地沟、暗河的分布和连通情况。

(3)地下水的水质特性,离子含量,pH 值和其他腐蚀性物质的含量。

(4)调查注浆过程中,废浆排放对环境的影响、注浆后地下水位的变化对邻近居民饮水及灌溉的影响。

3. 注浆对周围环境影响的调查

(1)地形地貌,施工场地的空间大小和地下结构。

(2)地下管线、地下障碍物的情况。

(3)材料和机具的运输道路。

(4)排污条件。

(5)周围重要结构物、保护性结构物、民居等的情况。

4. 室内试验和现场试验

(1)浆液合理的配合比试验。为了解喷射注浆后固结体可能具有的强度,必须取现场的各层土样,按不同的含水率和浆液配合比进行室内配方试验,优选出最合理的浆液配方。

(2)对规模较大及较重要的工程,设计完成后,要在现场进行成桩试验,查明旋喷固结体的强度和直径,验证设计的可靠性和安全度,根据试验结果修改设计。

第二节　注浆加固原理

一、注浆材料

注浆材料、浆液、浆液固结体是同种材料在注浆施工不同时期的三种不同形态。注浆工程中所有的材料——注浆材料(以下简称浆材)是由主剂(包括交联剂)、固化剂、溶剂(水或其他溶剂)及各种外加剂组成。注浆工程质量的好坏和造价的高低与注浆材料的品种和性能直接相关。

在注浆工程实践中,对注浆材料有多种不同形式的分类,这里按照叙述的方便,将注浆材料粗分为水泥类化学注浆材料、有机高分子注浆材料和其他系列注浆材料三大类。注浆材料分类如图 3-7-3 所示。

注浆材料的选择,应满足如下要求:

(1)浆液黏度低,流动性高,能进入细小裂隙。

(2)浆液凝固时间在一定的时间范围内可调节,并能准确地控制。

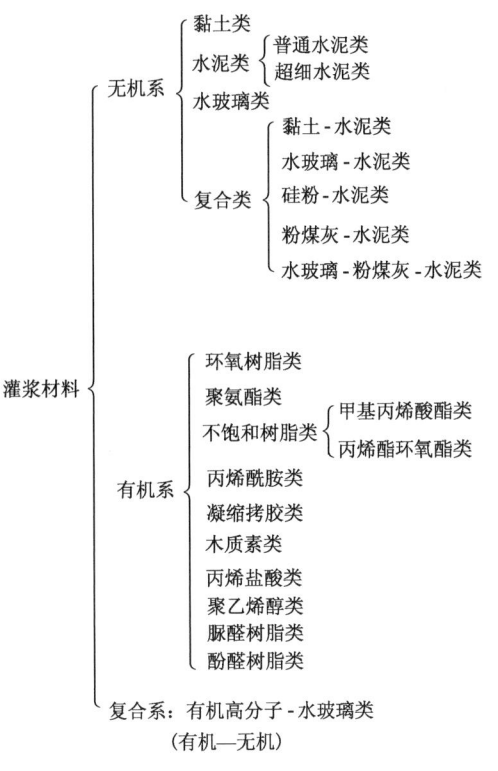

图 3-7-3 注浆材料分类图

(3) 浆液的稳定性好。在常温、常压下储存期长。
(4) 浆液无毒、无臭、不污染环境,对人体无害,属非易爆易燃物品。
(5) 浆液应对注浆设备、管路、混凝土结构物等无腐蚀性,并容易清洗。
(6) 浆液固化时无收缩现象,固化后与岩土体、混凝土等的黏结性好。
(7) 浆液结石体有一定的抗压和抗拉强度,不龟裂,抗渗性能、防冲刷性能和耐老化性能好,能长期耐酸、碱、盐、生物细菌等腐蚀,且不受温度和湿度的影响。
(8) 材料来源丰富、价格低廉。
(9) 浆液配制方便,操作容易。

各种类型浆液各有其特点,要根据工程强度要求、固化时间要求、材料来源和造价等选择浆液及其助剂材料。表 3-7-1 为主要注浆材料一览表,表 3-7-2 为各种注浆材料适用范围。

二、注浆理论

岩土介质十分复杂,具有非均匀性、各向异性的特点,因此,注浆的渗流机理也是千差万别。随着岩土结构、含水率、浆材性质、状态、注浆工艺的不同,浆液在岩土体中的渗流方式和形态也不相同。注浆过程中,浆液在岩土体中形成一个渗流场。在有利的情况下,这个渗流场是可以控制的,但在大多数情况下,只能借助一些假设的理论对渗流场进行估算,因此带有许多不确定性,这也给设计施工和注浆的应用带来一些困难。下面简要介绍几种注浆的基本理论。

主要注浆材料一览表

表 3-7-1

类 别		主要成分	起始浆液黏度 (10^{-1}Pa·s)	可灌入土层的粒径(mm)	可灌入部位的渗透系数 (cm/s)	浆液胶凝时间	固结体的抗压强度 (MPa)	固结体的渗透系数 (cm/s)	注浆方式	浆液估算成本 (元/m^3)
单液水泥浆		普通硅酸盐水泥	0.4~4.7	1~0.6	10^{-2}	6~15h	5.0~25.0	10^{-2}~10^{-3}	单液	50~60
水泥-水玻璃浆		水泥-水玻璃	0.4~4.7	1~0.6	10^{-1}~10^{-2}	十几秒~数十分钟	5.0~25.0	10^{-2}~10^{-3}	双液	90~100
水玻璃类	水玻璃-氧化钙	硅酸钠、氧化钙	100	0.2~0.5	10^{-1}~10^{-2}	瞬时	3.0~6.0	10^{-4}	双液	
	水玻璃-铝酸钠	硅酸钠、铝酸钠	5~10	0.1~0.2	10^{-2}	数分~数十分钟	0.5~105	10^{-2}~10^{-4}	双液	170~200
	水玻璃-磷酸	硅酸钠、磷酸	3~5	0.1~0.2	10^{-2}	数分~数十分钟	0.3~0.5		双液	150~300
	水玻璃-二氧化碳	硅酸钠、二氧化碳	1.8~3.5	0.1~0.2	10^{-2}	数分~数十分钟	1.0~3.0		双液	
	水玻璃-有机物	硅酸钠、乙二醛		0.1~0.2	10^{-2}	数分~数十分钟	0.7~0.8		双液	
木质素		纸浆废液、铬酸钙、氧化铁	2~5	0.03	10^{-3}~10^{-4}	数分~数十分钟	0.4~0.9	10^{-7}~10^{-8}	单液、双液	300~400
丙烯酰胺类		丙烯酰胺	1.2	0.01	10^{-4}	瞬时~数十分钟	0.3~0.8	10^{-7}~10^{-8}	单液、双液	1600~1800
丙烯盐酸类	丙稀酸镁	丙烯酸镁 30%	6.2	0.08	10^{-3}	数秒~数十分钟	0.33~0.43	10^{-4}~10^{-8}	单液、双液	
	丙稀酸钙	丙烯酸钙 20%	4.0	0.08	10^{-3}	数秒~数十分钟	0.33~0.43	10^{-4}~10^{-8}	单液、双液	1300~3000
	丙稀酸锌	丙烯酸锌 30%	3.7	0.08	10^{-3}	数秒~数十分钟	0.33~0.43	10^{-4}~10^{-8}	单液、双液	
聚胺脂类	非水溶性	异氰酸酯、聚醚树脂	10~200	0.015	10^{-3}~10^{-4}	数分~数十分钟	3.0~25.0	10^{-6}~10^{-7}	单液	20000
	水溶性	异氰酸酯、聚醚树脂	8~25	0.015	10^{-3}~10^{-4}	数分~数十分钟	0.5~15.0	10^{-4}	单液	10000
	聚氨脂	异氰酸酯、蓖麻油	50~200			数分~数十分钟			单液	8000
脲醛类	脲醛树脂	尿素、甲醛	10	0.05	10^{-3}	数秒~数十分钟	2.0~10.0	10^{-4}~10^{-5}	单液、双液	600~900
	丙强	脲醛树脂、丙烯酰胺	10	0.05	10^{-3}	数秒~数十分钟	8.0~10.0	0^{-4}~10^{-5}	单液、双液	2800
	木胺	纸浆废液、尿素、甲醛	2~5	0.04	10^{-3}	数秒~数十分钟	7.0~10.0	0^{-4}~10^{-5}	双液	500~600
环氧类	环氧树脂	环氧树脂、酰胺、稀释剂	10	0.2			40.0~80.0 1.2~2.0 (黏结)		单液	1200
	中化-798浆材	环氧树脂、糠醛、丙酸、胺类	7.2~47.7	0.001	10^{-5}	1~5d	50.0~80.0		单液	
甲基丙烯酸酯类		甲基丙烯酸甲酯、丁酯	0.7~1.0	0.05			60.0~80.0 1.2~2.0 (黏结)		单液	

各种注浆材料适用范围　　　　　　表 3-7-2

类别	浆液名称	砾石			砂砾			粉粒	黏粒
		大	中	小	粗	中	细		
无机素	单液水泥浆								
	水泥黏液类								
	水泥-水玻璃类								
	水玻璃类								
有机素	丙烯酰胺类								
	铬木素类								
	脲醛树脂类								
	聚氨酯类								
	糠醛树脂类								
粒径(mm)				10	2	0.5	0.25	0.075	0.002
渗透系数(cm/s)					10^{-1}	10^{-2}	10^{-3}	10^{-4}	10^{-5}

1. 岩土介质可注性

渗透注浆是在压力作用下,使浆液在岩土介质孔隙中流动,并扩散到足够远的地方。注浆的可行与否取决于两个方面:其一,岩土介质的孔径大小及其连通性;其二,浆液的粒度和其流动性。

无颗粒型(溶液型)化学浆液的注浆主要受控于浆液的黏稠度和孔隙的阻力。颗粒悬浊型浆液(如水泥类)较大颗粒直径大于孔隙有效直径或岩层裂隙宽度时,在注浆时会无法进入,甚至堵塞通道,使其他较小颗粒也无法进入地层。

原则上,孔隙直径必须大于注浆材料的颗粒直径。但在注浆过程中,尤其当浆液的浓度较大时,材料往往以两粒或多粒的形式同时进入孔隙或裂隙,故而导致渗浆通道的堵塞。群粒堵塞如图 3-7-4 所示。

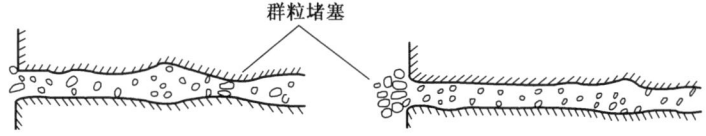

图 3-7-4　群粒堵塞示意图

岩土介质的可注性可用介质的颗粒直径来定义:

$$\frac{D_{15}}{D_{85}} \geqslant 10 \sim 15 \tag{3-7-2}$$

$$\frac{D_{10}}{D_{95}} \geqslant 8 \tag{3-7-3}$$

式中：D_{15}、D_{10}——土层土颗粒在粒度分析曲线上占15%、10%的对应的直径；

D_{85}、D_{95}——注浆材料在粒度分析曲线上占85%、95%的对应的直径。

实践经验证明，所用注浆材料满足式(3-7-2)和式(3-7-3)条件时，一般可使砂砾土的渗透系数降低至$10^{-4} \sim 10^{-5}$cm/s的水平。除可灌比值外，由于土粒的孔隙尺寸与其渗透性密切相关，可用砂砾石的渗透性间接地说明可灌性，另外，根据渗透性，比较成功的经验为：

(1)当砂砾石的渗透系数大于$2 \times 10^{-1} \sim 3 \times 10^{-1}$cm/s时，可采用水泥注浆；

(2)当渗透系数大于$5 \times 10^{-2} \sim 6 \times 10^{-2}$cm/s时，可采用黏土水泥注浆。

粒状介质可注性评判见表3-7-3。

粒状介质可注性评判表　　　　　　表3-7-3

有效粒径D_{10}(mm)	细粒含量(%)	渗透系数(cm/s)	可注性评价
>0.5	—	>10^{-1}	可注水泥浆，水泥黏土浆
0.5~0.5	<12	$10^{-2} \sim 10^{-3}$	易注化学浆
0.2~0.1	12~20	$10^{-3} \sim 10^{-4}$	适度可注化学浆
<0.1	20~25	$10^{-4} \sim 10^{-5}$	难注化学浆

2.浆液的流变性

浆液的流变性可用层流条件下的流变参数来表达，即：

(1)牛顿黏性流体。为典型的黏性流体，其流变曲线是通过原点的直线。

$$\tau = \eta \frac{dv}{dr} \tag{3-7-4}$$

式中：τ——剪应力，即单位面积上的内摩擦力(N)；

$\frac{dv}{dr}$——剪切速率或流速梯度(s^{-1})；

η——浆液的黏度，在浆温和压力不变时为常数($Pa \cdot s$)。

(2)宾汉姆塑性流体。为典型的塑性流体，其流变曲线是不通过原点的直线，其剪切率不与剪应力成正比，并且只当剪应力超过屈服值τ_0后浆液才开始流动。

$$\tau - \tau_0 = \eta_p \frac{dv}{dr} \tag{3-7-5}$$

式中：η_p——塑性黏度($Pa \cdot s$)。

大多数化学浆液都属于牛顿流体。牛顿型浆液在单个圆形毛细管的流动速度可用伯塑尼(Poissuine)方程表示：

$$Q = \frac{\pi R^4}{8\eta} \cdot \frac{\Delta p}{r} \tag{3-7-6}$$

在灌注塑性浆液时，一部分有效注浆压力将消耗在克服由剪应力产生的阻力上面，因而必须采用较高的注浆压力才能使浆液渗入细小孔隙和扩散至较远的距离。但在另一方面，因塑性体一般都存在触变现象,所以它又具备一些牛顿体所没有的优点。例如,能防止浆液中的粗颗粒沉淀分层和有利于在大孔洞或动水条件下灌注等。其流动方程为:

$$Q = \frac{\pi R^4}{8\eta_p}\left(\frac{\Delta p}{r} - \frac{2\tau_0}{R}\right) \tag{3-7-7}$$

式中:Q——单位时间的流量;

R——毛细管的半径;

Δp——有效注浆压力;

r——浆液在管中的流动距离。

液体流动参数的测定方法常采用 Fann 旋转黏度计。

3. 渗透注浆理论

注浆理论是借助流体力学和固体力学理论,建立压力、流量、扩散半径与注浆时间的关系。渗透注浆是在不破坏地层结构压力前提下,把浆液注入粒状土的孔隙中,浆液取代其中的水和空气。浆液的扩散形状和扩散半径取决于注浆方式。钻杆底注浆,浆液扩散面呈球面扩散;花管分段注浆,浆液呈柱面扩散。

4. 土体压密注浆理论

压密注浆是通过钻孔在土中灌入极浓的浆液,在注浆点使土体压密而形成浆泡,当浆泡的直径较小时,注浆压力基本上沿钻孔的径向(即水平向)扩展。

(1)压密注浆的浆液

要求压密注浆浆液不能太稠,以便泵送;也不能太稀,否则会对土体产生劈裂作用。对浆液的要求:

①通常采用水泥砂浆,砂料要有一定的级配,要求通过 8 号筛,小于 50μm 的细砂占 20%左右;

②坍落度为 25~75mm。

(2)压密注浆引起锥形破坏的条件

引起锥形破坏、剪切破坏的机理十分复杂,假定破坏时土体处于极限状态,Moh 和 Wang 建立了锥形破坏的条件:

$$W = \frac{\pi \gamma}{3k^2}[(D+kr)^3 - k^3 r^3] \tag{3-7-8}$$

式中:W——锥形土体的质量,即底为 $2r$,高为 D,斜率为 k 组成的圆锥体的质量;

D——浆泡中心的深度;

r——浆泡的半径;

γ——土的重度;

$k = \tan\alpha$——锥面的斜率;

α——土层内摩擦角。

5. 劈裂注浆理论

劈裂注浆一般经历三个阶段。第一阶段是浆泡的压密阶段;第二阶段是劈裂流动阶段;第三阶段是被动土压力阶段。在第三阶段,裂隙发展到一定程度,注浆压力又重新上升,地层中大小主应力方向发生变化,水平向主应力转化为被动土压力状态,土中的裂缝加宽或者产生新的裂缝。此时水平方向的应力大于垂直方向的应力,地层产生水平裂缝。垂直裂缝和水平裂缝产生的条件如式(3-7-9)和式(3-7-10)所示。

垂直裂缝产生的条件:

$$\frac{p_h}{\gamma h} = \left[\frac{1-\nu}{\nu(1-N)}\right]\left(2K_0 + \frac{\sigma_t}{\gamma h}\right) \tag{3-7-9}$$

水平裂缝产生的条件为:

$$\frac{p_h}{\gamma h} = \left[\frac{1-\nu}{\nu(1-N)}\right]\left(1 + \frac{\sigma_t}{\gamma h}\right) \tag{3-7-10}$$

式中:p_h——注浆压力;

γ——土的重度;

h——注浆段深度;

ν——泊松比;

σ_t——岩土的抗拉强度;N 与地层渗透系数 K 和浆液黏滞系数 η 有关,在 $0 \sim 1$ 之间,渗透性较小者,N 取 1,渗透性较大者,N 取 0;

K_0——岩土层的侧压力系数。

实际注浆过程中,地层很浅时,浆液有时会沿剪切面流动,在地表出现冒浆现象。劈裂注浆的极限压力值应满足:

$$p_u = \gamma h \tan\left(45° + \frac{\varphi}{2}\right)^2 + 2c\tan\left(45° + \frac{\varphi}{2}\right) \tag{3-7-11}$$

式中:p_u——劈裂注浆的极限压力;

γ——土的重度;

h——注浆孔的深度;

φ——土的内摩擦角;

c——土的黏聚力。

在黏性土中,水力劈裂将引起土体固结及挤出等现象。在固结作用条件下,注入浆液的体积 V 为:

$$V = \int_0^a (p_o - u) m_V \cdot 4\pi r^2 dr \tag{3-7-12}$$

式中:a——浆液的扩散半径;

p_o——注浆压力;

u——孔隙水压力;

m_V——压缩系数。

6. 电动化学注浆原理

电动化学注浆是向地层中打入电极并通入直流电,同时在阴极和阳极两端分别灌入硅酸盐和氯化钙等电解质溶液或丙稀酸盐等,在电场作用下,促使带电的溶液在地层中渗透,由此获得加固效果。施工时,用带孔的注浆管作为阳极,用滤水管作为阴极,浆液由阳极入土,并通直流电(两电极间电压梯度一般采用 $0.3 \sim 1.0$ V/cm),在电流作用下,孔隙水由阳极流向阴极,形成电渗固结,化学浆液也随之流入孔隙中,形成化学固结。

电动化学注浆加固地基是电化学效应、电渗固结和电化学注浆共同作用下的结果。除电压外再施加流体压力,注浆效果将更佳。当地基不允许施加较高的流体压力时,电动注浆就更有意义。

三、固结体的基本性质

通常水泥类浆液凝结后的固结体称为结石体,化学浆液胶凝后形成的固结体称为凝胶体。一般来说,固结体的性质只需要考虑结石(凝胶体)率及吸水率(收缩性)、固结体的强度、固结体的防渗性和固结体的耐久性。根据注浆目的的不同,侧重点有所不同。

1. 结石(凝胶体)率及吸水率

结石(凝胶体)体积与浆液体积之比称为结石(凝胶体)率,表达式为:

$$\beta = V_2/V_1 \tag{3-7-13}$$

式中:V_1——浆液的体积;

V_2——结石(凝胶体)体的体积,$\beta < 1$ 时,结石体(凝胶体)收缩;$\beta > 1$ 时,结石体(凝胶体)膨胀。

浆液及结石体的收缩主要受环境条件的影响,潮湿养护的浆液只要长期维持其潮湿条件,不仅不会发生收缩而且还会随着时间的增长而略有膨胀。反之干燥养护的浆液或潮湿养护后又使其处于干燥环境中的浆液,则可能发生收缩。

对于悬浊浆液,浆液静止 24h 后,析出水的体积与原浆液体积之比称为浆液的自由析水率。

$$G = V_w/V_v \tag{3-7-14}$$

式中:V_w——浆液析出水的体积;

V_v——浆液原来的体积。

2. 固结体的强度

对于水泥类悬浊浆液,用纯浆液固结体试件进行强度试验,而对化学浆液常在室内用标准砂注浆制成凝胶体试件,再进行强度试验,根据注浆的目的确定强度试验项目,强度试验包括单轴抗压强度、抗折或抗剪强度和抗拉强度试验。

抗挤出(压)强度是化学浆液的凝胶体承受水头压力的能力。它的试验方法是用几根外径和长度相同而内径不同的厚壁玻璃和耐压保护装置组成试验装置,把浆液倒入玻璃管内凝胶,再将玻璃管装入耐压装置中加压,每加压 0.1MPa,稳定 10min,直到玻璃管中的凝胶体全部挤出为止,挤出的最小压力,为该凝胶体的抗挤出强度。

3. 固结体的防渗性

对固结体进行抗渗试验获得固结体的渗透系数,固结体的渗透系数越小,防渗性能越好。

4. 固结体的耐久性

固结体在地下水的物理和化学作用下,某些组分的溶出、老化等现象使其降低或丧失作用。此外,固结体所处的环境若发生变化,如地下水位升降、基坑开挖暴露等,容易使其崩解风化。耐久性试验的试件应在密封干、湿、干湿循环以及压力渗透等条件下进行养护后进行测定。当固结体中的氧化钙被溶出 25% 时,其强度将损失 50%,因此注浆体的寿命为:

$$T = \frac{0.081Wb}{Jk}\left(\frac{1}{c_1} + \frac{1}{c_2}\right) \tag{3-7-15}$$

式中:T——注浆体中氧化钙溶出 25% 的时间(年);

W——每立方米注浆体中水泥的用量(N/m^3);

b——注浆体承受水压力的厚度(m);

k——注浆体的渗透系数(m/年);

J——水力比降;

c_1——水泥中水化铝酸四钙的极限氧化钙浓度,$c_1 = 10.8 \text{N/m}^3$;

c_2——水泥中水化铝酸三钙的极限氧化钙浓度,$c_2 = 5.6 \text{N/m}^3$。

另外,含硫酸盐的矿物水与水泥结石中的石灰作用时,将产生石膏。黏土水泥结石的耐久性比纯水泥结石的耐久性好。

5. 固结体的毒性

有些化学浆液或其固结体的浸出液具有毒性和腐蚀性,用其注浆将会产生环境和地下水的污染,应引起高度重视。

高压喷射注浆固结体性质见表3-7-4,各类土质高压旋喷固结体强度见表3-7-5,单液水泥浆液基本性能见表3-7-6,黏土用量对水泥浆液性能的影响见表3-7-7。

高压喷射注浆固结体性质一览表　　　　表3-7-4

固结体性质		注浆种类		
		单管法	二重管法	三重管法
单向定喷有效长度(m)				1.0~2.5
单桩垂直极限荷载(kN)		500~800	1000~1500	2000左右
单桩水平极限荷载(kN)		30~40		
最大抗压强度(MPa)		砂类土10~20,黏性土5~10,黄土5~10,砂砾8~20		
干均抗折强度/平均抗压强度		1/5~1/10		
弹性模量(MPa)		$K \times 10^3$		
干密度(g/cm³)		砂类土1.6~2.0	黏性土1.4~1.5	黄土1.3~1.5
渗透系数(cm/sec)		砂类土$10^{-5}~10^{-5}$	黏性土$10^{-6}~10^{-7}$	砂砾$10^{-6}~10^{-7}$
c(MPa)		砂类土0.4~0.5	黏性土0.7~1.0	
φ(角度)		砂类土30~40	黏性土20~30	
N(击数)		砂类土30~50	黏性土20~30	
弹性波数(km/s)	P波	砂类土2~3	黏性土1.5~20	
	S波	砂类土1.0~1.5	黏性土0.8~1.0	
化学稳定性能		较好		

各类土质高压旋喷固结体强度　　　　表3-7-5

土类	浆液配方	龄期(d)	抗压强度(MPa)	抗折强度(MPa)
砂卵石	425号水泥,水灰比1.5:1,加2%水玻璃	28	14.00	
细砂	425号水泥,水灰比1.5:1,加2%水玻璃	170	10.12	1.71
黄土	425号水泥,水灰比0.7:1,加5%NaCl、5%三乙醇胺	28	7.61	0.70
粉细砂	425号水泥,水灰比1.5:1,加2%水玻璃	160	4.24	1.73
淤泥	425号水泥,水灰比0.7:1	360	7.20	1.56
淤泥	425号水泥,水灰比1:1,粉煤灰与水泥比0.3:0.7,龄期14d,抗压强度0.90MPa			

单液水泥浆液基本性能　　　　　表 3-7-6

水灰比	附加剂		抗压强度（MPa）				备注
	名称	用量(%)	1d	2d	7d	28d	
1:1	0	0	0.8	2	5.9	8.9	①水泥为500号普通硅酸盐水泥；②附加剂用量为占水泥重量的百分数；③氯化钙用量一般占水泥5%以下；④水玻璃用量一般占水泥3%以下
1:1	水玻璃	3	1	1.8	5.5	—	
1:1	氯化钙	2	1	1.9	6.1	9.5	
1:1	氯化钙	3	1.1	2	6.5	9.8	
0.4:1	"711"	3	15.1	—	30.9	47.8	
0.4:1	"711"	5	19.8	—	35.9	47.1	
0.4:1	阳泉一型	2	0.6	—	—	34.1	
1:1	三乙醇胺/氯化铵	0.05~0.5	2.4	3.9	7.2	14.3	
1:1	三乙醇胺/氯化钠	0.1~1.0	2.3	4.6	9.8	15.2	
1:1	三异丙醇胺/氯化钠	0.05~0.5	1.4	2.7	7.4	12	
1:1	三异丙醇胺/氯化钠	0.1~1.0	1.8	3.5	8.2	13.1	

黏土用量对水泥浆液性能的影响　　　　　表 3-7-7

水灰比	黏土用量[占水泥的百分比(%)]	黏度（Pa·s）	相对密度	抗压强度（MPa）			
				3d	7d	14d	28d
1:1	5	19.0	1.52	2.14	5.17	4.28	8.12
1.5:1	5	16.5	1.37	1.29	3.45	3.24	7.36
1.5:1	10	17.0	1.43	1.56	2.79	3.30	—
1:1	15	23.0	1.62	1.30	1.56	2.18	—
1.5:1	15	19.0	1.51	0.85	0.97	1.40	—

第三节　注浆设计计算

一、设计程序和设计内容

地基注浆设计一般遵循以下程序：

(1)地质调查：探明地基的工程地质特性和水文地质条件。

(2)方案选择：根据工程性质、注浆目的及地质条件，初步选定注浆方案。

(3)注浆试验：除进行室内注浆试验外，对较重要的工程，还应选择有代表性的地段进行现场注浆试验，以便为确定注浆技术参数及注浆施工方法提供依据。

(4)设计和计算：用图表及数值方法，确定各项注浆参数和技术措施。

(5)补充和修改设计，在施工期间和竣工后的运用过程中，根据观测所得的异常情况，对原设计进行必要的调整。

设计内容主要包括以下方面：

(1)注浆标准：通过注浆要达到的效果和质量指标。

(2)施工范围：包括注浆深度、长度和宽度。

(3)注浆材料：包括浆材种类和浆液配方。

(4)浆液影响半径:指浆液在设计压力下所能达到的有效扩散距离。

(5)钻孔布置:根据浆液影响半径和注浆体设计厚度,确定合理的孔距、排距孔数和排数。

(6)注浆压力:规定不同地区和不同深度的允许最大注浆压力。

(7)注浆效果评估:用多种方法和手段检测注浆效果。

二、方案选择

在选择注浆方案时,必须把技术上的可行性和经济上的合理性综合起来考虑。前者还包括浆材对人体的伤害和对环境的污染,这个问题已越来越引起工程界的重视,后者则包括浆材是否容易取得和工期是否有保证等。在某些特殊条件下,例如由于工期过于紧迫或因运输条件较差而使计划采用的浆材难于解决时,往往不得不把经济问题放在次位。

注浆方案的选择,首先要确定注浆方法和注浆材料。注浆方法和注浆材料的选择与以下因素有关:

(1)注浆目的:主要有地基加固和防渗两大类。

(2)地质条件:包括地层构造、土的类型和性质,地下水位、水的化学成分、注浆施工期间的地下水流速及地震级别等。

(3)工程性质:要考虑建筑物的性质和承受荷载的性质。

根据国内外工程实践经验,为了提高地基的力学强度和抗变形能力,一般要选用以水泥为基本材料的高强度混合物,如纯水泥浆、水泥砂浆和水泥水玻璃浆等,或采用高强度化学浆材,如环氧树脂、呋喃树脂、聚氨酯,以及以有机物为固化剂的硅酸盐浆材等。用于防渗堵漏时,可采用黏土水泥浆、黏土水玻璃浆、水泥粉煤灰混合物、丙凝、AC-MS、铬木素,以及以无机试剂为固化剂的硅酸盐浆液等。在裂隙岩层中注浆一般采用纯水泥浆或在水泥浆中掺入少量膨润土,层中或在喀斯特溶洞中多采用黏土水泥浆,在砂层中一般只采用化学浆液,可选用水玻璃单液硅化法或碱液法。对孔隙较大的砂砾石层和裂隙岩层一般采用渗入性注浆法,在砂层中灌注粒状浆材宜采用水力劈裂法,在黏性土层中可采用水力劈裂法或电动硅化法,为了矫正建筑物的不均匀沉陷则只能采用压密注浆法,为了提高注浆效果的可控性,通常采用高压喷射注浆。在工程实践中,有时采用不同浆材及不同注浆方法的联合注浆工艺。

三、室内配方及现场试验

注浆工程的注浆方法确定后,必须确定注浆材料和注浆材料的配比。而注浆材料的选择和注浆材料配比的确定宜通过室内配方试验和现场试验确定。

1. 防渗

在一般地层中,用于防渗目的的注浆,其防渗标准多用渗透系数表示。防渗标准越高,注浆的技术难度就越大,注浆的工程量和造价就越高。一般防渗工程将地基的渗透系数降低在 $10^{-4} \sim 10^{-5}$ cm/s 以下就能满足工程要求,临时性的工程,其防渗标准还可以适当地降低。特殊工程的防渗标准由渗流分析确定。在岩石地基中,我国水利工程中防渗标准多采用单位吸水率 $w = 0.01 \sim 0.03$,特殊情况下可能有更高的要求。

渗透系数 k 或单位吸水率 w 常采用现场试验确定,试验方法为钻孔压水试验法,计算式为:

$$w = \frac{Q}{L \cdot H \cdot t} \tag{3-7-16}$$

式中：w——地层的单位吸水率($L/m^2 \cdot min$)；
Q——地层的总吸水量(L)；
L——压水试验长度(m)；
H——压水压力(m)；
t——试验时间(min)。

单位吸水量与渗透系数之间大体存在如下关系：

$$k = w \times 1.5 \times 10^{-3} (cm/sec) \tag{3-7-17}$$

2. 强度

对于浆液本身，无须进行额外的试验，目前已有很多的资料可以借鉴。由于注浆的目的不同，注浆固结体指定同一强度标准是不现实的。

对于压密注浆，浆液一般选择水泥、粉土和砂石组成，浆液不进入孔隙，而保持为一均匀体，它可压密松散土，或者抬高建筑物。砂料一般能100%通过8号分筛，小于$50\mu m$的砂粒不得多于20%，砂中最好有一些粉砂，应避免浆液内含有过多的黏土。当浆液的水泥含量为12%时，浆液结石的28d无侧限抗压强度可达2.8~4.2MPa。对于强度要求较低的柔性管道或隧道衬砌的邻近地方，可降低水泥用量，或用火山灰或熟石灰代替水泥。其配比通过室内试块的无侧限抗压强度试验确定，试验方法可参照混凝土相关规范执行。

固结注浆一般以岩土注浆后的变形模量或声波速度作为主要标志，以渗透单位吸水量和单位水泥注入量为间接指标。通过现场固结体的强度试验确定相应的浆材配比及工艺。

通过高压旋喷注浆体的形状、尺寸、强度的现场试验，确定高压旋喷注浆工艺和浆材配比。

对浆液的配方重点考虑以下方面：

(1)对渗入性注浆工艺，浆液必须能渗入土的孔隙，即所用浆液必须是可灌的，这是一项最基本的技术要求，但若采用劈裂注浆工艺，则浆液不是向天然孔隙渗入，而是向被较高注浆压力扩大的孔隙渗入，因而对可灌性要求就不如渗入性注浆严格。

(2)一般情况下浆液应具有良好的流动性和维持流动性能力，以便在不太高的注浆压力下获得尽可能大的扩散距离。但在某些地质条件下，例如地下水的流速较高和土的孔隙尺寸较大时，往往要采用流动性较小和触变性较大的浆液，避免浆液扩散至不必要的距离和防止地下水对浆液的稀释及冲刷。

(3)浆液应析水性小，稳定性高，在注浆过程中或注浆结束后应防范发生颗粒沉淀和分离，并防止浆液的可泵性、可灌性和注浆体的均匀性大大降低。

(4)对防渗注浆而言，要求浆液结石具有较高的不透水性和抗渗稳定性，若注浆目的是加固地基，则结石应具有较高的力学强度和较小的变形性。与永久性注浆工程相比，临时性工程对所述要求较低。

(5)制备浆液所用原材料及凝固体都不应具有毒性，或者毒性应尽可能小，以免伤害皮肤、刺激神经和污染环境。某些碱性物质虽然没有毒性，但若流失在地下水中，也会造成环境污染，故应尽量避免这种现象发生。

(6)有时浆液应具有某些特殊的性质，如微膨胀性、高亲水性、高抗冻性和低温固化性等，以适应特殊环境和专门工程的需要。

(7)不论何种注浆工程,所用原材料都应能就近取得,而且价格应尽可能低,以降低工程造价。但在核算工程成本时,应把耗费量与总体效果综合起来考虑,例如有些化学浆材虽然单价较高,却因其强度较高和稳定性较好,可把注浆体做得更薄或更浅。

(8)关于浆液的凝结时间,要注意以下问题:

第一,浆液的凝结时间变幅较大,例如化学浆液的凝结时间可在几秒钟到几小时之间,水泥浆一般为 3~4h,黏土水泥浆则更慢,可根据注浆土层的体积、渗透性、孔隙尺寸和孔隙率,浆液的流变性和地下水流速等实际情况决定。

总的来说,浆液的凝结时间应足够长,以使计划注浆量能渗入到预定的影响半径内;当在地下水中注浆时,除应控制注浆速率以防浆液被过分稀释或被冲走外,还应设法使浆液能在灌注过程中凝结。

第二,混凝土与水泥灰浆有初凝和终凝之分,但浆液的凝结时间并无严格的定义。许多试验室都是根据自己拟定的方法研究浆液的凝结时间,由于标准不一,难于进行比较。在进行浆液配方研究和注浆设计时,可根据注浆的特点和需要,把浆液的凝结时间细分为:

①极限注浆时间。到达此时间后速率极慢或等于零的程度。

②零变位时间。在此时间内,浆液已具有足够的结构强度,以便在停止注浆后能有效地抵抗地下水的冲蚀和推移作用。

③初凝时间。规定出适用于不同浆液的标准试验方法,测出初凝时间,供研究配方时参考。

④终凝时间。代表浆液的最终强度性质,仍需用标准方法测定。在此时间内,材料的化学反应实际已终止。

在一般防渗注浆工程中,前两种凝结时间具有特别重要的意义,但在某些特殊条件下,例如在粉细砂层中开挖隧洞或基坑时,为了缩短工期和确保安全,终凝时间就成为重要的控制指标。

四、注浆结构力学计算及注浆范围确定

根据注浆的目的和加固体力学特性、防渗特性确定加固范围,进行注浆的结构计算。

1. 地基加固

如图 3-7-5 所示,地基承载力的大小可用式(3-7-18)计算:

$$q = \frac{1}{3}(\alpha c N_0 + \beta \gamma_1 B N_r + \gamma_0 d N_g) \tag{3-7-18}$$

式中:q——长期承载力标准值(kPa);

α、β——形状系数;

c——地基土的黏聚力;

γ_1——地基土的重度;水下采用有效重度 γ_1;

γ_0——基础荷载面上的地基土的重度,水下采用有效重度 γ_0;

N_0——承载力系数(黏聚力项);

N_r——承载力系数(内摩擦项);

N_g——承载力系数(埋深项);

d——基础埋深。

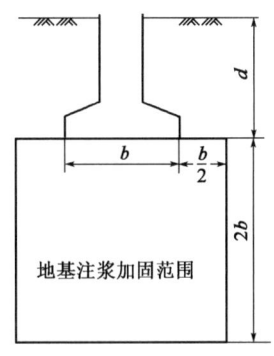
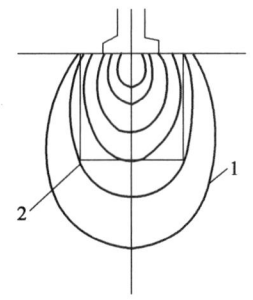

1—由于荷载产生的等应力线；
2—加固后地基承载力等应力线

图 3-7-5 地基注浆加固范围

注浆加固地基,主要改变地基土的 c、ϕ、γ 值,注浆后地基土的 c 值变化较大,而 ϕ 和 γ 值变化不太大。注浆加固柱式地基时,注浆范围超出基底宽度(1/2)b 左右为好。在持力层较浅时,持力层以上软弱层全部加固。持力层较深时,可用威斯塔卡特公式,根据等应力线或塑性区决定加固范围,也可用有限元法模拟计算加固范围。

2. 挡土墙背后的注浆加固

对于公路挡土墙,墙后土质松散时,可对挡土墙后填土进行注浆加固,其加固范围如图 3-7-6 所示。

3. 隧洞注浆加固

(1)土质隧洞的注浆加固

隧洞开挖后,拱顶部的松动范围如下:

$$h = \frac{D}{2}\left[1 + \sin\left(45° - \frac{\varphi}{2}\right)\right] \quad (3\text{-}7\text{-}19)$$

$$B_0 = D\cos\left(45° - \frac{\varphi}{2}\right) \quad (3\text{-}7\text{-}20)$$

$$B = B_0 + 2h\tan\left(45° - \frac{\varphi}{2}\right) \quad (3\text{-}7\text{-}21)$$

$$h_0 = \frac{B}{2K\tan\varphi}(1 - e^{-K\tan\varphi\frac{2H}{B}}) \quad (3\text{-}7\text{-}22)$$

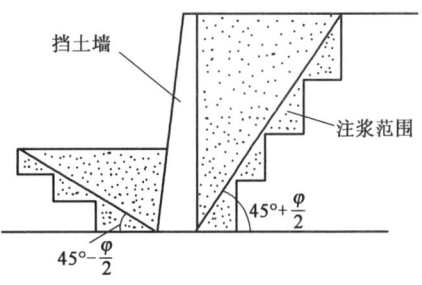

图 3-7-6 挡土墙前后填土进行注浆加固

式中:B——松动区宽度;
h_0——松动区高度;
D——隧洞直径;
K——土压力系数;
H——覆盖层厚度;
h——滑动面高度;
φ——土的内摩擦角。

在拱顶松动区范围内注浆,注浆范围如图 3-7-7 所示,拱顶松动土压力如下:

$$p_0 = h_0\left(\gamma - \frac{C}{B}\right) = \frac{B(1 - C/B)}{2K\tan\varphi}(1 - e^{-K\tan\varphi\frac{2H}{B}}) \quad (3\text{-}7\text{-}23)$$

注浆后,松动范围 c 值增加,松动压力 p_0 减小。

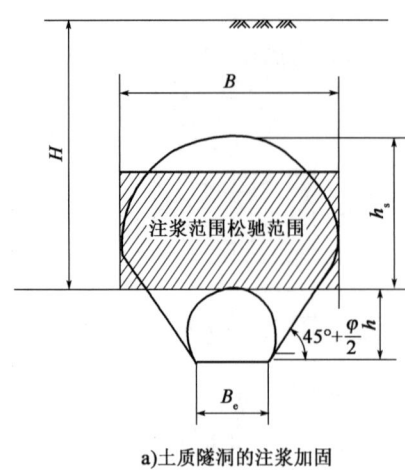
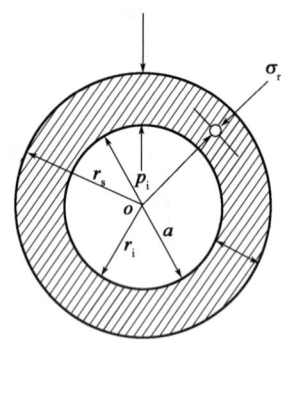

a) 土质隧洞的注浆加固　　　　b) 均匀土质隧道超前注浆

图 3-7-7　土质隧道松动区注浆范围

(2) 均匀土质隧道超前注浆

如图 3-7-7 所示，应力表达式为：

$$\sigma_r = p_0 \frac{a^2 - \alpha^2}{a^2 - 1} + p_i \frac{\alpha^2 - 1}{a^2 - 1} \tag{3-7-24}$$

$$\sigma_\theta = p_0 \frac{a^2 + \alpha^2}{a^2 - 1} - p_i \frac{\alpha^2 - 1}{a^2 - 1} \tag{3-7-25}$$

式中：σ_r——法向应力；

σ_θ——径向应力；

p_0——注浆范围外侧的土压力；

p_i——半径 r_i 处的假定土压力；

r_i——隧洞半径；

r_0——拟定注浆范围外侧半径；

r——计算应力点的半径；

$a = \dfrac{r_0}{r_i}, \alpha = \dfrac{r_0}{r}$。

注浆宽度：

$$t = r_0 - r_i = r_i \left(\sqrt{\frac{\sigma_c}{\sigma_c - 2p_0}} - 1 \right) \tag{3-7-26}$$

式中：σ_c——注浆后土体的抗压强度。

(3) 裂隙岩体围岩的注浆厚度

围岩注浆厚度可根据围岩松动圈厚度确定。围岩松动圈的厚度可以通过多点位移计测得，也可用声波测试仪测得。在没有上述两种资料的情况下，可根据围岩的物理力学性质，按有关公式进行围岩松动圈厚度的计算，如修正的芬纳公式：

$$R_p = a \left[\frac{(c\tan\varphi + P)(1 - \sin\varphi)^{\frac{1-\sin\varphi}{2\sin\varphi}}}{P_b + c\tan\varphi} \right] \tag{3-7-27}$$

式中：R_p——塑性区半径；

a——隧洞半径；

c——围岩黏聚力；

φ——围岩内摩擦角；

P——围岩应力；

P_b——支护抗力。

在松动圈内注浆，形成外牵支护层，它具有较大的承载能力，支护层-岩体共同作用。加固圈的半径可使加固岩石环的承载力满足或大于作用于加固壳的压力，即：

$$R_G = \sqrt{\frac{a^2 \sigma_G}{\sigma_G - 2q_G}} \tag{3-7-28}$$

式中：R_G——注浆加固边界的半径；

a——隧洞(或巷道)半径；

σ_G——注浆加固岩体的强度；

q_G——加固岩石环的承载力。

通常围岩固结注浆深度在 0.5~2.0 倍隧洞半径内变化，建议按 1.3 倍隧洞半径计算。苏联在巷道注浆加固中，加固带的厚度取 3~5m，我国煤炭部门巷道注浆加固厚度约为 2~3m。日本青函隧道则采用了如下的经验数据：一般地质条件，压浆半径是隧洞半径的 2~4 倍；地质条件不好时，压浆半径是隧洞半径的 3~6 倍；地质特别坏时，压浆半径是隧洞半径的 8 倍。

五、注浆量计算

注浆量是指为达到预期的设计注浆效果向地基中注入的浆体体积。是根据注浆对象的土质和灰浆的渗透性而变动的，但可以根据现场注浆试验结果来推断。注浆量的计算应考虑注浆类型、岩土的孔隙率及裂隙率、浆液充填程度。渗透注浆的好坏取决于渗透半径内体积土的孔隙充填程度。充填率越高，注浆的效果越好。劈裂注浆的浆量与注浆范围内浆脉的多少有关，浆脉越多，浆量也越多，注浆效果也越好。但是浆液不可能无限制地注入，应该参照最佳注浆量。压密注浆的浆量与浆泡的直径有关，压密范围越大，要求的浆泡直径也越大。在不产生劈裂的条件下，浆泡直径是很有限的，浆量也有限。裂隙岩体注浆量与吸水率有关，下面分别讨论渗透注浆、劈裂注浆、裂隙岩体注浆量计算。

1. 渗透注浆的注浆量计算

常用的渗透注浆的浆量计算式为：

$$Q = \pi r^2 h n \alpha (1 + \beta) \tag{3-7-29}$$

式中：r——渗透半径；

h——注浆厚度；

n——土体的孔隙率；

α——有效灌注系数；

$1+\beta$——损失系数，可取 1.1~2.0。

常见地层注浆填充率见表 3-7-8。

常见地层注浆填充率　　　　　　　　　　　　　　　表3-7-8

土的分类	N 值	孔隙率(%)	$a(1+\beta)$ (%)	$na(1+\beta)$ (%)
松散砂质土	0~10	50	50~80	25~40
中等密实砂质土	10~30	40	50~70	20~30
密实砂质土	30以上	30	50~65	15~20
湿陷性黄土	—	30~60	50~80	15~48

2. 劈裂注浆的注浆量计算

黏性土中的注浆,常表现为劈裂注浆。注浆过程中使孔隙水压力增高,土体被压缩。为此,可以利用加压引起水逸出,或利用压缩的难易程度的方法计算注浆量。

(1) 通过土的含水率计算注浆量

对于饱和软塑性土,注浆时浆脉可以使土体发生压缩脱水,使土的天然含水率 w 降低到塑限 w_p 以下,当土体变为硬塑状,含水率的差值才能为浆液所置换。注浆量表示为:

$$Q = V\lambda = V\frac{G_s}{1+e_0}(w - w_p) \cdot f \tag{3-7-30}$$

式中:λ——注浆率;
　　G_s——土颗粒密度;
　　e_0——初始孔隙比;
　　w——天然含水率;
　　w_p——土的塑限含水率;
　　V——土体体积;
　　f——压力系数,根据实际施工情况来确定,通常大于1。

(2) 通过土被压缩的难易程度计算注浆量

注浆可以认为是土的体积被压缩,只有缩小的部分,浆液才能进入。按土的压缩指数计算注浆量:

$$Q = V\frac{C_c}{1+e_0}f\lg\frac{p_0 + \Delta p}{p_0} \tag{3-7-31}$$

式中:p_0——压缩屈服荷载;
　　$p_0 + \Delta p$——注浆压力(p);
　　e_0——初始孔隙比;
　　C_c——土的压缩指数;
　　f——加压系数。

六、注浆压力确定

注浆效果、浆液的扩散能力与注浆压力的大小密切相关。当注浆压力超过地层的压重和强度时,有可能导致地基及其上部结构的破坏。因此,一般以不使地层发生破坏或者仅发生局部破坏作为确定地基容许注浆压力的基本原则。

决定注浆压力的因素包括:岩土的密度、上覆地层的厚度、岩石的强度、岩石不连续面或裂隙走向、地层初始应力、钻孔位置和深度、浆液的稠度、岩土的渗透性、工程地质、水文地质情况、注浆的次序等。因此注浆压力应综合考虑上覆土压力、注浆种类、地质条件等因素确定,在

一般条件下,可以参照如下原则确定:

(1)注入黏度高的浆液时,在不对建筑物产生不利影响的前提下,宜采用高压。

(2)对岩土层性质单一,渗透性较小的岩土层,或已灌注过悬浊液的土层,在灌注渗透性好的化学浆液及满足注浆扩散半径要求时,宜采用低压慢注。

(3)在向水下碎石类土和砂类土中注浆时,注浆压力可按注浆点垂直深度确定。一般每加深1m,注浆压力增加$0.2 \times 10^6 \sim 0.5 \times 10^6$Pa。注浆黏度低、土层渗透系数大时取下限值,反之取上限值。

(4)对湿陷性黄土进行化学注浆加固时,宜采用低压慢注,注浆压力一般为$0.5 \times 10^6 \sim 3.0 \times 10^6$Pa。

(5)压密注浆的注浆压力取决于浆液材料的稠度,采用水泥砂浆,坍落度一般在25~75mm,注浆压力应选在$1.0 \times 10^6 \sim 7.0 \times 10^6$Pa范围内,坍落度小时,注浆压力可取上限值。如采用水泥-水玻璃双液快凝浆液,则注浆压力应小于1MPa。

下面介绍几种注浆压力的确定方法。

1. 渗透注浆

(1)根据注浆试验确定注浆压力

注浆压力的确定,应该在计算的基础上再做现场注浆试验。注浆试验过程,逐步提高注浆压力,求得压力与注浆量关系曲线,如图3-7-8所示。当压力升至某一数值(p_f),注浆量突然增大时,表明了地层已产生劈裂,因而把这一压力值定义为最大容许注浆压力。

(2)根据经验公式确定注浆压力

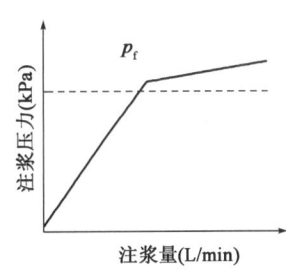

图3-7-8 注浆压力与注浆量之间的关系

在没有条件进行现场注浆试验的情况下,可根据岩土的性质和注浆目的,按有关方法估算注浆压力。砂砾地基注浆为:

$$[p_e] = C(0.75T + K\lambda h) \tag{3-7-32}$$

$$或 [p_e] = \beta\gamma T + CK\lambda h \tag{3-7-33}$$

式中:$[p_e]$——容许注浆压力(kPa);

h——地面至注浆段的深度(m);

C——与注浆次序有关的系数:次序1孔$C=1$,次序2孔$C=1.25$,次序3孔$C=0.5$;

β——系数在1~3之间变化;

T——地基覆盖层厚度;

K——与注浆方式有关的系数,自下而上是$K=0.6$,自上而下是$K=0.8$;

λ——与地层性质有关的系数,可在0.5~1.5之间取值,结构疏松渗透性强的地层取低值,结构紧密渗透性弱的地层取高值;

γ——地面以下,注浆段以上土层的重度(kN/m³)。

(3)根据经验值确定

最大容许注浆压力等于1~2倍覆盖层土压力加上部结构的荷载压力。

2. 劈裂注浆

最大容许注浆压力为:

$$p_{max} = \gamma g h + \sigma_t \tag{3-7-34}$$

式中:h——注浆处以上土柱高度(m);
　　γ——注浆地基的天然重度(kN/m^3);
　　σ_t——土的抗拉强度(kPa)。

一般软土地基中注浆压力为 0.3~0.5MPa。隧道塌方体内劈裂注浆,在封闭情况下终压可以提高。

3. 裂隙岩体注浆

(1)考虑注浆方式和地质条件的经验公式

考虑注浆方式和地质条件的注浆压力经验公式为:

$$[P_e] = P_0 + mD \tag{3-7-35}$$

式中:P_e——容许注浆压力;
　　P_0——地表容许注浆压力;
　　m——注浆段每增加 1m 容许增加的压力;
　　D——注浆段深度。

P_0、m 的取值见表 3-7-9。

P_0、m 取值表　　　　　　　表 3-7-9

岩石分类	岩　性	$P_0(10^5 Pa)$	$m(10^5 Pa/m)$				
			注浆方法		注浆次序		
			自上而下	自下而上	1	2	3
Ⅰ	裂隙少而小,结构密实	1.3~3.0	2.0	1.0~1.2	1.0	1.0~1.25	1.0~1.5
Ⅱ	略受风化的裂隙岩石,无大裂隙,但有层理的沉积岩等	0.5~1.5	1.0	0.5~0.6	1.0	1.0~1.25	1.0~1.5
Ⅲ	严重风化的裂隙岩石,有水平或接近水平层理的沉积岩等	0.25~0.5	0.5	0.25~0.3	1.0	1.0~1.25	1.0~1.5

(2)考虑地质条件、注浆方法以及浆液浓度确定注浆压力

考虑地质条件、注浆方法以及浆液浓度确定注浆压力的经验公式为:

$$[p_e] = p_w + \gamma H + m(H_1 - H) - (H_1 \gamma_G - S \gamma_w) \tag{3-7-36}$$

式中:$[p_e]$——最大允许注浆压力(kPa);
　　γ——地表面以下注浆段以上覆盖层的重度(kN/m^3);
　　p_w——地下水静水压力(kPa);
　　H——止浆塞以上地层厚度(m);
　　m——允许注浆压力深度增量($10^2 kPa/m$);
　　H_1——注浆段总深度(m);
　　γ_G——浆液重度(kN/m^3);
　　γ_w——水的重度(kN/m^3);
　　S——注浆段至地下静水位的高度(m)。

不同条件下的 m 值见表 3-7-10。稀浆指水灰比大于 1:1 的水泥浆,浓浆指水灰比小于 1:1 的水泥浆,Ⅰ类岩石为强风化,且有多组大裂隙的松散岩石,Ⅱ类岩石为弱风化、中等裂隙的岩石,Ⅲ类岩石为有细裂隙的较致密的岩石。

不同条件下的 m 取值　　　　　　　　表3-7-10

岩石分类	自下而上注浆		自上而下注浆	
	稀浆	稠浆	稀浆	稠浆
Ⅰ	0.18	0.20	0.20	0.22
Ⅱ	0.20	0.22	0.22	0.24
Ⅲ	0.23	0.24	0.24	0.26

（3）隧洞围岩固结注浆压力

衬砌隧洞围岩固结注浆加固，必须控制注浆压力不使衬砌挤裂，注浆压力可按式（3-7-37）确定：

$$p_\varphi = \frac{Cr^2(t^2-1)}{t^2r^2-r_H^2}\left\{\frac{1-N+\frac{r_H^2}{r^2}[1+N(1-2\upsilon)]}{N[t^2(1-2\upsilon)+1](t^2-1)}\times p_\theta - \frac{\sigma_R}{K}\right\} + W \quad (3-7-37)$$

$$p_D = p_\varphi + 0.25h \quad (3-7-38)$$

式中：p_φ——固结注浆压力；

p_D——随围岩深度增加的固结压力；

h——止浆塞深度；

C——1.5~2.5；

N——与衬砌弹性常数相关的参数，$N = \frac{K_0(1+\upsilon)}{r_H E}$；

σ_R——衬砌的极限抗拉强度；

r_0、r_H——衬砌的内外半径；$t = \frac{r_0}{r_H}$；

K——安全系数；

υ——泊松比；

W——地下水压力；

p_θ——切向压力。

七、注浆的扩散半径及孔距

在常规注浆中，浆液从被注浆孔中压出，向地层扩散，扩散半径可设想为一圆，该圆的半径即为扩散半径。因此，注浆扩散半径并不是注浆的最大扩散距离，而是满足设计要求的注浆扩散距离。浆液的扩散半径与许多因素有关，如地质条件、注浆工艺和浆液特点。扩散半径随岩土层渗透系数、裂隙宽度、注浆压力、注浆时间的增大而增大，而随注浆浆液的浓度和黏度的增加而减小。通常沙土在0.3~1.0m之间。浆液扩散半径 r 是一个重要的参数，它对注浆工程量及造价具有重要的影响，如果选用的 r 值不符合实际情况，将降低注浆效果甚至导致注浆失败。

1. 扩散半径的试验确定

注浆扩散半径可按前面给出的理论公式估算，如选用的参数接近实际条件，则计算值具有参考价值。当地基条件较复杂或计算参数不易选准时，就应通过现场注浆试验来确定。

现场注浆试验时，常采用图3-7-9的布孔方法。

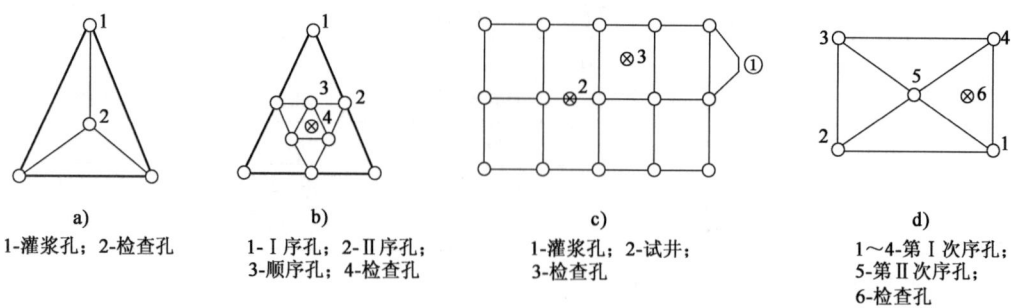

图 3-7-9 注浆试验注浆孔布置示意图

a) 1-灌浆孔；2-检查孔
b) 1-Ⅰ序孔；2-Ⅱ序孔；3-顺序孔；4-检查孔
c) 1-灌浆孔；2-试井；3-检查孔
d) 1～4-第Ⅰ次序孔；5-第Ⅱ次序孔；6-检查孔

注浆试验结束后,可通过钻孔压水或注水,计算出注浆体的渗透性,通过钻孔取样,检查孔隙充浆情况,对注浆样品进行室内渗透或强度试验。在确定设计扩散半径时,要选择多数条件下可以达到的数值,而不取平均值。当有些地层因渗透性较小而不能达到设计 r 值时,可提高注浆压力或浆液的流动性,必要时还可在局部地区增加钻孔以缩小孔距。

2. 注浆孔的布置

注浆孔的布置包括注浆孔的布置形式和间距。最优布置应该是在达到注浆效果的前提下,注浆效率最高,费用最低。如果浆液扩散半径为已知,浆液呈圆球状扩散,则两圆必须相交才能形成一定的厚度。如果单排布置不能满足厚度的要求,那么就必须采用双排或者多排布置形式。

(1) 单排布置

如图 3-7-10 所示,图中 l 为注浆孔距,当 r 为已知时,注浆体的厚度 b 取决于 l 的大小。

$$b = 2\sqrt{r^2 - \frac{l_2}{4}} \tag{3-7-39}$$

固结注浆的孔距最小在 0.5m,最大为 2.5m,一般取 0.8~1.5m。

(2) 多排布置

当单排孔不能满足设计厚度的要求时,应采用两排以上的多排孔。多排孔设计的基本原则是要充分发挥注浆孔的潜力,以获得最大的注浆体厚度。两排布置形式如图 3-7-11 所示。

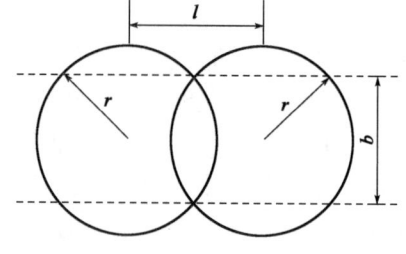

图 3-7-10 单排注浆孔的布置示意图

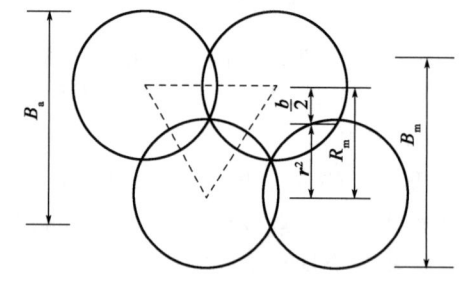

图 3-7-11 两排注浆孔的布置示意图

注浆有效厚度 B_m 的计算式如下：

奇数排：

$$B_m = (n-1)\left[r + \frac{n+1}{n-1} \cdot \frac{b}{2}\right] = (n-1)\left[r + \frac{n+1}{n-1} \cdot \sqrt{r^2 - \frac{l^2}{4}}\right] \tag{3-7-40}$$

偶数排：

$$B_{\mathrm{m}} = n(r + b/2) = n\left(r + \sqrt{r^2 - \frac{l^2}{4}}\right) \tag{3-7-41}$$

式中：n——注浆孔排数。

孔位以三角形布置效率最高，压密注浆一般孔距大约在 1.8~3.0m，劈裂注浆孔距一般控制在 4.0~5.0m。

八、高压旋喷的设计

1. 喷射孔的间距及其配置

(1) 喷射直径的估计

旋喷直径估计的正确与否，不单关系到工程的经济效益，而且还关系到工程的成与败。对于地基加固和堵水防渗工程，如果估计直径偏小，那么就要增加总的旋喷孔数，增加工程费用；如果估计直径偏大，那么将会出现地基强度不够，造成工程失败。工程设计根据估计直径来选用喷射注浆的种类和喷射方式。对于大型或重要的工程，估计直径应在现场通过试验确定。

(2) 单桩承载力

单桩承载力的变化很大，必须经过现场试验。对于无条件进行承载力试验的场合，基桩容许承载力计算，安全系数取 2~3。

(3) 固结土强度的设计

根据设计直径和总桩数来确定固结土的强度。一般情况下，黏性土固结强度为 5MPa，砂性土固结强度为 10MPa。对于重要性强和允许承载力大的工程，可选用高等级强度硅酸盐水泥，通过室内试验确定浆液的水灰比或添加外加剂。

(4) 堵水防渗孔形布置

堵水防渗工程，最好按双排或三排布孔，旋喷桩形成帷幕。孔距应为 $0.866R_0$（R_0 为旋喷设计半径）、排距为 $0.75R_0$ 最经济，如图 3-7-12 所示。

定喷也是一种常用的堵水防渗方法，由于喷射出的板墙薄而长，不但成本较旋喷低，而且整体连续性亦高。

(5) 加固地基的桩位布置

提高地基承载力的加固工程，旋喷桩之间的距离可适当加大，不必交圈，其孔距以旋喷桩直径的 2~3 倍为宜，这样可以充分发挥土的作用。布孔形式按工程需要而定。

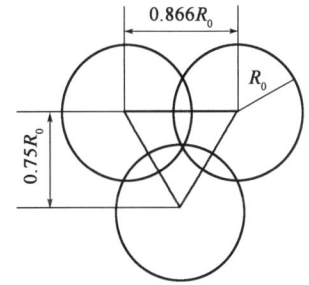

图 3-7-12　堵水防渗布置图

2. 注浆材料及配方

水泥是最便宜的注浆材料，来源又容易，种类也较多，是旋喷注浆的基本浆液。根据其注浆目的进行归纳，大致可分为以下几种类型：

(1) 普通型

对于一般无特殊要求的工程宜采用普通型。

普通型一般采用 325 号或 425 号硅酸盐水泥浆，不加任何外加剂，即纯水泥浆。水灰比为 1:1~1.5:1，固结体 28d 的抗压强度最大可达到 1.0~20MPa。

(2) 速凝早强型

对地下水发达的工程需要在水泥浆中掺入速凝早强剂,因纯水泥浆的凝固时间太长,浆液易被冲蚀而不固结。另外,对一些要求早期承重的工程也需要加速凝剂。常用的早强剂有:氯化钙、水玻璃及三乙醇胺等。用量为水泥用量的 2% ~ 4%。

以使用氯化钙为例,纯水泥浆与土的固结体,2d 的抗压强度为 1MPa,而掺入 2% 氯化钙的水泥-土固结体的抗压强度为 1.6MPa,掺入 4% 氯化钙的水泥-土固结体的抗压强度为 2.4MPa。加入速凝-早强剂的固结体早期抗压强度比纯水泥浆固结体高 2 倍多。

(3) 高强型

旋喷固结体的平均抗压强度在 20MPa 以上的称为高强型。高强型配方为由地基加固发展为加筋桩提供了可能性。它将大大地扩大旋喷注浆的应用范围。

提高固结体强度的方法为:①选择高等级强度水泥,一般注浆所用的水泥要求不低于 525 号普通硅酸盐水泥。②选择高效能的扩散剂和无机盐组成的复合配方在 425 号普通硅酸盐水泥中掺入外加剂能提高固结体的强度,常用的高效能扩散剂为 NNO, NR$_3$、NaNa$_2$、Na$_2$SiO$_3$ 等。

(4) 填充剂型

把粉煤灰、矿渣等材料作为填充剂加入水泥浆中会极大地降低工程造价。粉煤灰是热电厂排出的湿灰,是一种废弃物,若利用它作为填充剂则很有发展前途。

其特点是早期强度较低,而后期强度增长率高、水化热低。

(5) 抗冻型

当土体中的水随气温下降变成冰的同时,其体积膨胀。当这种膨胀足以引起土粒间的相对位移时,便发生土体的宏观冻胀现象,使地面上的建筑物受到破坏。若在冻土带未上冻前对土进行喷射注浆,并在所用的旋喷浆液(以 425 号硅酸盐水泥为宜)中加入抗冻剂就能阻止或控制地表水向土体下渗以及地下水向土体上引,不使土体含水率超过其起始冻胀含水率,可达到防治土体冻胀的目的。

(6) 抗掺型

在水泥浆中掺入 2% ~ 4% 的水玻璃,其抗渗性能就有明显提高。

对有抗渗要求的旋喷固结体,不宜使用矿渣水泥。如仅有抗渗要求而无抗冻要求者则可使用火山灰质水泥。

(7) 改善型

①在水泥浆中掺入膨润土,浆液悬浮性增加而减少水泥颗粒沉淀量,以至浆液的析水率减小,稳定性提高。②在水泥浆中掺入少量的陶土和碱,也可促使泥浆呈悬浮状态。其配方为水:水泥:陶土:碱 = 1:1:3:0.0009(质量比)。③在水泥浆中掺入其他外加剂,水泥浆液中掺入的外加剂有铝酸钠、三乙醇胺(NR)、亚甲基二萘磺酸钠(NNO)、沸石粉等。

3. 注浆量的计算

浆量计算方法有二种,即体积法和喷量法。取其大者作为喷射浆量。

(1) 体积法

$$Q = \frac{\pi}{4}D_e^2 K_1 h_1 (1 + \beta) + \frac{\pi}{4}D_0^2 K_2 h_2 \tag{3-7-42}$$

式中:Q——需要用的浆量(m^3);

D_e——旋喷体直径(m);
D_0——注浆管直径(m);
K_1——填充率(0.75~0.9);
h_1——旋喷长度(m);
K_2——未旋喷范围土的填充率(0.5~0.75);
h_2——未旋喷长度(m);
β——损失系数(0.1~0.2)。

(2)喷量法

以单位时间喷射的浆量及喷射持续时间,计算出浆量,计算式为:

$$Q = \frac{H}{v}q(1+\beta) \qquad (3\text{-}7\text{-}43)$$

式中:Q——浆量(m³);
v——提升速度(m/min);
H——喷射长度(m);
q——单位时间喷浆量(m³/min);
β——损失系数,通常0.1~0.2。

根据计算所需的喷浆量和设计的水灰比,即可确定水泥的使用数量。

第四节 注 浆 施 工

一、钻孔机械

国内外常用的注浆设备中有些是自钻式的,即钻杆可以兼作注浆管。但很多注浆设备注浆前需要引孔。注浆引孔采用的钻机与地质转机相同,可分为三大类:回转式、回转冲击式、冲击式。根据注浆孔的大小、深度、地质情况、注浆工艺选用钻机型号。表3-7-11为目前国内常用的浅层工程钻机型号。

目前国内常用的浅层工程钻机　　　　表3-7-11

钻机型号	钻进深度(m)	钻进方式	成孔直径(mm)	钻杆直径(mm)	功率(kW)
70型振动机	33	振动	75	42	4.5
XY-1	100	油压	75	42	7.5
XY-1A	100	油压	75	42	11
XY-1B	100	油压	75	42	11
XJ100	100	手轮	75	42	7.5
XU100	100	油压	75	42	7.5
YG-2	50	油压	110	42	7.5
SH-30型工程钻机	30	主动冲击	110	42	4.5
坑道钻机	50	油压	75	42	11

二、注浆机械

注浆设备包括制浆机、注浆泵、注浆塞、孔口封闭器、高压胶管、监测仪表(压力表、流量计、注浆自动记录仪)、注浆钻头等。注浆泵是注浆的主要设备。注浆泵大都是以泥浆泵或在此基础上经过改进的一些代用泵,随着注浆领域的扩展和技术的提高,对注浆泵的功能和特点要求也越来越高。注浆泵一般应满足下列要求：

(1)能进行双液注浆，甲、乙液的比例能在泵的运行过程中调节，特别用于化学注浆；

(2)流量和压力能在一定范围内任意调节，调节装置要方便、灵活、准确、平稳；

(3)泵体内与化学浆液接触部分必须使用抗腐蚀材料，易磨部分要耐磨；

(4)易拆卸、清洗、组装方便；

(5)体积小、能耗小、质量轻、搬运方便。

最常用的注浆泵是往复式泵，它主要是靠缸内活塞往复运动来完成吸入和排出浆液。往复式泵使用盘状活塞时称为活塞泵，使用柱式活塞称为柱塞泵。活塞泵的活塞与缸套直接接触，因而缸套与缸体磨损较快。柱塞泵是柱塞与橡皮密封圈接触，磨损的速度较慢，因而柱塞泵基本替代了活塞泵，较为常用。

1. HFV 型稳压自变量液压注浆泵

HFV 型注浆泵是日本 20 世纪 70 年代产品，目前中国产品有 HFV-2，HFV-2A 和 HFV-2B 三种，其性能见表 3-7-12。

HFV 型稳压自变量液压注浆泵性能表　　表 3-7-12

		注浆泵型号	HFV-2	HFV-2A	HFV-2B
注浆泵部分		形式	双缸双作用往复活塞泵		
		排出压力(MPa)	0.5~5.0	0.5~6.0	0.5~12
		排浆量(L/min)	1~100	0~70	0~48
		行程(mm)	最大300		
		往复次数(次/min)	0~30	0~20	0~20
		活塞直径(mm)	65	57	
		出浆口管径(mm)	32		
		吸浆口管径(mm)	40		
		质量(kg)	380		
动力部分		油泵形式	叶片变量泵		
		排出压力(MPa)	0~7.0		0~12
		排出量(L/min)	0~120		
		转速(r/min)	1200		
		电机功率(kW)	11		

2. 其他型号注浆泵

TGZ 系列双液调整高压注浆泵，可同时注水泥-水玻璃浆液及其他化学浆液。注浆量为 16~120L/min，注浆压力为 3~21MPa。

YGZ 系列液动高压注浆泵具有压力大(最高压力 32MPa)，压力可控，双液比例可调，高、低压缸可单独或同时工作，排量大(最大排量 400L/min)等特点。

KBY 系列注浆泵为全液压单缸双作用往复式活塞泵，既可实现单液注浆又可实现双液注浆，可按注浆工艺用油压设定最高限压。最大注浆量为 30~50L/min，最大注浆压力为 0.5~12MPa。

QZB—S0/60 型气动注浆泵适用于水玻璃类浆液固砂注浆，排浆具有定压自动调量性能。

最大注浆量为 50L/min，最大注浆压力为 6MPa。

BW—150 型泥浆泵为卧式三缸单作用往复活塞泵，具有八挡变速变量。最大注浆量为 125L/min，最大注浆压力为 7MPa。

SNS 系列泵可注水泥浆和水泥砂浆，是隧道衬砌背后、井壁背后充填注浆较为理想的注浆设备。最大注浆量为 63～135L/min，最大注浆压力为 2～10MPa。

100/15 型砂浆泵为输送粒径小于 2mm 细骨粒的压力注浆泵，即由拌和桶、水力部分、安全注水装置、传动系统等部件组成。砂浆依靠橡皮膜的胀缩与上下两个球阀的作用，有节奏地吸入和排出。排出压力与流量靠调节回浆装置及出口上的压力表来调整和指示。当泵工作压力超过规定压力值时，缸里的水便顶开滑阀进入储水罐，使压力始终保持恒定。

HG20—12 型立式双缸化学注浆泵为可控调速齿轮化学注浆泵，适用于流量较小的化学注浆。

三、施工工艺

1. 裂隙岩石注浆工艺

裂隙岩体注浆分为 4 个步骤：①钻孔；②清洗钻屑及钻孔壁的松软料；③进行压水试验获取岩石渗透性参数；④注浆。

注浆方法为：

①自上而下分段钻进，孔口封闭，分段注浆；

②自下而上栓塞分段注浆；

③自上而下栓塞分段注浆。

注浆结束前，要用最大注浆压力闭浆 30～60min，以排除注入裂隙中浆液的多余水分。

2. 花管注浆

花管注浆法是在地层中首先打入一下部带尖头的花管，然后冲洗进入管中的沙土，最后自下而上分段拔管注浆。花管注浆是在注浆管前端的一段管上打许多直径 2～5mm 的小孔，使浆液从小孔水平地喷到地层里。与钻杆注浆法相比，由于注浆管喷出的断面面积明显增大，因此大大减小了压力急剧上升和浆液涌到地表层的可能性。注浆钻杆的直径为 $\phi25～\phi40$mm，前端 1～2m 左右侧壁开孔眼，孔眼梅花形布置。有时为防止孔眼堵塞，可以在开口孔眼外包千圈橡皮环。

花管注浆可用于砂砾层渗透注浆，也可用于土体的水泥-水玻璃双液劈裂注浆。与注浆塞组合，还可用于孔壁较好的裂隙岩体注浆。

3. 袖套管法

此法为法国 Soletanche 公司首创，故又称 Soletanche 方法。在我国 20 世纪 80 年代末广泛用于砂砾层渗透注浆、软土层劈裂注浆和深层（超过 30m）土体劈裂注浆。是公认可靠的注浆方法。主要构成为：袖阀管、注浆嘴和包皮浆。

袖阀管法注浆施工工艺如图 3-7-13 所示。

（1）钻孔：孔径一般在 $\phi80～\phi100$mm，采用泥浆护壁，钻孔垂直度误差应小于 1%。

（2）插入袖套管：袖套管一般用内径 $\phi50～\phi60$mm 的塑料管。每隔 33～50cm 钻一组射浆孔（即每米 2～3 组）外包橡皮套。插入钻孔，管端封闭，管内充满水下管。

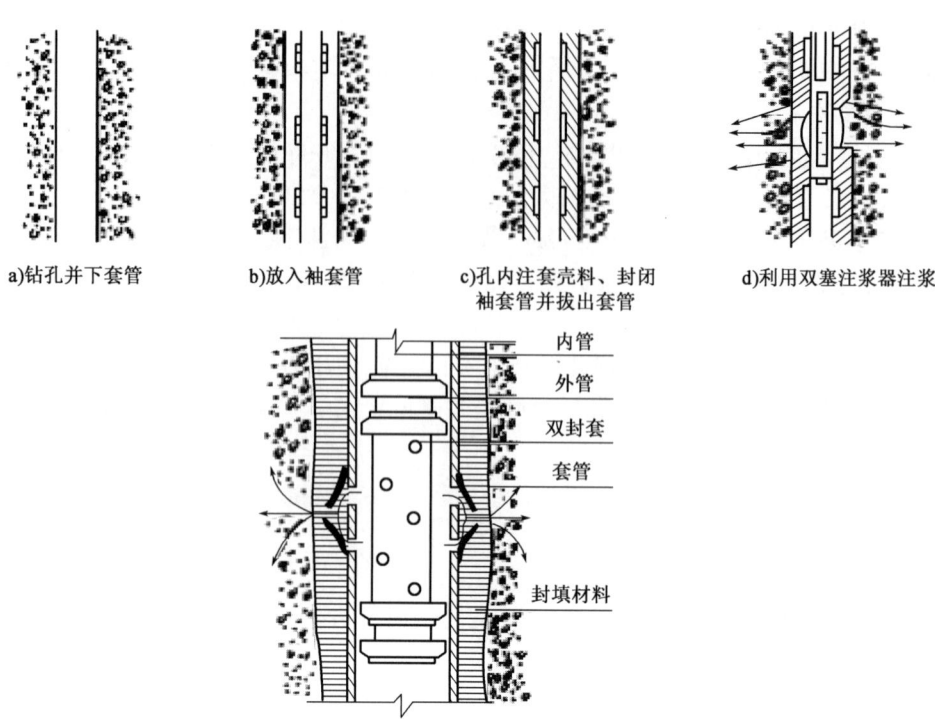

图 3-7-13 袖阀管法注浆施工工艺示意图

(3)孔内灌套壳料:其作用是封闭单向袖管与钻孔壁之间的空隙。套壳料为包皮浆。包皮浆的配方直接影响注浆效果,要求其收缩性小,脆性较高,早期强度高。其配方与特性见表 3-7-13。

包皮浆配方及特性 表3-7-13

配方号	材料质量比			材料质量比			3d 龄期抗压强度 (MPa)
	水泥	土	水	黏度(Pa·s)	稳定性	析水率(%)	
1	1	1.63	1.94	80~90	0.007	9	0.3~0.5
2	1	1.50	1.88	80~90	0.035	1	0.3~0.5

(4)注浆:在封闭泥浆达到一定强度后,在单向袖阀管内插入双向密封注浆芯管进行分段注浆。每段注浆时,首先加大压力使浆液顶开橡皮套,挤破套壳料,即开环后浆液进入地层。

袖套管法的主要优点为:

(1)可根据需要对任何一个注浆段进行注浆,可进行重复注浆。

(2)可使用较高的注浆压力,注浆冒浆和窜浆的可能性小。

(3)钻孔和注浆作业可以分开,设备利用率提高。

其缺点为:

(1)袖套管被具有一定强度的套壳料胶结难于拔出重复使用,费管材。

(2)每个注浆段长度固定为 33~50cm,不能根据地层的实际情况调整注浆段长度。

4.高压喷射注浆法

(1)施工机器及设备

高压喷射注浆的施工机器及设备,由高压发生装置、钻机注浆、特种钻杆和高压管路四部分组成。主要包括钻机、高压泵、泥浆泵、空气压缩机、注浆管、喷嘴、流量计、轴浆管、制浆机等。高压喷射注浆所用设备见表3-7-14。

高压喷射注浆设备表　　　　　　　　　　　　　　表3-7-14

序号	机具名称	型号	规格	所用机具		
				单管	二重管	三重管
1	高压泥浆泵	SNC-H300型水泥率、ZJB型高压泵SG120SV高压泵	30MPa,150L/min,135kW	√	√	
2	高压水泵	3XB型 3D$_2$型	30~50MPa,75~100L/min			√
3	钻机	自选合适型号		√	√	√
4	泥浆泵	BW-230型 BW-230型	5.0~7.0MPa,80~150L/min			√
5	空气压缩机	各种型号	3m^3/min 0.6~0.7MPa		√	√
6	泥浆搅拌机	各种型号	200L/min	√	√	√
7	单管	普通地质管		√		
8	二重管		自制专用		√	
9	三重管		自制专用			√
10	使用机具总数目			4	5	6

(2)施工程序

虽然单管、二重管、三重管和多重管喷射注浆法所注入的介质种类和数量不同，但它们的施工程序基本一致，都是先把钻杆插入或打进预定土层中，自下而上进行喷射注浆作业。三重管施工工艺流程如图3-7-14所示。

①钻机就位。旋喷注浆施工的第一道工序就是将使用的钻机安置在设计的孔位上，使钻杆头对准孔位的中心。同时为保证钻孔达到设计要求的垂直度，钻机就位后，必须做水平校正，使其钻杆轴线垂直对准钻孔中心位置。

②钻孔。钻孔的目的是为将旋喷注浆管插入预定的地层中。钻孔方法很多，主要视地层中地质情况、加固深度、机具设备等条件而定。一般在二重管和三重管旋喷法施工中，采用地质钻机钻孔。

③插管。插管是将旋喷注浆管插入地层预定的深度，使用70型或76型振动钻机钻孔时，插管与钻孔两道工序合二而一，钻孔完毕，插管作业即完成。使用地质钻机钻孔完毕，必须拔出岩芯管，并换上旋喷管插入预定深度。在插管过程中，为防止泥沙堵塞喷嘴，可边射水、边插管，水压力一般不超过1MPa，如压力过高，则易将孔壁射塌。

④喷射作业。当喷管插入预定深度后，由下而上进行喷射作业，使用的参数见表3-7-15。值班技术人员必须时刻注意检查浆液初凝时间、注浆流量、风量、压力、旋转提升速度等参数是否符合设计要求，并且随时做好记录，并绘制作业过程曲线。当浆液初凝时间超过20h，应及时停止使用该水泥(正常时水灰比1:1初凝时间为15h左右)。

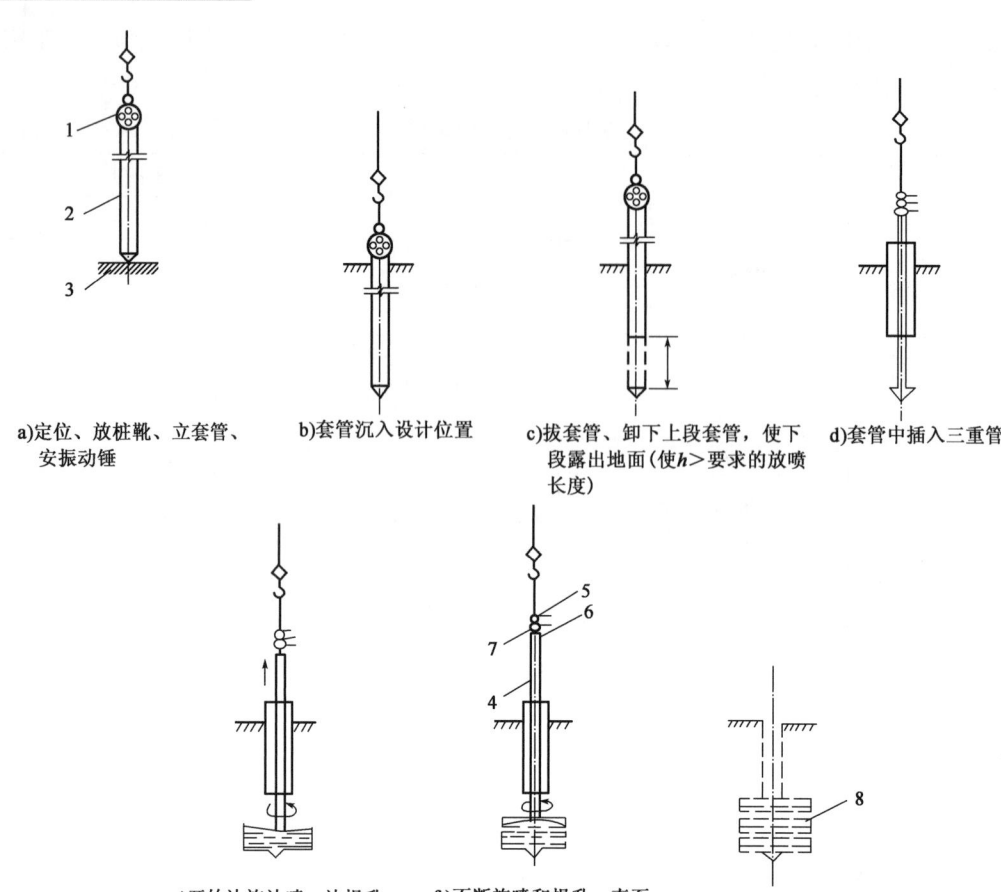

图 3-7-14 三重管施工工艺流程
1-振动锤；2-钢套管；3-桩靶；4-三重管；5-压缩空气胶管；6-高压水胶管；7-压缩空气胶管；8-旋喷

高压喷射注浆常用注浆参数表　　　　表 3-7-15

高压喷射注浆的种类			单管法、二重管法、三重管法		
适用的土质			砂类土、黏性土、黄土、杂真土、小粒径砂砾		
浆液材料及其配方			以水泥为主要材料,加入不同外加机剂后可具有速凝、早强、抗蚀、防冻等性能,常用水灰比 1:1。亦可用化学材料		
高压喷射注浆参数值	水	压力(MPa)	—	—	20
		流量(L/min)	—	—	80~120
		喷嘴孔径(mm)及个数	—	—	$\phi2 \sim \phi3$(1 或 2 个)
	空气	压力(MPa)	—	0.7	0.7
		流量(m³/min)	—	1~2	1~2
		喷嘴间隙(mm)及个数	—	1~2(1 或 2 个)	1~2(1 或 2 个)
	浆液	压力(MPa)	20	20	1~3
		流量(L/min)	80~120	80~120	100~150
		喷嘴孔径(mm)及个数	$\phi2 \sim \phi3$(2 个)	$\phi2 \sim \phi3$(1 或 2 个)	$\phi10$(2 个)~ $\phi14$(1 个)
		注浆管外径(mm)	$\phi42$ 或 $\phi45$	$\phi42$、$\phi50$、$\phi75$	$\phi75$ 或 $\phi90$
		提升速度(cm/min)	20~25	约 10	约 10
		旋转速度(r/min)	约 20	约 10	约 10

⑤冲洗。当喷射提升到设计高程后,旋喷即告结束。施工完毕应把注浆管等机具设备冲洗干净,管内、机内不得残存水泥浆。通常把浆液换成水,在地面上喷射,以便把泥浆泵、注浆管软管内的浆液全部排出。

⑥移动机具。把钻机等机具设备移到新孔位上。

四、注浆效果检测

1. 质量检查的内容

注浆工程是地下隐蔽工程,因而不能直接观察到旋喷桩体的质量。注浆效果的好坏直接关系到注浆工程的成败。必须用科学的、比较切合实际的各种检查方法来鉴定其加固或防渗效果。质量检查内容主要有以下几点:

①固结体的整体性和均匀性;
②固结体的有效扩散半径;
③注浆体的渗透特性;
④高压旋喷固结体的垂直度;
⑤固结体的强度特性(包括桩的轴向压力、水平推力、抗酸碱性、抗冻性和抗渗性等);
⑥固结体的溶蚀和耐久性能等。

注浆质量检查的性质可分为施工前检查和施工后检查。施工前检查,是对设计要求进行现场注浆试验,了解设计采用的注浆参数、浆液配方、选用的外加剂材料是否合宜,固结体质量能否达到设计要求。如某些指标达不到设计要求时,则可采取相应措施,使注浆质量达到设计要求。施工后的检查,是对注浆施工质量的鉴定。一般在注浆施工过程中或施工告一段落时进行。高压喷射注浆检查的数量通常为喷射固结体数量的5%,但每个加固工程至少检查一个。检查对象应选择为地质条件较复杂的地区及喷射时有异常现象的固结体。

2. 质量检查方法

限于目前我国技术条件,注浆质量的检查有开挖检查、室内试验、钻孔检查、荷载试验、渗透试验及其他非破坏性试验等五类方法。

(1)开挖检查

注浆完毕,待凝固体具有一定强度后,即可开挖。这种检查方法,因开挖工作量很大,一般限于浅层。由于注浆固结体完全暴露出来,因此能比较全面地检查注浆固结体质量,也是检查固结体垂直度和固结形状的良好方法,这是当前较好的一种检查质量方法。

(2)钻孔检查

钻取注浆固结体的岩芯。将固结体中钻取岩芯用来观察判断其固结整体性,并将所取岩芯做成标准试件进行室内力学物理性试验,以求得其强度特性,鉴定其是否符合设计要求。

(3)现场渗透试验

现场渗透试验可以测定其抗渗能力。一般有钻孔压力注水和抽水观测两种试验方法,如图3-7-15所示。

钻孔压力注水是在注浆固结体上钻孔,然后放入带有塞子的钻杆进入孔内,并进行压力注水,该法简单实用。抽水观测系在注浆固结体两侧钻孔后,待两侧地下水位相等时,用抽水机在一侧进行抽水,并观测另一侧孔内的水位变化情况,计算其抗渗能力。此法一般在地下水位较高的地层内较为适用。

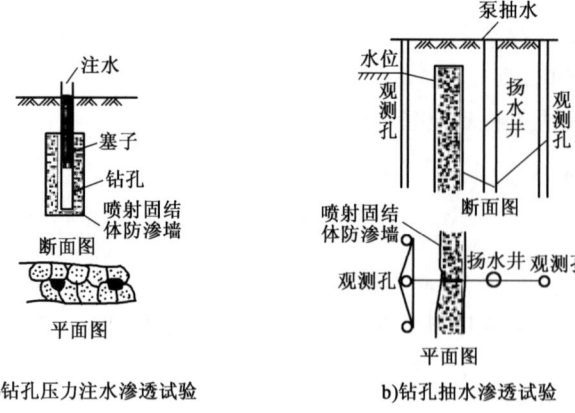

a)钻孔压力注水渗透试验　　　　b)钻孔抽水渗透试验

图 3-7-15　现场渗透试验

(4)标准贯入和触探试验

注浆固结体的标准贯入试验是在注浆固结体的中部进行。每隔一定深度做一个标准贯入 N 值试验。标贯法是在钻孔内进行。它是用一个带有直径为 51mm 的对开式取土器的专门贯入器,先将取土器打入孔底 0.15m 深。然后用 63.5kg 的锤,从 0.75m 高度自由落下,把取土器打入 0.3m 所需的锤击次数,即 N 值。

静力触探法是将 $10cm^2$ 的锥尖压入地层、测不同深度地层对锥头的阻力。阻力 A 值的大小反映土质强度的变化。可是用该法在触探检查注浆效果时,遇到坚硬浆体时往往压不下去,因此其应用受到限制。

(5)荷载试验

注浆体用作地基加固时,可以用静荷载试验确定地基承载力。

①平板静荷载试验

平板静荷载试验分垂直方向和水平推力荷载试验两种,如图 3-7-16 所示。

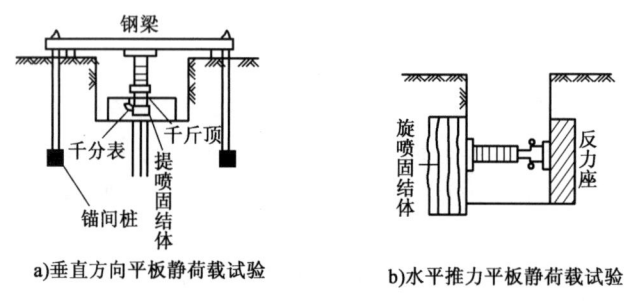

a)垂直方向平板静荷载试验　　　　b)水平推力平板静荷载试验

图 3-7-16　注浆加固体的静荷载试验

本法对注浆固结体直接加荷载,通过变形和荷重的关系,求得地基承载力和沉降量。

②旁压试验

在钻孔中,用气压或液压使胶囊膨胀,从气压或液压荷囊的膨胀量可知地层的横向荷载和位移的关系,因而可求得变形系数和地层反力系数。

(6)其他非破坏性试验方法

包括电阻率法、地面电测法、同位素法、弹性波法、声测法和测温法等。这些方法不甚成熟,尚不能正确地测定出旋喷固结体直径、强度以及整体性。所得的结果一般尚需与钻取岩芯等另外的一种方法对照验证,才能最后确定质量。

综合上述,开挖检查法能直接观察鉴定注浆固结体的形状、整体性和强度,比其他方法简便,但须在本工程开挖前做试验。室内试验是获得注浆固结体的物理力学及其他试验数据必不可少的方法。通过钻孔取出固结体的"岩芯"进行物理力学性质试验,可以了解注浆固结的质量(包括可能的直径大小、整体性和强度等)。对现场渗透系数的确定,钻孔是必须的。对于永久性构筑物采用喷射基础时,虽荷载试验设备筹备较困难,但仍应做荷载试验为宜。对于电阻率法等其他非破坏性试验方法,由于可靠性较差,目前我国应用较少。

第五节 工 程 实 例

一、公路桥涵钻孔灌注桩后压浆加固

1. 工程概况

甬(宁波)台(州)温(州)高速公路乐清湖雾街至白鹭屿段路线所经沿海地区广泛分布着海相沉积的软弱黏性土。这种土的特点是含水率高($w > 60\%$)、孔隙比大($e > 1.5$)、压缩性高、强度低、透水性差且埋深厚,厚度为40~70m。在这种软土地区进行公路工程,软基处理十分困难,因此该段路大部分以桥代路,其中乐清湾高架桥长8.882km,桥梁基础设计均采用钻孔灌注桩。为进一步优化设计,节省工程费用,同时提高桩基设计和施工的可靠度,决定对乐清湾高架桥进行钻孔灌注桩后压浆加固。乐清湾高架桥采用跨距20m,对于每个墩台的单桩要求极限承载力为8400kN。结合桥梁对单桩承载力的要求和建筑场地内的工程地质情况,常规钻孔灌注桩,要达到单桩极限承载力8400kN,其桩长需65m左右,进入持力层(卵石层)为12m左右。在这种地层中施工,泥浆浓度太大可能使桩土之间形成界面(俗称"泥皮")过厚,影响摩擦力的发挥;泥浆浓度太小,容易引起塌孔。清孔泥浆浓度小,也会引起塌孔,泥浆浓度太大,而又不能保证孔底沉渣厚度,并且在砂卵石层中钻进困难,施工周期长,单桩费用高。基桩承载力的发挥取决于清孔泥浆的相对密度和沉渣的厚度,而且在深厚淤泥层和相对不密实的砂卵石层中施工,要解决这类问题存在较大困难。近年来注浆技术和钻孔灌注桩结合起来,形成了钻孔后压浆灌注桩,它可以处理沉渣和桩尖土,并且会对桩端以上的土层产生影响。设计要求试桩情况见表3-7-16。

设计要求试桩情况表　　　表3-7-16

桩号	桩径 d(mm)	桩长 L(m)	桩身混凝土等级强度	成 桩 类 型	极限承载力(kN)
1	1200	60	C25	钻孔灌注桩	8400
2	1200	54	C25	钻孔灌注桩	6400
3	1200	54	C25	后压浆钻孔灌注桩	8400
4	1200	54	C25	后压浆钻孔灌注桩	8400

2. 工程地质概况

根据工程地质勘察资料,试桩处地层自上而下依次为:(1)0~1.1m为耕植土;(2)1.1~32.0m为灰色淤泥;(3)32.0~52.5m为淤泥质黏土、亚黏土,软塑;(4)52.5~61.9m为卵石碎石层,中密。

3. 试验研究内容

(1)钻孔成孔质量检测。试桩用超声波侧壁测定仪在钻孔成孔后立即对钻孔进行质量检测,测定钻孔的井壁条件,其中包括井的垂直度、井壁坍塌度、井径、井深等,同时对进入卵石层深度进行辅助测量。

(2)静载试验。通过静荷载试验确定单桩垂直极限承载力,以及荷载、位移与时间的关系,为优化桥梁桩基设计提供可靠的实测资料。

(3)单桩水平静载试验。通过进行单桩水平静载试验,确定单桩水平荷载-位移的关系,为桩基设计的位移控制及抗推能力提供依据。

(4)桩身应力、应变测试。在桩身不同部位埋设应力传感器和应变传感器,测定沿桩身的应力变化,确定桩身轴力分布、侧阻力分布、桩端阻力与荷载、沉降关系曲线。

(5)确定注浆参数及工艺。

4. 压浆工艺及参数

(1)注浆设备

注浆系统由储浆筒、压浆泵、压力表、压浆筒、单向阀等组成。

(2)工艺流程

工艺流程如图 3-7-17 所示。按常规钻孔灌注桩规范要求成桩,不同的是在下钢筋笼时安装压浆管路,通过管路对地基土进行压浆加固。

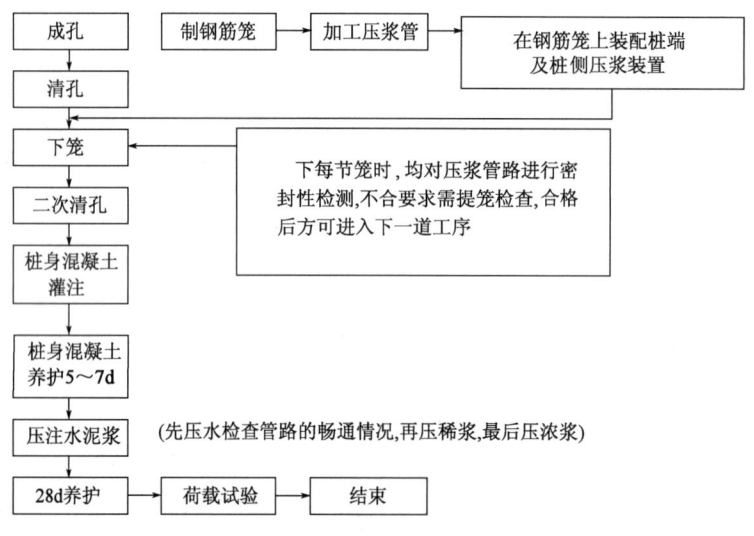

图 3-7-17 钻孔灌注桩后压浆施工工艺流程图

(3)压浆管布设

桩底压浆管常采用两根通长注浆管,置于钢筋笼内,以扎丝捆绑,分放于钢筋笼两侧。压浆管底部可装单向阀。注浆管一般超出钢筋笼 300~400mm,其超出部分钻上花孔。为防止桩身混凝土浆液堵塞压浆管,在放压浆管之前应采取诸如生胶带、橡胶带捆绑等措施予以绝对密封。压浆管之间的丝扣连接应用生胶带止水。

(4)加固机理

桩侧注浆是在钻孔灌注桩桩身通过预先埋置的压浆管将水泥浆压入桩侧土体,其作用大致为:①挤密桩侧土体,使桩周土侧压力增大,从而增加桩侧摩阻力;②渗透劈裂作用,使桩周土与水泥浆胶结从而改善桩土受力状态。桩端注浆是通过注浆管将水泥浆压入桩端,其作用是加固了沉渣和桩底土体形成扩大头增加了桩底面积,并且随着浆液沿桩周土体的向上入渗,改善了桩底以上相当长的一段桩周土体,使桩的承载力得以提高。

(5)压浆参数的确定

压浆参数包括压浆起始时间、持续时间、压浆量、水泥浆配比和容许注浆压力。注浆压力超过地层的压重和强度时,将可能导致地基及其上部的破坏和上抬现象。为使桩不致上抬,注浆压力还应以桩抗拔力来控制。因此注浆压力一般都以不使地层结构破坏或仅发生局部或少量破坏作为允许注浆压力的基本原则。

注浆参数见表3-7-17。

注 浆 参 数 表 表 3-7-17

参 数	开始注浆时间(d)	持续时间(h)	水泥压入量(kg)	注浆压力(MPa)	水灰比
设计参数	7	2.0	2.5	3.0	0.60
实施参数	5	1.5	2.5~3.0	1.2~1.5	0.60~0.46

5. 结果及分析

(1)静载试验结果

桩身的垂直荷载与沉降关系和水平荷载与位移关系如图3-7-18所示。

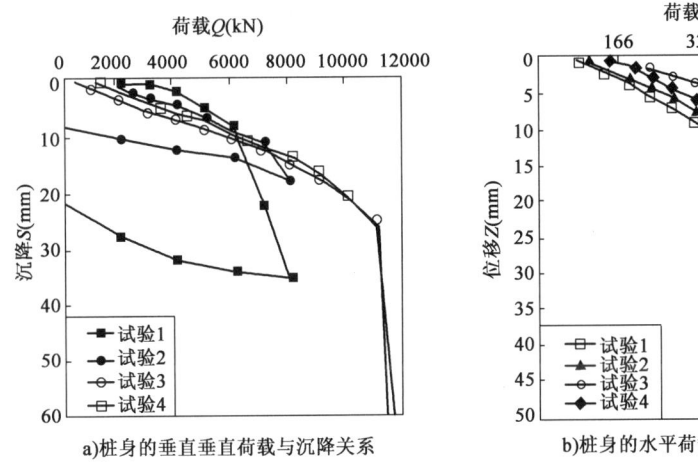

a)桩身的垂直垂直荷载与沉降关系　　b)桩身的水平荷载与水平位移关系

图 3-7-18　试桩静荷载试验曲线

(2)试验结果

试验1的极限承载力为8000kN,试验2的极限承载力为6000kN,试验3、试验1的极限承载力均11000kN。

(3)结果分析

钻孔后压浆能使水泥浆在桩底孔隙中流动,随着水泥浆的扩散,将沉渣和地基土加固。其注浆加固效果,可以按渗透注浆理论进行计算。

假定水灰比为0.5,则2500kg水泥可制成水泥浆体积为:

$$V_{cj} = \frac{M_c(1+\alpha G_c)}{G_c \rho_w} = 2.08(\text{m}^3) \quad (3\text{-}7\text{-}44)$$

式中:V_{cj}——水泥浆体积;
   α——水灰比;
   M_c——水泥的质量;
   G_c——水泥的比重;
   ρ_w——水的密度。

假定孔隙比 $e=0.7$,则孔隙率 $n=0.41$,则加固的体积 $V=5.06m^3$。假定浆液为渗透注浆,浆液按球形扩散,则扩散半径 $R=1.065m$,桩底的底面积增加为 $A=3.563m^2$,则有:

$$[R] = \frac{1}{2}[3495 + A \cdot \sigma_r] = 6042(kN) \tag{3-7-45}$$

式中:$[R]$——基桩容许承载力;
   3495——基桩测壁总摩擦力(kN);
   σ_r——地基容许端阻力。

当然这是一个理论上理想的球形扩散半径,实际扩散面极不规则,计算承载力也要进行修正。

钻孔灌注桩后压浆的加固方法加固后基桩承载力比原钻孔灌注桩承载力提高83.3%。

二、高速公路通道的压密注浆纠偏

1. 工程概况

某高速公路一通道与路中心线成80°夹角,呈南北走向。通道全长34.02m,净宽6.0m,净高3.5m,壁厚0.40m,墙背填土高度4m。在中央分隔带处设一道伸缩缝将其分为南北两段。通道地基采用φ500mm粉喷水泥搅拌桩处理,桩长5.5m,桩距为1.0m。通道建成数月后,在一次放样时偶然发现该通道伸缩缝上下错开,最严重处甚至达4~5cm,影响了验收质量。为此,对该通道进行了连续数周的重点观测,发现北段沉降基本稳定而南段沉降较大且尚未稳定。根据地质勘察资料,发现造成通道产生不均匀沉降的主要原因是淤泥质黏土分布极不均匀,③层淤泥质黏土层底埋深自北向南由2.60m增大至9.60m,而原设计中由于勘探不详,粉喷水泥搅拌桩设计桩长均为5.5m,从而造成通道建成后北段沉降基本稳定,而南段沉降较大(最大沉降约161mm),产生了明显的不均匀沉降。但是地基的不均匀沉降并没有对通道自身结构产生破坏,同时也没有发现有任何受力裂缝产生,所以考虑在不凿除通道的前提下既能对地基重新加固处理又能将通道倾斜纠正。最后方案采用锚杆静压桩进行加固地基,采用压密注浆进行纠偏。

2. 工程地质概况

场区土层可分为5个大层,6个亚层,各主要土层分布如下:

①层,填土:灰~灰黄色,湿,通道北端填土主要成分为黏性土,含少量碎石,并含水泥搅拌桩水泥块;通道南端填土主要成分为碎石,含黏性土。

②层,亚黏土:灰~灰黄色,饱和,软塑,含铁锰质斑点。通道南端揭露,厚1.00m。

③层,淤泥质黏土:灰色,饱和,流塑,含腐殖质,局部夹淤泥,高压缩性。通道两端均揭露,厚度相差较大,北端层厚1.00m,南端层厚7.60m,层顶高程为1.10~0.68m。

④-1层,黏土:灰黄、灰绿、黄色,饱和,一般顶部40cm为软塑,下部为硬塑,含铁锰质斑点,中等压缩性。通道两端均揭露,层厚0.70~4.40m,层顶高程为6.92~0.01m。

④-2层,黏土、粉土互层:黄色,饱和,软塑,具水平层理,亚黏土单层厚3~5m,亚砂土层厚1~2m,底部含牡蛎壳,中偏高压缩性。通道两端均揭露,层厚2.40~6.70m,层顶高程为7.62~4.39m。

⑥层,黏土:褐黄色,饱和,硬塑,含铁锰质结核,中等压缩性。通道两端均揭露,层顶板高程为11.09~10.02m,未揭穿。

3. 施工方案和施工参数

沉降观测资料表明,北洞口处基本不沉降,中间伸缩缝处北侧沉降3.9~4.4cm,南侧沉降5.7~8.5cm,南端洞口处沉降12.7~16.1cm,通道处于不均匀沉降状态。沉降观测结果还表明,北段沉降较小,且基本处于稳定状态,南段沉降较大,且尚未稳定,地基需要加固,通道需要纠偏。

(1) 地基加固

地基加固采用锚杆静压桩。桩截面为250mm×250mm,锚杆静压桩单桩设计极限承载力为300kN,共布置28根,布点见图3-7-20。压入锚杆静压桩后,用钢筋混凝土封闭桩孔。

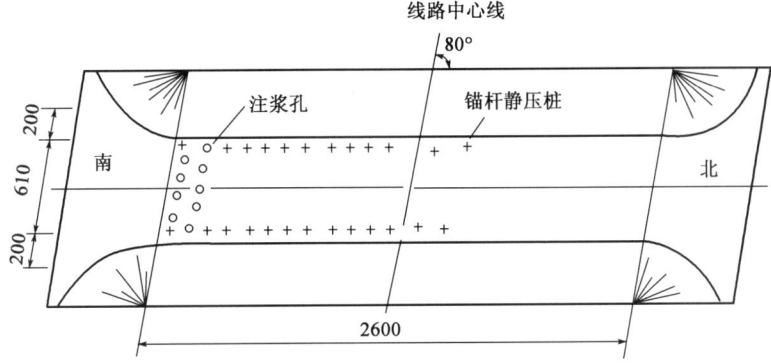

图3-7-20 通道基础平面布置示意图(尺寸单位:mm)

(2) 压密注浆顶升纠偏

①注浆方案

锚杆静压桩的作用是加固地基,而注浆的目的就是通过注浆的压密作用,将地基松散土体压密,当浆液的结石体占据底板下的空间,从而挤压上台通道,达到纠偏的目的。

②浆液配比

采用水泥砂浆浆材。水泥占粒料的比例为20%,细砂占80%,加入足够的水,调配成干硬性浆体,控制浆体的坍落度为75左右。

③注浆孔布置

孔距采用1.5m,在底板成三角形均匀布置。

④注浆压力

注浆压力不超过1MPa。

⑤工艺流程

定孔位→凿孔→插管→注浆→复注浆→拔管→封孔口。

二次注浆采用水泥-水玻璃,水灰比为0.6,进一步填充小的空隙。严禁分块集中连续注浆,注浆过程中进行沉降观测,记录各测点的变形情况,基础上台量一次控制在1cm,总上台量应完全满足设计要求为止。

⑥注浆效果

本次加固纠偏达到了"一次根治,不留后患"的目的。监控点的沉降数据表明:通道加固纠偏后沉降稳定,壁身平直,达到了设计要求。

公路路基设计手册

(第三版)

下 册

吴万平 廖朝华 主编

人民交通出版社股份有限公司
北京

内 容 提 要

本手册是根据《公路路基设计规范》(JTG D30—2015)以及其他公路工程技术标准、规范，并结合我国近年来公路路基设计中的经验，在原手册第二版基础上修订而成。全书共六篇，分别为：一般路基设计、路基防排水设计、路基防护与支挡工程设计、路基拓宽改建设计、特殊路基设计、现场检测与监测。本手册的特点是系统性、实用性较强，图表较多，资料较全，使用方便。

本手册可作为公路技术人员的必备工具书，也可供从事城市道路、森林公路、厂矿道路建设的工程技术人员及高等院校公路工程相关专业师生参考使用。

图书在版编目(CIP)数据

公路路基设计手册 / 吴万平，廖朝华主编. — 3 版. — 北京：人民交通出版社股份有限公司，2021.10
ISBN 978-7-114-17598-5

Ⅰ.①公… Ⅱ.①吴… ②廖… Ⅲ.①公路路基—设计—手册 Ⅳ.①U416.1-62

中国版本图书馆 CIP 数据核字(2021)第 186243 号

Gonglu Luji Sheji Shouce

书　　　名：	公路路基设计手册(第三版)　下册
著　作　者：	吴万平　廖朝华
责任编辑：	李　沛　黎小东
责任校对：	席少楠　宋佳时　扈　婕　魏佳宁
责任印制：	刘高彤
出版发行：	人民交通出版社股份有限公司
地　　　址：	(100011)北京市朝阳区安定门外外馆斜街 3 号
网　　　址：	http://www.ccpcl.com.cn
销售电话：	(010)59757973
总　经　销：	人民交通出版社股份有限公司发行部
经　　　销：	各地新华书店
印　　　刷：	北京印匠彩色印刷有限公司
开　　　本：	787×1092　1/16
印　　　张：	112
字　　　数：	2720 千
版　　　次：	1982 年 12 月　第 1 版 1996 年 5 月　第 2 版 2021 年 10 月　第 3 版
印　　　次：	2022 年 7 月　第 3 版　第 2 次印刷　总第 10 次印刷
书　　　号：	ISBN 978-7-114-17598-5
定　　　价：	600.00 元(上、下册)

(有印刷、装订质量问题的图书，由本公司负责调换)

《公路路基设计手册》(第三版)
编写委员会

主编单位: 中交第二公路勘察设计研究院有限公司

参编单位: 中交第一公路勘察设计研究院有限公司
招商局重庆交通科研设计院有限公司
同济大学
长安大学
交通运输部公路科学研究院
新疆交通科学研究院
中科院武汉岩土力学研究所
中铁西北科学研究院有限公司

主　　编: 吴万平　廖朝华

副 主 编: 凌建明　邓卫东　沙爱民　程　平　张留俊　姚海林　廖小平
吴立坚　韩志强

编　　委: 丁小军　陈晓光　袁光宇　梅仕然　张嘉翔　庄稼丰　邓　涛
方仁印　付应华　阮艳彬　张静波　王　云　丁健华　张发如
尹利华　刘军勇　陈建兵　郑　治　柴贺军　李海平　李　聪
唐树名　原喜忠　钱劲松　刘　健　马　磊　邓　捷　卢　正
李邵军　刘　杰　安孟康　方建生　郑　静　熊治文　刘亚楼
李　浩　胡安兵　陈忠平　汪建斌

第三版前言

《公路路基设计手册》(以下简称《手册》)作为交通行业标准《公路路基设计规范》(以下简称《规范》)(JTJ 013—95)的配套工具书,用于指导公路技术人员正确地理解标准规范,提高公路路基设计水平,保证公路路基工程质量,深受从事公路建设事业的广大技术人员欢迎,并在公路路基设计、教学、科研等方面发挥了积极的作用。

我国公路建设取得跨越式发展,截至2020年底,全国高速公路网通车里程达16.1万km,新技术、新材料、新装备、新工艺不断发展,交通运输部相继颁布《规范》(JTG D30—2004)和(JTG D30—2015),《手册》已不能适应新时期公路建设的需求。因此,编写与《规范》(JTG D30—2015)相适应的《手册》十分必要。

2015年启动《手册》(第三版)编写工作,成立以规范主要参编人员为主体的手册编写组。本次编写的指导思想和原则是:以《规范》(JTG D30—2015)为基础,以基础理论与工程实践相结合,系统总结分析我国高速公路建设工程经验和科技成果,借鉴国内外相关行业先进技术,遵循安全耐久、节约资源、环境和谐的设计理念,充分考虑公路路基的功能要求,强化路基路面协调设计,注重提高路基整体强度、刚度、水稳定性、温度稳定性和耐久性,以及路基病害的防治能力等,力求使本《手册》内容全面、技术先进、可操作性强,并与国际接轨,成为公路技术人员的必备工具书。

本手册内容由六篇共57章组成。具体编写人员如下:

第一篇　一般路基设计

吴万平、阮艳彬、张嘉翔编写第一章概述、第四章填方路基、第五章挖方路基、第十二章路基取土与弃土;

凌建明、钱劲松编写第二章路基结构性能及影响因素、第三章路基结构设计;

邓卫东、李聪、柴贺军、唐树名编写第六章高路堤、第七章陡坡路堤、第八章深路堑;

沙爱民、原喜忠、郑治、陈忠平、汪建斌编写第九章填石路堤、第十章轻质材料路堤、第十一章工业废渣路堤。

第二篇　路基防排水设计

程平、阮艳彬、刘亚楼编写第一章概述、第二章水文调查和水文地质参数测试、第三章路基地表排水、第四章路基地下排水。

第三篇　路基防护与支挡工程设计

梅仕然、阮艳彬编写第一章概述、第二章路基防护;

庄稼丰、袁光宇、邓涛、丁健华编写第三章挡土墙;

柴贺军、李海平、唐树名编写第四章边坡锚固；

原喜忠编写第五章土钉支护、第六章抗滑桩；

姚海林、卢正、刘杰编写第七章注浆。

第四篇　路基拓宽改建设计

凌建明、钱劲松编写第一章概述、第二章既有路基性能检测与评价、第三章路基拓宽设计。

第五篇　特殊路基设计

方仁印、付应华、王云、李浩、胡安兵编写第一章概述、第二章浸水路基、第三章水库地段路基、第四章滨海路基、第七章泥石流地区路基、第八章岩溶地区路基；

廖小平、安孟康、方建生、郑静、熊治文编写第五章滑坡地段路基、第六章崩塌与岩堆地段路基；

丁小军、张留俊、张发如、尹利华、刘军勇、陈建兵编写第九章软土地区路基、第十二章黄土地区路基、第十四章多年冻土地区路基、第十九章采空区路基、第二十章强震区路基；

姚海林、卢正编写第十章膨胀土地区路基；

吴立坚、邓捷编写第十一章红黏土及高液限土路基、第十五章季节冻土路基；

陈晓光、韩志强、刘健、马磊编写第十三章盐渍土地区路基、第十六章风沙地区路基、第十七章雪害地区路基、第十八章涎流冰地段路基。

第六篇　现场检测与监测

姚海林、李邵军、张静波编写第一章概述、第二章现场检测与监测的工作步骤、第三章现场检测与监测的技术方法与要求、第四章表面变形观测、第五章沉降观测、第六章深部水平位移监测、第七章孔隙水压力观测、第八章复合地基承载力检测、第九章复合地基桩身质量检测、第十章土压力观测、第十一章锚杆应力应变监测。

全书由中交第二公路勘察设计研究院有限公司吴万平、廖朝华主编。

本次《手册》修订工作得到了编写单位及有关专家的大力支持，并提出了许多宝贵意见，在此表示衷心的感谢。

由于编写水平有限，书中难免有错误或疏漏之处，敬请读者批评指正。

作　者

2021 年 8 月

第二版前言

《公路路基设计手册》第一版自1982年出版以来,深受从事公路建设事业的广大技术人员欢迎,并在路基设计、教学、科研等方面发挥了积极的作用。

近十年来,随着改革开放的深入,我国公路建设迅速发展,高速公路、一级公路相继修建,新技术、新工艺、新材料不断发展,使得原手册已不适应当前的需要。因此,进一步总结我国路基勘察设计经验,修订《公路路基设计手册》十分必要。

在交通部、人民交通出版社的组织下,1988年4月在武汉交通部第二公路勘察设计院召开了有关设计院、高等院校、科研所参加的《公路路基设计手册》修订工作会议。会议讨论通过了修订大纲,并确定由交通部第二公路勘察设计院任主编单位。东南大学、西安公路交通大学任副主编单位。

修订前向全国交通部门及有关单位征求了意见,受到大家的关心和支持,修订后的《手册》在内容和形式上做了较大的改动。

1. 增加了高等级公路路基设计及岩石路堑设计;
2. 增列了膨胀土地区路基、加筋土挡土墙各一章,补充了滨海地区路基设计;
3. 路基土列出了新旧土名对照,便于参考应用;
4. 常用重力式石砌挡土墙截面尺寸参考表做了全面补充,实用性更强;
5. 取消了大爆破设计,建议该章列入《公路路基施工手册》中。

同时,《手册》还反映了近十年来公路路基设计发展起来的新理论、新技术、新工艺、新材料;删去了原《手册》中不实用的内容。

修订中,将原《手册》第五篇合并调整充实后改编为三篇,仍按一册出版。

第一篇:一般路基设计共七章,由东南大学汇编。

第二篇:特殊路基设计共十六章,由西安公路交通大学汇编。

第三篇:挡土墙共六章,由交通部第二公路勘察设计院汇编。

为了加强《手册》修订工作的领导,1988年4月《公路路基设计手册》修订第一次会议时,研究确定成立修订领导小组,其成员有顾子刚、方左英、李斌、周宪华、洪德昌、金应春、彭扬言、毛宝兴,由顾子刚任组长。

参加修订的单位和人员:

第一篇 一般路基设计

第一章、第二章由东南大学方左英、周宪华编写;第三章、第四章由北京工业大学蒋瑛编写;第五章、第六章、第七章由重庆交通大学梁富权、廖正环、蒋建明编写。本篇由方左英、周宪华统稿。

第二篇 特殊路基设计

第一章、第二章由西安公路交通大学黄永民修订；第三章由北京工业大学蒋璜、吴默知编写，由李斌修改补充；第四章、第五章由西安公路交通大学金应春修订；第六章、第七章由李斌修订；第八章由同济大学姚祖康、胡中雄与西安公路交通大学李斌、金应春修订；第九章由金应春、李斌修订；第十章由铁道部第二勘测设计院廖世文编写，李斌补充；第十一章、第十二章由李斌修订；第十三章由李斌与内蒙古交通设计研究院供占三修订；第十四章由李斌修订；第十五章由李斌、金应春修订；第十六章由李斌、黄永民修订。本篇由李斌统稿。

第三篇 挡土墙

第一章、第三章、第四章由交通部第二公路勘察设计院姚杏珍、孙世家编写；第二章、第六章由同济大学姚祖康、邱明编写；第五章由西安公路交通大学金应春编写。

全书由交通部第二公路勘察设计院彭扬言统稿；第一、三篇由杨仲谋审稿。在修订过程中，还得到了张朝生、周相略、袁光宇、蔡正芬等的大力支持，邱发高、张玉洁在具体修订中做了大量工作。

本次《手册》修订工作得到了原参编单位及有关专家的大力支持，并提出了许多宝贵意见，在此表示衷心的感谢！

由于编写水平有限，书中难免有错误之处，敬请读者批评指正。

目 录

上 册

第一篇 一般路基设计

第一章 概述 ········ 3
第一节 路基功能与结构层位 ········ 3
第二节 路基组成要素与路基宽度 ········ 4
第三节 路基分类 ········ 7
第四节 路基设计的基本内容、程序及要求 ········ 9

第二章 路基结构性能及影响因素 ········ 12
第一节 路基与路基结构 ········ 12
第二节 路基受力状况与工作区 ········ 12
第三节 路基湿度状况及预估 ········ 16
第四节 路基回弹模量 ········ 29
第五节 路基永久变形 ········ 35

第三章 路基结构设计 ········ 45
第一节 路基结构设计思想 ········ 45
第二节 路基结构设计指标与控制标准 ········ 46
第三节 路床填料选择与施工控制 ········ 47
第四节 路基结构处治设计 ········ 50

第四章 填方路基 ········ 54
第一节 概述 ········ 54
第二节 路堤合理高度 ········ 55
第三节 路堤设计 ········ 64
第四节 路基压实与压实度标准 ········ 71
第五节 典型路堤设计 ········ 74

第五章 挖方路基 ········ 80
第一节 概述 ········ 80
第二节 路堑边坡形式与坡率 ········ 81
第三节 路堑边坡排水与防护 ········ 84

| 第四节 | 路基边坡附属结构 | 85 |

第六章　高路堤

第一节	概述	87
第二节	工程地质勘察试验	91
第三节	高路堤设计	103
第四节	路堤稳定性分析评价与控制	105
第五节	高路堤沉降计算分析与控制	118
第六节	施工监测与动态设计	124

第七章　陡坡路堤

第一节	概述	132
第二节	陡坡路堤设计	135
第三节	陡坡路堤稳定性分析评价与控制	135
第四节	陡坡路堤差异沉降计算分析与控制	136

第八章　深路堑

第一节	概述	140
第二节	工程地质勘察试验	147
第三节	土质深路堑设计与稳定性分析	153
第四节	岩质深路堑设计与稳定性分析	164
第五节	挖方深路堑排水、支挡加固设计	178
第六节	路堑监测与动态设计	180
第七节	工程案例	184

第九章　填石路堤

第一节	概述	188
第二节	填石路堤设计	194
第三节	填石路堤压实质量及检测方法	196

第十章　轻质材料路堤

第一节	概述	199
第二节	轻质材料路堤方案设计	205
第三节	土工泡沫塑料路堤	206
第四节	泡沫轻质土路堤	223
第五节	粉煤灰路堤	254

第十一章　工业废渣路堤

第一节	概述	267
第二节	钢铁渣和煤矸石的工程性质	274
第三节	工业废渣浸出物对环境影响的分析评价	304
第四节	工业废渣路堤设计	314

第十二章　路基取土与弃土 ·· 320
第一节　概述 ·· 320
第二节　路基取土 ·· 321
第三节　路基弃土 ·· 323

第二篇　路基防排水设计

第一章　概述 ·· 331
第一节　路基排水系统设计 ·· 331
第二节　路基排水设施类型 ·· 336
第三节　路基排水设计内容与步骤 ······································ 339

第二章　水文调查和水文地质参数测试 ···································· 342
第一节　水文调查方法与内容 ·· 342
第二节　水文分析 ·· 346
第三节　地下水勘察试验 ·· 367

第三章　路基地表排水 ·· 370
第一节　路基地表排水系统布置 ·· 370
第二节　地表排水设施 ·· 375
第三节　特殊部位地表排水设计 ·· 398
第四节　排水设施水力计算 ·· 399

第四章　路基地下排水 ·· 424
第一节　地下排水系统布置 ·· 424
第二节　地下排水设施 ·· 425
第三节　地下排水渗流分析与计算 ······································ 442

第三篇　路基防护与支挡工程设计

第一章　概述 ·· 455
第一节　设计的基本原则 ·· 455
第二节　设计资料 ·· 458

第二章　路基防护 ·· 459
第一节　边坡坡面防护 ·· 459
第二节　沿河路基防护 ·· 472
第三节　冲刷深度计算 ·· 480

第三章　挡土墙 ·· 489
第一节　挡土墙类型与设置原则 ·· 489
第二节　土压力计算 ·· 507
第三节　挡土墙极限状态法设计计算 ···································· 562

第四节	重力式挡土墙设计	575
第五节	半重力式挡土墙设计	609
第六节	石笼式挡土墙设计	612
第七节	悬臂式与扶臂式挡土墙设计	623
第八节	锚杆挡土墙设计	683
第九节	锚定板挡土墙设计	700
第十节	加筋土挡土墙	721
第十一节	无面板土工格栅加筋土挡土墙设计	766
第十二节	桩板式挡土墙设计	785
第十三节	极限状态法与容许应力法对比	790
第十四节	浸水区及地震区挡墙设计计算	793
第十五节	挡土墙优化的新理念和景观补偿设计	796

第四章 边坡锚固 804

第一节	概述	804
第二节	边坡锚固设计	808
第三节	锚杆试验与监测	837
第四节	工程案例	845

第五章 土钉支护 851

第一节	概述	851
第二节	土钉支护设计	865
第三节	土钉支护计算	875
第四节	土钉支护现场试验与监测	889
第五节	工程案例	894

第六章 抗滑桩 905

第一节	概述	905
第二节	抗滑桩设计	914
第三节	抗滑桩上设计荷载和地基抗力计算	921
第四节	普通抗滑桩桩身内力与变位计算	929
第五节	预应力锚索抗滑桩设计计算	943
第六节	抗滑桩动态设计与监测	948
第七节	工程案例	950

第七章 注浆 959

第一节	概述	959
第二节	注浆加固原理	962
第三节	注浆设计计算	971
第四节	注浆施工	985
第五节	工程实例	993

下 册

第四篇　路基拓宽改建设计

第一章　概述 … 1001
　　第一节　路基拓宽工程存在的问题 … 1001
　　第二节　拓宽路基稳定与沉降变形的影响因素 … 1001
　　第三节　路基拓宽方式 … 1002

第二章　既有路基性能检测与评价 … 1004
　　第一节　概述 … 1004
　　第二节　既有路基性能与状况检测 … 1005
　　第三节　既有路基性能评价 … 1007
　　第四节　既有特殊路基性能评价 … 1016

第三章　路基拓宽设计 … 1018
　　第一节　路基拓宽损坏类型和机理分析 … 1018
　　第二节　路基拓宽设计方法 … 1024
　　第三节　路基拓宽处治措施 … 1031
　　第四节　特殊路基拓宽改建地基处理方法 … 1039

第五篇　特殊路基设计

第一章　概述 … 1043
　　第一节　特殊路基分类 … 1043
　　第二节　特殊路基设计原则与技术对策 … 1044

第二章　浸水路基 … 1047
　　第一节　设计原则与勘察要点 … 1047
　　第二节　浸水路基设计 … 1049
　　第三节　浸水路基稳定性分析 … 1055
　　第四节　波浪计算 … 1059

第三章　水库地段路基 … 1067
　　第一节　设计原则及勘测要点 … 1067
　　第二节　水库坍岸预测 … 1069
　　第三节　水库地段路基设计 … 1075
　　第四节　水库岸坡的防护 … 1079

第四章　滨海路基 … 1082
　　第一节　概述 … 1082
　　第二节　水文分析及水力计算 … 1082

| 第三节 滨海路基设计 | 1094 |

第五章　滑坡地段路基　1106
- 第一节　概述　1106
- 第二节　滑坡工程地质勘察　1112
- 第三节　滑坡稳定性分析与评价　1119
- 第四节　滑带参数选择和滑坡推力计算　1127
- 第五节　滑坡防治工程设计　1137
- 第六节　滑坡监测与动态设计　1166
- 第七节　工程案例——永武高速公路箭丰尾超大型滑坡治理工程　1184

第六章　崩塌与岩堆地段路基　1200
- 第一节　概述　1200
- 第二节　崩塌落石的防治　1202
- 第三节　岩堆地段路基设计　1221

第七章　泥石流地区路基　1224
- 第一节　概述　1224
- 第二节　泥石流地区勘察要点与设计原则　1229
- 第三节　重度泥石流分析计算　1234
- 第四节　泥石流地段公路路基设计　1240
- 第五节　泥石流防治工程设计　1243

第八章　岩溶地区路基　1258
- 第一节　概述　1258
- 第二节　岩溶地区公路勘察与选线　1263
- 第三节　岩溶地区路基设计　1267

第九章　软土地区路基　1279
- 第一节　概况　1279
- 第二节　设计原则及工程地质勘察要点　1283
- 第三节　软土路基的稳定性分析　1287
- 第四节　软土地基沉降计算　1291
- 第五节　软土地基处理方法的选择　1301
- 第六节　常用处理方法介绍　1303
- 第七节　沉降与水平位移观测　1334
- 第八节　算例　1338

第十章　膨胀土地区路基　1342
- 第一节　概述　1342
- 第二节　设计原则与勘察要点　1350
- 第三节　膨胀土的判别与分类　1352

第四节	挖方路基设计	1356
第五节	填方路基设计	1363
第六节	工程实例	1365

第十一章 红黏土及高液限土路基 1377
第一节	概述	1377
第二节	设计原则与勘察要点	1393
第三节	挖方路基设计	1395
第四节	填方路基设计	1409

第十二章 黄土地区路基 1417
第一节	概述	1417
第二节	勘测要点及设计原则	1427
第三节	黄土地区路基设计	1432
第四节	黄土地基处理	1442
第五节	黄土路基施工监测	1451

第十三章 盐渍土地区路基 1453
第一节	概述	1453
第二节	勘察要点及设计原则	1457
第三节	盐渍土地基评价与处理	1459
第四节	盐渍土地区路基	1466
第五节	盐湖地区路基	1476

第十四章 多年冻土地区路基 1479
第一节	概述	1479
第二节	勘测要点与设计原则	1492
第三节	多年冻土区一般路基设计	1495
第四节	特殊结构路基设计	1503

第十五章 季节冻土路基 1509
第一节	概述	1509
第二节	设计原则与勘察要点	1512
第三节	季节冻土冻胀量计算与控制	1513
第四节	季节性冰冻区路基设计	1518

第十六章 风沙地区路基 1527
第一节	概述	1527
第二节	勘测调查要点与设计原则	1534
第三节	路基横断面设计	1538
第四节	风积沙路基强度和稳定性设计	1541
第五节	路侧工程防沙设计和植物固沙	1549

| 第六节 | 工程实例 | 1564 |

第十七章 雪害地区路基 1568
- 第一节 概述 1568
- 第二节 勘察要点与选线原则 1571
- 第三节 风吹雪地区路基设计 1574
- 第四节 雪崩防治工程设计 1585

第十八章 涎流冰地段路基 1596
- 第一节 概述 1596
- 第二节 设计原则与勘测要点 1598
- 第三节 涎流冰防治工程设计 1602
- 第四节 工程实例 1611

第十九章 采空区路基 1616
- 第一节 概述 1616
- 第二节 勘察要点与设计原则 1618
- 第三节 采空区地表稳定性评价 1624
- 第四节 采空区处治设计 1633
- 第五节 采空区处治监测与检测 1642

第二十章 强震区路基 1643
- 第一节 概述 1643
- 第二节 强震区公路勘察要点与设计原则 1649
- 第三节 强震区公路路基抗震设计 1652
- 第四节 可液化地基处理设计 1656

第六篇 现场检测与监测

第一章 概述 1661
- 第一节 路基工程现场检测与监测的意义 1661
- 第二节 路基工程现场检测与监测的主要工作内容 1662

第二章 现场检测与监测的工作步骤 1665
- 第一节 路基工程现场监测的设计 1665
- 第二节 检测与监测仪器的选择 1666
- 第三节 路基工程的现场检测与监测 1667
- 第四节 检测与监测数据的处理与分析 1669

第三章 现场检测与监测的技术方法与要求 1670
- 第一节 概述 1670
- 第二节 检测与监测的系统性要求 1670
- 第三节 检测与监测的可靠性要求 1671

第四节　检测与监测项目的精度要求 ·· 1671
第四章　表面变形观测 ··· 1673
　　第一节　监测目的和要求 ·· 1673
　　第二节　测点及基点布置 ·· 1673
　　第三节　观测仪器及测点标墩安装埋设 ·· 1675
　　第四节　观测方法与精度要求 ··· 1684
　　第五节　资料整理及分析 ·· 1688

第五章　沉降观测 ··· 1690
　　第一节　监测目的和一般要求 ··· 1690
　　第二节　测点布置 ·· 1690
　　第三节　观测仪器及安装埋设 ··· 1690
　　第四节　观测方法与精度要求 ··· 1693
　　第五节　资料整理与分析 ·· 1694

第六章　深部水平位移监测 ·· 1696
　　第一节　监测目的和要求 ·· 1696
　　第二节　测点布置 ·· 1697
　　第三节　观测仪器及安装埋设 ··· 1697
　　第四节　观测方法 ·· 1701
　　第五节　测斜资料的整理与分析 ·· 1703

第七章　孔隙水压力观测 ·· 1707
　　第一节　监测目的和要求 ·· 1707
　　第二节　测点的布置 ··· 1707
　　第三节　观测仪器及安装埋设 ··· 1707
　　第四节　观测方法与精度要求 ··· 1710
　　第五节　资料整理及分析 ·· 1711

第八章　复合地基承载力检测 ·· 1713
　　第一节　检测目的和要求 ·· 1713
　　第二节　检测原理及方法 ·· 1714

第九章　复合地基桩身质量检测 ·· 1720
　　第一节　检测目的和要求 ·· 1720
　　第二节　检测原理及方法 ·· 1720

第十章　土压力观测 ·· 1726
　　第一节　观测目的 ·· 1726
　　第二节　土压力盒的基本类型 ··· 1726
　　第三节　土压力盒的选型与埋设 ·· 1730
　　第四节　土压力观测和资料整理 ·· 1731

| 第十一章 | 锚杆应力应变监测 | 1733 |

　　第一节　监测目的和要求 ……………………………………………………… 1733

　　第二节　测点布置 ………………………………………………………………… 1734

　　第三节　观测仪器 ………………………………………………………………… 1734

　　第四节　观测仪器的安装埋设和测读方法 …………………………………… 1739

　　第五节　监测资料的整理分析 …………………………………………………… 1741

参考文献 ……………………………………………………………………………… 1746

下 册

PART4 | 第四篇
路基拓宽改建设计

第一章 概 述

第一节 路基拓宽工程存在的问题

公路路基拓宽工程主要存在问题是失稳和变形两方面,表现出的病害类型包括路基失稳、支挡结构损坏、路面损坏、路面整体性能下降等。

拓宽路基失稳多发生在陡坡地形、软弱地基、高填方路堤等区域,有时也发生在支挡结构损坏后,拓宽路基沿结合面产生一定滑移量,轻则产生错台,导致新老路基结合部位的路面开裂,重则整体坍塌,造成拓宽路面整体破坏,甚至使原有路基相继出现失稳,致使原有路面也发生结构损坏和使用功能下降。

拓宽路基变形是路基拓宽工程最主要的问题,是由新老路基在建设时期、地基条件、地形条件、填料和压实度等方面的差异,引起两者发生不协调变形,包括新老路基的自身压缩变形、新路基作用下地基的固结沉降和新老路基结合部结合强度不足造成的新路基沿结合面的蠕滑或滑移。

第二节 拓宽路基稳定与沉降变形的影响因素

一、拓宽路基稳定性影响因素

拓宽路基稳定性不足是指拓宽路基自身稳定性不能充分满足稳定要求,其产生的原因包括拓宽部位地基过陡和拓宽部位地基软弱(含软弱下卧层)。

1. 拓宽部位地基过陡

在山区拓宽工程中,由于地形条件复杂,当原地基边坡存在潜在破裂面或滑移面时,拓宽路基将沿此破裂面或滑移面产生滑移,从而导致整体失稳;雨水侵入使土湿化、干湿循环、冻融循环而使地基土自身稳定性下降;挡墙设计一般以经验为主,套用通用图,对挡墙缺乏必要的稳定性验算。

2. 拓宽部位地基软弱(含软弱下卧层)

当地基存在软弱下卧层,如压缩系数大、流变性显著的软土,新老路基结合部结合强度不足,从而引起自结合面至软弱层底面的滑动面发生边坡失稳。另外,软弱下卧层具有流变性,侧向变形非常大,软弱地基土向路堤外侧挤出,拓宽路基坡脚出现起拱现象,并伴随塑性区域的开展,最终导致边坡失稳。

二、拓宽路基沉降变形影响因素

拓宽路基的沉降变形除了与其他新建道路路基相同的变形外,还有新老路基的协调变形。

新老路基的沉降变形主要由3个方面组成：

(1)新老路基自身的压缩变形

这一部分变形在西部山区的高路堤拓宽中显得尤为突出。主要原因是填土的压实度不足、填石路堤咬合状态不好而发生滑移，或者为路堤采用了压缩性大而固结时间长的黏土。

(2)新路基作用下地基的固结沉降

这一部分变形在地基下卧层土质条件较差的路段比较突出，土体压缩性大、固结时间长，在施工结束后仍然会发生很大的沉降。老路基作用下的地基在老路堤自重荷载作用下固结变形已完成或基本完成，而在新路堤自重荷载作用下地表会发生不协调变形，并最终反映到路堤顶面，造成路面结构的损坏。

(3)新老路基结合部的不协调变形

新老路基不协调变形以不均匀沉降为主，是地基和路堤沉降和压缩变形的空间差异在路基顶面的反映，包括道路纵向不协调变形和横向不协调变形。道路拓宽所带来的不协调变形主要为横向的不协调变形。

第三节　路基拓宽方式

根据拓宽路基与既有路基的空间相对位置的不同，拓宽拼接方案可区分为三大类：拼接式、分离式和混合式，并可细分为六小类。各种拓宽方式各有优缺点，有不同的适用条件，如图4-1-1和表4-1-1所示。目前国内高速公路拓宽的形式以双侧拼宽为主，少数路段(主要是大跨径桥梁结构部分)采用双侧分离式拓宽。如果既有高速公路中央分隔带有预留拓宽车道，则可采用中央分隔带拓宽方式。如果既有高速公路沿线较长路段(一般大于5km)没有立交，并且因用受地、工期以及交通组织等条件限制，则可采用分离式拓宽形式。

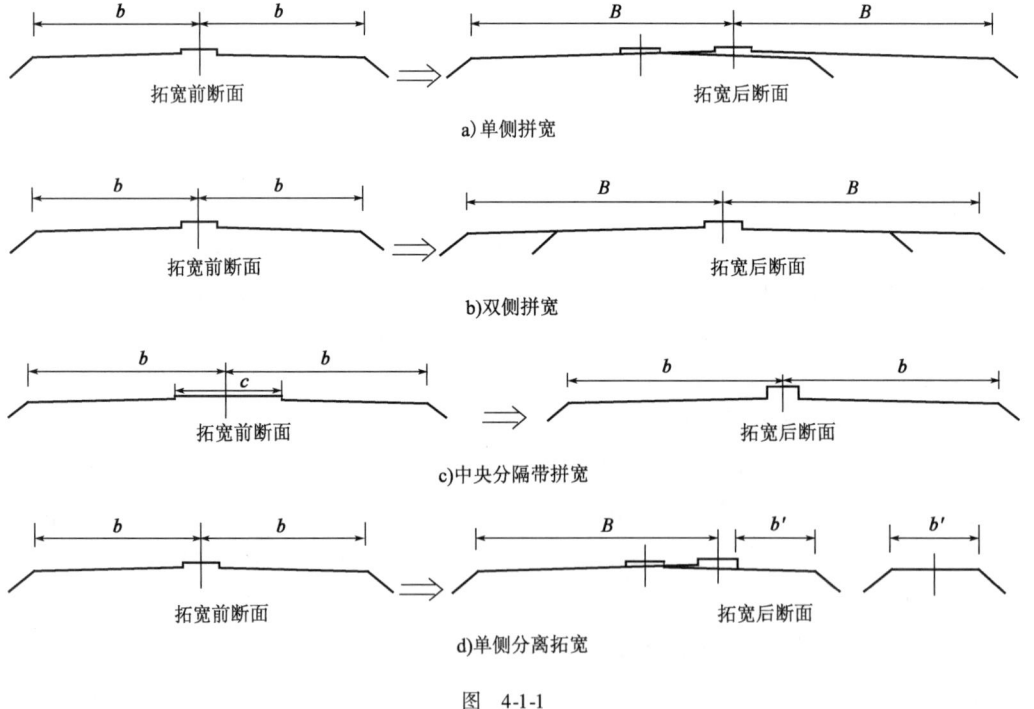

图 4-1-1

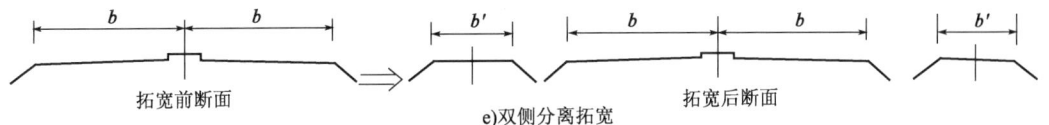

e)双侧分离拓宽

图 4-1-1　拓宽形式示意图

拓宽形式分类　　　　　　　　　　　　表 4-1-1

拓宽形式			优　点	缺　点
拼接拓宽	单侧拓宽	图 4-1-1a)	只需小幅调整平纵,拓宽侧容易实施	既有公路双向横坡需要调整为单向横坡,构造物处难以处理;互通立交、服务设施改建难度大;新旧路基、构造物间存在不均匀沉降,拼接比较困难;横向下穿道路或通航河流可能存在通行(通航)净空不满足的情况
	双侧拓宽	图 4-1-1b)	只需小幅调平纵,交通组织无须改变	新旧路基、构造物间存在不均匀沉降,拼接比较困难;横向下穿道路或通航河流可能存在通行(通航)净空不满足的情况
	中央拓宽	图 4-1-1c)	平纵几乎不用调整,最易实施,交通组织无须改变	中央分隔带必须事先预留足够的宽度,否则无法实施
分离拓宽	单侧拓宽	图 4-1-1d)	只需小幅调整平纵,拓宽侧容易实施	既有公路双向横坡需要调整为单向横坡,构造物处难以处理;分离拓宽侧的立交进出的交通组织很难处理;占地大
	双侧拓宽	图 4-1-1e)	既有公路平纵几乎不需调整,比较容易实施	单向形成两条路,交通组织需要改变;立交进出的交通组织很难处理;占地大
混合拓宽	双侧拼接或分离	图 4-1-1 b) + e)	兼顾两者的优点	路线形成分合流段落,交通组织复杂,安全性降低;拼接部路基、构造物拼接比较困难;分离部单向形成两条路,交通功能不好

第二章 既有路基性能检测与评价

第一节 概 述

一、既有路基检测评价技术发展概况

随着国民经济的快速发展,我国高速公路建成里程也在快速增长,然而早期修建的高速公路由于种种原因已开始面临大修或者改扩建。在这种背景下,原有路基的检测与评价方法已成为一项必不可少的研究内容。目前,在已完成的高速公路改扩建工程中常用的检测评价方法有两大类:

第一类是有损检测,包括钻孔、开挖等方法,通过路况调查,依据路基、路面的外观或病害特征,简单划分出损坏程度不同的路段,并挑选重点点位进行钻孔,取芯样进行室内试验,测定含水率、压实度、回弹模量等指标,进而评价路基的性能状况;或是自上而下开挖路基断面,判断路基内部湿度和破坏状况,这种方法直观有效。但无论哪种方法都会对现有路基路面造成破坏,影响路面工作性能,此外还存在操作复杂,取点数量少且存在偶然性,不能代表整体路段状况,故有损检测方法具有局限性。

第二类是无损检测,包括落锤式弯沉仪(FWD)、探地雷达(GPR)和瑞利波等,无损检测也是国内外常用的方法。落锤式弯沉仪利用重锤自由下落,冲击力作用于承载板上并传递到路面,从而对路面施加脉冲荷载,导致路面表面产生瞬时变形,分布于距测点不同距离的传感器检测结构层表面的变形,通过弯沉盆反算可动态检测路基结构层回弹模量。探地雷达等设备是利用一些物探方法对原有路段进行全幅、全程扫描检测,能简单快速地查明路基内部隐性病害、路基湿度状况等信息。以上无损方法不会对道路结构造成损坏,具有高效快速、针对性强等特点,对正常运营造成较少干扰的情况下可获得较理想的检测结果,但检测成本较高、周期长,测试结果也往往需通过对比、换算,对测试人员要求较高,另外探地雷达等设备对路基隐性病害的识别有待进一步研究。

上述检测方法,若单独使用,实际效果均不甚理想,而且未考虑到如何合理利用原有道路的历年养护、维修和病害调查等各种原始资料的问题,故需结合多种检测手段,先通过无损方法全路段快速探测路基病害和工作性能,然后挑选重点断面进行钻探或者开挖来观察和检测,最后再对不同损坏程度的路段制订合适的改建补强方案。因此,在已有设计、施工、养护、检测等工程资料的基础上,选定合适的勘察检测方案是准确评价既有路基工作性能的基础。

二、既有路基检测评价原则

(1)既有路基调查应采取资料收集、现场调查和勘探试验相结合的方法,按照以下过程,

逐步开展工作。首先,收集既有路基路面设计、施工、运营等各阶段资料;其次,对既有路基开展现场调查,对比原有资料,了解路基状况,划分路段;最后,在资料收集和现场调查基础上,因地制宜制订勘探试验方案,检测既有路基性状、病害情况等。

(2)现场调查应综合采用路况调查、无损检测和勘探试验等技术手段,判定既有路基及排水设施、防护与支挡结构的使用性能。现场调查应选代表性路段进行测试与评价,并符合相应规程;应调查既有路基支挡工程基础形式、地基地质条件和使用状况,必要时还应对支挡工程地基进行勘探试验。

(3)应对既有填方路堤和挖方路段路床土进行物理力学性质试验,确定路基土的含水率、饱和度、压实度、平均稠度、回弹模量、CBR值等。

(4)既有路基的分析评价应根据调查检测结果客观得出,评价内容包括了既有路基填料、平衡湿度、边坡稳定性、防排水设施有效性和路基病害状况等。

第二节 既有路基性能与状况检测

一、既有路基状况调查内容

作为路面支撑结构的路基在运营期车辆荷载、外界环境和养护维修等长期作用下,其结构性能和状态将发生一定变化,故改扩建工程中的既有路基内部性状无法简单获得;另外,路基病害的隐蔽性和长期积累性会导致其无法通过常规手段观测和判别。对既有公路路基拓宽改建设计前,关键要先对既有路基进行调查和检测,主要采用路况调查、无损检测和勘探试验等技术方法,判断既有路基性能、排水设施、防护与支挡结构的使用性能等。既有路基调查内容包括:

(1)资料收集。既有路基路面勘察设计、施工资料(勘察设计文件、试验报告、竣工设计图等),以及运营期的养护资料、现场检测报告等。

(2)现场调查。既有路基的实地调研、与原有设计资料等对比,应掌握既有路基状况和划分路段。

(3)勘察试验。在资料分析和现场调查的基础上,根据不同路段情况,制订相应勘察试验、检测工作方案,检测既有路基路面性质、病害分布、严重程度等。其中勘察检测应尽量掌握既有路基性状、病害情况等,包括以下四方面:

①路基填料物理性状。对填方路堤或挖方路段路床土进行物理力学性质试验,确定路基土含水率、饱和度、压实度、平均稠度、回弹模量、CBR值等。

②路基结构承载能力。对路基结构性能的检测,选择有代表性路段,进行几何尺寸、动态弯沉、承载板等测试,测定路基回弹模量。

③路基病害情况。如路基病害类型、严重程度、路基病害分布范围、成因、与路面病害的关系等。

④路基排水设施、防护与支挡结构边坡稳定状态。

二、既有路基状态检测方法

既有路基的特点造成现有多数检测方法和一般地基检测手段的不适用,即使有可行的方法,多缺乏对应的标准而难以准确判定。目前对路基状态和病害的检测方法有以下几类:

(1)适应既有路基特点,对现有仪器改进后的检测方法

主要适用于深处路基检测要求,如深层核子密度湿度仪检测。利用核子密度湿度仪可以检测路基的密实度和含水率,其原理是通过测量 γ 射线在经物质散射前后强度的变化和测试快中子的散射能量来确定被测物质的密度和含水率。

(2)原位测试技术

原位测试可在原位的应力条件、天然含水率下进行,克服了钻孔及室内试验对土的扰动,对难以取原状样的土(如路基常采用的碎石土)测试优势明显。动力触探等测试还可以取得土层在深度上的连续记录,提供土层在深度上变化的完整信息。原位测试可用于土层划分、承载力确定、密实状态判断等方面。

(3)无损检测技术

采用无损手段对路基路面缺陷、路基结构性能进行快速判定,包括图像识别法(电磁法、高密度电法、探地雷达等)与弯沉分析法(FWD)等。

基于FWD的无损检测方法是通过量测路表最大弯沉值或弯沉曲线反演各结构层模量,或建立弯沉与应力应变的相关关系,用以分析评定路面结构的承载能力,这类方法要比破损类评定方法具有明显优势。目前主流测试仪器以动力弯沉测试落锤式弯沉仪(Falling Weight Deflectometer)为代表,如图 4-2-1 和图 4-2-2 所示。

图 4-2-1　落锤式弯沉仪(FWD)

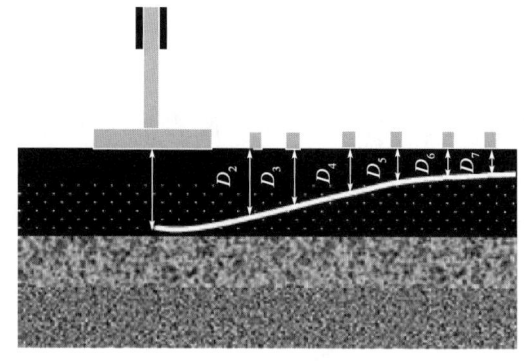

图 4-2-2　FWD 测试原理

利用 FWD 对路基结构检测评价拥有以下 5 个方面的优点:①能较好地模拟行车动态荷载,真实地反映各结构层在动态荷载作用下的工作性能,这是传统的弯沉检测设备无法实现的;②可方便地实现在同一检测点施加不同级别的荷载,反映各结构层在不同大小的荷载作用下的工作性能;③测速快,几乎不受交通荷载影响;精度高,人为因素引起的误差几乎为零;④完全自动化,无须人为地进行修正;⑤FWD 对弯沉的采集是通过多个传感器实现的,通过采集的弯沉盆,可以反算出各结构层的模量,能较全面地反映路基工作性能、甄别路基隐性病害。

基于探地雷达(GPR)的无损检测方法,利用高频电磁脉冲波的反射原理来实现探测的目的,电磁波在传播的过程中遇到不同介质的分界面后发生反射,根据接收到的回波时间、幅度和波形等信息,可判定地下介质的结构和埋藏体的位置与形态,如图 4-2-3 和图 4-2-4 所示。

GPR 作为近年来发展起来的一种无损检测技术,具有检测高效快速、具有针对性等特点,对检测数据进行分析提取后,可建立初步检测数据与实际路基状况之间的联系。探地雷达在路基湿度探测和隐性路基病害识别等方面得到应用,可初步识别脱空、松散、裂缝和空洞等病害。

图 4-2-3 探地雷达

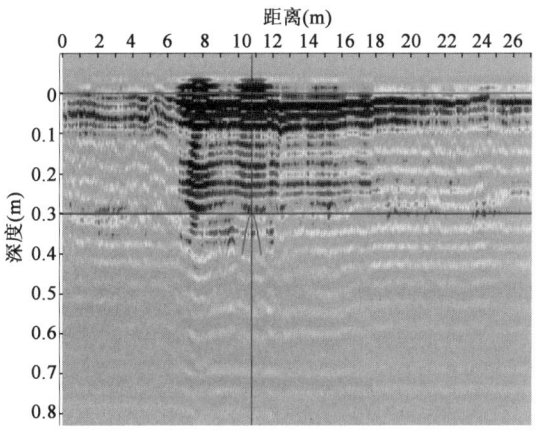

图 4-2-4 裂缝识别

(4)路基病害检测

对路基病害的检测和识别可采用钻芯等有损检测技术、FWD 和探地雷达等无损检测技术。

第三节 既有路基性能评价

一、既有路基结构性能评价

为进一步准确掌握既有路基结构的实际性能状态,可采用落锤式动态弯沉仪、承载板、重型动力触探等多技术手段联合检测的方法,对既有路基结构性能进行测试和评价。

1. 基于 FWD 的路基模量反演

FWD 测试可确定沿道路前进方向的路基刚度大小和变异性,也可以反算路基动态回弹模量并鉴别路基薄弱地段,用以钻孔和取样测试。

FWD 测试方法是通过自由下落的重锤(一般质量为 4~107kN),在路面圆盘上施加脉冲荷载,冲击力会被荷载传感器测试记录,同时加载作用位置中心及离中心一定距离(一般最多 8 个位置)的路表竖向弯沉也可通过位移传感器测得,如图 4-2-5 所示。测试车辆一般是卡车或拖车,停在预先设计位置。通过测试同一位置不同加载质量(改变落锤高度)的弯沉响应值而得到路面系统的线性或非线性特性,然后再移至下一个测试点。对于典型调查,两个测试点的水平间距一般为 20~50m。加载中心的弯沉值代表了整个路面的性能状况,而距中心不同位置处的弯沉值则代表了路面不同层位(包括结合层基层、非结合层基层和路基)的模量性能,如图 4-2-5 所示的路面弯沉盆。

路基动态回弹模量的反算可通过最外侧弯沉

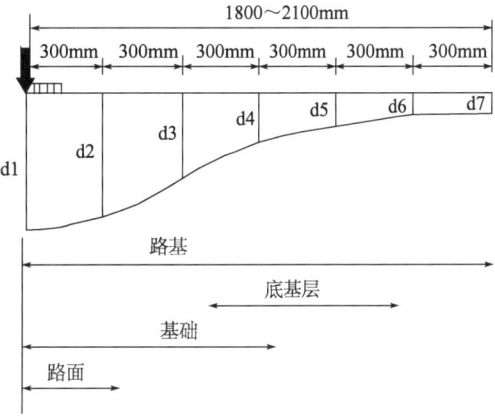

图 4-2-5 FWD 测试弯沉盆示意图

值得到,反算式如下:

$$M_R = \frac{0.24P}{d_r r} \quad (4-2-1)$$

$$r \geq 0.7 a_e \quad (4-2-2)$$

$$a_e = \sqrt{a^2 + \left(D\sqrt[3]{\frac{E_p}{M_R}}\right)^2} \quad (4-2-3)$$

式中:M_R——反算路基动态回弹模量(kPa);

P——施加的荷载(kN);

d_r——距加载中心距离为 r 处的弯沉值(m);

r——距加载中心的距离(m);

a_e——路基—路面交界面处的应力球半径(m);

a——加载圆盘半径(m);

D——路基以上路面结构总厚度(m)。

根据大量测试结果,FWD 反算路基回弹模量值高于设计值,故需考虑修正系数,AASHTO 推荐的水泥路面取值为 0.25,沥青路面为 0.33;NCHRP 1-37A 推荐的路基土修正系数为 0.4,对粒料层则为 0.67。

2. 路基顶面回弹模量测试及评价

路基顶面当量回弹模量通过现场承载板测试予以实现,并根据式(4-2-4)确定计算结果。当不具备在土基顶面直接进行承载测试时,研究中利用基层顶面承载板测试的当量回弹模量结果,并结合基层和垫层材料的结构模量和厚度,按式(4-2-5)进行土基顶面当量回弹模量的反算。

$$E_t = \frac{p_i D(1-\mu_0^2)}{l_i} \cdot \frac{\pi}{4} \quad (4-2-4)$$

式中:p_i——第 i 级承载板压力(MPa);

D——承载板直径(m);

μ_0——路基土泊松比;

l_i——对应于 p_i 的计算回弹变形值(m)。

$$E_t = a h_x^b E_0 \left(\frac{E_x}{E_0}\right)^{\frac{1}{3}}, E_x = \frac{h_1^2 E_1 + h_2^2 E_2}{h_1^2 + h_2^2}, h_x = \left(\frac{12 D_x}{E_x}\right)^{\frac{1}{3}}$$

$$D_x = \frac{h_1^3 E_1 + h_2^3 E_2}{12} + \frac{(h_1+h_2)^2}{4}\left(\frac{1}{E_1 h_1} + \frac{1}{E_2 h_2}\right)^{-1} \quad (4-2-5)$$

$$a = 6.22\left[1 - 1.51\left(\frac{E_x}{E_0}\right)^{-0.45}\right], b = 1 - 1.44\left(\frac{E_x}{E_0}\right)^{-0.55}$$

式中:E_t——基层顶面的当量回弹模量(MPa);

E_0——路基顶面的当量回弹模量(MPa);

E_x——基层和底基层或垫层的当量回弹模量(MPa);

E_1、E_2——基层和底基层或垫层的回弹模量(MPa);

h_x——基层和底基层或垫层的当量厚度(m);

D_x——基层和底基层或垫层的当量弯曲刚度(10^3 kN/m);

h_1、h_2——基层和底基层或垫层厚度(m);

a、b——与E_x/E_0有关的回归系数。

3. 重型动力触探(DCP)测试及评价

重型动力触探(Dynamic Cone Penetration)测试可以用来间接反映路基结构整体承载能力和抗变形能力。DCP的工作原理是路基土的强度和其抗侵入的能力具有直接的相关性,可通过侵入深度衡量路基土强度。DCP是由一个重型铁锤沿着中心棒自由下落击入土体,铁锤的质量一般为4.6~8kg,对软弱土基时可适当减轻质量。对于重型动力触探检测结果与路基动静回弹模量之间的相关性,同济大学测试了DCP与$E_静$、$E_动$之间的关系,如图4-2-6所示,三者具有良好的相关性,即利用DCP测试可以快捷便利地表征路基土的抗变形能。

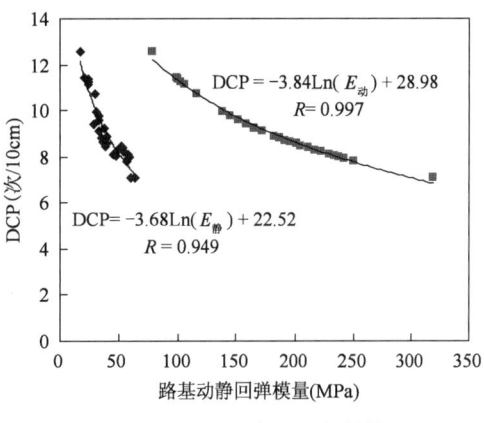

图4-2-6 $E_静$、$E_动$与DCP相关性

二、边坡稳定状况评价

早期边坡研究以土体为主,以材料力学和简单的均质弹性、弹塑性理论为基础,采用半经验半理论方法。而对于岩质边坡,由于坡体变形破坏机理及其假设不尽合理,与实际情况差别较大。随着计算机技术的发展和人类对边坡认识的不断加深,对边坡稳定性评价方法也日趋多样化、合理化,归纳起来大致可以分为三类:定量分析方法、定性分析方法、非确定性分析方法。

1. 定量分析方法

边坡的稳定性定量分析方法实质上也是一种半定量的方法,目前常用的定量分析方法有以下几种:

(1)极限平衡法

极限平衡法是边坡稳定分析中最常用的方法,通过分析坡体处于临界破坏状况下土体外力与内部所提供抗力之间的平衡,计算土体在自身和外荷载作用下的土坡稳定性程度,通常采用边坡稳定系数来表达,即以坡体的抗剪强度和实际的剪应力的比值来表示。其中最小的稳定系数称为边坡稳定安全系数,它表征了该边坡的稳定程度。具体分析方法有斯宾塞法、比肖普法(Bishop)、简布法(Janbu)、摩根斯坦-普赖斯法(Morgenstern-Prince)、剩余推力法、沙尔玛法(Sarma)、楔体极限平衡分析法等。

(2)有限元法

采用线弹性、弹塑性、黏弹塑性、黏塑性本构关系,考虑边坡岩体的非均质和不连续性,通过计算可以得到岩体应力、应变及其分布特征,避免了极限平衡分析法中将滑体视为刚体而过于简化的缺点,可以从应力应变的角度来分析边坡的变形破坏机制,从而得到最先、最易发生屈服破坏的部位和需要首先进行加固的部位。其局限性是不适于大变形和位移不连续等。

(3)无单元法及离散单元法(DEM)

为了克服有限元的不足之处,通过扩展提出了无单元法和离散单元法。离散单元法是一种模拟离散介质的数值方法。

(4) 快速拉格朗日分析法(FLAC)

其原理类似于离散单元法,但它却能像有限元那样适用于多种材料模式与边界条件的非规则区域的连续问题求解,在求解过程中采用了离散元的动态松弛法,不需求解大型联立方程组,便于在微机上实现。该方法能更好地考虑岩土体的不连续性和大变形特征,求解速度较快,其缺点是在计算边界、单元网格的划分方面带有很大的随意性。

(5) DDA 分析法和流形元法

石根华博士提出的一种新的离散型数据值计算方法,把连续和非连续变形的力学问题统一到流形方法之中。

2. 定性分析方法

定性分析方法是通过工程地质勘察,对影响边坡稳定性的主要因素、可能的变形破坏方式及失稳的力学机制进行分析,对已变形地质体的成因及其演化史进行总结,从而给出被评价边坡一个稳定状况及其可能发展趋势的定性说明和解释。它能综合考虑影响边坡稳定性的多种因素,快速地对边坡的稳定状况及其发展趋势作出评价。常用的方法主要包括:

(1) 专家系统

一种按某学科及相关学科专家的水平进行推理和解决问题,并能说明其缘由的计算机程序。目前开发的一些边坡稳定分析专家系统是把某一位或多位边坡工程专家的知识、工程经验、理论分析、数值分析、物理模拟、现场监测等行之有效的知识和方法有机地组织起来,建成一个边坡工程知识库,再利用智能化的推理机器(控制整个系统的计算机程序)来模拟并再现人(专家)脑的思维(推理与决策)过程,吸收其合理的知识结构,寻求优化的技术路径。同时,它又能建立计算机模型,结合相关学科不同专家的知识进行推理和决策,对所研究的对象(边坡)进行稳定性评价。

(2) 范例推理(Case-Based Reasoning)

1982 年由 SchanK 提出,1983 年 Kolodner 开始在计算机上实现。范例推理把当前所面临的新问题称为目标范例(target case),而把记忆的问题称为源范例(base case)。该推理是由目标范例的提示而获得记忆中的源范例,并由源范例来指导目标范例求解的一种策略。该推理中知识表示是以范例为基础,范例的获取比规则获取要容易,从而大大简化了知识获取,为边坡稳定性评价这类复杂问题提供了一条新途径。

3. 非确定性分析方法

(1) 边坡工程可靠性分析

边坡工程可靠性分析是近 20 年发展起来的评价边坡工程状态的新方法,它把边坡岩体性质、荷载、地下水及破坏模式作为不确定量,借鉴结构工程可靠性理论方法,结合边坡工程的具体情况,用可靠指标和破坏概率来表征边坡的安全度。与传统的确定性理论相比较,可靠性分析能更好地反映边坡工程的实际状态,能合理解释许多用确定性理论无法解释的工程问题。目前该方法尚处于研究和探索阶段,只作为确定性方法的一种补充和参考。

(2) 模糊综合评价

由于边坡评价过程中,评价因素中多数信息未知且具有灰色性。为此,需要利用灰色关联度分析,对所要分析的各因素通过一定的数据处理,应用模糊变换原理和最大隶属度原则,综合考虑被评事物或其属性的相关因素,进而进行等级或类别评价。实践证明,模糊分级评判方法为多变量、多因素影响的边坡稳定性分析提供了一种行之有效的手段。

边坡稳定性可以被划分为 5 个等级,见表 4-2-1。

边坡稳定性等级划分标准 表 4-2-1

稳定性等级及整体稳定性 K 的范围			地质条件是否恶化	在工程使用年限内整体失稳的概率大小(可能性)	在工程使用年限内局部失稳的概率大小(可能性)
稳定($K \geq 1.2$)			否	没有可能	小
基本稳定($1.15 \leq K < 1.2$)			否	小	较小
欠稳定 ($1.05 \leq K < 1.15$)	Ⅰ($1.1 \leq K < 1.15$)		否	较小	较大
	Ⅱ	$1.1 \leq K < 1.15$	是	较大	大
		$1.05 \leq K < 1.1$	否		
不稳定	Ⅰ($1.0 \leq K < 1.05$)		否	大	大
	Ⅱ($1.0 \leq K < 1.05$)		是	大	大
极不稳定	($K < 1.0$)			已失稳	已失稳

①稳定:

不会发生任何整体和局部变形破坏,边坡的稳定系数 $K \geq 1.2$。

②基本稳定:

不会发生整体变形破坏,边坡的整体稳定系数略小于规范值,即 $1.15 \leq K < 1.2$;可能发生局部变形破坏产生坡体,但边坡的局部变形破坏不影响边坡的整体稳定性。

③欠稳定:

边坡的整体稳定系数小于规范值,即 $1.05 \leq K < 1.15$。根据病害的发展趋势和具体的稳定状态划分为两个亚级:即欠稳定Ⅰ和欠稳定Ⅱ。

a. 欠稳定Ⅰ

边坡的稳定系数 K 相对较大,即 $1.1 \leq K < 1.15$,边坡的地质条件不断改善,边坡体向基本稳定和稳定的方向发展,在工程使用年限内边坡体整体失稳的可能性较小,需要采用常规手段监测变形破坏的动态,结合大修,对边坡进行加固,恢复边坡的稳定状态。

b. 欠稳定Ⅱ

欠稳定Ⅱ存在有两种情况。虽然边坡的状态稳定系数 K 较大,即 $1.1 \leq K < 1.15$,但边坡的地质条件不断恶化,边坡体向不稳定的方向发展,在工程使用年限内边坡体整体失稳的可能性大;边坡的稳定系数 K 较小,即 $1.05 \leq K < 1.1$,远小于规范要求,需对边坡进行连续动态监测和专项加固。

④不稳定:

边坡的整体稳定系数较小,即 $1.0 \leq K < 1.05$。根据病害的发展趋势划分为两个亚级:即不稳定Ⅰ和不稳定Ⅱ。

a. 不稳定Ⅰ

边坡的地质条件不会恶化,边坡变形破坏发展速度慢或处于停止发展阶段,不需要抢险。应对边坡进行连续监测,实行专项加固。

b. 不稳定Ⅱ

边坡的地质条件不断恶化，边坡变形破坏发展速度快，近期内可能失稳，需要应急抢险，并对边坡进行实时监测。

⑤极不稳定(失稳)

边坡已整体失稳，即 $K<1.0$，对公路产生了灾害，需要灾后处理，进行维修、重建、改建。

三、支挡结构物使用状况评价

支挡结构包括挡土墙、抗滑桩、预应力锚索等支撑和锚固结构，是用来支撑、加固填土或山坡体，防止其坍滑，以保持稳定的一种建筑物结构。对支挡结构物使用状况的评价主要从预应力锚索、抗滑桩以及挡土墙3个部分进行评价，评价标准见表4-2-2。

支挡结构物技术状况评价　　　　　　　　　　　　　　　表4-2-2

类别	一类 完好、良好状态	二类 较好状态	三类 较差状态	四类 差状态	五类 危险状态
预应力锚索框架	1.预应力锚索和框架功能及材料良好。2.边坡地基和坡面防护措施有无明显变形。3.锚索框架的承载能力符合设计指标。4.只需日常保养	1.预应力锚索和框架功能良好，材料局部(3%)以内轻度缺损，框架裂缝宽度小于极限值，锚索95%以上完好。2.边坡地基和坡面防护措施有局部变形。3.锚索框架的承载能力达到设计指标。4.只需小修保养	1.预应力锚索10%以内有缺陷，框架裂缝超限，凹陷和悬空现象，整个框架出现轻度功能性病害，但发展缓慢尚能发挥正常作用。2.边坡地基和坡面防护措施出现较大面积变形，进一步恶化影响框架和锚索的正常使用。3.承载能力比设计降低10%以内。不仅对边坡进行浅层加固，而且锚索需补强，需要中修	1.预应力锚索10%～20%有严重缺陷，框架裂缝超限，出现中等功能性病害，边坡向不稳定方向发展较快。2.边坡地基和坡面防护措施出现较大面积破坏，失去应有功能，不影响交通。3.承载能力比设计降低10%～25%。4.需要特殊检查确定大修、专项加固措施	1.预应力锚索出现严重的功能性病害，而且有继续发展的趋势。框架梁受拉钢筋达到极限状态，锚头混凝土有压碎破坏现象，整个边坡体的变形较大，危及交通安全。2.锚索框架的承载能力降低到25%以上。3.通过特殊检查，立即抢险
抗滑桩	1.抗滑桩功能及材料良好。2.嵌固段岩体和变形体有无明显变形。3.锚索抗滑桩的承载能力符合设计指标。4.只需日常保养	1.抗滑桩功能良好，材料局部(3%)以内轻度缺损，抗滑桩顶位移小于允许值，锚索95%以上完好。2.嵌固段岩体和变形体有局部变形。3.抗滑桩的承载能力达到设计要求。4.需中修保养	1.抗滑桩10%以内有缺陷，抗滑桩桩顶位移超出允许值，整个抗滑桩出现轻度功能性病害，但发展缓慢尚能发挥正常作用。2.嵌固段岩体和变形体出现较大变形，进一步恶化影响抗滑桩和锚索的正常使用。3.抗滑桩承载能力比设计降低10%以内。4.中修	1.抗滑桩10%～20%有严重缺陷，抗滑桩顶位移超限，出现中等功能性病害，边坡向不稳定方向发展。2.嵌固段岩体和变形体出现较大变形破坏，短期不影响交通。3.设计承载能力比设计降低10%～25%。4.需要专门检查，确定大修和专项加固措施	1.抗滑桩出现严重的功能性病害，而且有继续发展的趋势。抗滑桩受拉钢筋达到极限状态，整个边坡体的变形较大，危及交通安全。2.抗滑桩的承载能力降低到25%以上，边坡稳定安全系数趋向1或小于1。3.需专门检查，确定抢险措施

续上表

类别	一类 完好、良好状态	二类 较好状态	三类 较差状态	四类 差状态	五类 危险状态
抗滑挡墙	1. 抗滑挡墙功能及材料良好。2. 挡墙有不明显变形。3. 挡墙的承载能力符合设计指标。4. 只需日常保养	1. 抗滑挡墙功能良好,材料局部(3%)以内轻度缺损,抗滑挡墙顶位移小于允许值。2. 挡墙有局部变形。3. 抗滑挡墙的承载能力达到设计要求。4. 需中修保养	1. 抗滑挡墙10%以内有缺陷,抗滑挡墙顶位移超出允许值,整个抗滑挡墙出现轻度功能性病害,但发展缓慢尚能发挥正常作用。2. 嵌固段岩体和变形体出现较大变形,进一步恶化影响抗滑挡墙的正常使用。3. 抗滑挡墙的承载能力比设计降低10%以内。4. 中修	1. 抗滑挡墙10%~20%有严重缺陷,抗滑挡墙顶位移超出限,出现中等功能性病害,边坡向不稳定方向发展。2. 地基出现较大变形破坏,短期不影响交通。3. 设计承载能力比设计降低10%~25%。4. 需要专门检查,确定大修和专项加固措施	1. 抗滑挡墙出现严重的功能性病害,而且有继续发展的趋势。抗滑挡墙应力达到极限状态,整个边坡体的变形较大,危及交通安全。2. 抗滑挡墙的承载能力降低到25%以上,边坡稳定安全系数趋向1或小于1。3. 需专门检查,确定抢险措施

四、排水设施使用状况评价

公路排水设施目前存在的最大问题是公路的排水设施在使用过程中会逐渐发生损坏,甚至在雨季突然破坏,产生局部陷穴、湿陷,而养护维修很难及时做到位,进而影响了排水系统的排水效果。既有路基排水设施评定标准见表4-2-3。

排水设施评定标准 表4-2-3

评定等级	评定标准
A	排水设施整体保持原状或稍有破损;内部基本无杂物;设置间隔频率符合规范要求
B	排水设施有小部分破坏,基本不影响其设计功能;内部有少量杂物,但不影响其排水效果;设置间隔频率与规范相差不大
C	排水设施有一部分破坏,对其设计功能影响不大;内部有部分杂物,但基本不影响其排水效果;设置间隔频率与规范有部分差距
D	排水设施有明显破损情况,已基本失去排水作用;内部有大量杂物,容易出现淤堵现象;设置间隔频率过低或不设
E	排水设施已严重破损,失去排水作用;内部有大量杂物,极易出现淤堵现象;没有设置相应的排水设施

针对排水设施的常见问题可采取以下处理措施:

(1)边沟

边沟形式有3种,即混凝土预制块、浆砌片石、盖板边沟等。①伸缩缝处有渗水现象,可在底部铺设防水层。②盖板边沟的淤积不易发现,养护难度大,出现问题难以修缮。在设计中依据地形情况尽量少采用盖板边沟,可做成浆砌片石明沟。若采用混凝土预制块时应在底部铺设防水层。③预制板块边沟常被当地群众拆卸后改为他用,有条件时宜做浆砌片石边沟。排水边沟由于长期不疏通、排水口受水流冲刷等原因,日久易形成堵塞。因此,边沟须经常检查疏通,加强养护且及时清除垃圾杂物,使之不致淤塞,同时出水口应经常保持畅通,防止冲刷或其他原因堵塞影响排水。

(2) 排水沟

排水沟路段主要是平坦地段和农灌地段，纵向排水沟过长，沟内的雨水难以排出。在今后设计中应结合横向排水涵等，在出水不畅路段设蒸发池。排水沟一般采用浆砌片石砌筑，开挖土沟时，如果没有及时夯实沟底和坡面、砌石填筑不饱满不密贴，或者基土松软时，砌石会因土体下沉而下沉，这时浆砌片石排水沟的沟底和坡面的石块与石块砌缝可能出现空隙、勾缝开裂、壳起脱落。因此，砌筑时要注意平整坚实，砂浆要饱满、无空隙松动，勾缝时应清除松浮残渣碎屑，并洒水湿润，砌完后应做好养护。

(3) 拦水带、边坡急流槽

部分填方路段若未设置拦水带和边坡急流槽，会导致路基边坡被冲刷、路肩坍塌，在设拦水带和边坡急流槽的路段这类问题出现较少。边坡急流槽在施工前须将基底夯实，不得在虚填土上修筑。

(4) 截水沟

在挖方路堑顶部设有截水沟的路段，挖方边坡冲刷较少，未设置路段，冲刷、塌落现象比较严重。在设计施工过程中要根据地形地貌，尽量在挖方边坡坡口外设置截水沟。

(5) 急流槽

部分急流槽远接远送不够，出水将周围路基土冲刷后逐渐坍塌，直接危及涵洞与路基的稳定。急流槽出水口应设在自然沟道纵坡较缓处，除做到早接远送外，在养护中还应及时修补涵洞及急流槽出口的水毁部分。

(6) 渗沟

渗沟是地下排水设施之一，可用于隔断或截住流向路基的层间水或少量泉水，亦可用于降低地下水位。渗沟由于是隐蔽排水工程，构筑时应按设计规定选择材料，按渗沟断面尺寸要求开挖，反滤层材料应分层填足，以免影响渗流；为保持渗沟渗水充分发挥效能，应使渗沟高程控制在设计规定要求的高度范围内，并注意进出口水流通畅；为延长渗沟使用年限，避免泥沙与反滤层混杂，宜设隔离层。

(7) 管道

当管沟槽底软弱、浸水、土体不稳定时易出现管道变形、开裂。管道铺设完成，在使用过程中，会出现管道接口(缝)渗漏，管周土层随水流失，导致地貌沉降、管道断裂等现象。

五、既有路基病害类型、严重程度及产生原因评价

既有路基病害的评价内容应包括既有路基病害的类型、分布范围、规模、成因等，并提出路基病害整治措施。路基常见病害类型如下：

1. 路基沉陷

路基沉陷是指路基表面在垂直方向产生较大的沉落，路基的沉陷可以有两种情况，一是路基本身的压缩沉降；二是由于路基下部天然地面承载力不足，在路基自重的作用下引起沉陷或向两侧挤出而造成的，常采用注浆或开挖重筑等整治方法。

路基的沉陷是因为在荷载和水温综合作用下，由于路基填料选择不当、填筑方法不合理、压实度不足、在路基内部形成过湿夹层，从而引起路基的沉陷。

路基沉陷是指原天然地面有软土、泥沼或不密实的松土存在，承载能力极低，路基修筑前未处理,在路基自重作用下,地基下沉或两侧挤出,引起路基下陷。

2. 边坡滑塌

路基边坡滑塌是最常见的路基病害,根据边坡土质类别、破坏原因和规模的不同,可分为溜方与滑坡两种情况。

(1)溜方

由于少量土体沿土质边坡向下移动所形成。溜方通常是指边坡上表面薄层土体下溜,主要是由于流动水冲刷边坡或施工不当而引起。

(2)滑坡

一部分土体在重力作用下沿某一滑动面滑动。滑坡主要是由于土体的稳定性不足引起的,路堤和路堑边坡滑坡的原因也有不同。

路堤边坡坡度过陡或边坡坡脚被冲刷淘空或填土层次安排不当是路堤边坡发生滑坡的主要原因。

路堑边坡滑坡的主要原因是边坡高度和坡度与天然岩土层次的性质不相适应。黏性土层和蓄水的砂石层交替分层蕴藏,特别是有倾向于路堑方向的斜坡层理存在时,容易造成滑动。

3. 崩塌落石

崩塌落石是堑坡或上山坡的岩块土石发生崩塌或坠落的地质现象。具有突然、快速和较难预测的特点,是地形、地质比较复杂的山区公路十分常见的路基病害,对行车安全危害巨大,经常导致中断行车,甚至行车颠覆。

形成崩塌的原因有:

(1)陡峭高峻的边坡或山体斜坡,坡度大于45°、高度大于30m,特别是坡度在55°~75°的斜坡,是崩塌多发地段。

(2)由风化的坚硬岩层组成的又高又陡的斜坡,如互层砂岩,稳定性差,容易形成崩塌。

(3)受地质构造影响严重,有很多结构面将岩体切割成不连续的斜坡,特别是有两组结构面倾向线路,其中一组倾角较缓时,容易向线路崩塌。

(4)水的作用是产生崩塌的重要因素。绝大多数的崩塌发生在雨季或暴雨之后,因为水的渗入,对岩石产生软化、润滑和动水压力作用,使岩体强度降低,内摩擦力减小,促使崩塌发生。

(5)其他如地震、爆破、人工开挖斜坡及列车振动等,都是诱发崩塌的因素。

4. 路基翻浆冒泥、下沉外挤

路基翻浆冒泥、下沉外挤是路基变形引起的病害。一般发生在路基为黏土类的路基地段,排水不良的路堑和站场比较多见。翻浆冒泥和路基下沉外挤病害,是路基变形不同阶段的表征,翻浆冒泥导致陷槽,陷槽的发展使路基抗剪强度下降,导致路肩隆起或边坡外挤。路基翻浆冒泥引起的路面不平顺,恶化了运行条件,但变形发展缓慢,对行车安全影响不大。路基下沉外挤,可能造成行车中断甚至车辆颠覆,严重危及行车安全。

病害成因:基床排水不良,承载力不足或受水浸承载力进一步下降的土质路基在行车荷载反复作用下,将逐渐形成路基翻浆冒泥、下沉外挤的病害。水若来源于降雨,则翻浆冒泥表现为季节性,即雨季发生,旱季不发生;水若来源于地下水,则翻浆冒泥表现为常年性,但雨季比较严重。路基土遇水承载力下降,原因比较复杂,如路基土为膨胀土,并未更换或改良;排水系统不完善;路基未做砂垫层或厚度不足;填土密实度未按规定控制等,都将使路基强度与行车条件不相匹配,以致产生基床病害。

根据现行《公路技术状况评定标准》(JTG 5210),对路基的技术状况可以用路基技术状况指数(SCI)评价,按照式(4-2-6)进行计算:

$$SCI = \sum_{i=1}^{i_0} w_i (100 - GD_{iSCI}) \quad (4-2-6)$$

式中:GD_{iSCI}——第i类路基损坏的累计扣分,最高扣分为100,按表4-2-4的规定计算;

w_i——第i类路基损坏的权重;

i——路基损坏类型;

i_0——路基损坏类型总数,取7。

路基损坏扣分标准　　　　　　　　　　表4-2-4

类型(i)	损坏名称	损坏程度	计量单位	单位扣分	权重(w_i)
1	路肩损坏	轻	m²	1	0.10
		重		2	
2	边坡坍塌	轻	处	20	0.25
		中		50	
		重		100	
3	水毁冲沟	轻	处	20	0.15
		中		30	
		重		50	
4	路基构造物损坏	轻	处	20	0.10
		中		50	
		重		100	
5	路缘石缺损		m	4	0.05
6	路基沉降	轻	处	20	0.25
		中		30	
		重		50	
7	排水不畅	轻	处	1	0.10
		中		50	
		重		20	

第四节　既有特殊路基性能评价

一、软土地区既有路基分析评价

软土地区既有路基分析评价是拓宽改建路基地基处理设计的基础,其评价结论是确定拓宽改建路基地基处理设计方案的重要依据,评价内容包括:

(1)分析评价既有路基下各种地基处理路段的软土地基固结度、固结系数、压缩变形发展规律和抗剪强度增长规律,确定既有路基下各种地基处理路段的软土地基固结度和剩余沉降值(包括主固结和次固结)。

(2) 分析评价既有软土地基处理的效果，提出改进措施。

(3) 分析评价拓宽改建路基与既有路基之间的稳定性和差异沉降、对既有路基沉降和稳定影响程度进行分析。

二、膨胀土地区既有路基的分析评价

公路运营期间，在环境因素作用下，膨胀土路基性状将发生变化，其既有路基分析评价的重点是掌握不同条件下、不同处理措施的各类膨胀土地基的胀缩变形与稳定状况，膨胀土路基病害分布范围、类型及产生原因，评价内容如下：

(1) 确定路基填料的膨胀特性及其埋深和厚度，分析评价路基是否符合现行《公路路基设计规范》(JTG D30) 中 7.9 的规定。

(2) 分析评价既有路基的稳定与变形状态、各种膨胀土处置措施的有效性及改进措施。

三、岩溶地区既有路基的分析评价

在岩溶地区高速公路建设中难以避免地会遇到溶洞，在外加荷载的作用下，岩溶洞穴顶板常因失稳而坍塌，其发生的时间很难预测。此类顶板坍塌严重威胁结构基础的安全。针对岩溶地区特殊的地质状况，既有路基评价内容包括：

(1) 分析岩溶的特点和分布、溶洞顶板的安全厚度及溶洞距路基的安全距离。

(2) 评价既有路基稳定与变形状态、各种岩溶处理措施的有效性及其改进措施。

(3) 判别拓宽改建路基对既有路基稳定的影响程度。

根据我国在岩溶地区工程建设中处理岩溶洞穴顶板的实践经验，评价洞穴稳定性必须分析其内在因素和外在因素。就目前分析来看，影响岩溶洞穴顶板稳定的主要因素有 4 个：顶板的完整程度、顶板的形状（水平或拱形）、顶板厚度和建筑物跨过溶洞的长度。其中又以水平洞顶板受力条件最为不利。因此，在计算中一般考虑最危险的情况即水平洞顶板受力。近年来在该领域内的研究取得了较大进展，对岩溶洞穴地基稳定性的分析评价经历了从定性-半定量-定量的过程。

主要评价方法有：

(1) 定性评价法：定性评价法主要用于初勘阶段选择场地和一般工程地质及地基稳定性分析评价，包括影响因素分析法、经验比拟法和专家系统评价法。

(2) 半定量评价方法：目前报道较多的是对洞体稳定性分析半定量评价方法，采用半定量近似的结构力学分析方法，还有散体理论分析法、试验测试法等，以此来评价岩溶地基的稳定性。一般做法是同时采用几种计算方法，其中任意一种方法计算出的溶洞顶板的安全厚度（安全系数为 1.5）小于实际的溶洞顶板厚度，即认为该溶洞顶板稳定，否则不稳定。目前主要分析方法有：顶板厚跨比法、利用顶板坍塌物估算顶板安全厚度、结构力学近似分析法、散体理论分析法、试验测试法。

(3) 定量评价法：由于洞体工程地质条件复杂，工程物探手段和技术不十分完善，对于计算所需的岩体物理力学参数很难准确测定，定量评价方法的应用在工程实践中受到很大限制。因此，定量评价法一般先由假定条件建立相应的物理力学模型、数学模型或相似试验模型，再进行分析计算，依据结果对岩溶洞穴稳定性作出评价和判断。主要分析方法包括：稳定系数法、普氏压力拱理论分析法、有限元数值分析法、相似模型试验法、统计法。

第三章 路基拓宽设计

第一节 路基拓宽损坏类型和机理分析

路基拓宽设计中,新老路基结合不良会引起路基失稳、支挡结构损坏、路面损坏、路面整体性能下降等病害,其损坏机理也各有不同。西部交通建设科技资助项目"新老路基结合部处置技术研究",对重庆和上海地区的拓宽路段进行了大量现场调研。重庆处于西部山区,地质条件良好,但地形条件复杂;而上海处于东部平原地区,地形条件较好,但地质条件复杂,所以对两地的实地调研具有一定的代表性。

一、路基拓宽损坏类型

1. 路基失稳

路基失稳是拓宽路基沿新老路基结合面发生滑移,严重时甚至发生整体坍塌,如图 4-3-1 所示。这种病害在山区陡坡地形、软弱地基、高填方路堤等拓宽路段容易发生。当拓宽路基沿结合面滑移量较小时,新老路基结合面会产生错台,导致新老路基结合部位的路面开裂,雨水由裂缝进入,导致结合面强度急剧降低,给路基稳定性留下更大的隐患;当滑移量较大、甚至整体坍塌时,造成拓宽路面整体破坏,甚至使原有路基相继出现失稳,致使原有路面也发生结构损坏和使用功能的下降(图 4-3-2)。

图 4-3-1 拓宽路基整体坍塌

图 4-3-2 路基失稳后路面结构脱空

2. 支挡结构损坏

支挡结构损坏是路基损坏的特殊形式,表现为挡墙墙面开裂、墙体整体滑移、倾覆等,如图 4-3-3 所示。挡墙一般设置在原地面边坡较陡处,以平衡新填路堤的下滑力。一旦墙底受水浸泡、冲刷,或墙体本身处于潜在滑坡体内,或者挡墙所受土压力过大,将导致挡墙稳定性不足,从而产生挡墙墙体开裂、整体滑移或绕墙趾倾覆等。支挡结构发生损坏后,拓宽路基也随之发生稳定性问题,给拓宽路面的正常使用带来隐患。

图 4-3-3 支挡结构损坏

3. 路面损坏

沥青路面损坏表现为出现面层破碎、结合料松散、道路横坡改变等现象,严重时会产生沿结合面走向的裂缝,如图 4-3-4 所示。水泥混凝土路面损坏表现为出现唧泥和脱空现象,进一步发展会引起结合面附近出现纵缝、裂缝处板块断裂以及裂缝的进一步扩展,如图 4-3-5 所示。

图 4-3-4 沥青路面纵向裂缝

图 4-3-5 水泥路面纵向大规模裂缝

4. 路面整体性能下降

随着路面病害的产生和道路纵横坡的变化,道路结构性能和服务性能也随之下降,如图4-3-6所示。当路面状况指数(PCI)、结构承载力、平整度等下降到一定水平时,还将影响行车安全。

图4-3-6 路面整体性能下降

二、病害机理分析

拓宽公路出现的各种病害,其产生的原因是多方面的,如地质勘测不细致、设计未充分重视、施工质量未达到要求等。按照病害的类型,可以从两个主要方面分析其产生机理,即稳定性问题和不协调变形的产生。

1. 稳定性不足

稳定性不足是指拓宽路基自身稳定性不能充分满足稳定要求,或者新老路基结合部结合强度不足。

(1)地基过陡

在山区拓宽工程中,地形条件复杂,经常需要在陡坡地基上进行拓宽路基的填筑(图4-3-7)。为保证拓宽路堤的稳定性,拓宽常采用重力式挡墙或者柔性挡墙的支挡结构。当原地基边坡存在潜在破裂面或滑移面时,拓宽路基将沿此破裂面或滑移面产生滑移,从而导致整体失稳;地基土的抗剪强度可能受到外界各种因素的影响而降低,如雨水侵入使土湿化、干湿循环、冻融循环而使地基土发生松动;做支挡结构设计时,获取的道路沿线地质资料不够完整,因此挡墙设计一般以经验为主,套用通用图,对挡墙缺乏必要的稳定性验算,实际施工时基础埋深随意性强,影响支挡结构的稳定性。

(2)地基存在软弱下卧层

当地基存在软弱下卧层,如压缩系数大、流变性显著的软土,新老路基结合部结合强度不足,从而发生自结合面至软弱层顶面的滑移面(图4-3-8)。另外,软弱下卧层具有流变性,侧向变形非常大,软弱地基土向路堤外侧挤出,拓宽路基坡脚会出现起拱现象,并伴随塑性区域的开展,导致边坡失稳。

(3)新老路基结合部强度不足

新老路基结合部强度不足有如下几个方面(图4-3-9):

①新老路基结合部工艺较复杂,施工难度较大,往往在此容易产生人为的质量不足,如密实度达不到标准、开挖台阶没有达到设计要求、老路边坡没有处理完全等。故由于各种施工原因造成了结合部的强度不足。

②在新老路基结合部没有设置土工格栅,或者土工格栅和填土没有充分咬合、土工格栅埋入老路部分长度不够,致使土工格栅未能充分发挥其加筋性能。

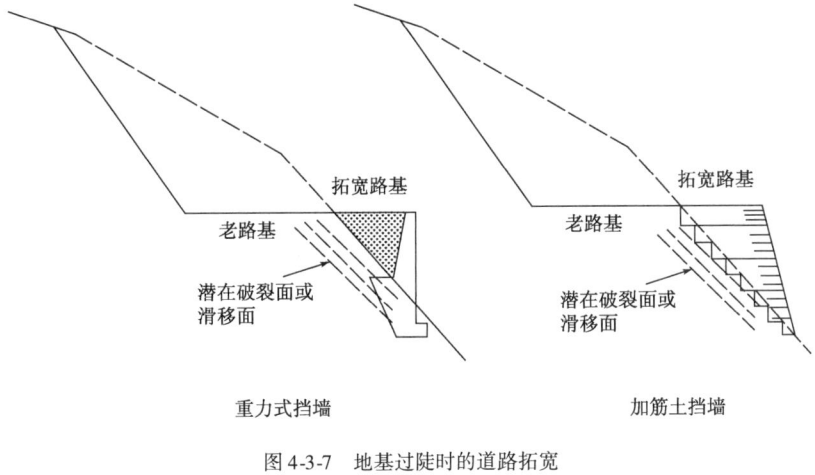

图4-3-7 地基过陡时的道路拓宽

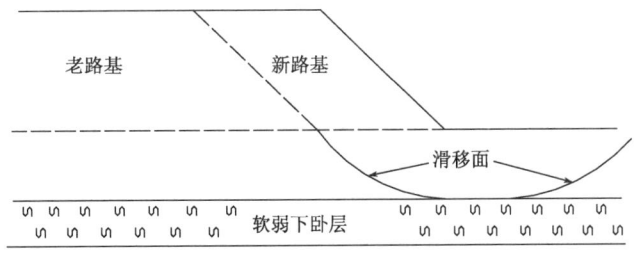

图4-3-8 地基存在软弱下卧层时的道路拓宽

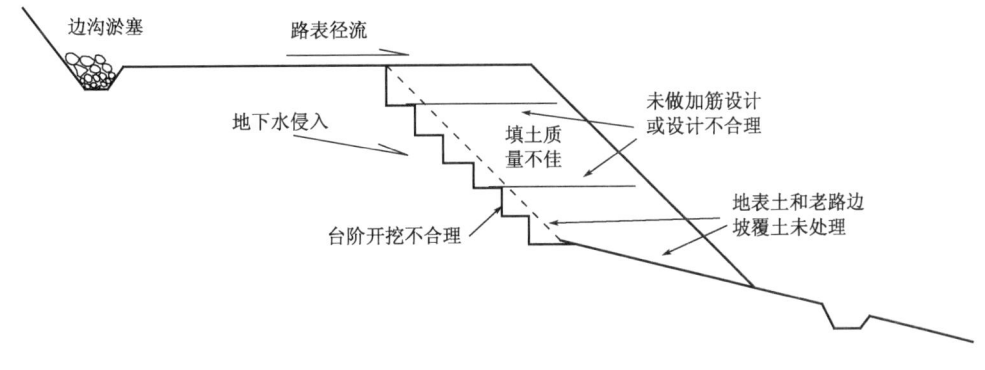

图4-3-9 新老路基结合部强度不足示意图

③拓宽路基填料较差,抗风化性能、抗淘蚀性能不足。施工过程中路基填料多半就近从挖方断面上直接获取,对材料粒径、级配及材料本身的物理力学品质等方面控制不严,填料中含有有机植物根茎及腐蚀性耕植土的现象较为普遍(图4-3-10)。山区路基填土多为土石混合

料,对路表水和地下水有一定渗透能力,填料中细颗粒材料通常占很大比重,渗水时易发生淘蚀(图4-3-11)。

图4-3-10　填料中含有有机植物根茎　　　　　　图4-3-11　填料中含有巨大的石块

④排水设施不完善,设施布置不合理,导致地表水下渗,形成滞水、积水和渗水(图4-3-12)。路基土受水浸泡而湿软,强度急剧下降。另外,山区暴雨可能造成坡体发生很小的坍塌,淤塞道路内侧边沟,养护不及时可导致路基上侧雨水漫过路面,雨水可能从路面渗入路基。若路面已经开裂,雨水自裂缝进入路基,加剧裂缝扩张并导致路基强度下降。

图4-3-12　边沟淤塞引起的路表雨水漫流

因此,当地基地形条件和地质条件不佳时,拓宽路基容易出现和一般新建路基相同的稳定性问题,这些均可以通过详尽的地质勘查、认真设计和严格施工避免。拓宽路基稳定性的特殊影响因素是新老路基之间的结合强度,它和老路边坡及原路表的处理、台阶的开挖、加筋的设计和施工、排水设施设计和养护的完善、填土的质量均有关系。

2. 不协调变形

新老路基不协调变形以不均匀沉降为主,是地基及路堤沉降和压缩变形的空间差异在路基顶面的反映,包括道路纵向不协调变形和横向不协调变形。这里主要指横向不协调变形。

路面损坏是拓宽路面最常见病害,拓宽路基造成的不协调变形是路面损坏最主要的原因。

(1)拓宽路堤和一般新建路堤一样,横断面由于填土高度不同会发生不协调变形

(图4-3-13)。由于新建路堤和拓宽路堤均设置边坡,横断面存在自重荷载的变化,导致路堤自身压缩变形和地基固结变形产生的沉降在横断面上分布不均。这种不协调变形在路堤较高或者地基软弱时比较突出,反映到路面结构上,可导致路面结构的损坏。

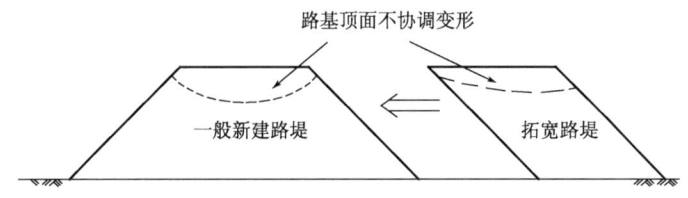

图4-3-13　由于横断面填土高度不同引起的不协调变形

(2)由于新老路基修建历史、填料和压实度的差异在新老路基顶面产生不协调变形。路堤在自身荷载作用下会发生压缩变形,老路基已经通车运行一段时间,在老路基荷载作用下的压缩变形已经完成,而新填路堤在施工结束后仍发生部分压缩变形。另外,山区公路拓宽改建通常受地形限制,拓宽幅度多则3～4m,少则1～2m。陡峭地形外侧拓宽的路段,填方高度可达加宽宽度的数倍(图4-3-14)。由于新路基拓宽宽度不大,但路堤填筑深度较大,填筑体形状成狭长形,当地称"一把刀"。路基填方施工时大型压实机具很难发挥作用,压实难度较大。目前规范对山区道路土石混填路基的压实度检测方法还不成熟,仍处于经验判定的水平,因此施工时压实度通常难以控制,主观随意性较大。而较低的压实度不仅使路基自身的压缩变形增加,而且使行车荷载作用下的路基塑性累积变形大大增加。

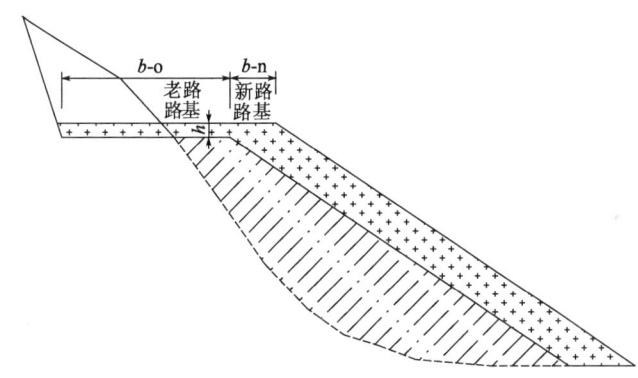

图4-3-14　受地形限制的山区路基拓宽难以确保压实度

(3)由于拓宽路基荷载通过老路边坡传递到老路路基上,使老路路基顶面发生不协调变形。老路路基自身荷载产生的地基固结变形也渐趋完成,该固结变形已经在老路路基顶面产生不协调变形(图4-3-15),使老路路面内部已存在一定的附加应力。拓宽路堤荷载通过老路边坡传递到老路路基,距拓宽路基近的老路路基顶面发生较大的沉降,距拓宽路基远的老路路基顶面发生较小的沉降,故老路路基顶面又产生了新的不协调变形。而在老路路面设计中没有考虑这一部分不协调变形所造成的路面结构附加应力,老路路面结构有可能发生损坏。

(4)由于新老路基结合部强度不足,拓宽路基沿结合面发生滑移(图4-3-16),在新老路基结合部产生错台。错台的出现导致路面支撑的减弱,继而发生唧泥和脱空扩张,最终导致半刚性基层或者水泥混凝土板断裂。

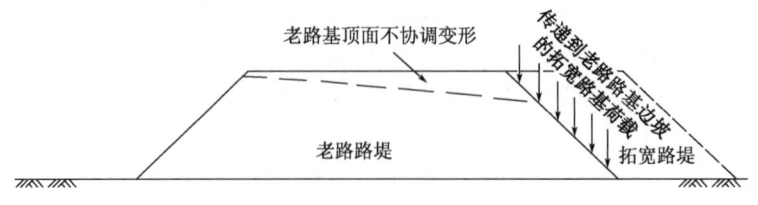

图 4-3-15 拓宽路基在老路基顶面产生的不协调变形

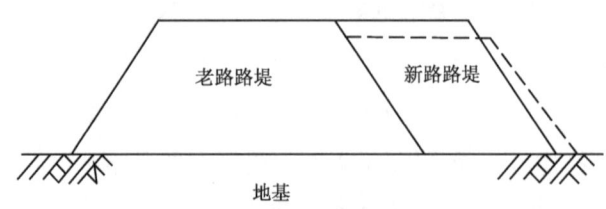

图 4-3-16 拓宽路基滑移产生的不协调变形

同新建路基一样,由于填土高度不同,拓宽路基也会在横断面上出现不协调变形。对于拓宽路基,其产生不协调变形的其他因素也是非常重要的因素,还包括修建历史、填料质量、压实度的差异,拓宽路基致使老路路基发生的二次沉降,新老路基之间的错动滑移等。

公路改扩建工程涉及线形调整和路基拓宽问题,由于路基拓宽引起的路基路面变形、开裂甚至滑移在实际工程中颇为常见。一般路基拓宽设计需通过明确路基拓宽的主要工程问题,选择合适的拓宽方式,并形成通用的设计方法,提出有效的拓宽处治措施,方可保证路基拓宽工程的顺利实施。

第二节 路基拓宽设计方法

对于新建道路,要求路基整体稳定、变形小。假设路基整体均匀,在沥青路面结构设计中,只需用回弹模量表征路基性能,需要验算的则是路面结构在标准轴载作用下的路表弯沉和结构层底面弯拉应力。对于拓宽道路,当然也要求路堤整体稳定,但由于新老路基在建设时期、地基条件、地形条件、填料和压实度等方面的差异,两者的不协调变形往往不可避免。新老路基的不协调变形使得新、老路面结构在行车荷载作用下既承受荷载应力,又承受结构附加应力,从而有别于新建道路。因此,路基拓宽设计方法应当基于新老路基不协调变形的控制。

路基拓宽设计的极限状态取决于拓宽道路的损坏模式,而新老路基的不协调变形的计算及与之相应的指标则是建立路基拓宽设计的核心。设计方法首先假定拓宽路基是稳定的,并且对与一般新建道路相同的设计计算内容不做讨论。

一、路基拓宽不协调变形的特征

1. 新老路基不协调变形的组成

按照沉降形成的原因来分类,新老路基不协调变形主要由3个方面组成:

(1)新老路基的自身压缩变形

这一部分变形在西部山区的高路堤拓宽中显得尤为突出。主要原因是填土的压实度不足、填石路堤咬合状态不好而发生滑移或者是路堤采用了压缩性大而固结时间长的黏土(图4-3-17)。由于老路路基已经使用一段时间,在自身荷载作用下的压缩变形已基本完成,而新路路基在拓宽施工结束后仍发生较大的压缩变形,所以在地质条件良好,路基自身压缩变形占主导地位时,新路路基的不协调变形将导致拓宽部分路面的损坏。

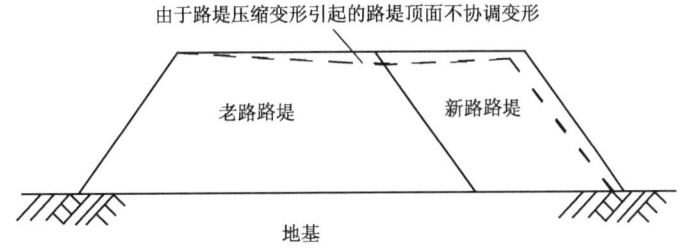

图4-3-17 新老路堤自身压缩和固结变形引起的不协调变形

(2)新路路基作用下地基的固结沉降

这一部分变形在地基下卧层土质条件较差的路段比较突出,土体压缩性大、固结时间长,在施工结束后仍然发生很大的沉降,而老路路基作用下的地基在老路路堤自重荷载作用下固结变形已完成或基本完成,在新路路堤自重荷载作用下地表发生不协调变形,并最终反映到路堤顶面,造成路面结构的损坏(图4-3-18)。所以,当地质条件不佳,地基的固结变形在不协调变形中占主导地位时,老路路基远离拓宽路基部分产生的沉降较小,靠近拓宽路基部分产生的沉降较大,从而在老路路基顶面产生不协调变形,导致老路面的损坏、开裂。

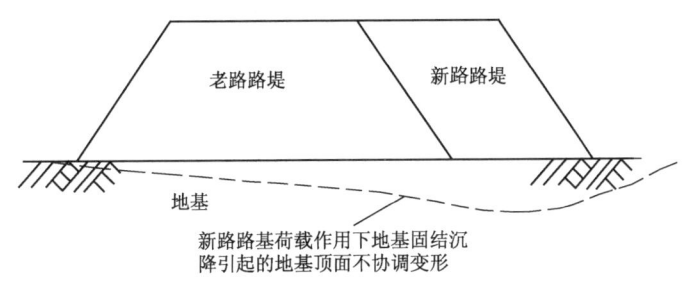

图4-3-18 由于地基固结变形引起的不协调变形

(3)新老路基结合部结合强度不足,会造成新路路基沿结合面的蠕滑或滑移,这种情况不仅产生差异不协调变形,甚至可能发生错台及整体失稳,如图4-3-18所示。这种不协调变形将导致新老路基结合部附近的路面损坏、开裂。

所以,在不同工程特点和地基地质条件下,拓宽工程出现的新老路基不协调变形产生的主要组成机理不同,反映到路面结构上的损坏部位也不同,设计和施工时要有针对性地采用处理措施。

2.新老路基不协调变形的基本特征

某一填高8m,老路顶面宽10m的路基,单侧拓宽10m,边坡1∶1.5,地基计算深度为30m,拓宽后路堤底面宽度为44m,则地基计算宽度为140m,大于3倍基础宽度。对其进行不协调变形分析。

如果原有路面不继续利用,则新老路基顶面的不协调变形均为工后沉降,其不协调变形曲线如图4-3-19所示。

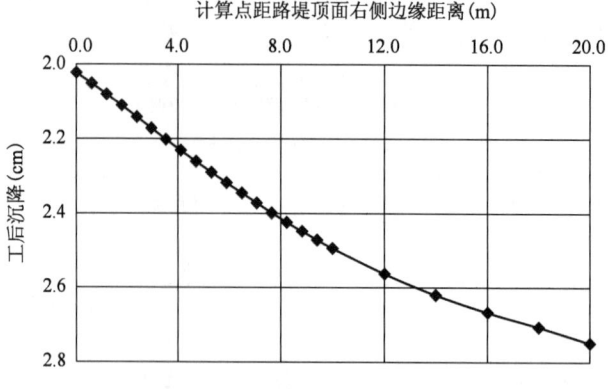

图 4-3-19 路堤顶面工后沉降曲线

如果原有路面继续利用，则老路路基顶面的不协调变形为老路路基发生的总沉降，而新路路基的不协调变形则为新路路基发生的工后沉降，分别如图 4-3-20、图 4-3-21 所示。

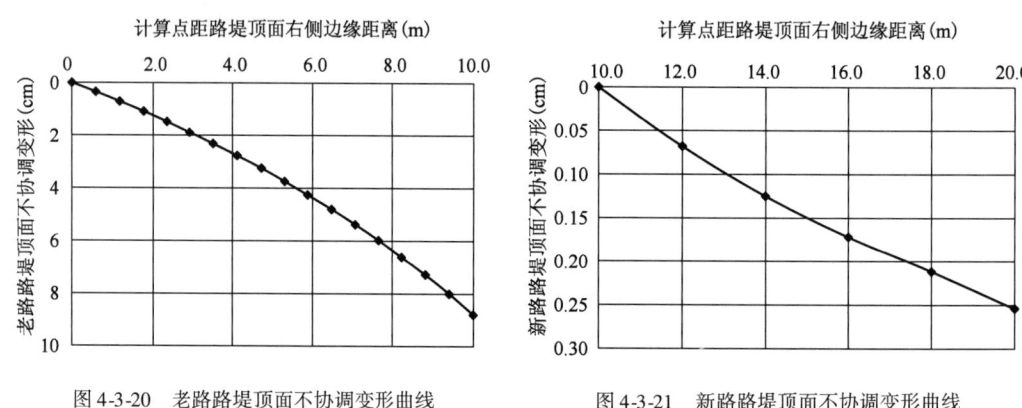

图 4-3-20 老路路堤顶面不协调变形曲线　　　图 4-3-21 新路路堤顶面不协调变形曲线

可见，新老路堤的不协调变形曲线形态是不同的。如果新老路面之间完全分离，即在新老路面之间设置分隔带，则新老路面可视为两个独立的路面结构，其对不协调变形的响应也可分别进行分析。此时，老路路堤的不协调变形呈上凸状，其在路面中产生的应力状态应该为基层和面层顶面受拉；新路路堤的不协调变形呈下凹状，其在路面中产生的应力状态应该为基层和面层底面受拉。所以，道路拓宽工程中新老路面都可能产生破坏，拓宽工程的设计和施工需要以变形协调为出发点，尽量减小新老路基各自发生的不协调变形。

如果新老路面完全连续，即在施工中对老路面进行部分台阶状开挖并保证拓宽路面和原有路面的结合，则新老路面应视为一个整体路面结构，其对不协调变形的响应应该进行整体分析。不协调变形的变坡率可能在新老路基部位发生突变，即使对老路路面进行部分开挖，在较小的范围内变坡率仍将发生很大的变化，由力学分析可知在此部位可产生巨大的应力集中，从而导致路面的开裂。所以，需要对原有路面和老路边坡进行开挖，并铺设土工格栅，提高新老路基的整体性，保证新老路基、路面施工后变形的光滑连续。

通过对不协调变形的各种因素进行系统分析，可以总结出不协调变形的一些总体特征。

(1) 填方拓宽工程中，老路路基在新路路基荷载作用下，远离拓宽路基的部分沉降较小，靠近拓宽路基的部分沉降较大，且不协调变形的变坡率也呈同样趋势。

(2) 新老路基不协调变形随着拓宽宽度的增大而增大，当拓宽宽度超出老路路基坡脚范围时,不协调变形在达到最大值后逐渐减小,从而呈现出一定的盆形反坡。

(3)老路路堤的不协调变形呈上凸状,新路路堤的不协调变形呈下凹状,路基顶面的不协调变形总体呈"～"形。

(4)由于新路路基在施工期间的沉降可以通过施工回填来弥补,而当直接利用老路路面时,老路路基在施工期间的沉降直接反映到老路路面底面;另外新路路基在施工后会发生工后压密变形,故新老路基结合部附近会出现变坡率的突变。

(5)较单侧拓宽而言,采用双侧拓宽能够将拓宽路堤的自重荷载分配到老路路堤两侧,极大地减小新老路基不协调变形量。

3. 拓宽路基中存在的误区考虑

(1)老路路基是否发生变形

有不少分析将老路路基或者老路路面结构假定为固定边界,只分析新路路基的变形,将此变形作为拓宽所产生的差异沉降。事实上,新路路基荷载施加以后,可以通过老路边坡将部分荷载传递给老路路基,从而使老路路基及老路路基以下的地基发生压缩变形和固结变形(图4-3-22);另外,当新路路基发生沉降以后,通过界面间的负摩阻力促使老路路基也发生变形(图4-3-23)。并且,在现场调研中发现,拓宽工程中很多路面病害发生在老路部分,其原因就是由于拓宽路基的自重荷载导致了老路路基顶面发生了不协调变形。所以,在分析中将老路路基视为固定边界条件,忽视老路路基在新路路基荷载作用下的变形,就不能正确、合理地分析新老路基不协调变形的组成、大小和形态分布。

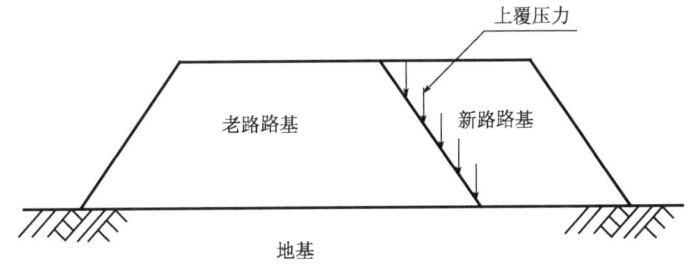

图4-3-22 新路路堤自重荷载对老路路堤形成的上覆压力

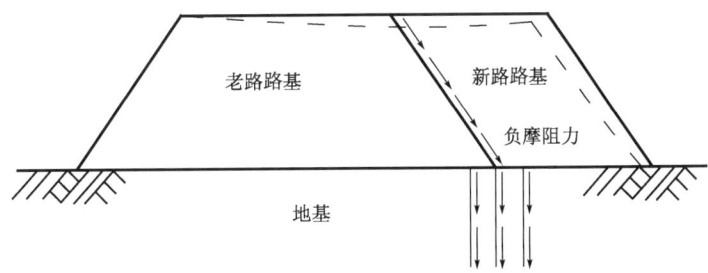

图4-3-23 新路路堤沉降变形对老路路堤形成的负摩阻力

(2)新路路基荷载作用下发生的变形是否为不协调变形

很多分析将新路路基荷载作用下的变形直接作为不协调变形,并以此不协调变形作为最终的控制指标。但是在施工过程中,新路路堤的瞬时压缩变形和部分固结变形已经完成,而这一部分变形造成的沉降可以通过施工补填来恢复,只有施工结束后的变形才最终形成了对路面结构产生影响的不协调变形。

对于老路路堤,如果在原有路面结构上加铺新的路面结构,可以通过底基层或垫层找平来弥补施工期间的沉降;如果继续利用原有路面结构,则不能通过回填来减小施工期间发生的沉降,最终反映到路面结构部分的不协调变形是老路路堤在施工期间和施工结束后发生的总沉降。实际拓宽工程中,为发挥原有路面的使用寿命、节约工程投资,常采用利用原路面结构的方案;若原路面结构损坏严重或路面等级较低,则需要在原路面结构上加铺新的路面结构。所以,老路路基顶面的不协调变形计算需要在分析中按照原有路面的利用情况区别对待。

二、路基拓宽的损坏模式和设计状态

拓宽道路特有的结构性损坏模式主要包括新老路基结合部剪切开裂、新老路面结合部弯拉开裂、老路路基层顶面开裂、新路和老路基层底面开裂等四种破坏模式,对应四种设计状态。

1. 新老路基结合部剪切开裂

如图 4-3-24 所示,其形成机理通常与各种原因引起的新老路基结合面滑移有关。与这类损坏模式相对应的设计状态为:结合面上的剪应力 > 结合面抗剪强度。

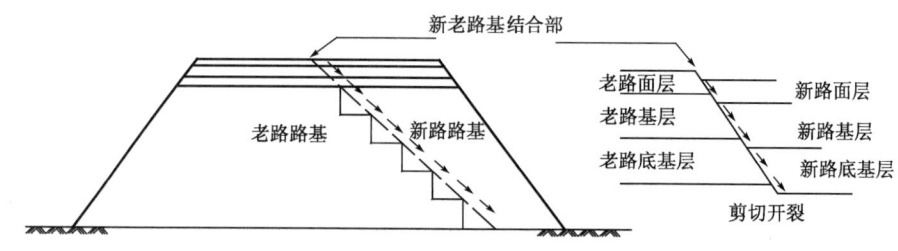

图 4-3-24 路基结合部剪切开裂模式

2. 新老路面结合部弯拉开裂

如图 4-3-25 所示,其形成机理为新老路基顶面不协调变形呈"~"形,在新老路面结合部产生不协调变形变坡率的变化,从而在新老路面结合部的基层顶面或底面产生附加弯拉应力,当附加应力超过基层弯拉强度时,即造成结合部基层顶面或底面的拉裂。与这类损坏模式相对应的设计状态即:不协调变形引起的结合部路面基层顶面结构附加应力 > 结合部路面基层弯拉强度(基层顶面受拉);不协调变形引起的结构底面附加应力 + 结构底面荷载应力 > 基层弯拉强度(基层底面受拉)。

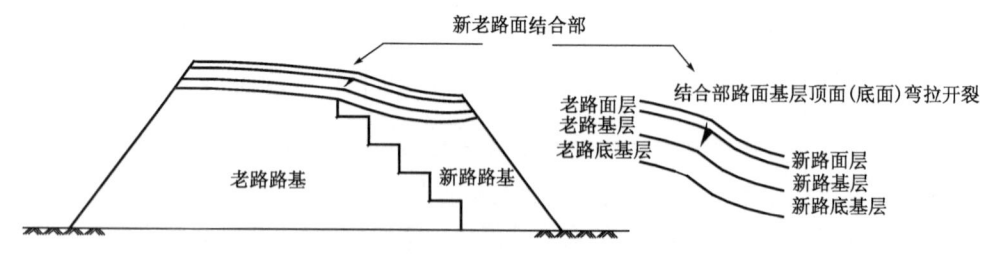

图 4-3-25 新老路面结合部弯拉开裂

3. 老路基层顶面开裂

如图 4-3-26 所示,其形成机理为拓宽路基在老路基顶面形成上凸形不协调变形,从而在老路基层顶面产生附加弯拉应力,当附加应力超过基层弯拉强度时,即造成基层顶面的拉裂。与这类损坏模式相对应的设计状态即:路基变形引起的老路基层顶面结构附加应力 > 老路基层弯拉强度。

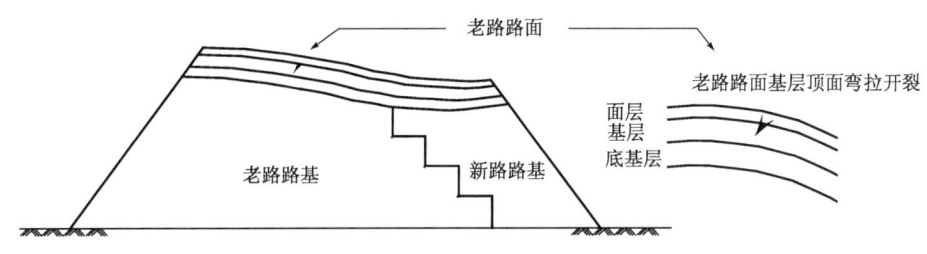

图 4-3-26　基层顶面开裂模式

4. 新(老)路基层底面开裂

如图 4-3-27 所示,其形成机理为新(老)路基顶面形成下凹形不协调变形,在新(老)路基层底面产生结构附加应力,当该附加应力和行车荷载在基层底面产生的荷载应力叠加后超过基层弯拉强度时,即造成基层底面的拉裂。与这类损坏模式相对应的设计状态为:结构底面附加应力 + 结构底面荷载应力 > 基层弯拉强度。

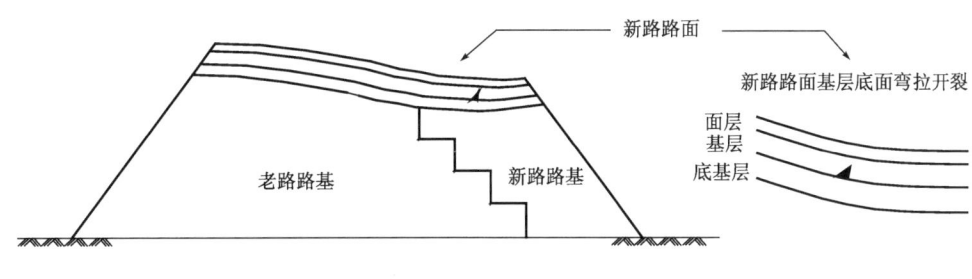

图 4-3-27　基层底面开裂模式

三、路基拓宽的设计指标和设计流程

1. 设计指标

表征路基拓宽引起的不协调变形的指标是新老路基顶面的"变坡率",即在设计使用年限内,路基顶面单位宽度内的横向坡度改变量。变坡率可以通过不协调变形进行计算,而且控制了路基顶面的变坡率即控制了路面结构的附加应力。因此,可以选择"变坡率"作为路基拓宽设计的指标。

2. 设计标准

以基层开裂为控制状态时,路基顶面变坡率的控制标准与老路路面结构是否利用以及新老路面结合状态有关。对于典型高等级沥青路面结构,变坡率设计标准见表 4-3-1,其他各项设计指标和标准与新建沥青路面相同。

路基拓宽的变坡率设计标准 表 4-3-1

老路路面结构利用情况	新老路面结合状态	路基顶面变坡率设计标准(%)	
		老路路基	新路路基
不利用	—	0.4	0.4
利用	分离	1.5	0.5
	结合	1.5	0.5
		$-0.18 \leqslant$ 新老路基变坡率差值 $\leqslant 0.43$	

注：仅针对高等级半刚性基层沥青路面。

3. 设计流程和步骤

路基拓宽的设计重点在于两个方面：其一，路基不协调变形和路面结构力学响应的计算以及变坡率标准的确定；其二，当稳定性验算或路面结构力学响应验算通不过时，如何进行路基拓宽处治措施和处置设计的选择。对于前者，不同路面结构对于不协调变形的响应不同，但可根据路面结构的弯拉强度进行变坡率标准的确定，也可以通过对典型路面结构进行系统分析，提出典型路面结构的设计标准，为大规模的工程设计提供参考。对于后者，则需要根据实际拓宽工程的特点、不协调变形的形成机理以及各项措施的适用条件进行选择，路基拓宽的设计流程如图 4-3-28 所示。

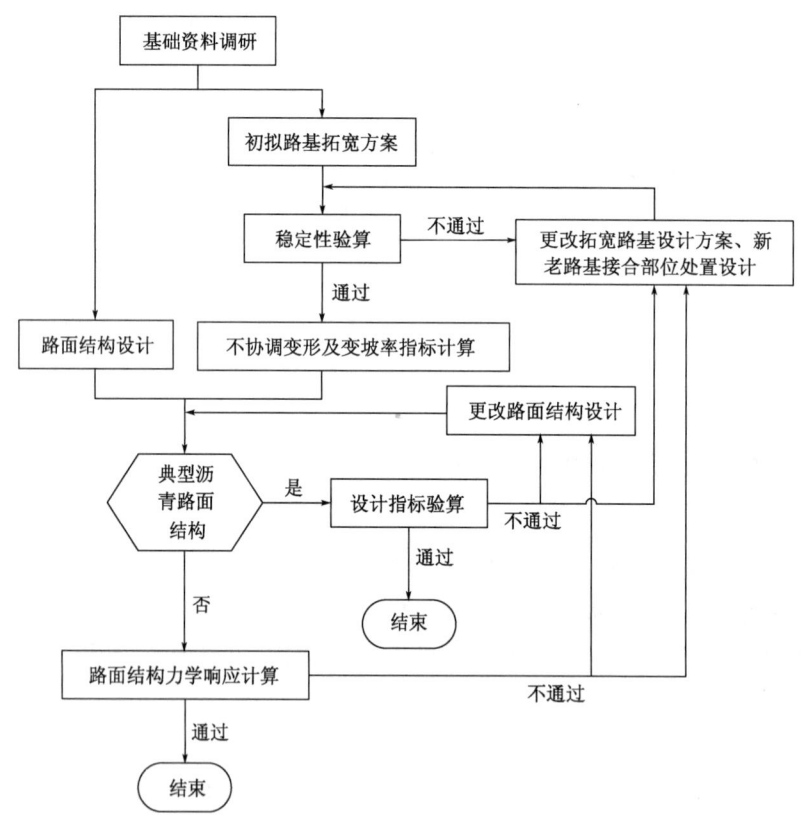

图 4-3-28 设计流程图

路基拓宽的设计步骤：

（1）交通量调查分析。通过交通量调查分析设计使用年限内年交通量平均增长和标准轴载作用次数。

（2）地质水文调查分析。对旧路所经地段重新进行水文、地质调查，尤其是旧路上经常出现损坏的地段（如软基、水毁、滑坡、塌方等地段）。

（3）旧路状况调查。调查旧路面的弯沉值、基层强度以及破损状况，对其剩余强度进行评估，并进行必要的补强。如果旧路路面状况良好，可以继续使用。

（4）在前几项工作的基础上，划分设计路段，并选定相应的路基拓宽方式和尺寸。

（5）选定横断面形式，并确定拓宽路基的三要素：宽度、高度（设计高程）、边坡坡度。

（6）进行结合部的处治设计，并对新填路基的稳定性与路基的整体稳定性进行验算。

（7）对软弱地基还应进行地基处理设计。

（8）运用有限元方法进行路基顶面的不协调变形分析，确保新老路基顶面的变坡率控制在容许范围内。如果不协调变形满足变坡率要求，则应在此基础上进行路面结构设计，并分析路面结构对不协调变形的力学响应。

（9）结合原有路基、路面排水系统进行排水设计。

第三节 路基拓宽处治措施

一、处治技术原则与分类

1. 处治技术原则

新老路基结合部处治的根本目的就是在保证路基稳定的前提下，控制路基的不协调变形。不同条件下，新老路基不协调变形的组成不同，因而新老路基结合部的处治技术应当根据具体工程特点和各项措施的适用条件进行选择。

2. 处治技术分类

按照处治措施的部位和处治机理来划分，可以将不协调变形的控制技术划分为四大类：路面内部处治、路基内部处治、外部处治和综合处治（表4-3-2）。

新老路基结合部处治技术的初步分类 表4-3-2

新老路基结合部处治技术	路面内部处治	增加厚度
		提高抗变形能力（加筋、设置网片等）
	路基内部处治	结合面处理
		填料及压实控制
		路基加筋
	外部处治	轻质路堤
		地基处理
	综合处治	支挡结构
		设置分隔带
		完善排水系统
		过渡性路面
		内、外部综合处治

如果按新老路基结合部不协调变形的主要来源,可将处治技术分为:针对新老路基结合部不良地质条件的地基处理技术;针对新老路基结合强度不足的老路边坡处理和结合部的加筋技术;针对路基自身的压缩变形过大的控制路基填料和压实度、采用轻质路基等措施。若新老路基结合部的不协调变形由上述因素共同组成,则应采取综合处治技术(表4-3-3)。

针对不协调变形来源的处治技术及适用条件　　　　表4-3-3

新老路基结合部不协调变形的主要来源	结合部位处治技术	适 用 条 件
新路路基作用下地基的固结沉降	采取换填、抛石挤淤、复合地基、排水固结法处理结合部地基	不良地质条件下的路基拓宽、高填路堤等
新老路基结合部结合强度不足	老路边坡覆土处理、台阶开挖、结合部位设置土工格栅等	老路边坡土受自然风化等作用强度较低,新老路基拼接困难
新老路基的自身压缩变形	优选新路基填料,提高压实度,新路基采用二灰、EPS轻质路堤	地质条件较好的路基拓宽
上述几种因素的组成	上述处治技术综合使用,同时考虑设置挡墙、路面辅助处置技术和完善排水系统等	各种不良地基、路基以及结合面条件

实际拓宽改建工程中,常常根据具体的工程特点,因地制宜地选用不同的处治方式,有时多种处治技术综合使用。旧路的拓宽改建中,新老路基结合部处治技术的设计和施工是整个改建工程中一个非常重要的环节。因此,在实际拓宽改建工程中,需要精心设计,精心施工,确保工程质量。

二、一般路基拓宽处治技术

1. 新老路基结合面处治

新老路基结合不良可导致新老路基产生不协调变形,引起路基、路面的开裂和错台,甚至导致新路路基的整体失稳。所以,拓宽工程中必须采取处治措施保证新老路基结合面的良好结合。

新老路基结合面的处治措施包括:

(1)拓宽部分的原地面处理

在进行拓宽路基的施工前,需要清除原地面上的植被、树根以及表层富含有机质的腐殖土。因为若直接进行路基填筑,这些有机质植被、树根日后腐烂消解后,一则在交界面形成空隙而产生沉降;二则污染周围填料(软化土体强度),使周围形成一潜在的危险滑裂面,最终导致路堤失稳。

(2)老路路基边坡覆土处理

老路与新路交界的边坡坡面在0.3m左右厚度内以及外侧路肩0.5m范围内应挖除换填。因为该处由于长期暴露在大气中,受到干湿循环、水流冲刷、大气侵蚀等气候影响,加上该处老路施工时压实机具无法压到,外侧又没有侧限效应,路基压实度要明显差于其他部位。由于该交界面属于薄弱界面,路基整体抗变形能力下降,路基变形增加,导致新老路基结合不良。

(3)老路路基边坡的台阶开挖

路基拓宽工程中,为改善拓宽路基的稳定性,需要在老路路基边坡上进行台阶开挖,放缓横坡以减小滑动力。老路路基边坡开挖台阶便于新路路基压实,防止因为结合部新路基填土的压实度不够而造成的结合部强度不足。

目前部分拓宽工程设计常要求在交界面整个范围内布设台阶,高宽比在1:2左右。若施工时完全从坡底按此要求实施,台阶面将深入到老路路面的中心,也就意味着台阶的挖设可能将大部分老路路面甚至全部老路路面挖除,大大增加了土石方工程量,从而使工程投资大大增加。所以,在保证拓宽路基稳定性要求的前提下应兼顾节约投资,建议台阶高宽比设置原则见表4-3-4。台阶开挖高度在0.6~1m左右,细粒土填料取下限,巨粒土和土石混填可取上限,填石路基可取1.2~1.5m。

台阶高宽比和台阶设置原则　　　　　　表4-3-4

原(老路路基)边坡	1:1	1:1.25	1:1.5
开挖台阶坡度	1:1~1:1.25	1:1.25~1:1.5	1:1.5~1:1.75

2.拓宽路基填料及压实度控制

(1)拓宽路基填料要求

①在一般情况下,新路路基填料宜与老路路基填料相同,或者选用透水性较好、不易风化的砂、砂砾、碎石等材料。

②不得使用淤泥、沼泽土、冻土、有机土、含草皮土、生活垃圾、树根和腐殖土等。液限大于50、塑性指数大于26的土以及含水率超过规定的土,不得直接作为新路路堤的填料。需要使用时,必须采取满足设计要求的技术措施处治,经检查合格后方可使用。

③新路路基的填料需满足一定的强度要求,应经野外取土试验,考虑工程的特殊性,新路路基土的强度要求相对新建路基适当提高,其CBR值应满足表4-3-5的规定。

路堤填料最小承载比要求　　　　　　表4-3-5

路基部位		路面底面以下深度(m)	填料最小承载比(CBR)(%)		
			高速公路、一级公路	二级公路	三级、四级公路
上路堤	轻、中等及重交通	0.8~1.5	4	3	3
	特重、极重交通	1.2~1.9	4	3	—
下路堤	轻、中等及重交通	1.5以下	3	2	2
	特重、极重交通	1.9以下			

注:1.当路基填料CBR值达不到表中要求时,可掺石灰或其他稳定材料处理。
　　2.当三级、四级公路铺筑沥青混凝土和水泥混凝土路面时,应采用二级公路的规定。

④因地制宜选择新路路基填料

在具体工程中,可以根据实际情况,在满足设计和规范要求的前提下,从就地取材方面考虑选择新路路基的最佳填料。例如,当拓宽路基需要半填半挖时,可以一侧路堑挖出的适用材料作为另一侧路堤的填料,在平原地区多采用一般性填土,但个别路段填方较小但属薄弱环节的区域,仍应考虑选用上述优质填料进行填筑。在路段通过丘陵、山区的石方或洪积土地带时,新路路基修筑可以使用碎石(砾石)、块石(漂石)作为填料。当新路路基填方较高、要求路基自重较小时,可采用二灰、EPS轻质材料。

⑤填石路基

拓宽路基采用石料作为填料时,石料的粒径及级配在开采料场控制,施工单位根据现场情况采用洞室松动爆破、光面爆破或小型爆破,要求填石料级配良好,符合以下指标:石料的强度不应小于15MPa,最大粒径小于30cm,且不宜超过层厚的2/3,不均匀系数 $C_u > 5$($C_u = d_{60}/d_{10}$),曲率系数 $C_c = 1 \sim 3$[$C_c = (d_{30})^2/(d_{10} \times d_{60})$]。

利用强风化石料或软质岩石填筑路堤,当用夯锤压实时,石料可能被碾压成碎屑、碎粒,这类石料应按土质路堤施工要求检验其强度值和CBR值是否符合要求,CBR值不符合要求时不得使用,符合使用要求时应按土质筑堤的技术要求施工。

⑥土石路基

新路路基采用土石混填时,土石混合料中所含石料强度大于20MPa时,石块最大粒径不得超过压实层厚度的2/3;当所有石料为软质岩时(强度小于15MPa),石料最大粒径不得超过压实层厚度。石料形状以圆形、椭圆形为佳,针片状石块含量需进行控制。

(2)压实标准的检测和控制

①新路路基采用土质填料时,压实度可以采取灌砂法、环刀法、蜡封法、灌水法(水袋法)或核子仪法。采用核子仪法时,应先进行标定和对比试验。土石路堤的压实度可采用灌砂法或水袋法检测。

②对于新填路基的基底,也应在填筑前进行压实,且基底的压实度不应小于87%,当新填路基填土高度小于路床厚度(80cm)时,基底的压实度不宜小于路床的压实度标准。

③拓宽路基的压实度可采取较之高一等级公路路基的压实度,对于土质新路路基(含土石新路路基)的压实度应不低于表4-3-6和表4-3-7公路路基压实度标准。

路床压实度要求 表4-3-6

路基部位		路面底面以下深度(m)	路床压实度(%)		
			高速公路、一级公路	二级公路	三级、四级公路
上路床		0~0.3	≥96	≥95	≥94
下路床	轻、中等及重交通	0.3~0.8	≥96	≥95	≥94
	特重、极重交通	0.3~1.2	≥96	≥95	—

注:1.表中所列压实度系按现行《公路土工试验规程》(JTG E40)重型击实试验所得最大干密度求得的压实度。

2.三级、四级公路铺筑沥青混凝土和水泥混凝土路面时,其压实度应采用二级公路压实度标准。

路堤压实度 表4-3-7

路基部位		路面底面以下深度(m)	压实度(%)		
			高速公路、一级公路	二级公路	三级、四级公路
上路堤	轻、中等及重交通	0.8~1.5	≥94	≥94	≥93
	特重、极重交通	1.2~1.9	≥94	≥94	—
下路堤	轻、中等及重交通	1.5以下	≥93	≥92	≥90
	特重、极重交通	1.9以下			

注:1.表中压实度系按现行《公路土工试验规程》(JTG E40)重型击实试验法求得的最大干密度的压实度。

2.当三级、四级公路铺筑沥青混凝土和水泥混凝土路面时,应采用二级公路的规定值。

3.路堤采用粉煤灰、工业废渣等特殊填料,或处于特殊干旱或特殊潮湿地区时,在保证路基强度和回弹模量要求的前提下,通过试验论证,压实度标准可降低1~2个百分点。

④土质路床顶面压实后还应进行弯沉检验,路床顶面的压实度和弯沉值均应满足要求。如仅有一项不满足要求,应查找原因并予以处理。

⑤填石路基压实标准见表4-3-8。

填石路堤的压实标准　　　　　表4-3-8

路堤顶面以下深度(cm)	重型击实压实度(%)	路堤顶面以下深度(cm)	重型击实压实度(%)
0~150	95	>150	93

⑥新老路基的模量比应控制在1.2~2.0。

3. 路基加筋

土工格栅应水平铺至新老路基结合部两侧一定的范围内,一端应伸入老路路基整个台阶宽度,另一端在新路路基中的铺设长度应达到车道线外缘,且尽可能每一台阶铺设一层。在投资不允许的情况下,应至少在拓宽范围的原地面铺设一层,且铺设层数不少于三层(图4-3-29)。为防止土工格栅产生蠕变,其设计应变(延伸率)应控制在10%以下。

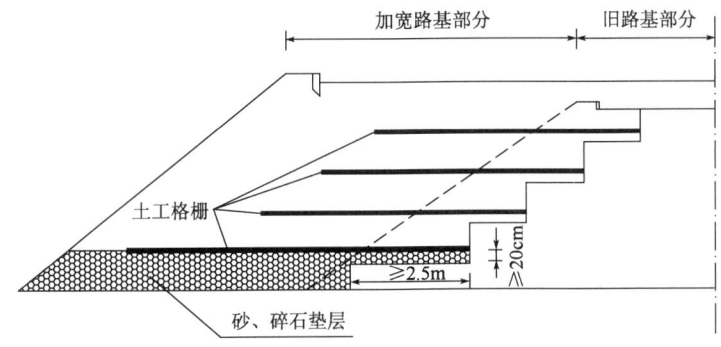

图4-3-29　新老路基结合部处治示意图

进行新老路基结合部加筋处治方法设计、施工必须注意下述几点:

(1)当施工场地开阔平坦、坡脚无冲刷时,应清除地表杂草及植物根茎,低洼积水地段,还应进行排水清淤,然后整平老路坡脚地面。

(2)老路路基边坡应自下而上开挖不小于1.0m宽的边坡台阶,且最下层台阶宜大于2.5m,在地基表层直接铺设垫层,垫层材料宜选用砂砾、碎石等透水性好的材料,粒径在3~6cm,且最下层土工格栅的垫层不小于0.2m,垫层含泥量不大于5%。

(3)土工格栅铺于垫层中,垫层应整平,土工格栅需紧贴垫层,并使土工格栅强度高的方向垂直于路基轴线方向,且应一次铺设足够的长度,不宜缝接和搭接。土工格栅的铺设过程中不得使其出现扭曲、折皱、重叠,并要特别注意应避免过量拉伸,以避免超过其强度和变形极限而产生破坏或撕裂、局部破顶等。

(4)沿路基轴线方向,土工格栅之间采用搭接法时搭接宽度一般为0.3~0.5m,若周边用"U"形柱钉控制时,搭接长度可为0.1m;当采用尼龙线或涤纶线缝合时,一般采用工业缝纫机,缝接宽度应大于10cm,且缝线的强度不低于土工格栅的设计容许抗拉强度。

(5)土工格栅必须埋置于拓宽路基填料中,为防止土工格栅的土层表面坚硬凸出物穿破土工格栅,在距土工格栅层8cm以内的路基填料,其最大粒径不得大于6cm,现场施工中发现土工格栅有破损时必须立即修补好。

(6)为防止土工格栅受阳光紫外线的照射而老化,材料铺设好后应立即用土料填盖,时间间隔不得超过两天,土工格栅的存放以及铺设过程应尽量避免长时间曝晒或暴露。

(7)将新路路基填料覆盖在土工格栅上,松铺厚度不宜大于30cm,土工格栅上的第一层填土摊铺宜采用轻型推土机或前置式装载机,一切车辆、施工机械只允许沿路堤的轴线方向行驶。

(8)路基填料在最佳含水率时碾压至规定的压实度。碾压顺序应由拓宽路基的外侧向新老路基结合部碾压;第一层填料宜采用推土机或其他轻型压实机具进行压实,只有当已填筑压实厚度大于60cm,才能采用重型压实机械进行压实,且要求的压实度应满足设计要求。

4. 轻质路堤

由于软土地区地基的沉降是由于拓宽路堤的自重荷载产生的,并且这一部分沉降在不协调变形中占据主要部分,可以考虑采取减轻拓宽路堤自重荷载的方法来减小不协调变形,即拓宽路堤采用轻质路堤,如二灰、EPS等。另外,二灰、EPS等轻质材料具有一定的板体性,可以减小路堤堤身的压缩变形,从而减小工后不协调变形。

5. 地基处理

地基处理的方法有很多,如排水固结法、动力固结法、复合地基等。但大多数地基处理方法都会对老路路基产生较大的扰动和影响,尤其是堆载(或超载)预压、强夯等。相对而言,各种复合地基主要是通过竖向增强体来提高拓宽路基部分地基的承载力和压缩模量,施工过程中对老路路基的地基影响较小。因此,对路基拓宽工程比较适用。

复合地基方法包括挤密砂桩、碎石桩、石灰桩、粉喷桩、水泥搅拌桩等。

复合地基处治措施如图4-3-30所示。复合地基的设计过程如图4-3-31所示。

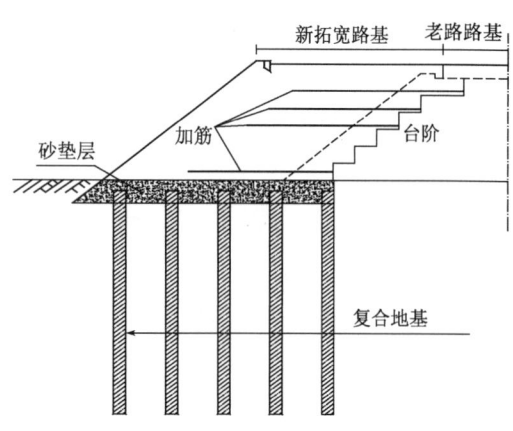

图4-3-30 复合地基处治措施示意图

6. 支挡结构

在如下情况下,拓宽路基需要设置支挡结构:

(1)拓宽路基的稳定性不满足要求,需要设置支挡结构提高其稳定性;

(2)拓宽路基高度太大,所产生的路基自身压缩变形或新老路基界面蠕滑变形过大,需要设置支挡结构以减小拓宽路基的填土自重;

(3)拓宽路基放坡困难,土石方量太大,需要设置支挡结构收缩边坡以节约造价。

拓宽路基的支挡结构设计、施工和一般支挡结构相比,其特殊性在于:

(1)稳定验算的滑裂面一般取新老路基的结合面,材料参数应取新填材料和界面材料中的低值;

(2)墙背后拓宽路基的回填压实是关键。

7. 路基路面综合处治技术

(1)新老路基结合部设置分隔带

由新老路基常见病害机理分析及不协调变形的特征可知,新老路基结合部易发生纵向开裂、错台，雨水由裂缝或错台处进入，更加剧了病害的扩展和发展。为了防止这些病害的发生，必须在新老路基结合部设计中进行大量的处治措施设计，从而增加了巨大的投资并增加了施工难度。所以在拓宽设计中，在线形允许的情况下，可以在新老路基结合部位设置分隔带（图4-3-32），即容许新老路基不协调变形引起的纵向开裂，甚至产生少量的错台。这样可以在保证拓宽道路正常使用的情况下，节约施工成本并降低施工难度。

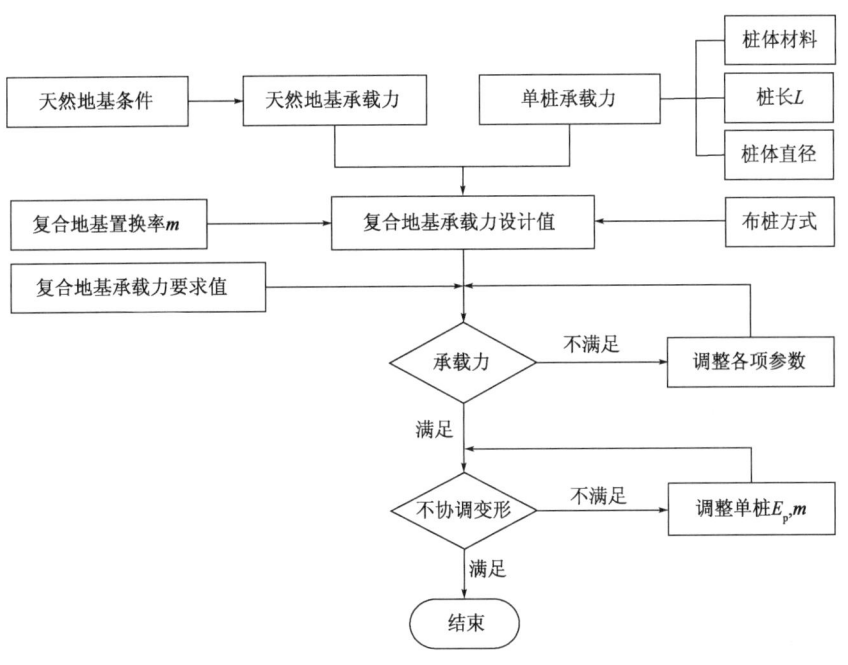

图4-3-31 复合地基处治方法设计过程

但是，在新老路基结合部设置分隔带时，必须做好分隔带的防、排水工作。若地表降水进入分隔带中的纵向裂缝，一是横向迁移进入新、老路基中，降低路基回弹模量；二是下渗进入新老路基结合面，降低其抗剪强度，增大蠕滑变形量。

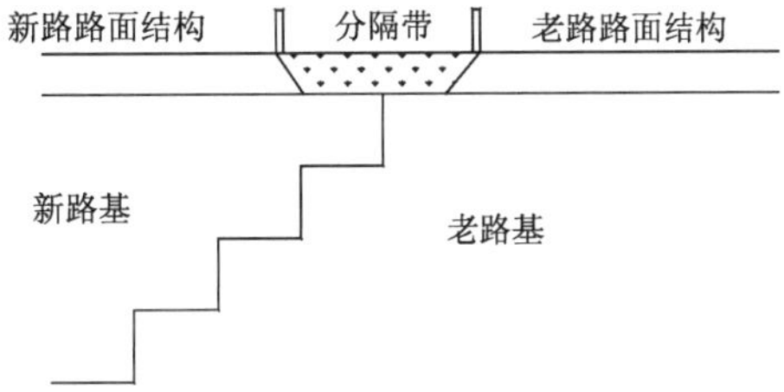

（2）路面加筋

在新老路基不协调变形的影响下，基层出现拉

图4-3-32 结合部设置分隔带示意图

应力，导致在基层底面或顶面出现裂缝。所以，当减小不协调变形的代价较高时，可以采用在基层底面铺设加筋材料，增强基层抵抗不协调变形的能力，起到分散应力、延缓开裂变形的作用，并提高路面结构对不协调变形的适应能力。

目前常用的沥青混凝土面层加筋材料通常为玻璃纤维格栅，新型的玻璃纤维格栅是由高模量的玻璃纤维胶线组成，上面涂有改性聚合物，背面有粘胶，并具有以下特性：

①高抗拉强度。高模量的玻璃纤维具有很大的强度质量比，在20℃时其弹性模量与沥青混凝土弹性模量比高达20∶1，玻璃纤维格栅可提供足够的刚度来改变裂缝方向。

②低延伸性。玻璃纤维格栅的应力-应变图实际上近似于一条垂直直线，这表明材料具有很高的抗变形能力，断裂时其延伸率<4%。此外，玻璃纤维不发生蠕变，保证了其长期性能。

③横断面积。横断面积 A 上材料的模量 E 是改变裂缝方向所需要的能量，研究表明，玻

璃纤维格栅能满足这种需要。

④与沥青混合料的相容性。特殊设计的聚合物涂层和沥青具有很高的相容性,每根纤维都完全涂裹,以保证在沥青混合料中不会滑动。

⑤高温稳定性。玻璃纤维的熔化点是1000℃,保证了其在高温摊铺时的稳定性。

⑥化学稳定性。特殊设计的聚合物涂层能够防止各种化学侵蚀。

⑦物理耐久性。经特殊设计的聚合物涂层能够防止各种物理磨蚀,耐腐蚀,膨胀系数低,尺寸稳定性好。另外,涂层后的玻璃纤维还能抵抗生物侵蚀、紫外光照射和气候变化。

⑧嵌锁和限制作用。沥青混凝土通过压实获得压缩强度,混合料中的集料必须经特殊选择,以保证在结构中起嵌锁和限制作用。黏稠沥青在结构中起胶结集料的作用。因为集料穿过玻璃纤维格栅结构,形成了一个复合的力学嵌锁体系,这种限制区域阻碍了集料运动,这样沥青混合料就可以得到更好的压实,获得更大的承载能力,并能提高传荷能力,减小变形。

若老路路面继续利用,其结构不做变更,新路路基顶面不协调变形表现为下凹的形态,基层底面受拉;若老路路面不继续利用,则整个路基顶面不协调变形仍表现为下凹的形态,基层底面受拉。所以,在老路拓宽路面加筋问题中,加筋需要解决的问题是减小基层底面的弯拉应力,此时玻璃纤维格栅的铺设位置应该靠近基层底面。

(3)过渡性路面

在路基拓宽工程中,若资金不是很充足,而需要采取的其他新老路基结合部处治措施又过于昂贵时,可以采用过渡性路面的方法。

该处治措施即在拓宽路基上铺筑过渡性路面(如简易的柔性路面或可拆移式的干砌砌块结构),允许拓宽路基发生不协调变形并在结合部附近产生路面损坏,待道路运营一段时间后,新路路基部分充分变形、稳定后再将临时性铺面挖除,铺筑最终的路面结构。

过渡性路面的铺设可以解决工程前期投资不足的问题,避免在减小不协调变形方面投入大量的资金,同时又能通过后期的维修保证日后拓宽道路的正常运行,施工程序简便,总体造价低,具有一定的优点。

但是,在过渡性路面开裂后,雨水沿裂隙下渗或横向迁移,降低新老路基抗变形能力,增大新老路基结合面蠕滑变形,恶化病害程度。过渡性路面的这些缺点对过渡性路面使用时的车辆运行有一定影响,还有可能增大后期的维修费用。目前在判定过渡性路面的使用期限方面(即何时维修)还没有明确的方法,所以过渡性路面在高等级道路拓宽中的应用有很大局限性。

(4)完善排水系统

拓宽路基没有完善的排水系统,将导致地表水下渗,形成滞水、积水和渗水,从而导致路基模量下降(抗变形能力下降)、新老路基结合界面结合强度下降(稳定性下降)以及坡面冲刷等。

在路基拓宽工程设计中,应妥善布置路基路面的防、排水系统,做到能将道路范围以外的水完全拦截在道路路基以外,路基内部的水通过路基内部的纵、横向盲沟系统,快速地汇集到两侧的集水沟中,再通过每隔一段距离(不大于500m)设置一个横向出水管道,将汇集到边沟的水及时排入附近的河流中。在新老路基结合部位置,若采取的措施不足以将差异沉降控制得足够小,则要求在新老路基结合部位置铺设一道隔水土工布,以防止日后差异沉降产生,路基路面一旦开裂,雨水直接渗入裂缝而加速路基和路面的破坏。

(5)内、外部综合处治

任何一种处治措施,其处治效果都有一定的局限性,因此在工程实际应用中,通常会结合工程实际情况,综合选用若干个处治措施。

第四节　特殊路基拓宽改建地基处理方法

由于公路工程的特殊性,在公路改扩建工程中,除了涉及一般路基结构的拓宽问题外,还有很多特殊路基也面临拓宽处治问题。对于特殊路基拓宽改建,应遵循以下基本原则:

(1)拓宽改建前应合理评价既有特殊路基的稳定与变形状态、处理措施的有效性及其改进措施。

(2)特殊路基改扩建设计方法需因地制宜分析特殊土质的工况特征,根据水位地质条件、路堤高度、填料性质等采用充分论证的设计指标和标准,完善设计方法。

(3)特殊路基拓宽改建设计时应充分考虑所采用的地基处理措施在施工中对既有路堤的影响。

(4)水文不良地段的既有路基,应结合路基路面拓宽改建设计,增设排水垫层或地下排水渗沟等。

本节主要介绍了软土地区和岩溶地区的拓宽路基的地基处理。

一、软土地基处理方法

就新建公路而言,对路面结构产生影响的变形主要是路面结构铺筑以后所产生的工后变形。因此,软土地基上高速公路一般路段的地基处理大多以提高稳定性和减小路基工后不均匀变形为目标。

目前常用的软土地基处理方法有堆载预压法、垫层与浅层处治、排水固结法、强夯法、复合桩基法、轻质路堤法等,见表4-3-9。

常用软土地基处理方法　　　　　　　　　表4-3-9

处理方案	作用机理	工程特性	适用范围	费用估算
堆载预压	利用土层固有排水通道,堆载加压,促使地基排水固结	施工工艺简单,工期长	路基稳定,总沉降量小,地基固结系数大的路段	30~50元/m³
垫层与浅层处治	用低压缩性、稳定性好的材料置换软弱土层,提高地基承载能力	施工简单,对浅层软土的处理,施工快,效果好	清淤回填,或表层软土厚度小于3.0m的路段	30~100元/m³
排水固结	利用横向和竖向排水体形成的排水体系,缩短地基土体的排水通道,加速软土排水固结,提高软土的强度	施工工艺较复杂,费用相对较低,施工工期长	路堤稳定,地基软土厚度大、固结系数小,施工过程需严格控制填土速率,对地基存在次固结沉降较大的泥炭、有机质黏土和高速性黏土慎用	80~150元/m²
强夯	利用冲击能量以波的形式改变土体的物理力学性质,增加地基稳定性,减少沉降,增强抗液化能力	施工工艺简单,速度快,工期短,费用低,对周围环境的影响大	加固碎石土、砂土、塑性指数小于10的黏性土、湿陷性黄土、杂填土以及泥炭等效果较好	50~100元/m²

续上表

处理方案	作用机理	工程特性	适用范围	费用估算
复合桩基	桩体具有一定的桩身强度,利用挤密和置换作用增加地基整体强度	工艺复杂,造价较高,能有效提高地基承载能力,处理厚度深	地基为强度低、压缩性高、排水性差的软土,尤其是地表以下软土深厚的工况	50~180元/m
轻质路堤	通过减小路堤自重荷载,减小路堤总沉降,增强路基稳定	施工工艺复杂,造价较高,材料供应有限	高填路堤,地基软土深厚,且工程沿线所需的轻质填料丰富	100~400元/m³

对于软土层浅而薄的情况,采用简单的表层处理或开挖换填措施即可。而对于深厚软土地区,强夯等对周边环境和既有结构物影响显著的处理方法不再适用,堆(超载)预压、排水固结法等,旨在减小工后沉降而非总沉降,其施工周期较长,且对老路路基产生的影响也不可忽视。复合地基是通过竖向或(和)水平向增强体来提高拓宽路基部分地基的承载力和压缩模量,不仅减小了拓宽公路的工后沉降,而且显著减小既有公路在拓宽荷载作用下产生的二次沉降。轻质路基则是由于软土地区地基的沉降是由于拓宽路堤的自重荷载产生的,可以考虑采取减轻拓宽路堤自重荷载的方法来减小沉降和不均匀沉降,如二灰、EPS等。另外,二灰、EPS等轻质材料具有一定的板体性,可以减小路堤堤身的压缩变形,也可减小工后不协调变形。

二、岩溶地区路基处理方法

岩溶地区工程地质有一定的复杂性,随着相关探测技术的快速发展和工程实践经验的累积,使得岩溶地区路基处置技术得到了不断的完善。已有的研究成果表明,岩溶地基变形破坏的主要形式包括:地基承载力不足、地基沉降不均匀、地基滑移和地表塌陷。当岩溶地区的强度和稳定性不能满足工程要求,根据岩溶具体情况、工程要求、施工条件,按照安全经济的原则选择适当的地基处理方法,具体见表4-3-10。

常用岩溶地区路基处理方法表 表4-3-10

处理方案	作用机理	工程特性	具体方法
填垫法	通过直接填筑,或是开挖换填优良填料,将溶洞填充	施工工艺简单,工期长	充填法 换填法 挖填法 垫褥法
加固法	通过采用外部加护或是内部充填固结特殊建筑材料,提高洞室的稳定性和强度	主要是针对洞室局部稳定性或强度不能满足要求	灌浆法 浆砌法
跨越法	利用外部建筑结构体,承受由道路传递的荷载,从而直接跨越不良岩溶地段	地质条件复杂、溶洞整体性和稳定性很差,处治难度较大	板跨法 梁跨法 拱跨法
其他方法	采用一些非常规的方法,有针对性的进行处置	病害特点明确,处治技术要求针对性强	疏导法 钻孔充气法 恢复水位法

PART5 | 第五篇

特殊路基设计

第一章 概 述

我国地域辽阔,地形地质条件复杂,气候地理条件差异明显,在不同自然环境条件下修建公路,面临的工程技术问题千差万别,需要采取特殊处理措施。如:西南地区,山区地形陡峻,地质条件复杂,夏季暴雨大,因此滑坡、泥石流和山洪对路基的损毁及高填方和深挖方路基边坡的稳定是路基设计中需要解决的特殊路基问题;西北地区,气候干旱少雨,公路通过沙漠和戈壁时,风沙、盐渍、雪害是这些地区的特殊路基问题;青藏高原地区,多年冻土是其路基设计需要解决的特殊路基问题;东南沿海地区,地势平坦,路基填方高度小,但水系发达,软土较多,软土地基处理是路基设计施工必须解决的问题;在北方地区则主要解决路基季节性冻胀和翻浆病害。在这些具有特殊地形、岩土地质和气候环境条件地区进行路基设计施工,除采用路基设计施工规范的一般方法外,还必须针对具体的特殊工程环境条件,采取相应的设计和施工技术措施。

第一节 特殊路基分类

特殊路基是指位于特殊土(岩)地段、不良地质地段及受水、气候等自然因素影响强烈,需要进行特殊设计的路基。与一般路基相比,特殊路基存在强度低、变形大、稳定性差、易产生路基病害甚至可能诱发地质灾害,对公路工程质量和安全运营影响大,因此,必须进行专项勘察设计,并采取相应的技术处治措施,才能保证路基的强度和稳定性。

特殊路基的设计理论、计算方法和处治措施各不相同,特殊路基类型的划分尚没有统一标准。根据特殊路基形成的主要原因,特殊路基可划分为以下5个类型(表5-1-1)。

1. 不良地质地段路基

该类路基指位于滑坡、崩塌、泥石流等不良地质地段的路基,包括滑坡地段路基、崩塌与岩堆地段路基、泥石流地段路基等,这类路基的稳定性主要受不良工程地质的影响,易产生灾害。

2. 特殊岩土路基

该类路基指位于特殊岩土分布区的路基,包括岩溶地区路基、软土地区路基、高液限土及红黏土地区路基、膨胀土地区路基、黄土地区路基、盐渍土地区路基、多年冻土地区路基,这类路基受特殊岩土工程性质的影响,主要存在路基变形与稳定性控制等问题。

3. 气候影响剧烈区路基

该类路基是指受风、雪、冰、冻等气候因素影响剧烈的路基,包括风沙及沙漠地区路基、雪害地段路基、涎流冰地段路基、季节性冻土地区路基等,受气候环境作用,影响公路运营安全。

特殊路基分类　　　　　　　　　　表 5-1-1

分　类	子　类	主要工程问题
不良地质路基	滑坡地段路基	路基易失稳、产生滑移、摧毁路基、掩埋公路
	崩塌与岩堆地段路基	边坡落石、崩塌、砸毁路基、掩埋公路、岩堆路基沉陷与滑移
	泥石流地段路基	泥石流堵塞、淤埋、冲刷、撞击公路结构物，堵塞河道造成间接水毁
特殊岩土路基	岩溶地区路基	路基不均匀沉降、坍陷开裂、基底冒水、冲刷路基、边坡失稳滑移
	软土地区路基	难以固结、不均匀变形、工后沉降大、路基失稳
	高液限土及红黏土地区路基	填筑压实难，水稳定性差、湿化变形、不均匀沉降、边坡开裂失稳
	膨胀土地区路基	路堤胀缩变形、沉陷、纵裂、坍肩、溜塌、滑移、路堑剥落、冲蚀、溜塌、滑坡
	黄土地区路基	路堤湿陷下沉、边坡冲刷、边坡滑坍、路堑冲刷、泥流、崩坍、滑塌
	盐渍土地区路基	路基盐胀、溶陷、变形，加剧路基冻胀融沉、路面起伏、开裂，结构物腐蚀
	多年冻土地区路基	路基冻胀、翻浆，路基发生不均匀沉陷、路堑边坡坍塌
气候影响剧烈区路基	风沙地区路基	公路沙埋，路基风蚀、削低、掏空、坍塌，能见度低、影响交通安全
	雪害地段路基	风吹雪、积雪、雪埋、雪崩、中断交通、破坏结构物
	涎流冰地段路基	路基冻胀、变形失稳，路面滑移、不均匀沉陷、翻浆、车辙，桥梁构造物冻胀变形
	季节性冻土地区路基	路基冻胀、融沉、路面开裂、翻浆冒泥、沉陷、局部隆胀
水影响剧烈区路基	浸水路基	渗透变形，边坡冲刷、失稳
	水库地段路基	水库坍岸、渗透变形、边坡冲刷
	滨海路基	波浪侵袭，渗透变形、海水腐蚀
地震及人为活动影响区路基	采空区路基	路基变形、沉降、垮塌
	强震区路基	砂土液化、路基变形失稳，结构物破坏、次生地质灾害等

4.水影响剧烈区路基

该类路基是指长年或周期性地受水的浸泡、冲刷等作用影响的路基，包括浸水路堤、水库地段路基、滨海路基等，受水的影响，路基易产生病害。

5.地震及人为活动影响区路基

该类路基包括采空区路基、强震区路基，主要出现人为活动引起的采空区沉陷、强震区地震破坏及其诱发的次生地质灾害等路基变形稳定问题。

第二节　特殊路基设计原则与技术对策

一、特殊路基设计原则

(1)路线通过特殊土(岩)、不良地质以及特殊气候和水文条件路段时，应采取综合地质勘察,查明特殊地质体的性质、成因类型、规模、稳定状况及发展趋势及对公路危害程度,为路基设计提供可靠的地质依据;特殊路基设计所需要的物理力学参数,应结合室内试验和原位测试资料经综合分析确定。

不同的特殊岩土、不良地质及特殊气候条件下,岩土的工程性质差异很大,影响路基长期性能的主要因素、路基病害类型及对公路危害程度也不相同。同时,由于特殊岩土受环境影响很大,尤其是对水环境影响敏感,室内试验很难反映其实际工程性质,进行特殊岩土力学性质的原位测试工作尤为重要。

(2)应做好工程地质选线工作,路线应绕避规模大、性质复杂、处理困难的不良地质和特殊土(岩)地段,并避免高填深挖路基。

规模大、性质复杂的特殊地质体地段,易诱发地质灾害,直接危害公路安全,整治工程大,造价高,病害根治困难,给公路运营带来安全隐患。因此,对于特殊岩土、不良地质受水或气候等自然因素影响剧烈的地段,地质选线工作十分重要。

(3)特殊路基设计应考虑气候环境、水和地质等因素对路基长期性能的影响,对可能造成的路基病害,应遵循预防为主、防治结合的原则,通过综合技术经济比较,因地制宜,采取有效的工程处理措施,保证路基稳定。分期整治时,应保证在各种因素的变化过程中不降低路基的安全度。

气候环境、水和地质等因素对特殊路基长期性能的影响大,如果采取的工程措施不当,易产生较为严重的路基病害。因此,特殊路基设计要与路基病害防治相结合,遵循预防为主、防治结合的原则,做好路基结构、填料选择、地基处理、防排水及防护等综合设计,控制环境(如水、温度、湿度等)变化对路基的影响,防止路基病害。对于已有病害处理,要进行多方案技术经济比较,因地制宜,采取有效的工程处理措施,力求根治,不留后患。

(4)高速公路、一级公路特殊路基宜采用动态设计。

特殊地质体往往是气候环境、水和地质等因素综合影响的结果。对于规模大、性质复杂的地质病害体,工程勘察往往难以全部认识到位。特殊路基工程施工,应及时跟踪施工过程和监测工作,收集施工开挖所揭露的地质资料和监测信息,根据地质条件变化,进一步论证原有方案,必要时调整和完善路基设计。

二、特殊路基工程技术对策

特殊路基的形成常常是多种因素综合作用的结果。例如,翻浆是水、土质和气温的综合作用,泥石流是暴雨、地形、土质的综合作用,滑坡是地质、水、施工活动的综合作用。因此,对特殊路基的处治必须根据特殊路基所处的自然环境条件及其产生的原因和特点,采取相应的处治技术措施,一般有以下几种。

1. 绕避

特殊路基的处治不仅技术复杂,施工难度大,而且费用高昂。因此在公路选线时,若遇到特殊不良水文地质等,应尽量绕避;如必须通过,应选择最短路径穿过。

2. 桥隧穿越

当特殊路基处治工程费用很高时,可以与桥梁或隧道通过方案进行技术经济比较后确定。

3. 预防处治

采取工程措施,如排水、封闭或隔离等,限制或消除发生路基病害的某些条件,避免引发路基路面病害。

4. 改良加固

通过工程技术措施改善土质成分、增强岩体自身的稳定性等,如提高岩土体的强度,增强路基稳定性和耐久性。

5. 支挡防护

修建支挡结构物,增加路基稳定性,提高路基抵抗病害破坏的能力。

在工程实践中,通常综合采用上述措施,以提高处治效果。

第二章　浸水路基

浸水路基是指被设计水位浸淹的沿河路基、河滩路基以及穿越池塘的池塘路基。

沿河路基是指公路走向与河流基本平行,且长时间受设计水位浸淹的路基。

河滩路基是指公路走向与河流基本垂直、横跨河滩,且受季节性水位浸淹的路基。

池塘路基一般只是受静水浸泡,水位涨落缓慢,除填料抗剪强度因浸水有所降低外,受其他因素如流速、动水压力等的影响甚微。沿河及河滩路基则不同,除受水浸淹使土体抗剪强度降低外,还受水流的冲刷和水位涨落时路基内形成的渗透动水压力以及管涌等因素的影响。

第一节　设计原则与勘察要点

一、设计原则及要求

1. 设计原则

在确保路基安全稳定、满足使用功能和节约工程造价的前提下,合理确定浸水路基的地基处理方案、填料的选择、断面形式及防护方案。

2. 设计要求

(1)按就地取材的原则,尽可能选用水稳性能较好的路基填料。

(2)根据填料性质、水位变化、水流流态和其他不利条件,合理设计路基断面,确保路基边坡的稳定。

(3)针对水流的冲刷情况选用适当的防护措施,以避免路基边坡的冲蚀。

(4)当基底存在不良地质时,应采取必要的加固措施,或改用其他方案通过(如延长桥梁或修建栈桥方案等)。

(5)当路堤上下游两侧水位相差悬殊时,应按土坝要求进行设计。

二、勘察要点

1. 勘察任务和目的

(1)调查收集已有地形、地质、水文、气象、地震、水利等资料。

(2)查明拟通过浸水路基的河塘、湖泊或滨海的常水位、洪水位、水面宽、水深、流量、流速、水质、水资源利用情况及水下已有构造物等资料。

(3)调查类似或邻近区域相关浸水路基现状及病害资料等。

(4)通过较大水域面积时,应对拟建浸水路基可能影响的范围进行地质调绘和勘察,分析水域形成的地质历史和地质成因。

(5)调查分析水底和傍岸岸坡的水下地形坡度以及最大风速,预测波浪高度和波浪爬高。

(6)进行综合地质勘察(查明地层结构分布规律及工程特性),重点勘察对线路起控制作用的不良地质,包括水下淤泥和下卧软土、松散砂土层,以及特殊岩土的类别、范围、性质,为选择路线绕避穿越或设置构筑物方案提供必要地质资料和依据。

(7)对工程地质条件,包括路堤沉降变形和稳定性、斜坡的稳定性进行评价,提出处治意见。

2. 勘探要点

(1)勘探方法可采用水上钻孔、水上静力触探以及十字板剪切等勘察方法。当覆盖层较薄或水域面积较大时,也可结合物探方法探测水下地形和地层结构作为辅助勘探手段。

(2)勘探线应尽量利用两侧陆域已有勘探资料,勘探钻孔沿路线纵向间距一般为100~200m,地质条件复杂路段的勘探钻孔沿路线纵向间距可适当加密。孔位允许移动范围,路基孔沿中线不超过30m,垂直中线方向不超过20m。孔口高程测量误差不超过20cm,水位如受潮水影响,勘探高程、深度应随之进行校正。

(3)为控制路基地层横向变化,一般每200~300m布设一条横断面。横断面可布钻孔、也可结合静力触探孔布置。其勘探宽度应满足路基稳定性验算要求,且距离坡脚外不小于15m距离。水域面积较小时至少应布设一条勘探横断面。

(4)勘探孔深度应能满足施工图设计沉降与稳定计算的需要,其孔深根据预估路堤高度及软土分布厚度而定。对于均质厚层软土,钻探深度应达预估地基附加应力与地基土自重应力之比为0.10~0.15时所对应的深度,当难以预估附加应力的大小时应不小于40m。静力触探孔深度应穿透软土进入物理、力学性质较好的稳定土层。当软土深度不大时,钻孔应穿透软土层进入物理、力学性质较好的土层5.0m以上。当可能采用桥梁跨越时,孔深应同时满足桥梁设计的要求。

(5)对于傍岸路段,勘探横断面应重点控制水下斜坡的地形变化、不良地质条件分布,提供稳定性评估的边界条件和地层物理、力学性质指标。对于地质条件较为复杂区域,当条件许可时,也可进行现场剪切试验。

(6)对于天然含水率大于液限或在自重力下不能保持原有结构形态的软黏土,以及为检验室内抗剪强度试验指标计算稳定性的结果时,均必须进行十字板剪切试验,以取得现场软土不排水抗剪强度及灵敏度数据。

(7)当水域面积较大,路线方案可能有变化时,可先按初勘阶段要求适当减少勘探工作量。

3. 室内试验

土工试验项目同一般路基勘察,应重点加强浸水条件下岩土工程性质测试,包括饱和密度、饱和抗剪强度、砂类土水下休止角、渗透试验(水平、垂直)等试验内容。

4. 应提交的图表资料

(1)工程地质报告着重阐明浸水路段地形地貌特征、地层结构的成因和层位关系,软土等特殊性岩土的分布规律及性质,可能导致路基不稳定的地质条件,并对浸水路段的工程地质条件进行评价,提出合理有效的处理措施。

(2)图表资料。

①工程地质平面图:1:500~1:2000。

②地质纵断面图:水平 1:500~1:2000,垂直 1:200~1:1000。
③地质横断面图:水平 1:500~1:1000,垂直 1:200~1:1000。
④钻孔地质柱状图。
⑤原位测试和静力触探图表。
⑥土工试验资料成果表。
⑦地基土分层物理力学指标汇总表。

第二节 浸水路基设计

一、沿河路基位置的选择

沿河路基的位置正确与否,对路基稳定性、工程造价、沿线区域环境、水土保持的影响很大。一般在比较狭窄的河谷中,当线位过于靠山时,虽然可以减少防护工程,但必然要增大路基土石方数量,同时由于巨大的废方可能引起河道淤塞、河床改道,以致冲毁对岸农田村舍,高边坡的挖方路基也容易发生塌方、滑坡等现象,造成对局部的生态环境破坏,并引起水土流失,情况严重时,可能诱发重大水文地质自然灾害。当线位占河过多时,虽然可以减少路基土石方数量,但可能容易发生防护工程的破坏,甚至会发生路基被冲垮等水毁现象,须重视并加强防护工程,确保工程在施工期和运营期的安全。因此,对沿河路基位置的选择,是靠山还是占河,要结合现场具体情况,经权衡利弊后,综合确定。原则上对于水流较急,又是易被水冲的路段,山坡岩石整体性又比较好时,路基可适当靠山;对于山坡岩石比较破碎,占山容易造成路基塌方,防护工程地基情况较好时,路基可适当占河;陡壁下的易被水冲路段,既不能靠山,又不能占河时,则可按设置半桥半路方案来确定沿河路基的合理位置。

二、路基设计高程的确定

路基设计高程(断面最低侧路基边缘高程)的确定应在充分收集沿线水文资料的基础上论证确定。对于重要公路(高速公路、一级公路及干线二级公路)应进行专门的水文计算,为公路路基设计提供必要的基础资料。路线穿越河流及沟塘时,其路基设计高程应高于现有及规划的合理堤顶(或塘边埂顶)0.5m 以上。路线穿越由洪水位控制的路段,其路基设计高程应至少高出设计水位加壅水高、波浪侵袭高和 0.5m 的安全高度。路基设计洪水频率参见表 5-2-1,波浪参数计算及算例见第四节。

路基设计洪水频率 表 5-2-1

公路等级	高速公路	一级公路	二级公路	三级公路	四级公路
设计洪水频率	1/100	1/100	1/50	1/25	按具体情况确定

三、断面形式与边坡坡率

1. 断面形式

浸水路堤的断面形式,应根据水位及填料的情况而定。

(1)路堤高程由洪水位控制的路段,其路基边坡可采用直线式,断面形式如图 5-2-1 所示(图中 h 为壅水高 + 波浪侵袭高,下同)。

(2)高路堤,填料均一的路段,其路基边坡可采用折线式,断面形式如图 5-2-2 所示。一般情况下,可不设护坡道。当路堤很高、水深较大时,根据边坡稳定的需要可设置1~2m宽的护坡道。

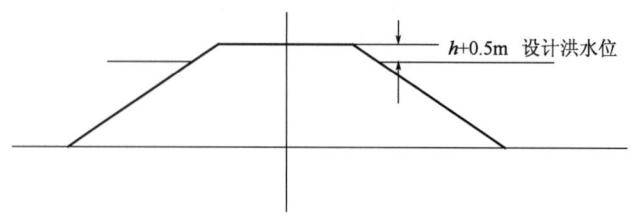

图5-2-1 路堤断面形式(直线式)

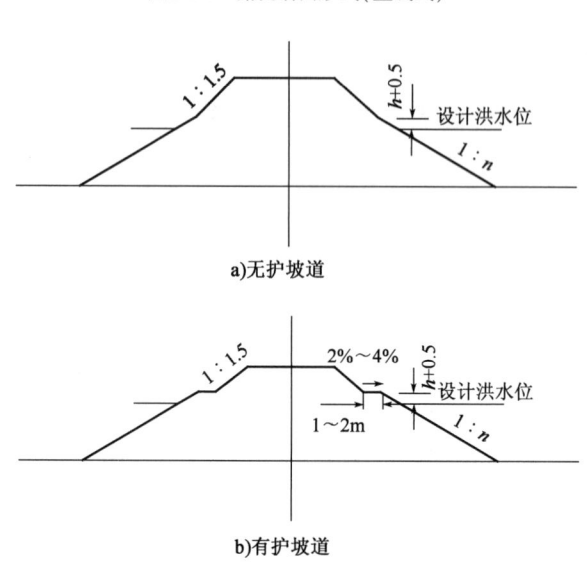

a)无护坡道

b)有护坡道

图5-2-2 路堤断面形式(折线式)

(3)使用不同的土填筑路堤,其断面形式可参考图5-2-3选用。当两部分填料的颗粒尺寸相差较大时,应在其间增设反滤层,以防止上部(或内部)的细粒土产生竖向(或侧向)位移混入粗粒土中,从而引起路堤下沉。反滤层可采用砂及砾、碎、卵石等材料。可根据两部分填料的粒径差别情况,设置一层或多层反滤结构,每层厚度为0.1~0.15m。也可采用土工合成材料作为反滤层,但须保证土工合成材料的耐久性。

浸水路基半填半挖断面,其中挖方部分的设计与一般路基设计相同,填方部分的设计与浸水路堤设计相同。

2. 边坡坡率

浸水路基边坡坡率(n)分为浸水线以上边坡坡率和浸水线以下边坡坡率,浸水线亦即设计洪水位$+h+0.5$m的位置。浸水线以上路基边坡坡率根据正常状态路基的边坡稳定坡率确定,一般为1:1.5~1:1.75。浸水线以下路基边坡坡率应根据路基所处的位置、水位变化情况、冲刷及波浪情况、路基填料、水深等因素,经路基边坡稳定验算后综合确定。当路基穿越水面较小、水深较浅、水位变化幅度较小的水塘时,在采取适当的防护措施的前提下,路基边坡坡率不陡于1:1.75~1:2.0。水位的急剧变化对浸水路基边坡坡率的影响较大。另外,通航河流的沿河路基边坡坡率应考虑船行波对浸水路基边坡的影响。采用细粒土填筑的河滩浸水路基边坡坡率一般不陡于1:3.0;当边坡坡率陡于1:3.0时,应进行边坡稳定性验算。

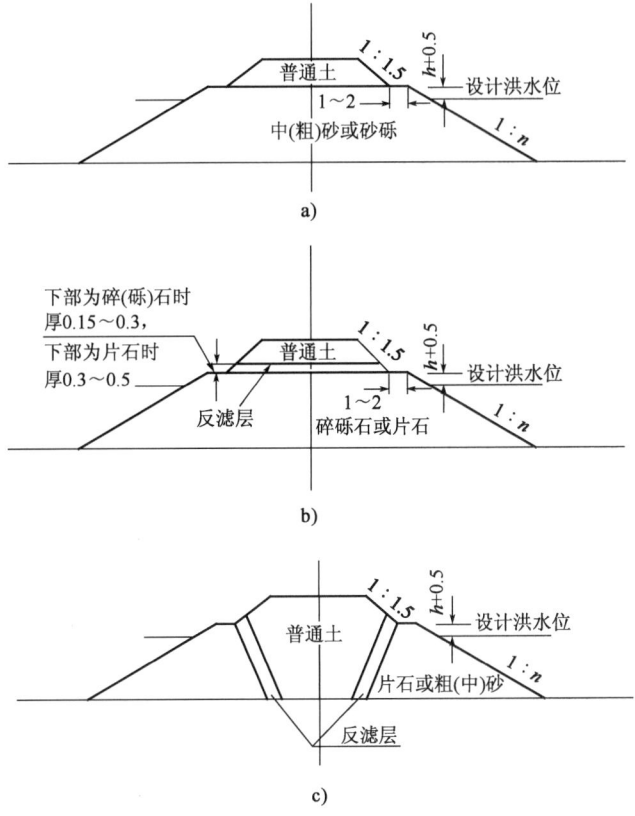

图 5-2-3 路堤断面形式(尺寸单位:m)

四、浸水路基地基处理

1. 浸水路基地基处理方案选择和要求

(1)浸水路基地基处理应根据公路等级、路基填土高度、地基地质条件和渗流控制要求,选择经济合理的处治方案。

(2)浸水路基地基处理应满足稳定、变形和渗流控制的要求:

①对于地质条件较差、填土高度较高的浸水路基,应对其地基进行静力稳定性验算。有抗震要求的浸水路基,应进行动力稳定性验算。

②根据浸水路基所处位置及其沉降量的要求,确定地基处理方案。

③对于路基两侧存在水位差的浸水路基,应采取相应措施确保浸水路基及被水侧路基坡脚处土层的渗透稳定。

2. 软弱地基处理

应研究软黏土、泥炭、分散性黏土和可液化土等软弱地基的物理力学特性和抗渗性能,以及可能对工程产生的影响,采取切实有效的措施,确保浸水路基的安全与稳定。

对于采用两侧筑堤排水清淤施工的软黏土地基路段,当排水完成后,清除其地表浮淤,按照正常路段地基处理方法进行处理。可分别采用填土预压、填土+等(超)载预压、铺砂砾垫层填土预压、铺砂砾垫层填土+等(超)载预压、打设塑料排水板(或袋状砂井)填土+等(超)

载预压、加固土桩、振冲碎石桩、CFG桩、现浇水泥混凝土薄壁管桩、预制预应力混凝土管桩等对地基进行加固处理。利用排水固结方案加固地基时，应严格控制路基填土速率，切忌高填快筑，以确保施工过程中路基的稳定。加固土桩地基处理路段，其路基施工应待加固土桩成型或达到一定强度（一般控制在28d）时，方可进行路基的填筑施工。对于重要路段或具有代表性的路段，应加强施工期的沉降和位移观测，根据观测分析资料，确定填土速率，推算最终沉降量和工后沉降，调整路基预压方案，确定路面的铺筑时间。

浸水路基穿越泥炭层，且无法避开时，应尽可能将其彻底清除干净；当无法清除干净时，应根据泥炭层室内试验的压缩性指标，采取相应的技术措施，予以加固处理。

采用分散性黏土填筑路基时，其设计水位以下部分有防渗要求的路基填料应掺加石灰、水泥等结合路基施工进行处治，其掺入量根据室内试验确定。必要时，也可利用心墙、止水帷幕进行防水处理。对于无防渗要求的浸水路基，设计水位以下部分可利用满足保护分散性黏土要求的滤层。

对于浸水路基穿越的可液化土地基路段，可根据其液化等级、所处位置与构造物的关系，采取相应的技术措施。对于浅层的可液化土，可采用表面振动碾压密实等处理措施；对于深层的可液化土，可采用振冲、强夯、碎石桩、加固排水等方法处理。桥头段路基及小型构造物基底，应加大处理力度。

3. 透水浸水路基地基处理

对于两侧可能存在水位差的浸水路基，当其穿越透水地基路段时，宜采用黏质土截水槽或其他垂直防渗措施截渗。截水槽底部应达到相对不透水层。截水槽宜采用与堤身防渗体相同的土料填筑，其压实度不应小于路基的同类土料。截水槽的宽度，应根据回填土料、下卧相对不透水层的允许渗透坡降及施工条件确定。

相对不透水层埋藏较深、透水层较厚且临水侧有稳定滩地的地基，宜采用铺盖防渗措施。铺盖的长度和断面应通过计算确定。计算时，应计算下卧层及铺盖本身的渗透稳定性。当利用天然弱透水层作为防渗铺盖时，应查明天然透水层及下卧透水层的分布、厚度、级配、渗透系数及允许渗透坡降等情况，在天然铺盖不足的部位应采取人工铺盖补强措施。在缺乏铺盖土料的区域，可利用土工膜或复合土工膜替代。

深厚透水地基上的重要路段，可设置黏土、土工膜、固化灰浆等地下截渗墙。截渗墙的深度和厚度应满足基底和墙体材料的允许渗透坡降的要求。特别重要的路段，也可根据需要设置水泥浆液地下连续墙进行灌浆帷幕。

五、填料的选择

河滩路堤的填料，应按就地取材的原则和路堤浸水的条件选择。

路堤的浸水线以下或受水位涨落影响的部分，宜尽可能选用渗水性较好的材料，如具有天然级配的砂砾、卵石、中粗砂、石质坚硬不易风化的片、碎石等。这类材料浸水后强度降低较小，当堤外水位变化时，堤身内的水可以自由渗出，不致产生渗透压力而影响边坡稳定。当就近无渗水性材料时，也可选用黏质土填筑，但最好用黏土。黏土的透水性小，堤外水位变化对路堤内部水位的影响较小。采用黏质土作为填料时，应严格控制填土在最佳含水率条件下的压实成型，压实度要求达到90%~96%。

重黏土、浸水后容易崩解的岩石（如泥灰岩、泥质胶结的细砂岩、砾岩等）、易风化的石块、盐渍土及其他不宜用作填筑一般路堤的土,均不宜用作河滩路堤的填料;当采用时,则须采取特殊措施。

六、坡面防护

浸水路基边坡受风浪、水流、潮汐等作用可能发生冲刷而产生破坏,应采取相应的防护措施。边坡防护工程的设计应统筹兼顾、系统布局,采用工程措施与生物措施相结合的防护方案,在确保工程安全的前提下,节约投资,绿化美化环境。

1.流水的作用

河滩与沿河路堤的边坡防护首先应考虑流水对边坡的破坏作用,根据流水破坏作用的性质与大小,对路堤边坡进行防护与加固设计。流水对边坡的作用主要有以下几个方面:

(1)冲刷作用:河滩和沿河路堤边坡侵入河床,路堤边坡会受到流水的冲刷。河流的冲刷作用是决定边坡防护类型及基础埋置深度的依据,正确估计冲刷情况、合理选择防护工程的类型及基础形式是保证路堤稳定的关键。

(2)侧向推移力作用:山区河流,河床坡度陡,洪水对路基边坡将产生很大的推移力 $S(S = \gamma \cdot h \cdot i$,其中,$\gamma$ 为水的重度,h 为水深,i 为河床坡度)。推移力超过防护工程的容许值时,防护工程会遭到破坏。因此,对河床坡度陡及河水深的河流,应对防护工程进行推移力的验算。

(3)凹岸冲刷及水位变化的影响:河流凹岸水流速度大,冲刷深;同时,由于水流离心作用而使水位抬高,故位于凹岸的路基及防护工程的高程除考虑一般设计水深及冲刷深度外,尚须考虑凹岸的水面超高及水流对防护构造物的冲高值。凹岸的水面超高、水流对防护构造物的冲高值可按式(5-2-1)、式(5-2-2)计算:

$$\Delta H = \frac{v^2 \cdot B}{g \cdot R} \tag{5-2-1}$$

$$\Delta h = \frac{v^2}{g} \frac{\sin^2 \alpha}{\sqrt{1+m^2}} \tag{5-2-2}$$

式中:ΔH——凹岸的水面超高(m),超高在整个凹岸的内为一个常数,凹岸的起讫点以外逐渐接近原水位,呈梯形;

Δh——凹岸水流对防护构造物的冲高值(m);

v——平均流速(m/s);

B——水面宽度(m);

R——凹岸的半径(m);

α——水流与凹岸的切线所成的交角(°);

g——重力加速度(m/s²);

m——河岸边坡或防护工程边坡的边坡系数。

(4)冰压力的作用:在严寒地区,冰面附近的护坡石块,由于冰块移动或冻胀会发生变形,为此,设计时对防护工程应予适当加强。

2.边坡防护

(1)边坡防护形式的选定

河滩路基的边坡防护工程应根据风浪、河床特征、水流强弱、潮汐作用、地形情况、地质条

件、施工条件、使用要求等综合考虑确定,防护类型在第三篇第二章浸水路基防护方案的基础上,可选用下列形式:

①坡式护岸;
②坝式护岸;
③墙式护岸;
④其他防护形式。

(2)边坡防护工程结构和材料的选用

边坡防护工程结构和材料的选用应遵循以下原则:

①坚固耐久,抗冲刷、抗磨损性能强;
②适应河床变形能力强;
③便于施工、修复、加固;
④就地取材,经济合理。

(3)坡式浸水路基边坡防护

坡式浸水路基边坡防护的上部护坡结构形式应按路基边坡防护的有关规定执行。下部护脚部分的结构形式应根据浸水路基边坡防护情况、水流条件和材料来源,采用抛石、石笼、沉排、土工模袋、水泥混凝土块体、钢筋混凝土块体等,经技术经济比较确定。

(4)坝式浸水路基边坡防护

坝式浸水路基边坡防护布置可选用丁坝、顺坝及丁、顺坝相结合的"┌"形坝等形式。坝式浸水路基边坡防护按其结构材料、坝高及水流、潮流流向关系,可选用透水、不透水,淹没、非淹没,上挑、正挑、下挑等形式。

(5)墙式浸水路基边坡防护

对于河道狭窄、浸水路基外无滩,易受水流冲刷、重要险工险要路段、受地形条件或已建建筑物限制的塌岸路段,宜采用墙式浸水路基边坡防护。墙式浸水路基边坡防护的结构形式,临水侧可采用直立式、陡坡式,背水侧可采用直立式、斜坡式、折线式、卸荷台阶式等形式。墙体结构材料可采用钢筋混凝土、混凝土、浆砌片块石等,断面尺寸及墙体嵌入浸水路基坡脚的深度应根据具体情况及浸水路基填筑情况和其自身整体稳定计算分析确定。在水流冲刷严重的路段,应加强护基措施。

防护的高度应为:路基设计洪水位 + 壅水高 + 波浪侵袭高 + 安全高度(0.5m)。

七、管涌现象的防治

1. 管涌现象

河滩路堤两侧水位差过大,会使路堤体内及基底土产生渗漏现象。当渗透水流足以使土颗粒移动时,就有一部分土颗粒被水流带走,这种冲移现象逐步扩大,就产生管涌现象。管涌发展的结果将导致路堤坍塌破坏。

管涌现象与渗透水流的比降、土的颗粒组成及其不均匀系数有关。图 5-2-4 的曲线可用以判断土在某一水力坡降下是否会发生管涌。从图中可以看出:土的不均匀系数越大,管涌现象就越容易发生;图中曲线的下方是不会发生管涌的安全区域,曲线的上方是发生管涌的破坏区域。

2. 管涌防治措施

(1) 放缓下游一侧边坡,以延长渗水流的通路,减小水流坡降,因而可以保持边坡土颗粒的稳定;或在下游边坡的水下部分设滤水趾,并设反滤层,可以防止路堤中的细小颗粒被渗透水流带走,如图 5-2-5 所示。

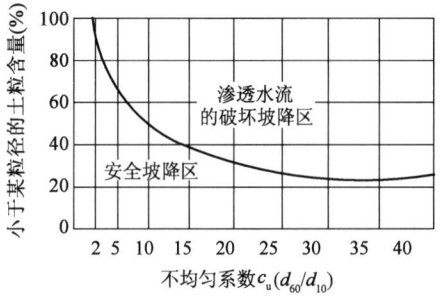

图 5-2-4　管涌判断曲线

注:d_{60} 为限制粒径(mm),在粒径分布曲线上小于该粒径的土含量占总土质量的 60% 的粒径。

d_{10} 为有效粒径(mm),在粒径分布曲线上小于该粒径的土含量占总土质量的 10% 的粒径。

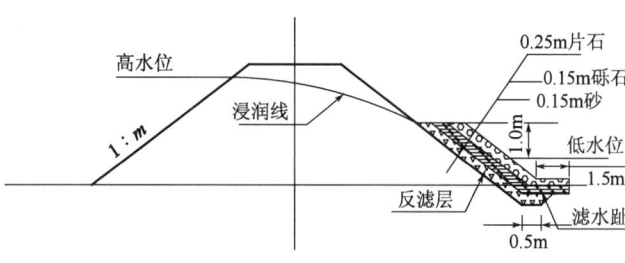

图 5-2-5　管涌防治措施

(2) 若路堤土体渗透性小,而基底土层的渗透性大,则渗透水流就会通过基底土层渗出,也可能产生管涌现象。在路堤下游坡脚以外的基地土层上,铺设滤水护坦或在上游铺设黏土隔渗层及在坡脚或基底下设置隔渗墙、止水帷幕等,都可以延长渗透水流的通路,降低渗透水头的压力。

第三节　浸水路基稳定性分析

一、水位变化对边坡稳定性的影响

河滩与沿河路堤浸水后,路堤除受自重及行车荷载的作用外,还要受水的浮力和渗透动水压力的作用。当路堤两侧水位不同时,水将由水位高的一侧向低的一侧渗透,并产生动水压力。同时由于路堤填土在浸水饱和后,抗剪强度显著减弱,路堤土受到水的浮力作用,重度减小,此时,路堤水位低的一侧边坡的稳定性将显著降低。因此,当河滩路堤两侧有较大的水位差时,路基应按水坝要求进行设计。当水位降落时,动水压力方向指向路堤两侧边坡,尤其当水位缓慢上涨而急剧下降时,对路堤的稳定最为不利,如图 5-2-6 所示。

一般认为若浸水路基为密实的黏质土,渗透性很低($K < 1 \times 10^{-6}$cm/s)或不透水,外界水流的涨落不引起土体内的渗透力,可不考虑渗

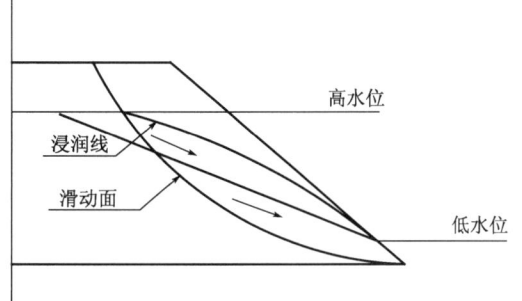

图 5-2-6　水位变化对边坡稳定性的影响

流的影响。若为抛石路堤或为粗粒料填方,具有中等以上透水性时($K > 1 \times 10^{-3}$ cm/s),则堤内渗流几乎和水位同涨落,动水压力很小可忽略不计。若浸水路基为细砂、粉土、黏质粉土等土质,其渗透系数在1×10^{-4} cm/s数量级附近,则退水时的渗透力对边坡坡脚影响较大。

分析渗流对浸水路基边坡稳定性的影响,工程上通常有如下两种方法:(1)根据渗透力和浮重度的分析法。这个方法直接考虑渗透力,渗透力取决于流网,计算工作量大,适合于数值计算。(2)孔隙水压力和天然重度分析法。孔隙水压力表示流动水体所具有的动水压力,与静水压力一样,垂直于作用面。该方法可与有效应力原理对接,使用简单合理,是目前国内外大中型水库设计中常用的方法。

二、渗流计算

渗流计算主要为了求得渗流场内的水头、压力、比降、流量、浸润线等水力要素,进而开展渗透稳定及边坡稳定分析。渗流计算应选择有代表性断面,根据工程特点及现场实际情况采用不同的方法,对于水文地质条件比较简单及重要性一般的浸水路堤,可选用解析公式法;对于地质条件复杂或工程等级较高的浸水路堤,宜采用有限元数值分析法。

1. 不透水地基均质路堤渗流计算(图5-2-7)

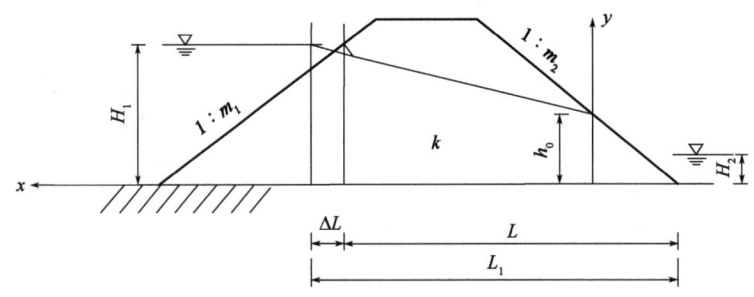

图5-2-7 不透水地基均质路堤渗流计算

$$\frac{q}{k} = \frac{H_1^2 - h_0^2}{2(L_1 - m_2 h_0)} \tag{5-2-3}$$

$$\frac{q}{k} = \frac{h_0 - H_2}{m_2 + 0.5}\left[1 + \frac{H_2}{h_0 - H_2 + m_2 H_2/[2(m_2 + 0.5)^2]}\right] \tag{5-2-4}$$

$$L_1 = L + \Delta L \tag{5-2-5}$$

$$\Delta L = \frac{m_1}{2m_1 + 1}H_1 \tag{5-2-6}$$

$$y = \sqrt{h_0^2 + 2\frac{q}{k}x} \tag{5-2-7}$$

式中:q——单位宽度渗流量[m³/(s·m)];

k——堤身渗透系数(m/s);

H_1——上游水位(m);

H_2——下游水位(m);

h_0——下游出逸点高度(m);

m_1——上游坡坡率;

m_2——下游坡坡率；

L——上游水位与上游堤坡交点距下游堤脚或排水体上游端部的水平距离(m)；

ΔL——上游水位与堤身浸润线延长线交点距上游水位与上游堤坡交点的水平距离(m)；

y——浸润线上任意一点距下游堤脚的垂直高度(m)；

x——浸润线上任意一点距出逸点的水平距离(m)。

2.透水地基均质路堤渗流计算(图5-2-8)

$$q = q_D + k_0 \frac{(H_1 - H_2)T}{L + m_1 H_1 + 0.88T} \tag{5-2-8}$$

式中：q——堤身、地基单位宽度渗流量之和[m³/(s·m)]；

q_D——不透水地基上求得的相同排水形式的均质土堤单位宽度渗流量[m³/(s·m)]；

T——透水层厚度(m)。

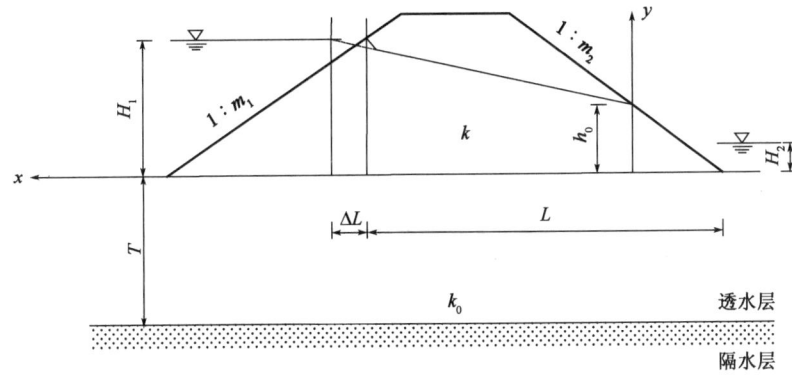

图5-2-8 透水地基均质路堤渗流计算

计算透水地基上均质路堤的浸润线时，应根据下游不同的排水形式首先计算特征水深，然后再计算浸润线。

(1)当 $k > k_0$ 时(k为堤身渗透系数，k_0为地基渗透系数)：

$$h_0 - H_2 = q \bigg/ \left\{ \frac{k}{m_2 + 0.5}\left[1 + \frac{(m_2 + 0.5)H_2}{(m_2 + 0.5)(h_0 - H_2) + m_2 H_2/[2(m_2 + 0.5)]}\right] + \frac{k_0 T}{(m_2 + 0.5)(h_0 - H_2) + m_2 H_2 + 0.44T} \right\} \tag{5-2-9}$$

(2)当 $k \leq k_0$ 时：

$$h_0 - H_2 = q \bigg/ \left\{ \frac{k}{m_2}\left[1 + \frac{(m_2 + 0.5)H_2}{(m_2 + 0.5)(h_0 - H_2) + 0.5H_2}\right] + \frac{k_0 T}{m_2 h_0 + 0.44T} \right\} \tag{5-2-10}$$

求得特征水深 h_0 后，可按下式计算浸润线：

$$x = k_0 T \frac{y - h_0}{q'} + k \frac{y^2 - h_0^2}{2q'} \tag{5-2-11}$$

$$q' = k \frac{H_1^2 - h_0^2}{2\left(L + \dfrac{m_1}{2m_1 + 1}H_1 - m_2 h_0\right)} + k_0 T \frac{H_1 - h_0}{L + m_1 H_1 + m_2 h_0} \tag{5-2-12}$$

三、边坡稳定性分析

浸水路堤边坡稳定分析可按瑞典圆弧法(图5-2-9)或简化毕肖普法公式计算。

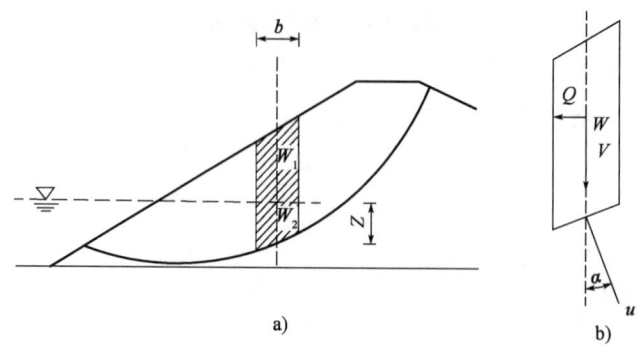

图 5-2-9 圆弧滑动条分法示意图

稳定分析时应根据不同分析阶段选择相应的强度计算方法,稳定渗流期采用有效应力法,外水位降落期可同时采用有效应力法和总应力法,并以较小的稳定系数为准。

土的抗剪强度指标可用单轴压缩试验测定,亦可用直剪试验测定,应按现行《公路土工试验规程》(JTG 3430)规定进行。抗剪强度指标的测定和应用方法可按表5-2-2选用。

土的抗剪试验方法和强度指标 表5-2-2

路堤工作状态	强度计算方法	使用仪器	试验方法	强度指标
施工期	总应力法	直剪仪	快剪(Q)	c_u, φ_u
		三轴仪	不排水剪(UU)	
稳定渗流期	有效应力法	直剪仪	慢剪(S)	c', φ'
		三轴仪	固结排水剪(CD),或固结不排水剪测孔隙水压力(CU)	
水位降落期	有效应力法	直剪仪	慢剪(S)	c', φ'
		三轴仪	固结排水剪(CD),或固结不排水剪测孔隙水压力(CU)	
	总应力法	直剪仪	固结快剪(R)	c_{cu}, φ_{cu}
		三轴仪	固结不排水剪(CU)	

瑞典圆弧法可按下式计算:

$$K = \frac{\sum\{[(W \pm V)\cos\alpha - ub\sin\alpha - Q\sin\alpha]\tan\varphi' + c'b\sec\alpha\}}{\sum[(W \pm V)\sin\alpha + M_c/R]} \quad (5\text{-}2\text{-}13)$$

简化毕肖普法可按下式计算:

$$K = \frac{\sum\{[(W \pm V)\sec\alpha - ub\sec\alpha]\tan\varphi' + c'b\sec\alpha\}/(1 + \tan\alpha\tan\varphi'/K)}{\sum[(W \pm V)\sin\alpha + M_c/R]} \quad (5\text{-}2\text{-}14)$$

式中:W——土条重量(kN);

Q、V——水平和垂直地震惯性力(V向上为负、向上为正)(kN);

u——作用于土条底面的孔隙压力(kN/m^2);

α——条块重力线与通过此条块底面中点的半径之间的夹角(°);

b——土条宽度(m);

c'、φ'——土条底面的有效黏聚力(kN/m^2)和有效内摩擦角(°);

M_c——水平地震惯性力对圆心的力矩(kN·m);

R——圆弧半径(m)。

应用上述公式计算时,应符合下列规定:

(1)静力计算时,地震惯性力应等于零。

(2)稳定渗流期用有效应力法计算,孔隙水压力 u 应用 $u_0 - \gamma_w Z$ 替代,u_0 为稳定渗流期的孔隙水压力,γ_w 为水容重,Z 为条块底面中点至坡外水位的距离。条块重应为 $W = W_1 + W_2$,W_1 为外水位以上条块实重,浸润线以上为湿重,外水位与浸润线之间为饱和重;W_2 为外水位以下条块浮重。

(3)水位降落期,用有效应力法计算时,应按降落后的水位计算,其方法与按稳定渗流期有效应力计算方法相同。用总应力法时,c',φ'采用 c_{cu},φ_{cu},分子采用水位降落前条块重 $W = W_1 + W_2$,W_1 为外水位以上条块湿重,W_2 为外水位以下条块浮重,孔隙水压力 u 应用 $u_i - \gamma_w Z$ 替代,u_i 为水位降落前的孔隙水压力,γ_w 为水容重,Z 为条块底面中点至坡外水位的距离;分母采用水位降落后条块重 $W = W_1 + W_2$,W_1 为外水位以上条块实重,浸润线以上为湿重,外水位与浸润线之间为饱和重,W_2 为外水位以下条块浮重。

第四节 波 浪 计 算

一、波浪要素确定

(1)计算风浪的风速、风向、风区长度、风时与水域水深的确定,应符合下列规定:

①风速应采用水面以上10m高度处的自记10min平均风速。

②风向宜按水域计算点的主风向及左右22.5°、45°的方位角确定。

③当计算风向两侧较宽广、水域周界比较规则时,风区长度可采用由计算点逆风向量到对岸的距离;当水域周界不规则、水域中有岛屿时,或在河道的转弯、汊道处,风区长度可采用等效风区长度 F_e,F_e 可按式(5-2-15)计算确定:

$$F_e = \frac{\sum_i r_i \cos^2 \alpha_i}{\sum_i \cos \alpha_i} \qquad (5\text{-}2\text{-}15)$$

式中:r_i——在主风向两侧各45°范围内,每隔 $\Delta \alpha$ 角由计算点引到对岸的射线长度(m);

α_i——射线 r_i 与主风向上射线 r_0 之间的夹角(°),$\alpha_i = i \times \Delta \alpha$。计算时可取 $\Delta \alpha = 7.5°$($i = 0, \pm 1, \pm 2, \cdots, \pm 6$),初步计算也可取 $\Delta \alpha = 15°$($i = 0, \pm 1, \pm 2, \pm 3$)(图5-2-10)。

④当风区长度 F 小于或等于100km时,可不计入风时的影响。

⑤水深可按风区内水域平均深度确定。当风区内水域的水深变化较小时,水域平均深度可按计算风向的水下地形剖面图确定。

(2)波浪要素可按下式计算确定:

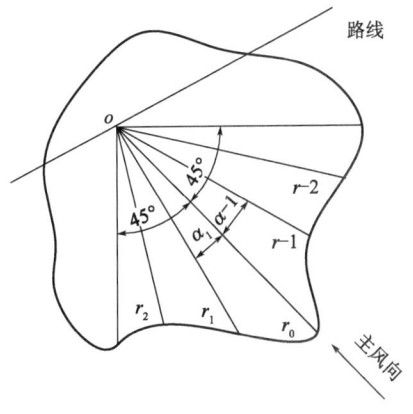

图5-2-10 等效风区长度计算

$$\frac{g\overline{H}}{v^2}=0.13\text{th}\left[0.7\left(\frac{gd}{v^2}\right)^{0.7}\right]\text{th}\left\{\frac{0.0018\left(\frac{gF}{v^2}\right)^{0.45}}{0.13\text{th}\left[0.7\left(\frac{gd}{v^2}\right)^{0.7}\right]}\right\} \quad (5\text{-}2\text{-}16)$$

$$\frac{g\overline{T}}{v}=13.9\left(\frac{g\overline{H}}{v^2}\right)^{0.5} \quad (5\text{-}2\text{-}17)$$

$$\frac{gt_{\min}}{v}=168\left(\frac{g\overline{T}}{v}\right)^{3.45} \quad (5\text{-}2\text{-}18)$$

式中：$\overline{H}$——平均波高(m)；

$\overline{T}$——平均波周期(s)；

v——计算风速(m/s)；

F——风区长度(m)；

d——水域的平均水深(m)；

g——重力加速度(9.81m/s²)；

$t_{\min}$——风浪达到稳定状态的最小风时(s)。

(3)不规则波的不同累积频率波高 H_p 与平均波高 $\overline{H}$ 之比值 $H_p/\overline{H}$ 可按表5-2-3确定。

不同累积频率波高换算　　　　　　　　　　　　表5-2-3

$\overline{H}/d$	$P(\%)$	0.1	1	2	3	4	5	10	13	20	50
0	$\dfrac{H_p}{\overline{H}}$	2.97	2.42	2.23	2.11	2.02	1.95	1.71	1.61	1.43	0.94
0.1		2.70	2.26	2.09	2.00	1.92	1.86	1.65	1.56	1.41	0.96
0.2		2.46	2.09	1.96	1.88	1.81	1.76	1.59	1.51	1.37	0.98
0.3		2.23	1.93	1.82	1.76	1.70	1.66	1.52	1.45	1.34	1.00
0.4		2.01	1.78	1.69	1.64	1.60	1.56	1.44	1.39	1.30	1.01
0.5		1.80	1.63	1.56	1.52	1.49	1.46	1.37	1.33	1.25	1.01

不规则波的波周期可采用平均波周期 $\overline{T}$ 表示，按平均波周期计算的波长 L 可按式(5-2-19)计算，也可直接按表5-2-4确定。

$$L=\frac{g\overline{T}^2}{2\pi}\text{th}\frac{2\pi d}{L} \quad (5\text{-}2\text{-}19)$$

波长~周期~水深关系表 $L=f(T,d)$　　　　　　　　　表5-2-4

水深(m)	周期(s)											
	2	3	4	5	6	7	8	9	10	12	14	16	18	20
1.0	5.21	8.68	11.99	15.23	18.43	21.61	24.78	27.94	31.10					
2.0	6.04	11.30	16.22	20.94	25.57	30.14	34.68	39.19	43.68					
3.0	6.21	12.67	18.95	24.92	30.71	36.40	42.02	47.59	53.14					138.9
4.0	6.23	13.39	20.85	27.93	34.76	41.42	47.99	54.49	60.94					
5.0		13.75	22.19	30.30	38.70	45.64	53.06	60.39	67.66	82.05	96.32	110.6	124.7	

续上表

水深(m)	周期(s)												
	2	3	4	5	6	7	8	9	10	12	14	16	18	20
6.0		13.92	23.12	32.17	40.85	49.25	57.48	65.58	73.60	89.44	105.1	120.7	136.3	151.8
7.0		13.99	23.76	33.67	43.20	52.40	61.39	70.22	78.94	96.00	113.2	130.1	146.9	163.7
8.0		14.02	24.19	34.87	45.21	55.18	64.88	74.20	83.79	102.3	120.6	138.7	156.9	174.7
9.0		14.03	24.48	35.82	46.92	57.62	68.03	78.21	88.24	108.0	127.4	146.7	166.0	185.0
10.0		14.04	24.66	36.58	48.39	59.80	70.88	81.70	92.34	113.4	133.8	154.2	174.5	194.7
12.0			14.05	24.85	37.62	50.71	63.46	75.82	87.88	99.70	112.8	145.6	168.0	190.3	212.6
14.0				24.92	38.24	52.40	66.38	79.95	93.17	106.11	131.3	156.1	180.5	204.8	228.8
16.0				24.95	38.59	53.60	68.69	83.42	97.75	111.75	139.0	165.7	191.9	217.9	243.7
18.0				24.97	38.78	54.44	70.52	86.32	101.72	116.75	146.0	174.5	202.4	230.2	257.6
20.0					38.89	55.02	72.95	88.76	105.18	121.20	152.3	182.5	212.2	241.5	270.6
22.0					38.95	55.42	73.07	90.80	108.19	125.17	158.1	190.1	221.4	252.3	282.9
24.0					38.98	55.68	73.92	92.50	110.81	128.71	163.4	197.0	229.9	262.6	294.4
26.0					39.00	55.86	74.58	93.50	113.09	131.88	168.3	203.6	238.0	271.9	305.4
28.0					39.00	55.97	75.07	95.06	115.06	134.72	172.7	209.5	245.6	280.9	315.8
30.0					39.01	56.05	75.44	96.02	116.77	137.25	176.9	215.3	252.7	289.6	325.7
32.0						56.09	75.72	96.79	118.25	139.51	180.8	220.7	259.5	297.6	335.2
34.0						56.12	75.92	97.42	119.52	141.52	184.4	225.8	266.0	305.4	344.3
36.0						56.14	76.07	97.93	120.61	143.32	187.7	230.5	272.1	312.9	353.0
38.0						56.16	76.18	98.34	121.53	144.91	190.7	235.0	278.0	320.0	361.4
40.0						56.17	76.26	98.66	122.33	146.32	193.6	239.2	283.3	326.8	369.4
42.0						56.17	76.32	98.92	123.00	147.57	196.2	243.2	288.8	333.4	377.2
44.0						56.17	76.36	99.13	123.56	148.67	198.6	247.0	293.9	339.7	384.6
46.0						56.18	76.39	99.29	124.04	149.64	200.8	250.8	298.7	345.7	391.8
48.0							76.41	99.42	124.44	150.49	202.9	253.9	303.3	351.5	398.8
50.0							76.43	99.52	124.78	151.24	204.8	256.9	307.6	357.0	405.5
55.0							76.45	99.71	125.49	152.93	208.9	264.2	317.9	370.1	421.4
60.0							76.46	99.78	125.78	158.76	212.2	270.2	327.1	382.1	436.0
65.0							76.47	99.82	126.02	154.49	214.9	275.8	335.2	393.0	449.7
70.0								99.85	126.17	155.00	216.9	280.3	342.5	402.8	462.2
深水波	6.24	24.05	24.97	39.02	56.19	76.47	99.88	126.42	156.07	224.6	305.7	399.3	505.3	623.9

注:表中波长单位为 m。

(4)设计波浪推算应符合下列规定:

①对河、湖堤防,设计波浪要素可采用风速推算的方法,并按上述波浪要素式(5-2-16)、式(5-2-17)、式(5-2-18)计算确定。设计波浪的计算风速可采用历年汛期最大风速平均值的 1.5 倍。

②对河口、海岸堤防,可按下列方法确定:

a. 当工程地点有 20 年以上的长期测波资料,设计波高可采用某一累积频率的年最大波高系列进行频率分析的方法确定,其重现期可采用设计潮位的重现期。

b. 当工程地点无长期测波资料时,在风区长度小于或等于 100km 条件下,设计波浪要素可采用风速推算的方法,并按上述波浪要素式(5-2-16)、式(5-2-17)、式(5-2-18)计算确定,计算风速重现期可采用设计潮位的重现期。在开敞水域条件下,可采用历史地面天气图确定风场,并采用风场推算风浪要素方法确定设计波高。

c. 与设计波高对应的波周期,对有限水域可按式(5-2-17)计算确定;对开敞水域宜通过分析确定。

(5)近岸波浪浅水变形计算应符合下列规定:

①波浪向近岸浅水区传播时,可假定平均波周期不变,任意水深处的波长可按式(5-2-19)或表 5-2-4 确定。

②浅水区任意水深处的波高,应按浅水变形计算确定。当水底坡度平缓,波浪传播距离较长,浅水变形计算宜计入底摩阻的影响。

③当浅水波浪变形计算得到的波高大于该处的极限波高时,设计波高不应大于极限波高。

二、风壅水面高度计算

风壅水面高度在有限风区的情况下,可按式(5-2-20)计算:

$$e = \frac{Kv^2 F}{2gd}\cos\beta \tag{5-2-20}$$

式中:e——计算点的风壅水面高度(m);

K——综合摩阻系数,可取 $K = 3.6 \times 10^{-6}$;

v——设计风速(m/s),按计算波浪的风速确定;

F——由计算点逆风向到对岸的距离(m);

d——水域的平均水深(m);

β——风向与垂直于堤轴线的法线的夹角(°)。

三、波浪爬高计算

(1)在风的直接作用下,正向来波在单一斜坡波上的波浪爬高可按下列方法确定:

①当 $m = 1.5 \sim 5.0$ 时,可按式(5-2-21)计算:

$$R_p = \frac{K_\Delta K_v K_p}{\sqrt{1+m^2}}\sqrt{\overline{H}L} \tag{5-2-21}$$

式中:R_p——累计频率为 p 的波浪爬高(m);

K_Δ——斜坡的糙率及渗透性系数,根据护面类型按表 5-2-5 确定;

K_v——经验系数,可根据风速 v(m/s)、堤前水深 d(m)、重力加速度 g(m/s²)组成的无维量 $v/\sqrt{gd}$,可按表 5-2-6 确定;

K_p——爬高累积频率换算系数,可按表 5-2-7 确定;对不允许越浪的路堤,爬高累积频率宜取 2%,对允许越浪的路堤,爬高累积频率宜取 13%;

m——斜坡坡率,$m = \cot\alpha$,α 为斜坡坡角(°);

$\overline{H}$——堤前波浪的平均波高(m);

L——堤前波浪的波长(m)。

②当 $m \leq 1.25$ 时,可按下式计算:

$$R_p = K_\Delta K_v K_p R_0 \overline{H} \tag{5-2-22}$$

式中:R_0——无风情况下,光滑不透水护面($K_\Delta = 1$)、$\overline{H} = 1\text{m}$ 时的爬高值(m),可按表 5-2-8 确定。

斜坡的糙率及渗透性系数 K_Δ

表 5-2-5

护面类型	K_Δ	护面类型	K_Δ
光滑不透水护面(沥青混凝土)	1.0	抛填两层块石(透水基础)	0.50~0.55
水泥混凝土及水泥混凝土板护面	0.9	四角空心方块(安放一层)	0.55
草皮护面	0.85~0.90	四角锥体(安放二层)	0.40
砌石护面	0.75~0.80	扭工字块体(安放二层)	0.38
抛填两层块石(不透水基础)	0.60~0.65		

经验系数 K_v

表 5-2-6

$v/\sqrt{gd}$	≤1	1.5	2	2.5	3	3.5	4	≥5
K_v	1	1.02	1.08	1.16	1.22	1.25	1.28	1.30

爬高累积频率换算系数 K_p

表 5-2-7

$\overline{H}/d$	$P(\%)$	0.1	1	2	3	4	5	10	13	20	50
<0.1		2.66	2.23	2.07	1.97	1.90	1.84	1.64	1.54	1.39	0.96
0.1~0.3	$\dfrac{R_p}{\overline{R}}$	2.44	2.08	1.94	1.86	1.80	1.75	1.57	1.48	1.36	0.97
>0.3		2.13	1.86	1.76	1.70	1.65	1.61	1.48	1.40	1.31	0.99

注：$\overline{R}$——平均爬高。

R_0 值

表 5-2-8

$m = \cot\alpha$	0	0.5	1.0
R_0	1.24	1.45	2.20

③当 $1.25 < m < 1.5$ 时，可由 $m = 1.5$ 和 $m = 1.25$ 的计算值按内插法确定。

(2)带有平台的复合斜坡堤(图 5-2-11)的波浪爬高。可先确定该断面的折算坡度系数 m_e，再按坡度系数为 m_e 的单坡断面确定其爬高。折算坡度系数 m_e 可按下列公式计算：

①当 $\Delta m = (m_下 - m_上) = 0$，即上下坡度一致时：

$$m_e = m_上 \left(1 - 4.0 \frac{|d_w|}{L}\right) K_b \tag{5-2-23}$$

$$K_b = 1 + 3\frac{B}{L} \tag{5-2-24}$$

②当 $\Delta m > 0$，即下坡缓于上坡时：

$$m_e = (m_上 + 0.3\Delta m - 0.1\Delta m^2)\left(1 - 4.5\frac{d_w}{L}\right) K_b \tag{5-2-25}$$

③当 $\Delta m < 0$，即下坡陡于上坡时：

$$m_e = (m_上 + 0.5\Delta m + 0.08\Delta m^2)\left(1 + 3.0\frac{d_w}{L}\right) K_b \tag{5-2-26}$$

式中：$m_{上}$、$m_{下}$——分别为平台以上、以下的斜坡坡率。

d_w——平台上的水深(m)，当平台在静水位以上时取正值；平台在静水位以下时取负值(图5-2-11)。$|d_w|$表示取绝对值；

B——平台宽度(m)；

L——波长(m)。

注：折算坡度法适用于 $m_{上} = 1.0 \sim 4.0$，$m_{下} = 1.5 \sim 3$，$d_w/L = -0.067 \sim +0.067$，$B/L \leq 0.25$ 的条件。

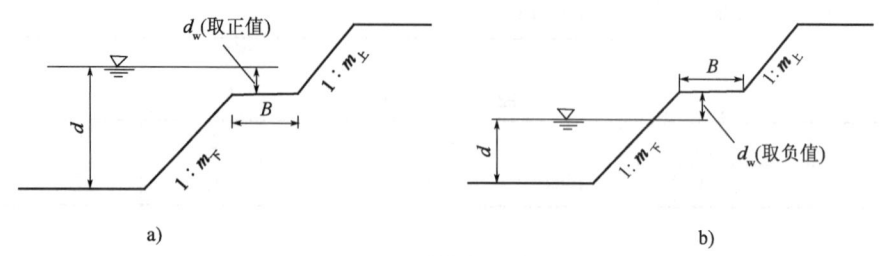

图 5-2-11　带平台的复式斜坡堤

(3)当来波波向线与堤轴线的法线成 β 角(度)时，波浪爬高应乘以系数 K_β，当堤坡坡率 $m \geq 1$ 时，K_β 可按表 5-2-9 确定。

系 数 K_β　　　　表 5-2-9

β(度)	≤15	20	30	40	50	60
K_β	1	0.96	0.92	0.87	0.82	0.76

(4)对1级、2级堤防或断面形状复杂的复式堤防的波浪爬高，宜通过模型试验验证。

四、浸水路基波浪计算示例

某高速公路路线跨越湖水面长度约7.7km，距湖北大堤约2.2km。其中湖中筑岛长810m，两侧短路堤长度各为300m和440m，湖中路基长度共约1.55km，如图5-2-12所示。路基在湖中填筑高程按百年一遇洪水位控制，全防护高程按10年一遇洪水位+50cm控制(85高程为3.8m)，筑岛和短堤处湖底高程0.3~0.8m(85高程)。整个湖岛和两侧短堤路基填筑工程量比较大，1.55km路基总填方压实体积约750000m³。

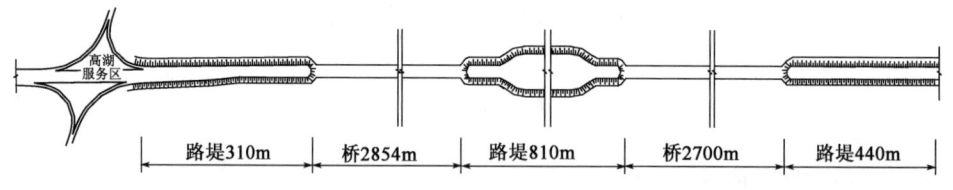

图 5-2-12　跨湖线路

湖底较平坦，无显著起伏。湖心区水深2m左右。百年一遇水深4m。湖上方10m处风速为50年一遇最大风速25.6m/s，10年一遇最大风速10m/s，主风向为东南。

10年一遇洪水位+50cm(高程3.8m)以下采用浆砌片石防护，边坡1∶2，如图5-2-13所示。为保证路基稳定性，湖中路基设10m宽反压护道。湖心岛桥头最不利处路基填高在7.5m左右(含淤泥深度)，经验算稳定满足要求。

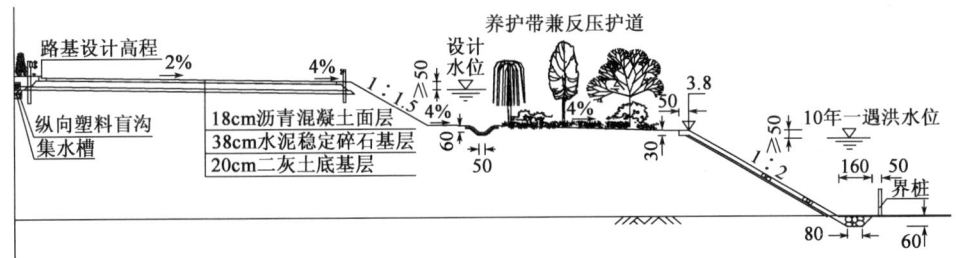

图 5-2-13　路基标准横断面(尺寸单位:cm)

1. 波浪要素的计算

根据湖的地形以及主风向,如图 5-2-14 所示,计算点的范围在东路堤从岸边到距离岸边 310m。根据有效风区长度的计算原理,选取 $\Delta\alpha = 7.5°(i = 0, \pm 1, \pm 2, \cdots, \pm 6)$,通过试算,确定有效风区长度最长的计算点在浸水路基和岸边交界处,并得到该计算点到对岸射线的射线长度分别为 7.601km、7.870km、9.163km、9.322km、9.454km、9.197km、8.793km、10.727km、10.877km、10.388km、11.519km、14.675km、19.617km。根据式(5-2-15),有效风区长度:

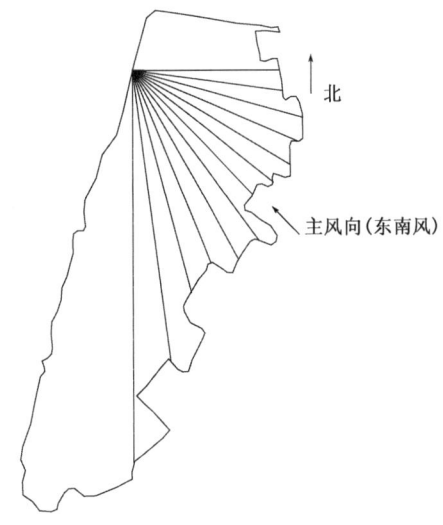

图 5-2-14　等效风区长度计算

$$F_e = \frac{\sum_i r_i \cos^2 \alpha_i}{\sum_i \cos\alpha_i} = \frac{7.601 \times \cos^2 45° + 7.870 \times \cos^2 37.5° + 9.163 \times \cos^2 30° + 9.322 \times }{2(\cos 45° + \cos 37.5° + \cos 30° + \cos 22.5° + \cos 15° + \cos 7.5°) + \cos 0°}$$

$$\frac{\cos^2 22.5° + 9.454 \times \cos^2 15° + 9.197 \times \cos^2 7.5° + 8.793 \times \cos^2 0° + 10.727 \times \cos^2 7.5° + 10.877 \times}{}$$

$$\frac{\cos^2 15° + 10.388 \times \cos^2 22.5° + 11.519 \times \cos^2 30° + 14.675 \times \cos^2 37.5° + 19.617 \times \cos^2 45°}{}$$

$= 9.350\text{km}$

其他参数如下:重力加速度 $g = 9.81\text{m/s}^2$、百年一遇水深 $d = 4\text{m}$ 和计算风速 $v = 15\text{m/s}$。根据式(5-2-16)得:

$$\frac{g\overline{H}}{v^2} = 0.13\text{th}\left[0.7\left(\frac{gd}{v^2}\right)^{0.7}\right]\text{th}\left\{\frac{0.0018\left(\frac{gF}{v^2}\right)^{0.45}}{0.13\text{th}\left[0.7\left(\frac{gd}{v^2}\right)^{0.7}\right]}\right\}$$

$$= 0.13\text{th}\left[0.7\left(\frac{9.81 \times 4}{15^2}\right)^{0.7}\right]\text{th}\left\{\frac{0.0018\left(\frac{9.81 \times 9350}{15^2}\right)^{0.45}}{0.13\text{th}\left[0.7\left(\frac{9.81 \times 4}{15^2}\right)^{0.7}\right]}\right\}$$

$= 0.0203$

因此，平均波高 $\bar{H} = \dfrac{0.0203 \times 15^2}{9.81} = 0.466 \text{m}$

根据式(5-2-17)，$\dfrac{g\bar{T}}{v} = 13.9\left(\dfrac{g\bar{H}}{v^2}\right)^{0.5} = 13.9\left(\dfrac{9.81 \times 0.466}{15^2}\right)^{0.5} = 1.982$

因此，$\bar{T} = \dfrac{1.982 \times 15}{9.81} = 3.030\text{s}$。

2. 波浪爬高的计算

根据公路的断面形式，$m = 1.5$；护坡类型为草皮护面，按表 5-2-5，$K_\Delta = 0.85$；$v/\sqrt{gd} = 15/\sqrt{9.81 \times 4} = 2.395$，根据表 5-2-6，$K_v = 1.11$；$\bar{H}/d = 0.466/4 = 0.117$，由于不允许越浪的路堤爬高累计频率宜取 $P = 2\%$，根据表 5-2-7，$K_p = 1.94$；根据表 5-2-4，并进行插值，$L = 13.61\text{m}$。根据式(5-2-21)，则累计频率为 2% 的波浪爬高为：

$$R_{2\%} = \dfrac{K_\Delta K_v K_p}{\sqrt{1+m^2}}\sqrt{HL} = \dfrac{0.85 \times 1.11 \times 1.94}{\sqrt{1+1.5^2}}\sqrt{0.466 \times 13.61} = 2.56\text{m}$$

平均波浪爬高 $\bar{R} = 2.56/1.94 = 1.32\text{m}$。

因此，对于百年一遇水深不允许越浪的路基设计高程至少为 $h = 4 + 2.56 = 6.56\text{m}$。

第三章　水库地段路基

水库地段路基是指沿水库边缘修筑的路基以及跨越水库支流修筑的受库水浸泡的路基。由于路基也受到地表水浸泡的影响，水库路基一方面具有浸水路堤的特点，与此同时，水库水位变动频繁，库岸再造作用剧烈，库区路基有其区别于一般浸水路堤的特征。

与一般路基不同，库岸路基由于库水的存在改变了近库岸侧路基边缘的水动力条件、路基的地下水文条件以及路基的渗透条件，造成了路基遭受水的冲刷、地下水的渗透与浸泡、路基岩土体中超孔隙水压力升高等，导致库岸路基的变形和失稳破坏频繁发生。水库路基常见的工程问题有水库淤积、渗透变形、库岸失稳等类型。

设计水库地段路基时，应参照浸水路基要求，同时结合水库的特点，考虑水位升降、波浪侵袭、水流冲刷、坍岸、淤积和地下水壅升引起的岩土性质恶化等的影响，合理确定路基断面形式，做好防渗与排水设计，采取相应的防护、加固措施。

第一节　设计原则及勘测要点

一、设计原则及要求

1. 遵循地质选线，尽量避开水库对线路的不良影响

(1) 线路应选择在水库预测坍岸范围安全距离以外通过。应采取措施能确保路线稳定和技术经济综合分析比较合理，也可在水库预测坍岸范围内以短距离通过。

(2) 线路应选择在岸坡稳定、浸水后变形较少的一侧通过，选择结构面倾向山内一侧的岸坡通过，应避开有软弱夹层倾向水库一侧的岸坡。

(3) 线路宜选择在水库背风一侧，线路走向宜与主导风向一致。

(4) 线路位于水库下游时，应选择在水库泄洪引起的水淹冲刷等恶化工程地质条件范围以外通过，需考虑溃坝影响时，应选在溃坝影响范围以外。

2. 水库路基应具有一定的高度

路基高度除应满足设计洪水频率水位的要求外，尚应满足关于地下水位、地表积水、水库淤积与壅水等对路基高度的要求。

3. 防止坍岸，确保路基边坡的稳定

(1) 破坏路基边坡的因素很多，但主要是在水库水位变幅带内受到风浪的侵袭、冲击和淘刷，引起路基的坍塌或崩塌。在库岸地质不良地段，为了保持路基边坡完整，对水位变幅带内的边坡必须加以防护。

(2) 当库边水面有封冰情况时，防护下限的确定必须考虑封冰时的水位及冰盖层的厚度。

在水库的上游地段,当边坡按水流的冲刷作用进行防护时,其防护下限要考虑基础脚下的冲刷深度。

(3)当水库边岸逐渐坍塌,最后将会影响到路基的稳定时,需预先对这部分库岸进行防护,或将路基设在坍岸范围以外的一定距离处。

4. 防止路基沉落,保证路基强度

(1)应根据设计要求,严格掌握填料规格。
(2)严格掌握填土的含水率和密实度,保证施工质量。
(3)对湿陷性或软弱基底,应尽可能在事前进行处理,具体方法可参照上一章浸水路基。
(4)对可能发生沉落的路基,经过分析研究,可预留适当的沉落量。

5. 做好路基渗流控制和排水设计

(1)当路基经常受水浸泡,两侧有较大的水头差时,为了减少渗透压力,路基受库水位浸泡的部位宜用渗水性填料填筑。
(2)对于用一般细粒土填筑的路基,当渗透速度和渗透压力较大,可能发生冲蚀时,除放缓边坡外,宜在低水位一侧设置排水设施,以改变浸润线位置,防止冲蚀边坡和坡脚。

二、勘察要点

1. 资料收集

水库地段地质调绘前应收集地形、地貌、区域地质、水文地质资料,遥感图像,风向、风速等气象资料和地震资料,水库设计水位、波浪要素等水文数据,库周坍岸、浸没、渗透、壅水、湿陷、淤积等变化的预测资料,以及既有水库岸坡形态及稳定性调查与观测资料。

2. 工程地质调查

(1)查明水库边岸的地形、地貌及地质情况,并特别注意查明水库水位变化幅度范围内的地貌和地质情况及其受水库影响的程度。
(2)查明峡谷斜坡的稳定情况,如有无滑坡、崩塌等不良物理地质现象;判明水库对斜坡稳定的影响,并提出处理措施和意见。
(3)查明库岸地层层序、岩层产状、地质构造、岩性、风化破碎程度等,预测坍岸的可能性及范围。
(4)查明填料的来源、运量、数量及其有关的物理力学性质。
(5)黄土地区,研究不同成因类型黄土的分布(如洪积、坡积、冲积等)及其天然边坡坡度、高度、稳定情况,以及植被情况。
(6)调查黄土溶洞的发展情况,并判明在水库建成后可能引起的影响。
(7)查明地下水的埋藏条件,预测水库蓄水后地下水壅升对路基的影响。

3. 勘探与测试

(1)路线影响范围内的坍岸地段需进行重点勘察,应采用物探、钻探、坑探与原位测试相结合的综合勘探方法,查明岸坡的水文地质、工程地质条件,特别是软弱岩层、遇水软化岩层或裂隙面的空间分布特征,必要时应进行水文地质勘探及试验工作。
(2)水库坍岸的勘探点位、勘探深度应根据工程类别及基础类型等设计要求确定;最小勘探深度应至水库岸坡稳定坡角线以下。

(3)水库坍岸测试应根据岸坡稳定性验算和工程建筑的需要分层取样,测试岩土的物理力学性质和水理性质;水下工程基础为软质岩层时应进行崩解试验、抗压强度试验或旁压试验等。试验主要项目有颗粒成分、可溶盐含量、崩解性和湿陷性、水下稳定角、天然密度、饱和密度、黏聚力、内摩擦角等。

4. 资料编制

(1)工程地质说明。水库地段工程地质条件、水库设计的有关内容,预测坍岸线的有关参数,线路方案工程地质条件比选,水库坍岸评价及处理原则。

(2)水库地段工程地质图。图中包括各种水位、预测坍岸线和断面位置等,比例尺为1:2000~1:5000。

(3)预测坍岸变形的地质断面图。图中包括各种库水位、地下水位和地下水位壅升线、预测坍岸线等,比例尺为1:200~1:500。

(4)线路工程地质纵断面图(必要时绘制)。比例尺为:横1:500~1:5000,竖比例尺为1:200~1:1000。

(5)库区不良地质和各类建筑物的工程地质资料,包括水库影响的有关资料。

(6)勘探、测试、气象、水文、地震等其他原始资料。

第二节 水库坍岸预测

水库建成后,周期性的水位抬升、消落及波浪作用,致使原本趋于稳定的岸坡不断后退、坍塌最终发生库岸再造形成新的水库岸坡,坍岸不仅危害沿岸分布的道路、桥涵等有关建筑物等,而且发生坍岸后的岩土体滑入水库,造成淤积,影响水库的有效运行。因此,进行水库坍岸预测可以为岸坡治理提供重要的依据。由于岸坡物质组成、结构特征、地下水位等不确定因素的复杂性,难以通过精确的数学式进行定量分析。目前国内外大多数研究都是基于已建成的水库,通过对坍岸的观测和分析,进行坍岸预测。预测方法包括类比图解法、计算图解法、统计法和模拟试验法等。

影响坍岸的因素错综复杂,坍岸预测前,应先摸清水库区的工程地质和水文地质条件。对于能被波浪磨蚀的土层和一些半岩质岩层,需按水库坍岸预测方法进行计算。至于在蓄水的浸泡和地下水壅升等作用下引起的滑坡和崩塌等不良地质作用,应按滑坡和崩塌等的方法分析其稳定性。

坍岸预测一般可近似采用下述工程类比图解法和计算图解法,计算所需的波浪高、波浪长、浪爬高等波浪参数详见本篇上一章第四节波浪计算。

1. 类比图解法

利用现阶段不同岩土体水下稳定边坡、水位变幅带坡角和水上稳定边坡,与将来水库蓄水后不同库水条件下的库岸岸坡类比,从而进行坍岸预测。

首先根据地质调查与勘探资料,对天然河道条件下不同岩土体的平均枯水位以下、河水涨幅带以及平均洪水位以上三带内岩土体的静态稳定坡角进行统计,同一类岩土层的多组数据按式(5-3-1)处理。

$$\alpha = \sum \alpha_i \times L_i / \sum L_i \tag{5-3-1}$$

式中:α——数个统计范围内该岩土层的稳定坡角(°);

α_i——单个统计点该岩土层的坡角(°);
L_i——单个统计顺坡向之间的平面距离(m)。

由于枯水位以下岩土层稳态坡角无法量取,可将河水涨幅带稳态坡角按0.8的系数折减而得。

然后根据实测岸坡剖面,自河水枯水位起,首尾相连依次绘出不同库水位条件下相应岩土层的稳定坡角,并以各段稳定坡脚连线代表最终库岸再造边界线,进而量取库岸再造的最终宽度与高程,求得坍岸范围。

2. 计算图解法

(1)卡丘金预测法。该方法适用于中松散沉积层,如黄土、砂土、砂壤土、黏质土岸坡,并且波浪较小的水库,如图5-3-1所示,其计算式为:

$$S_t = N[(A + h_p + h_b)\cot\alpha + (H - h_b)\cot\beta - (B + h_p)\cot\gamma] \quad (5\text{-}3\text{-}2)$$

式中:S_t——坍岸带最终宽度(m);

N——与土颗粒大小有关的系数,黏土为1.0,壤土为0.8,黄土为0.6,砂土为0.5,砂卵石为0.4,多种土质岸坡应取加权平均;

A——库水位变化幅度(m);

B——波浪冲刷高度至设计最低水位(m);

h_p——波浪冲刷深度(m),一般情况 $h_p = (1.5 \sim 2.0)h$(波高);

h_b——波击高度或浪爬高(m);

H——正常蓄水位以上岸坡高度(m);

α——水下浅滩冲刷后稳定坡角(°),可从图5-3-2查得;

β——岸坡水上稳定坡脚(°),可查表5-3-1;

γ——原始岸坡坡角(°)。

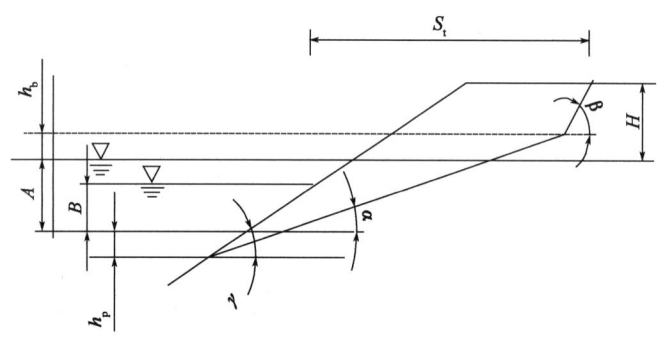

图5-3-1 卡丘金预测法示意图

岸坡水上稳定坡脚 β 值 表5-3-1

岸坡岩层	β 值(°)	岸坡岩层	β 值(°)
黏土	5~30	含漂砾的壤土	35~45
黄土	20~38	粗砂	38~45
壤土	25~48	砾石	>45
细砂	30~35	卵石	>45
中砂	30~40		

注:壤土,指颗粒级配中黏粒、粉粒、砂粒含量适中的土,颗粒大小在0.02~0.2mm,质地介于黏土和砂土之间。

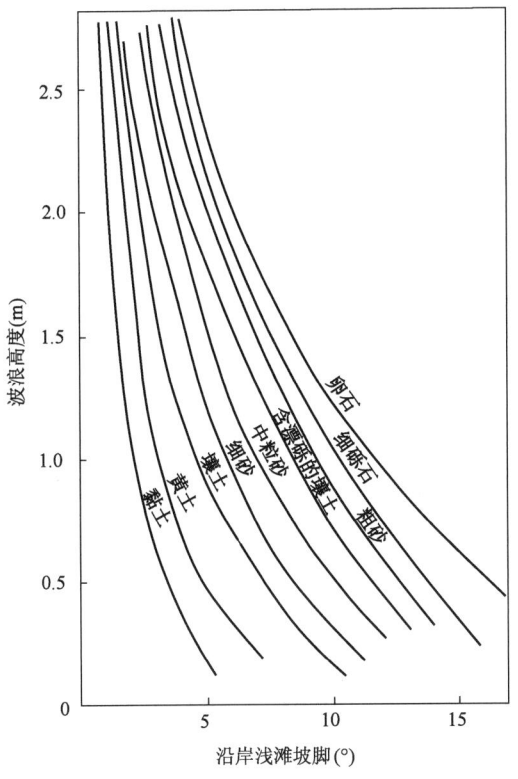

图 5-3-2 不同波高条件下几种松软土的水下稳定坡角 α 取值

(2)佐洛塔廖夫预测法。

该方法较适用于具有非均一地层结构的岸坡,主要指由黏土质的、较坚硬和半坚硬岩土组成的高岸水库边坡。其认为库岸再造和波浪起主要作用,库岸再造后的岸坡可分为浅滩台阶、堆积浅滩面、浅滩的冲蚀部分、浪击带和水上稳定边坡五部分(图 5-3-3)。

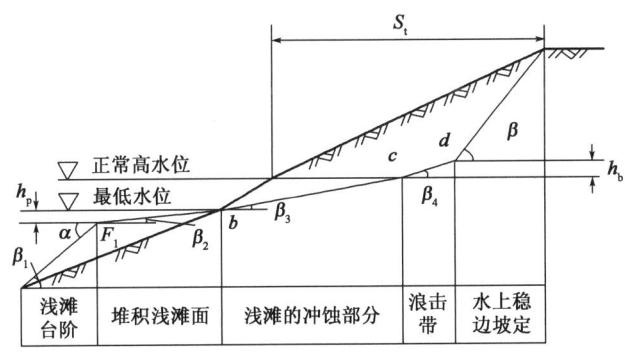

图 5-3-3 佐洛塔廖夫预测法示意图

该法与卡丘金法相似,不过它考虑了水下的堆积,而不用 N 系数,确定坍岸宽度时可用试算法,使 $F_1/F_2=k_a$ 符合要求的百分数。具体预测步骤如下:

①绘制预测岸坡的地质剖面。

②标出水库正常高水位线与水库最低水位线。

③从正常高水位向上标出波浪爬升高度线,高度(h_b)的值取一个波高。

④由最低水位向下,标出波浪影响深度线,影响深度黏质土取1/3浪波长,砂土取1/4波浪长。

⑤波浪影响深度线上选取 a 点,使其堆积系数(k_a)达到预定值。堆积系数 $k_a = F_1/F_2$(F_1 为堆积浅滩体积,F_2 为水上边坡被冲去部分的体积)。

⑥由 a 点向下,根据浅滩堆积物绘出外陡坡线使之与原斜坡相交,其稳定坡度 β_1,粉细砂土和黏土采用10°~20°,卵石层和粗砂采用18°~20°;由 a 点向上绘出堆积浅滩坡的坡面线,与原斜坡线相交于 b 点,其稳定坡度 β_2,细粒砂土为1°~1.5°,粗砂小砾石为3°~5°。

⑦以 b 点作为冲蚀浅滩的坡面线,与正常高水位线相交子 c 点,坡角为 β_3。

⑧由 c 点作冲蚀爬升带的坡面线,与波浪爬升高度水位线相交于 d 点。其稳定坡脚角 β_3、β_4 及 k_a 可按表5-3-2确定。

β_3、β_4、k_a 值   表5-3-2

岩石名称	β_3	β_4	k_a	岩层泡软速度
粉砂、细砂、黏砂土、淤泥质砂黏土	40′~1°	3°	5%~20%,根据颗粒组成而定	快,几分钟内
小卵石夹粗砂、碎石土	6°~8°	16°~18°	30%以下	—
黄土质砂黏土	1°~1°30′	4°	冲蚀的	相当快,10~30min
松散的砂黏土	1°~2°	4°	冲蚀的	1~2h 内,水中分解
下白垩纪黏土、上白垩纪泥灰岩	2°~3°	6°	10%~20%	不能泡软,在土样棱角上膨胀破坏
上白垩纪泥灰岩、蛋白岩(极软岩)有裂缝	3°~5°	10°	10%~30%	不能泡软
黏土,黑色深灰色,质密,成层	2°	6°	冲蚀的	1个月内不能泡软,部分分化淋蚀
黏土,深灰色,质极密,含钙质	2°~3°	5°	冲蚀的	1个月内不能泡软,部分分化淋蚀
有节理的泥灰岩,石灰质黏土,密实的砂,松散砂岩	2°~4°	10°	10%~15%	1个月内不能泡软,部分分化淋蚀
石灰岩,白云岩	实际上不能冲刷只是在碎石岩堆上发生冲刷			不能泡软
黄土和黄土质土	1°~1°30′	—	—	很快,全部分解

注:表列 β_3、β_4 值符合于波浪高为2m 的情况,在库尾区因波浪高较小,可按表列值增加1.5倍。

⑨绘制水上稳定坡,依自然坡角确定。

⑩检验堆积系数与预定值是否相符,如果不相符,则向左或右移动 a 点并按上述步骤重新作图,直至合适为止。

(3)两段法。该方法将预测坍岸线概化为由水下稳定岸坡线和水上稳定岸坡线两段组成,水下稳定岸坡线由原河道多年最高洪水位及水下稳定坡脚 α 确定;水上稳定岸坡线由设计洪水位和毛细水上升高度 H' 及水上稳定坡角 β 确定(图5-3-4)。

两段法的具体图解为:以原河道多年最高洪水位与岸坡交点 A 为起点。以 α 为倾角绘出水下稳定岸坡线,该线延伸至设计洪水位加毛细水上升高度的高程点 B。再过 B 点以 β 为倾角绘出水上稳定岸坡线,与原岸坡交于 C,C 点即为水上稳定岸坡的终点。水上稳定岸坡线的起点 B 的高程所对应的原库坡的 D 点。与该结终点 C 之间的水平距离即为预测的坍岸宽度 S_k（图 5-3-4）。

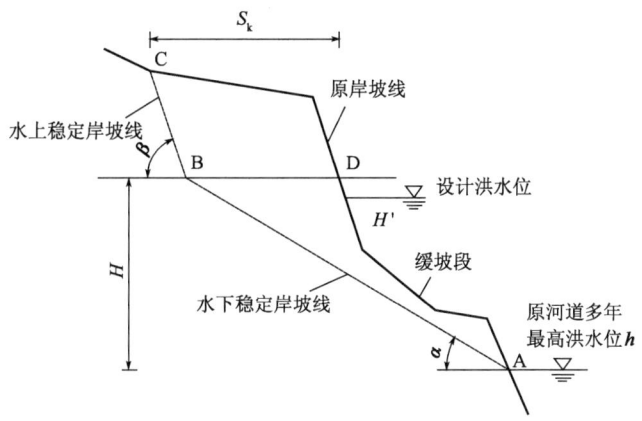

图 5-3-4 两段法坍岸预测示意图

采用两段法进行坍岸预测，水下稳定岸坡的起点高程相当于原河道的历史最高洪水位，或蓄水后第一年的淤积高程，采用两者较高值。其数据可从当地水文部门或实地调查获得。

水下稳定岸坡角 α 的确定方法有两种。一种是工程地质调查法，该方法的作者通过对数十处水库的地质调查，给出了不同岩土层组成的水下稳定岸坡角 α 值，见表 5-3-3。

水下稳定坡角 α 取值　　表 5-3-3

岩 土 名 称	颗粒组成及性质	$\alpha(°)$
粉细砂（Q_4^{al}）	密实 $e<0.6$	18～21
	中密 $e=0.6$～0.75	15～18
	稍松 $e>0.75$	12～15
中粗砂夹角砾（Q_4^{al}）	密实 $e<0.6$	24～27
	中密 $e=0.6$～0.9	21～24
	稍松 $e>0.9$	18～21
黏土、砂黏土夹碎（卵）石、角（圆）砾（$Q_4^{dl+pl+al}$）	密实石质含量>35%	27～30
	中密石质含量20%～35%	24～27
	稍松石质含量<20%	21～24
碎（卵）石土（$Q_4^{dl+pl+col}$）	密实石质含量>70%	33～36
	中密石质含量60%～70%	30～33
	稍松石质含量<60%	27～30
漂（块）石、卵（碎）石土（Q_4^{al+col}）	全胶结	45～50
	半胶结	40～45
弃渣	粒径 3～30cm，含量>90%	34～36
石英云母片岩 W_4	粒径≥0.015mm，含量>80%	20～26
石英闪长岩 W_4	粒径≥0.015mm，含量>83%	26～32
晶屑流纹质凝灰熔岩 W_4	粒径≥0.015mm，含量>70%	28～36

注：e 为孔隙比。

另一种为综合计算法,它是在地质调查法的基础上总结出来的,对于砂质土及碎石类土,取 $\alpha = \varphi$(内摩擦角);对于黏质土,则用增大内摩擦角的方法来考虑,由于黏聚力 c 的影响,使 $\alpha = \varphi_0$(综合内摩擦角),用剪切力公式计算 φ_0,即:

$$\varphi_0 = \arctan[\tan\varphi + c/(\gamma_i H)] \tag{5-3-3}$$

式中:γ_i——水下岩土体的饱和重度(kN/m^3);

H——水下岸坡起点至岸坡终点的高度(m)。

φ、c、γ_i 由试验获得,综合计算法与地质调查法所得结果基本吻合。

水上稳定岸坡角指坍岸后库岸在雨水冲刷、大气湿热、冻融破坏、地下水侵蚀等自然引力作用下,达到最终自然稳定的岸坡角。地质调查与式(5-3-3)计算结果相近,调查结果列于表 5-3-4。

水上稳定坡角 β 取值 表 5-3-4

岩土名称	颗粒组成	β 实测值(°)	β 终止值(天然)(°)
黏土	粒径≤0.02mm 占 85% 以上	58~60	60
砂黏土	粒径≤0.02mm 占 60% 以上	55~70	55
砂夹卵石	含砂量≥70%,卵石含量≤30%	40~62	40
弃渣	粒径 3~30cm 占 90% 以上	45	42~45
强风化石英云母片岩	粒径≥0.015mm 占 80% 以上	32~35	25
强风化石英闪长岩	粒径≥0.015mm 占 83% 以上	50~55	42
强风化流纹质凝灰熔岩	粒径≥0.015mm 占 70% 以上	45~50	44

毛细水上升高度 H' 一般通过试验与现场调查相结合来确定,其值与岸坡岩土体的颗粒直径有关,粗颗粒毛细水上升高度小,细颗粒相应较高。

"两段法"的适用条件为我国南方山区的峡谷型水库,库面较窄,风浪作用较小。岸按地层为黏质土、砂质土、碎石类土、弃渣及岩石的全风化地层。用两段法进行坍岸预测时可与卡丘金法比较,可靠性则更高一些。

3. 岩石地区水库坍岸预测方法

极软岩(不含易风化、软化及崩解的岩层)和软质岩、硬质岩(不含破碎的地层)一般宜用工程地质法预测坍岸宽度。通过调查研究地层的成层特征,岩性(尤其是水位变化带内的),各种结构面的产状、性质、密度、浓度及宽度,凸岸或凹岸,高岸或低岸及其坡度陡缓,以及地下水壅升等情况,并测绘垂直于库岸的地质断面图,即可用工程地质法进行坍岸宽度的预测。现将某水库白垩纪砂砾岩地层的预测方法用图 5-3-5 介绍如下。

图 5-3-5 中当软弱夹层被浪蚀至 a 所示的面积时,A 处节理张开、扩大,并向下延伸到凹坎,岸壁产生崩坍,岩体堆积于坡脚如虚线 FC 所示,未能保护软弱夹层;当软弱夹层继续被浪蚀至 b 所示的面积时,B 处节理张开扩大,并向下延伸至凹坎,岸壁再次产生崩坍,岩块堆积于坡脚如虚点线 ED 所示,此时保护软弱夹层,岸壁不会

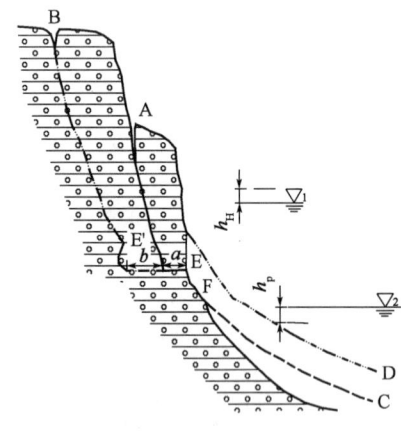

图 5-3-5 某水库白垩系砂砾岩坍岸预测图
注:▽₁-正常高水位;▽₂-设计低水位;h_H-波浪侵袭高;h_p-波浪影响深度;A、B-节理裂隙;a、b-浪蚀凹坎的面积;FC-第一次崩坍后岩块堆积线;ED-第二次崩坍后岩块堆积线;E'B-预测坍岸线。

再继续崩坍,预测坍岸线即如图中 E'B 所示。

第三节 水库地段路基设计

一、路基高度

受水浸淹路段路基边缘的高度,应不低于路基设计洪水频率的水位加壅水高、波浪侵袭高,以及 0.5m 的安全高度,可按式(5-3-4)求得:

$$H = h_1 + h_2 + h_z + h_s \tag{5-3-4}$$

式中:H——路基高度(m);
h_1——相应于公路设计洪水频率的水库水位(m);
h_2——回水高(m);
h_z——波浪侵袭高(m);
h_s——安全高度(m),一般取 0.5。

对于一些地方性的小型水库,应注意水库淤满后,使用单位往往采用增加坝高措施,以提高库容量,或为农田灌溉需要,提高水库等级,加高堤坝。故对路基高度设计,应尽可能留有余地。

二、路基横断面形式

以下几种横断面形式,可供设计参考。

1. 新建库区路基横断面形式

(1)在水库凹岸的缓坡地段修筑路基,可能采用的路堤形式如图 5-3-6 所示。外边坡按高路堤设计,成阶梯形,平台宽度不小于 2m,并于水位变幅带设冲刷防护建筑。

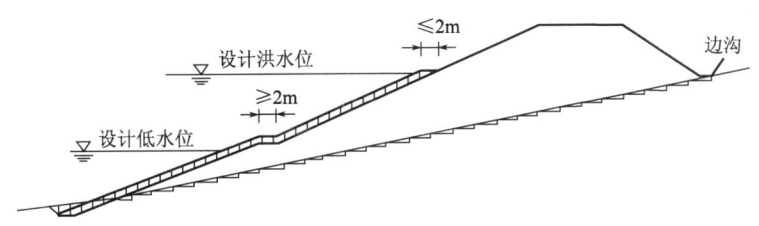

图 5-3-6 水库路段的横断面图

(2)当库岸较陡、堤顶与岸边河床之间高差较大时,若采用一般路基形式,则放坡太远,工程量太大,不经济。若风化岩层不厚,可选用挡墙路基,挡墙基础置于岸坡稳定的基岩上(图 5-3-7)。

(3)跨越水库支沟、支流或水库凹岸的浸水路基,在适当的位置应设置桥涵结构,控制两侧水位差。当水库水位变动或者支沟有洪水,可能出现暂时性的水位差,但在短时间内消失时,可按一般浸水路基设计断面和防护,设计水位以下为填石路基,以上为普通填土路基,在土石交界面处加设反滤层,库区浸水路基的典型断面如图 5-3-8 所示。

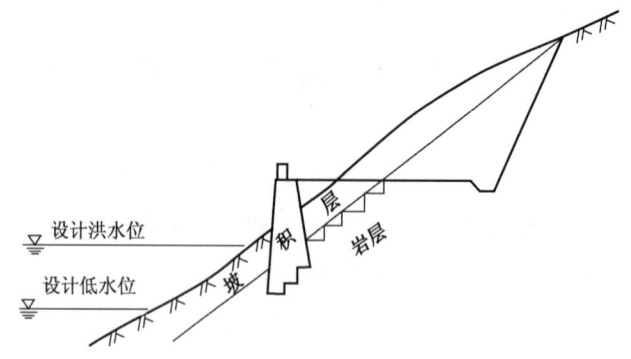

图 5-3-7 陡坡地段挡墙式横断面

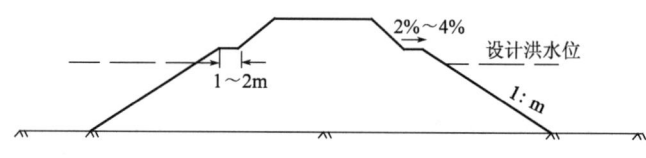

图 5-3-8 库区浸水路基典型横断面

2. 改建库区路基横断面形式

(1) 原路基高度足够,需加固边坡

原填石路基高度足够时,需另加边坡防护,如图 5-3-9 所示,并于设计低水位以下增设抛石护脚或铁丝笼护脚。原土质路堤高度足够,须加固边坡,加固措施如图 5-3-10 所示,并加抛石护脚。

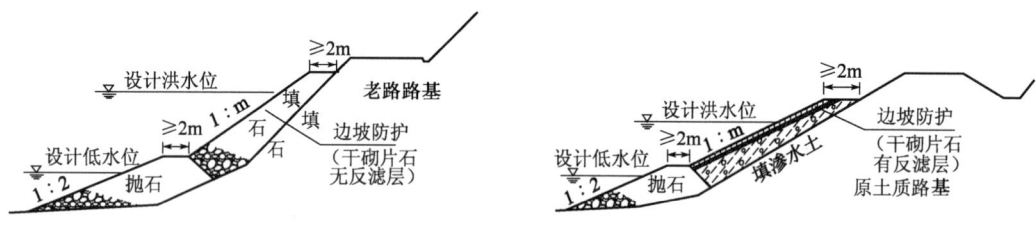

图 5-3-9 原填石路基加固边坡　　　　　　图 5-3-10 原土质路基加固边坡

(2) 原路基高度不足够,需加高加固

填石路基的加高加固,可采用填石措施,并加抛石护脚,如图 5-3-11 所示。

对于土质路基加高加固,在设计洪水位以下,可采用渗水性填料;在设计洪水位以上,可用黏质土填筑,如图 5-3-12 所示。

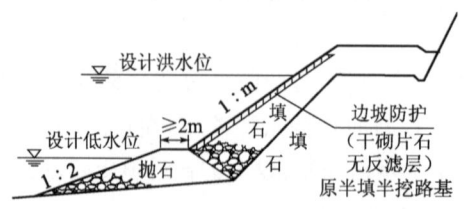
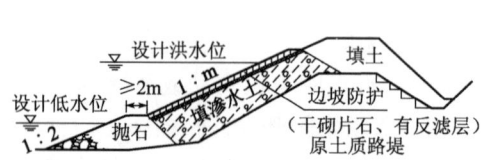

图 5-3-11 原填石路基加高加固　　　　　　图 5-3-12 原土质路基加高加固

(3)对于跨越水库支沟、支流或水库凹岸的浸水路基,库水上升使老路路基成为"防洪堤坝"或"挡水坝"后,除应加固护坡、护脚外,还应消除堤身、地基沉落,以及边坡滑坍、路基整体失稳等病害。如图 5-3-13 所示,可在迎水侧基底设置灌浆帷幕,或防渗齿墙,同坡面浆砌片石综合防护,截断渗透水流,减小地下水渗透压力;背水侧设置反压护道(铺盖、盖重),抵消强大的渗透压力,确保下游渗流逸出处稳定。

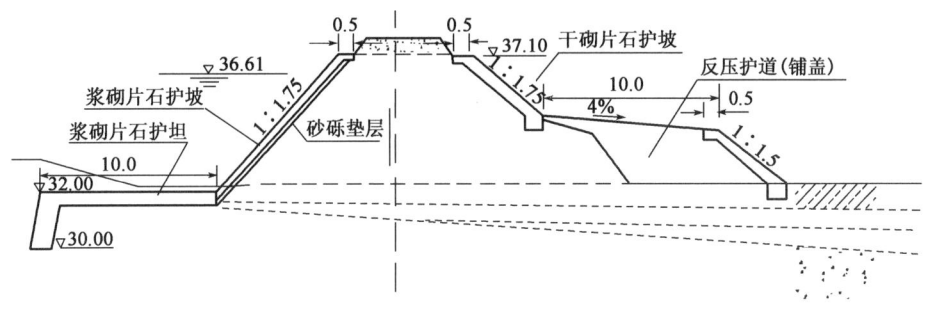

图 5-3-13　加固跨越水库支沟的浸水路基(尺寸单位:m)

三、边坡稳定性分析与边坡坡率

1. 水库路堤稳定性分析的不利工况

(1)上下游水头差较大时,路基内部的稳定渗流对下游边坡产生渗透压力和冲蚀作用。若路基位于透水层地基上时,则基底下的渗透将对下游坡脚附近产生渗透压力和冲蚀作用。

(2)水库泄水时,水位骤降,路基内不稳定渗流对临库一侧边坡产生渗透压力和冲刷作用。水库水位下降的幅度和时间的变化较为复杂,一般认为当土体的渗透系数≥0.001cm/s,水位消落速度<1m/d 时为缓降;而>3m/d 时为骤降。不利工况计算时,可假设水库水位从高水位降低到设计低水位过程中不存在水位回升现象。

(3)对于跨越支沟的路基,支沟中水位高出水库水位较大时,将出现第一种不利情况,若其上下游的水位差不显著,则出现类似于第二种的不利情况,当水库水位骤降时,路基内侧的水向库区渗流,对水库侧的边坡产生渗透压力和冲蚀作用;当水位骤然上升时,库区的水向路基内侧渗流,对内侧边坡产生渗透压力和冲蚀作用。

(4)傍山修筑的水库路基,一侧临水,一侧傍山,只会出现第二种不利情况。

2. 路基稳定性分析

土质路基边坡稳定性可根据路基体内渗流的最不利情况进行验算,分析方法可参照本手册上一章浸水路基。当路基采用不易风化的石块填筑时,可不考虑路基内的渗流作用。

水库路基边坡稳定的最危险时期为水库蓄水初期,该阶段水库底部淤积物通常很少,因此在路基稳定性分析时,即使在淤积较快的库区,也不应考虑将淤积后增加的路堤抗滑能力。

3. 路基边坡坡度

水库路基受水库水浸泡部分的边坡坡度,一般情况可按不浸水时的边坡坡度放缓一级考虑。若采用黏质土作填料,当路基基底地质良好,无不良地质现象时,其边坡坡率,可参考表 5-3-5 设计。

黏质土浸水路基边坡坡率参考值　　　　表 5-3-5

路基高度(m)	边坡坡率	路基高度(m)	边坡坡率
≤8.0	1:1.75	13.0~19.0	1:2.0~1:2.5
8.0~13.0	1:1.75~1:2.0	19.0~32.0	1:2.5~1:3.0

四、填料选择与渗透变形防治

1. 库区路基填料选择

路基在渗透压力作用下,一方面降低了路基边坡的稳定性,同时还可能产生管涌和流土现象,不利于路基的稳定。因此,水库地段路基填料选择应按浸水路基的填料要求。一般优先选用压缩变形小、水稳性好、渗透性强的粗颗粒材料,如砾石、卵石、漂石、不易风化的碎石和块石,以及粗砂和中砂等,以减小渗透压力的作用。黏质土可用作填料,但施工中应严格控制填土在最佳含水率时达到压实度。黏质土的含砂量以 50% ~75% 为佳。重黏土、易崩解岩土、易湿陷土、粉质土及其他不宜用作填筑一般路堤的填料,均不宜用作水库浸水路基的填料。当采用细砂、粉砂作填料时,应考虑振动液化的影响。

当渗水性材料较为缺乏时,路基受库水位浸泡的部位宜用渗水性材料填筑,库水位以上的部位可用细粒土填筑。对于用细粒土填筑的路堤,当渗透速度和渗透压力较大而可能发生冲蚀时,除放缓边坡外,宜在低水位一侧设置排水设施,设置较厚的反滤层及基底的护底等。

2. 路基渗透变形的防治措施

(1)路基浸水部分宜采用渗水土填筑,当路基经常受水浸泡,路基受水库水位浸泡的部位宜用不易风化的石块填筑,两侧有较大的水头差时,应设置桥涵等过水建筑物。

(2)由于水位骤降而产生较大的由内向外的渗透压力可能造成边坡管涌或流土等现象时,除放缓边坡、设置护道外,宜在低水位一侧设置排水结构,其形式如图5-3-14所示。

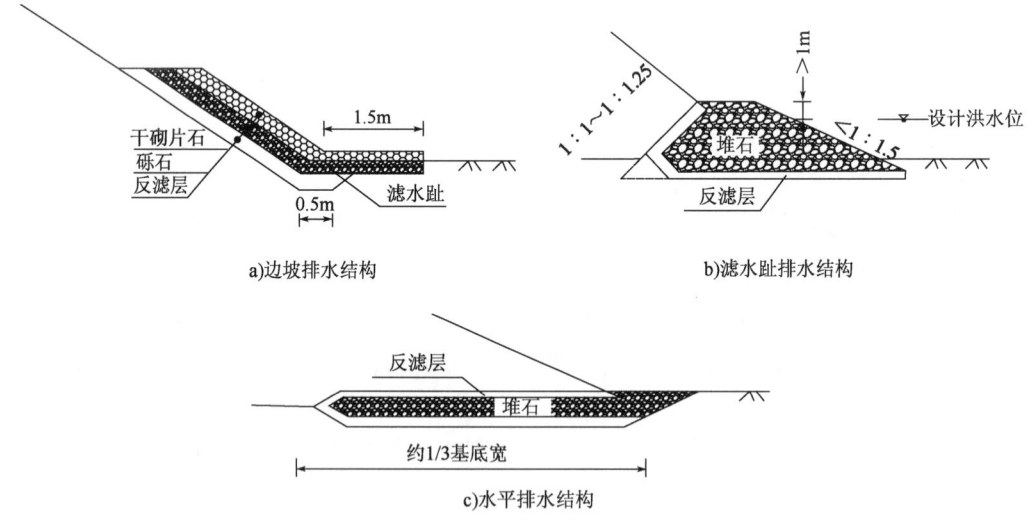

图 5-3-14　常用库区路基排水结构形式

(3)由于路基下游坡脚附近基底下渗流压力较大而可能破坏路基的稳定性时,宜在下游坡脚设置护底铺盖。

第四节 水库岸坡的防护

水库蓄水后,随水位升降变化、地下水壅升、波浪的动力作用及库岸地层浸水后性质的变化,破坏了既有边坡的稳定,使库岸发生冲刷-剥蚀、冲刷-坍塌、整体滑移等变形,常称为库岸再造。当库岸再造危及公路安全时,则应对库岸或路基进行防护加固。

水库路基防护按位置和对象可分为路基边坡防护和库岸防护。水库路基在水上部位的坡面,按照一般路基的坡面防护,库区水位以上应以绿化、植喷等生态防护为主;水位以下以工程结构防护为主。

一、岸坡防护范围

1. 防护上限高度

防护上限高度的计算与路基高度的计算相同,见式(5-3-4)。

2. 防护下限高度

防护下限高度 H_2 可按式(5-3-5)计算:

$$H_2 = h_0 - (h_d + h_s) \tag{5-3-5}$$

式中:h_0——水库最低设计水位(m);

h_d——设计低水位时的波浪最大冲刷深度(m);

h_s——安全高度(m),一般取 0.5。

对于淤积严重的水库,铺砌下限可采用正常高水位与设计低水位之间的平均水位。

二、库岸防护技术措施

库岸防护措施应根据不同的岩层产状、岩性特征、库岸再造类型和防护对象位置及其重要性综合确定。

1. 岩质岸坡

(1)对硬岩岸坡,一般部位不会产生库岸再造,可不进行库岸防护;对地质资料显示有倒悬或不稳定块体的陡坡岸段,视需要可采取锚固措施进行处理。

(2)对软岩岸坡,岸坡较缓(20°~40°)时再造形式以表面侵蚀-剥蚀为主,再造一般历时较长,可暂不进行防护,视水库运行后的岸坡再造发展情况确定。但对直接影响防护对象的重要部位应及早进行处理,处理措施可采取挂网喷混凝土进行坡面防护。对较陡的岸坡,岸坡长期浸泡后可能引起边坡崩塌失稳,因此必须设置一定的支护锚杆进行系统锚固,表面采取挂网喷混凝土进行坡面防护。

2. 土质岸坡和岩土混合岸坡

该类岸坡一般由第四系松散土石构成,主要由块石、碎石、碎块石混合土、黄土、粉砂质黏土等物质组成,厚度不等。

(1)侵蚀-剥蚀型。岸坡一般略大于水下稳定休止角,同时不存在产生深层滑移的条件,主要针对表面抗冲刷能力差,可对其坡面稍做修整后进行砌石、石笼护坡。若防护对象距离库岸较远,也可考虑通过若干年的水库运行后,根据再造程度视需要进行防护。

(2)冲刷-坍塌型。岸坡一般较陡,覆盖层较厚,将会产生一定规模的崩塌、局部滑移等失稳破坏。针对这种再造形式,主要采取:削坡减载,人工回填,放缓岸坡,抗滑桩和挡土墙等支挡措施,以满足岸坡整体稳定的要求,同时对其坡面进行砌石护坡,防止表面冲刷。减载削坡的坡比,应根据相应岩土层的物理力学性质和受水库水位影响程度分析计算确定。对以含碎块石为主的碎(块)石土按不陡于1:2.5控制,一般的碎石混合土按不陡于1:3控制,风积黄土、含少量碎石的粉土、壤土等按不陡于1:4控制。人工回填边坡要求回填料以碎石土为主,边坡按不陡于1:3控制。对地形条件不能满足1:3放坡的部位,回填料的内摩擦角和透水性应满足稳定要求。

(3)整体滑移型。库岸稳定受某一软弱滑面控制,在库水作用及其他因素影响下,产生大规模的整体性滑移失稳。这种再造形式主要发生在滑坡地带和软弱中陡倾基岩面上的覆盖层部位。这类再造形式的岸坡,根据稳定分析的具体情况确定相应的治理防护措施,如格构锚固、预应力锚索、抗滑桩和挡土墙等措施。

三、护坡结构类型

根据岩质坡段与土质坡段组合关系、所占比例、对岸坡稳定性的影响程度等,可以分别采用砌石坡式防护、防护林带、格构锚固、挡土墙、抗滑桩、喷锚等工程防护类型。

1. 砌石护坡

干砌块石护坡(图5-3-15)是一种常采用的有效防护措施,在水库水位下落时坡内地下水能较为顺畅地排出坡体,不会造成护坡体过大的水压力,从而保证了岸坡的稳定。土层较厚(>6m)的土质岸坡或混合型岸坡,坡度较缓(<20°)时,宜选用干砌条石护坡工程为主,结合石笼、水下抛石压脚工程等进行防护。

除了采用干砌块石护坡外,亦常采用石笼护坡、浆砌条石护坡、六边形预制块护坡以及土工织物草皮护坡。填石路基的干砌片石护坡,根据需要设垫层或反滤层。浆砌片石护坡(图5-3-16),需在路基沉实以后再行修筑,一般纵向间隔10m留伸缩缝一道,用沥青麻筋填塞,边坡下部每隔5m留5cm×5cm排水孔一个,使路基内部积水能向外渗流。

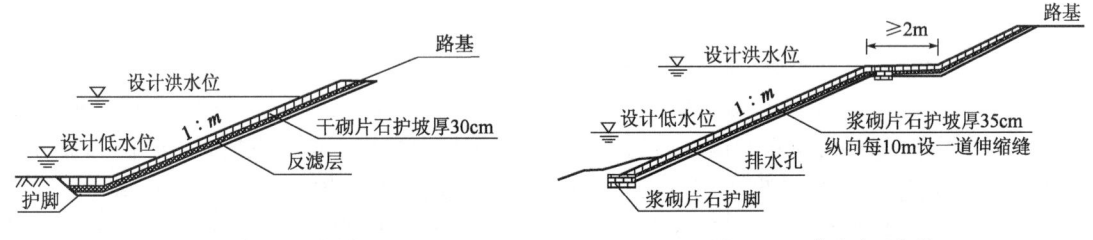

图5-3-15 干砌块石护坡图   图5-3-16 浆砌片石护坡

2. 砌石与防护林带混合式防护

砌石与防护林带混合式防护结构适用于路基离库岸有一段距离,但库岸坍塌有可能影响路基稳定的地段。图5-3-17系浆砌片石与防护林带混合式防护实例。林带需采取矮柳或灌木丛,栽种位置应高于正常高水位约2m,适于灌木生长。林带宽25m,植树10排,株距2m,前端留4m封顶,并于台端设0.5m×0.5m防浪潜堤。前坡及封顶均以浆砌片石砌筑,并设排水孔、伸缩缝及垫层。离平台内侧2m处用干砌片石(或浆砌片石)铺垫至路基设计洪水位以上0.50m。其上至路肩边缘部分可栽植荆条、芭茅等作植物防护。

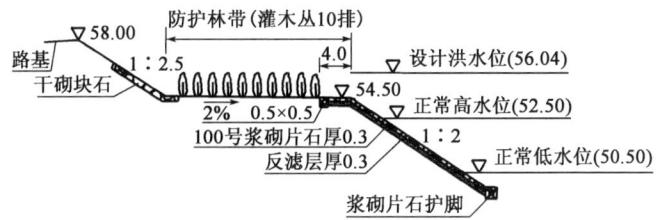

图 5-3-17　砌石与防护林带混合式防护(尺寸单位：m)

3. 挡土墙工程防护

对于下伏完整基岩，土层较薄(<6m)的土质或混合型岸坡，小型滑坡及深度小的土坡，宜以挡土墙工程为主，结合地表排水工程等进行支护。正常水位以下适宜采用普通挡土墙；正常水位以上可以考虑加筋土挡土墙或土工织物草皮护坡，达到护坡与绿化双层效应。

例如，三峡库区万州区长坪乡库岸第 2 段为混合型岸坡，坡度较缓，平均坡度为 15°，覆盖层厚度一般小于 6m，水库蓄水后上覆土层可能会发生顺基岩层面的滑移破坏。设计挡土墙高 6.0m，下部嵌入基岩 1.5m。

4. 格构锚固工程防护

土层较厚(>6m)、坡度较陡(>20°)的土质，以及强风化的岩质岸坡稳定性较差，宜采用以格构锚固工程为主，结合地表排水工程等进行防护。

例如，三峡库区巴东李家湾-雷家坪库岸基本为土质岸坡，地形坡角为 20°~35°。松散堆积体物厚度一般为 5~9m，结构较松散。设计护岸措施采取锚杆+格构梁防护，锚杆要求锚入基岩中不小于 10m，格构梁沿坡面顺坡向和垂直于坡向布置间距均为 4.0m，格构梁截面尺寸为 500mm×400mm。相邻格构梁间充填 400mm 厚干砌块石。

5. 喷锚工程防护

易风化岩质岸坡或高陡的软硬互层岩质岸坡，产生侵蚀剥蚀型破坏的，常以喷锚工程为主，封闭表面，配合局部支撑与挖方工程等，以改善围岩的完整性，增强岩体自承能力。

例如，秭归香溪汽渡北岸第 2 段，锚杆采用 $\phi 16$ 的钢筋，长度 15m，与水平方向夹角为 15°，正方形布设，行列间的坡面间距 4m。锚杆施工完成后，在坡面布设钢筋网，挂网的钢筋为 $\phi 8@300$，正方形布设，喷射 C20 混凝土，厚度为 15cm，钢筋网与锚杆之间焊接。

6. 抗滑桩工程防护

具有软弱夹层的顺向易滑岩质边坡，一旦失稳，规模较大，或土层比较厚(>10m)，地表有明显的破坏变形迹象或已发生滑动，失稳损失重大时，宜以抗滑桩工程为主，结合护坡与地表排水工程等进行支护。

例如，万州云盘-拦池沟库岸第 4 段，为土质岸坡，厚 10~25m，长 400m。共布设抗滑桩 51 根，平均桩长 24m，其中嵌入基岩不小于 5m。桩身为方桩，截面尺寸 2.0m×1.8m。桩间距 8.0m。

第四章 滨 海 路 基

第一节 概 述

在滨海范围内,公路沿海岸或跨越海峡、海湾修筑的路基,称为滨海路基。按填筑材料可分为:填石路基、填石填砂混合路基、填石填土混合路基。按断面形式可分为:斜坡式路基、直墙式路基。按所处地理环境可分为:临海路基、跨越海峡路基、跨越海湾路基。

滨海路基除与滨河、水库等浸水路基相似外,还有其独特之处:海水受潮汐、波浪、海流、台风、海啸等水文及气象因素影响;基底地形或倾斜或平坦,且多存在厚度不等的淤泥;而不同类型的滨海路基因所处地理环境的不同,又有各自显著特点。滨海路基主要破坏力为风浪,需特别注意路基防浪设计。

(1)滨海路基设计应根据路基所处的地理环境及地形、地貌、地质、水文、气象等因素,结合施工条件及材料供应情况,合理确定路基设计高程,选择适宜的路基断面及防护形式,保证路基稳定。

(2)滨海路基应布设在海面最窄、水深浅、波浪小、海滩地势较平坦、地质条件良好的地段。

(3)路堤两侧有较大的水头差时,宜设置过水构造物。当堤身或地基可能发生管涌潜蚀时,应在路堤中心设置防渗墙,低水位一侧边坡下部设置排水设施,并放缓边坡、设置护坡道。

(4)浸水部位的路堤填料应选用渗水性好的粗粒土或巨粒土。在有冻胀影响的地区,应在浸水侧路堤坡脚外侧设置挡水埝。

(5)滨海路基位于软土地段时,应进行地基加固处理。地基处理设计尚应参照本篇第九章的有关规定,以保证路基的稳定。

(6)滨海路基的造价较一般路基高得多,设计中需认真进行绕避、桥梁跨越等多方案的比选。

第二节 水文分析及水力计算

一、潮位分析

海水周期性涨落的现象叫潮汐。潮汐是由地球自转及日月引力引起的,在低纬度海区最为显著。如海边滩地宽阔开敞且又坡度平缓,则潮汐的海水面涨落运动十分显著。

对有潮汐的海岸,潮位的变化特征是确定滨海路基各部分高程的重要依据。滨海路基设计应根据公路等级、使用要求以及潮位的统计分析,并采用具有一定保证率的潮位作为设计水位。

二、波浪分析

海水有规律的波动运动称为波浪或海浪。海洋中最常见的波浪是由风产生的,称为风浪或风成浪,本章所称的波浪为风成浪。波浪资料是滨海路基设计的主要依据,它直接关系到路基的高度和断面尺寸。

1. 波浪要素

设计常用的波浪要素有:
(1)波高 H——波峰与波谷高低之差(m);
(2)波长 L——连续两个波峰之间的距离(m);
(3)周期 T——两相邻波峰通过某一点所需要的时间(s);
(4)波速 C——波浪传递速度(m/s),$C = L/T$。

海浪在不同深度海水中有着不同的运动特点。根据水深 d 与波长 L 的关系可分为:
(1)深水波,在水深 $d \geq L/2$ 的深水中所形成的波浪称为深水波。
(2)浅水波,在水深 d 介于 $L/2$ 与 H 之间的浅水中所形成的波浪称为浅水波。
(3)近岸波,在水深 $d < H$ 的近岸区,波峰水质点的速度超过波速,波峰翻卷,波浪破碎,形成波浪破碎带。当进入浅滩时,波峰明显超前,涌上海滩,拍击海岸,称为拍岸浪。

波浪要素的计算方法参见现行《港口与航道水文规范》(JTS 145)。

2. 不同累积频率下波高换算

对于不规则的海浪,一般用其统计特征值表示。常用的波高统计特征值有:平均波高 $\overline{H}$;均方根波高 H_γ;累积频率为 $F(\%)$ 的波高 H_F(例如 $H_{1\%}$ 即为 $F = 1\%$ 的波高);$1/p$ 大波的平均波高 $H_{1/p}$(例如 $H_{1/3}$ 即为 $1/3$ 大波的平均值)。各种累计频率坡高间的换算关系可按式(5-4-1)计算。

$$H_F = \overline{H}\left[-\frac{4}{\pi}\left(1 + \frac{1}{\sqrt{2\pi}}H^*\right)\ln F\right]^{\frac{1-H^*}{2}} \tag{5-4-1}$$

式中:H_F——累计频率为 F 的坡高(m);
$\overline{H}$——平均坡高(m);
H^*——相对水深(m),$H^* = \overline{H}/d$;
d——水深(m);
F——累计频率。

对于深水波,设计标准中规定的累积频率波高与平均波高的关系为:

$$H_{1\%} = 2.42\overline{H} \tag{5-4-2}$$

$$H_{5\%} = 1.95\overline{H} \tag{5-4-3}$$

$$H_{13\%} = 1.61\overline{H} \tag{5-4-4}$$

常见的 $1/p$ 大波的平均坡高和均方根波高与平均波高的关系为:

$$H_{1/100} = 2.66\overline{H} \tag{5-4-5}$$

$$H_{1/10} = 2.03\overline{H} \tag{5-4-6}$$

$$H_{1/3} = 1.60\overline{H} \quad (5\text{-}4\text{-}7)$$

$$H_r = 1.13\overline{H} \quad (5\text{-}4\text{-}8)$$

在不同的 $\overline{H}/d$ 情况下，$H_{1/100} \approx H_{0.4\%}$，$H_{1/10} \approx H_{4\%}$，$H_{1/3} \approx H_{13\%}$。根据《海滨观测规范》(GB/T 14914—2006)对目测波高的规定：在 $100\overline{T}$ 的时间内，测得 15 至 20 个大波的波高，从中选出 10 个较大的波高加以平均。由此得出的波高值约相当于 $H_{1/10}$ 或 $H_{4\%}$ 的波高。

设计标准中规定的波高与 $H_{4\%}$ 的换算关系见表 5-4-1。

设计波高与 $H_{4\%}$ 的换算关系   表 5-4-1

$\dfrac{\overline{H}}{d}$	$\dfrac{H_{4\%}}{\overline{H}}$	$\dfrac{H_{1\%}}{H_{4\%}}$	$\dfrac{H_{5\%}}{H_{4\%}}$	$\dfrac{H_{13\%}}{H_{4\%}}$
0	2.02	1.20	0.965	0.796
0.1	1.92	1.18	0.968	0.814
0.2	1.81	1.16	0.972	0.833
0.3	1.70	1.14	0.976	0.853
0.4	1.59	1.12	0.981	0.874
0.5	1.48	1.10	0.986	0.895

三、斜坡式路堤的波浪力计算

波浪对斜坡式路堤作用的计算方法，适用于下列条件：波浪为正向作用，边坡与水平面的倾角小于 45°，路堤前水深 $d=1.5\sim 5.0H$；路堤前水底坡度 $i\leqslant 1/25$。

对于斜向波，当波峰线与路堤中线夹角小于 45°时，可近似作为正向作用；当上述夹角大于 45°时，波浪的作用减弱，其折减程度需通过试验确定。

1. 斜坡式路堤前经过反射以后的波高 H'

$$H' = H + H_R \quad (5\text{-}4\text{-}9)$$

$$H_R = K_\Delta \cdot H'_R \quad (5\text{-}4\text{-}10)$$

式中：H_R——反射波高(m)；

K_Δ——与斜坡护面结构形式有关的粗糙系数，见表 5-4-2；

H'_R——$K_\Delta = 1$ 时的反射波高(m)，与斜坡的 m 值和波陡 H/L 有关，在不发生越浪的情况下，H'_R 可由图 5-4-1 查得。

与斜坡护面结构形式有关的粗糙系数   表 5-4-2

护面结构形式	K_Δ	护面结构形式	K_Δ
正片光滑不透水护面(沥青混凝土)	1.00	块石(抛填两层)	0.50~0.55
混凝土护面	0.90	混凝土方块(抛填两层)	0.50
砌石	0.75~0.85	四脚锥体(安放两层)	0.40
块石(安放一层)	0.60~0.65	工字形块体(安放两层)	0.38
四脚空心块(安放一层)	0.55		

2. 波浪在斜坡式路堤上的侵袭高

波浪在斜坡路堤上的侵袭高可按华东水利学院推荐的方法计算。

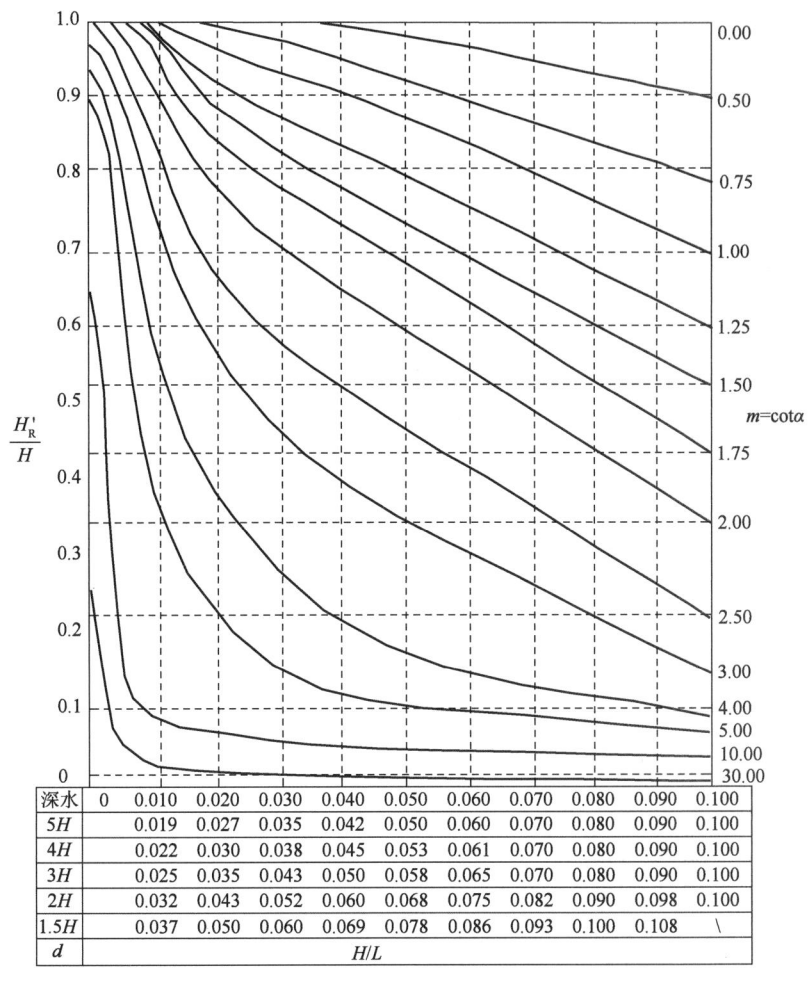

图 5-4-1 确定反射波高的曲线

(1)规则波的侵袭高

$$R = K_\Delta K_d R_0 H \tag{5-4-11}$$

式中：R——波浪侵袭高，从静水面算起(m)；

K_d——水深校正系数，见表5-4-3；

R_0——$K_\Delta=1$、$H=1\mathrm{m}$ 时的侵袭高(m)，与斜坡的 m 值和波陡 L/H 有关，由图5-4-1查得。

水深校正系数 K_d　　　　表5-4-3

d/H	1.5	2.0	3.0	4.0	5.0
K_d	1.12	1.05	1.00	0.96	0.94

(2)不规则波的侵袭高

在风的直接作用下，不规则波的爬高可按式(5-4-12)计算：

$$R_{1\%} = K_\Delta K_{ud} R_0 H_{1\%} \tag{5-4-12}$$

式中：$R_{1\%}$——累积频率为1%的侵袭高(m)；

K_{ud}——与风速和水深有关的系数，见表5-4-4；

R_0——意义同前,但在查图 5-4-2 时,波陡改用 $L/H_{1\%}$,L 则由 $\overline{T}$ 按式(5-4-4)换算。

系数 K_{ud} 表 5-4-4

$d/H_{1\%}$	U/C						$d/H_{1\%}$	U/C					
	1.5	2.0	2.5	3.0	4.0	5.0		1.5	2.0	2.5	3.0	4.0	5.0
≤1.5	1.03	1.12	1.15	1.18	1.21	1.22	3.0	1.20	1.29	1.38	1.46	1.58	1.62
2.0	1.12	1.16	1.21	1.26	1.32	1.35	3.5	1.23	1.36	1.46	1.55	1.68	1.73
2.5	1.16	1.22	1.29	1.36	1.45	1.48	≥4.0	1.26	1.42	1.52	1.62	1.75	1.80

注:波速 $C = L/T$(m/s),U 为风速(m/s)。

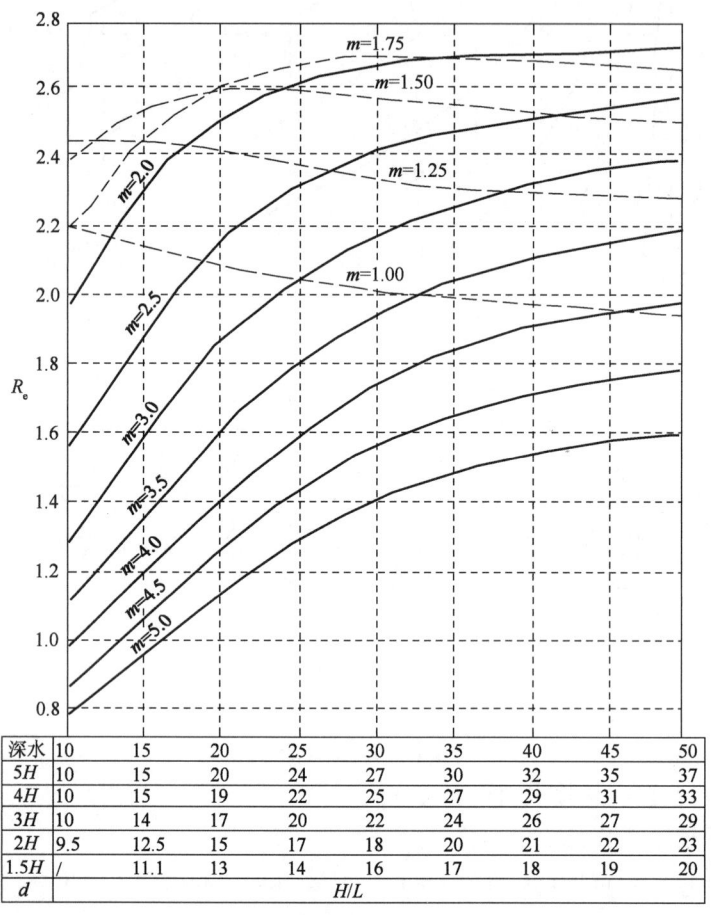

图 5-4-2 确定波浪侵袭高的曲线

为确定其他累积频率的侵袭高 $R_{F\%}$,可将 $R_{1\%}$ 乘以表 5-4-5 中的换算系数 K_F。

系数 K_F 表 5-4-5

F(%)	0.1	1	2	3	4	5	10	14	20	30	40	50
K_F	1.14	1.00	0.94	0.91	0.89	0.87	0.80	0.76	0.71	0.66	0.60	0.55

以上计算均按单坡路堤考虑,如坡面设置为较宽的平台时,波浪侵袭高值需作修正。在静水面上、下半个波高的范围内,平台宽度为 0.5~2 倍波高时,侵袭高 R 可相应地减小

10%~15%。

$F=14$ 时的侵袭高 $R_{14\%}$ 相当于 $R_{1/3}$，$R_{1/3}$ 为将不规则的侵袭高值按大小排列时，其中最大的 1/3 部分的平均值。

3. 波浪在斜坡上的最大局部压力

波浪在斜坡上的最大局部压力 $P(\text{kPa})$ 按下式计算(图5-4-3)：

$$P = \frac{1.7}{2g}\left[\mu^2 + \left(g + \frac{x_B}{\mu}\right)^2\right]\cos^2\theta \cdot \gamma_w \quad (5\text{-}4\text{-}13)$$

$$\theta = 90° - (\alpha + \beta) \quad (5\text{-}4\text{-}14)$$

$$\tan\beta = -\frac{gx_B}{\mu^2} \quad (5\text{-}4\text{-}15)$$

$$\mu = n\sqrt{\frac{gl}{2\pi}\text{th}\frac{2\pi d}{L}} + H\sqrt{\frac{\pi g}{2L}} \cdot \text{cth}\frac{2\pi d}{L} \quad (5\text{-}4\text{-}16)$$

$$x_B = \frac{-\mu^2\tan\alpha \pm \mu\sqrt{\mu^2\tan^2\alpha + 2gy_0}}{g} \quad (5\text{-}4\text{-}17)$$

$$y_0 = 1.5H + h_s = 1.5H + \left(\frac{\pi H^2}{4L}\text{cth}\frac{2\pi d}{L}\right) \quad (5\text{-}4\text{-}18)$$

式中：g——重力加速度(m/s^2)；

γ_w——水的重度(kN/m^3)；

H——波高(m)；

L——波长(m)；

d——水深(m)；

th、cth——双曲线函数；

n——依斜面的交角而定，当 $\alpha > 26°$ 时，$n=0$；当 $\alpha < 26°$ 时，$n=0.75$；

h_s——波浪中线超出静水面的高度(m)；

y_0——波浪最大作用高度(m)；

y_a——波浪作用到坡面的高度(m)；

μ——计算的中间系数，由式(5-4-16)确定。

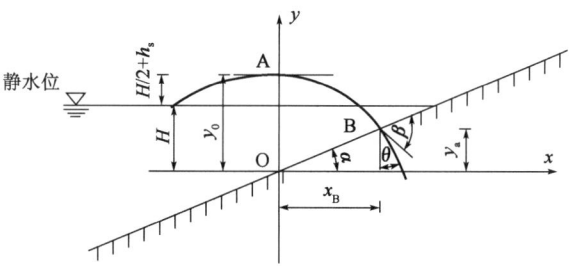

图 5-4-3　波浪在斜坡上的最大压力图

4. 作用于斜坡式路堤顶部胸墙上的波浪力

作用于路堤顶部胸墙上的波浪力，一般按下式计算(适用条件为无因次参数 $\xi \leq \xi_b$)，如图 5-4-4 所示。

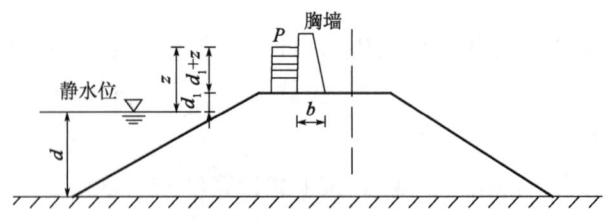

图 5-4-4　胸墙坡压力图

（1）波峰作用时胸墙上的平均波浪压强 $\overline{P}$(kPa) 为：

$$\overline{P} = 0.24\gamma_w H K_p \tag{5-4-19}$$

式中：K_p——与无因次参数 ξ 和波陡 L/H 有关的平均压强系数，由图 5-4-5 查得。

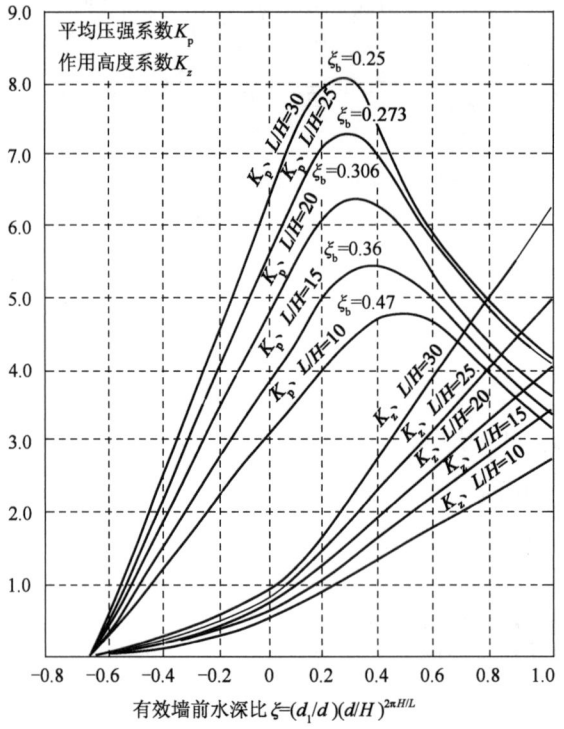

图 5-4-5　不同波陡情况下 K_p、K_z-ξ 曲线

无因次参数 ξ 为：

$$\xi = \left(\frac{d_1}{d}\right)\left(\frac{d}{H}\right)^{2\pi\frac{H}{L}} \tag{5-4-20}$$

式中：d_1——胸墙前水深(m)，当静水面在胸墙底面以下时 d_1 为负值。

无因次参数 ξ_b 为：

$$\xi_b = 3.29\left(\frac{H}{L} + 0.043\right) \tag{5-4-21}$$

当 $\xi = \xi_b$ 时，平均波浪压强 $\overline{P}$ 达到最大值。

（2）胸墙上 $\overline{P}$ 作用的总高度 $d_1 + z$(m) 为：

$$d_1 + z = H \cdot \text{th}\left(\frac{2\pi d}{L}\right)K_z \tag{5-4-22}$$

式中：K_z——与无因次参数 ξ 和波陡 L/H 有关的作用高度系数，由图 5-4-5 查得。

（3）单位长度胸墙上的总波浪力 $p(\text{kN/m})$ 为：

$$P = \bar{p}(d_1 + z) \tag{5-4-23}$$

（4）胸墙底面上的波浪浮托力 $p_u(\text{kN/m})$ 为：

$$P_u = \mu \frac{bP}{2} \tag{5-4-24}$$

式中：μ——波浪浮托力分布图的折减系数，可采用 0.7。

注：上述作用于斜坡式路堤顶部胸墙上波浪力的计算方法不适用于胸墙前抛有掩护棱体的情况。

四、直墙式路堤的波浪力计算

作用于直墙式滨海路堤上的波浪分为立波、远堤破碎波（指在墙前半波长或稍远处发生破碎的波浪，简称远破波）、近堤破碎波（指在直墙或其附近发生破碎的波浪，简称近破波）三种状态，一般按表 5-4-6 确定。

直立式路堤墙前的波态　　　　　　　　表 5-4-6

基床类型	产生条件	波态
暗基床或低基床 ($d_1/d > 2/3$)	$d \geq 2H$	立波
	$d < 2H, i \leq 1/10$	远破波
中基床 ($1/3 < d_1/d \leq 2/3$)	$d \geq 1.8H$	立波
	$d < 1.8H$	近破波
高基床 ($d_1/d \leq 1/3$)	$d \geq 1.5H$	立波
	$d < 1.5H$	近破波

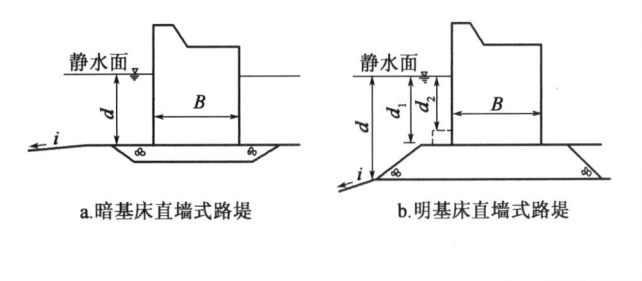

a. 暗基床直墙式路堤　　　b. 明基床直墙式路堤

注：①表中 H 为路堤所在处进行波的波高（m）；d 为路堤前水深（m）；d_1 为基床上水深（m）；i 为路堤前水底坡度。
②表中及本章中"基床"系指滨海直立式路堤（包括两侧墙身）接近地面处的基脚，与其他章节的"路基基床"含义不同。

直墙式路堤前立波的产生除符合表 5-4-6 的要求外，还应满足波峰线与路堤大致平行。

当进行波波陡较大（$H/L > 1/14$）时，墙前可能形成破碎立波。

当暗基床和低基床直墙式路堤前水深 $d < 2H$，且底坡 $i > 1/10$ 时，墙前可能出现近破波，应由模型试验确定波态和波浪力。

当明基床上有护肩方块，且方块宽度大于波高 H 时，宜用方块上水深 d_2 代替基床上水深 d_1 以确定波态和波浪力。

1. 直墙式路堤上立波作用力的计算

1）当 $H/L \geq 1/30$ 和 $d/L = 0.1 \sim 0.2$ 时，直墙式路堤上的立波作用力一般按下式计算：

（1）波峰作用时（图 5-4-6）

①波浪中线超出静水面的高度，即超高 $h_s(\text{m})$ 为：

$$h_s = \frac{\pi H^2}{2}\text{cth}\frac{2\pi d}{L} \tag{5-4-25}$$

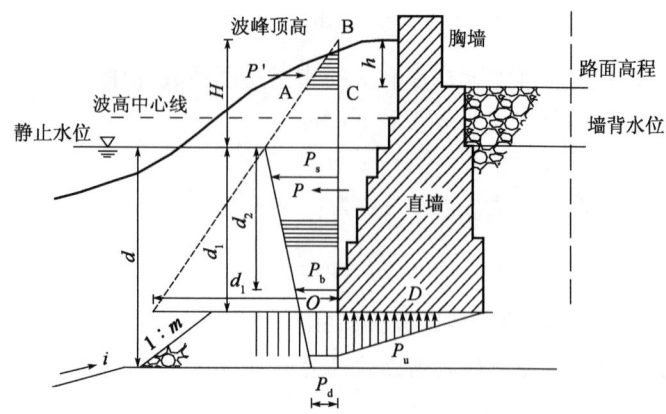

图 5-4-6 波峰作用时立波波压力分布图（$d/L=0.1\sim0.2$）

②静水面以上高度 h_s+H 处的波浪压力强度为零。

③水底处波浪压力强度 P_d（kPa）为：

$$P_d = \frac{\gamma_w H}{\mathrm{ch}\dfrac{2\pi d}{L}} \tag{5-4-26}$$

式中：γ_w——水的重度（10kN/m^3）；

ch——双曲线余弦。

④静水面处的波浪压力强度 P_s（kPa）为：

$$P_s = (P_d + \gamma_d)\frac{H+h_s}{d+H+h_s} \tag{5-4-27}$$

⑤墙底处波浪压力强度 P_b（kPa）为：

$$P_b = P_s - (P_s - P_d)\frac{d_1}{d} \tag{5-4-28}$$

在静水面以上和以下，波浪压力强度均按直线变化。

⑥单位长度墙身上的总波浪力 P（kN/m）为：

$$P = \frac{(H+h_s+d_1)(P_b+\gamma d_1) - \gamma d_1^2}{2} \tag{5-4-29}$$

⑦墙底面上的波浪浮托力 P_u（kN/m）为：

$$P_u = \frac{bP_b}{2} \tag{5-4-30}$$

式中：b——直墙的底宽（m）。

当 d/L 较小时，按以上各式计算的立波作用力宜乘以表 5-4-7 中大于 1 的系数。

立波作用力校正系数表　　　　表 5-4-7

d/L	$H/L=1/20$	$H/L=1/25$	$H/L=1/30$
0.08	1.33*	1.30	1.27
0.10	1.09	1.07	1.07
0.12	0.97**	0.97**	0.97**

注：* 表示墙前波浪已破碎；* 和 ** 数字供内插用。

(2)波谷作用时(图5-4-7)

①水底处波浪压力强度 P'_d (kPa)为：

$$P'_d = \frac{\gamma_w H}{\operatorname{ch}\dfrac{2\pi d}{L}} \tag{5-4-31}$$

②静水面处波浪压力强度为零。

③静水面以下深度 $(H-h_s)$ 处的波浪压力强度 P'_s (kPa)为：

$$P'_s = \gamma_w (H - h_s) \tag{5-4-32}$$

④墙底处波浪压力强度 P'_b (kPa)为：

$$P'_b = P'_s - (P'_s - P'_d)\frac{d_1 + h_s - H}{d + h_s - H} \tag{5-4-33}$$

⑤单位长度墙身上的总波浪力(方向与波向相反) P' (kN/m)为：

$$P' = \frac{\gamma d_1^2 - (d_1 + h_s - H)(\gamma d_1 - P'_b)}{2} \tag{5-4-34}$$

⑥墙底面上的波浪力(方向向下) P'_μ (kN/m)为：

$$P'_u = \frac{bP'_b}{2} \tag{5-4-35}$$

2)当 $H/L \geqslant 1/30$ 和 $0.5 > d/L > 0.2$ 时，直墙式路堤上的立波作用力一般按下式计算：

(1)波峰作用时(图5-4-8)

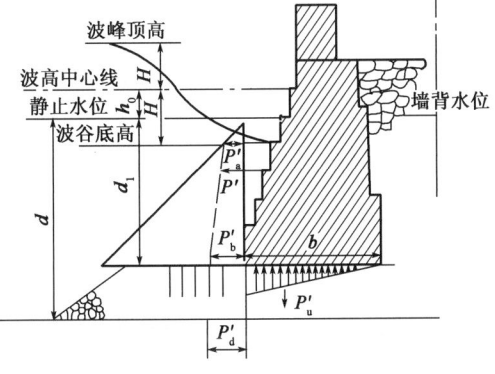

图5-4-7 波谷作用时立波波压力分布图　　图5-4-8 波峰作用时立波波压力分布图($0.5>d/L>0.2$)

①静水面以上高度 H 处的波浪压力强度为零。

②静水面处的波浪压力强度(kPa)为：

$$P_s = \gamma H \tag{5-4-36}$$

静水面以上的波浪压力强度按直线变化。

③静水面以下深度 Z (m)处的波浪压力强度 P_z (kPa)为：

$$P_z = \gamma H \frac{\operatorname{ch}\dfrac{2\pi(d-z)}{L}}{\operatorname{ch}\dfrac{2\pi d}{L}} \tag{5-4-37}$$

④水底处波浪压力强度 P_d 计算用式(5-4-30)。

⑤墙底处波浪压力强度 P_b (kPa)为：

$$P_b = \gamma H \frac{\operatorname{ch}\dfrac{2\pi(d-d_1)}{L}}{\operatorname{ch}\dfrac{2\pi d}{L}} \tag{5-4-38}$$

⑥单位长度墙身上的总波浪力 $P(\mathrm{kN/m})$ 为:

$$P = \frac{1}{2}\gamma H^2 + \frac{\gamma H L}{2\pi}\left[\operatorname{th}\frac{2\pi d}{L} - \frac{\operatorname{sh}\dfrac{2\pi(d-d_1)}{L}}{\operatorname{ch}\dfrac{2\pi d}{L}}\right] \tag{5-4-39}$$

式中:sh——双曲线正弦,其余符号意义向前。

绘制墙面波压力分布图时,一般用不少于 5 个点的压力强度值,其中包括 $P=0$、P_s 和 P_b(暗基床时为 P_d)3 点。

⑦墙底面上的波浪浮托力计算用式(5-4-30)。

(2)波谷作用时

立波作用力的计算式同式(5-4-31) ~ 式(5-4-35)。

注:当 $d/L \geqslant 0.5$ 时,静水面以下深度 $Z = L/2$ 处的波浪压力强度可取零。波峰时在式(5-4-37)、波谷时在式(5-4-25)中的 d 均改为 $L/2$。

3)当波浪越顶时,仍可根据 d/L 的不同情况分别按上述方法计算立波作用力,但应减去越顶部分的波浪力(图 5-4-9)。

2. 直墙式路堤上远破波作用力的计算方法

1)波峰作用时的波浪力(kPa),一般按下述方法计算(图 5-4-10)

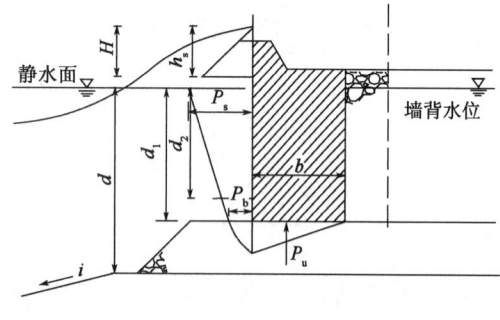

图 5-4-9 波浪越顶时立波波压力分布图

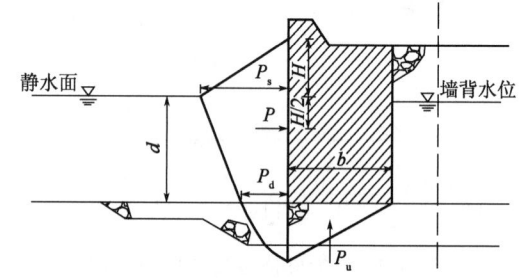

图 5-4-10 远破波的波压力分布图

(1)静水面以上高度 H 处的波浪压力强度为零。

(2)静水面处的波浪压力强度 $P_s(\mathrm{kPa})$ 按式(5-4-44)计算:

$$P_s = \gamma K_1 K_2 H \tag{5-4-40}$$

式中:K_1——水底坡度 i 的函数,见表5-4-8;

K_2——波坦 L/H 的函数,见表5-4-9。

K_1 值   表 5-4-8

底坡 i	1/10	1/25	1/40	1/50	1/60	1/80	≤1/100
K_1	1.89	1.54	1.40	1.37	1.33	1.29	1.25

注:底坡 i 可取路堤前一定距离内的平均值。

						K_2 值											表 5-4-9
波坦 L/H	14	15	16	17	18	19	20	21	22	23	24	25	26	27	28	29	30
K_2	1.01	1.06	1.12	1.17	1.21	1.26	1.30	1.34	1.37	1.41	1.44	1.46	1.49	1.50	1.52	1.54	1.55

静水面以上的波浪压力强度按直线变化。

(3) 静水面以下深度 $Z=H/2$ 处的波浪压力强度 $P=0.7P_s$。

(4) 水底处压力强度 p_d: 当 $d/H \leqslant 1.7$ 时, $P_d = 0.6P_s$; $d/H > 1.7$ 时, $P_d = 0.5P_s$。

(5) 墙底面上的波浪浮托力 P_u 见下式:

$$P_u = \mu \frac{bP_b}{2} \tag{5-4-41}$$

式中: μ——波浪浮托力分布图的折减系数,可采用 0.7。

2) 波谷作用时的波浪力(图 5-4-11)

(1) 静水面处波浪压力强度为零。

(2) 在深度 $Z=H/2$ 至水底处的波浪压力强度 P(kPa)均为:

$$P = 0.5\gamma_w H \tag{5-4-42}$$

3. 直墙式路堤上近破波作用力的计算

当波峰作用时,直墙式路堤上近破波的波浪力(kPa)一般按下式计算(图 5-4-12)(适用条件为基床上水深, $d_1 \geqslant 0.6H$)。

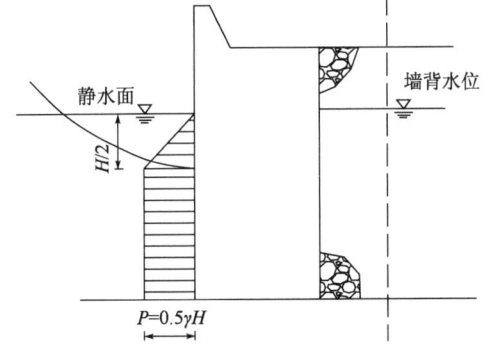

图 5-4-11 波谷时的波压力分布图　　图 5-4-12 近破浪的波压力分布图

1) 静水面以上高度 Z(m)处的波浪压力强度为零。Z 按式(5-4-43)计算:

$$z = \left(0.27 + 0.53\frac{d_1}{H}\right)H \tag{5-4-43}$$

2) 静水面处的波浪压力强度 P_s,分下列两种情况计算:

(1) 当 $2/3 \geqslant d_1/d > 1/3$ 时:

$$P_s = 1.25\gamma H \left(1.8\frac{H}{d_1} - 0.16\right)\left(1 - 0.13\frac{H}{d}\right) \tag{5-4-44}$$

(2) 当 $1/3 \geqslant d_1/d > 1/4$ 时:

$$P_s = 1.25\gamma H \left[\left(13.9 - 36.4\frac{d_1}{d}\right)\left(\frac{H}{d_1} - 0.67\right) + 1.03\right]\left(1 - 0.13\frac{H}{d}\right) \tag{5-4-45}$$

3）墙底处的波浪压力强度：

$$P = 0.6P_s \tag{5-4-46}$$

4）单位长度墙身上的总波浪力 P 分下列两种情况计算：

（1）当 $2/3 \geqslant d_1/d > 1/3$ 时：

$$P = 1.25\gamma H d_1 \left(1.9\frac{H}{d_1} - 0.17\right) \tag{5-4-47}$$

（2）当 $1/3 \geqslant d_1/d > 1/4$ 时：

$$P_s = 1.25\gamma H d_1 \left[\left(1.48 - 38.8\frac{d_1}{d}\right)\left(\frac{H}{d_1} - 0.67\right) + 1.1\right] \tag{5-4-48}$$

5）墙底面上的波浪浮托力：

$$P_u = \mu \frac{bP_b}{2} \tag{5-4-49}$$

式中：μ——波浪浮托力分布图的折减系数，可采用 0.7。

第三节　滨海路基设计

一、路基设计高程的确定

1. 设计水位

一般情况下，应根据现行《公路工程技术标准》（JTG B01），采用各级公路的高潮水位频率，见表 5-4-10。也可与港口规划及要求配合，根据具体情况，采用合适的高潮水位频率，但要报有关部门批准。

路基设计高潮水位频率　　　　　表 5-4-10

公路等级	高速公路	一级公路	二级公路	三级公路	四级公路
路基设计高潮水位频率	1/100	1/100	1/50	1/25	按具体情况确定

2. 设计高程

（1）未设防浪胸墙时

路基设计高程应不低于设计潮水位加波浪侵袭高，并增加 0.5~1.0m 的安全高度。

（2）设有防浪胸墙时

路基设计高程应不低于设计潮水位加 0.5~1.0m 的安全高度。

3. 设计波浪的标准

设计波浪的标准包括：设计波浪的重现期和设计波浪的波列累积频率。

（1）设计波浪的重现期标准

高速公路、一级公路、二级公路应采用 50 年一遇，三级、四级公路应采用 25 年一遇。

（2）设计波浪的波列累积频率标准

在进行滨海路堤的强度和稳定性计算时，设计波高 H 的波列累积频率标准按表 5-4-11 采用。

设计坡高的累计频率标准　　　　　　　　　　　　　　　表 5-4-11

路堤形式	部　位	计 算 内 容	坡高累计频率 $F(\%)$
斜坡式	胸墙、堤顶方块	强度和稳定性	1
	护坡块石、护坡块体	稳定性	13
	护底块石	稳定性	13
直墙式	上部结构、墙身、桩基	强度和稳定性	1
	基床、护底块石	稳定性	5

波浪传至浅水区,若某一累积频率波高 H_F 小于破碎波高 H_b 时,波浪不破碎,设计波高应采用 H_F;若某一累积频率波高 H_F 大于破碎波高 H_b 时,波浪将在较深的水区破碎,设计波高应采用 H_b。

二、路基断面形式与填料选择

1. 路基断面形式

在滨海路堤的建造中,常用的路基断面形式有斜坡式和直墙式(表 5-4-12)。

滨海路基典型断面形式　　　　　　　　　　　　　　　表 5-4-12

断面类型		典型断面示意图	适用条件及特点
斜坡式路堤	形式一	(图)	当护坡采用抛石、安放块石或混凝土人工块体时,采用该形式,堤身一般采用石块填筑,迎水面坡脚设置水下抛石棱体,以支撑护坡块体,在波浪作用下可冲刷的地基上,设置护底块石层
	形式二	(图)	当水上部分的护坡采用干砌片石、干砌条石或浆砌块石时,采用该形式,在施工水位(或设计低水位)附近设置平台,平台部分可安放大块石或混凝土方块,浆砌块石护坡应设置变形伸缩缝和排水孔
	形式三	(图)	为防止堤顶越浪或溅波影响使用,一般需在斜坡式路堤顶部临海一侧或两侧设置胸墙,胸墙一般为混凝土或钢筋混凝土整体结构
	形式四	(图)	若当地缺乏石料,可采用粗砂、砾石、碎石作为填筑材料,但必须保证建成后的路基填料不被海流冲移。堤身外部覆以块石护坡,其下铺设垫层或反滤层

续上表

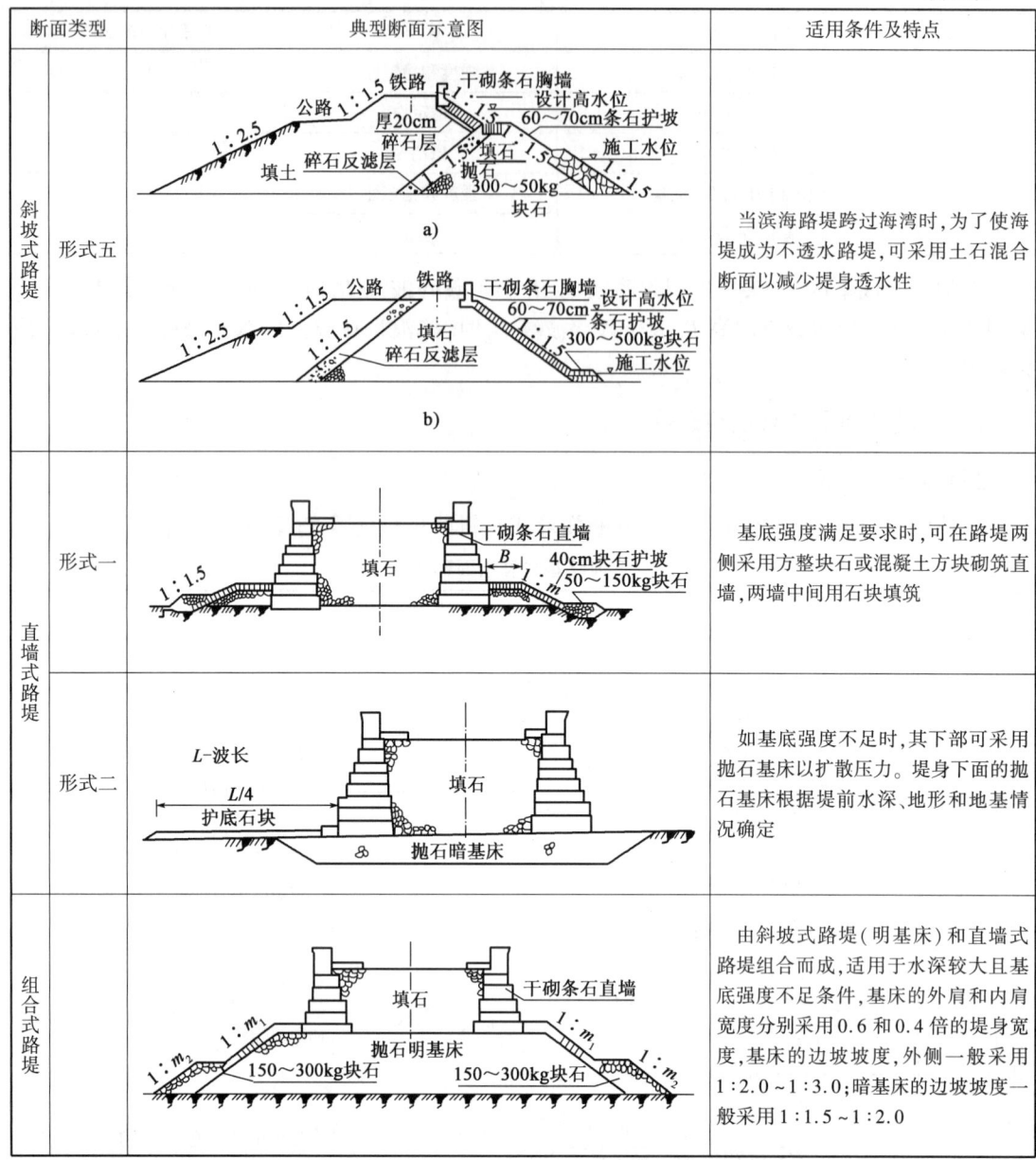

断面类型		典型断面示意图	适用条件及特点
斜坡式路堤	形式五		当滨海路堤跨过海湾时,为了使海堤成为不透水路堤,可采用土石混合断面以减少堤身透水性
直墙式路堤	形式一		基底强度满足要求时,可在路堤两侧采用方整块石或混凝土方块砌筑直墙,两墙中间用石块填筑
直墙式路堤	形式二		如基底强度不足时,其下部可采用抛石基床以扩散压力。堤身下面的抛石基床根据堤前水深、地形和地基情况确定
组合式路堤			由斜坡式路堤(明基床)和直墙式路堤组合而成,适用于水深较大且基底强度不足条件,基床的外肩和内肩宽度分别采用0.6和0.4倍的堤身宽度,基床的边坡坡度,外侧一般采用1:2.0~1:3.0;暗基床的边坡坡度一般采用1:1.5~1:2.0

斜坡式路堤通常适用于水深较浅、地基较差和石料来源丰富的情况。斜坡式断面与一般路基断面形式一致,易于衔接,且施工方便,整体稳定性较高,是目前公路路基常用的断面形式。斜坡式路堤常采用浆砌或干砌块石、抛石、安放块石或混凝土人工护体,坡脚设置护底棱体。斜坡式路堤由于基础宽大,在同样的负荷下基底承受的单位压力较直墙式路堤小且分布均匀,适用于地基承载力较差的情况。在同样的波浪作用下斜坡式断面较直墙式断面具有较小的底部流速,因此对基底土的冲刷亦较小。

直墙式路堤一般采用块石或混凝土砌筑,其基底常采用抛石暗基床,或在基底外侧抛石以防冲刷,通常只有在材料缺乏等条件限制或对使用有其他要求时才采用直墙式断面。直墙外侧受有较大的动水压力,当墙前有足够的水深时,作用于直墙上的波浪发生反射,所以对其外壁强度的要求较高,上部结构(防浪墙)也要有良好的整体性。直墙式路堤的优点在于其内侧可以兼作码头,并在水深较大时,所需的建筑材料比斜坡式路堤省。它的缺点是消除波能的效果较差,同时直墙式路堤的地基应力较大,对不均匀沉降反应敏感;直墙式路堤建成后,一旦发生破坏比较难于修复。

2. 路基填料选择

滨海路基填料应根据潮水位、潮差、波浪力、水深、地基情况及地基处理方案、路堤断面形式、施工方案等,本着就地取材的原则选定。

(1)一般情况下,正常潮水位(施工水位)以下的浸水路基应采用水稳定性好、未风化的坚硬岩石的片块石填筑。

(2)若当地石料缺乏,在有适宜条件的情况下(如退潮时堤身露出水面,或两侧水位不深时),亦可采用粗粒砂砾石、碎石作为填料,但必须保证建成后的路基填料不被海流冲移;堤身外部采用片块石护坡,其下铺设垫层或反滤层。

(3)当滨海路堤跨过海湾时,为使海堤成为不透水路堤,也可采用土石混合断面,即路堤迎水侧堤身部分采用片块石填筑,背水侧堤身采用填土,两者直接设置砂砾、碎石、透水土工布等组成的反滤层,以减少堤身透水性。

三、斜坡式路堤设计

1. 路堤结构设计要点

(1)断面结构形式应根据水深、波高、地基条件、填料性质、施工条件及使用要求等综合分析确定,典型结构形式见表 5-4-12。

(2)坡面防护应根据水深、波浪高度、波浪压力、施工条件及材料情况等,采用干砌条石或浆砌条石、干砌块石或浆砌块石、混凝土人工块体等护坡,并在堤前采取设置防浪棱台、顺坝及潜坝等。

(3)设置水下抛石棱体的断面,棱体的顶面高程,宜定在设计低水位以下约 1.0 倍设计波高值处;棱体的顶面宽度不宜小于 1.0m,棱体的高度不宜小于 1.0m。

(4)对于设置平台的断面,平台宽度一般取 2m 左右。

(5)对于堤顶设置胸墙的断面,胸墙顶高程一般定在不低于路基面高程以上 1.0 倍波高值处。当胸墙前斜坡护坡为块石或单层四脚空心方块时,其墙顶高程一般定在路基面高程以上 0.6~0.7 倍设计波高值处。墙前坡肩宽度不应小于 1.0m,且在构造上至少应能放置一排护坡块体。

(6)临海侧坡脚应根据最大冲刷深度、地形、基础形式等,采取妥善的护底措施,护底石厚度不应小于 1.0m,宽度不应小于 5.0m。位于砂质海底的护底块石层下宜设置厚度不小于 0.3m 的碎石层,护底石宽度应根据冲刷情况确定。

2. 边坡防护设计

(1)边坡防护类型

①干砌或浆砌块石,与一般浸水路堤干砌或浆砌块石结构相同,同时应满足滨海路基护坡厚度验算。

②抛填块石:石料须选用坚硬、耐冻、不易风化的石块。为了使抛石有一定的密实度,宜用

不小于计算尺寸的大小不同的石块掺杂抛投。

③抛填人工块体:对于波浪作用强烈地区的滨海路堤,当需要的块石尺寸(或质量)过大时,可采用混凝土预制的异形人工块体作为护坡抛投或铺砌材料。常见的人工块体形式有:扭工字体、扭王字体、四脚空心方块、四脚锥体、栅栏板等(表5-4-13)。

常见的人工块体形式　　　　　表5-4-13

类型	结构图示	技术特点
扭工字体	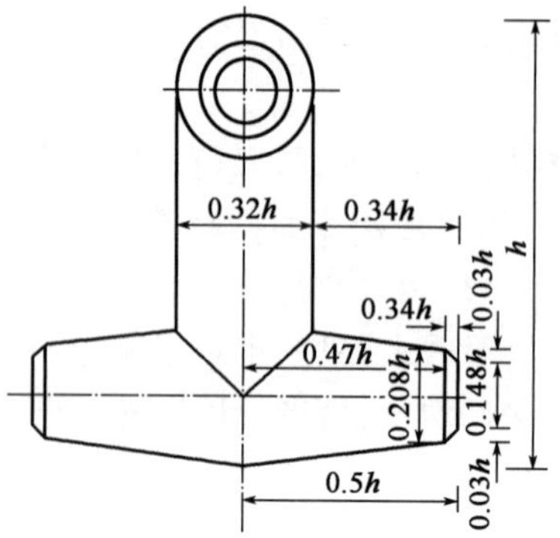	具有结构较简单、质量较轻、混凝土用量省、空隙率大、波浪爬高低、稳定性高等优点。适用于抛投,一般抛投两层作为护坡即可
扭王字体	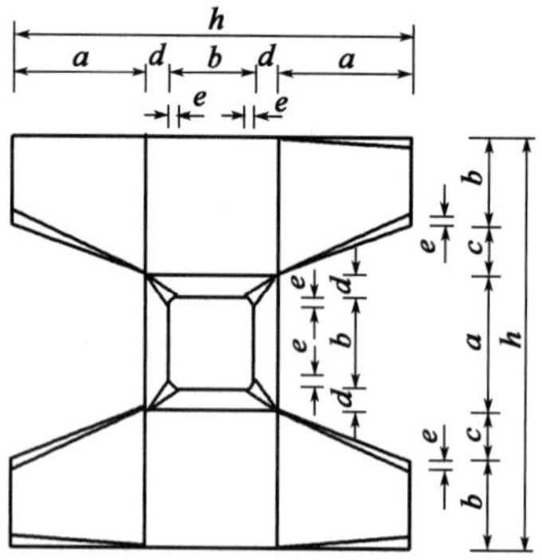	这种块体的优点和适用情况同扭工字体形块体
四脚空心方块	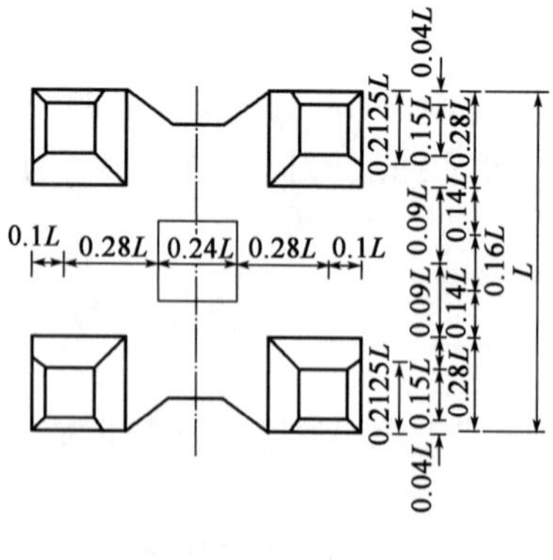	具有形状较简单、重心低、稳定性较高等优点,适用于一层铺砌,因而混凝土用量较省。在水深较浅和波浪较小的地方宜于采用

续上表

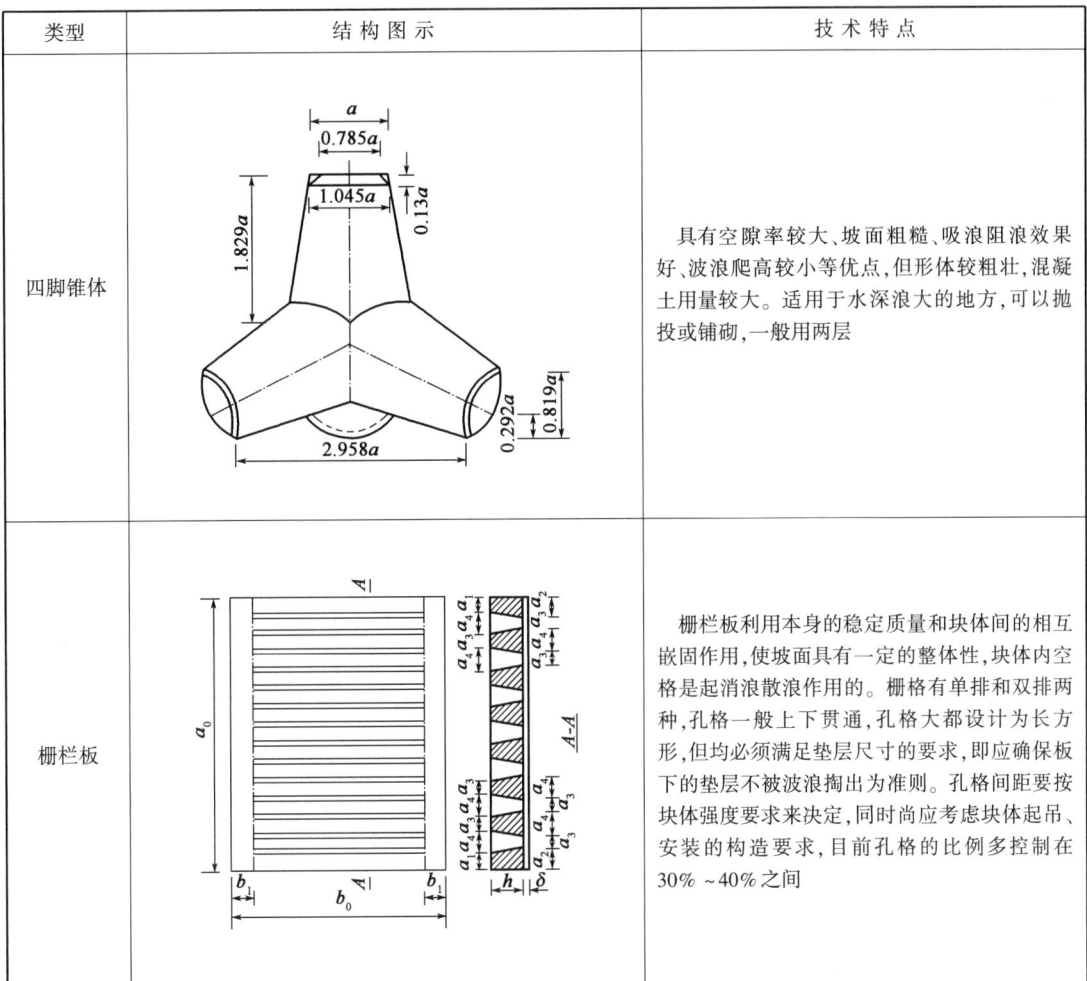

类型	结构图示	技术特点
四脚锥体		具有空隙率较大、坡面粗糙、吸浪阻浪效果好、波浪爬高较小等优点,但形体较粗壮,混凝土用量较大。适用于水深浪大的地方,可以抛投或铺砌,一般用两层
栅栏板		栅栏板利用本身的稳定质量和块体间的相互嵌固作用,使坡面具有一定的整体性,块体内空格是起消浪散浪作用的。栅格有单排和双排两种,孔格一般上下贯通,孔格大都设计为长方形,但均必须满足垫层尺寸的要求,即应确保板下的垫层不被波浪掏出为准则。孔格间距要按块体强度要求来决定,同时应考虑块体起吊、安装的构造要求,目前孔格的比例多控制在30%~40%之间

注:具体结构尺寸可参照《防波堤设计与施工规范》(JTS 154-1—2011)进行设计。

不同边坡坡面防护条件下,斜坡式路堤的边坡坡度可参考表5-4-14。

常见的人工块体形式　　　　表5-4-14

护面形式	坡度	护面形式	坡度
抛填或安放块石	1:1.5~1:3.0	安放人工块体	1:1.25~1:2.0
干砌或浆砌块石	1:1.5~1:2.0	抛填方块	1:1.0~1:1.25
干砌石条	1:1.0~1:2.0		

注:对宽肩台抛石斜坡堤,肩台以上和以下的边坡坡度可分别取1:1.5~1:3.0和1:1.0~1:1.5。

(2)护坡块体稳定质量的计算

在波浪正向作用下,斜坡式路堤护坡单个块体(块石和人工块体)的稳定质量$W(\mathrm{kg})$一般按下式计算(美国赫德森公式):

$$W = \rho_b K_\gamma^3 \frac{1}{K_D} \frac{H^2}{m} \tag{5-4-50}$$

式中:ρ_b——块体材料的密度($\mathrm{kg/m^3}$);

K_γ——密度系数，$K_\gamma = \dfrac{\gamma_w}{\rho_b - \gamma_w}$，$\gamma_w$ 为水的密度(kg/m^3)；

H——设计波高(m)；

m——$\cot\alpha$，α 为斜坡与水平面的夹角(°)；

K_D——稳定系数。

稳定系数 K_D 与护坡形式、抛置方式和块体稳定标准等有关。稳定标准以容许失稳率 $n(\%)$ 表示，即计算水位上、下 1.0 倍设计波高的护坡范围内，容许被波浪打击移动和滚落的块体个数所占的百分比。各种护坡形式的 n 与相应的 K_D 值见表5-4-15。

稳定系数 K_D　　　　　　表5-4-15

护坡体		$n(\%)$	K_D	附注	护坡体		$n(\%)$	K_D	附注
护坡块体	构造形式				护坡块体	构造形式			
四脚空心方块	安放一层	0	14		工字形块体	安放两层	0	18	$H \geq 7.5m$
块石	安放一层	0~1	5.5				1	24	$H < 7.5m$
四脚锥体	安放两层	0~1	8.5		块石	抛填两层	1~2	4.0	
					方块	抛填两层	1~2	5.0	

斜坡式路堤突入海中堤头部分的护坡单个块体质量，可按式(5-4-50)计算的结果增加 20%~30%。当波峰线与斜坡路堤轴线间的夹角小于45°时，可近似作为正向作用，当上述夹角大于45°时，波浪的作用减弱，其折减程度可通过试验确定。位于波浪破碎区的路堤和突入海中堤头部分的块体质量，均应相应再增加 10%~25%，必要时可通过试验确定。

内坡护坡块体的质量，应按堤内侧波浪进行计算，一般情况下可采用与外坡护坡垫层相同质量的块石。路堤顶块体的质量，一般与外坡的块体质量相同。

(3) 斜坡式路堤护坡厚度的确定

① 干砌块石或浆砌块石护坡厚度 $D(m)$ 按下式计算：

$$D = 1.3 K_\gamma H (K_{md} + K_b) \dfrac{\sqrt{m^2 + 1}}{m} \qquad (5\text{-}4\text{-}51)$$

式中：K_{md}——与斜坡的 m 值和 d/H 值有关的系数，见表5-4-16，d 为路堤前水深(m)；

K_b——波坦系数，见表5-4-17，表中 L 为波长(m)；

其余符号意义同前。

系数 K_{md}　　　　　　表5-4-16

d/H	$m=1.5$	$m=2$	$m=3$	$m=4$	$m=5$
1.5	0.426	0.261	0.130	0.080	0.054
2.0	0.354	0.198	0.087	0.048	0.031
2.5	0.332	0.180	0.076	0.041	0.026
3.0	0.322	0.171	0.070	0.037	0.023
3.5	0.314	0.166	0.067	0.035	0.021
4.0	0.310	0.162	0.065	0.034	0.020

波 坦 系 数 K_b　　　　　表 5-4-17

L/H	10	15	20	25	30
K_b	0.081	0.122	0.162	0.202	0.243

②人工块体护坡层厚度 $D'(\text{m})$ 按式(5-4-52)计算：

$$D' = nc\left(\frac{W}{\rho_b}\right)^{\frac{1}{3}} \quad (5\text{-}4\text{-}52)$$

式中：n——护坡块体层数；

c——系数，见表 5-4-18；

其余符号意义同前。

（4）人工块体个数及混凝土用量的计算

①人工块体个数 N 按式(5-4-53)计算：

$$N = Anc(1-p)\left(\frac{\rho_b}{W}\right)^{\frac{2}{3}} \quad (5\text{-}4\text{-}53)$$

式中：A——垂直于厚度 D' 的护坡层平均面积(m^2)；

p——护坡层的孔隙率(%)，见表 5-4-18；

其余符号意义同前。

系数 c 值和护坡块体空隙率　　　　　表 5-4-18

护坡块体	构造形式	C	$P(\%)$
块石	抛填两层	1.0	40
四角锥体	安放两层	1.0	50
工字型块体	安放两层	1.3	60
块石	安放(立放)一层	1.3~1.4	—

②人工块体混凝土用量 $Q(\text{m}^3)$ 按式(5-4-54)计算：

$$Q = N\left(\frac{W}{\rho_b}\right) \quad (5\text{-}4\text{-}54)$$

（5）斜坡式路堤护坡的垫层块石、棱体块石和护底块石质量的确定

①斜坡式路堤护坡的垫层块石质量，应不小于护坡块体质量的 1/20~1/40，且应复核在施工时期波浪作用下的稳定性。垫层块石的厚度一般取两层块石的厚度，按式(5-4-52)计算。

②当采用抛石棱体护脚时，棱体的顶高程，宜按低于设计低水位减 1.0 倍设计波高确定。水下护脚抛石棱体的顶面高程，在设计低水位以下约 1.0 倍设计波高值时，棱体的块石质量可取式(5-4-50)确定的块石质量的 1/5；在低于设计低水位以下约 1.5 倍设计波高值时，可取块石质量的 1/10。

③护底块石的稳定质量，可根据路堤前最大波浪底流速度参照表 5-4-19 确定。

斜坡式路堤堤前最大波浪底流速 $U_{\max}(\text{m/s})$ 一般按式(5-4-55)计算：

$$U_{\max} = \frac{\pi H}{\sqrt{\frac{\pi L}{g}\text{sh}\frac{4\pi d}{L}}} \quad (5\text{-}4\text{-}55)$$

式中：g——重力加速度(m/s^2)；

sh——双曲线正弦；

其余符号意义同前。

路堤前护底块石的稳定质量表　　　表5-4-19

底流速(m/s)	块石质量(kg)	底流速(m/s)	块石质量(kg)	底流速(m/s)	块石质量(kg)
1.0	10	3.0	80	5.0	200
2.0	40	4.0	100		

3. 斜坡式路堤整体稳定性计算

建造在非岩基上的斜坡式滨海路堤,其整体稳定性一般采用圆弧滑动法计算,$K_{\min} > 1.3 \sim 1.5$。有软弱夹层情况时,还需用复式滑动西方法进行检算。

波浪作用在斜坡上的最大局部压力和作用在斜坡式路堤堤顶胸墙(或堤顶方块)上的波浪力的计算,按本章第二节的方法确定。当胸墙前斜坡顶高程与胸墙顶高程相等,且墙前坡肩范围内安放两排两层四脚锥体或工字形块体时,作用在胸墙上的波浪力(侧压力和浮托力),可乘以0.6的折减系数。

当路堤一侧设有防水渗透的斜墙时,则在斜墙和堤身之间往往可能发生滑动,对此应进行检算。当斜坡式路堤为土石混合路堤时,则亦有可能在路堤填土本身内发生圆弧滑动(图5-4-13),此时可按一般边坡稳定检算方法计算。

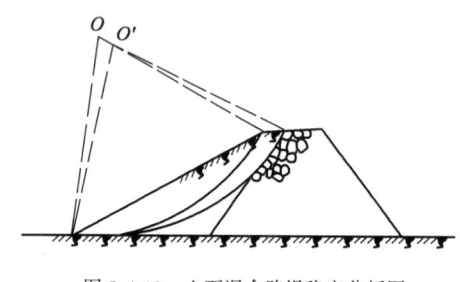

图5-4-13　土石混合路堤稳定分析图

四、直墙式路堤设计

1. 结构设计要点

(1)直墙式路堤两侧一般采用方整块石或混凝土方块砌筑直墙,两墙中间用石块填筑,其结构断面形式如图5-4-14所示,石块的大小以石块能够沉达到位,且能确保路堤安全稳定为原则。如水深较大且基底强度不足时,其下部可采用抛石基床以扩散压力。

(2)路堤直墙墙身结构可采用钢筋混凝土沉箱、混凝土空心方块,空腔内回填块石、砂砾等,其结构断面形式如图5-4-15所示;沉箱结构应满足路堤稳定性及地基承载力要求,其底宽、壁厚等结构尺寸依据现行《防波堤设计与施工规范》(JTS 154-1)的有关规定,结合实际工程经验确定。

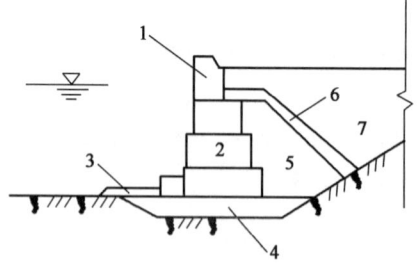 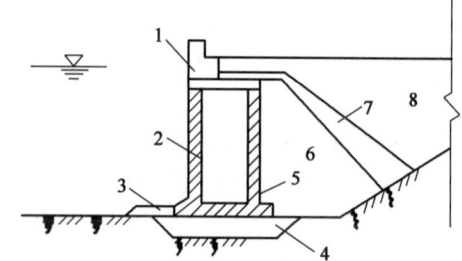

图5-4-14　混凝土方块(块石)结构断面示意图
1-胸墙;2-墙体;3-护底;4-基床;5-抛石棱体;
6-倒滤层;7-回填料

图5-4-15　沉箱结构断面示意图
1-胸墙;2-外壁;3-护底;4-基床;5-底板;6-抛石棱体;7-倒滤层;8-回填料

(3)直墙上部结构可采用现浇或装配整体式混凝土结构,其外侧可采用直立面、削角斜面或弧面;底部抛石基床可采用暗基床、明基床或混合基床,见表5-4-20。

直墙式路堤墙混凝土方块的最小质量要求　　　表5-4-20

设计波高(m)	方块质量(t)	设计波高(m)	方块质量(t)
2.6~3.5	30	5.6~6.0	60
3.6~4.5	40	6.1~6.5	80
4.6~5.5	50	6.6~7.0	100

(4)直墙式路堤明基床外肩和内肩的宽度,可分别取墙身计算宽度的0.6倍和0.4倍。对于高基床直立堤,其外肩宽度通过模型试验验证可适当减少。明基床的边坡坡度,外侧可采用1:2.0~1:3.0,内侧可采用1:1.5~1:2.0。暗基床底宽不宜小于直立堤墙底宽度加2倍的基床厚度。

2. 直墙式路堤的稳定性验算

直墙式路堤稳定性验算的重点是对路堤两侧直墙稳定性的计算。

作用在墙身的外力有:车辆荷载压力、静水压力、透过堤身的动水压力、波峰靠近墙前的水平波压或波谷靠近墙前的水平吸力、波浪作用在墙底的垂直上压力、水的浮力及墙后的填石或填土的主动土压力、墙身的自重等,当有浮冰时亦应考虑冰块撞击所产生的横向压力。计算时,应选择各项外力可能的组合下最不利的情况进行检算。

对于直墙式路堤的稳定性计算,可不考虑路堤内侧波浪与路堤外侧波浪相结合的情况,即将路堤内侧的水面作为静水面计算。

(1)直墙沿基底和基床顶面的抗倾覆稳定计算、抗滑计算、地基表面和基床顶面应力的计算,以及直墙式路堤的整体稳定计算等,可参照第三篇挡土墙设计中的有关规定进行。

(2)直墙式路堤墙混凝土方块最小质量的确定可从表5-4-20中查得。

(3)明基床的基肩和坡面块体稳定质量的计算可从图5-4-16中查得。

查图方法——由右半图横坐标上的d_1/d,向上引垂直线与相应的d/L相交,自交点向左引水平线再与等H线相交,自交点向下引垂直线,在左半图的横坐标上得出块体稳定质量W,或自第一交点向左,在纵坐标上得出系数k,代入式(5-4-56)。

$$W = kH^3 (t) \quad (5\text{-}4\text{-}56)$$

若为安放块石,块体质量可近似采用抛填块石质量W的0.6倍。当坡度为1:1.5时,块体质量可近似采用图中W的1.33倍。

(4)直墙式路堤堤前最大波浪底流速U_{max}(m/s)的计算

①堤前波态为立波时,最大波浪底流速一般按式(5-4-57)计算:

$$U_{max} = \frac{2\pi H}{\sqrt{\frac{\pi L}{g}}\,\text{sh}\frac{4\pi d}{L}} \quad (5\text{-}4\text{-}57)$$

式中:H——波高累计频率为5%的波高(m);

其余符号意义同前。

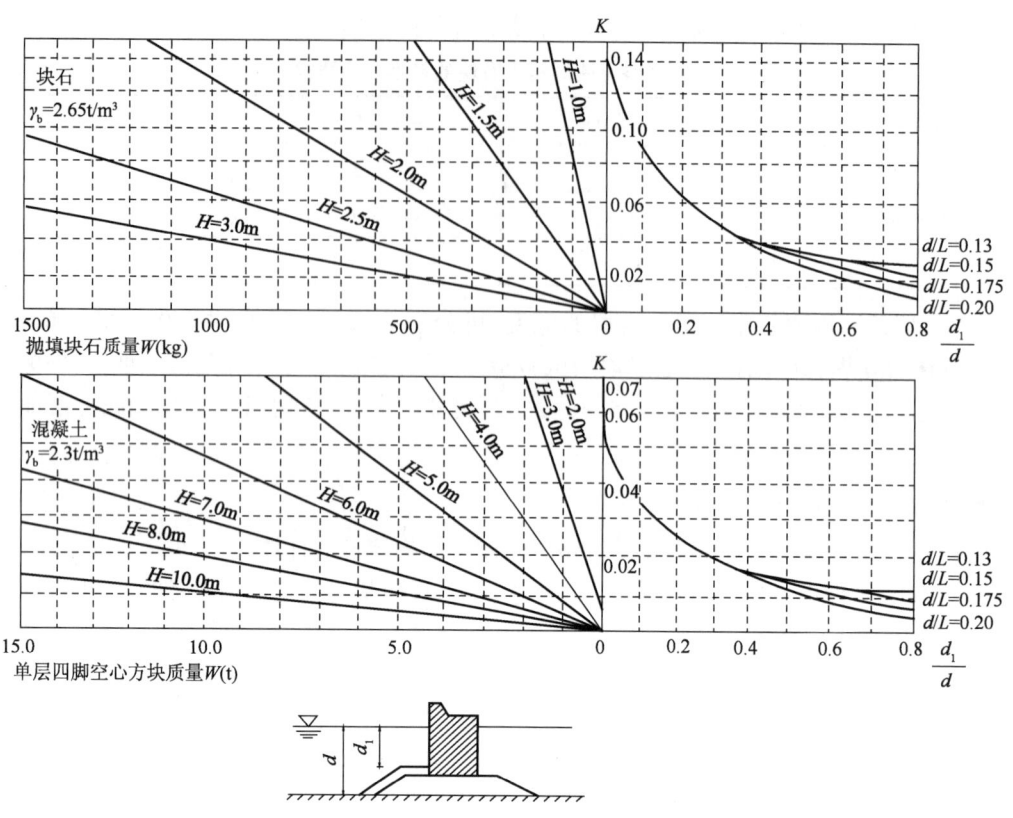

图 5-4-16 明基床基肩和坡面块体的质量计算图

②堤前波态为远破波时,最大波浪底流速一般按式(5-4-58)计算:

$$U_{max} = 0.33\sqrt{g(H+d)} \tag{5-4-58}$$

式中:g——重力加速度(m/s^2);

H——波高累积频率为5%的波高(m);

d——堤前水深(m)。

③堤前波态为近破波时,最大波浪底流速按式(5-4-55)计算。

(5)直墙式路堤堤前护底块石稳定质量的计算

直墙式路堤堤前护底块石稳定质量,可根据算得的最大底流速度从表5-4-19中查得。

3. 直墙(防浪墙)的构造

直墙的上部结构应有足够的刚度和良好的整体性,并与墙身结构连接牢固。

墙身如采用混凝土方块砌筑时,应尽量减少其尺寸的种类。方块的长边尺寸与高度之比不应大于3.0;短边尺寸与高度之比不应小于1.0,个别的方块不应小于0.8。

混凝土方块的质量一般根据起重设备能力确定。当不能满足表5-4-19中方块质量的要求时,可采用空心方块中间灌注水下混凝土的形式。

方块间垂直缝的宽度一般采用2cm。方块间的垂直缝应互相错开,错缝的间距不应小于表5-4-21中的数值。

方 块 错 缝 间 距　　　　　　　　　　表 5-4-21

错缝位置	方块质量	
	≤40t	>40t
在横断面上	0.8m	0.9m
在纵断面或平面上	0.5m	0.6m

为避免地基的不均匀沉陷引起墙身开裂,需按地基地质的变异及墙高、墙身断面的变化情况,设置沉降缝。为了减少圬工因硬化后收缩和温度变化等作用而产生裂缝,需设置伸缩缝,一般每隔 15~30m 或结构形式改变处、墙身高度或基床厚度突变处、地基土质差别较大处设置一道,使其能兼具两者的作用,缝宽 2~5cm,做成上下垂直通缝。

抛石基床的厚度一般由计算确定,对一般直立堤,为黏土地基时,抛石基床厚度不应小于 1.5m,为砂土地基时,抛石基床厚度不应小于 0.7m,并应在抛石基床下设置 0.3m 的碎石垫层。岩石地基的抛石基床厚度不应小于 0.5m。对深水直立堤,抛石基床的厚度应适当加大。抛石基床一般采用 10~100kg 的块石,并需注意级配,一般要用重锤夯实。

直墙式路堤护底块石层的宽度,一般采用 0.25 倍设计波长,但当有论证时也可适当减小。

护底层一般为 1~2 层块石的厚度,且不应小于 0.5m。当护底块石质量大于 100kg 时,应在其下设置小块石垫层。

第五章 滑坡地段路基

第一节 概 述

一、滑坡定义

对于滑坡的定义,在国内外有一定区别,国外一般采用广义的滑坡定义,而国内则较多采用狭义的滑坡定义。广义的滑坡是指坡体岩土向下运动现象的总称。我国普遍采用的滑坡定义是指斜坡或边坡上部分岩土体在重力的作用下,因为某些诱发因素,沿一定的软弱面(带)或其组合界面整体向下滑移,并以水平位移为主的岩土变形和破坏现象。

二、滑坡识别

一个发育完全的典型滑坡,一般具有滑体、滑面(带)、滑床、滑坡周界、滑坡出口、滑坡后壁、滑坡台阶、滑坡洼地、滑坡舌,以及滑坡裂缝等基本要素,如图 5-5-1 所示。

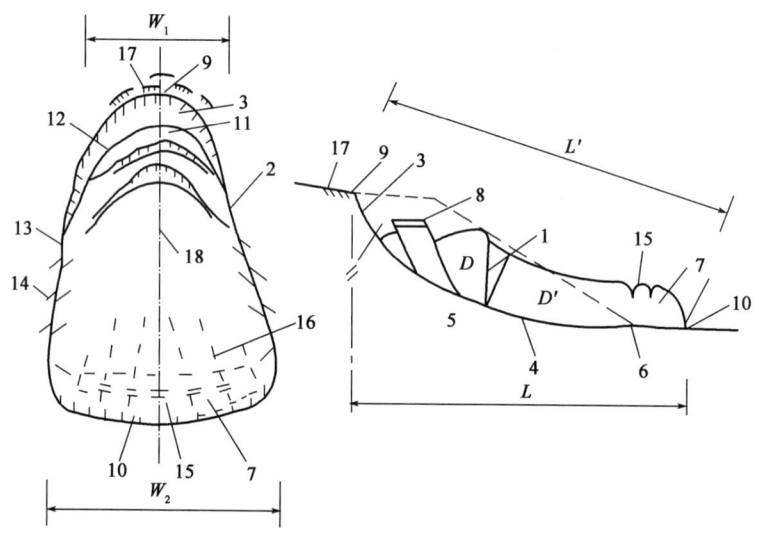

图 5-5-1 滑坡基本要素示意图

1-滑坡体;2-滑坡周界;3-滑坡壁;4-滑坡面;5-滑坡床;6-滑坡剪出口;7-滑坡舌与滑坡鼓丘;8-滑坡台阶;9-滑坡后缘;10-滑坡前缘;11-滑坡洼地(滑坡湖);12-拉张裂缝;13-剪切裂缝;14-羽状裂缝;15-鼓胀裂缝;16-扇形张裂缝;17-牵引性张裂缝;18-主滑线

(1)滑坡体:滑坡发生后,与稳定坡体脱离而滑动的部分岩土体叫滑坡体,简称滑体。

(2)滑坡周界:滑坡体与其周围不动体在平面上的分界线叫滑坡周界。它圈定了滑坡的范围,在多个滑坡构成的滑坡区内,它可以是不同滑动块体的界线。

(3)滑坡壁:滑坡体上部与不动体脱离的分界面露在外面的部分,高数米至数十米,特大型滑坡也有高百米以上者,坡度为55°~80°(近地表段呈直立状),似壁状,故称为滑坡壁。在平面上它多呈圈椅状(环谷状、马蹄状),岩体滑坡中也有呈直线或折线状者。其中最上部高陡部分称为主滑壁,两侧者称为侧壁。发生不久尚未坍塌的滑坡壁上常留下清晰的滑动擦痕。

(4)滑动面、滑动带和滑动擦痕:滑坡体滑动时与不动体间形成的分界面称为滑动面,简称滑面。许多滑坡滑动时在滑动面以上形成一层因剪切揉皱结构被破坏的软弱带,厚数毫米至数米,称为滑动带或滑带。滑动擦痕是滑动面上动体与不动体间因相互摩擦而形成的痕迹,它指滑坡滑动的方向。

滑动面一般呈光滑镜面,多有擦痕。其形状在均质土中多为弧线或曲线状;在堆积土中多呈折线或直线与曲线组合状;在岩石滑坡中呈直线、折线或与曲线组合状。

滑带土的含水率一般较其上、下土层为高、软弱、呈可塑或软塑状,黏土颗粒含量也相对较多,色杂,揉皱严重。由于受滑体滑动力与滑坡床阻滑力一对剪切力偶的作用,在滑动带中常形成由张扭性和压扭性结构面构成的网状裂缝。有时在压性结构面上也形成擦痕。在岩石顺层滑坡中由于受构造作用影响,可在滑动带上、下形成两个滑动面。

(5)滑坡床:滑动面以下的不动岩土体称为滑坡床,简称滑床。

(6)滑坡剪出口:滑动面最下端与原地面相交而剪出的破裂口叫滑坡剪出口,简称滑坡出口。在滑坡大滑动之前它表现为地面隆起、翘出、错出,或建筑物被剪断,大滑动之后常被埋入滑坡体之下。

(7)滑坡舌与滑坡鼓丘:滑坡体从滑坡剪出口滑出后伸入沟、堑、河道或台地上形似舌状的部分称为滑坡舌。由于滑动面反翘或滑坡体前部受阻,该部分常形成垂直滑动方向一条或数条土垅,称为滑坡鼓丘。

(8)滑坡台阶和滑坡平台:滑坡体在滑动中因上下各段的滑动次序和速度的差异,在其上部常形成一些错台,每一错台形成一个陡壁,此称为滑坡台阶。宽大的台面叫作滑坡平台,有时该平台具有向山缓倾的反向坡,叫反坡平台,是滑坡的一个典型地貌特征,尤其是沿弧形面旋转滑动的滑坡。

(9)滑坡后缘:主滑壁与山坡原地面的交线称为滑坡后缘。

(10)滑坡前缘:滑坡舌前部与原地面线的交线叫作滑坡前缘,其最突出的地点叫作舌尖,舌尖点称为滑坡的末端点。

(11)滑坡洼地和滑坡湖:滑坡滑动后,滑坡体与主滑壁之间拉开成沟槽或陷落成堑状,相邻土楔向山反倾形成四周高、中间低的洼地,称为滑坡洼地。当地表水汇集于洼地中形成溃泉湿地或水塘时,就称为滑坡湖。

(12)拉张裂缝与主裂缝:位于滑体上部因滑坡体下滑而牵引张开的长数十米至数百米、方向与滑坡壁吻合或大致平行的裂缝称为拉张裂缝,其中与主滑坡壁重合的一条裂缝称为主裂缝。

(13)剪切裂缝:位于滑坡中下部的两侧,因滑坡体与两侧不动体间发生剪切形成的裂缝叫作剪切裂缝。它形成滑坡的两侧边界。

(14)羽状裂缝:在滑坡体两侧剪切裂缝尚未贯通前,因动体与不动体间相对位移形成的呈羽状(雁行状)排列的张裂缝称为羽状裂缝。

(15)鼓胀裂缝:滑坡体下部因下滑受阻挤压隆起形成垣垅(鼓丘),在其上形成垂直滑动方向的裂缝,叫作鼓胀裂缝。

(16)放射状(扇形)张裂缝:滑坡体下部因下滑受阻而形成的顺滑动方向的裂缝,在滑坡主轴部位大致平行滑动方向,两侧呈放射状(扇形状)展布。在滑坡大滑动前,它先于鼓胀裂缝和滑坡剪出口出现,是抗滑段受挤压的标志。滑坡滑动后滑体向两侧扩展也可形成张裂缝,在舌部呈放射状分布,故称为放射状张裂缝或扇形张裂缝。

(17)牵引性张裂缝:主滑壁以外因失去侧向支撑而形成的尚未滑动的断续裂缝,称为牵引性张裂缝。它预示着滑坡可能扩大或主滑壁可能坍塌的范围。

(18)主滑线(滑坡主轴):滑坡体上滑动速度相对最快的纵向线叫主滑线,也称为滑坡主轴。它代表滑坡整体滑动的方向,可为直线、折线或曲线,位于滑体后缘最高点与远点的连线上,在该断面上滑坡体一般最厚,且滑坡推力最大。

除上述主要要素外,描述滑坡的几何尺寸的还有滑体的水平长度 L、斜长 L'、铅垂厚度 D、厚度 D'、下部宽度 W_2、上部宽度 W_1、前后缘高差 h 等。

三、滑坡分类

滑坡的分类方法较多,大多基于不同的目的和要求。根据道路工程的特点,为便于其滑坡工程地质勘察和治理工程设计,一般根据滑体组成物质、滑面成因类型、滑体厚度和滑动先后顺序等主要特征因素进行分类。《公路滑坡设计规范》(JTG/T 3334—2018)采用两个层次的分类方法。第一层次分类,按滑坡体的组成物质作为主要分类标志,反映了滑坡体的性质特点;第二层次分类,按滑坡体积、滑动面埋藏深度(滑体厚度)和滑动形式等分类,反映滑坡某一方面的特性,表5-5-1~表5-5-7。

滑坡按主要物质组成分类　　　表5-5-1

类型	亚类	主要特征
土质滑坡	堆积土滑坡	除膨胀土、黄土、填土等特殊土之外,发生在第四系地层各种成因土层中,包括风化残积土,由一般土质组成滑坡体。滑动面为土层中软弱土层或基岩顶面
	膨胀土滑坡	发生在含有膨胀土的地层中。滑动面多在膨胀土活动区深度范围
	黄土滑坡	发生在各时期黄土地层中,由黄土构成滑坡体。滑动面为黄土层间界面或基岩顶面
	填土滑坡	发生在路堤或人工弃土堆中
岩质滑坡	破碎岩体滑坡	发生在构造破碎带或严重风化带的破碎岩体中
	层状岩体滑坡	发生在具层状结构的岩体中。滑动面为层面或软弱结构面
	块状岩体滑坡	相对完整的块状岩体沿构造节理或断层产生的组合式滑动

堆积土滑坡分类　　　表5-5-2

类型	主要特征
黏质土滑坡	发生在非膨胀性的黏质土层中的滑坡。滑动面多为高含水率、软弱的高塑性黏土层
砂质土类滑坡	由砂质土、粉土组成的滑坡
碎石土类滑坡	由碎石土、块石土组成的滑坡。滑动面多为层中高含水率、软弱的黏质土夹层
风化残积土滑坡	发生在残积土、全风化土、砂土状强风化层中的滑坡,滑动面多为风化界面、软弱夹层、原生或次生结构面等

层状岩体滑坡分类　　　　　　　　　　　　　　　　　　　　　表5-5-3

类　型	主　要　特　征
顺层滑坡	沿顺坡倾向的层面或软弱带滑动
切层滑坡	由平缓或反倾层状岩体构成,滑动面切割岩层层面。常沿顺坡倾向的一组软弱面或结构面(带)滑动

滑坡按体积分类　　　　　　　　　　　　　　　　　　　　　　表5-5-4

滑坡类型	小型滑坡	中型滑坡	大型滑坡	巨型滑坡
滑坡体积 $V(\mathrm{m}^3)$	$V \leqslant 4 \times 10^4$	$4 \times 10^4 < V \leqslant 30 \times 10^4$	$30 \times 10^4 < V \leqslant 100 \times 10^4$	$V > 100 \times 10^4$

滑坡按滑动面埋深分类　　　　　　　　　　　　　　　　　　　表5-5-5

滑坡类型	浅层滑坡	中层滑坡	厚(深)层滑坡
滑动面埋深 $H(\mathrm{m})$	$H \leqslant 6$	$6 < H \leqslant 20$	$H > 20$

滑坡按滑动力学特征分类　　　　　　　　　　　　　　　　　　表5-5-6

滑坡类型	主　要　特　征
推移式滑坡	中后部岩土体滑动挤压推移前缘段产生滑动形成的滑坡
牵引式滑坡	前缘段岩土体发生滑动后使后缘岩土体失去支撑滑动而形成的滑坡

滑坡按发生时间分类　　　　　　　　　　　　　　　　　　　　表5-5-7

滑坡类型	发　生　时　间	主　要　特　征
新滑坡	新近发生滑动的滑坡	滑坡外貌清晰,滑坡要素齐全,普通大众可识
老滑坡	全新世以来发生的滑坡	滑坡外貌尚存,破坏形迹可察,技术人员易辨
古滑坡	全新世以前发生的滑坡	滑坡外貌残缺,需要专家经验,防止错估漏判

四、滑坡的形成条件和触发因素

1. 地形地貌特征

(1)现代发生的滑坡有许多是古老滑坡的复活,判断坡体是不是古老滑坡是推测其是否可能产生新生滑坡的重要手段。古老滑坡有许多地形地貌特点,其识别要点如下:

①山坡或河谷坡地上的圈椅地貌经常是发生过古老滑坡的地方。圈椅地貌是指背后靠山,左右两侧为两条山梁,中间围出一块缓坡地,外形像圈椅状的一种地貌。

②平整的山坡面,没有地下水出露,一般是比较稳定的。坡面杂乱无规则的山坡,就可能是不够稳定的山坡,山坡上有"醉林""马刀树"出现,则是已经发生过滑动的山坡。

③在沿河圆顺的凹岸中,突然有一小部分向河床中凸出,凸出地段并见有大块孤石堆积,这种现象就有可能是由古滑坡舌部的残留物形成的,如图5-5-2所示。

④双沟同源地形,如沟谷不深,沟间距离约数十米至数百米,沟源相连呈钳形,沟间山坡多呈上、下陡而中部缓的鼻形斜坡地形。这种地形,往往是由于山坡曾经发生过位移,水流沿周围侵蚀发育的结果,是古滑坡错落残留的痕迹,如图5-5-3所示。

(2)在江河峡谷中,或由于断层影响,或由于岩性差异,有时会形成周围高中间低的簸箕状缓坡地带,缓坡上往往堆积有一定厚度的崩坡积物,形成既利于地表水汇集下渗又利于地下水在某一部位聚集漫延的地形地质条件,极易产生堆积土滑坡。

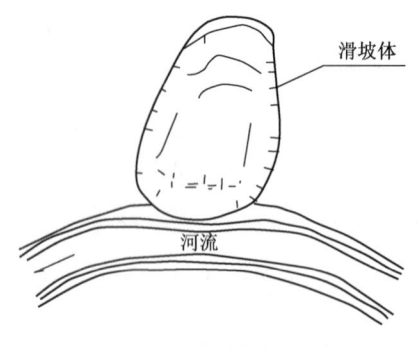
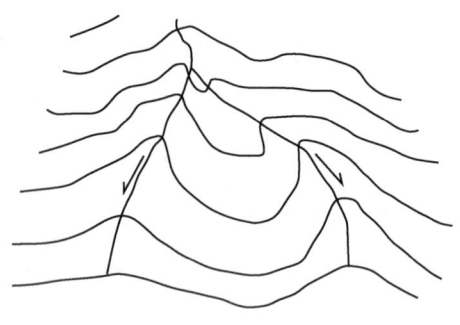

图 5-5-2　河岸反向突出河中　　　　　图 5-5-3　双沟同源地形

(3)河曲凹岸冲刷部位易产生滑坡,尤其当凹岸部位分布有不耐冲刷的软弱岩层或土体时,造成河岸坍塌,牵引坡体产生滑坡。

(4)山区河谷的缓坡段较易产生滑坡,其中又有两种不同的情况:一是较软弱岩层形成的缓坡段可产生风化岩体沿未风化层的滑动;一是层状岩体向河谷缓倾斜形成的缓坡,可能产生顺层岩石滑坡。

(5)高陡的黄土塬边由于具有极不利于坡体稳定的临空条件和多半存在的不利于坡体稳定的水文地质条件,常常发生大量黄土滑坡。

(6)在一些矿区,如发现有塌陷地貌,如宽度不等的地堑式塌陷,则应注意在适当的临空位置产生滑坡的可能。

(7)崩塌岩堆及大型泥石流等古老病害堆积体容易因工程活动破坏影响产生滑坡。

2.地层岩性特征

经过全国公路及铁路滑坡调查统计分析研究,产生滑坡的地层岩性可以归纳为以下十大岩组:①黏质土岩组;②黄土岩组;③堆积土岩组;④砂砾泥岩岩组;⑤砂页岩岩组(包括含煤层的砂页岩);⑥碳酸盐岩岩组;⑦变质岩岩组;⑧侵入岩岩组;⑨火山岩岩组;⑩构造破碎岩岩组。在该十大岩组中,黏质土岩组、黄土岩组、堆积土岩组、砂页岩岩组、变质岩岩组和构造破碎岩岩组比较易于产生滑坡,其他岩组在适宜条件下,也可以产生滑坡。常见易滑地层有:页岩、泥岩、泥灰岩、千枚岩、滑石片岩、云母片岩,以及其他容易风化、遇水软化的岩石、黏质土、黄土及各种成因的堆积层。这些地层都比较容易发生滑坡。

上述岩组坡体中有可能形成贯通滑动面的情况大体有三种:

(1)构成坡体的第四纪堆积物和构造破碎岩下边存在着相对不透水的隔水层顶面,如堆积土岩组下伏的往往呈簸箕状的基岩顶面、黄土岩组下伏的第三系黏土岩或白垩系泥岩顶面、构造破碎岩岩组下伏的比较完整的岩层顶面。

(2)构成坡体的岩体中存着先期地质作用形成的相对不透水的岩层或相对软弱的结构面,前者如砂页岩岩组中的页岩层面和砂砾泥岩岩组中的泥岩层面,后者如常见于各种沉积岩中的层间错动面或软弱夹层。

(3)由于岩性本身比较软弱,坡脚处因应力集中首先破坏,而后按渐进破坏机制,塑性区逐步发展,最终导致土体破坏下滑,在黏质土岩组中这种现象广为出现。黏质土中发育的裂隙无疑为"渐进破坏"的发展创造了条件。

此外,膨胀性黏土中裂隙特别发育,一旦表水通过各种裂隙渗水通道下渗到相对隔水层顶面,便会在这里积聚,这个面上原有的 c、φ 值会因水分的聚集而降低,当其降低到不能维系上覆坡体的平衡时,这一部分坡体便开始了或快或慢的滑动,形成滑坡。

3. 地质构造特征

断层面、节理面、褶曲两翼的倾斜面、不整合面,以及倾角较陡、倾向山外、走向与路线交角小于 45° 的基岩层面,都容易构成滑坡的滑动面。

一般不同时代的地层均经历过形成和形变,或称建造和改造两个阶段。各种岩层在经历了往往不止一次构造作用之后,便形成了种种规模不一、性质不同、形态各异的褶皱和断裂,它们对滑坡的形成具有显著影响,主要表现在以下几个方面:

(1)断层破碎带中极易产生破碎岩石滑坡

断层,尤其是大中型断层,是强烈的构造作用的产物,往往伴生有宽度不等的断层破碎带,断层带中岩层产状紊乱,裂隙发育,岩体破碎,甚至达到角砾状和糜棱状,也常有不透水的断层泥产生,断层带下部又多存在着相对较完整的岩体,这些特点有利于地表水渗透,地下水补给及其在某些部位的集聚,在一定触发因素的作用下很容易产生岩体滑动形成破碎岩石滑坡。同时,由于断层带中岩体破碎,崩坡积作用强烈,沿断层带也会有大量堆积土滑坡产生。

(2)褶曲轴部的岩体滑动

褶曲轴部岩层变形极其剧烈,岩体非常破碎,在适宜条件下也容易产生滑坡。

(3)单斜岩体中的顺层滑动

古老岩层,尤其是褶皱带中的古老岩层均有发育的褶曲,大中型褶曲的一翼往往表现为单斜岩层,当岩层倾斜方向临空,且岩层倾角适宜时,易于产生顺层岩石滑坡。

(4)近水平地层中的大型岩土体滑动

一般地,产状近水平的地层中是不容易产生滑坡的,但在某些特定条件下,不仅可以产生滑坡,而且一旦产生还多为大型滑坡。

(5)错落体转化成的岩体滑动

错落的形成与地质构造关系密切(错落面为长大贯通的断层面或节理面),这种类型滑坡的存在和发生也说明了地质构造在滑坡形成中的巨大作用。

4. 水文地质条件

地表水不易排除,甚至形成积水;斜坡水文地质条件不良,地下水发育,在缓坡后缘、前缘、坡脚或坡面等地形突然变化处,有泉水或湿地分布;河水掏蚀、冲刷坡脚;灌溉水或其他水渗漏等,都会促成滑坡的发生。

(1)坡体中存在相对不透水的隔水层,其上覆岩土体具有较好的渗透性,下渗的表水会在相对隔水层上聚积,软化或泥化岩土,且造成孔隙水压上扬,降低岩土体的抗剪强度,导致上覆岩土体滑动。斜坡上线状泉水出露或带状湿地分布的位置即为相对隔水层所在处,野外调查时应予以注意。堆积土滑坡、破碎岩石滑坡和岩石滑坡均具有这种水文地质条件,一些黄土滑坡也具有此类水文地质条件。

(2)土坡中存在含水层(如黏质土中的砂层、卵石层,黄土中的卵石层、姜石层)时,含水层中的水可将上覆土体底部泡软进入塑性区,造成上部土体滑动。如果含水层位于坡脚,再考虑到坡脚应力集中的影响,则产生滑坡的概率将会更高,黏质土滑坡和黄土滑坡多具有此类水文地质条件。

（3）坡体中的储水构造或裂隙岩体在经历漫长的年代之后，有可能聚集大量地下水，如有断层水补给，情况会更加严重，这对于坡体的稳定是很不利的，将其排出可大大提高斜坡的稳定性。

（4）斜坡上部或堑坡顶部有水塘或水渠时，由于通常都存在的渗漏问题而成为地下水的补给来源，常可导致坡体下滑，在黏质土滑坡、黄土滑坡，以及堆积土滑坡中均有此类事例发生。有时，大面积的（超量）灌溉也会恶化坡体的含水状态致使发生滑坡。

（5）含水层的潜蚀和液化等动力作用特征也会导致滑坡的发生。

（6）在我国西北地区，有一种应予以重视的现象，即有的滑坡发生时间会滞后雨季数月之久，即降雨作用的滞后性，这种现象与半干旱的气候条件和某些地层的弱透水性与强持水性有关。

5. 主要触发因素

滑坡的触发因素有很多，如降雨、地震和人类工程活动等。大气降雨是滑坡产生的主要触发条件之一，特别是持续暴雨期间，常常诱发大量的滑坡灾害；同时，地震引力作用是区域性滑坡产生的重要触发因素，往往形成大面积的滑坡灾害；在工程建设与生产实践过程中，人类工程活动是滑坡灾害的常发诱因，边坡开挖、地下采空、工程爆破、场地堆载，以及农业灌溉与生产生活用水不善等，常常诱发各种各样的滑坡灾害。此外，河岸冲刷、河库水位骤升骤降，以及河库水位浸淹等也是滑坡的主要触发原因之一。

第二节　滑坡工程地质勘察

滑坡工程地质勘察的目的是查明滑坡的形成原因及其性质，判断滑坡的稳定程度及其工程建设的危害性，提供防治滑坡措施与计算参数。

在滑坡工程地质勘察之后，应提交以下资料：滑坡工程地质平面图，比例尺1∶500或1∶1000；滑坡工程地质剖面图，比例尺1∶200或1∶500；相关岩土试验指标；工程地质勘察报告。

一、滑坡勘察要求

在不同的勘察设计阶段，基于不同的勘察目的与工作深度，滑坡工程地质勘察的主要工作内容和技术要求不尽相同，在滑坡初勘和详勘阶段的工程地质勘察基本要求分述如下：

1. 初勘阶段

1）勘察重点

（1）地貌调绘

调绘范围必须包括由滑坡活动可能引起的地面变形破坏的范围，主要调绘下列内容：

①滑坡后缘断裂壁的形状、位置、高差及坡度。
②滑坡台地的形状、位置、高差、坡度及其形成次序。
③滑坡体隆起和洼地范围及形成特征。
④滑坡裂隙分布范围、密度、特征及其力学性质。
⑤滑坡舌前缘隆起、冲刷、滑塌与人工破坏状况。
⑥剪出口位置、距地面高度、滑动面坡度及擦痕方向。
⑦滑体各部位（主轴线上）的稳定状态，如蠕动、挤压、初滑、滑动、速滑、终止。

⑧滑体上冲沟发育部位、切割深度、切割地层岩性、沟槽横断面形状、泉水的形成、沟岸稳定状况。
⑨调查坡脚破坏的原因与破坏速度。
(2)工程地质调绘
①收集有关大地构造、新构造活动、地壳应力场及地震资料。
②收集航片资料,判释滑坡发育与分布规律。
③调绘滑坡地区地层、岩性、地质构造与节理裂隙发育、分布规律。调查范围应包括滑坡体及其周边稳定地段。
(3)水文地质调绘
①收集区域水文地质资料。
②调绘地下水露头(如井、泉、积水洼地、潮湿地、喜湿植物群落等)的分布及发展变化的规律。
③调查含水层出露与埋藏条件、地下水位变化及地下水补给、排泄关系。
④调查滑坡附近的水利设施、灌溉方式与滑坡活动的关系。
(4)滑坡活动历史调查
①访问了解滑坡形成的时间、诱导因素、滑动速度及周期。
②调查滑坡体各部位滑动的先后次序及各部位地面隆起、凹陷、平面移动的状况。
③调查冲沟的形成、发展速度及发育阶段。
④调查泉水的形成与掩埋过程。
⑤调查醉林(或马刀树)的特征与树龄。
⑥调查滑体上建筑物的变形、破坏与修复过程。
⑦调查地震活动对滑坡的影响。
(5)气象、水文资料调查
①调查连续降雨时间、暴雨强度和冻融季节变化与滑坡活动的关系。
②调查洪水水流对坡脚冲刷与滑坡活动的关系。
2)勘探
(1)勘探目的
勘探是为了了解滑体与滑床的地层结构、软弱结构面、含水层的性质、地下水位、滑动特征以及取样试验。
(2)勘探线
控制性的勘探线按滑体中心的主滑方向布置,长度应超过滑坡影响范围以外40m。
大型滑坡宜设2~3个地质断面,勘探点间距不宜大于50m。各勘探点的布置应便于绘出垂直滑动方向的横断面。
两个以上互相连接的滑坡应分别按滑体滑动主轴布置勘探线。
控制性勘探线上的勘探点不得少于3个(含钻探、挖探、露头)。同时,在稳定地段也应有勘探点。
(3)勘挖孔
①滑坡后缘断裂壁坡脚、前缘剪出口处尽量采用挖探,查明滑动面特征。
②视地层结构、地面形态等条件选择物探种类,大型滑坡可采用多种物探方法,互相配合

验证。

③控制性断面上的关键勘探点必须采用钻探。钻探深度要伸入到滑床3~5m。

④钻探终孔口径不小于110mm。

⑤钻孔岩芯描述除按一般描述外,应着重对滑坡面的特征,如擦痕、摩擦热变质、烧结状况、变色、滑带厚度、含水状态等进行描述。

⑥钻探一般应采用干钻,亦可采用双重岩芯管或其他工艺,不得遗漏滑动面或改变破坏滑动面的特征。

应分层测定地下水位,必要时应测定流速、流向及流量。

3) 试验

(1) 试样在挖探、钻探时一并采取。不同岩性地层应按上、中、下分别取样;层厚小于1m时变层取样;层厚较大时取样间距不得大于2m。

对黏质土、岩石取原状样;砂、砾、碎石土取不改变颗粒成分的扰动样。

(2) 常规试验项目有:相对密度、天然密度、天然含水率、颗粒分析、液塑限、内摩擦角、黏聚力、岩石浸水抗压强度等。

对破碎岩石、碎石土及其他无法取得原状样测定内摩擦角、黏聚力的土体,可采用反算法求得。在条件许可时可采用孔内剪切等现场试验实测的方法。

对不同滑动状态土体的样品,其抗剪强度应测定受力条件相似的数值(如重复剪切并求出残余剪切强度等)。

4) 资料要求

(1) 工程地质勘察报告的文字部分的内容如下:

①叙述滑坡形成、运动的自然因素,包括地形、地貌、水文气象、地震、地质、水文地质等。

②论述滑坡的发生、发展及现状与自然因素、人为活动的机理联系,预测滑坡发展趋势。

③叙述滑坡类型的划分。滑坡类型按如下分类原则及顺序描述定名:物质组成、滑面成因、规模大小、滑体厚度、地层岩性及构造、滑动面形状、发育阶段、运动规律及其他性状。

④滑坡稳定性分析要充分利用综合调绘、探勘、试验成果,合理选择计算公式、计算参数进行验算。稳定性分析不仅要考虑滑坡的现状,还要预测未来的发展。

⑤论证滑坡的防治方案的合理性、可靠性及可行性。尽量将线位、桥位、隧道位置放在防治工程最小的位置。各项防治工程措施都要围绕对路线、桥梁、隧道、人工构造物的稳定性,有针对性的论述其合理性。

(2) 工程地质图。

①工程地质平面图,比例尺为1:500~1:2000。

②工程地质纵断面图,比例尺:水平为1:100~1:200;垂直为1:10~1:20。

(3) 成果资料。

调绘记录本、勘探试验原始资料(含挖探描述、钻孔柱状图、物探成果、原位测试成果、试验成果)、稳定验算资料及其他统计整理资料分别编目成册,除记录本外,其成果资料均应列入基础资料。

2. 详勘阶段

1) 勘察重点

(1) 在初勘的基础上进一步查明各项防治构造物有关范围内的地层岩性、地质构造、滑动面位置、地下水排泄和补给的关系。

(2)查明防治构造物范围,滑体滑动方向、速度、周期与水文、气象变化的关系。

(3)查明与防治构造物有关范围的滑体滑动状态。

2)勘探

(1)勘探线按防治构造物轴线与滑体滑动方向交叉布置。顺滑动方向的勘探线间距不大于50m;若滑体宽度小于50m,至少有一条勘探线。

(2)防治构造物上的勘探点间距不大于20m。顺滑动方向的勘探点随地形变化布置。

(3)地形与下卧层起伏不大时,在代表性的勘探线上应设适量的钻孔。钻探点一般布置在防治工程的轴线上。

(4)在滑坡体、滑动面(带)和稳定地层中,应采取必要的试样,进行试验。

3)试验

(1)试验项目与初勘要求相同。

(2)在地层岩性适合的情况下,尽量采用原位测试,取得设计参数。

(3)须进行滑面重合剪、滑带土多次剪,并求出多次剪和残余剪的抗剪强度。

4)资料要求

(1)工程地质勘察报告文字部分的要求如下:

①概述自然条件、人为活动与滑坡形成、发展、现状、发育趋势的关系和机理。

②论证各项防治措施的针对性、合理性、可靠性及滑坡的稳定性。

③论证各项设计参数推荐值的合理性,并列出各项设计参数推荐值。

④考虑设计与施工应注意的问题,并评价公路运营时滑坡对各项工程的影响。

⑤对公路工程影响较大,且又难于查明运动规律的滑坡,应提出进行特殊监测或长期观测的建议。

(2)工程地质图

①工程地质平面图,比例尺为1:500～1:2000。

②各项防治工程纵、横工程地质断面图,比例尺为1:100～1:2000。

③滑坡防治设计推荐方案平面示意图,比例尺为1:500～1:2000。

(3)成果资料应整理成册,列入基础资料。

二、滑坡测绘要点

1.滑坡工程地质平面图(图5-5-4)

(1)根据微地貌形态、裂缝、台阶及水文地质特征、位移观测,并结合勘探,弄清整个滑坡周界和滑坡周界内不同滑动部分的界线。

(2)弄清滑坡壁的高度、陡度、植被和剥蚀情况;擦痕的方向与倾斜度;弧形裂缝的位置、宽度、长度、产状及贯通情况。

(3)弄清滑坡台阶的数目、分布位置、形状、长度、宽度、陡坎高度、有无反坡、坎壁植物生长情况等。

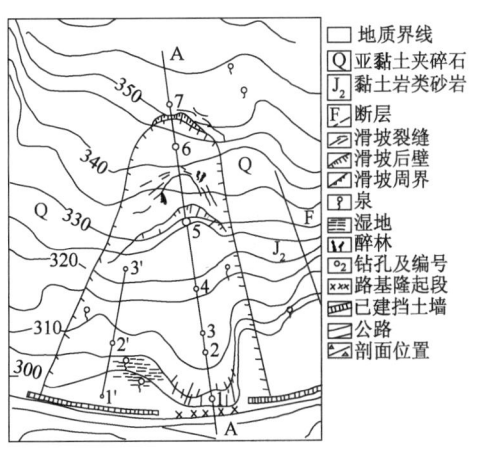

图5-5-4 滑坡工程地质平面图

(4)弄清滑坡舌的位置、形状、掩盖被侵蚀情况。

(5)弄清滑坡裂缝的分布位置、形状、长度、宽度,出现的先后顺序(可能的)组合特点及联通情况。

(6)弄清泉水、湿地的出露位置、类型和与地形、地质构造的关系,测定流量、水温,访问变化情况,弄清地下水的补给与排泄关系。

(7)弄清基岩层面和基岩顶面是否倾向路线、倾角大小,裂隙发育程度、产状,层面间有无软弱夹层和裂隙水活动。

(8)弄清滑坡区内建筑物变形的程度、性质、部位和发展过程。

2.滑坡主滑断面图(图5-5-5)

(1)主滑断面常在滑坡滑动量最大、滑坡床最深的部位。以最外边一个滑坡壁的最高一点为主滑断面顶点,沿滑坡擦痕方向向下延伸,通过滑坡台阶、滑坡舌的前缘凸出部位,如果滑动方向发生变化,断面也要随之发生变化。对于滑坡群应按不同滑动方向作为各个滑坡的主滑断面。主滑断面不一定与路线垂直,但要与滑动方向一致。测绘主滑断面的地面线时,要显示出滑坡壁、台阶、陡坎、裂缝等滑坡要素的位置和外形。

(2)根据勘探资料在断面图上填绘地层层序、岩性及岩层结构,并勾绘出各个部位滑动面(带)的位置和形状。

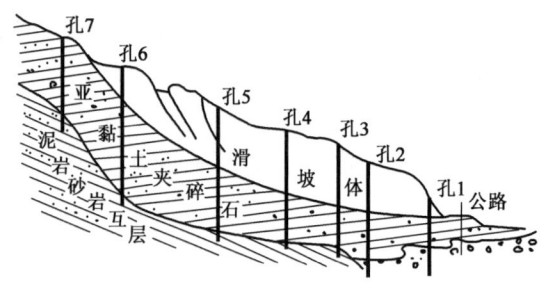

图5-5-5　滑坡主滑断面(A-A剖面)图

三、滑坡勘探方法

滑坡勘探,目前常用挖探、物探和钻探三种方法。钻探多用于滑坡的主体部分,是滑坡勘探的主要方法;物探和挖探多起配合作用。

1.挖探

包括挖坑、挖槽、平硐、深井等,多用以确定滑坡床的后壁及前缘的产状和滑坡的周界(当周界不明显时),特别适用于浅层滑坡。挖探的特点是揭露面大、易于观察和采取原状土样等。在勘探设备缺乏的情况下,若结合工程施工采用挖探,则可争取时间,节省费用。深井、平硐等大型挖探工程,费工费时,工作条件困难,一般很少使用。

2.物探

在滑坡勘探中,目前使用较多的是电探和地震勘探,主要用以查明:

(1)覆盖土层的厚度,下伏基岩表面的形状;

(2)滑坡体内含水层和潮湿带的分布情况与范围,配合钻孔测定地下水的流速、流向;

(3)滑坡地区的地质构造及其分布规律。

物探资料可以指导钻孔位置的布置,利用钻探资料又可核对和修正物探成果,二者相辅而行。

3. 钻探

(1)钻探常用于滑坡主滑断面的勘探。其钻孔位置与数量的确定,一般应根据调查、测绘的资料,结合滑坡的规模及其复杂程度而定;孔深以钻至滑床下 3~5m 为宜,若滑床为软质岩层时,可适当加深。

(2)滑坡钻探以干钻为主,无泵反循环(小循环)只在特定情况下作为辅助用。在钻进中,应力求有较高的岩芯采取率(80%~95%),并应保持岩芯的天然含水率与原状结构。

(3)在钻进过程中,应及时分析和鉴定:①岩芯的岩性(矿物成分、颜色、结构构造)、含水状态、破碎程度、风化程度、力学强度及沿深度的变化情况等;②地下水的出露及其水位的变化情况;③观察微斜层理、镜面、擦痕等滑动迹象。

对孔内漏水、掉块、卡钻、涌水、孔壁坍塌、套管变形、钻进速度变化等异常现象,均应做详细记录。

四、滑坡工程地质试验

1. 水文地质试验

滑坡水文地质试验,主要是为处理滑坡地下水提供资料。试验方法与工作量随滑坡水文地质条件的复杂程度和排水工程的类型不同而异。一般结合工程地质钻孔进行试验,必要时做专门水文地质钻探,测定地下水的流速、流向、涌水量,地下水的腐蚀性,各含水层的水力联系、渗透系数,确定抽水影响半径等。

2. 滑带土物理力学试验

滑带土除做天然含水率、天然密度、液限、塑限外,主要还做剪切试验,测定抗剪强度,以决定内摩擦角 φ 值和黏聚力 c 值。

土体在受剪过程中,抗剪强度随剪切变形而增加,当达到某一峰值时,土体开始破坏。破坏后的抗剪强度将随着剪切变形的增加而逐渐降低,最后趋近于一稳定值,这一稳定的强度值称为残余强度,如图 5-5-6 所示。

滑坡经滑动后,滑带岩土的原始结构和性质遭到强烈破坏,其强度即降低至残余强度。因此,对已经产生滑动的滑坡作稳定性检算时,滑带土的抗剪强度不能采用常规试验的极限强度,而应根据滑坡滑动的实际情况采用相应的残余强度值。

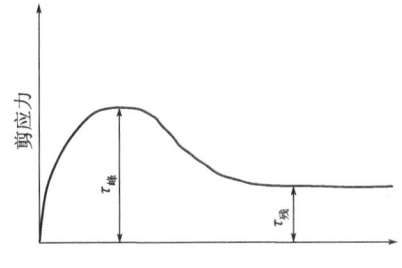

图 5-5-6 土的剪切应力-变形曲线

五、滑动面的确定方法

滑动面的确定,在整治滑坡中具有特殊的重要性,它直接影响到滑坡稳定性的判断、推力计算和治理工程的效果。确定滑动面的方法有直接观察法、工程地质对比法和深部位移监测法等三种。其中常用的是直接观察法和工程地质对比法,近年来,对于大型复杂的滑坡病害或重要工程滑坡病害越来越多地采用深部位移监测法。

1. 直接观察法

主要是观察滑动面的各种滑动特征。

(1)滑带土、石由于受到挤压作用,所以扰动比较严重,常含有夹杂物质,力学强度也低。当滑带为黏质土时,在滑动剪切作用下,产生光滑面,且被挤压成鳞片状,有擦痕、黄土或黏质土中的滑动面不甚明显。

(2)滑动面(带)通常是沿着基岩顶面,下伏剥蚀面,含水层的顶、底面,软质岩层及其夹层等地质分界面滑动。

(3)构成滑动面(带)的物质多为云母、滑石、蒙脱石、高岭土、各种黏质土及各种风化严重的泥质页岩、千枚岩、云母片岩、滑石片岩、绿泥石片岩等。根据上述特征,可以直接观察到滑面的位置。如滑面已部分暴露或埋藏不深,可用挖深的方法确定滑面位置。

2. 工程地质对比法

此法就是将勘测过程中获得的钻探、挖探、位移观测、水质分析、土质试验及调查访问等资料,互相对比,核对补充,经过全面分析后,使得各方面取得的资料统一起来,再同自然界类似的情况和滑坡体本身内在的条件进行对比,据以判断滑动面的位置。其分析对比方法如下:

(1)地层的分析对比

有些地层及其风化物很容易形成滑动面,如高灵敏的海相黏土,裂隙黏土,第三系、白垩系、侏罗系的砂、页、泥岩,侏罗系、二迭系的煤系地层,古生界的泥质变质岩系等。

(2)地质构造的分析对比

埋藏在斜坡内部,倾向与斜坡一致的软弱岩层及夹层、构造断裂面、岩层顶面、古地貌剥蚀面等都可能成为滑动面。

(3)地貌形态的分析对比

滑坡体表面的微地貌形态与滑坡面的变化是密切相关的。滑坡体表面地形鼓起的地方,滑面形态则成洼槽形(滑坡在纵向上是分级的);滑坡在纵向的陡坎地段,滑面在相应地段坡度亦陡,反之则缓;滑坡体上出现有较高的陡坎时,滑坡可能被分成上下两级;滑体下部出现隆起地形时,往往是滑面变缓或滑面呈反坡的地段。

(4)滑坡裂缝的分析对比

滑坡裂缝的形状和性质同滑坡各部位受力的情况有关。滑坡两侧雁行状裂缝常是滑面两侧的边界;滑坡下部的鼓胀裂缝地段,滑面坡度也相应变缓或呈反坡;拉张裂缝地段滑动面一般变陡;滑坡体在纵向上分级的滑坡,在其分级衔接处往往出现有弧形拉张裂缝;滑坡区内出现两组呈八字形状的裂缝时,滑坡则被分成两个独立部分。

(5)钻孔岩心与钻进现象的分析对比

滑坡在滑动后,其内部的地层结构、构造发生了变化,如:地层的重复、缺失,裂缝的增多、变宽,岩层压碎,节理和层理产状的变陡、变缓,岩石矿物成分和颜色有变化等。由于滑带土、石软弱破碎,故在钻进过程中常发生钻孔涌水、漏水、掉块、卡钻、孔壁坍塌、钻进速度增快或减慢、套管变形等现象。

(6)滑坡水文地质条件的分析对比

滑坡区内地下泉水的出露,多是滑面被切割或暴露的部位;滑舌下部泉水出露的位置,往往是滑面的下缘(滑舌被阻、地下水位抬高者例外);两级滑坡衔接处,常有泉水、湿地和喜水植物出现;滑坡往往沿含水层的顶、底面滑动;黄土滑坡的滑面有的就在含水层中;滑坡体内存在几个含水层,其滑面亦有几个。

上述几项特征,可作为寻找和判断滑面位置、形状、数目的参考。滑坡的地质条件是复杂的,在应用时,应认真综合分析,不应只据某一特点就做出结论。在经过全面分析对比后,把所得各点滑面的坐标和高程标志在滑坡工程地质平面图上,然后联结起来,即是完整的滑动面。若设计需要的计算断面较多,可作出滑动面等高线图。

3. 深部位移监测法

滑坡深部位移是滑坡变形和破坏的直接反映,对于处于变形(蠕动)活动中的滑坡,采用坡体深部位移监测是确定滑动面最直观和可靠的方法。坡体位移监测常用方法有:孔内吊锤法、孔内(多点)位移计法、钻孔测斜法,以及(TDR)时域反射法。坡体深部位移监测尚可反映滑动面的变形活动动态与规律,是滑坡稳定性评价和滑坡预测预报的重要依据。

第三节 滑坡稳定性分析与评价

可靠地判识滑坡稳定性现状及其发展趋势是合理选择线路、优化场地布置和防治工程措施设计的前提和基础。滑坡稳定性分析与评价,国内公路等部门一般采用以工程地质调查法为主,结合力学分析计算法,以及动态监测评价法等进行综合分析与判断。

一、工程地质调查法

工程地质调查法又称工程地质比拟法或宏观判断法,工程地质调查包括地形、地貌调查,地质条件调查,滑动因素和变化趋势调查,以及滑动迹象调查。

1. 地形、地貌调查

地形、地貌是地层在内力和外力综合作用下的结果。作为动力地质现象之一的滑坡,也有其自己各发育阶段的地表形态和地貌特征。因此可以从地形地貌特征的演变来考察滑坡,并进行稳定性评价。

对需要判断其稳定性的滑坡,应在对其已变形的斜坡与周围稳定斜坡的地形地貌特征进行调查的基础上,通过与当地类似条件下的各个不同发育阶段和不同稳定程度的滑坡在地貌形态上的特点进行对比,比拟分析判断出当前滑坡的稳定性状态。

2. 地质条件调查

滑坡是在一定地质背景条件下产生的,因而必须分别对滑坡周围的稳定斜坡和滑坡所在的变形斜坡的地质情况进行调查、测绘和必要的勘探。然后,将需要判断稳定性的滑坡地质断面中的地层、岩性、地质构造和滑带土性质等与类似地质条件下的稳定山坡、不稳定山坡以及不同滑动阶段滑坡的地质断面逐项进行对比。根据地质条件及其差异对该滑坡作出稳定性判断。

3. 滑动因素及其变化趋势调查

滑坡的滑动或稳定取决于下滑力与抗滑力的相互消长程度。促使上述两者变化的因素很多,有的将引起下滑力增长,如地壳上升使斜坡变陡,超载、震动、水及风化作用与卸荷膨胀使强度降低,河岸冲刷和人工切割坡脚,破坏支撑等,导致滑坡趋于不稳定;有的可促使稳定状态好转,如水文地质条件改善、恶化条件减缓或消除等。因此,采用工程地质工作的各种手段如调查、访问、测绘、勘探和试验等找出引起滑动的主次要因素及其变化趋势,即可定性地判断滑坡的稳定性。

4. 滑动迹象调查

滑坡从一个阶段发展到另一个阶段之前总有一些迹象出现,掌握了这些迹象就可以判明滑坡当前处在哪个阶段,将向哪个阶段发展。这些迹象可通过调查、访问、目测描述和动态观测获得。这是判断滑坡稳定性直观而可靠的一种手段。根据大量的滑坡工程实践,依据滑坡滑动过程中地表裂缝出现的部位、性质及发育的顺序,滑坡的微地貌特征,岩土结构的变化以及大滑动前的预兆等,把一般滑坡的发育过程划分为 5 个阶段,并粗略地判断其稳定性。

(1)蠕动阶段。系指滑坡一部分(常是中部主滑段)的软弱带,处于相对封闭条件下,由于种种原因,抗剪强度降低,产生蠕动变形阶段。此时,软弱带并未形成连续的剪切面,但由于中部滑体产生蠕动,引起后部岩(土)体产生破坏,在地表上反映为滑坡后缘出现一些不连续的、隐约可见的微裂缝。由蠕动向挤压阶段过渡时,后缘裂缝呈张开微下错状,仍未完全贯通,滑坡微地貌特征不明显[图 5-5-7a)],滑坡的整体稳定系数为 1.1~1.05。

(2)挤压阶段。即滑体的中部及后部向前产生少量移动,致使前端的抗滑部分受挤压,促使抗滑段产生剪切面的阶段(没有抗滑段的滑坡无此阶段)。此时,除抗滑段外,中后部软弱带的剪切面已贯通,滑带业已形成。在地面上反映为后缘的拉张裂缝已贯通,并有少量下错,两侧出现羽毛状裂缝,但未贯通并未沿剪切裂缝方向错断。由挤压阶段向滑动阶段过渡时,两侧羽毛状裂缝已贯通,但仍未错断,滑坡前缘受挤压,斜坡出现 X 形裂纹,并有局部坍塌现象。有时在滑坡剪出口附近出现带状分布的泉水或湿地,滑坡微地貌特征相继出现[图 5-5-7b)],滑坡的整体稳定系数为 1.05~1.02。

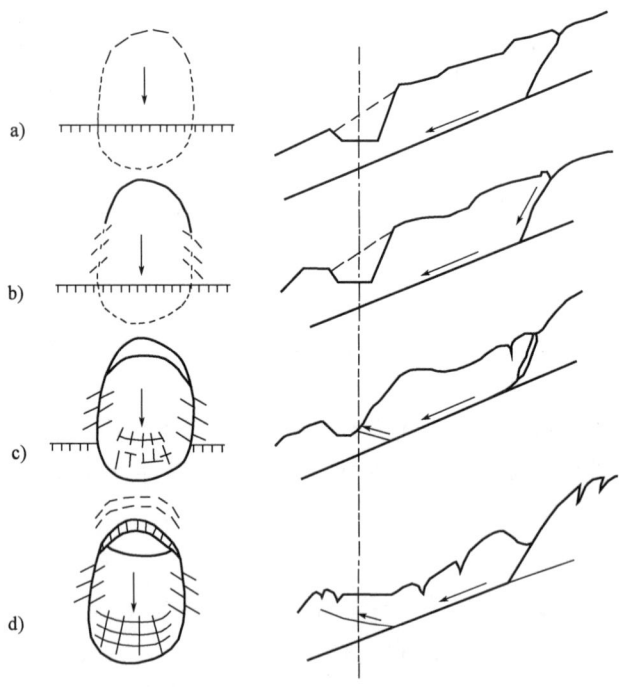

图 5-5-7 滑坡发育各阶段地表变形反映

(3）滑动阶段。这是指整个滑体沿滑面做缓慢移动的阶段。当抗滑段滑带一旦形成,滑坡的整个滑带已全部贯通。随着滑坡的缓慢移动,地面变形加剧,滑体结构松弛,地表平均坡度降低,后缘张开裂缝错距增大,有的滑体并在后部出现反方向的下错裂缝,两侧的剪切裂缝已贯通,羽毛状裂缝被错开,前缘隆起,产生不连续的鼓胀裂缝和放射状裂缝,并出现小量坍塌,滑坡微地貌特征比较明显。由滑动阶段向剧滑阶段过渡时,前缘鼓胀裂缝和放射状裂缝贯通并张开,滑速增大滑体变形加剧,少数滑坡因滑带上含有大量岩块而发生微小的岩石碎裂的声音。如滑坡区有树木,则会出现"醉林"[图5-5-7c]。大多滑坡在该阶段体现时滑时停的状态,滑坡的整体稳定系数为1.02～0.98,或1.0左右。

(4）剧滑阶段。此即滑坡做加速移动至急剧移动阶段。此时,滑体结构进一步松弛,地表纵坡更趋平缓,后缘错壁高陡,擦痕鲜明。错壁后缘产生断续的张裂缝,且不断坍塌,错壁底部出现封闭洼地或滑坡湖。前缘斜坡产生大量坍塌或被推垮[图5-5-7d]。滑坡微地貌特征更加清楚。有的滑坡常因舌部移动改变了水的通道而流出大量浊水。如滑动速度很大,前部可产生气浪,并伴随有声响。当滑坡中、前部移动速度有差异时,则横向裂缝错开并扩大;当滑坡有抗滑段且出口以外受地形约束时,滑坡前缘一带可能形成垄状堆积;当滑坡无抗滑段且出口以外地形开阔不受任何约束时,其滑体可能放射状地覆盖于地面上。其整体稳定系数为0.98～0.95。

(5）趋稳阶段。滑坡停止滑动后,滑体的能量释放,重心降低,并在自重作用下逐渐压密,滑体上各分块由后至前逐渐挤紧并作横向挤压,滑带亦因排水而渐固结,并恢复一些强度。地面裂缝逐渐闭合,有的出现因垂直压密而产生的沉降性裂缝,斜坡表面台坎变缓而趋稳定,滑壁坍塌变缓,擦痕渐趋模糊,有的长出了植被,大部滑坡微地貌特征不清晰,整个滑坡稳定系数由0.95逐渐增至1.10以上。

一般滑坡不仅具有以上的阶段性,而且还有复发性(对变形较快的滑坡,其各阶段演变间隔不明显,甚至连续演变为剧滑阶段,如崩坍性滑坡)。不同滑坡,其发育阶段和各阶段的延续时间不同。所谓复发性不是简单的重复,如滑带强度不再恶化降低或下滑力受到控制时,则滑坡暂时或长期的停止于某一阶段,不再继续向下一阶段发展。如有的滑坡滑动面倾角平缓,抗滑地段较长,可不出现剧滑阶段而直接进入固结压密阶段。

二、力学分析计算法

上述工程地质调查法是一种滑坡稳定性判断的定性分析法,对于滑坡稳定性的定量分析,即力学分析计算法,常用的方法有:极限平衡法、应力应变分析法、模型试验法及各种图表法等。

极限平衡法是在某种失稳模型条件下,假定滑坡为刚塑性体,通过对失稳分离面受力状态以及有效强度的研究,根据极限平衡原理,计算滑坡的稳定系数,并以此表征滑坡的稳定性。该法的基本概念在一定程度上脱离了岩土体的实际情况。

应力应变分析法与前者不同,它能充分考虑岩土的力学特性,也不对滑坡失稳分离面做任何假定,而是用计算所得的应力、应变分析失稳分离面的特征(如最大剪应变等值线图),识别滑坡变形破坏机制,常用的方法有弹性理论解法、松散介质力学法、有限单元法、边界单元法以及近年发展起来的离散单元法等,但由于该法计算的复杂性和参数的不确定性,而使其在实践中得到推广应用存在相当的困难。近年来,随着岩土本构模型研究的进步、岩土测试技术的提高和计算数值模拟技术的发展,国内外有关专家和学者积极探讨和研究基于强度折减技术的边坡稳定系数有限单元解法,取得了一定的进步和发展。

模型试验方法是在工程地质勘探调查的基础上建立的滑坡物理地质模型及岩土体的力学模型,通过光弹、相似材料等试验,直观形象地再现滑坡变形破坏的发生和发展过程,为认识滑坡变形破坏机制和稳定性评价提供可靠的资料,但要做到模型的几何、材料和力学等的全相似还存在一定的难度。

虽然上述各法都还存在一定的局限和困难,但由于极限平衡法相对来说概念较明确,方法较简单,从而在工程实践中得到了广泛的应用和不断地发展。极限平衡法最基本的思想是条分法,该法在 1916 年首先由瑞典人彼德森提出,后来经过费利纽斯和泰勒等人的不断改进,形成瑞典圆弧法。他们假定斜坡稳定问题是一个平面应变的问题,滑裂面是圆柱面,计算中不考虑土体之间的作用力,滑坡稳定系数是用滑裂面上全部抗滑力矩与滑动力矩之比来定义,即 $F_s = \dfrac{M_R}{M_D}$。20 世纪 40 年代之后,随着土力学学科的不断发展,有不少学者致力于条分法的改进,更大的注意力被集中到非圆弧滑面分析。他们的努力大致有两个方面:其一,是着重探讨最危险滑弧位置的规律,制作数表、曲线以减少计算工作量;其二是对基本假定做些修改和补充,新的计算方法使之更加符合实际情况。其中毕肖普等提出将稳定系数定义为沿整个滑裂面的抗剪强度 τ_f 与实际产生的剪应力 τ 之比,$F_s = \dfrac{\tau_f}{\tau}$,即可认为滑坡的稳定系数是滑坡沿给定滑动面进入极限平衡状态时用以折减抗剪强度的一个折减系数,其中隐含着滑面(带)岩土体同时进入极限状态。此法把稳定系数概念发展到了一个新的认识阶段,对条分法的发展起到了非常重要的作用,从而形成了毕肖普法及简化毕肖普法、简布法、摩根斯登和普赖斯法、斯宾塞尔法、萨尔玛法以及各种楔体平衡传递法等一系列新的计算方法。比较分析上述各种方法,我们可以发现其共同点是:都使用了同一种稳定系数的定义,且整个滑面上采用统一的稳定系数;都是假定滑体材料为理想的刚塑性材料,把土条作为一个刚体,按极限平衡的原则进行力的分析求解;完全不考虑滑体本身的应力-应变关系,只是考虑破坏时的应力条件;采用代表全断面滑面的抗剪强度参数。其不同点仅仅在于对两相邻条块之间的内力做何种假定,也就是说如何增加已知条件,使滑坡稳定性计算这个超静定问题转化为静定问题而求解。

现在,大多数圆弧滑面的问题是采用毕肖普法求解,而大多数非圆弧滑面的问题是采用简布法和摩根斯登—普赖斯法进行分析。

近期,有限单元分析法、随机分析法、灰色系统、模糊聚类与评判、系统工程法、优势面理论、三维极限平衡分析等也日益为国内外广大学者所重视。

铁道和公路部门在长期的工程实践中常用极限平衡条件下的剩余下滑力传递法(也有称之为不平衡推力传递法)来计算滑坡分段和整体的稳定系数。它把稳定系数定义为:沿滑坡主轴断面(或平行主轴断面)内某一滑面分段或整体传递至末条块的抗滑力(摩阻力、黏聚力、传递推力的法向分力产生的摩阻力及反坡段的负值下滑力)与下滑力(包括传递推力的切向分力)之比 $F_s = \dfrac{\sum 抗}{\sum 滑}$。它把计算式中计算的各该段滑面实际存在的稳定系数与滑坡推力计算中的安全系数(为安全,弥补一些暂时难于搞清和认识、预计不到的因素,根据已知条件而给定)加以区别;它假定条间力的合力方向与上一条块底面相平行;它视负下滑力为抗力。它适用于非圆弧滑面滑坡。计算依据的主轴断面的滑面形状是通过勘探、调查、分析而定。滑面的强度参数系依据不同段落滑面岩土的受力和其他实际情况采用取样试验、经验和反算所得数据经综合分析后分段取值。此法概念明确、计算简单,为现场工作者乐于采用。

三、动态监测评价法

滑坡稳定性的动态监测评价法,是在滑坡地表地下变形监测、岩土和结构应力监测,以及孔隙水压和降雨量等其他滑坡活动控制参量动态监测资料的基础上,结合滑坡各稳定阶段变形、应力及其他物理力学特征参数的活动状态和变化规律,通过定量数据定性分析评价滑坡的稳定程度,并对滑坡稳定性发展趋势预测具有指导意义和实用价值。

四、常用力学检算法

在滑坡稳定性力学分析计算中,工程常用力学检算法有:恢复山体极限平衡状态检算法、滑坡当前稳定程度检算法和坡脚应力与坡脚岩土强度对比法。

1. 恢复山体极限平衡状态的检算

近期发生的滑坡,可将山坡轮廓恢复至开始滑动瞬间的形状,并认为它处于极限平衡状态,即稳定系数 $F_s = 1$。按测定的滑面形状反求滑面或滑带上的综合抗剪强度值,然后将此值用于目前滑动后的山坡稳定计算,以判断其稳定性。此法因将全部滑带土强度指标按平均值考虑,故其精度较差。

图 5-5-8 为常见的圆弧滑面和折线形滑面核算示意图。根据滑带土的组成成分的不同又可分为三种方法:

(1) 综合 c 法

适用于滑带的成分以黏质土为主,且土质较均匀,尤其是滑带饱水且排水困难的条件下,即可认为 $\varphi \approx 0$。

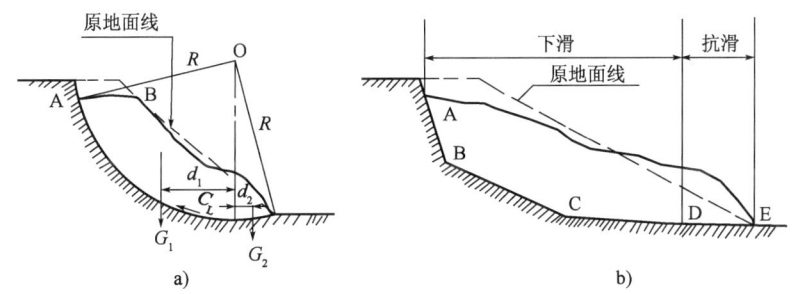

图 5-5-8 恢复山体极限平衡状态的检算示意图

① 当滑面为圆柱面时,抗滑稳定系数 F_s 的计算式为:

$$F_s = \frac{G_2 d_2 + cLR}{G_1 d_1} \tag{5-5-1}$$

式中:G_1——滑体下滑部分的质量(kN/m);

d_1——G_1 重心至滑动圆心铅垂线的水平距离(m);

G_2——滑体阻滑部分的质量(kN/m);

d_2——G_2 重心至滑动圆心铅垂线的水平距离(m);

L——滑动圆弧全长(m);

R——滑动圆弧的半径(m);

c——滑动圆弧面上的综合单位黏聚力(kPa)。

②当滑面为折面时,根据主轴断面上折线的变坡点将滑体分成为若干条块,分段将下滑段滑段的力投影到水平面上。由水平力的平衡条件求稳定系数 K 的计算式为:

$$F_s = \frac{\sum G_{2j}\sin\alpha_j\cos\alpha_j + \sum c(l_i\cos\alpha_i + l_j\cos\alpha_j)}{\sum G_{1i}\sin\alpha_i\cos\alpha_i} \quad (5\text{-}5\text{-}2)$$

式中:G_{1i}——滑体下滑部分第 i 个条块的质量(kN/m);

G_{2j}——滑体阻滑部分第 j 个条块的质量(kN/m);

α_i——滑体下滑部分第 i 个条块所在折线段滑面的倾角(°);

α_j——滑体阻滑部分第 j 个条块所在折线段滑面的倾角(°);

l_i——滑体下滑部分第 i 个条块所在折线段滑面的长度(m);

l_j——滑体阻滑部分第 j 条块所在折线段滑面的长度(m);

c——折形滑面上的综合单位黏聚力(kPa)。

(2)综合 φ 法

适用于滑带土以粗粒岩屑或残积物为主的滑坡,在滑动时能排出滑带水的条件下,即可认为 $c \approx 0$。这种情况的滑面一般为折面,其稳定系数为:

$$F_s = \frac{\sum G_{2j}\sin\alpha_j\cos\alpha_j + (\sum G_{2j}\cos\alpha_j^2 + \sum G_{1i}\cos\alpha_i^2)\tan\varphi}{\sum G_{1i}\sin\alpha_i\cos\alpha_i} \quad (5\text{-}5\text{-}3)$$

式中:φ——滑面上的综合内摩擦角(°)。

(3)c、φ 法

适用于滑带土为含黏质土与岩屑碎粒的混合物的滑坡,即认为 $c \neq 0$、$\varphi \neq 0$。这种情况的滑面一般为折面。在反求 c、φ 时,必须找出两个不同的断面,由联立方程解出 c、φ。其稳定系数为:

$$F_s = \frac{\sum G_{2j}\sin\alpha_j\cos\alpha_j + (\sum G_{2j}\cos\alpha_j^2 + \sum G_{1i}\cos\alpha_i^2)\tan\varphi + \sum c(l_i\cos\alpha_i + l_j\cos\alpha_j)}{\sum G_{1i}\sin\alpha_i\cos\alpha_i} \quad (5\text{-}5\text{-}4)$$

由以上所算得的抗滑稳定系数值,可判断滑坡是否处于稳定状态,从而确定是否需要进行治理,以增强其稳定性。在分析中应注意其受力状况和环境因素与今后工程使用期间内的最不利工作条件有何不同。例如,滑动当年的降雨量和暴雨集中程度与历年最大降雨量和暴雨状况有何差别;当年的洪水频率与工程设计的洪水频率有何差别;当时滑动瞬间的地震烈度与可能发生的最大地震烈度有何差别等等。由此来考虑必要的稳定系数值,作为是否要治理的依据。一般当 F_s 值大于 1.15 时,可认为是稳定的。

2.滑坡当前稳定程度的检算

对于老滑坡,当恢复其开始滑动瞬间的极限状态很困难时,则可利用滑带土的实测、试验求得的抗剪强度指标,并考虑到今后可能发生的变化与最不利的影响因素组合条件,加以分析调整,再用以检算滑坡体的稳定性,从而判断滑坡体的稳定程度。

应当注意,由于滑带土(岩)的强度指标常因所在部位不同和滑坡所处的发展阶段不同而有差异,因此在检算其稳定性时,应选取合适的指标值。

各种情况下的滑坡稳定性检算方法如下:

(1)滑坡体厚度大致均等,滑床为单一坡度平面的滑坡(图 5-5-9)

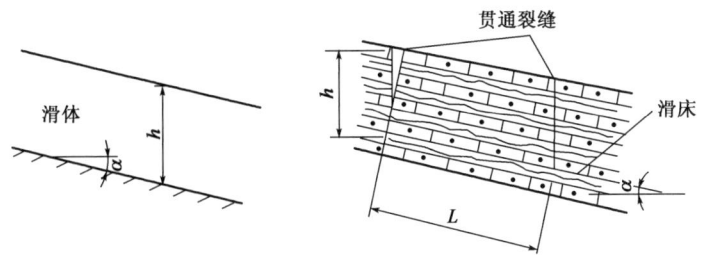

图 5-5-9　滑体等厚滑床为单一斜面的层面滑坡

当滑床相对隔水,滑体及滑带土的湿度变化不大时,可按式(5-5-5)检算其稳定性:

$$F_s = \frac{\gamma h \cos\alpha \tan\varphi + c \cdot \sec\alpha}{\gamma h \sin\alpha} \tag{5-5-5}$$

式中:h——滑体的厚度(m);

γ——滑体土的容重(kN/m³);

c——滑带土的单位黏聚力(kPa);

φ——滑带土的内摩擦角(°);

α——滑床的倾角(°)。

当滑床相对隔水,滑体上裂隙贯通至滑带时,应考虑到雨季滑体为全部饱和的情况。可按式(5-5-6)检算其稳定性:

$$F_s = \frac{(\gamma_s - \gamma_w) h \cos\alpha \tan\varphi + c \cdot \sec\alpha}{\gamma_s h \sin\alpha} \tag{5-5-6}$$

式中:γ_s——滑体土的饱和重度(kN/m³)。

若滑体仅部分饱和时,应按饱和深度分别考虑滑坡体饱和及不饱和部分的重度来计算稳定系数。

由软硬岩层互层组成的滑坡体沿某一软弱层滑动,滑体有贯通裂缝时,在有暴雨的条件下,应考虑裂隙中的静水压力的作用。地震地区还应考虑到地震力的影响,则:

$$F_s = \frac{\gamma h \cos\alpha \tan\varphi + c \cdot \sec\alpha}{\gamma h \sin\alpha + \frac{1}{2}\gamma_w h^2 \eta + p_d} \tag{5-5-7}$$

式中:$\frac{1}{2}\gamma_w h^2 \eta$——贯通裂隙中的静水压力,$\eta$ 为滑动岩体的裂缝系数,指每延米长距离内贯通裂缝的数目,等于 $1/l \cdot \sec\alpha$;

p_d——地震作用力(kN/m)。

(2)滑体不等厚,滑床为折线形时,可按已知滑动面法检验滑坡的稳定性。

3.坡脚应力与坡脚岩土的强度对比

由较坚实的岩土所组成的山坡,当下伏地层为软弱土层或破碎松散岩层时,易于产生深层滑动,形成深层滑坡。这类滑坡在形成过程中,往往是由于外界条件的变化,使软弱松散层在上层山坡的荷载作用下形成塑性变形区。当上部荷载因水的渗入而加大,或者塑性区内软弱松散层的极限抗剪强度降低时,塑性变形区便扩大,进而逐步形成贯通的滑动面而发生滑动。

因此,可用坡脚应力与坡脚岩土强度的对比,作为判断山坡稳定状态的依据。

具体做法是:一般先在有代表性的山坡地质断面图上,用路基基底应力的计算方法,计算坡脚松软地层内的应力分布,并绘出最大剪应力的等值线图;再按地层分层取样的试验资料绘出相应部位的岩土等强度系数图;最后对比两图并圈出塑性变形区。根据塑性变形区域的大小就可以判断当前山坡(或滑坡)的稳定程度。考虑到今后可能发生的变化及对岩、土应力与强变的影响,亦可分析滑坡今后的发展趋势,判断其今后的稳定性。对已有滑坡进行地质勘查、量测坡脚应力,观测其变化,常能直接判断滑坡的稳定性并预测滑坡的发展趋势。

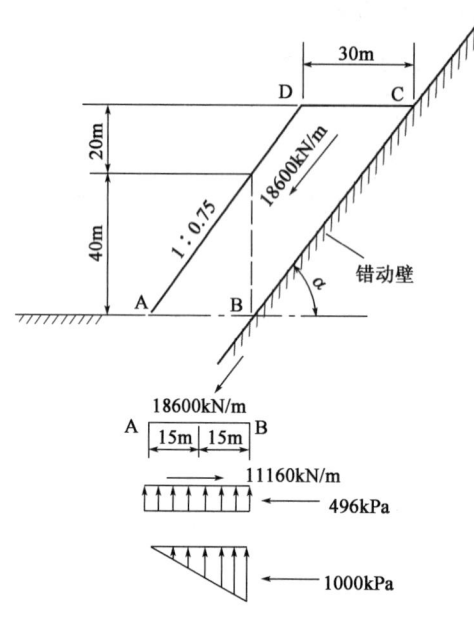

图 5-5-10 错落体滑动稳定性检算示例

图 5-5-10 为一错动过的岩层山坡,要求判断此错落体的稳定性。已知错动面 BC 上的综合摩擦系数 $f_{BC}=0.3$;错落岩体的重度 $\gamma=25$ kN/m^3;错落体下部 △ABE 部分被视为假想的"挡土墙"。

整个错落体质量:
$G = 25 \times 60 \times 30 = 45000$ (kN/m)

△ABE 部分的质量:
$G_1 = 0.5 \times 30 \times 40 \times 25 = 15000$ (kN/m)

梯形 EBCD 部分的质量:
$G_2 = G - G_1 = 30000$ (kN/m)

错动面 BC 的倾角:
$\alpha = \tan^{-1}\left(\dfrac{4}{3}\right) = 53°8'$

作用于假想墙背 BE 上的推力,作用于 BE 的中点,其方向假定平行于错动面 BC,推力大小为:

$$E = G_2\sin\alpha - G_2\cos\alpha \cdot f_{BC} = 30000 \times \dfrac{4}{5} - 30000 \times \dfrac{3}{5} \times 0.3 = 18600 \text{ (kN/m)}$$

E 的垂直分量: $E_V = 18600 \times \dfrac{4}{5} = 14880$ (kN/m)

E 的水平分量: $E_H = 18600 \times \dfrac{3}{5} = 11160$ (kN/m)

由推力所产生的作用于 AB 面上的斜向压应力等于 $18600/30 = 620$ (kPa),而垂直压应力等于 $14880/30 = 496$ (kPa)。

由假想挡墙 ABE 自重所产生的作用于 AB 面上的垂直应力按三角形分布,在 A 点为零,在 B 点应为 1000kPa。故 A 点的垂直压力总和为 496kPa;B 点的垂直压力总和为 1496kPa。

为保持错落体滑动平衡所需的 AB 面上的摩擦系数应为:
$$f_{AB} = 11160/(14880 + 15000) = 0.3735$$

即 AB 面附近岩体的内摩擦角应不小于 20.5°。

根据以上计算结果可以推知:坡脚 A 点承受 496~620kPa 的压应力;B 点的应力比 A 点的应力大 3 倍。在可能受水浸湿的条件下对于风化破碎岩层是危险的,当 AB 面的强度不足时,势必使错落体失去稳定。

第四节　滑带参数选择和滑坡推力计算

根据滑坡勘测和滑坡稳定性判断结果,当滑坡不稳定或稳定程度较低时,应采取适当的工程措施来提高滑坡的稳定性,以满足路基设计规范的要求。为此,首先应确定滑坡的下滑力(推力)大小。计算滑坡推力时,除了应掌握计算断面的滑体物质和滑面形态等基本计算资料之外,还有一个关键性的工作就是滑带参数的选择。然后,结合滑坡抗滑安全系数,采用适用的计算方法,即可计算确定滑坡的推力大小,从而,设计经济合理的抗滑工程措施,确保滑坡地段路基的稳定与安全。

一、滑带岩土抗剪强度指标的选取

在滑坡推力计算过程中,如何选择与确定滑带岩土的力学性质指标非常重要。其中,对于滑坡发育、发展和稳定状态起决定和控制作用的主滑带岩土抗剪强度指标,其选择与确定尤为重要。

有关滑带岩土抗剪强度计算指标,一般通过室内试验、现场试验、相关经验和指标反算等综合分析确定。

1. 室内试验

室内试验是结合边坡工程地质勘查,利用工程地质勘探钻孔、坑槽、洞井等取得原状样或扰动样,通过室内试验的方法,获取边坡岩土基本物理力学指标,求得岩土抗剪强度参数值。

根据滑坡的特性与当前所处的阶段,采用代表性土样,并用与滑坡滑动特点相似的试验方法测定 c、φ 值,经分析比较选用峰值与残余抗剪强度之间较合适的 c、φ 值。其主要途径有以下几种:

(1)对于即将滑动的新滑坡,由于滑面尚未完全形成,可用滑带原状土做固结快剪或快剪试验,取其峰值作为抗剪强度指标。

(2)对于连续滑动的滑坡,滑面已完全形成,可将滑带土重塑后做多次快剪试验,选用其残余抗剪强度值。

(3)对于断续滑动的古滑坡和滑动量不大的滑坡,其抗剪强度介于峰值和残余值之间,较难选定。此时,可采用原状土固结下剪切(或浸水剪)测定,将滑带土重塑后多次快剪试验中的某次值作为抗剪强度指标。

(4)对于尚未滑动的崩塌性滑坡,可用滑带原状土做固结快剪试验确定其抗剪强度指标。

2. 现场试验

现场试验是在边坡工程现场进行现场大型剪切试验,或者结合工程地质勘探钻孔进行孔内现场剪切试验,对于软弱地层亦可采用十字板剪切试验,以及其他结构面强度现场试验方法等,从而求得滑坡滑带岩土现场试验指标。其主要途径有以下几种:

(1)对于滑坡前部滑带特别是抗滑段滑带的抗剪强度指标,可以结合滑坡前缘坑槽探工作,采用现场大型剪切试验方法实测确定滑带岩土抗剪强度指标。

(2)当滑面(带)为碎石土,或为薄的软弱夹层或为岩层接触时,宜用现场直剪试验求测。

(3)近年来,随着孔内剪切试验技术的发展,当滑坡滑带具有一定的厚度时,可结合工程地质勘探钻孔进行钻孔直剪试验,对于软弱地层亦可采用十字板剪切试验,以及其他结构面强度现场试验方法等现场实测确定滑坡滑带各部位的抗剪强度指标。

3. 相关经验

在岩土工程勘查设计工作实践中,经验知识是不可或缺的重要内容之一。对于滑带岩土强度指标,也应该通过工程地质类比的方法,利用既有滑坡工程中类似滑带岩土的相关经验知识和指标数值,类比确定当前面临滑带岩土抗剪强度指标。

当滑带岩土的性质及所在部位与已有可靠的经验数据的滑坡近似时,可经过对比,将数据分析调整后用于计算,典型滑带土强度参数经验值见表5-5-8,可作参考。

滑带土计算强度指标经验数据表　　　　　　表5-5-8

序号	滑带土性质简述	天然重度(kN/m^3)	含水率(%)	液限(%)	塑限(%)	塑性指数	部位	计算参数 C(kPa)	计算参数 φ(°)	附注
1	黑灰色及黑色炭质页岩风化的砂黏土	20.9	18.4	36.0	21.0	15.0		0	7°24′	宝成线
2	灰黑色炭质页岩风化的黏质土	20.0	23.0	38.1	19.5	18.6	中部	19.6	4°00′	反算,多次剪,宝成线
							下部	27.5	7°00′	
3	黑灰色及黄褐色泥质页岩风化的砂黏土						中上部	24.5	27°48′	宝成线
							中部	11.8	18°45′	
							中下部	16.7	20°40′	
							下部	21.6	22°45′	
4	灰色炭质页岩风化的砂黏土	21.4	20.4	28.4	14.4	14.0	深层	9.8	12°25′	反算,多次剪,宝成线
							浅层	8.8	8°03′	
5	青灰色泥质页岩风化的砂黏土			28.8	15.7	13.1		4.9	10°00′	宝成线
6	紫红色泥质页岩风化的粉质黏砂土	20.4	19.0	35.4	14.5	20.9		14.7	7°30′	反算,多次剪,宝成线
7	紫红色泥质页岩风化的砂黏土与黏土	19.6	21.2	27.6	16.4	11.2	中部	9.8	6°40′	宝成线,括弧内为排水后提高值
			33.4	43.0	25.0	18.0	下部	5.9	3°20′(5°00′)	
8	紫红色砂黏土		28.0					9.8	6°00′	西南地区
9	紫红色黏土		20.9	33.9	15.4	18.5		9.8	13°00′	西南地区
10	棕红色砂黏土(第三系地层风化物)	18.5	31.1					12.2	7°00′	反算,华北地区
11	暗红色黏土夹角砾						中部	14.7	18°00′	西南地区
							下部	19.6	20°00′	
12	灰绿色砂黏土	19.9	23.2	29.9	19.0	10.9		10.3	8°49′	西南地区
13	杂色砂黏土(白垩系地层风化物)	19.1	30.0	33.5	20.0	13.5		10.3	8°00′	西南地区
14	变质页岩碎块							0	12°24′	反算,宝成线

续上表

序号	滑带土性质简述	天然重度 (kN/m³)	含水率 (%)	液限 (%)	塑限 (%)	塑性指数	部位	计算参数 C(kPa)	计算参数 φ(°)	附注
15	石墨化千枚岩风化的角砾	19.6	20.0				中上部	0	15°06′	宝成线
							中部	0	17°45′	
							下部	0	33°02′	
16	灰色玄武岩风化残积物	19.6	29.0				中部	19.6	20°20′	括弧内为排水后提高值,贵昆线
							中下部	9.8	16°00′ (20°0′)	
							下部	(19.6) 4.9	25°00′	
17	灰白色云母片岩和花岗岩风化残积物	20.3	22.7	38.3	19.2	19.1		7.4	15°50′	鹰厦线
18	绿泥片岩及千枚岩风化残积物						浅层	0	17°28′	宝成线
							深层	0	21°48′	
19	紫红色泥质页岩风化物		20.0	26.7	13.4	13.3		0	16°00′	反算,成昆线
20	黄土质重型砂黏土	20.1	22.0				中部	14.7	16°00′	宝成线
							下部	24.5	21°00′	
21	黄土质重型砂黏土	20.4	20.0					10.8	12°00′	陇海线卧龙寺
22	棕黄色黄土质砂黏土	19.4	21.5			13.1	下部	23.5	16°12′	宝天线
		18.8	22.2			13.3	中部	20.6	13°30′	
23	棕黄色黄土质砂黏土,暗红色第三系红黏土	18.6					中上部	9.8	10°00′	天兰线
		20.6					下部	14.7	10°00′	
24	侏罗系砂岩及炭质页岩互层							9.8	20°12′	西南地区
								9.8	22°30′	
								9.8	24°08′	
25	黑云母片岩	21.6					中上部	1.6	25°00′	反算,宝天线
							中下部	0	19°00′	
26	银灰色云母片岩	20.6	17.1	26.9	12.6	14.3	中上部	0	20°12′	多次剪,中南地区
			15.7	25.6	11.2	14.4	中部	0	28°50′	
							下部	20	10°19′	
27	银灰色云母片岩	20.6	17.0	27.1	12.9	14.2	中上部	0	24°42′	中南地区
		20.6	16.7	27.9	11.7	16.2	中部	0	22°47′	
		20.6	17.3	28.3	12.3	16.0	下部	0	19°48′	
28	泥质页岩风化残积土,软塑(岩石顺层滑坡)		26.8	36.1	19.1	17.0		3.9	8°58′	残余剪切强度,皇图岭

续上表

序号	滑带土性质简述	天然重度 (kN/m³)	含水率 (%)	液限 (%)	塑限 (%)	塑性指数	部位	C(kPa)	φ(°)	附注
29	灰白色黏土,软塑,蒙脱石为主(膨胀土滑坡)		40.6	72.9	34.9	38.0	浅层	8.8	3°50′	残余剪切强度,鸦雀岭
30	砂黏土,静水沉积物,软塑(堆积土滑坡)		20.4	28.4	14.4	14.0		0	10°06′	残余剪切强度,宝成线K115
31	砂黏土(堆积土滑坡)		20.8	35.4	18.8	16.6	上部	7.8	10°54′	残余剪切强度,宝成线K345
			22.5				下部	6.9	10°09′	
32	强风化云母片岩,软塑呈泥状(岩石滑坡)		24.6	36.0	22.6	13.4	上部	2.9	13°	一机部某厂
			26.0				中部	2.0	12°30′	
			28.0				下部	0	11°	
33	棕色黏土含煤粉(黄土滑坡)		34.4	47.6	29.2	18.4	下滑面	11.8	8°18′	残余剪切强度,山西霍县电厂
							中滑面	19.6	8°06′	
34	破碎岩层沿基岩面滑动,地层挤压断裂破碎(破碎岩层滑坡)		21.9	31.4	17.2	14.2		4.9	12°06′	残余剪切强度,酒店塘
35	青色泥岩,沿最深坡足处的灰白色高岭土滑坡(岩石滑坡)		25.3	31.9	19.2	12.7		3.9	12°	残余剪切强度,某厂滑坡
36	膨胀土路堑滑坡		31.1	59.5	24.0	35.5		8.8	4°48′	残余剪切强度,焦枝线雷河
37	砂岩沿泥岩顶面的泥化层滑动,系层间错动(岩石层层滑坡)		21.0	37.6	18.9	18.7		6.9	16°	残余剪切强度,永加线K27
38	灰岩层间错动带,底部有3~5mm厚的黏土聚集,呈软泥状(岩石顺层滑坡)		28.4	41.3	32.9	18.4		10.8	8°24′	残余剪切强度,贵昆线大海哨
39	伊利石和蒙脱石(膨胀土滑坡)		28.7	50.6	23.2	27.4		7.8	6°	残余剪切强度,安康客站
40	灰绿、灰白色膨胀黏土(膨胀土滑坡)		39.0	71.6	30.8	40.8		8.3	3°30′	残余剪切强度,襄渝线七里沟
41	云母片岩风化物呈土状(岩石滑坡)		15.8	27.0	15.2	11.8		3.9	14°	残余剪切强度,襄渝线白河杨家沟
42	泥页岩破碎风化物(岩石顺层滑坡)		15.4	26.3	12.7	13.6		2.9	13°30′	残余剪切强度,成昆线甘洛1号
43	云母片岩风化物呈土状(岩石滑坡)		15.8	28.3	15.8	12.5	上部	4.1	17°30′	残余剪切强度,襄渝线白河周院沟
			16.2	27.9	15.6	12.3	中部	3.9	17°48′	
			16.4	28.5	15.8	12.7	下部	4.4	16°48′	

续上表

序号	滑带土性质简述	天然重度 (kN/m³)	含水率 (%)	液限 (%)	塑限 (%)	塑性指数	部位	计算参数 C(kPa)	计算参数 φ(°)	附 注
44	花岗岩风化物（堆积土滑坡）	23.0	38.3	19.2	19.1			8.3	8°12′ 16°12′ （酸性土）	残余剪切强度，鹰厦线K163
45	岩质风化物呈泥状（堆积土滑坡）	22.1	38.5	19.0	19.5			8.3	8°48′	残余剪切强度，宝成线K144
46	黄土质砂黏土，上部较干，下部较湿（黄土滑坡）		18.0				上部	13.7	18°	残余剪切强度，宝成线K122
			30.0	18.0	12.0					
		21.4					下部	7.8	15°	
47	上部为砂泥岩风化黏土，中部为黄、黄褐、黑褐色黏土，下部为紫色页岩风化黏土（堆积土滑坡）	16.0	29.0	16.0	13.0		上部	4.9	16°18′	残余剪切强度，宝成线K410
		33.9	47.8	30.9	16.9		中部	13.2	10°48′	
		18.1	33.1	15.5	17.6		下部	8.3	10°	
48	褐黄色黏土，裂面有灰白色薄膜（膨胀土滑坡）	28.1	48.3	23.0	25.3			12.3	5°	残余剪切强度，一机部陕南229厂房
49	黏土，属伊利石型（膨胀滑坡）	24.6	43.8	22.5	21.3			13.7	8°	残余剪切强度，阳安线勉西3号

4. 指标反算

指标反算是根据给定滑坡工程变形性状，判断滑坡稳定程度或稳定系数，采用数值反分析方法，经过反算确定主滑带岩土抗剪强度指标。

一般根据滑坡体各区段的力学性质和变形特点，一个发育完整的滑坡可以分为主滑段、抗滑段和牵引段等3个部分。其中，牵引段多体现主动破坏的特征（受结构面控制的岩石滑坡除外），其滑面抗剪强度参数体现外摩擦性质，常易于控制，一般取$c=0$，$\varphi=38°\sim40°$；抗滑段多体现被动破坏的特征，其滑带岩土易于揭示，通过有关试验、实测或经验等不难确定。

对抗滑段的滑带指标选择，在已经探明主滑面和被动剪出面倾角的情况下，还可以通过几何图解方法粗略确定其综合强度指标φ值，如图5-5-11所示，$\varphi=90°-2(\theta_1+\theta_2)$。反之，如果已知主滑带倾角和抗滑段综合强度指标$\varphi$值，可以推测滑坡剪出口产状：

$$\theta_2 = 45° - \frac{\varphi}{2} - \theta_1$$

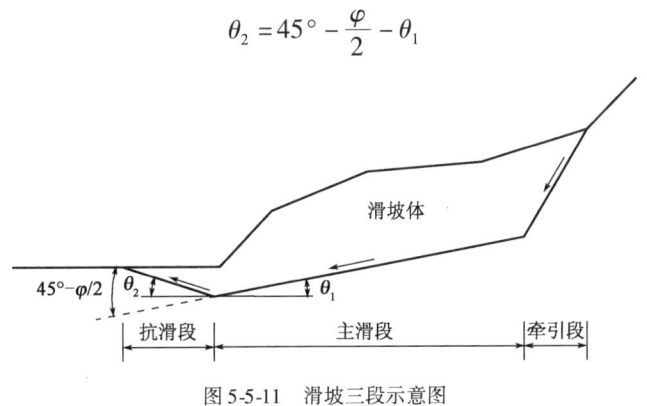

图5-5-11 滑坡三段示意图

在相对合理地取定牵引段和抗滑段的滑带强度指标之后,就能比较可靠地反算确定主滑段滑带岩土抗剪强度指标。具体反算主滑带指标可以选定 c 值反求 φ 值,也可以选定 φ 值反求 c 值,总之,以相对敏感性指标作为反算目标。

对于特定的滑坡体存在多级变形活动的情况,应根据各级滑坡体相应的稳定程度分级或逐级反算求取其相应主滑段的滑带岩土抗剪强度指标。对于特定的滑坡体存在多个条块变形活动的情况,应根据各条块滑坡体相应的稳定程度分条块或按照不同的计算断面反算求取其相应主滑段的滑带岩土抗剪强度指标。当然,作为粗略反算,可以采用整个滑带全段综合 φ 法或综合 c 法。

5. 滑带指标选择的原则

在滑坡推力计算过程中,选择与确定滑带岩土的力学性质指标的总体原则是:以反算指标为主,有条件结合各种试验指标进行校核。考虑室内试验指标一般偏低,而现场试验指标一般偏高的特点,因此,反算指标介于室内试验指标和现场试验指标之间较为可靠。经验指标一般可以对拟定计算指标进行分析与判断,特别是当发现反算指标与相关试验指标相冲突时,作为辅助手段,综合分析和判断确定计算指标。

二、滑坡推力计算

在确定滑坡计算断面和滑带计算参数以后,就可以计算拟定设计支挡加固工程结构位置的滑坡推力,公路部门一般采用推力传递法进行滑坡推力计算。近年来,随着刚体极限平衡计算法的改进和完善,以及有限单元法算数值分析技术的发展和进步,滑坡推力计算方法也得以不断地补充和完善。概括起来,根据抗滑支挡工程结构与被加固滑坡体的相对力学关系,滑坡推力计算方法可以分为分离法、虚力法和耦合法等三类分析计算法。

1. 分离法(推力传递法或传递系数法)

所谓分离法,就是把坡体与结构分离开来,即不考虑结构的力学行为与特征,只考虑结构设置位置,计算滑坡下滑在各不同块体或部位产生的滑坡推力,在滑坡病害整治工程实践中常采用的推力传递法就是一种典型的分离法。由于其广泛应用和简便特点,下面重点介绍推力传递法,或称不平衡推力传递法。

(1) 基本力系计算

① 滑面为单一平面(图5-5-12)

$$E = KG\sin\alpha - G\cos\alpha\tan\varphi - cL \tag{5-5-8}$$

式中:E——滑体下滑力(kN/m);
　　　G——滑体总重(kN/m);
　　　α——滑面与水平面间的夹角(°);
　　　L——滑面长度(m);
　　　c——滑面上的单位黏聚力(kPa);
　　　φ——滑体的内摩擦角(°);
　　　K——安全系数。

② 滑面为折面(图5-5-13)

在滑动面变坡点或抗剪强度变化点将滑坡体分成若干块,从最上一块起,逐块计算其剩余下滑

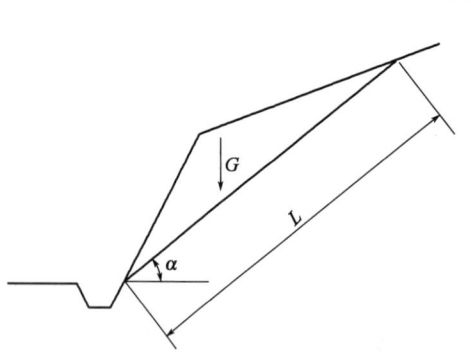

图5-5-12　作用于滑动平面上的基本力系

力,最后一块的剩余下滑力就是整个滑坡的下滑力。

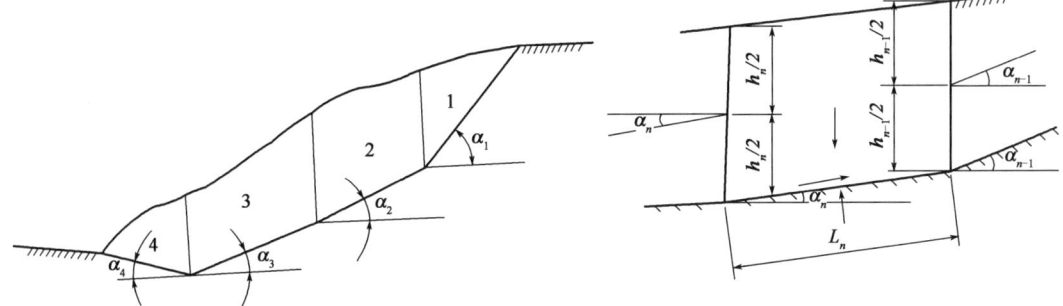

图 5-5-13 作用于滑坡分块的基本力系

$$E_n = K \cdot T_n + E_{n-1}\cos(\alpha_{n-1} - \alpha_n) - [N_n + E_{n-1}\sin(\alpha_{n-1} - \alpha_n)]\tan\varphi_n - c_n L_n \quad (5\text{-}5\text{-}9)$$

式中:E_n——第 n 个条块的剩余下滑力(kN/m);

T_n——第 n 个条块自重 G_n 的切线下滑力(kN/m),$T_n = G_n\sin\alpha_n$;

N_n——第 n 个条块自重 G_n 的法线分力(kN/m),$N_n = G_n\cos\alpha_n$;

α_n——第 n 个条块所在折线段滑面的倾角(°);

φ_n——第 n 个条块滑面上的内摩擦角(°);

c_n——第 n 个条块滑面上的单位黏聚力(kPa);

L_n——第 n 个条块分段的长度(m);

E_{n-1}——第 $n-1$ 个条块传递下来的剩余下滑力(kN/m);

α_{n-1}——第 $n-1$ 个条块所在折线段滑面的倾角(°)。

③滑面为圆柱面(图 5-5-14)

$$E_n = K\sum G_{1i}\sin\alpha_i - \tan\varphi(\sum G_{1i}\cos\alpha_i + \sum G_{2j}\cos\alpha_j) - c(\sum l_i + \sum l_j) - G_{2j}\sin\alpha_j \quad (5\text{-}5\text{-}10)$$

式中:G_{1i}——滑体下滑部分第 i 个条块的质量(kN/m);

G_{2j}——滑体阻滑部分第 j 条块的质量(kN/m);

α_i——滑体下滑部分第 i 条块所在圆弧段中心点的半径线与通过圆心的竖线之间的夹角(°);

α_j——滑体阻滑部分第 j 条块所在圆弧段中心点的半径线与通过圆心的竖线之间的夹角(°);

c——滑动圆弧面上的单位黏聚力(kPa);

φ——滑动圆弧面上的内摩擦角(°);

l_i——滑体下滑部分第 i 个条块所在圆弧段滑面的长度(m);

l_j——滑体阻滑部分第 j 个条块所在圆弧段滑面的长度(m);

E——滑体下滑力(kN/m)。

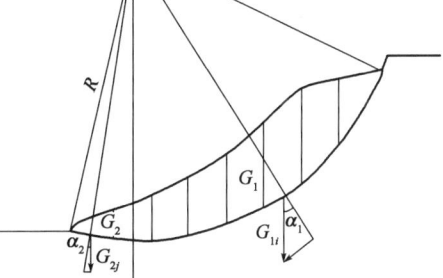

图 5-5-14 作用于滑动园弧上的基本力系

(2)附加力系计算(图 5-5-15)

①滑体上有外加荷载 P 时,将 P 加到相应的条块上。

②滑体有水,且与滑带水连通时,应考虑动水压力(D_i)作用于饱水面积的重心,方向与水

力坡度平行,其大小为:

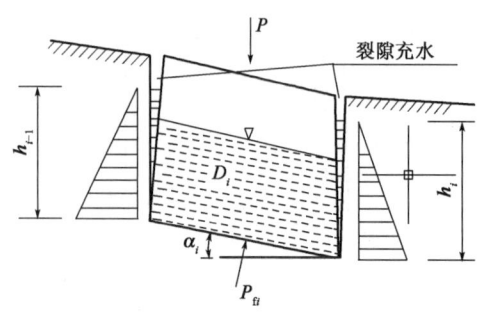

图 5-5-15　作用于滑体分块上的附加力系

$$D_i = \gamma_W \Omega_W n_i \sin\alpha_i$$

式中:γ_W——水的重度(kN/m^3);
Ω_W——滑体条块饱水面积(m^2);
α_i——滑体水的水力坡度角(°);
n_i——滑体土的孔隙度。

同时还应考虑浮力(P_{fi}),其方向垂直于滑面,大小为:$P_{fi} = \gamma_W \Omega_W n_i \cos\alpha_i$

③当滑带水有承压水头 H_0 时,应考虑浮力(P'_{fi}),其方向垂直于滑面,大小为:$P'_{fi} = \gamma_W \cdot H_0$

④滑体两端有贯通主滑带的裂隙,在滑动时裂隙充水,则应考虑裂隙水对滑体的静水压力 $P_n = \frac{1}{2}\gamma_W h'^2_i$($h'$为裂隙深度),它作用于 $\frac{1}{3}h'_i$处,方向水平。

⑤在地震动峰值加速度大于或等于 $0.10g$ 的地区,应考虑地震力的作用。即将作用于滑体条块重心处的水平地震荷载引入计算,方向指向下滑方向。地震力的计算可参照现行《公路工程抗震规范》(JTG B02)。

2. 虚力法

所谓虚力法,就是考虑坡体与结构的力学联系,但因坡体岩土与抗滑支挡加固工程结构作用复杂,为方便计算,将设计结构虚拟施加于坡体上,采用刚体极限平衡方法,计算坡体稳定系数不小于抗滑安全系数,此时,各结构虚力在水平方向的合力即为滑坡推力。如图 5-5-16 所示,为采用 Morgenstian-Price 方法进行滑坡推力虚力法计算。虚力法特别适用于以锚固工程结构加固坡体为主的滑坡治理工程设计。

3. 耦合法

所谓耦合法,就是充分考虑坡体岩土与抗滑支挡加固工程结构的相互作用,实现坡体与结构的耦合,采用有限单元等数值分析方法或模拟技术,计算坡体稳定系数不小于抗滑安全系数时结构与岩土相互作用的力,其水平方向的合力即为滑坡推力。图 5-5-17 为采用有限单元方法进行滑坡推力耦合法计算。耦合法比较适用于多级或多排抗滑支挡加固工程结构设计。

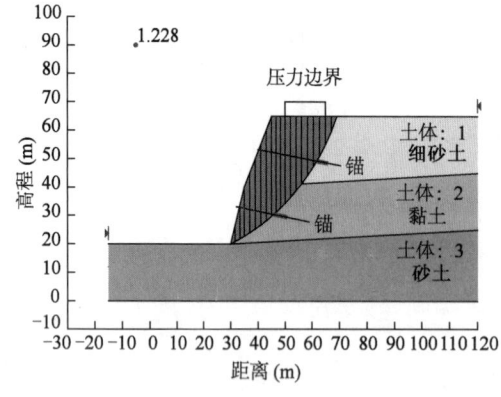

图 5-5-16　滑坡推力虚力法计算示例

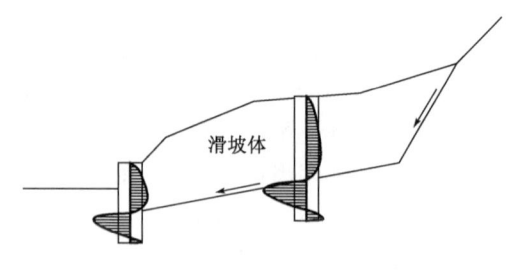

图 5-5-17　滑坡推力耦合法计算示例

三、抗滑安全系数的选定

由上述滑坡推力计算可以看出,抗滑安全系数是滑坡推力大小的主要控制因素之一,直接决定抗滑措施的选择和具体工程结构的设计。

所谓抗滑安全系数 K,是在滑坡抗滑支挡加固工程设计时,为弥补一些设计时难于搞清和考虑不到的因素,而对工程结构荷载提供一定的安全储备。诸如:对滑坡的认识程度;采用计算指标的准确度;对外力组合的设计方法的把握程度;工程设施的目的和重要性;滑坡危害的大小;抗滑工程一旦被破坏其修复的难易以及目前无法列入计算的一些因素等,综合考虑后,从保证工程安全角度出发人为给定的一个大于1的安全储备系数。从概念上说,它有别于前述滑坡稳定性分析与评价中的滑坡稳定系数。一般安全系数值常按下列具体条件选用。

(1)一般对于规模较小,变形较快,易于查清性质的滑坡,可取较小 K 值,反之则宜根据已掌握资料的确切程度酌情加大 K 值;对危害性较大、可能产生严重后果的滑坡,K 值宜较大,反之可较小;对活动频繁的浅层滑坡,宜用较大的 K 值,而对活动周期较长的深层滑坡则可取较小的 K 值;在同一复杂滑坡中,对其前缘和上层经常易滑动的局部滑体的滑动,采用较大的 K 值,而对整个滑坡的深层滑动,则取较小的 K 值;滑坡实际稳定系数小时,取较大的 K 值;稳定系数大时,取较小的 K 值;滑坡已达要求的稳定状态时,不留安全储备值。

(2)对临时工程采用 $K=1.05\sim1.10$;对永久工程采用 $K=1.15\sim1.20$;对重要工程采用 $K=1.25\sim1.50$。

(3)在计算中考虑了较多的不利因素,如考虑了主力和附加力(地震力,静、动水压力,浮托力等)时,可取较小的 K 值($1.05\sim1.10$),反之仅考虑主力时,可取较大的 K 值($1.20\sim1.25$)。

(4)对于浅层小型滑坡,易于摸清其性质和今后发展趋势,可取较小的 K 值(1.05),反之,对大型滑坡,难于摸清其性质,更由于工程建设的速度不允许作工作摸清时,只好根据已掌握的主要性质,取较大的 K 值($1.25\sim1.30$)。

(5)对整治滑坡的主体工程;不易修复的贵重建筑;不允许变形破坏及产生破坏对人的生命财产带来较大损害的工程,取较大的 K 值($1.25\sim1.30$)。

(6)《公路路基设计规范》(JTG D30—2015)规定:滑坡抗滑安全系数 K,对一般公路工程宜采用 $K=1.15\sim1.20$;对高速公路、一级公路宜采用 $K=1.25\sim1.30$。

四、滑坡推力计算结果的校核

(1)对在古老滑坡前缘开挖坡脚引起的新滑坡。

①如开挖深度达到老滑坡面即产生滑动,此时滑坡推力与已开挖土体所具被动土压力相当,与当地老滑坡的推力相近。

②如开挖深度未达到老滑面,即在山坡上出现滑坡后缘主裂缝,而滑面尚无剪出口时,此时的滑坡推力应与老滑面以上残留土体所具有的被动土压力相当。

③若在古滑坡体上产生新滑坡,在抗滑地段老滑面以上土体所具的被动土压力(历史抗力)必然大于该部位新滑坡的推力,不然它不会稳定的。可将之作为计算推力的下限值。如开挖深度超过老滑坡面后才开始产生滑动,即挖去这么多的土,才破坏了坡体的平衡,此时滑坡的推力与开挖土体所具被动土压力相当且大于当地老滑坡的推力。

(2)过去曾用抗滑建筑物整治过的滑坡,现在又动了,这时我们可根据不同的变形迹象及各部位的极限抗力分析出相应的滑坡推力界限值:

①滑坡推动了抗滑建筑物或沿抗滑建筑物基底产生新滑面而建筑物未破坏时,其实际产生推力应大于当初的设计推力。即实际推力大于该建筑物基底的抗滑力及建筑物前的被动土压力之和。

②抗滑建筑物在水平方向被剪断时,建筑物被剪断面以上部分的推力大于该建筑物被剪断处截面圬工极限抗剪断力;小于建筑物基底的抗滑力及建筑物前的被动土压力之和。

③抗滑建筑物基底设有键,沿键底产生新滑面而建筑物未破坏时,其滑坡推力大于该带键基底的抗滑力及键前被动土压力之和,而小于建筑物任一截面及键截面圬工的极限抗剪断力。

④带键建筑物与不带键建筑物之间的新生滑动面的深度介于两者深度之间时,其滑坡推力大于无键建筑物的被动土压力而小于有键建筑物的被动土压力。

⑤抗滑建筑物倾覆,则滑坡推力力矩大于建筑物的设计抗倾覆力矩,可据此计算出推力下限值。

(3)滑坡的抗滑段未全部贯通,尚未整体滑动,其时滑坡的推力与抗滑段的被动抗力相当。若已贯通则:

①当抗滑段为较均质土时,其抗力一般为被动土压力。

②当抗滑段下有软弱带,可依之形成滑带者,其抗力为沿滑带的剩余抗滑力。

③当抗滑段为岩体,岩体中存在裂面,主滑面至临空面间裂面的最不利组合能形成滑面者(追踪裂面),其抗力为裂面上的摩阻力;岩体中无裂面者,其抗力为主滑面与临空面间的岩体的最小抗剪断力。

(4)滑动过的滑坡的抗力为抗滑段或前缘剪出口至所求截面处的剩余抗滑力或按地质断面上最薄弱处的滑体厚度所具的被动土压力。

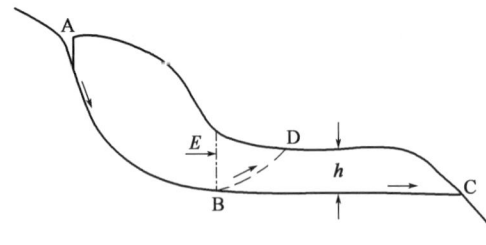

图 5-5-18 某老滑坡主轴断面示意图

(5)实例。图 5-5-18 中 ABC 为老滑坡的滑动面,在雨季中老滑坡复活,沿 BD 形成新生剪裂面,至雨季后期,滑坡沿 ABD 面作缓慢移动,进入旱季则稳定。从未沿场坪下老滑面 BC 滑出。据此,可得出在最低滑面部位的滑坡推力大于厚 A 滑体的被动土压力,小于沿老滑面 BC 段的剩余抗滑力。

由于始终未沿 BC 段滑动,还应找出雨季后期最大含水率时 BC 段滑带的强度,据之求出 BC 段的最小剩余抗滑力作为推力的上限值。

由于在雨季中沿 BD 形成新生剪切面,还应找出 h 厚滑体在旱季、雨季初、中和后期的含水率及相应的抗剪强度,并算出各期被动土压力。滑坡推力一般不大于旱季的被动土压力,接近雨季初期的被动土压力,必然大于雨季中、后期的被动土压力,且必须大于中、后期两被动土压力的最大者,可将其作为推力的下限值。

五、多级(排)支挡结构滑坡推力计算与分配

对于大型滑坡病害的治理,由于其推力巨大,单排抗滑支挡加固工程结构难于承担,常设多排或多级支挡工程结构进行整治;或者由于其特定的坡体地层结构和滑面空间形态决定多排支挡结构设计更趋合理;或者存在多级滑坡剪出口,如高边坡滑坡病害尤为突出;以及特殊的场地条件和工程要求等情况,都需要考虑多级(排)支挡结构滑坡推力计算与分配问题。一

般应遵循以下技术要点：

（1）对于多级支挡加固滑坡治理工程，上级多以抗滑桩或锚固工程结构为主，下级多采用抗滑桩、抗滑挡墙，或者锚固工程结构；对于具备特殊的坡体结构和场地条件，亦可采用上下两级挡墙支挡工程，这种情况一般少见。

（2）对于设计上下两级支挡加固工程，一般考虑上级工程结构支挡加固上级滑坡的下滑推力，下级工程结构承担下级滑坡体的下滑推力，这种情况下，滑坡推力计算与分配简明可靠，体现分级支挡加固的理念。如果上级支挡加固工程不能全部承担上级滑坡体的下滑推力，则应充分考虑多级支挡加固工程结构与滑坡岩土体的协调变形和相互作用的问题，体现共同支挡加固的设计理念。

（3）对于分级支挡加固的情况，可以采用分离法(传递系数法)进行滑坡推力计算与分配。对于共同支挡加固的情况，宜采用虚力法或耦合法进行滑坡推力计算与分配，其中，虚力法在工程实践过程中得到了较好的推广和应用，特别是在高边坡滑坡病害的治理工程设计中取得了大量的成功实践经验；然而，耦合法则尚处于探讨和研究阶段；建议以虚力法静力分析为主，结合耦合法分析结论，指导结构与岩土的协调变形，体现共同作用特征与规律，合理可靠地进行多级支挡加固工程结构的滑坡推力计分算与分配。

第五节　滑坡防治工程设计

一、滑坡设计原则

滑坡防治工程设计的总体原则是"预防为主、防治结合、彻底治理、不留后患"，具体如下：

（1）滑坡危害严重，治理费用昂贵，因此在进行路基工程设计时，对于老滑坡和可能发生滑坡的易滑地段，应做好截排水、裂缝封填和坡面整平工作，不在滑坡抗滑地段作挖方，不在其主滑和牵引地段作填方，少破坏其稳定性，尽量避免滑坡形成；对于已经形成的滑坡，可先采用截排水、裂缝封填和坡面整平等预防工作，以减缓滑坡滑动速度，再通过适宜的工程措施予以治理。

（2）对工程设施和人身安全危害较大的滑坡，必须查清性质，彻底治理，不留后患。首先要对危害性质有较充分的认识，不仅有地质勘查资料，最好还有滑坡动态监测和地下水变化的资料，以便对滑坡的动态过程作出正确的判断；其次要在治理滑坡的措施上要强大，宁稍过之而勿不及，即使今后出现了不利因素的组合作用，滑坡也能保持稳定，做到"药到病除"。

（3）对于性质复杂的大型滑坡，可以绕避时应尽量绕避。当绕避有困难或在经济上显著不合理时，应视滑坡规模、公路与滑坡的相互影响程度、防治费用等条件，设计几种具体方案比选。

（4）对于可能突然发生急剧变形的滑坡，应采取迅速有效的工程措施；对于滑动缓慢的大型滑坡，宜全面规划，分期整治，仔细观察每期工程的效果，以采取相应的治理措施。对于施工及运营中产生的大型滑坡，应慎重作出绕避方案、治理方案或局部改移路线与防治措施相结合的方案等，在进行全面综合比较后决定取舍；对于古滑坡，应采取预防措施，避免其复活或产生新的滑坡。

（5）对于性质简单的中小型滑坡，一般情况下可进行整治，路线不需绕避。但应注意调整路线平、纵面位置，以求整治简单、工程量小、施工方便、经济合理。

（6）路线通过滑坡的位置，一般滑坡上缘或下缘比滑坡中部好。滑坡下缘的路基宜设成路堤形式以增加抗滑力；滑坡上缘的路基宜设成路堑形式，以减轻滑体质量；对于窄长而陡峭的滑坡，可采用旱桥通过。

（7）滑坡整治之前，一般应先做好临时排水系统，以减缓滑坡的发展，然后针对引起滑坡滑动的主要因素，采取相应的措施。滑坡整治工程宜在旱季施工，并注意施工方法，避免引起滑坡的发展。

（8）滑坡的发生和发展是一个由小到大逐渐变化的过程，防治滑坡最好是把它消灭在初始阶段或萌芽状态，如滑坡处在蠕动挤压阶段，虽其后缘张拉裂缝已贯通或有下错，但整个滑动面尚未贯通，抗滑段还有较大抗力，滑带土强度也未完全达到其残余强度，整体稳定系数尚大于1，若在此阶段治理滑坡，可充分利用土体自身的强度，支挡工程量小，可节约工程投资，也可以避免滑坡滑动所造成的危害。对具有牵引性质的滑坡，若能及时稳定前一级，后级就不会再发展扩大。

（9）滑坡常常是在多种因素作用下发生的，而具体到每个滑坡又有其不同的主要诱发因素和作用规律。因此滑坡的治理总是针对其主要因素采取主要工程措施消除或控制其影响，同时辅以其他措施进行综合治理，以限制其他因素的作用。同时，随着经济的增长，人们对环境要求越来越高，因此滑坡治理的同时还应考虑环境保护和绿化、美化，以建设绿色通道为原则。

（10）滑坡是较复杂的地质现象，尤其是大型复杂的滑坡，由于多种条件和因素的限制，仅通过勘察还很难摸清和掌握滑坡各部位的真实情况，因此利用施工开挖进一步查清滑坡的地质情况和发育特征，及时向设计反馈信息，从而据实际进行动态调整或变更设计，必要时进一步完善或改进设计方案。

二、防治工程措施

防治工程措施的选择是其首要和重要的工作。在选择防治工程措施之前，要详细调查地形、地质和水文条件；认真研究和确定滑坡的病害性质、成因类型、滑体规模、活动状态、稳定程度和发展趋势；分析形成滑坡的主、次要因素及彼此的联系；体现从滑坡产生原因到防治工程对策的设计理念，结合公路的重要程度、施工条件及其他各种情况综合考虑。

滑坡防治措施种类较多，不同的国家和组织有不同的分类方法，根据不同的分类原则有不同的划分方法，如美国沿用太沙基的分类原则将之分为绕避或清除滑体、减少下滑力和增加抗滑力等三类；日本把滑坡防治工程分为控制工程和抑制工程两大类；国际工程地质协会滑坡治理委员会将防治工程划分为改变斜坡的几何形态、排水、支挡和斜坡内部加固等四类；我国在大量采用工程措施治理滑坡的基础上，经过几十年的防治滑坡实践，形成了一整套防治措施，分为绕避滑坡、截排水、力学平衡和滑带土改良四类，具体见表5-5-9。

在滑坡防治措施中，抗滑支挡工程是滑坡防治最常用的工程措施，它是用来抵抗滑坡推力，阻止滑坡继续滑动而保持其稳定的一种工程措施。20世纪50~60年代，铁路工程技术人员提出抗滑挡墙、支撑盲沟、抗滑桩等抗滑支挡结构物后，于20世纪80年代以来，随着我国山区铁路基本建设的不断深入，工程技术人员在积累了大量滑坡治理经验的同时，也不断发展和创新，研究提出了一些新型抗滑支挡结构物，如锚索抗滑桩、锚杆、锚索及桩板墙等。但是，不同的抗滑支挡结构物具有不同的适用条件，只有在其适当的条件下应用，才能充分发挥其应有的作用，并且可以降低工程造价。因此，为了便于抗滑支挡结构物的正确应用，将常用的抗滑支挡结构物按其结构形式进行三级分类,具体见表5-5-10。需要说明的是,预应力锚索抗滑桩是由抗滑桩和锚索共同受力而以抗滑桩受力为主来治理滑坡的一种新型复合支挡结构,因而预应力锚索抗滑桩应划分于抗滑桩中较为合理。

常用滑坡防治工程措施分类 表5-5-9

类型	绕避滑坡	截排水	力学平衡	滑带土改良
主要工程措施	1. 改移线避开滑坡; 2. 用隧道下穿滑坡; 3. 用桥梁上跨滑坡; 4. 清除滑坡体	1. 地表排水系统; ①滑体外截排水; ②滑体内排水; ③自然沟防渗。 2. 地下排水工程。 ①渗沟(盲沟); ②排水隧洞(盲洞); ③渗水井、渗管; ④垂直钻孔群; ⑤平孔排水; ⑥砂井—平孔排水; ⑦虹吸排水	1. 减重工程; 2. 反压工程; 3. 支挡工程; ①支撑渗沟; ②抗滑挡墙; ③抗滑明洞; ④抗滑桩明洞; ⑤抗滑桩; ⑥桩板墙。 4. 锚固工程。 ①锚杆; ②锚索	1. 滑带注浆; 2. 石灰桩; 3. 石灰砂桩

常用抗滑支挡工程的分类及其特点及适用条件 表5-5-10

结构物类型			特 点	适 用 条 件
支撑盲沟	单独使用		具有抗滑和降低地下水位的双重作用,抵抗的滑坡推力较小,施工较方便,造价低	滑体前部有地下水出露或滑体中地下水较发育的浅层小型滑坡治理和沟岸边形成的软塑和流塑型滑坡的治理
	与挡墙配合使用		具有抗滑和降低地下水位的双重作用,由支撑盲沟和挡墙共同抵抗滑坡推力,施工方便,造价低	同上,特别适用于重要工程部位需要防护的滑坡治理
抗滑挡墙	普通抗滑挡墙	重力式抗滑挡墙	受力明确,设计简单,在有丰富石料的地区采用浆砌片石和片石混凝土修筑,可就地取材,工程造价低,施工简单	适用于滑坡推力不大于200kN/m的各种中小型滑坡治理
	锚杆抗滑挡墙	板肋式锚杆抗滑挡墙	锚杆为主要的受力结构,与重力式抗滑挡墙相比可大大减少挡墙圬工量和开挖量,对滑坡的扰动小	适用于墙后滑面较陡,滑床为稳定完整基岩或密实土层,当地缺乏石料或工程部位无条件开挖的滑坡治理
		圬工墙身锚杆抗滑挡墙	由锚杆和墙身共同抵抗滑坡推力,可减少挡墙圬工量和开挖量,对滑坡的扰动小,施工较简单,节约投资	适用于墙后滑面较陡,滑床为稳定完整基岩或密实土层的滑坡治理
		竖向预应力锚杆抗滑挡墙	由锚杆和墙身共同抵抗滑坡推力,可减少挡墙圬工量和开挖量,对滑坡的扰动小,节约投资	适用于墙后滑面较缓,且墙底存在稳定基岩的滑坡治理
抗滑桩	普通抗滑桩	全埋式抗滑桩	工程布置灵活,施工简便、工期短、收效快、对滑体扰动少、安全可靠,抵抗的滑坡推力较大,应用广泛	适用于除软塑和流塑型滑坡之外的各种类型的中大型滑坡治理
		悬臂式抗滑桩	工程布置较灵活,其余同上;悬臂高度较大时,造价较高	适用于从路堑坡脚或陡坎附近剪出的滑坡治理及路堤滑坡的治理
		深埋式抗滑桩	同上,对于滑体较厚的大型、特大型滑坡可减小桩身弯矩,节约材料,但桩坑开挖量较大	适用于滑体较厚的大型、特大型滑坡治理

续上表

结构物类型		特　点	适用条件
抗滑桩	刚架抗滑桩 — 门形抗滑桩	刚度较大,抗弯剪能力强,抵抗的滑坡推力较大且节约投资,但施工较复杂	适用于滑坡推力较大且滑面较缓、或滑床虽陡但滑床地层较软而不适合锚索抗滑桩使用的大型、特大型滑坡治理
	刚架抗滑桩 — h形(椅式)抗滑桩	同上,但内桩较外桩长,具有收坡作用	适用于滑坡推力较大,需要收坡且不适合锚索抗滑桩使用的大型、特大型路堑滑坡和路堤滑坡的治理
	刚架抗滑桩 — 排架式抗滑桩	同上,由两根竖桩和两根横梁组成,但由于下横梁需按导坑掘进法施工,因而施工难度大	适用于滑坡推力大且不适合锚索抗滑桩使用的大型、特大型滑坡治理
	预应力锚索抗滑桩 — 悬臂式单锚点抗滑桩	在桩头布置锚索,由锚索和桩身共同抵抗滑坡推力,主动受力,桩身内力和变位小,节约投资	适用于从路堑坡脚或陡坎附近剪出且桩后滑动面较陡、滑坡推力较大的大中型滑坡治理
	预应力锚索抗滑桩 — 全埋式单锚点抗滑桩	同上	适用于桩后滑动面较陡、滑坡推力较大的大中型滑坡治理
	预应力锚索抗滑桩 — 悬臂式多锚点抗滑桩	在桩头和地面以上桩身布置多排锚索,由锚索和桩身共同抵抗滑坡推力,主动受力,可有效控制桩身内力和变位,节约投资	适用于桩后滑动面较陡、滑坡推力大的大中型路堑和高路堤滑坡治理
	预应力锚索抗滑桩 — 全埋式多锚点抗滑桩	在桩头和桩身布置多排锚索,由锚索和桩身共同抵抗滑坡推力,主动受力,可有效控制桩身内力和变位,节约投资,但施工难度较大	适用于桩后滑动面较陡、滑坡推力很大的巨厚层多层大型、特大型滑坡治理
桩板墙	普通桩板墙	由抗滑桩抵抗滑坡推力,挡板稳定桩间土拱内滑体	适用于深路堑和高陡路堤滑坡的治理
	锚拉式桩板墙	由桩和拉杆共同抵抗滑坡推力,挡板稳定桩间土拱内滑体,以保坡为原则,不对整个滑坡进行治理,节约投资,施工较困难	适用于滑坡后缘位于路面宽度范围内,且后缘裂缝外为密实稳定地层的路堤滑坡治理
	锚索桩板墙	由桩和锚索共同抵抗滑坡推力,挡板稳定桩间土拱内滑体,抵抗的滑坡推力较大	适用于桩后滑动面较陡、滑床为较完整基岩而滑坡推力较大的深路堑和高陡路堤滑坡治理
预应力锚杆或锚索	预应力锚杆(索)垫墩	由锚杆(索)抵抗滑坡推力,垫墩提供反力,设计简单,布置灵活,对工程布置部位坡面平整度要求不高,施工速度快,但整体性差	适用于滑动面较陡岩质边坡滑坡的治理
	预应力锚杆(索)地梁(肋柱)	由锚杆(索)抵抗滑坡推力,地梁提供反力,设计较简单,布置较灵活,坡面受力较均匀,施工速度快	适用于滑动面较陡、设梁部位滑体地基承载力相对较低的滑坡治理
	预应力锚杆(索)框架	由锚杆(索)抵抗滑坡推力,框架提供反力,坡面受力均匀,可提高工程部位坡面的整体性,但要求工程设置部位坡面较平整,施工难度较大	适用于滑动面较陡、工程设置部位滑体表面地基承载力较低或较松散的滑坡治理

注:①对预应力锚杆、锚索而言,无论其是单独使用,还是与其他结构联合使用,则地层必须适合锚杆、锚索的使用,并且有稳定的地层供锚杆、锚索锚固,同时现有的施工条件能够满足锚杆、锚索的施工要求。

据上所述,滑坡防治措施复杂多样,滑坡的防治技术,就是根据滑坡的具体情况单独或综合采用这些措施,以达到科学合理稳定滑坡的目的。根据滑坡的具体情况,主要有以下几种防治措施。

1. 绕避滑坡措施

对于大型的滑坡或多个滑坡集中的连续地段整治困难,工程费用昂贵,事先必须进行整治方案比选,必要时可采用绕避措施予以通过。

(1)对于大型复杂的滑坡或多个滑坡集中的滑坡群地段,经整治方案比选论证,原地治理困难且存在很大的风险,治理费用比改移线路费用昂贵,可改移现有线路的平面位置,使其从滑坡危害的范围之外通过,以彻底避开滑坡,达到一劳永逸的目的。

(2)对于存在巨大滑坡或滑坡群的峡谷地段,必要时可将改移线路的高度放在滑动面之下或向山侧内移,用隧道通过。

(3)对于线路通过的滑坡前缘或后部宽度较窄,采用桥梁可以跨越的滑坡,而将桥基置于滑动面以下的稳定地层中(桥桩的设计要考虑滑坡推力的作用)。

2. 截排水措施

1)地表排水系统

由于水是滑坡发生和发展的重要影响因素,因此,容易实施且见效快的地表排水系统对任何一个滑坡的预防和治理都是不可缺少的。它既可作为应急工程的一部分,又是永久治理工程之一。地表排水的目的是把滑坡区以上山坡地表来水截排不使其流入滑坡区,把滑坡区内的降水及地下水露头(泉水、湿地及其他水体)通过人工沟渠尽快排出滑坡区,减少其对滑坡稳定的影响。

地表排水系统包括滑坡区以外的环形截水沟、滑坡区内的树枝状排水沟及自然沟的疏通和铺砌等,形成一个统一的排水网络。滑坡以外的地表水,以拦截和旁引为原则;滑坡范围以内的地表水,以防渗、尽快汇集和引出为原则,要求达到"水随人意、沟沟皆通,有水必流,涓滴不渗"。地表排水系统可采用多种形式的截水沟、排水沟、急流槽来拦截和引排地表水,为防止沟道淤塞,排水沟沟底纵坡一般不宜小于2%。

(1)环形截水沟

滑坡范围外,可根据山坡汇水面积,降雨量(尤其是暴雨量)和流速,设置一条或多条环形防渗截水沟,拦截旁引地表径流,不使其流入滑坡范围之内。

截水沟应设在滑坡可能发展的边界以外不小于5m处。设计数条截水沟时,其间距一般以50~60m为宜,如图5-5-19、图5-5-20所示。

图5-5-20a)用于不透水地层,冲刷严重,两侧进水;b)用于不透水地层,冲刷严重,单侧进水;c)用于透水地层,冲刷不严重;设置不透水的黏土或水泥,上铺单层片石或卵石,其间还要铺设垫层(砂、小碎石);d)用于透水地层,冲刷严重,单侧进水,采用浆砌片石铺砌;e)用于陡坡上的截水沟,采用浆砌片石铺砌。目前,水沟大多采用浆砌片石砌筑、预制混凝土块砌筑或混凝土现浇而成。

(2)树枝状排水沟

在滑坡范围内的排水系统,应充分利用地形和自然沟谷,作为排除地表水的渠道,因此必须对自然沟谷进行必要的整修、加固和铺砌,使水流通畅,不得渗漏。

滑坡体范围内可设树枝状排水沟,其位置应尽量避免横切滑坡体,以减少因滑坡移动而遭破坏。主沟应与滑坡移动方向一致,支沟应与滑坡移动方向斜交成30°~45°,支沟间距以20~30m一条为宜,如图5-5-21所示。

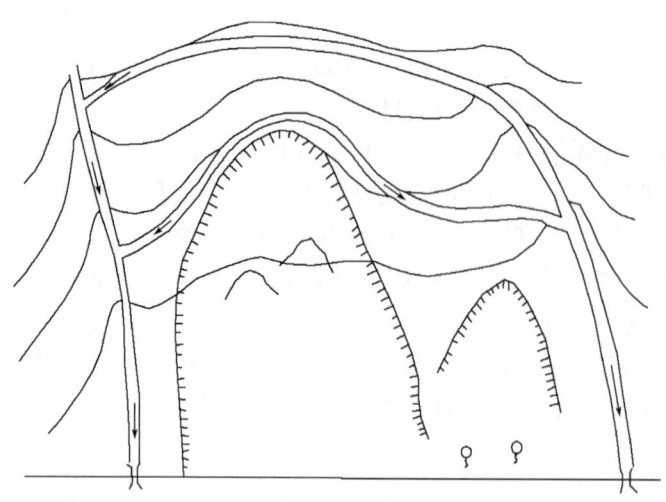

图 5-5-19 环形截水沟平面示意图

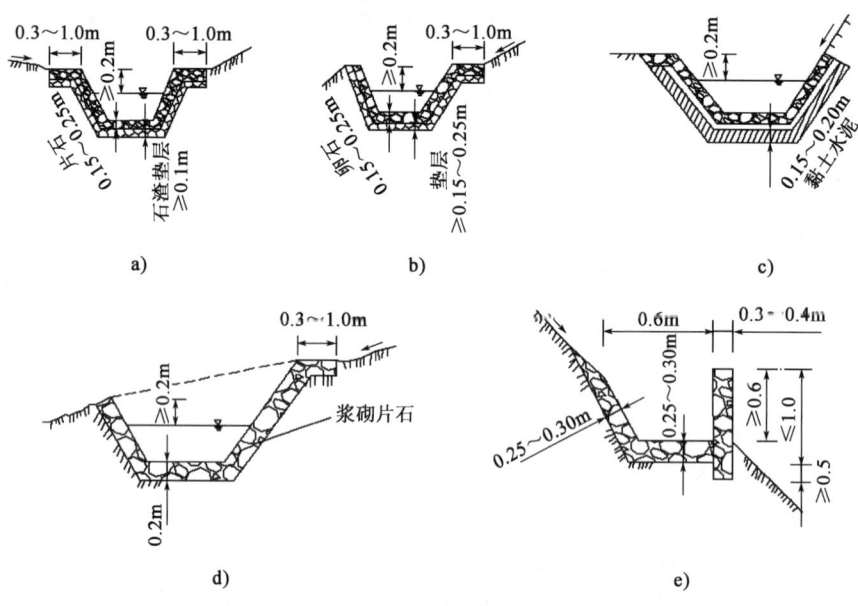

图 5-5-20 截水沟铺砌断面图

当排水沟通过裂缝时,应采用叠搭式的木槽或混凝土、钢筋混凝土槽,如图 5-5-22 所示,排水沟自身应容许有一定的伸缩,以防止山坡变形拉断水沟,表水沿裂缝下渗造成危害。

(3) 滑坡范围内的泉水及湿地处理

一般设置渗沟与明沟等引水工程,排除山坡上层滞水和疏干边坡,如图 5-5-23 所示。这类工程包括集水和排水两部分。集水部分要设反滤层,上部设土工布,施工简单,效果也好;排水部分是不透水的浆砌片石、混凝土块砌筑以及钢筋混凝土的明沟。

(4) 整平地表、夯填裂缝及绿化山坡

当地表土质松散,裂隙较多,地表水大量下渗,对滑坡的稳定性影响较大时,应对坡面进行整平夯实,防止积水,如图 5-5-24 所示。对于地表裂缝,挖开裂缝两侧土体,宽度不小于 0.5m,

深度在 1.0m 以上,用硬塑至半坚硬黏质土分层夯填,或做成 0.4m 厚的黏土、砂、砾三合土隔渗层。

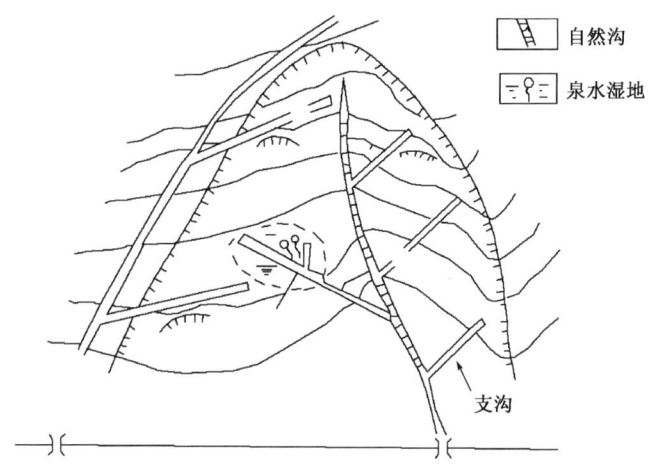

图 5-5-21　树枝状排水沟

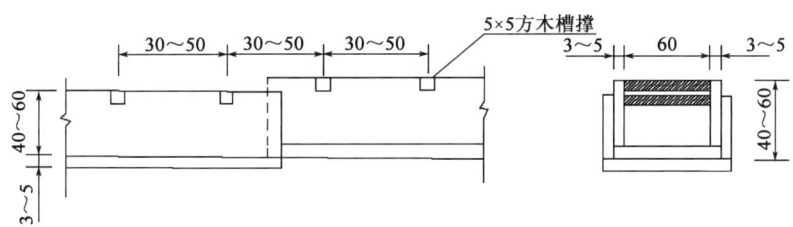

图 5-5-22　叠搭式排水槽(单位:cm)

在大型滑坡坡面上种灌木及阔叶果木,可疏干滑体水分,其根系起着加固土体的作用。尤其对渗水严重的塑流性滑坡和浅层滑坡有较好效果,并对做好绿化工作,效果显著。

2)地下排水工程

地下排水工程是治理滑坡的主体工程之一,特别是地下水发育的大型滑坡,地下排水工程应是优先考虑的措施。它比支挡工程投资少,但发挥的作用大,主要是截断了补给滑带的水源,降低了地下水位,减少了滑带土的孔隙水压力,提高了其抗剪强度,从而增大了滑坡的稳定性,因而可减少甚至取消支挡工程,节约投资。

治理地下水的原则是"疏而不堵,截而不堵"。应根据滑带水分布类型,补给来源、方式,采用拦截、疏干、排引等措施。要求达到:"追踪溯源,截断水流,降低水位,疏干土体"。地下排水工程依据不同的滑坡地下水分布和补给情况,一般采用渗沟、排水隧洞、渗水井、渗管、垂直钻孔群、平孔排水、虹吸排水等措施。

(1)渗沟(盲沟)

渗沟在整治小型的浅层滑坡中能起到良好作用,按其作用的不同可分为支撑渗沟、截水渗沟、边坡渗沟、纵向和横向渗沟。

①支撑渗沟

支撑渗沟既可支撑不稳定滑坡,又可疏干滑坡体。它适用于浅层的滑坡治理,适宜深度为 2～10m。在路堑、路堤坡脚的下部有壤中水露头、渗水易形成滑坍处设置效果较好。

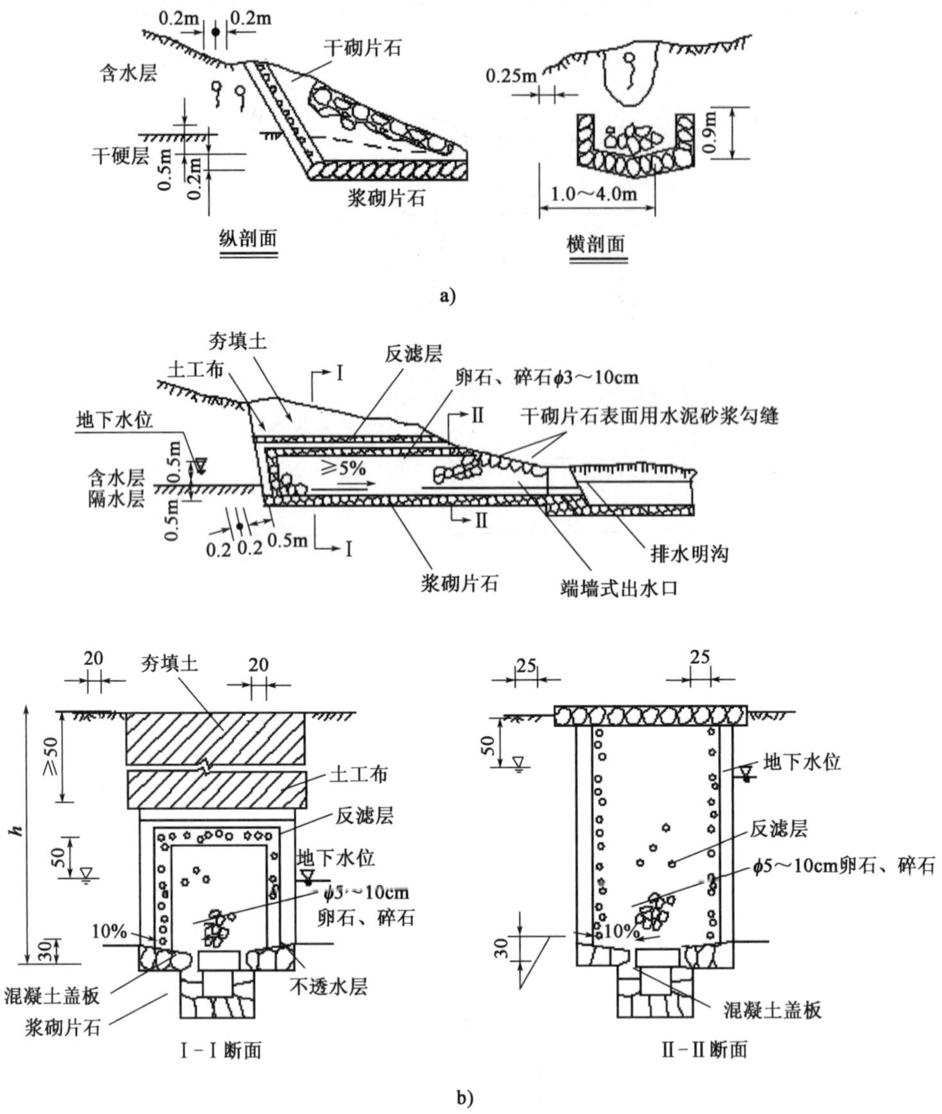

图 5-5-23　渗沟及渗沟与明渠结合图(单位:cm)

a)顺滑动方向整平夯实　　b)垂直滑动方向整平夯实

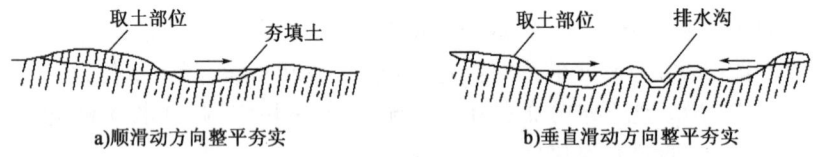

图 5-5-24　坡面整平夯实示意图

支撑渗沟一般顺滑坡移动方向修筑,布置在地下水露头处和含水层位置。支沟的方向可与滑坡移动方向成 30°～45°的交角。分支的部分可伸展到滑坡范围以外,以起拦截地下水的作用。

支撑渗沟的平面图形状有Ⅰ、Ⅲ、ⅠYⅠ、YY、YYY 等形式,如图 5-5-25 所示。

支撑渗沟的间距可以根据滑体岩土性质及地下水量大小按表 5-5-11 选用。

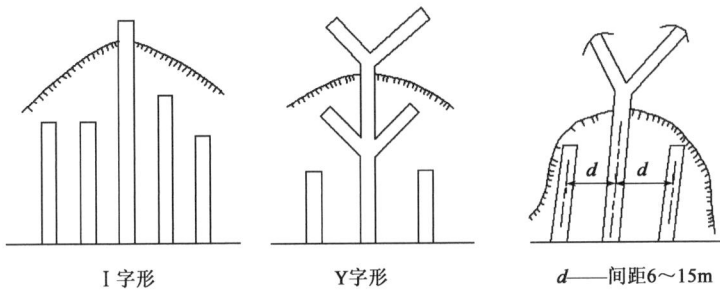

图 5-5-25 支撑渗沟平面布置图

支撑渗沟的间距 表 5-5-11

滑体岩土性质	间距(m)	滑体岩土性质	间距(m)
黏土	6~10	粉土	10~15
粉质黏土	8~12	破碎岩层	15

支撑渗沟的底部一般要放在滑动面以下 0.5m 的稳定地层中,并做成 2%~4% 的排水纵坡。当滑动面较陡时,沟底要挖成台阶形,台阶的宽度视实际情况而定,一般不小于 2m。台阶的高度不应太高(高度与水平比 1:1.5~1:2.0),以免施工的台阶本身形成坍塌。底部用浆砌片石铺砌隔水层,其厚度一般为 0.2~0.3m,为了进一步提高抗滑与支撑作用,可在台阶底部设置 30°的直角三角形浆砌片石石牙,如图 5-5-26 所示。

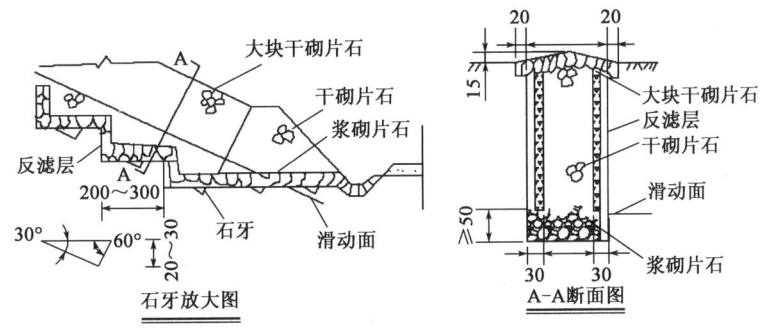

图 5-5-26 支撑渗沟纵横断面图(单位:cm)

为了防止地下水中携带的泥沙逐渐淤积在渗沟内,在沟两侧及后部需要设反滤层。反滤层一般设计为两层或三层,每层的厚度常用 10~20cm。每层的成分、粒径等规格以及采用无砂混凝土板代替反滤层,详见第三章第二节。也可在反滤层与土之间加设土工布,效果会更好。

盲沟内部填坚硬片石。沟顶一般不设反滤层,在沟端上方修月牙形挡水埝,防止地表水及流泥渗入沟内堵塞填料空隙。

支撑渗沟单独使用时,其布置如图 5-5-27a)所示;支撑渗沟与抗滑挡墙联合使用时,其布置如图 5-5-27b)、图 5-5-27c)所示。

②截水渗沟

当滑坡范围外有丰富的深层地下水供给滑带时,为了使地下水在流入滑坡之前先被拦截引走,常采用截水渗沟。

它适用于地下水位埋藏深度在 15m 以内,水量较大,地下水为单向流动,含水层较明显的地区。

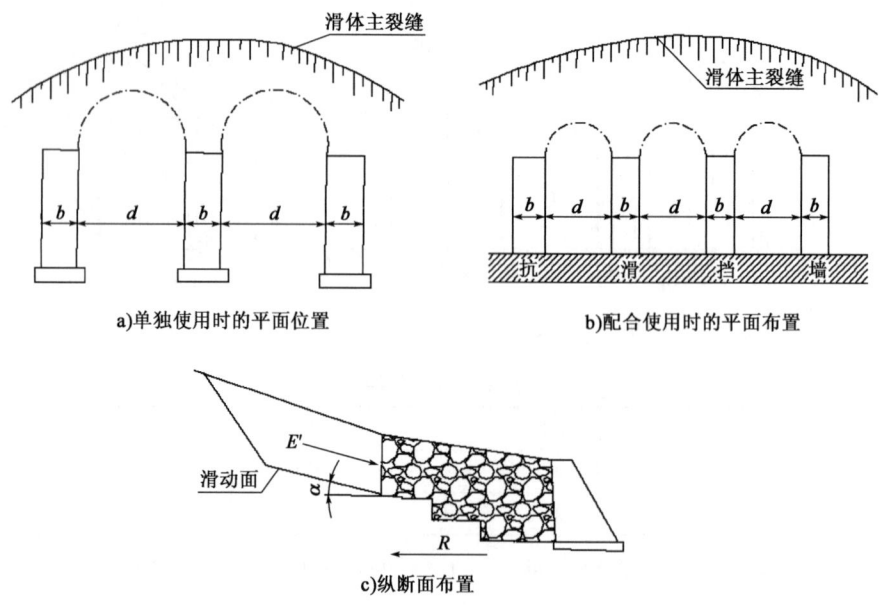

图 5-5-27 支撑渗沟布置示意图

截水渗沟一般修筑在滑坡可能发展的范围以外不小于 5m 的土体稳定处,并与地下水流向大致垂直,在平面上基本成折线或环状,如图 5-5-28 所示。

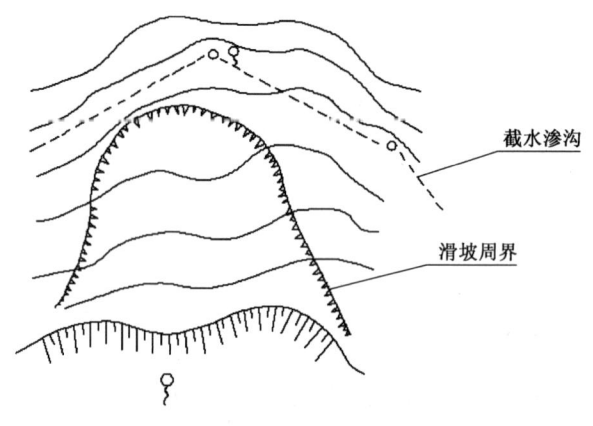

图 5-5-28 截水渗沟平面布置图

截水渗沟断面尺寸主要取决于含水层深度和施工开挖的要求,沟底宽度不应小于 1.0m。随着沟深的加大,沟底亦要相应加宽。当埋深超过 5m 时,沟底宽度应不小于 2m。沟壁设计成垂直的,背水面及沟顶应设置隔渗层,迎水面设置反滤层,填料采用碎石、卵石、粗砂或片石,以利排水。截水渗沟基底应埋入最低一层含水层以下的不透水层或基岩内。当基底下为非基岩时,常用浆砌片石砌成沟槽以防冲刷或泡软。为便于人进入检查、疏通,底部排水孔高度应不小于 1.0m,宽度不小于 0.6m,沟底纵坡一般不小于 0.7%。

因维修需要,在截水渗沟的转折点、变坡点处应设置检查井。截水渗沟及检查井构造等详见第三章。

③边坡渗沟

边坡渗沟的作用是排除滑坡前缘的边坡土中水,疏干边坡,提高土体的抗剪强度,防止滑坡前部土体因含水率过大而造成坍塌削弱滑坡的稳定性,其仅对边坡的表层土体有支撑作用,但不起抗滑作用。

边坡渗沟平面形状可分单个直线形的、带分枝的、拱形的等几种,如图 5-5-29 所示。分叉的渗沟适用于地下水分布比较均匀,边坡大片潮湿但没有明显地下水露头的边坡。拱形的渗沟,其优点是因各拱互相联结,使用中局部堵塞危害不大,但容易变形,维修量大。边坡渗沟布置在滑坡体前缘的边坡上,具体位置和间距取决于地下水的分布、流量、岩土的性质,间距一般为 6~15m,但在泉水出露处的湿地处必须设置渗沟。边坡渗沟的构造详见第三章。

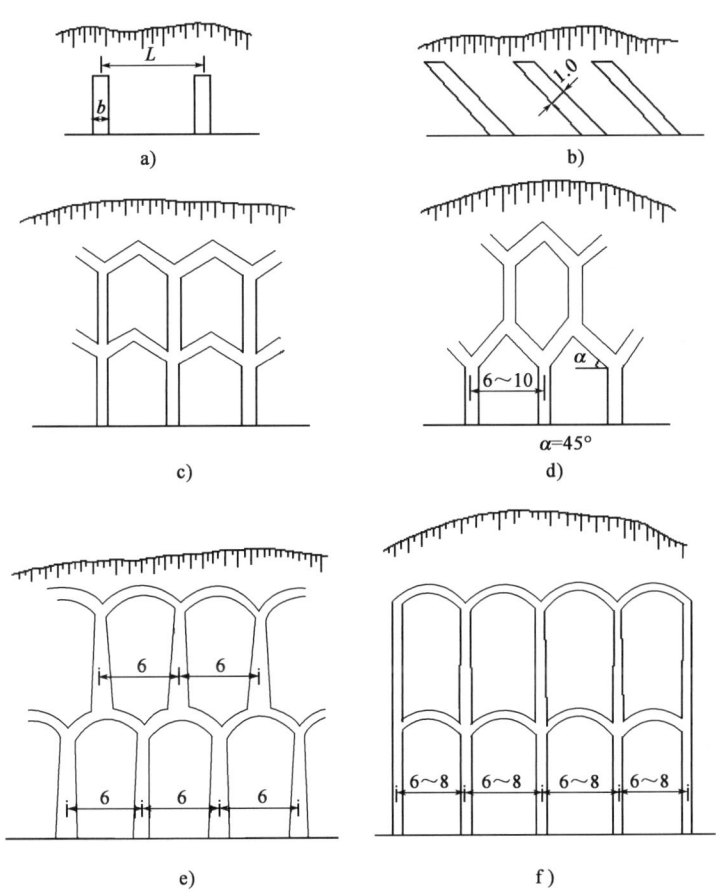

图 5-5-29 边坡渗沟平面形状图

④纵向渗沟

纵向渗沟的主要作用是降低路基面一带的地下水位,或为边坡渗沟的排水通道,大多数设置在侧沟或边坡脚下部一带,或者与侧沟设为一体称为复式侧沟或复式边沟。其优点是位于侧沟下的渗沟开挖土方工程量较少,但容易因沉落影响将顶部侧沟拉裂,造成侧沟水下渗,引起渗沟淤塞。故此,纵向渗沟应每隔 20~30m 设置检查井,如图 5-5-30 所示。

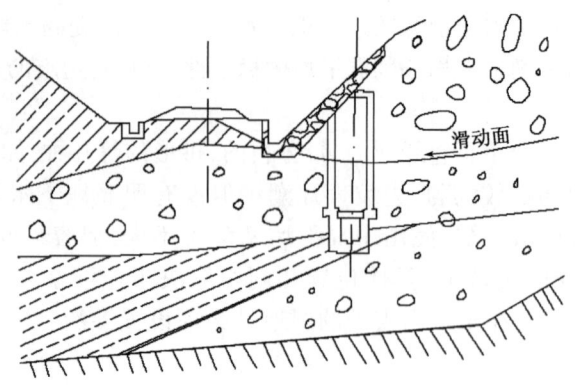

图 5-5-30　纵向渗沟断面图(单位:m)

⑤横向渗沟

横向渗沟也称路基横切沟,多与线路中线相垂直,其设置的位置常随地下水埋藏情况而定,目的是排引路基内的地下水流,预防路基滑坍,如图 5-5-31 所示。

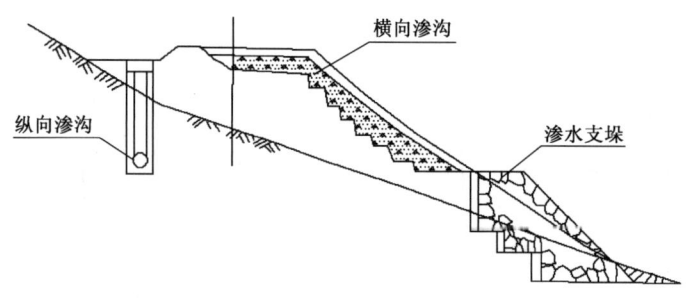

图 5-5-31　横向渗沟断面图

(2)排水隧洞(盲洞)

当滑坡滑动的主要原因是地下水活动,且流量较大,含水层埋藏较深时,可采用排水隧洞以截排疏导地下水。当滑坡体上已建成永久性设施不便拆迁,不能明挖时,也采用排水隧洞排水。

排水隧洞造价较高,施工困难,工期较长,其位置也不容易布置合适,在设计时必须有滑坡的详细工程地质和水文地质资料,准确查明地下水分布、流向、水量大小和不同含水层之间的水力联系等,以便达到预期效果。

排水隧洞依其作用不同可分为截水隧洞、泄水隧洞和疏干隧洞三种。

①截水隧洞

当查明补给滑坡的地下水来源是在滑坡以外的上方或一侧时,可设截水隧洞。一般将隧洞布置在滑坡体以外,其轴线应大致与地下水流向垂直,其底部应低于隔水层顶面最少 0.5m。若隧洞布置在滑坡后部滑动面之下,其开挖顶线必须切穿含水层不少于 0.5m,隧洞底低于含水层不少于 0.5m,衬砌拱顶必须低于滑面 0.5m,以便敷设反滤层和防止因滑坡向后牵引而破坏盲洞。

②泄水隧洞

当滑坡体内有封闭式积水时,可设隧洞将其排出。这种隧洞穿过正在活动的滑坡体时,应全部埋于滑动面或可能发展为滑动面的下部不少于0.5m。穿过滑坡稳定部分,隧洞底低于含水层面不少于0.5m。

③疏干隧洞

一般在滑坡尚处于稳定状态,而滑坡头部抗滑部分常受地下水湿润软化,抗滑能力削弱,可平行滑动方向设隧洞群,洞内回填片石,以疏干滑体。这种隧洞底部应置于滑动面以下不少于0.5m。若潮湿土体厚度较大,可于洞顶设渗井、渗管等以增大疏干范围。

排水隧洞断面结构有:拱形、鹅蛋形及梯形,一般采用砖、石、混凝土衬砌或钢筋混凝土支架,具体排水隧洞构造详见第三章。

各种排水隧洞的纵坡以不小于0.5%为宜,各坡段之间可用顺坡、台阶、跌水、竖井连接。隧洞开挖净空决定于施工方法和施工机具的选择。隧洞衬砌内净空一般不低于1.7m,宽底不低于1.2m,衬砌厚度主要决定于地层压力和岩性特征。每隔10~30m和岩土分界处,断面形状变化处都应设2cm宽的沉降缝,并用沥青麻筋填塞。为了核对水文地质资料指导施工、出渣、通风、进料,需在直线部分间隔50~100m、转弯和变坡处设检查井,具体检查井的构造详见第三章。

(3)渗水井、渗管

当排水隧洞顶上滑坡体内有一层或数层地下水时,可在排水隧洞顶上设渗水井或渗管,将水汇集于排水隧洞排出,其间距由计算确定。一般渗水井每15~20m设一个,开挖后回填渗水材料即成,它连接于隧洞上侧或直接连于隧洞顶上。渗管每5~10m设一个,是用带孔的铁管、钢管或塑料管放进钻孔后,四周填粗砂、砾石等渗水填料而成,大多接于隧洞顶上,详见第三章。

(4)垂直钻孔群

当滑坡体内含水层的渗透性较强,滑带以下有砂砾层、岩溶性岩层、裂隙发育岩层及断层等较强透水层且其地下水位较低时,可采用垂直钻孔群排水,将滑坡体内的部分或全部地下水体,借助一般垂直钻孔群穿透滑床——隔水层而转移到其下伏另一较强透水层或含水层。垂直钻孔群平面布置如图5-5-32所示,其适用条件及平面布置原则见表5-5-12。

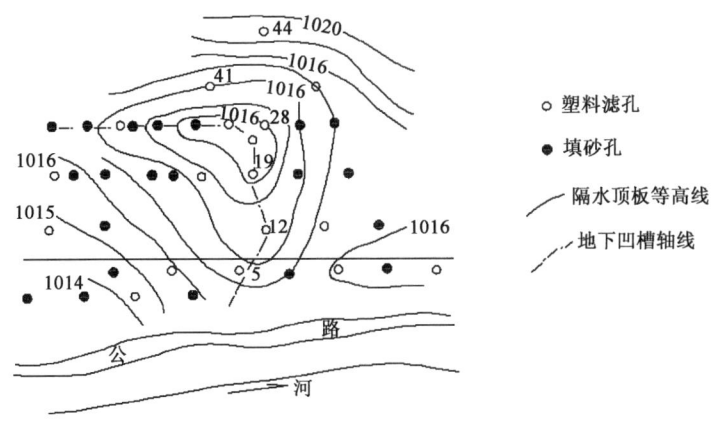

图5-5-32　垂直钻孔群平面布置图

垂直钻孔群的适用条件及平面布置原则 表 5-5-12

适用条件	平面布置原则
1. 滑坡体土石的裂隙度较高,渗透性较大; 2. 滑床下必须存在较强透水层或另一含水层,且下伏透水层厚度较大,渗透系数大于滑体内含水层的渗透系数; 3. 上下两含水层的水位差较大,且下伏含水层水位在滑坡体内含水层的底板以下;下伏含水层具有良好的排泄通道,或经过试验观测,证明下伏含水层经垂直孔群的人工补给不致造成水位上升而影响滑坡稳定	1. 孔群可成犬牙交错状或梅花状布置,每排孔群方向与地下水流向垂直。孔间距:当渗透能力中等且指定工期较长时(如一年左右)可用$(1/3 \sim 1/5)R$(R为影响半径);当渗透能力差且指定工期紧迫(如要求数十天内将水位下降10m),孔间距应加密,可用$(1/5 \sim 1/7)R$。排间距约为孔间距的1.5~3.0倍。 2. 当滑动带-隔水层顶板具有地下封闭凹槽时,为了增加排水速度和效果,孔群可以沿凹槽轴线中心做不规则状密集分布,并优先施工,轴线两侧仍可成排分布

排水钻孔孔径一般可采用127mm(过滤管外径一般不小于65mm,再加上管外砂砾过滤层厚度)。某些浅孔或钻孔实际涌水量较小者,可采用108mm。

为了达到钻孔排水的目的,每个钻孔都必须打入滑动面之下强透水层中,并且在每孔钻进终孔时,安设过滤管,管外填充砂砾过滤层,如图 5-5-33 所示。对不设过滤管的钻孔,则应全填砂砾。

垂直钻孔群排水,施工简单,造价低,并可充分利用勘探钻孔。

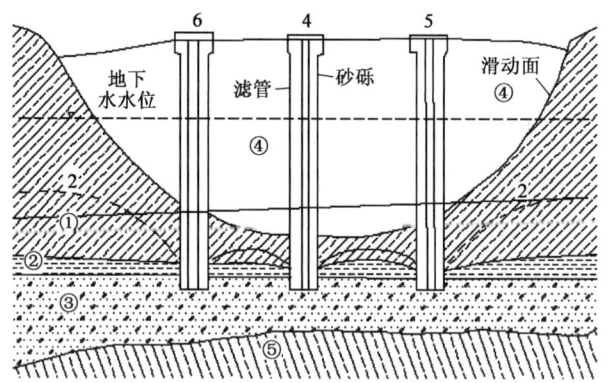

①-砂黏土夹碎石;②-粒土;③-强透水的粗砂砾石层;④-滑坡体设置垂直孔4、5、6后地下水位面为下降2-2曲线;⑤-砂岩

图 5-5-33 垂直钻孔群排水结构

(5) 平孔排水

平孔排水,亦称仰斜孔排水,是用仰角度不大的钻孔打入滑坡体内的含水层而排除地下水,它是稳定滑坡的重要排水措施之一。

平孔排水的优点:

①施工简便,可起到立竿见影的效果。主要施工设备是一台水平钻机,国内生产的中、小型水平钻机已广泛用于施工,其性能一般可以满足要求。每成一孔,即有排水效果,不像盲洞、截水盲沟导水部分工程量很大,工期长。

②工程用料少,主要为滤水管用料。

③施工安全可靠。不开挖滑坡体,施工过程中不破坏滑坡的稳定性,不受季节限制,在地面上施工,不需支撑,施工安全。

④设孔位置灵活。

⑤可与竖井联合排水。

平孔排水的缺点：

作为治理滑坡的永久工程，平孔排水的主要问题是排水孔被淤塞，使用寿命短。根据经验，一般地层有效期为8～10年，黏质土地层为5～6年。要保持其排水效果，几年后需进行清孔（用高压射水或高压空气），或重新打孔。

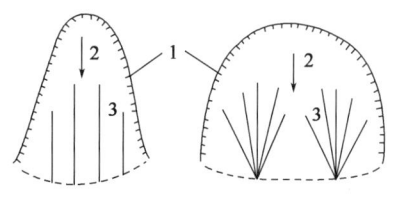

1-滑坡周界；2-滑动方向；3-水平钻孔

图5-5-34　平孔平面布置图

平孔的布置：在平面上，依滑坡体内水文地质条件的不同，平孔可布置为平行排列或扇形放射状排列，如图5-5-34所示。原则上其方向应与滑动方向一致，以免因滑坡滑动而被破坏。当滑床顶面具有汇水洼槽时，应集中布置于洼槽部分。

在断面上，应根据要求排除的地下水层数，滑动面的陡缓和要求疏干的范围，布置一层或多层，如图5-5-35所示。平孔的位置必须埋于地下低水位以下，隔水层顶板之上，尽量扩大其渗水疏干面积。

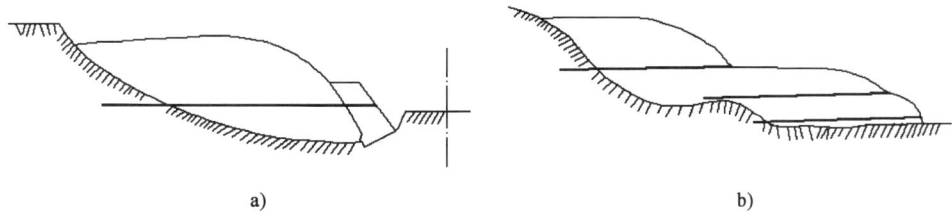

图5-5-35　平孔断面布置示意图

平孔的间距：视滑坡体含水层渗透系数和要求疏干的程度而定，一般采用3～10m。

平孔的深度：视含水层的分布位置、滑体的形态及滑坡深度而定，为增加排水效果，总是尽量加大入水深度。

平孔的孔径：根据机械设备能力和排水效果确定，目前国内使用者多为90～130mm，孔内设滤水管，以防孔壁坍塌堵死和有利泄水。

平孔的仰角：向上仰斜5°～15°。

滤水管：滤水管一般采用塑料管和尼龙管。当采用塑料管时，需在进水段管壁设渗水孔，渗水孔行距25～30mm，间距35mm左右，直径10～12mm，呈梅花形布置，滤水管外包裹滤网或土工织布；也有的在管壁上切割出许多月牙形小缝直接作为滤水管，而不再包裹滤网。

当含水层渗透性差（如黄土时），可采用砂井和平孔联合进行排水，即以砂井聚集滑坡体内的地下水，用仰斜孔穿连砂井把水排出，如图5-5-36所示。

砂井井底与钻孔交接点要放在滑动面以下的地层中，井径一般采用1.5～2.0m；井距在黄土滑坡中采用5～8m。砂井一般用砾石填充。

(6)虹吸排水

虹吸排水是利用虹吸管的真空原理及进水口和出水口的大气压差将浅层地下水自流排出地表的一种方法。虹吸排水是在滑坡区地下水分布较集中的部位打若干个垂直钻孔（或井），将水汇集于孔（井）中，在孔（井）中放入虹吸管（直径10～30mm的聚氯乙烯管或镀锌铁管）将水排出孔外以达到降低地下水位、提高滑带土强度稳定滑坡的目的。

虹吸排水的基本原理如图5-5-37所示。

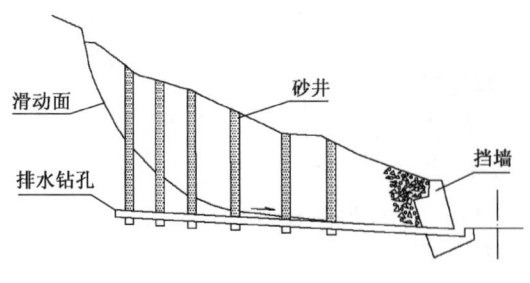 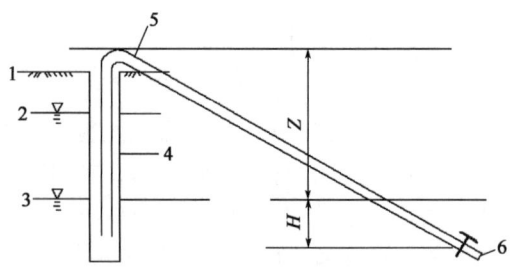

图 5-5-36 砂井-平孔排水示意图　　图 5-5-37 虹吸排水示意图

1-地面;2-原地下水位;3-降低后的地下水位;4-集水孔（井）;5-虹吸管顶点;6-虹吸管出水口;Z-虹吸管高度;H-落差

3. 力学平衡措施

1）减重反压

减重反压是滑坡治理中经常应用的措施之一，它既可作为应急措施，也可作为永久治理措施。减重与反压既可单独使用，也可联合使用。若有条件，可将滑坡上部减重的土石方移填于其前缘反压，这是最经济而有效的平衡滑体的措施，如图 5-5-38 所示。但受各种条件限制，往往难以同时实现。

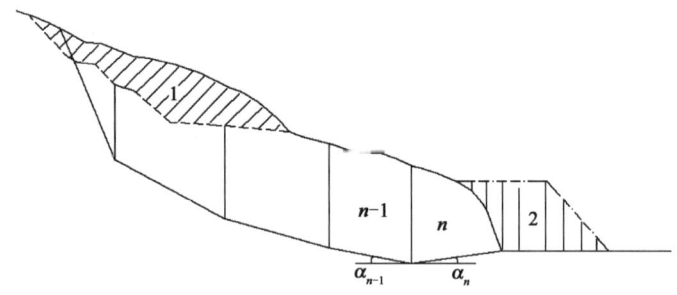

图 5-5-38 减重反压工程示意图
1-减重部分;2-反压部分

(1) 减重措施

减重是指在滑坡体的上部牵引段和部分主滑段挖去一部分滑体岩土，以减小滑体质量从而减小滑坡下滑力的工程措施。

对蠕动挤压阶段的滑坡，上部减重可减小下滑力，使滑坡处于相对稳定状态，为勘察、设计和施工争取时间；对正处于滑动或已经滑动的滑坡，减重减小了下滑力，可减小支挡工程数量、节省投资，也为施工安全创造了条件；对主滑面倾角较陡（大于 20°）的滑坡和错落型滑坡，减重的效果更为明显。

减重措施，一般适用于滑床具有上陡下缓形状，滑坡的后壁及两侧有稳定的岩体（或土体），不至于因减重而引起滑坡向上和两侧发展造成后患的情况及附近工程材料缺乏或材料很难运抵现场，现场又便于机械化施工的情况。

对已经滑动的滑坡，采用减重措施永久稳定滑坡，应与反压、排水及支挡工程等配合使用。特别要注意的是，滑坡上部的减重不同于滑坡前缘的刷方或清方，前者减少下滑力减缓滑坡的滑动,而后者却是进一步削弱了滑坡的抗滑力,常促使滑坡的扩大发展因而应慎重对待,特别是前后多级滑动的滑坡。

减重的数量应根据滑坡的地形地质条件和欲达到的目的来确定,一般应通过稳定性计算或滑坡推力计算来确定,使尚未大滑动的滑坡的整体稳定系数 F_s 满足规范和使用要求。

在滑坡体上做减重处理时,应尽量做到先上后下,先高后底,均匀减重,以防止挖土不匀造成滑坡的分解和恶化。为了避免由于减重在滑坡后缘及两侧出现过大的高差,减重平台一般可修成 1:3~1:5 的缓坡,并对减重后的坡面进行平整,及时做好排水与防渗工作。必要时在刷方减重后,坡面可做好加固防护,譬如做浆砌片石护坡、干砌片石护坡、护墙拱形骨架护坡、种树植草等工程防护。必要时还可设置锚固工程措施,以维持滑坡后部及两侧坡体的稳定。如果滑体体积很小,清除后对后部及两侧山坡稳定不会造成新的影响,可将滑体予以清除。

减重方法处理滑坡与其他工程措施比较,具有施工方法简单,工料费低廉,可机械施工,工作面大,工期短,收效快的优点,但是减重不是对所有滑坡都适用,如牵引式滑坡或滑带土具有卸载膨胀性的滑坡,就不宜采用。

(2)反压措施

反压是指在滑坡体的前缘抗滑段及其以外填筑土石增加抗滑力的一种工程措施。反压的作用原理比较简单而明确,就是增加抗滑力而稳定滑坡,实际上也是一种支挡工程。具体要求如下:

①填土的基底软弱土层必须挖除或换填以防填土本身的不稳定。

②填土底部应采用碎块石或砂卵石等渗水材料填筑,或作成盲沟以利地下水排出。

③填土必须压实,增加密实程度和抗滑能力。

④当填土在沟岸或河岸时,填土坡脚应有防冲刷设施,如防冲挡墙或护坡以保证填土的稳定性,并应注意沟道的过洪能力。

⑤反压填土的高度应经过检算,以滑坡不能从其顶部剪出为原则。

根据滑坡前缘地形条件,反压工程可有多种形式,如前缘地形比较开阔,可采用填堤的形式;当滑坡前缘为狭窄的沟道时,可采用在沟中作涵洞或盲沟而在洞(沟)顶填土反压稳定滑坡;当沟道较宽时,则可局部改沟而在前缘反压;有条件局部改移线路位置和纵坡,留出空间进行反压也是常用的办法。填土反压的形式如图 5-5-39 所示。

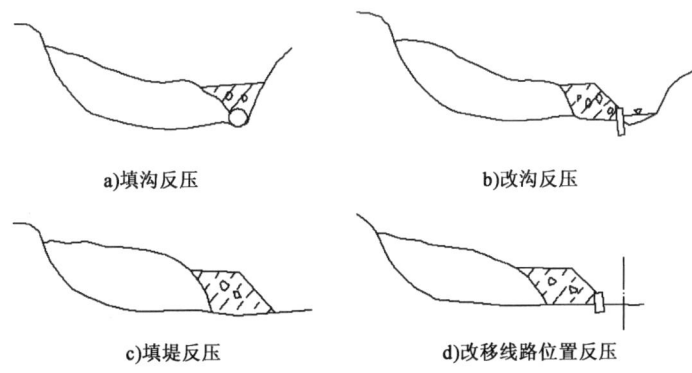

图 5-5-39 填土反压形式示意图

在滑坡头部或前缘可以填方反压时,移挖作填,效果更好。但必须填在抗滑地段,不能填于主滑地段;而且填方时必须做好地下排水工程,不能因填土填死原有地下水出口,造成后患。

2)支撑渗沟

支撑渗沟具体见本节地下排水工程部分。

3)抗滑挡墙

(1)重力式抗滑挡墙

重力式抗滑挡墙是广泛应用的防治滑坡的支挡建筑物,适用于中、浅层滑坡的整治。它是通过其自身质量在墙底产生的摩阻力来抵抗滑坡推力的,故重力式抗滑挡墙通常采用体积较大、外形矮而胖、胸坡较缓的结构形式。重力式抗滑挡墙的优点是:受力明确、设计简单,特别是在有丰富石料的地区采用浆砌片石和片石混凝土修筑,可就地取材,工程造价低廉等,但抗滑能力较小,墙基开挖对滑坡稳定有影响。

重力式抗滑挡墙一般设置于滑坡前缘抗滑段,当滑坡前部有稳定基岩锁口时宜设置于锁口段。为了增加抗滑挡墙的稳定性和减少圬工,在墙后应设 1~2m 宽的衡重台或卸荷平台。墙的胸坡越缓越好,一般用 1:0.3~1:0.5,也有用 1:0.75~1:1。

重力式抗滑挡墙除了墙身结构的强度和稳定性应得到保证外,还需考虑墙高应能保证墙后滑动土体不沿墙顶剪出,或连同墙身一并滑走的情况发生。重力式抗滑挡墙墙身结构强度和稳定性的要求与一般重力式挡土墙相同。检算墙高的方法是:先按该部位的滑体厚度假定一个墙高,由墙顶向滑带做几个虚拟的可能滑面轮廓线,分别求出沿这些滑面的剩余下滑力,从而决定最危险滑面的位置。若沿该滑面的剩余下滑力为正值时,说明墙顶不够高,若沿该滑面的剩余下滑力为过大的负值时,说明墙顶可以降低,都应调整墙高重新试算,直到剩余下滑力为不大的负值时,即可认为是经济合理的墙高。基础埋置深度均应通过详尽的计算予以确定,在一般情况下,基础埋入完整稳定的岩层中不小于 0.5m,埋入稳定土层中不小于 2m,为增加抗滑能力,常将基底做成倒坡或锯齿形。

抗滑挡墙墙身除采用石砌之外,也可采用素混凝土、片石混凝土和钢筋混凝土浇筑,以减少墙的截面,提高施工速度。由于墙基开挖对滑坡稳定有影响,因而墙基必须分段跳槽开挖,待本段墙身砌筑或浇筑完成后,才可开挖相邻墙基。

抗滑挡墙墙后一般应沿墙背设置反滤层,墙身留泄水孔,以排除墙后积水或地下水。

(2)锚杆抗滑挡墙

锚杆抗滑挡墙是由钢筋混凝土板肋或圬工墙身与锚杆共同作用来抵抗滑坡推力的一种新型抗滑支挡结构物,其受力特点为:墙后滑体产生的滑坡推力作用于挡墙板肋或圬工墙身上,又由肋或圬工墙将力传到锚杆上,最后通过锚杆传至滑动面以下稳定地层中。锚杆抗滑挡墙有板肋式锚杆抗滑挡墙、圬工墙身锚杆抗滑挡墙和竖向预应力锚杆抗滑挡墙。板肋式锚杆抗滑挡墙如图 5-5-40 所示。

①板肋式锚杆抗滑挡墙

板肋式锚杆抗滑挡墙主要由锚杆的锚固力来抵抗滑坡推力,它由锚杆、肋柱和挡板三部分组成。滑坡推力作用在挡板上由挡板传到肋柱,再由肋柱传到锚杆上,最后通过锚杆传到滑动面以下的稳定地层中,靠锚杆的锚固力来维持整个结构的稳定性,如图 5-5-41 所示。

板肋式锚杆挡墙结构轻,适宜机械化施工。对于薄层或块状的岩石滑坡,在滑体薄,基岩埋藏浅,滑体平面形态呈横长形,而滑面较陡的地段最为合适,也适宜于当地缺乏石料或工程部位无条件开挖的滑坡治理。这种结构能解决一般重力式挡墙所不能克服的困难,节约材料,提高生产效率。

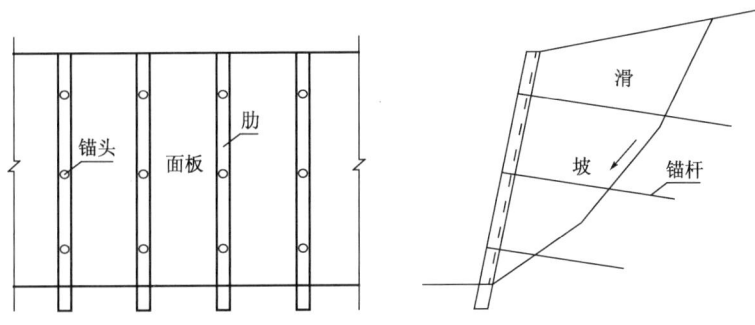

图 5-5-40　板肋式锚杆抗滑挡墙

②圬工墙身锚杆抗滑挡墙

圬工墙身锚杆抗滑挡墙由锚杆锚固力和圬工墙身自重产生的摩阻力来共同稳定滑坡,适用于墙后滑面较陡,滑床为稳定基岩或密实土层的情况,如图 5-5-41 所示。墙身为小截面圬工,采用素混凝土或钢筋混凝土制作。与板肋式锚杆抗滑挡墙相比,具有施工简单的特点。

③竖向预应力锚杆抗滑挡墙

竖向预应力锚杆抗滑挡墙是将锚杆竖向锚固于墙底以下稳定地层中,并竖向通过墙身,在墙顶施加预应力来稳定滑坡的工程措施,如图 5-5-42 所示。竖向预应力锚杆抗滑挡墙借助锚杆预应力对墙身施加的压力,代替部分墙身圬工质量,从而减少重力式挡墙圬工断面,主要通过锚杆预应力和圬工墙身自重产生的摩阻力来共同稳定滑坡。

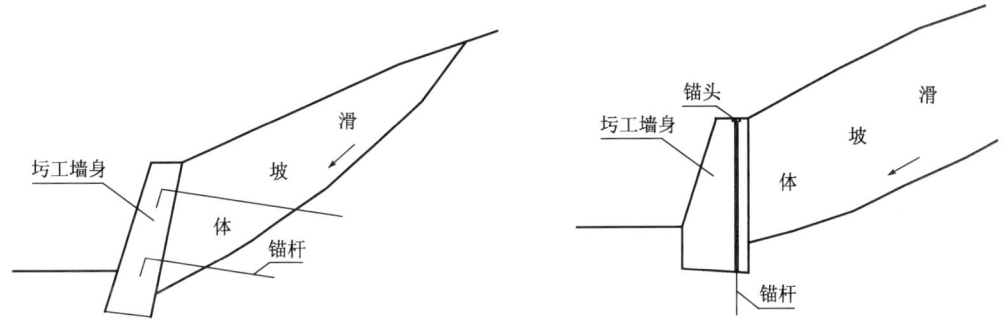

图 5-5-41　圬工墙身锚杆抗滑挡墙　　　　图 5-5-42　竖向预应力锚杆抗滑挡墙

竖向预应力锚杆挡墙一般适用于墙后滑面较缓,墙底为稳定岩石地基,墙身所受推力较大的情况。它具有节省圬工,降低造价,受力明确,设计、施工简便,易于推广使用的特点。某滑坡竖向预应力锚杆抗滑挡墙如图 5-5-43 所示。

在条件适宜的情况下,采用锚杆抗滑挡墙治理滑坡,与重力式抗滑挡墙相比可大大减少挡墙圬工量和开挖量,减小因开挖而对滑坡的扰动。

4)抗滑明洞

当滑动面出口在边坡上较高位置时,也可视地基情况设置抗滑明洞,洞顶填土石以支撑滑坡体,或让滑坡体从洞顶滑过,如图 5-5-44 所示。

5)抗滑桩明洞

为了支撑山体巨大侧压力,在明洞内边墙部位加建抗滑桩,以加强明洞的抗滑能力,成为抗滑桩明洞。

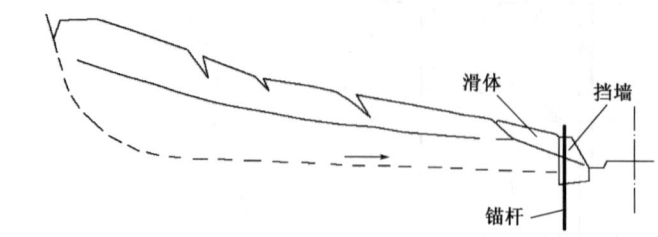

图 5-5-43　某滑坡竖向预应力锚杆抗滑挡墙

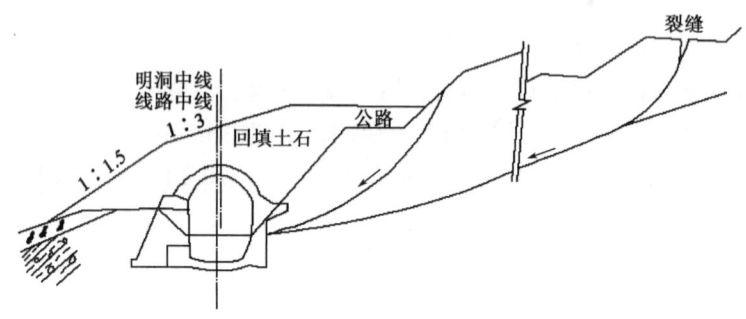

图 5-5-44　某滑坡抗滑明洞

施工开始时先在明洞内边墙位置上建成挖孔抗滑桩，使抗滑桩暂时承受滑坡体侧压力，待抗滑桩成排建成后，即在抗滑桩之间修建明洞内壁，依次建成明洞。明洞完成后，抗滑桩与明洞组成一体，承担全部荷载。某滑坡抗滑桩明洞断面如图 5-5-45 所示。

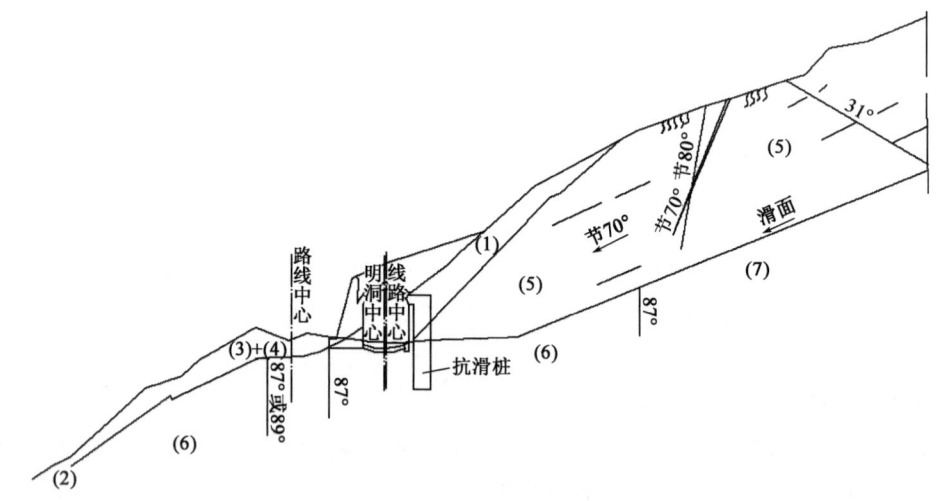

图 5-5-45　某滑坡抗滑桩明洞断面

6）抗滑桩

抗滑桩是穿过滑坡体深入滑床，利用稳定岩土中的嵌固力支挡滑坡变形推力的一种支挡抗滑结构物。对于滑体较厚、滑床埋藏较深且为坚实的地层，滑坡复杂，滑坡推力大，若采用抗滑挡墙要求圬工量大，施工开挖困难，当容易引起滑坡下滑时，宜采用抗滑桩来稳定滑坡体的变形。它具有操作简便、工作面多、对滑坡影响少、安全可靠、工期较短、收效很快等优点。

尤其是对既有线的滑坡整治，在施工中采用抗滑桩对行车干扰较少。

(1) 抗滑桩的类型

抗滑桩作为一种支挡抗滑结构物而广泛应用于滑坡治理及边坡加固中。自20世纪60年代国内外成功地使用抗滑桩以来，至今已有五十多年的历史。在滑坡治理及边坡加固工程中，针对不同工程地质条件，采用不同类型的抗滑桩进行边坡加固与滑坡治理取得了大量成功的经验。抗滑桩按不同的分类标准，可分为不同的种类，具体如下：

抗滑桩按施工方法可分为：打入桩、钻孔桩和挖孔桩；

抗滑桩按材料可分为：木桩、钢桩和钢筋混凝土桩；

抗滑桩按桩的截面形状可分为：圆形桩、管形桩和矩形桩等；

抗滑桩按桩与周围岩土的相对刚度分为：刚性桩和弹性桩；

抗滑桩按结构形式可分为：排式单桩、承台式桩、刚架桩或排架桩；

抗滑桩按埋置情况可分为：悬臂桩、全埋桩、深埋桩和抗滑键等；

抗滑桩按布置方式可分为：密排、单排桩和多排桩；

抗滑桩按是否加横向拉力又可分为：普通桩、锚索桩、锚定板和锚拉式桩等。

(2) 抗滑桩的设计

①抗滑桩设计技术要求

a. 整个滑坡体具有足够的稳定性，即抗滑安全系数满足设计要求值，保证滑体不越过桩顶，不从桩间挤出。

b. 桩身要有足够的强度和稳定性。桩的断面和配筋合理，能满足桩内应力和桩身变形的要求。

c. 桩周的地基抗力和滑体的变形在容许范围内。

d. 抗滑桩的间距、尺寸、埋深等都较适当，保证安全，方便施工，并使工程量最省。

抗滑桩的设计任务就是根据以上要求，确定抗滑桩的桩位、间距、尺寸(截面和桩长)、埋深(桩顶和桩底标)；材料、配筋和施工要求等。这是一个很复杂的问题，常常要经分析研究才能得出合理的方案。

②抗滑桩设计计算步骤

a. 首先弄清滑坡的原因、性质、范围、厚度，分析滑坡的稳定状态、发展趋势。

b. 根据滑坡地质断面及滑动面处岩(土)的抗剪强度指标，计算滑坡推力。

c. 根据地形、地质及施工条件等确定桩的选型和桩的位置及范围。

d. 根据滑坡推力大小、地形及地层性状，拟定桩长、锚固深度、桩截面尺寸及桩间距。

e. 确定桩的计算宽度，并根据滑体的地层性质，选定地基系数。

f. 根据选定的地基系数及桩的截面形式、尺寸，计算桩的变形系数(α 或 β)及其计算深度(α_h 或 β_h)，据此判断是按刚性桩还是按弹性桩来计算。当前，由于电子计算技术的发展和进步，大多直接按弹性桩计算。

g. 根据桩底的边界条件采用相应的公式计算桩身各截面的变位、内力及桩周土体应力等，并计算确定最大剪力、弯矩及其部位。

h. 校核地基强度。若桩身作用于地基的弹性应力超过地层容许值或者小于其容许值过多时，则应调整桩的埋深或桩的截面尺寸或桩的间距，并应重新计算，直至符合要求为止。

i. 根据计算的结果,绘制桩身的剪力图和弯矩图。

j. 对于钢筋混凝土桩,还需进行配筋设计。

对于一个滑坡的治理,往往可选用的方案较多,而且常是多种措施综合应用,故应多设计几种方案,从中选取最适宜的一个。

③作用于抗滑桩上的基本力系

作用于抗滑桩的外力包括:滑坡推力、受荷段地层(滑体)抗力、锚固段地层抗力、桩侧摩阻力和黏着力以及桩底应力等,这些力均为分布力。

滑坡推力作用于滑面以上部分的桩背上,可假定与桩背附近主滑面平行。由于还没有完全弄清桩间土拱对滑坡推力的影响,通常是假定每根桩所承受的滑坡推力等于桩距(中至中)范围之内的滑坡推力。推力的分布及其作用点位置,与滑坡的类型、部位、地层性质、变形情况及地基系数等因素有关。对于液性指数小、刚度较大和较密实的滑体,从顶层至底层的滑动速度常大体一致,故可假定滑面以上滑体作用于桩背的推力分布图形为矩形;对于液性指数较大、刚度较小和密实度不均匀的塑性滑体,其靠近滑面的滑动速度常较大,而滑体表层的滑动速度则较小,滑坡推力分布图形可假定为三角形;介于上述两者之间的情况可假定推力分布图形为梯形,当滑体上部滑速较下部快时,滑坡推力分布可视为倒梯形。对悬臂式和全埋式桩的受力情况如图 5-5-46 所示。

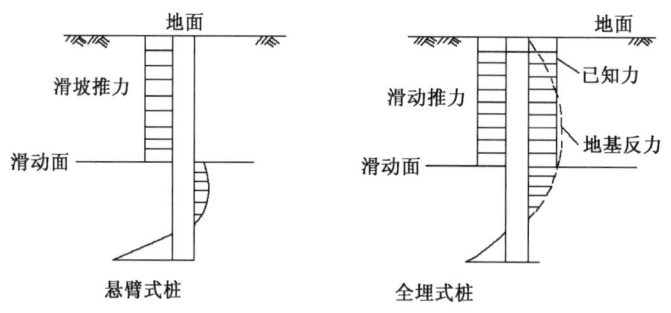

图 5-5-46 抗滑桩受力示意图

当桩前滑坡体不能保持稳定,可能出现滑走的情况下,抗滑桩应按悬臂式桩考虑(视为桩头露出桩前地面的情况);而当桩前滑坡体能保持稳定,抗滑桩将按全埋式桩考虑。此时,关于桩前滑体对桩的抗力作用有两种处理方法。第一种方法是将桩前滑体所能提供的抗力(剩余抗滑力或被动土压力)作为已知外力作用于桩前来考虑。因此,其桩的变形与内力计算如同悬臂式桩。第二种办法是桩前滑体弹性抗力较剩余抗滑力或被动土压力小时,则按弹性抗力来考虑,一般此种情况很难出现。

埋于滑床中的桩将滑坡推力传递给桩周的岩土,桩的锚固段前、后岩土受力后发生变形,从而产生由此引起的岩土抗力作用。抗力的大小与岩土变形状态有关,处于弹性变形阶段时,可按弹性抗力计算;处于塑性变形阶段时抗力近似地等于该地层的地基系数乘以相应的与变形方向一致的岩土在弹性极限状态时的压缩变形值,或用该地层的侧向允许承载力代替,如沿桩身的岩土处于塑性变形阶段的范围较大或岩体很松散时,则全桩可用极限平衡方法计算滑床内桩周岩土的抗力值。

抗滑桩截面大,桩周面积大,桩与地层间的摩阻力、黏着力必然也大,由此产生的平衡弯矩对桩显然有利。但其计算复杂,实际应用计算时,一般采用等效桩径的方式进行考虑。

抗滑桩的基底应力,主要是由自重引起的。而桩侧摩阻力、黏着力又抵消了大部分自重。实测资料表明,桩底应力一般相当小,为简化计算,对桩底应力通常也忽略不计。计算略偏安全,而对整个设计影响不大。

④抗滑桩的平面位置及其间距

抗滑桩的平面位置和间距,一般应根据滑坡的地层性质、推力大小、滑动面坡度、滑体厚度、施工条件、桩截面大小以及锚固深度等因素综合考虑决定。

滑体的上部,滑动面陡,拉张裂缝多,不宜设桩;中部滑动面往往较深且下滑力大,亦不宜设桩;下部滑动面较缓,下滑力较小或系抗滑地段,经常是较好的设桩位置。实践表明,对地质条件简单的中小型滑坡,宜在滑体前缘设一排抗滑桩,布置方向应与滑体滑动方向垂直或接近垂直。对于轴向很长的多级滑动或推力很大的滑坡,宜设两排或三排抗滑桩分级处置,也可采用在上部设抗滑桩,下部设挡土墙联合防治。当滑坡推力特别大时,抗滑桩在平面上可按品字形或梅花形交错布设,必要时,还可考虑采用其他形式的抗滑桩。

抗滑桩的间距受许多因素的影响,目前尚无较成熟的计算方法。合适的桩距应该使桩间滑体具有足够的稳定性,在下滑力作用下不致从桩间挤出。也就是说,可按桩间土体与两侧被桩所阻止的土体的摩擦力大于桩所承受的滑坡推力来估算。有条件时可通过模拟试验,取得土体能形成土拱效应的桩间距值,并结合实践经验来考虑桩的间距。一般情况下,当滑体完整、密实或滑坡推力较小时,桩距可取大些;反之,应取小些。此外,滑坡主轴附近桩距应小,两侧边部桩距宜大。目前一般采用 5～8m 的桩距,6m 桩距较为多见,同时桩锚固段前部土体的抗力也对桩径有较大的影响。

⑤抗滑桩的锚固深度

桩埋入滑面以下稳定地层内的适宜锚固深度,与该地层的强度、桩所承受的滑坡推力、桩的截面形式和尺寸,以及桩前滑面以上滑体对桩的反力等有关。

原则上由桩的锚固深度传递到滑面以下地层的侧向压应力不得大于该地层的容许侧向抗压强度,桩基底的最大压应力不得大于地基的容许承载力。

锚固深度不足,易引起桩失效;锚固过深将导致施工难度大,工程浪费多。有时可适当缩小桩的间距以减小每根桩所承受的滑坡推力,有时可调整桩的截面以增大桩的相对刚度,从而达到减小锚固深度的目的。

常用全埋式抗滑桩的锚固深度,从以往的实践经验看,对于土层或软质岩层约为 1/2～1/3 桩长比较合适;但对于较完整、坚硬的岩层可以采用 1/3～1/4 桩长。悬臂式抗滑桩的锚固深度相对较大一些,往往可以通过增设桩头预应力锚索即采用锚索桩的方法,以达到优化抗滑桩结构和减少嵌固深度的目的。

(3)锚索桩的计算

近年来,预应力锚索抗滑桩(锚索桩),由于其结构优化、造价节省且工程效果显著,因此在铁路、公路及其他工程建设领域滑坡病害治理工程实践中获得了广泛的应用和发展。下面简要介绍锚索抗滑桩的计算原则和方法。

①锚索抗滑桩的计算原则

预应力锚索抗滑桩是20世纪80年代研究开发的一种新型抗滑桩结构形式,其基本结构改进是在普通抗滑桩的桩头部位设置一孔或多孔预应力锚索。这种新型抗滑桩结构的突出特点是改变了普通抗滑桩的悬臂锚固梁柱结构为近似弹性简支梁柱结构,使其桩身受力状态更趋合理,并具有主动加固滑坡体的作用和功能。

目前,对于预应力锚索抗滑桩结构的分析计算,在工程实践中常用的方法可分为简化工况计算法和时步工况计算法。

简化工况计算法,是直接将锚索预应力作为外荷载施加在桩头上,与滑坡推力一起按静力问题计算滑面以上桩身内力及滑面处的剪力和弯矩,而滑面以下桩体内力计算与普通抗滑桩有关计算相同。这类计算方法没有考虑锚索与桩体的变形协调及其历时工况条件,认为锚索的拉力就是所施加的预应力在工作过程中其值保持不变或最终设计拉力状态,这种方法计算较简单,但由于在滑坡推力作用下未考虑锚索与桩的协调变形以及历时荷载作用过程,必将存在工程经济或风险问题。

时步工况计算法,其主要特点是考虑或体现预应力锚索与抗滑桩体的变形协调,即桩头变位与锚索变形相一致,按预应力锚索抗滑桩的施工顺序和承力步骤计算预应力锚索抗滑桩在各相关工况历时条件下的桩身变形、内力和桩侧应力等。

本节建议锚索抗滑桩宜基于时步工况的计算原则,建立预应力锚索抗滑桩实时工况计算模式,求得预应力锚索抗滑桩工作全过程的实时动态解。

②锚索抗滑桩的实时工况条件

为了解算预应力锚索抗滑桩实时桩身位移、内力及桩侧应力等动态力学参数,就需要建立一个实时工况计算模式。基于预应力锚索抗滑桩在预应力锚索锁定前后的承受荷载和桩侧地基反力特征,并通过在锚索锁定前后即锁定时建立锚索等效弹簧间断和变形连续条件,从而实现预应力锚索抗滑桩的全过程实时工况解。

针对预应力锚索抗滑桩实时工况计算的上述关键技术特点,可以建立一个实时工况计算模式,如图 5-5-47 所示。

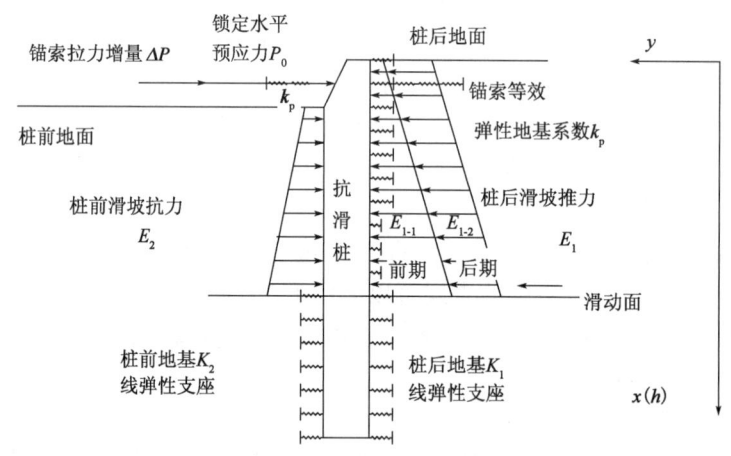

图 5-5-47 预应力锚索抗滑桩的实时工况

其中:桩后滑坡推力 E_1 包括前期滑坡推力 E_{1-1} 和后期滑坡推力 E_{1-2},前期滑坡推力即预应力锚索锁定以前的滑坡推力作用,后期滑坡推力即在预应力锚索锁定以后滑坡推力增量,或者用实时总体滑坡推力表示(包含前期滑坡推力作用),直至设计滑坡推力。

桩前滑坡抗力 E_2 在桩后滑坡推力作用的同时,桩前一般都存在滑坡抗力的作用(悬臂桩除外),来源于桩前剩余抗力与被动抗力的极小值;值得一提的是,当桩后滑坡推力小于桩前滑坡抗力时,滑坡抗力取值与滑坡推力相同,但滑坡推力计算时,因安全系数(滑坡治理的安全储备)的存在,而产生剩余下滑力。

锚索锁定拉力值 P_0 为实时张拉或锁定荷载值。在预应力锚索锁定之前,可将锁定拉力值视为零;在预应力锚索锁定之后,P_0 值为锚索锁定拉力值。

锚索等效弹簧支座 k_p,预应力锚索可以等效为弹簧支座,实现桩锚的协调变形与耦合作用,产生拉力增量 ΔP。

锚索实时拉应力值 P,锚索实时拉应力值为锚索锁定拉力值 P_0 与桩锚协调变形产生的拉力增量 ΔP 之和。

桩侧地基抗力条件可以视为由桩后和桩前两侧单向弹簧组成,即桩后弹性支座 k_1 和桩前弹性支座 k_2,其中,k_1、k_2 只有在桩后土、桩前土被压缩时才取值,否则为零。

在上面计算模式中有关桩身荷载和桩侧抗力条件,不仅满足或包含预应力锚索抗滑桩的各时步工况历时条件,还可以保持各时步工况间的连续变形和受力条件,从而建立了预应力锚索抗滑桩的实时动态工况计算模式。

关于抗滑桩结构内力及桩侧地基应力的解,在以往的抗滑桩设计计算工作中常采用组合桩法,组合桩法是对滑面以上的桩体承力段和滑面以下的桩体锚固段分别进行力学计算,通过滑面处的连续条件组合求解抗滑桩结构内力及桩侧地基应力。这种组合桩解算法对于普通抗滑桩较为便利,而对于预应力锚索抗滑桩,并且考虑实时工况条件和桩锚协调变形与耦合作用时,就显得十分复杂且局限性大。因此,建议在上述预应力锚索抗滑桩的实时动态工况计算模式的基础上,结合线弹性有限差分计算方法,推导出锚索抗滑桩结构的全桩计算方法。

对于桩头预应力锚索的设计,即预应力锚索设计拉力值和预应力锚索锁定拉力值的设计,在以往工程实践中,大多以经验为主或者结合求解便利与工程利弊考虑,缺乏明确的工程意义、确定原则和系统方法,在工程实践中存在一定的困难和局限。因此,我们建议如下的确定原则和方法。

首先,对于预应力锚索设计拉力值的确定,可以建立在预应力锚索抗滑桩最终设计工况(图5-5-48)的基础上,即在设计滑坡推力和设计锚索拉力值的共同作用下,并满足前续工况等限制条件,最终使其工程的桩体与锚索达到最优化组合,从而优化确定锚索设计拉力值,或称规划求解。

另一方面,有关预应力锚索锁定拉力值的计算方法。预应力锚索锁定拉力值要求满足桩体与锚索变形协调或相容,使设计滑坡推力作用后,预应力锚索之应力水平达到或满足其设计拉力值,即通过单目标优化可以确定,或称单变量求解。

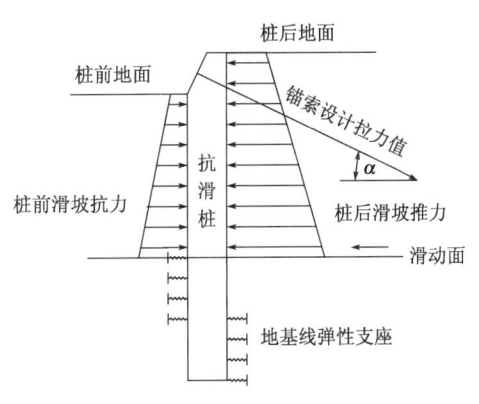

图 5-5-48 最终设计工况

7)桩板墙

桩板墙是由桩和桩间挡板共同组成的一种支挡结构形式,是由抗滑桩发展而来的。当路堤滑坡或路堑滑坡采用悬臂式抗滑桩来稳定时,桩间需采用桩间墙或挡板来稳定桩间土拱内的滑体,当采用挡板时就构成了桩板墙。挡板一般为钢筋混凝土直板,也有采用钢筋混凝土拱板的,还有采用浆砌片石拱墙的,如图5-5-49所示。为了解决桩板墙过高而受力较差的问题,在工程实践中采用了预应力锚拉式桩板墙和锚索桩板墙,如图 5-5-50 所示。桩板墙除了桩间挡板外,其余部分与普通抗滑桩和预应力锚索抗滑桩的受力特点类似。

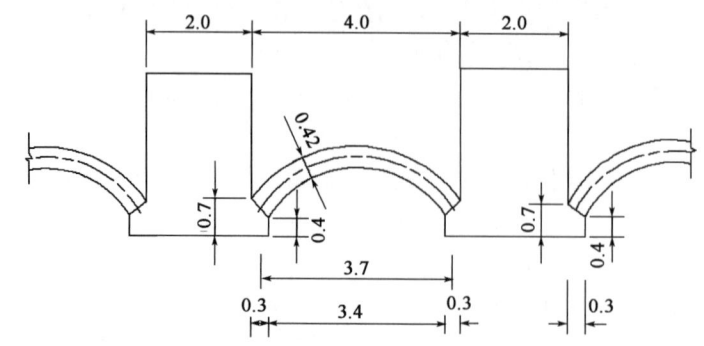

图 5-5-49　桩拱墙结构平面图(单位:m)

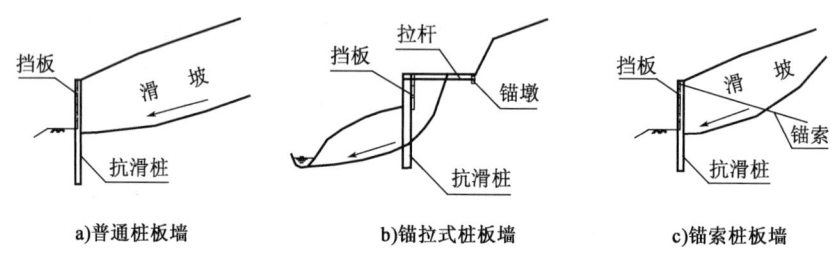

图 5-5-50　桩板墙结构类型

桩板墙适用于高陡路堤和深路堑滑坡的治理。其中锚拉式桩板墙适用于滑坡后缘位于路面宽度范围内,且后缘裂缝外为密实稳定地层的中小型路堤滑坡治理;锚索桩板墙适用于墙后滑动面较陡、滑床为较完整基岩的路堤和路堑滑坡,尤其是线路从已有滑坡中前部通过且需开挖深路堑的情况和高陡路堤滑动后的恢复治理。

桩板墙设置时,必须注意地表水和地下水的截排,在挡板上留足够的泄水孔,以防桩板墙后地下水聚积。挡板的设置视具体情况而定,对于路堤和其他墙后填方的桩板墙,挡板设置于桩后;对于路堑桩板墙,可在桩前挂板。挡板按单向简支板计算设计。

8)预应力锚索

预应力锚索是一种主要承受拉力的柔性杆状构件,在滑坡治理中它是通过钻孔及注浆体将钢绞线固定于深部稳定地层(滑床)中,在被加固体-滑体表面对钢绞线通过张拉施加预应力,将滑体与深部稳定地层紧紧地联锁在一起,从而达到限制滑体变形而使其稳定的目的。预应力锚索主要由锚固段、自由段和锚固头三部分组成,锚固头固定在外锚结构物上。外锚结构物类型有垫墩、地梁、框架等。

首先,对预应力锚索施加预应力,预应力通过外锚结构物作用在滑体上,限制滑坡的变形,起到阻止滑坡滑动的作用;同时当滑体滑动时,滑坡推力作用于外锚结构物上,外锚结构物将滑坡推力通过锚固头和自由段锚筋传递至锚固段,锚固段通过锚筋与灌浆体、灌浆体与孔壁岩土体的黏结应力将滑坡推力再传至滑床稳定地层,从而阻止滑坡滑动。因而锚索是主要的受力结构,外锚结构物仅起提供反力的作用。

(1) 锚索

由图 5-5-51 可以看到,锚索拉力(P_t)可以分解为平行滑面和垂直滑面的两个力,平行滑面的力与滑体下滑力方向相反,直接抵抗滑体下滑,而垂直滑面的力相当于增大滑面正压力,通过增大滑面摩阻力来抵抗滑体下滑。但锚索在滑面产生的正压力大小,与滑体物质、松散程度、滑体厚度等有关,因而对由此产生的滑面摩擦阻力可视情况按 0~1 的折减系数进行折减。

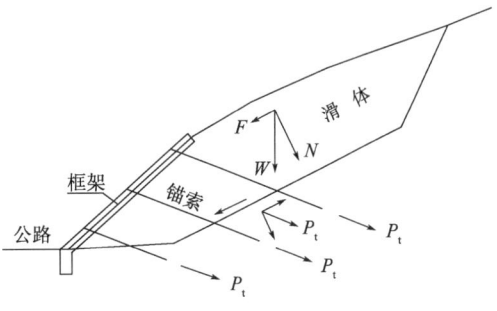

图 5-5-51 预应力锚索治理滑坡示意图

锚索设计时应先根据滑坡下滑力和锚索间距、排数确定单孔锚索所承受的滑坡下滑力 F,再依次计算确定锚索设计锚固力、锚筋数量和锚固段长度等。

锚索间距宜采用 3~6m,最小不应小于 2.0m。

锚索锚固段长度应根据锚固体与锚孔壁间的抗剪强度、锚筋与水泥砂浆的黏结强度进行计算确定,设计取其大值。

锚固体的直径应根据设计锚固力、地基性质、锚固类型、钢绞线根数、施工能力和条件等因素确定,宜采用 110~150mm。锚索自由段长度受稳定地层界面控制,在设计中应考虑自由段伸入滑动面或潜在滑动面的长度不应小于 1m,自由段长度不应小于 5m。张拉段长度应根据张拉机具决定,锚索外露部分长度宜为 1.5m 左右。

锚索按锚固段的受力特性一般可以分为拉力型锚索、压力型锚索和拉压结合型锚索,拉力型锚索锚固段制作宜采用一系列的紧箍环和扩张环(隔离架)使之成为波纹状,注浆后形成枣核(糖葫芦)状;压力型锚索应由不与灌浆体相互黏结的保护套管的杆体和位于锚固段注浆体底端的承载体组成;锚筋砂浆保护层厚度不小于 2cm。

锚索锚筋应进行防锈、防腐处理。锚固段锚筋应清污除锈,自由段锚索锚筋还应涂防腐剂、外套聚乙烯塑料套管隔离防护。当地层具有腐蚀性或地下水具有侵蚀性时,注浆材料应采用抗侵蚀性水泥,锚索应采用全长波纹管防护。锚索的防腐应符合《岩土锚杆(索)技术规程》(CECS 22:2005)的规定。

锚索孔注浆材料宜采用 M35 水泥砂浆。注浆采用孔底返浆法施工,注浆压力不应小于 0.6~0.8MPa,砂浆灌注应饱满密实,第一次注浆完毕,水泥砂浆凝固收缩后,孔口应进行补浆。锚索张拉应分次逐级张拉,张拉应待孔内砂浆达到设计强度的 70% 后方可进行,张拉中应对锚索伸长及受力情况做好记录,核实伸长与受力值的相符性。对于设置在地层条件差中的锚索,为提高锚索拉力,往往对锚索的锚固段进行二次注浆,二次注浆采用高压注浆,注浆压力 2~3MPa,且是在一次注浆体初凝时进行的。

预应力锚索张拉锁定后,锚头部分应涂防腐剂,再用 C30 混凝土封闭,保护层厚度不宜小于 5cm。

(2) 外锚结构物

① 预应力锚索垫墩

预应力锚索垫墩是以钢筋混凝土垫墩作为外锚结构物,将锚索锚固头设置在垫墩上,主要靠锚索锚固力来稳定滑坡的结构形式,如图 5-5-52 所示。预应力锚索垫墩适用于滑坡整体性较好,滑体表层地基承载力相对较高的岩石滑坡的治理。由于预应力锚索垫墩为单墩独立结构,因而它具有设计简单,布置灵活,对工程布置部位地表平整度要求不高和施工速度快等优点。垫墩的大小根据设墩部位边坡地基承载力和锚索拉力综合确定。

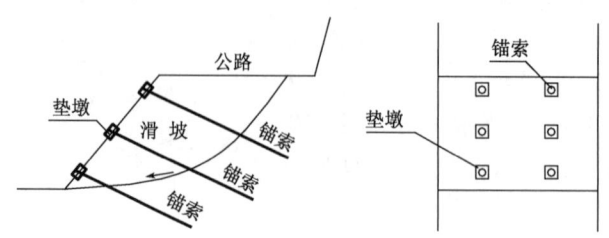

图 5-5-52　预应力锚索垫墩示意图

②预应力锚索地梁(肋柱)

预应力锚索地梁是以钢筋混凝土条形梁作为外锚结构物,将锚索锚固头设置在条形梁上来稳定滑坡的结构形式,如图 5-5-53 所示。当地梁上设置两孔锚索时,其计算可简化为弹性地基上简支梁法进行计算,当地梁上设置三孔及以上锚索时,其计算可简化为弹性地基上连续梁法进行计算。由于同一根地梁上设有两孔及以上锚索,相对预应力锚索垫墩而言,其传力效果较好,受力较均匀,可适用于设梁部位滑体地基承载力相对较低的滑坡治理,同样也具有工程布置灵活和施工速度较快等优点。地梁也可根据工程要求或结合其他工程结构布设成横梁的形式,但应注意横梁自重对锚索的影响。

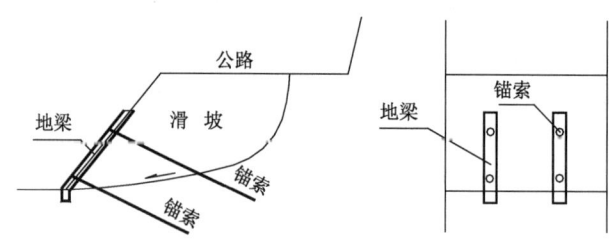

图 5-5-53　预应力锚索地梁示意图

③预应力锚索框架

预应力锚索框架是以钢筋混凝土框架作为外锚结构物,将锚索锚固头设置在框架节点上来稳定滑坡的结构形式,如图 5-5-54 所示。由于钢筋混凝土框架在同一片内由数根横梁和竖肋组成,因而其具有受力均匀,整体性较好和对设置部位滑体表面起到框箍作用等特点,特别适合于工程设置部位滑体表面地基承载力较低或较松散的滑坡治理,但要求工程设置部位坡面较平整,其工程布置灵活性较差,施工难度较大。

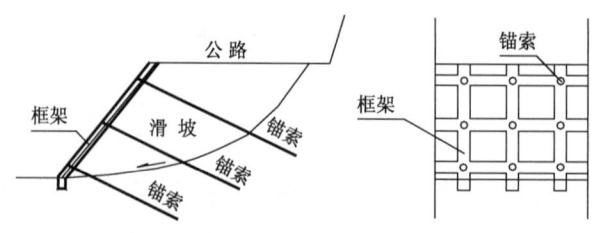

图 5-5-54　预应力锚索框架示意图

总之,预应力锚索抗滑支挡结构从施工的可行性和经济角度来讲,适用于滑动面较陡、滑床具有锚固条件的滑坡治理,在滑坡推力不大、变形控制不太严格的情况下可单独使用,否则可与抗滑桩、抗滑挡墙等刚性支挡结构配合使用。

4. 滑带土改良

滑坡滑带土的改良是通过采用各种各样的方法来改变滑带土的性质,提高其抗剪强度,增加滑坡本身的抗滑能力。人们曾试验过滑带爆破、滑带土焙烧加固、滑带灌浆(水泥浆和化学浆液)、石灰砂桩、旋喷桩等措施,但前两种较少采用。

(1) 滑带灌浆

灌浆以改良土体性质提高其强度在工程上是广泛应用的,因而也使人们想利用灌注水泥浆或水泥砂浆于滑带以提高其强度稳定滑坡。但是由于滑带土常常是含水率较高,多成软塑状的黏质土,而水泥砂浆的可灌性很差,常常是孔隙大的滑体中进了浆,而要加固的滑带进浆甚少、效果不佳。后来,在黏质土滑坡中,人们曾试验过灌化学浆液,使滑带土发生离子交换以提高其强度,同样因效果检验困难和可逆性反应耐久性不易控制而未能推广。

采用离子交换治理滑坡在日本有成功案例。例如在日本奈良河大板府交界的生驹山中,于1969年7月发生滑坡,经分析认为滑坡不是由于物理和力学的原因形成的,而是由于缓慢变化的化学影响,因此采用离子交换方法进行治理。

在滑坡体上共钻了27个钻孔,在坡面上部的8个孔中灌入氯化钙,希望由于地下水的流动而得到碱置换。另外在坡面下部的15个孔中,打设生石灰桩,把由于生石灰的发热、脱水,以及凝固而形成桩的效果和离子交换的效果,两者结合在一起。剩余4个钻孔是进行调查施工后离子交换情况的观察井。

施工后,没有发现滑坡移动,治理得很成功。从观测井用虹吸管取出地下水,研究该溶液中的离子变化情况,各个孔溶解在地下水溶液中的钙离子都有增加,钠离子减少。

(2) 石灰砂桩

我国在一些膨胀土滑坡治理中,曾采用在滑体上打若干个钻孔($\phi300mm$)深入滑床一定深度,在钻孔中填入生石灰和砂的混合物,利用生石灰吸水熟化疏干滑体中水分,提高滑带土的强度,同时众多的石灰砂桩既改变了滑带土的强度,也起机械支挡作用取得了成功。

(3) 旋喷桩

旋喷桩是把地基加固的方法引入滑坡的治理中,在一些小型浅层滑坡上,成条带打若干排旋喷桩深入滑面以下一定深度,实际是形成了一段改良后的土挡墙,改良了局部滑带土的性质。这种方法有其特定的使用条件,其造价不一定比其他支挡措施低。

5. 其他措施

防岸边冲刷也是滑坡防治的措施之一。江、河、湖、海和水库等水流对滑坡体的冲刷,往往是造成滑坡或使滑坡复活的因素,所以在整治滑坡时,必须同时对滑坡脚部遭受江、河、湖、海和水库冲刷的地段进行防护加固。

(1) 采用挑水坝、顺坝等使主流远离滑体。
(2) 采用格坝、潜坝等使滑坡前缘淤积。
(3) 采用干砌片石、浆砌片石护坡防止水流冲刷滑体。
(4) 采用挡土墙、桩、混凝土沉排、石笼等保护坡脚不受淘刷。

第六节　滑坡监测与动态设计

滑坡是一种典型的、多发的地质灾害。对于地形地质条件复杂和环境背景因素脆弱，或者具有潜在失稳特征的自然斜坡和人工边坡，由于铁路、公路、水电、采矿和城镇开发等工程建设，以及大气变化和人类活动的影响，导致坡体失稳，触发滑坡灾害，常造成严重的财产损失和人身伤亡，经常危害国民经济建设、工农业生产和人民群众生活。为了防止或减轻滑坡灾害可能造成的损失，滑坡监测和预报一直为国内外专家学者以及广大工程技术人员所关心和重视。

一、滑坡动态监测

滑坡变形过程是一动态变化和发展的过程。监视和观测滑坡在其孕育、发展和灾变的全过程中的各种特征因素和参量，即称为滑坡动态监测。滑坡动态监测不仅可以帮助工程技术人员更加准确可靠地认识和把握滑坡的性质和规模，而且可以作为滑坡灾害预测预报的基础和依据。

滑坡动态监测主要包括变形监测、应力监测以及地下水等其他监测，主要是监测这些因素或参量的动态特征和变化规律。

通过对滑坡动态监测资料进行分析和归纳，可以帮助有关工程技术人员确定滑坡灾害范围、滑体厚度、滑体规模、滑动方向，以及滑坡分区、分条、分级和分块等基本性质。同时，可以更准确地了解和把握滑坡推力的变化情况和分布规律、地下水的活动状况和变化趋势以及抗滑工程措施（或建筑结构）的作用效果等力学特性。更重要的是，滑坡动态监测，特别是滑坡变形监测，可以获知滑体的变形发育阶段、滑体的变形大小、滑体的变形速度和发展趋势，从而作为滑坡灾害预测预报的基础，以防止或减轻滑坡灾害可能造成的破坏和损失。

1. 滑坡变形监测

滑坡变形监测的工作内容包括：地表变形监测、地下变形监测和建筑物变形监测等三项基本工作内容。

1）地表变形监测

（1）监测目的

地表变形监测的目的在于了解和掌握滑坡体表面的变形活动状况和变化规律，可以用于确定滑坡体的变形范围、滑坡体的变形发展阶段，掌握滑坡体变形的基本性质和发展趋势，为进行滑坡工程地质勘查、整治工程设计和滑坡灾害预测预报奠定基础。

（2）监测内容

当前，地表变形的监测工作内容主要有地表裂缝监测、坡面位移监测和地面倾斜监测。由于置仪部位和监测方法的不同，又可以把它们分为地表绝对变形监测和地表相对变形监测。

（3）监测方法

①简易监测

在滑坡地表变形监测的实践过程中，现场的工程技术人员，常结合实际工作情况，因地制宜地创造出了许多简易监测方法。这些监测方法无须特殊的仪器设备，监测部位也比较灵活便利，并且，只需进行简单的分析计算就可以得出基本可靠的监测结论。

这里介绍两种最基本的简易监测方法。当滑坡地表出现明显的裂缝变形时，为了监测滑坡地表裂缝的变形活动和发展情况,基于临时性保障施工、生产、生活及交通运输等安全的目的,在滑坡现场经常采用如图 5-5-55 所示的两种简易监测方法。

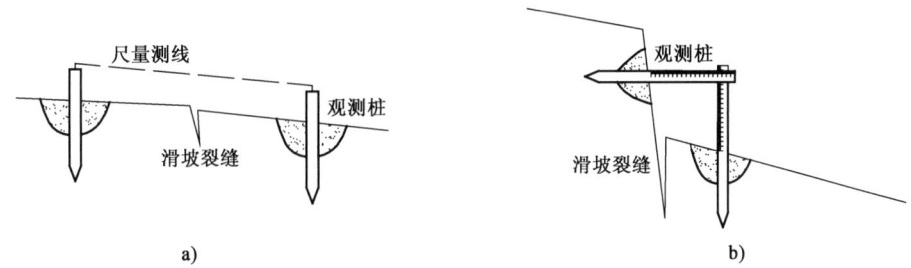

图 5-5-55　简易监测方法

观测桩应该结合所观测滑坡裂缝的发育与展布特点,设在相对稳固的地方。

上述监测方法一般用于滑坡后缘裂缝监测,当滑坡出现明显的前缘剪出裂缝时,或称滑坡舌部向前错出时,这种简易监测方法也常被采用。这种监测方法既简单又实用,但其监测结果比较粗糙,其可靠性存在一定的局限和不足。

滑坡地表变形简易监测密度,一般是根据滑坡地表裂缝的变形快慢决定。最初宜采用三天或一周监测一次。如果滑坡地表裂缝变形缓慢,则采用每隔一月或半月监测一次。如果滑坡地表裂缝进入加速变形阶段,则采取每天监测一次。如果滑坡地表裂缝变形进一步加剧,或者由于结构或工程的重要性及某些特殊目的和要求,尚需加密监测,可以一天几次定时监测。

②精密监测(全站仪监测)

滑坡精密监测一般是指建立在监测网的基础上进行滑坡地表变形监测的一种监测方法。对于那些地表裂缝不太明显、滑动方向尚不确切、坡体变形比较微小的滑坡,采用简易监测方法对滑坡地表变形监测有一定的难度,难以达到其监测目的和工程实践的客观要求,则必须建立监测网,采用精密仪器进行监测,或者由于滑坡的规模较大,滑坡性质复杂,且其危害比较严重,简易监测方法只能反映滑坡体的局部变形活动动态,无法控制和掌握滑坡体的整体变形状态和规律,此时必须采用精密监测方法进行滑坡地表变形监测。因此,精密监测方法也有称为坡体变形整体监测方法,特别是对于那些规模巨大、性质复杂的大型滑坡的预测预报具有极重要的作用和意义。

精密监测是建立在监测网的基础上,滑坡监测网一般由置镜桩、照准桩、监测桩和水准桩所组成,通过在滑坡体上布设成若干条监测线,多条纵、横交错的监测线即构成一个滑坡监测网,如图 5-5-56 所示。

用于滑坡监测网的照准柱和置镜桩必须设在滑坡体以外且通视条件好的稳定坡体或建筑物上;观测桩和水准桩应该设在较好地反映坡体变形且相对稳固的地方,如图 5-5-57 所示。

我们通常采用经纬仪量测各监测桩在平面上两个方向的位移,采用水准仪量测其高程的变化,从而把握坡体变形的整体活动状态和规律。

近年来,光电测量仪器应用渐趋广泛,如全站仪监测手段经常被采用。此外,立体摄影测量等大地测量方法也开始在滑坡监测中使用,特别是卫星定位系统等高新技术的应用,必将大力推动滑坡监测技术的进步和提高。

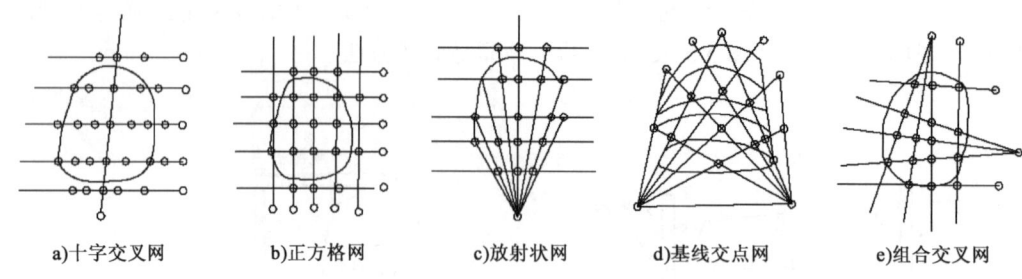

图 5-5-56 滑坡监测网示意图

③主要裂缝监测

对于那些地表裂缝变形活跃的滑坡,需要了解和掌握其主要滑坡裂缝连续变形活动状态,或者由于其工程或建筑的重要性,需要重点设防监测,一般采用埋设专门监测仪器的方法实施滑坡主要裂缝监测。因此,这种主要裂缝监测方法也称为埋设仪器法。

滑坡地表变形主要裂缝监测方法,一般是在滑坡地表主要裂缝两侧沿滑动变形方向分别设置置仪点和监测点,其结构示意如图 5-5-58 所示。

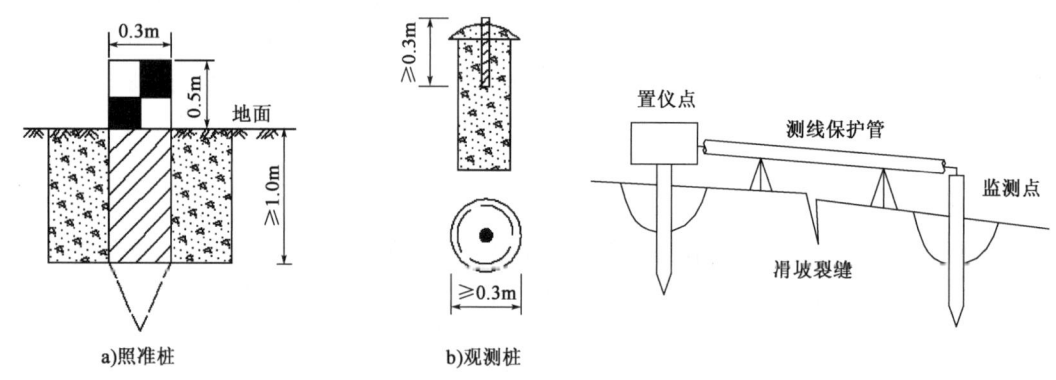

图 5-5-57 观测桩的设置　　　　图 5-5-58 主要滑坡裂缝监测示意图

滑坡主要裂缝监测所采用的仪器也称为滑坡自记位移计,常用来监测地表裂缝的伸缩变形或位移,因此又称伸缩计。近四十年来,国内外从事滑坡研究与实践的科技工作者和工程技术人员,根据上述监测原理和方法,最早研制生产了机械式滑坡自记位移计,随着近代电子技术和遥测技术的发展和应用,随后又研制开发了电子式滑坡自记位移计,并开发应用了滑坡变形遥测系统,包括有线遥测和无线遥测,加强了计算机控制与管理,实现了实时监测、无人值守的目标,进一步完善和提高了滑坡地表变形监测技术。

④倾斜监测

在滑坡变形发育、发展和破坏的过程中,滑坡体表面都将不同程度地产生地表倾斜变形,并反映滑坡变形的发生范围、发育阶段和变化规律,监测滑坡地表倾斜变形的活动状态和发展趋势称为滑坡地表变形倾斜监测。滑坡地表变形倾斜监测采用专门的量测仪器,最早是水准管式简易仪器,通过一对纵横水准管的水准泡偏离,换算和合成地表的倾斜变形方向及其变形量大小。为了改善和提高其监测精度,随后应用电子技术研制开发了一些轻便先进的仪器设备,大大增强了滑坡地表变形倾斜监测的实用性和可靠性,如图 5-5-59 所示。

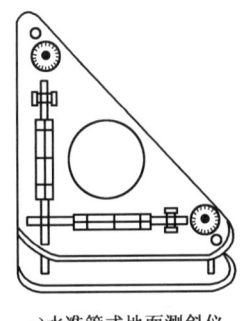 

a)水准管式地面测斜仪　　　　b)电子式地面测斜仪

图 5-5-59　地面测斜仪

滑坡地表变形倾斜监测可以有效可靠地确定滑坡体的变形范围,并能在一定程度上反映和体现滑坡变形的活动状态和发展规律,特别是对于滑坡前缘剪出口的分析与判断和滑坡滑动方向的确定具有极为重要的意义。

(4)监测成果

在滑坡地表变形监测完成之后,或在其监测工作实施过程中,必须对所取得的数据资料进行判断,鉴别监测资料是否正确,并对大量的监测资料进行去粗取精、去伪存真的计算、分析和整理。必要时尚需进行现场校核和更正,以确保所得监测资料完全准确可靠。

在丰富翔实、准确可靠的滑坡地表变形监测数据资料的基础上,通过计算、分析和整理,可以得出如下几个方面的监测成果。

①了解和掌握滑坡体变形状态。通过将监测资料绘制在滑坡平面图上,比较不同时刻的监测资料变化,常以不同的线条和颜色加以区分,可以比较形象直观地把握滑坡变形动态和发展规律。

②确定滑坡体变形活动范围,即滑坡周界。一般通过比较分析不动监测桩点与滑动桩点,可以比较容易地界定滑坡周界位置。特别是滑坡地表变形倾斜监测,对于变形微小或缓慢的滑坡,将显示其独特的优势和作用。

③判定和区分不同性质的滑坡。一般同一滑坡的位移速度和方向存在一定的相关性和规律性,通过分析整理滑坡地表变形监测资料,可以辅助确定滑坡的分块、分级和分条。同时,可以基本确定滑坡的力学模式和成灾机制,如推动式滑坡或牵引式滑坡,突发高速滑坡或缓慢蠕动滑坡。

④确定滑坡滑动的主轴位置和主滑方向。将滑坡地表变形矢量绘制在平面图上,或绘制各种等值线图,搜索其最值点或特征点,可以比较形象直观地确定滑坡滑动的主轴位置和主滑方向,对滑坡整治工程设计和滑坡灾害评估与预测将具有重要的意义。

⑤进行滑坡时间预报。滑坡地表变形监测是当前进行滑坡发生时间预报的主要监测手段和方法。在准确可靠的滑坡地表变形监测成果资料基础上,基于可靠的预报理论,采取有效的预报策略,结合滑坡变形的宏观迹象及相关因素,做出准确的滑坡灾害发生时间预报,及时采取减灾防灾对策,把滑坡灾害可能造成的损失减少到最低限度。

2)地下变形监测

(1)监测目的

通常,在进行滑坡的简单分析与计算过程中,大多假定滑坡滑动为整体滑动。其实,一个滑坡,特别是大型滑坡,不可能以整体变形的方式滑动。由于滑坡的地形、地质条件复杂,物质组成不均,结构强度各异,地表变形和地下变形往往不尽一致。因此,除了进行滑坡地表变形监测之外,还必须进行滑坡地下变形监测,了解滑坡地下变形的活动状态和变化规律,全面把握滑坡体的变形动态过程。同时,地下变形监测是探明滑带位置和滑面形态的最直观有效的措施之一。

(2)监测内容

滑坡地下变形监测的主要工作内容包括孔内变形监测和洞内变形监测。孔内变形监测,是在滑坡的纵横断面上利用地质勘探钻孔或专门设置监测钻孔,在孔内埋设监测仪表或设备进行监测。洞内变形监测,由于成洞造价较高,施工也比较困难,一般不设专门的监测平洞,而是利用已有的地质勘探平洞,通常是在滑坡滑动面附近埋设监测仪器进行滑面变形监测。在条件许可的情况下,洞内变形监测更为直观可靠。

(3)监测方法

①孔内测斜仪。

孔内测斜仪是近年来国内外使用比较普遍的滑坡监测仪器之一,是利用钻孔打透滑动面直达稳定地层之中,一般深入稳定地层或基岩3~5m,并且要求下设专门的套管,套管内壁设有十字滑槽,以供测斜探头上下滑行,然后定期将测斜探头放入测斜套管之中,测定不同深度位置上测斜套管的倾斜变形,并可换算孔内不同深度的位移变形。孔内测斜仪主要由测斜管、测斜探头和读数器三个部分组成,如图5-5-60所示。

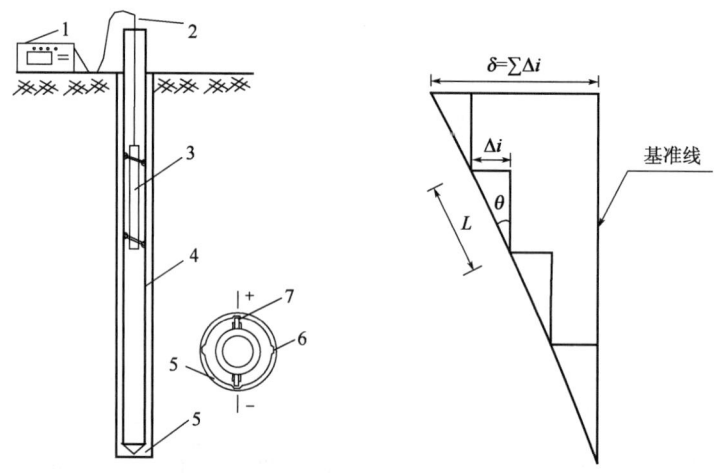

图5-5-60 测斜仪量测原理示意图

1-读数器;2-传输电缆;3-测斜探头;4-测斜管;5-孔壁回填;6-导向槽;7-导向轮

测斜套管通常有铝质和塑料两种,管壁外侧要求用水泥砂浆或细砂填塞密实,以避免套管在孔内不稳而产生套管附加变形的影响;测斜探头是孔内测斜仪的主体,设有两对滑轮,其设计制作精密,滑动灵活,决定孔内测斜的精确性和可靠性;读数器是把测斜探头有关电信号通过传输电缆传输到接收器转换成数字信号,并进行相关操作和处理,以数据或图表等结果输出。

这种监测方法对于确定滑动面的位置非常有效,因为钻孔在滑动面处的倾斜变形最大,特别是对那些变形微小的滑坡,其可靠性和有效性尤为突出。但是,由于测斜套管本身刚度的影响,将在一定程度上影响钻孔深部变形监测的精确性和可靠性。特别是对滑动变形大的滑坡,将会剪坏或剪断测斜套管,直接影响滑坡地下变形的监测。

孔内测斜仪也可以采用固定的方式将一个或多个测斜探头埋设在一个钻孔内,监测不同深度处的变形。其优点是可以实现实时连续监测,但因其测点布置灵活性较差且测斜探头和电缆均为一次性投入,不能重复使用,成本较高,一般不被广泛采用。

②多层位移计。

为了解滑坡深部变形的活动状态,特别是当滑坡体内存在多层滑动面时,各层的滑动变形各不相同,则可采用滑坡多层位移计在钻孔内不同层位埋设固定点进行各层滑动变形监测。其基本原理和工作方法与滑坡地表变形自记位移计基本相同。

③垂球筒测法。

结合具体工程实际情况,可以利用地质勘探钻孔设置硬质塑料管,或直接利用水文地质监测孔,采用测绳系接球形重锤放入塑料管内,直抵孔底,另一端固定在孔口处。其目的是测定滑坡深部变形可能的滑动面位置。当滑坡地下深部某处发生变形时,将使塑料管剪弯或剪断,提升孔口的测绳,当垂球升到变形部位时将受阻卡住,记录测绳读数,即为可能滑动面的埋深。当从孔口放入另一垂球,到某一位置垂球停止下移时,记录测绳位置,如两次记录在一定的误差范围之内,则其中值为该滑动面的位置,否则可能存在两个或两个以上的滑动面。这是一种经济简单地确定滑动面的方法,但其监测结果往往比较粗糙。

(4)监测成果

滑坡地下变形监测,常以孔内倾斜监测为主,因此,在此主要介绍孔内倾斜监测结果的计算、分析和整理。在进行孔内倾斜监测之前或其过程中,有一项不可缺少的工作,即量测测斜管的扭转变形。因为测斜管的扭转变形将直接影响倾斜监测成果的计算与分析,对于现场获取的所有测斜数据资料都必须进行扭转变形校正,以获取真实可靠的倾斜变形和位移。滑坡地下变形孔内倾斜监测成果主要可以体现为钻孔深部位移变形图(图5-5-61)和钻孔深部位移变形表,以及孔口合位移量和位移方向。其作用主要是确定滑坡地下变形各层滑动面的变形位置和方向,掌握滑坡地下深部变形的活动状况和发展趋势。

3)建筑物变形监测

(1)监测目的

在滑坡体变形活动过程中,位于坡体上的建筑物(包括桥梁、隧道、轨道、护坡、挡墙、侧沟、天沟、截排水沟、盲沟、检查井、抗滑工程结构、工矿房屋建筑等),由于自身结构刚度相对较大,往往对坡体变形的反映最为直接和敏感。进行滑坡建筑物变形的监测,可以辅助工程技术人员分析滑坡的滑动性质、滑体规模和滑坡变形状态,便于掌握滑坡的发生原因、稳定程度及其发展趋势。并且,可以为滑坡整治工程设计提供各种现场参考指标。因此,在滑坡勘察的过程中,或者在滑坡地表或地下变形监测的同时,经常实施滑坡建筑物变形监测。如果滑坡建筑物已产生变形裂缝,常采用如图5-5-62所示的观测钢钉、砂浆贴片或玻璃贴片等简易观测方法。

(2)监测内容

滑坡建筑物变形监测内容一般包括建筑物上产生的各种变形迹象的发生时间、部位、产状、形态、力学性质、破坏范围和发育程度,变形动态过程以及加固维修的历史记录等。

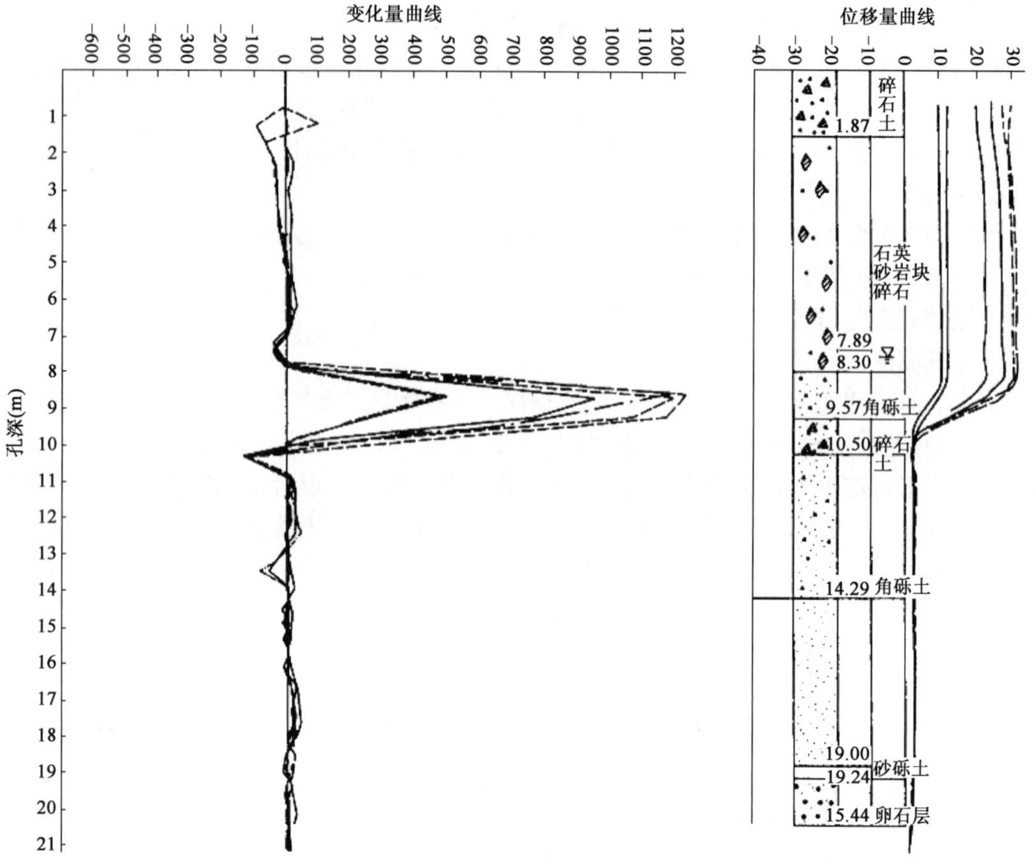

图 5-5-61　滑坡钻孔测斜深部位移变形图

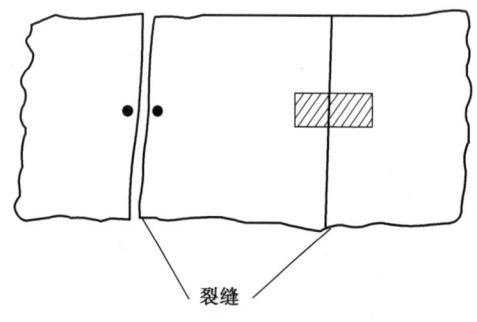

图 5-5-62　滑坡建筑物裂缝监测示意图

（3）监测方法

滑坡建筑物变形监测的监测程序和方法可以大致概括如下：

①将滑坡体上的主要建筑物测绘上图，一般为 1∶500 的滑坡工程地质平面图，根据需要也可做出各种断面图或展示图形，并在图上标注各建筑物变形的部位、时间、顺序、产状和简要形态。

②进行各建筑物变形情况素描（一般要求附注照片），并记录其变形的力学性质、产状、形态和发展趋势。

③对于产生裂缝变形的建筑物，一般采用砂浆贴片监测。砂浆贴片比较简单，一般贴于建筑物变形开裂的代表性部位和裂缝头部的两侧，采用裂缝监测镜或钢尺直接量测，并标注裂缝的位置、产状、性质和状态。对于建筑物变形量较大和变形速度较快的滑坡，也可采用裂缝伸缩仪或收敛计进行精密监测。

④对于产生下沉变形的建筑物，常在该建筑物上标设固定标志，并设水准基准点，利用水准仪进行下沉变形量监测，其工作原理和技术要求与前述地表变形水准监测完全相同。

⑤对于产生倾斜变形的建筑物,简单的监测方法是在该建筑物上、中、下部分别标设固定标志,采用经纬仪监测各标志点之间的变化,或用地质罗盘量测其倾角的变化,也可采用地面倾斜仪进行精密监测。

(4)监测成果

滑坡建筑物变形监测的监测周期,一般要视建筑物的变形速度和建筑物的重要性而定,一般为每月一次;如果变形急剧或建筑物的稳定与安全非常重要,应加密监测,5~10天需要监测一次;如果变形速度缓慢,则可2~3月监测一次。

为了确保工程安全,一般需要坚持监测,直至滑坡建筑物变形完全终止,或有关工程施工全部结束以后,方可停止监测。

2. 滑坡应力监测

滑坡变形发生和发育的过程,实际是滑坡体内部岩土应力变化和发展的过程。为深入了解滑坡的滑动性质、变形机制、稳定程度和发展趋势,在条件适当和经费许可的情况下,可以采用滑坡应力监测,包括土中应力监测和结构应力监测,从而查明滑坡体内部岩土及整治工程结构的应力分布、活动状态和发展规律。

1)土中应力监测

(1)监测目的

土中应力监测,顾名思义,是监测坡体内部岩土的应力变化动态。通过土中应力监测,了解坡体应力分布状态,定量解析坡体变形破坏机制,帮助工程技术人员认识滑坡的性质和规模,准确把握滑坡的稳定程度和发展趋势。

(2)监测内容和方法

滑坡土中应力监测包括土体应力监测和岩体应力监测两项主要内容。土体应力监测是在各类土体中埋设应力计进行监测;岩体应力监测则是采用钻孔应力解除方法等进行原位应力监测,或在岩石节理或裂面部位安装应力量测仪器实施监测。

(3)监测成果

滑坡土中应力监测,无论是土体应力监测,还是岩体应力监测,一般都可以是流动监测(定期监测)或实时监测(连续监测)。其监测结果通过分析、计算与整理,一般可以绘制坡体应力状态分布图或坡体应力变化分布图,可以应力矢量表示或应力等值线表示。通过对上述图件进行分析处理,可以定量地了解和掌握滑坡体应力分布状态、变化特征和发展规律,并可与有关数值分析和模拟成果进行相互比较和验证。

2)结构应力监测

在边坡应力监测中除了边坡岩土应力监测外,对坡体防护结构的结构应力进行监测也十分重要,结构应力监测主要包括桩板墙、抗滑桩、挡墙等防护加固结构物应力监测,以及锚固工程中的锚杆(索)应力监测。

3. 其他监测

滑坡动态监测,除了上述监测之外,尚可结合滑坡工程的具体情况和要求,开展滑坡环境因素动态变化的监测,如降雨量监测,温度、湿度监测,风速、风向监测,地下水动态监测,以及地震前兆信息监测等。

1)降雨量监测

大气降雨是陆地滑坡灾害的主要触发因素之一(水下滑坡灾害与降雨量常无直接联系)。一般在每年雨季或雨季过后,常有大量的滑坡灾害发生和其他类型的坡体变形破坏,特别是在丰水年份或强暴雨期,滑坡灾害更为严重。对潜在滑坡灾害发生区域或滑坡场地进行降雨量监测,可以更清楚地掌握滑坡灾害的发生机理、活动状态和发展趋势,并为滑坡灾害预警、预报服务。

2)地下水动态监测

一般,滑坡区地下水是滑坡发育、发展,或复活变形、破坏成灾的重要作用因素,特别是对于大型复杂的滑坡,其水文地质条件则更为复杂。滑坡区地下水动态规律与滑坡体变形活动状态密切相关。对滑坡区地下水动态进行长期监测,可以明确地下水活动与滑坡滑动的相互关系和作用规律,并可检验各种排水工程的效果。通过滑坡地下水动态监测,往往可以避免灾难性的滑坡事故的发生。如在滑坡急剧滑动之前,其地下水的水位和水质将会发生显著变化,同时,滑坡前缘随着滑坡趾部的前移将会流出大量的泥水,有些常年泉眼可能会变小或变干,有些干涸的泉水可能会重新出水、变浊。根据这些前兆可以及时采取必要的减灾防灾措施,避免灾难性事故发生,防止或减少滑坡灾害损失。

3)孔隙水压力监测

在滑坡体的变形破坏过程中,滑带岩土的孔隙水压力变化将直接影响坡体的稳定状态和坡体变形的活动规律。由于滑坡区地下水的动态变化,随着滑带岩土孔隙水压力的升高,其有效应力将会相应减少,从而引起滑坡下滑推力增大,滑坡滑动变形速度加快,直至坡体破坏下滑成灾。对于大多数滑坡灾变过程,其孔隙水压力的变化能够反映和体现滑坡体变形的动态特征和发展规律。滑坡孔隙水压力监测的目的有二:其一是用于滑坡稳定性分析和滑坡推力计算,其二是研究滑坡滑带岩土与滑坡体变形的相关特性和动态规律。特别是对于江河、库岸或海岸等水下斜坡,孔隙水压力监测更为重要。

4)声发射监测

一般,滑坡产生变形破坏是建立在坡体岩土或滑带岩土破坏的基础之上。岩土的破坏将产生地声,即声发射信号。监测滑坡体内部岩土的声发射参数,其目的在于探测坡体内部岩土的破坏部位和破坏状态,为滑坡稳定性分析与判断提供一种辅助手段和方法。

4. 滑坡遥测报警技术

如上所述,滑坡动态监测项目繁多、工作量大,特别是临滑前夕在滑坡险区作业,尚有相当的困难和风险。近年来,随着电子技术的发展,滑坡遥测报警技术得到了普遍的推广和应用。滑坡遥测报警技术,包括有线遥测和无线遥测两种方式,并以日本、美国、加拿大和澳大利亚等国开发应用较早。

滑坡动态遥测是滑坡监测现代化技术的重要进程之一,可无人值守,由计算机控制,便于集中管理和决策,加强和提高滑坡灾害防治技术水平,特别适用于地形复杂和困难的滑坡场区,以及临滑前夕滑坡场区作业危险的情形。

5. 滑坡监测新技术

1)GNSS 监测预警系统

近二十年来,利用全球卫星定位系统,即 GNSS 技术监测滑坡位移有了很大发展,国外监测精度可达到毫米级,国内有关科研院所在一些滑坡上开始应用。

GNSS 技术具有覆盖面广、全天候、速度快、可连续、同步、全自动监测的优点,在滑坡移动速度快、人员不宜进入时也能监测,因此是一种有发展前景的方法。

GNSS 监测预警系统通常由空间导航卫星、地面控制站、GNSS 用户定位设备和地面通信网等部分组成。GNSS 的用户设备简称 GNSS 接收机,由天线、接收机、信号处理器和显示器组成。监控系统由监控中心、网络中继站、现场分控站、GNSS 基准站和移动远端(或 GNSS 流动站)等部分组成,如图 5-5-63 所示。

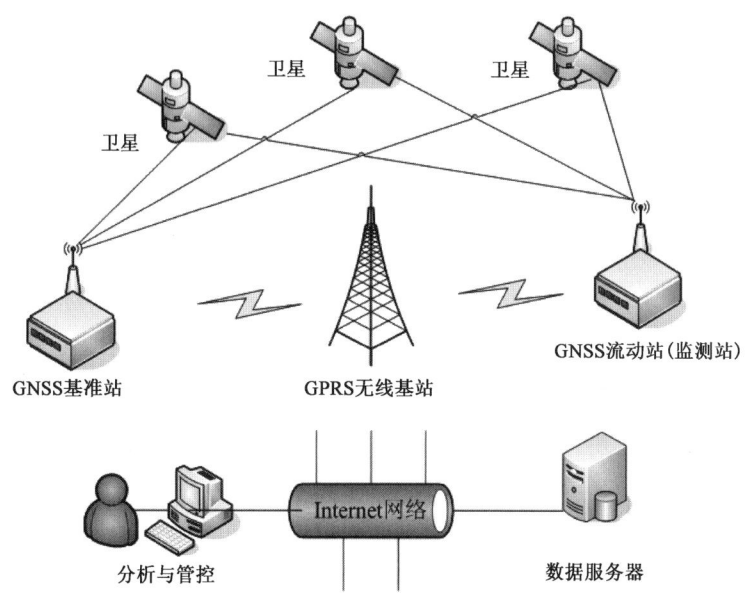

图 5-5-63　GNSS 监测系统组成示意图

利用卫星确定监测点坐标,一般要求不少于 4 颗卫星,卫星越多,精度越高,费用也越高。只有多个滑坡、多点监测时才比较经济。

GNSS 监测的技术要求:
(1)所设的觇标必须能反映周围一定区域特征;
(2)应避开树冠、建筑物等影响接收信号的障碍物;
(3)觇标应设在相对稳固的地点,如岩石上、房屋上等;
(4)在滑坡外稳定体上应设基线点,以便与滑体内移动点监测作对比;
(5)为使监测结果更可靠,可用不同方法、不同时间及不同卫星监测,以便相互核对。

2)时域反射(TDR)监测预警系统

建立一种边坡自动化监测与安全预警系统,是满足这种边坡监测的有效手段之一。

在国内外岩土工程或边坡与滑坡工程领域,目前 TDR 技术的研究正在边坡与滑坡灾害监测预警工作中积极地开展。TDR 技术的应用已经引起研究人员的广泛关注和政府部门的极大重视,特别是其具有价格低廉、布设灵活、控制面广以及便于实现远程实时监测等特点,在边坡与滑坡自动化监测预警领域具有广阔的应用前景。

二、滑坡预测预报

滑坡预测预报主要包括滑坡空间预测和滑坡时间预报两个方面的内容。

1. 滑坡空间预测

滑坡空间预测包括区域(段)性滑坡空间预测和工程场地的滑坡空间预测。

1)区域(段)性滑坡空间预测

应判断哪些区域(段)较容易产生滑坡,哪些区域(段)不容易产生滑坡,这些都是基于特定区域(段)内的地形地质背景和自然环境条件下的斜坡稳定性分析与评价。

为了给拟建工程选择一个比较安全的、产生滑坡的可能性较小或较少的场地,需要在选定的区域(段)内按一定的方法进行稳定性分区。

早期常采用定性的办法,如早期编制的滑坡分布图就有空间预测的意义。通常,滑坡分布图的编制方法是把工作区已发生的各种滑坡以不同的符号标绘于一定比例尺的地质图上,从中不难看出哪些地区滑坡较多,哪些地区滑坡较少,从而可以粗略了解滑坡发育状况及其与地层岩性和地质构造等的关系。实际上,这是一种简单的统计学方法。

到20世纪80年代,随着各种数学理论的引入和电子计算机的普及应用,一些定量或半定量的方法相继出现。

无论是哪一种方法,都需要选择一些对滑坡能够产生重要影响的因素。应注意的是,选择的因素不宜太多。各因素间要有较大的独立性,以充分反映各因素的作用。能否做到较好的选择,与对滑坡的认识程度和对工作区自然条件及地质条件的了解程度密切相关。

下面简要介绍几种区域(段)性滑坡空间预测方法。

(1)滑坡危险性分区

这是一种定性的分区方法。首先依据地形切割程度、地层岩性、地质构造、新构造运动及地震活动程度等方面的差异,把某些区域分为危险区和准危险区,而后再以直接影响滑坡发生的主控因素为基础,以调查所得的滑坡发生的实际密度为依据,做进一步的划分,分为危险地带、准危险地带和稳定地带。显然,这是一种比种粗略的做法。

(2)因子叠加制图

这也是一种定性的方法。首先选择一些影响因素,并把每一种因素分成若干个等级。每一因素的每一等级都用不同的色彩、不同的线条和不同的符号表示(可以把更有助于滑坡产生的等级标以更深的色彩、更粗的线条和更醒目的符号),而后分别按各个因素编图;最后把各单因素的图转绘到一张图上,编绘成多因素叠加图,即可依据重叠程度的差异,经综合分析进行分区。

可以看出,这种做法的预测意义较之危险性分区法有所改进,但如果因素、等级较多,图中色彩、线条、符号相互重叠,可能会由于难以分辨而不便于工作。

由于这些定性方法的粗略和不便,20世纪80年代后期,定量或半定量的方法应运而生。

(3)信息量统计预测

1948年,Shannon在其发表的论文《通信的数学理论》中提出了信息量的概念和信息熵的计算模型,定量地描述信息的传输和提取。后来,一些学者将这种信息论方法用于矿床预测。到20世纪80年代中后期,我国的一些研究人员开始把这种方法引入工程地质领域用于区域性滑坡空间预测。

(4)模糊聚类分析

区域空间预测的目的在于区分哪些地区较易于产生滑坡,哪些地区较不易产生滑坡。此处的"易"与"不易"实际上是一个模糊概念,用模糊数学的方法来处理应是适宜的。所以,有的学者采用模糊聚类分析进行滑坡区域(段)预测研究,并取得了较好的效果。

2)工程场地滑坡空间预测

区域性滑坡空间预测的成果仅仅是在相应图件上画出哪些地区不容易产生滑坡,比较安全,哪些地区容易产生滑坡,不太安全。但是,由于自然条件千差万别,变化多端,在不易产生滑坡的地区可能会有不稳定的斜坡,而容易产生滑坡的地区也会有比较安全的地方。所以,一旦选定一块工程场地,就必须确定工程场地范围内有无滑坡,可能发生的或已经发生的滑坡的位置、范围、厚度、类型、水文地质条件、滑带土特征与强度指标,最后对滑坡的稳定状态做出评价,并提出防治滑坡的方案性建议。

这一问题的解决有着重要的实际意义,实际工程中,经常遇到把工程建在老滑坡体上或滑坡前缘,或者工程场地中有潜在滑坡的情况,均是因为事先不知或认识不足。这种不知或认识不足往往是未做深入细致的工程地质工作的结果,导致陷入"欲上不能,欲罢不忍"的窘境,不得不停下工程,花费大量投资治理滑坡。

由于工程场地滑坡空间预测要对一系列问题做出明确而具体的回答,所以必须采用多种勘察手段,充分利用每一种手段的长处,发挥综合应用效果。

工程场地滑坡空间预测的主要工作程序和方法包括:①收集资料;②遥感判释;③地面调查;④工程物探;⑤工程钻探;⑥坑槽挖探;⑦土工试验。

对于这些工作程序和方法,一是要把各种手段有机地结合起来,二是要把各种知识融为一体,从而可用较少的时间、较少的经费,得出较可靠的结论。

2. 滑坡时间预报

在查明哪里可能产生滑坡之后,面临的问题是需不需要治理,来不来得及治理,怎样治理。对那些经济效益不大,或者虽有较好的经济效益,但滑坡已处于失稳状态,时间不允许去整治的滑坡,应预报其发生剧滑破坏的时间,采取疏散转移、搬迁躲避、停止交通等措施,把可能产生的灾害损失减少到最低程度。滑坡时间预报的意义即在于此。

1)滑坡时间预报阶段的划分

如前所述,滑坡时间预报是以确定剧滑时间为目标,但并非所有滑坡都可以产生剧滑破坏。概括地说,常见滑坡运动方式有三种:蠕动型、间歇蠕动型和一次剧烈滑动型。前二者通常不会发生剧滑,或每次滑动的距离较小,它们虽然也会对人类及其经济活动产生不同程度的危害,但通常不会造成突发灾难事故。所以,滑坡时间预报一般都是针对一次剧烈滑动型滑坡。一次剧烈滑动型滑坡剧滑前都有一个孕育发展过程,要经历蠕动、挤压、滑动等阶段后才能发生剧滑。滑坡时间预报也可以分成几个阶段,人们可以在不同阶段采取不同的防灾减灾措施。

关于预报阶段的划分目前也不大一致,有的与地震预报类似,分为长期、中期、短期、临滑等四个阶段,有的分为长期、中期、临滑等三个阶段,各自的概念和目的也不尽相同。

一般认为,分为长期、短期和临滑三个阶段比较合适,这样划分无论是从概念上,还是从预报时段的分割,以及预报分析操作上均有较明确的目的和意义。

(1)长期预报

长期预报是指当已发现某些滑坡迹象(包括老滑坡的残留迹象和新生滑坡的初始迹象),

但尚未出现较明显位移变化时,对滑坡未来的稳定性演化趋势做出的一种预测。在推测稳定演化趋势时,应考虑各种自然条件和因素的可能变化,但不应包括属于风险预测的人类工程活动的影响。长期预报的结果只是一种可能性,即在变化的环境条件影响下,滑坡可继续保持稳定或可能失稳下滑。

长期预报的预报期限一般在一年以上,但也不宜过长,过长则缺乏实际意义。

对处于这一阶段且又会造成较大灾害的滑坡,应立即采取相应的监测措施,在监测的同时,依据方案比选的结果采取必要的工程措施。

(2)短期预报

短期预报是指当肉眼可见的变形迹象不断发展,滑体位移已进入蠕动挤压阶级(有资料作依据)时,对剧滑时间做出的一种较粗略预报。在这一阶段,各监测点位移的时序变化还不是完全确定的,加速、减速等不同运动状态还会交替出现,各监测点的位移特征因某些随机因素的干扰还存在一定的差异,未形成较好的同步性,但位移-时间曲线均已大致呈现一定的特征。

短期预报的预报期限应在 1～12 个月之内。

对已进入短期预报阶段的滑坡,应预测其可能造成的灾害及其影响范围,对灾害区中的人员、物资应组织搬迁及采取其他旨在减轻灾害的防范措施,同时切实加强监测工作。

(3)临滑预报

临滑预报是指当滑坡已开始出现整体下滑前的一些宏观迹象,滑体位移已明显进入加速阶段时,对剧滑时间做出的准确预报。在这一阶段,各监测点位移的时序变化已进入确定的或基本确定的状态,不仅各监测点的加速趋势已不可逆转,同时还表现出较好的同步性,位移-时间曲线已呈现近似的加速曲线形态。

临滑预报的预报期限应在若干天之内。预报精度可以是一个时段,当然最好是"日"甚至是"小时"。

对处于临滑状态的滑坡,除立即彻底转移险区人员和物资外,还应严密监视滑坡动态变化,随时做出并不断修正预报结果,采取一切可能采取的防范和警戒措施,最大限度地减轻灾害。对危及交通安全的滑坡,则应适时禁止车、船通行,并使其停靠在安全区内。

2)滑坡时间预报参数的选择

如前所述,滑坡预报可分为长期、短期和临滑等三个阶段,三个阶段可选用的预报参数是不同的。

长期预报是基于环境条件变化对滑坡稳定性演化趋势的一种预测,既应考虑相对固定不变的地质、地貌等形成条件,也应考虑相对多变的诱发因素。进行时间预报显然应主要着眼于诱发因素,经常遇到的诱发因素是大气降雨及由此引起的河水位升降和洪水对岸坡的冲刷。降雨是可以较准确预报并进行量化的一个指标,所以,在长期预报中降雨是被广泛使用的一种预报参数。由于降雨本身的复杂性(如雨季的长短及降雨量的多少,每一次降雨的持续时间及降雨强度等)和降雨引起的斜坡体水文地质条件变化的复杂性,目前还没有一种比较准确的使用方法。在稳定性演化趋势预报中,降雨作为一个预报参数还是有使用价值的,但不宜在短期预报和临滑预报中采用。

在短期预报和临滑预报中可以采用的参数目前仅有声发射计数率和位移相关参数两种,但二者在不同阶段发挥的作用有所不同。

岩土体声发射现象是指岩土体在破坏过程中发射出的一种释放应变能的弹性波,其活动的强弱以所谓事件计数率来衡量。声发射信息通过埋设在岩土体中适当部位的探头接收并将其传输给声发射监测仪。

虽然岩土体声发射是一个十分重要的、值得关注的现象，但由于目前还不掌握不同岩土体、不同滑坡体声发射活动强弱变化的幅度和确切规律，有时峰值出现较晚，距最终破坏仅12h，甚至不足30min，所以还不能依据声发射技术做出较确切的短期预报或临滑预报。相对于位移而言，声发射毕竟是一种间接的信号，关于如何把声发射技术用于滑坡预报还需要进行深入研究。应该说，声发射技术较适用于不甚确切的短期预报，不适合需要做出准确预报的临滑预报，但可将其作为临滑预报的一个重要参考指标。

滑坡的位移规律符合蠕变三阶段(图5-5-64)，依据第二阶段蠕变资料做出的预报为短期预报，依据第三阶段蠕变做出的预报为临滑预报。

由于不同预报阶段的参数和资料不同，预报的性质和精度也不同，这就决定了预报理论和方法的必然差异。

3）按降雨量预测（长期预报方法）

长期预报的方法主要有经验判断、稳定性计算、模糊综合评判和基于降雨等触发条件预测等方法。其中，按降雨量预测在滑坡长期预报中经常被采用。

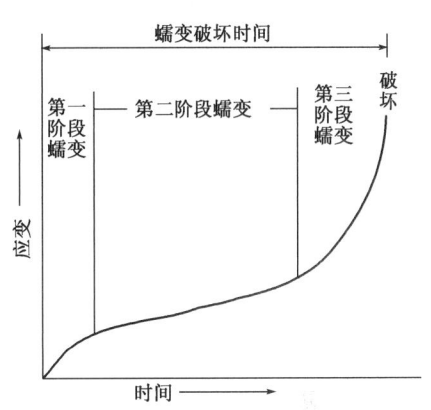

图5-5-64　滑坡蠕变三阶段示意图

降雨，尤其是长时间超量降雨经常带来严重的滑坡灾害，雨量越大、时间越长，滑坡发生越多、损失越严重，所以，降雨对山体稳定的影响一直为世人所关注。降雨量常被用作一种滑坡时间预报参数。

一些国家和地区通过统计提出如下研究成果和结论：美国加利福尼亚地区触发滑坡的降雨量为250mm；加拿大确定季节降雨量达到250mm时发生滑坡；巴西提出累计降雨量为250~350mm时出现滑坡；日本提出，当前期降雨量达到150~200mm，小时降雨量达到20~30mm时，滑坡发生数量急剧增加；我国香港地区的统计结果是，前15日降雨量超过350mm，日降雨量达100mm以上时，开始出现滑坡。上述数据存在一定差异，与各地不同的自然条件和研究视角等有关，但其定性规律还是一致的，降雨越多，滑坡发生越多。降雨不仅会使滑坡发生在雨季，而且还会影响到雨季以后的一段时间。

其实，上述数据在实际应用中还是有一些问题的。降雨量和斜坡失稳之间并没有"直接关系"，降雨只有渗透到坡体中才能影响斜坡的稳定，渗透速度和渗水量不仅和降雨量有关，还和降雨强度、地形坡度、地表状况和构成坡体的岩土特性有关。所以，在用降雨量这一参数进行滑坡时间预报时，除上述一些具体数据之外，还有一种做法是按降雨量周期预测。

一个地区，每年降雨量的多少是不同的，但存在一个大体规律，间隔若干年会有较多降雨。通过调查，可以知道年降雨量达到多少时，滑坡发生较多，而后再根据已经过去的若干年的降雨资料，按数学方法去寻找今后能触发较多滑坡发生的较大降雨出现的年份，即寻找出现较大降雨量的周期，按这一周期适当外延，即可预测今后哪一年可能发生较多滑坡。

这里有两个问题应该注意：首先，一个地区的年降雨量受整个大气环流的影响，变化较大，所谓降雨量周期的规律性只是一种"趋势"和"可能"，"可靠度"不是很高；其次，外延年份不能太多，越多则"可靠度"越低，越没有实际意义。

目前,滑坡发生时间的长期预报大多只能做到这种以"诱发条件"为基础和以"发生趋势"为结果的粗略程度。对于危险性较大并可能造成灾害的滑坡,应立即采取监测措施获得数据,进行短期预报或临滑预报。

4)按位移量预报(短期、临滑预报方法)

当前滑坡剧滑时间预报一般都是基于位移量数据规律或趋势,即依据在位移和时间两变量之间建立起来的映射。滑坡体的位移量与时间之间的关系曲线表征的是滑坡体的"运动过程"。短期或临滑预报就是依据已知的运动过程去推断未来的"运动过程",并寻求滑坡的下滑时间,已知的过程越长,对未来过程的推断就越准确。所以,滑坡剧滑时间预报也始终是一个过程,一个"逐步逼近"的过程。当滑坡处于蠕动挤压阶段甚至滑动阶段,但其加速趋势并不显著和确定时,往往只能预报出一个粗略的结果,且距剧滑还有一段较长的时间,此即所谓短期预报。只有当加速趋势已十分显著且不可逆转时,才能做出较准确的预报,此时,剧滑也就快发生了,故称为临滑预报。在临滑预报阶段,同样需要逐步逼近,这一阶段滑体位移速度较快,如有条件应连续不断地采集数据并随时修正预报结果,若能如此,则可使预报达到较高的精度。

目前,在滑坡时间预报实践中普遍采用并成功应用的短期或临滑预报方法主要有斋藤迪孝方法、回归分析方法和变形功预报方法等。

(1)斋藤迪孝方法

日本学者斋藤迪孝在滑坡预报方面进行的研究及其提出的预报方法已众所周知,依据该方法在1970年做出的日本饭山线高场山隧道滑坡破坏时间预报,是世界第一例依据监测数据做出的准确预报。

斋藤迪孝提出,最好在斜坡变形初期依据第二阶段蠕变进行概略预报,接近崩塌时,依据第三阶段蠕变进行临滑预报。

①以第二阶段蠕变(等速蠕变)应变历时曲线确定破坏时间:

斋藤迪孝根据大量室内试验和现场观测资料得知,蠕变破坏时间和等速蠕变状态下的应变速率成反比。如果将蠕变破坏时间和等速蠕变状态下的应变速率点绘于双对数坐标纸上,则二者呈直线关系。其方程见式(5-5-11):

$$\log t_r = 2.33 - 0.916\log\dot{\varepsilon} \pm 0.59 \qquad (5-5-11)$$

式中:t_r——蠕变破坏时间;

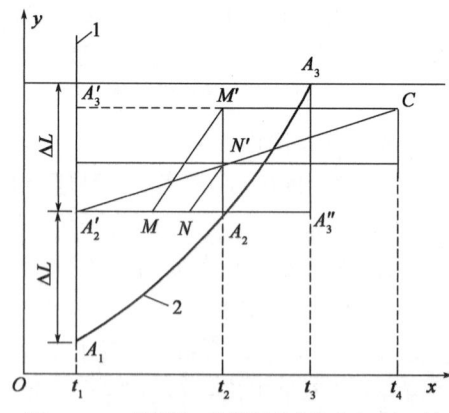

图5-5-65 根据第三阶段蠕变曲线确定破坏时间

$\dot{\varepsilon}$——等速蠕变状态下的应变速率。

± 0.59 为包括 95% 测定值的范围。

②以第三阶段蠕变应变历时曲线确定破坏时间:

斋藤迪孝认为:在第三阶段蠕变应变速率逐渐增大,但瞬时应变速率与所余破坏时间$(t_r - t)$仍成反比,如图5-5-65所示。也就是说,距最终破坏时间越短应变速率就越快。

若在第三阶段蠕变曲线上取 t_1、t_2 和 t_3 三点时间间隔内的应变相等,则所余破坏时间$(t_r - t)$由式(5-5-12)计算:

$$t_r - t = \frac{\frac{1}{2}(t_2 - t_1)^2}{(t_2 - t_1) - \frac{1}{2}(t_3 - t_1)} \tag{5-5-12}$$

当坡体位移进入第三阶段蠕变后,利用斋藤迪孝图解法常可做出令人满意的预报。

(2)回归分析方法

回归分析是在大量试验观测数据的基础上找出这些变量之间的内部规律性,从而定量建立一个变量和另外多个变量之间的统计关系的数学表达式。简单地说,回归分析就是研究一个变量与其他变量间关系的一种统计法。

由于滑坡现场的监测资料往往只是时间-位移资料,所以变量仅考虑时间的单因素影响,这在回归分析中常常采用多项式回归。根据观测动态曲线,可拟合回归曲线方程作外推预报,其可靠程度取决于动态曲线的连续性。可以采用二次多项式、三次多项式或高次多项式回归模型对滑坡单点位移观测曲线进行回归分析,预报滑坡剧滑时间。一般二次多项式回归简单实用,三次多项式回归精度较高,高次多项式会造成求解系数矩阵时出现病态。所以多项式选取的次数应根据情况而定,方能达到较好的效果,一般只适用于临滑预报。

①三次多项式回归分析方法:

滑坡位移进入第三阶段蠕变可以用下列三次多项式[式(5-5-13)]回归模型拟合:

$$y = d_0 + d_1 t + d_2 t^2 + d_3 t^3 \tag{5-5-13}$$

式中: y——位移;

t——时间;

d_0, d_1, d_2, d_3——回归系数。

将非线性的多项式回归模型[式(5-5-13)]转化为线性回归模型,进行变量替换,令 $X_1 = t$, $X_2 = t^2, X_3 = t^3, Y = y$,则转化为线性回归模型[式(5-5-14)]:

$$Y = d_0 + d_1 X_1 + d_2 X_2 + d_3 X_3 \tag{5-5-14}$$

应用多元线性回归数学模型的方法,利用最小二乘法原理可求取 $d_0、d_1、d_2、d_3$(具体方法略)。

由于位移曲线方程的拐点是边坡从成熟向消亡转化的临界值,因此可作为边坡失稳的临界位移值。据此,可解出边坡失稳的时刻 t。

对式(5-5-13)求导得速度方程[式(5-5-15)]:

$$y' = d_1 + 2d_2 t + 3d_3 t^2 \tag{5-5-15}$$

对式(5-5-15)求导,得 $y'' = 2d_2 + 6d_3 t$。因为拐点处开始失稳,则 $y'' = 0$,由此得式(5-5-16):

$$t^* = -\frac{d_2}{3d_3} \tag{5-5-16}$$

式中 t^* 实际上是一个边坡失稳的时序数,真正的边坡破坏时间 t_r 应为 $t_r = t^* + t_0$(t_0 为初始时刻)。

②二次多项式回归分析方法:

滑坡位移进入第三阶段蠕变后也可以用下列二次多项式[式(5-5-17)]回归模型拟合:

$$y = d_0 + d_1 t + d_2 t^2 \tag{5-5-17}$$

式中： y ——位移；

t ——时间；

d_0, d_1, d_2 ——回归系数。

为了计算方便,可把位移-时间曲线变成时间-位移曲线,即进行纵横坐标转置,这样按求导的方法即可较方便地确定滑坡剧滑破坏时刻。即用下列二次多项式[式(5-5-18)]回归模型拟合：

$$t = d_0 + d_1 y + d_2 y^2 \tag{5-5-18}$$

对式(5-5-18)求导,得 $t' = d_1 + 2 d_2 y$。因为顶点处开始失稳,则 $t' = 0$,由此得式(5-5-19)：

$$y^* = -\frac{d_1}{2 d_2} \tag{5-5-19}$$

这样,可非常方便地求得边坡破坏时间,见式(5-5-20)：

$$t_r = d_0 + d_1 y^* + d_2 (y^*)^2 \tag{5-5-20}$$

(3)变形功预报方法

无论上述哪一种方法,都是针对单个监测点进行预报分析。对那种仅靠单一监测点资料便能反映整个坡体变形动态的小型滑坡而言,上述方法可以预报出一个剧滑时刻,如日本高场山隧道滑坡的预报就是依据一个监测点的资料。

但对那些常见的中大型滑坡而言,一个监测点不可能控制其动态变化,往往需设若干个监测点,并逐点进行预报分析。由于各种原因,各监测点的位移动态不可能是同步的,更不可能是统一的,因而依据不同点的监测资料做出的预报结果也不同,即结果发散甚至矛盾,这样就很难做出一个准确的滑坡整体剧滑破坏时间预报。基于塑性力学理论把变形功引入滑坡时间预报,较好地解决了这一问题,并在我国西北地区黄茨等滑坡的预报实践中成功应用。

在以滑坡体变形功 $\int_v F_i S_i \mathrm{d}v$ (F_i 为滑坡体上第 i 条块的体积力, S_i 为滑坡体上第 i 条块的位移, v 为滑坡体积)作为时间预报参数的实际操作过程中,考虑"功"是标量,是可以进行代数和求取的。

同时,可以用各测点所代表的条块的重量 W_i 与其位移 S_i 的乘积之和 $\sum_{i=1}^{n} W_i S_i$ (n 为监测点个数)表征这一滑坡变形过程中所做的功,同样满足渐进破坏准则,并最终达到某一峰值导致滑坡体整体下滑。同理,也可以采用体积权重系数或重量权重系数 $w_i = \dfrac{W_i}{\sum W_i}$ 与其位移 S_i 的乘积之和 $\sum_{i=1}^{n} w_i S_i$,即加权平均位移指标(或称归一化位移指标),作为滑坡整体时间预报参数(包括 n 个监测点)。具体滑坡剧滑时间点的分析计算可以采用前述单点回归分析方法确定,从而解决多点监测数据预报结果的发散性问题,或者是把多点预报问题转化为单点预报问题。可见,滑体变形功预报方法的提出及其在滑坡预报中的成功应用,无疑是滑坡时间预报的一个重要进步。

总体而言,对于进入短期或临滑的滑坡时间预报,建议基于滑体变形功 $\int_v F_i S_i \mathrm{d}v$ 理论和方法,采用归一化位移指标($\sum_{i=1}^{n} w_i S_i$)作为滑坡整体时间预报参数,实现多个监测点的归一化处理,克服其预报结果发散的问题,并采用前述滑坡时间-归一化位移曲线的二次回归分析方法计算确定具体滑坡剧滑时间点 t_r,如图 5-5-66 所示。

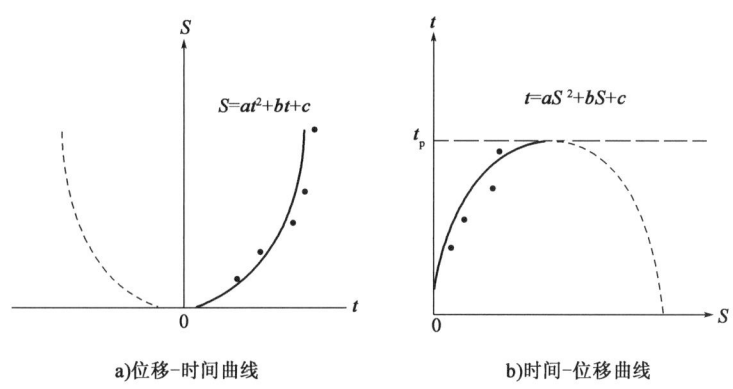

a) 位移-时间曲线　　　　b) 时间-位移曲线

图 5-5-66　基于归一化位移指标结合坐标转置回归方法确定滑坡剧滑时间

三、滑坡防治动态设计

滑坡防治动态设计内容包括收集施工地质资料、滑坡动态监测、力学模型完善、岩土参数修正、稳定状态评价、发展趋势预测、防治方案调整、结构设计优化、施工管理建议等。

在滑坡防治工程的实施过程中,及时收集路堑边坡开挖、挡墙基坑开挖、抗滑桩桩坑开挖、洞室围岩开挖、锚固或排水工程钻孔等工程施工地质资料,以及施工监测信息资料。

滑坡施工地质资料包括经开挖或钻孔揭示的滑坡体物质组成、地层岩性条件、地质结构构造、风化破碎程度、节理发育状态、滑动面或软弱带位置与岩土性质、含水层位置、地下水位、水温、水质与运移规律等。

滑坡施工监测信息包括滑坡裂缝发育状态与发展趋势、既有建筑物或防护结构变形破坏与分布特点、滑坡地表或重要结构位移历时动态、坡体深部位移或滑动面(带)变形活动动态特征、岩土或结构应力状态与变化规律、地表降雨特点与地下水活动状态等。

通过逐项比对滑坡施工地质资料和既有滑坡工程地质勘察成果与结论,确认滑坡稳定性计算模型与参数、工程地质勘察结论的准确性与可靠性,必要时开展有关岩土力学试验与检测,补充和完善滑坡工程地质基础信息,作为调整或修正滑坡地质力学模型与岩土计算参数的重要依据之一。

通过监测各种防治工程项目施工过程中滑坡场区有关变形或应力等动态信息的发育状态和活动规律,实时评估滑坡的稳定性状态及发展趋势,采用岩土工程反分析等计算方法,进一步调整或修正滑坡稳定性分析所选用的岩土力学指标,优化调整防治工程结构设计。

滑坡防治工程动态设计应始于工程开工,终于工程交工验收。动态设计应做好下列工作:

(1) 防治工程开工后,应及时跟踪滑坡防治工程施工过程和监测工作,收集施工开挖所揭露的地质资料和监测信息。

(2) 应校核滑坡工程地质勘察报告结论的准确性和可靠性,重点校核滑坡体地质结构、滑动面(带)位置及其岩土力学性质、滑动面(带)贯通情况和滑坡性质等。

(3) 当施工开挖揭露和施工监测信息表明滑坡地质条件、岩土力学参数及稳定状态等出现了较大的变化时,应及时修改和完善滑坡力学计算模型和岩土力学参数,重新进行滑坡稳定性和推力计算。必要时应进行工程地质补充勘察试验。

(4)应根据滑坡稳定性和推力的校核或重新计算结果,校核滑坡总体防治工程方案和工程结构设计的合理性与可靠性。必要时应调整滑坡防治方案,优化防治工程结构设计和施工组织方案。

(5)应根据抗滑桩桩坑或抗滑挡墙基坑开挖、锚索孔施工等所揭露的滑动面(带)位置及滑动面(带)以下地层岩土性质及承载能力,校核抗滑桩锚固段长度、预应力锚索锚固段长度或抗滑挡墙基础形式与埋置深度能否满足要求。必要时应调整和完善设计。

(6)应根据坡体开挖所揭露的地下水出露和岩土潮湿状态,以及仰斜排水孔施工揭露的滑动面(带)位置及其滑动面(带)岩土含水情况,校核地下排水渗沟、仰斜排水孔位置和长度能否达到设计目的。必要时应调整和完善设计。

(7)针对坡体开挖、抗滑桩桩坑或抗滑挡墙基坑开挖施工中出现的异常,以及连续降雨或暴雨出现的险情,结合施工监测信息,应配合施工,及时确定应急抢险工程措施,防止恶化滑坡性状。

(8)滑坡防治工程完工后,应根据滑坡防治效果监测阶段的信息资料和结论,评估滑坡防治工程的安全状况。必要时应采取补充抗滑工程措施。

(9)当滑坡变形位移量接近警戒值时,应及时停止抗滑桩桩坑或抗滑挡墙基坑开挖、路基开挖或填筑等,并采取后缘减载、前缘反压、设置钢支撑加固基坑等应急抢险工程措施。

(10)锚索预应力张拉施工时,应严格按照设计要求施加预应力,锚索预应力误差应控制在±10%以内。

(11)当锚索预应力值低于锚索锁定荷载20%以上时,应进行锚索补偿张拉;当锚索预应力值超过锚索设计张拉力值10%以上时,应及时分析原因,采取措施,防止锚索破坏。

(12)当抗滑支挡结构物出现异常变形时,应及时查明原因,采取相应补救措施,保证支挡结构物安全稳定。

第七节 工程案例——永武高速公路箭丰尾超大型滑坡治理工程

一、箭丰尾滑坡概况

1. 自然地理环境

1)地理位置

箭丰尾滑坡位于福建省永安市境内,距洪田镇约2km,是一个超大型滑坡。

2)地形地貌

箭丰尾滑坡所处斜坡段位于文川溪右岸(东侧)山麓,属剥蚀丘陵地貌区,总体坡度约15°,中部较缓呈多级平台状,上部较陡可达30°~40°。坡体中冲沟较发育,山坡上植被茂盛,坡体上有多条伐木运输道,坡脚处为新建永武高速公路和改建205国道,如图5-5-67所示。

图5-5-67 箭丰尾滑坡全景地形图(滑坡整治前)

本段自然斜坡坡脚前缘位于文川溪冲刷凹岸，斜坡总体具有明显的负地形或凹陷地形的特点，其主体可以分为左右两个条块或A(GK0+850~GK1+110)、B(GK1+110~GK1+250)两个区段，A、B两段(或称两条)以中部较深冲沟为界，在地形上都具有陡缓相间的多级台阶地貌，其中，A条的台阶状块体更为发育。从微地貌分析判断，本段斜坡具有古老滑坡体的地形地貌特点，而且其滑体规模巨大，属重大不良地质病害体。正是由于其古老滑坡规模巨大，后期地貌改造作用强烈，因此不易被察觉或辨识。

3)气候气象

该场区属亚热带季风湿润气候，年平均气温19~20℃，年降雨量1500~1800mm，场区内有三条常年有水的冲沟(近东西向分布)，以及坡脚的文川溪，其余各支沟则季节性有流水。

2.工程地质基础

(1)地层岩性

箭丰尾滑坡场区内上部为较厚坡残积层(Q^{el-dl})，下伏基岩为二叠系童子岩组(P_{1t})中薄层粉砂岩、炭质粉砂岩及其风化层。坡体地层结构自上而下主要有：含碎石坡积粉质黏土，厚度最大可达15m；残积砾质黏性土，岩芯遇水易软化、崩解；砂土状强风化炭质粉砂岩，泡水易软化，局部质纯为炭质泥岩；砂土状强风化炭质泥岩，泥炭含量较高，有煤炭味道；砂土状强风化粉砂岩、泥岩，矿物显著风化变色；碎块状强风化炭质粉砂岩，块状占总量60%~70%，局部质纯为炭质泥岩；碎块状强风化粉砂岩、泥岩，呈1~4cm碎块状，大部分通体风化变色；弱风化粉砂岩、炭质粉砂岩，灰褐色，较破碎。

岩层产状总体倾向西侧，倾角15°~25°。

(2)地质构造

该山体滑坡场区大地构造上位于闽西南拗陷带中，总体地处以南北向不对称向斜的东翼，向斜轴部位于文川溪，西侧岩层陡倾(倾角30°~50°)，东岸岩层缓倾(倾角15°~25°)，且呈舒缓波状。场区内GK1+112处冲沟发育似有一小背斜，北部产状为340°∠23°，南部产状为185°∠31°，区内岩层产状较为紊乱，倾角变化较大。该场区内还发育两条区域构造，分别为近南北向断层F1和北东向断层F2，从坡体前部和右侧穿过。其中F1为压性断层，产状近南北，延伸十余公里，将整个坡体划分为上下两个区域，断裂带影响宽度为50~80m，从HP16等孔可见带内风化强烈，岩石破碎，局部见构造挤压角砾。F2张性断裂位于场区南侧边缘，产状N80°E/S70°~80°，地貌上为一笔直深切沟谷，带内地下水较丰富，地表常年有水。由于场区坡残积层覆盖较厚，除地表负地形外，构造其他特征不明显。

(3)水文地质

滑坡区内发育地下水主要为坡残积风化层孔隙水和基岩裂隙水，水量较为丰富。其中，坡残积风化层孔隙水主要分布在松散坡积土中，为上层滞水，主要接受大气降水补给，顺地形排泄。基岩裂隙水主要赋存于深部基岩裂隙及构造带中，以构造破碎带相对富水。

场区坡体由软硬相间的近顺倾岩层、F1断裂带和F2张性断层，形成复杂的储水构造和导水廊道。理论上场区内的中风化、强风化炭质粉砂岩为整个山坡体的相对隔水层，但从钻探揭露表明，这个相对隔水层并不连续，加上F1和F2断层的错动，使得坡体岩体破碎、结构松散，不能形成连续的隔水层，地表水下渗后在局部暂时停滞，而后迅速向下、向临空排泄，如有连续隔水底板的区域地下水位普遍较高，相反则地下水位较低。

3. 山体滑坡灾害

因永武高速公路建设需要,将其坡脚既有205国道向山侧改移以路堑边坡的形式通过,破坏了自然斜坡的原始力学平衡与稳定条件,在持续强暴雨的作用和影响下,触发了该段坡体的严重变形和破坏。

箭丰尾山体滑坡主要由A段和B段两个自然山体组成,新生滑坡范围横宽约400m,纵长500~600m,平均厚约30m,变形破坏岩土体积达600万 m^3,古老滑坡体积超过1000万 m^3,是一个超大型的山体滑坡地质灾害。

该滑坡具有多条多块多级和多个剪出口的特点,滑坡性质极为复杂,滑坡规模特别巨大,滑坡灾害十分严重,直接破坏国道与高速公路路面及既有抗滑工程结构,严重危害永武高速公路和205国道的安全畅通。并且,由于该滑坡前缘文川溪河道狭窄,宽度不足60m,一旦如此大规模滑坡整体破坏下滑,将有堵河断流的可能,其滑坡壅水将淹没上游洪田镇,威胁人民生命及财产安全。因此,对箭丰尾滑坡灾害必须进行工程治理,确保滑坡稳定与交通安全。经过应急抢险和根治工程治理,通过近三年的运营与监测结果表明,该滑坡趋于稳定,治理效果良好。对如此大规模地质灾害实施工程治理并取得圆满成功,在国内外均较为罕见,可以为类似滑坡灾害的认识与治理提供参考。

二、变形特征与破坏规律

1. 变形破坏特征

永武高速公路205国道改线段山体滑坡地质病害主要包括山体变形、边坡变形、路面变形和抗滑结构破坏等。

(1)山体变形

山体变形主要表现为自然山坡后部环形拉裂下错,滑坡两侧羽状或雁行拉裂贯通和延伸,滑坡深部剪切滑移迹象明显,如图5-5-68~图5-5-70所示。

图5-5-68 滑坡后缘弧形拉张裂缝(左图为A区、右图为B区、中图为AB贯通区)

(2)边坡变形

路堑边坡变形主要表现为开挖边坡剪切外错、挤压变形或局部坍塌等,如图5-5-71所示。

(3)路面变形

路面变形主要表现为205国道水泥混凝土路面变形开裂、永武高速公路沥青混凝土路面隆起,以及国道与高速公路中间挡墙剪裂和公路边沟挤压破坏等,如图5-5-72、图5-5-73所示。

图 5-5-69 滑坡侧界羽状剪切裂缝（左图为 A 区左侧、右图为 B 区右侧）

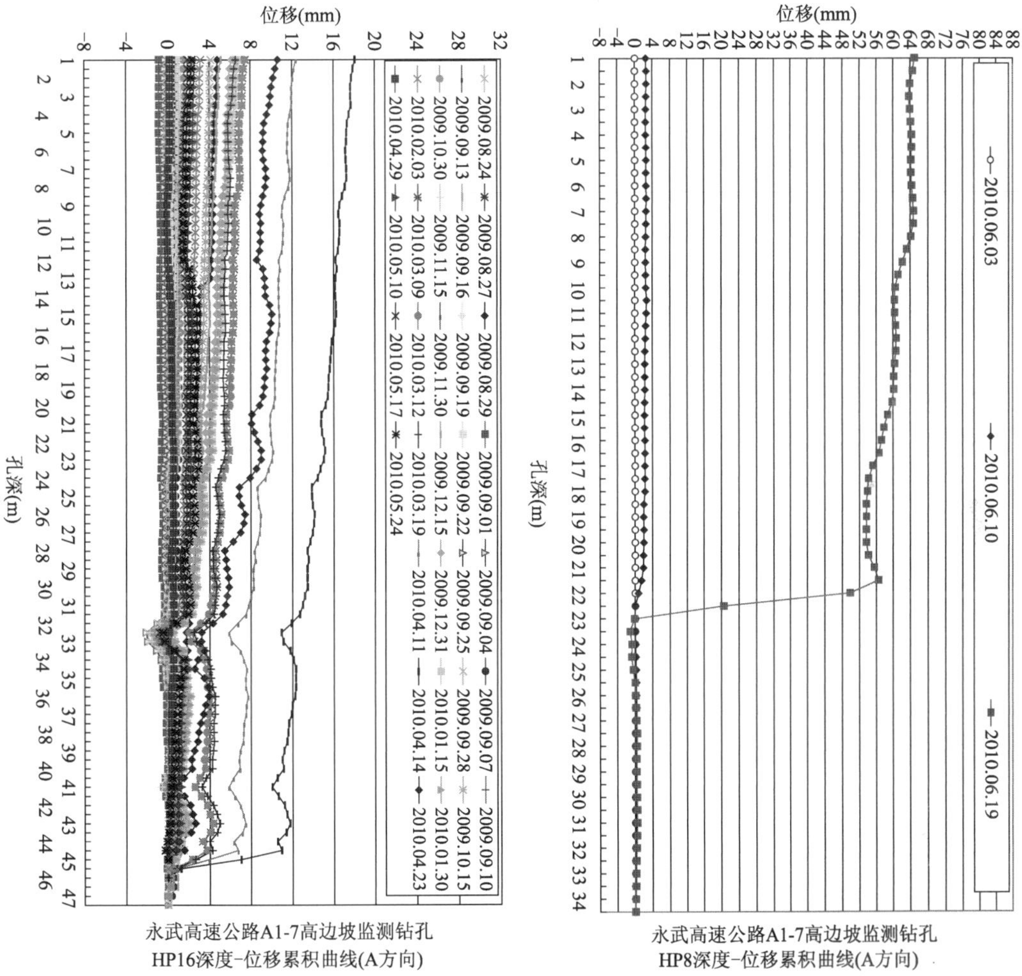

图 5-5-70 坡体深部位移监测管剪断（左图为 A 区滑坡中前部、右图为 B 区滑坡中后部）

图 5-5-71　滑坡前缘路堑边坡变形(左图为 A 区坍塌、右图为 B 区滑坡)

图 5-5-72　滑坡前缘路面变形(左图为 205 国道路面破坏、右图为永武高速公路路面隆起)

图 5-5-73　滑坡前缘挡墙破坏(左图为 205 国道挡墙剪断、右图为永武高速公路挡墙剪裂)

(4)抗滑结构破坏

抗滑结构破坏主要表现在抗滑挡土墙剪裂、框架地梁剪断、锚索锚头拉断或崩裂,以及抗滑桩剪断破坏等,如图 5-5-74、图 5-5-75 所示。

(5)河岸变形

该滑坡前缘河岸变形主要表现为河岸挡墙纵向开裂、墙前河岸护坡受挤压外鼓,如图 5-5-76 所示。结合 205 国道路面云朵状破坏、永武高速公路路面隆起,以及河岸变形反映分析,可见该滑坡具有多个剪出口,符合大型滑坡前缘剪出的普遍特征。

图 5-5-74 滑坡前缘锚固工程破坏（左图为 205 国道上挡墙、右图为 205 国道下挡墙即永武高速公路上挡墙）

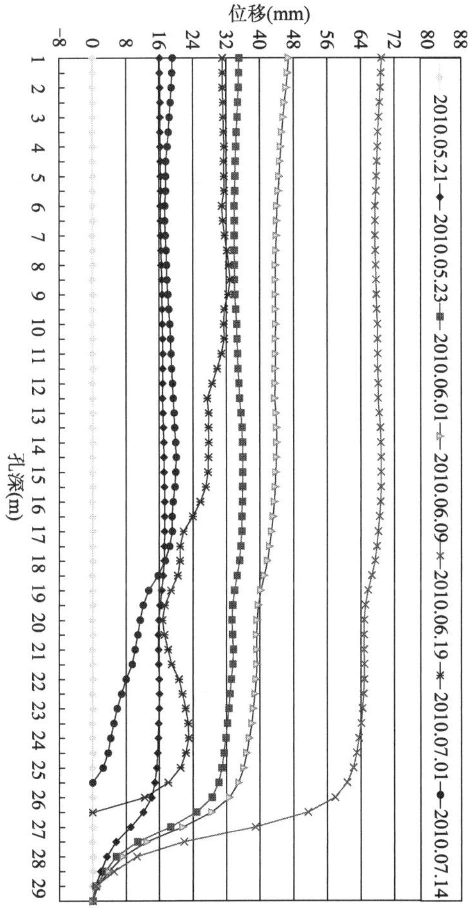

永武高速公路205国道改线段滑坡KHZ监测钻孔ZK1深度-位移累积曲线(A方向)

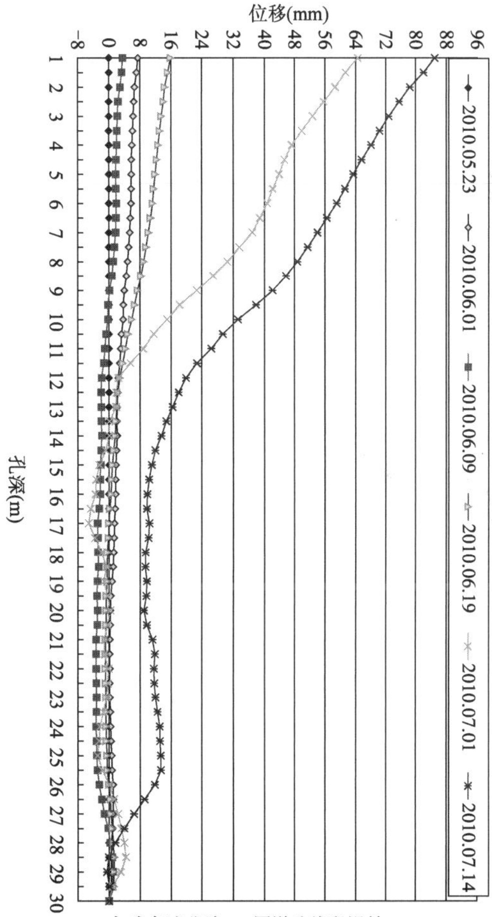

永武高速公路205国道改线段滑坡KHZ监测钻孔ZK3深度-位移累积曲线(A方向)

图 5-5-75 抗滑桩剪断破坏（桩内测斜管被剪断）

图 5-5-76 滑坡前缘河岸变形(左图为永武高速公路下挡墙即河岸挡墙纵裂、右图为河岸护坡剪出)

2. 滑坡产生原因

箭丰尾滑坡规模巨大,性质复杂,历经多个变形阶段,体现不同的破坏特征,反映了各种内外因素的作用和影响,主要包括如下几个方面的诱发原因和作用因素。

(1)脆弱地质环境

该滑坡坡体地层岩性以砂泥岩互层为主,岩层总体顺倾向河,属典型的易滑地层与不利结构;场区地质构造作用强烈,岩体十分破碎,特别是广泛分布炭质泥岩软弱夹层,为新老滑坡的滑带形成奠定了物质基础;滑坡前缘位于文川溪冲刷凹岸,应为其古老滑坡的主要触发因素之一。

(2)古老滑坡基础

从场区微地貌形态分析,该山体滑坡具有典型的古老滑坡地形地貌特征,并经钻探揭示其古老滑坡物质组成特点,确认该变形破坏坡体为一超大型的古老滑坡病害堆积体,显然是箭丰尾滑坡发生和发展的不良地质基础。

(3)边坡开挖卸荷

由于高速公路建设需要,将既有国道路基向山侧改移以路堑的形式通过,在古老滑坡前缘开挖坡脚,破坏其山体原有的力学平衡条件。边坡开挖卸荷,应是该段路基路堑边坡滑坡产生和古老滑坡复活的直接和主要触发因素之一。

(4)持续降雨作用

从各阶段坡体变形时间分析,急剧的破坏几乎都集中在雨季,特别是与连续的强暴雨过程直接相关,多体现小雨小滑、大雨大滑、遇雨即滑的变形活动特点,因此,降雨是箭丰尾滑坡产生的主要原因之一。

(5)地下水丰富

箭丰尾滑坡场区地下水十分丰富,滑坡的变形活动与地下水水位的升降关系密切,随地下水位上升,孔隙水压上扬,抗剪强度降低,且伴有滑带岩土遇水软化或泥化的作用和影响,构成了该滑坡变形活动的不可忽视的诱因。

(6)客观认识过程

由于受控投资和技术水平等多种因素的影响,对箭丰尾滑坡的认识也存在一个逐步发展和提高的过程,特别是在山体滑坡变形孕育期陷于混沌的认识误区,也为该滑坡病害的后续发展和扩大留下了隐患。

3. 滑坡发生机理

箭丰尾滑坡为一超大型的顺层基岩古滑坡,滑坡场区地质构造复杂,岩体结构破碎,风化深度较大,地层岩性软弱易滑,滑动面(带)以煤系夹层为主,地表汇水面积较大,地下水特别发育,滑坡整体稳定性较差,局部多处于不稳定状态。

箭丰尾滑坡主要由 A 段和 B 段两个自然山体组成,当时变形破坏的滑坡体横宽约 400m,纵长 500~600m,平均厚约 30m,已产生滑动变形的总体积达 600 万 m^3,是一个超大型的山体滑坡地质灾害。该滑坡具有多条多块多级和多个剪出口,主滑方向近东西向,滑坡性质极为复杂,滑坡规模特别巨大,滑坡灾害十分严重,其滑坡分条、分级和分块如图 5-5-77 所示。

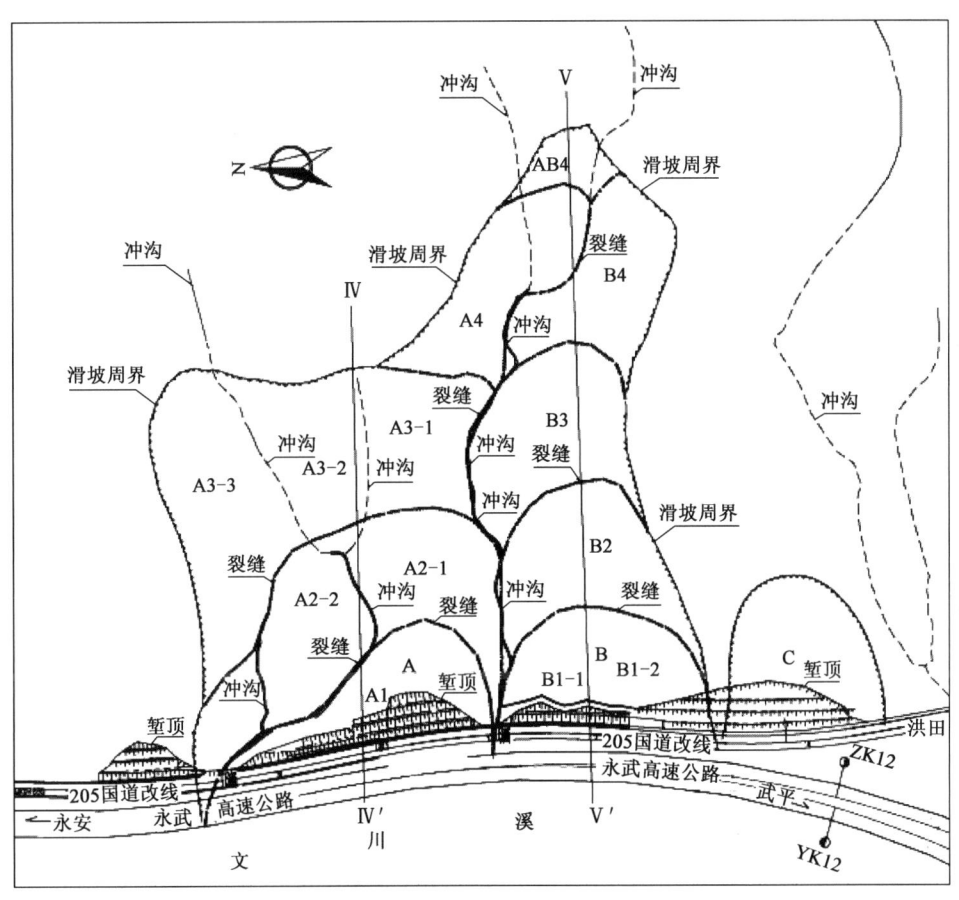

图 5-5-77 箭丰尾滑坡分条、分级和分块示意图

该滑坡体首先可视为 A、B 两条,即以其中部一较大的自然冲沟为界,包括两个自然山坡,这两个自然山坡上分别发育有多级滑坡平台,同一级平台高度又以小冲沟为界划分为多个滑动块体。

其中,A 条滑坡体又可由下至上分为 4 级,第 1 级即 A1 滑坡块体,本级块体平台横宽约 100m,纵深约 70m,高程 240~250m;第 2 级包括 A2-1 和 A2-2 两个滑坡块体,A2-1 平台横宽约80m,纵深约100m,台面高程约255m,A2-2平台横宽约60m,纵深约80m,高程约260m;第3级包括A3-1、A3-2和A3-3共3个滑坡块体,A3-1平台横宽约80m,纵深约100m,台面高程约270m,A3-2平台横宽约80m,纵深约100m,台面高程约265m,A3-3平台横宽约60m,纵深约100m,台面高程约270m;第4级即A4滑坡块体,本级块体平台横宽约80m,纵深约50m,台面高程约290m。

同样,B条滑坡体也可由下至上分为4级,第1级包括B1-1和B1-2两个滑坡块体,B1-1平台横宽约150m,纵深约100m,台面高程约240m,B1-2平台横宽约30m,纵深约50m,高程约230m;第2级即B2滑坡块体,本级块体平台横宽约100m,纵深约100m,高程约270m;第3级即B3滑坡块体,本级块体平台横宽约100m,纵深约120m,高程约290m;第4级即B4滑坡块体,本级块体平台横宽约100m,纵深约150m,高程约300m。

最后,在A、B两条滑坡体的顶部共同牵引发育有一缓坡台地,可以视为其共有的AB4滑坡块体,狭窄的脊梁状,是当时滑坡体变形活动最高或最远位置。

如图5-5-78所示,箭丰尾滑坡变形破坏直至产生整体滑动的发生机理模式可概括如下:首先是路堑边坡的开挖,破坏了近堑坡体的力学平衡条件,诱发了第一级路堑边坡滑坡变形破坏,即B1条块,相应地,A条滑坡体产生了A1坍滑体;随着第一级滑坡的发展扩大,直接牵引第三级滑动块体的变形启动,即最早在B3和A3-1后部发现的牵引拉裂;接下来,随着前三级滑坡体的进一步发展,主滑带基本贯通形成,并往上继续牵引第四级滑坡体的变形,往下逐渐发现了第二、三级之间的变形差异与限界,同时国道路基及抗滑挡墙结构也开始变形破坏;最后,A、B两条前四级滑坡体分别发展形成,并向上部牵引交汇产生AB4滑坡块体,至此,箭丰尾新滑坡周界已基本贯通,前缘出口的205国道路基、永武高速公路路面和抗滑工程结构等变形破坏十分严重,变形破坏岩土总体积达600万 m^3,直接危害国道畅通和高速公路的运营安全,甚至威胁其上游洪田镇上万居民的生命和财产安全。

三、稳定性分析与滑坡推力计算

为了分析计算箭丰尾滑坡的稳定性,选取代表A、B两条滑坡体的Ⅳ-Ⅳ和Ⅴ-Ⅴ两个滑坡主轴断面作为计算断面。

基于该滑坡的坡体结构条件与滑坡活动特征,结合其变形活动历史与现状及其发展趋势,该主断面的滑动面具有多层和多级的特点。分析计算滑动面可以分为一、二、三、四级滑坡体,前缘剪出口分别在205国道与永武高速公路的中间挡墙一线和文川溪岸边剪出的最低剪出口,由此可以组成8个可能的分析计算滑动面。

箭丰尾滑坡稳定性的分析计算主要是在合理确定计算断面和计算参数的基础上,基于深孔位移监测准确确定的滑动面位置与动态,通过数值分析,评价该滑坡的稳定现状及其发展趋势。同时,结合拟设滑坡支挡加固工程位置及其工程稳定与安全要求,计算该滑坡的下滑推力,作为有关支挡加固工程结构设计计算的依据。

1.计算方法的选择

关于滑坡稳定性计算方法的选择,有关规范和手册一般采用传递系数法(或称不平衡推力传递法),近年来,Janbu法、Bishop法和Morgenstern&Price法等严格的刚体极限平衡方法在边坡或滑坡稳定性分析计算中广泛应用并渐趋成熟和完善。大量的对比计算表明,不平衡推

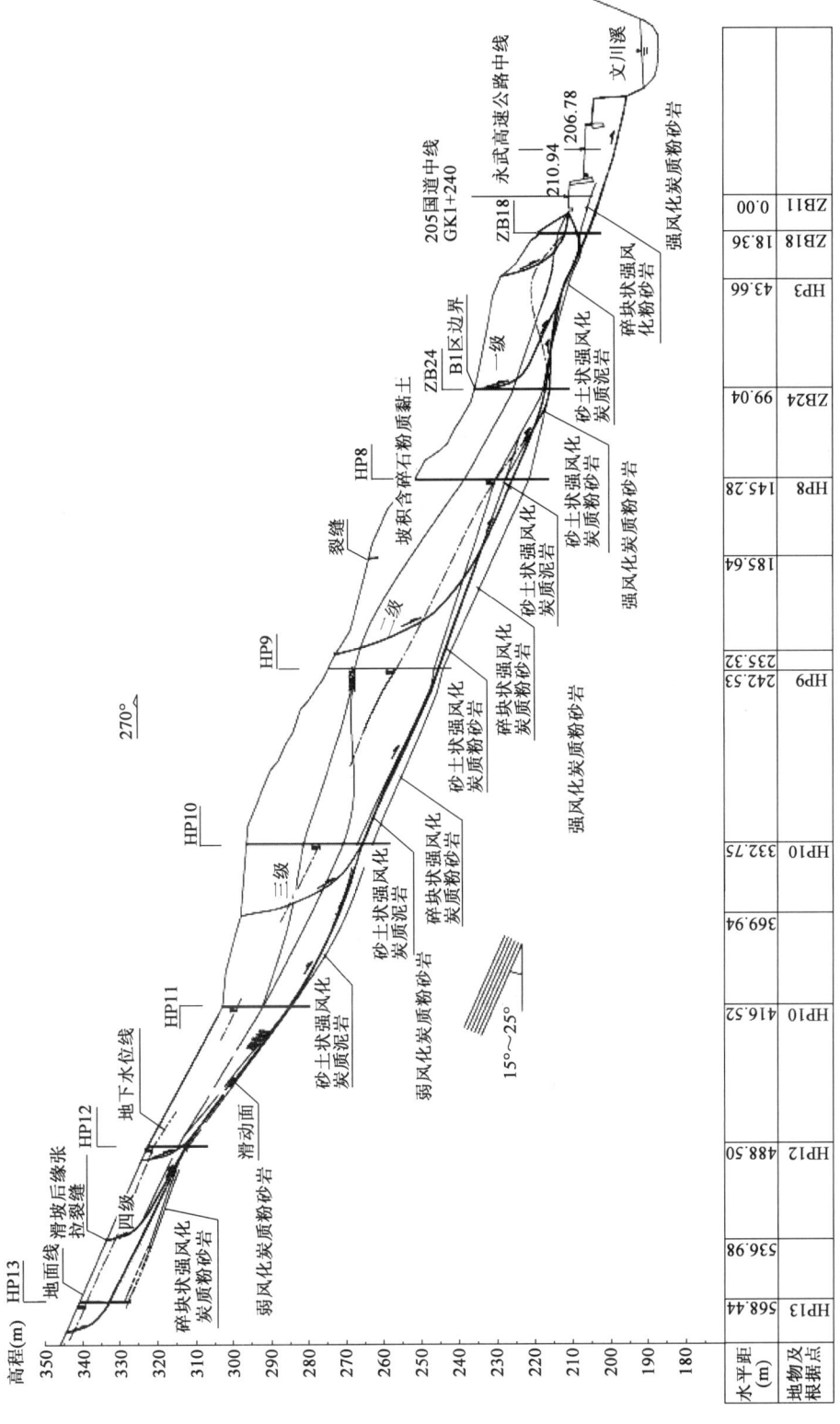

图5-5-78 箭丰尾滑坡主轴断面图（V-V）

力传递法与严格的刚体极限平衡方法在滑坡稳定性计算中存在一定的差异,但只要采用滑坡稳定度反算确定主滑带指标,无论是采用不平衡推力传递法,还是采用严格的刚体极限平衡方法,其滑坡推力计算或滑坡稳定性预测结果基本一致。本设计是以反算参数为主,结合相关试验与经验参数综合确定滑带岩土力学指标,因此,计算采用当前国内外广泛应用的边坡工程专业软件 Geo-Slope 之 Slope/W 软件包进行滑坡稳定性计算,具体选用较为严格的刚体极限平衡方法——Morgensten&Price 法。

2. 计算参数的确定

滑面计算参数的选择与确定,是基于该滑坡治理工程实施前各可能滑面的变形活动特点及相应稳定程度,反算各滑动面的主滑带力学指标,即以反算参数为主,结合相关试验与经验参数综合确定。

反算主滑带指标是在该滑坡治理工程实施前各可能滑面的变形活动特点及相应稳定程度的基础上,结合相关试验与经验参数,反算各滑动面的主滑带力学指标。反算滑带指标计算成果见表 5-5-13。

箭丰尾滑坡岩土力学指标反算成果一览表 表 5-5-13

项目	反算力学指标				备注
	岩土名称	γ(kPa/m)	c(kPa)	φ(°)	
滑体	坡残积层	18	15	25	参考试验值
	砂土状强风化层	19	10	30	参考试验值
	碎块状强风化层	20	10	40	参考经验值
滑床	弱风化粉砂岩				稳定基岩
Ⅳ-Ⅳ断面滑动面	牵引段	19	10	16	综合取值
	抗滑段	20	10	20	考虑软弱面
	一级主滑带	20	10	15.5	反算指标
	二级主滑带	20	10	10	反算指标
	三级主滑带	20	10	12	反算指标
	四级主滑带	20	10	13.5	反算指标
Ⅴ-Ⅴ断面滑动面	牵引段	19	10	25	综合取值
	抗滑段	20	5	15	考虑软弱面
	一级主滑带	20	10	15	反算指标
	二级主滑带	20	10	17.5	反算指标
	三级主滑带	20	10	14	反算指标
	四级主滑带	20	10	12	反算指标

3. 滑坡稳定性分析

在上述滑面与岩土参数条件下,根据箭丰尾滑坡各级滑动块体的病害特点与发育状态,考虑本次设计治理工程实施之前的当时状态,进行稳定性分析与评价,其计算成果见表 5-5-14。

箭丰尾滑坡稳定程度分析计算成果一览表   表 5-5-14

计算断面	滑面编号	滑体分级	评估稳定程度	计算稳定系数 F_s	备注
IV-IV 断面	1	一级	$1.0 < F_s < 1.005$	1.005	变形破坏严重,前缘出口清晰
	2	二级	$1.01 < F_s < 1.015$	1.013	侧界与后缘裂缝断续可见
	3	三级	$1.01 < F_s < 1.015$	1.007	侧界清晰,后缘裂缝断续可见
	4	四级	$1.0 < F_s < 1.005$	1.004	侧界清晰,后缘裂缝长大贯通
V-V 断面	1	一级	$1.005 < F_s < 1.01$	1.008	变形破坏严重,前缘出口清晰
	2	二级	$1.01 < F_s < 1.015$	1.009	侧界与后缘裂缝断续可见
	3	三级	$1.005 < F_s < 1.01$	1.005	侧界清晰,后缘裂缝断续可见
	4	四级	$1.005 < F_s < 1.01$	1.006	侧界清晰,后缘裂缝连续

4. 滑坡推力计算

箭丰尾滑坡治理工程主要包括刷方减重工程、泄水隧洞工程、抗滑桩工程和锚固工程等。

在上述滑坡稳定性分析与滑带指标反算等计算成果的基础上,结合滑坡整治工程措施,模拟计算滑坡治理工程效果。首先考虑三种工程状态:本次设计治理工程实施之前的当时状态、减重刷方工程完成后状态,以及排水隧洞施作并发挥排水作用后的状态,分别进行稳定性分析与评价。最后,根据有关规范要求,取用稳定性安全系数为 1.2,以附加水平力模拟设计支挡加固工程实施并发挥作用的状态,计算滑坡推力。其计算成果见表 5-5-15。

主要计算滑面滑坡推力计算一览表   表 5-5-15

计算断面	编号	滑体分级	初始状态 稳定系数 F_s	减重刷方后 F_s(A 区刷 27 万 m^3,B 区刷 14 万 m^3)	施作泄水隧洞后 F_s(A 区降 3m,B 区降 2m)	拟设支挡加固 稳定系数 F_s	滑坡推力 (kN)	备注
IV-IV 断面	1	一级	1.005	1.005	1.062	1.211	2500	4500 kN/m
	2	二级	1.013	1.170	1.242	1.386		
	3	三级	1.007	1.023	1.092	1.252	2000	
	4	四级	1.004	1.013	1.081	1.221		
V-V 断面	1	一级	1.008	1.008	1.077	1.206	1500	4000 kN/m
	2	二级	1.009	1.009	1.061	1.206	2500	
	3	三级	1.005	1.028	1.085	1.207		
	4	四级	1.006	1.037	1.105	1.228		

四、治理工程设计

箭丰尾滑坡是一个超大型的山体滑坡地质灾害。滑坡场区地质构造复杂,岩体结构破碎,风化深度较大,地层岩性软弱易滑,滑动面(带)以煤系夹层为主,地表汇水面积较大,地下水特别发育,滑坡整体稳定性差,局部多处于不稳定状态。

总体评估认为,该山体滑坡变形破坏严重,滑坡整体不稳,处于蠕动挤压至缓慢滑动阶段,体现遇雨即滑的变形特点,必将进一步破坏国道和高速公路设备及抗滑工程结构,严重危害和威胁公路畅通与交通安全。若任其发展,很有可能产生大规模的滑动和破坏,造成重大的地质灾害。由于该段坡体前缘河道相对较窄,上游邻近洪田镇,一旦产生整体的大规模滑动,亦有可能严重侵占河道,甚至形成滑坡堵水,造成灾难性的次生灾害。

因此,必须采取果断措施,有效抑制滑坡的变形活动与发展趋势,并采用综合的治理工程措施根治该大型山体滑坡地质灾害,确保滑坡稳定与交通安全,保障当地居民和国家财产不受危害和损失。

基于该滑坡的性质、规模、现状和发展趋势,结合其具体工程特点与要求,分别提出箭丰尾滑坡灾害整治的应急抢险方案和根治工程措施,成功治理了该超大型山体滑坡灾害,其主要工程措施与布置方案如图 5-5-79 所示。

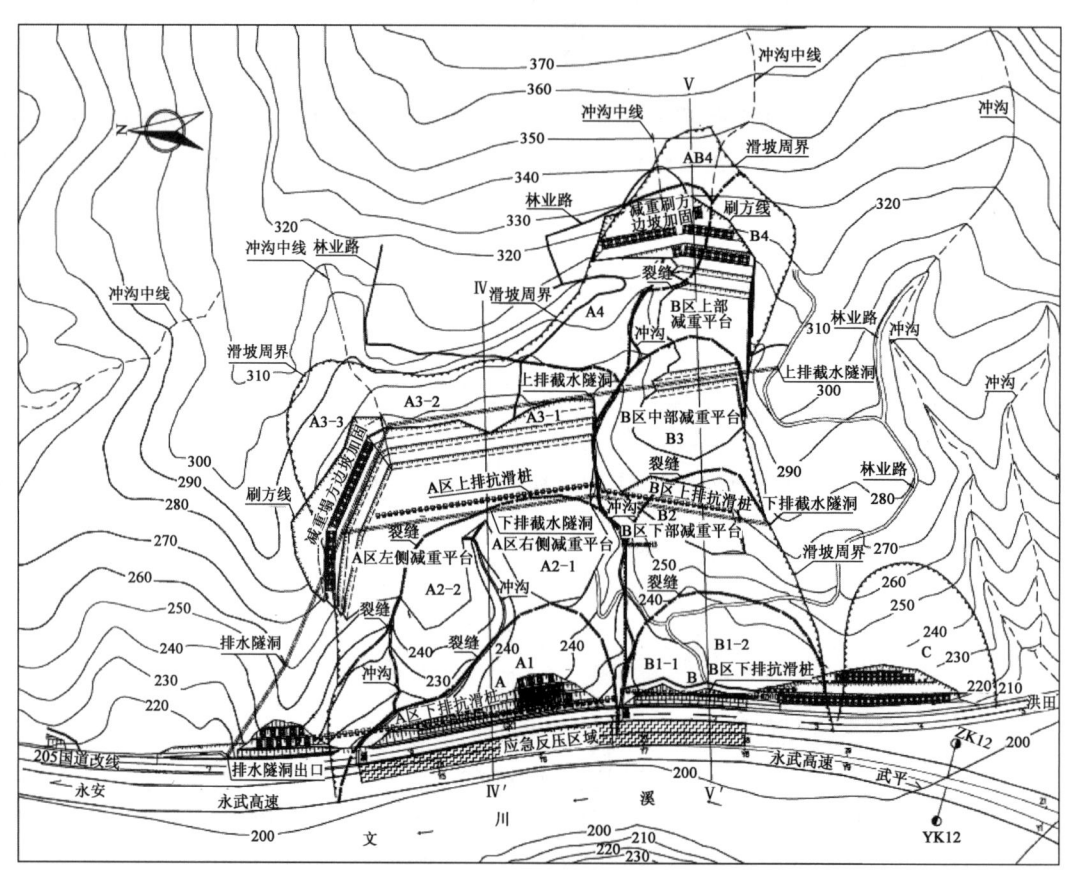

图 5-5-79 箭丰尾滑坡治理工程布置平面简图

1. 应急工程

由于箭丰尾滑坡当时的变形破坏已十分严重,危害和威胁国道畅通和高速公路行车安全,必须采取有效的工程措施,控制滑坡变形的发展和扩大。根据该滑坡当时的变形破坏特点及其发展趋势,及时采取了前缘堆载反压、后部减重刷方和滑坡深层排水等应急抢险工程措施,有效抑制了该滑坡的变形和发展,为根治工程的实施争取了宝贵时间。

(1)堆载反压工程

2010年7月,为防止该滑坡体继续变形恶化,引发大规模地质病害,决定对该山体滑坡先行采取应急反压工程措施。即在国道与高速公路中间挡墙外隆起变形区进行堆载反压,反压区长约400m,宽约10m,高约4m。

(2)A区刷方减重工程

从该滑坡体A2区开始向坡体山侧刷方,坡脚设置一宽平台,纵向坡度4%,横向坡度1%。A区累计减重刷方量约27万m^3。

(3)B区刷方减重工程

B区刷方包括3个刷方平台,即位于B2区的下部刷方平台、B3区的中部刷方平台和由B4区与A4区组成的上部刷方平台。B区累计减重刷方量约14万m^3。

(4)夯填主要滑坡裂缝

对滑坡区的主要滑坡裂缝进行黏土夯填处理,避免表水集中入渗进一步破坏坡体稳定。夯填主要滑坡裂缝共长1200m。

(5)深孔坡体排水工程

经减重和反压后进行的地表位移和深部位移监测表明,该滑坡体变形速率减缓,但其变形活动仍在继续,如不采取进一步措施其后果十分严重。因此,在该滑坡坡脚即文川溪河岸实施了超长平孔排水工程,最大孔深超过200m,有效地引排了坡体内部丰富积水,为该滑坡的暂时稳定发挥了极为重要的作用。但由于排水孔道超长,塌孔堵塞严重,只能作为临时应急工程措施。

2. 根治工程

由于箭丰尾滑坡规模巨大、性质复杂、变形破坏十分严重,必须采取系统的和综合的滑坡治理工程措施。主要根治工程措施包括:地表排水工程、地下排水工程、支挡加固工程和补强修复工程等。

1)地表截排水工程

(1)滑坡区外围截排水天沟

由于该山体滑坡规模巨大,滑坡区外围截排水沟分为顶部、左侧和右侧三个部分布设,原则要求布设在滑坡周界约10m以外,共设长约1018m。

(2)减重刷方坡顶截排水天沟

分别在A、B减重刷方区边坡坡顶布设坡顶截排水天沟各一道,原则要求布设在减重刷方坡顶约5m以外,共设长约1169m。

(3)减重刷方平台排水沟

A区、B区坡脚宽平台均设置两道排水沟,分别位于坡体内侧及平台外侧距离边缘线3m位置,共设长约3230m。

(4)滑坡区冲沟沟底铺砌

滑坡体范围内自然冲沟均需采用M10浆砌片石铺砌,沟身铺砌高度不得低于洪水位线,结合上述截排水工程设计,完善该滑坡场区地表排水系统。

2)地下泄水隧洞排水工程

在滑坡中上部,布设两条截排水隧洞置于深层滑动面以下,截排箭丰尾滑坡场区坡体地下水。为加快施工进度,从A区和B区两条块之间自然冲沟边选择适当位置为进口,施作一条斜洞至下排截水隧洞,再延伸出一条联系洞至上排截水隧洞。排水隧洞设计有两种支护形式:一种是拱形支护,主要采取钢拱架锚喷支护结构,局部围岩地质较差处采用二次衬砌支护结构;另一种是梯形支护,采取预制钢筋混凝土梁柱拼装结构。由于隧洞围岩破碎,坡体地下水十分丰富,最后实施均为拱形支护结构。

3)支挡加固工程

本次设计支挡加固工程包括分区分级设置预应力锚索抗滑桩支挡和分块设置预应力锚索框架加固等部分。

(1)预应力锚索抗滑桩工程

A区和B区各设置两排预应力锚索抗滑桩支挡。

①A区预应力锚索抗滑桩:

上排锚索抗滑桩布置在距减重刷方坡脚外侧约40m平台上,布置36根锚索抗滑桩,桩中心间距6.0m,桩截面2.4m×3.6m,每根桩设置2排4孔预应力锚索,单孔设计荷载1500kN。

下排锚索抗滑桩分南北两段布置,北段共布置29根锚索抗滑桩,桩中心间距6.0m,桩截面3m×4m,每根桩设置3排5孔预应力锚索,单孔设计荷载1000kN;南段共布置21根锚索抗滑桩,桩中心间距6.0m。南段抗滑桩的桩头锚索设置有两种形式,一种为3排5孔预应力锚索,单孔设计荷载1000kN;另一种为3排6孔预应力锚索,单孔设计荷载1500kN。

②B区预应力锚索抗滑桩:

上排锚索抗滑桩布置在减重刷方区下部平台坡脚,共布置23根锚索抗滑桩,桩中心间距6.0m,桩截面3m×4m,每根桩设置2排4孔预应力锚索,单孔设计荷载1500kN。

下排锚索抗滑桩布置在既有国道边坡第一级平台和第二级平台,第一级平台共布置29根,第二级平台共布置24根,桩中心间距6.0m,每根桩设置2排4孔预应力锚索,单孔设计荷载1000kN。

(2)预应力锚索框架工程

在A区减重刷方区域左上部第三级边坡设预应力锚索框架加固,共18片。单片框架宽度均为8m,每片框架上设4孔预应力锚索,单孔设计荷载为700kN。

在B区减重刷方区域上半部第三级边坡及第四级边坡上分别布设预应力锚索框架9片和16片,共25片。单片框架宽度均为8m,每片框架上设4孔预应力锚索,单孔设计荷载为700kN。

4)其他工程对策

针对既有路堑边坡和205国道与永武高速公路挡墙及路面等结构变形现状和发展趋势,在系统检测评估既有抗滑桩工程和锚固工程的工作状态与工程效果的基础上,主要考虑对A区下排南段既有抗滑桩和205国道与永武高速公路之间挡墙增设补强与修复工程。

205国道与永武高速公路中间挡墙共设预应力锚索地梁73根,预应力锚索146孔,单孔设计拉力700kN,确保路堑边坡与道路结构的局部稳定和整体作用。

减重刷方平台及坡脚大平台设计草灌乔结合植被防护措施,刷方坡面设计草灌结合植被防护。

同时,根据需要建立了该滑坡体的地表、地下、结构、道路、应力等全方位的监测系统,把握滑坡变形活动和发展规律,为评估滑坡整治工程效果和保障205国道与永武高速公路的交通安全发挥了积极的作用。

3. 整治效果

箭丰尾滑坡是在福建永武高速公路建设过程中产生的一个超大型滑坡灾害,破坏岩土体积达 600 万 m^3,潜在变形体积超过 1000 万 m^3,对如此大规模的滑坡灾害实施工程治理,在国内外均较为罕见。

在先后实施了刷方减重、泄水隧洞、锚索抗滑桩,以及抗滑挡墙补强和边坡锚固等整治工程后,历经近三年的系统监测,结果表明:山体滑坡变形逐渐收敛,205 国道及永武高速公路交通设施修复后未见变形发展,该滑坡现已基本稳定,治理工程取得圆满成功。

第六章　崩塌与岩堆地段路基

第一节　概　述

一、崩塌与岩堆定义

崩塌是指陡峻山坡上的岩块或土体在重力和其他外力作用下脱离母体，突然发生急剧的倾倒、崩落和翻滚运动以及因此引起的地质灾害现象。

岩堆则是指陡峻山坡上，岩体崩坍物质经重力搬运，在山坡坡脚或平缓山坡上堆积的松散堆积体。

崩塌多发生在60°~70°的斜坡上，通常都是在岩土体剪应力值超过岩体的软弱结构面（节理面、层理面、片理面以及岩浆岩侵入接触带等）的强度时产生。其特点是发生急剧、突然，运动快速、猛烈，脱离母体的岩土体运动不沿固定的面和带，其垂直位移显著大于水平位移。规模巨大的山坡崩塌，称为山崩。巨大的岩土体摇摇欲坠，尚未崩落时，称为危岩体。稳定斜坡上的个别岩块的突然坠落，称为落石。如岩块尚未坍落，但已接近于极限平衡状态时，称为危石。

由于风化作用，斜坡表层的岩屑顺坡向下滚落或滑落的现象称为剥落，经常发生在裸露的软弱岩层（如页岩、千枚岩）斜坡上。由于节理、裂隙的切割与母体脱离的部分岩体，以及经物理风化作用形成的十分破碎的岩体，主要经重力作用，在缓坡地带、山麓地带由大小不等的碎、块石或碎石、角砾组成的半圆锥形疏松堆积体称为岩堆，其平面形态以半圆形和三角形为主，堆积物可有一定的分选性。

二、崩塌的形成条件

(1) 地形条件：陡峻的斜坡，尤其当坡度大于55°、高度大于30m时，易产生崩塌。

(2) 地层岩性条件：节理、裂隙发育的坚硬岩石，如厚层石灰岩和砂岩等，易产生崩塌；软硬互层地层或上部为厚层坚硬岩石、下部为厚层软弱岩层或易溶岩层，由于风化和耐冲刷性的差异，常形成硬岩凸出，软岩凹陷的陡峻斜坡，也易产生崩塌；高陡的黄土斜坡由于黄土中发育的垂直节理，易发生黄土崩塌。

(3) 构造条件：若路线与区域性大断裂带平行且相距很近，并以挖方通过时，崩塌落石往往非常严重；当高陡的斜坡中有较陡的倾向临空面的一组结构面或两组结构面形成的交线时，常有崩塌发生。

(4) 其他自然因素：降雨、河岸冲刷、较大的温差、植物根系的楔入、裂隙水的冰胀、较强烈的地震等均可能诱发崩塌。

(5)人为因素:工程活动中开挖过高过陡的边坡;大爆破的震动等。

三、崩塌的主要类型

对崩塌的分类,目前还没有一个被普遍接受的分类。崩塌首先是部分岩土体从高处坠落,而后才有撞击、弹跳、滚动等现象,故而可以根据坠落的原因和方式把崩塌大体分成三种类型:

(1)直接坠落型:当由于各种原因陡崖上部形成"探头岩"时,悬空的这部分岩体便会在重力作用下沿节理裂隙断裂而坠落,发生崩塌。

(2)滑移坠落型:岩体中总会有不同组数、密度和产状的节理以及其他结构面,若陡坡上部部分岩体下伏有向临空方向倾斜的结构面(尤其是软弱结构面)或两组结构面的交线时,这部分岩石有可能在某些因素影响下滑出陡坡而坠落,发生崩塌。

(3)倾倒坠落型:

①倾角陡立岩层的倾倒:层状岩层向山体内倾斜,但倾角较陡,陡坡顶部的部分岩层易向临空方向倾倒而坠落,形成崩塌。

②大体水平岩层的倾倒:大体水平的岩层往往会形成近乎直立的陡崖,在陡崖边缘往往会有发育的深大卸荷裂隙将陡崖边缘的岩体切割成板状,甚至柱状,在某些因素(如地震)影响下,这些与母体已基本分开的岩体易倾倒坠落,发生崩塌。

黄土陡崖常有因垂直节理的切割产生的倾倒坠落型崩塌。

四、崩塌稳定性评价

对潜在崩塌体进行稳定性评价主要靠较详细的调查分析。根据崩塌的形成条件,对潜在崩塌体进行稳定性评价应着重考虑以下因素:坡高、坡度及组成坡体的地层岩性和岩体结构。据一些调查分析,坡高大于30m,坡度陡于60°,较坚硬的层状结构,尤其是层状碎裂结构岩体构成的陡坡和陡崖,最易产生崩塌。具碎裂或散体结构的岩体难以形成高陡斜坡,能形成高陡斜坡的块状结构岩体发生崩塌的可能性较小。

五、岩堆的形成条件

如前述,岩堆可由崩塌和堆塌两种作用形成,故易产生崩塌或堆塌的地段均会有岩堆生成。

六、岩堆的主要类型

据前述岩堆形成条件,岩堆主要有两种类型:

(1)崩塌形成的岩堆:以粒径较大的块石、碎石为主,碎石、块石棱角分明。稳定性较好。

(2)堆塌形成的岩堆:以粒径较小的碎石、角砾为主,碎石、角砾可为棱角、半棱角状。岩堆中可有斜层理,稳定性较差。

七、岩堆稳定性评价

(1)岩堆床的形态,如图 5-6-1 所示:图中 a)稳定的;b)不大稳定的;c)不稳定的,易产生整体滑动。

(2)构成岩堆的碎块石的大小和岩性,碎块石粒径越大稳定性越好;反之,则越差。坚硬的岩石稳定性较好;反之,则较差。

(3)详细调查,判断岩堆的发展阶段(表 5-6-1),据此可判断岩堆的整体稳定性。

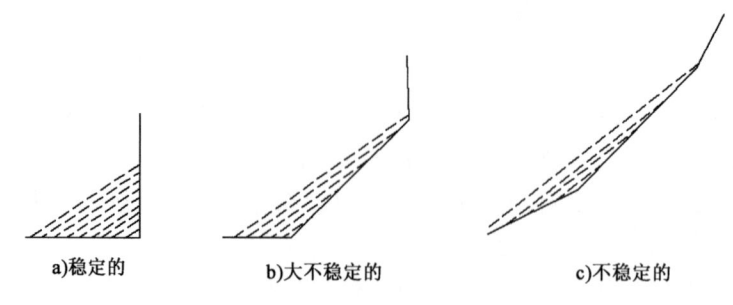

图 5-6-1　岩堆床的形态

不同发展阶段岩堆的特征　　　　　　　　　　　　　　　　表 5-6-1

发展阶段	简要特征
正在发展的岩堆	山坡基岩裸露,坡面参差不齐,有新崩塌痕迹。常有落石发生,岩堆坡面为直线形,坡角近于其安息角。坡面无草木生长或仅有稀少的杂草,堆积的石块大部分颜色新鲜,有的石块停积在坡面上,个别石块滚至坡脚以外,岩堆表层松散
趋向停止发展的岩堆	岩堆上方的基岩大部分已稳定,具有平顺的轮廓,仅有个别危石。坡面大部分已生长杂草或灌木,岩堆的石块大部分颜色暗淡,可见少量颜色新鲜的石块零星分布。石块停积在草木之间,越往外越稀疏。岩堆上部坡度渐陡,堆体向上延伸,坡面线趋向凹形。岩堆内部结构密实或中等密实,但表层还是松散的,由于草木生长已不致散落。岩堆坡面上部的坡度常稍陡于其天然安息角
停止发展的岩堆	岩堆上方的基岩已稳定,不稳定的岩块已完全脱落。岩堆坡面呈凹形,已长满草木,无颜色新鲜的石块,岩堆体结构密实,有些地方因表层失去植被覆盖而有水流冲刷的痕迹

第二节　崩塌落石的防治

崩塌落石通常采用源头治理、拦截、遮拦、改线绕避等工程措施防治。对于一时难以治理的地段,可以采用人工看守、设置监控装置等手段确保公路安全。

对危害路基的危岩和危石的处理,根据综合治理的经验,视危岩、危石与山坡的具体依附情况采用危害预防、清除、刚性防护及柔性防护措施,前者以预防为主,后两者以主动治理防止崩塌落石发生、被动防护避免崩塌落石的危害为主。

一、清除和绕避

1. 清坡

在新线施工时应将山坡上的零星危岩落石进行清除,以消除后患。

2. 除危

控制爆破将堑坡上危险最大的能够爆破的危岩用小爆破清除。

3. 刷方

在小型崩塌或落石地段,可能崩落物体积数量不大或落石数量不多,而且其基岩的破碎程度不严重时,以全清除为宜,并在清除后对母岩进行适当的防护加固,防止其继续风化破坏而再形成崩落。值得注意的是,采用刷坡决策前必须结合地形、工程地质条件仔细研究,慎重对待,在确有把握的情况下才能采用。一般情况下不采用这种措施。

4. 绕避

在有可能发生大型崩塌地段,因治理费用昂贵或无法治理,可采用改线绕避的方法。根据地形、地质情况,确定改线方案,有条件时可用隧道通过危险地段。

二、拦截

1. 落石平台

适用条件:

(1)路堑边坡及山坡基本稳定,仅在雨季中有落石、剥落和小型崩塌时,如图 5-6-2 所示;
(2)当被防护的路基距离可能发生崩塌、落石的山坡坡脚有适当的距离时;
(3)路基高程与坡脚的平缓地带的高程相差不大时(不超过 2.5m)。

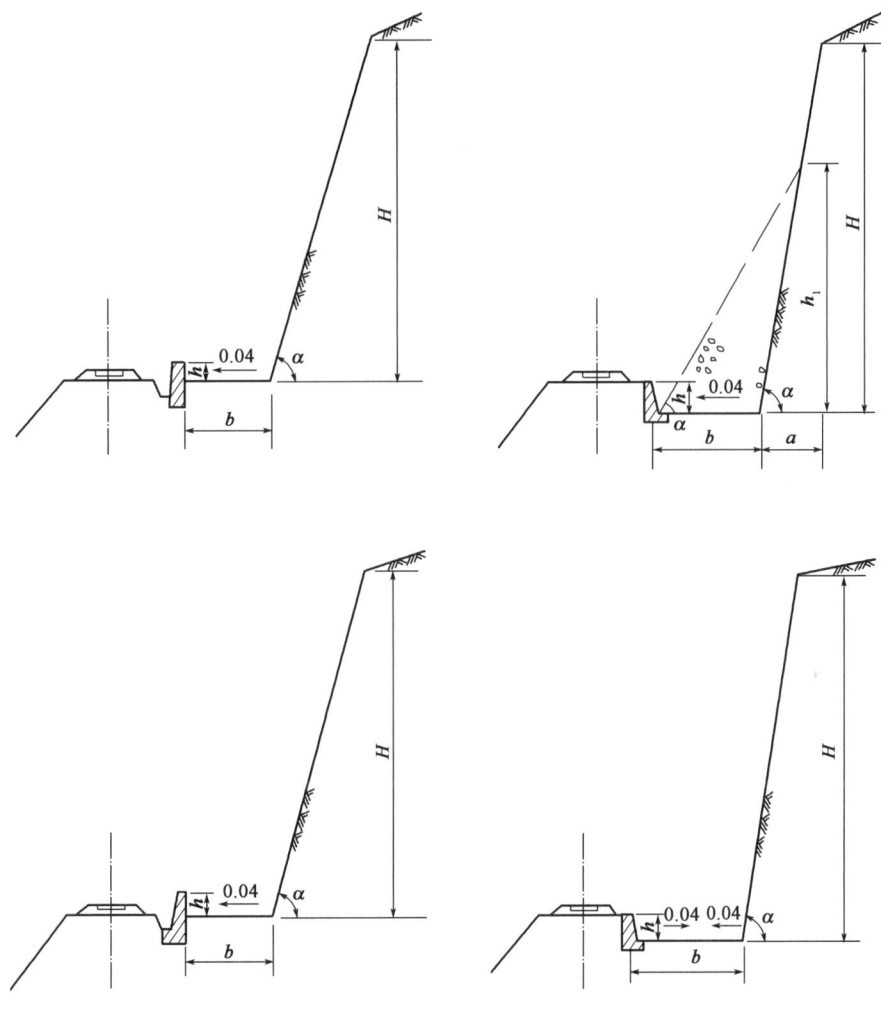

图 5-6-2　靠路基的落石平台

2. 落石坑

适用条件:

(1)当路堤距离可能崩塌落石的山坡坡脚有适当的距离时,如图 5-6-3 所示;
(2)路堤高程与坡脚的平缓地带有较大高差时(大于 2.5m)。

落石坑底宽度 b 按式(5-6-1)计算:

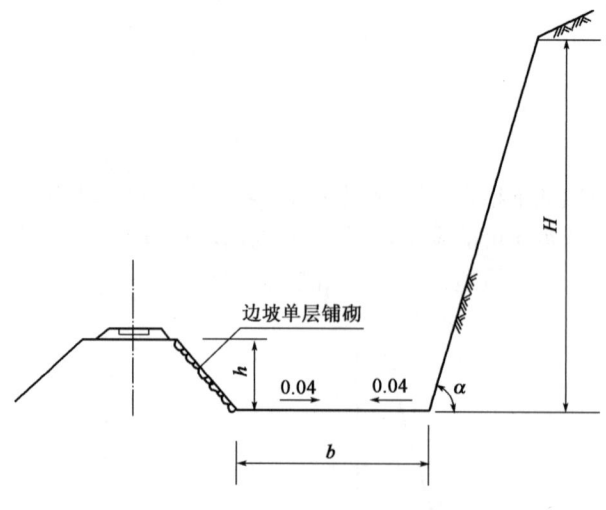

图 5-6-3 靠路基的落石坑

$$b = \sqrt{\frac{2W(1-\cot\alpha \cdot \tan\alpha_1)}{\tan\alpha_1}} \qquad (5\text{-}6\text{-}1)$$

式中：W——在计算期内顺线路方向每延米的落石堆积数量(m^3)；

α_1——落石堆积的自然坡度角(°)；

α——山坡的坡度角(°)。

3．落石沟

适用条件：

(1)当路基与可能崩塌落石的山坡之间有缓坡(坡度不陡于30°)地带时；

(2)在缓坡上高出路基高程不超过20~30m，宜在半山坡修建落石沟，如图5-6-4所示。

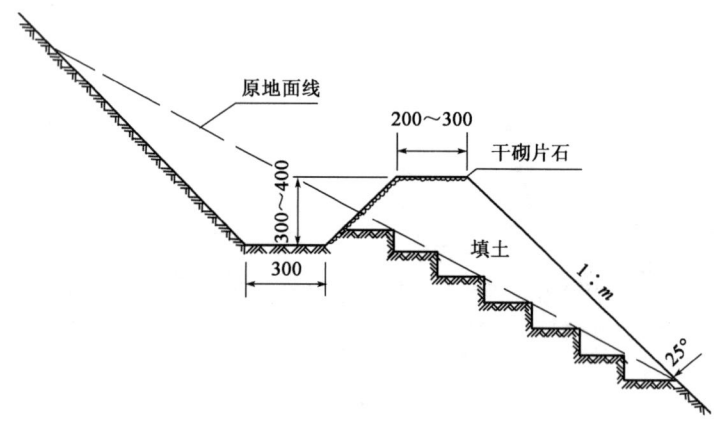

图 5-6-4 半山坡落石沟(尺寸单位：cm)

4．拦石堤

适用条件：

(1)当陡峻山坡下部有小于30°的缓坡地带，有较厚的坡积层，与路基高程直接相连或高于路基不超过 20~30m；

（2）落石的高程不超过 60~70m 时。

拦石堤通常使用当地土（或干砌片石）筑成，一般用梯形断面，顶宽 2~3m，外侧边坡可适用于土质的稳定边坡而不加固，也可用较陡的边坡而予以加固；内侧边坡（迎石边坡）可用 1:0.75 并进行加固，如图 5-6-5 所示。

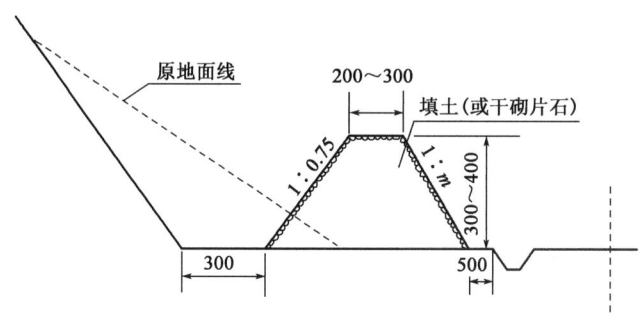

图 5-6-5　靠线路旁的拦石堤（尺寸单位：cm）

拦石堤背后的落石沟或落石平台有较宽的余地时，也可用较缓的内侧边坡，堤顶高出计算撞击点的安全高度为 1m。

5. 拦石墙

适用条件：当山坡的坡度大于 30°，石块可能从 60~70m 高度坠落时，宜设带有落石槽的拦石墙。

拦石墙用浆砌片石砌筑或混凝土浇筑。墙背应用渗水土或片石筑成缓冲层。在山坡低洼处，拦石墙墙身下部应埋设孔径为 1m 左右的钢筋混凝土管或干砌片石泄水洞，以排泄墙后落石沟中的水，管孔处设铁栅栏网。

拦石墙分为坡脚拦石墙和半山坡拦石墙，如图 5-6-6~图 5-6-8 所示。

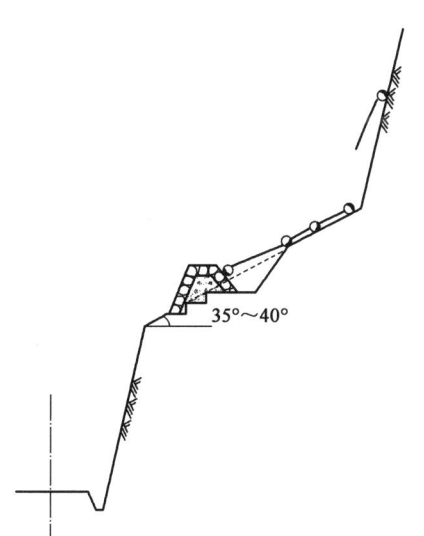

图 5-6-6　半山坡拦石堤

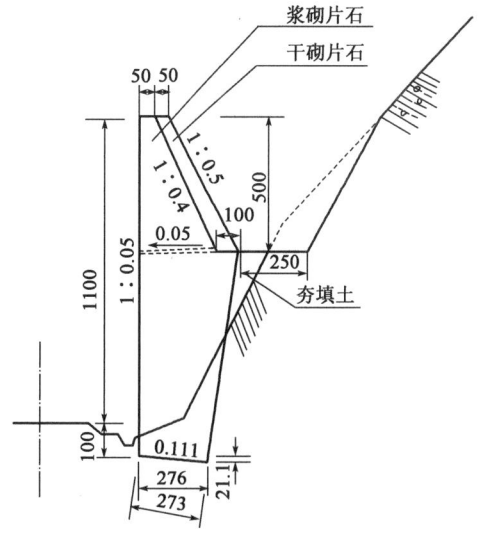

图 5-6-7　路堑坡脚拦石墙（尺寸单位：cm）

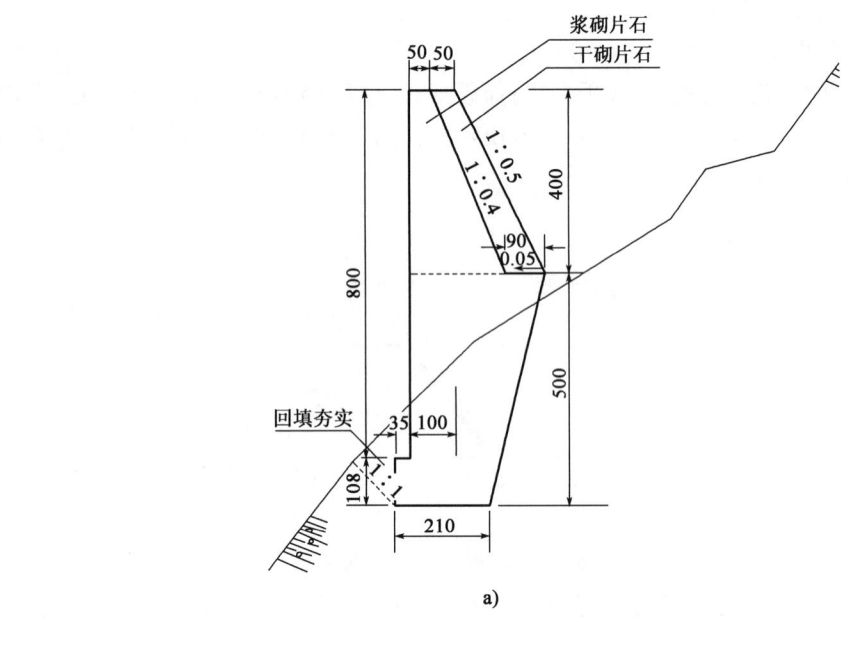

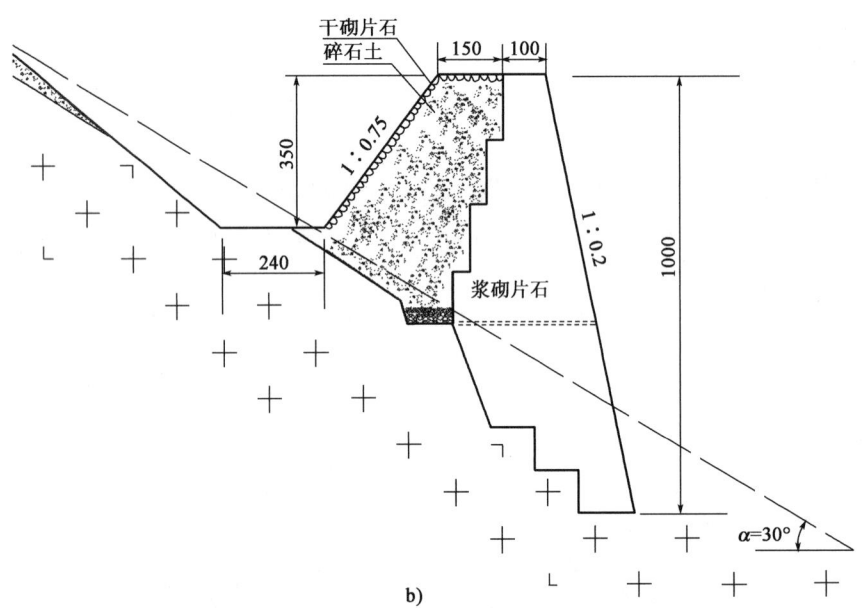

图 5-6-8 半山坡上的拦石墙(尺寸单位:cm)

6. 钢轨(枕木)栅栏

适用于较缓山坡或自然沟谷处,拦截山坡零星落石。

钢轨(枕木)栅栏是利用废旧钢轨、枕木以垂直的网栅形式布置在线路的靠山侧。钢轨栅栏是用钢轨作立柱,钢筋作联系杆,柱与柱之间用镀锌铁丝编制的网栅结构,如图 5-6-9 所示。

7. 拦石设施

(1)拦石网

适用条件:设在较缓山坡上或坡脚路基侧,拦截坠落数量较多的小石块。

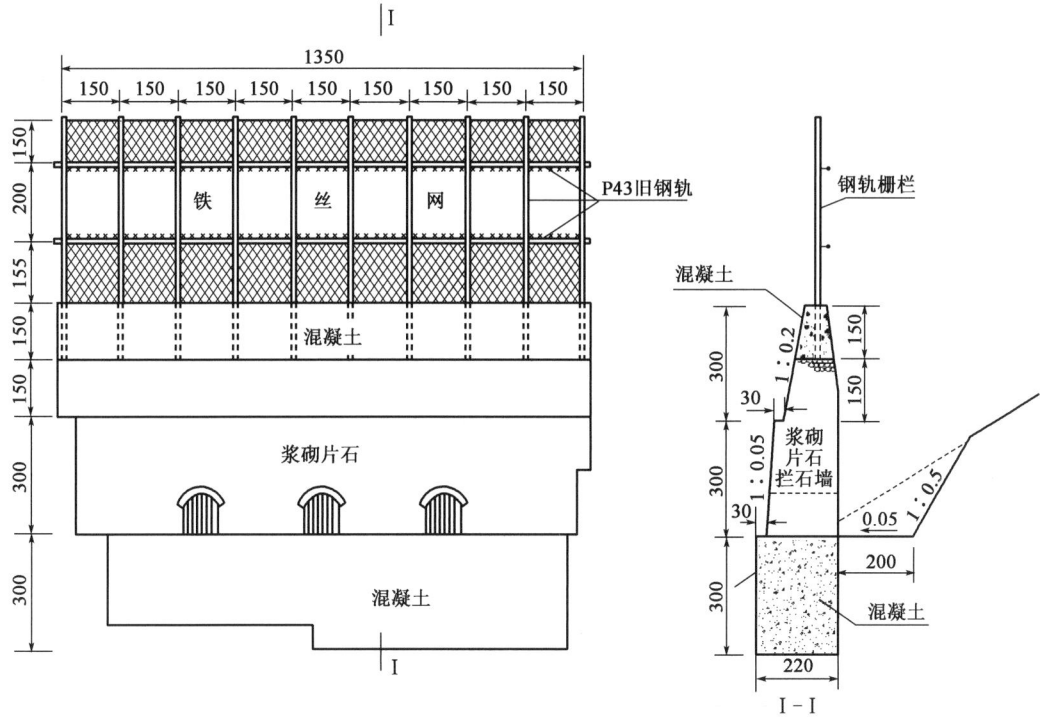

图 5-6-9　钢轨栅栏立面及断面示意图(尺寸单位：cm)

拦石网的垂直支柱可用木料、角钢或钢筋混凝土材料制成,支柱露出地面的高度通常不小于 1.5~2.0m,间距一般用 2~4m。柱间张拉的铁丝网不宜拉紧而应放松略呈弧形。铁丝网网孔的规格,可按所考虑拦截的石块大小选用,如图 5-6-10 所示。

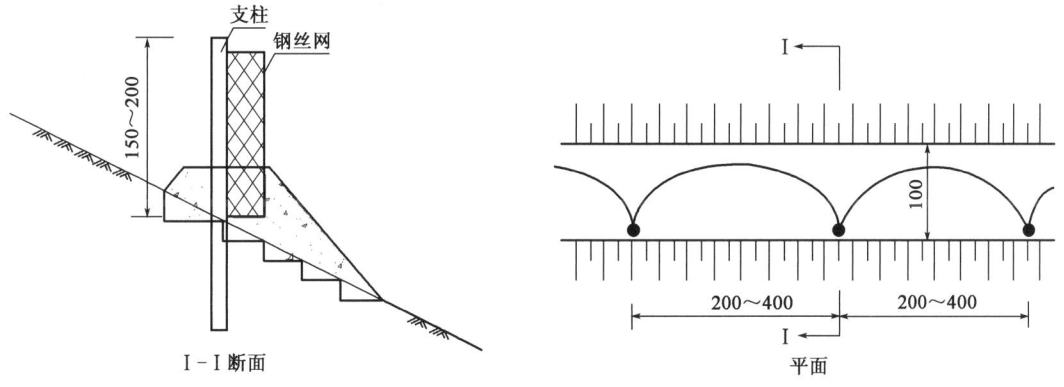

图 5-6-10　拦石网平面及断面示意图(尺寸单位：cm)

(2)柔性防护网

1956 年,北欧国家开始应用钢丝绳网防治雪崩,在发展应用中不断得到改进,1980 年进行了现场大型试验,完善了理论系统,柔性防护技术逐渐成熟起来,形成了柔性防护技术并得到广泛应用。1995 年,柔性防护网引入国内并得到广泛应用。目前应用较多的是主动防护网和被动防护网。

①主动防护网:

采用钢丝绳锚杆或钢筋锚杆和支撑绳固定方式将金属柔性网覆盖在具有潜在地质灾害的

坡面上,从而实现坡面加固或限制落石运动的一种防护网。柔性网片通常采用钢丝绳和高强度钢丝格栅两大类。

钢丝绳网片的主动防护网主要由钢丝绳锚杆、支撑绳、钢丝绳网、格栅和缝合绳构成。主要的结构形式和布置特征如图 5-6-11 和图 5-6-12 所示,网孔尺寸通常为 300mm×300mm,网块尺寸通常为 4m×4m,对于局部边界区域,一般采用 4m×2m 的较小网块,对应的锚杆间距和支撑绳形成了挂网单元,使钢丝绳边沿与支撑绳间采用缝合绳连接后的缝合网孔尺寸与钢丝绳网的既有网孔尺寸相当。

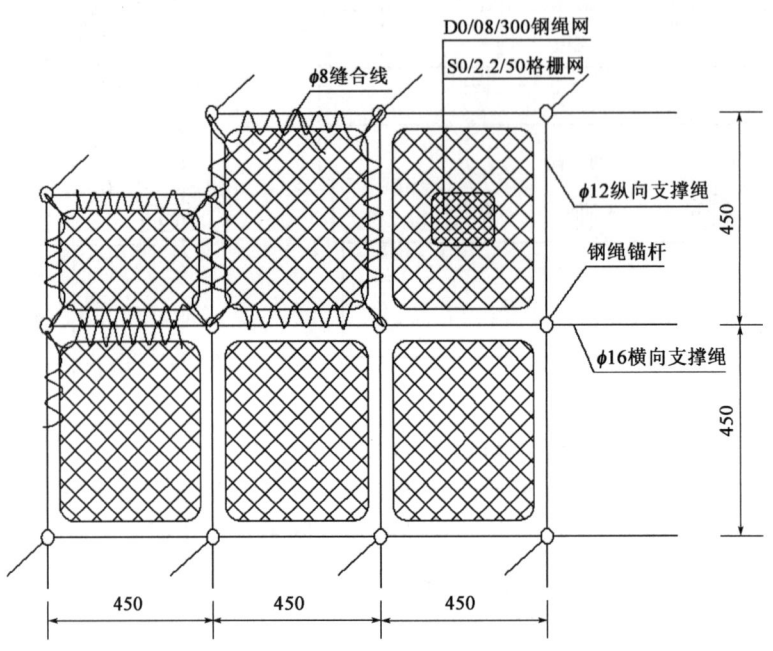

图 5-6-11　钢丝绳网大样及缝合连接示意图(尺寸单位:cm)

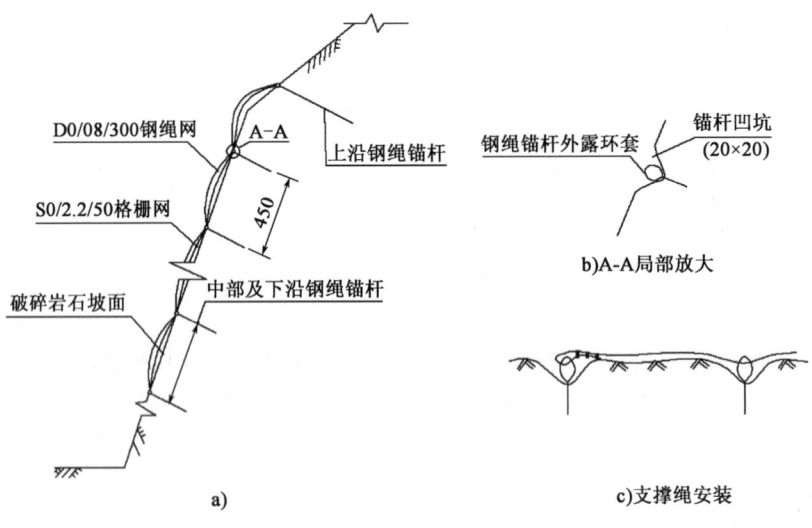

图 5-6-12　钢丝绳网坡面布置图(尺寸单位:cm)

高强度钢丝格栅防护网主要由高强度钢丝格栅、钢筋锚杆、锚垫板、缝合连接件等构成,如图 5-6-13 和图 5-6-14 所示。高强度钢丝格栅由强度高于 1500MPa 的特殊钢丝生产加工而成,是一种菱形网孔无纽编制的格栅。

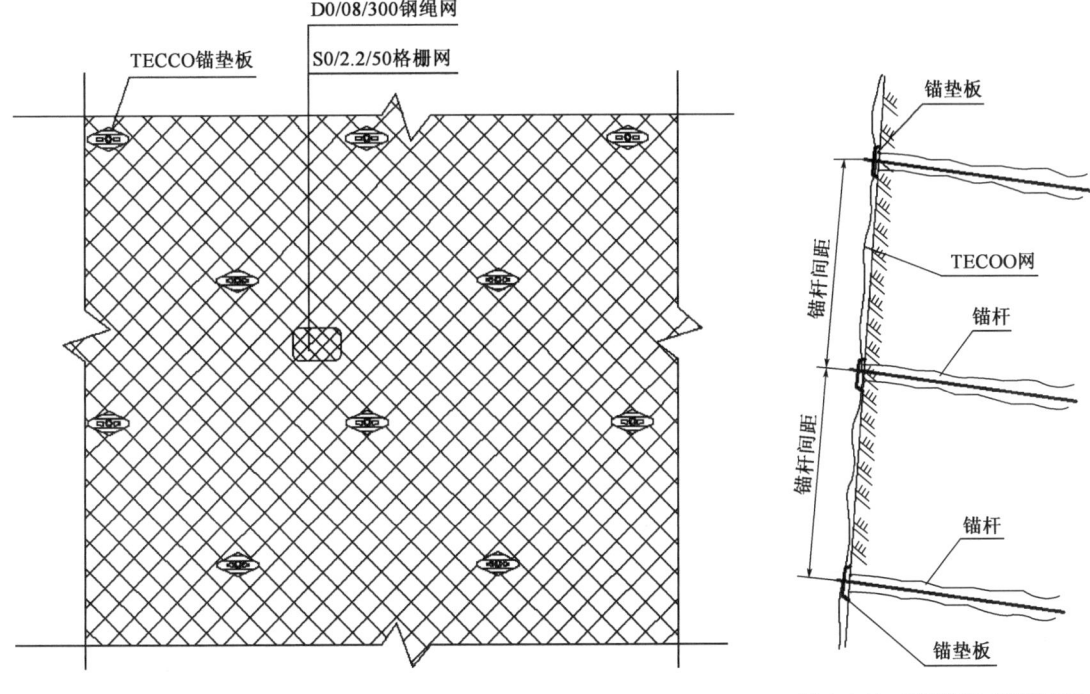

图 5-6-13　高强度钢丝格栅防护网示意图(尺寸单位:cm)

图 5-6-14　高强度钢丝格栅防护代表性断面示意图

锚杆一般为一端(外露段)带加工螺丝的 $\phi25/\phi28$ 普通螺纹钢筋锚杆。成孔困难时,也可采用自进式中空锚杆。

主动防护网的施工工艺:

a. 场地准备:清除影响施工和施工安全的坡面浮土、浮石;砍伐使系统无法施工的树木,可保留一定高度的树桩。

b. 放线:确定锚孔的现场位置,可充分利用坡面的凹凸特征,在允许的间距调整范围内尽可能将锚孔直接设置在天然凹坑处。

c. 成孔:一般采用轻型手持式凿岩机成孔。钻孔作业宜以自上而下的顺序进行。一般在钻孔前或钻孔的同时,在孔口处凿一满足要求的凹坑。

d. 锚杆安装:成孔完成后,要进行洗(吹)孔,然后放入锚杆,锚杆要对中;机械注浆,注浆材料可采用纯水泥浆或水泥砂浆,水灰比一般为 1:0.4~1:0.5。

e. 支撑绳安装:将一定长度的钢丝绳一端穿过锚杆的外露环套,用绳卡固定后,逐个穿过同排或同列锚杆的外露环套,直至支撑绳末端锚杆外,用张拉能力不低于 10kN 的紧线器或葫芦拉紧支撑绳,用绳卡将末端固定即可。

f. 格栅铺挂:格栅铺挂一般自上而下进行,网块间应重叠一至两排网孔的宽度并用扎丝扎结(扎结间距一般为 1m 左右),同时应使网块尽可能平展并紧贴坡面。

g. 安装钢丝绳网及缝合:应尽可能将钢丝绳网置于支撑绳形成的网格中间,并对其四角临时固定,然后从网块上部中点,用一根绳向两边分别与支撑绳进行缝合连接,缝合绳两端重叠 0.5~1m 后,将缝合绳的两端用绳卡与钢丝网固定。

施工注意事项:坡面浮土、浮石一般均需采用人工清理,要注意施工安全;锚杆施工中,可能导致部分岩块松动,需及时清理掉;锚杆注浆完成至少 3 天后才开始支撑绳的安装。

②被动防护网:

采用锚杆、钢柱、支撑绳和拉锚绳等固定方式将金属柔性网以一定的角度安装在坡面上,形成栅栏形式的拦石网。

被动防护网系统通常由钢丝绳网(环形网)等高强度金属柔性网、支撑系统、固定与连接系统和减压环构成,如图 5-6-15~图 5-6-17 所示。

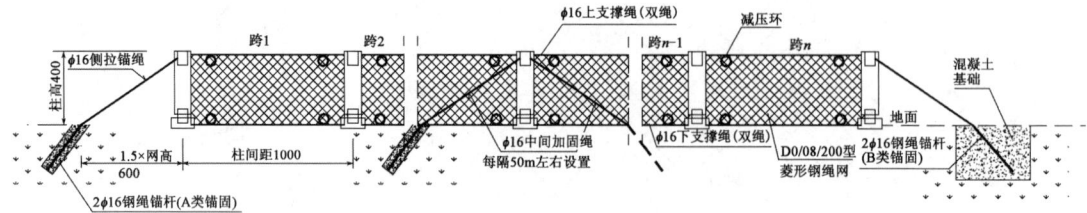

图 5-6-15 被动防护网系统平面布置图(尺寸单位:cm)

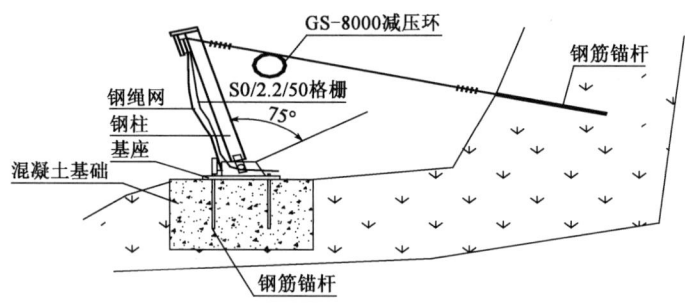

图 5-6-16 被动防护网系统断面图

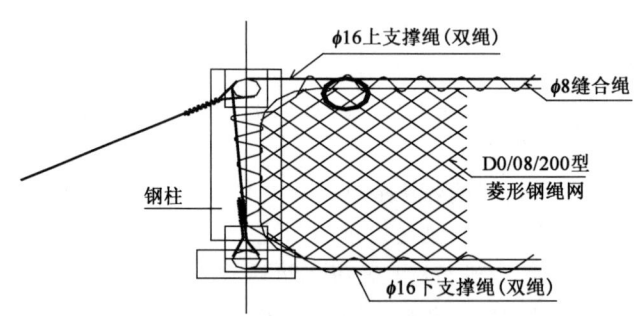

图 5-6-17 钢绳网缝合联结图

被动防护网设计工作主要是根据现场地形地貌条件、坡面潜在灾害特征、施工条件、工期要求、邻近建筑物运营状况、后期维护条件、投资控制、景观要求等综合因素,进行合理的选型和现场布置设计。一般程序为:调查病害特征→选定型号(确定防护能量等级)→现场布置或施工图设计。

被动防护网施工工艺:清坡;放线;基础施工与安装;钢柱及拉锚绳安装;支撑绳安装;柔性

网的铺挂与缝合;格栅铺挂。

施工注意事项:钢柱和拉锚绳要在其基础强度达到设计强度的 20% 以上时方可实施;缝合绳不得与钢柱、基座、拉锚绳连接;系统安装后,宜用土或小石块将平铺在地面上的格栅压住。

三、遮拦

在山坡不稳的中小型崩塌地段或由于人工开挖深陡路堑边坡而造成山体崩塌变形的地段,修建明洞、棚洞等,既可遮拦边坡上部崩塌落石,又可对边坡下部起稳定作用和支撑作用。

1. 明洞

（1）拱式明洞

适用条件:线路外侧有良好的地基和较宽的地势,便于砌筑截面较大的外边墙时。

拱式明洞由拱圈及两侧边墙构成,如图 5-6-18 所示。

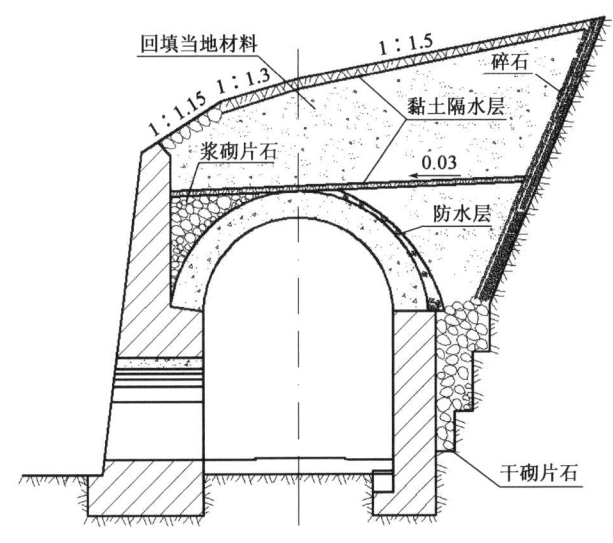

图 5-6-18 拱式明洞

（2）钢筋混凝土盖板明洞

适用条件:当线路通过地段无良好的地基,或内外边墙地基(土、石)软硬不均时。

钢筋混凝土盖板明洞由两侧墙和顶部钢筋混凝土盖板组成。明洞顶部回填土保护层,对称形式,如图 5-6-19 所示。

（3）双曲拱式明洞

适用条件:防治山坡小石块坠落。

双曲拱式明洞结构属轻型偏压类型,由内墙、外墙、双曲拱三部分组成,如图 5-6-20 ~ 图 5-6-23 所示。

2. 棚洞

通常分为简支棚洞和悬臂棚洞,多数时候根据现场情况进行单独设计。

（1）简支棚洞

简支棚洞线路左右侧纵向设边墙或刚架为支撑,洞顶横梁设为 T 形简支梁,适用于线路左右侧均有条件设置边墙基础时,与悬臂棚洞比较,具有以下优点:

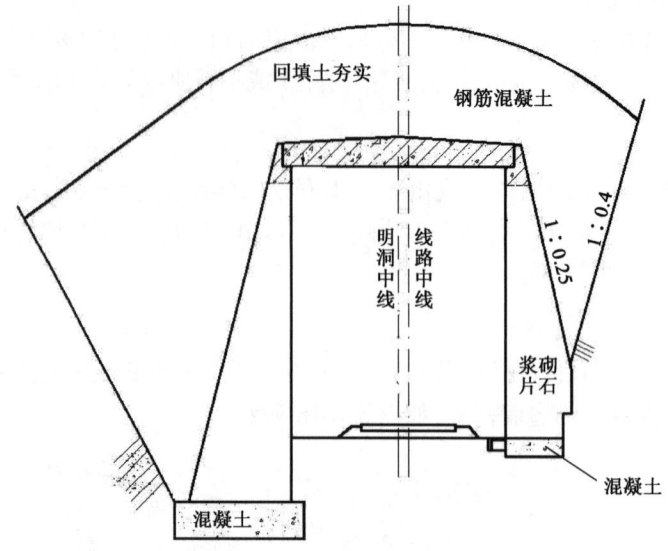

图 5-6-19 钢筋混凝土盖板明洞

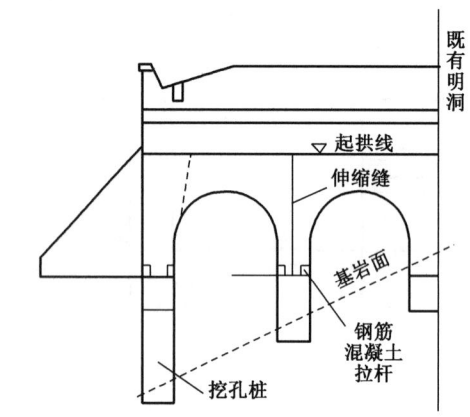

图 5-6-20 洞门、洞身纵断面

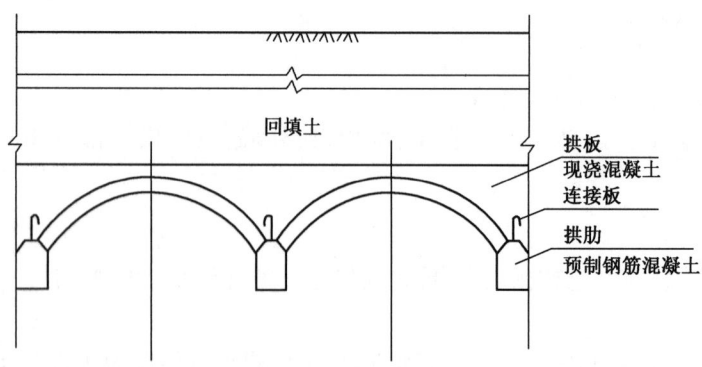

图 5-6-21 主拱断面

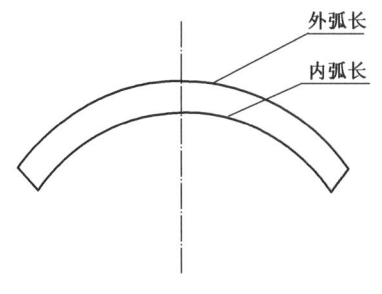

图 5-6-22　拱波结构示意图　　　　图 5-6-23　拱肋结构图

①整体性及稳定性好,抗震性能好。
②对线路遮盖完整。
③相对于悬臂棚洞造价低。
④简支梁较悬臂梁体量小,易于预制、架设。

靠山侧为边墙式,外侧为刚架式简支棚洞为最常见的形式,适用于半堤半堑及落石击中洞顶填土后,二次弹跳不能滚入线路地段,如图 5-6-24、图 5-6-25 所示。

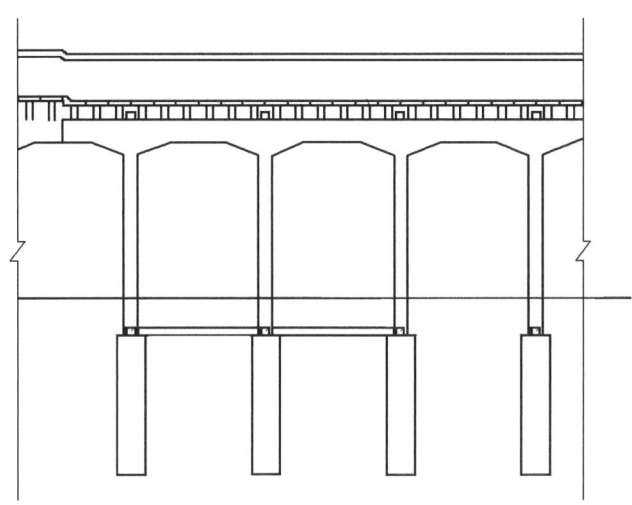

图 5-6-24　靠山侧为边墙式、外侧为刚架式简支棚洞纵断面图

(2)悬臂棚洞

悬臂棚洞线路靠山侧设置支撑点,线路另一侧不设支撑,依靠悬臂梁遮盖线路,适用于线路外侧设置基础困难的情况。

与简支棚洞比较,由于外侧不设基础,故施工时对既有线路的设备干扰小,通透性好。同时由于外侧不设置基础,其整体稳定性及对线路的遮盖不如简支棚洞;地震区应设置锚杆、纵横撑等措施弥补其不足。

纵向刚架式悬臂棚洞如图 5-6-26、图 5-6-27 所示。

(3)特殊设计棚洞的典型实例

山区地形地质复杂,棚洞也可采用轻型 EPS 板作为洞顶缓冲层填料,有效降低设计荷载,减小棚洞圬工,如图 5-6-28、图 5-6-29 所示。

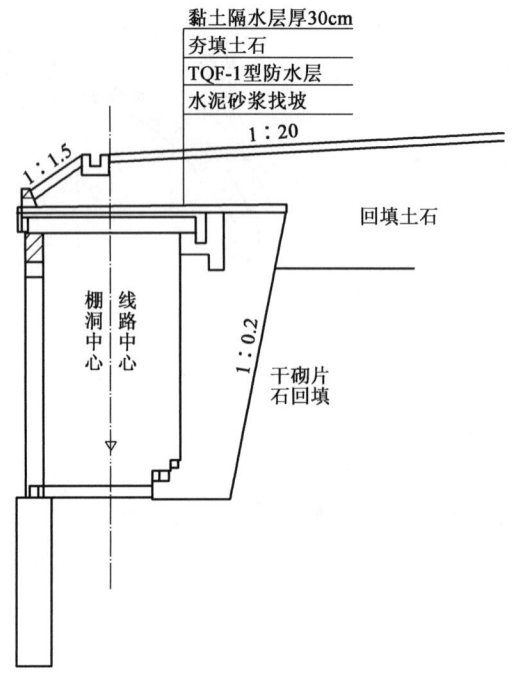

图 5-6-25 靠山侧为边墙式、外侧为刚架式简支棚洞横断面图

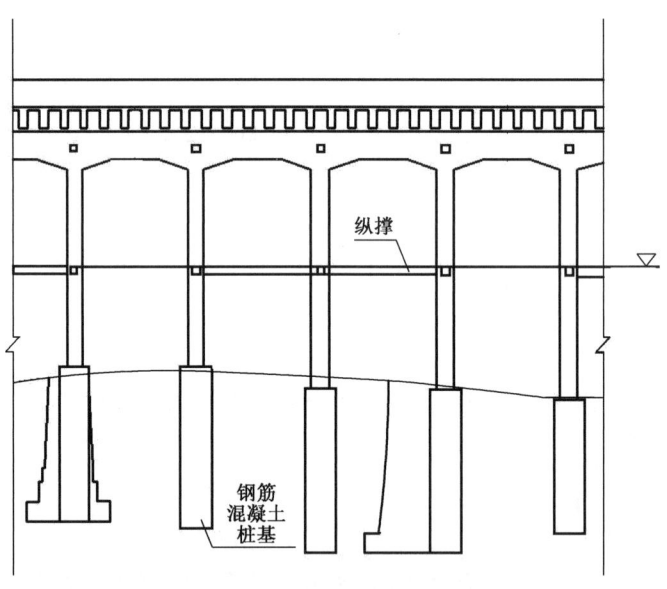

图 5-6-26 纵向刚架式悬臂棚洞纵断面图

四、支挡

在大危岩突出或有不稳定的大孤石,采用清理办法不安全且有困难时,可以在孤石下面修支顶墙、支护墙、明洞式支墙、支柱和支撑等支挡加固建筑物。

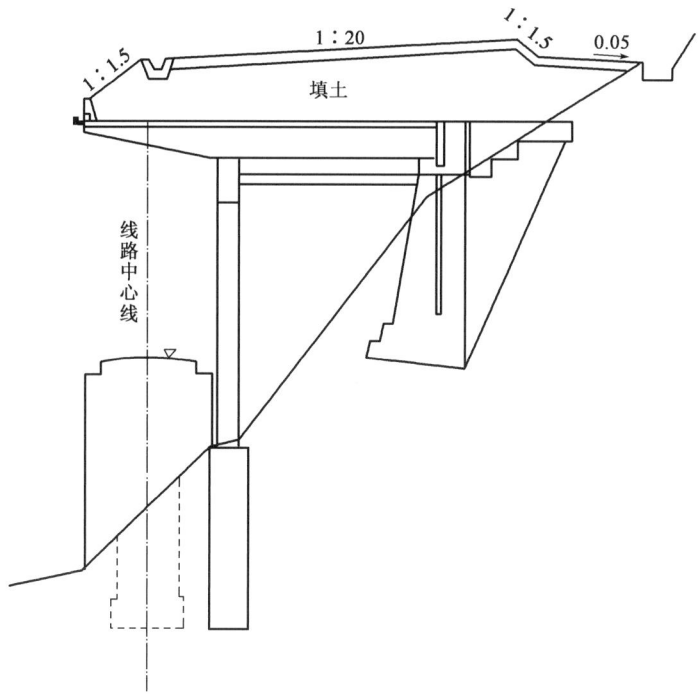

图 5-6-27 纵向刚架式悬臂棚洞横断面图

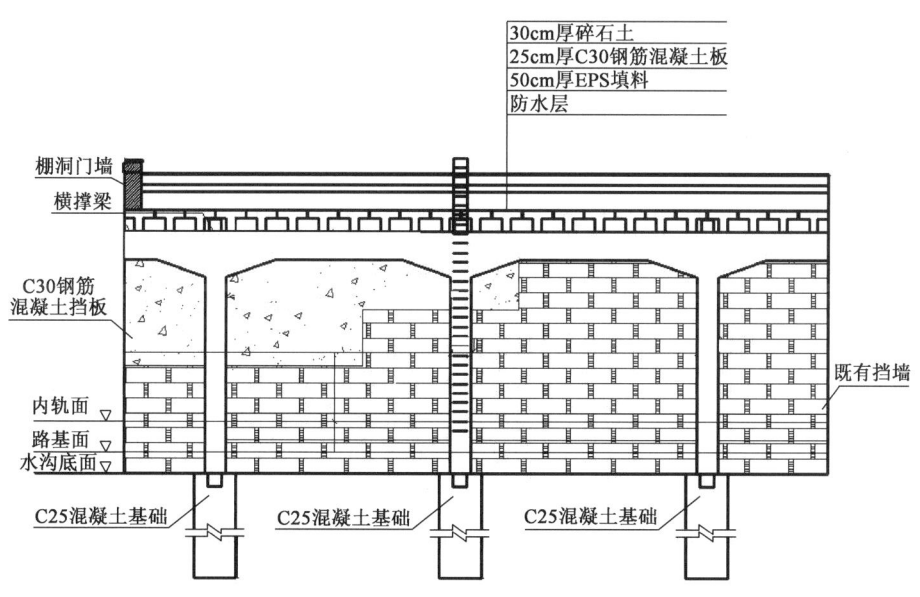

图 5-6-28 采用了轻型 EPS 板的棚洞纵断面

1. 支顶墙

适用条件:对上部探头、下部悬空的危岩,下部具有较好的基岩时,可设置浆砌片石或混凝土支顶墙,支顶墙结构如图 5-6-30 所示。

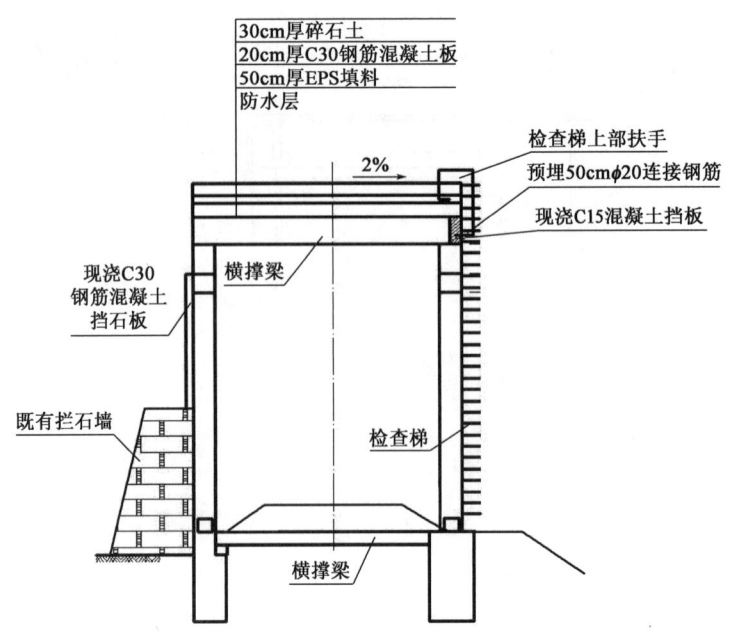

图 5-6-29 洞顶铺设 EPS 板的棚洞横断面示意图

2. 支护墙

适用条件:在软硬岩层互层地段,下卧软岩风化形成凹槽,而硬质岩层构造面切割形成危岩时,如图 5-6-31 所示,采用浆砌片石支护墙以支撑边坡上部的危岩,并防止下部软岩的继续风化。

3. 明洞式支墙

适用条件:加固悬岩,防治崩塌,如图 5-6-32 所示,明洞式支墙四节,每节 3m,间距为 3.0~3.5m。

4. 支柱

适用条件:支顶个别突出堑坡顶部的大石块。

如图 5-6-33 所示,支柱是不连续的支墙,其特征是宽度与厚度尺寸相接近,用浆砌片石或钢筋混凝土砌筑。

5. 支撑

适用条件:山坡陡峻,危岩坚硬,基底狭窄,不适于浆砌片石支顶时。

如图 5-6-34 所示,可采用钢轨和钢筋混凝土柱支撑。

五、锚固

路堑边坡上方有倾向线路的节理裂缝,若岩质坚硬,可考虑采用锚杆使危岩与下部较完整的岩层形成整体。锚杆的长度、根数、间距以及截面尺寸,应根据危岩的下滑力确定。一般可仅考虑承受危岩所施加的剪切力。

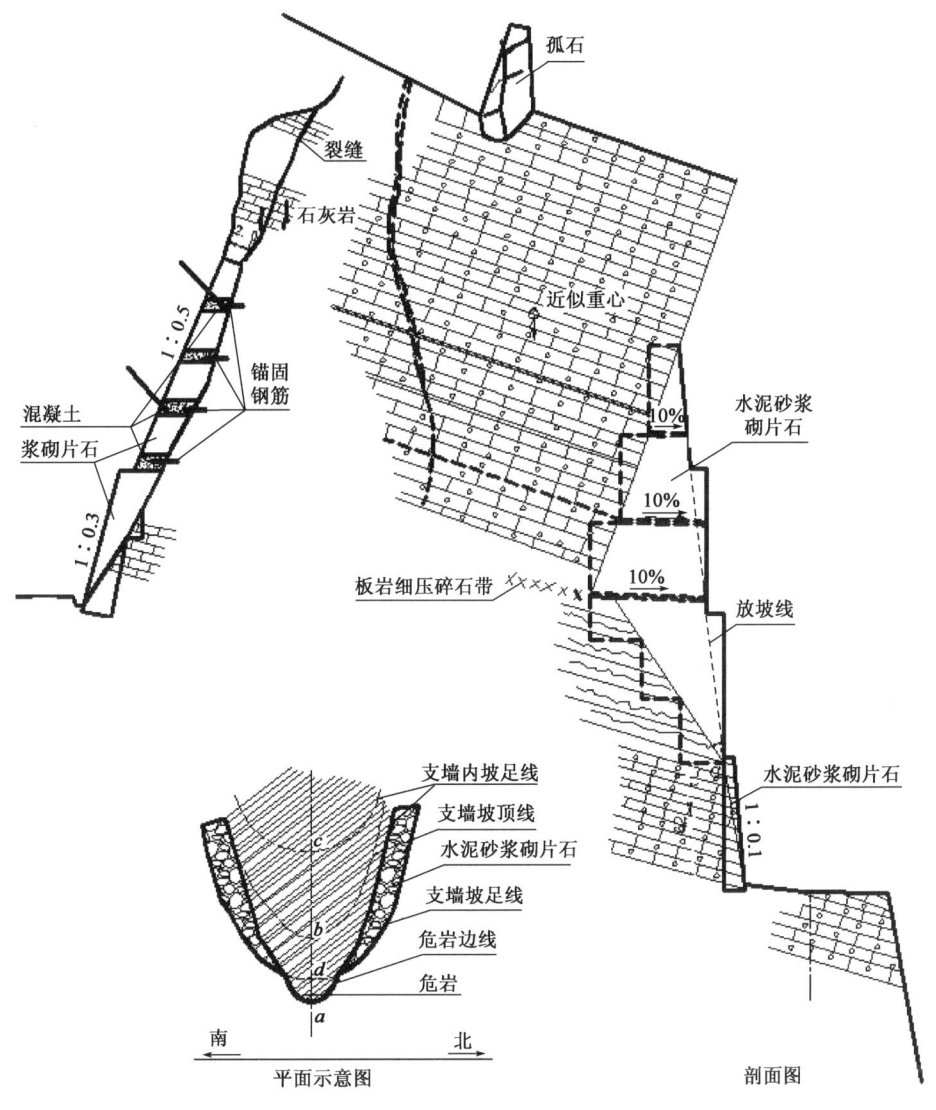

图 5-6-30　某工程支顶墙

当坚硬的危岩具有垂直的张开节理或裂缝,不宜清掉时,可采用钢筋锚固的办法(图 5-6-35)或将危岩栓在稳定的岩体上。钢筋的直径、根数和锚入母岩的深度,应根据危岩的下滑力确定,同时应考虑钢筋的防锈处理。

六、护面

护墙、护坡等护面工程措施适用于易风化剥落的边坡地段。对陡边坡可采用护墙,对缓边坡可采用护坡。

这些结构建筑物虽然不能承受较大的侧向压力,但依靠其本身的重量和厚度,仍可以起到一定的支撑作用。

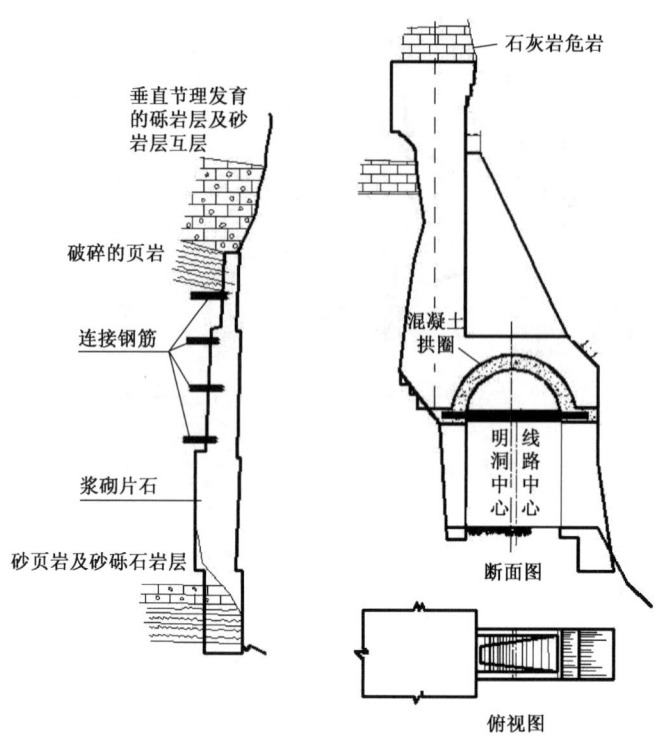

图 5-6-31 支护墙断面图

在软硬岩互层所组成的高边坡路段,对坡面上因风化形成的浅凹槽,可采用浆砌片石护面加固(图 5-6-36)。对大面积的破碎易风化剥落的堑坡,也可采用喷混凝土或浆砌片石护坡以防止继续风化剥落。

七、崩塌落石监控和报警装置

1. 装置功能

在报警装置防护范围发生塌方、落石时,报警装置立即自动向机车、车站和看守人员发出报警。报警方式:遮断信号机显示机车信号;机车自动停车地感器作用;机车信号显示停车信号;使用列调频率的无线电台发出呼叫信号;看守房显示声、光信号。

2. 适用条件

(1)适用于塌方、落石地段,也可用于滑坡和泥石流地段。

(2)尤其适用于整治塌方、落石投资大、工期长、施工困难地段。

由于报警装置是在发生塌方、落石之后进行报警,不能事先预测和防止塌方、落石发生,因此,假如列车距离较近或正在通过时发生塌方、落石,报警就失去意义。

3. 监控和报警装置及其基本工作原理

目前常见的和正在研究发展的落石监控和报警装置主要有传统的继电器模式(接电式)、线路障碍视频识别模式和光纤光栅感知震动模式等。通常由监控装置、报警装置及传输系统组成。

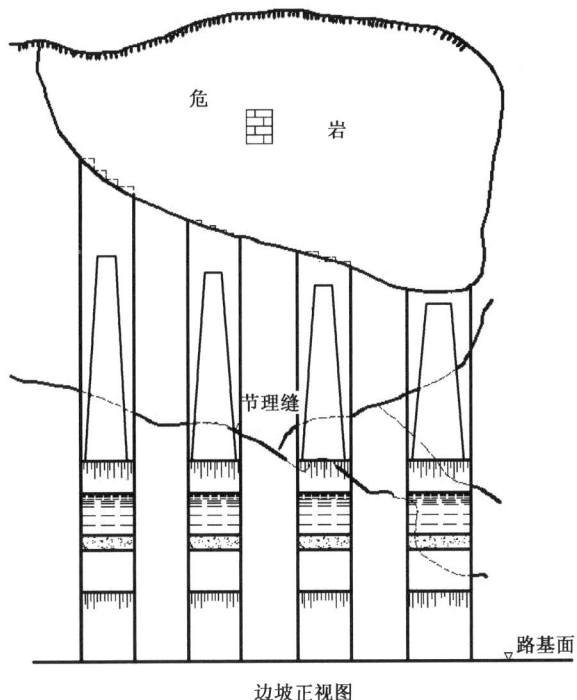

图 5-6-32　明洞式支墙

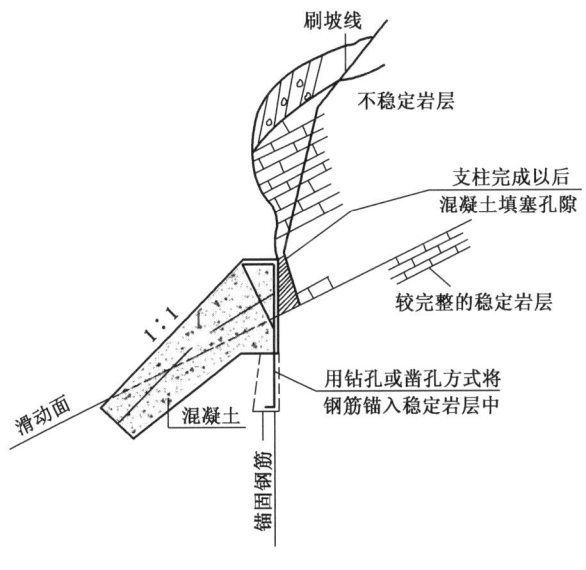

图 5-6-33　支柱断面图

（1）继电器模式（接电式）监控和报警装置工作的基本原理：监控地段塌方、落石→监控网（框架）被打垮、电线折断→继电器断电失磁落下→接通报警电路→看守房显示声、光信号同时遮断信号显示红灯→实现监控预警目的。

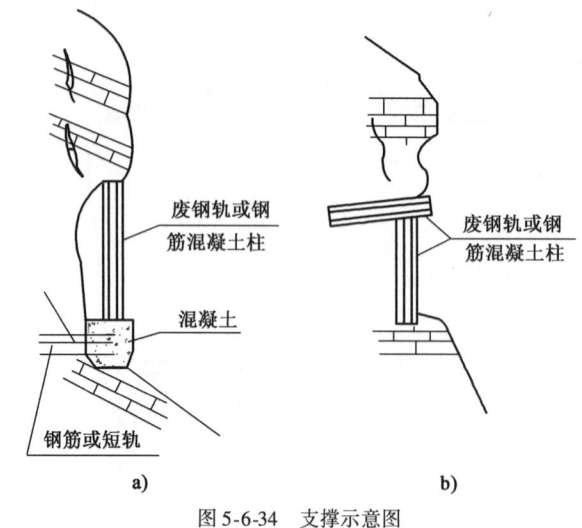

图 5-6-34 支撑示意图

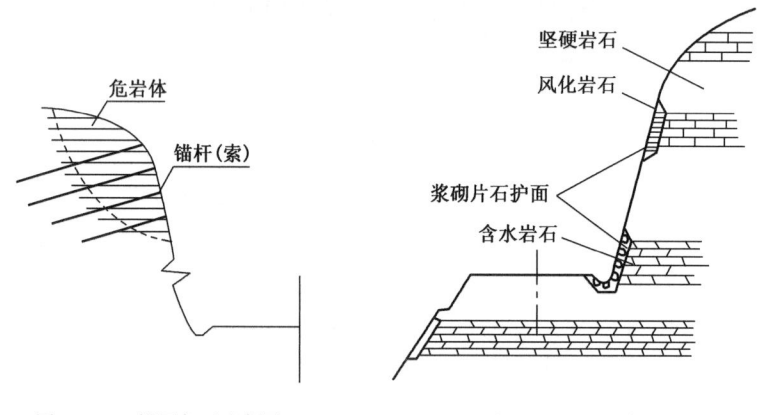

图 5-6-35 锚固危石示意图　　　　图 5-6-36 护面加固

(2)线路障碍视频识别模式监控和报警装置工作基本原理:监控地段塌方、落石→设置于监控地段的探测装置通过红外激光扫描感知异物侵限→启动视频内容分析(图像识别),综合判断确认是否发生塌方、落石→启动报警→监控人员接到短信等报警信息同时遮断信号显示红灯、区间运行的列车机车信号显示红灯→实现监控预警目的。

(3)光纤光栅感知震动模式监控和报警装置工作基本原理:监控地段塌方、落石→设置于线路两侧防护网(栏)或钢轨上的光纤光栅传感器感知到震动→震动信号传输至中央处理器→中央处理器识别信号并启动报警→监控人员接到短信等报警信息同时遮断信号显示红灯、区间运行的列车机车信号显示红灯→实现监控预警目的。

目前使用的监控和预警装置,具有丰富的告警手段,既能以信号显示、列调电台等方式第一时间向接近报警地点的机车司机告警,又能以短信、互联网图片、实时视频等方式向相关监控人员告警。告警信号可以接到工务巡看守点、工务工区(车间、段)、车站行车室、调度指挥中心等位置,便于及时判断和处理险情。

需要指出的是,由于激光、图像(视频)采集处理、光纤光栅等领域的技术及计算机智能、信息技术的发展,使得线路障碍识别和光纤光栅等高科技手段在塌方、落石的监控中得以应用并显示出蓬勃发展的势头,目前呈现出综合手段融合发展的趋势。但受到这些技术发展的限制,目前实际投入使用的系统不同程度的存在误报率高、监控存在死角,不能实现全天候全方位监控、可靠性不高、使用费用高昂等问题。随着技术的进步,将来基于视频识别、光纤光栅乃至于雷达技术的塌方、落石监控报警装置将不断完善并得到广泛应用。

第三节 岩堆地段路基设计

一、路堤设计

1. 基底处理

岩堆表层一般比较松散,应清除表层的松散堆积物并挖台阶。

2. 设置排水沟

为防止地面水渗入基底,一般应在路堤靠山坡侧适当位置布设防渗的排水沟,以截排山坡的地表水流,如图 5-6-37 所示。

3. 陡倾斜岩堆面上的路堤

为防止路堤沿基底或岩堆接触面滑动,在岩堆不厚的情况下,可采用嵌入基岩的挡土墙(图 5-6-38)或采用桩基托梁挡土墙和桩板墙加固。如岩堆范围不大,厚度小,也可采取清除全部岩堆的办法,在基岩面上挖台阶,填筑路堤。

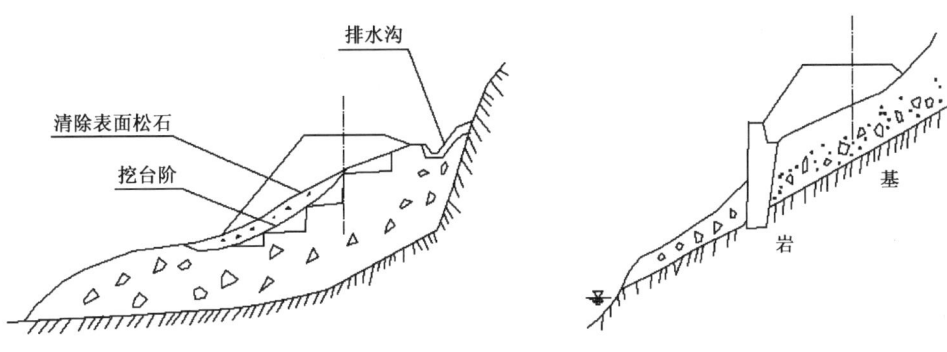

图 5-6-37 设置排水沟　　　　　　图 5-6-38 嵌入基岩的挡土墙

二、路堑设计

(1)一般宜采用与岩堆天然安息角相应的边坡坡度(参考表 5-6-2),但对已稳定的岩堆则可根据其胶结和密实程度采用较陡的边坡坡度。对边坡中出现的松散夹层,应进行石砌防护,当边坡高度超过 20m 时,宜采用阶梯形边坡。

岩堆路堑边坡坡度　　　　　表 5-6-2

岩堆情况	条件说明	边坡坡度
不含杂质的碎石	山区的堆积层	1:1~1:1.25
不含杂质的碎石	平坦地区、已密实	1:0.75~1:1
碎石被小颗粒包围,碎石间互不接触	小颗粒是无黏结力的砂	1:1.5
碎石被小颗粒包围,碎石间互不接触	小颗粒是黏性土	1:1.75~1:2.0
碎石相互间尚能接触,中夹黏性土	碎石有棱角	1:1.25
碎石相互间尚能接触,中夹黏性土	碎石失去棱角,较圆滑	1:1.5
一般堆积层		≥1:1.5

(2)设计路堑边坡时应注意开挖后剩余土体的稳定性,如图 5-6-39 所示,边坡 2、3 的位置均不适宜,因剩余土体容易沿基岩面由边坡底部产生剪切滑动,所以应将边坡放缓或将剩余土体全部清除,以防后患。

(3)切穿岩堆的路堑。若岩堆厚度较薄,挖方边坡切穿岩堆体,破坏了岩堆的平衡条件时,为防止岩堆沿接触面滑动,可于上侧修筑抗滑挡土墙(图 5-6-40),或抗滑桩加固。当岩堆床高出路基面较高时,一般采用锚索加固。

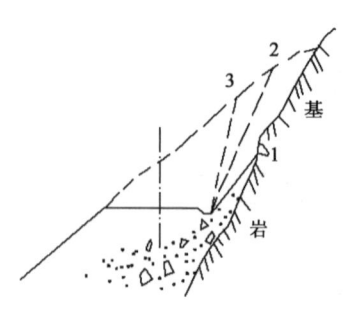

图 5-6-39 岩堆上路堑边坡的稳定性
1-稳定;2、3-不稳定

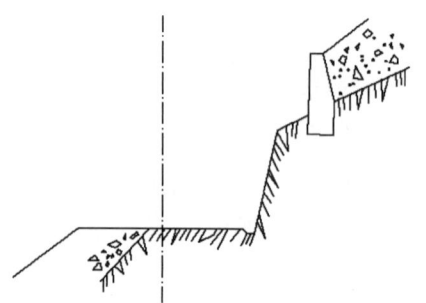

图 5-6-40 切穿岩堆的路堑

三、挡土墙设计

在岩堆地区,采用挡土墙稳定路基甚为普遍。按基础条件的不同,可概括为两种情况:

1. 基础修建在基岩上的挡土墙

当岩堆比较薄时,挡土墙基础可修建在基岩上,图 5-6-38 与图 5-6-40 中的挡土墙即属于这种情况。

2. 基础修建在岩堆堆积层上的挡土墙

当岩堆堆积层较厚时,挡土墙基础可修建在岩堆堆积层内,但需注意以下几点:

(1)挡土墙基础的稳定性

当岩堆堆积层的承载力不够时,则需设扩大基础。多孔洞的基底,需采取填实、灌浆等措施。

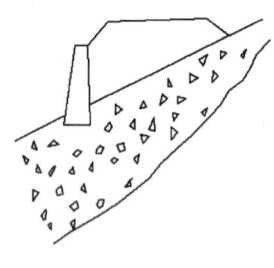

图 5-6-41 高挡土墙的路基

(2)挡土墙与岩堆的整体稳定性

①当岩堆床坡度较陡时,如在岩堆中、上部采用高填土路堤与高挡土墙(图 5-6-41),由于额外增加很大荷重,而易引起岩堆整体滑动或沿基底下的黏性土夹层产生滑动。如采用低填、浅挖、半填半挖路基与低挡土墙(图 5-6-42),由于增加的荷重与岩堆自重相比较小,不会影响岩堆的平衡条件。如在岩堆底部修建挡土墙(图 5-6-43),由于底部岩堆床的坡度较平缓,堆积物多为大块石,因此稳定性较好。

②当岩堆床坡度平缓时,则不论挡土墙的位置与高度如何,一般均较稳定(图 5-6-44)。但如挡土墙位于岩堆上部,墙身较高,且沿基底下有黏性土夹层时,产生滑动仍是可能的。

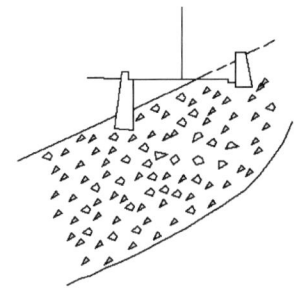
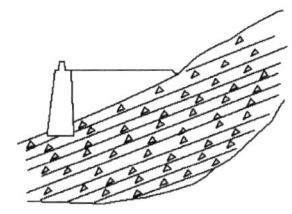

图 5-6-42 带有低矮挡土墙的半填半挖路基　　图 5-6-43 在岩堆下部修筑挡土墙的路基

四、防止岩堆变形设计

当岩堆具有倾斜较陡的基底接触面、层理面或软弱夹层时,在修筑路基后,可能沿上述软弱面发生滑移。因此,在设计中应检算岩堆的稳定性,并采取相应的稳定措施,以保证路基的稳定。除修建支挡建筑物外,还可因地制宜,采取下列措施:

(1)做好排水设施:截排地面水和地下水是行之有效的辅助措施。无论是路堤或路堑,从上方山坡上流向岩堆的地面水均宜截排至岩堆范围以外。对有害的地下水,则可根据具体情况采取截排地下水或其他稳定措施。

(2)坡面阶梯化:在岩堆坡面上设置多道干砌石墙、板栅(图 5-6-45)或铁丝网等,阻挡碎落物运动,使坡面阶梯化,是稳定坡面的有效措施。

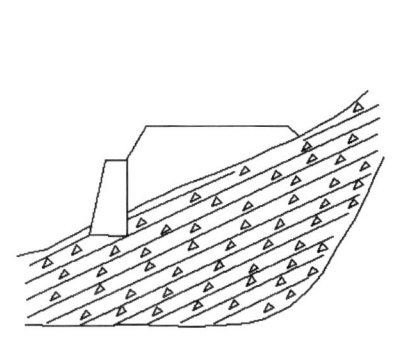
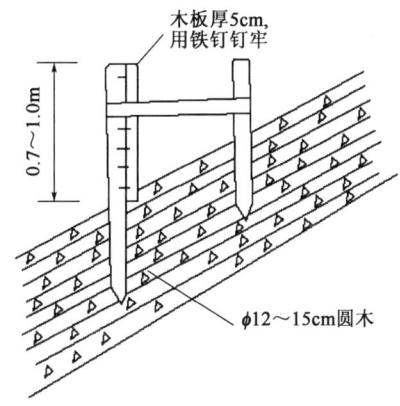

图 5-6-44　修筑挡土墙的路基　　　　　图 5-6-45　板栅

(3)种植草木:若岩堆夹有较多的土质,可种植杂草或灌木以稳定坡面。对不易生长草木的岩堆,可在坡面上撒铺种植土以充填孔隙,再行种植。

(4)防止坡脚冲刷:对于临河的岩堆,当坡脚受冲刷时,应对坡脚做好防护。

第七章　泥石流地区路基

泥石流是在一定的地理条件下形成的由大量土石和水构成的固液两相流体。我国泥石流分布广泛,类型齐全,危害严重,地区差异明显。主要发育地带从横断山区向北至秦巴山区、黄土高原,然后向东西分为两支,东支沿太行山、燕山到辽东山地,西支经祁连山到天山山地,总体展布受控于几条构造体系的展布格局,略呈"Y"字形。

泥石流的特点是爆发突然,运动快速,历时短暂,具周期复活性、链生性和群发性;比一般洪水具有更大的破坏力,能在很短的时间内冲出数万至数百万立方米的固体物质,能将数十至数百吨的巨石冲出山外,冲毁路基、桥涵、房屋、村镇或淹没农田,堵塞河道,给公路交通和工农业建设造成严重危害。泥石流对路基的危害主要是通过堵塞、淤埋、冲刷、撞击等方式对路基、隧道、桥涵及其附属构造物产生直接危害;也可通过压缩、堵塞河道使水位壅升,以致淹没上游沿河路基,或者迫使主河槽的流向发生变化,冲刷对岸路基,造成间接水毁。

第一节　概　　述

一、泥石流的形成条件及基本规律

1. 泥石流的形成条件

泥石流的形成与流域地质、地形地貌、水文、气象、植被、土壤、水文地质、地震及人类活动等因素有密切关系。泥石流的形成,必须同时具备三个基本条件:

(1)有利于贮集、运动和停淤的地形地貌条件:地形条件制约着泥石流形成、运动、规模等特征,包括泥石流沟的沟谷形态、集水面积、沟坡坡度与坡向和沟床纵坡降等。

(2)有丰富的松散土石碎屑固体物质来源:某一山区能作为泥石流中固体物质的松散土层的多少,与地区的地质构造、地层岩性、地震活动强度、山坡高陡程度、滑坡、崩塌等地质现象发育程度以及人类工程活动强度等有直接关系。

(3)短时间内可提供充足的水源和适当的激发因素:水源类型有降雨、冰雪融水和水库(堰塞湖)溃决溢水等。

泥石流流域分区示意图如图 5-7-1 所示。

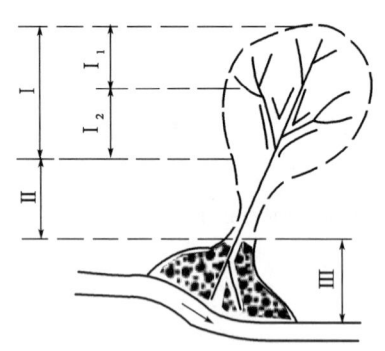

图 5-7-1　泥石流流域分区示意图
Ⅰ-形成区;I_1-汇水动力区;I_2-固体物质供给区;Ⅱ-流通区;Ⅲ-沉积区

2. 泥石流发育的基本规律

我国幅员辽阔,山地占国土面积 2/3 以上,普遍具备泥石流发育的基本条件,是世界上泥石流最发育的少数国家之一(表5-7-1)。

中国泥石流灾害分区　　　　　　　　　表5-7-1

区	亚 区
Ⅰ-东部湿润低山丘陵暴雨泥石流灾害区	Ⅰ₁-长白山—太行山暴雨水石流较发育的中度灾害亚区
	Ⅰ₂-山东丘陵暴雨水石流弱发育的轻度灾害亚区
	Ⅰ₃-江南—沿海岛屿低山丘陵暴雨水石流弱发育的轻度灾害亚区
Ⅱ-北部半干旱—半湿润高原暴雨泥石流灾害区	Ⅱ₁-大、小兴安岭冻融暴雨泥石流弱发育的轻度灾害亚区
	Ⅱ₂-内蒙古高原暴雨泥石流弱发育的轻度灾害亚区
	Ⅱ₃-黄土高原暴雨泥石流发育的重度灾害亚区
Ⅲ-西南湿润高中山暴雨泥石流灾害区	Ⅲ₁-东秦岭—大巴山暴雨泥石流较发育的中度灾害亚区
	Ⅲ₂-四川盆地丘陵暴雨泥石流弱发育的轻度灾害亚区
	Ⅲ₃-巫山—大娄山暴雨泥石流弱发育的中度灾害亚区
	Ⅲ₄-云贵高原暴雨水石流弱发育的中度灾害亚区
	Ⅲ₅-西秦岭—横断山东部暴雨泥石流发育的重度灾害亚区
	Ⅲ₆-横断山西部—哀牢山暴雨泥石流发育的重度灾害亚区
Ⅳ-西部寒冻高原高山冰川泥石流灾害区	Ⅳ₁-天山冰川、暴雨泥石流较发育的中度灾害亚区
	Ⅳ₂-祁连山冰川、暴雨泥石流较发育的中度灾害亚区
	Ⅳ₃-昆仑山冰川泥石流较发育的轻度灾害亚区
	Ⅳ₄-藏北高原冻融泥石流较发育的轻度灾害亚区
	Ⅳ₅-喜马拉雅山冰川泥石流较发育的中度灾害亚区
	Ⅳ₆-念青唐古拉山东段冰川泥石流发育的重度灾害亚区

我国泥石流具体分布具以下基本规律:
(1)沿断层构造带密集分布;
(2)在地震活动带成群分布,主要分布在烈度Ⅶ以上的地震区;
(3)深切割的高山与中山、中山与低山的过渡带地形相对高差大,泥石流普遍发育;
(4)受气候影响,冰川泥石流主要分布在冰川的冰缘地带,降雨型泥石流在降雨量大和暴雨区多有分布;
(5)受人类工程活动的影响,在大面积砍伐森林、水土流失严重的地区,采矿大量堆积矿渣的沟谷,大规模开挖堆积弃土的山坡和沟谷,都易产生泥石流。

泥石流的发生时间具有如下三个规律:
(1)季节性:我国泥石流的暴发主要受连续降雨、暴雨,尤其是特大暴雨等集中降雨的激发。因此,泥石流发生的时间规律是与集中降雨时间规律相一致的,具有明显的季节性。一般发生于多雨的夏秋季节。具体月份在我国的不同地区,因集中降雨时间的差异而有所不同。
(2)周期性:泥石流的发生受雨、洪、地震的影响,而雨、洪、地震总是周期性地出现。因此,泥石流的发生和发展也具有一定的周期性,且其活动周期与雨、洪、地震的活动周期大体一致。当雨、洪、地震两者的活动周期相叠加时,常常形成一个泥石流活动周期的高潮。
(3)泥石流一般是在一次降雨的高峰期,或是在连续降雨后发生。

二、泥石流的分类

从公路建设角度考虑,一般按表 5-7-2 所列的项目对泥石流进行系统划分,这有助于全面认识泥石流,并有利于区别对待和采取适宜的防治措施。

泥 石 流 分 类　　　　　　　表 5-7-2

分类依据	分类指标	分类及类别	与防治的关系
地貌特征	地貌区段	宽谷段、峡谷段	特点不同,对公路危害的程度不同,选线时应注意区别
	流域形态	沟谷型、山坡型	
成因类型	固体来源	沟床侵蚀、坡面侵蚀、滑坡、崩塌	物质来源不同,影响选用防治措施
	水源类型	暴雨、冰雪融水、水库溃决、泉水	
基本特征	物质组成	泥流、泥石流、水石流	对公路危害的性质与方式不同,影响计算参数与计算方法的选择
	流体性质	黏性、稀性	
发育状况	暴发频率	高频、低频	暴发频率及危害程度不同,影响选用防治措施
	暴发规模	特大、大、中、小	
	危害程度	极严重、严重、一般、轻微	
	发育阶段	发展期、旺盛期、衰退期、停歇期	阶段不同,影响选线和设计标准

下面选择介绍表 5-7-2 中所列的各项分类。

(1)按泥石流堆积区所在的地貌特征划分,见表 5-7-3。

泥石流按堆积区地貌特征分类　　　　　　　表 5-7-3

特　征	类　别	
	宽谷段	峡谷段
堆积区的地貌特征	洪积扇位于大河的宽谷段或山前区,离大河较远,不受或少受大河切割的影响,得以充分发育	洪积扇位于大河的峡谷段,谷窄流急,很难保存。一般只在沟口附近有洪积扇的遗迹,形如阶地;而在大河中有洪积物形成的浅滩

(2)按泥石流流域形态特征划分,见表 5-7-4。

泥石流按流域形态特征分类　　　　　　　表 5-7-4

特　征	类　别	
	沟谷型泥石流	山坡型泥石流
流域面积(km^2)	>1	<1
主沟长度(km)	>2	<2
流域形态	沟谷明显,流域可呈长条形、葫芦形或树枝形等。分形成区、流通区和堆积区。形成区内有坍滑体,大型沟谷的支流、卡口较多,呈束放相间河段。常沿断裂或软弱面发育,堆积区呈扇形或带状	沟浅、坡陡、流短,沟坡与山坡基本一致,无明显流通区和堆积区,面蚀、沟蚀严重,堆积区呈锥形
灾害特征	规模大、来势猛、过程长、强度大,大型沟谷的沉积物有分段搬运现象	山坡型泥石流的规模小、来势快、过程短、冲击力大,堆积物多为一次搬运

(3)按泥石流的固体物质组成分类,见表 5-7-5。

泥石流按固体物质组成分类　　　　　表 5-7-5

特 征	类 别		
	泥流	泥石流	水石流
重度(kN/m³)	15~22	12~23	12~18
固体物质组成	以黏拉、粉粒为主,有时含有少量砂和砾石	由黏粒到漂石的多种粒级组成	由较粗顺粒组成,以碎块石、砂砾为主,夹少量黏粒、粉粒
主要发育地区	黄土高原地区	山区的分布范围比较广泛	发育在大理岩、白云岩、石灰岩、砾岩或部分花岗岩山区

(4)按泥石流的流体性质分类,见表 5-7-6。

泥石流按流体性质分类　　　　　表 5-7-6

特 征	类 别	
	黏性泥石流	稀性泥石流
重度(kN/m³)	15~23	12~18
黏度(Pa·s)	>0.3	<0.3
物质组成	由黏土、粉砂、砾石、块石等组成,含有大量的黏土和粉砂	以碎块石和砂砾为主,含有少量黏土和粉砂
流态特征	由黏性浆体与砂砾组成,石块等粗碎屑物质被束缚于黏稠的浆体中,无垂直交换,近似素流,整体匀速前进,运动过程发生断流,有明显阵流现象	由稀性浆体与砂砾石块组成,浆体起搬运介质作用,流体中的石块等粗碎屑物质的运动速度小于浆体运动速度,石块沉底被推移滚动前进,有明显垂直交换,呈连续素流,无阵流现象
沉积物特征	堆积后不扩散,呈舌状或岗状,仍保持运动时的结构形态;各层之间层次分明;沉积物分选性差、渗水性弱,洪水后不易干涸	堆积后固液两相立即离析,堆积物呈垄岗状或扇状,洪水后即可通行。沉积物呈松散状,有一定分选性

(5)按泥石流的发育阶段划分,见表 5-7-7。

泥石流按发育阶段分类　　　　　表 5-7-7

指 标	发 育 阶 段			
	发展期	旺盛期	衰退期	停歇期
流域内的沟谷形态	山坡冲沟开始发育,多细沟等形式,下切深度较小	沟谷严重下切,断面呈"V"字形	支沟已趋稳定,沟谷断面呈"U"字形,上游沟床已多为基岩	沟槽稳定,形成区基本消失,植被良好
不良物理地质现象	沟岸有少量崩塌、滑坡	以深层滑坡、大型崩塌及错落为主	滑坡、崩塌渐趋稳定,以局部坍塌、滑溜为主	山坡稳定
泥石流性质	黏性或稀性	以黏性为多	稀性	普通洪流
扇形地发展情况	开始发育,扇面较小	扇面大,淤高快,改道频繁	冲出物大部堆积在扇顶部,逐渐向沟内回淤,洪积扇顶部有固定沟床	原有洪积扇逐渐消失,洪积扇上长满植被或种植有农作物

(6)按暴发频率及危害程度等划分的泥石流工程分类,见表5-7-8。

《岩土工程勘察规范》(GB 50021—2001)根据泥石流暴发频率划分为高频率泥石流沟谷和低频率泥石流沟谷,又根据破坏严重程度划分为3个亚类,见表5-7-8。

泥石流工程分类　　表5-7-8

类别	泥石流特征	流域特征	亚类	严重程度	流域面积(km^2)	固体物质一次冲出量($\times 10^4 m^3$)	流量(m^3/s)	堆积区面积(km^2)
高频率泥石流沟谷Ⅰ	基本上每年均有泥石流发生,固体物质主要来源于沟谷的滑坡、崩塌。暴发雨强小于2~4mm/10min,除岩性因素外,滑坡、崩塌严重的沟谷多发生黏性泥石流,规模大;反之,多发生稀性泥石流,规模小	多位于强烈抬升区;岩层破碎,风化强烈,山体稳定性差,滑坡、崩塌发育,植被差。沟床和扇形地上泥石流堆积新鲜,无植被或仅有稀疏草丛,黏性泥石流沟中、下游沟床坡度大于4%	$Ⅰ_1$	严重	>5	>5	>100	>1
			$Ⅰ_2$	中等	1~5	1~5	30~100	<1
			$Ⅰ_3$	轻微	<1	<1	<30	—
低频率泥石流沟谷Ⅱ	泥石流暴发周期一般在10年以上。固体物质主要来自沟床,泥石流发生时"揭床"现象明显。暴雨时坡面产生的浅层滑坡往往是激发泥石流形成的重要因素。泥石流暴发雨强大于4mm/10min,泥石流规模一般较大,性质有黏有稀	分布于各地构造区的山地,山体稳定性相对较好,无大型活动性滑坡、崩塌。中、下游沟谷往往切于老台地和扇形地内,沟床和扇形地巨砾密布。植被较好,沟床内灌木丛生,扇形地多已辟为农田。黏性泥石流沟中、下游沟床坡度小于4%	$Ⅱ_1$	严重	>10	>5	>100	>1
			$Ⅱ_2$	中等	1~10	1~5	30~100	<1
			$Ⅱ_3$	轻微	<1	<1	<30	—

注:1. 表中流量对高频率泥石流沟谷指百年一遇流量,对低频率泥石流沟谷指调查历史最大流量。
2. 泥石流的工程分类宜采用野外特征与定量指标相结合的原则,定量指标满足其中一项即可。

三、公路泥石流灾害类型

1. 公路与泥石流沟的组合关系

1)公路在泥石流沉积区横向通过[图5-7-2a)]

当泥石流沟沉积区比较宽广且相对较稳定、后部山体地形陡峻、岩体结构破碎、岩体结构面与边坡的组合不利于边坡稳定,尤其是交线外倾临空时,在坡脚修建公路易造成大规模的滑坡以及出现严重的碎落病害,为此,通常将公路布设在沉积区内横向穿越。在规模巨大的冲淤变动型沟谷泥石流内,由于泥石流具有大冲大淤的特点,公路易受到泥石流体淤埋、冲击损毁等水毁作用。

2)公路在泥石流流通区横向通过[图5-7-2b)]

在泥石流沉积区冲淤变动显著、洪积扇处于河流的常年洪水位以下、后部山体地形比较缓和且岩土体较为稳定的条件下,通常将公路布设在流通区内横向穿越,但是公路构筑物易受到泥石流的冲击损毁,尤其是岸坡防护工程存在重大的山洪及泥石流安全隐患。

3)公路在泥石流流通区—沉积区过渡段横向通过[图5-7-2c)]

在泥石流沉积区冲淤变动较为明显、洪积扇主体位于河流洪水位以下、后部山体比较陡峻、地质条件复杂、岩体结构破碎、结构面与边坡组合不利于边坡稳定等条件下,通常将公路布设在泥石流沟的沉积区和流通区的过渡地段。

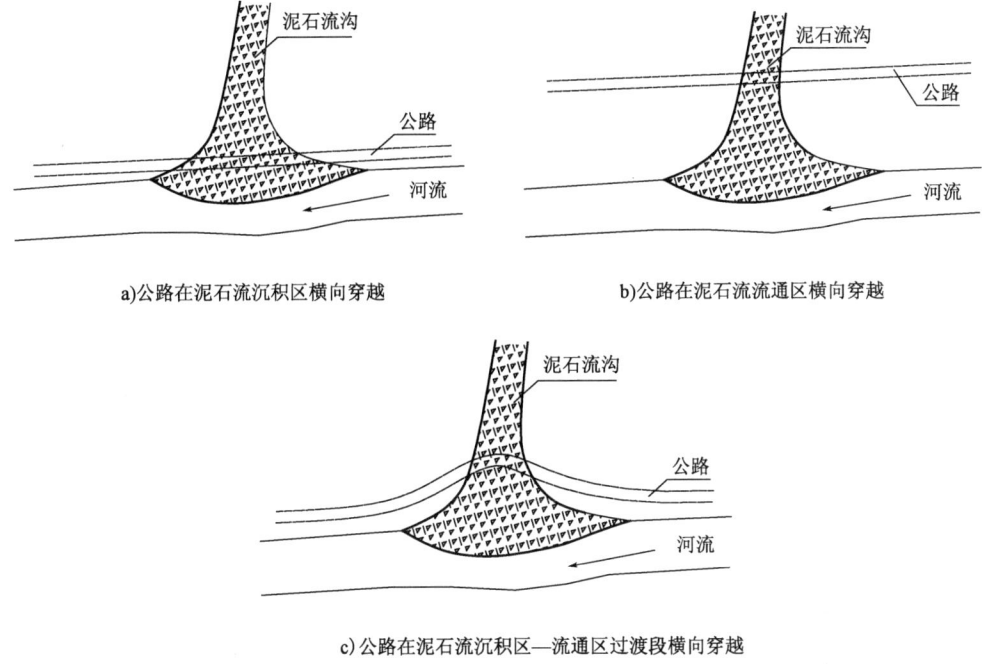

图 5-7-2 公路与泥石流沟的组合关系

2.公路泥石流灾害类型

从地貌学角度,泥石流属于灾害地貌过程及灾害地貌现象,是地表形态演化的必然过程;从工程地质学角度,泥石流属于不良地质现象,是外力地质作用的表征之一;从公路养护及公路地质安全角度,公路泥石流属于公路病害及公路水毁。公路泥石流灾害包括两方面,泥石流冲击损毁公路、泥石流淤埋损毁公路。

根据公路灾害部位不同,公路泥石流灾害可分为五类,即桥台泥石流水毁、上部结构泥石流水毁、桥涵淤埋、桥台基础掏蚀和路基水毁等方面。

第二节 泥石流地区勘察要点与设计原则

一、泥石流工程勘察要点

泥石流作为一种地质灾害,其形成与当地的气象、水文、区域地质条件等有着密切的关系,工程地质勘察应注意面点结合,合理开展流域勘察及关键工点勘察工作。泥石流流域勘察一般在可行性研究或初步勘察阶段进行,以工程地质测绘和调查为主,查明泥石流的形成条件和泥石流的类型、规模、发育阶段、活动规律,为工程适宜性评价和防治方案比拟提供基础资料。当工程地质测绘不能满足设计要求或需要对泥石流采取防治措施时,应结合拟定的治理方案,对关键部位重点内容进行针对性勘探测试,进一步查明泥石流堆积物的性质、结构、厚度、密度、力学特性以及泥石流流速、流量、淤积量和冲击力等参数,以满足工程设计需要。

1. 勘察目的

(1) 查明泥石流的形成条件和发生原因。

(2) 查明泥石流的性质和活动规律。

(3) 查明泥石流的规模、危害程度和发展趋势。

(4) 了解泥石流泥位、流量及流速等资料。

(5) 收集和分析当地各部门治理泥石流的实践经验和原有工程成功与失败的经验。

2. 勘察内容

根据设计需要,结合泥石流的规模、工程难易程度及与路线的关系等情况,搜集资料,编写勘察说明书。说明书一般应包括以下内容:

1) 数据

(1) 泥石流最高泥位、持续时间、过水断面;

(2) 泥石流的重度、流速、流量;

(3) 松散固体物质的储供量;

(4) 汇水面积、主沟长度、主支沟比降、糙率、平均粒径、搬运的最大粒径;

(5) 最大一次淤积量,最大一次淤积厚度。

2) 图件

(1) 泥石流流域地形图或平面地物图;

(2) 泥石流流域主、支沟纵剖面图(附沟槽的控制性横断面图);

(3) 固体物质储供条件图;

(4) 泥石流流域工程地质、地貌综合图。

3) 泥石流勘察说明书

说明书应对工程场地做出适宜性评价,并推荐泥石流的防治措施方案。

3. 勘察方法

(1) 收集资料

勘测前应收集地形图,区域地质与地震资料,泥石流分布区的航空相片(比例尺 1:10000 ~ 1:35000)和卫星相片,气象资料(年降雨量及其分配、暴雨强度分布等),历史上及既有泥石流的暴发规模和活动规律的调查与观测,以及灾情记载,人类经济活动(如水利工程、道路、采矿)对泥石流的影响等资料。

外业调查前,对上述收集的资料应进行分析研究,以初步了解调查区地形地貌、地质构造、地层岩性、水文气象方面的情况,分析线路经行沟谷及其上游是否具备产生泥石流的条件,并做出泥石流类型、规模、发育阶段、活动规律、危害程度的预测。

(2) 卫星相片和航空相片判释

在分析既有资料的基础上,可利用卫星相片从宏观上判断泥石流的分布范围,通过对区域地质构造和活动性断裂带特征的判释,了解泥石流形成的地质背景。

航空相片具有视野广,直观性好等优点。经室内判释,实地核对后可获得泥石流沟谷地质构造、地貌类型与形态、流域内各种新老不良地质现象的分布、泥石流洪(冲)积弱特征、植被发育状况与覆盖率等大量信息资料,初步做出泥石流按发育阶段的分类。

对于地质条件复杂、控制线路方案的特大型、大型泥石流,宜搜集不同时期的航空相片,经判释后获取泥石流的动态变化资料,如泥石流洪(冲)积扇的变迁、不良地质体范围与数量的变化等。

(3)调查测绘

泥石流勘测应以工程地质测绘和调查为主。测绘范围应包括沟谷至分水岭的全部地段和可能受泥石流影响的地段。测绘比例尺,对全流域宜采用1:50000,对中、下游可采用1:2000～1:10000。应调查下列内容:

①冰雪融化和暴雨强度、前期降雨量、一次最大降雨量,一般及最大流量,地下水活动情况。

②地层岩性,地质构造,不良地质现象,松散堆积物的物质组成、分布和储量。

③沟谷的地形地貌特征,包括沟谷的发育程度、切割情况、坡度、弯曲和粗糙程度,划分泥石流的形成区、通过区和沉积区,圈绘整个沟谷的汇水面积。

④形成区的水源类型、水量、汇水条件,山坡坡度,岩层性质及风化程度、断裂、滑坡、崩塌、岩堆等不良地质现象的发育情况及可能形成泥石流固体物质的分布范围、储量。

⑤通过区的沟床纵横坡度、跌水、急弯等特征,沟床两侧山坡坡度、稳定程度,沟床的冲淤变化和泥石流的痕迹。

⑥沉积区的洪积扇分布范围、表面形态,纵坡、植被、沟道变迁和冲淤情况;堆积物的性质、层次、厚度,一般及最大粒径及分布规律。判定沉积区的形成历史、堆积速度,估算一次最大堆积量。

⑦泥石流沟谷的历史,历次泥石流的发生时间、频数、规模、形成过程,爆发前的地震、降水情况和降水后产生的灾害情况。区分正常沟谷还是低频率泥石流沟谷。

⑧开矿弃渣、修路切坡、砍伐森林、陡坡开荒以及过度放牧等人类活动情况。

(4)勘探与试验

当工程地质调绘不能满足设计要求或需要对泥石流采取防治措施时,可进行勘探试验工作,以查明泥石流堆积物的分布、厚度、性质及下伏基岩的坡度等,并配合有关专业提供泥石流的流体密度、固体物质含量、粒径、流速、流量、淤积速度及冲刷量等指标。

当采用钻探、挖探方法查明泥石流沉积物的组成与厚度时,钻入基岩的深度应超过沟内最大块石直径3～5m。条件适合时也可采用物探方法。确定本沟出现概率最大、危害最大的泥石流流体性质的代表性土样试验,如泥石流流体密度(ρ_c)、固体颗粒密度(ρ_H)。颗粒分析试验应在现场进行。

当需获取某些危害严重的大规模泥石流的各项特征值定量指标时,应配合有关专业建立观测试验站,作定期观测与试验。

4. 泥石流沟的识别

泥石流沟判识的目的在于找出那些已经发生过泥石流或有产生泥石流条件、尚存潜在发生可能的沟谷,为泥石流防治提供具体对象。考察沟谷内泥石流形成条件,其组合状况和泥石流活动遗迹,就可以判别是否属泥石流沟谷。

1)泥石流形成条件判别

(1)固体物源

①沟谷处在大断裂、活动断裂带或附近,断层带、断层磁碎带的岩体裂隙密集发育,岩体破碎。

②沟内出露软弱或软硬相间的风化地层,如泥岩、页岩、千枚岩、胶结差的疏松岩层、风化花岗岩类等,以及松散土层分布广、厚度大的沟谷。

③沟谷两岸崩塌、流失、坡面侵蚀强烈。滑坡等地质现象发育,分布集中;水土流失、坡面侵蚀强烈。

④沟内贮集有大量松散土层,如形成的泥石堆积、冲洪积或冰川堆积土层等。

(2)地形条件

①沟谷上游是漏斗姿态、勺状、树叶状,中游切割深而窄,下游比较开阔。沟谷中、下游相对高差一般在 300m 以上,坡面泥石流的相对高差一般在 200m 以上。

②沟底平均纵坡降一般在 10% 以上,泥石流初始起动段沟底坡降一般大于 25%,部分段沟底坡降比较缓,但其中存在陡坎和跌水,在横向上多为峡谷。

③斜坡面的坡度一般大于 25°。

(3)水源条件

①收集地区最长连续降雨时间和连续最大降雨量,以及日、小时、10min 的最大降雨量。不同地区,临界雨量是不同的,结合地区降雨特征,可判断地区降雨激发泥石流发生的可能性。

②沟内存在冰川或积雪。5~8 月日平均气温可达 9℃以上时,会产生大量冰雪融水,若降雨在沟内同时出现,更易激发泥石流。

③沟谷上游,存在稳定性差的各种坝体,如已有病害现象的水库和堰塘,滑坡、崩塌、泥石流形成"堆石坝"、冰川堰塞湖等。

④沟内地下水丰富,有大量泉水出露,沟底水位埋藏浅。上述三个条件都具备的沟谷,则可以发生泥石流,只是发生的时间早晚和规模大小而已。

2)泥石流遗迹考证

绝大多数泥石流沟都有重复发生泥石流的历史。泥石流物质有其特征,它的形成、活动和堆积均会留下遗迹,加上群众访问,可为泥石流沟谷的鉴别提供直接证据。

(1)堆积物特征

①泥石流堆积,在平面上呈扇形,纵剖面上呈锥形,地面纵坡一般为 3°~12°,横坡一般为 1°~3°;表面坎坷不平、垄岗起伏。对于堆积区为大河峡谷段的泥石流沟,因沟口无洪积扇及洪积扇遗迹,往往容易漏判,这种情况的堆积区虽无洪积扇,但在大河中多有由于洪积物形成的浅滩,或洪积物蚀余的石块分布,其粒径和岩性与大河的沉积物不一致,可以帮助识别。

②堆积物岩性,多为黏土、砂、碎块石、砾卵石混杂,无分选性。但详细观察可以发现,块石、砾石有定向排列的现象,表面有碰撞擦痕;黏性泥石流堆积物中可见泥球和泥裹石现象;有些地点,在剖面上有成层现象。

③处于间歇阶段的泥石流沟的洪积扇,有的虽已草木丛生或辟为耕田,但当条件成熟时,仍有暴发泥石流的可能。因此对处于间歇阶段的泥石流沟,在勘测时要做详细周密的调查,收集足够的资料,分析判断泥石流的发展趋势,提出合理的防治措施。

(2)泥石流活动遗迹

在同一条沟内,泥石流的规模和运动能量一般都比洪水大,泥石流顶面所到位置比洪水位高,再加上泥石流在流动过程中有超高、爬高现象,残留的泥石流土和擦痕常在高处有保留;在通过区,往往由于沟槽窄,经泥石流的强烈挤压和摩擦,沟壁也常遗留泥痕、磨面、擦痕及冲撞的痕迹。

(3)群众访问

泥石流来势凶猛,破坏力强,往往给当地人民带来严重损失,群众对泥石流事件的记忆比较深刻,相传久远。判别泥石流沟,可进行群众访问、座谈、收集过去发生泥石流的情况,帮助确认。

总之,当一条沟谷具备了泥石流形成的条件,无论过去是否发生过泥石流,在条件组合适宜的情况下,都会暴发泥石流。过去已经发生过泥石流的沟谷,今后重复发生的可能性大。从防灾角度考虑,只要沟谷满足两者之一时,都应视为泥石流沟,并采取适当防治措施。

二、泥石流地段路基设计原则

泥石流地区的公路路基设计,应根据泥石流的成因类型、规模、特征、活动规律、发展趋势和危害程度,结合当地气象、水文、地质、地形条件、公路等级及使用要求等,经综合考虑后进行。工程设计对策以防、避、治为特点,泥石流治理应全面考虑水土保持、排导及拦截等各项措施,尤其应注意综合效益,做好总体规划,采取综合治理。生物生态环境治理措施以稳、保、用为根本,工程防治技术以排、拦、固为主体。

1. 选线原则

选线是泥石流地区公路设计的首要环节。选线恰当,可避免或减少泥石流危害;选线不当,可导致或增加泥石流危害。线路平面及纵面的布置,基本上决定了泥石流防治可能采取的措施,所以,防治泥石流首先要从选线考虑。

(1)高等级公路最好避开泥石流地区。在无法避开时,也应按避重就轻的原则,尽量避开规模大、危害严重、治理困难的泥石流沟,而走危害较轻的一岸,或在两岸迂回穿插。如过河绕避困难或不适合时,也可在沟底以隧道或明洞穿过。

(2)当大河的河谷很开阔,洪积扇未达到河边时,可将公路线路选在洪积扇淤积范围之外通过,这时路线线型一般比较舒顺,纵坡也比较平缓,但可能存在以下问题:洪积扇逐年向下延伸淤埋路基;大河摆动,使路基遭受水毁。

(3)在大河峡谷段,如支沟泥石流有可能暂时堵塞河道而使水位升高时,应注意把线路选在较高的位置,以免被淹没。

(4)跨越泥石流时,首先应考虑在流通区沟口建桥跨越的方案。因为这里一般沟道较窄、沟床较稳定、冲淤变化不大,有利于建桥跨越。但应注意这里的泥石流搬运力及冲击力最强;还应注意这里有无转化为堆积区的趋势。因此,要留足桥下排洪净空。

(5)当需跨越洪积扇定线时,要注意防治淤积、漫流、冲击和冲刷四种病害,特别是淤积病害。由于各种病害随洪积扇部位不同而异,基于利弊分析,定线常争取在扇缘跨越,只在特殊情况下才考虑在扇顶或扇腰部位通过。

(6)在山坡型泥石流集中发育地段,线路应避免选在山脚的变坡点上,因为这里坡度很陡的洪积锥经常会堵塞桥涵的进口。最好把线路选在山坡上,以利泥石流排泄。如山坡陡峻或不够稳定时,则宜选在远离山脚处,并以高路堤通过,以便设置排泄泥石流的桥涵。

2. 路基设计的一般原则

路基抵御泥石流危害的能力不如桥涵,因此应尽量避免路基遭受泥石流的危害。凡暴露在泥石流威胁下的路基,都应有必要的防护加固工程。

(1)泥石流地区的路基设计应全面考虑跨越、排导、拦截以及水土保持等措施,注意总体规划,采取综合防治措施。

(2)在泥石流影响范围内的河滩路堤,应有足够坚固的防护工程或导流设备,并使之与桥涵连成整体。路堤防护宜作浆砌或干砌护坡,河岸防护宜作护岸或顺坝,不宜作丁坝。

(3)泥石流范围内的路堤,应充分考虑路堤两侧冲淤变化以及洪水淹没等情况,尽可能采用水稳性好的渗水土或很难渗透的黏性土填筑。如路堤两侧水位相差悬殊,则应按土坝设计。

(4)受泥石流危害的沿河路基应注意:如主河床急剧淤高,则设计高程应考虑河床的淤高;如对岸泥石流挤压主河槽,持续冲刷本岸,则不宜沿河设河滩路堤;如两岸泥石流犬牙交错分布,主槽冲淤激烈,在加强防护的条件下,可设河滩路堤。

(5)在泥石流地区修筑路基,应尽量避免采用管涵。采用涵洞时,应适当加大净高与跨径。桥梁应有足够的净空和长度,同时在桥的上下游应设置必要的导流和防护构造物,以免因桥下淤积或主流改道而危及路基。

(6)在处于活动阶段的泥石流洪积扇上,一般不可采用路堑或半路堑,路堤设计应考虑泥石流的淤积速度及公路使用年限,慎重确定路基高程。

第三节 重度泥石流分析计算

一、重度的测定与计算

泥石流重度的大小是区别一般清水和泥石流的重要标志,也是区别稀性和黏性泥石流的重要标志。泥石流重度还是泥石流流量计算中的主要参数。由于实测泥石流重度困难,目前确定泥石流重度的方法主要包括如下几种:

(1)称重法

用当地泥石流堆积物加水搅拌,经群众鉴定,认为能代表某次泥石流状态时,称其重量,用式(5-7-1)计算该次泥石流的重度:

$$\gamma_c = \frac{G}{V} \tag{5-7-1}$$

式中:γ_c——泥石流重度(kN/m^3);
G——泥石流样品总重量(kN);
V——泥石流样品的总体积(m^3)。

(2)体积比法

通过调查访问,得知以往泥石流中固体颗粒和水的体积比例,用式(5-7-2)计算泥石流重度:

$$\gamma_c = \frac{f\gamma_h + \gamma_b}{f + 1} \tag{5-7-2}$$

式中:γ_h——固体颗粒的重度(kN/m^3);
f——泥石流中固体颗粒体积和水的体积之比,以小数计;
γ_b——水的重度,取$10kN/m^3$。

(3)经验数值

国内一些部门得到不同稠度的泥石流重度的经验值,见表5-7-9,可供选取时参考。

泥石流重度经验值　　　　　　　表 5-7-9

泥石流稠度状态	泥石流重度（kN/m³）	泥石流稠度状态	泥石流重度（kN/m³）
稀浆状	12～14	稀粥状	16～18
稠浆状	14～16	稠粥状	18～22

二、流速的测定与计算

泥石流流速计算,目前大都采用以实测或调查资料确定的经验公式,因而都有一定的局限性和地域性。下面分别介绍稀性和黏性泥石流较常用的流速计算公式。

1. 稀性泥石流流速计算

（1）动力平衡流速用式(5-7-3)、式(5-7-4)计算：

$$v_c = \frac{1}{\alpha} M_B R^{\frac{2}{3}} I^{\frac{1}{2}} \tag{5-7-3}$$

$$\alpha = \left[\frac{\gamma_h (\gamma_c - \gamma_b)}{\gamma_h - \gamma_c} + 1 \right]^{\frac{1}{2}} \tag{5-7-4}$$

式中：v_c——稀性泥石流流速(m/s)；

M_B——清水河槽糙率系数，见现行《公路工程水文勘测设计规范》（JTG C30）；

R——水力半径(m)；

I——泥石流水面坡度或沟床纵坡，以小数计；

γ_h——泥石流中固体颗粒重度(kN/m³)；

γ_c——泥石流重度(kN/m³)；

γ_b——水的重度(kN/m³)，取 10kN/m³。

此式在成昆铁路技术总结中推荐使用。

（2）东川泥石流流速改进公式见式(5-7-5)：

$$v_c = \frac{1}{\alpha} M_c R^{\frac{2}{3}} I^{\frac{1}{2}} \tag{5-7-5}$$

式中：M_c——泥石流沟糙率系数，见表 5-7-10。

糙率系数 M_c　　　　　　　表 5-7-10

序号	河槽特征	M_c 极值	M_c 平均值	I
1	糙率最大的泥石流沟槽。沟槽中堆积有难以滚动的梭角石或稍能滚动的大石块,沟槽被树木(树干、树枝及树根)严重阻塞,无水生植物。沟底呈阶梯式降落	3.9～4.9	4.5	0.375～0.174
2	糙率较大的不平整泥石流沟槽。沟底无急剧突起,沟床内堆积大小不等的石块。沟槽被树木所阻塞,沟槽内两侧有草本植物。沟床不平整,有洼坑,沟底呈阶梯式降落	4.5～7.9	5.5	0.199～0.067
3	较弱的泥石流沟槽,但有大的阻力。沟槽内由滚动的砾石及卵石所组成。沟槽常因稠密的灌丛而被严重阻塞,沟槽凹凸不平,表面因大石块而突起	5.4～7.0	6.6	0.187～0.116

续上表

序号	河槽特征	M_c 极值	M_c 平均值	I
4	山区中、下游的泥石流沟槽。槽底为光滑的岩面,并具有多级阶梯、跌水,在开阔的沟段有树枝、砂石停积。无水生植物	7.7~10	8.8	0.220~0.112
5	在山区或近山区的河槽。经过砾石、卵石河床。由中、小粒径与能完全滚动的物质所组成。河槽阻塞轻微,河岸有草本及木本植物,河底降落较均匀	9.8~17.5	12.9	0.090~0.022

2. 黏性泥石流流速计算

(1)公路部门计算公式见式(5-7-6)。

综合西藏古乡沟、东川蒋家沟、武都火烧沟的经验,黏性泥石流流速公式为：

$$v_c = \frac{1}{n_c} H_c^{2/3} I_c^{1/2} \tag{5-7-6}$$

式中：n_c——黏性泥石流的河床糙率；

H_c——泥深(m)；

I_c——沟床比降。

(2)M·A 莫斯特科夫公式见式(5-7-7)：

$$v_c = K_c \sqrt{gh(i-i_0)} \tag{5-7-7}$$

式中：g——重力加速度(m/s²)；

h——泥石流厚度(m)；

i——泥石流沟床纵坡,以小数计；

i_0——泥石流发生运动时的最小坡度,无实测资料时可选用0.05~0.06；

K_c——已知流量下最大能量损失的参数,可按式(5-7-8)计算：

$$K_c = \frac{2}{\sqrt{3e}} \sqrt{\frac{(1-e)^3}{1-\frac{e}{2}}} \tag{5-7-8}$$

e——石块平均粒径(D_c)与泥石流厚度(h)之比,$e = D_c/h$。

由 e 值可从表5-7-11查得 K_c 值。

能量损失参数 K_c 表5-7-11

e	0.025	0.05	0.10	0.15	0.20	0.25	0.50
K_c	7.10	4.85	3.20	2.45	1.94	1.60	0.66

三、流量的测定与计算

泥石流流量计算多用配方法或形态调查法。在无人烟地区和没有条件进行形态调查的小流域常用配方法,而对近年来发生过较大泥石流的大、中型泥石流沟谷常用形态调查法。如能两法并用,互相校核,则效果更好。

1. 形态调查法

根据泥石流痕迹,测量过流断面,按式(5-7-9)计算泥石流流量：

$$Q_c = W_c v_c \tag{5-7-9}$$

式中：Q_c——泥石流流量（m³/s）；

W_c——泥石流的横断面面积（m²），可根据形态调查确定的泥石流最高泥位进行计算；

v_c——泥石流流速（m/s），按照泥石流的类型选用相应的公式计算。

2. 配方法

按一定设计标准下可能出现的洪水流量，配以一定比例的固体物质，计算泥石流流量见式（5-7-10）：

$$Q_c = (1 + \phi)Q_B \tag{5-7-10}$$

式中：Q_B——一定频率的清水流量（m³/s）；

Q_c——与 Q_B 同频率的泥石流流量（m³/s）；

ϕ——泥石流流量修正系数，$\phi = \dfrac{\gamma_c - \gamma_b}{\gamma_h - \gamma_c}$。

此式计算与稀性泥石流实际结果差别不大，但对于黏性特别是塑性泥石流推求值远小于实测值，因此许多学者都在配方法的基础上再乘以一个系数。

（1）考虑砂石体含水率的配方法，见式（5-7-11）：

$$Q_c = (1 + P)Q_B \tag{5-7-11}$$

式中：P——考虑补给固体物质含水率的泥石流流量修正系数，按式（5-7-12）计算：

$$P = \frac{1 - C_{vb}}{C_{vb} - \varepsilon(1 - C_{vb})} \tag{5-7-12}$$

C_{vb}——泥石流体中水的体积含量，按式（5-7-13）计算：

$$C_{vb} = \frac{\gamma_h - \gamma_c}{\gamma_c - \gamma_b} \tag{5-7-13}$$

ε——泥石流补给区中固体物质的体积与原始水量或天然含水率之比。

（2）考虑堵塞条件下的配方法，见式（5-7-14）：

$$Q_c = Q(1 + \phi)Q_B \tag{5-7-14}$$

式中：Q——泥石流堵塞系数，其值为 1.0~3.0，其中微弱堵塞取 1.0~1.4，一般堵塞取 1.5~1.9，较严重堵塞取 2.0~2.5，严重堵塞取 2.6~3.0。

（3）不考虑泥砂的天然含水率而乘以波状系数，见式（5-7-15）：

$$Q_c = D_u(1 + \phi)Q_B \tag{5-7-15}$$

式中：D_u——因波状流而增加的系数，根据实测资料得 $D_u = \dfrac{5.8}{Q_c^{0.21}}$。

因而可得式（5-7-16）：

$$Q_c = [5.8(1 + \phi)Q_B]^{0.83} \tag{5-7-16}$$

此式计算结果比较接近实际，适用于 $\gamma_c > 21\text{kN/m}^3$ 的黏性泥石流。

四、泥石流冲刷、淤积计算

1. 冲刷计算

（1）天然直槽沟道冲刷深度按式（5-7-17）计算：

$$t = \frac{0.1q}{\sqrt{D_{cp}} \left(\frac{H}{D_{cp}}\right)^{\frac{1}{6}}} \quad (5\text{-}7\text{-}17)$$

式中：t——沟床底算起的冲刷深度(m)；

q——单宽流量[m³/(s·m)]；

D_{cp}——稀性泥石流颗粒的平均粒径(mm)；

H——泥深(m)。

(2)天然弯曲沟道凹岸冲刷深度按式(5-7-18)计算：

$$t = \frac{0.17q}{\sqrt{D_{cp}} \left(\frac{H}{D_{cp}}\right)^{\frac{1}{6}}} \quad (5\text{-}7\text{-}18)$$

(3)拦挡工程对冲刷的影响及计算：

拦挡坝是防治泥石流基本的措施之一，坝下冲刷坑的深度和长度可按坝高近似确定：冲刷坑的深度(h) = 坝高(H)，冲刷坑的长度(L) = 5倍坝高($5H$)。

2. 淤积计算

河床(洪积扇)淤积的计算值，是确定路线高程和桥下净空的基本数据。由于影响淤积的因素复杂多变，计算时要具体分析，采用多种方法计算，相互比较。

(1)多年平均淤积值计算

①调查法，按式(5-7-19)计算：

$$h_{cp} = \frac{\sum h}{n} \quad (5\text{-}7\text{-}19)$$

式中：h_{cp}——河床或洪积扇多年平均淤积值(m/年)；

$\sum h$——调查(观测)年限内淤积的总厚度(m)；

n——调查(观测)年数(年)。

②成因分析法按式(5-7-20)计算：

$$h_{cp} = \frac{W - nw}{nA} \quad (5\text{-}7\text{-}20)$$

式中：W——在设计使用年限内，泥石流全流域可能参与泥石流活动的松散固体物质储量(m³)；

w——估计每年随水冲走的固体物质体积(m³)；

A——淤积范围的面积(m²)；

n——设计使用的年限(年)。

(2)设计年限n年内总淤积值计算

①平均年值法，按式(5-7-21)计算：

$$H_n = knh_{cp} \quad (5\text{-}7\text{-}21)$$

式中：H_n——设计年限n年内的累积淤积厚度(m)；

k——淤积趋势系数，可根据泥石流的发育阶段选择，发展期 $k = 1.0 \sim 1.5$，衰退期 $k = 0.5 \sim 1.0$。

②极限淤积值法：

泥石流沟受地质、地形、水文等自然条件的制约，其淤积值或有一定变化幅度，或有一个极限值。通过综合分析，找出可能出现的最大极限淤积值，作为建筑物设计淤积值的参考或依据。例如，不少伸入大河河谷的泥石流沟，可以主河高水位为基准面，古洪积扇纵坡作为淤积坡，推求现代泥石流洪积扇的极限淤积值。

五、泥石流动力参数计算

1. 泥石流冲击力

冲击力 F_c 包括泥石流整体冲击力 F_δ 和泥石流中大块石的冲击力 F_b。

泥石流整体冲击力用式(5-7-22)计算：

$$F_\delta = \lambda \frac{\gamma_c}{g} v_c^2 \sin\alpha \tag{5-7-22}$$

式中：F_δ——泥石流整体冲击压力(kPa)；
α——建筑物受力面与泥石流冲压方向的夹角(°)；
λ——建筑物形状系数，圆形建筑物 $\lambda = 1.0$，矩形建筑物 $\lambda = 1.33$，方形建筑物 $\lambda = 1.47$。

若受冲击工程建筑物为墩、台或柱时，泥石流大块石冲击力计算见式(5-7-23)：

$$F_b = \sqrt{\frac{3EJv^2W}{gL^3}} \sin\alpha \tag{5-7-23}$$

式中：F_b——泥石流大块石冲击力(kPa)；
E——工程构件弹性模量(kPa)；
J——工程构件截面中心轴惯性矩(m^4)；
L——构件长度(m)；
v——石块运动速度(m/s)；
W——石块重量(kN)；
α——块石运动方向与构件受力面的夹角(°)。

若受冲击构件为坝、闸或拦栅等，F_b 可按式(5-7-24)计算：

$$F_b = \sqrt{\frac{48EJv^2W}{gL^3}} \sin\alpha \tag{5-7-24}$$

2. 泥石流冲起高度的确定

理论上，泥石流流速为 v_c 时，泥石流最大冲起高度 ΔH 按式(5-7-25)计算：

$$\Delta H = \frac{v_c^2}{2g} \tag{5-7-25}$$

实际中，泥石流在爬高过程中由于受到沟底阻力的影响，其爬高 ΔH 按式(5-7-26)计算：

$$\Delta H = b \frac{v_c^2}{2g} \approx 0.8 \frac{v_c^2}{g} \tag{5-7-26}$$

式中：b——迎面坡度的函数。

3. 泥石流弯道超高的确定

对于流速大的泥石流，其惯性大，在弯道凹岸处有比水流更加显著的弯道超高现象，根据

弯道泥面横比降动力平衡条件,弯道超高按式(5-7-27)计算:

$$\Delta h = \frac{v_c^2 B}{2gR} \tag{5-7-27}$$

式中:Δh——弯道超高(m);
　　　B——泥面宽度(m);
　　　R——主流中心弯曲半径(m)。

第四节　泥石流地段公路路基设计

一、泥石流地段公路穿越方案

在泥石流地区修建公路工程,应遵循以防为主,以避为宜,以治为辅,防、避、治相结合的原则。以防灾意识开展地质选线,是泥石流地区公路工程设计的首要环节,把握这个关键和要害,即使泥石流极其严重与集中发育,也可避免和减轻其危害风险程度。如果选线不当,可能造成很多泥石流病害,并将在工程补救措施上付出相当高的代价,还可能为公路运营管理留下长期的后患。

泥石流地区公路工程,路线应绕避大型泥石流、泥石流群,以及淤积严重的泥石流沟,并远离泥石流堵河严重的河岸。如果无法绕避中、小型泥石流,应合理选择路线位置,采用跨越或穿越工程通过泥石流地段,同时做好路基结构设计及泥石流灾害综合防治。

1. 避绕方案

避开泥石流,是防御泥石流灾害最彻底最有效的措施。特别是在发育旺盛和规模巨大的重点泥石流沟;集中分布泥石流群体;冲、淤危害大,灾害频繁,生态环境恶劣,综合治理困难,控制前景无望的泥石流区,路线均宜避绕。

泥石流堵河水位影响范围大,线路应远离河岸,脱离堵河水位高度。

避绕泥石流的方式很多,通常有平面和立体避绕之分。跨河走对岸和另选方案,直接从平面位置脱离泥石流危害属于平面绕避;以隧道、明洞等穿过工程措施间接避免泥石流风险则属于立体交叉绕避,具体穿越工程方案将在后续详细阐述。

2. 跨越方案

跨越方案是指修建桥梁从泥石流上方凌空跨越,修建涵洞让泥石流在其下方排泄。

1)桥梁

(1)桥位

一般宜选在流通区沟口或流通区,这里沟槽深且稳定,可以一桥跨越。当需通过洪积扇时,如自然沟槽稳定,相距较远,且不串通,则应逢沟设桥,并在原沟设桥;如自然沟槽摆动频繁,互相串通,则宜设长桥跨越。对后一种情况,如经过综合治理或控制流路不是十分困难时,也可一沟分桥,但需慎重进行。

(2)桥梁孔径

设计流通区的桥梁孔径时,不宜压缩沟床和在沟中设墩。

设计在洪积扇上的桥梁孔径时,是否压缩沟床应视沟床特征、泥石流特性及危害情况等而定。对黏性泥石流一般以不压缩为宜,对稀性泥石流可适当压缩。

(3) 桥下净空

桥下净空是泥石流地区桥梁设计的主要控制条件,掌握的原则是宁高勿低。梁底最低高程按式(5-7-28)计算:

$$H = H_D + H_c + H_N + \Delta h + h_s \tag{5-7-28}$$

式中:H——桥梁梁底最低高程(m);

H_D——泥石流沟床平均高程(m);

H_c——设计流量时的泥石流深(m),其数值不得小于1.2倍的最大石块直径及1.2倍的波状流动时的波高;

H_N——桥梁设计使用期限内的淤积总高度(m);

Δh——泥石流泥位在弯道外侧的趋高值(m);

h_s——桥下净空的安全值(m)。

(4) 基础埋深

影响桥基埋深的因素:①揭底式的沟床下切;②向源侵蚀性的沟床下切;③坡差性沟床下切;④主河洪水侧蚀;⑤桥下一般冲刷和局部冲刷。

先结合具体情况,考虑①~④项因素,确定冲刷基准面,再按式(5-7-29)计算基础埋深:

$$H_m = h_m + C + D \tag{5-7-29}$$

式中:H_m——自沟床稳定冲刷基准面算起的基础埋深(m);

h_m——桥下最大冲刷线深度(m);

C——埋置在最大冲刷线以下的基底最小埋置深度(m);

D——考虑以淤为主的特点,安全值适当减小的数值(m)。

2) 涵洞

(1) 慎用涵洞

采用涵洞跨越泥石流时涵洞容易遭受堵塞和淤埋,因此一般应避免采用。在活跃的泥石流洪积扇上应禁止使用涵洞。只在下述情况下可考虑采用涵洞:①上游有良好的拦挡坝,固体物质基本上已被拦截,仅有水流通过;②泥石流规模小,固体物质含量少,不含较大石块,有固定而顺直的沟槽且纵坡陡直。

(2) 涵洞设计

涵洞设计应注意:用大跨单孔,不用多孔;孔径宁大勿小,为保证机械清淤,一般不应小于2m;应有足够的净空,最低要考虑一年的淤积量;涵洞平面应与上、下游沟槽顺直衔接;涵洞及其下游纵坡应不缓于上游沟床纵坡,涵前、涵后不设消能设施以免造成淤积;涵洞进出口及下游需有足够的防护措施。

3. 穿越方案

穿越方案是指修建隧道、明洞从泥石流沟下穿过。

1) 隧道

对高等级公路,下述情况可考虑采用隧道:线路穿过规模很大、危害严重的大型或多条泥石流沟,无适当方案进行处置时,采用深埋隧道通过;因受对岸大型泥石流严重威胁,将线路内移到稳定的山体内以隧道通过。穿越泥石流的隧道设计应注意以下几点:

(1) 洞口位置

①洞口高程、位置应使洞外跨越泥石流的桥梁有足够的净空,以防止洞外泥石流淤塞桥

孔,灌入隧道。

②隧道长度应早进晚出,防止洞顶泥石流漫流淤埋洞口。

(2)洞身位置

①应力求深埋在泥石流底部稳定的基岩内。

②在洪积扇的松散层内穿过时,洞顶覆盖层应保持一定厚度,防止泥石流沟底下切,导致衬砌增大偏压、渗漏。

③绕避主河对岸大型泥石流的傍山隧道,外壁围岩要有足够的厚度,防止主河冲刷本侧,引起山体坍塌,使隧道衬砌开裂。

2)明洞+渡槽

明洞顶上一般都有1m以上的土层覆盖,故保持了沟床的自然形态。排泄的最大泥石流流量及漂砾直径均大于渡槽。

(1)明洞的适用条件:

①泥石流规模大,流体中含有大石块较多的沟谷,当沟口高差满足线路净高要求时,可采用明洞排泄。

②泥石流沟床纵坡很大,修建渡槽又在构造上有困难,也可采用明洞。

③线路在堆积扇底下穿过,高程又略低于洞顶,且泥石流淤积、漫流不是很严重(或可控制),还可明挖施工的,应采用潜埋明洞。

④线路从流通区沟底穿过,若能满足洞顶高程要求,又可明挖施工的,可在流通区范围内采用明洞通过,这样可以缩短两端隧道长度。

(2)穿越泥石流明洞的形式:

①通过密集的山坡型泥石流群,这种明洞常一侧承受土压力,因而多采用单压式拱式明洞或用墙式、刚架式棚洞。

②通过泥石流洪积扇,这种明洞土压力大部分为对称式,因而多采用拱式明洞,只在埋深不够时才采用棚式明洞。

(3)穿越泥石流的明洞设计要点:

①洞口位置:类似隧道,洞口要避开泥石流分流和可能漫流改道的范围。洞身要适当加长,以便在沟道淤积上涨后,使明洞两端的导流堤加高时有足够的宽度,防止泥石流漫堤进入明洞。

②洞身位置:傍山依水的明洞应注意外侧的稳固及大河对河岸的冲刷;通过洪积扇的明洞,也应注意避免因大河冲刷而使洞身出露;洞顶要设在冲刷深度下1～2m,否则应对顶面加以防护。

③明洞结构:加强结构整体性;提高横顶圬工强度及耐磨性;加强排水,减轻动水压力,制止渗漏。渗水多或有地下水时,上游墙身应设置泄水孔或修建与明洞平行的泄水洞。

3)过水路面

在泥石流通过时,过水路面上不能通车,即使泥石流结束后,如不清理整修,也很难通行车辆。因此,采用过水路面跨越泥石流可用于三、四级公路。

过水路面应高出沟底,以减少淤积厚度,并便于清淤和减少阻车时间。通过稀性泥石流沟,如过水路面较高时,也可修建带小桥涵的过水路面,如康定瓦斯沟日地泥石流,就是采用210m长过水路面带三座小桥通过的。

二、泥石流地段路基设计要点

泥石流对路基的危害主要是泥石流漫流改道时的冲击和淤积，路基位于泥石流的环境不同，危害性质也有区别。泥石流路段常见的路基大致可分为沿河路堤、桥头（间）路堤、洞口路堑三类。

1. 沿河路堤

（1）河床逐年淤积上涨地段沿河路堤

①沿上涨河流行进的路基，将影响路基的使用年限，当公路路基沿上涨河流行进时，必须满足公路在使用时限内的河床上涨累计淤积高加沿江设计洪水位，再加安全高度。

②沿上涨河流行进的河滩路堤，迎水面应作深基础路堤边坡防护工程，边坡防护工程高度，可按5～10年河床淤积高度，采取分期分批的加高，以适应其特点。

③对岸有强大的泥石流堆积扇挤压主流，有长期冲刷河岸山体和河滩路基的，不能建筑河滩路基，应予绕避。

④沿河床上涨行进的河滩路基，不得设涵，以免出口淤埋后，内侧积水。应在适当距离内设置小桥，保持路堤两侧水位的平衡。

⑤沿河床上涨的河滩路堤，河床内不能设置挑水坝、导流堤等构造物。原因是不能适应河床上涨与流速、流向、泥沙多变的水流状态，最终都将导致冲毁或被搬埋的严重后果。

⑥河滩路堤填筑应就地取用渗透性良好的填料，不宜使用浸水后易崩解变形的岩土。取土坑对泥石流应起因势利导的作用，不宜集中挖掘过深，也不宜顺路基走向挖取。

（2）河床无淤积上涨路段沿河路堤

对于主河流水量大，水流可及时清运泥石流排泄物的，河床内几乎不会出现上涨淤积现象。公路在这类无河床淤积上涨的河滩上修筑路基时，按一般山区沿河路基设计。

2. 桥头（间）路堤

连接桥梁两端的桥头路基，受桥下净空的控制。如桥下泥石流沟槽不明显，有漫流改道现象，又无排导调节设施的分散设桥方案，桥与桥之间路堤的上游侧应设路基护坡防护，或设置连续封闭式导流堤。

路堤填料可就地取泥石流堆积物，取土坑可顺泥石流沟往上游取出一条与桥孔宽度相同的人工沟床。

若桥下集中设置排导工程，则在排导工程以外堆积扇上取土，此时桥间路堤无须进行防护。

3. 洞口路堑

横跨泥石流扇的路基不宜作路堑。泥石流扇上的路堑，多数是在用隧道、明洞或渡槽通过泥石流沟底部时，两端洞口接合部的路基。

路堑的上游必须加强拦挡和排导措施，以免泥石流漫流改道灌入路堑。

靠山侧的路堑边坡和侧沟，要加强支护与扩大排泄泥石流堆积层的潜水功能。防止渗水作用引起路堑边坡的滑塌。

第五节　泥石流防治工程设计

泥石流防治措施很多，一般归纳为工程措施、植物措施，以及工程措施和植物措施相结合的综合措施三类,详见表5-7-12。

泥石流防治措施一览表 表5-7-12

总目	分目	细 目	主 要 作 用
植物措施		水土保持林 护床防冲林 护堤固滩林	控制侵蚀,减少水土流失 保护沟床,防止冲刷、下切 加固河堤,保护滩地,控制泥石流危害
工程措施	治水工程	蓄水工程 引、排水工程 截水工程 防御工程	调蓄洪水,消除或削减洪峰 引、排洪水,削减或控制下泄水量 拦截滑坡或水土流失严重地段的上方径流 用炭黑等方法提前融化冰雪,防止高温时出现大量冰雪融化;加固或预先消除冰渍堤
	治土工程	拦沙坝、谷坊工程 挡土墙工程 护坡、护岸工程 边坡工程 潜坝工程	拦蓄泥沙、固定沟床、稳定滑坡、提高支沟侵蚀基准 稳定滑坡或崩塌体 加固边坡、岸坡,免遭冲刷 防止坡面冲刷 固定沟床,防止下切
	排导工程	导流堤工程 顺水坝工程 排导沟工程 渡槽、急流槽工程 明洞工程 改沟工程 停淤场工程 拦泥库工程	排导泥石流,防止泥石流冲淤危害 调整泥石流流向,排泄泥石流 排泄泥石流,防止泥石流漫溢成灾 从交通线路的上方或下方排泄泥石流,保障线路安全 交通线路以明洞形式从泥石流沟下面通过,保证线路畅通 把泥石流出口改到相邻的沟道,保护沟道下游建筑物安全 利用开阔的低洼地区,停积泥石流体,尤其粗大石块 利用宽阔平坦的谷地,停积泥石流,削减下泄量
综合措施			工程措施与植物措施相结合

泥石流有不同的特点,相应的治理措施也应有所不同。在以坡面侵蚀及沟谷侵蚀为主的泥石流地区,应以生物措施为主、辅以工程措施;在崩塌、滑坡强烈活动的泥石流发生(形成)区,应以工程措施为主,兼用生物措施,而在坡面侵蚀和重力侵蚀兼有的泥石流地区,则以综合治理效果最佳。

一、植物措施

通过对现有森林植被的保护、荒山荒坡营造水源涵养林、水流调节林、护坡林、沟道防冲林、治理工程的防护林等措施,使泥石流治理的流域内恢复植被,形成良好的生态环境。

1. 保护现有森林

各种森林的地上部分有着保护地面的作用;其地下部分(根)系网络固持土壤,可以起到防止土壤侵蚀、调节径流、抑制泥石流发生的作用,如果在泥石流发生的流域内森林遭破坏,就需要封山育林,促进天然更新和植树造林,加强管理使其恢复森林植被。

2. 营造水土保持林

水土保持林包括水源涵养林和水流调节林。在泥石流防治的流域内，按部位而言，上游集水区即清水区的防护林即是水源涵养林，它可以减少地表径流，调节土壤和主沟的水文条件，缓洪调枯，防止土壤冲刷。水流调节林则在中游坡地上为调节坡面径流、防止土壤侵蚀的防护林，在沟底为防冲林。在设计上需上、中、下、沟头、沟岸、沟底结合配置。

防护林适合立地条件较良好的平缓的平直斜坡，林型配置为针阔混或乔灌混交林，有的可以配置经济林木和果树。针叶树种可以选择用材树种，北方为红松、油松等，南方可选云杉、冷杉、云南松、马尼松等。

沟头防护林多配置在溯源侵蚀严重的沟头，与工程措施结合，即与拦蓄、分流工程相结合，造林上要特殊配置，以防止冲刷和侵蚀。护岸、沟底防冲林主要防沟底的洪水冲刷侵蚀，以免加深侵蚀沟头以上的沟岸，其造林防止沟岸的水土流失和滑坡、崩塌的发生和扩展，应采用阔叶、灌木与草被混合配置，沿等高线营造，株行距要较密，不宜全面整地，造林方法可以植树或植面造林。护滩林可以在泥石流滩地上与土地利用结合营造经济护滩林和水土保持林。

二、工程措施

泥石流防治的工程措施是在泥石流的形成、流通、堆积区内，相应采取蓄水、引水工程，拦挡、支护工程，排导、引渡工程，停淤工程及改土护坡工程等治理工程，以控制泥石流的发生和危害。泥石流防治的工程措施通常适用于泥石流规模大、暴发不很频繁、松散固体物质补给及水动力条件相对集中，保护对象重要，要求防治标准高、见效快、一次性解决问题等情况。

1. 排导措施

排导工程的作用主要是排泄泥石流，控制泥石流流通区或堆积区的危害。包括排导沟、渡槽、停淤场、导流堤、急流槽等多种类型。其中排导沟、渡槽和停淤场为最常用的排导工程。

1）排导沟

（1）设计要求

泥石流排导沟设计，要求通过洪峰流量时不发生淤积，也不出现冲刷。由于泥石流的流量和组成不仅每次变化很大，而且在一次泥石流的全过程中其流态也是变化的，因此要求排导沟在任何情况下都不出现淤积是不可能的。黏性泥石流不管沟床纵坡有多大，在泥石流过后沟床上总留有残留层；稀性泥石流在退水时能量减小，大石块容易落淤，因此排导沟出现少量淤积是必然的。对排导沟的设计要求，不是任何情况下都不产生淤积，而是在使用期间不出现危害建筑物安全的累积性淤积和大冲、大淤的破坏。

排导沟在设计中，必须满足：

①整体式框架结构和全断面衬砌结构应具有足够的刚度，设计荷载作用下地基有足够的承载力。

②验算挡土墙在设计荷载作用下，抗滑、抗倾和地基承载力应满足设计要求。

③验算倾斜的护坡厚度和刚度，避免由于不均匀沉陷变形和局部应力而折断、开裂。验算砌体和下卧层之间的抗滑稳定性应满足设计要求。

④验算最大冲刷深度，槛基不得悬空外露，槛基埋深应为槛高的 $1/2 \sim 1/3$。同时，槛顶耐磨层的耐久性满足使用年限。

⑤结构的顶冲部位应具有较好的抗冲击强度。

（2）总体布置

排导沟应与沟岸稳定的流通区或山口直接连接，并顺应沟口流势布设成直线或大半径曲线（图 5-7-3）。如直接连接流通区或山口需建排导沟过长时，可考虑采用在山口处修建八字形进口坝的连接方法，但这将导致进口坝上游泥石流的大量淤积。

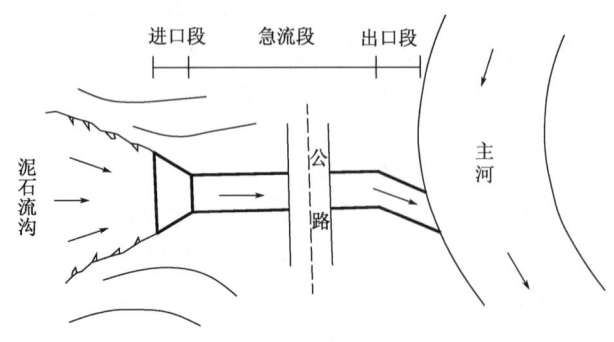

图 5-7-3　排导沟平面布置图

由于泥石流的直进性，使它在弯道处产生很强的破坏力及较大的超高和爬高，常在沟槽转弯处漫堤或决堤，因此，排导沟沟身以顺直为好。如需转弯时，应采用大半径。对于稀性泥石流其弯道半径应不小于沟宽的 8~10 倍，对于黏性泥石流应不小于沟宽的 10~20 倍。最好在弯道两端各设置 0.5~1.0 倍曲线长的缓和曲线。

排导沟出口应选择在大河主流处或有较大堆积场所的地方。后一情况，应考虑到新生洪积扇形成后，不致对附近的工农业生产造成危害。排导沟与大河衔接时应考虑：①排导沟出口方向与大河流向力求以锐角相交，以免在汇流处泥石流大量落淤，引起大河淤堵。但为争取较大的排导沟纵坡，有时也采用交角较大的方案。②排导沟出口高程应高出 20 年一遇的大河洪水位，避免由于大河经常顶托而导致溯源淤积。

（3）纵坡

选择纵坡的方法有：①通过模型试验；②比照该泥石流沟洪积扇的扇顶纵坡；③根据泥石流重度，参考表 5-7-13 选择。

排导沟纵坡选择　　　　　　　　　　表 5-7-13

泥石流性质	重度（kN/m³）	类　　别	纵坡（%）
稀性泥石流	13~15	泥流	3
		泥石流	3~5
	15~16	泥流	3~5
		泥石流	5~7
	16~18	泥流	5~7
		泥石流	7~10
黏性泥石流	18~20	泥流	5~15
		泥石流	8~12
	20~22	泥石流	10~18

在宽谷段的大型洪积扇上,通常只能以扇面上最陡的纵坡为排导沟纵坡,很少选择更陡的纵坡;在山区的小型洪积扇,或由于山口至扇缘的距离不长,或由于扇缘至基准面落差较大,可用上抬(在山口筑坝抬高沟槽)或下落(在下游开挖落低沟槽)的方法加大排导沟纵坡。如洪积扇纵坡较设计纵坡平缓时,也可在上游采取拦淤或引水输沙措施,使泥石流在较小纵坡的情况下也能顺利排走。排导沟纵坡设计最好一坡到底,必须设计变坡的槽段,两段纵坡的变化幅度不应太大。

(4)沟深

排导沟的深度按式(5-7-30)计算:

$$H = H_c + H_n + J \tag{5-7-30}$$

式中:H——排导沟的设计深度(m);

H_c——设计流量时的泥石流流动深度(m),其数值不得小于1.2倍最大石块直径及1.2倍波状流时的波高;

H_n——排导沟设计的淤积厚度(m),可根据式(5-7-21)计算获得;

J——安全值,根据泥石流的规模大小及排导沟的重要性,采用0.5~2.0m。

排导槽弯道段,排导沟的深度 H_w 按式(5-7-31)计算:

$$H_w = H + \Delta h_w \tag{5-7-31}$$

式中:H_w——排导槽弯道段深度(m);

Δh_w——泥石流弯道超高(m),可根据式(5-7-27)计算获得。

(5)断面

排导沟断面形式,常见的有梯形、矩形、V形及复式断面四种(图5-7-4),可根据泥石流性质、规模大小、地形、建筑材料及防护方法等选定,一般以窄深式排导槽断面形状为宜。对于流量不大,需要改道或重新开挖的,多用梯形或矩形断面;流量较大,利用原有沟槽或加高沟堤的,多用V形或复式断面。如为黏性泥石流且沟槽为下挖断面时,一般用梯形断面的土质沟槽;如为稀性泥石流或沟槽断面是填筑而成时,则沟槽要加防护。如用护坡防护,则多采用梯形断面;如用挡土墙防护,则多采用矩形断面。

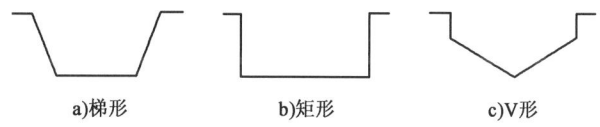

图5-7-4 排导沟断面形式

横断面积的大小,根据流通段沟道的特征,采用类比法来计算,见式(5-7-32):

$$\frac{B_L}{B_X} \cdot \frac{H_L^{\frac{5}{3}}}{H_X^{\frac{5}{3}}} \cdot \frac{n_X}{n_L} \cdot \frac{I_L^{\frac{1}{2}}}{I_X^{\frac{1}{2}}} = 1 \tag{5-7-32}$$

式中:B_X——排导槽的宽度(m);

B_L——流通区沟道宽度(m);

I_X——排导槽纵坡降(%);

I_L——流通区沟道纵坡降(%);

H_L——流通区沟道泥石流厚度(m);

H_X——排导槽设计泥石流厚度(m);

n_X——排导槽的糙率系数；

n_L——泥石流沟床的糙率系数。

(6) 防护加固

排导沟两侧的防护加固常用护坡、挡土墙及堤坝三种形式(图 5-7-5)。护坡与挡土墙多用于下挖的排导沟,堤坝主要用于填方地段的排导沟。对土质边坡的护坡和护堤,在过流部分多采用铺砌加固。

排导沟沟底的防护加固常用铺砌与防冲槛(图 5-7-5)两种形式。前者适用于沟道窄的情况,后者适用于沟道宽的情况。防冲槛与墙基砌成整体,槛顶与沟底平,间距按式(5-7-33)计算:

$$L = \frac{H - \Delta H}{i - i'} \tag{5-7-33}$$

式中:L——防冲槛间距(m);

i——排导沟纵坡,以小数计;

i'——槛下冲刷后的沟槽纵坡,比照所在地面纵坡放缓为原来的 0.5~0.75;

H——防冲槛全高(m),一般取 1.5~4.0m;

ΔH——安全高度(m),采用 0.5m。

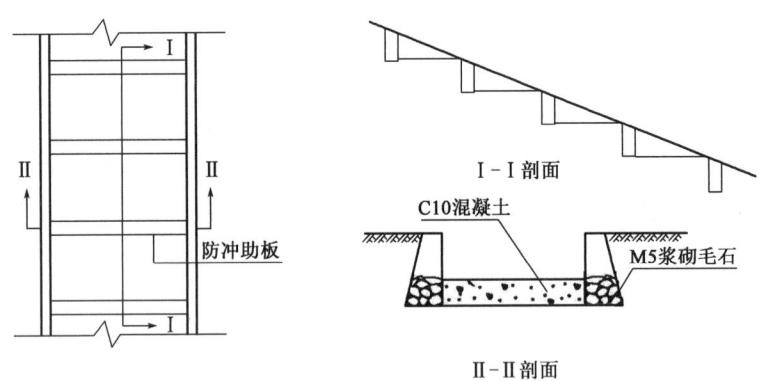

图 5-7-5 排导沟结构图

对于较宽的排导沟,如不适合采用沟底铺砌与防冲槛两种防护加固方案,则应考虑加深墙(堤)基础的方案,以防止冲刷破坏。由于影响泥石流冲刷深度的因素很多,通常是以实际观测和调查访问的资料作为设计的依据。对于稀性泥石流,也可参考式(5-7-17)、式(5-7-18)的计算值,与调查结果相互对比,确定冲刷深度。

2) 急流槽

急流槽是用增大纵坡和压缩断面的方法,使泥石流形成急流下泄的工程建筑物,多用于防止桥涵的淤塞和堵塞。

为了防止冲刷和利于排泄固体物质,急流槽槽底及两侧边坡均需采用石砌加固。急流槽的首尾连接处,容易受到冲刷而遭破坏,设计时应注意上下两端的衔接。

急流槽的最小纵坡,一般参照泥石流天然沟槽的最小不淤坡度来确定,务必保证在任何泥深时均不发生淤积。

3) 导流堤

导流堤的作用主要是改变泥石流的流向和流速，一般修建在洪积扇上或路基受泥石流影响的范围内，使泥石流能顺利排走，以确保路基的安全。

导流堤的高度可参照前述排导沟的深度计算确定。受淤积控制的导流堤，可考虑分期加高。

4) 渡槽

泥石流渡槽是一种架空的急流槽或排洪道，由连接段、槽身、出口段三部分组成，适用于穿过流量不大于 $30m^3/s$ 的小型泥石流。当地形条件能满足渡槽设计纵坡及行车净空要求，路基下方有停淤场地或排泄下来的固体物质能及时为河水带走，不致从下方回淤淹埋路基时，可考虑采用渡槽。

在平面上渡槽应与原沟顺直平滑衔接。连接段应设计成直线。如渡槽与原沟同宽，连接段可以较短；如宽度束窄，则其长度不小于5倍渡槽宽度，不小于1~2倍渡槽长度。此时连接段分为两段，后段与渡槽同宽，前段呈喇叭形。出口段的长度应满足长期顺畅排泄泥石流的需要，最好是直接泄入大河或无害地带。

渡槽纵坡应大于和等于原沟纵坡，并用竖曲线与原沟平顺连接。渡槽过流断面多为矩形或梯形。渡槽深度除通过流量计算外，尚需考虑一定的泥石流残留厚度和泥石流波状流动时的波高。断面高度的安全值不小于1m。

泥石流渡槽结构常用的有拱式及梁式两种。拱式渡槽超负荷能力强，可就地取材，施工较易，常优先采用。梁式渡槽适用于：流量很小的情况；石质路堑边坡较陡处；半路堑外侧地形悬空处。

由于泥石流流量计算不易准确，渡槽的荷载应按泥石流涡槽计算。考虑泥石流流速很大且有大石块滚动，应考虑冲击力，冲击力系数按泥石流总重计算，取1.3。如拱式渡槽的拱顶至槽底之间有填料且厚度超过1m时，可不计冲击力。

5) 停淤场

泥石流停淤场是根据泥石流的运动和堆积机理，将运动着的泥石流引入预定地段，令其自然减速，停淤或修建拦蓄工程迫使其停淤的一种泥石流工程防治设施。

(1) 选址

①大型堆积扇两侧；②扇面低凹地；③扇尾至主河之间的平缓阶地；④相邻两泥石流沟堆积扇的扇间凹槽；⑤在宽谷宽窄各异的明显差别处，通过开凿洞将泥石流排入邻近流域的开阔场地上停淤。

(2) 类型

①沟道停淤场位于泥石流沟谷中，与沟道平行呈带状。停淤场可以利用的面积主要为沟旁漫滩，也包括一部分低洼地。在泥石流沟下游有宽而较长的漫滩或低阶地，且未被耕作利用时，才可能选用。

②堆积扇停淤场。位于泥石流沟口至主河之间的堆积扇上。选择堆积扇的一部分或大部分作为泥石流停淤场地。

③跨流域停淤场。利用邻近流域的低洼地作停淤场。在适合的地形条件、工程简单和选价较低时选用此种类型。

(3) 布置

沟道停淤场呈条带状。①选择合适的引流口。一般选在沟床跌水的上游，两岸坚固的狭窄断面处或布置在弯道凹岸一侧。②修建导流、控制设施,对入流的高程、深度、宽度进行限制,控制进入停淤场的泥石流流量、流速和流向。③保持场内地面坡度一致,清除流路上较大的反坡、垄岗等障碍物。④沿沟岸一侧修筑围堤,防止泥石流返回沟道流走。⑤在停淤场尾部设集流沟,将漫过的流体或高含沙水流集中排出停淤场外。

堆积扇停淤场呈扇形。①根据泥石流性质和堆积扇的形状特征,在拟定的停淤区内划出停淤场范围。②调整山口以外出流段的沟床纵坡,人为束窄沟道断面,加大过流泥深,以造成漫流停淤。③修建引导槽,将泥石流引入停淤场内,沿槽的两侧和尾部开溢流口,使泥石流漫流停淤。④有条件时也可就近打通梁脊,将泥石流排至邻近流域不能利用的堆积扇上停淤。

围堰式停淤场无一定形状。通常是在泥石流沟口外,利用废弃河道或干涸湖沼或洼地停淤。在低矮的缺口处构筑围堰,形成封闭地形,将泥石流引入停淤。

(4)结构设计

泥石流停淤场的组成结构物有拦挡坝、引流口、导流堤、围堰、分流墙或集流沟等。停淤场的首部及尾部工程使用期限较长,可采用圬工结构。其他工程设施由于使用年限短,随淤积增加需逐渐加高、更替,多采用土石混合结构、铁丝笼石堤、编篱石堤或土堤,常按经验进行布置并拟定其结构尺寸。

2. 拦截措施

拦挡工程是将一部分泥石流拦截在公路上游,使通过公路的泥石流重度减小、流量减小、流速减小的工程设施,其作用是拦蓄泥石流固体物质,稳定沟岸崩塌及滑坡,减小泥石流冲刷和冲击力,抑制泥石流发育和暴发规模。拦挡工程通常建于泥石流形成区或形成区—流通区沟谷内,它是公路泥石流防治中经常使用的方法。主要类型包括拦挡坝和格栅坝等。

作用于拦挡坝的基本荷载包括:坝体自重、泥石流压力、堆积物的土压力、过坝泥石流的动水压力、水压力、扬压力、冲击力等。特殊荷载为地震力。拦挡坝的稳定性验算应包括以下四个方面:

①抗滑稳定性验算;

②抗倾覆验算;

③地基承载力验算;

④坝身强度验算。

1)拦挡坝

(1)拦挡坝类型

拦挡坝有两种类型:一种是在泥石流沟内筑一高坝,形成较大的库容,可将泥石流全部拦截在坝后;一种是在沟内建多座低坝,形成梯级泥石流库,也称谷坊坝群。

高的拦挡坝对衰退期的泥石流沟在有利地形条件下比较有效,国内目前使用尚不广泛。谷坊坝的坝址、坝高选择灵活,施工简便,可视情况分批施工、分期加高。公路上目前用得最多的是谷坊坝。

(2)适用条件

拦挡坝在已建公路的泥石流病害整治中采用较多,主要用于减弱泥石流,以适应或保护下游的桥涵、隧道、明洞、路基等建筑物,如:①已建桥涵孔径偏小,采用拦挡坝减少泥砂来源,以减小泥石流流量;②泥石流中大石块较多,为避免危害下游建筑物,用拦挡坝将大石块拦截在沟内;③当流域进行综合治理时,拦挡坝常作为必不可少的先期工程。

在新建公路时,遇到下列情况时可考虑修建拦挡坝:①排导沟纵坡过缓,有条件上抬时,可在上游修建拦挡坝,加大沟床纵坡;②上游沟床下切,两岸坍塌严重,需要控制坍塌体时,可建拦挡坝,增加下游泄洪工程的安全度;③泥石流流域很小,泥砂来源不多,有可能通过修建拦挡坝而控制泥石流危害时;④具有良好的天然坝址,能用较小的坝体拦截较多泥砂时。

(3)坝体位置

坝体位置要根据设坝目的,结合沟谷地形及基础的地质条件综合决定。

①拦挡泥砂的坝体位置由地形条件决定,一般宜设在有较大库容的地方。

②防止滑坡滑动的坝体位置,应选在滑坡的最下游,坝高要按滑坡的稳定要求确定。

③防止沟床下切的坝体位置,应选在沟床下切快、沟壁坍塌量大的地方。

④坝体位置应有利于基础稳固。坝体应修建在基础稳定可靠的位置。沟口附近的拦挡坝应与沟床铺砌或防冲刷的坎坝连接起来。沟内的拦挡坝应修建在有基岩出露的地方。

(4)坝群布置

坝群的布置应使下一道坝的坝前回淤物对上一道坝起防冲护基作用(图5-7-6),各坝下游不另建防冲工程。

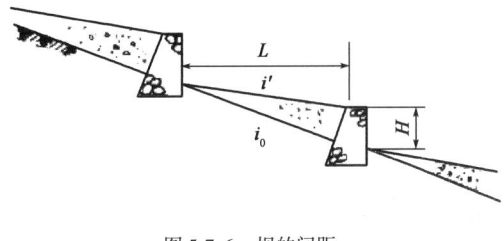

图5-7-6 坝的间距

坝群的坝高与间距可按式(5-7-34)计算:

$$L = \frac{H}{i_0 - i'} \quad (5\text{-}7\text{-}34)$$

式中:L——坝与坝的间距(m),各坝之间不一定等距;

H——坝高(m),各坝不一定等高;

i_0——原沟床纵坡,以小数计;

i'——回淤坡度,以小数计,$i' = Ci_0$,C值按表5-7-14选用;在泥石流衰退期及坝高较大的情况下,采用表中较小的数值;在泥石流处于旺盛期及坝高较小的情况下,采用表中较大的数值。

C 值   表5-7-14

沟谷中泥石流情况	特别严重	严重	一般	轻微
C	0.8~0.9	0.7~0.8	0.6~0.7	0.5~0.6

坝高与间距应视具体情况作技术经济比较后选定。一般对流速大、大块石多,具有很大破坏力的泥石流,或对处于破坏力最大位置的首坝,宜采用矮坝;对流速小、固体颗粒细的泥石流,或对位于沟口的末坝,可采用较高的坝。

(5)重力式坝构造

①坝体:

a.溢流坝段:坝体轴线应尽可能与流向垂直,或与弯道下游的沟道相垂直,并布置成一直线。溢流坝段居中,尽量使非溢流坝段成对称结构布置。溢流口宽度应大于稳定沟槽宽度并小于同频率洪水的水面宽度。溢流坝段坝高 H_d 与单宽流量 q_c 按式(5-7-35)确定:

$$H_d > 10\text{m} \qquad q_c < 30\text{m}^3/(\text{s}\cdot\text{m})$$
$$H_d = 10 \sim 30\text{m} \qquad q_c = 15 \sim 30\text{m}^3/(\text{s}\cdot\text{m}) \tag{5-7-35}$$
$$H_d > 30\text{m} \qquad q_c < 15\text{m}^3/(\text{s}\cdot\text{m})$$

b. 非溢流坝段：非溢流坝段坝顶高于溢流口底的安全超高 h 按式(5-7-36)确定：

$$h = h_s + H_c \tag{5-7-36}$$

式中：h_s——根据坝的不同等级设计所需的安全超高(m)，一般取 $0.5 \sim 1.0$m；

H_c——溢流坝段的泥深(m)。

c. 坝顶宽：坝顶宽 b 按构造要求，一般取 $b = (8 \sim 10)H_d$，且低坝坝顶宽度 b 不小于 1.5m；高坝坝顶宽度 b 不小于 3m；当有交通及防灾抢险等特殊要求时，b 应大于 4.5m。

d. 横断面：坝顶宽度 B_d 按实际断面形式取不同的值，详见图 5-7-7。坝的设计需进行结构计算，主要包括抗滑稳定、抗倾稳定、坝基应力和坝体应力等。可参照土力学、坝工结构计算方法及其相关规范进行。

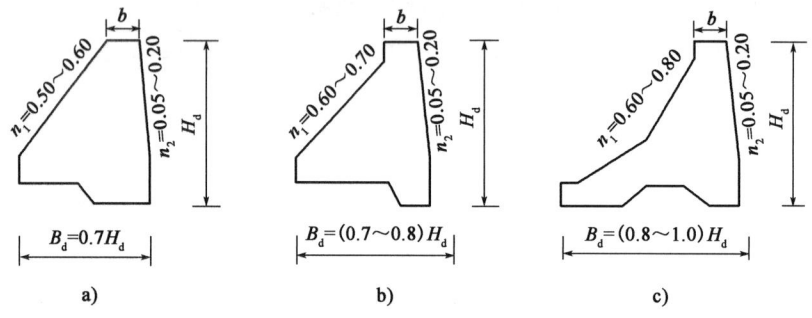

图 5-7-7 重力式拦挡坝横断面形式

e. 排泄孔：排泄孔尽可能成排布置在溢流坝段，孔数不得少于 2 个，多排布设时应作品字形交错排列。一般按式(5-7-37)、式(5-7-38)取值：

单孔孔径：
$$D \geqslant (2 \sim 2.5)D_m \tag{5-7-37}$$

孔间壁厚：
$$D_b \geqslant (1 \sim 1.5)D_m \tag{5-7-38}$$

式中：D_m——过流中最大石块粒径。

f. 排泄道：排泄道进口段轴向力求与主河流向一致，或取小锐角相交，交角 $\alpha < 30°$，引水段应布置成上宽下窄、圆滑渐变的喇叭形，底坡 $I_f > 5\% \sim 8\%$。

②下游防冲设施：

低坝的防冲设施(图 5-7-8)，由护坦和消力槛组成消力池，池内水石垫层起缓冲作用，海漫防止泥石流在消力槛后产生冲刷。

高坝的防冲设施采取以下几种形式：①在主坝下游建重力式副坝，主、副坝之间的天然冲刷坑和副坝形成消力池。如果副坝不高，可在副坝下游作护坦和消力槛；如果副坝较高，可在下游作更低的副坝。②在主坝下游建拱式或梁式副坝，副坝的拱或梁支承在两岸的基岩上，副坝下游不另作消力设施。这种副坝的坝基大部分可以不挖基施工，很方便，但需用较多的钢筋。③在主坝下游修建有桩基础的重力式副坝，副坝下游不另作其他防冲工程。

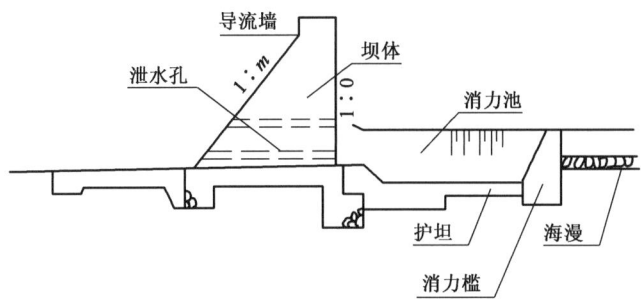

图 5-7-8 重力式低坝构造图

(6)混凝土拱坝构造

这种坝所承受的水平力经拱座传给两岸基岩,断面可比重力式坝减薄。在坝底作较薄的齿墙埋入冲刷坑以下,承受垂直荷载,或用少量钻(挖)孔桩作为基础,就可较为简便地解决坝下冲刷问题。对于较低的副坝,在立面上也可以做成拱形,解决坝下冲刷问题。

2)格栅坝

格栅坝是用于稀性泥石流和水石流防治的一种工程结构。格栅坝能拦蓄泥石流中粗大颗粒,排走泥沙、细砾和流体中的自由水,使进入坝库的泥石流很快被疏干,达到水土分离。泥石流停淤固结之后,格栅和坝体受力减小,安全性增加。

格栅坝最适合拦蓄含巨石、大漂砾的水石流,稀性泥石流和挟带大量推移质的高含沙洪水,也可布置在黏性泥石流与洪水相间出现的沟道;不适用于拦蓄崩滑体和间发性黏性泥石流。

(1)格栅坝类型

按结构形式与构造分类,格栅坝包括在实体圬工重力坝上开切口或布置过流格栅而形成的切口坝、缝隙坝、梁式坝、梳齿坝、耙式坝、筛子坝和由杆件系统(立柱、锚索和框架等)组成的格子坝、网格坝和桩林等(图 5-7-9)。

按几何形态分类,格栅坝包括平面形、立体形。平面形格栅坝主要用于沟谷狭窄、坝体较低、泥石流规模和作用荷载均较小的情况;立体形格栅坝则主要用于坝体较高、泥石流规模较大、作用荷载和格栅的空间尺寸较大的情况。

按使用材料和受力状况分类,格栅坝分为用浆砌石、混凝土、钢筋混凝土和钢材制作的整体性较好的刚性结构坝和用钢结构、钢索等制作的柔性结构坝。

(2)设计要点

①梁式坝:

a. 梁的间隔:$d/h = 1.0 \sim 1.5$,其中 d 为空隙净高,h 为梁高。

b. 梁的断面形式:采用高为 h,宽为 b 的矩形断面,且使 $h/b = 1.5 \sim 2.0$。

c. 筛分率:一次泥石流过程中,库内的泥沙滞留量与通过坝体下泄的泥沙量之比。筛分率与堵塞效率成反比,梁间距越小,筛分效果越差。当流失粒径 $D_c = 0.5 D_M$(D_M 为流体中的最大粒径)时,滞留库内的泥沙百分比为 20%。当间隔相同时,水平梁比竖梁的筛分效果高 30%。

d. 受力分析:梁端支承的墩体为重力式结构,应核算其抗滑、抗倾覆稳定性和结构应力是否满足使用要求,验算支承端抗剪和局部应力是否在材料允许范围之内。还应考虑坝体的稳定性问题和横梁过流面的磨蚀问题。

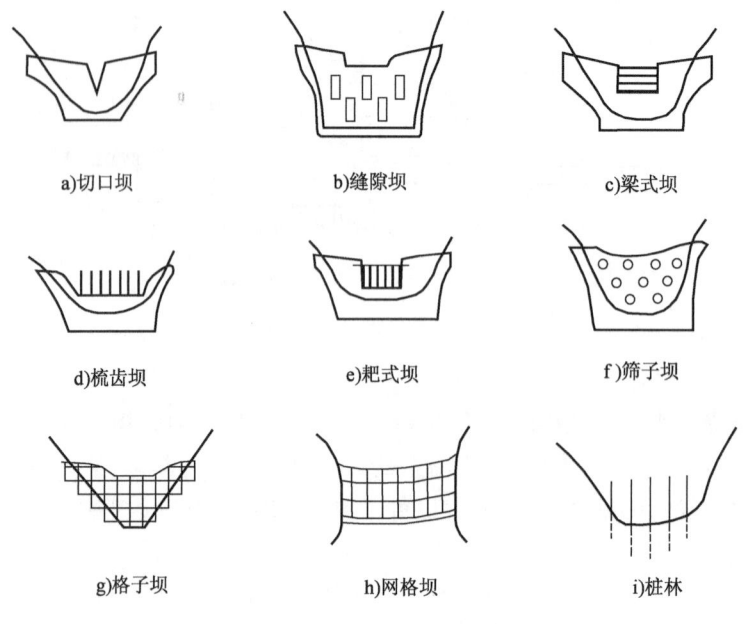

图 5-7-9 格栅坝的结构类型

② 切口坝：

a. 齿状溢流口布置在坝的顶部，采用窄深或梯形断面、矩形断面或三角形断面。

b. 切口坝的闭塞条件为：

不闭塞：
$$b/D_{td} > 2.0 \tag{5-7-39}$$

闭塞：
$$b/D_{td} \leqslant 1.5 \tag{5-7-40}$$

式中：b——切口宽(m)；

D_{td}——泥石流内石块的最大粒径(m)，切口一旦堵塞，就不再起节流输砂作用，$b = 1.5 \sim 2D_{td}$ 时，切口对不同流量的流体有抑制作用。

当 $b/D_{td1} = 2 \sim 3$，$b/D_{td2} \leqslant 1.5$ 时，切口坝可以充分发挥拦砂、节流和调整坝库淤积库容的效果。式中，D_{td1} 和 D_{td2} 分别为中小洪水和大洪水可挟带的最大粒径。

c. 通常取 $h/b = 1 \sim 2$，h 为切口深度。

d. 切口密度范围按式(5-7-41)确定：

$$0.2 < \frac{\sum b}{B} < 0.6 \tag{5-7-41}$$

式中：B——坝的溢流口宽度(m)，当 $\frac{\sum b}{B} = 0.4$ 时，调节量约为非切口坝的 1.2 倍，效果最佳；当 $\frac{\sum b}{B} < 0.2$ 或 $\frac{\sum b}{B} > 0.7$ 时，切口坝与非切口坝调节泥砂的效果一样，连续切口坝系的调节量也只是单座坝的 1.2 倍。

e. 坝顶上部开口或坝体中部留缝隙，是为了节流拦砂的需要，不得过分削弱坝体的整体性，因此切口不宜太深、过宽，缝隙也不宜太宽。通常按式(5-7-42)、式(5-7-43)确定：

切口坝：
$$L \geqslant 1.5b \tag{5-7-42}$$
缝隙坝：
$$B \geqslant 1.5b \tag{5-7-43}$$

式中：L——坝体沿流向的长度(m)；
　　b——切口平均宽度(m)；
　　B——墩体宽度(m)。

③钢索网格：

a. 网格坝不宜设置在泥石流加速区，应设置在地质条件较好、两岸易于锚固的流通区或减速区。

b. 网格体的高度决定于泥石流量大水头高与相应的冲起高度，同时应加上相应的淤积厚度。网格坝的高度按式(5-7-44)确定：

$$H_d = H_m + \Delta H + H_L \tag{5-7-44}$$

式中：H_m——泥石流最大水头高(m)；
　　ΔH——泥石流的冲起高度(m)；
　　H_L——泥石流的淤积厚度(m)；
　　H_d——网格坝的高度(m)。

c. 网孔大小可按式(5-7-45)设计：

$$1.5 \leqslant b/D_{td} \leqslant 2.0 \tag{5-7-45}$$

式中：b——网孔宽度(m)，一般网孔为正方形；
　　D_{td}——泥石流内石块的最大粒径(m)。

d. 钢索在河床上的敷设长度可按式(5-7-46)计算：

$$L = (1.5 \sim 2.0)H_d \tag{5-7-46}$$

式中：L——钢索在河床上的敷设长度(m)；
　　H_d——网格体的高度(m)。

e. 网格体钢索的设计按泥石流作用于格栅坝的冲击力来计算。

④桩林：

在间歇发生、暴发频率较低的泥石流沟道中、下游，或含有巨大漂砾、危害性较大的泥石流沟口，利用"树谷坊"、型钢、钢管桩、钢筋混凝土桩林横断沟道，拦阻泥石流中粗大固体物质和漂木，造成连锁停积，使凶猛的泥石流失去威势和破坏力，从而达到减少泥石流危害的目的。泥石流活动停止后，将淤积物清除，使库内容量恢复，等待阻拦下一次泥石流物质。

桩林一般沿垂直向布置两排或多排桩，纵向交错成三角形或梅花形，桩间距按式(5-7-47)计算：

$$b/D_m = 1.5 \sim 2.0 \tag{5-7-47}$$

式中：b——桩的排距和行距(m)；
　　D_m——泥石流最大粒径(m)。

地面外露部分桩高 h 为：$h = (2 \sim 4)b$，且 $3m \leqslant h \leqslant 8m$。桩基应埋在冲刷线以下，且埋置深度不应小于总长度的1/3。

桩体的受力分析与结构设计同悬臂梁，参见相关规范。

3. 防护措施

防护工程是指对泥石流地区的桥梁、隧道、路基,泥石流集中的山区变迁型河流的沿河线路或其他重要工程设施,作一定的防护建筑物,用以抵御或消除泥石流对主体建筑物的冲刷、冲击、侧蚀和淤埋等危害。防护工程主要有护坡、护岸、护底、挡墙、顺坝和丁坝等(图 5-7-10)。

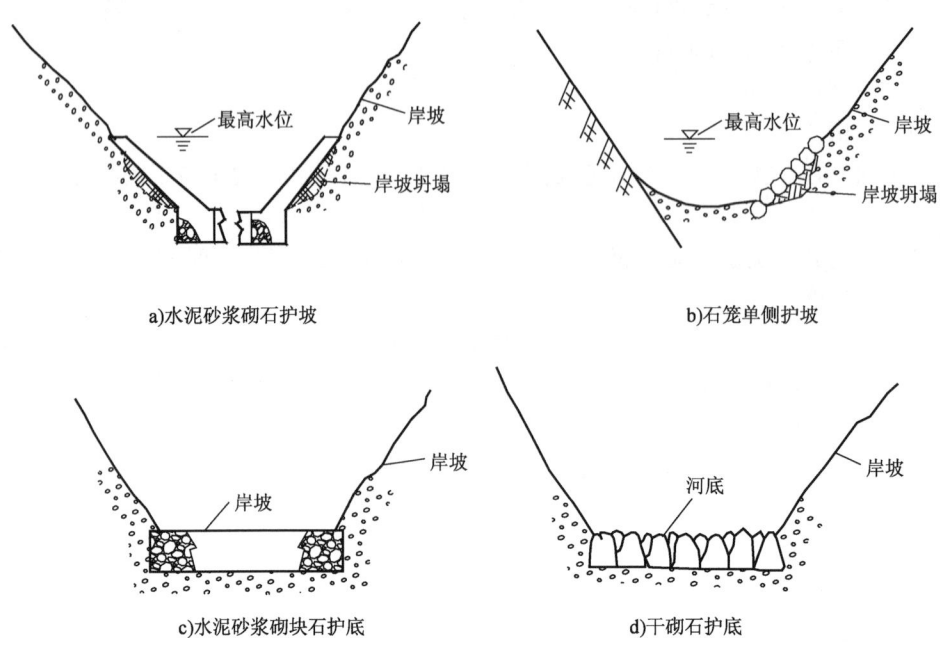

图 5-7-10 典型泥石流防护工程措施

三、综合治理

泥石流的全流域综合治理,目的是按照泥石流的基本性质,采用多种工程措施和植物措施相结合,上、中、下游统一规划,山、水、林、田综合整治,以制止泥石流形成或控制泥石流危害。一般上游区宜造水源涵养林、修筑调洪水库等,以减少水量、削减洪峰,抑制水动力;中游宜造水土保持林,修建拦沙坝、护坡、挡土墙等工程,固定沟床、稳定边坡,减少岩土体供应;下游宜造防护林带,修建排导沟、急流槽、明洞渡槽等以控制泥石流的危害。

综合治理措施主要包括以下三个方面:

稳:主要是在泥石流形成区植树造林,在支、毛、冲沟中修建谷坊,其目的在于增加地表植被、涵养水分、减缓暴雨径流对坡面的冲刷,增强坡体稳定性,抑制冲沟发展。

拦:主要是在沟谷中修建挡坝,用以拦截泥石流下泄的固体物质,防止沟床继续下切,抬高局部侵蚀基准面,加快淤积速度,以稳住山坡坡脚,减缓沟床纵坡降,抑制泥石流的进一步发展。

排:主要是修建排导建筑物,防止泥石流对下游居民区、道路和农田的危害。这是改造和利用堆积扇,发展工农业生产的重要工程措施。

在公路特别是国道主干线和高等级公路工程中,对泥石流采取综合治理,其经济效益和社会效益是非常显著的,是公路及其他工程泥石流治理的发展趋势。一般情况下对难以治理的大型泥石流要综合治理,非公路部门必须与其他部门相配合,共同治理,争取利用有限的投资,产生最大的效益。

泥石流综合治理的措施很多,按照采用工程、植物措施侧重点不同,一般归纳为以下几类:

(1) 全面进行的综合治理:在整个泥石流域内,采用蓄水、拦挡、改土、排导和造林等多种措施,全面地进行山、水、林、田综合治理,以制止泥石流的形成,控制泥石流的危害。适用于全流域泥石流活动频繁,形成条件复杂、居民点多、耕地分布广,又有重要建筑物的地区的高等级公路。如四川黑沙河,云南东川大桥河,甘肃南小河、吕二沟等流域泥石流的治理即属此类。

(2) 以治水为主的综合治理方案:主要采取引水、蓄水、截水等工程措施,用以减少地表径流,引排洪水,调节水量,削减洪峰,控制形成泥石流的水动力,有效制止或减轻泥石流灾害;其次是修建少量拦排工程和大面积植树造林,用来稳定部分土体,减少径流量,更好地发挥各种治水工程的作用。主要适用于水动力起主导作用的稀性泥石流和某些小型黏性泥石流治理。如甘肃武都郭家沟泥石流和云南易门菜园沟泥石流治理属此类。

(3) 以治土为主的综合治理方案:主要以谷坊、挡土墙、护岸和潜坝等拦挡和固沟工程为主,拦蓄泥沙、稳定滑坡、固定沟床、保护岸坡,控制或有效削减松散土体补给量,并辅以排导工程,引蓄水工程和植树造林,以进一步控制泥石流或减轻泥石流灾害。主要适用于土力类黏性泥石流,也适用于某些无条件建造引水、蓄水工程的水力类稀性泥石流和土体面少量滑坡提供的稀性泥石流的治理。如云南盈江的浑水沟、梁河的三家村沟和永安寨沟,四川汉源的狮子沟等流域泥石流治理均属此类。

(4) 以排导为主的综合治理方案:以排导沟、导流堤、急流槽、明洞及渡槽等排导工程为主,畅排泥石流,控制泥石流对流通区或堆积区公路构造物(路基、桥涵、互通及其他工程)危害;同时在中上游修建若干拦挡工程,并进行植树造林,以减小泥石流危害、规模和发生频率。主要适用于中、上游修建工程难度较大或效果不显著,而下游受害对象较集中的泥石流流域。由于排导工程仅仅是一种消极的措施,既不能控制泥石流的形成,又不能削减排入主河的泥石流体数量,故仅能暂时消除或减轻其对公路工程的危害。如四川喜德的东沟、甘肃武都的火烧沟和云南东川的蒋家沟等流域泥石流治理均采用此类。

(5) 以植物措施为主的综合治理方案:主要采用恢复草被和植树造林等植物措施,以恢复生态平衡,调节地表径流,减少水土流失,逐渐控制泥石流的发生或削减泥石流的规模。主要适用于坡度较为平缓,崩塌、滑坡相对较少,以片蚀为主,局部沟蚀提供泥石流土源的水力类泥石流以及一般的坡面泥石流。如云南南涧县城后山泥石流治理和云南梁河的垒杏山泥石流治理均采用此类。

(6) 土建工程与社会管护相结合:对治理区已建和在建各类防护设施加强保护,健全工程管理机构。主要包括划定生态环境保护区,封山育林;调整农业结构;改变耕作制度;组织管护队伍;增强群众生态保护意识;制定规章制度等一系列重在限制激发因素再次发生的社会管护工作。

第八章 岩溶地区路基

石灰岩等可溶性岩层,在流水的长期化学作用和机械作用下,产生的特殊地貌形态和水文地质现象,统称为岩溶。岩溶亦名喀斯特。喀斯特原为南斯拉夫一个石灰岩高地的名称,因岩溶发育,这个地名就成了代表岩溶现象的代名词。

我国岩溶以发育在碳酸盐岩地区的为主,含裸露、覆盖、埋藏3个类型在内,其总面积为344.3万 km^2,其中裸露型岩溶面积为90.7万 km^2。我国西南地区岩溶现象分布比较普遍,桂、黔、滇、渝及川东、鄂西、湘西、粤北等岩溶连成一片,十分发育。

岩溶地区公路路基工程的主要问题包括:

(1)由于地下岩溶水的活动,或因地面水的消水洞穴阻塞,导致路基基底冒水、水淹路基、水冲路基以及隧道涌水等病害。

(2)由于地表岩溶形态起伏和岩性不均一,引起路基不均匀沉降、变形和整体滑移。

(3)由于地下洞穴顶板的坍塌,引起位于其上的路基及其附属构造物发生坍陷、下沉或开裂。

(4)由于分布于路堑边坡上的各种岩溶洞穴和充填物破坏了边坡完整性而使边坡失稳。另外,边坡上的岩溶水不仅冲刷边坡、影响边坡稳定,而且在路面上形成漫流,危及行车安全。

(5)某些岩溶形态的利用问题。如利用天生桥跨越地表河流,利用暗河、溶洞扩建隧道等。

因此,在岩溶地区修建公路,应全面了解路线通过地带岩溶发育的程度和岩溶形态的空间分布规律,以便充分利用某些可以利用的岩溶形态,避让或防治影响路基稳定的岩溶病害。

第一节 概 述

一、常见的岩溶形态

岩溶的形态类型很多,有石芽和溶沟、溶蚀裂隙、漏斗、溶蚀洼地,坡立谷和溶蚀平原,溶蚀残丘、孤峰和峰林,槽谷、落水洞、竖井、溶洞、暗河、天生桥、岩溶湖、岩溶泉以及土洞等(图 5-8-1)。

岩溶形态虽然多种多样,但在一定的工程地质和水文地质条件下,相互间存在着密切的内在联系,形成不同的地貌组合形态(图 5-8-2)。

二、岩溶的分类

为了便于公路工程的勘察、设计与施工,需对岩溶类型进行划分,岩溶类型的划分方法有多种,主要按岩溶的埋藏条件、发育程度、地貌形态等进行划分。

(1)按岩溶的埋藏条件划分,见表5-8-1。

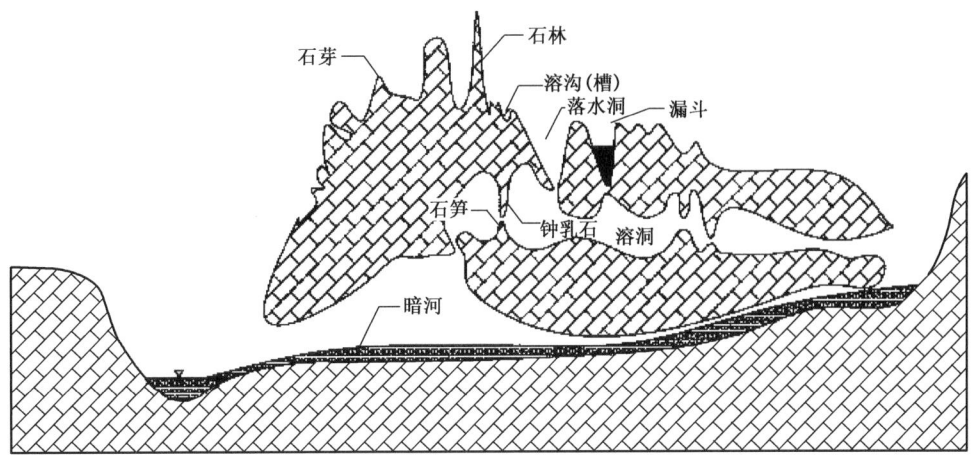

图 5-8-1 典型岩溶形态

图 5-8-2 岩溶地貌形态

1-峰林；2-峰丛洼地；3-峰丛谷地；4-溶蚀平原；5-孤峰；6-溶蚀漏斗；7-落水洞；8-溶洞；9-暗河；a-钟乳石；b-石笋；c-石柱

岩溶按埋藏条件分类 表 5-8-1

类型	裸露型	浅覆盖型	深覆盖型	埋藏型
地表可溶岩出露情况	大部分	少量	几乎没有	无
覆盖层	土	土	土	非可溶岩
覆盖土厚度(m)	<10	<30	≥30	—
地表水与地下水连通情况	密切	较密切	一般不密切	不密切

(2) 按岩溶的发育程度划分，见表 5-8-2。

岩溶按发育程度分类 表 5-8-2

级别	岩溶强烈发育	岩溶中等发育	岩溶弱发育	岩溶微弱发育
岩溶形态	以大型暗河、廊道、较大规模溶洞、竖井和落水洞为主	沿断层、层面、不整合面等有显著溶蚀，中小型串球状洞穴发育	沿裂隙、层面溶蚀扩大为岩溶化裂隙或小型洞穴	以裂隙状岩溶或溶孔为主
连通性	地下洞穴系统基本形成	地下洞穴系统未形成	裂隙连通性差	裂隙不连通
地下水	有大型暗河	有小型暗河或集中径流	少见集中径流，常有裂隙水流	裂隙透水性差

(3) 按岩溶的地貌形态划分,见表 5-8-3。

岩溶按地貌形态分类 表 5-8-3

类型	特 征	代表地点	公路工程地质条件
岩溶残丘洼地	多发育在分水岭地带。小型洼地、槽谷与高差不大的山丘相间,地表崎岖坎坷,地表水多沿大的溶蚀裂隙、通道流动,在地表和地下流水的溶蚀作用下,残丘突出,漏斗扩大成洼地或槽谷,地下发育有洞道	川东、鄂西、湘西岩溶山地	岩溶发育一般,地表高差增大。有大型槽谷和洼地可利用,但需注意路基水害和路基基底变形
岩溶峰丛洼地	地表槽状或股状水流把残丘分割成峰丛,山峰的基座相连,山峰部分的高度小于基座部分的高度。山峰间有垭口,峰丛间有洼地、槽谷和坡立谷,它们的底部都有落水洞、漏斗。地表水通过落水洞等进入地下洞道而泻入排泄基准(深切峡谷或侵蚀沟谷)	桂西、桂中岩溶中、低山区	岩溶相当发育。地表高差很大。存在溶洞、暗河及天生桥等可以利用的岩溶形态。有大型槽谷、溶蚀洼地、坡立谷,可布线,但路基水害突出,并存在路基基底沉降和塌陷问题
岩溶峰林洼地	有地表河流,但常转变成暗河。地下洞道除干流外,尚有珐流呈脉状。地表和地下溶蚀同时存在。峰丛经溶蚀分割,基底降低或消失,山峰高差增大成峰林。洼地、槽谷、坡立谷规模扩大	云贵高原	岩溶发育。地表起伏较小,平地开阔。存在路基水害及路基基底塌陷问题
岩溶峰丛坡立谷	地表河流更为发育。地下脉状洞道进一步发展成网状洞道、暗疗。峰林被溶蚀成典型的锥状或塔状形态。洼地、槽谷被河流侧蚀展宽成坡立谷,其上挺立有孤峰,成为地下岩溶水的局部排泄基准。坡立谷平原上有较厚的黏性土覆盖,经机械潜蚀作用能形成暗洞和地表塌陷	广西桂林至阳朔一带坡立谷平原	岩溶形态发育成熟。谷地开阔,埋藏岩溶发育,路基水害和路基基底变形均很突出
岩溶溶蚀平原	坡立谷被进一步扩展成平原,河流迂回曲折,平原上仅有少数孤峰,并有石牙地。地下洞道纵横交叉成网状,具有强烈的水力联系,有统一的潜水面。平原上有深厚的黏性土覆盖,也有地下暗洞和地表塌陷的存在	桂中溶蚀平原	应重视地下埋藏岩溶形态对公路建设的影响

三、岩溶发育的基本条件

岩石和流水是岩溶发育的两个基本条件。

1. 岩石

(1) 岩石的可溶性

碳酸盐类的岩石,其溶蚀强度一般从石灰岩向白云岩、泥灰岩、硅质灰岩等依次递减。

岩石的组织结构不同,岩溶强度也不同。粗颗粒的岩石比细颗粒的易遭溶蚀。

岩石的成分及成层组合不同,溶蚀强度也不同。根据岩石成分、层厚和夹层来划分岩石的成层组合。碳酸盐类岩层的成层组合情况见表 5-8-4。

碳酸盐类岩层的成层组合　　　　　　　　　　　　　　　　表 5-8-4

序号	主要特征	代表性地层
Ⅰ	巨厚层、厚层、中厚层质纯的石灰岩	广西:上泥盆统融县灰岩,上石炭统马平灰岩,下二迭统茅口灰岩; 云、贵地区:中、下石炭统灰岩,下二迭统阳新灰岩,下三迭统玉龙山灰岩; 湖南:中、上泥盆统灰岩,中、上石炭统灰岩
Ⅱ	厚层、中厚层灰岩及白云岩互层或巨厚层、厚层纯白云岩	云、贵地区:中、上三迭统; 广西:西部为中、上泥盆统和下石炭统,中部为石炭系; 川东:中、上三迭统
Ⅲ	薄层泥灰岩或中厚层泥灰岩、燧石灰岩	贵州:中奥陶统宝塔灰岩,上二迭统长兴灰岩; 广西:下石炭统,下二迭统栖霞灰岩; 湖南:下二迭统,下三迭统
Ⅳ	中厚层、薄层石灰岩和钙质、黏土质砂页岩互层	广西西部:下三迭统; 滇东:中、上泥盆统; 贵州:中、上寒武统,中、上泥盆统,下石炭统,中三迭统; 川东:下三迭统; 鄂西:中、上寒武统,上三迭统; 湖南:中泥盆统,下石炭统
Ⅴ	厚层硅质白云岩及硅质灰岩	鄂西及黔北:中、上寒武统

注:1. 表中的厚层是指单层厚度,巨厚层大于 1m,厚层为 0.5~1m,中厚层为 0.2~0.5m,薄层为 0.05~0.2m。
　　2. 溶蚀强度Ⅰ向Ⅴ递减。

在碳酸盐类岩层与硫化矿体(如黄铁矿 FeS_2 等)相接触处,因硫化矿体易于氧化而产生大量的硫酸根离子(SO_4^{2-}),具有较大的侵蚀性,所以岩溶发育强烈。

碳酸盐类岩层与一些非可溶性岩层相接触处,因岩石性质不同,当受到地质构造应力作用后,易于产生裂隙及接触部位的形变,有利于地下水的活动,故岩溶发育也较强烈。

(2)岩石的透水性

岩石的透水性取决于岩石的裂隙和孔隙,裂隙的透水性比孔隙的透水性更为重要。

较纯的石灰岩和相对隔水层少的厚层块状岩石,刚性较强,裂隙多张开,透水性强,溶蚀强度也强;泥质灰岩和相对隔水层多的薄层岩石,刚性较弱,裂隙多封闭,透水性差,并在溶蚀过程中产生蚀余黏土物质,容易填塞裂隙,因而溶蚀强度较弱。

孔隙度主要通过增大水流与岩石的接触面积,对岩石的强度产生影响。

岩石的岩溶化程度和透水性是相互促进的。岩溶化程度越高,透水性就越强。

2. 流水

(1)水的溶蚀性

水的溶蚀性主要取决于含酸性。水中有酸才具有溶解可溶性岩石的能力。

自然界中二氧化碳(CO_2),溶于水中生成碳酸(H_2CO_3),与石灰岩相遇后发生化学反应($CaCO_3 + H_2CO_3 \Leftrightarrow Ca^{2+} + 2HCO_3^-$),石灰岩被溶解成易溶的重碳酸钙[$Ca(HCO_3)_2$],被流水带走。在岩溶过程中,岩石的溶蚀大于物质的重新沉淀,因而在岩石中形成了各种各样的空洞,为机械侵蚀和重力崩塌创造了条件。

除碳酸外,其他无机酸和有机酸都可溶蚀碳酸盐类的岩石。

水的溶蚀性在不同的气候带中是不同的。如湿润热带的溶蚀强度大于干旱气候带的 71 倍，大于湿润温带的 7 倍，大于寒冷气候带的 11 倍。

（2）水的流动性

主要取决于降水量和水流通道的形态、规模、数量以及连通情况。

岩溶水一个重要的来源是大气降水。降水多，垂直循环交替快，溶蚀强度显著加强；降水少，垂直循环交替就差，溶蚀强度减弱。

岩溶水的流动通道有孔隙、裂隙和溶洞等。通道的形态、规模、数量以及连通情况，控制着岩溶水流动的坡降、流速、流量和流向，即影响岩溶水的交替强度。水流交替强度大，溶蚀能力强，岩溶就发育。岩溶越发育，岩溶水的流动性就越好。

岩溶地区有深切峡谷或侵蚀沟谷切割时，河流成为岩溶水的排泄基准，岩溶水有四个垂直分带，如图 5-8-3 所示。

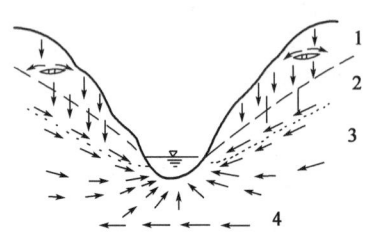

图 5-8-3　岩溶水的垂直动力分布带
1-垂直循环带（充气带）；2-过渡循环带（季节性变动带）；3-水平循环带（饱水带）；4-深部循环带（滞流带）

四、岩溶路基病害分类

岩溶路基病害的类型多种多样，从可溶岩的出露特征来分，可划分为裸露型岩溶路基病害和覆盖型岩溶路基病害；从岩溶形态特征来分，可划分为溶蚀沟-槽型、竖井-落水洞型、洞穴型和复合型四类岩溶路基病害；从公路路基破坏形式来分，可划分为不均匀沉降、塌陷和路堤沿基底面滑动三类岩溶路基病害。

岩溶路基病害的发育受多种因素制约，同一种岩溶类型，由于覆盖层特征不同或水动力条件差异而对路基稳定性产生的影响也不同，相应的处置方法也会不一样。即便是在相似的覆盖层和水动力条件下，同一类型的岩溶形态，由于其规模的差异，对路基也会有不同的影响。综合起来，从路基病害的表现形式出发，既要考虑岩溶病害发育的基础条件，还要考虑引发路基病害的动力条件。裸露型岩溶路基病害和覆盖型岩溶路基病害的分类见表 5-8-5 和表 5-8-6。

裸露型岩溶路基病害分类　　　　　　　　　　　　　表 5-8-5

岩溶形态		地下水动力特征	路基破坏形式
形态类型	规模		
溶蚀沟-槽型 竖井-落水洞型 洞穴型 复合型	小型 中型 大型 特大型	弱 中等 强烈	不均匀沉陷 基岩塌陷

覆盖型岩溶路基病害分类　　　　　　　　　　　　　表 5-8-6

岩溶形态		覆盖层特征		地下水动力特征	路基破坏形式
形态类型	规模	厚度	结构		
竖井-落水洞型 洞穴型 复合型	小型 中型 大型 特大型	浅覆盖型 中等厚度覆盖型 厚覆盖型	一元结构 二元结构 多元结构	弱 中等 强烈	不均匀沉陷 土洞塌陷 基岩塌陷

1.裸露型岩溶路基病害

对于溶蚀沟-槽型病害,对路基的影响主要是由于沟槽起伏导致的岩性差异,进而产生不均匀沉陷问题。此外,在地下水作用中—强地区,长期地下水的波动和反复浸泡会造成路堤中细料的流失,使路堤掏空、沉陷。

竖井-落水洞型病害一般和地下水平溶洞复合发育,是地表水—地下水联系的渠道,对路基的影响主要在地下水作用中—强地区,雨季地表水的灌入或地下水的外冒所形成的水、气压力对路堤填料的作用,造成路堤中细料的流失,使路堤掏空、沉陷。

洞穴型病害主要是指路基中下附近水平的溶洞,对路基的影响主要是溶洞稳定性问题,当溶洞顶板厚度小于安全厚度时,发生溶洞垮塌,造成路基塌陷。

2.覆盖型岩溶路基病害

在覆盖型岩溶区,溶蚀沟-槽型、复合型病害最为突出的问题有两个:一是沟槽充填物(土)的存在,造成岩性差异而导致的不均匀沉陷;二是在地下水作用中—强地区,由于地下水的波动在土层中形成土洞,进而产生塌陷。从覆盖层特征看,塌陷最容易产生的地区主要是具有二元、多元结构的浅—中等厚度覆盖层区。对于厚覆盖层区,一般塌陷较少,除非地下水作用极为强烈,如有矿山或大型抽水井。

洞穴型病害一般存在于浅—中等厚度覆盖层区,主要是溶洞稳定性问题,当溶洞顶板厚度小于安全厚度时,发生溶洞垮塌,造成路基塌陷。

第二节　岩溶地区公路勘察与选线

一、岩溶工程勘察要点与方法

1.勘察要点

根据公路工程建设的实际情况,岩溶地区公路工程地质勘察分为可行性研究勘察(可研)、初步勘察(初勘)、详细勘察(详勘)和施工勘察等阶段,各阶段勘察目的及要点如下:

(1)可研阶段岩溶勘察

可研阶段的勘察目的是查明与路线选择有关的工程地质条件,初步查明一些控制性工程场地的稳定性和适宜性。

岩溶地区可研阶段勘察,应了解路线沿线岩溶发育状况、水文地质条件和筑路材料来源,掌握区域性岩溶发育规律及其对路线的影响,查明岩溶洞隙、土洞的发育条件,并对其危害程度和发展趋势作出判断,对选择线路走廊带的场地稳定性和工程建设的适宜性作出初步评价,为优选路线方案提供地质依据。

(2)初勘阶段岩溶勘察

初勘阶段的勘察目的是在可研阶段勘察的基础上,查明与评价场地稳定性和适宜性相关的工程地质条件。

对岩溶地区公路而言,初勘应查明岩溶及其伴生土洞、塌陷的分布、发育规律,并按场地的稳定性和适宜性进行分区,具体包括:

①查明岩溶的发育强度、基本形态、规模大小、分布规律及其与地层岩性、地质构造、地表水及地下水之间的关系。

②查明岩溶水的埋藏特点、富水程度、补给、径流、排泄条件、地下水位高程和水位变化特点。

③查明不同路段土洞的发育程度、分布规律和规模大小。

(3) 详勘阶段岩溶勘察

详勘阶段的勘察目的是在初勘的基础上,查明与评价地基稳定性相关的工程地质条件。

对岩溶地区公路而言,详勘应查明拟建工程范围及有影响地段的各种岩溶和土洞特征、岩溶堆积物形状和地下水特征,对路基设计和岩溶治理提出建议,具体包括：

①查明场地内影响公路工程建筑物稳定与安全的岩溶洞穴和土洞的形态、位置、规模、埋深,洞穴顶板岩体厚度,洞穴充填物形状。

②查明岩溶水的埋藏特点、水动力特征、水位高程及其变化幅度和水的补给、径流、排泄条件。

(4) 施工阶段岩溶勘察

施工阶段岩溶勘察应针对某一地段或尚待查明的专门问题进行补充勘察。

对岩溶地区公路而言,应特别查清路堑和隧道路基以下的岩溶发育情况。为了保证物探方法的最佳勘察效果和提高岩溶勘察质量,宜在基本成型的路基上进行。由于地表植被或其他因素的影响,在详勘阶段无法完成勘察工作时,在工程场地"三平一通"后,按详勘要求进行补充勘察。施工阶段,如果方案变更,也需要按详勘要求进行补充勘察。

2. 勘察方法

勘察方法应根据岩溶发育程度、地形条件、勘察阶段要求的内容和深度、所勘察的道路等级、工程规模及其工作难易程度的不同而加以选择和布置。

(1) 收集已有资料

收集路线有可能经过地带的工程地质、水文地质、地形地貌、气象资料,以及修建公路、铁路、厂矿的有关调查、测绘、勘探资料,加以综合分析,借以了解路线可能通过地带的岩溶发育程度及其分布的大致情况。

(2) 访问群众

依靠当地群众进行认真的调查研究,是做好外业调查工作的关键。对当地岩溶的形成、发展和变化历史,地表和地下岩溶的现状及其分布,以及岩溶水的动态变化等都要进行全面的了解和认真的分析。

(3) 遥感图像地质解释

在卫星相片上,岩溶地貌具有明显的影像特征。以路线走廊带和路线方案比选为目的进行岩溶勘察(在可研和初勘阶段),需要初步查明区域岩溶分布规律、发育程度和规模等,采用遥感判释工作,并辅助部分实地调绘验证,可以减少野外工作量和提高勘察精度。

(4) 测绘

对某些具有控制性的岩溶工点(如需进行特殊设计的路段),应根据路基设计的要求,测绘岩溶平、纵、横断面图。绘制方法一般是以相同比例尺的地形图和地质图为底图,将路基及路基两侧一定范围内的地表和地下岩溶现象,按规定图式填绘在图上,并附以简要说明,标路线,注明里程,作为路基设计和病害防治的岩溶工程地质图。

(5) 勘探

路基设计阶段的岩溶勘探,其目的在于了解地下岩溶形态的规模和分布规律,查明路基基底的工程地质条件和水文地质条件,对路基的稳定性和所选择的防治措施作出评价。

在勘探过程中,应根据岩溶地质和水文地质条件的复杂程度,综合使用物探和钻探的方法,以提高勘探速度和精度。在物探的基础上,合理布置钻孔位置,可以大大减少钻探工作量,提高勘探效率。采用综合物探,需用多种方法相互印证,未经验证的物探成果不宜作为施工图设计和岩溶处置的依据。

勘探工作的布置,应遵循从面到点、先地表后地下、先定性后定量、先控制后一般以及先疏后密的准则,有针对性地选择勘探手段,如查明场地的岩溶发育规律、基岩埋深等可采用综合物探;查明浅层岩溶,可采用槽探;查明土洞,可用钎探;查明埋深土洞,可采用静力触探;查明岩溶洞穴,可采用钻探等。

(6)室内试验分析

对外业调查中所取得的试样(包括水样),根据设计要求,进行物理力学试验和化学分析。

3.勘察经验

(1)注意岩溶水的特点

岩溶水具有如下特点,在勘测调查中要充分予以重视。

①岩溶地下水分布的不均匀性。

由于岩溶分布和发育的不均匀性,岩溶含水层的富水性强弱悬殊,极不均一。在同一高程范围内或同一地段内,有的在几米或几十米范围内,其富水性相差可达数十倍,甚至在千倍以上。一般情况是岩溶发育强烈、溶洞充填物少的地段富水性强;反之,富水性弱。在垂直剖面内浅部岩溶发育强烈,富水性强;深部岩溶发育弱,富水性弱。

②岩溶地下水水力联系密切。

由于可溶性岩层中存在大量溶洞和溶蚀裂隙,溶洞与溶洞、溶洞与溶蚀裂隙之间相互连通,因而使岩溶水具有密切的水力联系和较强的传递能力。一般来讲,岩溶发育、富水性强的地段,岩溶水水力联系密切,水力传递能力强、速度快;反之,水力联系程度就相对减弱。

平行于岩溶发育方向或断裂带走向的纵向流,岩溶水水力传递能力强;垂直于岩溶发育方向或断裂带走向的横向流,岩溶水水力传递能力差。

③岩溶地下水流量季节变化幅度大。

由于岩溶地下水与地表水联系密切,存在地下通道,岩溶地下水往往与几处地表汇水区相连。因此,岩溶地下水流量的季节变化幅度很大,雨季比枯水期流量往往增加几倍、几十倍。

④岩溶水动态多变,常具有反复性。

在天然条件下,与排泄条件较差的地下水通道相联系的漏斗、消水洞和溶蚀裂隙,往往随季节变化而具有反复性,表现为间歇性或周期性的泄水与涌水。消水洞排水不畅的槽谷、溶蚀洼地和坡立谷在雨季就会出现短期积水。人工排、蓄水,也容易引起岩溶水动态的改变。

(2)地表岩溶形态与地下岩溶发育有密切关系

由某些地表岩溶形态可以推断地下岩溶发育情况,如:

①暗河多、天生桥多、河流时隐时现的地方岩溶发育。

②塌陷谷较正常河谷地段岩溶发育。

③漏斗、落水洞成群成串发育的地方岩溶发育。

④土层陷穴多、土漏斗多的地方岩溶发育。

二、岩溶地区选线原则

1. 原则及经验

在岩溶地区选线，必须认真勘察、全面比较，避重就轻防害兴利。首先要从地质条件上查清岩溶的发展规律和分布规律，在选线中慎重确定路线的布局和位置。在一般情况下，对局部严重的、大型的、复杂的岩溶地段，应尽量设法绕避；对不太严重的中、小型岩溶地段，可以选择其最窄的、最易于采取处理措施的地方通过。

根据岩溶发展的规律和岩溶带的分布规律，在岩溶地区选线时，应注意以下几点：①在可溶性岩石分布区，路线宜选择在溶蚀强度较低的岩石地区通过，因为这些地方的岩溶发育程度往往较弱。②在通过可溶性岩石分布地区时，路线方向不宜与岩层构造线方向平行，而应与之斜交或垂直通过，因为暗河的主要通过方向多平行于岩层构造线方向。③在岩溶地区，路线应避开较大的断层破碎带和褶皱轴及其交汇处，或使路线方向与其成直交或斜交，以避免或减少由于岩石破碎、岩溶发育强烈和岩溶水丰富而威胁到路基的稳定性。④路线应尽可能避开可溶岩与非可溶岩相接触的地带，因为这种地带有利于地下水的活动，岩溶发育比较强烈，岩溶泉往往成群分布。⑤路线应尽可能避开碳酸盐类岩石同某些金属矿床（如铁黄矿 FeS_2）相接触的地带，因为这种地带往往岩溶发育比较强烈。

在西南岩溶山区主要分布有残丘洼地型、峰丛洼地型、峰林洼地型和溶蚀平原岩溶地貌。在这些地区进行公路选线应注意以下几种情况：如地表高差大，路线宜通过溶蚀残丘和峰丛的山坡穿越垭口，以减少路线的起伏。如地表高差较小，路线也可以穿越大型槽谷和溶蚀洼地，但宜在其周边山坡下部通过，这样可以少占农田，并避免路基遭受水淹和发生基底变形。路线如果通过大型槽谷和溶蚀洼地的底部，有时路基会遭受水淹和遇到路基基底的沉降和塌陷等病害，应事先注意防治。在路线顺直的情况下，路线也可选于沿河地段，但因谷坡陡峻，故工程比较艰巨。沿河路线应查明河流的最高洪水位和地下岩溶水的排泄基准，并应注意岸坡的稳定性和废弃土石方的处理问题。当岩层走向与河谷平行时，路线宜选在岩层倾向山里的一侧。对于较高等级的道路，通过峰丛洼地时，可以采用隧道方式穿越峰丛垭口串联洼地的方法，以提高线型标准，缩短建设里程。在坡立谷和溶蚀平原区（岩溶的主要类型有峰林坡立谷型和溶蚀平原型），地形平坦开阔，为路线提供了良好的条件，但选线应注意避让水草地和石芽地，并应考虑某些地段危及路基稳定性的土洞和其他埋藏的岩溶形态，以及水淹和水冲路基等问题。在岩溶地区利用天生桥、溶洞和暗河作路基工程时，应查明水文地质和工程地质条件，特别要注意坍塌和水淹问题。

2. 实例

例1： 某线有左岸和右岸方案，各长 1km，如图 5-8-4 所示，右岸路线顺直，占农田少，但该岸发育有许多网状的溶洞，洞内坍塌严重，暴雨时 5 处涌水成河，1963 年出现新生漏斗，而且这一带埋藏的溶洞发育，分布较广，经研究比较，采取走左岸通过砂页岩地区的方案，避开了严重的溶洞区。

例2： 某公路位于向斜南侧，A 线方案位于河流南岸，B 线方案位于河流北岸，如图 5-8-5 所示。由于南岸褶皱轴和断层构造带及其交汇处附近有利于岩溶发育，暗河沿扭性断裂分布，于附近河流排泄，地表岩溶形态众多，不利于路线布设。经比较，将路线选在河流北岸，即采用 B 线方案，避开了断裂带和岩溶发育区。

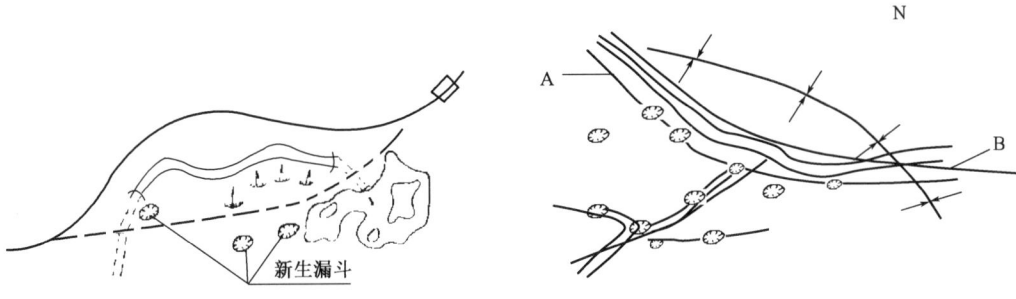

图 5-8-4　岩溶地区选线实例 1　　　　图 5-8-5　岩溶地区选线实例 2

例3：某路线有两个方案（图 5-8-6），一为走石灰岩峡谷的沿溪线，一为走砂页岩分布地带的山脊线。沿溪线溪宽约 10m，位于石灰岩与砂页岩地层的接触带上，岸坡陡峻，岩溶发育强烈，路线也迂回起伏；山脊线从非可溶的砂页岩地带通过，山体浑厚，路基稳定，虽需设一对回头曲线，但路线并未增长。经比较，采用了山脊线的方案。

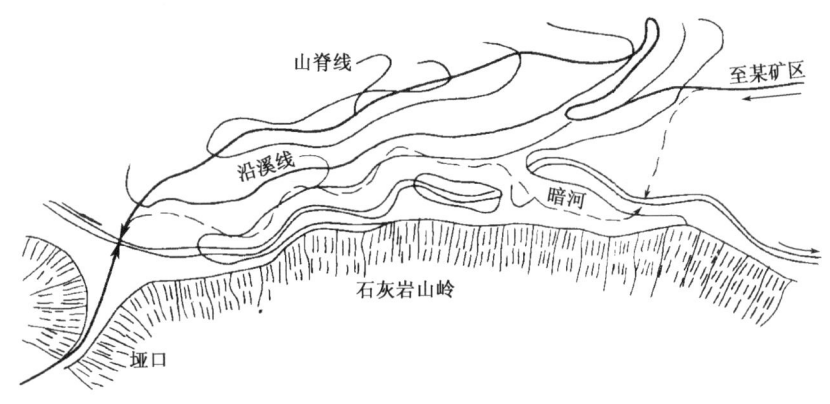

图 5-8-6　岩溶地区选线实例 3

第三节　岩溶地区路基设计

岩溶地区路基设计，主要是对影响路基稳定的岩溶和岩溶水进行预防和处理。实践证明，如果不加处理或处理不当，不仅会使工程设计方案发生变更，延长施工工期，造成浪费，而且会产生各种后遗病害，威胁行车安全。

岩溶地区路基设计应遵循下列原则：

（1）岩溶地区路基应采用遥感、物探、钻探及其他有效方法进行综合勘察，查明岩溶地貌形态、岩溶发育发展程度、溶洞围岩性质以及地表水、地下水活动等情况，分析地面致塌因素，综合评价场地稳定性。岩溶地段路堑开挖至路床顶面后，宜进行必要的补充勘察和评价。

（2）路线应绕避大型、复杂的岩溶发育地区。绕避困难时，路基工程宜选择在岩溶发育范围小、易于处理的地段。

（3）位于岩溶地段的路基，应对路基稳定性及环境影响进行综合分析，确定岩溶对路基工程的危害程度，合理采取回填、跨越、注浆加固等处理措施。

（4）岩溶水发育地段，路基修筑不应切断岩溶（地下、地表）水的径流通道，不得造成阻水、滞水或农田缺水。

(5)采用注浆加固的地基,应采用物探配合钻孔取芯等综合方法进行注浆效果检测及评价。

一、岩溶水防治措施

岩溶水是在各种岩溶形态表面和内部的地表水与地下水的总称,包括岩溶泉、接触带岩溶水及地下河等表现形态,岩溶地表水与地下水联系紧密,因而复杂多变,若认识不足,路基常遭破坏。岩溶水具有分布不均匀,地下水水力联系密切,水流量季节变化幅度大,动态多变,常具有反复性,水量不易确定等特点,这些特点使得对其水量、水位、活动规律难以完全掌握,加之其出没于各种复杂地形、岩溶形态之间,常常防不胜防,不但对填筑成型的路基产生各种危害,甚至在施工期间就开始影响,造成施工现场被淹、无法继续施工、延误工期的结果。

岩溶水对路基的影响主要表现为三种方式:

(1)排水困难或地下水反淹造成的路基浸水、淹没。

(2)地下水的涨落、流动以及地下水与地表水互相补给过程中,由于水动力原因造成的吸蚀、潜蚀作用导致路基填料或地基土细料流失,最终引发的不均匀沉降、塌陷等。

(3)封闭地下管道裂隙中水位急剧变化引起的水气压力冲击路基或真空吸蚀。地面塌陷的最主要原因就是地下水位下降形成的岩溶腔真空吸蚀作用。

岩溶水不同于一般水流,有其特殊性,其处理的总体原则为:因地制宜,因势利导,宜以疏导为主。岩溶水量的估计宁大勿小,相应的排水建筑物也应宁宽勿窄,处理对策上疏导比堵塞好,桥跨比涵洞好。多来路的复杂岩溶水宜归整后再进行处理。

1. 疏导

对岩溶水宜以疏导为主,采取因地制宜、因势利导的方法,不宜堵塞。

疏导措施主要用于处理路基基底处出水量较大的岩溶泉及季节性冒水洞,通常采用竖井+涵管或封堵+涵管等综合方法将水流引出路基外,并保持地下管道水气压力与地面一致,防止水气压力骤变对路基产生冲击或真空吸蚀。结构尺寸主要根据疏导的水量而定,防止水路不畅造成路基冲毁。若路基底部出现过岩溶涌水从冒水洞反流现象,则必须采用此类疏导方式,施工中不堵塞其水气通道确保路基结构不遭竖向动力水的冲击;若水位最大上升高度不高于路基底部,在保持地表汇水能及时排出的情况下,也可根据实际采用其他处理措施。

例1:岩溶泉出露于某段公路的右上方石灰岩陡坡处,为间歇性裂隙悬挂泉,旱季枯竭,雨季流量可达 20L/s。经于路侧砌筑 $5m \times 1.5m \times 1.5m$ 蓄水池一座,把水拦蓄引入边沟至下游涵洞排出后,多年来路基无损害。

例2:岩溶水成群出露于某大桥桥头公路岔道处的石灰岩山坡上。为经常性悬挂式接触下降泉,有较大的泉眼 3 处,流量很大,除供附近村民用水外,部分泄入江中。公路由右侧坡脚通过,建有混凝土排水明沟,将岩溶水导向涵洞排出,路基无损害(图5-8-7)。而左侧的简易公路只挖有边沟排水,雨季岩溶水漫过路面,路基受到严重损害。

例3:某线经过溶蚀洼地,暴雨时汇水量大于溶洞消水量而形成积水,水位高于路基表面 2m,淹没大片农田。如提高路线则需展线,工程量增加很大。因此,于右侧设泄水洞以排除积水,降低水位,效果较好(图5-8-8)。

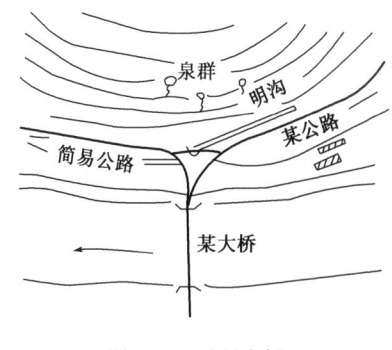

图 5-8-7　疏导实例 2　　　　　图 5-8-8　疏导实例 3

例4：某段山坡路线，如遇阴雨，路基即发生冒水。经填片石堵塞，仍产生渗水、松软、下沉现象。后改用涵洞排水，挖基至实土，建 0.5m×0.6m 干砌片石暗涵一道，将岩溶水导入涵洞排出，才消除了路基冒水。

2. 排泄

排泄措施适用于流量大而集中的岩溶水的处理。对常流的间歇性岩溶水，尤其当流量、流速较大，或直接影响当地农田灌溉的岩溶水，都应考虑排泄的处理措施。排水建筑物所设方向常与水流方向一致，其工程措施有泄水洞、管道、桥涵及明沟排水。

泄水洞：常用来排除洼地或基底积水，或为降低路基水位使其干燥而设。

排水管：水量集中的岩溶水可用各种材料的管道引排。

排水桥涵：常用来排引间歇性流量、流速大的间歇性岩溶水。

排水沟：为免除封闭洼地积水或改变暗河水流方向，既可作泄水洞，也可开挖明沟引排。

3. 截流

截流的目的是截断岩溶水的渗入或降低某一范围水位，使路基免受水害影响。截流措施常与水流方向垂直而设，适用于流量不是很大，但水路复杂、出水点多，影响范围广，水流分散不易汇集，地形复杂地段，如成群的岩溶泉的处理。其工程措施有设置截水盲沟、截水墙、截水洞等。工程措施的选用应能起到截流的作用，且本身不产生破坏。

截流渗沟：适用于水量小而分散的岩溶水，为疏导或降低地下水位而设，盲沟应作反滤层。

截水墙：为防止水流冲击和渗入而设，其方向与水流方向垂直。截水墙的材料一般为浆砌片石。截水墙的尺寸根据水压力确定。

截水洞：为保持路基干燥或疏干某范围而设，常在垂直于地下水来向的一侧设置截水洞。截水洞与被疏干的范围应与相应的引排水措施进行结合，把水引排到截水洞中。

4. 跨越

路线通过岩溶水时，可采用跨越的方法。桥跨适用于流量较大的暗河、冒水洞或排水洞等，涵跨适用于一般岩溶泉。在跨越季节性或经常性积水而水不深的溶蚀洼地时，可采用填石透水路堤。

路线通过溶洞或岩溶水时，如跨越和施工条件较好，可采用跨越方法。桥跨适用于流量较大的暗河、冒水洞或消水洞等；涵跨适用于一般岩溶泉。

例1：某公路路线通过溶蚀洼地，有3条来自暗河的水流，交汇于龙门洞前的深沟，由此转入暗河排出(图5-8-9)。路线曾于龙门暗河出露处设一单孔小桥跨过,路堤高出龙门洞口2m。由于雨季暗河与地表水的汇流量大于排泄量,导致洼地积水,淹没龙门桥和路堤,中断交通。后加高路堤至4.7m,并改建为一孔25m的石拱桥跨过,才消除了淹水问题。

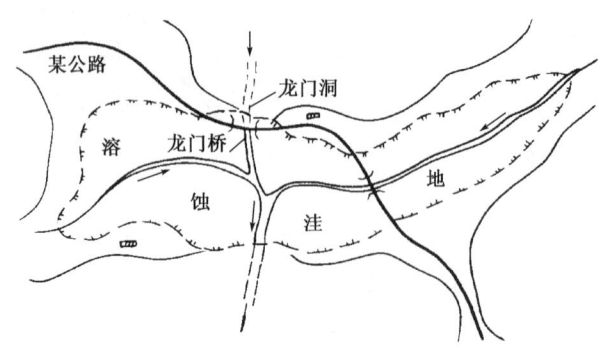

图5-8-9 跨越实例1

例2:某公路改建桥梁时,在桥基底部遇到一较深溶洞,采用浆砌片石暗拱跨越,然后在暗拱上修建基础。该桥建成后至今已近十年,在使用中未发现异常情况。

例3:某公路7km附近,有一岩溶泉从左侧白云岩山坡坡脚的溶洞中流出,洞口直径约1m,修建一孔2.0m混凝土盖板涵跨越,通车数年情况良好(图5-8-10)。

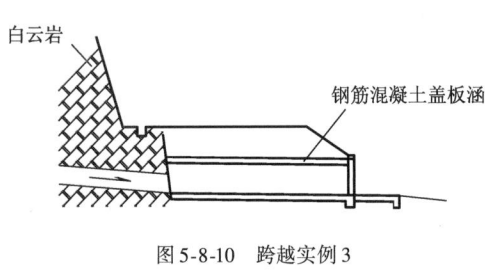

图5-8-10 跨越实例3

二、岩溶路基处治措施

为防治岩溶路基病害,必须采取必要的措施消除岩溶的不均匀性,对岩溶水需要进行合理的疏导,保证水路畅通,减少岩溶水对路基的影响。对路基有显著影响的岩溶,其不均匀性只表现在一定范围内。不同尺度的岩溶形态带来的病害性质和危害程度不一,病害防治措施也不相同。

处理措施包括:清理整平、填塞封堵、灌浆加固、溶洞加固、结构跨越、调整避让等。

针对不同特点的路基岩溶病害,处治措施都有一定的适用范围。措施的选择主要从两个方面考虑,一是有无岩溶水的影响,二是尺度是否合适。无论哪种防治措施,关键在于如何消除路基基底多尺度岩溶复杂性,达到基底平整化、强度坚实均一化、整体连续化的要求。

1.清理整平

常用于处理路基底部不平整基岩、突出的石林、石牙、软弱土层、岩石和土混合基底,清理整平基底通过"削峰填谷"的方式给路基填筑提供一个平整坚实的基础,目的在于防治路基或结构物基础不均匀受力产生的不均匀沉降或开裂等病害,适用于尺度范围为0.5~2.0m的垂直岩溶形态。为保证岩石和细粒土混合基底强度均匀,应加强细粒土部位,降低承载力的差异。对于路基底部不平整基岩、突出的石林、石芽、孤石以及形状不规则化学作用形成的碳酸钙沉积物,可用爆破清除突出部分,清除后残留高度不得超过0.8m,以利于回填部分能有效压实;对于石芽、石林、溶槽、溶沟间、洼地内的湿软松散细粒土则需挖除。清除后用石填料置换其间的湿软松散土层,置换高度超出原炸平岩面后,方可进行压实,最终形成均匀平整的岩石混合基底。必要时应在路基填料与清理后基底之间设置垫层过渡。

岩溶洼地路段处或地下水丰富处,由于易于积水,表层第四纪松散土层在积水长期浸泡下,强度往往很低,对厚度在3m以内的软土地基可采用回填片石、碎石或砾石等清淤换填处理;大于3m考虑灌浆、粉喷桩等其他软基处理措施。

基底清理除单独使用外,还经常配合其他病害处理措施采用。

2. 填塞封堵

对于浅层漏斗、土洞、不影响地表排水的落水洞、竖井以及规模不大且无地下岩溶水联系的溶槽、溶沟、干溶洞,危害性小,可采用片石、碎石填塞并在其上设置混凝土封层的处置方法或直接回填混凝土、钢筋混凝土,防止基底不均匀沉降或开裂。适用于平面规模中等或大,但深径比较小的岩溶形态。稳定性不满足的溶洞顶板厚度不大于3m时,应先将顶板爆破处理再回填,大于3m宜采取其他方法加固。对于冒水洞、与地下河连通的溶洞、溶槽等岩溶形态则不宜使用,因为对于冒水洞和地下河连通的溶洞,不仅周期性的水位上升和下降会对路基的稳定性造成不利影响,且填充了地下河道,使地下水排泄受阻,不仅对路基造成隐患,还会影响当地的生态环境。

3. 灌浆加固

灌浆加固的目的是堵塞充填基底下伏的溶洞、裂隙及上部土层中孔隙、土洞,减少地表水常年补给地下水的过程中以及地下水的渗流活动对上部土体的潜蚀和搬运作用,削弱岩层裂隙水和上覆土层地下水之间的垂直联系,使地基土得到加固,稳定路基。

灌浆加固适用范围广,适用于加固松散软弱土层、溶穴堆积物、风化残积填充物等,主要处理以下几种情况。

当溶沟、石芽埋深3～8m时,如沟(槽)内充填硬塑土时,一般不需处理;当沟(槽)内充填软弱松散土时,则需采用灌浆固化处理。

覆盖型岩溶地区,较厚的垂直形态岩溶,如松散堆积的土体、块石、碎石,当其清除工作量太大,且爆破施工不易时,可用灌浆使其胶结,增加强度。

地下水的波动使基岩与上覆土层接触带之间的岩溶裂隙、溶沟、溶槽中的充填物和上覆土层的底层土产生冲刷和掏空,而在土层底部形成土洞,形成潜在的塌陷威胁,可采用灌浆方法加固处理。

不能进人的未填充溶洞可先抛填毛石、碎石或沙砾填充,而后充填灌浆。而对于软弱松散土充填的溶洞(落水洞),可进人挖除的先挖除,后换填(砌)毛石,再进行充填灌浆;不能进人的,直接固化灌浆。

对于已经发生塌陷的溶洞、土洞,通过灌浆加固松散的塌陷体和周边土体。通过灌浆技术加固边坡上的裂隙和松散填充物,以改善边坡岩体的物理力学性能,保证边坡的稳定性。

4. 溶洞加固

溶洞加固的目的是防止基底溶洞的坍塌及岩溶水的渗漏。为防止溶洞塌陷或加强洞穴顶板岩层的稳定性而作加固措施,需要正确评价其下的溶洞顶板的安全厚度,以便选用合理的加固措施。对于溶洞顶板的安全厚度,由于涉及的因素较多,尚无可靠的计算方法,目前主要分完整顶板与不完整顶板两种情况加以估算。对于完整顶板,如果溶洞顶板岩层完整,洞跨较小,剪切作为主要控制条件时,可按顶板受剪估算其安全厚度。如果溶洞顶板完整,近似于水平层,且洞跨较大,弯矩是主要控制条件时,可按梁板受力情况估算其安全厚度。对于不完整顶板,如果顶板岩层裂隙发育,风化严重,完全有可能坍塌的溶洞,可按明塌堵塞概念估算。如果顶板为风化破碎的岩层,可按破裂拱概念估算。

当溶洞距基底的距离大于估算的顶板安全厚度,而且岩层厚度完整,不影响路基稳定时,可不处理。当溶洞距基底的距离小于估算的顶板安全厚度,且岩层比较破碎时,考虑到在外部荷载或振动作用下有可能产生塌陷,使路基遭到破坏,必须进行加固处理。

(1) 当洞径大(规模为大型或巨大型),洞内施工条件好时,可采用浆砌片石支墙、支柱及码砌片石垛等加固。如需保持洞内水流畅通,可在支撑工程间设置管涵排水。

(2) 当深而小的溶洞不便用洞内加固方法时,可采用石盖板或钢筋混凝土盖板加固。

(3) 对洞径小、顶板薄或岩层破碎的溶洞,可采用爆破顶板用片石回填的方法。如溶洞较深或需保持排水,可采用拱跨或板跨的方法。

(4) 出露于路基面或构造物基底的溶洞,如需换土加固时,对较浅的可全部换填碎、片石;对较深的可采用部分换填的方法,换填厚度根据需要而定;当换填不能满足要求时,可采用复合地基等方法处理。

(5) 对路基范围内的地表塌陷(土洞),首先应查明产生塌陷的原因,以便采取相应的措施。如基岩未出露,可采用黏土回填夯实;如基岩出露并见空洞洞口时,可先用大块石堵塞洞口,再用黏土回填土洞。

(6) 当溶洞内的土不会从旁边被挤出,且土呈可塑或半坚硬状态时,为提高基础承载力可用打桩加固。

5. 构造物跨越

对于岩溶形态复杂,规模较大,难采取简单处理方法处置,或需考虑岩溶水随季节变化,发生间歇性或周期性的消水和涌水,不宜封闭、不易疏导的,以及溶洞溶槽向地下发育很深(深径比很大)的情况,常考虑采取适当的跨越方法。跨越方法根据结构形式的不同分为多种,可分为桥跨、混凝土拱跨和钢筋混凝土板跨等,具体采用何种方式可以根据现场的实际岩溶尺度情况来确定。

桥跨适用于尺度大于 15m 的岩溶形态。一般来说,采用桥跨是在岩溶分布较密,溶洞、溶沟规模较大的地段,采取封堵、疏导及小结构物跨越等方案已不能满足路基稳定的要求,需增大投资修建桥梁进行跨越。桥跨单跨跨径一般大于或等于 16m。

钢筋混凝土盖板跨适用于跨径较小($L<6m$) 的溶洞、溶槽、溶沟。

拱跨适用于跨越跨径较大($6m<L<16m$),深径比也较大(一般或严重),且周边地质较好(坚硬完整的石灰岩)的溶槽、溶洞等,拱圈一般用混凝土、钢筋混凝土或浆砌片石。由于可将溶洞、溶槽暂时以透水性材料填满作为拱胎,不仅施工方便,且对拱的实际受力也起到一定支撑作用。

6. 避让

通过合理选择路基及结构物的空间位置,避开与可能产生路基病害的岩溶形态直接接触,达到安全使用的目的。对于路堤位于走向与路线一致的溶洞、漏斗、落水洞、溶沟、溶槽,或坡脚处有泉眼出露等情况,可采取修筑路肩墙或路堤墙收缩路基底部宽度以避让这些岩溶形态,同时保持了其原有形成的自然状态不被破坏。

路线附近的溶(土)洞,距离路基坡脚应有一定的距离,以免一旦坍塌呈漏斗形,不致危及路基,该距离称为溶(土)洞距路基的安全距离。由于影响因素较多,无成熟计算式,目前按塌陷时岩石的扩散角及覆盖层的稳定(休止)角来估算。

采用设挡墙等方式收缩坡脚避让病害时,挡墙墙趾应设置在溶洞安全距离以外。覆盖层较薄时(小于2m),应将挡墙基础嵌入基岩内0.15~0.6m。

7. 岩溶利用

利用某些岩溶形态修建道路建筑物时,除应考虑地形地貌的有利条件外,还应考虑:①洞身的岩性、岩层构造、顶板的厚度,以及岩层的裂隙情况和完整程度;②与之联通的支洞、暗河及落水洞的水文情况等,要防止在施工中产生坍塌事故,并防止在日后使用中产生路基病害。

1) 利用天生桥跨地下暗河

例1:某路线有长约2km路段岩溶比较发育,此段路线需跨越大河,大河在路线附近穿过山脚形成一段长600m的暗河。路线采用由暗河顶部(厚度在12m以上)通过的方案,缩短了里程,减少了土石方工程,并节省1孔40m大桥1座,通车至今情况良好。

2) 利用溶洞、暗河扩建隧道

例2:某线有甲、乙两个方案(图5-8-11)。其中甲线通过穿心洞(暗河段),长14.2km;乙线经过穿心洞上层的溶洞(图中虚线部分),长16.1km。经比较,甲线比乙线工程规模小,占地少,地质条件也较良好,经比较采用甲线。穿心洞宽8~10m,净空10~18m,顶板厚度50m,全长67.5m,呈一大肚形天然拱,岩层(白云岩)完整,无须衬砌,仅在进口处扩宽即可满足半边修路半边流水的要求(路基宽7m,河宽6m)。根据调查,路基提高2.5~3.0m,即可不受淹。

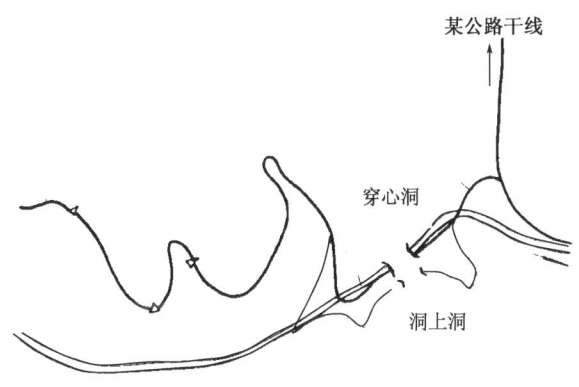

图5-8-11 利用溶洞、暗河扩建隧道实例

例3:某段路线,利用溶洞、暗河扩建隧道长132m。溶洞左边的暗河宽1~4m,右边修筑公路,洞内光照充足。因勘测时对暗河的水文情况缺乏深入调查,自1955年修建后,路基经常淹水,经1967年扩宽河道,加高路基约0.5m,并设浆砌片石拦水墙后,迄今未再淹过。

8. 其他措施

对路堑边坡上发育的岩溶现象,当影响边坡整体稳定时,应采取卸载、支挡或锚固等相应措施予以处理。

三、溶洞洞顶稳定性分析与路基安全距离估算

评价溶洞的洞顶稳定性需分析两方面因素,一是内在因素:包括顶板的厚度、跨度及形态、

岩石性质、岩层产状、节理裂隙状况及岩石物理力学指标等;二是外在因素:包括受载状况及洞内水流搬运的机械破坏作用等。洞顶稳定性评价的方法很多,主要有定性评价和定量评价,溶洞稳定性评价时应采取先定性、后定量的原则进行。

1. 洞顶稳定性定性分析

定性评价主要采取综合分析、经验比拟等方法。对溶洞评价前应取得洞体大小、埋深、顶板厚度和形状、岩体结构及强度、结构面分布与空间组合、洞内充填情况以及水的活动等资料,结合基础形式、荷载条件、上覆土层厚度综合分析。定性评价时可参照溶洞稳定性分级(表5-8-7)或溶洞稳定性因素评价(表5-8-8),结合地区经验、工程条件综合确定(经验比拟法)。

溶洞稳定性分级 表5-8-7

等级	地层岩性	地质构造	地下水特征	洞体表面特征	洞底堆积物
稳定	厚层至巨厚层,无软弱夹层,层间胶结好	无褶皱、断层,裂隙不发育,仅有1~2组较明显,裂隙呈闭合状或胶结,未形成临空不稳切割体	洞内有少量滴水,四周支洞少,洞内无暗河通过	洞顶、侧壁均有钙壳、溶蚀窝状面,洞内表面较完整,无危岩和近期崩塌	洞底平坦,表层堆积物为黏性土或钙质胶结层,不含块石
较稳定	厚层至巨厚层,层面有一定程度的胶结	有小型断层、褶皱。有2~3组连续性差的裂隙,形成的临空切割体的体量小	断层中有季节性地下水活动,四周支洞较少,暗河易于查明、处理	洞内有钙壳、溶蚀窝状面,有少量钟乳石、灰华物,有少量危岩,无近期崩塌痕迹	洞底平坦,表层堆积物含少量块石,或有古崩塌体
稳定性差	中厚层夹薄层,层面胶结差	断层发育,有3组以上的裂隙,且胶结差。形成较多的临空切割体	顶板及断层中常有地下水活动。四周支洞较多,暗河分布较复杂,不易查明、处理	洞顶钙壳和溶蚀窝状面少,钟乳石多,侧壁有含泥质的灰华物,局部地段有危岩和近期崩塌痕迹	有近期崩塌堆积物和较多块石
不稳定	薄层至中厚层,有软弱夹层,层面胶结差	断层很发育。裂隙4组以上,呈张开状,充水夹泥,形成大量的临空切割体	洞内、断层中漏水严重,四周大小支洞多,暗河分布复杂,难于查明、处理	危岩和近期崩塌痕迹多,钟乳石、石笋、石柱等林立丛生,灰华物大面积分布	洞底为暗河或大量近期崩塌物

注:评价时对各因素需综合考虑,如条件不完全符合某一等级或情况交叉时,可按地层岩性、地质构造和洞体表面特征三项主要因素来评定。

溶洞稳定性因素评价 表5-8-8

评价因素	对稳定有利	对稳定不利
地质构造	无断裂、褶曲,裂隙不发育或胶结良好	有断裂、褶曲,裂隙发育,有两组以上张开裂隙切割岩体,呈干砌状
岩层产状	走向与洞轴线正交或斜交,倾角平缓	走向与洞轴线平行,倾角陡
岩性和层厚	厚层块状,纯质灰岩,强度高	薄层石灰岩、泥灰岩、白云质灰岩,有互层,岩体强度低
洞体形态及埋藏条件	埋藏深,覆盖层厚,洞体小,溶洞呈竖井状或裂隙状,单体分布	埋藏浅,在基底附近,洞径大,呈扁平状,复体相连

续上表

评价因素	对稳定有利	对稳定不利
顶板情况	顶板厚度与洞跨比值大,平板状,或呈拱状,有钙质胶结	顶板厚度与洞跨比值小,有切割的悬挂岩块,未胶结
充填情况	为密实沉积物填满,且无被水冲蚀的可能性	未充填,半充填或水流冲蚀充填物
地下水	无地下水	有水流或间歇性水流
地震设防烈度	地震设防烈度小于Ⅶ度	地震设防裂度等于或大于Ⅶ度
建筑物荷重及重要性	建筑物荷重小,为一般建筑物	建筑物荷重大,为重要建筑物

2. 溶洞顶板安全厚度估算与稳定性评价

溶洞顶板的安全厚度,由于涉及的因素较多,目前尚无可靠的计算方法。可参考现有工程实例确定,也可区分为完整顶板与不完整顶板两种情况加以估算。这里的完整顶板是指未被节理裂隙切割或虽被切割但胶结良好的情况,否则即为不完整顶板。

1）完整顶板安全厚度估算

可采用下列方法估算：

（1）按剪切概念估算

当溶洞顶板岩层完整,洞跨较小,剪切是主要控制条件时,可按顶板受剪估算其安全厚度。

如图5-8-12所示,设路堤底宽为B,溶洞宽度为b,路基范围内的溶洞顶板自重为Q_1,附加荷载（包括填土和活载）为Q_2,根据极限平衡条件,顶板岩体抗剪力T按式(5-8-1)确定：

$$T = Q_1 + Q_2 \qquad (5\text{-}8\text{-}1)$$

而$T = \tau \cdot H \cdot L$,代入式(5-8-1)得：

$$H = \frac{Q_1 + Q_2}{\tau \cdot L} \qquad (5\text{-}8\text{-}2)$$

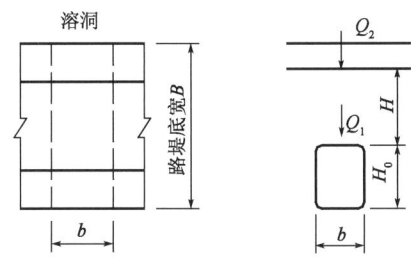

图5-8-12 估算顶板安全厚度示意图

式中：τ——岩体的抗剪强度(kPa),石灰岩一般为其允许抗压强度的1/12;

L——路基下溶洞的平面周长(m),$L = 2(B + b)$。

所得H再加适当的安全系数,即为顶板的安全厚度。

（2）按梁板受力情况估算

当溶洞顶板岩层完整,近似于水平层,且洞跨较大,弯矩是主要控制条件时,可按梁板受力情况估算其安全厚度。

如图5-8-12所示,设路堤底宽为B,溶洞宽度为b,溶洞顶板总荷重（包括自重和附加荷载）为Q,根据抗弯验算$\dfrac{6M}{BH^2} \leq [\sigma]$,得：

$$H = \sqrt{\frac{6M}{B[\sigma]}} \qquad (5\text{-}8\text{-}3)$$

式中：$[\sigma]$——岩体的抗弯强度(kPa),石灰岩一般为其允许抗压强度的1/8;

M——弯矩($kN \cdot m$),按 $M = \alpha Q b^2$ 计算。

α——系数。当顶板有裂缝,两端支座处岩石完整时,按两个悬臂梁计算,α 取值为 $1/2$;当顶板一支座处有裂缝,而顶板其他地方完整,按简支梁计算,α 取值为 $1/8$;当顶板岩层完整时,按两臂固定梁计算,α 取值为 $1/12$。当厚跨比 $H/b > 0.5$ 时,按拱计算,可近似为圆拱。

所得 H 再加适当的安全系数,即为顶板的安全厚度。

2)不完整顶板安全厚度估算

可采用下列方法估算:

(1)按坍塌堵塞概念估算

适用于顶板岩层裂隙发育,风化严重,完全有可能坍塌的溶洞。

溶洞顶板发生坍塌后,由于坍塌体体积增大,当塌落到一定高度 H 时,洞体就自行填满。

如图 5-8-13 所示,设溶洞体积为 V_0,发生坍塌的体积为 V,岩石的胀余系数为 K(石灰岩一般取 $K = 1.2$),按上述概念可得:

$$VK = V_0 + V \tag{5-8-4}$$

$$V = \frac{V_0}{K - 1} \tag{5-8-5}$$

如溶洞为矩形,底面积为 F,则 $V = FH$,$V_0 = FH_0$,代入式(5-8-5),得:

$$H = \frac{H_0}{K - 1} \tag{5-8-6}$$

所得塌落高度 H 再加适当的安全系数,即为顶板的安全厚度。

(2)按破裂拱概念估算

适用于顶板为风化破碎的岩层。

如图 5-8-14 所示,溶洞未坍塌时,相当于天然拱处于平衡状态,如发生坍塌则形成破裂拱。破裂拱高度 H 按式(5-8-7)确定:

$$H = \frac{b + H_0 \tan(90° - \varphi)}{f} \tag{5-8-7}$$

式中:b——溶洞宽度的一半(m);

H_0——溶洞的高度(m);

φ——岩石内摩擦角(°);

f——岩石强度系数,$f = \dfrac{1}{\tan\varphi}$。

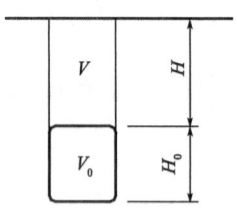

图 5-8-13 按坍塌堵塞概念估算
顶板厚度示意图

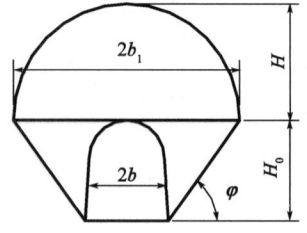

图 5-8-14 按破裂拱概念估算顶板
厚度示意图

如溶洞不规则,H_0 和 b 应采用较大尺寸。

破裂拱以上的岩体重量由拱承担,因承担上部荷载尚需一定的厚度,故溶洞顶板的安全厚度为破裂拱高加上部荷载作用所需要的厚度,再加适当的安全系数。

3)溶洞顶板稳定标准

按照上述方法计算的溶洞顶板与地基中洞体顶板厚度应符合式(5-8-8)的要求:

$$H_a = K_k \cdot H \qquad (5\text{-}8\text{-}8)$$

式中:H_a——地基中洞体顶板实际厚度(m);

H——洞体顶板计算厚度(m);

K_k——洞体顶板稳定安全系数,按表 5-8-9 取值。

洞体顶板稳定安全系数　　　　　　　　　　表 5-8-9

公 路 等 级	安全系数 K_k	公 路 等 级	安全系数 K_k
高速公路,一、二级公路	1.3~1.4	三、四级公路	1.2~1.3

3. 溶洞距路基的安全距离估算

路线附近的溶洞,距离路基坡脚应有安全距离。当路基坡脚处于溶洞坍塌扩散的影响范围之外时,该溶洞可不作处理。

(1)裸露型岩溶溶洞距路基的安全距离

对于溶洞顶板直接暴露于地表的岩溶地区路基,其安全距离可按坍塌时的扩散角估算,如图 5-8-15 所示,安全距离 L 按式(5-8-9)计算:

$$L = H\cot\beta \qquad (5\text{-}8\text{-}9)$$

式中:H——溶洞顶板厚度(m);

β——坍塌扩散角(°),$\beta = \dfrac{45° + \dfrac{\varphi}{2}}{K}$;

K——安全系数,取 1.10~1.25(高速公路、一级公路应取大值);

φ——岩石内摩擦角(°)。

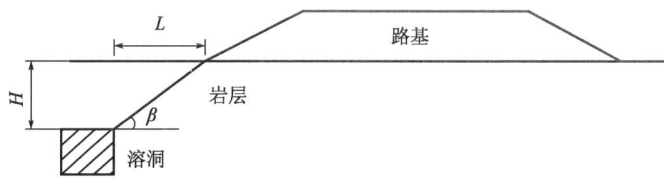

图 5-8-15　裸露型岩溶溶洞距路基的安全距离计算示意图

(2)覆盖型岩溶溶洞距路基的安全距离

如溶洞顶板岩层上有覆盖土层时,岩土界面处用土体稳定坡率(综合内摩擦角)向上延长坍塌扩散线与地面相交,如图 5-8-16 所示,安全距离 L 按式(5-8-10)计算:

$$L = H_0\cot\beta_0 + H_1\cot\beta_1 + L_n \qquad (5\text{-}8\text{-}10)$$

式中:H_0——溶洞顶板厚度(m);

β_0——坍塌扩散角(°);

H_1——覆盖层厚度(m);
β_1——覆盖层综合内摩擦角(°);
L_n——坍塌扩散线与地面的交点到路基坡脚的距离(m)($L_n>5m$)。

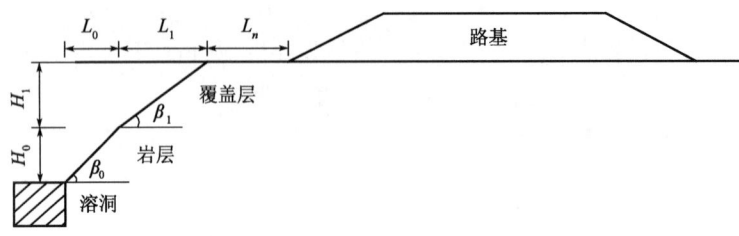

图 5-8-16　覆盖型岩溶溶洞距路基的安全距离计算示意图

第九章 软土地区路基

软土一般是指堆积在临海浅滩、冲积平原、湖泊沼泽地、山间谷地等处的冲积层,属于第四纪沉积物。通常在水流不通畅、缺氧、饱水、有微生物参与作用的地质条件下形成。软土的粒度成分主要为黏土、粉质亚黏土和粉质亚砂土,有时会含有较多的有机质。结构形式疏松多孔,被扰动后结构易被破坏而强度降低。

软土在我国沿海、沿湖、沿河地带以及山间谷地等均有广泛分布,分布于我国兴安岭、长白山、三江平原及青藏高原等地区的泥沼也属于广义上的软土。

由于软土具有天然含水率高、孔隙比大、压缩性高和强度低的特点,在其上修建公路时,容易产生路堤失稳或沉降过大等问题。

第一节 概 况

一、软土的定义与鉴别

1. 软土的定义

软土是指天然含水率高、天然孔隙比大、抗剪强度低、压缩性高的细粒土,包括淤泥、淤泥质土、泥炭、泥炭质土等。

淤泥:在静水和缓慢流水环境中沉积、天然孔隙比大于或等于1.5、含有机质的细粒土。

淤泥质土:在静水和缓慢流水环境中沉积、天然孔隙比大于或等于1.0且小于1.5、含有机质的细粒土。

泥炭:喜水植物枯萎后,在缺氧条件下经缓慢分解而形成的泥沼覆盖层。常为内陆湖沼沉积,有机质含量大于或等于60%,大部分尚未完全分解,呈纤维状,孔隙比一般大于10。

泥炭质土:有机质含量大于或等于10%且小于60%,大部分完全分解,有臭味,呈黑泥状的细粒土和腐殖质土。

2. 软土的鉴别

软土可按表5-9-1进行鉴别。当获得的指标不能完全满足表中情况时,可将天然孔隙比和天然含水率作为基本指标鉴别,经综合分析判定。

软土鉴别指标 表5-9-1

特征指标名称	天然含水率(%)	天然孔隙比	快剪内摩擦角(°)	十字板抗剪强度(kPa)	静力触探锥尖阻力(MPa^{-1})	压缩系数(MPa^{-1})
黏质土、有机质土	≥35	≥1.0	宜小于5	宜小于35	宜小于0.75	宜大于0.5
粉质土	≥30	≥液限	≥0.9	宜小于8			宜大于0.3

以泥炭及泥炭质土层为主的软土又常称为泥沼,泥沼按沉积物的稳定程度可细分为三类,见表5-9-2。泥沼属于一种工程性质较为特殊的软土。

泥沼按沉积物稳定程度分类　　　　　　　表5-9-2

类别	泥沼沉积物	特　征
Ⅰ	充满紧密稳定的泥炭	温度在0℃以上,2m深的试坑,垂直边坡能保持5d,相对稳定
Ⅱ	充满不稳定的泥炭	温度在0℃以上,2m深的试坑,垂直边坡不能保持5d,相对不稳定
Ⅲ	充满水和流动的泥炭或淤泥,表面有时有飘浮的泥炭皮	沉积物呈流动状态,极不稳定

二、软土的成因类型及分布

软土按成因可分为五大类:滨海沉积、湖泊沉积、河滩沉积、谷地沉积、沼泽沉积等,除滨海沉积之外,其他四类都可归为内陆软土。具体类型与分布详见表5-9-3。

软土的成因类型及分布特征　　　　　　　表5-9-3

类型		厚度(m)	特　征	分布概况
滨海沉积	滨海相	60~200	面积广,厚度大,常夹有砂层,极疏松,透水性较强,易于压缩固结	沿海地区
	三角洲相	5~60	分选性差,结构不稳定,粉砂薄层多,有交错层理,不规则尖灭层及透镜体	
	泻湖相	2~60	颗粒极细,孔隙比大,强度低,常夹有薄层泥炭	
	溺谷相		颗粒极细,孔隙比大,结构疏松,含水率高,分布范围较窄	
湖泊沉积	湖相	5~25	粉土颗粒占主要成分,层理均匀清晰,泥炭层多是透镜体状,但分布不多,表层多有小于5m的硬壳	洞庭湖、太湖、鄱阳湖、洪泽湖周边,古云梦泽边缘地带
河滩沉积	河床相 河漫滩相 牛轭湖相	<20	成层情况不均匀,以淤泥及软黏土为主,含砂与泥炭夹层	长江中下游、珠江下游及河口、淮河平原、松辽平原
谷地沉积	谷地相	<10	呈片状、带状分布,靠山浅、沟谷中心深,谷底有较大的横向坡,颗粒由山前向沟谷中心逐渐变细	西南、南方山区或丘陵区
沼泽沉积	沼泽相	<10	以泥炭沉积为主,常出露于地表,孔隙极大,富有弹性,下部有淤泥层或薄层淤泥与泥炭互层	内陆排水不畅的低洼地带

三、软土的工程性质

软土的工程性质主要取决于软土的颗粒组成、有机质含量、土的结构、孔隙比及天然含水率等。相对来讲,淤泥与淤泥质土工程性质较为接近,泥炭与泥炭质土工程性质较为接近。泥炭与泥炭质土由于含有较多的有机物,孔隙比一般非常大,在工程性质上较淤泥和淤泥质土有明显的不同。

淤泥与淤泥质土天然含水率ω最小为30%~40%,最大可达200%;天然孔隙比e最小为0.8~1.2,淤泥最大可达5;快剪内摩擦角φ最大为5°~15%,最小可接近0;黏聚力c最大为12~20kPa,最小为2kPa;压缩系数α一般为0.3~0.5MPa^{-1};渗透系数k较小,一般小于1×10^{-6}cm/s;灵敏度一般在2~10之间。

与淤泥及淤泥质土相比,泥炭及泥炭质土的天然含水率ω更高,一般大于100%,最大可达800%~1000%;孔隙比 e 更大,一般大于3,泥炭最大可达25;压缩系数 α 极大,一般大于 $5MPa^{-1}$;渗透系数 k 较大,一般大于 $1\times10^{-6}cm/s$;抗剪强度较低,且有明显的各向异性,一般黏聚力 c 小于10kPa,快剪内摩擦角 φ 小于10°,但个别情况内摩擦角可达到15°。

表 5-9-4 与表 5-9-5 为自 20 世纪 60 年代以来我国公路工程建设过程中对一些较典型地区软土的物理力学指标统计,可供参考。

修建在软土地基上的路堤,要考虑稳定和沉降两方面的问题。淤泥与淤泥质土地基压缩性大,透水性差,如不采取加速固结的措施,在路堤荷载作用下,要经过很长时间才能完成主固结沉降,因此沉降量大且时间长,次固结沉降量所占比例一般较小。

泥炭地基的压缩性很大,且不均匀,在路堤荷载作用下,常产生很大的不均匀下沉,这是修建在泥炭地基上的路堤通常要考虑的主要问题。与淤泥或淤泥质土地基相比,泥炭地基虽然压缩性很高,但透水性较好,主固结沉降一般可在较短时间内完成,强度也能得到较快提高。但是,泥炭地基的次固结沉降所占比例往往较大,最大可超过50%,因此有时必须考虑次固结沉降。

我国沿海地区典型软黏土的物理力学性质参考值 表 5-9-4

土类	地区	天然含水率 $w(\%)$	重度 γ (kN/m^3)	天然孔隙比 e	液限 $w_L(\%)$	塑限 $w_p(\%)$	塑性指数 I_p	渗透系数 K $(10^{-7}cm/s)$	压缩系数 $\alpha_{0.1~0.2}$ (MPa^{-1})
淤泥	天津	71	15.9	1.98	58	31	27	0.1	1.53
	连云港	72	15.7	2.03	53	25	28	—	1.83
	温岭	56	16.7	1.68	51	26	25	—	1.58
	温州	63	16.2	1.79	53	23	30	—	1.93
	福州	68	15	1.87	54	25	29	0.8	2.03
	厦门	87	14.8	2.42	60	32	28	—	1.9
	深圳	83	15.2	2.23	54	30	24	0.4	2.19
	湛江	88	14.9	2.39	55	28	27	0.4	2.09
淤泥质黏土	天津	46	17.6	1.3	42	21	21	—	0.91
	连云港	45	17.4	1.29	47	23	24	1	—
	上海	50	17.3	1.4	42	22	20	—	1.24
	杭州	47	17.3	1.34	41	22	19	6	—
	舟山	51	17.3	1.38	40	21	19	—	0.86
	宁波	50	17	1.42	45	25	20	3	0.95
	镇海	47	17.5	1.31	40	20	20	1	0.97
	温岭	50	17.3	1.28	40	21	19		1.16
	福州	42	17.1	1.17	41	20	21	—	—
	湛江	51	17.3	1.34	51	26	25	5	—
淤泥质亚黏土	天津	39	18.1	1.07	34	19	15	—	0.65
	上海	37	18.3	1.03	34	21	13	29	0.72
	杭州	35	18.4	1.02	33	18	15	—	—
	舟山	36	18	1.03	34	20	14	15	0.65
	宁波	38	18.6	1.08	36	21	15	—	0.72
	镇海	40	18.1	1.1	38	24	14	—	0.66
淤泥混砂	深圳	32	18.5	0.9	34	21	13	—	0.5
	湛江	41	17.8	1.14	33	20	13	—	0.78

我国内陆河湖相软土物理力学指标统计表

表 5-9-5

软土区		土质	天然含水率 $w(\%)$	密度 ρ (g/cm³)	天然孔隙比 e	液限 w_L (%)	塑性指数 I_p	压缩系数 $\alpha_{0.1\sim0.2}$ (MPa⁻¹)	压缩模量 E_s (MPa)	快剪 c (kPa)	快剪 φ (°)	固结快剪 c (kPa)	固结快剪 φ (°)
北方地区	天津	淤泥质土	23~59	1.64~2.06	0.62~1.50	27.7~50.5	10.6~24	0.31~1.6	1.6~5.3	7~40	3~14	7~60	4~11
	邯郸	淤泥质土	25~47	1.75~1.98	0.70~1.25	21.7~61.0	1.98~34.6	0.21~0.82	2.3~8.3	10~40	7~27	12~50	11~30
	鲁西	淤泥质土	25~58	1.62~1.97	0.75~1.63	28.7~73.3	9.1~43.5	0.3~1.71	1.5~7.1	5~29	2~15	8~28	5~16
中部地区	苏北	淤泥质土	28~58	1.58~1.85	0.96~1.68	29.1~54.5	8.3~27.8	0.36~1.50	1.8~4.7	4~44	2~15	10~33	2~17
	苏浙	淤泥质土	35.4~68	1.52~1.84	1.00~1.95	27.8~50.5	9.4~23.8	0.2~2.06	1.0~3.9	2~16	1~13	5~24	2~42
	湖北	淤泥质土	22.4~63.8	1.6~1.94	0.75~1.80		15.6~38.1	0.28~0.85		25~30	3~9	14~40	5~16
	安徽	淤泥质土	34~66	1.65~1.92	0.95~1.65		9.0~22.5	0.6~2.0	0.8~2.1				
		淤泥	45~98	1.56~1.85	0.98~1.86		18~49	0.6~1.7					
	湖南	软黏土	35~50	1.76~1.98	0.90~1.67	40~57	9.5~18.0	0.5~2.5	3.5~8.8	8~10	10~15		
		淤泥质土	30~46	1.78~2.00	0.92~1.70	42~60	9.4~18.2	0.4~4.0	1.2~3.5	2.5~8.0	22~28		
南方地区	云南滇池软土	亚黏土	21~46	1.7~2.04	0.64~1.28	26~50	9~19		2.2~7.1	10~50	2~10		
		黏土	27~68	1.53~1.95	0.76~1.83	33~79	11~33		2.2~9.2	11~68	2~8		
		淤泥	50~176	1.04~1.67	1.41~3.81	46~170	18~71	1~3		5~23	1~5		
		有机质土	34~166	1.14~1.79	0.93~3.68	46~200	16~56	1.3~5.5		11~64	1~7		
	贵州	淤泥	38~223	11.7~18.0	1.12~6.03	41~223	12~122	0.4~8.3		0~62			
		软黏土	53~93	15.8~17.6	1.42~2.38	56~71	26~38	0.6~2.6		1~26			
		淤泥质土	23~142	12.2~19.2	0.79~3.72	35~165	9~75	0.4~4.2		0~63	0~23		

注:沿秦岭走向向东至连云港以北的海边一线,为北方与中部地区界限;沿苗岭、南岭走向向东至莆田的海边一线,为中部与南方地区的界限。

第二节　设计原则及工程地质勘察要点

一、道路选线原则

软土地区选线应遵循以下原则：

(1) 尽可能选择软土分布范围最窄、软土层最薄、基底横坡最为平缓的地段通过。

(2) 尽量选择靠近山丘、地势较高以及取土条件较好的地段通过。

(3) 在宽阔的软土平原上，路线应尽量远离河流、渠道或湖塘。

(4) 路线沿古盆地或河谷软土地带行进时，应避免从中部通过。

(5) 在低缓丘陵地区，路线不宜通过封闭或半封闭洼地。

(6) 路线行经山间谷地软土时，应尽量避免从基底横向坡度较陡处通过。

(7) 纵断面设计要综合考虑土层性质和厚度、地下水位、桥涵最小高度以及路堤的极限高度，避免过高或过低的路堤。

(8) 对于泥沼地，还要注意遵循以下基本原则：

①尽量绕避陡峭山坡上的泥沼、古湖盆的泥沼以及中间聚水地带的泥沼。

②应注意利用隆起的微地貌，以缩短通过泥沼积水和软弱地段的长度。

二、路基设计原则

软土地区路基设计原则：

(1) 应保证路基在施工期和运营期的稳定，不能因填筑荷载或施工机械和交通荷载的作用发生失稳或破坏，也不应给桥台、涵洞、挡土墙等构造物及沿线设施带来超出其允许范围的变形。

(2) 为避免路基沉降给涵洞、挡土墙等构造物造成变形破坏，对于设置构造物的软土路段，应先根据稳定与沉降要求确定地基处理方式，然后填筑路基，在地基充分沉降后再修筑构造物。

(3) 为避免路面的变形破坏，以及连接桥梁、涵洞等构造物的引道路基产生不均匀沉降，高等级公路应严格控制其工后沉降。公路容许工后沉降控制标准见表 5-9-6。过渡段沉降坡差应小于 0.4%，路基拓宽拼接时，原有路基与拓宽路基的路拱横坡度工后沉降增大值应不大于 0.5%。

公路容许工后沉降(m)　　　　表 5-9-6

公路等级	工程位置		
	桥台与路堤相邻处	涵洞、箱涵、通道处	一般路段
高速公路、一级公路	≤0.10	≤0.20	≤0.30
二级公路(作为干线公路时)	≤0.20	≤0.30	≤0.50

注：二级非干线公路及二级以下等级的公路工后沉降控制标准可参照表 5-9-6 执行。

(4) 为保证路基的稳定和控制工后沉降，软土地基应选用合理的处理措施。在选择处理措施时，应考虑地基条件、公路条件及施工条件，尤其要考虑处理措施的特点、对地基的适用性和效果，以使工程安全、经济、合理。

(5) 当软土地基比较复杂时，应考虑修筑试验路，对试验路进行稳定和沉降观测，必要时进行水位观测、孔隙水压力观测、土压力观测等。根据观测结果验证设计方案,并对设计方案进行必要的修正。

(6)软土地段浸水路基在设计水位以下的边坡坡率不宜陡于1:1.75,路基在使用期顶面高出设计水位线的高度应满足设计规范要求。

(7)当软土基底有较大横向坡度时(一般软土大于1:5,Ⅰ类泥沼大于1:10,Ⅱ类泥沼大于1:15,Ⅲ类泥沼大于1:20),尚需考虑路基整体沿软土基底下滑的可能性,必要时采取防滑移加固措施。

(8)无论哪种类型的软土,都应考虑地面积水水位和地下水水位有无疏干和降低的可能性。如有条件,应配合桥涵设计做好排水系统设计,以加快其固结,提高其强度,减少加固措施。当地下水影响路堤稳定时,应采取拦截引排地下水或在路基底部填筑渗水性好的材料等措施。

三、工程地质勘察

软土地基工程地质勘察应按照收集资料、工程地质调绘、工程地质勘探、工程地质测试、工程地质评价及报告编制的程序进行。通过工程地质勘察应查明下列内容:

(1)成因类型、成层条件、分布规律、薄层理与夹砂特征、水平向与垂直向的均匀性、地表硬壳层的分布与厚度、地下硬土层或基岩的埋深与起伏。

(2)古牛轭湖、埋藏谷及暗埋的塘、浜、沟、渠等的分布、埋深及其水文地质情况等微地貌形态。

(3)软土的固结状态,物理、力学、化学、水理性质和地基的承载力。

(4)地下水的类型、埋深、水位变化情况、水质及腐蚀性。

(5)当地既有建(构)筑物的软土地基处置措施和经验等。

软土地基工程地质勘察深度应与勘察设计的阶段相对应,可分为预可行性研究工程地质勘察、工程可行性研究工程地质勘察、初步工程地质勘察与详细工程地质勘察四个阶段。每个阶段的勘察工作深度与具体要求可以参考相关公路行业标准。

1. 收集资料

软土地基工程地质勘察应收集沿线地形、地貌资料,古地形地貌图和历史河流变迁图,区域地质、遥感图像及解译资料;沿线既有建筑、道路等建(构)筑物的勘察、设计、施工、观测资料,科研项目及试验工程成果资料;地震烈度、震害等资料;核定地震动峰值加速度大于或等于$0.1g$范围的分区界限。

2. 工程地质调绘

工程地质调绘应完成下列工作:

(1)调查地形、地貌及第四纪沉积层的特征,划分地貌单元并进行工程地质分区。

(2)查明软土的分布范围和分布规律,基本查明沿线微地貌与软土分布的关系。

(3)调查湖塘、河流等地表水体的分布情况。

(4)调查地下水的类型、埋深、补给、排泄和水位变化情况。

(5)基本查明沼泽地段的植物分布及生长情况,地表水的汇流和水位的季节变化、疏干条件及河流水文变化情况,地下水露头及其季节变化情况,地下水与地表水的关系等。

3. 工程地质勘探

(1)工程地质勘探应在工程地质调绘的基础上,采用挖探、简易钻探、钻探、静力触探、十字板剪切试验等方法,并辅以必要的物探综合进行。对难以取样的软土地层,应以静力触探、十字板剪切试验等原位测试为主,必要时可采用旁压试验与螺旋板载荷试验等方法。对暗埋的塘、浜、沟、坑穴等,宜采用静力触探方法。可主要采用静力触探方法测定软土层在天然结构状态下土的物理、力学性质,划分地质层次。

(2)初步勘察与详细勘察阶段沿路线方向勘探点布设间距见表5-9-7;同时应在具有代表性的横断面上布置一定数量的勘探点,其中钻孔不宜少于1个,其余宜以静力触探为主查明横向工程地质条件。

勘探点布设间距　　　　　表5-9-7

环境类别	公路等级	勘探点间距(m)			
		初步勘察		详细勘察	
		钻探	静力触探	钻探	静力触探
简单场地	二级及二级以上	700~1000	250~300	500~700	200~300
	二级以下	1000~1500	500	700~1000	300~500
复杂场地	二级及二级以上	500~700	200~300	300~500	100~200
	二级以下	700~1000	300	500~1000	200~300

注：1. 简单场地是指软土埋藏较深、厚度较薄、地层较稳定的地质环境。
　　2. 复杂场地是指软土埋藏浅、厚度较大、地层变化显著的地质环境。
　　3. 设计填土高度大于极限高度的路段或桥头路段采用低限。

(3)钻探深度根据软土分布厚度及路堤填土高度确定:对于较薄的软土,应穿透软土至主要持力层内2~5m或下伏基岩;对于较均质厚层软土,钻孔深度应达到预估的地基附加应力与地基土自重(饱和层用浮重度)应力比为0.10~0.15时所对应的深度。当难以预估附加应力的大小,或处于桥头较高路堤位置时,控制性钻孔的深度宜不小于40m。

(4)静力触探的深度,宜达到软土分布的底层。

(5)软土取样宜采用均匀连续压入法或下击式重锤少击法。流塑状软土层应跟管钻进,套管管靴应高出取样部位100~200mm。采取原状土样时应使用薄壁取土器,取土器的直径不宜小于108mm。

(6)对非均质土层,在地面下10m以内,应每1.0~1.5m取一组样品;10m以下可每1.5~2.0m取一组样品;变层时应补取样品。对于厚度大于或等于5m的均质土层,应在该层的上、中、下部分各取一组样品。控制性钻孔应连续采取各土层原状土样。

4. 工程地质测试

工程地质测试的项目包括室内试验项目和原位测试项目,一般可根据表5-9-8选取。

室内试验时,每个工程地质层均应测定完整的软土物理力学指标,包括先期固结压力、压缩系数、固结系数、抗剪强度等,其中抗剪强度应采用固结快剪试验,必要时还应采用固结不排水剪试验。当地基采用竖向排水体加固时,需要进行水平方向的固结系数测试;当地基采用加固土桩加固时,应对地基土的pH值、有机质含量以及地下水质等进行测试,以便判定采用加固土桩是否适宜。

表 5-9-8 软土室内外测试项目选择表

项目				物理性质试验							室内试验							力学性质试验						其他		原位测试					
				天然含水率	天然密度	相对密度	天然孔隙比	塑限	液限	塑性指数	液性指数	有机质含量	颗粒组成	渗透系数		压缩系数		先期固结压力	固结系数		直剪		三轴剪切			无侧限抗压强度	灵敏度	土的pH值	水质分析	十字板剪切	静力触探	旁压试验	载荷试验	标准贯入试验	扁铲侧胀试验
														垂直	水平	垂直	水平		垂直	水平	快剪	固结快剪	不固结不排水	固结不排水	固结排水										
				ω	ρ	d_s	e	ω_P	ω_L	I_p	I_L			k_v	k_h	α_v	α_h	P_c	C_v	C_h	τ_q	τ_{cq}	UU	CU	CD	q_u	S_t								
				%	g/cm³			%	%			%	%	cm/s	cm/s	MPa⁻¹	MPa⁻¹	kPa	cm²/s	cm²/s	kPa	kPa	kPa	kPa	kPa	kPa				kPa	kPa	kPa	kPa	击数	kPa
路堤	稳定性	硬层		+	+	+	+	±	±	±											(+)	(+)	+	+	(+)	+	(+)				+	(+)	(+)	(+)	(+)
		软土层		+	+	+	+	±	±	±	±	±		+		+	(+)	+	+		+	+	+	(+)	(+)	+	+			+	+	(+)	(+)	(+)	(+)
	沉降	硬层		+	+	+	+																								+	(+)	(+)	(+)	(+)
		软土层		+	+	+	+					±	(±)	+	(+)	+	(+)	+	+	(+)	(+)	(+)	(+)	(+)	(+)		(+)			+	+	(+)	(+)	(+)	(+)
	地基加固	硬层		+	+	+	+																					+		+	+	(+)	(+)	(+)	(+)
		软土层		+	+	+	+					±	(±)	+	(+)	+	(+)	+	+	(+)	+	+	+	(+)	(+)	+	+	+	+	+	+	(+)	(+)	(+)	(+)

注："+"表示采用原状土做试验；"±"表示可采用扰动土样；"( )"表示视需要做。

对于静力触探、标准贯入试验、十字板剪切试验等原位测试方法所取得的资料,应与钻探资料进行对比、验证。

5. 工程地质评价

工程地质评价包括场地地质条件评价、场地地基稳定性评价、场地环境影响评价三部分内容。

(1)场地地质条件评价,应在分析研究区域地质与水文地质条件和工程地质特征、软土基本规律的基础上,对不同工程场地方案进行综合评价和比选。确定场地方案后,应结合工程评价场地的工程地质条件,提出地表硬壳层利用的条件及可能性,对暗塘、暗浜的绕避或处理措施提出建议;地基受力范围内有硬层、起伏岩层或厚透镜体时,应判定地基产生滑移或不均匀变形的可能性;软土地基中有薄砂层或软土与砂土互层时,应判定对地基变形的影响。应判定地下水位变化和承压水对地基稳定性和变形的影响。软土地基的承载力宜采用多种方法综合确定。

(2)场地地基稳定性评价主要包括滑动稳定性评价与沉降稳定性评价。应对建(构)筑物在正常使用情况下可能发生的不均匀沉降、差异沉降、滑动、变形做出评价,提出加固、处理措施建议;对基底硬层和下伏承压含水层的水压差在施工过程中可能产生的溃涌、潜蚀、流沙,以及动水压力对边坡稳定性的不利影响做出评价。

(3)场地环境影响评价应对因施工、取土、运输等产生的环境地质问题做出评价,并提出相应措施。

6. 报告编制

工程地质勘察报告应包括文字说明和图表资料。文字说明应阐明任务要求、勘察阶段、工程地质条件、工程项目的特点,应对工程地质调绘、勘探、测试内容和成果进行说明;并进行工程地质评价,给出结论。图表资料应包括以下几方面内容:

(1)工程地质平面图,比例尺为 $1:2000 \sim 1:10000$;
(2)工程地质纵断面图,比例尺为水平 $1:2000 \sim 1:10000$,垂直 $1:200 \sim 1:1000$;
(3)工程地质横断面图,比例尺为 $1:100 \sim 1:400$;
(4)工程地质钻孔柱状图,比例尺为 $1:100 \sim 1:200$;
(5)原位测试成果图表,包括十字板剪切图、静力触探图、标贯成果图等;
(6)土工试验资料成果图表,包括土的物理、力学、化学性能试验成果表与指标统计表,孔隙比与荷载关系图,固结系数与荷载关系图,无侧限抗压应力与应变图等;
(7)水文地质测试资料图表;
(8)勘探、试验照片等。

第三节 软土路基的稳定性分析

一、路堤的极限高度

在天然的软土地基上,用快速施工方法(不控制填土速率)修筑路堤所能填筑的最大高度,称为极限高度。当路堤的设计高超过此极限高度时,路堤或地基必须采取加固或处理措施,以保证路堤的安全填筑和正常使用。

极限高度的大小,取决于地基土的工程特性及填料的性质,可按稳定性分析结果确定。在施工条件允许时,也可在工地进行填筑试验确定,这是解决路堤极限高度的最可靠方法。

由于极限高度仅为设计施工时的参考数据,通常都近似地假设内摩擦角 $\varphi = 0$,按以下方法进行估算。

1. 均质薄层软土地基的路堤极限高度

软土层较薄时,滑动圆弧与软土层底面相切,极限高度可按式(5-9-1)估算:

$$H_c = N_s \frac{c_k}{\gamma} \tag{5-9-1}$$

式中:H_c——极限高度(m);

c_k——软土的快剪黏聚力(kPa);

γ——填土的重度(kN/m^3);

N_s——稳定因数,与边坡角 β 和深度因数 n_d($n_d = \frac{H+d}{H}$,其中 H 为填土高度,d 为软土厚度)有关,可由图5-9-1得到。

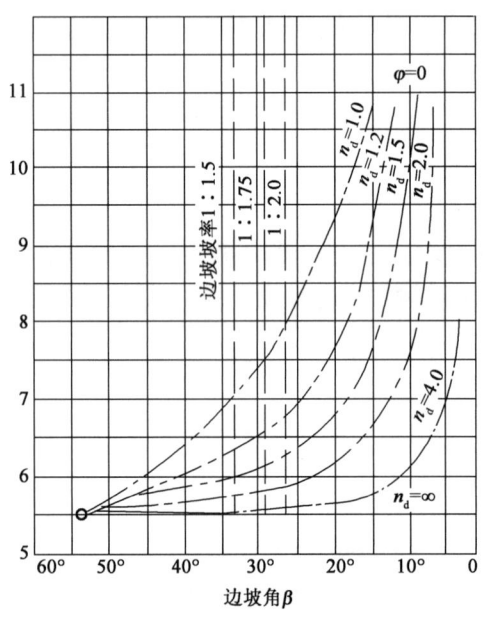

图5-9-1 路堤极限高度计算图式

由于 n_d 与 H 有关,所以需要用试算法。计算时要先假设 H 值,计算 n_d 值,由此从图5-9-1得 N_s,再按式(5-9-1)算得 H_c。若算得的 H_c 与假定的 H 相符即可,否则需重新假设 H 值,再行计算。

2. 均质厚层软土地基的路堤极限高度

软土层很厚时,滑动面不一定通过软土层基底,则按式(5-9-2)估算极限高度:

$$H_c = 5.52 \frac{c_k}{\gamma} \tag{5-9-2}$$

由于填土的重度一般为 $17.5 \sim 19.5 kN/m^3$,所以可近似取 $H_c = 0.3 c_k$。

3. 非均质软土地基的路堤极限高度

非均质软土地基,土层比较复杂,各层的性质不同,其路堤极限高度一般采用条分法进行稳定性计算,通过试算找出极限填土高度。地基强度指标采用快剪法测定或采用原位测试强度指标。在施工条件允许时,也可根据工地筑堤试验确定。

4. 有硬壳层的软土地基的路堤极限高度

覆盖在软土层上强度稍高的表层土称为硬壳层。当硬壳层厚度大于1.5m时,可考虑其应力扩散、提高承载力、减少地基沉降的效应。此时,路堤极限高度可按式(5-9-3)估算:

$$H_c = N_s \frac{c_k}{\gamma} + 0.5H \tag{5-9-3}$$

式中:H——硬壳层厚度(m)。

二、软土路基稳定性分析

软土路基的稳定性分析,目的是通过计算路基在施工期和运营期的稳定情况,确定合理的填筑速度和处理措施,保证路基在施工期和运营期的稳定。

1. 软土路基稳定性分析原则

(1)稳定验算应按路堤施工期及道路运营期的荷载分别计算稳定安全系数。施工期荷载可仅考虑路堤自重;运营期荷载应包括路堤自重、路面的增重及行车荷载。地震力计算可仅考虑水平向地震力。行车荷载可换算为静止的土柱考虑。

(2)路基进行预压时,稳定验算应包含预压高度。

(3)软土地基路堤应根据软土层厚度、土层强度以及路堤高度的差异,分段进行稳定与沉降计算。一般路段一般取 100~300m;桥头路段及有人工构造物的路段一般取 20~50m。

(4)软土路基的稳定分析,应考虑施工过程中,软土抗剪强度由于固结而增长以及高灵敏度软土由于扰动而降低的情况。

2. 软土路基稳定性分析方法

软土路基的稳定性分析一般采用条分法。该方法通过假定一潜在的滑动面 ABC,将滑动面以上的土体分成垂直的土条(图5-9-2中的土条1、2、3等),再对作用在土条上的力进行静力平衡分析,计算出总抗滑力矩与总下滑力矩,两者之比称为稳定安全系数 F,可根据 F 的大小判断路基稳定状态。稳定安全系数具体的计算方法可采用下面四种。

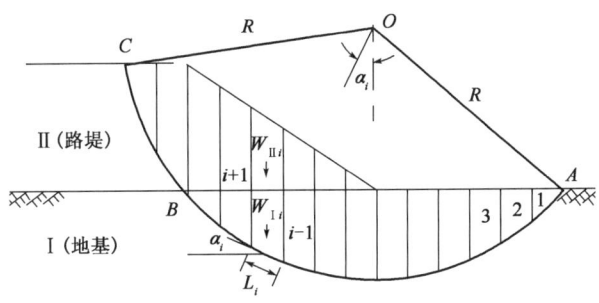

图 5-9-2 稳定安全系数计算图

(1)有效固结应力法

该方法考虑了路堤施工的实际情况,即路堤填土是一个分层逐级加载的过程,这个过程中地基土体会逐步固结,该方法能够考虑地基土随着固结的增长其强度的提高。

采用有效固结应力法进行稳定验算时,稳定安全系数 F 可按式(5-9-4)计算:

$$F = \frac{\sum\limits_A^B (c_{qi}L_i + W_{\mathrm{I}i}\cos\alpha_i\tan\varphi_{qi} + W_{\mathrm{II}i}\cos\alpha_i U_i\tan\varphi_{cqi}) + \sum\limits_B^C (c_{qi}L_i + W_{\mathrm{II}i}\cos\alpha_i\tan\varphi_{qi})}{\sum\limits_A^B (W_{\mathrm{I}} + W_{\mathrm{II}})_i\sin\alpha_i + \sum\limits_B^C W_{\mathrm{II}i}\sin\alpha_i}$$

(5-9-4)

式中:c_{qi}、φ_{qi}——地基土或路堤填料的黏聚力(kPa)和内摩擦角(°),由快剪试验测得;

φ_{cqi}——地基土的内摩擦角(°),由固结快剪试验测得;

U_i——地基平均固结度(%);

R——圆弧半径(m);
α_i——土条底面与水平面交角(°);
L_i——土条底面弧长(m);
$W_{\mathrm{I}i}$——土条地基部分重力(kN);
$W_{\mathrm{II}i}$——土条路堤部分重力(kN),包括为弥补地基沉降路堤补填的增重。

(2)改进总强度法

改进总强度法借用有效固结应力法计算地基强度随固结增加的思想,采用强度增长系数计算固结过程中强度的增量。其使用条件与有效固结应力法相同,但用的是原位测试资料。采用该方法与静力触探试验相结合,为软土地基路堤稳定验算提供了一种高效可靠的途径。

采用改进总强度法进行稳定验算时,稳定安全系数 F 可按式(5-9-5)计算:

$$F = \frac{\sum_{A}^{B}(S_{ui} + W_{\mathrm{II}i}\cos\alpha_i U_i m_i)L_i + \sum_{B}^{C}(c_{qi}L_i + W_{\mathrm{II}i}\cos\alpha_i \tan\varphi_{qi})}{\sum_{A}^{B}(W_{\mathrm{I}} + W_{\mathrm{II}})_i \sin\alpha_i + \sum_{B}^{C}W_{\mathrm{II}i}\sin\alpha_i} \quad (5\text{-}9\text{-}5)$$

式中:S_{ui}——十字板剪切试验得到的抗剪强度(kPa),或由静力触探试验的贯入阻力(单桥探头)、锥尖阻力(双桥探头)换算的十字板抗剪强度;

m_i——地基土层强度增长系数,可按表5-9-9取值。

地基土层强度增长系数　　　　　　　　　　表5-9-9

土名	描述	m_i
泥炭	在潮湿和缺氧条件下,由未充分分解的喜水植物遗体堆积而形成的泥沼覆盖层。呈纤维状,深褐色至黑色。有机质含量大于60%,含水率大于300%,孔隙比大于10	0.35
泥炭质土	喜水植物遗体大部分完全分解后形成的有臭味、呈黑泥状的细粒土。有机质含量在10%~60%,可细分为弱泥炭质土、中泥炭质土、强泥炭质土,含水率不超过300%,孔隙比大于3	0.20
有机质土	在多水环境下由不同分解的植物所组成的细粒土,其中混有矿物颗粒。有机质含量在3%~10%,淤泥、淤泥质土属于此类	0.25
黏质土	塑性指数(76g锥)大于17的土	0.30
粉质土	塑性指数(76g锥)大于10且不大于17的土	0.25

(3)简化毕肖普法

采用简化毕肖普法进行稳定验算时,稳定安全系数 F 可按式(5-9-6)~式(5-9-8)采用迭代法计算:

$$F = \frac{\sum_{A}^{B}\{c'_i b_i + [(W_{\mathrm{I}} + W_{\mathrm{II}})_i - u_i b_i]\tan\varphi'_i\}/m_{\mathrm{I}\alpha i} + \sum_{B}^{C}(c_{qi}b_i + W_{\mathrm{II}i}\tan\varphi_{qi})/m_{\mathrm{II}\alpha i}}{\sum_{A}^{B}(W_{\mathrm{I}} + W_{\mathrm{II}})_i \sin\alpha_i + \sum_{B}^{C}W_{\mathrm{II}i}\sin\alpha_i} \quad (5\text{-}9\text{-}6)$$

$$m_{\mathrm{I}\alpha i} = \cos\alpha_i + \tan\varphi'_i \sin\alpha_i / F \quad (5\text{-}9\text{-}7)$$

$$m_{\mathrm{II}\alpha i} = \cos\alpha_i + \tan\varphi_{qi} \sin\alpha_i / F \quad (5\text{-}9\text{-}8)$$

式中:c'_i, φ'_i——分别为地基土三轴试验测得的有效黏聚力(kPa)和有效内摩擦角(°);

b_i——分条的水平宽度(m),即 $b_i = L_i\cos\alpha_i$;

u_i——滑动面上的孔隙水压力(kPa)。

(4)简布普遍条分法

采用简布普遍条分法进行稳定验算时,稳定安全系数 F 可按式(5-9-9)采用迭代法计算:

$$F = \frac{\sum\limits_A^B\{c_i'b_i + [(W_I + W_{II})_i - u_ib_i + \Delta T_i]\tan\varphi_i'\}/m_{I\alpha i}/\cos\alpha_i + \sum\limits_B^C(c_{qi}b_i + W_{II}\tan\varphi_{qi} + \Delta T_i)/m_{II\alpha i}/\cos\alpha_i}{\sum\limits_A^B(W_I + W_{II} + \Delta T)_i\tan\alpha_i + \sum\limits_B^C(W_{II} + \Delta T)_i\tan\alpha_i}$$

(5-9-9)

式中:ΔT_i——土条两侧边界上的剪力增量,根据土条两侧边界上法向力作用点位置计算。

有效固结应力法与改进总强度法均适用于圆弧滑动面验算,计算时不考虑条间力的相互作用,其计算安全系数相对偏于保守。简化毕肖普法适用于圆弧滑动面验算,考虑了土条间的水平力作用,但忽略了土条间竖向剪切力的作用。简布普遍条分法适用于各种滑动面的稳定性验算,且考虑了土条间的作用力。简化毕肖普法与简布普遍条分法是更为精确的计算方法,但由于这两种计算方法都要用到三轴试验指标,同时要进行迭代计算,可视工程复杂程度和实际需要选用。

当稳定安全系数小于表5-9-10规定的容许值时,应针对稳定性进行地基处理设计。

稳定安全系数容许值　　　　表5-9-10

指　标	有效固结应力法		改进总强度法		简化毕肖普法、简布普遍条分法
	不考虑固结	考虑固结	不考虑固结	考虑固结	
直接快剪指标	1.1	1.2	—	—	—
静力触探、十字板剪切指标	—	—	1.2	1.3	—
三轴有效剪切指标	—	—	—	—	1.4

注:表列稳定安全系数未考虑地震影响。当需要考虑地震力时,表列稳定安全系数减少0.1。

工程实践表明,稳定验算的容许安全系数与所采用的计算方法及采用的抗剪强度指标有关,对不同的设计计算方法和强度指标应采用不同的容许安全系数,才能够准确地评价工程安全与否。

第四节　软土地基沉降计算

软土路基按填筑及使用过程可分为三个阶段:施工期、预压期、营运期。不同时期的沉降量概念如图5-9-3所示。

通过沉降计算可以估算预压期间沉降的发展情况,确定预压时间、预压荷载、工后沉降量等,还可以预估施工期间因地基沉降而增加的土方量,预留路基超填宽度和路基预压高度。

根据地基土的变形特征,软土地基沉降可以分为三个阶段,即瞬时沉降、主固结沉降和次固结沉降。瞬时沉降是在加载瞬间,土体孔隙中的水来不及排出,土体的瞬间侧向变形引起的附加沉降;主固结沉降是在荷载作用下,孔隙水排出,孔隙压力转化为有效应力,土体逐渐压缩所产生的变形;次固结沉降是在荷载作用下,土颗粒骨架发生蠕变所引起的沉降。

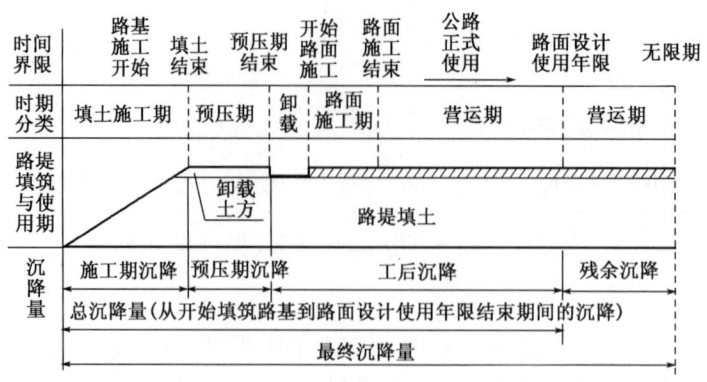

图 5-9-3　不同时期沉降概念示意图

一、地基中的应力分布

在路堤荷载作用下,地基内任一深度 z 处的垂直应力 σ_z 是由地基土的自重应力和由路堤荷载引起的附加应力两部分组成,即：

$$\sigma_z = \gamma z + \sigma'_z \tag{5-9-10}$$

式中：γ——软土的有效重度（kN/m^3）；

σ'_z——路堤填土荷载在深度 z 处产生的附加应力（kPa）。

路堤填土为梯形分布荷载。在梯形分布荷载作用下,在荷载中心线下,任一深度 z 处的垂直应力 $\sigma'_z = Kq$,K 为应力系数,可由图 5-9-4 得到；q 为填土的最大荷载,等于填土的重度与填土的最大高度之积。

软土地基的沉降计算深度,一般应达到附加应力与有效自重应力之比不大于 0.15 的位置。路基预压或超载时,沉降计算的路基高度应包含预压高度或超载高度。

二、沉降计算

1. 瞬时沉降计算

瞬时沉降一般采用弹性理论公式计算。梯形条状荷载下,瞬时沉降 S_d 可按式(5-9-11)计算：

$$S_d = F\frac{pB}{E} \tag{5-9-11}$$

式中：F——路堤中线沉降系数,可由图 5-9-5 查得；当缺少泊松比的实测资料时,可取泊松比 $\mu = 0.4 \sim 0.5$；

p——路堤底面中点的最大垂直应力（kPa）；

B——换算荷载宽度,$B = b + a/2$；

E——由无侧限抗压强度试验得到的弹性模量的平均值（kPa）,应按分层厚度加权平均计算。

其余符号参见图 5-9-5。

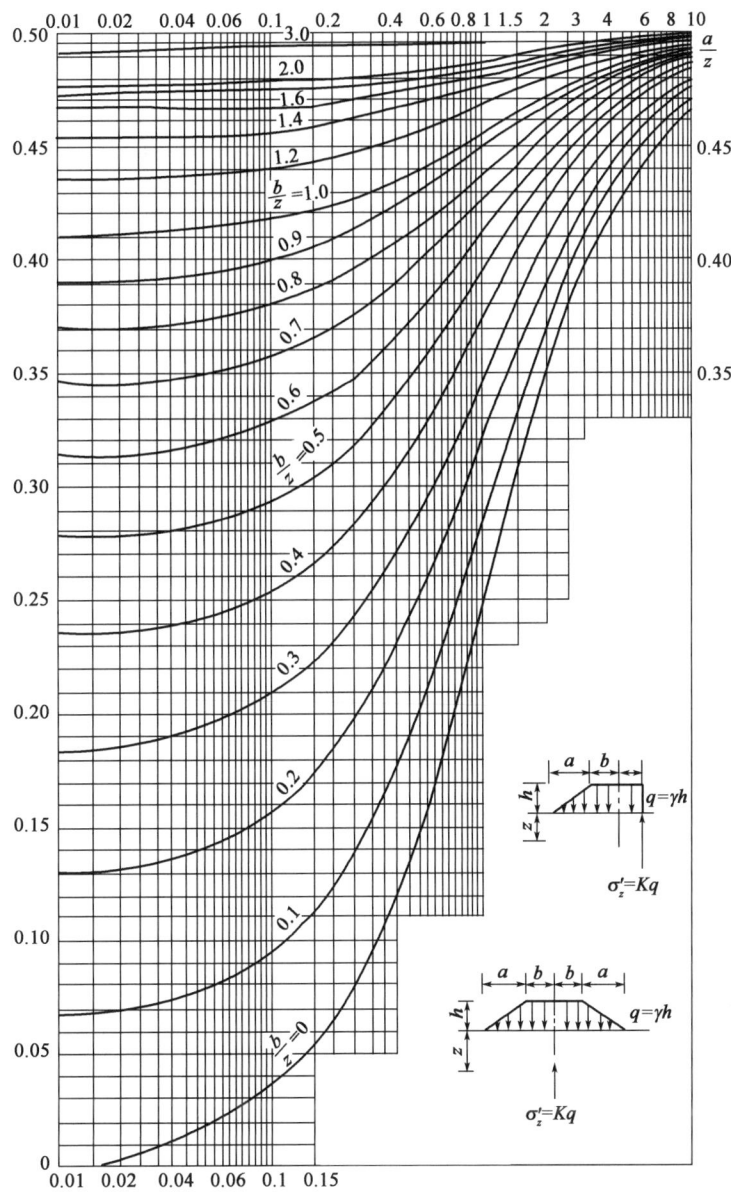

图 5-9-4 地基中垂直应力 σ_z 计算曲线图

2. 主固结沉降计算

主固结沉降 S_c 采用分层总和法计算,计算参数可采用由压缩试验得到的 $e\text{-}p$ 曲线或压缩模量 E_s,当需要考虑土的应力历史影响时,应采用 $e\text{-}\lg p$ 曲线计算。

1) 采用 $e\text{-}p$ 曲线计算主固结沉降

采用 $e\text{-}p$ 曲线计算时,主固结沉降 S_c 可按式(5-9-12)计算:

$$S_c = \sum_{i=1}^{n} \frac{e_{0i} - e_{1i}}{1 + e_{0i}} \Delta h_i \qquad (5\text{-}9\text{-}12)$$

式中:n——压缩土层分层的数目;

e_{0i}——地基中各分层在自重应力作用下的稳定孔隙比;

e_{1i}——地基中各分层在自重应力和附加应力共同作用下的稳定孔隙比;

Δh_i——地基中各分层的初始厚度(m)。

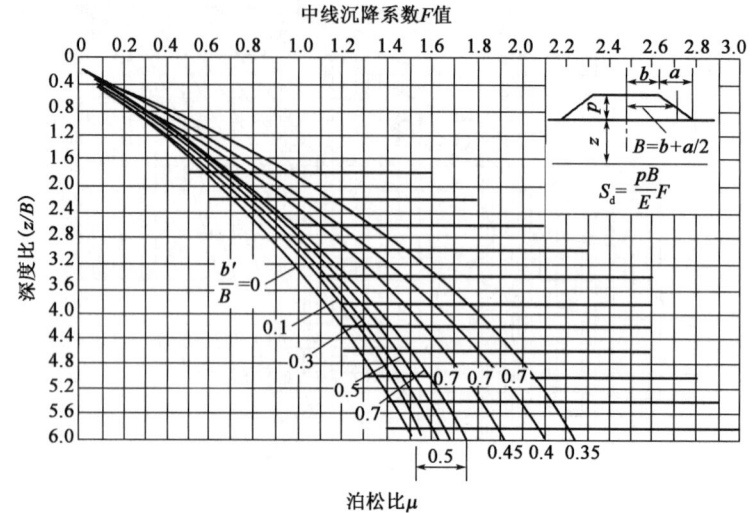

图 5-9-5　梯形荷载中线沉降系数

2) 采用压缩模量 E_s 计算主固结沉降

采用压缩模量 E_s 计算时,主固结沉降 S_c 可按式(5-9-13)计算:

$$S_c = \sum_{i=1}^{n} \frac{\Delta p_i}{E_{si}} \Delta h_i \tag{5-9-13}$$

式中:E_{si}——地基中各分层的压缩模量(kPa);

Δp_i——地基中各分层中点的附加应力(kPa)。

3) 采用 e-$\lg p$ 曲线计算主固结沉降

采用 e-$\lg p$ 曲线计算时,首先需要确定先期固结压力(又称前期固结压力),然后需要确定原始压缩曲线。先期固结压力是指天然土层在历史上所经受过的最大竖向有效固结压力,以 p_c 表示;若现有土层的竖向有效上覆压力为 p_0,则 p_c/p_0 称为超固结比,以 OCR(over-consolidation ratio)表示。OCR = 1 时,称为正常固结土。OCR > 1 时,称为超固结土;OCR < 1 时,称为欠固结土。这三种固结状态对应三种原始压缩曲线,需要分别确定。

(1) 按卡萨格兰德(casagrande)经验作图法,由 e-$\lg p$ 曲线确定先期固结压力,作图步骤如下:

①根据压缩试验资料绘出 e-$\lg p$ 曲线(图 5-9-6),在曲线上找出曲率半径最小的一点 0;

②过 0 点作水平线 01 和切于 e-$\lg p$ 曲线的切线 02,且作水平线与切线夹角的平分线 03;

③定出 03 线与切于固结曲线最陡部分的直线相交的点 A;

④A 点的横坐标即为前期固结压力 p_c。

(2) 按施麦特曼(Schmertmann)作图法确定原始压缩曲线。

①正常固结土(图 5-9-7):

a. 假定取样和储存过程中土样不发生体积变化,即室内压缩(固结)试验的初始孔隙比 e_0

就等于取样前的原位孔隙比,这样在 e-$\lg p$ 图上通过 e_0 作一水平线与 $p_c = p_0$ 交于 B 点,B 点表示取样深度处现场的有效自重应力 p_0 和孔隙比 e_0。

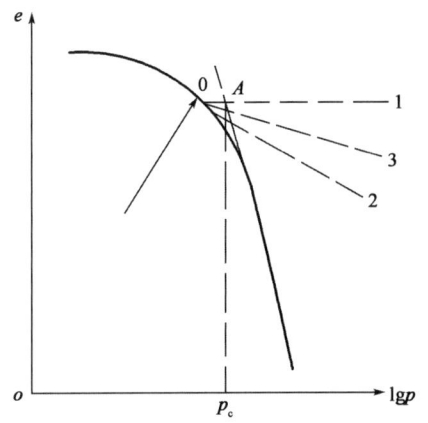

图 5-9-6 由 e-$\lg p$ 曲线确定先期固结压力

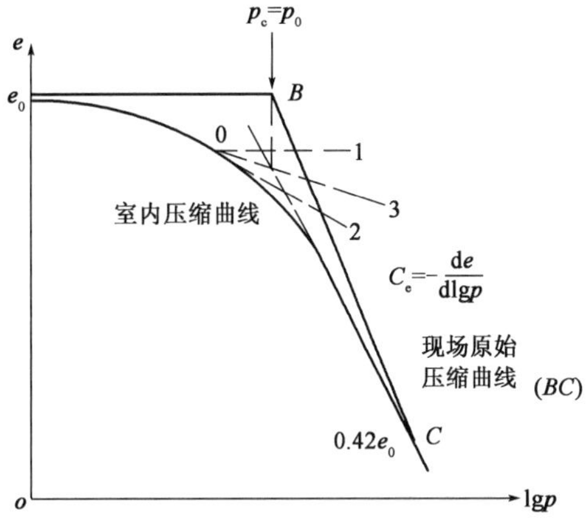

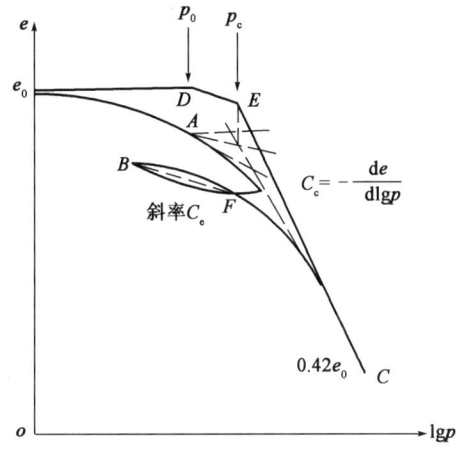

图 5-9-7 正常固结土原始压缩曲线

b. 在室内压缩曲线上选取孔隙比等于 $0.42e_0$ 的 C 点(这是因为许多室内试验发现不同扰动程度的压缩曲线与野外原始曲线大致交于这一点)。

c. 作 BC 线,则 BC 线即为现场的原始压缩曲线,其斜率为 $C_c = -\dfrac{de}{d\lg p}$,称为压缩指数。

对于欠固结土,由于 $p_c < p_0$,其原始压缩曲线可大致按正常固结土的方法确定。

② 超固结土(图 5-9-8):

a. 进行室内压缩试验,并绘制 e-$\lg p$ 曲线,当曲线呈现直线后,立即卸载回弹,回弹稳定后再压缩,如此可求得图 5-9-8 中的压缩-回弹-再压缩曲线 $ABFC$。

b. 假定取样和储存过程中土样不发生体积变化,即室内压缩试验的初始孔隙比 e_0 就等于取样前的原位孔隙比,这样在 e-$\lg p$ 图上通过 e_0 作一水平线至 D 点($p = p_0$ 处)。

c. 过 D 点作一平行于回弹曲线的平均斜率的直线 DE,E 点位于原始压缩曲线上,其横坐标为 p_c,DE 线为原始再压缩曲线,斜率为 C_e,称为回弹指数。

图 5-9-8 超固结土原始压缩曲线

d. 作 EC 线,C 点由室内压缩曲线上孔隙比等于 $0.42e_0$ 决定。EC 线即为现场压缩曲线,斜率 $C_c = -\dfrac{de}{d\lg p}$,称为压缩指数。

(3)沉降计算公式。

① 正常固结土、欠固结土的主固结沉降 S_c 可按式(5-9-14)计算:

$$S_c = \sum_{i=1}^{n} \dfrac{\Delta h_i}{1+e_{0i}} C_{ci} \lg\left(\dfrac{p_{0i} + \Delta p_i}{p_{ci}}\right) \tag{5-9-14}$$

式中:p_{0i}——地基中各分层中点的自重应力(kPa);
  p_{ci}——地基中各分层中点的先期固结压力(kPa);
  C_{ci}——土层的压缩指数。

②超固结土的主固结沉降 S_c 可按式(5-9-15)、式(5-9-16)计算:

a. 当 $\Delta p \geq (p_c - p_0)$ 时:

$$S_c = \sum_{i=1}^{n} \frac{\Delta h_i}{1+e_{0i}} \left[C_{ei} \lg \left(\frac{p_{ci}}{p_{0i}} \right) + C_{ci} \lg \left(\frac{p_{0i}+\Delta p_i}{p_{ci}} \right) \right] \tag{5-9-15}$$

b. 当 $\Delta p < (p_c - p_0)$ 时:

$$S_c = \sum_{i=1}^{n} \frac{\Delta h_i}{1+e_{0i}} \left[C_{ei} \lg \left(\frac{p_{0i}+\Delta p_i}{p_{0i}} \right) \right] \tag{5-9-16}$$

式中:C_{ei}——土层的回弹指数。

3. 次固结沉降计算

次固结沉降 S_s 可按式(5-9-17)计算:

$$S_s = \sum_{i=1}^{n} \frac{I_{ai}}{1+e_{ci}} \lg \left(\frac{t_A}{t_{ci}} \right) h_i \tag{5-9-17}$$

式中:h_i——各土层的厚度(m);
  t_{ci}——主固结完成所需要的时间(d);
  e_{ci}——主固结完成时土的孔隙比;
  t_A——计算次固结变形所要求的总时间(d);
  I_{ai}——次固结系数,可由土层取样进行室内高压固结试验得到的 e-$\lg t$ 曲线确定。

4. 最终沉降确定

最终沉降量可由式(5-9-18)计算:

$$S_\infty = S_d + S_c + S_s \tag{5-9-18}$$

由于地基沉降主要以主固结沉降为主,而且三种沉降全部计算的话,在实际工程应用中往往过于烦琐,常采用式(5-9-19)计算总沉降量:

$$S_\infty = m_s S_c \tag{5-9-19}$$

式中:m_s——沉降系数,根据现场沉降观测资料确定,也可采用经验公式(5-9-20)估算:

$$m_s = 0.123 \gamma^{0.7} (\theta H^{0.2} + VH) + Y \tag{5-9-20}$$

式中:H——路堤中心高度(m);
  γ——路堤填料的重度(kN/m³);
  θ——地基处理类型系数,用塑料排水板处理时取 0.95~1.1,用水泥搅拌桩处理时取 0.85,预压时取 0.90;
  V——加载速率修正系数,加载速率在 20~70mm/d 时,取 0.025;采用分期加载,速率小于 20mm/d 时取 0.005;采用快速加载,速率大于 70mm/d 时取 0.05;
  Y——地质因素修正系数,当同时满足软土层不排水抗剪强度小于 25kPa、软土层的厚度大于 5m、硬壳层厚度小于 2.5m 三个条件时,$Y = 0$,其他情况下可取 $Y = -0.1$。

三、地基沉降与时间的关系

1. 地基任意时刻的沉降量

地基任一时刻的沉降量 S_t 可按式(5-9-21)或式(5-9-22)计算：

$$S_t = S_d + S_c U_t + S_s \tag{5-9-21}$$

$$S_t = (m_s - 1 + U_t) S_c \tag{5-9-22}$$

式中：U_t——某一时刻地基的平均固结度，可采用太沙基(Terzaghi)一维固结理论解计算；对于砂井、塑料排水板等竖向排水体处理的地基，固结度可按太沙基-伦杜立克(Terzaghi-Rendulic)固结理论轴对称条件固结方程在等应变条件下的解答来计算。

2. 地基平均固结度计算

1) 天然地基平均固结度

天然地基的固结度计算时，一般只考虑竖向平均固结度 U_v，按太沙基一维固结理论计算，参见式(5-9-23)~式(5-9-26)：

$$U_v = \frac{2\alpha U_0 + (1-\alpha) U_1}{1+\alpha} \tag{5-9-23}$$

$$U_0 = 1 - \frac{8}{\pi^2} \left(e^{-N} + \frac{1}{9} e^{-9N} + \frac{1}{25} e^{-25N} + \cdots \right) \tag{5-9-24}$$

$$U_1 = 1 - \frac{32}{\pi^3} \left(e^{-N} - \frac{1}{27} e^{-9N} + \frac{1}{125} e^{-25N} - \cdots \right) \tag{5-9-25}$$

$$N = \frac{\pi^2}{4} \frac{C_v}{H^2} t \tag{5-9-26}$$

式中：α——排水面处的附加应力与不透水面处的附加应力之比；

C_v——土的竖向固结系数(m^2/s)；

H——孔隙水的最大渗径(m)，单面排水时取压缩层的厚度，双面排水时取压缩层厚度的一半；

t——固结时间(s)。

2) 设竖向排水体的地基平均固结度

(1) 地基中设有砂井、塑料排水板等竖向排水体时，需要计算地基的径向固结度 U_r，参见式(5-9-27)~式(5-9-29)：

$$U_r = 1 - e^{-\frac{8T_r}{F_n}} \tag{5-9-27}$$

$$T_r = \frac{C_h}{d_e^2} t \tag{5-9-28}$$

$$F_n = \frac{n^2}{n^2-1} \ln(n) - \frac{3n^2-1}{4n^2} \tag{5-9-29}$$

式中：C_h——土的水平向固结系数(m^2/s)；

n——井径比，即砂井的有效排水直径 d_e 与砂井的直径 d_w 之比；

d_e——砂井的有效排水直径(m)，当砂井在平面上为正方形布置时，$d_e = 1.128d$；为等边三角形布置时，$d_e = 1.05d$；

d——砂井的间距(m)。

(2) 排水体深度范围内地基总的平均固结度可按式(5-9-30)计算：

$$U_t = 1 - (1 - U_r)(1 - U_v) \tag{5-9-30}$$

(3) 排水体深度范围以下地基的固结度仍按 U_v 计算，U_v 的排水距离 H' 可按式(5-9-31)和式(5-9-32)计算：

$$H' = \left(1 - \xi \frac{H_1}{H_1 + H_2}\right)(H_1 + H_2) \tag{5-9-31}$$

$$\xi = 1 - \sqrt{\frac{\pi^2 C_v / [2(H_1 + H_2)]^2}{\pi^2 C_v / [2(H_1 + H_2)]^2 + 8C_h / (F_n d_e^2)}} \tag{5-9-32}$$

式中：H_1，H_2——分别为排水体深度及排水体以下压缩土层的厚度(m)。

3) 考虑井阻与涂抹时固结度的计算

当地基土灵敏度较高、地下排水体间距较小或打设深度较大时，地基径向固结度 U_r 应考虑井阻与涂抹效应的影响，可按式(5-9-33)~式(5-9-39)计算：

$$U_r = 1 - \sum_{m=0}^{\infty} \frac{2}{M^2} e^{-\beta_r t} \tag{5-9-33}$$

$$M = \frac{2m+1}{2}\pi \quad (m = 0,1,2,\cdots) \tag{5-9-34}$$

$$\beta_r = \frac{8C_h}{(F_a + D)d_e^2} \tag{5-9-35}$$

$$F_a = \left(\ln\frac{n}{s} + \frac{k_h}{k_s}\ln s - \frac{3}{4}\right)\frac{n^2}{n^2-1} + \frac{s^2}{n^2-1}\left(1 - \frac{k_h}{k_s}\right)\left(1 - \frac{s^2}{4n^2}\right) + \frac{1}{n^2-1}\left(1 - \frac{1}{4n^2}\right)\frac{k_h}{k_s} \tag{5-9-36}$$

$$D = \frac{8G(n^2-1)}{M^2 n^2} \tag{5-9-37}$$

砂井：

$$G = \frac{k_h}{k_w}\left(\frac{H}{d_w}\right)^2 \tag{5-9-38}$$

塑料排水板：

$$G = \frac{\pi}{4} \cdot \frac{k_h H^2}{q_w} \tag{5-9-39}$$

式中：k_h——天然土的水平向渗透系数(cm/s)；

k_s——涂抹区土的水平向渗透系数(cm/s)；

s——涂抹比，即竖向排水体涂抹区直径 d_s 与其直径 d_w 之比，与施工打设方式和导管的形状及大小有关，其范围一般为 1.5~4.0；

k_w——砂井的渗透系数(cm/s)；

q_w——塑料排水板纵向通水量(cm^3/s)。

4) 地基平均固结度的修正

上述地基固结度的计算公式基于荷载一次瞬时施加并维持不变，土体承受的总应力不随时间变化这一假设条件。实际上，路基填筑过程中的荷载是逐步施加的，施工期内地基承受的总应力随着路基填筑的进行而逐步增加，因此实际工程应用中需要对理论公式计算结果进行修正。修正方法可采用改进的太沙基法或改进的高木俊介法。

(1)采用改进的太沙基法修正

该方法的基本假定是(图 5-9-9):每一级荷载增量所引起的固结过程是单独进行的,和上一级或下一级荷载增量所引起的固结无关;每级荷载是在堆荷起讫时间的中点一次堆足的;每级荷载 p_i 在施工起讫时间 t_{i-1} 和 t_i 以内任何时间 t 的固结状态与 t 时相应的荷载增量瞬间作用下经过时间 $(t-t_{i-1})/2$ 的固结状态相同,时间 t 大于 t_i 时的固结状态和荷载 P_i 在施工时间 t_i-t_{i-1} 的一半时瞬间作用下的情况一样;某一时间 t 时的总平均固结度等于该时每级荷载作用下的固结度的叠加。

根据上述假定,对于二级等速加载的固结度和时间的关系曲线 C_1、C_2 可按式(5-9-40)~式(5-9-43)一次计算出修正后的总固结度曲线 C:

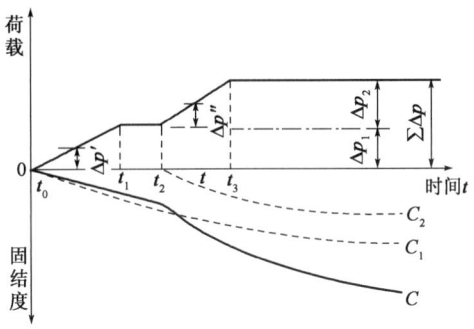

图 5-9-9 二级等速加载的固结度和时间关系曲线

当 $t_0<t<t_1$ 时:

$$U'_t = U_{t\left(t-\frac{t+t_0}{2}\right)}\frac{\Delta p'}{\sum \Delta p_t} \tag{5-9-40}$$

当 $t_1<t<t_2$ 时:

$$U'_t = U_{t\left(t-\frac{t_1+t_0}{2}\right)}\frac{\Delta p_1}{\sum \Delta p_t} \tag{5-9-41}$$

当 $t_2<t<t_3$ 时:

$$U'_t = U_{t\left(t-\frac{t_1+t_0}{2}\right)}\frac{\Delta p_1}{\sum \Delta p_t} + U_{t\left(t-\frac{t+t_2}{2}\right)}\frac{\Delta p''}{\sum \Delta p_t} \tag{5-9-42}$$

当 $t_3<t$ 时:

$$U'_t = U_{t\left(t-\frac{t_1+t_0}{2}\right)}\frac{\Delta p_1}{\sum \Delta p_t} + U_{t\left(t-\frac{t_3+t_2}{2}\right)}\frac{\Delta p_2}{\sum \Delta p_t} \tag{5-9-43}$$

多级等速加载下修正后的固结度 U'_t 可依次类推归纳为式(5-9-44):

$$U'_t = \sum_{i=1}^n U_{t\left(t-\frac{t_i+t_{i-1}}{2}\right)}\frac{\Delta p_i}{\sum \Delta p_t} \tag{5-9-44}$$

式中:t_i,t_{i-1}——分别为各级等速加载的起点和终点时间(d),当 t 在某一级等速加载的过程中时,取 $t_i=t$;

Δp_i——第 i 级等速加载的荷载增量,当 t 在某一级等速加载的过程中时,用该点的荷载增量(kPa);

$\sum \Delta p_t$——t 时 n 级荷载的累加(kPa)。

应用式(5-9-44)计算时,只要计算出一条瞬时加载的 U_t-t 关系曲线,就可方便地列表计算多级逐渐加载的固结度。

(2)采用改进的高木俊介法修正

该方法根据巴隆的理论解,考虑多级等速加载使砂井地基在径向和竖向排水固结的条件下,推导得到平均固结度计算式。该方法无须先计算瞬时加载条件下的地基固结度,再根据荷载情况进行修正,而是两者合并计算出修正后的平均固结度,见式(5-9-45):

$$U'_t = \sum_{i=1}^n \frac{q_i}{\sum \Delta p_t}\left[(t_i-t_{i-1})-\frac{\alpha}{\beta}e^{-\beta t}(e^{\beta t_i}-e^{\beta t_{i-1}})\right] \tag{5-9-45}$$

式中：q_i——第 i 级荷载平均加载速率(kPa/d)；

α,β——参数，按表 5-9-11 取值。

α、β 取值表　　　　表 5-9-11

排水固结条件	竖向排水固结 ($U_v>30\%$)	径向排水固结	竖向和径向排水固结（砂井贯穿土层）	砂井未贯穿土层固结
α	$\dfrac{8}{\pi^2}$	1	$\dfrac{8}{\pi^2}$	$\dfrac{8}{\pi^2}Q$
β	$\dfrac{\pi^2 C_v}{4H^2}$	$\dfrac{8C_r}{F_n d_e^2}$	$\dfrac{\pi^2 C_v}{4H^2}+\dfrac{8C_r}{F_n d_e^2}$	$\dfrac{8C_r}{F_n d_e^2}$

注：$Q \approx H_1/(H_1+H_2)$。

式(5-9-45)在推导过程中，竖向固结度 U_v 只取了太沙基一维固结理论解级数的第一项。当 $U_v>30\%$ 时，计算结果误差较小；当 $U_v<30\%$ 时，计算结果有一定误差。

四、路堤断面设计及土方计算

路堤在填筑和预压过程中，地基不断发生沉降，路堤的断面形式会随之发生变化，包括路堤顶面凹陷、顶宽和底宽收缩，边坡变缓等，这些问题在设计时应予以考虑。

理论计算和实测资料表明，由于沉降影响造成路堤顶面的收缩量较小，一般可以不予考虑，但底面需要加宽；为了使预压完成后路堤的边坡达到正常设计断面的边坡坡度，预压路堤的边坡要比设计陡一些；由于地基沉降，路基填筑时部分填料会沉入地基中，采用等载或超载预压时，路基的填筑高度要超出设计高度，沉入土方量及超填土方量均要计算和计量。

1. 路堤底面的加宽

路堤一侧的加宽量 Δd 可参照图 5-9-10 按式(5-9-46)计算：

$$\Delta d = mS_2 \tag{5-9-46}$$

式中：m——软土地基路堤的设计边坡坡度，一般取 1.5～2.0。

S_2——路堤坡脚处预压期末的沉降。

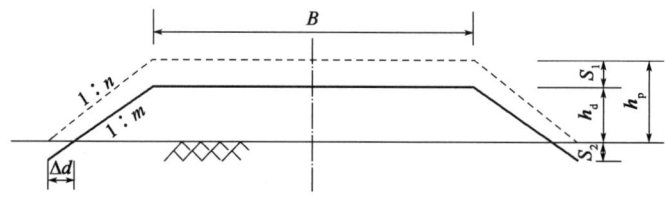

图 5-9-10　路堤加宽计算图

2. 路堤边坡坡率的修正

预压路堤的边坡坡率 $1:n$ 可参照图 5-9-10 按式(5-9-47)计算：

$$n = \frac{h_d + S_2}{h_p}m \tag{5-9-47}$$

式中：h_d——路基设计高度(m)；

h_p——预压高度(m)。

3. 路基土方的计算

软土地基处理时，在路基填筑完成后至路面铺筑之前的时间段称为预压期，预压的目的是增加道路运营前的沉降量,减少工后沉降。根据预压荷载的不同,可以分为等载预压、超载预压和欠载预压。预压荷载等于路堤设计荷载的,称为等载预压;预压荷载超过路堤设计荷载的,称为超载预压;预压荷载小于路堤设计荷载的,称为欠载预压。

软土地基处理需要计算预压土方、沉入土方以及卸载土方。

预压土方:在等载预压和超载预压的软土路堤中,路床底面以上的土称为预压土,预压土的数量称为预压土方。

沉入土方:沉入土方分为施工期沉入土方与预压期沉入土方,分别指的是在施工期和预压期沉入天然地面高程以下的土方。

卸载土方:预压期结束后,需要推掉预压土,然后进行路面施工。推掉的这部分预压土称为卸载土方。

预压土方、沉入土方和卸载土方可参照图5-9-11按式(5-9-48)~式(5-9-50)计算:

$$P_y = (B \cdot H + nH^2)L \tag{5-9-48}$$

$$P_a = \frac{2}{3}(S_p \cdot B_1)L \tag{5-9-49}$$

$$P_x = P_y - P_n \tag{5-9-50}$$

式中:P_y、P_a、P_x——分别为预压土方、沉入土方和卸载土方(m^3);

S_p——预压期路中心沉降量(m);

B——路堤顶面宽度(m);

B_1——路堤底面宽度(m);

L——计算路段长度(m);

H——路面结构层厚度h_1、路面结构层材料换算为土柱高的差值h_2、计算预压期沉降量h_3及超载土方厚度h_4之和(m)。

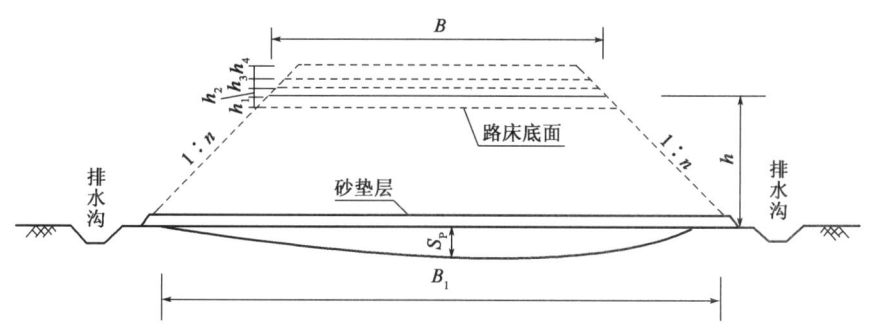

图5-9-11 预压土方计算示意图

第五节 软土地基处理方法的选择

一、处理方案确定原则

(1)软土地基处理设计应按地质资料准备、设计路段划分、处理方案设计的流程进行。各设计参数应根据工程地质勘察报告的有关内容,以勘探孔为单位,对沉降计算和稳定验算所需要的物理、力学参数进行整理;对于缺失的参数,可通过其他参数的综合对比分析,参考相邻孔确定。

（2）软土地基处理的方案设计应掌握因地制宜、就地取材、经济实用的原则；对软土性质差、地基条件复杂、填料缺乏或有特殊要求的地基处理工程，可采用两种或两种以上措施进行综合处理。

（3）处理与未处理路段以及不同地基处理方案衔接路段应缓和过渡，相邻路段差异沉降引起的纵坡变化应控制在0.4%以内。

（4）复杂场地软土地基处理过程中应加强动态观测，收集影响设计的各种因素及变化情况，及时制订相应方案，保证安全。

二、选择处理方案时应考虑的条件

在软土地基处理方案选择时，需要考虑许多因素的影响，在诸如地质、路基、环境、投资等条件不同时，选择的地基处理方法也是不同的。根据公路软土地基处理大量的实践经验，应考虑的主要条件包括：软土性质、软土层厚度、硬壳层厚度、路堤高度、道路要求（与道路等级对应的沉降标准要求）、处理路段（桥头路段、涵洞、通道、山区沟谷地段、新老路基衔接段、一般路段等）、工程环境（周围环境对施工的限制）、工期、工程投资以及施工队伍的技术水平。

1. 软土性质

软土的性质表现在物理性质、力学性质和化学性质上，软基处理工程中主要考虑物理性质和力学性质，如天然孔隙比、天然含水率、液塑限、抗剪强度、压缩性等。根据这些性质指标，确定软土工程性质的好坏，从而选择适宜的处理方法。

2. 软土层厚度

同样性质的软土，其厚度越大，压缩沉降量就越大，其上路堤的稳定性也就越差。同时，软土层的厚度，对地基处理方法的工艺和采用的设备有着直接的影响。比如，采用水泥搅拌桩加固性质差的软土是合适的，但在软土层的厚度较大时（一般以13~15m控制）桩体质量就难以保证。

3. 硬壳层

在不同类型的软土层之上基本都有一个硬壳层。硬壳层一般呈硬塑状，力学强度或多或少较下卧软土层为好。硬壳层的存在对稳定肯定是有利的，即使在发生较大的变形之后仍有作用。但硬壳层对沉降有滞后作用，不过这种滞后作用随路堤高度的增大而减小，当路堤高度超过极限高度1m时，基本消失。由于硬壳层的这些性质，在对高路堤下厚硬壳层软基处理时，采用超载预压法是技术可行、经济合理的。

4. 路堤高度

路堤高度决定分布在地基中的应力大小。在低路堤条件下，稳定和沉降都容易达到要求，但实际工程中高路堤是难以避免的，高路堤下对软土地基的稳定和沉降一般都要采取处理措施。

5. 道路要求

与软土地基处理方案相联系的道路要求，主要是容许工后沉降的要求，即不同的道路等级有不同的容许工后沉降标准（表5-9-6）。

6. 处理路段

处理路段一般划分为特殊路段、过渡路段和一般路段。桥头路段、涵洞（通道）位置、高路堤段、山区沟谷地段、新老路基衔接段、过水或临水路段等可作为特殊路段；大部分的路基可作为一般路段;过渡路段主要是桥头路段与一般路段之间的过渡、复合地基处理路段与一般预压处理路段之间的过渡等。

7. 工程环境

工程环境是指周围环境对施工的限制情况。有些处理方法对周围环境的影响较大,如产生噪声、震动、污染或引起地面沉陷、水位下降等,采用这些方法时,要考虑周围环境是否允许。一般情况下,应尽量选择那些噪声低、震动小,无污染,几乎不引起周围地基不良反应的方案,这样可以达到环境保护的目的。

8. 工期

地基处理方案的选择与工期有很大的关系,一般来讲,只要有足够长的预压期,采用普通的排水固结法就可以解决绝大部分的软基处理问题。但如果工期短,地基处理的时间自然也不会富余,想达到同样的地基处理效果,只有加大地基处理方案的力度。这就是"以时间换金钱,还是金钱买时间"的问题。

软土地基处理的工期在现阶段是一个突出问题。由于经济发展的迫切性,绝大部分省份都将公路建设的周期压得很紧,这样就造成软土地区公路地基处理的预压期不够。在时间短,又要保证地基处理效果的情况下,复合地基处理方法被大量采用。

9. 工程投资

不同的地基处理方法工程造价不一,甚至相差很大。在方案选择时,应根据工程的投资情况,在投资控制范围内选择最适宜的方案。一般要掌握"先近后远、先简后繁、先地上后地下"的原则选择方案。

10. 施工水平

各种处理方法施工时的复杂程度不一样,方法的选用要考虑施工队伍的能力,避免出现"方法好,做不好"的问题。当然,在技术要求必须采用工艺复杂的方案时,要选用技术力量强的施工队伍将其做好。

第六节 常用处理方法介绍

公路软土地基常用处理方法及适用范围参见表5-9-12。

软土地基处理方法分类及适用性 表5-9-12

处理层位	处理方法	适用范围	优缺点
地面上处理	垫层	软土地基表层处理	施工简便
	堆载预压(包括等载预压、超载预压和欠载预压)	有足够预压期的软土地基处理	施工简便,预压期长,需要两次调运预压土方
	粉煤灰路堤	粉煤灰廉价的软土地区	施工简便
	土工泡沫塑料路堤	含水率大、抗剪强度低,深厚软土地基	施工工艺较复杂,造价高
	现浇泡沫轻质土路堤		
	吹填砂路堤	靠河边或海边的软土地基	路堤填筑速度快
	加筋路堤	各种软土地基	施工简便
	反压护道	施工期间路堤失稳的应急处理和修复,基底倾斜的软土地基	增加工程占地

续上表

处理层位	处理方法	适用范围	优 缺 点
地面下浅层处理	粒料换填	换填处理厚度不大于3.0m	施工工艺简便,处理深度浅
	灰土换填	换填处理厚度不大于3.0m	施工工艺简便,处理深度浅
	抛石挤淤	含水率大、厚度不大于3.0m的软土地基	施工工艺简便,处理深度浅
地面下深层处理	动力挤密与置换 — 强夯和强夯置换	强夯法适用于处理碎石土、低饱和度的粉土与黏性土、杂填土和软土等地基。强夯置换法适用于处理高饱和度的粉土与软黏土地基	施工工艺简单,施工速度快,工期短,但对周围地基影响大
	动力挤密与置换 — 爆炸挤淤	含水率大、人烟稀少的海湾滩涂地段	施工工艺要求高,工期短
	固结排水 — 袋装砂井、塑料排水板	软土性质一般的地基	施工简便
	固结排水 — 真空预压	含水率大、软土性质差的地基	施工工艺要求高,工期短,需要专用设备
	固结排水 — 真空-堆载联合预压	含水率大、软土性质差的地基	施工工艺要求高,工期短,需要专用设备
	复合地基 — 粒料桩	振冲置换法成桩时软土的十字板抗剪强度不小于15kPa;振动沉管法成桩时软土的十字板抗剪强度不小于20kPa	施工工艺较复杂,能够缩短预压期
	复合地基 — 水泥搅拌桩(粉喷桩、浆喷桩)	软土的十字板抗剪强度不小于10kPa,有机质含量不大于10%	
	复合地基 — 水泥粉煤灰碎石桩(CFG桩)	软土的十字板抗剪强度不小于20kPa	
	刚性桩 — 先张法预应力混凝土薄壁管桩	适用于深厚软土地基结构物两端和高路堤段	施工工艺复杂,桩体强度高,工后沉降小。造价偏高
	刚性桩 — 现浇混凝土大直径管桩		
其他	隔离墙	适用于相邻路堤、新老路堤之间出现干扰情况下的隔离	施工工艺较复杂

一、粉煤灰路堤

粉煤灰路堤是指全部采用粉煤灰(纯灰或掺一定比例的固化剂)或部分采用粉煤灰(灰土间隔)填筑的公路路堤。粉煤灰是原煤经粉碎加工在高温下燃烧熔化后,冷凝残留的烧结物,呈玻璃质结构(空心的玻璃质球体),压实后密度约为$1.4t/m^3$,比压实土略轻,所以用粉煤灰填筑的路堤能减小地基的沉降。

1.适用范围

粉煤灰路堤适用于需要适当减轻路堤重量的路段,宜用于拓宽、桥头、墙背、高路堤等工程位置。在公路修筑场地附近有大量灰源的地方,若技术条件允许,就可以采用这种路堤。

2.设计及施工要点

(1)粉煤灰路堤应做好断面设计、结构设计和排水设计,保证粉煤灰路堤有足够的强度和稳定性。粉煤灰路堤的断面、结构形式可以参考图 5-9-12。

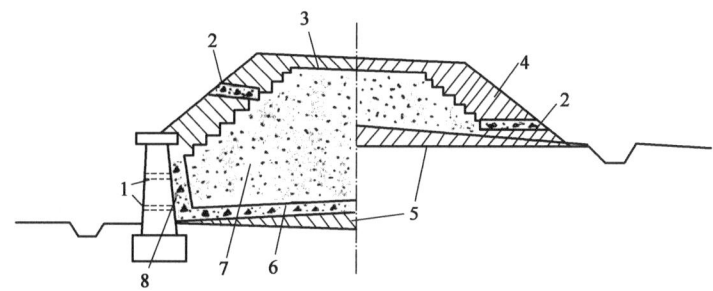

图 5-9-12　粉煤灰路堤断面、结构形式
1-泄水孔；2-渗沟；3-封顶层；4-土质边坡；5-基底隔离层；6-粒料隔离层；7-粉煤灰；8-反滤层

（2）采用粉煤灰填筑路堤时，应预先调查料源并做好必要的室内试验，掌握粉煤灰材料的工程特性。室内试验项目参见表 5-9-13。用于高速公路、一级公路路堤的粉煤灰烧失量不宜大于 12%。粉煤灰的粒径应在 0.001~2mm，小于 0.075mm 的颗粒含量宜大于 45%。

粉煤灰室内试验项目一览表　　　　表 5-9-13

序号	试 验 内 容	应提交的试验结果	备　　注
1	含水率	天然含水率范围	
2	密度	天然密度变化范围	
3	液限	液限	必要时测定
4	颗粒分析	粒组成分、级配曲线	必要时测定
5	化学分析	化学成分、烧失量、pH 值	
6	重金属含量测定	浸出液有害微量元素含量报告	必要时测定
7	击实试验	最大干密度、最佳含水率	
8	不排水抗剪强度	黏聚力、内摩擦角（饱水、不饱水）	
9	承载比	CBR 值	必要时测定

（3）粉煤灰路堤边坡和路肩应采取土质护坡等保护措施，护坡土宜采用塑性指数不低于 12 的黏质土。土质护坡厚度应根据道路等级、地理环境、自然条件、土质、施工条件等因素确定，水平方向厚度不应小于 1m，并应碾压密实。

（4）土质护坡上间隔一定的距离应设置排水渗沟，排除粉煤灰路堤体内积水。排水渗沟宜设置于路堤的中下部，可设置 1~2 排，渗沟竖向间距宜为 2m，水平间距宜为 10~15m。渗沟可采用土工布包裹碎石形式，断面尺寸宜为 0.4m×0.5m。渗沟深入粉煤灰路堤内部不应小于 1.0m，排水横坡不宜小于 3%。

（5）粉煤灰路堤的上路床应采用无机结合料稳定材料，同时作为粉煤灰路堤的封顶层。

（6）粉煤灰路堤底部应设置隔离层。隔离层可采用天然砂砾料、采石场碎块片石等透水性良好的材料填筑，也可采用工业废渣、炉渣、钢渣、矿渣等。隔离层厚度不宜小于 0.3m，横坡不宜小于 3%。

（7）粉煤灰路堤边坡高度在 5m 以下时，边坡坡率应不陡于 1：1.5；5m 以上的路堤，上部边坡坡率应不陡于 1：1.5，下部边坡坡率应不陡于 1：1.75。展坡困难时可设置挡墙收缩坡脚。

(8)粉煤灰与桥涵等混凝土结构、金属结构物接触处,宜在结构物表面涂刷沥青防腐层。

(9)粉煤灰路堤的稳定验算方法和沉降计算方法与土质路堤相同。稳定验算时,粉煤灰的黏聚力 c 和内摩擦角 φ 应采用饱水后测得的 c、φ 值。

(10)粉煤灰路堤宜采用水平分层填筑法施工。当分成不同作业段填筑时,先填路段应分层留台阶,台阶宽度应大于 1.5m。

(11)粉煤灰路堤的土质护坡应与粉煤灰填筑同步进行,土质护坡的摊铺宽度应保证削坡后的净宽满足设计要求,同时应按设计要求施作护坡的排水渗沟。

(12)摊铺后的粉煤灰应及时碾压,宜做到当天摊铺,当天碾压完毕。

(13)粉煤灰路堤宜采用振动压路机碾压。压实厚度应根据压实机械的种类和压实功能的大小确定,碾压前应进行碾压试验。当采用 20~30t 的中型振动压路机碾压时,每层压实厚度不宜大于 0.2m;当采用中型振动羊足碾或 40~50t 的重型振动压路机时,每层压实厚度不宜大于 0.3m。

(14)粉煤灰碾压应遵循先轻后重的原则。人工摊铺时宜先用履带式机具或 8~12t 轻型压路机静压 1~2 遍,稳压后再用振动压路机振碾 3~4 遍。机械摊铺时可直接用 20t 以上的中型或重型振动压路机碾压 3~4 遍。振动压路机碾压后再以静压压路机碾压 1~2 遍。碾压完毕应及时检验压实度,满足要求后方可继续填筑上层。

(15)铺筑上一层时,应控制卸料汽车的行驶方向和速度,不得在下层灰面上掉头、高速行驶、紧急制动。

(16)粉煤灰压实层,当暂时不能立即铺筑上层粉煤灰时,应禁止车辆行驶并适量洒水润湿,防止表层干燥松散。当粉煤灰路堤中断施工时间较长时,应进行覆土封闭,覆土应碾压密实,并施作路拱横坡,保证表面排水顺畅。

(17)粉煤灰路堤的施工气温应在 0℃ 以上。

二、土工泡沫塑料路堤

土工泡沫塑料路堤是指用发泡聚苯乙烯(EPS)块修筑的路堤。EPS 材料的密度只有压实填土密度的 1/60~1/100,并具有较高的强度和抗压缩性能,一般情况下化学稳定性强、不溶于水、不易老化(不暴露在大气中时)、耐腐蚀、耐微生物。用其修筑路堤可以大大减少软土地基的沉降。

1.适用范围

土工泡沫塑料路堤适用于软土性质极差,需要大幅度减轻路堤重量的路段,宜用在桥头、墙背等工程位置。

2.设计及施工要点

(1)土工泡沫塑料路堤的断面及结构形式可参考图 5-9-13,路堤构造应符合下列要求:

①EPS 块体与路面之间应设置现浇钢筋混凝土板,厚度宜为 0.1~0.15m。

②在 EPS 多层块体之间,每隔 2~3m 或 4~6 层应设置一层现浇钢筋混凝土板,厚度宜为 0.1~0.15m。

③EPS 块体之间、块体与施工基面之间应通过专用联结件联结牢固。

④土工泡沫塑料路堤边坡应设包边土,包边土的水平宽度不宜小于 1m。

⑤土工泡沫塑料路堤基底应设置砂砾垫层,厚度宜为 0.2~0.3m。垫层平整度宜采用 3m

直尺测量,最大间隙应小于 10mm。垫层宽度宜超出 EPS 块体边缘 0.5~1.0m,并通过排水盲沟或排水管保证向外部排水畅通。

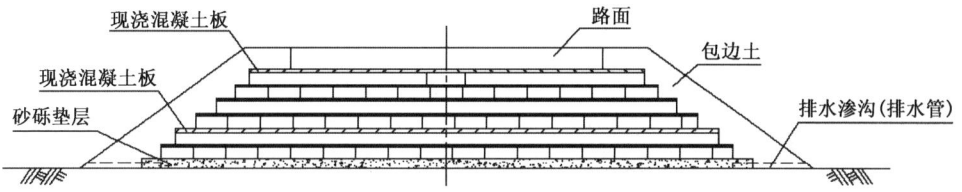

图 5-9-13　土工泡沫塑料路堤典型断面图

(2)土工泡沫塑料路堤设计除了进行常规稳定与沉降验算之外,尚应验算以下内容:

①验算作用于 EPS 结构块体的竖向应力值。

上覆荷载和活载在 EPS 结构块体上产生的竖向应力 σ_z(图 5-9-14),可按式(5-9-51)和式(5-9-52)计算,并应满足式(5-9-53)的要求:

$$\sigma_z = \sigma_z' + \sum \gamma_i h_i \tag{5-9-51}$$

$$\sigma_z' = \frac{p(1+\xi)}{(B+2z\tan\theta)(L+2z\tan\theta)} \tag{5-9-52}$$

$$\sigma_z \leqslant [\sigma_a] \tag{5-9-53}$$

式中:σ_z'——由活载在 EPS 块体上产生的压应力(kPa);

　　　p——轮压荷载(汽车后轴重)(kN);

　　　ξ——冲击系数,可取 0.3;

　　　z——路面及钢筋混凝土板的厚度(m);

B、L——后轮着地宽度和长度,$B=0.6$m,$L=0.2$m;

　　　θ——荷载扩散角,对混凝土路面 $\theta=45°$;

γ_i,h_i——上覆路面结构层及混凝土保护层的重度(kN/m³)及厚度(m);

$[\sigma_a]$——EPS 块体容许抗压强度,对于均质块体可取室内无侧限抗压强度试验所测屈服强度的一半;对于格室型 EPS 块体应由现场载荷试验确定。

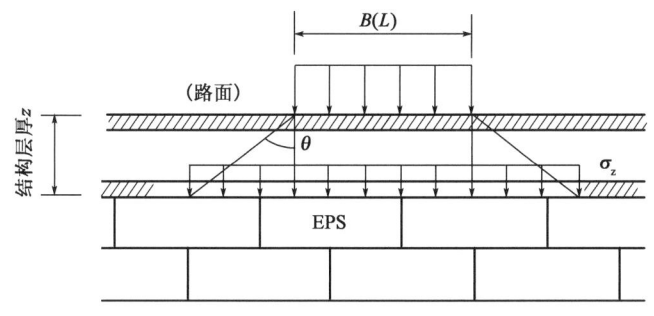

图 5-9-14　分布应力计算示意图

②当 EPS 块体铺设在地下水位以下或受洪水淹没时,应进行抗浮验算。

土工泡沫塑料路堤的总重力应不小于作用在路堤上水的浮力的 1.2 倍,否则应采取减小 EPS 块体的铺设厚度、增加填土荷重、降低地下水位等措施。

③验算 EPS 路堤基底的抗滑稳定性。

EPS 基底的抗滑稳定性可按式(5-9-54)验算:

$$F_\mathrm{s} = \frac{\text{抗滑力}}{\text{滑动力}} = \frac{(W+p_\mathrm{v})f}{p_\mathrm{H}} \geq 1.5 \qquad (5\text{-}9\text{-}54)$$

式中：W——EPS 块体的自重（kN/m）；

p_v——上覆荷载竖向总压力（kN/m）；

p_H——作用于 EPS 路堤底板的总滑动力，即侧向总压力（kN/m）；

f——路堤底板与地基土的摩擦系数，可取 0.3~0.5。

(3) 用于土工泡沫塑料路堤的 EPS 块体材料应符合下列要求：

①密度不宜低于 $0.2\mathrm{kN/m^3}$。

②抗压强度不应小于 100kPa。

③离火后 3s 自灭。

(4) 施工前按设计高程和尺寸开挖路堤基底，清理、整平、压实，并设置排水沟或采取其他排水措施，排除基底积水及地表水，然后施工基底垫层。

(5) 土工泡沫塑料路堤施工应符合下列规定：

①应采用人工或轻型机具将 EPS 块体从基底垫层上开始逐步向上分层纵横交错铺设，每层块体均应由中间向两边铺设。

②块体间的缝隙宽度应小于 20mm，块体间的高差应小于 5mm，当宽度或高差过大时，可采用无收缩水泥砂浆填塞或调平。

③路堤两侧的包边土应分层碾压密实。

(6) 施工过程中应随时对 EPS 块体间相互滑动情况进行检查，确保其稳定性。

三、现浇泡沫轻质土路堤

现浇泡沫轻质土是在原料土中按照一定比例添加固化剂、水和气泡，经充分混合搅拌后形成的轻型填筑材料，其最小密度可达到压实填土密度的 1/4。采用这种轻质材料填筑的路堤，可以较大地减少软土地基的沉降量。现浇泡沫轻质土的强度和密度可根据需要在一定范围内调整，具有施工性好、固化后可以自立、渗透性和吸水性低、导热系数小、隔热、隔声及抗冻融性能强等工程特性。

1. 适用范围

现浇泡沫轻质土路堤适用于软土性质较差，需要较大幅度减轻路堤重量的路段，宜用于拓宽、桥头、墙背等工程位置。

2. 设计及施工要点

(1) 现浇泡沫轻质土路堤设计应包括以下内容：

①确定路堤断面形式及构造形式。

②路堤的附属构造设计，包括挡板设计，交通工程预埋件设计，泡沫轻质土内部局部加筋设计，沉降缝设计等。

③现浇泡沫轻质土重度、无侧限抗压强度和配合比设计。

(2) 现浇泡沫轻质土路基除了进行整体稳定性验算与地基沉降验算外，尚应进行以下验算：

①当现浇泡沫轻质土体位于地下水位以下或受洪水淹没时，应进行抗浮验算。

②特定工程位置的抗滑、抗倾覆稳定性验算。

(3)现浇泡沫轻质土浇筑体底宽应不小于浇筑体高度的0.2倍,且不得小于2m。

(4)当泡沫轻质土填筑体在某一方向长度较大或底面形态有突变时,宜设置变形缝。变形缝间距宜为10~20m;可采用普通的木板或夹板,厚度不宜超过20mm。

(5)现浇泡沫轻质土的重度应根据工程的具体需要进行设计,当用于地下水位以下时,重度不宜小于10kN/m³。

(6)现浇泡沫轻质土的设计无侧限抗压强度不宜小于300kPa。

(7)现浇泡沫轻质土的配合比应根据设计强度、湿重度及流动值要求等进行设计。

(8)当现浇泡沫轻质土置于平面与斜坡面交界处时,可将其分成斜坡前和斜坡上两部分计算滑动力和滑动抵抗力,底面抗滑安全系数F_s可参照图5-9-15,按式(5-9-55)验算:

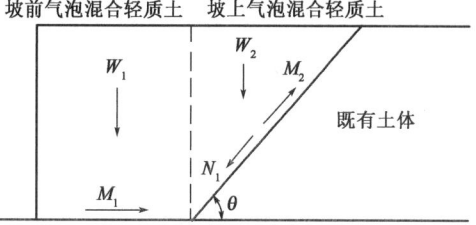

图5-9-15 底面抗滑安全系数计算图

$$F_s = \frac{M_1 + M_2\cos\theta}{N_1\cos\theta} = \frac{fW_1 + fW_2\cos\theta\cos\theta}{W_2\sin\theta\cos\theta} \geq 1.3 \quad (5\text{-}9\text{-}55)$$

式中:M_1——沿水平面的抗滑力(kN);
M_2——沿斜坡面的抗滑力(kN);
N_1——沿斜坡面的下滑力(kN);
W_1——斜坡前现浇泡沫轻质土的自重及路面荷重(kN);
W_2——斜坡上现浇泡沫轻质土的自重及路面荷重(kN);
θ——斜坡面与水平面交角(°);
f——现浇泡沫轻质土与地基土的摩擦系数,无实测资料时可取0.5。如现浇泡沫轻质土与地基之间铺设防水土工布,应通过试验确定。

(9)施工前应按设计高程和尺寸进行路堤基底开挖、清理、整平、压实,设置排水沟或其他排水措施,排除基底积水及地表水,然后在基底铺设一层透水土工布,并安装浇筑的模板。

(10)现浇泡沫轻质土路堤施工应符合下列规定:
①泡沫宜采用压缩空气与发泡剂水溶液混合的方式生产,严禁采用搅拌发泡法生产泡沫。
②现浇泡沫轻质土在储料装置中的停滞时间不宜超过2h。
③现浇泡沫轻质土宜采用泵送浇注。一级泵送的最大距离应为500m。当输送距离超过500m时,应设置中继泵送装置或将气泡的混合移到泵送管的出口附近。

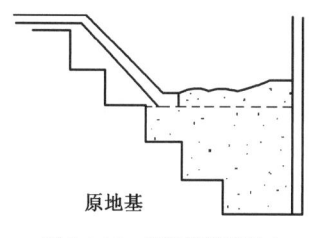

图5-9-16 现浇泡沫轻质土的浇筑方法

④现浇泡沫轻质土应在软管的前端直接浇筑,出料口宜埋入现浇泡沫轻质土中或靠近现浇泡沫轻质土的表面,如图5-9-16所示,确保气泡独立而均匀分布。一次浇注的最大厚度不应超过1m,最小厚度不应小于0.25m。浇筑过程中应现浇,避免泡沫轻质土过度振动。
⑤现浇泡沫轻质土不得在雨天施工;已施工尚未硬化的轻质土,在雨天应采取遮雨措施。

四、吹填砂路堤

吹填砂路堤是利用水力,把疏浚江河、湖泊、海滨时形成的泥砂直接吹填起来的路堤。公路路堤宜采用透水性良好的中、粗砂作为吹填材料,经试验也可选择细砂或粉砂,吹填后的含泥量(小于74μm 的颗粒粒径)不宜大于15%。

1. 适用范围

吹填砂路堤适用于土源紧缺,但有丰富的河砂或海砂资源的河网或滨海沿岸地区,但应注意路堤应靠近砂源,如果吹填距离超过吹砂设备能力则产生二次吹填,往往不太经济。

2. 设计及施工要点

(1)吹填砂路堤设计应包括下列工作内容:

①确定采砂区和吹填区的位置和范围。
②确定可用于吹填砂的质量和数量。
③选择合理的吹填设备与施工方法。
④设计围埝及排水口。
⑤制定吹砂管线的铺设方案。
⑥根据周边环境制订余水的排放方案。
⑦计算吹填区地基的下沉量、超填量及设计吹填地面高程。
⑧结合软基处理确定工程观测项目和方法。

(2)吹填砂路堤设计吹填高程 H_R 可按式(5-9-56)计算:

$$H_R = H_S + \Delta H \tag{5-9-56}$$

式中:H_S——设计高程(m);

ΔH——吹填完工后,考虑地基沉降的预留高度(m)。

(3)吹填施工砂方量 V 可按式(5-9-57)计算:

$$V = \frac{V_1 + \Delta V_1 + \Delta V_2}{1 - P} \tag{5-9-57}$$

式中:V_1——包括设计预留高度在内的吹填砂体积(m^3),可按断面方计算;

ΔV_1——施工期因吹填砂固结所增加的工程量(m^3),可按吹填厚度的5%估算;

ΔV_2——施工期因吹填砂荷载造成吹填区软土地基下沉而增加的工程量(m^3);

P——吹填砂进入吹填区后的流失率(%),根据砂的粒径、泄水口的位置、高度及距排砂管口的距离,吹填面积,排砂管的布设,吹填高度及水力条件,具体施工条件和经验确定。

(4)围埝(挡水堤)的设计。

①围埝是吹填的辅助工程,可分为陆地围埝和临水围埝两种形式。陆地围埝可采用片(块)石围埝、土工织物袋装砂围埝和吹填砂围埝等形式。采用片(块)石围埝时,应在围埝内侧设渗水土工布防止砂泄漏;采用吹填砂围埝时,应在围埝内侧敷设塑料薄膜防止冲刷。临水围埝可采用重力式围埝、板桩式围埝、格型围埝及抛石围埝等形式。围埝的坡率、顶宽等尺寸可参考表 5-9-14 确定。

围埝尺寸表　　　　　　　　　　　　　　　表5-9-14

围埝材料	边坡		顶宽(m)
	内	外	
片石、块石围埝	1:1	1:1	1.0~1.5
袋装砂围埝	1:0.5	1:1	1.5~2.0
吹填砂围埝	1:1~1:1.5	1:1.5~1:2.0	1.0~2.0

②围埝顶高程应考虑地基沉降的影响,根据设计高程、预留沉降、安全超高等因素确定。

③围埝应分别按照施工期稳定性和长期稳定性两个阶段进行稳定验算,并符合下列要求:

a. 施工期稳定性验算时,对未进行防护或有渗透可能的围埝除应考虑水渗透压力外,还应考虑吹填砂对围埝内侧的土压力。

b. 长期稳定性验算时,围埝可以和吹填砂路堤作为一个整体考虑。围埝重度与强度参数应采用饱水后相应密实程度的填料指标。

(5)吹填砂路堤排水口和排水渠设计。

①吹填砂路堤排水口和排水渠设计应遵循下列原则:

a. 排水口的位置应根据吹填区地形、几何形状、排砂管的布置、容砂量及排砂总流量等因素确定。

b. 滨海沿岸地区,应考虑在涨潮延续时间内,潮汐水位对排水口泄水能力的影响。

c. 排水口两侧路堤应作加固处理,可在堤内侧装木质或金属框式开口,开设活动闸板并用1~2根泄水管通到堤外。排水口断面宜为排水管面积的2~6倍。

d. 排水渠的布置应充分考虑排水对附近码头港池、桥涵、农田、堤岸等的冲刷和淤积等影响。

e. 排水渠的结构形式应根据地形条件、水文和工程具体情况选择,排水渠的断面宜采用梯形或圆形。

②排水口的总泄水流量 Q_z 和排水口数量 n_x 可分别按式(5-9-58)和式(5-9-59)计算:

$$Q_z = K_z Q(1-P) \quad (5\text{-}9\text{-}58)$$
$$n_x = Q_z/q \quad (5\text{-}9\text{-}59)$$

式中: K_z ——修正系数,可取 1.1~1.5;
Q ——排砂管总流量(m^3/s);
P ——泥砂浓度(%);
q ——泄水口平均泄水流量(m^3/s)。

③排水渠的排水量 Q_x 可按式(5-9-60)和式(5-9-61)计算:

$$Q_x = W \cdot v \quad (5\text{-}9\text{-}60)$$
$$v = C \cdot \sqrt{R \cdot i} \quad (5\text{-}9\text{-}61)$$

式中: W ——排水渠过水断面面积(m^2);
v ——排水渠断面平均流速(m/s);
C ——谢才系数;
R ——水力半径;
i ——排水渠底纵坡。

(6)吹填砂路堤应进行防护。路堤陆上边坡可采用包边土加植物防护;水下边坡宜采用浆砌片石防护,坡面与浆砌片石间应设置砂砾或碎石反滤层,防止砂料外漏。吹填砂路堤竣工后,应在其顶面铺设砂砾防护层,厚度宜为0.4m。

(7)当路堤设计高度不大于2m时可一次吹填完成;设计高度大于2m的路堤应分层吹填,每层的吹填厚度宜为1~2m。

(8)吹填时,排砂管可沿路线中线敷设、在两半幅中部位置敷设或用两条排砂管在两半幅同时敷设。

(9)吹填应逐层、分段进行,每层吹填完后,应压实并检验合格方可吹填上一层。

(10)吹填砂路堤宜采用振动压路机碾压。

五、加筋路堤

加筋路堤是指在路堤中适当位置设置加筋材料,以提高路堤的稳定性。加筋材料可以是土工合成材料、天然植物(如竹筋)、钢筋混凝土构件等。最常使用的材料是土工合成材料,包括土工布、土工格栅、土工格室等。所选用的土工合成材料,应具有足够的抗拉强度;对土工织物,还应具有较高的刺破强度、顶破强度和握持强度等。

1. 适用范围

拓宽、稳定性不足,或需要对路堤边坡进行修复的软基路段,可以采用加筋路堤。

2. 设计及施工要点

(1)土工合成材料宜铺设在路堤底部,材料的主抗拉方向应垂直于公路的中线或与主抗滑方向一致。土工合成材料的铺设层数、铺设范围,应通过对地基与加筋路堤的整体稳定性验算、堤身稳定性验算、平面滑动稳定性验算以及土工合成材料锚固长度计算等确定。多层土工合成材料加筋的路堤,各层土工合成材料之间的间距不宜小于一层填土最小压实厚度,且不宜大于0.6m。加筋材料的最小反包长度不宜小于2.0m,如图5-9-17所示。

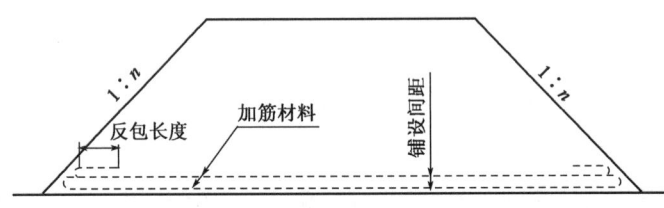

图5-9-17 加筋路堤的结构形式

(2)加筋路堤稳定性验算的安全系数 F_B 可参照图5-9-18,按式(5-9-62)计算:

$$F_B = \frac{\sum_{i=1}^{n}(W_i\cos\theta_i\tan\varphi_{qi} + c_{qi}\Delta l_i)R + \sum_{j=1}^{m}T_{GCj}y_j}{\sum_{i=1}^{n}(W_i\sin\theta_i)R + \sum_{i=1}^{n}Q_i y_{Qi}} \quad (5\text{-}9\text{-}62)$$

式中:W_i——第 i 个土条重力(kN/m);

Δl_i——第 i 个土条滑弧的长度(m);

c_{qi}, φ_{qi}——第 i 个土条底部土体的黏聚力(kPa)和内摩擦角(°),由直接快剪试验确定;

T_{GCj}——第 j 层土工合成材料设计抗拉强度(kN/m);

Q_i——第 i 个土条所受地震水平力(kN/m),按现行《公路工程抗震规范》(JTG B02)计算;

y_{Qi}——第 i 个土条重心距滑弧圆心的垂直距离(m);

y_j——第 j 层土工合成材料距滑弧圆心的垂直距离(m)。

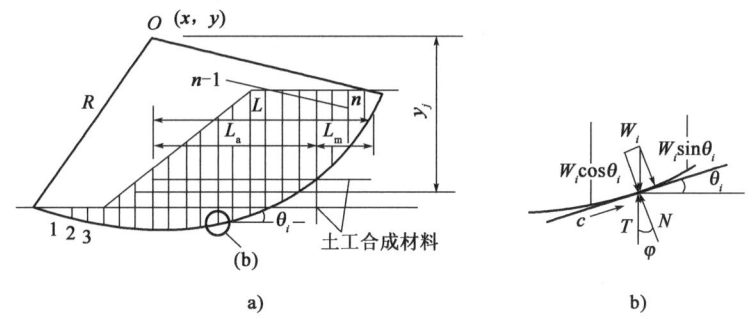

图 5-9-18　加筋路堤稳定计算示意图

L-土工加筋材料的长度(m);L_m-最小锚固长度(m);L_a-非锚固区加筋材料长度(m)

当地基为浅层软土层时,应验算加筋路堤的平面滑动稳定性。

(3)土工合成材料伸入稳定土层中的锚固长度,不得小于最小锚固长度 L_m,最小锚固长度可按式(5-9-63)计算:

$$L_m = T_{GC} F_m / (2\sigma_0 f_{GS}) \quad (5\text{-}9\text{-}63)$$

式中:L_m——最小锚固长度(m),当计算的最小锚固长度小于 2.0m 时,取 2.0m;

T_{GC}——土工合成材料设计抗拉强度(kN/m);

F_m——锚固安全系数,对黏性土取 $F_m = 2.0$,其他土取 $F_m = 1.5$;

σ_0——作用在某层筋材上的上覆压力(kPa),按自重压力计算;

f_{GS}——土与土工合成材料的界面摩擦系数,应采用现行《公路土工合成材料试验规程》(JTG E50)规定的剪切试验方法确定,无试验资料时,可按式(5-9-64)和式(5-9-65)计算:

土工织物:

$$f_{GS} = 0.667 \tan\varphi_q \quad (5\text{-}9\text{-}64)$$

土工格栅、土工网:

$$f_{GS} = 0.9 \tan\varphi_q \quad (5\text{-}9\text{-}65)$$

式中:φ_q——对黏性土取考虑黏聚力影响的综合内摩擦角,综合内摩擦角可按 5°~10°近似取值;其他土取土体快剪内摩擦角。

(4)土工合成材料加筋路堤的边坡应进行防护,边坡防护设计应符合现行《公路土工合成材料应用技术规范》(JTG/T D32)的规定。

(5)土工合成材料加筋路堤中与加筋材料直接接触的填料,宜用粗砂、中砂等能与土工合成材料产生良好摩擦而又不对其产生严重损伤的填料。

(6)铺设土工合成材料的土层表面应平整,表面严禁有碎、块石等坚硬凸出物。距土工合成材料层 80mm 以内的路堤填料,最大粒径不得大于 60mm。

(7)土工合成材料之间应联结牢固。在主受力方向不宜联结,必须联结时,联结处的强度不得低于材料设计抗拉强度。

(8)铺设土工合成材料时应人工适当拉紧,避免褶皱,必要时可采用插钉等措施固定。

(9)土工合成材料铺设后应及时覆盖,上料间隔时间不得超过48h。宜采用后卸式卡车沿加筋材料两侧边缘倾卸填料的方式,形成运土的交通便道后,再向前推进。

(10)路堤填料卸土高度不宜大于1m,卸土后应立即摊铺。第一层填料宜采用轻型压实机具压实,当填筑压实厚度大于0.6m后,方可采用重型压实机械压实。

六、反压护道

反压护道是为防止软土地基产生剪切、滑移,保证路堤稳定,在路堤两侧(或一侧)填筑起反压作用的具有一定宽度和厚度的土体。

1. 适用范围

反压护道主要用于非耕作区软土地基。由于反压护道使路基占地宽度、填方数量大大增加,不利于土地资源的节约,允许使用范围越来越小。对于施工阶段明显不稳定的路堤,或发生滑动破坏的路堤,可采用这种方法作为应急措施及修复措施。

2. 设计及施工要点

(1)反压护道可设置一级或多级(图5-9-19),每级的高度和宽度应通过稳定计算确定,且应满足路堤工后沉降要求。反压护道的高度不宜超过路堤高度的1/2。

(2)设置反压护道后,潜在滑裂面的圆心将向外移,在稳定验算时随护道尺寸的增长应反复搜索最小稳定系数的圆心位置。

(3)为节约土地,反压护道修成后,可在反压护道顶面耕种作物,但必须解决种植土的上下交换问题。也可利用反压护道作道路辅助设施。

(4)两侧反压护道应与路堤同时填筑施工。

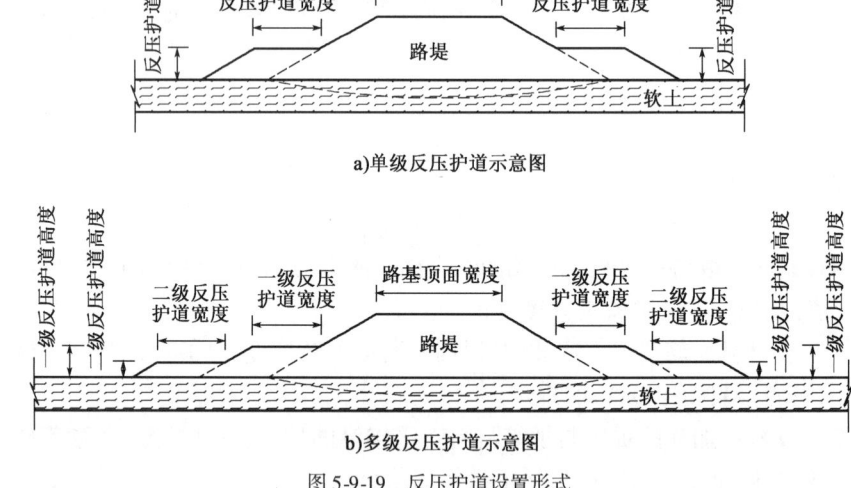

图 5-9-19 反压护道设置形式

七、浅层处理

1. 垫层和浅层换填

垫层指在路堤底部设置一层透水性良好的材料,用于软土地基处理措施的上部排水或提供施工机械的作业场地。浅层处理指将浅层软土或局部软弱地段路堤基底下一定深度范围内的软弱土全部或部分挖除,用砂、碎石等强度高、水稳性能好的粒状材料回填处理的方法。垫层与浅层处理一般适用于表层软土厚度小于3m的浅层软弱地基以及不均匀地基的处理。

1)砂砾等粒料垫层

砂砾等粒料垫层宜采用级配良好、质地坚硬的粒料,宜采用中、粗砂和砂砾。砂的颗粒不均匀系数不宜小于10,不得含有草根、垃圾等杂物,含泥量应不大于5%。碎石垫层宜采用5~40mm的天然级配,碎石最大粒径不宜大于50mm,含泥量应不大于5%。

2)石屑垫层

石屑垫层材料中,粒径小于2mm的部分不得超过总重的40%,含泥量应不大于5%。

3)矿渣垫层

矿渣垫层宜采用粒径20~60mm的分级矿渣,不得混入植物、生活垃圾和有机质等杂物。

粒料垫层的施工应符合下列规定:

(1)垫层宜采用机械碾压法,碾压工艺和分层摊铺厚度应根据现场试验确定。当无试验资料时,可采用60~100kN压路机碾压,压实遍数不宜少于4遍。

(2)垫层的最佳含水率应根据具体的施工方法确定。当采用平板式振动器时,最佳含水率宜为15%~20%;当采用碾压法时,最佳含水率宜为8%~12%;当采用插入式振动器时,宜处于饱和状态。

(3)铺设垫层前,应先对现场的古井、古墓、洞穴、暗浜、旧基础进行清理、填实,经检验符合要求后,方可铺填垫层。

(4)严禁扰动垫层下卧软土层,防止下卧层受践踏、冰冻、浸泡或暴晒过久。

(5)垫层应水平铺筑,当地面有起伏坡度时应开挖台阶,台阶宽度宜为0.5~1.0m。

4)粉煤灰垫层

粉煤灰垫层可采用电厂排放的硅铝型低钙粉煤灰,最大粒径不宜大于2mm;小于0.075mm颗粒含量宜大于45%;烧失量宜小于12%。

粉煤灰垫层施工应符合下列要求:

(1)粉煤灰的物理化学指标应符合设计要求,施工最大干密度和最佳含水率应由室内击实试验确定。

(2)严禁在浸水状态下施工。

(3)施工时应分层铺填压实,松铺厚度应由试验确定。

(4)粉煤灰垫层验收合格后,覆盖前严禁车辆在其上通行,并应及时填筑路堤或封层。

5)灰土垫层

灰土垫层的石灰剂量(石灰占混合料总重的百分比),消石灰宜为8%,磨细生石灰宜为6%。土料宜采用塑性指数大于15的黏性土,不得含有机质,土块粒径不宜大于15mm。应采用Ⅲ级钙质消石灰或Ⅱ级镁质消石灰,石灰中氧化钙+氧化镁($CaO + MgO$)含量不应低于55%。

灰土垫层施工应符合下列要求:

(1)施工前应先施工排水设施,施工期间严禁积水。当遇到局部软弱地基或孔穴时,应挖除后用灰土分层填实。

(2)灰土应拌和均匀,严格控制含水率,拌好的灰土宜当日铺填压实;当土料中水分过多或不足时,应晾干或洒水润湿。

(3)分段施工时,上下两层的施工缝应错开不小于0.5m,接缝处应夯压密实。

(4)灰土垫层应分层铺填碾压,虚铺厚度不宜大于0.3m。

(5)灰土垫层压实后3d内不得受水浸泡。

(6)灰土垫层验收合格后,应及时填筑路堤或作临时遮盖,防止日晒雨淋。刚填筑完毕或未经压实而遭受雨淋浸泡时,应视其影响程度进行处理,必要时应掺灰拌和重新铺筑。

2.抛石挤淤

抛石挤淤宜采用粒径较大的未风化石料,其中0.3m粒径以下的石料含量不宜大于20%。抛石挤淤施工应符合下列要求:

(1)当下卧土层平坦时,应沿道路中线向前成三角形抛填,再渐次向两旁展开,将淤泥挤向两侧。

(2)当下卧土层具有明显横向坡度时,应从下卧层高的一侧向低的一侧扩展,并在低侧边部多抛投不少于2m宽,形成平台顶面。

(3)在抛石高出水面后,应采用重型机具碾压紧密,然后在其上设反滤层,再行填土压实。

八、强夯与强夯置换

强夯是将重达100~400kN的锤从6~40m的高处自由落下,给地基一个强烈的冲击和振动,从而降低地基土的压缩性并提高其强度。强夯置换是指强夯时在夯锤冲击形成的夯坑中边夯边填碎石、片石等粗颗粒材料置换原地基土,在地基中形成大直径的粒料桩,桩与周围土体形成复合地基。强夯置换粒料桩还可作为下卧软土层的良好排水通道,具有加速软土排水固结的作用。

1.适用范围

强夯法适用于处理碎石土、低饱和度的粉土与黏性土、杂填土和软土等地基,强夯法的有效加固深度应根据现场试夯或当地经验确定,在缺少试验资料和经验时,可参考表5-9-15确定。强夯置换法适用于处理高饱和度的粉土与软塑—流塑的软黏土地基,处理深度不宜大于7m。

强夯法的有效加固深度(m) 表5-9-15

单击夯击能(kN·m)	碎石土、砂土等粗颗粒土	粉土、黏性土等细颗粒土
1000	5.0~6.0	4.0~5.0
2000	6.0~7.0	5.0~6.0
3000	7.0~8.0	6.0~7.0
4000	8.0~9.0	7.0~8.0
5000	9.0~9.5	8.0~8.5
6000	9.5~10.0	8.5~9.0

注:强夯法的有效加固深度应从最初起夯面算起。

2.设计及施工要点

(1)强夯处理范围应超出路堤坡脚,每边超出坡脚的宽度不宜小于3m。强夯置换处理范围应为坡脚外增加一排置换桩。

(2)强夯置换桩宜采用等边三角形或正方形布置。对独立基础或条形基础应根据基础形状与宽度布置。

(3)强夯置换桩间距应根据荷载大小和原土的承载力确定,当满布时可取夯锤直径的 2~3 倍。对独立基础或条形基础可取夯锤直径的 1.5~2.0 倍。桩的计算直径可取夯锤直径的 1.1~1.2 倍。

(4)强夯置换桩顶应铺设一层厚度不小于 0.5m 的粒料垫层,垫层材料可与桩体材料相同,粒径不宜大于 100mm。

(5)强夯置换设计时,应预估地面抬高值,并在试夯时校正。

(6)强夯置换桩复合地基的沉降与稳定计算方法与粒料桩相同。桩土应力比可取 2~4。

九、爆炸挤淤

爆炸挤淤是利用爆炸能量排除淤泥或淤泥质软土,换填以块、片石的置换法,故也称为爆炸排淤填石法。图 5-9-20 是该方法的示意图。该方法在抛石体外缘一定距离和深度的软土地基中埋放炸药包群,引爆炸药的瞬间在软土中形成空腔,抛石体随即坍塌充填空腔,形成"石舌",达到置换的目的。经多次类似爆炸推进,达到最终的置换范围及其要求。

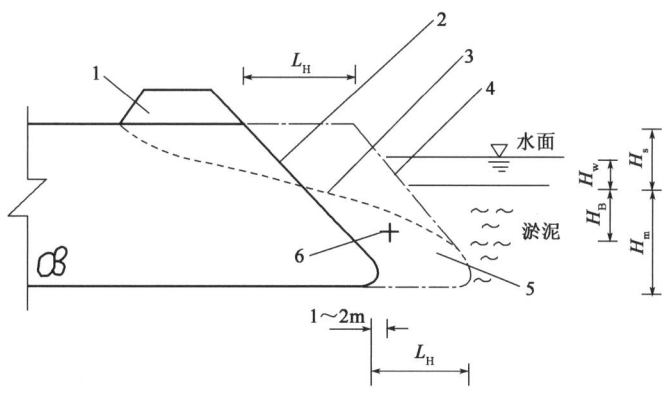

图 5-9-20 爆炸挤淤示意图
1-超高填石;2-爆前剖面;3-爆后剖面;4-补填剖面;5-石舌;6-药包

1. 适用范围

爆炸挤淤法适用于处理海湾滩涂淤泥和淤泥质土软土地基,处理深度不宜大于 15m。采用爆炸挤淤法时应注意调查爆炸影响范围居民区、文物保护区的重要设施位置、建(构)筑物的结构特征及抗震要求等;调查距爆炸源 1~2km 内的道路交通情况,航道及水上设施至爆炸区的距离及对环保要求。

2. 设计及施工要点

(1)爆炸挤淤的药量计算:线药量计算;一次爆炸排淤填石药量计算;单孔药量计算。

①线药量可按式(5-9-66)和式(5-9-67)计算:

$$q_L = q_0 L_H H_{mw} \tag{5-9-66}$$

$$H_{mw} = H_m + \frac{\gamma_w}{\gamma_m} H_w \tag{5-9-67}$$

式中:q_L——线药量,即单位布药长度上分布的药量(kg/m),炸药为 2 号岩石硝铵炸药(下同),采用其他炸药时可根据炸药换算系数按表 5-9-16 换算;

q_0——爆炸排淤填石单耗,即爆炸单位体积淤泥所需的炸药量(kg/m³),按表 5-9-17 取值;

L_H——爆炸排淤填石一次推进的水平距离(m),按表 5-9-18 取值;

H_m——计入覆盖水深的折算淤泥厚度(m);

H_{mw}——置换淤泥厚度(m),含淤泥隆起高度;

γ_m——淤泥的重度(kN/m³);

γ_w——水的重度(kN/m³);

H_w——覆盖水深,即淤泥面以上的水深(m)。

炸药换算系数   表 5-9-16

炸药名称	型 号	换算系数
岩石硝铵	1 号	0.91
	2 号	1.00
	2 号抗水	1.00
露天硝铵	1 号	1.07
	2 号	1.28
胶质炸药	普通 62%	≤0.84
	耐冻 62%	≤0.84
	普通 40%	≤0.89
	耐冻 40%	≤0.89
	普通 35%	≤0.94
乳化炸药	CLH	0.97～1.08
	RJ-1	1.06
水胶炸药	SHJ-K	0.91
TNT 炸药	三硝基甲苯	1.05～1.12

q_0 取值表   表 5-9-17

H_s/H_m(m/m)	0.8～1.2	<0.8 或 >1.2
q_0(kg/m³)	0.6～0.8	0.8～1.2

注:表中 H_s 为淤泥面上的填石高度(m)。

L_H 取值表   表 5-9-18

H_m(m)	4～6	6～10	10～12
L_H(m)	4.5～5.5	6～7	5.0～5.5

②一次爆炸挤淤填石药量 Q_1 可按式(5-9-68)计算:

$$Q_1 = q_L \cdot L_L \tag{5-9-68}$$

式中:L_L——爆炸挤淤填石一次的布药线长度(m)。

③单孔药包药量的选取应与装药器的能力相一致。当装药器不能满足单孔一次装药时,可在孔内分层装 2 个或 2 个以上的单药包。单孔药量 q_1 可按式(5-9-69)和式(5-9-70)计算:

$$q_1 = Q_1/m \tag{5-9-69}$$

$$m = \frac{L_L}{a} + 1 \tag{5-9-70}$$

式中：m——一次布药孔数；

a——药包间距(m)。

(2)药包布药线宜平行于抛石前缘，位于前缘外 1~2m。端部推进爆炸，布药线长度应根据堤身断面稳定验算结果确定，并与堤顶宽度相适应；侧坡拓宽爆炸，布药线长度应根据安全距离控制的一次最大起爆药量及施工能力确定；安全距离应符合有关规定。

(3)药包在淤泥面以下的埋入深度 H_B，应根据表 5-9-19 取值。当泥面上水深小于或等于 4m 时，不计入水深折算的淤泥厚度，仅以置换的淤泥厚度为准；当泥面上水深大于 4m 时，以折算的置换淤泥厚度为准。

H_B 取值表　　　　　　　　　　表 5-9-19

H_w(m)	<2	2~4	>4
H_B(m)	$0.50H_m$	$0.45H_m$	$0.55H_m$

(4)爆炸器材选定应符合下列要求：

①水下爆炸宜选用抗水性好的乳化炸药，当采用硝铵类炸药时应做好防水处理。

②水下传引爆器材宜选用导爆索或导爆管等非电器材。

③采用电雷管作为起爆器材时，应采用两发同厂、同批号的并联电雷管。严禁使用压扁、破损、锈蚀、加强帽歪斜的电雷管。

(5)炸药包制作应符合下列要求：

①药包应在专用加工房内制作。

②药包现场防水处理方案应根据药包需要的浸水时间和承受水压力的大小确定。

③水下药包可视装药方式进行适当配重。药包配重宜选择砂、石子等材料。

(6)导爆管网络应符合下列要求：

①不得使用破损或管道内药膜脱落的导爆管。

②不得有泥砂、水和其他杂物进入导爆管。

③导爆管不得拉细、打结。

④导爆管在水下部分不得有接头。

⑤导爆管起爆时，导爆管应均匀敷设在雷管四周，其端部伸出雷管的长度应大于 100mm，并用胶布或其他材料绑扎结实。

⑥起爆雷管的集中穴，不得朝向或靠近导爆管。

(7)导爆索网络应符合下列要求：

①导爆索应采用搭接方式连接，搭接长度不得小于 150mm，并绑扎结实，禁止打结或打圈。

②支线与主线传爆方向的夹角应小于 90°。

③导爆索与铵油炸药接触部分应采用防油材料包裹。

④各主线支线导爆索均不得互相缠绕，两根导爆索的空间距离不得小于 200mm，当难以满足时，可在两根导爆索中间固定不小于 100mm 的隔离块。

⑤起爆雷管的集中穴应朝向传爆方向，导爆索端部伸出雷管的长度应大于 150mm。

(8)布药设备选择应符合下列要求:
①水上布药可采用带塔架装药器的驳船,装药器应能顺轨道沿船纵向移动。
②布药驳船应具有抗风、抗浪能力,并具有利用自身绞锚移位能力,船上必须备有相应数量的救生设备。
③水上运输爆破器材和起爆药包,宜用非机动船;当采用机动船时,必须采取防电、防震及隔热措施。
④装药器可选用加压水冲式、液压水冲式、振动压入式和钻进套管式等类型。
⑤陆上布药可采用吊车起吊装药器。
(9)爆炸挤淤施工应符合下列要求:
①应根据设计的装药孔位置,移动布药机械就位。
②当装药器套管沉至要求深度后,应采用通过滑轮的软绳将药包缓缓放至孔底,不得使药包在套管内坠落。药包埋深误差应小于±0.3m。药包就位后不得移位。
③当工程所在地的淤泥顶面较高、露出水面时间较长,且装药深度小于2.0m时,可采用人工简易布药法。
④各药包与主导爆索联结时应捆扎牢固,并将药包导爆索传爆方向指向起爆雷管,各药包导爆索与主导爆索连接处搭接长度不得小于150mm。
⑤起爆前必须在起爆点外布设警戒线,警戒距离不得小于300m。必须在确认警戒范围内无人员、车辆及其他安全隐患时方可起爆。每炮准爆率不应低于90%,否则应重新补爆一次。
⑥应通过对爆炸挤淤前后抛填横断面的测量,确定爆炸后填石的下沉量,并视情况对布药方案进行必要的调整。测量横断面间距应不大于20m。

十、竖向排水体

竖向排水体是指在软土地基中设置的竖向排水通道,常见的有袋装砂井和塑料排水板,在软土地基中设置竖向排水体可大大缩短排水距离,加速地基的固结,明显提高预压的效果。

用于竖向排水体的袋装砂井直径宜为70~100mm,塑料排水板或其他类似的复合排水体断面尺寸宜为100mm×(4~5)mm。

1.适用范围

竖向排水体适用于对深度大于3m的软土地基进行处理,一般与加载预压或真空预压方案联合应用,由于这种方法通过排水固结提高地基强度,所以要有足够的预压时间和预压荷载。此外,加载速率要考虑地基强度的增长情况,以免填土太快造成路基失稳。

2.设计及施工要点

(1)竖向排水体的材料要求:
①袋装砂井宜选用聚丙烯或其他适宜的编织料制成的砂袋,砂袋强度应能承受砂袋自重,装砂后砂袋的渗透系数应不小于砂的渗透系数。
②砂料宜采用渗透率高的风干中粗砂,大于0.5mm砂的含量不宜少于总重的50%,含泥量应不大于3%,渗透系数应不小于$5×10^{-3}$cm/s。
③塑料排水板可采用口琴式、城墙式等断面,如图5-9-21所示。应根据打设深度及排水需求选择排水板型号。塑料排水板具有足够的抗拉强度和垂直排水能力。排水板复合体和滤膜的强度、延伸率、滤膜的渗透系数和排水板的通水量、滤膜的等效孔径以及外包装状况、缝线

和胶粘的质量等应符合要求。

图 5-9-21 塑料排水板断面形式

(2)采用竖向排水体处理地基的设计应包括下列内容：
①确定排水体断面尺寸、间距、排列方式和深度。
②确定预压荷载大小、荷载分级、加载速率和预压时间。
③计算地基土的固结度与强度增长。

(3)对塑料排水板及类似的由土工合成材料制成的复合排水体,计算时应根据与袋装砂井周长相等的原则按式(5-9-71)进行当量直径 d_w 的换算：

$$d_w = \alpha \frac{2(b+\delta)}{\pi} \qquad (5\text{-}9\text{-}71)$$

式中：α——排水板在周围土压力作用下,透水能力的折减系数,可取 0.75~1.0；
b、δ——分别为排水板的宽度与厚度(m)。

(4)竖向排水体的间距应根据地基土的固结特性和预压期内所要求达到的固结度确定,不宜大于 1.5m。

(5)竖向排水体可按正方形或等边三角形布置,如图 5-9-22 所示。设计计算时,排水体有效排水直径 d_e 与排水体间距 s 可按式(5-9-72)和式(5-9-73)换算：
①正方形布置时：

$$d_e = 1.128s \qquad (5\text{-}9\text{-}72)$$

②等边三角形布置时：

$$d_e = 1.05s \qquad (5\text{-}9\text{-}73)$$

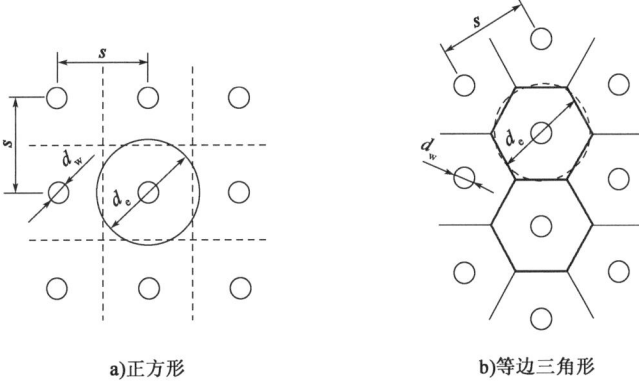

图 5-9-22 竖向排水体的布置形式

(6)竖向排水体的深度应根据地基的稳定性、变形要求和工期确定,宜贯穿整个压缩土层。

(7)对采用挤土方式施工的竖向排水体,应考虑涂抹对土体固结的影响。当竖向排水体的纵向通水量与天然土层水平向渗透系数的比值较小,且长度较长时,还应考虑井阻影响。

(8)对竖向排水体未穿透压缩土层的地基,应分别计算竖向排水体所穿透土层的平均固结度和竖向排水体底面以下受压土层的平均固结度。

(9)计算预压荷载下饱和黏性土地基中某点的抗剪强度 τ_ft 时,应考虑土体天然的固结状态。对正常固结饱和黏性土地基,抗剪强度可按式(5-9-74)计算:

$$\tau_\text{ft} = \tau_\text{f0} + \Delta\sigma_z \cdot U_t \tan\varphi_\text{cu} \tag{5-9-74}$$

式中:τ_f0——地基土的天然抗剪强度(kPa);

$\Delta\sigma_z$——预压荷载引起的该点的竖向附加应力(kPa);

U_t——该点土的固结度(%);

φ_cu——三轴固结不排水剪切试验求得的土的内摩擦角(°)。

(10)应在地基上铺设与竖向排水体相连的砂垫层,砂垫层厚度宜为 0.3~0.5m,砂的含泥量不宜大于5%,渗透系数不宜小于 1×10^{-3} cm/s。

(11)袋装砂井和塑料排水板可采用沉管式打桩机施工。袋装砂井宜采用圆形套管,套管内径宜略大于砂井直径;塑料排水板宜采用矩形套管,也可采用圆形套管。宜配置能够检测排水体施工深度的设备。

(12)袋装砂井施工应符合下列要求:

①砂宜以风干状态灌入砂袋,应灌制饱满、密实,实际灌砂量应不小于计算值。

②聚丙烯编织袋不宜长时间暴晒,必须露天堆放时应有遮盖,以防砂袋老化。

③砂袋入井应采用桩架吊起垂直放入。应防止砂袋扭结、缩颈和断裂。

④套管起拔时应垂直起吊,防止带出或损坏砂袋;当发生砂袋带出或损坏时,应在原孔的边缘重新打入。

⑤砂袋顶部埋入砂垫层的长度应不小于 0.3m,应竖直埋入,不得横置。

(13)塑料排水板施工应符合下列要求:

①塑料排水板不宜长时间暴晒,必须露天堆放时应有遮盖,以防老化。

②套管桩靴和套管应配合适当,结合紧密、无缝,以免淤泥进入后增大塑料板与套管内壁的摩擦力,导致塑料板回带。可采用混凝土圆桩靴或金属倒梯形桩靴,如图 5-9-23 所示,混凝土圆桩靴适用于圆形导管,金属倒梯形桩靴适用于矩形导管。塑料排水板与桩靴的连接,宜用穿过桩靴上的固定架之后将板体对折不小于 0.1m,连同桩靴一起塞入套管的方式。安好桩靴之后,应等套管下落至桩靴与地面接触之后方可松手,确保桩靴与套管紧密结合。

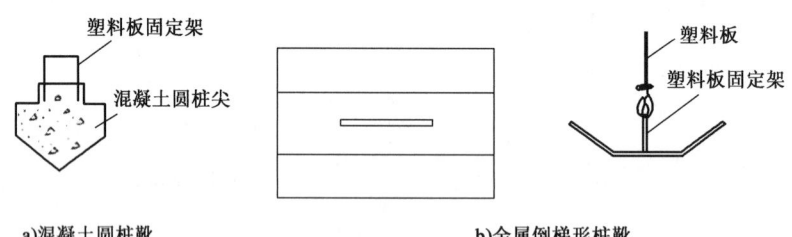

图 5-9-23 桩靴示意图

a)混凝土圆桩靴　　b)金属倒梯形桩靴

(14)塑料排水板需接长时,应采用滤套内芯板平搭接的方法。芯板应对扣,凹凸对齐,搭接长度不宜小于 0.2m;滤套包裹应用可靠措施固定。

(15)塑料排水板顶端埋入砂垫层的长度应不小于 0.5m。

十一、真空预压

真空预压是在地基中设置了竖向排水体的基础上利用大气压力对地基进行预压的方法。该方法采用塑料膜将覆盖在竖向排水体上的砂垫层密封后,通过埋设在砂垫层中的抽气管道进行抽气,从而在砂垫层和竖向排水体中形成负压,使软土层在压力下排水固结。

1. 适用范围

真空预压与常规堆载预压相比,具有加载、卸载速度快,加载中不会出现地基失稳(侧向变形向着加固区)、预压不用填土材料等优点,所以特别适应于软土性质很差、土源紧缺、工期紧的工程。一般认为软土的渗透系数在小于 10^{-5} cm/s 时,能够满足不透气的条件,适合真空预压。如果被加固区与外界有透水性的砂层连通时,应考虑做黏土隔离墙。

2. 设计及施工要点

(1) 真空预压设计应包括下列内容:
① 竖向排水体设计;
② 预压加固区面积和分块大小;
③ 真空预压工艺;
④ 要求达到的真空度和土层的固结度;
⑤ 真空预压地基的沉降计算;
⑥ 真空预压地基的稳定验算。

(2) 真空预压区边缘应超出工程需要的加固区轮廓线,每边增加量不得小于 3m。加固区宜按方形布置。

(3) 真空预压的膜下真空负压应稳定保持在 70kPa 以上,且应均匀分布,真空预压结束后竖向排水体范围内土层的平均固结度应大于 90%。

(4) 真空预压所需抽真空设备的数量,可根据预压加固区面积的大小和形状、土层结构特点确定,一套设备处理面积宜为 1000~1500m²。

(5) 当路堤的设计荷载超过真空预压的压力时,可采用真空-堆载联合预压,其总压力宜超过路堤的设计荷载。

(6) 真空预压的抽真空设备宜采用射流真空泵。真空泵空抽时必须达到 95kPa 以上的真空吸力。真空泵的数量应根据加固面积确定,每个加固场地至少应设两台真空泵。

(7) 真空管路应由主管和滤管组成,滤管应设在排水砂垫层中,其上应有 0.1~0.2m 厚砂覆盖层。滤管布置宜形成回路,水平向分布的滤管可采用条状、梳齿状、羽毛状及目字状等形式,如图 5-9-24 所示。滤管可采用钢管或塑料管,外包尼龙纱、土工织物或棕皮等滤水材料。真空管路的连接应密封,管路中应设置止回阀和闸阀。

(8) 密封膜应采用抗老化性能好、韧性好、抗穿刺能力强的不透气材料,可采用聚氯乙烯薄膜。密封膜的厚度宜为 0.12~0.14mm,根据其厚度的不同,可铺设 2~3 层。密封膜连接宜采用热合黏结缝平搭接,搭接宽度应大于 15mm。

(9) 密封膜的周边应埋入密封沟内。密封沟的宽度宜为 0.6~0.8m,深度宜为 1.2~1.5m。

(10) 真空预压施工应按排水系统施工、抽真空系统施工、密封系统施工及抽气的步骤进行。

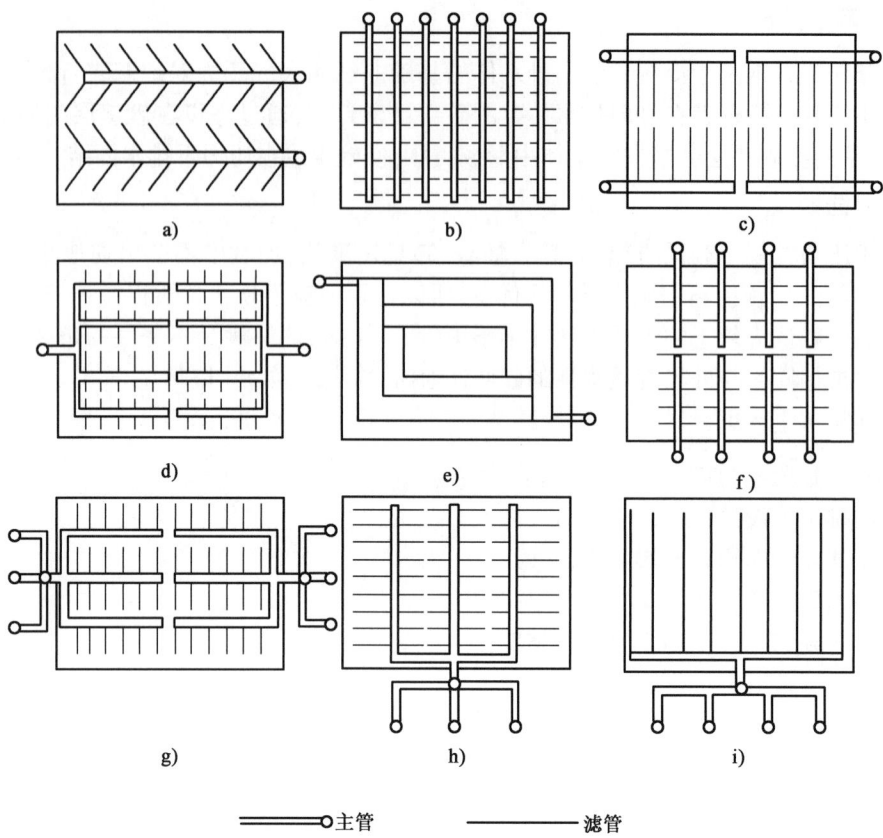

图 5-9-24 真空管路主管和滤管布置形式示意图

(11) 采用真空-堆载联合预压时,应先按真空预压的要求抽真空,当真空压力达到设计要求并稳定后,再进行堆载,并继续抽气。堆载时应在膜上铺设土工布等保护材料。

(12) 真空预压施工期间应进行下列项目的观测:

①膜下真空度观测;

②竖向排水通道与淤泥中真空度观测;

③负孔隙水压力观测;

④地表面沉降观测,包括施工沉降和抽气膜面沉降;

⑤土层深部沉降观测;

⑥土层深部水平位移观测;

⑦地下水位观测,包括加固区外地下水位观测和加固区内地下水位观测。

(13) 当满足下列条件之一时,可停止抽气:

①连续 5 昼夜实测沉降速率小于或等于 0.5mm/d;

②满足工程对沉降、承载力的要求;

③地基固结度达到设计要求的 80% 以上。

十二、粒料桩

粒料桩是指在软土地基中,通过机械将碎石、砂砾、废渣、砂等散粒材料压入地基土形成密实的桩体,从而对软土地基进行加固的方法。其原理是通过置换、加速排水固结、应力分担来共同提高路基稳定性。按施工方法分为振冲置换法(湿法)和振动沉管法(干法)。

振冲置换法是利用振冲器在高压水流作用下边振边冲在软弱黏性土地基中成孔,再在孔内分批填入碎石等材料制成桩体,该方法需要大量水源,污染环境。振动沉管法是采用沉管打桩机在地基中打设到规定深度,然后投料密实成桩,该方法不需大量水源,对环境污染较小。

1. 适用范围

粒料桩适用于处理黏质土、粉质土、砂土、素填土和杂填土等软弱地基。其中振冲置换法适用于处理十字板抗剪强度不小于15kPa的软土;振动沉管法适用于处理十字板抗剪强度不小于20kPa的软土。当软土层的不排水抗剪强度小于15kPa或含水率大于80%时,应谨慎使用或在施工前通过现场试验确定其适用性。

2. 设计及施工要点

(1)粒料桩所用粒料宜有一定的级配,粒料最大粒径不宜大于50mm。用于十字板抗剪强度低于20kPa的软土地基,粒料最大粒径不应大于100mm,其中粒径为50~100mm的粒料质量应占粒料总质量的50%~60%。粒料的含泥量不应大于5%。

(2)粒料桩的桩长不宜大于20m。当相对硬层埋深不大时,桩长应达到相对硬层。振动沉管法成桩的桩径宜为0.5m,桩间距可采用1.2~1.8m;振冲置换法成桩的桩径宜为0.8~1.2m,桩间距可采用1.3~3.0m。相邻桩的间距不应大于4倍的桩径。

(3)设有粒料桩的复合地基,进行路堤整体抗剪稳定安全系数计算时,复合地基内滑动面上的抗剪强度应采用复合地基抗剪强度 τ_{ps}。τ_{ps} 可按式(5-9-75)~式(5-9-77)计算:

$$\tau_{ps} = m\tau_p + (1-m)\tau_s \quad (5\text{-}9\text{-}75)$$

$$\tau_p = \sigma \cos\alpha \tan\varphi_c \quad (5\text{-}9\text{-}76)$$

$$m = d^2/d_e^2 \quad (5\text{-}9\text{-}77)$$

式中:τ_p——桩体部分的抗剪强度(kPa);

τ_s——地基土的抗剪强度(kPa);

σ——滑动面处桩体的竖向应力(kPa);

α——滑动面切面与水平面夹角(°);

φ_c——粒料桩的内摩擦角,桩料为碎石时可取38°,桩料为砂砾时可取35°,桩料为砂时可取28°;

m——桩土面积置换率;

d——桩身平均直径(m);

d_e——一根桩分担的处理地基面积的等效圆直径(m)。

(4)粒料桩桩长深度内地基的沉降 S_z 可按式(5-9-78)和式(5-9-79)计算:

$$S_z = \mu_s S \quad (5\text{-}9\text{-}78)$$

$$\mu_s = 1/[1+m(n-1)] \quad (5\text{-}9\text{-}79)$$

式中:μ_s——桩间土应力折减系数;

n——桩土应力比,宜用当地或类似试验工程的试验资料确定;无资料时,n 可取2~5,当桩底土质好、桩间土质差时取高值,否则取低值;

S——粒料桩桩长深度内原地基沉降值(m)。

(5)小型构造物下的粒料桩,应按照承载能力进行设计。粒料桩复合地基承载力特征值

f_{spk}宜通过现场单桩复合地基或多桩复合地基载荷试验确定。初步设计时可按式(5-9-80)或式(5-9-81)估算：

$$f_{\mathrm{spk}} = mf_{\mathrm{pk}} + (1-m)f_{\mathrm{sk}} \quad (5\text{-}9\text{-}80)$$

$$f_{\mathrm{spk}} = [1 + m(n-1)]f_{\mathrm{sk}} \quad (5\text{-}9\text{-}81)$$

式中：f_{pk}——桩体承载力特征值(kPa)，宜通过单桩载荷试验确定；

f_{sk}——处理后桩间土承载力特征值(kPa)，宜按当地经验取值，当无经验时，可取天然地基承载力特征值。

(6)粒料桩的充盈系数应通过试桩确定，缺少资料时充盈系数可取1.3。

(7)设有粒料桩的路堤底面应设置一层与粒料桩相连的粒料垫层，其厚度宜为0.3～0.5m，粒料中小于5mm部分的含泥量不宜大于5%，渗透系数不宜小于1×10^{-3}cm/s。

(8)粒料桩施工前应进行成桩工艺和成桩挤密试验。当成桩质量不满足设计要求时，应在调整设计与施工有关参数后，重新进行试验或改变设计。

(9)粒料桩处理软黏土地基宜从中间向外围或间隔跳打。在邻近既有建筑物施工时，应背离建筑物方向进行，如图5-9-25所示。

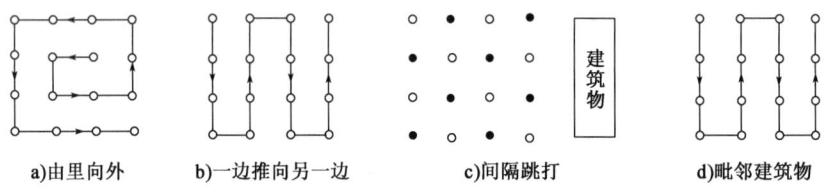

a)由里向外　　b)一边推向另一边　　c)间隔跳打　　d)毗邻建筑物

图5-9-25　粒料桩施工推进方式

(10)振冲置换法施工要求：

振冲置换法施工的主要机具是振冲器、吊机或施工专用平车和水泵。

①振冲器的功率应与设计的桩间距相适应，桩间距1.3～2.0m时可采用30kW的振冲器，桩间距1.4～2.5m时可采用50kW的振冲器，桩间距1.5～3.0m时可采用75kW的振冲器。

②起吊机械可采用履带或轮胎吊机、自行井架式专用平车或抗扭胶管式专用汽车等，吊机的起吊能力宜为100～200kN。

③采用自行井架式专用平车时成桩深度不宜超过15m，采用抗扭胶管式专用汽车时成桩深度不宜超过12m。

④水泵出口水压宜为400～600kPa，流量宜为20～30m³/h，每台振冲器宜配一台水泵。

⑤振冲器宜以1～2m/min的速度下沉成孔，水压宜为200～600kPa，水的流量宜为200～400L/min。水的压力和流量应根据地基土强度的大小、成桩施工的不同阶段进行调节，强度较低的土层宜采用较低水压；在成孔过程中宜采用较大的水压和水量，当接近加固深度时应降低水压，避免扰动破坏桩底以下的土层；在振密过程中宜采用较小的水压和水量。

⑥成孔过程中振冲器的电流最大值不得超过额定电流值。当出现电流超过额定电流时，必须减慢振冲器的下沉速度，必要时应停止下沉向上提升，用高压水冲松土层，然后继续下沉。应记录随深度变化的成孔电流和时间，及时分析土质情况。

⑦当振冲器达到设计的加固深度后，宜停留1min，然后将振冲器上提至孔口；提升速度宜为5～6m/min。重复振冲下沉、提升两三次扩大孔径并使孔内泥浆变稀后，方可开始填料

制桩。

⑧往孔内倒入一次料后,应将振冲器沉入孔内对填料进行振密,通过密实电流控制桩体密实度。在振密过程中,如密实电流尚未到达规定值,应提升振冲器加料,然后再沉入振冲器振密,直到该深度处的密实电流达到规定值为止。每次填料振密时都应记录填料的数量、留振时间和最终电流值,并均应达到设计规定。

(11)振动沉管法施工要求:

振动沉管法施工采用振动打桩机和钢套管。应选用能顺利出料和有效挤压桩孔内粒料的桩尖形式,软黏土地基宜选用平底型桩尖。

振动沉管法成桩可采用一次拔管成桩法、逐步拔管成桩法和重复压管成桩法三种工艺,均应符合下列要求:

①打桩机机架应稳固可靠,套管上下移动的导轨应垂直,宜采用经纬仪校准其垂直度。
②宜采用在套管上划出明显的标尺方法控制成桩深度。
③施工长桩时,加料斗提升过程中宜由两人从两侧牵引料斗的缆绳,保证安全。
④需要留振时,留振时间宜为 10~20s。
⑤拔管速度宜控制在 1.5~3.0m/min。

十三、水泥土搅拌桩

水泥土搅拌桩是通过搅拌机将水泥(浆)与深层地基软土搅拌成桩。可分为粉体喷射搅拌法(粉喷桩)和浆液喷射搅拌法(浆喷桩)两大类。水泥宜选用强度等级为 32.5 级的普通硅酸盐水泥或矿渣硅酸盐水泥,水泥掺量可采用被加固湿土质量的 12%~20%。浆喷法水泥浆的水灰比可选用 0.45~0.55。可根据工程需要和土质条件选用具有早强、缓凝、减水以及节省水泥等作用的外掺剂。

1. 适用范围

水泥土搅拌桩适用于处理十字板抗剪强度不小于 10kPa、有机质含量不大于 10% 的软土地基。对于有机质含量高的土或地下水具腐蚀性时,加固效果应通过试验确定。

2. 设计及施工注意事项

(1)竖向承载桩的长度应根据上部结构对承载力和变形的要求确定,并宜穿透软土层,到达承载力相对较高的土层。为提高抗滑稳定性而设置的桩体,其桩长应超过危险滑弧以下 2m。粉喷法加固土桩的加固深度不宜大于 12m;浆喷法加固土桩的加固深度不宜大于 20m。加固土桩的桩径不宜小于 0.5m。相邻桩的间距不应大于 4 倍桩径。

(2)水泥土搅拌桩设计前应进行拟处理土的室内配合比试验。根据拟处理的最软弱层软土的性质,确定用于加固的固化剂和外掺剂的用量。

(3)泥土搅拌桩复合地基的路堤整体抗剪稳定性计算中,滑动面上的抗剪强度采用复合地基抗剪强度 τ_{ps},τ_{ps} 按式(5-9-75)计算。

(4)水泥土搅拌桩复合地基的沉降计算应包括复合地基加固区的沉降 S_1 计算和加固区下卧层的沉降 S_2 计算。

①复合地基加固区的沉降 S_1 可按式(5-9-82)和式(5-9-83)计算:

$$S_1 = \sum_{i=1}^{n} \frac{\Delta p_i}{E_{psi}} \Delta h_i \qquad (5\text{-}9\text{-}82)$$

$$E_{psi} = mE_p + (1-m)E_{si} \qquad (5\text{-}9\text{-}83)$$

式中：E_{psi}——各分层的桩土复合压缩模量(kPa)；

E_p——桩体压缩模量(kPa)，应实测，无法实测时可按式(5-9-84)计算确定；

E_{si}——各分层的土体压缩模量(kPa)；

$$E_p = 83.4q_u \qquad (5\text{-}9\text{-}84)$$

q_u——水泥土搅拌桩90d龄期的原状试件无侧限抗压强度(kPa)。

②加固区下卧层的沉降 S_2 可按现行《建筑地基基础设计规范》(GB 50007)的有关规定计算。

(5)小型构造物下的水泥土搅拌桩，应按照竖向承载桩设计。复合地基的承载力特征值 f_{spk} 应通过现场复合地基载荷试验确定。初步设计时可按式(5-9-85)估算：

$$f_{spk} = m\frac{R_a}{A_p} + \beta(1-m)f_{sk} \qquad (5\text{-}9\text{-}85)$$

式中：R_a——单桩承载力特征值(kN)；

A_p——桩的截面积(m²)；

β——桩间土承载力折减系数。当桩端土未经修正的承载力特征值大于桩周土的承载力特征值的平均值时，可取0.1~0.4，差值大时取低值；当桩端土未经修正的承载力特征值小于或等于桩周土的承载力特征值的平均值时，可取0.5~0.9，差值大时或设置垫层时取高值。

(6)水泥土搅拌桩单桩竖向承载力特征值应通过现场载荷试验确定。初步设计时可按式(5-9-86)估算，并应同时满足式(5-9-87)的要求：

$$R_a = u_p \sum_{i=1}^{n} q_{si}l_i + \alpha q_p A_p \qquad (5\text{-}9\text{-}86)$$

$$R_a \leqslant \eta f_{cu} A_p \qquad (5\text{-}9\text{-}87)$$

式中：f_{cu}——与水泥土搅拌桩桩身水泥土配比相同的室内加固土试块在标准养护条件下90d龄期的抗压强度平均值(kPa)；

η——桩身强度折减系数，粉喷法可取0.20~0.30，浆喷法可取0.25~0.33；

u_p——桩的周长(m)；

n——桩长范围内所划分的土层数；

q_{si}——桩周第 i 层土的侧阻力特征值(kPa)；

l_i——桩长范围内第 i 层土的厚度(m)；

q_p——桩端地基土未经修正的承载力特征值(kPa)；

α——桩端天然地基土的承载力折减系数，可取0.4~0.6，承载力高时取低值。

(7)水泥土搅拌桩应在桩顶设置垫层。垫层厚度宜为0.3~0.5m，材料可选用灰土、级配碎石以及砂砾等。

(8)粉喷桩与浆喷桩的施工机械必须安装喷粉(浆)量自动记录装置，并应对该装置定期标定。应定期检查钻头磨损情况，当直径磨损量大于10mm时，必须更换钻头。

(9)粉喷桩施工应符合下列要求：

①施工钻进过程中应保持连续喷射压缩空气,保证喷灰口不被堵塞,钻杆内不进水。钻进速度宜为 0.8~1.5m/min。

②提升钻杆、喷粉搅拌时,应使钻头反向边旋转边喷粉边提升,提升速度宜为 0.5~0.8m/min。当钻头提升至距离地面 0.3~0.5m 时,可停止喷粉。

③应根据设计要求,对桩身从地面开始 1/2~1/3 桩长并不小于 5m 的范围内或桩身全长进行复搅,使固化剂与地基土均匀拌和。复搅速度宜为 0.5~0.8m/min。

④应随时记录喷粉压力、瞬时喷粉量和累计喷粉量、钻进速度、提升速度等有关参数的变化。当发现喷粉量不足时,应整桩复打,复打的喷粉量应不小于设计用量。当遇停电、机械故障等原因致使喷粉中断时,必须复打,复打重叠桩段长度应大于 1m。当粉料储存容器中剩余粉量不足一根桩的用量加 50kg 时,应在补加后方可开钻施工下一根桩。

⑤出现沉桩时,孔洞深度在 1.5m 以内的,可用 8% 的水泥土回填夯实;孔洞深度超过 1.5m 的,可先将孔洞用素土回填,然后在原位补桩,补桩长度应超过孔洞深度 0.5m。

(10)浆喷桩施工应符合下列要求:

①浆液应严格按照成桩试验确定的配合比拌制,制备好的浆液不得离析,不得放置过长时间,超过 2h 的浆液应废弃。浆液倒入集料斗时应加筛过滤,避免浆内块状物损坏泵体。

②提升钻杆、喷浆搅拌时,应使钻头反向边旋转边喷浆边提升,提升速度宜控制在 0.5~0.8m/min。当钻头提升至距离地面 1m 时,宜用慢速;当喷浆口即将露出地面时,应停止提升,搅拌数秒,保证桩头搅拌均匀。

③应根据设计要求,对桩身地面以下一定深度范围内进行复拌。复搅速度宜为 0.5~0.8m/min。

④应随时记录喷浆压力、喷浆量、钻进速度、提升速度等参数的变化。当发现喷浆量不足时,应整桩复打。当施工中因故停浆时,应使搅拌头下沉至停浆面以下 0.5m,待恢复供浆后再喷浆提升。当停机超过 3h 时,应先拆卸输浆管路,清洗后再用,防止浆液硬结堵管。

⑤桩机移位前,应向集料斗中注入适量清水,开启灰浆泵,清洗全部管路中残存的浆液,直至管体干净,并将搅拌头清洗干净后,方可移位。

十四、水泥粉煤灰碎石桩

水泥粉煤灰碎石桩是将水泥(Cement)、粉煤灰(Fly-ash)、碎石(Gravel)以及石屑加水拌和形成混合料灌注而成的桩体,简称 CFG 桩。水泥一般用 32.5 级普通硅酸盐水泥;粉煤灰多用 Ⅱ 级、Ⅲ 级粉煤灰;粗集料可采用碎石或砾石,泵送混合料时砾石最大粒径不宜大于 25mm,碎石最大粒径不宜大于 20mm;振动沉管灌注混合料时粗集料最大粒径不宜大于 50mm,为使级配良好,掺入石屑填充碎石的空隙。外加剂可根据施工需要采用早强剂或泵送剂。

1. 适用范围

CFG 桩适用于处理十字板抗剪强度不小于 20kPa 的软土地基。

2. 设计及施工要点

(1)CFG 桩料的配合比应根据成桩要求的混合料坍落度和桩体设计强度确定:坍落度宜为 30~50mm;桩体的设计强度应取 28d 无侧限抗压强度。可按以下方法进行配合比设计:

①确定用水量 W:由坍落度具体值试配确定,可从经验用水量开始试配。

②确定水泥用量 C:可根据采用的水泥强度等级 R_c^b、混合料 28d 强度 f_{cu},按式(5-9-88)计算水泥单方用量:

$$f_{cu} = 0.366 R_c^b (C/W - 0.071) \quad (5\text{-}9\text{-}88)$$

式中:f_{cu}——混合料 28d 强度(MPa),由边长 150mm 的立方体试块测得;

$\quad R_c^b$——水泥强度等级(MPa);

$\quad C$——单方水泥用量(kg);

$\quad W$——单方用水量(kg)。

③确定粉煤灰用量 F,可按式(5-9-89)计算:

$$W/C = 0.187 + 0.791 F/C \quad (5\text{-}9\text{-}89)$$

④确定石屑用量 G_1 和碎石用量 G_2。可根据石屑率 λ,用式(5-9-90)计算单方石屑用量 G_1 和单方碎石用量 G_2,λ 值可取 0.25~0.33:

$$\lambda = \frac{G_1}{G_1 + G_2} \quad (5\text{-}9\text{-}90)$$

⑤按以上步骤试配,并根据坍落度调整用水量,直到满足要求。

(2)CFG 桩设计应确定桩长、桩径、桩间距、桩体强度和垫层厚度。

①CFG 桩桩端应落在强度高的土层上,最大桩长不宜大于 30m。

②桩径应根据成桩设备条件确定,宜为 0.35~0.6m。

③桩间距宜取 4~5 倍桩径。

④桩体强度宜为 5~20MPa。

⑤垫层厚度宜取 0.3~0.5m,当桩径大或桩距大时,垫层厚度宜取高值。垫层材料宜采用中砂、粗砂、级配砂砾或碎石等,最大粒径不宜大于 30mm。

(3)用于小型构造物下的 CFG 桩复合地基承载力和单桩竖向承载力可按水泥土搅拌桩的计算方法确定,桩身强度折减系数 η 可取 0.35~0.50。

(4)CFG 桩采用振动沉管灌注法成桩,施工设备采用振动沉管打桩机。施工前应进行成桩工艺和成桩强度试验。当成桩质量不满足设计要求时,应在调整设计与施工有关参数后,重新进行试验或改变设计。CFG 桩施工应符合下列要求:

①混合料应严格按确定的配合比拌制,搅拌均匀,搅拌时间不得少于 1min。

②沉管至设计高程后应尽快投料,首次投料量应使管内混合料面与投料口平齐。拔管过程中发现料量不足时应及时补充投料。桩顶超灌高度不宜小于 0.5m。

③沉管宜在原地留振 10s 左右,然后边振动边拔管;拔管速度宜为 1.2~1.5m/min。如遇淤泥层,拔管速度宜适当放慢。拔管过程中不得反插。

④当设计桩距较小时,宜按隔桩跳打的顺序施工。施打新桩与已打桩间隔的时间不应少于 7d。

十五、刚性桩

公路软土地基处理采用的刚性桩包括预应力混凝土薄壁管桩(PTC)、预应力高强混凝土管桩(PHC)、预应力混凝土管桩(PC)、钻孔灌注桩、现浇混凝土大直径管桩(PCC 桩)。管桩为工厂预制桩,桩外径一般采用 0.3~0.5m,壁厚 6~10cm,桩长标准化定制,现场施工时可以通过焊接接长。现浇混凝土大直径管桩直径一般为 1.0~1.5m,壁厚 15~20cm。

1.适用范围

刚性桩主要用在深厚软土地基上荷载较大、变形要求较严格的高路堤段、桥头或通道与路堤的衔接部位。

2.设计及施工要点

(1)刚性桩可按正方形或等边三角形布置。桩长必须进入持力层一定深度,桩间距不宜小于5倍桩径。路堤与桥头等结构物衔接段的刚性桩可采用变间距、变桩长分级过渡方式设置。

(2)刚性桩的桩帽形状可采用圆柱体、台体或倒锥台体。桩帽直径或边长宜为 $1.0 \sim 1.5\mathrm{m}$,厚度宜为 $0.3 \sim 0.4\mathrm{m}$,宜采用C30水泥混凝土现场浇筑而成。

(3)桩帽顶上应铺设具有一定厚度、强度、刚度,完整连续的柔性土工合成材料加筋垫层。宜选择土工格栅加筋垫层、高强土工布加筋垫层、土工格室加筋垫层等,并符合下列规定:

①土工合成材料应具有抗拉强度高,延伸率小,非脆性,耐久性良好,抗老化,抗腐蚀等工程性质。

②垫层材料宜选择级配良好的碎石、砂砾、石屑等,垫层的厚度不宜小于0.3m。

(4)桩顶上的荷载压力 F_{cap} 可根据路堤填料中的土拱效应按式(5-9-91)和式(5-9-92)计算:

$$F_{\mathrm{cap}} = \frac{2\alpha K_{\mathrm{p}}}{\alpha K_{\mathrm{p}}+1} L_{\mathrm{s}}^{2} \sigma_{\mathrm{su}} \left[(1-\delta)^{1-\alpha K_{\mathrm{p}}} - (1-\delta)(1+\delta\alpha K_{\mathrm{p}}) \right] \tag{5-9-91}$$

$$\sigma_{\mathrm{su}} = \gamma \left[H - \frac{L_{\mathrm{s}}}{\sqrt{2}} \left(\frac{2\alpha K_{\mathrm{p}}-2}{2\alpha K_{\mathrm{p}}-3} \right) \right] (1-\delta)^{2(\alpha K_{\mathrm{p}}-1)} + \sqrt{2}\gamma(L_{\mathrm{s}}-b)\left(\frac{\alpha K_{\mathrm{p}}-1}{2\alpha K_{\mathrm{p}}-3} \right) \tag{5-9-92}$$

式中:σ_{su}——作用在桩间土上的应力(kPa);

K_{p}——被动土压力系数,$K_{\mathrm{p}} = \frac{1+\sin\varphi}{1-\sin\varphi}$;

φ——路堤填料的内摩擦角(°);

γ——路堤填料重度(kN/m³);

L_{s}——桩间距,相邻两桩的中心距(m);

b——桩帽宽度(m);

δ——桩帽宽与桩间距之比,$\delta = b/L_{\mathrm{s}}$;

H——路堤高度(m),宜大于 $1.4(L_{\mathrm{s}}-b)$;

α——待定系数,可按式(5-9-93)计算:

$$\gamma L_{\mathrm{s}}^{2} H = F_{\mathrm{cap}}(\alpha) + \sigma_{\mathrm{su}}(\alpha)(L_{\mathrm{s}}^{2}-b^{2}) \tag{5-9-93}$$

当 $\alpha < 1$ 时,土拱还未进入塑性状态,单桩处理范围内土体应满足受力平衡条件;当 $\alpha \geq 1$ 时,土拱已经进入塑性状态,临界高度 H_{cr} 可按式(5-9-94)计算:

$$H_{\mathrm{cr}} = \frac{F_{\mathrm{cap}}(1) + \sigma_{\mathrm{su}}(1)(L_{\mathrm{s}}^{2}-b^{2})}{\gamma L_{\mathrm{s}}^{2}} \tag{5-9-94}$$

为充分发挥土拱效应,避免桩(帽)土顶面的差异沉降反射到路面而出现蘑菇状高低起伏的现象,刚性桩处理路段的路堤高度宜大于 $1.4(L_{\mathrm{s}}-b)$。

(5)刚性桩的桩体荷载分担比 R_{p} 可按式(5-9-95)计算:

$$R_{\mathrm{p}} = \begin{cases} \dfrac{F_{\mathrm{cap}}(\alpha)}{\gamma H L_{\mathrm{s}}^2 \eta} & (\alpha < 1) \\ \dfrac{F_{\mathrm{cap}}(1)}{\gamma H_{\mathrm{cr}} L_{\mathrm{s}}^2 \eta} & (\alpha \geqslant 1) \end{cases} \tag{5-9-95}$$

式中：η——系数，桩呈正方形布置时 $\eta = 1.0$，桩呈等边三角形布置时 $\eta = 0.866$。

(6) 加筋垫层中的土工合成材料最大拉应力 $T_{\max}$ 可按式(5-9-96)~式(5-9-98)计算，并应满足式(5-9-99)的要求：

$$T_{\max} = \frac{W_{\mathrm{T}}(L_{\mathrm{s}} - b)}{2b}\sqrt{1 + \frac{1}{6\varepsilon_{\mathrm{g}}}} \tag{5-9-96}$$

$$T_{\max} = \varepsilon_{\mathrm{g}} E_{\mathrm{g}} \tag{5-9-97}$$

$$W_{\mathrm{T}} = \frac{\gamma L_{\mathrm{s}}^2 H(1 - R_{\mathrm{p}}) L_{\mathrm{s}}}{L_{\mathrm{s}}^2 - b^2} \tag{5-9-98}$$

$$T_{\max} \leqslant T_{\mathrm{a}} \tag{5-9-99}$$

式中：W_{T}——桩间土上的荷载(kN/m)；

E_{g}——土工合成材料的线刚度(kN/m)；

ε_{g}——土工合成材料的应变；

T_{a}——土工合成材料的设计抗拉强度(kN/m)。

(7) 刚性桩的承载力可按式(5-9-100)和式(5-9-101)进行验算：

$$\gamma_0 F_{\mathrm{cap}} \leqslant R \tag{5-9-100}$$

$$R = Q_{\mathrm{sk}}/\gamma_{\mathrm{s}} + Q_{\mathrm{pk}}/\gamma_{\mathrm{p}} \tag{5-9-101}$$

式中：γ_0——建筑物桩基重要系数，取 1.1；

R——单桩竖向承载力设计值(kN)；

$Q_{\mathrm{sk}}, Q_{\mathrm{pk}}$——分别为单桩的总极限侧阻力特征值和总极限端阻力特征值(kN)，可按现行《建筑桩基技术规范》(JGJ 94)的有关规定计算；

$\gamma_{\mathrm{s}}, \gamma_{\mathrm{p}}$——分别为侧阻抗力分项系数和端阻抗力分项系数，可按表 5-9-20 取值。

$\gamma_{\mathrm{s}}, \gamma_{\mathrm{p}}$ 取值表　　　　　　　　　　　　　　　　表5-9-20

桩　　型	静载试验法	经验参数法
管桩、方桩	1.60	1.65
钻孔灌注桩	1.65	1.70
现浇薄壁管桩	1.70	1.75

(8) 刚性桩可不考虑桩间土压缩变形对沉降的影响，采用单向压缩分层总和法计算最终沉降，见式(5-9-102)：

$$S = \psi_{\mathrm{P}} \sum_{j=1}^{m} \sum_{i=1}^{n_j} \frac{\sigma_{j,i} \Delta h_{j,i}}{E_{\mathrm{sj},i}} \tag{5-9-102}$$

式中：S——桩基最终沉降(m)；

m——桩端平面以下压缩层内土层分层的数目；

$E_{\mathrm{sj},i}$——桩端平面下第 j 层土第 i 个分层在自重应力至自重应力加附加应力作用段的压缩模量(MPa)；

n_j——桩端平面下第 j 层土的计算分层数;

$\Delta h_{j,i}$——桩端平面下第 j 层土第 i 分层的厚度(m);

$\sigma_{j,i}$——桩端平面下第 j 层土第 i 分层的竖向附加应力(kPa),可按《建筑地基基础设计规范》(GB 50007—2002)附录 R 计算;

ψ_p——桩基沉降计算经验系数,应根据当地的工程实测资料统计对比确定。

(9)刚性桩施工前应进行成桩工艺试验,预应力混凝土管桩试桩数量不得少于 2 根,现浇混凝土大直径管桩试桩数量应根据施工工艺要求确定。

(10)预应力混凝土薄壁管桩宜采用静力压桩机施工,也可采用锤击沉桩机施工,施工现场应配有起吊设备,其起吊能力宜大于 5t。预应力混凝土薄壁管桩施工应符合下列要求:

①沉桩过程中应严格控制桩身的垂直度。宜采用经纬仪进行垂直度控制,可在距桩机 15～25m 处成 90°方向设置经纬仪各一台,测定导杆和桩身的垂直度。

②每根桩宜一次性连续沉至控制高程,沉桩过程中停歇时间不应过长。

③焊接接桩时,焊缝应连续饱满,满足三级焊缝的要求;因施工误差等因素造成的上、下桩端头间隙应采用厚薄适当的楔形铁片填实焊牢。接桩时上、下节桩的中心线偏差不得大于 5mm,节点弯曲矢高不得大于桩段的 0.1%。

④沉桩过程中如遇到有较难穿透的土层,接桩宜在桩尖穿过该土层后进行。

(11)现浇混凝土大直径管桩宜采用振动沉管设备施工。施工应符合下列要求:

①打桩机机架应稳固可靠,套管上下移动的导轨应垂直,宜采用经纬仪校准其垂直度。

②应严格控制成桩深度。宜采用套管上划出明显标尺的方法进行成桩深度控制。

③第一次沉管至设计高程后应测量管腔孔底有无地下水或泥浆进入,如进入,应在每次沉管前先在管腔内灌入高度不小于 1m 的混凝土,防止沉管过程中地下水或泥浆进入管腔内。

④混凝土灌注应连续进行,实际灌注量的充盈系数不应小于 1.1。桩顶超灌高度不宜小于 0.5m。

⑤管腔内灌满混凝土后,应先振动 10s,之后再开始边振边拔,每拔 1m 应停拔并振动 5～10s;距离桩顶 5m 范围内宜一次性成桩,不宜停拔。拔管速度宜为 0.6～0.8m/min。

十六、隔离墙

在公路软土地基工程中,为了避免相邻两路堤之间,或已建成路堤与拓宽路堤之间,由于建造时间的差异、地基处理方法的不同、路堤荷载的不同等原因而出现相互干扰,产生对地基渗流、变形、地基失稳等不利的影响,在两路堤间的地基中设置的把二者分割开来的竖向连续墙体,该墙体就是路堤地基隔离墙。隔离墙起到保证相邻结构独立工作的作用。隔离墙按其作用与功能可分为防渗型隔离墙和支挡型隔离墙。

1. 适用范围

防渗型隔离墙用于防止两路堤的渗流相互干扰,保持各自独立的排水固结条件,避免造成对两路堤变形与稳定性的不利影响。相邻路堤,当待建的路基采用降水预压、真空预压、强化固结等地基处理方法,或采用深井降水等工程措施时,宜设置防渗型隔离墙。支挡型隔离墙用于防止荷载较大一方的地基土的侧向挤压作用对相邻路基造成不利影响,或防止新路堤施工及运营过程中对老路堤的不利影响,可采用板桩墙等形式。

2. 设计及施工要点

(1)防渗型隔离墙的形式应根据隔离深度确定,厚度不宜小于 0.5m,并符合下列规定:

①在已建路堤地基稳定性良好,仅需考虑防渗且隔离深度小于 10m 的条件下,可采用黏性土隔离墙。

②当隔离深度为 10~15m,且要求墙体具有一定的支护刚度时,可采用水泥搅拌桩隔离墙。水泥搅拌桩应适当搭接形成墙体,墙体厚度宜为 0.5~0.7m,墙体渗透系数不宜大于 $10^{-6} \sim 10^{-7}$ cm/s,无侧限抗压强度 R_{90} 应达到 1~5MPa。

③当隔离深度大于 15m 时,可采用高压喷射水泥土隔离墙。

(2)支挡型隔离墙的形式根据路堤高度和软土厚度确定,并应符合下列要求:

①在路堤高度小于 5m,地基土为淤泥质黏土和黏性土地基时,可采用水泥搅拌桩制成地下连续的支挡墙体,墙的厚度宜为 0.8~1.0m;当支挡路堤地基稳定性要求较高或侧向挤压力较大时,将墙体增厚至 1.5~2.0m;墙的深度宜穿越 10m 以内的软土层至坚硬的土层上。当软土层厚度大于 15m 时,宜采用连续桩格体的水泥搅拌桩隔离墙,墙厚度宜为 2.0~3.0m,深度不宜大于 12m。墙体水泥土的无侧限抗压强度 R_{90} 应达到 5~10MPa。

②在路堤高度大于 5m,且软土深厚、性质差,路堤坡面下地基中存在较大的侧向土压力及侧向变形,容易因施工对地基土的扰动而出现地基稳定和沉降问题时,可采用钢筋混凝土灌注桩支挡隔离墙。灌注桩桩径宜采用 0.60~0.65m,两桩之间间隙不宜大于 0.1m。钢筋混凝土灌注桩支挡隔离墙应穿过地基软土层,进入坚实土层,进入坚实土层深度不宜小于 5m。可在排桩墙顶部设厚 0.4m 钢筋混凝土压顶梁,提高隔离墙的支挡能力。桩身混凝土的强度应不小于 C30。

③当地基的变形和稳定性比较复杂,且又无条件采用上述两种墙体时,可采用钢板桩支挡隔离墙。

(3)黏性土防渗隔离墙应采用钻孔取土的方式成沟,换填黏土必须夯压密实,其渗透性和强度应达到设计要求。

(4)水泥土搅拌桩防渗型或支挡型隔离墙宜采用浆喷桩。前后桩的搭接应采用切割搭接法施工,应在前桩水泥土尚未固化时进行后续搭接桩施工。必要时可在水泥浆制备时掺入抗渗剂提高墙体的抗渗性或掺入增强剂提高墙体的强度。

(5)高压喷射水泥土防渗隔离墙宜采用单管摆喷喷射注浆法施工,摆喷的宽度宜为 0.6~0.8m。水泥浆的水灰比宜为 1.0~1.5。

(6)钢筋混凝土灌注桩支挡隔离墙应按现行《公路桥涵施工技术规范》(JTG/T 3650)中混凝土钻孔灌注桩的技术要求施工。

第七节 沉降与水平位移观测

一、常规观测项目与要点

在软土路基上修筑高等级公路路堤,最突出的问题是沉降与稳定,为掌握路堤在施工期间的变形动态,必须进行动态观测,一方面保证路堤在施工中的安全和稳定,另一方面正确预测工后沉降,使工后沉降控制在允许范围内。

1.常规观测项目

常规的观测项目见表5-9-21。

沉降与水平位移观测项目　　　　　　　　　　　　　　　　　　表5-9-21

观测项目	观测仪器设备	观 测 目 的
地表沉降	沉降板、水准仪	(1)观测地表沉降,控制加载速率; (2)预测沉降趋势,确定预压卸载时间; (3)提供施工期间沉降增加土方量的计算依据
地表水平位移	水平位移桩、基桩、测距仪、经纬仪、钢尺	观测地表水平位移兼地表隆起情况,用于路堤施工过程中的稳定性控制
地基深层水平位移	测斜管、测斜仪	(1)观测地基深层土体水平位移,推定土体剪切破坏的位置,掌握潜在滑动面发展变化,评价地基稳定性; (2)用于路堤施工过程中的稳定性控制

2.观测要点

(1)地表沉降观测断面在一般路段宜每100m布设一处;在预压施工高度达到极限高度的路段,宜每50m布设一处;在跨度大于30m的结构物的两端相邻路堤段应各布设一处,跨度小于30m时可仅在一端布设。在地基条件差、地形变化大的部位应加密设置观测断面。

(2)沉降观测断面上的沉降板应设置于路中心,与结构物相邻段路堤段宜在两侧路肩及边坡坡脚位置增设沉降板。沉降板底板尺寸不宜小于500 mm×500 mm×10mm,测杆宜采用直径40mm的钢管,保护套管尺寸以能套住测杆并使标尺能进入套管为宜,测杆和套管每节接高长度不宜超过500mm。套管上口应加盖封闭,避免填料落入管内影响测杆自由下沉。

(3)基桩高程沉降观测应按二等水准测量要求进行,采用DS_1型水准仪配铟钢水准尺,观测误差应小于±1mm。路堤填筑期和预压期的沉降观测可按三等水准测量要求进行,采用DS_3型水准仪配红黑面木尺或钢钢尺,观测误差应小于±3mm;当预压后期沉降小时,可采用DS_1型水准仪配铟钢水准尺,按二等水准测量要求进行观测,观测误差应小于±2mm。

(4)沉降观测在施工期应每填一层观测一次;路堤填高达到极限高度之后应每天观测一次;临时中断施工或加载间隙期,可3天观测一次。在预压期间,第一个月内应每3天观测一次,第二个月至第三个月宜每7天观测一次,从第四个月起至预压期末可每半个月观测一次。

(5)在预压高度达到极限高度的路段应设置地表水平位移观测断面。一般路段宜每50m布设一处;在跨度大于30m的结构物的两端相邻路堤段应各布设一处,跨度小于30m时可仅在一端布设。填挖交界处、沿河路段等易发生失稳的部位应设置观测断面。

(6)水平位移桩宜设置在路堤边坡坡脚外10m范围内的位置,每侧宜设置3~4个点;水平位移观测基桩应设置在地基变形影响范围之外。水平位移桩宜采用边长50~100mm的正方形木桩,长度不宜小于1.5m;水平位移观测基桩宜采用边长150~200mm的正方形混凝土或钢筋混凝土预制桩,长度不宜小于1.0m;桩顶应设不易磨损的观测标记。木桩可采用打入或开挖埋设,混凝土桩宜采用开挖埋设,埋设后桩顶露出地面的高度不宜大于100mm。桩周围0.3~0.5m的深度范围内可浇筑混凝土稳固桩体。

(7)在桥头高路堤等重要工程部位及沿河、临河等凌空面大且稳定性较差的路段宜设置测斜管,对地基深层水平位移进行观测。

(8)在地势平坦、通视条件好的平原地区,水平位移观测宜采用极坐标法,用光电测距仪或全站仪观测,测距误差应为±5mm;当无测距仪时也可采用普通钢尺量测,量测时的标准拉力应为98N,测距误差应为±5mm。在地形起伏较大或水网地区宜采用前方交会法,用DJ_1或DJ_2经纬仪观测,测角误差应为±2.5″。地表隆起量可采用水准仪观测。

(9)在路堤填高达到极限高度后第一个月内,应每天进行一次稳定观测。临时中断施工或加载间隙期,可3天进行一次稳定观测,间隙期超过一个月后,可每月观测一次。

(10)沉降与水平位移观测点宜布置在同一横断面上。

二、沉降预测

1.沉降预测的作用与目的

由于软土地基地质情况的复杂性,软土地基处理设计阶段计算出的沉降量及其固结随时间变化规律往往与实测值有较大的偏差,因此应根据实测成果对设计的预压荷载强度和预压时间的合理性进行检验和动态调整,科学安排施工程序,准确把握路面铺筑时间,根据实测的成果曲线可以推算地基最终沉降量,计算沉降速率,反算地基任意时刻的沉降量和固结度,同时,沉降观测与预测成果还能辅助进行路堤填筑土方的计量。

2.沉降预测的方法

沉降预测方法有双曲线法、星野法、三点法、浅岗法、人工神经网络法等。工程上比较常用的为双曲线法和星野法。

(1)双曲线法是假定地基下沉平均速率以双曲线形式减少的经验推导法(图5-9-26)。从填土开始到任意时间t的沉降量S_t可用式(5-9-103)求得:

$$S_t = S_a + \frac{t - t_a}{\alpha + \beta(t - t_a)} \tag{5-9-103}$$

式(5-9-103)可改写成:

$$\frac{t - t_a}{S_t - S_a} = \alpha + \beta(t - t_a) \tag{5-9-104}$$

式中:t_a, S_a——分别为拟合计算起始参考点的时间与沉降值;

t, S_t——分别为拟合曲线上任意点的时间与对应的沉降值;

α, β——从实测值求出的系数,化为直线时分别表示直线的截距与斜率。

这样,$(t-t_a)/(S_t-S_a)$与$(t-t_a)$的关系,正是斜率为β、截距为α的直线,据此可用图解法求出系数α和β,具体步骤如下:

①先选定t_a和S_a(一般选路堤填筑结束后的第一个观测点的时间和沉降量),由实测数据计算出$(t-t_a)/(S_t-S_a)$与$(t-t_a)$并绘制图5-9-27,确定参数α、β的值;

②将以上确定的α、β、t_a和S_a代入式(5-9-103),即可计算任意时间t下的沉降量S_t。

由导数的数学定义可知,任意时间t所对应的沉降速率$v = S'_t$,即得到双曲线法的沉降速率公式,见式(5-9-105):

$$v = \frac{\alpha}{[\alpha + \beta(t - t_0)]^2} \tag{5-9-105}$$

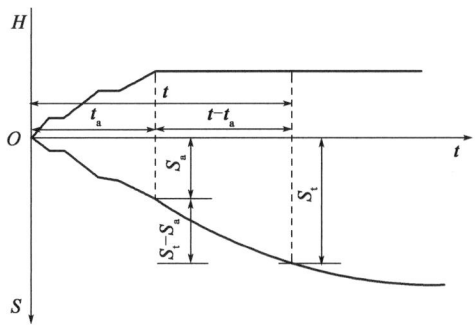

图 5-9-26 双曲线法 S-t 关系图

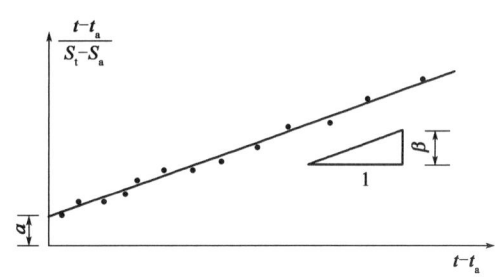

图 5-9-27 双曲线法参数 α、β 的确定

当式(5-9-105)中 $t\to\infty$ 时,便可得到双曲线法计算最终沉降量的公式,见(5-9-106):

$$S_\infty = S_a + \frac{1}{\beta} \tag{5-9-106}$$

(2)星野法。

星野法是基于太沙基固结理论得出的固结度 U 和时间 t 的平方根成正比的关系,通过对在现场获取的实测沉降值的研究,认为包括剪切变形沉降的总沉降量和时间平方根成正比(图 5-9-28)。其基本计算见式(5-9-107):

$$S_t = S_i + \frac{AK\sqrt{(t-t_0)}}{\sqrt{[1+K^2(t-t_0)]}} \tag{5-9-107}$$

式(5-9-107)可改写为式(5-9-108):

$$\frac{t-t_0}{(S_t-S_i)^2} = \frac{1}{A^2K^2} + \frac{1}{A^2}(t-t_0) \tag{5-9-108}$$

式中:t_0,S_i——分别为拟合计算起始点参考点的观测时间与瞬时沉降值;
　　　K——影响沉降速度的系数;
　　　A——求 $t\to\infty$ 时最终沉降值的系数。

这样,$(t-t_0)/(S_t-S_i)^2$ 与 $(t-t_0)$ 的关系,正是斜率为 $\frac{1}{A^2}$、截距为 $\frac{1}{A^2K^2}$ 的直线,据此可用图解法求出系数 A 和 K,具体步骤如下:

① 先假定 t_0 和 S_i,由实测数据计算出 $(t-t_0)/(S_t-S_i)^2$ 与 $(t-t_0)$,并绘制图 5-9-29;

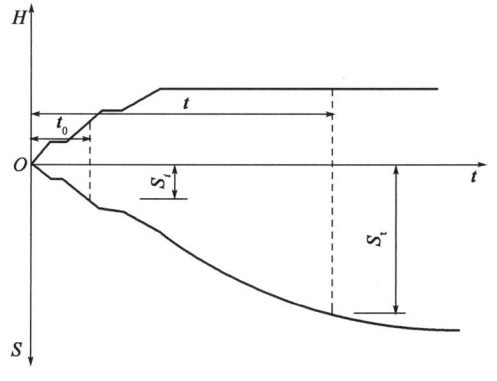

图 5-9-28 星野法 S-t 关系图

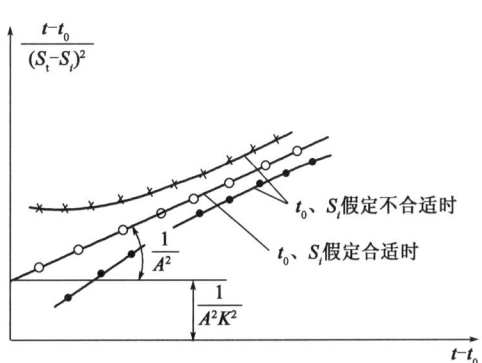

图 5-9-29 星野法参数 $\frac{1}{A^2K^2}$、$\frac{1}{A^2}$ 的确定

②假定数组 t_0 和 S_i 再进行计算,在假定的 t_0 和 S_0 中选出直线性最好的一组,来确定 A 及 K 值;

③将以上确定的 A、K、t_0 和 S_i 代入式(5-9-107),即可计算任意时间 t 下的沉降量 S_t。

当式(5-9-107)中的 $t \to \infty$ 时,便可得到星野法计算最终沉降量的公式,见式(5-9-109):

$$S = S_i + A \tag{5-9-109}$$

对式(5-9-107)求导的曲线上任意点的速率 v 计算式为式(5-9-110):

$$v = \frac{0.5\alpha}{\sqrt{(t-t_0)[\alpha+\beta(t-t_0)]^3}} \tag{5-9-110}$$

在观测点数偏少的情况下,采用星野法预测要比双曲线法准确,但是双曲线法适应性比星野法强。

3. 路面铺筑时间的确定

路面铺筑必须待沉降稳定后进行。沉降达到稳定一般采用双标准控制:要求推算的工后沉降量小于设计容许值,同时要求连续 2 个月观测的沉降量每月不超过 5mm。

第八节 算 例

1. 设计资料

某二级路,路堤高 5m,宽 8.5m,边坡 1∶1.75。

软土地基的土层分布及各土层的物理力学指标列于表 5-9-22,软土层的压缩曲线如图 5-9-30 所示。

地下水位在地面下 2.0m 处。路堤填料为黏土,经试验,压实后的重度为 18.2kN/m³,压实后土的快剪黏聚力为 24kPa,内摩擦角为 16°。

软土地基剖面各土层的物理力学性质指标 表 5-9-22

深度 (m)	土 质	重度 γ (kN/m³)	比重 Δ	天然孔隙比 e_0	快剪	
					黏聚力 c(kPa)	内摩擦角 φ_k(°)
0~2	褐黄色亚黏土	18.4	—	0.98	14	12
2~20	淤泥质黏土	19.3	2.73	1.05	9	7
20 以下	灰色亚黏土	—	—	—	—	—

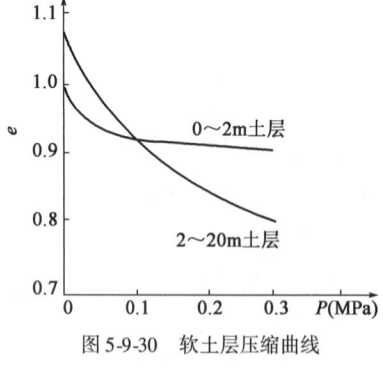

图 5-9-30 软土层压缩曲线

2. 极限高度的估算

非均质软土层极限高度的计算比较复杂,现近似地按均质厚层软土估算极限高度:

$$H_e = 5.52 \frac{c_k}{\gamma} = 5.52 \times \frac{9}{18.2} = 2.73(\text{m})$$

计算的极限高度小于路堤的设计高度,拟采用反压护道进行处理,以保证路基稳定。

3. 反压护道的计算

设反压护道宽 10m，高 2.5m，边坡 1：1.75。用圆弧滑动面法验算其稳定性，按条分法验算，行车荷载（汽—20 级）的换算土柱高 h_0 为：

$$h_0 = \frac{\sum Q}{\gamma b l} = \frac{2 \times 300}{18.2 \times 5.5 \times 5.6} = 1.07(\text{m})$$

淤泥质黏土层的重量，按水下重度计，即：

$$\gamma_f = \frac{\Delta - 1}{1 + e_0} = \frac{2.73 - 1}{1 + 1.05} = 8.44(\text{kN/m}^3)$$

选圆心位置 O_1、O_2、O_3、O_4 及 O_5（图 5-9-31）。

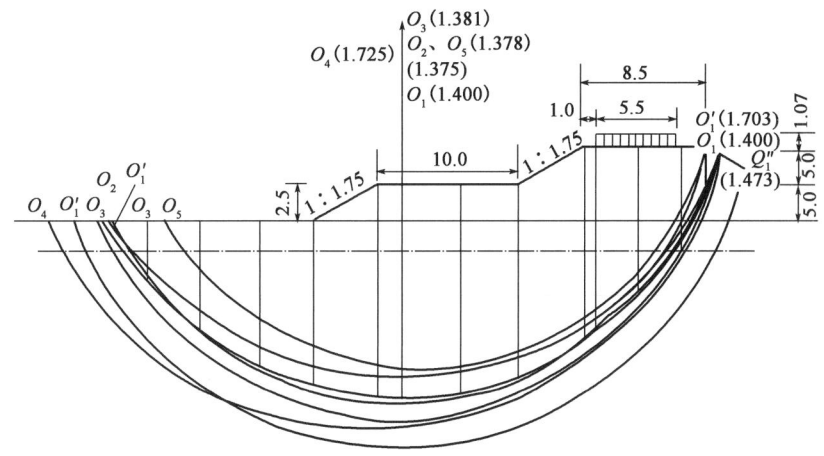

图 5-9-31　反压护道计算图式

对于圆心 O_1，分别以三种半径通过路堤边坡的不同部位，验算其稳定系数，分别得 $K'_{O_1} = 1.703$、$K_{O_1} = 1.400$ 及 $K''_{O_1} = 1.473$，由此知 A 的最小稳定系数为 $K_{O_1} = 1.400$。

按相同的方法分别算得其他 4 个圆心的最小稳定系数为 $K_{O_2} = 1.376$、$K_{O_3} = 1.381$、$K_{O_4} = 1.725$、$K_{O_5} = 1.378$。

因此，整个路堤的最小稳定系数为 $K = 1.376(>1.25)$，故采用 10m 宽的反压护道是稳定的。

O_2 的计算结果列于表 5-9-23，其余圆心的验算结果从略。

O_2 圆弧稳定性验算表（按一般条分法）（$R = 23.5$m）　　　　表 5-9-23

土条号	b_i	h_i	γ_i	ω_i	x_i	$\sin\alpha_i$	$\omega_i\sin\alpha_i$	$\cos\alpha_i$	$\tan\alpha_i$	$\omega_i\cos\alpha_i\tan\varphi_i$	c_i	l_i	$c_i l_i$
1	1.20	1.90	18.2	41.5	21.7	0.923	38.3	0.385	0.287	4.6	24	3.14	75.4
2	0.60	4.50	18.2	49.1	21.0	0.894	43.9	0.448	0.287	6.3	24	1.31	31.4
3	1.20	5.0 1.1	18.2 18.4	109.2 24.3	20.1	0.855	114.1	0.526	0.213	15.0	14	2.33	32.6

续上表

土条号	b_i	h_i	γ_i	ω_i	x_i	$\sin\alpha_i$	$\omega_i\sin\alpha_i$	$\cos\alpha_i$	$\tan\alpha_i$	$\omega_i\cos\alpha_i\tan\varphi_i$	c_i	l_i	$c_i l_i$
4	2.90	5.0+1.0 2.0 2.05	18.2 18.4 8.44	316.7 106.7 50.2	18.05	0.768	33.67	0.640	0.123	37.3	9		
5	2.80	5.0+1.07 2.0 2.05	18.2 18.4 8.44	309.3 103.0 118.2	15.20	0.647	343.2	0.762	0.123	49.7			
6	1.00	5.0 2.0 6.4	18.2 18.4 8.44	91.0 36.8 54.0	13.30	0.566	102.9	0.824	0.123	18.4			
7	4.40	3.7 2.0 8.0	18.2 18.4 8.44	296.3 161.9 297.1	10.60	0.451	340.6	0.893	0.123	83			
8	4.20	2.5 2.0 9.7	18.2 18.4 84.4	191.1 154.6 343.8	6.30	0.268	184.8	0.963	0.123	81.7			414.8
9	4.20	2.5 2.0 10.4	18.2 18.4 8.44	191.1 154.6 368.7	2.10	0.089	63.6	0.996	0.123	87.5			
10	1.60	2.5 2.0 10.5	18.2 18.4 8.44	72.8 58.9 141.8	-0.80	-0.034	-9.3	0.999	0.123	33.6			
11	4.38	1.25 2.0 10.2	18.2 18.4 8.44	99.6 161.2 377.1	-3.07 -3.79	-0.131 -0.161	-13.0 -86.7	0.991 0.987	0.123	12.1 65.3			
12	40.2	2.0 9.0	18.4 8.44	147.9 305.4	-7.99	-0.340	-154.1	0.940	0.123	52.4			
13	4.0	2.0 7.0	18.4 8.44	147.2 236.3	-12.0	-0.511	-196.0	0.860	0.123	40.6			
14	3.6	2.0 4.2	18.4 8.44	132.5 127.6	-15.8	-0.672	-174.8	0.741	0.123	23.7			
15	1.8	2.0 1.2	18.4 8.44	66.2 18.2	-18.5	-0.787	-66.4	0.617	0.123	6.4			
16	1.2	0.6	18.4	22.1	-19.8	-0.843	-18.6	0.538	0.213	2.5			31.4
合计 Σ							876.2			620.1			585.6

$$K_{O_2} = \frac{620.1 + 585.6}{876.2} = 1.376$$

4. 沉降量计算

1) 地基应力计算

把整个路堤(连同反压护道)分为上、下两个梯形荷载,上部梯形高 2.5m,换算为 $q = \gamma h = 18.2 \times 2.5 = 45.5\text{kPa}$,顶宽为 8.5m,$a = 4.38\text{m}$,$b = 4.25\text{m}$;下部梯形高 2.5m,换算为 $q = $

$45.5 \mathrm{kPa}$，顶宽为 $37.05 \mathrm{m}$，$a_2 = 4.38 \mathrm{m}$，$b_2 = 18.63 \mathrm{m}$。在两个梯形荷载的作用下，沿路堤中线各点产生的垂直应力 σ_z 可按图 5-9-4 中的曲线进行计算，计算结果列于表 5-9-24。

地基内垂直应力计算表 表 5-9-24

深度 z	a_1/z	b_1/z	k_1	σ_{z1}	a_2/z	b_2/z	k_2	σ_{z2}	σ_z
2.0	2.19	2.13	0.493	44.8	2.19	9.31	0.498	45.3	90.1
4.0	1.09	1.06	0.461	42.0	1.09	4.66	0.497	45.2	87.2
6.0	0.73	0.71	0.414	37.7	0.73	3.10	0.496	45.1	82.8
8.0	0.55	0.53	0.363	33.0	0.55	2.33	0.488	44.4	77.4
10.0	0.44	0.43	0.323	29.4	0.44	1.86	0.481	43.8	73.2
12.0	0.36	0.35	0.285	25.9	0.36	1.55	0.470	42.8	68.7
14.0	0.31	0.30	0.256	23.3	0.31	1.33	0.460	41.8	65.1
16.0	0.27	0.27	0.231	21.0	0.27	1.16	0.444	40.4	61.4
18.0	0.24	0.24	0.214	19.5	0.24	1.03	0.430	39.2	58.7
20.0	0.21	0.21	0.196	17.8	0.21	0.93	0.415	37.7	55.5

2）沉降量计算

路堤中线处地基的沉降量，计算结果列于表 5-9-25。压缩层的厚度，达淤泥质黏土层的底部，即 $20 \mathrm{m}$。

路堤中线处地基沉降量计算表 表 5-9-25

深度 z	软土层厚 h	土层自重 γ_z	平均自重	附加应力 σ_z	平均附加应力	$\gamma_z + \sigma_z$（平均）	e_0	e_i	$\Delta_e = e_0 - e_i$	$\Delta_s = \dfrac{\Delta_e}{1+e_0} \cdot h$
0	200	0	18.4	91.0	90.6	109.0	0.932	0.898	0.054	0.056
2	200	36.8	45.3	90.1	88.7	134.0	0.953	0.868	0.085	0.087
4	200	53.7	62.2	87.2	85.0	147.2	0.932	0.859	0.073	0.076
6	200	70.6	79.0	82.8	80.1	159.1	0.912	0.850	0.062	0.065
8	200	87.4	95.9	77.4	75.8	171.2	0.900	0.844	0.056	0.059
10	200	104.3	112.8	73.2	71.0	183.8	0.882	0.835	0.047	0.050
12	200	121.2	129.7	68.7	66.9	196.6	0.871	0.829	0.042	0.045
14	200	138.1	146.6	65.1	63.3	209.9	0.859	0.823	0.036	0.039
16	200	155.0	163.4	61.4	60.1	223.5	0.850	0.815	0.035	0.038
18	200	171.8	180.3	58.7	57.1	237.4	0.838	0.806	0.032	0.035
20		188.7		55.5						
合计Σ										0.55m

路堤中线处地基的沉降量达 $55 \mathrm{cm}$。

第十章　膨胀土地区路基

第一节　概　　述

一、膨胀土的含义与特征

膨胀土是一种含亲水性矿物,且具有多裂隙和显著膨胀性的地质体,对各种浅表层轻型工程建设具有较大的危害。膨胀土又称裂土或裂隙黏土,具有失水收缩开裂、吸水膨胀软化、强度大幅度衰减等特征,是一种具有裂隙性、胀缩性和超固结性的高塑性黏土,有别于一般性黏土。

1. 野外特征

我国膨胀土的野外特征表现为以下几个方面:

(1)地层:以第四系中、上更新统为主,少量为第四系全新统和新第三系。

(2)地貌:有明显的龙岗式地貌,以前丘陵区及盆地边缘的岗顶多呈浑圆状,无明显的天然陡坎,自然坡度平缓。

(3)颜色:以褐黄、棕黄、棕红、灰白、灰绿色为主,其中灰白、灰绿色的工程性质差。

(4)结构:具多裂隙结构,常见垂直、水平、斜交三组。裂面光滑有擦痕,或为铁锰胶膜附着。裂隙内常有灰白、灰绿色黏土充填。

(5)土质:土质细腻,具滑感,常含有钙质或铁锰质结核或豆石,有时局部富集成层。

(6)自然地质现象:坡面常见浅层滑坡、溜坍和地裂。新开挖的坑(槽)壁易发生坍塌。

2. 物质成分特征

蒙脱石是黏土矿物中性质比较特殊的一种,它的晶层间内表面也可以吸附水分子,且其晶面间距随着层间吸附水分子的增加而扩展,也就是说蒙脱石矿物的晶格本身具有湿胀干缩的性能。除蒙脱石外,蛭石也具有类似的性质。一般可以把这类黏土矿物统称为蒙脱石类矿物。工程界常称其为膨润土。

伊利石和高岭石是比蒙脱石更常见的黏土矿物。这些矿物虽然也具有一定的亲水性,但它们只能发生由于双电层增厚引起的粒间膨胀,而不属于晶格吸水膨胀。有时蒙脱石不是以单独的结晶形式存在,而是与伊利石或高岭石一起以混层矿物的形式存在。这种混层矿物也具有胀缩性,但比起单独蒙脱石类矿物要弱。在提及蒙脱石的含量多少时,有时采用"有效脱石含量"的说法,即含蒙脱石的混层矿物等效于多少单纯的蒙脱石。

据收集的我国16个地区140多个土样试验资料统计结果显示,当蒙脱石含量达到7%以上时,土体会产生明显胀缩变形,相应的自由膨胀率一般大于40%,且造成房屋损坏。

国内工程界曾流行这样的说法："膨胀土矿物成分以伊利石为主，其次为蒙脱石或高岭石，也有少数地区是以蒙脱石为主"；或者说："膨胀土黏粒的矿物成分，可归纳为两类，一类是以蒙脱石为主，另一类是以伊利石为主"。应当指出以上两种说法并未抓住膨胀土物质成分特征的本质，因此是不合适的，且容易引起误解。原因是一般的黏性土中黏粒的矿物成分往往也是以伊利石为主的，而如果没有蒙脱石存在，伊利石含量即使再多也不会构成膨胀土，问题的关键并不是以哪种黏土矿物为主，而是在于蒙脱石或有效蒙脱石的含量有没有达到一定的比例。

二、膨胀土的分布

我国是世界上膨胀土分布面积最广的国家之一，先后发现膨胀土危害的省、自治区、直辖市多达 20 余个。尤其在北京—西安—成都一线东南的广大区域内，膨胀土分布最普遍，也最集中，包括北京、河北、山西、山东、陕西、河南、安徽、江苏、四川、湖北、湖南、云南、贵州、福建、广西、广东等省、自治区、直辖市的大部分或一部分。此外，在东北、内蒙古和西北也有零星出现。

从地理位置来看，我国膨胀土主要集中分布在珠江、长江中下游、黄河中下游以及淮河流域的广大平原、盆地、河谷阶地、河间地块以及平缓丘陵地带。常呈地毯式大面积覆于地表或地表下浅层，与筑路关系极为密切。

三、膨胀土的工程特性

1. 胀缩性

膨胀土吸水体积膨胀，使其上建筑物隆起，如膨胀受阻即产生膨胀力；失水体积收缩，造成土体开裂，并使其上建筑物下沉。膨胀土缩限（w_s）与胀限（w_H）含水率的收缩量与膨胀量之和，称为极限胀缩潜势。土中有效蒙脱石含量越多，胀缩潜势越大，膨胀力越大。土的初始含水率越低，膨胀量与膨胀力越大。击实土的膨胀性远较原状土大，密实度越高，膨胀量与膨胀力越大，这是在膨胀土路基设计中特别值得注意的问题。

2. 崩解性

膨胀土浸水后体积膨胀，在无侧限条件下则发生崩解。不同类型的膨胀土其崩解性是不一样的，强膨胀土浸入水中后，几分钟内就完全崩解；弱膨胀土浸入水中后，则需要经过较长时间才逐步崩解，且有的崩解不完全。此外，膨胀土的崩解特性还与试样的起始湿度有关，一般干燥试样崩解迅速且较完全，潮湿土试样崩解缓慢且不完全。

3. 多裂隙性

膨胀土中的裂隙，主要可分垂直裂隙、水平裂隙与斜交裂隙三种类型。这些裂隙将土层分割成具有一定几何形态的块体，如棱块状、短柱状等，破坏了土体的完整性。裂隙面光滑有擦痕，且大多充填有灰白或灰绿色黏土薄膜、条带或斑块，其矿物成分主要为蒙脱石，有很强的亲水性，具有软化土体强度的显著特征。膨胀土路基边坡的破坏，大多与土中裂隙有关，且滑动面的形成主要受裂隙软弱结构面所控制。

4. 超固结性

膨胀土大多具有超固结性，天然孔隙比较小，干密度较大，初始结构强度较高。膨胀土一一般属于非饱和土,其超固结性不仅可以由先期自重压力引起,而且还可以由历史上经历最为干旱的气候造成的先期基质吸力引起,对膨胀土而言,后者更具普遍性。膨胀土路基或边坡开挖后,将产生土体超固结应力释放,边坡与路基面出现卸荷膨胀,并常在坡脚形成应力集中区和较大的塑性区,使边坡容易破坏。

5. 风化特性

膨胀土受气候因素影响,极易产生风化破坏。路基或边坡开挖后,土体在风化作用下,很快会产生碎裂、剥落和泥化等现象,使土体结构破坏,强度降低。按膨胀土的风化程度,一般将膨胀土划分为三层:

(1)强风化层

位于地表或边坡表层,受大气营力与生物作用强烈,干湿效应显著,土体碎裂多呈砂砾与细小鳞片状,结构联结完全丧失,厚度约 0.4~1.0m。

(2)弱风化层

位于地表浅层,大气营力与生物作用有所减弱,但仍较强烈,干湿效应也较明显,土体割裂多呈碎石状或碎块状,结构联结大部丧失,厚度约 1.0~1.5m。

(3)微风化层

位于弱风化层之下,大气营力与生物作用已明显减弱,干湿效应也不显著,土体基本保持有规则的原始结构,多呈棱块状、短柱状等块体,结构联结仅部分丧失,厚度为 1.0m 左右。

我国部分膨胀土地区的风化作用影响深度,见表 5-10-1。

我国部分膨胀土地区风化作用影响深度　　　　表 5-10-1

地区	不同判定标志的膨胀土临界活动区深度(m)				大气风化作用深度(m)
	湿度标志	地温标志	深度标志	地裂标志	
云南鸡街	3.0				3.0~4.0
云南江水地	5.0				3.0~5.0
四川成都	1.5	1.8			1.5
广西南宁	2.0~3.0		3.0	2.0~2.5	2.5~3.0
广西宁明			3.5	2.5~3.5	3.0
陕西安康	3.0			2.0~3.0	3.0
湖北荆门	1.5~2.0	2.0	1.5	1.2~1.5	1.5~2.0
湖北十堰郧阳区	2.0	2.0		<2.0	2.0
湖北宜昌		2.1			2.1
河南南阳		3.2			3.2
河南平顶山	2.5	2.1	3.0		2.5
安徽合肥	2.0	2.0			2.0
河北邯郸	2.0				2.0

6. 强度衰减性

膨胀土的抗剪强度为典型的变动强度,具有峰值强度极高、残余强度极低的特性。由于膨胀土的超固结性,其初期强度极高,一般现场开挖都很困难。然而,由于土中蒙脱石矿物的强亲水性以及多裂隙结构,随着土受胀缩效应和风化作用的时间增加,抗剪强度将大幅度衰减。强度衰减的幅度和速度,除与土的物质组成、土的结构和状态有关外,还与风化作用特别是胀缩效应的强弱有关。这一衰减过程有的是急剧的,但也有的比较缓慢。因而,有的膨胀土边坡开挖后,很快就出现滑动变形破坏;有的边坡则要几年,乃至几十年后才发生滑动。

在大气风化作用带以内,由于土体的湿胀干缩效应显著,抗剪强度变化较大。经过多次湿胀干缩循环以后,黏聚力 c 大幅度下降,而内摩擦角 φ 变化不大。一般干湿循环 2~3 次以后强度即趋于稳定。

表 5-10-2 和 5-10-3 提供了我国部分地区膨胀土的物理、力学性质,表 5-10-4 给出了我国部分地区膨胀土的胀缩特性。

我国部分地区膨胀土的物理性质　　　　　　表 5-10-2

地区		土颜色	w_0 (%)	e_o	γ (kN/m³)	γ_d (kN/m³)	w_P (%)	w_L (%)	I_P	w_0/w_P
云南	鸡街	杂色	23.2	0.75	19.5	15.8	27	52	25	0.86
	鸡街	灰黄、灰色	22.1	0.67	20.1	16.5	23.7	49.4	25.7	0.93
	蒙自	褐红	32.0	1.38	16.4	13.2	35	61	26	0.91
	蒙自	褐黄、杂色	30.6	1.05	18.6	14.2	35	64	29	0.87
	蒙自	灰黄、灰白	39.3	1.15	17.8	12.8	39	73	34	1.00
湖北荆门		黄色	19.1	0.54	20.2	17.0	18.6	39.5	20.9	1.03
广西	贵县	红色	41.0	1.18	18.1	12.8	35	74	39	1.17
	南宁	灰色	31.0	0.88	19.3	14.7	27	56	29	1.15
	宁明	灰色	24.0	0.75	19.9	16.0	26	52	26	0.92
	黎塘	红色	34.2	1.01	18.6	13.9	40.0	80.6	40.6	0.86
广东茂名		杂色	20.1	0.57	20.8	15.5	21.1	43.2	22.1	0.95
河北邯郸		杂色	18.3	0.54	20.7	17.5	21.8	44.6	22.8	0.84
河南	南阳	灰白	20.3~33.0	0.57~0.96			20~32	55~76	35~44	1.01~1.03
	南阳	棕黄	18.5~28.7	0.56~0.82			20~28	38~51	18~23	0.92~1.02
	南阳	灰褐	20.3~26.4	0.61~0.96			20~29.6	37.8~52	17.8~22.7	1.01~0.89
	平顶山	灰绿	20.1	0.61	20.0	16.7	24.5	52.0	27.5	0.82
	安阳	褐色	24.8	0.87	18.3	14.7	22.6	43.2	20.6	1.10
陕西安康		棕红	20.6	0.65	20.2	16.7	21.5	39.4	17.9	0.96
山西晋城		深红	21.7	0.65	20.2	16.6	21.8	39.3	17.5	1.00
四川成都		杂色	20.6	0.62	20.0	16.6	20.9	42.9	22.0	0.99
山东即墨		褐黄	28.3	0.86	18.5	14.5	26.9	54.7	27.8	1.05

注:本表引自《简明岩土工程勘察设计手册》(林宗元主编)中的 3.8 节:膨胀土的工程勘察评价(陆忠伟编写),中国建筑工业出版社,2003。

我国部分地区膨胀土力学性质 表5-10-3

地 区	w_0 (%)	e_0	压缩模量 E_{S1-2} (MPa)	压缩系数 α_{1-2} (MPa^{-1})	变形模量 E_0 (MPa)	黏聚力 c (kPa)	摩擦角 φ (°)	荷载试验 P_0 (比例极限) (MPa)
云南蒙自	48	1.1~1.4	6.08	0.28		4.2	9.5	0.29
云南鸡街	18~30	0.53~0.75			10.3~17.2	34	6	
河南南阳	24~26	0.57~0.96	9.7~14.8	0.21~0.30	18~30	27~35	17	0.15~0.20
山西晋城	17.7~24.2	0.62	11.1~33.3	0.10		30~60	18~22	0.30
四川成都	21	0.62		0.13	9~12	15~44	23~26	0.2~0.4
安徽合肥	20~25	0.60~0.80		0.10~0.15		56~84	25	
广西宁明	25	0.74		0.09		61	17	
河南安阳	24.8	0.84	5.7	0.28		92~120	11~21	
湖北襄阳	23.0	0.6~0.7	15.8	0.12		91~109	23	

注:本表引自《简明岩土工程勘察设计手册》(林宗元主编)中的3.8节:膨胀土的工程勘察评价(陆忠伟编写),中国建筑工业出版社,2003。

我国部分地区膨胀土胀缩特性 表5-10-4

地 区		颜色	天然含水率 w_0(%)	天然孔隙比 e_0	塑限 w_p	液限 w_L	自由膨胀率 δ_{ef}(%)	缩限 w_s(%)	收缩系数 δ_{SL}	膨胀力 P_e(kPa)
云南	蒙自	杂色	30.6	1.05	35	64	40~90	22.1	0.44	18
	蒙自	灰黄	39.6	1.15	39	73	54~124	15.1~16.1	0.30~0.50	0~50
	鸡街	杂色	17.9~30.0	0.53~0.94	20.2~36	44.5~66.4	40~70	14.7~20.4	0.25~0.49	0~100
	鸡街	灰黄	12.6~32.0	0.40~0.96	15.3~40	31.9~74	43~139	10.5~20.0	0.27~0.89	250
广西	宁明	绿灰	20~32	0.59~0.92	30~32	42~61	41~93		0.7~1.15	30~360
	贵县	红色	27~42	0.81~1.24	31~41	60~86	40~50		0.3~0.4	7~66
	南宁	灰白	23~41	0.68~1.08	22~32	43~69	40~65		0.33~0.45	12~98
	黎塘	红色	34.2	1.01	40.0	80.6	42	29.0	0.26	40
河南	平顶山	灰白	21.5	0.64	21.6	52.9	106	11.8	0.40	96
	南阳	棕黄	24	0.87	22.6	43.2	47		0.73	36
河北邯郸		红褐	20.7~22.8	0.60~0.67	17~22	43~47	41~85		0.45~0.51	30~50
湖北荆门		褐黄	24.3	0.69	22.8	45.5	56		0.38	73
安徽合肥		褐黄	28.2	0.78	27.8	56.0	71		0.43	138
广东茂名		褐红	20~40.7	0.76~1.10	27~32	55.6~76.2	43~89		0.37~0.80	25~250

注:本表引自《简明岩土工程勘察设计手册》(林宗元主编)中的3.8节:膨胀土的工程勘察评价(陆忠伟编写),中国建筑工业出版社,2003。

此外,膨胀土还具有胀缩各向异性,反映胀缩各向异性的指标有 $\alpha_{缩}$ 和 $\alpha_{胀}$,其计算公式见式(5-10-1)和式(5-10-2):

$$\alpha_{缩} = e_{sl}/e_{sd} \quad (5\text{-}10\text{-}1)$$

$$\alpha_{胀} = e_{pl}/e_{pd} \quad (5\text{-}10\text{-}2)$$

式中:e_{sl},e_{sd}——收缩试验测定的竖向收缩率和横向收缩率;

e_{pl},e_{pd}——三向膨胀试验测定的竖向膨胀率和横向膨胀率。

我国部分地区膨胀土胀缩各向异性见表5-10-5。

我国部分地区膨胀土的胀缩各向异性　　　　表5-10-5

地区			胀缩各向异性	
			$\alpha_{缩}$	$\alpha_{胀}$
河南		平顶山	2.00	
	南阳	十八里岗灰白土	0.85	0.96
		构林棕黄土	0.97	0.81
		朱营灰褐土	1.00	0.91
云南		蒙自	0.53~1.50	1.13~2.62
		鸡街	0.29	
陕西		安康	0.97	1.39
		西乡	1.01	1.17
		勉西	0.98	1.71
广西		南宁	0.77	
		宁明	3.33	
四川成都			1.43	
湖北荆门			0.72	
安徽合肥			1.25	
广东湛江(杂色)			0.10~1.67	0.67~4.21

注:本表引自《简明岩土工程勘察设计手册》(林宗元主编)中的3.8节:膨胀土的工程勘察评价(陆忠伟编写),中国建筑工业出版社,2003。

四、膨胀土路基病害

1. 路面路基病害

(1)波浪变形

设计不好的路基路面,由于路幅内土基含水率的不均匀变化,引起土体的不均匀胀缩,易产生幅度很大的横向波浪形变形。这种变形随季节和时间而变化。

(2)溅浆冒泥

雨季路面渗水,土基受水浸并软化,在行车荷载作用下,形成泥浆,挤入粒料基层,并沿路面裂缝、伸缩缝溅浆冒泥。溅浆冒泥多在雨季发生,如有地下水浸湿路基时,也可在其他季节发生。

2. 路堑病害

(1)剥落

剥落是路堑边坡表层受物理风化作用,使土体碎解成细粒状、鳞片状,在重力作用下沿坡面滚落的现象。剥落主要发生在旱季,旱季越长,蒸发越强烈,剥落越严重。一般强膨胀土较弱膨胀土剥落更严重,阳坡比阴坡剥落要严重。剥落物堆积于边坡坡脚或边沟内常造成边沟堵塞。

(2) 冲蚀

冲蚀是坡面松散土层在降雨或地表径流的集中水流冲刷侵蚀作用下,沿坡面形成沟状冲蚀的现象。冲蚀沟深 $0.1 \sim 0.5m$,深者可达 $1.0m$。冲蚀的发展使边坡变得支离破碎。冲蚀主要发生在雨季,特别是大雨或暴雨季节。冲蚀既破坏了坡面的完整性,也不利于植物的生长。

(3) 泥流

泥流是坡面松散土粒与坡脚剥落堆积物在雨季被水流裹带搬运形成的。一般在膨胀土长大坡面、风化剥落严重且地表径流集中处最易形成。泥流常造成边沟或涵洞堵塞,严重者可冲毁路基、掩埋路面。

(4) 溜塌

边坡表层强风化层内的土体吸水饱和,在重力与渗透压力作用下,沿坡面向下产生塑流状塌移的现象,称为溜塌。溜塌是膨胀土边坡表层最普遍的一种病害,常发生在雨季,与降雨稍有滞后关系,可在边坡的任何部位发生,与边坡坡度无关。溜塌上方有弧形水坎,无明显裂缝与滑面,塌体移动距离较短,且很快自行稳定于坡面。溜塌厚度受强风化层控制,大多在 $1.0m$ 以内,不超过 $1.5m$。

(5) 坍滑

边坡浅层膨胀土体,在湿胀干缩效应与风化作用影响下,由于裂隙切割以及水的作用,土体强度衰减,丧失稳定,沿一定滑面整体滑移并伴有局部坍落的现象,称为坍滑。坍滑常发生在雨季,并较降雨稍有滞后。滑面清晰且有擦痕,滑体裂隙密布,多在坡脚或软弱的夹层处滑出,破裂面上陡下缓,滑面含水富集,明显高于滑体。坍滑若继续发展,可牵引形成滑坡。坍滑厚度一般在风化作用层内,多为 $1.0 \sim 3.0m$。

(6) 滑坡

滑坡具有弧形外貌,有明显的滑床,滑床后壁陡直,前缘比较平缓,主要受裂隙控制。滑坡多呈牵引式出现,具叠瓦状、成群发生,滑体呈纵长式,有的滑坡从坡脚可一直牵引到边坡顶部,有很大的破坏性。滑体厚度多具有浅层性,一般为 $1.0 \sim 3.0m$,多数小于 $6.0m$,与大气风化作用深度密切相关。膨胀土滑坡主要与土体结构关系密切,与边坡的高度和坡度并无明显关系。因此,试图以放缓边坡来防治滑坡几乎是徒劳的,必须采取其他有效的防护加固措施。

3. 路堤病害

(1) 沉陷

膨胀土初期结构强度较高,在施工时不易被粉碎,也不易被压实。在路堤填筑后,由于大气物理风化作用和湿胀干缩效应,土块崩解,在上部路面、路基自重与汽车荷载的作用下,路堤易产生不均匀下沉,如伴随有软化挤出则可产生很大的沉陷量。路堤越高,沉陷量越大,沉陷越普遍,尤以桥头填土的不均匀下沉最为严重。不均匀下沉导致路面的平整度下降,严重时可使路面变形破坏,甚至屡修屡坏。

(2) 纵裂

路肩部位常因机械碾压不到,使填土达不到要求的密实度,因而后期沉降相对较大。同时,因路肩临空,对大气物理作用特别敏感,干湿交替频繁,肩部土体失水收缩远大于堤身,故在路肩顺路线方向常产生纵向开裂,形成长数十米甚至上百米的张开裂缝。缝宽约 $2 \sim 4cm$,

大多距路肩外缘 0.5~1.0m。

(3) 坍肩

路堤肩部土体压实不够,又处于两面临空部位,易受风化影响使强度衰减,当有雨水渗入时,特别是当有路肩纵向裂缝时,容易产生坍塌。塌壁高多在 1m 以内,严重者大于 1m。

(4) 溜塌

与路堑边坡表层溜塌相似,但路堤边坡溜塌多与边坡表面压实不够有关。溜塌多发生在路堤边坡的坡腰或坡脚附近。

(5) 坍滑

膨胀土路堤填筑后,边坡表层与内部填土的初期强度基本一致。但是随着通车时间的延续,路堤经受几个干湿季节的反复收缩与膨胀作用后,表层填土风化加剧,裂隙发展,当有水渗入时,膨胀软化,强度降低,导致边坡坍滑发生。

(6) 滑坡

路堤滑坡与填筑膨胀土的类别、性质、填筑质量以及基底条件等有关。用灰白色强膨胀土填筑堤身,形成人为的软弱面(带);填筑质量差,土块未按要求打碎;基底有水或淤泥未清除,处理不彻底;边坡防护工程施工不及时;边坡表层破坏未及时整治等,都有可能产生滑坡。因此,膨胀土路堤有从堤身滑动的,也有从基底滑动的。

五、公路膨胀土路基修筑技术发展概况

20 世纪 40 年代中期,西方发达国家开始对膨胀土问题进行专门研究。我国对膨胀土工程问题研究的历史也有 40 余年。1990 年召开全国首届膨胀土科学研讨会,至今已经取得不少的研究成果,但膨胀土问题并没有得到真正解决,工程建设中因膨胀土引起的工程问题仍时有发生。

我国高等级公路大规模修建始于 20 世纪 90 年代。在此之前,由于公路等级低,定线设计时对膨胀土地段尽量绕避,公路路基受膨胀土破坏的问题不突出,因此公路部门对膨胀土地区筑路问题研究很少。到 20 世纪 90 年代,由于高等级公路建设中遇到膨胀土工程问题日益显露,公路部门开始对膨胀土工程问题开展一些针对性研究,但研究范围主要局限在膨胀土填料改性及路堤边坡加筋的路基填筑技术方面。而公路膨胀土分类判别指标和胀缩等级判别方法、路堑边坡加固与防护设计与施工技术、膨胀土路基防排水系统设计方法与施工技术、膨胀土地区路基和路面协调设计方法等方面尚未做过系统研究。1996 年 10 月开始实施的《公路路基设计规范》(JTJ 013—1995)首次在特殊路基部分专门列入膨胀土地区路基一节,但由于当时公路部门缺乏对膨胀土工程问题的系统研究,其中所提出的膨胀土的分类、胀缩性判别标准及膨胀土处置方法大多沿用铁路及建筑部门的做法,没有考虑公路路基的特殊要求和行车荷载特性,远不能适应当前中国加速高等级公路建设有效处理膨胀土路基工程问题的需要。为解决公路建设中的膨胀土问题,道路工程领域分别就膨胀土改性和膨胀土边坡防护与加固等课题做了大量研究工作,交通部于 2002 年就公路膨胀土问题作为西部交通建设重大课题立项,从膨胀土分类分级、膨胀土改性、边坡加固与防治、地基处理到水土保持与环境保护等方面展开了系统研究,希望获得膨胀土地区公路修筑成套技术。该项目于 2005 年结题,部分子题于 2004 年完成并通过验收,有些初步研究成果,例如膨胀土的判别与分类的新方法等已经写入新发布的《公路路基设计规范》(JTG D30—2015)有关规定及条文说明之中。

为系统总结在膨胀土地区进行公路、铁路、水利、建筑等工程建设的工程实践经验,加强对膨胀土研究成果的学术交流和探讨，提高对膨胀土进一步研究的水平，从而促进我国基础建设设施建设和经济的发展，长沙理工大学、广西交通厅、交通部西部交通建设科技项目管理中心于 2004 年 12 月在广西南宁举办了"全国膨胀土学术研讨会"。会议共收到学术论文 86 篇，挑选了其中 58 篇编入《膨胀土处置理论、技术与实践》一书，并由人民交通出版社出版。此书较系统的总结了我国近年来膨胀土地区公路、铁路、水利、建筑等建设领域的工程实践经验和理论研究成果，集中反映了当前我国膨胀土问题研究的学术水平，对于提高膨胀土地区工程的建设质量，推动我国膨胀土理论与应用技术的深入研究起到重要作用。郑建龙、杨和平题为"中国公路膨胀土工程问题、研究现状及展望"一文是书中最重要的综述文章之一，该文详细介绍了"膨胀土地区修筑成套技术研究"课题研究的进展情况和已取得的初步成果。其中包括以下几方面：

(1) 适合于公路工程的膨胀土分类、分级指标。
(2) 适合于当前施工条件、施工技术的膨胀土改性和加固技术。
(3) 路堑边坡变形破坏机理和加固防治技术。
(4) 公路膨胀土路基防排水设计、地基结构物修建技术及公路生态环境保护技术。

他们认为公路膨胀土研究的发展方向应集中在以下四个方面：
(1) 膨胀土的实用力学模型和分析方法。
(2) 天气变化引起膨胀土变形、开裂规律的试验研究和理论分析。
(3) 膨胀土路堑边坡柔性支护的加固机理与设计方法。
(4)《全国数字化膨胀土地区分布图》的充实与完善。

第二节　设计原则与勘察要点

一、勘测要点

1. 调查要点

(1) 膨胀土的分布范围、地层及时代、成因类型。
(2) 膨胀土层次、层位、厚度，有无软弱夹层，土体结构特征。
(3) 膨胀土裂隙发育程度、裂隙产状、裂隙面性质及充填物等。
(4) 膨胀土所在地貌单元，自然斜坡稳定状态、沟谷发育程度以及植被生长条件等。
(5) 膨胀土风化程度及风化层分带。
(6) 膨胀土路基环境的工程地质条件。
(7) 地下水分布及其埋藏条件、运动规律等。
(8) 收集地区多年气象资料，包括降雨量、蒸发量、气温、地温等。
(9) 调查区内或相邻地区既有建筑物的稳定状况、变形破坏性质及原因、防治措施及其效果。
(10) 调查筑路材料的种类、产地、储量、运距及其开采价值等。

2. 勘察要求

(1) 勘探点的布置应按勘测阶段、公路等级与路基工程类别、工程地质条件复杂程度等情况，根据调查测绘要求确定。

(2)勘探深度应视具体情况而定。若膨胀土层厚度不大时,所有勘探孔均应穿过膨胀土层;若膨胀土层厚度较大时,勘探深度应至路基面或设计基础底面以下 3~5m。

(3)勘探时应按膨胀土颜色、土质、结构特征等进行详细分层。特别应标注灰白色、灰绿色膨胀土层的厚度和层位,作为膨胀土与软弱层的标志层考虑。

(4)复杂工点用于原位测试与取土试验的勘探孔数量,一般为全部勘探孔的 1/2~2/3。

3. 试验要求

(1)选择代表性地层,分层取样或有特殊需要时连续取样,按设计要求进行物理力学、膨胀与收缩试验,必要时应测定黏土矿物成分。

(2)试验除应按土的天然含水率与干密度测试土的表观物理力学和胀缩性指标外,还应分别制备缩限与胀限含水率试样以测试土的极限物理力学和胀缩性指标,供设计选用。

(3)复杂工点除取土样进行室内试验外,还应根据需要选做现场原位测试,如触探试验、浸水膨胀试验、大面积剪切试验等。

二、选线原则

膨胀土地区公路选线大致应遵循以下原则:

(1)如有可能,路线应尽量绕避膨胀土地段。

(2)必须通过膨胀土地段时,路线的位置应选择膨胀土分布范围最窄、膨胀性最弱以及膨胀土层最薄的地段。

(3)路线横穿膨胀土垄岗脊线时,应选择岗脊前缘,并垂直垄岗脊线,以尽可能降低路堑深度、缩短路堑长度。

(4)尽可能减少深挖高填。

(5)若路线通过既有建筑区时,应尽量远离建筑群及重要建筑物。

三、路基设计原则

膨胀土地区公路路基设计应遵循以下原则:

(1)膨胀土地区路基设计,应综合考虑膨胀土类型、土体结构与工程特性、环境地质条件与风化深度因素。

(2)膨胀土中水分的迁移转化,将导致显著的湿胀干缩变形,并使土的工程性质恶化。因此,膨胀土路基设计的关键问题是如何防水保湿,保持土中水分的相对稳定。

(3)膨胀土原则上不应用作路堤填料,特别是强膨胀土严禁用来填筑路堤。若经过技术经济比较必须利用膨胀土填筑路堤时,最好选取膨胀性较弱的土用于下层,而不用于路床。若不得已用于土基时,则必须考虑采用石灰、水泥等无机结合料进行土性改良。

(4)膨胀土路堑设计应充分考虑到膨胀土的"变动强度"与强度衰减的特性。边坡稳定性检算的抗剪强度指标,原则上应采用膨胀土在设计状态下的土体强度,不应以土块强度,尤其是不应以天然原状土块的峰值强度指标作为边坡稳定检算依据。

(5)膨胀土大多属于超固结土,具有较大的初始水平应力。路堑边坡开挖后,超固结应力释放产生卸荷膨胀。若边坡土体长期暴露并风化,则强度大幅衰减,必将导致边坡破坏。因此,路堑设计可考虑通过柔性支护或刚性与柔性相结合的支护形式,利用土体的一部分超固结应力,保持较高的初始结构强度,以增加堑坡稳定性。

(6) 膨胀土路堑施工，一般均按照"先做排水，后开挖边坡，及时防护，及时支挡"的程序进行，以防边坡土体暴露后产生湿胀干缩效应与风化破坏。

(7) 膨胀土路基若填挖太大，路堑超过一定深度、路堤超过一定高度时，很难保证其稳定性，而且一旦病害发生则不易治理，耗资也很大。遇到这种情况，应与隧道、桥梁方案进行技术经济比较，以确定是否以路基通过。

第三节　膨胀土的判别与分类

膨胀土的判别是确定膨胀土与非膨胀土的界限，判别的目的是区分膨胀土与非膨胀土，一般适用于初勘阶段。膨胀土的分类是在膨胀土判别的基础上对膨胀土进行再判别，按照膨胀潜势的大小划分为不同的类别，一般适用于详勘阶段。

一、公路膨胀土判别分类指标与分类标准

关于膨胀土的判别，国内外尚不统一。根据多年来工程实践的经验总结和工程地质特征，自由膨胀率大于40%和液限大于40%的黏质土，可初判为膨胀土，但这并不是唯一的，最终决定的因素是总胀缩率及膨胀的循环变形特征。

《膨胀土地区建筑技术规范》(GB 50112—2013)采用自由膨胀率对膨胀土的膨胀潜势进行分类，目前使用的膨胀土判别指标自由膨胀率 δ_{ef} 是风干土碾细过筛，并在105°~110°下烘干至恒重，在干燥器中冷却后用标准量杯取10cm³土样进行自由膨胀率测试。由于测试过程中有较多人为因素干扰，例如阳高样的1~2μm粒级，10cm³体积土约为5g；高岭样则约4g，这说明用标准量筒量取的土样的密度相差很大。故对该指标的可靠性及能在多大程度上反映膨胀土的本质等方面，一直存在着争议。有的认为测试方法使颗粒间结合力丧失，而使膨胀得到了较充分的发挥，其结果并不能代表土体的真正膨胀潜势。

膨胀土的性质是由膨胀土内蒙脱石及其家族的含量多少决定的。自由膨胀率判别法易产生膨胀土的误判与漏判，铁路部门采用蒙脱石含量和阳离子交换量作为鉴别指标，判别准确率高，但测试困难。

标准吸湿含水率与比表面积、阳离子交换量、蒙脱石含量之间存在线性关系。标准吸湿含水率反映了膨胀土最基本的属性。标准吸湿含水率试验方法已纳入《公路土工试验规程》(JTG E40—2007)，该判别分类标准已在湖北、湖南、安徽、广西、云南、河南、河北等地的公路行业、建筑行业，以及南水北调水利工程中得到广泛推广应用，验证了该标准的准确性与可靠性。

1) 膨胀土的判别

膨胀土应为土中黏粒含量较多，主要由亲水性黏土矿物所组成，具有显著的吸水膨胀和急剧的失水收缩开裂，并能产生多次循环胀缩变形，受气候影响强度急剧衰减的黏性土。

膨胀土判别应现场定性和室内定量两者相结合。按下列方法进行初判和详判。

(1) 应根据地貌、颜色、结构、土质情况、自然地质现象和土的自由膨胀率等特征，进行膨胀土初步判定。膨胀土的工程地质特征表现为：

①土的颜色为灰白色、灰绿色、棕色、红色、灰色、黄褐色等。

②网状裂隙极发育，有蜡面，易风化呈细粒状，鳞片状隙发育，常有光滑面和擦痕，有的裂隙中充填着灰白色、灰绿色黏土。

③黏土细腻、滑感特强;黏土中含有少量粉砂时,滑感较强;含较多钙质或铁锰结核,以钙质结核为主,在旱季呈坚硬或硬塑状态,在雨季呈黏滑状态。

④出露于二级或二级以上阶地、山前和盆地边缘丘陵地带,地形平缓,无明显自然陡坎。

⑤坡面常见浅层溜坍、滑坡、地面裂隙。当坡面有数层土时,其中等膨胀土层往往形成凹形坡。新开挖(槽)壁易发生坍塌等。

⑥浅层基础的单层或多层建筑物出现裂缝,且建筑物裂缝随气候变化而张开和闭合。

(2)膨胀土详判应以标准吸湿含水率为控制指标。当标准吸湿含水率大于或等于2.5%时,应判定为膨胀土。

2)膨胀土的膨胀潜势分级

标准吸湿含水率能很好地反映膨胀土的矿物组成特性,塑性指数能很好地反映粒度组成、分散特性和阳离子与黏土矿物的相互作用。考虑到对以前分类成果的继承性,这里选用标准吸湿含水率、塑性指数和自由膨胀率3个参数对膨胀土进行分级。膨胀土应按表5-10-6分为弱、中、强三级。

膨胀土的膨胀潜势分级表　　　　　　　　　　　　　　　　　　　表5-10-6

级别	非膨胀土	弱膨胀土	中等膨胀土	强膨胀土
自由膨胀率 $\delta_{ef}(\%)$	$\delta_{ef}<40$	$40\leqslant\delta_{ef}<60$	$60\leqslant\delta_{ef}<90$	$\delta_{ef}\geqslant90$
标准吸湿含水率 $w_a(\%)$	$w_a<2.5$	$2.5\leqslant w_a<4.8$	$4.8\leqslant w_a<6.8$	$w_a\geqslant6.8$
塑性指数 $I_p(\%)$	$I_p<15$	$15\leqslant I_p<28$	$28\leqslant I_p<40$	$I_p\geqslant40$

注:表中"非膨胀土"并不是说该土没有膨胀性,只是其胀缩特性不会对工程产生不利影响。表5-10-6为膨胀土的分级标准,分级以标准吸湿含水率为控制指标,只有当未进行标准吸湿含水率指标试验时,才参考用自由膨胀率和塑性指数指标对膨胀土进行分级。

所谓"标准吸湿含水率",比较接近风干含水率,但又不同于风干含水率。因为风干含水率一般对风干的条件没有限制规定,但一年四季当中大气的干湿冷暖变化很大,所以风干含水率的值实际上还是可变的。土的标准吸湿含水率的定义是膨胀土试样在标准温度(通常可取25℃)和标准相对湿度(通常可取60%)下达到恒重后的平衡含水率。为了消除干湿循环对于平衡含水率的影响,一般情况下还要规定采用脱湿路径条件下对应的平衡含水率为标准吸湿含水率。标准吸湿含水率的试验方法参见现行《公路土工试验规程》(JTG 3430)。

二、膨胀土填料的分类

膨胀土路基填料设计应以击实膨胀土的胀缩总率作为分类指标,按表5-10-7进行膨胀土填料分类,确定各类膨胀土的使用范围及处置措施。

膨胀土填料分类表　　　　　　　　　　　　　　　　　　　　　　　表5-10-7

填料等级	有荷压力下胀缩总率(%)	使用范围
Ⅰ	$e_{ps}<0.7$	非膨胀土,可直接利用
Ⅱ	$0.7\leqslant e_{ps}<2.5$	弱膨胀土,采取包边、加筋、设置垫层等物理处置措施后可用于路堤填料,采用掺石灰等化学改性后可用于路床填料
Ⅲ	$2.5\leqslant e_{ps}<5.0$	中等膨胀土,采用掺石灰等化学改性后可作路基填料
Ⅳ	$e_{ps}\geqslant5.0$	强膨胀土,不应用作路基填料

注:1.路堤高度大于或等于3.0m时,应采用50kPa压力下膨胀率试验计算胀缩总率。
　　2.路堤高度小于3.0m时,应采用25kPa压力下膨胀率试验计算胀缩总率。

三、膨胀土地基分类

膨胀土地基评价,应根据地基的膨胀、收缩变形对构造物、建筑物和土工建筑物的影响程度进行。以膨胀土地基变形量 ρ 作为分类指标对膨胀土地基进行分类。膨胀土地基分类标准如表 5-10-8 所示。

膨胀土地基分类表　　　　　　　　表 5-10-8

膨胀土地基分类等级	膨胀土地基变形量 ρ（mm）	说　　明
Ⅰ	$\rho \geqslant 200$	地下水位埋藏较深,活动区的深度大,属强膨胀土区域,一般采用深基础
Ⅱ	$100 \leqslant \rho < 200$	地下水位埋藏一般较深,建筑物一般采用深基础,如采用浅基础必须加大埋深和采取保湿措施,还应与深基础进行经济技术比较
Ⅲ	$40 \leqslant \rho < 100$	地基变形较大,基础必须加大埋深和采取保湿措施。在坡顶和坡腰的建筑物产生破坏的可能性较大。整体结构厂房和筒仓可采用筏板基础
Ⅳ	$15 \leqslant \rho < 40$	采用浅基础时,必须采用恰当的上部结构才能保证建筑结构不受膨胀土地基胀缩变形的影响
Ⅴ	$\rho < 15$	对各类建筑物来说,可以不考虑膨胀土地基胀缩变形的影响

膨胀土地基变形计算的两种推荐方法：
（1）建立在固结试验基础之上的膨胀土地基变形计算
土层的总变形为各层土变形之和。

$$\rho = \sum_{i=1}^{n} \Delta z_i = \sum_{i=1}^{n} \frac{\Delta e_i}{(1+e_o)_i} z_i = \sum_{i=1}^{n} \frac{C_s z_i}{(1+e_o)_i} \lg\left(\frac{\sigma'_f}{\sigma'_{sc}}\right)_i \tag{5-10-3}$$

$$e_f = e_o - C_s \lg \frac{\sigma'_f}{\sigma'_{sc}}; \tag{5-10-4}$$

式中：ρ——总隆起变形；
$\sum z_i$——第 i 层土的隆起变形；
e_o——初始孔隙比；
e_f——最后孔隙比；
σ'_{sc}——由恒体积试验中校正的膨胀压力；
σ'_f——最后有效应力；
C_s——膨胀指数；
z_i——第 i 层土的初始厚度；
Δe_i——第 i 层土的初始孔隙比的变化,$\Delta e_i = (e_f - e_0)_i = [C_s \lg(\sigma'_f/\sigma'_{sc})]_i$；
n——土的层数。

（2）建立在收缩试验基础上的膨胀土地基变形预测
膨胀土地基总变形可以表示为：

$$\rho = \sum_{i=1}^{n} \Delta z_i = \sum_{i=1}^{n} \frac{C_w \Delta \omega_i}{(1+e_o)_i} z_i \tag{5-10-5}$$

式中：C_w——非饱和膨胀土体积收缩指数，$C_w = \dfrac{\Delta e}{\Delta w}$；

$\Delta \omega_i$——第 i 层土的初始孔隙比的变化。

四、膨胀土路堑边坡分类

根据工程地质条件和路堑边坡的复杂程度，可将路堑边坡划分为复杂边坡、较复杂边坡与简单边坡三类，以便分别采取相应的稳定措施。详细的膨胀土路堑边坡分类标准见表5-10-9。

膨胀土路堑边坡分类　　　　表5-10-9

边坡类型		工程地质条件				边坡状况		稳定措施
		土的类别	土层	地形地貌	水文地质	高度(m)	稳定性评价	
Ⅰ	复杂边坡	强	多层，且有软弱夹层	斜坡高陡，岗间负地形	汇水面积大，地下水活动频繁	>15	极不稳定	加强排水，以支挡为主
Ⅱ	较复杂边坡	中	多层，无软弱夹层	斜坡短缓、岗侧缓坡	汇水面积小，偶有地下水出露	6~15	不稳定	加强排水，坡面防护辅以支挡
Ⅲ	简单边坡	弱	土层单一，较均质	平坦无坡、岗脊正地形	无地表水汇集，无地下水活动	<6	较稳定	加强排水，坡面防护为主

五、膨胀土场地分类

通过研究公路建设场地所处的地形地貌、地质环境，膨胀土分布规模与工程性质、胀缩等级，公路建设中存在的主要工程地质问题及对公路工程的影响程度，地质病害治理规模与技术难度，各级公路建设的难易程度等，提出公路膨胀土建设场地的分类方法。

膨胀土建筑场地的复杂程度，可在场地膨胀土的判别与分类的基础上，根据场地膨胀土地基等级分类、膨胀土路堑边坡复杂程度等级分类的基础上进行三个等级的分类。

一级分类：膨胀土的判别与分类；

二级分类：膨胀土地基分类、膨胀土填料分类、膨胀土边坡分类；

三级分类：膨胀土的场地复杂程度分级。

膨胀土的场地复杂程度分级标准如表5-10-10所示。

公路膨胀土场地复杂程度等级　　　　表5-10-10

膨胀土地基分类	膨胀土边坡复杂程度等级		
	Ⅰ	Ⅱ	Ⅲ
Ⅰ	复杂	复杂	复杂
Ⅱ	复杂	中等	中等
Ⅲ	复杂	中等	中等
Ⅳ	复杂	简单	简单
Ⅴ	复杂	简单	简单

复杂场地：地表沟谷切割严重，地形起伏很大，负地形，土体为复合式结构，具有中等~强膨胀性，裂隙极其发育，不良地质现象很普遍，地下水变动很显著，且存着地表水（河渠塘等）严重渗漏的影响。地形坡度大于5°，地形起伏大；高差大于5m以上的沟谷多、陡坎多；地貌单

元多；地下水局部分布，埋深不一，变化大；膨胀土与非膨胀土互层多、透镜体多；土层厚度、产状、埋深、土质（尤其膨胀性）变化大；浅层滑坡、崩塌多。对公路工程有重大的影响。

中等场地：地表沟谷切割较严重，地形起伏较大，土体为复合式结构，但无软弱夹层，具有弱~中等膨胀性，裂隙较发育，不良地质现象仅局部发育，可能有地下水渗漏的影响，但不很严重。地形坡度 2°~5°，地形起伏较大；沟谷、边坡、陡坎高差小于 5m；地貌单元较多；地下水局部分布，但埋深较深（地表 8m 以下）；膨胀土与非膨胀土互层较少；土层厚度、土质（尤其膨胀性）变化较大。对公路工程有一定的影响。

简单场地：阶地垄岗正地形，平坦完整，土体为均质土层单一结构，具弱~中等膨胀性，裂隙发育，无不良地质现象，不存在有地表水系渗漏的影响。地形坡度小于 2°，常有水浸润的低洼地带；无沟谷、边坡、陡坎；地貌单一；地下水位很浅（常在地表 3~4m），水位稳定；地层单一，厚度和土质（尤其膨胀性）变化较小。对公路工程影响轻微。

第四节 挖方路基设计

一、挖方路基断面形式与边坡坡率

膨胀土路堑边坡设计主要包括边坡形式、边坡坡率、边坡防护与加固等内容。影响膨胀土路堑边坡变形破坏的因素较多，膨胀土工程性质特殊而复杂，对路基工程安全的潜在威胁很大。因此，在进行路堑边坡设计以前，应充分进行工程地质调查、既有建筑物调查，搜集当地气象资料，并在此基础上通过技术经济比较，合理确定路堑边坡形式、坡率及其防护加固措施。

1. 挖方路基断面形式

路堑边坡形式的设计，应考虑使其与膨胀土的特殊工程性质相适应，有利于路堑边坡的稳定，有利于养护。一般常用的边坡形式，主要有直线式、折线式、阶梯平台式三种类型。

1) 直线式

一般在土质均匀、膨胀性较弱且边坡高度在 6m 以下的路堑采用。边沟外侧设平台，以防边沟水浸湿软化坡脚，同时避免剥落或溜塌的土堵塞边沟。

2) 折线式

在土质较均匀或下部为砂卵石土、上部为膨胀土时采用。缺点是在变坡点易受水流冲蚀，同时临空面增加使土体更易风化。

3) 阶梯平台式

适用于边坡高度大于 6m 的任何类型膨胀土路基。平台的级数应视路堑边坡总的高度而定。平台的宽度应能保证上一级边坡的起坡线在下一级边坡最危险破裂面以外 0.5m，并能保证边坡的整体稳定，一般不得小于 2.0m。各级平台的位置，在均质土层的单一边坡，按其高度适当划分；在多种类型膨胀土组成的复合边坡，应按土体结构面（层面、风化界面、软弱夹层面等）设置。

阶梯平台式的优点，主要是把高边坡降低为矮边坡的组合形式，不仅减轻了高边坡土体对坡脚的压力，而且减弱了地面水对边面的冲蚀，同时平台对坡脚有一定支撑作用，对边坡变形有一定减缓作用，对稳定边坡有利。

2. 挖方边坡坡率

膨胀土路堑边坡坡率应根据土的性质、软弱层和裂隙的组合关系、气候特点、水文地质条件,以及自然山坡、人工边坡的稳定坡率等综合确定。边坡设计应遵循"缓坡率、宽平台、固坡脚"的原则。边坡坡率和平台宽度可按表 5-10-11 设计。边坡高度大于 10m 时应进行个别设计,必要时应与隧道方案进行比较。

膨胀土路堑边坡坡率和平台宽度 表 5-10-11

膨胀土类别	边坡高度(m)	边坡坡率	边坡平台宽度(m)	碎落台宽度(m)
弱膨胀土	<6	1:1.5	—	1.0
	6~10	1:1.5~1:2.0	1.5~2.0	1.5~2.0
中等膨胀土	<6	1:1.5~1:1.75	—	1.0~2.0
	6~10	1:1.75~1:2.0	2.0	2.0
强膨胀土	<6	1:1.75~1:2.0	—	2.0
	6~10	1:2.0~1:2.5	≥2.0	≥2.0

二、挖方边坡稳定性分析与设计

由于膨胀土工程性质极端复杂,沿用常规土力学方法分析膨胀土路堑边坡稳定性存在不少实际问题。实践证明,膨胀土路堑边坡坡率的确定,是一个比较复杂的工程地质问题,对于这类路堑边坡的设计,目前尚无成熟的理论和方法。现场调查表明,膨胀土边坡坡率为 1:2 ~ 1:3 时,仍不稳定,甚至有的膨胀土路堑边坡,坡率缓至 1:5 ~ 1:8 时,稳定性仍不足,因此膨胀土坡体有"逢堑必滑"之说。特别是在路堑边坡土体结构与环境地质条件比较复杂的路段,或分布有软弱夹层(如灰白色、灰绿色膨胀土)的路堑,边坡稳定问题更为复杂。膨胀土路堑边坡的破坏,有位于坡脚的,也有位于坡腰与堑顶的,与一般黏质土边坡的破坏完全不同。因此,在膨胀土路堑边坡设计中,目前仍然以工程地质比拟法为主,必要时再进行力学分析,检算边坡稳定性。

1) 工程地质比拟法

工程地质比拟法,是以同类膨胀土边坡,在相同或相似工程地质、水文地质及环境地质条件下的稳定性为参照系,对比设计路堑边坡的上述条件,参照稳定程度最佳的边坡进行设计的一种方法。因为自然界是千变万化的,在进行对比分析时一定要收集足够的第一手资料,并充分掌握已有膨胀土边坡的历史和现状,切不可简单照搬。

路堑边坡设计应首先按膨胀土类别加以区分,然后再根据边坡高度确定其不同的边坡坡率。这样提出的路堑边坡设计参数,只是一个基本参考值,在具体设计时还应结合必要的边坡防护与加固措施,予以综合考虑,方能保证路堑边坡的稳定。

2) 力学分析检算法

膨胀土边坡稳定性力学分析,至今还是一个正在研究的课题,现有各种力学分析与计算方法还不够完善。这里仅提出在进行边坡稳定性分析和力学验算时,应当考虑的几个重要问题,仅供设计参考。

(1)膨胀土路堑边坡变形破坏的类型较多,但剥落、冲蚀、泥流以及溜塌,均属于边坡表层变形破坏,一般不涉及边坡的整体稳定性,只需加强相应的边坡防护措施,即可防止此类病害的发生，故一般不作为边坡设计的依据。

（2）膨胀土路堑边坡变形破坏类型中，影响边坡稳定性的主要是坍滑和滑坡。调查表明，边坡坍滑与滑坡的破裂面形状主要受膨胀土体裂隙结构面控制；后壁受高倾角近垂直裂隙影响，呈陡直状；前缘受倾角近水平裂隙影响，呈平缓状；中部接近圆弧状。

（3）膨胀土路堑边坡稳定性大多与土体的各种界面密切相关，如土的风化带界面、不同性质土层界面、胀缩效应层界面、软弱夹层界面等，因此，在边坡稳定性分析中应充分考虑各种界面效应的作用。

（4）膨胀土路堑边坡开挖，由于一部分超固结应力释放而产生卸荷膨胀，同时土中裂隙发展，表面水下渗，导致土体吸水膨胀，因而在堑坡内产生相应的膨胀力。实测表明，水平方向的膨胀力较大，对路堑边坡的稳定产生不利影响，设计中应予以考虑。

（5）膨胀土的多裂隙结构和湿胀干缩的特殊工程性质，使路堑边坡的剪切破坏有多种形式。例如：滑裂面完全与裂隙面一致的裂面剪切破坏；滑裂面与裂隙面无关的非裂面剪切破坏；滑裂面一部分沿裂隙面，一部分与裂隙面无关的综合剪切破坏；边坡表层强风化层的湿胀干缩效应剪切破坏等。

（6）膨胀土路堑边坡剪切破坏的形式不同，抗剪强度参数的确定方法也不同。例如：若是沿裂隙面剪切破坏，可采取裂隙面试样，利用直剪仪做裂面剪切试验求 c、φ 值；若是非裂面剪切破坏形式，则可取原状土样做直剪仪慢剪试验求 c、φ 值（如在浸水条件下破坏，则应做浸水慢剪试验）；若是综合剪切破坏，在正常条件下应按常规直剪仪慢剪试验求 c、φ 值，在浸水条件下应做原状土浸水直剪仪慢剪试验；若是风化层湿胀干缩效应剪切破坏，则应取原状土样进行干湿循环剪切试验，以求稳定强度的 c、φ 值。除上述剪切试验外，还可通过测定土的无侧限抗压强度试验，推算膨胀土的抗剪强度参数。

三、挖方边坡防渗排水措施

水是使膨胀土产生膨胀、路基出现病害、边坡发生坍滑的直接原因，因此膨胀土挖方边坡必须采取防渗措施，并设置完善的排水系统，及时引排地表水和地下水。

1. 坡顶坡面防渗

1）浆砌片石护坡

浆砌片石护坡曾被广泛用于膨胀土挖方边坡防护，其意图旨在将开挖后暴露的坡面进行封闭和保护，既可防止雨水渗入和土体水分蒸发，又可避免地表水冲刷。实践证明，膨胀土边坡变形时常引起浆砌片石护坡开裂、架空，达不到预期效果，且因全封闭的浆砌片石护坡与绿色周边生态环境很不协调，近年来应用已日趋减少。

2）三合土抹面

三合土抹面能保持一定的韧性，适用于任何坡度的边坡坡面防护，既可防止降雨和地表水对坡面的冲蚀，也可防止地表水渗入土体引起膨胀变形。但是三合土抹面同样也存在与绿色周边生态环境不协调的问题，近年来已很少采用。

3）非膨胀性黏土包盖

非膨胀性黏土包盖对开挖后膨胀土的坡面可起到良好的封闭和保护作用，而且也不影响边坡绿化，因此是比较理想的防渗措施。此项措施在国外使用较多，但在国内应用尚不多见。其主要原因是在膨胀土地区获取非膨胀性黏土一般比较困难，从远地运来成本较高，故较难于推广。

2. 地面排水系统

(1) 边沟

边沟应较一般路基的边沟适当加宽和加深,路堑的边沟外侧须设平台。

(2) 截水沟

切坡的上侧应设截水沟,其位置距坡口不应小于5cm。

(3) 平台内侧排水沟

阶梯式边坡,应在每一级平台内侧设排水沟。

(4) 排水沟的防护

边沟、截水沟、排水沟、平台应采用浆砌片石或混凝土预制块在开挖后随即铺砌封闭,对裂缝必须进行灌浆处理,严防渗漏和冲刷。

3. 地下排水系统

根据地下水发育情况,可设置仰斜式排水孔和支撑渗沟排走坡体中的地下水。

(1) 仰斜式排水孔

仰斜式排水孔的仰角不宜小于6°,长度应伸至地下水可能富集部位或潜在滑动面,并宜根据边坡渗水情况成群分布。由其排出的水应引入路堑边沟排除。

(2) 支撑渗沟

支撑渗沟应垂直嵌入边坡坡体,其平面形状以往多采用条带形布置;范围较大的潮湿坡体,可采用增设支沟的分岔形布置或拱形布置。实践经验表明,拱形支撑渗沟效果最好。

四、挖方边坡防护加固措施

膨胀土路堑边坡的防护与加固,一是为了预防可能产生的边坡变形破坏,二是对已产生变形破坏的边坡进行治理。边坡防护与加固措施,应根据边坡变形破坏类型与影响边坡稳定的工程地质条件、环境地质条件、地区气候条件等因素,通过技术经济比较确定。

1. 边坡防护原则

针对膨胀土的工程特性,对路堑边坡防护提出以下原则:

(1) 为保持边坡土体天然含水状态的相对稳定,应防止地面水与地下水渗入路堑边坡,同时防止土中水分蒸发,以免边坡土体产生湿胀干缩变形。

(2) 为保持边坡土体结构的相对完整,应控制土体的风化作用,尽可能减少大气物理风化营力对土体的影响。

(3) 为保持边坡土体有足够的抗剪强度,应防止土体强度衰减。

(4) 边坡土体若有强膨胀土夹层或土层中风化界面清晰完整时,应适当加固,以防滑动产生。

(5) 防护工程应能适应边坡膨胀土体可能产生的胀缩变形与膨胀力,而不遭受破坏。因此防护工程以柔性结构或刚柔相济的复合结构为宜,不可盲目采用刚性结构。

(6) 防护工程要考虑保护路域生态环境问题,有条件的地方要力求保持绿色边坡景观,因此应当尽量采用工程防护与植物防护相结合的综合措施。

2. 边坡防护加固措施

目前在膨胀土路堑边坡面防护加固常用的措施,主要有以下几种:

1)植被防护

常见的植被防护有铺草皮和种低矮灌木等。种草和撒草籽的成活率一般较低,生长较慢,不宜盲目采用。

(1)铺草皮

适用于弱膨胀土的低边坡的坡面防护,也可配合其他防护措施,在各种类型膨胀土边坡上采用。草皮覆盖一般生长良好,可以防止降雨和地表水对坡面的冲蚀,对于边坡的防水保湿、减小气候风化营力的影响有较好效果,对于表土也有一定固定作用。铺草皮又有满铺草皮和条铺草皮之分。满铺草皮的优点是坡面防护见效快,缺点是需要挖取大量天然草皮,会对被挖地段的自然环境造成一定的破坏。条铺草皮的缺点是条带间存在一定距离,草皮全部覆盖坡面所需时间较长。

草坪植生带法是近年来在我国开始应用一种种植草皮的新技术。草坪植生带是一种草皮建植的中间产品,它将草籽固定在两层无纺布(或纸)之间,采用工厂化生产。使用时只要将其像铺地毯一样,将其铺在平整好的坪床面上,表面撒一薄层植土即可。现场试验表明,用草坪植生带在膨胀土边坡建植草皮是完全可行的,出苗齐,成坪快,护坡效果好。草坪植生带实行工厂化生产,还具有可以保存,便于运输等优点。混播草种的草坪植生带可保持边坡常绿,值得大力提倡和进一步研究、推广。

(2)种低矮灌木

种植紫穗槐护坡在我国道路工程已有多年历史。紫穗槐是一种多年生小灌木,具有耐旱易活、枝叶繁茂、根系发达等优点,适于在膨胀土中生长。可在边坡上单独种植,也可配合其他措施种植。由于紫穗槐根系发达,所以对边坡土体有较强的固着能力。紫穗槐在雨季可防止地表水对坡面的冲蚀,但在旱季有较强的蒸发蒸腾作用,对保持土中水分的稳定不利。所以单纯种植紫穗槐的生物防护措施并不完全适用于膨胀土边坡防护,应当慎用,但如果和其他工程防护措施(例如骨架)配合使用还是可行的。

(3)本土植物应用于当地膨胀土边坡防护

近十年来,我国高速公路发展迅猛,在路域植被的恢复和建设过程中,较多的是引进国外草种和植草技术,而使用本土植物的却十分少。许多外来植物种植两三年后,往往发生退化、病虫害严重、管理难、寿命短。本土植物在当地环境经过了长期的生态适应和自然选择,具有环境适应性强、可抵御病虫害等优点,因此建植费用低、可粗放管理、管理费用少、使用寿命长。所以,采用本土植物进行公路路域边坡绿化建设,是实现生态经济、社会、环境、资源利用多种效益的最佳选择。

2)三合土抹面

适用于任何坡度的边坡坡面防护,可防止降雨和地表水对坡面的冲蚀,同时也可防止地表水渗入土体引起膨胀变形。但是,三合土或四合土抹面对温度的调节作用较差,在温度梯度作用下仍可引起坡面表土的湿度变化。

3)混凝土预制块封闭

适用性与防护作用基本同三合土与四合土抹面。混凝土块对坡面表土膨胀可以起到一定的抑制作用,且施工也比较方便。

4)片石护坡

适用于边坡已局部破坏的各种坡段,用以整治膨胀土病害,也适用于新线路堑,用以预防边坡发生破坏。片石护坡有单层和双层之分,利用自重可对边坡土体起镇压和抑制膨胀的作用,同时对已受破坏牵动的土体有一定支护作用。通常使用的片石护坡有以下两种:

(1) 干砌片石护坡

可以承受一定变形,但因其自重有限,一旦坡面局部破坏,则将引起相邻片石护坡连续破坏,故在长大坡面慎用。

(2) 浆砌片石护坡

整体强度较高,自重较大,对于防止边坡土体继续风化、抑制膨胀效果较佳,但不能经受土体不均匀胀缩变形。

片石护坡在我国早期公路建设中采用十分普遍,近年来由于强调与生态环境谐调,其应用率有下降趋势。

5) 骨架护坡

比较广泛用于各类膨胀土中任何坡度的边坡,其作用主要是对强风化层土体起支撑稳固作用,实际上是将长大坡面分割为若干由骨架支撑的小块土坡,利于分而治之。骨架一般采用片石勾缝,宽0.5m,嵌入坡面深度应视边坡膨胀土风化情况与地区气候条件而定,一般不宜小于0.5m。但当强风化层超过1.0m时,骨架施工困难,且风化界面效应加剧,常常引起浅层滑坡,导致骨架遭到破坏,则不宜采用骨架护坡。

通常使用的骨架护坡有以下两种:

(1) 方格骨架护坡

方格大小有 $2m \times 2m$、$2.5m \times 2.5m$ 和 $3m \times 3m$ 三种,可根据边坡具体情况选用。虽然受力条件与支撑作用不如拱形骨架,但施工较方便。

(2) 拱形骨架护坡

拱形骨架对边坡坡面强风化土体的支撑稳固作用,较之方格骨架具有明显的优点,但其施工较方格骨架困难。

调查研究表明,骨架护坡虽然可起到一定作用,但如果单独采用骨架护坡防护,骨架之间坡面冲蚀现象仍较普遍,因此现场大多采用骨架防护和骨架内坡面防护相结合的综合措施,效果比较好。

6) 骨架植物防护

骨架植物防护既可以在前文所述的方形骨架或拱形骨架内植草,也可以在斜坡土体中铺好预制水泥混凝土骨架,在骨架内植草;或者在斜坡土体中设置锚杆混凝土框架,在框架内植草。骨架植物兼容了骨架和植物两种措施防护作用的综合防护措施,在我国各地高速公路边坡防护中正在得到广泛的使用。实践证明在雨量比较充沛的地区均可收到比较令人满意的效果。

(1) 浆砌片石或水泥混凝土骨架植草护坡

①适用于缓于1:0.75的土质和全风化岩石边坡。当坡面受雨水冲刷严重或潮湿时,坡率应缓于1:1。

②应视边坡坡率、土质和当地情况确定骨架形式,并与周围景观相协调。框架内应采用植物或其他辅助防护措施。

③在降雨量较大且集中的地区,骨架宜做成截水沟型。截水沟断面尺寸通过降雨强度计算确定。

(2)多边形水泥混凝土空心块植物护坡

①适用于缓于1:0.75的土质边坡和全风化、强风化的岩石路堑边坡,并视重要设置浆砌片石或混凝土骨架。

②多边形空心预制块的混凝土强度等级不应低于C20,厚度不应小于150mm。空心预制块内应填充种植土,喷播植草。

(3)锚杆混凝土框架植物防护

①适用于土质边坡和坡体中无不良结构面、风化破碎的岩石路堑边坡。

②锚杆采用非预应力的全长黏结型锚杆,锚杆间距、长度应根据边坡地质情况确定。锚杆保护层厚度不应小于20mm。

③框架应采用钢筋混凝土,混凝土强度等级不应低于C25,框架几何尺寸应根据边坡高度和地层情况等确定,框架内宜植草。

7)挡土墙

这里所讲挡土墙是用于维护膨胀土路堑边坡稳定的支挡建筑物,有别于一般土质边坡的坡脚墙。由于膨胀土边坡的土体结构特性,挡土墙既有坡脚墙,又有坡腰墙,也有坡顶墙;根据堑坡情况,可以设一级挡土墙,也可以设两级或多级挡土墙。但无论何种挡土墙,在设计时均应充分考虑膨胀土的特殊工程性质,为此应注意以下几点:

(1)挡土墙位置除坡脚外,还应考虑设置在软弱层与界面处;

(2)挡墙基础应埋置在风化层以下,一般距地面不小于1.5~2.0m;

(3)墙背应回填砂与碎石,以调整部分膨胀变形;

(4)墙顶应设一定宽度的平台;

(5)挡墙必须设泄水孔。

8)抗滑桩、边坡锚固

抗滑桩适用于高度大于6m的中等和强膨胀土堑坡,边坡锚固可用于高度大于6m的强膨胀土堑坡。

《公路路基设计规范》(JTG D30—2015)中对挖方边坡防护与加固措施有新规定,强调了路堑边坡防护与加固类型应依据工程地质条件、环境因素和边坡高度,可按表5-10-12及表5-10-13确定,边坡开挖后应及时防护封闭。边坡植物防护时,不应采用阔叶树种。圬工防护时,墙背应设置缓冲层,厚度不应小于0.5m。支挡结构基础埋深应大于气候影响深度,反滤层厚度不应小于0.5m。

膨胀土路堑边坡防护措施 表5-10-12

边坡高度(m)	弱膨胀土	中等膨胀土
≤6	植物	骨架植物
>6	骨架植物、植物防护、浆砌片石护坡	拱形骨架植物、支撑渗沟加拱形骨架植物

膨胀土路堑边坡支挡措施 表5-10-13

边坡高度(m)	弱膨胀土	中等膨胀土	强膨胀土
≤6	不设	坡脚墙	护墙、挡土墙
>6	护墙、挡土墙	挡土墙、抗滑桩	桩基承台挡土墙、抗滑桩、边坡锚固

第五节　填方路基设计

一、填料选择与填筑要点

1. 填料选择

膨胀土一般情况下是不适合作为路堤填料的。但公路穿过膨胀土地区时，膨胀土常是大面积分布，因找不到非膨胀土，只能用膨胀土作路堤填料。这时，应对不同类型的膨胀土填料进行选择。

(1)在有多层膨胀土分布的地区，应选择膨胀性最弱的土层用作填料。蒙脱石含量高的白色膨胀土，由于土的亲水性特强，极易风化，强度衰减很快，不能用作填料。

(2)在有砾石层出露或膨胀土中有结核层分布的地区，应尽可能选用砾石层或结核层，或采用膨胀土与砾石、结核的混合填料。

(3)地表经过风化、流水淋滤和搬运，或已被耕种的表层土，一般膨胀性较弱，可用作路堤填料。

(4)在无其他土可供选择时，可以采用土质改良或外包路堤等特殊设计，以确保路堤的长期稳定。

膨胀土作为路基填料，其压实后的膨胀土与天然原状膨胀土的工程特性有很大差别，主要是压实的膨胀土较原膨胀土膨胀性要大 5~8 倍，有的甚至达到二三十倍之多。填土的密实度越大，含水率越低，则土浸水后，其膨胀量和膨胀力越大；在相同压实含水率下，密实度越高，其膨胀量和膨胀力越大。

膨胀土在原状结构时，有较高的初始结构强度，很难压实，浸水膨胀后，强度大幅度下降。因此，强膨胀土不得用作填料。当条件所限，强膨胀土用作路基填料，应进行专题试验论证分析。若选用中等膨胀土作为路基填料，应根据公路等级、土的膨胀特性、填料的层位、路面结构类型等的具体情况，并结合实践经验采用不同的处置方法。掺石灰是膨胀土改性处理的最有效方法，在各地相关专题研究中得到验证，一般情况下，石灰剂量宜控制在 4%~10%。掺石灰的最佳配比，以处理后胀缩率不超过 0.7% 为宜，控制到弱膨胀土的低限指标之下，可作为非膨胀土对待。

2. 填筑要点

(1)路堤基底积水或淤泥未彻底清除，往往是路堤病害产生的重要原因。路堤建筑前应全部彻底清除，并做好排水设施。

(2)高速公路及一级、二级公路路基填土高度小于路面与路床的总厚度，且基底为膨胀土时，宜挖除地表 0.30~0.60m 的膨胀土，并将路床换填非膨胀土或掺灰处理。若为强膨胀土，挖除深度应达到大气影响深度。

(3)强膨胀土不应作为路提填料。高速公路及一级、二级公路采用中、弱膨胀土作填料时，应进行掺无机结合料进行处置，经处置后的胀缩总率不得超过 0.7%。

(4)在填料选择较困难路段，可以采用外包式路堤设计，在堤心部位采用膨胀土做填料，外包一层非膨胀性或膨胀性弱的土。

(5)膨胀性较强的土填在路堤最下面，膨胀性最弱的土填在最上面。同一种土填在同一层次上,厚度要均匀,压实度要均匀。

(6)桥头填土由于界面效应等原因,容易产生不均匀沉落、开裂甚至坍滑等病害,设计时应采取特殊处理措施。

(7)膨胀土高路堤后期下沉量大,通车后普遍产生下沉外挤。因此,对填土高度超过6m的路堤,除施工单位在填筑时要考虑沉落,适当提高基面高程外,设计时亦应采取加宽路基面的措施,以保证路堤沉落后仍有足够的路肩宽度。

大气影响下膨胀土活动区深度多为1~2m,部分地区高达3~5m。对于膨胀土路堤来说,受大气和地下水影响大,膨胀土低路堤设计中,如何做好防水、保湿、防风化,是控制膨胀土路堤胀缩变形的关键。路堤设计时,应根据具体的气候、水文、地形地质条件、膨胀土胀缩特性、路基工作区深度,结合路基高度和路面结构等具体情况,因地制宜,灵活应用,从地基处理、路堤结构与膨胀土填料处置、防排水等方面进行综合设计,采取有效措施减少湿度的变化对膨胀土的影响,保证路基满足变形和强度的要求。

二、路堤断面形式与边坡坡率

1. 路堤断面形式

膨胀土路堤边坡的基本形式可参照一般路堤断面形式,主要有以下三种:

(1)直线式

一坡到顶的直线形边坡,适用于用弱膨胀土填筑的低路堤。

(2)折线式

大多在填土较高的路段采用,可分二级或三级折线坡,一般为上陡下缓。但边坡太高难以保证稳定。

(3)平台式

与路堑边坡平台式断面相似,普遍适用于高路堤边坡。当填土高度大于6m时,应设平台。平台宽度应能保证上一级边坡及路堤整体的稳定,一般不宜小于2.0m。

2. 边坡坡率设计

膨胀土路堤病害虽与路堑病害有其相似之处,但由于填筑膨胀土的胀缩特性与原状土有所不同,路堤病害比路堑病害危害性更大。因此,路堤边坡设计必须综合考虑填筑膨胀土的类型、性质,填筑条件,工程措施以及地区气候特点等因素,以使设计更为合理。鉴于膨胀土路堤的特殊性,其边坡设计目前仍然较多采用工程地质比拟法与稳定性检算相结合的方法。

对于膨胀土路堤稳定性检算强度指标的选择,应充分考虑膨胀土的"变动强度"特性。用于检算路堤断面整体稳定性的强度指标,应选用浸水条件下强度衰减后的抗剪强度值;检算路堤边坡表层稳定性的强度指标,应选用湿胀干缩循环条件下强度衰减后的抗剪强度值。

《公路路基设计规范》(JTG D30—2015)规定,采用弱膨胀土及中等膨胀土填筑路堤,边坡高度不大于10m的路堤边坡坡率和边坡平台的设置可按表5-10-14确定。

膨胀土路堤边坡坡率及平台宽度 表5-10-14

边坡高度 (m)	边坡坡率		边坡平台宽度(m)	
	弱膨胀土	中等膨胀土	弱膨胀土	中等膨胀土
<6	1:1.5	1:1.75~1:1.5	可不设平台	
6~10	1:1.75	1:2.0~1:1.75	2.0	≥2.0

在确定路堤填筑的最佳含水率和最大干密度时,宜采用湿土法重型击实试验。如受时间等条件限制,无法进行湿土法重型击实试验时,也可采用干土法重型击实试验,但必须找出干法与湿法二者试验结果之间的关系方可用于控制施工。

三、路堤边坡防护与加固

膨胀土路堤边坡的防护与加固,过去常采用植被防护(种草、铺草皮、种矮灌木等)、片石护坡(干砌和浆砌片石)、坡脚墙等。特别应当指出的是,在路堤边坡上种紫穗槐、夹竹桃等灌木,对保持路基土中水分的稳定不利。工程实践中,铁路行业对此有争议,公路应慎用,在高等级公路上应禁用。近年来,采用骨架植物防护的做法已成为一种发展趋势。

与膨胀土路堑边坡不同的是,由于膨胀土路堤填土的工程性质较原状土更差,稳定性难以保证,故多在路堤边坡采用支撑渗沟"拴腰带"的措施,其作用是:将长大路堤坡面分割成短小坡面;固着坡面土体、支撑边坡;加强坡面排水。此外,还常采用坡脚片石以及填土反压护道等措施加固膨胀土路堤边坡。也可采用坡面支撑渗沟与坡脚片石垛联合加固。

《公路路基设计规范》(JTG D30—2015)规定,路堤边坡防护措施按表5-10-15确定。

膨胀土路堤边坡防护措施   表5-10-15

边坡高度(m)	弱膨胀土	中等膨胀土
≤6	植物防护	骨架植物
>6	植物防护、骨架植物	支撑渗沟加拱形骨架植物

第六节 工 程 实 例

一、石灰改性中等膨胀土填筑路堤

目前为止,石灰改性中等膨胀土填筑路堤已在国内多条高速公路和高等级公路建设中得到应用。湖北省襄荆高速公路沿线膨胀土分布广泛,中国科学院武汉岩土力学研究所在该公路膨胀土课题中开展了系统的研究工作,并有许多根据研究成果提出的建议得到了建设部门的采纳。现将其中石灰改性中等膨胀土填筑路堤的有关资料介绍如下。

1. 中等膨胀土改性前的基本性质

试验用土取自K102+192处,取土深度为1.1~1.5m。其物理性质、颗粒组成及矿物成分见表5-10-16。

试验用土物理性质平均指标   表5-10-16

比重(g/cm^3)	液限(%)	塑限(%)	塑性指数	自由膨胀率(%)
2.75	62.8	26.2	36.6	76
天然含水率(%)	湿密度(g/cm^3)	干密度(g/cm^3)	最佳含水率(%)	最大干密度(g/cm^3)
28.4	1.94	1.51	21.5	1.67

用于膨胀土改性的原材料为荆门市钟祥干沟生石灰,其化学成分中,CaO含量为73.45%,MgO含量为0.57%。

2. 石灰改性土基本特性与填筑标准

为了探索和确定石灰改性中等膨胀土的最佳掺和比,进行了3种不同石灰掺入比的膨胀土改性试验,生石灰掺入的质量百分比分别为 4.0%、5.0% 和 6.0%,经石灰改性后的中等膨胀土的基本特性指标如表 5-10-17 所示,石灰改性后中等膨胀土的颗粒组成见表 5-10-18。

石灰改性后中等膨胀土的基本特性 表 5-10-17

掺和比(%)	液限(%)	塑限(%)	塑性指数	自由膨胀率(%)	最佳含水率(%)	最大干密度(g/cm³)
4.0	62.9	42.8	20.1	18	15.8	1.64
5.0	62.3	42.7	19.6	17	17.0	1.62
6.0	62.2	43.5	18.7	13	24.7	1.57

石灰改性后中等膨胀土的颗粒组成 表 5-10-18

掺和比(%)	颗粒组成(%)					
	>2.0mm	2.0~0.5mm	0.5~0.25mm	0.25~0.074mm	0.074~0.002mm	<0.002mm
4.0	3.1	17.6	1.9	8.9	53.4	5.1
5.0	5.5	22.9	17.7	12.2	38.5	3.2
6.0	9.8	34.0	15.2	9.7	28.3	3.0

中等膨胀土经石灰改性后最佳含水率附近压实稳定土的胀缩指标按《公路路基设计规范》(JTG D30—2015)规定标准取值,结果如表 5-10-19 所示,其 CBR 试验结果见表 5-10-20。

石灰改性稳定土胀缩特性指标 表 5-10-19

石灰掺和比(%)	含水率(%)	50kPa 压力下膨胀率(%)	收缩系数	胀缩总率(%)
4.0	20.4	0.28	0.34	0.28
	36.0	-1.62		
5.0	17.0	0.16	0.23	0.16
	31.8	-0.34		
6.0	24.7	-0.47	0.26	-0.47

石灰改性稳定土 CBR 试验结果 表 5-10-20

石灰掺和比(%)	试 验 前		膨胀率(%)	试 验 后		CBR(%)
	含水率(%)	干密度(g/cm³)		含水率(%)	干密度(g/cm³)	
4.0	15.8	1.64	0.3	23.9	1.64	48.1
	20.4	1.62	0.006	23.4	1.62	90.0
	22.7	1.54	0.02	27.1	1.54	92.8
	23.6	1.58	0.002	26.1	1.58	105.7
	26.4	1.55	0.002	27.2	1.55	90.0
	29.7	1.50	0.04	30.0	1.50	59.6
5.0	12.4	1.62	5.7	27.7	1.53	26.5
	15.3	1.62	0.05	25.4	1.62	78.7
	17.0	1.62	0.1	24.2	1.62	87.7
	19.6	1.61	0.004	24.6	1.61	108.4

续上表

石灰掺和比(%)	试 验 前		膨胀率(%)	试 验 后		CBR(%)
	含水率(%)	干密度(g/cm³)		含水率(%)	干密度(g/cm³)	
5.0	23.0	1.59	0.16	26.5	1.59	129.3
	26.0	1.55	0.0	28.3	1.55	120.5
	28.8	1.51	0.0	30.8	1.51	91.3
	31.8	1.45	0.09	32.4	1.45	62.5
6.0	19.4	1.53	0.04	26.9	1.53	101.4
	23.5	1.55	0.002	26.9	1.55	62.3
	29.0	1.49	0.02	29.8	1.49	81.4

从表5-10-17～表5-10-20可以看出，经石灰改性后中等膨胀土的液限基本保持不变，塑限有较大幅度增大，相应塑性指数明显减小，自由膨胀率也明显减小，细粒、黏粒含量明显减少，最佳含水率增大，最大干密度降低，且随着石灰掺和比的增大，上述指标变化越显著。在最佳含水率附近击实土样，其胀缩总率小于0.7%，CBR值超过8.0%。

由此可见，用石灰改性中等膨胀土效果显著，能有效抑制其胀缩潜势和提高土体强度，能满足筑堤的设计要求。考虑到在路堤填筑施工过程中，石灰和中等膨胀土掺和均匀会比室内试验稍差，大面积施工时石灰改性中等膨胀土采用的质量掺和比为6.0%，压实含水率按24.0%±2%控制。

二、中等膨胀土路堤包边

1. 中等膨胀土路堤包边方案论证

如前所述，在膨胀土地区修建高速公路，主要有路基强度与变形和边坡稳定两大问题。由于大气的风化作用和干湿循环，用中等膨胀土直接填筑路堤极易产生浅层滑动破坏，中等膨胀土不宜直接用于路堤填筑。中等膨胀土用于路堤填筑时应采取适当处理措施，如改性或采取包边方案。

中等膨胀土经石灰改性后填筑路堤，路堤边坡具有良好的稳定性及浸水稳定性，但费用较高，故工程界一直探讨包边处理中等膨胀土的可能性。中国科学院武汉岩土力学研究所在湖北省襄荆高速公路开展了中等膨胀土路堤包边的试验研究工作。

自然状态下，南方地区膨胀土含水率常略低于塑限（表面风化层除外）。由于重型击实试验得到的最佳含水率一般要比塑限低好几个百分点，所以路堤建筑完毕，填料将吸水，其含水率将逐渐趋于自然状态下的含水率。因此，路基压实如按最优含水率控制，工后填料吸水量大，含水率变化大，相应膨胀变形和强度降低幅度亦较大，CBR不能满足规范要求。填筑含水率如按略低于塑限进行控制，此时压实度比较容易满足要求，且有较高的初期强度，胀缩也适中，工后填料含水率波动小，只要包边处理得当，其含水率不出现很大改变，中等膨胀土可用于填筑非浸水包边路堤堤心部分。

中等膨胀土包边路堤在非浸水条件下，包边内膨胀土可大致避免大气作用及干湿循环，基本保持填筑时含水率和密度，路堤边坡具有良好的稳定性。

考虑到荆门地区大气影响深度约为1.5～2.0m，故两侧包边厚度按2.0m考虑，路堤填方顶面和底面的包边厚度均为40cm，包边材料采用掺灰量为6%的改性中等膨胀土。

为对石灰改性土包边方案的可靠性进行论证,开展了实际运行条件下素填土和改性土的渗透试验及 CBR 试验。试验成果见表 5-10-21、表 5-10-22。

填方路堤土样渗透系数　　　　　　　　　　　　　　　　表 5-10-21

土　样	含水率 （%）	干密度 （g/cm³）	渗透系数 （cm/s）	备　注
素填土(中等膨胀土)	28.0	1.507	1.73×10^{-8}	现场钻取土样
素填土(弱膨胀土)	24.4	1.621	1.54×10^{-7}	现场钻取土样,湿法备样
6%石灰土	23.5	1.550	3.09×10^{-6}	干法备样,压制
6%石灰土	23.5	1.473	3.50×10^{-5}	干法备样,压制
6%石灰土	23.5	1.442	5.68×10^{-5}	干法备样,压制
6%石灰土	22.5	1.531	1.13×10^{-5}	湿法备样,压制
6%石灰土	22.5	1.426	6.89×10^{-5}	湿法备样,压制

填方路堤土样 CBR（不浸水）试验结果　　　　　　　　　表 5-10-22

土　样	含水率(%)	干密度(g/cm³)	CBR(%)	备　注
素土(中等膨胀土)	28.0	1.507	13.4	湿法备样
素土(弱膨胀土)	24.4	1.621	12.1	湿法备样
6%石灰土	22.5	1.624	66.2	湿法备样
6%石灰土	22.5	1.531	41.6	湿法备样
6%石灰土	22.8	1.426	25.2	湿法备样

注:湿法备样所用土样为现场测试密度及含水率所钻取素土的混合料,土样基本保持现场含水率,土团最大直径小于 2cm。

从以上试验成果可以看出,填方路堤土样及石灰改性土的 CBR 值可以满足路用要求,石灰改性土具有较好的防渗能力,因此应能抵抗大气的风化作用,并能防止雨水直接渗入内部素填土而引起的土体性质恶化。其实际效果最终还要看工程完工后经过较长时间(若干年)的变化是否仍能满足公路正常使用的要求。

2. 中等膨胀土路堤包边方案验证

为了解中等膨胀土包边路堤填土性质在经过较长一段时间(一年多)后的变化情况,通过钻孔抽取土样,重新测定了不同桩号和深度处填筑土的含水率和干密度,将其与相应的前期(初始)含水率和干密度进行对比分析。有关具体数据见表 5-10-23 ~ 表 5-10-25。

K101+340 路中心含水率、压实度检测结果前后对比　　　表 5-10-23

取样深度 (m)	前期含水率 (%)	后期含水率 (%)	前期干密度 (g/cm³)	后期干密度 (g/cm³)	最大干密度 (g/cm³)	前期压实度 (%)	后期压实度 (%)	土　名
0.3	23.9	26.7	1.56	1.502	1.58	98.7	95.1	石灰改性土
0.5	24.9	27.5	1.52	1.501	1.58	96.4	95.3	石灰改性土
0.7	25.3	27.0	1.62	1.604	1.68	96.4	95.5	中等膨胀土
0.9	25.5	26.5	1.60	1.583	1.68	95.2	94.2	中等膨胀土
1.1	24.9	24.8	1.60	1.576	1.68	95.2	93.8	中等膨胀土

续上表

取样深度 （m）	前期含水率 （%）	后期含水率 （%）	前期干密度 （g/cm³）	后期干密度 （g/cm³）	最大干密度 （g/cm³）	前期压实度 （%）	后期压实度 （%）	土　名
1.7	26.5	24.4	1.64	1.578	1.68	97.6	93.9	中等膨胀土
2.0	24.6	25.8	1.56	1.572	1.68	92.9	93.5	中等膨胀土
2.2	22.9	25.5	1.62	1.581	1.68	96.5	94.1	中等膨胀土
2.5	22.9	25.5	1.62	1.588	1.68	96.4	94.5	中等膨胀土
2.8	26.3	26.8	1.54	1.496	1.57	98.1	95.3	石灰改性土
2.9	21.6	26.6	1.50	1.491	1.57	95.5	95.0	石灰改性土
3.0	23.4	24.3	1.51	1.486	1.57	96.2	94.6	石灰改性土
4.5	23.2	24.2	1.53	1.496	1.57	97.5	95.3	石灰改性土

K101+340 路左 6.5m 含水率、压实度检测结果前后对比　　　　　　　　　　　　　　　表 5-10-24

取样深度 （m）	前期含水率 （%）	后期含水率 （%）	前期干密度 （g/cm³）	后期干密度 （g/cm³）	最大干密度 （g/cm³）	前期压实度 （%）	后期压实度 （%）	土　名
0.3	24.0	—	1.56	—	1.58	98.7	—	石灰改性土
0.5	25.4	28.8	1.56	1.520	1.58	98.7	96.2	石灰改性土
0.7	24.0	27.6	1.61	1.598	1.68	95.8	95.1	中等膨胀土
0.9	24.9	24.9	1.62	1.587	1.68	96.4	94.5	中等膨胀土
1.4	24.6	24.6	1.54	1.473	1.58	97.5	93.2	石灰改性土
2.0	25.4	26.7	1.63	1.547	1.68	97.0	92.1	中等膨胀土
2.4	25.6	27.5	1.55	1.543	1.68	92.3	91.8	中等膨胀土
2.5	24.6	27.1	1.56	1.544	1.68	92.9	91.9	中等膨胀土
3.0	22.9	26.1	1.61	1.549	1.68	95.8	92.2	中等膨胀土
4.0	26.5	26.5	1.53	1.512	1.68	91.3	90.0	中等膨胀土

K101+340 路左 10.5m 含水率、压实度检测结果前后对比　　　　　　　　　　　　　表 5-10-25

取样深度 （m）	前期含水率 （%）	后期含水率 （%）	前期干密度 （g/cm³）	后期干密度 （g/cm³）	最大干密度 （g/cm³）	前期压实度 （%）	后期压实度 （%）	土　名
0.3	24.7	—	1.62	—	1.68	96.4	—	中等膨胀土
0.5	24.7	26.5	1.62	—	1.68	96.4	—	中等膨胀土
0.7	24.9	26.1	1.62	1.601	1.68	96.4	95.3	中等膨胀土
0.9	25.3	26.3	1.62	1.598	1.68	96.4	95.1	中等膨胀土
1.4	25.1	26.0	1.56	1.512	1.58	98.7	95.7	石灰改性土
2.0	25.1	26.3	1.54	1.527	1.58	97.5	96.6	石灰改性土
2.5	26.1	26.4	1.54	1.527	1.58	97.5	96.6	石灰改性土
3.0	24.1	25.3	1.61	1.617	1.68	95.8	96.3	中等膨胀土
4.0	22.4	23.7	1.53	1.531	1.57	97.5	97.5	石灰改性土

分析以上资料可看出：路基采用包边结构的条件下，中等膨胀土填筑路堤随着时间的推

移,后期含水率比填筑时期含水率有所增大,填土压实度有所降低,这不利于路堤稳定和安全营运,但路堤填土含水率并不是没有限制的增加,而是在当地气候环境条件下逐渐稳定于某一平衡的范围,其含水率上限约为28%,较塑限略高(中等膨胀土塑限约为25.1%)。在28%的含水率下,中等膨胀土 CBR 约为13.4%,该值满足路用要求。

三、封闭法铺筑膨胀土路堤

云南省公路科学技术研究所在砚平高速公路试验路段比较系统地研究了采用封闭法铺筑膨胀土路堤的技术措施。封闭法技术措施包括:路堤地基处置、边坡封闭防护、填挖接合部位处置、路床封闭加固、施工含水率调整。

1. 路堤地基处置

地基为非膨胀土,强度满足设计要求,铲除腐殖表土,填筑40~60cm片碎石以隔断毛细水。设纵向水沟,必要时设置横向盲沟排除地表水。若强度低于设计要求,应换土或采取其他有效措施,以满足设计要求。

(1) 地基为膨胀土,除采用以上相同的措施以外,填方坡脚应做特殊处理。

设护脚墙者,基础深度应在气候急剧影响深度以下。砚平高速公路此深度为1.8~2.0m。

(2) 无护脚墙者应保证膨胀土有2.0m以上的气候影响防护厚度。

2. 边坡封闭保护

填方边坡坡比一般为1:1.5~1:1.75。受水侵蚀的投影面积为高度的1.5~1.75倍。高边坡平坦,投影面积更大,防水排水不可忽视。其封闭方法可用浆砌片石护坡,但必须用坐浆挤浆工艺,以防漏水;也可以用小石子混凝土封面,但应用菱形网格作支撑骨架;还可以采用二布一膜土工布封闭边坡,表面用空心砖或菱形网格作支撑填土植草绿化。砚平高速公路试验路边坡采用浆砌片石封闭。

3. 填挖接合部位处理

纵向填挖接合部位因路基开挖,原地面和地下径流改变,地下水填挖结合面流出渗入填方,造成填方土饱和发生胀缩病害。

横向填挖接合部位除地下水从结合面流出渗入填方外,大量的地表水从未处理好的地表渗入填方体,造成严重水毁。因此纵横二处填挖结合面必须做好排水横沟,将地下水导出路基。即使在旱季施工时无明显渗水点出现,亦应坚持完善排水设施。

4. 路床封闭加固

路面不但直接承受汽车动荷载,而且受干湿气候和气温变化作用十分强烈,作为路面基础的路床,不但要求有足够的强度,而且要不受气候影响而变化。因此对路床用土工布进行封闭,而且用土工格栅制约膨胀土可能产生大的变形、增加路床的强度。它们的布置详见图5-10-1、图5-10-2。

(1) 采用二布夹一膜土工布

膨胀土水汽上升时积蓄在土工布底面的布层内,顺横坡排出路基。土工膜顶面的布可以增加与土的摩阻力,防止滑移。铺设时应注意用薄层细粒土覆盖,以免碾压时被石块顶破。

(2) 采用土工格栅制约膨胀土膨胀

① 膨胀土膨胀试验表明,膨胀力和膨胀变形存在反比关系。试验时在膨胀受制约的情况

下令体积不变,可得到最大膨胀力。然后逐步解除制约,膨胀力逐步减小直到完全解除制约时,膨胀力降至零而膨胀变形最大。

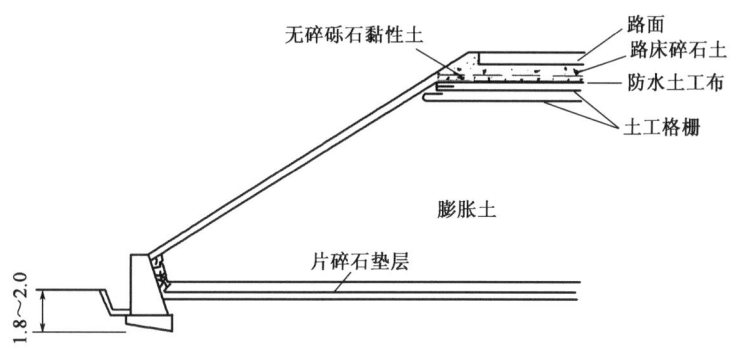

图 5-10-1　护脚墙基础深度图(尺寸单位:m)

②土工格栅的力学性质可从厂家提供的技术指标中取得。例如 TGSG 20—20 双向拉伸聚丙烯土工格栅的性能参数为:

纵向拉伸屈服力≥20kN/m;

纵向屈服伸长率≤13%;

纵向 2% 伸长率的拉伸力≥8kN/m;

纵向 5% 伸长率的拉伸力≥10kN/m。

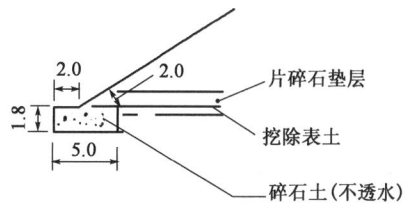

图 5-10-2　护坡脚处理图(尺寸单位:m)

绘制纵向拉伸力和伸长率关系曲线,回归曲线为二次抛物线方程:$y = 6.86 + 0.437x + 0.0436x^2$。当伸长率为零时,拉伸力为 6.86kN/m。可解释为:作用预拉力 6.86kN/m,消除土工格栅非弹性变形,然后继续施加拉伸力 8kN/m、10kN/m、20kN/m 就可以分别得到 2%、5%、13% 的伸长率。因此在铺设土工格栅时必须先施加预拉伸力,才能充分发挥它制约膨胀的效果。

③土工格栅制约膨胀变形的效果和有效作用厚度。

为取得必要的膨胀数据进行了探索性试验,取得了有参考价值的数据。试验模型示意图见图 5-10-3。

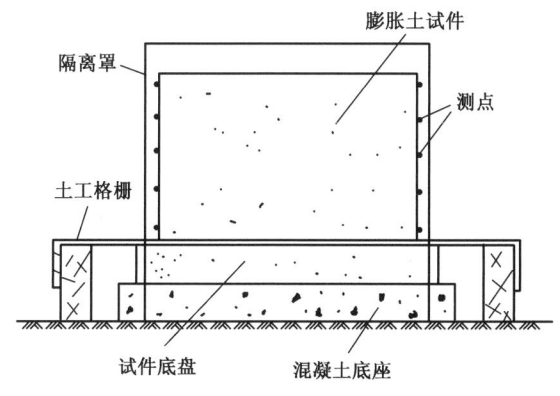

图 5-10-3　土工格栅制约膨胀土变形的试验模型装置

试件尺寸为 25cm(宽)×50cm(高)×90cm(长),试件与底盘之间设土工格栅,两端预拉后固定。试件两端布设测点。用塑料薄膜做隔离罩罩住试件与外界隔离。在隔离罩与试件之间用加湿器加湿,保持湿度为100%,用百分表测定两端的膨胀变形值。经过31天试验测得数据整理见表5-10-26和图5-10-4。

试验测得数据整理表   表5-10-26

测 点 号	变形量(mm)	应变值(με)	测 点 号	变形量(mm)	应变值(με)
1	8.520	9472	4	0.833	925
2	4.750	5227	5	0.769	854
3	2.476	2751			

图5-10-4显示,接近土工格栅的膨胀应变小,远离土工格栅则膨胀应变大,说明膨胀土的膨胀变形的确受到土工格栅的制约。离土工格栅14.75cm(测点4以下)范围内接近直线变形,测点4以上变形曲线急速变缓。说明大约15cm土层受土工格栅制约比较强烈,测点4以上土层逐渐脱离土工格栅制约。因此可确定制约有效厚为15cm×2 = 30cm(土工格栅上下层均受制约)。考虑到填方施工的压实厚度一般为25~27cm。设计土工格栅分层铺设厚度可采用25~27cm。

5. 用可施工含水率取代最佳含水率

(1)采用可施工含水率,使压实土的渗水、吸水减少。

膨胀土压实过程中与常用土一样有压实曲线特征,如图5-10-5所示。

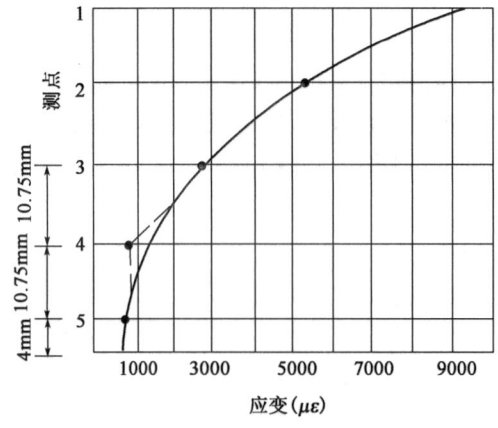

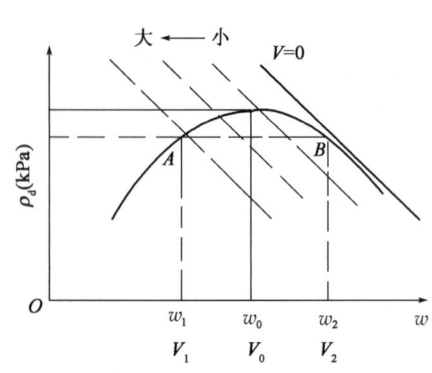

图5-10-4 测点变形与测点位置关系图   图5-10-5 压实曲线确定可施工含水率

在压实曲线中,压实系数为 K 所对应的干密度 ρ_d, A、B 两点对应的含水率分别为 w_1、w_2,残留空气体积分别为 V_1、V_0、V_2,其中 $w_2 > w_0 > w_1$。图中 ρ_d、w、V 是压实质量最重要的三指标。

分析压实土三相体系公式:

$$1 = \frac{\rho_d}{\rho_s} + \frac{w \cdot \rho_d}{\rho_w} + V_0 \qquad (5\text{-}10\text{-}6)$$

或

$$V_0 = 1 - \rho_d\left(\frac{1}{\rho_s} + \frac{w}{\rho_w}\right) \qquad (5\text{-}10\text{-}7)$$

式中：ρ_d——干密度（g/cm³）；

ρ_s——土粒密度（g/cm³）；

ρ_w——水密度（4℃时）（g/cm³）；

w——含水率（%）；

V_0——空气体积率（%）。

当 ρ_d、ρ_s、ρ_w 为已知固定值时，w 越小则 V_0 越大。当土中空气体积很大时，降雨渗入大量水分，可以使强度大幅下降，土体下沉，出现不稳定病害。因此施工含水率不应小于最佳含水率，而应大于最佳含水率在 $w_0 \sim w_1$ 之间选择。所谓"可施工含水率"即此区间中的含水率。但碾压时不得出现"弹簧土"现象。

试验路填料试验结果见表 5-10-27。最佳含水率为 24.4%，当压实系数 $K = 0.93$ 时，残留空气体积 $V_0 = 10\%$。采用可施工含水率 28%～30%，残留空气体积降至 1.6%～4.6%，与最佳含水率压实的土体相比可减少大量的渗水和吸水。

试验路填料试验结果 表 5-10-27

液限（%）	76.8	胀缩总率（%）		0.61
塑性指数	45.8	三轴压缩试验强度指标	φ（度）	11.5
			C（kPa）	145
土粒比重	2.81	不浸水 CBR（%）		13.5
最佳含水率（%）	24.4	可施工含水率（%）		20～30
最大干密度（g/cm³）	1.613	施工干密度标准（g/cm³）		1.500
压密系数 K	0.93	残留空气体积（%）		1.6～4.6

（2）采用可施工含水率，压实土胀缩总率得到控制。

现行《公路路基施工技术规范》（JTG/T 3610）规定，高速公路、一级公路、二级公路采用中等膨胀土用作路床填料时，改性处理后胀缩总率不超过 0.7% 为宜。胀缩总率计算公式如下：

$$e_{ps} = e_{p50} + C_{sl}(W - W_m) \quad (5\text{-}10\text{-}8)$$

式中：W——填料施工含水率；

W_m——填料在天然干湿交替作用下最低含水率；

e_{p50}——50kPa 压力下膨胀率；

C_{sl}——线收缩系数。

在路堤封闭效果良好，即使稍有渗漏的情况下，w_m 应等于或大于 w，则 $C_{sl}(w - w_m)$ 等于零或为负数。只要使填料 e_{p50} 小于 0.7%，胀缩总率即可小于 0.7%，达到非膨胀适用土指标，此时填料所对应的含水率即为可施工含水率。

用含水率分别为 34%、37.5% 做收缩试验和含水率 28%～34% 试件做 50kPa 压力下的膨胀率试验。试验结果见表 5-10-28、表 5-10-29。

收缩试验结果 表 5-10-28

起始含水率（%）	制件干密度（g/cm³）	制件压实度（%）	收缩系数 C_{sl}（%）
34	1.299	93	0.238
37.5	1.225	93	0.244

50kPa 压力下膨胀率试验结果　　　　　　　　　　　　　表 5-10-29

要求含水率 (%)	试前含水率 (%)	试后含水率 (%)	干密度 (g/cm³)	C_{sl} (%)	e_{p50} (kPa)
28	27.8	31.7	1.53	0.142	1.59
30	29.9	32.7	1.498	0.450	0.61
32	32.1	34.9	1.464	0.560	-0.23
34	34	35.8	1.42	0.375	-0.34

试验结果说明含水率为 30%~34% 的填料 e_{p50} 均小于 0.7%，含水率为 28% 者为不合格。结合上一小节空气体积率问题综合考虑，可施工含水率采用 30%±1% 为宜。

以上介绍的膨胀土路堤胀缩病害防治方法特指弱膨胀土，不包括中等(强)膨胀土，是因为云南省的中等(强)性膨胀土绝大部分天然含水率高，挖掘时成大块状无法改小。目前尚无经济实用的方法利用这些膨胀土。但封闭法的原理仍对它们防治有效。

封闭防治方法包括路堤全封闭；路床土工格栅制约膨胀变形、提高路床强度；可施工含水率改善压实土防渗性以及控制膨胀变形。后两种方法是封闭法的第二道防线，使防治效果更为可靠。

用封闭法防治膨胀土路堤病害，有计划地进行研究当时在云南省还是第一次。试验路完工至今已经受近 10 年的考验，路基稳定，路面平整，道路运营状况良好。

四、开挖边坡防护

广西南宁至友谊关高速公路(南友路)穿越宁明盆地边缘，在 K132~K142 路段遇到第三系始新统那读组(Ny)黏土岩及其风化残积-坡积形成的厚层膨胀土，主要分布在明江大桥以南。根据挖土机挖坑取土呈现的场地工程地质特征，结合原路线工程勘察资料，可将南友路在宁明县境内的路线典型工程地质剖面从上到下依次描述如下：

①耕植土层：红黄色、黄灰色或灰色，稍湿，硬塑，土质疏松，含有机质和植物根系，为耕植土类，该层厚 0.3~0.5m，为残积土层。

②膨胀土层：红黄色、红色、灰白色、灰白色夹红黄色、灰黑色，稍湿~湿，可塑~硬塑，局部软塑，土质较纯，土层夹有薄层的铁染层，该层厚度 3~5.5m。具中等偏弱的膨胀性，为全风化泥岩层。

③强风化膨胀泥岩层：棕色、黄色、黄白色，稍湿，可塑~硬塑，含黑褐色铁锰结核，沿裂隙强烈风化岩石解体，仍保存有较多的新鲜或半新鲜岩块，具弱的膨胀性，层厚 0.4~1.0m。

④弱风化膨胀泥岩层：棕色、黄色、灰绿色，硬塑，裂隙发育，有可见的黑褐色铁锰充填，裂隙切割岩体多呈一定几何形状的块状，结构联结大部丧失，层厚 1.0~1.5m，具微膨胀性。

⑤微风化膨胀泥岩层：灰黑色，硬塑，裂隙不发育，该层较厚未揭穿。

南友路路堑边坡开挖自 2003 年 10 月份开始，2004 年 3 月基本完成，到 2004 年 9 月，路堑边坡普遍经历了一次干湿循环。膨胀土路段的 36 个路堑边坡(左右边坡各 18 个)中，有 20 个出现了不同程度的失稳破坏(滑坡、溜塌和坍塌)，其中 16 个发生在右边坡，且大型滑坡也仅发生在右边坡(据 2004 年 9 月 2 日膨胀土地段滑坡调查)。

南友路膨胀土(岩)因风化层和沉积成岩的不均匀性，存在多组软弱结构面，控制着边坡初次滑动的区域和大小,边坡初次滑动后主要的牵引滑动发生在膨胀土层中。因此,在边坡的加固防护中应对软弱结构面予以重视。

根据南友路膨胀土特殊工程性和水文地质特点,通过大量的方案比选,从性能价格比出发,结合交通运输部"膨胀土地区公路修筑成套技术研究"子题"膨胀土路基设计、加固与施工技术研究",决定在有关路段分别采用如下防护支挡形式。

(1)柔性挡土墙+支撑渗沟

边坡超挖一定宽度,在水平方向分层铺设土工格栅回填膨胀土压实至设计高度,在墙后设50cm 左右的透水碎石土垫层,以及每隔 8m 左右在墙后挖支撑渗沟并在沟底封水,内填大块石料,布置于 K137+875~K138+110 右边坡。该防护支挡结构剖面见图 5-10-6、图 5-10-7 和图 5-10-8。

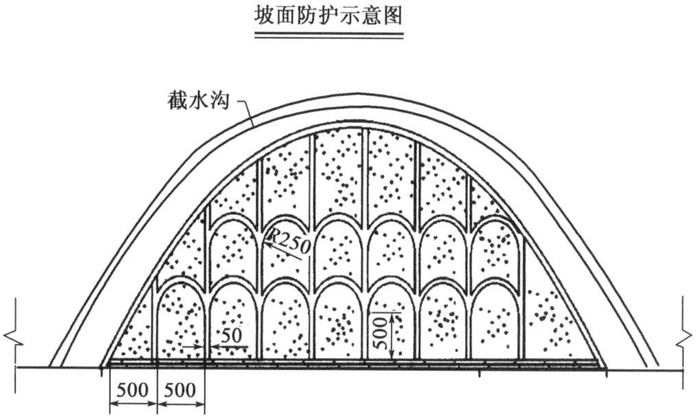

坡面防护示意图

图 5-10-6　挖方边坡剖面(尺寸单位:cm)

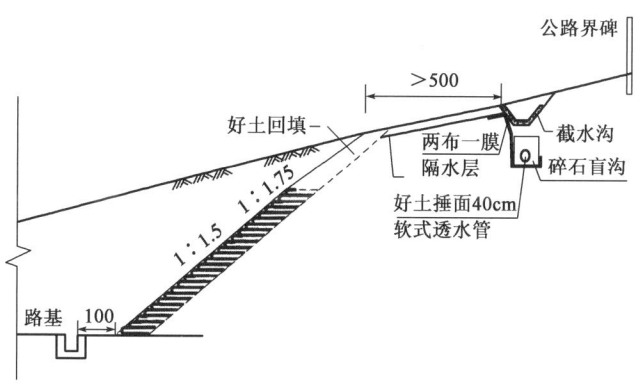

图 5-10-7　柔性挡墙剖面(尺寸单位:cm)

(2)支撑渗沟+坡脚挡土墙

在边坡面每隔 8m,垂直路线方向开挖并设置支撑渗沟,并立即回填干砌片石。干砌片石回填时宜紧靠坑壁砌筑。为防止淤积,渗沟进水侧壁及顶端应设置反滤层。再在坡脚设挡土墙,布置于 K139+275~K139+400 右边坡。

(3)树根桩+坡脚挡土墙

先用工程地质钻机成直径为 120mm 的孔,然后每桩放置一条 $\phi25mm$ 的螺纹钢。然后进行化学灌浆。再在坡脚设置挡土墙,布置于 K138+420~K138+840 左边坡。

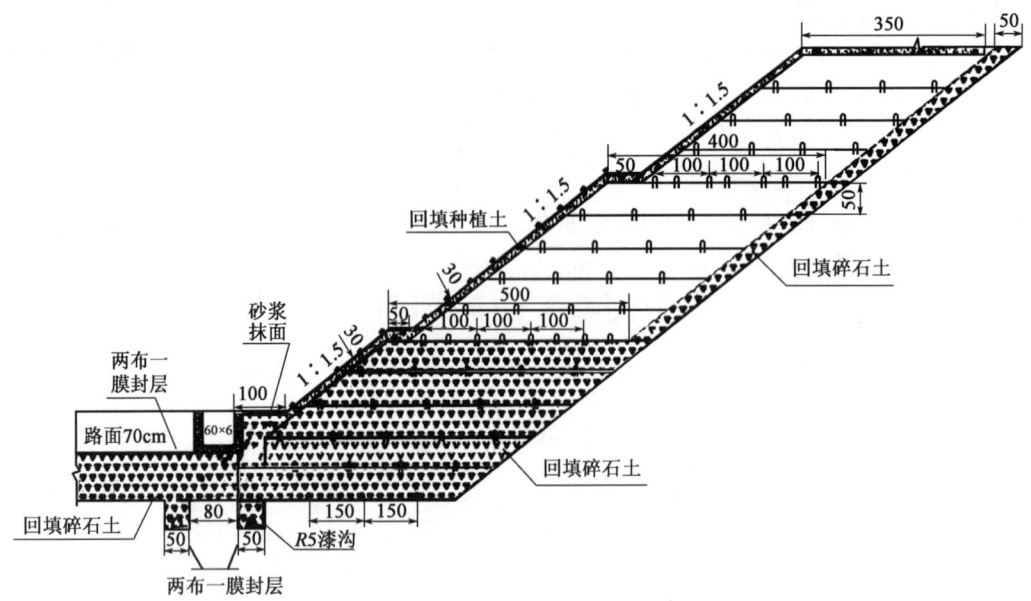

说明:1.第一级挡墙回填采用碎石、第二级、第三级挡墙回填则采用开挖膨胀土、机械压实。
2.本图适用于边坡高度 $H>12m$。
3.坡顶采用底部铺设两布一膜,另墙土30cm植草防护。

图 5-10-8　土工格栅锚固大样(尺寸单位:cm)

第十一章 红黏土及高液限土路基

第一节 概　　述

一、红黏土与高液限土的分布与特征

1. 定义

高液限土是指液限(100g 锥试验)超过 50% 的细粒土,一般呈黄色、黄褐色、灰白色,如图 5-11-1 所示。根据土颗粒组成与土的塑性分布图,高液限土可细分为高液限黏土、含砂高液限黏土、含砾高液限黏土、高液限粉土、含砂高液限粉土、含砾高液限粉土等,详见表 5-11-1。其中由石灰岩、白云岩等母岩分化而来的红黏土与高液限土颗粒较细,黏粒(粒径 < 0.002mm)含量高,粗颗粒(粒径 > 0.075mm)含量较低,甚至几乎不含粗颗粒。由花岗岩风化而来的高液限土常含一些粗颗粒,粗颗粒含量多在 10%～30% 之间,CBR 强度也相对较高。在胀缩性方面,花岗岩、玄武岩风化的红黏土与高液限土的胀缩性比灰岩要小得多,这与他们的颗粒组成相关,花岗岩风化而来的颗粒较粗,黏粒含量低,有较多非亲水的原生矿物,固相的理化活性较低,与水作用的能力较弱,而粒间胶结则较强,这种成分结构特征不利于土体产生胀缩。而碳酸盐岩风化而来的颗粒较细,胀缩性明显要大。

高液限土的种类　　　表 5-11-1

液限 w_L	塑性指数	粗粒组成	土代号	土名称
$w_L \geqslant 50\%$	$I_P \geqslant 0.73(w_L - 20)$	粗粒组≤25%	CH	高液限黏土
		25% < 粗粒组≤50%,且砂粒≥砾粒	CHS	含砂高液限黏土
		25% < 粗粒组≤50%,且砂粒 < 砾粒	CHG	含砾高液限黏土
	$I_P < 0.73(w_L - 20)$	粗粒组≤25%	MH	高液限粉土
		25% < 粗粒组≤50%,且砂粒≥砾粒	MHS	含砂高液限粉土
		25% < 粗粒组≤50%,且砂粒 < 砾粒	MHG	含砾高液限粉土

红黏土是碳酸盐类岩石或其他富铁岩石在湿热气候条件下风化形成的,一般呈棕红色或褐黄色,如图 5-11-2 所示,其液限一般大于 50%。经再搬运后仍保留红黏土的基本特征,其液限大于 45% 的土称为次生红黏土。

图 5-11-1 贵州清镇附近的高液限土

图 5-11-2 贵州凯里附近的红黏土

从不同角度考虑,对红黏土有不同分类方法,如表 5-11-2 所示。

红 黏 土 分 类　　　　表 5-11-2

分 类 依 据	分 类 类 型
成因	原生红黏土
	次生红黏土
状态	坚硬
	硬塑
	可塑
	软塑
	流塑
结构	致密状的
	巨块状的
地基均匀性	均匀地基
	不均匀地基
复浸水特性	Ⅰ
	Ⅱ

在公路工程中,主要按复浸水特性进行分类,见表 5-11-3。

红黏土的复浸水特性分类　　　　表 5-11-3

类 别	I_r 与 I'_r 关系	复浸水特性
Ⅰ	$I_r \geqslant I'_r$	收缩后复浸水膨胀,能恢复到原位
Ⅱ	$I_r < I'_r$	收缩后复浸水膨胀,不能恢复到原位

注:$I_r = w_L/w_P$,$I'_r = 1.4 + 0.0066 w_L$;I_r 为液塑比;I'_r 为界限液塑比;w_L 为液限;w_P 为塑限。

划属Ⅰ类者,复水后随含水率增大而解体,胀缩循环呈现胀势,缩后土样高度大于原始高度,胀量逐次积累,以崩解告终;风干复水,土的分散性和塑性回复,表现出凝聚与胶溶的可逆性。划属Ⅱ类者,复水后含水率增量微小,外形完好,胀缩循环呈现缩势,缩量逐次积累,缩后土样高度小于原始高度;风干复水,干缩后形成的团粒不完全分离,土的分散性、塑性和液塑比降低,表现出胶体的不可逆性。这两类红黏土表现出不同的水稳性和工程性能。

高液限土与红黏土之间有着千丝万缕的联系,从成因上说红黏土是残积、坡积黏质土或粉质土经红土化作用而形成,许多红黏土是高液限土,部分高液限土也是红黏土,也有部分红黏土的液限在42%~50%之间,不是高液限土。由于红黏土与高液限土工程特性相近,分布区域也常相互交织,因此公路行业一般将两者放到一起讨论。

2. 分布区域

红土是1800年被一位英国工程师F. A. BuChanan在印度德干高原南部马拉巴尔和卡马拉一带首先发现的。红土分布比较广泛,在非洲、亚洲、南美洲、北美洲和大洋洲都能见到,但受气候条件和成因影响,主要分布在热带和亚热带地区,地理位置约在北纬35°到南纬35°之间。

红黏土与高液限土形成于特殊的湿热气候条件下,其分布特征受到成土条件、气候条件、母岩性质、地形地貌等多种因素的影响。从分布区域来看,我国红黏土主要分布在南方,以贵州、云南和广西地区最为典型和广泛;其次,在四川盆地南缘和东部、粤西、湘西、湘南、粤北、皖南和浙西等地也有分布。在西部,主要分布在较低的溶蚀夷平面及岩溶洼地、谷地;在中部,主要分布在峰林谷地、孤峰准平原及丘陵洼地;在东部,主要分布在高阶以上的丘陵区。

我国北方红黏土零星分布在一些较温湿的岩溶盆地,如陕南、鲁南和辽东等地,多为受到后期营力的侵蚀和其他沉积物覆盖的早期红黏土。

3. 野外辨识特征

红黏土与高液限土的分布具有明显的野外特征,因此可以根据这些特征在野外对其可能的分布范围进行判断。

1) 地形地貌特征

红黏土与高液限土由于具有高天然含水率、高塑性的特点,因此,红黏土与高液限土分布区域一般为低矮平缓的丘陵地区,在崇山峻岭地区很少分布。一般分布在盆地、洼地、山麓、山坡、谷地或丘陵等地区,形成缓坡、陡坎、坡积裙等微地貌,有的地区地表存在着因塌陷而形成的土坑、碟形洼地。

2) 颜色特征

红黏土一般为典型的棕红色及褐黄色,高液限土也呈现出浅黄色、棕黄色、灰黄色和灰色等多种颜色,颜色较杂。土质细滑,有明显的黏手感觉。

3) 分布特征

红黏土与高液限土均由灰岩、白云岩等碳酸盐类岩石风化而来,因此,在灰岩、花岗岩、白云岩等分布与出露的地区分布较广,其他地区很少。

红黏土与高液限土层普遍不厚,一般厚度3~8m,少数达15~30m,且各地区厚度不尽相同,贵州红黏土与高液限土的厚度为3~6m,超过10m者较少;云南为7~8m,个别地段可达10~20m以上;湖南、粤西、广西等地多在3~10m左右,个别地带可达20~30m;福建在3~6m居多。

红黏土的厚度变化与原始地形地貌密切相关。在地貌横剖面上,坡顶和坡谷土层较薄,坡麓则较厚。古夷平面及岩溶洼地、槽谷中层相对较厚。分布在基岩面或风化面上的红黏土厚度取决于基岩面起伏和风化层深度。当下伏基岩的溶沟、溶槽、石芽等发育时,上覆红黏土的厚度变化极大,常出现咫尺之隔但厚度相差10m之多的现象。

此外,土厚变化与成土特性和母岩岩性密切相关。在高原或山区,分布较零星,厚度一般为 5～8m,少数达 15～30m;在准平原或丘陵地区,分布较连续,厚度一般为 10～15m,最厚超过 30m。在厚层及中厚层石灰岩、白云岩分布区,由于岩体上部岩溶化强烈,岩面起伏大,导致土体厚薄不一;在泥灰岩、薄层灰岩分布区,岩面稍微平整,土层厚度变化相对较小。

4)状态特征

深度在 6m 以下的红黏土与高液限土一般呈软塑状态,强度低,特别是在盆地中间较深地带及岩石溶沟中往往呈流塑状态,贵州一些沟谷型软土即是高液限土。贵州地区红黏土的典型状态特征表现为从地表往下逐渐变软的规律,上部呈坚硬或硬塑状态。硬塑状态的土占红黏土层的大部分,构成了一定厚度的地基持力层。这种由上至下状态变化的原因,一方面是地表水往下渗滤过程中,靠近地表部分易蒸发,越往深部水分则不断聚集保存下来,而底部岩石为隔水层;另一方面是地下潜水的渗透,有些可能有下卧基岩裂隙水的补给。

高液限红黏土在自然状态下呈致密状,无层理,尤其表面受大气影响已呈坚硬、硬塑状态,当失水后的含水率超过缩限,土中就开始出现裂缝,接近地表的裂隙呈竖向开口状,往深处逐渐减弱,呈网状微裂隙且闭合。由于裂隙的存在,使土体的整体性遭到破坏,呈碎裂状或镶嵌状结构,使土的总体强度大为削弱。此外,裂隙又为深部土体的水分蒸发提供了一条通道,促使深部土的收缩,进而使原有的裂隙加宽加深,有的甚至可形成地裂。

土中裂隙发育深度一般为 2～4m,由于不均匀的胀缩,裂面相对位移而出现光滑镜面,有时可见擦痕。由于后期水流的作用,裂面附近常有铁锰质侵染,在新近开挖的陡峻剖面上,当气候条件有利,裂隙的发生和发展迅速,数周之内即可将坡面切割成支离破碎。裂隙的张开或闭合受外界条件及季节影响十分明显。

5)地表植物特征

红黏土营养缺乏,不利于植物生长,因此在农学界有"红色沙漠"之称,公路两侧常可以看到裸露的红黏土边坡经多年后仍未有植物生长。

在一些未经人为开荒扰动的红黏土地区,其地表经常生长一些芦苇草,一些地区生长有松树等。总体而言,红黏土与高液限土的地表植物以这两种较为常见。

二、红黏土与高液限土的主要工程特性

红黏土与高液限土是一种区域性的特殊性土,主要为坡积、残积类型,各地区高液限土基本物理指标见表 5-11-4。

1. 土的含水率

高液限土的天然含水率较高,范围在 19%～63% 之间,不同地区高液限土天然含水率差别较大。同一地区的不同路段高液限土的含水率也可以相差十几个百分点。高液限土天然含水率过大,对于路基的施工是极为不利的,因此路基工程中采用高液限土对天然含水率的范围有一定的要求,需要在工程中根据高液限土的路用性能状况进行确定。

在天然竖向剖面上,红黏土与高液限土的天然含水率分布呈现明显的上干下湿的趋势,状态从硬塑到极软塑,说明受自然环境影响较大。而在 3～5m 深度以下土体含水率基本在较小的范围内波动(研究表明在塑限附近),说明大气等外界环境对高液限土的影响深度大致为 3～5m。而液塑限和塑指并没有随深度增加而增加,分布呈现不规律性。

表5-11-4

各地区典型高液限土基本物理指标汇总表

编号	项目名称	取样桩号	天然含水率(%)	天然稠度 w_c	比重 G_s	液限 w_L	塑限 w_P	塑性指数 I_P	细粒组含量(%) <0.075mm	最佳含水率(%)	最大干密度(g/cm^3)
1	贵州凯丰高速公路	K31+800	49.7	0.64	2.643	61.2	43.2	18	68.89	19.4	1.65
2		K34+300	34.2	0.74	2.727	43.7	30.9	12.8	75.33	21.9	1.71
3	贵州毕生高速公路	K24+800	35.6	0.63	2.517	53.4	25.3	28.1	74.21	15.7	1.66
4		K25+500	63	0.50	2.699	85.4	40.3	45.1	89.71	26.5	1.48
5	贵州毕都高速公路	K17+040	41.3	0.69	2.376	62.7	34.7	17.8	79.24	24.2	1.57
6		将军山	38.4	0.77	2.721	60.9	31.2	29.8	94.31	23.1	1.64
7	贵州松铜高速公路	水竹坪	37.8	0.78	2.721	65.6	36.4	29.2	89.44	27.3	1.58
8		太平营	31.5	0.69	2.686	55.8	33.2	22.6	91.23	25.3	1.59
9		坪玉基	30.9	0.71	2.871	62.8	33.0	29.8	87.34	25.6	1.60
10		九龙坡	50.6	0.70	2.599	70.0	34.0	36.0	83.55	25.1	1.60
11		K27+980	34.8	0.63	2.467	49.2	28.9	20.3	74.74	19.0	1.70
12		K25+370	44.3	0.73	2.654	48.6	30.8	17.8	83.76	17.0	1.68
13	贵州晴兴高速公路	ZK20+250	50.2	0.77	2.338	54.8	31.4	23.4	79.92	20.1	1.58
14		ZK20+880	54.3	0.67	2.689	57.6	35.3	22.1	89.03	28.3	1.69
15		K22+300	48.8	0.74	2.701	53.7	32.1	21.6	78.72	23.1	1.68
16		K30+950	39.0	0.66	2.821	61.6	37.2	20.2	88.18	20.2	1.65
17	贵州贵清高速公路	K10+650	43.2	0.70	2.343	60.5	36.7	19.9	86.12	21.0	1.54
18		K7+980	50.2	0.69	2.543	69.7	29.1	22.6	79.29	24.8	1.66
19		K8+600	47.8	0.71	2.892	64.7	32.2	21.4	88.92	19.9	1.57
20		K8+220	49.9	0.66	2.341	79.2	37.0	27.1	86.21	19.2	1.62
21		K8+010	50.3	0.73	2.574	63.3	37.8	25.2	67.92	20.0	1.59
22	贵州贵清高速公路	K9+330	41.2	0.61	2.497	70.1	34.2	21.2	80.32	22.3	1.55

续上表

编号	项目名称	取样桩号	天然含水率（%）	天然稠度 w_c	比重 G_s	液限 w_L	塑限 w_P	塑性指数 I_P	细粒组含量(%) <0.075mm	最佳含水率（%）	最大干密度 (g/cm^3)
23	贵州贵清高速公路	K9+690	47.2	0.73	2.501	63.2	35.2	24.3	82.11	19.0	1.70
24		K9+900	58.2	0.66	2.682	69.3	40.2	22.2	70.41	20.1	1.66
25	贵阳绕城高速公路西南段	T9	20.0	1.25	2.704	48.5	25.7	22.8	86.9	16.3	1.76
26		T10	35.0	1.04	2.715	89.5	37.3	52.2	96.1	26.0	1.50
27	福建泉三高速公路	K176+250	36.1	0.75	2.696	55.0	29.7	25.3	94.4	21.0	1.55
28		K159+722	40.6	0.75	2.715	61.3	33.8	27.5	91.4	23.4	1.55
29	京福高速公路三明一期	YK8+800	35~45	0.71~0.95	2.68	74.8	32.8	42.0	98.5	21.0	1.57
30		K13+640	35~45	0.49~0.95	2.68	55.1	33.9	21.2	66.7	21.4	1.62
31	京福高速公路南平段	南平一	33.6	0.97	2.68	58.7	32.7	26.0	54.0	19.0	1.69
32		南平二	36.1	0.79	2.68	57.2	30.5	26.7	72.5	14.1	1.72
33	泉厦高速公路	K10+514~K13+000	20~30	1.03~1.37	2.68	59.9	30.9	29.0	55.3	—	—
34		互通区1	26.0	1.0	2.68	59.6	26.0	33.6	—	—	—
35		天宝服务区	29~32	0.9~1.02	2.69	54.9	29.5	25.4	—	—	—
36	福建漳龙高速公路	互通区2	27.4	1.27	2.688	54.0	33.0	21.0	—	—	—
37		K32+620~980	27.0	1.0	2.703	58.0	27.0	31.0	—	—	—
38		寨里村	28.0	0.94	2.674	53.3	26.3	27.0	—	—	—
39		K33+254~420	29.0	1.21	2.716	52.0	33.0	19.0	—	—	—
40		K30+200~470	27.0	1.45	2.694	59.4	37.0	22.4	—	—	—
41	福建泉三高速公路	K16+480~680	29.0	1.03	2.719	67.0	30.0	37.0	—	—	—
42		K29+010~160	28.0	1.08	2.689	63.0	30.5	32.5	—	—	—
43		K233+200	27.6	1.18	—	72.4	34.4	38.0	82.2	22.0	1.59

续上表

编号	项目名称	取样桩号	天然含水率（%）	天然稠度 w_c	比重 G_s	液限 w_L	塑限 w_P	塑性指数 I_P	细粒组含量（%）<0.075mm	最佳含水率（%）	最大干密度（g/cm³）
44	福建泉三高速公路	K234+040 右6m	21.6	1.38	—	63.0	32.9	30.1	78.8	19.4	1.62
45		K233+900 左10m	25.0	1.24	—	58.6	31.5	27.1	81.0	16.8	1.67
46		K234+200 中桩	22.8	1.21	—	49.4	27.5	21.9	76.4	19.0	1.69
47		K161+400	—	—	—	65.5	35.4	30.1	72.4	21.7	1.63
48		K161+340	—	—	—	57.6	33.6	24.0	51.6	14.9	1.81
49		K156+950	19.0	1.35	2.725	39.6	26.4	13.2	93.83	16.2	1.80
50	湖南宁道高速公路	宁道土样1	32.6	1.05	—	59.7	33.7	26.0	82.0	18.0	1.62
51		宁道土样2	23.7	1.05	—	48.9	25.0	23.9	93.9	16.1	1.80
52		宁道土样3	33.5	1.18	—	60.8	37.7	23.1	97.0	17.2	1.59

2. 土的液塑性

高液限土的液限与塑限、塑限与塑性指数之间的相关性不强,液限与塑指间存在一定的相关性。贵州高液限土的液限分布在50%~80.3%之间,平均值为60.1%;塑限分布在22%~43.8%之间,平均值为32.0%;高液限土的塑性指数分布在16.8%~42.3%之间,平均值为28.2%;福建、湖南高液限土液限分布范围为48.5%~89.5%,80%的土样液限位于50%~65%之间,均值为60.0%;塑限分布范围为25.7%~37.3%,80%的土样液限位于26%~34%之间,均值为31.2%;塑性指数分布范围为19%~52%,80%的土样液限位于20%~34%之间,均值为28.8%。

3. 颗粒组成

相对于一般细粒土而言,高液限土的特点是细颗粒(小于0.075mm的颗粒)含量高,尤其是黏粒(小于0.002mm的颗粒)含量非常高,大部分在30%以上,一般大于40%。高液限土粗颗粒含量(大于0.075mm的颗粒)与成土母岩和风化程度密切相关,对土的路用特性有明显影响。根据对贵州、福建及湖南总共52个高液限土样的粗颗粒含量统计结果可知,粗颗粒含量一般均不超过50%,其中79%的土样粗颗粒含量小于30%。总体而言,母岩花岗岩风化的高液限土的粗颗粒含量高于石灰岩与白云岩。

4. 颗粒比重

不同区域的高液限土比重差异性很大,贵州土样的颗粒比重分布在2.34~2.89之间;而福建、湖南土样的颗粒比重分布在2.67~2.72之间,比重的差别相对较小。

5. 击实特性

高液限土的最大干密度、最佳含水率与土的塑性指标之间关系密切,随着土的液限的增加,最佳含水率逐渐增加,最大干密度逐渐减小。

6. 压缩性

红黏土与高液限土的压缩性不大,但对压实功不敏感,而对稠度(含水率)较敏感,见表5-11-5。

贵州凯羊高速公路高液限土压缩试验结果 表5-11-5

土样	制件稠度	含水率(%)	击实次数	干密度(g/cm³)	压实度(%)	压缩系数 $a_{0.1~0.2}$ (MPa^{-1})	压缩模量 E_s (MPa)
1号	1.27	19.5	3×98	1.676	95.2	0.14	11.90
	1.08	23.8	3×98	1.570	89.2	0.22	7.75
	0.97	26.3	3×98	1.526	86.7	0.25	6.97
	0.82	29.9	3×98	1.494	84.9	0.36	5.19
	0.72	32.1	3×98	1.480	84.1	0.41	4.51
2号	1.16	29.2	3×98	1.494	99.6	0.22	8.16
	1.11	31.3	3×98	1.425	95.0	0.15	13.16
	1.03	35.6	3×98	1.391	92.7	0.35	5.56
	0.94	40.6	3×98	1.280	85.3	0.34	6.29
	0.91	42.1	3×98	1.280	85.3	0.41	5.13

续上表

土样	制件稠度	含水率（%）	击实次数	干密度（g/cm³）	压实度（%）	压缩系数 $a_{0.1\sim0.2}$（MPa^{-1}）	压缩模量 E_s（MPa）
3号	1.47	20.87	3×98	1.550	100	0.03	54.05
	1.31	25.25	3×98	1.524	98.3	0.05	38.46
	1.13	30.32	3×98	1.435	92.6	0.12	16.39
	0.92	35.93	3×98	1.328	85.7	0.37	5.51
	0.74	40.83	3×98	1.248	80.5	0.58	3.78
	0.95	35.20	3×15	1.325	85.5	0.26	7.75
			3×21	1.333	86.0	0.17	11.90
			3×37	1.336	86.2	0.27	7.41
			3×51	1.321	85.2	0.27	7.69
			3×70	1.333	86.0	0.23	8.33
	0.81	38.9	3×15	1.280	82.6	0.45	4.76
			3×21	1.256	81.0	0.53	4.10
			3×37	1.257	81.1	0.57	3.77
			3×51	1.274	82.2	0.56	3.79

不同压实功下，土样的压缩系数和压缩模量变化不大，可见压缩性对压实功不敏感，而与稠度（含水率）较敏感。在相同击实次数下，随着稠度的降低，含水率的增大，土样的压缩系数 $a_{0.1\sim0.2}$ 和压缩模量 E_s 逐渐减小，高液限土的可压缩性越来越大。

7. 抗剪强度

红黏土与高液限土的黏聚力指标变化范围较大，内摩擦角分布范围较为集中，且当稠度低于一定值时，击实次数和含水率对内摩擦角影响不大，且内摩擦角的分布非常均匀，见表5-11-6。

贵州凯羊高速公路高液限土直剪（慢剪）试验统计　　表5-11-6

土样	制件稠度	含水率（%）	击实次数	干密度（g/cm³）	压实度（%）	黏聚力 c（kPa）	内摩擦角 φ（°）
1号	0.71	32.3	3×98	1.478	84.0	15.0	30.8
	0.80	30.3	3×98	1.521	86.4	18.6	29.5
	0.95	26.9	3×98	1.531	87.0	35.6	30.5
	1.08	23.9	3×98	1.589	90.3	52.7	36.0
	1.26	19.7	3×98	1.690	96.0	74.1	37.7
2号	0.91	42.1	3×98	1.265	84.3	15.3	28.8
	0.94	40.6	3×98	1.283	85.5	19.9	29.0
	1.04	35.3	3×98	1.353	90.2	59.6	26.7
	1.13	30.7	3×98	1.445	96.3	73.4	39.0

续上表

土样	制件稠度	含水率（%）	击实次数	干密度（g/cm³）	压实度（%）	黏聚力 c（kPa）	内摩擦角 φ（°）
3号	0.79	39.7	3×98	1.289	83.2	19.4	28.3
	0.83	38.5	3×98	1.326	85.6	20.9	28.3
	0.95	35.3	3×98	1.312	84.7	36.0	30.2
	1.04	32.8	3×98	1.375	88.7	11.1	26.4
	1.15	29.8	3×98	1.435	92.6	94.2	27.5
	0.95	35.06	3×15	1.319	85.1	39.9	26.1
	0.97	34.62	3×21	1.337	86.3	26.3	29.5
	0.93	35.63	3×37	1.338	86.3	46.5	25.8
	0.97	34.62	3×51	1.346	86.8	26.9	28.6
	0.97	34.61	3×70	1.346	86.8	23.7	28.3
	0.83	38.48	3×15	1.28	82.6	14.6	29.7
	0.82	38.77	3×21	1.302	84.0	12.8	29.9
	0.81	38.97	3×37	1.303	84.1	7.3	30.2
	0.81	38.97	3×51	1.311	84.6	20.3	27.9

8. CBR 强度

1）土的含水率、击实次数与 CBR 强度的关系

路基的强度是反映路基填筑质量的关键指标，也是路面结构设计的重要参数，路基填土的强度除与土质本身密切相关，还与含水率（稠度）、密实度、击实次数等因素相关，而密实度主要由击实次数来调整，见图 5-11-3 ~ 图 5-11-5。

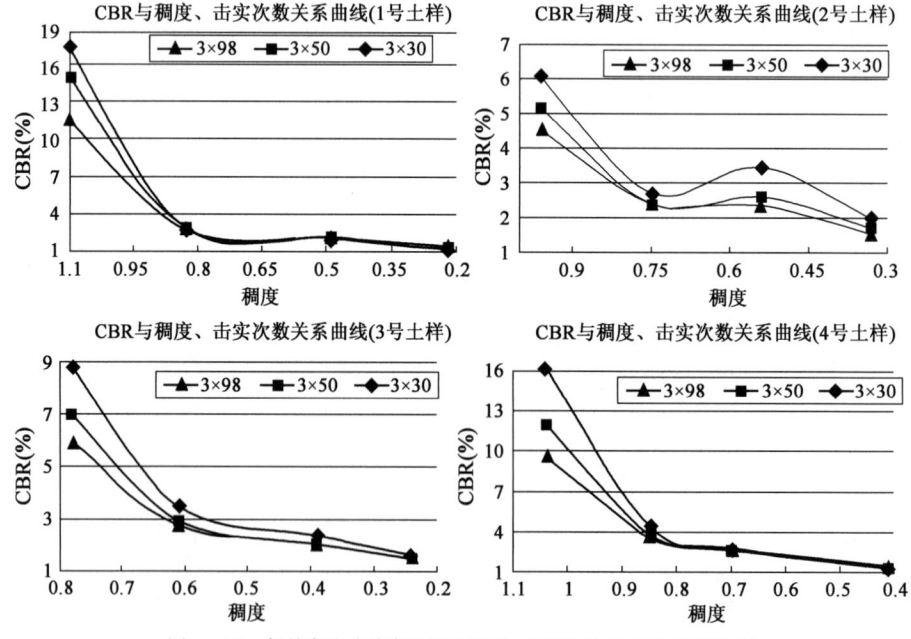

图 5-11-3 凯羊高速公路高液限土稠度、击实次数与 CBR 强度关系

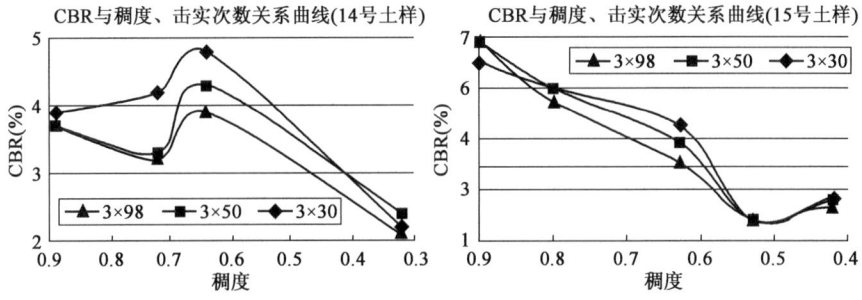

图 5-11-4 毕生高速公路高液限土稠度、击实次数与 CBR 强度关系

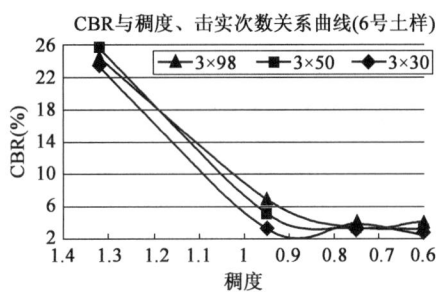

图 5-11-5 毕都高速公路高液限土稠度、击实次数与 CBR 强度关系

(1)高液限土的 CBR 强度与压实功类似,与稠度呈正比例关系,随着稠度的增大,CBR 强度也增大,CBR 强度最大值对应此击实次数下的最大强度和最大强度含水率;在最大强度含水率附近,CBR 强度表现出对含水率变化的敏感性,即在较小的稠度范围内 CBR 值变化较大。

(2)击实次数与最大强度的关系也因为稠度范围的不同而不同,当稠度大于 0.6 时,击实次数基本上与最大强度呈负相关,随着击实次数的增加,最大强度相应减小;而当稠度小于 0.6 时,击实次数的变化对最大强度影响不大。因此,对于高液限土,要控制合理的击实次数,以取得较大的强度。

(3)从所取土样的不同含水率 CBR 试验可见,当土样的稠度大于 0.6 时,基本上可以满足下路堤最小强度要求 CBR >3%。

2)土的干密度与强度 CBR 值的关系

红黏土与高液限土的密实度曲线和 CBR 强度曲线相互分离,见图 5-11-6 ~ 图 5-11-8。

(1)密实度曲线和 CBR 强度曲线的峰值点对应的含水率并不重合,两条曲线相互分离,分别存在不同的峰值点:即最大干密度和最佳含水率、最大强度和最大强度含水率;这是高液限土区别于一般细粒土的重要特征之一。

(2)对于高液限土而言,采用最佳含水率、增大击实次数,可以获得较高的干密度,但此时饱和度较低,在自然条件下经过干湿循环,含水率仍将增大,密实度减小,强度降低,因此对于路基长期稳定不利。

(3)相同击实次数下的压实度曲线与 CBR 曲线具有相类似的变化趋势,而在相同稠度(含水率)下,两者与击实次数的关系则有较大不同。相同稠度时,压实度与击实次数呈正相关,压实度随击实次数增大而增大,CBR 值与击实次数的关系则表现复杂一些。在稠度较低时(含水率较大)击实次数的增加对 CBR 的增加无明显作用,甚至导致 CBR 的下降,随着稠度逐渐增加(含水率逐渐减小)击实次数对 CBR 的增加作用逐渐加强。

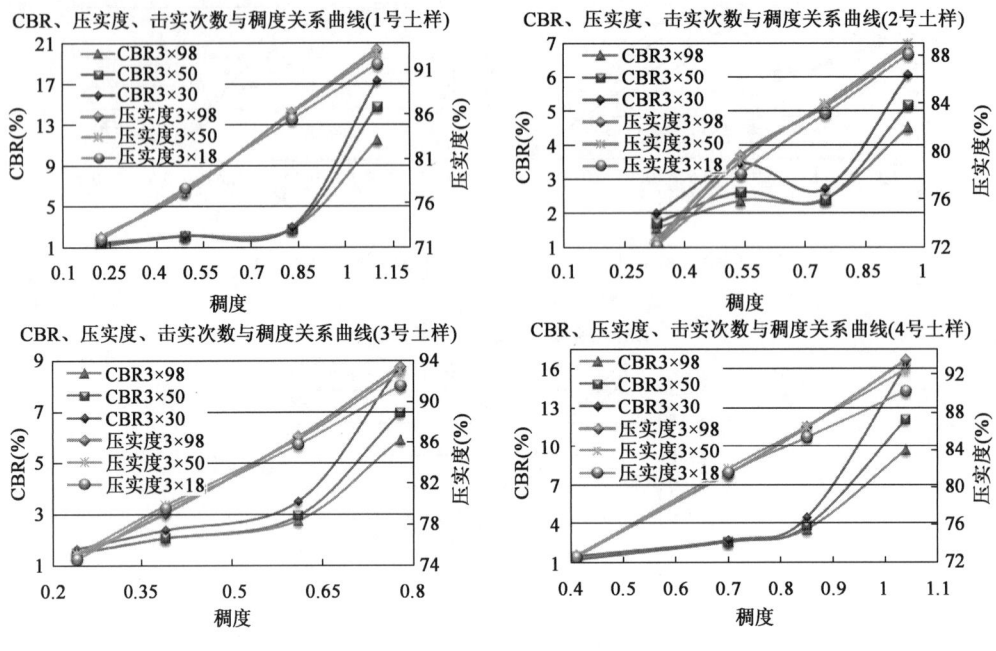

图 5-11-6　凯羊高速公路高液限土稠度、击实次数与压实度、CBR 强度关系

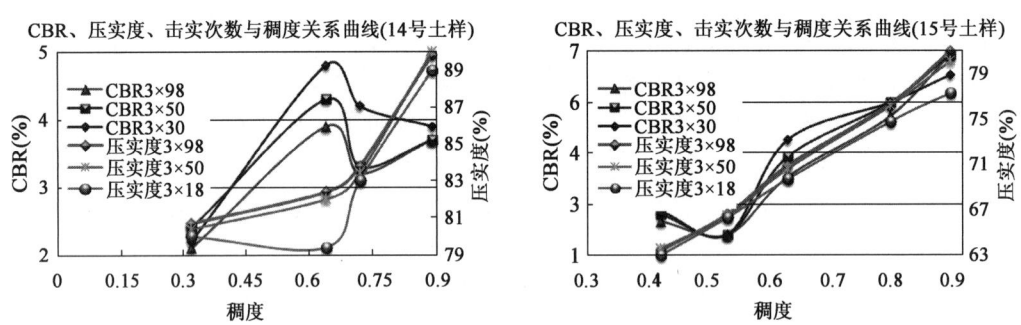

图 5-11-7　毕生高速公路高液限土稠度、击实次数与压实度、CBR 强度关系

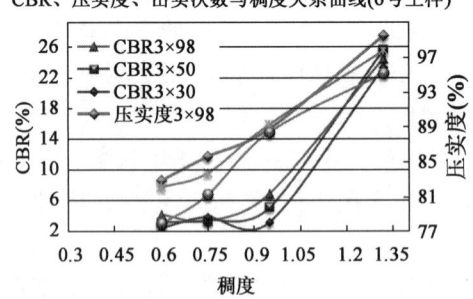

图 5-11-8　毕都高速公路高液限土稠度、击实次数与压实度、CBR 强度关系

(4)对于高液限土填料而言,过分强调压实度对于路基的长期稳定强度不利,按照最佳含水率进行控制碾压十分困难,更不合理。根据交通运输部公路科学研究院对我国多条公路的检测结果可知,填筑完成后的路基存在一个长期稳定的含水率范围,与填筑时的最佳含水率相比,路基运营后的含水率远高于最佳含水率,运营后的稳定含水率基本接近塑限,因此塑限是路基土的稳定含水率范围,这与前述高液限土满足下路堤强度要求的含水率范围基本一致。

三、红黏土与高液限土路基修筑技术发展概况

1. 工程特性研究现状

按照我国公路路基设计规范,液限大于50%、塑性指数大于26%的细粒土不得直接作为路堤填料。为此,国内外学者对高液限土(包括改良土)的物理力学特性进行了研究。在物理力学性质方面,Gidigasu(1971)发现高液限残积土的黏粒含量与最大干密度和最佳含水率之间存在相关性,黏粒含量越高,最大干密度越小,最佳含水率越大。Vargas(1953)发现排水条件对红黏土的三轴剪切强度摩尔包络线有影响。Lamb(1962)等指出红黏土的剪切强度大小取决于母岩种类和风化程度,不同风化程度的花岗岩在相同击实次数作用下抗剪强度参数不同,弱风化土具有较高的内摩擦角。Fredlund曾对压实的非饱和土的抗剪强度进行了大量的研究,并在不排水三轴试验中量测了空隙气压力和空隙水压力。赵训华、余敦猛等分别从胶体化学角度及变形特性角度,对红黏土的抗剪强度做了相关的研究。常立君、刘小文探讨了江西地区非饱和红黏土抗剪强度与含水率和密度的一般规律。曹志娇研究了非饱和土的抗剪强度与基质吸力之间的关系,建立了非饱和红黏土的抗剪强度公式。李景阳对贵州残积红黏土的力学强度特性进行了探讨,指出了红黏土强度特征与成土过程中形成的结构强度密切相关。杨庆、贺洁等研究了非饱和红黏土和膨胀土的抗剪强度,认为红黏土是对环境湿热变化敏感的塑性黏土,具有一般膨胀土吸水膨胀失水收缩的特性。刘春、吴绪春对非饱和红黏土的强度特性进行了三轴试验研究。

在化学成分与矿物成分方面,James K. Mitchell发现矿物成分对黏土的性状会产生显著影响。Goldberg Sabibe发现红黏土的特殊性质主要是由游离氧化铁形成的胶结作用和颗粒间特殊的连接形式造成的,且这种胶结是通过胶结物界面上的化学力实现的。王继庄、冯金良、孔令伟等研究指出:游离氧化铁、铝、硅等,是造成红黏土具有一系列特殊工程性质的根本原因。唐大雄、王清等基于野外调查结果和室内试验资料,通过对残积红土的粒度成分、矿物成分、化学成分、物理化学特性、宏观结构、微观结构形态、孔隙特征的全面系统分析,研究了雷州半岛及海南岛北部第四纪玄武岩风化形成的巨厚层残积红土的工程地质性质,认为其与一般土不尽相同,属于特殊性土,阐述了其工程地质性质,对玄武岩残积红土进行了工程地质评价。韦时宏、廖义玲等研究了中国南方(特别是贵阳地区)红黏土的物质组成、宏微观结构及工程地质性质,指出了红黏土成分结构对其工程性质的影响。袁腾方、殷颖、刘小平通过室内试验分析了高液限土的基本工程特性,探讨了高液限土压实中最大含水率及最大空气体积率等问题,提出了以最佳压实次数、稠度及最佳含水率作为高液限土路基压实指标的控制参数。张麒蛰鉴于在高液限土路基修筑过程中所面临稳定性差、失水收缩开裂、压实性差等问题,通过室内试验,分析了高液限土的工程特性和物理力学性质,提出了高液限土路基修筑技术。叶琼瑶、陶海燕对高液限土掺加不同比例改良剂进行室内试验,分析其改良效果后的路用性能,提

出掺加30%砂砾是比较经济有效的改良措施。

针对特殊土的填料分类,国内外曾开展过相关研究,并取得了许多成果。现有的高液限土判别指标大体归纳为两大类:其一是土的物质组成指标(黏土矿物组成、粒度组成等);其二是土粒与水相互作用所呈现的水理性质指标(塑性指数、液限、自由膨胀率、膨胀力等)。杨和平通过对耒宜高速公路红黏土与高液限土填料路用性能的分析,初步提出了可直接用作填料的红黏土的评价标准:直接用作填料的红黏土除必须满足规范规定的压实度和CBR标准外,建议还必须同时满足最大干密度不低于某个下限值和天然含水率不高于某个上限值的条件。

2. 改良处置技术研究现状

随着国家高速公路的发展,废弃高液限土造成很大的经济浪费。因此,不少学者和科研单位对其改良技术进行了广泛的研究,取得了一定的成果。

黄俊等在研究江西省境内高液限土时,发现不同外掺剂对物理指标和承载比的改良效果有显著的差异性,但最佳含水率和最大干密度几乎不受外加剂的影响。莫百金等发现随着砂砾掺配率的增大,细粒含量的减少,能有效减弱高液限土的收缩性能、降低液塑限,且土体强度呈先增大后降低的趋势。此外,通过试验段的现场试验,发现砂砾改良高液限土是可行、有效的。从经济和环保方面考虑,采用砂砾改良高液限土的效果比弃土换填和化学改性处置等手段都要好。

叶琼瑶、陶海燕等采用多种改良措施研究全州至兴安高速公路的红黏土时发现:化学改性处置(如掺加石灰、粉煤灰、水泥等)效果不太理想,也不太经济;但物理改良(如掺加砂砾)比较有效,也比较经济。罗斌等在研究嘉宁公路沿线高液限土时,从经济性、承载比和裂缝宽度限制等方面出发,探讨了碎石的最优掺配率;试验结果表明,在施工中用碎石改良高液限土是可行、有效的,具有较好的经济和环保效益。由此可见,采用何种改良措施是因地而异的;即使对于同一区域的高液限土,若采用不同的改良方法,其经济和环境效益也是不一样的。故有必要对每个区域的高液限土采用不同的改良方法进行试验,从经济和环保方面研究其最佳的改良措施。

交通运输部公路科学研究院在"七五"项目"高等级公路过湿土路基综合稳定技术"中对过湿土的处理技术进行了研究,开发了"NCS"系列固化材料,实践证明对过湿土和膨胀土的处理有较好的效果,但需要机械拌和。长沙理工大学在耒宜高速公路对高液限土的研究中提出了采用性质互补的"混合土法"处置"三高土"(即高液限、高塑性、高含水率的土)的思想,即对不同性质的"三高土",通过掺配与其土性互补的天然低含水率的非饱和黏土或砂土,并在需要时辅以掺配少量无机结合料(生石灰、粉煤灰等),使其构成一种新的路用性质良好的混合土。

高液限土掺加固化剂进行改良处理的办法在国内外均有应用。固化剂主要是石灰、水泥等粉体材料,主要是基于高液限土的天然含水率高,掺加粉体材料可以降低天然含水率和塑性指数,改善可压实性与强度,室内试验效果良好。但基于高液限土的过湿结团的特性,掺加固化剂虽在室内试验可行,但现场拌和十分困难,拌和不均匀可能导致路基填料不均匀,使路基出现一些差异变形。若采用大型拌和设备进行拌和,对于大量的路基填方来说成本过高,施工中难以推广。

3. 填筑技术研究现状

在高液限土路基修筑技术的研究方面,Zeballosme(2001)研究涉及粉质黏土道路路堤的地基,介绍了阿根廷圣路易省用黄沙黏土修筑路堤的试验,研究土的性能以及变形等与土壤含水率之间的关系。姜东亚在利用高液限土填筑路堤技术上,根据高液限土的特性,提出了设置排水砂层和排水砂井的高液限土路堤结构形式,加速土体固结过程,提高堤身强度,同时也有利于路堤施工的压实控制。在对高液限土施工工艺方面,玉林公路局的秦义保、苏震等人通过压实状态(含水率、击实次数)与高液限黏土稳定强度关系的分析,提出在改进施工工艺和加强施工质量控制的情况下,直接就地利用高液限黏土修筑高等级公路路基是可行的。罗文涛结合厦漳高速公路工程实例,对高液限土掺拌固化剂改良的翻晒摊铺和路拌施工工艺进行了分析。梁军林(2000)介绍了广西柳桂高速公路高液限黏土的工程性质及工程应用,对比研究了羊足碾与光轮压路机的压实效果;万智在湖南对高液限土的碾压含水率和碾压方式进行了研究,认为采用羊足碾的效果优于光轮压路机,并分析了羊足碾的碾压机理,提出了高液限土的压实度控制标准。广东电湛高速公路采用冲击压路机对高液限土进行补压的结果表明,冲击碾压20遍后其表层压实度可提高5个百分点左右。佘小年(2003)等以湖南衡(阳)枣(木铺)高速公路为例,分析了用包芯法处理高液限黏土的施工原理及局限性,并通过室内试验、现场变形观测及现场实体填筑,提出了采用此法的适宜条件及施工技术。

在质量控制标准方面,我国在二十世纪采纳国外的做法,对于高液限土采用轻型压实标准,但在2004版路基设计规范的修订中,取消了轻型标准。交通运输部公路科学研究院的吴立坚等人结合福建的数条高速公路建设,对利用高液限土填筑的路基压实度指标进行了试验研究,提出了采用压实度、饱和度双指标的控制措施,这些质量控制方法在福建泉厦高速公路的高液限土填筑时已采用,通过实践证明是有效的。后来的研究发现,高液限土的碾压含水率普遍较高,现场干密度满足要求时,土体饱和度均在90%以上,大部分大于95%,接近饱和状态,因此通过压实度控制即可保证土体的饱和度满足要求。

4. 红黏土与高液限土地区路基存在的主要问题

(1)施工困难,压实度低。

我国红黏土与高液限土的天然含水率一般在30%~70%之间,如此高的天然含水率和高黏性导致高液限土在运输过程中易产生很深的车辙或轮印,甚至重载车辆无法在碾压好的路基上行驶,如图5-11-9所示。重载车在卸料时,有时土易粘在车斗里,需要挖机帮忙才能卸干净料,如图5-11-10所示。由于高含水率,红黏土与高液限土的压实度一般在85%~92%之间,当含水率高于45%时,压实度一般在80%~85%之间,如图5-11-11所示,远低于我国公路路基设计、施工规范对路基压实度的要求,路基规范对压实度的规定为:下路堤93%,上路堤94%,路床96%。虽然规范也对路基压实度开了口子:对特殊干旱、潮湿地区的路基压实度在确保路基稳定与强度的前提下可适当放宽,但由于如何界定干旱与潮湿地区没有明确的标准,在实际操作中,我国公路质监部门往往按照一般路基的压实度来要求,这也是影响红黏土与高液限土在工程中应用的主要原因。

(2)水稳性差,弯沉大。

红黏土与高液限土易收缩开裂,如图5-11-12所示。一些路基因各种原因放置一段时间后表面易龟裂,遇水后易软化。另一方面,由于高天然含水率,一般情况下其弯沉值很大,因此,路床甚至上路堤必须换填其他效果好的填料。

图 5-11-9　运输车辆车辙深

图 5-11-10　运料车卸料困难

图 5-11-11　高液限土压实度低

图 5-11-12　高液限土路基干缩开裂

（3）挖方边坡稳定性差。

众多工程表明,红黏土与高液限土填方边坡的稳定性良好,但挖方边坡的稳定性差,极易坍塌,很难处治,一些通车多年的红黏土与高液限土挖方边坡仍不时出现坍塌,如图 5-11-13 所示。这些坍塌规模一般不大,但发生频率高,与边坡高度几乎无关,有些低矮、坡率较缓的边坡仍会发生坍塌,如图 5-11-14 所示。坍塌位置不确定,边坡上的任何部位均有可能发生,滑动面剪切出口位于路基顶面以上,不会对路基本身造成大的影响。因此,某种程度上可以说红黏土边坡的坍塌是"上不封顶,下不保底"。

图 5-11-13　红黏土边坡坍塌

图 5-11-14　低矮红黏土边坡的坍塌

(4)红黏土与高液限土路基长期性能的顾虑。

红黏土与高液限土天然含水率高,压缩变形量大,甚至人走在上面时也是一步一个脚印。从经验的角度出发,人们担心其工后沉降量可能很大,工后沉降蠕变历时很长,对红黏土与高液限土路基的长期性能如何没有把握,这也成为影响其利用的重要方面。

第二节 设计原则与勘察要点

一、勘察要点

1. 调查要点

(1)查明红黏土与高液限土地区的地形地貌、地层岩性、地质构造、水文地质条件;
(2)查明红黏土与高液限土的类型、分布范围、厚度、含水状态、土体结构;
(3)查明红黏土与高液限土的物理力学性质、膨胀与收缩特性、地基的承载力;
(4)查明地裂分布及成因,裂隙的密度、深度、延伸方向及发育规律;
(5)查明地表水和地下水的分布、类型、埋深、水质及水位变化情况;
(6)查明坡面冲刷、剥落、滑坡、土洞等不良地质的发育情况;
(7)既有公路及建筑物的使用情况。

2. 勘察要求

红黏土与高液限土地区勘探工作应按岩土工程分类划分红黏土与高液限土的土质单元。在平面分布上,应划分原生红黏土与次生红黏土的范围;在垂直分布上,应按土的状态分层;当研究土的水理特性和承受水平力的整体强度时,也应根据不同土性和结构分类分别评价。

1)初步勘察和详细勘察

由于红黏土与高液限土具有水平方向厚度变化大、垂直方向状态变化大的特点,故勘探点应采用较小的点距,特别是对于土岩组合不均匀地基。初步勘察时勘探点间距宜取 30~50m;详细勘察时勘探点间距,对均匀地基宜取 12~24m,对不均匀地基宜取 6~12m,并宜沿基础轴线布置。在土层厚度和状态变化较大的地段,勘探点可适当加密。必要时,可按柱基单独布置。

勘探点深度应视具体情况而定。二级及以上公路勘探深度应至路基面或设计基础底面以下不少于4m,二级以下公路勘探深度不少于2m;当红黏土与高液限土底部有较软弱土层分布,且基岩面起伏较大时,对于土岩组合不均匀地基,勘探点深度应达到基岩面,以便获得完整的地层剖面。

2)施工勘察

当出现下列情况时,应进行施工勘察:
(1)红黏土厚度、状态变化大,基岩面起伏大,有石芽出露,或基岩面上土层特别软弱,按详勘阶段勘探点距规定难以查清这些变化时;
(2)土层中有土洞发育,详勘阶段未能查明所有情况时。

施工勘察阶段勘探点间距和深度应根据需要确定。

3)水文地质勘察、试验和观测工作

水文地质条件对红黏土与高液限土的评价是非常重要的因素。当需要详细了解地下水埋藏条件、运动规律和动态变化时,仅仅通过地面测绘和调查往往难以满足红黏土与高液限土公路工程评价的需要。此时,应进行专门的水文地质勘察、试验和观测工作。

3. 试验要求

(1)红黏土与高液限土地区采取土样的数量,宜按已划分的土质单元均匀分布,保证各层土的取样数量和统计指标的变异系数等符合有关规范的要求。

(2)红黏土与高液限土应进行常规项目试验外,还应根据需要选择进行下列试验。

①收缩试验和复浸水试验,用于评价红黏土与高液限土在天然状态下和复浸水状态下的胀缩性。

②50kPa压力下的膨胀量、收缩量及不同失水量条件下的胀缩量等试验,用于了解土的水理特性。

③三轴剪切试验或无侧限抗压强度试验,用于评价裂隙发育的红黏土与高液限土中裂隙对强度和承载力的影响。

④重复剪切试验,用于获取评价边坡稳定性的设计参数。

二、选线原则

(1)如有可能,路线应尽量绕避红黏土和高液限土地段。

(2)必须通过红黏土与高液限土地段时,路线的位置应选择高液限土分布范围最窄、膨胀性最弱以及土层最薄的地段。

(3)路线应避开红黏土与高液限土发育的山前斜坡地带,选择地形平缓、坡面完整、植被良好的地段通过。

(4)路线应避开中、强收缩土区,避开土层呈多元结构或有软弱夹层的地带。无法避开时,应以最短距离通过。

(5)路线应以浅挖、低填的方式通过。

(6)路线应避开地下水发育的地段。

(7)路线应避开地裂密集带及深、长地裂地段。

(8)路线通过既有建筑区时,应尽量远离建筑群及重要建筑物。

三、路基设计原则

(1)红黏土与高液限土路基设计,应综合考虑红黏土与高液限土类型、土体结构与工程特性、环境地质条件与风化深度等因素。

(2)红黏土与高液限土具有膨胀性时,应按膨胀土路基进行设计。

(3)红黏土与高液限土路基设计宜避免高路堤及深路堑。如不能避免,宜与桥隧方案进行综合比选确定。

(4)红黏土与高液限土路基设计应充分考虑气候环境、水对路基性能的影响,做好路基结构防排水与湿度控制措施的设计,连续施工,及时封闭。

第三节 挖方路基设计

一、挖方路基结构设计

红黏土与高液限土挖方路基边坡设计前,应充分进行工程地质调查、既有建筑物调查,搜集当地气象资料,并在此基础上通过技术经济比较,合理确定路堑边坡形式、坡率及防护加固措施。

(1)挖方路基边坡高度超过10m时应进行稳定性检算,并考虑复浸水Ⅰ类红黏土的开挖面土体干缩导致裂隙发展及复浸水使土质产生变化的不利影响。边坡稳定性分析计算时,宜采用饱水剪切试验和重复慢剪试验等强度指标。

(2)挖方边坡高度不宜超过20m。路堑边坡设计应遵循"放缓坡率、加宽平台、加固坡脚"的原则。边坡坡率及平台宽度可按表5-11-7确定。当边坡高度超过6m时,挖方路基宜采用台阶式断面;地形允许时,宜进一步放缓边坡。

路堑边坡坡率 表5-11-7

边坡高度(m)	边坡坡率	边坡平台宽度(m)
<6	1:1.25~1:1.5	—
6~10	1:1.5~1:1.75	2.0
10~20	1:1.75~1:2	≥2.0

(3)根据红黏土或高液限土的工程性质,对挖方路段路床范围的红黏土或高液限土应进行超挖换填或掺无机结合料处置,换填材料宜选用渗水性良好的砂砾、碎石等。

(4)当挖方路段路床范围有石柱、石笋时,应予以挖除;当石柱、石笋之间存在天然含水率超过其塑限5个百分点的过湿土时,应挖除路床范围内的过湿土,换填片石等材料。

(5)零填、路堑路段开挖至路床底部后,应及时进行路床的换填施工;当不能及时进行时,宜在路床底面高程以上预留0.3m厚的保护层。

二、挖方边坡稳定性分析

红黏土与高液限土挖方边坡,在湿热交替的气候条件影响下,土体产生收缩开裂,故红黏土与高液限土中裂隙较发育。收缩性强的红黏土,在地形、向阳、植被少的地段,裂隙深度大,一般达3~4m,个别地区达10余米。裂隙使土体完整性破坏,降低了土体的强度,增大了土体的透水性,构成土体稳定的不利因素。降雨时,雨水沿裂隙入渗,形成了土体的软弱结构面,即使坡率小于1:2,仍可能出现坍塌、滑动破坏,滑坡剪切出口多位于路基顶面以上。红黏土挖方边坡破坏模式与一般土的圆弧滑动有明显的区别。

1. 挖方边坡典型破坏模式

红黏土与高液限土挖方边坡典型破坏类型可以分为三类:第一类是以冲沟、风化剥落为代表的表层破坏,第二类是以坍塌、溜塌为代表的浅层失稳破坏,第三类是整体失稳破坏。其中,坍塌、溜塌等浅层破坏最为普遍,危害性也最大;而红黏土边坡整体失稳较为少见。

1)表层破坏

坡面冲蚀(冲沟)及风化剥落是工程中最常见的红黏土边坡表层破坏现象。这类破坏侵害边坡浅表,一般不会造成较大危害,但是边坡长期发生表层破坏会影响稳定性。

2）坡面冲蚀

坡面表层在降雨等作用下破坏和流失的现象称为坡面冲蚀，主要指坡面流对表层的水力冲刷。红黏土边坡开挖后，坡面植被破坏，坡面失去保护屏障，直接暴露在大气环境中。雨滴溅蚀作用首先开始，随着降雨历时的延长，若降雨强度超过坡面土体入渗强度，坡面开始产流。产流后在坡面形成薄层漫流。随着降雨强度的增大可在坡面形成坡面径流，坡面土体出现小的股流对坡面进行冲刷。主要表现为，坡面下切作用十分明显，有时甚至在一场降雨过程中出现从溅蚀、面蚀、细沟侵蚀乃至切沟侵蚀的整套连续的发育过程。坡面出露的风化物在吸水膨胀软化后强度急剧降低，容易产生坡面表层溜坍等病害。

3）坡面剥落

剥落变形指边坡坡面土层在大气降水及蒸发的影响下，因干湿效应，土层出现自然碎裂解体的现象。一般情况下，坡脚位置含水率变化相对较大，且边坡开挖后坡脚位置产生应力集中，应力水平明显高于其他部位，因此，剥落变形破坏多发生在坡脚，土体呈块状或片状从坡面脱离，一般影响范围不深，多为数厘米或数十厘米。沿线红黏土部分含有蒙脱石等亲水矿物，遇水膨胀，失水收缩，受反复胀缩活动影响，坡面岩土结构极易破坏，并在自重的作用下脱离原坡面，发生剥落破坏。剥落变形虽不会直接影响边坡的整体稳定性，但在长期的剥蚀作用下，将造成坡面疏松解体，不但增加维护难度，而且可能诱发更大规模的破坏。

4）浅层破坏

红黏土边坡浅层失稳破坏是指浅层土体在环境因素的扰动影响下，强度及稳定性逐步衰减所导致的局部坍塌、溜塌等破坏现象。浅层失稳破坏在贵州省较为普遍，是红黏土边坡最主要的工程问题。

由于红黏土孔隙比大，天然含水率较高，土体基本接近饱和状态，在干湿循环作用下会逐渐发生坍塌。坍塌破坏面的形式为上陡下缓，最终的坍塌剪出可以发生在边坡的任何部位。

坍塌破坏是一种大变形，坍塌后坡体内都会形成一段新的破裂面，并呈横展式分布在坡体内，将坍塌体切割成破碎的条带状土条，并在坡面上形成满布的裂隙及错台高度不一的台阶。残坡积红黏土扰动后强度骤减，初次坍塌的规模一般不大，如不及时加固常会诱发多次逐层坍塌，或最终诱发整体牵引式滑坡。

5）整体破坏

红黏土边坡滑坡破坏较为少见。红黏土边坡整体失稳通常是稳定性逐步恶化直至整体破坏的渐进过程，其发生过程多数由于坡脚处土体受降雨入渗等因素影响，强度降低，坡脚处首先发生鼓胀、剥落等局部小变形，坡体出现细微裂缝；变形进一步发展，坡脚出现局部坍塌或小规模滑坡，滑坡体或坍塌体堆积在坡脚，斜坡上的裂缝范围向后扩展，裂缝宽度变大；坡体下部支撑能力降低，不足以承受上部坡体的下滑力，经过一段时间后发生牵引性滑动。从第一次坡脚局部失稳，到最终稳定，边坡一般会经历几次甚至十几次牵引滑动。产生滑坡后如不及时加固治理或处置方式不恰当，影响范围将扩大到最初的几倍甚至几十倍。

2. 挖方边坡稳定性分析

针对红黏土与高液限土挖方边坡破坏特点，当挖方边坡高度超过 10m 时应进行稳定性检算。边坡稳定性分析计算时，要充分考虑红黏土与高液限土边坡裂隙发展及复浸水对边坡稳定性的不利影响，强度参数需采用饱水剪切试验和重复慢剪试验等强度指标，有条件时，先对土样进行干湿循环试验，然后再浸水饱和做剪切试验。

1)基于圆弧滑动面的红黏土边坡稳定性分析方法

目前,工程上还是采用常规的土质边坡稳定分析方法来计算红黏土边坡的稳定安全系数。这种方法将具有裂隙结构的红黏土边坡均质化,采用室内或原位试验获取强度参数,然后将裂隙及渗透的影响等效为强度参数的折减;破坏面均假设为圆弧形态,利用极限平衡方法进行边坡稳定性的分析。这类方法中最有代表性的就是简化 Bishop 法。

(1)考虑红黏土边坡裂隙影响的简化 Bishop 法

红黏土边坡土体在降雨入渗作用下与吸水渗透、力学强度衰减以及坡形等因素有直接的关系。红黏土在天然状态下的强度还是比较高的,但是吸水后强度的衰减较快。所以在强降雨作用下,红黏土边坡容易由原来的稳定状态过渡到不稳定状态,进而容易引发失稳破坏。根据红黏土的基本物理力学试验和强度水敏感性试验获得了在不同含水率状况下对应的抗剪强度指标(c 和 φ)的曲线关系,进一步通过回归分析等方法建立了坡体上部红黏土含水率与抗剪强度指标 c、φ 值之间的函数模型[式(5-11-1)、式(5-11-2)],并求得了针对该试验样本的函数未定参数拟合值。拟合函数模型从红黏土抗剪强度方面描述了土体在降雨入渗过程中强度衰减规律。

$$c = A + Be^{\frac{-(w-D)}{E}} \tag{5-11-1}$$

$$\varphi = a - bw \tag{5-11-2}$$

极限平衡法是当前国内外应用最广的土坡稳定分析方法。它是传统边坡稳定分析方法的代表。Duncan 认为极限平衡法中简化 Bishop 法是适用于所有情况的计算方法,且其解都是准确的(遇到数值分析的情况例外),只适用于圆弧滑动面和有时可能遇到数值分析问题是其仅有的局限性。

定义安全系数 F_s 为滑面上的抗剪强度与滑面上实际产生的剪切力的比值,则简化 Bishop 法的安全系数为:

$$F_s = \frac{\sum \frac{1}{m_{\theta_i}}[cb + (W_i - u_i b)\tan\varphi]}{\sum W_i \tan\theta_i} \tag{5-11-3}$$

式中:F_s——安全系数;
c——黏聚力(kPa);
φ——内摩擦角(°);
b——土条宽度(m);
W_i——土条自重(kN)。

$$m_{\theta_i} = \cos\theta_i + \frac{\tan\varphi}{F_s}\sin\theta_i \tag{5-11-4}$$

对红黏土边坡而言,雨水的下渗引起土壤含水率的增加,特别是坡体表层土体在短时间内还有可能出饱和状态,土体重度因此会发生较大的变化,这将对边坡的稳定性造成较大的影响。表现在安全系数计算式中的土体自重将变大。在利用简化 Bishop 法进行稳定性计算时,可作出如下改进:

①浸润面以下的土体,土体重度取为饱和重度;
②浸润面以上的土体,当孔隙水压力 $u > 0$ 时,土体重度取为饱和重度,否则为天然土重

度。由于在计算过程中并未考虑孔隙水压力对坡体稳定性的影响,所以浸润面以上土体重度在计算过程中也取饱和重度,即:

$$W_i = bh_i\gamma_s \tag{5-11-5}$$

式中:W_i——单位宽度的土条自重(kN/m);
  γ_s——土体饱和重度(kN/m³);
  h_i——土条高度(m);
  b——土条宽度(m)。

红黏土边坡的整体稳定性随土体抗剪强度参数的降低而降低,并最终导致失稳破坏的发生。在边坡稳定性计算过程中采用岩土工程勘察报告所提供的红黏土天然状态下的强度参数值是不适宜的,而应当考虑降雨入渗对边坡红黏土强度衰减的影响,这对于计算弱扰动均质红黏土边坡的稳定性更加符合现实情况,也更加准确。中南大学在"非饱和红黏土抗剪强度特性研究及其应用"中建议采用警戒含水率(红黏土边坡处于极限平衡状态时的含水率)所对应的c、φ值(c_0、φ_0)来代替简化Bishop法中所采用的天然状态下的红黏土c、φ值,c_0、φ_0可以通过现场取原状土进行室内试验或者通过大量的失稳边坡的调研获得。改进的简化Bishop法可表示为:

$$F_s = \frac{\sum \frac{1}{m_{\theta_i}}[c_0 b + (W_i - u_i b)\tan\varphi_0]}{\sum W_i \tan\theta_i} \tag{5-11-6}$$

式中:c_0——警戒含水率所对应的红黏土黏聚力(kPa);
  φ_0——警戒含水率所对应的红黏土内摩擦角(°);
  W_i——降雨入渗作用下的土条自重,$W_i = bh_i\gamma_s$(kN/m)。

(2)简化Bishop法用于红黏土边坡稳定计算的不合理性

以简化Bishop法为代表的常规的边坡稳定分析方法将具有裂隙结构的边坡均质化,计算中采用室内或原位试验获取强度参数,并将其视为边坡土体的整体强度参数。在此基础上,通过降低强度参数的大小来反映裂隙的影响,利用极限平衡方法进行边坡稳定性的分析。显然,这种计算方法存在一些不合理性,主要有如下几点:

①边坡滑动面呈圆弧形的假设与实际破坏形态不符。调研发现大部分红黏土边坡的实际破坏面呈现出上陡下缓的形态,破坏面后缘主要受土体中垂直裂隙的控制,滑面形态基本呈折线形。因此,常规方法在进行红黏土裂隙边坡稳定性分析时,与实际工况存在较大出入。

②将含有裂隙的红黏土体通过强度衰减来体现裂隙对边坡稳定的影响不够充分。采用单一均质土层的假设无法客观表征红黏土的裂隙特性,尤其是不能将裂隙的空间展布及裂隙面强度纳入计算考虑。即使将计算时采用的强度参数认为衰减至裂隙面上的最低强度,也只有当滑动面位于裂隙面上时才符合实际。

③原位取土试验确定的强度参数也存在不合理的可能性。对于裂隙发育的红黏土,由于裂隙作用导致同一地点取样试验所得的强度往往都具有很大的离散性,并不存在单一的土体强度指标。

④没有考虑裂隙中雨水渗入后对边坡土体及滑体的影响。裂隙水的入渗除了增加土体密度,降低滑动面上的抗滑力以外,还对滑体本身有推力作用。当裂隙中充满水的时候,由于红黏土渗透系数较低,裂隙中水柱将产生静水压力,并且对滑体产生水平推力的作用。如果稳定

计算中不考虑这一作用,将使得计算出的安全系数偏于危险。

综上所述,目前工程中普遍采用常规方法(以简化 Bishop 法为代表)计算红黏土边坡稳定安全系数是不合理的。工程实践也表明,很多边坡在设计环节验算稳定安全性是没有问题的,但是还是出现了失稳破坏,说明常规的安全系数计算方法对红黏土边坡是不合理的。因此,有必要提出一种能够客观反映裂隙存在的影响,计算条件接近裂隙性红黏土边坡真实状态的边坡稳定性分析方法。

2) 基于裂隙破坏面的静水压力推力平衡法

根据裂隙发育较强边坡的破坏模式特征,贯穿的裂隙面是该类边坡破坏的控制结构面。实际工程中的红黏土边坡,多在坡顶附近位置分布有垂直裂隙发育,并且由于经历长期的、周期性干湿循环,形成上宽下窄的垂直裂隙面。当出现强降雨后,这些裂隙将充满水,并产生静水压力。显然,在边坡稳定分析中红黏土边坡坡顶裂隙无法提供抗滑力的作用。根据调研及工程经验,裂隙面深度一般不超过红黏土边坡的扰动深度(0~3m)。

基于裂隙破坏面假设的方法验算红黏土边坡稳定性时,需要首先根据工况选取合理的裂隙深度 h,然后根据 h 高度内的滑体下部的破坏面具体形态进行力学平衡分析,从而求出最终的安全系数表达式。实际工程中滑体下部破坏面为不规则形态,本文根据膨胀土、黄土边坡的相关研究成果,分别对直线滑动面及圆弧滑动面两种代表性的假设,分别给出安全系数的计算式。

(1) 直线滑动面的裂隙水压力推力平衡法

红黏土边坡最大扰动深度一般不超过 3m,而存在稳定问题的红黏土边坡的高度大多在 10m 以上,根据基本几何原理,长度较短的弧线可以用直线(割线)近似表示。因此,可以将实际工程中裂隙面以下的滑动面假设为直线滑动面,其计算模式及滑体的受力平衡状态如图 5-11-15 所示。

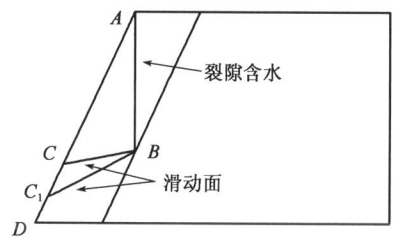 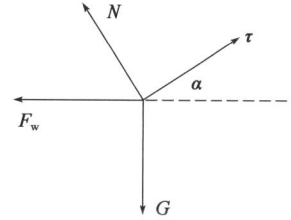

图 5-11-15 直线滑动面稳定计算模式

根据以上破坏模式的分析,考虑裂隙面中水的推力的稳定安全系数计算式为:

$$F_s = \frac{R}{T} = \frac{(G\cos\alpha - F_w\sin\alpha)\tan\varphi + cL}{G\sin\alpha + F_w\cos\alpha} \quad (5\text{-}11\text{-}7)$$

式中:G——滑体的重力(kN);

F_w——扰动土区域垂直裂缝中水压力(kN);

α——滑动方向与水平方向的夹角(°);

L——滑动面长度(m);

T——滑动面上的切向分力(kN);

c、φ——土体强度参数。

裂隙的存在决定了该破坏模式的两个基本特征:①滑动面长度为 BC 段(长度为 L),AB 段

(长度为 h)为张开的裂隙,不能提供抗剪强度;②AB 段裂隙中存在的水柱会对滑体本身产生水压力,由于红黏土自身渗透系数较低,因此可以按照静水压力计算 F_w 大小,即:

$$F_w = \frac{1}{2}\rho g h^2 \tag{5-11-8}$$

工程应用时,可采用试算法假定若干较危险的破坏面,然后分别计算不同破坏面条件下的稳定安全系数,取最小值作为最终的稳定安全系数。

(2)圆弧滑动面的裂隙水压力推力平衡法

若假设滑体下部滑动面为圆弧滑动面,则采用条分法进行计算,土条间相互作用力仅传递裂隙水推力,其他假设条件与上面相同。圆弧滑面稳定计算模式如图 5-11-16 所示。

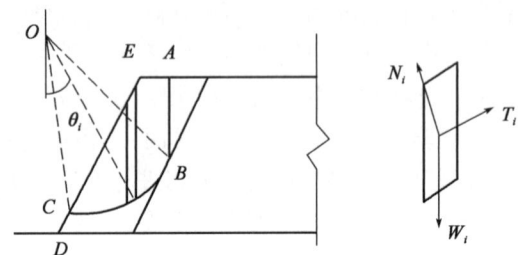

图 5-11-16 圆弧滑面稳定计算模式

单一土条在 N_i 方向静力平衡(n 个)为:

$$N_i = W_i \cos\theta_i \tag{5-11-9}$$

滑动面上极限平衡(n 个)为:

$$T_i = \frac{c_i L + W_i \cos\theta_i \tan\varphi_i}{F_s} \tag{5-11-10}$$

总体对圆心 O 的力矩平衡为:

$$\sum W_i \sin\theta_i R + F_w d_w = \sum T_i R = \frac{\sum(c_i L_i + W_i \cos\theta_i \tan\varphi_i)}{F_s} R \tag{5-11-11}$$

则安全系数的计算式为:

$$F_s = \frac{\sum(c_i L_i + W_i \cos\theta_i \tan\varphi_i)}{\sum W_i \sin\theta_i + \dfrac{F_w d_w}{R}} \tag{5-11-12}$$

裂隙水柱静水压力对滑体产生推力 F_w 计算式为:

$$F_w = \frac{1}{2}\rho g h^2 \tag{5-11-13}$$

工程应用时,可采用试算法假定若干较危险的圆弧滑动面进行试算,取最小值作为最终的稳定安全系数。

(3)计算参数的确定

对红黏土边坡而言,雨水的下渗将引起土壤含水率的增加,特别是裂隙性红黏土边坡雨水下渗将引起土体重度和土性参数的较大的变化,这对边坡的稳定性造成较大的影响。

①土体重度。

采用裂隙水压力推力平衡法计算时,可参照简化 Bishop 法对于降雨入渗的考虑如下:将浸润面以下的土体,土体重度取为饱和重度;浸润面以上的土体,当孔隙水压力 $u > 0$ 时,土体重度取为饱和重度,否则为天然土重度。由于在计算过程中并未考虑孔隙水压力对坡体稳定性的影响,所以浸润面以上土体重度在计算过程中也应取饱和重度。

②强度参数。

在边坡稳定性计算过程中,采用岩土工程勘察报告所提供的红黏土天然状态下的强度参数值是不适宜的,而应当考虑降雨入渗对边坡红黏土强度衰减的影响,这对于计算弱扰动均质红黏土边坡的稳定性更加符合现实情况,也更加准确。采用裂隙水压力推力平衡法计算时,应采用室内试验获取红黏土样经过干湿循环后的实际 c、φ 值来代替天然状态下的红黏土 c、φ 值。

③裂隙深度。

裂隙面的深度 h 是决定安全系数计算结果的重要参数。对于已经开挖的红黏土边坡,建议采用 DCP 曲线拟合法确定边坡得而实际扰动深度,将裂隙实际开展深度视为与扰动深度等同。对于尚未开挖的边坡或者缺乏 DCP 测试数据的情况,建议考虑最不利情况,采用贵州省红黏土边坡最大裂隙开展深度作为计算时的裂隙深度。根据课题的调研结果结合文献资料可知,贵州省红黏土边坡裂隙实际开展的最大深度一般不超过3m,可以在稳定性分析时将 h 确定为3m。

(4)对土岩分界边坡的考虑

土岩分界边坡红黏土层均处于扰动深度范围内,因此有可能出现贯穿裂隙及相应的剪切滑动破坏,这种情况与强扰动均质边坡类似。另一方面,土岩交界面上水容易汇聚,因此交界面也是自然的结构控制面。基于以上分析可知,对于土岩分界边坡的稳定性验算,必须分别采用交界处的控制面以及裂隙控制面进行稳定安全性分析(图5-11-17),计算原则如下:

①以土岩交界面为潜在滑动面(可假设为圆弧滑动面的情况),采用改进简化 Bishop 法进行稳定安全系数验算;

②若土岩交界面为直线或折线,可采用直线或折线形滑动面的力学平衡法进行稳定安全系数的验算;

③在红黏土层中假定不同裂隙面位置,采用裂隙水压力平衡法进行安全系数验算,滑体下部的滑动面应当取为土岩分界面;

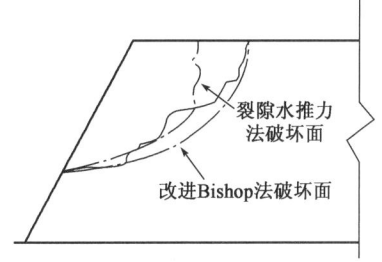

图5-11-17 土岩分界边坡稳定计算图示

④最终安全系数取值为采用以上方法验安全系数中的最小值。

3)红黏土边坡稳定性的数值分析方法

根据以上分析可知,采用数值方法进行红黏土边坡稳定安全性分析的关键是对裂隙及降雨入渗的模拟。降雨入渗在边坡土体内部形成暂态饱和区和暂态水压力场,土体饱和度、重度增加,加上水对土的侵蚀软化作用,含水率的增加使得基质吸力减小,土体抗剪强度降低,一旦达到极限平衡状态,就会引发边坡的破坏;裂隙的存在使得这种影响波及的深度进一步增加。运用 Geo-studio 软件可以分析降雨入渗条件下降雨强度、裂隙深度、渗透系数变化对边坡渗流场影响,采用有限元强度折减法可以进行耦合模拟分析。

(1)边坡稳定性分析的强度折减法原理

有限元强度折减,就是在有限元的计算中,将边坡土体的抗剪切强度指标内摩擦角和黏聚力逐渐进行折减,通过不断的折减,直至边坡达到破坏状态为止,通过有限元程序的计算,不仅可以获得边坡稳定安全系数,还能获得最危险滑动面(塑性贯通区)出现的位置。不需要假设任何滑移面,就能求得可能发生滑动的滑动面,而且没有圆弧或者直线限制,滑动面可以是任意形状的,以及边坡的强度储备安全系数 F。同时它还可以真实地反映坡体失稳及塑性区的开展过程。有限元强度折减的理论思路是将土体参数 c 和 φ 值同时除以一个强度折减系数 F_r,得到一组新的内摩擦角和黏聚力 c' 和 φ'。然后将这一组新的参数带入有限元中进行试算,当结果收敛时,继续增大 F_r,直到刚好收敛时,将对应的 F_r 称为边坡的最小安全系数,此时边坡处于将要滑动的状态,即将发生剪切破坏。

$$c' = \frac{c}{F_r} \tag{5-11-14}$$

$$\tan\varphi' = \frac{\tan\varphi}{F_r} \tag{5-11-15}$$

采用强度折减有限元方法计算边坡稳定性的过程中,安全系数的选取在于失稳判据的选取。根据对文献中学者研究成果的总结,提出三个主要判据:①根据有限元计算收敛与否;②根据塑性区在边坡中是否贯通;③根据滑面土体是否发生应变及位移的突变。

(2)渗流控制方程

边坡降雨入渗可考虑为二维"饱和-非饱和"渗流问题,Geostutio 有限元软件 seep 模块立足于二维 Richards 渗流控制方程,可进行非饱和土稳态和瞬态渗流分析,将土体渗透性系数、基质吸力表示为体积含水率的函数,通过对一系列边界条件的控制变化,求取渗流场随时间变化关系,渗流控制方程为:

$$\frac{\partial}{\partial x}\left(k_x \frac{\partial H}{\partial x}\right) + \frac{\partial}{\partial y}\left(k_y \frac{\partial H}{\partial y}\right) + Q = \frac{\partial \theta}{\partial t} \tag{5-11-16}$$

式中:k_x——x 方向渗透系数(m/d);

k_y——y 方向渗透系数(m/d);

H——总水头(m);

Q——进入土体的渗流量(m^3);

θ——体积含水率(%);

t——时间(d)。

土体的渗透性函数和土水特征曲线是孔隙水压的函数,一般假定土体渗透性各向同性。

(3)边界条件设置

红黏土边坡裂隙发育程度不同,对降雨入渗的贡献也不一样,也即是对渗透性系数的影响不同。影响渗透参数的因素有裂缝宽度、裂缝深度、密度、长度、裂块大小、吸力特性等。为了模拟裂隙对土体渗透性的影响,可将存在裂隙的土层设置为一种等效材料,并假定在高吸力状态时,存在裂隙的土层渗透系数为裂隙等效渗透系数,裂隙边坡降雨入渗效果优于无裂隙边坡。当降雨强度 R 小于土体饱和渗透性系数时,为非饱和入渗,降雨强度 R 即为流量边界;当降雨强度 R 大于土体饱和渗透性系数时,为饱和入渗,采用零力水头边界。

三、挖方边坡排水与防护加固措施

红黏土与高液限土挖方边坡失稳主要是裂隙渗水引起的。因此,设计时要加强红黏土与高液限土边坡防护与排水的综合设计,抑制边坡土体湿度变化及其裂隙发生与发展。

1. 挖方边坡防渗排水措施

红黏土与高液限土挖方边坡的失稳主要是由裂隙渗水引起的,因此,设计时要加强红黏土或高液限土边坡的防渗排水措施。

(1)路堑边坡应设置完善的路基地表与地下排水系统。路堑边坡坡面上宜设置支撑渗沟,路基边沟下应设置渗沟。当坡面有集中的地下水出露时,宜设置仰斜式排水孔。

(2)对于全封闭的圬工防护,应在墙背设置厚度为0.15~0.30m的排水垫层,圬工时应设置泄水孔,泄水孔间距宜为2.5~3.0m,并应设反滤层。

(3)在坡顶设置拦水埝或截水沟。

2. 挖方边坡防护加固措施

影响红黏土边坡稳定性的因素包括环境扰动因素及自身力学平衡状态两个方面。工程上普遍采用的边坡放缓、开挖台阶的方法主要是为了提高边坡力学平衡稳定状态;采用各种形式防护结构则主要是为了减小环境对边坡土体的扰动,提高土体的强度及稳定性。

1)边坡断面结构优化技术

红黏土边坡断面结构优化是根据设计阶段确定的合理坡率、边坡实际高度及土质状况,通过对边坡结构进行坡率放缓、设置平台、修筑防排水设施等技术措施,提高边坡的稳定安全性。

(1)放缓边坡

边坡坡率是影响稳定性的重要因素。根据理论推导的结果,不采取任何防护措施或者仅采用生物防护的红黏土边坡的安全坡率为1∶1.732,该结论基于一系列的假设得出,而实际工程中的边坡条件较为复杂。因此,建议工程中红黏土边坡的安全坡率应当结合理论分析结果和现场调研的结果综合而定。

(2)设置平台

对于高度较大的边坡,设置一级或者多级平台是工程上常用的提高边坡稳定性的技术手段。对红黏土边坡而言,平台设置的依据主要有两个方面。

①根据边坡高度设置平台。

通常当开挖的边坡高度大于15m时就可以考虑设置一级平台,根据贵州、湖南等地工程经验,覆盖较厚且土质均匀的红黏土边坡可以按照每10m设置一级平台。平台的设置改善了边坡结构的力学平衡状态,有效提高了整体稳定性。图5-11-18所示为余凯高速公路某红黏土二级边坡及设置的平台,从图上可以看出平台位置采用混凝土进行了全封闭处理,并且在一级坡顶设置排水孔,这样做的目的是为了防止降雨及表水在平台上滞积入渗到下部坡体。

图5-11-18　余凯高速公路某红黏土二级边坡

②根据土质变异及分层设置平台。

土质变异和分层是残积红黏土的典型特征,边坡开挖后常常出现土石混合的断面(包括分层明显及泥槽两种情况),如图 5-11-19 所示。

图 5-11-19　红黏土边坡的土石分层(左)及泥槽(右)

尤其是土石分层明显的边坡在余凯羊线的某些路段较为普遍,其特点是上部为一定厚度的红黏土,而其下部是较为稳定的岩质结构。针对这种情况,可先对上部红黏土向内进行挖掘,使之自然成为一级平台,然后再施加防护,该种治理方法的示意如图 5-11-20 所示。

③防排水设施。

降雨及表水的冲刷是导致冲沟、剥落等表层破坏的主要原因,也是红黏土浅层土体扰动的重要机理。因此,采取必要的工程措施防、排、疏导坡面上的水,对提高红黏土边坡稳定性具有重要的意义。红黏土边坡的防排水设施包括截水沟、排水沟、平台及防护结构的泄水孔等。图 5-11-21所示为余凯高速公路红黏土边坡排水设施,截排水沟应当定期检查防止杂物淤积,泄水口要避免堵塞。

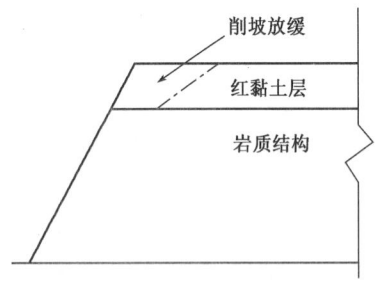

图 5-11-20　土质分层边坡削坡形成平台

图 5-11-21　边坡顶截排水沟(左)及护面墙泄水孔(右)

2)边坡坡面防护技术

红黏土边坡因开挖使原来处于稳定状态的土体暴露于环境中,在降雨等因素的扰动下边坡浅层土体的强度及稳定性逐步衰减,导致各种失稳破坏的发生。因此,对红黏土进行坡面防护的最主要目的是阻隔和减弱环境因素对红黏土的影响,同时也能对坡体起到加固作用。边坡坡面防护类型较多,不同防护类型的特点和适用范围也各不相同。根据调研的情况可知适用于红黏土边坡坡面防护措施主要有生物防护、骨架类防护及护面墙类防护等。

(1)生物防护

生物防护原则上适用于纯红黏土土质边坡以及土石混合的边坡,较佳的适用工况一般要求边坡高度不大,坡率缓于1∶1.75,坡体稳定,排水通畅且地质良好。生物防护需要在边坡开挖后尽快实施,草种宜采用易成活、生长快、根系发达、叶茎矮或有匍匐茎的多年生草种。当边坡特别稳定或者基本以岩石为主时,可以单独采用生物防护措施;一般生物防护经常与骨架护坡、窗式护面墙和锚杆框架梁组合使用,如图5-11-22所示。

图5-11-22 边坡生物防护

生物防护措施最大的优点是具有景观友好性,开挖边坡裸露的坡面视觉效果差,生物防护能够较好地弥补道路工程对自然景观的破坏。但是,生物防护对于红黏土边坡自身稳定性的加强效果有限,因此对于长期稳定性较差的路段必须采取其他更为有效的防护措施。

(2)骨架类防护

红黏土边坡骨架护坡常采用浆砌片石砌筑成拱形、菱形或者人字形骨架(图5-11-23),骨架内种草绿化,骨架上可设置导水的镶边石,从而防止坡面的冲刷、剥蚀。骨架护坡适用于两级以上,边坡坡率不陡于1∶1.5的红黏土边坡,地下、地表水发育时,宜结合盲沟、渗沟使用。骨架护坡可根据边坡土质的情况结合不同方式的植物种植方式,包括人工植草、三维网植草以及喷播植草,多样植草方式可以解决硬质构筑物与红黏土的结合部位易破坏的工程问题。

图5-11-23 人字形骨架防护

骨架护坡是工程措施与植物措施相结合的防护形式,它最主要的防护机理就是能够很好地防止边坡冲刷,并且由于骨架嵌入坡面土体一定深度,客观上阻碍了浅层裂隙的延伸贯通。另外,由于它避免了实体护面墙的坡面封闭效应,因而改善了路容景观。在红黏土边坡坡率较陡或者坡高较高的情况下,可以采用加强型的骨架防护,即将拱形、菱形或人字形骨架加大尺寸,增大圬工防护,以提高红黏土边坡的稳定性。

(3)护面墙类防护

护面墙是红黏土边坡广泛采用的防护形式,采用浆砌片石或混凝土砌筑,按照墙面窗口的形式可以分为菱格护面墙、窗格护面墙以及满铺式护面墙等类型。护面墙一般用于含较多风化破碎岩石的红黏土边坡中,边坡坡率最大可保在1:0.75~1:1之间,单级高度不宜大于10m,墙体顶宽40~60cm。在大于4m的护面墙设置1~2道耳墙,以保证墙体的稳定性。当坡高较大时,即便坡率较缓也可以采用护面墙防护措施。护面墙防护的红黏土边坡应做好防排水设施,墙体设置伸缩缝和泄水孔,还要设置截、排水沟,以防止表水渗入坡体。

护面墙防护红黏土边坡的机理在于它可以有效地防止降水沿坡面入渗到红黏土体边坡内部,防止红黏土土体中水分的迁移和产生干湿循环效应,从机理上阻止边坡裂缝的产生和发展,是一种有效的红黏土边坡防护措施。护面墙防护中有一种满铺式护面墙(图5-11-24),即采用浆砌片石或者混凝土对全坡面进行封闭处置,这种坡面防护的级别较高,防护效果也非常好。除了满铺护面墙外,还有一种非全封闭式的窗式护面墙防护措施(图5-11-25),它是在满铺护面墙上开孔成窗来增加生态恢复的功能,因此它不仅能有效防护红黏土边坡,还可以植生美化景观。窗式护面墙形式有多种,常见的有方圆形及菱形,在红黏土边坡较陡或高度较高的情况下,可采用加强型窗式护面墙,适当加大墙体面积,减小窗口尺寸。

图5-11-24 满铺式护面墙防护

图5-11-25 窗式护面墙防护

3)边坡支挡加固技术

红黏土边坡的支挡结构主要是由各种挡墙组成的,现有的挡墙主要包括一般挡土墙、土钉墙、框锚结构、锚喷混凝土护坡等。

(1)锚杆框架支护

锚杆框架支护由锚杆、框架梁和附属绿化工程组成,是一种工程措施与植物措施相结合的防护类型。它既保留了锚杆对风化破碎岩石边坡主动加固作用,防止岩石边坡经开挖卸荷和爆破松动而产生的局部楔形破坏,又吸收了骨架防护的造型美观、便于绿化的优点。

锚杆框架梁防护(图5-11-26)适用于含碎石较多的红黏土边坡中坡率较缓的两级台阶以上的边坡。考虑到工程耐久性与绿化要求,在红黏土边坡中,框架梁一般由钢筋混凝土制作,而锚杆大多采用非预应力锚杆。

图5-11-26 锚杆框架梁防护

锚杆防护作为一种常用的边坡防护形式,一直在岩质边坡中广泛使用,但其在红黏土边坡中的作用效果还需要进一步研究验证。余凯高速公路和凯羊高速公路红黏土边坡中采用不同锚杆设计参数以及施工工艺,结合锚杆拉拔试验,对锚杆在红黏土边坡中的作用效果进行了验证,试验结果如表5-11-8所示。

锚杆拉拔试验结果 表5-11-8

测试地点	锚杆长度(m)	砂浆等级强度	千斤顶读数(MPa)	抗拔力(kN)	平均值(kN)
凯羊高速公路	9	M30	66	311	311
	6	M30	82	386	386
	3	M30	72	339	339
余凯高速公路	9	M30	30	150	110
		M30	24	120	
		M30	12	60	
	6	M30	78	390	330
		M30	66	330	
		M30	54	270	
	3	M30	60	300	290
		M30	66	330	
		M30	48	240	
	6	无砂浆	20	100	97
			22	110	
			16	80	

从试验结果可见,锚杆锚固长度并不是越长锚固效果越好,从统计的数据上看6m长的锚杆的抗拉拔力最大,3m长的抗拔力次之,最小的反而是9m长的锚杆,这是由锚杆与砂浆的摩

擦力分布沿杆体分布的特点有关,同时跟砂浆和土体的摩擦力分布也有关。凯羊高速公路3种长度的锚杆抗拔力水平相似,而余凯高速公路3种锚杆抗拔力水平相差较大,尤其是9m的锚杆,这主要是由于锚杆埋设过程中,灌浆过程中砂浆体与锚杆体接触不充分,无法有效包裹,从而抗拔力较小。从锚杆直径的对比上发现,杆体直径较大的锚杆抗拔力较大,而无砂浆的锚杆抗拔力不足100kN,明显小于灌注M30砂浆的锚杆,可见锚杆直接作用在含水率较大红黏土中效果较差。从试验数据中可以发现,直径25mm,长6m的锚杆在灌注M30砂浆的情况下,对红黏土边坡的加固效果较好,可以较好地应用在红黏土边坡的工程防护中。

(2)挡墙支护

挡墙是一类防止坡体变形失稳而承受侧向土压力的结构物,红黏土边坡一般采用片石砌筑或混凝土重力式挡墙。挡墙适宜高度一般为2~8m,要求地基承载力为0.5MPa,适用于土石混合、泥槽极发育,坡比陡于1:1的红黏土边坡。挡墙基础开挖量较大,为避免大范围开挖易引起坡体失稳,施工中多采用分段跳槽开挖,分段砌筑。挡墙分段砌筑时,两段间应设置伸缩缝,在地基地质变化处设置沉降缝,缝宽一般为2~3cm,缝内可用胶泥填塞。挡墙需设置泄水孔,在高出地面30cm以上处设置,间距为2~3m,上下交错设置。多次破坏的边坡设置挡墙加固如图5-11-27所示。

4)边坡景观美化技术

边坡景观美化技术属于公路景观工程学的范畴,其根本目的是要借助生态园林学、道路安全工程学以及建筑艺术等方面的技术手段,达到美化视觉效果、提高车辆行驶安全性及舒适性的作用。

(1)坡面绿化

坡面绿化是通过在坡面种植具有涵水固土功能的植被,达到改善和恢复周围生态环境的作用。同时,植被还可以降低噪声,吸收和净化车辆排放的废气,改善道路行车环境。红黏土边坡绿化如图5-11-28所示。

图5-11-27 多次破坏的边坡设置挡墙加固

图5-11-28 红黏土边坡绿化

(2)防护工程美化

边坡防护往往采用大规模的圬工结构,视觉效果差,对公路工程环境造成破坏。因此,需要采用一定的技术手段对防护结构进行美化,如图5-11-29所示。最常用的方法是在骨架防护或护面墙的窗格中种植草木植被。对于满铺式护面墙或挡墙,也可以在墙面上人工开设窗格,然后采用植生袋种草绿化。

图 5-11-29　红黏土边坡防护工程美化

第四节　填方路基设计

一、适用路基工况条件

红黏土与高液限土路基填筑对于路基填筑高度、地基状况以及施工工期有较高的要求。具体要求如下。

①红黏土与高液限土可用于下路堤的填筑，路床与上路堤（路基顶面以下 0～150cm）须采用粗粒土或碎石进行填筑。

关于路床填料，国内的施工控制要求 CBR 强度大于 8，路床顶面弯沉满足设计要求。实践表明，仅有这两个指标不足以满足荷载要求。对于 CBR 大于 8 的标准与国外相比也偏低。路基弯沉值只能反映路基交工时的状况，与运营时的状况差异较大，随着时间的增长，路基的含水率总体上较施工时增加，最终达到平衡含水率（一般接近于塑限）。因此，国内对于路床部分的力学性能较以往更为重视。红黏土与高液限土的性能受含水率影响较大，而砂砾料在含水率变化的情况下仍能保持很好的水稳强度。另一方面，从路面结构层的受力分布来看，路面结构层为半刚性材料，与路基之间的过渡仍需一个缓冲层，因此，采用砂砾料填筑路床是必要的。综合考虑，确定路基顶面下 1.5m 范围内采用砂砾或碎石填筑，以确保路基强度与模量。路基浸水对细粒土的强度和稳定性影响较大，因此要求采用水稳性、排水性好的碎石作为基底层。

②路基基底与浸水部分不得采用红黏土与高液限土填筑。

红黏土与高液限土分布区域一般位于丘陵，路基多位于斜坡上，若基底采用红黏土与高液限土填筑，由于红黏土与高液限土的低渗透性，路基可能成为拦水坝，阻断地表水的渗流，改变地表水的分布与流向，不利于路基的稳定。因此对于路基基底与浸水部分不建议采用红黏土与高液限土填筑，相反，这部分应采用透水性良好的粗颗粒材料填筑。

③红黏土与高液限土可用于路堤填筑，高度不宜超过 10m。

考虑到红黏土与高液限土的施工天然含水率普遍较高，在干湿循环作用下路基性能衰变较大，浸水时易软化，在行车荷载和气候环境作用下路堤可能会产生较大的工后变形，为控制路基的不均匀变形，保证路基稳定，现行《公路路基设计规范》(JTG D30) 规定，采用物理措施处治的红黏土与高液限土路堤高度不宜超过 10m。

红黏土和高液限土填筑路堤的高度与路基的物理处理措施密切相关,同时与路基所处的地形地质、气候水文等条件有关。福建泉三高速公路某高路堤(高度26m),采用高液限土填筑(图5-11-30),自2009年通车至今效果良好,通车4年后实测的沉降量为3cm,该路段路面质量状况良好。贵州多条高速公路建设中,路堤底部设置片碎石垫层、上路堤与路床采用片块石填筑,路堤中部采用红黏土与高液限土填筑,当地俗称"汉堡结构",路基高度尚未超过15m。

图5-11-30　福建泉三高速公路某高液限土高填方

④红黏土与高液限土路堤应优先安排施工填筑,以利于红黏土与高液限土路堤的自然稳定,路基填筑完成后应有6个月以上的自然沉降稳定期方可铺筑路面,因此应有合理的工期安排和施工组织设计。

根据对贵州、福建、湖南等地红黏土与高液限土路基的沉降观测,沉降主要发生在路基填筑期间和稳定初期,经过6个月的自然沉降稳定后,沉降速率大幅下降,工后沉降量已不大,不会对路面结构层产生病害。基于红黏土与高液限土路基的沉降特点,要求利用红黏土与高液限土填筑的路基应有6个月的自然稳定期。在实际工程中,一些施工单位、管理部门对于路基自然沉降稳定期的要求重视不够,只要路基的压实度和弯沉满足规范要求,对路基的沉降观测不太重视,导致路基沉降过大、路面开裂的现象较多。因此,对于路基的自然沉降稳定期,也不是红黏土与高液限土路基特有的,应是所有路基的共性要求。相对于其他填料路基,这个自然沉降稳定期的要求应明确些。

⑤红黏土与高液限土不宜用于陡坡路段路堤填筑。红黏土与高液限土路基应满足地基和路基整体稳定要求。

路基整体稳定是路基最基本的要求,红黏土与高液限土路基自然不能例外,但相对于粗粒土,其抗剪强度要小些,因此在计算时需注意。另一方面,绝大部分路基失稳是因地基原因所致,尤其在贵州一些地段存在下伏软弱泥质夹层,路基填筑将改变地下潜水渗流场易导致路基失稳开裂。对于陡坡路段,因需采用碎石等粗粒料填至地表以上,因此其基底的碎石填方量很大,而高液限土的填方利用量受限;另一方面,陡坡路基的稳定性相对较差,因此陡斜坡地基上禁止采用红黏土与高液限土填筑路堤。

二、填方路基填料要求

除了满足路基规范对填料的基本要求外,总结我国多年来红黏土与高液限土的应用经验与研究成果,对红黏土与高液限土路基填料的CBR、含水率(稠度)以及土质条件应满足如下要求。

(1) 土的 CBR

用于公路路基填筑的红黏土与高液限土的 CBR 值应不小于 3。红黏土与高液限土与 CBR 值在塑限附近或稠度接近于 1.0 时变化明显。

CBR 大于 3 既是规范的要求,也是工程施工的需要。一般而言,只要红黏土与高液限土的含水率合适,其 CBR 值一般在 5~10 之间,少部分土的 CBR 值可达 15 以上。完全能满足规范要求。但在实际工程中,由于天然含水率普遍较高,因此天然含水率下的 CBR 值可能较小,不一定大于 3。此时运输车辆与压路机很可能会产生很深的车辙或陷进路基中,造成施工困难。

(2) 天然稠度

用于路基填筑的红黏土与高液限土的天然稠度一般应大于 0.8。液限、塑限对稠度计算结果有很大影响,因此应确保液限、塑限试验结果的准确性。当土的稠度大于 0.8 时,其 CBR 值一般能大于 3,可用于路基填筑。运输、卸料、摊铺和碾压等各个环节基本可顺利进行。当稠度小于 0.8 时,土的天然含水率高,易导致上料和碾压困难。在实际工程中,若要对红黏土与高液限土进行翻拌晾晒是非常困难的,在天气晴好且每天翻拌两遍的情形下,土的含水率平均下降约 3%,下降速度慢,对翻拌机械的要求也较高,普通的农用旋耕犁的有效翻拌深度不超过 15cm,我国北方常见的深耕犁的翻拌深度约在 25cm,平地机刀片斜刮时的翻拌深度可达 30cm,在实际工程操作性不强。另外,现在高速公路的建设工期普遍很紧,一般在 2~3 年,加上征拆等工作难度加大,实际施工工期更短,时间上也不允许有较长时间的晾晒。因此,红黏土与高液限土的天然含水率在很大程度上决定了其能否被利用。

(3) 液塑性指标

一般情况下,当土的液限超过 70% 或塑性指数大于 40 时,其天然含水率普遍很高,压实度低,土的黏性大,不宜利用。但在实际工程中,贵州一些高液限土的液限超过 70% 甚至超过 100%,天然含水率有可能超过 65%,但其力学性能、路用性能表现较好。在这种情况下,若需利用高液限土用于路基填筑或对挖方路段进行换填,则应在明确高液限土的路用性能的基础上,结合工程特点与公路等级进行综合论证确定。

三、填方路基结构设计

红黏土与高液限土填方路基的设计应综合考虑沿线气候和水文条件、路基高度、红黏土与高液限土性质及处置措施等因素,以使设计更为合理。

1. 红黏土与高液限土路堤结构形式

红黏土与高液限土填筑路堤目前常用的结构形式有以下几种。

1) 汉堡包中间充填式

所谓汉堡包中间充填式即是如图 5-11-31 所示的填筑方式进行红黏土与高液限土的路基填筑。路基基底清表后采用填石料进行填筑,填石料的最薄厚度不少于 50cm,填石料顶面可铺设无纺土工布予以隔离,防止红黏土与高液限土渗入石料层。基底石料层的主要作用是确保斜坡上的地表与地下水能够顺利通过路基排走,避免路基成为大坝,另一方面是增加地表与路基间的摩擦力,提高路基的稳定性。

关于路床和上路堤的填筑,高速公路、一级公路的路床和上路堤(路基顶面以下 150cm,不少于100cm)、二级公路的路床(路基顶面以下80cm,不少于50cm)应采用碎石、砂砾等粗颗粒填筑,确保路基强度。

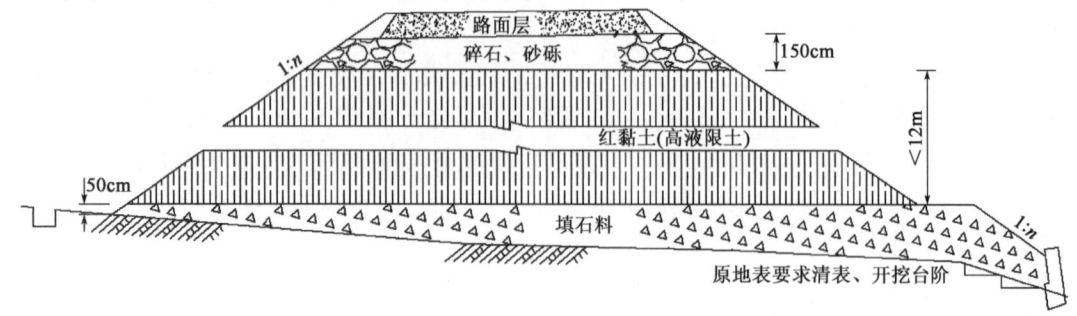

图 5-11-31　红黏土与高液限土路基填筑结构示意图

这种结构形式的优点是施工方便,红黏土与高液限土的施工质量相对可控,路基的均匀性较好,路基强度(顶面弯沉)能够满足设计要求,整体稳定性较好。缺点是底面、顶面两层碎石、砂砾有时料源不好找,增加了施工难度与成本。在红黏土与高液限土的天然含水率偏高、稠度偏小时,红黏土与高液限土的运输、卸料、摊铺、碾压困难,运输车辆难以在成型的路基上行驶上料,需要在路基边上专门摊铺一条运料用的石渣施工便道。总体而言,该处置方法施工简单、质量可控、成本较低、施工速度快、工程质量状况良好。

2)三明治式

三明治式是一层土、一层石相互间隔填筑的方式,贵阳绕城西南段的红黏土与高液限土路基填筑即采用此方法。

这种结构形式的优点是上料运输较容易,在成型的填石路基上运输重型车不会产生过深的车辙。而且在碾压过程中压路机的轮印较浅。缺点是路基沉降后,由于路基中心沉降量一般较两侧大,易形成一个碟形的碎石层,路基边坡上的水可能会沿着碎石层渗入路基并积蓄在路基内部,从而影响路基的性能。

3)土石混填式

土石混填一般要求将土、石采用1:1的比例进行充分混合后再碾压成型。尽管这样的设计方案较多,但在实际工程中却很少采用。

这种形式的优点是混合后的路基填料既有较高的密实度也有较高的强度,且运输车辆可以在成型的路基上上料运输,压路机的轮印相对较浅。另一方面,也可以将填料作为填石路基进行对待,以施工工艺控制为主,避免了红黏土与高液限土因压实度过低,质监部门不认可的管理上的弊端。缺点是料源很难正好1:1匹配,且很难混合均匀。若在料场混合则需将一种填料运至另一个料场混合,增加了运输成本和环节,影响施工效率。若在路基现场混合,则不易翻拌,加之红黏土与高液限土的高黏性,更不易混合均匀,由此极有可能导致路基填料的严重不均匀,从而引起差异沉降与变形,施工质量难以控制。

4)掺灰处理

在湖南、湖北、安徽、江苏、四川、陕西、黑龙江等地区,常采用掺生石灰粉处治红黏土与高液限土,用于路堤和路床填筑,如图 5-11-32、图 5-11-33 所示。

图 5-11-32　黑龙江绥北高速施工现场

图 5-11-33　湖南宁道高速红黏土路床掺灰处理

掺灰处理的优点是其室内试验效果非常好,一般来说,只要掺加 5% 左右的生石灰即可满足工程要求,尤其是红黏土与高液限土的天然含水率很高,无法正常运输与碾压时效果更明显。但在实际工程中,掺灰处理的拌和均匀性是一个关键的环节,如图 5-11-32 所示,黑龙江绥北高速公路路基的掺灰处理现场需要多台不同的机械进行翻拌,有深耕犁、耙犁和旋耕犁等多台机械在同一个作业段同时进行作业。黑龙江平原地区高速公路路基高度一般在 1.5～2m,基本是路床与上路堤的层位,加之气候寒冷,路基冻胀翻浆严重,故路基一般均采用灰土填筑,东北地区大型农用机械普及,施工相对较精细。掺灰处理的缺点是拌和困难,如图 5-11-34 和图 5-11-35 所示。图中显示,碾压完成的路基表面拱现出密密麻麻的白色鼓包,这是由于石灰掺拌不均造成的,这对路基的均匀性和密实度带来较大的影响。这也是掺灰处理红黏土与高液限土难以大规模推广的主要原因。

图 5-11-34　贵州某高速公路灰土处理高液限红黏土施工现场

图 5-11-35　掺灰不均造成的石灰鼓包

在美国等国家,对于高液限土路基的处理一般采用掺灰处理,美国的公路路基高度很低,基本为顺地爬,在外观上只见路面,不见路基。美国对于高液限土路基通过掺灰后采用拌和机拌和均匀后进行碾压作为路床。这种处置方法与美国的公路特点相符。

5) 其他处置方法

国内对于红黏土与高液限土的其他处置方法包括掺加砂、砂砾、粉煤灰和土壤固化剂等处理方法,虽然有效果但难以掺拌均匀,对路基的均匀性影响大。

2. 红黏土与高液限土路堤边坡设计

红黏土与高液限土路堤边坡设计必须综合考虑填筑土的工程性质、填筑条件、工程措施、地形及地区气候特点等因素,以使设计更合理。路堤边坡可参考表 5-11-9 进行设计。

红黏土与高液限土路堤边坡设计参考值　　　　表 5-11-9

路堤高度(m)	<6	6~10	>10
边坡坡率	1:1.5~1:2.0	1:1.5~1:2.0	根据具体情况,经稳定性分析计算确定
平台宽度		>2	

边坡设计直接牵涉到路基的稳定性,当边坡高度超过 10m 时,应按规范的有关规定,通过路基稳定性分析计算确定路堤横断面形式、边坡坡率及路基防护加固措施。对于高边坡红黏土路堤稳定性验算强度指标的选择,应考虑红黏土的"变动强度"特性。用于验算路堤断面整体稳定性的强度指标,易选用浸水条件下强度衰减后的抗减强度值;用于验算路堤边坡表层稳定性的强度指标,应选用湿胀干缩循环条件下强度衰减后的抗减强度值。

经无机结合料处治或用非红黏土(高液限土)包边封闭的路堤边坡可按一般路基防护设计。

四、填方路基边坡防护与加固

由于红黏土与高液限土良好的耐冲刷性,在工程中常用的拱形(菱形、人字形)骨架植草防护方式是合适的。骨架可以将部分路面水和坡面水通过骨架导流至边沟,大幅减少了对坡面的冲刷。草本植物的浅根系在坡面以下 20~40cm 范围内的土壤中盘根错节,使边坡土体和植物根系形成一个复合加筋体,对表层土体起到一个加筋作用。植草防护既可以缓解水流的冲刷,植物也可遮挡阳光曝晒,减轻、减缓红黏土与高液限土坡面土的开裂。在工程中是非常简单、实用、有效的技术措施。

我国已通车的红黏土与高液限土路堤边坡防护方式表明,采用拱形骨架与生物防护相结合的方式是完全可以满足工程质量要求,也具有良好的景观效果。没有必要采取额外的包边土防护方式,也没有必要采取挖方边坡常用的工程防护方式,如护面墙、窗式护面墙、支撑渗沟等。对于完全的生态防护,如挂网植草等不太适用,由于坡面的径流量较大,即使红黏土与高液限土边坡的耐冲刷性强,但也会产生较大的冲沟,造成坡面脱空等。

在地表迎水面设置边沟,对于地形高差变化大的路段可采用重力式挡墙收坡,在挡墙底部每隔 2~3m 需设置一个泄水孔。

五、填方路基病害防治

1. 主要病害

1) 路基沉降

红黏土初期结构强度较高,在路堤填筑后,由于大气物理风化作用和湿胀干缩效应,红黏土主要表现为干缩,土块崩解。在上部路面、路基自重与汽车荷载的作用下,路堤易产生不均匀下沉,如伴随有软化挤出则可产生很大的沉降量。路堤越高,沉降量越大,沉降越普遍,尤以桥头填土的不均匀下沉更为严重。不均匀下沉导致路面平整度下降,严重时可使路面变形破坏,甚至屡修屡坏。

2) 纵裂

路肩部位常因机械碾压不到,使填土达不到要求的密实度,因而后期沉降相对较大。同时因路肩临空,对大气物理作用特别敏感,干湿交替频繁,肩部土体失水收缩远大于堤身,故在路肩顺路线方向常产生纵向开裂,形成长数达十米至上百米的张开裂缝。缝宽约2~4cm,大多距路肩外缘0.5~1.0m。

3)路肩坍塌

路堤肩部土体压实不够,又处于两面临空部位,易风化影响,干湿胀缩频繁及红黏土干湿的不可逆性,土体强度衰减。当有雨水渗入时,特别是当有路肩纵向裂缝时,容易产生坍塌。塌壁高多在1m以内,严重者大于1m。

4)边坡溜塌

边坡表层强风化层内的土体,吸水过饱和,在重力作用下产生塑流状塌移现象,称为溜塌。路堤边坡溜塌多与边坡表面压实不够有关。边坡表土松散,坡面不平整,易受地表水冲蚀,产生边坡溜塌。溜塌多发生在路堤边坡的坡腰或坡脚附近。有呈单个溜塌体出现的局部变形,也有数个溜塌相连,相互叠置,形成群溜塌。

5)坍滑

红黏土路堤填筑后,边坡表层与内部填土的初期强度基本一致。但是随着通车时间的延续,路堤经受几个干湿季节的反复收缩与膨胀作用,表层填土风化加剧,裂隙发展,当有水渗入时,吸水软化,强度降低,导致边坡坍滑。

6)滑坡

红黏土路堤滑坡与填筑红黏土的性质、填筑质量以及基底条件等有关。填筑质量差,土块未按要求打碎,基底有水或淤泥未清除,处理不彻底;边坡防护工程施工不及时,边坡表层破坏未及时整治等,都有可能产生滑坡。因此,红黏土路堤有从堤身滑动的,也有从基底滑动的。

2.病害的主要原因

1)填土性质的影响

红黏土路基吸水强度降低,失水干缩,形成裂缝。加之含水率的变化引起红黏土的胀缩变形,裂隙的存在破坏了土体的整体性,同时方便了水分的浸入与原有水分的蒸发,因应力释放使裂隙进一步扩展,这些都会降低其强度,且使得边坡稳定性较差。

2)填筑质量的影响

填筑压实后达到的含水率与相应的密实度,即不同的含水率与密实度的重塑土,其物理力学性质是不同的。红黏土填筑质量与碾压时的含水率、碾压层的厚度、压实机械的类型和功能、碾压遍数以及地基的强度有关。重型击实能提高红黏土的密实度和强度,红黏土路基在压实过程中,在同样压实度的情况下,如果在较高含水率下进行压实时,能获得较高、较稳定的CBR值,高饱和度,从而具有较好的水稳定性,有利于红黏土路基的长期稳定性。且红黏土路基宜在旱季施工,不宜在雨季施工。雨季施工,红黏土路基填筑质量不易得到保证。

3)风化作用和环境条件的影响

路堤土体三面临空,容易受降雨、蒸发、温度、和风化作用的影响。路堤基底的原始地形与地质条件,地表水和地下水的渗流与排泄条件,对路堤稳定性均有直接影响。一般填筑在斜坡上的路堤,或在水田、池塘基底上的路堤,由于基底未能彻底处理,尤其是排水不当,淤泥清除不干净,或有邻近地表水与地下水渗入时,都将导致路堤边坡产生不同程度的变形,有时甚至整个路堤产生滑动。有的路堤边坡受气候的风化作用,使填土产生裂隙,边坡不稳固因素逐渐积累,当降雨或地表径流沿裂隙渗入土体,造成土体吸水膨胀软化,从而加速路堤边坡的变形,导致边坡丧失其稳定性。

4)反复的交通荷载的影响

路基土承受循环荷载作用时,引起的变形主要是不排水的塑性变形,且塑性变形逐渐累积,永久变形随之增长。路基土的塑性力学行为相对于所施加的循环动荷载而言,有一个滞后的过程,是一种迟滞行为。随着循环加载次数的增加或土样含水率的增大或应力水平的增加,迟滞行为均越来越明显。永久变形随循环加载次数的增加而增加。循环荷载作用初期,永久变形的增加幅度较小;当达到一定加载次数后,永久变形增加的趋势会突然变大,直至土体发生剪切破坏。

3.病害防治措施

根据以上红黏路基病害的分析,可以分别针对以下几方面对红黏土路基的填筑技术进行设计。

(1)增强路基整体强度,改善整体变形特性:要紧密结合红黏土的工程特性及路基工程的特点,寻找合适的压实标准及相应的压实工艺,使压实后的路基土具有较高的强度和较好的强度稳定性。

(2)做好路基的排水设施,采用较好的边坡防护、包边法和土工织物包边等封闭防水的工程措施,减少水的影响,保持红黏土路基含水率的稳定性,减少干湿循环对路基强度的影响。

第十二章　黄土地区路基

黄土是第四纪的一种特殊堆积物。具有以下的特征：

颜色以黄色、褐黄色为主，有时呈灰黄色；颗粒组成以粉粒为主，含量一般在 60% 以上，粒径大于 0.25mm 的很少见；有肉眼可见的大孔，孔隙比一般在 1.0 左右；富含碳酸盐类，垂直节理发育。

我国黄土主要分布在北纬 33°~47° 之间，年平均降雨量在 250~750mm 之间的干旱和半干旱地区。年平均降雨量小于 250mm 的地区主要为沙漠和戈壁，而年平均降雨量大于 750mm 的地区也基本上没有黄土。我国以黄土高原的黄土分布最为集中、黄土沉积最为典型。

由于大部分黄土具有湿陷性，同时具有易溶蚀、易冲刷、各向异性等工程特点。导致黄土地区的路基容易产生多种特有的问题和病害。

第一节　概　　述

一、黄土的分类与野外特征

我国黄土的堆积时代包括整个第四系，根据地层的地质年代可将黄土分为新近堆积黄土、黄土状土、马兰黄土、离石黄土和午城黄土，详见表 5-12-1。

黄土按地层的地质年代分类表　　表 5-12-1

地质年代		黄土名称		成	因	湿 陷 性
全新世 Q_4	近期 Q_4^2	新黄土	新近堆积黄土	次生黄土	以水成为主	具湿陷性（常具有高压缩性）
	早期 Q_4^1		黄土状土			一般具湿陷性
晚更新世 Q_3			马兰黄土			
晚更新世 Q_2		老黄土	离石黄土	原生黄土	以风成为主	上部部分土层具湿陷性
晚更新世 Q_1			午城黄土			不具湿陷性

不同沉积年代的黄土层野外判别特征见表 5-12-2。

黄土的野外判别特征　　表 5-12-2

黄土名称	颜　色	特征及包含物	古 土 壤	沉积环境	挖掘情况
Q_4^2 新近堆积黄土	浅褐至深褐色，或黄至黄褐色	土质松散不均，多虫孔和植物根孔，有粉末状或条纹状碳酸盐结晶，含少量小砾石或钙质结核，有时有砖瓦碎块或朽木等	无	河漫滩低级阶地、山间洼地的表面，黄土塬、峁的坡脚，洪积扇或山前坡积地带，老河道及填塞的沟槽洼地的上部	锹挖很容易，进度较快

续上表

黄土名称	颜　色	特征及包含物	古　土　壤	沉积环境	挖掘情况
Q_4^1 黄土状土	褐黄至黄褐色	具有大孔、虫孔和植物根孔,含少量小的钙质结核或小砾石。有时有人类活动遗物,土质较均匀	底部有深褐色黑垆土	河流阶地的上部	锹挖容易,但进度稍慢
Q_3 马兰黄土	浅黄、褐黄或黄褐色	土质均匀、大孔发育,具垂直节理,有虫孔及植物根孔,有少量小的钙质结核,呈零星分布	底部有一层古土壤,作为与Q_2黄土的分界	河流阶地和黄土塬、梁、峁的上部,以及黄土高原与河谷平原的过渡地带	锹、镐挖掘不困难
Q_2 离石黄土	深黄、棕黄或黄褐色	土质较密实,有少量大孔。古土壤层下部钙质结核含量增多,粒径可达5~20cm,常成层分布成为钙质结核层	夹有多层古土壤层,称"红三条"或"红五条"甚至更多	河流高阶地和黄土塬、梁、峁的黄土主体	锹、镐挖掘困难
Q_1 午城黄土	淡红或棕红色	土质密实,无大孔,柱状节理发育,钙质结核含量较Q_2黄土少	古土壤层不多	第四纪早期沉积,底部与第三纪红黏土或砂砾层接触	锹、镐挖掘很困难

二、黄土的工程特性

1. 黄土的结构与构造

1）黄土的结构

黄土的颗粒组成以粉粒为主(表5-12-3),黄土中的黏粒,大部分被胶结成集粒或附在砂粒及粗粉粒的表面。黄土中的粉粒和砂粒共同构成了支承结构的骨架。较大的砂粒则"浮"在结构体中。由于排列比较疏松,接触连接点较少,构成一定数量的架空孔隙,而在接触连接处没有或只有少量胶结物质,如图5-12-1所示。常见的胶结物质有聚集在连接点的黏粒、易溶盐与沉积在该处的碳酸钙、硫酸钙等。

国内主要湿陷性黄土的颗粒组成(%)　　表5-12-3

地　区	粒径(mm)		
	砂粒	粉粒	黏粒
陇西	20~29	58~72	8~14
陕北	16~27	59~74	12~22
关中	11~25	52~64	19~24
山西	17~25	55~65	18~20
豫西	11~18	53~66	19~26
总体	11~29	52~74	8~26

2）黄土的多孔隙性

黄土结构中的孔隙可分为三类：

①大孔隙，基本上是肉眼可见的、直径约 0.5mm～1.0mm 的孔道。

②细孔隙，是架空结构中大颗粒的粒间孔隙，肉眼看不见，可在双目放大镜下观察。

③毛细孔隙，由大颗粒与附在其表面上的小颗粒所形成的粒间孔隙，肉眼更看不见。

这三种孔隙形成了黄土的高孔隙度，故又称黄土为"大孔土"。

黄土的孔隙率变化在 35%～60% 之间，有沿深度逐渐减少的趋势；在地理分布上则有着自东向西、自南向北孔隙率增大的规律。

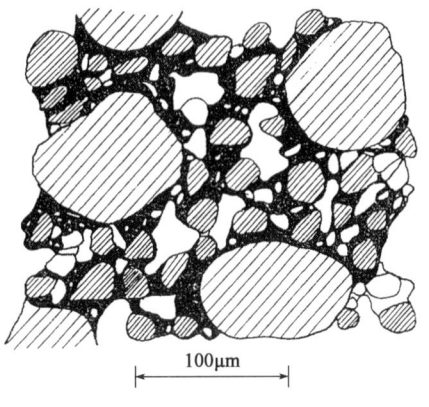

图 5-12-1　黄土结构示意图

黄土中的孔隙呈垂直或倾斜的管状，以垂直为主，上下贯通，其内壁附有白色的碳酸钙薄膜；碳酸钙的胶结对黄土起着加固土的作用。

3）黄土的节理

新黄土中原生柱状垂直节理发育，未发现有构造节理。老黄土中普遍发育有斜节理，属构造节理。

节理（特别是构造节理）对路基边坡稳定带起控制作用，对黄土冲沟的发育和黄土暗穴的形成也常起控制作用。

2. 黄土的水理特性

1）渗水性

由于黄土具有大孔隙及垂直节理等特殊构造，故其垂直方向的渗透性较水平方向为大。黄土经压实后大孔构造被破坏，其透水性也大大降低。此外，黏粒的含量也会影响黄土的渗透性。黏粒含量较多的埋藏土及午城黄土经常成为透水不良或不透水的土层。

2）收缩和膨胀

黄土遇水膨胀，干燥后又收缩，多次反复容易形成裂缝及剥落。由于黄土在堆积过程中，土的自重作用使粉粒在垂直方向的粒间距离变小，所以具有天然湿度的黄土在干燥后，水平方向的收缩量比垂直方向的收缩大，一般约大 50%～100%。

3）崩解性

各类黄土的崩解性相差很大，新黄土浸入水中后，很快就全部崩解；离石黄土则要经过一段时间才全部崩解；午城黄土浸水后基本不崩解。

3. 黄土的力学特性

1）黄土的抗剪强度

黄土的抗剪强度除与土的颗粒组成、矿物成分、黏粒和可溶盐含量等有关外，主要取决于土的含水率和密实度。含水率越低，密实度越高，则抗剪强度越大。黄土的内聚力可分为原始内聚力和加固内聚力，前者是由土粒间的电分子引力所产生，主要取决于土的颗粒组成、矿物成分、扩散层中的离子成分和密实度。当黏粒含量多，黏土矿物多，土越密实，则原始内聚力就越大；反之则小。加固内聚力是由化学胶结作用所形成的，如黄土在其形成过程中或形成以后,土中碳酸钙、石膏、硫酸镁、氯化钠等盐类溶液,由于水分蒸发而产生胶凝作用,以薄膜形式包裹在土粒表面,对土粒起着胶结作用。土生成年代越久,加固内聚力一般也越强。天然含水率低的黄土,由于存在架空结构,密度低,因而原始内聚力较小,而加固内聚力较大。受水浸湿后产生胶溶作用以致加固内聚力减弱甚至丧失,强度降低,引起湿陷。

压实黄土具有较高的抗剪强度,有关试验表明,当压实黄土的干密度达到 $1.6g/cm^3$ 时,内摩擦角可达 $23°\sim 26°$,内聚力达到 $26\sim 35kPa$;当干密度增加到 $1.7g/cm^3$ 时,内摩擦角可增加到 $29°$,内聚力增加到 $60kPa$。

原状黄土的各向异性:由于垂直节理及大孔隙的存在,原状黄土的强度随方向而异,黄土水平方向的强度一般较大,$45°$方向强度居中,垂直方向强度最小。但是,冲积、洪积黄土则因存在有水平层理的关系,则以水平方向强度为最低,垂直方向强度最大,$45°$方向仍居中。

原状黄土抗剪强度的峰值和残值差值较大,是黄土地区多崩塌性滑坡和高速滑坡的重要原因。

2) 黄土的压缩性

对湿陷性黄土地基来讲,压缩变形是指地基土在天然含水率条件下受外荷载作用所产生的变形,它不包括地基受水浸湿后的湿陷变形。黄土的压缩系数一般介于 $0.1\sim 1.0MPa^{-1}$ 之间,压缩模量一般在 $2.0\sim 20.0MPa$ 之间。试验结果表明,湿陷性黄土通过载荷试验结果按弹性理论公式算出的变形模量比由压缩试验得出的压缩模量大得多,两者的比值在 $2\sim 5$ 之间。由于黄土结构的复杂性和影响压缩变形的因素较多,所以黄土的压缩性与其物理性质(如孔隙比等)之间没有很明显的对应关系。

3) 黄土的湿陷性

黄土的湿陷性是指黄土在一定压力下受水浸湿,产生显著附加下沉的性质,具有湿陷性的黄土又分为自重湿陷性黄土与非自重湿陷性黄土,自重湿陷性黄土是指在上覆土的自重压力下受水浸湿,发生显著附加下沉的湿陷性黄土;非自重湿陷性黄土是指在上覆土的自重压力下受水浸湿,不发生显著附加下沉的湿陷性黄土。

工程上用湿陷系数 δ_s 来表征黄土湿陷性的大小。湿陷系数是指侧限条件下的黄土试样,在一定压力下下沉稳定后,试样浸水饱和所产生的附加下沉率。

同一黄土土样的湿陷系数并不是恒定值,而是随着承受的压力的变化而变化。在测定湿陷系数时,测定压力的选取应注意与现场土体实际受力状态相对应。测定湿陷系数的压力可以按以下原则选取:

①对零填路基,试验压力采用地基土饱和自重压力。

②对路堤,试验压力应按照路堤荷载作用在地基内的附加压力与地基土饱和自重压力之和确定。对压缩性较高的新近堆积黄土,路堤下5m以内的土层,宜采用 $100\sim 200kPa$;路堤下 $5\sim 10m$ 的土层,宜采用 $200kPa$;10m以下至非湿陷性黄土层顶面,宜采用路堤荷载作用在地基内的附加压力与地基土饱和自重压力之和。

③对路堑,应自挖方设计高程算起,试验压力应按照堑底以下地基土饱和自重压力确定。

④对挡墙等小型构造物,应自地面以下1.5m算起,基底以下10m以内的土层应采用 $200kPa$,10m以下至非湿陷性黄土层顶面,应采用构造物荷载作用在地基内的附加压力与地基土饱和自重压力之和。

如果测定湿陷系数时施加的压力为土样的上覆土饱和自重压力,则测得的就是自重湿陷系数。

湿陷系数 $\delta_s < 0.015$ 时为非湿陷性黄土,当 $\delta_s \geq 0.015$ 时为湿陷性黄土,湿陷性黄土按湿陷系数的大小可进一步划分为三级,见表 5-12-4。

湿陷性黄土湿陷程度划分表 表 5-12-4

湿陷系数 δ_s	$0.015 \leq \delta_s \leq 0.03$	$0.03 < \delta_s \leq 0.07$	$\delta_s > 0.07$
湿陷程度	湿陷性轻微	湿陷性中等	湿陷性强烈

三、黄土地基湿陷量计算及地基湿陷等级划分

1. 湿陷量计算

湿陷性黄土自重湿陷量可按式(5-12-1)计算:

$$\Delta_{zs} = \beta_0 \sum_{i=1}^{n} \delta_{zsi} h_i \qquad (5\text{-}12\text{-}1)$$

式中:δ_{zsi}——第 i 层土的自重湿陷系数;

h_i——第 i 层土的厚度(mm);

β_0——因地基土质而异的修正系数,缺乏实测资料时,陇西地区可取 1.80;陇东、陕北、晋西、宁夏地区可取 1.40;关中地区可取 0.90;其他地区可取 0.40。

自重湿陷量的计算值应自天然地面算起,挖方路基应自设计高程算起,至其下非湿陷性黄土层的顶面为止;其中,埋深 10m 范围内的自重湿陷系数 δ_{zs} 小于 0.015,埋深 10~15m 的自重湿陷系数 δ_{zs} 小于 0.02,埋深大于 15m 的自重湿陷系数 δ_{zs} 小于 0.025 时不应累计计算。

湿陷性黄土地基受水浸湿饱和时,其湿陷量 Δ_s 可以按式(5-12-2)计算:

$$\Delta_s = \sum_{i=1}^{n} \beta \delta_{si} h_i \qquad (5\text{-}12\text{-}2)$$

式中:δ_{si}——第 i 层土的湿陷系数;

h_i——第 i 层土的厚度(mm);

β——考虑基底以下地基土受水浸湿可能性和侧向挤出等因数的修正系数,在缺乏实测资料时,挡墙等小型构造物基底以下 0~5.0m 深度范围内,可取 1.50;5.0~10.0m 深度范围内,可取 1.00;10m 以下深度至非湿陷性黄土层顶面,在自重湿陷性黄土场地,可取工程所在地区的 β_0 值。路堤可取所在地区的 β_0 值。

湿陷量 Δ_s 的计算值,在初勘阶段应自地面以下 1.5m 算起;详勘阶段应自基底算起。在非自重湿陷性黄土场地,应累计算至基底以下 10.0m(或地基压缩层)深度为止;在自重湿陷性黄土场地,对高挡墙等重要工程应累计计算至非湿陷性黄土层顶面为止,对其他工程,当基底下的湿陷性土层厚度大于 10m 时,其累计深度可根据所在地区确定。陇西、陇东、陕北、晋西、宁夏地区不应小于 15m,其他地区不应小于 10m。其中,基底下 10m 范围内湿陷系数 δ_s 的值小于 0.015,埋深 10~15m 的湿陷系数 δ_s 小于 0.02,埋深大于 15m 的湿陷系数 δ_s 的值小于 0.025 时不应累计。

2. 地基湿陷等级划分

黄土地基当自重湿陷量的实测值或计算值小于或等于 70mm 时,应定为非自重湿陷性黄土场地;当自重湿陷量的实测值或计算值大于 70mm 时,应定为自重湿陷性黄土场地。根据自

重湿陷量的计算值和湿陷量的计算值,黄土地基湿陷等级可划分为如表 5-12-5 所示的 I ~ IV级。

黄土地基湿陷等级划分表 表 5-12-5

湿陷类型		非自重湿陷场地	自重湿陷场地	
自重湿陷量的计算值 Δ_{zs}(mm)		$\Delta_{zs} \leq 70$	$70 < \Delta_{zs} \leq 350$	$\Delta_{zs} > 350$
湿陷量的计算值 Δ_s(mm)	$\Delta_s \leq 300$	I(轻微)	II(中等)	—
	$300 < \Delta_s \leq 700$	II(中等)	*II(中等)或III(严重)	III(严重)
	$\Delta_s > 700$	II(中等)	III(严重)	IV(很严重)

注:当湿陷量的计算值 $\Delta_s > 600$、自重湿陷量的计算值 $\Delta_{zs} > 300$ 时,可判为Ⅲ级,其他情况可判为Ⅱ级。

四、公路工程黄土分区及分区特征

根据公路工程的特点,从地质构造、地形地貌、气候等自然环境条件考虑进行黄土分区,具有重要的工程意义。在规划方面,可以使规划者了解公路通过区域的环境承受能力;在设计方面,可以使设计者注意到各地区黄土性质的差异,掌握主要自然因素对公路稳定性、耐久性的影响程度,因地制宜确定设计方案;在施工方面,可以指导规避主要自然因素对施工的不利影响,减少不必要的损失。

根据有关方面的研究,可按地质构造进行一级分区,一级分区下再按地形地貌进行二级分区,分区主要特征见表 5-12-6。

公路工程黄土分区及各区黄土主要特征表 表 5-12-6

一级分区		二级分区								
大区	分区名称	亚区	分区名称	亚区特征						
				地貌	海拔(m)	降雨(mm)	冲刷强度指数	地表形态指数	边坡稳定性指数	黄土湿陷系数	公路建设的不利条件
I	山地、断陷河谷盆地黄土大区	I_1	汾、渭河谷盆地、黄土台塬、阶地区	台塬、河谷阶地	400~900	500~750	0~5	0~6	0~5	台塬 0.06~0.688;关中 0.008~0.054;汾河河谷 0.003~0.070	台塬区黄土具有自重湿陷性
		I_2	豫西山地、河谷黄土梁、阶地区	黄土梁、河谷阶地	200~600	500~700	0~8	3~10	3~8	0.023~0.045	—
		I_3	山西东部山地、黄土梁区	梁峁状的山地、丘陵	500~1000	500~750	3~8	4~18	5~15	0.003~0.071	—
		I_4	山西西北部山地、黄土梁峁区	黄土梁峁	500~1000	500~750	5~15	12~30	10~15	0.027~0.089	—

续上表

一级分区		二级分区								
大区	分区名称	亚区	分区名称	亚区特征						
				地貌	海拔（m）	降雨（mm）	冲刷强度指数	地表形态指数	边坡稳定性指数	黄土湿陷系数	公路建设的不利条件
Ⅱ	鄂尔多斯黄土高原大区	Ⅱ$_1$	高原南部山区、黄土梁区	黄土梁	800~1300	350~600	3~10	3~12	5~10	—	湿陷性严重
		Ⅱ$_2$	高原中南部黄土梁、塬区	黄土塬	1000~1500	600左右	5~10	6~15	0~8	0.03~0.084	湿陷性严重,地表切割严重
		Ⅱ$_3$	高原中北部黄土梁、峁区	黄土梁峁	1200~1900	400~500	8~15	12~18	5~10	—	湿陷性严重,地表切割严重
		Ⅱ$_4$	高原北部砂黄土梁、峁区	砂黄土梁峁	1200~1900	300~500	15~30	10~20	5~15	—	边坡冲刷强烈。边坡防护宜采用护面墙或骨架形式
Ⅲ	中低山、丘陵黄土大区	Ⅲ$_1$	陇西东南部黄土梁、阶地区	黄土梁、阶地	1200~2000	400~600	8~15	12~24	20~30	0.027~0.09	滑坡发育
		Ⅲ$_2$	陇西中东部黄土梁、峁区	黄土梁峁	1800~2000	350~450	5~15	8~18	5~10	0.039~0.110	湿陷性很严重
		Ⅲ$_3$	陇西中北部黄土梁区	黄土梁	1500~2500	200~400	10~25	6~15	8~15	—	边坡冲刷强烈。边坡防护宜采用护面墙或骨架形式
		Ⅲ$_4$	陇西西北部黄土梁、阶地区	黄土梁、阶地	3000以上	350~400	5~15	18~25	15~25	—	地表起伏强烈

表 5-12-6 中表述亚区特征的冲刷强度指数综合反映了在自然环境条件作用和影响下公路边坡受冲刷程度,由降雨不均匀系数、植被覆盖度、地面坡度、黄土土性四个要素综合确定。可借助地理信息系统平台,采用空间叠加分析得到。具体按表 5-12-7 分级。

冲刷强度指数分级表 表 5-12-7

冲刷强度指数	≥0,<5	≥5,<10	≥10,<15	≥15,<20	≥20,≤30
冲刷程度	微弱	中	强	极强	剧烈

表 5-12-6 中表述亚区特征的地表形态指数综合反映公路建筑场地地形地貌复杂程度,由地形切割深度、地表切割密度、海拔高程、地面坡度四个要素综合确定。可借助地理信息系统平台,采用空间叠加分析得到。具体按表 5-12-8 分级。

地表形态指数分级表 表 5-12-8

地表形态指数	<6	≥6,<12	≥12,<18	≥18,<24	≥24
地表形态破坏程度	轻度	中度	强度	极强	剧烈

表 5-12-6 中表述亚区特征的边坡稳定性指数综合反映公路边坡稳定等级,由黄土地层结构、地形起伏度、地面坡度三个要素综合确定。可借助地理信息系统平台,采用空间叠加分析得到。具体按表 5-12-9 分级。

边坡稳定性指数分级表 表 5-12-9

边坡稳定性指数	≥0,<5	≥5,<10	≥10,<15	≥15,<20	≥20,≤30
边坡稳定性	稳定	较稳定	稍稳定	不稳定	极不稳定

黄土路基设计分区是从路基边坡设计的角度,考虑影响边坡稳定性的因素(地形地貌、气候、黄土地层结构等)进行划分,具体是以吕梁山、六盘山为界,将黄土高原自东向西划分为Ⅰ东南区、Ⅱ中部区、Ⅲ西部区,再以砂黄土带为基础划出Ⅳ北部区。

Ⅰ东南区:吕梁山以东,关中盆地、晋中南、豫西地区;
Ⅱ中部区:吕梁山以西,六盘山以东,晋西、陕北、陇东地区;
Ⅲ西部区:六盘山以西,陇西、宁南地区;
Ⅳ北部区:吕梁山以西,六盘山以东,内蒙古、宁北、晋西南、陕北北部及河西走廊地区。
分区图见《公路路基设计规范》(JTG D30—2015)附录J,分区主要特征见表 5-12-10。

表 5-12-10

黄土路基设计分区及各区黄土主要特征表

名称	黄土分区特征				黄土类型	天然含水率(%)	干密度(g/cm³)	孔隙率(%)	颗粒(mm)组成(%)			可塑性(%)			力学强度			易溶盐含量(%)	碳酸钙含量(%)
	气候	地貌	土层	病害					>0.05	0.05~0.005	<0.005	液限	塑限	塑性指数	c(kPa)	φ(°)			
I 东南区	较湿润,年平均降水量500~750mm	山地与盆地	土质黏性重,致密,土层厚50~100m,在汾渭河谷、蒙西冲积平原及山前坡地盆地,广泛分布有黄土类土	路基较稳定,但冲刷较强烈	新黄土洪积~冲积 $Q_3 \sim Q_4$	13.4 3~24	1.45 1.3~1.7	47 35~55	19.4 8~28	63.9 45~80	16.7 2~29	27.6 24~34	16.4 13~21	11.2 8~15	41 10~120	29.43 21~41		0.098 0.03~0.17	8.5 2~17
					新黄土风积 Q_3	12.0 5~17	1.40 1.2~1.6	48 40~55	21.9 12~38	62.0 16~68	16.1 6~34	26.6 24~29	16.9 15~21	9.7 7~14	30 10~70	28.47 18~40		0.100 0.05~0.16	11.4 7~15
					老黄土 Q_2^2	14.5 3~29	1.52 1.4~1.7	45 38~53	15.0 4~32	60.3 41~82	24.7 10~38	28.5 23~38	16.4 12~22	12.1 7~20	86 20~240	31.08 15~50		0.137 0.02~0.45	11.1 3~20
II 中部区	年平均降水量350~600mm	典型黄土高原区,具有塬梁峁的地貌形态,冲沟密布	黄土连续覆盖全区,土层厚100~150m,最厚者可达200m,土质较黏,黄土桥分布在全区较多	路基病害有因层间及层间潜水所引起的翻浆、滑塌等	新黄土风积 Q_3	10.0 7~15	1.48 1.3~1.5	47 44~51	72.7 13~37	68.2 58~77	9.1 5~13	28.5 26~32	19.5 12~23	9.0 6~12	52 20~110	29.58 24~33		—	12.5 9~16
					老黄土 Q_2^2	11.5 7~15	1.49 1.3~1.7	45 37~51	16.0 8~29	69.8 61~82	14.2 8~24	27.2 24~33	18.3 13~22	10.0 8~14	69 30~130	29.28 19~40		0.113 0.07~0.47	10.2 5~15
					老黄土 Q_1	— 9~12	— 1.6~1.7	— 39~41	16.1 14~20	65.3 58~82	18.6 5~27	30.6 28~37	19.5 17~23	11.1 7~16	— 40~100	— 20~44		— 0.09~0.47	—

· 1425 ·

续上表

名称	黄土分区				黄土类型	天然含水率(%)	干密度(g/cm³)	孔隙率(%)	颗粒(mm)组成(%)			可塑性			力学强度		易溶盐含量(%)	碳酸钙含量(%)
	气候	地貌	土层特征	病害					>0.05	0.05~0.005	<0.005	液限	塑限	塑性指数	c(kPa)	φ(°)		
Ⅲ 西部区	年平均降水量 250~500mm	山地和盆地相间	大部为黄土覆盖,西部和北部土层厚100~300m,东南部土层厚50~100m,夹有较多的砂砾石层,为自重湿陷性黄土,节理发育	路基有滑坍、陷穴、冲刷等	新黄土风积 Q₃	11.2 5~16	1.37 1.1~1.5	49 44~58	—	—	—	25.8 24~29	16.7 13~23	9.2 5~13	—	—	—	—
Ⅳ 北部区	北濒沙漠,属干旱区,年平均降水量250~400mm,地表植被稀少	黄土、梁峁	新黄土为砂质黄土,疏松,多孔,稳定性差,土层厚100~200m	路基多滑坍、陷穴、冲刷等	新黄土风积 Q₃	8.8 4~15	1.40 1.3~1.6	48 40~55	30.9 19~35	60.0 11~78	9.1 2~20	27.4 20~33	20.0 14~25	7.3 4~12	29 10~90	28.03 14~44	0.081 0.02~0.12	9.5 7~11
					老黄土 Q₂²	10.2 3~17	1.34 1.3~1.7	43 35~53	23.9 10~56	62.8 32~78	13.3 3~25	26.9 23~32	18.8 16~22	8.1 5~12	64 10~220	28.52 19~39	0.119 0.02~0.43	9.8 3~28
					老黄土 Q₂¹	11.2 3~19	1.67 1.4~2.1	38 28~47	17.9 9~29	63.3 43~78	18.8 9~39	31.4 27~36	17.9 16~21	13.5 10~17	87 50~110	29.55 20~37	0.101 0.02~0.23	—

注:表内所列物理力学指标,分子为平均值,分母为变化范围。

第二节 勘测要点及设计原则

一、黄土地区工程地质勘察

黄土地区工程地质勘察深度应与勘察设计阶段与场地复杂程度、道路等级相适应,根据设计阶段的不同,可以分为预可勘察、工可勘察、初步勘察、详细勘察四个阶段,每个阶段的勘察深度与具体要求应结合相关规范、规程及工程实际情况确定。

1. 勘察要点

(1) 黄土地区工程地质勘察手段主要包括工程地质调查与测绘、工程地质勘探及室内及现场试验,通过这些工作应查明以下基本内容。

①黄土地形地貌、分布、黄土的侵蚀、堆积发育特征及黄土地层的时代成因等。
②地表水的径流、汇集情况,地下水升降变化对工程场地可能造成的影响。
③场地湿陷类型和地基湿陷等级及其平面分布。
④黄土湿陷洼地、冲沟、陷穴、地裂缝、滑坡、崩坍、泥石流等不良地质现象的分布、规模、形成条件、发展趋势及其对工程的影响。
⑤场地内存在的古墓、井、坑、穴、地道、砂井和砂巷等人为地下坑穴。
⑥工程场地各土层的物理力学指标与工程设计有关的地质参数。
⑦既有工程的现状、变形情况及原因。
⑧工程地质评价,对于高填深挖、陡坡等特殊路段应逐个工点进行工程地质评价。

(2) 勘探点的布置应符合以下要求。
①一般路基勘探测试点宜沿路线中线布置,勘探点数量不应低于表 5-12-11 的要求。

一般路基纵向勘探点布设数量　　表 5-12-11

场 地 类 别	公 路 等 级	勘探点数量(个/km)	
		初步勘察	详细勘察
简单场地	高速公路、一级公路	2	2
	二级及二级以下	1	1
较复杂场地	高速公路、一级公路	3	4
	二级及二级以下	2	3
复杂场地	高速公路、一级公路	4	6
	二级及二级以下	3	5

②每段高路堤、陡坡路堤应在代表性位置布置横向勘探断面,断面数量不应低于表 5-12-12 的要求。

高路堤、陡坡路堤横向勘探断面布设数量　　表 5-12-12

场 地 类 别	公 路 等 级	勘探点数量(个/km)	
		初步勘察	详细勘察
简单场地	高速公路、一级公路	1	1
	二级及二级以下	(1)	(1)

续上表

场 地 类 别	公 路 等 级	勘探点数量(个/km)	
		初步勘察	详细勘察
较复杂场地	高速公路、一级公路	1~2	1~2
	二级及二级以下	1	1
复杂场地	高速公路、一级公路	1~2	2~3
	二级及二级以下	1	1~2

注:"( )"表示视需要做。

初步勘察阶段,每个横向勘探断面上的钻孔或探井数量不应少于2个。勘探深度应至稳定地层或持力层以下3m,并满足沉降及稳定计算要求。

详细勘察阶段,每个横向勘探断面上的钻孔或探井数量,简单场地不应少于2个,较复杂场地不应少于3个,复杂场地不应少于4个。勘探深度应至稳定地层或持力层以下3m,并满足沉降及稳定计算要求。

③每段深路堑应在代表性位置布置横向勘探断面,断面数量不应低于表5-12-13的要求。

深路堑横向勘探断面布设数量　　　　表5-12-13

场 地 类 别	公 路 等 级	勘探点数量(个/km)	
		初步勘察	详细勘察
简单场地	高速公路、一级公路	1	1
	二级及二级以下	(1)	(1)
较复杂场地	高速公路、一级公路	1~2	1~2
	二级及二级以下	1	1
复杂场地	高速公路、一级公路	1~2	2~3
	二级及二级以下	1	1~2

注:"( )"表示视需要做。

初步勘察阶段,每个横向勘探断面上的钻孔或探井数量不应少于2个。勘探深度应至设计高程以下的稳定地层中3~5m。

详细勘察阶段,每个横向勘探断面上的钻孔或探井数量,简单场地不应少于2个,较复杂场地不应少于3个,复杂场地不应少于4个。勘探深度应至设计高程以下的稳定地层中3~5m。

(3)场地类别可按表5-12-14进行划分。

黄土场地类别划分表　　　　表5-12-14

分　类	场 地 特 征	冲刷强度指数	地表形态指数	边坡稳定性指数
简单场地	地形平缓,地貌、地层简单,无其他特殊性岩土,不良地质现象不发育,场地湿陷类型单一,地基湿陷等级变化不大且轻微居多	≥0,<5	<6	≥0,<5
较复杂场地	地形起伏较大,地貌、地层较复杂,局部有其他特殊性岩土,局部有不良地质现象发育,场地湿陷类型、地基湿陷等级变化较复杂且中等居多	≥5,<15	≥6,<18	≥5,<15

续上表

分 类	场 地 特 征	冲刷强度指数	地表形态指数	边坡稳定性指数
复杂场地	地形起伏很大,地貌、地层复杂,有其他特殊性岩土,不良地质现象广泛发育,场地湿陷类型、地基湿陷等级变化复杂且严重～很严重居多,地下水位变化幅度大或变化趋势不利	≥15,≤30	≥18	≥15,≤30

(4)黄土取样应符合以下要求:

①取原状土样时宜采用挖探或原位静压的方法。钻探取样应采用大口径回转钻进,并使用专门的薄壁取土器,每个地质单元应有井探与钻探取样作核对。取样深度应满足稳定性评价的要求。

②湿陷性试验的试样,Q_4 和 Q_3 地层中应在全部土层中取样,Q_2 地层中应在上部土层中取样。

③取原状土样时,在探井中取样,竖向间距为 1.0m,土样直径不宜小于120mm;在钻孔中取样,竖向间距为 1.0m;遇到地层变化或软弱地层应及时取样。

④所取的原状土样应密封,避免雨淋、冻、晒和振动,存放时间不应大于两周。

⑤应对场地水进行水质分析,当地层中含有石膏、盐分时,应进行腐蚀性分析。

(5)黄土样品室内试验项目可按照表 5-12-15 选用,试验方法应符合现行《公路土工试验规程》(JTG 3430)的有关规定。

黄土室内试验项目 表 5-12-15

试 验 项 目			路 基
颗粒分析			(+)
天然含水率 $w(\%)$			+
天然密度 $\rho(kg/m^3)$			+
液限 $w_L(\%)$			+
塑限 $w_P(\%)$			+
剪切试验	直剪	$c_q(MPa)$、$\varphi_q(°)$	+
	三轴剪切	$c_{uu}(MPa)$、$\varphi_{uu}(°)$	(+)
压缩系数 $\alpha(MPa^{-1})$、压缩模量 $E_s(MPa)$			+
湿陷系数 δ_s			+
自重湿陷系数 δ_{zs}			+
湿陷起始压力 $p_{sh}(kPa)$			+
碳酸钙含量 $CaCO_3(\%)$			(+)

注:"+"为必做项目;"(+)"为选做项目。

(6)黄土地基的勘探深度应满足黄土地基湿陷性评价的要求:非自重湿陷性黄土场地的勘探深度应至基底以下不小于10m;自重湿陷性黄土场地,陇西、陇东、陕北、晋西、宁夏地区不应小于15m,其他地区不应小于10m,且不小于压缩层厚度,对挡土墙地基的勘探深度不应小于持力层厚度,控制性勘探点应至非湿陷性黄土层顶面。

(7)宜采用轻型动力触探、标准贯入试验、静力触探、扁铲侧胀试验、旁压试验、现场剪切试验等原位测试方法,综合评价黄土的工程地质性质。

2. 勘察报告

(1) 预可勘察报告应包括以下内容。

①文字说明:应对拟建工程项目的工程地质条件、黄土工程地质问题及筑路材料的分布状况和运输条件等进行说明,对各路线走廊带的工程地质条件进行评估,对下一阶段的工程地质勘察工作提出意见和建议。

②图表资料:1:50000~1:100000路线工程地质平面图及附图、附表、照片等;典型的高路堤、深路堑、支挡工程等宜编制工程地质断面图。

(2) 工可勘察报告应包括以下内容。

①文字说明:应对公路沿线的地形地貌、地层岩性、地质构造、水文地质条件、新构造运动、地震动参数等基本地质条件进行说明;对不良地质和黄土及其他特殊性岩土应阐明其类型、性质、分布范围、发育规律及其对公路工程的影响和避开的可能性;对线路方案有重大影响的黄土工程地质问题进行论证、评价;应结合工程方案的论证、比选,对控制性工程地质条件进行说明、评价,提供工程方案论证、比选所需的岩土参数。

②图表资料:1:10000~1:50000路线工程地质平面图;1:10000~1:50000路线工程地质纵断面;1:2000~1:10000重要工点工程地质平面图;1:2000~1:10000重要工点工程地质断面图;附图、附表和照片等。

(3) 初步勘察报告应包括以下内容。

①全线文字说明:阐明沿线黄土的分布、地形地貌、地层层序、成因类型、土质分类、水文地质特征、工程地质条件、各类不良地质及其他特殊性岩土的分布、发展趋势及对公路工程的影响,提出各线路方案评价及比选意见,以及黄土地区的共性问题、重要构造物及地质条件复杂工点的工程措施建议。

②分段路基或工点文字说明:对沿线路基工程地质条件可分段说明,按地貌单元、地层年代、成因类型、湿陷类型、湿陷等级、湿陷土层厚度、地下水、不良地质及其他特殊性岩土等工程地质条件及工程处理措施分段编写。对高路堤、陡坡路堤、深挖路堑等的边坡、基底的稳定性进行分析、评价。对支挡工程等构造物应阐明工点的地质和水文地质条件,湿陷土层厚度,评价工程场地的适宜性,重点评价湿陷性黄土场地的湿陷类型和湿陷等级,提出工程处理措施建议。

③全线工程地质平面图:填绘黄土滑坡、错落、陷穴群等不良地质界线或类型符号,不同年代黄土地层的分界线,比例为1:2000~1:10000。

④全线工程地质纵断面图:根据地质调绘及初勘成果,填绘黄土的地层岩性与层序构造花纹图例,或用文字与花纹结合的方式绘制;地质特征栏应按地貌单元结合地层结构分段说明黄土的地层年代、成因类型、湿陷类型、湿陷等级和湿陷土层厚度、岩土施工分级、承载力基本容许值、桩侧土的摩阻力标准值等工程地质条件及工程处理措施建议;水平比例为1:2000~1:10000,垂直比例为1:100~1:1000。

⑤工点工程地质平面图:填绘黄土地层界线,地层年代、成因类型符号、湿陷性分区界线,各种不良地质界线和类型符号等,比例为1:500~1:2000。

⑥工点工程地质纵断面图:填绘黄土的类型、成因、地下水位线等,水平比例为1:500~1:2000,垂直比例为1:100~1:1000。

⑦工点工程地质横断面图:填绘黄土的类型、成因、地下水位线,比例为1:50~1:500。

⑧1:50～1:200钻孔或探井柱状图;岩土物理力学指标汇总表、水质分析资料;物探解释成果资料;附图、附表和照片等。

(4)详细勘察报告应包括以下内容。

①全线文字说明:详细阐明沿线黄土的分布、地形地貌、地层划分、水文地质条件、各层土的物理力学指标、与各类工程设计有关的地质参数,黄土场地的湿陷类型和等级、湿陷土层厚度及分段情况,以及各类不良地质的稳定性评价和工程处理措施建议,施工注意事项等。

②分段路基或工点文字说明:在初勘基础上,结合详勘工作对初勘报告进行补充、完善。对沿线路基工程地质条件可分段说明,按地貌单元、地层年代、成因类型、湿陷类型、湿陷等级、湿陷土层厚度、地下水等工程地质条件及工程处理措施分段编写。对高路堤、陡坡路堤的基底稳定性、深挖路堑的边坡稳定性进行分析、评价。对支挡工程等构造物应阐明工点的地质和水文地质条件,湿陷土层厚度,评价工程场地的适宜性,重点评价湿陷性黄土场地的湿陷类型和湿陷等级,提出工程处理措施建议。

③全线工程地质平面图:在初测的基础上根据详勘成果对工程地质平面图进行补充、修正,填绘黄土滑坡、错落、陷穴群等不良地质界线或湿陷类型、等级符号,不同年代黄土地层的分界线,比例一般为1:2000,必要时应提供比例为1:10000的改线段工程地质平面图。

④全线工程地质纵断面图:在初测的基础上根据详勘成果对工程地质纵断面图进行补充、修正,填绘黄土的地层岩性与层序构造花纹图例,或用文字与花纹结合的方式绘制;地质特征栏应按地貌单元结合地层结构分段说明黄土的地层年代、成因类型、湿陷类型、湿陷等级和湿陷土层厚度、岩土施工分级、承载力基本容许值、桩侧土的摩阻力标准值等工程地质条件及工程处理措施建议;水平比例为1:2000,垂直比例为1:50～1:500。

⑤工点工程地质平面图:在初勘基础上,结合详勘工作对初勘报告进行补充、完善,填绘黄土地层界线,地层年代、成因类型符号、湿陷性分区界线,各种不良地质界线和类型符号等,比例为1:500～1:2000。

⑥工点工程地质纵断面图:在初勘基础上,结合详勘工作对初勘报告进行补充、完善,填绘黄土的类型、成因、地下水位线等,水平比例为1:200～1:500,垂直比例为1:100～1:1000。

⑦工点工程地质横断面图:在初勘基础上,结合详勘工作对初勘报告进行补充、完善;填绘黄土的类型、成因、地下水位线,比例为1:50～1:500。

⑧1:50～1:200钻孔或探井柱状图;岩土物理力学指标汇总表、水质分析资料;物探解释成果资料;附图、附表和照片等。

二、黄土地区道路设计原则

1. 道路选线原则

(1)应利用航空摄影测量、空间遥感、地质调查等,大范围调查黄土沟壑、大型滑坡体、黄土陷穴等分布特征,合理确定路线走廊带与主要控制点。

(2)路线通过黄土塬、梁、峁地区,应远离其边缘,并避开有滑坡、崩塌、陷穴群、冲沟发育、地下水出露的塬梁边缘和斜坡地段。如必须通过时,应采取切实可行的工程措施。路线宜设在湿陷等级轻微、湿陷土层较薄、排水条件较好的地段。

(3)路线通过冲沟沟头时,应分析冲沟的成因及其发展趋势。当冲沟正在继续发展并危及路基稳定时,应采取排水及防护措施,防止冲沟溯源侵蚀。

(4)纵断面设计应综合考虑填挖平衡、边坡稳定性、环保等因素,当填方边坡高度大于30m时,应与桥梁方案进行技术经济比较;当挖方边坡高度大于30m时,应与隧道方案进行比较。

2. 地基处理原则

(1)湿陷性黄土地区的公路工程宜按表5-12-16的规定划分等级,并按下列规定确定地基处理深度。

公路工程等级划分　　　　　　　　　　表5-12-16

工 程 等 级	划 分 标 准
甲类	①二级及二级以上公路上的涵洞、通道、墙高大于6m的挡土墙。 ②高速公路、一级公路上与桥台相邻25m范围的路基
乙类	除甲类、丙类以外的工程
丙类	三级及三级以下公路

①甲类工程应消除地基的全部湿陷量,或采用桩基础穿透地表水、施工用水下渗影响范围内的湿陷性土层。

②乙类工程地基最小处理深度应符合表5-12-17的规定。

湿陷性黄土地基最小处理深度(m)　　　　　　表5-12-17

路 基 类 型	湿陷性等级与特征							
	经常积水或浸湿可能性大				季节性积水或浸湿可能性小			
	Ⅰ	Ⅱ	Ⅲ	Ⅳ	Ⅰ	Ⅱ	Ⅲ	Ⅳ
高度大于4m的路堤	2	3	4	6	1	2	3	5
零填、路堑、高度小于或等于4m的路堤	1	1.5	2	3	1	1.5	2	2.5

③丙类工程当地基湿陷等级小于Ⅲ级时,可不进行处理。

(2)湿陷性黄土地基的处理宽度,在路堤段应处理至坡脚排水沟外侧不小于1m,且距离坡脚不小于3m;在路堑段应为路基的断面宽度。小型构造物处的处理宽度应与相邻路基相同。

(3)黄土地基符合下列条件之一时,均可按照一般土质进行处理。

①地基湿陷量的计算值小于或等于50mm。

②在非自重湿陷性黄土场地,地基内各土层的湿陷起始压力值,均大于其附加压力与上覆土体的饱和自重压力之和。

(4)地基处理应与加强防水相结合,做到防治并重。

第三节　黄土地区路基设计

一、一般路基设计

黄土地区的一般路基,系指填方边坡高度不大于30m的路堤,和挖方边坡高度不大于30m的路堑。

(1)一般路堤的边坡形式及边坡坡率可按表5-12-18选用。边坡形式简图如图5-12-2所示。年平均降水量大于500mm的地区宜采用阶梯形断面,并在边坡中部设置宽度 b 为 $2.0 \sim 3.0$m 的平台,平台上应设截水沟,并采取防渗加固处理。

黄土路堤边坡形式及边坡坡率　　　　表5-12-18

边坡形式	第一级边坡坡率		
	$H \leqslant 10$m	10m $< H \leqslant 20$m	20m $< H \leqslant 30$m
折线形	1:1.5	1:1.75	1:2.0
阶梯形	1:1.5	1:1.75	1:1.75

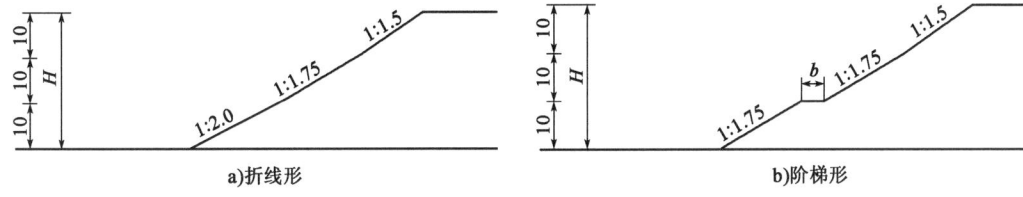

图5-12-2　黄土路堤边坡形式简图

(2)一般路堑的边坡形式及适用条件,可根据黄土类别及均匀性、边坡高度按表5-12-19确定。高速公路、一级公路黄土路堑边坡宜采用阶梯形。边坡小平台宽度 b 宜为 $2 \sim 3$m;边坡大平台宜设置在边坡中部,平台宽度 B 应根据稳定性计算确定,宜为 $4 \sim 6$m。年平均降水量大于250mm的地区,平台上应设截水沟,并作防渗加固处理。边坡形式简图如图5-12-3所示。

黄土路堑边坡形式及适用条件表　　　　表5-12-19

边坡形式	适用条件
直线形(一坡到顶)	①均质土层,Q_4、Q_3 黄土边坡高度 $H \leqslant 15$m;Q_2、Q_1 黄土边坡高度 $H \leqslant 20$m; ②非均质土层,边坡高度 $H \leqslant 10$m
折线形(上缓下陡)	非均质土层,边坡高度 $H \leqslant 15$m
阶梯形	①均质土层,Q_4、Q_3 黄土边坡高度 15m $< H \leqslant 30$m;Q_2、Q_1 黄土边坡高度 20m $< H \leqslant 30$m; ②非均质土层,边坡高度 15m $< H \leqslant 30$m

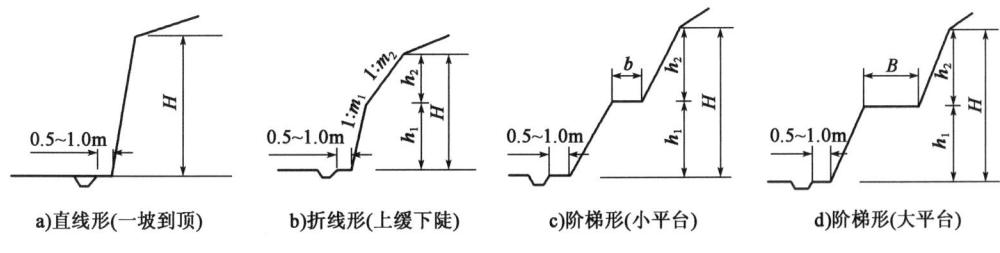

图5-12-3　黄土路堑边坡形式简图

(3)一般路堑的边坡坡率,可根据黄土路基设计分区、地质年代、成因、边坡高度等参考表 5-12-20 确定。

黄土路堑边坡坡率表 表 5-12-20

分 区	分 类		边坡高度(m)			
			≤6	6~12	12~20	20~30
Ⅰ东南区	新黄土 Q_3、Q_4	坡积	1:0.5	1:0.5~1:0.75	1:0.75~1:1.0	—
		洪积	1:0.2~1:0.3	1:0.3~1:0.5	1:0.5~1:0.75	1:0.75~1:1.0
	新黄土 Q_3		1:0.3~1:0.5	1:0.4~1:0.6	1:0.6~1:0.75	1:0.75~1:1.0
	老黄土 Q_2		1:0.1~1:0.3	1:0.2~1:0.4	1:0.3~1:0.5	1:0.5~1:0.75
Ⅱ中部区	新黄土 Q_3、Q_4	坡积	1:0.5	1:0.5~1:0.75	1:0.75~1:1.0	—
		洪积、冲积	1:0.2~1:0.3	1:0.3~1:0.5	1:0.5~1:0.75	1:0.75~1:1.0
	新黄土 Q_3		1:0.3~1:0.4	1:0.4~1:0.5	1:0.5~1:0.75	1:0.75~1:1.0
	老黄土 Q_2		1:0.1~1:0.3	1:0.2~1:0.4	1:0.3~1:0.5	1:0.5~1:0.75
	老黄土 Q_1		1:0.1~1:0.2	1:0.2~1:0.3	1:0.3~1:0.4	1:0.4~1:0.6
Ⅲ西部区	新黄土 Q_3、Q_4	坡积	1:0.5~1:0.75	1:0.75~1:1.0	1:1.0~1:1.25	—
		洪积、冲积	1:0.2~1:0.4	1:0.4~1:0.6	1:0.6~1:0.75	1:0.75~1:1.0
	新黄土 Q_3		1:0.4~1:0.5	1:0.5~1:0.75	1:0.75~1:1.0	1:1.0~1:1.25
	老黄土 Q_2		1:0.1~1:0.3	1:0.2~1:0.4	1:0.3~1:0.5	1:0.5~1:0.75
Ⅳ北部区	新黄土 Q_3、Q_4	坡积	1:0.5~1:0.75	1:0.75~1:1.0	1:1.0~1:1.25	—
		洪积、冲积	1:0.2~1:0.4	1:0.4~1:0.6	1:0.6~1:0.75	1:0.75~1:1.0
	新黄土 Q_3		1:0.3~1:0.5	1:0.4~1:0.6	1:0.6~1:0.75	1:0.75~1:1.0
	老黄土 Q_2		1:0.1~1:0.3	1:0.2~1:0.4	1:0.3~1:0.5	1:0.5~1:0.75
	老黄土 Q_1		1:0.1~1:0.2	1:0.2~1:0.3	1:0.3~1:0.4	1:0.4~1:0.6

注:表内边坡值为设平台后的平均值。

(4)黄土路堤填料可采用新黄土和老黄土,但路床部分不宜采用老黄土。老黄土包括 Q_1 黄土(午城黄土)和 Q_2 黄土(离石黄土),由于其透水性差,干湿难以调节,大块土料不易粉碎,故路床部分不宜采用老黄土。但是 Q_2 黄土的上部土层不太坚实,大块土料可以粉碎,在料源缺乏时可以采用。应测试黄土填料的 CBR 值,当达不到设计要求时,首选掺石灰处理,以增加路基防水性。

二、高路堤、陡坡路堤设计

黄土高路堤是指用黄土作为路堤填料,填筑的边坡高度大于 30m 的路堤。陡坡路堤是指位于地面横向坡率陡于 1:2.5 的坡面上的路堤。此类路段应结合边坡稳定性评价进行逐个工点设计。

(1)高路堤、陡坡路堤的边坡形式和坡率应根据地形与工程地质条件、边坡高度、地面坡率、填料性质等,结合经济与环保因素,经稳定性计算分析确定。边坡形式宜采用阶梯形。

(2)高路堤稳定性计算应包括路堤堤身稳定性、路堤和地基的整体稳定性、路堤沿斜坡地基或软弱层滑动稳定性。其中路堤堤身稳定性、路堤和地基的整体稳定性计算可采用简化

Bishop 方法,稳定安全系数 F 可按式(5-12-3)和式(5-12-4)计算,计算图见图5-12-4。

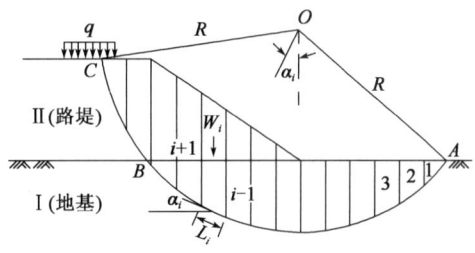

$$F = \frac{\sum \left(\dfrac{c_i b_i + W_i \tan\varphi_i}{m_{\alpha_i}} \right)}{\sum W_i \sin\alpha_i} \quad (5\text{-}12\text{-}3)$$

$$m_{\alpha_i} = \cos\alpha_i + \frac{\tan\varphi_i \sin\alpha_i}{F} \quad (5\text{-}12\text{-}4)$$

图 5-12-4 简化 Bishop 法计算简图

式中:c_i、φ_i——地基土或路堤填料的黏聚力(kPa)和内摩擦角(°),可采用直剪快剪或三轴不排水剪试验测得,对有可能受水浸湿的湿陷性黄土地基,强度指标宜按饱和状态的试验结果确定,浸湿程度确定时应按增湿状态试验确定;

W_i——土条重力与外加竖向力之和(kN);

α_i——土条底面与水平面交角(°);

b_i——土条的水平宽度(m),即 $b_i = L_i \cos\alpha_i$。

(3)陡坡路堤沿斜坡地基或软弱层滑动稳定性计算可采用不平衡推力传递法,稳定安全系数 F 可按式(5-12-5)和式(5-12-6)计算,计算图见图5-12-5。

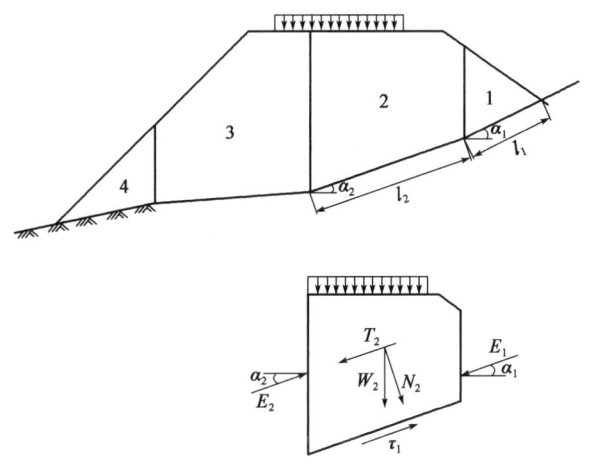

图 5-12-5 不平衡推力传递法计算简图

$$E_i = W_i \sin\alpha_i - \frac{1}{F}(c_i l_i + W_i \cos\alpha_i \tan\varphi_i) + E_{i-1}\psi_i \quad (5\text{-}12\text{-}5)$$

$$\psi_i = \cos(\alpha_{i-1} - \alpha_i) - \frac{\tan\varphi_i}{F}\sin(\alpha_{i-1} - \alpha_i) \quad (5\text{-}12\text{-}6)$$

式中:W_i——土条重力与外加竖向力之和(kN);

α_i、α_{i-1}——土条底面与水平面交角(°);

l_i——土条底滑面的长度(m);

E_i、E_{i-1}——土条之间的推力(kN);

ψ_i——推力传递系数。

用式(5-12-5)和式(5-12-6)计算时,先要假定稳定安全系数 F,然后从第一个土条开始逐条向下推求,直到最后一个土条的剩余推力为零;否则重新假定 F 试算。

(4)高路堤、陡坡路堤稳定性计算的安全系数不得小于表 5-12-21 的规定,否则应采取放缓边坡、路堤加筋、地基处理、支挡等措施。

高路堤、陡坡路堤稳定安全系数容许值　　　表 5-12-21

工况	稳定性计算内容	稳定安全系数	
		二级及二级以上公路	三级、四级公路
正常工况	路堤堤身稳定性	1.35	1.30
	路堤和地基的整体稳定性	1.35	1.30
	路堤沿斜坡地基或软弱层滑动稳定性	1.30	1.25
路堤处于暴雨或连续降雨状态	路堤堤身稳定性	1.25	1.15
	路堤和地基的整体稳定性	1.25	1.15
	路堤沿斜坡地基或软弱层滑动稳定性	1.20	1.15

(5)位于陡坡上的黄土路堤,可采取下列措施提高路堤稳定性。
①清除松软表层覆盖土,夯实基底,使路堤置于坚实的硬土层上。
②开挖台阶,放缓横坡。
③在路堤上侧开挖截水沟或边沟,阻止地表水浸湿基底。
④有地下水出露时,应设置渗沟疏干基底土层。
⑤在路堤坡脚处设置护脚,如图 5-12-6 所示。

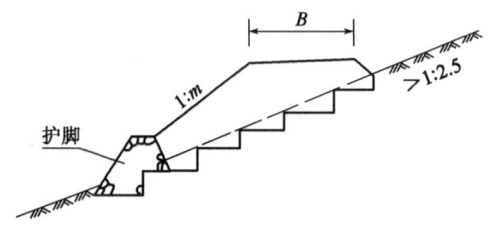

图 5-12-6　陡坡路堤设置护脚

(6)应加强高路堤的沉降控制,必要时,可采取冲击压路机或强夯增强补压、铺设土工合成材料等综合措施,以消减堤身后期压缩变形。采用冲击压路补压时,一般采用冲击轮势能 25kJ 的机型,每填高 2~2.5m 补压一次;采用强夯补压时,夯击能一般为 800~1000kN·m,每填高 3~4m 补压一次。宜预留一个雨季的沉降期,以减少工后沉降。

(7)高路堤自身压缩变形计算可采用改进的分层总和法或数值方法。
①改进的分层总和法计算公式如下:

$$S = \sum_{i=1}^{n-1} \frac{h_i}{E_{si}} \sum_{j=i+1}^{n} (\gamma_j h_j) \tag{5-12-7}$$

式中:n——路堤填筑碾压层数;
　　h_i、h_j——分别为第 i 层、第 j 层填土的厚度(m);

γ_j——压实后的第 j 层填土的重度(kN/m^3);

E_{si}——压实后的第 i 层填土的变形模量(kPa)。

②数值方法用于复杂条件下高路堤自身压缩量的计算,可采用有限元方法进行计算。应根据实际情况,合理建模,选择合适的单元、本构关系及其参数计算。应根据简单工况和条件下已知解答对计算模型进行校核。

三、深路堑设计

黄土深路堑是指在黄土中开挖的边坡高度大于30m的路堑。此类路段应结合边坡稳定性评价进行逐工点设计。

(1)深路堑边坡稳定性评价应以定性分析为基础,定量计算为手段,在进行边坡稳定性计算之前,根据边坡工程地质条件或已经出现的变形破坏迹象,定性判断边坡可能的破坏形式和边坡稳定性状态。

(2)深路堑边坡稳定性计算方法。

在西部交通建设科技项目"黄土地区路基工程技术指标体系与控制参数研究"中,对圆弧法(基于圆弧滑动面的简化 Bishop 法)、裂隙圆弧法、裂隙法三种方法用于黄土深路堑边坡稳定性分析的结果进行了研究,其结果是:对一坡到顶的高边坡,三种方法计算的稳定安全系数比较接近;而对阶梯形高边坡,圆弧法的安全系数最大,裂隙圆弧法次之,裂隙法最小。

目前高等级公路黄土深路堑边坡通常都设计成阶梯形,单级坡率为1:0.5~1:1.0,单级坡高为 8~10m,而且采用逐级开挖施工,边坡侧向应力逐渐释放。尽管坡顶会出现张拉裂隙,但是裂隙深度较小。裂隙法夸大了黄土高边坡实际存在的裂隙深度,减小了滑弧长度,致使计算的稳定安全系数偏小。为了既考虑黄土高边坡裂隙的影响,又不减小边坡实际的稳定程度,建议对黄土深路堑边坡稳定性分析采用裂隙圆弧法。

《铁路特殊路基设计规范》(TB 10035—2006)确定黄土路堑稳定性计算方法时,选择19个处于极限平衡状态的天然黄土斜坡和人工路堑边坡,实测其物理力学性质指标,用圆弧法(裂隙圆弧法)和裂隙法分别计算其稳定安全系数,结果是:19 个计算点用圆弧法计算的安全系数基本接近于 1.0,而采用裂隙法计算的安全系数 11 个小于 1.0。一般裂隙法比圆弧法计算的安全系数小 5%~15%。还选择了 5 处坍滑体,对坍滑体背后所形成的滑面(可认为处于极限平衡状态)进行稳定性计算,结果是:5 个计算点用圆弧法计算的安全系数基本接近于 1.0,而采用裂隙法计算的安全系数 4 个小于 1.0。裂隙法比圆弧法计算的安全系数小 5%~15%。检算的结果表明,用圆弧法(裂隙圆弧法)所计算的安全系数能够较好地反映黄土边坡实际稳定状态。

综上所述,黄土深路堑边坡稳定性计算宜采用裂隙圆弧法,计算图见图5-12-7,应按下列步骤计算:

①由式(5-12-8)计算边坡土体最大直立高度$(h_{90})_{max}$。

$$(h_{90})_{max} = \frac{q}{\gamma} = \frac{2c}{\gamma}\tan\left(45° + \frac{\varphi}{2}\right) \qquad (5\text{-}12\text{-}8)$$

式中:q——土体的无侧限抗压强度(kPa);

γ——土体重度(kN/m^3);

c、φ——土体的黏聚力(kPa)和内摩擦角(°),可采用直剪快剪或三轴不排水剪试验测得。

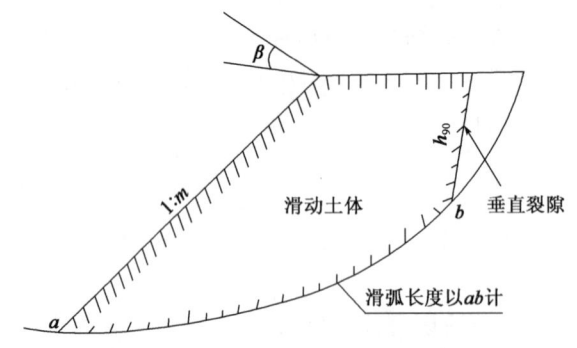

图 5-12-7　裂隙圆弧法计算简图

②根据边坡高度 H 选取裂隙深度 h_0:当$(h_{90})_{max} \leq 0.5H$ 时,取 $h_0 = (h_{90})_{max}$;当$(h_{90})_{max} > 0.5H$ 时,取 $h_0 = 0.5H$。

③将 h_0 高度内的土体当作静载荷均匀施加于其下部土体上,不计坡顶裂隙段的抗剪强度,其下部土体稳定性仍按简化 Bishop 方法计算。

采用裂隙圆弧法进行稳定性计算时,最小稳定安全系数对应的滑动圆弧需要搜索计算。每个滑动圆弧不计算对应于裂隙深度 h_0 高度范围内的滑弧段的抗剪强度。

(3)设有大平台的深路堑,除应对整个边坡采用裂隙圆弧法进行稳定性计算外,还应对大平台毗邻的上下分段边坡进行局部稳定性计算。局部稳定性计算方法,对可能产生折线形破坏的边坡采用不平衡推力传递法,其他情况采用简化 Bishop 方法。

(4)深路堑稳定性计算的安全系数不得小于表 5-12-22 的规定,否则应采取边坡支挡措施。

深路堑稳定安全系数容许值　　　　表 5-12-22

工　况	稳定安全系数	
	二级及二级以上公路	三级、四级公路
正常工况	1.30	1.25
路堑处于暴雨或连续降雨状态	1.20	1.15

四、黄土路基防护与支挡

路基防护设计应以保护坡面稳定性和耐久性为目的,根据土质条件、降雨量、气候条件、路基边坡高度及坡率、防护材料来源等因素综合分析确定防护措施。路基支挡设计应以提高坡体稳定性为目的,根据地质、地形、水文、路基边坡高度及坡率等因素,经稳定性计算分析确定支挡措施。路基支挡措施适用于存在不良地质因素或开挖坡体不满足边坡安全储备要求的路段,但首先选择通过放坡使之稳定;放坡措施无法实施时,再设置支挡工程。沿河路基受水流冲刷时,应根据河流特性、水流性质、河道地貌、地质等因素,结合路基位置,选用适宜的防护、导流或改河工程。

1.黄土路基边坡防护工程

黄土路基边坡防护工程形式可按表 5-12-23 选用。

黄土路基边坡防护工程类型及适用条件　　　　表5-12-23

防护类型	结构形式		适用条件
工程防护	喷护(喷掺砂水泥土、喷浆、喷混)		适用于易风化但未遭强风化的岩石边坡;边坡坡率应缓于1:0.5,边坡地下水不发育和边坡无渗水且较干燥
	挂网喷浆护坡		适用于坡面为碎裂结构的硬质岩石或层状结构的不连续地层以及坡面岩石与基岩分开并有可能下滑的挖方边坡;边坡坡率不受限制
	浆砌片石(混凝土)护面墙		边坡坡率应缓于1:0.5。当边坡坡率不陡于1:0.75时,为节省圬工,可采用窗孔式护面墙
植物防护	植草、植灌防护		适用于降雨量适宜的地区;边坡坡率应缓于1:0.75
	植树防护		适用于土壤水分多、降雨量适宜的地区;边坡坡率应缓于1:1.5
	液压喷播植草防护		边坡坡率应缓于1:0.5
综合防护	栽藤技术		适用于已有工程防护或不适合植草种树的地区;边坡坡率不受限制
	骨架植草防护	浆砌片石骨架	边坡坡率应缓于1:0.75,当坡面受雨水冲刷严重或潮湿时,边坡坡率应缓于1:1
		混凝土骨架	边坡坡率应缓于1:0.75,当坡面受雨水冲刷严重或潮湿时,边坡坡率应缓于1:1。在石料缺乏地区采用
	铺网植草防护		适用于边坡坡率缓于1:0.75的地区
	厚层基材喷播植草防护		适用于降雨量较少、土壤含水率较低、瘠薄土质的地区。边坡坡率应缓于1:0.5。对黄土古土壤层防护尤其有效

（1）工程防护设计应注意以下事项：

①喷浆护坡防护厚度不宜小于50mm,喷混护坡防护厚度不宜小于80mm,喷浆(喷混)护坡坡面应设置泄水孔和伸缩缝。

②挂网喷浆(喷混)护坡防护厚度不应小于100mm,亦不应大于250mm,钢筋保护层厚度不应小于20mm。挂网钢筋的锚固深度应根据边坡岩土体性质确定。坡面应设置泄水孔和伸缩缝。

③护面墙基础应设置在稳定的地基上,埋置深度应根据地质条件确定;地基承载力宜为160~200kPa。冰冻地区护面墙基础应埋置在冰冻深度以下不小于0.25m处,护面墙前趾应低于边沟铺砌的底面。

④护面墙设置高度应根据边坡条件确定,当边坡较高时,护面墙应分级设置并适当设置耳墙。护面墙的厚度应根据护面墙高度确定;底宽应根据墙高、边坡高度、地基条件等因素确定,可按顶宽加0.1~0.2倍的墙高计算。墙底应做成坡率1:5~1:10的反坡。墙体应设置伸缩缝、沉降缝和泄水孔;伸缩缝间距宜为10~15m。

（2）植物防护设计应注意以下事项。

①应分阳坡和阴坡进行针对性的坡面植物群落设计;深根性植物和浅根性植物混合搭配;豆科植物和禾本科植物结合使用。

②草灌树种应根据当地的气候条件、土壤条件,选择下部较矮、根系发达、生长迅速、越年生或多年生,具有抗旱、抗寒、抗贫瘠、抗病虫害等,适应粗放管理,成本合理的本地植物。草灌播种量的设计应根据草灌的生长特点、防护地点、施工方法及试验成果确定。

③植树防护在树木发芽之前,应防止流速大于3.0m/s的水流侵害。

④液压喷播植草防护的喷播材料应具有良好的吸水、保水和保肥的性能,并保持良好的稳定性且对环境无污染。喷播厚度应根据当地降雨量通过试验确定,为 20~30mm。根据喷播材料的性能和施工作业面的情况,合理确定水、草种、肥料、木纤维、保水剂、黏合剂等的配比。喷播植物宜采用豆科植物和禾本科植物相结合,并以乡土植物为主。

⑤植物防护分阳坡和阴坡进行针对性的设计是很有必要的。从现场调研情况来看,阳坡植物长势均不如阴坡,其主要原因是阳坡水分蒸发快,而黄土地区普遍缺水;这与南方降水充沛地区阳坡植物长势比阴坡长势好相反。采取放缓边坡(蓄水)、选耐旱植物、营养土穴种等措施有利于提高阳坡植物存活率。

(3)综合防护设计应注意以下事项。

①在降雨量较大且集中的地区,骨架宜做成截水沟型,截水沟断面尺寸应根据降雨强度计算确定。

②对过分潮湿或冻害严重的路基边坡应慎用骨架植物防护,以免引起砌体在变形中产生开裂而破坏。

③厚层基材喷播植草防护的厚度宜为 60~120mm。

2. 沿河冲刷防护工程

黄土路基沿河冲刷防护工程类型与适用条件可按表 5-12-24 选用。

黄土路基沿河冲刷防护工程类型与适用条件 表 5-12-24

防护类型		适 用 条 件
植物防护		可用于允许流速小于 1.2~1.8m/s、水流方向与公路路线近似平行、不受洪水主流冲刷的季节性河流冲刷地段防护
砌石或混凝土护坡		可用于允许流速 2~8m/s 的路基边坡防护
石笼防护		可用于允许流速 4~5m/s 的沿河路基坡脚防护
浸水挡墙		可用于允许流速 5~8m/s 的峡谷急流和水流冲刷严重的路段
护坦防护		可用于沿河路基挡土墙或护坡的局部冲刷深度过大、深基础施工不便的路段
抛石防护		可用于经常浸水且水深较深的路基边坡或坡脚以及挡土墙、护坡的基础防护
排桩防护		可用于局部冲刷深度过大的河湾或宽浅性河流的防护
导流	丁坝	可用于宽浅性河段,保护河岸或路基不受水流直接冲蚀而产生破坏
	顺坝	可用于河床断面较窄、基础地质条件较差的河岸或沿河路基防护,以调整流水曲度和改善流态

路基沿河冲刷防护设计应注意以下事项:

(1)防护工程顶面高程,应为设计水位加上波浪侵袭、壅水高度及安全高度。防护工程基底应埋设在冲刷深度以下不小于 1m 或嵌入基岩内;寒冷地区应在冻结深度以下不小于 1m;当冲刷深度较深、水下施工困难时,可采用桩基或适宜的平面防护。

(2)砌石或混凝土护坡厚度应按流速及波浪的大小等因素确定,干砌片石护坡厚度不宜小于 0.25m;浆砌片石护坡厚度不应小于 0.35m;水泥混凝土护坡厚度不应小于 0.10m。护坡底面应设置砂砾反滤层,厚度不应小于 0.10m。

(3)设置导流构造物时,应根据河道地貌、地质、水流特性、河道演变规律和防护要求等设计导治线,并应避免农田、村庄、公路和下游路基的冲刷加剧。在山区河谷路段,不宜设置挑水导流构造物。导流构造物设计应符合现行《公路路基设计规范》(JTG D30)的有关规定。

(4) 路基受水流冲刷严重,或防护工程艰巨,以及路线在短距离内多次跨越弯曲河道时可改移河道。主河槽改动频繁的变迁性河流或支流较多的河段不宜改移河道。

3. 边坡支挡工程

黄土地区公路路基边坡支挡工程类型及适用条件可以按表 5-12-25 选用。

黄土地区公路路基边坡支挡工程类型及适用条件　　表 5-12-25

支挡类型	结构形式	适 用 条 件
挡土墙	重力式挡土墙	适用于石料充足的一般地区、浸水地区和地震地区的路肩、路堤和路堑等支挡工程。作为重力式挡土墙的一种特殊形式,抗滑挡土墙适用于下滑推力较小的滑坡地段
	半重力式挡土墙	介于重力式挡土墙与悬臂式挡土墙之间的一种挡土墙,适用于不宜采用重力式挡土墙的地下水位较高或较软弱的地基
	石笼式挡土墙	适用于地下水较多的土质、风化破碎岩石路段
	悬臂式挡土墙	宜在石料缺乏、地基承载力较低的填方路段采用
	扶壁式挡土墙	宜在石料缺乏、地基承载力较低的填方路段采用
	锚杆挡土墙	适用于缺乏石料的地区和挖基困难的岩质路堑地段,其他具有锚固条件的路堑墙也可使用,还可用于陡坡路堤,可用作抗滑挡土墙。锚固条件不好的新黄土地层不宜采用,在老黄土地层中应慎用
	锚定板挡土墙	宜使用在缺少石料地区的路肩墙或路堤式挡土墙,但不应建筑于滑坡、坍塌地区
	加筋土挡土墙	用于一般地区的路肩式挡土墙、路堤式挡土墙。但不应修建在滑坡、水流冲刷、崩塌等不良地质地段
	桩板式挡土墙	用于表土及强风化层较薄的均质岩石地基及桩基锚固段地层条件较好的黄土地基,挡土墙高度可较大;也可用于地震区的路堑或路堤支挡或滑坡等特殊地段的治理
抗滑桩	抗滑桩	适用于下滑推力较大、有较好的桩基锚固地层的滑坡及需要预加固的边坡
	锚索抗滑桩	适用于下滑推力较大、滑动面埋深较大、抗滑桩悬臂较长、具有较好的锚索锚固条件和桩基锚固条件的滑坡及需要预加固的特殊边坡
锚固工程	锚索(杆)框架	锚索(杆)可用于老黄土地层中,尽可能锚固到下伏基岩中,锚固力应通过现场拉拔试验核定;框架的尺寸应根据坡面土体的承载力计算确定
	锚索肋板墙	锚索可用于老黄土地层中,尽可能锚固到下伏基岩中,锚固力应通过现场拉拔试验核定

黄土路基支挡工程设计应注意以下事项:

(1) 路基支挡设计时,应对路基边坡进行工程地质勘察,查明其工程性质、不良地质和特殊性岩土的分布,尤其是场地湿陷类型和地基湿陷等级的平面分布情况。

(2) 支挡结构应与桥台、隧道洞门、排水设施、既有支挡结构物和坡面防护形式协调配合,衔接平顺;应做好综合设计。

(3) 黄土地区挡土墙墙背填料宜采用石灰土,石灰土应分层碾压填筑,压实度不宜小于 96%。

(4) 因黄土地层锚固条件有限,宜根据黄土地层参数合理选用锚固工程,硬质岩锚固宜采用拉力型锚索,老黄土及软质岩锚固宜采用分散型、扩孔型锚索。

(5) 黄土路基支挡工程的结构设计、稳定验算等具体内容可以参考现行《建筑边坡工程技术规范》(GB 50330)、《公路路基设计规范》(JTG D30)等相关标准中的内容。

五、路基排水设计

水是黄土地区路基产生病害的主要原因。黄土地区路基,若无完善的排水工程或排水工程设置不当,在长期雨水作用下,往往产生各种病害,如边沟冲刷、坡面冲蚀、边坡滑坍、基底陷穴、地基湿陷等。因此,良好的排水工程是保证黄土路基稳定的首要措施。

(1)黄土地区路基排水最重要的问题是防冲、防渗。排水设计应遵循早接远送、迅速引离、分散径流、降低流速、加固沟渠的原则。

(2)黄土地区路基排水设计应做好排水系统总体设计,使路表排水、中央分隔带排水、坡面排水、路侧排水、地下排水的设施衔接合理,排水畅通,防止积水与下渗,避免发生湿陷导致路基破坏。

(3)由于黄土地区以干旱气候为主,降雨量小,中央分隔带绿化成本高,另外植物浇水下渗容易引起地基湿陷,所以黄土地区中央分隔带排水宜采用铺面封闭式。

(4)黄土地区排水沟渠的长度不宜超过300m,三角形、碟形等宽浅断面的沟渠长度不宜超过150m,沟底纵坡不应小于0.3%。

(5)湿陷性黄土地段的排水沟渠应采用现浇混凝土、浆砌混凝土预制块或浆砌片石铺砌。非湿陷性黄土地段的沟渠,当长度大于100m,纵坡大于或等于表5-12-26所列数值时应铺砌。铺砌层下应设防渗土工织物,应采用将沟底和沟坡全部覆盖的全铺方式;在年平均降水量小于250mm的地区,防渗土工织物应将沟底全部覆盖,沟坡覆盖高度宜为正常水位的1/3~1/2。

沟渠铺砌纵坡值(%) 表5-12-26

黄土分类	年平均降水量(mm)	
	>300	≤300
新黄土	≥0.6	≥1.0
老黄土	≥1.0	≥1.5

(6)湿陷性黄土路段沿线的蒸发池的边缘,距离路基坡脚应不小于25m,并应采取适当的防渗处理措施。蒸发池的边缘应采取护栏围挡等防护措施。

(7)当路界地下水影响路基稳定或强度时,应根据地下水类型、含水层埋藏深度、地层渗透性、地下水对环境的影响,并考虑与地表排水设施协调等,设置渗沟、暗沟、渗井、渗水隧洞或仰斜式排水管等适宜的地下排水设施,拦截、引排含水层的地下水,降低地下水位或疏干坡体内的地下水。

(8)在垭口、腰岘、深路堑、高路堤、滑坡、陷穴等地段,应注意结合水土保持进行综合治理。如用挖鱼鳞坑、水平沟、种草植树等方法对坡面径流进行调治与防护;在冲沟头植树,防冲沟溯源侵蚀危害路基;布设在沟谷的路线,在沟谷中筑坝淤地,并保护路基坡脚不受水的冲刷破坏;还有作护坡埂、涝池、水窖等,这些措施在公路上都已收到良好的效果。

第四节 黄土地基处理

一、换填垫层法

1. 适用范围

换填垫层法可用于处理厚度3m以内的湿陷性黄土地基。高速公路、一级公路宜采用石灰土垫层,二级及二级以下公路可采用石灰土垫层或素土垫层。当地基土的塑性指数小于7时,可采用水泥土垫层。

2. 设计与施工要点

(1)高速公路、一级公路当采用石灰土垫层的厚度大于1.5m时,可采用上下垫层法,即下部和上部各0.5m范围采用石灰土垫层,中间采用素土垫层;二级及二级以下公路,当素土垫层厚度大于2m,且含水率大于或接近最佳含水率时,垫层底部应设置0.5m厚的石灰土垫层。

(2)换填垫层用作小型构造物的基础时,垫层的厚度宜根据构造物的要求确定,并符合式(5-12-9)~式(5-12-11)的要求:

$$p_z + p_{cz} \leqslant f_{ak} \quad (5\text{-}12\text{-}9)$$

$$p_z = \frac{b(p_k - p_c)}{b + 2z\tan\theta} \quad (\text{条形基础}) \quad (5\text{-}12\text{-}10)$$

$$p_z = \frac{bl(p_k - p_c)}{(b + 2z\tan\theta)(l + 2z\tan\theta)} \quad (\text{矩形基础}) \quad (5\text{-}12\text{-}11)$$

式中:p_z——相应于荷载效应标准组合时,垫层底面处的附加压力(kPa);

p_{cz}——垫层底面土的自重压力(kPa);

f_{ak}——垫层底面经深度修正后的地基承载力特征值(kPa);

b——矩形基础或条形基础底面的宽度(m);

l——矩形基础底面的长度(m);

p_k——相应于荷载效应标准组合时,基础底面的平均压力(kPa);

p_c——基础底面土的自重压力(kPa);

z——基础底面下垫层的厚度(m);

θ——垫层的压力扩散角(°),石灰土垫层可取28°。

(3)垫层底面的宽度b'应满足基础底面压力扩散的要求,可按式(5-12-12)确定:

$$b' \geqslant b + 2z\tan\theta \quad (5\text{-}12\text{-}12)$$

(4)垫层的承载力宜通过现场荷载试验确定,并应进行下卧层承载力的验算。

(5)石灰土垫层的石灰剂量,其质量比对消石灰宜为8%,对磨细生石灰宜为6%。土料宜采用塑性指数7~15的黏质土,不应含有有机质,土块粒径不宜大于15mm。石灰中$CaO + MgO$含量不应低于55%,宜采用Ⅲ级钙质消石灰或Ⅱ级镁质消石灰。

(6)水泥土垫层的水泥剂量,其质量比宜为4%~5%,宜选用强度等级为32.5级的普通硅酸盐水泥。

(7)素土垫层的土料中有机质含量不应超过5%,不应夹有砖块、瓦砾和石块。

(8)垫层施工前应先施作排水设施,施工现场应防止积水。当垫层底部存在洞穴或旧基础时,应挖除后用石灰土分层填实。

(9)垫层分层摊铺碾压的厚度不宜大于0.3m,每层压实遍数宜通过试验确定。

(10)垫层验收合格后,应及时填筑路堤或作临时遮盖,防止日晒雨淋。

二、冲击碾压法

1. 适用范围

冲击碾压法可用于处理湿陷性等级为Ⅰ~Ⅱ级非自重湿陷性黄土地基,以及零填及高度小于4m路堤下的Ⅱ级自重湿陷性黄土地基。地基土的含水率宜为10%~22%。对湿陷性黄土的有效处理深度一般不大于1.5m,宜为0.5~1.0m。

2.设计与施工要点

(1)冲击碾压法的有效加固深度可以根据式(5-12-13)估算。

$$D = \alpha \sqrt{\frac{mgh}{10}} \qquad (5\text{-}12\text{-}13)$$

式中:D——有效加固深度(m);

m——冲击轮的质量(t);

g——重力加速度常数(9.81m/s²);

h——冲击轮外半径与内半径之差(m);

α——修正系数,可取0.7。

(2)设计应查明冲压范围内的各种构造物,并应根据构造物的类型制定相应的保护措施,且不应小于表5-12-27规定的最小水平安全距离。

冲击碾压最小水平安全距离　　　　表5-12-27

构造物类型	冲压最小水平安全距离(m)
U形桥台和涵洞通道	5(距桥台翼墙端或涵洞通道)
其余类型桥台	10
重力式挡墙	2(距墙背内侧)
扶壁(悬壁)式挡墙	2.5[距扶(立)壁内侧]
导线点、水准点、电线杆	10
互通式立交桥梁	10
房屋建筑	30

对不符合表5-12-27安全距离要求但又需施工的路段,可采取下列措施:

①开挖宽0.5m深1.5m左右的隔振沟进行隔振。

②降低冲击压路机的行驶速度,增加冲压遍数。

(3)冲击碾压施工前应选择代表性路段进行碾压试验,确定冲击压路机型号、施工工艺参数、质量检验方法与标准,试验路段的直线段长度不宜小于200m。

(4)冲击碾压处理湿陷性黄土地基施工应符合下列规定。

①冲击碾压前应先用平地机将原地面大致整平,再用钢轮压路机静压或振压将地表适当压实。

②冲击碾压宜采用排压法,纵横向轮迹交错,纵向相错1/6轮轴距,横向轴缘相互重叠20~30cm。

③冲击碾压处理的最短施工长度不应小于100m,场地宽度应满足保证冲击碾压速度的要求。

④地基土的天然含水率应控制为最佳含水率±3%,天然含水率较高时应在晾晒后冲压,天然含水率较低时应补充洒水后冲压。

⑤冲压过程中应对沉降值、压实度、湿陷系数进行测试,及时掌握压实效果。

⑥冲击碾压工序完成后,应采用平地机进行初步整平,再用钢轮压路机振动碾压1~2遍,

进行压实收光。

⑦冲击压路机的行驶速度一般为 10～13km/h。

三、强夯法

1. 适用范围

强夯法可用于处理各等级的湿陷性黄土地基。适宜处理厚度 3～6m，一般不超过 8m。

2. 设计与施工要点

(1)强夯法的有效加固处理深度应根据试夯测试结果确定，当初步设计缺少资料时，可按表 5-12-28 中所列的单击夯击能估算。在有效加固深度内，处理完成后黄土的湿陷系数应小于 0.015。

强夯法的有效加固深度(m) 表 5-12-28

单击夯击能(kN·m)	全新世(Q_4)黄土、晚更新世(Q_3)黄土	中更新世(Q_2)黄土
1000～2000	3.0～5.0	—
2000～3000	5.0～6.0	—
3000～4000	6.0～7.0	—
4000～5000	7.0～8.0	—
5000～6000	8.0～9.0	7.0～8.0
7000～8500	9.0～12.0	8.0～10.0

注：1. 同一栏内，单击夯击能小的取小值，单击夯击能大的取大值。
2. 强夯法的有效加固深度从最初起夯面算起。

(2)强夯距周围房屋建筑的最小水平安全距离，应满足表 5-12-29 的要求，若施工场地受限满足不了此要求时，应在需要减振的方向开挖减振沟，减振沟深度不小于 2m。

强夯施工最小水平安全距离参考值 表 5-12-29

强夯能级(kN·m)	最小水平安全距离(m)
1000～2000	40
3000	50
4000	60

(3)强夯处理地基土的含水率宜在 10%～24% 之间，且宜低于塑限含水率 1%～3%，当含水率过高或过低时，可采取下列处理措施：

①含水率小于 10% 时，可采用洛阳铲成孔注水润湿土体，待 3～7d 后进行施工。

②当含水率大于 24% 或大于塑限含水率 3% 以上时，可通过晾晒待含水率降低后再行施工。

(4)强夯施工前应在代表性路段选取试夯区进行试夯，确定夯击方案、单击夯击能、夯击次数、夯击遍数、间歇时间等参数。每个试夯区场地面积不应小于 500m²。

(5)强夯施工应符合下列规定。

①夯点宜按正方形或等边三角形布置，夯点中心距可取夯锤直径的 1.2～2.0 倍。

②强夯宜分为主夯、副夯、满夯三遍实施。第一遍主夯完成后，第二遍的副夯点应在主夯点中间穿插布置；副夯点与主夯点的布置间距及夯击能级应相同。满夯夯点应采用彼此搭接

1/4连续夯击;满夯能级可采用主夯能级的1/3~1/2。

③两遍夯击之间宜有一定的时间间歇,间歇时间根据试夯结果确定。

④强夯夯点的夯击次数,应按试夯得到的夯击次数和夯沉量关系曲线确定,并应满足下列要求:

a. 当单击夯击能小于2000kN·m时,最后两击的平均夯沉量不宜大于50mm;当单击夯击能为2000~4000kN·m时,最后两击的平均夯沉量不宜大于100mm;当单击夯能大于4000kN·m时,最后两击的平均夯沉量不宜大于200mm。最后一击的夯沉量应小于上一击的夯沉量;

b. 夯坑周围地面不应发生过大的隆起;

c. 夯坑不应过深而造成提锤困难。

四、挤密桩法

1.适用范围

挤密桩法可用于处理湿陷等级为Ⅱ级及Ⅱ级以上的自重湿陷性黄土地基,适宜处理的湿陷性黄土层厚度宜为5~12m,不宜超过15m。宜在下列情况下采用。

(1)桥台及锥坡、高挡墙(高度≥6m)基底湿陷性黄土地基。

(2)采用强夯法对附近房屋建筑、构造物或其他设施造成影响,且不便采取减(隔)振措施。

(3)路线处于黄土冲沟,强夯等大型机械作业困难或强夯施工对自然边坡稳定性构成威胁。

(4)高速公路、一级公路的湿陷性黄土地基处理宜采用石灰土挤密桩或干拌水泥碎石挤密桩;其他等级的公路可采用石灰土挤密桩或素土挤密桩。

2.设计与施工要点

(1)挤密桩的处理宽度应满足本章第三节地基处理原则中的规定外,其宽度范围应按图5-12-8所示计算,即宽度以最外一排桩再向外加上半个桩径为界。图中d为桩径,w为处理范围超出路堤坡脚的宽度。

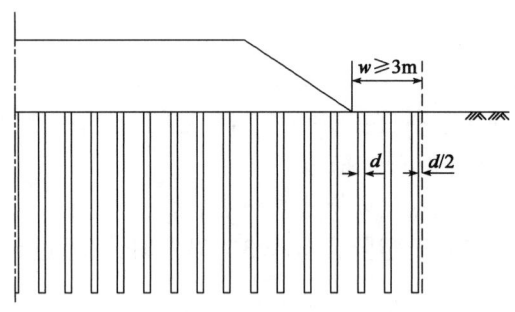

图5-12-8 挤密桩布置范围示意图

(2)挤密桩的中心间距S,应按桩间土得到有效挤密的原则确定,可按式(5-12-14)估算,宜为桩孔直径的2.0~2.5倍。

$$S = \beta \sqrt{\frac{\bar{\rho}_{dc}D^2 - \bar{\rho}_{d0}d^2}{\bar{\rho}_{dc} - \bar{\rho}_{d0}}} \qquad (5\text{-}12\text{-}14)$$

$$\overline{\rho}_{dc} = \overline{\eta}_c \rho_{dmax} \tag{5-12-15}$$

式中：D——挤密填料孔直径(m)；

d——预钻孔直径(m)，无预钻孔时取0；

β——桩位在平面上呈正三角形布置时 $\beta = 0.952$；呈正方形布置时 $\beta = 0.886$；

$\overline{\rho}_{d0}$——处理前地基土受力层范围内，各层土的干密度按厚度加权计算的平均值(g/cm^3)；

$\overline{\rho}_{dc}$——桩间土挤密后的平均干密度(g/cm^3)；

ρ_{dmax}——桩间土的最大干密度(g/cm^3)，由室内重型击实试验确定；

$\overline{\eta}_c$——桩间土挤密后的平均挤密系数，不宜小于0.90。

(3) 当挤密处理深度在12m之内时，不宜预钻孔，挤密孔直径宜为0.35～0.45m；当挤密处理深度超过12m时，可预钻孔，预钻孔直径宜为0.25～0.30m，夯扩挤密后成桩的直径宜为0.50～0.60m。干拌水泥碎石挤密桩的成桩直径不宜大于0.30m。

(4) 挤密桩的桩顶，应设置一层厚度0.3～0.5m的石灰土垫层，掺灰量宜为6%～8%。

(5) 当地基土的含水率低于12%，或土质坚硬成孔挤密困难，影响挤密效果时，可对处理范围内的土层采取预浸水增湿措施。

(6) 挤密桩施工前应进行成桩工艺和成桩挤密效果试验，孔底在填料前必须夯实。孔内填料宜用素土或灰土，必要时可用强度高的填料如水泥土等。

(7) 沉管法成孔施工应符合下列规定：

①桩管宜选用壁厚不小于10mm的钢管，应在管壁上每隔0.5m设置清晰的观测入土深度的标识。

②沉管初始阶段，宜采用低锤轻击，当桩管沉入深度超过1m，方向垂直且稳定后再加大落距，直至桩管下沉到设计的深度。

③成孔后应检测成孔的直径、深度是否符合设计要求，如发现缩径等问题时，应及时采取措施处理。

(8) 预钻孔法成孔施工应符合下列规定：

①钻孔机械可采用螺旋钻、机动洛阳铲、钻斗等，钻杆上应有明显的深度标识。

②钻进过程中，当出现钻杆跳动、机架明显晃动或无法进尺等异常情况时，应停机检查是否遇到石块、砖砌体等地下障碍物，在排除障碍物之后再继续施工。

③钻进到达设计深度后，应保持在该深度处空转清土，然后停止回转，提升钻杆至孔外卸土。采用钻斗钻机时，到达设计深度后即可停钻，直接提升钻杆至孔外卸土。

(9) 桩孔夯填施工应符合下列规定：

①石灰土挤密桩桩孔内所填石灰土掺灰量宜为10%～12%，石灰应采用消石灰，不得采用生石灰。石灰中 $CaO + MgO$ 含量不应低于55%，宜采用Ⅲ级钙质消石灰或Ⅱ级镁质消石灰。

②干拌水泥碎石挤密桩桩孔内所填水泥碎石的配合比宜为水泥:石屑:碎石 = 1.0:2.6:3.3。水泥宜采用P.O42.5R；石屑粒径宜为0～5mm；碎石粒径宜为5～20mm，其含泥量不应大于5%。

③素土挤密桩桩孔内所填土料宜采用塑性指数7～15的黏质土，土料中有机质含量不应超过5%，亦不应夹有砖块、瓦砾和石块。

④沉管法成孔回填的夯实机具宜采用锤重0.2t以上的夯锤，分层夯填之后的桩体压实度

不宜小于93%；预钻孔法成孔夯扩回填的夯实机应采用锤重1.0t以上的夯锤,分层夯填之后的桩体压实度不宜小于93%,夯扩后的桩径应达到设计要求。

⑤开始填料前,应将孔底夯实。

⑥填料应严格按照规定的数量对称均衡地填入桩孔,并按规定的落距进行夯击,待夯击达到规定的次数后,方可进行下一层填料。不得边填料、边夯击施工。

五、桩基础法

1. 适用范围

桩基础法适用于人工构造物基底湿陷性黄土层处理,对地基受水浸湿可能性大的桥头路堤段亦可采用。桩体应穿过全部湿陷性黄土层,桩尖应位于坚实的非湿陷性土层中。具体可选用桩的种类见表5-12-30。

桩基础的桩类选择　　　　　　　　　　表5-12-30

序号	桩 类	桩径(扩底端)(mm)	非自重湿陷性黄土	自重湿陷性黄土	备 注
1	长螺旋钻孔灌注桩	300~800	○	△	非挤土成桩干作业
2	短螺旋钻孔灌注桩	300~800	○	×	
3	钻孔扩底灌注桩	300~600(800~1200)	○	△	
4	机动洛阳铲成孔灌注桩	300~500	○	△	
5	人工挖孔扩底灌注桩	800~2000(1600~3000)	○	○	
6	反循环钻成孔灌注桩	600~1200	○	○	非挤土成桩泥浆护壁
7	正循环钻成孔灌注桩	600~1200	○	○	
8	旋挖成孔灌注桩	600~1200	○	○	
9	钻孔扩底灌注桩	600~1200(1000~1600)	○	○	
10	长螺旋钻孔压灌桩	300~800	○	○	部分挤土成桩灌注桩
11	钻孔挤扩多支盘桩	700~900(1200~1600)	○	○	
12	预钻孔打入式预制桩	500	○	○	部分挤土成桩预制桩
13	静压混凝土(预应力混凝土)敞口管桩	800	○	○	
14	敞口钢管桩	600~900	○	○	
15	内夯沉管灌注桩	325、377(460~700)	○	○	挤土成桩灌注桩
16	打入式混凝土预制桩	500×500	○	○	挤土成桩预制桩
17	闭口钢管桩、混凝土管桩	1000	○	○	
18	静压桩	1000	○	△	

注：表中符号○表示比较合适；△表示有可能采用；×表示不宜采用。

2. 设计与施工要点

(1) 桩基础的单桩竖向承载力特征值 R_a，应在现场通过单桩竖向承载力静荷载浸水试验测定的结果确定，当试验有困难时，可按式(5-12-16)估算。

$$R_a = q_{pa}A_p + uq_{sa}(l-Z) - u\bar{q}_{sa}Z \qquad (5-12-16)$$

式中：q_{pa}——桩端土的承载力特征值(kPa)，应按饱和状态下的土性指标确定；

A_p——桩端横截面面积(m^2)，对扩底桩，取扩底截面面积；

u——桩身周长(m)；

q_{sa}——桩周土的平均摩阻力特征值(kPa)，应按饱和状态下的土性指标确定；

$\bar{q}_{sa}$——桩周土的平均负摩阻力特征值(kPa)，可按5m桩长范围考虑；

l——桩身总长度(m)；

Z——自重湿陷性黄土层中的桩身长度(m)。

桩周土的平均负摩阻力特征值应由现场单桩竖向承载力静载荷浸水试验测定，当试验有困难时，可按表5-12-31中的数值估算。

桩周土平均负摩阻力特征值　　　　表5-12-31

自重湿陷量的计算值(mm)	钻孔灌注桩、挖孔灌注桩(kPa)	预制桩(kPa)
70~200	10	15
>200	15	20

对自重湿陷量的计算值小于50mm的非自重湿陷性黄土场地，单桩竖向承载力的计算应计入湿陷性黄土层内全桩长范围的桩侧正摩阻力。

可采用以下措施减小湿陷性黄土层中的桩侧负摩阻力：

①在自重湿陷性黄土层中，采用非挤土桩，如钻孔灌注桩、人工挖孔灌注桩。

②对位于中性点以上的桩侧表面进行处理，如涂沥青。

③设置灰土垫层置换桩头端0.5~1.0m湿陷性黄土。

(2) 位于陇西地区、陇东—陕北—晋西地区的自重湿陷性黄土场地，桩的纵向钢筋长度应沿桩身通长配置；其他地区的自重湿陷性黄土场地，桩的纵向钢筋长度不应小于自重湿陷性黄土层的厚度。

(3) 路堤下的桩基应按复合地基设计，并应符合下列规定：

①单桩可按正方形或等边三角形布置，桩间距宜为4~5倍的桩径；采用扩底灌注桩时，桩间距宜为1.5~1.8倍的扩大头直径。横向布置宽度应保证路堤坡脚外至少一根桩。

②桩顶宜设置圆形或正方形桩帽。桩帽直径或边长宜为1.0~1.5m，厚度宜为0.3~0.4m，宜采用C20~C30水泥混凝土现场浇筑而成。桩顶进入桩帽长度不宜小于50mm。

③桩帽顶应设置一层厚度0.3~0.5m的加筋石灰土垫层，掺灰量宜为6%~8%；加筋体采用上、下2层双向土工格栅，应变5%时土工格栅的双向拉伸强度不宜低于80kN/m。

④桩顶石灰土垫层内土工格栅铺设时应人工拉紧，端头应固定或回折锚固。土工格栅宜采用搭接法连接，横向搭接宽度不应小于50mm，纵向搭接宽度不应小于200mm；搭接处采用聚乙烯扎扣或铁丝绑扎，绑扎点间距不应超过200mm。

⑤土工格栅铺设后应及时上石灰土覆盖，上料间隔时间不得超过48h。宜采用后卸式载

货汽车沿土工格栅两侧边缘倾卸上料的方式,待形成上料的交通便道之后,再向前推进。

六、黄土陷穴处理

1. 黄土陷穴的成因及类型

黄土经水的冲蚀与溶蚀,形成的暗沟、暗洞、暗穴等统称陷穴。黄土陷穴一般可分为漏斗状、竖井状、串珠状及暗穴四类,见表5-12-32。

黄土陷穴类型　　　　表5-12-32

编 号	陷穴类型	说 明
1	漏斗状陷穴	由于坡面径流汇集,水沿节理下渗、潜蚀而成,多产生在台地边缘及谷坡附近
2	竖井状陷穴	水沿节理下渗潜蚀而成,形如水井,口径不大,深可达20多米,产生在阶地的边缘径流汇集处
3	串珠状陷穴	水沿沟床下渗、潜蚀使管道不断扩大而成,多沿沟床分布,一般产生在沟床的变坡处
4	暗穴	地下陷穴逐渐发展形成通道,表面呈封闭状

2. 黄土陷穴处理方法

危及路基安全的黄土陷穴,可根据其埋藏深度和大小选用表5-12-33的方法处理。

黄土陷穴处理方法　　　　表5-12-33

处理方法	回填夯实	明挖回填夯实	开挖导洞或竖井回填夯实	注浆或爆破回填	灌 砂
适用条件	明陷穴	陷穴埋藏深度小于或等于3m	陷穴埋藏深度大于3m、小于或等于6m	陷穴埋藏深度大于6m	陷穴埋藏深度小于或等于3m、直径小于或等于2m、洞身较直

注:1. 回填夯实的压实度应达到95%以上。
　　2. 采用灌砂法处理时,在距离地表0.5m范围应采用6%~8%石灰土回填,以防地表水下渗。

3. 黄土陷穴处理范围

(1)处理宽度

黄土陷穴的处理宽度,宜控制在路堤或路堑边坡上侧80m、下侧50m范围。对发展方向指向路基基底的陷穴应及早处理。

(2)处理深度

黄土陷穴的处理深度,可以参照式(5-12-17)计算,该公式是假定作用在洞穴顶部破裂拱以上的地层,能形成一承载拱来支持其自重和上部的均布荷载而导出的该方法的计算示意图见图5-12-9。

$$H \geqslant h_1 + \frac{v \pm \sqrt{v^2 + 4\mu\omega}}{2\mu} \tag{5-12-17}$$

其中,h_1 为破裂拱矢高,$h_1 = \frac{a'}{f_{kp}}$;$v、\mu、\omega$ 为中间过程参数,无明确物理含义,3个参数计算式如下:$v = \gamma l(\frac{l}{7} + h' f_{kp})$,$\mu = [\sigma_h] - \gamma l f_{kp}$,$\omega = \frac{3}{70} \cdot \frac{\gamma l^3}{f_{kp}}$;$l$ 为承载拱轴线跨度的一半,$l = a' + \frac{H}{2} \tan(90° - \beta)$(m);$a'$ 为破裂拱跨度的一半,$a' = \mu + h \tan(90° - \varphi)$(m);$h'$ 为均布荷载(q)换算

高度，$h' = \frac{q}{\gamma}$ (m)；β 为影响角，$\beta = 45° + \frac{\varphi}{2}$；$\gamma$ 为土的重度（kN/m³）；f_{kp} 为土的强度系数，松散黄土等于 0.8；$[\sigma_h]$ 为 h 深度下土的容许承载力（kPa）。

计算时采用试算法，先假设 H 值，求出 l 值，然后按已知数代入公式求 H 值。如求出的 H 值与假设的 H 值接近（差数不超过 5%），即为所求之值，否则，应重新假设 H 值再试算。

设计时采用的处理深度尚需考虑一安全系数 K（$K = 1.2 \sim 1.5$），将公式求得的处理深度乘以 K，即为安全处理深度。

表 5-12-34 所列陷穴处理深度，是根据黄土的一般力学指标，按式（5-12-13）求得的数值，可供参考。

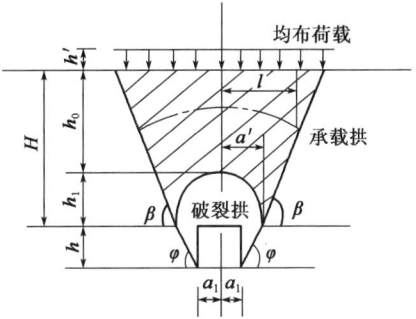

图 5-12-9 黄土陷穴处理深度计算图

黄土陷穴处理深度参考值 表 5-12-34

黄土的力学指标				下列陷穴尺寸的处理深度（mm）		
γ（kN/m³）	φ（°）	f_{kp}	$[\sigma_h]$（kPa）	$a_1 = 0.5$ $h = 1.5$	$a_1 = 1.0$ $h = 2.5$	$a_1 = 1.5$ $h = 3.5$
16.0	30	0.8	200	7.0	15.0	25.0
16.0	35	0.8	250	5.5	10.0	16.0

4. 黄土陷穴预防措施

(1) 对流向陷穴的地表水，采取拦截引排措施。
(2) 对路堑顶的裂缝和积水洼地，填平夯实，防止雨水下渗。
(3) 对斜坡上的路堤，做好上侧的排水工程，并填平夯实积水洼地。
(4) 夯实表面土层，或覆盖不透水黏土，或在坡面植树植草。

第五节 黄土路基施工监测

对于高路堤填筑、深路堑开挖、抗滑桩工程、锚固工程应进行施工监测。施工监测应能达到以下基本目的。

(1) 评价路基边坡的稳定性，提供预报数据，跟踪和控制施工进度。
(2) 在可能发生险情时提供报警值，调整有关施工工艺和步骤，做好信息化施工。
(3) 检验加固工程的安全性、可靠性以及对边坡加固的有效性。
(4) 为有关位移反分析计算及数值模拟计算提供土体特征参数。

1. 高路堤填筑监测

高路堤填筑变形监测应在路中、路肩、坡脚位置的地基上埋设接杆式沉降板或无线接收式沉降标观测地基沉降量，同时随着逐级填筑，在各级平台上埋设位移监测桩监测路堤稳定性。

2. 深路堑开挖变形监测

深路堑开挖变形监测宜采用以下方式：

(1)边坡开挖过程中定期巡视检查,巡视范围应在路堑坡口线以外不小于50m,主要工作内容如下:

①检查地面有无裂缝,并对发现的裂缝记录其深度、宽度、连通性、充水状况等发展变化情况,分析论证其对边坡稳定状况的影响。

②观察记录坡面的岩层产状、节理发育状况及地下水出露情况。当出现结构面组合不利于边坡稳定,地下水涌出等情况时,应对边坡稳定状况进行分析。

③检查边坡是否出现裂缝、是否出现掉渣或掉块现象,表面有无隆起或下陷等,据此分析边坡稳定状况。

(2)进行边坡水平位移和垂直位移监测,应在路堑坡口线以外10m范围内埋设位移监测桩(2~3个),同时随着逐级开挖,在各级平台上埋设位移监测桩。通过对观测数据的整理、分析,判断高边坡的稳定状况。

(3)进行深层变形监测,在边坡内部通过钻孔安装布设测斜仪、多点位移计、滑动测微计等,监测边坡内部变形情况,分析、判定可能的滑裂面位置。

3. 抗滑桩受力与位移检测

抗滑桩受力与位移监测主要包括以下内容:

(1)在桩前、桩后布设土压力盒进行应力观测。桩前土压力盒布设在滑动面以下,桩后土压力盒应布设在滑动面以上;土压力盒上下布设间距3m左右。

(2)在桩身内布设测斜管进行位移监测,结合土压力观测结果,分析边坡变形发展趋势。同时,根据抗滑桩的位移反算其受力,并与设计值比较,掌握其安全性并及时预报可能发生的危险。

4. 边坡锚固工程支护效应监测

采用锚杆应力计及钢筋计监测。

5. 施工监测周期与观测频率

施工监测周期与观测频率应符合下列规定:

(1)高路堤填筑和深路堑开挖的监测周期应自路基施工前开始,路面铺筑完成后结束。

(2)路堤填筑期间,每填筑一层应观测一次;路堤填高超过极限高度之后,应每天观测一次。休工期,第一个月应每三天观测一次,一个月后可每月观测一次。

(3)边坡开挖期间应每天观测一次;暴雨和连续降雨期间应每天观测三次;边坡刷方和防护措施全部结束后3个月内,可每周观测一次。

(4)抗滑桩受力与位移监测、边坡锚固工程支护效应监测应自锚固工程施工之后开始,路面铺筑完成后结束。可每周观测一次;暴雨和连续降雨期间应每天观测一次。

第十三章 盐渍土地区路基

第一节 概 述

盐渍土是指含盐超过一定数量的土,广义理解是指盐土和碱土,以及不同盐化、碱化土壤的统称。盐渍土既具有一般土的共性,又是一种由于盐胶结而具有特殊性质的多相复杂体系。三相组成与一般土有所不同,液相中含有盐溶液,固相中含有结晶盐。固相结晶盐和液相盐溶液的相互转化导致盐渍土工程性质的复杂多变,与其他土类相比较,其最大的特点就是在水、热、力学方面的不稳定性。

一、盐渍土的分布

盐渍土在世界各地均有分布。在欧洲的法国、西班牙、意大利、匈牙利、罗马尼亚均有盐渍土存在。在美洲的加拿大、墨西哥、阿根廷、智利和秘鲁的某些地区,也有盐渍土;美国的盐渍土主要集中在加利福尼亚等西部地区。非洲的盐渍土主要分布在南非、东非和北非,特别是尼罗河三角洲一带,面积相当广泛。盐渍土在亚洲和中东地区分布也很广泛,主要分布在蒙古、印度、巴基斯坦、土耳其、伊朗、伊拉克、叙利亚、科威特、沙特阿拉伯等国。盐渍土在苏联的分布面积约为 75 万 km^2 之多。

盐渍土在中国也有较大范围的分布,主要集中在西北干旱区、华北和东部沿海地区。从地理分布区域看可分为沿海盐渍土区和内陆盐渍土区两大区。滨海盐渍土区北自辽东半岛,南至广西、广东、海南和台湾西海岸及南海诸群岛的滨海地带,内陆盐渍土区范围大致沿淮河—颖河—秦岭—西倾山—积石山—巴颜喀拉山—唐古拉山—喜马拉雅山一线以北广袤的半干旱、干旱地区及荒漠地带。其中内陆盐渍土又可以分为半湿润、半干旱盐渍土区和干旱、过干旱盐渍土区两个亚区。半湿润、半干旱盐渍土亚区,主要分布在松辽平原以西的东北西部、内蒙古东部和黄河以北的黄土高原地区靠近河道平原的低洼以及灌区附近。干旱、过干旱盐渍土亚区,较广泛地分布在我国西部新疆、青海、宁夏、甘肃北部和内蒙古中西部、西藏北部的山前洪积扇、冲积扇、扇缘绿洲、灌区附近和湖盆洼地等。由于气候干旱,蒸发强烈,地形封闭,有利于盐分的积聚,这一亚区面积最大,盐渍化类型多种多样,盐渍化程度差异悬殊,是防治公路盐渍化危害的重点区域。

由于各地自然条件的差异性,使盐分在积聚程度和组成上有较大差异。

滨海盐渍土,表层含盐量一般在 1%～4%,但华南一带因有淋溶作用强烈,含盐量较低,很少超过 0.2%,而且盐分以氯盐、亚硫酸盐为主;华北、东北一带淋溶作用相对较弱,土层盐分淋失较少,所以含盐量较高,可达 3%以上,盐分以氯盐为主。沿海盐渍土多数是由于海水的浸渍和海岸的退移而形成的。这类盐渍土的特点主要是平行于海岸大致呈带状分布,并且以氯盐渍土居多。

内陆盐渍土分布面积广,含盐量高,类型繁多,成分复杂。其含盐量一般高达10% ~ 20%,甚至超过50%,尤其青海柴达木盆地、新疆塔里木盆地的盐渍土为最高,而且地表常结成几厘米至几十厘米厚度不等的盐壳。内陆盐渍土的盐分以氯盐、亚氯盐、亚硫酸盐为主。

盐渍土在青海、新疆、内蒙古、甘肃、宁夏等西北省区的分布较广,约占盐渍土分布地区面积的60%。另外陕西、辽宁、吉林、黑龙江、河北、河南、山东、江苏等也有零星分布,在甘肃、宁夏、青海和新疆内陆盆地还分布有面积大小不同的干涸盐湖。依据《中国1:100万土地资源图》土地资源数据集,中国盐渍土面积为 $3630.53 \times 10^4 hm^2$,占全国可利用土地4.88%,陕、甘、宁、青、蒙、新六省区共有盐渍土 $2506.33 \times 10^4 hm^2$,占六省区可利用土地面积9.4%,占全国盐渍土面积69.03%。其中新疆盐渍土面积最大,占可利用土地面积19.75%,占全国盐渍土总面积36.8%。其次是内蒙古、青海、甘肃和宁夏。

二、盐渍土的工程分类和基本工程性质

盐渍土因其分布范围甚广,类型繁多,加之盐渍土的形成过程也各异,所以不同部门按各自的需要对盐渍土的分类标准也各不相同。目前,在工程上对盐渍土的评判和分类基本有三类:按含盐的性质分类、按盐的溶解度分类、按盐的含量分类。

在工程中,盐渍土按含盐的性质可分为氯盐渍土、亚氯盐渍土、亚硫酸盐渍土、硫酸盐渍土、碳酸盐渍土等几种;按盐的溶解度可分为易溶盐、中溶盐和难溶盐;按盐的含量可分为弱、中、强、过盐渍土。在盐渍土的形成过程中,易溶盐是最活跃、最易变的部分,因此盐渍土中易溶盐对工程性质影响最大,因此盐渍土的工程分类针对的是易溶盐。

公路工程中根据氯离子、硫酸根离子、碳酸根离子和碳酸氢根离子的含量比值进行了含盐性质的划分,具体见表5-13-1。

盐渍土按含盐性质分类 表5-13-1

盐渍土名称	离子含量比值	
	Cl^- / SO_4^{2-}	$CO_3^{2-} + HCO_3^- / Cl^- + SO_4^{2-}$
氯盐渍土	>2	—
亚氯盐渍土	1~2	—
亚硫酸盐渍土	0.3~<1.0	—
硫酸盐渍土	<0.3	—
碳酸盐渍土	—	>0.3

注:离子含量以1kg土中离子的毫摩尔数计(mmol/kg)。

土体中常见的易溶盐主要是氯盐和硫酸盐两类,碳酸盐因受气压、温度影响,极易分解、沉淀,只在地表水或地下水补给源头较短距离范围内常见。由于在盐渍土地区土体中含量基微一般可忽略,故盐渍土的公路工程分类按氯盐和硫酸进行。盐渍土的公路工程分类按盐渍化程度,按细粒土和粗粒土划分,具体见表5-13-2。

盐渍土按盐渍化程度分类 表 5-13-2

盐渍土名称	细粒土 土层的平均含盐量(以质量百分数计)		粗粒土 通过1mm筛孔土的平均含盐量(以质量百分数计)	
	氯盐土 及亚氯盐渍土	硫酸盐渍土 及亚硫酸盐渍土	氯盐土 及亚氯盐渍土	硫酸盐渍土 及亚硫酸盐渍土
弱盐渍土	0.3~<1.0	0.3~<0.5	2.0~<5.0	0.5~<1.5
中盐渍土	1.0~<5.0	0.5~<2.0	5.0~<8.0	1.5~<3.0
强盐渍土	5.0~8.0	2.0~5.0	8.0~10.0	3.0~6.0
过盐渍土	>8.0	>5.0	>10.0	>6.0

注：离子含量以100g干土内的含盐总量计。

盐渍土的工程性质随易溶盐的种类和含盐量的大小而变化,也随水温条件的改变而变化。其基本的工程性质见表 5-13-3。

盐渍土的工程性质 表 5-13-3

盐性	基本工程性质			
	密度	液、塑限	强度与水稳性	盐胀与膨胀
氯盐渍土	湿化后密度降低,当含盐量超过5%~8%时,密度下降显著	液、塑限随含盐量的增大而减小,最佳含水率亦随含盐量的增加而降低,需在较低含水率情况下有效压实	在潮湿状况下,强度随含盐量的增加而降低,湿化作用相同时,比非盐渍土能更快和更大地丧失其稳定性；干燥状态时,有黏固性,盐渍土的强度高于非盐渍土	盐分结晶时,体积不变化,不产生盐胀作用
硫酸盐渍土	密度随含盐量的增加而降低,当含盐量大于0.5%时土体可出现松胀,大于1.2%松胀显著增加,同时密度显著下降	随含盐量的增加而增大,压实需要较大含水率	潮湿状况下,强度随盐量的增加而降低；干燥时,盐分对土的黏固性作用很小	体积随温度显著变化,盐胀作用严重,造成土体表层结构破坏和疏松
碳酸盐渍土	密度随含盐量的增加而降低,当含盐量超过5%时,密度显著下降	随含盐量的增加而增大,压实需要较大含水率	潮湿状况下,薄膜水和钠离子所引起的交换作用最厉害,强度下降最显著；在干燥状态时,黏固性大	受水后,膨胀作用最严重,能增加黏土的塑性和黏附性,渗透系数表小

三、盐渍土带来的主要公路工程问题

盐渍土地区的公路工程建设,在盐渍土的作用下,产生盐胀、溶陷、腐蚀等问题,引起的路面起伏、开裂,路基沉陷、变形,结构物腐蚀等病害。盐渍土带来的主要公路工程病害、破坏形式和机理如下。

（1）盐胀

含有一定硫酸盐的土体在温度降低过程中,溶解度下降,土体溶液中的硫酸盐结合一定的水分子结晶析出,体积膨胀,从而带来盐胀。土中含有的硫酸钠是土体盐胀的主要盐类。降温时由无水硫酸钠变成含水硫酸钠 $Na_2SO_4 \cdot 10H_2O$,体积胀量增大约 3.1 倍。而其他硫酸盐也

存在吸水结晶体积膨胀效应,但体积胀量相对较小,如硫酸镁 $MgSO_4 \cdot 7H_2O$ 胀量增大1.56倍。

公路盐胀的主要表现和破坏形式有:

含盐的公路路基受盐胀作用,尤其是在多个冻融循环的反复盐胀作用下,可引起路基整体强度和稳定性下降,致使路基土体的结构遭到破坏,产生不均匀沉陷,路面形成波浪、鼓包,使路面平整度严重下降甚至开裂。一旦路面开裂,随着雨、雪水沿裂缝下渗,加速加重路基盐胀和沉陷病害及路面破坏。

(2)溶陷

受水浸泡或渗流影响,盐渍土中盐分溶解或溶解后被水带走,使土体结构破坏、空隙率增大,在土体自重和外部荷载的作用下产生溶陷变形。溶陷严重时在土体中形成孔洞,带来地基沉陷。

公路溶陷的主要表现和破坏形式有:

高含盐量的地基土,所含盐分受水作用溶解,形成雨沟、洞穴,带来地基的沉陷、坍陷等。

当路基中含水率增加时,可使土中一部分盐被溶解,导致路基密度下降,产生不均匀沉陷,平整度下降。对于盐渍土路肩,在降雨或路面排水作用下,可产生淋溶,出现孔洞,导致陷车。对于盐渍土边坡,在降雨、路面或路基两侧地表来水的作用下,也会出现淋溶,导致路基稳定性下降。

公路由于积盐作用,会使土路肩和边坡表层在较短的时间内含盐量增加很多,经反复膨胀而形成一层松胀层。松胀层是一层含盐量高、密度很低的盐土,结构性极差,遇降水产生路基溶陷。

(3)腐蚀

盐渍土中的易溶盐在水存在的情况下能够结晶或溶解,与建筑材料发生反应,并造成体积的膨胀或收缩,使构筑物及钢筋发生腐蚀和锈蚀,导致结构强度降低,甚至完全松散坍塌,严重影响了公路的服务水平和使用寿命,并给行车安全带来极大隐患。

(4)加剧冻胀和翻浆

路基土中氯盐和硫酸盐含量增加会使土体中的液体冰点降低,水分聚流时间长,冻结后可形成较大的聚冰层,冻胀会加剧。其中氯盐渍土较硫酸盐渍土对冻胀的影响更为显著,使路面不均匀变形及开裂加剧。

四、盐渍土地区公路路基路面防治技术发展回顾

盐渍土地区主干线公路路面实施油面化前,砂砾路面的公路因路面对路基中的水分呈敞开方式,水分易于蒸发和疏干,道路路基路面盐胀现象不明显。20世纪70年代在采用沥青罩面后,使路基呈半封闭状态,路基土基本上为原地路边含盐土堆筑,在温度变化、毛细水作用、盐分迁移累积等综合作用下,导致公路呈现呈波状起伏,甚至翻浆破坏,坑洼颠簸,通行困难,公路盐渍土病害问题才得以显现。

80年代初,新疆交通科研所联合有关部门和单位,针对盐渍土地区公路对油路化后出现的路基路面不均匀沉降变形,形成路面波状起伏、翻浆破坏病害,开展了盐渍土盐胀破坏机理研究和盐渍土工程特性研究,取得了一些基本成果,并成功地进行了工程试验研究。摸索总结出一套初步可行的预防处置技术措施。即:控制路基中的水分补给和变化幅度、保护路基土体内温度不产生过大变化、增大土基上覆盖非盐土粗粒砾石土厚度抵制盐胀量等。具体采用的技术措施为：

(1) 提高路基高度。在高水位盐渍土路段，增加路基填筑高度到 1.5~2.0m。

(2) 改进填筑材料。尽可能避免采用原地表高含盐的土作为路基填筑材料，控制路基填料含盐量低于 0.5%。

(3) 隔断毛细水。在利用原高盐土路基时，在原路面上填筑砂砾料或做淋膜编织布隔断。

(4) 减弱路基内温度变化幅度，增大盐渍土上覆荷载，降低路基盐胀、冻胀变形作用强度。采用砂砾土填筑的路基及路面底基层总厚度不小于 80cm。

(5) 铺筑一定厚度（一般 15cm）水泥、石灰、砂砾三灰土垫层，增强路面基层的整体结构和防渗性能。

(6) 注意路基排水，减少路基浸淹。

这些技术措施于 1985 年在 G314 线阳霞—轮台路段强盐渍土路段改建中进行了应用，取得了一定效果。

20 世纪 90 年代以来，盐渍土地区公路设计中采用土工布隔断路基的处理措施大规模应用和风积沙在公路修筑中逐渐采用推广。特别是 20 世纪 90 年代中后期以来，随着高级公路建设的迅速发展，公路系统的科技人员将水工、土工建设中采用的新技术、新材料、新方法大胆的试验、改进、吸收、应用，尤其是在盐渍土地段的公路建设和盐渍化软弱地基中的应用，取得了显著成效。例如用土工格室、土工格栅、强夯、砾石桩等技术加固盐渍化软弱地基。保证了公路建设速度和质量，又最大限度地做到因地制宜，就地取材、降低工程成本。这些新材料、新技术、新方法已应用于新疆各级公路改造建设工程中。典型的路段有 G314 线和硕—库尔勒高速公路、S201 线克拉玛依—榆树沟一级公路的工程建设，为盐渍土地区高等级公路及其他等级公路建设积累了丰富的盐渍土病害防治技术方法和成功经验。

第二节　勘察要点及设计原则

一、勘察要点

盐渍土地区公路的勘察应注意以下方面：

(1) 收集公路影响区内降水、蒸发、温度、冻深等气象资料。

(2) 调查研究公路走廊带地形、地貌特征，划分地貌单元，分析各地貌单元中岩土的性质、成因和时代。

(3) 调查沿线地表水的现状及来源，探明地下水的类型、水位、水质及其与地表水的关系，了解地下水、地表水随季节的变化情况。

(4) 调查沿线盐渍土的分布范围、形成条件及其发展趋势，了解盐渍土的含盐类型、含盐程度及其平面和竖向上的分布状况，准确划分盐渍土段落。

(5) 调查盐渍土的物理、力学性质。

(6) 对于改建公路，应调查老路现状，掌握既有道路的病害分布及病害表征，查清既有道路路基的土质类型、含盐和含水情况，以及现有病害的形成原因。

(7) 查明沿线筑路材料的含盐程度、含盐层位，确定料场的可用性和应剥离的含盐土厚度。

(8) 在调查的基础上，评价沿线盐渍土地基的承载力、盐胀性、溶陷性，分析盐分的表聚状况,确定盐渍土地基类型。

二、选线原则

盐渍土对道路工程影响的程度,取决于盐渍土的性质和规模。规模大、分布广、治理难,对路线危害大的盐渍土地带,应尽可能予以绕避,以确保不留后患。对必须通过的地带,宜选择最短的距离通过,以减少处置费用。在一般盐渍土或小面积岛状零星分布的盐渍土地带确定路线方案时,应综合考虑各类因素、分清主次、合理选择、做到工程可行、经济合理。盐渍土地区选线时,往往多种有利与不利条件并存,存在多个路线方案,各有其优缺点,这就需要加强调查研究,多做方案比较,权衡利弊,从中选定最优方案。盐渍土地区公路选线应遵循以下原则:

(1)盐渍土地区公路在选线之前,应根据自然地理位置、地形、地貌、工程地质环境等,认真做好调查研究工作,合理确定路线通过方案。对于有可能遭受洪水浸淹的低洼地区,以及经常处于潮湿或积水的强盐渍土、过盐渍土或盐沼地带、大范围的硫酸盐渍土地带,路线应尽可能绕避,不能绕避时,应考虑以最短的距离通过。

(2)在一般盐渍土地区或小面积岛状零星分布的盐渍土地带,路线应尽可能选择在地势较高、含盐量较小、地下水位较深、地表排水便利和通过距离较短、距渗水性土产地较近的地段。

(3)在盐渍土分布范围较大、含盐量较高,且地质条件较复杂的地区,应对路线方案和相应的工程措施进行深入细致的研究,在多方案论证、比选的基础上,选定最优路线方案。

(4)对于改建工程,如原路线平纵指标能满足设计要求,应尽可能采取措施加以利用。

三、盐渍土地区路基设计的原则

通过调研和现有资料的总结,对盐渍土地区公路路基病害治理有以下经验:

(1)公路盐渍土病害的产生是盐、水、热相互作用的结果,因此为防治病害,设计应从改善路基和地基中盐、水、热等条件着手。盐分是导致盐渍土具有盐胀、溶陷、腐蚀和加重翻浆等病害的根源,因此,降低路基含盐量,或者防治路基中盐分的侵入,从而限制路基填料的含盐量,尤其是路堤上层的含盐量对治理盐渍土病害尤为关键。在盐渍土区域地表水和地下水对公路的影响较一般区域更为严重。其对公路盐渍土病害的产生有以下两方面的影响:首先,在盐渍土地区地下水携带的溶盐随水分的蒸发而聚留,加剧了地表和路基的盐分聚积,从而造成路基盐渍土病害的产生和加重;其次,地表水和地下水的侵蚀和上迁会增加路基的含水率,使公路路基长期居于潮湿和过湿状态,土体中的水分的增大会使土粒间水膜增厚,降低土的结构力。对于硫酸盐渍土地段,含水率的增大也给 Na_2SO_4 在土体降温过程中形成芒硝($Na_2SO_4 \cdot 10H_2O$)提供了含水结晶的水源。试验表明在保持含盐量和其他因素不变的情况下,土体的含水率越大,相应的其盐胀率也增大;在氯盐地段含水率较大时,土体易产生溶解、溶蚀,使地基产生液化或溶蚀,降低地基强度或丧失地基承载力,使地基失稳破坏。因此地下水和地表水的作用会使道路中含水率增大,从而加重盐渍土病害。

(2)地基的承载力、含盐量、含水率等条件得到改善能有效地降低盐渍土对路基的影响,从而提高路基的稳定性。盐渍土地区公路经过潮湿软弱的地基,应先进行地基处理,保证基强度和路基稳定性要求。盐渍土地区地表一般聚积有盐霜、盐壳及耐碱植被,采用低路基的公路,即使地基强度较高,也应进行地基表层的处理。

(3)路基隔断设计的目的主要是防止毛细水上升导致路基土盐渍化。而做好路基排水工程,则可以避免路基含水率的增大带来的盐渍土病害加重、减小水对路基强度和稳定性的危害。

(4)盐渍土地区的改建工程也是盐渍土病害治理的难点之一,原有公路由于修建历史和施工方法的不同,都存在不同程度的道路病害,如何利用老路需要仔细分析论证。

在总结盐渍土地区公路病害防治经验的基础上,盐渍土地区公路路基设计有以下原则:

(1)优先治理地基原则

盐渍土地区公路经过潮湿软弱的地基,应先进行地基处理,保证基底强度和路基稳定性要求。盐渍土地区一般地表聚积有盐霜、盐壳及耐碱植被,应对地基表层进行处理。地基处理深度视盐渍化程度和软弱地层的厚度确定。

(2)路基防盐、隔水原则

盐渍土病害的产生是盐、水、热相互作用的结果,因此为防治病害设计应从改善路基和地基中盐、水、热等条件着手。限制路基填料的含盐量,并根据沿线地质条件和含盐情况,综合选择路基高度和断面形式,合理设置隔断。

(3)重视路基排水设施的原则

盐渍土地区公路应设置完善的路基排水系统,路侧排水设施布设与农田排灌系统综合考虑,疏通路基范围内地表积水,降低地下水位。

(4)根治既有道路病害的原则

改建道路的路基设计,应根据既有道路的路基路面状况、路基填料情况,以及水文地质条件,对既有路基进行处理利用和重建方案的技术经济比较,合理确定路基改建方案,避免既有道路处理不到位带给改建道路病害隐患。

第三节 盐渍土地基评价与处理

一、盐渍土地基评价

盐渍土地区公路的地基评价是为了掌握盐渍土地基的工程性能,为地基处置提供依据,保证地基的稳定性。盐渍土地基评价包括盐胀性评价和溶陷性评价。

1. 盐胀性评价

(1)评价指标及考虑因素

盐胀率是土体盐胀的直观表征,可较准确地反映地基的盐胀程度,因此盐渍土地基的盐胀性评价选用盐胀率作为评价指标。同时,土体的盐胀率与土体硫酸钠含量有较好的一致性,在其他影响因素一致的情况下盐渍土的盐胀率随土体硫酸钠含量的增加而增大,具体参见图5-13-1。由于盐胀率的野外观测需要较长的周期,在条件不具备的情况下,可按硫酸钠含量进行盐胀性评价。

盐渍土地区多年来路基变形观测显示路基盐胀率与路基土硫酸钠含量、盐胀病害有表5-13-4所示的对应关系。

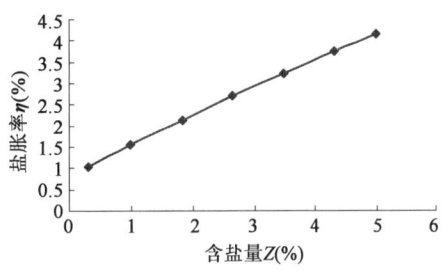

图5-13-1 盐胀率随Na_2SO_4含量变化图

细粒硫酸盐渍土盐胀率、硫酸钠含量与路基盐胀表征的对应关系　　　表 5-13-4

盐胀率 η(%)	$\eta<1$	$1<\eta\leqslant3$	$3<\eta\leqslant6$	$\eta>6$
硫酸钠含量 Z(%)	$Z\leqslant0.5$	$0.5\leqslant Z\leqslant1.5$	$1.5\leqslant Z\leqslant3.5$	$Z\geqslant3.5$
盐胀程度	路基无盐胀表现	路面上有少量的裂纹	路面有较明显的裂纹	路基严重变形，路面大面积鼓包，波浪和开裂

地基土盐胀率试验结果基本表征了地基土能产生的盐胀程度，但应该认识到，实际工况下地基土盐胀还受到土体含水率、土体温度变化区间、上覆荷载等多种因素的影响。

土体的上覆荷载对盐胀有抑制作用，由于上覆荷载增大了土颗粒之间的挤压力，使土颗粒难以产生位移，从而对盐胀产生强烈的抑制作用。在其他因素保持不变的情况下，路基高度越高、路基重量越大，可使地基土的盐胀变形减小。

土体温度变化区间对盐胀的影响主要是因为盐渍土存在盐胀温度敏感区，在此区间内土体盐胀增长较快。盐胀温度敏感区主要取决于硫酸钠含量、温度区间析出硫酸钠含量、土体孔隙率和颗粒接触间的冲填结晶硫酸钠的程度等。随着硫酸钠含量增大，盐胀敏感温度区间向土体结晶析出硫酸钠含量大的温度区间移动。不同土体硫酸钠含量与盐胀敏感温度区间对应关系见表 5-13-5。一定的路基高度对地基可以起到保温作用，地基的温度变化区间随上覆土的加厚而逐渐缩小。以往的观测资料显示，在上覆土厚度达到 2m 时，地温的变化区间大致在 6~20℃ 之间。对照盐胀敏感温度区间可以看出，在硫酸钠含量 0.5%~2% 之间时，路基高度达到 2m，基本能避开地基土的盐胀敏感温度区间。

细粒硫酸盐渍土盐胀敏感温度区间　　　表 5-13-5

硫酸钠含量 Z(%)	$\leqslant0.5$	$0.5<Z\leqslant1.2$	$1.2<Z\leqslant2$
盐胀敏感温度区间(℃)	$-15\sim0$	$-10\sim5$	$-5\sim10$

因此，从上覆荷载和盐胀温度敏感区间的角度分析，当路基具有一定高度时，对地基实际工况下的盐胀均具有抑制作用。故在盐胀性评价中引入路基高度因素。

（2）评价方法

盐胀性以地基以下 1.0m 内土体的盐胀率 η 作为评价指标。当盐胀率的观测时间周期不足时，评价指标可采用硫酸钠含量。各级公路地基盐胀率或硫酸钠含量应符合表 5-13-6 的规定。

盐渍土地基容许盐胀率　　　表 5-13-6

公 路 等 级	路基高度 h(m)	盐胀率 η(%)	硫酸钠含量 Z(%)
高速公路、一级公路	$h\leqslant2$	$\leqslant1$	$Z\leqslant0.5$
	$h>2$	$\leqslant2$	$Z\leqslant1.2$
二级及二级以下公路	$h\leqslant2$	$\leqslant2$	$Z\leqslant1.2$
	$h>2$	$\leqslant4$	$Z\leqslant2.0$

2. 溶陷性评价

溶陷性评价的指标为溶陷量，评价的深度为 4.5m。

当地下水位埋深小于 3.0m 或存在经常性地表水侵扰的盐渍土路段，应按下式计算溶陷量，进行地基溶陷性评价。各级公路地基溶陷量应符合表 5-13-7 的规定。

$$\Delta S = \sum_{i}^{n} \delta_i h_i \qquad (5\text{-}13\text{-}1)$$

式中：ΔS——溶陷量(cm)；

δ_i——地基中第 i 层土的溶陷系数(%)；

h_i——地基中第 i 层土厚度(cm)；

n——溶陷影响深度的计算土层数。

盐渍土地基溶陷性指标　　　　　　表 5-13-7

公路等级	高速公路、一级公路	二级公路	三级、四级公路
溶陷量 ΔS(cm)	≤7	≤15	≤40

二、盐渍土地基处治

1. 盐渍土地基处置的分类及基本要求

盐渍土地区地基根据复杂程度可分为两类：

（1）一般盐渍土地基

一般盐渍土地基是指除盐渍土外无其他不良地质、特殊岩土，并具有一定的承载力（地基承载力一般应大于 120kPa）的盐渍土地基。

一般盐渍土地基的处置遵循以下要求：

①盐胀性和溶陷性评价均符合规定的盐渍土地基，应对盐渍土地基表层聚积的盐霜、盐壳、生长的耐盐碱植被等进行清表处理。

②盐胀性评价不符合规定的盐渍土地基，可采取清表、换填非盐胀性土、适当提高路基高度等处理措施。

③溶陷性评价不满足规定的盐渍土地基，可采取清表、换填、冲击压实等处理措施，并加强路基排水设施设计。

一般盐渍土地基的处置主要是通过控制地基含盐量，改善地基的水土环境，保证公路不受盐胀和溶陷的影响。从处理深度看，主要采用的是表层和浅层的处理。

（2）盐渍化软弱地基

盐渍化软弱地基是指盐渍化的软弱土地基。盐渍化软弱地基具有软弱土和盐渍土的双重工程特性，治理时必须同时考虑软土和盐渍土的工程性质。目前盐渍化软弱地基的处置措施在考虑盐渍土对软弱土物理力学性质影响的基础上，基本以借鉴软土的处置技术为主。

盐渍化软弱地基应针对稳定性、变形进行地基处置，满足容许的工后沉降，同时又要综合解决盐渍土盐胀或溶陷问题。

盐渍化软弱地基的处置方法可归为浅层处理和深层处理两类，浅层主要有换填、水泥稳定加固土，深层有砾(碎)石桩、强夯法等。

2. 换填法处置盐渍土地基

换填法是指将地基一定深度内的盐渍化土层挖除，分层回填强度较高的水稳定性材料。此法于浅层处理方法，适用于处理深度在 3.0m 以内的情况，盐胀性和溶陷性严重不符合要求的一般盐渍土地基，或者持力下卧层不深或承载力略有不足的盐渍化软弱地基。换填用的材料一般为非盐透水性好的中粗砂、卵石、砾石、风积沙。为更好地增强整体强度，可在换填土层内增设土工格栅等材料。

对处理盐渍化软弱地基换填法有以下作用：

(1)提高地基承载力

由于地基下的软弱土层被强度更大的垫层取代，其抗剪强度显著提高，从而满足地基的强度要求。

(2)消除地基的盐胀性

由于换填的水稳性材料不易产生毛细作用，盐分迁移高度有限，同时较大的孔隙又能抵消盐胀变形。

换填法处置盐渍土地基的典型横断面见图5-13-2。

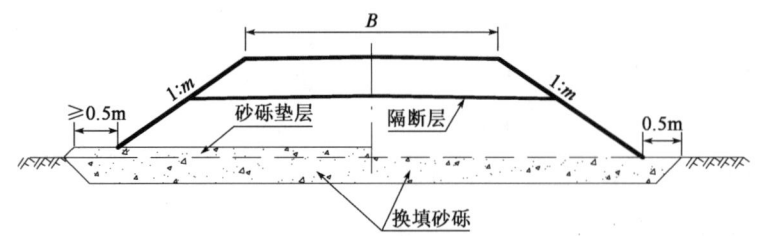

图5-13-2 换填法处治盐渍土地基的路基横断面图

3. 水泥稳定加固土处置盐渍土地基

水泥稳定加固土是指将基底下一定深度内的盐渍化软弱土层翻挖，翻挖后掺拌水泥拌和，分层铺筑压实，最终形成半刚性硬壳层。改善软土地基的受力状况，达到提高承载力的作用。水泥稳定加固土适用于盐渍化软弱土层厚度在5m以内、含盐量小于3.5%的地基处置。

水泥稳定加固土处置盐渍土地基的设计要点如下：

①水泥稳定加固土设计前，应调查收集沿线的地形、地貌、工程地质、水文地质、气象资料，按照现行《公路工程地质勘察规范》(JTG C20)的有关规定，采用适宜的勘探方法进行综合勘探试验和现场原位测试，并进行统计分析，为设计提供可靠的盐渍化软土地基物理力学性质指标。

②水泥稳定加固土的厚度宜在0.25~0.5m范围内，推荐采用35cm。施工时应均匀压实，压实度大于93%，半刚性板7d回弹模量应大于160MPa。

③水泥稳定加固土断面形式应根据公路等级、当地自然条件以及工程地质条件确定。一般要求水泥稳定土半刚性板断面应超出路基坡脚50cm。

④加固水泥宜采用普通硅酸盐水泥(32.5号)，剂量10%。当盐渍土的含盐量高于3.5%时，在水泥种类上可选用抗硫酸盐水泥或者矿渣水泥等；在外加剂上可以选取苛性钠、无水苏打和铝酸钠以及粉煤灰等外加剂。

⑤水泥稳定加固土施工前，必须在施工现场选择有代表性的路段进行试验，以指导大面积施工。

对处理盐渍化软弱地基水泥稳定加固土有以下作用：

①提高地基承载力。

在荷载作用下，水泥稳定加固土和其下的软土层可形成一个整体承力体系。由于半刚性板层的存在限制了其下的软土向四周挤出及周围软土向上鼓起变形的可能性，使其不能发生剪切变形，从而提高软土层的承载力。

②能改善软土层的受力状况,减弱作用在软土层上的荷载。

水泥稳定加固土具有相对较大的密度,并具有一定的刚度,因此可以承担部分上部传下来的部分弯矩、剪力并抵抗变形。这种"壳体效应"的存在,可使传递到软土层单位面积的荷载低于传统扩散方式计算的单位荷载,并使其荷载作用更加均匀。

③能隔断毛细水及其携带盐分的上升。

由于水泥稳定加固土是一密实的板体,改变了原地基的水稳状况,限制了毛细水的作用,能起到隔断盐分上升的作用,同时半刚性板层的"壳体效应"有助于抵消底部盐渍化软弱地基的盐胀变形。

水泥稳定加固土处置盐渍土地基的典型横断面见图5-13-3。

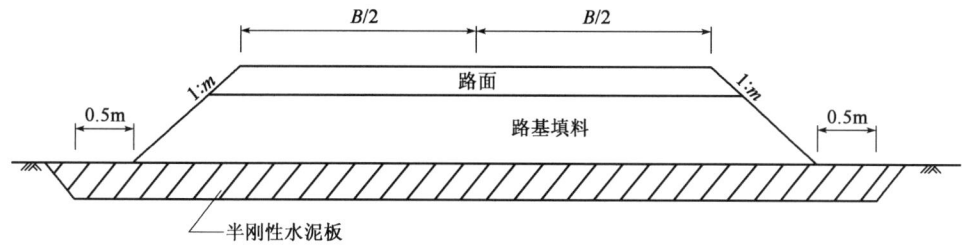

图5-13-3 水泥稳定加固土处置盐渍土地基的路基典型横断面图

4. 砾(碎)石桩处置盐渍土地基

砾(碎)石桩可对盐渍化软弱地基进行深层处理,其原理是通过置换、挤密作用与桩间地基构成复合地基,以提高软弱地基承载力。常见的有砾(碎)石桩、砂桩等。

砾(碎)石桩处置盐渍土地基的设计要点如下:

①砾(碎)石桩复合地基的设计包括加固范围、平面布置、砾石料、桩长、桩径、垫层、现场试验等。首先应根据地质调查及钻探资料初步确定处理范围及桩长,之后初步拟定砾(碎)石桩的直径和桩间距,并进行稳定和沉降分析,反复验算至稳定安全系数和工后剩余沉降量均满足容许值为止。

②加固范围:砾(碎)石桩加固的范围应超出基础一定宽度,基础每边加宽不少于1~3排桩。

③平面布置:砾(碎)石桩的平面布置形式要根据基础的形状来确定,一般的布置形式有:正方形、矩形、等腰三角形、等边三角形和放射形。

④砾石料:加固材料可采用砂砾、圆砾、角砾、卵石、碎石及中粗砂等,这些材料可单独使用也可按一定比例将粗细料配合使用。材料最大粒径应不大于100mm,其中5~50mm颗粒含量不小于50%,填料含泥量小于5%,透水系数应在0.04~0.12cm/s之间,已经风化的石料不能作为填料。

⑤桩长:砾(碎)石桩的长度主要取决于被加固土层的性能、厚度和工程的要求,桩长一般应大于4m。具体按下列原则确定:

a. 当地基中软弱土层厚度不大时,桩长宜穿透软弱土层至相对硬层。

b. 当地基中软弱土层较厚时,桩长可以根据建筑地基的允许变形值、软弱下卧层的承载力以及设计所要求的地基承载力来计算。

⑥桩径:砾(碎)石桩的直径要根据地基处理的目的、地基土的性质、成桩方式和成桩设备

来确定。盐渍化软弱地基桩径较多的采用了 0.4~0.5m。

⑦垫层:砾(碎)石桩上部应当设置砂砾石垫层,砂砾石垫层的厚度根据地基土的性质确定,要使其满足应力传递扩散和地基变形的需要。

⑧现场试验:对于重要的地基,要先选择有代表性的场地,分别以不同的布桩形式、桩间距、桩长的几种组合,有条件的还可采用不同的施工工艺进行现场制桩试验。如果处理效果达不到预期目标,应对有关参数进行调整,以获得较合理的设计参数、施工工艺参数。

对处理盐渍化软弱地基砾(碎)石桩有以下作用:

①提高地基承载力。

密实的砾(碎)石桩通过置换,在软弱地基中取代了同体积的软土形成"复合地基",提高了地基的整体承载力。

②减小地基沉降,加快排水固结。

砾(碎)石桩形成的复合地基在承受外力时,发生压力向砾(碎)石桩集中的现象,使桩周围土层承载力压力减小,因此沉降也相应减小。同时砾(碎)石桩在细粒土中形成了一个良好的排水通道,大大缩短了孔隙水的水平渗透途径,加速了软土的排水固结,使沉降稳定加快。

③能改善地基水的排出,并减小盐分的作用和上升高度。

由于砾(碎)石桩能起到挤密的作用,减小桩间细粒土的孔隙,并起到排水沙井的作用,因此,可改善地下水对地基作用,减弱了盐分的作用,减小了盐分上升的高度。

砾(碎)石桩处置盐渍土地基的典型横断面见图 5-13-4。

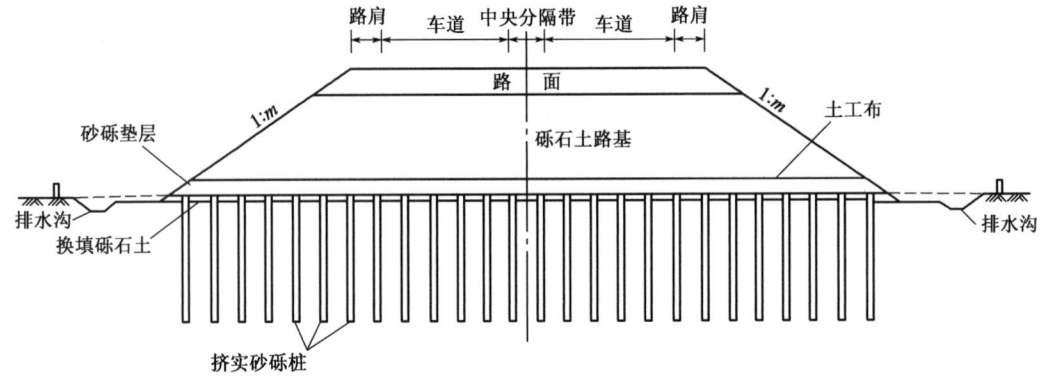

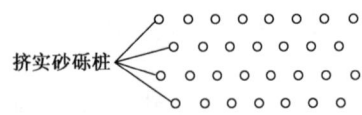

图 5-13-4　砾(碎)石桩加固盐渍化软弱地基典型横断面图

5. 强夯处置盐渍土地基及盐渍化老路

采用强夯及强夯置换可对盐渍化软弱地基进行深层处置,强夯是指采用边填碎石边强夯的方法在地基中形成碎石墩体,由碎石墩、墩间土以及碎石垫层形成复合地基,提高承载力,减小沉降。考虑盐渍土的盐胀和腐蚀性,地基加固材料宜选用抗腐蚀性好的天然砾石,同时为阻止毛细水的上升及盐分上迁,可在路堤中设置0.3m的断级配碎砾石隔断层。强夯可处理厚度小于7.0m的盐渍化软弱土层。

经实体工程试验,强夯置换对处置盐渍化老路有较好的效果,不仅极大地改善原路基土的强度与变形性状,也改善了原路基的土质、水、盐条件,抑制了盐渍土病害的发生。强夯置换对处置盐渍化老路的设计要点如下:

(1)通过试验段的研究,针对旧路处置的特点,点夯夯击能以2000kJ效果最优,夯击数8击,满夯夯击能取1000kJ,搭接夯为2遍。为了使旧路更好的加固,考虑夯机就位和实施的可操作性,并且结合新旧路之间的关系,夯点布置调整如图5-13-5所示,终夯标准按最后两击平均夯沉量小于8~10cm控制。

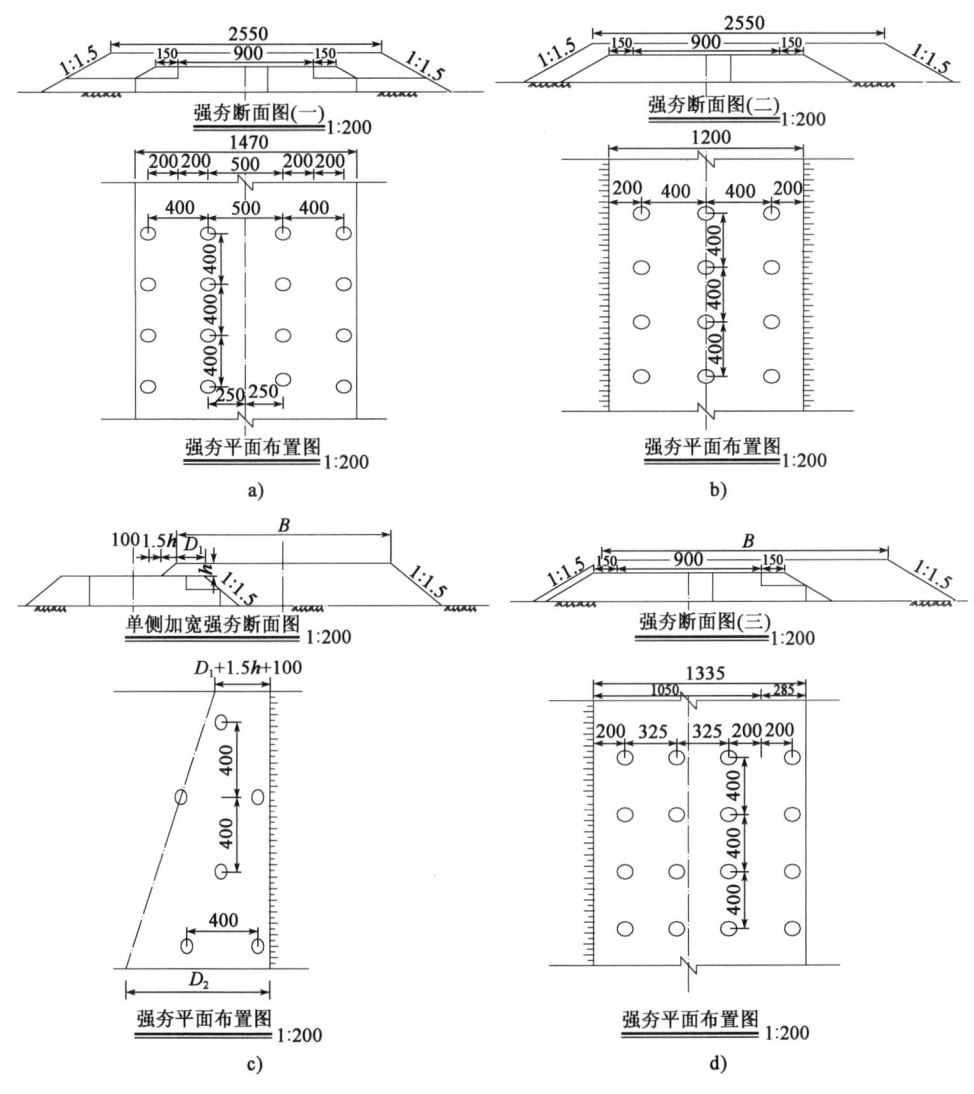

图5-13-5 夯点布置调整图(尺寸单位:cm)

(2)为使新旧路之间更好的搭接,克服不同材料的差异性沉降,旧路挖台阶处应增加一排夯点;为保证夯击效果,应揭除旧路油面层。

(3)强夯能量以纵波传递为主,但面波依然存在,因此在接近构造物、建筑物、输油、输气管线等部位如采用强夯,宜有一定的安全距离,其安全距离控制如表5-13-8所示。开挖减震沟是一种很好的防震措施,减震沟深度宜尽可能靠近被保护的建筑物,其深度大于建筑地基深度,并加50cm安全值,可明显减轻强夯振动影响。如遇地下水,亦尽量开挖,水不传递剪应力。

安全距离控制表 表5-13-8

施工工艺	震源	安全距离(m)	安全阀值(mm/s)
强夯	3000~5000kN·m能量	15~30	10
	<3000kN·m能量	8~15	10

(4)土体含水率对于盐渍土旧路路基是否可用强夯处置起着至关重要的作用,通过大规模实施强夯得出老路的界限含水率:粉土天然含水率在12%~22%;粉质黏土天然含水率在14%~25%;黏土天然含水率在15%~27%。当含水率小于界限含水率时,可以人为加水以满足要求;当大于界限含水率时采取以下措施:改变夯锤直径,调整夯间距、夯击能;改变夯间距、夯坑内填料置换;挖除橡皮土;挖除夯间土。

(5)强夯施工机具。

强夯施工的主要机具有起重机、夯锤、脱钩装置,同时需要配备场地平整用推土机等。施工时配备门架起重机(吊车),其起重力需大于16t,起重高度大于18m,夯锤质量大于12t,圆形锤底直径宜大于2.2m,锤体设排气孔。遍夯时夯锤质量宜大于10t,锤形、锤底直径可不做严格控制。为提高施工效率,应对门架式起重机进行改造,取消龙门架,在起重机后部增加斜撑,用两道钢丝绳与大臂顶端连接。为克服落锤后主机后仰,应在后部增加缓冲装置。

(6)强夯施工工艺。

强夯分两次完成:第一次为点夯,第二次为满夯,施工按以下顺序进行:清除油表层→整平场地→高程测量→布设点夯夯位→夯机就位→点夯→满足终夯要求→夯坑回填整平→满夯→高程测量。

(7)其他。

反压护坡道应与主线同时填筑,同时进行强夯施工。

在地下水位不断变化的条件下,由于温度、离子浓度等的综合影响,强夯后仍应采用路基隔断等措施对盐渍土进行处理。盐渍土地段构造物仍应根据不同区段的盐性情况选用防腐措施进行处理。

第四节 盐渍土地区路基

路基最小填筑高度、路基断面形式、填料选用与盐分控制、隔断层的设计、排水与防护

一、路基高度

1. 路基形式

盐渍土地区的公路路基宜采用路堤的形式,避免出现长距离的路堑。盐渍土地区的公路采用路堤形式,并保持一定的路基高度有益于降低盐胀病害。采用路堤形式可使路基实体远离地表水和地下水的侵蚀,避免毛细水上迁带来路基次生盐渍化;同时一定的路基实体可作为

上覆荷载抑制盐胀的发生。对于不得不采用挖方路堑的局部路段，在勘察时应加深勘察深度，摸清挖方深度下的盐渍土情况。挖方路堑段一般需要采用地基适当超挖回填水稳性材料、基地设置隔断等方式进行处理。具体超挖深度和是否采用隔断应根据沿线水文地质条件和盐渍土情况，并充分考虑临空面发生变化后地下水、地表水以及盐分聚集的变化情况来确定。

2. 路基最小高度的计算

合适的路基高度是保证盐渍土地区道路稳定的重要条件。适宜的路基高度应结合沿线地貌、水文、地质和气候情况，系统考虑盐渍土类型、毛细水的上升高度、冻胀深度、盐胀深度以及地下水深度或地表积水高度等多种因素，结合拟采用的隔断形式综合确定。

盐渍土地区路基最小高度可参考下式计算：

$$H = h_1 + \max\{h_c, h_z\} + h_k \tag{5-13-2}$$

式中：H——路基最小高度(m)；

h_c——毛细水上升高度(m)，设置隔断时为隔断距地表高度；

h_1——盐胀深度(m)；

h_z——冻结深度(m)，仅在设置隔断时取值；

h_k——安全高度值(m)，按 $0 \sim 0.5$m 综合选取。

3. 路基最小高度确定的主要相关因素

(1) 毛细水上升高度

毛细水的上升带来了水、盐迁移，造成路基的次生盐渍化，因此盐渍土地区路基高度在不设隔断时需考虑毛细水上升高度。毛细水上升高度与土质的颗粒粗细、矿物成分和地下水矿化度有关。毛细水上升高度的计算在实践中常用海森(A. Hazen)的经验公式：

$$h_c = \frac{c}{ed_{10}} \tag{5-13-3}$$

式中：h_c——毛细水上升高度(m)；

e——土的空隙比；

d_{10}——土的有效粒径(m)

c——系数，与土粒形状及表面洁净有关，$c = 1 \times 10^{-5} \sim 5 \times 10^{-5}$(m^2)。

已有的试验结果显示掺加同样比例的砂和土的混合料的纯水和5%盐水在同样环境下毛细水上升的速度也不同。试验开始时盐水在前一周上升速度比纯水要快，到了后面盐水就比纯水慢，上升终止时纯水上升高度比盐水高。表 5-13-9 列出了部分毛细水上升高度的试验数据，但由于不同土质毛细水上升高度有较大差异，仅起到借鉴作用。

毛细水上升高度 表 5-13-9

土 质 类 别	毛细水上升高度(cm)	备　　注
砾类土、砂类土	30 ~ 110	上升高度随含土量的增大而增大
风积沙	70 ~ 90	
粉土、黏土	150 ~ 300	跟土的性质相关，随土的塑性有较大变化

对于无地表长期积水或地下水在3m以下的盐渍土路段，利用公式计算时，毛细水上升高度根据实际情况可进行折减。

在路基内设置隔断时，毛细水上升被隔断层阻断，因此，毛细水上升高度以隔断层距地表的高度代替。

(2) 盐胀深度

盐胀深度是指含有硫酸盐的土基受降温作用产生路面盐胀的有限深度。随着路基深度加深，土体的温度变化区间变小，低温较表层逐渐提高。当地温变化幅度基本避开盐胀温度敏感区时的深度就是盐胀深度。考虑不同等级公路安全等级的差异，地表为强、过硫酸盐渍土时，高速公路、一级公路宜取 2m，二级公路宜取 1.5m；地表为弱、中硫酸盐渍土可根据实际地基、路基土体的温度变化区间与盐胀温度敏感区的对应性进行折减。

(3) 冻结深度

设置隔断层的路基，应考虑隔断层下的毛细水聚积不致产生冻胀和降低路基强度，因此需考虑冻结深度。冻结深度和盐胀深度可综合考虑取二者的最大值。

4. 路基高度确定的其他方式

路基最小高度还可以通过以下方式确定：

①不设隔断层时，地表为硫酸盐渍土的路段，路基最小填土高度参考表 5-13-10 的规定确定。地表为氯盐渍土的路段，结合地表水及地下水情况，以满足路床填料要求为依据确定路基高度。

盐渍土地区路基最小填土高度　　　　表 5-13-10

地表土质类别	高出地面(m)		高出地下水位或地表长期积水位(m)	
	弱、中盐渍土	强、过盐渍土	弱、中盐渍土	强、过盐渍土
砾类土	0.4	0.6	1.0	1.1
砂类土	0.6	1.0	1.3	1.4
黏质土	1.0	1.3	1.8	2.0
粉质土	1.3	1.5	2.1	2.3

注：1. 表列弱、中、强、过盐渍土是指地表土的盐渍化程度。
　　2. 表列高出地面与高出地下水位或地表长期积水位的两个高度应同时满足。
　　3. 一级公路、高速公路按表列数值 1.5～2.0 倍计，二级公路按表列数值 1.0～1.5 倍计。

②设置隔断层时，路堤最小高度应满足冻结深度及隔断层设置深度的要求，并同时保证隔断层高出两侧地面 20cm 以上，以防止地表水侵入并滞留隔断层上部路基内，影响路基的稳定，并产生盐胀等病害。

5. 降低路基高度的措施

一定的路基高度对于抑制盐渍土地区公路病害是必须的，但单纯采用提高路基的方式，将会造成安全性差，占地多、土方大等问题。盐渍土地区公路可采取以下措施降低路基高度：

①盐渍化程度在中盐渍土以上且地下水位较高的段落，路基设置隔断层，可阻断毛细水上升，能有效降低路基。

②根据工程的特点采用清表、换填、加固等措施控制地基土的含盐量，有利于降低路基的高度。

③改善地基土的水稳条件，降低地下水，排出路基附近地表水，有利于降低路基的高度。

二、路基隔断

盐渍土地区公路在路基一定深度内设置隔断层，以阻断水分和盐分向上迁移，是防止路基产生盐胀、溶陷的常用处理措施，也是降低路基高度的有效方式。隔断层类型按采用材料有土工布(膜)隔断层、风积沙或河砂隔断层、碎(砾)石隔断层和沥青砂、油毛毡等隔断层。土工布、沥青砂、油毛毡属不透水的隔断层,可隔断下层毛细水和气态水的上升。砂砾和风积沙属透水性的隔断层,只能隔断毛细水的上升。

(1)砾(碎)石隔断层,适用于地下水位较高或降水较多的强盐渍土地区新建二级以上公路。隔断层厚度 30～40cm,上设反滤层,两侧用砾类土包边。砾(碎)石最大粒径为 50mm,小于 0.5mm 粒径的含量不大于 5%。反滤层宜采用具有渗透功能的土工织物;也可以采用中、粗砂,含泥量应不大于 3%,厚度 10～15cm。

(2)风积沙或河砂隔断层,适用于缺乏砾石材料而沙材丰富的沙漠边缘、河道下游地段的新建、改建公路。隔断层厚度视路基土质、水文、地质等条件和隔断层材料颗粒组成,根据毛细水上升高度而定,最小厚度不宜小于 60cm,砂中粉、黏粒含量应小于 5%,含盐量与压实度应符合要求。隔断层两侧应用砾(碎)类土包边,其顶宽不小于 30cm。

(3)复合土工膜隔断层,在中、强或过盐渍土地区修建的公路宜采用复合土工膜隔断层。复合土工膜应具备抗渗、耐腐蚀、抗老化和耐冻性能以及相当的强度。两布一膜隔断层一般可不设上下保护层,一布一膜隔断层可只在有膜的一面设保护层。但铺设在细粒土内的复合土工膜隔断层,其上、下应各设厚度不小于 20cm 的砂或砂砾排水层,下排水层层底埋置深度应大于当地最大冻深。复合土工膜是目前较理想的隔断层材料。在盐渍土地区二级以上公路上,优先推荐采用两布一膜。

(4)土工膜隔断层,适用于强、过盐渍土地段新建或改建公路,其中聚乙烯防渗薄膜,聚丙烯淋膜编织布只宜在三级、四级公路上使用。土工膜隔断层应设上、下保护层,保护层材料为砂或含细粒土砂,其粉、黏粒含量应小于 15%。隔断层如设在粗粒土内,保护层厚度可为 8～10cm;设在细粒土内,保护层兼起排水作用,厚度应不小于 20cm。

(5)为了利于排水,隔断层应设不小于 2% 的横坡,但最大不应超过 5%。

总之,隔断层铺设位置应满足上路堤上层不受下部盐分、水分的影响,以保证路床的强度和稳定性,同时不致增大过高的工程造价和施工难度。新建高速公路及一级公路的路堤隔断层应设在路床之下,同时应满足最大冻深的要求;二级及二级以下公路,路堤隔断层顶面位置应控制在距路肩边缘 0.8～1.5m 处,同时满足冻深要求,并高出地表长期积水位或地面 20cm 以上;在路基换填与隔断措施综合处理的改建路段,隔断层顶面的位置应在换填下缘或其层间下部;挖方路段隔断层位置应在新铺路面垫层以下至少 30cm,或边沟流水位 20cm 以上。

三、路基填料

盐渍土用作路基填料,与路基的稳定有密切的关系,以往由于施工中对填土要求不严,教训很深。由于填土的不同含盐量和含盐性质对路基稳定性影响差异很大,不同的气候区和不同的水文、水文地质条件下,盐渍土作为路基填料的可用性也不一样;同时路堤不同层位(路床、上路堤、下路堤)的填土对路基稳定性的影响有所不同;不同等级的公路对路基的稳定性、耐久性要求也应有所区别。

因此,盐渍土用作路基填料的可用性,按氯盐及亚氯盐渍土、硫酸盐及亚硫酸盐渍土不同含盐性质以及不同公路等级、不同层位分别进行控制,要求见表 5-13-11。总的原则是:

(1)对路床范围(0~0.8m)的填土要求从严;

(2)对高速公路和一级公路要求从严;

(3)对硫酸盐和亚硫酸盐渍土的要求从严;其中砂类土和砾类土的适用范围与粉(黏)性土区别对待。

盐渍土用作路基填料的可用性　　　　　表 5-13-11

土类	盐类	盐渍化程度	高速公路、一级公路			二级公路			三级、四级公路	
			0～0.8m	0.8～1.5m	1.5m以下	0～0.8m	0.8～1.5m	1.5m以下	0～0.8m	0.8～1.5m
细粒土	氯盐渍土	弱盐渍土	×	○	○	○	○	○	○	○
		中盐渍土	×	×	○	×	▲²	○	×	○
		强盐渍土	×	×	×	×	×	▲³	×	▲³
		过盐渍土	×	×	×	×	×	▲³	×	×
	硫酸盐渍土	弱盐渍土	×	×	○	×	○	○	▲²	○
		中盐渍土	×	×	×	×	×	○	×	▲²
		强盐渍土	×	×	×	×	×	×	×	×
		过盐渍土	×	×	×	×	×	×	×	×
粗粒土	氯盐渍土	弱盐渍土	▲¹	○	○	○	○	○	○	○
		中盐渍土	×	▲¹▲²	○	▲¹	○	○	○	○
		强盐渍土	×	×	×	×	▲³	○	×	○
		过盐渍土	×	×	×	×	▲³	○	×	▲³
	硫酸盐渍土	弱盐渍土	▲¹▲²	○	○	▲¹	○	○	○	○
		中盐渍土	×	×	×	×	○	○	▲¹	○
		强盐渍土	×	×	×	×	×	▲¹	×	▲³
		过盐渍土	×	×	×	×	×	×	×	×

注:1. 填土层位指从路面底面以下起算。表中○为可用;×为不可用。
2. ▲¹ 为除细粒土质砂(砾)以外的粗粒土可用。
3. ▲² 为地表无长期集水、地下水在 3m 以下的路段可用。
4. ▲³ 为极端干旱地区经论证可用。

盐渍土路基,为保持路床的稳定,常设置隔断层。隔断层以上的填土必须选择透水性的土,盐渍土用作路基填料,需按公路等级、不同层位与填土类别对填料进行控制,具体要求为:

(1)高速公路和一级公路,路基顶面下 0～0.8m 的土基,不允许填筑盐渍土,0.8m 以下按硫酸盐渍土与氯盐渍土区别对待,其中 1.5m 以下细粒土中的硫酸盐不应超过 0.5%。因为盐胀的影响深度可达 2.0m 左右,高速公路和一级公路的路基不允许产生盐胀和土基上部的次生盐渍化,故从严要求。

(2)二级公路,也分三个层位提出填土要求,路基顶面下 0～0.8m,允许填氯盐及亚氯盐粗粒土的中盐渍土与细粒土的弱盐渍土,0.8～1.5m 按土质类别容许填弱、中盐渍土,在 1.5m 以下细粒土中的硫酸盐不应超过 2.0%。二级公路是我国国道干线的重要组成部分,技术标准较高,新建和改建里程量大。鉴于路基高度随路段水文地质条件的变化而不同,对二级公路的填土要求,力求保证路床部分的填土质量。同时考虑不致引起下层盐分转移影响,又能利用就地盐渍土作部分路基填料,故对 0.8m 以下又分两个层位进行要求,但限制了细粒土强盐渍土的使用。

(3)三级、四级公路技术标准虽然较低,但对路基 0～0.8m 深填土也要从严控制,0.8m 以下可酌情予以放宽。但国道与省道按三级公路设计时,路床以下填筑细粒土时,宜从严控制;有条件的地段可优先采用风积沙作路基填料。

盐渍土填方基底表层的植被、盐壳、腐殖质以及超过路基填料容许含盐量的土质必须清除换填;挖除深度或换填厚度应视道路等级、基底土质和换填材料而定,最小不少于30cm。

盐渍土地区公路路基填料的质量对保证路基稳定非常重要,应根据公路等级、水文地质条件和材料类型合理选用。从防止盐渍土病害的角度,在设计上对填料含盐量的控制应遵循以下几个原则:①对高等级公路路床0~80cm的填土从严控制;②对硫酸盐和亚硫酸盐渍土从严控制;③对粉、黏粒填土从严控制,隔断层以上填土严格控制;④受毛细水或地下水影响时控制从严。具体设计时,可按表5-13-11确定。

四、路基排水

1. 地表排水

(1)边沟、排水沟、排碱渠

边沟设置在路基坡脚外侧,用以汇集和排除路基范围内和流向路基的地面水。盐渍土地区边沟的设置应距离路基有一定距离,保证路基的干燥和中湿。同时边沟沟底应保证低于路基隔断层至少0.4m。

排水沟的作用是将边沟、取土场和路基范围低洼处积水排至天然水系。盐渍土地区的排水沟的设置应保证路基不受流水侵蚀,满足排水通畅,并应与桥涵等其他排水设施衔接顺畅。排水沟断面尺寸应结合汇水流量、地形地貌、地质条件确定。排水沟设置不宜过长,沟底纵坡不宜小于0.3%。

排水困难的路段有条件的情况下一般可设置深挖边沟或深挖排水沟,起到疏干路侧积水降低地下水位作用,深挖边沟或深挖排水沟距离路基坡脚应大于2m,沟底不宜小于0.6m。在路基两侧开挖深边沟或深排水沟是解决农耕区排水的较好方法,在新疆农垦区公路两侧有设置排碱渠的方式,此措施对截阻农田排灌跑水、疏通路侧积水、保持路基稳定起到较好的作用。对于水文地质条件比较复杂的地下水,设置深挖边沟或深挖排水沟时需要通过较详细的调查、勘探及试验,采取综合排水措施治理。边沟、排水沟及排碱渠一般设置形式见图5-13-6、图5-13-7。

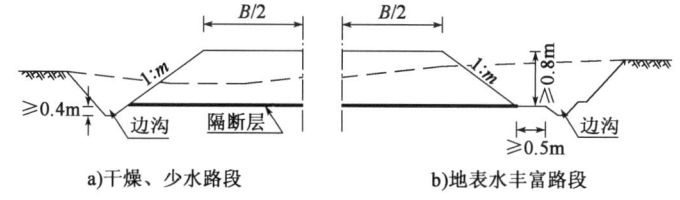

图5-13-6 路堑边沟设置图示

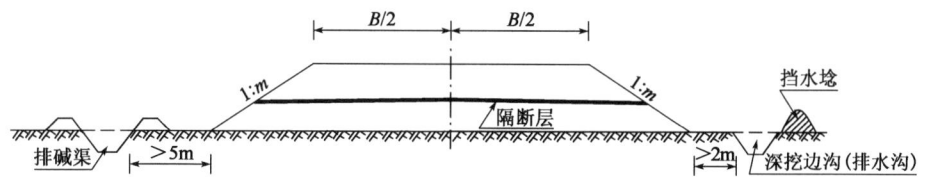

图5-13-7 湿盐土路段排碱渠和深挖边沟(排水沟)设置图示

(2)护坡道

路基两侧设置护坡道可以使地表积水和来水远离路基实体,保证了路基不受地表水的侵蚀,起到了防水和排水的作用。同时护坡道对路基盐渍土病害有抑制作用,盐渍土地区公路设置护坡道还可起到提高路基稳定性,对路基起到保温隔水等多种作用,因此在盐渍土地区公路设计中护坡道是较为常见的一种防排水措施。护坡道可以单设,也可结合排水沟、边沟和排碱渠综合设置。

盐渍土地区公路路基边坡高度大于 2m 的路段,如路基两侧水文地质条件较差,占地不受影响的情况下都应增设护坡道。护坡道宽度宜不小于 2m,高度距路缘 0.6~0.8m 或在土工布隔断层下缘处较佳。

(3)蒸发池

盐渍土地区一般降雨量不大、气候干旱,在排水困难地段可利用沿线的取土坑或专门设置蒸发池汇集地表水,并通过蒸发池蒸发和渗透使之消散。

蒸发池边缘距路基边沟外缘的距离应以保证路基的稳定和安全为原则,并不应小于 5m。蒸发池的容量应以一个月内地表汇流入池中的水量能及时完成渗透与蒸发作为设计依据。每个蒸发池的容水量应根据蒸发池的纵向间距经水力、水文计算后确定。蒸发池应根据具体情况采取适当的防护加固措施,蒸发池的设置应避免带来附近地面盐渍化或沼泽化。若地形条件受限,可设置渗井排除路基内测水。

2. 地下排水

盐渍土地区的地下水的上迁是加剧盐分聚积,影响路基稳定的主要因素,因此对地下水较高的地段,路基设计应采取隔离、降低水位、砂砾排水等防、排水措施,保证路基稳定。

(1)隔水层

隔水的目的是防止路基土受地下毛细水上升产生盐渍化和含水率增大危害路基稳定。在路堤内一定深度设置隔断层,以阻断水分和盐分向上迁移,是防止路基产生盐胀、翻浆及湿馅的有效处理措施,也是降低路基高度常用的做法。

典型盐渍土路段依据路基隔断层材料的透水性可分为透水与不透水隔断层两类。其中不透水隔断层选用的材料是包括了复合土工布和土工膜的土工合成材料;透水隔断层选用的材料有砂砾和风积砂这两种新疆常见的地产材料。

一般来说隔断层设置层位应在路面顶以下 0.8~1.6m 处,并要求距路缘应大于或等于当地最大冻土深度。

(2)明沟

盐渍土地区对路基及边破土体中的上层滞水或埋藏很浅的潜水,可设置兼排地表水的明沟,以降低地下水水位,减少地下水对路基的影响。明沟通常有梯形断面和矩形槽式断面,梯形断面一般使用于地下水埋藏很浅,深度仅 1.0~2.0m 内的路段。矩形断面则用于处理地下水埋藏相对较深,地基软弱或易滑塌的路段,其深度可达 3.0m 左右。明沟施工较为简便,养护容易,造价低廉。明沟的开挖一般采用人工或机械进行,施工中必须注意安全,防止塌方。

(3)渗沟

渗沟是采用渗透的方式将地下水汇集于沟内,并通过沟底通道将水排出。渗沟是排除浅层地下水的有效排水结构形式。盐渍土地区在地下水危及路基稳定或可能引起盐渍土病害的情况下,为了拦截含水层的地下水或降低地下水位,可设置渗沟。

盐渍土地区的渗沟通常采用盲沟的结构,中间填充砂砾。一般采用在边沟(排水沟)下设置渗沟的方式,可降低路基两侧的地下水位,纵坡一般与相应段的边沟(排水沟)相同。从而消除地下水的危害,避免盐渍土病害。

渗沟设计前应进行水文地质调查,查明土的渗透性和毛细吸水上升高度,地下水位以及含水层的性质、层数与厚度等方面的资料。

盐渍土地区渗沟设置如图5-13-8所示。

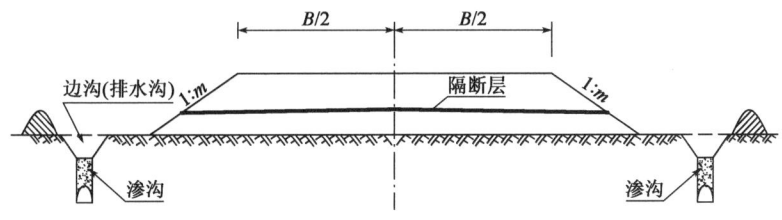

图5-13-8 渗沟设置图示意图

(4)排水垫层

盐渍土地区地下水位较高路段,可在路基底部设置砾石、碎石、砂垫层等排水垫层。排水垫层厚度宜为30~50cm,设置时可加铺防渗土工布或土工格栅,以提高使用效果。

排水垫层主要起承载、排水、隔离作用。它能提高地基承载力,并且由于垫层材料空隙大,能切断毛细水路径,同时能排水路基底部的积水。

排水垫层适用于地下水位高、存在过湿土层及浅层软弱土层的路段。具有两面排水条件,并且当地有较丰富的砂、石材料,砂砾运距不长的公路建设宜采用排水垫层。

垫层材料应具有良好的排水能力和渗透性,颗粒在水的作用下不过于流失,具有良好的压实性。垫层材料宜采用颗粒级配良好、质地坚硬的中砂、粗砂、砂砾、卵石和碎石。一般来说,碎石(砾石)优于砂,粗砂优于中细砂。在缺少中、粗砂和砂砾的地区,经试验也可采用细砂或石屑,但宜同时掺入一定数量的卵石和碎石,以保证垫层的密实和稳定。排水垫层压实度以碾压遍数和轮迹双重控制。排水垫层设置如图5-13-9所示。

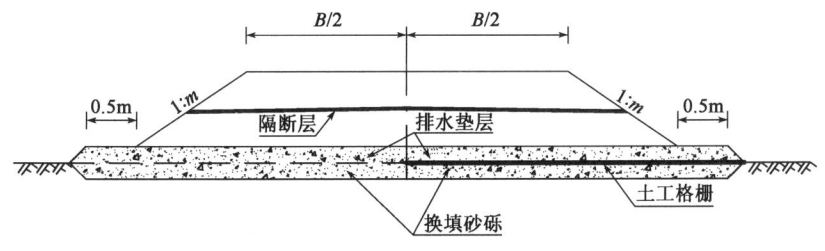

图5-13-9 排水垫层设置图示

五、盐渍土地区路基典型断面

盐渍土地区的路基横断面一般需作特殊设计,防盐、隔水、地基处理是防治病害的重要内容。从典型路段建成后运营效果较好的技术措施中,提炼出具有代表性的盐渍土路基处理方案,作为盐渍土地区路基典型结构,其具体内容如下。

(1)盐渍土地区设置隔断的断面见填方路堤段一般设计断面图如图5-13-10所示,路堑或低填路段一般设计图如图5-13-11所示。

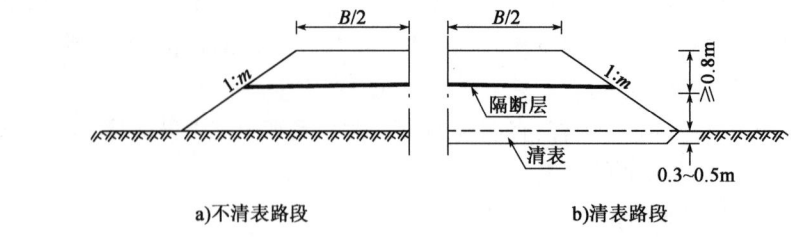

a) 不清表路段　　　　　　　　b) 清表路段

图 5-13-10　盐渍土路段设置隔断的路堤断面图

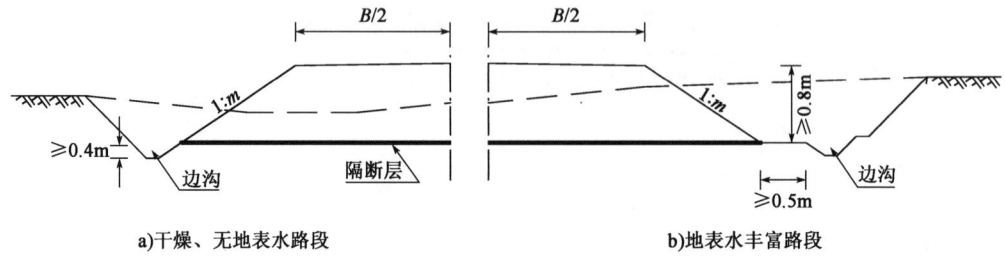

a) 干燥、无地表水路段　　　　　　　　b) 地表水丰富路段

图 5-13-11　盐渍土路段高度小于隔断深度的路基断面图

(2) 盐渍土地区公路路基高度大于 2m 的路段,当沿线水文地质条件较差时,在占地容许的情况下都应增设护坡道,如图 5-13-12 所示。

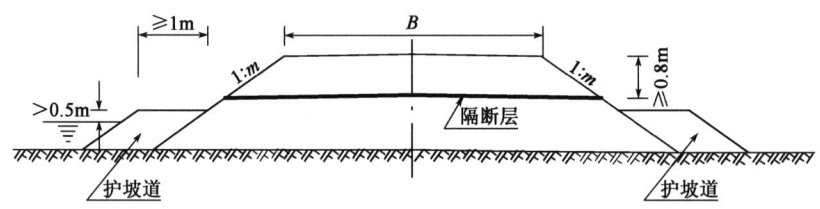

图 5-13-12　设置护坡道和深排(截)水沟的路基断面图

(3) 排水困难的湿盐土路段有条件的情况下宜设置深挖边沟、深挖排水沟或排碱渠,如图 5-13-13 所示。

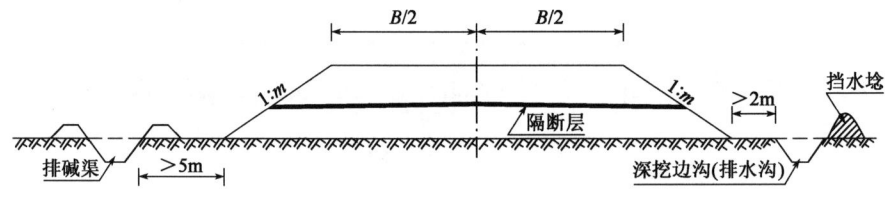

图 5-13-13　设置排碱渠和深挖边沟(排水沟)的路基断面图

(4) 路线经过盐渍化软弱地基,软弱层厚度小于 3.0m 或地基承载力略有不足的地段,可采用换填法进行浅层地基加固,换填时可根据情况加铺砂砾垫层、必要时顶部可设置土工格栅等方式以增加地基的整体性,如图 5-13-14 所示。

(5) 路线经过盐渍化软弱土层厚小于 5.0m、地表含盐量小于 3.5% 的路段,可采用水泥稳定加固土进行地基加固,如图 5-13-15 所示。

(6) 路线经过需要深层处理的盐渍化软弱地基,可采用砾石桩进行地基加固。

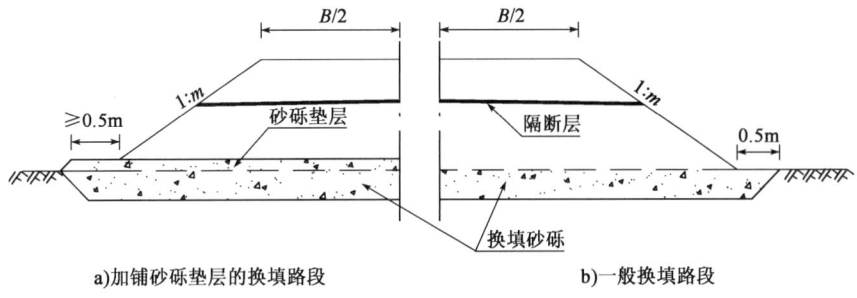

a) 加铺砂砾垫层的换填路段　　　　b) 一般换填路段

图 5-13-14　换填法处治盐渍化软弱地基的路基断面图

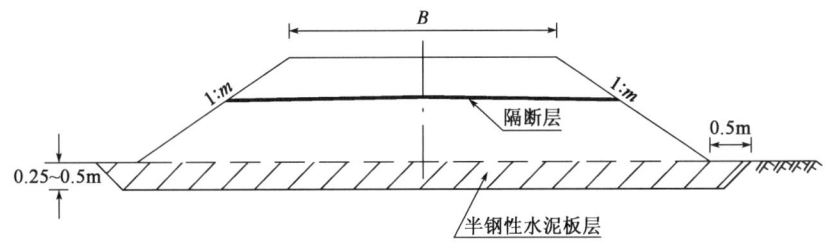

图 5-13-15　半刚性水泥土板层处理盐渍化软弱地基断面图

（7）路线经过盐渍化软弱地基且地表积水严重的区域，地基需浅层处理的路段，可采用换填砂砾结合护坡道、排碱渠、排水沟等形式，如图 5-13-16 所示。

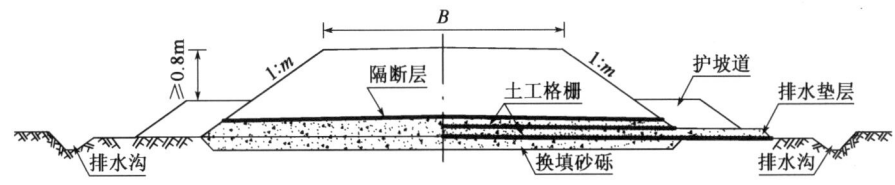

图 5-13-16　换填结合盐渍化软弱地基的路基横断面图

（8）盐渍土地区二级及二级以下公路利用风积沙填筑路基的断面形式可采用图 5-13-17；高速公路、一级公路利用风积沙填筑路基的断面形式宜采用图 5-13-18。

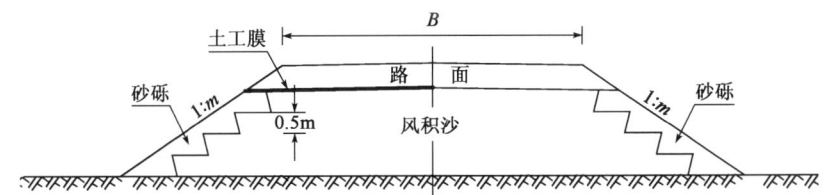

图 5-13-17　二级及二级以下公路利用风积沙填筑路基断面图

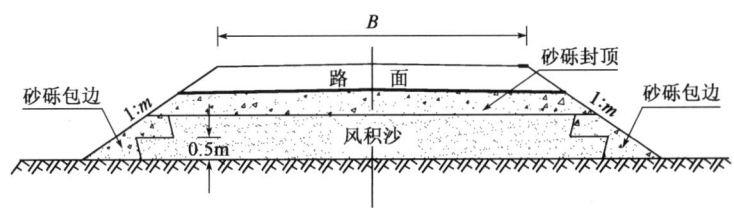

图 5-13-18　高速公路、一级公路利用风积沙填筑路基断面图

(9)盐渍土地区改建公路,二级及二级以下道路宜采用以下方式:对老路含盐量不高、路基较低的路段,可采用加高路基完全利用老路基的方式,视地下水条件和老路面情况选择在老路基顶部或单侧加宽段设置隔断的形式,如图 5-13-19 所示。

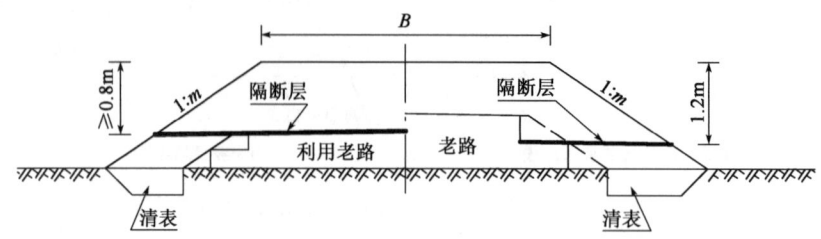

图 5-13-19　利用老路基的断面图

对于老路含盐量较高的路段,可采取完全挖除老路基,或挖除大部分含盐量高的老路基并翻压密实剩余路基的处理措施,挖除老路后应填筑非盐砾石土,如图 5-13-20 所示。高速公路、一级公路宜采用以下方式:对老路含盐不高的路段,可采用老路利用的方式,但应对老路进行强夯置换、翻压、换填等加固及防盐措施。对于老路含盐量较高的路段,宜采用废弃老路的方案。

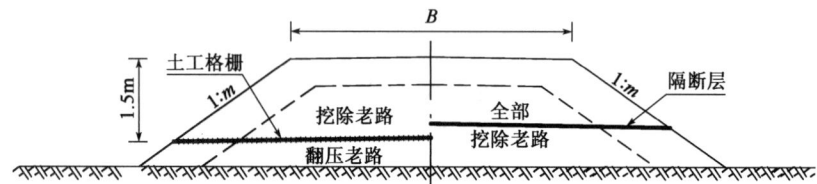

图 5-13-20　完全或部分挖除老路基的断面图

第五节　盐湖地区路基

一、盐湖

干旱地区封闭盆地内的湖泊,通过地面水、地下水不断从周围聚集盐分,形成盐湖。如水源不足,在强烈蒸发下使盐湖逐渐缩小、变浅,盐类大量沉积,形成岩盐与盐盖,则成干涸盐湖。本节所讲盐湖皆指干涸盐湖。

1. 盐湖的特征

盐湖表面一般无水,仅有很厚的盐盖和岩盐,地形非常平坦,数千米至数十千米内,高差有时仅有数十厘米。无植物生长。盐湖表面的盐盖,因受气温剧烈变化和强烈风蚀作用的影响,多形成波浪起伏的鳞片锯齿状。

2. 盐湖的溶蚀现象

由于低矿化度的承压水和潜水向上溢出与渗透,使盐盖、岩盐被长期溶蚀就形成溶洞、溶沟和溶塘等。

溶洞有外露的明溶洞和表面封闭的暗溶洞两种。深浅不一,一般随岩盐的厚薄而变化。明洞常呈井状、漏斗状、裂缝状和蜂窝状等。暗洞多呈管状和水平状。溶沟一般较浅,宽窄不一。溶塘则有圆形、椭圆形或其他不规则的形状等。

当溶洞、溶沟、溶塘内充满卤水,沉积有结晶不完整的松散盐末,坑壁坚硬,无松散现象时,此类溶洞、溶沟、溶塘一般不再发展。

3. 盐湖的水文地质特征

盐湖多系封闭盆地的中心,为内陆河流的归宿。由于所在地区强烈干旱,蒸发量极大,一般没有扩大的现象。

盐湖周围地带有时有潜水溢出,形成季节性的小股地表径流。并在盐湖边缘潜入地下自行"消失",或在盐湖周围滞留,形成暂时性的积水。地表水的矿化度越近盐湖则越高,在盐湖边缘即接近于饱和状态。

在盐湖地表下的不同深度处,一般都有饱和的晶间卤水和地下水。一年中地下水位的四季变化不显著,饱和盐水冬季不冻结。

二、盐湖的基本性质

盐湖的含盐量一般在20%以上,最高者可达95%。岩盐的性质取决于生成条件、含盐种类、含盐量、土的颗粒成分和结构密度等。按其特征可分为盐壳、盐盖、石盐等三类。

岩盐一般孔隙率小,密度大,平均重度约为 $14\sim17kN/m^3$,抗压强度一般为 $700\sim2000kPa$,最低者在 $400\sim500kPa$,最高者可达 $5000\sim7000kPa$,但抗磨性能较差。各类岩盐分述如下:

(1) 盐壳

由于矿化地下水位过高,被毛细管水所湿润的土,经过不断蒸发后,地面形成胶结致密的盐土硬客。盐壳一般含砂或土较多,胶结良好的盐壳,状如砂岩。

(2) 盐盖

盆地内的咸水湖泊经过强烈蒸发,湖水矿化度增高,就使碳酸盐类、硫酸盐类以及氯化物盐类顺序逐渐沉积。湖泊在干涸的过程中便在饱和盐水上面生成坚硬的、厚数十厘米的以至数米的盐盖。盐盖一般含土粒少,硫酸盐的含量也少,含氯盐最多。

(3) 石盐类

在盐湖内的底层,还有先期沉积的结晶石盐,具有透明或半透明的晶粒或块状,几乎纯为氯化物盐类,除食盐($NaCl$)外,还有氯化钾(KCl)、光卤石($MgCl_2 \cdot KCl \cdot 6H_2O$)等,多不含尘土和砂粒,比重在 $2.1\sim2.2$ 之间。

三、盐湖的路基设计

由于盐湖中的地下水一般都是饱和卤水,对岩盐不再发生溶解作用,加之表面多具有坚硬的盐盖,因此可以在干涸的盐湖表面直接修筑公路。

(1) 在盐湖上修筑公路,选线没有什么困难。路基填料完全可以就地取用岩盐。

(2) 对于较低等级的道路,可采用零填或低路堤的路基断面形式,不需要另外铺筑路面,而通过在路基表面洒盐水逐次结晶,经行车碾压,形成坚硬密实的硬壳,作为路面。这种路面可维持1000辆/昼夜左右的交通量和达到80km/h左右的行车时速。为改善雨季行车条件,可在岩盐路面中掺加砂砾材料,以防雨天行车打滑。

(3) 对于较高等级的道路,一般应采用分期修建的原则,分作两期进行。第一期工程可采用土路堤或岩盐路堤,通过养护用改善土的方法,提高其使用性能,然后再进行第二期工程,在上面铺筑路面。

(4)在盐湖周边潜水容易发生变化和受地面水补给的过盐渍土路段,则应按过盐渍土地区的筑路原则进行设计。

(5)对于不再发展的溶洞、溶沟、溶塘,如为外露者,可用岩盐或卵石、砂砾材料填补夯实;如系暗洞,若洞顶距盐盖地表厚度达 0.3~0.5m 以上,且范围不大时,低级道路可不进行处理,在上面直接行车;若厚度小于 0.3m,或较高等级的道路,则需将洞挖开,进行填补。

若溶洞、溶沟、溶塘尚在发展,且范围较大,则应考虑绕避或采用其他措施,如用砂石材料填筑、设置反渗层等。

(6)以岩盐为路堤填料时,可将岩盐打成碎块铺筑,分层用小碎块填于大盐块之缝隙内,并分层洒卤水进行碾压夯实。

(7)干涸盐湖地段填筑路堤,可利用岩盐作为填料。三、四级公路,可采用低路堤,路堤高度不宜小于 0.3m,路基宽度宜在标准断面的基础上每侧加宽 0.2m,路堤边坡坡率宜采用 1:1.75~1:3。当盐湖地表下有饱和盐水时,宜采用设有排水沟及护坡道的路基横断面,护坡道宽度应大于 2m。

第十四章　多年冻土地区路基

冻土是指温度在 0℃ 或 0℃ 以下，且含有冰的各种岩土，按冻结状态保持时间的长短，冻土可分为多年冻土与季节冻土，在天然条件下，地面以下的冻土保持两年或两年以上者，称为多年冻土。

我国多年冻土面积约有 215 万 km^2，位居世界第三，主要分布于东北大小兴安岭，西部高山和青藏高原等地。其中青藏高原多年冻土区分布面积约 150 万 km^2，是全球面积最大的高海拔多年冻土区。

在多年冻土地区筑路一般常见的路基病害有：

(1) 由于修筑路基，使含有大量冰的多年冻土融解，引起路堑边坡坍塌、路基基底发生不均匀沉陷，或由于水分向路基上部集聚而引起冻胀、翻浆等现象。

(2) 路基底的冰丘、冰锥往往会使路基鼓胀，引起路基、路面的开裂与变形；当冰丘、冰锥融化后，路基又发生不均匀沉陷。路基附近的冰丘、冰锥掩埋路基会造成阻车。

在多年冻土地区选线应尽量绕避发生不良物理地质现象的地段，并将路线选在地层干燥、地质良好的地段。对冰、水含量较高的冻土路基设计，一般多采用保护冻土原有状态的原则进行。

第一节　概　　述

一、相关概念

1. 冻土相关概念

(1) 多年冻土地区受季节冻结和融化作用的地表层，称为季节冻融层。冬季冻结时不与多年冻土层衔接的季节冻融层，称为季节冻结层；冬季冻结时与多年冻土层衔接的季节冻融层，称为季节融化层。

(2) 多年冻土层的上部界限，称为多年冻土上限，简称上限；多年冻土的下部界限，称为多年冻土下限，简称下限。在天然条件下形成的上限，称为天然上限；经人为活动形成的上限，称为人为上限。

(3) 多年冻土的上限与季节融化层衔接的，称为衔接的多年冻土，如图 5-14-1 所示。多年冻土的上限与季节冻结层不衔接，中间为不冻土层所隔开的，称为不衔接的多年冻土，如图 5-14-2 所示。

(4) 在多年冻土地区，多年冻土在平面上连续成整片的，称为整体的多年冻土；彼此不相连续，呈岛状分布，或多年冻土中存在一定比例岛状不冻土的，称为非整体的多年冻土。非整体的多年冻土，一般分布在整体多年冻土的外缘。

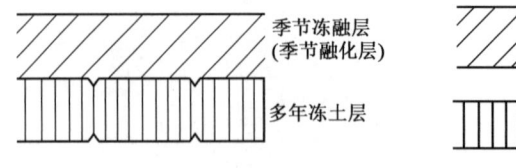
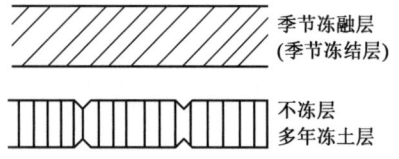

图 5-14-1　衔接的多年冻土　　　　　图 5-14-2　不衔接的多年冻土

2.冻土区的地下水

多年冻土的地下水可分为三类：
(1)层上水：上限界面以上的地下水。
(2)层间水：多年冻土层内局部融区的地下水。
(3)层下水：多年冻土层以下的地下水。

二、多年冻土的分类及分布

1.多年冻土分类

冻土按年平均地温可分为低温多年冻土和高温多年冻土：年平均地温小于 $-1.5℃$ 的冻土区称为低温多年冻土区，年平均地温大于 $-1.5℃$ 的冻土区称为高温多年冻土区。

多年冻土按含冰量可分为少冰冻土、多冰冻土、富冰冻土、饱冰冻土和含土冰层等五类。其中富冰冻土、饱冰冻土和含土冰层又统称为高含冰量冻土。具体分类详见表5-14-1。

多年冻土按含冰量分类表　　　　表 5-14-1

冻土类型	土的类别	总含水率 $w(\%)$	融化后的潮湿程度
少冰冻土	粉、黏粒含量≤15%粗颗粒土（包括碎石类土、砾、粗、中砂，以下同）	$w<10$	潮湿
	粉、黏粒含量>15%粗颗粒土	$w<12$	稍湿
	细砂、粉砂	$w<14$	
	粉土	$w<17$	
	黏质土	$w<w_p$	坚硬
多冰冻土	粉、黏粒含量≤15%粗颗粒土	$10\leqslant w<15$	饱和
	粉、黏粒含量>15%粗颗粒土	$12\leqslant w<15$	潮湿
	细砂、粉砂	$14\leqslant w<18$	
	粉土	$17\leqslant w<21$	
	黏质土	$w_p\leqslant w<w_p+4$	硬塑
富冰冻土	粉、黏粒含量≤15%粗颗粒土	$15\leqslant w<25$	饱和出水(出水量小于10%)
	粉、黏粒含量>15%粗颗粒土		饱和
	细砂、粉砂	$18\leqslant w<28$	
	粉土	$21\leqslant w<32$	
	黏质土	$w_p+4\leqslant w<w_p+15$	软塑

续上表

冻土类型	土的类别	总含水率 w(%)	融化后的潮湿程度
饱冰冻土	粉、黏粒含量≤15%粗颗粒土	$25 \leq w < 44$	饱和出水(出水量为10%~20%)
	粉、黏粒含量>15%粗颗粒土		饱和出水(出水量小于10%)
	细砂、粉砂	$28 \leq w < 44$	
	粉土	$32 \leq w < 44$	
	黏质土	$w_p + 15 \leq w < w_p + 35$	流塑
含土冰层	碎石类土、砂类土、粉土	$w > 44$	饱和出水(出水量为10%~20%)
	黏质土	$w > w_p + 35$	流塑4

2. 我国多年冻土分布

我国多年冻土的分布,可以用二级区划的形式进行表述,具体分区见表 5-14-2。

冻土一级、二级区划 表 5-14-2

一级区划	Ⅰ 高纬度冻土区	Ⅱ 高山冻土区	Ⅲ 高原冻土区
二级区划	Ⅰ₁ 大兴安岭北部大片多年冻土亚区	Ⅱ₁ 阿尔泰山—北塔山山地多年冻土亚区	Ⅲ₁ 青南—藏北高原北部大片多年冻土亚区
	Ⅰ₂₋₁ 大兴安岭南段西坡与呼伦贝尔高平原岛状多年冻土亚区	Ⅱ₂ 天山山地多年冻土亚区	Ⅲ₂ 藏北高原南部岛状多年冻土亚区
	Ⅰ₂₋₂ 大小兴安岭东、西坡丘陵及松嫩平原北部岛状多年冻土亚区	Ⅱ₃ 阿尔金山—祁连山山地多年冻土亚区	Ⅲ₃ 青藏高原东南缘山地岛状多年冻土亚区
	Ⅰ₂₋₃ 小兴安岭山地岛状多年冻土亚区	Ⅱ₄ 喜马拉雅山山地多年冻土亚区	

三、多年冻土不良地质现象

1. 厚层地下冰

多年冻土地区的层上水在冻结过程中,向上限附近聚流并冻结成冰,如果这种作用不断进行,含冰土层厚度就会逐渐增加。上限位置也在逐步抬高。当上限以下含土冰层的厚度大于 0.1m,或饱冰冻土的厚度大于 0.3m,或富冰冻土的厚度大于 0.7m 时,称为厚层地下冰。在厚层地下冰发育地区,容易产生热融滑坍、热融沉陷和热融湖(塘)等不良物理地质现象,对路基稳定影响甚大。

2. 热融滑坍

有厚层地下冰分布的斜坡,经融化后,土体沿融浆斜面向下滑移,形成热融滑坍。热融滑坍可使路基边坡失去稳定,也可使路基被融冻泥流掩埋。

3. 热融沉陷和热融湖(塘)

多年冻土融化以后,因地表下陷而形成的凹地,称为热融沉陷。当凹地积水成湖(塘)时,称为热融湖(塘)。热融沉陷和热融湖(塘)主要分布在有厚层地下冰分布的平地上,在丘陵缓坡坡脚也有分布。热融沉陷和热融湖(塘)容易导致路基发生不均匀沉陷。

4. 冻土沼泽

在多年冻土地区,在排水不畅的地带,由于冻土层形成大面积的隔水层,使地表长期过湿、沼泽植物繁育并泥炭化,即形成冻土沼泽。冻土沼泽多见于洼地,也见于平坦的分水岭或缓坡上。在沼泽分布地带,由于草墩及泥炭层覆盖,多年冻土上限很浅,容易产生不均匀冻胀和热融沉陷。

5. 冰丘、冰锥

多年冻土的层上水,由于季节冻结层的封闭,形成承压水,将冻结层顶起成隆丘,并在其内部不断聚积冻结,即成冰丘,冰丘有一年生和多年生两种。当承压水突破地表,冻结堆积,即成冰锥。承压河水突破封冻的河面,则形成河冰锥。冰丘、冰锥大多见于山麓、沟底、山间洼地、洪积扇前缘、河谷阶地、河漫滩及平缓的山坡和分水岭地带。河冰锥则分布于沿河地带。冰丘、冰锥可掩盖道路,堵塞桥涵,使构造物发生严重变形。

四、多年冻土的物理力学性质

1. 融沉系数与压缩系数

冻土融化过程中,在自重作用下产生的下沉量与融化前相应厚度的比值称为冻土的融沉系数(δ)。

冻土融化后,融化层在路堤自重及活载或其他外加荷载的作用下,下沉量与此前相应厚度的比值,称为冻土的压缩系数(α)。

融沉系数和压缩系数的大小,如无试验资料时,可参考表5-14-3和表5-14-4。

冻结的黏质土融沉系数及压缩系数　　　　　表5-14-3

总含水率 $w(\%)$	w_p	$w_p \sim (w_p+7)$	$(w_p+7) \sim (w_p+15)$	$(w_p+15) \sim 50$	50~60	60~80	80~100
$\delta(\%)$	<2	2~5	5~10	10~20	20~30	30~40	>40
$\alpha(\text{MPa}^{-1})$	0.1	0.1~0.2	0.2~0.3	0.3~0.4	0.4~0.5	0.5~0.6	0.6~0.7

冻结的砂质土融沉系数及压缩系数　　　　　表5-14-4

总含水率 $w(\%)$	<10	10~15	15~20	20~25	25~30	30~35	>35
$\delta(\%)$	0	0~3	3~6	6~10	10~15	15~20	>20
$\alpha(\text{MPa}^{-1})$	0	<0.1	0.1	0.2	0.3	0.4	0.5

注:1. 总含水率是指冻土中所含冰和未冻结水的总质量与土骨架质量之比。
　　2. w_p为土的塑限含水率。

多年冻土按融沉系数的分级见表5-14-5及表5-14-6。

多年冻土融沉性分级表　　　　　表5-14-5

融沉系数$\delta(\%)$	$\delta \leq 1$	$1 < \delta \leq 3$	$3 < \delta \leq 10$	$10 < \delta \leq 25$	$\delta > 25$
融沉性等级	Ⅰ	Ⅱ	Ⅲ	Ⅳ	Ⅴ
融沉性类别	不融沉	弱融沉	融沉	强融沉	融陷

多年冻土的融沉性分级表　　　　表 5-14-6

融沉等级	融沉类别	土的名称	总含水率 w(%)	平均融沉系数 δ(%)
Ⅰ	不融沉	碎(卵)石、砾、粗、中砂 (粒径<0.074mm 含量<15%)	$w<10$	$\delta\leq1$
Ⅱ	弱融沉		$w\geq10$	$1<\delta\leq3$
Ⅰ	不融沉	碎(卵)石、砾、粗、中砂 (粒径<0.074mm 含量>15%)	$w<12$	$\delta\leq1$
Ⅱ	弱融沉		$12\leq w<15$	$1<\delta\leq3$
Ⅲ	融沉		$15\leq w<25$	$3<\delta\leq10$
Ⅳ	强融沉		$w\geq25$	$10<\delta\leq25$
Ⅰ	不融沉	粉、细砂	$w<14$	$\delta\leq1$
Ⅱ	弱融沉		$14\leq w<18$	$1<\delta\leq3$
Ⅲ	融沉		$18\leq w<28$	$3<\delta\leq10$
Ⅳ	强融沉		$w\geq28$	$10<\delta\leq25$
Ⅰ	不融沉	粉土	$w<17$	$\delta\leq1$
Ⅱ	弱融沉		$17\leq w<21$	$1<\delta\leq3$
Ⅲ	融沉		$21\leq w<32$	$3<\delta\leq10$
Ⅳ	强融沉		$w\geq w_P$	$10<\delta\leq25$
Ⅰ	不融沉	黏质土	$w<w_P$	$\delta\leq1$
Ⅱ	弱融沉		$w_P\leq w<w_P+4$	$1<\delta\leq3$
Ⅲ	融沉		$w_P+4\leq w<w_P+15$	$3<\delta\leq10$
Ⅳ	强融沉		$w_P+15\leq w<w_P+35$	$10<\delta\leq25$
Ⅴ	融陷	含土冰层	$w\geq w_P+35$	$\delta>25$

注：盐渍化冻土、泥炭化土、腐殖土、高塑性黏土不在表列。

2. 冻胀率与冻胀力

冻胀率是指冻土单位冻结深度的冻胀量，即某一深度的冻胀量与相应的冻结深度之比值。冻结力指土的冻胀受到约束时产生的力，可以分为法向冻胀力、切向冻胀力以及水平冻胀力。

1) 冻胀量与季节融化层的冻胀分级

冻胀量衡量土冻结时冻胀变形的大小，当土中含水率达到一定程度时，才会发生冻胀。各种土造成土体冻胀的起始含水率可以参考表 5-14-7。

各种土造成土体冻胀的起始含水率　　　　表 5-14-7

土的类别 含水率	黏土、亚黏土		亚砂土		粉砂	中砂、粗砂、砾砂、砾石	
	一般的	粉质的	一般的	粉质的	细砂	一般的	含粉、黏粒
w_c(%)	18~25	15~20	13~18	11~15	10~15	5~8	5~15

冻胀量的计算方法介绍以下两种：

(1) 建筑科学研究院地基基础研究所从季节冻土地区的试验获得的经验公式：

$$h_n = 30(w_0 - w_c)H^{\frac{1}{3}} \tag{5-14-1}$$

式中：h_n——地基冻胀高度(cm)；

w_0——冻结前含水率(%);

w_c——土层起始冻胀含水率(%),见表5-14-7;

H——地基的冻结深度(cm)。

(2)近似计算公式:

$$h_n = 1.09 \int_0^h \frac{\gamma}{\gamma_B}(w_0 - w_p)dH \tag{5-14-2}$$

对均质土层,上式可简化为

$$h_n = 1.09 \frac{\gamma}{\gamma_B}(w_0 - w_p)H \tag{5-14-3}$$

式中:γ——土层的干密度(kN/m^3);

γ_B——水的密度(kN/m^3)。

其余符号意义同前。

季节冻结层土的冻胀性根据冻胀率分级见表5-14-8。

季节冻结层土的冻胀性分级　　　　　　　　　　　　　表5-14-8

冻胀等级	冻胀类别	平均冻胀率 η(%)	土的类别	冻前天然含水率 w(%)	冻结期间地下水位距冻结面的最小距离 h_w(m)
Ⅰ	不冻胀	$\eta \leq 1$	<0.074mm 粉、黏粒含量≤15%的粗颗粒土(包括碎石类土、砾、粗、中砂,以下同)以及粉、黏粒含量≤10%的细砂	不考虑	—
			<0.074mm 粉、黏粒含量>15%的粗颗粒土,粉、黏粒含量>10%的细砂	$w \leq 12$	>1.0
			粉砂	$12 < w \leq 14$	>1.0
			粉土	$w \leq 19$	>1.5
			黏质土	$w \leq w_p + 2$	>2.0
Ⅱ	弱冻胀	$1 < \eta \leq 3.5$	<0.074mm 粉、黏粒含量>15%的粗颗粒土,粉、黏粒含量>10%的细砂	$w \leq 12$	≤1.0
				$12 < w \leq 18$	>1.0
			粉砂	$w \leq 14$	≤1.0
				$14 < w \leq 19$	>1.0
			粉土	$w \leq 19$	≤1.5
				$19 < w \leq 22$	>1.5
			黏质土	$w \leq w_p + 2$	≤2.0
				$w_p + 2 < w \leq w_p + 5$	>2.0
Ⅲ	冻胀	$3.5 < \eta \leq 6$	<0.074mm 粉、黏粒含量>15%的粗颗粒土,粉、黏粒含量>10%的细砂	$12 < w \leq 18$	≤1.0
				$w > 18$	>0.5
			粉砂	$14 < w \leq 19$	≤1.0
				$19 < w \leq 23$	>1.0
			粉土	$19 < w \leq 22$	≤1.5
				$22 < w \leq 26$	>1.5

续上表

冻胀等级	冻胀类别	平均冻胀率 η(%)	土 的 类 别	冻前天然含水率 w(%)	冻结期间地下水位距冻结面的最小距离 h_w(m)
Ⅲ	冻胀	$3.5 < \eta \leq 6$	黏质土	$w_p + 2 < w \leq w_p + 5$	≤2.0
				$w_p + 5 < w \leq w_p + 9$	>2.0
Ⅳ	强冻胀	$6 < \eta \leq 12$	<0.074mm 粉、黏粒含量>15%的粗颗粒土,粉、黏粒含量>10%的细砂	$w > 18$	≤0.5
			粉砂	$19 < w \leq 23$	≤1.0
			粉土	$22 < w \leq 26$	≤1.5
				$26 < w \leq 30$	>1.5
			黏质土	$w_p + 5 < w \leq w_p + 9$	≤2.0
				$w_p + 9 < w \leq w_p + 15$	>2.0
Ⅴ	特强冻胀	$\eta > 12$	粉砂	$w \leq 23$	不考虑
			粉土	$26 < w \leq 30$	≤1.5
				$w > 30$	不考虑
			黏质土	$w_p + 9 < w \leq w_p + 15$	≤2.0
				$w \leq w_p + 15$	不考虑

注:1. 盐渍化冻土、泥炭化冻土不在表列。
　2. 塑性指数大于22,冻胀性可降低一级。
　3. 当碎石类土中的充填物大于全部质量的40%时,其冻胀性按充填物土的类别判定。

在多年冻土地区,季节融化层的冻胀和冻结层的融沉,是多年冻土产生工程病害的最基本的根源,是冻土地区公路路基建造要着力解决的问题。

2)冻胀力

冻胀力分为法向冻胀力、切向冻胀力和水平向冻胀力,如图 5-14-3 所示。

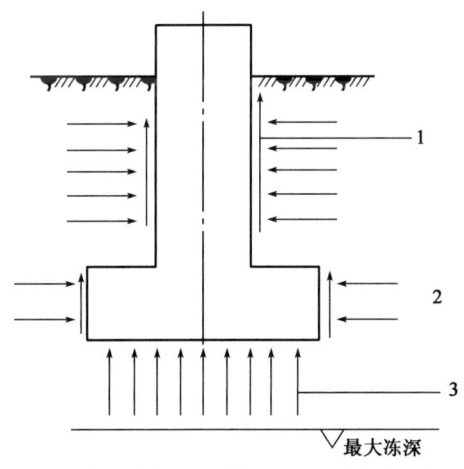

1-切向冻胀力;2-水平冻胀力;3-法向冻胀力。

图 5-14-3　冻胀力分类示意图

(1)法向冻胀力,是垂直于冻结锋面及基础底面,把建筑物基础向上抬起的冻胀力。这里介绍两种计算法向冻胀力的经验公式,供参考使用。

①黑龙江省低温建筑科学研究所提出的经验公式:

$$\sigma = \frac{200F}{F_b} \qquad (5\text{-}14\text{-}4)$$

式中:σ——作用于基础底面的单位法向冻胀力(kPa);

F——法向冻胀力扩展到冻结锋面处的面积(m²),如图 5-14-4 所示;

F_b——基础底面积(m²)。

②日本木下诚一提出的经验公式:

$$\sigma = \frac{h_n}{H} \cdot E \qquad (5\text{-}14\text{-}5)$$

式中:h_n——冻胀量(cm);

H——冻结深度(cm);

E——冻土的弹性模量(kPa)。

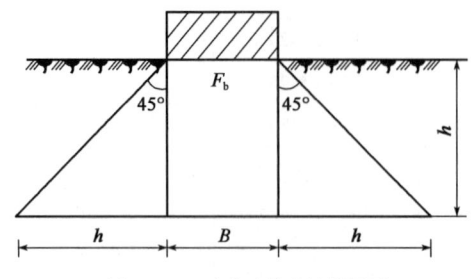

图 5-14-4 法向冻胀力计算图示

(2)切向冻胀力

切向冻胀力垂直于冻结锋面,平行作用于基础侧表面,通过基础与冻土间的冻结强度,使基础随着土体的冻胀变形而产生向上位移的拔起力。

切向冻胀力一般用作用在基侧单位面积上的平均切向力来表示,称为单位切向冻胀力(τ_a),单位为 kPa,可以用式(5-14-6)计算。

$$\tau_a = \frac{T}{UZ_H} \qquad (5\text{-}14\text{-}6)$$

式中:T——总切向冻胀力(kN);

U——与冻土接触的基础周长(m);

Z_H——与基础接触的冻深(m)。

《公路桥涵地基与基础设计规范》(JTG 3363—2019)给出的季节性冻土单位切向冻胀力参考值如表 5-14-9 所示。

季节性冻土单位切向冻胀力(kPa)　　　　　表 5-14-9

基础形式	不冻胀	弱冻胀	冻胀	强冻胀	特强冻胀
墩、台、柱、桩基础	0~15	15~80	80~120	120~160	160~200
条形基础	0~10	10~40	40~60	60~80	80~100

注:1. 条形基础系指基础长宽比等于或大于 10 的基础。
　　2. 对表面光滑的建筑物,乘以 0.8 的系数。

(3)水平冻胀力

水平冻胀力(σ_h)垂直作用于基础侧表面,使基础受到水平方向挤压而产生水平位移。水平冻胀力沿支挡建筑物高度的分布,受填土含水率沿深度的变化、地下水位的高低与变化、外来水的补给及排水条件等因素的影响。多数情况下是挡墙背的中部,约 0.3~0.8h(h 为挡墙出露高度)高度范围内水平冻胀力较大,0.6h 处出现最大值[图 5-14-5a)];挡墙底部接近地下水位,土体含水率沿深度增大,且建筑物刚度较大时,水平冻胀力呈现上小下大,近似于三角形的分布[图 5-14-5b)]。一般情况下,最大水平冻胀力的取值可参考下列数值。

①封闭体系条件下,细粒土取 150~200kPa,粗粒土取 50~100kPa;

②开放体系条件下,细粒土取 200~300kPa,粗粒土取 100~200kPa。

3. 冻结强度

土与基础表面冻结在一起所能承受的最大剪应力称为冻结强度(冻结力)。其数值不仅与温度和含水率有关,而且与基础材料表面的粗糙度有关。《公路桥涵地基与基础设计规范》(JTG 3363—2019)给出的多年冻土与基础之间的单位面积冻结力如表 5-14-10 所示。

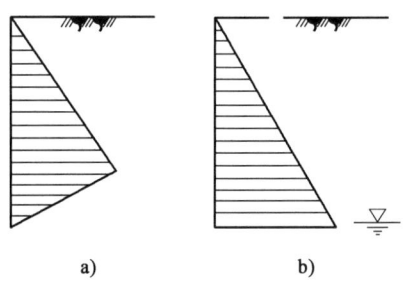

图 5-14-5 水平冻胀力沿墙高分布

多年冻土与基础间的冻结力标准值(kPa)　　表 5-14-10

土类及融沉等级		温度(℃)						
		-0.2	-0.5	-1.0	-1.5	-2.0	-2.5	-3.0
粉土、黏质土	Ⅲ	35	50	85	115	145	170	200
	Ⅱ	30	40	60	80	100	120	140
	Ⅰ、Ⅳ	20	30	40	60	70	85	100
	Ⅴ	15	20	30	40	50	55	65
砂土	Ⅲ	40	60	100	130	165	200	230
	Ⅱ	30	50	80	100	130	155	180
	Ⅰ、Ⅳ	25	35	50	70	85	100	115
	Ⅴ	10	20	30	35	40	50	60
砾石土(粒径小于0.075mm 的颗粒含量小于或等于10%)	Ⅲ	40	55	80	100	130	155	180
	Ⅱ	30	40	60	80	100	120	135
	Ⅰ、Ⅳ	25	35	50	60	70	85	95
	Ⅴ	15	20	30	40	45	55	65
砾石土(粒径小于0.075mm 的颗粒含量大于10%)	Ⅲ	35	55	85	115	150	170	200
	Ⅱ	30	40	70	90	115	140	160
	Ⅰ、Ⅳ	25	35	50	70	85	95	115
	Ⅴ	15	20	30	35	45	55	60

注:1. 动多年冻土与沉桩的冻结力标准值按融沉等级Ⅳ级取值。
　　2. 对预制混凝土、木质、金属的冻结力标准值,表列数值乘以 1.0、0.9、0.66 的系数。

4. 抗压强度

冻土的抗压强度主要取决于将土胶结起来的冰的强度,且随温度下降而提高,但有限度。此外,加压时间越短,抗压强度越大。如瞬时加压,其抗压强度高达 30MPa;若长期加压,其抗压强度要小到瞬时加压的 1/15~1/10。冻土容许承载力在无实测资料时,可参考表 5-14-11 取值。

多年冻土地基的基本承载力(kPa) 表 5-14-11

序号	土的名称	基础底面的月平均最高气温(℃)				
		-0.5	-1.0	-1.5	-2.0	-3.5
1	块石土、卵石土、碎石土	800	950	1100	1250	1650
2	砾石土、砾砂、粗砂、中砂	600	750	900	1050	1450
3	细砂、粉砂	450	550	650	750	1000
4	亚砂土	400	450	550	650	850
5	亚黏土、黏土	350	400	450	500	700
6	饱冰冻土	250	300	350	400	550

注:1. 本表序号 1~5 类的基本承载力,适合于少冰冻土、多冰冻土,当序号 1~5 类的地基为富冰冻土时,表列数值降低 20%。
　　2. 含土冰层的承载力应实测确定。
　　3. 基础置于饱冰冻土时,基础底面应设 0.2~0.3m 的砂垫层。
　　4. 表列数值不适用于含盐量大于 0.5% 的冻土。

五、多年冻土上限深度的确定

确定多年冻土上限深度及其变化是确保冻土地区路基稳定的重要内容,同时也为此类地区修建路基及其他建筑物提供重要的依据。影响多年冻土上限深度的因素主要有:气温、冻土以上土层的导温性能、地表接受日照和反射热的条件等。一般对冻土上限深度的确定可以采用以下几种方法。

1. 实测法

(1)在融化深度最大的季节,通过勘探方法进行实测,查明上限位置。这是最直接、最可靠的方法。

(2)在衔接的多年冻土地区,当没有达到最大季节融化深度时,可根据季节融化层在冻结过程中水分发生双向转移的规律判断上限深度。一般在上限深度附近的冰层顶面即为多年冻土上限。如未形成冰层,则可借助含水率的分布情况进行判断,一般在上限附近含水率较高。

2. 统计分析法

根据多年冻土区实际勘探的大量上限资料,按照不同土质、朝向等统计出各种条件下冻土的上限值。大兴安岭及青藏高原多年冻土地区上限深度的调查值可分别参考表 5-14-12、表 5-14-13。

大兴安岭多年冻土上限深度参考值 表 5-14-12

土 类	上限深度(m)	
	保温情况尚好	保温情况良好
泥炭	0.7~1.2	0.3~0.8
黏质土	2.0~3.2	0.8~2.0
砂	2.5~3.5	1.8~2.5
碎石土	2.5~3.5	1.5~2.8
卵石夹砂	3.0~4.3	3.0~3.5

青藏高原多年冻土地区标准地表面条件下的冻土上限深度概值   表 5-14-13

土 类	潮湿情况	上限深度(m)			
		腹部地带			边缘地带
		山岭	丘陵	沿江平原	
草皮	较潮湿	0.9~1.15	1.20~1.50	1.45~1.70	1.80
黏土		1.15~1.50	1.50~1.95	1.90~2.20	2.35
亚黏土		1.20~1.55	1.55~2.00	1.95~2.30	2.40
亚砂土		1.30~1.65	1.70~2.15	2.10~2.45	2.60
砂土		1.40~1.75	1.80~2.30	2.25~2.60	2.75
砾石土		1.55~1.95	2.00~2.55	2.45~2.90	3.05
卵碎石土		1.70~2.15	2.20~2.80	2_75~3.20	3.40
以黏质土为主的填土	较干燥	1.65~2.10	2.15~2.75	2.65~3.15	3.30

注:1.凡呈棕黄色或浅黄色的平地的地表面,称为标准地表面。
　　2.腹部地带上限深度的变化规律,一般是:同类地貌的北部小,南部大;在邻近地点,则高处小,低处大。

3. 计算法

1)土层换算法

大兴安岭多年冻土地区可以用经验公式(5-14-7)计算:

$$H = h_1 K_1 + (h_i - h_1) K_2 + \left(h_i - h_1 - \frac{h_2}{k_2}\right) K_3 + \cdots + \left(h_i - h_1 - \frac{h_2}{k_2} - \cdots - \frac{h_{n-1}}{K_{n-1}}\right) K_n \quad (5\text{-}14\text{-}7)$$

式中：　H——最大融化深度(m);
　　　　h_i——标准土层的最大融化深度(m),见表5-14-14、表5-14-15、表5-14-16;
K_1、K_2、$\cdots K_n$——换算系数,见表5-14-14、表5-14-15、表5-14-16;
h_1、h_2、$\cdots h_n$——分层厚度(m)。

大兴安岭阳坡最大融化深度及换算系数　　表 5-14-14

土 名	最大融化深度(m)	换算系数 K				
泥炭	0.70	1.0	0.47	0.22	0.47	0.20
亚黏土夹碎石	1.50	2.1	1.0	0.46	1.0	0.43
碎石夹亚黏土	3.25	4.6	2.17	1.0	2.4	0.93
砂砾	1.50	2.1	1.0	0.46	1.0	0.43
卵石土	3.50	5.0	2.3	1.08	2.3	1.0

大兴安岭阴坡最大融化深度及换算系数　　表 5-14-15

土 名	最大融化深度(m)	换算系数 K				
泥炭	0.5	1.0	0.5	0.25	0.5	0.22
亚黏土夹碎石	1.0	2.0	1.0	0.5	1.0	0.44
碎石夹亚黏土	2.0	4.0	2.0	1.0	2.0	0.88
砂砾	1.0	2.0	1.0	0.5	1.0	0.44
卵石土	2.25	4.5	2.25	1.13	2.25	1.0

大兴安岭半阴半阳坡最大融化深度及换算系数　　　　表 5-14-16

土　　名	最大融化深度(m)	换算系数 K				
泥炭	0.6	1.0	0.48	0.23	0.48	0.21
亚黏土夹碎石	1.25	2.08	1.0	0.48	1.0	0.44
碎石夹亚黏土	2.63	4.40	2.1	1.0	2.1	0.91
砂砾	1.25	2.08	1.0	0.48	1.0	0.44
卵石土	2.88	4.80	2.3	1.1	2-3	1.0

算例：大兴安岭某线位于向阳山坡上，地表层 0~0.3m 为黑色泥炭，0.3~0.8m 为黄褐色轻亚黏土，其中夹碎石 20%~30%，0.8~2.3m 为碎石夹亚黏土 20%~35%，求最大融化深度。

由表 5-14-14 得：

泥炭 $h_i = 0.7$，$K_1 = 1.0$；亚黏土夹碎石 $K_2 = 2.1$；碎石夹亚黏土 $K_3 = 4.6$。

$$H = h_1 K_1 + (h_i - h_1) K_2 + \left(h_i - h_1 - \frac{h_2}{k_2}\right) K_3$$

$$= 0.3 \times 1.0 + (0.7 - 0.3) \times 2.1 + \left(0.7 - 0.3 - \frac{0.5}{2.1}\right) \times 4.6 = 1.88 \text{(m)}$$

2）地温计算法

（1）青藏高原多年冻土地区上限深度计算的经验公式

①标准地表面下的上限深度 H_b，可按式(5-14-8)计算：

$$H_b = Z \tau_b \tag{5-14-8}$$

式中：H_b——标准地表面下的上限深度(m)；

　　　Z——上限模数(m)；

　　　τ_b——标准地表面下的地温峰值滞后时间(rad)，1d = 0.0174rad。

②任意表面下的上限深度 H，可按式(5-14-9)计算：

$$H = H_b + E_r + E_f \tag{5-14-9}$$

式中：H——上限深度(m)；

　　　H_b——标准地表面下的上限深度(m)；

　　　E_r——接受日照条件不同的上限深度的地表校正值，见表 5-14-17；

　　　E_f——对热的反射条件不同的上限深度的地表校正值，见表 5-14-17。

③若两地地表覆盖条件类似，则可用式(5-14-10)进行计算：

$$H = H' \frac{\sqrt{Z}}{\sqrt{Z'}} \tag{5-14-10}$$

式中：H——求算点的上限深度(m)；

　　　H'——对比点的上限深度(m)；

　　　Z——求算点的上限模数(m)；

　　　Z'——对比点的上限模数(m)。

不同地表面下的上限深度校正值 表 5-14-17

名 称	$E_r(m)$							$E_f(m)$				
	接受日照条件							对热反射条件				
	向北坡			平地（标准地表面）	向南坡			白色表面	棕黄色或浅黄色表面	绒状表面	坚实表面	黑色表面
地表面类型	陡坡	中坡	缓坡		缓坡	中坡	陡坡					
	陡于 1:0.75	1:0.75～1:1.5	缓于 1:1.5		缓于 1:1.5	1:0.75～1:1.5	陡于 1:0.75					
上限深度地表校正值	-0.40	-0.25	-0.15	0	0.15	0.25	0.35	-0.25	0	0	0.15	0.25

④在计算多层土的上限深度时，可近似采用式(5-14-11)试算求解。

$$H_b = h_1 + h_2 + \cdots + h_n = \frac{\tau_b^2}{\frac{h_1}{Z_1^2} + \frac{h_1}{Z_2^2} + \cdots + \frac{h_1}{Z_n^2}} \quad (5\text{-}14\text{-}11)$$

式中：$h_1, \cdots, h_n$——上限以上各层土的厚度(m)；

$Z_1, \cdots, Z_n$——上限以上各层土的上限模数(m)。

(2) 有关参数的确定

①青藏高原常见土、石的上限模数参考值见表 5-14-18；常用建筑材料的上限模数见表 5-14-19。

青藏高原常见土、石的上限模数 Z 参考值 表 5-14-18

名 称	含 水 特 性	上限模数 $Z(m)$
青水草	冻结时大致相当于多冰或富冰冻土	0.75
草皮	冻结时大致相当于多冰或富冰冻土	0.88
黏土	冻结时大致相当于多冰或富冰冻土	1.13
亚黏土	冻结时大致相当于多冰或富冰冻土	1.17
亚砂土	冻结时大致相当于多冰或富冰冻土	1.26
以中、细砂为主的砂土	冻结时大致相当于多冰或富冰冻土	1.34
砾石土	冻结时大致相当于多冰或富冰冻土	1.48
卵、碎石土	冻结时大致相当于多冰或富冰冻土	1.64
以黏质土为主的填筑土	冻结时大致相当于少冰冻土	1.59

常用建筑材料的上限模数 表 5-14-19

名 称	特 征	上限模数 $Z(m)$
砂	干燥	1.67
沥青	实体	1.28
片石砌体	—	2.66
混凝土	矿渣体	2.25
混凝土	比热为 1130J/kg	2.46
混凝土	比热为 837 J/kg	2.60
炉渣	干燥密度为 700kg/m³	1.90
炉渣	干燥密度为 1000kg/m³	1.99

②地温峰值滞后时间 τ_b，见表 5-14-20。

青藏高原多年冻土地区标准地表地温峰值滞后时间 τ_b 参考值 表 5-14-20

腹部地带			边缘地带
山岭	丘陵	沿江平原	
1.34～1.71	1.34～1.71	1.66～1.95	2.05

注：腹部地带 τ_b 值，一般是在同类地貌的北部较小，南部较大；在邻近地点，则高处较小，低处较大。

第二节 勘测要点与设计原则

一、工程地质勘测

多年冻土区勘察场地，可以根据冻土温度、含冰状态、不良冻土地质现象和工程对生态环境影响程度等因素进行复杂程度分类，按表 5-14-21 进行场地划分。

勘察场地的复杂程度分类 表 5-14-21

场地复杂程度	冻土温度(℃)	含冰状态	不良地质现象	对环境影响
复杂场地	≥-1.5	厚层地下冰发育	强烈发育	影响大
一般场地	≥-1.5	地下冰发育	一般发育	有不利影响
简单场地	<-1.5	地下冰不发育	不发育	无影响

1. 勘察要点

（1）工程场地勘察总体内容如下：

①收集气象资料：包括气温，降雨量，一年中冻结和融化的时间，积雪的时间和厚度等。

②调查地貌形态特征、分布情况和成因类型并划分地貌单元。

③调查地貌与第四纪地质、岩性、构造、地表水以及地下水等及与冻土现象的关系。

④调查冻土的分布、埋藏、结构、地下冰类型及其与各种自然条件的关系。

⑤收集多年冻土年平均地温、地表温度较差和冻土温度变化资料。

⑥调查冻土现象的形成、分布、形态、规模和发育程度。

⑦调查多年冻土区融区的分布特征、成因及其与自然因素及人为工程活动的关系。

（2）详勘阶段应结合路线走向，进一步查明以下几方面的内容：

①查明沿线冻土成因、类型、分布、厚度、土质及地层结构。

②查明沿线冻土的物理、力学和热学性质，含水率、含冰量、地温。

③查明多年冻土的上限和下限、季节性冻土的最大冻结深度、冻土的融沉等级和冻胀性。

④查明冻土沼泽、冻胀丘、冰锥、热融湖（塘）、热融滑塌、融冻泥流等不良地质的分布、规模及其发展和变化情况对公路工程方案的影响。

⑤提供多年冻土地基的物理、力学和热学参数。

⑥沿线填料、保温材料、工程用水和生活用水的分布情况。

⑦既有道路和工程建筑的使用情况。

（3）工程地质勘探。

①钻探时钻机的功率应考虑高海拔地区损失，钻探深度应不小于多年冻土地温年变化深度。

②地质雷达勘测深度应达到地下 10～20m 的范围,能查明地表以下多年冻土上限和上限附近地下冰的分布。

③冻土总含水率和重度参数应在现场直接测定,土颗粒分析、热学、力学参数可在室内进行测定。

④冻土区测温宜采用热敏电阻等测温元件。

⑤测定冻土基本物理性质指标的土样应由地面以下 0.5m 开始逐层取样,土层厚度不足 1m 时取样应不少于 1 个;土层厚度大于 1m 时,每 1m 取样应不少于 1 个;冻土上限附近及含冰量变化大时应加密取样。测定冻土基本物理、热物理性质指标的土样应不少于 1 件;测定冻土力学性质指标的土样应不少于 3 件。

(4)工程地质评价应包括以下内容:

①冻土类型、分布及成分、结构、性质、厚度等评价。

②冻土温度状态的变化,包括地表积雪、植被、水体、沼泽化、大气降水渗透作用、土体的含水率、地形等引起的变化。

③季节融化深度的变化,冻土物理力学和热学性质的变化,冻土现象(过程)的动态变化。

④既有公路工程所引起的冻土现象和冻土工程地质条件变化的情况。

⑤提出防治措施的建议。

⑥对以融化过程为主的不良冻土现象,应描述热融湖(塘)、热融洼地和热融滑塌等不良冻土现象的成因、规模、与公路的距离。评价热融湖(塘)、热融洼地和热融滑塌对公路的影响程度,分析和预测不良冻土现象的发生、发展对公路路基稳定性的影响。

⑦对以冻结过程为主的不良冻土现象,应描述冻胀丘、河(泉)冰锥等不良冻土现象的成因、规模、与公路的距离。评价冻胀丘、冰锥对公路路基的影响。对泉水冰锥演变为冰幔的影响范围及对路基稳定性和行车安全的影响进行评价和预测。

2.图表资料

工程地质勘察的图表资料应包括下列内容:

(1)1:2000 路线工程地质平面图。

(2)1:2000 路线工程地质纵剖面图。

(3)1:2000 冻土工程地质分区图。

(4)1:500～1:2000 工点工程地质平面图。

(5)1:200～1:2000 工点工程地质断面图。

(6)1:50～1:200 钻孔工程地质柱状图。

(7)土工试验汇总表。

(8)物探、水文地质测试资料。

(9)长期观测资料。

(10)其他资料。

二、选线原则

(1)路线通过山坡时,宜选择在平缓、干燥、向阳的地带。这里的多年冻土埋藏较深,埋藏的冰较少,稳定性好。在积雪地区,路线应选择在积雪轻微的山坡上。

(2)沿大河河谷定线,宜选择在阶地或大河融区。但是,应避免在融区附近的多年冻土边缘地带定线,当路线必须穿过冻土时,则应以较短的距离通过多年冻土地带。

(3)路线宜选择土质良好的地带通过,并应尽量靠近取土地点以及砂、石和保温材料产地。

(4)路线应尽可能避免通过不良地质地段。如必须通过,在厚层地下冰和冻土沼泽地段,路线宜从较窄、较薄且埋藏较深处通过;在热融滑坍、冰丘、冰锥地段,路线宜在下方较高处通过;在热融湖(塘)地段,路基高度要考虑最高水位、波浪侵袭高度及路堤修筑后的壅水高度等因素。

(5)多年冻土地区路基应尽量采用填方,尽可能避免挖方、零断面或低填浅挖断面。如受条件限制时,亦要缩短零断面、半填半挖及低填浅挖路段的长度。在饱冰冻土和厚层地下冰地段,应避免以挖方通过。

三、路基设计原则

(1)根据具体情况,采取保护多年冻土或预融多年冻土的设计原则。

①符合下列条件之一时,宜按保护冻土的原则设计:

a. 年平均地温低于 $-1.5℃$ 的低温稳定多年冻土区。

b. 当地多年冻土天然上限小于 2m,厚度大于 10m 的路段。

②符合下列条件之一时,宜按主动冷却、综合治理的原则设计:

a. 年平均地温高于 $-1.5℃$,厚度超过 5m 的多年冻土高含冰量路段或岛状多年冻土区高含冰量路段。

b. 冻土含冰量虽低,但区域路基病害严重路段。

c. 存在不良冻土现象的路段。

③符合下列条件之一时,宜按控制融化速率的原则设计:

a. 基底地质情况良好,为少冰冻土或多冰冻土,融化下沉后不致造成路基病害。

b. 基底多年冻土厚度不超过 5m,埋藏浅,范围小,下部为少冰冻土、多冰冻土或基岩的路段。

c. 邻近多年冻土分布区域边界的零星岛状多年冻土路段,多年冻土层已处在退化状态中,保护多年冻土难以取得成效时。

d. 道路等级较低,交通量不大时。

④符合下列条件之一时,宜按预融冻土的原则设计:

a. 地温较高、冻土厚度不超过 2m 路段;

b. 需挖除和换填路段。

(2)路基设计应考虑地表水对多年冻土的不利影响,采取措施疏导地表水,做好路基排水防护设计。

(3)存在多年冻土层的挖方路基,应采取封闭保护措施,避免冻土层长期暴露吸热引起边坡病害。

(4)多年冻土区路基设计应考虑冻土地区环境特征,注意植被的保护,路基两侧 200m 内不得随意取土。

(5)少冰冻土、多冰冻土地段的路基可按一般路基设计;富冰冻土、饱冰冻土、含土冰层、冰丘、冰锥、多年冻土沼泽、热融湖(塘)等地段的路基应进行特殊设计。

（6）路基填筑应选择不冻胀或弱冻胀及弱融沉性的土石填料。严禁使用塑性指数大于12、液限大于32%的细粒土以及富含腐殖质的土、草炭土、泥炭土、草皮或冻土作填料。

第三节　多年冻土区一般路基设计

一、路堤设计

1. 路基高度

（1）低温冻土区一般填土路堤，按保护多年冻土或控制多年融化速率原则设计时，应保证多年冻土的上限不下降或者把融化速率控制在一定范围。这样存在一个路基最小填土高度（H_0）。H_0 可以按式（5-14-12）计算。

$$H_0 = 0.05y - 1.01h_t - 95.16 \quad (5\text{-}14\text{-}12)$$

式中：h_t——冻土天然上限（m）；

　　　y——设计路基时的年份。

（2）低温多年冻土地区新建路基设计临界高度（H_s）可按式（5-14-13）确定。

$$H_s = 0.52M\lambda_\mu H_R + S \quad (5\text{-}14\text{-}13)$$

$$H_R = 0.05\Delta_t - 0.02y + 42.86 \quad (5\text{-}14\text{-}14)$$

式中：M——冻土类型修正系数，按表 5-14-22 确定；

　　　λ_μ——路堤填料在融化状态下的导热系数[W/(m·K)]；

　　　H_R——路基合理高度计算值（m）；

　　　S——季节融化层压缩沉降量（m）；

　　　Δ_t——道路设计年限（年）。

冻土类型修正系数 M 取值范围　　　　　表 5-14-22

冻土类型	多冰冻土	富冰冻土	饱冰冻土	含土冰层
M	0.6~0.7	0.9~1.0	1.1~1.2	1.25

（3）低温多年冻土地区改建路基设计临界高度（H_g）可按式 5-14-15 确定：

$$H_g = 0.52M\lambda_\mu H_0 + KP\phi\Delta_t m + S \quad (5\text{-}14\text{-}15)$$

$$P = \frac{\Delta h}{\Delta y} \quad (5\text{-}14\text{-}16)$$

$$\Delta h = h_a - h_t - h \quad (5\text{-}14\text{-}17)$$

式中：K——气温修正系数；

　　　P——平均融化速率，借鉴原有沥青路面下多年冻土融化速率；

　　　Δh——沥青路面下多年冻土人为上限下降值（m）；

　　　h_a——路基下多年冻土人为上限（m）；

　　　h_t——计算断面的天然上限（m）；

　　　h——勘探年路基高度（m）；

　　　Δy——道路竣工至勘探的时间（年）；

　　　ϕ——融化速度衰减系数，$\phi = 1/\ln\Delta y$；

　　　m——填土当量换算经验系数，可按表 5-14-23 查取；其他各参数意义同前。

填土当量换算经验系数 m 取值表　　　　表 5-14-23

冻 土 类 型	适 用 条 件		$m*$
	路基现高 $h(\text{m})$	上限下降值 $\Delta h(\text{m})$	
含土冰层	3.8~3.0	0.4~1.2	1.0~5.0
饱冰冻土	2.4~2.8	0.8~1.6	1.0~2.5
富冰冻土	1.8~2.0	0.8~1.8	1.0~2.0

注：在设计时，现路基低者，上限下降值大者，m 取大值。

(4) 季节融化层的沉降量计算。

季节融化层的沉降量 S，在最大融深季节施工时用式(5-14-18)计算，在冻结期施工时用式(5-14-19)计算。

$$S = \sum_{i=1}^{n} \alpha_i \sigma_i h_i + \sum_{i=1}^{n} \alpha_i q_i h_i \qquad (5\text{-}14\text{-}18)$$

$$S = \sum_{i=1}^{n} \delta_i h_i \sum_{i=1}^{n} \alpha_i \sigma_i h_i + \sum_{i=1}^{n} \alpha_i q_i h_i \qquad (5\text{-}14\text{-}19)$$

式中：n——季节融化层分层数；

h_i——第 i 层的厚度(m)；

α_i——第 i 层的压缩系数(MPa^{-1})；

δ_i——第 i 层的融沉系数(%)；

σ_i——第 i 层中点处的附加应力(MPa)；

q_i——第 i 层中点处的自重应力(MPa)。

当融化层内有厚度大于 1cm 的冰夹层时，沉降量按式(5-14-20)修正。

$$S' = S + \sum_{i=1}^{n} m_i x_i \qquad (5\text{-}14\text{-}20)$$

式中：S'——总沉降量(m)；

S——按式(5-14-19)求得的地基总沉降量(m)；

m_i——第 i 层冰夹层的厚度(cm)；

x_i——第 i 层冰夹层厚度折减系数，见表 5-14-24。

冰夹层厚度折减系数　　　　表 5-14-24

冰夹层厚度(cm)	折减系数(%)
1~3	0.4
3~10	0.6
>10	0.8

2. 路基结构

(1) 平坦地段，当路堤实际填土高度大于或等于路基设计临界高度时，路堤典型横断面结构应符合以下规定：

①地表排水条件较好时，路堤下部可采用细粒土填筑，上部采用粗粒土填筑。为防止冻胀翻浆，粗粒土填筑厚度应不小于 0.5m。

②地表排水条件较差时，宜用粗粒土填筑路堤。若用细粒土填筑，下部应设毛细水隔断层，其厚度应保证在路堤施工后沉降完成后隔断层高出最高积水水位不少于 0.5m。

(2)平坦地段,当路堤实际填土高度小于路基设计临界高度时,路堤典型横断面结构应符合以下规定:

①高含冰量多年冻土较薄且埋藏较浅时,可全部挖除换填,其结构可参考图5-14-6设计。换填应选用保温、隔水性能较好的黏性土或片(块)石。

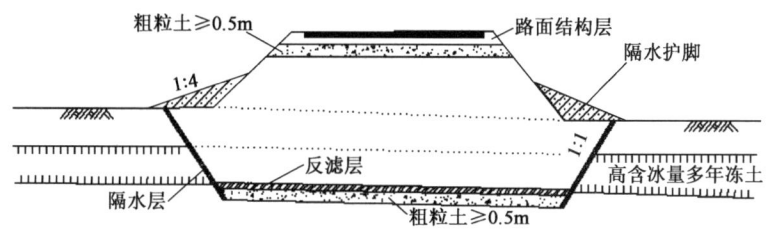

图 5-14-6 全部换填断面

②高含冰量多年冻土较厚时,可部分挖除换填,其结构可参考图5-14-7设计。换填应选用保温、隔水性能较好的黏质土或片(块)石。换填深度与路堤高度之和应不小于路基设计临界高度(H_s 或 H_g)与天然上限之和。

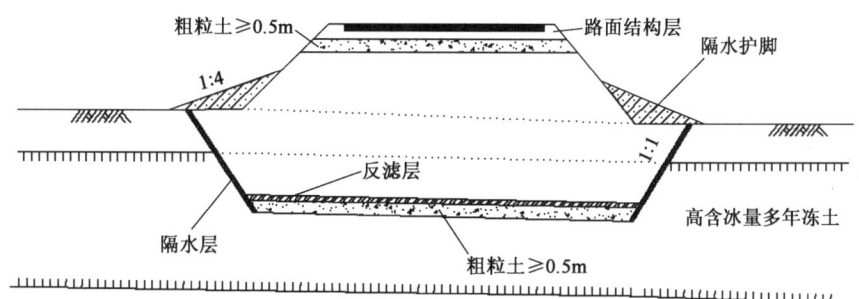

图 5-14-7 部分换填断面

(3)高含冰量多年冻土埋藏较浅,可能融化影响路堤稳定时;路侧排水不畅或人为活动频繁,间接破坏坡脚下伏冻土,影响路堤稳定时,宜设置保温护道、护脚。保温护道、护脚可采用泥炭、草皮、黏质土或其他保温隔水性能良好的当地材料;采用砂砾、粗颗粒土或其他易渗水性材料时,表面应覆盖0.2m厚的黏质土保护层。保温护道、护脚设计尺寸宜按表5-14-25确定,断面结构可参考图5-14-8、图5-14-9设计。

护道或护脚尺寸　　　　　　　　　　　　　　　　表 5-14-25

路堤高度(m)	采用护道或护脚	高度(m)	宽度(m)
≤3	护脚	0.8~1.2	2.0~2.5
>3	护道	1.5~2.5	2.0~3.0

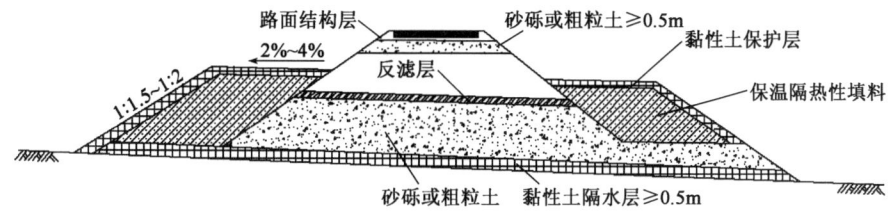

图 5-14-8 保温护道

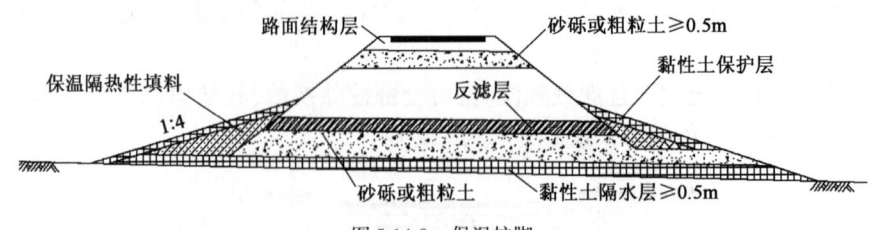

图 5-14-9 保温护脚

(4)在坡率缓于1:5的缓坡地段,宜以路堤形式通过,基底不宜挖台阶;缓坡地段路堤结构可参考平坦段路堤结构设计,并在其上方一侧合适位置设置挡水埝或截水沟,下方一侧坡脚设置宽2.0~3.0m,高1.0~2.0m反压保温护道。

(5)按控制融化速率的设计原则设计时,不同冻土地质条件应分段采用不同的多年冻土人为上限下降允许值。路基高度可参考低温冻土区改建路基临界设计高度进行设计。多年冻土人为上限下降允许值可按表5-14-26确定。

不同冻土类型的人为上限下降允许值　　　　　　表5-14-26

地基多年冻土类型	上限下降允许值(m)
含土冰层	0.15~0.20
饱冰冻土	0.50~0.75
富冰冻土	1.00~1.50

(6)多年冻土区遇泥炭、沼泽等地表软弱层时,应采取有效措施进行地表处理,路基临界设计高度应采用处理后的地基参数计算确定。

二、路堑设计

(1)路堑设计应考虑区域气候条件和冻土条件,遵照保护多年冻土的原则设计。

(2)多年冻土区路堑设计应包括换填隔热设计和支挡结构防护设计。富冰冻土、饱冰冻土及含土冰层等高含冰量地段的路堑,应采用基底部分或全部换填以及坡面保温等措施。

①换填隔热设计包括确定断面形式和处理措施、确定边坡隔热层和换填厚度、验算边坡稳定性和基底强度。采用的断面形式和处理措施应避免多年冻土受外界热扰动及水侵蚀。断面形式可参考图5-14-10和图5-14-11设计。

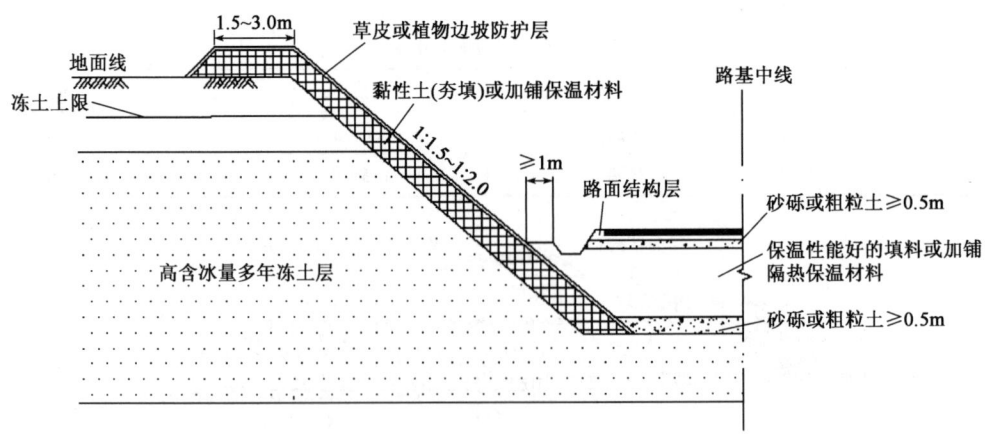

图 5-14-10　部分挖除多年冻土换填的路堑断面形式

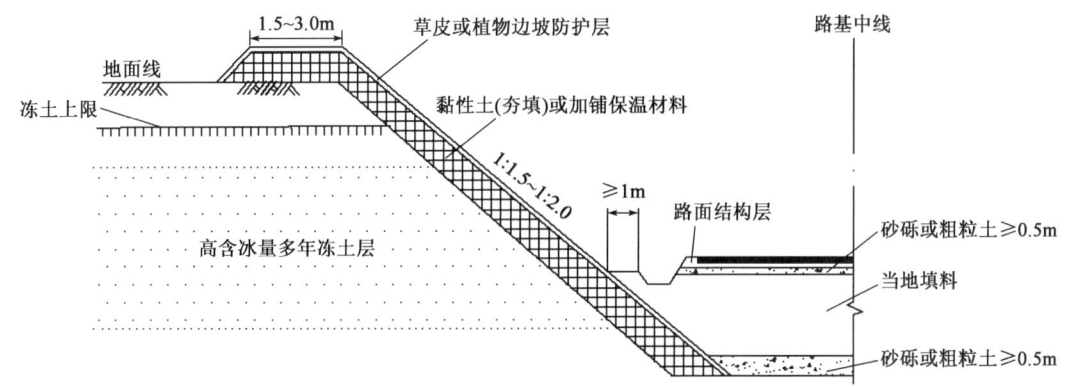

图 5-14-11 全部挖除多年冻土换填的路堑断面形式

a. 全部挖除多年冻土换填时,换填厚度及结构要求应符合相关规定;部分换填时,换填厚度应不小于路基设计临界高度与天然上限之和,换填材料宜采用当地碎(块)石、砾石、黏质土等材料。路堑边坡宜采用黏质土夯填并在表层铺砌草皮,边坡坡率宜采用 $1:1.5 \sim 1:2.0$。

b. 边坡防护、基底换填均应满足保温隔热的要求。保温隔热厚度可按式(5-14-21)计算。

$$h_\mathrm{T} = k \frac{\lambda_0}{\lambda_\mathrm{t}} h_\mathrm{t} \tag{5-14-21}$$

式中:h_T——设计边坡防护厚度或基底换填厚度(m);

k——安全系数,设计边坡保温层时,取 $1.2 \sim 1.5$;设计基底换填时,取 $1.5 \sim 2.0$;

λ_0——所选用保温材料或换填材料的导热系数[W/(m·K)];

h_t——当地天然上限深度(m);

λ_t——当地季节融化层融化状态下平均导热系数[W/(m·K)]。

如果为多层材料则依据热阻等效原则计算平均导热系数,即:

$$\lambda_0 = h_\mathrm{T} / \left(\frac{h_1}{\lambda_1} + \frac{h_2}{\lambda_2} + \cdots + \frac{h_n}{\lambda_n} \right) \tag{5-14-22}$$

式中:$h_n(n=1,2,\cdots)$——边坡防护或基底换填为多层材料时,分别对应各层材料的厚度(m);

$\lambda_n(n=1,2,\cdots)$——分别为各层材料的导热系数[W/(m·K)]。

c. 当计算边坡或基底换填的保温隔热层厚度过大造成施工不便或不经济时,可在边坡或基底铺设隔热材料。基底铺设隔热材料时,宜在其底部设置一定厚度的砂垫层;边坡铺设隔热材料时,应预留泄水孔。

(3)深路堑断面可采用上保下挡的支挡形式。支挡结构形式宜采用钢筋混凝土 L 形挡土墙或锚杆锚定板挡土墙,如图 5-14-12 所示。设计时应考虑挡土墙在水平冻胀力作用下的稳定性,并应满足路堑边坡冻土保护措施设置要求,挡土墙基础应埋置于稳定后的人为上限以下 $0.3 \sim 0.5 \mathrm{m}$ 或落于基岩上。

(4)路堑边沟应设置防渗隔断层。采用浅宽边沟时,沟底宜采用"两布一膜"等复合土工膜铺砌防水。

三、低填浅挖及零填断面结构设计

(1)多年冻土地区应尽量避免采用路基填土高度小于 0.5m 或开挖深度小于 0.5m 的低填

浅挖及零填挖断面路基设计方案。

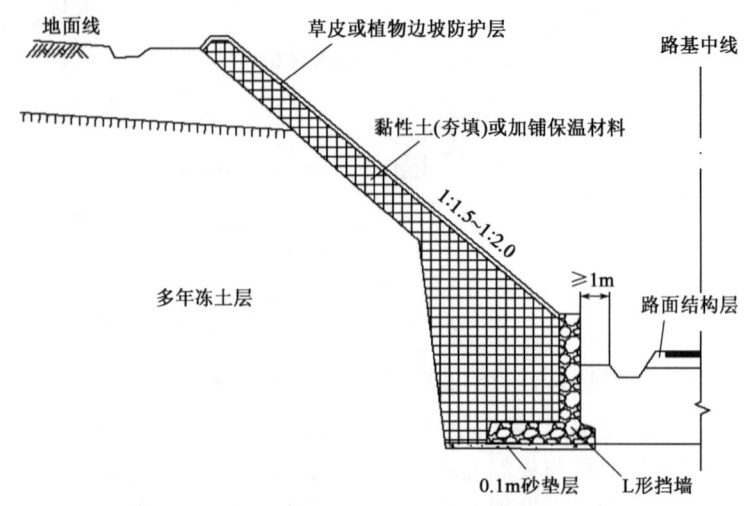

图 5-14-12　上保下挡路基横断面形式

(2)路基下多年冻土中的富冰冻土、饱冰冻土、含土冰层等高含冰量冻土厚度不大,且埋藏较浅时,宜采用全部清除换填的路基设计方案,可参考图 5-14-13 设计。换填底部应填筑不少于 0.5m 厚的水稳定性好的透水层,并做好基底的纵向排水和边坡防护。

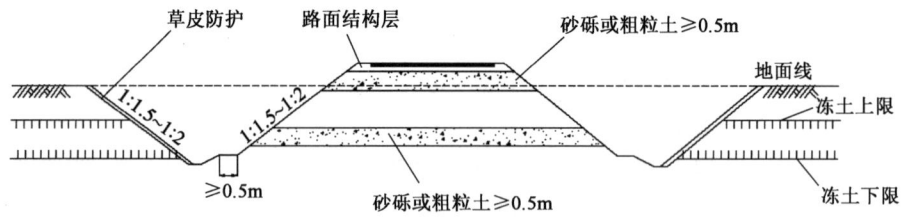

图 5-14-13　全部换填断面形式

(3)路基下多年冻土中的富冰冻土、饱冰冻土、含土冰层等高含冰量冻土厚度较大,埋藏较深,全部清除换填困难且不经济时,可采取部分换填的保护多年冻土路基设计方案,可参考图 5-14-7 的断面结构形式设计。

四、防排水设计

1. 排水设计原则

(1)地表排水系统应远离路基坡脚,严禁在路基坡脚附近设置可能造成积水的地表排水设施:

①在少冰冻土与多冰冻土地段,排水沟与路堤坡脚间的距离不应小于 2m。

②在塔头草下部为泥炭、轻亚黏土等沼泽湿地地段,排水沟与路堤坡脚间的距离不应小于 10m。

③在厚层地下冰地段,应避免修建排水沟和截水沟,以修建挡水埝为宜。挡水埝的位置距离路堑坡顶或路堤坡脚一般应大于 5m;如修建排水沟,则排水沟与路堤坡脚间的距离应大于 10m。

(2)当排水量较大时,在挡水埝的外侧应考虑设置截水沟。截水沟靠路线一侧的边缘距堑顶或路堤坡脚应不小于10m。

2.排水设施的尺寸和结构

(1)地表排水沟宜采用宽浅形式,底宽不宜小于0.6m,深度不宜大于0.4m,边坡坡率宜采用1:1,当为未腐朽及半腐朽的泥炭时宜采用1:0.5~1:1,当为软塑及流塑状的黏质土、含一定数量黏质土的粗粒土时宜采用1:1.5~1:2。

(2)挡水埝顶宽一般不小于1.0m,高度不小于0.8m,内侧边坡宜为1:0.5~1:1.0,外侧边坡宜为1:1.5~1:2.0。

(3)土质边沟应采取措施防治雨水下渗;浆砌片石等刚性边沟应采取措施防止冻胀和不均匀沉降引起的开裂和损毁;垭口路堑和冻胀严重路段,宜采用宽浅的干砌边沟或U形预制拼装边沟,其下应设置20cm厚的砂砾层,并在砂砾层中增设"两布一膜"复合土工膜。

五、过渡段设计

(1)融区与多年冻土区过渡段路基设计应遵循既防治冻胀也防治融沉的原则,融区(季节冻土区)路基设计应以防治冻胀为主,多年冻土区应以防治融沉为主;融区与多年冻土区过渡段路基填土高度不宜小于1.5m,路堤底部宜设置毛细水隔断层。

(2)高含冰量冻土不同地温过渡段的低温段应按相对高地温段要求设计。高含冰量冻土与少冰、多冰冻土过渡段,应分别按高含冰量冻土的要求设计。

(3)填挖过渡段路基纵向过渡段设计中,挖方段应进行基底换填,换填厚度参考路堑设计有关规定执行,并将挖方路段设计方案向填方过渡延伸,在填方段路基中宜设置隔热层。填方段换填基底除需与挖方地段换填基底顺接外,还应设置沿路线纵向的排水坡,向路堤填方方向排水。

(4)当地表横坡大于1:3时,路基基底应开挖台阶,台阶纵断面方向长度应不小于200cm,横断面方向应不小于100cm,台阶高度应不小于30cm,并设置2%向内倾斜的横坡。路基实际填土高度应满足填方路段路基设计高度的要求,当不满足时,可在路面结构层下合适位置设置隔热层,其厚度不宜小于6cm。

(5)路基与桥(涵)过渡段路基设计长度不宜小于20m,且不宜大于50m,既要合理设置路基强度过渡段又要避免大面积开挖对多年冻土的破坏。

六、取土坑设计

(1)取土场宜分段集中设置于路基坡脚以外至少200m处。不宜在富冰、饱冰、含土冰层地带及植被发育良好地段设置取土场。

(2)在融沉和强融沉多年冻土地带,取土场的最大取土深度宜控制在多年冻土天然上限的1/2~2/3以内。

(3)斜坡设置取土场且路堤也位于斜坡上时,取土场宜设置在路堤上侧山坡,取土场距离坡脚宜大于200m。当地表横坡较大时,为防止融化泥流漫过路堤上侧的取土坑影响路堤稳定,应在取土坑与路堤间增设挡水埝。

(4)取土、取料宜分析论证诱发风蚀、崩塌、滑坡和泥石流的可能性。

(5)在地表横坡大的厚层地下冰地段,不得设置取土场。

七、其他不良地质现象的处理

1. 冻土沼泽地段路堤

(1)根据水源特点及补给情况,在路堤一侧或两侧设置排水沟或挡水埝,将上游水源截断,必要时增设桥涵,排除地表积水。

(2)在塔头草沼泽地段,基底原有塔头草不挖除,并自路堤坡脚20m以外挖取塔头草,反铺在原有塔头草空隙间,成为基底隔温层。考虑中间沉落较两侧为大,该层中间应适当加高,并伸出坡脚外1~2m。

(3)考虑上限以上泥炭层的沉降量,包括融化下沉和压缩下沉的总沉降量,一般可按泥炭层厚度的40%结算,或根据试验资料计算。

2. 冰丘的防治

对规模较大的冰丘群,路线宜尽可能绕避,对规模较小的冰丘,路线宜在其下方以路堤通过。当含水层不厚时,如果埋藏浅,其下又为不透水层,则可在路堤的上方设置冻结沟以截断地下水,使冰丘远离路基,以免造成危害。

3. 冰锥的防治

冰锥破坏力相当大,路线宜尽可能绕避。如果冰锥规模很小,也可在其下方通过,并采用冻结沟、防冰堤、聚冰坑、保温盲沟以及渗井等措施。这些措施的具体设计参见本篇第十六章。

4. 热融湖(塘)地段路堤

(1)热融湖(塘)的路堤,水下部分必须以透水填料填筑,透水填料的填筑高程应高出最高水位0.5m。

(2)当基底有地下冰或松软层时,路堤两侧应设护道加固。

(3)通过热融湖(塘)的路堤,必须预预留沉落量。

(4)路堤两侧的水,最好不要排入路堤所通过的热融湖(塘)中,以免增高热融湖(塘)的水位。

5. 热融滑坍地段路基

(1)当路基在滑坍体下方通过时,路堤、路堑均应在上侧山坡设置挡水埝及截水沟。

(2)当路基设在滑坍体上时,应注意以下各点:

①挖除基底下滑坍体的松软土层并予以换填。

②对路基上侧的滑坍体部分,视具体情况设置支挡结构物或坡面保温层。

③对路基下侧的滑坍体部分,一般可放缓边坡,如可能产生新的滑坍时,则须设置坡面保温层或支挡结构物。

(3)当路线在滑坍体上方通过时,在滑坍体溯源处冰层暴露的外侧,应采取确保整个滑坍体稳定的保温措施。

八、多年冻土地区路基施工注意事项

(1)高含冰量冻土地段路堑开挖宜选择在冻结期进行,基底和边坡换填及保温层等施工宜在6月底前完成;如在融期施工,应采分段快速施工的方法,以免冻层暴露时间过久引起破坏。路堤的填筑宜在暖季进行。

(2)路基施工前应预先形成临时排水系统,防止施工期间地表水侵害路基造成病害。

(3)路堑地段、取土场地表的草皮应先行挖取,选址堆放,适时洒水养护,以便恢复地表植被和绿化时利用。

(4)在开挖排水沟或取土坑时,必须注意防止由于冻土融化而产生的边坡坍塌及影响路基稳定的现象发生。

(5)路基的防护与加固应考虑保温,对于需保护的冻土,其上均须及时设置足够厚度的保温层,以免在施工过程中引起多年冻土的融化。

第四节 特殊结构路基设计

多年冻土地区路基,当按一般路基设计原则确定的高度过高时,或一般填土高度不能满足保护冻土要求时,应按特殊结构的路基进行设计。低温多年冻土区按保护多年冻土的原则进行设计,当计算的路基合理高度大于3.5m时,可采用隔热层降低路基高度;在高温多年冻土区则须采用片块石路基、通风管路基、热棒路基等特殊结构路基保护多年冻土层。

一、隔热层路基

隔热层路基是利用工业隔热材料,在不过多加高路堤的情况下,增大路基热阻、减少大气(太阳)热量传入路基下的一种路基结构形式。可在一定时间内起到保护冻土、延缓冻土退化的作用。

目前一般采用挤塑聚苯乙烯泡沫(XPS)作为隔热层,其导热系数宜小于0.025W/(m·K),吸水率宜小于0.5%,密度宜大于43kg/m³,抗压强度宜大于580kPa。

1.适用范围

隔热层路基可用于低温多年冻土路段,宜在下列情况下采用:

(1)受路线纵坡控制,路基高度小于路基临界高度或路基设计高度大于3.5m的路段。

(2)路堑处或翻越垭口处,需要进行保护下伏多年冻土的路段。

(3)融化盘偏移导致不均匀沉降和引发路基病害的路段。

隔热层路基结构断面可参照图5-14-14设计。

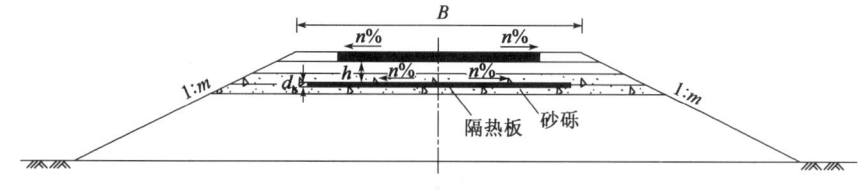

图5-14-14 隔热层路基设计示意图

2.设计与施工要点

(1)隔热板的厚度可按式(5-14-23)确定。

$$d_x = \frac{d_s \lambda_e}{\lambda_s} \tag{5-14-23}$$

式中:d_x、d_s——隔热板与等效土体的厚度;

λ_e、λ_s——隔热板与等效土体的导热系数。

(2)隔热板埋设深度可按式(5-14-24)确定。

$$\frac{2Pd}{d+2h_0\tan\phi}+h\gamma \leqslant \sigma \tag{5-14-24}$$

式中:P——轮胎压强(MPa);
d——单轮传压面当量圆直径(m);
γ——隔热板以上各结构层重度加权平均值(MN/m³);
ϕ——隔热板以上各结构层应力扩散角加权平均值(°);
h_0——隔热板合理埋深(m);
σ——隔热板板材容许压应力(MPa)。

(3)隔热板宽度应大于路面宽,宜在路面两侧各加宽0.6m;隔热板应与路基采用相同的横坡;隔热板上下宜填筑0.2m厚的砂砾层。

(4)隔热板上结构层最小压实厚度与压路机最大接触应力及隔热层材料容许压应力的关系应符合式(5-14-25)的规定。压路机的最大接触应力与结构层极限强度 σ_p 应符合式(5-14-26)的规定,不同结构层极限强度可按表5-14-27确定。

$$\frac{\sigma_{\max}d}{d+2h_s\tan\phi}+h_s\gamma \leqslant \sigma \tag{5-14-25}$$

$$\sigma_{\max}=(0.8 \sim 0.9)\sigma_P \tag{5-14-26}$$

式中:$\sigma_{\max}$——压路机最大接触应力(MPa);
h_s——隔热板上结构层最小压实厚度(m);
σ_P——隔热板上结构层极限强度(MPa)。

结构层极限强度取值(MPa)　　　　　　　　　　表5-14-27

结构层类型	极限强度 σ_P	结构层类型	极限强度 σ_P
砂土路基	0.3~0.6	碎石路基	3.8~5.5
亚黏土路基	0.6~1.0	砾石路基	3.0~3.8
黏土路基	1.0~1.5	水泥稳定土	5.0~6.3

(5)隔热层材料应按设计要求的控制指标和拼接方式提前定制,每个隔热层单块应采用同批次产品制作;施工前应对拟采用的隔热层材料抽样并进行必要的室内试验。

(6)隔热层的铺设应在其下路堤高程、压实度及横坡度等达到要求后进行,并根据设计拼接方式进行拼接。直线段隔热板材料宜采用搭接方式;曲线段拼接困难时,宜采用直向积累、集中拼缝处理的方法进行铺设。整个区段的铺设应顺滑自然,板材嵌挤紧密,不留空隙。

(7)全区段的铺设应满足幅宽要求,全区段最小有效宽度应达到设计要求。

(8)隔热层上填料的压实度应满足规范要求。施工机械不得直接碾压隔热板,应按照设计的最小压实厚度进行隔热层上填料摊铺,达到最小压实厚度要求后再用压路机压实。

二、片块石路基

片块石路基是一种通风路基,就是空气可在片块石孔隙间流动的路基,利用空气的流动以及空气与路基之间的温差产生热量交换。达到"冷却"路基的目的。

片块石应采用坚硬或较坚硬岩石,粒径宜控制在10~25cm范围内,石料强度不应低于30MPa。路基结构断面可以参照图5-14-15设计。

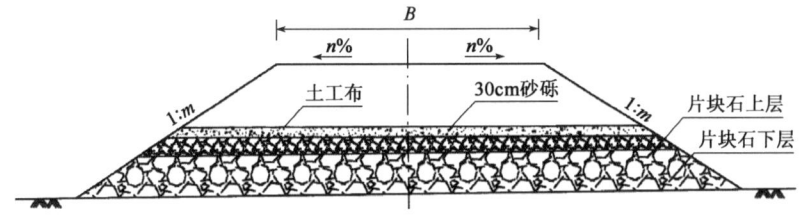

图 5-14-15 片块石路基设计示意图

1. 适用范围

片块石路基可用于高温冻土区地下泉水发育或地表径流较发育的区段,也可用于治理高含冰量区段融化夹层发育所引发的路基病害。

2. 设计与施工要点

(1)片块石层的铺筑厚度宜为 1.0～1.5m,分两层铺筑:下层 0.8～1.0m,宜采用规格不小于 20cm 的片块石;上层 0.2～0.5m,宜采用规格 10～15cm 的片块石。

(2)片块石层的铺筑层位应根路基高度、路面结构层厚度等合理确定,顶面宜位于路床顶面以下 30～50cm。

(3)片块石层底部宜铺设砂砾层等辅助防护结构;片块石顶部宜铺设土工布及砂砾层,砂砾层的厚度宜为 30cm。

(4)进行片块石路基填筑时,边坡码砌应采用硬质片块石,片块石间严禁用小石块填塞,以保证通风空隙。片块石层表面应选用合适粒径的小石块进行找平。

(5)片块石的压实应采用重型振动压路机或冲击式压路机,压路机的线压力应与片块石的极限抗压强度相匹配,避免使片块石破碎和挤压破坏其骨架结构。压路机的单位线载荷可按式(5-14-27)计算。

$$q = \frac{G}{b} \tag{5-14-27}$$

式中:q——单位线载荷(N/cm);

G——振动压路机的钢轮重(N);

b——轮宽(cm)。

常见石料的极限抗压强度和允许的线荷载见表 5-14-28。

常见石料的极限抗压强度和允许的线荷载　　　　表 5-14-28

石料类型	极限抗压强度(MPa)	允许的压路机单位线载荷(N/cm)
软石料(石灰石、砂岩石)	30～60	600～700
中硬石料(石灰石、砂岩石、粗粒花岗岩)	60～100	700～800
坚硬石料(细粒花岗岩、闪长岩)	100～200	800～1000
极硬石料(辉绿岩、玄武岩、闪长岩)	200	1000～1250

(6)压路机的最大接触应力应与片块石的允许最大接触应力相匹配,不得造成片块石表层破坏和出现裂纹或压实度不够。片块石允许最大接触应力可按表 5-14-28 确定,压路机的最大接触应力可按式(5-14-28)计算。

$$\sigma_{max} = \sqrt{qE_0/R} \tag{5-14-28}$$

式中:σ_{max}——压路机的最大接触应力(MPa);
　　　q——单位线载荷(N/m);
　　　E_0——压实层的变形模量(MPa),见表5-14-29;
　　　R——碾压轮半径(m)。

片块石允许最大接触应力　　　　表5-14-29

允许最大接触应力(MPa)		压实层的变形模量(MPa)	
压实开始	压实结束	压实开始	压实结束
0.4~0.6	2.5~3	30	100

(7)片块石顶部砂砾层摊铺完后应采用压路机进行整平碾压。砂砾层的密实度宜按照中密要求控制,平整度应按照填土路基要求控制。

三、通风管路基

通风管路基是把通风管埋置于路基土体中,在寒冷季节冷空气在自重和风的作用下在路基下部的通风管中流动,将管中的热空气挤出,并不断将周围土体中的热量带走,达到保护地基土处于冻结状态的目的。通风管路基在实际工程应用中,可采用自控风门或智能采风口装置来增强通风管路基的降温效果。自控风门是指在通风管的一边安装可以根据温度变化自动开启或关闭的风门。智能采风口则可以利用各个方向的风通过通风管。通风管宜采用钢筋混凝土预制,路基结构断面形式可以参考图5-14-16。

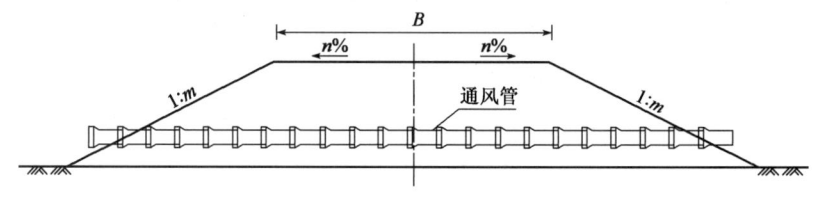

图5-14-16　通风管路基设计示意图

1.适用范围

通风管路基可用于路基高度大于2m的高温高含冰量多年冻土路段。

2.设计与施工要点

(1)通风管内径应不小于路基高度的1/8,且宜为0.3~0.4m;配筋和管壁厚度根据力学计算确定,壁厚宜采用5~8cm;管径与通风管长度的比值应大于0.01。

(2)通风管间距应小于冷却半径 R 和两倍通风管外径。冷却半径 R 可按式(5-14-29)确定。

$$R = k(D/D_0)a \tag{5-14-29}$$

式中:D——通风管外径(m);
　D_0、k、a——经验参数,一般取:$D_0=1.2$m;$k=3.0~4.5$m;$a=0.3~0.5$。

(3)通风管埋设深度应根据当地主导风向与风速、地表径流、风沙及积雪等自然因素综合确定。通风管的埋深宜为3~5倍管径,宜布设在路床顶面以下距地表0.5~0.7m的范围内,底部应设置不小于30cm的中粗砂垫层,通风管伸出路堤边坡长度应大于30cm。

(4)通风管尺寸必须符合设计要求,外观平整光洁,承插口不得开裂或碰撞损伤。

(5)通风管应采用反开槽法安设。开挖前路堤应填至通风管顶面设计高程以上不小于130cm 的位置,压实度应按照路床以下填料要求控制,平整度应按照土质路基要求控制。

(6)沟槽应采用开槽机或按标志桩进行人工开挖,沟槽的宽度和深度应大于通风管外径3~5cm,并设4%人字形横坡。

(7)通风管安装应平顺,不得碰撞接口或碰坏通风管。

(8)通风管两端伸出路堤长度应满足设计要求,两端应取齐,通风管长度误差可在中间管节调整。

(9)安装通风管的沟槽可采用中粗砂回填,并用小型压路机或平板夯压实。

四、热棒路基

热棒是一种单向传热的元件(图5-14-17),当路基下部环境温度高于上部环境温度时,热棒下部(蒸发段)的管内工质受热变为蒸气上升,当蒸气升入上部空间(冷凝段)后受管外冷风冷却,冷凝成液体,在重力作用下重新回到下部空间,通过工质的循环蒸发与冷凝过程,可将路基下部的热量源源不断地输送到上部并传导到空气中,从而降低地温。而当气温高于下部地温时,不会通过它把热量传入地下,此时它是一种隔热元件。热棒路基的结构断面可参考图5-14-18。

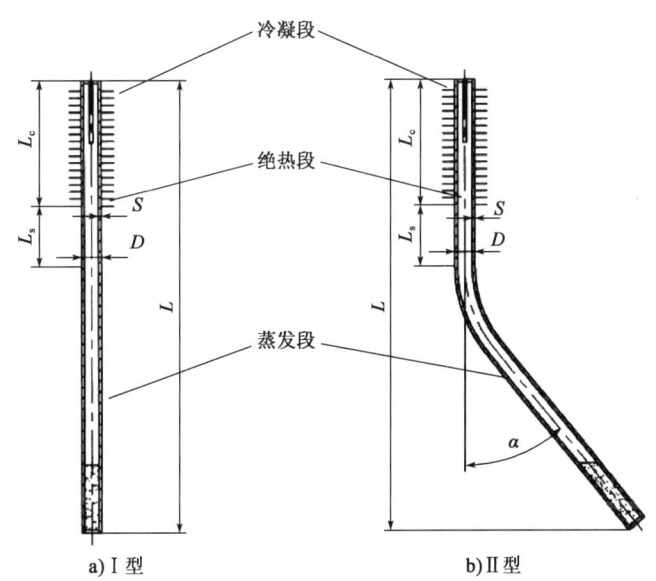

D—基管外径(mm);L_c—冷凝段长度(m);L_s—绝热段长度(m);L—热棒高度(m);S—基管公称壁厚(mm);α—弯曲角(°)。

图 5-14-17 热棒形状

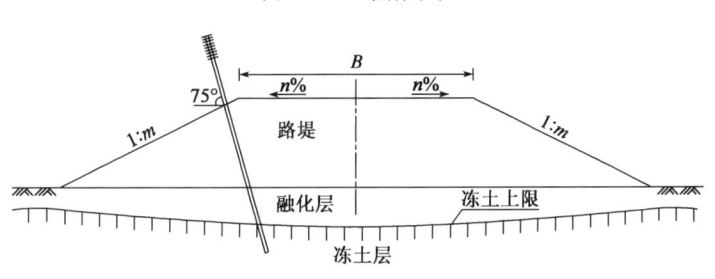

图 5-14-18 热棒路基设计示意图

1.适用范围

对于新建道路,热棒路基可用于极高温多年冻土区或冻土退化区,并宜沿路基两侧埋置;对于改建道路,热棒路基可用于治理由于融化盘偏移所引起的路基不均匀沉陷、纵向裂缝等病害。

2.设计与施工要点

(1)热棒的工质宜采用液氨,管壳宜采用碳钢或不锈钢,使用寿命不宜小于30年。热棒的规格和尺寸应根据冻土路基的使用要求和冻土地质条件通过热工计算确定。

(2)热棒的埋设深度应根据被处置路基的多年冻土人为上限深度确定,宜为上限以下1.0～2.5m。

(3)热棒的有效作用半径应根据当地气候条件,冻土地温及土体的导热系数等,通过数值模拟分析和试验工程确定。一般情况下有效作用半径为2m。

(4)热棒的间距应根据热棒的有效作用半径确定,宜为有效作用半径的1.5～2.5倍;热棒的设置可以采用单棒竖置、单棒斜置、双棒竖置、双棒斜置等方式,可参考以下原则确定。

①在不损失热棒制冷效果的前提下热棒宜斜置,斜置角度宜为75°。

②在极高温冻土区及冻土退化区应埋置双向热棒,并保持适当的路基填土高度。

③在中高温冻土区,当人为上限较大时,可采用双向热棒冷却路基;当融化盘因阴阳坡的影响而偏移时,可在阳坡设置单项热棒。

(5)当热棒工程措施不能完全处理路基病害或路基高度大于3.5m时,宜采用热棒-隔热层组合路基。

(6)热棒应在路基施工结束、路基两侧边坡平整处理后采用工程钻机安装。钻孔施工应符合以下规定。

①钻机应采用地锚固定,若钻孔困难,钻机震动较大时,应采用钢绳固定或支架支撑。

②在易塌孔地层路段宜采用简便易行的护壁方法钻进,防止钻孔坍塌。

③钻孔宜预留一定倾角,避免钻进时钻头下俯,开孔时可采用导向装置,液压给进加压,应慢速钻进,控制钻孔角度。

④钻孔完成后应清理钻孔周边0.5m范围的泥土和杂物,钻孔附近不应有阻碍热棒吊装的施工材料和杂物。

(7)钻孔施工完成后应及时起吊热棒进行安装,热棒起吊应符合以下规定:

①利用热棒本身顶部环形槽作为受力点进行起吊时,应根据热棒的长度,采取必要的防护措施,防止设备摇摆;吊车吊臂有效起吊高度应超出热棒长度1m。

②吊装时严禁压伤或擦伤热棒及其上部的翅片部分。

③应控制热棒的埋置角度与钻孔的直线夹角为0°,钻孔直线度偏差应小于5mm。

(8)热棒吊装置入孔内后,应及时用砂土密实回填,并进行现场清理。

第十五章 季节冻土路基

第一节 概 述

一、季节冻土的定义与分布

冻土是指温度处于0℃或0℃以下，含有冰晶且与土颗粒及岩石胶结在一起的各类土体，即是一种由固体矿物颗粒、冰、水和气体组成的多相复合体。根据土体的冻结时间长短，冻土可分为三类：第一类称为短时冻土，是指冻结时间维持几个小时至半个月左右的土体；第二类称为季节性冻土，是指在地表以下几米范围内冬天冻结，夏季融化的土体；第三类称为多年冻土，又称永久性冻土，是指冻结时间保持2年或2年以上含冰的土体。冻土作为一种广泛分布于地球表层的低温土体介质，对温度极为敏感且含有丰富的地下冰，它的存在及其演变对人类的生存环境、生产活动和可持续发展都具有深远影响。据统计，我国作为世界第三冻土大国，多年冻土分布面积约为$2.068\times10^6 km^2$，占我国国土面积的21.5%，主要分布在青藏高原、西部高山、东北大小兴安岭等地，而季节冻土则遍布北纬30°以北的地区，其分布面积约为$5.137\times10^6 km^2$，占全国国土面积的53.5%，主要分布在东北三省、内蒙古、甘肃、宁夏、新疆、青海等地。季节冻土的开发和利用在我国经济建设和社会发展中占有极其重要的战略地位。

《公路沥青路面设计规范》(JTG D50—2006)、《公路工程抗冻设计与施工技术指南》《季节性冻土地区公路设计与施工技术规范》(JTG/T D31-06—2017)根据冻结指数对冰冻区划分见表5-15-1。综合相关标准和我国公路的实际冻融病害严重程度，本手册所指的季节冻土地区主要为冻结指数在800以上的中、重冻区。

冰 冻 区 划 分 表　　　表5-15-1

冰冻区划分	重冻区	中冻区	轻冻区	非冰冻区
冻结指数(℃)	≥2000	2000~800	800~50	≤50

注：冻结指数是指在一个冻结期内，日平均气温为负值度数(℃)的逐日累积值，一般按近10年的气温资料统计，无气温资料时，可参考《季节性冻土地区公路设计与施工技术规范》(JTG/T D31-06—2017)附录A。

二、季节冻土的分类

1. 季节冻土分类原则

季节冻土地区路基受地下水、地表水的影响，冬季易产生冻胀，导致路面平整度下降，春季的融化导致路基的强度大幅度下降，在汽车循环荷载的作用下，路基易产生"弹簧土"现象和沉陷，轻者影响道路的使用寿命，严重的会导致道路的冻胀翻浆。据调查，路基的冻胀量约占公路总冻胀量的90%，因此，公路工程季节冻土分类原则主要考虑冻土的冻胀问题，分类指标以控制路基稳定性的冻胀变形量和融沉变形量为标准。

2. 季节冻土的分类

季节冻土冻胀等级应根据平均冻胀率的大小来确定。冻土层的平均冻胀率 η 按下式计算：

$$\eta = \frac{z}{H_d} \times 100\% \qquad (5\text{-}15\text{-}1)$$

式中：z——土的冻胀量(mm)；

H_d——土的冻结深度(mm)，不包括冻胀量。

土的冻胀性分类各行业与规范略有差别，表 5-15-2 是不同规范的冻胀等级划分。

不同规范的冻胀等级划分(%)　　　　表 5-15-2

冻胀类别	规 范 名 称		
	《公路工程抗冻设计与施工技术指南》及冻土区建筑基础规范	《公路桥涵地基与基础设计规范》	苏联交通建设部柔性路面设计规范(1985 年)
不冻胀	$\eta \leqslant 1$	$\eta \leqslant 1$	$\eta \leqslant 1$
弱冻胀	$1 < \eta \leqslant 3.5$	$1 < \eta \leqslant 3.5$	$1 < \eta \leqslant 4$
冻胀	$3.5 < \eta \leqslant 6$	$3.5 < \eta \leqslant 6$	$4 < \eta \leqslant 7$
强冻胀	$6 < \eta \leqslant 12$	$6 < \eta \leqslant 13$	$7 < \eta \leqslant 10$
特强冻胀	$\eta > 12$	$\eta > 13$	$\eta > 10$

本手册对于土的冻胀性分类主要参照我国建筑部门的规范，见表 5-15-3。

季节冻土的冻胀等级　　　　表 5-15-3

平均冻胀率 η(%)	冻 胀 等 级	冻 胀 类 别
$\eta \leqslant 1$	Ⅰ	不冻胀
$1 < \eta \leqslant 3.5$	Ⅱ	弱冻胀
$3.5 < \eta \leqslant 6$	Ⅲ	冻胀
$6 < \eta \leqslant 12$	Ⅳ	强冻胀
$\eta > 12$	Ⅴ	特强冻胀

试验表明，粗颗粒土中粉、黏粒含量对冻胀率有明显的影响。当粉、黏粒含量小于12%时，即使在充分饱水的条件下，冻胀率不大于2%；当粉、黏粒含量大于12%后，冻胀率明显增大；当粉、黏粒含量超过50%时，土体冻胀系数便突跃至8%。

此外，含水率对冻胀率也有明显的影响。《冻土地区建筑地基基础设计规范》(JGJ 118—98)规定，对土壤中的含水率与冻胀率之间的关系可按下式计算：

$$\eta = \frac{1.09\rho_d}{2\rho_w}(w - w_p) \qquad (5\text{-}15\text{-}2)$$

式中：ρ_d——土的干密度(g/cm³)，取 1.5；

ρ_w——水的密度(g/cm³)，取 1.0；

w——冻前天然含水率在冻层内的平均值(%)；

w_p——土的塑限含水率(%)。

在有地下水补给时，冻胀性提高一级。如果地下水位离冻结锋面较近，处在毛细水强烈补给范围之内时，冻胀性提高两级。式(5-15-2)是按黏质土在没有地下水补给(封闭系统)条件下，理论上简化计算最大可能产生的平均冻胀率。

季节冻土的冻胀性分类应符合表 5-15-4 的规定。

季节冻土与季节融化层土的冻胀性分类

表 5-15-4

土的名称	冻前天然含水率 w（%）	冻前地下水位距设计冻深的最小距离 h_w(m)	平均冻胀率 η(%)	冻胀等级	冻胀类别
碎(卵)石，砾、粗、中砂（粒径小于0.075mm的颗粒含量不大于15%），细砂（粒径小于0.075mm的颗粒含量不大于10%）	不饱和	不考虑	$\eta \leq 1$	I	不冻胀
	饱和含水	无隔水层	$1 < \eta \leq 3.5$	II	弱冻胀
	饱和含水	有隔水层	$3.5 < \eta$	III	冻胀
	$w \leq 12$	>1.0	$\eta \leq 1$	I	不冻胀
		≤1.0	$1 < \eta \leq 3.5$	II	弱冻胀
	$12 < w \leq 18$	>1.0			
		≤1.0	$3.5 < \eta \leq 6$	III	冻胀
	$w > 18$	>0.5			
		≤0.5	$6 < \eta \leq 12$	IV	强冻胀
粉砂	$w \leq 14$	>1.0	$\eta \leq 1$	I	不冻胀
		≤1.0	$1 < \eta \leq 3.5$	II	弱冻胀
	$14 < w \leq 19$	>1.0			
		≤1.0	$3.5 < \eta \leq 6$	III	冻胀
	$19 < w \leq 23$	>1.0			
		≤1.0	$6 < \eta \leq 12$	IV	强冻胀
	$w > 23$	不考虑	$\eta > 12$	V	特强冻胀
粉土	$w \leq 19$	>1.5	$\eta \leq 1$	I	不冻胀
		≤1.5	$1 < \eta \leq 3.5$	II	弱冻胀
	$19 < w \leq 22$	>1.5			
		≤1.5	$3.5 < \eta \leq 6$	III	冻胀
	$22 < w \leq 26$	>1.5	$3.5 < \eta \leq 6$	III	冻胀
		≤1.5	$6 < \eta \leq 12$	IV	强冻胀
	$26 < w \leq 30$	>1.5			
		≤1.5	$\eta > 12$	V	特强冻胀
	$w > 30$	不考虑			
黏质土	$w \leq w_p + 2$	>2.0	$\eta \leq 1$	I	不冻胀
		≤2.0	$1 < \eta \leq 3.5$	II	弱冻胀
	$w_p + 2 < w \leq w_p + 5$	>2.0			
		≤2.0	$3.5 < \eta \leq 6$	III	冻胀
	$w_p + 5 < w \leq w_p + 9$	>2.0			
		≤2.0	$6 < \eta \leq 12$	IV	强冻胀
	$w_p + 9 < w \leq w_p + 15$	>2.0			
		≤2.0	$\eta > 12$	V	特强冻胀

注：1. w_p 为土的塑限含水率（%）；w 为冻前天然含水率在冻层内的平均值。
2. 盐渍化冻土不在表列。
3. 塑性指数大于22时，冻胀性降低一级。
4. 粒径小于0.005mm粒含量大于60%时为不冻胀土。
5. 碎石类土当填充物大于全部质量的40%时，其冻胀性按填充物土的类别判定。
6. 隔水层指季节冻结层底部及以上的隔水层。

三、季节冻土的主要工程问题

在季节性冻土地区,伴随着土中水的冻结与融化,发生着一系列特殊的现象。随着外界温度的降低,通过地表热交换使得土体温度的随之降低,当温度降到土中孔隙水结晶点时,土体发生冻结,出现的冰晶体导致土体体积膨胀,引起附加应力和变形,产生冻胀现象。冻结过程中,如果路基土为非均质土,路基常常要产生不均匀冻胀,不均匀冻胀力导致路面开裂。到了春季,外界温度回升,通过地表热交换使得土体温度的随之升高,冻结的土体便从表层开始融化,但冻土层的下部尚未融化,这部分未融化的土层便形成不透水层阻挡了上部融化的水分无法下渗,使得土体含水率增大,路基强度大幅下降,在汽车动荷载的作用下,路面出现裂缝、翻浆冒泥、沉陷、局部隆胀等病害。无论冻结过程还是融化过程,如果外界条件组合适宜,都会给路基带来冻害。因此,季节性冻土地区的主要工程问题是路基的冻胀和融沉,如图 5-15-1 所示。

图 5-15-1　季冻区路基冻胀和融沉病害

第二节　设计原则与勘察要点

一、勘察要点

(1)查明季节冻结层的厚度与特征,及其与地质-地理环境的相互关系。当测试条件不具备时,可按《季节性冻土地区公路设计与施工技术规范》(JTG/T D31-06—2017)附录 A 确定季节冻结层的厚度。

(2)查明季节冻结层的冻土含冰特征及其在垂直剖面上的分布和随空间的变化。

(3)查明季节冻结层的物质成分与含水特征。

(4)查明季节冻结层岩土的物理力学及热学性质,土的冻胀特性,给出设计参数。

(5)查明地下水补给、径流、排泄条件及与地表水的关系、以及冻结前和冻结期间的变化情况。

(6)查明场地冻土现象类型、成因、分布、对场地和地基稳定的影响及其发展趋势。

二、路基选线和设计原则

我国季节冻土地区的范围很广,青藏高原、西北和东北等地的地质状况差异明显,包括了高原、荒漠、戈壁、草地沼泽、高山平原等不同的类型;在同一地区,也因路基填料、高度、地下水位、边沟设置等因素导致路基抗冻性能的差别。因此设计人员需根据具体情况、地质条件、结合当地的工程经验进行路基的抗冻融设计。

(1)应调查收集年平均气温、年平均地温、冻结指数、标准冻深、当地公路路基路面冻害情况及其防治经验,查明季节冻土层的分布特征、物理力学性质、地下水位、冻结水上升高度等,分析评价冻胀等级及对公路危害程度。

(2)季节冻土地区的公路宜填不宜挖,路线宜布于山坡阳面。

(3)应根据气候、地形地貌、地质状况、排水状况和路基填料等对路基路面冻害的影响,合理确定路基填筑高度,选用非冻胀性填料,做好路基路面综合设计。

第三节 季节冻土冻胀量计算与控制

一、季节冻土冻胀量计算

季节冻土路基路面冻害主要是冻胀和融沉引起的。已建公路调查发现,路面产生裂缝、隆起破坏与路基冻胀有关,路面下沉、路基翻浆破坏与路基融沉有关。因此,要确保路面的使用质量和寿命必须控制路基的冻胀变形量和融沉变形量。

1. 路基冻胀的影响因素

土体冻胀的基本动力是水转化为冰时体积的膨胀,冻胀作用包括孔隙的填充、颗粒触点间距的扩大和压密、脱水及降温时土体体积的变化,评价这一过程的垂直于地面的土层冻胀量的大小,主要取决于土的影响(包括土颗粒大小、矿物成分等)、土中含水率及补给条件、土中温度、荷载等特性。在自然条件下,土、水、温度和荷载的共同作用是引起道路冻胀的主要四大因素。

(1)土的粒度组成

土颗粒大小反应出土颗粒表面力的强弱,土颗粒由大变小,体积变小,比表面积变大,与水作用的能量越大;另一方面,土颗粒由大变小,土中孔隙间的直径变小,毛细作用越强烈,土体冻结过程中水分迁移的程度越大,从而冻胀变形也就越大。因而越细粒度的土对冻胀性影响越明显。

粗粒土中无粉、黏粒充填情况下,由于孔隙较大,表面吸力较小,土骨架与水与土黏结不牢,当不含盐时,其孔隙中水几乎在0℃时全部冻结,形成将未冻土与冻土分开的冻结界面;随着粗颗粒中细颗粒含量的增大,粒径变细,土粒与水的相互作用增强,土体渗透性减小,至粉粒含量占主要组成时,冻胀性最强;当黏粒含量占主要组成时,土颗粒与土中水的作用很强,但由于土壤渗透性骤减,影响冻结时水分向冻结源迁移聚集,故冻胀性反而降低。

土粒是由固体矿物颗粒组成,原生矿物是粗粒土的主要成分,如石英、长石、云母等,组成孔隙粗大,毛细作用小,不具冻胀性。而细粒土的主要矿物成分是次生矿物,亲水性强,如黏土矿物,黏土矿物对黏质土冻胀性的影响,很大程度上取决于矿物表面活动性。其中典型的黏土矿物为蒙脱石、伊利石、高岭石。研究表明,其组成土的孔隙小,毛细作用强烈,尤其是高岭石类的黏质土,冻胀性大。

(2)土体密实度

当土的密实度增加时,土颗粒间的距离减小,但这并不能改变土体的含水率,却可以改变土体的饱和度。在含水率不变的条件下,干密度小的土体冻结时,因松散排列的土颗粒有充分的孔隙空间使其内的冰可自由膨胀,故土体的冻胀性很弱,而随着土体的干密度增大,紧密排列的土颗粒中自由水很容易充满土孔隙空间,饱和度增加,土体的冻胀性增强。

(3)土中水

土的冻胀主要是因为水分的迁移集聚。土体发生冻胀的必须具备的条件之一就是初始水分及外界水分的补给。土层中的水主要来自地表水的渗入和地下水源的补给。工程实践证明,并不是含水的土体一定发生冻胀,但是不含水的土体一定不发生冻胀。通常将在一定负温的条件下(一般为 $-9℃ \sim -10℃$),冻胀率为零时土体的含水率或引起土体冻胀的最小含水率称为起始冻胀含水率。当土体含水率小于初始冻胀含水率时,土中的孔隙充其量只是被冰及未冻水充满,土体不发生冻胀。在无外界水源补给的封闭体系中,冻结过程中只有土体内部水分迁移而发生水分重分布,因无地下水补给,冻结后土体含水率仅在上部土层中(1/2～1/3冻深以上部分),较冻前有显著增加,而下部土层中的含水率减少,土体的冻胀率在一定范围内随含水率增加而增大。而在开放体系中,即使土体的初始含水率较小,在冻结过程中外界水分补给不断迁移到冻结锋面上来,冻胀性加大,其冻胀结果是无水源补给的10倍以上,这给道路带来极大的危害。

除外界水的渗入,地下水对冻胀的影响尤为强烈。地下水对冻胀的影响程度主要表现在地下水埋藏的深浅。地下水位的埋藏深度越浅,土体的冻胀量也就越大。当地下水位与冻结深度一致时,土的冻结强度最大。关于不同土质中地下水影响高度问题,对于细粒高塑性土而言,地下水埋深将强烈地影响冻胀速率的变化。而粗粒土由于冻结时水分迁移不大,故地下水位高低对其冻胀速率作用较弱。

(4)温度

土体冻结过程,实际上是土中温度变化的过程。土体的冻结温度取决于土体的颗粒分散度、含水率、颗粒的矿物成分和水溶液的浓度。同一土质条件下,土体的冻结温度是随着含水率的增大而增高。此外,在任何负温度下,土体总保持着与负温度相对应的未冻含水率。这些特性直接影响着冻胀特性。与温度有关的冻结深度和冻结指数越大,冻胀和翻浆越严重。在同样的冻结深度和冻结指数条件下,温度变化引起的冻结速度、化冻速度及负温作用特点对冻胀和翻浆的形成有很大影响。例如,在初冬时,冻结线长时间停留在路基上部,会使大量水分聚集,冻胀严重。初春时,若气温骤暖,土基急剧融化,下层仍然冻结,水分来不及下渗及向上蒸发,就会使土基过湿,引起或加重翻浆;若春融期间冷暖交替并伴有雨、雪,反复的冻融循环和水源充分,则会加剧翻浆。在封闭体系中,土体水分随负温度增大而不断冻结,未冻水量减少,含冰量增加,土体体积增大。因而土体的冻胀系数随土体温度降低而增大。对于不同土质的土冻胀,其冻胀系数不同,但是土体冻胀系数随温度的变化规律相似。一般在土体冻结温度至 $-3℃$ 左右,土体冻胀量值约占最大冻胀量的 $70\% \sim 80\%$,其中土中的未冻水急剧减少;在土体温度 $-3℃ \sim -7℃$ 范围内,冻胀量增大值约占最大冻胀量值 $15\% \sim 20\%$,其间未冻水也处于缓慢减少的过渡状态;在土体温度低于 $-7℃ \sim -10℃$ 以下,土体冻胀量值占最大值的 5% 以下,有些几乎不增加,土中未冻水减少相当缓慢。冻结速度是温度从另一方面来影响土的冻胀性的大小。冻结锋面在土体中移动速度反映了土中某一瞬时冻结锋面上的平衡状态。当冻结锋面通过已冻结部分向上面层输送的热量(即通过热传导输送上来的热量和在冻结锋面上因为水分瞬时冻结释放的潜热的总和时)大于下卧土未冻结部分时,说明某时刻内冻结锋面上的冰析出的少,因而冻界面下移速度增加。相反,则冻结锋面下移速度减缓。在同一温度条件下,土体的冻结速率主要取决于土中含水率和冰析出率,以及土体的密度、导热系数、土的热传导等热物性参数。在相同的应力条件下,土体冻结速率大,冻胀时则伴随着排水,反之,则吸水。在冻结期间无论有效应力是何值,总会存在土体冻胀随冻结速率变化而出现吸水或排水现象。一般情况下,有效应力及土体冻结速率小时,冻胀是伴随着吸水,冻胀增大。相反排水,冻胀减少。

(5)荷载

荷载的增加会对土体的冻胀产生抑制作用。一方面,在土层施加附加荷载,使土层间间距减小,脱水压缩固结,增加了相应的密实度,改变土中导湿率,从而影响水分迁移速率;另一方面,由于荷载的增加,增大了土颗粒间的接触应力,打破了土层中的冰与未冻水含量之间的平衡,未冻水含量增加,降低了土体的冻结点。同时,由于外荷载的增加,使得土体中先冻结土体的冻胀会压缩到后冻结的土体,结果整个土体的总冻胀量会有所减小。虽然荷载对土体冻胀有一定的抑制作用,但要终止土体的冻胀,需要相当大的外部压力,同时终止冻胀的外力又根据土类不同而相差很大。土颗粒越粗,需要的终止压力就越小,相反土颗粒越细,需要的终止压力越大。工程中很难达到这样的预定压力,但却可以利用这个原理来减小建筑物基础下地基土的冻胀。

(6)路面材料导热性能

路面的材料的导热系数越大,比热容越小,那么路面吸热越大,向下传递的热量越多,对路基温度场影响越大,从而影响水分迁移程度。路面的结构同样对冻胀有影响。路面结构厚度越大,对冻胀影响越大。

公路路面的黑色化,使得冻土路基对太阳辐射的吸收率约20%。而且沥青路面阻碍了路基表面的蒸发过程,产生的热量不能有效释放,影响了冻土与大气间的热交换量。调查研究表明,沥青路面的地表年平均温度高于天然地表40℃以上,较天然地面上的土层提前20~30天融化,滞后20天左右冻结,在特殊的地段,差距可能会更大。在这种状态下,沥青路面下土层的热量年总吸入大于总耗散,致使冻土融化。

2.路基冻胀量的计算

路基的冻胀指标包括总冻胀量、分层冻胀量、冻胀率、冻胀速率、不均匀冻胀系数等。

(1)冻胀量

冻胀量是衡量土冻结时冻胀大小的尺度,是研究土冻胀时最重要,最基本的参数。冻胀量又分为总冻胀量和分层冻胀量。总冻胀量是指土层冻结时,引起地表的总升高值,而分层冻胀量指冻土层中某位置处一定厚度的土层引起的竖向位移。冻层内各分层冻胀量之和即为总冻胀量。

路基总冻胀量应按式(5-15-3)计算,用于计算路基冻胀量的土层范围应为路基冻结深度。

$$z_j = \sum_{i=1}^{n} h_i \eta_i \tag{5-15-3}$$

式中:z_j——路基冻胀量(mm);

h_i——路基冻深内不同土层厚度(mm);

η_i——路基不同土层土的冻胀率(%);

n——不同土层数。

分层总和法计算路基冻胀量的方法,计算简单,概念清晰,对计算结果有关键影响的参数是土的冻胀率,冻胀率采用单向自由冻结试验获得。

冻胀量还可以通过经验公式来确实,具体可依据冻深和冻前(冻结初期)地下水位,按下列方法确定地表冻胀量:

①黏质土的地表冻胀量查图 5-15-2,当计算点冻结期内有承压水或充分的外来水补给时,应取逸出点补给水表面为冻前地下水位,并将查得的冻胀量再增加 10%~15%。当设计冻深大于 1.8m 时,地表冻胀量可按设计冻深 1.8m 取值。

②砂质土的冻胀量可查图 5-15-3。当计算点的设计冻深大于 1.6m 时,地表冻胀量可按设计冻深等于 1.6m 取值。

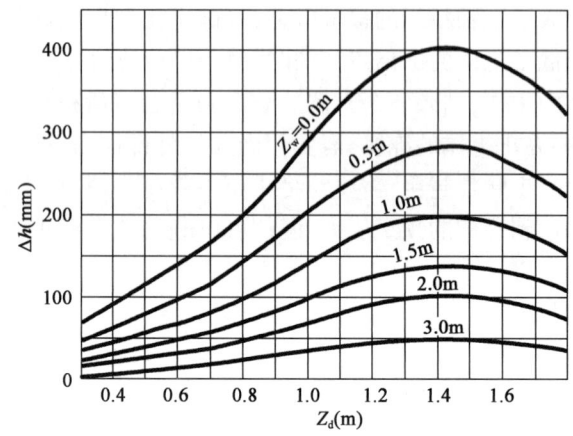

图 5-15-2　黏质土地表冻胀量取值图

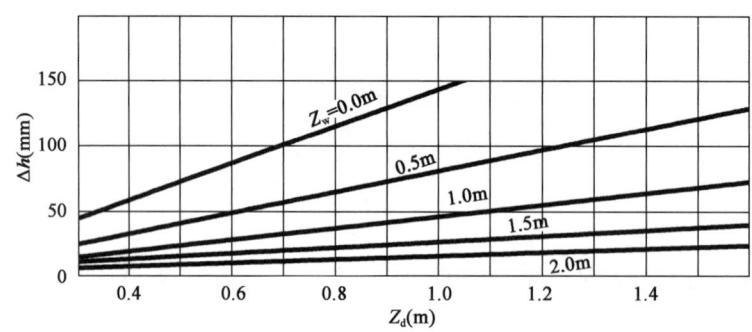

图 5-15-3　砂质土地表冻胀量取值图

(2)冻胀率

冻胀率是反映土冻胀能力的特征指标,定义为冻胀量与冻结深度之比值。冻胀率除了可以表示土的变形能力外,在研究土的冻胀力方面也有重要用途。

冻胀率一般用式(5-15-4)表示:

$$\eta = \frac{\Delta h}{h_0} \times 100\% \tag{5-15-4}$$

式中:η——冻胀率;

Δh——冻胀量(cm);

h_0——冻结深度或室内冻胀试验时试样的高度(cm)。

(3)冻胀速率与冻结速度

为了表示土体在单位时间内冻胀变形的增加值,反映冻胀随时间变化的特点,一般用冻胀

速率表示,即

$$V_{hf} = \frac{\Delta h}{t} \tag{5-15-5}$$

式中:V_{hf}——冻胀速率(mm/d);
Δh——冻胀量(mm);
t——产生冻胀的时间(d)。

冻结速度是表示单位时间冻结锋面侵入土体深度的指标,即

$$V_f = \frac{\Delta h'}{t} \tag{5-15-6}$$

式中:V_f——冻结速度(mm/d);
$\Delta h'$——冻结锋面的侵入量(mm);
t——冻结时间(d)。

(4)不均匀冻胀系数

路基土的冻胀问题主要是由于不均匀冻胀引起的。常用不均匀冻胀系数来表示冻胀的危害程度,不均匀冻胀系数在数值上等于相邻两点冻胀量的差值与两点间的水平距离之比。不均匀冻胀系数的计算公式为:

$$C_u = \frac{\Delta h_2 - \Delta h_1}{l} \times 100\% \tag{5-15-7}$$

式中: C_u——不均匀冻胀系数(%);
$\Delta h_2 - \Delta h_1$——计算两点处的冻胀量(cm);
l——相邻两点间的距离(cm)。

二、季冻区路基冻胀量控制标准

根据东北地区公路对现有路面的冻胀观测结果,水泥混凝土路面的总冻胀量多在30mm以下,当不均匀冻胀引起路面不平整度(最大间隙)超过3mm时,水泥混凝土路面的开裂及断板率明显增加。二级及二级以下公路沥青路面的总冻胀量多在50mm以下,高速公路、一级公路无机结合料稳定类基层沥青路面的总冻胀量多在40mm以下,当不均匀冻胀引起的不平整度(最大间隙)超过8mm以上时,路面裂缝开始出现。

苏联柔性路面设计规范及条文说明(BCH46—83)规定高等级公路沥青路面容许冻胀量为40mm,简易路沥青路面为60mm,高等级公路水泥混凝土路面容许冻胀量为30mm,水泥混凝土装配式路面为40mm。

为满足路面使用要求和服务水平,防治路面病害,本手册以平整度为控制依据,提出了各等级公路水泥混凝土路面和沥青路基容许总冻胀量控制标准,见表5-15-5。

季节冰冻地区路基容许总冻胀量 表5-15-5

公 路 等 级	路基容许总冻胀量(mm)	
	水泥混凝土路面	沥青混凝土路面
高速公路、一级公路	≤20	≤40
二级公路	≤30	≤50

注:三级、四级公路以二级公路的容许总冻胀量为基础,根据具体情况确定。

由于影响季节冻土路基融沉的因素很多,路基融沉变化规律也较为复杂,目前尚无成熟的路基融沉量计算方法与容许融沉量控制标准。设计时,需从工程措施入手,从路基填料选择、含水率、密实度、防排水措施等采取综合措施,控制路基融沉变形,防止路基翻浆。

第四节 季节性冰冻区路基设计

一、路基高度

中冻区、重冻区土质路基上路床顶面最低点距地下水位(或冻前地表水常水位)的高差应不小于路基冰冻条件下临界高度见图 5-15-4。冰冻条件下路基临界高度可按式(5-15-8)计算确定:

$$h_f = Z_{max} + h_m - h_w - h_p \tag{5-15-8}$$

式中:h_f——土质路基冰冻条件下临界高度(m);

h_m——土体冻结过程中地下水上升高度(m),应调查确定;无调查资料时按表 5-15-6 确定;

h_w——地下水埋深(m);

h_p——路面结构厚度(m)。

Z_{max}——道路多年最大冻深(m),按式(5-15-9)。

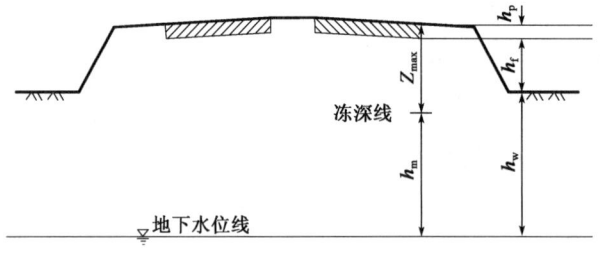

图 5-15-4 冰冻条件下公路路基临界高度

土体冻结过程中地下水上升高度 表 5-15-6

土质类别	碎石土、砂土	粉砂	粉土	黏质土
上升高度(m)	0.6~0.9	0.8~1.0	1.2~1.5	2.0~2.5

注:中冻区取低值,重冻区取高值。

道路多年最大冻深应按式(5-15-9)计算:

$$Z_{max} = abcZ_m \tag{5-15-9}$$

式中:Z_{max}——道路多年最大冻深(m);

a——路面、路基材料的热物性系数,按表 5-15-7 选取;

b——路基湿度系数,按表 5-15-8 选取;

c——路基断面形式系数,按表 5-15-9 选取;

Z_m——多年最大冻深(m),选用调查资料中 10 年标准冻深的最大值,无实测资料时,可按《季节性冻土地区公路设计与施工技术规范》(JTG/T D31-06—2017)附录 A 确定。

路基路面材料热物性系数 表 5-15-7

路基材料	黏质土	粉质土	粉土质砂	细粒土质砾 黏土质砂	含细粒土质砾(砂)
热物性系数	1.05	1.1	1.2	1.3	1.35
路面材料	路面水泥混凝土	沥青混凝土	二灰碎石 及水泥碎(砾)石	二灰土及水泥土	级配碎石
热物性系数	1.4	1.35	1.4	1.35	1.45

路基湿度系数 表 5-15-8

干湿类型	干燥	中湿	潮湿	过湿
湿度系数	1.0	0.95	0.90	0.80

注：路基干湿类型根据试验确定。

路基断面形式系数 表 5-15-9

填挖形式	地面	填方高度(m)				挖方深度(m)			
		<2	2~4	4~6	>6	<2	2~4	4~6	>6
断面形式系数	1.0	1.02	1.05	1.08	1.10	0.98	0.95	0.92	0.90

土的冻结深(厚)度相对固定，抬高路基可以抬高冻结线，增加冻结线与地下水位间的距离，有效增加毛细水的上升阻力，降低路基上部的含水率，减轻冻胀对土体结构的影响，减少翻浆。工程实践表明，抬高路堤高度是防治路基冻害的有效措施。有条件时，应首先满足所要求的路堤最小厚度。无条件时，需结合季节冻土地区的特殊自然条件，经技术经济比选后，择优采用其他工程措施，如：降低地下水，设置隔断层，设置聚苯乙烯泡沫塑料板隔温层，设置高炉矿渣、钢渣等抗冻保温层等。

二、路基结构形式

1. 路堤

根据公路等级、交通量、路面类型、当地气候条件、勘察资料、材料供应，充分借鉴当地的工程经验，拟定路基的结构形式。一般情况可采用图 5-15-5 所示典型结构；当地质状况较差，路基标高距地下水位的距离在 3m 以内时，采用图 5-15-6 所示典型结构。

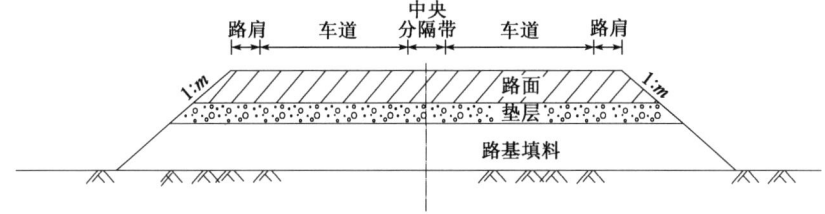

图 5-15-5 典型低路堤断面结构一

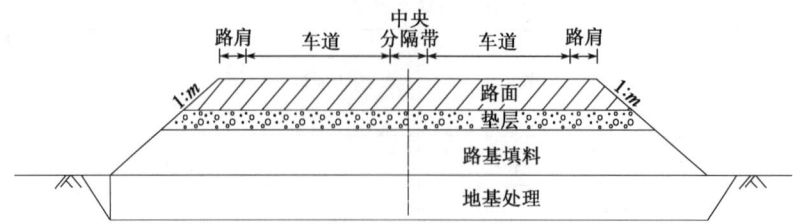

图 5-15-6　典型低路基断面结构二

2. 路堑及边坡

季节性冻土地区处于不良水文及水文地质条件下的土质路基边坡(尤其是黏质土、粉土类边坡)常因不良气候条件的影响,致使春融期路基边坡冻融层湿度较大。此时融化层底部仍处于冻结状态,不利于融水的下渗,水分蓄积在融化层内,使土体处于饱和状态,土体抗剪强度很低,极易发生融化层的滑移破坏。设有坡面防护的工程,也常因边坡融化层的滑移而遭破坏。因此,季节性冻土地区路基尤其是路堑应做好边坡工程设计,对于重要工程的高边坡,在土质和自然条件不良的情况下需进行边坡的抗融滑验算,以确定边坡的冰冻稳定性。

(1)中冻区、重冻区细粒土路基应根据降水和冰冻条件放缓边坡,挖方边坡放缓至 1:1 ~ 1:1.5,填方边坡放缓至 1:1.75 ~ 1:1.5。

(2)浸水路堤边坡坡率不宜陡于 1:1.75。

(3)中冻区、重冻区路基填方及路堑挖方超过 5m 的黏质土和粉土路基边坡应进行抗融滑稳定性验算,见图 5-15-7,抗融滑安全系数 K 按式(5-15-10)计算。滑动面是春融期的融化面,验算时滑动面应从坡面表层按一定的厚度试算确定。抗滑安全系数不满足要求的边坡应根据实际情况调整坡率或进行边坡加固。

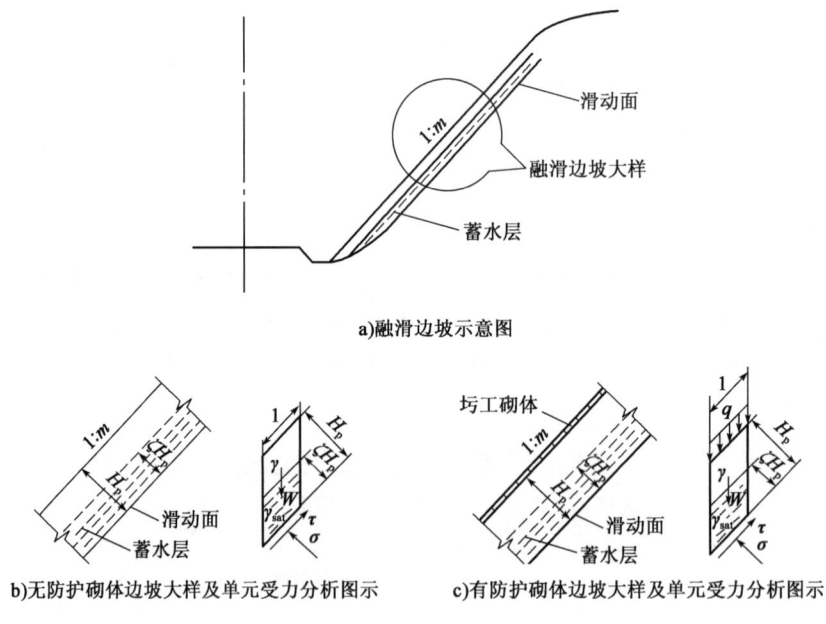

图 5-15-7　边坡融滑稳定性计算示意图

$$K = \frac{mH_p\tan\varphi[(1-\zeta)\gamma + \zeta\gamma_{sat} + q] + c\sqrt{1+m^2}}{H_p[(1-\zeta)\gamma + \zeta\gamma_{sat} + q]} \quad (5\text{-}15\text{-}10)$$

式中：K——抗融滑安全系数，大于或等于 1.20；

$c、\varphi$——分别为边坡融滑层底部处于蓄水饱和状态的土层与下部冻结层界面间的黏聚力（kPa）和内摩阻角（°），应取路基边坡实际用土进行饱水直剪快剪试验，并将测定结果按表 5-15-10 进行冻结层界面不利状态折减后确定该计算参数；

m——边坡坡率；

γ——边坡土的重度（kN/m³）；

γ_{sat}——边坡土的饱和重度（kN/m³）；

q——作用于分析单元上的圬工防护砌体等效荷载（kN/m³），若边坡没有设置防护砌体，计算时无此项；

ζ——滑动土体水饱和层厚度占滑动层总厚度的比率（$0 \leqslant \zeta \leqslant 1$），一般 ζ 取 0.3~0.6，边坡土质条件和干燥条件差时 ζ 取大值，或根据地方经验确定；

H_p——滑动土体总厚度（m），分析时细粒土质砂、粉质土、黏质土分别取 0.20m、0.30m、0.40m 进行验算。

边坡融滑层界面土质抗剪强度指标折减系数　　表 5-15-10

项目	细粒土质砂	粉质土	黏质土
黏聚力 c 的折减系数	0.4~1.0	0.3~0.8	0.3~0.6
内摩阻角 φ 的折减系数	0.7~1.0	0.5~0.8	0.15~0.25

注：折减系数的取值应综合考虑边坡土的组成成分、土体胶结情况、降水、春融期边坡面水分蒸发条件、冻融循环程度等因素考虑不利状态后选取或根据当地经验确定。

（4）冻胀严重的边坡应优先选择适合当地气候环境的植物防护；当采用网格式或拱式骨架护坡时宜采用锚固措施。

（5）挡土墙墙背填料应优先选用砂砾、碎（砾）石等透水性好的填料，严禁采用冻胀性土，并应加密泄水孔。

（6）护面墙、挡土墙等圬工结构基础应进行防冻设计，当冻结深度小于或等于 1m 时，基底应设于冻结线以下不小于 0.25m 处，并应满足基础最小埋置深度不小于 1m 的要求。当冻结深度大于 1m 时，基底最小埋置深度不小于 1.25m，并将基底至冻结线以下 0.25m 深度范围的地基土换填为非冻胀材料。

（7）沿河路基丁坝、顺坝等调治构造物宜采用钢筋石笼等柔性结构。

三、填料选择

冻胀对道路的破坏作用主要是在春融期，春融引起路基土层的含水率增大，路基强度大幅下降，在汽车动荷载的作用下，路面出现裂缝、翻浆、沉陷、车辙、拥包等病害。因此保证春融时路基的强度是防止冻害的基础。不同填料的冻胀系数差别较大，尤其是路基融化后的强度差别更明显。路基填料对减轻冻胀具有重要作用，因此，选用合适的路基填料是确保路基质量的关键。路基填料设计应根据路基高度、地表水位、地下水位、容许总冻胀量及路面结构类型等，按表 5-15-11 确定路基填料。路床宜采用中粗砂、砂砾、碎石、高炉矿渣、钢渣等抗冻性好的材料，强风化软质岩、遇水崩解软质岩石不得用作上路床填料。

季节冻冻土路基填料选择表　　　　表 5-15-11

路基形式	冰冻分区	地下水位或地表常水位距路面距离(m)	土的冻胀等级			
			上路床	下路床	上路堤	下路堤
填方路基	重冻区	$h_w>3$	Ⅰ	Ⅰ、Ⅱ、Ⅲ	—	—
		$h_w\leq3$	Ⅰ	Ⅰ、Ⅱ	Ⅰ、Ⅱ、Ⅲ	—
	中冻区	$h_w>3$	Ⅰ、Ⅱ	Ⅰ、Ⅱ、Ⅲ	—	—
		$h_w\leq3$	Ⅰ	Ⅰ、Ⅱ	—	—
零填方	重冻区	$h_w>3$	Ⅰ	Ⅰ	—	—
挖方路基	中冻区	$h_w\leq3$	Ⅰ	Ⅰ	—	—
		$h_w>3$	Ⅰ	Ⅰ、Ⅱ	—	—
		$h_w\leq3$	Ⅰ	Ⅰ	—	—

注：1. 土的冻胀等级见表 5-15-4。
　　2. 重冻区、中冻区，高速公路、一级公路上路床采用Ⅰ类土时，其细粒土(粒径小于 0.075mm 含量)含量宜小于 5%。
　　3. 缺少砂石料地区，采用无机结合料、矿渣、固化剂等进行处置时，填料可不受此表限制。

粗粒料即使产生冻胀，融化后仍能保持较高的强度，满足路面的要求。砂砾类材料的透水性好，能够迅速排出融化水，即使在含水率较高的情况下仍能保持较高的强度。因此，有条件时，应优先采用砂土、中粗砂、砂砾、碎石等抗冻性能好的填料。对于一些砂石料缺乏的地区，可以采用水泥、石灰、粉煤灰等固化剂稳定细粒土。据黑龙江省某试验路 5 年的观测资料分析，其垫层材料及路基在冻融反复作用下强度衰减系数为：水泥稳定砂砾 20%～25%，石灰土 30%～40%，砂垫层 25%～30%，路基 25%～30%，稳定细粒土冻融后长期强度较差。

挖方路段是一个人工低地，高处的潜水会渗入路堑，因此路堑的冻胀病害远较填方严重。路床换填砂砾层可以降低冻胀率，提高春融时路基路面的承载力。

路堤采用砂砾料可以大幅降低毛细水的上升高度，降低路基土的持水能力，减轻冻胀翻浆。但土的冻胀水分有气态水、地表渗水和毛细水，对于砂砾类材料的冻胀以气态水的凝结为主，这有些类似于锅盖效应或冬天窗户玻璃的结冰。因此，采用砂砾料虽能阻断毛细水，但不能完全避免冻结，这在多条公路的调查中得到证实。北欧一些国家的路基高度与气温都较低，但他们对于路基的下处理很重视，多采用砂砾等粗粒料填筑，因此路基冻胀翻浆状况并不严重。

四、路基冻胀防治措施

1. 优化路基高度

提高路基填土高度，可增大路基边缘至地下水或地面水水位间的距离，从而减小冻结过程中水分向路基上部迁移的数量，使冻胀减弱，使翻浆的程度和可能性变小。

抬高路基高度可以防止路基冻胀翻浆，但防止冻胀翻浆路基的高度并不是越高越好。路基过高将增加路堤的工后沉降量和不稳定性，工程量也将相应增加。因此，防止冻胀翻浆存在一个合理的路堤高度(即路基的临界高度)，在此高度时路基的冻胀翻浆不明显，同时工程量也最小。一般情况下，路基的临界高度为道路最大冻深与冻结水上升高度之和。路基的临界高度与各地的气候条件、路基填料、地质状况等相关，可按式(5-15-8)优化确定。

在潮湿的重冻区内粉质土地段，不能单靠提高路基填土高度来保证路基路面的稳定性，要与其他措施,如砂垫层、石灰土基层等配合使用。

2.路基排水

良好的路基排水可防止地面水或地下水侵入路基,使土基保持干燥,减少冻结过程中水分聚流的来源。路基范围内的地面水、地下水都应通过顺畅的途径迅速引离路基,以防水分停滞浸湿路基。为此,应重视排水沟渠的设计,注意沟渠排水纵坡和出水口的设计;在一个路段内重视排水系统的设计,使排水沟渠与桥涵组成一个完整的通畅的排水系统。为降低路基附近的地下水位,可采用有管渗沟;为拦截并排除流向路基的地下水,可采用截水渗沟,同时考虑冰冻深度的影响。路基排水设计要点具体见下一节。

3.换填优质填料

当采用水稳性好、冰冻稳定性好、强度高的粗颗粒土换填路基上部时,可以提高土基的强度和稳定性。换土措施的适用条件:

(1)因路基标高限制,不允许提高路基,且附近有粗粒土可用时;

(2)原有路基土质不良,需铺设高级路面时。

换土层厚度一般可根据地区情况、公路等级、行车要求以及换填材料等因素确定。根据一些地区的经验,在路基上部60~80cm厚的范围换填粗粒土,路基可以基本稳定。换土厚度也可以根据强度要求,按路面结构层厚度的计算方法计算确定。

4.设置隔离层

当路基的冻胀控制不能满足要求时,可设置防冻隔断层。防冻隔断层根据所起的作用的不同,分为抗冻层、隔温层、水蒸气隔断层、毛细水隔断层,各层的适用条件如下:

(1)抗冻层

在中、重季节冻结区和多年冻土区的高级、次高级路面,在有可能冻胀的路段,为防止不均匀冻胀,路面总厚度不应小于表5-15-12的规定。如按强度计算的路面厚度小于表5-15-12规定时,应用冰冻稳定性良好的材料加设防冻层补足。

抗冻层设置在路床顶部,厚度宜为0.30m,防冻层材料应选用冰冻稳定性良好的砂砾、粗砂、矿渣、煤渣等粒料,也可采用水泥或石灰煤渣稳定粗粒土、石灰粉煤灰稳定粗粒土等。采用砂砾和粗砂时,小于0.074mm的颗粒含量不应大于5%;采用煤渣时,小于2mm的颗粒含量不宜大于20%。

路面防冻最小总厚度(cm) 表5-15-12

冻结深度	土基干湿类型	粉质土	砂质土黏质土	冻结深度	土基干湿类型	粉质土	砂质土黏质土
50~100	中湿	30~50	30~40	150~200	中湿	60~70	50~60
50~100	潮湿	40~60	35~50	150~200	潮湿	70~80	60~70
100~150	中湿	50~60	40~50	>200	中湿	70~80	60~70
100~150	潮湿	60~70	50~60	>200	潮湿	80~110	70~90

(2)毛细水隔断层

当地下水位高,且路基填料为粉质土时可设置隔断层。隔水断层的位置一般高出地表0.30m,厚度宜为0.20~0.30m,以砂砾、碎石等粗粒料为主,填料粒径在20~60mm之间,粒径小于0.075mm的含量不超过5%。必要时可在砂砾隔断层顶面同时加铺防渗土工膜,以防止水蒸气的上升凝结。

(3)水蒸气隔断层

当昼夜温差大,水蒸气的上升量较大时,可设置水蒸气隔断层。水蒸气隔断层采用防渗土工膜,设置于地表以上0.30m的位置。

(4)泡沫隔温层

当其他防冻抗冻措施效果不良时,可采用设置塑料泡沫隔温层防治路基的冻胀。

隔温层的设置位于路床顶面,塑料泡沫隔温板的厚度一般在50~100mm之间,隔温板应具有良好的隔热保温性、低吸水性、良好的抗压强度和耐久性。

隔温层的厚度,视减少的冻结深度需要,参照第十四章多年冻土地区路基隔热层设计计算确定。

五、路基排水

1. 地表排水

(1)季冻区路基地表排水设计应根据水源、地形、路线及路基设计等条件,将水截堵及排除路基范围以外。

(2)挖方路段界外水应设拦水埝或截水沟排除,拦水埝或截水沟的纵坡不宜小于3%,以迅速排走地表水、减少下渗,拦水埝或截水沟的形状可根据具体地表水量确定。

(3)挖方边坡有地下水出露时,对潮湿的土质边坡可设置支撑渗沟,对集中的地下水出露处设置仰斜式排水孔。

(4)挖方路基宜采用宽浅型边沟,不宜采用带盖板的矩形边沟。采用暗埋式边沟时,暗沟或暗管应埋设于当地最大冻深以下不小于0.25m处,并视地下水分布状况设置必要的排水渗沟。

(5)季冻区路线的凹形竖曲线底部、低洼河谷地段、平曲线超高段应做特殊排水设计。

(6)其他排水措施按现行《公路排水设计规范》(JTG/T D33)执行。

2. 地下排水

重、中冰冻区的路基挖方段及全冻路堤应采取下列措施降低或排除路基中的地下水和疏干土体内的水分。

(1)路基下泉水或集中水流必须设置暗沟或暗管排除。暗沟(管)应设于冻结线以下或采取保温防冻措施;暗沟(管)横断面应按流量大小、地形及地质条件经计算确定。

(2)重、中冰冻区的挖方路基及全冻路堤应设排水渗沟。

①渗沟应设于两侧边沟下或边沟外,不宜设在路肩范围以内。必要时中央分隔带下也应设置渗沟。

②渗沟的埋置深度(底面高程)可按下式计算确定:

$$h_d = Z + d + h_0 + h_j - h_b \tag{5-15-11}$$

式中:h_d——渗沟埋置深度,由边沟底至渗沟底距离(m);

Z——从路面中线顶面计起的道路冻深(m);

h_0——渗沟内水深(m),可采用0.3~0.4m;

h_j——安全高度(m),一般取0.2~0.3m;

h_b——路面中心至边沟底的高差(m);

d——路基范围内渗沟降水曲线的最大矢距(m)。

对于双面渗沟(图5-15-8),渗沟降水曲线最大矢距按下式计算:

$$d = I_0 \times L \tag{5-15-12}$$

式中:I_0——降水曲线平均坡度值,见表5-15-13;

L——渗沟边缘至路中心线的距离(m)。

各种土降水曲线平均坡度值 表5-15-13

含水层土质	渗透系数 q 参考值(mm/s)	平均坡度 I_0
砂及含细粒土砂	$1 \times 10^{-3} \sim 1 \times 10^{-1}$	0.006 ~ 0.020
粉质土砂	$1 \times 10^{-4} \sim 1 \times 10^{-2}$	0.020 ~ 0.050
粉质土	$1 \times 10^{-5} \sim 1 \times 10^{-4}$	0.050 ~ 0.100
黏土	$1 \times 10^{-6} \sim 1 \times 10^{-5}$	0.100 ~ 0.150

③渗沟纵坡不应小于0.5%,长度不宜大于300m,渗沟过长应在其间设置横向排出渗沟或采取其他措施。

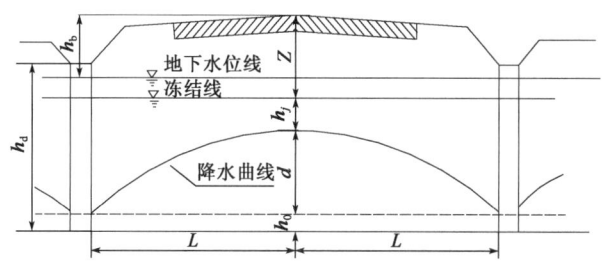

图5-15-8 双面渗沟降水曲线计算图

④渗沟宜设置端墙式保温出水口(图5-15-9)。出水口外排水沟纵坡应大于5%,用保温材料砌筑或填筑2~5m。

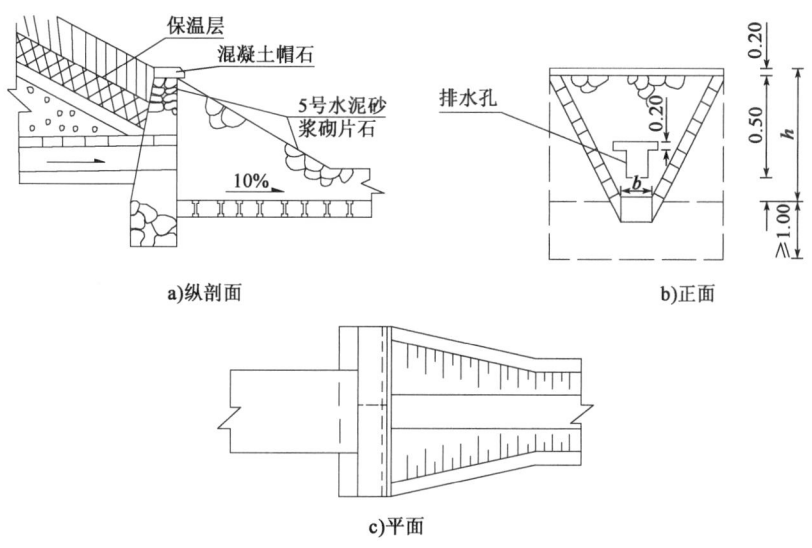

图5-15-9 端墙式保温出水口示意图(单位:m)

⑤在渗沟转弯、变坡处及直线段每隔 30～50m 应设一个渗沟检查井,其直径不宜小于 0.8m,井壁应设渗水孔和反滤层。井下通水口与渗沟排水槽(管)同高。边沟下的渗沟检查井应设于边沟外。

⑥渗沟类型可用填石渗沟、洞式渗沟或管式渗沟,渗沟侧墙根据截排水方向可设成单墙或无墙式。

⑦渗沟反滤排水填料应用粒径大小均匀一致的砂石料,由外向内相邻层粒径比不宜小于 1:4,每层厚度不宜小于 0.15m,集料粒径小于 0.25mm 的含量不大于 5%,最大粒径不大于 80mm。也可选用渗水土工布内填 10～60mm 碎石或砾石排水集料,外侧填 0.15m 厚中细砂防污层。土工布标准必须符合现行《公路土工合成材料应用技术规范》(JTG/T D32)的有关规定。

第十六章　风沙地区路基

沙漠系指荒漠地区地表为风积的疏松沙所覆盖的地区；沙地系指草原地区地表为风积的疏松沙所覆盖的地区。这两种地区在工程上统称为风沙地区。

第一节　概　　述

一、沙漠、沙地的分布

1. 分布范围

我国沙漠化土地总面积已达 156.8 万 km^2，其中沙漠、沙地总面积约 80.89 万 km^2，分布在新疆、青海、甘肃、宁夏、陕西、内蒙古、辽宁、吉林、黑龙江等九个省（区）。主要沙漠、沙地有：塔克拉玛干沙漠、古尔班通古特沙漠、乌兰布和沙漠、巴丹吉林沙漠、腾格里沙漠、柴达木盆地沙漠、库布齐沙漠、毛乌素沙地、小腾格里沙地、科尔沁沙地及河西走廊沙地。

2. 分布特点和气候特征

我国的沙漠、沙地多深居内陆，远离海洋。大致以乌鞘岭和贺兰山一线为界，该线以西，属干旱、过干旱地区，沙漠分布比较集中，占全国沙漠总面积的 86%，并以流动沙丘为主；该线以东，属微湿、半干旱地区，沙漠、沙地分布比较零散，面积也较小，仅占全国沙漠面积的 14%，并以固定、半固定沙丘为主。

沙漠地区的主要特征为：气候干燥，雨量稀少；日照强烈，冷热剧变；风频沙多；地表水匮乏，矿化度高；植被稀疏、低矮。沙地的特征与沙漠类似，只是程度不同。

二、沙漠、沙地的分区

通过对沙漠地区自然要素资料的分析，按公路建设的技术要求确定分区指标，确立与公路建设关系密切的各自然因素，以干燥度、最高月均温与最低月均温比值、气候为区划指标。采用主导因子与多因子相结合的方法，利用卫星遥感影像进行判读成果和 SPSS 软件辅助分区，结合大尺度地图再分别叠加，划分结果如表 5-16-1。

沙漠、沙地分区表　　　　表 5-16-1

分区名称	自然条件	沙漠类型和植被条件	路基防护条件	包括的沙漠与沙地
Ⅰ区 半湿润严寒沙地区	干燥度 1～1.5；热冷比值>1.0	微湿沙地，草原及干草原，固定和半固定的梁窝状沙丘为主，植被平均覆盖度在 30%～45% 之间的沙地占整个沙地总面积的 80.1%	路基两侧宜于采用乔、灌草结合的植物固沙带，不需要灌溉	呼伦贝尔、嫩江沙地

续上表

分区名称	自然条件	沙漠类型和植被条件	路基防护条件	包括的沙漠与沙地
Ⅱ区 半湿润温冷沙地区	干燥度1.2~2.0；热冷比值0.7~0.8	微湿沙地，草原及干草原，主要以格状沙丘为主，其次为平缓沙地(丘)，植被平均覆盖度在15%~45%之间	路基两侧宜于采用乔、灌草结合的植物固沙带，不需要灌溉	内蒙古东部高原沙地区：科尔沁沙地、浑善达克沙地
Ⅲ区 半干旱温热沙地区	干燥度1.5~2.0；热冷比值0.4~0.50	半干旱沙地，干草原，主要以新月形沙丘和丘间甸子地、绿洲、丘间沙滩地为主，植被平均覆盖度在15%~50%之间	路基两侧宜于采用乔、灌草结合的植物固沙带。一般不需要灌溉，但在干旱的年份需要对栽种于梁地上的乔木(特别是幼龄木)进行灌溉	内蒙古高原中部沙地(漠)区：毛乌素沙地、部分库布齐沙漠
Ⅳ区 干旱温热沙漠区	干燥度2~16；热冷比值0.4~0.5	半干旱沙地和沙漠，干草原和荒漠草原，主要以新月形沙丘、平缓沙丘地为主，植被平均覆盖度在5%~30%之间		阿拉善高原沙漠区：乌兰布和沙漠、腾格里沙漠、巴丹吉林沙漠、部分库布齐沙漠
Ⅴ区 极干旱寒冷沙漠区	干燥度16~32；热冷比值0.8~1.0	干旱沙漠，荒漠草原及荒漠，主要以平缓沙丘地、新月形沙丘及沙丘链为主，并分布有盐湖。植被平均覆盖度小于15%	宜于采用植物固沙与工程防沙措施相结合的方法。通常采用灌、草结合的植物固沙带。栽植乔木需要灌溉，并需要辅助一定的工程措施	青藏高原沙漠区：柴达木沙地、共和沙漠、藏北高原羌塘地区零星沙漠
Ⅵ区 干旱温冷沙漠区	干燥度2~10；热冷比值0.7~0.8	干旱沙漠，荒漠草原及荒漠，主要以新月形沙丘及沙丘链和平缓沙地、灌丛沙堆为主，植被平均覆盖度在15%~30%之间		古尔班通古特沙漠
Ⅶ区 极干旱炎热沙漠区	干燥度>32；热冷比值<0.4	过干沙漠，荒漠，主要以纵向沙垄和复合形沙垄及新月形沙丘及沙丘链为主，植被平均覆盖度小于5%	以工程防沙措施为主，植物固沙为辅。需要灌溉。利用当地旱生灌木固沙，需要结合工程措施进行	塔克拉玛干沙漠、库木塔格沙漠、鄯善沙漠

三、风沙地貌分类

风沙地貌分类见表5-16-2。

风沙地貌分类表　　　　　　表5-16-2

分类原则	类别	地貌特征	图例
依形态特征分	裸露的平坦沙地	分布在平坦开阔地带。平沙漫漫，没有明显的起伏，仅有沙纹或沙波，风沙流活动强度很大	

续上表

分类原则	类 别	地 貌 特 征	图 例
依形态特征分	新月形沙丘	多分布在平坦地区及流动沙丘的前缘地带,状如新月,有顺主导风向伸出的两角,剖面不对称,迎风坡缓而长,一般约为8°~15°,整个迎风坡面呈凸起的圆弧形,沙层较致密;背风坡短而陡,一般约为24°~34°,整个坡面呈凹进的弧形,沙层较疏松。有明显的弧形脊线,与主风向垂直。一般高数米至数十米,具有明显的分带移动特性	
	新月形沙丘链（横向沙垄）	相邻的新月形沙丘逐渐发展增大,侧翼相互联结,形成曲折的沙丘链,各链呈平行排列,又称平行新月形沙丘链。沙丘链的走向与主导风向相垂直,一般高约数米至数十米,其移动速度较新月形沙丘移动速度为慢	
	格状沙丘	①由平行新月形沙丘链进一步演变而成,由于沙丘链的高低起伏不同,低处前移较快,与前列沙丘链逐渐联结起来,形成大致互相垂直的格状。②当地有两组互相垂直的盛行风向,则形成两组互相垂直的方格状沙丘,此类沙丘多分布在风向较复杂的大面积的流沙地带,沙丘链纵横交错,中间为洼地,状如簸箕。格状沙丘的纵横向长度一般为50~150m 横向(与主导风向垂直)高约5~30m,纵向(与主导风向平行)高约5~10m,迎风坡为20°左右,背风坡为30°左右	
	纵向新月形沙丘（纵向沙垄）	为两组不等的风力,呈一定夹角的风向交替作用所形成。形成初期呈鱼钩形,狭而长,两侧近似对称,走向与主导风向接近平行。长度自数公里至数十公里,各条沙垄互相平行。此类沙丘多分布在山间地带。丘顶呈尖棱形或圆弧形,高度约数米至数十米	
	复合型沙丘	体积高大,风向复杂,有次生沙丘分布在主丘上,移动较微,但风沙流活动强度大。此类沙丘多分布在山前地带,高度多在百米以上	
	金字塔沙丘	在地形特殊、风向复杂、沙源极为丰富的条件下形成,体积高大,呈金字塔状,沙脊交错成棋盘形。此类特殊沙丘景观在我国新疆塔克拉玛干沙漠的西部有少量分布	
依形态与风向的关系分	横向沙丘	沙丘走向与起沙风的合成方向呈60°~90°的交角,以单向风作用为主。此类沙丘包括:①横向沙垄;②复合新月形沙丘;③复合型沙丘;④新月形沙丘;⑤新月形沙丘链	
	纵向沙丘	沙丘的走向与起沙风的合成方向相平行或呈小于30°的交角。此类沙丘包括:①复合型纵向沙垄;②沙垄;③新月形沙垄	

续上表

分类原则	类别	地貌特征	图例
依形态与风向的关系分	多向风作用下沙丘	沙丘总的排列方向不与任何一种风向相平行或垂直,而是具有不同方向的脊线和斜面,金字塔沙丘便是典型的代表	
依稳定程度分	固定沙丘	沙地植被覆盖度在50%以上,一般呈冢状或钟状,高约1~2m,也有高达数米的。多分布在平坦地区,湖泊、河流的边缘及流动沙丘的外围。沙丘表层含粉土粒、黏土粒及有机质成分多,结有薄层硬壳,不易被风吹蚀	
	半固定沙丘	沙地植被覆盖度在15%~50%,有一定的固沙作用,大风时部分沙粒开始移动。形态较复杂,一般呈浑圆或垄条状,高约数米到十数米,多分布在沙漠边缘地带。此类沙丘属于过渡类型,稍加处理,即可稳定	
	流动沙丘	沙地植被覆盖度在15%以下。沙丘完全裸露或只有极稀少的一年生植物,在个别风蚀洼地或背风坡脚处长有少量的多年生植被。依风向、地形、地表条件的不同,可形成大小不一,形态多样的沙丘或沙丘群。高度可由数米至数十米,也有高达百米以上的,往往汇集成群,宛如沙海	

注:植被覆盖度系指植物枝叶阴影所遮盖的面积占沙丘全部面积的百分比。

四、风沙运动规律

1. 风沙流的运动规律

(1) 风沙流与起沙风

使沙粒开始起动的临界风速称为起动风速。起动风速与沙粒粒径、地表性质、沙的含水率等多种因素有关,见表5-16-3、表5-16-4。所有大于起动风速的风称为起沙风。

起沙风将松散沙粒扬起,形成含有沙粒的运动气流,称为风沙流。

起动风速与粒径的关系 表5-16-3

粒径(mm)	起动风速(离地面2m高处)(m/s)	粒径(mm)	起动风速(离地面2m高处)(m/s)
0.10~0.25	4.0	0.50~1.00	6.7
0.25~0.50	5.6	1.00~1.25	7.1

起动风速与粒径和含水率的关系 表5-16-4

粒径(mm)	不同含水率下的起动风速(m/s)					
	干燥状态	含水率(%)				
		1	2	3	4	
0.18~0.25	3.8	4.6	6.0	10.5	12.0	
0.25~0.50	4.8	5.8	7.5	12.0	—	
0.50~1.00	6.0	7.0	9.5	12.0	—	
1.00~2.00	9.0	10.8	12.0	—	—	

(2)沙粒运动形式

风沙流中沙粒的运动形式与风力的强弱、沙的粒径与质量有关,有蠕移、跃移、悬移三种。跃移是主要形式,平均占总输沙量的78%;蠕移次之,一般占20%左右;悬移甚少。跃移和蠕移主要是在离地面10cm的高度内活动。

(3)风沙流结构

气流中搬运的沙粒在搬运层内不同高度的分布情况称风沙流结构。风沙流结构随风速、地表性质和进入气流中的沙粒数量而异。

风沙流中含沙量的垂直分布是随高度的增加而迅速递减的,见表5-16-5,沙粒主要集中在贴近地面的气流层内。

风速9.8m/s时不同高度气流层内搬运的沙量　　表5-16-5

高度(cm)	0~10	10~20	20~30	30~40	40~50	50~60
含沙量(%)	79.33	12.30	4.79	1.50	0.95	0.40

当风速显著地超过起动风速后,上层气流中的含沙量就会急剧增加。

(4)吹蚀与堆积

风沙流是否产生吹蚀或堆积,主要看风速、沙源、障碍物、下垫面等因素而定。

由于风速增大或沙源减少而使风沙流下层处于不饱和状态,就容易产生吹蚀或搬运。

由于风速减弱或遇有障碍物,都会促使沙粒从风沙流中沉落而造成堆积。

如进入气流的沙量和从气流中沉落的沙量大致相等,则既不产生吹蚀,也不产生堆积。

2. 沙丘的移动规律

沙丘发生移动是由于组成沙丘的沙在风力作用下产生移动的结果。

(1)移动方向

沙丘的移动方向与起沙风的风向有关,总的移动方向与起沙风的年总合成风向大体一致。我国各地沙漠的移动方向因所处的地理位置不同而有所不同。除塔里木盆地伽师强孜至民丰沙吾札克一线以东的塔克拉玛干沙漠东、北及中部的沙丘是从东北向西南移动外,其他沙漠(沙地)的沙丘都是从西北向东南移动的。

(2)移动方式

沙丘移动的方式主要决定于风向及其变律,有以下三种情况:

①前进式:这是在单一的风向作用下产生的。塔克拉玛干沙漠的东部、中部地区,巴丹吉林沙漠及腾格里沙漠的西部等地主要受单一的西北风或东北风的作用,沙丘的移动主要以前进式运动为主。

②往复前进式:这是在两个方向相反而风力大小不等的情况下产生的。除上述地区外,其他地区的沙漠多为此种运动形式。

③往复式:这是在风力大小相等、方向相反的情况下产生的,此种运动形式在我国比较少见。

(3)移动速度

沙丘移动的速度与当地的风向及其变律、风速、沙丘形态、沙丘高度、沙丘排列密度、沙粒粒径、沙的密度、植被、水文条件以及所处地形等多种因素有关。

沙丘移动速度与各种影响因素之间的主要关系如下:

①沙丘移动的速度与风速的三次方成正比,与沙丘的高度成反比。
②沙丘的移动速度与沙丘间距成正比。
③风向单一地区的沙丘移动速度较快。
④在地形平坦地区,沙丘移动速度较快。
⑤含水率小和裸露的沙丘移动速度较快。
⑥沙粒粒径小的沙丘移动速度较快。

在地形比较平坦且无障碍物影响的情况下,沙丘移动速度与输沙量、沙的重度、沙丘高度有关,如式(5-16-1):

$$D = \frac{Q}{\gamma H} \tag{5-16-1}$$

式中:D——沙丘移动速度(m/h);

Q——单位时间内通过单位宽度的沙量[kg/(h·m)];

γ——沙的密度(kg/m³);

H——沙丘的高度(m)。

按照沙丘的平均移动速度,可将沙丘移动情况划分为三种类型(表5-16-6)。

沙丘移动类型表　　　　表5-16-6

类型	移动速度(m/年)	所有沙漠
慢速	<5	包括塔克拉玛干和巴丹吉林沙漠的大部分地区;古尔班通古特沙漠东部克拉美石山西麓的流动沙丘,额尔齐斯河两岸的库姆塔别,塔孜库姆和阿克库姆,吐鲁番盆地的库姆塔格;腾格里沙漠的南缘和东缘;乌兰布和沙漠的磴口—敖龙布鲁格—吉兰泰一线以东地区;河西走廊敦煌鸣沙山等地的沙丘等
中速	5~10	塔克拉玛干沙漠的布士里库姆东南部皮山绿洲西北部、木桂、木吉绿洲西部、策勒绿洲西南、民丰绿洲西南以及瓦石峡等地;准噶尔盆地精河地区的沙丘;毛乌素沙漠的东南部,库布齐沙漠中部和西辽河科尔沁沙地的流动沙丘等
快速	>10	主要包括塔克拉玛干沙漠喀什绿洲中的零星沙丘,皮山绿洲西南部和且末东南、河西走廊安西、民勒绿洲中的沙丘等

五、风沙对公路的危害

风沙对公路的主要危害是沙埋、风蚀和能见度低。

1. 沙埋

(1)沙埋原因

公路沙埋主要有两种情况,其一是由于风沙流通过路基时,由于风速减弱,导致沙粒沉落、堆积、掩埋路基;其二是由于沙丘移动上路而掩埋路基。

(2)沙埋类型

①片状沙埋:片状沙埋的面积较大,形成也较迅速,主要发生在风沙流动的地区;初期积沙较薄,通过养护尚能维持通车,如沙源丰富,积沙日益增厚,则会阻断交通。

②舌状沙埋:在流动沙丘地区,当路线横切沙丘走向时;或在风沙流活动地区,当路基上风侧有障碍物时,均可形成舌状沙埋。舌状沙埋形成迅速,厚度较大,一场大风即可使交通中断。

③堆状沙埋:主要发生在流动、半固定沙丘地区,沙丘前移上路,造成大量的沙子堆积,形

成堆状沙埋。堆状沙埋的发展需要一定的时间,能够预测,可以预防,但一经形成,因积沙量大,危害严重,处理比较困难。

2. 风蚀

在风沙的直接冲击下,路基上的沙粒或土颗粒被风吹走,出现路基削低、掏空和坍塌等现象,从而引起路基的宽度和高度的减小。风蚀的程度与风力、风向、路基形式、填料组成及防护措施等有关。

(1) 路堤

当主导风向与路基处于正交时,迎风侧路肩及边坡上部风蚀较严重,背风侧则较轻。

当主导风向平行路基时,两侧路肩及边坡上部均易遭受风蚀。

(2) 路堑

路堑边坡的风蚀一般均较严重,风蚀程度则随路线与主导风向的交角而有所不同。当风向与路线平行时,两侧坡面被多风蚀成条沟状;当风向与路线正交时,迎风坡面的局部地方则易被掏空成犬牙状。

3. 能见度低

当风速大于起沙风后,产生扬尘造成能见度降低,风速越大能见度越低,会对高速行驶的车辆造成很大危害,轻者降低运行速度产生交通拥堵,严重时容易产生追尾等重大交通事故。

六、防沙技术发展

我国新疆和内蒙古、陕西、青海、宁夏等省区四十多年来从未间断过对沙漠公路修筑技术的研究,特别是二十世纪九十年代以来,投入大量的人力、物力对沙漠公路修筑技术进行深入研究。

二十世纪五十年代末开始,新疆公路局、新疆公路设计院等单位在塔克拉玛干沙漠边缘调查研究的基础上对风沙地貌及风沙物理学、防沙、选线原则、横断面边坡等方面进行了探讨研究。

八十年代初新疆交通科研所、新疆公路局在沙漠边缘地区开展了沙漠公路筑路技术和工程防沙与生物治沙相结合的公路沙害防治技术研究,主要通过建立观测站→设置防沙工程→开展效应观测→数据处理提精→完善工程措施→再效应观测→推广到全线的方法,对公路沙害进行了较全面系统的研究与治理,取得了良好效果。

九十年代初,塔里木石油勘探指挥部、中科院寒旱所、新疆生地所、新疆交通科研所等单位将研究范围扩展到沙漠腹地,在总结前人研究成果与经验教训的基础上,全面开展了流动沙漠地区公路修筑技术研究,最终建成了522km闻名于世的塔克拉玛干沙漠公路。

与此同时内蒙古、陕西、宁夏等省区先后在固定半固定沙漠地区开展了公路植物防沙技术、沙漠公路测量与设计以及沙漠公路选线原则等方面的研究工作。

从1995年至2000年,主要进行了G315线且末—塔中沙漠公路的可研、设计、工程修筑,同时对轮台—民丰沙漠公路运营后的效应观测、施工检测方法、沙漠公路养护、防沙工程维护、成本核算、优化及最小化等问题进行了研究。

中科院新疆生地所开展了公路沙害的防治、公路生物防沙技术等研究。

中国石油天然气总公司结合塔克拉玛干沙漠公路,开展了沙漠公路筑路材料、沙漠公路路面研究与设计、沙漠公路试验段综合工程试验技术、沙漠公路路面结构试验技术等方面的研究。

2000年至2007年开展交通部西部交通科技项目"沙漠地区公路建设成套技术研究",在我国西部多个省区开展了包括沙漠公路设计、施工、养护等方面十多项子题的系统研究,形成了沙漠地区公路建设成套技术。

2007年后对交通运输部在成套技术研究的基础上开展了"沙漠公路修筑成套技术推广应用示范工程",取得了良好的效果。

第二节 勘测调查要点与设计原则

一、勘测调查要点

风沙地区公路勘测应包括以下内容。

1. 收集区域气象资料

气象资料是了解沙源、研究风沙地貌成因及其移动规律、选择路线方案、进行路基防护设计的基本资料。

气象资料应包括气温、地温、降水、蒸发、湿度、风的状况(包括当地盛行风向、风速及其季节变化、起沙风的强度和频率、出现季节)等内容。

风的状况可用动力风向图、起沙风矢量图表示。

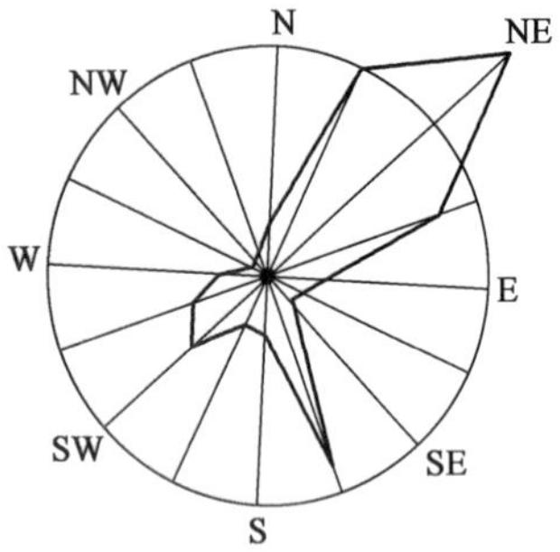

(1)动力风向图

以16个方位表示风向,将一年中各风向平均风速的平方与该风向的频率的乘积数按比例绘在图上即成,如图5-16-1所示。在图上可以看出该处沙丘的移动方向。

(2)起沙风矢量图

以16个方位将一年中大于或等于起动临界风速的风,用连续的折线绘制成起沙风矢量图,折线中每一线段的长度表示风速,其方向表示风向,如图5-16-2所示。此图能直观地反映出一年内沙或沙丘总的移动趋势和运动方式。

图5-16-1 动力风向图

气象台(站)的风速资料一般是在8~12m风标高度上测定的,但对公路防沙有直接影响的是2m高度以内的起沙风,因此在应用气象台(站)的风速资料时,应按式(5-16-2)进行换算:

$$V_2 = 0.75 V_8 \qquad (5\text{-}16\text{-}2)$$

式中:V_2——2m风标高度的风速;

V_8——8m风标高度的风速。

2. 工程地质调查

(1)调查风沙地区的分布范围和风沙地貌的形成条件

查明风沙地区的分布范围,并了解各种风沙地貌的分布情况,以便选择适宜的线位或开展防沙设施设计。有条件时应尽量利用航测或卫星遥感资料进行这项工作。

调查风沙地貌的形成条件,查明沙源和风沙地貌的成因,以便为路基设计提供依据。

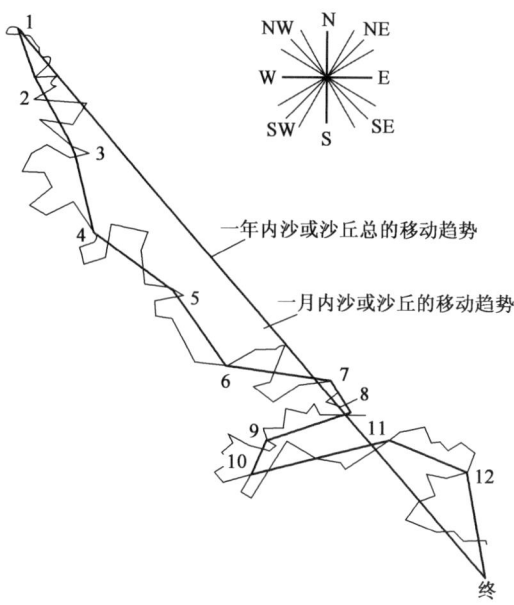

图 5-16-2 起沙风矢量图(路径图)

①沙源调查。

查明沙源的位置、大小及沙量的贫富等情况。

②风沙地貌成因调查。

主要是查明各种自然条件,包括地面组成物质、植被,气流方向、局部气流、地貌、水文等条件及人类活动对风沙地貌形成的影响等。

(2)调查沙丘移动特征

主要是查明沙丘移动的方向、方式和速度。可采用下述方法:

①访问当地居民。

了解道路、房屋等建筑物的变迁情况,以确定沙丘移动的方向和速度。

②等高线重复测量法。

选择不同类型的沙丘,进行重复测量,绘出各个时期沙丘地貌的等高线地形图,并进行比较,以确定沙丘移动的方向和速度。

③横断面测量法。

选择不同类型和高度的沙丘,在迎风坡、丘顶、背风坡坡脚埋设标志,重复测量并记录其距离变化,以确定沙丘移动的方向和速度。

④卫星或航测照片对比。

如有两次不同时间拍摄的较大比例尺的卫星或航测照片时,则可通过对比,确定沙丘的移动方向和速度。

⑤分析风向、风速资料。

对收集到的风向、风速资料进行分析,绘制动力风向图、起沙风矢量图,可以看出沙丘移动的方向和方式。

(3)其他

需要调查的还有:

①沙的物理化学性质对路基设计,特别是固沙造林有着特别重要的意义,因此,应在沙丘不同部位取样,试验其颗粒组成、矿物成分、盐类及有机质含量、沙的密度和天然含水率、沙的天然休止角、干沙层厚度等。

②植物覆盖度,当地沙生植物种类及其生态特征。

③下伏地层和地下水埋藏深度情况。

3. 材料调查

风沙地区的路基需要大量的筑路和防护材料,要在充分调查沥青、水泥、钢材、砂砾石等筑路材料的同时,还要注意对路基防护材料的调查,根据当地材料情况确定路基防护措施。

(1)调查风积沙、砂砾、碎石、土工布、土工格室等土工合成材料、各种加固剂等筑路材料的质量和储量、运距,进行材料强度及耐久性等试验分析。

(2)调查砾石、卵石、碎石、黏质土、土工格栅及土工袋等防护材料的产地、储量和运距。

在风沙地区,常常可借助地貌和指示植物来寻找材料产地。如黏质土多分布在河床附近及丘陵或盆地的低洼处;而砾、卵石则多分布在河床的凸岸及河流的交会处。在生长霸王柴、珍珠草、红沙草、白刺的地方多有黏质土分布;而生长猫头刺、麻黄、棱棱的地方则多有沙、砾类材料分布;土工格栅和土工袋要进行强度和防老化等耐久性试验。

(3)调查麦草、稻草、芦苇、沙蒿、芨芨草、棉秆等防护材料的来源、储量和运输条件。

4. 生态环境与水源调查

调查植被的分布、覆盖度、种类、生长环境以及水源情况等,为植物防沙提供依据。

风沙地区的工程用水和生活用水一般都比较缺乏,因此,往往需要寻找地下水来作为水源。在风沙地区寻找地下水,除应进行仔细的调查访问外,要特别注意利用地貌、第四纪地质、地植物学与地下水的关系,借助地貌、第四纪地质与地植物学的方法进行调查。

借助地貌寻找地下水。如在丘间低地、湿地以及古河床、干谷等处均可能有地下水。

借助第四纪地质寻找地下水,如流沙下伏地层为古河床冲积层或湖泊沉积层时,则可能在较浅处发现地下水,且多为淡水。又如在被流沙埋没的古代耕作区,地下水位一般也比较浅。

借助地上植物寻找地下水,主要是根据指示性植物、植物群落及其生态特征与地下水的依存关系。表5-16-7可供参考。

指示性植物、植物群落分布与地下水位的关系　　　　表5-16-7

地　区	地下水位(m)				
	<1	1~3	3~5	5~8	>8
西北和内蒙古沙漠地区	芦苇、蕨、水葱、海韭菜、水王孙、金针(黄花菜)、狼尾草、乌柳、马兰花等	芨芨草		柽柳、铃铛刺等灌木	胡杨、骆驼刺、蒿、沙蓬等
新疆托克逊沙区	獐茅+甘草	骆驼刺+胖姑娘、骆驼刺+獐茅			
青海格尔木沙区			麻黄		
甘肃民勤、沙井子沙区		盐爪爪+琵琶柴、柽柳+胖姑娘	白刺+沙蒿、麻黄+沙拐枣		
甘肃民勤、金塔沙区	海蓬子	盐爪爪、分枝雅葱、胖姑娘			

续上表

地　区	地下水位(m)				
	<1	1~3	3~5	5~8	>8
陕西榆林沙区	沙草、沙草+碱草		油蒿	沙蒿+沙竹、油蒿+宁条	宁条+羽茅
内蒙古磴口沙区	拂子草		白刺+马蔺、梭梭+白刺	白刺+沙竹、芦苇+沙竹	梭梭+白刺
宁夏头道湖沙区	白刺+碱蓬、盐爪爪、芦苇+碱蓬、沙草+金载载	芨芨草+盐爪爪		猫头刺+羽茅	
宁夏中卫沙区	盐吸、三棱草、金载载+海蓬子+铺芳+海韭菜	芨芨草+蘋草+海蓬子、盐爪爪+盐吸、盐爪爪+蘋草	猪毛菜	羽茅	

5. 交通量调查

收集区域内人口、资源、国民经济发展和交通量资料,为确定沙漠公路等级和防护措施提供依据。

6. 调查当地治沙经验

沙漠地区人民群众在与风沙危害的长期斗争中积累了丰富的经验,因此,在调查过程中应虚心向他们学习,认真总结经验,结合公路特点加以引用。

二、设计原则

风沙地区公路设计应在查明气象、地形地貌、工程水文地质、风沙危害、筑路及防沙材料和环境资料的基础上,确定沙漠类型和自然区划分区,结合沙漠类型合理选择线位,确定路基横断面形式和路侧防沙体系,以防止和减少风沙对公路的危害。

1. 选线原则

(1)安全舒适和经济快捷相结合的原则。

密切结合风沙地貌地形特点,兼顾防沙和行车两方面安全的要求,做到安全选线。始终注意贯彻工程经济与营运经济相结合的指导思想,路线尽量靠近材料产地及水源,合理利用资源,在不过多增加工程造价的情况下,尽量提高路线技术标准,确保交通安全,在不降低技术指标的前提下,尽量节省工程造价,从而取得最佳综合经济效益。

(2)环境保护和可持续发展的原则。

把选线和设计作为改善环境的手段,力求在沙漠公路建设中保护环境,在环境保护中得到防沙收益,保持公路畅通。

在有树林、灌丛、草本植被带或固定半固定沙地选线,应以保护和恢复生态环境为原则,做到环保优先,采取措施保护固沙植物及各种植被的生存条件,以取得最佳生态效益和良好的社会效益。

(3)技术指标与地形条件相互协调的原则。

做到路线和自然环境及宏观地貌相适应、相协调,使沙漠公路顺应自然、融入自然。

技术指标的选用应结合沙漠地区地形条件,在满足防沙、环保和经济的条件下,尽量采用较高指标,以满足沙漠地区车辆实际运行速度较高的要求,保证交通安全。

技术指标的控制应使总体路线顺应自然地形,合理绕避严重风沙危害地段,考虑大的地形地势,对于局部地形,特别是在防沙体系内的地形,不要看得太重,依赖太多,以免影响总体线形。

路线布设应依附总控制走向或路线基本走向,结合当地风沙地貌、工程地质、水文地质状况,处理好远景和近期的关系,选择有利地形,在地面开阔地段布设路线。

(4)直穿与合理绕避相结合的原则。

对于风沙堆积严重地段及工程、水文地质不良地段,应慎重对待,灾害严重的应于宏观绕避,微观治理;当必须穿过时,应选合适位置,缩小穿越范围,并采取必要的工程措施。

在裸露流动沙漠地区,当风沙地貌特别复杂,路线无法顺应风沙运动方向的情况下,应以宏观总控制方向或路线基本走向为目标,尽可能缩短路线里程,防止不分情况遇到沙丘、沙垄就绕避的倾向。

(5)路线设计与防沙工程相结合的原则。

路线线位、平纵面线形要平顺,尽量使线路方向与主导风向平行或锐角相交,路基高度不宜过高、横断面尽量做成流线型,使原地面自然状态的变化程度减至最少,减少气流分离、流沙沉积,达到风沙流顺利通过的目的。

在线位和线形满足防沙要求的同时,要结合不同沙漠类型,采用适宜的工程或生物路侧防沙措施,阻止沙丘移动或减缓移动速度,减少过路风沙流,提高能见度,确保运营安全。

2. 路基设计原则

风沙地区路基设计需考虑的主要问题是沙埋与风蚀,两者当中又以沙埋为主。

(1)为防治沙埋,应根据风沙地貌特点、风沙运动特征、风向、风力、路线与风向的关系,选择合理的路基断面形式和路侧防沙体系,路侧防沙体系包括整平带防护带与植被保护带。

(2)在不宜采用植物固沙的地区,或在采用植物固沙的初期,为防止沙害并为植物固沙创造条件,都需要采用工程防护措施。公路常用的工程措施有固、阻、输、导四种类型,各类措施可以单独使用,也可以几种措施配合使用。

(3)植物固沙是防治沙害的根本措施,但需要一定的条件,管理也比较困难,又需要较长的时间,要取得当地政府的支持,并与农林部门密切协作,采用合理的管理模式,依靠群众,才能搞好,为防止破坏原有植被引起新的沙源,为保护防护设施,在公路路侧的一定范围内,应设植被保护带,禁止不合理的开垦、放牧与樵采。

(4)流沙地区无论路堤或路堑均由疏松沙粒筑成,有条件时,路肩、坡面和积沙平台均需进行全面固沙防护,以防止风蚀和保证路基的稳固。防护材料可采用硝石、卵石或黏质土(塑性指数>7)等。

第三节　路基横断面设计

一、路基设计的一般规定

(1)为顺应风沙流运动特点,风沙地区路基宜以缓边坡低填方路堤形式通过,尽量避免挖方路堑,高速公路、一级公路宜采用分离式缓边坡路基为宜,不宜设置护栏。

(2)路基设计宜尽量以挖作填,减少废方。废方一般应堆于路基下风侧,并须摊平。弃土堆距离堑顶不应小于10m。

(3)路基两侧10~20m范围内的地面应保持平顺,地上的突起物或灌丛均需铲除,并予整平。

(4)在容易积沙的路堑或半填半挖的路段,为防止积沙侵入路肩及行车道,在挖方坡脚处宜设置宽度不小于2m的积沙平台。

(5)为避免取土坑遭受风蚀,取土坑要设在下风侧路基坡脚5m以外;当必须两侧取土时,上风侧的取土坑应予封闭或摊平;当采用机械施工时,取土坑应挖成能增加运动气流上升力的弧形浅槽(宽深比为10~25),并与路基平顺衔接,以利于风沙流通过。

(6)在干旱及过干旱沙漠地区因降水稀少,且沙的渗水性较好,一般可考虑不设路基边沟和排水设施,对降雨较多或有浇灌需求的路段,宜设置宽浅边沟或大孔径涵洞。

(7)充分利用就地风积沙材料,进行路基填筑,保证路基的强度和稳定性。

(8)路基防护应和路侧防护带成为一体,形成阻固输综合防沙体系,防治沙埋和风蚀。

二、路基横断面设计

沙漠公路横断面分填方路基横断面、挖方路基横断面、半填半挖路基横断面三种形式,由行车道、路肩、边坡组成。

1. 填方路基

1)沙害成因分析

填方路基上的风向、风速变化与路基高度、边坡坡率以及风向与路线的交角大小有关。

填方路基与风向正交时,随着路基高度的增加,增速作用十分明显,因此,较高的路基一般不至于遭受风沙流的沙埋危害。如边坡较陡(陡于1:2),将在背风坡和迎风坡脚积沙,有时也在路面积沙,如边坡较缓(缓于1:4),气流可平顺越过路基,将不积沙。

当填方路基与风向平行时,由于路基具有一定的高度和光滑的表面,路基顶面风速较两侧沙地表面风速大,所以一般不会积沙。但须注意随着路基高度的增大,风蚀程度也会增加。

零填挖或近于零填挖的路基,不论路基与风向的关系如何,均容易积沙。

2)路基高度

沙漠地区填方路基高度一般应高出附近沙丘平均高度一定值,对中等以上高度沙丘沙垅分布路段,一般高出平均高度0.5~1m为宜;低矮沙丘和平沙地分布段,一般高出平均高度0~0.5m为宜。

3)路基边坡

沙漠公路填方路基横断面形式,应以具有良好的气流附体运动条件的流线型边坡或缓边坡形式为宜,可以使风沙流平顺通过公路。

填方路基应尽量以低填方形式设计,边坡推荐按表5-16-8所列参考值进行设计,一般情况下边坡设为利于输沙的缓于1:3的边坡。

沙漠公路填方路基边坡坡率推荐值　　　　表 5-16-8

路堤类型		边坡坡率（1:m）	
		高速公路、一级公路	二级、三级公路
平沙地		1:3~1:6	1:3~1:6
不同沙基高度(m)	$h \leq 0.5$	1:3~1:6	1:3~1:6
	$0.5 < h \leq 2$	1:3~1:5	1:3~1:4
	$2 < h \leq 5$	1:2.5~1:4	1:2~1:3
	$h > 5$	1:2.5	1:2

2. 挖方路基

1）沙害成因的分析

挖方路基内的风向、风速变化与路堑边坡坡率、路堑深度以及风向与路线交角的大小有关。路堑与风向正交时，堑内风速降低，且边坡坡率越陡、路堑深度越大，风速降低越多。由于背风侧的降低程度更大，故堑内积沙一般是从背风侧坡脚开始，逐渐向迎风坡脚延伸，严重时路堑下部可被积沙堆满。路堑与风向平行时，由于路堑有聚风作用，故堑内一般无积沙，只是进出口处形成漏斗状的片状积沙，危害不大，路堑与风向斜交时，其沙害程度介于上述两者之间。

路线走向与主导风向呈小于45°交角，路堑边坡陡于1:4时，将在路堑内出现顺路线方向的拉沟风，且路堑越深、风向与路线交角越小，拉沟风越大，因此，浅路堑较深路堑积沙严重，长路堑较短路堑积沙严重。路堑短时，沙粒在拉沟风作用下，被带至堑外堆积；路堑长时，则堆积于堑内，所以这种路堑长度，以不大于200m为宜。当边坡缓于1:4时，气流平顺通过路堑，可将大部分挟沙输送至路堑以外，路堑边坡越缓，则堑内积沙越少，当路堑顶宽与深度之比界于20~30时，同样具有缓坡路堑的优点。

路线走向与主导风向垂直或呈45°~90°相交的路堑，由于运动气流突然遇到下凹的路堑，气流断面扩大，风速骤减，从而造成路堑积沙。要使这类路堑少积沙，应采取放缓外坡方法予以处理，有条件时宜做成流线型横断面。

2）一般挖方路基横断面及路堑边坡

风沙地区路堑应在堑内设置积沙平台，同时采用缓边坡或流线型敞开式路基断面形式，一般路堑断面边坡设计时参考表5-16-9所列值。

沙漠公路路堑边坡坡率推荐值　　　　表 5-16-9

路堑深度(m)	边坡坡率（1:m）	
	高速公路、一级公路	二级、三级公路
$h \leq 0.5$	1:4~1:8	1:3~1:8
$0.5 < h \leq 2$	1:4~1:6	1:3~1:5
$2 < h \leq 5$	1:4~1:5	1:3~1:4
$h > 5$	1:4	1:3

(1) 敞开式路堑

为保持堑内气流顺畅，对路堑采取较大范围开挖，将路基敞开。一般适用于浅路堑，深路堑采用敞开式断面，应作经济比较。

确定边坡坡率时，应验算路堑顶宽 l 与堑深 h 的比值，使之尽可能接近 $l/h = 10 \sim 25$ 的范围，同样具有较好的防沙作用。

（2）一般式路堑

适用于深路堑，但坡顶变坡点处应注意作成流线型，并于坡脚设置积沙平台，以便养护时用人工或机械清除积沙。

3. 半填半挖

1）半填半挖路基沙害分析

无论是上风路基还是下风路基，均因挖方侧风速降低多，沙粒首先在挖方侧堆积，然后延伸至路面。

2）半填半挖路基设计

（1）路线走向与主导风向平行或锐角相交的半填半挖路基，应采取加宽挖方侧路基宽度，设积沙平台的方式，解决顺路而来的绕流风沙的危害。

（2）路线走向与主导风向垂直或呈 45°～90°相交的半填半挖路基，受迎风吹蚀和背风堆积沙的危害，以采取放缓上下边坡，敞开挖方路基和并将坡顶修成流线型等方法予以处理。

（3）迎风路基边坡和背风路堑边坡的坡率值可根据风向和路基的关系，参考表 5-16-8、表 5-16-9 的推荐值。

三、施工注意事项

沙漠公路路基设计应结合其特点，充分考虑施工影响和注意事项，对施工进行指导。

（1）沙漠公路施工宜采用递推法施工，从沙漠的一端开始，放线、整平压实沙基，铺设土工布，到路面底基层一气呵成，逐步向沙漠腹地推进。

（2）在风沙地区筑路，为防止沙害，要采用边施工、边防护，分段施工、一次做成的办法。对施工过程中的未完部分，在休工前要做好临时防护，以免风蚀和沙埋。

（3）路基取土宜取自挖方断面，或主风向上风侧沙丘、沙垄，平沙地不宜取土，要加以保护。要注意保护路侧原有固定沙地的植被，不得随意开挖取沙和弃沙，有植被的沙地应集中取弃土，裸露沙地可利用沙丘、沙垄作取土场。弃土应置于主风向背风侧低洼处，将沙窝、洼地做弃土场，施工完毕要及时加以防护，以免沙化蔓延。

（4）最适宜的施工季节是秋冬两季。要尽量避免在多风季节进行施工。

（5）为避免沙质路基的沉陷，路基应分层压实，震动压路机和履带式拖拉机压实效果较好。

（6）风积沙路基宜采用震动压路机和履带拖拉机分层碾压，对水源缺乏地区的沙基可采用振动干压实技术。当地基松散时可先铺设一层土工织物再进行压实。

第四节　风积沙路基强度和稳定性设计

一、风积沙路基的工程特性和强度参数

1. 风积沙颗粒组成

沙漠公路路基风积沙颗粒组成主要分布在 0.5～0.063mm 之间，见表 5-16-10 及图 5-16-3，

大于 0.5mm 颗粒极少,表明风积沙很细,表面积很大,化学加固困难。同时沙的粉、黏粒含量很少,无黏性,黏聚力小,非常松散,压实困难,但水稳性好,不易发生不均匀沉降的病害。

轮南至民丰沙漠公路风积沙机械组成试验结果　　　　　　　表 5-16-10

试样编号	各粒级百分含量(%)				采样地点
	0.5~0.25mm	0.25~0.125mm	0.125~0.063mm	<0.063mm	
1	0.286	24.052	69.808	5.854	塔克拉玛干沙漠腹地
2	0.50	22.800	74.020	3.130	
3	0.310	25.942	66.714	7.034	
4	0	18.262	78.326	3.412	
5	0.080	38.626	57.142	4.148	
6	0.032	51.406	47.076	1.486	塔克拉玛干沙漠边缘
7	0.045	49.576	46.616	3.662	
平均值	0.115	32.925	62.815	4.104	

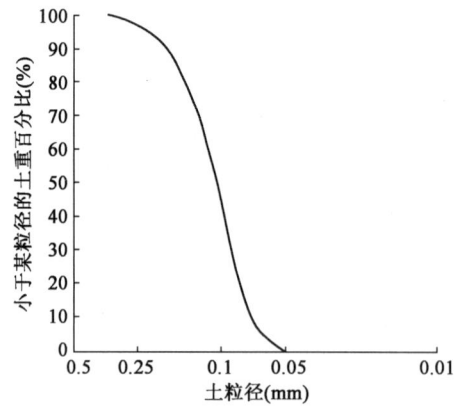

图 5-16-3　风积沙颗粒级配曲线

2. 风积沙路基的力学特性

(1)击实特性

用风积沙最大干密度检测路基压实度是控制路基施工压实质量的关键性参数。根据试验,风积沙的击实规律为:随沙样含水率的逐渐增大,其含水率、干密度曲线呈凹弧形趋势,见图 5-16-4 和表 5-16-11。

从图 5-16-8 看出,风积沙的压实过程表现为:在沙样处于无水状态时,干密度 ρ_d 出现了第一个高峰值,其后随含水率 w 的增多开始降低,经过一个低谷后,ρ_d 又随 w 的继续增多开始增大,并到一定程度后逐渐变缓,根据试验风积沙干燥时的干密度在 $1.675 \sim 1.71 g/cm^3$,低谷时的干密度为 $1.63 \sim 1.642 g/cm^3$,其相对应的含水率在 $3\% \sim 6\%$ 之间;当风积沙含水率达饱和状态时(含水率在 10% 以上)ρ_d 出现第二个峰值,其干密度为 $1.66 \sim 1.69 g/cm^3$,小于风积沙为干燥无水状态下的干密度。

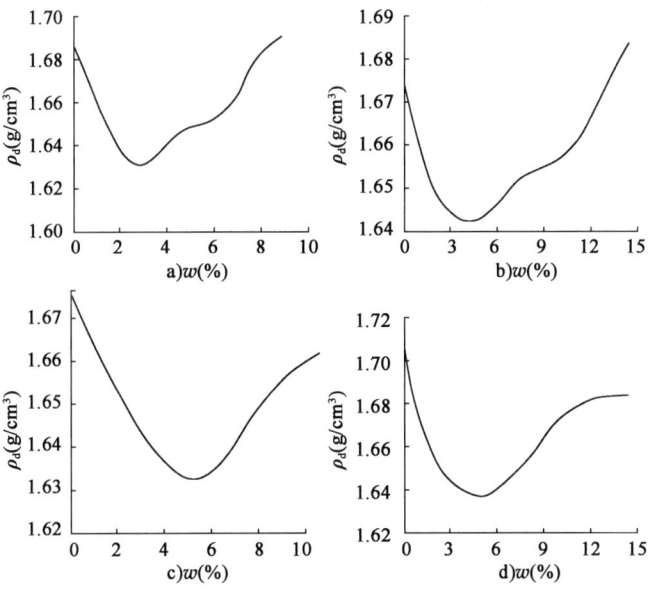

图 5-16-4 风积沙击实曲线

风积沙击实试验结果（重型击实） 表 5-16-11

试验序号	1	2	3	4	5	6	7	8	9	10
含水率 w(%)	0.71	1.49	1.95	2.91	3.64	4.65	5.79	6.01	7.70	8.57
干密度 ρ_d (g/cm³)	1.69	1.67	1.64	1.63	1.64	1.65	1.65	1.65	1.68	1.69

（2）压缩特性

干燥风积沙的压缩特性对认识沙漠的稳定性及沉降规律十分重要，为模拟沙漠的实际情况所进行干燥状态下的压缩试验，其情况是：试验在小型压缩仪上进行，通过砝码施压，用千分表测定沙层垂直沉降量。沙样初始干密度为 1.4g/cm³，试验结果见图 5-16-5、图 5-16-6、图 5-16-7、表 5-16-12。

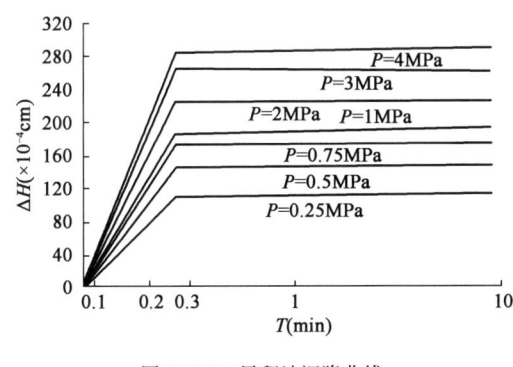

图 5-16-5 风积沙沉降曲线

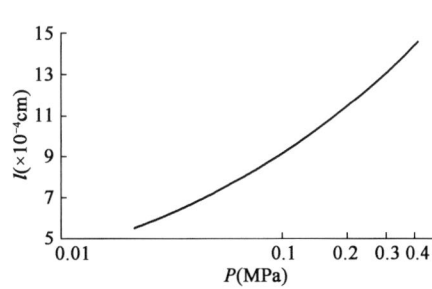

图 5-16-6 风积沙沉降与荷载的关系曲线

不同荷载下的沉降量（S-P） 表 5-16-12

P(MPa)	0.25	0.50	0.75	1.00	2.00	3.00	4.00
S(mm/m)	5.425	7.225	8.75	4.475	11.425	13.1	11.375

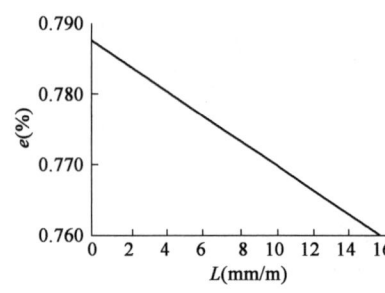

图 5-16-7 孔隙比与沉降率关系曲线

从图 5-16-5、图 5-16-6、图 5-16-7 看出：

①在同一级荷载 P 作用下，风积沙的沉降很快完成（＜15s），基本不产生徐变，且总沉降率也很小（＜1.5％）。

②风积沙的每一级沉降率 L 随荷载等级 P 的增大逐渐减少，其函数关系如下：

$$L = 0.8927 + 7.4029 P^{0.5}$$
$$R = 0.9815$$

③沙样的空隙比 e 随沉降率 L 增加逐步减少，其函数关系为一直线，相关方程如下：

$$e = 0.7878 - 0.00177 L \qquad R = 0.9993$$

④沙层的孔隙率(n)随每级荷载 P 的增加逐渐减少，其函数关系为：

$$n = 0.77016 - 0.0066954 \log P \qquad R = 0.9446$$

上述试验结果表明，只要采取有效的压实方法，增大击实功(如振动压实)，最大程度增加沙基的压实度，其整体稳定性将明显提高。

⑤由于试验为静态，故其结果有一定局限性。但仍能反映沙的压缩特性。

(3) 路基回弹模量 E_0

路基回弹模量 E_0 值，是柔性路面结构设计中最主要的计算参数之一，它的大小直接影响着路面厚度及道路的整体强度与稳定性，以下是各沙漠地区风积沙的 E_0 参考值，见表 5-16-13，当风积沙中粉、黏粒含量增加时 E_0 值将会大大降低。

我国主要沙漠地区风积沙的 E_0 参考值　　　　表 5-16-13

沙漠名称	分区	E_0 参考值	备注
塔克拉玛干	Ⅶ	70～110	靠近沙漠腹地干燥区以及颗粒偏粗的取高值，沙漠边缘潮湿区和颗粒偏细的取低值
古尔班通古特	Ⅵ	110～130	
库姆塔格、柴达木	Ⅴ	90～100	
巴丹吉林、腾格里、乌兰布和	Ⅳ	90～110	
毛乌素、库布齐	Ⅲ	80～100	
科尔沁、浑善达克	Ⅱ	70～90	
呼伦贝尔、嫩江沙地	Ⅰ	70～90	

(4) 承载比 CBR

承载比 CBR 是表征路基路面材料的相对强度指标。通过对干燥风积沙 CBR 试验，能够从另一方面了解沙基在不同密度条件下的强度。

另根据林秀贤等给出的 E_0 值与 CBR 的关系式 $E_0 = 7.2 [\text{CBR}]^{0.9}$ 可计算出 CBR 值所对应的回弹模量 E_0，其结果见表 5-16-14。

干密度与 CBR 及 E_0 的关系　　　　表 5-16-14

风积沙干密度(g/cm³)	1.57	1.63	1.67
CBR(%)	9.4	12.3	21.5
沙基回弹模量 E_0(MPa)	54	69	113.9

（5）沙路基的回弹弯沉值 L_0

沙路基的回弹弯沉值 L_0 是衡量路基整体强度的重要指标。但干燥沙基完工后，其表面仍处在松散易变形状态，检测回弹弯沉的载重汽车难驶其上，同时弯沉仪的测头亦难固定。因此其回弹弯沉 L_0 是在铺筑完工并已交验的路面底基层上测试的，以其结果来衡量沙路基回弹弯沉。

二、风积沙路基稳定性设计

风积沙路基稳定性设计，就是以某种措施提高或增进风积沙路基抗变形能力的设计。风积沙受压力、振动、增减水分或混以其他土料，或掺和水泥、石灰、沥青、化学物质等，足以使风积沙在任何自然条件下，承受载重而不发生较明显的变形，称为稳定风积沙。稳定风积沙的原理有：一为增强抗剪力；二为增加磨蚀抵抗力；三为减少体积变化。对于不加任何外掺剂的风积沙的稳定性设计，根据风积沙路基工程特性情况，需重视并考虑以下诸点。

（1）应用振动干压实沙路基技术提高其整体强度与稳定性的设计。根据风积沙振动压实的模拟试验及现场观测，有以下规律和特点：

①对压路机选择。动载越大沉降量越大，压实效果越好，见表5-16-15。从表中数据看，以选择动载在15kN以上为佳。

荷载大小对压实效果的影响　　　　　　　　　　　　　表5-16-15

静载(kN)	5	10	10	15	15	20
动载(kN)	5	5	10	10	15	15
沉降量(mm)	2.7	3.3	4.5	4.2	5.8	5.6

注：共振频率为30Hz，初始干密度 $\rho_d = 1.38\text{g/cm}^3$。

②干燥风积沙的振动频率在26～53Hz之间，振动频率越大压实效果越好，见表5-16-16。表中数字显示，最有效振动频率在45Hz以上。

干燥风积沙的共振频率　　　　　　　　　　　　　　　表5-16-16

沙层厚度(cm)	含水率(%)	干密度(g/cm³)	共振频率(Hz)
23	$w \approx 0$	1.31	26.50
		1.58	45.25
		1.66	52.375
16	$w \approx 0$	1.38	27.00
		1.56	42.375
		1.84	45.125

③风积沙路基的最大下沉量，出现在风积沙含水率 $w \approx 0\%$ 处，见表5-16-17。

在共振频率为40Hz时不同含水率对应的下沉量　　　　表5-16-17

含水率(%)	≈0	10.0	13.75	15.0
下沉量(mm)	12	8	11	6

④关于振动干压实沙基的厚度。压实厚度太薄太厚都达不到最佳效果，沙路基分层厚度40cm为理想的压实厚度，见表5-16-18。

不同沙层厚度对应的干密度　　　　　表 5-16-18

沙层厚度(cm)	36	40	46
干密度(g/cm³)	1.40	1.47	1.43

(2)提高风积沙的承重力设计。

①风积沙承重层受荷载后,所能抵抗沉陷和旁移的力量称为承重力。根据试验,在无黏聚性的风积沙上加以直径为 4.33m 的圆板,板上加荷重,则风积沙的承重仅约 3760kg/m²;若在圆板周围另加 488kg 压力于风积沙上,则其承重力可增高至 9850kg/m²,是初始状态的 2.62 倍。风积沙的承重量与其抗剪力密切相关,抗剪力越大,则承重力越大。结合风积沙路基承重力最薄弱的部位,就是路基边缘和其边坡,为了阻止风积沙受荷重后的旁移,填方路基边坡不能过陡,应以缓于 1:3 边坡为宜。

②设置土工布提高承载力。将沙基压实整平,在其顶部铺设土工布,可有效提高风积沙路基的承载力和稳定性。

三、路基防护

为防止沙质路基风蚀,一般用柴草、土石、沥青等材料进行防护,以保证路基稳固和行车安全。详见表 5-16-19 及图 5-16-8 ~ 图 5-16-12。

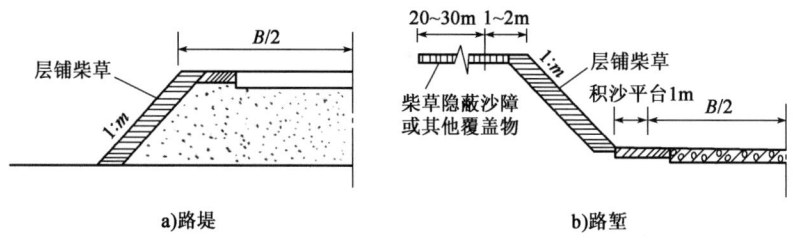

图 5-16-8　层铺柴草防护路基横断面图

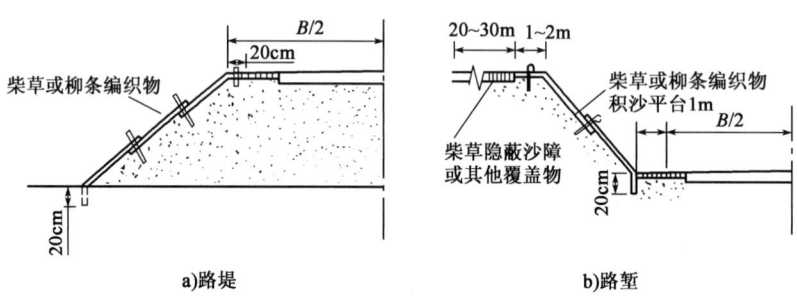

图 5-16-9　平铺编织物防护路基横断面图

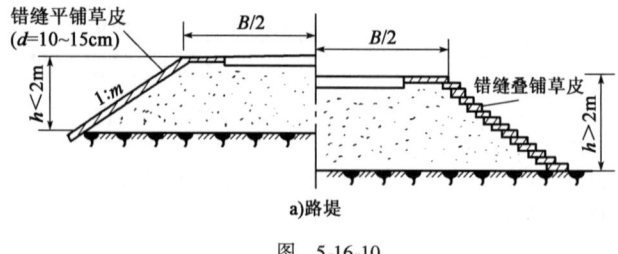

图　5-16-10

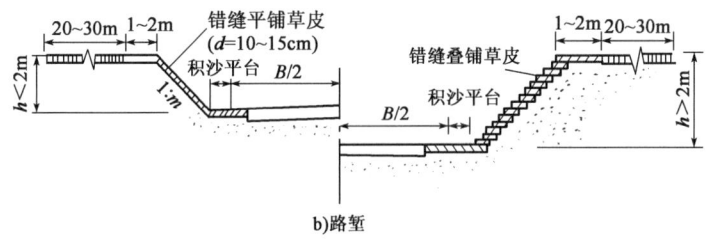

图 5-16-10 草皮防护路基横断面图

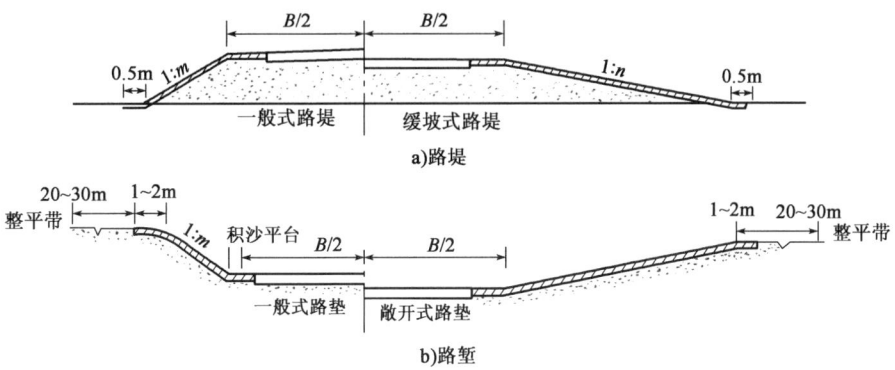

图 5-16-11 黏土防护路基横断面图

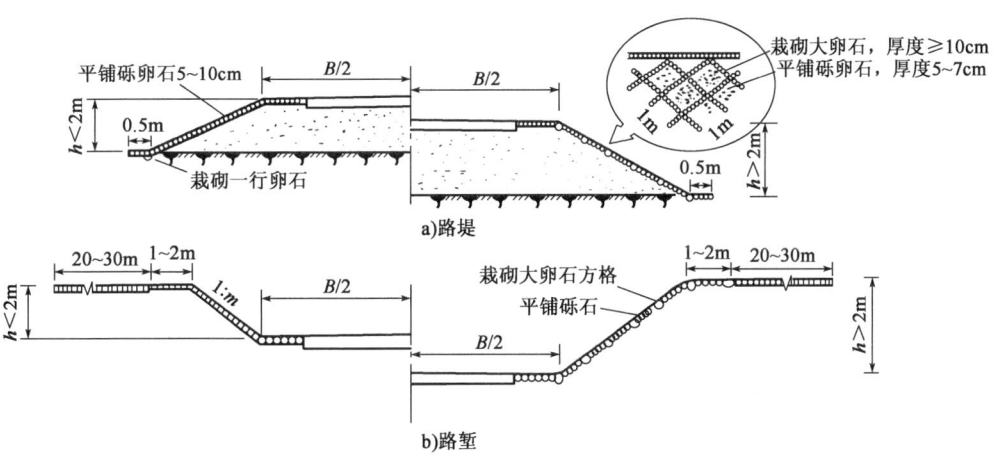

图 5-16-12 砾卵石防护路基横断面图

路基防护类型表 表 5-16-19

序号	防护类型 分类	防护类型 类型	防护类型 图号	材料种类	防护规格及方法	适用条件、性能
1	2	3	4	5	6	7
1	柴草类防护	层铺防护	图 5-16-8	麦草、稻草、芦苇、沙蒿、野麻及其他草类等	将植物的茎秆砍成50cm左右的短节,从坡脚开始向上每层按5~10cm厚度层铺、灌沙、捣实。如采用沙蒿等带有根系的野生植物,可将根茎劈开,并使根系向外,按上述方法进行层铺	适用于有柴草来源的沙漠路基边坡防护。除沙蒿层铺使用年限在10年以上外,一般多为3~5年。如防护地区自然条件好,边坡有植物生长后便可取而代之,起到长久稳固边坡的作用。缺点:材料用量大
1	柴草类防护	平铺植物束或笆块	图 5-16-9	各种枝条,芦苇、芨芨草等	将材料扎成5~10cm的束把,或将其编织成笆块,沿路基边坡脚向上平铺,以桩钉固定	适用于有该种材料产地的路基边坡的防护,使用年限5~10年。缺点:材料用量较大
1	柴草类防护	平铺或叠铺草皮	图 5-16-10	草皮	草皮规格:长×宽=40cm×40cm,挖取厚度一般可达到10~15cm。铺砌方法:将草面向上,沿路基坡脚向上错缝平铺或叠铺	适用于低湿地的路基边坡或低级路的全面防护,还可以作便道的简易路面。使用年限一般为3~5年,如能成活,可起长久稳固边坡的作用。缺点:易于干缩,需加强养护
2	土类防护	黏土防护	图 5-16-11	黏性土(塑性指数>7)	防护厚度:边坡5~10cm,路肩10~15cm;作为低级路的路面时,路基中心厚度为20~30cm。黏土塑性指数小于10时或路线通过牧区可适当增加防护厚度。为增加黏土抗冲蚀强度和避免干裂,应掺配10%~15%的沙或20%~30%的砾石(体积配比)	适用于路基全面防护,效果好,是沙漠地区路基常用的一种防护类型,还可作为低级路的路面和便道的路面。缺点:抗冲蚀性能差,需掺配一定比例的集料
2	土类防护	盐盖防护	—	盐盖,直接暴露在大气中的盐盖较为坚硬,埋藏在潮湿盐渍土地区的较为松软	防护厚度:边坡5~10cm,路肩10~15cm,作为中低级路的路面时,路基中心厚度为20~30cm。将坚硬盐盖打碎为5cm的碎块,予以平铺。松软的盐盖可直接平铺。经雨淋可形成硬壳	适用于有该种材料产地的沙漠路基的全面防护。还可作为中、低级路和便道的路面,效果好。夏秋两季平整、稳定,冬春两季易松胀

续上表

序号	防护类型			材料种类	防护规格及方法	适用条件、性能
	分类	类型	图号			
1	2	3	4	5	6	7
3	砾卵石防护	平铺砾卵石防护	图5-16-12	砾卵石	防护厚度：边坡5～10cm，路肩10～15cm。铺砌方法：平铺、整平、夯实（或拍实），路肩部分平铺砾卵石可适当掺配黏土，以增加其稳定性	适用于产有该种材料地区的路基全面防护。此种铺砌方法适用于路基高度（或路堑深度）小于2m的路基防护。效果较好
		格状砾卵石防护	图5-16-12	砾卵石	防护厚度：边坡5～7cm，路肩10～15cm。铺砌方法：先用10cm以上的卵石在边坡上做成1m×1m或2m×2m并和路肩边缘成45°角的方格，格内平铺粒径较小的砾卵石，路肩平铺砾卵石，应经整平、夯（或拍）实	适用于路基高度大于2m的路基全面防护。效果好，但较费工
4	沥青防护	平铺沥青砂	—	沥青、风积沙	防护厚度：5cm左右。方法：用85%～90%的风积沙，混合10%～15%的热沥青，直接在边坡上平铺、拍实	适用于边坡防护，效果较好，但施工较复杂、造价高、易遭破坏
		直接喷洒沥青或渣油	—	低标号沥青，渣油	熬热后直接喷洒在边坡上，然后撒一薄层风积沙	

第五节 路侧工程防沙设计和植物固沙

一、总体设置

沙漠地区公路路基应结合当地治沙经验，根据自然区划分的沙漠类型和风沙危害程度，遵循防沙、安全、环保三者并重的原则，选择沙害较轻、经济合理的线位和路基横断面形式，因地制宜，采取"阻、固、输、导"相结合的综合措施，开展路侧综合防沙工程总体布置和设计。

1. 布置形式

总体布置设计应充分利用自然植被等有利因素，并根据风沙活动特征、输沙量强弱、地形、防护材料性质及公路等级等，合理确定工程防护的范围和部位，使工程防护与植物防护措施相互协调配合，发挥整体效能，形成完善的防护体系。

风沙地区路基设计总体布置可参考以下几种图式：
(1)流动沙丘地段(图5-16-13)。
(2)流动沙地地段(图5-16-14)。

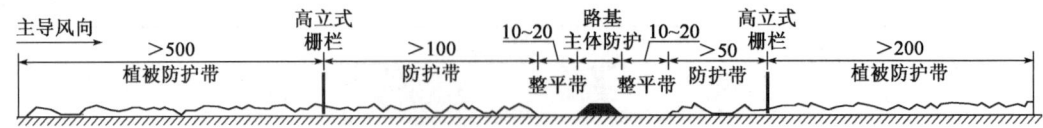

图 5-16-13 流动沙丘地段路基防护总体布置横断面示意图(尺寸单位:m)

说明:1. 本图适用于路线与主导风向呈 45°~90°相交情况下的大面积流动沙丘地段路基防护的总体布置。
2. 流动沙丘路段路基两侧均设 10~20m 的整平带,该地带内一切凸起物均须夷平,以使风沙流顺利通过路基。
3. 在防护带内,原则上植物固沙与工程防治设施同时进行,以便在工程防治设施失效后由植物防护顶替。当无植物固沙的条件时,工程设施即作为永久性防治设施,须经常加以维修与调整。
4. 当沙源丰富、危害较大时,在防护带外侧应设高立式栅栏,阻挡沙丘沙垄前移。
5. 植被保护带仅作为禁界用,以保证植物自然繁殖。
6. 当主导风向与路线的交角小于 30°时,可适当缩减路基防护带宽度。

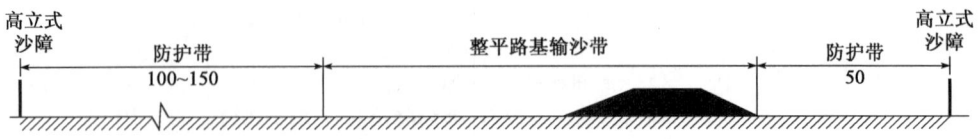

图 5-16-14 流动沙地地段路基防护总体布置横断面示意图(尺寸单位:m)

说明:1. 本图适用于路线与主导风向呈 45°~90°相交情况下的流动沙地地段路基防护的总体布置。
2. 流动沙地地段一般地形平坦开阔,为适应原地面的起伏,路基宜采用缓边坡的路堤或流线型输沙断面,以便于过境沙顺利通过。
3. 当沙源丰富、危害较大时,可在防护带外侧设高立式栅栏,阻挡沙丘沙垄前移。
4. 防护带内设置带状隐蔽固沙设施,以保证风能稳定,不使过境风沙流达到饱和状态。
5. 当主导风与路线的交角小于 30°时,宜采用一般路基断面形式,可适当缩减路基防护带。

(3)半固定沙丘地段(图 5-16-15)。

(4)固定沙丘地段(图 5-16-16)。

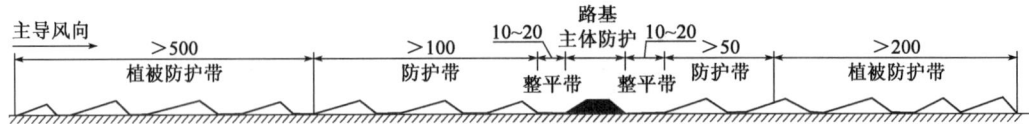

图 5-16-15 半固定沙丘地段路基防护总体布置横断面示意图(尺寸单位:m)

说明:1. 本图适用于路线与主导风向的交角大于 30°或垂直的半固定沙丘地段路基防护的总体布置。
2. 整平带内原有的凸起物(包括灌丛)均须夷平,以免积沙威胁路基。
3. 对于防护带内的局部流沙,应采用工程防治与植物固沙相结合的措施,并保护与利用原有植被,以彻底根治流沙。
4. 在植被保护带内严禁乱砍、乱伐及乱垦,以通过自然繁殖逐步改变原有植被状况。
5. 主导风向与路线平行时,可不设防护带,但仍保留整平带和植被保护带。

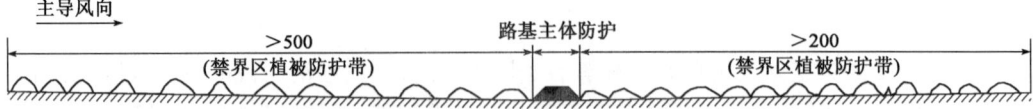

图 5-16-16 固定沙丘地段路基防护总体布置横断面示意图(尺寸单位:m)

说明:1. 本图适用于固定沙丘地段路基防护的总体布置。
2. 路侧仅设植被保护带,带内植被严加保护,以免流沙再起。

路侧防护带和植被保持带的宽度主要视沙源情况、沙丘活动程度、风沙流强度以及主导风的状况而定。防护带在路基的上风侧应不小于100m;在路基的下风侧,如只有单一主导风时则可不设,如果除主导风作用外还有反向风作用时,则需设宽度不小于50m的防护带。植被保护带在路基的上风侧应不小于500m;在路基的下风侧应不小于200m。

2. 适用范围

半湿润和半干旱沙区,应以植物治沙为主、工程防沙或化学固沙为辅,植物治沙宜采用乔、灌、草相结合。

干旱沙漠和荒漠区,宜采用工程防沙或化学固沙与植物治沙相结合、先工程后植物的固沙方法,固沙植物以灌木和半灌木为主;但在沙丘间地下水位较高或有引水灌溉条件的地方,可进行植物治沙,营造防沙林带。

极干旱沙漠区风沙流危害严重的路段,应设置阻、固、输结合的、以工程为主的综合防护体系;在固定沙丘为主或以风沙流过境为主的段落,可对局部零星沙害进行治理,并宜以输沙措施为主;其他地区应视其风沙流强度及沙害的具体情况设置防护体系。在沙丘间地下水位较高或有引水灌溉条件的地方,可采用植物治沙,营造防沙林带。

二、路侧工程防沙措施

路侧工程防沙措施可以归纳为阻、固、输、导共四种类型。

1. 阻沙措施

阻沙措施的作用在于拦截风沙和限制积沙移动。阻沙设施一般可分为墙式、堤式、带式、栅栏式四种。

阻沙设施适用于沙源极为丰富的流沙地区,一般须在距离路基80~150m以外的上风侧布置1~2道,栅式沙障露出地面1.20~1.50m,埋入沙中不小于0.30~0.50m,避免被风蚀拔起。阻沙设施越高,间距越大,并与主导风向正交时,阻沙效果越明显。设置阻沙设施时,应尽量选择有利地形(如沙丘脊线等)并与主导风向正交。阻沙设施的数量和布置的方法应根据设计要求确定。

(1)阻沙墙可以限制墙体附近的沙丘移动,使之与后面来的沙丘合并为较大的沙丘,从而使沙丘移动减缓;设置多道阻沙墙,当间距小于或等于25倍墙高时,也可达到同样的阻沙效果。

(2)要求形成有规律的吹蚀与堆积地带时,可平行设置两道以上的阻沙设施,当其间距为高度的40~50倍时,在阻沙设施附近可形成积沙带,在其间则形成一个以吹蚀为主的区域,可使风沙流在通过阻沙设施后的含沙量不致达到超荷状态。

(3)阻沙设施材料可选用柴草类、尼龙网、土体、砖、植物等。有条件时,可采用乔、灌结合的植物沙障。

各类阻沙措施的布置如图5-16-17所示。

2. 固沙措施

固沙措施的作用在于稳定沙地表面,抑制流沙活动。常用的固沙措施主要是设置沙障。沙障可分为平铺式和立式两种。立式沙障又分为低立式和高立式两种。

(1)平铺式沙障

利用砾石、黏性土或其他材料平铺于沙面上,或利用加固剂固沙,可以防治风蚀。平铺式沙障多用于对路基两侧沙漠的防护。

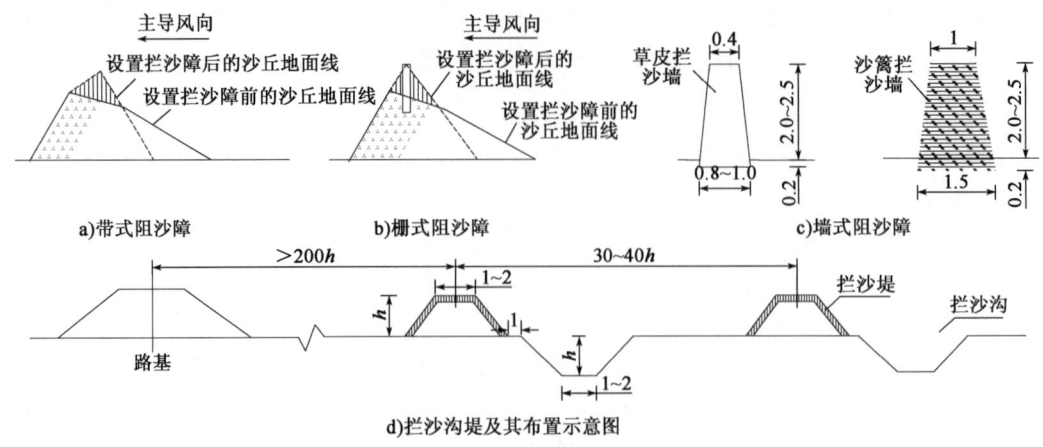

图 5-16-17　各类阻沙墙(带)及其布置示意图(尺寸单位:m)

(2)立式沙障

利用芦苇、柴草等材料竖直设置或扎成草把水平放置,也可利用黏土、砂砾等材料加固成沙埂,以降低近地表的风速,抑制就地起沙,并阻挡部分外来流沙,具有固沙和一定的阻沙作用。立式沙障距路基要有一定的距离(低立式沙障须大于20m,高立式沙障须大于50m),不宜太靠近路基。

平铺式沙障和立式沙障在综合应用时,一般是把平铺式沙障用于靠近路基地带,把立式沙障设在平铺沙障的外侧,效果较好。

各种沙障的设置方法、性能、适用条件以及所需工料参考指标详见表5-16-20、表5-16-21及图5-16-18~图5-16-28。

固沙措施一览表　　　　　　　　　　　　表5-16-20

类型	沙障种类	参见图号	设置形式、方法、规格、要求	适用条件和性能
平铺式沙障	土类压沙	图5-16-18	利用黏性土全面铺压或带状铺压固沙,铺压厚度为5cm左右。带状铺压应与主导风向垂直,带宽一般为10~20m,带与带间隔为10~15m	适用于产有黏性土地区的流沙防护,多用于路旁流沙的防护。全面铺压黏性土,雨水难以渗入沙层内,影响沙丘水分,不利于植物固沙。因此,当配合植物固沙时,改为带状或格状铺压为宜。维持年限较长
平铺式沙障	砂石类压沙	图5-16-18	利用阻砂、砾、卵石全面铺压或带状铺压固沙,铺压厚度以不超出其最大粒径为度,对于强风地区不宜用粗砂覆盖	适用于产有砂石地区的流沙防护。砾、卵石具有凝结水的作用,有利于植物生长,维持年限长,但较费工,尤其在流动沙丘地带。由于运输较困难,因此多用于平坦流动沙地和靠近路旁的流沙防护
平铺式沙障	铺草压沙	图5-16-19	利用各种草类全面铺压或带状铺压固沙,铺压厚度5cm左右,用草绳或枝条纵横固结,或者用沙压盖,以免为风所吹蚀	适用于产有草类地段的沙丘防护。有利于植物生长,具有简单易行的优点,但材料用量较大且容易引起火灾。维持年限约为3~5年

· 1552 ·

续上表

类型	沙障种类	参见图号	设置形式、方法、规格、要求	适用条件和性能
平铺式沙障	席或笆块压沙	图 5-16-19	用草类和枝条编织成席或笆块,全面铺压固沙,搭接处须用小桩固定	适用于路侧局部沙丘的处理。因其编织较费工且材料用量大,大面积采用较困难。维持年限约为 3~5 年
	喷洒盐、碱水、固化剂固沙	—	在我国沙漠地区分布着许多盐地、碱湖,利用天然盐、碱或固化剂溶液喷洒沙面,形成坚实的板结层或硬壳,借以达到固沙目的	具有较强的抗风能力、简单易行、效果好等优点,是一种就地取材,因地制宜的有效措施
	乳化沥青固沙	—	将乳化沥青或加固剂喷洒到沙漠上,待水分蒸发渗透后,沥青微粒留在表面沙层中,形成一定厚度的胶结沙层	适用于当地缺少覆盖材料的情况。具有透水、透气和持水的优点,有利于植物生长。宜与营造旱生灌木林相结合,防沙效果才显著。维持年限约为 3~5 年,不耐人为破坏
立式沙障	低立式柴草隐蔽沙障	图 5-16-20	设置方法:先在沙地上挖 15~20cm 深的沟,然后将柴草竖直放入沟中(如柴草过长,可横向摆好,然后用锹竖直切入)踏实两边的沙(或在沟中填沙,踏实)。要求沙障顶与沙表面相平或不超过 5cm。根据风的状况可为格状或条状,格状规格为 1.0m×1.0m 或 1.0m×2.0m;条状规格的条距为 1.0m 或 1.5m,并与主向风垂直	适用于产有草类的路侧流沙的防治。该种沙障具有一定的固沙作用。 草类沙障维持年限约为 2~3 年
	半隐蔽柴草方格沙障	图 5-16-21	设置方法:对于流动沙丘,在迎风坡先设主带,即与主风向相垂直的沙障,后设副带,即与次要风向垂直的沙障。主带从迎风坡下部开始向上设置;在背风坡,宜先设副带,再自上而下设置主带。柔韧性的草类沙障,其埋设步骤如图 5-16-20 所示;对于较硬的柴草(如沙蒿、板条、芦苇等),需开挖沟槽,然后埋入沙中,并将沙障两边的沙踏实。沙障外露高度以 15~30cm 为宜;沙障的埋入深度应根据沙丘不同部位的风蚀程度而定,一般情况下,埋入深度与外露部分的比例为 1:2。 沙障规格:在单一风作用下,可设置成条状,并与主风向垂直,间距以 1~2m 为宜;除主风向外,还有其他风向作用时,可设置为格状。方格越小,固沙能力越强	适用于产有草类的路侧大面积流沙的防治。该种沙障既有效地降低沙表风速,削弱风蚀作用,从而稳定大面积流沙,又能阻挡部分外来沙,并使外来沙较均匀地分部在整个沙障内,具有固、阻双重作用,且工程造价较低。同时,既可作为植物固沙的较理想辅助措施,又可作为进行植物固沙困难地段的一种永久性的防护措施(但需经常维护)。该种沙障,是目前我国公路、铁路防沙常用的一种固沙措施。草类沙障维持年限约为 2~3 年,芦苇、沙蒿、柳枝沙障维持年限约为 3~5 年

续上表

类型	沙障种类	参见图号	设置形式、方法、规格、要求	适用条件和性能
立式沙障	半隐蔽式土埂沙障	图 5-16-22	黏土沙障是用黏性土碎块堆成的小土埂，也可利用加固剂加固风积沙形成土埂，高 20~30cm，底宽 50~70cm。在风向单一的地区为条状，土埂与主风向垂直，在风向多变的地区，则设成格状，土埂间距为 1~2cm。为减少黏性土用量，可利用就地沙堆成沙埂，然后封闭 5~10cm 厚的黏性土，予以拍实，同样可达到上述效果	适用于产有黏性土或加固方案可行地区的流沙防治。该种沙障简单、易行、省工，具有固沙保水作用，有利于植物生长。单一黏土沙障用土量大。维持年限长
	半隐蔽式草皮沙障	图 5-16-23	草皮规格：长×宽为 40cm×20cm，铺设形式有三种：①错缝层铺，高度 30~40cm。②错缝斜立铺设（先用就地沙堆成沙埂，然后斜立铺设），横断面为梯形，高度 30~40cm，底宽 50cm。上述两种，根据当地风的状况，可为格状或条状，间距 1~2m。③平铺	适用于有草皮产地的流沙防治。施工简单、省工，具有固沙保水作用，有利于植物生长。平铺式多用于路旁的流沙防护，缺点是易于干燥。维持年限约为 3~5 年
	高立式枝柴沙障	图 5-16-24	材料以灌木枝柴为主，如沙柳等。高度在 1.0m 以上，根据当地风的状况，分为条状、带状、格状三种规格形式，均为透风结构。单一风向地区系用条、带状形式；在风向多变地区采用格状。条间距离 5~10m，并与主风向垂直。带间距离 10~20m，每带由 3~5 行构成。行间距离 2~3m，并与主风向垂直。格状为 5m×5m 和 5m×10m。埋置深度与外宽高度的比例为 1:2	适用于产有枝柴地区的流沙防治。该种沙障是透风结构，因此具有将整体气流分为若干小气流、化强为弱，从而抑制流沙活动的性能，并能较均匀地散布外来沙，有一定阻沙作用，且有利于植物固沙。如在适宜季节（春、秋）用新砍伐的沙柳栽植沙障，掌握好埋植深度，尚能成活一部分
	半隐蔽式土工格室沙障	图 5-16-25	设置规格和方法同草方格沙障，材料采用土工格室，当受到沙埋时，可通过提拔沙障恢复阻沙功能	适用于防护材料缺乏的沙漠地区或在植物防护的前期作为临时防护措施
	有鳍和无鳍沙障	图 5-16-26	用有鳍与无鳍土工沙袋装满沙子做沙障，按 1.0m×1.0m 间距摆放在流沙上，形成方格沙障	适用于防护材料缺乏的沙漠地区
	草把沙障	图 5-16-27	将芦苇或柴草等扎成草把，按 1.0m×1.0m 间距固定摆放在流沙上，形成方格沙障	适用于有柴草、芦苇、棉秆，路侧沙埋较严重的地区，该种沙障沙埋后可以再提拔恢复使用
	中立式柴草方格沙障	图 5-16-28	将柴草或芦苇等扎成高度 40~50cm 的草帘，按 1.0m×1.0m 间距埋设在流沙上，埋深 15~20cm，外露 25~30cm，形成方格沙障	适用于有柴草、芦苇，路侧沙埋严重的地区，该种沙障使用年限约 4~8 年

柴草类沙障工料参考指标

表 5-16-21

沙障类型		料别	规　　格	用料(kg)	用工(工日)
平铺式沙障		麦草	全面铺设厚度5cm	2600	0.8
			带状铺设带宽15m,间距10m	1560	0.5
立式沙障	隐蔽沙障	麦草	1m×1m	1200	6.6
			2m×2m	600	3.3
		沙蒿	2m×2m	900	8.3
			2m×3m	800	7.8
	半隐蔽沙障	麦草	1m×1m	1200	5.0
			1m×2m	900	3.7
			2m×2m	600	2.5
			2m×3m	500	2.1
		沙蒿	1m×2m	1300	4.4
			2m×2m	900	3.3
			2m×3m	800	3.0
	高立式沙障	沙柳（新砍伐）	5m×5m	4000	3.3
			5m×10m	3000	2.5

注:1. 本表为防护面积为1000m² 的沙障工料参考指标,未包括汇集、运输的用工。
2. 材料单价各地情况不一,须根据现场调查而定。

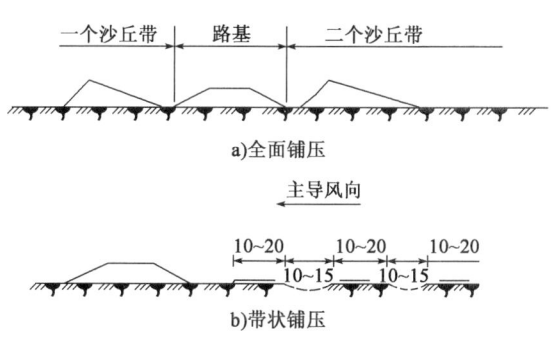

图 5-16-18　土石压沙防护图(尺寸单位:m)

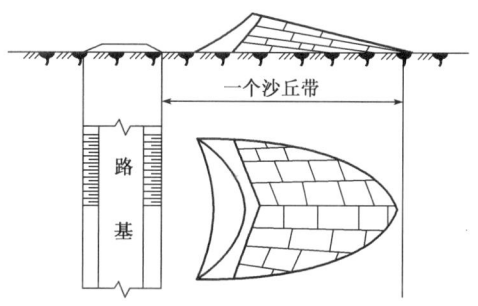

图 5-16-19　草席或笆块覆盖流动沙丘

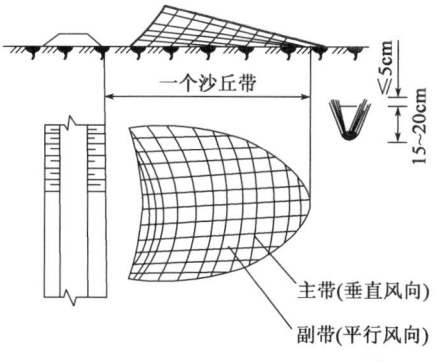

图 5-16-20　低立式柴草隐蔽沙障
注:施工步骤为划线、挖槽、填铺柴草、填沙并踏实。

图 5-16-21 半隐蔽式柴草沙障

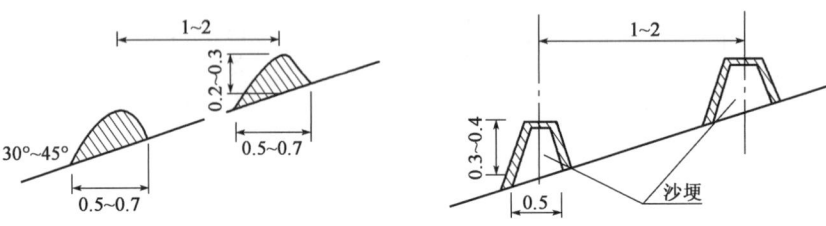

图 5-16-22 土埂沙障断面图(尺寸单位:m)　　图 5-16-23 草皮沙障断面图(尺寸单位:m)

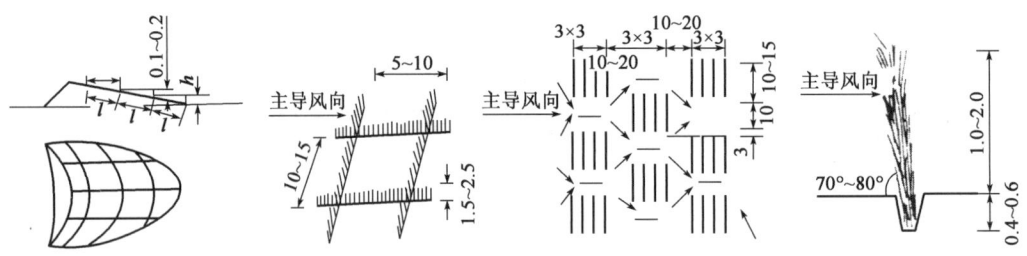

a)设置沙障后的沙丘平面及剖面　b)格状高立式柳枝沙障　c)带状交错布置的高条柳枝分流沙障　d)高柳枝栽植要求

图 5-16-24 高立式枝柴沙障及其设置示意图(尺寸单位:m)

图 5-16-25 半隐蔽式土工格室沙障　　　　图 5-16-26 有鳍和无鳍沙障

图 5-16-27 草把沙障

图 5-16-28 中立式柴草方格沙障

3. 输沙设施

输沙设施的作用在于通过增强风力或改变下垫面性质,使过境流沙顺利通过路基而不产生堆积。

路基输沙有以下几种方法:

(1)浅槽和风力堤输沙

这种方法适用于路线与主导风向交角为 45°~90°情况下路段的流动沙丘,由浅槽和风力堤与路基平顺衔接而成(图 5-16-29)。

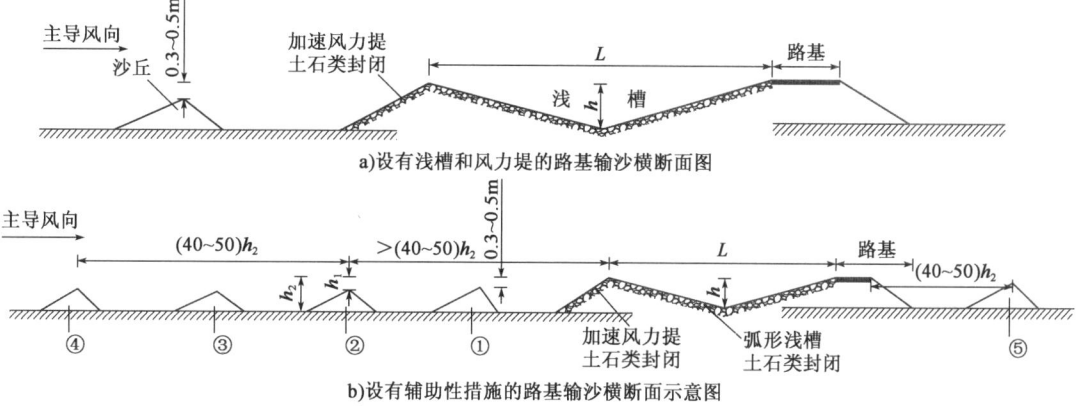

图 5-16-29 设有浅槽和风力堤的路基输沙横断面图

浅槽的作用在于产生足够的气流上升力,使贴近地表层或可能沉落的沙粒借助气流升力重新纳入运动的气流中,随之搬运过路。

浅槽按 $L/h = 10 \sim 25$ 关系式来确定。L 为浅槽的顶宽;h 为浅槽的最大深度,一般控制在 $1.0 \sim 2.5 \mathrm{m}$。

风力堤的作用,在于增强风力,使堤前沙丘的运动改变为风沙流运动。

设计风力堤时应注意以下问题:

①风力堤顶要比邻近沙丘高出 $0.3 \sim 0.5 \mathrm{m}$,以造成一个吹扬地带;堤顶要设成流线型,以避免过境沙粒在风力堤的背风侧堆积;风力堤的迎风坡一般以 1:4 为宜。

②浅槽和风力堤表面均应加以封闭,迎风面封闭厚度 $5 \sim 10 \mathrm{cm}$,背风部位为 $3 \sim 5 \mathrm{cm}$。

③当邻近沙丘高于风力堤或者风沙流的沙源相当丰富时,风力堤的作用将被削弱而影响输沙效果。这时,可根据具体情况采用破坏沙丘落沙坡、控制沙源补给及设置有规律的吹蚀和堆积平衡带等辅助措施。破坏沙丘的落沙坡一般采用两种办法:一种是从迎风坡脚到脊线的1/3或1/2处设置平铺式、低立式、墙式或栅式沙障,以增强沙障顶部的风速,将丘顶削平,直至将落沙坡完全破坏为止;另一种是用推土机顺主风向推出数条风沟,利用风沟的聚风作用增大风速,借风力将落沙坡破坏。控制沙源补给主要是通过固沙和阻沙措施,控制沙的补给,减少过境气流中的含沙量,防止路基积沙。配置阻沙措施是使路基附近成为风沙吹蚀和堆积的平衡带,也是一种辅助措施。

(2)浅槽输沙

适用于平坦的流动沙地和风沙流地区,主要用于防治风沙流对路基的危害。

这种方法由浅槽和路基相互平顺衔接而成(图5-16-30)。借助浅槽的气流上升力和路基面风速的加强,以达到路基输沙的目的。

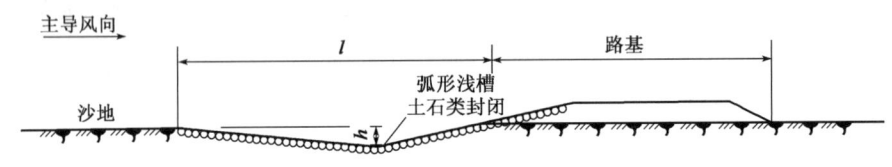

图5-16-30　设有浅槽的路基输沙断面示意图

(3)聚风板输沙

聚风板可以增强下导风口的风速,从而将沙从路基上吹走。聚风板主要适用于防治路基局部沙害,也可与其他永久性措施结合,全面防治路基沙害。

①聚风板的构造

聚风板构造如图5-16-31所示。板面高度一般在3m左右,开口高度一般为1.5~2.0m。板面要固定在木桩上。

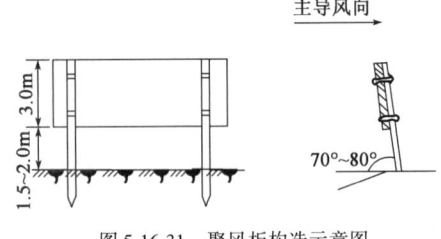

图5-16-31　聚风板构造示意图

板面高度与吹刮宽度成正比,即板面越高,聚风能力越强,吹刮的有效宽度也越宽,但需要板料也就越多,而且施工也不方便。3m高的板面一般即可保证板后8m宽度内无积沙。开口太低则板前弱风区增大,易于形成沙堆;开口过高,则聚风输沙作用减弱。

聚风板多采用木板或其他材料,如板料来源有困难,也可用柴草或枝条编织成笆块代替木板,笆块表面最好用黏土抹面,即与木板有相同的性能,但需勤加维修。

②聚风板设置的部位及要求

聚风板一般设置在迎风侧的路基上,如图5-16-32所示。设置长度应大于需要清除积沙的路段长度。为增强聚风效果和便于施工,聚风板应向迎风方向倾斜,倾斜角以70°~80°为宜。

当主风向与路线呈30°~90°的交角时,设置聚风板均可收到一定的效果,但由于风力强弱不一,容易在路面一定范围积沙,所以要慎用。

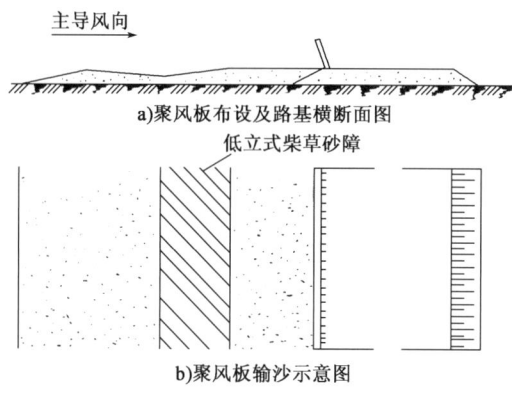

图 5-16-32　聚风板布设

4. 导沙措施

导沙措施的作用在于采用导流的方法借助风的动力作用,改变风沙流或沙丘运动的方向,使沙堆积在对路基无危害的地方。导沙措施主要适用于主风向与路线呈 25°~30°斜交情况下的流沙防护。

导沙设施应设置在路基的上风侧,距路基应不小于 50~100m。

导沙设施可分为导沙墙(土、石、柴草墙等)和导沙板(木板、笆块等)两种类型。

导沙设施由于其会将流沙导入其他路段,容易产生次生沙害,所以一般需慎用。

三、路侧植物固沙

1. 植物固沙的意义及其控制因素

植物固沙是一种根本措施,不仅能降低风速、削弱和抑制风沙活动,而且由于沙生植物具有发达的根系,还能固结其周围的沙粒,加之枯枝落叶的堆积,有利于有机质的聚积,促进沙的成土作用,改变沙地性质,使流沙趋向固定。植物起到全面固沙作用后,不仅大幅减少养护管理费,而且受益与年俱增,比任何工程防护措施都更为优越、有效。

植物固沙包括种草、种植灌木和乔木。草类能适应比较恶劣的自然条件,易于生长,但寿命不长;灌木在沙地的适应性强,生长较低矮,枝条密集,根系发达,既能固定就近沙面,又能阻挡外来沙源,是防风沙的先锋;乔木一般在沙地内需要很好的水分和养分条件才能成活生长,其枝干高大,防风能力很强。因此,理想的植物固沙是采用草、灌木和乔木相结合的方法,取长补短,以达到最好效果。

影响植物固沙的因素很多,其中风沙流运动和水分不足最为重要,风沙流运动可以通过工程防护措施来解决,重要的是水分不足问题。沙生植物的凋萎湿度约为 0.7%。根据沙地栽植试验,若沙层内具有含水率不小于 2% 的常年稳定湿沙层,则可保证耐旱的草、灌木成活生长。此外,沙层中的有机质及盐分含量、温度及通风条件等也影响植物的成活生长,因此,只有对这些因素进行全面分析研究,才能判断有无植物固沙的适宜条件。

植物固沙应先确定立地条件、树种选择、林带规划和采用的方法,以便获得预期的效果。

2. 立地条件

立地条件是指植物生长和发育的一切环境条件的总和。

不同的立地条件对植物生长有很大的影响,而不同的植物对于不同的立地条件也各有其适应性,往往某些环境改变了,植物生长也随之发生变化。

影响立地条件的环境因子可归纳为:
(1)沙丘类型、起伏程度及其移动特征;
(2)沙地下伏地层特征(地层结构及地下水条件等);
(3)沙的机械组成(包括颗粒大小、成分、养分含量等);
(4)沙层内的含水率及干沙层厚度;
(5)当地降水量及地表径流情况;
(6)地下水位及沙地盐渍化程度;
(7)沙地植物的分布、生长情况及其演变规律等。

通过对上述环境因子的分析,划分出沙地中适宜固沙造林的地段和部位,选择适宜的植物品种和相应的栽培技术措施。

3. 林带规划

(1)林带宽度

公路两侧防沙林带的宽度主要根据风沙流活动强度和沙丘移动特征来决定。一般情况下,固沙林带在路基迎风一侧的宽度为 200~300m,背风侧的宽度为 50~100m。在单一风作用的地区,可不设背风侧的林带。

为了根治沙害和保护固沙林带,还须在两侧防护带之外划定出植被保护带。

(2)林带结构

林带结构与防风固沙密切相关。紧密结构的林带,其透风系数较小,具有较大的阻沙作用,容易在林带的两侧产生回旋气流而造成沙堆;稀疏林带能过滤和分散气流,其透风系数较大,风沙流通过的速度逐步消减,可使风沙流中的沙粒较均匀地分布在整个林带内。对于公路防沙,最好将紧密林带布置在靠近路基的两侧,一般迎风侧为 100m,背风侧为 50m,在其外缘则布置稀疏林带。

(3)造林方法

造林时可采用工程防沙与造林相结合的方法,先设置沙障,为植物成活、生长创造条件,待沙障失去作用后,林带形成,即可发挥固沙的作用。

4. 树种选择

(1)选择树种的主要考虑

要根据不同的立地条件,选择适宜的树种。固沙造林树种或其他沙生植物的选择,应以乡土树种为主,也可引种适合本地造林的树种。选择的标准除了能适应当地的自然条件外,还要具有分枝多、树冠大、根系发达、生长快、防风固沙效果好等特点,同时也要考虑繁殖容易、能大量取得种子和林苗等因素。

(2)不同自然带的树种选择

我国不同自然带内的沙区,其主要固沙植物见表 5-16-22。

①草原及干草原带内的沙地

乔、灌、草结合。按比例种植乔、灌、草,乔木过多可能会出现生长不良或早衰现象。

草原带内的沙地可选种差巴嘎蒿、黄柳、山竹子作为先锋植物,后期植物可选种胡枝子、小叶锦鸡儿、樟子松、油松。

干草原带内的沙地可选种沙柳、杨柴、油蒿作为先锋植物，后期植物可选种小叶锦鸡儿。

②荒漠草原及荒漠带内的沙漠

灌、草结合。栽植乔木需灌溉，并以一定的工程措施辅助。

荒漠草原带内的沙漠可选种油蒿、花棒、沙拐枣作为先锋植物，后期植物可选种柠条。有灌溉条件时，可选种沙枣、二白杨等，且需设置沙障保护种子和幼苗。

荒漠带植物固沙一般需结合工程措施进行，可因地制宜选种白梭梭、梭梭柴，有灌溉条件时可选种二白杨、胡杨、沙枣、沙拐枣、黄柳、沙柳、沙木蓼等。

我国不同自然带内沙区的主要固沙植物　　　　表 5-16-22

分区名称	所处自然带	植物种类	分布	生物学特性	生态学特性
微湿沙地和半干旱沙地	草原及干草原	差巴嘎蒿	东北西部和内蒙古东部（科尔沁沙地、浑善达克沙地东部）	菊科，半灌木，浅根性，株高 50~80cm。茎铺散或外倾，成丛生长。沙埋生不定根，萌发新枝。开花的枝条秋季大部分死亡，只有基部一段保持活力。枝条纤细，能随风弯曲，有良好的防风固沙作用	喜生于平缓的流动沙丘下部和半固定沙丘。当沙丘固定后，其他植物根系盘结，沙层水分缺乏，差巴嘎蒿便逐渐枯萎，最终死亡
		黄柳	东北西部和内蒙古东部（科尔沁沙地、浑善达克沙地东部）	杨柳科，灌木，高 2~3m。流沙上的先锋植物之一，水平根系发达，长可达 20m，成丛生长	沙埋生长旺盛，埋深 30cm，尚能发芽。生于丘间低地湿润处，当流沙向前移动时，黄柳生长在沙丘落沙坡
		小叶锦鸡儿	科尔沁、浑善达克，毛马素沙地，库布齐沙漠	豆科，灌木，高 2~3m，成丛生长，枝叶茂密。深根性，主根深达 2~3m，有根瘤。固沙作用良好	生于固定沙地，有改良土壤的作用，耐干旱。在地下水位高或有积水处，生长不良
		胡枝子	华北、东北，科尔沁沙地也有	豆科，灌木，高 2~3m，成丛生长，枝叶茂密。根系发达，密生根瘤	生于固定沙地，在无林地或疏林地都能生长良好，耐干旱和贫瘠，不耐低湿和盐碱
		山竹子	东北西部、内蒙古东部（科尔沁浑善达克沙地）	豆科，灌木，水平根系发达，长达 2~3m，有根瘤，沙埋能生不定根，并从根际萌生丛壮枝条，阻沙力强	生长于流动和半固定沙地，不耐水湿和盐碱
		杨柴	毛乌素沙地	豆科，灌木，高 1~2m，水平根系发达，有根瘤菌，流沙上先锋植物之一	适于半固定沙地

续上表

分区名称	所处自然带	植物种类	分布	生物学特性	生态学特性
微湿沙地和半干旱沙地	草原及干草原	沙柳	内蒙古、陕北	杨柳科,灌木,高2~5m,抗风蚀、耐沙压,具有发达的根系,故能忍受一定程度的风蚀,成丛的植株具有较强的抗风蚀力,但遭严重风蚀则生长显著不良,枝叶茂密,灌丛大,能固沙。沙压能促使被埋枝条产生大量不定根,借此能力,常能爬上丘顶,逐渐固定沙丘。是草原带西部的先锋植物之一	喜湿耐旱。在水分条件好的地方如在地下水位50~100cm的沙质丘间低地,长势旺盛;地表潮湿的丘间低地,常能天然下种成林;在地下水5~8m的丘间低地,生长不良;在有季节性积水的地方,仍照常生长
		紫穗槐	东北、华北、西北引进多年,广泛栽培,已成半自生状态	豆科,灌木,高2~4m,根系发达,有根瘤。平槎后,萌发旺盛	适应性强,低洼潮湿地方生长良好;也可在弱盐渍化沙地上生长;在干燥沙地虽能成活,但生长不良
		樟子松	大兴安岭、呼伦贝尔沙地	松科,高大乔木,树形美观。幼龄生长缓慢,而后较快。寿命长,不耐沙埋和沙割,喜光	耐干旱、耐寒、耐贫瘠,怕盐碱,特别是幼苗不耐盐碱。原产地海拉尔沙地的降水量约为300mm
		油松	东北西部到甘肃洮河流域和青海大通河流域	松科,大乔木,生长较快。生长旺期在15年,幼龄树冠呈圆锥形,壮龄成扁平形。喜光	适应性强,对土壤水分和肥力要求不严。中性和酸性土生长较好;在黏性土和盐碱土生长不良;喜沙壤土
干旱沙漠	荒漠草原及荒漠	花棒	腾格里、巴丹吉林及河西走廊的沙区	豆科灌木,水平根发达,是流沙上的先锋植物,生长迅速	生于沙地湿润处,能耐沙埋,长在沙丘顶部或落沙坡。在湿润年生长及开花结实旺盛,在极端干旱情况下,灌丛的部分枝条死亡,到沙地湿润时再萌发
		柠条	内蒙古鄂尔多斯西部、宁夏黄河以西、甘肃河西走廊,巴丹吉林沙漠	豆科灌木,耐干旱,在固定沙丘上;寿命可达30余年。枝叶茂密,固沙防风作用良好	适于沙土和黏土上生长。在半固定沙丘上生长旺盛。为优良的后期固沙植物

续上表

分区名称	所处自然带	植物种类	分布	生物学特性	生态学特性
干旱沙漠	荒漠草原及荒漠	头状沙拐枣、乔木状沙拐枣	原分布地为中亚卡拉库姆沙漠,我国引种半荒漠地带	豆科大灌木,高2~5m,水平根系长达20~30m,沙埋能生不定根。两种沙拐枣生物学特性很近;在形态上头状沙拐枣枝条开展,果的刺毛密集,全面覆盖小坚果。乔木状沙拐枣枝条较直立,小坚果刺毛较稀	两种沙拐枣都是流沙上的先锋植物,对干旱和流沙有特殊的适应性
		沙枣	腾格里、巴丹吉林沙区的湖盆边缘,额济纳河、疏勒河、塔里木河等流域	胡颓子科小乔木,枝叶茂密,生长迅速,根株萌发力强,主侧根发达,有肥大的根瘤,能改良土壤	耐干旱,耐盐碱,不苛求土壤,喜低湿地,是我国西北沙漠地区唯一能在盐渍土上稳定生长的乔木树种
		多枝柽柳	青海、新疆、甘肃、宁夏、内蒙古巴盟等的沙地	柽柳科大灌木,高2~5m。水平根分布宽广,须根较发达,根株具萌发力,基部能积沙,沙埋后于根茎常萌发无数纤细的不定根	喜低湿微具盐碱的沙地,对高大流动沙丘的适应能力较差,耐干旱
		嘎蒿	库布齐、毛乌素、乌兰布和、腾格里、巴丹吉林、河西走廊等沙区	菊科、半灌木,高达60~100cm,冠幅可达2m多,水平根系的根达5m,根系密集层在50cm以上沙层内。是流沙上先锋植物。一般寿命约为6年。受沙埋植株,常萌发新枝	喜生长在流动沙丘上,较耐干旱
		油蒿	库布齐、毛乌素、乌兰布和、腾格里、巴丹吉林、河西走廊等沙区	菊科、半灌木,高约30~50cm,最高达80cm冠幅达2m枝条纤细密机,丛生,固沙作用良好。寿命大致可达14年	生长在半固定和固定沙地上,能适应流沙固定后的水分缺少,遇有沙埋也能生长,成活
		白梭梭	新疆北部	蓼科、乔木状大灌木,高达10m。垂直根系发达,长达5m以上,水平根系多集中在40~60cm层内	生长在流动沙丘上部或落沙坡,耐干旱、耐贫瘠、耐沙埋、耐高温、抗风蚀,对地下水要求低,为高大流动沙丘造林的优良树种
		梭梭柴	阿拉善地区、河西走廊、柴达木盆地、准噶尔盆地	蓼科、乔木状大灌木,高达8m。垂直根发达,常与地下水相接,在地下水条件适合处,可长成大面积的梭梭柴片林	常在丘间低地或轻盐渍化沙地生长,一般地下水在2m处,生长良好,耐盐性较强,含盐量在5%以下种子发芽不受影响,表层盐分高达28%,尚能保持成活

续上表

分区名称	所处自然带	植物种类	分布	生物学特性	生态学特性
干旱沙漠	荒漠草原及荒漠	沙拐枣	准噶尔盆地	蓼科，灌木。水平根系发达，长达3.5m，主根在10~50cm层内较发育，根叶性强，具流沙先锋植物的特点	生长在流动和半固定沙地，耐沙埋、抗风蚀，沙埋生长更旺，且生不定根
		盐生柽柳	河西走廊、准格尔盆地、塔里木盆地	柽柳科，灌木。沙埋能形成不定根，积沙可形成沙堆，根系强大，主根深达10m以下	抗盐性强，适生于盐渍化沙地和丘间低地，这种柽柳是我国最耐盐的一种
		胡杨	宁夏、内蒙古西部、甘肃河西走廊、新疆	杨柳科，乔木。根性强。在一株大树的周围可以萌发出很多年龄不同的植株形成片林	生长发育与立地条件有密切关系。在多水少盐的厚层沙壤土上，可以长成百年以上的大乔木；在一般条件下，可以长成乔木；在干旱贫瘠的条件下，寿命短、生长慢，多形成大灌丛
		二白杨	河西走廊	杨柳科，高大乔木。形态介于小叶杨与箭杆杨之间，树高比小叶杨高，低于箭杆杨。树冠比小叶杨窄而比箭杆杨宽，根系发达生长迅速	耐干旱、耐盐碱，pH值在8.5以上时生长不良
		沙木蓼	阿拉善地区	蓼科，大灌木。根系发育，水平根粗壮，长达4~5m，枝条繁多，是半荒漠地带流沙上的先锋植物	生于流动沙丘，可到顶部，但只能稀疏单丛生长

第六节 工 程 实 例

一、流动沙漠地区

流动沙漠地区公路建设典型实例有新疆轮台—民丰沙漠公路、塔中—且末沙漠公路和阿拉尔—和田沙漠公路。

轮台—民丰沙漠公路，是世界上第一条长距离穿越流动沙漠的等级公路，公路等级为三级上限，全长522km，1995年9月通车，贯通塔克拉玛干沙漠，公路沿线流沙连绵，新月形沙丘、新月形沙丘链、丘间平沙地、复合纵（横）向沙垄等交错分布，植被稀少，主风向和路线走向小于45°。

塔中—且末沙漠公路，三级公路，全长119km，2002年10月通车，路线穿越塔克拉玛干中部流动沙漠，沿线高大沙山密布，沙山高差在50~100m，沙丘裸露，路线走向和主风向接近垂直。

阿拉尔—和田沙漠公路,二级公路,路线全长约 424km,2007 年 9 月通车,路线穿越塔克拉玛干西部流动沙漠,沿线地形开阔,沙丘(垄)高度一般在 20m 以内,沙丘裸露,主风向和路线交角较小。

(1)平面线形情况

轮台—民丰沙漠公路受地形限制较小,平面指标主要采用大半径平曲线和长直线线形。塔中—且末沙漠公路受地形限制,平面上在考虑经济的条件下,尽量采用较高指标,以保证交通安全。阿拉尔—和田沙漠公路沿线地形开阔,沙丘(垄)高度低,前后左右视野空旷、少阻挡,是布设平面线形较好的地貌地形,所以采用了较高指标,以保证交通安全。

(2)纵断面线形情况

塔中—且末沙漠公路由于穿越高大沙山,为了适应环境确保安全,考虑风积沙易于施工,最大纵坡控制在 5%,纵断面采用了高填深挖路基。轮台—民丰和阿拉尔—和田沙漠公路地形相对平坦,纵断面线形指标较高。

①路线经过一般沙地及中高度沙丘、沙垄分布段的纵坡,采用填略大于挖或填挖平衡,为了减少较大纵坡数量,充分利用有利地形布设纵向竖曲线线形。

②路线通过高大复合型沙体路段时,顺应自然地形之势,必要时采用大填大挖设计,尽量使填挖方平衡,并控制大挖方后形成的路堑长度不大于 200m;纵坡尽量控制在 5% 以内。

③路线通过低矮沙丘分布路段,纵断高程控制在与沙丘平均高度持平或略高于沙丘平均高度 30cm 左右。

④路线通过淤土平地或盐渍化平沙地路段,路基土用沙丘沙填筑,其填高(含路面)在 100cm 左右。

⑤路线通过胡杨林地或其他植物生长路段,尽量维护各种植物的生存条件,纵断面高程以取土坑面积小、深度浅为宜,最高不大于 150cm,最低以 50cm 为宜。

(3)横断面情况

①除标准二级和三级公路外,沙漠公路多数路基宽度为 10m,路面宽为 7~9m。

②路侧采用栅栏和芦苇草方格及缓边坡相互配合的阻、固、输全断面工程防沙措施。

③堤式路基横断面边坡一般采用 1:3。路堑设 1~3m 积沙平台,外边坡采用 1:3 或 1:4,尽量采用长度短浅的路堑,路堑较长时设成敞开式横断面,或缓于 1:4 的缓边坡。

(4)风积沙筑路

①在沙漠路基和底基层间采用土工布隔断,并采用振动干压实技术提高沙漠路基承载力。

②风积沙最大干密度取值在 1.63~1.69g/cm³ 之间。

③沙漠腹地沙基回弹模量取 $E_0 = 100$MPa。

二、固定、半固定沙漠地区

固定、半固定沙漠地区公路建设典型实例有陕西的榆林—靖边高速公路和内蒙古桑根达来—公主埂段通过沙区的一级公路。

1. 榆靖高速公路

位于毛乌素沙漠南缘的长城沿线风沙区,沿线地形相对平坦开阔,以波状沙丘为主,绝对高程在 1123~1350m。大部分路段位于固定和半固定沙区,地表 0~0.1m 干燥,0.1m 以下湿润,植被覆盖率在30%以上,主要生长植物有沙蒿、沙柳、合作杨、紫穗槐等。

在路线布设、纵断面设计中,力争使线位处于迎风坡面上;路基宁填勿挖或尽可能少挖;路堤和路堑的边坡坡率放缓至1:2~1:5。

(1)风积沙筑路中风积沙最大干密度的确定

沿线风积沙颗粒中0.5~2.0mm颗粒占0.06%~17.40%;0.25~0.50mm颗粒占10.86%~88.22%;0.075~0.25mm颗粒占3.12%~88.18%;<0.075mm颗粒占0.6%~7.6%,普遍偏粗。其风积沙的最大干密度采用以下方法确定。

①采用土工试验规程的重型标准击实方法,在一定含水率范围内进行标准击实试验,经试验所得的最大干密度为1.76~1.77g/cm³。

②用振动法确定风积沙在零含水率和饱水两种状态下的最大干密度,其中干振动法的最大干密度为1.81g/cm³,湿振动法的最大干密度为1.82g/cm³,均大于重型标准击实法试验求得的最大干密度值,故确定采用接近于实际的振动法取得的最大干密度值予以检测风积沙路基的压实度。

(2)路基横断面设计

路基宽度有两种:采用标准中央分隔带宽2m时为26m,采用中央分隔带宽11m时为35m。

路堤高度小于1m时,边坡1:8;路基高度在1~3m时,边坡1:3;路基大于3m时,边坡1:2。

路堑深度小于1.5m时,边坡为1:8;路堑深度在1.5~6m时,边坡1:4;路堑深度大于6m时,边坡1:2;设2~6米的积沙平台。

(3)路基及路侧防护

路基及边坡采用了包边、封闭、植被防护等措施;同时对处于活动和半活动沙丘的路基两侧采取了"三带"(平整带、防护带、保护带)等植物防护措施,树种采用当地的旱柳、油松、新疆杨等乔木和红柳、柠条、沙蒿等灌木及丁香等草本植物。

平整带靠近路基两侧,宽度20m,采用1m×1m半隐蔽式格状草障。

防护带在平整带外侧,宽度迎风侧200~300m、背风侧30~100m,采用乔灌草结合的紧密和稀疏林带,形成防风固沙植草育林带。

保护带在防护带外侧,对迎风侧300~400m、背风侧100~200m区域实行保护,禁止采伐放牧等活动。

2. 内蒙古桑根达来—公主埂段通过沙区的一级公路

路线纵穿浑善达克沙地,属半干旱大陆性草原气候,年降雨量365.1mm,年蒸发量1925.5mm。全线地处沙漠地段,沿线地下水位较高,沙丘处起伏较大,K0~K35段植被较好,K35~K45段沙化、风蚀严重,沿线地质土质除个别下湿地段以黏质沙土外,其余均为风成沙。

(1)路基设计原则

①全线以包线设计为主,宁填勿挖,对于纵面线形影响较大的沙丘进行相应的开挖和深挖,用做集中取土场。

②全线路段填土高度不小于1.5m,以利防沙、防雪,下湿地路段保证填高不小于临界填高,全部采用远运风积沙填筑路基,以保证路基的稳定性。

③挖方路段采用敞开断面,根据风成沙的土质,采用上风侧边坡1:4、下风侧边坡1:3,并

在上风侧5m、下风侧3m处(边沟以外)设置储雪场。

(2)路基压实度标准及路基填料要求

①压实度全线采用重型击实标准,填方路基路床顶面以下0~80cm范围内压实度≥95%,80~150cm范围内压实度≥93%,150cm以下压实度≥90%。零填及路堑路床0~30cm范围内压实度≥95%。

②路基填料最小强度和最大粒径要求:全线全部采用风积沙填筑路基,CBR值>8%,填料粒径均在规定范围要求之内。

(3)路基设计断面形式

①路基宽25.5m,中央分隔带为2m,路基两侧各宽50cm的混凝土预制块护肩板,路拱、路肩横坡1.5%。

②一般路段路基边坡1:1.5,对于填高大于8m的路堤设宽2m、外倾坡度3%的边坡平台,采用混凝土预制块封闭;对于填高小于60cm的路段,设宽、深均为60cm的浆砌片石梯形边沟。

③填高大于3m以上的路基边坡采用混凝土预制块网格防护,网格中采用碎石土封闭,厚度10cm,平台和储雪场采用混凝土预制块铺砌防护,填高在3m以下路基边坡采用碎石土封闭,厚度15cm。

④全线路床顶面以下15cm范围内采用天然碎石土封闭,避免路基风蚀,便于路面施工。

⑤对于路堤基底为耕地或土质松散时,应进行填前处理;零填及路堑路床顶面50cm以下范围进行技术处理,达到压实度要求。

(4)路基及路侧防护

路基两侧边坡采用混凝土预制块网格、碎石土等防护。

路基两侧线外的上风侧50~80m处采用1~2道高立式沙障结合30m宽的草方格沙障固沙的防护措施,下风侧40~50m处设1道高立式沙障结合30m宽的草方格沙障固沙的防护措施。草方格内种植黄柳、柠条、扬柴、沙打旺和沙蒿等植物,形成工程和植物结合的防护体系。

第十七章　雪害地区路基

公路雪害有积雪和雪崩两种主要形式,积雪包括自然降雪和风吹雪。

自然降雪积雪是指在风力较弱或无风情况下,降雪在公路上形成的均匀雪层。这种积雪超过一定厚度或下雪同时结冰时,将影响行车速度和交通安全,通常可通过除雪、融雪等养护办法解决,一般不会对公路造成严重危害,但当降雪量很大、积雪过厚时,可能会阻断交通。

降雪时或降雪后,风力达到一定强度时,吹扬雪粒,随风运动,形成风雪流。被风雪流搬运的雪在风速减弱的地方堆积起来,形成吹集雪。从风雪流到吹集雪的全过程成为风吹雪。风雪流强烈时,能见度极差,通行条件恶劣,极易发生行车事故。厚度很大的吹集雪则可阻断交通,埋没车辆。我国风吹雪比较严重的地区有东北地区、青藏高原及新疆等地。

雪崩是指在重力影响下,山坡积雪的崩塌。大量的雪崩不仅能掩埋公路、阻断交通,还能击毁路上的行车和建筑物。在我国,雪崩多见于新疆及西藏的山区。

第一节　概　　述

一、中国的积雪

积雪分为永久性积雪和季节性积雪两大类。我国西部各大山系的现代冰川作用区或极高山带普遍分布着永久性积雪,它是现代冰川赖以生存的物质来源,据统计面积可达 $6 \times 10^4 \mathrm{km}^2$。冬季季节性积雪在我国分布很广泛,南界大致在保山、昆明、柳州、连平、梅县、龙岩、福州一带,即 $25°\mathrm{N}$ 线左右,是世界同纬度地带积雪南界较低的国家。

1. 两类不同性质的积雪

在中国大地上,因为天气系统的差异,气候干湿的变化以及海拔高度的不同,使其从物理性质上分为两大类。

第一类为季风区的海洋性气候条件下形成的湿暖型积雪。其特征为:该区域年降水丰富,年最大降水量可达 1500mm。年降雪量多达 400～600mm,降雪多出现在 1 月和 2 月,最大积雪深度达 120cm 左右。整个冬季气温较高,一般在 -3℃ 左右,季节温差在 16℃ 左右。这样,雪层温度梯度变化微弱,雪层变质作用以等温变质为主。雪层中深霜不发育,一般只占到雪层总厚度的 20%。

第二类为常年西风带的干冷气流作用下形成的干寒型积雪,主要分布在我国西北干旱地区。其特征为:在分布上受气流来向的控制,由于水汽含量的限制和地形的影响,集中分布在我国新疆天山、阿尔泰山及天山北麓一带。这里,年平均降水量在 300～800mm,年最大降水量达 1000mm 以上;最冷月(1月份)平均气温在 -15℃ 以上,冬季漫长,气温日较差变化大,气温年较差大于 24℃;固体降水(雪)量占年降水(雪)量总量的三分之一,约 300mm 以上;稳定积雪期可长达 160 天,积雪期平均在 150~210 天,最大积雪深度可达 150cm 以上(山区)。雪层中温差较大,温度梯度增大,水汽迁移量多,深霜发育迅速,而且时间长、厚度大,雪层松散,透水性能好。这样明显的发层温度梯度(最大达 0.35℃/cm)决定了干寒型积雪的变质作用是温度梯度变质作用。因受其变质作用的控制,该类型积雪的物理力学性质变得脆弱,密度一般为 $0.2g/cm^3$,最大在 $0.3g/cm^3$ 左右。

2. 中国的积雪分布

(1)年平均积雪日数

除西部山地和青藏高原雪线以上的永久积雪区外,我国积雪日数最多的地方是在冬季漫长的新疆阿尔泰山区与天山山地西部和大小兴安岭北部,年均积雪日在 150 天以上。

积雪日数由北向南迅速减少,大小兴安岭、长白山及青藏高原东南部在 100 天以上,而到东北地区西南部只有 25~50 天。华北地区大多在 15~30 天之间,江淮流域,汉水以南降到 10 天以下。受海拔高度和气候干湿变化的影响,冬季干旱的柴达木盆地、吐鲁番盆地、塔里木盆地以及四川盆地和西藏雅鲁藏布江谷地基本缺少积雪日数的记载。25°N 线左右以南一般无积雪。

(2)最大积雪深度

降雪日数多的地区积雪深度往往也较大。我国大面积积雪最深的地区是新疆阿尔泰山、天山山地的西部、青藏高原东南部山区、东北的北部山麓地带等,最大积雪深度普遍在 50~150cm 之间。

西部地区主要由于气候干湿不同使最大积雪的出现有很大差异。除上述山区和山麓平原外,准噶尔盆地西部地区积雪可达 30cm 左右,但新疆塔里木盆地、青海柴达木盆地、青藏高原以及冬季干暖的雅鲁藏布江河谷地区最大积雪多不到 10cm。

综上所述,中国积雪的分布具有如下规律:自南向北逐渐增厚,由西向东明显减少;平原、盆地和谷地积雪不少于周围山地;山脉内的山间盆地或高原中心地区积雪更少;山地积雪明显的垂直递增。

中国季节性积雪的峰值出现在新疆的阿尔泰山、天山西部山地和青藏高原东南缘山地。虽说东北北部和东部冬季严寒,积雪日数也较长,但受天气气候条件的限制,不会出现最大积雪深度。用最大积雪深度表示峰值不仅可以反映我国积雪分布基本特征,而且它是公路设计、防护及建筑设计上计算建筑物雪压、确定雪荷载的主要依据,例如,30cm 厚的积雪能迫使车辆停驶;牧区有 30cm 厚的积雪会使大批牲畜吃不到草而饿死,造成"白灾"。雪崩、风吹雪灾害更是与最大积雪深度密切相关。

二、公路雪害的区划与分类

公路雪害是指由于积雪造成的公路病害和灾害。公路雪害区划就是确定区域之间相同处和相异处,它是将地表较大范围内在成因和形态两方面具有若干共同特征的地域划为一区,同不具备这些特征的地域分开的一种科学工作。

根据我国大地上积雪及其雪害的有无,将我国分为两个大区(一级区)。大致以 25°N 线为界,以南称"中国南部无积雪-雪害分布区",以北称"中国北部积雪-雪害分布区"。

根据天气系统的主要差异,纬度和海陆分布的地理位置差异,地势与积雪性质和雪害主要特征差异及人类活动对积雪作用,可将中国公路雪害区划分为三个"积雪-雪害地区"(二级区),详细内容见表5-17-1。

中国公路雪害区划表　　　　　　　表5-17-1

大　区	地　区	区
雪害区	东部季风-公路风吹雪危害地区	东北山区、丘陵-风吹雪严重危害区; 黄土高原、华北平原冬作物安全越冬区; 秦岭、大巴山多积雪区; 四川盆地、江淮平原极少积雪危害区; 华南低山、丘陵极少积雪危害区; 昆明冻雨区
	西风带-公路风吹雪与雪崩危害地区	新疆天山山地雪崩严重危害区; 新疆阿勒泰山雪崩严重危害区; 新疆准噶尔盆地积雪、风吹雪危害区; 新疆伊犁谷地积雪、风吹雪危害区; 内蒙古高原风吹雪危害区; 内蒙古阿拉善高原少积雪危害区
	青藏高寒-公路雪崩与风吹雪危害地区	昆仑-祁连山雪崩危害区; 青海柴达木盆地极少积雪危害区; 西藏东南、南部山地雪崩危害区; 阿里高原风吹雪危害区
无雪害区	—	—

1. 东部季风-公路风吹雪危害地区

此地区是亚洲季风区的一部分,是我国人口密集、工农业发达的地区,约占全国陆地总面积的50%左右。该地区与"西风带-公路风吹雪与雪崩危害地区"的界线大致为最大积雪深度20cm的线;与"青藏高寒-公路雪崩与风吹雪危害地区"以3000m等高线为界。本区的主要特征是:

①寒温带季风和温带季风气候,使区内水汽充足,气候湿润温和。

②受纬度的影响,东北北部和东部冬季严寒,积雪日数长达150天以上,积雪深厚地形有利,为发展我国冬季运动和旅游事业提供了方便。该地区积雪属湿暖型,雪的密度平均在0.3~0.5g/cm^{3}之间,对公路交通运输影响较小。

③该地区高大山脉甚少,以丘陵、高原和平原地貌类型为主。所以没有永久积雪分布,也极少出现雪崩现象。

2. 西风带-公路风吹雪与雪崩危害地区

此地区是我国的内陆地区,常年受西风带控制。该地区与"东部季风-公路风吹雪危害地区"的界线为干燥度1.2~1.5的等值线;与"青藏高寒-公路雪崩与风吹雪危害地区"以昆仑山、阿尔金山和祁连山等一系列青藏高原边缘山地为界。本地区的主要特征为:

①该地区的积雪因受西风气流的影响,在干燥严寒,冬季漫长的气候条件下,雪的密度小,物理力学强度弱,雪的变质作用以温度梯度变质作用为主,积雪属典型的干寒型。其代表性特征是,积雪层中深霜特别发育,最盛发育时节占整个雪层的90%。

②受地形、地势的影响,本地区气候干燥、少雨雪。降水的分布受水汽来源的影响,由西向东明显减少。降雪、积雪与降水一样主要集中分布在山区,其峰值具有全国性的代表意义。不仅如此,山麓地带和盆地外围的积雪也是全国少有的。50cm厚的积雪在阿尔泰有35.3天(最长99天)、青河38.1天(最多110天)、富蕴30.1天(最多90天)、塔城28.9天(最多111天)、裕民25.5天(最多103天)、伊宁15.6天(最多75天)。冬季山区深厚的积雪为频繁的雪崩、风吹雪发生提供了物质基础。该地区每年都有雪崩危害交通和破坏森林的事故发生。但灾害性的 $10 \times 10^4 km^3$ 的大雪崩,则具有周期性规律。

③暴风雪、风吹雪对本地区交通运输业和牧业也有一定的影响,但范围有限,危害程度不及该区的雪崩现象严重、突出,其主要分布在新疆天山及天山以北风口和内蒙古东部和南部一隅。

④随着西部建设的大开发,山区建设日益为众所重视,山区的灾害治理,特别是公路雪害的防治已列入科研单位的议事日程。

3. 青藏高寒-公路雪崩与风吹雪危害地区

该地区的主要特征为:

①在高原上升过程中,表现出明显的差异,形成了平均海拔4000m以上的大高原和周围环绕海拔在7000m乃至8000m以上的极高山地。受东南季风影响,高原南部尤其是东南部气候湿润,降雪丰富,最大积雪深度仅次于新疆阿尔泰山和天山山地,居全国第二。

②高海拔的盆地地形,周围山地降水多于盆地。高海拔的大高原空气稀薄、气温低下、太阳辐射强烈、风力强大,使高原内部本来就很稀薄的积雪变得更稀少。偶尔出现的暴风雪天气和经常性的风吹雪对交通运输和畜牧业生产有直接影响。

③该区人口稀少,分布较集中,人们的活动对高原的自然环境影响微弱。随着社会经济建设事业的发展和青藏公路的建设,公路风吹雪、雪崩的研究治理已在高原开展。

第二节　勘察要点与选线原则

一、勘察要点

公路雪害路段勘察应以工程地质调绘为主,结合遥感工程地质解译,主要勘察内容及要点如下:

1. 积雪工程地质勘察应查明内容

(1)积雪路段的地形地貌、气流活动规律、植被生长情况;

(2)风吹雪的成因及当地气象资料;

(3)影响和控制路线及路基设计的积雪类型、分布范围、厚度和形成的原因;

(4)积雪路段所处的地貌部位、地形特征和坡向;

(5)当地防治积雪的工程措施和经验。

2. 雪崩地区工程地质勘察应查明内容

(1)雪崩的分布、类型、规模、频率、时间、雪源、雪崩量及形成规律;

(2)集雪区的地貌形态、面积、高差、储雪条件、积雪厚度和冬季储雪量;

(3) 雪崩运动区的地貌形态、坡度、基岩岩性、地质构造、坡面植被情况;

(4) 雪崩分布的坡向、运动形式、发生规律、最大雪崩量和雪崩裂点位置;

(5) 雪崩堆积区的形态、面积、位置、雪崩堆积的特征;

(6) 冬季各月的平均气温、最高气温、最低气温、雪崩消融时间;

(7) 历年的风向、风力,冬季主导风向、风速;

(8) 各月降水量、降雪量、积雪深度、最大雪深、积雪起止日期及连续积雪天数、最大降水强度和降雪强度;

(9) 当地防治雪崩的方法和经验。

二、公路选线原则和要求

1. 风吹雪地段公路选线

1) 防止两种偏向与采用两阶段设计

在路线不过分偏离总走向的前提下,力求选择多种方案,然后从施工、运营、养护各方面进行综合对比。在路线绕长不多、工程造价增加有限时,应尽量绕避严重风雪地区。另外,也可因地制宜选用虽穿越严重风雪地带但里程最短的路线方案(雪害可通过其他措施来解决),且一定要从具体情况出发,遇到严重风雪地区就绕避或作比较、考虑后果,不能仅从工期与造价考虑硬行穿越一些雪害极严重地段。还应指出,在公路方案选定过程中,最好采用两阶段设计。也就是说,在初步完成选线和设计后,应赴现场进行一至两个冬春风雪期较细致全面的观测,然后做正式定线与施工设计。若必须采用一阶段设计,则在经过比较和完成定线与施工设计之后,至少还应在冬春季去现场查对一次,并根据风雪流运行规律和当地特点,进行修改后方可交付施工。

2) 处理好路线走向与风雪流盛行风向的关系

路线走向与引起风雪流盛行风向的夹角大小,对雪害程度有着很大影响。观测表明,除隧道或棚洞外,路线走向与风向平行或其夹角越小,则雪害越轻。公路走向是由控制点确定的,可选里程短且地形比较有利的一段,使路线走向与风向垂直或交角尽量大,以便设计不易积雪的路基或防护工程。在路线走向与风向平行且周围地形较开阔的条件下,还要注意路线纵坡不宜过陡,否则在下坡路段将产生轻微雪害。

3) 注意路线的位置

(1) 路线海拔低、积雪晚、融雪早,受雪害威胁时间比高处短,路线以选在海拔较低的位置较好,且越岭段以垭口通过为宜。若路线不能选在海拔较低的地带,那么走山腰线还不如走山脊线。也就是说,走低、走高比走中部更好。当越岭段穿越风雪极为严重的高山垭口时,应力求选在有一定敞开度的地形上。

(2) 一般不要穿越雪源丰富的两山夹峙的隧道地带,尤应避免上、下风面均为陡峻山坡且靠近路基的傍山线。在这种情况下,设计防雪工程或采用机械清雪都很困难。

(3) 阳坡比阴坡好。阴坡积雪、延流冰都比较严重,且持续时间长,同时路面养护工作量也大。而阳坡日照时间长、雪融化快,所以公路应设在阳坡。若阳坡地形过于破碎,修路费很大而阴坡有较茂密的森林,则应走阴坡以便利用森林防雪。

(4) 背风坡不如迎风坡。背风坡风雪流危害比迎风坡严重,而且从设计不易积雪路基或设置防护工程来讲,背风坡所需工程量也较迎风坡大,故路线应多选在迎风坡上。尤其要注意,不要在雪源丰富的背风坡处盘绕,若实在难以避免,则力求路线最短。

(5)当公路穿过以下两种地形时,要特别注意其位置的选择。一种是上风面有开阔的台地或平缓的坡地,公路需横穿其下较陡峻的背风坡时,半路堑选在背风坡的下部较上、中部有利,因为此处雪害轻且历时短。另一种是位于坡面整齐的迎风坡上的半路堑,选在其下部同样比上部或中部更有利。

4)充分利用有利地形和少设弯道或回头弯

(1)在选线过程中要充分利用有利的地形,如四面通风的开阔地、台地、垄岗和山梁等。相比而言,狭窄谷地不如开阔谷地,谷地内地形变化起伏小的比变化起伏大的优越,选在谷地外缘又较山麓地带为好。

(2)基于弯道(特别是傍山弯道)和回头弯往往积雪严重,所以在雪源丰富地区,要少设弯道与回头弯。

5)做好公路的平、横、纵断面设计

风雪流堆积是发生在地形曲率突然变化的地方,即气流涡旋阻力急剧增加的分离区内。因此,在选线的过程中就需要考虑如何因地制宜处理好公路的平、横、纵断面关系,为设计不易积雪的路基或部分路段辅以其他防雪措施创造有利的条件,以便结合地形和土石方的调配等,尽量做到路基"多填少挖"。路基边坡缓比陡好,路线纵坡宁小勿大(下坡方向),多以一定高度的路堤通过,少用半路堑,尽量避免极易被雪埋没的浅而长的路堑。回头弯和弯道半径大比小好,特别是对绕进山凹或绕过山包的要加大弯道半径,展线地段要把路线拉开,避免上、下线重叠,不要使数组回头弯集中在同一山坡上。回头弯和弯道宜采用高填方,并将上、下线之间的"孤岛"削平,以便全部敞开。另外,在穿越与风向垂直、雪害极为严重但里程不太长的高山垭口时,可选用隧道形式通过。

2.雪崩地段公路选线

(1)根据相关要求,要先在大比例尺地貌图或航空遥感图片、卫星照片上试选几个方案,再根据初步确定的方案前往实地进行调查考察。在此基础上最后确定测设方案。同时,要注意广泛征求路线沿线地方群众、领导机关和有关科研、生产部门的意见,特别是专门研究单位的意见,甚至请他们给予多种形式的帮助。

(2)路线调查工作最好安排在积雪后期、融雪前期这段时间内进行,以便能深入积雪境地,领略其景致,观察其厚度和一般分布状况、特征以及雪崩等特点,方能将路线布设在较为合适的地理位置上。在融雪后再对重点地段进行详细补充调查,以验证既定方案,只有这样才能依据第一手资料来确定经济、合理的方案。边施工边选择路线的做法违背科学,必须纠正。

(3)一般越岭线以垭口通过为宜。因为高程低、积雪晚、融雪早,受雪害的时间相对来说就比高处要短一些。

(4)因地制宜,充分利用有利的地形条件。首先,在一般情况下,山地阳坡比阴坡要好得多。阴坡一般在雪崩分布地区,树多草木茂密,荫郁潮湿,坡面或沟槽雪崩相对较轻,但日照时间短、积雪深厚、历时较长、地下水丰富,容易形成泥石流及延流冰,且路面泥泞,对路基及路面的影响很大,养护工作量也大。而阳坡草多坡陡,雪崩虽然繁多,但规模小、易清理,且日照时间长,积雪薄、易于融化,地表相对干燥,故宜选择阳坡。但也不可绝对化,在综合比较的基础上,因地制宜,选择有利地形。其次,开阔谷地比狭窄谷地为好,谷地外缘比山麓坡角好,谷地内地形变化微弱比变化剧烈、起伏突出好。第三,山脊线比山腰线好。

(5)路线的布设。在沟槽雪崩的堆积区,往往有醉林、雪崩垄等现象可供参考。路线要远离雪崩的运动区和堆积区。回头弯要少设,采用单线升坡。回头弯确不可避免时,应尽量布设在雪崩区外的地段内,切忌路线不可多次经过同一雪崩区,否则会增大雪崩对路线的威胁。雪崩严重的高山垭口,可考虑采用隧道通过。由于背风山坡雪害往往重于迎风山坡,故应争取在迎风山坡多设线,而在背风山坡少设线,更要避免在背风山坡处盘绕。沿溪线应多利用台地(阶地),临河处适当增加些防护,以争取路线远离坡脚,并利用靠山坡一侧取土作填方。积雪地区可增加一些土石工程,使路基较一般规定宽些,靠山一侧就可成为人工储雪场,这样即使积雪占去部分路基,车辆还可通过。

(6)提高路基。在稳定积雪地区,路基要采用路堤形式,其高度应超过积雪最大深度。施工时宜在山坡上侧取土以提高上方路基相对高度。

(7)加宽路基。挖方处应多做半填半挖形式的断面,避免深胡同,在挖方处如路基外侧剩余台地低浅,则宜予以全部挖除。如挖方较长,则应在短距离内留一缺口,以利清除积雪。有利条件时也可将路线外移,或提高路基高程以减少深胡同。在视距不良地段如没有视距台,宜将这种台阶全部挖除,既有助于开阔视野,又可供作储雪场地。在严重积雪地段,路基宽度宜增加 0.5~1m,路拱不宜大于 2%,弯道超高横坡大于 4%。加宽路基后,路面相应加宽,同时要加固路肩。

(8)在回头弯处,由于扰流作用,往往容易堆雪,宜加大半径,路基中间所留的突出体亦应挖掉或将挖方拓宽,以减少扰流影响。位于平地或下坡长直线段尽头的平曲线,应采用不设超高的平曲线半径,同时要采用大半径的竖曲线。

(9)雪崩严重地区采用隧道、明洞或栅洞等形式的设计(即防雪崩走廊),虽然一次性投资较高,但是一劳永逸防治效果最佳。

(10)注意排水设计。在山坡长、面积大的地段,边沟泄水不足,宜在此坡面增设截水沟。在有明显沟谷处,见沟设涵,而且宜设计箱形涵,使水流特别是冰流及时排出,以保证路基稳定。

第三节　风吹雪地区路基设计

我国地域辽阔,季节性积雪和永久性积雪分布广泛,雪害发生也较频繁。东北、西北与西南的一些地区,在冬春季节常因风雪流形成雪阻,严重影响当地交通运输、工矿建设与农牧业生产。

在风雪流地区,如何最大限度地预防雪害,成为公路选线与路基设计中首先要考虑的问题。为此,在勘测设计时除应考虑该线路的政治经济意义、使用性质和标准、近期及远期的关系外,还要研究沿线的风、雪等气象水文和地质地貌资料,特别是风雪流运行、堆积规律。

一、一般积雪地区路基设计

风吹雪地区公路路基分填方路基、挖方路基、半填半挖路基三种类型,由行车道、路肩、边坡(其中挖方边坡还应设储雪场)组成。风吹雪地区公路路基断面应具有良好的气流附体运动条件的流线型边坡或缓边坡。

1. 路基断面形式

(1)路基断面宜采用路堤形式,不宜采用路堑形式,同时应避免高路堤和深路堑相连接。

当必须采用路堑形式时,其深度宜小于2m或大于6m。

(2)在雪害中、重度区,高速公路和一级公路路基横断面宜采用分离式路基。采用整体式路基时,中央分隔带应与路面平齐,且不宜种植植物。

(3)路堤边坡坡率宜为1:2~1:5;路堑边坡坡率宜为1:2~1:4,并应在路堑边坡底增设积雪平台,平台宽度应不小于4m。

(4)路拱横坡不宜大于2%,弯道的超高横坡不宜大于4%,护栏宜采用缆索式护栏。

(5)在必须设置回头曲线的路段宜采用高填方,否则应将上下线之间的"孤岛"削平,使弯道全部敞开。

2. 填方路基

(1)路堤应尽量多做路堤高程设计,在平坦开阔地区,不易形成雪害的路基最小高度 H 按式(5-17-1)计算。

$$H = H_C + \Delta H \tag{5-17-1}$$

式中:H——不易形成雪害的路基最小高度(m);

H_C——当地最大降雪厚度(m);

ΔH——安全值,其取值范围见表5-17-2,积雪期长应取较大值(m)。

不易形成雪害的路基高度安全值取值表 表5-17-2

雪害程度	公路等级	ΔH(m)
雪害轻度区	各等级公路	0.5~0.7
雪害中度区	高速公路、一级公路	1.0~1.5
	其他等级公路	0.7~1.0
雪害重度区	高速公路、一级公路	1.5~2.0
	其他等级公路	1.0~1.5

(2)边坡设为利于风雪通过的缓边坡,根据不同路基高度参照表5-17-3执行。

风吹雪地区公路路堤边坡坡度推荐值 表5-17-3

路基高度(m)	山区风吹雪路段	平原风吹雪路段
$H \leq 1.0$	1:3	1:4
$1.0 \leq h \leq 3$	1:3	1:3
$3.0 \leq h \leq 6$	1:1.5	1:2
$H \geq 6$	1:1.5	1:1.5

(3)路堤迎风面的边坡应尽量放缓,沿主导风向的边坡坡度等于或缓于1:4。风雪流路段的路线纵坡在迎风路段不应大于7%;弯道设超高路段合成纵坡不得大于8%;背风路段不大于5%。雪害严重地段的路基工程,可采用敞开式路基横断面并加宽路基。山坡上的路堑,可根据积雪量的大小,采用整修内侧山坡或设置储雪场等措施。高速公路、一级公路的中央分隔带宜与路面平齐相接,并要有利于风雪流顺滑通过。

3. 挖方路基

(1)路线走向与主导风向平行或锐角相交的路堑,由于拉沟风作用积雪较少,一般路堑越深拉沟风越大。但这种路堑长度以不大于200m为宜。

(2) 路线走向与主导风向垂直或呈 45°~90°相交的路堑,由于运动气流突然遇到下凹的路堑,气流断面扩大,风速骤减,从而造成路堑积雪。要使这类路堑少积雪,应采取放缓外坡方法予以处理。

(3) 路堑边坡,根据不同情况参照表 5-17-4 执行。

风吹雪公路路堑边坡坡度推荐值　　　　　表 5-17-4

路堑深度(m)	山区风吹雪路段	平原风吹雪路段
$h \leqslant 0.5$	1:4	1:5
$0.5 \leqslant h \leqslant 2$	1:3	1:4
$2 \leqslant h \leqslant 6$	1:2	1:3
$h \geqslant 6$	1:1.5	1:2

4. 半填半挖路基

(1) 路线走向与主导风向平行或锐角相交的半填半挖路基,应采取加宽挖方侧路基宽度大于 2m 的方式,解决顺路而来的绕流风吹雪的危害。

(2) 路线走向与主导风向垂直或呈 45°~90°相交的半填半挖路基,受迎风吹蚀和背风堆积雪的危害,以采取放缓上下边坡方法予以处理。

二、特殊地段路基设计

在风雪地区,正确合理的选线将起到回避或大量减轻积雪的作用。而公路是否产生风雪流危害,却主要取决于路基横断面形式的规格。因此,需在路基横断面设计上下功夫。在野外观测、风洞模拟和工程实验收到成效的基础上,提出以下方法和规格。

1. 修筑路堤放缓边坡

修筑路堤放缓边坡,这是开阔平坦地区预防风雪流危害的有效方法。山区只要条件许可,也应尽量采用。其规格为:

①路线走向与风向近垂直的路堤:路堤高度大于当地最大积雪深度 0.6m、小于 15.0m。路堤边坡可采用 1:1.5~1:3。

②路线走向与风向近平行的路堤:路堤高度大于当地最大积雪深度 0.8m,路基边坡 1:1.5~1:4。路线纵坡,迎风路不大于 7%,背风路不大于 5%。

2. 上、下风面较缓地段设计敞开式路基

1) 迎风半路堑

(1) 路线走向与风向近于垂直:路基上风面边坡 1:1.5,下风面边坡 1:2,下风面边沟深度 h 大于当地最大积雪深度 0.8m,边沟口的宽度大于 7.2m,下风面山坡坡度(自路基内侧坡脚量其仰角)小于 1:7(图 5-17-1)。

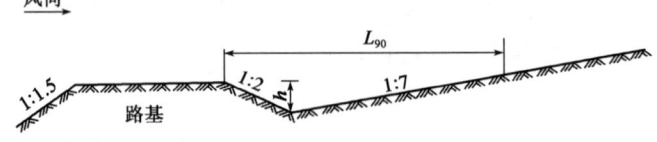

图 5-17-1　迎风半路堑不易积雪路基设计示意图

设当地最大积雪深度为 $Z(\mathrm{m})$，则边沟口宽 L_{90} 与 Z 的关系为：

$$L_{90} = 7.2 + 9Z \tag{5-17-2}$$

(2) 路线走向与风向不垂直：当风向与路线走向夹角大于 75° 时，按 90° 时的规格设计。

当路线走向与风向夹角 γ 为 0°~75° 时，边沟口宽 L_{γ} 可用下式计算：

$$L_{\gamma} = L_{90}\sin(\gamma + 15°) \tag{5-17-3}$$

下风面山坡坡度的量测应沿风向进行，其他均同垂直时一样。

2) 背风半路堑

(1) 路线走向与风向近于垂直：路基上风面边坡 1:2，下风面边坡 1:1.5，上风面边沟深度 h 大于当地最大积雪深度 1m，边沟口宽度大于 13.2m，上风面山坡坡度（自路基内侧坡脚量其仰角）小于 1:9（图 5-17-2）。

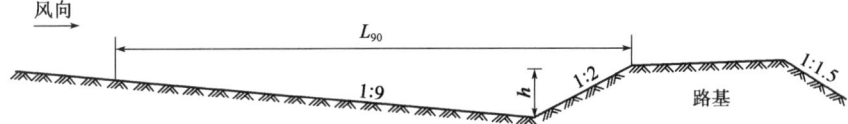

图 5-17-2　背风半路堑不易积雪路基设计示意图

设当地最大积雪深度为 $Z(\mathrm{m})$，则边沟口宽 L_{90} 与 Z 有如下关系：

$$L_{90} = 13.2 + 11Z \tag{5-17-4}$$

(2) 路线走向与风向不垂直：当路线走向与风向夹角大于 75° 时，仍按 90° 时的规格设计。

当风向与路线走向夹角 γ 为 0°~75° 时，边沟口宽 L_{γ} 可用下式计算：

$$L_{\gamma} = L_{90}\sin(\gamma + 15°) \tag{5-17-5}$$

上风面山坡坡度的量测应沿风向进行，其他均同垂直时一样。

(3) 转弯绕流路段。

转弯背风与转弯迎风绕流路段不易积雪的路基，分别按背风半路堑、迎风半路堑规格设计。另外，也可设计通风道，即劈去转弯处内侧部分山坡。劈去的山坡宽度，应大于或等于积雪在路基上堆积的宽度。

(4) 路堑。

路堑不易积雪的路基断面设计，可按背风半路堑规格在上风面进行。

3. 上、下风面较陡地段设计储雪场等

分析背风半路堑、转弯背风绕流路段和路堑积雪过程可知，当上风面边坡临界储雪大于该地段移雪量时，路面无风雪流危害，反之则产生雪阻。与上述路基形式临界储雪量（m^3/m）的计算方法基本相同，现以路堑为例（图 5-17-3）来说明。

当路堑深度为 $h(\mathrm{m})$，上风面边坡坡度为 β_1（°），边坡坡脚到路基边缘的距离为 2~5m 时，每米长度内的边坡临界储雪量为：

$$Q_{临} = \frac{h^2}{2\tan\beta_1}\left(1 - \frac{\tan 9°}{\tan\beta_1}\right) \tag{5-17-6}$$

若上风面边坡坡脚到路基边缘的距离超过 5m

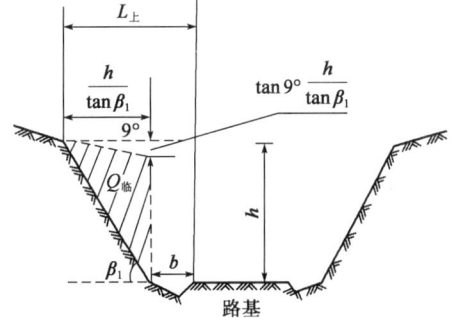

图 5-17-3　路堑边坡临界储雪量计算示意图

时,则改用下式计算：

$$Q_{临} = \frac{h\left(2L - 2b - \dfrac{h}{\tan\beta_1}\right) - (L_{上} - b)^2 \tan 9°}{2} \quad (5\text{-}17\text{-}7)$$

式中：$L_{上}$——上风面边坡顶到路基边缘的水平距离(m)；

b——保证宽度(m)，一般取 3~5m。

将上述计算结果与该地移雪量作比较,若小于移雪量,则根据差值挖去上风面部分山坡,形成不易积雪的路基断面。就多数情况而言,开挖储雪场又较修建敞开式路基节省工作量。

此外,也可因地制宜在路堑顶或背风半路堑上风面设计集雪沟预防雪害。其要求是,集雪沟的走向应与风向垂直,从沟中挖出的土石方堆在集雪沟上风面,采用沟墙结合的形式。集雪沟的条数、规格以及中空距离,视当地移雪量、地形情况而定。

集雪沟的设计方法是：集雪沟的走向应与风向垂直,集雪沟之间的距离取 5~10m。挖出的土石方应堆积在集雪沟上风侧。每条集雪沟的储雪量见图 5-17-4,可用下面的公式计算：

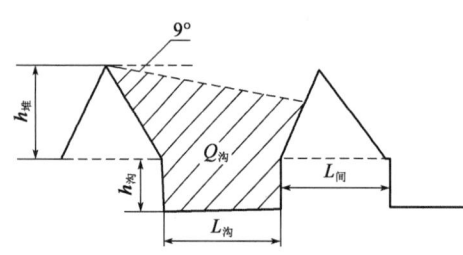

图 5-17-4　积雪沟储雪量计算示意图

$$Q_{沟} = L_{沟} h_{沟} + \frac{(2L_{沟} + L_{间})h_{堆} - (L_{沟} + L_{间})^2 \tan 9°}{2} \quad (5\text{-}17\text{-}8)$$

式中：$Q_{沟}$——集雪沟每米长度的储雪量(m^3/m)；

$L_{沟}$——集雪沟的宽度(m)；

$h_{沟}$——集雪沟的深度(m)；

$L_{间}$——集雪沟之间的间距(m)；

$h_{堆}$——集雪沟上风侧土石方堆积高度(m)。

集雪沟的条数 $N_{沟}$ 由移雪量 $Q_{移}$ 的大小和每条集雪沟的储雪量而定。若每条集雪沟的储雪量相同,则：

$$N_{沟} \geqslant \frac{Q_{移}}{Q_{沟}} \quad (5\text{-}17\text{-}9)$$

$N_{沟}$ 取刚好大于 $\dfrac{Q_{移}}{Q_{沟}}$ 的正整数。

最后一条集雪沟到路堑口的距离 $L_{沟\text{-}口}$(m)应为：

$$L_{沟\text{-}口} = 6.31 h_{堆} - L_{沟} \quad (5\text{-}17\text{-}10)$$

设计不易积雪的路基形式是一种较永久的防雪措施,凡适合的路段应尽量采用,但必须注意工程量和可能产生的其他病害,还需和其他防雪措施作经济效益比较。

三、风吹雪防治工程措施

1. 防雪林

防雪林是防止风吹雪较有效的设施。在气候、土壤、用地等条件适宜的情况下,应尽量采用。栽植防雪林对防风、防沙、绿化造林、调节气温、减除干旱以及保护农田都能起到重要作用。防雪林占地较多,当占用耕地时,应和当地政府协商,并结合防风、防沙、绿化的规划统一安排。

(1)防雪林带的类型和树种的选择及其布置

防雪林的类型和树种的选择及其布置,应根据当地积雪程度、土壤、气候条件及植物生长情况等自然因素决定。

①防雪林带类型:

以灌木-乔木-灌木混合组成的防雪林带,效果较好,如图5-17-5所示。但用乔木或灌木组成的单一树种的防雪林带占地较少,已被公路部门广泛采用,如图5-17-6所示。图中B为林带宽度,L为雪堤长度。

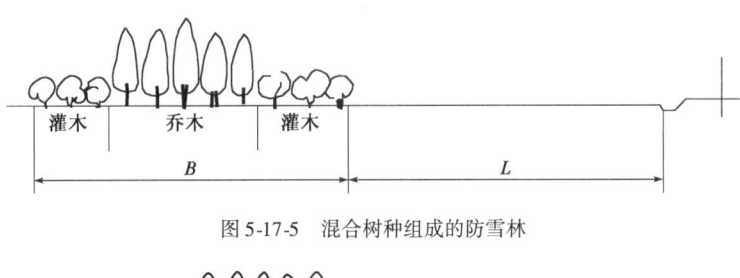

图5-17-5 混合树种组成的防雪林

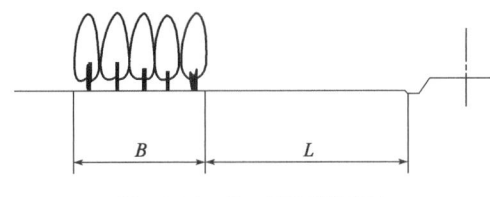

图5-17-6 单一树种的防雪林

②树种选择:

防雪林的树种选择,要因地制宜。但应以常绿针叶树为主,以阔叶树和灌木为辅。由于各地自然条件不同,植树的种类也各不相同,如东北地区常选用杨树、榆树、槐树和落叶松等栽植防雪林。

③林带布置:

防雪林的株、行间距应视树种情况而定,一般株距为0.5~1.0m,行距为1.0~1.5m左右。根据风力、雪源情况,有时可布置成多带的防雪林,如图5-17-7所示。多带防雪林能使风雪流的强度大幅度减弱,使雪堆积在林带之间的空地上,防雪效果较好。所以在风力强、雪量大的非耕作地区,可以考虑设置多带防雪林,如图5-17-7所示。

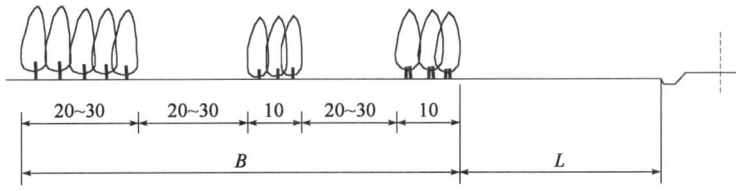

图5-17-7 多带防雪林(尺寸单位:m)

防雪林带应尽可能与冬季的主导风向垂直,并布置在路基的迎风一侧,当冬季风向多变时,在路基的两侧都应栽植防雪林。

(2)林带宽度和距路基边缘的距离

①林带宽度的确定:

防雪林带的宽度与当地冬季风雪流移雪数量有关也与树木的密度有关,在设计林带宽度时,应以积雪最严重一年的积雪数量为依据。树木稠密的,林带宽度可减小。

确定林带宽度 B 的经验公式如下:

$$B = K\sqrt{P} \tag{5-17-11}$$

式中:K——积雪系数,当为积雪量 $<100\text{m}^3/\text{m}$ 的公路时,$K=4$;当为积雪量 $100\sim200\text{m}^3/\text{m}$ 的公路时,$K=5$;当为积雪量 $>200\text{m}^3/\text{m}$ 的公路时,$K=6$;

P——每米公路的积雪量(m^3/m)。

积雪量是指风吹雪堆在林带中和林后的雪量,该值可参考冬季采用的防雪栅所堆积的雪量或者通过访问调查来确定。

防雪林可在路基的一侧或两侧种植,林带宽度不宜小于 50m,树种宜采用乔、灌木混合林型。防雪林宜采用多条林带,各林带间距宜为 20~50m,单条林带宽度宜为 20m。防雪林到路基坡脚的净距可按防护林高度的 10 倍设置,且不应小于 25m。

②林带到路基边缘的距离:

林带到路基边缘(路堑顶或路堤坡脚)距离的确定是一个很重要的问题。如距离过远,则不仅占地多,也起不到路基防雪作用;如距离过近,则反而会使风吹雪堆积到公路上,造成严重积雪。

林带到路基边缘的距离与当地的风力、积雪量及树木的高度和密度有关,一般采用防雪林高度的 10 倍。

2. 防雪栅栏

当风雪流通过防雪栅栏时,由于气流的通过断面减小,而以较高的速度通过防雪栅栏。在栅栏的前面出现局部减速区,并堆积少量积雪;大部分的雪则穿过防雪栅栏,堆积在栅栏后的减速区中(图 5-17-8)。

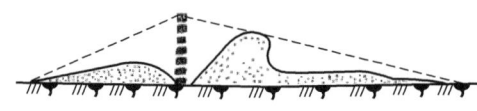

图 5-17-8 防雪栅栏阻雪过程

防雪栅栏附近的积雪形式和特点,主要取决于栅栏的高度和空格孔隙。同一高度的栅栏,空隙度不同,阻雪量也不同。空隙度 66% 的防雪栅栏阻雪量最大;空隙度为 50% 的栅栏减速效应最优,阻雪也良好,而且制作方便;空隙度为 30% 的栅栏阻雪量不及上述两种,但形成的雪堤堤坡较陡,且长度较短。

空隙度为 66% 或 50% 的防雪栅栏,适用于风吹雪较强、储雪场地较大的路段;20%~30% 空隙度的栅栏适用于风吹雪较弱、储雪场地较小的路段。

(1)固定式防雪栅栏

固定式防雪栅栏宜设在风雪流较小、持续时间久、风向变化不大的路段上。固定式防雪栅栏可用横、竖板条做成,详见图 5-17-9、图 5-17-10 及图 5-17-11 所示。

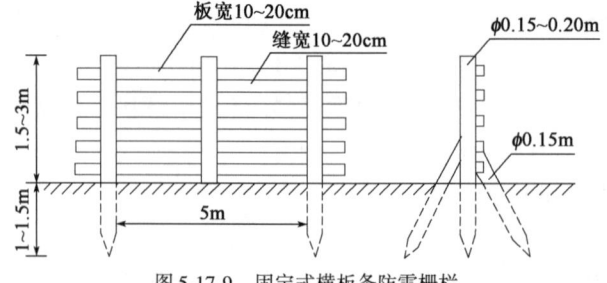

图 5-17-9 固定式横板条防雪栅栏

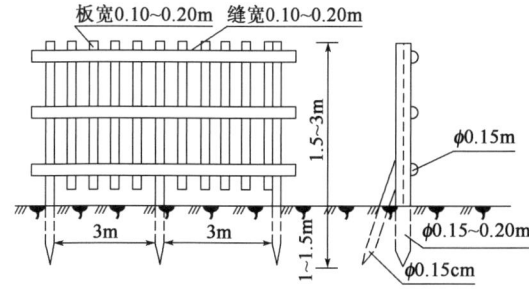

图 5-17-10　固定式竖板条防雪栅栏

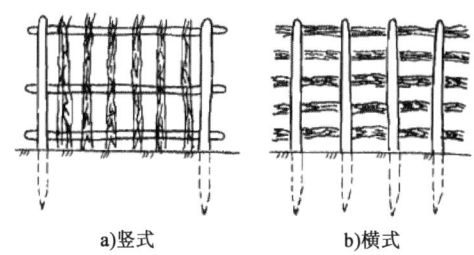

图 5-17-11　固定式树枝结构防雪栅栏

防雪栅栏的有效高度及到路基边缘的距离与风力和雪量的大小有关。防雪栅栏的有效高度一般采用 1.5～3.0m，最低不矮于 1.0m。栅栏离开路基边缘的距离可参考栅栏的风面雪堤的长度来确定，并酌加 5～10m 的安全距离。

在空隙度为 20%～70% 的情况下，防雪栅栏下风面的雪堤长度 L 可按中国科学院甘肃省冰川冻土沙漠研究所建议的公式计算：

$$L = \frac{980H}{109 - \alpha} \tag{5-17-12}$$

式中：H——栅栏高度（m）；

α——栅栏空隙度（%）。

当空隙度为 20%～30% 时，栅栏到路基边缘的距离也可采用下列经验公式确定：

$$L = (10 \sim 12)H \tag{5-17-13}$$

式中符号意义同前。

(2) 移动式防雪栅栏

移动式防雪栅栏宜设在风雪频繁、风向多变、风力较大的路段上。为移动方便，防雪栅栏可分段设置，各段间的距离可根据具体情况确定。移动式栅栏的高度一般应小于固定式栅栏的高度，通常可采用 1～2m。

根据实际使用情况，当栅栏背风侧的积雪高度达栅栏高度的 2/3 时，可将栅栏取下，改设在向着道路方向（或田野方向）的雪堆顶部。改设后当积雪高度达到栅栏高度的 3/4 时，再将栅栏取下按上述方法重新改设，如图 5-17-12 所示。栅栏移动次数须根据雪量和雪的堆积情况而定。

移动式防雪栅栏的初设距离，视栅栏孔隙度和将来向哪个方向移动而定，一般可采用 20～50m。

移动式防雪栅遇强风时容易失效，如不及时移动，则会被积雪掩埋。移动栅栏需要大量人工，因此在使用上受到一定的限制。

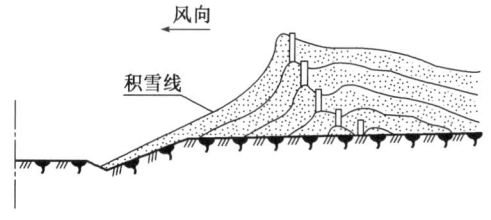

图 5-17-12　移动式栅栏向道路方向移动情况

防雪栅应布设在积雪路段的迎风一侧，并与冬季的主导风向垂直或接近垂直。

在风力强、雪量大且地形较开阔时，可以设置双排栅栏，其防雪效果更佳。双排栅栏间距视具体情况确定。

无论是固定式或移动式防雪栅栏，在春融季节都应拆除堆放，经检修后予以妥善保管，以便下一年冬季使用。

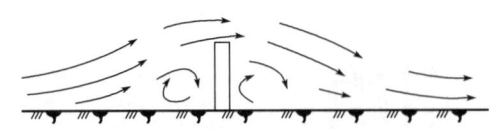

图 5-17-13 防雪堤附近的气流分布情况

3. 防雪堤(墙)

(1)防雪堤(墙)的阻雪作用

当风雪流遇到防雪堤(墙)时,在墙前、墙后都会产生涡流,形成减速区,如图 5-17-13 所示。

在这种情况下,风雪流首先在墙前的减速区形成积雪,当积雪高度等于墙高时,风雪流即越过防雪堤(墙),将全部雪体下落到墙后的减速区中,一直堆积到墙后的积雪也与墙的高度相同为止,如图 5-17-14 所示。

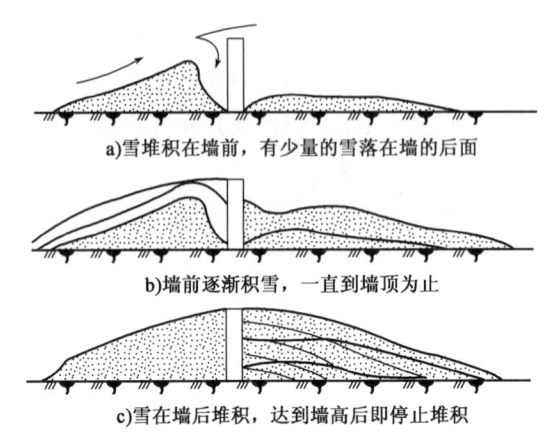

a)雪堆积在墙前,有少量的雪落在墙的后面

b)墙前逐渐积雪,一直到墙顶为止

c)雪在墙后堆积,达到墙高后即停止堆积

图 5-17-14 防雪堤附近雪的堆积过程

(2)适用条件

在积雪量较少或气候、土壤条件不宜植林及缺乏木材的情况下,可采用防雪堤(墙)。

(3)结构形式

修筑防雪堤(墙)应贯彻就地取材的原则,防雪堤可用土、石或雪筑成。用土筑成的防雪堤(墙)施工简单,比较经济。用雪块修筑防雪堤(墙)则更经济,效果也好,但每年都得重修,比较费工。

(4)堤(墙)的布设

堤(墙)的高度和离开路基边缘的距离,可根据风力和雪量结合当地具体情况确定(图 5-17-15)。堤(墙)的高度一般可采用 1.0~1.5m 并不低于 1.0m。堤(墙)离开路基边缘的距离,一般采用 20~30m,最小不应小于 10m,最

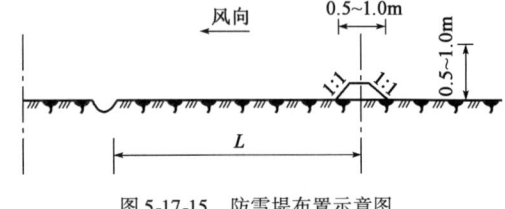

图 5-17-15 防雪堤布置示意图

远不超过 40m。在雪量较大时,也可设置多道防雪堤(墙),堤(墙)的间距可视具体情况而定。

4. 导风板

(1)导风板的构造和作用

①导风板是采用木板条拼装成的空隙度为 20% 或 30% 的板式结构,如图 5-17-16 所示。导风板的立柱可用木材、钢材或混凝土等。

②导风板可改变风雪流的速度和方向。当风雪流沿导风板下口风道通过时,由于风道断面减小、风速增大,即可将雪从路基上吹走。按这种原理设计的导风板称为下导风板,当路线

与主导风向的交角小于30°或迎风山坡坡度大于40°时,一般不宜采用下导风板,这时,可采用侧导风板。侧导风板能改变风雪流的方向,并使雪堆积在路基上风面的一定范围内。

(2) 下导风板

下导风板的形式有前倾式、后倾式、直立式和屋檐式等。

①前倾式下导风板:导风板的迎风面与水平面的夹角(倾角)如小于90°,称为前倾式下导风板,适用于背风山坡或山脚下的路基,如图5-17-17所示。

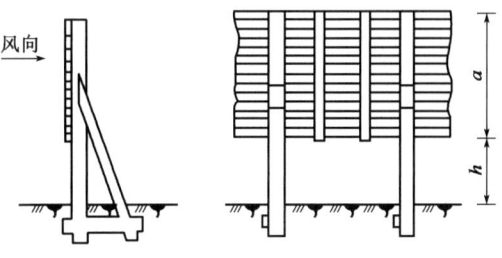

图5-17-16 直立式下风板构造示意图

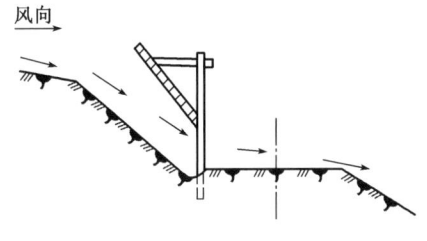

②后倾式下导风板:导风板的迎风筒与水平面的夹角大于90°,称为后倾式下导风板,适用于迎风山坡或山脚下的路基,如图5-17-18所示。

③直立式下导风板:导风板的迎风面和水平面垂直,称为直立式下导风板,多用于迎风山坡地段路基,如图5-17-19所示。

图5-17-17 前倾式下导风板

④屋檐式下导风板:适用于背风积雪的路基。屋檐式下导风板与前倾式类似,只是立柱不设在路肩上,而是设在内侧挖方边坡上,如图5-17-20所示。

下导风板常用的是直立式的。

(3) 侧导风板

在不宜采用下导风板的路段,可根据地形在路基上的风向,在一定距离处设置一排侧导风板。侧导风板的布置有一字形(图5-17-21)和羽毛形两种形式。羽毛形的布置又可分为封闭式和开放式两种,如图5-17-22及图5-17-23所示。

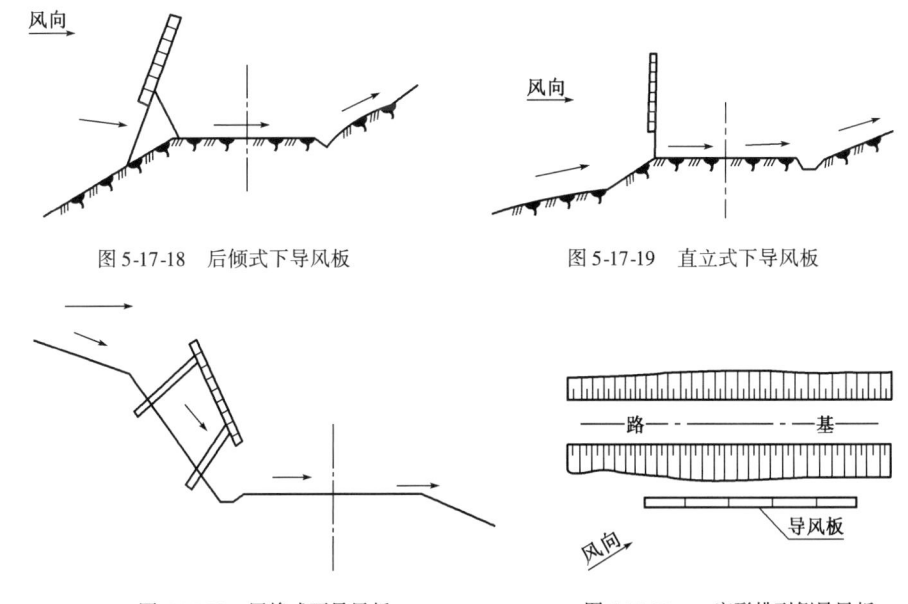

图5-17-18 后倾式下导风板　　　　图5-17-19 直立式下导风板

图5-17-20 屋檐式下导风板　　　　图5-17-21 一字形排列侧导风板

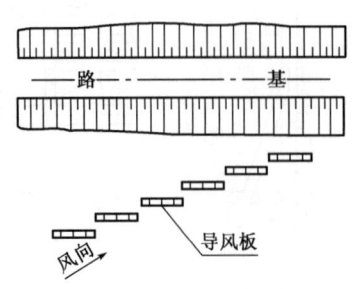
图 5-17-22　封闭式羽毛形侧导风板

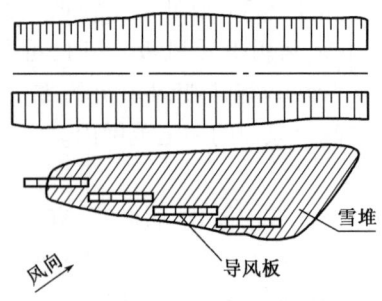
图 5-17-23　开放式羽毛形侧导风板

侧导风板一般均采用直立式的。侧导风板的排尾离路基的距离一般不小于15m,以防侧导风板尾部的积雪延伸到路基上。

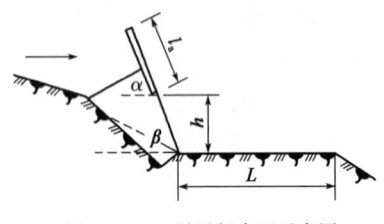
图 5-17-24　导风板布置示意图

(4)下导风板的吹刮宽度、板面长度及下口高度的确定(图 5-17-24)

①吹刮宽度:

吹刮宽度是指要求路基不产生积雪的宽度。一般可把路基宽度定为吹刮宽度。

如已有导风板设计方案,也可按经验公式[式(5-17-14)]计算吹刮宽度。

$$L = cl_a\sin(\alpha - 11°)\sin\gamma\cos\beta \tag{5-17-14}$$

式中:L——吹刮宽度(m);

　　　l_a——导风板长度(m);

　　　α——板面的倾角(°);

　　　γ——主导风向与路线的夹角(°);

　　　β——从路肩量起的山坡的平均坡度(°);

　　　c——与下导风板规格类型参数 η 有关的系数,可从图 5-17-25 查得,η 可按算式(5-17-15)计算。

$$\eta = \frac{h}{l_a\sin\alpha + h} \tag{5-17-15}$$

式中:h——下导风口高度(m)。

其他符号意义同前。

②导风板长度:

导风板长度以可按经验公式[式(5-17-16)]计算:

$$l_a = \frac{KL}{c\sin(\alpha - 11°)\sin\gamma\cos\beta} \tag{5-17-16}$$

式中:K——安全系数,一般采用1.2~1.5。

其他符号同前。

③下口高度:

下口高度可根据板长和板面倾角,从表5-17-5查得,也可用式(5-17-13)、式(5-17-14)和图5-17-25计算求得。

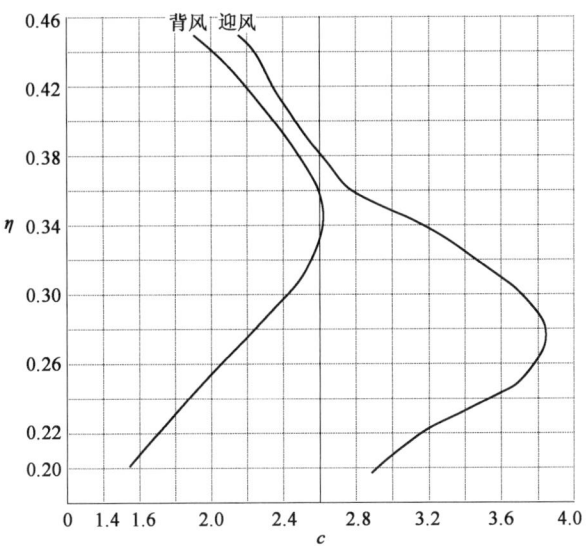

图5-17-25 系数c随下导风板规格类型参数η变化的关系曲线

l_a、h、α 参数表　　　　　　　　　表5-17-5

l_a(m)	背风山坡(°)					迎风山坡(°)				
	50 130	60 120	70 110	80 100	90	50 130	60 120	70 110	80 100	90
	h(m)									
2.0	0.98	1.11	1.20	1.26	1.28	0.98	1.11	1.20	1.26	1.28
2.5	1.10	1.24	1.35	1.41	1.43	1.04	1.18	1.28	1.34	1.36
3.0	1.22	1.37	1.49	1.56	1.59	1.11	1.26	1.36	1.43	1.45
3.5	1.33	1.50	1.63	1.71	1.73	1.17	1.32	1.44	1.51	1.53
4.0	1.43	1.62	1.75	1.84	1.89	1.23	1.39	1.51	1.58	1.60
4.5	1.56	1.76	1.91	2.00	2.03	1.30	1.46	1.59	1.61	1.69
5.0	1.67	1.89	2.05	2.15	2.18	1.35	1.53	1.66	1.74	1.77
5.5	1.77	2.00	2.18	2.28	2.32	1.41	1.60	1.73	1.82	1.84

第四节　雪崩防治工程设计

积雪对交通的危害最为突出。公路在积雪地区,尤其是山地陡坡地段,经常会碰到由于积雪、风吹雪、暴风雪和雪崩产生的危害。公路上积雪厚度超过30cm、长度达15m时,如对积雪不及时加以清除,轻者可形成雪滑,影响行车安全;重者还会造成雪阻,导致大段公路遭到雪埋,使行车中断;在暴风雪或雪崩情况下,还可能发生人畜伤亡和车辆、房屋被摧毁,通信、输电设施被破坏,河流阻塞,森林毁坏。总之,积雪造成的经济损失、社会损失是非常大的。例如,天山雪崩对新疆开发、繁荣天山南北经济就有极大的影响。天山公路冬季受雪崩作用,少则一个月、多则半年不能通车,中断交通历时很长。所以,如何预防雪崩就成为一个亟待解决的问题。

一、防治原则

(1)公路雪崩的防治应贯彻以预防为主、工程治理为辅的方针。同时,必须配备一定数量和力量的除雪机械,清除自然积雪和在治理工程失效或尚未设防地段发生的雪崩,实现山区冬季车辆通行安全。

(2)预防的重点应该是在路线方案的选择上多下功夫。即通过调查观察、综合分析与比较,把路线设在积雪薄、停留时间短的地理位置上,以期最大可能地消除隐患,然后在这个基础上对可能受雪崩威胁的局部地域再设置一些治理工程,方能收到好的效益。

(3)积雪地区路基断面几何形状的设计,处处都要有防雪害的观点,不必墨守成规,为片面追求土石方平衡而忽视雪崩的危害。往往需要增加一些土石方,方能减轻其威胁,这些工程量是必需的。

(4)治理措施要考虑山区特点,因此工程力求使用经济适用、便于维修、耐久的构造物。应先试验,后施工。当地经济条件许可时,尽量考虑设置经济有效的永久性工程。

二、雪崩计算

雪崩的治理不仅要有详细的雪崩制图和雪崩区划资料作为依据,而且要根据治理地区的自然地理特点,对雪崩工程治理的其他必须资料和计算提供科学依据。

(1)雪崩频率和设计最大雪深

在天山,雪崩一般都发生在人烟稀少的地区,没有系统的雪崩与气象记录可供使用。只能根据天山雪崩的基本特征(即雪崩多由于大量连续降雪而造成)。对气候条件基本相似地区的气象台站资料进行相关延长分析,将其作为天山山地公路治理的雪崩频率和设计最大雪深的依据。

我国学者袁建模等(1969年)根据对天山西部巩乃斯上游地区雪崩频率与最大雪深重现期的分析,提出采用 $H_{max三天}$ 作为雪崩频率的主要指标。因为新雪初降时密度很小,降落后,随着雪的密实化,雪深下降幅度很大,所以,积雪时间小于三天的新雪最大深度不宜作为统计值。R_{max} 和 $\sum R$ 作为辅助指标。$H_{max三天}$ 为连续稳定三天以上的最大雪深。R_{max} 为稳定积雪期内最大的一次连续性降水(雪)过程的降水(雪)量。$\sum R$ 为稳定积雪期内的降水(雪)总量。

采用这些指标的理由如下:

首先,山坡积雪深度急骤增加,是雪崩发生的最直接的因素。其次,稳定积雪期内的固体降水总量是影响雪崩的基本条件,而出现雪崩的诱发因素,则往往是叠加在这个基本条件上的峰值。即冬季某个时期的一次强天气过程中的连续性大量降水(雪)。

在进行频率分析中,采用一般水文气象的皮尔逊第三型曲线,使用适线法来绘制频率曲线图。

在设计雪崩治理工程时,必须有最大雪深的频率计算资料,如同水工建筑物设计一样,它是设计的基础。在天山山地,确定了该地区雪崩频率及其相应的 $H_{max三天}$ 值后,考虑到地形、坡向、风等自然地理条件的影响,将 $H_{max三天}$ 值提高15%,作为设计最大雪深。1966—1987年天山西部巩乃斯河1776m处的观测资料,已经证明上述对天山雪崩频率和设计最大雪深的计算方法与论证是符合实际的、正确的。

(2)雪崩运动速度的计算

除前面讲述了烟尘雪崩的运动速度的计算实例外,根据对天山西部地区的实际观测和验证,在治理工程的设计中采用下式较为适用。

$$S = 2.3\frac{a}{K^2}\lg\frac{a-Kv_0}{a-Kv} - \frac{v-v_0}{K} \qquad (5\text{-}17\text{-}17)$$

式中:S——坡度相同的雪崩运动路程(m);

v_0——路段首的雪崩运动速度(m/s);

v——路段末的雪崩运动速度(m/s);

K——与积雪区面积有关的经验系数;

a——雪崩运动加速度(m/s²),见式(5-17-18);

$$a = g(\sin\alpha - f\cos\alpha) \qquad (5\text{-}17\text{-}18)$$

式中:g——重力加速度(9.8m/s²);

α——路段平均坡度(°);

f——雪崩雪的摩擦系数。

计算方法有两种:

①试算法,即首先假设第一段的$v_0 = 0$,将假定v值代入式(5-17-16),如得到的S值与实际不符,则再改变v值,直到经过多次试算后得到与实际相符的S值为止。然后将第一段所得v值作为第二段的v_0,用同样办法得到第二段的v值。如此类推,至最后一段时,设$v = 0$,算出最后一段的S值。

②查诺模图(图5-17-26)。

该图由式(5-17-16)绘成,式中$a = 9.8(\sin\alpha - f\cos\alpha)$,当$K = 0.1$m/s时,$f = 0.3$。

则有$v_{最大} = \dfrac{d}{K}$。

查图说明:首先从雪崩沟槽地形图中量算出从雪崩裂点位置起雪崩运动路程,计算路段的斜坡坡度角。例如,雪崩运动路程$S = 300$m,坡度$\alpha = 40°$,雪崩初始运动速度为$v_0 = 20$m/s;那么,雪崩运动的末速度是多大?在图中查$v_0 = 20$m/s,$\alpha = 40°$之交点为A,然后连A点与$S = 300$m之交点为B,查v所对应之$\alpha = 40°$与AB连线之交点为C;从而求出C点所对应之$v = 35$m/s。

(3)雪崩冲击力计算

在设计雪崩治理工程时,必须考虑各类工程建筑物所受的雪崩冲击力。国外广泛应用弹簧式冲击力盒实测其力之大小。我国设计的冲击力盒可达200kN/m²以上。但是由于仪器的安装位置、雪崩概率的限制,至今实测资料不多,而且不同类型的雪崩冲击力与积雪的物理性质关系密切,因此,对这个现象认识还不够深入。目前,我国又采用自制山地动态监测系统进行工作。在工程设计中雪崩冲击力采用式(5-17-19):

$$P = \frac{\gamma v^2}{g}\sin^2\beta \qquad (5\text{-}17\text{-}19)$$

式中：P——雪崩冲击力（kN/cm^2）；
γ——雪的重度（kN/m^3）；
v——雪崩运动速度（m/s）；
g——重力加速度（$9.8m/s^2$）；
β——雪崩运动方向与建筑物表面的交角（°）。

则有 $V_{最大}=d/K$

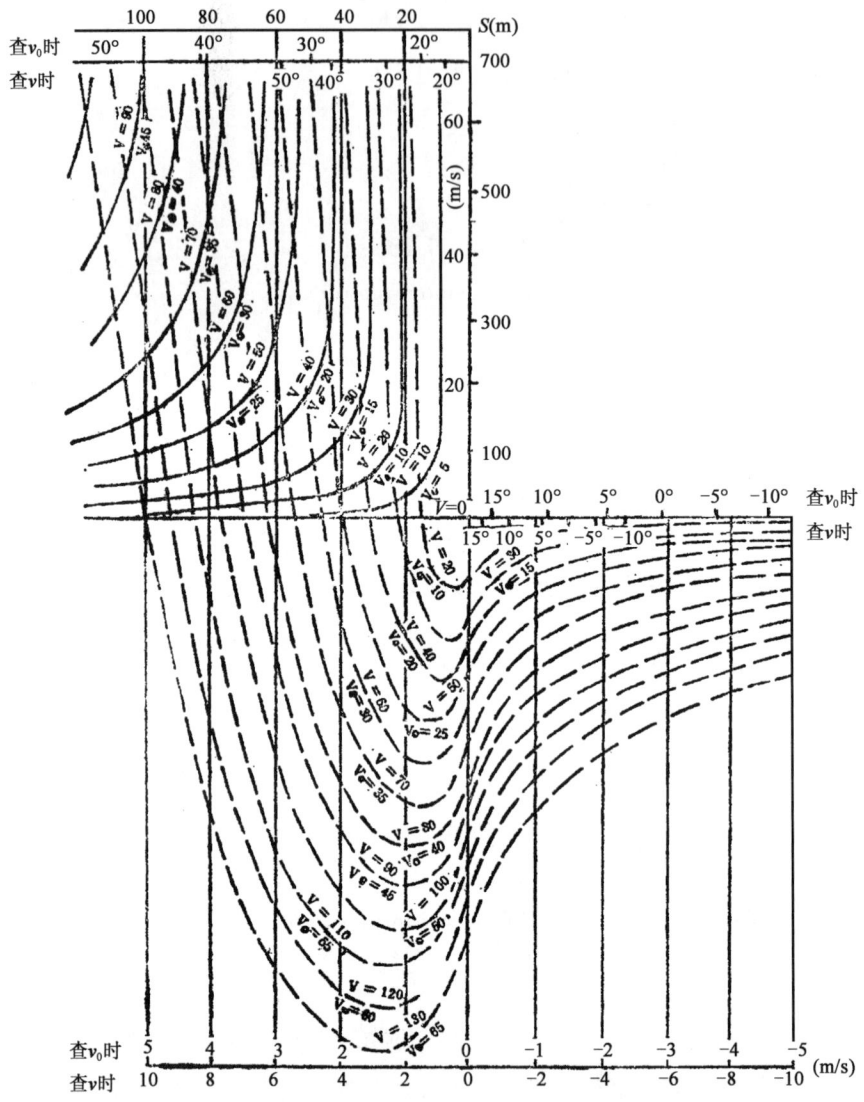

图 5-17-26　雪崩运动速度诺模图

用这个公式计算的结果一般偏高，也可采用经验公式（5-17-20）：

$$P = 0.33\left(1 + \sqrt{1 + \frac{400}{K\gamma v^2} - \frac{v^2}{200}}\right) \qquad (5\text{-}17\text{-}20)$$

式中：γ——雪的重度（kN/m^3）；

v——雪崩运动速度(m/s);
K——与雪密度有关的经验系数。

当 $0.15 \leq \gamma \leq 0.35$ 时, $K = 3.1 \sim 7.819$。

(4)天山公路雪崩最大崩塌量计算与防治案例

1978年设计并施工的雪崩治理工程(图5-17-27)为治理50年一遇大雪崩的工程。1980年2月,该地降雪达125cm,发生了历史上少见的大雪崩。该处因设治理工程,没有发生雪崩阻塞公路事故。雪崩的雪只运动到一号土丘上方,其动能就已耗尽。雪崩量约达7000m³以上,计算公式见式(5-17-21)。此案例的 K 值约为0.05。以前我国引用国外经验值 K 一概采用0.3,如此取值使工程量成倍增大、工程投资也相应增加。

$$Q_{max} = K \times \frac{\rho_1}{\rho_2} \cdot H \cdot S \quad (5\text{-}17\text{-}21)$$

式中:Q_{max}——最大可能雪崩的崩塌量(m^3);
ρ_1——山坡积雪的平均密度(g/cm^3);
ρ_2——雪崩雪的平均密度(g/cm^3);
H——最大积雪深度(m);
S——汇雪区面积(m^2);
K——经验系数。

对于 K 的选取,必须是建立在对所研究地区的自然地理条件、雪崩区地质基础、生态环境等十分熟悉的情况下,才能得到客观的结果。同时,通过工程实践的检验,最后确定该研究雪崩地区的 K 值范围。

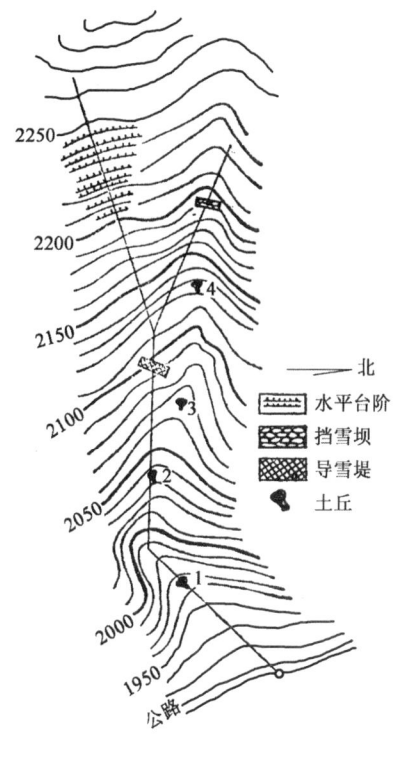

图5-17-27 雪崩综合治理工程(高程单位:m)

(5)积雪的力学强度指标

由于积雪的力学强度变化很大,它与气候、积雪状况密切相关,因此,在雪崩工程治理的设计和预报中,最好采用当地的试验指标,它可作为天山山地雪崩工程治理设计依据。实践已经证明,这些力学数据是可靠的。

三、防治工程类型与设计

中国天山山地雪崩治理工程分为稳、导、缓、阻四种主要类型。

1. 稳雪工程

这种工程设施,一般从雪崩沟槽顶端或山坡源头开始,沿等高线在相邻一定距离内逐级排列修建台阶或栅栏,分段撑托山坡积雪,改变积雪层的力学性质,将积雪稳定于山坡,不使其移动或滑动。同时,也可阻挡较短距离的坡面滑雪。它主要适用于相对高度较小、雪崩源头面积不大的雪崩区。属于这种工程类型的种类很多,包括稳雪墙、水平台阶、水平沟、地桩障、篱笆障、各种结构和材料的稳雪栅栏、防雪网、防雪桥和防雪塔等。在天山山地主要采用以下两种:

(1) 稳雪水平台阶。在一个山坡上挖成宽约 2m 左右、间距约为 10~20m 的多道式台阶,以改变山坡微地貌,增大积雪稳定性。由于积雪层的蠕变作用,使台阶上雪层加密,密度增大,提高了雪的内聚力,增长了山坡积雪的支撑作用,阻止山坡积雪下滑。它适用于山坡土层较厚、透水性好、植被更新快、不发生滑坡与泥石流的山坡上。坡面角度在 22°~32°,设在积雪较薄的地方,是一种经济、合理、有效的措施。

水平台阶的宽度取决于山坡上最大积雪深度和山坡坡度。在天山山地的实践证明,水平台阶的宽度约是当地最大积雪深度的一倍。

水平台阶之间的水平距离,可用下式求出:

$$L_h = \frac{Kb\sec\alpha \cdot \tau}{\gamma H_{max}(\sin\alpha - \cos\mu)} \tag{5-17-22}$$

式中:L_h——两水平台阶间的水平距离(m);

K——由于雪的蠕动,导致雪层有效断面减小的系数,一般用 0.5;

b——水平台阶的宽度(m);

τ——台阶上雪的抗剪强度(kN/m^2),一般可取 30~50kN/m^2;

γ——雪层的平均重度(kN/m^3);

H_{max}——山坡最大积雪深度(m);

α——山坡坡度角(°);

μ——山坡与积雪之间的摩擦系数,一般用 0.5。

(2) 稳雪栅栏是用钢筋混凝土或轻型钢轨作立柱,柱与柱之间用钢板网或木板联结起来的栅栏。其作用与台阶相似,适用于不宜设台阶的山坡,如坡面较陡、土层较薄、基岩裸露处的部位;立柱离地面高度在天山山地一般不超过 2m,柱间距离亦不宜大于 2m。两排栅栏之间的斜距按下式计算:

$$L = \frac{2\tan\alpha}{\tan\alpha - \tan\phi}H \tag{5-17-23}$$

式中:L——栅栏之间的斜距(m);

α——山坡坡度角(°);

H——露出地面部分之栅栏高度(m);

$\tan\phi$——雪层与地面之间的静摩擦系数。

为了降低工程造价,在有条件的地方,可与水平台阶交替混合配置。

栅栏单位有效面积上所受平行于山坡积雪的压力为:

$$P = \frac{\gamma \cdot H^2}{2}K_1 \cdot K_2 \sin 2\alpha \tag{5-17-24}$$

式中:P——栅栏单位面积上所受积雪的压力(kN/m^2);

γ——雪的重度(kN/m^3);

H——积雪深度(m);

K_1——雪的滑动系数;

K_2——雪的蠕动系数;

α——山坡坡度角(°)。

由于雪的沉陷引起的垂直于山坡的压力 P_1 为:

$$P_1 = P\frac{a}{K_1\tan\alpha} \tag{5-17-25}$$

新雪时 $a=0.6$，老雪时 $a=0.35$。

栅栏所受的总压力 R 为：

$$R = \sqrt{P^2 + P_1^2} \tag{5-17-26}$$

栅栏受力时分两种情况，如图 5-17-28 所示。

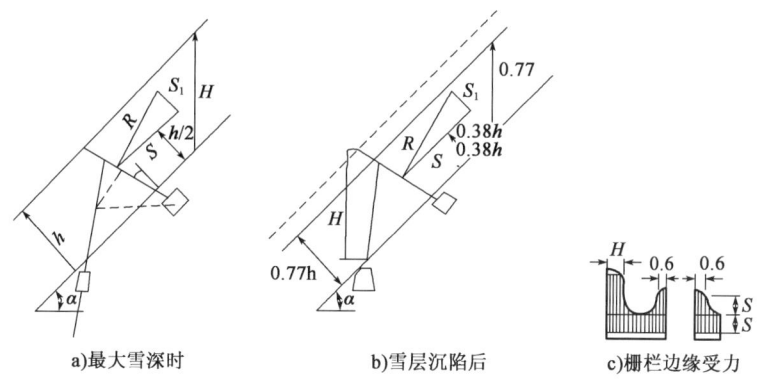

a) 最大雪深时　　b) 雪层沉陷后　　c) 栅栏边缘受力

图 5-17-28　栅栏受力计算图式

从图 5-17-28 中可以看出，当积雪深度达到最大值时雪的密度较小，力的作用重心正好在栅栏高度的二分之一处。但是几天后，由于雪的沉陷，雪面降低，力的作用重心也随之降低，在两列栅栏的边缘，由于山坡积雪的蠕动，受力为栅栏中部的两倍。影响长度为栅栏高度的 1/3。

2. 导雪工程

导雪工程是设在沟槽一侧、与雪崩运动主流线斜交（交角一般不大于 30°）的一种治理雪崩的措施。其作用是改变雪崩体的运动方向，将雪崩雪引导到预定的堆雪场地，使雪崩体不致直接危害公路通车，或防止雪崩体破坏房屋、电杆或电网设施等。

(1) 导雪堤是干砌片石或铅丝笼堆砌起来的构造物。设计时导雪堤的轴线方向应与雪崩主流线成锐角，交角不宜大于 30°，其长短和设置位置应视当地地形而定，堤高与雪崩量大小有关，天山山地所采用的导雪堤一般高度为 3~5m。导雪堤内侧陡直、平滑。在堆积物很厚、植被恢复快、坡度在 35°以下的地方，可设土堤。设计导雪堤时，应考虑最大堆雪量、雪崩运动速度、冲击力及修筑这种工程之后雪崩最大抛程等。修筑土堤时应从堤的内侧取土。导雪堤所受雪崩冲击力用下列公式求算：

$$P = \frac{\gamma v^2}{g}\sin 2\beta \tag{5-17-27}$$

式中：P——导雪堤单位面积上所受的雪崩冲击力(kN/m^2)；

γ——雪崩雪的重度(kN/cm^3)；

v——雪崩到达导雪堤的运动速度(m/s)；

β——雪崩流向与导雪堤的夹角(°)。

导雪堤所受的摩擦力为：

$$\tau = Pf \tag{5-17-28}$$

式中：τ——单位摩擦力(kN/m^2)；

　　P——导雪堤单位面积上所受的雪崩冲击力(kN/m^2)；

　　f——雪崩与导雪堤的摩擦系数。

天山山地的铅丝笼导雪堤应用效果最佳。

(2)破雪堤。在沟槽中央或堆积扇中央，形成人字形分流式破雪堤。主要是分解并减小雪崩体的向下滑动力，将雪崩雪分解，分别引导到它的两侧，以保护人工建筑物与各种工程设施的安全。

设计时应注意在破雪堤的顶部作特别加固措施，以防遭到雪崩冲毁。其结构可以为土石，也可为浆砌片石、钢筋混凝土或钢材等。其他设计要求与导雪堤相同。

(3)渡雪槽。渡雪槽是根据天山山地流山雪的实际设计的一种导雪工程。其目的是将山坡不断流动的雪粒从公路上空导向路线外侧；这类工程反映了天山雪害的另一种形式，也充分反映了天山干寒型积雪的特征。这为世界其他地区所罕见。

在天山修筑公路时，常在沿溪线段遇到峭壁，采取飞线设计，劈山凿壁施工。这种做法破坏了天然沟槽，导致依附这些沟槽活动的各种自然现象发生变化。流雪(或称流沙雪、流山雪、雪瀑布等)就是其中之一。由于自然沟槽被切断，沿沟槽在重力作用下，以滚动、滑动和流动形式运动的雪粒最后都不断堆积在公路上，严重阻塞交通。由于其运动性质完全不同于雪崩，所以采取渡雪槽的方法治理。

3. 阻挡工程

遮挡构造物用于大而陡，且雪崩发生极为频繁的沟槽或坡面雪崩。此处雪崩量大，出现次数多，用机械清除又有困难，将这类构造物遮盖于公路之上，使雪崩雪从其顶部经过而不致堆于公路上，但这类工程造价高昂，需要外购的材料多，施工费事耗时，故只有在其他工程措施难以奏效的地段使用。其类型有防雪崩走廊(栅洞)和明洞等。

防雪崩走廊在国外已经有几百年的使用历史，根据经验可知，这类工程是防雪崩最可靠的设施。目前，一般使用钢筋混凝土拱形、框架或悬臂结构和全钢材的防雪崩结构物。在我国成立初期，在川藏公路雀儿山建有木质结构的防雪栅洞。1980年天山公路修建有钢筋混凝土防雪崩走廊。走廊内净高和净宽等要求基本上和隧道相同。钢筋混凝土的走廊外侧立柱$60cm \times 60cm$，柱的间距为$3m$。立柱上有断面为$20cm \times 30cm$的横梁，覆盖着厚度为$18cm$、宽为$57cm$之槽形板。内侧为浆砌块、片石挡墙，基础放置于可靠的(坚实的)地基上，应特别注意防止吹雪进入走廊和走廊挡墙的排水设施内。走廊过长时要考虑采用通风、照明等措施。

防雪崩走廊顶盖上所受雪崩压力用下式计算：

$$P = \frac{\gamma v^2}{g}\sin 2\beta + \gamma H \tag{5-17-29}$$

式中：P——顶盖上单位面积所受雪崩的压力(kN/m^2)；

　　γ——雪崩雪的重度(kN/m^3)；

　　v——雪崩到达顶盖时的速度(m/s)；

　　β——顶盖与山坡之间的夹角(°)；

H——雪崩流的厚度(m)。

摩擦力τ为:
$$\tau = Pf \tag{5-17-30}$$

当顶盖上铺上碎石时,用下式计算雪崩的压力P:
$$P = H\gamma\left(\frac{v^2}{gR} + 1\right) \tag{5-17-31}$$

式中:H——雪崩流厚度(m);
  R——弧度半径(m)。

4. 缓阻工程

缓阻工程是设在雪崩运动区的一种工程,目的是分解雪崩体,当缓阻工程实施时,可使雪的块体互撞,以减缓雪崩速度,缩短雪崩抛程,消耗雪崩体能量。此外,还可以防止部分雪崩雪在缓阻工程的上方堆积,减少雪崩总能量。属于这类工程的有土丘、木楔和石楔。

(1)土丘是用当地土层堆筑而成的丘状土堆。土丘一般设在沟槽雪崩的主流线上,地面纵坡在22°~28°,沟谷较宽,平时无水流处,其有效高度应超过雪崩最大锋面高度。土丘在天山山地广泛应用效果明显。

最大雪崩锋面高度由下式计算:
$$h = \frac{SH}{bL} \tag{5-17-32}$$

式中:h——雪崩最大锋面高度(m);
  S——集雪区面积(m^2);
  H——最大积雪深度(m);
  b——沟槽宽度(m);
  L——雪崩运动路线长度(m)。

天山山地的土丘,一般高度为3~5m,极少数的土丘达到7m;土丘宽度为10~14m。

土丘的消能减速效应计算可采用下式:
$$\Delta v = v_0 f(\alpha_1 - \alpha_2) \tag{5-17-33}$$

式中:Δv——雪崩通过土丘后速度的变化值,即减少值(m/s);
  v_0——雪崩体到达土丘前方时的运动速度(m/s);
  f——天山山地雪的动摩擦系数,一般取0.3;
  $\alpha_1 - \alpha_2$——雪崩体通过土丘时方位角的变化值(以弧度表示)。

当土丘的内接顶角为100°时,($\alpha_1 - \alpha_2$)为0.87,每个土丘的Δv为0.26。

雪崩锋面通过土丘之后,由于土丘的消能减速作用,雪崩雪速度减缓。当土丘前方雪崩雪的速度v_0为0时,雪开始堆积,土丘的阻雪长度则为:
$$L = \frac{h}{\tan(\alpha - \varphi)} \tag{5-17-34}$$

因此,土丘的最大可能阻雪量由下式近似求得:

$$Q_{阻} = \frac{1}{3} \times \frac{hF}{\tan(\alpha - \varphi)} + Q' \tag{5-17-35}$$

式中：$Q_{阻}$——土丘的最大可能阻雪量（m^3）；

h——土丘的有效高度（m）；

F——土丘的有效截面面积（m^2）；

α——土丘所在地面坡度（°）；

φ——雪崩雪的自然静止角（天山山地一般为25°）；

Q'——土丘前方挖方量（m^3）。

当 $\alpha < \varphi$ 时，土丘的最大阻雪量可大幅增加，其值可用下式求得：

$$Q_{阻} = \left(\frac{F_1 + F_2}{2}\right)L + \frac{1}{8} \times \frac{h_2 F_2}{\tan(\alpha_2 - \varphi)} + Q' \tag{5-17-36}$$

式中：h_2——按 φ 延长至土丘所在坡段首的最大可能堆雪高度（m）；

F_1——土丘的有效截面面积（m^2）；

F_2——h_2 所对应的截面面积（m^2）；

L——土丘以上的坡段长度（m）；

α_2——土丘所在地段以上的坡度（°）。

雪崩最大可能崩塌量由式(5-17-36)求得后，对土丘的设计进行比较，以达到设计要求。

修筑土丘时，要在其上方取土，这样既可增加土丘有效高度，又可使此处形成消能坑，以降低雪崩雪的运动速度，还可以增加雪的储阻量。土丘使用时间的长短与施工质量有关，堆筑时要将地面草皮清除，挖成台阶后用土填筑，并分层夯实。在迎雪崩一面上，可采用双层干砌片石予以加固。土丘下部还可种植树木，以抵抗雪崩的冲击并防止冲蚀。

(2)石楔是用片石浆砌或方铅丝笼堆砌而成的三角形或梯形砌体。石楔多呈梅花形排列成砌体群。天山山地采用的石楔（或木楔）高度为 4~6m，楔体间的水平距离为其高度的 4 倍（即 16~24m），垂直距离为其高度的 6 倍（即 24~36m）。

每排楔的减速效果，按下式计算：

$$\Delta v = v_0 - v_1 = \frac{v_0}{2bh}Fn \tag{5-17-37}$$

式中：Δv——雪崩到达楔后时速度的减缓值（m/s）；

v_0——雪崩到达楔前时的速度（m/s）；

v_1——通过楔后的雪崩运动速度（m/s）；

b——沟槽宽度（m）；

h——楔的高度（m）；

F——楔的正面投影面积（m^2），当楔为三角形时，$F = dh/2$；

d——楔底的宽度（m）；

n——一排楔的个数。

每个楔所受冲击力计算公式如下：

$$N = \frac{\gamma v_0^2}{2g}F \tag{5-17-38}$$

式中:N——楔受的冲击力(kN/m^2);
  γ——雪崩雪的重度(kN/m^3);
  v_0——雪崩到达楔时的运动速度(m/s);
  F——楔的正面投影面积(m^2)。

楔两侧所受的摩擦力为:

$$\tau = Pf \tag{5-17-39}$$

式中:τ——楔所受的摩擦力(kN/m^2);
  P——楔面所受的正压力(kN/m^2);
  f——雪崩与楔之间的摩擦系数,取值为0.4。

四、综合治理

公路雪崩的治理除了上述工程措施外,还需要机械、生物和管理措施加以配合。采用工程、机械、生物和管理措施相结合的"四位一体"综合治理方针,方能收到较好的效果。关于天山山地公路雪崩的工程措施,前文已经比较详细地做了介绍,这里着重谈谈机械、生物措施和现代化管理问题。

1. 公路雪崩治理中的生物措施

森林和现代冰川是天山山地雪崩分布的标志。天山中山森林带的季节性雪崩的治理,依据该地带自然地理环境特征,采取工程治理与生物治理同时作业的方法。即在工程措施进行的同时,就考虑并采取植树或植草等具体措施。

具体做法是在水平台阶、稳雪栅栏地段植树。一般选用当地的树种,如天山花楸、忍冬、野蔷薇等灌木,阳树、桦树等乔木,它们对雪崩具有较好的阻挡、防护能力和适应性。在水平台阶和稳雪栅栏地段植树,一方面利用水平台阶、稳雪栅栏保护了其幼苗的生长发育;另一方面,苗壮成长的灌木保证了人工构筑物的牢固性和永久性。这种做法促进了局地生态环境的良性循环,稳定了山坡积雪,收到了双重效益。若在土丘、土堤上植草皮,也可增强其牢固性和永久性。同时在土丘旁植树,都可收到良好的效果。

2. 公路雪崩治理中的机械措施和管理科学化

天山山地每到冬季,地面积雪一般都在20~30cm,随着时间的推移,积雪不断增多,清除公路积雪成为山区公路养护的重要问题。根据我国工业的发展,冬季公路养护的机械在不断改善,目前已有扫雪机械可供冬季公路养护工程使用。天山公路近年又引进日本大功率的扫雪机,这些都为保障山区冬季公路畅通提供了助力。要充分发挥工程、生物、机械措施的保障能力,必须注意科学管理。

根据天山公路的冬季管理办法,将扫雪机械按组分配,划分包干地段,同时根据降雪实际情况,提出作业班组任务和时间安排,以确保交通。隆冬时节、降雪增加时应采取班组联合、机械编组作业、路面积雪一次扫清的办法,保障交通安全。同时,保证人、机、生活等所用材料的供应,改善工人的冬季居住条件、防寒设备及劳动保护条件。

采用科学管理还需要不断改善冬季的通信条件,使管理部门与作业班组信息畅通。随着山区建设,山区雪害工作加强,我国正在逐渐形成山区公路冬季科学化管理相关办法。

第十八章　涎流冰地段路基

第一节　概　　述

涎流冰是寒冷地区特殊自然环境的产物，它是客观存在的自然地质现象。在寒冷山区，经常遇到上面为透水层、中间为含水层、下面为不透水层(隔水层)的特殊水文构造。当气温降至0℃以下时，位于地表的透水层开始冻结。随着气温的持续下降，冻土层厚度增加，当冻结峰面与含水层上限重合时，即形成了含水层的不透水盖板。这时，不透水层盖板与隔水岩(土)层或多年冻土层构成了以含水层为核心的密闭水体。密闭水体中水的压力随温度下降而迅速升高，在其压力作用下，当不透水盖板薄弱处内部产生的应力超过其强度极限时，而后薄弱处发生开裂，水流涌出地面并结冰。由于水的压缩性极小，随着水的流出，含水层中的压力迅速释放，薄弱处重新开始冻结，又形成了密闭水体，而后薄弱处再次开裂，水流涌出再次结冰。如此反复，依含水层在最大冻深范围内的蓄水量不同而在薄弱处附近堆积成规模不同的冰体。同样，对于高压泉水，当其压力对应冻结温度低于当地气温时，也会在出水口附近形成冰体。这样的冰体在道路工程中称为涎流冰，而将形成涎流冰的水称为涎流水。

修筑在寒冷地区特别是在山区的公路，往往会遇到涎流冰的危害，影响交通，威胁行车安全。纬度和海拔较高地区，在寒冷气候条件下，地下水、泉水和冰雪融水、地表径流、河流等地面水漫溢到地面或冰面上，从下而上逐层冻结，在气温较低时，不断冻结，形成大面积的冰体，从而形成涎流冰。在多年冻土地区，由于冻结层上水承压，突破地表形成的冰体称为冰锥。它是寒冷地区一种特殊的地质、地貌现象，分布于多年冻土和季节冻土区。我国涎流冰现象主要分布在北方寒冷地区和南方高寒山区以及青藏高原，即黑龙江、辽宁、吉林、青海、西藏和川西高原、甘肃、内蒙古和新疆等地区。

涎流冰一般出现在冬季和初春，一般持续四、五个月。在冬季封冻前后，气温逐渐降低，涎流冰开始形成；随后气温继续下降，涎流水不断蔓延加厚并发展到高峰阶段，冬末春初气温回升，在日照及昼夜温差的影响下，涎流水在白天消融、夜间冻结，处于融冻交替阶段；到春季以后，气温逐渐升高，涎流冰开始融化并逐渐消失。

一、涎流冰的形成条件与类型

1. 形成条件

公路涎流冰的形成有特定的条件。其形成主要决定于水文地质构造、地下水、温度以及地形地貌等。公路涎流冰一般分布在山麓、沟口、河谷缓坡等地。

从特殊地质构造方面来看，在涎流冰带，土质由上往下依次为腐质土、碎石土(或砂砾)、碎石和岩石或多年冻土，概括起来，其地质剖面可归纳为由透水层、含水层及不透水层构成。

当在此处修筑路堑、半填半挖路基或边沟时,含水层经常遭到人为破坏而出现地下水露头,或使含水层发生其他局部扰动变化(包括含水层在路基附近冻深加大,或因修建道路而使含水层被压密、导水性下降),从而形成了一种人为的构造条件,为公路涎流冰的形成提供了充分的条件。其中,地下水出露情况下的扰动三层体即出露三层体,在各种形式的公路涎流冰中占据主导地位。

  涎流冰的形成与气候、地质、地貌及人类的活动有关,是土、水、温度共同作用的结果。地下水在冻结过程中,受到超压力的作用,突破地表,以自由状态流出地面形成漫流后冻结成冰。人为因素(开挖基础、路堑等)造成地下水露头,涌水后遇冷冻结成冰体。河面、河岸的冻结使河床过水断面缩小,冰下水流动受阻,产生超压,从而突破冰面,一层层冻结为积冰;地表径流在坡脚或冲积扇处,由于坡度变缓,水的流速降低成为漫流,在负温作用下冻结,形成涎流冰。

  地形与地貌以及地下水的补给对涎流冰的形成起着重要的作用。公路涎流冰多发地带一般都出现在山前斜地与山间洼地,且汇水面积较大。斜地与洼地有较厚的第四纪堆积物,透水性好,有利于渗入并形成丰富的地下水。

  形成涎流冰的地下水主要是浅层地下水,在多年冻土区称为冻结层上水,按埋藏条件划分属潜水。在涎流冰分布区,一般都存在十分丰富的浅层地下水,其含水层为残积层、残坡积层、坡洪积层以及冲积层,主要通过大气降水补给。地下水的汇水面积较大,径流条件较好,且埋藏浅,一般在0.2~1.5m,正处于季节冻结层的最大冻深范围内。当含水层由于开挖路堑或其他人工活动被揭露后,地下水渗流通道被切断,溢出地表。当流速比较慢、不能及时排到路基以外时,在冬季气温下降至零下时,溢出地表的液体水凝固成冰。随着温度持续为零下,冰体不断蔓延,直至横覆于公路表面,沿着路线的纵向坡度向低处延伸扩展,形成具有一定长度的公路涎流冰病害。发育的规模与夏秋季节大气降水的丰贫有直接的关系,秋季降水量越大,冬季涎流冰发育程度和伸展的规模也就越大。

  持续时间长达5个月以上的零下气温,为出露的地下水体并使之冻结提供了充足的条件,它是涎流冰形成的重要外部条件。零下气温的长短决定有效生成日数,即涎流冰的形成规模。随着冬季到来,气温迅速下降,在零下温度的作用下,地表上层由上向下逐渐向地层的深处冻结。含水层的厚度也随之减小,使无压的地下水出现承压状态。温度继续下降,冻结线也逐渐随之下移,水压力继续增大,迫使地下水不断从挖方边坡或地层的薄弱处溢出地表,随流随冻,结成的冰体逐渐增多。一般在每年的12月至次年2月,大气温度可下降至-40℃以下,此段时间是地层冻结深度最大和地下水动力特征变化最明显的时期,也是涎流冰发育的高潮时期。

2. 类型

(1)根据成因,涎流冰可划分为地下水涎流冰、地表水涎流冰以及混合涎流冰。泉水涎流冰属于地下水涎流冰;河谷涎流冰和湖岸涎流冰属地表水涎流冰。

(2)按所在地貌部位,可以划分为河床涎流冰、阶地涎流冰、冲积扇涎流冰、山坡涎流冰以及分水岭涎流冰。

(3)根据与地表面的相对位置,可以将涎流冰划分为地上和地下涎流冰、山坡涎流冰以及分水岭涎流冰。

(4)根据涎流冰的存在时间不同,可以划分为一年生(季节性)、过夏(即在某些个别年份内完全不融化)以及多年生的涎流冰。

(5)按涎流冰大小(形成规模)等可分为很小、小、中等、大、很大、巨大的六级涎流冰。此外,还可根据涎流冰形成的时间而划分为现代和古代(化石)的涎流冰。

公路工程中按其成因及地形地貌条件不同可分为两大类,一是山坡涎流冰,它是由山坡出露的地下水形成的涎流冰以及路基挖方边坡出露的地下潜水冻结形成的涎流冰。二是河谷涎流冰,它是沿沟谷漫流的泉水、溪水、地下水和融雪水形成的涎流冰以及沿河流浅滩或已冻结的河面上,由承压的或无压的河水形成的涎流冰。按水的来源情况可分为泉水涎流冰、潜水涎流冰和溪(沟)水涎流冰。

二、公路涎流冰的危害

涎流冰会导致路基冻胀、变形失稳、路面滑移、桥梁构造物冻胀变形等现象发生,对交通危害极大。当涎流冰发育区位于公路附近时,涎流冰水将会边溢出边冻结,大量积冰而漫上公路,公路上的涎流冰会造成行车道光滑、不平或形成冰坎、冰槽等,轻则阻塞交通,危及行车安全,严重影响公路的正常运营,重则极易出现翻车事故。

公路建成后,由于路基切断或拦截住了露头的地下水或地表水,使水不断积聚,冬季在零下气温的作用下冻结成冰体,形成涎流冰。随着季节的变化,气温回升、气候变暖,冰体逐渐融化。这种冻融的反复作用导致路基变形。路基拦截住了水流,水不断聚积,水流不断冻结。当聚积的涎流冰超过路面高度时,涎流冰便漫过路面。涎流冰冻融的反复作用又使路面松散、脱落,造成路面不均匀沉陷、翻浆、车辙搓板等病害。

若桥涵构造物附近有涎流冰,因水持续供给,水流不断冻结,当桥涵净空较低或跨径较小时,冰体堵塞桥涵,使之产生严重变形。当涎流冰完全充满桥涵构造物时,会引起桥涵结构胀裂,或挤压桥墩,使桥墩倾斜,毁坏桥涵构造物。涎流冰堵塞桥涵会阻碍融雪洪流在桥下顺畅通过,造成路基与桥涵的水毁。春暖冰融,涎流冰消融,水分向下渗入路基内,常常引起道路翻浆,路基出现不均匀沉陷、边坡滑坍等病害,导致一些黑色路面出现裂缝而破坏,影响正常交通。

涎流冰体侵袭路基表面,当路面上掩盖的冰体达到一定高度时,车辆无法行驶,交通中断。涎流冰体在冻结过程中,由于水源的不断供给,部分区域的冰体仅仅表面冻结,表层以下为水流或空隙,当车辆行驶到此处时,如果驾驶员不能准确辨明冰体冻结情况,就会致使车辆突然下跌,造成车辆损坏。

遭冰侵袭的路段,路面上常常形成大面积的冰层覆盖,使道路的纵向、横向附着系数急剧下降。当车在冰面上行驶时,极易打滑、不稳,甚至导致车辆下道,严重时造成车毁人亡的翻车事故。

涎流冰漫上路基后,其整治工作往往涉及路基结构的变动,工作量很大,需支付的工程费用也很大。涎流冰在公路上蔓延,常常日夜涌流不止,为保证公路正常运行,采取人工刨冰、撒炉渣等手段,而涌水量的大小决定冒严寒昼夜看护的养护员数量。维持交通又会致使养路员工的工作强度加大,冬季公路养护费用剧增。调查资料表明,我国大兴安岭地区公路、青藏公路、天山公路等许多干线公路都遭受涎流冰等不良水文地质现象的严重威胁。仅大兴安岭地区,每年用于排除、治理涎流冰所耗费用就需要上千万元。

第二节　设计原则与勘测要点

一、设计原则

在涎流冰地段的路基设计中,应注意对形成涎流冰的水源及涎流水规模的调查,查清涎流冰形成的原因及条件,本着"治冰实为治水,治水才是治本"的原则,提出绕避、跨越或拦截、疏导等防治措施,以消除涎流冰的危害。

在寒冷地区规划设计一条公路时,应多方调查,考虑可能危及公路使用的潜在涎流冰危害。涎流冰上路会造成较大的经济损失,后期处治工程费用很大。遗漏涎流冰路段和错误地采取涎流冰防治措施都是浪费。所以,应强调在设计周期内要进行详细的外调、准确地预测涎流冰出现的可能性与规模大小,经技术经济论证后,确定合理的处治措施及设计方案。

(1)在冰冻或高寒的涎流冰地区,路基应尽量设在干燥的阳坡上,并以路堤或浅路堑形式通过为宜。

(2)涎流冰地段的路基设计,应以预防为主、防治结合。当必须通过时,应选在地面和地层具有自然坡度的地势处,采取桥涵等跨越措施,以最短的距离将各类流水(冰)排出路基。

山坡涎流冰除设法将山坡水引离路基外,对规模较小的涎流冰,还可采用加宽、加深上边坡边沟,设置挡冰墙、聚冰坑或挡冰堤、聚冰沟等措施。当山坡地下水量较大时,可设置渗沟、暗沟等地下排水设施。聚冰沟或聚冰坑处应设净空较高的涵洞排除融冰水。

对河谷涎流冰,一般应提高路基,并采用跨径较大的桥涵,选择合适地点跨越,使路线布设在涎流冰危害较小的一侧,以免涎流冰溢上路面。

(3)确定处治方案时,路基工程区域内原有的自然排水,应保持畅通,尽量减少对路基工程的干扰破坏,尽量不切割含水层。当采取排、挡、截等防治措施进行处理时,保留原自然形成的疏水系统的畅通,以满足上下游生态平衡的要求。

(4)设计涎流冰处治工程设施时,应判明涎流冰类型,有针对性地进行处治,既要技术上可行,又要经济适用合理。各种涎流冰工程设施的使用寿命,应根据道路等级和路基使用年限进行确定。选用的各类设施的结构形式,应便于后期养护和管理。

二、勘测要点

路基通过涎流冰地段,应对当地地形、地质、气象、涎流冰的水源、类型及规模、危害情况及当地防治经验等进行调查,并经技术经济论证后确定合理的处治措施。

所需资料可经有关部门实地观测或由涎流冰形成期间实地调查所得,其主要内容应包括:水源类型、流量;土质类型及各类土质厚度;冻融周期和深度;确定涎流冰类型、规模大小及与可选线方案的关系。对河谷涎流冰还应调查汇水面积、水位、流量等资料。

涎流冰地区的路基设计必须以防为主、防治结合。在新建和改建公路时,应全面进行地质和水文地质调查,选线中应注意避让涎流冰严重的地段。当必须通过涎流冰地段时,首先应考虑采用桥涵跨越、路堤或浅路堑断面,尽量不切割含水层;如不能避开涎流冰地段,应采取排、挡、截等综合防治措施进行治理。

在1:500~1:2000公路平面图和相应纵断面图上标出主要处治设施的布局,表明排水情况和说明可能达到的排泄能力。相应纵断面图上标出主要处治设施的布局,表明排水情况和说明可能达到的排泄能力,按照规范要求,设计路基高度、桥涵孔径、净空,除满足设计洪水频率之外,还应不低于历年最高涎流冰冰位高度与壅冰高度之和并考虑增加0.5m的安全高度。对有春洪要求的地段,需按融冰水洪峰水位进行验算。

三、资料要求

(1)收集当地气象资料,包括气温、降水、蒸发、冻深、冻结起讫时间以及涎流冰冻融交替时期的日照、昼夜温差等情况。

(2)调查涎流冰水源的类型、成因、位置以及涎流冰发展时期的水温、流量等资料。

(3)调查涎流冰出现的地点、积冰范围、冰位及冰厚、积冰起讫时间,发展阶段及冻融交替阶段的特点。

(4)对河谷涎流冰还应调查收集汇水面积、最大洪水位、洪水流量以及融量洪峰的流量等资料。

(5)调查涎流冰对公路的危害情况,当地防治的措施。

(6)收集设计防治措施所需图件,包括平面图、断面图以及必要的地质断面图。

(7)工程竣工时对防治效果应进行评定,确保达到预期工程的防治效果。

(8)建立涎流冰档案,实行治理措施后期评价。档案主要内容应有路线名称、地点、病害原因、治理方案、实施措施、竣工图表、观察记录、使用效果等。

(9)明确针对涎流冰的外业调查时间。因为许多路段在设计前的水文地质调查一般在夏季,容易出现疏漏,无法发现涎流冰的存在和其即将出现的迹象。对可能发生的涎流冰地段,外调放在冰冻季节较为适宜,如冬季和初春季节,这时可直接观察到工程沿线周围涎流冰的形成情况。对涎流冰区域的拟挖方路段需进行更详细的水文地质调查。

涎流冰发育的典型路段需进行详细的水文地质勘察,查清涎流冰的成因及形成条件。

四、选线原则、路基设计原则

公路工程中,按涎流冰的成因及其地形地貌条件不同可分为两大类,即山坡涎流冰和河谷涎流冰。山坡涎流冰由山坡或路基挖方边坡出露的地下水冻结形成。河谷涎流冰则由沿沟谷漫流的泉水和冰雪融水冻结形成。涎流冰要重点调查各种水源在寒冷季节形成的冰流量、流动范围及涎流冰类型。调查中还应吸取当地防治经验,以便选择合理的线位和采取有效的防治措施,避免并降低涎流冰的危害。

(1)路线经过冰冻或高寒山区的山坡或沟槽洼地,当有地下水出露时,应查明冬季气温降至零度以下时,水沿地表流动冻结形成涎流冰的可能和冰融交替的特点,确定涎流冰类型。测设中应首先考虑:

①绕避。在设计过程中,只要技术上可行、经济上合理,应尽量绕避涎流冰地带,否则就必须对其进行防治。

②采取路堤形式通过,使涎流冰不溢上路面,以减少防治工程。

③提高桥涵净空或加深沟槽,防止涎流冰堵塞桥涵。

④采用排除地下水或防冰措施,并与桥涵等构造物配合使用。设计时采用的防治措施在施工过程中应进一步调整、完善。

(2)尽量多填方少挖方。

这是高寒地区公路勘察设计的经验总结,避免因施工挖方切断地下含水层而形成涎流冰。挖方部分适当加宽是防治路堑涎流冰的有效方法,加大挖方一方面便于布设阻冰措施,另一方面改善了路堑通风、光照条件。

(3)提高路基。

提高路基高度、选用水稳性比较好的碎砾石土填筑路基是防止涎流冰上路的一种简便易行、比较经济也较为有效的措施,适用于聚冰量不太大的涎流冰的防治。路基高度一般至少保证高于涎流冰最高时的顶面高度 0.5m,同时筑路材料应选用水稳性比较好的碎砾石土,以防止冰体融化后因毛细管作用浸湿路基。提高路基不仅避免了涎流冰上路,也增强了路基抵抗破坏的能力。

(4)水是涎流冰的来源,涎流冰地段路基的设计关键在于治水与防冰,通过设置桥涵等调整构造物,使水流顺利通过路基或改变水流方向,以根治或减轻涎流冰对公路的危害。同时注意保护自然形成的疏水系统,减少对环境及周围生态的破坏。

(5)对于距公路一定范围内山坡上的泉水形成的涎流冰,由于泉水长年不断,形成涎流冰的量也就较大,一般用截、导、渗的方法治理。先要确定水的发源地,找出泉眼位置,如果是单个泉眼,可做保温渗沟,排至路基的下方;如果是多个泉眼,须依地形将所有泉眼的水用截水沟或保温渗沟将水汇集到一个较大的渗池内,然后用保温渗沟或排水管排到路基的下方。渗水池的尺寸、保温渗沟的断面尺寸、填料粒径、保温层的厚度必须依据具体的水文地质条件和自然条件确定,各种设计参数的确定必须准确、可靠。

(6)潜水是地下水之一,大气降水和地表水可直接渗入补给潜水,使地下水在雨季上升、旱季下降、冬季降雪或初春冰雪融化时又上升。在多年冻土地区潜水表现为冻土层上水,分布于冻土层顶部的季节融化层中,它通过土壤的空隙或岩石裂隙及溶洞流露出地面,在下移过程中,水流通道由于气温下降而冻结、中断,迫使水露出地面不高就结冰。白天日照表层消融水下移较快,夜晚气温下降又冻结,水下移很慢或停止,使冰水层层漫流,形成涎流冰。

对属于地下水之一的潜水形成的涎流冰,由于它一般是大面积渗出,不像泉水涎流冰那么集中,并且随每年气温的变化,最初冻结时间的迟早、潜水量的大小也会变化,且在一定范围内变换位置出现,在干旱季节或夏季勘测时不易发现,所以需做认真调查访问。

平原微丘区的潜水涎流冰会形成宽而长的冰流,采用保温渗沟往往不起作用。对此应调查其水源,估计淤冰量,用横坡向挖截水明沟、截断潜水通路导其入沟的方法,将水流导入附近的桥涵或较低洼的地方。还可在截水沟下方做挡冰坝或设蓄冰池。若引入桥涵需充分考虑其孔径、净空是否满足春融季节排水及排淤冰的需要。

(7)山岭重丘区地形较陡,公路半填半挖路基较多,潜水一般都是从边坡土壤或岩裂隙中渗出上路形成涎流冰。山岭重丘区的公路涎流冰视土质不同,治理方法也不同。如潜水是从土质较差的黏性土、粉性土或细颗粒土中渗出,同时土壤呈饱和状态,往往涎流冰不是主要病害,而边坡滑坍、山体滑坡是主要病害,对此要采取排出地表和土壤中的各种水、增加土坡稳定性的措施。对于岩裂隙渗水产生的涎流冰,如果渗水量小,可加大加深边沟,如果渗水量较大,可用保温挡墙的形式处理。

(8)溪水主要来源于山坡上的融冰水、化雪水和泉水。当春融季节的山间融冰水、化雪水汇流到沟溪中,由于河槽已被淤冰占满,只能在其上漫流。高寒地区昼夜温差大,解冻周期长,白天的漫流夜晚冻结,逐层积累,淤满河道。对于溪(沟)水形成的涎流冰,当河槽较浅、路基较低、桥涵孔径较小、涵底坡度较缓、沟口有冲积堆时,涎流冰漫流就会上路。这种涎流冰要用挡(挡冰坝)、导(导冰坝)、蓄(蓄冰池)的方法治理。先检查桥涵净空是否满足冬季淤冰和春融淤冰高度要求,后从沟口一定位置起修筑导冰坝。如桥涵高程受限,可采用矮导冰坝,配合开挖河槽、蓄冰池、增设桥涵方法。

第三节 涎流冰防治工程设计

一、涎流冰工程设计的一般原则

涎流冰形成的原因和类型已经基本清楚,涎流冰的产生是由于水和严寒的气候共同造成的,治理涎流冰的实质就是治理地下水造成的危害。治理的措施可以归结为采用人工调治构造物、明疏、暗排、堵截、封闭、蓄汇等方法,这些措施都与排水、保温有关。防治涎流冰的措施有很多,有永久性的,也有临时性的;有综合性的,也有单一性的;有地面设施,也有地下设施。无论哪一种措施,都是从对水的治理着手,使水流顺利通过路基或改变水流方向,使地下水不接近路线,以根治或减轻涎流冰对公路的危害。

涎流冰治理措施的选用与该地区的地形、水文、地质条件有关,也和该路段的交通量有关。在治理方案的选择中,应依据具体的地形、地质即水文地质条件,在勘测设计时通过技术经济比较,可以采取绕避方式,也可以采取拦截方式或疏导方式。

二、涎流冰工程设计的分类治理措施

涎流冰的防治应因地制宜,统筹考虑,可采用提高路基、桥涵跨越、挡墙排导或聚冰坑聚集、地下排水等措施。

(一)提高路基

聚冰量不太大的涎流冰防治可采用提高路基的方式进行防治。路基高度一般至少保证高于涎流冰最高时的顶面高度 0.5m,同时筑路材料应选用水稳性比较好的碎砾石土等材料填筑。

(二)修建桥涵

在跨越河水流量较大而冬季有涎流冰的河谷时,可修建桥涵跨过涎流冰。

桥涵孔径和净空除按暴雨流量、大洪水流量进行设计外,还需以历年最高涎流冰冰位及融雪水洪峰水位进行验算,并考虑可能的壅冰高度。对河谷涎流冰,单纯加大桥涵孔径有时达不到预期的效果,为避免涎流冰堵塞桥孔、漫溢桥面,还必须增大桥涵净空,采用涵心换填透水性砂砾料等方法。涵洞与桥梁相比,在冬季易被积冰堵塞,在春季洞内积冰化冻缓慢,又易遭水毁。为保证水流通畅和防治河滩涎流冰,在进口附近可采用清理沟床或设置聚冰坑措施,还可采用加深和清理河道辅助措施。当用桥涵跨越涎流冰时,桥涵净空应满足历年最高涎流冰冰位加壅冰高度,再加 0.5m 安全高度。桥涵冬季容易积冰堵塞,春季化解缓慢,容易形成水毁。桥涵台身应选用现浇混凝土结构,以防涎流冰侵入构造物引发冻胀破坏。

设置桥涵时,还应遵循"早接远送"的原则,对桥涵上下游河道或沟谷进行疏导和岸坡防护,并做好与路基外侧涎流冰的排导沟衔接处理,保证路侧涎流冰能经桥涵得到及时疏排,防止涎流冰掩埋路基。

(三)地下排水措施

主要由集水渗池(或渗井)和排水暗管(保温渗沟或渗沟)两部分组成。必要时在暗管与渗池接头处可设置集水井兼作检查井;在出口处可设置保温措施或出口集水井。

集水渗井适于设在较集中的山坡地下水露头处;渗池适用于汇集分散的山坡下水。排水部分在产矿石地区可用渗沟,在不产砂石地区可用暗管。

渗池的位置应大致与公路平行，其接触水源的一面应与水流自由方向垂直，根据水流的方向可建成直线形或折线形。

渗井、渗池与暗管、渗沟在季节冻土地区均应埋设于冻结线以下的土层中。对于边坡上的地下水露头，水量较大、水温较高的，可在边坡上修建渗池或渗井，并设暗管排出水流，边坡还要用浆砌片石封闭。

暗管或渗沟出口应防止水流冻结和冲刷。暗管（渗沟）的最末一段纵坡要适当加大，以利排水；出水口应尽量设在较陡的坡地上或高出地面 0.5m 以上。在冻害严重地区出水口应采取保温措施，或开挖纵坡大于 10% 的排水沟，以防水流冻结。如果出水口受地形限制或在必要时可设出口集水井。有条件的地方也可利用竖井穿过不透水层将水导入下面的吸水层内。

在严寒地区，为防暗管出水口封冻、水不能排出，可在主出水口上方设置一至数个副出水口。当主出水口封冻后，管中承压水在上方副出水口溢出并形成涎流冰。为防涎流冰蔓延上路，应在副出水口下方设挡冰堤。

1. 普通渗沟设计原理

1) 渗井及渗池的构造

渗井为方形或圆形的竖井，渗池为长方形的池子，其中须用片、块石填筑，四周填以粗砂、砾（碎）石做反滤层，池（井）底及与水源不接触的壁面应采用草皮、黏土做隔断层和隔水层。

池高或井高可根据含水厚度及所用暗管或渗沟的尺寸而定，渗池（井）顶面应高出含水层顶面 20cm，暗管或渗沟的底面应低于含水层底面一定高度。池底做成两端向中心的不小于 1% 的排水坡度。渗井、渗池的构造如图 5-18-1 及图 5-18-2 所示。

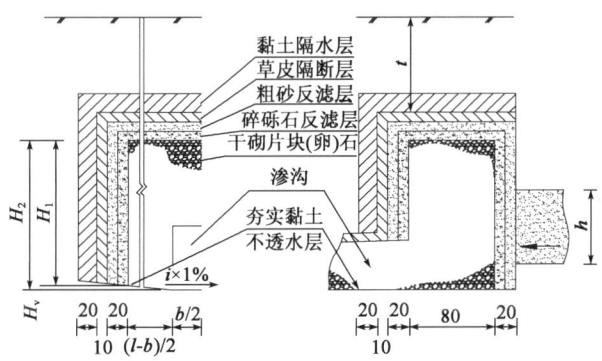

图 5-18-1 与渗沟连接的渗池构造图（尺寸单位：cm）

t-覆土厚度，不小于冻结层；H_1-渗池端部高度；H_2-渗池中部高度；l-渗池长度（l = 含水层宽度 + 40cm）；h-含水层厚度；b-渗沟宽度

2) 暗管及渗沟的构造

陶瓷管、缸底管或混凝土管都可用做暗管，内径一般为 10~50cm，管的纵坡要大，并不得小于 0.5%，管底用适当厚度的碎（砾）石及粗砂垫平。两管接头要用麻絮、沥青及水泥砂浆等材料封闭，以免漏水、漏气，管四周的填土要夯实。

在产砂石地区，可用渗沟代替暗管，但四周必须做好反滤层及隔水层，以免年久淤塞和渗水。渗沟的宽度一般采用 0.4 或 0.6m，高度应大于正常水深 15cm，但不得小于 40cm。为保证排水通畅，沟底纵坡应不小于 1%。暗管及渗沟的布置如图 5-18-3 及图 5-18-4 所示。

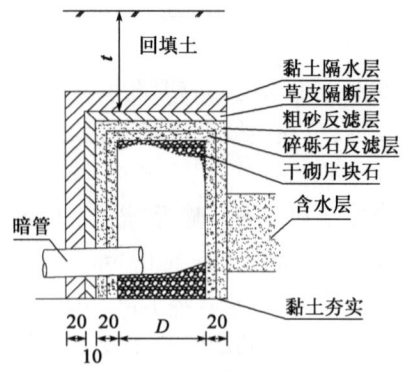

图 5-18-2 与暗管连接的渗井构造图(尺寸单位:cm)
D-渗井直径或边长

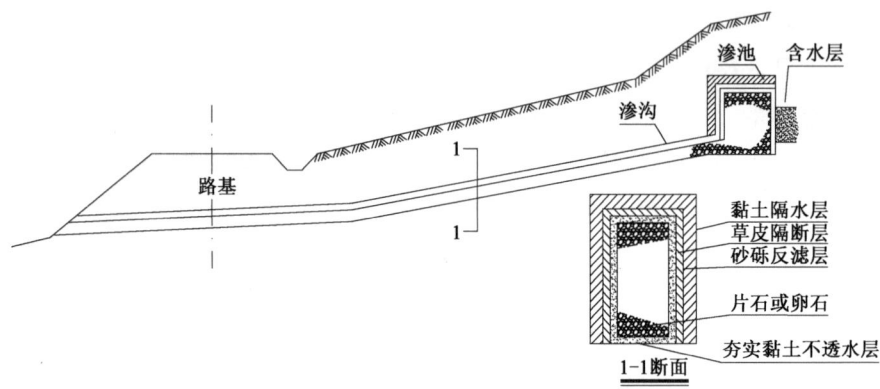

图 5-18-3 暗管布置示意图

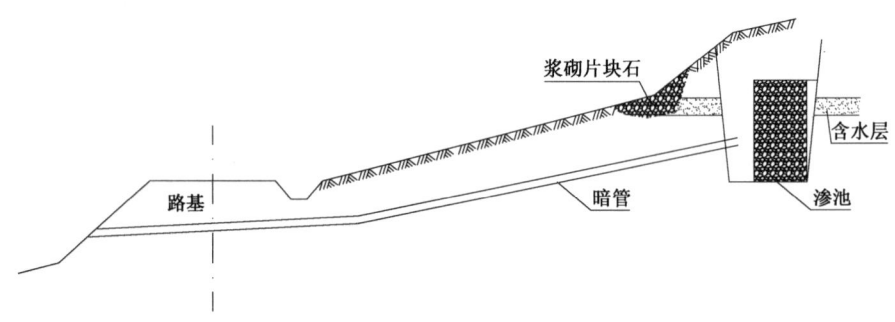

图 5-18-4 渗沟布置示意图

2.水力计算

(1)暗管水力计算。

当管中充满水流时,一般可按压力式短管计算,计算时要考虑沿程能量损失与局部能量损失。

流量:

$$Q = \omega \cdot v \tag{5-18-1}$$

流速:

$$v = \frac{1}{\sqrt{1 + \sum f}} \sqrt{2gH} \,(\text{在大气中出流时}) \tag{5-18-2}$$

$$v = \frac{1}{\sqrt{\Sigma f}}\sqrt{2gH}(在水面下出流时) \tag{5-18-3}$$

式中：ω——水流断面(m^2)，$\omega = \pi d^2/4$；

d——管径(m)；

g——重力加速度，取$9.81 m/s^2$；

H——水头差(m)；

Σf——总能量损失系数，计算方法见式(5-18-4)。

$$\Sigma f = f_1 + f_2 + nf_3 \tag{5-18-4}$$

式中：f_1——沿程能量损失系数，计算方法见式(5-18-5)；

f_2——进出口能量损失系数，查表5-18-1可得；

f_3——弯管能量损失系数，查表5-18-1可得；

n——管道糙率，查表5-18-2。

$$f_1 = \frac{8gLn^2}{dR^{1/3}} \tag{5-18-5}$$

式中：R——水力半径(m)，$R = d/4$；

L——管长(m)。

f_2 及 f_3 值　　　　　　　　　　　　　　　　表5-18-1

名　称		简　图		局部水头损失数值							
f_2	进口		完全修圆	0.05~0.10							
			稍微修圆	0.20~0.25							
			没有修圆	0.50							
	出口		在大气中	0							
			在液面下	1.0							
f_3	弯管		90°	R/d	1.5	2.0	3.0	4.0	5.0		
				$f_{3(90°)}$	0.60	0.48	0.36	0.30	0.29		
			任意角度	$f_3(\alpha°) = a \times f_3(90°)$							
				$\alpha°$	20	30	40	50	60	70	80	90
				a	0.40	0.55	0.65	0.75	0.83	0.88	0.95	1.00

n 值　　　　　　　　　　　　　　　　表5-18-2

管道类别	n
缸瓦管	0.013
混凝土管	0.013
石棉水泥管	0.012
铸铁管	0.013

(2)保温渗沟(渗沟)设计原理及水力计算。

①保温渗沟(渗沟)设计原理。

保温渗沟(渗沟)是地下排水措施疏导方式中的一种构造物。采用保温渗沟,一般应考虑以下几个因素:a. 路段区域内地下水流量大,流域窄小;b. 地形有利于排水,附近有低洼地或有河流;c. 路段在向阳坡,活动层较厚,冬季活动层与多年冻土衔接较晚;d. 对低路堤采用疏导方式为宜。修筑路堤提高了多年冻土上限,开挖边沟往往会破坏含水层,使其暴露在地表,冬季提早冻结,形成涎流冰。地下排水设施应设在冻结深度以下,并作好出水口的保温措施。

保温渗沟是人工修筑的含水层或导水带,用它排导地下水,治理涎流冰。它的填料、沟底坡度和断面大小,通过设计来确定。该设计方法一般是指在路基上坡面附近沿线做成在预定条件下不冻结的渗水沟。出露含水层中的水渗出后直接流入沟中沿纵向排出。沟底设置成2%~6%的纵坡,深度应达到计算含水层底部,高度和出露处同高,按涌流量设计,如图5-18-5所示。渗沟近路基一侧用聚乙烯塑料或砌片石做成隔水挡墙,以增加排水能力并防止水泄漏引起路基冻害。沟内回填透水性好的材料,并做成反滤层。渗沟顶部放一层袋装或塑料布包裹的隔温保温材料,最后填土50cm予以覆盖。渗沟近路基一侧坡体的最小厚度不得小于最大冻深,以防侧向冻结。出水口在整个排水系统中起着重要作用,设置不妥将导致保温渗沟的功能失效。为此,采取如下措施:a. 当渗沟同一侧存在河床或低地时,可将出水口设在最大冻深以下的地方。如果出水口水流不通畅出现壅水,可改成渗井或分支出水口;b. 当渗沟同侧找不到河床或低地时,可考虑在渗沟端设渗井(渗池),并在路面下最大冻深以外设保温渗沟或暗管。在路的另一端最终出水口的设置要求同 a。

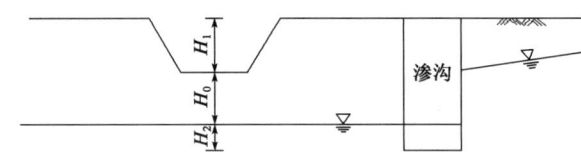

图 5-18-5　保温渗沟法

沟深计算公式:

$$H = H_1 + H_0 + H_2 \tag{5-18-6}$$

式中:H——设计沟深(m);

　　H_1——出露断面的高度(m);

　　H_0——当地最大冻深(m);

　　H_2——沟中蓄水部分的高度(m)。

沟深与沟宽按涌流量计算,保温渗沟法在涌水量较大且具备出水口设置条件时比较适用。

②保温渗沟的水力计算。

a. 保温渗沟中的地下水流态。

天然含水层中的地下水,一般是流速缓慢、雷诺系数较小的层流,其特点是水力坡度小,流线平行于底板,从平面上看属于片状水流. 这种水流服从于达西定律,即:

$$Q = kI\omega \tag{5-18-7}$$

式中:Q——渗流量,即过水断面 ω 在单位时间内流过的水量(m^3/d);

　　I——水力坡度,单位渗透路径上的水头损失,即 $I = h/L$,L 为距离(m),h 是 L 长距离上

的水头差(m);

ω——过水断面面积(m^2);

k——渗透系数,反映岩层透水能力的参数(m/d)。

根据式(5-18-7),可求出天然状态下,垂直地下水流向断面上的流量,即片状水流流量,亦是渗沟中水流的流量,因此有式(5-18-8):

$$\frac{v_1}{v_2}=\frac{\omega_1}{\omega_2} \tag{5-18-8}$$

式中:ω_1、v_1——天然含水层过水断面面积、流速;

ω_2、v_2——渗沟过水断面、流速。

根据上述比例关系,确定渗沟中水流速度 v_2(在当地温度零下时不冻结的流速)后,即可计算出渗沟断面面积。渗沟的过水断面应尽量小,其流速必然要很大。流速大,水流质点互相碰撞,便改变了地下水流态,成为紊流。

b. 地下水的流速与水力坡度。

按地下水动力学可知,地下水在岩土中的运动通式为:

$$v=ki^{\frac{1}{m}} \tag{5-18-9}$$

式中:v——地下水平均直线渗透速度(m/d);

m——系数,$m=1\sim2$,当 $m=1$ 时,$v=ki$,为达西定律公式,地下水为层流;当 $m=2$ 时,$v=k\sqrt{i}$,为谢才定律公式,地下水为紊流;当 $1<m<2$ 时,$v=ki^{\frac{1}{m}}$,为斯姆莱定律公式,地下水为混合流。

③保温层。

a. 保温层的作用。

用保温材料铺盖在渗沟顶部,构成保温层。保温层可以抵制低温冷空气的侵袭,可以保证渗沟中地下水不冻结,达到疏导的目的。

渗沟中的地下水只有为液态才能流动。寒冷的自然条件下,含水层中的地下水受到冷气作用,必然要散失大量的热量,使温度降低,增加了黏滞性,导致流速降低,甚至造成水冻结。为了防止这种情况发生,就要设置保温层。

b. 保温材料的选择。

保温材料可采用炉渣、泥炭、锯末、青苔等保温性能好的材料,也可选用 XPS 板(聚苯乙烯泡沫塑料板)等耐久性好的新材料作为保温材料。所用新材料必要应达到相关的质量标准。

选择保温材料应注意以下几点:导热系数要小;重度要小;吸水性差,湿度低;耐低温性能好;施工方便和价格低廉;最好能就地取材。

c. 保温层厚度的确定。

a)按埋设管道计算保温层厚度。

根据热工理论中的热传导公式:

$$\lambda=\lambda_0+bt_p \tag{5-18-10}$$

式中:λ——保温层的导热系数[W/(m·℃)];

λ_0——在常温下保温材料的导热系数[W/(m·℃)];

t_p——保温层内、外表面的平均温度(℃);

b——每升高1℃时,导热系数增加的常数,可取 $b=0.0002$。

当保温材料一定时,保温层厚度 δ 为:

$$\delta = k\frac{\lambda(t_1-t_2)}{\alpha(t_2-t_3)} \tag{5-18-11}$$

式中:α——保温层外表面与周围空气的换热系数[W/(m·℃)],对于埋没管沟,可取 20;

t_1-t_2——保温层内外温差,由于沟内水温为 0.2~0.5℃,所以相当于一月份的平均气温 $-26℃$;

t_2-t_3——保温层表面与大气温度之差,$(t_2-t_3)>1$,取 $t_2-t_3=1$ 是最安全的;

k——与埋设的保温管沟边界条件有关的修正系数,$k=1~2$。

b) 按哈尔滨建工学院邴文山推荐的计算最大冻深公式计算。

$$\frac{-T}{i_t\lambda_T}=h_1\frac{1}{\lambda_{p1}}+h_2\frac{1}{\lambda_{p2}}+\cdots+h_n\frac{1}{\lambda_{pn}} \tag{5-18-12}$$

式中: T——当地一月份平均气温(℃);

i_t——路线附近地面下土的温度梯度(℃/m),取为 10~11;

λ_T——路线附近地面下土的导热系数[W/(m·℃)],取 $\lambda_T=1.6~2.0$;

$h_1、h_2、\cdots、h_n$——填筑保温材料的分层厚度(m);

$\lambda_{p1}、\lambda_{p2}、\cdots、\lambda_{pn}$——填筑材料的导热系数[W/(m·℃)]。

如只用一种材料,上式简化为:

$$H=\frac{-T\lambda_P}{i_t\lambda_T} \tag{5-18-13}$$

式中:H——保温层厚度(m);

λ_p——保温材料的导热系数。

c) 按经验值,一般最大厚度 300mm,根据边界条件修正后为 450~600mm。

d) 施工要求:

(a) 保温材料要妥善保管,不得受潮和雨淋。

(b) 备好辅助材料。

(c) 严格接着设计说明操作施工。

(四) 聚冰沟与聚冰坑

对于冲积扇或缓山坡上的涎流冰,可在路基上边坡外设置聚冰沟。聚冰沟可设置多道。第一道聚冰沟应从水源起顺山坡或沟谷布设,将水导入附近的河沟或桥涵。

聚冰沟横断面应根据地形、地质、水量、聚冰量确定,并做好排水设施的顺接。

挡冰堤宜用开挖聚冰沟的土石在沟的下方填筑。其高度及宽度的确定应考虑淤冰的影响。

聚冰沟(图 5-18-6)多用于冲积扇沟口处的泉水涎流冰和地势较缓的山坡涎流冰,用以排引涎流冰水源并拦截侵向路基的涎流冰;聚冰坑(图 5-18-7)多用于水量较小、边坡不高的堑坡涎流冰,用以积聚冬季涎流冰不使上路。

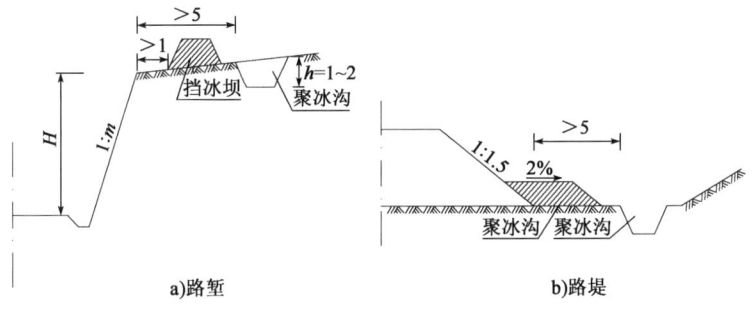

图 5-18-6 聚冰沟(尺寸单位:m)

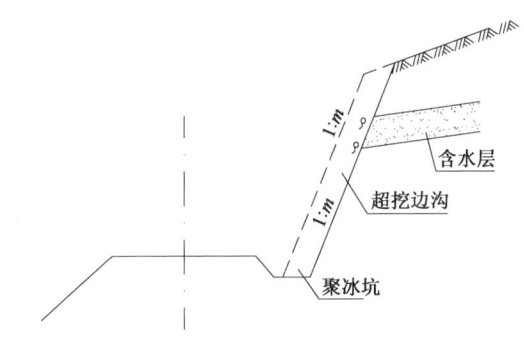

图 5-18-7 聚冰坑

聚冰沟从水源起顺山坡或沟谷布设,把水导入附近的河沟或桥涵,挖出的土用以筑坝挡冰。沟的断面根据地形、水量、水温及聚冰量而定,一般沟深 1~2m。如水量较大或为温泉时,沟顶可设保温盖层,把水排入河沟中。

聚冰坑可由加大边沟或超挖边坡而成,其大小由所需聚冰的数量而定。

(五)挡冰墙

此方法是通过拦挡使涎流冰不能漫上公路。挡墙可单独使用,最适合作为保护措施与其他方法配合使用,其高度按积冰量计算确定。一般采用石砌挡墙,透水性不做要求时可用土等堆成。挡墙适用于涌流量小且拦挡之后有足够的空间存放积冰的路段。

挡冰墙多修建在路肩外或边沟外,一般用浆砌片石、块石筑成,当为干砌时,应采用大块石砌筑。高度须根据涎流冰量而定,一般为 100~150cm,顶宽为 40~60 cm。基础埋置深度按土质、积冰量及当地冰冻深度等情况确定。当积冰量较大时,可与聚冰坑配合使用。

当聚冰量大时,可在挡冰墙外侧设置聚冰坑。一般可利用天然山坳或由超挖边坡筑成。聚冰坑的大小,由聚冰量确定。土质地段的聚冰坑,可根据坡面渗水和土质情况,在边坡坡脚设置干砌片石矮墙。边沟应采用浆砌片石防护。挡冰墙(图 5-18-8)适用于涌水量不大的山坡涎流冰和挖方边坡涎流冰,用以阻挡和积聚涎流冰,防止上路。

(六)挡冰堤

挡冰堤修筑在路基外、山坡地下水露头的下侧或沟谷桥涵的上游,以阻挡涎流冰,减少其蔓延的范围。挡冰堤一般高 0.8~1.2m,堤顶宽为 0.6~1.0m,边坡不宜陡于1:1.5,当采用干砌片石时,边坡可陡至 1:0.5。

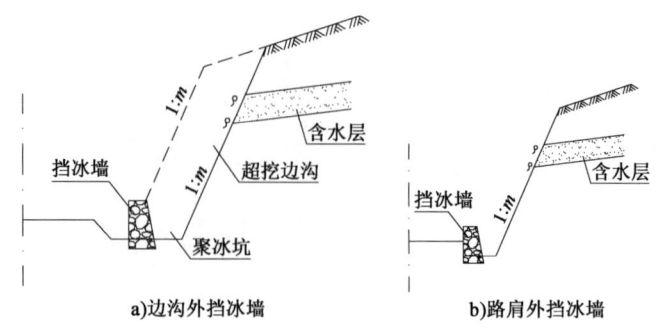

图 5-18-8　挡冰墙

挡冰堤(图 5-18-9)适用于地势平坦、涌水量小的山坡涎流冰或流量不大的小型沟谷涎流冰,设置在路基外。

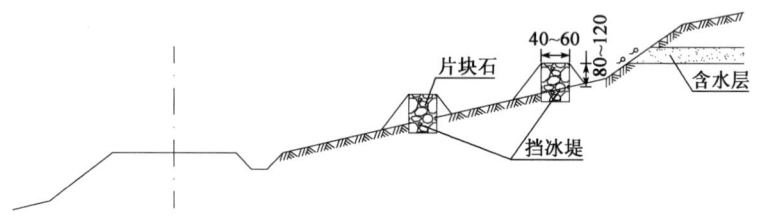

图 5-18-9　挡冰堤(尺寸单位:cm)

(七)挡冰栅栏

在沟谷中,在已建成的桥涵受到涎流冰的威胁时,可沿沟谷设置挡冰栅栏(图 5-18-10),拦截漫流的涎流冰,使之冻结在上游沟谷中。

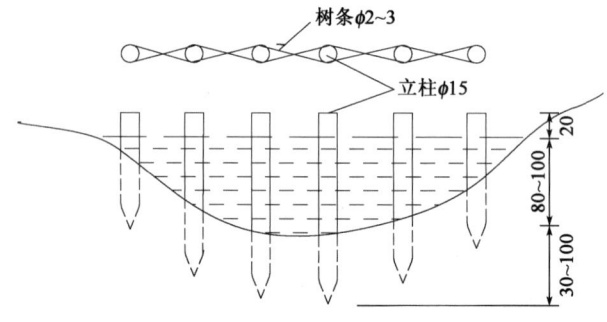

图 5-18-10　挡冰栅栏(尺寸单位:cm)

山坡上的涎流冰,可采用柴草、草皮或石砌的长堤予以拦截。在沟谷内一般采用干砌石堤,以利夏秋排水,挡冰堤的长、宽、高和道数按当地的地形及涎流冰数量确定。山坡挡冰堤一般高 80~120cm,顶宽 40~60 cm,可设一至数道。第一道堤围绕地下水露头修筑,堤顶须略高于地下水含水层顶面。当涎流冰可能漫过第一道堤顶时,应选择适当地点修筑第二道或第三道挡冰堤。沟谷的干砌挡冰堤,可适当加高和加宽,堤的下游一侧坡度不宜陡于 1∶1。挡冰堤的基础埋置深度按当地土质和冰冻深度而定。

挡冰栅栏沿沟谷埋设于水源到公路之间,挡冰栅栏的数量和高度可根据涎流冰的严重程度、沟谷的纵坡和当地材料情况而定。栅栏立柱采用打桩或埋桩的方法置入地面下 80~100cm,

横向用树条或其他材料纺织成栅栏。方柱视水流情况一般可长年留于沟谷内,栅栏可于冬季设置,用以挡冰,化冻后拆除之,以利排水。

(八)冻结沟

冻结沟(图5-18-11)适用于山坡较平缓、含水量和覆盖层都不厚,且涌水量、动水压力不大的山坡涎流冰。在覆盖层中挖掘冻结沟,可使含水层在零下气温时冻结,使水源封冻在路基以外的地方。

冻结构应设在边坡顶3cm以外覆盖层不厚的地方,挖深到含水层为止。一般沟底宽为1m左右。冻结沟宜在秋末开工,于冬季封冻之前完成。当地表径流较大时,冻结沟应设一定的纵坡,以便在雨季排除地面水。

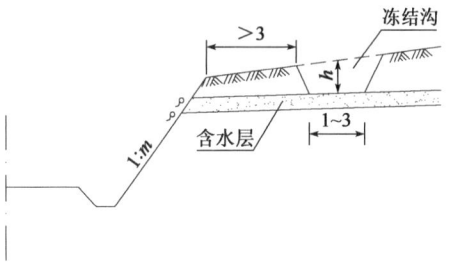

图5-18-11 冻结沟(尺寸单位:m)

第四节 工程实例

一、典型路基涎流冰病害防治实例

新疆的一些干线公路存在有不少涎流冰路段,如:G216线阿勒泰南出口K6+000前后,G216线K42+800右侧泉水涎流冰,S205线博乐—阿拉山口K20+000附近,S212线吐尔尕特口岸终点6km地段,G312国道梯子泉—鄯善段,富蕴—可可托海矿区公路,S320线G217青河山区越岭段,S309线康苏—伊尔克斯坦口岸段,G218线巴仑台K486~K487段。这些路段在设计过程中及施工完成后都出现不同程度的涎流冰危害,新疆公路建设、设计部门对这些路段的涎流冰进行了认真的研究和治理,效果满意。

S205线博乐—阿拉山口段涎流冰位于K20+000附近,本段公路属微丘区三级公路,路基左侧为挖方形式,山坡上有多处泉眼,常年渗水,浸出的水流入边沟,由于纵横向排水不利,致使边沟内长期积水,浸泡路基,加之老路路基填料为粉质低液限黏土,水稳性差。春季造成左侧路基翻浆,冬季形成涎流冰。此段路基特殊处理主要采用换填水稳性好的砂砾料,拓宽边沟,采用底宽1m、深2~3m大型的纵向排水沟将水流引至低洼涵洞处排出。

阿尔泰地区G216线K42+800前后右侧泉水涎流冰,本段公路属微丘区三级公路,路基右侧山坡上有多处泉眼,常年渗水,浸出的水流冬季形成涎流冰影响行车安全。此段路基特殊处理主要采用换填水稳性好的砂砾料,拓宽边沟,沟底及临水坡面采用抛石,换填透水性砂砾料截断水流,同时采用底宽1~2m、深2~3m的大型纵向排水沟将水流引至低洼涵洞处排出。工程竣工后使用效果良好。

309线康苏—伊尔克斯坦口岸段,在初步设计阶段对K167~K168泉水引发的涎流冰段,经技术经济论证采用大范围改线方案,从泉眼上方通过,绕避涎流冰严重地段,取得良好工程及生态效益。

G218线巴仑台段,每年有5个月左右的冰冻期,极限寒冷温度夜间曾达-47℃。K486~K487路段涎流冰年年发生,最大冰冻冻厚度近2.8m,最小冰冻厚度近0.5m。该段位于山体下坡面处,坡体节理裂隙极其发育,破碎带中的裂隙地下水是形成病害的原因之一;另一个原因是其东侧河谷水位高于病区的断层破碎带,到了深秋和冬季,河谷水冻结,冰面下水流缓慢,逐渐渗到病区破碎带中，使地下潜水水位不断提高，并通过断层破碎带由高向低流动，当有冲沟、挖方等人为切割含水层时，潜水就以泉的形式出露地表，造成该段涎流冰的病害。对此，新疆巴州公路总段采用找准泉眼、开挖截渗沟、渗沟与排水管用渗排水井衔接，将泉水排至适当地方，有效地治理病害。

内蒙古西南部某公路位于季节冻土区内，一段浅路堑上层为粉砂土，下层为泥岩且埋深较浅，泥岩顶面有富水层在上侧边沟内出露，冬季形成涎流冰上路，长约100m、厚约30cm。此段路基处理在上侧坡脚下采用平行路线的渗沟集水，采用内径50cm的钢筋混凝土暗管将水引过路基至下侧山坡外排走。在出口处设保温覆盖，在排水暗管与集水渗沟接头处设集水井沉淀泥沙并兼任检查井。

东北某公路位于季节性冻土区内，一段路堑上侧边坡有小股泉水渗出，冬季形成2m厚涎流冰堵塞路堑。此段路基处理，在泉水处设渗井集水，用内径15cm陶瓷暗管将水顺路引出路堑过路排走，在出水口设集水井兼任居民饮水井。

大兴安岭北部某公路位于衔接多年冻土区内，多年冻土上限深1~1.5m。公路内有一段通过平缓山坡下部的冲堤，由于上侧冻结层上水溢出，在冬季形成大片涎流冰上路，长约400m。此段路基处理为在上侧山坡低洼处设置埋深1m的保温集、排水暗管，将冻结层上水收集、排引过路。在路基下侧设主出水口，为使其在冬季发挥较长时间的排水作用，出水口设在集水井内。在路基上侧设有保温覆盖的井式副出水口，以便当主出水口封冻后，管内承压水可在副出水口溢出地面形成涎流冰。为防止涎流冰上路，在路基与副出水口设置挡冰堤。

二、保温渗沟设计工程实例

关于保温渗沟的设计，以大兴安岭呼中林业局31支线4km处已建成的保温渗沟为例进行论述（以下简称4km保温渗沟）。保温渗沟由渗水沟、排水沟及出水口等部分组成。

(一)4km路段概况

该路段所形成的涎流冰是大兴安岭林区公路涎冰的典型路段。该路段位于三面环山且另一面是地形开阔的洪积扇上，以低路堤方式通过扇的下缘。路的设计纵坡为8.7%，为砂石路面，路基用透水性良好的材料填筑。

路段上出现涎流冰总长度为250m左右，宽度15~30m，厚度变化大，平均冰层厚度为0.3m。每年11月末开始形成，翌年5月中旬全部融化。

(二)设计依据

防治涎流冰构造物的设计应根据具体的水文地质条件进行。根治涎流冰从治水着手，该处地下水的特点是：①地下水类型为冻结层上孔隙潜水，以连续多年冻土层为隔水底板；②地下水埋藏浅，埋深1~2m；③含水层岩性为洪积碎石土，厚度为0.5~1m；④岩层的渗透系数为25~50m/d，天然流量为882m^3/d；⑤平均水力坡度为5%~7%，从北西向南东流。

根据地下水埋藏浅、涌水量大的特点，并根据地形和每年涎流冰发育情况，决定以疏导方式，采用保温渗沟治理。

(三)设计要点

该路段为低路堤，在迎水一侧设有边沟，因而破坏了含水层。由于路堤的修筑提高了多年冻土的上限，所以形成了涎流冰。

保温渗沟设计的关键是轴线位量的确定和各部分位置、结构及设计参数的确定。

1. 设计轴线的确定

渗水段主要是拦截汇集地下水,所以渗水段垂直地下水、分布在公路上方;排水段尽量利用地形,为防止转弯阻力和冲刷,两段夹角应大于120°。出水口一般离路较远(距离大于50m),并设置在地面高程较低处,以便得到较少的纵坡和较少的工程量。按水力坡度5%~7%设计。

2. 保温渗沟的坡度及开挖深度

保温渗沟在温度零下时能继续工作,为保持水流为液态,除保温层起一定作用外,更重要的是含水层中的地下水具有一定的能量(热能和动能)和流速。从理论上已知,流速取决于岩石的透水性和地下水的水力坡度。

(1)岩层的透水性由岩石的孔隙度及单个孔隙的大小、连通性决定。渗沟中岩石的透水能力是人为控制的,可通过填料粒径及配比调整。有一定填料的渗沟,岩石的渗透系数是一个比较大的常数。

(2)另一个可调整的参数是水力坡度。理论上虽说水力坡度与流速成正比,但存在涉及的工程量大、施工技术难等问题,所以只加大坡度在经济上是不合理的。因此,渗沟的设计坡度参照自然状态下的水力坡度,并以形成涎流冰时的水力坡度为准(5%~7%),这种做法是可靠且经济的。但是,必须有足够的开挖深度,以保证有最小的安全过水断面。为此,设计纵坡应为6%~7%,从地面算起的最大开挖深度为3.74m,平均开挖深度2.56m。

3. 保温渗沟的断面

保温渗沟的设计断面为矩形,实际开挖成梯形。最大断面面积3.74m²。

根据该路段的水文地质资料计算天然状态的流量。根据达西定律,有:

$$Q = ki\omega = 49 \times 6\% \times 300 \times 1 = 882 (\text{m}^3/\text{d}) \tag{5-18-14}$$

该断面上的平均流速为:

$$v = \frac{Q}{\omega} = \frac{882}{300 \times 1} = 2.94 (\text{m}/\text{d}) \tag{5-18-15}$$

保温渗沟填料选用卵石与漂石(就地取材),粒径为300~400mm。地下水在这种岩层中的流动可用谢才定律公式:

$$v = k\sqrt{i} = 10000 \times \sqrt{6\%} = 2249 (\text{m}/\text{d}) \tag{5-18-16}$$

式中的k值取渗沟填料层渗透系数的经验值。按紊流的过水断面面积,为:

$$\omega_2 = \frac{Q}{v_2} = \frac{882}{2249} = 0.39 (\text{m}^2) \tag{5-18-17}$$

按混合流考虑,流速相对低,断面大,一般为0.5~1.0m²。施工后观测资料显示,渗沟中水深0.5m。考虑到冻结时,多年冻土上限上移,按水力坡度设计的过水断面3.74m²是合理的。

(四)保温渗沟的构造及各部功能

保温渗沟由滤水层、反滤层、防渗层、保温层和出水口等部分组成。

1. 滤水层

滤水层是保温渗沟的主体，它的作用是拦截地下水。它是由卵石、漂石填筑的人造含水层，透水性极好，渗透系数可达 10000～40000m/d。其作用为保证地下水有足够大的流速。

2. 反滤层

在渗水段的背水一侧设置反滤层。其作用是逐渐降低地下水位，防止对沟壁冲刷和带入细粒物质堵塞滤水层。

反滤层分内外两层，料石竖向填入，厚度均为 200mm。内层填料粒径为 20～30mm，外层填料粒径为 2～4mm。

3. 防渗层

在渗水段的迎水一侧应做防渗处理，以防止地下水流散。

在渗沟靠近路基的一侧，用低压聚乙烯塑料板竖向铺设，由沟顶至沟底，阻挡地下水外流，使片状水流变成线状水流，同时防止沟壁坍塌和被冲刷。

4. 保温层

沟顶可用珍珠岩粉、泥炭、锯末和黏土等保温材料覆盖，做保温层。选用锯末和黏土两种材料保温，把锯末用高强度塑料袋装封，厚度 400～500mm，正好与地面一样高，上面修筑 500mm 高的土堤，可以起保温作用，同时起到保护保温层和防止山坡流下的冰水冲刷和破坏作用。

用锯末做保温材料时，保温层厚度的计算见式(5-18-18)：

$$\lambda = \lambda_0 + bt_p = 0.25 - 0.0002 \times \frac{1-(-26)}{2} = 0.247[W/(m \cdot ℃)] \quad (5\text{-}18\text{-}18)$$

$$\delta = k\frac{\lambda(t_1-t_2)}{\alpha(t_2-t_3)} = 1.5 \times \frac{0.247 \times 26}{20 \times 1} = 480(mm) \quad (5\text{-}18\text{-}19)$$

根据邝文山提出的计算最大冻深(即需做保温层的厚度)公式计算可得，上部 0.5m 厚的填土，下为锯末保温，锯末保温层厚为 260mm；只用锯末保温，厚度为 320mm。这与地下敷设保温管沟的计算结果一致。

4km 保温渗沟的设计厚度为 400～500mm，上部还有 500mm 土层，所以是足够安全的。

(五) 出水口

在排水段的末端，靠近河岸是出水口。出水口是一渗井，井深 6～8m，断面为 2m×2m，井内用人工填料，上部做保温处理，井底与河底融区相通。渗井把渗沟中的水排到河中。

(六) 结论

(1) 保温渗沟在寒冷地区，特别是多年冻土地区，对治理涎流冰是行之有效的措施。4km 保温渗沟经过几年的使用，效果良好。观测资料证明，在气温为 -32℃ 时，沟内水温仍保持在 0.2～0.5℃，水流畅通。

(2) 对埋藏浅、流量大、水流集中的涎流冰，用保温渗沟治理是最佳方案。保温渗沟的设计有足够的理论依据，工程简单，施工方便，效果显著。

(3) 保温渗沟的断面尺寸、填料粒径、保温层的厚度，必须依据具体的水文地质条件和自然条件确定。各种设计参数的确定必须准确、可靠。

目前实际生产中用无纺土工布做渗沟的反滤层,用 EPS 板(聚苯乙烯泡沫板)作为保温材料,效果显著。这两种材料的优点为:无纺土工布和 EPS 板不易老化,使用年限长,理论上一般在 50 年以上;无纺土工布渗透性强,质地细密,能有效防止细颗粒土进入,从而保证渗沟的排水功能,克服了传统方法的致命缺点;EPS 板可以保持渗沟内温度,减少冻结深度,因此减少了渗沟的埋置深度和开挖量;使用上述两种材料的施工方法简单。

第十九章 采空区路基

采空区是指地下固体矿床开采后的空间及其围岩失稳而产生位移、开裂、破碎垮落,直到上覆岩层整体下沉、弯曲所引起的地表变形和破坏的地区或范围。采空区在我国分布广泛,山西、新疆、青海、陕西、河北、辽宁、黑龙江、内蒙古、贵州、云南、江苏、山东及河南等省和自治区均有分布。随着我国高速公路建设由平原向山区发展,公路建设受采空区的影响越来越突出,各地区对采空区的勘察、稳定性评价、处治设计、处治监测及检测等方面的认识因采空区的类型、规模及开采条件的不同,也存在较大的差别。采空区的变形、沉降、垮塌等灾害给公路工程的建设和运营带来了较为严重的安全隐患。

第一节 概 述

一、采空区的分类

(一)按采深采厚比分类

采深采厚比是指矿层开采深度与法向开采厚度的比值。采空区按采深采厚比可分为以下三类:

(1)浅层采空区:采深采厚比不大于40的采空区。

(2)中深层采空区:采深采厚比介于40~120的采空区。

(3)深层采空区:采深采厚比不小于120的采空区。

(二)按开采时间分类

采空区按开采时间可分为以下两类:

(1)新采空区:正在开采或停采时间少于一年的采空区。

(2)老采空区:已停止开采且停采时间超过一年的采空区。

(三)按矿层倾角分类

采空区按矿层倾角可分为以下三类:

(1)水平采空区:矿层水平或倾角不大于15°的采空区。

(2)倾斜采空区:矿层倾角介于15°~75°的采空区。

(3)急倾采空区:矿层倾角不小于75°的采空区。

(四)按开采方式分类

形成采空区的开采方式有以下六类:

(1)长壁式开采:工作面较长的壁式开采方式,工作面长度一般为100~300m,分走向长壁和倾向长壁。

(2)房柱式开采:从区段平巷每隔一定距离掘出矿房进行采矿至区段上部边界,后退扩采矿房两侧煤柱的开采方式。

(3)短壁式开采:为长壁式开采和房柱式开采的结合。采用房柱式开采出煤柱,煤柱的回采采用沿其一侧的长壁式开采方式进行。

(4)巷柱式开采:在区段范围内,每隔 10~30m 沿煤层切割成 10~30m 的方形或矩形煤柱,然后按区段后退式开采顺序陆续回采的开采方式。

(5)条带式开采:复杂地质条件下将采区分成条带进行开采的方式,分充填条带和非充填条带两大类。

(6)充填式开采:边开采边在采空区进行充填的开采工艺。

二、采空区地表破坏特征

(一)采空区的"三带"

矿层采出后,其上覆岩层在垂直方向上的破坏可分为冒落带、裂隙带、弯曲带,简称"三带"。

(1)冒落带:直接位于采空区上方的顶板岩层,在自重和上覆岩层重力作用下,所受应力超过本身强度时,断裂、破碎、塌落的岩层。

(2)裂隙带:冒落带上部的岩层在重力作用下,所受应力超过本身的强度时产生裂隙、离层及断裂,但未塌落的岩层。

(3)弯曲带:裂隙带上部的岩层在重力作用下,所受应力尚未超过岩层本身的强度,产生微小变形,但整体性未遭破坏也未产生断裂,仅出现连续平缓的弯曲变形带。

(二)冒落带、裂隙带高度的计算方法

1. 缓倾斜(0°~35°)、中倾斜(36°~54°)

1)冒落带高度计算

(1)当煤层顶板覆岩内有极坚硬岩层,采后能形成悬顶时,其下方的冒落带最大高度 H_m 可按式(5-19-1)计算:

$$H_m = \frac{M}{(K-1)\cos\alpha} \tag{5-19-1}$$

式中:M——煤层采厚(m);

K——冒落岩石碎胀系数;

α——煤层倾角(°)。

(2)当煤层顶板覆岩内为坚硬、中硬、软弱、极软岩层或其互层时,开采单一煤层的冒落带最大高度可按式(5-19-2)计算:

$$H_m = \frac{M-W}{(K-1)\cos\alpha} \tag{5-19-2}$$

式中:W——冒落过程中顶板的下沉值(m)。

(3)当煤层顶板覆岩内为坚硬、中硬、软弱、极软岩层或其互层时,多层开采煤层的冒落带最大高度可按表 5-19-1 中的公式计算。

厚煤层分层开采的冒落带高度计算公式　　　　表 5-19-1

覆岩类别及主要岩性	单轴饱和抗压强度(MPa)	计算公式
坚硬岩(石英砂岩、石灰岩、砂质页岩、砾岩)	40~80	$H_\mathrm{m} = \dfrac{100\sum M}{1\sum M + 16} \pm 2.5$
中硬岩(砂岩、泥质灰岩、砂质页岩、页岩)	20~40	$H_\mathrm{m} = \dfrac{100\sum M}{4.7\sum M + 19} \pm 2.2$
软弱岩(泥岩、泥质砂岩)	10~20	$H_\mathrm{m} = \dfrac{100\sum M}{6.2\sum M + 32} \pm 1.5$
极软弱岩(铝土岩、风化泥岩、黏土、砂质黏土)	<10	$H_\mathrm{m} = \dfrac{100\sum M}{7.0\sum M + 63} \pm 1.2$

注:1. $\sum M$——累计采厚(m);
　2. 公式适用范围:单层采厚 1~3m,累计采厚不超过 15m;
　3. 计算公式中 ± 为中误差。

2) 裂隙带高度计算

煤层覆岩内为坚硬岩、中硬岩、软弱岩、极软弱岩层或其互层时,多层开采煤层的裂隙带最大高度可按表 5-19-2 中的公式计算。

多层开采的裂缝带高度计算公式　　　　表 5-19-2

覆岩类别	计算公式	覆岩类别	计算公式
坚硬岩	$H_\mathrm{li} = \dfrac{100\sum M}{1.2\sum M + 2.0} \pm 8.9$	软弱岩	$H_\mathrm{li} = \dfrac{100\sum M}{3.1\sum M + 5.0} \pm 4.0$
中硬岩	$H_\mathrm{li} = \dfrac{100\sum M}{1.6\sum M + 2.6} \pm 5.6$	极软弱岩	$H_\mathrm{li} = \dfrac{100\sum M}{5.0\sum M + 8.0} \pm 3.0$

2. 急倾斜煤层(55°~90°)

煤层顶、底板为坚硬岩、中硬岩、软弱岩层时,用垮落法开采时的冒落带和裂隙带高度,可按表 5-19-3 中的公式计算。

急倾斜煤层冒落带、裂隙带高度计算公式　　　　表 5-19-3

覆岩类别	裂隙带高度	冒落带高度
坚硬岩	$H_\mathrm{li} = \dfrac{100Mh}{4.1h + 133} \pm 8.4$	$H_\mathrm{m} = (0.4\sim0.5)H_\mathrm{li}$
中硬、软弱岩	$H_\mathrm{li} = \dfrac{100Mh}{7.5h + 293} \pm 7.3$	$H_\mathrm{m} = (0.4\sim0.5)H_\mathrm{li}$

注:M——煤层厚度(m);h——工作面某阶段垂高(m)。

第二节　勘察要点与设计原则

采空区勘察应按收集资料、工程地质调绘、工程地质勘探、工程地质测试、变形观测、工程地质评价及勘察报告编制的程序进行。勘察深度应与勘察设计阶段相对应,可分为预可勘察、工可勘察、初步勘察、详细勘察四个阶段,每个阶段的勘察深度与具体要求应结合相关规范、规程及工程实际情况确定。

一、采空区工程地质勘察

(一) 勘察要点

1) 采空区资料收集

(1) 区域地质勘察报告、区域水文地质报告、项目压覆资源和地灾评估报告及其相应的图纸资料。

(2)矿区地质报告,包括矿产的种类、分布、厚度、储量、深度和埋藏特征。

(3)矿产采掘工程平面图、井上井下对照图、采区平面布置图、开采规划图以及相关的文字资料。

(4)采空区的覆岩破坏和地表移动、变形观测资料。

(5)采空区公路已有的勘察、设计、施工、监测与检测资料。

2)采空区调查测绘

(1)区域工程地质调绘应查明以下主要内容:

①地形地貌、地质构造、地层的时代、成因、岩性、产状及厚度分布。

②地下水的埋深及动态变化,地表水和地下水水质及其腐蚀性。

③不良地质的类型、分布范围、基本特征及其与采空区的相互关系。

(2)采空区应根据表5-19-4中的内容展开专项调查。

采空区专项调查表 表5-19-4

矿山名称及里程桩号	长度(m)	宽度(m)	矿山性质	开(停)采年限	实际生产能力(万t/年)	开采方式	矿层编号	采厚(m)	埋深(m)	顶板岩性	底板岩性	采空区充水情况	煤层产状	开采方式	回采率(%)	采空区"三带"特征	地表变形特征	沉降量计算	备注
▲●	▲	▲	▲	▲	●	▲	▲	▲●	▲●	▲	▲	●	▲	▲	●	▲	▲	●	

注:▲预可、工可阶段需初步查明;●初步设计阶段、施工图设计阶段进一步查明。

(3)采空区地表测绘和井下测绘应符合以下规定:

①应通过现场测绘和描述等手段,对矿井口、巷道口及地表塌陷裂缝的形状、走向、宽度、深度等变形要素进行标定和编录,确定采空区的地表变形范围及程度。

②有条件的矿区,应深入井下,对巷道和采空区内部进行测绘,并标注巷道的断面及其支护衬砌情况和采空区顶板的垮落状况。

3)采空区勘察

可采用电法、电磁法、地震法、测井法、重力法、放射性等物探方法。当采用两种以上的物探方法时,应选择一种物探方法进行大面积扫描,再用第二种方法在异常区加密探测,物探的组合可按表5-19-5选用,常用物探的特点、适用范围及优缺点可参考表5-19-6。

物探的组合方法 表5-19-5

地形情况	地形平坦,较平坦				地形起伏较大
采空区埋深(m)	≤10	10~30	30~100	≥100	
第一种方法	地质雷达	高密度电法	瞬变电磁	地震反射	瞬变电磁
第二种方法	高密度电法	瞬变电磁	地震反射	瞬变电磁	地震反射
第三种方法	瞬态面波	瞬态面波	可控源音频大地电磁测深		

应采用钻探对收集到的资料、调绘及物探成果进行验证,并查明以下内容:

(1)采空区覆岩岩性、结构特征以及采空区的分布范围、空间形态和顶底板高程。

(2)采空区引起的冒落带、裂隙带和弯曲带的分布、埋深和发育状况。

(3)采空区中是否赋存瓦斯等有害、有毒气体。
(4)采空区顶板及其上覆岩层的岩性及其物理力学性质。
(5)采空区的水文地质条件,包括地下水位、水化学类型及其对混凝土的腐蚀性。

钻探施工要点与技术要求及"三带"判定依据应分别符合表 5-19-7 及表 5-19-8 的要求。

另外,在有钻孔的作业区,应采用测井、孔内电视、超声波成像测井、VSP 测井及跨孔物探等井中物探的方法。

采空区勘察物探方法 表 5-19-6

方法种类		成果形式	适用条件	有效深度(m)	干扰及缺陷
电法	高密度电法	平、剖面	任何地层及产状,具有良好的接地条件	≤100	高压电线、地下管线、游散电流、电磁干扰
	电测深法	剖面	地形平缓,具有稳定电性标志层,地电层次不多,电性层与地质层基本一致	≤1000	
	充电法	平面	充电体相对围岩应是良导体,要有一定规模,且埋深不大	≤200	
电磁法	瞬变电磁法	平、剖面	探测目标与周围介质呈相对高、低阻,地面或空间没有大的金属结构体、厂矿及较大村镇	500~1000	
	可控源音频大地电磁法				
	地质雷达	剖面	探测目标与周围介质有一定电性差异,且埋深不大,或基岩裸露区	地面≤30 孔内等效钻孔深	高导、厚覆盖受限
地震法	地震勘探	平、剖面	折射波法要求被探测物波速大于上覆地层,无法探测速度逆转层;反射波法要求地层具有一定波阻抗差异;两者探测薄层能力差,地形较平坦,地层产状小于30°	适用于深部采空区探测	黄土覆盖较厚、古河道砾石、浅水面埋深大等地区
	瞬态面波	平、剖面	覆盖层较薄,采空区埋深浅,地表平坦、无积水	≤40	
	地震映像	剖面	覆盖层较薄,采空区埋深浅	≤150	
	弹性波 CT	剖面	井况良好,井径合理,激发与接收配合良好		
测井法	常规测井	剖面	电、声波、密度测井在无套管、有井液的孔段进行;放射性测井则无此要求	等效钻孔深	游散电流、电磁干扰
	超声成像测井	剖面	无套管有井液的孔段进行		
	孔内摄像	剖面	只能在无套管的干孔和清水钻孔中进行		
重力法	微重力勘探	平面	地形平坦,无植被,透视条件好	≤100	地形、地物
放射性勘探	放射性勘探	平、剖面	探测对象要具有放射性	—	—

采空区钻探施工要点与技术要求   表 5-19-7

钻 机	钻 具	冲 洗 液	现场技术要求	钻 孔 编 录
根据采空区所处的地形和埋深合理选用工程地质钻机,必要时可采用地锚加固钻架	1. 一般完整地层用普通单管钻具钻进; 2. 软硬互层、破碎松散地层宜采用压卡式单动双管钻具钻进; 3. 坚硬岩层宜采用喷反钻具钻进	1. 致密稳定地层中宜采用清水钻进; 2. 黄土地层可采用无冲洗液钻进	1. 地下水位,标志地层界面及采空区顶、底板测量误差应控制在 ±0.05m 以内; 2. 取芯钻进回次进尺限制在 2.0m 以内; 3. 除原位测试及有特殊要求的钻孔外,钻孔均应全孔取芯。坚硬完整岩层取芯率不应低于 85%,强风化、破碎的岩石不应低于 50%; 4. 注意观测地下水位并进行简易水文地质观测; 5. 孔斜每百米应小于 1°	1. 现场记录应及时、准确,按回次进行,不得事后追记; 2. 描述内容应规范、完整、清晰; 3. 钻探记录和岩芯编录,应由专业技术人员承担,并有记录员及机长签字; 4. 绘制钻孔柱状图

采空区钻探现场描述要点与"三带"判定依据   表 5-19-8

冒落带判定依据	裂隙带判定依据	弯曲带判定依据
1. 突然掉钻; 2. 埋钻、卡钻; 3. 孔口水位突然消失; 4. 孔口吸风; 5. 进尺特别快; 6. 岩芯破碎混杂,有岩粉、淤泥、坑木等; 7. 打钻时有响声; 8. 瓦斯等有害气体上涌	1. 突然严重漏水或漏水量显著增加; 2. 钻孔水位明显下降; 3. 岩芯有纵向裂纹或陡倾角裂缝; 4. 钻孔有轻微吸风现象; 5. 瓦斯等有害气体上涌; 6. 岩芯采取率小于 75%	1. 全孔返水; 2. 无耗水量或耗水量小; 3. 取芯率大于 75%; 4. 进尺平稳; 5. 开采矿层岩芯完整,无漏水现象

4)采空区移动变形观测

观测线宜平行和垂直路线布设,长度应大于采空区的地表移动变形范围。观测点间距及观测周期可以参考表 5-19-9 及 5-19-10 确定。

观测点间距参考值   表 5-19-9

开采深度 $H(m)$	≤50	50~100	100~200	200~300	300~400	≥400
观测点间距 $L(m)$	10	10~20	20~30	30~40	40~50	50

观测周期取值   表 5-19-10

开采深度 $H(m)$	≤50	50~100	100~150	150~200	≥200
观测周期(d)	10~20	20~30	30~60	60~90	90

(二)勘察报告

工程地质勘察报告应包括文字说明和图表资料。

1）勘察报告文字说明主要内容

(1)勘察工作概况,包括勘察依据、目的、任务、时间、方法、过程及工作量;

(2)场地自然地理概况,包括地理位置、地形地貌、水文、气象、交通;

(3)区域地质概况,包括地层岩性、地质构造、水文地质、工程地质、地震烈度;

(4)采空区勘察成果,包括资料收集与分析成果,区域地质调绘、采空区测绘、物探、钻探、试验等成果,采空区的影响长度、采矿层数、埋深、采厚、顶板岩性、开采时限、开采方法、回采率、顶板管理方法、塌陷情况等采空区基本要素特征;

(5)公路预留保护带的位置、宽度及坐标;

(6)采空区稳定性分析与评价;

(7)采空区路段建设场地的适宜性评价;

(8)勘察结论与建议。

2）勘察报告图表资料主要内容

(1)采空区工程地质平面图,比例尺为1∶1000～1∶10000;

(2)采空区工程地质纵断面图,比例尺为水平1∶1000～1∶10000、垂直1∶200～1∶1000;

(3)采空区工程地质横断面图,比例尺为1∶100～1∶400;

(4)钻孔柱状图;

(5)附表包括采空区调查表、采空区变形参数表、采空区对公路工程危害程度综合评价表、采空区剩余空洞体积一览表,可参考表5-19-4,表5-19-11～表5-19-13。

二、采空区道路选线原则

(1)路线应避开由于地下采空加剧和引发斜坡失稳、山体开裂的地带及其可能发生崩塌、滑坡的危害范围。

(2)路线应避开坑洞密集、年代久远、难以查明的老采空区,以及急倾斜矿层的露头与开采地带。

(3)路线不宜设在矿产开采过程中可能出现非连续变形的地段,以及地表处于移动变形活跃地段或移动盆地的边缘地带。

(4)路线宜应绕避古墓穴、大型地窖、大型窑洞、地下工程等地下洞穴。

(5)路线宜设在充分采动或接近充分采动的采空区地表移动盆地中部平底部位。

(6)平曲线、回头曲线、竖曲线的顶和底部不宜设在地表变形复杂、变形剧烈或变形量较大的地方。

(7)河谷地段的线位,当两岸分别存在不易处治的采空区和其他不良地质发育区时,应通过综合比较论证,选择合适的换岸地点,或选在危害性相对较小、处治工程费用相对较低的一岸通过。

三、采空区路基设计原则

(1)采空区路基设计应根据挖方深度或填方高度、路基宽度、行车荷载、采空区变形范围与特点,验算地基及边坡稳定性。稳定性验算不满足要求时,应进行采空区处治设计。填方路基沉降稳定性验算应叠加采空区地表剩余下沉量;挖方路基遇到下伏采空区时,可采取减少挖方深度等措施降低采空区的影响。

表 5-19-11 采空区变形参数表

里程桩号	采空区名称	采厚(m)	地表下埋深(m)	岩层倾角(°)	最大下沉量(mm)	最大倾斜值(mm/m)	最大曲率值(mm/m²)	最大水平变形值(mm/m)	地表变形	钻探情况	剩余空隙率(%)	剩余下沉量(mm)	剩余倾斜值(mm/m)	剩余曲率值(mm/m²)	剩余水平变形值(mm/m)
……	……	……	……	……	……	……	……	……	……	……	……	……	……	……	……

表 5-19-12 采空区对公路工程危害程度综合评价表

序号	矿企名称	采空区分布里程	采空区长度(m)	土石比例	顶板岩性	开采年限	开采方式	采厚(m)	设计标高下采深(m)	开采煤层	回采率(%)	采深采厚比/采深采宽比	地表变形特征	充水情况	剩余下沉值(mm)	剩余倾斜值(mm/m)	剩余曲率值(mm/m²)	剩余水平变形值(mm/m)	工程类型	稳定性评价	危害程度
……	……	……	……	……	……	……	……	……	……	……	……	……	……	……	……	……	……	……	……	……	……

表 5-19-13 采空区剩余空洞体积一览表

序号	采空区分布里程及名称	长度(m)	影响宽度(m)	埋深(m)	采空区面积(m²)	采厚(m)	开采煤层	回采率(%)	剩余空隙率(%)	剩余空洞体积(m³)
……	……	……	……	……	……	……	……	……	……	……

(2)对于变形与位移没有达到稳定标准的采空区,应对采空区进行有效的处治,处治后变形与位移允许值应符合表 5-19-14 的规定。

采空区地基允许变形值　　　　　　　表 5-19-14

公路工程类型		倾斜值 i（mm/m）	水平变形值 ε（mm/m）	曲率值 K（mm/m²）
高速公路、一级公路	高级路面	4.0	3.0	0.3
二级及二级以下公路	高级及次高级路面	4.0~6.0	3.0~4.0	0.3~0.4
	简易路面	10.0	6.0	0.6

注:本表不包括对变形有严格要求的复杂结构桥梁和隧道工程。

(3)对于二级及二级以下公路,当采空区路段存在较大剩余变形值时,宜先采用柔性过渡路面或简易路面,待路基沉降稳定后再加铺永久性路面。

(4)在尚未开采的煤层分布区,当建设高速公路或一级公路,或者地下开采会有严重滑坡危险面而又难以处理的路段,应预留保护煤柱。

(5)不宜将路、桥结合处设在采空区变形和地表下沉较大的部位。

第三节　采空区地表稳定性评价

一、采空区稳定评价标准

采空区公路场地稳定性评价标准,应根据采空区地表剩余移动变形量、采空区停采时间及其对公路工程可能造成的危害程度,划分为稳定、基本稳定、欠稳定和不稳定四个等级。不同类型采空区场地稳定性评价标准如下:

(1)长壁式垮落法采空区,在工可阶段,宜依据工作面的停采时间,按表 5-19-15 划分场地稳定性等级;在勘察设计阶段,应依据地表剩余移动变形值计算,按表 5-19-16 确定场地稳定性等级;有条件时,应对采空区场地进行半年以上的高精度地表沉降观测,按表 5-19-17 确定场地稳定性等级。

按停采时间确定长壁式采空区场地稳定性等级评价标准　　　　　表 5-19-15

稳 定 等 级	场地影响范围内工作面停采时间（年）		
	软弱覆岩	中硬覆岩	坚硬覆岩
稳定	≥2.0	≥3.0	≥4.0
基本稳定	1.0~2.0	2.0~3.0	3.0~4.0
欠稳定	0.5~1.0	1.0~2.0	2.0~3.0
不稳定	≤0.5	≤1.0	≤2.0

按地表移动和变形值确定长壁式采空区场地稳定性等级评价标准　　　　　表 5-19-16

稳 定 等 级	地表移动变形值			
	下沉值 W（mm）	倾斜值 i（mm/m）	水平变形值 ε（mm/m）	曲率值 K（mm/m²）
稳定	≤100	≤3.0	≤2.0	≤0.2
基本稳定	100~200	3.0~6.0	2.0~4.0	0.2~0.4
欠稳定	200~400	6.0~10.0	4.0~6.0	0.4~0.6
不稳定	≥400	≥10.0	≥6.0	≥0.6

注:地表移动变形值为建(构)筑物场地平整后的地表剩余变形移动值。

按地表沉降观测确定长壁式采空区场地稳定性等级评价标准　　表 5-19-17

稳 定 等 级	地表下沉量(mm)			
	1 个月	3 个月	6 个月	12 个月
稳定	≤5	≤15	≤30	≤60
基本稳定	5～10	15～30	30～60	60～120
欠稳定	10～30	30～60	60～120	120～240
不稳定	≥30	≥60	≥120	≥240

(2)不规则柱式采空区,应根据其采深采厚比按表 5-19-18 的规定评价场地稳定性。

不规则柱式采空区场地稳定性等级评价标准　　表 5-19-18

稳定等级		稳定	基本稳定	欠稳定	不稳定
采深采厚比	坚硬覆岩	≥80	80～60	60～40	≤40
	中硬覆岩	≥100	100～80	80～60	≤60
	软弱覆岩	≥120	120～100	100～80	≤80

(3)单一巷道式采空区,可采用极限平衡分析方法,计算巷道覆岩临界深度 H_{cr} 及稳定系数 F_s,按表 5-19-19 的规定评价场地稳定性。

单一巷道式采空区场地稳定性等级评价标准　　表 5-19-19

稳定系数 F_s	$F_s \geq 2.0$	$1.5 \leq F_s < 2.0$	$1.0 \leq F_s < 1.5$	$F_s < 1.0$
稳定等级	稳定	基本稳定	欠稳定	不稳定

(4)条带式、短壁式、充填式及其他类型采空区,可参照上述相关标准进行场地稳定性评价。

二、采空区地表稳定性评价方法

采空区公路地表稳定性评价方法主要有:开采条件判别法、地表移动变形预计法、地表变形观测法、极限平衡法和数值模拟分析方法等。

(一)开采条件判别法

适用于巷柱式采空区、不规则房柱式采空区及其他难以进行地表沉陷变形估算的采空区,可以参照表 5-19-20 进行判别。本方法属于定性分析法,在高速公路和一级公路建设时,应结合其他评价方法进行综合评定。

开采条件判别法稳定性分析表　　表 5-19-20

开采条件	地质条件	地表沉降	采空区稳定性评价
1. 采梁深厚比≥200; 2. 长壁陷落法开采; 3. 工作面开采结束 5 年以上	1. 水平缓倾斜($\alpha \leq 15°$); 2. 无大的地质构造	1. 采空区地表年沉降量小于 24mm(日平均沉降量小于 0.066mm); 2. 预计公路路基建成后地表沉降量小于公路路基允许沉降值	稳定

续上表

开采条件	地质条件	地表沉降	采空区稳定性评价
1.40＜采梁深厚比＜200； 2. 长壁陷落法开采； 3. 工作面开采结束 3～5 年	1. 倾斜(15°＜α≤45°)； 2. 无大的地质构造	1. 采空区地表年沉降量小于 24mm（日平均沉降量小于 0.066mm）； 2. 预计公路路基建成后地表沉降量小于公路路基允许沉降值	基本稳定
1. 采梁深厚比≤40； 2. 浅层房柱式和条带开采； 3. 工作面正在开采或回采,或开采结束时间少于 1 年	1. 急倾斜(α＞45°)； 2. 有断层、褶皱等构造； 3. 浅部煤层露头区； 4. 水文条件复杂	1. 采空区地表年沉降量大于 24mm（日平均沉降量大于 0.066mm）； 2. 预计公路路基建成后地表沉降量大于公路路基允许沉降值； 3. 地表移动量大,移动不连续,可能出现大的台阶、塌陷等	不稳定

(二)地表移动变形预计法

适用于长壁式开采、经过正规设计的条带式或房柱式开采的采空区场地稳定性评价。准采区应计算地表最大移动变形值,老采区和新采区应计算地表剩余移动变形值。地表剩余移动变形值可通过预计的地表最大移动变形值扣除已发生的地表移动变形值确定,也可在地表移动变形预计中按下沉过程曲线扣减下沉系数,或引入时间因子,计算开采时段对应的下沉率及相应的剩余地表移动变形值。

采空区地表移动变形预计宜采用概率积分法。计算方法介绍如下。

1. 水平及缓倾斜矿层 $α<15°$ 概率积分法半无限地表移动变形计算方法

(1)地表下沉最大值 W_{max}(mm)及其位置 x 按式(5-19-3)计算：

$$\begin{cases} W_{max} = mq\cos\alpha \\ x = \infty \end{cases} \qquad (5-19-3)$$

式中：m——矿层厚度(m)；

q——下沉系数；准确值由矿区实际测量资料确定,近似值可按表 5-19-21～表 5-19-24 中相近的实际资料确定；

$α$——矿层倾角(°)；

x——计算点的坐标值(m)；坐标原点位于采空区边界,但要考虑盆地拐点偏距 S,计算坐标系统见示意图 5-19-1a)。

按覆岩性质区分的重复采动下沉活化系数　　表 5-19-21

岩　性	一次重采	二次重采	三次重采	四次及四次以上重采
坚硬	0.15	0.20	0.10	0
中硬	0.20	0.10	0.05	0

按顶板管理方法区分的下沉系数　　表 5-19-22

顶板管理方法	下沉系数 q	顶板管理方法	下沉系数 q
带状填充法(外来材料)	0.55～0.70	水砂充填法	0.06～0.20
干式全部充填法(外来材料)	0.40～0.50	冒落条采(回采率为 50%～60%)	0.15～0.30
风力充填法	0.30～0.40	条带水砂充填(回采率为 50%～60%)	0.02

表 5-19-23 各种岩性地表移动一般参数综合表 [α(岩层倾角)<50°]

覆岩类型	覆岩性质 主要岩性	单轴抗压强度(MPa)	下沉系数 q	水平移动系数 b	移动角 δ(°)	移动角 γ(°)	移动角 β(°)	边界角 δ₀(°)	边界角 γ₀(°)	边界角 β₀(°)	主要影响角正切 tanβ	拐点偏移距 S/H₀	开采影响传播角 θ(°)
坚硬岩	大部分以中生代地层硬砂岩、硬灰岩为主,其他为砂质页岩、页岩、辉绿岩	>60	0.27~0.54	0.2~0.3	75~80	75~80	δ−(0.7~0.8)α	60~65	60~65	δ₀−(0.7~0.8)α	1.2~1.91	0.31~0.43	90−(0.7~0.8)α
中硬岩	大部分以中生代地层中硬砂岩、石灰岩、砂质页岩为主,其他为砾岩、致密泥灰岩、铁矿石	60~30	0.55~0.84	0.2~0.3	70~75	70~75	δ−(0.6~0.7)α	55~60	55~60	δ₀−(0.6~0.7)α	1.92~2.40	0.08~0.30	90−(0.6~0.7)α
较软岩—极软岩	大部分为新生代地层砂质页岩、页岩、泥岩及黏土、砂质黏土等松散层	<30	0.85~1.0	0.2~0.3	60~70	60~70	δ−(0.3~0.5)α	50~55	50~55	δ₀−(0.3~0.5)α	2.41~3.54	0.0~0.07	90−(0.5~0.6)α

注:1. δ、γ、β—矿层走向方向、上山方向、下山方向移动影响角;
2. δ₀、γ₀、β₀—矿层走向方向、上山方向、下山方向岩层边界角。

表 5-19-24 半无限采空区地表移动与变形计算系数

X/r	0	0.1	0.2	0.3	0.4	0.5	0.6	0.7	0.8	0.9	1.0	1.1	1.2	1.3	1.4	1.5
W/W_{max} [a]	0.5000	0.4013	0.3085	0.2266	0.1587	0.1080	0.0665	0.0400	0.0225	0.0126	0.0062	0.0029	0.0014	0.0007	0.0002	0.0001
i/i_{max} [b] 或 u/u_{max} [c]	1.0000	0.9704	0.8830	0.7550	0.6040	0.4560	0.3230	0.2144	0.1340	0.0785	0.0432	0.0220	0.0111	0.0049	0.0022	0.0009
K/K_{max} [d] 或 $\varepsilon/\varepsilon_{max}$ [e]	0	0.410	0.730	0.933	1.000	0.940	0.800	0.620	0.442	0.292	0.178	0.100	0.055	0.026	0.013	0.005

注:[a] 下沉量计算系数;[b] 倾斜变形计算系数;[c] 水平移动量计算系数;[d] 曲率变形计算系数;[e] 水平变形计算系数。

(2) 地表倾斜最大值 i_{max}(mm/m)及其位置 x_i 按式(5-19-4)计算：

$$\begin{cases} i_{max} = \dfrac{W_{max}}{r} \\ x_i = 0 \end{cases} \quad (5\text{-}19\text{-}4)$$

式中：r——采空区边界地表主要影响范围半径(m)，$r = H/\tan\beta$；

H——采空区的底板深度(m)；

β——采空区边界主要移动范围角(°)，准确值由矿区实测资料确定，近似值可按表 5-19-23 中条件相近的实际资料确定。

(3) 地表曲率最大值 K_{max}(mm/m²)及其位置 x_K 按式(5-19-5)计算：

$$\begin{cases} \pm K_{max} = \pm 1.52 \dfrac{W_{max}}{r^2} \\ x_K = \pm 0.4r \end{cases} \quad (5\text{-}19\text{-}5)$$

(4) 地表水平变形最大值 ε_{max}(mm/m)及其位置 x_ε 按式(5-19-6)计算：

$$\begin{cases} \pm \varepsilon_{max} = \pm 1.52b \dfrac{W_{max}}{r} \\ x_\varepsilon = \pm 0.4r \end{cases} \quad (5\text{-}19\text{-}6)$$

式中：b——水平移动系数，准确值按矿区实测资料确定，近似值可根据表 5-19-23 中条件相近的实际资料确定。

采空区地表任意点 x 处的移动变形值可以查表确定，用 W/W_{max}、i/i_{max}、K/K_{max}、x/r 按表 5-19-24 查取。

2. 倾斜矿层(15°≤α≤75°)概率积分法地表移动变形最大值及其位置的计算方法

由于倾斜矿层采空区下山边界与上山边界上方地表的移动、变形不对称相等，因此应分别计算其极值及相应的位置。

(1) 充分采动条件下，倾斜矿层采空区地表最大沉降值 W_{max} 按(5-19-7)式计算：

$$W_{max} = \dfrac{m}{\cos\alpha} q \quad (5\text{-}19\text{-}7)$$

式中：m——倾斜矿层的法线方向厚度(m)；

$m/\cos\alpha$——矿层在铅垂方向的厚度(m)。

同样厚度的矿层在倾斜情况下，地表下沉量较大。

(2) 倾斜矿层采空区边界地表最大倾斜值及其位置计算。

① 采空区下山边界地表最大倾斜 $i_{1,max}$ 及其位置 x_{i1} 按(5-19-8)式计算：

$$\begin{cases} i_{1,max} = \dfrac{W_{max}}{r_1} \\ x_{i1} = 0 \end{cases} \quad (5\text{-}19\text{-}8)$$

② 采空区上山边界地表最大倾斜 $i_{2,max}$ 及其位置 x_{i2} 按(5-19-9)式计算：

$$\begin{cases} i_{2,max} = \dfrac{W_{max}}{r_2} \\ x_{i2} = 0 \end{cases} \quad (5\text{-}19\text{-}9)$$

式中：r_1、r_2——下山边界、上山边界地表主要影响范围半径，$r_1 = H_1/\tan\beta$，$r_2 = H_2/\tan\beta$；坐标系统见示意图 5-19-1b)，$\tan\beta$ 按表 5-19-23 取值；

H_1——下山边界的采深(m)；

H_2——上山边界的采深(m)。

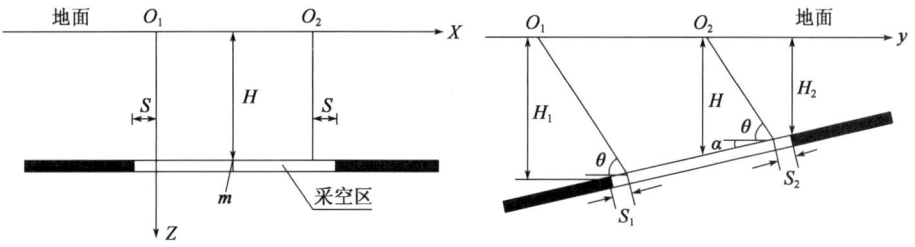

a) 水平及缓倾采空区坐标系统 　　　　b) 倾斜采空区坐标系统

图 5-19-1　概率积分法坐标系

注：S_1、S_2—倾向主断面上采空区下山边界、上山边界的拐点偏距；θ—开采影响传播角。

③倾斜采空区地表最大曲率及其位置计算：

a. 采空区下山边界地表最大曲率值 $K_{1,\max}$ 及其位置 x_{k1} 按式(5-19-10)计算：

$$\begin{cases} K_{1,\max} = \pm 1.52 \dfrac{W_{\max}}{r_1^2} \\ x_{k1} = \pm 0.4 r_1 \end{cases} \quad (5\text{-}19\text{-}10)$$

b. 采空区上山边界地表最大曲率值 $K_{2,\max}$ 及其位置 x_{k2} 按(5-19-11)式计算：

$$\begin{cases} K_{2,\max} = \pm 1.52 \dfrac{W_{\max}}{r_2^2} \\ x_{k2} = \pm 0.4 r_2 \end{cases} \quad (5\text{-}19\text{-}11)$$

④倾斜采空区地表最大水平变形值及其位置计算：

a. 采空区下山边界地表最大水平变形值 $\varepsilon_{1,\max}$ 及其位置 $x_{\varepsilon 1}$ 按(5-19-12)式计算：

$$\begin{cases} \varepsilon_{1,\max} = \dfrac{W_{\max}}{r_1}\left[(1-b)\cot\theta \pm \sqrt{\cot^2\theta + 8\pi} \right]^{\left[-\frac{\cot\theta}{8}(\cot\theta \mp \sqrt{\cot^2\theta + 8\pi}) - \frac{\pi}{2} \right]} \\ x_{\varepsilon 1} = \dfrac{-\cot\theta \pm \sqrt{\cot^2\theta + 8\pi}}{4\pi} r_1 \end{cases} \quad (5\text{-}19\text{-}12)$$

式中：θ——开采影响传播角(最大下沉角)，准确值由矿山测量资料确定，近似值可参考表 5-19-23 中条件相近的实际资料确定。

b. 采空区上山边界地表最大水平变形值 $\varepsilon_{2,\max}$ 及其位置 $x_{\varepsilon 2}$ 按式(5-19-13)计算：

$$\begin{cases} \varepsilon_{2,\max} = -\dfrac{W_{\max}}{r_2}\left[(1-b)\cot\theta \pm \sqrt{\cot^2\theta + 8\pi} \right]^{\left[-\frac{\cot\theta}{8}(\cot\theta \mp \sqrt{\cot^2\theta + 8\pi}) - \frac{\pi}{2} \right]} \\ x_{\varepsilon 2} = \dfrac{-\cot\theta \pm \sqrt{\cot^2\theta + 8\pi}}{4\pi} r_2 \end{cases} \quad (5\text{-}19\text{-}13)$$

3. 地表剩余下沉量的估算

地表剩余下沉量可按以下三个步骤进行：

(1)按式(5-19-3)或式(5-19-7)计算出最大沉降量 W_{max}。
(2)按以下方法确定地表移动延续时间 T。
根据最大下沉点的下沉与时间关系曲线及下沉速度曲线确定地表移动延续时间 T。
①下沉 10mm 时为移动期开始时间;
②连续 6 个月下沉量不超过 30mm 时,可以认为地表移动结束;
③从地表移动开始到结束的整个时间段称为地表移动的延续时间;
④在移动过程的持续时间内,地表下沉速度大于 50mm/月(矿层倾角小于 45°)或大于 30mm/月(矿层倾角大于 45°)的时间称为活跃期。从地表移动期开始到活跃期开始的时间称为初始期。从活跃期结束到移动期结束的阶段称为衰退期。三个阶段的确定方法见图 5-19-2。

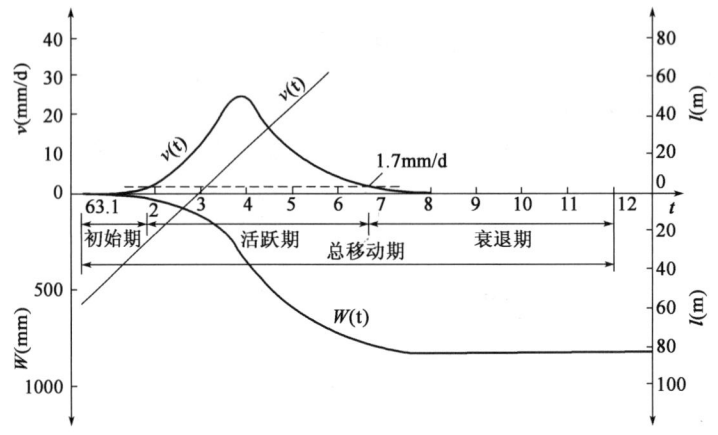

图 5-19-2 地表移动延续时间的确定方法

无实测资料时,地表移动的延续时间 T 值可以根据相关经验公式确定,表 5-19-25 为国内部分矿区地表移动延续时间的回归关系式,可供参考。

(3)各时段下沉量的估算。

表 5-19-26 为部分倾斜式煤层长壁式陷落法开采矿区根据地表变形观测资料得到的地表移动延续不同时间段 t_i 对应的时间长短及其下沉量 W_t 与最大下沉量 W_{max} 的比值关系,可以结合图 5-19-2 估算各时段的地表剩余下沉量。

4.地表最大下沉速率

可以按式(5-19-14)式估算:

$$v_{max} = K \frac{CW_{max}}{H_0} \qquad (5\text{-}19\text{-}14)$$

式中:v_{max}——地表最大下沉速率(mm/d);
K——下沉速度系数,经验值可取为 2;
C——工作面推进速度(m/d);
H_0——平均开采深度(m),即矿层开采顶面的平均埋深。

国内部分矿区移动延续时间的回归关系式　　　　表 5-19-25

矿　区	移动延续时间表达式	备　注
本溪矿区	$T=2.103H_0+417$	
抚顺矿区	$T=2112-10.6A/H_0$	
双鸭山矿区	$T=0.95H_0+262$	
鹤岗矿区	$T=D_1(0.562-0.00353H_0/\delta_{开采})$	T——总移动延续时间(d);
淮北矿区	$T=81.5+1.11H_0\pm74.9$	H_0——平均开采深度(m);
徐州矿区	$T=2.87H_0+8$	A——回采工作面面积(m^2);
东煤矿区	$T=2.28H_0+43$	D_1——工作面斜长(m);
兖州矿区	$T=0628H_0/C+269$	$\delta_{开采}$——开采厚度(m);
煤炭行业规程推荐	$T=2.5H_0$	C——工作面推进速度(m/d)
山西石炭二叠系煤矿区	$H_0\leqslant300\mathrm{m}$：$T=(2.0\sim2.3)H_0$ $300\mathrm{m}<H_0<500\mathrm{m}$：$T=(1.3\sim2.0)$ $H_0\geqslant500\mathrm{m}$：$T=(1.0\sim1.3)$	

各时段沉陷过程的时间系数表　　　　表 5-19-26

延续时段 t_i	时间段 t_i/T	下沉率 W_{ti}/W_{max}	时间系数 k_i	备　注
t_1	0.2	0.35	0.35	初始期~活跃期
t_2	0.4	0.76	0.41	活跃期(出现最大下沉速度)
t_3	0.6	0.98	0.22	活跃期结束，衰退期开始
t_4	0.8	0.995	0.015	衰退期
t_5	1.0	1.00	0.005	衰退期结束

(三)地表变形观测法

适用于长壁式与条带式采空区场地稳定性评价，有条件时，宜进行半年以上高精度地表变形观测。巷道式及房柱式采空区场地采用该方法进行稳定性评价时，应延长观测周期。

采空区的观测应以沉降观测为主，水平位移观测为辅。地表变形观测成果应及时整理分析，计算各测点的下沉、位移及相邻点间的倾斜、曲率值和水平变形值；绘制地表下沉、倾斜、曲率值、水平变形曲线和最大下沉过程曲线；计算地表下沉速率，分析地表变形发展趋势，计算地表剩余移动变形量。

(四)极限平衡分析法

主要适用于开采范围小、上覆岩层可形成冒落拱的近水平单一巷道采空区。

先计算巷道覆岩临界深度 H_{cr}，然后根据 H_{cr} 及巷道顶板的实际深度 H 确定稳定系数 F_S，按表 5-19-18 的规定评价场地稳定性。

临界深度 H_{cr} 可按式(5-19-15)和式(5-19-16)计算：

当覆岩为松散岩体时：

$$H_{\mathrm{cr}} = \frac{B\gamma + \sqrt{B^2\gamma^2 + 4Bp_0\gamma\tan\varphi\tan^2\left(45° - \frac{\varphi}{2}\right)}}{2\gamma\tan\varphi\tan^2\left(45° - \frac{\varphi}{2}\right)} \tag{5-19-15}$$

当覆岩为非松散岩体时：

$$H_{\mathrm{cr}} = \frac{B\gamma + \sqrt{B^2\gamma^2 + 4Bp_0\gamma\left(\frac{\mu}{1-\mu}\right)\tan\varphi}}{2\gamma\left(\frac{\mu}{1-\mu}\right)\tan\varphi} \tag{5-19-16}$$

式中：B——采空区巷道宽度(m)；
　　P_0——公路路基基底压力(kPa)，包括行车荷载及路基、路面荷载；
　　γ——上覆岩层加权平均重度(kN/m³)；
　　φ——上覆岩层加权平均内摩擦角(°)；
　　μ——上覆岩层加权平均泊松比。

对比采空区的实际埋藏深度及临界深度，按式(5-19-17)可求得采空区顶板的稳定系数 F_S，按表 5-19-19 评价小窑采空区场地的稳定性。

$$F_\mathrm{S} = \frac{H}{H_{\mathrm{cr}}} \tag{5-19-17}$$

式中：H——巷道顶板的实际深度(m)。

(五)数值模拟法

数值模拟法主要适用于开采深度较深、开采范围较大、地质条件复杂的采空区。

数值模拟法可采用有限单元法、有限差分法、边界单元法和离散单元法等。计算单元宜采用四边形、六面体等参数单元或三角形、四面体常应变单元，采用无厚度或等厚度节理单元模拟节理面；覆岩破坏准则可采用摩尔-库伦、德鲁克-普拉格等弹塑性准则，应根据公路工程及采空区空间展布形态合理确定计算范围及边界条件。

三、采空区地表稳定性控制标准

公路采空区地表变形应符合表 5-19-27 的规定。当采空区地表变形不满足表 5-19-27 的要求时，应对采空区进行处治设计。对采空区地表倾斜大于 10mm/m、地表曲率大于 0.6mm/m² 或地表水平变形大于 6mm/m 的地段，不宜作为公路路基建设场地。

公路采空区地表变形允许值　　　　　表 5-19-27

公　路　等　级	地表倾斜 (mm/m)	水平变形 (mm/m)	地表曲率 (mm/m²)
高速公路、一级公路	≤3.0	≤2.0	≤0.2
二级及二级以下公路	≤6.0	≤4.0	≤0.3

第四节 采空区处治设计

一、处治方案确定原则

(1)采空区处治设计,应根据采空区场地稳定性评价结果,结合公路等级及工程类型,按表5-19-28进行处治。

采空区处治原则　　　　　　　　表5-19-28

工程类别		场地稳定性等级			
		稳定	基本稳定	欠稳定	不稳定
路基	高速、一级公路	-	+	+ +	+ +
	二级及二级以下公路	-	-	+	+ +
桥梁、隧道		-	+ +	+ +	+ +
砖混结构建筑物		-	+	+ +	+ +

注:"-"不处治;"+"经论证后确定是否处治;"+ +"处治。

(2)采空区处治设计范围,除公路主体工程压覆的采空区外,尚应包括公路附属工程所压覆的采空区,以及与采空区相伴生的巷道、废弃的矿井、地裂缝及塌陷坑。

二、公路采空区处治范围

(一)处治长度

采空区沿路线中线方向的处治长度 L,为公路下伏采空区的实际长度加上覆岩移动影响范围之和。具体可用式(5-19-18)计算,计算简图见图5-19-3。

$$L = L_0 + 2h\cot w + H_1\cot\beta + H_2\cot\gamma \tag{5-19-18}$$

式中:H_1、H_2——采空区下山、上山上覆岩层厚度(m);

β、γ——采空区下山、上山方向覆岩层移动角(°);

w——松散层移动角(°),可按表5-19-29取值;

L_0——沿公路中线方向的采空区长度(m)。

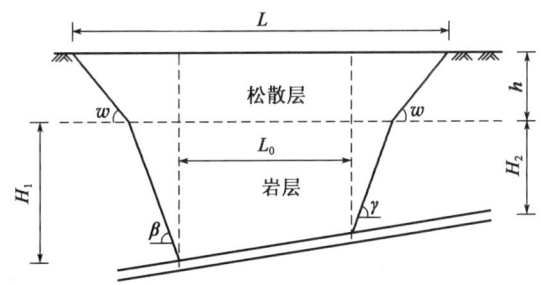

图5-19-3 采空区处治长度计算简图

松散层移动角 w 值　　　　　　　　表5-19-29

松散层厚度 h(m)	干燥、不含水 (°)	含水较强 (°)	含流砂层 (°)
<40	50	45	30
40~60	55	50	35
>60	60	55	40

(二)处治宽度

(1)采空区处治的宽度 B 由路基底面宽度 D、围护带宽度 d(一般取 10m)、采空区覆岩移动影响宽度 D' 三部分组成,可按式(5-19-19)计算:

$$B = D + 2d + D' \tag{5-19-19}$$

(2)采空区覆岩移动影响宽度,对于水平矿层采空区(图 5-19-4),可按式(5-19-20)计算:

$$D' = 2(h\cot w + H\cot\delta) \tag{5-19-20}$$

式中:h——地表松散层厚度(m);

H——采空区上覆岩层厚度(m);

w——松散层移动角(°);

δ——走向方向采空区上覆岩层移动角(°)。

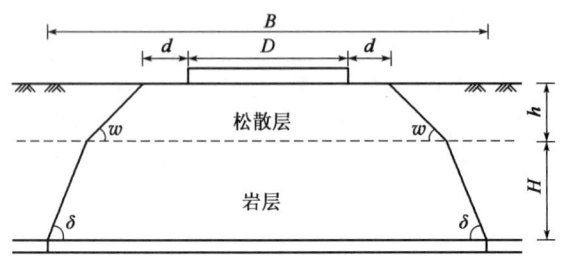

图 5-19-4 水平矿层采空区处治宽度计算简图

(3)对于倾斜矿层采空区,当路线与矿层走向垂直时,路线上每点的宽度可按水平矿层采空区的公式[式(5-19-20)]计算;当路线与岩层走向平行时(图 5-19-5),可按式(5-19-21)计算:

$$D' = 2h\cot w + H_1\cot\beta + H_2\cot\gamma \tag{5-19-21}$$

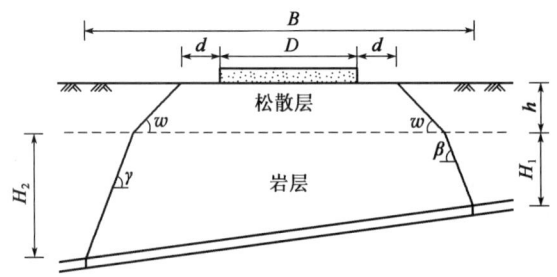

图 5-19-5 倾斜矿层采空区且路线与矿层走向平行时处治宽度计算简图

当路线与矿层走向斜交时,可按式(5-19-22)计算:

$$D' = 2h\cot\omega + H_1\cot\beta' + H_2\cot\gamma' \tag{5-19-22}$$

$$\cot\beta' = \sqrt{\cot^2\beta\cos^2\theta_\omega + \cot^2\delta\sin^2\theta_\omega}$$

$$\cot\gamma' = \sqrt{\cot^2\gamma\cos^2\theta_\omega + \cot^2\delta\sin^2\theta_\omega}$$

式中:β'——采空区上山方向上覆岩层斜交移动角(°);

γ'——采空区下山方向上覆岩层斜交移动角(°);

θ_ω——围护带边界与矿层倾向线之间所夹的锐角(°)。

基岩移动角可按表 5-19-30 的规定取值。

采空区影响宽度基岩移动角(γ、δ)取值 表 5-19-30

采空区类型	基岩移动角					
	新(准)采空区(覆岩移动角)			老采空区(覆岩活化移动角)		
采区回采率	≤40%	40%~60%	≥60%	≤40%	40%~60%	≥60%
坚硬覆岩(R_c≥60MPa)	78°~83°	76°~82°	75°~80°	85°~88°	82°~86°	80°~85°
中硬覆岩(30MPa<R_c<60MPa)	73°~78°	72°~76°	70°~75°	80°~85°	77°~82°	75°~80°
软弱覆岩(R_c≤30MPa)	64°~73°	62°~72°	60°~70°	75°~80°	72°~77°	70°~75°

注:1. R_c 为岩石天然单轴抗压强度。表中数据为水平矿层走向移动角 δ 和倾斜矿层上山移动角 γ 的取值。倾斜矿层倾向下山移动影响角 $\beta = \delta - k\alpha$,式中 α 为矿层倾角(°);k 为常数,坚硬覆岩 $k = 0.7 \sim 0.8$,中硬覆岩 $k = 0.6 \sim 0.7$,软弱覆岩 $k = 0.5 \sim 0.6$。
2. 本表适用于地形较为平坦,地表倾角小于15°的地区。当公路建(构)筑物位于山地坡脚等低洼部位,邻近一侧山体上坡方向下方有新采区或准采区时,应考虑公路建(构)筑物可能受到采动滑移影响,此时移动角 $\delta(\gamma)$ 应减小 10°~15°,坡角越大,移动角 $\delta(\gamma)$ 越小。
3. 取值时应考虑采深采厚比对移动角的影响。当采深采厚比大时,移动角取大值;采深采厚比小时,移动角取小值。

(三)处治深度

采空区处治深度 h 可分两种情况确定:
① 当处治范围位于采空区边界以内时,其处治深度应为地面至采空区底板以下 3m 处。
② 当处治范围位于采空区边界外侧至岩层移动影响范围以内时(图 5-19-6),可按式(5-19-23)及式(5-19-24)计算:

$$h = h_1 + h_2 \quad (5\text{-}19\text{-}23)$$

$$h_1 = H - l\tan\delta \quad (5\text{-}19\text{-}24)$$

式中:H——采空区埋深(m);

l——注浆孔距采空区边界的距离(m);

δ——采空区边界外侧上覆岩层移动角(°);

h_2——影响裂隙带以下的处治深度,取 20m 为宜。

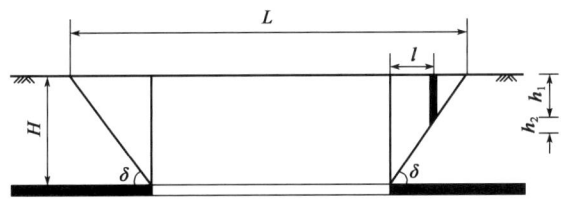

图 5-19-6 采空区外侧处治深度计算简图

三、采空区处治方法

(一)开挖回填法

1. 适用范围

(1)挖方边坡内规模较小的采空区或巷道。

(2)埋深小于 6m 的采空区,上覆顶板完整性差,岩体强度低,易开挖。

(3)埋深 6~20m 的采空区,周围无任何建筑物,可采用爆破采空区顶板,也可以采用井下复采、水诱导法使采空区顶板覆岩塌落,然后用回填法处理,必要时结合强夯或重锤夯实。

2. 设计与施工要点

(1)回填材料应满足以下要求:

①宜选用级配较好的砾类土、砂类土等粗粒土作为回填材料,填料最大粒径应小于150mm。当采用细粒土填筑时,高速公路、一级公路路堤填料最小强度 CBR 值≥3%,二级及二级以下公路路堤填料最小强度 CBR 值≥2%。

②回填材料需分层铺筑,均匀压实,压实度应符合表5-19-31 的规定。回填石料应分别采用不同的填筑层厚和压实控制标准,回填石料的压实质量标准宜用孔隙率作为控制指标,压实质量需满足表 5-19-32 的规定。

回填料压实度要求　　　　　　　　　　　表5-19-31

公路等级	高速公路、一级公路	二级公路	三、四级公路
压实度(%)	≥93	≥92	≥90

回填石料压实质量控制标准　　　　　　　表5-19-32

石料分类	摊铺层厚(mm)	最大粒径(mm)	压实干重度(kN/m³)	孔隙率(%)
硬质岩	≤600	小于层厚2/3	由试验确定	≤25
中硬岩	≤500	小于层厚2/3	由试验确定	≤24
软质岩	≤400	小于层厚	由试验确定	≤22

注:填石料压实质量可采用压实沉降差或孔隙率进行检测,孔隙率的检测应采用水袋法进行。

(2)开挖回填工程量按式(5-19-25)计算:

$$Q_{总} = \frac{S(MK + h)}{\psi} \quad (5\text{-}19\text{-}25)$$

式中:$Q_{总}$——开挖后所需的回填量(m^3);

　　　S——采空区处治面积(m^2),$S = LB$;

　　　B——采空区处治宽度(m);

　　　L——采空区处治长度(m);

　　　M——采空区的平均高度(m);

　　　K——回采率;

　　　h——采空区上覆岩土体平均厚度(m);

　　　ψ——夯实系数,根据上覆密实度可取 $\psi = 0.85 \sim 0.95$。

(3)施工要点:

①施工前应标识清楚开挖回填边界;

②开挖时,基坑周围应按照边坡稳定性计算结果放坡开挖;回填时,填土应分层夯实。

(二)干(浆)砌支撑法

1. 适用范围

(1)采空区未完全塌落、空间较大、埋深浅、通风良好,并具备人工作业和材料运输条件的采空区。

(2)正在使用的巷道止浆墙。

2. 设计与施工要点

(1)材料要求:一般路基段可用干砌片石,回填抗压强度不应低于10MPa,构造物路段及用于止浆帷幕时应采用浆砌片石,抗压强度不应低于15MPa。石料应均匀、不易风化、无裂纹。

(2)工程量计算:干(浆)砌支撑可为全部砌筑和部分砌筑(墙柱式)支撑,其工程量应根据处治范围和采空区上覆工程类型分别进行计算。

①全部砌筑支撑,可按式(5-19-26)计算:

$$Q_总 = SM\xi \tag{5-19-26}$$

式中:$Q_总$——回填浆砌片石的量(m^3);

S——根据处治范围,在井下测量的实际空洞的面积(m^2);

M——采空区平均高度(m);

ξ——塌落影响系数,可取0.9~1.0。

②部分砌筑支撑,用于采空区未完全塌落、空间较大、埋深浅、通风良好并具备人工作业和材料运输条件的采空区时,按式(5-19-27)计算砌筑工程量;用于正在使用的巷道止浆墙时,按式(5-19-28)计算砌筑工程量。墙柱之间的距离可根据采空区顶板地层岩性及其破碎程度等地质条件进行稳定性计算或类比法确定,墙柱体宽度(包括帷幕止浆墙厚度)一般不小于2m。

$$Q_总 = S_1 MS/\Delta S \tag{5-19-27}$$

$$Q_总 = L_0 MB_2 \tag{5-19-28}$$

式中:S_1——单墙或单柱的平均面积(m^2),墙式:$S_1 = BB_2$;柱式:$S_1 = B_2 B_2$。

B——采空区处治宽度(m);

B_2——超宽处理宽度(m),一般取2~4;

ΔS——单墙或单柱处治的有效面积(m^2),墙式:$\Delta S = BL_1$;柱式:$\Delta S = 1.13^2 \cdot L_1 L_0$。

L_0——止浆墙的宽度(m)。

L_1——墙顶中线之间距离或柱顶中心之间距离(m)。

(3)施工要点:

①应对支撑位置及范围进行标识。

②干砌石应分层砌筑,以2~3层砌块组成一个工作层,每一工作层的水平缝应大致找平。各工作层竖缝应相互错开,不得贯通;外圈定位行列和转角石,应选择形状较为方正及尺寸较大的砌石,并长短相间地与里层砌块咬接。砌缝宽度不应大于40mm;干砌石应从里到外施工,以2~3m作为一个施工段。

③浆砌石砌块在使用前必须浇水湿润并清洗干净;砌筑第一层砌块时,应先将基底表面清洗、湿润,再坐浆砌筑。砌体应分层砌筑,砌体较长时可分段分层砌筑,两相邻工作段的砌筑高差不宜超过1.2m;各砌层应先砌外圈定位行列,然后砌筑里层,外圈砌块应与里层砌块交错连成一体。

(三)强夯法

1.适用范围

(1)采空区埋深小于10m,上覆顶板完整性差、岩体强度低的地段;

(2)爆破开挖回填后,或主变形已完成的采空区地段;

(3)采空区边缘地带裂缝区的地表处治。

2.设计与施工要点

(1)强夯的夯击能应根据现场试夯确定,若试夯2~3次采空区顶板未夯塌,可停止试夯,改用先爆破再强夯。

(2)采空区采厚相对较大时,可先进行一定高度的堆载后,再进行强夯,以防止夯机滑落到夯坑。

(3)强夯时夯坑周围地面不应有过大隆起,当夯坑过深时,应回填后再进行强夯,避免发生提锤困难。

(4)夯塌次数根据试验确定,夯实遍数以 2~3 遍为宜。

(5)强夯回填量 $Q_{总}$ 按式(5-19-29)及式(5-19-30)计算:

$$Q_{总} = S(MK + h) \times (1 - \psi) \quad (5\text{-}19\text{-}29)$$

$$Q_{总} = Sh(1 - \psi) \quad (5\text{-}19\text{-}30)$$

式中:M——采空区的平均高度(m);

K——回采率(%);

h——采空区上覆岩土体厚度(m);

ψ——夯实系数,根据上覆密实度可取 0.85~0.95;

S——采空区处治面积(m^2)。

当强夯适用采空区埋深小于 10m,上覆顶板完整性差、岩体强度低的地段时,回填量按式(5-19-29)计算;适用爆破开挖回填后或主变形已完成的采空区地段以及采空区边缘地带裂缝区的地表处治时,回填量按式(5-19-30)计算。

(6)处治范围:适用采空区埋深小于 10m,上覆顶板完整性差、岩体强度低的地段时,按式(5-19-18)~式(5-19-22)确定处治范围;适用爆破开挖回填后或主要变形已完成的采空区地段以及采空区边缘地带裂缝区的地表处治时,处治长度为公路中线采空区实际分布长度,处治宽度 B 应按式(5-19-31)计算:

$$B = B_0 + 2L_2 \quad (5\text{-}19\text{-}31)$$

式中:B_0——路堤底宽(m);

L_2——超出路基底宽强夯的范围,可取 $L_2 = 3~5m$。

强夯夯击能的选择、强夯终止时沉降量控制标准、强夯施工要点等内容可参考第 5 篇第 12 章黄土地区路基设计中强夯法的相关内容。

(四)注浆法

1. 适用范围

注浆法适用于矿层开采后覆岩发生了较严重的垮塌、滑落或稳定性评价为处于欠稳定或不稳定的公路路基部位的采空塌陷区。

2. 设计与施工要点

(1)对于地质条件复杂地区,注浆施工前应选择具有代表性路段作为试验段,按设计注浆孔总数的 3%~5% 进行现场注浆试验,其内容包括浆液的配比、成孔工艺、注浆设备、注浆施工工艺等。

(2)当所处治的采空区临近矿井巷道时,应在巷道中修建止浆墙,避免浆液流失。

(3)采空区处治范围的边缘部位应布设帷幕孔,防止浆液流失,帷幕孔间距宜为 10m,容许变动范围为 ±5m。

(4)注浆孔宜采用梅花形方式布设,其排距、孔间距应经现场试验确定。若无条件试验,可参考表 5-19-33 确定。

注浆孔排距和孔距经验值　　　　　表 5-19-33

序号	判 别 条 件	排距(m)	孔间距(m)	
			路基范围内	路基范围外
1	有坚硬顶板,回采率不小于60%,采空区冒裂带的岩石空隙、裂隙之间连通性较好	25±10	20±5	25±5
2	无坚硬顶板,回采率不小于60%,采空区冒裂带的岩石空隙、裂隙之间连通性较差	20±10	15±5	20±5
3	有坚硬顶板,回采率小于60%,采空区冒裂带的岩石空隙、裂隙之间连通性较好	20±10	15±5	20±5
4	无坚硬顶板,回采率小于60%,采空区冒裂带的岩石空隙、裂隙之间连通性较差	15±10	10±5	15±5

注:路基工程宜取大值,桥隧工程宜取小值。

(5)钻孔孔深、孔径、变径位置、孔斜、注浆管材料与管径设计应符合下列规定:
①孔深按式(5-19-23)及式(5-19-24)计算确定。
②开孔孔径宜控制在 130~150mm 之间,经一次或两次变径后,终孔孔径不应小于 91mm。
③注浆孔和帷幕孔均应进入完整基岩 4~6m 处变径(软岩取大值硬岩取小值)。
④取芯孔的数量应为注浆孔、帷幕孔总数的 3%~5%。采空区部位岩芯采取率不应小于 30%;其他部位岩芯采取率不应小于 60%。
⑤钻孔每 50m 测斜一次,每百米孔斜不应超过 1°。
⑥注浆管宜选用直径不小于 $\phi 50mm$ 的钢管,需投入集料时,管径不应小于 $\phi 89mm$。当采空区处治深度小于 50m 时,可采用 $\phi 50mm$ 的 PVC 管或 PE 管。

(6)注浆材料的选择、配比和用量计算应符合下列规定:
①采空区注浆宜采用水泥、粉煤灰、黏土等材料。当采空区空洞和裂隙发育,地下水流速大于 200m/h 时,宜先灌注砂、砾石、石屑、矿渣等集料后注浆。注浆过程中,可根据需要加入一定量的水玻璃、三乙醇胺等添加剂改变浆液性能,缩短凝结时间。注浆材料的规格要求应符合表 5-19-34 的规定。

注 浆 材 料 规 格　　　　　表 5-19-34

序号	原料	规 格 要 求
1	水	应符合拌制混凝土用水要求,pH 值大于 4
2	水泥	强度等级不低于 32.5 级,普通硅酸盐水泥
3	粉煤灰	应符合国家二、三级质量标准
4	黏性土	塑性指数不宜小于 14,黏粒含量不宜小于 25%,含砂量不宜大于 3%
5	砂	天然砂或人工砂,粒径不宜大于 2.5mm,有机物含量不宜大于 3%
6	石屑或矿渣	最大粒径不宜大于 10mm,有机物含量不宜大于 3%
7	水玻璃	模数 2.4~3.4;浓度 50°Bé 以上

②注浆材料的配比应通过现场试验确定。浆液的浓度应由稀到浓,水固质量比宜取 1:1.0~1:1.3。水泥宜占固相的 15%,粉煤灰或黏土固相的 85%。
③水泥粉煤灰浆和水泥黏土浆中各材料用量可按式(5-19-32)~式(5-19-34)计算:

$$W_c = n_\alpha \frac{V_g}{\dfrac{n_\alpha}{d_c} + \dfrac{n_\beta}{d_e} + \dfrac{n_\gamma}{d_w}} \tag{5-19-32}$$

$$W_e = n_\beta \frac{V_g}{\dfrac{n_\alpha}{d_c} + \dfrac{n_\beta}{d_e} + \dfrac{n_\gamma}{d_w}} \tag{5-19-33}$$

$$W_w = n_\gamma \frac{V_g}{\dfrac{n_\alpha}{d_c} + \dfrac{n_\beta}{d_e} + \dfrac{n_\gamma}{d_w}} \tag{5-19-34}$$

式中：W_c——水泥质量(kg)；

W_e——黏性土(或粉煤灰)质量(kg)；

W_w——水的质量(kg)；

V_g——水泥浆体积(L)；

n_α——浆液中水泥所占质量比例；

n_β——浆液中黏性土(或粉煤灰)所占质量比例；

n_γ——浆液中水所占质量比例；

d_c——水泥相对密度(kg/L)，可取 $d_c = 3$；

d_e——黏性土(或粉煤灰)相对密度(kg/L)；

d_w——水的密度(kg/L)。

(7)注浆参数应按下列规定取值：

①注浆压力宜通过现场注浆试验确定，路基下伏采空区注浆压力宜控制在 1.0~1.5MPa；

②在注浆压力达到设计结束压力时，结束吸浆量应小于 70L/min；

③路基下伏采空区处治浆液结石体的单轴抗压强度不应小于 0.6MPa；

④路基下伏采空区处治充填率应达到 80%~85%。

(8)注浆量计算：

①注浆总量 $Q_总$ 可按式(5-19-35)计算：

$$Q_总 = \frac{A \cdot S \cdot M \cdot K \cdot \Delta V \cdot \eta}{c \cdot \cos\alpha} \tag{5-19-35}$$

式中：M——矿层平均采出厚度(m)；

ΔV——采空区剩余空隙率(%)；

A——浆液损耗系数，可取 =1.0~1.2；

η——充填率(%)，可取 $\eta = 80\% \sim 95\%$；

c——浆液结石率(%)，经试验确定，无试验数据时可取 $c = 70\% \sim 95\%$；

α——岩层倾角(°)。

②单孔注浆量可按式(5-19-36)计算：

$$Q_总 = \frac{A \cdot \pi \cdot R^2 \cdot M \cdot \Delta V \cdot \eta}{c \cdot \cos\alpha} \tag{5-19-36}$$

式中：R——浆液有效扩散半径(m)，按 1/2 孔距计算。

(9)采空区剩余空隙率可按以下三种方法确定：

①利用矿山已有的沉降及采空区观测资料：可先计算采空区上方地面的最大沉降量，通过

已有的观测资料确定已完成的沉降量,空隙率为两者的差值与地面的最大沉降量之比。

②利用采空区勘察孔内空洞和裂隙的统计资料:空隙率为通过孔内空洞和裂隙发育的平均高度与矿层开采厚度之比。

③利用地区已有的工程资料:一般情况下闭矿时间在5年之内,剩余孔隙率取值在30%~100%之间;闭矿时间在5年以上,取值在20%~50%之间。当采空区的顶板和覆岩为较坚硬的岩石时,取值宜稍大。

(10)注浆施工顺序:

①先施工边缘帷幕孔,后施工中间注浆孔,形成有效的止浆帷幕,阻挡浆液外流。

②钻孔应分序次间隔进行,宜分2~3个序次成孔,一序次孔对采空区可以起到补勘的作用,根据实际地层及采空区情况对后序孔的孔位、孔距、孔数进行适当调整,弥补均匀布孔设计的不足。

③注浆应间隔式分序次进行,一序次孔浆液可能扩散范围较大,二、三序次孔注浆将前序次未充填的孔洞再次充填。

④倾斜煤层采空区应先沿倾斜深部采空区边缘的孔施工,采取从深至浅的施工序次。

(11)注浆施工工艺可按以下三种情况选择:

①当采空区为单层采空区,宜采用一次成孔、自下到上、一次全灌注施工。

②当采空区为多层采空区,矿层间隔较小,各矿层冒落带、裂隙带互相贯通时,宜采用上行法注浆施工工艺,一次成孔、自下到上、一次全灌注施工。

③当采空区为多层采空区,矿层间隔较大,各矿层冒落带、裂隙带没有互相贯通时,宜采用下行法注浆施工工艺,自上到下、分段成孔、分段注浆。

(五)巷道加固法

1.适用范围

对于正在使用的生产、通风和运输巷道,或废弃巷道的结构不能保证上覆公路工程安全的采空区,应进行巷道加固处治。

2.设计与施工要点

(1)为保证正在使用的巷道和上覆公路工程的稳定与安全,在不影响巷道使用功能的情况下,应按现行《公路隧道设计规范 第一册 土建工程》(JTG 3370.1)的相关规定对巷道进行加固设计。

(2)废弃的巷道可根据巷道的现状条件,采用注浆或干(浆)砌支撑、开挖回填方法进行处治设计。

(3)对于正在使用的巷道,应按巷道加固计算工程量;对于废弃的巷道,宜按相应的处治方法进行工程量计算。

(六)跨越法

1.适用范围

(1)采用桩基穿过埋深不超过40m的采空区。

(2)采用桥梁跨越宽度不超过40m的巷道或带状采空区,采用梁、板跨越宽度不超过5m的巷道或带状采空区。

2. 设计与施工要点

(1) 桥梁跨越采空区宜采用简支结构,计算桩基和承台的稳定性,桩基底应置于稳定地层内,且桩基顶放在移动角范围外,距移动角边界的距离应大于两倍桩径。

(2) 采用桩基穿过采空区时,应对采空区进行注浆或浆砌工程处治,浆液凝固后方可进行桩基施工。

(3) 桩基施工可根据采空区条件选用人工挖孔或钻孔。当地下水位较深,采空区巷道或空洞为干洞,采空区顶板岩层较完整,挖孔施工时不易塌孔,以及采空区巷道或空洞内无有毒有害气体时可采用人工挖孔桩;当地下水位较浅,采空区巷道或空洞内充水或泥,以及采空区顶板岩层较差,塌落较严重时应采用钻孔桩。当孔壁不稳、难于成孔时,可采用钢护筒跟进成孔。

第五节 采空区处治监测与检测

(一) 监测项目

采空区监测项目包括水平位移监测、垂直位移监测、构造物倾斜监测和裂缝监测(表 5-19-35)。

监测项目及方法　　　　　　　　　　表 5-19-35

项　　目	监 测 方 法
水平位移监测	三角网、极坐标法、交会法、GPS 测量法、激光准直法等
垂直位移监测	水准测量、三角高程测量等
构造物倾斜监测	经纬仪投点法、差异沉降法、激光准直法等
裂缝监测	精密测距、伸缩仪、测缝计、位移计等

(二) 监测频率

(1) 采空区监测宜从勘察阶段开始至公路运营 1~2 年后停止,或根据观测曲线的稳定趋势确定监测周期。

(2) 采空区处治施工期间监测,半年内每周监测一次,半年后至通车期间每月监测一次。通车两年内,每两个月监测一次,但在变形显著时,应及时增加监测频率。对变形监测资料分析和评价,确认采空区已完全稳定且对公路工程无影响后,方可停止变形监测。

(三) 监测成果

(1) 监测数据应进行平差,并计算监测点及相邻两次监测的沉降量、累计沉降量、沉降速率、累计沉降速率、水平位移量、累计水平位移量,以及相邻点间的垂直变形和水平变形。

(2) 监测结果包括垂直下沉曲线图、水平位移曲线图、累计水平位移曲线图和垂直、水平变形等值线图以及相应统计分析表格等,结合公路工程地基允许变形值进行变形分区,并对处治效果及地基稳定性做出评价。监测报告内容包括观测方法、过程、检测成果分析、残余变形量确定及采空区处治效果评价。

第二十章 强震区路基

第一节 概 述

地下岩石受到长期的构造作用积累了应变能,大范围地层的岩石断裂或断层错动时,应变能全部或部分释放,便产生地震。地震强度用震级或烈度衡量。震级以地震仪测定的每次地震活动释放的能量多少来确定。国际上通常把地震强度按震级划分为分9个等级。

地震烈度是衡量地震时一定地点地震强烈程度的指标,通常以人的感觉、建筑物的破坏程度和地表地形、地貌的改变程度来判定,一次地震的震级是固定的,但是距震源位置不同的地点,地震烈度并不相同。《中国地震烈度区划图》(1990年)曾将全国划分为≤Ⅵ、Ⅵ、Ⅶ、Ⅷ和≥Ⅸ五大地震烈度区,≥Ⅶ度的地区称为强震区。衡量地震烈度大小的物理指标为地面加速度峰值和速度峰值,由于地震烈度等级的划分结合了人的主观感受,不是定量指标,抗震设计应以设计基本地震动峰值加速度作为地震烈度基本设计指标。地震动峰值加速度是指与地震动加速度反应谱最大值相对应的水平加速度,设计基本地震动峰值加速度是指50年超越概率10%的地震峰值加速度,该强度级别的地震作用也被称为E1地震作用。

根据现行《公路工程抗震规范》(JTG B02),地震烈度与设计基本地震动峰值加速度的对应关系可以参考表5-20-1。

地震基本烈度与设计基本地震动峰值加速度对应表 表5-20-1

地震基本烈度	Ⅵ	Ⅶ		Ⅷ		Ⅸ
水平向 A_h	≥0.05g	0.10g	0.15g	0.20g	0.30g	≥0.40g
竖向 A_v	0	0		0.10g	0.17g	0.25g

注:A_h——水平向地震动峰值加速度;A_v——竖向地震动峰值加速度。

一、地震区公路建筑场地类别

(一)按地质、地形、地貌划分

公路建设选择建筑场地时,应根据工程需要,掌握地震活动情况、工程地质和地震地质的有关资料,对抗震有利、不利和危险地段做出综合评价,具体见表5-20-2。

有利、不利和危险地段的划分 表5-20-2

地段类别	地质、地形、地貌	场地选择
有利地段	稳定基岩,坚硬土,开阔、平坦、密实、均匀的中硬场地土等	—

续上表

地段类别	地质、地形、地貌	场地选择
不利地段	软弱土、液化土,条状突出的山嘴,高耸孤立的山丘,非岩质的陡坡,河岸和边坡的边缘,平面分布上成因、岩性、状态明显不均匀的土层(如故河道、疏松的断层破碎带、暗埋的塘、浜、沟谷和半填半挖地基)等	应提出避开要求。当无法避开时,应采取有效措施
危险地段	地震时可能发生滑坡、崩塌、地陷、地裂、泥石流等及地震断裂带上可能发生地表错位的部位	不应建造甲、乙、丙类建筑

注:1. 未列入上表的其他地段可视为可进行建设的一般场地。
2. 现行《建筑抗震设防分类标准》(GB 50223)中,把各类建筑物划分为甲(特殊设防类)、乙(重点设防类)、丙(标准设防类)、丁(适度设防类)四个抗震设防类别。甲类指使用上有特殊设施,涉及国家公共安全的重大建筑工程和地震时可能发生严重次生灾害等特别重大灾害后果,需要进行特殊设防的建筑。乙类指地震时使用功能不能中断或需尽快恢复的生命线相关建筑,以及地震时可能导致大量人员伤亡等重大灾害后果,需要提高设防标准的建筑。丙类指大量的除甲、乙、丁以外按标准要求进行设防的建筑。丁类指使用上人员稀少且震损不致产生次生灾害,允许在一定条件下适度降低要求的建筑。公路建筑中,高速公路、一级公路、一级汽车客运站和位于抗震设防烈度为Ⅶ度及以上地区的公路监控室,一级长途汽车站客运候车楼,抗震设防类别应划为乙类(重点设防类)。

(二)按土层等效剪切波速及覆盖层厚度划分

(1)土层的等效剪切波速等于各层土剪切波速的倒数的厚度加权平均值的倒数,计算等效剪切波速时,土层的计算深度应取覆盖层厚度和20的较小值。按穿越土层的等效剪切波速大小,可把土层按坚硬程度不同分为4类(表5-20-3)。

土的类型划分和剪切波速范围　　　　　　　　　　　　表5-20-3

土的类型	岩土名称和性状	土层剪切波速范围 v_s(m/s)
坚硬土或岩石	稳定岩石、密实的碎石土	$v_s > 500$
中硬土	中密、稍密的碎石土,密实、中密的砾、粗、中砂,$f_{ak} > 200$ 的黏性土和粉土,坚硬黄土	$500 \geq v_s > 250$
中软土	稍密的砾、粗、中砂,除松散外的细、粉砂,$f_{ak} < 200$ 的黏性土和粉土,$f_{ak} > 130$ 的填土,可塑黄土	$250 \geq v_s > 140$
软弱土	淤泥和淤泥质土,松散的砂,新近堆积的黏性土和粉土,$f_{ak} < 130$ 的填土,流塑黄土	$v_s \leq 140$

注:f_{ak} 为由载荷试验等方法得到的地基承载力特征值(kPa)。

(2)建筑场地覆盖层厚度的确定,应符合下列要求:

①一般情况下,应按地面至剪切波速大于500m/s的土层顶面的距离确定。

②当地面5m以下存在剪切波速大于相邻上层土剪切波速2.5倍的土层,且其下卧土层的剪切波速均不小于400m/s时,可按地面至该土层顶面的距离确定。

③剪切波速大于500m/s的孤石、透镜体,应视同周围土层。

④土层中的火山岩硬夹层应视为刚体,其厚度应从覆盖土层中扣除。

(3)工程场地根据土层等效剪切波速大小和覆盖土层厚度可划分为4类,见表5-20-4。

工程场地类别划分　　　　　　　　　　　　表5-20-4

等效剪切波速 (m/s)	场地类别			
	Ⅰ	Ⅱ	Ⅲ	Ⅳ
$v_s > 500$	0	—	—	—
$500 \geq v_s > 250$	<5	≥5	—	—

续上表

等效剪切波速 (m/s)	场地类别			
	Ⅰ	Ⅱ	Ⅲ	Ⅳ
$250 \geqslant v_s > 140$	<3	$\geqslant 3, \leqslant 50$	>50	—
$v_s \leqslant 140$	<3	$\geqslant 3, \leqslant 15$	$>15, \leqslant 80$	>80

注：表中数据为场地覆盖土层厚度(m)。

该场地分类方法主要适用于剪切波速随深度递增的一般场地,对于有较厚软弱夹层的土层,由于软弱夹层对短周期地震具有抑制作用,可以根据分析结果适当调整场地类型和设计地震动参数。

对与地震场地类别的划分,尚应注意以下3点：

①对于$500\text{m/s} \geqslant v_s > 250\text{m/s}$的场地,场地类别主要是Ⅱ类,只有当覆盖层厚度小于5m时,场地类别为Ⅰ类,所以重点是查清覆盖层厚度是否小于5m。

②对于$250\text{m/s} \geqslant v_s > 140\text{m/s}$的场地,除了覆盖层厚度小于3m时的场地类别为Ⅰ类外,场地类别主要为Ⅱ~Ⅲ类,划分依据主要为覆盖层厚度是否小于50m。所以,为确定覆盖层厚度而进行的波速试验深度只要略超过50m即可。

③对于$v_s \leqslant 140\text{m/s}$的场地,场地类别为Ⅰ、Ⅱ、Ⅲ、Ⅳ类的情况都有可能,主要取决于覆盖层厚度是否大于相应的界限值(即3m、15m和80m)。

二、公路路基工程地震安全性评价

(1)位于地震烈度区分界线附近的公路工程、山区高速公路,以及位于地震动峰值加速度大于或等于$0.40g$地区的高速公路和一级公路的抗震危险路段,位于大型活动断裂带区的高速公路均须进行工程场地地震安全性评价。

(2)对公路路基工程而言,地震安全性评价除提供常规的地震动参数外,尚应对场区滑坡、液化等地基失效危险性进行分析。

(3)对于地震动峰值加速度大于或等于$0.40g$地区的公路工程构筑物,抗震设计应进行专门的研究。

三、公路路基工程抗震设防标准

公路工程抗震设防应以现有的科学技术水平和经济条件为前提,采取以"预防为主,减轻震害,便于修复"的基本原则进行抗震设计。具体设防目标如下：

(1)高速公路、一级公路及二级公路的工程构筑物,在E1地震作用下,位于抗震有利地段的,经一般整修即可使用；位于抗震不利地段的,经短期抢修即可恢复使用；位于抗震危险地段的挡土墙、隧道等重要构筑物不发生严重破坏。

(2)三、四级公路工程构筑物,在E1地震作用下,位于抗震有利地段的,经短期抢修即可恢复使用；位于抗震不利地段的挡土墙、隧道等重要构筑物不发生严重破坏。

(3)地震动峰值加速度大于或等于$0.20g$的地区,可将对抗震救灾以及在经济、国防上具有重要意义的公路工程构筑物,或破坏后修复(抢修)困难、确定为生命线工程的公路工程构筑物,适当提高抗震设防标准。

(4)高速公路和一级公路上的台阶式路基和阶梯式挡土墙,其下部构筑物的抗震措施可较其对应的抗震基本烈度提高一档实施。对于地震动峰值加速度大于或等于$0.40g$的地区,抗震措施应通过专门研究确定。

现行《建筑工程抗震设防分类标准》(GB 50223)中提出的建筑抗震设防要求见表5-20-5，可以结合公路工程建筑抗震设防等级参考采用，除了桥梁、隧道等构筑物外，遭受地震后抢修困难的路基及挡土墙工程也应作为抗震重点工程。

建筑的抗震设防标准 表5-20-5

抗震设防类别	建筑的抗震设防标准
甲类建筑	地震作用应高于本地区抗震设防烈度的要求，其值应按批准的地震安全性评价结果确定。 抗震措施：当抗震设防烈度为Ⅵ～Ⅷ度时，应符合本地区抗震设防烈度提高一度的要求，当为Ⅸ度时，应符合比Ⅸ度抗震设防更高的要求
乙类建筑	地震作用应符合本地区抗震设防烈度的要求。 抗震措施：一般情况下，当抗震设防烈度为Ⅵ～Ⅷ度时，应符合本地区抗震设防烈度提高一度的要求，当为Ⅸ度时，应符合比Ⅸ度抗震设防更高的要求； 地基基础的抗震措施，应符合有关规定。对较小的乙类建筑，当其结构改用抗震性能较好的结构类型时，应允许仍按本地区抗震设防烈度的要求采取抗震措施
丙类建筑	地震作用和抗震措施均应符合本地区抗震设防烈度的要求
丁类建筑	一般情况下，地震作用仍应符合本地区抗震设防烈度的要求，抗震措施应允许比本地区抗震设防烈度的要求适当降低。但抗震设防烈度为Ⅵ度时不应降低

四、饱和砂(粉)土的震动液化及判别

(一)地基土层液化的概念及影响因素

饱和砂土或粉土(亚砂土)在周期地震荷载作用下，由于不能及时排水而形成孔隙水压力，当孔隙水压力与围压(上覆压力)相等时，有效应力变为零，砂土颗粒处于悬浮状态并失去抗剪强度和承载力，这种砂土短时间失去强度的现象叫砂土液化。

影响砂土液化最主要的因素有土颗粒粒径、砂土密度、上覆土层厚度、地面震动强度、持续时间及地下水的埋深，详细的影响因素分析见表5-20-6。

影响地基土层液化的因素 表5-20-6

因素		指标	对液化的影响
土性条件	颗粒特征 粒径	平均粒径 d_{50}	细颗粒较容易液化，平均粒径在0.1mm左右的粉细砂抗液化性最差
	颗粒特征 级配	不均匀系数 C_u	不均匀系数越小，抗液化性越差，黏性土含量越高，越不容易液化
	颗粒特征 形状	—	圆粒形砂比棱角形砂更容易液化
	密度	孔隙比 e 相对密实度 D_r	密度越高，液化可能性越小
	渗透性	渗透系数 k	渗透性低的砂土容易液化
	结构性	颗粒排列胶结程度均匀性	原状土比结构破坏土不易液化，老砂层比新砂层不易液化
	压密状态	超固结比 OCR	超压密砂土比正常压密砂土不易液化

续上表

因素			指标	对液化的影响
埋藏条件	上覆土层		上覆土层有效压力 σ'_v	上覆土层越厚,土的上覆有效压力越大,就越不容易液化
			静止土压力系数 K_0	
	排水条件	孔隙水向外排出的渗透路径长度	液化砂层的厚度	排水条件良好有利于孔隙水压力的消散,能减小液化的可能性
		边界土层的渗透性		
	地震历史		—	遭受过地震的砂土比未遭受地震的砂土不易液化;但曾发生过液化又重新被压密的砂土,却较易重新液化
动荷条件	地震烈度	震动强度	地面加速度	地震烈度高,地面加速度大,就越容易液化
		持续时间	等效循环次数	震动时间越长,或震动次数越多,就越容易液化

(二)地基土层液化判别方法

存在饱和砂土或粉土(不含黄土)的场地地基,应进行液化判别。一般地基地面以下15m,桩基和基础埋深大于5m的天然地基地面以下20m范围内有饱和砂土或饱和粉土(不含黄土),符合下列条件之一时,可判定为不液化或不需考虑液化影响:

(1)设计基本地震动峰值加速度为 $0.10g(0.15g)$、$0.20g(0.30g)$,且地质年代为第四纪晚更新世及其以前的地区。

(2)设计基本地震动峰值加速度为 $0.10g(0.15g)$、$0.20g(0.30g)$ 和 $0.40g$ 的地区,粉土中的黏粒(粒径 $<0.005mm$ 的颗粒)含量分别不小于10%、13%、16%。

(3)上覆非液化土层厚度或地下水位深度符合下列条件之一:

$$d_u > d_0 + d_b - 2 \tag{5-20-1}$$

$$d_w > d_0 + d_b - 3 \tag{5-20-2}$$

$$d_u + d_w > 1.5d_0 + 2d_b - 4.5 \tag{5-20-3}$$

式中:d_w——地下水位深度(m),按设计基准期内年平均最高水位采用,也可按近期年最高水位采用;

d_u——扣除淤泥和淤泥质土层后的上覆非液化土层厚度(m);

d_b——基础埋置深度(m),不超过2m时采用2m;

d_0——液化土层特征深度(m),可按表5-20-7采用。

液化土特征深度(m) 表5-20-7

饱和土类别	设计基本地震动峰值加速度		
	$0.10g(0.15g)$	$0.20g(0.30g)$	$0.40g$
粉土	6	7	8
砂土	7	8	9

注:括号内数值用于设计基本地震动峰值加速度为0.15g和0.30g的地区,后同。

经过以上步骤初步判别后,若不能判定为不液化或不需考虑液化影响,须进一步采用标准贯入试验进行地面以下15m深度范围内的液化判别;采用桩基或基础埋深大于5m的基础时,尚应进行地下15~20m范围内土层的液化判别。

当未经杆长修正的标准贯入锤击数小于液化判别标准贯入锤击数临界值 N_{cr} 时,应判为液化土。N_{cr} 值用式(5-20-4)及式(5-20-5)计算。

在地面下 15m 深度范围内,液化判别标准贯入锤击数临界值 N_{cr} 按下式计算:

$$N_{cr} = N_0 \left[0.9 + 0.1(d_s - d_w) \right] \sqrt{\frac{3}{\rho_c}} \tag{5-20-4}$$

在地面下 15~20m 深度范围内,液化判别标准贯入锤击数临界值 N_{cr} 按下式计算:

$$N_{cr} = N_0 \left(2.4 - 0.1 d_w \right) \sqrt{\frac{3}{\rho_c}} \tag{5-20-5}$$

式中:N_{cr}——修正的液化判别标准贯入锤击数临界值;

N_0——液化判别标准贯入锤击数基准值,应按表 5-20-8 采用;

d_s——饱和土标准贯入点深度(m);

ρ_c——黏粒含量百分率,当小于 3 或为砂土时应取 3。

液化判别标准贯入锤击数基准值 N_0 表 5-20-8

区划图上的特征周期(s)	设计基本地震动峰值加速度		
	$0.10g(0.15g)$	$0.20g(0.30g)$	$0.40g$
0.35	6(8)	10(13)	16
0.40、0.45	8(10)	12(15)	18

注:特征周期是指加速度反应谱曲线下降段起始点对应的周期值,可根据场地位置在现行《中国地震动参数区划图》(GB 18306)上查取。

关于地基土层是否液化的判别方法,也可以根据地区经验采用其他成熟的方法,如剪切波速法、静力触探试验法,或者用土的相对密度进行判别。

(三)液化土层液化等级的划分

存在液化土层的地基,应探明各液化土层的深度和厚度,计算每个钻孔的液化指数,按表 5-20-9 综合划分地基的液化等级。液化指数可按式(5-20-6)计算:

$$I_{LE} = \sum_{i=1}^{n} \left(1 - \frac{N_i}{N_{cri}} \right) d_i w_i \tag{5-20-6}$$

式中:I_{LE}——液化指数;

n——在判别深度范围内每一个钻孔标准贯入试验点的总数;

N_i、N_{cri}——i 点标准贯入试验锤击数的实测值、临界值,当实测值大于临界值时应取临界值的数值;

d_i——i 点所代表的土层厚度(m),可采用与该标准贯入试验点相邻的上、下两个标准贯入试验点深度差的一半,但上界不高于地下水位深度,下界不低于液化深度;

w_i——i 土层单位土层厚度的层位影响权函数值(单位为 m^{-1}),若判别深度为 15m,当该层中点深度不大于 5m 时应取 10;等于 15 时取 0;5~15m 时按线性内插法取值。若判别深度为 20m,当该层中点深度不大于 5m 时应取 10;等于 20 时取 0;5~20m 时应按线性内插法取值。

液化等级划分表 表5-20-9

液化等级	轻微	中等	严重
判别深度为15m时的液化指数	$0 < I_{LE} \leq 5$	$5 < I_{LE} \leq 15$	$I_{LE} > 15$
判别深度为20m时的液化指数	$0 < I_{LE} \leq 6$	$6 < I_{LE} \leq 18$	$I_{LE} > 18$
地面喷水冒砂情况	地面无喷水冒砂,或仅在洼地、河边有零星的喷砂点	喷水冒砂的可能性大,从轻微到严重均有,多数属中等喷冒	一般喷水冒砂都很严重,地面变形很明显
对建筑物危害程度的描述	液化危害性小,一般不致引起明显的震害	液化危害性较大,可造成不均匀沉降和开裂	液化危害性大,高重心结构可能产生不容许的倾斜

第二节　强震区公路勘察要点与设计原则

一、强震区公路工程勘察

(一)勘察要点

(1)地震资料收集应向地震、地质部门搜集公路沿线的地震烈度、地震活动情况、区域性地质构造等资料,摸清沿线建筑场地的地震活动趋势,对未来地震可能对公路工程的影响有一个总体把握。

(2)重视和加强沿线工程地质、水文地质和历史震害情况的现场调查,从场地条件和震害影响两个方面来判断未来强烈地震对具体路段和具体工程的可能影响。

(3)设计基本地震动峰值加速度大于或等于0.05g地区的岩土工程勘察应调查和预测场地和地基可能发生的震害。根据工程的重要性、地质条件及工程要求分别给予评价,并提出合理的工程措施。强震区勘察应符合下列要求:

①确定建筑场地类别,并划分对建筑抗震有利、不利或危险的地段。
②对岩土体的滑坡、崩塌、采空区等在地震作用下的地基稳定性进行评价。
③场地与地基应判别是否液化,并确定液化等级、液化程度和提出处理方案。
④对软土地基应判别是否需要考虑震陷影响并提出相应处理措施。
⑤对需要采用时程分析法补充计算的建筑,尚应根据设计要求,提供土层剖面、场地覆盖层厚度和有关的动力参数。

(4)原位测试与地震反应分析应满足以下要求:
①根据现场测试土的剪切波速来划分场地类别。
②对饱和砂土、粉土层应进行现场标贯试验以判别液化及确定液化等级。
③对于大型重要构造物应进行土层地震反应分析,必要时进行地基土与上部结构相互作用分析。

(二)活动断裂的勘察

设计基本地震动峰值加速度大于或等于0.10g的重大工程场地应进行活动断裂勘察。活动断裂勘察应查明断裂的位置和类型,分析其活动性和地震效应。评价断裂对工程建设可能产生的影响,并提出处理方案。

在全新地质时期(一万年)内有过地震活动或近期正在活动,今后100年可能继续活动的断裂叫做全新活动断裂。全新活动断裂中,近期(近500年)发生过地震且震级大于5级的断裂,或在今后100年内可能发生大于5级的断裂,称为发震断裂。

活动断裂勘察应包括以下内容:

(1)搜集和分析有关文献档案资料,包括卫星、航空照片,区域构造地质,强震震中分布,地应力和地形变,历史和近期地震等。

(2)活动断裂勘察工程地质测绘和调查,除符合一般要求外,尚应包括下列内容:

①地形地貌特征:山区或高原不断上升剥蚀或有长距离的平滑分界线;非岩性影响的陡坡、峭壁,深切的直线形河谷,一系列滑坡、崩塌和山前叠置的洪积扇;定向断续线形分布的残丘、洼地、沼泽、芦苇地、盐碱地、湖泊、跌水、泉、温泉等;水系定向展布或同向扭曲错动等。

②地质特征:近期断裂活动留下的第四系错动,地下水和植被的特征;断层带的破碎和胶结特征等;深色物质宜用放射性碳14(C^{14})法,非深色物质宜采用热释光法或铀系法,测定已错断层和未错断层位的地质年龄,并确定断裂活动的最新时限。

③地震特征:与地震有关的断层、地裂缝、崩塌、滑坡、地震湖、河流改道和砂土液化等。

④路基通过发震断裂时,应就断裂对工程的影响进行评价,当符合下列条件之一时,可忽略发震断裂错动对地面建筑的影响:

a. 设计基本地震动峰值加速度小于0.20g;

b. 设计基本地震动峰值加速度为0.20g(0.30g)和0.40g的地区,且前第四纪基岩隐伏断裂的土层覆盖厚度分别大于60m和90m。

对不符合上述规定的情况,应避开主断裂带。其避让距离不宜小于表5-20-10的规定。

发震断裂的最小避让距离(m) 表5-20-10

设计基本地震动峰值加速度	建筑抗震设防类别			
	甲	乙	丙	丁
0.20g(0.30g)	专门研究	300	200	—
0.40g	专门研究	500	300	—

二、强震区公路选线原则

(1)线位的选择应充分利用抗震有利地段,绕避抗震不利及危险地段。局部地形对地震的影响较大,在突出的山脊端部震害往往较大,这是由于地震运动在此部位得到加强,而凹陷的地形则有抑制地震的作用;在地面破坏较重的场地,如喷砂冒水、地面裂缝较多的场地,构造物桩基震害较重;在斜坡场地,特别是当地下含有较松散饱和砂土层、淤泥或淤泥质黏性土层时,桩基震害较重;路线跨越古河湖边缘,地震时新近沉积或充填土可能失效或产生较大的附加变形。

(2)路线布设应远离发震断裂带。必须穿过时,宜布设在破碎带较窄的部位;必须平行于发震断裂带布设时,宜布设于断裂带的下盘,并宜有对应的修复预案和保通预案。

(3)高速公路和一级公路宜避开地震动峰值加速度大于或等于0.20g地区的发震断裂带,当难以绕避时,抗震设计应包括震后保通预案和修复预案。

(4)路线应避开地震时可能发生滑坡、崩塌形成堰塞湖的不良地质路段,当难以绕避时,应将工程地质勘查范围扩大,同时评估不良地质现象可能对道路的危害程度,合理确定线位,做好应对措施。

(5)路线设计应避免造成较多的高陡临空面;不宜采用高挡墙、深长路堑以及在同一山坡上连续回头弯道等对抗震不利的方案。

(6)存在岩堆、落石、泥石流等不良地质条件的峡谷地段,宜利用谷底阶地和河滩修建路堤或顺河桥通过,并应加强防护措施,尽量减少对天然山体的开挖。路线难以绕避不稳定的悬崖峭壁时,宜采用隧道方案。

(7)液化土和软土地区,路线宜选择在上覆层较厚处通过,并尽量设置低路堤。

三、强震区公路路基设计原则

(1)应根据公路等级、场地设计基本地震动峰值加速度、地形地质条件,合理选择填料,确定路基高度和断面形式,并采取必要的防护措施,保证路基安全。

(2)路线经过规模较大、性质复杂的滑坡、崩塌、岩溶等不良地质地段时,应采用排、挡及改善软弱层带工程性质等措施进行综合治理,减轻地震诱发的地质灾害对路基的危害。

(3)在抗震不利、危险地段修筑路基时,宜对地基采取适当加固措施,避免或减轻在地震作用下因地基变形或地基失效对公路工程造成的破坏。

(4)地基为软土、液化土、新近填土或严重不均匀土时,应考虑地震时地基不均匀沉降、地基失效或其他不利影响对公路工程构筑物可能造成的破坏,并采取相应措施。

(5)若路基下地基存在液化土层,满足下列条件之一时,可不采取抗震措施。反之,若高速公路或一级公路的路基下地基为液化土层,不满足下列条件时应采取抗液化措施:

①高速公路和一级公路路堤高度小于3m,二级、三级、四级公路路堤高度小于4m;

②上覆非液化土层厚度 d_u 或地下水位深度 d_w 值大于表5-20-11规定的值;

③设计基本地震动峰值加速度大于或等于0.10g(0.15g)、0.20g(0.25g)、0.40g 的地区,对应地面以下5m、6m、7m深度内,液化土层的累计厚度小于2m,且高速公路和一级公路路堤高度小于5m,二级公路路堤高度小于6m。

非液化土层厚度 d_u 或地下水位深度 d_w 的限值(m)　　　表5-20-11

公路等级	设计基本地震动峰值加速度		
	0.10g(0.15g)	0.20g(0.25g)	0.40g
高速公路和一级公路	5	6	7
二级公路	4	5	6
三级公路和四级公路	3	4	5

(6)软土地基上的高速公路和一级公路,地表设置垫层时,垫层材料应采用碎、卵石或粗砂夹碎石(卵石),不得采用细砂。

(7)高速公路和一级公路、二级公路距发震断裂带边缘在100m范围内时,路堤高度和路堑边坡高度宜小于3m,三级公路和四级公路宜小于4m。

(8)强震区公路宜尽量采用浅挖低填路基,以减少对自然平衡条件的破坏,对液化地基处理应采取多方案比选。

(9)加强路基的稳定性及构造物的整体性设计,避免产生过大的不均匀沉降和差异沉降。

第三节　强震区公路路基抗震设计

一、路基抗震稳定性基本原则

(1)路基抗震稳定验算应考虑永久作用(恒载、土压力、水压力)、地震作用(包括地震作用产生的地震土压力及水压力)、活载等各种效应的最不利组合。

(2)当路堤高度大于20m且位于设计基本地震动峰值加速度大于或等于0.20g的地区时,路基抗震稳定性验算应考虑垂直路线走向的水平地震作用和竖向地震作用,其余情况只考虑垂直路线走向的水平地震作用。

(3)设计基本地震动峰值加速度大于或等于0.20g地区的高速公路、一级公路,挖方高度超过20m、填方路堤高度超过15m,且处于滑坡地段的路基,宜对抗震稳定性进行专项研究。

(4)公路路基可采用静力法进行抗震稳定性验算,高速公路和一级公路、二级公路路基边坡高度大于20m时,路基边坡抗震稳定系数不应小于1.15,路基边坡高度小于或等于20m时,不应小于1.1;三级公路、四级公路的路基边坡抗震稳定系数不应小于1.05。

二、路基抗震稳定性验算范围

路基抗震稳定性验算范围及要求见表5-20-12。表中验算范围主要为路堤,对路堑仅列出了黏性土、黄土及碎石类土的边坡,对于岩质路堑边坡,由于影响其稳定性的主导因素为最不利结构面,一般仍按最不利结构面进行稳定性验算,而不把路基高度作为主要验算控制指标。

路基抗震稳定性验算范围及要求　　　　表5-20-12

项　目			基本地震动峰值加速度			
			高速公路、一级公路、二级公路			三级公路、四级公路
			0.10g(0.15g)	0.20g(0.30g)	≥0.40g	≥0.40g
岩石、非液化土及非软土的地基上的路堤	非浸水	用岩块及细粒土(粉性土除外)填筑	不验算	H>20m 验算	H>15m 验算	H>20m 验算
		用粗粒土填筑(极细砂、细砂除外)	不验算	H>12m 验算	H>6m 验算	H>12m 验算
	浸水	用渗水性土填筑	不验算	H_w>3m 验算	H_w>2m 验算	水库地区 H_w>3m 验算
	地面横坡大于1:3的路堤		不验算	验算	验算	验算
路堑	黏性土、黄土、碎石类土		一般不验算	H>20m 验算	H>15m 验算	H>20m 验算

注：H——路基高度(m);H_w——路基浸水常水位的深度(m)。

用中砂、粗砂、砾砂填筑的路堤,因砂土颗粒间黏结力较小,抗变形的能力差,在较强地震荷载作用下,路堤容易产生侧向变形,造成边坡滑塌等严重破坏。因此,对路堤验算高度控制较严,当设计基本地震动峰值加速度分别为0.20g(0.30g)和0.40g,相应的路基边坡高度大于12m和6m时,除采用抗震措施外,尚须验算路基稳定性。

浸水路堤验算高度的规定根据宏观震害结合验算资料确定。由于浸水路堤经常处于对抗震不利的状态,修复亦较困难,当设计基本地震动峰值加速度分别为 $0.20g(0.30g)$ 和 $0.40g$,相应的常水位浸水深度大于3m和2m时,除采取抗震措施外,还应验算路基稳定性。

三、路基抗震稳定性验算方法

采用静力法对路基进行抗震稳定性验算时,应按下列方法计算路基边坡抗震稳定系数。

1. 作用于各土体条块重心处的地震作用

应按式(5-20-7)计算:

水平地震作用
$$E_{hsi} = C_i C_z A_h \psi_j \frac{G_{si}}{g}$$

竖向地震作用
$$E_{vsi} = C_i C_z A_v \frac{G_{si}}{g}$$
(5-20-7)

式中:E_{hsi}——作用于路基计算土体重心处的水平地震作用(kN);

E_{vsi}——作用于路基计算土体重心处的竖向地震作用(kN);

C_i——抗震重要性修正系数,应按表5-20-13采用;

C_z——综合影响系数,取0.25;

ψ_j——水平地震作用沿路堤边坡高度增大系数,按式(5-20-8)计算取值。

$$\psi_j = \begin{cases} 1.0 & (H \leq 20m) \\ 1.0 + \frac{0.6}{H-20}(h_i - 20) & (H \leq 20m) \end{cases}$$
(5-20-8)

A_h——路基所处地区的水平向设计基本地震动峰值加速度;

G_{si}——路基计算第i条土体重力(kN);

A_v——路基所处地区的竖向设计基本地震动峰值加速度,根据表5-20-1确定,作用方向取不利于稳定的方向,计算时向上取负、向下取正;

h_i——路基计算第i条土体的高度(m);

H——路基边坡高度(m)。

工程构筑物(不包括桥梁工程)抗震重要性修正系数　　　　表5-20-13

公路等级	构筑物重要程度	抗震重要性修正系数
高速公路、一级公路	抗震重点工程	1.7
	一般工程	1.3
二级公路	抗震重点工程	1.3
	一般工程	1.0
三级公路	抗震重点工程	1.0
	一般工程	0.8
四级公路	抗震重点工程	0.8

注:抗震重点工程指隧道和破坏后抢修困难的路基、挡土墙工程。

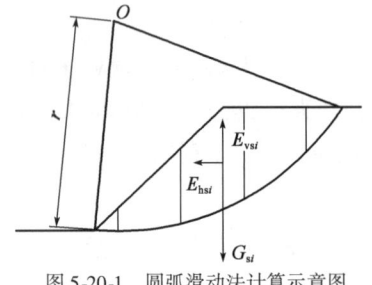

图 5-20-1 圆弧滑动法计算示意图

2. 土质路基抗震稳定系数 K_c

K_c 可按式(5-20-9)以圆弧条分法计算,计算原理示意图见图 5-20-1。另外也可以根据实际情况采用其他可靠算法,如采用适用于任意滑动面的解析算法——简布普遍条分法;或者采用数值解法,如动力有限元法,建立合理的土体模型进行求解。

$$K_c = \frac{\sum_{i=1}^{n}\{cB\sec\theta + [(G_{si}+E_{vsi})\cos\theta - E_{hsi}\sin\theta]\tan\phi\}}{\sum_{i=1}^{n}[(G_{si}+E_{vsi})\sin\theta + M_h/r]} \tag{5-20-9}$$

式中:r——圆弧半径(m);
　　B——滑动体条块宽度(m);
　　θ——条块底面中点切线与水平线的夹角(°);
　　M_h——F_h 对圆心的力矩(kN·m);
　　F_h——作用在条块重心处的水平向地震惯性力代表值(kN/m),作用方向取不利于稳定的方向;
　　c——土石填料在地震作用下的黏聚力(kN);
　　ϕ——土石填料在地震作用下的摩擦角(°)。

四、路堤抗震设计

(一)路堤填料选择

(1)路堤的抗震性能与填料性质和密实度有关,具有一定黏结力的填料抗震性能要比无黏结力的填料好,提高填土的密实度可以增加土粒之间的黏结力和摩擦力,从而提高路堤稳定性。地震区的路堤填料宜采用碎石土、一般黏性土、卵石土和不易风化的石块等材料,而砂类土由于缺乏一定的黏结力,在地震时土粒容易产生侧向位移,当位移较大时,还将加剧震动,导致土粒间压应力的瞬间降低,从而进一步降低其抗剪强度,造成路基沉陷和边坡坍塌等震害。强震区不宜用砂类土做填料,若条件受限必须采用时,应对其充分压实,并对边坡坡面采取适当的加固措施。

(2)位于设计基本地震动峰值加速度大于或等于 $0.20g$ 地区的高速公路和一级公路,采用粉砂、细砂作填料时,应采取防止液化的措施。

(3)路堤浸水部分的填料,宜选用抗震稳定性较好的渗水性土。

(二)边坡坡率

放缓边坡坡率是提高路基抗震稳定性的有效措施,公路路堤或路堑的高度大于表 5-20-14 规定时,应采取放缓边坡或加固等措施。

(三)斜坡上的路堤

填筑于地面横坡较陡的稳定斜坡上的路基,在地震时容易发生沿基底面的滑塌。为了加强地基的稳定性,当地面横坡陡于 1:3 时,应验算路堤整体沿基底的滑动稳定性,其抗滑稳定性系数不应小于1.1。对于设计基本地震动峰值加速度值大于或等于0.20g地区的高速公路和一级、二级公路,在自然坡度大于1:5的稳定斜坡上填筑路堤时,应在原地面挖台阶,台阶宽度不宜小于2m,同时根据具体情况加强上侧山坡的排水处理,坡脚处采取支挡防滑措施。

不同地震烈度下路基高度限值(m)　　　　　　　　表5-20-14

填土类别	高速公路、一级公路		二级公路	三级公路、四级公路	
	设计基本地震动峰值加速度				
	0.20g(0.30g)	0.40g	0.40g	0.30g	0.40g
岩块和细粒土(粉土和有机质土除外)路基	15	10	15	—	
粗粒土(细砂、极细砂除外)路基	6	3	6		
黏性土路基	13	15	10	15	20

(四)软弱黏土层和液化土层地基

(1)填筑于软弱黏土层上的路基,在地震时将会随着地基的变形和失效而发生沉陷和崩塌,一般需要对软弱地基采取换土、排水固结、复合地基、反压护道等措施。

(2)填筑于软土地基且高度大于6m的路堤,可根据适当情况采取下列措施:

①降低填土高度,置换软土设置反压护道;

②取土坑和边沟浅挖、远离路基;

③保护路基与取土坑之间的地表植被或采取地基加固措施。

五、路堑抗震设计

(一)土质边坡

(1)土质路堑边坡,当边坡高度超出表5-20-14中的限值要求时,应适当放缓边坡坡率。

(2)土质路堑边坡,可按照表5-20-12中的抗震稳定验算范围要求,参照上述路基抗震设计注意事项和稳定验算方法进行边坡稳定验算,以确定合理的边坡坡率。

(二)石质边坡

(1)边坡高度超过10m的岩石路堑,边坡坡率宜参考表5-20-15确定。边坡岩体石质破碎或有危石的岩石路堑,上覆层受震易坍塌时,应采取支挡措施;对于高速公路和一级公路,宜采用明洞或隧道方案通过。

边坡高度超过10m的岩石路堑参考边坡坡度　　　　　　　　表5-20-15

岩石种类	设计基本地震动峰值加速度	
	0.20g(0.30g)	0.40g
风化岩石	1:0.6~1:1.5	1:0.75~1:1.5
一般岩石	1:0.1~1:0.5	1:0.2~1:0.6
坚石		1:0.1~直立

(2)位于强震区的岩石边坡防护宜采用柔性防护体系以适应岩体应力释放。

(3)对处于断层破碎带的路堑边坡及具有倾向路基的构造软弱面路堑边坡,强震时会诱发滑坡、崩塌等地质灾害,应进行特殊设计。

(4)爆破引起的振动力是一种突发性的瞬时荷载,对边坡稳定性影响主要表现为破坏边坡的完整性,并逐渐削弱边坡岩体的强度,特别是一些不适当的爆破,使边坡的稳定性降低,甚至造成边坡的破坏。因此在岩体节理裂隙发育、风化严重地段,路基挖方不易采用大爆破施工。

第四节　可液化地基处理设计

一、可液化地基处理基本原则

未经处理的液化土层不宜作为天然地基持力层,公路路基及支挡工程的地基抗液化措施应满足表 5-20-16 的要求。

公路路基及附属支挡工程地基抗液化措施要求　　表 5-20-16

路基工程及挡土墙	地基的液化等级		
	轻微	中等	严重
高速公路、一级公路、二级公路上高度大于 5m 的挡土墙	应部分消除液化沉降,或对基础和上部结构采取减轻液化沉降影响的措施	宜全部消除液化沉降;也可部分消除液化沉降,并对基础和上部结构采取减轻液化沉降影响的措施	应全部消除液化沉降
1. 高速公路、一级公路、二级公路上高度小于或等于 5m 的挡土墙; 2. 三级公路上的挡土墙; 3. 四级公路上高度大于 5m 的挡土墙; 4. 高速公路和一级公路路基	宜对基础和上部结构采取减轻液化沉降影响的措施;结构物自身抵抗液化沉降影响能力较强时,也可不采取措施	应对基础和上部结构采取减轻液化沉降影响的措施;结构物对液化沉降敏感时,应采取更高要求的措施	宜全部消除液化沉降;也可部分消除液化沉降,且对基础和上部结构采取减轻液化沉降影响的措施
1. 四级公路上高度小于或等于 5m 的挡土墙; 2. 二级公路路基	可不采取措施	可不采取措施	宜对基础和上部结构采取减轻液化沉降影响的措施,也可采取其他经济合理的措施

由于路基工程为带状构筑物,高等级公路路基底面积巨大,如果遇到液化地基,均需全部处理,往往在经济上投资过大。高速公路、一级公路的路基工程,可液化地基的处理应考虑工程的重要性、发生震害后的影响程度、修复的难易程度等因素,在经济性和安全性上综合考虑,取得平衡。处理的重点应放到桥涵、通道等构筑物相邻路段,以及填土高度超过 3~4m 的较高路堤段,对于一般路段可以结合表 5-20-16 的要求灵活运用。

预测地基土在一定条件下是否发生液化的趋势称为"液化势",没有填筑路堤的平坦场地可称为自由场。由于自由场的应力状态仅与深度有关,自由场的液化区在理论上就是一个平面上无限延伸的水平层。

当场地上填筑路堤后,路基下地基土体应力状态将发生变化,液化势的分布也随之也发生变化。实践经验和计算均表明,由于附加应力对液化的抑制作用,处于路堤基底下的砂土最难液化;而位于坡脚线附近的较浅区域,由于存在较大的压力差,将变得比自由场更易液化,路基填土高度越大,这种现象越显著。

液化地基的处理可把加固的重点放在最薄弱的环节，例如用桩基处理时，路基中心部位采用较大的桩间距，而在坡脚最薄弱的环节采用较小的桩间距，同时应处理至坡脚外一定宽度。这样可使砂土液化路段的设计方案更趋合理，同时大大减少地基处理工程量。

根据经验，路堤基底处理宽度等于路堤底宽加上 $2 \times 3m$，也就是说，坡脚以外 3m 范围内的地基均需要处理。对于构筑物基础，基础边缘以外的处理宽度应超过基础底面以下处理深度的 1/2，且不小于基础宽度的 1/5。

二、可液化地基处治措施及注意事项

当可液化土层较浅时(一般小于 3m)，可以采用非液化土替换液化土层法处理。当可液化土层较深厚时，可以采用强夯、强夯置换、碎石桩、砂桩等振动挤密或置换挤密的方法。这些处治方法的设计、施工注意事项可以参考本篇第九章(软土地区路基)、第十二章(黄土地区路基)中相应处理方法的介绍。采用各种方法进行液化地基处治时，应注意满足以下要求：

(1)全部消除地基液化沉降的措施应符合下列要求：

①采用桩基时，应对液化土层的桩周摩阻力进行折减。桩尖持力层为碎石土、砾石土、粗砂、中砂、坚硬黏性土和密实粉土时，桩尖持力层厚度不应小于 1 倍桩径或 0.5m；为其他非岩石土时，桩尖持力层厚度不宜小于 3 倍桩径或 1.5m。

②深基础底面应埋入液化深度以下的稳定土层中，埋入深度不应小于 1.0m。

③采用振冲、振动加密、挤密碎石桩、砂桩、强夯等措施对液化土层进行加固处理时，处理深度应达到液化深度下界，经处理的复合地基的标准贯入锤击数不应小于液化判别标准贯入锤击数临界值，见式(5-20-4)、式(5-20-5)。

(2)部分消除地基液化沉降的措施应符合下列要求：

①处理后地基的液化指数不应大于 5；

②加固后复合地基的标准贯入锤击数不应小于液化判别标准贯入锤击数临界值，见式(5-20-4)、式(5-20-5)。

(3)减轻液化对基础和上部结构影响，可综合采用下列各项措施：

①选择合适的基础深度；

②调整基础底面积，减小基础偏心；

③加强基础整体性和刚度；

④减轻荷载，增强上部结构的整体刚度和均匀对称性，避免采用对不均匀沉降敏感的结构形式等。

(4)液化等级为中等和严重的古河道、现代河滨、海滨，当可能存在液化侧向扩展等情况时，在距常水位线 100m 以内修建的抗震重点工程构筑物，应进行抗滑动验算，必要时应采取防止土体滑动措施。

(5)地基内有液化土层时，液化土层的承载力(包括桩侧摩阻力)、土抗力(地基系数)、内摩擦角和黏聚力等应按表 5-20-17 进行折减。表 5-20-17 中的液化抵抗系数 C_e 值应按式(5-20-10)计算确定：

$$C_e = \frac{N_1}{N_{cr}} \tag{5-20-10}$$

式中：C_e——液化抵抗系数；

N_1——实际标准贯入锤击数；

N_{cr}——经修正后的液化判别标准贯入锤击数临界值。

土层的液化影响强度折减系数 表5-20-17

C_e	深度 d_S(m)	折减系数
$C_e \leq 0.6$	$d_s \leq 10$	0
	$10 < d_s \leq 20$	1/3
$0.6 < C_e \leq 0.8$	$d_s \leq 10$	1/3
	$10 < d_s \leq 20$	2/3
$0.8 < C_e \leq 1.0$	$d_s \leq 10$	2/3
	$10 < d_s \leq 20$	1

PART6 | 第六篇

现场检测与监测

第一章 概 述

第一节 路基工程现场检测与监测的意义

自从1988年国内第一条高速公路——沪嘉高速公路建成通车以来,我国的高速公路建设进入快速发展时期。现在我国已有高速公路数万公里,但受地形条件的限制,在河网、低洼地带出现了大量的填方路堤,在山区出现了大量的高填方路堤和大量的岩土高边坡。这些路基工程或存在潜在滑动的趋势,或存在侧向位移、沉降较大的隐患。特殊路段路基的变形过大,超出了路面结构层的容许范围无法正常使用,会影响道路质量和行车安全。因此,如何保证路基工程稳定、控制路堤沉降是高速公路路基工程中的重要技术难题。

路基工程千变万化,无一类同。路基工程建造在地质结构复杂、岩土工程特性不均匀的地基上,在各种人为和自然因素的作用下,其安全性和使用状态经常会出现许多意想不到的变化。如果出现异常,而我们又未掌握这种变化的情况和性质,任其险情发展,其后果不堪设想。

兰州至临洮高速公路是西部开发八条公路通道上的项目,全长92.69km,总投资32.64亿元,于2001年10月开工。2003年5月22日上午7时30分,兰州至临洮高速公路第十一合同段K58+820左侧上边坡发生坍塌,将8个正在施工的民工埋入土中,造成7人死亡、1人受伤的重大事故。

由北向南贯穿中国沿海地区的同三高速公路福建境内罗(源)长(乐)高速公路于2002年底启用通车,2004年4月4日下午4时19分,左道K215+130~200处,发生长70余m路基下陷约15m特大路基坍塌事故,事发时仅有一辆轿车随路基下陷,幸未造成人员伤亡事件。

2004年,正在通车运行的甬台温高速公路乐清段发生山体崩塌事故,崩塌山体有三组较发育的节理(通常指岩层中的裂隙),而这些节理面将整个岩体切割成块。事发地段刚好通过崩塌体的前缘,边坡开挖后,在滑坡体前缘形成了一个高陡凌空面,为崩塌提供了条件。再加上同年"云娜"台风等特异气候以及车辆长期来往造成的振动,各种因素诱发了这起不可预见的地质灾害。塌方体土石方近15000m³,掩埋了半幅车道,幸未造成人员伤亡。

温州市甬台温高速公路瑞安龙头至苍南分水关段第九合同段K83+050~K83+230段为傍山和软基结合路段,总长度约200m,该段属高路堤填筑段,路堤最大填高约20m,左边傍于山脚,右边为稻田,路基右侧下伏软塑~流塑状淤泥,厚度3.2~7.2m。2002年5月—2003年2月期间,路堤已经填筑了近11m高,余下6m左右尚未填筑,此时发现路堤产生了较大的沉降和侧向位移,呈现出滑坡的初期征兆。后在坡脚处布置钻孔灌注桩结合预应力锚索的锚索-抗滑桩式挡土结构以控制路堤沉降和侧向变形,并同时实施变形与稳定性监测,采用信息化施工,确保路堤稳定。该路段现已通车运行多年,工作状态良好。

这些在建和已建的工程坍塌事故充分说明了采用仪器进行安全监测,对路基工程的安全和人民生命财产的安全是十分必要的。

路基工程检测是对路基工程的施工质量是否达到设计要求而进行现场原位试验、取样室内试验和无损检测,或进行工艺性试验,确定施工参数和设计方案。路基工程监测是对路基工程在施工期和施工后的运行期的实际工作状态进行监控,及时反馈信息,确保其安全,并且能够对诊断、预测、法律和研究等方面提供技术支持。诊断的要求,包括验证设计参数改进设计,对新的施工技术的优越性进行评估和改进,对不安全迹象和险情进行诊断并采取加固措施,验证路基工程是否处于良好的正常状态。预测的要求,包括运用长期积累的观测资料对路基工程未来的工作状态作出及时有效的预报。法律的要求,即对由于工程事故而引起的责任和赔偿问题,需要借助于观测资料,确定其原因和责任,以便法庭作出公正的判决。研究的要求为,观测资料是建筑物工作的真实反映,能够为未来的设计提供定量信息,可用以改进施工技术,有利于设计概念的更新、加深破坏机理的了解。这些必要性,使路基工程的检测与监测成为路基工程建设和管理工作中及其重要的组成部分。

第二节　路基工程现场检测与监测的主要工作内容

一般地段路基的现场检测和监测主要包括如下工作内容:

(1)表面变形观测:包括填方路堤和路基的水平位移及隆起变形观测;挖方路基路堑边坡表面水平和垂直位移、裂缝变形观测等。

(2)内部沉降观测:通过路基和路堤内部沉降观测,可以掌握各土层的变形特性及有效压缩层厚度,了解土层在施工期间和运营期间的固结状况,作为判断其稳定性、控制施工方法、监测工程安全及评价工程施工质量的依据。

(3)深部水平位移监测。

(4)孔隙水压力观测。

(5)复合地基承载力检测。

(6)复合地基桩身质量检测。

(7)土压力观测。

(8)锚杆应力应变监测。

特殊地段路基工程监测详细介绍如下。

一、高路堤和陡坡路堤

工作内容:①路堤施工应注意观测路堤填筑过程中或以后的地基变形动态,对路堤施工实行动态监控,观测的项目参照表6-1-1选定。②明确需要观测的路堤段落、观测项目、观测点数量及位置等,确定稳定性观测控制标准,说明施工中应注意的事项。

高路堤稳定和沉降观测　　　　　　　　　　　　　　　　表6-1-1

观测内容	仪具名称	观测目的
地表水平位移量及隆起量	地表水平位移桩(边桩)	用于稳定监控,确保路堤施工安全和稳定
地下土体分层水平位移量	地下水平位移计(测斜管)	用于稳定监控与研究,掌握分层位移量,推定土体剪切破坏位置。必要时采用
路堤顶沉降量	地表型沉降计(沉降板或桩)	用于工后沉降监控,预测工后沉降趋势,确定路面施工时间

稳定性监控的内容、观测项目及布置应考虑高路堤和陡坡路堤的破坏特点。由于地质勘

探存在一定的局限性,同时设计中也无法完全模拟施工状态,通过动态监控,既能根据施工中反馈的信息验证和完善设计有效地控制施工进度、保证路堤的稳定性,又能根据沉降监测资料定量分析评价路堤的工后沉降,从而合理确定路面的铺筑时间、保证路面质量和服务水平。因此,高边坡路堤及陡斜坡路堤施工监测与动态设计是非常重要的。

路堤施工中的监测点应布设在观测数据容易反馈的部位,地基条件差、地形变化大、设计问题多的部位和土质调查点附近也应设置观测点;同一路段不同观测项目的测点宜布置在同一横断面上。

山区路堤所处的地形、地基、填料情况十分复杂,国内虽然对高路堤的工后沉降控制进行了研究,但获得的成果有一定的局限性,规范还未能给出高路堤工后沉降控制标准。一般认为,路堤的不均匀工后沉降控制标准为40mm较为合适,可参考采用。

二、深路堑及不良地质、特殊岩土地段的挖方边坡

监测目的:通过监测,掌握施工现场的地质情况、施工情况、变形及应力,及时反馈监测信息,对原设计进行校核、修改和补充。

监测的内容包括:对边坡不稳定的范围、移动方向和速度以及地下水、爆破振动等取得定量数据,供设计分析;对锚固系统、挡土墙等加固措施的受力、变形等进行量测,验证其是否达到预期的作用,如未达到则应采取补救措施。

边坡工程监测项目应考虑公路等级、支挡结构特点和变形控制要求、地质条件,根据表6-1-2和表6-1-3选定。

路堑边坡或滑坡监测 表6-1-2

监测内容		监测方法	监测目的
地表监测	水平位移监测	全站仪、光电测距仪	观测地表位移、变形发展情况
	垂直变形监测	水准仪	
	裂缝监测	标桩、直尺或裂缝计	观测裂缝发展情况
地下位移监测		测斜仪	探测相对于稳定地层的地下岩体位移,证实和确定正在发生位移的构造特征,确定潜在滑动面深度,判断主滑方向,定量分析评价边(滑)坡的稳定状况,评判边(滑)坡加固工程效果
地下水位监测		人工测量	观测地下水位变化与降雨关系,评判边坡排水措施的有效性
支挡结构变形、应力		测斜仪、分层沉降仪压力盒、钢筋应力计	支挡构造物岩土体的变形观测,支挡构造物与岩土体间接触压力观测

预应力锚固工程原位监测内容和项目 表6-1-3

预应力锚杆工作阶段	监测内容	监测内容	监测项目
施工阶段	锚杆体材料	锚杆的工作状态;锚杆的施工质量	锚杆张拉力;锚杆伸长值;预应力损失;
	锚固对象	加固效果	被锚固体的位移和变形
运营阶段	锚杆体	锚杆的工作状态	预应力值变化
	锚固对象	锚固工程安全状况	被锚固体的位移与地下水状态

监测周期应根据公路等级、支挡结构特点、地质条件确定。对于高速公路重点高边坡,监测周期应为公路建成运营后不少于一年。

动态设计是深路堑设计的基本原则。设计者应掌握施工开挖中反映的真实地质特征、边坡变形量、应力测定值等,对原设计作校核和补充、完善设计,确保工程安全和设计合理。

地质资料是设计的基础,但山区地质情况复杂、多变,受多种因素制约,地质勘察资料准确性的保证率较低,勘察主要结论失误造成边坡工程失败的现象不乏其例。因此,规定地质情况复杂的高边坡在施工开挖中补充"施工勘察",收集地质资料,查对核实地质勘察结论。这样可有效避免勘察结论失误而造成工程事故。

现场监测是一项技术含量较高的现场工作,它对工程设计的正确实施有着重要作用,也是保证施工进度或排危应急抢险、确保工程安全施工的重要依据。因此,应作出详细的设计,在设计文件中应对整个监测程序、内容、技术要求等作出明确规定。

三、滑坡地段路基

滑坡防治监测包括施工安全监测、防治效果监测和运营期监测,应以施工安全监测和防治效果监测为主。在施工期间,监测结果应作为判断滑坡稳定状态、指导施工、反馈设计和防治效果检验的重要依据。

滑坡监测项目可按表6-1-2和表6-1-3选定。

监测点应布置在滑坡体稳定性差或工程扰动大的部位,力求形成完整的剖面,采用多种手段互相验证和补充。防治效果监测应结合施工安全和运营期监测进行,防治效果监测时间应为整治工程完工且公路运营后不少于一年。施工期监测数据采集时间宜为每天一次,运营期监测数据采集时间间隔宜为7~15天。在外界扰动较大时,如暴雨期间,应加密观测次数。应及时分析滑坡监测资料,预测滑坡位移、变形的发展趋势和整治工程的效果,适时调整滑坡整治工程设计和施工方案,保证工程施工安全和路基稳定。

四、软土地区路基

在软土地基上修筑公路时,最突出的问题是稳定和沉降。为掌握路堤在施工期中的变形动态,施工期间必须进行动态观测,观测项目包括沉降观测、侧向位移(稳定)、深部位移等。动态观测项目除设计有明确的要求外,一般视工程的重要性和地基的特殊性以及观测对施工的影响程度等来确定。高速公路、一级公路或二级公路设计车速高,路面平整性要求高,所以规定施工过程中必须进行沉降和稳定观测,这样一方面保证路堤在施工中的安全和稳定,另一方面能正确预测工后沉降,使工后沉降控制在设计的允许范围之内。

软土地基的变形有多种观测方法,其中水平变形可由位移计、侧向变位桩、测斜仪等进行观测;测斜仪观测地基水平变形的特点是可以测出不同深度的变形,便于对地基变形进行分层研究。根据绘制的观测曲线可以直观地了解地基的滑动趋势及滑动面的位置,所以对于深厚软基上的高路堤,用测斜仪检测稳定更加有效,当然其观测费用比侧向变位桩要高得多,不宜大量设置。沉降观测采用的 S_1 和 S_3 水准仪,S_1 水准仪用在二等水准测量中,用于观测工作基桩和校核基桩高程;S_3 水准仪用于三等水准测量,在填筑过程观测沉降用。

第二章　现场检测与监测的工作步骤

现场检测与监测的工作步骤一般分为检测与监测的设计、仪器的选择、检测与监测的施工和资料的处理分析四个部分。

第一节　路基工程现场监测的设计

路基工程中的现场检测与监测应看成是整个工程设计中的一个组成部分,根据工程的实际要求设计需要的检测与监测项目,设计应考虑现场地质条件、环境条件等因素。

1. 确定工程条件

工程条件包括工程形式和几何尺寸、地质条件和工程技术特性、地下水情况、环境条件、对生命财产形成的威胁、邻近建筑物或其他设施的状况、设计的施工方法和施工程序、使用年限。监测系统的确定和建立取决于工程的条件,不同类型的建筑物观测物理量是不相同的。在监测工程设计前,应对工程条件资料进行广泛收集分析,必要时进行现场调查、勘测和试验,并查清工程薄弱点和敏感区,做到有的放矢。

2. 确定检测与监测目的

现场检测的目的一般是评价施工质量、为设计提供依据以及验证和修改工程设计。

监测的目的必须根据工程条件确定,同时还能够对诊断、预测和研究等方面提供技术支持。重要的是确定工程是否处于预计的状态,或施工控制、诊断不利事件的特性、检验设计的合理程度、证明施工技术的适应程度、检验长期运行性能、检验承包商依据技术规范施工的情况、促进技术发展和确定其合法的依据。

一般情况下,现场检测与监测的目的包括:

(1)提供用于控制并显示各种不利情况下工程性能的评价和在施工期、运营初期及正常运营期对工程安全进行连续评估所需要的资料。

(2)评价工程施工质量。

施工质量的好坏直接关系到公路或其他人工构筑物建设质量的好坏。施工质量主要通过两个环节来保证:一方面是通过监理单位监控和施工单位自检。另一方面是通过抽检,进行复合地基承载力检测,对施工质量进行总体评价,看能否满足工程使用要求。

(3)为工程设计提供依据。

在正式施工前,对复合地基进行承载力检测,可以为设计人员提供第一手资料,为工程设计提供依据,寻求合理的设计方案。

(4)验证和修改工程设计。

通过承载力检测,将设计值和试验值进行比较,检验勘察数据的合理性,了解和验证设计的合理程度,为可能的动态设计提供必要的依据。

(5)提高工程师关于各种参数对工程性能影响的认识。

有了上述明确的检测与监测目标,可以有目的的进行检测与监测变量选择和系统的建立。

3. 检测与监测项目的选择

岩土工程在其施工期间,由于工程条件会引起各种物理量的变化。在其服务期限内会经受周围环境变化的作用,并根据环境的变化作出不同性质的反应。在观测工程的状态时,各种物理量的取得取决于:原因或环境参量,即成因量,由于它们的变化而引起建筑物状态的变化;效应参量(结果参量)即效应量,是建筑物对成因量变化而产生的反应。按照监测目的不同又可分为工程状态观测量和科研工作观测量。一般路基工程监测项目可以参考表 6-1-1、表 6-1-2 和表 6-1-3。

4. 预测工程运行状态

预测工程运行状态,建立参照模型,是监测设计的重要环节。根据预测参量最大和最小值可选定所需仪器的范围和精度;预测可以提供观测仪器布置时定位定向的依据;预测建立的参照模型是监测施工、观测及资料分析预报的依据。如果监测的目的是安全控制,在可能的情况下,应通过预测确定安全控制标准和实施补救的措施及参数的数值。

预测工作应在详细调查和研究工程勘测、设计建立的模型和资料的基础上进行,同时进行危险性分析。

第二节　检测与监测仪器的选择

在选择仪器时,仪器的可靠性最为重要。仪器固有的可靠性是在安装的环境中最耐久、对气候条件敏感性最小,并具有良好的运行性能。应选择不易受施工设备和人为破坏,并不易受水、灰尘、温度或地下化学过程的损坏和不受周围物体变形影响的元件。传感器、数字显示装置和两者之间的连接装置可以单独考虑,因为这些设备有不同的标准。

仪器的用途应是事先确定的。选定时,要以在同样用途下良好运行的记录资料为依据。对仪器的任务范围必须加以规定,其内容包括:仪器规格确定、仪器采购、仪器校准和率定、仪器安装、仪器观测、仪器维护、数据处理、数据分析说明和补救措施的实施。这个任务的完成情况也是对责任委派工作的一个检查。同时,在进行不同仪器方案的经济性评价时,应比较其采购、校准、安装、维护、观测和数据处理的总投资;单价最低的仪器不一定能使总投资达到最小。

安装后的仪器需要能校准和检验,仪器的安装与现场观测应对施工干扰最小。仪器的安装不应对所要观测的参量产生影响。同时,对施工期和长期运营条件都应加以考虑,所选择的观测方法应与设计中确定的测读频率和周期相适应。在系统出现故障时,应能更换或维修,最终仪器应能达到既定的测量标准。

对设计列出的每台仪器都应加以编号,并说明其目的。对仪器采购,应根据设计要求和选定的仪器参数和质量水平编制采购方案。其中所列的仪器型号,可能是系列的、非系列的或特殊型号的,都应按要求采购。一般方案中应明确规定型号、厂家和验收要求。

观测成果的可靠性和应用的及时性,取决于仪器的性能及其使用条件,同时也取决于工作人员的水平。负责监测设计、施工和运营管理的技术人员,必须有丰富的经验和明确的目的,懂得仪器的操作和重要性,并能发现和检查不正常的仪器读数、记录任何可能对数据有影响的不正常的施工活动和运营情况。对有疑问的数据产生的原因能当场查明。

1. 选择仪器的基本原则

(1)选择仪器时,应事先对仪器的使用条件和使用历史有比较详细的了解。包括仪器正常运行过的最长年限和使用环境、仪器事故率、准确度和精度的变化范围等性能记载资料,它比仪器出厂说明书和仪器的率定资料更能说明仪器的真实性能。

(2)要有可靠的、能保证仪器工作性能的制造厂家。主要根据该厂仪器产品在各种使用条件下的完好率和完好率保证期两个条件来判别。

(3)仪器必须具有足够的准确性、耐久性、可重复使用性和校正的一致性。不可过多注重仪器的外观,要看其内芯的好坏。如弦式仪器的关键是弦的质量、组装工艺水平和弦的密封性;电阻式仪器的关键是电阻丝的质量和绝缘保证等。

(4)仪器选择时,必须根据工程性态的预测结果、物理量的变化范围、使用条件和使用年限确定仪器类型和型号。

2. 仪器的技术性能和质量标准

观测仪器最重要的特性是可靠性。仪器本身可靠可以减少许多麻烦。一般传感器性能可以按简易性和可靠性的递减排序,即光学仪器、机械式仪器、液压仪器、气动仪器、电力仪器。

值得注意的是,不应以仪器的价格来选择仪器,而应全面比较仪器的采购、率定、埋设、维护、读数和资料处理后,确定其综合价格。在观测过程中,仪器可靠性和稳定性对观测结果的影响应限定在设计所规定的限度以内。

准确度和精度是测量结果真值偏离的程度。系统误差是准确度的标志。其标准是:自身和外界影响引起的误差,均能通过检测或标定控制在允许误差之内。对传感器来说灵敏度越高,分辨力越强,其标准是:使其灵敏度控制在仪器本身所规定的范围内。

第三节　路基工程的现场检测与监测

监测是路基工程的重要组成部分。它贯穿于总体工程,是与总体工程不可分割又是独立实施的工作。监测工作由仪器组装率定与安装埋设、仪器设备维护工程、观测、资料整理分析、反馈、安全预报等组成。监测工作随着路基工程的设计、施工、运营三个阶段,也可分为相应的三个阶段。

1. 监测工程的施工组织设计

岩土工程的监测工程是隐蔽性较强、精度和准确度要求较高的工程,同时它又贯穿于总体工程之中。基于这种特殊的工程,作好施工组织设计是十分必要的。施工组织设计是监测设计的重要组成部分,是编制工程概预算和招投标文件的主要依据,是工程施工的指导性文件。它对于正确确定监测系统布置、优化设计方案、合理组织施工、保证工程质量、避免与总体工程干扰、缩短工期、降低造价都有十分重要的作用。

监测工程施工组织设计应符合下列要求:

(1)在设计中,必须明确它在某一岩土工程施工中的特点,认真研究监测系统设计布置和技术要求,并符合现行的施工组织设计规范和有关施工规程、规范,以保证工程质量。

(2)施工程序应符合岩土工程总进度计划和施工程序的要求,要有与其协调平衡的措施,避免干扰、冲突,确保初期监测和施工期监测取得准确的初始状态值和时间与空间上连续的、全过程的资料,并确保仪器安装埋设的质量。

(3)施工进度应符合工程施工总进度的要求。在满足工程总体施工的前提下,制订各项工作方案,方案的确定要有比较,择优选用。

(4)设计中必须编制完整的监测工程施工技术规程,用以保证监测工程施工严格遵照有关规程、规范,达到监测系统设计标准和要求。

(5)设计中应考虑监理常规要求,并将要求编入设计文件中,便于施工人员对此有明确的认识并遵照执行。

施工组织设计的步骤与内容包括下列内容:

(1)调查分析并研究岩土工程特性,掌握岩土工程和监测工程的特征和施工条件。

(2)确定施工程序和施工方法。监测工程的施工程序和方法,常常受到相邻工程和岩土工程施工的影响,因施工条件的变化而变化。因此,施工程序和方法需要准备多种方案,以适应这种多变的施工条件。

(3)编制进度计划。施工进度计划需在编制施工组织和作业循环图表、各种仪器设备安装埋设设计的基础上进行编制,并同时考虑工程总进度的要求。

(4)编制施工技术规程。编制的技术规程应包括土建施工规程、仪器设备组装检验率定规程、仪器设备安装埋设规程和观测与资料整理分析规程。此外,在技术规程中,对监测工程施工有影响的施工条件提出有限定要求的文件。

2. 监测仪器设备安装埋设

监测工程施工的中心内容是监测仪器设备的安装埋设。因为,监测系统能否可靠并长期工作,取决于仪器质量、仪器的安装与埋设、电缆的质量。仪器安装埋设前,首先要根据监测系统设计和技术要求、施工组织设计和施工技术规程,提出仪器设备安装埋设的施工大样图、仪器与测站连接系统图、仪器组装结构图和附件加工图等,并提出技术准备和材料准备要求,以及电缆连接和仪器编号要求。这项工作一般需要在现场进行,这样可以根据现场实际条件设计出切实可行的方案,有效地克服各种影响因素,确保人身和设备安全、质量。

仪器的安装埋设应按施工图和技术规程进行,要严格遵照设计中所规定的仪器布置图和结构组装图及其定位方向。为了确保仪器是完好的,必须在安装前后进行跟踪检测并记录。

仪器安装埋设时的主要操作人员应明确目的,熟悉设计布置的意图,熟悉监测系统和工程特性,并掌握仪器性能和结构特性。对监理人员也要有同样的要求。否则,安装埋设的质量是不会有保证的。

仪器安装埋设和电缆敷设应做好记录,绘制现场安装埋设草图。在仪器和电缆埋设后应及时绘制竣工图,填写考证表,编写技术报告。

3. 观测

观测包括仪器安装埋设后基准值的观测、岩土工程施工期的观测和仪器转入永久观测,即运行期的观测。不论是哪个阶段的观测都应根据监测系统的仪器使用程序和仪器厂家说明书,人工测读或自动采集测读;根据不同仪器的观测计划,对仪器进行基准值测读和定期测读。测读时,应格外细心,以确保与观测系统相应的最高精度和观测资料的可靠性。在开始观测一组新读数之前,应对观测仪表进行校验,以确保其良好的功能。

仪器读数应记录在专用表格中,以前的读数应随时用来对比,从而可以检验出数据的变化或由于仪器的失灵或错读引起的异常。当第一次读数出现异常或可疑现象时,应进行重读,并与第一次读数同时记录下来。所有对资料有影响的不正常的施工活动或其他外因都应记录。

观测系统采用计算机,大大方便了数据采集存储、处理和数据进一步分析与绘图。但是就目前的水平来讲,人工校核仍是不可缺少的。

应根据监测类型将观测频率同工程的不同阶段(施工前、施工期及施工期各阶段、初次运营和正常运营期)联系起来确定。监测系统有效性的必要条件,不仅包括采用代表性的路基工程参照模型,还包括选择适当的读数频率,以及通过对比实测和预测资料得出正确的频率。此种频率取决于要观测的参量,对观测的参量有影响的参数的变化速度,建筑物所处的阶段,测量装置的灵敏度,特殊要求如科研,管理,可能发生的反常情况等方面的具体要求。

总之,观测频率应与相关参量的变化速率和可能发生显著变化的时间间隔相适应,同时又要与测量装置相适应。测次应满足资料分析、各物理量变化稳定性和建筑物状态判断的需要。应当注意的是,所有观测都应根据施工前的环境条件确定准确的起始基准,作为读数资料对比的基础。因此,仪器安装埋设后与岩土工程施工前的观测次数应满足此目的的要求。

第四节 检测与监测数据的处理与分析

1. 观测数据处理

数据处理包括以下几个阶段:①把仪器读数整理成有意义的物理量;②认真检查测量值,以便发现突然变化和确定要求采取措施的趋势,或指出潜在的不足;③以图表形式汇总并指出工程安全监测必需的资料,将观测情况与预测情况做比较;④把所有资料存储在数据库中,便于将来出现问题时参考和分析。

以图的形式表示数据分析成果是数据处理的关键成果。在对仪器数据分析成果的解释和对建筑物状态评估方面,它是主要的依据。图的绘制应采用适当的比例尺,所有图的比例应有统一标准,以便于与其他时间或其他位置观测的数值进行对比。几种相关参数绘制在同一个图上,便于各参数关系的建立和对建筑物性状的评估。

2. 观测数据分析

(1)实测数据与预测数据的比较。如前所述,定期检查建筑物,评估建筑物的安全情况,结合观测数据处理结果以及预测模型进行比较,是客观评价建筑物的真实性状的基础。

(2)根据观测,对路基工程的运行状态进行预测。

(3)及时反馈监测信息,对路基工程的工作状态作出判断。

第三章 现场检测与监测的技术方法与要求

第一节 概 述

路基工程的安全不仅取决于自然条件和工程条件,而且取决于贯穿工程设计、施工以及整个工程寿命期内对其实际状况进行监测的条件。在当前的技术和设备水平上,保证路基工程安全应该具备如下条件:

(1)科学地选择路基工程安全监测方法和分析方法,充分利用已有的先进技术,保证工程的安全性。观测仪器、数据传输和处理系统应具有可靠性、精确性。

(2)建立可靠的监测系统。监测系统应能查明路基工程的状态是否与设计预测一致。如果路基工程工作状态与设计预测的状态偏差较大,监测系统应能够全面解释这种现象,为工程校核和修改设计提供依据。

(3)要有确定的监测准则。对于路基工程状态的监测,下面两个准则被认为是适用的:

第一个监测准则是将监测工程状态与设计确定的预测值进行对比,这种比较是通过分析一组描述工程状态的物理量来实现的。

第二个监测准则是将一组重要的观测结果与类似工程历年取得的相应结果进行统计比较。

(4)监测系统应该有先进性、系统性、可靠性和经济性。

近年来,BDS/GPS(北斗卫星导航系统)/(全球卫星定位系统)、RS(遥感)、GIS(地理信息系统)、InSAR(干涉雷达)、光纤应变监测、三维激光扫面、近景摄影测量等大量新技术、新仪器逐步在公路工程现场监测中得到推广应用,显著提升了监测效率和质量。路基及边坡工程监测中应积极推广空间信息技术、无线通信技术、物联网技术等智能监测预警技术。

第二节 检测与监测的系统性要求

路基工程的监测系统是一个由许多仪器设备组成的整体,由此获取各种物理量,并对取得的信息进行转换和处理的系统。这个监测系统要有统一的时间和空间基准,并根据工程的类型和使用年限来确定。

实际布置一个完整的监测系统,首先应确定如下几个方面:表征工程安全的要素、对工程整体安全起调节作用的单元、能够最好地描述工程状态的物理量、观测这些物理量的仪器及其安装方式、工艺要求、仪器或传感器位置、数量以及观测频率等。

在施工和运营期间,能通过监测系统全面揭示实际工程的整体状态,对工程当前安全进行核查。工程的实际状态是由一些有时在设计阶段预见不到的复杂因素决定的,通过核查可使设计得到初步验证。在运营期间,提供工程的整体状态资料,亦可为特别重要的部位提供一定时间内发生演变的证据。必要时,为了解决超出工程设计的专门技术问题,也可以进行专用的监测布置。

第三节 检测与监测的可靠性要求

可靠性是指系统在规定条件下连续工作(系统的各项指标、监测数据的误差符合规范或设计)的可能性,是一个与时间有关的统计量,即在使用寿命期内和预计的环境中使人们相信系统的设计功能、基本性能得到保证的能力。具体要求如下:

(1)系统能够承受使用期的各种作用。

(2)在正常使用时具有良好的性能。系统在寿命期内和一定的使用环境下能实现设计所要求的功能和性能,具体包括测值的精确性、通信的畅通性、功能的稳定性、自诊断的有效性、测值分析的准确性、路基工程性态分析的及时性等方面。

(3)具有足够的耐久性。系统整体及部件具有抗老化、抗腐蚀、抗松动的能力,其绝缘性能、防水防潮性能和其他各项性能指标随时间的变化对其正常使用功能和性能不会造成任何影响。对于软件而言就是新老版本兼容、更新升级简单或具有自动升级功能。

(4)在偶然事件发生时及发生后,能保持整体稳定性。系统在受到设计中未曾考虑到的意外偶然因素如人为破坏、直接雷击、大电压脉冲等作用时,不会产生严重后果且不会影响系统的其他部位的功能与性能,事发后能及时修复以保证测值的连续性。故障易于修复,同时所花费时间和费用较少。

第四节 检测与监测项目的精度要求

检测与监测项目的精度必须满足规范的要求,见表 6-3-1。

观测项目的精度要求　　　　　　表 6-3-1

监测项目	精度要求
地面水平位移及隆起	±2.5″(或±5.0mm)
地表沉降	<±1.0mm
深层沉降	<±1.0mm
地基深层水平位移	<±1.0mm
孔隙水压力	≤2kPa

1. 地表位移观测

当采用视准线法观测时,观测仪器宜采用光电测距仪。当采用单三角前方交会法时,观测仪器宜采用 J_1、J_2 经纬仪。采用全站仪观测时,距离观测精度和角度观测精度应同时满足要求。

观测精度:测距仪误差 ±5mm;方向观测水平角度误差为 ±2.5″。

2. 地面沉降观测

沉降观测应采用 S_1、S_3 型水准仪,以二级中等精度要求的几何水准测量高程,观测点测站高差中误差应 ≤0.5mm。

3. 地基深层沉降观测

一般采用分层沉降仪,观测误差不大于 ±1.0mm。

4. 地基深层水平位移

常见的测斜仪有电阻应变片式、滑线电阻式、差动变压器式、伺服式及伺服加速度计式等。地基深层水平位移观测误差不大于 1.0mm。

5. 孔隙水压力测量

孔隙水压力计类型的选择,应根据工程测试目的、土层的渗透性质和测试期的长短等条件,选用封闭式(电测式、流体压力式)或开口式(包括各种开口测量管、水位计)。仪器的精度、灵敏度和量程必须满足测试要求。电测式孔隙水压力计(包括振弦式、电阻式、差动变压式等)适用于各种渗透性质的土层。当量测误差小于或等于 2kPa 时,必须使用电测式孔隙水压力计;使用期大于 1 个月、测试深度大于 10m 或在一个观测孔中多点同时量测时,宜选用电测式孔隙水压力计。流体压力式(包括液压式、气压式等)和开口式孔隙水压力计适用于渗透系数大于 1×10^{-5} cm/s 的土层。当量测误差允许大于或等于 2kPa 时,方可选用液压式孔隙水压力计;当量测误差允许大于或等于 10kPa 时,方可选用气压式孔隙水压力计。流体压力式孔隙水压力计使用期不宜超过 1 个月;液压式孔隙水压力计不宜在气温低于 0℃ 时使用。为保证孔隙水压力计的精度,选择的量程不宜过大,上限值大于静水压力值与预估的超孔隙水压力值之和,且宜为 100~200kPa。

软土地基孔隙水压力观测误差应为 ≤2kPa。

具体表面变形观测、沉降观测、深部水平位移监测、孔隙水压力观测、复合地基承载力检测、复合地基桩身质量检验、土压力观测和锚杆应力应变监测中使用的仪器和监测的精度详见本篇第四至十一章。

第四章 表面变形观测

表面变形观测包括填方路基的水平位移及隆起变形观测;挖方路基边坡表面水平和垂直位移、裂缝变形观测等。

第一节 监测目的和要求

一、监测目的

(1)路堤和路堑边坡表面变形监测的目的是确保路基和路堑边坡的整体和局部稳定性。
(2)尽早发现一切不稳定前兆,及时采取措施确保施工及运营安全。
(3)通过边监测边施工,可以控制填筑和开挖进度,以最佳填筑速度和开挖速度确保最优施工质量。
(4)通过监测可以验证设计、检验施工方法和程序。

二、监测要求

(1)表面变形观测要与施工设计结合起来。
(2)表面变形观测要贯穿在施工过程和施工后两个阶段。
(3)表面变形观测要使用自动化的快速先进的监测设备,以满足快速监测、快速预测、快速对策的目的。
(4)表面变形观测要同环境变化结合起来,加强久雨、大雨后和地震及大爆破后的监测。
(5)在同一断面上同时进行水平位移和垂直位移监测。

第二节 测点及基点布置

表面变形监测点的布置,要考虑路堤和边坡的不同特点,路基和边坡的工程地质条件及其与公路轴向的关系等因素,一般应遵循下列原则。

一、填方路堤测点及基点布设

1.测点布置

(1)在一般软基路段,每100~200m应布设一个观测断面。表面变形观测断面一般不少于3个,每个横断面上,在公路左右路基和护坡道上对称各埋设4个边桩,同时观测水平位移和隆起变形(图6-4-1、图6-4-2)。
(2)在左右路肩和路中心线上各安设1个地表沉降仪。

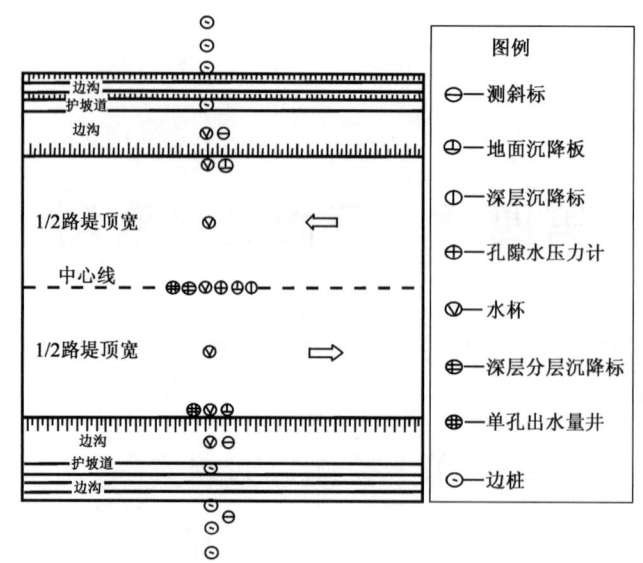

图 6-4-1 观测断面仪标平面布设

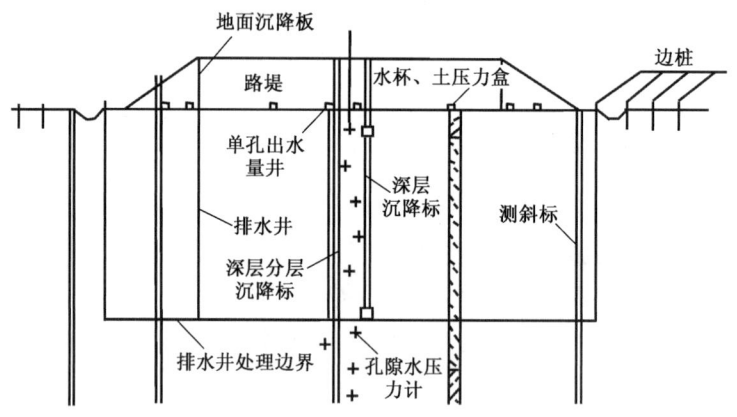

图 6-4-2 观测仪标立面布设

2. 工作基点

表面沉降观测的起测点,通常设置在公路附近地基稳固的地方。对于各测点高程差异较小、便于引测的工程,仅需设置 1~2 个高程起测基点。

采用视准线法观测水平位移,应在每一横断面观测标点的延长线上各布置一个水平位移工作基点。当公路轴线长度超过 500m 时,应在视准线中间增设工作基点,分段观测各点的水平位移。

3. 基准点

表面沉降观测一般可在与公路相隔一定距离的稳定地点设 2~3 个水准点,以便校测起测基点的高程。

采用视准线法观测水平位移,可在视准线两端工作基点的延长线上各布置 1~2 个校核基点,以校核工作基点的位移。采用测边网或边角网观测水平位移,应增设 2 个以上校核基点与工作基点一起构成多边形,以校核工作基点的位移。

二、路堑边坡测点布置

对于坡高大于15m且岩土地质条件差的边坡必须进行表面变形监测,边开挖边进行位移监测。

1. 监测断面(测线)

(1)在边坡中线和左右两侧1/4横剖面上,各布置一条监测线。

(2)每条测线上同时布置水平、垂直位移及测缝测点。

(3)每条测线顶端宜从远离坡顶截排水沟10m处开始布置监测点。

(4)边坡表面位移测点(水平和垂直)标墩要同时兼顾常规的光学经纬仪和水准仪及现代化的全站测量的要求。

2. 监测网

除三条测线(剖面)外,三条测线之间的边坡坡面、坡顶斜坡及平台上,视边坡坡体地质条件,可以布置适当的观测点,这样平面上就构成边坡表面位移观测网,如图6-4-3所示。

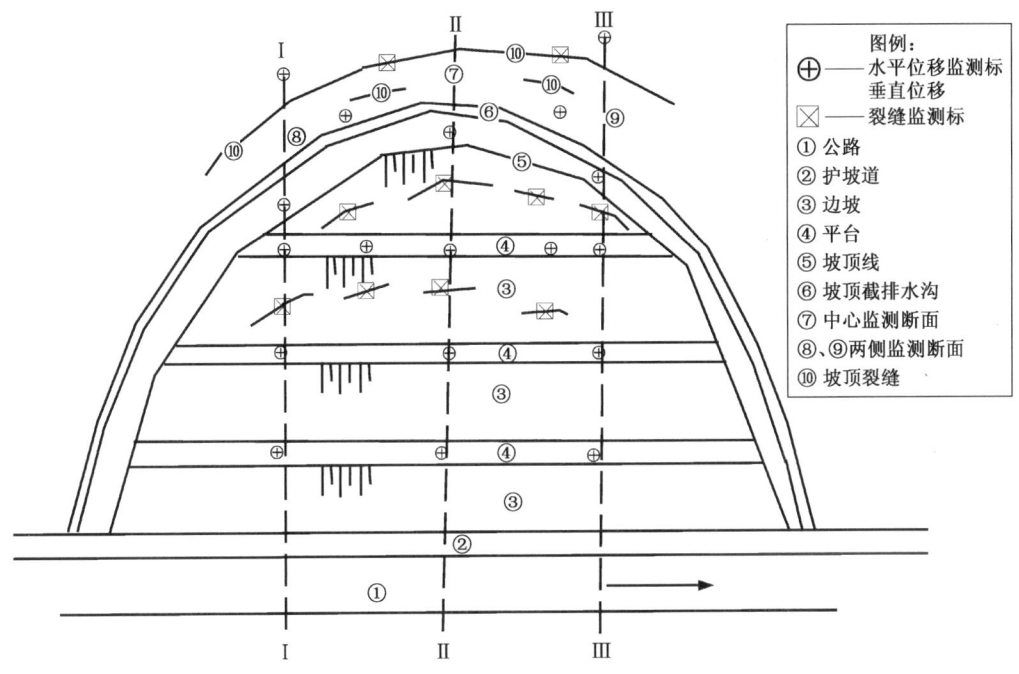

图6-4-3 边坡表面变形监测点布置平面示意图

第三节 观测仪器及测点标墩安装埋设

一、软土地基和路堤变形观测

1. 软土地基和路堤变形观测仪器设备

软土地基上路堤的填筑施工应注意观测施工过程和竣工之后的地基变形动态。高速公路、一级公路和二级公路工程在路堤施工过程中,必须进行沉降和稳定性的动态观测。

观测项目及观测仪器名称见表6-4-1。观测项目包括地表沉降观测、路基水平位移和隆起变形观测。

软土地基路堤表面表形观测设备　　　　　表6-4-1

序号	观测项目	仪标设备	型号规格	精度
1	表面沉降观测（沉降板法）	地表沉降计	50cm×50cm×1.5cm	<<±0.8mm/km
		测杆	4″镀锌管	
		水准仪	50KK1AB20 配备测微器及铟钢尺	
2	路堤两侧路基表面水平位移和隆起变形观测	地表水平位移桩（边桩）		
		经纬仪	J_1、J_2	测距精度±5mm，方向观测水平角测量精度±5″
		水准仪	S_1、S_2	高程测量精度<±1mm

另外便于选用仪器设备，在表6-4-2 和表6-4-3 及表6-4-4 里列出国内外经纬仪、水准仪及测距仪的型号及主要参数。

经纬仪型号及主要参数表　　　　　表6-4-2

型号		TDJ2E	TDJ6E	J2B	J6	01OB	T3	T2	T1	T1000	T1010	T2002
名称		光学经纬仪		光学经纬仪		光学经纬仪	光学经纬仪			电子经纬仪		
精度		2″	6″	2″	6″	±1″(±0.3mgon)	1″	2″	6″	3″	3″	0.5″
望远镜	成像方式	正	正	正	正	正	正	正	正	正	正	正
	放大倍率	30×	30×	28×	28×	30×	20×、30×、40×	30×	30×	30×	30×	32×
	物镜孔径（mm）			40	40	40	60	40	42	42	42	42
	视角场	1°30′	1°30′	1°20′	1°20′	1.3°		1°36′	1°30′	1°30′	1°30′	1°30′
	1km 处视野					23	28.5	29	27	27	27	27
	最短视距（m）	2	2	1.5	1.5	1.5	4	2.2	1.7	1.7	1.7	1.7
测角部	读数方式 直读	1″	1″				0.2″	1″	6″	1″	1″	0.1″
	估读	0.5″	0.1″				0.1″	0.5″	3″			
	标准差 水平							0.8″	3″	3″	3″	0.5″
	垂直									3″	3″	0.5″
度盘	直径 水平（mm）			90	93.4	86	135	90	79			
	垂直（mm）			70	73.4		90	70	79			
	刻画 水平			20′	1°	20′	4′	20′	1°			
	垂直			20′	1°		8′	20′	1°			

续上表

	型号		TDJ2E	TDJ6E	J2B	J6	010B	T3	T2	T1	T1000	T1010	T2002
水准器	圆水准器		8'/2mm		8'/2mm		8'/2mm	8'/2mm					
	整平水准管		20'/2mm	30'/2mm	20'/2mm	30'/2mm	20'/2mm	30'/2mm					
环境	操作温度	(℃)	-25~45					-20~50					
	储存温度		-40~45					-40~70					
重量	仪器	(kg)	6.0	4.3	5.0	2.5	4.8	6.0	5.8	4.5	4.5	7.0	
	仪器箱						3.0	2.2	2.8	3.9	3.9	5.5	
生产厂家			北京光学仪器厂		南京1002厂		德国蔡司	瑞士徕卡(威特)					

水准仪型号及主要参数表　　　　表 6-4-3

	型号		S₃d	S₃BZ	N1002A	N3	NA2	NA3000
	名称		水准仪	自动安平水准仪	精密自动安平水准仪	精密水准仪	自动安平水准仪	数字编码水准仪
每km往返高差标准差(mm)			<±2.5	<±2	±0.2	0.2	0.7	±0.4
望远镜	成像方式		倒	正	正	正	正	正
	放大倍率		30×	30×	40×	11×~40×	32×、40×	24×
	物镜孔径(mm)		42	42	55	52	45	36
	视场角		1°26'	1°26'	1°16'			
	100m处视场角大小(m)				2.2	1.8	2.4	3.5
	视距乘常数		100	100	100	100	100	
	视距加常数		0	0	0	0	0	
	最短视距(m)		2	1.5	1.5	0.45	1.6	
补偿器	补偿范围			±12'	±10'			±12'
	安装精度			≤±0.3"	≈0.05"		±0.3"	±0.8"
圆水准器灵敏度				8'/2mm				8'/2mm
管水准器安装精度						±0.2"		
度盘	直径(mm)		70	77				
	格值		2°	1°				
	估读		20'	5'			1'	
环境	操作温度	(℃)	-25~45					-20~50
	储存温度							-40~70
重量	仪器	(kg)	<2	<2	6.5	5.1	2.4	2.5
	仪器箱				5.1	3.4	1.8	5.0
生产厂家			南京1002厂		德国蔡司	瑞士徕卡(威特)		

测距仪型号及主要参数表　　　　表6-4-4

型号		DCH3	DI1001	DI2002	TC2002	NE3000	ME5000
名称		测距经纬仪	电子测距仪	电子测距仪	精密全站仪	光电测距仪	激光测距仪
测角精度					0.5″		
测距精度	标准模式	±(5mm+5ppm)	3mm+1ppm	1mm+1ppm	1mm+1ppm	±(0.2mm+1ppm)	±(0.1mm+1ppm)
	跟踪模式	±(10~20mm+1ppm)	10mm+2ppm	5mm+1ppm			
测距(m)范围	单棱镜	2000	800~900	2500~3500	1000~2500	500~1000	
	三棱镜	3000′	1100~1300	3500~5000	1200~3500	3000以内	5000
	十一棱镜	5000(八棱镜)		5000~7000	1600~5500		
测量时间	标准模式(S)	10	1.5	<3			
	跟踪模式(S)	0.5	0.3	0.3			
分辨率(mm)		1	1	1或0.1	0.1″	0.1	
最佳配置	电子经纬仪		T1000	T2002、T1610		DKM3	
	光学经纬仪	TDJ2E	T1、T16	T2			
其他选择	电子经纬仪		T1610、T2002	T1000、T3000			
	光学经纬仪		T2、TDS	T1、T16			
测距仪倾角范围		±30°	-70gon至天顶	-70gon至天顶	-55°~90°天顶	±25°	
比例尺修正范围(ppm)			-500~500	-500~500			
加常数修正范围		0~63	-99~99	-9.9~9.9			
环境(℃)温度	操作温度	-20~50	-20~50	-20~50	-20~50	-40~40	-40~40
	储存温度			-40~70			
重量(kg)	仪器	2.5	0.5	0.6	7.6	13.5	
	仪器箱		2.0	2.0	5.5	8	
电源		12V2Ah	12VDC	12VDC	12VDC	12VDC/10Ah	12VDC/10Ah
生产厂家		北京光学仪器厂	瑞士徕卡(威特)	瑞士徕卡(威特)	瑞士徕卡(威特)	瑞士克恩	瑞士克恩

2. 测点标墩安装埋设

1)水平位移观测边桩埋设

(1)边桩用于观测路基水平位移和隆起变形。边桩根据需要应埋设在路堤两侧趾部(图6-4-1)和距离边沟外缘10m的地方,并结合稳定性分析。在可能的滑裂面与地面的切面位置布设测点,一般在趾部以外设置3~4个位移边桩。

(2)边桩一般采用钢筋混凝土预制,混凝土强度等级不应小于C25,高度不应小于1.5m;断面可采用正方形或圆形,其边长或直径以10~20cm为宜;并在桩顶预埋不易磨损的测头。

(3)边桩的埋设深度以地表以下不小于1.2m为宜,桩顶露出地面的高度不应大于10cm。桩周上部50cm用厚约20cm混凝土(C20)浇筑固定。

2)视准线法水平位移观测三级点位及其标具埋设

视准线法要求布设三级点位,由位移标点和用以控制位移标点的工作基点以及用以控制工作基点的校核基点三部分组成。

工作基点桩要求设置在路堤两端或两侧工作边桩的纵排或横排延长轴线上,且在地基变形影响区外。位移边桩与工作基点桩的最小距离以不小于2倍路基底宽为宜。

单三角前方交会法要求位移边桩与工作基点桩构成三角网,并且通视。校核基点桩要求设置在远离施工现场和工作基点而且地基稳定的位置上。

工作基点桩可采用废弃的钻探用无缝钢管或预制混凝土桩,埋设时要求打入硬土层中不小于2.0m;在软土地基中要求打入深度大于10m。桩周顶部50cm采用厚25cm的C20混凝土加以固定,并在地面上浇筑1.0m×1.0m×0.2m的C20混凝土观测平台,桩顶露出平台15cm,在其顶部固定好不易磨损的基点测头。

校核基点可用无缝钢管或预制混凝土桩打入至岩层或具一定深度的硬土层中。若附近有山地,应尽可能地利用山地外露基岩作为控制点。控制点四周必须采用永久性保护措施,并定期与工作基点桩校核。

3)表面沉降观测沉降板埋设

沉降板置于路中心、路肩及坡趾的基底。沉降板由钢板或钢筋混凝土底板、金属测杆和保护套管组成。底板尺寸不小于50cm×50cm×3cm,测杆直径以4cm为宜,保护套管尺寸以能套住测杆并使标尺能进入套管为宜。随着填土的增高,测杆和套管亦相应接高,每节长度不宜超过50cm。接高后的测杆顶面应略高于套管上口,套管上口应加盖封住口,避免填料落入管内而影响测杆的自由下沉,盖顶高出碾压面的高度不宜大于50cm。

二、边坡表面变形监测仪器及安装埋设

1. 边坡表面变形监测项目

边坡表面变形监测包括水平位移、垂直位移、裂缝变形监测。通过平行边坡走向和倾向的两个水平位移的合成,可以确定水平位移方位角及其大小。由水平位移和垂直位移的合成,可以确定该点边坡表面变形倾斜度及沿倾斜方向的合成位移值。

2. 边坡表面变形监测仪器

(1)边坡水平位移监测可采用精密测距仪进行边长测量,利用经纬仪进行角度测量。通常,可选用DI2002(精度1mm+1ppm)进行边长观测;选用T_3经纬仪或T2002电子经纬仪进行角度观测。

(2)边坡垂直位移监测科采用精密水准仪进行测量。通常采用N1002自动安平水准仪,其每1km往返高差标准差为±0.2mm。

(3)全站测量法进行水平位移和垂直位移观测。

测量人员在测站上对边坡表面的平面位置和高程同时测定的方法称之为全站测量。全站测量中最常用的是利用光电经纬仪(或称电子经纬仪)联合光电测距仪进行迅速测定的全站光电速测法。表6-4-5列出国内外主要全站仪及其技术参数。

部分全站仪的技术参数 表6-4-5

仪器型号	制造厂家	测距精度 a	测距精度 b	测程(棱镜)（km）	测角精度	补偿器	数据记录存储	重量（kg）	体积（cm³）
TC2000	瑞士 Leica	3	2	5.0(11)	0.5″	液体补偿10′	GRE3,GRE4	9.6	43×34×28
TC1610	瑞士 Leica	2	2	5.0(11)	1.5″	摆式补偿3′	GRE4	5.6	
T1600+DI5	瑞士 Leica	3	2	5.0(11)	1.8″		GRE3,GRE4	4.5	
GDM540	瑞典捷创力	2	2	4.7(8)	1.0″	3′		7.5	
Elta2	德国 Opton	2	2	3.0(7)	0.6″	液体补偿3′	REC 记录器	5.0	27×23×13
FALDY	日本 JEC	2	2	3.6(3)	2″	3′	DATA卡(512k)	6.8	17×18×37
E_2+DM503	瑞士 Kem	3	2	5.5(7)	0.5″	液体补偿3′	Alphocord	8.7	23×28×25
SET2	日本测机舍	3	5	4.2(9)	2″	液体补偿3′	磁卡(32k)	7.5	18×37×17
GTS-300	日本 Topcon	2	2	4.4(9)	2″	液体补偿3′	数据存储器	6.1	
NTS-202	中国南方	5	5	1.8(3)	2″				
PTS	日本 PENTAX	5	3	3.2(9)	2~3″	液体补偿3′	DC-LZ存储器	6.2	16×36×16

注：测距精度，对TC2000，$a = \pm 3mm$，$b = +2ppm$。

其中，TC2000全站仪是性能好、功能多、应用广的精密测量仪器。其测距精度±(3mm+2ppm)，测程在4km以上，一次正常测程时间8s，测角精度±0.5″，一次测角时间0.9秒。外观见图6-4-4，仪器各部件名称列于表6-4-6。

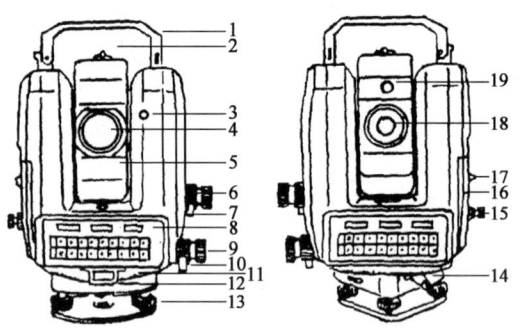

图6-4-4 TC2000全站仪

TC2000全站仪各部件名称 表6-4-6

序号	名称	序号	名称	序号	名称	序号	名称
1	提手	6	垂直微动螺旋	11	水平方向安置盘	16	内装电源
2	粗瞄准星	7	垂直制动卡	12	安置盘读数窗	17	内装电源锁卡
3	十字丝照明调节	8	键盘	13	基座脚螺旋	18	望远镜目镜
4	望远镜物镜	9	水平微动螺旋	14	电源与数据接口	19	测距信号表
5	测距仪	10	水平制动卡	15	光学对中器目镜		

（4）裂缝位移观测：观测裂缝变形的测缝计种类很多（表6-4-7），但国内常用的是金属标点测缝装置，就是在裂缝两侧埋标点，然后用改装的游标卡尺测量裂缝变形，精度可达0.1mm。

国内外单向测缝计参数表

表 6-4-7

名称	测缝计	变位计		测缝计	测缝计	测缝计	测缝计	测缝计	测缝计	测缝计
型号	CF-5 CF-12 CF-40	RW	BW-10	SDF-20 SDF-50 SDF-100	TJM	J0.1 J0.25 J0.5	4400	PF-25	JM-1D	BJ-5 BJ-10 BJ-20 BJ-25
量程(mm)	5 12 40	0～40	10～20	20 50 100	10 20 50	2.0 6.1 10.2	152	50(基线长 200～500)	±10	5 10 20 50
分辨率	0.015 0.04 0.07 mm/ (0.01%)	0.01(mm)		0.02 0.05 0.1 (mm)	0.05 (%F·S)	0.05 0.013 0.025 (mm)	0.01 (mm)	0.01 (mm)	0.01 (mm)	0.25 (mm)
精度	1.5 (线性度) 1.0 (回差) 0.5 (重复性) (%F·S)	±0.1～ ±0.2 (mm)	≤1	<±1 (线性度) (%F·S)	0.5 (%F·S)					
测量方式	水工比例 电桥				频率计			百分表	百分表	
传感器	差动 电阻式	差动 电容式	差动 电感式	钢弦式	钢弦式	差动 电阻式	钢弦式	机械式	机械式	电阻 应变 片式
温度范围(℃)	-25～60	-30～60		-10～40	-20～70					
温度附加误差(℃)	±0.5									
温度修正系数(mm/℃)	≈0.004	≤±0.05 (%F·S/℃)								
耐水压(MPa)	0.5					0.2				
生产单位	南京电力 自动化 设备总厂	南京自动化研究院 大坝监测研究所		昆明捷兴 岩土仪器 公司	法国 Telemac 公司	美国 卡尔逊 仪器公司	美国 Geokon 公司	加拿大 Roctest 公司	瑞士 Huggen- berger 公司	日本 共和 电业株 式会社

3. 观测标墩埋设

1) 水平位移观测标墩埋设

水平位移监测网点标志采用钢筋混凝土观测标墩,或选择其他的标准观测墩(图6-4-5)。

标墩基础必须要稳固,揭掉表面风化层使标墩浇筑在新鲜基岩上。或当地表覆盖层较厚时,应开挖一基坑,深度不小于1m,同时在底部打入5根2m长的桩。标墩应现场浇筑,顶部仪器基盘采取二期混凝土埋设,且仪器基盘要求水平。

由于水平位移监测网点也是高程工作点,为观测方便,水平位移监测网点观测标墩的底盘上要放置一水准标志,水准标志的标心应高出底盘平面0.5cm左右。监测点标墩尺寸见图6-4-5。

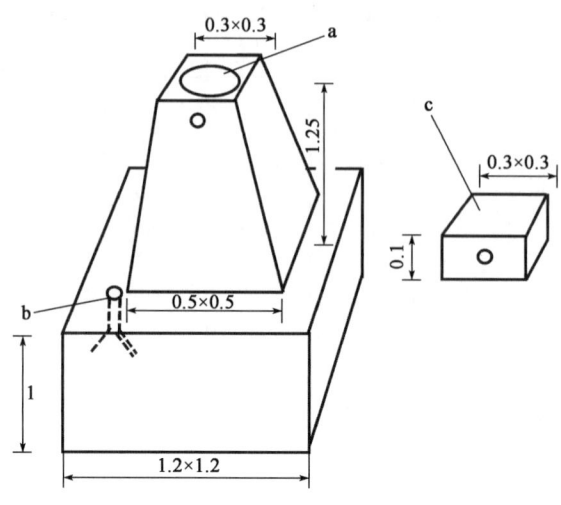

图6-4-5 观测标墩(尺寸单位:m)
a-仪器基盘;b-水准标心;c-标墩盖

2)水准标志的制作和浇筑

水准标志采用岩石嵌标,同时浇筑钢筋混凝土指示盘和标盖,其尺寸详见图6-4-6。

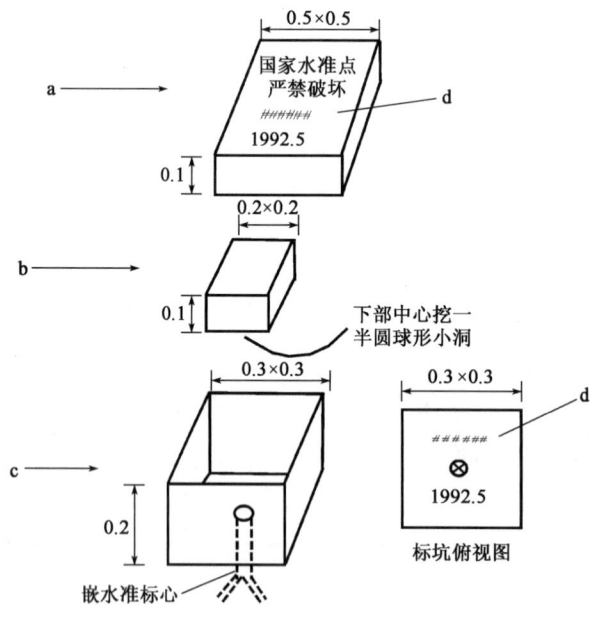

图6-4-6 水准嵌标(尺寸单位:m)
a-指示盘;b-标盖;c-标坑;d-水准点点号

3）裂缝观测标点埋设

边坡表面裂缝观测最简易方法就是金属标点测缝装置,如图 6-4-7 所示。在裂缝两侧埋设金属标点,用游标卡尺(图 6-4-8)测定两金属标点间距的变化值。

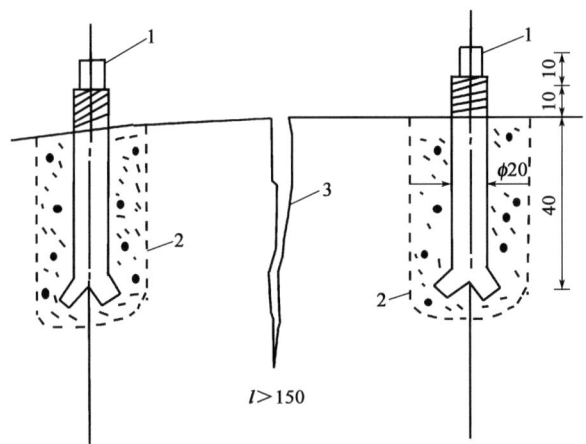

图 6-4-7　边坡裂缝观测金属标点结构示意图(尺寸单位:mm)
1-游标卡尺测处;2-钻孔线;3-裂缝;l-两个金属标点间距

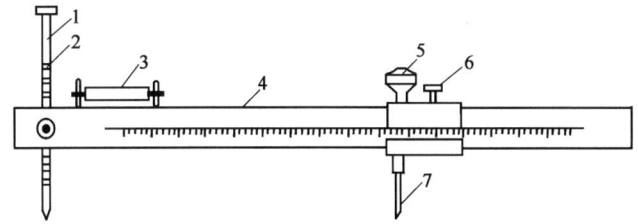

图 6-4-8　游标卡尺结构示意图
1-测针;2-定位小孔;3-水泡;4-尺身;5-垂直测微螺钉;6-水平测微螺钉;7-测针

为了观测裂缝的空间变化,可采用如图 6-4-9 所示的三点式金属标点。三个金属标点中,两个埋设在裂缝一侧,其连线平行于裂缝,并与裂缝另一侧的第三个标点构成等边三角形,且三点大致位于同一水平面上。图 6-4-9a)中变量见下文及式(6-4-3)、式(6-4-4)。

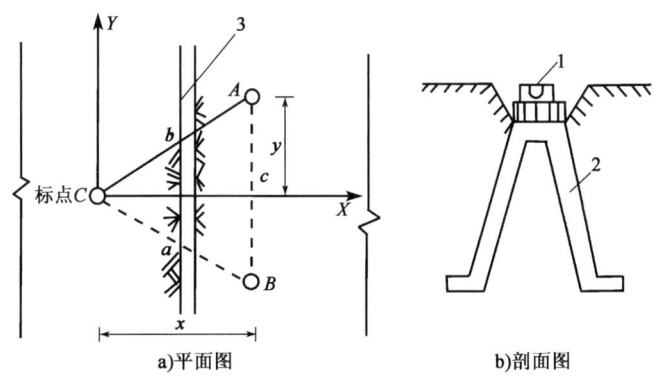

图 6-4-9　三点式金属标点结构示意图
1-卡尺测针卡测的小坑;2-锚筋;3-裂缝

4. 全站观测标点埋设

1）建观测站

在公路对面山坡上选择一个通视条件好的地点，建立一个观测站。观测站建在稳定的岩土体表面，用 C20 混凝土浇筑 100cm×100cm×30cm 的钢筋混凝土板，板顶面要水平。在混凝土板的四角打入长 100~200cmϕ26 以上的钢筋。钢筋打入地面后，焊在板体内的钢筋网上。如果坡体是稳定岩体，则不用浇筑混凝土板。

在稳定的混凝土板上放置全站仪，对公路对面边坡上的各测线（网）点进行测量。

2）后测（视）点埋设

在观测点后方几十米范围内，选一通视好的位置埋设后测标点，标点用 ϕ26~ϕ36 的钢筋制作，长 1.0~2.0m，标杆高出地面一定的高度以便从观测站看得见其顶端反射镜。杆头上焊一块尺寸为 10cm×10cm×1.0cm 的钢板，钢板顶面要成水平、光滑。

每次测量时，操作全站仪，测定观测站到后测点的距离和高程，使每次测量值始终保持同初始值相同，然后转动全站仪，测定对面边坡上各测点的位移。

3）前方各测点的标杆埋设

按监测设计，在边坡的开挖过程中，自上而下，从坡顶截排水沟以外 10m 的地方开始往下逐台阶布设前方观测点。测点标杆用 ϕ26~ϕ36 的钢筋制作，标杆打入坡体内的深度为 1.0~1.5m，标杆高出坡面一定高度，以便从观测站容易看到标杆顶上的反射镜。如果是岩质边坡，则钻 ϕ40~ϕ60 的风钻孔，把标杆用砂浆埋入孔内。标杆顶部焊一块尺寸 10m×10m×1.0cm 钢板，钢板上表面水平。每次测量时在小钢板上放置专用反射器。

如果标杆埋在监测人员平时难以到达的地方，则可标杆头上刻一个易辨认的十字记号，每次测量，全站仪只要对准此十字横、竖交叉中心点即可。

第四节　观测方法与精度要求

一、软土地基路堤及路基变形观测

软土地基上的路堤稳定性监测主要是进行公路两侧边桩水平位移和隆起变形观测。在这一节主要介绍边桩水平位移和隆起变形观测及地面沉降观测。

1. 边桩水平位移和隆起变形观测方法

在地势平坦、通视条件好的平原地区，水平位移观测可采用视准线法；地势起伏较大或水网地区宜采用单三角前方交会法观测。

隆起变形观测参照沉降观测法进行。隆起变形观测与水平位移观测同步进行，其观测程序及时间跟水平位移观测基本一致。

（1）观测时间原则上每填筑一层应观测一次。如果两次填筑间隔时间较长，每 3 天至少观测一次。路堤填筑完成后，堆载预压期间，观测应视地基稳定情况而定，一般半月或每月观测一次，直至预压期结束。

（2）当路堤可能失稳时，应立即停止加载并采取果断措施，待路堤恢复稳定后方可继续边填筑边监测。

（3）每次观测应按规定格式记录，并及时整理、汇总观测结果。

（4）重点路段，在铺设路面期间和公路通车后的一定时间内还要继续进行稳定性观测。

2. 地面沉降观测

施工路段的地表沉降观测常用的方法是在原地面上埋设沉降板（图6-4-1和图6-4-2）进行高程观测。

沉降板观测应采用 S_1、S_3 型水准仪，从二级中等精度要求的几何水准测量高程，观测误差应小于1mm。

二、边坡表面变形观测

1. 水平位移观测方法及其观测精度

（1）准线安装。

①工作基点一般采用钢筋混凝土观测墩。测点一般采用双层观测墩，觇标高出地面1.2m以上，墩上安装强制对中盘，并保证精度不低于0.2mm；

②安装强制对中盘时，要调整水平，倾斜不得大于4′；

③各测点底盘中心应埋在视准线两端连线上，其偏差不得大于10mm。

（2）视准线观测。

①视准线观测之前，应测定活动觇牌的零位差，经纬仪（视准仪）应按相应要求检验。

②活动觇牌法每一测回的观测程序按以下要求进行：在视准线的一端点设置仪器后，后视另一端点，固定照准部，指挥前视人员转动活动觇牌的微动螺旋，使觇牌中心与视线重合后进行读数。每一测回正倒镜各照准活动觇牌两次，读数两次，取平均值作为该测回观测值。正倒镜两次读数差应小于2.0mm，两测回观测值之差应小于1.5mm。

③当采用小角法观测时，各测次均应使用同一个度盘分划线。如各测点均为固定的觇牌，则采用方向观测法。小角法观测方向的垂直角大于3°时，要进行纵轴倾斜改正。小角法观测值 L 按下式计算：

$$L = \frac{d''_i}{\rho''} S_i \tag{6-4-1}$$

式中：L——观测值（mm）；

d''_i——观测角值；

ρ''——206265″；

S_i——工作基点至测点的距离（mm）。

活动觇牌法，L 为活觇标读数。利用下式计算位移量：

$$d_i = L + K\Delta + \Delta_{右} - L_0 \tag{6-4-2}$$

式中：d_i——i 点位移量（mm）；

K——归化系数，$K = S_i/D$；

S_i——测点至右端点的距离（m）；

D——准直线两工作基点的距离，m；

Δ——左、右端点变化量之差（mm），$\Delta = \Delta_{左} - \Delta_{右}$；

L_0——i 点首次观测值（基准值）（mm）；

L——i 点本次观测值，对引张线，为观测仪器或分划尺的读数（mm）。

（3）边坡表面水平位移监测精度要求在 ±（0.5~3.0）mm 范围之内。

2. 垂直位移监测方法及其精度要求

边坡表面垂直位移可以采用精密水准测量和三角高程测量方法进行监测,其监测要点如下。

(1)精密水准测量。

水准测量中,应尽量设置固定测站和固定转点,以提高观测的精度和速度。

使用光学水准仪和数字水准仪进行水准测量作业的基本方法及精度要求应按现行《国家一、二等水准测量规范》(GB/T 12897)和《国家三、四等水准测量规范》(GB/T 12898)中的规定执行。

精密水准线路闭合差一般不宜低于三等水准测量的技术要求。

(2)三角高程测量。

①推算高程的边长不大于600m,每条边的中误差不大于3mm。

②应以J_1型经纬仪对向观测6测回(做到同时对向观测),测回差不得大于6″。

③仪器高程量测中误差不得大于0.1mm。

(3)边坡表面垂直位移监测精度要求±3.0mm。

3. 边坡表面裂缝观测方法及精度要求

裂缝观测可以用多种仪器设备进行,其中金属标点法最简便,被广泛采用。下面叙述其观测要点。

图6-4-7所示的是观测裂缝单向变化的两个金属标点,用图6-4-8所示的游标卡尺测定裂缝宽度变化,其精度需达0.1mm。

图6-4-9所示的是观测裂缝空间变化用的三个金属标点。用图6-4-8所示的游标卡尺量测3个标点的水平距离,a、b、c及标点A、C之间的高差Z_α,并算出以C为原点时标点A和B的空间坐标。前后两次时间所测得新旧坐标的变化就反映了裂缝的变化,其计算公式如下:

标点A的坐标:

$$\begin{cases} y = (b^2 + c^2 - a^2)/2c \\ x = \sqrt{b^2 - y^2} \\ z = Z_\alpha \end{cases} \quad (6\text{-}4\text{-}3)$$

标点B的坐标:

$$\begin{cases} y = (a^2 + c^2 - b^2)/2c \\ x = \sqrt{a^2 - y^2} \\ z = Z_\alpha \end{cases} \quad (6\text{-}4\text{-}4)$$

图6-4-8中,测量时将卡尺两测针插入A、B、C三点中任两个金属标点圆锥形小凹坑中,上下移动测针1用止动螺钉插入其小孔内固定,再微调垂直测微螺钉5,使水泡3位于水准管中心,则两测针在同一水平面上,即可从卡尺上读出垂直和水平读数(精确到0.1mm)。

三、边坡表面位移监测的全站测量法

(一)全站测量法特点

全站测量法就是利用光电经纬仪(或称电子经纬仪)及光电测距仪进行迅速测定的方法。该方法具有测角、测距、数据记录与处理同步进行的特点,同时具有数据群的自动存储功能,为

全站测量快速数据记录和测绘工作的全面自动化提供了有利的条件。

(二) 数据化全站测量

以 TC2000 全站仪为例,简要介绍数字化全站测量方法。为便于说明,图 6-4-10 里表示出该仪器上的操作键盘。

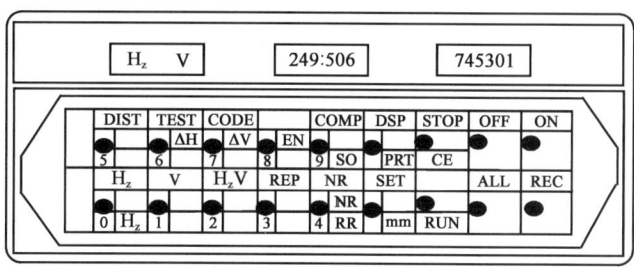

图 6-4-10　TC2000 操作键盘

1. TC2000 的使用

1) 准备工作

(1) TC2000、GRE4 以及电池安置在三脚架上,如图 6-4-11 所示,并做好仪器对中、整平,电池与 TC2000、GRE4 接孔位标志插入对接。反射器按光电测距要求安置。

(2) 测量前的仪器状态准备。

① 供电检查:按 TEST、0 两键,显示窗有电压指示,少于 11V 不能测量。

② 测量状态选择:包括记录格式、测量单位、显示项目与时间的选择和度盘配置等。

③ 参数设置:测距改正数、地面点号码、坐标、高程及点各代码等。

图 6-4-11　三脚架

2) 信号检查

仪器瞄准反射器后,按 TEST、5 两键,观察回光信号的大小。信号不足时不测距。

3) 测量及其数据存储

(1) 单测角:按 H_z、V 或 H_zV 键一次实现角度的单次测量,时间 0.9s。

(2) 跟踪测角:按 REP 键后再按 H_z (或 V、H_zV) 键一次,实现水平方向(或天顶或同时水平方向与天顶距)的跟踪测量。每 0.3s 跟踪测量一次。

(3) 测距:单次测距,按 DIST 键,8s 后显示距离,其间也测水平方向和天顶距。跟踪测距,按 REP 后,按 DIST 键就跟踪测距,其间也测角。

(4) 记录:一次测量完毕,按 REC 则记录一次测量成果。

(5) 自动记录:按 ALL 键完成一次边角的全部测量与记录。

2. 数字化全站测量概念

所谓数字化测量,是指全站仪在测量过程中得到的用于表示测点位置的参数,并且存放在相应的存储器中。这一过程一般又称为数据采集。全站仪数字化测量可在数据库中形成某一区域的地理数据模型。数字化测量能使测量结果绘图自动化,能使测量与设计一体化。

图 6-4-12 是数字化测量的流程图。

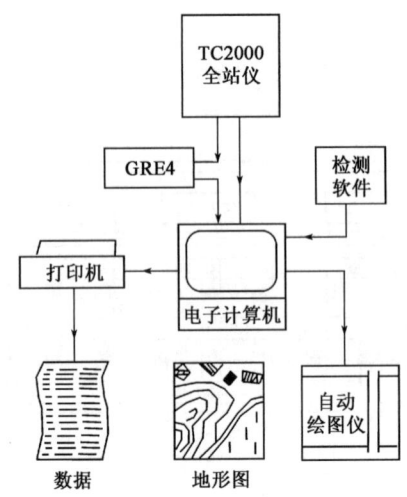

图 6-4-12　数字化测量流程图

第五节　资料整理及分析

一、资料整理

检验表面变形观测结果的准确性与可靠性,并进行误差分析与处理,根据表面变形观测结果计算出各测点的实测值。

绘制下列各测点表面位移及裂缝变形的过程线。

1. 软土地基上的路堤表面变形

(1)填土路堤各边桩水平位移、隆起变形与填土层数(厚度)、时间关系曲线。

(2)路堤表面沉降与填土层厚、时间关系曲线。

(3)路堤横断面上各测点在不同时刻的沉降与水平位移关系曲线。

2. 边坡表面变形

(1)各测点水平位移(平行和垂直边坡走向的水平位移的合成值)与时间关系曲线。

(2)水平位移和垂直位移合成值与时间关系曲线。

(3)裂缝的张开度和错动量与时间关系曲线。

(4)边坡坡面所有测点水平位移矢量图(定期)。

二、资料分析

1. 软土地基上的路堤

根据各测点的表面变形量及变形速度的演化过程,分析判断其表面变形处于稳定、趋于稳定或不稳定状态的哪个阶段。根据表面变形的分布状况分析变形的合理性与均匀性,计算各测点的表面差异变形量,分析土体产生裂缝的可能性。根据表面沉降量的变化过程,分析土体的固结状况、土体的流变性能及后期沉降。将表面变形实测值的大小与理论计算结果相比较,综合分析土体表面变形状况,评价路基的稳定性与施工质量。

2. 边坡工程

根据各测点水平位移、垂直位移及裂缝变形监测成果,分析边坡体产生位移的范围、位移方位角、位移倾向角等。通过位移演化速率,判断出边坡在某一时刻的稳定性。例如出现位移在匀速发展或加速发展的现象,这就是边坡失稳的前兆,此时应立刻停止开挖边坡,采取果断的加固措施,使边坡处于稳定状态,方可继续开挖边坡。因此,边施工边监测是确保边坡施工安全的重要措施。在有可能触发边坡失稳的人为因素如开挖边坡、在坡脚上开挖挡土墙基坑等,或是大雨、久雨及地震等天然因素的作用过程中和作用之后,应随时整理资料和分析资料,以保证监测工作对工程施工的指导作用。

三、表面变形统计分析与预报

表面变形在观测了较长一段时间,积累了大量观测资料以后,可以用统计方法进行分析,以预测变形的发展趋势以及最终水平位移和沉降量。

对路堤及边坡表面变形进行统计分析和预测可采用对数模型和双曲线模型。

对数回归模型:
$$u = a + b\lg(1 + \beta t) \tag{6-4-5}$$

双曲线回归模型:
$$u = \frac{t}{a + bt} \tag{6-4-6}$$

式中：u——位移；

a、b、β——回归参数；

t——时间。

第五章 沉 降 观 测

第一节 监测目的和一般要求

一、沉降观测目的

通过路基和路堤内部沉降观测,可以掌握各土层的变形特性及有效压缩层厚度,了解土层在施工期间和运营期间的固结状况,作为判断其稳定性、控制施工方法、监测工程安全及评价工程施工质量的依据。

二、沉降观测的一般要求

(1)沉降和稳定性观测点最好设在同一断面上,这样有利于测点保护,便于集中观测,统一观测频率,更重要的是观测项目数据的综合分析。

(2)沉降观测不仅要在路堤填筑过程中进行,而且在填筑完成后,还要继续观测直到残余沉降速率下降到规定值以下。

(3)沉降观测在暴雨后和久雨过程中要加强。

(4)沉降观测与稳定性监测同步进行,每填筑一层应观测一次,当两次填筑间隔时间较长时,每3天应至少观测一次。

第二节 测 点 布 置

(1)观测断面,一般路段沿纵向每隔100~200m设置一个观测断面,桥头路段应设置2~3个观测断面;桥头纵向坡脚、填挖交界的填方段、沿河等特殊路段应酌情增设观测点。

(2)沉降观测的工作基点桩要求设置在路堤两端或两侧工作边桩的纵排和横排延长线上,且在地基变形区以外,用以控制位移边桩。

(3)路基和路堤沉降观测用沉降板埋置于路中心、路肩及坡趾的基底。

(4)在同一观测断面内,电磁式或干簧管式沉降仪埋设在路中心、路肩及坡脚路基中部,用以量测不同部位、不同高程处的沉降。

(5)剖面沉降仪埋设在同一断面内的适当高程上,以量测同一高程上的整个剖面连续沉降。

第三节 观测仪器及安装埋设

内部沉降观测所选用的仪器及埋设方法与路堤填筑施工过程及填筑材料有关。当采用钻孔埋设法时,一般选用电磁式或干簧管式沉降仪及深式标点等。当采用预埋入法时,要求埋设与工程的施工同步进行,可选用电磁式沉降仪、干簧管式沉降仪、深式标点及剖面沉降仪。

一、电磁式沉降仪

1. 仪器的结构与组成

电磁式沉降仪主要由沉降管、管座与管盖、沉降环(板)、测头、钢卷尺、电缆及电缆卷筒等组成(图6-5-1)。

(1)标准的沉降管一般由硬聚乙烯管制成,包括主管及连接管,主管尺寸为内径44mm,外径53mm,每根管长2m或4m,连接管内径53mm,外径62mm,管长160mm,连接管为伸缩式,套于2节主管之间,用自攻螺钉连接。在同时观测水平位移及沉降时,观测水平位移的测斜管可同时作为沉降管用。

在土体沉降不太大的钻孔中埋设的沉降管也可采用高压聚乙烯管,只用一根长度略大于孔深的整管,不需连接管。管径一般为内径40mm,外径50mm。当测头外径大于35mm时,采用内径50mm、外径60mm的管。

(2)为防止泥沙及杂物进入沉降管内,在沉降管底部和顶部设置管座与管盖,其管座与管盖内径与沉降管外径相匹配,用自攻螺钉与沉降管连接。

(3)沉降环(板)套于沉降管的外部作为沉降点,能与土体同步沉降,环(板)材为普通钢板,沉降环的数量与间距根据沉降观测的需要而定,间距一般为1m、2m、3m或4m。钻孔中埋设的沉降管一般采用沉降环,环上带叉簧片,环内径略大于沉降管连接管外径。与土体填筑同步埋设的沉降管一般采用沉降板,板中间钻孔尺寸略大于连接管外径,板厚一般为5~8mm。

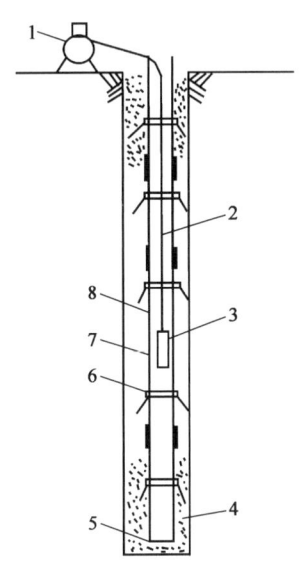

图6-5-1 电磁式沉降仪组成及埋设示意图
1-电缆卷盘;2-电缆;3-沉降测头;4-回填黏土;
5-管座;6-沉降环;7-沉降接头;8-沉降管

(4)测头也称探测器,由一般电路板和圆筒形塑料密封外壳组成。

(5)钢卷尺及电缆与测头相连,钢卷尺用于观测测点的所处位置,在温差特别大的高寒地区,宜采用铟钢尺。为方便观测,有时将电缆芯线与钢卷尺特制成一根缆尺。在温差特别大的高寒地区,会因电缆芯线与钢卷尺的变形不一致导致芯线损坏,不宜使用缆尺。

2. 仪器的安装与埋设

(1)钻孔埋设:在用测量仪器将观测孔定位后,用钻机造孔,终孔直径应大于沉降管连接管直径20mm以上,孔深至最底部一个测点50cm以下。钻孔完成并清孔后,将沉降管放入孔内。管底、管顶分别用管座、管盖保护。将套管上拔至测点以上30cm,用一节长1~2m且管径与沉降环相同的钢管做为送环管,将沉降环逐个沿沉降管送至预定高程后,回填封孔,封孔材料在基岩段应采用水泥砂浆,在土体内用膨润土泥球。在管顶部制作保护盖以防止人为破坏。

(2)在填土中埋设:当在施工过程中埋设时,宜采用管长2m的沉降管。若当建筑物开挖至基面后,在预定位置钻一深约1m的孔,将管座套在沉降管底端,将一节沉降管放入孔内,并用水泥砂浆将钻孔灌浆回填,将一块沉降板从沉降管顶部套入放置在基面上。沉降板应水平放置,可用水平尺校正。若路堤填于基岩上,此沉降板即位于基岩面上,可做为观测不动点,以后随着工程的进行,逐渐回填沉降管。为防止施工机械对沉降管的破坏,在沉降管周围 1m 的范围内可用人工回填压实,但人工回填的压实度应与周围填土一致。当填土接近管顶时,连接新一节沉降管,两节沉降管之间应预留沉降间隙,沉降间隙应大于一节沉降管长范围内的土体压缩量。用自攻螺丝将两节沉降管连接固定,连接管外包裹土工布,以防土体杂物进入管内。沉降管接长后,人工回填土料,在管周围形成高出地面约 1m 的土台,以稳定新接沉降管,也便于进行施工期观测。回填土时应及时校正沉降管的垂直度,使其倾斜小于 1°。填筑至上一沉降测点预留高程时放入沉降板并测量起始高程。依次类推,逐渐埋设每一沉降板及沉降管直至建筑物顶部。埋设过程中,对已埋设沉降板应进行正常观测,观测其施工期沉降,为防止土块及杂物进入沉降管内,每次接管及观测后管口均应盖上管盖。

二、干簧管式沉降仪

干簧管式沉降仪的工作原理是在仪器测头内安装一干簧管,测点处土体内埋设一环形永久磁铁,当测头经过环形永久磁铁时,干簧管即被磁铁吸引,此时电路接通,指示灯亮或发出声音,据此即可确定测点的位置。

干簧管式沉降仪的组成与结构同电磁式沉降仪基本相同,所不同的是测头由干簧管制成,示踪环不是普通铁环而是永久磁铁。干簧管式沉降仪的安装和埋设方法与电磁式沉降仪完全相同。

三、深式标点

1. 结构与组成

在同一位置附近可在不同高程分别埋设深式标点,组成深式标点组以观测不同高程的沉降,但标点的深度不宜太深,一般不能超过 20m,否则观测精度无法保证且不经济。

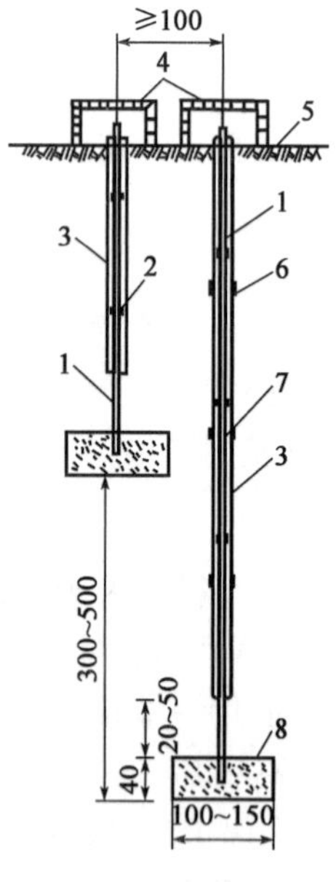

深式标点由底板、标杆及保护管三部分组成,见图 6-5-2。

(1)底板为一边长约为 1m 的方形钢板或混凝土板,钢板厚度为 8~10mm,混凝土板厚度为 40cm。

(2)标杆一般采用管径 1.5~2.5cm 的镀锌钢管,为便于施工期沉降观测,一般每节管长 1~1.5m。

(3)保护管一般采用管径 5~7.6cm 的镀锌钢管或高强度硬 PVC 管,一般每节管长 1~1.5m。

2. 安装与埋设

深式标点一般在施工期随土体的填筑而埋设,当填土超过测点底部高程约 0.5m 时,在预定位置挖坑并整平后,将底板置于坑内,并将第一节标杆从底板引出。若以钢板做底板,则将标杆与钢板焊接。若采用混凝土为底板,则将标杆浇筑于底板中。安装好第一节标杆后,测定底板高程并开始回填,回填至保护管底

图 6-5-2 深式标点组示意图(尺寸单位:cm)
1-标杆;2-导环;3-保护管;4-保护盖;5-地面;6-管箍;7-铁垫圈;8-混凝土底板

部高程时,开始安装第一节保护管,保护管底部与底板间应预留一定的间距,此间距应大于预计的土体负摩擦引起钢管的沉降量,一般为 0.2~0.5m。管底部与标杆之间的间隙用棉纱等充填并扎紧,以防泥土杂物等进入保护管内。每节保护管的顶部均应比标杆顶低约 10cm,以便于观测及下一节标杆的连接。在保护管周围回填土料固定后测量标杆顶部高程,并开始进行施工期土体沉降的观测。当填土至保护管顶以下 10cm 左右时,开始连接下一节标杆及保护管,标杆及保护管均用预先加工好的内螺纹连接,依次连接直至竣工。埋设过程中应始终校测标杆及保护管的铅直度,准确量测每节标杆的长度及标杆连接前后标杆顶部的高程。

四、剖面沉降仪(全断面沉降仪)

1.仪器结构

剖面沉降仪的结构和所采用的测头类型有关,一般主要由导管、测头、电缆、电缆卷筒、拉线、读数仪等组成,见图 6-5-3。

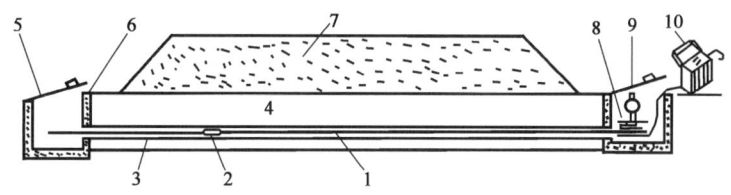

图 6-5-3 剖面沉降仪结构示意图
1-拉线;2-沉降测头;3-护管和电缆;4-填砂槽;5-盖;6-进入孔;7-路堤;8-电缆卷筒;9-容器;10-读数仪

2.仪器的安装与埋设

当填土至仪器埋设高程以下约 0.8m 时,沿观测断面开挖一宽约 0.6m 的沟槽,在槽底铺设一层厚约 10cm 的细砂,将导管逐段连接铺设于沟槽内,并预先在导管内设置一根细钢丝绳做为拉线,当测头采用水平测斜仪时,其导管的一对导槽应垂直于地面。导管安装完成后,将拉线与测头相连,通过电缆卷筒与拉线在导管内将测头往返拉动二次,以确保导管畅通。在沟槽内回填厚 20cm 的细砂后,用原土料将沟槽分层回填并压实,直至原地面,用水准仪测定导管两端出口处的高程。

第四节 观测方法与精度要求

一、电磁式沉降仪与干簧管式沉降仪

1.观测方法

电磁式沉降仪与干簧管式沉降仪的观测方法完全一样,观测时通过电缆卷筒将测头缓缓放入沉降管内,接通电源,当测头遇到沉降环的瞬间,发出响声或指示灯亮,测读此刻测尺在管口的读数。依次自上而下逐个测读,重复测读 2 次,两次读数差应不大于 2mm。测读完成后用绕线盘将电缆及测尺收好,同时用水准仪测读管口高程。

2.初值测定

钻孔埋设法在全部测点埋设完成后应开始测定初值,在填土中埋设时,每埋完一块沉降板应立即测定其初值。初读数应测定 3 次,且 3 次读数差不大于 2mm,取其平均读数经换算后确

定各测点的初始高程。

3. 观测测次

施工期每填筑一层至少观测一次,每节沉降管接长前后应观测一次。当每周填筑少于一层时,应每周观测一次。公路运营期每月观测 1~2 次。暴雨后应每天观测一次,久雨中应每 2 天观测一次。

4. 观测精度

读数的分辨率为 1mm,综合观测精度为 2mm。要使测读误差控制在 2mm 以内,必须掌握好仪器发出声响或指示灯亮的一瞬间。

二、深式标点

1. 观测方法

用水准仪观测,采用三等或四等水准仪测量,观测方法与表面沉降观测方法相同。

2. 初值测定

安装好第一节标杆后开始测定底板高程及标杆顶部高程,以确定测点初始高程。每连接一节标杆前后均应观测新旧标杆顶部高程,以确定新标杆顶高程的初始值及施工期产生的沉降。初始高程确定,采用三等水准测量,每次初值重复观测二次。

3. 观测精度

读数的分辨率为 1mm,三等水准测量的闭合差不得大于 $\pm 1.0\sqrt{n}$ mm(n 为测站数),四等水准测量的闭合差不得大于 $\pm 1.4\sqrt{n}$ mm。

三、剖面沉降仪

1. 观测方法

如图 6-5-3 所示,在护管内拉动测头,记录测头移动距离和相应的读数仪显示的测头倾斜角,这样边拉动测头边记录测头移动距离及其倾斜角,往返一次就完成一次观测。测记的倾斜仪值换算成剖面沉降值的方法同第六章中的钻孔倾斜仪法水平位移观测相同。

2. 初值确定

把测头从左端向右端连续往返拉动三次,记录测头位置和倾斜值,把三次读数加以平均就作为初值。

3. 观测精度

观测精度根据仪器不同而不同。当使用美国 Geokon 公司的 CXG76、ϕ70 测斜管、Geokon4651 沉降仪(测头)、GK403C 读数仪时,其观测精度为 1.5mm。

第五节 资料整理与分析

一、资料整理

(1)检查沉降观测原始记录及相关资料的准确性和完整性,并对观测结果进行误差分析和处理。

(2)根据原始记录计算各测点的全部沉降量。

(3)绘制各测点沉降量变化过程线、沉降速率过程线、分层压缩过程线。

(4)绘制各测点沉降量变化与填筑厚度关系线、沉降速率与填筑厚度关系线、分层压缩量与填筑厚度关系线。

(5)绘制每填筑一层后的全断面沉降线;工后每一个月绘制一条全断面沉降线。

二、资料分析

(1)根据各测点的沉降量及沉降速率的变化过程判断路基或路堤的沉降是否已处于稳定、趋于稳定或处于不稳定状态。当处于不稳定状态时,应采取停止加载或减缓加载速度等工程措施。

(2)根据沉降量的分布情况分析填筑的均匀性、填料分区的合理性。通过沉降量的不均匀性可以判断路基地质和水文条件的不均匀性。

(3)根据沉降量的大小计算土体的压缩模量、评价工程压实效果等施工质量。将实测沉降与设计计算结果同规范的允许值对比,综合分析评价工程的安全性。

三、统计分析与预报

1. 施工期的分析预报

施工期土体的内部沉降主要与填土荷载大小及时效有关,可采用如下回归模型进行统计分析。

$$S = a + bh^{\alpha} + c\lg(1+\beta t) \tag{6-5-1}$$

式中： S——沉降；

h——测点以上填土高度；

t——时间；

a、b、c、α、β——回归参数。

2. 运行期的分析预报

运行期的内部沉降主要与时间有关。可选用的模型较多,其中对数及双曲线回归模型拟合效果较好,实际应用较多。

对数模型:

$$S = a + b\lg(1+\beta t) \tag{6-5-2}$$

双曲线模型:

$$S = \frac{t}{a+bt} \tag{6-5-3}$$

第六章　深部水平位移监测

深部水平位移监测广泛应用于公路软土地基、路堤施工控制、公路边坡稳定性监测及动态设计中。

第一节　监测目的和要求

监测的目的必须根据工程条件确定。对公路软土地基和公路边坡而言,实施深部水平位移监测的主要目的如下。

1. 评价工程施工及运行状态

软土路基深部水平位移监测是评价和控制软土路基稳定性的重要依据。大量的工程实践表明,软土路基侧向位移产生的沉降量占总沉降量的25%以上。侧向水平位移不仅在施工加载期发生,而且在施工结束后长时间内存在,通过深部水平位移观测,可以测出不同深度的变形,便于对地基变形进行分层研究,监测曲线可以直观地反映地基滑动趋势及滑动面位置,有效指导施工。

同时,由于深部水平位移监测具有反映边坡岩(土)体深层的变形状况且对变形敏感等特点,该方法已成为边坡(滑坡)稳定性评价的重要手段。通过深部位移监测可以为边坡(滑坡)分析提供以下几个方面重要信息:

(1)在不同时间内地表位移的迹象是由坡体内哪一层滑带(或多层滑带)滑动所形成的。
(2)结合不同滑动因素可辨别每种促使滑动的因素与哪一层滑带有关。
(3)可量测出每层滑动的滑带产生的部位及其滑动性质(包括滑动方向、倾角和间歇性等)。
(4)从滑体的相对变形迹象中可判断出滑坡滑动所处的阶段。
(5)可从捕捉滑带生成过程中可能出现的物理现象来确定滑带生成的时间、成因、顺序和部位。

2. 为工程设计提供依据

在公路滑坡防治设计中,深部位移监测可以获得滑坡的准确滑动面位置、滑带层数、滑速变化以及滑体在不同深度的滑动方向,这些参数是滑坡防治设计计算中的重要参数。

3. 验证和修改工程设计

通过深部位移观测数据,与理论和试验中的工程特性指标进行比较,结合路基或边坡现场具体工程状况和地质条件,验证设计的合理程度。对可能的动态设计修改提供必要的数据支撑。

4.改进分析技术

工程设计一般需要根据工程场址的岩土、材料特性及结构性能等方面进行保守假设,进而进行严密而复杂的力学分析。这些假设中往往涉及未知数或不确定值,通过深部位移监测提供的准确变形信息,可以进一步完善和改进分析技术,使未来的各种设计参数的选择趋于经济、合理。

第二节 测点布置

深部位移监测测点的布设需综合考虑工程规模、工程场址特点、施工状况、设计要求、工程重要性等因素,一般应遵循以下几方面的布置原则:

(1)测点的数量应根据工程的重要性进行合理安排,总体上力求以合理的最少量达到设计及施工要求。

(2)测点布置应根据工程设计需要,综合考虑地质条件,选择有代表性的部位布设仪器,仪器布置要合理。

(3)测点布设位置应选择能反映施工及工程运营的情况,特别是关键部位、关键剖面和关键施工阶段的情况。具有重要地理位置且有条件的工程应在开工初期进行仪器埋设观测,以便得到连续完整的记录。

(4)测点布置应具有灵活性和可连续性。由于工程施工及其他不可预见的异常因素,导致测点很可能被破坏,为保持监测资料的连续性,需要重新布置测点。

(5)为校核设计计算,测点布置断面应选择岩土体结构形态及变形最大的部位。施工期和运营期的观测应选择条件最不利的部位和断面,并与具体的工程控制要求相结合。

(6)深部位移测点的布置要与其他监测项目(如地表位移监测)互相配合,注意与其他监测项目资料的相关性。合理的空间布置有利于变形观测资料的互相对比和验证,以便于综合分析。

第三节 观测仪器及安装埋设

在公路路基、路堤施工控制和边坡变形观测时,为获得岩土体的深部水平位移,通常采用测斜仪。测斜仪主要有伺服加速度计式、电阻应变片式、钢弦式、差动电阻式等,其测量方式一般采用活动式。

一、测斜装置及主要技术指标

测斜装置主要由测斜仪和测斜导管组成。

由于伺服加速度计式测斜仪精度高、长期稳定性好,现已被广泛采用。由美国SINCO公司生产的伺服加速度计式测斜仪可以代表同类产品的世界先进水平,我国自行研制开发的CX-01、CX-03型测斜仪也基本上达到SINCO测斜仪的主要技术性能。表6-6-1为两种测斜仪的主要技术性能指标对比。

两种测斜仪的主要技术性能指标对比　　　　表6-6-1

指标	CX-01	SINCO
测头阈值(灵敏度)	±0.02mm/500mm	±0.02mm/500mm
系统总精度	±4mm/15m	±6mm/30m

续上表

指　标	CX-01	SINCO
量程	0°～±53°	0°～±53°
导轮间距	500mm	500mm
测头尺寸	$\phi 32 \times 660$m	$\phi 25.4 \times 660$mm
测头重量	2.5kg	1.8kg
湿度	$-10\sim 50℃$	$-18\sim 40℃$
耐水压	9.806×10^3Pa（100m 水深）	29.418×10^3Pa（300m 水深）
数字显示	4.5 位发光二极管显示	4.5 位液晶显示
数据记录方式	人工记录	人工记录 RPP 处理

1. 测斜仪

现以广泛使用且技术较为成熟的国产 CX-01 测斜仪为例，分析测斜仪的结构组成。

CX-01 测斜仪由滑动式探头、手提式数字指示器、连接电缆等构成。测头内部装有一块精度很高的石英挠性加速度计，以敏感测量测头倾斜后的重力加速度，再通过一定关系式将重力加速度分量转换成水平位移量。测头上下装有两组导轮，可以在测斜导管中滑动。电缆一方面作为供电电源和信号的传输线，另一方面又是测试深度的标尺。为使电缆能负重并减小提拉时的伸缩性，电缆内部增加了一根钢丝。测读仪是传感器输出信号的读取装置，同时又为传感器提供电源，读数由数字面板表完成。

2. 测斜导管

测斜导管预埋在岩土体的钻孔内，和岩土体结合为一体，所以测斜导管的位移近乎反映岩土体的位移。测斜导管作为测斜装置的重要组成部分，其质量直接关系到测斜观测的系统精度。当前我国测斜导管的生产品种主要有铝合金测斜导管和聚氯乙烯（PVC）塑料测斜导管，而美国 SINCO 公司生产铝合金和 ABS 工业塑料测斜导管。CX-01 型测斜导管和美国 SINCO 公司生产的测斜导管类型见表 6-6-2。

测斜导管类型表　　表 6-6-2

生产公司	材　料	规　格			
		外径（mm）	内径（mm）	壁厚（mm）	长度（m）
CX-01	铝合金	86.0	81.0	2.5	1.5,2.0,4.0
SINCO 公司	铝合金	71.0	67.0	2.0	1.5,2.0,4.0
SINCO 公司	ABS 塑料	84.8	72.9	5.95	1.5,2.0,4.0
		69.9	59.0	5.45	1.5,2.0,4.0
		48.3	38.1	5.10	1.5,2.0,4.0
宜兴闸口钙塑制品厂；金坛土木工程仪器厂	PVC 塑料	90.0	78.0	6.0	2.4
		70.0	59.0	5.5	2.4
		60.0	49.0	5.5	2.4

与测斜导管配套的还有管座、管盖、连接管。无论是塑料或是铝合金测斜导管,管内都有两对正交的导槽,导槽的作用是控制测斜仪测头在测孔内的滑动方向,亦即测斜仪的测量方向,因此测斜导管导槽的扭转角必须控制在一定范围内,否则将给测试结果带来较大误差,甚至导致错误判断。

二、测斜仪的工作原理

测斜仪的工作原理如图 6-6-1 所示。当岩土体变形发生倾斜,测斜管亦随之发生倾斜。当探头在测斜导管内自下而上以一定间距(通常为 0.5m)逐段滑动测量时,探头内的传感器敏感地反映出测斜导管在每一深度处的倾斜角度变化 θ,从而得到测斜导管每段的水平位移增量 Δi,即:

$$\Delta i = L\sin\theta \tag{6-6-1}$$

式中:L——测头导轮间距。

把每段的水平位移增量自下而上逐段累加,便得到不同深度及孔口的总位移量 δ_i:

$$\delta_i = \sum \Delta i = \sum L\sin\theta \tag{6-6-2}$$

测斜仪是沿全孔 2 个正交方向测量的,所以可描述测孔沿深度的位移全貌。从钻孔全深度范围内位移的动态变化中,可以准确地判断发生位移(滑动)的区段,按某一时间内测得的几组读数之间的差异,可反映在该段时间内位移(合成位移)的大小、方向及速率。

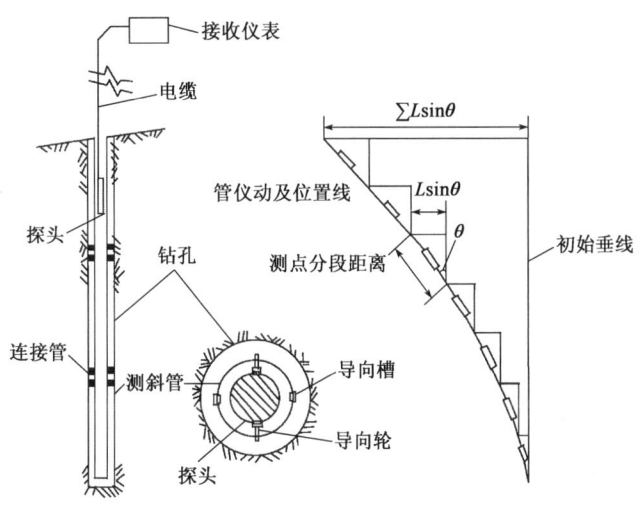

图 6-6-1 测斜仪工作原理示意图

测斜仪是按测头传感器(加速度计)测量重力矢量 g 在测头轴线垂直面上的分量大小,确定测头轴线相对平面的倾斜角,测斜仪的伺服加速度计组成如图 6-6-2 所示。

三、测斜管的安装与埋设

1. 测斜管布孔要求

(1)钻孔深度:测斜管要埋设在钻孔中,在公路路基深层水平位移监测中,钻孔深度应进入硬土层中至少 50cm 或基岩下不少于 2m。由于护壁泥浆的沉淀,钻孔深度需比导管设计深度深 20% 左右;对于滑坡监测,钻孔应深入最深滑带以下的基岩中 3~5m。

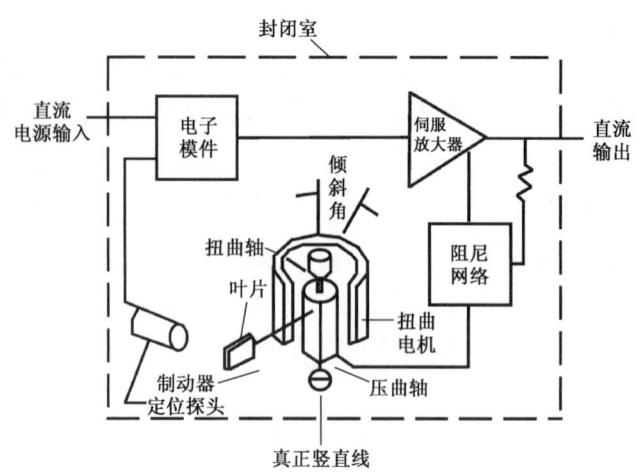

图 6-6-2 测斜仪的伺服加速度计

(2)钻孔孔径:在选定部位钻孔,孔径以大于测斜导管最大外径 40mm 为宜,钻孔的铅直度偏差控制在 50m 内不大于 3°。

(3)测斜孔也为地质钻孔,如果对该钻孔有特殊要求,需取芯做地质描述的,岩芯采取率一般岩石不应低于 80%,破碎率不应低于 65%,Q^{dl+el}残积、坡积土层不应低于 90%。

2. 测斜管埋设要求

(1)钻孔打好后,应立即安装测斜管。

(2)测斜导管一般为长 2~4m 的塑料管,在连接两根测斜管时,要保证接头及导槽对接好,使导槽保持连续且为直线,接头处及管底用铆钉紧密连接并密封。

(3)测斜管埋设时,导槽应尽量与主滑方向一致,另一对导槽则与主滑方向垂直。同时,在埋设固定后,应立即将导槽两对方向(磁方向)量测记录备查。

(4)安装时要有钻机配合,利用钻机吊装,保证测斜管以匀速徐徐下放至孔底。将有底盖的测斜导管放入钻孔内,用管接头将测斜导管连接,量好预留段长度,然后逐根边铆接、边密封、边下入孔内,注意使测斜导管内一对导槽与预计位移主方向一致。在测斜导管下入钻孔过程中,应向导管内注入清水来减小钻孔内水产生的浮力,提高埋设速度。同时,必须保证测斜导管内清洁干净。

(5)测斜管吊装完毕后,在测斜管和孔壁间用细砂、泥浆掺膨润土或水泥砂浆等灌浆充填。填料的种类,一般视钻孔岩土体的特性而异。原则上选用填料的力学性质应尽可能与钻孔岩土体的特性接近。目前,对于钻孔岩土体为堆积土、黄土和黏土者,多选用砂作为填料;对于钻孔岩土体为岩石、多裂隙而地下水发育、孔较深者,以水泥灌浆为宜。

(6)测斜管安装完毕后,在测斜管顶部应加一密贴的帽盖,防止碎屑物掉入管中。同时,对某些易遭受破坏的恶劣环境,应在测斜管四周的地表上应做相应的保护措施,以备长期观测。

(7)埋设完成后,应及时将测斜导管的有关资料记入埋设考证记录表。表的主要内容包括:工程名称、仪器型号、生产厂家、测斜孔编号、孔深、孔口高程、孔底高程、埋设位置、埋设方式、导槽方向、测斜导管规格、埋设示意图、主要埋设人员、埋设日期等。

第四节 观测方法

一、仪器连接

将测头从箱中取出,拧下防水盖,取下电缆上的保护盖,把电缆插头仔细对准插入测头插座内,用扳手将压紧螺帽拧紧以防水,但用力不宜过大。把电缆上插头仔细对准后插入测读仪上的插座内并用手拧紧。

二、仪器检查

将电源开关置于"开"的位置,然后将功能开关置于"电池"位置,检查电池电压是否在5V左右(此时显示为0.5V左右)。当电池电压正常后将功能开关置于"工作"位置,将测头竖起并沿4个导轮平面正反方向倾斜,数显指示有正负变化,上轮对应方向倾斜为正,图6-6-3为方向符号示意图。倾角增大时读数增加,当倾斜到±53°时,数显指标饱和,出现闪烁,表示仪器工作正常。

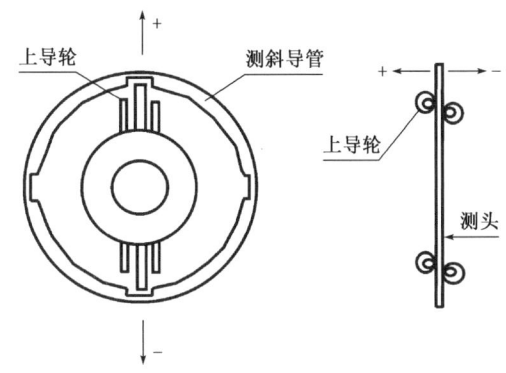

图6-6-3 测斜导管方向示意图

三、测量

(1)将测头导轮卡置在测斜导管的导槽内,轻轻将测头放入测斜导管中,放松电缆使测头滑至孔底,记下深度标志。

(2)当触及孔底时,应避免激烈的冲击。使测头在孔底停留5min,以便在孔底温度下稳定。

(3)将测头拉起至最近深度标志作为测读起点,每0.5m测读一个数,利用电缆标志测读至导管顶端为止,每次测读时都应将电缆对准标志并拉紧,以防读数不稳。

(4)事先备好记录表格、铅笔等,每次测量深度要尽可能准确,必须等到读数稳定后再记录当前读数。

(5)将测头调转180°重新放入测斜导管中,然后将测头滑至孔底,重复上述步骤分别测得A^+、A^-、B^+、B^-。

(6)检查A^+、A^-的和,以及B^+、B^-的和是否大约为一常数值。若不是,则说明测试结果有问题,需检查原因,及时排除故障。

(7)初次观测要在填砂24h以后或灌浆达预定龄期后进行,可将最初两次观测的平均值作为初测值。

四、影响测斜精度的因素及纠正

测斜精度除受测斜仪本身因素的影响外,还受测斜导管和各种人为因素的影响。

1. 测头

测头内部的传感器在经过稳定处理后,其自身的变化量相对于观测的精度来说完全可以忽略。而测头是一个近700mm的长管,由三部分组成且通过螺钉连接在一起。经长期使用,测头内部应力可能会有微小变化,从而造成正反向对称值的变化,即在原有补偿不变的情况下,正反向对称值的不稳定性会使其测值和差值发生变化,从而造成位移误差。另外,测头上下装有两组导轮,每组导轮的中心连线并不垂直于测头轴线,而是有一角度差(两个导轮与测管的接触点相差15mm,见图6-6-4),如果测斜导管的导槽不光滑,或导槽上黏有泥沙,即使仅有0.1mm的变化,也将会使测斜仪读数变化达到0.0005V。

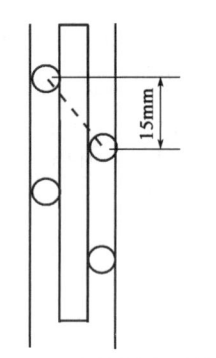

图6-6-4 测头导轮与测斜导管

2. 电缆

电缆外表有标尺,要求测量时每一次提拉测量的必须是同一个点,否则就会引起一定误差。

3. 测读仪

测读仪的测量精度在生产过程中已用高精度的数字电压表检验,出厂时线性度和测量误差都满足要求。但在使用中,电池电压不得低于5.4V,否则,由于内部电压变换器的稳压效果差,测斜仪的读数也可能会跳动,导致读数不准确。故需在保证电压大于6V(通常以6.2~6.4V为宜)下读数。

4. 测斜导管

测斜导管内径为50~70mm。测斜导管的内径不宜过大或过小,内径太大,导致测头导轮与测斜导管的接触压力小,提拉时测点易滑动。内径太小,接触压力太大,提拉较费劲,同时会导致导轮和导槽过度磨损,易造成测量误差。导槽的宽度不宜太宽,应控制在3mm之内。如果太宽,测量时导轮的接触面就可能有偏斜。导槽要尽量光滑,不得黏有泥沙。导槽的扭转角必须控制在一定范围内,因为测斜导管本身的扭转角会给测量方向带来误差,即造成位移方向的误差。根据美国SINCO公司的仪器说明书,该公司生产的测斜导管的扭转角在3m长度范围内,对铝合金测斜管不大于1°,对ABS塑料管不大于0.5°。国产铝合金测斜管,从扭转情况来看,已经达到国外同类产品的标准。但PVC塑料测斜导管本身尚不稳定,而且在储运、日晒等情况下极易产生弯曲变形,其扭转角一般偏大,使得孔口导槽方位与测孔深部的方位不一致,从而使测孔深部位移方向产生误差。测斜导管应有足够的埋设深度,以保证管底无水平位移和沉降。测斜导管埋设完成后,应有一段时间的稳定期,使导管能和周围岩土体结合为一体。

5. 其他

每次测量时,测头通电后放入孔底应停留5~10min,此时温度变化一般不大于±1℃,读数稳定。

第五节 测斜资料的整理与分析

一、测斜资料分析的基本要求

深部水平位移监测原始资料，经过整理后应将观测成果以报表、曲线图的形式打印出来，在对成果进行初步分析时，应了解发生变形的位置、大小和方向，尤其是注意位移变化最大的部位。在对成果进行综合分析时，应将监测变形与监测环境量、施工状态及地质情况进行综合评判，一般要求是：

(1) 计算监测孔内竖直方向各测点的合成位移、根据初始方位角计算变形的方向。

(2) 绘制监测孔内竖直方向各测点的位移变化曲线、某一个方向或互相垂直两个方向的合成位移变化曲线、位移速率变化曲线、变形方向沿测斜孔深度的变化曲线。

(3) 绘制监测环境量如气温、降雨随时间的变化曲线等，并同时绘制地下水位变化曲线。

(4) 绘制施工进度曲线，建立施工日志。

(5) 根据上述几方面的资料，确定准确的滑动面位置、滑动方向。分析变形规律，变形与水位、降雨、气温的变化关系。并根据相关规范、该区的地质条件确定警界变形值，并将监测值与警界值进行比较分析，发现异常情况同时及时进行预测预报。

二、数据整理

1. 现场记录

现场数据记录是从探头沿测斜管导槽底自下而上每隔 0.5m 进行测读读数，直至孔口测读完各读数 A_0。然后将探头取出，旋转 180°后放入管底，自下而上测读各读数 A_{180}。用同样的方法测得与 A 方向垂直的另一组导槽 B_0 及 B_{180} 读数。分别记录在如表 6-6-3 所示的样表格中。

深部水平位移监测原始记录表　　　　　表 6-6-3

工点：		孔号：		孔口高程：		
孔深：		水位：		观测日期：		

深度(m)	A_0	A_{180}	B_0	B_{180}	A 向校正数	B 向校正数	备注
0.5	−740	721	19	−34	−19	−15	
1	−690	671	24	−42	−19	−18	
1.5	−618	603	32	−50	−15	−18	
2	−587	570	125	−140	−17	−15	
2.5	−579	561	196	−214	−18	−18	
3	−599	581	162	−182	−18	−20	
3.5	−601	583	138	−155	−18	−17	
4	−581	563	124	−144	−18	−20	
4.5	−630	614	159	−178	−16	−19	
5	−714	699	198	−217	−15	−19	
5.5	−749	730	283	−300	−19	−17	

续上表

工点:		孔号:		孔口高程:		
孔深:		水位:		观测日期:		
深度(m)	A_0	A_{180}	B_0	B_{180}	A 向校正数	B 向校正数	备注
---	---	---	---	---	---	---	---
6	−744	727	311	−329	−17	−18	
6.5	−801	783	335	−352	−18	−17	
7	−808	790	361	−377	−18	−16	
7.5	−763	746	385	−402	−17	−17	
8	−779	761	404	−422	−18	−18	
8.5	−836	817	413	−432	−19	−19	
9	−912	895	367	−386	−17	−19	
9.5	−986	970	362	−380	−16	−18	
10	−1037	1023	399	−417	−14	−18	
10.5	−1070	1051	360	−377	−19	−17	
11	−1085	1068	353	−368	−17	−15	
11.5	−1101	1083	341	−355	−18	−14	
12	−1079	1062	306	−323	−17	−17	
12.5	−1059	1040	268	−285	−19	−17	
13	−1060	1044	250	−269	−16	−19	
13.5	−1083	1067	283	−301	−16	−18	
14	−1106	1089	358	−375	−17	−17	
14.5	−1135	1116	421	−437	−19	−16	
15	−1147	1132	471	−486	−15	−15	
15.5	−1142	1125	497	−512	−17	−15	
16	−1127	1109	508	−523	−18	−15	

注: A 向校正数 $= A_0 + A_{180}$, B 向校正数 $= B_0 + B_{180}$。该校正数用以现场判断测试误差, 正常情况下各向校正数应基本为一常数。

2. 数据整理

在现场获得 A_0、A_{180}、B_0、B_{180} 四组测读值后, 应立即进行室内数据整理, 整理的内容包括分析计算和曲线绘制。

$A_0 - A_{180}$ 为 A 向在各部位的读数差, $B_0 - B_{180}$ 为 B 向在各部位的读数差。将各位置的读数差与初始值相比较, 即可求得竖直方向上各个位置 A 向和 B 向的相对位移变化量, 即其差数。该变化量除以 100, 即可求得位移值(mm)。然后从孔底累计到孔深方向任意位置的差数和, 即为该位置的位移值, 各位置 A 方向的位移量 $D_A = \Sigma A$ 差数, B 方向的位移量 $D_B = \Sigma B$ 差数。最后对同一位置 D_A 与 D_B 两矢量合成, 即可求得该位置的合成位移量和位移方向, 具体情况如表 6-6-4 所示。

深部水平位移数据整理记录表

表 6-6-4

工点：　　　　　　　孔号：　　　　　　　孔口高程：
孔深：　　　　　　　水位：　　　　　　　观测日期：

深度(m)	A_0-A_{180}	B_0-B_{180}	A向初测值	B向初测值	A向变化值	B向变化值	A向位移值	B向位移值	合成位移	备注
0.5	−1461	53	−1437	10	−24	43	0.96	0.77	1.23	
1	−1361	66	−1348	51	−13	15	1.2	0.34	1.25	
1.5	−1221	82	−1180	132	−41	−50	1.33	0.19	1.34	
2	−1157	265	−1160	269	3	−4	1.74	0.69	1.87	
2.5	−1140	410	−1128	410	−12	0	1.71	0.73	1.86	
3	−1180	344	−1184	317	4	27	1.83	0.73	1.97	
3.5	−1184	293	−1168	279	−16	14	1.79	0.46	1.85	
4	−1144	268	−1142	267	−2	1	1.95	0.32	1.98	
4.5	−1244	337	−1279	338	35	−1	1.97	0.31	1.99	
5	−1413	415	−1432	441	19	−26	1.62	0.32	1.65	
5.5	−1479	583	−1463	594	−16	−11	1.43	0.58	1.54	
6	−1471	640	−1502	646	31	−6	1.59	0.69	1.73	
6.5	−1584	687	−1594	695	10	−8	1.28	0.75	1.48	
7	−1598	738	−1579	742	−19	−4	1.18	0.83	1.44	
7.5	−1509	787	−1503	790	−6	−3	1.37	0.87	1.62	
8	−1540	826	−1556	830	16	−4	1.43	0.9	1.69	
8.5	−1653	845	−1689	827	36	18	1.27	0.94	1.58	
9	−1807	753	−1840	714	33	39	0.91	0.76	1.19	
9.5	−1956	742	−1980	778	24	−36	0.58	0.37	0.69	
10	−2060	816	−2076	782	16	34	0.34	0.73	0.81	
10.5	−2121	737	−2128	718	7	19	0.18	0.39	0.43	
11	−2153	721	−2160	714	7	7	0.11	0.2	0.23	

3. 曲线绘制

在现场测试数据整理计算完毕后，需绘制 A、B 方向的变化量-孔深曲线，A、B 方向的挠度（位移量）-孔深曲线，并附加地质资料信息进行综合分析，如图 6-6-5 所示。

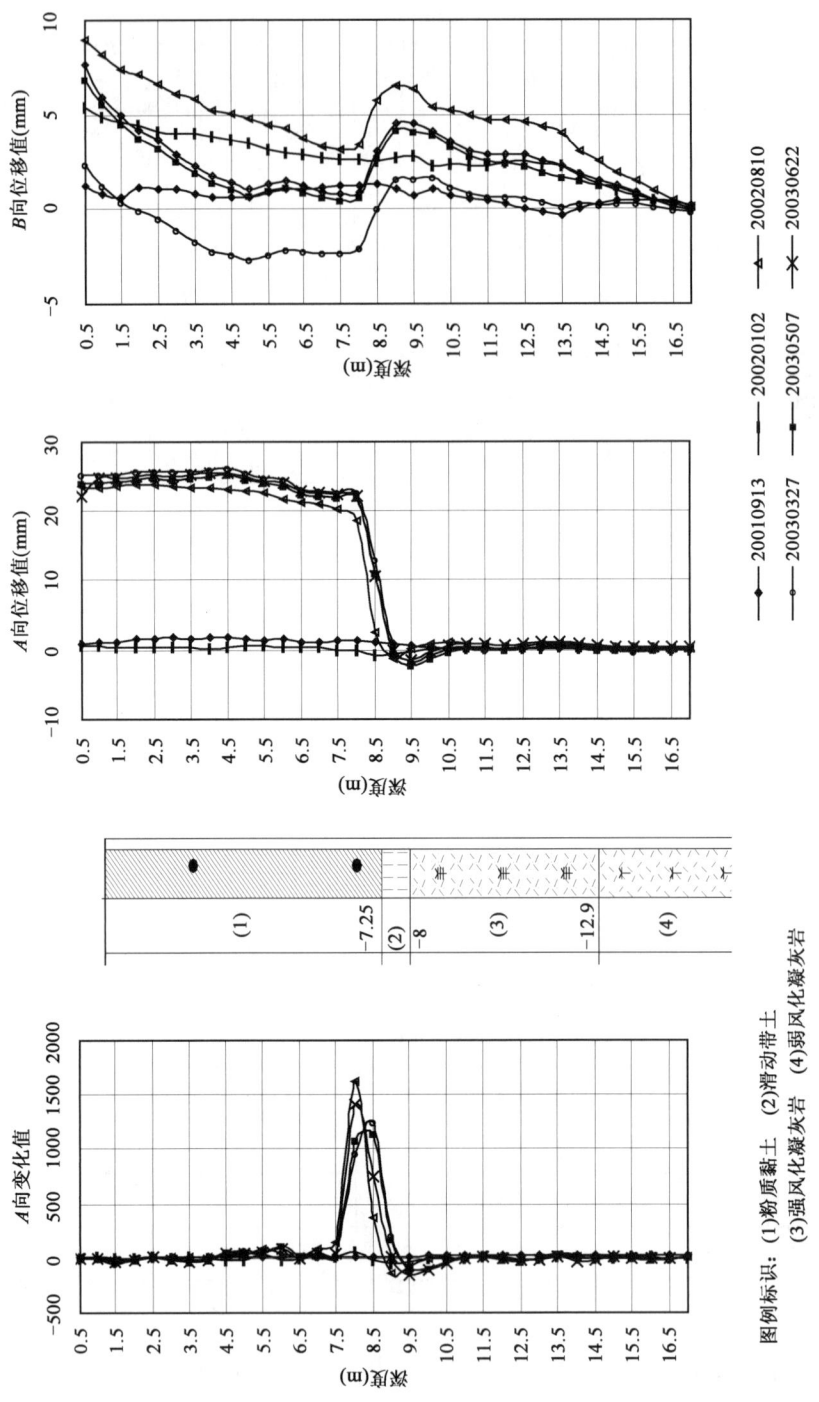

图 6-6-5 整理后的深部位移监测曲线及地质信息

图例标识：(1)粉质黏土 (2)滑动带土
(3)强风化凝灰岩 (4)弱风化凝灰岩

第七章 孔隙水压力观测

第一节 监测目的和要求

软土地基中的高孔隙水压力是路基不稳定的主要内在要素,因此软土地基的加固往往采取堆载法或抽水法,力求孔隙压力消散。在软土地基加固处理和在软土地基上填筑路堤的施工加荷过程中,为了解地基土体内产生的超静孔隙水压力的大小、分布及消散速度,以便分析地基土固结情况,推算土体强度随时间增长规律,进行稳定性计算分析,控制施工速度,及时修正和改进施工方案,都需要进行孔隙水压力观测。

孔隙水压力观测要选用可靠的孔隙水压力计和测量仪器,要采用正确的埋设方法,要合理布设测点,要适时观测与分析。

第二节 测点的布置

(1)孔隙水压力计的平面布点宜集中于路中心,并与沉降、水平位移观测点位于同一观测断面上。

(2)孔隙水压力测点沿深度布设应根据监测需要而确定,一般每种土层均应有测点,土层较厚时一般每隔 3~5m 设一个测点,埋置深度应达压缩层底。

(3)孔隙水压力计观测断面间距,断面数等同水平位移观测相同。

第三节 观测仪器及安装埋设

一、仪器组成

孔隙水压力测试系统由孔隙压力计和量测仪器两部分组成。选用的孔隙水压力计必须具备下列条件:①有足够的强度和耐久性;②读数稳定,测量延滞时间短;③外形光滑平整,体积小;④测量方便,精度符合观测要求。

我国常用的观测仪器有测压管、钢弦式、差动电阻式及压阻式孔隙水压力计。

测压管观测结果直观、结构简单、经久耐用、费用低廉;钢弦式孔隙水压力计结构牢固,防潮、抗干扰能力强,能适应各种恶劣条件,具有不受电缆长度影响等优点;差动电阻式仪器长期稳定性好,但电缆的防潮要求高、抗干扰能力稍差;压阻式仪器长期稳定性好,观测精度高、温度影响小。

二、测压管

测压管式孔隙水压力计适用于渗透系数 $10^{-4} \sim 10^{-7}$ m/s 的黏性土、粉土和较强透水性黏土。

1. 仪器的结构与组成

测压管由进水管、导管及观测仪表等组成,见图6-7-1。

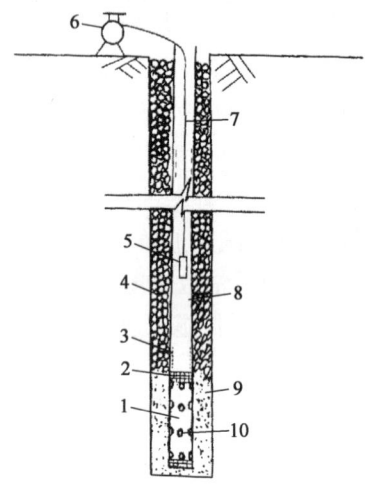

图 6-7-1　测压管组成及埋设示意图
1-进水管段；2-土工织物；3-连接螺纹；4-黏土泥球；5-测头；6-电缆卷筒；7-电缆；8-导管；9-砂；10-进水小孔

（1）进水管段长 1～2m，采用管径为 3.8～5cm 的镀锌钢管或硬质 PVC 管，面积开孔率为 10%～20%，开孔孔径 4～6mm，打光钻孔管壁的钻孔毛刺，管底封闭。进水管段用棕皮、麻布及土工织物包裹，包扎物必须同时满足土颗粒不能透过织物网眼及能顺利渗水两个条件。

（2）导管段将进水管段引伸至土体表面，导管管径与管材均与进水管相同，导管连接段应不渗水。管顶有管盖，并在管口设有专门的保护设备。

（3）观测仪表：人工观测一般用电测水位计，它由测头、电缆与刻度尺、卷筒与支架等组成。

2. 仪器的安装与埋设

测压管一般采用钻孔埋设，每一孔可埋设一根测压管，也可以每一孔埋设多根测压管，但每一根测压管的进水管分别位于不同高程，以观测同一孔内不同测点处的孔隙水压力。同一钻孔内最多可埋设三根测压管，一孔多只的埋设方法成活率低。因此，提倡一孔单只的埋设方法。

（1）钻孔：一孔内埋设单根测压管时，孔径应不小于 100mm，埋设多管时，孔径应根据管的数量自下而上逐渐扩大。

（2）安装：钻孔达到预定的深度后，先在孔底填约 10cm 厚的反滤料。将进水管及导管依次连接，缓慢放入孔内，并使管身顺直，直至进水管底部到达孔底。导管之间用螺丝连接，并用生胶带、麻丝等防渗，严防接头处渗水，测压管定位后，校测其底部高程。

（3）封孔：在进水管段回填反滤料，保护周围土料，导管段一般用易于崩解的黏土或膨润土泥球封孔，使封孔材料与周围土体严密结合，以防上部水串入进水管段。泥球应由直径 5～10mm 的不同粒径组成，风干后逐粒投入孔内，要求泥球崩解后的渗透系数小于周围土体的渗透系数，有套管护壁的钻孔应在回填前将导管逐段拔出，一般每次上拔 1～2m，回填时应不断用测绳测定回填料到达的深度，确保导管底部始终在回填料以上。当一个钻孔内埋设多根测压管时，在回填至第二根进水管的高程时，按上述方法埋设第二根管，其余类推。

同时，应在测压管管口加管盖并设管口保护装置。

三、钢弦式孔隙水压力计

1. 仪器的结构与组成

钢弦式孔隙水压力计由透水石、壳体、承压膜、钢弦、激振线圈、温度传感器、电缆及观测仪表等组成，见图6-7-2。

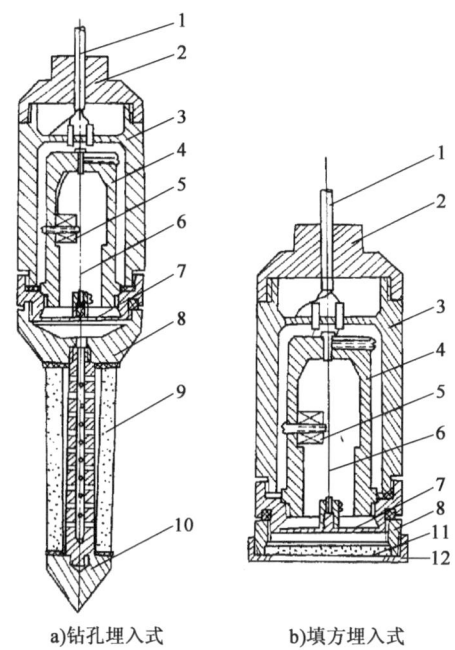

a) 钻孔埋入式   b) 填方埋入式

图 6-7-2　钢弦式孔隙水压力计结构与组成示意图
1-屏蔽电缆;2-盖帽;3-壳体;4-支架;5-线圈;6-钢弦;7-承压膜;8-底盖;9-透水石;10-锥头;11-透水板;12-卡环

透水石有圆锥形和圆板形两种,其材料一般为氧化硅、陶瓷等,要求透水性好。兼测温度时的电缆一般采用四芯屏蔽塑套电缆;不测温度时,一般采用二芯屏蔽塑套电缆。观测仪表采用钢弦频率测定仪。

2. 仪器的埋设

孔隙水压力计埋设前,应将仪器透水石在清水中煮沸约 2h,以排除透水石孔隙中的气泡和油污,同时使其达到饱和状态。

(1) 在填土过程中埋设:当填土超过仪器埋设高程 0.5m 时,在测点处开挖一边长为 0.5m 的方坑,深度挖至埋设高程以下约 15cm,在坑内填约 15cm 厚的干净中粗砂,将孔隙水压力计测头平放或竖放在坑内,并使其承压膜的中心与埋设高程一致,在仪器上部再回填约 15cm 的干净中粗砂后,在坑内回填原土料保护,并将电缆引至观测房。

(2) 在同一钻孔中埋设多支孔隙水压力计:在同一位置不同高程布置有多个孔隙水压力计时,一般将其埋设于同一孔内,以节省钻孔工作量,此时钻孔孔径根据仪器的直径及同一孔中埋设的仪器数量确定,一般为 108～146mm。孔底高程应低于最底部一个测点埋设高程约 50cm。埋设时先向孔内注入约 30cm 深的中粗砂,用尼龙绳或铅丝等将孔隙水压力计测头缓慢放入孔内,使其承压膜至测点预定高程,向孔内注入约 40cm 深的中粗砂。将套管逐段上提,向孔内注入高崩解性黏土或膨润土泥球封孔,并用测绳不断测量孔内泥球表面深度,确保泥球表面始终在套管底部以下,以免套管上提时带动仪器或电缆。当泥球封孔至第二支仪器埋设高程以下 50cm 时,按上述方法埋设第二支仪器,依次直至孔顶。埋设过程中应防止泥浆进入渗压计透水石内。

(3) 在同一钻孔中埋设一支孔隙水压力计:在孔深较浅或钻孔费用比较低廉时,可仅在每一孔内埋设一支孔隙水压力计。此时在测点位置的 1m 范围内分别钻孔至不同的深度,孔径只需比孔隙水压力计测头直径大20～30mm即可,其仪器的埋设、封孔等与一孔埋设多个孔隙水压力计时相同。若土体为软黏土、钻孔至测点高程以上2～3m时,可用钻杆通过测头尾部的专用接管将孔隙水压力计测头从孔底直接压入土体内预定高程,压入部分的钻杆拔出后,因孔径很小,能在软黏土侧压力的作用下很快自行封闭,以确保孔隙水压力计能测得测点处的真实压力。

四、差动电阻式孔隙水压力计

1. 仪器的结构与组成

差动电阻式孔隙水压力计由前盖、透水石、感应板、密封壳体、敏感元件、电缆及观测仪表等组成,见图6-7-3。其中透水石为圆柱形,敏感元件由两根方杆和两根差动电阻钢丝组成,一根方杆固定于感应板中心,另一根固定于壳体。仪器输出电缆为3芯电缆,连接电缆一般用5芯专用水工电缆,观测仪表采用数字电桥。

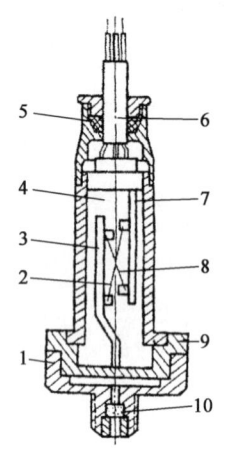

图6-7-3 差动电阻式孔隙水压力计原理及结构示意图
1-前盖;2、8-电阻钢丝;3、7-方杆;4-变压器油;5-止水橡皮圈;6-引出电缆;9-感应板;10-透水石

2. 仪器的埋设

差动电阻式孔隙水压力计的率定、安装与埋设方法与钢弦式孔隙水压力计相同。

五、压阻式孔隙水压力计

1. 仪器的结构与组成

压阻式孔隙水压力计由透水石、壳体、隔离膜、敏感元件、电缆及观测仪器仪表等组成,见图6-7-4。其中透水石为圆板形,敏感元件为一个惠灵顿电桥,输出电缆为4芯,观测仪表为专用的压阻式显示器。

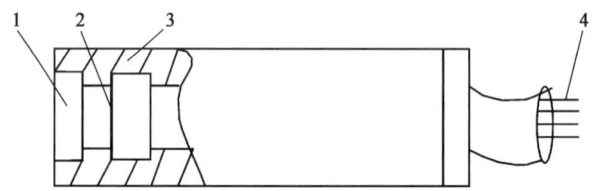

图6-7-4 压阻式孔隙水压力计工作原理及结构示意图
1-透水石;2-传感器隔离膜;3-壳体;4-电缆

2. 仪器的埋设

压阻式孔隙水压力计的率定、安装与埋设等与钢弦式孔隙水压力计相同。

第四节 观测方法与精度要求

一、测压管

(1)观测方法:测压管用电测水位计观测,观测时将测头缓慢放入孔内,当测头接触水面时,发出蜂鸣响声或指示灯亮,从标尺上直接读出水面至管口的距离,即可计算测压管水位。测压管的管口高程应根据土体沉降速率用水准仪定期校测。

(2)初值测定:测压管埋设过程中孔内一般有残留积水,水体的排出时间与土体渗透性有关,埋设完成后应不断测定管内水位,直至管内水位稳定后的测值为测压管的初始水位,一般无黏性土所需的稳定时间在 12h 以内,黏性土所需的稳定时间在 5d 以内。

(3)观测精度:测压管观测的分辨率为 1mm,观测精度为 ±10mm。

二、钢弦式孔隙水压力计

(1)观测方法:用钢弦频率测定仪观测,观测方法同钢弦式沉降仪。

(2)初值测定:孔隙水压力计的初值在仪器埋设前测定,同时兼测温度的钢弦式孔隙水压力计在仪器埋设前频率与温度的稳定测值为仪器初值,不测温度的孔隙水压力计取温度为 20℃时的频率值为初值。

(3)观测精度:一般钢弦式孔隙水压力计的灵敏度约为 $0.1\% F\cdot S$,观测精度约为 $\pm 0.25\% F\cdot S$。

三、差动电阻式孔隙水压力计

(1)观测方法:用数字电桥观测,观测方法与差动电阻式位移计相同。

(2)初值测定:仪器埋设前电阻及电阻比的稳定测值为初值。

(3)观测精度:一般差动电阻式孔隙水压力计的灵敏度约为 $0.7\% F\cdot S$,观测精度约为 $\pm 0.2\% F\cdot S$。

四、压阻式孔隙水压力计

(1)观测方法:将仪器电缆的 4 根芯线分别与专用显示器的 4 个接线柱相连接,打开显示器开关后,测读其输出电压。

(2)观测精度:一般压阻式孔隙水压力计的灵敏度约为 $0.01\sim 0.03\% F\cdot S$,观测精度为 $\pm 0.5\% F\cdot S$。

第五节　资料整理及分析

一、资料整理

检验全部观测结果的可靠性,计算出全部实测的孔隙水压力,进行误差分析和处理,使孔隙水压力观测结果准确可靠。绘制各测点的孔隙水压力过程线及相应的荷载过程线,绘制孔隙水压力等值线图、同一断面不同高程测点孔隙水压力分布图及同一高程不同位置测点孔隙水压力分布图,绘制各测点孔隙水压力消散速率变化过程线。

二、资料分析

(1)孔压系数的计算:在公路施工期,为了解加荷所产生孔隙水压力,可用孔压系数表示,计算公式见式(6-7-1):

$$B = \frac{u}{p} \tag{6-7-1}$$

式中:B——孔压系数;

u——孔隙水压力；

p——测点以上垂直荷载。

（2）稳定与安全：在施工期分析所加荷载与产生的超静孔隙水压力的关系，用孔压系数控制加荷速度，同时分析施工期孔隙水压力的消散速度与过程，分析土体的稳定性并控制加荷速度。在路基、路堤等土工建筑物的运营期应分析土体内孔隙水压力的消散过程，结合沉降观测计算固结度、固结时间，计算运营期的沉降量。

三、统计分析与预报

施工期测点的孔隙水压力主要与上覆荷载及孔隙水压力的消散过程有关，一般可采用如下回归模型进行分析：

$$p = a + bh^n - c\lg(1+\beta t) \tag{6-7-2}$$

式中： p——孔隙水压力；

h——测点以上土柱高度；

t——时间；

a、b、c、β——常数；

n——指数。

第八章 复合地基承载力检测

我国幅员辽阔,地质情况复杂多变,其中软土在我国分布广泛,软土问题给公路和人工构筑物建设带来较大的影响和安全隐患,现成为公路工程的关键问题之一。当天然地基较为软弱、不能满足工程设计需要和变形要求,或在地震作用下有可能发生液化、震陷及失稳时,则先要经过人工处理后再修建路基。复合地基作为一种有效提高承载力的软土地基处理方法,在软基地区建设中得到了较广泛的应用。

为保证复合地基的承载力能够达到设计要求,须对其进行检测。

第一节 检测目的和要求

一、检测目的

对公路复合地基承载力检测的主要目的如下。

1. 评价工程施工质量

施工质量的好坏直接关系到公路或其他人工构筑物建设质量的好坏。施工质量主要通过两个环节来保证:一方面是通过监理单位监控和施工单位自检;另一方面是通过抽检,进行复合地基承载力检测,对施工质量进行总体评价,看能否满足工程使用的要求。

2. 为工程设计提供依据

在正式施工前,对复合地基进行承载力检测,可为设计人员提供第一手资料,为工程设计提供依据,寻求合理的设计方案。

3. 验证和修改工程设计

通过承载力检测,将设计值和试验值进行比较,检验勘察数据的合理性,了解和验证设计的合理程度,为可能的动态设计提供必要的依据。

二、检测要求

检测项目应根据工程性质(重要性、规模、结构类型等)、设计要求、规范要求、建设主管部门有关文件、地层结构、桩体材料、施工工艺、质量可靠性等因素综合确定。若设计未对检测项目作明确要求或要求的检测项目少于规范、规程、标准的要求时,项目(方案)的确定应以规范或建设主管部门的技术要求为准。复合地基检测所依据的主要标准有:《建筑地基处理技术规范》(JGJ 79—2012)、《建筑地基基础设计规范》(GB 50007—2011)、《湿陷性黄土地区建筑标准》(GB 50025—2018)、《建筑桩基技术规范》(JGJ 94—2008)、《建筑基桩检测技术规范》

(JGJ 106—2014)以及其他地方标准和规定等。这些标准、规定都有专门章节对质量检验检测进行了规定。

公路等级越高，检测的项目也应越齐全。项目的确定也和设计目的、土质情况、施工工艺有关，如同样在湿陷性黄土构成的复合地基中，深层搅拌桩、碎石桩、注浆桩等非挤土类复合地基一般不需检测桩间土的湿陷性，而沉管桩、孔内深层强夯桩等挤密桩则应检测桩间土的湿陷性及物理力学指标，以确定挤密效果。

第二节　检测原理及方法

一、常用公路软土路基处理方法

《公路路基设计规范》(JTG D30—2015)中，推荐了公路软基处理的几种常用方法，复合地基处理方法主要涉及粒料桩和加固土桩。用粒料桩加固软土地基有置换、排水固结和应力集中等作用。粒料桩长度以内的地基属于复合地基，复合地基理论最基本的假定是桩与土的协调变形，设计中一般不考虑桩的负摩阻力及群桩效应问题。粒料桩主要有砂桩、碎石桩、钢渣桩等几种。

加固土桩是将石灰、水泥或某些对土有固化作用的材料，通过专用机械在地基深部将软土和固化剂强制搅拌形成的具有较高强度的竖向加固体，从工艺上分为干法(粉体)搅拌桩和湿法(浆液)搅拌桩。主要包括石灰桩、水泥搅拌桩、水泥土夯实桩等。

二、复合地基承载力检测方法

随着科学技术的不断进步，复合地基承载力的检测方法发展也很快。静载试验法是最早也是目前应用最广泛的方法。近年来，也发展了其他一些检测方法，如轻便触探仪触探法、瑞利波法、地质雷达法、钻孔测速法等。

1. 静载试验法

目前，对复合地基的静载检测方法主要有两种：第一种是按置换率计算出单桩承担的处理面积，然后按《建筑地基处理技术规范》(JGJ 79—2012)附录一的规定进行检测；第二种是将单桩和桩间土分别做静载荷试验，求出单桩承载力和地基土承载力，然后按承载力公式计算出复合地基承载力。但两种方法得到的复合地基承载力的结果往往有差异，第二种方法是一种间接方法，条件许可时应尽量采用第一种方法。

复合地基静载试验又分单桩复合地基静载试验和多桩复合地基静载试验。从最好和最真实的模拟实际受力情况考虑，应做大面积群桩载荷试验，这样可以排除应力重叠的影响，并且压板边长与基础宽度一致，能模拟基础下地基受力变形情况。压板载荷试验所测定的变形影响深度只是压板边长的2倍深，显然单桩复合地基载荷试验不能反映桩土复合地基在建筑载荷下的真实承载性状，所测定承载力值不真实。

事实上，复合地基载荷试验和天然地基载荷试验在原理上是一样的，试验不可能完全模拟真实情况，只要做好对比研究，用单桩复合地基载荷试验一样可得到承载力值。故对一般工程，进行单桩复合地基载荷试验即可，不必花费过多的代价进行多桩复合地基静载试验。毕竟，单桩复合地基载荷试验费用低，难度小，易于实现。

1) 复合地基载荷试验压板面积的确定

单桩复合地基载荷试验的压板可用方形或圆形,面积为一根桩承担的处理面积。多桩复合地基载荷试验的压板可用方形或矩形,其尺寸(面积)按压板下桩数所承担的处理面积确定。一根桩承担的处理面积确定后,用压板下桩数乘以一根桩的处理面积即得到多桩复合地基载荷试验压板的面积。下面讨论一根桩的处理面积如何确定。

设桩心距为 L,排距 L',见图 6-8-1。

(1) 正三角形布桩。

正三角形布桩时,桩位于三角形顶点上,面积范围内包括了 1/2 桩的面积。那么,一根桩承担的处理面积 A_e 为:

$$A_e = 2A = LL' = \frac{\sqrt{3}}{2}L^2 \qquad (6-8-1)$$

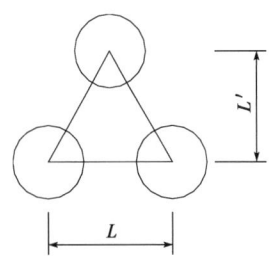

图 6-8-1 桩位布置图

由式(6-8-1)可换算出压板直径 $D = 1.05L$。

(2) 等腰三角形布桩。

压板直径 $D = 1.13\sqrt{LL'_0}$。

(3) 正方形布桩。

若正方形边长为 L,则:

$$A_e = L^2 \qquad (6-8-2)$$

压板直径 $D = 1.13L$。

2) 桩及桩间土压板面积的确定

在某些情况下,如桩距较大,按压板面积及直径计算的堆载量很大,试验困难时,规范也允许在桩及桩间土上分别作载荷试验,按式(6-8-3)计算复合地基承载力:

$$f_{sp} = mf_p + (1-m)f_s \qquad (6-8-3)$$

式中:f_{sp}——复合地基的承载力(kPa);

f_p——桩体的承载力(kPa);

f_s——桩间土的承载力(kPa);

m——面积置换率。

若桩和桩间土试验用不同直径的压板,而采用相同的沉降量 s 和压板直径 D(或边长)的比值 s/D 值判定承载力,这样会和复合地基的变形协调原则矛盾。所以,最好采用同一直径的压板进行单桩及桩间土试验。如必须用不同直径压板时,用等沉降量法判定承载力较为适宜。

3) 压板底高程的确定

一般复合地基在桩顶均设有一定厚度的砂垫层,垫层对压板应力能起到一定扩散作用,比较接近复合地基的实际工作状态。所以,压板底高程应与基础底面设计高程相同,即同垫层高程相同。

预压是指试验开始前先在压板上施加一定荷载,产生的沉降量不计入总沉降量中。试验中为保证压板与桩及桩间土均匀密实的接触,压板下一般铺设一层厚约 2cm 的中粗砂找平层,在加荷后会产生一定的压缩变形,试验装置也会产生弹性变形,将其统称为仪器变形。仪器变形在试验前期量值相对较大,随荷载的加大逐渐变小。仪器变形若不消除,等于在同样的荷载下加大了变形量。总沉降量越小,仪器变形影响越明显,有时造成 Q-s(压力-沉降)曲线前段反弯。当按相对变形确定复合地基承载力时,由于 s/D 是选定值,会使确定的承载力值偏低。s/D 值越小,影响越大。预压就是为了消除仪器变形的影响。预压量根据具体情况确定,建议以半级荷载预压 20~30min 为宜。

4) 载荷试验结果的分析判定

承载力的判定可采用三种方法:比例极限法、极限荷载法和相对变形法。

(1) 比例极限法。

比例极限法是指将比例极限作为承载力的取值方法。如 $Q\text{-}s$ 曲线上有明显的直线段时,直线段的终点称为比例极限。此法适用于桩间土处于坚硬—硬塑状态或处理后桩间土干密度很高的复合地基,属于强度控制法。

$Q\text{-}s$ 曲线上有明显直线段的情况不多,大多数情况下只是近似于直线。这时可采用下述方法确定比例极限 Q_0:①在某级荷载下沉降增量 ΔS_n 超过前一级荷载下沉降增量 ΔS_{n-1} 的 2 倍,即 $\Delta S_0 = 2\Delta S_{n-1}$ 的点所对应压力即为 Q_0;②绘制 $\lg Q\text{-}\lg s$ 曲线或 $Q\text{-}\dfrac{\Delta s}{\Delta Q}$ 曲线,曲线上的转折点所对应的压力即为 Q_0。其中 ΔQ 为荷载增量,Δs 为相应的沉降增量。

$Q\text{-}s$ 曲线上是否有直线段跟绘制曲线的纵横比例有很大关系。单从 $Q\text{-}s$ 曲线上判断,人为的影响因素比较大,使用比例极限法时,应结合试验数据分析和相关辅助曲线综合判定,可以提高判断的准确性。

(2) 极限荷载法。

当极限荷载能够确定时,可用极限荷载来判定复合地基承载力。这里也包含两种情况:①当极限荷载小于比例界限的荷载值的 2 倍,即 $Q_u < 2Q_0$ 时,取极限荷载的一半作为承载力,即 $f = 0.5Q_u$;②当 $Q_u \geq 2Q_0$ 时,保守的做法仍然取极限荷载的一半,也可按下式计算:

$$f = Q_0 + \dfrac{Q_u - Q_0}{F_s} \tag{6-8-4}$$

式中:F_s——安全系数,可取 3~5。

采用何种方法应根据工程重要性、地质情况等因素综合选定。

(3) 相对沉降法。

相对沉降法是根据沉降量 s 和压板直径 D(或边长)的比值确定承载力,这是目前国际上比较流行的做法。大量的复合地基载荷试验资料表明,复合地基载荷试验的压力-沉降($Q\text{-}s$)曲线一般是一条比较平缓的光滑曲线,无明显的拐点和直线段,相邻两级压力之比也无一定规律,用比例极限法和极限荷载法难以判定承载力。

规范对各种复合地基确定承载力的 s/D 值都有明确规定。但有些只规定了范围,如土挤密桩复合地基 $s/D = 0.010~0.015$,深层搅拌桩或旋喷桩复合地基 $s/D = 0.004~0.010$。在选用 s/D 值时应考虑以下因素:对土挤密桩复合地基要考虑建筑物的重要性、桩及桩间土的干密度、湿陷性的检测结果。如建筑物的重要性高、桩及桩间土的干密度较低、湿陷性未完全消除,应取低值;反之应取高值。对深层搅拌桩或旋喷桩复合地基,应考虑建筑物重要性、桩间土和桩端土情况、桩顶垫层类型、厚度、桩长等。如建筑物的重要性高、桩间土较差、桩顶无褥垫层、桩端为硬土,应取低值;反之可取高值。

5) 载荷试验方法

载荷试验可采用堆载法。

设备安装如图 6-8-2 所示。试验时用液压千斤顶加载,电动油泵供油,精密压力表准确显示施加在承压板上的荷载值。两只大量程百分表对称布置于承压板上,用以观测承压板沉降变形。百分表由磁性表座固定于基准梁上,基准梁支点距试桩及压重平台支座的距离均满足规范要求。

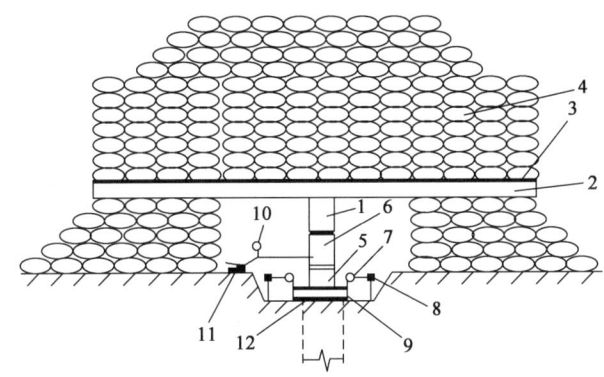

图 6-8-2　设备安装示意图

1-主梁;2-横梁;3-竹跳板;4-沙袋;5-传力柱;6-千斤顶;7-百分表;8-基准梁;9-承压板;10-压力表;11-手动油泵;12-砂垫层

试验一般分 8 级,每级加载量为最大加载量的 1/8,在加荷前后各读压板沉降一次,以后每隔 30min 记录一次。当 1h 内沉降增量小于 0.1mm 时可加下一级荷载。卸载分 3 级等量进行,每卸一级,读记回弹量。

当出现下列情况之一时,可终止试验:①沉降急剧增大、土被挤出或压板周围出现明显的裂缝;②累计沉降量已达到压板宽度或直径的 10%;③已达到试验要求加载值。

提交的成果为静载试验 Q-s 曲线。

2. 瑞利波法

1)瑞利波法检测的基本依据

瑞利波是纵波和横波在自由界面空间内传播的过程中因叠加而产生的一种频率较低、能量较强的次生波,传播速度略小于横波。

工程上利用瑞利面波进行探测,是基于瑞利波波速 v_R 与弹性介质的性质有关的特点,因而可通过测试岩土的 v_R 来求其力学参数。在实际应用中,v_R 与横波波速 v_s 的关系如下:

$$\frac{1}{8}\left(\frac{v_R}{v_s}\right)^6 - \left(\frac{v_R}{v_s}\right)^4 - \frac{2-\sigma}{1-\sigma}\left(\frac{v_R}{v_s}\right)^2 - \frac{1}{1-\sigma} = 0 \tag{6-8-5}$$

求解此方程,可得:

$$v_R = \frac{(0.87 + 1.12\sigma)v_s}{1+\sigma} \tag{6-8-6}$$

式中:σ——泊松比,对于岩石,σ 取 0.25,$v_R \approx 0.92 v_s$;对于土层,σ 取 0.45~0.49,$v_R \approx 0.95 v_s$。

因此,对于土质地基,可以将其瑞利波波速近似地当作横波的波速。

一般认为瑞利波的穿透深度 h 不超过一个波长的值,而其大部分能量都集中在浅于 1/2 波长的深度范围内。由于地表测得的瑞利波波速反映了深度小于 1/2 波长范围内介质的平均性质,因此某一波长的瑞利波波速主要与小于 1/2 波长的地层特性有关。由 v_R 与波长 λ 及频率 f 之间的关系式 $v_R = \lambda f$ 可得 $h \approx v_R/2f$。

瑞利波的上述特性为利用瑞利波进行复合地基质量检测提供了依据。

2) 数据采集

数据采集与所用的信号激发与接收方式有关,可分为瞬态法和稳态法两种。

3) 资料处理与分析

目前各种类型的浅层地震仪都设有计算机控制系统,可把由检波器传输来的信号自动显示为波形与时间剖面,以便对检测原始记录进行监控。为了提高野外测试的工作效率,通常把数据储存起来,待全部测试完成后再集中在室内处理和分析。

资料处理的最终结果是要获得每一测点的速度与深度关系的 v_R-h 曲线,因此重要的是求速度 v_R。瞬态激振所产生的面波记录是包含有多个单频瑞利波的时间域信号,直接用来求波速是不可能的,因此在进行资料处理时,通过傅氏变换,把时间域记录转换为频率域信息,得到不同频率成分的相位角,然后转换为该频率成分的波速,绘制出 v_R-h 关系曲线。这一过程是由计算机数据处理软件根据野外的实测数据自动完成的。对 v_R-h 曲线逐一分析后,便可得出测区的整体地质模型。

横波波速 v_s 与原位标准贯入试验击数 $N_{63.5}$ 值的大小均反映土层的软硬程度,两者间存在着良好的相关关系,根据数据统计分析结果,可得出如下关系式:

$$N_{63.5} = Av_S B \tag{6-8-7}$$

式中: A、B——相关系数。

A、B 值与地区及测试地层类别有关,可通过实际测试结果统计确定。而 v_S 的大小是根据所测得的 v_R 值由(6-8-6)式求得。确定了 $N_{63.5}$ 值后,可确定各测试土层承载力的标准值。变形模量 E_0 的计算采用经验公式,见式(6-8-8):

$$E_0 = 2.95 N_{63.5}^{0.765} \tag{6-8-8}$$

这样,根据 v_R-h 曲线及上述各式便可求得复合地基的波速 v_R、变形模量 E_0 等参数。

3. 钻孔波速测试法

该方法的目的是测定各类岩土的弹性波,检验岩土加固与改良的效果。

1) 单孔测井

测量时将井下 3 个分量检波器置于井中并沿井壁逐点移动,检波器中的 3 个分量按直角坐标系的 3 个轴向分布,可分别接收纵波(P 波)和横波(S 波)。激震点离井口约 1m,激发纵波时垂直检波器(z)能有效地接收到纵波信号;激发横波时,2 个水平检波器(x,y)能有效地接收到横向信号。由检波器接收到的纵、横波信号由地震仪记录下来,通过计算和分析就可求得各岩土层的波速。

若岩土地层近似呈水平层状分布,地层结构比较简单,岩土体可按式(6-8-9)计算任一深度 h_i 点的波速 v_i:

$$v_i = \frac{h_{i+1} - h_i}{t_{i+1}\cos\alpha_{i+1} - (t_i\cos\alpha_i + \cdots + t_1\cos\alpha_1)} \tag{6-8-9}$$

式中: α_i——h_i 点对地面激震点的仰角;

t_i——地震波由 h_i 点传至地面激震点的时间。

2) 跨孔测井

跨孔测井用于检测地层横波速度。测试时将剪切锤激震器置于其中一孔,另一孔放置检波器。激震器和检波器水平同步移动,利用剪切锤上下两次拉动产生锤击的方法,获得 2 个相

位相反、波形基本相似的波形记录,利用这一特征能有效地识别横波。对于单发单收式跨孔测井,波速 v_s 可按下式计算:

$$v_s = \frac{L}{t} \tag{6-8-10}$$

式中:L——激震点与接收点之间的距离;
　　　t——横波的初至时间。

第九章　复合地基桩身质量检测

第一节　检测目的和要求

一、检测目的

对复合地基而言,桩身质量的好坏与承载力密切相关,对复合地基桩身质量进行检验,是公路路基施工中进行质量控制的重要环节。

1)评价工程施工质量

评价复合地基施工质量的指标除承载力外,另一个重要指标就是桩身质量。通过复合地基桩身质量的检验,可以评价施工质量、确保加固效果。

2)为工程设计提供依据

对复合地基桩身进行检验,可以为设计人员提供第一手资料,对设计方案进行确认或合理优化设计,在保证安全的基础上达到节约资金的目的。

二、检测要求

检测数量应根据工程性质(重要性、规模、结构类型等)、设计要求、规范要求、建设主管部门有关文件、地层结构、桩体材料、施工工艺、质量可靠性等因素综合确定。若设计未对检测数量作明确要求或要求的检测项目少于规范、规程、标准的要求时,检验数量应以规范或建设主管部门的技术要求为准。复合地基检测所依据的主要标准有:《建筑地基处理技术规范》(JGJ 79—2012)、《建筑地基基础设计规范》(GB 50007—2011)、《湿陷性黄土地区建筑标准》(GB 50025—2018)、《建筑桩基技术规范》(JGJ 94—2008)、《建筑基桩检测技术规范》(JGJ 106—2014)以及其他地方标准和规定等。这些标准、规定都有专门章节对质量检验检测进行规定。

第二节　检测原理及方法

复合地基桩身质量检测的目的是检验桩身完整性,测点的布置应具有代表性,在条件许可的情况下,测点最好均匀布置。

复合地基桩身质量的检验主要包含两方面,一是桩长,二是桩身完整性。由于复合地基的种类较多,所以不同的处理方法有不同的检测方法,不可一概而论。

一、挖桩检查法

挖桩检查法是目前软土路基设计规范规定的方法,要求按桩总数2%的取样频率挖桩检查桩的成型情况,然后分别在桩顶以下 50cm、150cm 等部位截取足尺桩头,进行无侧限抗压强度试验。

很显然,该方法只能对桩身上部(2~3m)质量进行比较准确的检测,而该部分正是喷粉桩施工机械喷灰和搅拌质量最易于保证的部分,且该部分往往位于硬壳层内而并非软土层内,故桩身成型情况及桩体强度一般都不会有问题。而对于喷粉桩易于出问题的下部则无法检测,故该方法检测结果毫无代表性,不仅挖桩、砍桩头工程量大,而且破坏了天然地层,回填困难。基于上述问题,该方法弊大利小,不应作为公路复合地基桩身质量检测的方法。

二、轻便触探仪触探法

轻便触探仪触探法需在早期进行,该方法是在成桩 3 天内运用轻便触探仪对桩每米桩身均匀程度进行检测的方法,一般龄期不能超过 5~7d,且轻便触探探测深度一般不超过 4m,因而只能对上部桩身质量进行比较准确的检测,该方法体现不出搅拌桩整体质量尤其桩下部质量的状况。

由于桩体的 q_c 值远高于桩周土,当探头穿过桩体时,q_c 曲线出现明显的陡降段(图 6-9-1),向下逐渐接近正常地层的 q_c 曲线。桩体长度能直观地从 q_c 曲线特征反映出来,其桩长值一般误差为 ±20cm。图 6-9-2 便是典型的轻便触探结果。

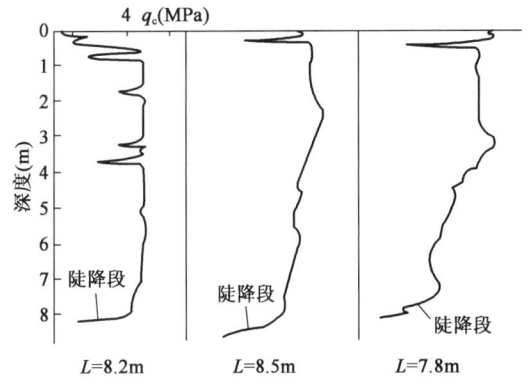

图 6-9-1 判定桩长的 q_c 曲线　　图 6-9-2 桩体 q_c 曲线类型

桩体的挤密效果与静探曲线的形态密不可分。一般桩体压实均匀,压实系数变异性小(变异系数 $\delta < 0.2$)时,q_c 曲线形态平缓,峰值不突出[图 6-9-2a)]。当桩体压实欠均匀,压实系数变异性大(变异系数 $\delta > 0.3$)时,曲线呈锯齿状,有明显的峰值和谷值[图 6-9-2c)]。其余为介于两者之间的过渡类型,为常见形式[图 6-9-2b)]。依据桩体的静力触探曲线形态和数值大小,结合探井取样所提供的含水率、干容重、压实系数等参数的分布特征和变异性,将桩体分为均匀型、过渡型、不均匀型三类。

静力触探技术对复合地基桩身质量进行检测,不仅不破坏桩身的结构,而且具有快速准确、数据可靠、省时省工、节约检测费用等优点。

三、低应变动测法

低应变动测中的反射波法是以应力波理论和振动理论为基础的,它以波在不同阻抗和不同约束条件下的传播特性来判断桩身质量。

如图 6-9-3 所示,锤击桩头激发起应力波在墩体内传播。如桩身质量完好,墩体较密实,则从检波计接收到的桩头质点振动信号应呈阻尼振荡时的指数规律衰减。但当桩身质量发生变化,例如出现缩颈、裂隙等情况时,应力波传播到这些位置时的波阻抗将发生某种程度的变化,从而引起反射波。通过分析检波计接收到的反射波和入射波的相位关系和反射波的强弱等信息,即可判断桩体内是否存在缺陷或缺陷属于哪种类型。再根据波速及入射波与反射波之间的时间差即可确定缺陷所在的位置。此外,还可根据波速的大小来确定桩体混凝土的强度等级。根据桩身完整性和混凝土质量,可将桩分为以下四类:

Ⅰ类桩:波形规则,桩身无任何缺陷。

Ⅱ类桩:波形基本规则,桩身有少量轻微缺陷(如扩颈、轻度缩颈等)。

Ⅲ类桩:波形有较明显畸变特征,桩身存在一定的缺陷(如局部轻度离析、夹泥等)。

Ⅳ类桩:波形畸变严重(有时重复多次畸变反射),波速明显偏低;桩身存在严重缺陷。

Ⅰ、Ⅱ类桩属优良桩。Ⅲ类桩如果承载力能满足设计要求则不需处理,否则需要采取处理措施。Ⅳ类桩属于废桩,必须采取补救措施进行处理。

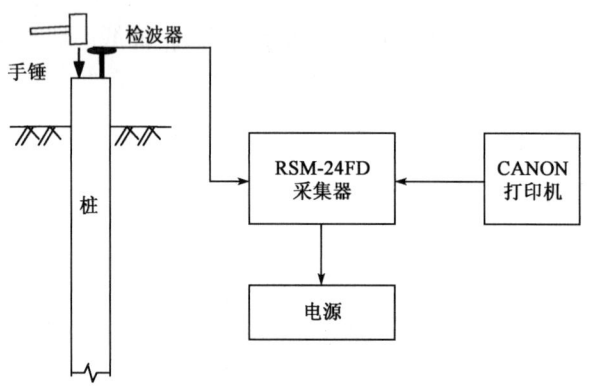

图6-9-3　低应变检测框图

显然,低应变动测法检测速度快、测试简单,但存在桩端阻抗与周围介质没有明显变化、桩底反射不明显等缺点,因而低应变动测法评价桩身质量与实际情况存在一定差异。

四、地质雷达法

1.基本原理

地质雷达方法是20世纪70年代发展起来的一种用于确定地下介质分布的广谱电磁法,它以经济、无损、快速而直观的特点成为浅部地球物理勘察最主要的工具之一。近年来,地质雷达的应用领域在不断扩大,成为工程水文及环境地质研究中的主要地球物理方法之一,已广泛应用于高速公路、隧道、机场跑道、堤坝、水泥体等的裂隙和软弱点的探测。

地质雷达的探测原理与探空雷达相似,地质雷达是用一对天线进行工作的。如图6-9-4a)所示,由发射天线T向地下介质中发射一定主频的电磁脉冲波,电磁脉冲波在地层介质中传播时,遇到地下介质中的物性分界面(主要是指电阻率和介电常数的差异分界面)时,发生波的反射和透射;被反射的电磁波传回地表,被接收天线R所接受,电脑和仪器控制并接收从接收天线电路经由光缆传回的地下反射波的信息,在电脑中储存每一测点上波形序列的振幅及波的传播时间($t = \sqrt{4z^2 + x^2}/v$)。沿测线等间隔移动天线,在每一观测点上可以获得一个波形序列;对于整条测线就可以形成一条雷达剖面[图6-9-4b)]。当地下介质中的波速v已知时,就可根据反射波组的反射时间,按 $z=(t\cdot v)/2$,反推反射体的深度。由于不同的地质介质之间存在电磁性差异,这种电磁性差异不仅会引起电磁波的反射,而且还会使电磁波发生衰减和相位等特征的变化。根据回波信号的特征及其传播时间便可判断出物性分界面的存在及其埋深。

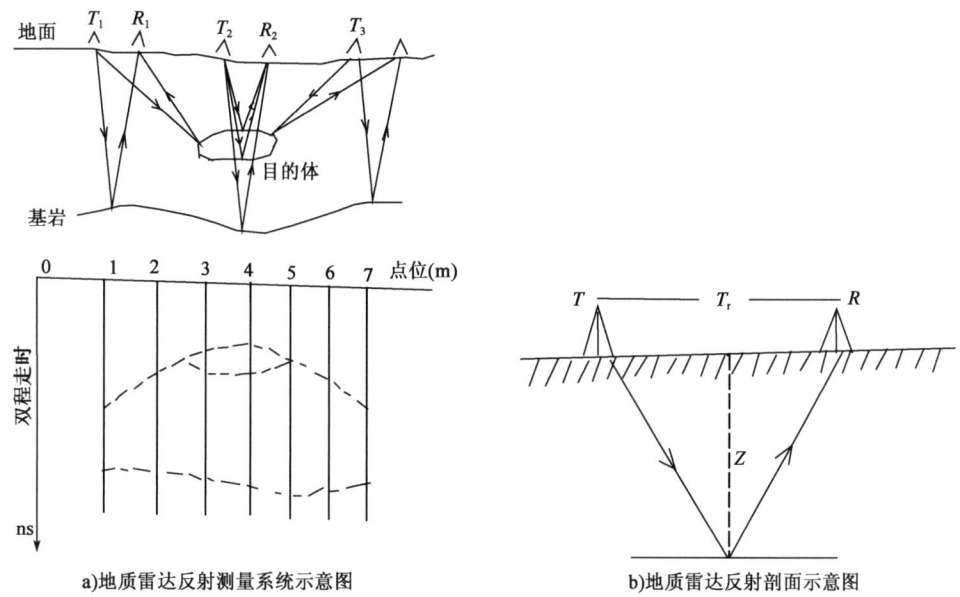

图 6-9-4　地质雷达工作原理

脉冲电磁波的传播时间为:

$$t = \frac{\sqrt{4h^2 + x^2}}{v} \approx \frac{2h}{v} \tag{6-9-1}$$

式中:h——目的物埋深;

　　x——发射机与接收天线之间的距离(因 $h \gg x$,故可忽略 x);

　　v——电磁波在介质中的传播速度。

对于非磁性、非导电性介质的岩土,v 为:

$$v = \frac{c}{\sqrt{E_r}} \tag{6-9-2}$$

式中:c——真空中电磁波的传播速度,取 0.3m/ns;

　　E_r——相对介质常数。

由式(6-9-1)、式(6-9-2)可得目的物与地质雷达纪录时间的关系为:

$$h = \frac{ct}{2\sqrt{E_r}} \tag{6-9-3}$$

可见,根据地质雷达所记录的脉冲电磁波的传播时间和介质的相对介电常数,便可求得目的物的埋深。

2. 数据采集方法

由于设备的不同,地质雷达的测量有剖面法和宽角法两种,不同设备采取不同的测试方法。

3. 数据处理及分析

地质雷达数据处理的目的是在时间剖面上显示反射波的振幅、波形、频率等各种有用参数来帮助分析。地质雷达的数据类似于反射地震数据,因此反射地震数据处理有许多技术,如数字滤波技术、多次叠加处理技术、偏移处理技术等,均可应用于地质雷达的数据处理。通过这些处理可以使干扰波信号大幅减弱,而反射波信号得到增强。

目前地质雷达资料的分析识别方法主要采用图像目视判读,得出地下目的物的形状、大小及空间位置,对复合地基桩身质量和桩长能有一个大致的判断。

五、桩全长取芯样及桩头取芯样检测

通过桩全长取芯样来定性检查桩全长范围内的搅拌均匀性、成型情况,测定结果能较好地反映搅拌桩的整体质量,同时在桩头部位取芯,进行无侧限抗压强度试验,据此推定桩身强度及竖向承载力。由于桩头强度明显高于其他部分,桩长范围内强度的不均匀性,使得桩头取芯样的抗压强度不能代表桩的整体强度。

钻孔取芯法采用地质钻机对桩体进行全程钻孔取芯样(一般龄期28d),这是目前桩体质量检测中常用的方法,测定结果能较好地反映桩体的整体质量,但该方法也存在检测时间长、钻孔费用高、钻孔取芯时间一般需在28d以后、难以对桩体质量实施动态控制等问题。故此,考虑到费用、时间方面的因素,只能抽取少量的桩进行钻孔取芯检测。

六、桩身质量检测的静力触探法和标准贯入试验法

复合地基桩身质量应包括至少三个方面:桩体强度、搅拌均匀性和桩身长度。采用CPT法(静力触探法)能够快速、经济、有效地对桩前期强度或施工时的实时质量进行检测,便于对桩质量的事先控制。试验对不同龄期、不同的掺灰量、分复搅和不复搅等不同情况,结合钻孔取芯,对多根桩体进行对比试验。当桩龄期超过7d时,由于强度增长,采用CPT法已难以试验,故CPT法只适合于7d龄期以内的桩质量检测。对于龄期超过7d的桩,采用SPT法(标准贯入试验法)能较好地评价桩身质量。

首先,对桩身水泥土强度,可以通过标准贯入击数 $N_{63.5}$ 来评定。$N_{63.5}$ 与无侧限抗压强度之间的关系已有较为成熟的经验公式。实践表明,该公式能比较客观地反映桩身水泥土强度。

其次,在标准贯入试验的同时,进行取芯,通过芯样观察、描述,可以了解水泥桩搅拌均匀性,必要时芯样可送回试验室进行抗压试验确定其强度。

第三,桩长是决定喷粉桩复合地基加固效果的主要因素之一,通过钻孔贯入过程贯穿桩底,可以准确地确定桩长。

根据静力触探比贯入阻力 P_s、标贯击数 $N_{63.5}$ 与钻孔取芯无侧限抗压强度 Q_u 测试结果,采用数理统计方法可得出以下统计关系:

①静力触探比贯入阻力 P_s 与无侧限抗压强度 Q_u 之间关系见式(6-9-4):

$$Q_u = 39.3 + 4.17 P_s \quad (7d龄期) \tag{6-9-4}$$

②标贯击数 $N_{63.5}$ 与无侧限抗压强度 Q_u 之间关系见式(6-9-5)、式(6-9-6):

$$Q_u = 17.85 + 6.8 N_{63.5} \quad 2 \leq N_{63.5} \leq 18 \quad (7d龄期) \tag{6-9-5}$$

$$Q_u = 268.4 + 10.6 N_{63.5} \quad 16 \leq N_{63.5} \leq 30 \quad (28d龄期) \tag{6-9-6}$$

CPT法能较好地反映成桩后桩体前期强度的情况,对不同掺灰量、不同龄期的桩体强度以及复搅和不复搅的情况都有明显的反映。与不复搅相比,复搅后的强度可提高60%以上,空搅不喷灰CPT测试结果与原地基土区别不大。因此,CPT法测试曲线也能较好地反映掺灰量的情况。

SPT法能较好地反映不同龄期、不同掺灰量对复合地基桩体强度的影响，$N_{63.5}$与Q_u之间有良好的线性关系，采用这一关系能较好地确定桩体28d的强度，以作为设计和检验的标准。

在目前尚没有公认的、有效且经济的复合地基桩体质量检测方法的情况下，建议采用CPT法结合SPT法对如喷粉桩等桩体工程质量进行检测和控制，在施工过程中采用CPT法，以对桩体质量进行动态控制。而在工程完工验收时，进行28d龄期的标贯试验。这样可以较好地保证桩体施工质量在有效控制之中，确保处理软基的效果。

第十章　土压力观测

土压力问题的研究,从18世纪库仑理论至今已有200多年的历史。随着科技的发展,人们对土压力作用机理的认识逐渐深入,其计算理论也逐渐得到完善和提高。从经典的库仑理论、朗肯理论开始,大致经历了条带极限平衡法、现代极限平衡分析法和现代数值计算法几个阶段。每一种计算理论,就其产生的历史时期而言,都具有重大意义。可以发现,土压力的计算是一个涉及很多因素的复杂问题,特别是墙后填料的物理性质以及填料、墙体、地基三者相互作用机理的复杂性,使得一定阶段下的土压力理论产生于不同的简化和假设基础上,也就不可避免地存在一定的局限性。土压力观测是一种通过埋设土压力盒进行测试、直接获取土压力值的方法,已广泛应用于公路软土地基、公路边坡(滑坡)防治及动态设计中。

第一节　观 测 目 的

在公路建设中,实施土压力观测的主要目的如下。

(1)探讨柔性基础下复合地基荷载传递机理。

在公路软土路基处理中,复合地基是一种应用较为广泛的处理方法,通过对桩顶和桩间土的土压力观测,能够了解二者的荷载分配机理,为设计提供依据。

(2)为公路挡土墙设计提供依据。

目前,在路堑边坡挡墙设计中,仍沿用传统的库仑土压力理论。通过挡墙土压力观测,可以验证设计的合理性,对可能的动态设计修改提供必要的依据。

(3)积累各种条件下的土压力大小及变化规律,提高理论分析水平,积累资料。

第二节　土压力盒的基本类型

土压力盒可以用来测试结构物表面的接触压力和土中应力的大小。通过对土压力的观测,了解和评价建筑结构或支挡结构的工作状态,验证应力分布的理论,检算假设前提和计算公式的可靠程度以提供设计依据。

一、土压力计的结构形式

按使用要求来分有:土中土压力计和接触土压力计两种。

按工作原理来分有:液压式、气压平衡式、电测式。液压式的优点是结构简单、可靠,现场直接读数使用比较方便。电测式的优点是测量精度高,可远距离和长期观测。目前,在边坡工程和复合地基土压力测试中多采用电测式土压力盒,电测式又分为应变式、钢弦式、差动变压式、差动电阻式等。目前国内常用的有差动电阻式和钢弦式。

1.差动电阻式土压力计

差动电阻式土压力计又称卡尔逊仪,由两部分组成。测头部分包括外力作用的感应部件

(膜盒)和电转换部件(电阻应变计),测量部分是指示器(比例电桥),如图 6-10-1 所示。

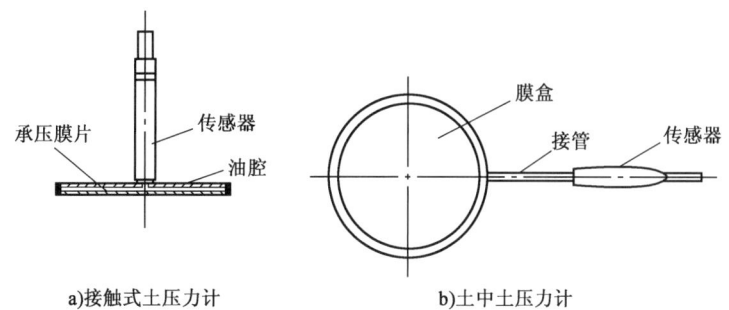

图 6-10-1　土压力计结构示意图

2. 钢弦式土压力计

目前采用的钢弦式压力盒可分为竖式和卧式两种。图 6-10-2 所示的为卧式钢弦压力盒的构造简图,其直径为 100～150mm,厚度为 20～50mm。薄膜 1 的厚度自 2mm 至 3.1mm 不等,视所量测压力的大小来选用,它与外壳 10 是用整块钢组成的,钢弦 3 的两端夹紧在支架上,弦长一般采用 70mm。在薄膜 1 中央的底座上,装有铁芯 4 及线圈 5,线圈的两个接头与导线连接。

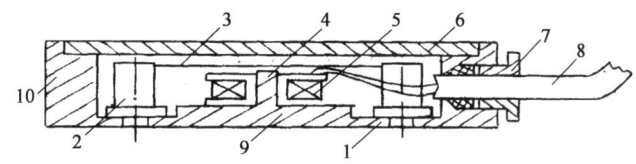

图 6-10-2　卧式钢弦压力盒构造示意图
1-弹性薄膜;2-钢弦柱;3-钢弦;4-铁芯;5-线圈;6-盖板;7-密封塞;8-电缆;9-底座;10-外壳

压力盒在一定压力作用下,其传感面(即薄膜)向上微微鼓起,引起钢弦 3 的伸长,钢弦在未受压力时具有一定的初始频率(例如每秒震动 1000 次,即自振频率为 1000Hz),当拉紧以后,它的频率就会提高。作用在薄膜上的压力不同,钢弦被拉紧的程度不一样,测得的频率也会发生差异。我们就是根据测到的不同频率来推得作用在薄膜上的压力大小的。

在实测的时候,激振器间隔一定时间向线圈 5 馈送高压脉冲电流,在铁芯 4 中便产生磁力线,它给钢弦 3 一种激发力,使电磁线圈不断地吸合或释放钢弦。当钢弦振动时,它与铁芯 4 之间的微小间隙发生周期性的变化,因而引起磁力线回路中的磁阻发生变化(金属导体的磁阻小,间隙处空气的磁阻大)。磁阻的变化又反过来引起线圈 5 中感应出与该振动频率相同的交变电动势,交变电动势经放大器放大后送接收装置接收,激振并接收频率信号由二次仪表钢弦频率测定仪完成。除了上述的卧式钢弦压力盒以外,工程中也经常使用竖式钢弦压力盒(图 6-10-3)。其工作原理与卧式压力

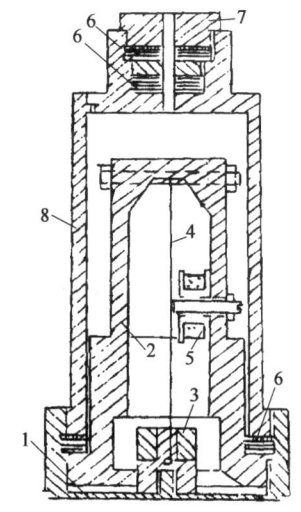

图 6-10-3　竖式钢弦压力盒
1-变形膜;2-钢弦架;3-钢弦夹头;4-钢弦;5-电磁线圈;6-防水垫圈;7-引线嘴;8-外罩

盒相似,不同的是卧式压力盒钢弦与变形膜平行,压力盒受力时钢弦受拉,即是由松到紧的过程,压力增加、钢弦频率增高;而竖式压力盒则是钢弦与变形膜互相垂直,压力盒受力时,钢弦由紧变松,钢弦频率降低。竖式压力盒主要用于隧道衬砌中,量测土体作用于衬砌上的压力。在振幅很微小的条件下,钢弦的振动频率f由下式计算:

$$f = \frac{1}{2l}\sqrt{\frac{\sigma}{\rho}} \tag{6-10-1}$$

式中:f——频率(Hz);

l——钢弦长度(cm);

σ——钢弦应力(MPa),其最佳工作应力在 150~500MPa 之间;

ρ——钢弦的质量密度(kg/m³),为材料容重 γ = 78kN/m³ 与重力加速度 g = 9.8m/s² 之比,即为 8×10^3 kg/m³。

若假定 l 固定,而 ρ 近似看作不变时,上式可写成:

$$f = A\sqrt{\sigma} = A\sqrt{E\varepsilon} \tag{6-10-2}$$

$$A = \frac{1}{2l\sqrt{\rho}} \tag{6-10-3}$$

式中:ε——钢弦的应变;

E——钢弦材料的弹性模量(kPa)。

将式(6-10-2)两边平方可得:

$$f^2 = A^2 E\varepsilon \tag{6-10-4}$$

取 f 对 ε 的微分,则有:

$$\frac{\mathrm{d}f}{\mathrm{d}\varepsilon} = A^2 \frac{E}{2f} \tag{6-10-5}$$

$$\mathrm{d}f = \frac{A^2 E}{2f}\mathrm{d}\varepsilon \tag{6-10-6}$$

可见,当初始频率f一定时,在外力的作用下,钢弦产生某一应变增量 $\mathrm{d}\varepsilon$ 而引起的频率增量 $\mathrm{d}f$ 与钢弦的弹性模量成正比。为此,钢弦材料的弹性模量要选择高,钢弦材料的初始应力要尽可能小。

目前,在岩土工程监测中经常采用的土压力盒多为单膜式单线圈(间断振荡)钢弦土压力盒。几种常用的土压力盒主要技术指标如表 6-10-1。

几种国产钢弦式土压力盒的主要技术指标　　　　表6-10-1

型号	JXY(单线圈) LXY(双线圈)	YCX 型	GYH 型	TXR 型	TXR 型	TXR 型
量程 (MPa)	0.1,0.2,0.3, 0.4,0.5,0.6, 0.8,1.0,1.5, 2.0,2.5, 3.0,4.0, 5.0,6.0	0.16~2.5	0.1,0.2,0.3, 0.4,0.5,0.6, 0.8,1.0, 1.5,2.0	0.2,0.4,0.6, 0.8,1.0,1.6, 2.5,4.0,6.0	0.2,0.4,0.6, 0.8,1.0,2.0, 6.0	0.2,0.4,0.6, 0.8,1.0,2.0, 6.0
非线性	<6.5%			≤2% F·S		
滞后	<2%			≤1.0% F·S		

续上表

型号	JXY(单线圈) LXY(双线圈)	YCX 型	GYH 型	TXR 型	TXR 型	TXR 型
零点漂移	<±1%F·S			≤±1%F·S	≤±1%F·S	≤±1%F·S
频带					500Hz	500Hz
分辨率			0.15%F·S	≤0.2%F·S		
不重复性	<±1%F·S	0.5%F·S		≤0.5%F·S	≤±0.5%F·S	≤±0.5%F·S
温度灵敏度				≤0.5℃/Ω	≤0.4℃/Ω	≤0.4℃/Ω
温度补偿	−0.35Hz/℃	1.0Hz/℃		≤0.5Hz/℃	≤0.5Hz/℃	≤0.5Hz/℃
绝缘电阻				≥250MΩ	≥250MΩ	≥250MΩ
综合误差				≤2.5%F·S		
使用环境温度	−30~60℃	−10~55℃	−30~50℃	−10~50℃	−10~50℃	−10~50℃
外形尺寸	φ114mm×28mm		φ110mm×26mm	φ115mm×30mm φ128mm×30mm φ145mm×40mm		
生产单位	丹东电器仪表厂	三航局科研所	丹东三达测试仪器厂	江苏金坛儒林土木工程仪器厂	江苏金坛传感器厂	江苏金坛儒林长江软土工程仪器厂

注:北京建筑科学研究院、铁道部科学研究院、南京水利科学研究院、天津建筑仪器厂及北京煤炭科学研究院等均有生产土压力盒,因未能收集到有关资料,没有列入上表中。

二、主要技术性能

差动电阻式与钢弦式土压力计一样,衡量仪器性能的主要技术指标是重复性、迟滞、非线性误差及精度。钢弦式土压力计的钢弦频率随温度而变化,故需进行温度率定,以求得温度补偿系数或温漂指标。

三、土压力计的标定

土压力计除进行水压标定外,还应进行砂标定。标定设备见图 6-10-4。

图 6-10-5 为土压力计在水中和砂中标定结果的比较。从图可看出,水压标定线基本上是一直线,而在砂中的标定线与水压标定线不一致,原因是土压力计在土体中有应力集中。这与土压力计的形状、受力变形以及土的压缩性等因素有关。这种应力集中的影响难以避免,但是,合理地选择径高比以及有效直径与中心挠度之比,可以大大改善这种影响。

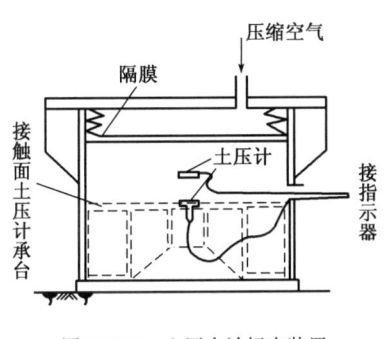

图 6-10-4 土压力计标定装置

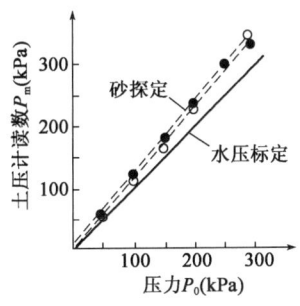

图 6-10-5 土压力计标定曲线

第三节 土压力盒的选型与埋设

一、土压力盒的选型

1. 土压力盒的外形与尺寸

目前设计和使用的土压力盒,最常见的外形是圆饼形,此外还有皿形、橄榄形、T形等。土压力盒直径的选择应考虑:

(1)压力盒直径与结构物特征尺寸的关系。一般做模型试验时,要求采用很小直径($D = 2 \sim 4 \mathrm{cm}$)的土压力盒。当量测大型结构物(如抗滑桩、大型建筑物、支挡结构物等)的基底压力或侧压力时,最好采用直径 $10 \sim 15 \mathrm{cm}$ 或更大尺寸的土压力盒。

(2)对于埋入式土压力盒,厚径比越大,应力集中的影响就越大;厚径比越小,即压力盒越薄,所测得的应力与该点未扰动时的真正应力越相近。关于压力盒的厚度 H 与直径 D 之比的选择,一般建议厚径比 $H/D \leqslant 0.1 \sim 0.2$。对于边界式土压力盒,厚径比 H/D 不限。

2. 土压力盒的量程

量程是指土压力盒能够量测的压力范围,针对测试对象,应事先估计土压力值的范围,选择合适的量程,太小或太大都将会影响测试效果。

一般来讲,量程的上限可取理论计算或凭经验估算出土压力的 $120\% \sim 150\%$,将其作为压力盒最大设计荷载,下限以能保证压力盒具有足够的灵敏度为准。

二、土压力盒的埋设

土压力盒埋设质量的好坏,直接影响到压力盒的成活,同时也直接影响测试数据的准确性。

(1)埋设前一定要率定。

一般情况下,土压力盒在出厂前都进行了率定。以钢弦式为例,不同频率对应着不同的压力。为保证其成活率,在埋设前一定要重新进行率定。

(2)避免出现土拱效应。

为避免土压力盒受力膜上方出现土拱效应,可在其表面设过渡层以消除匹配误差。通常在土压力盒表面铺设 $1 \sim 2 \mathrm{cm}$ 的细砂作为过渡层。

(3)埋设土压力盒时,应该注意对土体的扰动、与结构物固定的程度(接触式土压力计)、膜盒与土的接触情况(土的粒径、全面接触或局部接触等),并做详细记录。

(4)土中土压力计的埋设方法,如图 6-10-6 所示。特别要注意的是,回填土的性质应与周围土体一致,否则会引起土压力的重新分布。用图 6-10-6c)的方法埋设时,其标定方法也应一样,否则,标定资料不好利用。

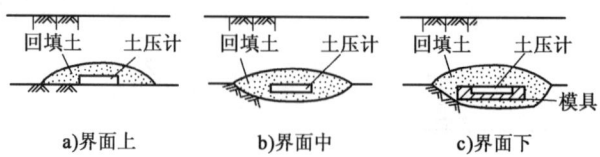

图 6-10-6 土中土压力计的埋设方法

(5)接触式土压力计埋设方法,应根据不同工程对象采用不同的方法。在结构物侧面安装土压力计时,应将混凝土浇筑到预定高处,将土压力计固定到预定的位置上,土压力计承压面必须与结构物表面齐平。在结构物基底上埋设土压力计时,可先将土压力计埋设在预制的混凝土块内,整平地面,然后将土压力计放上,并将预制块浇筑在基底内。

(6)除膜盒的埋设外,电缆线的埋设也是至关重要的。否则,在施工期间容易遭受破坏。各测头电缆按一定路线集中于观测站中,并将土压力计的编号、规格及埋设位置、时间等,记入考证表内。

第四节 土压力观测和资料整理

一、差动电阻式土压力计

(1)将比例电桥安放平稳,逐个接通集线箱上各个电缆插头,按操作步骤测读电阻值和电阻比。

(2)测量时,在调节电桥平衡过程中,如检流计指针有反常情况,或与前次观测值相差很大时,应中止观测,进行检查。检查内容包括电桥本身,集线箱接线处是否接触良好,总电阻和分线电阻等。

(3)将观测的数据记入记录表中。出厂时及埋设前的电阻比只能作参考,在仪器埋设后,应重新选定基准值。选择基准值时,应先画出最初几天的电阻比、温度的变化过程线,并进行必要的修正,消除明显的观测误差。

(4)将观测及计算的数据,以土压力为纵坐标、时间为横坐标绘制土压力变化过程线。为了便于资料分析,在同一张图上绘出建筑物施工进度及孔隙水压力变化过程线。

二、钢弦式土压力计

(1)钢弦式土压力计的观测一般采用频率接收器。频率接收器主要由标准钢弦、荧光屏和测微旋钮等组成,是钢弦式传感器振动频率的接收设备,随着电子工业的发展,经历了电子管线路、晶体管线路及集成电路的演变。第一代是电子管元件组装的 PB-1 示波式十进频率仪和 PB-2 数字管式十进频率仪。第二代是晶体管组装的 XI-4 振弦综合检测仪、JF-102 钢弦频率测试仪、JD-9 弦式传感器测定仪或 JD-5 型钢弦周期测定仪。第三代是采用集成电路的袖珍数字式频率仪,如 SS-Ⅱ型数字式频率接收仪、ZXY-I 型钢弦式频率接收计等。随着计算机的广泛应用,出现了带计算机的智能钢弦仪,可对弦式传感器进行自动化测量,并进行数据处理。

(2)频率计的测试原理如图 6-10-7 所示。打开电源,交流电源向土压力计内电磁铁输入瞬时脉冲电流,起振钢弦。同时,电钮接通标准钢弦的电磁铁电路,标准钢弦也起振。电振荡通过电子射线管反映到荧光屏上,调节测微螺旋,通过杠杆装置改变标准钢弦的张力,使其振荡平稳的变化。当两钢弦同频率振动时,荧光屏上的成像由椭圆变成一条静止的直线,这时从测微圆盘上的刻度读出频率

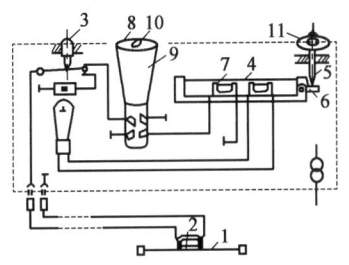

图 6-10-7 频率计的工作原理图
1-土压力计内钢弦;2-土压力计内磁铁;3-电钮;4-标准钢弦;5-测微螺旋;6-杠杆装置;7-电磁铁;8-荧光屏;9-电子射线管;10-椭圆形成像;11-测微罗盘

值,从而换算出土压力计所受的应力。

(3)在土压力盒埋设完成后,根据测试方案对土压力进行测试。测试时将电缆连接到频率仪上,读出振动频率,即可根据率定曲线计算出土压力。观测后,及时整理资料并绘制土压力变化过程线。

第十一章　锚杆应力应变监测

随着国家对基础设施建设的大力投入,以及各种测试仪器、计算机技术的飞速发展,近十年来,岩土锚固技术在工程建设大发展的环境下得到了长足的进步。在公路边坡工程、大型水利水电工程、地下工程、矿山工程以及大型军用工程等以岩土体作为基本载体的工程中,岩土锚固技术都在发挥着稳定结构和保证安全的不可或缺的作用。

第一节　监测目的和要求

一、监测目的

由于岩土锚固工程是属于隐蔽工程,影响锚固效果的因素很多,设计时很难做到情况完全清楚,所以对预应力锚固工程必须开展原位监测。锚杆监测工作的主要目的是利用监测数据对工程的安全运营做出定量的评价。通过监测数据可以进行施工期的安全预报,防患于未然。此外,还可以通过监测数据验证设计的合理性,促进设计水平的提高和科技的进步。通常,锚杆的应力应变监测可分为施工期监测和运营期监测两个方面。

施工期监测的对象是锚杆的施工质量和锚杆的工作状态,主要观测项目包括锚杆张拉力、锚杆伸长量、预应力损失、锚杆受力状态和均匀性。运营期预应力锚杆监测主要是其工作状态变化,即预应力值的变化和锚杆钢材预应力松弛。

二、监测工作的基本要求

1. 观测仪器数量要求

目前,由于通用的锚杆测力计价格均比较昂贵,再加上仪器安装施工质量要求高,所以监测仪器的数量还应以满足工程的运营要求,根据工程重要程度进行适当的安排。一般应遵循基本试验锚杆数量应不少于3根,而永久性预应力锚杆的监测数量不应少于工程锚杆总量的10%,临时性预应力锚杆的监测数量不应少于锚杆总量的5%的规定。

2. 仪器埋设质量要求

仪器埋设质量是观测设计和施工成败以及能否获得有用的观测资料的关键。不少工程由于仪器埋设方法不当,保护措施不好,再加上仪器质量和工作环境的原因,造成大量仪器失效,捕捉不到数据。为了保证观测仪器能长期、正常地工作,必须选择性能稳定并能适应恶劣工作环境的仪器。埋设前首要根据工程场址条件、施工方法、仪器保护措施、电缆布线等情况,有针对性地做好监测设计方案。

3. 资料整理分析要求

观测资料的整理和分析是很重要的,要建立一套切实可行的规章制度和工作程序。资料整理分析后应及时将信息发送给有关人员,变形异常应立即报送工程师、施工负责人和设计人员,并立即分析原因和采取措施。观测资料应按时整理归档,为正确评价工程安全程度提供依据。

4. 健全观测组织的要求

监测工作必须以健全的组织机构作保证,配备专职观测人员,有专门的资料整理分析工程师负责,建立资料运行的组织程序,重要问题要有专人负责处理,处理过程应做好详细记录。

5. 施工监测与永久监测相结合的要求

有条件的工程,监测设计时应考虑施工期监测和永久性监测有机结合。这不仅是经济上的考虑,更主要是出于对工程施工和运营安全考虑。永久性监测仪器应尽早埋设,使得埋设后的仪器立即进入工作状态,这样可以获得完整、真实的资料。依靠这些资料可以及时地对工程安全程度做出客观、科学的评价。

第二节 测点布置

进行锚杆应力应变观测时,测点布置应综合以下几方面的因素:

(1)测点的数量应根据工程的重要性进行合理安排,通常基本试验锚杆数量应不少于3根,而永久性预应力锚杆的监测数量不应少于工程锚杆总量的10%,临时性预应力锚杆的监测数量不应少于锚杆总量的5%。

(2)监测部位的选择应能反映出工程运营情况,尤其是关键部位(如滑动面、临空面、人工切割面等)和关键施工阶段的情况。因此,应在施工过程中尽早地获取资料。位置选择应保持灵活,以便根据施工中的具体资料修改仪器位置设计。

(3)为提供足够的资料以便于综合分析,当受经济条件的限制,测点数量较少时,仪器不宜在较大区域内分散布置,最好能选择关键部位集中布置。

(4)不宜限定初期安装仪器的数量和观测频率,应留有随机布置的数量和余地。因为施工过程中的监测设计可能会根据现场具体的地质条件有所调整,此外埋设的仪器由于各种不确定因素不可避免地会有一定比例的失效。当要观测的基本参数已被确认或已满足要求时,设计确定的仪器数量可以做一些删减。随着对工程真实情况的了解不断加深,可以放弃或补充一些仪器。

(5)从经济实用的角度出发,测点的布置应尽可能考虑施工期监测与永久性监测相结合的原则。

第三节 观测仪器

一、选择仪器的一般要求

(1)选择仪器时,应事先对仪器的使用条件和历史有比较详细的了解,如仪器正常运营最长年限和使用环境、仪器事故率、准确度和精度范围等性能材料。

(2)要有可靠的、保证仪器工作性能的厂家。主要根据该仪器产品在各种使用条件下的完好率和完好率保证期来判别。

(3)仪器必须有足够的准确性、耐久性、重复使用性和校正的一致性。要注意仪器内芯的质量,如弦式仪器的关键是弦的质量、组装工艺水平和弦的密封;电阻式仪器的关键是电阻丝的质量和绝缘性。

(4)仪器选择时、必须根据工程情况的预测结果、物理量的变化范围、使用条件和使用年限,确定仪器类型和型号。

(5)仪器的灵敏度和分辨力、可靠性和稳定性对观测结果的影响应限定在设计所规定的范围以内。

二、测力传感器

现有的预应力锚杆测力传感器从结构上可分为三种类型,即圆筒式、轮辐式和液压式。从敏感元件上又可分为电阻应变计式、差动电阻应变计式和钢弦式等几种类型。

电阻应变式传感器是将应变计直接粘贴在弹性体上,具有测试精度高、结构简单、成本低的特点,但应变传感器也普遍存在着零漂和动漂较大的问题。差动电阻式传感器的一般结构是在沿圆筒轴线方向对称布置3~4只差动电阻式应变计,当圆筒受力发生变形时,差动电阻应变计的电阻比随之改变,用比例电桥仪就可测出该电阻比,电阻比的变化量又与圆筒应变成正比。这种传感器受环境温度影响较大,测试精度也偏低。由于电阻应变式和差动电阻式输出的是模拟信号,信号的大小都在mV级别,因此不能进行远距离的传输,不能满足边坡、桥梁等远距离监测的要求。钢弦频率式传感器由于其结构简单、零点稳定、信号传输距离较远等优点,在岩土工程领域得到了较广泛的应用。

国内外经常使用的锚杆测力计见表6-11-1,各种测力传感器特点介绍如下。

国内外锚杆测力计型号规格及技术参数表 表6-11-1

类别	差动电阻式	电阻应变片式							钢弦式				电感式
型号	MS-5	LC	BHR	BL	KC-M	5130	SGA	3000	4900	4910 4912	GMS	X-82150	JXL
结构形式	轮辐	轮辐	环形	环形	环形	环形	环形	环形	荷载盒	锚检	锚索		轮辐
中心孔直径(mm)	90	140~280	85~165	26~120	15~150	22~104	16~280	25~125			45~200		
荷载容量(kN)	500~5000	1000~6000	25~3000	5~3000	50~5000	500~3000	260~2700	450~2720	450~5000	500	100~4500	1500	100~2000	2300
最大荷载(%)	120	120		120	150	200	200		150				
精度(%F·S)		2	0.3~1	1~2	1	0.5	0.5		0.5	±1	1.5	1	2.5
灵敏度(%F·S)	0.55						0.01		0.01	0.14	0.15	0.2	0.2

_{注:荷载容量列有14个值,需要重新核对}

续上表

类别	差动电阻式	电阻应变片式						钢弦式				电感式
激励电压(V)				2~20	1~10							
额定输出电压(mV/V)		>1		1.5±10%	2.5±10%	±2						
桥电阻(Ω)				350	350							
工作温度(℃)	-25~60	-40~60	-20~70	-10~60	-20~70	-40~40		-40~75	-30~35	-40~60	0~50	-10~50
生产单位	南京电力自动化设备总厂	柳州建筑机械厂	中国地质科学院探矿工艺研究所	日本共和电业株式会社	日本东京测器株式会社	美国Sinco公司	加拿大RST公司	美国Geokon公司	丹东三达测试仪器厂	南京水利科学研究院	丹东电气仪表厂	奥地利Intenfels公司

1. 应变式测力传感器

这种测力传感器的元件为电阻应变片,通过测力传感器可以直接读出预应力值,免除油压表上读数误差和油压换算吨位的操作。如中国地质科学院探矿工艺研究所研制的 BHR 系列测力传感器,内藏信号放大、A/D 转换、数据发射和接收装置,可以安装在千斤顶和锚具、锚具和垫板之间,直接读出试验锚杆或永久监测锚杆的受力吨位。

2. 钢弦应变计式测力计

这种测力传感器是通过钢弦频率变化测定锚杆的受力状态,它的特点是读数易于调节,观测较为简单,可在恶劣环境下工作。还可供永久观测使用,其常见构造如图 6-11-1 所示,相应的结构尺寸见表 6-11-2。

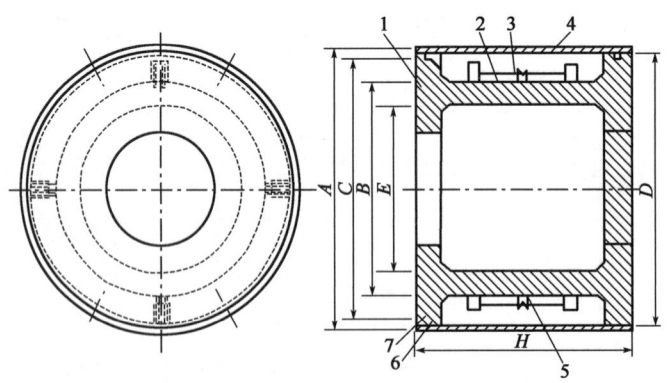

图 6-11-1 钢弦应变计式压力计装配图
1-缸体;2-缸体的四个磨平面;3-钢弦;4-外罩;5-磁体;6-O 形环;7-平头螺钉

钢弦应变计式压力计结构尺寸参数 表6-11-2

荷载(N)	A	B	C	D	E
4448	—	8.95	—	—	—
2224	10.503	8.25	10.024	10.497	6.375
1112	—	6.50	—	—	5.37

还有一种 KS-4C 型测力传感器,是钢弦式测力器的一种,特点是坚固耐用,不受温度变化的影响,可在恶劣环境下工作,适用于永久监测。其技术指标见表6-11-3。

KS-4C 型测力传感器技术参数 表6-11-3

量程 (kN)	内径 (mm)	高度 (mm)	非线性度 L (%F·S)	重复性 R (%F·S)	滞后 H (%F·S)	零点温度系数 (%F·S/℃)	质量 (kg)
600	60	86	1.5	0.5	0.5	0.01	4.5
1000	90	86	1.5	0.5	0.5	0.01	6.5
2000	130	86	1.5	0.5	0.5	0.01	10
3000	160	86	1.5	0.5	0.5	0.01	15

3. 轮辐式测力器

轮辐式测力器有 6000kN、3000kN、2000kN 和 1000kN 系列产品,性能稳定、测量准确、轻便、适用,已广泛用于预应力锚固力的测定。该产品已由柳州建筑机械总厂定型生产,见图6-11-2。

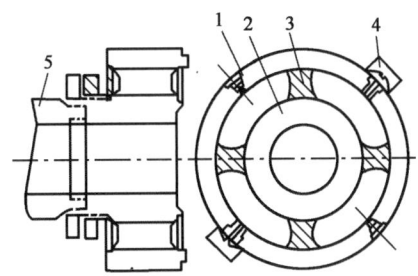

图6-11-2 轮辐式测力计示意图

1-外环;2-内环;3-轮辐(贴应变片处或装传感器);4-电缆装口;5-传力环

4. 直读式测力传感器

直读式测力传感器的基本参数见表6-11-4。该类传感器主要用于大吨位预应力锚杆的长期监测,其监测有效期为20年以上,配专用二次仪表,数字式直读,设有自动温度补偿,显示直观,性能稳定。

直读式传感器基本参数 表6-11-4

序号	项目	单位	技术指标							
			规格	1000型	2000型	3000型	4000型	5000型	6000型	8000型	10000型
1	测量 范围	kN	SC型	0~1000	0~2000	0~3000	0~4000	0~5000	0~6000		
			CX型	300~ 1000	600~ 2000	900~ 3000	1200~ 4000	1500~ 5000	1800~ 6000	2400~ 8000	3000~ 10000
			LSS型			0~3000			0~6000		

续上表

序号	项目	单位	规格	技术指标							
				1000 型	2000 型	3000 型	4000 型	5000 型	6000 型	8000 型	10000 型
2	穿心孔直径	mm	SC 型	75	102	122	137	152	182		
			CX 型	108	142	160	190	190	230	260	270
			LSS 型			190			260		
3	外形尺寸（外直径×长度）	mm×mm	SC 型	140×180	180×240	208×250	230×250	246×250	283×280		
			CX 型	ϕ315×240	ϕ355×240	ϕ385×260	ϕ420×280	ϕ430×300	ϕ466×350	ϕ505×400	ϕ527×430
			LSS 型			ϕ430×158			ϕ540×158		
4	质量	mm	SC 型	6	13.2	20	28	39.5	49.5		
			CX 型	35	45	65	75	101	130	178	214
			LSS 型			81			155		
5	分辨力	kN	SC CX 型	1							
6	系统误差	%	SC CX 型	10F·S							
7	安全过载	%	SC CX 型	20F·S							
8	承受水压	Pa	LSS 型			490×1000			490×1000		

5. 液压压力计

这种压力计由压力表及充油密闭压力容器组成，可直接读出压力值，其体积小、质量轻、不易损坏，测量误差仅为 1.2%，其结构见图 6-11-3。

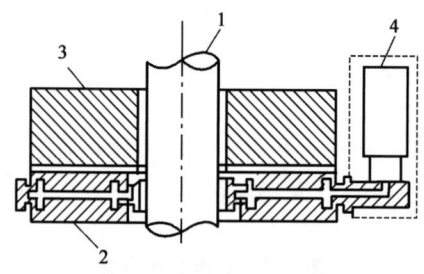

图 6-11-3　液压压力计剖面图
1-锚杆；2-高压容器；3-垫圈；4-压力表

三、应变计

应变计用于锚固体和锚杆体应变观测。应变计的类型很多，用于锚固体内部观测的应变计有电阻应变计和钢弦应变计。用于观测表面变形的有表面应变计，如电阻应变片、点焊式表面应变计等，见图 6-11-4、图 6-11-5 和图 6-11-6。

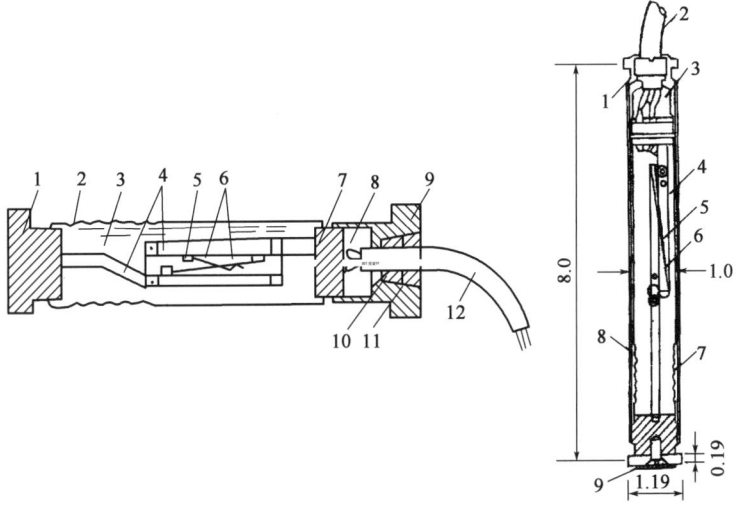

a)差动电阻式应变计结构示意图

1-上接座;2-波纹管;3-中性油室;4-方铁杆;
5-高频瓷子;6-电阻钢丝;7-接线座;8-密封室;
9-接座套筒;10-橡皮圈;11-压圈;12-引出电缆

b)RST应变计(尺寸单位:英寸,1in=2.54cm)

1-O形密封圈;2-电缆;3-止水材料;4-油;5-弹性弦;
6-陶瓷线轴;7-波纹管;8-聚氯乙烯管;9-泡沫塑料

图 6-11-4　电阻式应变计结构图

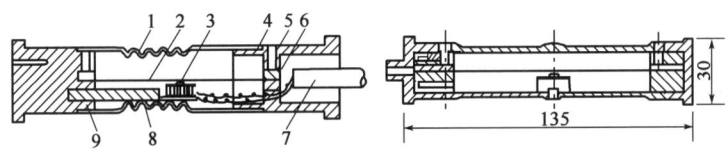

图 6-11-5　钢弦应变计结构示意图(尺寸单位:in)

1-波纹管;2-钢弦;3-电磁激励线圈;4-端头1;5-顶丝;6-紧销;7-导线;8-线圈架;9-端头2

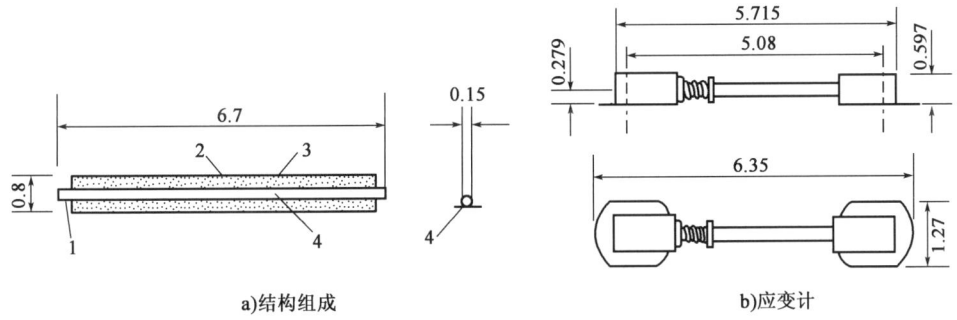

a)结构组成　　　　　　　　b)应变计

图 6-11-6　点焊钢弦应变计结构示意图(尺寸单位:in)

1-应变计;2-焊接片;3-焊点;4-振动弦

第四节　观测仪器的安装埋设和测读方法

一、前期准备

1.技术准备

了解设计意图、仪器布置和技术规程,以满足设计要求,达到设计目的。此外,根据监测系统设计及技术要求,进行仪器性能检测及仪器组装设计,特别要注意检测与仪器连接的通信电缆及连接接头的质量问题。

2. 研究现场条件

监测工程的施工是与其他工程交叉进行的,仪器安装埋设及监测既要达到设计要求,又要克服恶劣环境的影响,避免干扰。因此,需要对现场条件进行全面的分析研究,提出具体措施,并在施工过程中要随时进行研究和调整。

3. 仪器编号

仪器编号是整个埋设过程中一项十分重要的工作,常常由于编号不当,难以分辨每支仪器的种类和埋设位置,造成观测不便,资料整理麻烦,设置发生混乱。编号时应能区分仪器种类、埋设位置,力求简单明了,并与设计布置图一致。如某仪器编号为 ZM1-8-3,则"ZM1"表示自然边坡锚索、第 1 断面,"8-3"类型为 8 束钢绞线的锚索的第 3 测点。同时,为防止损坏和丢失,编号时应注意在电缆端头与二次仪表连接处附近同时标上两套编号标签备用。传感器上无编号时,也应标注编号。

二、安装埋设

1. 试验锚杆监测仪器的安装

试验锚杆不同于永久性监测锚杆,其监测只是为了获取试验过程的抗拔力,对于那些不需要对锚杆受力进行长期跟踪的情况,测力传感器可以重复使用,以减少监测成本。因此,测力计在安装埋设时应考虑数据的有效性、传感器的可拆卸性。对试验锚索的安装可参考图 6-11-7 所示的组合形式,测力计安装在千斤顶和工具锚的中间。测力计安装的现场监测照片见图 6-11-8。

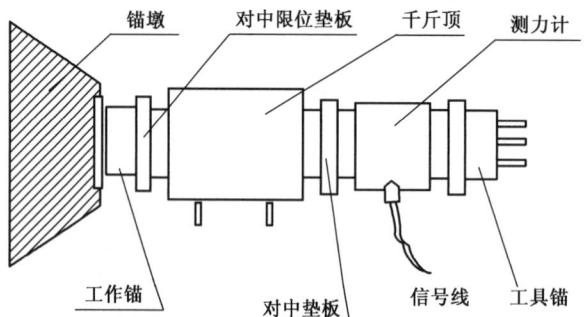

图 6-11-7 试验锚索的安装示意图

图 6-11-8 锚索抗拔试验现场

2. 永久监测锚杆测力计的安装

(1) 观测锚杆张拉前，将测力计安装在孔口垫板上，下方用刚性物体支撑，防止测力计在重力作用下下滑。带专用传力板的测力计，先将传力板装在孔口垫板上，使测力计或传力板与孔轴垂直，偏斜应小于0.5°，偏心应不大于5.0mm。现场监测仪器的安装示意图和示例工程照片见图6-11-9所示。

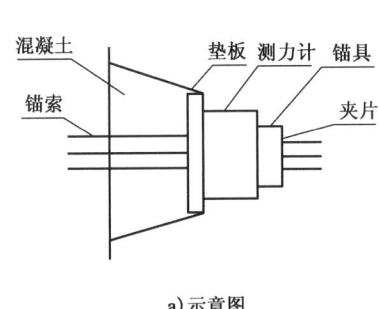 

a) 示意图　　　　　　　　b) 工程示例照片

图 6-11-9　锚杆现场永久性监测示意图和工程示例

(2) 安装张拉机具和锚具，同时对测力计的位置进行较核，合格后，开始预紧和张拉。

(3) 长期观测锚杆测力计及电缆线路应设保护装置。

三、测读方法

(1) 仪器埋设后，应对仪器进行基准值测读和定期测读。测读时应格外细心，确保与观测系统相应的精度和观测资料的可靠性。在每观测一组新读数之前，应对观测仪表进行校验，以确保其良好的性能。

(2) 仪器读数应记录在专用的表格中，随时与以前的读数对比，从而可以检验数据变化或由于仪器的失灵和错读引起的异常。当出现异常或可疑现象时，应进行重读，并与第一次读数同时记录下来。此外，所有对资料有影响的不正常的施工活动、气候变化或其他外因都应进行记录。

(3) 测力计安装就位后，加荷张拉前，应准确测得初始值和环境温度。反复测读，三次读数差应小于$1\%F \cdot S$，取其平均值作为观测基准值。

(4) 基准值确定后，分级加荷进行张拉观测。一般每级荷载测读一次，最后一级荷载进行稳定观测，5min测一次，连续三次读数差小于$1\%F \cdot S$为稳定。张拉荷载稳定后，应及时测读锁定荷载。

(5) 无论锚杆基本试验、验收试验还是锁定张拉阶段，在循环加载和分级加载时，每个阶段都应及时读取测力计读数。对于长期监测锚杆，其监测频率通常要根据工程特点、设计要求、气候变化及是否监测异常等具体情况而定。一般情况下，施工张拉后10天内，每天观测一次。此后一月内，每7天观测一次，最后每半月或一月观测一次。当出现监测异常时，应及时调整观测频率，力求实时反应和预报现场的异常情况。

第五节　监测资料的整理分析

一、基本要求

1. 监测资料的内容和范围

(1) 详细的监测数据记录、观测环境说明。

(2)监测仪器设备及安装的考证资料:设备考证表、监测系统设计、施工详图、加工图、设计说明书、仪器规格和数量、仪器安装埋设记录、仪器检验和电缆连接记录、竣工图、仪器说明书、观测设备的损坏和改善情况、仪器率定资料等。

(3)监测仪器安装位置及其附近的施工资料。

(4)现场观察巡视资料。

(5)监测部位设计资料。

(6)设计计算分析、试验、前期工作提出的警戒值(范围)、安全判据及其他技术指标。

(7)有关的工程类比资料、规程规范及有关文件等。

2. 监测资料的表示方法

1)表格

以表格形式表示的监测资料,主要包括监测原始数据记录表、仪器率定表、定期或不定期的数据报表,以及搜集和资料分析整理过程中形成的其他表格。

以上各类表格,目前国内尚无统一规范格式。需要各单位按工程具体情况,根据精简明确、完整的原则自行设计。确保同一工程表格形式一致,以满足上报、查询等不同目的。

如条件允许,现场观察巡视记录资料等亦可按自制固定表格填写。

2)绘图

监测资料的图形表示宜标准化。建议根据实际需要,选用以下格式。

(1)监测物理量(或物理量时间速率)过程线。横坐标采用时间坐标或时间及与工作面距离双坐标;纵坐标采用物理量(或其速率)值和与工作面距离双坐标。图中最好有测点布置简图,在画出过程线的同时,绘制开挖进尺过程线。如有可能,图中可画出监控设计曲线。

(2)物理量沿观测断面分布图。

(3)物理量相关图,包括散点相关图及曲线相关图。

3)文件

以文件形式表示的监测资料,主要是监测过程中形成的各种形式的报告、简报等。

4)计算机数据库

二、整理分析

监测资料整理是介于资料采集和分析之间的一个重要环节。它的任务是:①对采集到的原始数据以及相关文件进行考证,确保其可靠性。②通过对原始数据的计算,得到有意义的物理量。利用这些物理量在时间、空间上的分布规律以及它们之间的相互关系,以图表等方式进一步给出工程状态整体性描述。③把数据、文件、图表归档,为进一步资料分析提供直接依据。④对资料采集方式、方法提供指导和建议。

1. 监测资料的检查和处理

判断获取的观测信息资料的可靠性及准确性,是资料整理分析的第一步,也是最基础的一步。所有分析结论,都应建立在准确可靠的原始数据之上。

监测资料的检验,就是对观测数据与相应的历史测值、相邻测点值、同一部位几种相关项目的测值进行对照,以确定其合理性和可靠性。由于监测仪器、监测人员、所用监测方法和监测环境等都可能存在问题,所以监测数据不可避免地存在误差(实测值与真实值的差异)。因此,应对原始数据进行检验,还需根据误差的不同类型采用不同方法进一步处理。

1）观测误差的来源和误差分析

观测误差通常有三种类型：

（1）过失误差（或错误），即由操作者在观测时失误造成的误差。此误差在数据上往往存在很大异常，甚至与物理意义明显相悖，在资料整理时容易发现。遇到这种误差时，可直接剔除掉，再根据历史和相邻资料等进行补差。

（2）系统误差，即由仪器结构和环境所造成的误差。这种误差在观测数据整体上发生偏移，明显的特点是测值总是向一个方向偏离，总是偏大或偏小。一般通过校正仪器来消除。在校正时，应该在校正前后各观测一次数据，记录校正前后测值大小的差值，利用这个差值修改校正以前的数据。

（3）随机误差（或称偶然误差），即由各种无法人为控制的偶然因素引起的误差。随机误差一般服从正态分布。严格地讲，每次观测都会产生随机误差。但与系统误差和过失误差相比，它往往小得多，一般可以忽略。可以通过平差和修匀的方法，来减小或消除随机误差。

另外在利用计算机计算时，还应考虑舍入误差等。

2）粗差处理

所谓粗差是指粗大误差，通常来自过失误差或系统误差。粗差处理的关键在于对粗差的识别。粗差的识别和剔除，可以采用人工判断和统计分析两种方法。

人工判断是通过与历史或相邻的观测数据相比较，或通过所测数据的物理意义判断数据的合理性。

为了能够在现场完成人工判断的工作，应该把以前的观测数据（至少是部分数据）带到现场，在观测现场随时校核、计算观测数据。在利用计算机处理时，建议采用计算机管理软件对所有观测仪器提供上次观测数据的一览表，以便在进行观测资料的人工采集时参照。也可以在原始观测记录表中列出上次观测时间和数据一栏，而这一栏中的内容可以直接从计算机中输出。如果直观发现异常观测数据，立即校核或重新观测，以确认是否为观测仪器出现故障，或是由于观测方法不当所致。如果离开观测现场后发现观测数据可疑，要完成上述判断就得重新组织观测，从而产生不必要的费用支出。

人工判断还包括使用作图法，即利用所绘制的观测数据过程线发现和修正数据。如果利用计算机进行处理时，在图形区域屏幕上任何一点按动鼠标，就可以给出该点坐标，即能很容易地在数据文件中查到误差较大的测值，这给数据处理带来了很大的便利。

异常值是指偏离以往历次观测值较多的测值。异常值的产生可能由观测误差所致，也可能是暴露出了工程中存在的问题。对任何一个异常读数都应该引起警觉，不能随便当做观测误差而舍弃。应该检查观测仪器的工作状态是否正常，观测方法是否得当，观测记录是否准确。如果已确认以上各项无误，则可能是岩土工程建筑物的工作状态异常。应该立即进一步分析，找出异常的原因，估计产生的结果，提出处理的方法建议，并立即上报有关部门。同时应该加强对异常部位的观测，及时了解异常的变化情况。

2. 成果处理和分析

1）绘图

在数据整理阶段，需要绘制的曲线一般有三大类：过程线、分布线和相关线。它们分别表征物理量随时间的变化情况、物理量在空间（线、面和立体）的分布情况以及各物理量之间的相互关系。

(1) 过程线。过程线是物理量与时间的关系。通常以时间为水平坐标,以物理量(例如位移、应变等)为纵坐标。绘制过程线时应考虑以下几点:

①时间坐标:时间变量的单位为天,当观测时段较长时,也可以用月或季度为单位。如果以月为单位,绘图的 Y 坐标应取月平均值。坐标的原点一般取仪器最初开始观测的日期,或开始观测某年的第一天(月)。坐标轴上点坐标值代表距离原点的天(月)数。为表示清楚,习惯上在坐标轴下面标注年或月,并经常在两个刻度之间标注。由于我们在观测数据中所使用的是观测日期,所以在绘制过程线之前要进行适当的计算,把日期转化成相对初始日期的天数(或月数)。

②相关量的关系:为了获取更多的信息,在不妨碍清晰度的前提下,应该尽可能把相关物理量的过程线放在同一图中。这样有关物理量随时间变化的相对情况也就一目了然了。有时还将影响所绘物理量变化的其他物理量以相同时间尺度绘在这个图的上方或下方,以便比较。常见的影响因素有温度(气温、混凝土温度等)、降水、地下水位等。

(2) 相关线。相关线图中分别以两个有关的物理量为横、纵坐标。对于不同的相关关系,坐标可以等距,也可以不等距(例如对数或其他形式)。绘制相关线时应注意尽可能选择自变量单调变化,或变化不太频繁的区间来绘制。如果在取值范围内自变量波动较大,相关线就会比较混乱,失去了图形的直观性。为表明两个物理量的关系,还可以考虑把表征两者相互关系的回归曲线同时绘制在一个图上。

2) 制表

通过表格可以把数据系统地组织在一起,便于阅读和比较,从而便于使用。报表可分为定期和不定期两种,定期报表一般按月、季和年提交;不定期报表一般在施工或运营的重要时期前后与文字报告的一部分提交,重要时期包括施工的重要阶段、观测出现异常时等。

监测中经常使用的报表有以下三种类型:

(1) 监测仪器、测点情况表。包括仪器的数量、类型、布置、运行情况和基本参数的变更情况。如果在观测的过程中新增加了测点和仪器,则还要提供新测点的详细竣工报告。

(2) 监测作业情况表。包括观测的频度,以及人工巡视的情况报告。

(3) 监测数据报表。表中应含有工程名称和部位,仪器名称、类型、编号,观测时间,初始参数和仪器参数,计算公式或方法,观测、记录、校核、计算的人员姓名,原始数据,计算结果。

另外,根据观测仪器的不同,可能还需要在表中列出各种影响因素。例如温度、水位、施工开挖、地震情况等。

目前各种仪器的原始观测记录表尚无统一的规范,可根据观测具体情况自行设计。设计时,除注意内容的逻辑性和完整性以外,在形式上也应注意表格简洁美观,可参考统计表设计。在采用计算机处理时,建议原始观测数据记录表应采用容易进行计算机管理的格式设计,避免手工处理与计算机的报表脱节。其优点为:①它不但包括一般记录表的所有项目,而且还包含该仪器或测点的参数、埋设位置等信息以及上次观测的时间和数据,便于在观测时有所参照,及时发现和纠正过失误差。②表中仪器或测点的排列顺序与计算机录入的顺序相同,这样可将观测数据输入并存放到磁盘文件中。

制表完成以后,制表人和校核人应签字,必要时还应加盖公章,以示负责。

3）文字报告

文字报告或简报是在一定阶段中提交的比较详细的文字材料。一般不要求列出所有的观测数据、计算数据以及观测的详细情况，但应该有比较详细的分析、评价、建议和结论。文字报告包括以下几个方面：

(1) 工程概况。包括工程的基本情况，在提交报告覆盖时段内的工程施工或运营情况，及相关影响因素的变化情况。

(2) 测点情况。说明测点的布置，仪器型号、用途以及仪器的工作状态，还包括人工巡视的情况。

(3) 数据整理。说明数据整理中出现的问题和处理方法。

(4) 测值变化规律与特征。以数据形式给出观测数据的特征值，例如：最大值、最小值、变化率等。以图形和表格方式给出变化过程和趋势的直观描述。对特征值和变化过程中的特殊点、特殊线段应做出合理的解释。对变化率加快以及发生突变等情况，应作特殊分析说明。

(5) 比较与判别。利用规范、标准中的规定以及行之有效的经验判断，对观测结果所反映出的工程情况进行判断。

(6) 评价与建议。根据监测数据分析结果和人工巡视计算结果，对工程的运营状态作出评价并给出结论，同时对可能存在的问题提出改进意见和建议。

参 考 文 献

[1] 中华人民共和国行业标准.公路路基设计规范:JTG D30—2015[S].北京:人民交通出版社股份有限公司,2015.

[2] 中华人民共和国行业标准.公路工程地质勘察规范:JTG C20—2011[S].北京:人民交通出版社,2011.

[3] 中华人民共和国行业标准.铁路工程不良地质勘察规程:TB 10027—2012[S].北京:中国铁道出版社,2012.

[4] 中华人民共和国国家标准.岩土工程勘察规范:GB 50021—2001[S].北京:中国建筑工业出版社,2002.

[5] 常士骠,张苏民.工程地质手册[M].4版.北京:中国建筑工业出版社,2007.

[6] 铁道部第一勘测设计院.铁路工程设计技术手册(路基)[M].北京:中国铁道出版社,1995.

[7] 铁道部第一勘测设计院.铁路工程地质手册[M].北京:中国铁道出版社,1999.

[8] 姚祖康.铺面工程[M].上海:同济大学出版社,2001.

[9] 张向乐,李章珍,李萍.土力学[M].北京:人民交通出版社,2005.

[10] 蒋国澄,溥志安,凤家骥.混凝土面板坝工程[M].武汉:湖北科学技术出版社,1997.

[11] 沙爱民,贾侃.填石路基施工技术[M].北京:人民交通出版社,2007

[12] 云南省公路开发投资有限责任公司.山区高速公路填石路堤施工技术指南[M].北京:人民交通出版社,2012.

[13] 郑治.填石料的长期变形性能模拟试验研究[J].中国公路学报,2001(02):18-21.

[14] 施林.高速公路大粒径填石路堤稳定变形特性研究[D].重庆:重庆交通大学,2012.

[15] 杨成忠.陡坡上高填石路堤稳定性和沉降预测理论及应用研究[D].南京:南京林业大学,2008.

[16] 杨世基,郝中海,吴立坚,等.公路填石路堤的压实[J].公路交通科技,1999,16(4):1-4.

[17] 黎莉,刘代全,刘晓明.山区高速公路高填石路堤稳定性分析[J].公路,2003(1):72-76.

[18] 赵明华,刘江波,余颜.高填石路堤沉降变权重组合预测方法研究[J].湖南科技大学学报(自然科学版),2005(4):53-56.

[19] 付玉珠.填石路基大粒径填料特性试验研究[D].成都:西南交通大学,2013.

[20] 中华人民共和国行业标准.气泡混合轻质土填筑工程技术规程:CJJ/T 177—2012[S].北京:中国建筑工业出版社,2012.

[21] 中华人民共和国行业团体标准.现浇泡沫轻质土技术规程:CECS 249:2008[S].北京:中国计划出版社,2008.

[22] 中华人民共和国地方标准.公路工程泡沫混凝土应用技术规范:DB33/T 996—2015[S].北京:人民交通出版社股份有限公司,2015.

[23] 黄金荣,黄健,徐永福.新型路堤填筑技术[M].上海:上海交通大学出版社,2010.

[24] 龚晓南.高等级公路地基处理设计指南[M].北京:人民交通出版社,2005.

[25] 陈忠平,王树林,邓江.气泡混合轻质填土新技术[M].北京:人民交通出版社,2004.

[26] 王福元,吴正严.粉煤灰利用手册[M].2版.北京:中国电力出版社,2004.
[27] 陈金福.高速公路新型轻质直立式路堤应用技术研究[D].广州:广州大学,2011.
[28] 杜骋,杨军.聚苯乙烯泡沫EPS的特性及应用分析[J].东南大学学报(自然科学版),2001(03):138-142.
[29] 李建春,刘相玉,郭耿新.EPS在桥头软基路堤上的应用[J].工程建设与设计,2003(8):65-67.
[30] 卓磊.浅谈EPS轻质填料的特性与应用[J].铁道建筑技术,2008(4):4.
[31] 黄琴龙,凌建明,吴征,等.EPS轻质填料处治平原软基地区路基拓宽工程[J].塑料,2004:74-78.
[32] 胡海英,张玉成,乔有梁.EPS材料的特性及其在路桥工程中的应用[J].广东水利水电,2009,000(007):23-27.
[33] 钱茹莹,徐超.EPS轻质填料路堤设计方法初探[J].中外公路,2008(1):25-27.
[34] 俞培基,秦蔚琴.压实"干"粉煤灰的动力特性[J].岩土工程学报,1988(5):67-72.
[35] 曾国熙,顾尧章,吴建平.粉煤灰的动剪切模量[J].岩土工程学报,1985(5):1-9.
[36] 李时亮,周全能.粉煤灰作为路堤填料的动力特性试验研究[J].岩土力学,2005(02):311-314.
[37] 黄毅,徐国平,杨巍.不同处理工艺的钢渣理化性质和应用途径比较分析[J].矿产综合利用.2014(6):67-71.
[38] 李新明.钢渣稳定土的路用性能研究及应用[D].郑州:郑州大学,2010.
[39] 徐方.钢渣路面基层材料组成与性能研究[D].武汉:武汉理工大学,2007.
[40] 冶金工业部建筑研究院.高炉重矿渣应用[M].北京:中国建筑工业出版社,1978.
[41] 阮文,胡圣魁,陈泽宏,等.基于膨胀机理的钢渣基层材料体积安定性研究[J].公路,2013(04):169-174.
[42] 谭建武.钢渣回填在武钢三炼钢工程中的应用[J].武钢技术.1998.7.
[43] 徐国平,黄毅.典型钢渣的f-CaO含量和稳定性分析[J].工业安全与环保,2015(04):94-96.
[44] 薛明,冯顺祥.转炉钢渣在路基中应用的研究[J].钢铁,1996(S1):123-126.
[45] 胡谋鹏.钢渣工程特性及钢渣路堤模型膨胀变形研究[D].武汉:武汉理工大学,2006.
[46] 朱光源.钢渣的膨胀性抑制方法及其路基填料路用性能的研究[D].南京:南京林业大学,2014.
[47] 余泽新,陈中学,胡春林.钢渣填筑路堤模型膨胀变形的试验研究[J].交通科技,2006(3):91-94.
[48] 李志安.钢渣填料的工程应用研究[J].兰州铁道学院学报,2001(3).
[49] 李志坚.攀钢高炉渣地基土的力学特性研究[D].昆明:昆明理工大学,2008.
[50] 常贺.淮北煤矸石在高等级公路路基中的应用研究[D].西安:长安大学,2015.
[51] 柴亚南.煤矸石路基填料分级标准及沉降特性研究[D].西安:长安大学,2013.
[52] 李宗耀.寒冷地区综合利用煤矸石筑路技术研究[D].西安:长安大学,2008.
[53] 王锐.煤矸石路用性能试验研究[D].合肥:合肥工业大学,2008.
[54] 邱钰.软质粗粒土的工程力学特性与路基工程应用研究[D].南京:东南大学,2002.

[55] 刘松玉,邱钰,童立元,等.煤矸石的强度特征试验研究[J].岩石力学与工程学报,2006,25(1):199.

[56] 赵鹏.邢汾高速煤矸石填筑路基关键技术研究[D].西安:长安大学,2012.

[57] 刘松玉,童立元,邱钰,等.煤矸石颗粒破碎及其对工程力学特性影响研究[J].岩土工程学报,2005,027(005):505-510.

[58] 崔景彦.煤矸石衰变对路堤稳定性影响研究[D].徐州:中国矿业大学,2014.

[59] 姜振泉,赵道辉,隋旺华,等.煤矸石固结压密性与颗粒级配缺陷关系研究[J].中国矿业大学学报,1999(03):12-16.

[60] 狄升贯.高速公路煤矸石路基路用性能研究[D].西安:长安大学,2008.

[61] 熊琼.高速公路煤矸石路堤对沿线地下水和土壤环境影响的研究[D].长沙:长沙理工大学.2008

[62] Marachi N D, Chan C K, Seed H B, et al. Strength and deformation characteristics of rockfill materials[R]. Berkeley:University of California,1969.

[63] 邓卫东,林莉,王敬林,等.对简化 Bishop 法的分析与改进[J].公路交通技术,2000(4):1-3.

[64] 邓卫东,张兴强,陈波,等.路基不均匀沉降对沥青路面受力变形影响的有限元分析[J].中国公路学报,2004(1):12-15.

[65] 中华人民共和国地方标准.公路软土地基路堤设计规范:DB33/T 904—2013[S].北京:人民交通出版社,2013.

[66] 邓卫东,张兴强,陈波,等.软土地基路基不均匀沉降引起路面结构附加应力[J].长安大学学报(自然科学版),2003(3):21-25.

[67] 彭土标.水力发电工程地质手册[M].北京:中国水利水电出版社,2011.

[68] 冯树荣,彭士标.水工设计手册[M].2版.北京:中国水利水电出版社,2013.

[69] 李海光.新型支挡结构设计与工程实例[M].2版.北京:人民交通出版社,2011.

[70] 中华人民共和国国家标准.混凝土结构设计规范:GB 50010—2010[S].北京:中国建筑工业出版社,2011.

[71] 梁炯鋈.锚固与注浆技术手册[M].北京:中国电力出版社,2003.

[72] 尾高英雄.压缩分散性 KTB 永久锚固工法设计施工指南(方案)[M].日本:日本 KTB 协会,1994.

[73] 杨生龙,丘本仁.静力触探在复合地基检测中的应用[J].陕西地质,2000,18(1):69-74.

[74] 中华人民共和国国家标准.建筑边坡工程技术规范:GB 50330—2013[S].北京:中国建筑工业出版社,2013.

[75] 中华人民共和国行业团体标准.岩土锚杆(索)技术规程:CECS 22:2005[S].北京:中国计划出版社,2005.

[76] 中华人民共和国国家标准.岩土锚杆与喷射混凝土支护工程技术规范:GB 50086—2015[S].北京:中国建筑工业出版社,2015.

[77] 崔政,李宁.边坡工程理论与实践最新发展[M].北京:中国水利水电出版社,1999.

[78] 黄生文.公路工程地基处理手册[M].北京:人民交通出版社,2005.

[79] 林宗元.简明岩土工程勘察设计手册[M].北京:中国建筑工业出版社,2003.
[80] 赵长海,董在志,陈群香.预应力锚固技术[M].北京:中国水利水电出版社,2001.
[81] 中华人民共和国国家标准.锚杆喷射混凝土支护技术规范:GB 50086—2015[S].北京:中国计划出版社,2015.
[82] 徐祯祥,闫莫明,苏自约.岩土锚固技术与西部开发[M].北京:人民交通出版社,2002.
[83] 程良奎,范景伦,韩军,等.岩土锚固[M].北京:中国建筑工业出版社,2003.
[84] 胡中雄.土力学与环境土力学[M].上海:同济大学出版社,1997.
[85] 中华人民共和国行业标准.公路路基施工技术规范:JTG 3610—2019[S].北京:人民交通出版社股份有限公司,2019.
[86] 张起森,黄生文,陈肇元,等.公路土钉支护技术指南[M].北京:人民交通出版社,2006.
[87] 刘国彬,王卫东.编基坑工程手册[M].2版.北京:中国建筑工业出版社,2009.
[88] 杨晓东.锚固与注浆技术手册[M].2版.北京:中国电力出版社,2009.
[89] 陈忠达,原喜忠.路基支挡工程[M].北京:人民交通出版社,2013.
[90] 李海光.新型支挡结构设计与工程实例[M].2版.北京:人民交通出版社,2011.
[91] 中华人民共和国行业标准.铁路路基支挡结构设计规范:TB 10025—2019[S].北京:中国铁道出版社,2019.
[92] 中华人民共和国国家标准.复合土钉墙基坑支护技术规范:GB 50739—2011[S].北京:中国计划出版社,2011.
[93] 中华人民共和国行业标准.建筑基坑支护技术规程:JGJ 120—2012.北京:中国建筑工业出版社,2012.
[94] 张玉成,杨光华,吴舒界,等.土钉支护结构变形与稳定性关系探讨[J].岩土力学,2014,000(001):238-247.
[95] 魏焕卫,杨敏,孙剑平,等.土钉墙变形的实用计算方法[J].土木工程学报,2009(01):81-90.
[96] 秦四清,王建党.土钉支护机理与优化设计[M].北京:地质出版社,1999.
[97] 张亮.陕甘地区公路黄土高边坡防护技术研究[D].西安:长安大学,2012.
[98] 吴永贵.土钉墙综合防护处治高危仰坡在隧道工程中的实际运用[J].西南公路,2009,000(002).
[99] 刘俊飞.西攀高速公路关门高边坡土钉支护应用研究[D].成都:西南交通大学,2007.
[100] 阎明礼.地基处理技术[M].北京:中国环境科学出版社,1996.
[101] 叶书鳞.地基处理与托换技术[M].北京:中国建筑工业出版社,1994.
[102] 地基处理手册编委会.地基处理手册[M].北京:中国建筑工业出版社,1998.
[103] 熊厚金,林天健,李林.岩土工程化学[M].北京:科学出版社,2001.
[104] 《岩土注浆理论与工程实例》协作组.岩土注浆理论与工程实例[M].北京:科学出版社,2001.
[105] 杜嘉鸿.国外化学注浆教程.[M]北京:中国水利水电出版社,1987.
[106] 程良奎.岩土加固实用技术[M].北京:地震出版社,1994.
[107] 刘正峰.地基与基础工程新技术实用手册[M].北京:海潮出版社,2000.

[108] 张作眉.岩土加固适用技术[M].北京:地震出版社,1994.

[109] 黄励鑫,姚海林.软土地区高速公路桥梁钻孔后压浆灌注桩对比试验研究[J].交通科技,2002,000(004):34-37.

[110] 姚海林,金志宏.钻孔后压浆灌注桩承载力试验研究[J].岩土力学,1998,019(002):80-85.

[111] 王跃敏,唐敬华,凌建明.水库塌岸预测方法研究[J].岩土工程学报,2000.

[112] 蒋凯,何良德.水库地区路基的防护研究[J].石家庄铁道学院学报,2006.

[113] 徐邦栋.滑坡分析与防治[M].北京:中国铁道出版社,2001.

[114] 王继康.泥石流防治工程技术[M].北京:中国铁道出版社,1996.

[115] 周必凡.泥石流防治指南[M].北京:科学出版社,1991.

[116] 陈洪凯.公路泥石流防治工程技术指南[M].北京:科学出版社,2011.

[117] 王彦海,江巍.泥石流的危害与综合防治[J].灾害与防治工程,2006,000(001):60-64.

[118] 邓碧云,王亮清,陈剑文.四川雅安市干溪沟泥石流特征及综合治理研究[J].安全与环境工程,2010,17(002):13-17.

[119] 中华人民共和国行业标准.公路软土地基路堤设计与施工技术细则:JTG/T D31-02—2013[S].北京:人民交通出版社,2013.

[120] 徐泽中.公路软土地基路堤设计与施工关键技术[M].北京:人民交通出版社,2004.

[121] 张诚厚,袁文明,戴济群.高速公路软基处理[M].北京:中国建筑工业出版社,1997.

[122] 魏汝龙.软粘土的强度与变形[M].北京:人民交通出版社,1997.

[123] 张留俊,王福胜,刘建都.高速公路软土地基处理技术[M].北京:人民交通出版社,2002

[124] 张留俊,王福胜,李刚.公路地基处理设计施工实用技术[M].北京:人民交通出版社,2004.

[125] 张留俊.公路软土地基处理专家系统研究[D].南京:东南大学,2007.

[126] 于天仁.土壤的电化学性质及其研究方法[M].北京:科学出版社,1965.

[127] 膨胀土地区公路勘察设计技术研究课题组.膨胀土地区公路勘察设计技术研究总报告(西部交通科技项目200231800014)[R].2004.

[128] 袁怀宇.软土地基路堤测斜仪的应用介绍[J].公路,2003(05):131-134.

[129] Norrish K,Quirk J P. Crystalling swelling of montmorillonite[J]. Nature,1954,173:255-256.

[130] Van Olphen H. Compaction of clay sediments in the range of molecular particle distances[J]. Clays and Clay Minerals,1963,11:178-187.

[131] Tourtelot H A. Geologic origin and distribution of swelling clays[J]. Publication of wyoming university,1973,1.

[132] Bower C A, Gschwend F B. Ethylene glycol retention by soils as a measure of surface area and interlayer swelling[J]. Soil ence Society of America Journal,1952,16(4):342-345.

[133] 谭罗荣.蒙脱石晶体膨胀和收缩机理研究[J].岩土力学,1997,18(3):13-18.

[134] 谭罗荣,孔令伟.蒙脱石晶体胀缩规律及其与基质吸力关系研究[J].中国科学,2001,31(2):119-126.

[135] 程平,姚海林,李文斌,等.石灰改良高速公路膨胀土路基的试验研究[J].公路,2002(5):96-100.

[136] 姚海林,郑少河.裂隙膨胀土边坡稳定性评价[J].岩石力学与工程学报,2002,21(A02):2331-2335.

[137] 姚海林,杨洋,程平,等.膨胀土标准吸湿含水率试验研究[J].岩石力学与工程学报,2004,23(17):3009-3009.

[138] 姚海林,杨洋,程平,等.膨胀土壤标准吸湿含水率及其试验方法[J].岩土力学,2004,25(6):856-859.

[139] 姚海林,程平,吴万平.基于收缩试验的膨胀土地基变形预测方法[J].岩土力学,2004,25(011):1688-1692.

[140] 郑健龙,杨和平.膨胀土处治理论、技术与实践[M].北京:人民交通出版社,2005.

[141] 姚海林,程平,杨洋,等.标准吸湿含水率对膨胀土进行分类的理论与实践[J].中国科学:技术科学,2005,35(1):43-52.

[142] Yao Hailin,Cheng Ping,Yang Yang,et al. Theory and practice for classification of expansive soils using standard moisture absorption water content[J]. SCIENCE IN CHINA Ser. E Technological & Materials Sciences,2005,48(1):31-40.

[143] 姚海林.关于基质吸力及几个相关问题的一些思考[J].岩土力学,2005(01):67-70.

[144] 姚海林,程平,吴万平.基于固结试验的膨胀土地基变形预测方法[J].岩石力学与工程学报,2005.

[145] 陈孚华.膨胀土上的基础[M].北京:中国建筑工业出版社,1979.

[146] 索洛昌.膨胀土上建筑物的设计与施工[M].北京:中国建筑工业出版社,1982.

[147] 曲永新,张永双,杨俊峰,等.中国膨胀性岩土一体化工程地质分类的理论与实践[C]//工程地质学报.北京:科学出版社,2000:140-164.

[148] 吴立坚,钟发林,吴昌兴,等.高液限土的路用特性研究[J].岩土工程学报,2003,25(2):193-195.

[149] 吴立坚,钟发林,吴昌兴,等.高液限土路基填筑技术研究[J].中国公路学报,2003.

[150] 吴立坚.路基对高速公路早期损坏的影响[J].中国公路,2005(03):84-85.

[151] 吴立坚,陈礼彪,张燕清,等.高塑性土路基压实与压实标准[J].公路,2007(03):33-35.

[152] 吴立坚,郑甲佳,邓捷.高液限土路基的沉降变形规律[J],岩土力学,2013,S2:351-355.

[153] 张燕清,吴立坚,宋常军.高液限土的最大CBR强度与试验方法[J].公路交通科技,2016,33(010):53-59.

[154] 中华人民共和国地方标准.贵州省红粘土和高液限土路基设计与施工技术规范:DB52/T 1041—2015[S].北京:人民交通出版社股份有限公司,2015.

[155] 中华人民共和国地方标准.福建省高液限土路基设计与施工技术规范:DB35/T 1640—2017[S].北京:人民交通出版社股份有限公司,2017.

[156] 吴立坚,卞晓琳,马显红.贵州特殊土填方路基设计与施工[M].北京:人民交通出版社股份有限公司,2015.

[157] 须藤俊男. 粘土矿物学[M]. 北京：地质出版社，1981.
[158] 中华人民共和国行业标准. 黄土地区公路路基设计与施工技术规范：JTG/T D31-05—2017[S]. 北京：人民交通出版社股份有限公司，2017.
[159] 中华人民共和国国家标准. 湿陷性黄土地区建筑规范：GB 50025—2018[S]. 北京：中国建筑工业出版社，2018.
[160] 钱鸿缙，王继唐. 湿陷性黄土地基[M]. 北京：中国建筑工业出版社，1985.
[161] 徐攸在. 盐渍土地基[M]. 北京：中国建筑工业出版社，1993.
[162] 房建宏，徐安花，黄世静. 柴达木盆地盐渍土对公路建设的影响[J]. 公路交通技术，2004,3:44-48.
[163] 牛玺荣. 盐渍土地区路基水、热、盐、力四场耦合机理及数值模拟研究[D]. 西安：长安大学，2006.
[164] 彭铁华，李斌. 硫酸盐渍土在不同降温速率下的盐胀规律[J]，冰川冻土，1997,19(3)：252-257.
[165] 熊毅. 中国盐渍土分区[J]. 土壤学报，1957,5(1):50-59.
[166] 张志权，王志勇. 硫酸盐渍土地区公路盐胀影响因素及防治措施[J]. 路基工程，2006，126(3):148-150.
[167] 王遵亲，祝寿全，俞仁培，等. 中国盐渍土[M]. 北京：科学出版社，1993:250-311.
[168] 徐攸在. 盐渍土地区遇水溶陷灾害的治理对策[J]. 工业建筑，1991, 21(001):16-18.
[169] 袁红，李斌. 硫酸盐渍土起胀含盐量及容许含盐量的研究[J]. 中国公路学报，1995,8(3):1-6.
[170] 邴文山. 道路路面冻害防治理论基础与应用[M]. 哈尔滨：哈尔滨工业大学出版社，1989.
[171] 中华人民共和国行业标准. 多年冻土地区公路设计与施工技术细则：JTG/T D31-04—2012[S]. 北京：人民交通出版社，2013.
[172] 汪双杰，黄晓明. 冻土地区道路设计理论与实践[M]. 北京：科学出版社，2012.
[173] 吉林省交通厅. 公路工程抗冻设计与施工技术指南[M]. 北京：人民交通出版社，2006.
[174] 中华人民共和国行业标准. 公路桥涵地基与基础设计规范：JTG 3363—2019[S]. 北京：人民交通出版社股份有限公司，2019.
[175] 中华人民共和国行业标准. 冻土地区建筑地基基础设计规范：JGJ 118—2011[S]. 北京：中国建筑工业出版社，2011.
[176] 陈晓光，罗俊宝，张生辉，等. 沙漠公路建设成套技术研究[M]. 北京：人民交通出版社，2006.
[177] 彭世古，陈晓光. 沙漠地区公路设计、施工与养护[M]. 北京：人民交通出版社，2004.
[178] 李志农，陈晓光. 沙漠地区公路设计与施工指南[M]. 北京：人民交通出版社，2008.
[179] 新疆交通科学研究院. 沙漠地区公路建设成套技术论文集[M]. 北京：人民交通出版社，2006.
[180] 王显祎. 公路风吹雪的成因机理分析[D]. 哈尔滨：东北林业大学，2003.
[181] 李春芳，潘冬梅，达吾提汗. 阿勒泰地区"闹海风"天气的分析[J]. 新疆气象，2005，(28):33-34.

[182] 刘健,陈晓光,等.新疆国省干线冰雪灾害防治应急保障关键技术研究及应用[R].新疆交通科学研究院,2016.

[183] Tabler Ronald D. Controlling blowing and drifting snow with snow fences and road design[R].2003.

[184] 陈晓光,李俊超,李长林,等.风吹雪对公路交通的危害及其对策研讨[J].公路,2001,(06):113-118.

[185] 吴鹏,陈发明,刘健,等.基于Fluent防雪栅栏数值仿真研究[J].交通科技与经济,2016,(06):57-60.

[186] 应成亮,李江,张霞,等.防雪栅设计高度的数值仿真研究[J].长春理工大学学报,2006,(03):54-57.

[187] 李京陵,仲坚,姚辉,等.新疆托里县老风口风雪灾害及其生物治理[J].干旱区地理,1993,(04):1-10.

[188] 中华人民共和国行业规范.电力工程气象勘测技术规程:DL/T 5158—2012[S].北京:中国电力出版社,2012.

[189] 王中隆.中国风雪流及其防治研究[M].兰州:兰州大学出版社,2001.

[190] 武鹤,朱光耀,魏建军,等.防雪栅在公路风吹雪雪害防治中的应用[J].黑龙江工程学院学报,2008,(01):23-25.

[191] 中华人民共和国行业标准.采空区公路设计与施工技术细则:JTG/T D31-03—2011[S].北京:人民交通出版社,2011.

[192] 山西省交通厅,中交通力公路勘察设计工程有限公司.高速公路采空区(空洞)勘察设计与施工治理手册[M].北京:人民交通出版社,2005.

[193] 童立元,刘松玉,邱钰.高速公路下伏采空区危害性评价与处治技术[M].南京:东南大学出版社,2006.

[194] 中华人民共和国国家标准.建筑工程抗震设防分类标准:GB 50223—2008[S].北京:中国建筑工业出版社,2008.

[195] 中华人民共和国国家标准.建筑抗震设计规范:GB 50011—2010[S].北京:中国建筑工业出版社,2010.

[196] 中华人民共和国行业标准.公路工程抗震规范:JTG B02—2013[S].北京:人民交通出版社,2014.

[197] 二滩水电开发有限责任公司.岩土工程安全监测手册[M].北京:中国水利水电出版社,1999.

[198] 陈建勋,马建秦.道工程试验检测技术[M].北京:人民交通出版社,2004.

[199] 南京水利科学研究院土工研究所.土工试验技术手册[M].北京:人民交通出版社,2003.

[200] 张坤宜.交通土木工程测量[M].北京:人民交通出版社,2001.

[201] 夏才初,李永盛.地下工程测试理论与监测技术[M].上海:同济大学出版社,1999.

[202] 朱武卫,朱沈阳.复合地基的检测[J].陕西建筑,1999(3):65-69.

[203] 万明浩,陈冰,吴健生,等.物探方法在复合地基检测中的应用[J].物探与化探,1997(02):154-156.

[204] 马维国,蒙胜武.物探检测方法在复合地基检测中的应用[J].地质科技情报,1999,18(3):79-84.
[205] 郑俊杰,袁内政.石灰桩复合地基设计计算及检测方法[J].华中理工大学学报,1997,25(5):91-93.